中国资本市场法治发展报告

— 2019 —

中国证券监督管理委员会

法律出版社
LAW PRESS CHINA

内 容 说 明

本《报告》总结了2019年我国资本市场法制建设的主要成果,并力图反映我国资本市场法制发展的整体状况、发展水平和所处阶段。《报告》在编辑体例和内容上,主要包括以下几点:

第一部分为重要文献,收录重要文献1篇。

第二部分为法律法规,主要收录了2019年颁布的与资本市场相关的法律法规,包括法律3件,司法解释及其他司法文件12件,行政法规、法规性文件10件,证监会规章10件,并附录证监会规范性文件目录和其他部委发布的相关部门规章及规范性文件;还收录了相关法规文件说明。

第三部分为监管执法实践,主要根据2019年行政许可、行政处罚、行政复议、监管措施等执法活动类型,分别收录了公开发布的各项决定书目录,并且选编了一些既有典型性又有较强指导意义的案例。

第四部分为市场自律法治,主要收录了各自律组织及相关机构的自律措施决定书目录及自律规则目录,并选编了一些具有代表性和指导意义的自律管理案例。

第五部分为司法案例,主要收录了证券刑事案件和行政案件司法文书。

第六部分为法律意见书选编,收录了比较具有代表性的法律意见书。

目　录

第一部分　重要文献

第二部分　法律法规

一、法律法规文件

第三部分 监管执法实践

第四部分 市场自律法治

三、境外发行上市类

第一部分　重 要 文 献

中国证监会2019年法治政府建设情况

（2020年4月17日）

2019年，证监会坚持以习近平新时代中国特色社会主义思想为指导，坚决贯彻落实党的十八届四中全会关于全面推进依法治国的部署，深入学习领会党的十九大，十九届二中、三中、四中全会，中央经济工作会议，中央全面依法治国委员会第一次、第二次会议精神，严格按照《法治政府建设实施纲要（2015－2020年）》（中发〔2015〕36号，以下简称《纲要》）要求，紧紧围绕服务实体经济、防控金融风险、深化金融改革三项任务，持续加强资本市场法治建设，推进依法行政各项工作，取得了新的进步。

一、2019年法治政府建设工作情况

（一）强化资本市场基础法律制度建设，完善资本市场制度体系

一是夯实资本市场基础法律制度，围绕资本市场重大改革事项加大制度供给。推动《证券法》修订出台，为资本市场改革提供了坚实的法治保障。推动《刑法》修改，重点提高欺诈发行和信息披露造假等罪名的刑期上限和罚金数额。持续推进《公司法》《企业破产法》修改、《期货法》制定工作，支持配合国务院相关部门开展《私募投资基金管理暂行条例》制定工作。推动最高人民法院、最高人民检察院出台操纵市场和利用未公开信息交易犯罪刑事司法解释。

二是推进资本市场增量改革，实现上海证券交易所设立科创板并试点注册制重大改革落地。贯彻落实习近平总书记关于在上海证券交易所设立科创板并试点注册制的重要指示，形成以《关于在上海证券交易所设立科创板并试点注册制的实施意见》为主干，包括规章、规范性文件、自律规则的制度体系。推动最高人民法院出台司法保障文件。联合发展改革委、人民银行等部委发布加强监管信息共享、完善失信联合惩戒机制的意见。目前科创板运行总体平稳，以信息披露为核心的注册制效果良好，发行、交易等环节的创新制度经受住了市场初步检验。

三是加快建设多层次资本市场体系，全面深化新三板改革，规范发展区域性股权市场。修订后的《证券法》完善了多层次资本市场体系的法律基础。全面深化新三板改革各项措施加快落地，修改《非上市公众公司监督管理办法》，制定《非上市公众公司信息披露管理办法》。印发《关于规范发展区域性股权市场的指导意见》，就区域性股权市场定位、分类管理、业务开展、风险防范、政策支持等方面提出明确要求。

四是积极完善资本市场重要制度规则，补齐制度短板。加强资本市场顶层设计和改革的统筹协调，全年出台规章10件，规范性文件23件，重点推进发行审核和并购重组改革，修改《上市公司证券发行管理办法》《上市公司重大资产重组管理办法》，制定《上市公司分拆所属子公司境内上市试点若干规定》，完善上市公司利用并购重组做优做强的制度基础。

五是完善规章、规范性文件清理长效机制。开展证券期货规章制度系统性清理工作。完善证券期货法规数据库，实现文件目录和文本的信息化、动态化管理，并从内部试运行转为向社会开放。目前，数据库收录资本市场各类规则

4923件,行政处罚决定书2069份,月均访问量超过10万人次。

(二)坚持依法治市,积极履行法定职责

一是继续深化行政审批制度改革,依法高效履行行政许可职责。全年共接收行政许可申请3189件,发出受理、补正、反馈等通知6101件。持续推进审核标准公开,发布首发再融资等业务问答。履行股票发行审核职责,全年共核准或注册206家企业首次公开发行股票(IPO),融资2821.85亿元;核准249家上市公司再融资,融资6362.48亿元;核准49家境内企业境外上市融资(包括IPO和增发),32家企业完成H股发行,合计融资1048亿港币。

二是强化检查监督等日常监管,促进市场主体依法规范运作。强化公司监管,全年对上市公司、非上市公众公司分别采取行政监管措施247家次、115家次。加强证券公司等证券基金期货经营机构监管,全年对证券基金期货经营机构采取289项行政监管措施,对120名责任人员采取行政监管措施。加大中介服务机构监管力度,全年对2家律所及12名律师采取行政监管措施,对1家会计师事务所及6名注册会计师采取行政监管措施。

三是依法查处违法行为,净化资本市场生态。重拳打击康得新、康美药业等信息披露违法重大案件。全年共作出行政处罚决定296件,罚没款金额41.83亿元,市场禁入66人。

四是优化一线自律监管,发挥行业自律优势。指导沪深交易所完善重点领域制度供给,修订完善股票上市规则、会员管理规则等基础业务规则,优化营商环境,强化对会员等市场主体的管理。2019年,沪深证券交易所共作出纪律处分330余份,提高对暂停交易权限等资格罚的适用频率,强化惩戒力度,全国股转公司作出纪律处分751份。

(三)坚持严格规范公正文明高效执法

一是健全监管执法制度机制,加强稽查执法规范化建设,优化行政处罚工作机制。落实国务院全面推行行政执法“三项制度”的任务要求,进一步健全行政执法机制体制。加强与人民银行、发展改革委部际联络,明确债券跨市场统一执法标准。健全细化听证相关制度规则,充分保障当事人查阅卷宗、陈述申辩的权利。全年共召开听证会97场,复核会84场,坚持开门办案,加大听证公开力度,提高行政处罚工作的透明度。

二是推进资本市场诚信建设,探索监管新方式。持续完善诚信数据库,收录主体信息100万余条,行政许可信息3.1万余条,监管执法信息3万余条,部际共享信息2371万余条。加强严重违法失信主体专项公示工作,互联网证券期货市场诚信信息查询平台总查询量攀升至4890万余次,日均15万余次,较2018年增长10倍。开展特定严重失信主体“限乘限飞”联合惩戒。

(四)强化对行政权力的监督和制约,切实防范权力滥用

一是坚持用制度约束行政权力,强化权力运行监督。坚持靠制度管事管人,探索建立廉政风险登记监控机制,健全针对违纪违法行为的信访投诉和举报登记制度,持续完善来信、来访、来电、网站“四位一体”举报线索平台。把党员干部廉政教育作为党风廉政建设的重要内容,开展警示教育及经常性教育。

二是全面推进政务公开,不断提高监管透明度。全年举办新闻发布会41场,主动发布新闻200余条,累计回应公众关注热点和重大舆情80个。修订《中国证监会政府信息公开指南》,完善政府信息依申请公开内部工作流程。证监会政府信息依申请公开系统上线运行,实现信息公开申请在线提交和查询等功能,提高工作效率,全年共办理依申请公开政府信息事项666件。

三是主动接受人大政协监督,不断提升依法行政水平。积极做好全国人大代表建议和全国政协委员提案的答复工作,将其作为依宪施政、依法行政、回应社会关切和服务人民的重要体现。全年共承办人大代表建议224件、全国政协委员提案92件。

四是积极接受司法监督,扎实做好行政应诉工作。2019年,共办理行政应诉案件155件,行政诉讼终审胜诉率97.7%,有效维护监管权威。

五是充分发挥复议监督功能,有效化解监管矛盾。全年共办理行政复议案件183件,其中新增150件,结转33件。针对行政复议案件审理中发现的监管问题出具意见建议30余次,有效发挥了行政复议监督职能。

（五）健全多元化纠纷解决机制，保护投资者合法权益

一是发挥投诉、信访工作功能，妥善处理投资者诉求。优化 12386 热线工作机制，将投诉直转范围从 5 个试点地区扩大到全国，全年热线共处理投资者各类诉求 9 万余件。规范分流各类投诉请求，把涉法涉诉信访问题导入司法渠道解决，妥善处理广大投资者诉求，推动解决资本市场各种矛盾。

二是稳步推进行政和解工作，有效化解行政资源与行政效率的矛盾。2019 年共收到行政和解申请 9 件，受理 5 件。与高盛亚洲、高华证券等九名申请人达成行政和解协议，申请人交纳和解金 1.5 亿元，行政和解第一案成功落地。修订后的《证券法》明确规定行政和解制度，法律基础进一步夯实。

三是完善证券期货专业调解体系机制，有效化解市场矛盾纠纷。会同最高人民法院建立"总对总"在线诉调对接机制，推动"中国投资者网"纠纷解决平台与"人民法院调解平台"互联互通。小额速调机制推广至 35 个辖区，签约法人机构 203 家，比 2018 年增长 170 余家。2019 年各调解组织共受理调解案件 6900 余件，调解成功 5300 余件，涉及金额约 69 亿元。

四是推动完善证券期货民事诉讼制度机制，助力投资者民事维权。方正科技虚假陈述案二审维持一审示范判决，首单证券群体性纠纷示范判决破题。指导开展证券支持诉讼工作，中小投资者服务中心累计提起证券支持诉讼 19 起，股东诉讼 1 起。为适应证券发行注册制改革需要，推动《证券法》规定适应我国国情的证券民事诉讼制度和先行赔付制度。

五是加强投资者教育工作。与教育部联合印发《关于加强证券期货知识普及教育的合作备忘录》，强化将投资者教育纳入国民教育体系工作的统筹规划，已有 3000 余所学校设置投资者教育课程。将 5 月 15 日设为"全国投资者保护宣传日"，开展"走进科创　你我同行""辨真伪 · 识风险　做理性私募投资者"等投资者教育专项活动。

二、2020 年法治政府建设工作安排

2020 年，证监会将深入学习贯彻落实党的十九大和十九届二中、三中、四中全会，中央经济工作会议以及中央全面依法治国委员会三次会议的精神，对照《纲要》要求，坚持市场化、法治化的改革方向，学习借鉴国际最佳实践，不断推进资本市场改革开放。进一步夯实资本市场基础法律制度，严格执行修订后的《证券法》，继续推进《刑法》修改和《期货法》制定工作，努力建成基础制度更加扎实、规则体系更加完善的证券期货监管法律制度。持续强化资本市场法制宣传教育，培养造就一支高素质、专业化的监管执法队伍，监管干部的法治思维与依法监管能力水平显著提高。完善行政执法责任制，持续推进依法行政，强化依法监管、依法治市，进一步提升监管效能，充分保护投资者合法权益，为打造一个规范、透明、开放、有活力、有韧性的资本市场提供坚强的法治保障，促进资本市场长期稳定健康发展。

第二部分 法律法规

一、法律法规文件

(一)法 律

中华人民共和国外商投资法

(2019年3月15日第十三届全国人民代表大会第二次会议通过
中华人民共和国主席令第二十六号公布 自2020年1月1日起施行)

目 录

第一章 总 则

第一条 为了进一步扩大对外开放,积极促进外商投资,保护外商投资合法权益,规范外商投资管理,推动形成全面开放新格局,促进社会主义市场经济健康发展,根据宪法,制定本法。

第二条 在中华人民共和国境内(以下简称中国境内)的外商投资,适用本法。

本法所称外商投资,是指外国的自然人、企业或者其他组织(以下称外国投资者)直接或者间接在中国境内进行的投资活动,包括下列情形:

(一)外国投资者单独或者与其他投资者共同在中国境内设立外商投资企业;

(二)外国投资者取得中国境内企业的股份、股权、财产份额或者其他类似权益;

(三)外国投资者单独或者与其他投资者共同在中国境内投资新建项目;

(四)法律、行政法规或者国务院规定的其他方式的投资。

本法所称外商投资企业,是指全部或者部分由外国投资者投资,依照中国法律在中国境内经登记注册设立的企业。

第三条 国家坚持对外开放的基本国策,鼓励外国投资者依法在中国境内投资。

国家实行高水平投资自由化便利化政策,建立和完善外商投资促进机制,营造稳定、透明、可预期和公平竞争的市场环境。

第四条 国家对外商投资实行准入前国

民待遇加负面清单管理制度。

前款所称准入前国民待遇，是指在投资准入阶段给予外国投资者及其投资不低于本国投资者及其投资的待遇；所称负面清单，是指国家规定在特定领域对外商投资实施的准入特别管理措施。国家对负面清单之外的外商投资，给予国民待遇。

负面清单由国务院发布或者批准发布。

中华人民共和国缔结或者参加的国际条约、协定对外国投资者准入待遇有更优惠规定的，可以按照相关规定执行。

第五条　国家依法保护外国投资者在中国境内的投资、收益和其他合法权益。

第六条　在中国境内进行投资活动的外国投资者、外商投资企业，应当遵守中国法律法规，不得危害中国国家安全、损害社会公共利益。

第七条　国务院商务主管部门、投资主管部门按照职责分工，开展外商投资促进、保护和管理工作；国务院其他有关部门在各自职责范围内，负责外商投资促进、保护和管理的相关工作。

县级以上地方人民政府有关部门依照法律法规和本级人民政府确定的职责分工，开展外商投资促进、保护和管理工作。

第八条　外商投资企业职工依法建立工会组织，开展工会活动，维护职工的合法权益。外商投资企业应当为本企业工会提供必要的活动条件。

第二章　投 资 促 进

第九条　外商投资企业依法平等适用国家支持企业发展的各项政策。

第十条　制定与外商投资有关的法律、法规、规章，应当采取适当方式征求外商投资企业的意见和建议。

与外商投资有关的规范性文件、裁判文书等，应当依法及时公布。

第十一条　国家建立健全外商投资服务体系，为外国投资者和外商投资企业提供法律法规、政策措施、投资项目信息等方面的咨询和服务。

第十二条　国家与其他国家和地区、国际组织建立多边、双边投资促进合作机制，加强投资领域的国际交流与合作。

第十三条　国家根据需要，设立特殊经济区域，或者在部分地区实行外商投资试验性政策措施，促进外商投资，扩大对外开放。

第十四条　国家根据国民经济和社会发展需要，鼓励和引导外国投资者在特定行业、领域、地区投资。外国投资者、外商投资企业可以依照法律、行政法规或者国务院的规定享受优惠待遇。

第十五条　国家保障外商投资企业依法平等参与标准制定工作，强化标准制定的信息公开和社会监督。

国家制定的强制性标准平等适用于外商投资企业。

第十六条　国家保障外商投资企业依法通过公平竞争参与政府采购活动。政府采购依法对外商投资企业在中国境内生产的产品、提供的服务平等对待。

第十七条　外商投资企业可以依法通过公开发行股票、公司债券等证券和其他方式进行融资。

第十八条　县级以上地方人民政府可以根据法律、行政法规、地方性法规的规定，在法定权限内制定外商投资促进和便利化政策措施。

第十九条　各级人民政府及其有关部门应当按照便利、高效、透明的原则，简化办事程序，提高办事效率，优化政务服务，进一步提高外商投资服务水平。

有关主管部门应当编制和公布外商投资指引，为外国投资者和外商投资企业提供服务和便利。

第三章　投 资 保 护

第二十条　国家对外国投资者的投资不实行征收。

在特殊情况下，国家为了公共利益的需要，可以依照法律规定对外国投资者的投资实行征收或者征用。征收、征用应当依照法定程序进行，并及时给予公平、合理的补偿。

第二十一条　外国投资者在中国境内的出资、利润、资本收益、资产处置所得、知识产权许可使用费、依法获得的补偿或者赔偿、清算所得等,可以依法以人民币或者外汇自由汇入、汇出。

第二十二条　国家保护外国投资者和外商投资企业的知识产权,保护知识产权权利人和相关权利人的合法权益;对知识产权侵权行为,严格依法追究法律责任。

国家鼓励在外商投资过程中基于自愿原则和商业规则开展技术合作。技术合作的条件由投资各方遵循公平原则平等协商确定。行政机关及其工作人员不得利用行政手段强制转让技术。

第二十三条　行政机关及其工作人员对于履行职责过程中知悉的外国投资者、外商投资企业的商业秘密,应当依法予以保密,不得泄露或者非法向他人提供。

第二十四条　各级人民政府及其有关部门制定涉及外商投资的规范性文件,应当符合法律法规的规定;没有法律、行政法规依据的,不得减损外商投资企业的合法权益或者增加其义务,不得设置市场准入和退出条件,不得干预外商投资企业的正常生产经营活动。

第二十五条　地方各级人民政府及其有关部门应当履行向外国投资者、外商投资企业依法作出的政策承诺以及依法订立的各类合同。

因国家利益、社会公共利益需要改变政策承诺、合同约定的,应当依照法定权限和程序进行,并依法对外国投资者、外商投资企业因此受到的损失予以补偿。

第二十六条　国家建立外商投资企业投诉工作机制,及时处理外商投资企业或者其投资者反映的问题,协调完善相关政策措施。

外商投资企业或者其投资者认为行政机关及其工作人员的行政行为侵犯其合法权益的,可以通过外商投资企业投诉工作机制申请协调解决。

外商投资企业或者其投资者认为行政机关及其工作人员的行政行为侵犯其合法权益的,除依照前款规定通过外商投资企业投诉工作机制申请协调解决外,还可以依法申请行政复议、提起行政诉讼。

第二十七条　外商投资企业可以依法成立和自愿参加商会、协会。商会、协会依照法律法规和章程的规定开展相关活动,维护会员的合法权益。

第四章　投资管理

第二十八条　外商投资准入负面清单规定禁止投资的领域,外国投资者不得投资。

外商投资准入负面清单规定限制投资的领域,外国投资者进行投资应当符合负面清单规定的条件。

外商投资准入负面清单以外的领域,按照内外资一致的原则实施管理。

第二十九条　外商投资需要办理投资项目核准、备案的,按照国家有关规定执行。

第三十条　外国投资者在依法需要取得许可的行业、领域进行投资的,应当依法办理相关许可手续。

有关主管部门应当按照与内资一致的条件和程序,审核外国投资者的许可申请,法律、行政法规另有规定的除外。

第三十一条　外商投资企业的组织形式、组织机构及其活动准则,适用《中华人民共和国公司法》、《中华人民共和国合伙企业法》等法律的规定。

第三十二条　外商投资企业开展生产经营活动,应当遵守法律、行政法规有关劳动保护、社会保险的规定,依照法律、行政法规和国家有关规定办理税收、会计、外汇等事宜,并接受相关主管部门依法实施的监督检查。

第三十三条　外国投资者并购中国境内企业或者以其他方式参与经营者集中的,应当依照《中华人民共和国反垄断法》的规定接受经营者集中审查。

第三十四条　国家建立外商投资信息报告制度。外国投资者或者外商投资企业应当通过企业登记系统以及企业信用信息公示系统向商务主管部门报送投资信息。

外商投资信息报告的内容和范围按照确有必要的原则确定;通过部门信息共享能够获得的投资信息,不得再行要求报送。

第三十五条　国家建立外商投资安全审查制度,对影响或者可能影响国家安全的外商投资进行安全审查。

依法作出的安全审查决定为最终决定。

第五章　法律责任

第三十六条　外国投资者投资外商投资准入负面清单规定禁止投资的领域的，由有关主管部门责令停止投资活动，限期处分股份、资产或者采取其他必要措施，恢复到实施投资前的状态；有违法所得的，没收违法所得。

外国投资者的投资活动违反外商投资准入负面清单规定的限制性准入特别管理措施的，由有关主管部门责令限期改正，采取必要措施满足准入特别管理措施的要求；逾期不改正的，依照前款规定处理。

外国投资者的投资活动违反外商投资准入负面清单规定的，除依照前两款规定处理外，还应当依法承担相应的法律责任。

第三十七条　外国投资者、外商投资企业违反本法规定，未按照外商投资信息报告制度的要求报送投资信息的，由商务主管部门责令限期改正；逾期不改正的，处十万元以上五十万元以下的罚款。

第三十八条　对外国投资者、外商投资企业违反法律、法规的行为，由有关部门依法查处，并按照国家有关规定纳入信用信息系统。

第三十九条　行政机关工作人员在外商投资促进、保护和管理工作中滥用职权、玩忽职守、徇私舞弊的，或者泄露、非法向他人提供履行职责过程中知悉的商业秘密的，依法给予处分；构成犯罪的，依法追究刑事责任。

第六章　附　　则

第四十条　任何国家或者地区在投资方面对中华人民共和国采取歧视性的禁止、限制或者其他类似措施的，中华人民共和国可以根据实际情况对该国家或者该地区采取相应的措施。

第四十一条　对外国投资者在中国境内投资银行业、证券业、保险业等金融行业，或者在证券市场、外汇市场等金融市场进行投资的管理，国家另有规定的，依照其规定。

第四十二条　本法自2020年1月1日起施行。《中华人民共和国中外合资经营企业法》、《中华人民共和国外资企业法》、《中华人民共和国中外合作经营企业法》同时废止。

本法施行前依照《中华人民共和国中外合资经营企业法》、《中华人民共和国外资企业法》、《中华人民共和国中外合作经营企业法》设立的外商投资企业，在本法施行后五年内可以继续保留原企业组织形式等。具体实施办法由国务院规定。

中华人民共和国行政许可法

（2003年8月27日第十届全国人民代表大会常务委员会第四次会议通过　根据2019年4月23日第十三届全国人民代表大会常务委员会第十次会议《关于修改〈中华人民共和国建筑法〉等八部法律的决定》修正）

目　　录

第一章 总 则

第一条 为了规范行政许可的设定和实施,保护公民、法人和其他组织的合法权益,维护公共利益和社会秩序,保障和监督行政机关有效实施行政管理,根据宪法,制定本法。

第二条 本法所称行政许可,是指行政机关根据公民、法人或者其他组织的申请,经依法审查,准予其从事特定活动的行为。

第三条 行政许可的设定和实施,适用本法。

有关行政机关对其他机关或者对其直接管理的事业单位的人事、财务、外事等事项的审批,不适用本法。

第四条 设定和实施行政许可,应当依照法定的权限、范围、条件和程序。

第五条 设定和实施行政许可,应当遵循公开、公平、公正、非歧视的原则。

有关行政许可的规定应当公布;未经公布的,不得作为实施行政许可的依据。行政许可的实施和结果,除涉及国家秘密、商业秘密或者个人隐私的外,应当公开。未经申请人同意,行政机关及其工作人员、参与专家评审等的人员不得披露申请人提交的商业秘密、未披露信息或者保密商务信息,法律另有规定或者涉及国家安全、重大社会公共利益的除外;行政机关依法公开申请人前述信息的,允许申请人在合理期限内提出异议。

符合法定条件、标准的,申请人有依法取得行政许可的平等权利,行政机关不得歧视任何人。

第六条 实施行政许可,应当遵循便民的原则,提高办事效率,提供优质服务。

第七条 公民、法人或者其他组织对行政机关实施行政许可,享有陈述权、申辩权;有权依法申请行政复议或者提起行政诉讼;其合法权益因行政机关违法实施行政许可受到损害的,有权依法要求赔偿。

第八条 公民、法人或者其他组织依法取得的行政许可受法律保护,行政机关不得擅自改变已经生效的行政许可。

行政许可所依据的法律、法规、规章修改或者废止,或者准予行政许可所依据的客观情况发生重大变化的,为了公共利益的需要,行政机关可以依法变更或者撤回已经生效的行政许可。由此给公民、法人或者其他组织造成财产损失的,行政机关应当依法给予补偿。

第九条 依法取得的行政许可,除法律、法规规定依照法定条件和程序可以转让的外,不得转让。

第十条 县级以上人民政府应当建立健全对行政机关实施行政许可的监督制度,加强对行政机关实施行政许可的监督检查。

行政机关应当对公民、法人或者其他组织从事行政许可事项的活动实施有效监督。

第二章 行政许可的设定

第十一条 设定行政许可,应当遵循经济和社会发展规律,有利于发挥公民、法人或者其他组织的积极性、主动性,维护公共利益和社会秩序,促进经济、社会和生态环境协调发展。

第十二条 下列事项可以设定行政许可:

(一)直接涉及国家安全、公共安全、经济宏观调控、生态环境保护以及直接关系人身健康、生命财产安全等特定活动,需要按照法定条件予以批准的事项;

(二)有限自然资源开发利用、公共资源配置以及直接关系公共利益的特定行业的市场准入等,需要赋予特定权利的事项;

(三)提供公众服务并且直接关系公共利益的职业、行业,需要确定具备特殊信誉、特殊条件或者特殊技能等资格、资质的事项;

(四)直接关系公共安全、人身健康、生命财产安全的重要设备、设施、产品、物品,需要按照技术标准、技术规范,通过检验、检测、检疫等方式进行审定的事项;

(五)企业或者其他组织的设立等,需要确定主体资格的事项;

(六)法律、行政法规规定可以设定行政许可的其他事项。

第十三条 本法第十二条所列事项,通过下列方式能够予以规范的,可以不设行政许可:

(一)公民、法人或者其他组织能够自主决

定的；

（二）市场竞争机制能够有效调节的；

（三）行业组织或者中介机构能够自律管理的；

（四）行政机关采用事后监督等其他行政管理方式能够解决的。

第十四条　本法第十二条所列事项，法律可以设定行政许可。尚未制定法律的，行政法规可以设定行政许可。

必要时，国务院可以采用发布决定的方式设定行政许可。实施后，除临时性行政许可事项外，国务院应当及时提请全国人民代表大会及其常务委员会制定法律，或者自行制定行政法规。

第十五条　本法第十二条所列事项，尚未制定法律、行政法规的，地方性法规可以设定行政许可；尚未制定法律、行政法规和地方性法规的，因行政管理的需要，确需立即实施行政许可的，省、自治区、直辖市人民政府规章可以设定临时性的行政许可。临时性的行政许可实施满一年需要继续实施的，应当提请本级人民代表大会及其常务委员会制定地方性法规。

地方性法规和省、自治区、直辖市人民政府规章，不得设定应当由国家统一确定的公民、法人或者其他组织的资格、资质的行政许可；不得设定企业或者其他组织的设立登记及其前置性行政许可。其设定的行政许可，不得限制其他地区的个人或者企业到本地区从事生产经营和提供服务，不得限制其他地区的商品进入本地区市场。

第十六条　行政法规可以在法律设定的行政许可事项范围内，对实施该行政许可作出具体规定。

地方性法规可以在法律、行政法规设定的行政许可事项范围内，对实施该行政许可作出具体规定。

规章可以在上位法设定的行政许可事项范围内，对实施该行政许可作出具体规定。

法规、规章对实施上位法设定的行政许可作出的具体规定，不得增设行政许可；对行政许可条件作出的具体规定，不得增设违反上位法的其他条件。

第十七条　除本法第十四条、第十五条规定的外，其他规范性文件一律不得设定行政许可。

第十八条　设定行政许可，应当规定行政许可的实施机关、条件、程序、期限。

第十九条　起草法律草案、法规草案和省、自治区、直辖市人民政府规章草案，拟设定行政许可的，起草单位应当采取听证会、论证会等形式听取意见，并向制定机关说明设定该行政许可的必要性、对经济和社会可能产生的影响以及听取和采纳意见的情况。

第二十条　行政许可的设定机关应当定期对其设定的行政许可进行评价；对已设定的行政许可，认为通过本法第十三条所列方式能够解决的，应当对设定该行政许可的规定及时予以修改或者废止。

行政许可的实施机关可以对已设定的行政许可的实施情况及存在的必要性适时进行评价，并将意见报告该行政许可的设定机关。

公民、法人或者其他组织可以向行政许可的设定机关和实施机关就行政许可的设定和实施提出意见和建议。

第二十一条　省、自治区、直辖市人民政府对行政法规设定的有关经济事务的行政许可，根据本行政区域经济和社会发展情况，认为通过本法第十三条所列方式能够解决的，报国务院批准后，可以在本行政区域内停止实施该行政许可。

第三章　行政许可的实施机关

第二十二条　行政许可由具有行政许可权的行政机关在其法定职权范围内实施。

第二十三条　法律、法规授权的具有管理公共事务职能的组织，在法定授权范围内，以自己的名义实施行政许可。被授权的组织适用本法有关行政机关的规定。

第二十四条　行政机关在其法定职权范围内，依照法律、法规、规章的规定，可以委托其他行政机关实施行政许可。委托机关应当将受委托行政机关和受委托实施行政许可的内容予以公告。

委托行政机关对受委托行政机关实施行政许可的行为应当负责监督，并对该行为的后果承担法律责任。

受委托行政机关在委托范围内，以委托行

政机关名义实施行政许可;不得再委托其他组织或者个人实施行政许可。

第二十五条 经国务院批准,省、自治区、直辖市人民政府根据精简、统一、效能的原则,可以决定一个行政机关行使有关行政机关的行政许可权。

第二十六条 行政许可需要行政机关内设的多个机构办理的,该行政机关应当确定一个机构统一受理行政许可申请,统一送达行政许可决定。

行政许可依法由地方人民政府两个以上部门分别实施的,本级人民政府可以确定一个部门受理行政许可申请并转告有关部门分别提出意见后统一办理,或者组织有关部门联合办理、集中办理。

第二十七条 行政机关实施行政许可,不得向申请人提出购买指定商品、接受有偿服务等不正当要求。

行政机关工作人员办理行政许可,不得索取或者收受申请人的财物,不得谋取其他利益。

第二十八条 对直接关系公共安全、人身健康、生命财产安全的设备、设施、产品、物品的检验、检测、检疫,除法律、行政法规规定由行政机关实施的外,应当逐步由符合法定条件的专业技术组织实施。专业技术组织及其有关人员对所实施的检验、检测、检疫结论承担法律责任。

第四章 行政许可的实施程序

第一节 申请与受理

第二十九条 公民、法人或者其他组织从事特定活动,依法需要取得行政许可的,应当向行政机关提出申请。申请书需要采用格式文本的,行政机关应当向申请人提供行政许可申请书格式文本。申请书格式文本中不得包含与申请行政许可事项没有直接关系的内容。

申请人可以委托代理人提出行政许可申请。但是,依法应当由申请人到行政机关办公场所提出行政许可申请的除外。

行政许可申请可以通过信函、电报、电传、传真、电子数据交换和电子邮件等方式提出。

第三十条 行政机关应当将法律、法规、规章规定的有关行政许可的事项、依据、条件、数量、程序、期限以及需要提交的全部材料的目录和申请书示范文本等在办公场所公示。

申请人要求行政机关对公示内容予以说明、解释的,行政机关应当说明、解释,提供准确、可靠的信息。

第三十一条 申请人申请行政许可,应当如实向行政机关提交有关材料和反映真实情况,并对其申请材料实质内容的真实性负责。行政机关不得要求申请人提交与其申请的行政许可事项无关的技术资料和其他材料。

行政机关及其工作人员不得以转让技术作为取得行政许可的条件;不得在实施行政许可的过程中,直接或者间接地要求转让技术。

第三十二条 行政机关对申请人提出的行政许可申请,应当根据下列情况分别作出处理:

(一)申请事项依法不需要取得行政许可的,应当即时告知申请人不受理;

(二)申请事项依法不属于本行政机关职权范围的,应当即时作出不予受理的决定,并告知申请人向有关行政机关申请;

(三)申请材料存在可以当场更正的错误的,应当允许申请人当场更正;

(四)申请材料不齐全或者不符合法定形式的,应当当场或者在五日内一次告知申请人需要补正的全部内容,逾期不告知的,自收到申请材料之日起即为受理;

(五)申请事项属于本行政机关职权范围,申请材料齐全、符合法定形式,或者申请人按照本行政机关的要求提交全部补正申请材料的,应当受理行政许可申请。

行政机关受理或者不予受理行政许可申请,应当出具加盖本行政机关专用印章和注明日期的书面凭证。

第三十三条 行政机关应当建立和完善有关制度,推行电子政务,在行政机关的网站上公布行政许可事项,方便申请人采取数据电文等方式提出行政许可申请;应当与其他行政机关共享有关行政许可信息,提高办事效率。

第二节 审查与决定

第三十四条 行政机关应当对申请人提交的申请材料进行审查。

申请人提交的申请材料齐全、符合法定形式，行政机关能够当场作出决定的，应当当场作出书面的行政许可决定。

根据法定条件和程序，需要对申请材料的实质内容进行核实的，行政机关应当指派两名以上工作人员进行核查。

第三十五条 依法应当先经下级行政机关审查后报上级行政机关决定的行政许可，下级行政机关应当在法定期限内将初步审查意见和全部申请材料直接报送上级行政机关。上级行政机关不得要求申请人重复提供申请材料。

第三十六条 行政机关对行政许可申请进行审查时，发现行政许可事项直接关系他人重大利益的，应当告知该利害关系人。申请人、利害关系人有权进行陈述和申辩。行政机关应当听取申请人、利害关系人的意见。

第三十七条 行政机关对行政许可申请进行审查后，除当场作出行政许可决定的外，应当在法定期限内按照规定程序作出行政许可决定。

第三十八条 申请人的申请符合法定条件、标准的，行政机关应当依法作出准予行政许可的书面决定。

行政机关依法作出不予行政许可的书面决定的，应当说明理由，并告知申请人享有依法申请行政复议或者提起行政诉讼的权利。

第三十九条 行政机关作出准予行政许可的决定，需要颁发行政许可证件的，应当向申请人颁发加盖本行政机关印章的下列行政许可证件：

（一）许可证、执照或者其他许可证书；

（二）资格证、资质证或者其他合格证书；

（三）行政机关的批准文件或者证明文件；

（四）法律、法规规定的其他行政许可证件。

行政机关实施检验、检测、检疫的，可以在检验、检测、检疫合格的设备、设施、产品、物品上加贴标签或者加盖检验、检测、检疫印章。

第四十条 行政机关作出的准予行政许可决定，应当予以公开，公众有权查阅。

第四十一条 法律、行政法规设定的行政许可，其适用范围没有地域限制的，申请人取得的行政许可在全国范围内有效。

第三节 期 限

第四十二条 除可以当场作出行政许可决定的外，行政机关应当自受理行政许可申请之日起二十日内作出行政许可决定。二十日内不能作出决定的，经本行政机关负责人批准，可以延长十日，并应当将延长期限的理由告知申请人。但是，法律、法规另有规定的，依照其规定。

依照本法第二十六条的规定，行政许可采取统一办理或者联合办理、集中办理的，办理的时间不得超过四十五日；四十五日内不能办结的，经本级人民政府负责人批准，可以延长十五日，并应当将延长期限的理由告知申请人。

第四十三条 依法应当先经下级行政机关审查后报上级行政机关决定的行政许可，下级行政机关应当自其受理行政许可申请之日起二十日内审查完毕。但是，法律、法规另有规定的，依照其规定。

第四十四条 行政机关作出准予行政许可的决定，应当自作出决定之日起十日内向申请人颁发、送达行政许可证件，或者加贴标签、加盖检验、检测、检疫印章。

第四十五条 行政机关作出行政许可决定，依法需要听证、招标、拍卖、检验、检测、检疫、鉴定和专家评审的，所需时间不计算在本节规定的期限内。行政机关应当将所需时间书面告知申请人。

第四节 听 证

第四十六条 法律、法规、规章规定实施行政许可应当听证的事项，或者行政机关认为需要听证的其他涉及公共利益的重大行政许可事项，行政机关应当向社会公告，并举行听证。

第四十七条 行政许可直接涉及申请人与他人之间重大利益关系的，行政机关在作出行政许可决定前，应当告知申请人、利害关系人享有要求听证的权利；申请人、利害关系人在被告知听证权利之日起五日内提出听证申请的，行政机关应当在二十日内组织听证。

申请人、利害关系人不承担行政机关组织听证的费用。

第四十八条 听证按照下列程序进行：

(一)行政机关应当于举行听证的七日前将举行听证的时间、地点通知申请人、利害关系人,必要时予以公告;

(二)听证应当公开举行;

(三)行政机关应当指定审查该行政许可申请的工作人员以外的人员为听证主持人,申请人、利害关系人认为主持人与该行政许可事项有直接利害关系的,有权申请回避;

(四)举行听证时,审查该行政许可申请的工作人员应当提供审查意见的证据、理由,申请人、利害关系人可以提出证据,并进行申辩和质证;

(五)听证应当制作笔录,听证笔录应当交听证参加人确认无误后签字或者盖章。

行政机关应当根据听证笔录,作出行政许可决定。

第五节　变更与延续

第四十九条　被许可人要求变更行政许可事项的,应当向作出行政许可决定的行政机关提出申请;符合法定条件、标准的,行政机关应当依法办理变更手续。

第五十条　被许可人需要延续依法取得的行政许可的有效期的,应当在该行政许可有效期届满三十日前向作出行政许可决定的行政机关提出申请。但是,法律、法规、规章另有规定的,依照其规定。

行政机关应当根据被许可人的申请,在该行政许可有效期届满前作出是否准予延续的决定;逾期未作决定的,视为准予延续。

第六节　特别规定

第五十一条　实施行政许可的程序,本节有规定的,适用本节规定;本节没有规定的,适用本章其他有关规定。

第五十二条　国务院实施行政许可的程序,适用有关法律、行政法规的规定。

第五十三条　实施本法第十二条第二项所列事项的行政许可的,行政机关应当通过招标、拍卖等公平竞争的方式作出决定。但是,法律、行政法规另有规定的,依照其规定。

行政机关通过招标、拍卖等方式作出行政许可决定的具体程序,依照有关法律、行政法规的规定。

行政机关按照招标、拍卖程序确定中标人、买受人后,应当作出准予行政许可的决定,并依法向中标人、买受人颁发行政许可证件。

行政机关违反本条规定,不采用招标、拍卖方式,或者违反招标、拍卖程序,损害申请人合法权益的,申请人可以依法申请行政复议或者提起行政诉讼。

第五十四条　实施本法第十二条第三项所列事项的行政许可,赋予公民特定资格,依法应当举行国家考试的,行政机关根据考试成绩和其他法定条件作出行政许可决定;赋予法人或者其他组织特定的资格、资质的,行政机关根据申请人的专业人员构成、技术条件、经营业绩和管理水平等的考核结果作出行政许可决定。但是,法律、行政法规另有规定的,依照其规定。

公民特定资格的考试依法由行政机关或者行业组织实施,公开举行。行政机关或者行业组织应当事先公布资格考试的报名条件、报考办法、考试科目以及考试大纲。但是,不得组织强制性的资格考试的考前培训,不得指定教材或者其他助考材料。

第五十五条　实施本法第十二条第四项所列事项的行政许可的,应当按照技术标准、技术规范依法进行检验、检测、检疫,行政机关根据检验、检测、检疫的结果作出行政许可决定。

行政机关实施检验、检测、检疫,应当自受理申请之日起五日内指派两名以上工作人员按照技术标准、技术规范进行检验、检测、检疫。不需要对检验、检测、检疫结果作进一步技术分析即可认定设备、设施、产品、物品是否符合技术标准、技术规范的,行政机关应当当场作出行政许可决定。

行政机关根据检验、检测、检疫结果,作出不予行政许可决定的,应当书面说明不予行政许可所依据的技术标准、技术规范。

第五十六条　实施本法第十二条第五项所列事项的行政许可,申请人提交的申请材料齐全、符合法定形式的,行政机关应当当场予以登记。需要对申请材料的实质内容进行核实的,行政机关依照本法第三十四条第三款的规定办理。

第五十七条　有数量限制的行政许可,两个或者两个以上申请人的申请均符合法定条件、标准的，行政机关应当根据受理行政许可申请的先后顺序作出准予行政许可的决定。但是，法律、行政法规另有规定的，依照其规定。

第五章　行政许可的费用

第五十八条　行政机关实施行政许可和对行政许可事项进行监督检查，不得收取任何费用。但是，法律、行政法规另有规定的，依照其规定。

行政机关提供行政许可申请书格式文本，不得收费。

行政机关实施行政许可所需经费应当列入本行政机关的预算，由本级财政予以保障，按照批准的预算予以核拨。

第五十九条　行政机关实施行政许可，依照法律、行政法规收取费用的，应当按照公布的法定项目和标准收费；所收取的费用必须全部上缴国库，任何机关或者个人不得以任何形式截留、挪用、私分或者变相私分。财政部门不得以任何形式向行政机关返还或者变相返还实施行政许可所收取的费用。

第六章　监 督 检 查

第六十条　上级行政机关应当加强对下级行政机关实施行政许可的监督检查，及时纠正行政许可实施中的违法行为。

第六十一条　行政机关应当建立健全监督制度，通过核查反映被许可人从事行政许可事项活动情况的有关材料，履行监督责任。

行政机关依法对被许可人从事行政许可事项的活动进行监督检查时，应当将监督检查的情况和处理结果予以记录，由监督检查人员签字后归档。公众有权查阅行政机关监督检查记录。

行政机关应当创造条件，实现与被许可人、其他有关行政机关的计算机档案系统互联，核查被许可人从事行政许可事项活动情况。

第六十二条　行政机关可以对被许可人生产经营的产品依法进行抽样检查、检验、检测，对其生产经营场所依法进行实地检查。检查时，行政机关可以依法查阅或者要求被许可人报送有关材料；被许可人应当如实提供有关情况和材料。

行政机关根据法律、行政法规的规定，对直接关系公共安全、人身健康、生命财产安全的重要设备、设施进行定期检验。对检验合格的，行政机关应当发给相应的证明文件。

第六十三条　行政机关实施监督检查，不得妨碍被许可人正常的生产经营活动，不得索取或者收受被许可人的财物，不得谋取其他利益。

第六十四条　被许可人在作出行政许可决定的行政机关管辖区域外违法从事行政许可事项活动的，违法行为发生地的行政机关应当依法将被许可人的违法事实、处理结果抄告作出行政许可决定的行政机关。

第六十五条　个人和组织发现违法从事行政许可事项的活动，有权向行政机关举报，行政机关应当及时核实、处理。

第六十六条　被许可人未依法履行开发利用自然资源义务或者未依法履行利用公共资源义务的，行政机关应当责令限期改正；被许可人在规定期限内不改正的，行政机关应当依照有关法律、行政法规的规定予以处理。

第六十七条　取得直接关系公共利益的特定行业的市场准入行政许可的被许可人，应当按照国家规定的服务标准、资费标准和行政机关依法规定的条件，向用户提供安全、方便、稳定和价格合理的服务，并履行普遍服务的义务；未经作出行政许可决定的行政机关批准，不得擅自停业、歇业。

被许可人不履行前款规定的义务的，行政机关应当责令限期改正，或者依法采取有效措施督促其履行义务。

第六十八条　对直接关系公共安全、人身健康、生命财产安全的重要设备、设施，行政机关应当督促设计、建造、安装和使用单位建立相应的自检制度。

行政机关在监督检查时，发现直接关系公共安全、人身健康、生命财产安全的重要设备、设施存在安全隐患的，应当责令停止建造、安装和使用，并责令设计、建造、安装和使用单位立即改正。

第六十九条　有下列情形之一的，作出行政许可决定的行政机关或者其上级行政机关，

根据利害关系人的请求或者依据职权,可以撤销行政许可:

(一)行政机关工作人员滥用职权、玩忽职守作出准予行政许可决定的;

(二)超越法定职权作出准予行政许可决定的;

(三)违反法定程序作出准予行政许可决定的;

(四)对不具备申请资格或者不符合法定条件的申请人准予行政许可的;

(五)依法可以撤销行政许可的其他情形。

被许可人以欺骗、贿赂等不正当手段取得行政许可的,应当予以撤销。

依照前两款的规定撤销行政许可,可能对公共利益造成重大损害的,不予撤销。

依照本条第一款的规定撤销行政许可,被许可人的合法权益受到损害的,行政机关应当依法给予赔偿。依照本条第二款的规定撤销行政许可的,被许可人基于行政许可取得的利益不受保护。

第七十条　有下列情形之一的,行政机关应当依法办理有关行政许可的注销手续:

(一)行政许可有效期届满未延续的;

(二)赋予公民特定资格的行政许可,该公民死亡或者丧失行为能力的;

(三)法人或者其他组织依法终止的;

(四)行政许可依法被撤销、撤回,或者行政许可证件依法被吊销的;

(五)因不可抗力导致行政许可事项无法实施的;

(六)法律、法规规定的应当注销行政许可的其他情形。

第七章　法律责任

第七十一条　违反本法第十七条规定设定的行政许可,有关机关应当责令设定该行政许可的机关改正,或者依法予以撤销。

第七十二条　行政机关及其工作人员违反本法的规定,有下列情形之一的,由其上级行政机关或者监察机关责令改正;情节严重的,对直接负责的主管人员和其他直接责任人员依法给予行政处分:

(一)对符合法定条件的行政许可申请不予受理的;

(二)不在办公场所公示依法应当公示的材料的;

(三)在受理、审查、决定行政许可过程中,未向申请人、利害关系人履行法定告知义务的;

(四)申请人提交的申请材料不齐全、不符合法定形式,不一次告知申请人必须补正的全部内容的;

(五)违法披露申请人提交的商业秘密、未披露信息或者保密商务信息的;

(六)以转让技术作为取得行政许可的条件,或者在实施行政许可的过程中直接或者间接地要求转让技术的;

(七)未依法说明不受理行政许可申请或者不予行政许可的理由的;

(八)依法应当举行听证而不举行听证的。

第七十三条　行政机关工作人员办理行政许可、实施监督检查,索取或者收受他人财物或者谋取其他利益,构成犯罪的,依法追究刑事责任;尚不构成犯罪的,依法给予行政处分。

第七十四条　行政机关实施行政许可,有下列情形之一的,由其上级行政机关或者监察机关责令改正,对直接负责的主管人员和其他直接责任人员依法给予行政处分;构成犯罪的,依法追究刑事责任:

(一)对不符合法定条件的申请人准予行政许可或者超越法定职权作出准予行政许可决定的;

(二)对符合法定条件的申请人不予行政许可或者不在法定期限内作出准予行政许可决定的;

(三)依法应当根据招标、拍卖结果或者考试成绩择优作出准予行政许可决定,未经招标、拍卖或者考试,或者不根据招标、拍卖结果或者考试成绩择优作出准予行政许可决定的。

第七十五条　行政机关实施行政许可,擅自收费或者不按照法定项目和标准收费的,由其上级行政机关或者监察机关责令退还非法收取的费用;对直接负责的主管人员和其他直接责任人员依法给予行政处分。

截留、挪用、私分或者变相私分实施行政许可依法收取的费用的,予以追缴;对直接负责的主管人员和其他直接责任人员依法给予行政处分;构成犯罪的,依法追究刑事责任。

第七十六条　行政机关违法实施行政许可,给当事人的合法权益造成损害的,应当依照国家赔偿法的规定给予赔偿。

第七十七条　行政机关不依法履行监督职责或者监督不力,造成严重后果的,由其上级行政机关或者监察机关责令改正,对直接负责的主管人员和其他直接责任人员依法给予行政处分;构成犯罪的,依法追究刑事责任。

第七十八条　行政许可申请人隐瞒有关情况或者提供虚假材料申请行政许可的,行政机关不予受理或者不予行政许可,并给予警告;行政许可申请属于直接关系公共安全、人身健康、生命财产安全事项的,申请人在一年内不得再次申请该行政许可。

第七十九条　被许可人以欺骗、贿赂等不正当手段取得行政许可的,行政机关应当依法给予行政处罚;取得的行政许可属于直接关系公共安全、人身健康、生命财产安全事项的,申请人在三年内不得再次申请该行政许可;构成犯罪的,依法追究刑事责任。

第八十条　被许可人有下列行为之一的,行政机关应当依法给予行政处罚;构成犯罪的,依法追究刑事责任:

(一)涂改、倒卖、出租、出借行政许可证件,或者以其他形式非法转让行政许可的;

(二)超越行政许可范围进行活动的;

(三)向负责监督检查的行政机关隐瞒有关情况、提供虚假材料或者拒绝提供反映其活动情况的真实材料的;

(四)法律、法规、规章规定的其他违法行为。

第八十一条　公民、法人或者其他组织未经行政许可,擅自从事依法应当取得行政许可的活动的,行政机关应当依法采取措施予以制止,并依法给予行政处罚;构成犯罪的,依法追究刑事责任。

第八章　附　　则

第八十二条　本法规定的行政机关实施行政许可的期限以工作日计算,不含法定节假日。

第八十三条　本法自2004年7月1日起施行。

本法施行前有关行政许可的规定,制定机关应当依照本法规定予以清理;不符合本法规定的,自本法施行之日起停止执行。

中华人民共和国证券法

(1998年12月29日第九届全国人民代表大会常务委员会第六次会议通过　根据2004年8月28日第十届全国人民代表大会常务委员会第十一次会议《关于修改〈中华人民共和国证券法〉的决定》第一次修正　2005年10月27日第十届全国人民代表大会常务委员会第十八次会议第一次修订　根据2013年6月29日第十二届全国人民代表大会常务委员会第三次会议《关于修改〈中华人民共和国文物保护法〉等十二部法律的决定》第二次修正　根据2014年8月31日第十二届全国人民代表大会常务委员会第十次会议《关于修改〈中华人民共和国保险法〉等五部法律的决定》第三次修正　2019年12月28日第十三届全国人民代表大会常务委员会第十五次会议第二次修订)

目　　录

第一章　总　　则

第一条　为了规范证券发行和交易行为，保护投资者的合法权益，维护社会经济秩序和社会公共利益，促进社会主义市场经济的发展，制定本法。

第二条　在中华人民共和国境内，股票、公司债券、存托凭证和国务院依法认定的其他证券的发行和交易，适用本法；本法未规定的，适用《中华人民共和国公司法》和其他法律、行政法规的规定。

政府债券、证券投资基金份额的上市交易，适用本法；其他法律、行政法规另有规定的，适用其规定。

资产支持证券、资产管理产品发行、交易的管理办法，由国务院依照本法的原则规定。

在中华人民共和国境外的证券发行和交易活动，扰乱中华人民共和国境内市场秩序，损害境内投资者合法权益的，依照本法有关规定处理并追究法律责任。

第三条　证券的发行、交易活动，必须遵循公开、公平、公正的原则。

第四条　证券发行、交易活动的当事人具有平等的法律地位，应当遵守自愿、有偿、诚实信用的原则。

第五条　证券的发行、交易活动，必须遵守法律、行政法规；禁止欺诈、内幕交易和操纵证券市场的行为。

第六条　证券业和银行业、信托业、保险业实行分业经营、分业管理，证券公司与银行、信托、保险业务机构分别设立。国家另有规定的除外。

第七条　国务院证券监督管理机构依法对全国证券市场实行集中统一监督管理。

国务院证券监督管理机构根据需要可以设立派出机构，按照授权履行监督管理职责。

第八条　国家审计机关依法对证券交易场所、证券公司、证券登记结算机构、证券监督管理机构进行审计监督。

第二章　证 券 发 行

第九条　公开发行证券，必须符合法律、行政法规规定的条件，并依法报经国务院证券监督管理机构或者国务院授权的部门注册。未经依法注册，任何单位和个人不得公开发行证券。证券发行注册制的具体范围、实施步骤，由国务院规定。

有下列情形之一的，为公开发行：

（一）向不特定对象发行证券；

（二）向特定对象发行证券累计超过二百人，但依法实施员工持股计划的员工人数不计算在内；

（三）法律、行政法规规定的其他发行行为。

非公开发行证券，不得采用广告、公开劝诱和变相公开方式。

第十条　发行人申请公开发行股票、可转换为股票的公司债券，依法采取承销方式的，或者公开发行法律、行政法规规定实行保荐制度的其他证券的，应当聘请证券公司担任保荐人。

保荐人应当遵守业务规则和行业规范，诚实守信，勤勉尽责，对发行人的申请文件和信息披露资料进行审慎核查，督导发行人规范运作。

保荐人的管理办法由国务院证券监督管理机构规定。

第十一条　设立股份有限公司公开发行股票，应当符合《中华人民共和国公司法》规定的条件和经国务院批准的国务院证券监督管理机构规定的其他条件，向国务院证券监督管理机构报送募股申请和下列文件：

（一）公司章程；

（二）发起人协议；

（三）发起人姓名或者名称，发起人认购的股份数、出资种类及验资证明；

（四）招股说明书；

（五）代收股款银行的名称及地址；

（六）承销机构名称及有关的协议。

依照本法规定聘请保荐人的，还应当报送保荐人出具的发行保荐书。

法律、行政法规规定设立公司必须报经批准的，还应当提交相应的批准文件。

第十二条　公司首次公开发行新股，应当符合下列条件：

（一）具备健全且运行良好的组织机构；

（二）具有持续经营能力；

（三）最近三年财务会计报告被出具无保留意见审计报告；

（四）发行人及其控股股东、实际控制人最近三年不存在贪污、贿赂、侵占财产、挪用财产或者破坏社会主义市场经济秩序的刑事犯罪；

（五）经国务院批准的国务院证券监督管理机构规定的其他条件。

上市公司发行新股，应当符合经国务院批准的国务院证券监督管理机构规定的条件，具体管理办法由国务院证券监督管理机构规定。

公开发行存托凭证的，应当符合首次公开发行新股的条件以及国务院证券监督管理机构规定的其他条件。

第十三条　公司公开发行新股，应当报送募股申请和下列文件：

（一）公司营业执照；

（二）公司章程；

（三）股东大会决议；

（四）招股说明书或者其他公开发行募集文件；

（五）财务会计报告；

（六）代收股款银行的名称及地址。

依照本法规定聘请保荐人的，还应当报送保荐人出具的发行保荐书。依照本法规定实行承销的，还应当报送承销机构名称及有关的协议。

第十四条　公司对公开发行股票所募集资金，必须按照招股说明书或者其他公开发行募集文件所列资金用途使用；改变资金用途，必须经股东大会作出决议。擅自改变用途，未作纠正的，或者未经股东大会认可的，不得公开发行新股。

第十五条　公开发行公司债券，应当符合下列条件：

（一）具备健全且运行良好的组织机构；

（二）最近三年平均可分配利润足以支付公司债券一年的利息；

（三）国务院规定的其他条件。

公开发行公司债券筹集的资金，必须按照公司债券募集办法所列资金用途使用；改变资金用途，必须经债券持有人会议作出决议。公开发行公司债券筹集的资金，不得用于弥补亏损和非生产性支出。

上市公司发行可转换为股票的公司债券，除应当符合第一款规定的条件外，还应当遵守本法第十二条第二款的规定。但是，按照公司债券募集办法，上市公司通过收购本公司股份的方式进行公司债券转换的除外。

第十六条　申请公开发行公司债券，应当向国务院授权的部门或者国务院证券监督管理机构报送下列文件：

（一）公司营业执照；

（二）公司章程；

（三）公司债券募集办法；

（四）国务院授权的部门或者国务院证券监督管理机构规定的其他文件。

依照本法规定聘请保荐人的，还应当报送保荐人出具的发行保荐书。

第十七条　有下列情形之一的，不得再次公开发行公司债券：

（一）对已公开发行的公司债券或者其他债务有违约或者延迟支付本息的事实，仍处于继续状态；

（二）违反本法规定，改变公开发行公司债券所募资金的用途。

第十八条　发行人依法申请公开发行证券所报送的申请文件的格式、报送方式，由依法负责注册的机构或者部门规定。

第十九条　发行人报送的证券发行申请文件，应当充分披露投资者作出价值判断和投资决策所必需的信息，内容应当真实、准确、完整。

为证券发行出具有关文件的证券服务机构和人员，必须严格履行法定职责，保证所出具文件的真实性、准确性和完整性。

第二十条　发行人申请首次公开发行股票的，在提交申请文件后，应当按照国务院证券监督管理机构的规定预先披露有关申请文件。

第二十一条　国务院证券监督管理机构或者国务院授权的部门依照法定条件负责证券发行申请的注册。证券公开发行注册的具体办法由国务院规定。

按照国务院的规定,证券交易所等可以审核公开发行证券申请,判断发行人是否符合发行条件、信息披露要求,督促发行人完善信息披露内容。

依照前两款规定参与证券发行申请注册的人员,不得与发行申请人有利害关系,不得直接或者间接接受发行申请人的馈赠,不得持有所注册的发行申请的证券,不得私下与发行申请人进行接触。

第二十二条　国务院证券监督管理机构或者国务院授权的部门应当自受理证券发行申请文件之日起三个月内,依照法定条件和法定程序作出予以注册或者不予注册的决定,发行人根据要求补充、修改发行申请文件的时间不计算在内。不予注册的,应当说明理由。

第二十三条　证券发行申请经注册后,发行人应当依照法律、行政法规的规定,在证券公开发行前公告公开发行募集文件,并将该文件置备于指定场所供公众查阅。

发行证券的信息依法公开前,任何知情人不得公开或者泄露该信息。

发行人不得在公告公开发行募集文件前发行证券。

第二十四条　国务院证券监督管理机构或者国务院授权的部门对已作出的证券发行注册的决定,发现不符合法定条件或者法定程序,尚未发行证券的,应当予以撤销,停止发行。已经发行尚未上市的,撤销发行注册决定,发行人应当按照发行价并加算银行同期存款利息返还证券持有人;发行人的控股股东、实际控制人以及保荐人,应当与发行人承担连带责任,但是能够证明自己没有过错的除外。

股票的发行人在招股说明书等证券发行文件中隐瞒重要事实或者编造重大虚假内容,已经发行并上市的,国务院证券监督管理机构可以责令发行人回购证券,或者责令负有责任的控股股东、实际控制人买回证券。

第二十五条　股票依法发行后,发行人经营与收益的变化,由发行人自行负责;由此变化引致的投资风险,由投资者自行负责。

第二十六条　发行人向不特定对象发行的证券,法律、行政法规规定应当由证券公司承销的,发行人应当同证券公司签订承销协议。证券承销业务采取代销或者包销方式。

证券代销是指证券公司代发行人发售证券,在承销期结束时,将未售出的证券全部退还给发行人的承销方式。

证券包销是指证券公司将发行人的证券按照协议全部购入或者在承销期结束时将售后剩余证券全部自行购入的承销方式。

第二十七条　公开发行证券的发行人有权依法自主选择承销的证券公司。

第二十八条　证券公司承销证券,应当同发行人签订代销或者包销协议,载明下列事项:

(一)当事人的名称、住所及法定代表人姓名;

(二)代销、包销证券的种类、数量、金额及发行价格;

(三)代销、包销的期限及起止日期;

(四)代销、包销的付款方式及日期;

(五)代销、包销的费用和结算办法;

(六)违约责任;

(七)国务院证券监督管理机构规定的其他事项。

第二十九条　证券公司承销证券,应当对公开发行募集文件的真实性、准确性、完整性进行核查。发现有虚假记载、误导性陈述或者重大遗漏的,不得进行销售活动;已经销售的,必须立即停止销售活动,并采取纠正措施。

证券公司承销证券,不得有下列行为:

(一)进行虚假的或者误导投资者的广告宣传或者其他宣传推介活动;

(二)以不正当竞争手段招揽承销业务;

(三)其他违反证券承销业务规定的行为。

证券公司有前款所列行为,给其他证券承销机构或者投资者造成损失的,应当依法承担赔偿责任。

第三十条　向不特定对象发行证券聘请承销团承销的,承销团应当由主承销和参与承销的证券公司组成。

第三十一条　证券的代销、包销期限最长不得超过九十日。

证券公司在代销、包销期内,对所代销、包销的证券应当保证先行出售给认购人,证券公司不得为本公司预留所代销的证券和预先购入并留存所包销的证券。

第三十二条　股票发行采取溢价发行的，其发行价格由发行人与承销的证券公司协商确定。

第三十三条　股票发行采用代销方式，代销期限届满，向投资者出售的股票数量未达到拟公开发行股票数量百分之七十的，为发行失败。发行人应当按照发行价并加算银行同期存款利息返还股票认购人。

第三十四条　公开发行股票，代销、包销期限届满，发行人应当在规定的期限内将股票发行情况报国务院证券监督管理机构备案。

第三章　证券交易

第一节　一般规定

第三十五条　证券交易当事人依法买卖的证券，必须是依法发行并交付的证券。

非依法发行的证券，不得买卖。

第三十六条　依法发行的证券，《中华人民共和国公司法》和其他法律对其转让期限有限制性规定的，在限定的期限内不得转让。

上市公司持有百分之五以上股份的股东、实际控制人、董事、监事、高级管理人员，以及其他持有发行人首次公开发行前发行的股份或者上市公司向特定对象发行的股份的股东，转让其持有的本公司股份的，不得违反法律、行政法规和国务院证券监督管理机构关于持有期限、卖出时间、卖出数量、卖出方式、信息披露等规定，并应当遵守证券交易所的业务规则。

第三十七条　公开发行的证券，应当在依法设立的证券交易所上市交易或者在国务院批准的其他全国性证券交易场所交易。

非公开发行的证券，可以在证券交易所、国务院批准的其他全国性证券交易场所、按照国务院规定设立的区域性股权市场转让。

第三十八条　证券在证券交易所上市交易，应当采用公开的集中交易方式或者国务院证券监督管理机构批准的其他方式。

第三十九条　证券交易当事人买卖的证券可以采用纸面形式或者国务院证券监督管理机构规定的其他形式。

第四十条　证券交易场所、证券公司和证券登记结算机构的从业人员，证券监督管理机构的工作人员以及法律、行政法规规定禁止参与股票交易的其他人员，在任期或者法定限期内，不得直接或者以化名、借他人名义持有、买卖股票或者其他具有股权性质的证券，也不得收受他人赠送的股票或者其他具有股权性质的证券。

任何人在成为前款所列人员时，其原已持有的股票或者其他具有股权性质的证券，必须依法转让。

实施股权激励计划或者员工持股计划的证券公司的从业人员，可以按照国务院证券监督管理机构的规定持有、卖出本公司股票或者其他具有股权性质的证券。

第四十一条　证券交易场所、证券公司、证券登记结算机构、证券服务机构及其工作人员应当依法为投资者的信息保密，不得非法买卖、提供或者公开投资者的信息。

证券交易场所、证券公司、证券登记结算机构、证券服务机构及其工作人员不得泄露所知悉的商业秘密。

第四十二条　为证券发行出具审计报告或者法律意见书等文件的证券服务机构和人员，在该证券承销期内和期满后六个月内，不得买卖该证券。

除前款规定外，为发行人及其控股股东、实际控制人，或者收购人、重大资产交易方出具审计报告或者法律意见书等文件的证券服务机构和人员，自接受委托之日起至上述文件公开后五日内，不得买卖该证券。实际开展上述有关工作之日早于接受委托之日的，自实际开展上述有关工作之日起至上述文件公开后五日内，不得买卖该证券。

第四十三条　证券交易的收费必须合理，并公开收费项目、收费标准和管理办法。

第四十四条　上市公司、股票在国务院批准的其他全国性证券交易场所交易的公司持有百分之五以上股份的股东、董事、监事、高级管理人员，将其持有的该公司的股票或者其他具有股权性质的证券在买入后六个月内卖出，或者在卖出后六个月内又买入，由此所得收益归该公司所有，公司董事会应当收回其所得收益。但是，证券公司因购入包销售后剩余股票而持有百分之五以上股份,以及有国务院证券监督管理机构规定的其他情形的除外。

前款所称董事、监事、高级管理人员、自然人股东持有的股票或者其他具有股权性质的证券,包括其配偶、父母、子女持有的及利用他人账户持有的股票或者其他具有股权性质的证券。

公司董事会不按照第一款规定执行的,股东有权要求董事会在三十日内执行。公司董事会未在上述期限内执行的,股东有权为了公司的利益以自己的名义直接向人民法院提起诉讼。

公司董事会不按照第一款的规定执行的,负有责任的董事依法承担连带责任。

第四十五条 通过计算机程序自动生成或者下达交易指令进行程序化交易的,应当符合国务院证券监督管理机构的规定,并向证券交易所报告,不得影响证券交易所系统安全或者正常交易秩序。

第二节 证 券 上 市

第四十六条 申请证券上市交易,应当向证券交易所提出申请,由证券交易所依法审核同意,并由双方签订上市协议。

证券交易所根据国务院授权的部门的决定安排政府债券上市交易。

第四十七条 申请证券上市交易,应当符合证券交易所上市规则规定的上市条件。

证券交易所上市规则规定的上市条件,应当对发行人的经营年限、财务状况、最低公开发行比例和公司治理、诚信记录等提出要求。

第四十八条 上市交易的证券,有证券交易所规定的终止上市情形的,由证券交易所按照业务规则终止其上市交易。

证券交易所决定终止证券上市交易的,应当及时公告,并报国务院证券监督管理机构备案。

第四十九条 对证券交易所作出的不予上市交易、终止上市交易决定不服的,可以向证券交易所设立的复核机构申请复核。

第三节 禁止的交易行为

第五十条 禁止证券交易内幕信息的知情人和非法获取内幕信息的人利用内幕信息从事证券交易活动。

第五十一条 证券交易内幕信息的知情人包括:

(一)发行人及其董事、监事、高级管理人员;

(二)持有公司百分之五以上股份的股东及其董事、监事、高级管理人员,公司的实际控制人及其董事、监事、高级管理人员;

(三)发行人控股或者实际控制的公司及其董事、监事、高级管理人员;

(四)由于所任公司职务或者因与公司业务往来可以获取公司有关内幕信息的人员;

(五)上市公司收购人或者重大资产交易方及其控股股东、实际控制人、董事、监事和高级管理人员;

(六)因职务、工作可以获取内幕信息的证券交易场所、证券公司、证券登记结算机构、证券服务机构的有关人员;

(七)因职责、工作可以获取内幕信息的证券监督管理机构工作人员;

(八)因法定职责对证券的发行、交易或者对上市公司及其收购、重大资产交易进行管理可以获取内幕信息的有关主管部门、监管机构的工作人员;

(九)国务院证券监督管理机构规定的可以获取内幕信息的其他人员。

第五十二条 证券交易活动中,涉及发行人的经营、财务或者对该发行人证券的市场价格有重大影响的尚未公开的信息,为内幕信息。

本法第八十条第二款、第八十一条第二款所列重大事件属于内幕信息。

第五十三条 证券交易内幕信息的知情人和非法获取内幕信息的人,在内幕信息公开前,不得买卖该公司的证券,或者泄露该信息,或者建议他人买卖该证券。

持有或者通过协议、其他安排与他人共同持有公司百分之五以上股份的自然人、法人、非法人组织收购上市公司的股份,本法另有规定的,适用其规定。

内幕交易行为给投资者造成损失的,应当依法承担赔偿责任。

第五十四条 禁止证券交易场所、证券公司、证券登记结算机构、证券服务机构和其他金融机构的从业人员、有关监管部门或者行业协会的工作人员，利用因职务便利获取的内幕信息以外的其他未公开的信息，违反规定，从事与该信息相关的证券交易活动，或者明示、暗示他人从事相关交易活动。

利用未公开信息进行交易给投资者造成损失的，应当依法承担赔偿责任。

第五十五条 禁止任何人以下列手段操纵证券市场，影响或者意图影响证券交易价格或者证券交易量：

（一）单独或者通过合谋，集中资金优势、持股优势或者利用信息优势联合或者连续买卖；

（二）与他人串通，以事先约定的时间、价格和方式相互进行证券交易；

（三）在自己实际控制的账户之间进行证券交易；

（四）不以成交为目的，频繁或者大量申报并撤销申报；

（五）利用虚假或者不确定的重大信息，诱导投资者进行证券交易；

（六）对证券、发行人公开作出评价、预测或者投资建议，并进行反向证券交易；

（七）利用在其他相关市场的活动操纵证券市场；

（八）操纵证券市场的其他手段。

操纵证券市场行为给投资者造成损失的，应当依法承担赔偿责任。

第五十六条 禁止任何单位和个人编造、传播虚假信息或者误导性信息，扰乱证券市场。

禁止证券交易场所、证券公司、证券登记结算机构、证券服务机构及其从业人员，证券业协会、证券监督管理机构及其工作人员，在证券交易活动中作出虚假陈述或者信息误导。

各种传播媒介传播证券市场信息必须真实、客观，禁止误导。传播媒介及其从事证券市场信息报道的工作人员不得从事与其工作职责发生利益冲突的证券买卖。

编造、传播虚假信息或者误导性信息，扰乱证券市场，给投资者造成损失的，应当依法承担赔偿责任。

第五十七条 禁止证券公司及其从业人员从事下列损害客户利益的行为：

（一）违背客户的委托为其买卖证券；

（二）不在规定时间内向客户提供交易的确认文件；

（三）未经客户的委托，擅自为客户买卖证券，或者假借客户的名义买卖证券；

（四）为牟取佣金收入，诱使客户进行不必要的证券买卖；

（五）其他违背客户真实意思表示，损害客户利益的行为。

违反前款规定给客户造成损失的，应当依法承担赔偿责任。

第五十八条 任何单位和个人不得违反规定，出借自己的证券账户或者借用他人的证券账户从事证券交易。

第五十九条 依法拓宽资金入市渠道，禁止资金违规流入股市。

禁止投资者违规利用财政资金、银行信贷资金买卖证券。

第六十条 国有独资企业、国有独资公司、国有资本控股公司买卖上市交易的股票，必须遵守国家有关规定。

第六十一条 证券交易场所、证券公司、证券登记结算机构、证券服务机构及其从业人员对证券交易中发现的禁止的交易行为，应当及时向证券监督管理机构报告。

第四章 上市公司的收购

第六十二条 投资者可以采取要约收购、协议收购及其他合法方式收购上市公司。

第六十三条 通过证券交易所的证券交易，投资者持有或者通过协议、其他安排与他人共同持有一个上市公司已发行的有表决权股份达到百分之五时，应当在该事实发生之日起三日内，向国务院证券监督管理机构、证券交易所作出书面报告，通知该上市公司，并予公告，在上述期限内不得再行买卖该上市公司的股票，但国务院证券监督管理机构规定的情形除外。

投资者持有或者通过协议、其他安排与他人共同持有一个上市公司已发行的有表决权股份达到百分之五后，其所持该上市公司已发行的有表决权股份比例每增加或者减少百分之五，应当依照前款规定进行报告和公告，在该事实发生之日起至公告后三日内，不得再行买卖该上市公司的股票，但国务院证券监督管理机构规定的情形除外。

投资者持有或者通过协议、其他安排与他人共同持有一个上市公司已发行的有表决权股份达到百分之五后,其所持该上市公司已发行的有表决权股份比例每增加或者减少百分之一,应当在该事实发生的次日通知该上市公司,并予公告。

违反第一款、第二款规定买入上市公司有表决权的股份的,在买入后的三十六个月内,对该超过规定比例部分的股份不得行使表决权。

第六十四条 依照前条规定所作的公告,应当包括下列内容:

(一)持股人的名称、住所;

(二)持有的股票的名称、数额;

(三)持股达到法定比例或者持股增减变化达到法定比例的日期、增持股份的资金来源;

(四)在上市公司中拥有有表决权的股份变动的时间及方式。

第六十五条 通过证券交易所的证券交易,投资者持有或者通过协议、其他安排与他人共同持有一个上市公司已发行的有表决权股份达到百分之三十时,继续进行收购的,应当依法向该上市公司所有股东发出收购上市公司全部或者部分股份的要约。

收购上市公司部分股份的要约应当约定,被收购公司股东承诺出售的股份数额超过预定收购的股份数额的,收购人按比例进行收购。

第六十六条 依照前条规定发出收购要约,收购人必须公告上市公司收购报告书,并载明下列事项:

(一)收购人的名称、住所;

(二)收购人关于收购的决定;

(三)被收购的上市公司名称;

(四)收购目的;

(五)收购股份的详细名称和预定收购的股份数额;

(六)收购期限、收购价格;

(七)收购所需资金额及资金保证;

(八)公告上市公司收购报告书时持有被收购公司股份数占该公司已发行的股份总数的比例。

第六十七条 收购要约约定的收购期限不得少于三十日,并不得超过六十日。

第六十八条 在收购要约确定的承诺期限内,收购人不得撤销其收购要约。收购人需要变更收购要约的,应当及时公告,载明具体变更事项,且不得存在下列情形:

(一)降低收购价格;

(二)减少预定收购股份数额;

(三)缩短收购期限;

(四)国务院证券监督管理机构规定的其他情形。

第六十九条 收购要约提出的各项收购条件,适用于被收购公司的所有股东。

上市公司发行不同种类股份的,收购人可以针对不同种类股份提出不同的收购条件。

第七十条 采取要约收购方式的,收购人在收购期限内,不得卖出被收购公司的股票,也不得采取要约规定以外的形式和超出要约的条件买入被收购公司的股票。

第七十一条 采取协议收购方式的,收购人可以依照法律、行政法规的规定同被收购公司的股东以协议方式进行股份转让。

以协议方式收购上市公司时,达成协议后,收购人必须在三日内将该收购协议向国务院证券监督管理机构及证券交易所作出书面报告,并予公告。

在公告前不得履行收购协议。

第七十二条 采取协议收购方式的,协议双方可以临时委托证券登记结算机构保管协议转让的股票,并将资金存放于指定的银行。

第七十三条 采取协议收购方式的,收购人收购或者通过协议、其他安排与他人共同收购一个上市公司已发行的有表决权股份达到百分之三十时,继续进行收购的,应当依法向该上市公司所有股东发出收购上市公司全部或者部分股份的要约。但是,按照国务院证券监督管理机构的规定免除发出要约的除外。

收购人依照前款规定以要约方式收购上市公司股份,应当遵守本法第六十五条第二款、第六十六条至第七十条的规定。

第七十四条 收购期限届满,被收购公司股权分布不符合证券交易所规定的上市交易要求的,该上市公司的股票应当由证券交易所依法终止上市交易;其余仍持有被收购公司股票的股东,有权向收购人以收购要约的同等条件出售其股票,收购人应当收购。

收购行为完成后,被收购公司不再具备股

份有限公司条件的，应当依法变更企业形式。

第七十五条　在上市公司收购中，收购人持有的被收购的上市公司的股票，在收购行为完成后的十八个月内不得转让。

第七十六条　收购行为完成后，收购人与被收购公司合并，并将该公司解散的，被解散公司的原有股票由收购人依法更换。

收购行为完成后，收购人应当在十五日内将收购情况报告国务院证券监督管理机构和证券交易所，并予公告。

第七十七条　国务院证券监督管理机构依照本法制定上市公司收购的具体办法。

上市公司分立或者被其他公司合并，应当向国务院证券监督管理机构报告，并予公告。

第五章　信息披露

第七十八条　发行人及法律、行政法规和国务院证券监督管理机构规定的其他信息披露义务人，应当及时依法履行信息披露义务。

信息披露义务人披露的信息，应当真实、准确、完整，简明清晰，通俗易懂，不得有虚假记载、误导性陈述或者重大遗漏。

证券同时在境内境外公开发行、交易的，其信息披露义务人在境外披露的信息，应当在境内同时披露。

第七十九条　上市公司、公司债券上市交易的公司、股票在国务院批准的其他全国性证券交易场所交易的公司，应当按照国务院证券监督管理机构和证券交易场所规定的内容和格式编制定期报告，并按照以下规定报送和公告：

（一）在每一会计年度结束之日起四个月内，报送并公告年度报告，其中的年度财务会计报告应当经符合本法规定的会计师事务所审计；

（二）在每一会计年度的上半年结束之日起二个月内，报送并公告中期报告。

第八十条　发生可能对上市公司、股票在国务院批准的其他全国性证券交易场所交易的公司的股票交易价格产生较大影响的重大事件，投资者尚未得知时，公司应当立即将有关该重大事件的情况向国务院证券监督管理机构和证券交易场所报送临时报告，并予公告，说明事件的起因、目前的状态和可能产生的法律后果。

前款所称重大事件包括：

（一）公司的经营方针和经营范围的重大变化；

（二）公司的重大投资行为，公司在一年内购买、出售重大资产超过公司资产总额百分之三十，或者公司营业用主要资产的抵押、质押、出售或者报废一次超过该资产的百分之三十；

（三）公司订立重要合同、提供重大担保或者从事关联交易，可能对公司的资产、负债、权益和经营成果产生重要影响；

（四）公司发生重大债务和未能清偿到期重大债务的违约情况；

（五）公司发生重大亏损或者重大损失；

（六）公司生产经营的外部条件发生的重大变化；

（七）公司的董事、三分之一以上监事或者经理发生变动，董事长或者经理无法履行职责；

（八）持有公司百分之五以上股份的股东或者实际控制人持有股份或者控制公司的情况发生较大变化，公司的实际控制人及其控制的其他企业从事与公司相同或者相似业务的情况发生较大变化；

（九）公司分配股利、增资的计划，公司股权结构的重要变化，公司减资、合并、分立、解散及申请破产的决定，或者依法进入破产程序、被责令关闭；

（十）涉及公司的重大诉讼、仲裁，股东大会、董事会决议被依法撤销或者宣告无效；

（十一）公司涉嫌犯罪被依法立案调查，公司的控股股东、实际控制人、董事、监事、高级管理人员涉嫌犯罪被依法采取强制措施；

（十二）国务院证券监督管理机构规定的其他事项。

公司的控股股东或者实际控制人对重大事件的发生、进展产生较大影响的，应当及时将其知悉的有关情况书面告知公司，并配合公司履行信息披露义务。

第八十一条　发生可能对上市交易公司债券的交易价格产生较大影响的重大事件，投资者尚未得知时，公司应当立即将有关该重大事件的情况向国务院证券监督管理机构和证券交易场所报送临时报告，并予公告，说明事件的起因、目前的状态和可能产生的法律后果。

前款所称重大事件包括：

(一)公司股权结构或者生产经营状况发生重大变化;

(二)公司债券信用评级发生变化;

(三)公司重大资产抵押、质押、出售、转让、报废;

(四)公司发生未能清偿到期债务的情况;

(五)公司新增借款或者对外提供担保超过上年末净资产的百分之二十;

(六)公司放弃债权或者财产超过上年末净资产的百分之十;

(七)公司发生超过上年末净资产百分之十的重大损失;

(八)公司分配股利,作出减资、合并、分立、解散及申请破产的决定,或者依法进入破产程序、被责令关闭;

(九)涉及公司的重大诉讼、仲裁;

(十)公司涉嫌犯罪被依法立案调查,公司的控股股东、实际控制人、董事、监事、高级管理人员涉嫌犯罪被依法采取强制措施;

(十一)国务院证券监督管理机构规定的其他事项。

第八十二条　发行人的董事、高级管理人员应当对证券发行文件和定期报告签署书面确认意见。

发行人的监事会应当对董事会编制的证券发行文件和定期报告进行审核并提出书面审核意见。监事应当签署书面确认意见。

发行人的董事、监事和高级管理人员应当保证发行人及时、公平地披露信息,所披露的信息真实、准确、完整。

董事、监事和高级管理人员无法保证证券发行文件和定期报告内容的真实性、准确性、完整性或者有异议的,应当在书面确认意见中发表意见并陈述理由,发行人应当披露。发行人不予披露的,董事、监事和高级管理人员可以直接申请披露。

第八十三条　信息披露义务人披露的信息应当同时向所有投资者披露,不得提前向任何单位和个人泄露。但是,法律、行政法规另有规定的除外。

任何单位和个人不得非法要求信息披露义务人提供依法需要披露但尚未披露的信息。任何单位和个人提前获知的前述信息,在依法披露前应当保密。

第八十四条　除依法需要披露的信息之外,信息披露义务人可以自愿披露与投资者作出价值判断和投资决策有关的信息,但不得与依法披露的信息相冲突,不得误导投资者。

发行人及其控股股东、实际控制人、董事、监事、高级管理人员等作出公开承诺的,应当披露。不履行承诺给投资者造成损失的,应当依法承担赔偿责任。

第八十五条　信息披露义务人未按照规定披露信息,或者公告的证券发行文件、定期报告、临时报告及其他信息披露资料存在虚假记载、误导性陈述或者重大遗漏,致使投资者在证券交易中遭受损失的,信息披露义务人应当承担赔偿责任;发行人的控股股东、实际控制人、董事、监事、高级管理人员和其他直接责任人员以及保荐人、承销的证券公司及其直接责任人员,应当与发行人承担连带赔偿责任,但是能够证明自己没有过错的除外。

第八十六条　依法披露的信息,应当在证券交易场所的网站和符合国务院证券监督管理机构规定条件的媒体发布,同时将其置备于公司住所、证券交易场所,供社会公众查阅。

第八十七条　国务院证券监督管理机构对信息披露义务人的信息披露行为进行监督管理。

证券交易场所应当对其组织交易的证券的信息披露义务人的信息披露行为进行监督,督促其依法及时、准确地披露信息。

第六章　投资者保护

第八十八条　证券公司向投资者销售证券、提供服务时,应当按照规定充分了解投资者的基本情况、财产状况、金融资产状况、投资知识和经验、专业能力等相关信息;如实说明证券、服务的重要内容,充分揭示投资风险;销售、提供与投资者上述状况相匹配的证券、服务。

投资者在购买证券或者接受服务时,应当按照证券公司明示的要求提供前款所列真实信息。拒绝提供或者未按照要求提供信息的,证券公司应当告知其后果,并按照规定拒绝向其销售证券、提供服务。

证券公司违反第一款规定导致投资者损失的,应当承担相应的赔偿责任。

第八十九条 根据财产状况、金融资产状况、投资知识和经验、专业能力等因素,投资者可以分为普通投资者和专业投资者。专业投资者的标准由国务院证券监督管理机构规定。

普通投资者与证券公司发生纠纷的,证券公司应当证明其行为符合法律、行政法规以及国务院证券监督管理机构的规定,不存在误导、欺诈等情形。证券公司不能证明的,应当承担相应的赔偿责任。

第九十条 上市公司董事会、独立董事、持有百分之一以上有表决权股份的股东或者依照法律、行政法规或者国务院证券监督管理机构的规定设立的投资者保护机构(以下简称投资者保护机构),可以作为征集人,自行或者委托证券公司、证券服务机构,公开请求上市公司股东委托其代为出席股东大会,并代为行使提案权、表决权等股东权利。

依照前款规定征集股东权利的,征集人应当披露征集文件,上市公司应当予以配合。

禁止以有偿或者变相有偿的方式公开征集股东权利。

公开征集股东权利违反法律、行政法规或者国务院证券监督管理机构有关规定,导致上市公司或者其股东遭受损失的,应当依法承担赔偿责任。

第九十一条 上市公司应当在章程中明确分配现金股利的具体安排和决策程序,依法保障股东的资产收益权。

上市公司当年税后利润,在弥补亏损及提取法定公积金后有盈余的,应当按照公司章程的规定分配现金股利。

第九十二条 公开发行公司债券的,应当设立债券持有人会议,并应当在募集说明书中说明债券持有人会议的召集程序、会议规则和其他重要事项。

公开发行公司债券的,发行人应当为债券持有人聘请债券受托管理人,并订立债券受托管理协议。受托管理人应当由本次发行的承销机构或者其他经国务院证券监督管理机构认可的机构担任,债券持有人会议可以决议变更债券受托管理人。债券受托管理人应当勤勉尽责,公正履行受托管理职责,不得损害债券持有人利益。

债券发行人未能按期兑付债券本息的,债券受托管理人可以接受全部或者部分债券持有人的委托,以自己名义代表债券持有人提起、参加民事诉讼或者清算程序。

第九十三条 发行人因欺诈发行、虚假陈述或者其他重大违法行为给投资者造成损失的,发行人的控股股东、实际控制人、相关的证券公司可以委托投资者保护机构,就赔偿事宜与受到损失的投资者达成协议,予以先行赔付。先行赔付后,可以依法向发行人以及其他连带责任人追偿。

第九十四条 投资者与发行人、证券公司等发生纠纷的,双方可以向投资者保护机构申请调解。普通投资者与证券公司发生证券业务纠纷,普通投资者提出调解请求的,证券公司不得拒绝。

投资者保护机构对损害投资者利益的行为,可以依法支持投资者向人民法院提起诉讼。

发行人的董事、监事、高级管理人员执行公司职务时违反法律、行政法规或者公司章程的规定给公司造成损失,发行人的控股股东、实际控制人等侵犯公司合法权益给公司造成损失,投资者保护机构持有该公司股份的,可以为公司的利益以自己的名义向人民法院提起诉讼,持股比例和持股期限不受《中华人民共和国公司法》规定的限制。

第九十五条 投资者提起虚假陈述等证券民事赔偿诉讼时,诉讼标的是同一种类,且当事人一方人数众多的,可以依法推选代表人进行诉讼。

对按照前款规定提起的诉讼,可能存在有相同诉讼请求的其他众多投资者的,人民法院可以发出公告,说明该诉讼请求的案件情况,通知投资者在一定期间向人民法院登记。人民法院作出的判决、裁定,对参加登记的投资者发生效力。

投资者保护机构受五十名以上投资者委托,可以作为代表人参加诉讼,并为经证券登记结算机构确认的权利人依照前款规定向人民法院登记,但投资者明确表示不愿意参加该诉讼的除外。

第七章 证券交易场所

第九十六条 证券交易所、国务院批准的其他全国性证券交易场所为证券集中交易提供场所和设施,组织和监督证券交易,实行自律管理,依法登记,取得法人资格。

证券交易所、国务院批准的其他全国性证券交易场所的设立、变更和解散由国务院决定。

国务院批准的其他全国性证券交易场所的组织机构、管理办法等,由国务院规定。

第九十七条　证券交易所、国务院批准的其他全国性证券交易场所可以根据证券品种、行业特点、公司规模等因素设立不同的市场层次。

第九十八条　按照国务院规定设立的区域性股权市场为非公开发行证券的发行、转让提供场所和设施,具体管理办法由国务院规定。

第九十九条　证券交易所履行自律管理职能,应当遵守社会公共利益优先原则,维护市场的公平、有序、透明。

设立证券交易所必须制定章程。证券交易所章程的制定和修改,必须经国务院证券监督管理机构批准。

第一百条　证券交易所必须在其名称中标明证券交易所字样。其他任何单位或者个人不得使用证券交易所或者近似的名称。

第一百零一条　证券交易所可以自行支配的各项费用收入,应当首先用于保证其证券交易场所和设施的正常运行并逐步改善。

实行会员制的证券交易所的财产积累归会员所有,其权益由会员共同享有,在其存续期间,不得将其财产积累分配给会员。

第一百零二条　实行会员制的证券交易所设理事会、监事会。

证券交易所设总经理一人,由国务院证券监督管理机构任免。

第一百零三条　有《中华人民共和国公司法》第一百四十六条规定的情形或者下列情形之一的,不得担任证券交易所的负责人:

(一)因违法行为或者违纪行为被解除职务的证券交易场所、证券登记结算机构的负责人或者证券公司的董事、监事、高级管理人员,自被解除职务之日起未逾五年;

(二)因违法行为或者违纪行为被吊销执业证书或者被取消资格的律师、注册会计师或者其他证券服务机构的专业人员,自被吊销执业证书或者被取消资格之日起未逾五年。

第一百零四条　因违法行为或者违纪行为被开除的证券交易场所、证券公司、证券登记结算机构、证券服务机构的从业人员和被开除的国家机关工作人员,不得招聘为证券交易所的从业人员。

第一百零五条　进入实行会员制的证券交易所参与集中交易的,必须是证券交易所的会员。证券交易所不得允许非会员直接参与股票的集中交易。

第一百零六条　投资者应当与证券公司签订证券交易委托协议,并在证券公司实名开立账户,以书面、电话、自助终端、网络等方式,委托该证券公司代其买卖证券。

第一百零七条　证券公司为投资者开立账户,应当按照规定对投资者提供的身份信息进行核对。

证券公司不得将投资者的账户提供给他人使用。

投资者应当使用实名开立的账户进行交易。

第一百零八条　证券公司根据投资者的委托,按照证券交易规则提出交易申报,参与证券交易所场内的集中交易,并根据成交结果承担相应的清算交收责任。证券登记结算机构根据成交结果,按照清算交收规则,与证券公司进行证券和资金的清算交收,并为证券公司客户办理证券的登记过户手续。

第一百零九条　证券交易所应当为组织公平的集中交易提供保障,实时公布证券交易即时行情,并按交易日制作证券市场行情表,予以公布。

证券交易即时行情的权益由证券交易所依法享有。未经证券交易所许可,任何单位和个人不得发布证券交易即时行情。

第一百一十条　上市公司可以向证券交易所申请其上市交易股票的停牌或者复牌,但不得滥用停牌或者复牌损害投资者的合法权益。

证券交易所可以按照业务规则的规定,决定上市交易股票的停牌或者复牌。

第一百一十一条　因不可抗力、意外事件、重大技术故障、重大人为差错等突发性事件而影响证券交易正常进行时,为维护证券交易正常秩序和市场公平,证券交易所可以按照业务规则采取技术性停牌、临时停市等处置措施,并应当及时向国务院证券监督管理机构报告。

因前款规定的突发性事件导致证券交易结果出现重大异常，按交易结果进行交收将对证券交易正常秩序和市场公平造成重大影响的，证券交易所按照业务规则可以采取取消交易、通知证券登记结算机构暂缓交收等措施，并应当及时向国务院证券监督管理机构报告并公告。

证券交易所对其依照本条规定采取措施造成的损失，不承担民事赔偿责任，但存在重大过错的除外。

第一百一十二条　证券交易所对证券交易实行实时监控，并按照国务院证券监督管理机构的要求，对异常的交易情况提出报告。

证券交易所根据需要，可以按照业务规则对出现重大异常交易情况的证券账户的投资者限制交易，并及时报告国务院证券监督管理机构。

第一百一十三条　证券交易所应当加强对证券交易的风险监测，出现重大异常波动的，证券交易所可以按照业务规则采取限制交易、强制停牌等处置措施，并向国务院证券监督管理机构报告；严重影响证券市场稳定的，证券交易所可以按照业务规则采取临时停市等处置措施并公告。

证券交易所对其依照本条规定采取措施造成的损失，不承担民事赔偿责任，但存在重大过错的除外。

第一百一十四条　证券交易所应当从其收取的交易费用和会员费、席位费中提取一定比例的金额设立风险基金。风险基金由证券交易所理事会管理。

风险基金提取的具体比例和使用办法，由国务院证券监督管理机构会同国务院财政部门规定。

证券交易所应当将收存的风险基金存入开户银行专门账户，不得擅自使用。

第一百一十五条　证券交易所依照法律、行政法规和国务院证券监督管理机构的规定，制定上市规则、交易规则、会员管理规则和其他有关业务规则，并报国务院证券监督管理机构批准。

在证券交易所从事证券交易，应当遵守证券交易所依法制定的业务规则。违反业务规则的，由证券交易所给予纪律处分或者采取其他自律管理措施。

第一百一十六条　证券交易所的负责人和其他从业人员执行与证券交易有关的职务时，与其本人或者其亲属有利害关系的，应当回避。

第一百一十七条　按照依法制定的交易规则进行的交易，不得改变其交易结果，但本法第一百一十一条第二款规定的除外。对交易中违规交易者应负的民事责任不得免除；在违规交易中所获利益，依照有关规定处理。

第八章　证券公司

第一百一十八条　设立证券公司，应当具备下列条件，并经国务院证券监督管理机构批准：

（一）有符合法律、行政法规规定的公司章程；

（二）主要股东及公司的实际控制人具有良好的财务状况和诚信记录，最近三年无重大违法违规记录；

（三）有符合本法规定的公司注册资本；

（四）董事、监事、高级管理人员、从业人员符合本法规定的条件；

（五）有完善的风险管理与内部控制制度；

（六）有合格的经营场所、业务设施和信息技术系统；

（七）法律、行政法规和经国务院批准的国务院证券监督管理机构规定的其他条件。

未经国务院证券监督管理机构批准，任何单位和个人不得以证券公司名义开展证券业务活动。

第一百一十九条　国务院证券监督管理机构应当自受理证券公司设立申请之日起六个月内，依照法定条件和法定程序并根据审慎监管原则进行审查，作出批准或者不予批准的决定，并通知申请人；不予批准的，应当说明理由。

证券公司设立申请获得批准的，申请人应当在规定的期限内向公司登记机关申请设立登记，领取营业执照。

证券公司应当自领取营业执照之日起十五日内，向国务院证券监督管理机构申请经营证券业务许可证。未取得经营证券业务许可证，证券公司不得经营证券业务。

第一百二十条　经国务院证券监督管理机构核准,取得经营证券业务许可证,证券公司可以经营下列部分或者全部证券业务:

(一)证券经纪;

(二)证券投资咨询;

(三)与证券交易、证券投资活动有关的财务顾问;

(四)证券承销与保荐;

(五)证券融资融券;

(六)证券做市交易;

(七)证券自营;

(八)其他证券业务。

国务院证券监督管理机构应当自受理前款规定事项申请之日起三个月内,依照法定条件和程序进行审查,作出核准或者不予核准的决定,并通知申请人;不予核准的,应当说明理由。

证券公司经营证券资产管理业务的,应当符合《中华人民共和国证券投资基金法》等法律、行政法规的规定。

除证券公司外,任何单位和个人不得从事证券承销、证券保荐、证券经纪和证券融资融券业务。

证券公司从事证券融资融券业务,应当采取措施,严格防范和控制风险,不得违反规定向客户出借资金或者证券。

第一百二十一条　证券公司经营本法第一百二十条第一款第(一)项至第(三)项业务的,注册资本最低限额为人民币五千万元;经营第(四)项至第(八)项业务之一的,注册资本最低限额为人民币一亿元;经营第(四)项至第(八)项业务中两项以上的,注册资本最低限额为人民币五亿元。证券公司的注册资本应当是实缴资本。

国务院证券监督管理机构根据审慎监管原则和各项业务的风险程度,可以调整注册资本最低限额,但不得少于前款规定的限额。

第一百二十二条　证券公司变更证券业务范围,变更主要股东或者公司的实际控制人,合并、分立、停业、解散、破产,应当经国务院证券监督管理机构核准。

第一百二十三条　国务院证券监督管理机构应当对证券公司净资本和其他风险控制指标作出规定。

证券公司除依照规定为其客户提供融资融券外,不得为其股东或者股东的关联人提供融资或者担保。

第一百二十四条　证券公司的董事、监事、高级管理人员,应当正直诚实、品行良好,熟悉证券法律、行政法规,具有履行职责所需的经营管理能力。证券公司任免董事、监事、高级管理人员,应当报国务院证券监督管理机构备案。

有《中华人民共和国公司法》第一百四十六条规定的情形或者下列情形之一的,不得担任证券公司的董事、监事、高级管理人员:

(一)因违法行为或者违纪行为被解除职务的证券交易场所、证券登记结算机构的负责人或者证券公司的董事、监事、高级管理人员,自被解除职务之日起未逾五年;

(二)因违法行为或者违纪行为被吊销执业证书或者被取消资格的律师、注册会计师或者其他证券服务机构的专业人员,自被吊销执业证书或者被取消资格之日起未逾五年。

第一百二十五条　证券公司从事证券业务的人员应当品行良好,具备从事证券业务所需的专业能力。

因违法行为或者违纪行为被开除的证券交易场所、证券公司、证券登记结算机构、证券服务机构的从业人员和被开除的国家机关工作人员,不得招聘为证券公司的从业人员。

国家机关工作人员和法律、行政法规规定的禁止在公司中兼职的其他人员,不得在证券公司中兼任职务。

第一百二十六条　国家设立证券投资者保护基金。证券投资者保护基金由证券公司缴纳的资金及其他依法筹集的资金组成,其规模以及筹集、管理和使用的具体办法由国务院规定。

第一百二十七条　证券公司从每年的业务收入中提取交易风险准备金,用于弥补证券经营的损失,其提取的具体比例由国务院证券监督管理机构会同国务院财政部门规定。

第一百二十八条　证券公司应当建立健全内部控制制度,采取有效隔离措施,防范公司与客户之间、不同客户之间的利益冲突。

证券公司必须将其证券经纪业务、证券承销业务、证券自营业务、证券做市业务和证券资产管理业务分开办理,不得混合操作。

第一百二十九条　证券公司的自营业务必须以自己的名义进行,不得假借他人名义或者以个人名义进行。

证券公司的自营业务必须使用自有资金和依法筹集的资金。

证券公司不得将其自营账户借给他人使用。

第一百三十条　证券公司应当依法审慎经营，勤勉尽责，诚实守信。

证券公司的业务活动，应当与其治理结构、内部控制、合规管理、风险管理以及风险控制指标、从业人员构成等情况相适应，符合审慎监管和保护投资者合法权益的要求。

证券公司依法享有自主经营的权利，其合法经营不受干涉。

第一百三十一条　证券公司客户的交易结算资金应当存放在商业银行，以每个客户的名义单独立户管理。

证券公司不得将客户的交易结算资金和证券归入其自有财产。禁止任何单位或者个人以任何形式挪用客户的交易结算资金和证券。证券公司破产或者清算时，客户的交易结算资金和证券不属于其破产财产或者清算财产。非因客户本身的债务或者法律规定的其他情形，不得查封、冻结、扣划或者强制执行客户的交易结算资金和证券。

第一百三十二条　证券公司办理经纪业务，应当置备统一制定的证券买卖委托书，供委托人使用。采取其他委托方式的，必须作出委托记录。

客户的证券买卖委托，不论是否成交，其委托记录应当按照规定的期限，保存于证券公司。

第一百三十三条　证券公司接受证券买卖的委托，应当根据委托书载明的证券名称、买卖数量、出价方式、价格幅度等，按照交易规则代理买卖证券，如实进行交易记录；买卖成交后，应当按照规定制作买卖成交报告单交付客户。

证券交易中确认交易行为及其交易结果的对账单必须真实，保证账面证券余额与实际持有的证券相一致。

第一百三十四条　证券公司办理经纪业务，不得接受客户的全权委托而决定证券买卖、选择证券种类、决定买卖数量或者买卖价格。

证券公司不得允许他人以证券公司的名义直接参与证券的集中交易。

第一百三十五条　证券公司不得对客户证券买卖的收益或者赔偿证券买卖的损失作出承诺。

第一百三十六条　证券公司的从业人员在证券交易活动中，执行所属的证券公司的指令或者利用职务违反交易规则的，由所属的证券公司承担全部责任。

证券公司的从业人员不得私下接受客户委托买卖证券。

第一百三十七条　证券公司应当建立客户信息查询制度，确保客户能够查询其账户信息、委托记录、交易记录以及其他与接受服务或者购买产品有关的重要信息。

证券公司应当妥善保存客户开户资料、委托记录、交易记录和与内部管理、业务经营有关的各项信息，任何人不得隐匿、伪造、篡改或者毁损。上述信息的保存期限不得少于二十年。

第一百三十八条　证券公司应当按照规定向国务院证券监督管理机构报送业务、财务等经营管理信息和资料。国务院证券监督管理机构有权要求证券公司及其主要股东、实际控制人在指定的期限内提供有关信息、资料。

证券公司及其主要股东、实际控制人向国务院证券监督管理机构报送或者提供的信息、资料，必须真实、准确、完整。

第一百三十九条　国务院证券监督管理机构认为有必要时，可以委托会计师事务所、资产评估机构对证券公司的财务状况、内部控制状况、资产价值进行审计或者评估。具体办法由国务院证券监督管理机构会同有关主管部门制定。

第一百四十条　证券公司的治理结构、合规管理、风险控制指标不符合规定的，国务院证券监督管理机构应当责令其限期改正；逾期未改正，或者其行为严重危及该证券公司的稳健运行、损害客户合法权益的，国务院证券监督管理机构可以区别情形，对其采取下列措施：

（一）限制业务活动，责令暂停部分业务，停止核准新业务；

（二）限制分配红利，限制向董事、监事、高级管理人员支付报酬、提供福利；

（三）限制转让财产或者在财产上设定其他权利；

（四）责令更换董事、监事、高级管理人员或者限制其权利；

(五)撤销有关业务许可;

(六)认定负有责任的董事、监事、高级管理人员为不适当人选;

(七)责令负有责任的股东转让股权,限制负有责任的股东行使股东权利。

证券公司整改后,应当向国务院证券监督管理机构提交报告。国务院证券监督管理机构经验收,治理结构、合规管理、风险控制指标符合规定的,应当自验收完毕之日起三日内解除对其采取的前款规定的有关限制措施。

第一百四十一条　证券公司的股东有虚假出资、抽逃出资行为的,国务院证券监督管理机构应当责令其限期改正,并可责令其转让所持证券公司的股权。

在前款规定的股东按照要求改正违法行为、转让所持证券公司的股权前,国务院证券监督管理机构可以限制其股东权利。

第一百四十二条　证券公司的董事、监事、高级管理人员未能勤勉尽责,致使证券公司存在重大违法违规行为或者重大风险的,国务院证券监督管理机构可以责令证券公司予以更换。

第一百四十三条　证券公司违法经营或者出现重大风险,严重危害证券市场秩序、损害投资者利益的,国务院证券监督管理机构可以对该证券公司采取责令停业整顿、指定其他机构托管、接管或者撤销等监管措施。

第一百四十四条　在证券公司被责令停业整顿、被依法指定托管、接管或者清算期间,或者出现重大风险时,经国务院证券监督管理机构批准,可以对该证券公司直接负责的董事、监事、高级管理人员和其他直接责任人员采取以下措施:

(一)通知出境入境管理机关依法阻止其出境;

(二)申请司法机关禁止其转移、转让或者以其他方式处分财产,或者在财产上设定其他权利。

第九章　证券登记结算机构

第一百四十五条　证券登记结算机构为证券交易提供集中登记、存管与结算服务,不以营利为目的,依法登记,取得法人资格。

设立证券登记结算机构必须经国务院证券监督管理机构批准。

第一百四十六条　设立证券登记结算机构,应当具备下列条件:

(一)自有资金不少于人民币二亿元;

(二)具有证券登记、存管和结算服务所必须的场所和设施;

(三)国务院证券监督管理机构规定的其他条件。

证券登记结算机构的名称中应当标明证券登记结算字样。

第一百四十七条　证券登记结算机构履行下列职能:

(一)证券账户、结算账户的设立;

(二)证券的存管和过户;

(三)证券持有人名册登记;

(四)证券交易的清算和交收;

(五)受发行人的委托派发证券权益;

(六)办理与上述业务有关的查询、信息服务;

(七)国务院证券监督管理机构批准的其他业务。

第一百四十八条　在证券交易所和国务院批准的其他全国性证券交易场所交易的证券的登记结算,应当采取全国集中统一的运营方式。

前款规定以外的证券,其登记、结算可以委托证券登记结算机构或者其他依法从事证券登记、结算业务的机构办理。

第一百四十九条　证券登记结算机构应当依法制定章程和业务规则,并经国务院证券监督管理机构批准。证券登记结算业务参与人应当遵守证券登记结算机构制定的业务规则。

第一百五十条　在证券交易所或者国务院批准的其他全国性证券交易场所交易的证券,应当全部存管在证券登记结算机构。

证券登记结算机构不得挪用客户的证券。

第一百五十一条　证券登记结算机构应当向证券发行人提供证券持有人名册及有关资料。

证券登记结算机构应当根据证券登记结算的结果,确认证券持有人持有证券的事实,提供证券持有人登记资料。

证券登记结算机构应当保证证券持有人名册和登记过户记录真实、准确、完整,不得隐匿、伪造、篡改或者毁损。

第一百五十二条　证券登记结算机构应当采取下列措施保证业务的正常进行：

（一）具有必备的服务设备和完善的数据安全保护措施；

（二）建立完善的业务、财务和安全防范等管理制度；

（三）建立完善的风险管理系统。

第一百五十三条　证券登记结算机构应当妥善保存登记、存管和结算的原始凭证及有关文件和资料。其保存期限不得少于二十年。

第一百五十四条　证券登记结算机构应当设立证券结算风险基金，用于垫付或者弥补因违约交收、技术故障、操作失误、不可抗力造成的证券登记结算机构的损失。

证券结算风险基金从证券登记结算机构的业务收入和收益中提取，并可以由结算参与人按照证券交易业务量的一定比例缴纳。

证券结算风险基金的筹集、管理办法，由国务院证券监督管理机构会同国务院财政部门规定。

第一百五十五条　证券结算风险基金应当存入指定银行的专门账户，实行专项管理。

证券登记结算机构以证券结算风险基金赔偿后，应当向有关责任人追偿。

第一百五十六条　证券登记结算机构申请解散，应当经国务院证券监督管理机构批准。

第一百五十七条　投资者委托证券公司进行证券交易，应当通过证券公司申请在证券登记结算机构开立证券账户。证券登记结算机构应当按照规定为投资者开立证券账户。

投资者申请开立账户，应当持有证明中华人民共和国公民、法人、合伙企业身份的合法证件。国家另有规定的除外。

第一百五十八条　证券登记结算机构作为中央对手方提供证券结算服务的，是结算参与人共同的清算交收对手，进行净额结算，为证券交易提供集中履约保障。

证券登记结算机构为证券交易提供净额结算服务时，应当要求结算参与人按照货银对付的原则，足额交付证券和资金，并提供交收担保。

在交收完成之前，任何人不得动用用于交收的证券、资金和担保物。

结算参与人未按时履行交收义务的，证券登记结算机构有权按照业务规则处理前款所述财产。

第一百五十九条　证券登记结算机构按照业务规则收取的各类结算资金和证券，必须存放于专门的清算交收账户，只能按业务规则用于已成交的证券交易的清算交收，不得被强制执行。

第十章　证券服务机构

第一百六十条　会计师事务所、律师事务所以及从事证券投资咨询、资产评估、资信评级、财务顾问、信息技术系统服务的证券服务机构，应当勤勉尽责、恪尽职守，按照相关业务规则为证券的交易及相关活动提供服务。

从事证券投资咨询服务业务，应当经国务院证券监督管理机构核准；未经核准，不得为证券的交易及相关活动提供服务。从事其他证券服务业务，应当报国务院证券监督管理机构和国务院有关主管部门备案。

第一百六十一条　证券投资咨询机构及其从业人员从事证券服务业务不得有下列行为：

（一）代理委托人从事证券投资；

（二）与委托人约定分享证券投资收益或者分担证券投资损失；

（三）买卖本证券投资咨询机构提供服务的证券；

（四）法律、行政法规禁止的其他行为。

有前款所列行为之一，给投资者造成损失的，应当依法承担赔偿责任。

第一百六十二条　证券服务机构应当妥善保存客户委托文件、核查和验证资料、工作底稿以及与质量控制、内部管理、业务经营有关的信息和资料，任何人不得泄露、隐匿、伪造、篡改或者毁损。上述信息和资料的保存期限不得少于十年，自业务委托结束之日起算。

第一百六十三条　证券服务机构为证券的发行、上市、交易等证券业务活动制作、出具审计报告及其他鉴证报告、资产评估报告、财务顾问报告、资信评级报告或者法律意见书等文件，应当勤勉尽责，对所依据的文件资料内容的真实性、准确性、完整性进行核查和验证。其制作、出具的文件有虚假记载、误导性陈述或者重大遗漏,给他人造成损失的,应当与委托人承担连带赔偿责任,但是能够证明自己没有过错的除外。

第十一章　证券业协会

第一百六十四条　证券业协会是证券业的自律性组织,是社会团体法人。

证券公司应当加入证券业协会。

证券业协会的权力机构为全体会员组成的会员大会。

第一百六十五条　证券业协会章程由会员大会制定,并报国务院证券监督管理机构备案。

第一百六十六条　证券业协会履行下列职责:

(一)教育和组织会员及其从业人员遵守证券法律、行政法规,组织开展证券行业诚信建设,督促证券行业履行社会责任;

(二)依法维护会员的合法权益,向证券监督管理机构反映会员的建议和要求;

(三)督促会员开展投资者教育和保护活动,维护投资者合法权益;

(四)制定和实施证券行业自律规则,监督、检查会员及其从业人员行为,对违反法律、行政法规、自律规则或者协会章程的,按照规定给予纪律处分或者实施其他自律管理措施;

(五)制定证券行业业务规范,组织从业人员的业务培训;

(六)组织会员就证券行业的发展、运作及有关内容进行研究,收集整理、发布证券相关信息,提供会员服务,组织行业交流,引导行业创新发展;

(七)对会员之间、会员与客户之间发生的证券业务纠纷进行调解;

(八)证券业协会章程规定的其他职责。

第一百六十七条　证券业协会设理事会。理事会成员依章程的规定由选举产生。

第十二章　证券监督管理机构

第一百六十八条　国务院证券监督管理机构依法对证券市场实行监督管理,维护证券市场公开、公平、公正,防范系统性风险,维护投资者合法权益,促进证券市场健康发展。

第一百六十九条　国务院证券监督管理机构在对证券市场实施监督管理中履行下列职责:

(一)依法制定有关证券市场监督管理的规章、规则,并依法进行审批、核准、注册,办理备案;

(二)依法对证券的发行、上市、交易、登记、存管、结算等行为,进行监督管理;

(三)依法对证券发行人、证券公司、证券服务机构、证券交易场所、证券登记结算机构的证券业务活动,进行监督管理;

(四)依法制定从事证券业务人员的行为准则,并监督实施;

(五)依法监督检查证券发行、上市、交易的信息披露;

(六)依法对证券业协会的自律管理活动进行指导和监督;

(七)依法监测并防范、处置证券市场风险;

(八)依法开展投资者教育;

(九)依法对证券违法行为进行查处;

(十)法律、行政法规规定的其他职责。

第一百七十条　国务院证券监督管理机构依法履行职责,有权采取下列措施:

(一)对证券发行人、证券公司、证券服务机构、证券交易场所、证券登记结算机构进行现场检查;

(二)进入涉嫌违法行为发生场所调查取证;

(三)询问当事人和与被调查事件有关的单位和个人,要求其对与被调查事件有关的事项作出说明;或者要求其按照指定的方式报送与被调查事件有关的文件和资料;

(四)查阅、复制与被调查事件有关的财产权登记、通讯记录等文件和资料;

(五)查阅、复制当事人和与被调查事件有关的单位和个人的证券交易记录、登记过户记录、财务会计资料及其他相关文件和资料;对可能被转移、隐匿或者毁损的文件和资料,可以予以封存、扣押;

(六)查询当事人和与被调查事件有关的单位和个人的资金账户、证券账户、银行账户以及其他具有支付、托管、结算等功能的账户信息,可以对有关文件和资料进行复制;对有证据证明已经或者可能转移或者隐匿违法资金、证券等涉案财产或者隐匿、伪造、毁损重要证据的，经国务院证券监督管理机构主要负责人或者其授权的其他负责人批准，可以冻结或者查封，期限为六个月；因特殊原因需要延长的，每次延长期限不得超过三个月，冻结、查封期限最长不得超过二年；

（七）在调查操纵证券市场、内幕交易等重大证券违法行为时，经国务院证券监督管理机构主要负责人或者其授权的其他负责人批准，可以限制被调查的当事人的证券买卖，但限制的期限不得超过三个月；案情复杂的，可以延长三个月；

（八）通知出境入境管理机关依法阻止涉嫌违法人员、涉嫌违法单位的主管人员和其他直接责任人员出境。

为防范证券市场风险，维护市场秩序，国务院证券监督管理机构可以采取责令改正、监管谈话、出具警示函等措施。

第一百七十一条　国务院证券监督管理机构对涉嫌证券违法的单位或者个人进行调查期间，被调查的当事人书面申请，承诺在国务院证券监督管理机构认可的期限内纠正涉嫌违法行为，赔偿有关投资者损失，消除损害或者不良影响的，国务院证券监督管理机构可以决定中止调查。被调查的当事人履行承诺的，国务院证券监督管理机构可以决定终止调查；被调查的当事人未履行承诺或者有国务院规定的其他情形的，应当恢复调查。具体办法由国务院规定。

国务院证券监督管理机构决定中止或者终止调查的，应当按照规定公开相关信息。

第一百七十二条　国务院证券监督管理机构依法履行职责，进行监督检查或者调查，其监督检查、调查的人员不得少于二人，并应当出示合法证件和监督检查、调查通知书或者其他执法文书。监督检查、调查的人员少于二人或者未出示合法证件和监督检查、调查通知书或者其他执法文书的，被检查、调查的单位和个人有权拒绝。

第一百七十三条　国务院证券监督管理机构依法履行职责，被检查、调查的单位和个人应当配合，如实提供有关文件和资料，不得拒绝、阻碍和隐瞒。

第一百七十四条　国务院证券监督管理机构制定的规章、规则和监督管理工作制度应当依法公开。

国务院证券监督管理机构依据调查结果，对证券违法行为作出的处罚决定，应当公开。

第一百七十五条　国务院证券监督管理机构应当与国务院其他金融监督管理机构建立监督管理信息共享机制。

国务院证券监督管理机构依法履行职责，进行监督检查或者调查时，有关部门应当予以配合。

第一百七十六条　对涉嫌证券违法、违规行为，任何单位和个人有权向国务院证券监督管理机构举报。

对涉嫌重大违法、违规行为的实名举报线索经查证属实的，国务院证券监督管理机构按照规定给予举报人奖励。

国务院证券监督管理机构应当对举报人的身份信息保密。

第一百七十七条　国务院证券监督管理机构可以和其他国家或者地区的证券监督管理机构建立监督管理合作机制，实施跨境监督管理。

境外证券监督管理机构不得在中华人民共和国境内直接进行调查取证等活动。未经国务院证券监督管理机构和国务院有关主管部门同意，任何单位和个人不得擅自向境外提供与证券业务活动有关的文件和资料。

第一百七十八条　国务院证券监督管理机构依法履行职责，发现证券违法行为涉嫌犯罪的，应当依法将案件移送司法机关处理；发现公职人员涉嫌职务违法或者职务犯罪的，应当依法移送监察机关处理。

第一百七十九条　国务院证券监督管理机构工作人员必须忠于职守、依法办事、公正廉洁，不得利用职务便利牟取不正当利益，不得泄露所知悉的有关单位和个人的商业秘密。

国务院证券监督管理机构工作人员在任职期间，或者离职后在《中华人民共和国公务员法》规定的期限内，不得到与原工作业务直接相关的企业或者其他营利性组织任职，不得从事与原工作业务直接相关的营利性活动。

第十三章　法律责任

第一百八十条　违反本法第九条的规定，

擅自公开或者变相公开发行证券的，责令停止发行，退还所募资金并加算银行同期存款利息，处以非法所募资金金额百分之五以上百分之五十以下的罚款；对擅自公开或者变相公开发行证券设立的公司，由依法履行监督管理职责的机构或者部门会同县级以上地方人民政府予以取缔。对直接负责的主管人员和其他直接责任人员给予警告，并处以五十万元以上五百万元以下的罚款。

第一百八十一条 发行人在其公告的证券发行文件中隐瞒重要事实或者编造重大虚假内容，尚未发行证券的，处以二百万元以上二千万元以下的罚款；已经发行证券的，处以非法所募资金金额百分之十以上一倍以下的罚款。对直接负责的主管人员和其他直接责任人员，处以一百万元以上一千万元以下的罚款。

发行人的控股股东、实际控制人组织、指使从事前款违法行为的，没收违法所得，并处以违法所得百分之十以上一倍以下的罚款；没有违法所得或者违法所得不足二千万元的，处以二百万元以上二千万元以下的罚款。对直接负责的主管人员和其他直接责任人员，处以一百万元以上一千万元以下的罚款。

第一百八十二条 保荐人出具有虚假记载、误导性陈述或者重大遗漏的保荐书，或者不履行其他法定职责的，责令改正，给予警告，没收业务收入，并处以业务收入一倍以上十倍以下的罚款；没有业务收入或者业务收入不足一百万元的，处以一百万元以上一千万元以下的罚款；情节严重的，并处暂停或者撤销保荐业务许可。对直接负责的主管人员和其他直接责任人员给予警告，并处以五十万元以上五百万元以下的罚款。

第一百八十三条 证券公司承销或者销售擅自公开发行或者变相公开发行的证券的，责令停止承销或者销售，没收违法所得，并处以违法所得一倍以上十倍以下的罚款；没有违法所得或者违法所得不足一百万元的，处以一百万元以上一千万元以下的罚款；情节严重的，并处暂停或者撤销相关业务许可。给投资者造成损失的，应当与发行人承担连带赔偿责任。对直接负责的主管人员和其他直接责任人员给予警告，并处以五十万元以上五百万元以下的罚款。

第一百八十四条 证券公司承销证券违反本法第二十九条规定的，责令改正，给予警告，没收违法所得，可以并处五十万元以上五百万元以下的罚款；情节严重的，暂停或者撤销相关业务许可。对直接负责的主管人员和其他直接责任人员给予警告，可以并处二十万元以上二百万元以下的罚款；情节严重的，并处以五十万元以上五百万元以下的罚款。

第一百八十五条 发行人违反本法第十四条、第十五条的规定擅自改变公开发行证券所募集资金的用途的，责令改正，处以五十万元以上五百万元以下的罚款；对直接负责的主管人员和其他直接责任人员给予警告，并处以十万元以上一百万元以下的罚款。

发行人的控股股东、实际控制人从事或者组织、指使从事前款违法行为的，给予警告，并处以五十万元以上五百万元以下的罚款；对直接负责的主管人员和其他直接责任人员，处以十万元以上一百万元以下的罚款。

第一百八十六条 违反本法第三十六条的规定，在限制转让期内转让证券，或者转让股票不符合法律、行政法规和国务院证券监督管理机构规定的，责令改正，给予警告，没收违法所得，并处以买卖证券等值以下的罚款。

第一百八十七条 法律、行政法规规定禁止参与股票交易的人员，违反本法第四十条的规定，直接或者以化名、借他人名义持有、买卖股票或者其他具有股权性质的证券的，责令依法处理非法持有的股票、其他具有股权性质的证券，没收违法所得，并处以买卖证券等值以下的罚款；属于国家工作人员的，还应当依法给予处分。

第一百八十八条 证券服务机构及其从业人员，违反本法第四十二条的规定买卖证券的，责令依法处理非法持有的证券，没收违法所得，并处以买卖证券等值以下的罚款。

第一百八十九条 上市公司、股票在国务院批准的其他全国性证券交易场所交易的公司的董事、监事、高级管理人员、持有该公司百分之五以上股份的股东，违反本法第四十四条的规定，买卖该公司股票或者其他具有股权性质的证券的，给予警告，并处以十万元以上一百万元以下的罚款。

第一百九十条 违反本法第四十五条的规定，采取程序化交易影响证券交易所系统安全或者正常交易秩序的，责令改正，并处以五十万元以上五百万元以下的罚款。对直接负责的主管人员和其他直接责任人员给予警告，并处以十万元以上一百万元以下的罚款。

第一百九十一条 证券交易内幕信息的知情人或者非法获取内幕信息的人违反本法第五十三条的规定从事内幕交易的，责令依法处理非法持有的证券，没收违法所得，并处以违法所得一倍以上十倍以下的罚款；没有违法所得或者违法所得不足五十万元的，处以五十万元以上五百万元以下的罚款。单位从事内幕交易的，还应当对直接负责的主管人员和其他直接责任人员给予警告，并处以二十万元以上二百万元以下的罚款。国务院证券监督管理机构工作人员从事内幕交易的，从重处罚。

违反本法第五十四条的规定，利用未公开信息进行交易的，依照前款的规定处罚。

第一百九十二条 违反本法第五十五条的规定，操纵证券市场的，责令依法处理其非法持有的证券，没收违法所得，并处以违法所得一倍以上十倍以下的罚款；没有违法所得或者违法所得不足一百万元的，处以一百万元以上一千万元以下的罚款。单位操纵证券市场的，还应当对直接负责的主管人员和其他直接责任人员给予警告，并处以五十万元以上五百万元以下的罚款。

第一百九十三条 违反本法第五十六条第一款、第三款的规定，编造、传播虚假信息或者误导性信息，扰乱证券市场的，没收违法所得，并处以违法所得一倍以上十倍以下的罚款；没有违法所得或者违法所得不足二十万元的，处以二十万元以上二百万元以下的罚款。

违反本法第五十六条第二款的规定，在证券交易活动中作出虚假陈述或者信息误导的，责令改正，处以二十万元以上二百万元以下的罚款；属于国家工作人员的，还应当依法给予处分。

传播媒介及其从事证券市场信息报道的工作人员违反本法第五十六条第三款的规定，从事与其工作职责发生利益冲突的证券买卖的，没收违法所得，并处以买卖证券等值以下的罚款。

第一百九十四条 证券公司及其从业人员违反本法第五十七条的规定，有损害客户利益的行为的，给予警告，没收违法所得，并处以违法所得一倍以上十倍以下的罚款；没有违法所得或者违法所得不足十万元的，处以十万元以上一百万元以下的罚款；情节严重的，暂停或者撤销相关业务许可。

第一百九十五条 违反本法第五十八条的规定，出借自己的证券账户或者借用他人的证券账户从事证券交易的，责令改正，给予警告，可以处五十万元以下的罚款。

第一百九十六条 收购人未按照本法规定履行上市公司收购的公告、发出收购要约义务的，责令改正，给予警告，并处以五十万元以上五百万元以下的罚款。对直接负责的主管人员和其他直接责任人员给予警告，并处以二十万元以上二百万元以下的罚款。

收购人及其控股股东、实际控制人利用上市公司收购，给被收购公司及其股东造成损失的，应当依法承担赔偿责任。

第一百九十七条 信息披露义务人未按照本法规定报送有关报告或者履行信息披露义务的，责令改正，给予警告，并处以五十万元以上五百万元以下的罚款；对直接负责的主管人员和其他直接责任人员给予警告，并处以二十万元以上二百万元以下的罚款。发行人的控股股东、实际控制人组织、指使从事上述违法行为，或者隐瞒相关事项导致发生上述情形的，处以五十万元以上五百万元以下的罚款；对直接负责的主管人员和其他直接责任人员，处以二十万元以上二百万元以下的罚款。

信息披露义务人报送的报告或者披露的信息有虚假记载、误导性陈述或者重大遗漏的，责令改正，给予警告，并处以一百万元以上一千万元以下的罚款；对直接负责的主管人员和其他直接责任人员给予警告，并处以五十万元以上五百万元以下的罚款。发行人的控股股东、实际控制人组织、指使从事上述违法行为，或者隐瞒相关事项导致发生上述情形的，处以一百万元以上一千万元以下的罚款；对直接负责的主管人员和其他直接责任人员，处以五十万元以上五百万元以下的罚款。

第一百九十八条 证券公司违反本法第八十八条的规定未履行或者未按照规定履行投资者适当性管理义务的，责令改正，给予警告，并处以十万元以上一百万元以下的罚款。对直接负责的主管人员和其他直接责任人员给予警告,并处以二十万元以下的罚款。

第一百九十九条　违反本法第九十条的规定征集股东权利的,责令改正,给予警告,可以处五十万元以下的罚款。

第二百条　非法开设证券交易场所的,由县级以上人民政府予以取缔,没收违法所得,并处以违法所得一倍以上十倍以下的罚款;没有违法所得或者违法所得不足一百万元的,处以一百万元以上一千万元以下的罚款。对直接负责的主管人员和其他直接责任人员给予警告,并处以二十万元以上二百万元以下的罚款。

证券交易所违反本法第一百零五条的规定,允许非会员直接参与股票的集中交易的,责令改正,可以并处五十万元以下的罚款。

第二百零一条　证券公司违反本法第一百零七条第一款的规定,未对投资者开立账户提供的身份信息进行核对的,责令改正,给予警告,并处以五万元以上五十万元以下的罚款。对直接负责的主管人员和其他直接责任人员给予警告,并处以十万元以下的罚款。

证券公司违反本法第一百零七条第二款的规定,将投资者的账户提供给他人使用的,责令改正,给予警告,并处以十万元以上一百万元以下的罚款。对直接负责的主管人员和其他直接责任人员给予警告,并处以二十万元以下的罚款。

第二百零二条　违反本法第一百一十八条、第一百二十条第一款、第四款的规定,擅自设立证券公司、非法经营证券业务或者未经批准以证券公司名义开展证券业务活动的,责令改正,没收违法所得,并处以违法所得一倍以上十倍以下的罚款;没有违法所得或者违法所得不足一百万元的,处以一百万元以上一千万元以下的罚款。对直接负责的主管人员和其他直接责任人员给予警告,并处以二十万元以上二百万元以下的罚款。对擅自设立的证券公司,由国务院证券监督管理机构予以取缔。

证券公司违反本法第一百二十条第五款规定提供证券融资融券服务的,没收违法所得,并处以融资融券等值以下的罚款;情节严重的,禁止其在一定期限内从事证券融资融券业务。对直接负责的主管人员和其他直接责任人员给予警告,并处以二十万元以上二百万元以下的罚款。

第二百零三条　提交虚假证明文件或者采取其他欺诈手段骗取证券公司设立许可、业务许可或者重大事项变更核准的,撤销相关许可,并处以一百万元以上一千万元以下的罚款。对直接负责的主管人员和其他直接责任人员给予警告,并处以二十万元以上二百万元以下的罚款。

第二百零四条　证券公司违反本法第一百二十二条的规定,未经核准变更证券业务范围,变更主要股东或者公司的实际控制人,合并、分立、停业、解散、破产的,责令改正,给予警告,没收违法所得,并处以违法所得一倍以上十倍以下的罚款;没有违法所得或者违法所得不足五十万元的,处以五十万元以上五百万元以下的罚款;情节严重的,并处撤销相关业务许可。对直接负责的主管人员和其他直接责任人员给予警告,并处以二十万元以上二百万元以下的罚款。

第二百零五条　证券公司违反本法第一百二十三条第二款的规定,为其股东或者股东的关联人提供融资或者担保的,责令改正,给予警告,并处以五十万元以上五百万元以下的罚款。对直接负责的主管人员和其他直接责任人员给予警告,并处以十万元以上一百万元以下的罚款。股东有过错的,在按照要求改正前,国务院证券监督管理机构可以限制其股东权利;拒不改正的,可以责令其转让所持证券公司股权。

第二百零六条　证券公司违反本法第一百二十八条的规定,未采取有效隔离措施防范利益冲突,或者未分开办理相关业务、混合操作的,责令改正,给予警告,没收违法所得,并处以违法所得一倍以上十倍以下的罚款;没有违法所得或者违法所得不足五十万元的,处以五十万元以上五百万元以下的罚款;情节严重的,并处撤销相关业务许可。对直接负责的主管人员和其他直接责任人员给予警告,并处以二十万元以上二百万元以下的罚款。

第二百零七条　证券公司违反本法第一百二十九条的规定从事证券自营业务的,责令改正,给予警告,没收违法所得,并处以违法所得一倍以上十倍以下的罚款;没有违法所得或者违法所得不足五十万元的,处以五十万元以上五百万元以下的罚款;情节严重的,并处撤销相关业务许可或者责令关闭。对直接负责的主管人员和其他直接责任人员给予警告,并处以二十万元以上二百万元以下的罚款。

第二百零八条 违反本法第一百三十一条的规定,将客户的资金和证券归入自有财产,或者挪用客户的资金和证券的,责令改正,给予警告,没收违法所得,并处以违法所得一倍以上十倍以下的罚款;没有违法所得或者违法所得不足一百万元的,处以一百万元以上一千万元以下的罚款;情节严重的,并处撤销相关业务许可或者责令关闭。对直接负责的主管人员和其他直接责任人员给予警告,并处以五十万元以上五百万元以下的罚款。

第二百零九条 证券公司违反本法第一百三十四条第一款的规定接受客户的全权委托买卖证券的,或者违反本法第一百三十五条的规定对客户的收益或者赔偿客户的损失作出承诺的,责令改正,给予警告,没收违法所得,并处以违法所得一倍以上十倍以下的罚款;没有违法所得或者违法所得不足五十万元的,处以五十万元以上五百万元以下的罚款;情节严重的,并处撤销相关业务许可。对直接负责的主管人员和其他直接责任人员给予警告,并处以二十万元以上二百万元以下的罚款。

证券公司违反本法第一百三十四条第二款的规定,允许他人以证券公司的名义直接参与证券的集中交易的,责令改正,可以并处五十万元以下的罚款。

第二百一十条 证券公司的从业人员违反本法第一百三十六条的规定,私下接受客户委托买卖证券的,责令改正,给予警告,没收违法所得,并处以违法所得一倍以上十倍以下的罚款;没有违法所得的,处以五十万元以下的罚款。

第二百一十一条 证券公司及其主要股东、实际控制人违反本法第一百三十八条的规定,未报送、提供信息和资料,或者报送、提供的信息和资料有虚假记载、误导性陈述或者重大遗漏的,责令改正,给予警告,并处以一百万元以下的罚款;情节严重的,并处撤销相关业务许可。对直接负责的主管人员和其他直接责任人员,给予警告,并处以五十万元以下的罚款。

第二百一十二条 违反本法第一百四十五条的规定,擅自设立证券登记结算机构的,由国务院证券监督管理机构予以取缔,没收违法所得,并处以违法所得一倍以上十倍以下的罚款;没有违法所得或者违法所得不足五十万元的,处以五十万元以上五百万元以下的罚款。对直接负责的主管人员和其他直接责任人员给予警告,并处以二十万元以上二百万元以下的罚款。

第二百一十三条 证券投资咨询机构违反本法第一百六十条第二款的规定擅自从事证券服务业务,或者从事证券服务业务有本法第一百六十一条规定行为的,责令改正,没收违法所得,并处以违法所得一倍以上十倍以下的罚款;没有违法所得或者违法所得不足五十万元的,处以五十万元以上五百万元以下的罚款。对直接负责的主管人员和其他直接责任人员,给予警告,并处以二十万元以上二百万元以下的罚款。

会计师事务所、律师事务所以及从事资产评估、资信评级、财务顾问、信息技术系统服务的机构违反本法第一百六十条第二款的规定,从事证券服务业务未报备案的,责令改正,可以处二十万元以下的罚款。

证券服务机构违反本法第一百六十三条的规定,未勤勉尽责,所制作、出具的文件有虚假记载、误导性陈述或者重大遗漏的,责令改正,没收业务收入,并处以业务收入一倍以上十倍以下的罚款,没有业务收入或者业务收入不足五十万元的,处以五十万元以上五百万元以下的罚款;情节严重的,并处暂停或者禁止从事证券服务业务。对直接负责的主管人员和其他直接责任人员给予警告,并处以二十万元以上二百万元以下的罚款。

第二百一十四条 发行人、证券登记结算机构、证券公司、证券服务机构未按照规定保存有关文件和资料的,责令改正,给予警告,并处以十万元以上一百万元以下的罚款;泄露、隐匿、伪造、篡改或者毁损有关文件和资料的,给予警告,并处以二十万元以上二百万元以下的罚款;情节严重的,处以五十万元以上五百万元以下的罚款,并处暂停、撤销相关业务许可或者禁止从事相关业务。对直接负责的主管人员和其他直接责任人员给予警告,并处以十万元以上一百万元以下的罚款。

第二百一十五条 国务院证券监督管理机构依法将有关市场主体遵守本法的情况纳入证券市场诚信档案。

第二百一十六条 国务院证券监督管理机构或者国务院授权的部门有下列情形之一的，对直接负责的主管人员和其他直接责任人员，依法给予处分：

(一)对不符合本法规定的发行证券、设立证券公司等申请予以核准、注册、批准的；

(二)违反本法规定采取现场检查、调查取证、查询、冻结或者查封等措施的；

(三)违反本法规定对有关机构和人员采取监督管理措施的；

(四)违反本法规定对有关机构和人员实施行政处罚的；

(五)其他不依法履行职责的行为。

第二百一十七条 国务院证券监督管理机构或者国务院授权的部门的工作人员，不履行本法规定的职责，滥用职权、玩忽职守，利用职务便利牟取不正当利益，或者泄露所知悉的有关单位和个人的商业秘密的，依法追究法律责任。

第二百一十八条 拒绝、阻碍证券监督管理机构及其工作人员依法行使监督检查、调查职权，由证券监督管理机构责令改正，处以十万元以上一百万元以下的罚款，并由公安机关依法给予治安管理处罚。

第二百一十九条 违反本法规定，构成犯罪的，依法追究刑事责任。

第二百二十条 违反本法规定，应当承担民事赔偿责任和缴纳罚款、罚金、违法所得，违法行为人的财产不足以支付的，优先用于承担民事赔偿责任。

第二百二十一条 违反法律、行政法规或者国务院证券监督管理机构的有关规定，情节严重的，国务院证券监督管理机构可以对有关责任人员采取证券市场禁入的措施。

前款所称证券市场禁入，是指在一定期限内直至终身不得从事证券业务、证券服务业务，不得担任证券发行人的董事、监事、高级管理人员，或者一定期限内不得在证券交易所、国务院批准的其他全国性证券交易场所交易证券的制度。

第二百二十二条 依照本法收缴的罚款和没收的违法所得，全部上缴国库。

第二百二十三条 当事人对证券监督管理机构或者国务院授权的部门的处罚决定不服的，可以依法申请行政复议，或者依法直接向人民法院提起诉讼。

第十四章　附　　则

第二百二十四条 境内企业直接或者间接到境外发行证券或者将其证券在境外上市交易，应当符合国务院的有关规定。

第二百二十五条 境内公司股票以外币认购和交易的，具体办法由国务院另行规定。

第二百二十六条 本法自2020年3月1日起施行。

(二)司法解释及其他司法文件

最高人民法院、全国工商联印发《关于发挥商会调解优势　推进民营经济领域纠纷多元化解机制建设的意见》的通知

各省、自治区、直辖市高级人民法院、工商联，新疆维吾尔自治区高级人民法院生产建设兵团分院、新疆生产建设兵团工商联：

为深入贯彻落实习近平新时代中国特色社会主义思想，运用法治手段服务保障民营经济健康发展，构建共建共治共享的社会治理格局，

现将《关于发挥商会调解优势 推进民营经济领域纠纷多元化解机制建设的意见》予以印发，请认真贯彻执行。各地可结合实际，制定具体实施意见。执行过程中遇到的问题，请及时层报最高人民法院、全国工商联。

最高人民法院
中华全国工商业联合会
2019年1月14日

关于发挥商会调解优势 推进民营经济领域纠纷多元化解机制建设的意见

（法〔2019〕11号）

为深入贯彻落实习近平新时代中国特色社会主义思想，运用法治手段服务保障民营经济健康发展，构建共建共治共享的社会治理格局，根据中共中央办公厅、国务院办公厅《关于完善矛盾纠纷多元化解机制的意见》《关于促进工商联所属商会改革和发展的实施意见》和最高人民法院《关于人民法院进一步深化多元化纠纷解决机制改革的意见》，现就发挥商会调解优势，加强诉调对接工作，推进民营经济领域纠纷多元化解机制建设提出如下意见。

1. 充分认识推进民营经济领域纠纷多元化解机制建设的重要意义。深刻领会习近平总书记在民营企业座谈会上的重要讲话精神，充分发挥商会调解化解民营经济领域纠纷的制度优势。完善商会职能，提升商会服务能力，培育和发展中国特色商会调解组织；促进和引导民营企业依法经营、依法治企、依法维权，促进产权平等保护，激发和弘扬企业家精神；推动商人纠纷商会解，协同参与社会治理；优化司法资源配置，营造良好的法治营商环境，为民营经济健康发展提供司法保障。

2. 工作目标。加强商会调解组织和调解员队伍建设，健全完善商会调解制度和机制，为企业提供多元的纠纷解决渠道。进一步转变司法理念，发挥司法在商会纠纷化解中的引领、推动和保障作用，满足民营企业纠纷多元化解、快速化解和有效化解的实际需求，为民营企业创新创业营造良好法治环境。建立健全商会调解机制与诉讼程序有机衔接的纠纷化解体系，不断提升工商联法律服务能力，促进民营经济健康发展。

3. 明确商会调解范围。商会调解以民营企业的各类民商事纠纷为主，包括商会会员之间的纠纷，会员企业内部的纠纷，会员与生产经营关联方之间的纠纷，会员与其他单位或人员之间的纠纷，以及其他涉及适合商会调解的民商事纠纷。

4. 强化商会调解纠纷功能。工商联加强对所属商会的指导、引导和服务，支持商会依照法律法规及相关程序设立调解组织、规范运行，使调解成为化解民营经济领域矛盾纠纷的重要渠道。支持商会建立人民调解委员会，为企业提供基础性公益性纠纷解决服务。支持企业、商会建立劳动争议调解组织，及时化解劳动争议，维护劳动关系的和谐稳定。鼓励行业商会组织发挥自身优势，建立专业化的行业调解组织。鼓励具备条件的商会设立商事调解组织，发挥商事调解组织化解专业纠纷的重要作用。商会设立的商事调解组织应当在省级工商联和全国工商联备案。

5. 主动预防化解矛盾纠纷。各级工商联及所属商会要加强法律服务平台（中心）建设，完善维权援助机制，鼓励有条件的企业设立法务部门、公司律师或聘请法律顾问，形成协调联动的法律服务力量。通过普法宣传、典型案例等形式，主动对企业、行业纠纷进行排查、监测和预警，加强矛盾纠纷源头治理。强化行业自律和行业治理，将诚实信用、公平竞争、和合共赢等理念纳入商会章程、企业合同条款，督促自觉履行生效裁决或调解协议。

6. 规范商会调解组织运行。商会调解组织由工商联或所属商会根据需要设立，应具有规范的组织形式、固定的办公场所及调解场地、专业的调解人员和健全的调解工作制度。商会调解组织应当吸纳符合条件的优秀企业家、商会人员、法律顾问、行业专家、律师、工会代表以及其他社会人士担任调解员。对外公布商会调解组织和调解员名册、调解程序以及调解规则。规范纠纷流程管理,完善调解与诉讼衔接程序,建立纠纷受理、调解、履行、回访以及档案管理、信息报送、考核评估等制度,注重保护当事人隐私和商业秘密,切实维护双方当事人权益,不断增强商会调解的规范性和公信力。全国工商联法律维权服务中心加强纠纷调解职能,推动横向联通、纵向联动,共同推动商会调解工作。

7. 完善诉调对接机制。人民法院吸纳符合条件的商会调解组织或者调解员加入特邀调解组织名册或者特邀调解员名册。名册实行动态更新和维护,并向当事人提供完整、准确的调解组织和调解员信息,供当事人选择。落实委派调解和委托调解机制,加强与商会调解组织对接工作,探索设立驻人民法院调解室。加强诉讼与非诉讼解决方式的有机衔接,引导当事人优先选择商会调解组织解决纠纷。

8. 强化司法保障作用。经调解达成的调解协议,具有法律约束力,当事人应当按照约定履行。能够即时履行的,调解组织应当督促当事人即时履行。当事人申请司法确认的,人民法院应当及时审查,依法确认调解协议的效力。人民法院在立案登记后委托商会调解组织进行调解达成协议的,当事人申请出具调解书或者撤回起诉的,人民法院应当依法审查并制作民事调解书或者裁定书。对调解不成的纠纷,依法导入诉讼程序,切实维护当事人的诉权。

9. 建立信息共享机制。人民法院与工商联建立联席会议机制,加强工作沟通交流。完善信息互通和数据共享,建立相关信息和纠纷处理的工作台账,通过挖掘分析数据,研判纠纷类型特点、规律和问题,为更好地推进商会调解、做好纠纷预防提供数据支撑。

10. 强化指导培训。完善商会调解员培训机制,制定调解员职业道德规范,通过调解培训、座谈研讨、观摩庭审、法律讲座等方式,不断提高调解员职业修养、法律素养、专业知识和调解技能;加强调解员队伍建设,推动建立调解员资格认定和考核评估机制,完善调解员管理。

11. 完善经费保障。积极争取党委政府支持,将调解经费作为法律服务内容列入财政预算,推动将商会调解作为社会管理性服务内容纳入政府购买服务指导性目录。拓宽商会调解经费来源,通过商会会费、社会捐赠资助或设立基金等方式,提高经费保障水平。落实特邀调解制度,通过"以案定补"等方式向参与委派委托调解的调解员发放补贴,对表现突出的商会调解组织、调解员给予奖励。

12. 探索创新发展。借助"网上工商联"建设,整合工商联及所属商会的调解资源,建立各类调解组织、调解员数据库、纠纷化解信息库,构建相互贯通、资源共享、安全可靠的矛盾纠纷化解信息系统。创新开展在线解决纠纷,完善在线调解程序。支持地方各级工商联及其所属商会参与"一带一路"国际商事争端预防与解决机制建设,为民营企业走出去提供服务和保障。

13. 加强宣传引导。各级人民法院、工商联及所属商会应当充分运用各种传媒手段,宣传调解优势,总结推广商会调解典型案例和先进经验,引导企业防范风险,理性维权。

14. 加强组织领导。各级人民法院和工商联要大力支持商会调解工作,将其作为保障民营经济健康发展的重要举措,作为构建社会矛盾纠纷多元化解格局的重要内容,结合当地实际,把握政策精神,抓好贯彻落实。各高级人民法院和省级工商联及所属商会要对辖区内商会调解组织的工作加强指导,建立完善联络沟通机制,工作中遇到的情况和问题,及时层报最高人民法院和全国工商联。

最高人民法院、最高人民检察院、公安部关于办理非法集资刑事案件若干问题的意见

（2019 年 1 月 30 日　高检会〔2019〕2 号）

为依法惩治非法吸收公众存款、集资诈骗等非法集资犯罪活动，维护国家金融管理秩序，保护公民、法人和其他组织合法权益，根据刑法、刑事诉讼法等法律规定，结合司法实践，现就办理非法吸收公众存款、集资诈骗等非法集资刑事案件有关问题提出以下意见：

一、关于非法集资的"非法性"认定依据问题

人民法院、人民检察院、公安机关认定非法集资的"非法性"，应当以国家金融管理法律法规作为依据。对于国家金融管理法律法规仅作原则性规定的，可以根据法律规定的精神并参考中国人民银行、中国银行保险监督管理委员会、中国证券监督管理委员会等行政主管部门依照国家金融管理法律法规制定的部门规章或者国家有关金融管理的规定、办法、实施细则等规范性文件的规定予以认定。

二、关于单位犯罪的认定问题

单位实施非法集资犯罪活动，全部或者大部分违法所得归单位所有的，应当认定为单位犯罪。

个人为进行非法集资犯罪活动而设立的单位实施犯罪的，或者单位设立后，以实施非法集资犯罪活动为主要活动的，不以单位犯罪论处，对单位中组织、策划、实施非法集资犯罪活动的人员应当以自然人犯罪依法追究刑事责任。

判断单位是否以实施非法集资犯罪活动为主要活动，应当根据单位实施非法集资的次数、频度、持续时间、资金规模、资金流向、投入人力物力情况、单位进行正当经营的状况以及犯罪活动的影响、后果等因素综合考虑认定。

三、关于涉案下属单位的处理问题

办理非法集资刑事案件中，人民法院、人民检察院、公安机关应当全面查清涉案单位，包括上级单位（总公司、母公司）和下属单位（分公司、子公司）的主体资格、层级、关系、地位、作用、资金流向等，区分情况依法作出处理。

上级单位已被认定为单位犯罪，下属单位实施非法集资犯罪活动，且全部或者大部分违法所得归下属单位所有的，对该下属单位也应当认定为单位犯罪。上级单位和下属单位构成共同犯罪的，应当根据犯罪单位的地位、作用，确定犯罪单位的刑事责任。

上级单位已被认定为单位犯罪，下属单位实施非法集资犯罪活动，但全部或者大部分违法所得归上级单位所有的，对下属单位不单独认定为单位犯罪。下属单位中涉嫌犯罪的人员，可以作为上级单位的其他直接责任人员依法追究刑事责任。

上级单位未被认定为单位犯罪，下属单位被认定为单位犯罪的，对上级单位中组织、策划、实施非法集资犯罪的人员，一般可以与下属单位按照自然人与单位共同犯罪处理。

上级单位与下属单位均未被认定为单位犯罪的，一般以上级单位与下属单位中承担组织、领导、管理、协调职责的主管人员和发挥主要作用的人员作为主犯，以其他积极参加非法集资犯罪的人员作为从犯，按照自然人共同犯罪处理。

四、关于主观故意的认定问题

认定犯罪嫌疑人、被告人是否具有非法吸收公众存款的犯罪故意，应当依据犯罪嫌疑人、被告人的任职情况、职业经历、专业背景、培训

经历、本人因同类行为受到行政处罚或者刑事追究情况以及吸收资金方式、宣传推广、合同资料、业务流程等证据,结合其供述,进行综合分析判断。

犯罪嫌疑人、被告人使用诈骗方法非法集资,符合《最高人民法院关于审理非法集资刑事案件具体应用法律若干问题的解释》第四条规定的,可以认定为集资诈骗罪中"以非法占有为目的"。

办案机关在办理非法集资刑事案件中,应当根据案件具体情况注意收集运用涉及犯罪嫌疑人、被告人的以下证据:是否使用虚假身份信息对外开展业务;是否虚假订立合同、协议;是否虚假宣传,明显超出经营范围或者夸大经营、投资、服务项目及盈利能力;是否吸收资金后隐匿、销毁合同、协议、账目;是否传授或者接受规避法律、逃避监管的方法,等等。

五、关于犯罪数额的认定问题

非法吸收或者变相吸收公众存款构成犯罪,具有下列情形之一的,向亲友或者单位内部人员吸收的资金应当与向不特定对象吸收的资金一并计入犯罪数额:

(一)在向亲友或者单位内部人员吸收资金的过程中,明知亲友或者单位内部人员向不特定对象吸收资金而予以放任的;

(二)以吸收资金为目的,将社会人员吸收为单位内部人员,并向其吸收资金的;

(三)向社会公开宣传,同时向不特定对象、亲友或者单位内部人员吸收资金的。

非法吸收或者变相吸收公众存款的数额,以行为人所吸收的资金全额计算。集资参与人收回本金或者获得回报后又重复投资的数额不予扣除,但可以作为量刑情节酌情考虑。

六、关于宽严相济刑事政策把握问题

办理非法集资刑事案件,应当贯彻宽严相济刑事政策,依法合理把握追究刑事责任的范围,综合运用刑事手段和行政手段处置和化解风险,做到惩处少数、教育挽救大多数。要根据行为人的客观行为、主观恶性、犯罪情节及其地位、作用、层级、职务等情况,综合判断行为人的责任轻重和刑事追究的必要性,按照区别对待原则分类处理涉案人员,做到罚当其罪、罪责刑相适应。

重点惩处非法集资犯罪活动的组织者、领导者和管理人员,包括单位犯罪中的上级单位(总公司、母公司)的核心层、管理层和骨干人员,下属单位(分公司、子公司)的管理层和骨干人员,以及其他发挥主要作用的人员。

对于涉案人员积极配合调查、主动退赃退赔、真诚认罪悔罪的,可以依法从轻处罚;其中情节轻微的,可以免除处罚;情节显著轻微、危害不大的,不作为犯罪处理。

七、关于管辖问题

跨区域非法集资刑事案件按照《国务院关于进一步做好防范和处置非法集资工作的意见》(国发〔2015〕59 号)确定的工作原则办理。如果合并侦查、诉讼更为适宜的,可以合并办理。

办理跨区域非法集资刑事案件,如果多个公安机关都有权立案侦查的,一般由主要犯罪地公安机关作为案件主办地,对主要犯罪嫌疑人立案侦查和移送审查起诉;由其他犯罪地公安机关作为案件分办地根据案件具体情况,对本地区犯罪嫌疑人立案侦查和移送审查起诉。

管辖不明或者有争议的,按照有利于查清犯罪事实、有利于诉讼的原则,由其共同的上级公安机关协调确定或者指定有关公安机关作为案件主办地立案侦查。需要提请批准逮捕、移送审查起诉、提起公诉的,由分别立案侦查的公安机关所在地的人民检察院、人民法院受理。

对于重大、疑难、复杂的跨区域非法集资刑事案件,公安机关应当在协调确定或者指定案件主办地立案侦查的同时,通报同级人民检察院、人民法院。人民检察院、人民法院参照前款规定,确定主要犯罪地作为案件主办地,其他犯罪地作为案件分办地,由所在地的人民检察院、人民法院负责起诉、审判。

本条规定的"主要犯罪地",包括非法集资活动的主要组织、策划、实施地,集资行为人的注册地、主要营业地、主要办事机构所在地,集资参与人的主要所在地等。

八、关于办案工作机制问题

案件主办地和其他涉案地办案机关应当密切沟通协调,协同推进侦查、起诉、审判、资产处置工作,配合有关部门最大限度追赃挽损。

案件主办地办案机关应当统一负责主要犯罪嫌疑人、被告人涉嫌非法集资全部犯罪事实的立案侦查、起诉、审判,防止遗漏犯罪事实;并应就全案处理政策、追诉主要犯罪嫌疑人、被告人的证据要求及诉讼时限、追赃挽损、资产处置等工作要求,向其他涉案地办案机关进行通报。其他涉案地办案机关应当对本地区犯罪嫌疑人、被告人涉嫌非法集资的犯罪事实及时立案侦查、起诉、审判,积极协助主办地处置涉案资产。

案件主办地和其他涉案地办案机关应当建立和完善证据交换共享机制。对涉及主要犯罪嫌疑人、被告人的证据,一般由案件主办地办案机关负责收集,其他涉案地提供协助。案件主办地办案机关应当及时通报接收涉及主要犯罪嫌疑人、被告人的证据材料的程序及要求。其他涉案地办案机关需要案件主办地提供证据材料的,应当向案件主办地办案机关提出证据需求,由案件主办地收集并依法移送。无法移送证据原件的,应当在移送复制件的同时,按照相关规定作出说明。

九、关于涉案财物追缴处置问题

办理跨区域非法集资刑事案件,案件主办地办案机关应当及时归集涉案财物,为统一资产处置做好基础性工作。其他涉案地办案机关应当及时查明涉案财物,明确其来源、去向、用途、流转情况,依法办理查封、扣押、冻结手续,并制作详细清单,对扣押款项应当设立明细账,在扣押后立即存入办案机关唯一合规账户,并将有关情况提供案件主办地办案机关。

人民法院、人民检察院、公安机关应当严格依照刑事诉讼法和相关司法解释的规定,依法移送、审查、处理查封、扣押、冻结的涉案财物。对审判时尚未追缴到案或者尚未足额退赔的违法所得,人民法院应当判决继续追缴或者责令退赔,并由人民法院负责执行,处置非法集资职能部门、人民检察院、公安机关等应当予以配合。

人民法院对涉案财物依法作出判决后,有关地方和部门应当在处置非法集资职能部门统筹协调下,切实履行协作义务,综合运用多种手段,做好涉案财物清运、财产变现、资金归集、资金清退等工作,确保最大限度减少实际损失。

根据有关规定,查封、扣押、冻结的涉案财物,一般应在诉讼终结后返还集资参与人。涉案财物不足全部返还的,按照集资参与人的集资额比例返还。退赔集资参与人的损失一般优先于其他民事债务以及罚金、没收财产的执行。

十、关于集资参与人权利保障问题

集资参与人,是指向非法集资活动投入资金的单位和个人,为非法集资活动提供帮助并获取经济利益的单位和个人除外。

人民法院、人民检察院、公安机关应当通过及时公布案件进展、涉案资产处置情况等方式,依法保障集资参与人的合法权利。集资参与人可以推选代表人向人民法院提出相关意见和建议;推选不出代表人的,人民法院可以指定代表人。人民法院可以视案件情况决定集资参与人代表人参加或者旁听庭审,对集资参与人提起附带民事诉讼等请求不予受理。

十一、关于行政执法与刑事司法衔接问题

处置非法集资职能部门或者有关行政主管部门,在调查非法集资行为或者行政执法过程中,认为案情重大、疑难、复杂的,可以商请公安机关就追诉标准、证据固定等问题提出咨询或者参考意见;发现非法集资行为涉嫌犯罪的,应当按照《行政执法机关移送涉嫌犯罪案件的规定》等规定,履行相关手续,在规定的期限内将案件移送公安机关。

人民法院、人民检察院、公安机关在办理非法集资刑事案件过程中,可商请处置非法集资职能部门或者有关行政主管部门指派专业人员配合开展工作,协助查阅、复制有关专业资料,就案件涉及的专业问题出具认定意见。涉及需要行政处理的事项,应当及时移交处置非法集资职能部门或者有关行政主管部门依法处理。

十二、关于国家工作人员相关法律责任问题

国家工作人员具有下列行为之一,构成犯罪的,应当依法追究刑事责任:

(一)明知单位和个人所申请机构或者业务涉嫌非法集资,仍为其办理行政许可或者注册手续的;

(二)明知所主管、监管的单位有涉嫌非法

集资行为,未依法及时处理或者移送处置非法集资职能部门的;

(三)查处非法集资过程中滥用职权、玩忽职守、徇私舞弊的;

(四)徇私舞弊不向司法机关移交非法集资刑事案件的;

(五)其他通过职务行为或者利用职务影响,支持、帮助、纵容非法集资的。

最高人民法院关于适用《中华人民共和国企业破产法》若干问题的规定(三)

(2019年2月25日最高人民法院审判委员会第1762次会议通过 2019年3月27日公布 法释〔2019〕3号 自2019年3月28日起施行)

为正确适用《中华人民共和国企业破产法》,结合审判实践,就人民法院审理企业破产案件中有关债权人权利行使等相关法律适用问题,制定本规定。

第一条 人民法院裁定受理破产申请的,此前债务人尚未支付的公司强制清算费用、未终结的执行程序中产生的评估费、公告费、保管费等执行费用,可以参照企业破产法关于破产费用的规定,由债务人财产随时清偿。

此前债务人尚未支付的案件受理费、执行申请费,可以作为破产债权清偿。

第二条 破产申请受理后,经债权人会议决议通过,或者第一次债权人会议召开前经人民法院许可,管理人或者自行管理的债务人可以为债务人继续营业而借款。提供借款的债权人主张参照企业破产法第四十二条第四项的规定优先于普通破产债权清偿的,人民法院应予支持,但其主张优先于此前已就债务人特定财产享有担保的债权清偿的,人民法院不予支持。

管理人或者自行管理的债务人可以为前述借款设定抵押担保,抵押物在破产申请受理前已为其他债权人设定抵押的,债权人主张按照物权法第一百九十九条规定的顺序清偿,人民法院应予支持。

第三条 破产申请受理后,债务人欠缴款项产生的滞纳金,包括债务人未履行生效法律文书应当加倍支付的迟延利息和劳动保险金的滞纳金,债权人作为破产债权申报的,人民法院不予确认。

第四条 保证人被裁定进入破产程序的,债权人有权申报其对保证人的保证债权。

主债务未到期的,保证债权在保证人破产申请受理时视为到期。一般保证的保证人主张行使先诉抗辩权的,人民法院不予支持,但债权人在一般保证人破产程序中的分配额应予提存,待一般保证人应承担的保证责任确定后再按照破产清偿比例予以分配。

保证人被确定应当承担保证责任的,保证人的管理人可以就保证人实际承担的清偿额向主债务人或其他债务人行使求偿权。

第五条 债务人、保证人均被裁定进入破产程序的,债权人有权向债务人、保证人分别申报债权。

债权人向债务人、保证人均申报全部债权的,从一方破产程序中获得清偿后,其对另一方的债权额不作调整,但债权人的受偿额不得超出其债权总额。保证人履行保证责任后不再享有求偿权。

第六条 管理人应当依照企业破产法第五十七条的规定对所申报的债权进行登记造册,详尽记载申报人的姓名、单位、代理人、申报债权额、担保情况、证据、联系方式等事项,形成债权申报登记册。

管理人应当依照企业破产法第五十七条的规定对债权的性质、数额、担保财产、是否超过诉讼时效期间、是否超过强制执行期间等情况进行审查、编制债权表并提交债权人会议核查。

债权表、债权申报登记册及债权申报材料

在破产期间由管理人保管，债权人、债务人、债务人职工及其他利害关系人有权查阅。

第七条 已经生效法律文书确定的债权，管理人应当予以确认。

管理人认为债权人据以申报债权的生效法律文书确定的债权错误，或者有证据证明债权人与债务人恶意通过诉讼、仲裁或者公证机关赋予强制执行力公证文书的形式虚构债权债务的，应当依法通过审判监督程序向作出该判决、裁定、调解书的人民法院或者上一级人民法院申请撤销生效法律文书，或者向受理破产申请的人民法院申请撤销或者不予执行仲裁裁决、不予执行公证债权文书后，重新确定债权。

第八条 债务人、债权人对债权表记载的债权有异议的，应当说明理由和法律依据。经管理人解释或调整后，异议人仍然不服的，或者管理人不予解释或调整的，异议人应当在债权人会议核查结束后十五日内向人民法院提起债权确认的诉讼。当事人之间在破产申请受理前订立有仲裁条款或仲裁协议的，应当向选定的仲裁机构申请确认债权债务关系。

第九条 债务人对债权表记载的债权有异议向人民法院提起诉讼的，应将被异议债权人列为被告。债权人对债权表记载的他人债权有异议的，应将被异议债权人列为被告；债权人对债权表记载的本人债权有异议的，应将债务人列为被告。

对同一笔债权存在多个异议人，其他异议人申请参加诉讼的，应当列为共同原告。

第十条 单个债权人有权查阅债务人财产状况报告、债权人会议决议、债权人委员会决议、管理人监督报告等参与破产程序所必需的债务人财务和经营信息资料。管理人无正当理由不予提供的，债权人可以请求人民法院作出决定；人民法院应当在五日内作出决定。

上述信息资料涉及商业秘密的，债权人应当依法承担保密义务或者签署保密协议；涉及国家秘密的应当依照相关法律规定处理。

第十一条 债权人会议的决议除现场表决外，可以由管理人事先将相关决议事项告知债权人，采取通信、网络投票等非现场方式进行表决。采取非现场方式进行表决的，管理人应当在债权人会议召开后的三日内，以信函、电子邮件、公告等方式将表决结果告知参与表决的债权人。

根据企业破产法第八十二条规定，对重整计划草案进行分组表决时，权益因重整计划草案受到调整或者影响的债权人或者股东，有权参加表决；权益未受到调整或者影响的债权人或者股东，参照企业破产法第八十三条的规定，不参加重整计划草案的表决。

第十二条 债权人会议的决议具有以下情形之一，损害债权人利益，债权人申请撤销的，人民法院应予支持：

（一）债权人会议的召开违反法定程序；

（二）债权人会议的表决违反法定程序；

（三）债权人会议的决议内容违法；

（四）债权人会议的决议超出债权人会议的职权范围。

人民法院可以裁定撤销全部或者部分事项决议，责令债权人会议依法重新作出决议。

债权人申请撤销债权人会议决议的，应当提出书面申请。债权人会议采取通信、网络投票等非现场方式进行表决的，债权人申请撤销的期限自债权人收到通知之日起算。

第十三条 债权人会议可以依照企业破产法第六十八条第一款第四项的规定，委托债权人委员会行使企业破产法第六十一条第一款第二、三、五项规定的债权人会议职权。债权人会议不得作出概括性授权，委托其行使债权人会议所有职权。

第十四条 债权人委员会决定所议事项应获得全体成员过半数通过，并作成议事记录。债权人委员会成员对所议事项的决议有不同意见的，应当在记录中载明。

债权人委员会行使职权应当接受债权人会议的监督，以适当的方式向债权人会议及时汇报工作，并接受人民法院的指导。

第十五条 管理人处分企业破产法第六十九条规定的债务人重大财产的，应当事先制作财产管理或者变价方案并提交债权人会议进行表决，债权人会议表决未通过的，管理人不得处分。

管理人实施处分前，应当根据企业破产法第六十九条的规定，提前十日书面报告债权人委员会或者人民法院。债权人委员会可以依照企业破产法第六十八条第二款的规定，要求管理人对处分行为作出相应说明或者提供有关文件依据。

债权人委员会认为管理人实施的处分行为不符合债权人会议通过的财产管理或变价方案的,有权要求管理人纠正。管理人拒绝纠正的,债权人委员会可以请求人民法院作出决定。

人民法院认为管理人实施的处分行为不符合债权人会议通过的财产管理或变价方案的,应当责令管理人停止处分行为。管理人应当予以纠正,或者提交债权人会议重新表决通过后实施。

第十六条　本规定自2019年3月28日起实施。

实施前本院发布的有关企业破产的司法解释,与本规定相抵触的,自本规定实施之日起不再适用。

最高人民法院关于适用《中华人民共和国公司法》若干问题的规定(五)

(2019年4月22日最高人民法院审判委员会第1766次会议通过
2019年4月28日公布　法释〔2019〕7号　自2019年4月29日起施行)

为正确适用《中华人民共和国公司法》,结合人民法院审判实践,就股东权益保护等纠纷案件适用法律问题作出如下规定。

第一条　关联交易损害公司利益,原告公司依据公司法第二十一条规定请求控股股东、实际控制人、董事、监事、高级管理人员赔偿所造成的损失,被告仅以该交易已经履行了信息披露、经股东会或者股东大会同意等法律、行政法规或者公司章程规定的程序为由抗辩的,人民法院不予支持。

公司没有提起诉讼的,符合公司法第一百五十一条第一款规定条件的股东,可以依据公司法第一百五十一条第二款、第三款规定向人民法院提起诉讼。

第二条　关联交易合同存在无效或者可撤销情形,公司没有起诉合同相对方的,符合公司法第一百五十一条第一款规定条件的股东,可以依据公司法第一百五十一条第二款、第三款规定向人民法院提起诉讼。

第三条　董事任期届满前被股东会或者股东大会有效决议解除职务,其主张解除不发生法律效力的,人民法院不予支持。

董事职务被解除后,因补偿与公司发生纠纷提起诉讼的,人民法院应当依据法律、行政法规、公司章程的规定或者合同的约定,综合考虑解除的原因、剩余任期、董事薪酬等因素,确定是否补偿以及补偿的合理数额。

第四条　分配利润的股东会或者股东大会决议作出后,公司应当在决议载明的时间内完成利润分配。决议没有载明时间的,以公司章程规定的为准。决议、章程中均未规定时间或者时间超过一年的,公司应当自决议作出之日起一年内完成利润分配。

决议中载明的利润分配完成时间超过公司章程规定时间的,股东可以依据公司法第二十二条第二款规定请求人民法院撤销决议中关于该时间的规定。

第五条　人民法院审理涉及有限责任公司股东重大分歧案件时,应当注重调解。当事人协商一致以下列方式解决分歧,且不违反法律、行政法规的强制性规定的,人民法院应予支持:

(一)公司回购部分股东股份;

(二)其他股东受让部分股东股份;

(三)他人受让部分股东股份;

(四)公司减资;

(五)公司分立;

(六)其他能够解决分歧,恢复公司正常经营,避免公司解散的方式。

第六条　本规定自2019年4月29日起

施行。

本规定施行后尚未终审的案件,适用本规定;本规定施行前已经终审的案件,或者适用审判监督程序再审的案件,不适用本规定。

本院以前发布的司法解释与本规定不一致的,以本规定为准。

最高人民法院关于为设立科创板并试点注册制改革提供司法保障的若干意见

(2019 年 6 月 20 日　法发〔2019〕17 号)

在上海证券交易所(以下简称上交所)设立科创板并试点注册制,是中央实施创新驱动发展战略、推进高质量发展的重要举措,是深化资本市场改革的重要安排。为充分发挥人民法院审判职能作用,共同促进发行、上市、信息披露、交易、退市等资本市场基础制度改革统筹推进,维护公开、公平、公正的资本市场秩序,保护投资者合法权益,现就注册制改革试点期间人民法院正确审理与科创板相关案件等问题,提出如下意见。

一、提高认识,增强为设立科创板并试点注册制改革提供司法保障的自觉性和主动性

1. 充分认识设立科创板并试点注册制的重要意义。习近平总书记在首届中国国际进口博览会开幕式上宣布在上海证券交易所设立科创板并试点注册制,充分体现了以习近平同志为核心的党中央对资本市场改革发展的高度重视和殷切希望。中央经济工作会议提出,资本市场在金融运行中具有牵一发而动全身的作用,要通过深化改革,打造一个规范、透明、开放、有活力、有韧性的资本市场。从设立科创板入手,稳步试点股票发行注册制,既是深化金融供给侧结构性改革、完善资本市场基础制度的重要体现,也有利于更好发挥资本市场对提升关键技术创新和实体经济竞争力的支持功能,更好地服务高质量发展。各级人民法院要坚持以习近平新时代中国特色社会主义思想为指导,认真落实习近平总书记关于资本市场的一系列重要指示批示精神,妥善应对涉科创板纠纷中的新情况、新问题,把保护投资者合法权益、防范化解金融风险作为证券审判的根本性任务,为加快形成融资功能完备、基础制度扎实、市场监管有效、投资者合法权益得到有效保护的多层级资本市场体系营造良好司法环境。

2. 准确把握科创板定位和注册制试点安排。科创板是资本市场的增量改革,也是资本市场基础制度改革创新的"试验田"。科创板主要服务于符合国家战略、突破关键核心技术、市场认可度高的科技创新企业,发行上市条件更加包容,不要求企业上市前必须盈利,允许"同股不同权"企业和符合创新试点规定的红筹企业上市,实行更加市场化的发行承销、交易、并购重组、退市等制度。根据全国人大常委会授权,股票发行注册制改革过程中调整适用《中华人民共和国证券法》关于股票公开发行核准制度的有关规定。本次注册制试点总体分为上交所审核和证监会注册两个环节,证监会对上交所的审核工作进行监督,建立健全以信息披露为中心的股票发行上市制度。各级人民法院要坚持稳中求进工作总基调,立足证券刑事、民事和行政审判实际,找准工作切入点,通过依法审判进一步落实中央改革部署和政策要求,推动形成市场参与各方依法履职、归位尽责及合法权益得到有效保护的良好市场生态,为投资者放心投资,科创公司大胆创新提供有力司法保障。

二、尊重资本市场发展规律,依法保障以市场机制为主导的股票发行制度改革顺利推进

3. 支持证券交易所审慎开展股票发行上市审核。根据改革安排,上交所主要通过向发行人提出审核问询、发行人回答问题方式开展审核工作。在案件审理中,发行人及其保荐人、证券服务机构在发行上市申请文件和回答问题环节所披露的信息存在虚假记载、误导性陈述或者重大遗漏的,应当判令承担虚假陈述法律责任;虚假陈述构成骗取发行审核注册的,应当判令承担欺诈发行法律责任。为保障发行制度改革顺利推进,在科创板首次公开发行股票并上市企业的证券发行纠纷、证券承销合同纠纷、证券上市保荐合同纠纷、证券上市合同纠纷和证券欺诈责任纠纷等第一审民商事案件,由上海金融法院试点集中管辖。

4. 保障证券交易所依法实施自律监管。由于科创板上市门槛具有包容性和科创公司技术迭代快、盈利周期长等特点,客观上需要加强事中事后监管。对于证券交易所经法定程序制定的科创板发行、上市、持续监管等业务规则,只要不具有违反法律法规强制性规定情形,人民法院在审理案件时可以依法参照适用。为统一裁判标准,根据《最高人民法院关于上海金融法院案件管辖的规定》(法释〔2018〕14 号)第三条的规定,以上海证券交易所为被告或者第三人与其履行职责相关的第一审金融民商事案件和行政案件,仍由上海金融法院管辖。

5. 确保以信息披露为中心的股票发行民事责任制度安排落到实处。民事责任的追究是促使信息披露义务人尽责归位的重要一环,也是法律能否"长出牙齿"的关键。在证券商事审判中,要按照本次改革要求,严格落实发行人及其相关人员的第一责任。发行人的控股股东、实际控制人指使发行人从事欺诈发行、虚假陈述的,依法判令控股股东、实际控制人直接向投资者承担民事赔偿责任。要严格落实证券服务机构保护投资者利益的核查把关责任,证券服务机构对会计、法律等各自专业相关的业务事项未履行特别注意义务,对其他业务事项未履行普通注意义务的,应当判令其承担相应法律责任。准确把握保荐人对发行人上市申请文件等信息披露资料进行全面核查验证的注意义务标准,在证券服务机构履行特别注意义务的基础上,保荐人仍应对发行人的经营情况和风险进行客观中立的实质验证,否则不能满足免责的举证标准。对于不存在违法违规行为而单纯经营失败的上市公司,严格落实证券法投资风险"买者自负"原则,引导投资者提高风险识别能力和理性投资意识。

6. 尊重科创板上市公司构建与科技创新特点相适应的公司治理结构。科创板上市公司在上市前进行差异化表决权安排的,人民法院要根据全国人大常委会对进行股票发行注册制改革的授权和公司法第一百三十一条的规定,依法认定有关股东大会决议的效力。科创板上市公司为维持创业团队及核心人员稳定而扩大股权激励对象范围的,只要不违反法律、行政法规的强制性规定,应当依法认定其效力,保护激励对象的合法权益。

7. 加强对科创板上市公司知识产权司法保护力度。依法审理涉科创板上市公司专利权、技术合同等知识产权案件,对于涉及科技创新的知识产权侵权行为,加大赔偿力度,充分体现科技成果的市场价值,对情节严重的恶意侵权行为,要依法判令其承担惩罚性赔偿责任。进一步发挥知识产权司法监督职能,积极探索在专利民事侵权诉讼中建立效力抗辩审理制度,促进知识产权行政纠纷的实质性解决,有效维护科创板上市公司知识产权合法权益。

三、维护公开公平公正市场秩序,依法提高资本市场违法违规成本

8. 严厉打击干扰注册制改革的证券犯罪和金融腐败犯罪,维护证券市场秩序。依法从严惩治申请发行、注册等环节易产生的各类欺诈和腐败犯罪。对于发行人与中介机构合谋串通骗取发行注册,以及发行审核、注册工作人员以权谋私、收受贿赂或者接受利益输送的,依法从严追究刑事责任。压实保荐人对发行人信息的核查、验证义务,保荐人明知或者应当明知发行人虚构或者隐瞒重要信息、骗取发行注册的,依法追究刑事责任。依法从严惩治违规披露、不披露重要信息、内幕交易、利用未公开信息交易、操纵证券市场等金融犯罪分子,严格控制缓刑适用,依法加大罚金刑等经济制裁力度。对恶意骗取国家科技扶持资金或者政府纾困资金的企业和个人,依法追究刑事责任。加强与证券行政监管部门刑事信息共享机制建设,在证券案件审理中发现涉嫌有关犯罪线索的,应当及时向侦查部门反映并移送相关材料。推动完善证券刑事立法,及时制定出台相关司法解释,为促进市场健康发展提供法律保障。

9. 依法受理和审理证券欺诈责任纠纷案件，强化违法违规主体的民事赔偿责任。根据注册制试点安排，股票发行上市审核由过去监管部门对发行人资格条件进行实质判断转向以信息披露为中心，主要由投资者自行判断证券价值。在审理涉科创板上市公司虚假陈述案件时，应当审查的信息披露文件不仅包括招股说明书、年度报告、临时报告等常规信息披露文件，也包括信息披露义务人对审核问询的每一项答复和公开承诺；不仅要审查信息披露的真实性、准确性、完整性、及时性和公平性，还要结合科创板上市公司高度专业性、技术性特点，重点关注披露的内容是否简明易懂，是否便于一般投资者阅读和理解。发行人的高级管理人员和核心员工通过专项资产管理计划参与发行配售的，人民法院应当推定其对发行人虚假陈述行为实际知情，对该资产管理计划的管理人或者受益人提出的赔偿损失诉讼请求，不予支持。加强对内幕交易和操纵市场民事赔偿案件的调研和指导，积极探索违法违规主体对投资者承担民事赔偿责任的构成要件和赔偿范围。加大对涉科创板行政处罚案件和民事赔偿案件的司法执行力度，使违法违规主体及时付出违法违规代价。

10. 依法审理公司纠纷案件，增强投资者对科创板的投资信心。积极调研特别表决权在科创板上市公司中可能存在的“少数人控制”“内部人控制”等公司治理问题，对于以公司自治方式突破科创板上市规则侵犯普通股东合法权利的，人民法院应当依法否定行为效力，禁止特别表决权股东滥用权利，防止制度功能的异化。案件审理中，要准确界定特别表决权股东权利边界，坚持“控制与责任相一致”原则，在“同股不同权”的同时，做到“同股不同责”。正确审理公司关联交易损害责任纠纷案件，对于通过关联交易损害公司利益的公司控股股东、实际控制人等责任主体，即使履行了法定公司决议程序也应承担民事赔偿责任；关联交易合同存在无效或者可撤销情形，符合条件的股东通过股东代表诉讼向关联交易合同相对方主张权利的，应当依法予以支持。

11. 依法界定证券公司投资者适当性管理民事责任，落实科创板投资者适当性要求。投资者适当性管理义务的制度设计，是为了防止投资者购买与自身风险承受能力不相匹配的金融产品而遭受损失。科技创新企业盈利能力具有不确定性、退市条件更为严格等特点，决定了科创板本身有一定风险。对于证券公司是否充分履行投资者适当管理义务的司法审查标准，核心是证券公司在为投资者提供科创板股票经纪服务前，是否按照一般人能够理解的客观标准和投资者能够理解的主观标准向投资者履行了告知说明义务。对于因未履行投资者适当性审查、信息披露及风险揭示义务给投资者造成的损失，人民法院应当判令证券公司承担赔偿责任。

12. 依法审理股票配资合同纠纷，明确股票违规信用交易的民事责任。股票信用交易作为证券市场的重要交易方式和证券经营机构的重要业务，依法属于国家特许经营的金融业务。对于未取得特许经营许可的互联网配资平台、民间配资公司等法人机构与投资者签订的股票配资合同，应当认定合同无效。对于配资公司或交易软件运营商利用交易软件实施的变相经纪业务，亦应认定合同无效。

四、有效保护投资者合法权益，建立健全与注册制改革相适应的证券民事诉讼制度

13. 推动完善符合我国国情的证券民事诉讼体制机制，降低投资者诉讼成本。根据立法进程和改革精神，全力配合和完善符合我国国情的证券民事诉讼体制、机制。立足于用好、用足现行代表人诉讼制度，对于共同诉讼的投资者原告人数众多的，可以由当事人推选代表人，国务院证券监督管理机构设立的证券投资者保护机构以自己的名义提起诉讼，或者接受投资者的委托指派工作人员或委托诉讼代理人参与案件审理活动的，人民法院可以指定该机构或者其代理的当事人作为代表人。支持依法成立的证券投资者保护机构开展为投资者提供专门法律服务等证券支持诉讼工作。按照共同的法律问题或者共同的事实问题等标准划分适格原告群体，并在此基础上分类推进诉讼公告、权利登记和代表人推选。代表人应当经所代表原告的特别授权，具有变更或者放弃诉讼请求等诉讼权利，对代表人与被告签订的和解或者调解协议，人民法院应当依法进行审查，以保护被代表投资者的合法权益。推动建立投资者保护机构辅助参与生效判决执行的机制,借鉴先行赔付的做法,法院将执行款项交由投资者保护机构提存,再由投资者保护机构通过证券交易结算系统向胜诉投资者进行二次分配。积极配合相关部门和有关方面,探索行政罚款、刑事罚金优先用于民事赔偿的工作衔接和配合机制。研究探索建立证券民事、行政公益诉讼制度。

14.加强配套程序设计,提高投资者举证能力。证券侵权案件中,投资者在取得和控制关键证据方面往往处于弱势地位。探索建立律师民事诉讼调查令制度,便利投资者代理律师行使相关调查权,提高投资者自行收集证据的能力。研究探索适当强化有关知情单位和个人对投资者获取证据的协助义务,对拒不履行协助取证义务的单位和个人要依法予以民事制裁。

15.大力开展证券审判机制创新,依托信息化手段提高证券司法能力。推动建立开放、动态、透明的证券侵权案件专家陪审制度,从证券监管机构、证券市场经营主体、研究机构等单位遴选专家陪审员,参与证券侵权案件审理。要充分发挥专家证人在案件审理中的作用,探索专家证人的资格认定和管理办法。研究开发建设全国法院证券审判工作信息平台,通过信息化手段实现证券案件网上无纸化立案,实现群体性诉讼立案便利化,依托信息平台完善群体诉讼统一登记机制,解决适格原告权利登记、代表人推选等问题。着力解决案件审理与证券交易数据的对接问题,为损失赔偿数额计算提供支持,提高办案效率。

16.全面推动证券期货纠纷多元化解工作,推广证券示范判决机制。坚持把非诉讼纠纷解决机制挺在前面,落实《关于全面推进证券期货纠纷多元化解机制建设的意见》,依靠市场各方力量,充分调动市场专业资源化解矛盾纠纷,推动建立发行人与投资者之间的纠纷化解和赔偿救济机制。对虚假陈述、内幕交易、操纵市场等违法行为引发的民事赔偿群体性纠纷,需要人民法院通过司法判决宣示法律规则、统一法律适用的,受诉人民法院可选取在事实认定、法律适用上具有代表性的案件作为示范案件,先行审理并及时作出判决,引导其他当事人通过证券期货纠纷多元化解机制解决纠纷,加大对涉科创板矛盾纠纷特别是群体性案件的化解力度。

17.加强专业金融审判机构建设,提升证券审判队伍专业化水平。根据金融机构分布和金融案件数量情况,在金融案件相对集中的地区探索设立金融法庭,对证券侵权案件实行集中管辖。其他金融案件较多的人民法院,可以设立专业化的金融审判合议庭。积极适应金融供给侧结构性改革和金融风险防控对人民法院工作的新要求,在认真总结审判经验的基础上,加强对涉科创板案件的分析研判和专业知识储备,有针对性地开展证券审判专题培训,进一步充实各级人民法院的审判力量,努力建设一支政治素质高、业务能力强的过硬证券审判队伍。

最高人民法院、最高人民检察院关于办理操纵证券、期货市场刑事案件适用法律若干问题的解释

(2018年9月3日最高人民法院审判委员会第1747次会议、2018年12月12日最高人民检察院第十三届检察委员会第十一次会议通过　2019年6月27日公布　法释〔2019〕9号　自2019年7月1日起施行)

为依法惩治证券、期货犯罪,维护证券、期货市场管理秩序,促进证券、期货市场稳定健康发展,保护投资者合法权益,根据《中华人民共和国刑法》《中华人民共和国刑事诉讼法》的规定,现就办理操纵证券、期货市场刑事案件适用法律的若干问题解释如下:

第一条 行为人具有下列情形之一的,可以认定为刑法第一百八十二条第一款第四项规定的“以其他方法操纵证券、期货市场”:

(一)利用虚假或者不确定的重大信息,诱导投资者作出投资决策,影响证券、期货交易价格或者证券、期货交易量,并进行相关交易或者谋取相关利益的;

(二)通过对证券及其发行人、上市公司、期货交易标的公开作出评价、预测或者投资建议,误导投资者作出投资决策,影响证券、期货交易价格或者证券、期货交易量,并进行与其评价、预测、投资建议方向相反的证券交易或者相关期货交易的;

(三)通过策划、实施资产收购或者重组、投资新业务、股权转让、上市公司收购等虚假重大事项,误导投资者作出投资决策,影响证券交易价格或者证券交易量,并进行相关交易或者谋取相关利益的;

(四)通过控制发行人、上市公司信息的生成或者控制信息披露的内容、时点、节奏,误导投资者作出投资决策,影响证券交易价格或者证券交易量,并进行相关交易或者谋取相关利益的;

(五)不以成交为目的,频繁申报、撤单或者大额申报、撤单,误导投资者作出投资决策,影响证券、期货交易价格或者证券、期货交易量,并进行与申报相反的交易或者谋取相关利益的;

(六)通过囤积现货,影响特定期货品种市场行情,并进行相关期货交易的;

(七)以其他方法操纵证券、期货市场的。

第二条 操纵证券、期货市场,具有下列情形之一的,应当认定为刑法第一百八十二条第一款规定的“情节严重”:

(一)持有或者实际控制证券的流通股份数量达到该证券的实际流通股份总量百分之十以上,实施刑法第一百八十二条第一款第一项操纵证券市场行为,连续十个交易日的累计成交量达到同期该证券总成交量百分之二十以上的;

(二)实施刑法第一百八十二条第一款第二项、第三项操纵证券市场行为,连续十个交易日的累计成交量达到同期该证券总成交量百分之二十以上的;

(三)实施本解释第一条第一项至第四项操纵证券市场行为,证券交易成交额在一千万元以上的;

(四)实施刑法第一百八十二条第一款第一项及本解释第一条第六项操纵期货市场行为,实际控制的账户合并持仓连续十个交易日的最高值超过期货交易所限仓标准的二倍,累计成交量达到同期该期货合约总成交量百分之二十以上,且期货交易占用保证金数额在五百万元以上的;

(五)实施刑法第一百八十二条第一款第二项、第三项及本解释第一条第一项、第二项操纵期货市场行为,实际控制的账户连续十个交易日的累计成交量达到同期该期货合约总成交量百分之二十以上,且期货交易占用保证金数额在五百万元以上的;

(六)实施本解释第一条第五项操纵证券、期货市场行为,当日累计撤回申报量达到同期该证券、期货合约总申报量百分之五十以上,且证券撤回申报额在一千万元以上、撤回申报的期货合约占用保证金数额在五百万元以上的;

(七)实施操纵证券、期货市场行为,违法所得数额在一百万元以上的。

第三条 操纵证券、期货市场,违法所得数额在五十万元以上,具有下列情形之一的,应当认定为刑法第一百八十二条第一款规定的“情节严重”:

(一)发行人、上市公司及其董事、监事、高级管理人员、控股股东或者实际控制人实施操纵证券、期货市场行为的;

(二)收购人、重大资产重组的交易对方及其董事、监事、高级管理人员、控股股东或者实际控制人实施操纵证券、期货市场行为的;

(三)行为人明知操纵证券、期货市场行为被有关部门调查,仍继续实施的;

(四)因操纵证券、期货市场行为受过刑事追究的;

(五)二年内因操纵证券、期货市场行为受过行政处罚的;

(六)在市场出现重大异常波动等特定时段操纵证券、期货市场的;

(七)造成恶劣社会影响或者其他严重后果的。

第四条 具有下列情形之一的,应当认定

为刑法第一百八十二条第一款规定的“情节特别严重”:

(一)持有或者实际控制证券的流通股份数量达到该证券的实际流通股份总量百分之十以上,实施刑法第一百八十二条第一款第一项操纵证券市场行为,连续十个交易日的累计成交量达到同期该证券总成交量百分之五十以上的;

(二)实施刑法第一百八十二条第一款第二项、第三项操纵证券市场行为,连续十个交易日的累计成交量达到同期该证券总成交量百分之五十以上的;

(三)实施本解释第一条第一项至第四项操纵证券市场行为,证券交易成交额在五千万元以上的;

(四)实施刑法第一百八十二条第一款第一项及本解释第一条第六项操纵期货市场行为,实际控制的账户合并持仓连续十个交易日的最高值超过期货交易所限仓标准的五倍,累计成交量达到同期该期货合约总成交量百分之五十以上,且期货交易占用保证金数额在二千五百万元以上的;

(五)实施刑法第一百八十二条第一款第二项、第三项及本解释第一条第一项、第二项操纵期货市场行为,实际控制的账户连续十个交易日的累计成交量达到同期该期货合约总成交量百分之五十以上,且期货交易占用保证金数额在二千五百万元以上的;

(六)实施操纵证券、期货市场行为,违法所得数额在一千万元以上的。

实施操纵证券、期货市场行为,违法所得数额在五百万元以上,并具有本解释第三条规定的七种情形之一的,应当认定为“情节特别严重”。

第五条　下列账户应当认定为刑法第一百八十二条中规定的“自己实际控制的账户”:

(一)行为人以自己名义开户并使用的实名账户;

(二)行为人向账户转入或者从账户转出资金,并承担实际损益的他人账户;

(三)行为人通过第一项、第二项以外的方式管理、支配或者使用的他人账户;

(四)行为人通过投资关系、协议等方式对账户内资产行使交易决策权的他人账户;

(五)其他有证据证明行为人具有交易决策权的账户。

有证据证明行为人对前款第一项至第三项账户内资产没有交易决策权的除外。

第六条　二次以上实施操纵证券、期货市场行为,依法应予行政处理或者刑事处理而未经处理的,相关交易数额或者违法所得数额累计计算。

第七条　符合本解释第二条、第三条规定的标准,行为人如实供述犯罪事实,认罪悔罪,并积极配合调查,退缴违法所得的,可以从轻处罚;其中犯罪情节轻微的,可以依法不起诉或者免予刑事处罚。

符合刑事诉讼法规定的认罪认罚从宽适用范围和条件的,依照刑事诉讼法的规定处理。

第八条　单位实施刑法第一百八十二条第一款行为的,依照本解释规定的定罪量刑标准,对其直接负责的主管人员和其他直接责任人员定罪处罚,并对单位判处罚金。

第九条　本解释所称“违法所得”,是指通过操纵证券、期货市场所获利益或者避免的损失。

本解释所称“连续十个交易日”,是指证券、期货市场开市交易的连续十个交易日,并非指行为人连续交易的十个交易日。

第十条　对于在全国中小企业股份转让系统中实施操纵证券市场行为,社会危害性大,严重破坏公平公正的市场秩序的,比照本解释的规定执行,但本解释第二条第一项、第二项和第四条第一项、第二项除外。

第十一条　本解释自 2019 年 7 月 1 日起施行。

最高人民法院、最高人民检察院关于办理利用未公开信息交易刑事案件适用法律若干问题的解释

（2018 年 9 月 10 日最高人民法院审判委员会第 1748 次会议、2018 年 11 月 30 日最高人民检察院第十三届检察委员会第十次会议通过　2019 年 6 月 27 日公布　法释〔2019〕10 号　自 2019 年 7 月 1 日起施行）

为依法惩治证券、期货犯罪，维护证券、期货市场管理秩序，促进证券、期货市场稳定健康发展，保护投资者合法权益，根据《中华人民共和国刑法》《中华人民共和国刑事诉讼法》的规定，现就办理利用未公开信息交易刑事案件适用法律的若干问题解释如下：

第一条　刑法第一百八十条第四款规定的“内幕信息以外的其他未公开的信息”，包括下列信息：

（一）证券、期货的投资决策、交易执行信息；

（二）证券持仓数量及变化、资金数量及变化、交易动向信息；

（三）其他可能影响证券、期货交易活动的信息。

第二条　内幕信息以外的其他未公开的信息难以认定的，司法机关可以在有关行政主（监）管部门的认定意见的基础上，根据案件事实和法律规定作出认定。

第三条　刑法第一百八十条第四款规定的“违反规定”，是指违反法律、行政法规、部门规章、全国性行业规范有关证券、期货未公开信息保护的规定，以及行为人所在的金融机构有关信息保密、禁止交易、禁止利益输送等规定。

第四条　刑法第一百八十条第四款规定的行为人“明示、暗示他人从事相关交易活动”，应当综合以下方面进行认定：

（一）行为人具有获取未公开信息的职务便利；

（二）行为人获取未公开信息的初始时间与他人从事相关交易活动的初始时间具有关联性；

（三）行为人与他人之间具有亲友关系、利益关联、交易终端关联等关联关系；

（四）他人从事相关交易的证券、期货品种、交易时间与未公开信息所涉证券、期货品种、交易时间等方面基本一致；

（五）他人从事的相关交易活动明显不具有符合交易习惯、专业判断等正当理由；

（六）行为人对明示、暗示他人从事相关交易活动没有合理解释。

第五条　利用未公开信息交易，具有下列情形之一的，应当认定为刑法第一百八十条第四款规定的“情节严重”：

（一）违法所得数额在一百万元以上的；

（二）二年内三次以上利用未公开信息交易的；

（三）明示、暗示三人以上从事相关交易活动的。

第六条　利用未公开信息交易，违法所得数额在五十万元以上，或者证券交易成交额在五百万元以上，或者期货交易占用保证金数额在一百万元以上，具有下列情形之一的，应当认定为刑法第一百八十条第四款规定的“情节严重”：

（一）以出售或者变相出售未公开信息等方式，明示、暗示他人从事相关交易活动的；

（二）因证券、期货犯罪行为受过刑事追究的；

（三）二年内因证券、期货违法行为受过行政处罚的；

（四）造成恶劣社会影响或者其他严重后果的。

第七条　刑法第一百八十条第四款规定的

“依照第一款的规定处罚”,包括该条第一款关于“情节特别严重”的规定。

利用未公开信息交易,违法所得数额在一千万元以上的,应当认定为“情节特别严重”。

违法所得数额在五百万元以上,或者证券交易成交额在五千万元以上,或者期货交易占用保证金数额在一千万元以上,具有本解释第六条规定的四种情形之一的,应当认定为“情节特别严重”。

第八条 二次以上利用未公开信息交易,依法应予行政处理或者刑事处理而未经处理的,相关交易数额或者违法所得数额累计计算。

第九条 本解释所称“违法所得”,是指行为人利用未公开信息从事与该信息相关的证券、期货交易活动所获利益或者避免的损失。

行为人明示、暗示他人利用未公开信息从事相关交易活动,被明示、暗示人员从事相关交易活动所获利益或者避免的损失,应当认定为“违法所得”。

第十条 行为人未实际从事与未公开信息相关的证券、期货交易活动的,其罚金数额按照被明示、暗示人员从事相关交易活动的违法所得计算。

第十一条 符合本解释第五条、第六条规定的标准,行为人如实供述犯罪事实,认罪悔罪,并积极配合调查,退缴违法所得的,可以从轻处罚;其中犯罪情节轻微的,可以依法不起诉或者免予刑事处罚。

符合刑事诉讼法规定的认罪认罚从宽适用范围和条件的,依照刑事诉讼法的规定处理。

第十二条 本解释自2019年7月1日起施行。

最高人民法院、最高人民检察院关于办理非法利用信息网络、帮助信息网络犯罪活动等刑事案件适用法律若干问题的解释

(2019年6月3日最高人民法院审判委员会第1771次会议、2019年9月4日最高人民检察院第十三届检察委员会第二十三次会议通过 2019年10月21日公布 法释〔2019〕15号 自2019年11月1日起施行)

为依法惩治拒不履行信息网络安全管理义务、非法利用信息网络、帮助信息网络犯罪活动等犯罪,维护正常网络秩序,根据《中华人民共和国刑法》《中华人民共和国刑事诉讼法》的规定,现就办理此类刑事案件适用法律的若干问题解释如下:

第一条 提供下列服务的单位和个人,应当认定为刑法第二百八十六条之一第一款规定的“网络服务提供者”:

(一)网络接入、域名注册解析等信息网络接入、计算、存储、传输服务;

(二)信息发布、搜索引擎、即时通讯、网络支付、网络预约、网络购物、网络游戏、网络直播、网站建设、安全防护、广告推广、应用商店等信息网络应用服务;

(三)利用信息网络提供的电子政务、通信、能源、交通、水利、金融、教育、医疗等公共服务。

第二条 刑法第二百八十六条之一第一款规定的“监管部门责令采取改正措施”,是指网信、电信、公安等依照法律、行政法规的规定承担信息网络安全监管职责的部门,以责令整改通知书或者其他文书形式,责令网络服务提供者采取改正措施。

认定“经监管部门责令采取改正措施而拒不改正”,应当综合考虑监管部门责令改正是否具有法律、行政法规依据,改正措施及期限要求是否明确、合理,网络服务提供者是否具有按

照要求采取改正措施的能力等因素进行判断。

第三条　拒不履行信息网络安全管理义务,具有下列情形之一的,应当认定为刑法第二百八十六条之一第一款第一项规定的“致使违法信息大量传播”:

(一)致使传播违法视频文件二百个以上的;

(二)致使传播违法视频文件以外的其他违法信息二千个以上的;

(三)致使传播违法信息,数量虽未达到第一项、第二项规定标准,但是按相应比例折算合计达到有关数量标准的;

(四)致使向二千个以上用户账号传播违法信息的;

(五)致使利用群组成员账号数累计三千以上的通讯群组或者关注人员账号数累计三万以上的社交网络传播违法信息的;

(六)致使违法信息实际被点击数达到五万以上的;

(七)其他致使违法信息大量传播的情形。

第四条　拒不履行信息网络安全管理义务,致使用户信息泄露,具有下列情形之一的,应当认定为刑法第二百八十六条之一第一款第二项规定的“造成严重后果”:

(一)致使泄露行踪轨迹信息、通信内容、征信信息、财产信息五百条以上的;

(二)致使泄露住宿信息、通信记录、健康生理信息、交易信息等其他可能影响人身、财产安全的用户信息五千条以上的;

(三)致使泄露第一项、第二项规定以外的用户信息五万条以上的;

(四)数量虽未达到第一项至第三项规定标准,但是按相应比例折算合计达到有关数量标准的;

(五)造成他人死亡、重伤、精神失常或者被绑架等严重后果的;

(六)造成重大经济损失的;

(七)严重扰乱社会秩序的;

(八)造成其他严重后果的。

第五条　拒不履行信息网络安全管理义务,致使影响定罪量刑的刑事案件证据灭失,具有下列情形之一的,应当认定为刑法第二百八十六条之一第一款第三项规定的“情节严重”:

(一)造成危害国家安全犯罪、恐怖活动犯罪、黑社会性质组织犯罪、贪污贿赂犯罪案件的证据灭失的;

(二)造成可能判处五年有期徒刑以上刑罚犯罪案件的证据灭失的;

(三)多次造成刑事案件证据灭失的;

(四)致使刑事诉讼程序受到严重影响的;

(五)其他情节严重的情形。

第六条　拒不履行信息网络安全管理义务,具有下列情形之一的,应当认定为刑法第二百八十六条之一第一款第四项规定的“有其他严重情节”:

(一)对绝大多数用户日志未留存或者未落实真实身份信息认证义务的;

(二)二年内经多次责令改正拒不改正的;

(三)致使信息网络服务被主要用于违法犯罪的;

(四)致使信息网络服务、网络设施被用于实施网络攻击,严重影响生产、生活的;

(五)致使信息网络服务被用于实施危害国家安全犯罪、恐怖活动犯罪、黑社会性质组织犯罪、贪污贿赂犯罪或者其他重大犯罪的;

(六)致使国家机关或者通信、能源、交通、水利、金融、教育、医疗等领域提供公共服务的信息网络受到破坏,严重影响生产、生活的;

(七)其他严重违反信息网络安全管理义务的情形。

第七条　刑法第二百八十七条之一规定的“违法犯罪”,包括犯罪行为和属于刑法分则规定的行为类型但尚未构成犯罪的违法行为。

第八条　以实施违法犯罪活动为目的而设立或者设立后主要用于实施违法犯罪活动的网站、通讯群组,应当认定为刑法第二百八十七条之一第一款第一项规定的“用于实施诈骗、传授犯罪方法、制作或者销售违禁物品、管制物品等违法犯罪活动的网站、通讯群组”。

第九条　利用信息网络提供信息的链接、截屏、二维码、访问账号密码及其他指引访问服务的,应当认定为刑法第二百八十七条之一第一款第二项、第三项规定的“发布信息”。

第十条　非法利用信息网络,具有下列情形之一的,应当认定为刑法第二百八十七条之一第一款规定的“情节严重”:

(一)假冒国家机关、金融机构名义,设立用于实施违法犯罪活动的网站的;

(二)设立用于实施违法犯罪活动的网站,数量达到三个以上或者注册账号数累计达到二千以上的;

(三)设立用于实施违法犯罪活动的通讯群组,数量达到五个以上或者群组成员账号数累计达到一千以上的;

(四)发布有关违法犯罪的信息或者为实施违法犯罪活动发布信息,具有下列情形之一的:

1. 在网站上发布有关信息一百条以上的;

2. 向二千个以上用户账号发送有关信息的;

3. 向群组成员数累计达到三千以上的通讯群组发送有关信息的;

4. 利用关注人员账号数累计达到三万以上的社交网络传播有关信息的;

(五)违法所得一万元以上的;

(六)二年内曾因非法利用信息网络、帮助信息网络犯罪活动、危害计算机信息系统安全受过行政处罚,又非法利用信息网络的;

(七)其他情节严重的情形。

第十一条 为他人实施犯罪提供技术支持或者帮助,具有下列情形之一的,可以认定行为人明知他人利用信息网络实施犯罪,但是有相反证据的除外:

(一)经监管部门告知后仍然实施有关行为的;

(二)接到举报后不履行法定管理职责的;

(三)交易价格或者方式明显异常的;

(四)提供专门用于违法犯罪的程序、工具或者其他技术支持、帮助的;

(五)频繁采用隐蔽上网、加密通信、销毁数据等措施或者使用虚假身份,逃避监管或者规避调查的;

(六)为他人逃避监管或者规避调查提供技术支持、帮助的;

(七)其他足以认定行为人明知的情形。

第十二条 明知他人利用信息网络实施犯罪,为其犯罪提供帮助,具有下列情形之一的,应当认定为刑法第二百八十七条之二第一款规定的"情节严重":

(一)为三个以上对象提供帮助的;

(二)支付结算金额二十万元以上的;

(三)以投放广告等方式提供资金五万元以上的;

(四)违法所得一万元以上的;

(五)二年内曾因非法利用信息网络、帮助信息网络犯罪活动、危害计算机信息系统安全受过行政处罚,又帮助信息网络犯罪活动的;

(六)被帮助对象实施的犯罪造成严重后果的;

(七)其他情节严重的情形。

实施前款规定的行为,确因客观条件限制无法查证被帮助对象是否达到犯罪的程度,但相关数额总计达到前款第二项至第四项规定标准五倍以上,或者造成特别严重后果的,应当以帮助信息网络犯罪活动罪追究行为人的刑事责任。

第十三条 被帮助对象实施的犯罪行为可以确认,但尚未到案、尚未依法裁判或者因未达到刑事责任年龄等原因依法未予追究刑事责任的,不影响帮助信息网络犯罪活动罪的认定。

第十四条 单位实施本解释规定的犯罪的,依照本解释规定的相应自然人犯罪的定罪量刑标准,对直接负责的主管人员和其他直接责任人员定罪处罚,并对单位判处罚金。

第十五条 综合考虑社会危害程度、认罪悔罪态度等情节,认为犯罪情节轻微的,可以不起诉或者免予刑事处罚;情节显著轻微危害不大的,不以犯罪论处。

第十六条 多次拒不履行信息网络安全管理义务、非法利用信息网络、帮助信息网络犯罪活动构成犯罪,依法应当追诉的,或者二年内多次实施前述行为未经处理的,数量或者数额累计计算。

第十七条 对于实施本解释规定的犯罪被判处刑罚的,可以根据犯罪情况和预防再犯罪的需要,依法宣告职业禁止;被判处管制、宣告缓刑的,可以根据犯罪情况,依法宣告禁止令。

第十八条 对于实施本解释规定的犯罪的,应当综合考虑犯罪的危害程度、违法所得数额以及被告人的前科情况、认罪悔罪态度等,依法判处罚金。

第十九条 本解释自2019年11月1日起施行。

全国法院民商事审判工作会议纪要

（2019年11月8日最高人民法院公布　法〔2019〕254号）

目　录

引　言

为全面贯彻党的十九大和十九届二中、三中全会以及中央经济工作会议、中央政法工作会议、全国金融工作会议精神，研究当前形势下如何进一步加强人民法院民商事审判工作，着力提升民商事审判工作能力和水平，为我国经济高质量发展提供更加有力的司法服务和保障，最高人民法院于2019年7月3日至4日在黑龙江省哈尔滨市召开了全国法院民商事审判工作会议。最高人民法院党组书记、院长周强同志出席会议并讲话。各省、自治区、直辖市高级人民法院分管民商事审判工作的副院长、承担民商事案件审判任务的审判庭庭长、解放军军事法院的代表、最高人民法院有关部门负责人在主会场出席会议，地方各级人民法院的其他负责同志和民商事审判法官在各地分会场通过视频参加会议。中央政法委、全国人大常委会法工委的代表、部分全国人大代表、全国政协委员、最高人民法院特约监督员、专家学者应邀参加会议。

会议认为，民商事审判工作必须坚持正确的政治方向，必须以习近平新时代中国特色社会主义思想武装头脑、指导实践、推动工作。一要坚持党的绝对领导。这是中国特色社会主义司法制度的本质特征和根本要求，是人民法院永远不变的根和魂。在民商事审判工作中，要切实增强“四个意识”、坚定“四个自信”、做到“两个维护”，坚定不移走中国特色社会主义法治道路。二要坚持服务党和国家大局。认清形势，高度关注中国特色社会主义进入新时代背景下经济社会的重大变化、社会主要矛盾的历史性变化、各类风险隐患的多元多变，提高服务大局的自觉性、针对性，主动作为，勇于担当，处理好依法办案和服务大局的辩证关系，着眼于贯彻落实党中央的重大决策部署、维护人民群众的根本利益、维护法治的统一。三要坚持司法为民。牢固树立以人民为中心的发展思想，始终坚守人民立场，胸怀人民群众，满足人民需求，带着对人民群众的深厚感情和强烈责任感去做好民商事审判工作。在民商事审判工作中要弘扬社会主义核心价值观，注意情理法的交融平衡，做到以法为据、以理服人、以情感人，既要义正辞严讲清法理，又要循循善诱讲明事理，还要感同身受讲透情理，争取广大人民群众和社会的理解与支持。要建立健全方便人民群众诉讼的民商事审判工作机制。四要坚持公正司法。公平正义是中国特色社会主义制度的内在要求，也是我党治国理政的一贯主张。司法是维护社会公平正义的最后一道防线，必须把公平正义作为生命线，必须把公平正义作为镌刻在心中的价值坐标，必须把“努力让人民群众在每一个司法案件中感受到公平正义”作为矢志不渝的奋斗目标。

会议指出,民商事审判工作要树立正确的审判理念。注意辩证理解并准确把握契约自由、平等保护、诚实信用、公序良俗等民商事审判基本原则;注意树立请求权基础思维、逻辑和价值相一致思维、同案同判思维,通过检索类案、参考指导案例等方式统一裁判尺度,有效防止滥用自由裁量权;注意处理好民商事审判与行政监管的关系,通过穿透式审判思维,查明当事人的真实意思,探求真实法律关系;特别注意外观主义系民商法上的学理概括,并非现行法律规定的原则,现行法律只是规定了体现外观主义的具体规则,如《物权法》第106条规定的善意取得,《合同法》第49条、《民法总则》第172条规定的表见代理,《合同法》第50条规定的越权代表,审判实务中应当依据有关具体法律规则进行判断,类推适用亦应当以法律规则设定的情形、条件为基础。从现行法律规则看,外观主义是为保护交易安全设置的例外规定,一般适用于因合理信赖权利外观或意思表示外观的交易行为。实际权利人与名义权利人的关系,应注重财产的实质归属,而不单纯地取决于公示外观。总之,审判实务中要准确把握外观主义的适用边界,避免泛化和滥用。

会议对当前民商事审判工作中的一些疑难法律问题取得了基本一致的看法,现纪要如下:

一、关于民法总则适用的法律衔接

会议认为,民法总则施行后至民法典施行前,拟编入民法典但尚未完成修订的物权法、合同法等民商事基本法,以及不编入民法典的公司法、证券法、信托法、保险法、票据法等民商事特别法,均可能存在与民法总则规定不一致的情形。人民法院应当依照《立法法》第92条、《民法总则》第11条等规定,综合考虑新的规定优于旧的规定、特别规定优于一般规定等法律适用规则,依法处理好民法总则与相关法律的衔接问题,主要是处理好与民法通则、合同法、公司法的关系。

1.【民法总则与民法通则的关系及其适用】民法通则既规定了民法的一些基本制度和一般性规则,也规定了合同、所有权及其他财产权、知识产权、民事责任、涉外民事法律关系适用等具体内容。民法总则基本吸收了民法通则规定的基本制度和一般性规则,同时作了补充、完善和发展。民法通则规定的合同、所有权及其他财产权、民事责任等具体内容还需要在编撰民法典各分编时作进一步统筹,系统整合。因民法总则施行后暂不废止民法通则,在此之前,民法总则与民法通则规定不一致的,根据新的规定优于旧的规定的法律适用规则,适用民法总则的规定。最高人民法院已依据民法总则制定了关于诉讼时效问题的司法解释,而原依据民法通则制定的关于诉讼时效的司法解释,只要与民法总则不冲突,仍可适用。

2.【民法总则与合同法的关系及其适用】根据民法典编撰工作"两步走"的安排,民法总则施行后,目前正在进行民法典的合同编、物权编等各分编的编撰工作。民法典施行后,合同法不再保留。在这之前,因民法总则施行前成立的合同发生的纠纷,原则上适用合同法的有关规定处理。因民法总则施行后成立的合同发生的纠纷,如果合同法"总则"对此的规定与民法总则的规定不一致的,根据新的规定优于旧的规定的法律适用规则,适用民法总则的规定。例如,关于欺诈、胁迫问题,根据合同法的规定,只有合同当事人之间存在欺诈、胁迫行为的,被欺诈、胁迫一方才享有撤销合同的权利。而依民法总则的规定,第三人实施的欺诈、胁迫行为,被欺诈、胁迫一方也有撤销合同的权利。另外,合同法视欺诈、胁迫行为所损害利益的不同,对合同效力作出了不同规定:损害合同当事人利益的,属于可撤销或者可变更合同;损害国家利益的,则属于无效合同。民法总则则未加区别,规定一律按可撤销合同对待。再如,关于显失公平问题,合同法将显失公平与乘人之危作为两类不同的可撤销或者可变更合同事由,而民法总则则将二者合并为一类可撤销合同事由。

民法总则施行后发生的纠纷,在民法典施行前,如果合同法"分则"对此的规定与民法总则不一致的,根据特别规定优于一般规定的法律适用规则,适用合同法"分则"的规定。例如,民法总则仅规定了显名代理,没有规定《合同法》第402条的隐名代理和第403条的间接代理。在民法典施行前,这两条规定应当继续适用。

3.【民法总则与公司法的关系及其适用】民法总则与公司法的关系,是一般法与商事特别法的关系。民法总则第三章“法人”第一节“一般规定”和第二节“营利法人”基本上是根据公司法的有关规定提炼的，二者的精神大体一致。因此，涉及民法总则这一部分的内容，规定一致的，适用民法总则或者公司法皆可；规定不一致的，根据《民法总则》第11条有关“其他法律对民事关系有特别规定的，依照其规定”的规定，原则上应当适用公司法的规定。但应当注意也有例外情况，主要表现在两个方面：一是就同一事项，民法总则制定时有意修正公司法有关条款的，应当适用民法总则的规定。例如，《公司法》第32条第3款规定：“公司应当将股东的姓名或者名称及其出资额向公司登记机关登记；登记事项发生变更的，应当办理变更登记。未经登记或者变更登记的，不得对抗第三人。”而《民法总则》第65条的规定则把“不得对抗第三人”修正为“不得对抗善意相对人”。经查询有关立法理由，可以认为，此种情况应当适用民法总则的规定。二是民法总则在公司法规定基础上增加了新内容的，如《公司法》第22条第2款就公司决议的撤销问题进行了规定，《民法总则》第85条在该条基础上增加规定：“但是营利法人依据该决议与善意相对人形成的民事法律关系不受影响。”此时，也应当适用民法总则的规定。

4.【民法总则的时间效力】根据“法不溯及既往”的原则，民法总则原则上没有溯及力，故只能适用于施行后发生的法律事实；民法总则施行前发生的法律事实，适用当时的法律；某一法律事实发生在民法总则施行前，其行为延续至民法总则施行后的，适用民法总则的规定。但要注意有例外情形，如虽然法律事实发生在民法总则施行前，但当时的法律对此没有规定而民法总则有规定的，例如，对于虚伪意思表示、第三人实施欺诈行为，合同法均无规定，发生纠纷后，基于“法官不得拒绝裁判”规则，可以将民法总则的相关规定作为裁判依据。又如，民法总则施行前成立的合同，根据当时的法律应当认定无效，而根据民法总则应当认定有效或者可撤销的，应当适用民法总则的规定。

在民法总则无溯及力的场合，人民法院应当依据法律事实发生时的法律进行裁判，但如果法律事实发生时的法律虽有规定，但内容不具体、不明确的，如关于无权代理在被代理人不予追认时的法律后果，民法通则和合同法均规定由行为人承担民事责任，但对民事责任的性质和方式没有规定，而民法总则对此有明确且详细的规定，人民法院在审理案件时，就可以在裁判文书的说理部分将民法总则规定的内容作为解释法律事实发生时法律规定的参考。

二、关于公司纠纷案件的审理

会议认为，审理好公司纠纷案件，对于保护交易安全和投资安全，激发经济活力，增强投资创业信心，具有重要意义。要依法协调好公司债权人、股东、公司等各种利益主体之间的关系，处理好公司外部与内部的关系，解决好公司自治与司法介入的关系。

（一）关于“对赌协议”的效力及履行

实践中俗称的“对赌协议”，又称估值调整协议，是指投资方与融资方在达成股权性融资协议时，为解决交易双方对目标公司未来发展的不确定性、信息不对称以及代理成本而设计的包含了股权回购、金钱补偿等对未来目标公司的估值进行调整的协议。从订立“对赌协议”的主体来看，有投资方与目标公司的股东或者实际控制人“对赌”、投资方与目标公司“对赌”、投资方与目标公司的股东、目标公司“对赌”等形式。人民法院在审理“对赌协议”纠纷案件时，不仅应当适用合同法的相关规定，还应当适用公司法的相关规定；既要坚持鼓励投资方对实体企业特别是科技创新企业投资原则，从而在一定程度上缓解企业融资难问题，又要贯彻资本维持原则和保护债权人合法权益原则，依法平衡投资方、公司债权人、公司之间的利益。对于投资方与目标公司的股东或者实际控制人订立的“对赌协议”，如无其他无效事由，认定有效并支持实际履行，实践中并无争议。但投资方与目标公司订立的“对赌协议”是否有效以及能否实际履行，存在争议。对此，应当把握如下处理规则：

5.【与目标公司“对赌”】投资方与目标公司订立的“对赌协议”在不存在法定无效事由的情况下，目标公司仅以存在股权回购或者金钱补偿约定为由，主张“对赌协议”无效的，人民法院不予支持，但投资方主张实际履行的，人民法院应当审查是否符合公司法关于“股东不得抽逃出资”及股份回购的强制性规定，判决是否支持其诉讼请求。

投资方请求目标公司回购股权的,人民法院应当依据《公司法》第35条关于“股东不得抽逃出资”或者第142条关于股份回购的强制性规定进行审查。经审查,目标公司未完成减资程序的,人民法院应当驳回其诉讼请求。

投资方请求目标公司承担金钱补偿义务的,人民法院应当依据《公司法》第35条关于“股东不得抽逃出资”和第166条关于利润分配的强制性规定进行审查。经审查,目标公司没有利润或者虽有利润但不足以补偿投资方的,人民法院应当驳回或者部分支持其诉讼请求。今后目标公司有利润时,投资方还可以依据该事实另行提起诉讼。

(二)关于股东出资加速到期及表决权

6.**【股东出资应否加速到期】**在注册资本认缴制下,股东依法享有期限利益。债权人以公司不能清偿到期债务为由,请求未届出资期限的股东在未出资范围内对公司不能清偿的债务承担补充赔偿责任的,人民法院不予支持。但是,下列情形除外:

(1)公司作为被执行人的案件,人民法院穷尽执行措施无财产可供执行,已具备破产原因,但不申请破产的;

(2)在公司债务产生后,公司股东(大)会决议或以其他方式延长股东出资期限的。

7.**【表决权能否受限】**股东认缴的出资未届履行期限,对未缴纳部分的出资是否享有以及如何行使表决权等问题,应当根据公司章程来确定。公司章程没有规定的,应当按照认缴出资的比例确定。如果股东(大)会作出不按认缴出资比例而按实际出资比例或者其他标准确定表决权的决议,股东请求确认决议无效的,人民法院应当审查该决议是否符合修改公司章程所要求的表决程序,即必须经代表三分之二以上表决权的股东通过。符合的,人民法院不予支持;反之,则依法予以支持。

(三)关于股权转让

8.**【有限责任公司的股权变动】**当事人之间转让有限责任公司股权,受让人以其姓名或者名称已记载于股东名册为由主张其已经取得股权的,人民法院依法予以支持,但法律、行政法规规定应当办理批准手续生效的股权转让除外。未向公司登记机关办理股权变更登记的,不得对抗善意相对人。

9.**【侵犯优先购买权的股权转让合同的效力】**审判实践中,部分人民法院对公司法司法解释(四)第21条规定的理解存在偏差,往往以保护其他股东的优先购买权为由认定股权转让合同无效。准确理解该条规定,既要注意保护其他股东的优先购买权,也要注意保护股东以外的股权受让人的合法权益,正确认定有限责任公司的股东与股东以外的股权受让人订立的股权转让合同的效力。一方面,其他股东依法享有优先购买权,在其主张按照股权转让合同约定的同等条件购买股权的情况下,应当支持其诉讼请求,除非出现该条第1款规定的情形。另一方面,为保护股东以外的股权受让人的合法权益,股权转让合同如无其他影响合同效力的事由,应当认定有效。其他股东行使优先购买权的,虽然股东以外的股权受让人关于继续履行股权转让合同的请求不能得到支持,但不影响其依约请求转让股东承担相应的违约责任。

(四)关于公司人格否认

公司人格独立和股东有限责任是公司法的基本原则。否认公司独立人格,由滥用公司法人独立地位和股东有限责任的股东对公司债务承担连带责任,是股东有限责任的例外情形,旨在矫正有限责任制度在特定法律事实发生时对债权人保护的失衡现象。在审判实践中,要准确把握《公司法》第20条第3款规定的精神。一是只有在股东实施了滥用公司法人独立地位及股东有限责任的行为,且该行为严重损害了公司债权人利益的情况下,才能适用。损害债权人利益,主要是指股东滥用权利使公司财产不足以清偿公司债权人的债权。二是只有实施了滥用法人独立地位和股东有限责任行为的股东才对公司债务承担连带清偿责任,而其他股东不应承担此责任。三是公司人格否认不是全面、彻底、永久地否定公司的法人资格,而只是在具体案件中依据特定的法律事实、法律关系,突破股东对公司债务不承担责任的一般规则,例外地判令其承担连带责任。人民法院在个案中否认公司人格的判决的既判力仅仅约束该诉讼的各方当事人,不当然适用于涉及该公司的其他诉讼,不影响公司独立法人资格的存续。如果其他债权人提起公司人格否认诉讼,已生效判决认定的事实可以作为证据使用。四是《公司法》第20条第3款规定的滥用行为，实践中常见的情形有人格混同、过度支配与控制、资本显著不足等。在审理案件时，需要根据查明的案件事实进行综合判断，既审慎适用，又当用则用。实践中存在标准把握不严而滥用这一例外制度的现象，同时也存在因法律规定较为原则、抽象，适用难度大，而不善于适用、不敢于适用的现象，均应当引起高度重视。

10.【人格混同】认定公司人格与股东人格是否存在混同，最根本的判断标准是公司是否具有独立意思和独立财产，最主要的表现是公司的财产与股东的财产是否混同且无法区分。在认定是否构成人格混同时，应当综合考虑以下因素：

（1）股东无偿使用公司资金或者财产，不作财务记载的；

（2）股东用公司的资金偿还股东的债务，或者将公司的资金供关联公司无偿使用，不作财务记载的；

（3）公司账簿与股东账簿不分，致使公司财产与股东财产无法区分的；

（4）股东自身收益与公司盈利不加区分，致使双方利益不清的；

（5）公司的财产记载于股东名下，由股东占有、使用的；

（6）人格混同的其他情形。

在出现人格混同的情况下，往往同时出现以下混同：公司业务和股东业务混同；公司员工与股东员工混同，特别是财务人员混同；公司住所与股东住所混同。人民法院在审理案件时，关键要审查是否构成人格混同，而不要求同时具备其他方面的混同，其他方面的混同往往只是人格混同的补强。

11.【过度支配与控制】公司控制股东对公司过度支配与控制，操纵公司的决策过程，使公司完全丧失独立性，沦为控制股东的工具或躯壳，严重损害公司债权人利益，应当否认公司人格，由滥用控制权的股东对公司债务承担连带责任。实践中常见的情形包括：

（1）母子公司之间或者子公司之间进行利益输送的；

（2）母子公司或者子公司之间进行交易，收益归一方，损失却由另一方承担的；

（3）先从原公司抽走资金，然后再成立经营目的相同或者类似的公司，逃避原公司债务的；

（4）先解散公司，再以原公司场所、设备、人员及相同或者相似的经营目的另设公司，逃避原公司债务的；

（5）过度支配与控制的其他情形。

控制股东或实际控制人控制多个子公司或者关联公司，滥用控制权使多个子公司或者关联公司财产边界不清、财务混同，利益相互输送，丧失人格独立性，沦为控制股东逃避债务、非法经营，甚至违法犯罪工具的，可以综合案件事实，否认子公司或者关联公司法人人格，判令承担连带责任。

12.【资本显著不足】资本显著不足指的是，公司设立后在经营过程中，股东实际投入公司的资本数额与公司经营所隐含的风险相比明显不匹配。股东利用较少资本从事力所不及的经营，表明其没有从事公司经营的诚意，实质是恶意利用公司独立人格和股东有限责任把投资风险转嫁给债权人。由于资本显著不足的判断标准有很大的模糊性，特别是要与公司采取"以小博大"的正常经营方式相区分，因此在适用时要十分谨慎，应当与其他因素结合起来综合判断。

13.【诉讼地位】人民法院在审理公司人格否认纠纷案件时，应当根据不同情形确定当事人的诉讼地位：

（1）债权人对债务人公司享有的债权已经由生效裁判确认，其另行提起公司人格否认诉讼，请求股东对公司债务承担连带责任的，列股东为被告，公司为第三人；

（2）债权人对债务人公司享有的债权提起诉讼的同时，一并提起公司人格否认诉讼，请求股东对公司债务承担连带责任的，列公司和股东为共同被告；

（3）债权人对债务人公司享有的债权尚未经生效裁判确认，直接提起公司人格否认诉讼，请求公司股东对公司债务承担连带责任的，人民法院应当向债权人释明，告知其追加公司为共同被告。债权人拒绝追加的，人民法院应当裁定驳回起诉。

（五）关于有限责任公司清算义务人的责任

关于有限责任公司股东清算责任的认定，

一些案件的处理结果不适当地扩大了股东的清算责任。特别是实践中出现了一些职业债权人,从其他债权人处大批量超低价收购僵尸企业的"陈年旧账"后,对批量僵尸企业提起强制清算之诉,在获得人民法院对公司主要财产、账册、重要文件等灭失的认定后,根据公司法司法解释(二)第18条第2款的规定,请求有限责任公司的股东对公司债务承担连带清偿责任。有的人民法院没有准确把握上述规定的适用条件,判决没有"怠于履行义务"的小股东或者虽"怠于履行义务"但与公司主要财产、账册、重要文件等灭失没有因果关系的小股东对公司债务承担远远超过其出资数额的责任,导致出现利益明显失衡的现象。需要明确的是,上述司法解释关于有限责任公司股东清算责任的规定,其性质是因股东怠于履行清算义务致使公司无法清算所应当承担的侵权责任。在认定有限责任公司股东是否应当对债权人承担侵权赔偿责任时,应当注意以下问题:

14.【怠于履行清算义务的认定】公司法司法解释(二)第18条第2款规定的"怠于履行义务",是指有限责任公司的股东在法定清算事由出现后,在能够履行清算义务的情况下,故意拖延、拒绝履行清算义务,或者因过失导致无法进行清算的消极行为。股东举证证明其已经为履行清算义务采取了积极措施,或者小股东举证证明其既不是公司董事会或者监事会成员,也没有选派人员担任该机关成员,且从未参与公司经营管理,以不构成"怠于履行义务"为由,主张其不应当对公司债务承担连带清偿责任的,人民法院依法予以支持。

15.【因果关系抗辩】有限责任公司的股东举证证明其"怠于履行义务"的消极不作为与"公司主要财产、账册、重要文件等灭失,无法进行清算"的结果之间没有因果关系,主张其不应对公司债务承担连带清偿责任的,人民法院依法予以支持。

16.【诉讼时效期间】公司债权人请求股东对公司债务承担连带清偿责任,股东以公司债权人对公司的债权已经超过诉讼时效期间为由抗辩,经查证属实的,人民法院依法予以支持。

公司债权人以公司法司法解释(二)第18条第2款为依据,请求有限责任公司的股东对公司债务承担连带清偿责任的,诉讼时效期间自公司债权人知道或者应当知道公司无法进行清算之日起计算。

(六)关于公司为他人提供担保

关于公司为他人提供担保的合同效力问题,审判实践中裁判尺度不统一,严重影响了司法公信力,有必要予以规范。对此,应当把握以下几点:

17.【违反《公司法》第16条构成越权代表】为防止法定代表人随意代表公司为他人提供担保给公司造成损失,损害中小股东利益,《公司法》第16条对法定代表人的代表权进行了限制。根据该条规定,担保行为不是法定代表人所能单独决定的事项,而必须以公司股东(大)会、董事会等公司机关的决议作为授权的基础和来源。法定代表人未经授权擅自为他人提供担保的,构成越权代表,人民法院应当根据《合同法》第50条关于法定代表人越权代表的规定,区分订立合同时债权人是否善意分别认定合同效力:债权人善意的,合同有效;反之,合同无效。

18.【善意的认定】前条所称的善意,是指债权人不知道或者不应当知道法定代表人超越权限订立担保合同。《公司法》第16条对关联担保和非关联担保的决议机关作出了区别规定,相应地,在善意的判断标准上也应当有所区别。一种情形是,为公司股东或者实际控制人提供关联担保,《公司法》第16条明确规定必须由股东(大)会决议,未经股东(大)会决议,构成越权代表。在此情况下,债权人主张担保合同有效,应当提供证据证明其在订立合同时对股东(大)会决议进行了审查,决议的表决程序符合《公司法》第16条的规定,即在排除被担保股东表决权的情况下,该项表决由出席会议的其他股东所持表决权的过半数通过,签字人员也符合公司章程的规定。另一种情形是,公司为公司股东或者实际控制人以外的人提供非关联担保,根据《公司法》第16条的规定,此时由公司章程规定是由董事会决议还是股东(大)会决议。无论章程是否对决议机关作出规定,也无论章程规定决议机关为董事会还是股东(大)会,根据《民法总则》第61条第3款关于"法人章程或者法人权力机构对法定代表人代表权的限制,不得对抗善意相对人"的规定,只要债权人能够证明其在订立担保合同时对董事会决议或者股东（大）会决议进行了审查，同意决议的人数及签字人员符合公司章程的规定，就应当认定其构成善意，但公司能够证明债权人明知公司章程对决议机关有明确规定的除外。

债权人对公司机关决议内容的审查一般限于形式审查，只要求尽到必要的注意义务即可，标准不宜太过严苛。公司以机关决议系法定代表人伪造或者变造、决议程序违法、签章（名）不实、担保金额超过法定限额等事由抗辩债权人非善意的，人民法院一般不予支持。但是，公司有证据证明债权人明知决议系伪造或者变造的除外。

19.【无须机关决议的例外情况】存在下列情形的，即便债权人知道或者应当知道没有公司机关决议，也应当认定担保合同符合公司的真实意思表示，合同有效：

（1）公司是以为他人提供担保为主营业务的担保公司，或者是开展保函业务的银行或者非银行金融机构；

（2）公司为其直接或者间接控制的公司开展经营活动向债权人提供担保；

（3）公司与主债务人之间存在相互担保等商业合作关系；

（4）担保合同系由单独或者共同持有公司三分之二以上有表决权的股东签字同意。

20.【越权担保的民事责任】依据前述 3 条规定，担保合同有效，债权人请求公司承担担保责任的，人民法院依法予以支持；担保合同无效，债权人请求公司承担担保责任的，人民法院不予支持，但可以按照担保法及有关司法解释关于担保无效的规定处理。公司举证证明债权人明知法定代表人超越权限或者机关决议系伪造或者变造，债权人请求公司承担合同无效后的民事责任的，人民法院不予支持。

21.【权利救济】法定代表人的越权担保行为给公司造成损失，公司请求法定代表人承担赔偿责任的，人民法院依法予以支持。公司没有提起诉讼，股东依据《公司法》第 151 条的规定请求法定代表人承担赔偿责任的，人民法院依法予以支持。

22.【上市公司为他人提供担保】债权人根据上市公司公开披露的关于担保事项已经董事会或者股东大会决议通过的信息订立的担保合同，人民法院应当认定有效。

23.【债务加入准用担保规则】法定代表人以公司名义与债务人约定加入债务并通知债权人或者向债权人表示愿意加入债务，该约定的效力问题，参照本纪要关于公司为他人提供担保的有关规则处理。

（七）关于股东代表诉讼

24.【何时成为股东不影响起诉】股东提起股东代表诉讼，被告以行为发生时原告尚未成为公司股东为由抗辩该股东不是适格原告的，人民法院不予支持。

25.【正确适用前置程序】根据《公司法》第 151 条的规定，股东提起代表诉讼的前置程序之一是，股东必须先书面请求公司有关机关向人民法院提起诉讼。一般情况下，股东没有履行该前置程序的，应当驳回起诉。但是，该项前置程序针对的是公司治理的一般情况，即在股东向公司有关机关提出书面申请之时，存在公司有关机关提起诉讼的可能性。如果查明的相关事实表明，根本不存在该种可能性的，人民法院不应当以原告未履行前置程序为由驳回起诉。

26.【股东代表诉讼的反诉】股东依据《公司法》第 151 条第 3 款的规定提起股东代表诉讼后，被告以原告股东恶意起诉侵犯其合法权益为由提起反诉的，人民法院应予受理。被告以公司在案涉纠纷中应当承担侵权或者违约等责任为由对公司提出的反诉，因不符合反诉的要件，人民法院应当裁定不予受理；已经受理的，裁定驳回起诉。

27.【股东代表诉讼的调解】公司是股东代表诉讼的最终受益人，为避免因原告股东与被告通过调解损害公司利益，人民法院应当审查调解协议是否为公司的意思。只有在调解协议经公司股东（大）会、董事会决议通过后，人民法院才能出具调解书予以确认。至于具体决议机关，取决于公司章程的规定。公司章程没有规定的，人民法院应当认定公司股东（大）会为决议机关。

（八）其他问题

28.【实际出资人显名的条件】实际出资人能够提供证据证明有限责任公司过半数的其他股东知道其实际出资的事实，且对其实际行使股东权利未曾提出异议的，对实际出资人提出的登记为公司股东的请求,人民法院依法予以支持。公司以实际出资人的请求不符合公司法司法解释(三)第 24 条的规定为由抗辩的,人民法院不予支持。

29.【请求召开股东(大)会不可诉】公司召开股东(大)会本质上属于公司内部治理范围。股东请求判令公司召开股东(大)会的,人民法院应当告知其按照《公司法》第 40 条或者第 101 条规定的程序自行召开。股东坚持起诉的,人民法院应当裁定不予受理;已经受理的,裁定驳回起诉。

三、关于合同纠纷案件的审理

会议认为,合同是市场化配置资源的主要方式,合同纠纷也是民商事纠纷的主要类型。人民法院在审理合同纠纷案件时,要坚持鼓励交易原则,充分尊重当事人的意思自治。要依法审慎认定合同效力。要根据诚实信用原则,合理解释合同条款、确定履行内容,合理确定当事人的权利义务关系,审慎适用合同解除制度,依法调整过高的违约金,强化对守约者诚信行为的保护力度,提高违法违约成本,促进诚信社会构建。

(一)关于合同效力

人民法院在审理合同纠纷案件过程中,要依职权审查合同是否存在无效的情形,注意无效与可撤销、未生效、效力待定等合同效力形态之间的区别,准确认定合同效力,并根据效力的不同情形,结合当事人的诉讼请求,确定相应的民事责任。

30.【强制性规定的识别】合同法施行后,针对一些人民法院动辄以违反法律、行政法规的强制性规定为由认定合同无效,不当扩大无效合同范围的情形,合同法司法解释(二)第 14 条将《合同法》第 52 条第 5 项规定的"强制性规定"明确限于"效力性强制性规定"。此后,《最高人民法院关于当前形势下审理民商事合同纠纷案件若干问题的指导意见》进一步提出了"管理性强制性规定"的概念,指出违反管理性强制性规定的,人民法院应当根据具体情形认定合同效力。随着这一概念的提出,审判实践中又出现了另一种倾向,有的人民法院认为凡是行政管理性质的强制性规定都属于"管理性强制性规定",不影响合同效力。这种望文生义的认定方法,应予纠正。

人民法院在审理合同纠纷案件时,要依据《民法总则》第 153 条第 1 款和合同法司法解释(二)第 14 条的规定慎重判断"强制性规定"的性质,特别是要在考量强制性规定所保护的法益类型、违法行为的法律后果以及交易安全保护等因素的基础上认定其性质,并在裁判文书中充分说明理由。下列强制性规定,应当认定为"效力性强制性规定":强制性规定涉及金融安全、市场秩序、国家宏观政策等公序良俗的;交易标的禁止买卖的,如禁止人体器官、毒品、枪支等买卖;违反特许经营规定的,如场外配资合同;交易方式严重违法的,如违反招投标等竞争性缔约方式订立的合同;交易场所违法的,如在批准的交易场所之外进行期货交易。关于经营范围、交易时间、交易数量等行政管理性质的强制性规定,一般应当认定为"管理性强制性规定"。

31.【违反规章的合同效力】违反规章一般情况下不影响合同效力,但该规章的内容涉及金融安全、市场秩序、国家宏观政策等公序良俗的,应当认定合同无效。人民法院在认定规章是否涉及公序良俗时,要在考察规范对象基础上,兼顾监管强度、交易安全保护以及社会影响等方面进行慎重考量,并在裁判文书中进行充分说理。

32.【合同不成立、无效或者被撤销的法律后果】《合同法》第 58 条就合同无效或者被撤销时的财产返还责任和损害赔偿责任作了规定,但未规定合同不成立的法律后果。考虑到合同不成立时也可能发生财产返还和损害赔偿责任问题,故应当参照适用该条的规定。

在确定合同不成立、无效或者被撤销后财产返还或者折价补偿范围时,要根据诚实信用原则的要求,在当事人之间合理分配,不能使不诚信的当事人因合同不成立、无效或者被撤销而获益。合同不成立、无效或者被撤销情况下,当事人所承担的缔约过失责任不应超过合同履行利益。比如,依据《最高人民法院关于审理建设工程施工合同纠纷案件适用法律问题的解释》第 2 条规定,建设工程施工合同无效,在建设工程经竣工验收合格情况下,可以参照合同约定支付工程款,但除非增加了合同约定之外新的工程项目,一般不应超出合同约定支付工程款。

33.【财产返还与折价补偿】合同不成立、无效或者被撤销后，在确定财产返还时，要充分考虑财产增值或者贬值的因素。双务合同不成立、无效或者被撤销后，双方因该合同取得财产的，应当相互返还。应予返还的股权、房屋等财产相对于合同约定价款出现增值或者贬值的，人民法院要综合考虑市场因素、受让人的经营或者添附等行为与财产增值或者贬值之间的关联性，在当事人之间合理分配或者分担，避免一方因合同不成立、无效或者被撤销而获益。在标的物已经灭失、转售他人或者其他无法返还的情况下，当事人主张返还原物的，人民法院不予支持，但其主张折价补偿的，人民法院依法予以支持。折价时，应当以当事人交易时约定的价款为基础，同时考虑当事人在标的物灭失或者转售时的获益情况综合确定补偿标准。标的物灭失时当事人获得的保险金或者其他赔偿金，转售时取得的对价，均属于当事人因标的物而获得的利益。对获益高于或者低于价款的部分，也应当在当事人之间合理分配或者分担。

34.【价款返还】双务合同不成立、无效或者被撤销时，标的物返还与价款返还互为对待给付，双方应当同时返还。关于应否支付利息问题，只要一方对标的物有使用情形的，一般应当支付使用费，该费用可与占有价款一方应当支付的资金占用费相互抵销，故在一方返还原物前，另一方仅须支付本金，而无须支付利息。

35.【损害赔偿】合同不成立、无效或者被撤销时，仅返还财产或者折价补偿不足以弥补损失，一方还可以向有过错的另一方请求损害赔偿。在确定损害赔偿范围时，既要根据当事人的过错程度合理确定责任，又要考虑在确定财产返还范围时已经考虑过的财产增值或者贬值因素，避免双重获利或者双重受损的现象发生。

36.【合同无效时的释明问题】在双务合同中，原告起诉请求确认合同有效并请求继续履行合同，被告主张合同无效的，或者原告起诉请求确认合同无效并返还财产，而被告主张合同有效的，都要防止机械适用“不告不理”原则，仅就当事人的诉讼请求进行审理，而应向原告释明变更或者增加诉讼请求，或者向被告释明提出同时履行抗辩，尽可能一次性解决纠纷。例如，基于合同有给付行为的原告请求确认合同无效，但并未提出返还原物或者折价补偿、赔偿损失等请求的，人民法院应当向其释明，告知其一并提出相应诉讼请求；原告请求确认合同无效并要求被告返还原物或者赔偿损失，被告基于合同也有给付行为的，人民法院同样应当向被告释明，告知其也可以提出返还请求；人民法院经审理认定合同无效的，除了要在判决书“本院认为”部分对同时返还作出认定外，还应当在判项中作出明确表述，避免因判令单方返还而出现不公平的结果。

第一审人民法院未予释明，第二审人民法院认为应当对合同不成立、无效或者被撤销的法律后果作出判决的，可以直接释明并改判。当然，如果返还财产或者赔偿损失的范围确实难以确定或者双方争议较大的，也可以告知当事人通过另行起诉等方式解决，并在裁判文书中予以明确。

当事人按照释明变更诉讼请求或者提出抗辩的，人民法院应当将其归纳为案件争议焦点，组织当事人充分举证、质证、辩论。

37.【未经批准合同的效力】法律、行政法规规定某类合同应当办理批准手续生效的，如商业银行法、证券法、保险法等法律规定购买商业银行、证券公司、保险公司5%以上股权须经相关主管部门批准，依据《合同法》第44条第2款的规定，批准是合同的法定生效条件，未经批准的合同因欠缺法律规定的特别生效条件而未生效。实践中的一个突出问题是，把未生效合同认定为无效合同，或者虽认定为未生效，却按无效合同处理。无效合同从本质上来说是欠缺合同的有效要件，或者具有合同无效的法定事由，自始不发生法律效力。而未生效合同已具备合同的有效要件，对双方具有一定的拘束力，任何一方不得擅自撤回、解除、变更，但因欠缺法律、行政法规规定或当事人约定的特别生效条件，在该生效条件成就前，不能产生请求对方履行合同主要权利义务的法律效力。

38.【报批义务及相关违约条款独立生效】须经行政机关批准生效的合同，对报批义务及未履行报批义务的违约责任等相关内容作出专门约定的，该约定独立生效。一方因另一方不履行报批义务，请求解除合同并请求其承担合同约定的相应违约责任的，人民法院依法予以支持。

39.【报批义务的释明】须经行政机关批准生效的合同,一方请求另一方履行合同主要权利义务的,人民法院应当向其释明,将诉讼请求变更为请求履行报批义务。一方变更诉讼请求的,人民法院依法予以支持;经释明后当事人拒绝变更的,应当驳回其诉讼请求,但不影响其另行提起诉讼。

40.【判决履行报批义务后的处理】人民法院判决一方履行报批义务后,该当事人拒绝履行,经人民法院强制执行仍未履行,对方请求其承担合同违约责任的,人民法院依法予以支持。一方依据判决履行报批义务,行政机关予以批准,合同发生完全的法律效力,其请求对方履行合同的,人民法院依法予以支持;行政机关没有批准,合同不具有法律上的可履行性,一方请求解除合同的,人民法院依法予以支持。

41.【盖章行为的法律效力】司法实践中,有些公司有意刻制两套甚至多套公章,有的法定代表人或者代理人甚至私刻公章,订立合同时恶意加盖非备案的公章或者假公章,发生纠纷后法人以加盖的是假公章为由否定合同效力的情形并不鲜见。人民法院在审理案件时,应当主要审查签约人于盖章之时有无代表权或者代理权,从而根据代表或者代理的相关规则来确定合同的效力。

法定代表人或者其授权之人在合同上加盖法人公章的行为,表明其是以法人名义签订合同,除《公司法》第16条等法律对其职权有特别规定的情形外,应当由法人承担相应的法律后果。法人以法定代表人事后已无代表权、加盖的是假章、所盖之章与备案公章不一致等为由否定合同效力的,人民法院不予支持。

代理人以被代理人名义签订合同,要取得合法授权。代理人取得合法授权后,以被代理人名义签订的合同,应当由被代理人承担责任。被代理人以代理人事后已无代理权、加盖的是假章、所盖之章与备案公章不一致等为由否定合同效力的,人民法院不予支持。

42.【撤销权的行使】撤销权应当由当事人行使。当事人未请求撤销的,人民法院不应当依职权撤销合同。一方请求另一方履行合同,另一方以合同具有可撤销事由提出抗辩的,人民法院应当在审查合同是否具有可撤销事由以及是否超过法定期间等事实的基础上,对合同是否可撤销作出判断,不能仅以当事人未提起诉讼或者反诉为由不予审查或者不予支持。一方主张合同无效,依据的却是可撤销事由,此时人民法院应当全面审查合同是否具有无效事由以及当事人主张的可撤销事由。当事人关于合同无效的事由成立的,人民法院应当认定合同无效。当事人主张合同无效的理由不成立,而可撤销的事由成立的,因合同无效和可撤销的后果相同,人民法院也可以结合当事人的诉讼请求,直接判决撤销合同。

(二)关于合同履行与救济

在认定以物抵债协议的性质和效力时,要根据订立协议时履行期限是否已经届满予以区别对待。合同解除、违约责任都是非违约方寻求救济的主要方式,人民法院在认定合同应否解除时,要根据当事人有无解除权、是约定解除还是法定解除等不同情形,分别予以处理。在确定违约责任时,尤其要注意依法适用违约金调整的相关规则,避免简单地以民间借贷利率的司法保护上限作为调整依据。

43.【抵销】抵销权既可以通知的方式行使,也可以提出抗辩或者提起反诉的方式行使。抵销的意思表示自到达对方时生效,抵销一经生效,其效力溯及自抵销条件成就之时,双方互负的债务在同等数额内消灭。双方互负的债务数额,是截至抵销条件成就之时各自负有的包括主债务、利息、违约金、赔偿金等在内的全部债务数额。行使抵销权一方享有的债权不足以抵销全部债务数额,当事人对抵销顺序又没有特别约定的,应当根据实现债权的费用、利息、主债务的顺序进行抵销。

44.【履行期届满后达成的以物抵债协议】当事人在债务履行期限届满后达成以物抵债协议,抵债物尚未交付债权人,债权人请求债务人交付的,人民法院要着重审查以物抵债协议是否存在恶意损害第三人合法权益等情形,避免虚假诉讼的发生。经审查,不存在以上情况,且无其他无效事由的,人民法院依法予以支持。

当事人在一审程序中因达成以物抵债协议申请撤回起诉的,人民法院可予准许。当事人在二审程序中申请撤回上诉的,人民法院应当告知其申请撤回起诉。当事人申请撤回起诉,经审查不损害国家利益、社会公共利益、他人合法权益的,人民法院可予准许。当事人不申请撤回起诉,请求人民法院出具调解书对以物抵债协议予以确认的,因债务人完全可以立即履行该协议,没有必要由人民法院出具调解书,故人民法院不应准许,同时应当继续对原债权债务关系进行审理。

45.【履行期届满前达成的以物抵债协议】当事人在债务履行期届满前达成以物抵债协议,抵债物尚未交付债权人,债权人请求债务人交付的,因此种情况不同于本纪要第71条规定的让与担保,人民法院应当向其释明,其应当根据原债权债务关系提起诉讼。经释明后当事人仍拒绝变更诉讼请求的,应当驳回其诉讼请求,但不影响其根据原债权债务关系另行提起诉讼。

46.【通知解除的条件】审判实践中,部分人民法院对合同法司法解释(二)第24条的理解存在偏差,认为不论发出解除通知的一方有无解除权,只要另一方未在异议期限内以起诉方式提出异议,就判令解除合同,这不符合合同法关于合同解除权行使的有关规定。对该条的准确理解是,只有享有法定或者约定解除权的当事人才能以通知方式解除合同。不享有解除权的一方向另一方发出解除通知,另一方即便未在异议期限内提起诉讼,也不发生合同解除的效果。人民法院在审理案件时,应当审查发出解除通知的一方是否享有约定或者法定的解除权来决定合同应否解除,不能仅以受通知一方在约定或者法定的异议期限届满内未起诉这一事实就认定合同已经解除。

47.【约定解除条件】合同约定的解除条件成就时,守约方以此为由请求解除合同的,人民法院应当审查违约方的违约程度是否显著轻微,是否影响守约方合同目的的实现,根据诚实信用原则,确定合同应否解除。违约方的违约程度显著轻微,不影响守约方合同目的的实现,守约方请求解除合同的,人民法院不予支持;反之,则依法予以支持。

48.【违约方起诉解除】违约方不享有单方解除合同的权利。但是,在一些长期性合同如房屋租赁合同履行过程中,双方形成合同僵局,一概不允许违约方通过起诉的方式解除合同,有时对双方都不利。在此前提下,符合下列条件,违约方起诉请求解除合同的,人民法院依法予以支持:

(1)违约方不存在恶意违约的情形;

(2)违约方继续履行合同,对其显失公平;

(3)守约方拒绝解除合同,违反诚实信用原则。

人民法院判决解除合同的,违约方本应当承担的违约责任不能因解除合同而减少或者免除。

49.【合同解除的法律后果】合同解除时,一方依据合同中有关违约金、约定损害赔偿的计算方法、定金责任等违约责任条款的约定,请求另一方承担违约责任的,人民法院依法予以支持。

双务合同解除时人民法院的释明问题,参照本纪要第36条的相关规定处理。

50.【违约金过高标准及举证责任】认定约定违约金是否过高,一般应当以《合同法》第113条规定的损失为基础进行判断,这里的损失包括合同履行后可以获得的利益。除借款合同外的双务合同,作为对价的价款或者报酬给付之债,并非借款合同项下的还款义务,不能以受法律保护的民间借贷利率上限作为判断违约金是否过高的标准,而应当兼顾合同履行情况、当事人过错程度以及预期利益等因素综合确定。主张违约金过高的违约方应当对违约金是否过高承担举证责任。

(三)关于借款合同

人民法院在审理借款合同纠纷案件过程中,要根据防范化解重大金融风险、金融服务实体经济、降低融资成本的精神,区别对待金融借贷与民间借贷,并适用不同规则与利率标准。要依法否定高利转贷行为、职业放贷行为的效力,充分发挥司法的示范、引导作用,促进金融服务实体经济。要注意到,为深化利率市场化改革,推动降低实体利率水平,自2019年8月20日起,中国人民银行已经授权全国银行间同业拆借中心于每月20日(遇节假日顺延)9时30分公布贷款市场报价利率(LPR),中国人民银行贷款基准利率这一标准已经取消。因此,自此之后人民法院裁判贷款利息的基本标准应改为全国银行间同业拆借中心公布的贷款市场报价利率。应予注意的是,贷款利率标准尽管发生了变化,但存款基准利率并未发生相应变化,相关标准仍可适用。

51.【变相利息的认定】金融借款合同纠纷中,借款人认为金融机构以服务费、咨询费、顾问费、管理费等为名变相收取利息,金融机构或者由其指定的人收取的相关费用不合理的,人民法院可以根据提供服务的实际情况确定借款人应否支付或者酌减相关费用。

52.【高利转贷】民间借贷中,出借人的资金必须是自有资金。出借人套取金融机构信贷资金又高利转贷给借款人的民间借贷行为,既增加了融资成本,又扰乱了信贷秩序,根据民间借贷司法解释第 14 条第 1 项的规定,应当认定此类民间借贷行为无效。人民法院在适用该条规定时,应当注意把握以下几点:一是要审查出借人的资金来源。借款人能够举证证明在签订借款合同时出借人尚欠银行贷款未还的,一般可以推定为出借人套取信贷资金,但出借人能够举反证予以推翻的除外;二是从宽认定"高利"转贷行为的标准,只要出借人通过转贷行为牟利的,就可以认定为是"高利"转贷行为;三是对该条规定的"借款人事先知道或者应当知道的"要件,不宜把握过苛。实践中,只要出借人在签订借款合同时存在尚欠银行贷款未还事实的,一般可以认为满足了该条规定的"借款人事先知道或者应当知道"这一要件。

53.【职业放贷人】未依法取得放贷资格的以民间借贷为业的法人,以及以民间借贷为业的非法人组织或者自然人从事的民间借贷行为,应当依法认定无效。同一出借人在一定期间内多次反复从事有偿民间借贷行为的,一般可以认定为是职业放贷人。民间借贷比较活跃的地方的高级人民法院或者经其授权的中级人民法院,可以根据本地区的实际情况制定具体的认定标准。

四、关于担保纠纷案件的审理

会议认为,要注意担保法及其司法解释与物权法对独立担保、混合担保、担保期间等有关制度的不同规定,根据新的规定优于旧的规定的法律适用规则,优先适用物权法的规定。从属性是担保的基本属性,要慎重认定独立担保行为的效力,将其严格限定在法律或者司法解释明确规定的情形。要根据区分原则,准确认定担保合同效力。要坚持物权法定、公示公信原则,区分不动产与动产担保物权在物权变动、效力规则等方面的异同,准确适用法律。要充分发挥担保对缓解融资难融资贵问题的积极作用,不轻易否定新类型担保、非典型担保的合同效力及担保功能。

(一)关于担保的一般规则

54.【独立担保】从属性是担保的基本属性,但由银行或者非银行金融机构开立的独立保函除外。独立保函纠纷案件依据《最高人民法院关于审理独立保函纠纷案件若干问题的规定》处理。需要进一步明确的是:凡是由银行或者非银行金融机构开立的符合该司法解释第 1 条、第 3 条规定情形的保函,无论是用于国际商事交易还是用于国内商事交易,均不影响保函的效力。银行或者非银行金融机构之外的当事人开立的独立保函,以及当事人有关排除担保从属性的约定,应当认定无效。但是,根据"无效法律行为的转换"原理,在否定其独立担保效力的同时,应当将其认定为从属性担保。此时,如果主合同有效,则担保合同有效,担保人与主债务人承担连带保证责任。主合同无效,则该所谓的独立担保也随之无效,担保人无过错的,不承担责任;担保人有过错的,其承担民事责任的部分,不应超过债务人不能清偿部分的三分之一。

55.【担保责任的范围】担保人承担的担保责任范围不应当大于主债务,是担保从属性的必然要求。当事人约定的担保责任的范围大于主债务的,如针对担保责任约定专门的违约责任、担保责任的数额高于主债务、担保责任约定的利息高于主债务利息、担保责任的履行期先于主债务履行期届满,等等,均应当认定大于主债务部分的约定无效,从而使担保责任缩减至主债务的范围。

56.【混合担保中担保人之间的追偿问题】被担保的债权既有保证又有第三人提供的物的担保的,担保法司法解释第 38 条明确规定,承担了担保责任的担保人可以要求其他担保人清偿其应当分担的份额。但《物权法》第 176 条并未作出类似规定,根据《物权法》第 178 条关于"担保法与本法的规定不一致的,适用本法"的规定,承担了担保责任的担保人向其他担保人追偿的,人民法院不予支持,但担保人在担保合同中约定可以相互追偿的除外。

57.【借新还旧的担保物权】贷款到期后,

借款人与贷款人订立新的借款合同,将新贷用于归还旧贷,旧贷因清偿而消灭,为旧贷设立的担保物权也随之消灭。贷款人以旧贷上的担保物权尚未进行涂销登记为由,主张对新贷行使担保物权的,人民法院不予支持,但当事人约定继续为新贷提供担保的除外。

58.【担保债权的范围】以登记作为公示方式的不动产担保物权的担保范围,一般应当以登记的范围为准。但是,我国目前不动产担保物权登记,不同地区的系统设置及登记规则并不一致,人民法院在审理案件时应当充分注意制度设计上的差别,作出符合实际的判断:一是多数省区市的登记系统未设置"担保范围"栏目,仅有"被担保主债权数额(最高债权数额)"的表述,且只能填写固定数字。而当事人在合同中又往往约定担保物权的担保范围包括主债权及其利息、违约金等附属债权,致使合同约定的担保范围与登记不一致。显然,这种不一致是由于该地区登记系统设置及登记规则造成的该地区的普遍现象。人民法院以合同约定认定担保物权的担保范围,是符合实际的妥当选择。二是一些省区市不动产登记系统设置与登记规则比较规范,担保物权登记范围与合同约定一致在该地区是常态或者普遍现象,人民法院在审理案件时,应当以登记的担保范围为准。

59.【主债权诉讼时效届满的法律后果】抵押权人应当在主债权的诉讼时效期间内行使抵押权。抵押权人在主债权诉讼时效届满前未行使抵押权,抵押人在主债权诉讼时效届满后请求涂销抵押权登记的,人民法院依法予以支持。

以登记作为公示方法的权利质权,参照适用前款规定。

(二)关于不动产担保物权

60.【未办理登记的不动产抵押合同的效力】不动产抵押合同依法成立,但未办理抵押登记手续,债权人请求抵押人办理抵押登记手续的,人民法院依法予以支持。因抵押物灭失以及抵押物转让他人等原因不能办理抵押登记,债权人请求抵押人以抵押物的价值为限承担责任的,人民法院依法予以支持,但其范围不得超过抵押权有效设立时抵押人所应当承担的责任。

61.【房地分别抵押】根据《物权法》第182条之规定,仅以建筑物设定抵押的,抵押权的效力及于占用范围内的土地;仅以建设用地使用权抵押的,抵押权的效力亦及于其上的建筑物。在房地分别抵押,即建设用地使用权抵押给一个债权人,而其上的建筑物又抵押给另一个人的情况下,可能产生两个抵押权的冲突问题。基于"房地一体"规则,此时应当将建筑物和建设用地使用权视为同一财产,从而依照《物权法》第199条的规定确定清偿顺序:登记在先的先清偿;同时登记的,按照债权比例清偿。同一天登记的,视为同时登记。应予注意的是,根据《物权法》第200条的规定,建设用地使用权抵押后,该土地上新增的建筑物不属于抵押财产。

62.【抵押权随主债权转让】抵押权是从属于主合同的从权利,根据"从随主"规则,债权转让的,除法律另有规定或者当事人另有约定外,担保该债权的抵押权一并转让。受让人向抵押人主张行使抵押权,抵押人以受让人不是抵押合同的当事人、未办理变更登记等为由提出抗辩的,人民法院不予支持。

(三)关于动产担保物权

63.【流动质押的设立与监管人的责任】在流动质押中,经常由债权人、出质人与监管人订立三方监管协议,此时应当查明监管人究竟是受债权人的委托还是受出质人的委托监管质物,确定质物是否已经交付债权人,从而判断质权是否有效设立。如果监管人系受债权人的委托监管质物,则其是债权人的直接占有人,应当认定完成了质物交付,质权有效设立。监管人违反监管协议约定,违规向出质人放货、因保管不善导致质物毁损灭失,债权人请求监管人承担违约责任的,人民法院依法予以支持。

如果监管人系受出质人委托监管质物,表明质物并未交付债权人,应当认定质权未有效设立。尽管监管协议约定监管人系受债权人的委托监管质物,但有证据证明其并未履行监管职责,质物实际上仍由出质人管领控制的,也应当认定质物并未实际交付,质权未有效设立。此时,债权人可以基于质押合同的约定请求质押人承担违约责任,但其范围不得超过质权有效设立时质押人所应当承担的责任。监管人未履行监管职责的,债权人也可以请求监管人承担违约责任。

64.【浮动抵押的效力】企业将其现有的以及将有的生产设备、原材料、半成品及产品等财产设定浮动抵押后，又将其中的生产设备等部分财产设定了动产抵押，并都办理了抵押登记的，根据《物权法》第 199 条的规定，登记在先的浮动抵押优先于登记在后的动产抵押。

65.【动产抵押权与质权竞存】同一动产上同时设立质权和抵押权的，应当参照适用《物权法》第 199 条的规定，根据是否完成公示以及公示先后情况来确定清偿顺序：质权有效设立、抵押权办理了抵押登记的，按照公示先后确定清偿顺序；顺序相同的，按照债权比例清偿；质权有效设立，抵押权未办理抵押登记的，质权优先于抵押权；质权未有效设立，抵押权未办理抵押登记的，因此时抵押权已经有效设立，故抵押权优先受偿。

根据《物权法》第 178 条规定的精神，担保法司法解释第 79 条第 1 款不再适用。

(四)关于非典型担保

66.【担保关系的认定】当事人订立的具有担保功能的合同，不存在法定无效情形的，应当认定有效。虽然合同约定的权利义务关系不属于物权法规定的典型担保类型，但是其担保功能应予肯定。

67.【约定担保物权的效力】债权人与担保人订立担保合同，约定以法律、行政法规未禁止抵押或者质押的财产设定以登记作为公示方法的担保，因无法定的登记机构而未能进行登记的，不具有物权效力。当事人请求按照担保合同的约定就该财产折价、变卖或者拍卖所得价款等方式清偿债务的，人民法院依法予以支持，但对其他权利人不具有对抗效力和优先性。

68.【保兑仓交易】保兑仓交易作为一种新类型融资担保方式，其基本交易模式是，以银行信用为载体、以银行承兑汇票为结算工具、由银行控制货权、卖方(或者仓储方)受托保管货物并以承兑汇票与保证金之间的差额作为担保。其基本的交易流程是：卖方、买方和银行订立三方合作协议，其中买方向银行缴存一定比例的承兑保证金，银行向买方签发以卖方为收款人的银行承兑汇票，买方将银行承兑汇票交付卖方作为货款，银行根据买方缴纳的保证金的一定比例向卖方签发提货单，卖方根据提货单向买方交付对应金额的货物，买方销售货物后，将货款再缴存为保证金。

在三方协议中，一般来说，银行的主要义务是及时签发承兑汇票并按约定方式将其交给卖方，卖方的主要义务是根据银行签发的提货单发货，并在买方未及时销售或者回赎货物时，就保证金与承兑汇票之间的差额部分承担责任。银行为保障自身利益，往往还会约定卖方要将货物交给由其指定的当事人监管，并设定质押，从而涉及监管协议以及流动质押等问题。实践中，当事人还可能在前述基本交易模式基础上另行作出其他约定，只要不违反法律、行政法规的效力性强制性规定，这些约定应当认定有效。

一方当事人因保兑仓交易纠纷提起诉讼的，人民法院应当以保兑仓交易合同作为审理案件的基本依据，但买卖双方没有真实买卖关系的除外。

69.【无真实贸易背景的保兑仓交易】保兑仓交易以买卖双方有真实买卖关系为前提。双方无真实买卖关系的，该交易属于名为保兑仓交易实为借款合同，保兑仓交易因构成虚伪意思表示而无效，被隐藏的借款合同是当事人的真实意思表示，如不存在其他合同无效情形，应当认定有效。保兑仓交易认定为借款合同关系的，不影响卖方和银行之间担保关系的效力，卖方仍应当承担担保责任。

70.【保兑仓交易的合并审理】当事人就保兑仓交易中的不同法律关系的相对方分别或者同时向同一人民法院起诉的，人民法院可以根据民事诉讼法司法解释第 221 条的规定，合并审理。当事人未起诉某一方当事人的，人民法院可以依职权追加未参加诉讼的当事人为第三人，以便查明相关事实，正确认定责任。

71.【让与担保】债务人或者第三人与债权人订立合同，约定将财产形式上转让至债权人名下，债务人到期清偿债务，债权人将该财产返还给债务人或第三人，债务人到期没有清偿债务，债权人可以对财产拍卖、变卖、折价偿还债权的，人民法院应当认定合同有效。合同如果约定债务人到期没有清偿债务，财产归债权人所有的，人民法院应当认定该部分约定无效，但不影响合同其他部分的效力。

当事人根据上述合同约定，已经完成财产权利变动的公示方式转让至债权人名下，债务人到期没有清偿债务，债权人请求确认财产归其所有的，人民法院不予支持，但债权人请求参照法律关于担保物权的规定对财产拍卖、变卖、折价优先偿还其债权的，人民法院依法予以支持。债务人因到期没有清偿债务，请求对该财产拍卖、变卖、折价偿还所欠债权人合同项下债务的，人民法院亦应依法予以支持。

五、关于金融消费者权益保护纠纷案件的审理

会议认为，在审理金融产品发行人、销售者以及金融服务提供者（以下简称卖方机构）与金融消费者之间因销售各类高风险等级金融产品和为金融消费者参与高风险等级投资活动提供服务而引发的民商事案件中，必须坚持“卖者尽责、买者自负”原则，将金融消费者是否充分了解相关金融产品、投资活动的性质及风险并在此基础上作出自主决定作为应当查明的案件基本事实，依法保护金融消费者的合法权益，规范卖方机构的经营行为，推动形成公开、公平、公正的市场环境和市场秩序。

72.【适当性义务】适当性义务是指卖方机构在向金融消费者推介、销售银行理财产品、保险投资产品、信托理财产品、券商集合理财计划、杠杆基金份额、期权及其他场外衍生品等高风险等级金融产品，以及为金融消费者参与融资融券、新三板、创业板、科创板、期货等高风险等级投资活动提供服务的过程中，必须履行的了解客户、了解产品、将适当的产品（或者服务）销售（或者提供）给适合的金融消费者等义务。卖方机构承担适当性义务的目的是为了确保金融消费者能够在充分了解相关金融产品、投资活动的性质及风险的基础上作出自主决定，并承受由此产生的收益和风险。在推介、销售高风险等级金融产品和提供高风险等级金融服务领域，适当性义务的履行是“卖者尽责”的主要内容，也是“买者自负”的前提和基础。

73.【法律适用规则】在确定卖方机构适当性义务的内容时，应当以合同法、证券法、证券投资基金法、信托法等法律规定的基本原则和国务院发布的规范性文件作为主要依据。相关部门在部门规章、规范性文件中对高风险等级金融产品的推介、销售，以及为金融消费者参与高风险等级投资活动提供服务作出的监管规定，与法律和国务院发布的规范性文件的规定不相抵触的，可以参照适用。

74.【责任主体】金融产品发行人、销售者未尽适当性义务，导致金融消费者在购买金融产品过程中遭受损失的，金融消费者既可以请求金融产品的发行人承担赔偿责任，也可以请求金融产品的销售者承担赔偿责任，还可以根据《民法总则》第167条的规定，请求金融产品的发行人、销售者共同承担连带赔偿责任。发行人、销售者请求人民法院明确各自的责任份额的，人民法院可以在判决发行人、销售者对金融消费者承担连带赔偿责任的同时，明确发行人、销售者在实际承担了赔偿责任后，有权向责任方追偿其应当承担的赔偿份额。

金融服务提供者未尽适当性义务，导致金融消费者在接受金融服务后参与高风险等级投资活动遭受损失的，金融消费者可以请求金融服务提供者承担赔偿责任。

75.【举证责任分配】在案件审理过程中，金融消费者应当对购买产品（或者接受服务）、遭受的损失等事实承担举证责任。卖方机构对其是否履行了适当性义务承担举证责任。卖方机构不能提供其已经建立了金融产品（或者服务）的风险评估及相应管理制度、对金融消费者的风险认知、风险偏好和风险承受能力进行了测试、向金融消费者告知产品（或者服务）的收益和主要风险因素等相关证据的，应当承担举证不能的法律后果。

76.【告知说明义务】告知说明义务的履行是金融消费者能够真正了解各类高风险等级金融产品或者高风险等级投资活动的投资风险和收益的关键，人民法院应当根据产品、投资活动的风险和金融消费者的实际情况，综合理性人能够理解的客观标准和金融消费者能够理解的主观标准来确定卖方机构是否已经履行了告知说明义务。卖方机构简单地以金融消费者手写了诸如“本人明确知悉可能存在本金损失风险”等内容主张其已经履行了告知说明义务，不能提供其他相关证据的，人民法院对其抗辩理由不予支持。

77.【损失赔偿数额】卖方机构未尽适当性义务导致金融消费者损失的，应当赔偿金融消费者所受的实际损失。实际损失为损失的本金和利息，利息按照中国人民银行发布的同期同类存款基准利率计算。

金融消费者因购买高风险等级金融产品或者为参与高风险投资活动接受服务，以卖方机构存在欺诈行为为由，主张卖方机构应当根据《消费者权益保护法》第55条的规定承担惩罚性赔偿责任的，人民法院不予支持。卖方机构的行为构成欺诈的，对金融消费者提出赔偿其支付金钱总额的利息损失请求，应当注意区分不同情况进行处理：

（1）金融产品的合同文本中载明了预期收益率、业绩比较基准或者类似约定的，可以将其作为计算利息损失的标准；

（2）合同文本以浮动区间的方式对预期收益率或者业绩比较基准等进行约定，金融消费者请求按照约定的上限作为利息损失计算标准的，人民法院依法予以支持；

（3）合同文本虽然没有关于预期收益率、业绩比较基准或者类似约定，但金融消费者能够提供证据证明产品发行的广告宣传资料中载明了预期收益率、业绩比较基准或者类似表述的，应当将宣传资料作为合同文本的组成部分；

（4）合同文本及广告宣传资料中未载明预期收益率、业绩比较基准或者类似表述的，按照全国银行间同业拆借中心公布的贷款市场报价利率计算。

78.【免责事由】因金融消费者故意提供虚假信息、拒绝听取卖方机构的建议等自身原因导致其购买产品或者接受服务不适当，卖方机构请求免除相应责任的，人民法院依法予以支持，但金融消费者能够证明该虚假信息的出具系卖方机构误导的除外。卖方机构能够举证证明根据金融消费者的既往投资经验、受教育程度等事实，适当性义务的违反并未影响金融消费者作出自主决定的，对其关于应当由金融消费者自负投资风险的抗辩理由，人民法院依法予以支持。

六、关于证券纠纷案件的审理

（一）关于证券虚假陈述

会议认为，《最高人民法院关于审理证券市场因虚假陈述引发的民事赔偿案件的若干规定》施行以来，证券市场的发展出现了新的情况，证券虚假陈述纠纷案件的审理对司法能力提出了更高的要求。在案件审理过程中，对于需要借助其他学科领域的专业知识进行职业判断的问题，要充分发挥专家证人的作用，使得案件的事实认定符合证券市场的基本常识和普遍认知或者认可的经验法则，责任承担与侵权行为及其主观过错程度相匹配，在切实维护投资者合法权益的同时，通过民事责任追究实现震慑违法的功能，维护公开、公平、公正的资本市场秩序。

79.【共同管辖的案件移送】原告以发行人、上市公司以外的虚假陈述行为人为被告提起诉讼，被告申请追加发行人或者上市公司为共同被告的，人民法院应予准许。人民法院在追加后发现其他有管辖权的人民法院已先行受理因同一虚假陈述引发的民事赔偿案件的，应当按照民事诉讼法司法解释第36条的规定，将案件移送给先立案的人民法院。

80.【案件审理方式】案件审理方式方面，在传统的“一案一立、分别审理”的方式之外，一些人民法院已经进行了将部分案件合并审理、在示范判决基础上委托调解等改革，初步实现了案件审理的集约化和诉讼经济。在认真总结审判实践经验的基础上，有条件的地方人民法院可以选择个案以《民事诉讼法》第54条规定的代表人诉讼方式进行审理，逐步展开试点工作。就案件审理中涉及的适格原告范围认定、公告通知方式、投资者权利登记、代表人推选、执行款项的发放等具体工作，积极协调相关部门和有关方面，推动信息技术审判辅助平台和常态化、可持续的工作机制建设，保障投资者能够便捷、高效、透明和低成本地维护自身合法权益，为构建符合中国国情的证券民事诉讼制度积累审判经验，培养审判队伍。

81.【立案登记】多个投资者就同一虚假陈述向人民法院提起诉讼，可以采用代表人诉讼方式对案件进行审理的，人民法院在登记立案时可以根据原告起诉状中所描述的虚假陈述的数量、性质及其实施日、揭露日或者更正日等时间节点，将投资者作为共同原告统一立案登记。原告主张被告实施了多个虚假陈述的，可以分别立案登记。

82.【案件甄别及程序决定】人民法院决定采用《民事诉讼法》第54条规定的方式审理案件的，在发出公告前，应当先行就被告的行为是否构成虚假陈述，投资者的交易方向与诱多、诱空的虚假陈述是否一致，以及虚假陈述的实施日、揭露日或者更正日等案件基本事实进行审查。

83.【选定代表人】权利登记的期间届满后，人民法院应当通知当事人在指定期间内完成代表人的推选工作。推选不出代表人的，人民法院可以与当事人商定代表人。人民法院在提出人选时，应当将当事人诉讼请求的典型性和利益诉求的份额等作为考量因素，确保代表行为能够充分、公正地表达投资者的诉讼主张。国家设立的投资者保护机构以自己的名义提起诉讼，或者接受投资者的委托指派工作人员或者委托诉讼代理人参与案件审理活动的，人民法院可以商定该机构或者其代理的当事人作为代表人。

84.【揭露日和更正日的认定】虚假陈述的揭露和更正，是指虚假陈述被市场所知悉、了解，其精确程度并不以"镜像规则"为必要，不要求达到全面、完整、准确的程度。原则上，只要交易市场对监管部门立案调查、权威媒体刊载的揭露文章等信息存在着明显的反应，对一方主张市场已经知悉虚假陈述的抗辩，人民法院依法予以支持。

85.【重大性要件的认定】审判实践中，部分人民法院对重大性要件和信赖要件存在着混淆认识，以行政处罚认定的信息披露违法行为对投资者的交易决定没有影响为由否定违法行为的重大性，应当引起注意。重大性是指可能对投资者进行投资决策具有重要影响的信息，虚假陈述已经被监管部门行政处罚的，应当认为是具有重大性的违法行为。在案件审理过程中，对于一方提出的监管部门作出处罚决定的行为不具有重大性的抗辩，人民法院不予支持，同时应当向其释明，该抗辩并非民商事案件的审理范围，应当通过行政复议、行政诉讼加以解决。

（二）关于场外配资

会议认为，将证券市场的信用交易纳入国家统一监管的范围，是维护金融市场透明度和金融稳定的重要内容。不受监管的场外配资业务，不仅盲目扩张了资本市场信用交易的规模，也容易冲击资本市场的交易秩序。融资融券作为证券市场的主要信用交易方式和证券经营机构的核心业务之一，依法属于国家特许经营的金融业务，未经依法批准，任何单位和个人不得非法从事配资业务。

86.【场外配资合同的效力】从审判实践看，场外配资业务主要是指一些 P2P 公司或者私募类配资公司利用互联网信息技术，搭建起游离于监管体系之外的融资业务平台，将资金融出方、资金融入方即用资人和券商营业部三方连接起来，配资公司利用计算机软件系统的二级分仓功能将其自有资金或者以较低成本融入的资金出借给用资人，赚取利息收入的行为。这些场外配资公司所开展的经营活动，本质上属于只有证券公司才能依法开展的融资活动，不仅规避了监管部门对融资融券业务中资金来源、投资标的、杠杆比例等诸多方面的限制，也加剧了市场的非理性波动。在案件审理过程中，除依法取得融资融券资格的证券公司与客户开展的融资融券业务外，对其他任何单位或者个人与用资人的场外配资合同，人民法院应当根据《证券法》第 142 条、合同法司法解释（一）第 10 条的规定，认定为无效。

87.【合同无效的责任承担】场外配资合同被确认无效后，配资方依场外配资合同的约定，请求用资人向其支付约定的利息和费用的，人民法院不予支持。

配资方依场外配资合同的约定，请求分享用资人因使用配资所产生的收益的，人民法院不予支持。

用资人以其因使用配资导致投资损失为由请求配资方予以赔偿的，人民法院不予支持。用资人能够证明因配资方采取更改密码等方式控制账户使得用资人无法及时平仓止损，并据此请求配资方赔偿其因此遭受的损失的，人民法院依法予以支持。

用资人能够证明配资合同是因配资方招揽、劝诱而订立，请求配资方赔偿其全部或者部分损失的，人民法院应当综合考虑配资方招揽、劝诱行为的方式、对用资人的实际影响、用资人自身的投资经历、风险判断和承受能力等因素，判决配资方承担与其过错相适应的赔偿责任。

七、关于营业信托纠纷案件的审理

会议认为，从审判实践看，营业信托纠纷主要表现为事务管理信托纠纷和主动管理信托纠纷两种类型。在事务管理信托纠纷案件中，对信托公司开展和参与的多层嵌套、通道业务、回购承诺等融资活动，要以其实际构成的法律关系确定其效力，并在此基础上依法确定各方的权利义务。在主动管理信托纠纷案件中,应当重点审查受托人在“受人之托,忠人之事”的财产管理过程中,是否恪尽职守,履行了谨慎、有效管理等法定或者约定义务。

88.【营业信托纠纷的认定】信托公司根据法律法规以及金融监督管理部门的监管规定,以取得信托报酬为目的接受委托人的委托,以受托人身份处理信托事务的经营行为,属于营业信托。由此产生的信托当事人之间的纠纷,为营业信托纠纷。

根据《关于规范金融机构资产管理业务的指导意见》的规定,其他金融机构开展的资产管理业务构成信托关系的,当事人之间的纠纷适用信托法及其他有关规定处理。

89.【资产或者资产收益权转让及回购】信托公司在资金信托成立后,以募集的信托资金受让特定资产或者特定资产收益权,属于信托公司在资金依法募集后的资金运用行为,由此引发的纠纷不应当认定为营业信托纠纷。如果合同中约定由转让方或者其指定的第三方在一定期间后以交易本金加上溢价款等固定价款无条件回购的,无论转让方所转让的标的物是否真实存在、是否实际交付或者过户,只要合同不存在法定无效事由,对信托公司提出的由转让方或者其指定的第三方按约定承担责任的诉讼请求,人民法院依法予以支持。

当事人在相关合同中同时约定采用信托公司受让目标公司股权、向目标公司增资方式并以相应股权担保债权实现的,应当认定在当事人之间成立让与担保法律关系。当事人之间的具体权利义务,根据本纪要第71条的规定加以确定。

90.【劣后级受益人的责任承担】信托文件及相关合同将受益人区分为优先级受益人和劣后级受益人等不同类别,约定优先级受益人以其财产认购信托计划份额,在信托到期后,劣后级受益人负有对优先级受益人从信托财产获得利益与其投资本金及约定收益之间的差额承担补足义务,优先级受益人请求劣后级受益人按照约定承担责任的,人民法院依法予以支持。

信托文件中关于不同类型受益人权利义务关系的约定,不影响受益人与受托人之间信托法律关系的认定。

91.【增信文件的性质】信托合同之外的当事人提供第三方差额补足、代为履行到期回购义务、流动性支持等类似承诺文件作为增信措施,其内容符合法律关于保证的规定的,人民法院应当认定当事人之间成立保证合同关系。其内容不符合法律关于保证的规定的,依据承诺文件的具体内容确定相应的权利义务关系,并根据案件事实情况确定相应的民事责任。

92.【保底或者刚兑条款无效】信托公司、商业银行等金融机构作为资产管理产品的受托人与受益人订立的含有保证本息固定回报、保证本金不受损失等保底或者刚兑条款的合同,人民法院应当认定该条款无效。受益人请求受托人对其损失承担与其过错相适应的赔偿责任的,人民法院依法予以支持。

实践中,保底或者刚兑条款通常不在资产管理产品合同中明确约定,而是以“抽屉协议”或者其他方式约定,不管形式如何,均应认定无效。

93.【通道业务的效力】当事人在信托文件中约定,委托人自主决定信托设立、信托财产运用对象、信托财产管理运用处分方式等事宜,自行承担信托资产的风险管理责任和相应风险损失,受托人仅提供必要的事务协助或者服务,不承担主动管理职责的,应当认定为通道业务。《中国人民银行、中国银行保险监督管理委员会、中国证券监督管理委员会、国家外汇管理局关于规范金融机构资产管理业务的指导意见》第22条在规定“金融机构不得为其他金融机构的资产管理产品提供规避投资范围、杠杆约束等监管要求的通道服务”的同时,也在第29条明确按照“新老划断”原则,将过渡期设置为截止2020年底,确保平稳过渡。在过渡期内,对通道业务中存在的利用信托通道掩盖风险,规避资金投向、资产分类、拨备计提和资本占用等监管规定,或者通过信托通道将表内资产虚假出表等信托业务,如果不存在其他无效事由,一方以信托目的违法违规为由请求确认无效的,人民法院不予支持。至于委托人和受托人之间的权利义务关系,应当依据信托文件的约定加以确定。

94.【受托人的举证责任】资产管理产品的委托人以受托人未履行勤勉尽责、公平对待客户等义务损害其合法权益为由,请求受托人承担损害赔偿责任的,应当由受托人举证证明其已经履行了义务。受托人不能举证证明,委托人请求其承担相应赔偿责任的,人民法院依法予以支持。

95.【信托财产的诉讼保全】信托财产在信托存续期间独立于委托人、受托人、受益人各自的固有财产。委托人将其财产委托给受托人进行管理,在信托依法设立后,该信托财产即独立于委托人未设立信托的其他固有财产。受托人因承诺信托而取得的信托财产,以及通过对信托财产的管理、运用、处分等方式取得的财产,均独立于受托人的固有财产。受益人对信托财产享有的权利表现为信托受益权,信托财产并非受益人的责任财产。因此,当事人因其与委托人、受托人或者受益人之间的纠纷申请对存管银行或者信托公司专门账户中的信托资金采取保全措施的,除符合《信托法》第17条规定的情形外,人民法院不应当准许。已经采取保全措施的,存管银行或者信托公司能够提供证据证明该账户为信托账户的,应当立即解除保全措施。对信托公司管理的其他信托财产的保全,也应当根据前述规则办理。

当事人申请对受益人的受益权采取保全措施的,人民法院应当根据《信托法》第47条的规定进行审查,决定是否采取保全措施。决定采取保全措施的,应当将保全裁定送达受托人和受益人。

96.【信托公司固有财产的诉讼保全】除信托公司作为被告外,原告申请对信托公司固有资金账户的资金采取保全措施的,人民法院不应准许。信托公司作为被告,确有必要对其固有财产采取诉讼保全措施的,必须强化善意执行理念,防范发生金融风险。要严格遵守相应的适用条件与法定程序,坚决杜绝超标的执行。在采取具体保全措施时,要尽量寻求依法平等保护各方利益的平衡点,优先采取方便执行且对信托公司正常经营影响最小的执行措施,能采取"活封""活扣"措施的,尽量不进行"死封""死扣"。在条件允许的情况下,可以为信托公司预留必要的流动资金和往来账户,最大限度降低对信托公司正常经营活动的不利影响。信托公司申请解除财产保全符合法律、司法解释规定情形的,应当在法定期限内及时解除保全措施。

八、关于财产保险合同纠纷案件的审理

会议认为,妥善审理财产保险合同纠纷案件,对于充分发挥保险的风险管理和保障功能,依法保护各方当事人合法权益,实现保险业持续健康发展和服务实体经济,具有重大意义。

97.【未依约支付保险费的合同效力】当事人在财产保险合同中约定以投保人支付保险费作为合同生效条件,但对该生效条件是否为全额支付保险费约定不明,已经支付了部分保险费的投保人主张保险合同已经生效的,人民法院依法予以支持。

98.【仲裁协议对保险人的效力】被保险人和第三者在保险事故发生前达成的仲裁协议,对行使保险代位求偿权的保险人是否具有约束力,实务中存在争议。保险代位求偿权是一种法定债权转让,保险人在向被保险人赔偿保险金后,有权行使被保险人对第三者请求赔偿的权利。被保险人和第三者在保险事故发生前达成的仲裁协议,对保险人具有约束力。考虑到涉外民商事案件的处理常常涉及国际条约、国际惯例的适用,相关问题具有特殊性,故具有涉外因素的民商事纠纷案件中该问题的处理,不纳入本条规范的范围。

99.【直接索赔的诉讼时效】商业责任保险的被保险人给第三者造成损害,被保险人对第三者应当承担的赔偿责任确定后,保险人应当根据被保险人的请求,直接向第三者赔偿保险金。被保险人怠于提出请求的,第三者有权依据《保险法》第65条第2款的规定,就其应获赔偿部分直接向保险人请求赔偿保险金。保险人拒绝赔偿的,第三者请求保险人直接赔偿保险金的诉讼时效期间的起算时间如何认定,实务中存在争议。根据诉讼时效制度的基本原理,第三者请求保险人直接赔偿保险金的诉讼时效期间,自其知道或者应当知道向保险人的保险金赔偿请求权行使条件成就之日起计算。

九、关于票据纠纷案件的审理

会议认为,人民法院在审理票据纠纷案件时,应当注意区分票据的种类和功能,正确理解票据行为无因性的立法目的,在维护票据流通性功能的同时,依法认定票据行为的效力,依法确认当事人之间的权利义务关系以及保护合法

持票人的权益,防范和化解票据融资市场风险,维护票据市场的交易安全。

100.【合谋伪造贴现申请材料的后果】贴现行的负责人或者有权从事该业务的工作人员与贴现申请人合谋,伪造贴现申请人与其前手之间具有真实的商品交易关系的合同、增值税专用发票等材料申请贴现,贴现行主张其享有票据权利的,人民法院不予支持。对贴现行因支付资金而产生的损失,按照基础关系处理。

101.【民间贴现行为的效力】票据贴现属于国家特许经营业务,合法持票人向不具有法定贴现资质的当事人进行"贴现"的,该行为应当认定无效,贴现款和票据应当相互返还。当事人不能返还票据的,原合法持票人可以拒绝返还贴现款。人民法院在民商事案件审理过程中,发现不具有法定资质的当事人以"贴现"为业的,因该行为涉嫌犯罪,应当将有关材料移送公安机关。民商事案件的审理必须以相关刑事案件的审理结果为依据的,应当中止诉讼,待刑事案件审结后,再恢复案件的审理。案件的基本事实无须以相关刑事案件的审理结果为依据的,人民法院应当继续审理。

根据票据行为无因性原理,在合法持票人向不具有贴现资质的主体进行"贴现",该"贴现"人给付贴现款后直接将票据交付其后手,其后手支付对价并记载自己为被背书人后,又基于真实的交易关系和债权债务关系将票据进行背书转让的情形下,应当认定最后持票人为合法持票人。

102.【转贴现协议】转贴现是通过票据贴现持有票据的商业银行为了融通资金,在票据到期日之前将票据权利转让给其他商业银行,由转贴现行在收取一定的利息后,将转贴现款支付给持票人的票据转让行为。转贴现行提示付款被拒付后,依据转贴现协议的约定,请求未在票据上背书的转贴现申请人按照合同法律关系返还转贴现款并赔偿损失的,案由应当确定为合同纠纷。转贴现合同法律关系有效成立的,对于原告的诉讼请求,人民法院依法予以支持。当事人虚构转贴现事实,或者当事人之间不存在真实的转贴现合同法律关系的,人民法院应当向当事人释明按照真实交易关系提出诉讼请求,并按照真实交易关系和当事人约定本意依法确定当事人的责任。

103.【票据清单交易、封包交易案件中的票据权利】审判实践中,以票据贴现为手段的多链条融资模式引发的案件应当引起重视。这种交易俗称票据清单交易、封包交易,是指商业银行之间就案涉票据订立转贴现或者回购协议,附以票据清单,或者将票据封包作为质押,双方约定按照票据清单中列明的基本信息进行票据转贴现或者回购,但往往并不进行票据交付和背书。实务中,双方还往往再订立一份代保管协议,约定由原票据持有人代对方继续持有票据,从而实现合法、合规的形式要求。

出资银行仅以参与交易的单个或者部分银行为被告提起诉讼行使票据追索权,被告能够举证证明票据交易存在诸如不符合正常转贴现交易顺序的倒打款、未进行背书转让、票据未实际交付等相关证据,并据此主张相关金融机构之间并无转贴现的真实意思表示,抗辩出资银行不享有票据权利的,人民法院依法予以支持。

出资银行在取得商业承兑汇票后又将票据转贴现给其他商业银行,持票人向其前手主张票据权利的,人民法院依法予以支持。

104.【票据清单交易、封包交易案件的处理原则】在村镇银行、农信社等作为直贴行,农信社、农商行、城商行、股份制银行等多家金融机构共同开展以商业承兑汇票为基础的票据清单交易、封包交易引发的纠纷案件中,在商业承兑汇票的出票人等实际用资人不能归还票款的情况下,为实现纠纷的一次性解决,出资银行以实际用资人和参与交易的其他金融机构为共同被告,请求实际用资人归还本息、参与交易的其他金融机构承担与其过错相适应的赔偿责任的,人民法院依法予以支持。

出资银行仅以整个交易链条的部分当事人为被告提起诉讼的,人民法院应当向其释明,其应当申请追加参与交易的其他当事人作为共同被告。出资银行拒绝追加实际用资人为被告的,人民法院应当驳回其诉讼请求;出资银行拒绝追加参与交易的其他金融机构为被告的,人民法院在确定其他金融机构的过错责任范围时,应当将未参加诉讼的当事人应当承担的相应份额作为考量因素,相应减轻本案当事人的责任。在确定参与交易的其他金融机构的过错责任范围时,可以参照其收取的"通道费""过桥费"等费用的比例以及案件的其他情况综合加以确定。

105.【票据清单交易、封包交易案件中的民刑交叉问题】人民法院在案件审理过程中，如果发现公安机关已经就实际用资人、直贴行、出资银行的工作人员涉嫌骗取票据承兑罪、伪造印章罪等立案侦查，一方当事人根据《最高人民法院关于在审理经济纠纷案件中涉及经济犯罪嫌疑若干问题的规定》第11条的规定申请将案件移送公安机关的，因该节事实对于查明出资银行是否为正当持票人，以及参与交易的其他金融机构的抗辩理由能否成立存在重要关联，人民法院应当将有关材料移送公安机关。民商事案件的审理必须以相关刑事案件的审理结果为依据的，应当中止诉讼，待刑事案件审结后，再恢复案件的审理。案件的基本事实无须以相关刑事案件的审理结果为依据的，人民法院应当继续案件的审理。

参与交易的其他商业银行以公安机关已经对其工作人员涉嫌受贿、伪造印章等犯罪立案侦查为由请求将案件移送公安机关的，因该节事实并不影响相关当事人民事责任的承担，人民法院应当根据《最高人民法院关于在审理经济纠纷案件中涉及经济犯罪嫌疑若干问题的规定》第10条的规定继续审理。

106.【恶意申请公示催告的救济】公示催告程序本为对合法持票人进行失票救济所设，但实践中却沦为部分票据出卖方在未获得票款情形下，通过伪报票据丧失事实申请公示催告、阻止合法持票人行使票据权利的工具。对此，民事诉讼法司法解释已经作出了相应规定。适用时，应当区别付款人是否已经付款等情形，作出不同认定：

（1）在除权判决作出后，付款人尚未付款的情况下，最后合法持票人可以根据《民事诉讼法》第223条的规定，在法定期限内请求撤销除权判决，待票据恢复效力后再依法行使票据权利。最后合法持票人也可以基于基础法律关系向其直接前手退票并请求其直接前手另行给付基础法律关系项下的对价。

（2）除权判决作出后，付款人已经付款的，因恶意申请公示催告并持除权判决获得票款的行为损害了最后合法持票人的权利，最后合法持票人请求申请人承担侵权损害赔偿责任的，人民法院依法予以支持。

十、关于破产纠纷案件的审理

会议认为，审理好破产案件对于推动高质量发展、深化供给侧结构性改革、营造稳定公平透明可预期的营商环境，具有十分重要的意义。要继续深入推进破产审判工作的市场化、法治化、专业化、信息化，充分发挥破产审判公平清理债权债务、促进优胜劣汰、优化资源配置、维护市场经济秩序等重要功能。一是要继续加大对破产保护理念的宣传和落实，及时发挥破产重整制度的积极拯救功能，通过平衡债权人、债务人、出资人、员工等利害关系人的利益，实现社会整体价值最大化；注重发挥和解程序简便快速清理债权债务关系的功能，鼓励当事人通过和解程序或者达成自行和解的方式实现各方利益共赢；积极推进清算程序中的企业整体处置方式，有效维护企业营运价值和职工就业。二是要推进不符合国家产业政策、丧失经营价值的企业主体尽快从市场退出，通过依法简化破产清算程序流程加快对"僵尸企业"的清理。三是要注重提升破产制度实施的经济效益，降低破产程序运行的时间和成本，有效维护企业营运价值，最大程度发挥各类要素和资源潜力，减少企业破产给社会经济造成的损害。四是要积极稳妥进行实践探索，加强理论研究，分步骤、有重点地推进建立自然人破产制度，进一步推动健全市场主体退出制度。

107.【继续推动破产案件的及时受理】充分发挥破产重整案件信息网的线上预约登记功能，提高破产案件的受理效率。当事人提出破产申请的，人民法院不得以非法定理由拒绝接收破产申请材料。如果可能影响社会稳定的，要加强府院协调，制定相应预案，但不应当以"影响社会稳定"之名，行消极不作为之实。破产申请材料不完备的，立案部门应当告知当事人在指定期限内补充材料，待材料齐备后以"破申"作为案件类型代字编制案号登记立案，并及时将案件移送破产审判部门进行破产审查。

注重发挥破产和解制度简便快速清理债权债务关系的功能，债务人根据《企业破产法》第95条的规定，直接提出和解申请，或者在破产申请受理后宣告破产前申请和解的，人民法院应当依法受理并及时作出是否批准的裁定。

108.【破产申请的不予受理和撤回】人民法院裁定受理破产申请前，提出破产申请的债权人的债权因清偿或者其他原因消灭的，因申请人不再具备申请资格，人民法院应当裁定不予受理。但该裁定不影响其他符合条件的主体再次提出破产申请。破产申请受理后，管理人以上述清偿符合《企业破产法》第 31 条、第 32 条为由请求撤销的，人民法院查实后应当予以支持。

人民法院裁定受理破产申请系对债务人具有破产原因的初步认可，破产申请受理后，申请人请求撤回破产申请的，人民法院不予准许。除非存在《企业破产法》第 12 条第 2 款规定的情形，人民法院不得裁定驳回破产申请。

109.【受理后债务人财产保全措施的处理】要切实落实破产案件受理后相关保全措施应予解除、相关执行措施应当中止、债务人财产应当及时交付管理人等规定，充分运用信息化技术手段，通过信息共享与整合，维护债务人财产的完整性。相关人民法院拒不解除保全措施或者拒不中止执行的，破产受理人民法院可以请求该法院的上级人民法院依法予以纠正。对债务人财产采取保全措施或者执行措施的人民法院未依法及时解除保全措施、移交处置权，或者中止执行程序并移交有关财产的，上级人民法院应当依法予以纠正。相关人员违反上述规定造成严重后果的，破产受理人民法院可以向人民法院纪检监察部门移送其违法审判责任线索。

人民法院审理企业破产案件时，有关债务人财产被其他具有强制执行权力的国家行政机关，包括税务机关、公安机关、海关等采取保全措施或者执行程序的，人民法院应当积极与上述机关进行协调和沟通，取得有关机关的配合，参照上述具体操作规程，解除有关保全措施，中止有关执行程序，以便保障破产程序顺利进行。

110.【受理后有关债务人诉讼的处理】人民法院受理破产申请后，已经开始而尚未终结的有关债务人的民事诉讼，在管理人接管债务人财产和诉讼事务后继续进行。债权人已经对债务人提起的给付之诉，破产申请受理后，人民法院应当继续审理，但是在判定相关当事人实体权利义务时，应当注意与企业破产法及其司法解释的规定相协调。

上述裁判作出并生效前，债权人可以同时向管理人申报债权，但其作为债权尚未确定的债权人，原则上不得行使表决权，除非人民法院临时确定其债权额。上述裁判生效后，债权人应当根据裁判认定的债权数额在破产程序中依法统一受偿，其对债务人享有的债权利息应当按照《企业破产法》第 46 条第 2 款的规定停止计算。

人民法院受理破产申请后，债权人新提起的要求债务人清偿的民事诉讼，人民法院不予受理，同时告知债权人应当向管理人申报债权。债权人申报债权后，对管理人编制的债权表记载有异议的，可以根据《企业破产法》第 58 条的规定提起债权确认之诉。

111.【债务人自行管理的条件】重整期间，债务人同时符合下列条件的，经申请，人民法院可以批准债务人在管理人的监督下自行管理财产和营业事务：

（1）债务人的内部治理机制仍正常运转；

（2）债务人自行管理有利于债务人继续经营；

（3）债务人不存在隐匿、转移财产的行为；

（4）债务人不存在其他严重损害债权人利益的行为。

债务人提出重整申请时可以一并提出自行管理的申请。经人民法院批准由债务人自行管理财产和营业事务的，企业破产法规定的管理人职权中有关财产管理和营业经营的职权应当由债务人行使。

管理人应当对债务人的自行管理行为进行监督。管理人发现债务人存在严重损害债权人利益的行为或者有其他不适宜自行管理情形的，可以申请人民法院作出终止债务人自行管理的决定。人民法院决定终止的，应当通知管理人接管债务人财产和营业事务。债务人有上述行为而管理人未申请人民法院作出终止决定的，债权人等利害关系人可以向人民法院提出申请。

112.【重整中担保物权的恢复行使】重整程序中，要依法平衡保护担保物权人的合法权益和企业重整价值。重整申请受理后，管理人或者自行管理的债务人应当及时确定设定有担保物权的债务人财产是否为重整所必需。如果认为担保物不是重整所必需，管理人或者自行管理的债务人应当及时对担保物进行拍卖或者变卖，拍卖或者变卖担保物所得价款在支付拍卖、变卖费用后优先清偿担保物权人的债权。

在担保物权暂停行使期间，担保物权人根据《企业破产法》第75条的规定向人民法院请求恢复行使担保物权的，人民法院应当自收到恢复行使担保物权申请之日起三十日内作出裁定。经审查，担保物权人的申请不符合第75条的规定，或者虽然符合该条规定但管理人或者自行管理的债务人有证据证明担保物是重整所必需，并且提供与减少价值相应担保或者补偿的，人民法院应当裁定不予批准恢复行使担保物权。担保物权人不服该裁定的，可以自收到裁定书之日起十日内，向作出裁定的人民法院申请复议。人民法院裁定批准行使担保物权的，管理人或者自行管理的债务人应当自收到裁定书之日起十五日内启动对担保物的拍卖或者变卖，拍卖或者变卖担保物所得价款在支付拍卖、变卖费用后优先清偿担保物权人的债权。

113.【重整计划监督期间的管理人报酬及诉讼管辖】要依法确保重整计划的执行和有效监督。重整计划的执行期间和监督期间原则上应当一致。二者不一致的，人民法院在确定和调整重整程序中的管理人报酬方案时，应当根据重整期间和重整计划监督期间管理人工作量的不同予以区别对待。其中，重整期间的管理人报酬应当根据管理人对重整发挥的实际作用等因素予以确定和支付；重整计划监督期间管理人报酬的支付比例和支付时间，应当根据管理人监督职责的履行情况，与债权人按照重整计划实际受偿比例和受偿时间相匹配。

重整计划执行期间，因重整程序终止后新发生的事实或者事件引发的有关债务人的民事诉讼，不适用《企业破产法》第21条有关集中管辖的规定。除重整计划有明确约定外，上述纠纷引发的诉讼，不再由管理人代表债务人进行。

114.【重整程序与破产清算程序的衔接】重整期间或者重整计划执行期间，债务人因法定事由被宣告破产的，人民法院不再另立新的案号，原重整程序的管理人原则上应当继续履行破产清算程序中的职责。原重整程序的管理人不能继续履行职责或者不适宜继续担任管理人的，人民法院应当依法重新指定管理人。

重整程序转破产清算案件中的管理人报酬，应当综合管理人为重整工作和清算工作分别发挥的实际作用等因素合理确定。重整期间因法定事由转入破产清算程序的，应当按照破产清算案件确定管理人报酬。重整计划执行期间因法定事由转入破产清算程序的，后续破产清算阶段的管理人报酬应当根据管理人实际工作量予以确定，不能简单根据债务人最终清偿的财产价值总额计算。

重整程序因人民法院裁定批准重整计划草案而终止的，重整案件可作结案处理。重整计划执行完毕后，人民法院可以根据管理人等利害关系人申请，作出重整程序终结的裁定。

115.【庭外重组协议效力在重整程序中的延伸】继续完善庭外重组与庭内重整的衔接机制，降低制度性成本，提高破产制度效率。人民法院受理重整申请前，债务人和部分债权人已经达成的有关协议与重整程序中制作的重整计划草案内容一致的，有关债权人对该协议的同意视为对该重整计划草案表决的同意。但重整计划草案对协议内容进行了修改并对有关债权人有不利影响，或者与有关债权人重大利益相关的，受到影响的债权人有权按照企业破产法的规定对重整计划草案重新进行表决。

116.【审计、评估等中介机构的确定及责任】要合理区分人民法院和管理人在委托审计、评估等财产管理工作中的职责。破产程序中确实需要聘请中介机构对债务人财产进行审计、评估的，根据《企业破产法》第28条的规定，经人民法院许可后，管理人可以自行公开聘请，但是应当对其聘请的中介机构的相关行为进行监督。上述中介机构因不当履行职责给债务人、债权人或者第三人造成损害的，应当承担赔偿责任。管理人在聘用过程中存在过错的，应当在其过错范围内承担相应的补充赔偿责任。

117.【公司解散清算与破产清算的衔接】要依法区分公司解散清算与破产清算的不同功能和不同适用条件。债务人同时符合破产清算条件和强制清算条件的，应当及时适用破产清算程序实现对债权人利益的公平保护。债权人对符合破产清算条件的债务人提起公司强制清算申请，经人民法院释明，债权人仍然坚持申请对债务人强制清算的，人民法院应当裁定不予受理。

118.【无法清算案件的审理与责任承担】人民法院在审理债务人相关人员下落不明或者财产状况不清的破产案件时,应当充分贯彻债权人利益保护原则,避免债务人通过破产程序不当损害债权人利益,同时也要避免不当突破股东有限责任原则。

人民法院在适用《最高人民法院关于债权人对人员下落不明或者财产状况不清的债务人申请破产清算案件如何处理的批复》第3款的规定,判定债务人相关人员承担责任时,应当依照企业破产法的相关规定来确定相关主体的义务内容和责任范围,不得根据公司法司法解释(二)第18条第2款的规定来判定相关主体的责任。

上述批复第3款规定的"债务人的有关人员不履行法定义务,人民法院可依据有关法律规定追究其相应法律责任",系指债务人的法定代表人、财务管理人员和其他经营管理人员不履行《企业破产法》第15条规定的配合清算义务,人民法院可以根据《企业破产法》第126条、第127条追究其相应法律责任,或者参照《民事诉讼法》第111条的规定,依法拘留,构成犯罪的,依法追究刑事责任;债务人的法定代表人或者实际控制人不配合清算的,人民法院可以依据《出境入境管理法》第12条的规定,对其作出不准出境的决定,以确保破产程序顺利进行。

上述批复第3款规定的"其行为导致无法清算或者造成损失",系指债务人的有关人员不配合清算的行为导致债务人财产状况不明,或者依法负有清算责任的人未依照《企业破产法》第7条第3款的规定及时履行破产申请义务,导致债务人主要财产、账册、重要文件等灭失,致使管理人无法执行清算职务,给债权人利益造成损害。"有关权利人起诉请求其承担相应民事责任",系指管理人请求上述主体承担相应损害赔偿责任并将因此获得的赔偿归入债务人财产。管理人未主张上述赔偿,个别债权人可以代表全体债权人提起上述诉讼。

上述破产清算案件被裁定终结后,相关主体以债务人主要财产、账册、重要文件等重新出现为由,申请对破产清算程序启动审判监督的,人民法院不予受理,但符合《企业破产法》第123条规定的,债权人可以请求人民法院追加分配。

十一、关于案外人救济案件的审理

案外人救济案件包括案外人申请再审、案外人执行异议之诉和第三人撤销之诉三种类型。修改后的民事诉讼法在保留案外人执行异议之诉及案外人申请再审的基础上,新设立第三人撤销之诉制度,在为案外人权利保障提供更多救济渠道的同时,因彼此之间错综复杂的关系也容易导致认识上的偏差,有必要厘清其相互之间的关系,以便正确适用不同程序,依法充分保护各方主体合法权益。

119.【案外人执行异议之诉的审理】案外人执行异议之诉以排除对特定标的物的执行为目的,从程序上而言,案外人依据《民事诉讼法》第227条提出执行异议被驳回的,即可向执行人民法院提起执行异议之诉。人民法院对执行异议之诉的审理,一般应当就案外人对执行标的物是否享有权利、享有什么样的权利、权利是否足以排除强制执行进行判断。至于是否作出具体的确权判项,视案外人的诉讼请求而定。案外人未提出确权或者给付诉讼请求的,不作出确权判项,仅在裁判理由中进行分析判断并作出是否排除执行的判项即可。但案外人既提出确权、给付请求,又提出排除执行请求的,人民法院对该请求是否支持、是否排除执行,均应当在具体判项中予以明确。执行异议之诉不以否定作为执行依据的生效裁判为目的,案外人如认为裁判确有错误的,只能通过申请再审或者提起第三人撤销之诉的方式进行救济。

120.【债权人能否提起第三人撤销之诉】第三人撤销之诉中的第三人仅局限于《民事诉讼法》第56条规定的有独立请求权及无独立请求权的第三人,而且一般不包括债权人。但是,设立第三人撤销之诉的目的在于,救济第三人享有的因不能归责于本人的事由未参加诉讼但因生效裁判文书内容错误受到损害的民事权益,因此,债权人在下列情况下可以提起第三人撤销之诉:

(1)该债权是法律明确给予特殊保护的债权,如《合同法》第286条规定的建设工程价款优先受偿权,《海商法》第22条规定的船舶优先权;

（2）因债务人与他人的权利义务被生效裁判文书确定，导致债权人本来可以对《合同法》第74条和《企业破产法》第31条规定的债务人的行为享有撤销权而不能行使的；

（3）债权人有证据证明，裁判文书主文确定的债权内容部分或者全部虚假的。

债权人提起第三人撤销之诉还要符合法律和司法解释规定的其他条件。对于除此之外的其他债权，债权人原则上不得提起第三人撤销之诉。

121.【必要共同诉讼漏列的当事人申请再审】民事诉讼法司法解释对必要共同诉讼漏列的当事人申请再审规定了两种不同的程序，二者在管辖法院及申请再审期限的起算点上存在明显差别，人民法院在审理相关案件时应予注意：

（1）该当事人在执行程序中以案外人身份提出异议，异议被驳回的，根据民事诉讼法司法解释第423条的规定，其可以在驳回异议裁定送达之日起6个月内向原审人民法院申请再审；

（2）该当事人未在执行程序中以案外人身份提出异议的，根据民事诉讼法司法解释第422条的规定，其可以根据《民事诉讼法》第200条第8项的规定，自知道或者应当知道生效裁判之日起6个月内向上一级人民法院申请再审。当事人一方人数众多或者当事人双方为公民的案件，也可以向原审人民法院申请再审。

122.【程序启动后案外人不享有程序选择权】案外人申请再审与第三人撤销之诉功能上近似，如果案外人既有申请再审的权利，又符合第三人撤销之诉的条件，对于案外人是否可以行使选择权，民事诉讼法司法解释采取了限制的司法态度，即依据民事诉讼法司法解释第303条的规定，按照启动程序的先后，案外人只能选择相应的救济程序：案外人先启动执行异议程序的，对执行异议裁定不服，认为原裁判内容错误损害其合法权益的，只能向作出原裁判的人民法院申请再审，而不能提起第三人撤销之诉；案外人先启动了第三人撤销之诉，即便在执行程序中又提出执行异议，也只能继续进行第三人撤销之诉，而不能依《民事诉讼法》第227条申请再审。

123.【案外人依据另案生效裁判对非金钱债权的执行提起执行异议之诉】审判实践中，案外人有时依据另案生效裁判所认定的与执行标的物有关的权利提起执行异议之诉，请求排除对标的物的执行。此时，鉴于作为执行依据的生效裁判与作为案外人提出执行异议依据的生效裁判，均涉及对同一标的物权属或给付的认定，性质上属于两个生效裁判所认定的权利之间可能产生的冲突，人民法院在审理执行异议之诉时，需区别不同情况作出判断：如果作为执行依据的生效裁判是确权裁判，不论作为执行异议依据的裁判是确权裁判还是给付裁判，一般不应据此排除执行，但人民法院应当告知案外人对作为执行依据的确权裁判申请再审；如果作为执行依据的生效裁判是给付标的物的裁判，而作为提出异议之诉依据的裁判是确权裁判，一般应据此排除执行，此时人民法院应告知其对该确权裁判申请再审；如果两个裁判均属给付标的物的裁判，人民法院需依法判断哪个裁判所认定的给付权利具有优先性，进而判断是否可以排除执行。

124.【案外人依据另案生效裁判对金钱债权的执行提起执行异议之诉】作为执行依据的生效裁判并未涉及执行标的物，只是执行中为实现金钱债权对特定标的物采取了执行措施。对此种情形，《最高人民法院关于人民法院办理执行异议和复议案件若干问题的规定》第26条规定了解决案外人执行异议的规则，在审理执行异议之诉时可以参考适用。依据该条规定，作为案外人提起执行异议之诉依据的裁判将执行标的物确权给案外人，可以排除执行；作为案外人提起执行异议之诉依据的裁判，未将执行标的物确权给案外人，而是基于不以转移所有权为目的的有效合同（如租赁、借用、保管合同），判令向案外人返还执行标的物的，其性质属于物权请求权，亦可以排除执行；基于以转移所有权为目的有效合同（如买卖合同），判令向案外人交付标的物的，其性质属于债权请求权，不能排除执行。

应予注意的是，在金钱债权执行中，如果案外人提出执行异议之诉依据的生效裁判认定以转移所有权为目的的合同（如买卖合同）无效或应当解除，进而判令向案外人返还执行标的物的，此时案外人享有的是物权性质的返还请求权，本可排除金钱债权的执行，但在双务合同无效的情况下，双方互负返还义务，在案外人未返还价款的情况下,如果允许其排除金钱债权的执行,将会使申请执行人既执行不到被执行人名下的财产,又执行不到本应返还给被执行人的价款,显然有失公允。为平衡各方当事人的利益,只有在案外人已经返还价款的情况下,才能排除普通债权人的执行。反之,案外人未返还价款的,不能排除执行。

125.【案外人系商品房消费者】实践中,商品房消费者向房地产开发企业购买商品房,往往没有及时办理房地产过户手续。房地产开发企业因欠债而被强制执行,人民法院在对尚登记在房地产开发企业名下但已出卖给消费者的商品房采取执行措施时,商品房消费者往往会提出执行异议,以排除强制执行。对此,《最高人民法院关于人民法院办理执行异议和复议案件若干问题的规定》第29条规定,符合下列情形的,应当支持商品房消费者的诉讼请求:一是在人民法院查封之前已签订合法有效的书面买卖合同;二是所购商品房系用于居住且买受人名下无其他用于居住的房屋;三是已支付的价款超过合同约定总价款的百分之五十。人民法院在审理执行异议之诉案件时,可参照适用此条款。

问题是,对于其中"所购商品房系用于居住且买受人名下无其他用于居住的房屋"如何理解,审判实践中掌握的标准不一。"买受人名下无其他用于居住的房屋",可以理解为在案涉房屋同一设区的市或者县级市范围内商品房消费者名下没有用于居住的房屋。商品房消费者名下虽然已有1套房屋,但购买的房屋在面积上仍然属于满足基本居住需要的,可以理解为符合该规定的精神。

对于其中"已支付的价款超过合同约定总价款的百分之五十"如何理解,审判实践中掌握的标准也不一致。如果商品房消费者支付的价款接近于百分之五十,且已按照合同约定将剩余价款支付给申请执行人或者按照人民法院的要求交付执行的,可以理解为符合该规定的精神。

126.【商品房消费者的权利与抵押权的关系】根据《最高人民法院关于建设工程价款优先受偿权问题的批复》第1条、第2条的规定,交付全部或者大部分款项的商品房消费者的权利优先于抵押权人的抵押权,故抵押权人申请执行登记在房地产开发企业名下但已销售给消费者的商品房,消费者提出执行异议的,人民法院依法予以支持。但应当特别注意的是,此情况是针对实践中存在的商品房预售不规范现象为保护消费者生存权而作出的例外规定,必须严格把握条件,避免扩大范围,以免动摇抵押权具有优先性的基本原则。因此,这里的商品房消费者应当仅限于符合本纪要第125条规定的商品房消费者。买受人不是本纪要第125条规定的商品房消费者,而是一般的房屋买卖合同的买受人,不适用上述处理规则。

127.【案外人系商品房消费者之外的一般买受人】金钱债权执行中,商品房消费者之外的一般买受人对登记在被执行人名下的不动产提出异议,请求排除执行的,《最高人民法院关于人民法院办理执行异议和复议案件若干问题的规定》第28条规定,符合下列情形的依法予以支持:一是在人民法院查封之前已签订合法有效的书面买卖合同;二是在人民法院查封之前已合法占有该不动产;三是已支付全部价款,或者已按照合同约定支付部分价款且将剩余价款按照人民法院的要求交付执行;四是非因买受人自身原因未办理过户登记。人民法院在审理执行异议之诉案件时,可参照适用此条款。

实践中,对于该规定的前3个条件,理解并无分歧。对于其中的第4个条件,理解不一致。一般而言,买受人只要有向房屋登记机构递交过户登记材料,或向出卖人提出了办理过户登记的请求等积极行为的,可以认为符合该条件。买受人无上述积极行为,其未办理过户登记有合理的客观理由的,亦可认定符合该条件。

十二、关于民刑交叉案件的程序处理

会议认为,近年来,在民间借贷、P2P等融资活动中,与涉嫌诈骗、合同诈骗、票据诈骗、集资诈骗、非法吸收公众存款等犯罪有关的民商事案件的数量有所增加,出现了一些新情况和新问题。在审理案件时,应当依照《最高人民法院关于在审理经济纠纷案件中涉及经济犯罪嫌疑若干问题的规定》《最高人民法院关于审理非法集资刑事案件具体应用法律若干问题的解释》《最高人民法院最高人民检察院公安部关于办理非法集资刑事案件适用法律若干问题的意见》以及民间借贷司法解释等规定,处理

好民刑交叉案件之间的程序关系。

128.【分别审理】同一当事人因不同事实分别发生民商事纠纷和涉嫌刑事犯罪，民商事案件与刑事案件应当分别审理，主要有下列情形：

（1）主合同的债务人涉嫌刑事犯罪或者刑事裁判认定其构成犯罪，债权人请求担保人承担民事责任的；

（2）行为人以法人、非法人组织或者他人名义订立合同的行为涉嫌刑事犯罪或者刑事裁判认定其构成犯罪，合同相对人请求该法人、非法人组织或者他人承担民事责任的；

（3）法人或者非法人组织的法定代表人、负责人或者其他工作人员的职务行为涉嫌刑事犯罪或者刑事裁判认定其构成犯罪，受害人请求该法人或者非法人组织承担民事责任的；

（4）侵权行为人涉嫌刑事犯罪或者刑事裁判认定其构成犯罪，被保险人、受益人或者其他赔偿权利人请求保险人支付保险金的；

（5）受害人请求涉嫌刑事犯罪的行为人之外的其他主体承担民事责任的。

审判实践中出现的问题是，在上述情形下，有的人民法院仍然以民商事案件涉嫌刑事犯罪为由不予受理，已经受理的，裁定驳回起诉。对此，应予纠正。

129.【涉众型经济犯罪与民商事案件的程序处理】2014 年颁布实施的《最高人民法院最高人民检察院公安部关于办理非法集资刑事案件适用法律若干问题的意见》和 2019 年 1 月颁布实施的《最高人民法院最高人民检察院公安部关于办理非法集资刑事案件若干问题的意见》规定的涉嫌集资诈骗、非法吸收公众存款等涉众型经济犯罪，所涉人数众多、当事人分布地域广、标的额特别巨大、影响范围广，严重影响社会稳定，对于受害人就同一事实提起的以犯罪嫌疑人或者刑事被告人为被告的民事诉讼，人民法院应当裁定不予受理，并将有关材料移送侦查机关、检察机关或者正在审理该刑事案件的人民法院。受害人的民事权利保护应当通过刑事追赃、退赔的方式解决。正在审理民商事案件的人民法院发现有上述涉众型经济犯罪线索的，应当及时将犯罪线索和有关材料移送侦查机关。侦查机关作出立案决定前，人民法院应当中止审理；作出立案决定后，应当裁定驳回起诉；侦查机关未及时立案的，人民法院必要时可以将案件报请党委政法委协调处理。除上述情形人民法院不予受理外，要防止通过刑事手段干预民商事审判，搞地方保护，影响营商环境。

当事人因租赁、买卖、金融借款等与上述涉众型经济犯罪无关的民事纠纷，请求上述主体承担民事责任的，人民法院应予受理。

130.【民刑交叉案件中民商事案件中止审理的条件】人民法院在审理民商事案件时，如果民商事案件必须以相关刑事案件的审理结果为依据，而刑事案件尚未审结的，应当根据《民事诉讼法》第 150 条第 5 项的规定裁定中止诉讼。待刑事案件审结后，再恢复民商事案件的审理。如果民商事案件不是必须以相关的刑事案件的审理结果为依据，则民商事案件应当继续审理。

最高人民法院关于
修改《关于民事诉讼证据的若干规定》的决定

（2019 年 12 月 25 日　法释〔2019〕19 号）

根据《中华人民共和国民事诉讼法》，最高人民法院审判委员会第 1777 次会议决定，对《关于民事诉讼证据的若干规定》作如下修改：

一、将第一条修改为：

"原告向人民法院起诉或者被告提出反诉，应当提供符合起诉条件的相应的证据"。

二、将第三条修改为第二条。

三、删去第二条、第四条、第五条、第六条、

第七条。

四、将第八条第一款、第七十四条改为第三条,修改为:

“在诉讼过程中,一方当事人陈述的于己不利的事实,或者对于己不利的事实明确表示承认的,另一方当事人无需举证证明。

在证据交换、询问、调查过程中,或者在起诉状、答辩状、代理词等书面材料中,当事人明确承认于己不利的事实的,适用前款规定”。

五、将第八条第二款改为第四条,修改为:

“一方当事人对于另一方当事人主张的于己不利的事实既不承认也不否认,经审判人员说明并询问后,其仍然不明确表示肯定或者否定的,视为对该事实的承认”。

六、将第八条第三款改为第五条,修改为:

“当事人委托诉讼代理人参加诉讼的,除授权委托书明确排除的事项外,诉讼代理人的自认视为当事人的自认。

当事人在场对诉讼代理人的自认明确否认的,不视为自认”。

七、增加一条作为第六条:

“普通共同诉讼中,共同诉讼人中一人或者数人作出的自认,对作出自认的当事人发生效力。

必要共同诉讼中,共同诉讼人中一人或者数人作出自认而其他共同诉讼人予以否认的,不发生自认的效力。其他共同诉讼人既不承认也不否认,经审判人员说明并询问后仍然不明确表示意见的,视为全体共同诉讼人的自认”。

八、增加一条作为第七条:

“一方当事人对于另一方当事人主张的于己不利的事实有所限制或者附加条件予以承认的,由人民法院综合案件情况决定是否构成自认”。

九、增加一条作为第八条:

“《最高人民法院关于适用〈中华人民共和国民事诉讼法〉的解释》第九十六条第一款规定的事实,不适用有关自认的规定。

自认的事实与已经查明的事实不符的,人民法院不予确认”。

十、将第八条第四款改为第九条,修改为:

“有下列情形之一,当事人在法庭辩论终结前撤销自认的,人民法院应当准许:

(一)经对方当事人同意的;

(二)自认是在受胁迫或者重大误解情况下作出的。

人民法院准许当事人撤销自认的,应当作出口头或者书面裁定”。

十一、将第九条改为第十条,修改为:

“下列事实,当事人无须举证证明:

(一)自然规律以及定理、定律;

(二)众所周知的事实;

(三)根据法律规定推定的事实;

(四)根据已知的事实和日常生活经验法则推定出的另一事实;

(五)已为仲裁机构的生效裁决所确认的事实;

(六)已为人民法院发生法律效力的裁判所确认的基本事实;

(七)已为有效公证文书所证明的事实。

前款第二项至第五项事实,当事人有相反证据足以反驳的除外;第六项、第七项事实,当事人有相反证据足以推翻的除外”。

十二、将第十条修改为第十一条。

十三、增加一条作为第十二条:

“以动产作为证据的,应当将原物提交人民法院。原物不宜搬移或者不宜保存的,当事人可以提供复制品、影像资料或者其他替代品。

人民法院在收到当事人提交的动产或者替代品后,应当及时通知双方当事人到人民法院或者保存现场查验”。

十四、增加一条作为第十三条:

“当事人以不动产作为证据的,应当向人民法院提供该不动产的影像资料。

人民法院认为有必要的,应当通知双方当事人到场进行查验”。

十五、增加一条作为第十四条:

“电子数据包括下列信息、电子文件:

(一)网页、博客、微博客等网络平台发布的信息;

(二)手机短信、电子邮件、即时通信、通讯群组等网络应用服务的通信信息;

(三)用户注册信息、身份认证信息、电子交易记录、通信记录、登录日志等信息;

(四)文档、图片、音频、视频、数字证书、计算机程序等电子文件;

(五)其他以数字化形式存储、处理、传输的能够证明案件事实的信息”。

十六、增加一条作为第十五条：

“当事人以视听资料作为证据的，应当提供存储该视听资料的原始载体。

当事人以电子数据作为证据的，应当提供原件。电子数据的制作者制作的与原件一致的副本，或者直接来源于电子数据的打印件或其他可以显示、识别的输出介质，视为电子数据的原件”。

十七、将第十一条改为第十六条，修改为：

“当事人提供的公文书证系在中华人民共和国领域外形成的，该证据应当经所在国公证机关证明，或者履行中华人民共和国与该所在国订立的有关条约中规定的证明手续。

中华人民共和国领域外形成的涉及身份关系的证据，应当经所在国公证机关证明并经中华人民共和国驻该国使领馆认证，或者履行中华人民共和国与该所在国订立的有关条约中规定的证明手续。

当事人向人民法院提供的证据是在香港、澳门、台湾地区形成的，应当履行相关的证明手续”。

十八、将第十二条修改为第十七条。

十九、将第十三条改为第十八条，修改为：

“双方当事人无争议的事实符合《最高人民法院关于适用〈中华人民共和国民事诉讼法〉的解释》第九十六条第一款规定情形的，人民法院可以责令当事人提供有关证据”。

二十、将第十四条修改为第十九条。

二十一、删去第十五条、第十六条、第十七条。

二十二、删去第十九条第二款，将第十八条、第十九条第一款改为第二十条，修改为：

“当事人及其诉讼代理人申请人民法院调查收集证据，应当在举证期限届满前提交书面申请。

申请书应当载明被调查人的姓名或者单位名称、住所地等基本情况、所要调查收集的证据名称或者内容、需要由人民法院调查收集证据的原因及其要证明的事实以及明确的线索”。

二十三、将第二十条改为第二十一条，修改为：

“人民法院调查收集的书证，可以是原件，也可以是经核对无误的副本或者复制件。是副本或者复制件的，应当在调查笔录中说明来源和取证情况”。

二十四、将第二十一条改为第二十二条，修改为：

“人民法院调查收集的物证应当是原物。被调查人提供原物确有困难的，可以提供复制品或者影像资料。提供复制品或者影像资料的，应当在调查笔录中说明取证情况”。

二十五、将第二十二条改为第二十三条，修改为：

“人民法院调查收集视听资料、电子数据，应当要求被调查人提供原始载体。

提供原始载体确有困难的，可以提供复制件。提供复制件的，人民法院应当在调查笔录中说明其来源和制作经过。

人民法院对视听资料、电子数据采取证据保全措施的，适用前款规定”。

二十六、增加一条作为第二十四条：

“人民法院调查收集可能需要鉴定的证据，应当遵守相关技术规范，确保证据不被污染”。

二十七、将第二十三条改为第二十五条，修改为：

“当事人或者利害关系人根据民事诉讼法第八十一条的规定申请证据保全的，申请书应当载明需要保全的证据的基本情况、申请保全的理由以及采取何种保全措施等内容。

当事人根据民事诉讼法第八十一条第一款的规定申请证据保全的，应当在举证期限届满前向人民法院提出。

法律、司法解释对诉前证据保全有规定的，依照其规定办理”。

二十八、增加一条作为第二十六条：

“当事人或者利害关系人申请采取查封、扣押等限制保全标的物使用、流通等保全措施，或者保全可能对证据持有人造成损失的，人民法院应当责令申请人提供相应的担保。

担保方式或者数额由人民法院根据保全措施对证据持有人的影响、保全标的物的价值、当事人或者利害关系人争议的诉讼标的金额等因素综合确定”。

二十九、将第二十四条改为第二十七条，修改为：

“人民法院进行证据保全，可以要求当事人或者诉讼代理人到场。

根据当事人的申请和具体情况,人民法院可以采取查封、扣押、录音、录像、复制、鉴定、勘验等方法进行证据保全,并制作笔录。

在符合证据保全目的的情况下,人民法院应当选择对证据持有人利益影响最小的保全措施”。

三十、增加一条作为第二十八条:

“申请证据保全错误造成财产损失,当事人请求申请人承担赔偿责任的,人民法院应予支持”。

三十一、增加一条作为第二十九条:

“人民法院采取诉前证据保全措施后,当事人向其他有管辖权的人民法院提起诉讼的,采取保全措施的人民法院应当根据当事人的申请,将保全的证据及时移交受理案件的人民法院”。

三十二、增加一条作为第三十条:

“人民法院在审理案件过程中认为待证事实需要通过鉴定意见证明的,应当向当事人释明,并指定提出鉴定申请的期间。

符合《最高人民法院关于适用〈中华人民共和国民事诉讼法〉的解释》第九十六条第一款规定情形的,人民法院应当依职权委托鉴定”。

三十三、将第二十五条改为第三十一条,修改为:

“当事人申请鉴定,应当在人民法院指定期间内提出,并预交鉴定费用。逾期不提出申请或者不预交鉴定费用的,视为放弃申请。

对需要鉴定的待证事实负有举证责任的当事人,在人民法院指定期间内无正当理由不提出鉴定申请或者不预交鉴定费用,或者拒不提供相关材料,致使待证事实无法查明的,应当承担举证不能的法律后果”。

三十四、将第二十六条改为第三十二条,修改为:

“人民法院准许鉴定申请的,应当组织双方当事人协商确定具备相应资格的鉴定人。当事人协商不成的,由人民法院指定。

人民法院依职权委托鉴定的,可以在询问当事人的意见后,指定具备相应资格的鉴定人。

人民法院在确定鉴定人后应当出具委托书,委托书中应当载明鉴定事项、鉴定范围、鉴定目的和鉴定期限”。

三十五、增加一条作为第三十三条:

“鉴定开始之前,人民法院应当要求鉴定人签署承诺书。承诺书中应当载明鉴定人保证客观、公正、诚实地进行鉴定,保证出庭作证,如作虚假鉴定应当承担法律责任等内容。

鉴定人故意作虚假鉴定的,人民法院应当责令其退还鉴定费用,并根据情节,依照民事诉讼法第一百一十一条的规定进行处罚”。

三十六、增加一条作为第三十四条:

“人民法院应当组织当事人对鉴定材料进行质证。未经质证的材料,不得作为鉴定的根据。

经人民法院准许,鉴定人可以调取证据、勘验物证和现场、询问当事人或者证人”。

三十七、增加一条作为第三十五条:

“鉴定人应当在人民法院确定的期限内完成鉴定,并提交鉴定书。

鉴定人无正当理由未按期提交鉴定书的,当事人可以申请人民法院另行委托鉴定人进行鉴定。人民法院准许的,原鉴定人已经收取的鉴定费用应当退还;拒不退还的,依照本规定第八十一条第二款的规定处理”。

三十八、将第二十九条改为第三十六条,修改为:

“人民法院对鉴定人出具的鉴定书,应当审查是否具有下列内容:

(一)委托法院的名称;

(二)委托鉴定的内容、要求;

(三)鉴定材料;

(四)鉴定所依据的原理、方法;

(五)对鉴定过程的说明;

(六)鉴定意见;

(七)承诺书。

鉴定书应当由鉴定人签名或者盖章,并附鉴定人的相应资格证明。委托机构鉴定的,鉴定书应当由鉴定机构盖章,并由从事鉴定的人员签名”。

三十九、增加一条作为第三十七条:

“人民法院收到鉴定书后,应当及时将副本送交当事人。

当事人对鉴定书的内容有异议的,应当在人民法院指定期间内以书面方式提出。

对于当事人的异议,人民法院应当要求鉴定人作出解释、说明或者补充。人民法院认为有必要的,可以要求鉴定人对当事人未提出异议的内容进行解释、说明或者补充"。

四十、增加一条作为第三十八条:

"当事人在收到鉴定人的书面答复后仍有异议的,人民法院应当根据《诉讼费用交纳办法》第十一条的规定,通知有异议的当事人预交鉴定人出庭费用,并通知鉴定人出庭。有异议的当事人不预交鉴定人出庭费用的,视为放弃异议。

双方当事人对鉴定意见均有异议的,分摊预交鉴定人出庭费用"。

四十一、增加一条作为第三十九条:

"鉴定人出庭费用按照证人出庭作证费用的标准计算,由败诉的当事人负担。因鉴定意见不明确或者有瑕疵需要鉴定人出庭的,出庭费用由其自行负担。

人民法院委托鉴定时已经确定鉴定人出庭费用包含在鉴定费用中的,不再通知当事人预交"。

四十二、将第二十七条改为第四十条,修改为:

"当事人申请重新鉴定,存在下列情形之一的,人民法院应当准许:

(一)鉴定人不具备相应资格的;

(二)鉴定程序严重违法的;

(三)鉴定意见明显依据不足的;

(四)鉴定意见不能作为证据使用的其他情形。

存在前款第一项至第三项情形的,鉴定人已经收取的鉴定费用应当退还。拒不退还的,依照本规定第八十一条第二款的规定处理。

对鉴定意见的瑕疵,可以通过补正、补充鉴定或者补充质证、重新质证等方法解决的,人民法院不予准许重新鉴定的申请。

重新鉴定的,原鉴定意见不得作为认定案件事实的根据"。

四十三、将第二十八条改为第四十一条,修改为:

"对于一方当事人就专门性问题自行委托有关机构或者人员出具的意见,另一方当事人有证据或者理由足以反驳并申请鉴定的,人民法院应予准许"。

四十四、增加一条作为第四十二条:

"鉴定意见被采信后,鉴定人无正当理由撤销鉴定意见的,人民法院应当责令其退还鉴定费用,并可以根据情节,依照民事诉讼法第一百一十一条的规定对鉴定人进行处罚。当事人主张鉴定人负担由此增加的合理费用的,人民法院应予支持。

人民法院采信鉴定意见后准许鉴定人撤销的,应当责令其退还鉴定费用"。

四十五、将第三十条改为第四十三条,修改为:

"人民法院应当在勘验前将勘验的时间和地点通知当事人。当事人不参加的,不影响勘验进行。

当事人可以就勘验事项向人民法院进行解释和说明,可以请求人民法院注意勘验中的重要事项。

人民法院勘验物证或者现场,应当制作笔录,记录勘验的时间、地点、勘验人、在场人、勘验的经过、结果,由勘验人、在场人签名或者盖章。对于绘制的现场图应当注明绘制的时间、方位、测绘人姓名、身份等内容"。

四十六、将第三十一条改为第四十四条,修改为:

"摘录有关单位制作的与案件事实相关的文件、材料,应当注明出处,并加盖制作单位或者保管单位的印章,摘录人和其他调查人员应当在摘录件上签名或者盖章。

摘录文件、材料应当保持内容相应的完整性"。

四十七、增加一条作为第四十五条:

"当事人根据《最高人民法院关于适用〈中华人民共和国民事诉讼法〉的解释》第一百一十二条的规定申请人民法院责令对方当事人提交书证的,申请书应当载明所申请提交的书证名称或者内容、需要以该书证证明的事实及事实的重要性、对方当事人控制该书证的根据以及应当提交该书证的理由。

对方当事人否认控制书证的,人民法院应当根据法律规定、习惯等因素,结合案件的事实、证据,对于书证是否在对方当事人控制之下的事实作出综合判断"。

四十八、增加一条作为第四十六条:

"人民法院对当事人提交书证的申请进行审查时,应当听取对方当事人的意见,必要时可以要求双方当事人提供证据、进行辩论。

当事人申请提交的书证不明确、书证对于待证事实的证明无必要、待证事实对于裁判结果无实质性影响、书证未在对方当事人控制之下或者不符合本规定第四十七条情形的,人民法院不予准许。

当事人申请理由成立的,人民法院应当作出裁定,责令对方当事人提交书证;理由不成立的,通知申请人”。

四十九、增加一条作为第四十七条:

“下列情形,控制书证的当事人应当提交书证:

(一)控制书证的当事人在诉讼中曾经引用过的书证;

(二)为对方当事人的利益制作的书证;

(三)对方当事人依照法律规定有权查阅、获取的书证;

(四)账簿、记账原始凭证;

(五)人民法院认为应当提交书证的其他情形。

前款所列书证,涉及国家秘密、商业秘密、当事人或第三人的隐私,或者存在法律规定应当保密的情形的,提交后不得公开质证”。

五十、增加一条作为第四十八条:

“控制书证的当事人无正当理由拒不提交书证的,人民法院可以认定对方当事人所主张的书证内容为真实。

控制书证的当事人存在《最高人民法院关于适用〈中华人民共和国民事诉讼法〉的解释》第一百一十三条规定情形的,人民法院可以认定对方当事人主张以该书证证明的事实为真实”。

五十一、将第三十二条修改为第四十九条。

五十二、将第三十三条第一款改为第五十条,修改为:

“人民法院应当在审理前的准备阶段向当事人送达举证通知书。

举证通知书应当载明举证责任的分配原则和要求、可以向人民法院申请调查收集证据的情形、人民法院根据案件情况指定的举证期限以及逾期提供证据的法律后果等内容”。

五十三、将第三十三条第二款、第三款改为第五十一条,修改为:

“举证期限可以由当事人协商,并经人民法院准许。

人民法院指定举证期限的,适用第一审普通程序审理的案件不得少于十五日,当事人提供新的证据的第二审案件不得少于十日。适用简易程序审理的案件不得超过十五日,小额诉讼案件的举证期限一般不得超过七日。

举证期限届满后,当事人提供反驳证据或者对已经提供的证据的来源、形式等方面的瑕疵进行补正的,人民法院可以酌情再次确定举证期限,该期限不受前款规定的期间限制”。

五十四、删去第三十四条。

五十五、增加一条作为第五十二条:

“当事人在举证期限内提供证据存在客观障碍,属于民事诉讼法第六十五条第二款规定的‘当事人在该期限内提供证据确有困难’的情形。

前款情形,人民法院应当根据当事人的举证能力、不能在举证期限内提供证据的原因等因素综合判断。必要时,可以听取对方当事人的意见”。

五十六、将第三十五条改为第五十三条,修改为:

“诉讼过程中,当事人主张的法律关系性质或者民事行为效力与人民法院根据案件事实作出的认定不一致的,人民法院应当将法律关系性质或者民事行为效力作为焦点问题进行审理。但法律关系性质对裁判理由及结果没有影响,或者有关问题已经当事人充分辩论的除外。

存在前款情形,当事人根据法庭审理情况变更诉讼请求的,人民法院应当准许并可以根据案件的具体情况重新指定举证期限”。

五十七、将第三十六条改为第五十四条,修改为:

“当事人申请延长举证期限的,应当在举证期限届满前向人民法院提出书面申请。

申请理由成立的,人民法院应当准许,适当延长举证期限,并通知其他当事人。延长的举证期限适用于其他当事人。

申请理由不成立的,人民法院不予准许,并通知申请人”。

五十八、增加一条作为第五十五条:

“存在下列情形的,举证期限按照如下方式确定:

(一)当事人依照民事诉讼法第一百二十七条规定提出管辖权异议的,举证期限中止,自驳回管辖权异议的裁定生效之日起恢复计算；

（二）追加当事人、有独立请求权的第三人参加诉讼或者无独立请求权的第三人经人民法院通知参加诉讼的，人民法院应当依照本规定第五十一条的规定为新参加诉讼的当事人确定举证期限，该举证期限适用于其他当事人；

（三）发回重审的案件，第一审人民法院可以结合案件具体情况和发回重审的原因，酌情确定举证期限；

（四）当事人增加、变更诉讼请求或者提出反诉的，人民法院应当根据案件具体情况重新确定举证期限；

（五）公告送达的，举证期限自公告期届满之次日起计算”。

五十九、删去第三十七条。

六十、将第三十八条改为第五十六条，修改为：

“人民法院依照民事诉讼法第一百三十三条第四项的规定，通过组织证据交换进行审理前准备的，证据交换之日举证期限届满。

证据交换的时间可以由当事人协商一致并经人民法院认可，也可以由人民法院指定。当事人申请延期举证经人民法院准许的，证据交换日相应顺延”。

六十一、将第三十九条修改为第五十七条。

六十二、将第四十条改为第五十八条，修改为：

“当事人收到对方的证据后有反驳证据需要提交的，人民法院应当再次组织证据交换”。

六十三、删去第四十一条、第四十二条、第四十三条、第四十四条、第四十五条、第四十六条。

六十四、增加一条作为第五十九条：

“人民法院对逾期提供证据的当事人处以罚款的，可以结合当事人逾期提供证据的主观过错程度、导致诉讼迟延的情况、诉讼标的金额等因素，确定罚款数额”。

六十五、将第四十七条改为第六十条，修改为：

“当事人在审理前的准备阶段或者人民法院调查、询问过程中发表过质证意见的证据，视为质证过的证据。

当事人要求以书面方式发表质证意见，人民法院在听取对方当事人意见后认为有必要的，可以准许。人民法院应当及时将书面质证意见送交对方当事人”。

六十六、删去第四十八条。

六十七、将第四十九条改为第六十一条，修改为：

“对书证、物证、视听资料进行质证时，当事人应当出示证据的原件或者原物。但有下列情形之一的除外：

（一）出示原件或者原物确有困难并经人民法院准许出示复制件或者复制品的；

（二）原件或者原物已不存在，但有证据证明复制件、复制品与原件或者原物一致的”。

六十八、删去第五十条。

六十九、将第五十一条改为第六十二条，修改为：

“质证一般按下列顺序进行：

（一）原告出示证据，被告、第三人与原告进行质证；

（二）被告出示证据，原告、第三人与被告进行质证；

（三）第三人出示证据，原告、被告与第三人进行质证。

人民法院根据当事人申请调查收集的证据，审判人员对调查收集证据的情况进行说明后，由提出申请的当事人与对方当事人、第三人进行质证。

人民法院依职权调查收集的证据，由审判人员对调查收集证据的情况进行说明后，听取当事人的意见”。

七十、删去第五十二条。

七十一、增加一条作为第六十三条：

“当事人应当就案件事实作真实、完整的陈述。

当事人的陈述与此前陈述不一致的，人民法院应当责令其说明理由，并结合当事人的诉讼能力、证据和案件具体情况进行审查认定。

当事人故意作虚假陈述妨碍人民法院审理的，人民法院应当根据情节，依照民事诉讼法第一百一十一条规定进行处罚”。

七十二、增加一条作为第六十四条：

“人民法院认为有必要的，可以要求当事人本人到场，就案件的有关事实接受询问。

人民法院要求当事人到场接受询问的，应当通知当事人询问的时间、地点、拒不到场的后果等内容”。

七十三、增加一条作为第六十五条:

“人民法院应当在询问前责令当事人签署保证书并宣读保证书的内容。

保证书应当载明保证据实陈述,绝无隐瞒、歪曲、增减,如有虚假陈述应当接受处罚等内容。当事人应当在保证书上签名、捺印。

当事人有正当理由不能宣读保证书的,由书记员宣读并进行说明”。

七十四、增加一条作为第六十六条:

“当事人无正当理由拒不到场、拒不签署或宣读保证书或者拒不接受询问的,人民法院应当综合案件情况,判断待证事实的真伪。待证事实无其他证据证明的,人民法院应当作出不利于该当事人的认定”。

七十五、将第五十三条改为第六十七条,修改为:

“不能正确表达意思的人,不能作为证人。

待证事实与其年龄、智力状况或者精神健康状况相适应的无民事行为能力人和限制民事行为能力人,可以作为证人”。

七十六、将第五十五条改为第六十八条,修改为:

“人民法院应当要求证人出庭作证,接受审判人员和当事人的询问。证人在审理前的准备阶段或者人民法院调查、询问等双方当事人在场时陈述证言的,视为出庭作证。

双方当事人同意证人以其他方式作证并经人民法院准许的,证人可以不出庭作证。

无正当理由未出庭的证人以书面等方式提供的证言,不得作为认定案件事实的根据”。

七十七、增加一条作为第六十九条:

“当事人申请证人出庭作证的,应当在举证期限届满前向人民法院提交申请书。

申请书应当载明证人的姓名、职业、住所、联系方式,作证的主要内容,作证内容与待证事实的关联性,以及证人出庭作证的必要性。

符合《最高人民法院关于适用〈中华人民共和国民事诉讼法〉的解释》第九十六条第一款规定情形的,人民法院应当依职权通知证人出庭作证”。

七十八、将第五十四条改为第七十条,修改为:

“人民法院准许证人出庭作证申请的,应当向证人送达通知书并告知双方当事人。通知书中应当载明证人作证的时间、地点,作证的事项、要求以及作伪证的法律后果等内容。

当事人申请证人出庭作证的事项与待证事实无关,或者没有通知证人出庭作证必要的,人民法院不予准许当事人的申请”。

七十九、增加一条作为第七十一条:

“人民法院应当要求证人在作证之前签署保证书,并在法庭上宣读保证书的内容。但无民事行为能力人和限制民事行为能力人作为证人的除外。

证人确有正当理由不能宣读保证书的,由书记员代为宣读并进行说明。

证人拒绝签署或者宣读保证书的,不得作证,并自行承担相关费用。

证人保证书的内容适用当事人保证书的规定”。

八十、删去第五十六条。

八十一、将第五十七条改为第七十二条,修改为:

“证人应当客观陈述其亲身感知的事实,作证时不得使用猜测、推断或者评论性语言。

证人作证前不得旁听法庭审理,作证时不得以宣读事先准备的书面材料的方式陈述证言。

证人言辞表达有障碍的,可以通过其他表达方式作证”。

八十二、增加一条作为第七十三条:

“证人应当就其作证的事项进行连续陈述。

当事人及其法定代理人、诉讼代理人或者旁听人员干扰证人陈述的,人民法院应当及时制止,必要时可以依照民事诉讼法第一百一十条的规定进行处罚”。

八十三、将第五十八条改为第七十四条,修改为:

“审判人员可以对证人进行询问。当事人及其诉讼代理人经审判人员许可后可以询问证人。

询问证人时其他证人不得在场。

人民法院认为有必要的,可以要求证人之间进行对质”。

八十四、增加一条作为第七十五条:

“证人出庭作证后,可以向人民法院申请

支付证人出庭作证费用。证人有困难需要预先支取出庭作证费用的，人民法院可以根据证人的申请在出庭作证前支付”。

八十五、增加一条作为第七十六条：

“证人确有困难不能出庭作证，申请以书面证言、视听传输技术或者视听资料等方式作证的，应当向人民法院提交申请书。申请书中应当载明不能出庭的具体原因。

符合民事诉讼法第七十三条规定情形的，人民法院应当准许”。

八十六、增加一条作为第七十七条：

“证人经人民法院准许，以书面证言方式作证的，应当签署保证书；以视听传输技术或者视听资料方式作证的，应当签署保证书并宣读保证书的内容”。

八十七、增加一条作为第七十八条：

“当事人及其诉讼代理人对证人的询问与待证事实无关，或者存在威胁、侮辱证人或不适当引导等情形的，审判人员应当及时制止。必要时可以依照民事诉讼法第一百一十条、第一百一十一条的规定进行处罚。

证人故意作虚假陈述，诉讼参与人或者其他人以暴力、威胁、贿买等方法妨碍证人作证，或者在证人作证后以侮辱、诽谤、诬陷、恐吓、殴打等方式对证人打击报复的，人民法院应当根据情节，依照民事诉讼法第一百一十一条的规定，对行为人进行处罚”。

八十八、增加一条作为第七十九条：

“鉴定人依照民事诉讼法第七十八条的规定出庭作证的，人民法院应当在开庭审理三日前将出庭的时间、地点及要求通知鉴定人。

委托机构鉴定的，应当由从事鉴定的人员代表机构出庭”。

八十九、将第五十九条改为第八十条，修改为：

“鉴定人应当就鉴定事项如实答复当事人的异议和审判人员的询问。当庭答复确有困难的，经人民法院准许，可以在庭审结束后书面答复。

人民法院应当及时将书面答复送交当事人，并听取当事人的意见。必要时，可以再次组织质证”。

九十、增加一条作为第八十一条：

“鉴定人拒不出庭作证的，鉴定意见不得作为认定案件事实的根据。人民法院应当建议有关主管部门或者组织对拒不出庭作证的鉴定人予以处罚。

当事人要求退还鉴定费用的，人民法院应当在三日内作出裁定，责令鉴定人退还；拒不退还的，由人民法院依法执行。

当事人因鉴定人拒不出庭作证申请重新鉴定的，人民法院应当准许”。

九十一、将第六十条改为第八十二条，修改为：

“经法庭许可，当事人可以询问鉴定人、勘验人。

询问鉴定人、勘验人不得使用威胁、侮辱等不适当的言语和方式”。

九十二、删去第六十一条。

九十三、增加一条作为第八十三条：

“当事人依照民事诉讼法第七十九条和《最高人民法院关于适用〈中华人民共和国民事诉讼法〉的解释》第一百二十二条的规定，申请有专门知识的人出庭的，申请书中应当载明有专门知识的人的基本情况和申请的目的。

人民法院准许当事人申请的，应当通知双方当事人”。

九十四、增加一条作为第八十四条：

“审判人员可以对有专门知识的人进行询问。经法庭准许，当事人可以对有专门知识的人进行询问，当事人各自申请的有专门知识的人可以就案件中的有关问题进行对质。

有专门知识的人不得参与对鉴定意见质证或者就专业问题发表意见之外的法庭审理活动”。

九十五、删去第六十二条。

九十六、将第六十三条、第六十四条改为第八十五条，修改为：

“人民法院应当以证据能够证明的案件事实为根据依法作出裁判。

审判人员应当依照法定程序，全面、客观地审核证据，依据法律的规定，遵循法官职业道德，运用逻辑推理和日常生活经验，对证据有无证明力和证明力大小独立进行判断，并公开判断的理由和结果”。

九十七、增加一条作为第八十六条：

“当事人对于欺诈、胁迫、恶意串通事实的证明，以及对于口头遗嘱或赠与事实的证明，人民法院确信该待证事实存在的可能性能够排除合理怀疑的，应当认定该事实存在。

与诉讼保全、回避等程序事项有关的事实，人民法院结合当事人的说明及相关证据，认为有关事实存在的可能性较大的，可以认定该事实存在”。

九十八、将第六十五条改为第八十七条，修改为：

“审判人员对单一证据可以从下列方面进行审核认定：

（一）证据是否为原件、原物，复制件、复制品与原件、原物是否相符；

（二）证据与本案事实是否相关；

（三）证据的形式、来源是否符合法律规定；

（四）证据的内容是否真实；

（五）证人或者提供证据的人与当事人有无利害关系”。

九十九、将第六十六条修改为第八十八条。

一百、增加一条作为第八十九条：

“当事人在诉讼过程中认可的证据，人民法院应当予以确认。但法律、司法解释另有规定的除外。

当事人对认可的证据反悔的，参照《最高人民法院关于适用〈中华人民共和国民事诉讼法〉的解释》第二百二十九条的规定处理”。

一百零一、删去第六十七条、第六十八条。

一百零二、将第六十九条改为第九十条，修改为：

“下列证据不能单独作为认定案件事实的根据：

（一）当事人的陈述；

（二）无民事行为能力人或者限制民事行为能力人所作的与其年龄、智力状况或者精神健康状况不相当的证言；

（三）与一方当事人或者其代理人有利害关系的证人陈述的证言；

（四）存有疑点的视听资料、电子数据；

（五）无法与原件、原物核对的复制件、复制品”。

一百零三、增加一条作为第九十一条：

“公文书证的制作者根据文书原件制作的载有部分或者全部内容的副本，与正本具有相同的证明力。

在国家机关存档的文件，其复制件、副本、节录本经档案部门或者制作原本的机关证明其内容与原本一致的，该复制件、副本、节录本具有与原本相同的证明力”。

一百零四、增加一条作为第九十二条：

“私文书证的真实性，由主张以私文书证证明案件事实的当事人承担举证责任。

私文书证由制作者或者其代理人签名、盖章或捺印的，推定为真实。

私文书证上有删除、涂改、增添或者其他形式瑕疵的，人民法院应当综合案件的具体情况判断其证明力”。

一百零五、增加一条作为第九十三条：

“人民法院对于电子数据的真实性，应当结合下列因素综合判断：

（一）电子数据的生成、存储、传输所依赖的计算机系统的硬件、软件环境是否完整、可靠；

（二）电子数据的生成、存储、传输所依赖的计算机系统的硬件、软件环境是否处于正常运行状态，或者不处于正常运行状态时对电子数据的生成、存储、传输是否有影响；

（三）电子数据的生成、存储、传输所依赖的计算机系统的硬件、软件环境是否具备有效的防止出错的监测、核查手段；

（四）电子数据是否被完整地保存、传输、提取，保存、传输、提取的方法是否可靠；

（五）电子数据是否在正常的往来活动中形成和存储；

（六）保存、传输、提取电子数据的主体是否适当；

（七）影响电子数据完整性和可靠性的其他因素。

人民法院认为有必要的，可以通过鉴定或者勘验等方法，审查判断电子数据的真实性”。

一百零六、增加一条作为第九十四条：

“电子数据存在下列情形的，人民法院可以确认其真实性，但有足以反驳的相反证据的除外：

（一）由当事人提交或者保管的于己不利的电子数据；

（二）由记录和保存电子数据的中立第三方平台提供或者确认的；

（三）在正常业务活动中形成的；

（四）以档案管理方式保管的；

（五）以当事人约定的方式保存、传输、提取的。

电子数据的内容经公证机关公证的，人民法院应当确认其真实性，但有相反证据足以推翻的除外”。

一百零七、删去第七十条、第七十一条、第七十二条、第七十三条、第七十四条。

一百零八、将第七十五条改为第九十五条，修改为：

“一方当事人控制证据无正当理由拒不提交，对待证事实负有举证责任的当事人主张该证据的内容不利于控制人的，人民法院可以认定该主张成立”。

一百零九、删去第七十六条、第七十七条。

一百一十、将第七十八条修改为第九十六条。

一百一十一、将第七十九条修改为第九十七条。

一百一十二、将第八十条改为第九十八条，修改为：

“对证人、鉴定人、勘验人的合法权益依法予以保护。

当事人或者其他诉讼参与人伪造、毁灭证据，提供虚假证据，阻止证人作证，指使、贿买、胁迫他人作伪证，或者对证人、鉴定人、勘验人打击报复的，依照民事诉讼法第一百一十条、第一百一十一条的规定进行处罚”。

一百一十三、增加一条作为第九十九条：

“本规定对证据保全没有规定的，参照适用法律、司法解释关于财产保全的规定。

除法律、司法解释另有规定外，对当事人、鉴定人、有专门知识的人的询问参照适用本规定中关于询问证人的规定；关于书证的规定适用于视听资料、电子数据；存储在电子计算机等电子介质中的视听资料，适用电子数据的规定”。

一百一十四、删去第八十一条、第八十二条。

一百一十五、将第八十三条改为第一百条，修改为：

“本规定自2020年5月1日起施行。

本规定公布施行后，最高人民法院以前发布的司法解释与本规定不一致的，不再适用”。

最高人民法院关于适用《中华人民共和国外商投资法》若干问题的解释

（2019年12月16日最高人民法院审判委员会第1787次会议通过
2019年12月26日公布　法释〔2019〕20号　自2020年1月1日起施行）

为正确适用《中华人民共和国外商投资法》，依法平等保护中外投资者合法权益，营造稳定、公平、透明的法治化营商环境，结合审判实践，就人民法院审理平等主体之间的投资合同纠纷案件适用法律问题作出如下解释。

第一条　本解释所称投资合同，是指外国投资者即外国的自然人、企业或者其他组织因直接或者间接在中国境内进行投资而形成的相关协议，包括设立外商投资企业合同、股份转让合同、股权转让合同、财产份额或者其他类似权益转让合同、新建项目合同等协议。

外国投资者因赠与、财产分割、企业合并、企业分立等方式取得相应权益所产生的合同纠纷，适用本解释。

第二条　对外商投资法第四条所指的外商投资准入负面清单之外的领域形成的投资合同，当事人以合同未经有关行政主管部门批准、登记为由主张合同无效或者未生效的，人民法院不予支持。

前款规定的投资合同签订于外商投资法施行前，但人民法院在外商投资法施行时尚未作出生效裁判的，适用前款规定认定合同的效力。

第三条　外国投资者投资外商投资准入负面清单规定禁止投资的领域，当事人主张投资合同无效的，人民法院应予支持。

第四条　外国投资者投资外商投资准入负

面清单规定限制投资的领域,当事人以违反限制性准入特别管理措施为由,主张投资合同无效的,人民法院应予支持。

人民法院作出生效裁判前,当事人采取必要措施满足准入特别管理措施的要求,当事人主张前款规定的投资合同有效的,应予支持。

第五条 在生效裁判作出前,因外商投资准入负面清单调整,外国投资者投资不再属于禁止或者限制投资的领域,当事人主张投资合同有效的,人民法院应予支持。

第六条 人民法院审理香港特别行政区、澳门特别行政区投资者、定居在国外的中国公民在内地、台湾地区投资者在大陆投资产生的相关纠纷案件,可以参照适用本解释。

第七条 本解释自2020年1月1日起施行。

本解释施行前本院作出的有关司法解释与本解释不一致的,以本解释为准。

人民检察院刑事诉讼规则

(2019年12月30日　高检发释字〔2019〕4号)

目　录

第一章　通　　则

第一条　为保证人民检察院在刑事诉讼中严格依照法定程序办案，正确履行职权，实现惩罚犯罪与保障人权的统一，根据《中华人民共和国刑事诉讼法》《中华人民共和国人民检察院组织法》和有关法律规定，结合人民检察院工作实际，制定本规则。

第二条　人民检察院在刑事诉讼中的任务，是立案侦查直接受理的案件、审查逮捕、审查起诉和提起公诉、对刑事诉讼实行法律监督，保证准确、及时查明犯罪事实，正确应用法律，惩罚犯罪分子，保障无罪的人不受刑事追究，保障刑事法律的统一正确实施，维护社会主义法制，尊重和保障人权，保护公民的人身权利、财产权利、民主权利和其他权利，保障社会主义建设事业的顺利进行。

第三条　人民检察院办理刑事案件，应当严格遵守《中华人民共和国刑事诉讼法》以及其他法律的有关规定，秉持客观公正的立场，尊重和保障人权，既要追诉犯罪，也要保障无罪的人不受刑事追究。

第四条　人民检察院办理刑事案件，由检察官、检察长、检察委员会在各自职权范围内对办案事项作出决定，并依照规定承担相应司法责任。

检察官在检察长领导下开展工作。重大办案事项，由检察长决定。检察长可以根据案件情况，提交检察委员会讨论决定。其他办案事项，检察长可以自行决定，也可以委托检察官决定。

本规则对应当由检察长或者检察委员会决定的重大办案事项有明确规定的，依照本规则的规定。本规则没有明确规定的，省级人民检察院可以制定有关规定，报最高人民检察院批准。

以人民检察院名义制发的法律文书，由检察长签发；属于检察官职权范围内决定事项的，检察长可以授权检察官签发。

重大、疑难、复杂或者有社会影响的案件，应当向检察长报告。

第五条　人民检察院办理刑事案件，根据案件情况，可以由一名检察官独任办理，也可以由两名以上检察官组成办案组办理。由检察官办案组办理的，检察长应当指定一名检察官担任主办检察官，组织、指挥办案组办理案件。

检察官办理案件，可以根据需要配备检察官助理、书记员、司法警察、检察技术人员等检察辅助人员。检察辅助人员依照法律规定承担相应的检察辅助事务。

第六条　人民检察院根据检察工作需要设置业务机构，在刑事诉讼中按照分工履行职责。

业务机构负责人对本部门的办案活动进行监督管理。需要报请检察长决定的事项和需要向检察长报告的案件，应当先由业务机构负责人审核。业务机构负责人可以主持召开检察官联席会议进行讨论，也可以直接报请检察长决定或者向检察长报告。

第七条　检察长不同意检察官处理意见的，可以要求检察官复核，也可以直接作出决定,或者提请检察委员会讨论决定。

检察官执行检察长决定时,认为决定错误的,应当书面提出意见。检察长不改变原决定的,检察官应当执行。

第八条 对同一刑事案件的审查逮捕、审查起诉、出庭支持公诉和立案监督、侦查监督、审判监督等工作,由同一检察官或者检察官办案组负责,但是审查逮捕、审查起诉由不同人民检察院管辖,或者依照法律、有关规定应当另行指派检察官或者检察官办案组办理的除外。

人民检察院履行审查逮捕和审查起诉职责的办案部门,本规则中统称为负责捕诉的部门。

第九条 最高人民检察院领导地方各级人民检察院和专门人民检察院的工作,上级人民检察院领导下级人民检察院的工作。检察长统一领导人民检察院的工作。

上级人民检察院可以依法统一调用辖区的检察人员办理案件,调用的决定应当以书面形式作出。被调用的检察官可以代表办理案件的人民检察院履行出庭支持公诉等各项检察职责。

第十条 上级人民检察院对下级人民检察院作出的决定,有权予以撤销或者变更;发现下级人民检察院办理的案件有错误的,有权指令下级人民检察院予以纠正。

下级人民检察院对上级人民检察院的决定应当执行。如果认为有错误的,应当在执行的同时向上级人民检察院报告。

第十一条 犯罪嫌疑人、被告人自愿如实供述自己的罪行,承认指控的犯罪事实,愿意接受处罚的,可以依法从宽处理。

认罪认罚从宽制度适用于所有刑事案件。人民检察院办理刑事案件的各个诉讼环节,都应当做好认罪认罚的相关工作。

第十二条 人民检察院办理刑事案件的活动依照规定接受人民监督员监督。

第二章 管　　辖

第十三条 人民检察院在对诉讼活动实行法律监督中发现的司法工作人员利用职权实施的非法拘禁、刑讯逼供、非法搜查等侵犯公民权利、损害司法公正的犯罪,可以由人民检察院立案侦查。

对于公安机关管辖的国家机关工作人员利用职权实施的重大犯罪案件,需要由人民检察院直接受理的,经省级以上人民检察院决定,可以由人民检察院立案侦查。

第十四条 人民检察院办理直接受理侦查的案件,由设区的市级人民检察院立案侦查。基层人民检察院发现犯罪线索的,应当报设区的市级人民检察院决定立案侦查。

设区的市级人民检察院根据案件情况也可以将案件交由基层人民检察院立案侦查,或者要求基层人民检察院协助侦查。对于刑事执行派出检察院辖区内与刑事执行活动有关的犯罪线索,可以交由刑事执行派出检察院立案侦查。

最高人民检察院、省级人民检察院发现犯罪线索的,可以自行立案侦查,也可以将犯罪线索交由指定的省级人民检察院或者设区的市级人民检察院立案侦查。

第十五条 对本规则第十三条第二款规定的案件,人民检察院需要直接立案侦查的,应当层报省级人民检察院决定。

报请省级人民检察院决定立案侦查的案件,应当制作提请批准直接受理书,写明案件情况以及需要由人民检察院立案侦查的理由,并附有关材料。

省级人民检察院应当在收到提请批准直接受理书后十日以内作出是否立案侦查的决定。省级人民检察院可以决定由设区的市级人民检察院立案侦查,也可以自行立案侦查。

第十六条 上级人民检察院在必要的时候,可以直接立案侦查或者组织、指挥、参与侦查下级人民检察院管辖的案件。下级人民检察院认为案情重大、复杂,需要由上级人民检察院立案侦查的案件,可以请求移送上级人民检察院立案侦查。

第十七条 人民检察院办理直接受理侦查的案件,发现犯罪嫌疑人同时涉嫌监察机关管辖的职务犯罪线索的,应当及时与同级监察机关沟通。

经沟通,认为全案由监察机关管辖更为适宜的,人民检察院应当将案件和相应职务犯罪线索一并移送监察机关;认为由监察机关和人民检察院分别管辖更为适宜的,人民检察院应当将监察机关管辖的相应职务犯罪线索移送监察机关,对依法由人民检察院管辖的犯罪案件继续侦查。

人民检察院应当及时将沟通情况报告上一级人民检察院。沟通期间不得停止对案件的侦查。

第十八条 人民检察院办理直接受理侦查的案件涉及公安机关管辖的刑事案件,应当将属于公安机关管辖的刑事案件移送公安机关。如果涉嫌的主罪属于公安机关管辖,由公安机关为主侦查,人民检察院予以配合;如果涉嫌的主罪属于人民检察院管辖,由人民检察院为主侦查,公安机关予以配合。

对于一人犯数罪、共同犯罪、共同犯罪的犯罪嫌疑人还实施其他犯罪、多个犯罪嫌疑人实施的犯罪存在关联,并案处理有利于查明案件事实和诉讼进行的,人民检察院可以在职责范围内对相关犯罪案件并案处理。

第十九条 本规则第十三条规定的案件,由犯罪嫌疑人工作单位所在地的人民检察院管辖。如果由其他人民检察院管辖更为适宜的,可以由其他人民检察院管辖。

第二十条 对管辖不明确的案件,可以由有关人民检察院协商确定管辖。

第二十一条 几个人民检察院都有权管辖的案件,由最初受理的人民检察院管辖。必要时,可以由主要犯罪地的人民检察院管辖。

第二十二条 对于下列案件,上级人民检察院可以指定管辖:

(一)管辖有争议的案件;

(二)需要改变管辖的案件;

(三)需要集中管辖的特定类型的案件;

(四)其他需要指定管辖的案件。

对前款案件的审查起诉指定管辖的,人民检察院应当与相应的人民法院协商一致。对前款第三项案件的审查逮捕指定管辖的,人民检察院应当与相应的公安机关协商一致。

第二十三条 军事检察院等专门人民检察院的管辖以及军队与地方互涉刑事案件的管辖,按照有关规定执行。

第三章 回 避

第二十四条 检察人员在受理举报和办理案件过程中,发现有刑事诉讼法第二十九条或者第三十条规定的情形之一的,应当自行提出回避;没有自行提出回避的,人民检察院应当决定其回避,当事人及其法定代理人有权要求其回避。

第二十五条 检察人员自行回避的,应当书面或者口头提出,并说明理由。口头提出的,应当记录在案。

第二十六条 人民检察院应当告知当事人及其法定代理人有依法申请回避的权利,并告知办理相关案件的检察人员、书记员等人员的姓名、职务等有关情况。

第二十七条 当事人及其法定代理人要求检察人员回避的,应当书面或者口头向人民检察院提出,并说明理由。口头提出的,应当记录在案。根据刑事诉讼法第三十条的规定要求检察人员回避的,应当提供有关证明材料。

人民检察院经过审查或者调查,认为检察人员符合回避条件的,应当作出回避决定;不符合回避条件的,应当驳回申请。

第二十八条 在开庭审理过程中,当事人及其法定代理人向法庭申请出庭的检察人员回避的,在收到人民法院通知后,人民检察院应当作出回避或者驳回申请的决定。不属于刑事诉讼法第二十九条、第三十条规定情形的回避申请,出席法庭的检察人员应当建议法庭当庭驳回。

第二十九条 检察长的回避,由检察委员会讨论决定。检察委员会讨论检察长回避问题时,由副检察长主持,检察长不得参加。

其他检察人员的回避,由检察长决定。

第三十条 当事人及其法定代理人要求公安机关负责人回避,向同级人民检察院提出,或者向公安机关提出后,公安机关移送同级人民检察院的,由检察长提交检察委员会讨论决定。

第三十一条 检察长应当回避,本人没有自行回避,当事人及其法定代理人也没有申请其回避的,检察委员会应当决定其回避。

其他检察人员有前款规定情形的,检察长应当决定其回避。

第三十二条 人民检察院作出驳回申请回避的决定后,应当告知当事人及其法定代理人如不服本决定,有权在收到驳回申请回避的决定书后五日以内向原决定机关申请复议一次。

第三十三条 当事人及其法定代理人对驳回申请回避的决定不服申请复议的,决定机关应当在三日以内作出复议决定并书面通知申请人。

第三十四条 对人民检察院直接受理的案件进行侦查的人员或者进行补充侦查的人员在回避决定作出以前和复议期间,不得停止对案件的侦查。

第三十五条 参加过同一案件侦查的人员,不得承办该案的审查逮捕、审查起诉、出庭支持公诉和诉讼监督工作,但在审查起诉阶段参加自行补充侦查的人员除外。

第三十六条 被决定回避的检察长在回避决定作出以前所取得的证据和进行的诉讼行为是否有效,由检察委员会根据案件具体情况决定。

被决定回避的其他检察人员在回避决定作出以前所取得的证据和进行的诉讼行为是否有效,由检察长根据案件具体情况决定。

被决定回避的公安机关负责人在回避决定作出以前所进行的诉讼行为是否有效,由作出决定的人民检察院检察委员会根据案件具体情况决定。

第三十七条 本规则关于回避的规定,适用于书记员、司法警察和人民检察院聘请或者指派的翻译人员、鉴定人。

书记员、司法警察和人民检察院聘请或者指派的翻译人员、鉴定人的回避由检察长决定。

辩护人、诉讼代理人可以依照刑事诉讼法及本规则关于回避的规定要求回避、申请复议。

第四章　辩护与代理

第三十八条 人民检察院在办案过程中,应当依法保障犯罪嫌疑人行使辩护权利。

第三十九条 辩护人、诉讼代理人向人民检察院提出有关申请、要求或者提交有关书面材料的,负责案件管理的部门应当接收并及时移送办案部门或者与办案部门联系,具体业务由办案部门负责办理,本规则另有规定的除外。

第四十条 人民检察院负责侦查的部门在第一次讯问犯罪嫌疑人或者对其采取强制措施时,应当告知犯罪嫌疑人有权委托辩护人,并告知其如果因经济困难或者其他原因没有委托辩护人的,可以申请法律援助。属于刑事诉讼法第三十五条规定情形的,应当告知犯罪嫌疑人有权获得法律援助。

人民检察院自收到移送起诉案卷材料之日起三日以内,应当告知犯罪嫌疑人有权委托辩护人,并告知其如果因经济困难或者其他原因没有委托辩护人的,可以申请法律援助。属于刑事诉讼法第三十五条规定情形的,应当告知犯罪嫌疑人有权获得法律援助。

当面口头告知的,应当记入笔录,由被告知人签名;电话告知的,应当记录在案;书面告知的,应当将送达回执入卷。

第四十一条 在押或者被指定居所监视居住的犯罪嫌疑人向人民检察院提出委托辩护人要求的,人民检察院应当及时向其监护人、近亲属或者其指定的人员转达要求,并记录在案。

第四十二条 人民检察院办理直接受理侦查案件和审查起诉案件,发现犯罪嫌疑人是盲、聋、哑人或者是尚未完全丧失辨认或者控制自己行为能力的精神病人,或者可能被判处无期徒刑、死刑,没有委托辩护人的,应当自发现之日起三日以内书面通知法律援助机构指派律师为其提供辩护。

第四十三条 人民检察院收到在押或者被指定居所监视居住的犯罪嫌疑人提出的法律援助申请,应当在二十四小时以内将申请材料转交法律援助机构,并通知犯罪嫌疑人的监护人、近亲属或者其委托的其他人员协助提供有关证件、证明等材料。

第四十四条 属于应当提供法律援助的情形,犯罪嫌疑人拒绝法律援助机构指派的律师作为辩护人的,人民检察院应当查明拒绝的原因。有正当理由的,予以准许,但犯罪嫌疑人需另行委托辩护人;犯罪嫌疑人未另行委托辩护人的,应当书面通知法律援助机构另行指派律师为其提供辩护。

第四十五条 辩护人接受委托后告知人民检察院,或者法律援助机构指派律师后通知人民检察院的,人民检察院负责案件管理的部门应当及时登记辩护人的相关信息,并将有关情况和材料及时通知、移交办案部门。

负责案件管理的部门对办理业务的辩护律师,应当查验其律师执业证书、律师事务所证明和授权委托书或者法律援助公函。对其他辩护人、诉讼代理人,应当查验其身份证明和授权委托书。

第四十六条　人民检察院负责案件管理的部门应当依照法律规定对辩护人、诉讼代理人的资格进行审查，办案部门应当予以协助。

第四十七条　自人民检察院对案件审查起诉之日起，应当允许辩护律师查阅、摘抄、复制本案的案卷材料。案卷材料包括案件的诉讼文书和证据材料。

人民检察院直接受理侦查案件移送起诉，审查起诉案件退回补充侦查、改变管辖、提起公诉的，应当及时告知辩护律师。

第四十八条　自人民检察院对案件审查起诉之日起，律师以外的辩护人向人民检察院申请查阅、摘抄、复制本案的案卷材料或者申请同在押、被监视居住的犯罪嫌疑人会见和通信的，由人民检察院负责捕诉的部门进行审查并作出是否许可的决定，在三日以内书面通知申请人。

人民检察院许可律师以外的辩护人同在押或者被监视居住的犯罪嫌疑人通信的，可以要求看守所或者公安机关将书信送交人民检察院进行检查。

律师以外的辩护人申请查阅、摘抄、复制案卷材料或者申请同在押、被监视居住的犯罪嫌疑人会见和通信，具有下列情形之一的，人民检察院可以不予许可：

（一）同案犯罪嫌疑人在逃的；

（二）案件事实不清，证据不足，或者遗漏罪行、遗漏同案犯罪嫌疑人需要补充侦查的；

（三）涉及国家秘密或者商业秘密的；

（四）有事实表明存在串供、毁灭、伪造证据或者危害证人人身安全可能的。

第四十九条　辩护律师或者经过许可的其他辩护人到人民检察院查阅、摘抄、复制本案的案卷材料，由负责案件管理的部门及时安排，由办案部门提供案卷材料。因办案部门工作等原因无法及时安排的，应当向辩护人说明，并自即日起三个工作日以内安排辩护人阅卷，办案部门应当予以配合。

人民检察院应当为辩护人查阅、摘抄、复制案卷材料设置专门的场所或者电子卷宗阅卷终端设备。必要时，人民检察院可以派员在场协助。

辩护人复制案卷材料可以采取复印、拍照、扫描、刻录等方式，人民检察院不收取费用。

第五十条　案件提请批准逮捕或者移送起诉后，辩护人认为公安机关在侦查期间收集的证明犯罪嫌疑人无罪或者罪轻的证据材料未提交，申请人民检察院向公安机关调取的，人民检察院负责捕诉的部门应当及时审查。经审查，认为辩护人申请调取的证据已收集并且与案件事实有联系的，应当予以调取；认为辩护人申请调取的证据未收集或者与案件事实没有联系的，应当决定不予调取并向辩护人说明理由。公安机关移送相关证据材料的，人民检察院应当在三日以内告知辩护人。

人民检察院办理直接受理侦查的案件，适用前款规定。

第五十一条　在人民检察院侦查、审查逮捕、审查起诉过程中，辩护人收集的有关犯罪嫌疑人不在犯罪现场、未达到刑事责任年龄、属于依法不负刑事责任的精神病人的证据，告知人民检察院的，人民检察院应当及时审查。

第五十二条　案件移送起诉后，辩护律师依据刑事诉讼法第四十三条第一款的规定申请人民检察院收集、调取证据的，人民检察院负责捕诉的部门应当及时审查。经审查，认为需要收集、调取证据的，应当决定收集、调取并制作笔录附卷；决定不予收集、调取的，应当书面说明理由。

人民检察院根据辩护律师的申请收集、调取证据时，辩护律师可以在场。

第五十三条　辩护律师申请人民检察院许可其向被害人或者其近亲属、被害人提供的证人收集与本案有关材料的，人民检察院负责捕诉的部门应当及时进行审查。人民检察院应当在五日以内作出是否许可的决定，通知辩护律师；不予许可的，应当书面说明理由。

第五十四条　在人民检察院侦查、审查逮捕、审查起诉过程中，辩护人要求听取其意见的，办案部门应当及时安排。辩护人提出书面意见的，办案部门应当接收并登记。

听取辩护人意见应当制作笔录或者记录在案，辩护人提出的书面意见应当附卷。

辩护人提交案件相关材料的，办案部门应当将辩护人提交材料的目的、来源及内容等情况记录在案，一并附卷。

第五十五条　人民检察院自收到移送起诉案卷材料之日起三日以内，应当告知被害人及其法定代理人或者其近亲属、附带民事诉讼的当事人及其法定代理人有权委托诉讼代理人。被害人及其法定代理人、近亲属因经济困难没有委托诉讼代理人的,应当告知其可以申请法律援助。

当面口头告知的,应当记入笔录,由被告知人签名;电话告知的,应当记录在案;书面告知的,应当将送达回执入卷。被害人众多或者不确定,无法以上述方式逐一告知的,可以公告告知。无法告知的,应当记录在案。

被害人有法定代理人的,应当告知其法定代理人;没有法定代理人的,应当告知其近亲属。

法定代理人或者近亲属为二人以上的,可以告知其中一人。告知时应当按照刑事诉讼法第一百零八条第三项、第六项列举的顺序择先进行。

当事人及其法定代理人、近亲属委托诉讼代理人的,参照刑事诉讼法第三十三条等法律规定执行。

第五十六条　经人民检察院许可,诉讼代理人查阅、摘抄、复制本案案卷材料的,参照本规则第四十九条的规定办理。

律师担任诉讼代理人,需要申请人民检察院收集、调取证据的,参照本规则第五十二条的规定办理。

第五十七条　辩护人、诉讼代理人认为公安机关、人民检察院、人民法院及其工作人员具有下列阻碍其依法行使诉讼权利行为之一,向同级或者上一级人民检察院申诉或者控告的,人民检察院负责控告申诉检察的部门应当接受并依法办理,其他办案部门应当予以配合:

(一)违反规定,对辩护人、诉讼代理人提出的回避要求不予受理或者对不予回避决定不服的复议申请不予受理的;

(二)未依法告知犯罪嫌疑人、被告人有权委托辩护人的;

(三)未转达在押或者被监视居住的犯罪嫌疑人、被告人委托辩护人的要求或者未转交其申请法律援助材料的;

(四)应当通知而不通知法律援助机构为符合条件的犯罪嫌疑人、被告人或者被申请强制医疗的人指派律师提供辩护或者法律援助的;

(五)在规定时间内不受理、不答复辩护人提出的变更强制措施申请或者解除强制措施要求的;

(六)未依法告知辩护律师犯罪嫌疑人涉嫌的罪名和案件有关情况的;

(七)违法限制辩护律师同在押、被监视居住的犯罪嫌疑人、被告人会见和通信的;

(八)违法不允许辩护律师查阅、摘抄、复制本案的案卷材料的;

(九)违法限制辩护律师收集、核实有关证据材料的;

(十)没有正当理由不同意辩护律师收集、调取证据或者通知证人出庭作证的申请,或者不答复、不说明理由的;

(十一)未依法提交证明犯罪嫌疑人、被告人无罪或者罪轻的证据材料的;

(十二)未依法听取辩护人、诉讼代理人意见的;

(十三)未依法将开庭的时间、地点及时通知辩护人、诉讼代理人的;

(十四)未依法向辩护人、诉讼代理人及时送达本案的法律文书或者及时告知案件移送情况的;

(十五)阻碍辩护人、诉讼代理人在法庭审理过程中依法行使诉讼权利的;

(十六)其他阻碍辩护人、诉讼代理人依法行使诉讼权利的。

对于直接向上一级人民检察院申诉或者控告的,上一级人民检察院可以交下级人民检察院办理,也可以直接办理。

辩护人、诉讼代理人认为看守所及其工作人员有阻碍其依法行使诉讼权利的行为,向人民检察院申诉或者控告的,由负责刑事执行检察的部门接受并依法办理;其他办案部门收到申诉或者控告的,应当及时移送负责刑事执行检察的部门。

第五十八条　辩护人、诉讼代理人认为其依法行使诉讼权利受到阻碍向人民检察院申诉或者控告的,人民检察院应当及时受理并调查核实,在十日以内办结并书面答复。情况属实的,通知有关机关或者本院有关部门、下级人民检察院予以纠正。

第五十九条　辩护律师告知人民检察院其委托人或者其他人员准备实施、正在实施危害国家安全、危害公共安全以及严重危及他人人身安全犯罪的，人民检察院应当接受并立即移送有关机关依法处理。

人民检察院应当为反映情况的辩护律师保密。

第六十条　人民检察院发现辩护人有帮助犯罪嫌疑人、被告人隐匿、毁灭、伪造证据、串供，或者威胁、引诱证人作伪证以及其他干扰司法机关诉讼活动的行为，可能涉嫌犯罪的，应当将涉嫌犯罪的线索或者证据材料移送有管辖权的机关依法处理。

人民检察院发现辩护律师在刑事诉讼中违反法律、法规或者执业纪律的，应当及时向其所在的律师事务所、所属的律师协会以及司法行政机关通报。

第五章　证　　据

第六十一条　人民检察院认定案件事实，应当以证据为根据。

公诉案件中被告人有罪的举证责任由人民检察院承担。人民检察院在提起公诉指控犯罪时，应当提出确实、充分的证据，并运用证据加以证明。

人民检察院提起公诉，应当秉持客观公正立场，对被告人有罪、罪重、罪轻的证据都应当向人民法院提出。

第六十二条　证据的审查认定，应当结合案件的具体情况，从证据与待证事实的关联程度、各证据之间的联系、是否依照法定程序收集等方面进行综合审查判断。

第六十三条　人民检察院侦查终结或者提起公诉的案件，证据应当确实、充分。证据确实、充分，应当符合以下条件：

（一）定罪量刑的事实都有证据证明；

（二）据以定案的证据均经法定程序查证属实；

（三）综合全案证据，对所认定事实已排除合理怀疑。

第六十四条　行政机关在行政执法和查办案件过程中收集的物证、书证、视听资料、电子数据等证据材料，经人民检察院审查符合法定要求的，可以作为证据使用。

行政机关在行政执法和查办案件过程中收集的鉴定意见、勘验、检查笔录，经人民检察院审查符合法定要求的，可以作为证据使用。

第六十五条　监察机关依照法律规定收集的物证、书证、证人证言、被调查人供述和辩解、视听资料、电子数据等证据材料，在刑事诉讼中可以作为证据使用。

第六十六条　对采用刑讯逼供等非法方法收集的犯罪嫌疑人供述和采用暴力、威胁等非法方法收集的证人证言、被害人陈述，应当依法排除，不得作为移送审查逮捕、批准或者决定逮捕、移送起诉以及提起公诉的依据。

第六十七条　对采用下列方法收集的犯罪嫌疑人供述，应当予以排除：

（一）采用殴打、违法使用戒具等暴力方法或者变相肉刑的恶劣手段，使犯罪嫌疑人遭受难以忍受的痛苦而违背意愿作出的供述；

（二）采用以暴力或者严重损害本人及其近亲属合法权益等进行威胁的方法，使犯罪嫌疑人遭受难以忍受的痛苦而违背意愿作出的供述；

（三）采用非法拘禁等非法限制人身自由的方法收集的供述。

第六十八条　对采用刑讯逼供方法使犯罪嫌疑人作出供述，之后犯罪嫌疑人受该刑讯逼供行为影响而作出的与该供述相同的重复性供述，应当一并排除，但下列情形除外：

（一）侦查期间，根据控告、举报或者自己发现等，公安机关确认或者不能排除以非法方法收集证据而更换侦查人员，其他侦查人员再次讯问时告知诉讼权利和认罪认罚的法律规定，犯罪嫌疑人自愿供述的；

（二）审查逮捕、审查起诉期间，检察人员讯问时告知诉讼权利和认罪认罚的法律规定，犯罪嫌疑人自愿供述的。

第六十九条　采用暴力、威胁以及非法限制人身自由等非法方法收集的证人证言、被害人陈述，应当予以排除。

第七十条　收集物证、书证不符合法定程序，可能严重影响司法公正的，人民检察院应当及时要求公安机关补正或者作出书面解释；不能补正或者无法作出合理解释的，对该证据应当予以排除。

对公安机关的补正或者解释，人民检察院应当予以审查。经补正或者作出合理解释的，可以作为批准或者决定逮捕、提起公诉的依据。

第七十一条　对重大案件,人民检察院驻看守所检察人员在侦查终结前应当对讯问合法性进行核查并全程同步录音、录像,核查情况应当及时通知本院负责捕诉的部门。

负责捕诉的部门认为确有刑讯逼供等非法取证情形的,应当要求公安机关依法排除非法证据,不得作为提请批准逮捕、移送起诉的依据。

第七十二条　人民检察院发现侦查人员以非法方法收集证据的,应当及时进行调查核实。

当事人及其辩护人或者值班律师、诉讼代理人报案、控告、举报侦查人员采用刑讯逼供等非法方法收集证据,并提供涉嫌非法取证的人员、时间、地点、方式和内容等材料或者线索的,人民检察院应当受理并进行审查。根据现有材料无法证明证据收集合法性的,应当及时进行调查核实。

上一级人民检察院接到对侦查人员采用刑讯逼供等非法方法收集证据的报案、控告、举报,可以直接进行调查核实,也可以交由下级人民检察院调查核实。交由下级人民检察院调查核实的,下级人民检察院应当及时将调查结果报告上一级人民检察院。

人民检察院决定调查核实的,应当及时通知公安机关。

第七十三条　人民检察院经审查认定存在非法取证行为的,对该证据应当予以排除,其他证据不能证明犯罪嫌疑人实施犯罪行为的,应当不批准或者决定逮捕。已经移送起诉的,可以依法将案件退回监察机关补充调查或者退回公安机关补充侦查,或者作出不起诉决定。被排除的非法证据应当随案移送,并写明为依法排除的非法证据。

对于侦查人员的非法取证行为,尚未构成犯罪的,应当依法向其所在机关提出纠正意见。对于需要补正或者作出合理解释的,应当提出明确要求。

对于非法取证行为涉嫌犯罪需要追究刑事责任的,应当依法立案侦查。

第七十四条　人民检察院认为可能存在以刑讯逼供等非法方法收集证据情形的,可以书面要求监察机关或者公安机关对证据收集的合法性作出说明。说明应当加盖单位公章,并由调查人员或者侦查人员签名。

第七十五条　对于公安机关立案侦查的案件,存在下列情形之一的,人民检察院在审查逮捕、审查起诉和审判阶段,可以调取公安机关讯问犯罪嫌疑人的录音、录像,对证据收集的合法性以及犯罪嫌疑人、被告人供述的真实性进行审查:

(一)认为讯问活动可能存在刑讯逼供等非法取证行为的;

(二)犯罪嫌疑人、被告人或者辩护人提出犯罪嫌疑人、被告人供述系非法取得,并提供相关线索或者材料的;

(三)犯罪嫌疑人、被告人提出讯问活动违反法定程序或者翻供,并提供相关线索或者材料的;

(四)犯罪嫌疑人、被告人或者辩护人提出讯问笔录内容不真实,并提供相关线索或者材料的;

(五)案情重大、疑难、复杂的。

人民检察院调取公安机关讯问犯罪嫌疑人的录音、录像,公安机关未提供,人民检察院经审查认为不能排除有刑讯逼供等非法取证行为的,相关供述不得作为批准逮捕、提起公诉的依据。

人民检察院直接受理侦查的案件,负责侦查的部门移送审查逮捕、移送起诉时,应当将讯问录音、录像连同案卷材料一并移送审查。

第七十六条　对于提起公诉的案件,被告人及其辩护人提出审前供述系非法取得,并提供相关线索或者材料的,人民检察院可以将讯问录音、录像连同案卷材料一并移送人民法院。

第七十七条　在法庭审理过程中,被告人或者辩护人对讯问活动合法性提出异议,公诉人可以要求被告人及其辩护人提供相关线索或者材料。必要时,公诉人可以提请法庭当庭播放相关时段的讯问录音、录像,对有关异议或者事实进行质证。

需要播放的讯问录音、录像中涉及国家秘密、商业秘密、个人隐私或者含有其他不宜公开内容的,公诉人应当建议在法庭组成人员、公诉人、侦查人员、被告人及其辩护人范围内播放。因涉及国家秘密、商业秘密、个人隐私或者其他犯罪线索等内容,人民检察院对讯问录音、录像的相关内容进行技术处理的,公诉人应当向法庭作出说明。

第七十八条　人民检察院认为第一审人民法院有关证据收集合法性的审查、调查结论导致第一审判决、裁定错误的，可以依照刑事诉讼法第二百二十八条的规定向人民法院提出抗诉。

第七十九条　人民检察院在办理危害国家安全犯罪、恐怖活动犯罪、黑社会性质的组织犯罪、毒品犯罪等案件过程中，证人、鉴定人、被害人因在诉讼中作证，本人或者其近亲属人身安全面临危险，向人民检察院请求保护的，人民检察院应当受理并及时进行审查。对于确实存在人身安全危险的，应当立即采取必要的保护措施。人民检察院发现存在上述情形的，应当主动采取保护措施。

人民检察院可以采取以下一项或者多项保护措施：

（一）不公开真实姓名、住址和工作单位等个人信息；

（二）建议法庭采取不暴露外貌、真实声音等出庭作证措施；

（三）禁止特定的人员接触证人、鉴定人、被害人及其近亲属；

（四）对人身和住宅采取专门性保护措施；

（五）其他必要的保护措施。

人民检察院依法决定不公开证人、鉴定人、被害人的真实姓名、住址和工作单位等个人信息的，可以在起诉书、询问笔录等法律文书、证据材料中使用化名。但是应当另行书面说明使用化名的情况并标明密级，单独成卷。

人民检察院依法采取保护措施，可以要求有关单位和个人予以配合。

对证人及其近亲属进行威胁、侮辱、殴打或者打击报复，构成犯罪或者应当给予治安管理处罚的，人民检察院应当移送公安机关处理；情节轻微的，予以批评教育、训诫。

第八十条　证人在人民检察院侦查、审查逮捕、审查起诉期间因履行作证义务而支出的交通、住宿、就餐等费用，人民检察院应当给予补助。

第六章　强制措施

第一节　拘　　传

第八十一条　人民检察院根据案件情况，对犯罪嫌疑人可以拘传。

第八十二条　拘传时，应当向被拘传的犯罪嫌疑人出示拘传证。对抗拒拘传的，可以使用戒具，强制到案。

执行拘传的人员不得少于二人。

第八十三条　拘传的时间从犯罪嫌疑人到案时开始计算。犯罪嫌疑人到案后，应当责令其在拘传证上填写到案时间，签名或者盖章，并捺指印，然后立即讯问。拘传结束后，应当责令犯罪嫌疑人在拘传证上填写拘传结束时间。犯罪嫌疑人拒绝填写的，应当在拘传证上注明。

一次拘传持续的时间不得超过十二小时；案情特别重大、复杂，需要采取拘留、逮捕措施的，拘传持续的时间不得超过二十四小时。两次拘传间隔的时间一般不得少于十二小时，不得以连续拘传的方式变相拘禁犯罪嫌疑人。

拘传犯罪嫌疑人，应当保证犯罪嫌疑人的饮食和必要的休息时间。

第八十四条　人民检察院拘传犯罪嫌疑人，应当在犯罪嫌疑人所在市、县内的地点进行。

犯罪嫌疑人工作单位与居住地不在同一市、县的，拘传应当在犯罪嫌疑人工作单位所在的市、县内进行；特殊情况下，也可以在犯罪嫌疑人居住地所在的市、县内进行。

第八十五条　需要对被拘传的犯罪嫌疑人变更强制措施的，应当在拘传期限内办理变更手续。

在拘传期间决定不采取其他强制措施的，拘传期限届满，应当结束拘传。

第二节　取保候审

第八十六条　人民检察院对于具有下列情形之一的犯罪嫌疑人，可以取保候审：

（一）可能判处管制、拘役或者独立适用附加刑的；

（二）可能判处有期徒刑以上刑罚，采取取保候审不致发生社会危险性的；

（三）患有严重疾病、生活不能自理，怀孕或者正在哺乳自己婴儿的妇女，采取取保候审不致发生社会危险性的；

（四）羁押期限届满，案件尚未办结，需要采取取保候审的。

第八十七条 人民检察院对于严重危害社会治安的犯罪嫌疑人，以及其他犯罪性质恶劣、情节严重的犯罪嫌疑人不得取保候审。

第八十八条 被羁押或者监视居住的犯罪嫌疑人及其法定代理人、近亲属或者辩护人向人民检察院申请取保候审，人民检察院应当在三日以内作出是否同意的答复。经审查符合本规则第八十六条规定情形之一的，可以对被羁押或者监视居住的犯罪嫌疑人依法办理取保候审手续。经审查不符合取保候审条件的，应当告知申请人，并说明不同意取保候审的理由。

第八十九条 人民检察院决定对犯罪嫌疑人取保候审，应当责令犯罪嫌疑人提出保证人或者交纳保证金。

对同一犯罪嫌疑人决定取保候审，不得同时使用保证人保证和保证金保证方式。

对符合取保候审条件，具有下列情形之一的犯罪嫌疑人，人民检察院决定取保候审时，可以责令其提供一至二名保证人：

（一）无力交纳保证金的；

（二）系未成年人或者已满七十五周岁的人；

（三）其他不宜收取保证金的。

第九十条 采取保证人保证方式的，保证人应当符合刑事诉讼法第六十九条规定的条件，并经人民检察院审查同意。

第九十一条 人民检察院应当告知保证人履行以下义务：

（一）监督被保证人遵守刑事诉讼法第七十一条的规定；

（二）发现被保证人可能发生或者已经发生违反刑事诉讼法第七十一条规定的行为的，及时向执行机关报告。

保证人保证承担上述义务后，应当在取保候审保证书上签名或者盖章。

第九十二条 采取保证金保证方式的，人民检察院可以根据犯罪嫌疑人的社会危险性，案件的性质、情节，可能判处刑罚的轻重，犯罪嫌疑人的经济状况等，责令犯罪嫌疑人交纳一千元以上的保证金。对于未成年犯罪嫌疑人，可以责令交纳五百元以上的保证金。

第九十三条 人民检察院决定对犯罪嫌疑人取保候审的，应当制作取保候审决定书，载明取保候审开始的时间、保证方式、被取保候审人应当履行的义务和应当遵守的规定。

人民检察院作出取保候审决定时，可以根据犯罪嫌疑人涉嫌犯罪的性质、危害后果、社会影响，犯罪嫌疑人、被害人的具体情况等，有针对性地责令其遵守以下一项或者多项规定：

（一）不得进入特定的场所；

（二）不得与特定的人员会见或者通信；

（三）不得从事特定的活动；

（四）将护照等出入境证件、驾驶证件交执行机关保存。

第九十四条 人民检察院应当向取保候审的犯罪嫌疑人宣读取保候审决定书，由犯罪嫌疑人签名或者盖章，并捺指印，责令犯罪嫌疑人遵守刑事诉讼法第七十一条的规定，告知其违反规定应负的法律责任。以保证金方式保证的，应当同时告知犯罪嫌疑人一次性将保证金存入公安机关指定银行的专门账户。

第九十五条 向犯罪嫌疑人宣布取保候审决定后，人民检察院应当将执行取保候审通知书送达公安机关执行，并告知公安机关在执行期间拟批准犯罪嫌疑人离开所居住的市、县的，应当事先征得人民检察院同意。以保证人方式保证的，应当将取保候审保证书同时送交公安机关。

人民检察院核实保证金已经交纳到公安机关指定银行的凭证后，应当将银行出具的凭证及其他有关材料与执行取保候审通知书一并送交公安机关。

第九十六条 采取保证人保证方式的，如果保证人在取保候审期间不愿继续保证或者丧失保证条件的，人民检察院应当在收到保证人不愿继续保证的申请或者发现其丧失保证条件后三日以内，责令犯罪嫌疑人重新提出保证人或者交纳保证金，并将变更情况通知公安机关。

第九十七条 采取保证金保证方式的，被取保候审人拒绝交纳保证金或者交纳保证金不足决定数额时，人民检察院应当作出变更取保候审措施、变更保证方式或者变更保证金数额的决定，并将变更情况通知公安机关。

第九十八条 公安机关在执行取保候审期间向人民检察院征询是否同意批准犯罪嫌疑人离开所居住的市、县时，人民检察院应当根据案件的具体情况及时作出决定，并通知公安机关。

第九十九条 人民检察院发现保证人没有

履行刑事诉讼法第七十条规定的义务，应当通知公安机关，要求公安机关对保证人作出罚款决定。构成犯罪的，依法追究保证人的刑事责任。

第一百条　人民检察院发现犯罪嫌疑人违反刑事诉讼法第七十一条的规定，已交纳保证金的，应当书面通知公安机关没收部分或者全部保证金，并且根据案件的具体情况，责令犯罪嫌疑人具结悔过，重新交纳保证金、提出保证人，或者决定对其监视居住、予以逮捕。

公安机关发现犯罪嫌疑人违反刑事诉讼法第七十一条的规定，提出没收保证金或者变更强制措施意见的，人民检察院应当在收到意见后五日以内作出决定，并通知公安机关。

重新交纳保证金的程序适用本规则第九十二条的规定；提出保证人的程序适用本规则第九十条、第九十一条的规定。对犯罪嫌疑人继续取保候审的，取保候审的时间应当累计计算。

对犯罪嫌疑人决定监视居住的，应当办理监视居住手续。监视居住的期限应当自执行监视居住决定之日起计算并告知犯罪嫌疑人。

第一百零一条　犯罪嫌疑人有下列违反取保候审规定的行为，人民检察院应当对犯罪嫌疑人予以逮捕：

（一）故意实施新的犯罪；

（二）企图自杀、逃跑；

（三）实施毁灭、伪造证据，串供或者干扰证人作证，足以影响侦查、审查起诉工作正常进行；

（四）对被害人、证人、鉴定人、举报人、控告人及其他人员实施打击报复。

犯罪嫌疑人有下列违反取保候审规定的行为，人民检察院可以对犯罪嫌疑人予以逮捕：

（一）未经批准，擅自离开所居住的市、县，造成严重后果，或者两次未经批准，擅自离开所居住的市、县；

（二）经传讯不到案，造成严重后果，或者经两次传讯不到案；

（三）住址、工作单位和联系方式发生变动，未在二十四小时以内向公安机关报告，造成严重后果；

（四）违反规定进入特定场所、与特定人员会见或者通信、从事特定活动，严重妨碍诉讼程序正常进行。

有前两款情形，需要对犯罪嫌疑人予以逮捕的，可以先行拘留；已交纳保证金的，同时书面通知公安机关没收保证金。

第一百零二条　人民检察院决定对犯罪嫌疑人取保候审，最长不得超过十二个月。

第一百零三条　公安机关决定对犯罪嫌疑人取保候审，案件移送人民检察院审查起诉后，对于需要继续取保候审的，人民检察院应当依法重新作出取保候审决定，并对犯罪嫌疑人办理取保候审手续。取保候审的期限应当重新计算并告知犯罪嫌疑人。对继续采取保证金方式取保候审的，被取保候审人没有违反刑事诉讼法第七十一条规定的，不变更保证金数额，不再重新收取保证金。

第一百零四条　在取保候审期间，不得中断对案件的侦查、审查起诉。

第一百零五条　取保候审期限届满或者发现不应当追究犯罪嫌疑人的刑事责任的，应当及时解除或者撤销取保候审。

解除或者撤销取保候审的决定，应当及时通知执行机关，并将解除或者撤销取保候审的决定书送达犯罪嫌疑人；有保证人的，应当通知保证人解除保证义务。

第一百零六条　犯罪嫌疑人在取保候审期间没有违反刑事诉讼法第七十一条的规定，或者发现不应当追究犯罪嫌疑人刑事责任的，变更、解除或者撤销取保候审时，应当告知犯罪嫌疑人可以凭变更、解除或者撤销取保候审的通知或者有关法律文书到银行领取退还的保证金。

第三节　监 视 居 住

第一百零七条　人民检察院对于符合逮捕条件，具有下列情形之一的犯罪嫌疑人，可以监视居住：

（一）患有严重疾病、生活不能自理的；

（二）怀孕或者正在哺乳自己婴儿的妇女；

（三）系生活不能自理的人的唯一扶养人；

（四）因为案件的特殊情况或者办理案件的需要，采取监视居住措施更为适宜的；

（五）羁押期限届满，案件尚未办结，需要采取监视居住措施的。

前款第三项中的扶养包括父母、祖父母、外

祖父母对子女、孙子女、外孙子女的抚养和子女、孙子女、外孙子女对父母、祖父母、外祖父母的赡养以及配偶、兄弟姐妹之间的相互扶养。

对符合取保候审条件,但犯罪嫌疑人不能提出保证人,也不交纳保证金的,可以监视居住。

第一百零八条 人民检察院应当向被监视居住的犯罪嫌疑人宣读监视居住决定书,由犯罪嫌疑人签名或者盖章,并捺指印,责令犯罪嫌疑人遵守刑事诉讼法第七十七条的规定,告知其违反规定应负的法律责任。

指定居所监视居住的,不得要求被监视居住人支付费用。

第一百零九条 人民检察院核实犯罪嫌疑人住处或者为其指定居所后,应当制作监视居住执行通知书,将有关法律文书和案由、犯罪嫌疑人基本情况材料,送交监视居住地的公安机关执行,必要时人民检察院可以协助公安机关执行。

人民检察院应当告知公安机关在执行期间拟批准犯罪嫌疑人离开执行监视居住的处所、会见他人或者通信的,应当事先征得人民检察院同意。

第一百一十条 人民检察院可以根据案件的具体情况,商请公安机关对被监视居住的犯罪嫌疑人采取电子监控、不定期检查等监视方法,对其遵守监视居住规定的情况进行监督。

人民检察院办理直接受理侦查的案件对犯罪嫌疑人采取监视居住的,在侦查期间可以商请公安机关对其通信进行监控。

第一百一十一条 犯罪嫌疑人有下列违反监视居住规定的行为,人民检察院应当对犯罪嫌疑人予以逮捕:

(一)故意实施新的犯罪行为;

(二)企图自杀、逃跑;

(三)实施毁灭、伪造证据或者串供、干扰证人作证行为,足以影响侦查、审查起诉工作正常进行;

(四)对被害人、证人、鉴定人、举报人、控告人及其他人员实施打击报复。

犯罪嫌疑人有下列违反监视居住规定的行为,人民检察院可以对犯罪嫌疑人予以逮捕:

(一)未经批准,擅自离开执行监视居住的处所,造成严重后果,或者两次未经批准,擅自离开执行监视居住的处所;

(二)未经批准,擅自会见他人或者通信,造成严重后果,或者两次未经批准,擅自会见他人或者通信;

(三)经传讯不到案,造成严重后果,或者经两次传讯不到案。

有前两款情形,需要对犯罪嫌疑人予以逮捕的,可以先行拘留。

第一百一十二条 人民检察院决定对犯罪嫌疑人监视居住,最长不得超过六个月。

第一百一十三条 公安机关决定对犯罪嫌疑人监视居住,案件移送人民检察院审查起诉后,对于需要继续监视居住的,人民检察院应当依法重新作出监视居住决定,并对犯罪嫌疑人办理监视居住手续。监视居住的期限应当重新计算并告知犯罪嫌疑人。

第一百一十四条 在监视居住期间,不得中断对案件的侦查、审查起诉。

第一百一十五条 监视居住期限届满或者发现不应当追究犯罪嫌疑人刑事责任的,应当解除或者撤销监视居住。

解除或者撤销监视居住的决定应当通知执行机关,并将解除或者撤销监视居住的决定书送达犯罪嫌疑人。

第一百一十六条 监视居住应当在犯罪嫌疑人的住处执行。犯罪嫌疑人无固定住处的,可以在指定的居所执行。

固定住处是指犯罪嫌疑人在办案机关所在地的市、县内工作、生活的合法居所。

指定的居所应当符合下列条件:

(一)具备正常的生活、休息条件;

(二)便于监视、管理;

(三)能够保证安全。

采取指定居所监视居住,不得在看守所、拘留所、监狱等羁押、监管场所以及留置室、讯问室等专门的办案场所、办公区域执行。

第一百一十七条 在指定的居所执行监视居住,除无法通知的以外,人民检察院应当在执行监视居住后二十四小时以内,将指定居所监视居住的原因通知被监视居住人的家属。无法通知的,应当将原因写明附卷。无法通知的情形消除后,应当立即通知。

无法通知包括下列情形:

(一)被监视居住人无家属;

(二)与其家属无法取得联系;

(三)受自然灾害等不可抗力阻碍。

第一百一十八条　对于公安机关、人民法院决定指定居所监视居住的案件，由批准或者决定的公安机关、人民法院的同级人民检察院负责捕诉的部门对决定是否合法实行监督。

人民检察院决定指定居所监视居住的案件，由负责控告申诉检察的部门对决定是否合法实行监督。

第一百一十九条　被指定居所监视居住人及其法定代理人、近亲属或者辩护人认为指定居所监视居住决定存在违法情形，提出控告或者举报的，人民检察院应当受理。

人民检察院可以要求有关机关提供指定居所监视居住决定书和相关案卷材料。经审查，发现存在下列违法情形之一的，应当及时通知其纠正：

（一）不符合指定居所监视居住的适用条件的；

（二）未按法定程序履行批准手续的；

（三）在决定过程中有其他违反刑事诉讼法规定的行为的。

第一百二十条　对于公安机关、人民法院决定指定居所监视居住的案件，由人民检察院负责刑事执行检察的部门对指定居所监视居住的执行活动是否合法实行监督。发现存在下列违法情形之一的，应当及时提出纠正意见：

（一）执行机关收到指定居所监视居住决定书、执行通知书等法律文书后不派员执行或者不及时派员执行的；

（二）在执行指定居所监视居住后二十四小时以内没有通知被监视居住人的家属的；

（三）在羁押场所、专门的办案场所执行监视居住的；

（四）为被监视居住人通风报信、私自传递信件、物品的；

（五）违反规定安排辩护人同被监视居住人会见、通信，或者违法限制被监视居住人与辩护人会见、通信的；

（六）对被监视居住人刑讯逼供、体罚、虐待或者变相体罚、虐待的；

（七）有其他侵犯被监视居住人合法权利行为或者其他违法行为的。

被监视居住人及其法定代理人、近亲属或者辩护人认为执行机关或者执行人员存在上述违法情形，提出控告或者举报的，人民检察院应当受理。

人民检察院决定指定居所监视居住的案件，由负责控告申诉检察的部门对指定居所监视居住的执行活动是否合法实行监督。

第四节　拘　　留

第一百二十一条　人民检察院对于具有下列情形之一的犯罪嫌疑人，可以决定拘留：

（一）犯罪后企图自杀、逃跑或者在逃的；

（二）有毁灭、伪造证据或者串供可能的。

第一百二十二条　人民检察院作出拘留决定后，应当将有关法律文书和案由、犯罪嫌疑人基本情况的材料送交同级公安机关执行。必要时，人民检察院可以协助公安机关执行。

拘留后，应当立即将被拘留人送看守所羁押，至迟不得超过二十四小时。

第一百二十三条　对犯罪嫌疑人拘留后，除无法通知的以外，人民检察院应当在二十四小时以内，通知被拘留人的家属。

无法通知的，应当将原因写明附卷。无法通知的情形消除后，应当立即通知其家属。

第一百二十四条　对被拘留的犯罪嫌疑人，应当在拘留后二十四小时以内进行讯问。

第一百二十五条　对被拘留的犯罪嫌疑人，发现不应当拘留的，应当立即释放；依法可以取保候审或者监视居住的，按照本规则的有关规定办理取保候审或者监视居住手续。

对被拘留的犯罪嫌疑人，需要逮捕的，按照本规则的有关规定办理逮捕手续；决定不予逮捕的，应当及时变更强制措施。

第一百二十六条　人民检察院直接受理侦查的案件，拘留犯罪嫌疑人的羁押期限为十四日，特殊情况下可以延长一日至三日。

第一百二十七条　公民将正在实行犯罪或者在犯罪后即被发觉的、通缉在案的、越狱逃跑的、正在被追捕的犯罪嫌疑人或者犯罪人扭送到人民检察院的，人民检察院应当予以接受，并且根据具体情况决定是否采取相应的紧急措施。不属于自己管辖的，应当移送主管机关处理。

第五节　逮　　捕

第一百二十八条　人民检察院对有证据证

明有犯罪事实,可能判处徒刑以上刑罚的犯罪嫌疑人,采取取保候审尚不足以防止发生下列社会危险性的,应当批准或者决定逮捕:

(一)可能实施新的犯罪的;

(二)有危害国家安全、公共安全或者社会秩序的现实危险的;

(三)可能毁灭、伪造证据,干扰证人作证或者串供的;

(四)可能对被害人、举报人、控告人实施打击报复的;

(五)企图自杀或者逃跑的。

有证据证明有犯罪事实是指同时具备下列情形:

(一)有证据证明发生了犯罪事实;

(二)有证据证明该犯罪事实是犯罪嫌疑人实施的;

(三)证明犯罪嫌疑人实施犯罪行为的证据已经查证属实。

犯罪事实既可以是单一犯罪行为的事实,也可以是数个犯罪行为中任何一个犯罪行为的事实。

第一百二十九条 犯罪嫌疑人具有下列情形之一的,可以认定为"可能实施新的犯罪":

(一)案发前或者案发后正在策划、组织或者预备实施新的犯罪的;

(二)扬言实施新的犯罪的;

(三)多次作案、连续作案、流窜作案的;

(四)一年内曾因故意实施同类违法行为受到行政处罚的;

(五)以犯罪所得为主要生活来源的;

(六)有吸毒、赌博等恶习的;

(七)其他可能实施新的犯罪的情形。

第一百三十条 犯罪嫌疑人具有下列情形之一的,可以认定为"有危害国家安全、公共安全或者社会秩序的现实危险":

(一)案发前或者案发后正在积极策划、组织或者预备实施危害国家安全、公共安全或者社会秩序的重大违法犯罪行为的;

(二)曾因危害国家安全、公共安全或者社会秩序受到刑事处罚或者行政处罚的;

(三)在危害国家安全、黑恶势力、恐怖活动、毒品犯罪中起组织、策划、指挥作用或者积极参加的;

(四)其他有危害国家安全、公共安全或者社会秩序的现实危险的情形。

第一百三十一条 犯罪嫌疑人具有下列情形之一的,可以认定为"可能毁灭、伪造证据,干扰证人作证或者串供":

(一)曾经或者企图毁灭、伪造、隐匿、转移证据的;

(二)曾经或者企图威逼、恐吓、利诱、收买证人,干扰证人作证的;

(三)有同案犯罪嫌疑人或者与其在事实上存在密切关联犯罪的犯罪嫌疑人在逃,重要证据尚未收集到位的;

(四)其他可能毁灭、伪造证据,干扰证人作证或者串供的情形。

第一百三十二条 犯罪嫌疑人具有下列情形之一的,可以认定为"可能对被害人、举报人、控告人实施打击报复":

(一)扬言或者准备、策划对被害人、举报人、控告人实施打击报复的;

(二)曾经对被害人、举报人、控告人实施打击、要挟、迫害等行为的;

(三)采取其他方式滋扰被害人、举报人、控告人的正常生活、工作的;

(四)其他可能对被害人、举报人、控告人实施打击报复的情形。

第一百三十三条 犯罪嫌疑人具有下列情形之一的,可以认定为"企图自杀或者逃跑":

(一)着手准备自杀、自残或者逃跑的;

(二)曾经自杀、自残或者逃跑的;

(三)有自杀、自残或者逃跑的意思表示的;

(四)曾经以暴力、威胁手段抗拒抓捕的;

(五)其他企图自杀或者逃跑的情形。

第一百三十四条 人民检察院办理审查逮捕案件,应当全面把握逮捕条件,对有证据证明有犯罪事实、可能判处徒刑以上刑罚的犯罪嫌疑人,除具有刑事诉讼法第八十一条第三款、第四款规定的情形外,应当严格审查是否具备社会危险性条件。

第一百三十五条 人民检察院审查认定犯罪嫌疑人是否具有社会危险性,应当以公安机关移送的社会危险性相关证据为依据,并结合案件具体情况综合认定。必要时,可以通过讯问犯罪嫌疑人、询问证人等诉讼参与人、听取辩护律师意见等方式,核实相关证据。

依据在案证据不能认定犯罪嫌疑人符合逮捕社会危险性条件的，人民检察院可以要求公安机关补充相关证据，公安机关没有补充移送的，应当作出不批准逮捕的决定。

第一百三十六条 对有证据证明有犯罪事实，可能判处十年有期徒刑以上刑罚的犯罪嫌疑人，应当批准或者决定逮捕。

对有证据证明有犯罪事实，可能判处徒刑以上刑罚，犯罪嫌疑人曾经故意犯罪或者不讲真实姓名、住址，身份不明的，应当批准或者决定逮捕。

第一百三十七条 人民检察院经审查认为被取保候审、监视居住的犯罪嫌疑人违反取保候审、监视居住规定，依照本规则第一百零一条、第一百一十一条的规定办理。

对于被取保候审、监视居住的可能判处徒刑以下刑罚的犯罪嫌疑人，违反取保候审、监视居住规定，严重影响诉讼活动正常进行的，可以予以逮捕。

第一百三十八条 对实施多个犯罪行为或者共同犯罪案件的犯罪嫌疑人，符合本规则第一百二十八条的规定，具有下列情形之一的，应当批准或者决定逮捕：

（一）有证据证明犯有数罪中的一罪的；

（二）有证据证明实施多次犯罪中的一次犯罪的；

（三）共同犯罪中，已有证据证明有犯罪事实的犯罪嫌疑人。

第一百三十九条 对具有下列情形之一的犯罪嫌疑人，人民检察院应当作出不批准逮捕或者不予逮捕的决定：

（一）不符合本规则规定的逮捕条件的；

（二）具有刑事诉讼法第十六条规定的情形之一的。

第一百四十条 犯罪嫌疑人涉嫌的罪行较轻，且没有其他重大犯罪嫌疑，具有下列情形之一的，可以作出不批准逮捕或者不予逮捕的决定：

（一）属于预备犯、中止犯，或者防卫过当、避险过当的；

（二）主观恶性较小的初犯，共同犯罪中的从犯、胁从犯，犯罪后自首、有立功表现或者积极退赃、赔偿损失、确有悔罪表现的；

（三）过失犯罪的犯罪嫌疑人，犯罪后有悔罪表现，有效控制损失或者积极赔偿损失的；

（四）犯罪嫌疑人与被害人双方根据刑事诉讼法的有关规定达成和解协议，经审查，认为和解系自愿、合法且已经履行或者提供担保的；

（五）犯罪嫌疑人认罪认罚的；

（六）犯罪嫌疑人系已满十四周岁未满十八周岁的未成年人或者在校学生，本人有悔罪表现，其家庭、学校或者所在社区、居民委员会、村民委员会具备监护、帮教条件的；

（七）犯罪嫌疑人系已满七十五周岁的人。

第一百四十一条 对符合刑事诉讼法第七十四条第一款规定的犯罪嫌疑人，人民检察院经审查认为不需要逮捕的，可以在作出不批准逮捕决定的同时，向公安机关提出采取监视居住措施的建议。

第六节 监察机关移送案件的强制措施

第一百四十二条 对于监察机关移送起诉的已采取留置措施的案件，人民检察院应当在受理案件后，及时对犯罪嫌疑人作出拘留决定，交公安机关执行。执行拘留后，留置措施自动解除。

第一百四十三条 人民检察院应当在执行拘留后十日以内，作出是否逮捕、取保候审或者监视居住的决定。特殊情况下，决定的时间可以延长一日至四日。

人民检察院决定采取强制措施的期间不计入审查起诉期限。

第一百四十四条 除无法通知的以外，人民检察院应当在公安机关执行拘留、逮捕后二十四小时以内，通知犯罪嫌疑人的家属。

第一百四十五条 人民检察院应当自收到移送起诉的案卷材料之日起三日以内告知犯罪嫌疑人有权委托辩护人。对已经采取留置措施的，应当在执行拘留时告知。

第一百四十六条 对于监察机关移送起诉的未采取留置措施的案件，人民检察院受理后，在审查起诉过程中根据案件情况，可以依照本规则相关规定决定是否采取逮捕、取保候审或者监视居住措施。

第一百四十七条 对于监察机关移送起诉案件的犯罪嫌疑人采取强制措施，本节未规定的，适用本规则相关规定。

第七节　其他规定

第一百四十八条　人民检察院对担任县级以上各级人民代表大会代表的犯罪嫌疑人决定采取拘传、取保候审、监视居住、拘留、逮捕强制措施的，应当报请该代表所属的人民代表大会主席团或者常务委员会许可。

人民检察院对担任本级人民代表大会代表的犯罪嫌疑人决定采取强制措施的，应当报请本级人民代表大会主席团或者常务委员会许可。

对担任上级人民代表大会代表的犯罪嫌疑人决定采取强制措施的，应当层报该代表所属的人民代表大会同级的人民检察院报请许可。

对担任下级人民代表大会代表的犯罪嫌疑人决定采取强制措施的，可以直接报请该代表所属的人民代表大会主席团或者常务委员会许可，也可以委托该代表所属的人民代表大会同级的人民检察院报请许可。

对担任两级以上的人民代表大会代表的犯罪嫌疑人决定采取强制措施的，分别依照本条第二、三、四款的规定报请许可。

对担任办案单位所在省、市、县(区)以外的其他地区人民代表大会代表的犯罪嫌疑人决定采取强制措施的，应当委托该代表所属的人民代表大会同级的人民检察院报请许可；担任两级以上人民代表大会代表的，应当分别委托该代表所属的人民代表大会同级的人民检察院报请许可。

对于公安机关提请人民检察院批准逮捕的案件，犯罪嫌疑人担任人民代表大会代表的，报请许可手续由公安机关负责办理。

担任县级以上人民代表大会代表的犯罪嫌疑人，经报请该代表所属人民代表大会主席团或者常务委员会许可后被刑事拘留的，适用逮捕措施时不需要再次报请许可。

第一百四十九条　担任县级以上人民代表大会代表的犯罪嫌疑人因现行犯被人民检察院拘留的，人民检察院应当立即向该代表所属的人民代表大会主席团或者常务委员会报告。报告的程序参照本规则第一百四十八条报请许可的程序规定。

对担任乡、民族乡、镇的人民代表大会代表的犯罪嫌疑人决定采取强制措施的，由县级人民检察院向乡、民族乡、镇的人民代表大会报告。

第一百五十条　犯罪嫌疑人及其法定代理人、近亲属或者辩护人认为人民检察院采取强制措施法定期限届满，要求解除、变更强制措施或者释放犯罪嫌疑人的，人民检察院应当在收到申请后三日以内作出决定。

经审查，认为法定期限届满的，应当决定解除、变更强制措施或者释放犯罪嫌疑人，并通知公安机关执行；认为法定期限未满的，书面答复申请人。

第一百五十一条　犯罪嫌疑人及其法定代理人、近亲属或者辩护人向人民检察院提出变更强制措施申请的，人民检察院应当在收到申请后三日以内作出决定。

经审查，同意变更强制措施的，应当在作出决定的同时通知公安机关执行；不同意变更强制措施的，应当书面告知申请人，并说明不同意的理由。

犯罪嫌疑人及其法定代理人、近亲属或者辩护人提出变更强制措施申请的，应当说明理由，有证据和其他材料的，应当附上相关材料。

第一百五十二条　人民检察院在侦查、审查起诉期间，对犯罪嫌疑人拘留、逮捕后发生依法延长侦查羁押期限、审查起诉期限，重新计算侦查羁押期限、审查起诉期限等期限改变的情形的，应当及时将变更后的期限书面通知看守所。

第一百五十三条　人民检察院决定对涉嫌犯罪的机关事业单位工作人员取保候审、监视居住、拘留、逮捕的，应当在采取或者解除强制措施后五日以内告知其所在单位；决定撤销案件或者不起诉的，应当在作出决定后十日以内告知其所在单位。

第一百五十四条　取保候审变更为监视居住，或者取保候审、监视居住变更为拘留、逮捕的，在变更的同时原强制措施自动解除，不再办理解除法律手续。

第一百五十五条　人民检察院已经对犯罪嫌疑人取保候审、监视居住，案件起诉至人民法院后，人民法院决定取保候审、监视居住或者变更强制措施的，原强制措施自动解除，不再办理解除法律手续。

第七章 案件受理

第一百五十六条 下列案件，由人民检察院负责案件管理的部门统一受理：

（一）公安机关提请批准逮捕、移送起诉、提请批准延长侦查羁押期限、要求复议、提请复核、申请复查、移送申请强制医疗、移送申请没收违法所得的案件；

（二）监察机关移送起诉、提请没收违法所得、对不起诉决定提请复议的案件；

（三）下级人民检察院提出或者提请抗诉、报请指定管辖、报请核准追诉、报请核准缺席审判或者提请死刑复核监督的案件；

（四）人民法院通知出席第二审法庭或者再审法庭的案件；

（五）其他依照规定由负责案件管理的部门受理的案件。

第一百五十七条 人民检察院负责案件管理的部门受理案件时，应当接收案卷材料，并立即审查下列内容：

（一）依据移送的法律文书载明的内容确定案件是否属于本院管辖；

（二）案卷材料是否齐备、规范，符合有关规定的要求；

（三）移送的款项或者物品与移送清单是否相符；

（四）犯罪嫌疑人是否在案以及采取强制措施的情况；

（五）是否在规定的期限内移送案件。

第一百五十八条 人民检察院负责案件管理的部门对接收的案卷材料审查后，认为具备受理条件的，应当及时进行登记，并立即将案卷材料和案件受理登记表移送办案部门办理。

经审查，认为案卷材料不齐备的，应当及时要求移送案件的单位补送相关材料。对于案卷装订不符合要求的，应当要求移送案件的单位重新装订后移送。

对于移送起诉的案件，犯罪嫌疑人在逃的，应当要求公安机关采取措施保证犯罪嫌疑人到案后再移送起诉。共同犯罪案件中部分犯罪嫌疑人在逃的，对在案犯罪嫌疑人的移送起诉应当受理。

第一百五十九条 对公安机关送达的执行情况回执和人民法院送达的判决书、裁定书等法律文书，人民检察院负责案件管理的部门应当接收，即时登记。

第一百六十条 人民检察院直接受理侦查的案件，移送审查逮捕、移送起诉的，按照本规则第一百五十六条至第一百五十八条的规定办理。

第一百六十一条 人民检察院负责控告申诉检察的部门统一接受报案、控告、举报、申诉和犯罪嫌疑人投案自首，并依法审查，在七日以内作出以下处理：

（一）属于本院管辖且符合受理条件的，应当予以受理；

（二）不属于本院管辖的报案、控告、举报、自首，应当移送主管机关处理。必须采取紧急措施的，应当先采取紧急措施，然后移送主管机关。不属于本院管辖的申诉，应当告知其向有管辖权的机关提出；

（三）案件情况不明的，应当进行必要的调查核实，查明情况后依法作出处理。

负责控告申诉检察的部门可以向下级人民检察院交办控告、申诉、举报案件，并依照有关规定进行督办。

第一百六十二条 控告、申诉符合下列条件的，人民检察院应当受理：

（一）属于人民检察院受理案件范围；

（二）本院具有管辖权；

（三）申诉人是原案的当事人或者其法定代理人、近亲属；

（四）控告、申诉材料符合受理要求。

控告人、申诉人委托律师代理控告、申诉，符合上述条件的，应当受理。

控告、申诉材料不齐备的，应当告知控告人、申诉人补齐。受理时间从控告人、申诉人补齐相关材料之日起计算。

第一百六十三条 对于收到的群众来信，负责控告申诉检察的部门应当在七日以内进行程序性答复，办案部门应当在三个月以内将办理进展或者办理结果答复来信人。

第一百六十四条 负责控告申诉检察的部门对受理的刑事申诉案件应当根据事实、法律进行审查，必要时可以进行调查核实。认为原案处理可能错误的，应当移送相关办案部门办理；认为原案处理没有错误的，应当书面答复申诉人。

第一百六十五条　办案部门应当在规定期限内办结控告、申诉案件,制作相关法律文书,送达报案人、控告人、申诉人、举报人、自首人,并做好释法说理工作。

第八章　立　　案

第一节　立 案 审 查

第一百六十六条　人民检察院直接受理侦查案件的线索,由负责侦查的部门统一受理、登记和管理。负责控告申诉检察的部门接受的控告、举报,或者本院其他办案部门发现的案件线索,属于人民检察院直接受理侦查案件线索的,应当在七日以内移送负责侦查的部门。

负责侦查的部门对案件线索进行审查后,认为属于本院管辖,需要进一步调查核实的,应当报检察长决定。

第一百六十七条　对于人民检察院直接受理侦查案件的线索,上级人民检察院在必要时,可以直接调查核实或者组织、指挥、参与下级人民检察院的调查核实,可以将下级人民检察院管辖的案件线索指定辖区内其他人民检察院调查核实,也可以将本院管辖的案件线索交由下级人民检察院调查核实;下级人民检察院认为案件线索重大、复杂,需要由上级人民检察院调查核实的,可以提请移送上级人民检察院调查核实。

第一百六十八条　调查核实一般不得接触被调查对象。必须接触被调查对象的,应当经检察长批准。

第一百六十九条　进行调查核实,可以采取询问、查询、勘验、检查、鉴定、调取证据材料等不限制被调查对象人身、财产权利的措施。不得对被调查对象采取强制措施,不得查封、扣押、冻结被调查对象的财产,不得采取技术侦查措施。

第一百七十条　负责侦查的部门调查核实后,应当制作审查报告。

调查核实终结后,相关材料应当立卷归档。立案进入侦查程序的,对于作为诉讼证据以外的其他材料应当归入侦查内卷。

第二节　立 案 决 定

第一百七十一条　人民检察院对于直接受理的案件,经审查认为有犯罪事实需要追究刑事责任的,应当制作立案报告书,经检察长批准后予以立案。

符合立案条件,但犯罪嫌疑人尚未确定的,可以依据已查明的犯罪事实作出立案决定。

对具有下列情形之一的,报请检察长决定不予立案:

(一)具有刑事诉讼法第十六条规定情形之一的;

(二)认为没有犯罪事实的;

(三)事实或者证据尚不符合立案条件的。

第一百七十二条　对于其他机关或者本院其他办案部门移送的案件线索,决定不予立案的,负责侦查的部门应当制作不立案通知书,写明案由和案件来源、决定不立案的原因和法律依据,自作出不立案决定之日起十日以内送达移送案件线索的机关或者部门。

第一百七十三条　对于控告和实名举报,决定不予立案的,应当制作不立案通知书,写明案由和案件来源、决定不立案的原因和法律依据,由负责侦查的部门在十五日以内送达控告人、举报人,同时告知本院负责控告申诉检察的部门。

控告人如果不服,可以在收到不立案通知书后十日以内向上一级人民检察院申请复议。不立案的复议,由上一级人民检察院负责侦查的部门审查办理。

人民检察院认为被控告人、被举报人的行为未构成犯罪,决定不予立案,但需要追究其党纪、政纪、违法责任的,应当移送有管辖权的主管机关处理。

第一百七十四条　错告对被控告人、被举报人造成不良影响的,人民检察院应当自作出不立案决定之日起一个月以内向其所在单位或者有关部门通报调查核实的结论,澄清事实。

属于诬告陷害的,应当移送有关机关处理。

第一百七十五条　人民检察院决定对人民代表大会代表立案,应当按照本规则第一百四十八条、第一百四十九条规定的程序向该代表所属的人民代表大会主席团或者常务委员会进行通报。

第九章 侦 查

第一节 一般规定

第一百七十六条 人民检察院办理直接受理侦查的案件，应当全面、客观地收集、调取犯罪嫌疑人有罪或者无罪、罪轻或者罪重的证据材料，并依法进行审查、核实。办案过程中必须重证据，重调查研究，不轻信口供。严禁刑讯逼供和以威胁、引诱、欺骗以及其他非法方法收集证据，不得强迫任何人证实自己有罪。

第一百七十七条 人民检察院办理直接受理侦查的案件，应当保障犯罪嫌疑人和其他诉讼参与人依法享有的辩护权和其他各项诉讼权利。

第一百七十八条 人民检察院办理直接受理侦查的案件，应当严格依照刑事诉讼法规定的程序，严格遵守刑事案件办案期限的规定，依法提请批准逮捕、移送起诉、不起诉或者撤销案件。

对犯罪嫌疑人采取强制措施，应当经检察长批准。

第一百七十九条 人民检察院办理直接受理侦查的案件，应当对侦查过程中知悉的国家秘密、商业秘密及个人隐私予以保密。

第一百八十条 办理案件的人民检察院需要派员到本辖区以外进行搜查，调取物证、书证等证据材料，或者查封、扣押财物和文件的，应当持相关法律文书和证明文件等与当地人民检察院联系，当地人民检察院应当予以协助。

需要到本辖区以外调取证据材料的，必要时，可以向证据所在地的人民检察院发函调取证据。调取证据的函件应当注明具体的取证对象、地址和内容。证据所在地的人民检察院应当在收到函件后一个月以内将取证结果送达办理案件的人民检察院。

被请求协助的人民检察院有异议的，可以与办理案件的人民检察院进行协商。必要时，报请共同的上级人民检察院决定。

第一百八十一条 人民检察院对于直接受理案件的侦查，可以适用刑事诉讼法第二编第二章规定的各项侦查措施。

刑事诉讼法规定进行侦查活动需要制作笔录的，应当制作笔录。必要时，可以对相关活动进行录音、录像。

第二节 讯问犯罪嫌疑人

第一百八十二条 讯问犯罪嫌疑人，由检察人员负责进行。讯问时，检察人员或者检察人员和书记员不得少于二人。

讯问同案的犯罪嫌疑人，应当个别进行。

第一百八十三条 对于不需要逮捕、拘留的犯罪嫌疑人，可以传唤到犯罪嫌疑人所在市、县内的指定地点或者到他的住处进行讯问。

传唤犯罪嫌疑人，应当出示传唤证和工作证件，并责令犯罪嫌疑人在传唤证上签名或者盖章，并捺指印。

犯罪嫌疑人到案后，应当由其在传唤证上填写到案时间。传唤结束时，应当由其在传唤证上填写传唤结束时间。拒绝填写的，应当在传唤证上注明。

对在现场发现的犯罪嫌疑人，经出示工作证件，可以口头传唤，并将传唤的原因和依据告知被传唤人。在讯问笔录中应当注明犯罪嫌疑人到案时间、到案经过和传唤结束时间。

本规则第八十四条第二款的规定适用于传唤犯罪嫌疑人。

第一百八十四条 传唤犯罪嫌疑人时，其家属在场的，应当当场将传唤的原因和处所口头告知其家属，并在讯问笔录中注明。其家属不在场的，应当及时将传唤的原因和处所通知被传唤人家属。无法通知的，应当在讯问笔录中注明。

第一百八十五条 传唤持续的时间不得超过十二小时。案情特别重大、复杂，需要采取拘留、逮捕措施的，传唤持续的时间不得超过二十四小时。两次传唤间隔的时间一般不得少于十二小时，不得以连续传唤的方式变相拘禁犯罪嫌疑人。

传唤犯罪嫌疑人，应当保证犯罪嫌疑人的饮食和必要的休息时间。

第一百八十六条 犯罪嫌疑人被送交看守所羁押后，检察人员对其进行讯问，应当填写提讯、提解证，在看守所讯问室进行。

因辨认、鉴定、侦查实验或者追缴犯罪有关财物的需要,经检察长批准,可以提押犯罪嫌疑人出所,并应当由两名以上司法警察押解。不得以讯问为目的将犯罪嫌疑人提押出所进行讯问。

第一百八十七条　讯问犯罪嫌疑人一般按照下列顺序进行:

(一)核实犯罪嫌疑人的基本情况,包括姓名、出生年月日、户籍地、公民身份号码、民族、职业、文化程度、工作单位及职务、住所、家庭情况、社会经历、是否属于人大代表、政协委员等;

(二)告知犯罪嫌疑人在侦查阶段的诉讼权利,有权自行辩护或者委托律师辩护,告知其如实供述自己罪行可以依法从宽处理和认罪认罚的法律规定;

(三)讯问犯罪嫌疑人是否有犯罪行为,让他陈述有罪的事实或者无罪的辩解,应当允许其连贯陈述。

犯罪嫌疑人对检察人员的提问,应当如实回答。但是对与本案无关的问题,有拒绝回答的权利。

讯问犯罪嫌疑人时,应当告知犯罪嫌疑人将对讯问进行全程同步录音、录像。告知情况应当在录音、录像中予以反映,并记明笔录。

讯问时,对犯罪嫌疑人提出的辩解要认真查核。严禁刑讯逼供和以威胁、引诱、欺骗以及其他非法的方法获取供述。

第一百八十八条　讯问犯罪嫌疑人,应当制作讯问笔录。讯问笔录应当忠实于原话,字迹清楚,详细具体,并交犯罪嫌疑人核对。犯罪嫌疑人没有阅读能力的,应当向他宣读。如果记载有遗漏或者差错,应当补充或者改正。犯罪嫌疑人认为讯问笔录没有错误的,由其在笔录上逐页签名或者盖章,并捺指印,在末页写明"以上笔录我看过(向我宣读过),和我说的相符",同时签名或者盖章,并捺指印,注明日期。如果犯罪嫌疑人拒绝签名、盖章、捺指印的,应当在笔录上注明。讯问的检察人员、书记员也应当在笔录上签名。

第一百八十九条　犯罪嫌疑人请求自行书写供述的,检察人员应当准许。必要时,检察人员也可以要求犯罪嫌疑人亲笔书写供述。犯罪嫌疑人应当在亲笔供述的末页签名或者盖章,并捺指印,注明书写日期。检察人员收到后,应当在首页右上方写明"于某年某月某日收到",并签名。

第一百九十条　人民检察院办理直接受理侦查的案件,应当在每次讯问犯罪嫌疑人时,对讯问过程实行全程录音、录像,并在讯问笔录中注明。

第三节　询问证人、被害人

第一百九十一条　人民检察院在侦查过程中,应当及时询问证人,并且告知证人履行作证的权利和义务。

人民检察院应当保证一切与案件有关或者了解案情的公民有客观充分地提供证据的条件,并为他们保守秘密。除特殊情况外,人民检察院可以吸收他们协助调查。

第一百九十二条　询问证人,应当由检察人员负责进行。询问时,检察人员或者检察人员和书记员不得少于二人。

第一百九十三条　询问证人,可以在现场进行,也可以到证人所在单位、住处或者证人提出的地点进行。必要时,也可以通知证人到人民检察院提供证言。到证人提出的地点进行询问的,应当在笔录中记明。

询问证人应当个别进行。

在现场询问证人,应当出示工作证件。到证人所在单位、住处或者证人提出的地点询问证人,应当出示人民检察院的证明文件。

第一百九十四条　询问证人,应当问明证人的基本情况以及与当事人的关系,并且告知证人应当如实提供证据、证言和故意作伪证或者隐匿罪证应当承担的法律责任,但是不得向证人泄露案情,不得采用拘禁、暴力、威胁、引诱、欺骗以及其他非法方法获取证言。

询问重大或者有社会影响的案件的重要证人,应当对询问过程实行全程录音、录像,并在询问笔录中注明。

第一百九十五条　询问被害人,适用询问证人的规定。

第四节　勘验、检查

第一百九十六条　检察人员对于与犯罪有关的场所、物品、人身、尸体应当进行勘验或者检查。必要时，可以指派检察技术人员或者聘请其他具有专门知识的人，在检察人员的主持下进行勘验、检查。

第一百九十七条　勘验时，人民检察院应当邀请两名与案件无关的见证人在场。

勘查现场，应当拍摄现场照片。勘查的情况应当写明笔录并制作现场图，由参加勘查的人和见证人签名。勘查重大案件的现场，应当录像。

第一百九十八条　人民检察院解剖死因不明的尸体，应当通知死者家属到场，并让其在解剖通知书上签名或者盖章。

死者家属无正当理由拒不到场或者拒绝签名、盖章的，不影响解剖的进行，但是应当在解剖通知书上记明。对于身份不明的尸体，无法通知死者家属的，应当记明笔录。

第一百九十九条　为了确定被害人、犯罪嫌疑人的某些特征、伤害情况或者生理状态，人民检察院可以对其人身进行检查，可以提取指纹信息，采集血液、尿液等生物样本。

必要时，可以指派、聘请法医或者医师进行人身检查。采集血液等生物样本应当由医师进行。

犯罪嫌疑人如果拒绝检查，检察人员认为必要时可以强制检查。

检查妇女的身体，应当由女工作人员或者医师进行。

人身检查不得采用损害被检查人生命、健康或者贬低其名誉、人格的方法。在人身检查过程中知悉的被检查人的个人隐私，检察人员应当予以保密。

第二百条　为了查明案情，必要时经检察长批准，可以进行侦查实验。

侦查实验，禁止一切足以造成危险、侮辱人格或者有伤风化的行为。

第二百零一条　侦查实验，必要时可以聘请有关专业人员参加，也可以要求犯罪嫌疑人、被害人、证人参加。

第五节　搜　　查

第二百零二条　人民检察院有权要求有关单位和个人，交出能够证明犯罪嫌疑人有罪或者无罪以及犯罪情节轻重的证据。

第二百零三条　为了收集犯罪证据，查获犯罪人，经检察长批准，检察人员可以对犯罪嫌疑人以及可能隐藏罪犯或者犯罪证据的人的身体、物品、住处、工作地点和其他有关的地方进行搜查。

第二百零四条　搜查应当在检察人员的主持下进行，可以有司法警察参加。必要时，可以指派检察技术人员参加或者邀请当地公安机关、有关单位协助进行。

执行搜查的人员不得少于二人。

第二百零五条　搜查时，应当向被搜查人或者他的家属出示搜查证。

在执行逮捕、拘留的时候，遇有下列紧急情况之一，不另用搜查证也可以进行搜查：

（一）可能随身携带凶器的；

（二）可能隐藏爆炸、剧毒等危险物品的；

（三）可能隐匿、毁弃、转移犯罪证据的；

（四）可能隐匿其他犯罪嫌疑人的；

（五）其他紧急情况。

搜查结束后，搜查人员应当在二十四小时以内补办有关手续。

第二百零六条　搜查时，应当有被搜查人或者其家属、邻居或者其他见证人在场，并且对被搜查人或者其家属说明阻碍搜查、妨碍公务应负的法律责任。

搜查妇女的身体，应当由女工作人员进行。

第二百零七条　搜查时，如果遇到阻碍，可以强制进行搜查。对以暴力、威胁方法阻碍搜查的，应当予以制止，或者由司法警察将其带离现场。阻碍搜查构成犯罪的，应当依法追究刑事责任。

第六节　调取、查封、扣押、查询、冻结

第二百零八条　检察人员可以凭人民检察院的证明文件，向有关单位和个人调取能够证明犯罪嫌疑人有罪或者无罪以及犯罪情节轻重的证据材料，并且可以根据需要拍照、录像、复印和复制。

第二百零九条　调取物证应当调取原物。原物不便搬运、保存，或者依法应当返还被害人，或者因保密工作需要不能调取原物的，可以将原物封存，并拍照、录像。对原物拍照或者录

像应当足以反映原物的外形、内容。

调取书证、视听资料应当调取原件。取得原件确有困难或者因保密需要不能调取原件的,可以调取副本或者复制件。

调取书证、视听资料的副本、复制件和物证的照片、录像的,应当书面记明不能调取原件、原物的原因,制作过程和原件、原物存放地点,并由制作人员和原书证、视听资料、物证持有人签名或者盖章。

第二百一十条 在侦查活动中发现的可以证明犯罪嫌疑人有罪、无罪或者犯罪情节轻重的各种财物和文件,应当查封或者扣押;与案件无关的,不得查封或者扣押。查封或者扣押应当经检察长批准。

不能立即查明是否与案件有关的可疑的财物和文件,也可以查封或者扣押,但应当及时审查。经查明确实与案件无关的,应当在三日以内解除查封或者予以退还。

持有人拒绝交出应当查封、扣押的财物和文件的,可以强制查封、扣押。

对于犯罪嫌疑人、被告人到案时随身携带的物品需要扣押的,可以依照前款规定办理。对于与案件无关的个人用品,应当逐件登记,并随案移交或者退还其家属。

第二百一十一条 对犯罪嫌疑人使用违法所得与合法收入共同购置的不可分割的财产,可以先行查封、扣押、冻结。对无法分割退还的财产,应当在结案后予以拍卖、变卖,对不属于违法所得的部分予以退还。

第二百一十二条 人民检察院根据侦查犯罪的需要,可以依照规定查询、冻结犯罪嫌疑人的存款、汇款、债券、股票、基金份额等财产,并可以要求有关单位和个人配合。

查询、冻结前款规定的财产,应当制作查询、冻结财产通知书,通知银行或者其他金融机构、邮政部门执行。冻结财产的,应当经检察长批准。

第二百一十三条 犯罪嫌疑人的存款、汇款、债券、股票、基金份额等财产已冻结的,人民检察院不得重复冻结,可以轮候冻结。人民检察院应当要求有关银行或者其他金融机构、邮政部门在解除冻结或者作出处理前通知人民检察院。

第二百一十四条 扣押、冻结债券、股票、基金份额等财产,应当书面告知当事人或者其法定代理人、委托代理人有权申请出售。

对于被扣押、冻结的债券、股票、基金份额等财产,在扣押、冻结期间权利人申请出售,经审查认为不损害国家利益、被害人利益,不影响诉讼正常进行的,以及扣押、冻结的汇票、本票、支票的有效期即将届满的,经检察长批准,可以在案件办结前依法出售或者变现,所得价款由人民检察院指定的银行账户保管,并及时告知当事人或者其近亲属。

第二百一十五条 对于冻结的存款、汇款、债券、股票、基金份额等财产,经查明确实与案件无关的,应当在三日以内解除冻结,并通知财产所有人。

第二百一十六条 查询、冻结与案件有关的单位的存款、汇款、债券、股票、基金份额等财产的办法适用本规则第二百一十二条至第二百一十五条的规定。

第二百一十七条 对于扣押的款项和物品,应当在三日以内将款项存入唯一合规账户,将物品送负责案件管理的部门保管。法律或者有关规定另有规定的除外。

对于查封、扣押在人民检察院的物品、文件、邮件、电报,人民检察院应当妥善保管。经查明确实与案件无关的,应当在三日以内作出解除或者退还决定,并通知有关单位、当事人办理相关手续。

第七节 鉴　　定

第二百一十八条 人民检察院为了查明案情,解决案件中某些专门性的问题,可以进行鉴定。

鉴定由人民检察院有鉴定资格的人员进行。必要时,也可以聘请其他有鉴定资格的人员进行,但是应当征得鉴定人所在单位同意。

第二百一十九条 人民检察院应当为鉴定人提供必要条件,及时向鉴定人送交有关检材和对比样本等原始材料,介绍与鉴定有关的情况,并明确提出要求鉴定解决的问题,但是不得暗示或者强迫鉴定人作出某种鉴定意见。

第二百二十条 对于鉴定意见,检察人员应当进行审查,必要时可以进行补充鉴定或者重新鉴定。重新鉴定的,应当另行指派或者聘请鉴定人。

第二百二十一条 用作证据的鉴定意见，人民检察院办案部门应当告知犯罪嫌疑人、被害人；被害人死亡或者没有诉讼行为能力的，应当告知其法定代理人、近亲属或诉讼代理人。

犯罪嫌疑人、被害人或被害人的法定代理人、近亲属、诉讼代理人提出申请，可以补充鉴定或者重新鉴定，鉴定费用由请求方承担。但原鉴定违反法定程序的，由人民检察院承担。

犯罪嫌疑人的辩护人或者近亲属以犯罪嫌疑人有患精神病可能而申请对犯罪嫌疑人进行鉴定的，鉴定费用由申请方承担。

第二百二十二条 对犯罪嫌疑人作精神病鉴定的期间不计入羁押期限和办案期限。

第八节 辨 认

第二百二十三条 为了查明案情，必要时，检察人员可以让被害人、证人和犯罪嫌疑人对与犯罪有关的物品、文件、尸体或场所进行辨认；也可以让被害人、证人对犯罪嫌疑人进行辨认，或者让犯罪嫌疑人对其他犯罪嫌疑人进行辨认。

第二百二十四条 辨认应当在检察人员的主持下进行，执行辨认的人员不得少于二人。在辨认前，应当向辨认人详细询问被辨认对象的具体特征，避免辨认人见到被辨认对象，并应当告知辨认人有意作虚假辨认应负的法律责任。

第二百二十五条 几名辨认人对同一被辨认对象进行辨认时，应当由每名辨认人单独进行。必要时，可以有见证人在场。

第二百二十六条 辨认时，应当将辨认对象混杂在其他对象中。不得在辨认前向辨认人展示辨认对象及其影像资料，不得给辨认人任何暗示。

辨认犯罪嫌疑人时，被辨认的人数不得少于七人，照片不得少于十张。

辨认物品时，同类物品不得少于五件，照片不得少于五张。

对犯罪嫌疑人的辨认，辨认人不愿公开进行时，可以在不暴露辨认人的情况下进行，并应当为其保守秘密。

第九节 技术侦查措施

第二百二十七条 人民检察院在立案后，对于利用职权实施的严重侵犯公民人身权利的重大犯罪案件，经过严格的批准手续，可以采取技术侦查措施，交有关机关执行。

第二百二十八条 人民检察院办理直接受理侦查的案件，需要追捕被通缉或者决定逮捕的在逃犯罪嫌疑人、被告人的，经过批准，可以采取追捕所必需的技术侦查措施，不受本规则第二百二十七条规定的案件范围的限制。

第二百二十九条 人民检察院采取技术侦查措施应当根据侦查犯罪的需要，确定采取技术侦查措施的种类和适用对象，按照有关规定报请批准。批准决定自签发之日起三个月以内有效。对于不需要继续采取技术侦查措施的，应当及时解除；对于复杂、疑难案件，期限届满仍有必要继续采取技术侦查措施的，应当在期限届满前十日以内制作呈请延长技术侦查措施期限报告书，写明延长的期限及理由，经过原批准机关批准，有效期可以延长，每次不得超过三个月。

采取技术侦查措施收集的材料作为证据使用的，批准采取技术侦查措施的法律文书应当附卷，辩护律师可以依法查阅、摘抄、复制。

第二百三十条 采取技术侦查措施收集的物证、书证及其他证据材料，检察人员应当制作相应的说明材料，写明获取证据的时间、地点、数量、特征以及采取技术侦查措施的批准机关、种类等，并签名和盖章。

对于使用技术侦查措施获取的证据材料，如果可能危及特定人员的人身安全、涉及国家秘密或者公开后可能暴露侦查秘密或者严重损害商业秘密、个人隐私的，应当采取不暴露有关人员身份、技术方法等保护措施。必要时，可以建议不在法庭上质证，由审判人员在庭外对证据进行核实。

第二百三十一条 检察人员对采取技术侦查措施过程中知悉的国家秘密、商业秘密和个人隐私，应当保密；对采取技术侦查措施获取的与案件无关的材料，应当及时销毁，并对销毁情况制作记录。

采取技术侦查措施获取的证据、线索及其

他有关材料,只能用于对犯罪的侦查、起诉和审判,不得用于其他用途。

第十节　通　　缉

第二百三十二条　人民检察院办理直接受理侦查的案件,应当逮捕的犯罪嫌疑人在逃,或者已被逮捕的犯罪嫌疑人脱逃的,经检察长批准,可以通缉。

第二百三十三条　各级人民检察院需要在本辖区内通缉犯罪嫌疑人的,可以直接决定通缉;需要在本辖区外通缉犯罪嫌疑人的,由有决定权的上级人民检察院决定。

第二百三十四条　人民检察院应当将通缉通知书和通缉对象的照片、身份、特征、案情简况送达公安机关,由公安机关发布通缉令,追捕归案。

第二百三十五条　为防止犯罪嫌疑人等涉案人员逃往境外,需要在边防口岸采取边控措施的,人民检察院应当按照有关规定制作边控对象通知书,商请公安机关办理边控手续。

第二百三十六条　应当逮捕的犯罪嫌疑人潜逃出境的,可以按照有关规定层报最高人民检察院商请国际刑警组织中国国家中心局,请求有关方面协助,或者通过其他法律规定的途径进行追捕。

第十一节　侦 查 终 结

第二百三十七条　人民检察院经过侦查,认为犯罪事实清楚,证据确实、充分,依法应当追究刑事责任的,应当写出侦查终结报告,并且制作起诉意见书。

犯罪嫌疑人自愿认罪的,应当记录在案,随案移送,并在起诉意见书中写明有关情况。

对于犯罪情节轻微,依照刑法规定不需要判处刑罚或者免除刑罚的案件,应当写出侦查终结报告,并且制作不起诉意见书。

侦查终结报告和起诉意见书或者不起诉意见书应当报请检察长批准。

第二百三十八条　负责侦查的部门应当将起诉意见书或者不起诉意见书,查封、扣押、冻结的犯罪嫌疑人的财物及其孳息、文件清单以及对查封、扣押、冻结的涉案财物的处理意见和其他案卷材料,一并移送本院负责捕诉的部门审查。国家或者集体财产遭受损失的,在提出提起公诉意见的同时,可以提出提起附带民事诉讼的意见。

第二百三十九条　在案件侦查过程中,犯罪嫌疑人委托辩护律师的,检察人员可以听取辩护律师的意见。

辩护律师要求当面提出意见的,检察人员应当听取意见,并制作笔录附卷。辩护律师提出书面意见的,应当附卷。

侦查终结前,犯罪嫌疑人提出无罪或者罪轻的辩解,辩护律师提出犯罪嫌疑人无罪或者依法不应当追究刑事责任意见的,人民检察院应当依法予以核实。

案件侦查终结移送起诉时,人民检察院应当同时将案件移送情况告知犯罪嫌疑人及其辩护律师。

第二百四十条　人民检察院侦查终结的案件,需要在异地起诉、审判的,应当在移送起诉前与人民法院协商指定管辖的相关事宜。

第二百四十一条　上级人民检察院侦查终结的案件,依照刑事诉讼法的规定应当由下级人民检察院提起公诉或者不起诉的,应当将有关决定、侦查终结报告连同案卷材料交由下级人民检察院审查。

下级人民检察院认为上级人民检察院的决定有错误的,可以向上级人民检察院报告。上级人民检察院维持原决定的,下级人民检察院应当执行。

第二百四十二条　人民检察院在侦查过程中或者侦查终结后,发现具有下列情形之一的,负责侦查的部门应当制作拟撤销案件意见书,报请检察长决定:

(一)具有刑事诉讼法第十六条规定情形之一的;

(二)没有犯罪事实的,或者依照刑法规定不负刑事责任或者不是犯罪的;

(三)虽有犯罪事实,但不是犯罪嫌疑人所为的。

对于共同犯罪的案件,如有符合本条规定情形的犯罪嫌疑人,应当撤销对该犯罪嫌疑人的立案。

第二百四十三条　地方各级人民检察院决定撤销案件的,负责侦查的部门应当将撤销案件意见书连同本案全部案卷材料，在法定期限届满七日前报上一级人民检察院审查；重大、复杂案件在法定期限届满十日前报上一级人民检察院审查。

对于共同犯罪案件，应当将处理同案犯罪嫌疑人的有关法律文书以及案件事实、证据材料复印件等，一并报送上一级人民检察院。

上一级人民检察院负责侦查的部门应当对案件事实、证据和适用法律进行全面审查。必要时，可以讯问犯罪嫌疑人。

上一级人民检察院负责侦查的部门审查后，应当提出是否同意撤销案件的意见，报请检察长决定。

人民检察院决定撤销案件的，应当告知控告人、举报人，听取其意见并记明笔录。

第二百四十四条　上一级人民检察院审查下级人民检察院报送的拟撤销案件，应当在收到案件后七日以内批复；重大、复杂案件，应当在收到案件后十日以内批复。情况紧急或者因其他特殊原因不能按时送达的，可以先行通知下级人民检察院执行。

第二百四十五条　上一级人民检察院同意撤销案件的，下级人民检察院应当作出撤销案件决定，并制作撤销案件决定书。上一级人民检察院不同意撤销案件的，下级人民检察院应当执行上一级人民检察院的决定。

报请上一级人民检察院审查期间，犯罪嫌疑人羁押期限届满的，应当依法释放犯罪嫌疑人或者变更强制措施。

第二百四十六条　撤销案件的决定，应当分别送达犯罪嫌疑人所在单位和犯罪嫌疑人。犯罪嫌疑人死亡的，应当送达犯罪嫌疑人原所在单位。如果犯罪嫌疑人在押，应当制作决定释放通知书，通知公安机关依法释放。

第二百四十七条　人民检察院作出撤销案件决定的，应当在三十日以内报经检察长批准，对犯罪嫌疑人的违法所得作出处理。情况特殊的，可以延长三十日。

第二百四十八条　人民检察院撤销案件时，对犯罪嫌疑人的违法所得及其他涉案财产应当区分不同情形，作出相应处理：

（一）因犯罪嫌疑人死亡而撤销案件，依照刑法规定应当追缴其违法所得及其他涉案财产的，按照本规则第十二章第四节的规定办理。

（二）因其他原因撤销案件，对于查封、扣押、冻结的犯罪嫌疑人违法所得及其他涉案财产需要没收的，应当提出检察意见，移送有关主管机关处理。

（三）对于冻结的犯罪嫌疑人存款、汇款、债券、股票、基金份额等财产需要返还被害人的，可以通知金融机构、邮政部门返还被害人；对于查封、扣押的犯罪嫌疑人的违法所得及其他涉案财产需要返还被害人的，直接决定返还被害人。

人民检察院申请人民法院裁定处理犯罪嫌疑人涉案财产的，应当向人民法院移送有关案卷材料。

第二百四十九条　人民检察院撤销案件时，对查封、扣押、冻结的犯罪嫌疑人的涉案财物需要返还犯罪嫌疑人的，应当解除查封、扣押或者书面通知有关金融机构、邮政部门解除冻结，返还犯罪嫌疑人或者其合法继承人。

第二百五十条　查封、扣押、冻结的财物，除依法应当返还被害人或者经查明确实与案件无关的以外，不得在诉讼程序终结之前处理。法律或者有关规定另有规定的除外。

第二百五十一条　处理查封、扣押、冻结的涉案财物，应当由检察长决定。

第二百五十二条　人民检察院直接受理侦查的共同犯罪案件，如果同案犯罪嫌疑人在逃，但在案犯罪嫌疑人犯罪事实清楚，证据确实、充分的，对在案犯罪嫌疑人应当根据本规则第二百三十七条的规定分别移送起诉或者移送不起诉。

由于同案犯罪嫌疑人在逃，在案犯罪嫌疑人的犯罪事实无法查清的，对在案犯罪嫌疑人应当根据案件的不同情况分别报请延长侦查羁押期限、变更强制措施或者解除强制措施。

第二百五十三条　人民检察院直接受理侦查的案件，对犯罪嫌疑人没有采取取保候审、监视居住、拘留或者逮捕措施的，负责侦查的部门应当在立案后二年以内提出移送起诉、移送不起诉或者撤销案件的意见；对犯罪嫌疑人采取取保候审、监视居住、拘留或者逮捕措施的，负责侦查的部门应当在解除或者撤销强制措施后一年以内提出移送起诉、移送不起诉或者撤销案件的意见。

第二百五十四条　人民检察院直接受理侦

查的案件,撤销案件以后,又发现新的事实或者证据,认为有犯罪事实需要追究刑事责任的,可以重新立案侦查。

第十章　审查逮捕和审查起诉

第一节　一 般 规 定

第二百五十五条　人民检察院办理审查逮捕、审查起诉案件,应当全面审查证明犯罪嫌疑人有罪或者无罪、罪轻或者罪重的证据。

第二百五十六条　经公安机关商请或者人民检察院认为确有必要时,可以派员适时介入重大、疑难、复杂案件的侦查活动,参加公安机关对于重大案件的讨论,对案件性质、收集证据、适用法律等提出意见,监督侦查活动是否合法。

经监察机关商请,人民检察院可以派员介入监察机关办理的职务犯罪案件。

第二百五十七条　对于批准逮捕后要求公安机关继续侦查、不批准逮捕后要求公安机关补充侦查或者审查起诉阶段退回公安机关补充侦查的案件,人民检察院应当分别制作继续侦查提纲或者补充侦查提纲,写明需要继续侦查或者补充侦查的事项、理由、侦查方向、需补充收集的证据及其证明作用等,送交公安机关。

第二百五十八条　人民检察院讯问犯罪嫌疑人时,应当首先查明犯罪嫌疑人的基本情况,依法告知犯罪嫌疑人诉讼权利和义务,以及认罪认罚的法律规定,听取其供述和辩解。犯罪嫌疑人翻供的,应当讯问其原因。犯罪嫌疑人申请排除非法证据的,应当告知其提供相关线索或者材料。犯罪嫌疑人检举揭发他人犯罪的,应当予以记录,并依照有关规定移送有关机关、部门处理。

讯问犯罪嫌疑人应当制作讯问笔录,并交犯罪嫌疑人核对或者向其宣读。经核对无误后逐页签名或者盖章,并捺指印后附卷。犯罪嫌疑人请求自行书写供述的,应当准许,但不得以自行书写的供述代替讯问笔录。

犯罪嫌疑人被羁押的,讯问应当在看守所讯问室进行。

第二百五十九条　办理审查逮捕、审查起诉案件,可以询问证人、被害人、鉴定人等诉讼参与人,并制作笔录附卷。询问时,应当告知其诉讼权利和义务。

询问证人、被害人的地点按照刑事诉讼法第一百二十四条的规定执行。

第二百六十条　讯问犯罪嫌疑人,询问被害人、证人、鉴定人,听取辩护人、被害人及其诉讼代理人的意见,应当由检察人员负责进行。检察人员或者检察人员和书记员不得少于二人。

讯问犯罪嫌疑人,询问证人、鉴定人、被害人,应当个别进行。

第二百六十一条　办理审查逮捕案件,犯罪嫌疑人已经委托辩护律师的,可以听取辩护律师的意见。辩护律师提出要求的,应当听取辩护律师的意见。对辩护律师的意见应当制作笔录,辩护律师提出的书面意见应当附卷。

办理审查起诉案件,应当听取辩护人或者值班律师、被害人及其诉讼代理人的意见,并制作笔录。辩护人或者值班律师、被害人及其诉讼代理人提出书面意见的,应当附卷。

对于辩护律师在审查逮捕、审查起诉阶段多次提出意见的,均应如实记录。

辩护律师提出犯罪嫌疑人不构成犯罪、无社会危险性、不适宜羁押或者侦查活动有违法犯罪情形等书面意见的,检察人员应当审查,并在相关工作文书中说明是否采纳的情况和理由。

第二百六十二条　直接听取辩护人、被害人及其诉讼代理人的意见有困难的,可以通过电话、视频等方式听取意见并记录在案,或者通知辩护人、被害人及其诉讼代理人提出书面意见。无法通知或者在指定期限内未提出意见的,应当记录在案。

第二百六十三条　对于公安机关提请批准逮捕、移送起诉的案件,检察人员审查时发现存在本规则第七十五条第一款规定情形的,可以调取公安机关讯问犯罪嫌疑人的录音、录像并审查相关的录音、录像。对于重大、疑难、复杂的案件,必要时可以审查全部录音、录像。

对于监察机关移送起诉的案件,认为需要调取有关录音、录像的,可以商监察机关调取。

对于人民检察院直接受理侦查的案件,审查时发现负责侦查的部门未按照本规则第七十五条第三款的规定移送录音、录像或者移送不全的,应当要求其补充移送。对取证合法性或者讯问笔录真实性等产生疑问的,应当有针对性地审查相关的录音、录像。对于重大、疑难、复杂的案件,可以审查全部录音、录像。

第二百六十四条　经审查讯问犯罪嫌疑人录音、录像,发现公安机关、本院负责侦查的部门讯问不规范,讯问过程存在违法行为,录音、录像内容与讯问笔录不一致等情形的,应当逐一列明并向公安机关、本院负责侦查的部门书面提出,要求其予以纠正、补正或者书面作出合理解释。发现讯问笔录与讯问犯罪嫌疑人录音、录像内容有重大实质性差异的,或者公安机关、本院负责侦查的部门不能补正或者作出合理解释的,该讯问笔录不能作为批准或者决定逮捕、提起公诉的依据。

第二百六十五条　犯罪嫌疑人及其辩护人申请排除非法证据,并提供相关线索或者材料的,人民检察院应当调查核实。发现侦查人员以刑讯逼供等非法方法收集证据的,应当依法排除相关证据并提出纠正意见。

审查逮捕期限届满前,经审查无法确定存在非法取证的行为,但也不能排除非法取证可能的,该证据不作为批准逮捕的依据。检察官应当根据在案的其他证据认定案件事实和决定是否逮捕,并在作出批准或者不批准逮捕的决定后,继续对可能存在的非法取证行为进行调查核实。经调查核实确认存在以刑讯逼供等非法方法收集证据情形的,应当向公安机关提出纠正意见。以非法方法收集的证据,不得作为提起公诉的依据。

第二百六十六条　审查逮捕期间,犯罪嫌疑人申请排除非法证据,但未提交相关线索或者材料,人民检察院经全面审查案件事实、证据,未发现侦查人员存在以非法方法收集证据的情形,认为符合逮捕条件的,可以批准逮捕。

审查起诉期间,犯罪嫌疑人及其辩护人又提出新的线索或者证据,或者人民检察院发现新的证据,经调查核实认为侦查人员存在以刑讯逼供等非法方法收集证据情形的,应当依法排除非法证据,不得作为提起公诉的依据。

排除非法证据后,犯罪嫌疑人不再符合逮捕条件但案件需要继续审查起诉的,应当及时变更强制措施。案件不符合起诉条件的,应当作出不起诉决定。

第二节　认罪认罚从宽案件办理

第二百六十七条　人民检察院办理犯罪嫌疑人认罪认罚案件,应当保障犯罪嫌疑人获得有效法律帮助,确保其了解认罪认罚的性质和法律后果,自愿认罪认罚。

人民检察院受理案件后,应当向犯罪嫌疑人了解其委托辩护人的情况。犯罪嫌疑人自愿认罪认罚、没有辩护人的,在审查逮捕阶段,人民检察院应当要求公安机关通知值班律师为其提供法律帮助;在审查起诉阶段,人民检察院应当通知值班律师为其提供法律帮助。符合通知辩护条件的,应当依法通知法律援助机构指派律师为其提供辩护。

第二百六十八条　人民检察院应当商法律援助机构设立法律援助工作站派驻值班律师或者及时安排值班律师,为犯罪嫌疑人提供法律咨询、程序选择建议、申请变更强制措施、对案件处理提出意见等法律帮助。

人民检察院应当告知犯罪嫌疑人有权约见值班律师,并为其约见值班律师提供便利。

第二百六十九条　犯罪嫌疑人认罪认罚的,人民检察院应当告知其享有的诉讼权利和认罪认罚的法律规定,听取犯罪嫌疑人、辩护人或者值班律师、被害人及其诉讼代理人对下列事项的意见,并记录在案:

(一)涉嫌的犯罪事实、罪名及适用的法律规定;

(二)从轻、减轻或者免除处罚等从宽处罚的建议;

(三)认罪认罚后案件审理适用的程序;

(四)其他需要听取意见的事项。

依照前款规定听取值班律师意见的,应当提前为值班律师了解案件有关情况提供必要的便利。自人民检察院对案件审查起诉之日起,值班律师可以查阅案卷材料,了解案情。人民检察院应当为值班律师查阅案卷材料提供便利。

人民检察院不采纳辩护人或者值班律师所提意见的,应当向其说明理由。

第二百七十条　批准或者决定逮捕,应当将犯罪嫌疑人涉嫌犯罪的性质、情节,认罪认罚等情况,作为是否可能发生社会危险性的考虑因素。

已经逮捕的犯罪嫌疑人认罪认罚的,人民检察院应当及时对羁押必要性进行审查。经审查,认为没有继续羁押必要的,应当予以释放或者变更强制措施。

第二百七十一条　审查起诉阶段,对于在侦查阶段认罪认罚的案件,人民检察院应当重点审查以下内容:

(一)犯罪嫌疑人是否自愿认罪认罚,有无因受到暴力、威胁、引诱而违背意愿认罪认罚;

(二)犯罪嫌疑人认罪认罚时的认知能力和精神状态是否正常;

(三)犯罪嫌疑人是否理解认罪认罚的性质和可能导致的法律后果;

(四)公安机关是否告知犯罪嫌疑人享有的诉讼权利,如实供述自己罪行可以从宽处理和认罪认罚的法律规定,并听取意见;

(五)起诉意见书中是否写明犯罪嫌疑人认罪认罚情况;

(六)犯罪嫌疑人是否真诚悔罪,是否向被害人赔礼道歉。

经审查,犯罪嫌疑人违背意愿认罪认罚的,人民检察院可以重新开展认罪认罚工作。存在刑讯逼供等非法取证行为的,依照法律规定处理。

第二百七十二条　犯罪嫌疑人自愿认罪认罚,同意量刑建议和程序适用的,应当在辩护人或者值班律师在场的情况下签署认罪认罚具结书。具结书应当包括犯罪嫌疑人如实供述罪行、同意量刑建议和程序适用等内容,由犯罪嫌疑人及其辩护人、值班律师签名。

犯罪嫌疑人具有下列情形之一的,不需要签署认罪认罚具结书:

(一)犯罪嫌疑人是盲、聋、哑人,或者是尚未完全丧失辨认或者控制自己行为能力的精神病人的;

(二)未成年犯罪嫌疑人的法定代理人、辩护人对未成年人认罪认罚有异议的;

(三)其他不需要签署认罪认罚具结书的情形。

有前款情形,犯罪嫌疑人未签署认罪认罚具结书的,不影响认罪认罚从宽制度的适用。

第二百七十三条　犯罪嫌疑人认罪认罚,人民检察院经审查,认为符合速裁程序适用条件的,应当在十日以内作出是否提起公诉的决定,对可能判处的有期徒刑超过一年的,可以延长至十五日;认为不符合速裁程序适用条件的,应当在本规则第三百五十一条规定的期限以内作出是否提起公诉的决定。

对于公安机关建议适用速裁程序办理的案件,人民检察院负责案件管理的部门应当在受理案件的当日将案件移送负责捕诉的部门。

第二百七十四条　认罪认罚案件,人民检察院向人民法院提起公诉的,应当提出量刑建议,在起诉书中写明被告人认罪认罚情况,并移送认罪认罚具结书等材料。量刑建议可以另行制作文书,也可以在起诉书中写明。

第二百七十五条　犯罪嫌疑人认罪认罚的,人民检察院应当就主刑、附加刑、是否适用缓刑等提出量刑建议。量刑建议一般应当为确定刑。对新类型、不常见犯罪案件,量刑情节复杂的重罪案件等,也可以提出幅度刑量刑建议。

第二百七十六条　办理认罪认罚案件,人民检察院应当将犯罪嫌疑人是否与被害方达成和解或者调解协议,或者赔偿被害方损失,取得被害方谅解,或者自愿承担公益损害修复、赔偿责任,作为提出量刑建议的重要考虑因素。

犯罪嫌疑人自愿认罪并且愿意积极赔偿损失,但由于被害方赔偿请求明显不合理,未能达成和解或者调解协议的,一般不影响对犯罪嫌疑人从宽处理。

对于符合当事人和解程序适用条件的公诉案件,犯罪嫌疑人认罪认罚的,人民检察院应当积极促使当事人自愿达成和解。和解协议书和被害方出具的谅解意见应当随案移送。被害方符合司法救助条件的,人民检察院应当积极协调办理。

第二百七十七条　犯罪嫌疑人认罪认罚,人民检察院拟提出适用缓刑或者判处管制的量刑建议,可以委托犯罪嫌疑人居住地的社区矫正机构进行调查评估,也可以自行调查评估。

第二百七十八条　犯罪嫌疑人认罪认罚,人民检察院依照刑事诉讼法第一百七十七条第二款作出不起诉决定后,犯罪嫌疑人反悔的,人民检察院应当进行审查,并区分下列情形依法作出处理:

(一)发现犯罪嫌疑人没有犯罪事实,或者符合刑事诉讼法第十六条规定的情形之一的,应当撤销原不起诉决定，依照刑事诉讼法第一百七十七条第一款的规定重新作出不起诉决定；

（二）犯罪嫌疑人犯罪情节轻微，依照刑法不需要判处刑罚或者免除刑罚的，可以维持原不起诉决定；

（三）排除认罪认罚因素后，符合起诉条件的，应当根据案件具体情况撤销原不起诉决定，依法提起公诉。

第二百七十九条 犯罪嫌疑人自愿如实供述涉嫌犯罪的事实，有重大立功或者案件涉及国家重大利益的，经最高人民检察院核准，公安机关可以撤销案件，人民检察院可以作出不起诉决定，也可以对涉嫌数罪中的一项或者多项不起诉。

前款规定的不起诉，应当由检察长决定。决定不起诉的，人民检察院应当及时对查封、扣押、冻结的财物及其孳息作出处理。

第三节 审查批准逮捕

第二百八十条 人民检察院办理审查逮捕案件，可以讯问犯罪嫌疑人；具有下列情形之一的，应当讯问犯罪嫌疑人：

（一）对是否符合逮捕条件有疑问的；

（二）犯罪嫌疑人要求向检察人员当面陈述的；

（三）侦查活动可能有重大违法行为的；

（四）案情重大、疑难、复杂的；

（五）犯罪嫌疑人认罪认罚的；

（六）犯罪嫌疑人系未成年人的；

（七）犯罪嫌疑人是盲、聋、哑人或者是尚未完全丧失辨认或者控制自己行为能力的精神病人的。

讯问未被拘留的犯罪嫌疑人，讯问前应当听取公安机关的意见。

办理审查逮捕案件，对被拘留的犯罪嫌疑人不予讯问的，应当送达听取犯罪嫌疑人意见书，由犯罪嫌疑人填写后及时收回审查并附卷。经审查认为应当讯问犯罪嫌疑人的，应当及时讯问。

第二百八十一条 对有重大影响的案件，可以采取当面听取侦查人员、犯罪嫌疑人及其辩护人等意见的方式进行公开审查。

第二百八十二条 对公安机关提请批准逮捕的犯罪嫌疑人，已经被拘留的，人民检察院应当在收到提请批准逮捕书后七日以内作出是否批准逮捕的决定；未被拘留的，应当在收到提请批准逮捕书后十五日以内作出是否批准逮捕的决定，重大、复杂案件，不得超过二十日。

第二百八十三条 上级公安机关指定犯罪地或者犯罪嫌疑人居住地以外的下级公安机关立案侦查的案件，需要逮捕犯罪嫌疑人的，由侦查该案件的公安机关提请同级人民检察院审查批准逮捕。人民检察院应当依法作出批准或者不批准逮捕的决定。

第二百八十四条 对公安机关提请批准逮捕的犯罪嫌疑人，人民检察院经审查认为符合本规则第一百二十八条、第一百三十六条、第一百三十八条规定情形，应当作出批准逮捕的决定，连同案卷材料送达公安机关执行，并可以制作继续侦查提纲，送交公安机关。

第二百八十五条 对公安机关提请批准逮捕的犯罪嫌疑人，具有本规则第一百三十九条至第一百四十一条规定情形，人民检察院作出不批准逮捕决定的，应当说明理由，连同案卷材料送达公安机关执行。需要补充侦查的，应当制作补充侦查提纲，送交公安机关。

人民检察院办理审查逮捕案件，不另行侦查，不得直接提出采取取保候审措施的意见。

对于因犯罪嫌疑人没有犯罪事实、具有刑事诉讼法第十六条规定的情形之一或者证据不足，人民检察院拟作出不批准逮捕决定的，应当经检察长批准。

第二百八十六条 人民检察院应当将批准逮捕的决定交公安机关立即执行，并要求公安机关将执行回执及时送达作出批准决定的人民检察院。如果未能执行，也应当要求其将回执及时送达人民检察院，并写明未能执行的原因。对于人民检察院不批准逮捕的，应当要求公安机关在收到不批准逮捕决定书后，立即释放在押的犯罪嫌疑人或者变更强制措施，并将执行回执在收到不批准逮捕决定书后三日以内送达作出不批准逮捕决定的人民检察院。

公安机关在收到不批准逮捕决定书后对在押的犯罪嫌疑人不立即释放或者变更强制措施的，人民检察院应当提出纠正意见。

第二百八十七条 对于没有犯罪事实或者

犯罪嫌疑人具有刑事诉讼法第十六条规定情形之一,人民检察院作出不批准逮捕决定的,应当同时告知公安机关撤销案件。

对于有犯罪事实需要追究刑事责任,但不是被立案侦查的犯罪嫌疑人实施,或者共同犯罪案件中部分犯罪嫌疑人不负刑事责任,人民检察院作出不批准逮捕决定的,应当同时告知公安机关对有关犯罪嫌疑人终止侦查。

公安机关在收到不批准逮捕决定书后超过十五日未要求复议、提请复核,也不撤销案件或者终止侦查的,人民检察院应当发出纠正违法通知书。公安机关仍不纠正的,报上一级人民检察院协商同级公安机关处理。

第二百八十八条 人民检察院办理公安机关提请批准逮捕的案件,发现遗漏应当逮捕的犯罪嫌疑人的,应当经检察长批准,要求公安机关提请批准逮捕。公安机关不提请批准逮捕或者说明的不提请批准逮捕的理由不成立的,人民检察院可以直接作出逮捕决定,送达公安机关执行。

第二百八十九条 对已经作出的批准逮捕决定发现确有错误的,人民检察院应当撤销原批准逮捕决定,送达公安机关执行。

对已经作出的不批准逮捕决定发现确有错误,需要批准逮捕的,人民检察院应当撤销原不批准逮捕决定,并重新作出批准逮捕决定,送达公安机关执行。

对因撤销原批准逮捕决定而被释放的犯罪嫌疑人或者逮捕后公安机关变更为取保候审、监视居住的犯罪嫌疑人,又发现需要逮捕的,人民检察院应当重新办理逮捕手续。

第二百九十条 对不批准逮捕的案件,公安机关要求复议的,人民检察院负责捕诉的部门应当另行指派检察官或者检察官办案组进行审查,并在收到要求复议意见书和案卷材料后七日以内,经检察长批准,作出是否变更的决定,通知公安机关。

第二百九十一条 对不批准逮捕的案件,公安机关提请上一级人民检察院复核的,上一级人民检察院应当在收到提请复核意见书和案卷材料后十五日以内,经检察长批准,作出是否变更的决定,通知下级人民检察院和公安机关执行。需要改变原决定的,应当通知作出不批准逮捕决定的人民检察院撤销原不批准逮捕决定,另行制作批准逮捕决定书。必要时,上级人民检察院也可以直接作出批准逮捕决定,通知下级人民检察院送达公安机关执行。

对于经复议复核维持原不批准逮捕决定的,人民检察院向公安机关送达复议复核决定时应当说明理由。

第二百九十二条 人民检察院作出不批准逮捕决定,并且通知公安机关补充侦查的案件,公安机关在补充侦查后又要求复议的,人民检察院应当告知公安机关重新提请批准逮捕。公安机关坚持要求复议的,人民检察院不予受理。

对于公安机关补充侦查后应当提请批准逮捕而不提请批准逮捕的,按照本规则第二百八十八条的规定办理。

第二百九十三条 对公安机关提请批准逮捕的案件,负责捕诉的部门应当将批准、变更、撤销逮捕措施的情况书面通知本院负责刑事执行检察的部门。

第二百九十四条 外国人、无国籍人涉嫌危害国家安全犯罪的案件或者涉及国与国之间政治、外交关系的案件以及在适用法律上确有疑难的案件,需要逮捕犯罪嫌疑人的,按照刑事诉讼法关于管辖的规定,分别由基层人民检察院或者设区的市级人民检察院审查并提出意见,层报最高人民检察院审查。最高人民检察院认为需要逮捕的,经征求外交部的意见后,作出批准逮捕的批复;认为不需要逮捕的,作出不批准逮捕的批复。基层人民检察院或者设区的市级人民检察院根据最高人民检察院的批复,依法作出批准或者不批准逮捕的决定。层报过程中,上级人民检察院认为不需要逮捕的,应当作出不批准逮捕的批复。报送的人民检察院根据批复依法作出不批准逮捕的决定。

基层人民检察院或者设区的市级人民检察院认为不需要逮捕的,可以直接依法作出不批准逮捕的决定。

外国人、无国籍人涉嫌本条第一款规定以外的其他犯罪案件,决定批准逮捕的人民检察院应当在作出批准逮捕决定后四十八小时以内报上一级人民检察院备案,同时向同级人民政府外事部门通报。上一级人民检察院经审查发现批准逮捕决定错误的,应当依法及时纠正。

第二百九十五条 人民检察院办理审查逮捕的危害国家安全犯罪案件,应当报上一级人民检察院备案。

上一级人民检察院经审查发现错误的，应当依法及时纠正。

第四节　审查决定逮捕

第二百九十六条　人民检察院办理直接受理侦查的案件，需要逮捕犯罪嫌疑人的，由负责侦查的部门制作逮捕犯罪嫌疑人意见书，连同案卷材料、讯问犯罪嫌疑人录音、录像一并移送本院负责捕诉的部门审查。犯罪嫌疑人已被拘留的，负责侦查的部门应当在拘留后七日以内将案件移送本院负责捕诉的部门审查。

第二百九十七条　对本院负责侦查的部门移送审查逮捕的案件，犯罪嫌疑人已被拘留的，负责捕诉的部门应当在收到逮捕犯罪嫌疑人意见书后七日以内，报请检察长决定是否逮捕，特殊情况下，决定逮捕的时间可以延长一日至三日；犯罪嫌疑人未被拘留的，负责捕诉的部门应当在收到逮捕犯罪嫌疑人意见书后十五日以内，报请检察长决定是否逮捕，重大、复杂案件，不得超过二十日。

第二百九十八条　对犯罪嫌疑人决定逮捕的，负责捕诉的部门应当将逮捕决定书连同案卷材料、讯问犯罪嫌疑人录音、录像移交负责侦查的部门，并可以对收集证据、适用法律提出意见。由负责侦查的部门通知公安机关执行，必要时可以协助执行。

第二百九十九条　对犯罪嫌疑人决定不予逮捕的，负责捕诉的部门应当将不予逮捕的决定连同案卷材料、讯问犯罪嫌疑人录音、录像移交负责侦查的部门，并说明理由。需要补充侦查的，应当制作补充侦查提纲。犯罪嫌疑人已被拘留的，负责侦查的部门应当通知公安机关立即释放。

第三百条　对应当逮捕而本院负责侦查的部门未移送审查逮捕的犯罪嫌疑人，负责捕诉的部门应当向负责侦查的部门提出移送审查逮捕犯罪嫌疑人的建议。建议不被采纳的，应当报请检察长决定。

第三百零一条　逮捕犯罪嫌疑人后，应当立即送看守所羁押。除无法通知的以外，负责侦查的部门应当把逮捕的原因和羁押的处所，在二十四小时以内通知其家属。对于无法通知的，在无法通知的情形消除后，应当立即通知其家属。

第三百零二条　对被逮捕的犯罪嫌疑人，应当在逮捕后二十四小时以内进行讯问。

发现不应当逮捕的，应当经检察长批准，撤销逮捕决定或者变更为其他强制措施，并通知公安机关执行，同时通知负责捕诉的部门。

对按照前款规定被释放或者变更强制措施的犯罪嫌疑人，又发现需要逮捕的，应当重新移送审查逮捕。

第三百零三条　已经作出不予逮捕的决定，又发现需要逮捕犯罪嫌疑人的，应当重新办理逮捕手续。

第三百零四条　犯罪嫌疑人在异地羁押的，负责侦查的部门应当将决定、变更、撤销逮捕措施的情况书面通知羁押地人民检察院负责刑事执行检察的部门。

第五节　延长侦查羁押期限和重新计算侦查羁押期限

第三百零五条　人民检察院办理直接受理侦查的案件，对犯罪嫌疑人逮捕后的侦查羁押期限不得超过二个月。案情复杂、期限届满不能终结的案件，可以经上一级人民检察院批准延长一个月。

第三百零六条　设区的市级人民检察院和基层人民检察院办理直接受理侦查的案件，符合刑事诉讼法第一百五十八条规定，在本规则第三百零五条规定的期限届满前不能侦查终结的，经省级人民检察院批准，可以延长二个月。

省级人民检察院直接受理侦查的案件，有前款情形的，可以直接决定延长二个月。

第三百零七条　设区的市级人民检察院和基层人民检察院办理直接受理侦查的案件，对犯罪嫌疑人可能判处十年有期徒刑以上刑罚，依照本规则第三百零六条的规定依法延长羁押期限届满，仍不能侦查终结的，经省级人民检察院批准，可以再延长二个月。

省级人民检察院办理直接受理侦查的案件，有前款情形的，可以直接决定再延长二个月。

第三百零八条　最高人民检察院办理直接受理侦查的案件，依照刑事诉讼法的规定需要延长侦查羁押期限的,直接决定延长侦查羁押期限。

第三百零九条　公安机关需要延长侦查羁押期限的,人民检察院应当要求其在侦查羁押期限届满七日前提请批准延长侦查羁押期限。

人民检察院办理直接受理侦查的案件,负责侦查的部门认为需要延长侦查羁押期限的,应当按照前款规定向本院负责捕诉的部门移送延长侦查羁押期限意见书及有关材料。

对于超过法定羁押期限提请延长侦查羁押期限的,不予受理。

第三百一十条　人民检察院审查批准或者决定延长侦查羁押期限,由负责捕诉的部门办理。

受理案件的人民检察院对延长侦查羁押期限的意见审查后,应当提出是否同意延长侦查羁押期限的意见,将公安机关延长侦查羁押期限的意见和本院的审查意见层报有决定权的人民检察院审查决定。

第三百一十一条　对于同时具备下列条件的案件,人民检察院应当作出批准延长侦查羁押期限一个月的决定:

(一)符合刑事诉讼法第一百五十六条的规定;

(二)符合逮捕条件;

(三)犯罪嫌疑人有继续羁押的必要。

第三百一十二条　犯罪嫌疑人虽然符合逮捕条件,但经审查,公安机关在对犯罪嫌疑人执行逮捕后二个月以内未有效开展侦查工作或者侦查取证工作没有实质进展的,人民检察院可以作出不批准延长侦查羁押期限的决定。

犯罪嫌疑人不符合逮捕条件,需要撤销下级人民检察院逮捕决定的,上级人民检察院在作出不批准延长侦查羁押期限决定的同时,应当作出撤销逮捕的决定,或者通知下级人民检察院撤销逮捕决定。

第三百一十三条　有决定权的人民检察院作出批准延长侦查羁押期限或者不批准延长侦查羁押期限的决定后,应当将决定书交由最初受理案件的人民检察院送达公安机关。

最初受理案件的人民检察院负责捕诉的部门收到批准延长侦查羁押期限决定书或者不批准延长侦查羁押期限决定书,应当书面告知本院负责刑事执行检察的部门。

第三百一十四条　因为特殊原因,在较长时间内不宜交付审判的特别重大复杂的案件,由最高人民检察院报请全国人民代表大会常务委员会批准延期审理。

第三百一十五条　人民检察院在侦查期间发现犯罪嫌疑人另有重要罪行的,自发现之日起依照本规则第三百零五条的规定重新计算侦查羁押期限。

另有重要罪行是指与逮捕时的罪行不同种的重大犯罪或者同种的影响罪名认定、量刑档次的重大犯罪。

第三百一十六条　人民检察院重新计算侦查羁押期限,应当由负责侦查的部门提出重新计算侦查羁押期限的意见,移送本院负责捕诉的部门审查。负责捕诉的部门审查后应当提出是否同意重新计算侦查羁押期限的意见,报检察长决定。

第三百一十七条　对公安机关重新计算侦查羁押期限的备案,由负责捕诉的部门审查。负责捕诉的部门认为公安机关重新计算侦查羁押期限不当的,应当提出纠正意见。

第三百一十八条　人民检察院直接受理侦查的案件,不能在法定侦查羁押期限内侦查终结的,应当依法释放犯罪嫌疑人或者变更强制措施。

第三百一十九条　负责捕诉的部门审查延长侦查羁押期限、审查重新计算侦查羁押期限,可以讯问犯罪嫌疑人,听取辩护律师和侦查人员的意见,调取案卷及相关材料等。

第六节　核准追诉

第三百二十条　法定最高刑为无期徒刑、死刑的犯罪,已过二十年追诉期限的,不再追诉。如果认为必须追诉的,须报请最高人民检察院核准。

第三百二十一条　须报请最高人民检察院核准追诉的案件,公安机关在核准之前可以依法对犯罪嫌疑人采取强制措施。

公安机关报请核准追诉并提请逮捕犯罪嫌疑人,人民检察院经审查认为必须追诉而且符合法定逮捕条件的,可以依法批准逮捕,同时要求公安机关在报请核准追诉期间不得停止对案件的侦查。

未经最高人民检察院核准,不得对案件提

起公诉。

第三百二十二条　报请核准追诉的案件应当同时符合下列条件：

（一）有证据证明存在犯罪事实，且犯罪事实是犯罪嫌疑人实施的；

（二）涉嫌犯罪的行为应当适用的法定量刑幅度的最高刑为无期徒刑或者死刑；

（三）涉嫌犯罪的性质、情节和后果特别严重，虽然已过二十年追诉期限，但社会危害性和影响依然存在，不追诉会严重影响社会稳定或者产生其他严重后果，而必须追诉的；

（四）犯罪嫌疑人能够及时到案接受追诉。

第三百二十三条　公安机关报请核准追诉的案件，由同级人民检察院受理并层报最高人民检察院审查决定。

第三百二十四条　地方各级人民检察院对公安机关报请核准追诉的案件，应当及时进行审查并开展必要的调查。经检察委员会审议提出是否同意核准追诉的意见，制作报请核准追诉案件报告书，连同案卷材料一并层报最高人民检察院。

第三百二十五条　最高人民检察院收到省级人民检察院报送的报请核准追诉案件报告书及案卷材料后，应当及时审查，必要时指派检察人员到案发地了解案件有关情况。经检察长批准，作出是否核准追诉的决定，并制作核准追诉决定书或者不予核准追诉决定书，逐级下达至最初受理案件的人民检察院，由其送达报请核准追诉的公安机关。

第三百二十六条　对已经采取强制措施的案件，强制措施期限届满不能作出是否核准追诉决定的，应当对犯罪嫌疑人变更强制措施或者延长侦查羁押期限。

第三百二十七条　最高人民检察院决定核准追诉的案件，最初受理案件的人民检察院应当监督公安机关的侦查工作。

最高人民检察院决定不予核准追诉，公安机关未及时撤销案件的，同级人民检察院应当提出纠正意见。犯罪嫌疑人在押的，应当立即释放。

第七节　审 查 起 诉

第三百二十八条　各级人民检察院提起公诉，应当与人民法院审判管辖相适应。负责捕诉的部门收到移送起诉的案件后，经审查认为不属于本院管辖的，应当在发现之日起五日以内经由负责案件管理的部门移送有管辖权的人民检察院。

属于上级人民法院管辖的第一审案件，应当报送上级人民检察院，同时通知移送起诉的公安机关；属于同级其他人民法院管辖的第一审案件，应当移送有管辖权的人民检察院或者报送共同的上级人民检察院指定管辖，同时通知移送起诉的公安机关。

上级人民检察院受理同级公安机关移送起诉的案件，认为属于下级人民法院管辖的，可以交下级人民检察院审查，由下级人民检察院向同级人民法院提起公诉，同时通知移送起诉的公安机关。

一人犯数罪、共同犯罪和其他需要并案审理的案件，只要其中一人或者一罪属于上级人民检察院管辖的，全案由上级人民检察院审查起诉。

公安机关移送起诉的案件，需要依照刑事诉讼法的规定指定审判管辖的，人民检察院应当在公安机关移送起诉前协商同级人民法院办理指定管辖有关事宜。

第三百二十九条　监察机关移送起诉的案件，需要依照刑事诉讼法的规定指定审判管辖的，人民检察院应当在监察机关移送起诉二十日前协商同级人民法院办理指定管辖有关事宜。

第三百三十条　人民检察院审查移送起诉的案件，应当查明：

（一）犯罪嫌疑人身份状况是否清楚，包括姓名、性别、国籍、出生年月日、职业和单位等；单位犯罪的，单位的相关情况是否清楚；

（二）犯罪事实、情节是否清楚；实施犯罪的时间、地点、手段、危害后果是否明确；

（三）认定犯罪性质和罪名的意见是否正确；有无法定的从重、从轻、减轻或者免除处罚情节及酌定从重、从轻情节；共同犯罪案件的犯罪嫌疑人在犯罪活动中的责任认定是否恰当；

（四）犯罪嫌疑人是否认罪认罚；

（五）证明犯罪事实的证据材料是否随案移送；证明相关财产系违法所得的证据材料是否随案移送；不宜移送的证据的清单、复制件、

照片或者其他证明文件是否随案移送;

(六)证据是否确实、充分,是否依法收集,有无应当排除非法证据的情形;

(七)采取侦查措施包括技术侦查措施的法律手续和诉讼文书是否完备;

(八)有无遗漏罪行和其他应当追究刑事责任的人;

(九)是否属于不应当追究刑事责任的;

(十)有无附带民事诉讼;对于国家财产、集体财产遭受损失的,是否需要由人民检察院提起附带民事诉讼;对于破坏生态环境和资源保护,食品药品安全领域侵害众多消费者合法权益,侵害英雄烈士的姓名、肖像、名誉、荣誉等损害社会公共利益的行为,是否需要由人民检察院提起附带民事公益诉讼;

(十一)采取的强制措施是否适当,对于已经逮捕的犯罪嫌疑人,有无继续羁押的必要;

(十二)侦查活动是否合法;

(十三)涉案财物是否查封、扣押、冻结并妥善保管,清单是否齐备;对被害人合法财产的返还和对违禁品或者不宜长期保存的物品的处理是否妥当,移送的证明文件是否完备。

第三百三十一条 人民检察院办理审查起诉案件应当讯问犯罪嫌疑人。

第三百三十二条 人民检察院认为需要对案件中某些专门性问题进行鉴定而监察机关或者公安机关没有鉴定的,应当要求监察机关或者公安机关进行鉴定。必要时,也可以由人民检察院进行鉴定,或者由人民检察院聘请有鉴定资格的人进行鉴定。

人民检察院自行进行鉴定的,可以商请监察机关或者公安机关派员参加,必要时可以聘请有鉴定资格或者有专门知识的人参加。

第三百三十三条 在审查起诉中,发现犯罪嫌疑人可能患有精神病的,人民检察院应当依照本规则的有关规定对犯罪嫌疑人进行鉴定。

犯罪嫌疑人的辩护人或者近亲属以犯罪嫌疑人可能患有精神病而申请对犯罪嫌疑人进行鉴定的,人民检察院也可以依照本规则的有关规定对犯罪嫌疑人进行鉴定。鉴定费用由申请方承担。

第三百三十四条 人民检察院对鉴定意见有疑问的,可以询问鉴定人或者有专门知识的人并制作笔录附卷,也可以指派有鉴定资格的检察技术人员或者聘请其他有鉴定资格的人进行补充鉴定或者重新鉴定。

人民检察院对鉴定意见等技术性证据材料需要进行专门审查的,按照有关规定交检察技术人员或者其他有专门知识的人进行审查并出具审查意见。

第三百三十五条 人民检察院审查案件时,对监察机关或者公安机关的勘验、检查,认为需要复验、复查的,应当要求其复验、复查,人民检察院可以派员参加;也可以自行复验、复查,商请监察机关或者公安机关派员参加,必要时也可以指派检察技术人员或者聘请其他有专门知识的人参加。

第三百三十六条 人民检察院对物证、书证、视听资料、电子数据及勘验、检查、辨认、侦查实验等笔录存在疑问的,可以要求调查人员或者侦查人员提供获取、制作的有关情况,必要时也可以询问提供相关证据材料的人员和见证人并制作笔录附卷,对物证、书证、视听资料、电子数据进行鉴定。

第三百三十七条 人民检察院在审查起诉阶段认为需要逮捕犯罪嫌疑人的,应当经检察长决定。

第三百三十八条 对于人民检察院正在审查起诉的案件,被逮捕的犯罪嫌疑人及其法定代理人、近亲属或者辩护人认为羁押期限届满,向人民检察院提出释放犯罪嫌疑人或者变更强制措施要求的,人民检察院应当在三日以内审查决定。经审查,认为法定期限届满的,应当决定释放或者依法变更强制措施,并通知公安机关执行;认为法定期限未满的,书面答复申请人。

第三百三十九条 人民检察院对案件进行审查后,应当依法作出起诉或者不起诉以及是否提起附带民事诉讼、附带民事公益诉讼的决定。

第三百四十条 人民检察院对监察机关或者公安机关移送的案件进行审查后,在人民法院作出生效判决之前,认为需要补充提供证据材料的,可以书面要求监察机关或者公安机关提供。

第三百四十一条 人民检察院在审查起诉中发现有应当排除的非法证据,应当依法排除,同时可以要求监察机关或者公安机关另行指派调查人员或者侦查人员重新取证。必要时,人民检察院也可以自行调查取证。

第三百四十二条 人民检察院认为犯罪事实不清、证据不足或者存在遗漏罪行、遗漏同案犯罪嫌疑人等情形需要补充侦查的,应当制作补充侦查提纲,连同案卷材料一并退回公安机关补充侦查。人民检察院也可以自行侦查,必要时可以要求公安机关提供协助。

第三百四十三条 人民检察院对于监察机关移送起诉的案件,认为需要补充调查的,应当退回监察机关补充调查。必要时,可以自行补充侦查。

需要退回补充调查的案件,人民检察院应当出具补充调查决定书、补充调查提纲,写明补充调查的事项、理由、调查方向、需补充收集的证据及其证明作用等,连同案卷材料一并送交监察机关。

人民检察院决定退回补充调查的案件,犯罪嫌疑人已被采取强制措施的,应当将退回补充调查情况书面通知强制措施执行机关。监察机关需要讯问的,人民检察院应当予以配合。

第三百四十四条 对于监察机关移送起诉的案件,具有下列情形之一的,人民检察院可以自行补充侦查:

(一)证人证言、犯罪嫌疑人供述和辩解、被害人陈述的内容主要情节一致,个别情节不一致的;

(二)物证、书证等证据材料需要补充鉴定的;

(三)其他由人民检察院查证更为便利、更有效率、更有利于查清案件事实的情形。

自行补充侦查完毕后,应当将相关证据材料入卷,同时抄送监察机关。人民检察院自行补充侦查的,可以商请监察机关提供协助。

第三百四十五条 人民检察院负责捕诉的部门对本院负责侦查的部门移送起诉的案件进行审查后,认为犯罪事实不清、证据不足或者存在遗漏罪行、遗漏同案犯罪嫌疑人等情形需要补充侦查的,应当制作补充侦查提纲,连同案卷材料一并退回负责侦查的部门补充侦查。必要时,也可以自行侦查,可以要求负责侦查的部门予以协助。

第三百四十六条 退回监察机关补充调查、退回公安机关补充侦查的案件,均应当在一个月以内补充调查、补充侦查完毕。

补充调查、补充侦查以二次为限。

补充调查、补充侦查完毕移送起诉后,人民检察院重新计算审查起诉期限。

人民检察院负责捕诉的部门退回本院负责侦查的部门补充侦查的期限、次数按照本条第一款至第三款的规定执行。

第三百四十七条 补充侦查期限届满,公安机关未将案件重新移送起诉的,人民检察院应当要求公安机关说明理由。

人民检察院发现公安机关违反法律规定撤销案件的,应当提出纠正意见。

第三百四十八条 人民检察院在审查起诉中决定自行侦查的,应当在审查起诉期限内侦查完毕。

第三百四十九条 人民检察院对已经退回监察机关二次补充调查或者退回公安机关二次补充侦查的案件,在审查起诉中又发现新的犯罪事实,应当将线索移送监察机关或者公安机关。对已经查清的犯罪事实,应当依法提起公诉。

第三百五十条 对于在审查起诉期间改变管辖的案件,改变后的人民检察院对于符合刑事诉讼法第一百七十五条第二款规定的案件,可以经原受理案件的人民检察院协助,直接退回原侦查案件的公安机关补充侦查,也可以自行侦查。改变管辖前后退回补充侦查的次数总共不得超过二次。

第三百五十一条 人民检察院对于移送起诉的案件,应当在一个月以内作出决定;重大、复杂的案件,一个月以内不能作出决定的,可以延长十五日。

人民检察院审查起诉的案件,改变管辖的,从改变后的人民检察院收到案件之日起计算审查起诉期限。

第三百五十二条 追缴的财物中,属于被害人的合法财产,不需要在法庭出示的,应当及时返还被害人,并由被害人在发还款物清单上签名或者盖章,注明返还的理由,并将清单、照片附卷。

第三百五十三条 追缴的财物中,属于违禁品或者不宜长期保存的物品,应当依照国家有关规定处理,并将清单、照片、处理结果附卷。

第三百五十四条 人民检察院在审查起诉阶段,可以适用本规则规定的侦查措施和程序。

第八节 起 诉

第三百五十五条 人民检察院认为犯罪嫌疑人的犯罪事实已经查清,证据确实、充分,依法应当追究刑事责任的,应当作出起诉决定。

具有下列情形之一的,可以认为犯罪事实已经查清:

(一)属于单一罪行的案件,查清的事实足以定罪量刑或者与定罪量刑有关的事实已经查清,不影响定罪量刑的事实无法查清的;

(二)属于数个罪行的案件,部分罪行已经查清并符合起诉条件,其他罪行无法查清的;

(三)无法查清作案工具、赃物去向,但有其他证据足以对被告人定罪量刑的;

(四)证人证言、犯罪嫌疑人供述和辩解、被害人陈述的内容主要情节一致,个别情节不一致,但不影响定罪的。

对于符合前款第二项情形的,应当以已经查清的罪行起诉。

第三百五十六条 人民检察院在办理公安机关移送起诉的案件中,发现遗漏罪行或者有依法应当移送起诉的同案犯罪嫌疑人未移送起诉的,应当要求公安机关补充侦查或者补充移送起诉。对于犯罪事实清楚,证据确实、充分的,也可以直接提起公诉。

第三百五十七条 人民检察院立案侦查时认为属于直接受理侦查的案件,在审查起诉阶段发现属于监察机关管辖的,应当及时商监察机关办理。属于公安机关管辖,案件事实清楚,证据确实、充分,符合起诉条件的,可以直接起诉;事实不清、证据不足的,应当及时移送有管辖权的机关办理。

在审查起诉阶段,发现公安机关移送起诉的案件属于监察机关管辖,或者监察机关移送起诉的案件属于公安机关管辖,但案件事实清楚,证据确实、充分,符合起诉条件的,经征求监察机关、公安机关意见后,没有不同意见的,可以直接起诉;提出不同意见,或者事实不清、证据不足的,应当将案件退回移送案件的机关并说明理由,建议其移送有管辖权的机关办理。

第三百五十八条 人民检察院决定起诉的,应当制作起诉书。

起诉书的主要内容包括:

(一)被告人的基本情况,包括姓名、性别、出生年月日、出生地和户籍地、公民身份号码、民族、文化程度、职业、工作单位及职务、住址,是否受过刑事处分及处分的种类和时间,采取强制措施的情况等;如果是单位犯罪,应当写明犯罪单位的名称和组织机构代码、所在地址、联系方式,法定代表人和诉讼代表人的姓名、职务、联系方式;如果还有应当负刑事责任的直接负责的主管人员或其他直接责任人员,应当按上述被告人基本情况的内容叙写;

(二)案由和案件来源;

(三)案件事实,包括犯罪的时间、地点、经过、手段、动机、目的、危害后果等与定罪量刑有关的事实要素。起诉书叙述的指控犯罪事实的必备要素应当明晰、准确。被告人被控有多项犯罪事实的,应当逐一列举,对于犯罪手段相同的同一犯罪可以概括叙写;

(四)起诉的根据和理由,包括被告人触犯的刑法条款、犯罪的性质及认定的罪名、处罚条款、法定从轻、减轻或者从重处罚的情节,共同犯罪各被告人应负的罪责等;

(五)被告人认罪认罚情况,包括认罪认罚的内容、具结书签署情况等。

被告人真实姓名、住址无法查清的,可以按其绰号或者自报的姓名、住址制作起诉书,并在起诉书中注明。被告人自报的姓名可能造成损害他人名誉、败坏道德风俗等不良影响的,可以对被告人编号并按编号制作起诉书,附具被告人的照片,记明足以确定被告人面貌、体格、指纹以及其他反映被告人特征的事项。

起诉书应当附有被告人现在处所,证人、鉴定人、需要出庭的有专门知识的人的名单,需要保护的被害人、证人、鉴定人的化名名单,查封、扣押、冻结的财物及孳息的清单,附带民事诉讼、附带民事公益诉讼情况以及其他需要附注的情况。

证人、鉴定人、有专门知识的人的名单应当列明姓名、性别、年龄、职业、住址、联系方式,并注明证人、鉴定人是否出庭。

第三百五十九条 人民检察院提起公诉的案件,应当向人民法院移送起诉书、案卷材料、证据和认罪认罚具结书等材料。

起诉书应当一式八份，每增加一名被告人增加起诉书五份。

关于被害人姓名、住址、联系方式、被告人被采取强制措施的种类、是否在案及羁押处所等问题，人民检察院应当在起诉书中列明，不再单独移送材料；对于涉及被害人隐私或者为保护证人、鉴定人、被害人人身安全，而不宜公开证人、鉴定人、被害人姓名、住址、工作单位和联系方式等个人信息的，可以在起诉书中使用化名。但是应当另行书面说明使用化名的情况并标明密级，单独成卷。

第三百六十条　人民检察院对于犯罪嫌疑人、被告人或者证人等翻供、翻证的材料以及对犯罪嫌疑人、被告人有利的其他证据材料，应当移送人民法院。

第三百六十一条　人民法院向人民检察院提出书面意见要求补充移送材料，人民检察院认为有必要移送的，应当自收到通知之日起三日以内补送。

第三百六十二条　对提起公诉后，在人民法院宣告判决前补充收集的证据材料，人民检察院应当及时移送人民法院。

第三百六十三条　在审查起诉期间，人民检察院可以根据辩护人的申请，向监察机关、公安机关调取在调查、侦查期间收集的证明犯罪嫌疑人、被告人无罪或者罪轻的证据材料。

第三百六十四条　人民检察院提起公诉的案件，可以向人民法院提出量刑建议。除有减轻处罚或者免除处罚情节外，量刑建议应当在法定量刑幅度内提出。建议判处有期徒刑、管制、拘役的，可以具有一定的幅度，也可以提出具体确定的建议。

提出量刑建议的，可以制作量刑建议书，与起诉书一并移送人民法院。量刑建议书的主要内容应当包括被告人所犯罪行的法定刑、量刑情节、建议人民法院对被告人判处刑罚的种类、刑罚幅度、可以适用的刑罚执行方式以及提出量刑建议的依据和理由等。

认罪认罚案件的量刑建议，按照本章第二节的规定办理。

第九节　不　起　诉

第三百六十五条　人民检察院对于监察机关或者公安机关移送起诉的案件，发现犯罪嫌疑人没有犯罪事实，或者符合刑事诉讼法第十六条规定的情形之一的，经检察长批准，应当作出不起诉决定。

对于犯罪事实并非犯罪嫌疑人所为，需要重新调查或者侦查的，应当在作出不起诉决定后书面说明理由，将案卷材料退回监察机关或者公安机关并建议重新调查或者侦查。

第三百六十六条　负责捕诉的部门对于本院负责侦查的部门移送起诉的案件，发现具有本规则第三百六十五条第一款规定情形的，应当退回本院负责侦查的部门，建议撤销案件。

第三百六十七条　人民检察院对于二次退回补充调查或者补充侦查的案件，仍然认为证据不足，不符合起诉条件的，经检察长批准，依法作出不起诉决定。

人民检察院对于经过一次退回补充调查或者补充侦查的案件，认为证据不足，不符合起诉条件，且没有再次退回补充调查或者补充侦查必要的，经检察长批准，可以作出不起诉决定。

第三百六十八条　具有下列情形之一，不能确定犯罪嫌疑人构成犯罪和需要追究刑事责任的，属于证据不足，不符合起诉条件：

（一）犯罪构成要件事实缺乏必要的证据予以证明的；

（二）据以定罪的证据存在疑问，无法查证属实的；

（三）据以定罪的证据之间、证据与案件事实之间的矛盾不能合理排除的；

（四）根据证据得出的结论具有其他可能性，不能排除合理怀疑的；

（五）根据证据认定案件事实不符合逻辑和经验法则，得出的结论明显不符合常理的。

第三百六十九条　人民检察院根据刑事诉讼法第一百七十五条第四款规定决定不起诉的，在发现新的证据，符合起诉条件时，可以提起公诉。

第三百七十条　人民检察院对于犯罪情节轻微，依照刑法规定不需要判处刑罚或者免除刑罚的，经检察长批准，可以作出不起诉决定。

第三百七十一条　人民检察院直接受理侦查的案件，以及监察机关移送起诉的案件，拟作不起诉决定的，应当报请上一级人民检察院批准。

第三百七十二条　人民检察院决定不起诉的,应当制作不起诉决定书。

不起诉决定书的主要内容包括:

(一)被不起诉人的基本情况,包括姓名、性别、出生年月日、出生地和户籍地、公民身份号码、民族、文化程度、职业、工作单位及职务、住址,是否受过刑事处分,采取强制措施的情况以及羁押处所等;如果是单位犯罪,应当写明犯罪单位的名称和组织机构代码、所在地址、联系方式,法定代表人和诉讼代表人的姓名、职务、联系方式;

(二)案由和案件来源;

(三)案件事实,包括否定或者指控被不起诉人构成犯罪的事实以及作为不起诉决定根据的事实;

(四)不起诉的法律根据和理由,写明作出不起诉决定适用的法律条款;

(五)查封、扣押、冻结的涉案财物的处理情况;

(六)有关告知事项。

第三百七十三条　人民检察院决定不起诉的案件,可以根据案件的不同情况,对被不起诉人予以训诫或者责令具结悔过、赔礼道歉、赔偿损失。

对被不起诉人需要给予行政处罚、政务处分或者其他处分的,经检察长批准,人民检察院应当提出检察意见,连同不起诉决定书一并移送有关主管机关处理,并要求有关主管机关及时通报处理情况。

第三百七十四条　人民检察院决定不起诉的案件,应当同时书面通知作出查封、扣押、冻结决定的机关或者执行查封、扣押、冻结决定的机关解除查封、扣押、冻结。

第三百七十五条　人民检察院决定不起诉的案件,需要没收违法所得的,经检察长批准,应当提出检察意见,移送有关主管机关处理,并要求有关主管机关及时通报处理情况。具体程序可以参照本规则第二百四十八条的规定办理。

第三百七十六条　不起诉的决定,由人民检察院公开宣布。公开宣布不起诉决定的活动应当记录在案。

不起诉决定书自公开宣布之日起生效。

被不起诉人在押的,应当立即释放;被采取其他强制措施的,应当通知执行机关解除。

第三百七十七条　不起诉决定书应当送达被害人或者其近亲属及其诉讼代理人、被不起诉人及其辩护人以及被不起诉人所在单位。送达时,应当告知被害人或者其近亲属及其诉讼代理人,如果对不起诉决定不服,可以自收到不起诉决定书后七日以内向上一级人民检察院申诉;也可以不经申诉,直接向人民法院起诉。依照刑事诉讼法第一百七十七条第二款作出不起诉决定的,应当告知被不起诉人,如果对不起诉决定不服,可以自收到不起诉决定书后七日以内向人民检察院申诉。

第三百七十八条　对于监察机关或者公安机关移送起诉的案件,人民检察院决定不起诉的,应当将不起诉决定书送达监察机关或者公安机关。

第三百七十九条　监察机关认为不起诉的决定有错误,向上一级人民检察院提请复议的,上一级人民检察院应当在收到提请复议意见书后三十日以内,经检察长批准,作出复议决定,通知监察机关。

公安机关认为不起诉决定有错误要求复议的,人民检察院负责捕诉的部门应当另行指派检察官或者检察官办案组进行审查,并在收到要求复议意见书后三十日以内,经检察长批准,作出复议决定,通知公安机关。

第三百八十条　公安机关对不起诉决定提请复核的,上一级人民检察院应当在收到提请复核意见书后三十日以内,经检察长批准,作出复核决定,通知提请复核的公安机关和下级人民检察院。经复核认为下级人民检察院不起诉决定错误的,应当指令下级人民检察院纠正,或者撤销、变更下级人民检察院作出的不起诉决定。

第三百八十一条　被害人不服不起诉决定,在收到不起诉决定书后七日以内提出申诉的,由作出不起诉决定的人民检察院的上一级人民检察院负责捕诉的部门进行复查。

被害人向作出不起诉决定的人民检察院提出申诉的,作出决定的人民检察院应当将申诉材料连同案卷一并报送上一级人民检察院。

第三百八十二条　被害人不服不起诉决定,在收到不起诉决定书七日以后提出申诉的,由作出不起诉决定的人民检察院负责控告申诉检察的部门进行审查。经审查,认为不起诉决定正确的,出具审查结论直接答复申诉人,并做好释法说理工作;认为不起诉决定可能存在错误的,移送负责捕诉的部门进行复查。

第三百八十三条　人民检察院应当将复查决定书送达被害人、被不起诉人和作出不起诉决定的人民检察院。

上级人民检察院经复查作出起诉决定的,应当撤销下级人民检察院的不起诉决定,交由下级人民检察院提起公诉,并将复查决定抄送移送起诉的监察机关或者公安机关。

第三百八十四条　人民检察院收到人民法院受理被害人对被不起诉人起诉的通知后,应当终止复查,将作出不起诉决定所依据的有关案卷材料移送人民法院。

第三百八十五条　对于人民检察院依照刑事诉讼法第一百七十七条第二款规定作出的不起诉决定,被不起诉人不服,在收到不起诉决定书后七日以内提出申诉的,应当由作出决定的人民检察院负责捕诉的部门进行复查;被不起诉人在收到不起诉决定书七日以后提出申诉的,由负责控告申诉检察的部门进行审查。经审查,认为不起诉决定正确的,出具审查结论直接答复申诉人,并做好释法说理工作;认为不起诉决定可能存在错误的,移送负责捕诉的部门复查。

人民检察院应当将复查决定书送达被不起诉人、被害人。复查后,撤销不起诉决定,变更不起诉的事实或者法律依据的,应当同时将复查决定书抄送移送起诉的监察机关或者公安机关。

第三百八十六条　人民检察院复查不服不起诉决定的申诉,应当在立案后三个月以内报经检察长批准作出复查决定。案情复杂的,不得超过六个月。

第三百八十七条　被害人、被不起诉人对不起诉决定不服提出申诉的,应当递交申诉书,写明申诉理由。没有书写能力的,也可以口头提出申诉。人民检察院应当根据其口头提出的申诉制作笔录。

第三百八十八条　人民检察院发现不起诉决定确有错误,符合起诉条件的,应当撤销不起诉决定,提起公诉。

第三百八十九条　最高人民检察院对地方各级人民检察院的起诉、不起诉决定,上级人民检察院对下级人民检察院的起诉、不起诉决定,发现确有错误的,应当予以撤销或者指令下级人民检察院纠正。

第十一章　出席法庭

第一节　出席第一审法庭

第三百九十条　提起公诉的案件,人民检察院应当派员以国家公诉人的身份出席第一审法庭,支持公诉。

公诉人应当由检察官担任。检察官助理可以协助检察官出庭。根据需要可以配备书记员担任记录。

第三百九十一条　对于提起公诉后人民法院改变管辖的案件,提起公诉的人民检察院参照本规则第三百二十八条的规定将案件移送与审判管辖相对应的人民检察院。

接受移送的人民检察院重新对案件进行审查的,根据刑事诉讼法第一百七十二条第二款的规定自收到案件之日起计算审查起诉期限。

第三百九十二条　人民法院决定开庭审判的,公诉人应当做好以下准备工作:

(一)进一步熟悉案情,掌握证据情况;

(二)深入研究与本案有关的法律政策问题;

(三)充实审判中可能涉及的专业知识;

(四)拟定讯问被告人、询问证人、鉴定人、有专门知识的人和宣读、出示、播放证据的计划并制定质证方案;

(五)对可能出现证据合法性争议的,拟定证明证据合法性的提纲并准备相关材料;

(六)拟定公诉意见,准备辩论提纲;

(七)需要对出庭证人等的保护向人民法院提出建议或者配合工作的,做好相关准备。

第三百九十三条　人民检察院在开庭审理前收到人民法院或者被告人及其辩护人、被害人、证人等送交的反映证据系非法取得的书面材料的,应当进行审查。对于审查逮捕、审查起诉期间已经提出并经查证不存在非法取证行为的,应当通知人民法院、有关当事人和辩护人,并按照查证的情况做好庭审准备。对于新的材料或者线索,可以要求监察机关、公安机关对证据收集的合法性进行说明或者提供相关证明材料。

第三百九十四条 人民法院通知人民检察院派员参加庭前会议的,由出席法庭的公诉人参加。检察官助理可以协助。根据需要可以配备书记员担任记录。

人民检察院认为有必要召开庭前会议的,可以建议人民法院召开庭前会议。

第三百九十五条 在庭前会议中,公诉人可以对案件管辖、回避、出庭证人、鉴定人、有专门知识的人的名单、辩护人提供的无罪证据、非法证据排除、不公开审理、延期审理、适用简易程序或者速裁程序、庭审方案等与审判相关的问题提出和交换意见,了解辩护人收集的证据等情况。

对辩护人收集的证据有异议的,应当提出,并简要说明理由。

公诉人通过参加庭前会议,了解案件事实、证据和法律适用的争议和不同意见,解决有关程序问题,为参加法庭审理做好准备。

第三百九十六条 当事人、辩护人、诉讼代理人在庭前会议中提出证据系非法取得,人民法院认为可能存在以非法方法收集证据情形的,人民检察院应当对证据收集的合法性进行说明。需要调查核实的,在开庭审理前进行。

第三百九十七条 人民检察院向人民法院移送全部案卷材料后,在法庭审理过程中,公诉人需要出示、宣读、播放有关证据的,可以申请法庭出示、宣读、播放。

人民检察院基于出庭准备和庭审举证工作的需要,可以取回有关案卷材料和证据。

取回案卷材料和证据后,辩护律师要求查阅案卷材料的,应当允许辩护律师在人民检察院查阅、摘抄、复制案卷材料。

第三百九十八条 公诉人在法庭上应当依法进行下列活动:

(一)宣读起诉书,代表国家指控犯罪,提请人民法院对被告人依法审判;

(二)讯问被告人;

(三)询问证人、被害人、鉴定人;

(四)申请法庭出示物证,宣读书证、未到庭证人的证言笔录、鉴定人的鉴定意见、勘验、检查、辨认、侦查实验等笔录和其他作为证据的文书,播放作为证据的视听资料、电子数据等;

(五)对证据采信、法律适用和案件情况发表意见,提出量刑建议及理由,针对被告人、辩护人的辩护意见进行答辩,全面阐述公诉意见;

(六)维护诉讼参与人的合法权利;

(七)对法庭审理案件有无违反法律规定诉讼程序的情况记明笔录;

(八)依法从事其他诉讼活动。

第三百九十九条 在法庭审理中,公诉人应当客观、全面、公正地向法庭出示与定罪、量刑有关的证明被告人有罪、罪重或者罪轻的证据。

按照审判长要求,或者经审判长同意,公诉人可以按照以下方式举证、质证:

(一)对于可能影响定罪量刑的关键证据和控辩双方存在争议的证据,一般应当单独举证、质证;

(二)对于不影响定罪量刑且控辩双方无异议的证据,可以仅就证据的名称及其证明的事项、内容作出说明;

(三)对于证明方向一致、证明内容相近或者证据种类相同,存在内在逻辑关系的证据,可以归纳、分组示证、质证。

公诉人出示证据时,可以借助多媒体设备等方式出示、播放或者演示证据内容。

定罪证据与量刑证据需要分开的,应当分别出示。

第四百条 公诉人讯问被告人,询问证人、被害人、鉴定人,出示物证,宣读书证、未出庭证人的证言笔录等应当围绕下列事实进行:

(一)被告人的身份;

(二)指控的犯罪事实是否存在,是否为被告人所实施;

(三)实施犯罪行为的时间、地点、方法、手段、结果,被告人犯罪后的表现等;

(四)犯罪集团或者其他共同犯罪案件中参与犯罪人员的各自地位和应负的责任;

(五)被告人有无刑事责任能力,有无故意或者过失,行为的动机、目的;

(六)有无依法不应当追究刑事责任的情况,有无法定的从重或者从轻、减轻以及免除处罚的情节;

(七)犯罪对象、作案工具的主要特征,与犯罪有关的财物的来源、数量以及去向;

(八)被告人全部或者部分否认起诉书指

控的犯罪事实的，否认的根据和理由能否成立；

（九）与定罪、量刑有关的其他事实。

第四百零一条　在法庭审理中，下列事实不必提出证据进行证明：

（一）为一般人共同知晓的常识性事实；

（二）人民法院生效裁判所确认并且未依审判监督程序重新审理的事实；

（三）法律、法规的内容以及适用等属于审判人员履行职务所应当知晓的事实；

（四）在法庭审理中不存在异议的程序事实；

（五）法律规定的推定事实；

（六）自然规律或者定律。

第四百零二条　讯问被告人、询问证人不得采取可能影响陈述或者证言客观真实的诱导性发问以及其他不当发问方式。

辩护人向被告人或者证人进行诱导性发问以及其他不当发问可能影响陈述或者证言的客观真实的，公诉人可以要求审判长制止或者要求对该项陈述或者证言不予采纳。

讯问共同犯罪案件的被告人、询问证人应当个别进行。

被告人、证人、被害人对同一事实的陈述存在矛盾的，公诉人可以建议法庭传唤有关被告人、通知有关证人同时到庭对质，必要时可以建议法庭询问被害人。

第四百零三条　被告人在庭审中的陈述与在侦查、审查起诉中的供述一致或者不一致的内容不影响定罪量刑的，可以不宣读被告人供述笔录。

被告人在庭审中的陈述与在侦查、审查起诉中的供述不一致，足以影响定罪量刑的，可以宣读被告人供述笔录，并针对笔录中被告人的供述内容对被告人进行讯问，或者提出其他证据进行证明。

第四百零四条　公诉人对证人证言有异议，且该证人证言对案件定罪量刑有重大影响的，可以申请人民法院通知证人出庭作证。

人民警察就其执行职务时目击的犯罪情况作为证人出庭作证，适用前款规定。

公诉人对鉴定意见有异议的，可以申请人民法院通知鉴定人出庭作证。经人民法院通知，鉴定人拒不出庭作证的，公诉人可以建议法庭不予采纳该鉴定意见作为定案的根据，也可以申请法庭重新通知鉴定人出庭作证或者申请重新鉴定。

必要时，公诉人可以申请法庭通知有专门知识的人出庭，就鉴定人作出的鉴定意见提出意见。

当事人或者辩护人、诉讼代理人对证人证言、鉴定意见有异议的，公诉人认为必要时，可以申请人民法院通知证人、鉴定人出庭作证。

第四百零五条　证人应当由人民法院通知并负责安排出庭作证。

对于经人民法院通知而未到庭的证人或者出庭后拒绝作证的证人的证言笔录，公诉人应当当庭宣读。

对于经人民法院通知而未到庭的证人的证言笔录存在疑问，确实需要证人出庭作证，且可以强制其到庭的，公诉人应当建议人民法院强制证人到庭作证和接受质证。

第四百零六条　证人在法庭上提供证言，公诉人应当按照审判长确定的顺序向证人发问。可以要求证人就其所了解的与案件有关的事实进行陈述，也可以直接发问。

证人不能连贯陈述的，公诉人可以直接发问。

向证人发问，应当针对证言中有遗漏、矛盾、模糊不清和有争议的内容，并着重围绕与定罪量刑紧密相关的事实进行。

发问采取一问一答形式，提问应当简洁、清楚。

证人进行虚假陈述的，应当通过发问澄清事实，必要时可以宣读在侦查、审查起诉阶段制作的该证人的证言笔录或者出示、宣读其他证据。

当事人和辩护人、诉讼代理人向证人发问后，公诉人可以根据证人回答的情况，经审判长许可，再次向证人发问。

询问鉴定人、有专门知识的人参照上述规定进行。

第四百零七条　必要时，公诉人可以建议法庭采取不暴露证人、鉴定人、被害人外貌、真实声音等出庭作证保护措施，或者建议法庭根据刑事诉讼法第一百五十四条的规定在庭外对证据进行核实。

第四百零八条　对于鉴定意见、勘验、检查、辨认、侦查实验等笔录和其他作为证据的文书以及经人民法院通知而未到庭的被害人的陈述笔录,公诉人应当当庭宣读。

第四百零九条　公诉人向法庭出示物证,一般应当出示原物,原物不易搬运、不易保存或者已返还被害人的,可以出示反映原物外形和特征的照片、录像、复制品,并向法庭说明情况及与原物的同一性。

公诉人向法庭出示书证,一般应当出示原件。获取书证原件确有困难的,可以出示书证副本或者复制件,并向法庭说明情况及与原件的同一性。

公诉人向法庭出示物证、书证,应当对该物证、书证所要证明的内容、获取情况作出说明,并向当事人、证人等问明物证的主要特征,让其辨认。对该物证、书证进行鉴定的,应当宣读鉴定意见。

第四百一十条　在法庭审理过程中,被告人及其辩护人提出被告人庭前供述系非法取得,审判人员认为需要进行法庭调查的,公诉人可以通过出示讯问笔录、提讯登记、体检记录、采取强制措施或者侦查措施的法律文书、侦查终结前对讯问合法性进行核查的材料等证据材料,有针对性地播放讯问录音、录像,提请法庭通知调查人员、侦查人员或者其他人员出庭说明情况等方式,对证据收集的合法性加以证明。

审判人员认为可能存在刑事诉讼法第五十六条规定的以非法方法收集其他证据的情形,需要进行法庭调查的,公诉人可以参照前款规定对证据收集的合法性进行证明。

公诉人不能当庭证明证据收集的合法性,需要调查核实的,可以建议法庭休庭或者延期审理。

在法庭审理期间,人民检察院可以要求监察机关或者公安机关对证据收集的合法性进行说明或者提供相关证明材料。必要时,可以自行调查核实。

第四百一十一条　公诉人对证据收集的合法性进行证明后,法庭仍有疑问的,可以建议法庭休庭,由人民法院对相关证据进行调查核实。人民法院调查核实证据,通知人民检察院派员到场的,人民检察院可以派员到场。

第四百一十二条　在法庭审理过程中,对证据合法性以外的其他程序事实存在争议的,公诉人应当出示、宣读有关诉讼文书、侦查或者审查起诉活动笔录。

第四百一十三条　对于搜查、查封、扣押、冻结、勘验、检查、辨认、侦查实验等活动中形成的笔录存在争议,需要调查人员、侦查人员以及上述活动的见证人出庭陈述有关情况的,公诉人可以建议合议庭通知其出庭。

第四百一十四条　在法庭审理过程中,合议庭对证据有疑问或者人民法院根据辩护人、被告人的申请,向人民检察院调取在侦查、审查起诉中收集的有关被告人无罪或者罪轻的证据材料的,人民检察院应当自收到人民法院要求调取证据材料决定书后三日以内移交。没有上述材料的,应当向人民法院说明情况。

第四百一十五条　在法庭审理过程中,合议庭对证据有疑问并在休庭后进行勘验、检查、查封、扣押、鉴定和查询、冻结的,人民检察院应当依法进行监督,发现上述活动有违法情况的,应当提出纠正意见。

第四百一十六条　人民法院根据申请收集、调取的证据或者在合议庭休庭后自行调查取得的证据,应当经过庭审出示、质证才能决定是否作为判决的依据。未经庭审出示、质证直接采纳为判决依据的,人民检察院应当提出纠正意见。

第四百一十七条　在法庭审理过程中,经审判长许可,公诉人可以逐一对正在调查的证据和案件情况发表意见,并同被告人、辩护人进行辩论。证据调查结束时,公诉人应当发表总结性意见。

在法庭辩论中,公诉人与被害人、诉讼代理人意见不一致的,公诉人应当认真听取被害人、诉讼代理人的意见,阐明自己的意见和理由。

第四百一十八条　人民检察院向人民法院提出量刑建议的,公诉人应当在发表公诉意见时提出。

对认罪认罚案件,人民法院经审理认为人民检察院的量刑建议明显不当向人民检察院提出的,或者被告人、辩护人对量刑建议提出异议的,人民检察院可以调整量刑建议。

第四百一十九条　适用普通程序审理的认罪认罚案件,公诉人可以建议适当简化法庭调查、辩论程序。

第四百二十条　在法庭审判过程中,遇有下列情形之一的,公诉人可以建议法庭延期审理：

（一）发现事实不清、证据不足，或者遗漏罪行、遗漏同案犯罪嫌疑人，需要补充侦查或者补充提供证据的；

（二）被告人揭发他人犯罪行为或者提供重要线索，需要补充侦查进行查证的；

（三）发现遗漏罪行或者遗漏同案犯罪嫌疑人，虽不需要补充侦查和补充提供证据，但需要补充、追加起诉的；

（四）申请人民法院通知证人、鉴定人出庭作证或者有专门知识的人出庭提出意见的；

（五）需要调取新的证据，重新鉴定或者勘验的；

（六）公诉人出示、宣读开庭前移送人民法院的证据以外的证据，或者补充、追加、变更起诉，需要给予被告人、辩护人必要时间进行辩护准备的；

（七）被告人、辩护人向法庭出示公诉人不掌握的与定罪量刑有关的证据，需要调查核实的；

（八）公诉人对证据收集的合法性进行证明，需要调查核实的。

在人民法院开庭审理前发现具有前款情形之一的，人民检察院可以建议人民法院延期审理。

第四百二十一条　法庭宣布延期审理后，人民检察院应当在补充侦查期限内提请人民法院恢复法庭审理或者撤回起诉。

公诉人在法庭审理过程中建议延期审理的次数不得超过两次，每次不得超过一个月。

第四百二十二条　在审判过程中，对于需要补充提供法庭审判所必需的证据或者补充侦查的，人民检察院应当自行收集证据和进行侦查，必要时可以要求监察机关或者公安机关提供协助；也可以书面要求监察机关或者公安机关补充提供证据。

人民检察院补充侦查，适用本规则第六章、第九章、第十章的规定。

补充侦查不得超过一个月。

第四百二十三条　人民法院宣告判决前，人民检察院发现被告人的真实身份或者犯罪事实与起诉书中叙述的身份或者指控犯罪事实不符的，或者事实、证据没有变化，但罪名、适用法律与起诉书不一致的，可以变更起诉。发现遗漏同案犯罪嫌疑人或者罪行的，应当要求公安机关补充移送起诉或者补充侦查；对于犯罪事实清楚，证据确实、充分的，可以直接追加、补充起诉。

第四百二十四条　人民法院宣告判决前，人民检察院发现具有下列情形之一的，经检察长批准，可以撤回起诉：

（一）不存在犯罪事实的；

（二）犯罪事实并非被告人所为的；

（三）情节显著轻微、危害不大，不认为是犯罪的；

（四）证据不足或证据发生变化，不符合起诉条件的；

（五）被告人因未达到刑事责任年龄，不负刑事责任的；

（六）法律、司法解释发生变化导致不应当追究被告人刑事责任的；

（七）其他不应当追究被告人刑事责任的。

对于撤回起诉的案件，人民检察院应当在撤回起诉后三十日以内作出不起诉决定。需要重新调查或者侦查的，应当在作出不起诉决定后将案卷材料退回监察机关或者公安机关，建议监察机关或者公安机关重新调查或者侦查，并书面说明理由。

对于撤回起诉的案件，没有新的事实或者新的证据，人民检察院不得再行起诉。

新的事实是指原起诉书中未指控的犯罪事实。该犯罪事实触犯的罪名既可以是原指控罪名的同一罪名，也可以是其他罪名。

新的证据是指撤回起诉后收集、调取的足以证明原指控犯罪事实的证据。

第四百二十五条　在法庭审理过程中，人民法院建议人民检察院补充侦查、补充起诉、追加起诉或者变更起诉的，人民检察院应当审查有关理由，并作出是否补充侦查、补充起诉、追加起诉或者变更起诉的决定。人民检察院不同意的，可以要求人民法院就起诉指控的犯罪事实依法作出裁判。

第四百二十六条　变更、追加、补充或者撤回起诉应当以书面方式在判决宣告前向人民法院提出。

第四百二十七条　出庭的书记员应当制作出庭笔录，详细记载庭审的时间、地点、参加人员、公诉人出庭执行任务情况和法庭调查、法庭辩论的主要内容以及法庭判决结果,由公诉人和书记员签名。

第四百二十八条　人民检察院应当当庭向人民法院移交取回的案卷材料和证据。在审判长宣布休庭后,公诉人应当与审判人员办理交接手续。无法当庭移交的,应当在休庭后三日以内移交。

第四百二十九条　人民检察院对查封、扣押、冻结的被告人财物及其孳息,应当根据不同情况作以下处理:

(一)对作为证据使用的实物,应当依法随案移送;对不宜移送的,应当将其清单、照片或者其他证明文件随案移送。

(二)冻结在金融机构、邮政部门的违法所得及其他涉案财产,应当向人民法院随案移送该金融机构、邮政部门出具的证明文件。待人民法院作出生效判决、裁定后,由人民法院通知该金融机构上缴国库。

(三)查封、扣押的涉案财物,对依法不移送的,应当随案移送清单、照片或者其他证明文件。待人民法院作出生效判决、裁定后,由人民检察院根据人民法院的通知上缴国库,并向人民法院送交执行回单。

(四)对于被扣押、冻结的债券、股票、基金份额等财产,在扣押、冻结期间权利人申请出售的,参照本规则第二百一十四条的规定办理。

第二节　简 易 程 序

第四百三十条　人民检察院对于基层人民法院管辖的案件,符合下列条件的,可以建议人民法院适用简易程序审理:

(一)案件事实清楚、证据充分的;

(二)被告人承认自己所犯罪行,对指控的犯罪事实没有异议的;

(三)被告人对适用简易程序没有异议的。

第四百三十一条　具有下列情形之一的,人民检察院不得建议人民法院适用简易程序:

(一)被告人是盲、聋、哑人,或者是尚未完全丧失辨认或者控制自己行为能力的精神病人的;

(二)有重大社会影响的;

(三)共同犯罪案件中部分被告人不认罪或者对适用简易程序有异议的;

(四)比较复杂的共同犯罪案件;

(五)辩护人作无罪辩护或者对主要犯罪事实有异议的;

(六)其他不宜适用简易程序的。

人民法院决定适用简易程序审理的案件,人民检察院认为具有刑事诉讼法第二百一十五条规定情形之一的,应当向人民法院提出纠正意见;具有其他不宜适用简易程序情形的,人民检察院可以建议人民法院不适用简易程序。

第四百三十二条　基层人民检察院审查案件,认为案件事实清楚、证据充分的,应当在讯问犯罪嫌疑人时,了解其是否承认自己所犯罪行,对指控的犯罪事实有无异议,告知其适用简易程序的法律规定,确认其是否同意适用简易程序。

第四百三十三条　适用简易程序审理的公诉案件,人民检察院应当派员出席法庭。

第四百三十四条　公诉人出席简易程序法庭时,应当主要围绕量刑以及其他有争议的问题进行法庭调查和法庭辩论。在确认被告人庭前收到起诉书并对起诉书指控的犯罪事实没有异议后,可以简化宣读起诉书,根据案件情况决定是否讯问被告人,询问证人、鉴定人和出示证据。

根据案件情况,公诉人可以建议法庭简化法庭调查和法庭辩论程序。

第四百三十五条　适用简易程序审理的公诉案件,公诉人发现不宜适用简易程序审理的,应当建议法庭按照第一审普通程序重新审理。

第四百三十六条　转为普通程序审理的案件,公诉人需要为出席法庭进行准备的,可以建议人民法院延期审理。

第三节　速 裁 程 序

第四百三十七条　人民检察院对基层人民法院管辖的案件,符合下列条件的,在提起公诉时,可以建议人民法院适用速裁程序审理:

(一)可能判处三年有期徒刑以下刑罚;

(二)案件事实清楚,证据确实、充分;

(三)被告人认罪认罚、同意适用速裁程序。

第四百三十八条　具有下列情形之一的,人民检察院不得建议人民法院适用速裁程序:

(一)被告人是盲、聋、哑人,或者是尚未完全丧失辨认或者控制自己行为能力的精神病人的；

（二）被告人是未成年人的；

（三）案件有重大社会影响的；

（四）共同犯罪案件中部分被告人对指控的犯罪事实、罪名、量刑建议或者适用速裁程序有异议的；

（五）被告人与被害人或者其法定代理人没有就附带民事诉讼赔偿等事项达成调解或者和解协议的；

（六）其他不宜适用速裁程序审理的。

第四百三十九条　公安机关、犯罪嫌疑人及其辩护人建议适用速裁程序，人民检察院经审查认为符合条件的，可以建议人民法院适用速裁程序审理。

公安机关、辩护人未建议适用速裁程序，人民检察院经审查认为符合速裁程序适用条件，且犯罪嫌疑人同意适用的，可以建议人民法院适用速裁程序审理。

第四百四十条　人民检察院建议人民法院适用速裁程序的案件，起诉书内容可以适当简化，重点写明指控的事实和适用的法律。

第四百四十一条　人民法院适用速裁程序审理的案件，人民检察院应当派员出席法庭。

第四百四十二条　公诉人出席速裁程序法庭时，可以简要宣读起诉书指控的犯罪事实、证据、适用法律及量刑建议，一般不再讯问被告人。

第四百四十三条　适用速裁程序审理的案件，人民检察院发现有不宜适用速裁程序审理情形的，应当建议人民法院转为普通程序或者简易程序重新审理。

第四百四十四条　转为普通程序审理的案件，公诉人需要为出席法庭进行准备的，可以建议人民法院延期审理。

第四节　出席第二审法庭

第四百四十五条　对提出抗诉的案件或者公诉案件中人民法院决定开庭审理的上诉案件，同级人民检察院应当指派检察官出席第二审法庭。检察官助理可以协助检察官出庭。根据需要可以配备书记员担任记录。

第四百四十六条　检察官出席第二审法庭的任务是：

（一）支持抗诉或者听取上诉意见，对原审人民法院作出的错误判决或者裁定提出纠正意见；

（二）维护原审人民法院正确的判决或者裁定，建议法庭维持原判；

（三）维护诉讼参与人的合法权利；

（四）对法庭审理案件有无违反法律规定诉讼程序的情况记明笔录；

（五）依法从事其他诉讼活动。

第四百四十七条　对抗诉和上诉案件，第二审人民法院的同级人民检察院可以调取下级人民检察院与案件有关的材料。

人民检察院在接到第二审人民法院决定开庭、查阅案卷通知后，可以查阅或者调阅案卷材料。查阅或者调阅案卷材料应当在接到人民法院的通知之日起一个月以内完成。在一个月以内无法完成的，可以商请人民法院延期审理。

第四百四十八条　检察人员应当客观全面地审查原审案卷材料，不受上诉或者抗诉范围的限制。应当审查原审判决认定案件事实、适用法律是否正确，证据是否确实、充分，量刑是否适当，审判活动是否合法，并应当审查下级人民检察院的抗诉书或者上诉人的上诉状，了解抗诉或者上诉的理由是否正确、充分，重点审查有争议的案件事实、证据和法律适用问题，有针对性地做好庭审准备工作。

第四百四十九条　检察人员在审查第一审案卷材料时，应当复核主要证据，可以讯问原审被告人。必要时，可以补充收集证据、重新鉴定或者补充鉴定。需要原侦查案件的公安机关补充收集证据的，可以要求其补充收集。

被告人、辩护人提出被告人自首、立功等可能影响定罪量刑的材料和线索的，可以移交公安机关调查核实，也可以自行调查核实。发现遗漏罪行或者同案犯罪嫌疑人的，应当建议公安机关侦查。

对于下列原审被告人，应当进行讯问：

（一）提出上诉的；

（二）人民检察院提出抗诉的；

（三）被判处无期徒刑以上刑罚的。

第四百五十条　人民检察院办理死刑上诉、抗诉案件，应当进行下列工作：

（一）讯问原审被告人，听取原审被告人的上诉理由或者辩解；

(二)听取辩护人的意见;

(三)复核主要证据,必要时询问证人;

(四)必要时补充收集证据;

(五)对鉴定意见有疑问的,可以重新鉴定或者补充鉴定;

(六)根据案件情况,可以听取被害人的意见。

第四百五十一条　出席第二审法庭前,检察人员应当制作讯问原审被告人、询问被害人、证人、鉴定人和出示、宣读、播放证据计划,拟写答辩提纲,并制作出庭意见。

第四百五十二条　在法庭审理中,检察官应当针对原审判决或者裁定认定事实或适用法律、量刑等方面的问题,围绕抗诉或者上诉理由以及辩护人的辩护意见,讯问原审被告人,询问被害人、证人、鉴定人,出示和宣读证据,并提出意见和进行辩论。

第四百五十三条　需要出示、宣读、播放第一审期间已移交人民法院的证据的,出庭的检察官可以申请法庭出示、宣读、播放。

在第二审法庭宣布休庭后需要移交证据材料的,参照本规则第四百二十八条的规定办理。

第五节　出席再审法庭

第四百五十四条　人民法院开庭审理再审案件,同级人民检察院应当派员出席法庭。

第四百五十五条　人民检察院对于人民法院按照审判监督程序重新审判的案件,应当对原判决、裁定认定的事实、证据、适用法律进行全面审查,重点审查有争议的案件事实、证据和法律适用问题。

第四百五十六条　人民检察院派员出席再审法庭,如果再审案件按照第一审程序审理,参照本章第一节有关规定执行;如果再审案件按照第二审程序审理,参照本章第四节有关规定执行。

第十二章　特别程序

第一节　未成年人刑事案件诉讼程序

第四百五十七条　人民检察院办理未成年人刑事案件,应当贯彻“教育、感化、挽救”方针和“教育为主、惩罚为辅”的原则,坚持优先保护、特殊保护、双向保护,以帮助教育和预防重新犯罪为目的。

人民检察院可以借助社会力量开展帮助教育未成年人的工作。

第四百五十八条　人民检察院应当指定熟悉未成年人身心特点的检察人员办理未成年人刑事案件。

第四百五十九条　人民检察院办理未成年人与成年人共同犯罪案件,一般应当对未成年人与成年人分案办理、分别起诉。不宜分案处理的,应当对未成年人采取隐私保护、快速办理等特殊保护措施。

第四百六十条　人民检察院受理案件后,应当向未成年犯罪嫌疑人及其法定代理人了解其委托辩护人的情况,并告知其有权委托辩护人。

未成年犯罪嫌疑人没有委托辩护人的,人民检察院应当书面通知法律援助机构指派律师为其提供辩护。

对于公安机关未通知法律援助机构指派律师为未成年犯罪嫌疑人提供辩护的,人民检察院应当提出纠正意见。

第四百六十一条　人民检察院根据情况可以对未成年犯罪嫌疑人的成长经历、犯罪原因、监护教育等情况进行调查,并制作社会调查报告,作为办案和教育的参考。

人民检察院开展社会调查,可以委托有关组织和机构进行。开展社会调查应当尊重和保护未成年人隐私,不得向不知情人员泄露未成年犯罪嫌疑人的涉案信息。

人民检察院应当对公安机关移送的社会调查报告进行审查。必要时,可以进行补充调查。

人民检察院制作的社会调查报告应当随案移送人民法院。

第四百六十二条　人民检察院对未成年犯罪嫌疑人审查逮捕,应当根据未成年犯罪嫌疑人涉嫌犯罪的性质、情节、主观恶性、有无监护与社会帮教条件、认罪认罚等情况,综合衡量其社会危险性,严格限制适用逮捕措施。

第四百六十三条　对于罪行较轻,具备有效监护条件或者社会帮教措施,没有社会危险性或者社会危险性较小的未成年犯罪嫌疑人,应当不批准逮捕。

对于罪行比较严重,但主观恶性不大,有悔罪表现,具备有效监护条件或者社会帮教措施,具有下列情形之一,不逮捕不致发生社会危险性的未成年犯罪嫌疑人,可以不批准逮捕:

(一)初次犯罪、过失犯罪的;

(二)犯罪预备、中止、未遂的;

(三)防卫过当、避险过当的;

(四)有自首或者立功表现的;

(五)犯罪后认罪认罚,或者积极退赃,尽力减少和赔偿损失,被害人谅解的;

(六)不属于共同犯罪的主犯或者集团犯罪中的首要分子的;

(七)属于已满十四周岁不满十六周岁的未成年人或者系在校学生的;

(八)其他可以不批准逮捕的情形。

对于没有固定住所、无法提供保证人的未成年犯罪嫌疑人适用取保候审的,可以指定合适的成年人作为保证人。

第四百六十四条 审查逮捕未成年犯罪嫌疑人,应当重点查清其是否已满十四、十六、十八周岁。

对犯罪嫌疑人实际年龄难以判断,影响对该犯罪嫌疑人是否应当负刑事责任认定的,应当不批准逮捕。需要补充侦查的,同时通知公安机关。

第四百六十五条 在审查逮捕、审查起诉中,人民检察院应当讯问未成年犯罪嫌疑人,听取辩护人的意见,并制作笔录附卷。辩护人提出书面意见的,应当附卷。对于辩护人提出犯罪嫌疑人无罪、罪轻或者减轻、免除刑事责任、不适宜羁押或者侦查活动有违法情形等意见的,检察人员应当进行审查,并在相关工作文书中叙明辩护人提出的意见,说明是否采纳的情况和理由。

讯问未成年犯罪嫌疑人,应当通知其法定代理人到场,告知法定代理人依法享有的诉讼权利和应当履行的义务。到场的法定代理人可以代为行使未成年犯罪嫌疑人的诉讼权利,代为行使权利时不得损害未成年犯罪嫌疑人的合法权益。

无法通知、法定代理人不能到场或者法定代理人是共犯的,也可以通知未成年犯罪嫌疑人的其他成年亲属,所在学校、单位或者居住地的村民委员会、居民委员会、未成年人保护组织的代表到场,并将有关情况记录在案。未成年犯罪嫌疑人明确拒绝法定代理人以外的合适成年人到场,且有正当理由的,人民检察院可以准许,但应当在征求其意见后通知其他合适成年人到场。

到场的法定代理人或者其他人员认为检察人员在讯问中侵犯未成年犯罪嫌疑人合法权益提出意见的,人民检察院应当记录在案。对合理意见,应当接受并纠正。讯问笔录应当交由到场的法定代理人或者其他人员阅读或者向其宣读,并由其在笔录上签名或者盖章,并捺指印。

讯问女性未成年犯罪嫌疑人,应当有女性检察人员参加。

询问未成年被害人、证人,适用本条第二款至第五款的规定。询问应当以一次为原则,避免反复询问。

第四百六十六条 讯问未成年犯罪嫌疑人应当保护其人格尊严。

讯问未成年犯罪嫌疑人一般不得使用戒具。对于确有人身危险性必须使用戒具的,在现实危险消除后应当立即停止使用。

第四百六十七条 未成年犯罪嫌疑人认罪认罚的,人民检察院应当告知本人及其法定代理人享有的诉讼权利和认罪认罚的法律规定,并依照刑事诉讼法第一百七十三条的规定,听取、记录未成年犯罪嫌疑人及其法定代理人、辩护人、被害人及其诉讼代理人的意见。

第四百六十八条 未成年犯罪嫌疑人认罪认罚的,应当在法定代理人、辩护人在场的情况下签署认罪认罚具结书。法定代理人、辩护人对认罪认罚有异议的,不需要签署具结书。

因未成年犯罪嫌疑人的法定代理人、辩护人对其认罪认罚有异议而不签署具结书的,人民检察院应当对未成年人认罪认罚情况,法定代理人、辩护人的异议情况如实记录。提起公诉的,应当将该材料与其他案卷材料一并移送人民法院。

未成年犯罪嫌疑人的法定代理人、辩护人对认罪认罚有异议而不签署具结书的,不影响从宽处理。

法定代理人无法到场的,合适成年人可以代为行使到场权、知情权、异议权等。法定代理人未到场的原因以及听取合适成年人意见等情况应当记录在案。

第四百六十九条 对于符合刑事诉讼法第二百八十二条第一款规定条件的未成年人刑事案件,人民检察院可以作出附条件不起诉的决定。

人民检察院在作出附条件不起诉的决定以前,应当听取公安机关、被害人、未成年犯罪嫌疑人及其法定代理人、辩护人的意见,并制作笔录附卷。

第四百七十条 未成年犯罪嫌疑人及其法定代理人对拟作出附条件不起诉决定提出异议的,人民检察院应当提起公诉。但是,未成年犯罪嫌疑人及其法定代理人提出无罪辩解,人民检察院经审查认为无罪辩解理由成立的,应当按照本规则第三百六十五条的规定作出不起诉决定。

未成年犯罪嫌疑人及其法定代理人对案件作附条件不起诉处理没有异议,仅对所附条件及考验期有异议的,人民检察院可以依法采纳其合理的意见,对考察的内容、方式、时间等进行调整;其意见不利于对未成年犯罪嫌疑人帮教,人民检察院不采纳的,应当进行释法说理。

人民检察院作出起诉决定前,未成年犯罪嫌疑人及其法定代理人撤回异议的,人民检察院可以依法作出附条件不起诉决定。

第四百七十一条 人民检察院作出附条件不起诉的决定后,应当制作附条件不起诉决定书,并在三日以内送达公安机关、被害人或者其近亲属及其诉讼代理人、未成年犯罪嫌疑人及其法定代理人、辩护人。

人民检察院应当当面向未成年犯罪嫌疑人及其法定代理人宣布附条件不起诉决定,告知考验期限、在考验期内应当遵守的规定以及违反规定应负的法律责任,并制作笔录附卷。

第四百七十二条 对附条件不起诉的决定,公安机关要求复议、提请复核或者被害人提出申诉的,具体程序参照本规则第三百七十九条至第三百八十三条的规定。被害人不服附条件不起诉决定的,应当告知其不适用刑事诉讼法第一百八十条关于被害人可以向人民法院起诉的规定,并做好释法说理工作。

前款规定的复议、复核、申诉由相应人民检察院负责未成年人检察的部门进行审查。

第四百七十三条 人民检察院作出附条件不起诉决定的,应当确定考验期。考验期为六个月以上一年以下,从人民检察院作出附条件不起诉的决定之日起计算。

第四百七十四条 在附条件不起诉的考验期内,由人民检察院对被附条件不起诉的未成年犯罪嫌疑人进行监督考察。人民检察院应当要求未成年犯罪嫌疑人的监护人对未成年犯罪嫌疑人加强管教,配合人民检察院做好监督考察工作。

人民检察院可以会同未成年犯罪嫌疑人的监护人、所在学校、单位、居住地的村民委员会、居民委员会、未成年人保护组织等的有关人员,定期对未成年犯罪嫌疑人进行考察、教育,实施跟踪帮教。

第四百七十五条 人民检察院对于被附条件不起诉的未成年犯罪嫌疑人,应当监督考察其是否遵守下列规定:

(一)遵守法律法规,服从监督;

(二)按照规定报告自己的活动情况;

(三)离开所居住的市、县或者迁居,应当报经批准;

(四)按照要求接受矫治和教育。

第四百七十六条 人民检察院可以要求被附条件不起诉的未成年犯罪嫌疑人接受下列矫治和教育:

(一)完成戒瘾治疗、心理辅导或者其他适当的处遇措施;

(二)向社区或者公益团体提供公益劳动;

(三)不得进入特定场所,与特定的人员会见或者通信,从事特定的活动;

(四)向被害人赔偿损失、赔礼道歉等;

(五)接受相关教育;

(六)遵守其他保护被害人安全以及预防再犯的禁止性规定。

第四百七十七条 考验期届满,检察人员应当制作附条件不起诉考察意见书,提出起诉或者不起诉的意见,报请检察长决定。

考验期满作出不起诉的决定以前,应当听取被害人意见。

第四百七十八条 考验期满作出不起诉决定,被害人提出申诉的,依照本规则第四百七十二条规定办理。

第四百七十九条 被附条件不起诉的未成

年犯罪嫌疑人,在考验期内具有下列情形之一的,人民检察院应当撤销附条件不起诉的决定,提起公诉:

(一)实施新的犯罪的;

(二)发现决定附条件不起诉以前还有其他犯罪需要追诉的;

(三)违反治安管理规定,造成严重后果,或者多次违反治安管理规定的;

(四)违反有关附条件不起诉的监督管理规定,造成严重后果,或者多次违反有关附条件不起诉的监督管理规定的。

第四百八十条　被附条件不起诉的未成年犯罪嫌疑人,在考验期内没有本规则第四百七十九条规定的情形,考验期满的,人民检察院应当作出不起诉的决定。

第四百八十一条　人民检察院办理未成年人刑事案件过程中,应当对涉案未成年人的资料予以保密,不得公开或者传播涉案未成年人的姓名、住所、照片、图像及可能推断出该未成年人的其他资料。

第四百八十二条　犯罪的时候不满十八周岁,被判处五年有期徒刑以下刑罚的,人民检察院应当在收到人民法院生效判决、裁定后,对犯罪记录予以封存。

生效判决、裁定由第二审人民法院作出的,同级人民检察院依照前款规定封存犯罪记录时,应当通知下级人民检察院对相关犯罪记录予以封存。

第四百八十三条　人民检察院应当将拟封存的未成年人犯罪记录、案卷等相关材料装订成册,加密保存,不予公开,并建立专门的未成年人犯罪档案库,执行严格的保管制度。

第四百八十四条　除司法机关为办案需要或者有关单位根据国家规定进行查询的以外,人民检察院不得向任何单位和个人提供封存的犯罪记录,并不得提供未成年人有犯罪记录的证明。

司法机关或者有关单位需要查询犯罪记录的,应当向封存犯罪记录的人民检察院提出书面申请。人民检察院应当在七日以内作出是否许可的决定。

第四百八十五条　未成年人犯罪记录封存后,没有法定事由、未经法定程序不得解封。

对被封存犯罪记录的未成年人,符合下列条件之一的,应当对其犯罪记录解除封存:

(一)实施新的犯罪,且新罪与封存记录之罪数罪并罚后被决定执行五年有期徒刑以上刑罚的;

(二)发现漏罪,且漏罪与封存记录之罪数罪并罚后被决定执行五年有期徒刑以上刑罚的。

第四百八十六条　人民检察院对未成年犯罪嫌疑人作出不起诉决定后,应当对相关记录予以封存。除司法机关为办案需要进行查询外,不得向任何单位和个人提供。封存的具体程序参照本规则第四百八十三条至第四百八十五条的规定。

第四百八十七条　被封存犯罪记录的未成年人或者其法定代理人申请出具无犯罪记录证明的,人民检察院应当出具。需要协调公安机关、人民法院为其出具无犯罪记录证明的,人民检察院应当予以协助。

第四百八十八条　负责未成年人检察的部门应当依法对看守所、未成年犯管教所监管未成年人的活动实行监督,配合做好对未成年人的教育。发现没有对未成年犯罪嫌疑人、被告人与成年犯罪嫌疑人、被告人分别关押、管理或者违反规定对未成年犯留所执行刑罚的,应当依法提出纠正意见。

负责未成年人检察的部门发现社区矫正机构违反未成年人社区矫正相关规定的,应当依法提出纠正意见。

第四百八十九条　本节所称未成年人刑事案件,是指犯罪嫌疑人实施涉嫌犯罪行为时已满十四周岁、未满十八周岁的刑事案件。

本节第四百六十条、第四百六十五条、第四百六十六条、第四百六十七条、第四百六十八条所称的未成年犯罪嫌疑人,是指在诉讼过程中未满十八周岁的人。犯罪嫌疑人实施涉嫌犯罪行为时未满十八周岁,在诉讼过程中已满十八周岁的,人民检察院可以根据案件的具体情况适用上述规定。

第四百九十条　人民检察院办理侵害未成年人犯罪案件,应当采取适合未成年被害人身心特点的方法,充分保护未成年被害人的合法权益。

第四百九十一条　办理未成年人刑事案件,除本节已有规定的以外,按照刑事诉讼法和其他有关规定进行。

第二节　当事人和解的公诉案件诉讼程序

第四百九十二条　下列公诉案件,双方当事人可以和解:

(一)因民间纠纷引起,涉嫌刑法分则第四章、第五章规定的犯罪案件,可能判处三年有期徒刑以下刑罚的;

(二)除渎职犯罪以外的可能判处七年有期徒刑以下刑罚的过失犯罪案件。

当事人和解的公诉案件应当同时符合下列条件:

(一)犯罪嫌疑人真诚悔罪,向被害人赔偿损失、赔礼道歉等;

(二)被害人明确表示对犯罪嫌疑人予以谅解;

(三)双方当事人自愿和解,符合有关法律规定;

(四)属于侵害特定被害人的故意犯罪或者有直接被害人的过失犯罪;

(五)案件事实清楚,证据确实、充分。

犯罪嫌疑人在五年以内曾经故意犯罪的,不适用本节规定的程序。

犯罪嫌疑人在犯刑事诉讼法第二百八十八条第一款规定的犯罪前五年内曾经故意犯罪,无论该故意犯罪是否已经追究,均应当认定为前款规定的五年以内曾经故意犯罪。

第四百九十三条　被害人死亡的,其法定代理人、近亲属可以与犯罪嫌疑人和解。

被害人系无行为能力或者限制行为能力人的,其法定代理人可以代为和解。

第四百九十四条　犯罪嫌疑人系限制行为能力人的,其法定代理人可以代为和解。

犯罪嫌疑人在押的,经犯罪嫌疑人同意,其法定代理人、近亲属可以代为和解。

第四百九十五条　双方当事人可以就赔偿损失、赔礼道歉等民事责任事项进行和解,并且可以就被害人及其法定代理人或者近亲属是否要求或者同意公安机关、人民检察院、人民法院对犯罪嫌疑人依法从宽处理进行协商,但不得对案件的事实认定、证据采信、法律适用和定罪量刑等依法属于公安机关、人民检察院、人民法院职权范围的事宜进行协商。

第四百九十六条　双方当事人可以自行达成和解,也可以经人民调解委员会、村民委员会、居民委员会、当事人所在单位或者同事、亲友等组织或者个人调解后达成和解。

人民检察院对于本规则第四百九十二条规定的公诉案件,可以建议当事人进行和解,并告知相应的权利义务,必要时可以提供法律咨询。

第四百九十七条　人民检察院应当对和解的自愿性、合法性进行审查,重点审查以下内容:

(一)双方当事人是否自愿和解;

(二)犯罪嫌疑人是否真诚悔罪,是否向被害人赔礼道歉,赔偿数额与其所造成的损害和赔偿能力是否相适应;

(三)被害人及其法定代理人或者近亲属是否明确表示对犯罪嫌疑人予以谅解;

(四)是否符合法律规定;

(五)是否损害国家、集体和社会公共利益或者他人的合法权益;

(六)是否符合社会公德。

审查时,应当听取双方当事人和其他有关人员对和解的意见,告知刑事案件可能从宽处理的法律后果和双方的权利义务,并制作笔录附卷。

第四百九十八条　经审查认为双方自愿和解,内容合法,且符合本规则第四百九十二条规定的范围和条件的,人民检察院应当主持制作和解协议书。

和解协议书的主要内容包括:

(一)双方当事人的基本情况;

(二)案件的主要事实;

(三)犯罪嫌疑人真诚悔罪,承认自己所犯罪行,对指控的犯罪没有异议,向被害人赔偿损失、赔礼道歉等。赔偿损失的,应当写明赔偿的数额、履行的方式、期限等;

(四)被害人及其法定代理人或者近亲属对犯罪嫌疑人予以谅解,并要求或者同意公安机关、人民检察院、人民法院对犯罪嫌疑人依法从宽处理。

和解协议书应当由双方当事人签字,可以写明和解协议书系在人民检察院主持下制作。检察人员不在当事人和解协议书上签字,也不加盖人民检察院印章。

和解协议书一式三份，双方当事人各持一份，另一份交人民检察院附卷备查。

第四百九十九条 和解协议书约定的赔偿损失内容，应当在双方签署协议后立即履行，至迟在人民检察院作出从宽处理决定前履行。确实难以一次性履行的，在提供有效担保并且被害人同意的情况下，也可以分期履行。

第五百条 双方当事人在侦查阶段达成和解协议，公安机关向人民检察院提出从宽处理建议的，人民检察院在审查逮捕和审查起诉时应当充分考虑公安机关的建议。

第五百零一条 人民检察院对于公安机关提请批准逮捕的案件，双方当事人达成和解协议的，可以作为有无社会危险性或者社会危险性大小的因素予以考虑。经审查认为不需要逮捕的，可以作出不批准逮捕的决定；在审查起诉阶段可以依法变更强制措施。

第五百零二条 人民检察院对于公安机关移送起诉的案件，双方当事人达成和解协议的，可以作为是否需要判处刑罚或者免除刑罚的因素予以考虑。符合法律规定的不起诉条件的，可以决定不起诉。

对于依法应当提起公诉的，人民检察院可以向人民法院提出从宽处罚的量刑建议。

第五百零三条 人民检察院拟对当事人达成和解的公诉案件作出不起诉决定的，应当听取双方当事人对和解的意见，并且查明犯罪嫌疑人是否已经切实履行和解协议、不能即时履行的是否已经提供有效担保，将其作为是否决定不起诉的因素予以考虑。

当事人在不起诉决定作出之前反悔的，可以另行达成和解。不能另行达成和解的，人民检察院应当依法作出起诉或者不起诉决定。

当事人在不起诉决定作出之后反悔的，人民检察院不撤销原决定，但有证据证明和解违反自愿、合法原则的除外。

第五百零四条 犯罪嫌疑人或者其亲友等以暴力、威胁、欺骗或者其他非法方法强迫、引诱被害人和解，或者在协议履行完毕之后威胁、报复被害人的，应当认定和解协议无效。已经作出不批准逮捕或者不起诉决定的，人民检察院根据案件情况可以撤销原决定，对犯罪嫌疑人批准逮捕或者提起公诉。

第三节 缺席审判程序

第五百零五条 对于监察机关移送起诉的贪污贿赂犯罪案件，犯罪嫌疑人、被告人在境外，人民检察院认为犯罪事实已经查清，证据确实、充分，依法应当追究刑事责任的，可以向人民法院提起公诉。

对于公安机关移送起诉的需要及时进行审判的严重危害国家安全犯罪、恐怖活动犯罪案件，犯罪嫌疑人、被告人在境外，人民检察院认为犯罪事实已经查清，证据确实、充分，依法应当追究刑事责任的，经最高人民检察院核准，可以向人民法院提起公诉。

前两款规定的案件，由有管辖权的中级人民法院的同级人民检察院提起公诉。

人民检察院提起公诉的，应当向人民法院提交被告人已出境的证据。

第五百零六条 人民检察院对公安机关移送起诉的需要报请最高人民检察院核准的案件，经检察委员会讨论提出提起公诉意见的，应当层报最高人民检察院核准。报送材料包括起诉意见书、案件审查报告、报请核准的报告及案件证据材料。

第五百零七条 最高人民检察院收到下级人民检察院报请核准提起公诉的案卷材料后，应当及时指派检察官对案卷材料进行审查，提出核准或者不予核准的意见，报检察长决定。

第五百零八条 报请核准的人民检察院收到最高人民检察院核准决定书后，应当提起公诉，起诉书中应当载明经最高人民检察院核准的内容。

第五百零九条 审查起诉期间，犯罪嫌疑人自动投案或者被抓获的，人民检察院应当重新审查。

对严重危害国家安全犯罪、恐怖活动犯罪案件报请核准期间，犯罪嫌疑人自动投案或者被抓获的，报请核准的人民检察院应当及时撤回报请，重新审查案件。

第五百一十条 提起公诉后被告人到案，人民法院拟重新审理的，人民检察院应当商人民法院将案件撤回并重新审查。

第五百一十一条 因被告人患有严重疾病无法出庭，中止审理超过六个月，被告人仍无法出庭,被告人及其法定代理人、近亲属申请或者同意恢复审理的,人民检察院可以建议人民法院适用缺席审判程序审理。

第四节　犯罪嫌疑人、被告人逃匿、死亡案件违法所得的没收程序

第五百一十二条　对于贪污贿赂犯罪、恐怖活动犯罪等重大犯罪案件,犯罪嫌疑人、被告人逃匿,在通缉一年后不能到案,依照刑法规定应当追缴其违法所得及其他涉案财产的,人民检察院可以向人民法院提出没收违法所得的申请。

对于犯罪嫌疑人、被告人死亡,依照刑法规定应当追缴其违法所得及其他涉案财产的,人民检察院也可以向人民法院提出没收违法所得的申请。

第五百一十三条　犯罪嫌疑人、被告人为逃避侦查和刑事追究潜逃、隐匿,或者在刑事诉讼过程中脱逃的,应当认定为"逃匿"。

犯罪嫌疑人、被告人因意外事故下落不明满二年,或者因意外事故下落不明,经有关机关证明其不可能生存的,按照前款规定处理。

第五百一十四条　公安机关发布通缉令或者公安部通过国际刑警组织发布红色国际通报,应当认定为"通缉"。

第五百一十五条　犯罪嫌疑人、被告人通过实施犯罪直接或者间接产生、获得的任何财产,应当认定为"违法所得"。

违法所得已经部分或者全部转变、转化为其他财产的,转变、转化后的财产应当视为前款规定的"违法所得"。

来自违法所得转变、转化后的财产收益,或者来自已经与违法所得相混合财产中违法所得相应部分的收益,也应当视为第一款规定的违法所得。

第五百一十六条　犯罪嫌疑人、被告人非法持有的违禁品、供犯罪所用的本人财物,应当认定为"其他涉案财产"。

第五百一十七条　刑事诉讼法第二百九十九条第三款规定的"利害关系人"包括犯罪嫌疑人、被告人的近亲属和其他对申请没收的财产主张权利的自然人和单位。

刑事诉讼法第二百九十九条第二款、第三百条第二款规定的"其他利害关系人"是指前款规定的"其他对申请没收的财产主张权利的自然人和单位"。

第五百一十八条　人民检察院审查监察机关或者公安机关移送的没收违法所得意见书,向人民法院提出没收违法所得的申请以及对违法所得没收程序中调查活动、审判活动的监督,由负责捕诉的部门办理。

第五百一十九条　没收违法所得的申请,应当由有管辖权的中级人民法院的同级人民检察院提出。

第五百二十条　人民检察院向人民法院提出没收违法所得的申请,应当制作没收违法所得申请书。没收违法所得申请书应当载明以下内容:

(一)犯罪嫌疑人、被告人的基本情况,包括姓名、性别、出生年月日、出生地、户籍地、公民身份号码、民族、文化程度、职业、工作单位及职务、住址等;

(二)案由及案件来源;

(三)犯罪嫌疑人、被告人的犯罪事实及相关证据材料;

(四)犯罪嫌疑人、被告人逃匿、被通缉或者死亡的情况;

(五)申请没收的财产种类、数量、价值、所在地以及查封、扣押、冻结财产清单和相关法律手续;

(六)申请没收的财产属于违法所得及其他涉案财产的相关事实及证据材料;

(七)提出没收违法所得申请的理由和法律依据;

(八)有无近亲属和其他利害关系人以及利害关系人的姓名、身份、住址、联系方式;

(九)其他应当写明的内容。

上述材料需要翻译件的,人民检察院应当随没收违法所得申请书一并移送人民法院。

第五百二十一条　监察机关或者公安机关向人民检察院移送没收违法所得意见书,应当由有管辖权的人民检察院的同级监察机关或者公安机关移送。

第五百二十二条　人民检察院审查监察机关或者公安机关移送的没收违法所得意见书,应当审查下列内容:

（一）是否属于本院管辖；

（二）是否符合刑事诉讼法第二百九十八条第一款规定的条件；

（三）犯罪嫌疑人基本情况，包括姓名、性别、国籍、出生年月日、职业和单位等；

（四）犯罪嫌疑人涉嫌犯罪的事实和相关证据材料；

（五）犯罪嫌疑人逃匿、下落不明、被通缉或者死亡的情况，通缉令或者死亡证明是否随案移送；

（六）违法所得及其他涉案财产的种类、数量、所在地以及查封、扣押、冻结的情况，查封、扣押、冻结的财产清单和相关法律手续是否随案移送；

（七）违法所得及其他涉案财产的相关事实和证据材料；

（八）有无近亲属和其他利害关系人以及利害关系人的姓名、身份、住址、联系方式。

对于与犯罪事实、违法所得及其他涉案财产相关的证据材料，不宜移送的，应当审查证据的清单、复制件、照片或者其他证明文件是否随案移送。

第五百二十三条　人民检察院应当在接到监察机关或者公安机关移送的没收违法所得意见书后三十日以内作出是否提出没收违法所得申请的决定。三十日以内不能作出决定的，可以延长十五日。

对于监察机关或者公安机关移送的没收违法所得案件，经审查认为不符合刑事诉讼法第二百九十八条第一款规定条件的，应当作出不提出没收违法所得申请的决定，并向监察机关或者公安机关书面说明理由；认为需要补充证据的，应当书面要求监察机关或者公安机关补充证据，必要时也可以自行调查。

监察机关或者公安机关补充证据的时间不计入人民检察院办案期限。

第五百二十四条　人民检察院发现公安机关应当启动违法所得没收程序而不启动的，可以要求公安机关在七日以内书面说明不启动的理由。

经审查，认为公安机关不启动理由不能成立的，应当通知公安机关启动程序。

第五百二十五条　人民检察院发现公安机关在违法所得没收程序的调查活动中有违法情形的，应当向公安机关提出纠正意见。

第五百二十六条　在审查监察机关或者公安机关移送的没收违法所得意见书的过程中，在逃的犯罪嫌疑人、被告人自动投案或者被抓获的，人民检察院应当终止审查，并将案卷退回监察机关或者公安机关处理。

第五百二十七条　人民检察院直接受理侦查的案件，犯罪嫌疑人死亡而撤销案件，符合刑事诉讼法第二百九十八条第一款规定条件的，负责侦查的部门应当启动违法所得没收程序进行调查。

负责侦查的部门进行调查应当查明犯罪嫌疑人涉嫌的犯罪事实，犯罪嫌疑人死亡的情况，以及犯罪嫌疑人的违法所得及其他涉案财产的情况，并可以对违法所得及其他涉案财产依法进行查封、扣押、查询、冻结。

负责侦查的部门认为符合刑事诉讼法第二百九十八条第一款规定条件的，应当写出没收违法所得意见书，连同案卷材料一并移送有管辖权的人民检察院负责侦查的部门，并由有管辖权的人民检察院负责侦查的部门移送本院负责捕诉的部门。

负责捕诉的部门对没收违法所得意见书进行审查，作出是否提出没收违法所得申请的决定，具体程序按照本规则第五百二十二条、第五百二十三条的规定办理。

第五百二十八条　在人民检察院审查起诉过程中，犯罪嫌疑人死亡，或者贪污贿赂犯罪、恐怖活动犯罪等重大犯罪案件的犯罪嫌疑人逃匿，在通缉一年后不能到案，依照刑法规定应当追缴其违法所得及其他涉案财产的，人民检察院可以直接提出没收违法所得的申请。

在人民法院审理案件过程中，被告人死亡而裁定终止审理，或者被告人脱逃而裁定中止审理，人民检察院可以依法另行向人民法院提出没收违法所得的申请。

第五百二十九条　人民法院对没收违法所得的申请进行审理，人民检察院应当承担举证责任。

人民法院对没收违法所得的申请开庭审理的，人民检察院应当派员出席法庭。

第五百三十条　出席法庭的检察官应当宣读没收违法所得申请书，并在法庭调查阶段就申请没收的财产属于违法所得及其他涉案财产等相关事实出示、宣读证据。

第五百三十一条 人民检察院发现人民法院或者审判人员审理没收违法所得案件违反法律规定的诉讼程序,应当向人民法院提出纠正意见。

人民检察院认为同级人民法院按照违法所得没收程序所作的第一审裁定确有错误的,应当在五日以内向上一级人民法院提出抗诉。

最高人民检察院、省级人民检察院认为下级人民法院按照违法所得没收程序所作的已经发生法律效力的裁定确有错误的,应当按照审判监督程序向同级人民法院提出抗诉。

第五百三十二条 在审理案件过程中,在逃的犯罪嫌疑人、被告人自动投案或者被抓获,人民法院按照刑事诉讼法第三百零一条第一款的规定终止审理的,人民检察院应当将案卷退回监察机关或者公安机关处理。

第五百三十三条 对于刑事诉讼法第二百九十八条第一款规定以外需要没收违法所得的,按照有关规定执行。

第五节 依法不负刑事责任的精神病人的强制医疗程序

第五百三十四条 对于实施暴力行为,危害公共安全或者严重危害公民人身安全,已经达到犯罪程度,经法定程序鉴定依法不负刑事责任的精神病人,有继续危害社会可能的,人民检察院应当向人民法院提出强制医疗的申请。

提出强制医疗的申请以及对强制医疗决定的监督,由负责捕诉的部门办理。

第五百三十五条 强制医疗的申请由被申请人实施暴力行为所在地的基层人民检察院提出;由被申请人居住地的人民检察院提出更为适宜的,可以由被申请人居住地的基层人民检察院提出。

第五百三十六条 人民检察院向人民法院提出强制医疗的申请,应当制作强制医疗申请书。强制医疗申请书的主要内容包括:

(一)涉案精神病人的基本情况,包括姓名、性别、出生年月日、出生地、户籍地、公民身份号码、民族、文化程度、职业、工作单位及职务、住址,采取临时保护性约束措施的情况及处所等;

(二)涉案精神病人的法定代理人的基本情况,包括姓名、住址、联系方式等;

(三)案由及案件来源;

(四)涉案精神病人实施危害公共安全或者严重危害公民人身安全的暴力行为的事实,包括实施暴力行为的时间、地点、手段、后果等及相关证据情况;

(五)涉案精神病人不负刑事责任的依据,包括有关鉴定意见和其他证据材料;

(六)涉案精神病人继续危害社会的可能;

(七)提出强制医疗申请的理由和法律依据。

第五百三十七条 人民检察院审查公安机关移送的强制医疗意见书,应当查明:

(一)是否属于本院管辖;

(二)涉案精神病人身份状况是否清楚,包括姓名、性别、国籍、出生年月日、职业和单位等;

(三)涉案精神病人实施危害公共安全或者严重危害公民人身安全的暴力行为的事实;

(四)公安机关对涉案精神病人进行鉴定的程序是否合法,涉案精神病人是否依法不负刑事责任;

(五)涉案精神病人是否有继续危害社会的可能;

(六)证据材料是否随案移送,不宜移送的证据的清单、复制件、照片或者其他证明文件是否随案移送;

(七)证据是否确实、充分;

(八)采取的临时保护性约束措施是否适当。

第五百三十八条 人民检察院办理公安机关移送的强制医疗案件,可以采取以下方式开展调查,调查情况应当记录并附卷:

(一)会见涉案精神病人,听取涉案精神病人的法定代理人、诉讼代理人意见;

(二)询问办案人员、鉴定人;

(三)向被害人及其法定代理人、近亲属了解情况;

(四)向涉案精神病人的主治医生、近亲属、邻居、其他知情人员或者基层组织等了解情况;

(五)就有关专门性技术问题委托具有法

定资质的鉴定机构、鉴定人进行鉴定。

第五百三十九条　人民检察院应当在接到公安机关移送的强制医疗意见书后三十日以内作出是否提出强制医疗申请的决定。

对于公安机关移送的强制医疗案件，经审查认为不符合刑事诉讼法第三百零二条规定条件的，应当作出不提出强制医疗申请的决定，并向公安机关书面说明理由。认为需要补充证据的，应当书面要求公安机关补充证据，必要时也可以自行调查。

公安机关补充证据的时间不计入人民检察院办案期限。

第五百四十条　人民检察院发现公安机关应当启动强制医疗程序而不启动的，可以要求公安机关在七日以内书面说明不启动的理由。

经审查，认为公安机关不启动理由不能成立的，应当通知公安机关启动强制医疗程序。

公安机关收到启动强制医疗程序通知书后，未按要求启动强制医疗程序的，人民检察院应当提出纠正意见。

第五百四十一条　人民检察院对公安机关移送的强制医疗案件，发现公安机关对涉案精神病人进行鉴定违反法律规定，具有下列情形之一的，应当依法提出纠正意见：

（一）鉴定机构不具备法定资质的；

（二）鉴定人不具备法定资质或者违反回避规定的；

（三）鉴定程序违反法律或者有关规定，鉴定的过程和方法违反相关专业规范要求的；

（四）鉴定文书不符合法定形式要件的；

（五）鉴定意见没有依法及时告知相关人员的；

（六）鉴定人故意作虚假鉴定的；

（七）其他违反法律规定的情形。

人民检察院对精神病鉴定程序进行监督，可以要求公安机关补充鉴定或者重新鉴定。必要时，可以询问鉴定人并制作笔录，或者委托具有法定资质的鉴定机构进行补充鉴定或者重新鉴定。

第五百四十二条　人民检察院发现公安机关对涉案精神病人不应当采取临时保护性约束措施而采取的，应当提出纠正意见。

认为公安机关应当采取临时保护性约束措施而未采取的，应当建议公安机关采取临时保护性约束措施。

第五百四十三条　在审查起诉中，犯罪嫌疑人经鉴定系依法不负刑事责任的精神病人的，人民检察院应当作出不起诉决定。认为符合刑事诉讼法第三百零二条规定条件的，应当向人民法院提出强制医疗的申请。

第五百四十四条　人民法院对强制医疗案件开庭审理的，人民检察院应当派员出席法庭。

第五百四十五条　人民检察院发现人民法院强制医疗案件审理活动具有下列情形之一的，应当提出纠正意见：

（一）未通知被申请人或者被告人的法定代理人到场的；

（二）被申请人或者被告人没有委托诉讼代理人，未通知法律援助机构指派律师为其提供法律帮助的；

（三）未组成合议庭或者合议庭组成人员不合法的；

（四）未经被申请人、被告人的法定代理人请求直接作出不开庭审理决定的；

（五）未会见被申请人的；

（六）被申请人、被告人要求出庭且具备出庭条件，未准许其出庭的；

（七）违反法定审理期限的；

（八）收到人民检察院对强制医疗决定不当的书面纠正意见后，未另行组成合议庭审理或者未在一个月以内作出复议决定的；

（九）人民法院作出的强制医疗决定或者驳回强制医疗申请决定不当的；

（十）其他违反法律规定的情形。

第五百四十六条　出席法庭的检察官发现人民法院或者审判人员审理强制医疗案件违反法律规定的诉讼程序，应当记录在案，并在休庭后及时向检察长报告，由人民检察院在庭审后向人民法院提出纠正意见。

第五百四十七条　人民检察院认为人民法院作出的强制医疗决定或者驳回强制医疗申请的决定，具有下列情形之一的，应当在收到决定书副本后二十日以内向人民法院提出纠正意见：

（一）据以作出决定的事实不清或者确有错误的；

（二）据以作出决定的证据不确实、不充分的；

(三)据以作出决定的证据依法应当予以排除的;

(四)据以作出决定的主要证据之间存在矛盾的;

(五)有确实、充分的证据证明应当决定强制医疗而予以驳回的,或者不应当决定强制医疗而决定强制医疗的;

(六)审理过程中严重违反法定诉讼程序,可能影响公正审理和决定的。

第五百四十八条 人民法院在审理案件过程中发现被告人符合强制医疗条件,适用强制医疗程序对案件进行审理的,人民检察院应当在庭审中发表意见。

人民法院作出宣告被告人无罪或者不负刑事责任的判决和强制医疗决定的,人民检察院应当进行审查。对判决确有错误的,应当依法提出抗诉;对强制医疗决定不当或者未作出强制医疗的决定不当的,应当提出纠正意见。

第五百四十九条 人民法院收到被决定强制医疗的人、被害人及其法定代理人、近亲属复议申请后,未组成合议庭审理,或者未在一个月以内作出复议决定,或者有其他违法行为的,人民检察院应当提出纠正意见。

第五百五十条 人民检察院对于人民法院批准解除强制医疗的决定实行监督,发现人民法院解除强制医疗的决定不当的,应当提出纠正意见。

第十三章 刑事诉讼法律监督

第一节 一般规定

第五百五十一条 人民检察院对刑事诉讼活动实行法律监督,发现违法情形的,依法提出抗诉、纠正意见或者检察建议。

人民检察院对于涉嫌违法的事实,可以采取以下方式进行调查核实:

(一)讯问、询问犯罪嫌疑人;

(二)询问证人、被害人或者其他诉讼参与人;

(三)询问办案人员;

(四)询问在场人员或者其他可能知情的人员;

(五)听取申诉人或者控告人的意见;

(六)听取辩护人、值班律师意见;

(七)调取、查询、复制相关登记表册、法律文书、体检记录及案卷材料等;

(八)调取讯问笔录、询问笔录及相关录音、录像或其他视听资料;

(九)进行伤情、病情检查或者鉴定;

(十)其他调查核实方式。

人民检察院在调查核实过程中不得限制被调查对象的人身、财产权利。

第五百五十二条 人民检察院发现刑事诉讼活动中的违法行为,对于情节较轻的,由检察人员以口头方式提出纠正意见;对于情节较重的,经检察长决定,发出纠正违法通知书。对于带有普遍性的违法情形,经检察长决定,向相关机关提出检察建议。构成犯罪的,移送有关机关、部门依法追究刑事责任。

有申诉人、控告人的,调查核实和纠正违法情况应予告知。

第五百五十三条 人民检察院发出纠正违法通知书的,应当监督落实。被监督单位在纠正违法通知书规定的期限内没有回复纠正情况的,人民检察院应当督促回复。经督促被监督单位仍不回复或者没有正当理由不纠正的,人民检察院应当向上一级人民检察院报告。

第五百五十四条 被监督单位对纠正意见申请复查的,人民检察院应当在收到被监督单位的书面意见后七日以内进行复查,并将复查结果及时通知申请复查的单位。经过复查,认为纠正意见正确的,应当及时向上一级人民检察院报告;认为纠正意见错误的,应当及时予以撤销。

上一级人民检察院经审查,认为下级人民检察院纠正意见正确的,应当及时通报被监督单位的上级机关或者主管机关,并建议其督促被监督单位予以纠正;认为下级人民检察院纠正意见错误的,应当书面通知下级人民检察院予以撤销,下级人民检察院应当执行,并及时向被监督单位说明情况。

第五百五十五条 当事人和辩护人、诉讼代理人、利害关系人对于办案机关及其工作人员有刑事诉讼法第一百一十七条规定的行为,向该机关申诉或者控告,对该机关作出的处理不服或者该机关未在规定时间内作出答复,而向人民检察院申诉的,办案机关的同级人民检察院应当受理。

人民检察院直接受理侦查的案件，当事人和辩护人、诉讼代理人、利害关系人对办理案件的人民检察院的处理不服的，可以向上一级人民检察院申诉，上一级人民检察院应当受理。

未向办案机关申诉或者控告，或者办案机关在规定时间内尚未作出处理决定，直接向人民检察院申诉的，人民检察院应当告知其向办案机关申诉或者控告。人民检察院在审查逮捕、审查起诉中发现有刑事诉讼法第一百一十七条规定的违法情形的，可以直接监督纠正。

当事人和辩护人、诉讼代理人、利害关系人对刑事诉讼法第一百一十七条规定情形之外的违法行为提出申诉或者控告的，人民检察院应当受理，并及时审查，依法处理。

第五百五十六条 对人民检察院及其工作人员办理案件中违法行为的申诉、控告，由负责控告申诉检察的部门受理和审查办理。对其他司法机关处理决定不服向人民检察院提出的申诉，由负责控告申诉检察的部门受理后，移送相关办案部门审查办理。

审查办理的部门应当在受理之日起十五日以内提出审查意见。人民检察院对刑事诉讼法第一百一十七条的申诉，经审查认为需要其他司法机关说明理由的，应当要求有关机关说明理由，并在收到理由说明后十五日以内提出审查意见。

人民检察院及其工作人员办理案件中存在的违法情形属实的，应当予以纠正；不存在违法行为的，书面答复申诉人、控告人。

其他司法机关对申诉、控告的处理不正确的，人民检察院应当通知有关机关予以纠正；处理正确的，书面答复申诉人、控告人。

第二节 刑事立案监督

第五百五十七条 被害人及其法定代理人、近亲属或者行政执法机关，认为公安机关对其控告或者移送的案件应当立案侦查而不立案侦查，或者当事人认为公安机关不应当立案而立案，向人民检察院提出的，人民检察院应当受理并进行审查。

人民检察院发现公安机关可能存在应当立案侦查而不立案侦查情形的，应当依法进行审查。

人民检察院接到控告、举报或者发现行政执法机关不移送涉嫌犯罪案件的，经检察长批准，应当向行政执法机关提出检察意见，要求其按照管辖规定向公安机关移送涉嫌犯罪案件。

第五百五十八条 人民检察院负责控告申诉检察的部门受理对公安机关应当立案而不立案或者不应当立案而立案的控告、申诉，应当根据事实、法律进行审查。认为需要公安机关说明不立案或者立案理由的，应当及时将案件移送负责捕诉的部门办理；认为公安机关立案或者不立案决定正确的，应当制作相关法律文书，答复控告人、申诉人。

第五百五十九条 人民检察院经审查，认为需要公安机关说明不立案理由的，应当要求公安机关书面说明不立案的理由。

对于有证据证明公安机关可能存在违法动用刑事手段插手民事、经济纠纷，或者利用立案实施报复陷害、敲诈勒索以及谋取其他非法利益等违法立案情形，尚未提请批准逮捕或者移送起诉的，人民检察院应当要求公安机关书面说明立案理由。

第五百六十条 人民检察院要求公安机关说明不立案或者立案理由，应当书面通知公安机关，并且告知公安机关在收到通知后七日以内，书面说明不立案或者立案的情况、依据和理由，连同有关证据材料回复人民检察院。

第五百六十一条 公安机关说明不立案或者立案的理由后，人民检察院应当进行审查。认为公安机关不立案或者立案理由不能成立的，经检察长决定，应当通知公安机关立案或者撤销案件。

人民检察院认为公安机关不立案或者立案理由成立的，应当在十日以内将不立案或者立案的依据和理由告知被害人及其法定代理人、近亲属或者行政执法机关。

第五百六十二条 公安机关对当事人的报案、控告、举报或者行政执法机关移送的涉嫌犯罪案件受理后未在规定期限内作出是否立案决定，当事人或者行政执法机关向人民检察院提出的，人民检察院应当受理并进行审查。经审查，认为尚未超过规定期限的，应当移送公安机关处理，并答复报案人、控告人、举报人或者行政执法机关；认为超过规定期限的，应当要求公安机关在七日以内书面说明逾期不作出是否立案决定的理由,连同有关证据材料回复人民检察院。公安机关在七日以内不说明理由也不作出立案或者不立案决定的,人民检察院应当提出纠正意见。人民检察院经审查有关证据材料认为符合立案条件的,应当通知公安机关立案。

第五百六十三条　人民检察院通知公安机关立案或者撤销案件,应当制作通知立案书或者通知撤销案件书,说明依据和理由,连同证据材料送达公安机关,并且告知公安机关应当在收到通知立案书后十五日以内立案,对通知撤销案件书没有异议的应当立即撤销案件,并将立案决定书或者撤销案件决定书及时送达人民检察院。

第五百六十四条　人民检察院通知公安机关立案或者撤销案件的,应当依法对执行情况进行监督。

公安机关在收到通知立案书或者通知撤销案件书后超过十五日不予立案或者未要求复议、提请复核也不撤销案件的,人民检察院应当发出纠正违法通知书。公安机关仍不纠正的,报上一级人民检察院协商同级公安机关处理。

公安机关立案后三个月以内未侦查终结的,人民检察院可以向公安机关发出立案监督案件催办函,要求公安机关及时向人民检察院反馈侦查工作进展情况。

第五百六十五条　公安机关认为人民检察院撤销案件通知有错误,要求同级人民检察院复议的,人民检察院应当重新审查。在收到要求复议意见书和案卷材料后七日以内作出是否变更的决定,并通知公安机关。

公安机关不接受人民检察院复议决定,提请上一级人民检察院复核的,上级人民检察院应当在收到提请复核意见书和案卷材料后十五日以内作出是否变更的决定,通知下级人民检察院和公安机关执行。

上级人民检察院复核认为撤销案件通知有错误的,下级人民检察院应当立即纠正;上级人民检察院复核认为撤销案件通知正确的,应当作出复核决定并送达下级公安机关。

第五百六十六条　人民检察院负责捕诉的部门发现本院负责侦查的部门对应当立案侦查的案件不立案侦查或者对不应当立案侦查的案件立案侦查的,应当建议负责侦查的部门立案侦查或者撤销案件。建议不被采纳的,应当报请检察长决定。

第三节　侦查活动监督

第五百六十七条　人民检察院应当对侦查活动中是否存在以下违法行为进行监督:

(一)采用刑讯逼供以及其他非法方法收集犯罪嫌疑人供述的;

(二)讯问犯罪嫌疑人依法应当录音或者录像而没有录音或者录像,或者未在法定羁押场所讯问犯罪嫌疑人的;

(三)采用暴力、威胁以及非法限制人身自由等非法方法收集证人证言、被害人陈述,或者以暴力、威胁等方法阻止证人作证或者指使他人作伪证的;

(四)伪造、隐匿、销毁、调换、私自涂改证据,或者帮助当事人毁灭、伪造证据的;

(五)违反刑事诉讼法关于决定、执行、变更、撤销强制措施的规定,或者强制措施法定期限届满,不予释放、解除或者变更的;

(六)应当退还取保候审保证金不退还的;

(七)违反刑事诉讼法关于讯问、询问、勘验、检查、搜查、鉴定、采取技术侦查措施等规定的;

(八)对与案件无关的财物采取查封、扣押、冻结措施,或者应当解除查封、扣押、冻结而不解除的;

(九)贪污、挪用、私分、调换、违反规定使用查封、扣押、冻结的财物及其孳息的;

(十)不应当撤案而撤案的;

(十一)侦查人员应当回避而不回避的;

(十二)依法应当告知犯罪嫌疑人诉讼权利而不告知,影响犯罪嫌疑人行使诉讼权利的;

(十三)对犯罪嫌疑人拘留、逮捕、指定居所监视居住后依法应当通知家属而未通知的;

(十四)阻碍当事人、辩护人、诉讼代理人、值班律师依法行使诉讼权利的;

(十五)应当对证据收集的合法性出具说明或者提供证明材料而不出具、不提供的;

(十六)侦查活动中的其他违反法律规定的行为。

第五百六十八条　人民检察院发现侦查活动中的违法情形已涉嫌犯罪,属于人民检察院管辖的，依法立案侦查；不属于人民检察院管辖的，依照有关规定移送有管辖权的机关。

第五百六十九条　人民检察院负责捕诉的部门发现本院负责侦查的部门在侦查活动中有违法情形，应当提出纠正意见。需要追究相关人员违法违纪责任的，应当报告检察长。

上级人民检察院发现下级人民检察院在侦查活动中有违法情形，应当通知其纠正。下级人民检察院应当及时纠正，并将纠正情况报告上级人民检察院。

第四节　审判活动监督

第五百七十条　人民检察院应当对审判活动中是否存在以下违法行为进行监督：

（一）人民法院对刑事案件的受理违反管辖规定的；

（二）人民法院审理案件违反法定审理和送达期限的；

（三）法庭组成人员不符合法律规定，或者依照规定应当回避而不回避的；

（四）法庭审理案件违反法定程序的；

（五）侵犯当事人、其他诉讼参与人的诉讼权利和其他合法权利的；

（六）法庭审理时对有关程序问题所作的决定违反法律规定的；

（七）违反法律规定裁定发回重审的；

（八）故意毁弃、篡改、隐匿、伪造、偷换证据或者其他诉讼材料，或者依据未经法定程序调查、质证的证据定案的；

（九）依法应当调查收集相关证据而不收集的；

（十）徇私枉法，故意违背事实和法律作枉法裁判的；

（十一）收受、索取当事人及其近亲属或者其委托的律师等人财物或者其他利益的；

（十二）违反法律规定采取强制措施或者采取强制措施法定期限届满，不予释放、解除或者变更的；

（十三）应当退还取保候审保证金不退还的；

（十四）对与案件无关的财物采取查封、扣押、冻结措施，或者应当解除查封、扣押、冻结而不解除的；

（十五）贪污、挪用、私分、调换、违反规定使用查封、扣押、冻结的财物及其孳息的；

（十六）其他违反法律规定的行为。

第五百七十一条　人民检察院检察长或者检察长委托的副检察长，可以列席同级人民法院审判委员会会议，依法履行法律监督职责。

第五百七十二条　人民检察院在审判活动监督中，发现人民法院或者审判人员审理案件违反法律规定的诉讼程序，应当向人民法院提出纠正意见。

人民检察院对违反程序的庭审活动提出纠正意见，应当由人民检察院在庭审后提出。出席法庭的检察人员发现法庭审判违反法律规定的诉讼程序，应当在休庭后及时向检察长报告。

第五节　羁押必要性审查

第五百七十三条　犯罪嫌疑人、被告人被逮捕后，人民检察院仍应当对羁押的必要性进行审查。

第五百七十四条　人民检察院在办案过程中可以依职权主动进行羁押必要性审查。

犯罪嫌疑人、被告人及其法定代理人、近亲属或者辩护人可以申请人民检察院进行羁押必要性审查。申请时应当说明不需要继续羁押的理由，有相关证据或者其他材料的应当提供。

看守所根据在押人员身体状况，可以建议人民检察院进行羁押必要性审查。

第五百七十五条　负责捕诉的部门依法对侦查和审判阶段的羁押必要性进行审查。经审查认为不需要继续羁押的，应当建议公安机关或者人民法院释放犯罪嫌疑人、被告人或者变更强制措施。

审查起诉阶段，负责捕诉的部门经审查认为不需要继续羁押的，应当直接释放犯罪嫌疑人或者变更强制措施。

负责刑事执行检察的部门收到有关材料或者发现不需要继续羁押的，应当及时将有关材料和意见移送负责捕诉的部门。

第五百七十六条　办案机关对应的同级人民检察院负责控告申诉检察的部门或者负责案件管理的部门收到羁押必要性审查申请后，应当在当日移送本院负责捕诉的部门。

其他人民检察院收到羁押必要性审查申请

的,应当告知申请人向办案机关对应的同级人民检察院提出申请,或者在二日以内将申请材料移送办案机关对应的同级人民检察院,并告知申请人。

第五百七十七条　人民检察院可以采取以下方式进行羁押必要性审查:

(一)审查犯罪嫌疑人、被告人不需要继续羁押的理由和证明材料;

(二)听取犯罪嫌疑人、被告人及其法定代理人、辩护人的意见;

(三)听取被害人及其法定代理人、诉讼代理人的意见,了解是否达成和解协议;

(四)听取办案机关的意见;

(五)调查核实犯罪嫌疑人、被告人的身体健康状况;

(六)需要采取的其他方式。

必要时,可以依照有关规定进行公开审查。

第五百七十八条　人民检察院应当根据犯罪嫌疑人、被告人涉嫌的犯罪事实、主观恶性、悔罪表现、身体状况、案件进展情况、可能判处的刑罚和有无再危害社会的危险等因素,综合评估有无必要继续羁押犯罪嫌疑人、被告人。

第五百七十九条　人民检察院发现犯罪嫌疑人、被告人具有下列情形之一的,应当向办案机关提出释放或者变更强制措施的建议:

(一)案件证据发生重大变化,没有证据证明有犯罪事实或者犯罪行为系犯罪嫌疑人、被告人所为的;

(二)案件事实或者情节发生变化,犯罪嫌疑人、被告人可能被判处拘役、管制、独立适用附加刑、免予刑事处罚或者判决无罪的;

(三)继续羁押犯罪嫌疑人、被告人,羁押期限将超过依法可能判处的刑期的;

(四)案件事实基本查清,证据已经收集固定,符合取保候审或者监视居住条件的。

第五百八十条　人民检察院发现犯罪嫌疑人、被告人具有下列情形之一,且具有悔罪表现,不予羁押不致发生社会危险性的,可以向办案机关提出释放或者变更强制措施的建议:

(一)预备犯或者中止犯;

(二)共同犯罪中的从犯或者胁从犯;

(三)过失犯罪的;

(四)防卫过当或者避险过当的;

(五)主观恶性较小的初犯;

(六)系未成年人或者已满七十五周岁的人;

(七)与被害方依法自愿达成和解协议,且已经履行或者提供担保的;

(八)认罪认罚的;

(九)患有严重疾病、生活不能自理的;

(十)怀孕或者正在哺乳自己婴儿的妇女;

(十一)系生活不能自理的人的唯一扶养人;

(十二)可能被判处一年以下有期徒刑或者宣告缓刑的;

(十三)其他不需要继续羁押的情形。

第五百八十一条　人民检察院向办案机关发出释放或者变更强制措施建议书的,应当说明不需要继续羁押犯罪嫌疑人、被告人的理由和法律依据,并要求办案机关在十日以内回复处理情况。

人民检察院应当跟踪办案机关对释放或者变更强制措施建议的处理情况。办案机关未在十日以内回复处理情况的,应当提出纠正意见。

第五百八十二条　对于依申请审查的案件,人民检察院办结后,应当将提出建议的情况和公安机关、人民法院的处理情况,或者有继续羁押必要的审查意见和理由及时书面告知申请人。

第六节　刑事判决、裁定监督

第五百八十三条　人民检察院依法对人民法院的判决、裁定是否正确实行法律监督,对人民法院确有错误的判决、裁定,应当依法提出抗诉。

第五百八十四条　人民检察院认为同级人民法院第一审判决、裁定具有下列情形之一的,应当提出抗诉:

(一)认定的事实确有错误或者据以定罪量刑的证据不确实、不充分的;

(二)有确实、充分证据证明有罪判无罪,或者无罪判有罪的;

(三)重罪轻判,轻罪重判,适用刑罚明显不当的;

(四)认定罪名不正确,一罪判数罪、数罪判一罪,影响量刑或者造成严重社会影响的;

(五)免除刑事处罚或者适用缓刑、禁止

令、限制减刑等错误的；

（六）人民法院在审理过程中严重违反法律规定的诉讼程序的。

第五百八十五条 人民检察院在收到人民法院第一审判决书或者裁定书后，应当及时审查。对于需要提出抗诉的案件，应当报请检察长决定。

第五百八十六条 人民检察院对同级人民法院第一审判决的抗诉，应当在接到判决书后第二日起十日以内提出；对第一审裁定的抗诉，应当在接到裁定书后第二日起五日以内提出。

第五百八十七条 人民检察院对同级人民法院第一审判决、裁定的抗诉，应当制作抗诉书，通过原审人民法院向上一级人民法院提出，并将抗诉书副本连同案卷材料报送上一级人民检察院。

第五百八十八条 被害人及其法定代理人不服地方各级人民法院第一审的判决，在收到判决书后五日以内请求人民检察院提出抗诉的，人民检察院应当立即进行审查，在收到被害人及其法定代理人的请求后五日以内作出是否抗诉的决定，并且答复请求人。经审查认为应当抗诉的，适用本规则第五百八十四条至第五百八十七条的规定办理。

被害人及其法定代理人在收到判决书五日以后请求人民检察院提出抗诉的，由人民检察院决定是否受理。

第五百八十九条 上一级人民检察院对下级人民检察院按照第二审程序提出抗诉的案件，认为抗诉正确的，应当支持抗诉。

上一级人民检察院认为抗诉不当的，应当听取下级人民检察院的意见。听取意见后，仍然认为抗诉不当的，应当向同级人民法院撤回抗诉，并且通知下级人民检察院。

上一级人民检察院在上诉、抗诉期限内，发现下级人民检察院应当提出抗诉而没有提出抗诉的案件，可以指令下级人民检察院依法提出抗诉。

上一级人民检察院支持或者部分支持抗诉意见的，可以变更、补充抗诉理由，及时制作支持抗诉意见书，并通知提出抗诉的人民检察院。

第五百九十条 第二审人民法院发回原审人民法院按照第一审程序重新审判的案件，如果人民检察院认为重新审判的判决、裁定确有错误的，可以按照第二审程序提出抗诉。

第五百九十一条 人民检察院认为人民法院已经发生法律效力的判决、裁定确有错误，具有下列情形之一的，应当按照审判监督程序向人民法院提出抗诉：

（一）有新的证据证明原判决、裁定认定的事实确有错误，可能影响定罪量刑的；

（二）据以定罪量刑的证据不确实、不充分的；

（三）据以定罪量刑的证据依法应当予以排除的；

（四）据以定罪量刑的主要证据之间存在矛盾的；

（五）原判决、裁定的主要事实依据被依法变更或者撤销的；

（六）认定罪名错误且明显影响量刑的；

（七）违反法律关于追诉时效期限的规定的；

（八）量刑明显不当的；

（九）违反法律规定的诉讼程序，可能影响公正审判的；

（十）审判人员在审理案件的时候有贪污受贿，徇私舞弊，枉法裁判行为的。

对于同级人民法院已经发生法律效力的判决、裁定，人民检察院认为可能有错误的，应当另行指派检察官或者检察官办案组进行审查。经审查，认为有前款规定情形之一的，应当提请上一级人民检察院提出抗诉。

对已经发生法律效力的判决、裁定的审查，参照本规则第五百八十五条的规定办理。

第五百九十二条 对于高级人民法院判处死刑缓期二年执行的案件，省级人民检察院认为确有错误提请抗诉的，一般应当在收到生效判决、裁定后三个月以内提出，至迟不得超过六个月。

第五百九十三条 当事人及其法定代理人、近亲属认为人民法院已经发生法律效力的判决、裁定确有错误，向人民检察院申诉的，由作出生效判决、裁定的人民法院的同级人民检察院依法办理。

当事人及其法定代理人、近亲属直接向上级人民检察院申诉的，上级人民检察院可以交由作出生效判决、裁定的人民法院的同级人民检察院受理；案情重大、疑难、复杂的，上级人民检察院可以直接受理。

当事人及其法定代理人、近亲属对人民法院已经发生法律效力的判决、裁定提出申诉,经人民检察院复查决定不予抗诉后继续提出申诉的,上一级人民检察院应当受理。

第五百九十四条 对不服人民法院已经发生法律效力的判决、裁定的申诉,经两级人民检察院办理且省级人民检察院已经复查的,如果没有新的证据,人民检察院不再复查,但原审被告人可能被宣告无罪或者判决、裁定有其他重大错误可能的除外。

第五百九十五条 人民检察院对已经发生法律效力的判决、裁定的申诉复查后,认为需要提请或者提出抗诉的,报请检察长决定。

地方各级人民检察院对不服同级人民法院已经发生法律效力的判决、裁定的申诉复查后,认为需要提出抗诉的,应当提请上一级人民检察院抗诉。

上级人民检察院对下一级人民检察院提请抗诉的申诉案件进行审查后,认为需要提出抗诉的,应当向同级人民法院提出抗诉。

人民法院开庭审理时,同级人民检察院应当派员出席法庭。

第五百九十六条 人民检察院对不服人民法院已经发生法律效力的判决、裁定的申诉案件复查终结后,应当制作刑事申诉复查通知书,在十日以内通知申诉人。

经复查向上一级人民检察院提请抗诉的,应当在上一级人民检察院作出是否抗诉的决定后制作刑事申诉复查通知书。

第五百九十七条 最高人民检察院发现各级人民法院已经发生法律效力的判决或者裁定,上级人民检察院发现下级人民法院已经发生法律效力的判决或者裁定确有错误时,可以直接向同级人民法院提出抗诉,或者指令作出生效判决、裁定人民法院的上一级人民检察院向同级人民法院提出抗诉。

第五百九十八条 人民检察院按照审判监督程序向人民法院提出抗诉的,应当将抗诉书副本报送上一级人民检察院。

第五百九十九条 对按照审判监督程序提出抗诉的案件,人民检察院认为人民法院再审作出的判决、裁定仍然确有错误的,如果案件是依照第一审程序审判的,同级人民检察院应当按照第二审程序向上一级人民法院提出抗诉;如果案件是依照第二审程序审判的,上一级人民检察院应当按照审判监督程序向同级人民法院提出抗诉。

第六百条 人民检察院办理按照第二审程序、审判监督程序抗诉的案件,认为需要对被告人采取强制措施的,参照本规则相关规定。决定采取强制措施应当经检察长批准。

第六百零一条 人民检察院对自诉案件的判决、裁定的监督,适用本节的规定。

第七节　死刑复核监督

第六百零二条 最高人民检察院依法对最高人民法院的死刑复核活动实行法律监督。

省级人民检察院依法对高级人民法院复核未上诉且未抗诉死刑立即执行案件和死刑缓期二年执行案件的活动实行法律监督。

第六百零三条 最高人民检察院、省级人民检察院通过办理下列案件对死刑复核活动实行法律监督:

(一)人民法院向人民检察院通报的死刑复核案件;

(二)下级人民检察院提请监督或者报告重大情况的死刑复核案件;

(三)当事人及其近亲属或者受委托的律师向人民检察院申请监督的死刑复核案件;

(四)认为应当监督的其他死刑复核案件。

第六百零四条 省级人民检察院对于进入最高人民法院死刑复核程序的案件,发现具有下列情形之一的,应当及时向最高人民检察院提请监督:

(一)案件事实不清、证据不足,依法应当发回重新审判或者改判的;

(二)被告人具有从宽处罚情节,依法不应当判处死刑的;

(三)适用法律错误的;

(四)违反法律规定的诉讼程序,可能影响公正审判的;

(五)其他应当提请监督的情形。

第六百零五条 省级人民检察院发现死刑复核案件被告人有自首、立功、怀孕或者被告人家属与被害人家属达成赔偿谅解协议等新的重大情况,影响死刑适用的,应当及时向最高人民检察院报告。

第六百零六条 当事人及其近亲属或者受委托的律师向最高人民检察院提出不服死刑裁判的申诉,由负责死刑复核监督的部门审查。

第六百零七条 对于适用死刑存在较大分歧或者在全国有重大影响的死刑第二审案件,省级人民检察院应当及时报最高人民检察院备案。

第六百零八条 高级人民法院死刑复核期间,设区的市级人民检察院向省级人民检察院报告重大情况、备案等程序,参照本规则第六百零五条、第六百零七条规定办理。

第六百零九条 对死刑复核监督案件的审查可以采取下列方式:

(一)审查人民法院移送的材料、下级人民检察院报送的相关案卷材料、当事人及其近亲属或者受委托的律师提交的材料;

(二)向下级人民检察院调取案件审查报告、公诉意见书、出庭意见书等,了解案件相关情况;

(三)向人民法院调阅或者查阅案卷材料;

(四)核实或者委托核实主要证据;

(五)讯问被告人、听取受委托的律师的意见;

(六)就有关技术性问题向专门机构或者有专门知识的人咨询,或者委托进行证据审查;

(七)需要采取的其他方式。

第六百一十条 审查死刑复核监督案件,具有下列情形之一的,应当听取下级人民检察院的意见:

(一)对案件主要事实、证据有疑问的;

(二)对适用死刑存在较大争议的;

(三)可能引起司法办案重大风险的;

(四)其他应当听取意见的情形。

第六百一十一条 最高人民检察院经审查发现死刑复核案件具有下列情形之一的,应当经检察长决定,依法向最高人民法院提出检察意见:

(一)认为适用死刑不当,或者案件事实不清、证据不足,依法不应当核准死刑的;

(二)认为不予核准死刑的理由不成立,依法应当核准死刑的;

(三)发现新的事实和证据,可能影响被告人定罪量刑的;

(四)严重违反法律规定的诉讼程序,可能影响公正审判的;

(五)司法工作人员在办理案件时,有贪污受贿,徇私舞弊,枉法裁判等行为的;

(六)其他需要提出检察意见的情形。

同意最高人民法院核准或者不核准意见的,应当经检察长批准,书面回复最高人民法院。

对于省级人民检察院提请监督、报告重大情况的案件,最高人民检察院认为具有影响死刑适用情形的,应当及时将有关材料转送最高人民法院。

第八节 羁押期限和办案期限监督

第六百一十二条 人民检察院依法对羁押期限和办案期限是否合法实行法律监督。

第六百一十三条 对公安机关、人民法院办理案件相关期限的监督,犯罪嫌疑人、被告人被羁押的,由人民检察院负责刑事执行检察的部门承担;犯罪嫌疑人、被告人未被羁押的,由人民检察院负责捕诉的部门承担。对人民检察院办理案件相关期限的监督,由负责案件管理的部门承担。

第六百一十四条 人民检察院在办理案件过程中,犯罪嫌疑人、被告人被羁押,具有下列情形之一的,办案部门应当在作出决定或者收到决定书、裁定书后十日以内通知本院负有监督职责的部门:

(一)批准或者决定延长侦查羁押期限的;

(二)对于人民检察院直接受理侦查的案件,决定重新计算侦查羁押期限、变更或者解除强制措施的;

(三)对犯罪嫌疑人、被告人进行精神病鉴定的;

(四)审查起诉期间改变管辖、延长审查起诉期限的;

(五)案件退回补充侦查,或者补充侦查完毕移送起诉后重新计算审查起诉期限的;

(六)人民法院决定适用简易程序、速裁程序审理第一审案件,或者将案件由简易程序转为普通程序,由速裁程序转为简易程序、普通程序重新审理的;

(七)人民法院改变管辖,决定延期审理、

中止审理,或者同意人民检察院撤回起诉的。

第六百一十五条　人民检察院发现看守所的羁押期限管理活动具有下列情形之一的,应当依法提出纠正意见:

(一)未及时督促办案机关办理换押手续的;

(二)未在犯罪嫌疑人、被告人羁押期限届满前七日以内向办案机关发出羁押期限即将届满通知书的;

(三)犯罪嫌疑人、被告人被超期羁押后,没有立即书面报告人民检察院并通知办案机关的;

(四)收到犯罪嫌疑人、被告人及其法定代理人、近亲属或者辩护人提出的变更强制措施、羁押必要性审查、羁押期限届满要求释放或者变更强制措施的申请、申诉、控告后,没有及时转送有关办案机关或者人民检察院的;

(五)其他违法情形。

第六百一十六条　人民检察院发现公安机关的侦查羁押期限执行情况具有下列情形之一的,应当依法提出纠正意见:

(一)未按规定办理换押手续的;

(二)决定重新计算侦查羁押期限、经批准延长侦查羁押期限,未书面通知人民检察院和看守所的;

(三)对犯罪嫌疑人进行精神病鉴定,没有书面通知人民检察院和看守所的;

(四)其他违法情形。

第六百一十七条　人民检察院发现人民法院的审理期限执行情况具有下列情形之一的,应当依法提出纠正意见:

(一)在一审、二审和死刑复核阶段未按规定办理换押手续的;

(二)违反刑事诉讼法的规定重新计算审理期限、批准延长审理期限、改变管辖、延期审理、中止审理或者发回重审的;

(三)决定重新计算审理期限、批准延长审理期限、改变管辖、延期审理、中止审理、对被告人进行精神病鉴定,没有书面通知人民检察院和看守所的;

(四)其他违法情形。

第六百一十八条　人民检察院发现同级或者下级公安机关、人民法院超期羁押的,应当向该办案机关发出纠正违法通知书。

发现上级公安机关、人民法院超期羁押的,应当及时层报该办案机关的同级人民检察院,由同级人民检察院向该办案机关发出纠正违法通知书。

对异地羁押的案件,发现办案机关超期羁押的,应当通报该办案机关的同级人民检察院,由其依法向办案机关发出纠正违法通知书。

第六百一十九条　人民检察院发出纠正违法通知书后,有关办案机关未回复意见或者继续超期羁押的,应当及时报告上一级人民检察院。

对于造成超期羁押的直接责任人员,可以书面建议其所在单位或者有关主管机关依照法律或者有关规定予以处分;对于造成超期羁押情节严重,涉嫌犯罪的,应当依法追究其刑事责任。

第六百二十条　人民检察院办理直接受理侦查的案件或者审查逮捕、审查起诉案件,在犯罪嫌疑人侦查羁押期限、办案期限即将届满前,负责案件管理的部门应当依照有关规定向本院办案部门进行期限届满提示。发现办案部门办理案件超过规定期限的,应当依照有关规定提出纠正意见。

第十四章　刑罚执行和监管执法监督

第一节　一般规定

第六百二十一条　人民检察院依法对刑事判决、裁定和决定的执行工作以及监狱、看守所等的监管执法活动实行法律监督。

第六百二十二条　人民检察院根据工作需要,可以对监狱、看守所等场所采取巡回检察、派驻检察等方式进行监督。

第六百二十三条　人民检察院对监狱、看守所等场所进行监督,除可以采取本规则第五百五十一条规定的调查核实措施外,还可以采取实地查看禁闭室、会见室、监区、监舍等有关场所,列席监狱、看守所有关会议,与有关监管民警进行谈话,召开座谈会,开展问卷调查等方式。

第六百二十四条　人民检察院对刑罚执行和监管执法活动实行监督,可以根据下列情形分别处理：

（一）发现执法瑕疵、安全隐患，或者违法情节轻微的，口头提出纠正意见，并记录在案；

（二）发现严重违法，发生重大事故，或者口头提出纠正意见后七日以内未予纠正的，书面提出纠正意见；

（三）发现存在可能导致执法不公问题，或者存在重大监管漏洞、重大安全隐患、重大事故风险等问题的，提出检察建议。

对于在巡回检察中发现的前款规定的问题、线索的整改落实情况，通过巡回检察进行督导。

第二节　交付执行监督

第六百二十五条　人民检察院发现人民法院、公安机关、看守所等机关的交付执行活动具有下列情形之一的，应当依法提出纠正意见：

（一）交付执行的第一审人民法院没有在法定期间内将判决书、裁定书、人民检察院的起诉书副本、自诉状复印件、执行通知书、结案登记表等法律文书送达公安机关、监狱、社区矫正机构等执行机关的；

（二）对被判处死刑缓期二年执行、无期徒刑或者有期徒刑余刑在三个月以上的罪犯，公安机关、看守所自接到人民法院执行通知书等法律文书后三十日以内，没有将成年罪犯送交监狱执行刑罚，或者没有将未成年罪犯送交未成年犯管教所执行刑罚的；

（三）对需要收监执行刑罚而判决、裁定生效前未被羁押的罪犯，第一审人民法院没有及时将罪犯收监送交公安机关，并将判决书、裁定书、执行通知书等法律文书送达公安机关的；

（四）公安机关对需要收监执行刑罚但下落不明的罪犯，在收到人民法院的判决书、裁定书、执行通知书等法律文书后，没有及时抓捕、通缉的；

（五）对被判处管制、宣告缓刑或者人民法院决定暂予监外执行的罪犯，在判决、裁定生效后或者收到人民法院暂予监外执行决定后，未依法交付罪犯居住地社区矫正机构执行，或者对被单处剥夺政治权利的罪犯，在判决、裁定生效后，未依法交付罪犯居住地公安机关执行的，或者人民法院依法交付执行，社区矫正机构或者公安机关应当接收而拒绝接收的；

（六）其他违法情形。

第六百二十六条　人民法院判决被告人无罪、免予刑事处罚、判处管制、宣告缓刑、单处罚金或者剥夺政治权利，被告人被羁押的，人民检察院应当监督被告人是否被立即释放。发现被告人没有被立即释放的，应当立即向人民法院或者看守所提出纠正意见。

第六百二十七条　人民检察院发现公安机关未依法执行拘役、剥夺政治权利，拘役执行期满未依法发给释放证明，或者剥夺政治权利执行期满未书面通知本人及其所在单位、居住地基层组织等违法情形的，应当依法提出纠正意见。

第六百二十八条　人民检察院发现监狱、看守所对服刑期满或者依法应当予以释放的人员没有按期释放，对被裁定假释的罪犯依法应当交付罪犯居住地社区矫正机构实行社区矫正而不交付，对主刑执行完毕仍然需要执行附加剥夺政治权利的罪犯依法应当交付罪犯居住地公安机关执行而不交付，或者对服刑期未满又无合法释放根据的罪犯予以释放等违法行为的，应当依法提出纠正意见。

第三节　减刑、假释、暂予监外执行监督

第六百二十九条　人民检察院发现人民法院、监狱、看守所、公安机关暂予监外执行的活动具有下列情形之一的，应当依法提出纠正意见：

（一）将不符合法定条件的罪犯提请、决定暂予监外执行的；

（二）提请、决定暂予监外执行的程序违反法律规定或者没有完备的合法手续，或者对于需要保外就医的罪犯没有省级人民政府指定医院的诊断证明和开具的证明文件的；

（三）监狱、看守所提出暂予监外执行书面意见，没有同时将书面意见副本抄送人民检察院的；

（四）罪犯被决定或者批准暂予监外执行后，未依法交付罪犯居住地社区矫正机构实行社区矫正的；

（五）对符合暂予监外执行条件的罪犯没

有依法提请暂予监外执行的;

(六)人民法院在作出暂予监外执行决定前,没有依法征求人民检察院意见的;

(七)发现罪犯不符合暂予监外执行条件,在暂予监外执行期间严重违反暂予监外执行监督管理规定,或者暂予监外执行的条件消失且刑期未满,应当收监执行而未及时收监执行的;

(八)人民法院决定将暂予监外执行的罪犯收监执行,并将有关法律文书送达公安机关、监狱、看守所后,监狱、看守所未及时收监执行的;

(九)对不符合暂予监外执行条件的罪犯通过贿赂、欺骗等非法手段被暂予监外执行以及在暂予监外执行期间脱逃的罪犯,监狱、看守所未建议人民法院将其监外执行期间、脱逃期间不计入执行刑期或者对罪犯执行刑期计算的建议违法、不当的;

(十)暂予监外执行的罪犯刑期届满,未及时办理释放手续的;

(十一)其他违法情形。

第六百三十条　人民检察院收到监狱、看守所抄送的暂予监外执行书面意见副本后,应当逐案进行审查,发现罪犯不符合暂予监外执行法定条件或者提请暂予监外执行违反法定程序的,应当在十日以内报经检察长批准,向决定或者批准机关提出书面检察意见,同时抄送执行机关。

第六百三十一条　人民检察院接到决定或者批准机关抄送的暂予监外执行决定书后,应当及时审查下列内容:

(一)是否属于被判处有期徒刑或者拘役的罪犯;

(二)是否属于有严重疾病需要保外就医的罪犯;

(三)是否属于怀孕或者正在哺乳自己婴儿的妇女;

(四)是否属于生活不能自理,适用暂予监外执行不致危害社会的罪犯;

(五)是否属于适用保外就医可能有社会危险性的罪犯,或者自伤自残的罪犯;

(六)决定或者批准机关是否符合刑事诉讼法第二百六十五条第五款的规定;

(七)办理暂予监外执行是否符合法定程序。

第六百三十二条　人民检察院经审查认为暂予监外执行不当的,应当自接到通知之日起一个月以内,向决定或者批准暂予监外执行的机关提出纠正意见。下级人民检察院认为暂予监外执行不当的,应当立即层报决定或者批准暂予监外执行的机关的同级人民检察院,由其决定是否向决定或者批准暂予监外执行的机关提出纠正意见。

第六百三十三条　人民检察院向决定或者批准暂予监外执行的机关提出不同意暂予监外执行的书面意见后,应当监督其对决定或者批准暂予监外执行的结果进行重新核查,并监督重新核查的结果是否符合法律规定。对核查不符合法律规定的,应当依法提出纠正意见,并向上一级人民检察院报告。

第六百三十四条　对于暂予监外执行的罪犯,人民检察院发现罪犯不符合暂予监外执行条件、严重违反有关暂予监外执行的监督管理规定或者暂予监外执行的情形消失而罪犯刑期未满的,应当通知执行机关收监执行,或者建议决定或者批准暂予监外执行的机关作出收监执行决定。

第六百三十五条　人民检察院收到执行机关抄送的减刑、假释建议书副本后,应当逐案进行审查。发现减刑、假释建议不当或者提请减刑、假释违反法定程序的,应当在十日以内报经检察长批准,向审理减刑、假释案件的人民法院提出书面检察意见,同时也可以向执行机关提出书面纠正意见。案情复杂或者情况特殊的,可以延长十日。

第六百三十六条　人民检察院发现监狱等执行机关提请人民法院裁定减刑、假释的活动具有下列情形之一的,应当依法提出纠正意见:

(一)将不符合减刑、假释法定条件的罪犯,提请人民法院裁定减刑、假释的;

(二)对依法应当减刑、假释的罪犯,不提请人民法院裁定减刑、假释的;

(三)提请对罪犯减刑、假释违反法定程序,或者没有完备的合法手续的;

(四)提请对罪犯减刑的减刑幅度、起始时间、间隔时间或者减刑后又假释的间隔时间不符合有关规定的;

(五)被提请减刑、假释的罪犯被减刑后实际执行的刑期或者假释考验期不符合有关法律规定的；

（六）其他违法情形。

第六百三十七条　人民法院开庭审理减刑、假释案件，人民检察院应当指派检察人员出席法庭，发表意见。

第六百三十八条　人民检察院收到人民法院减刑、假释的裁定书副本后，应当及时审查下列内容：

（一）被减刑、假释的罪犯是否符合法定条件，对罪犯减刑的减刑幅度、起始时间、间隔时间或者减刑后又假释的间隔时间、罪犯被减刑后实际执行的刑期或者假释考验期是否符合有关规定；

（二）执行机关提请减刑、假释的程序是否合法；

（三）人民法院审理、裁定减刑、假释的程序是否合法；

（四）人民法院对罪犯裁定不予减刑、假释是否符合有关规定；

（五）人民法院减刑、假释裁定书是否依法送达执行并向社会公布。

第六百三十九条　人民检察院经审查认为人民法院减刑、假释的裁定不当，应当在收到裁定书副本后二十日以内，向作出减刑、假释裁定的人民法院提出纠正意见。

第六百四十条　对人民法院减刑、假释裁定的纠正意见，由作出减刑、假释裁定的人民法院的同级人民检察院书面提出。

下级人民检察院发现人民法院减刑、假释裁定不当的，应当向作出减刑、假释裁定的人民法院的同级人民检察院报告。

第六百四十一条　人民检察院对人民法院减刑、假释的裁定提出纠正意见后，应当监督人民法院是否在收到纠正意见后一个月以内重新组成合议庭进行审理，并监督重新作出的裁定是否符合法律规定。对最终裁定不符合法律规定的，应当向同级人民法院提出纠正意见。

第四节　社区矫正监督

第六百四十二条　人民检察院发现社区矫正决定机关、看守所、监狱、社区矫正机构在交付、接收社区矫正对象活动中违反有关规定的，应当依法提出纠正意见。

第六百四十三条　人民检察院发现社区矫正执法活动具有下列情形之一的，应当依法提出纠正意见：

（一）社区矫正对象报到后，社区矫正机构未履行法定告知义务，致使其未按照有关规定接受监督管理的；

（二）违反法律规定批准社区矫正对象离开所居住的市、县，或者违反人民法院禁止令的内容批准社区矫正对象进入特定区域或者场所的；

（三）没有依法监督管理而导致社区矫正对象脱管的；

（四）社区矫正对象违反监督管理规定或者人民法院的禁止令，未依法予以警告、未提请公安机关给予治安管理处罚的；

（五）对社区矫正对象有殴打、体罚、虐待、侮辱人格、强迫其参加超时间或者超体力社区服务等侵犯其合法权利行为的；

（六）未依法办理解除、终止社区矫正的；

（七）其他违法情形。

第六百四十四条　人民检察院发现对社区矫正对象的刑罚变更执行活动具有下列情形之一的，应当依法提出纠正意见：

（一）社区矫正机构未依法向人民法院、公安机关、监狱管理机关提出撤销缓刑、撤销假释建议或者对暂予监外执行的收监执行建议，或者未依法向人民法院提出减刑建议的；

（二）人民法院、公安机关、监狱管理机关未依法作出裁定、决定，或者未依法送达的；

（三）公安机关未依法将罪犯送交看守所、监狱，或者看守所、监狱未依法收监执行的；

（四）公安机关未依法对在逃的罪犯实施追捕的；

（五）其他违法情形。

第五节　刑事裁判涉财产部分执行监督

第六百四十五条　人民检察院发现人民法院执行刑事裁判涉财产部分具有下列情形之一的，应当依法提出纠正意见：

（一）执行立案活动违法的；

（二）延期缴纳、酌情减少或者免除罚金违法的；

（三）中止执行或者终结执行违法的；

(四)被执行人有履行能力,应当执行而不执行的;

(五)损害被执行人、被害人、利害关系人或者案外人合法权益的;

(六)刑事裁判全部或者部分被撤销后未依法返还或者赔偿的;

(七)执行的财产未依法上缴国库的;

(八)其他违法情形。

人民检察院对人民法院执行刑事裁判涉财产部分进行监督,可以对公安机关查封、扣押、冻结涉案财物的情况,人民法院审判部门、立案部门、执行部门移送、立案、执行情况,被执行人的履行能力等情况向有关单位和个人进行调查核实。

第六百四十六条　人民检察院发现被执行人或者其他人员有隐匿、转移、变卖财产等妨碍执行情形的,可以建议人民法院及时查封、扣押、冻结。

公安机关不依法向人民法院移送涉案财物、相关清单、照片和其他证明文件,或者对涉案财物的查封、扣押、冻结、返还、处置等活动存在违法情形的,人民检察院应当依法提出纠正意见。

第六节　死刑执行监督

第六百四十七条　被判处死刑立即执行的罪犯在被执行死刑时,人民检察院应当指派检察官临场监督。

死刑执行临场监督由人民检察院负责刑事执行检察的部门承担。人民检察院派驻看守所、监狱的检察人员应当予以协助,负责捕诉的部门应当提供有关情况。

执行死刑过程中,人民检察院临场监督人员根据需要可以进行拍照、录像。执行死刑后,人民检察院临场监督人员应当检查罪犯是否确已死亡,并填写死刑执行临场监督笔录,签名后入卷归档。

第六百四十八条　省级人民检察院负责案件管理的部门收到高级人民法院报请最高人民法院复核的死刑判决书、裁定书副本后,应当在三日以内将判决书、裁定书副本移送本院负责刑事执行检察的部门。

判处死刑的案件一审是由中级人民法院审理的,省级人民检察院应当及时将死刑判决书、裁定书副本移送中级人民法院的同级人民检察院负责刑事执行检察的部门。

人民检察院收到同级人民法院执行死刑临场监督通知后,应当查明同级人民法院是否收到最高人民法院核准死刑的裁定或者作出的死刑判决、裁定和执行死刑的命令。

第六百四十九条　执行死刑前,人民检察院发现具有下列情形之一的,应当建议人民法院立即停止执行,并层报最高人民检察院负责死刑复核监督的部门:

(一)被执行人并非应当执行死刑的罪犯的;

(二)罪犯犯罪时不满十八周岁,或者审判的时候已满七十五周岁,依法不应当适用死刑的;

(三)罪犯正在怀孕的;

(四)共同犯罪的其他犯罪嫌疑人到案,共同犯罪的其他罪犯被暂停或者停止执行死刑,可能影响罪犯量刑的;

(五)罪犯可能有其他犯罪的;

(六)罪犯揭发他人重大犯罪事实或者有其他重大立功表现,可能需要改判的;

(七)判决、裁定可能有影响定罪量刑的其他错误的。

在执行死刑活动中,发现人民法院有侵犯被执行死刑罪犯的人身权、财产权或者其近亲属、继承人合法权利等违法情形的,人民检察院应当依法提出纠正意见。

第六百五十条　判处被告人死刑缓期二年执行的判决、裁定在执行过程中,人民检察院监督的内容主要包括:

(一)死刑缓期执行期满,符合法律规定应当减为无期徒刑、有期徒刑条件的,监狱是否及时提出减刑建议提请人民法院裁定,人民法院是否依法裁定;

(二)罪犯在缓期执行期间故意犯罪,监狱是否依法侦查和移送起诉;罪犯确系故意犯罪,情节恶劣,查证属实,应当执行死刑的,人民法院是否依法核准或者裁定执行死刑。

被判处死刑缓期二年执行的罪犯在死刑缓期执行期间故意犯罪,执行机关向人民检察院移送起诉的,由罪犯服刑所在地设区的市级人民检察院审查决定是否提起公诉。

人民检察院发现人民法院对被判处死刑缓期二年执行的罪犯减刑不当的，应当依照本规则第六百三十九条、第六百四十条的规定，向人民法院提出纠正意见。罪犯在死刑缓期执行期间又故意犯罪，经人民检察院起诉后，人民法院仍然予以减刑的，人民检察院应当依照本规则相关规定，向人民法院提出抗诉。

第七节 强制医疗执行监督

第六百五十一条 人民检察院发现人民法院、公安机关、强制医疗机构在对依法不负刑事责任的精神病人的强制医疗的交付执行、医疗、解除等活动中违反有关规定的，应当依法提出纠正意见。

第六百五十二条 人民检察院在强制医疗执行监督中发现被强制医疗的人不符合强制医疗条件或者需要依法追究刑事责任，人民法院作出的强制医疗决定可能错误的，应当在五日以内将有关材料转交作出强制医疗决定的人民法院的同级人民检察院。收到材料的人民检察院负责捕诉的部门应当在二十日以内进行审查，并将审查情况和处理意见反馈负责强制医疗执行监督的人民检察院。

第六百五十三条 人民检察院发现公安机关在对涉案精神病人采取临时保护性约束措施时有违法情形的，应当依法提出纠正意见。

第八节 监管执法监督

第六百五十四条 人民检察院发现看守所收押活动和监狱收监活动中具有下列情形之一的，应当依法提出纠正意见：

（一）没有收押、收监文书、凭证，文书、凭证不齐全，或者被收押、收监人员与文书、凭证不符的；

（二）依法应当收押、收监而不收押、收监，或者对依法不应当关押的人员收押、收监的；

（三）未告知被收押、收监人员权利、义务的；

（四）其他违法情形。

第六百五十五条 人民检察院发现监狱、看守所等执行机关在管理、教育改造罪犯等活动中有违法行为的，应当依法提出纠正意见。

第六百五十六条 看守所对收押的犯罪嫌疑人进行身体检查时，人民检察院驻看守所检察人员可以在场。发现收押的犯罪嫌疑人有伤或者身体异常的，应当要求看守所进行拍照或者录像，由送押人员、犯罪嫌疑人说明原因，在体检记录中写明，并由送押人员、收押人员和犯罪嫌疑人签字确认。必要时，驻看守所检察人员可以自行拍照或者录像，并将相关情况记录在案。

第六百五十七条 人民检察院发现看守所、监狱等监管场所有殴打、体罚、虐待、违法使用戒具、违法适用禁闭等侵害在押人员人身权利情形的，应当依法提出纠正意见。

第六百五十八条 人民检察院发现看守所违反有关规定，有下列情形之一的，应当依法提出纠正意见：

（一）为在押人员通风报信，私自传递信件、物品，帮助伪造、毁灭、隐匿证据或者干扰证人作证、串供的；

（二）违反规定同意侦查人员将犯罪嫌疑人提出看守所讯问的；

（三）收到在押犯罪嫌疑人、被告人及其法定代理人、近亲属或者辩护人的变更强制措施申请或者其他申请、申诉、控告、举报，不及时转交、转告人民检察院或者有关办案机关的；

（四）应当安排辩护律师依法会见在押的犯罪嫌疑人、被告人而没有安排的；

（五）违法安排辩护律师或者其他人员会见在押的犯罪嫌疑人、被告人的；

（六）辩护律师会见犯罪嫌疑人、被告人时予以监听的；

（七）其他违法情形。

第六百五十九条 人民检察院发现看守所代为执行刑罚的活动具有下列情形之一的，应当依法提出纠正意见：

（一）将被判处有期徒刑剩余刑期在三个月以上的罪犯留所服刑的；

（二）将留所服刑罪犯与犯罪嫌疑人、被告人混押、混管、混教的；

（三）其他违法情形。

第六百六十条 人民检察院发现监狱没有按照规定对罪犯进行分押分管、监狱人民警察没有对罪犯实行直接管理等违反监管规定情形的，应当依法提出纠正意见。

人民检察院发现监狱具有未按照规定安排罪犯与亲属或者监护人会见、对伤病罪犯未及时治疗以及未执行国家规定的罪犯生活标准等侵犯罪犯合法权益情形的,应当依法提出纠正意见。

第六百六十一条　人民检察院发现看守所出所活动和监狱出监活动具有下列情形之一的,应当依法提出纠正意见:

(一)没有出所、出监文书、凭证,文书、凭证不齐全,或者出所、出监人员与文书、凭证不符的;

(二)应当释放而没有释放,不应当释放而释放,或者未依照规定送达释放通知书的;

(三)对提押、押解、转押出所的在押人员,特许离监、临时离监、调监或者暂予监外执行的罪犯,未依照规定派员押送并办理交接手续的;

(四)其他违法情形。

第九节　事故检察

第六百六十二条　人民检察院发现看守所、监狱、强制医疗机构等场所具有下列情形之一的,应当开展事故检察:

(一)被监管人、被强制医疗人非正常死亡、伤残、脱逃的;

(二)被监管人破坏监管秩序,情节严重的;

(三)突发公共卫生事件的;

(四)其他重大事故。

发生被监管人、被强制医疗人非正常死亡的,应当组织巡回检察。

第六百六十三条　人民检察院应当对看守所、监狱、强制医疗机构等场所或者主管机关的事故调查结论进行审查。具有下列情形之一的,人民检察院应当调查核实:

(一)被监管人、被强制医疗人及其法定代理人、近亲属对调查结论有异议的,人民检察院认为有必要调查的;

(二)人民检察院对调查结论有异议的;

(三)其他需要调查的。

人民检察院应当将调查核实的结论书面通知监管场所或者主管机关和被监管人、被强制医疗人的近亲属。认为监管场所或者主管机关处理意见不当,或者监管执法存在问题的,应当提出纠正意见或者检察建议;认为可能存在违法犯罪情形的,应当移送有关部门处理。

第十五章　案件管理

第六百六十四条　人民检察院负责案件管理的部门对检察机关办理案件的受理、期限、程序、质量等进行管理、监督、预警。

第六百六十五条　人民检察院负责案件管理的部门发现本院办案活动具有下列情形之一的,应当及时提出纠正意见:

(一)查封、扣押、冻结、保管、处理涉案财物不符合有关法律和规定的;

(二)法律文书制作、使用不符合法律和有关规定的;

(三)违反羁押期限、办案期限规定的;

(四)侵害当事人、辩护人、诉讼代理人的诉讼权利的;

(五)未依法对立案、侦查、审查逮捕、公诉、审判等诉讼活动以及执行活动中的违法行为履行法律监督职责的;

(六)其他应当提出纠正意见的情形。

情节轻微的,可以口头提示;情节较重的,应当发送案件流程监控通知书,提示办案部门及时查明情况并予以纠正;情节严重的,应当同时向检察长报告。

办案部门收到案件流程监控通知书后,应当在十日以内将核查情况书面回复负责案件管理的部门。

第六百六十六条　人民检察院负责案件管理的部门对以本院名义制发法律文书实施监督管理。

第六百六十七条　人民检察院办理的案件,办结后需要向其他单位移送案卷材料的,统一由负责案件管理的部门审核移送材料是否规范、齐备。负责案件管理的部门认为材料规范、齐备,符合移送条件的,应当立即由办案部门按照规定移送;认为材料不符合要求的,应当及时通知办案部门补送、更正。

第六百六十八条　监察机关或者公安机关随案移送涉案财物及其孳息的,人民检察院负责案件管理的部门应当在受理案件时进行审查,并及时办理入库保管手续。

第六百六十九条　人民检察院负责案件管理的部门对扣押的涉案物品进行保管,并对查封、扣押、冻结、处理涉案财物工作进行监督管理。对违反规定的行为提出纠正意见；涉嫌违法违纪的，报告检察长。

第六百七十条　人民检察院办案部门需要调用、移送、处理查封、扣押、冻结的涉案财物的，应当按照规定办理审批手续。审批手续齐全的，负责案件管理的部门应当办理出库手续。

第十六章　刑事司法协助

第六百七十一条　人民检察院依据国际刑事司法协助法等有关法律和有关刑事司法协助条约进行刑事司法协助。

第六百七十二条　人民检察院刑事司法协助的范围包括刑事诉讼文书送达，调查取证，安排证人作证或者协助调查，查封、扣押、冻结涉案财物，返还违法所得及其他涉案财物，移管被判刑人以及其他协助。

第六百七十三条　最高人民检察院是检察机关开展国际刑事司法协助的主管机关，负责审核地方各级人民检察院向外国提出的刑事司法协助请求，审查处理对外联系机关转递的外国提出的刑事司法协助请求，审查决定是否批准执行外国的刑事司法协助请求，承担其他与国际刑事司法协助相关的工作。

办理刑事司法协助相关案件的地方各级人民检察院应当向最高人民检察院层报需要向外国提出的刑事司法协助请求，执行最高人民检察院交办的外国提出的刑事司法协助请求。

第六百七十四条　地方各级人民检察院需要向外国请求刑事司法协助的，应当制作刑事司法协助请求书并附相关材料。经省级人民检察院审核同意后，报送最高人民检察院。

刑事司法协助请求书应当依照相关刑事司法协助条约的规定制作；没有条约或者条约没有规定的，可以参照国际刑事司法协助法第十三条的规定制作。被请求方有特殊要求的，在不违反我国法律的基本原则的情况下，可以按照被请求方的特殊要求制作。

第六百七十五条　最高人民检察院收到地方各级人民检察院刑事司法协助请求书及所附相关材料后，应当依照国际刑事司法协助法和有关条约进行审查。对符合规定、所附材料齐全的，最高人民检察院是对外联系机关的，应当及时向外国提出请求；不是对外联系机关的，应当通过对外联系机关向外国提出请求。对不符合规定或者材料不齐全的，应当退回提出请求的人民检察院或者要求其补充、修正。

第六百七十六条　最高人民检察院收到外国提出的刑事司法协助请求后，应当对请求书及所附材料进行审查。对于请求书形式和内容符合要求的，应当按照职责分工，将请求书及所附材料转交有关主管机关或者省级人民检察院处理；对于请求书形式和内容不符合要求的，可以要求请求方补充材料或者重新提出请求。

外国提出的刑事司法协助请求明显损害我国主权、安全和社会公共利益的，可以直接拒绝提供协助。

第六百七十七条　最高人民检察院在收到对外联系机关转交的刑事司法协助请求书及所附材料后，经审查，分别作出以下处理：

（一）根据国际刑事司法协助法和刑事司法协助条约的规定，认为可以协助执行的，作出决定并安排有关省级人民检察院执行；

（二）根据国际刑事司法协助法或者刑事司法协助条约的规定，认为应当全部或者部分拒绝协助的，将请求书及所附材料退回对外联系机关并说明理由；

（三）对执行请求有保密要求或者有其他附加条件的，通过对外联系机关向外国提出，在外国接受条件并且作出书面保证后，决定附条件执行；

（四）需要补充材料的，书面通过对外联系机关要求请求方在合理期限内提供。

第六百七十八条　有关省级人民检察院收到最高人民检察院交办的外国刑事司法协助请求后，应当依法执行，或者交由下级人民检察院执行。

负责执行的人民检察院收到刑事司法协助请求书和所附材料后，应当立即安排执行，并将执行结果及有关材料报经省级人民检察院审查后，报送最高人民检察院。

对于不能执行的，应当将刑事司法协助请求书和所附材料，连同不能执行的理由，通过省级人民检察院报送最高人民检察院。

因请求书提供的地址不详或者材料不齐全，人民检察院难以执行该项请求的，应当立即通过最高人民检察院书面通知对外联系机关，要求请求方补充提供材料。

第六百七十九条　最高人民检察院应当对执行结果进行审查。对于符合请求要求和有关规定的,通过对外联系机关转交或者转告请求方。

第十七章　附　　则

第六百八十条　人民检察院办理国家安全机关、海警机关、监狱移送的刑事案件以及对国家安全机关、海警机关、监狱立案、侦查活动的监督,适用本规则关于公安机关的规定。

第六百八十一条　军事检察院等专门人民检察院办理刑事案件,适用本规则和其他有关规定。

第六百八十二条　本规则所称检察官,包括检察长、副检察长、检察委员会委员、检察员。

本规则所称检察人员,包括检察官和检察官助理。

第六百八十三条　本规则由最高人民检察院负责解释。

第六百八十四条　本规则自 2019 年 12 月 30 日起施行。本规则施行后,《人民检察院刑事诉讼规则(试行)》(高检发释字〔2012〕2 号)同时废止;最高人民检察院以前发布的司法解释和规范性文件与本规则不一致的,以本规则为准。

(三)行政法规、法规性文件

企业国有资产监督管理暂行条例

(2003 年 5 月 27 日国务院令第 378 号公布　根据 2011 年 1 月 8 日国务院令第 588 号《关于废止和修改部分行政法规的决定》第一次修订　根据 2019 年 3 月 2 日国务院令第 709 号《关于修改部分行政法规的决定》第二次修订)

第一章　总　　则

第一条　为建立适应社会主义市场经济需要的国有资产监督管理体制,进一步搞好国有企业,推动国有经济布局和结构的战略性调整,发展和壮大国有经济,实现国有资产保值增值,制定本条例。

第二条　国有及国有控股企业、国有参股企业中的国有资产的监督管理,适用本条例。

金融机构中的国有资产的监督管理,不适用本条例。

第三条　本条例所称企业国有资产,是指国家对企业各种形式的投资和投资所形成的权益,以及依法认定为国家所有的其他权益。

第四条　企业国有资产属于国家所有。国家实行由国务院和地方人民政府分别代表国家履行出资人职责,享有所有者权益,权利、义务和责任相统一,管资产和管人、管事相结合的国有资产管理体制。

第五条　国务院代表国家对关系国民经济命脉和国家安全的大型国有及国有控股、国有参股企业,重要基础设施和重要自然资源等领域的国有及国有控股、国有参股企业,履行出资人职责。国务院履行出资人职责的企业,由国务院确定、公布。

省、自治区、直辖市人民政府和设区的市、自治州级人民政府分别代表国家对由国务院履行出资人职责以外的国有及国有控股、国有参股企业,履行出资人职责。其中,省、自治区、直辖市人民政府履行出资人职责的国有及国有控股、国有参股企业,由省、自治区、直辖市人民政府确定、公布，并报国务院国有资产监督管理机构备案；其他由设区的市、自治州级人民政府履行出资人职责的国有及国有控股、国有参股企业，由设区的市、自治州级人民政府确定、公布，并报省、自治区、直辖市人民政府国有资产监督管理机构备案。

国务院，省、自治区、直辖市人民政府，设区的市、自治州级人民政府履行出资人职责的企业，以下统称所出资企业。

第六条　国务院，省、自治区、直辖市人民政府，设区的市、自治州级人民政府，分别设立国有资产监督管理机构。国有资产监督管理机构根据授权，依法履行出资人职责，依法对企业国有资产进行监督管理。

企业国有资产较少的设区的市、自治州，经省、自治区、直辖市人民政府批准，可以不单独设立国有资产监督管理机构。

第七条　各级人民政府应当严格执行国有资产管理法律、法规，坚持政府的社会公共管理职能与国有资产出资人职能分开，坚持政企分开，实行所有权与经营权分离。

国有资产监督管理机构不行使政府的社会公共管理职能，政府其他机构、部门不履行企业国有资产出资人职责。

第八条　国有资产监督管理机构应当依照本条例和其他有关法律、行政法规的规定，建立健全内部监督制度，严格执行法律、行政法规。

第九条　发生战争、严重自然灾害或者其他重大、紧急情况时，国家可以依法统一调用、处置企业国有资产。

第十条　所出资企业及其投资设立的企业，享有有关法律、行政法规规定的企业经营自主权。

国有资产监督管理机构应当支持企业依法自主经营，除履行出资人职责以外，不得干预企业的生产经营活动。

第十一条　所出资企业应当努力提高经济效益，对其经营管理的企业国有资产承担保值增值责任。

所出资企业应当接受国有资产监督管理机构依法实施的监督管理，不得损害企业国有资产所有者和其他出资人的合法权益。

第二章　国有资产监督管理机构

第十二条　国务院国有资产监督管理机构是代表国务院履行出资人职责、负责监督管理企业国有资产的直属特设机构。

省、自治区、直辖市人民政府国有资产监督管理机构，设区的市、自治州级人民政府国有资产监督管理机构是代表本级政府履行出资人职责、负责监督管理企业国有资产的直属特设机构。

上级政府国有资产监督管理机构依法对下级政府的国有资产监督管理工作进行指导和监督。

第十三条　国有资产监督管理机构的主要职责是：

（一）依照《中华人民共和国公司法》等法律、法规，对所出资企业履行出资人职责，维护所有者权益；

（二）指导推进国有及国有控股企业的改革和重组；

（三）依照规定向所出资企业委派监事；

（四）依照法定程序对所出资企业的企业负责人进行任免、考核，并根据考核结果对其进行奖惩；

（五）通过统计、稽核等方式对企业国有资产的保值增值情况进行监管；

（六）履行出资人的其他职责和承办本级政府交办的其他事项。

国务院国有资产监督管理机构除前款规定职责外，可以制定企业国有资产监督管理的规章、制度。

第十四条　国有资产监督管理机构的主要义务是：

（一）推进国有资产合理流动和优化配置，推动国有经济布局和结构的调整；

（二）保持和提高关系国民经济命脉和国家安全领域国有经济的控制力和竞争力，提高国有经济的整体素质；

（三）探索有效的企业国有资产经营体制和方式，加强企业国有资产监督管理工作，促进企业国有资产保值增值，防止企业国有资产流失；

（四）指导和促进国有及国有控股企业建

立现代企业制度,完善法人治理结构,推进管理现代化;

(五)尊重、维护国有及国有控股企业经营自主权,依法维护企业合法权益,促进企业依法经营管理,增强企业竞争力;

(六)指导和协调解决国有及国有控股企业改革与发展中的困难和问题。

第十五条　国有资产监督管理机构应当向本级政府报告企业国有资产监督管理工作、国有资产保值增值状况和其他重大事项。

第三章　企业负责人管理

第十六条　国有资产监督管理机构应当建立健全适应现代企业制度要求的企业负责人的选用机制和激励约束机制。

第十七条　国有资产监督管理机构依照有关规定,任免或者建议任免所出资企业的企业负责人:

(一)任免国有独资企业的总经理、副总经理、总会计师及其他企业负责人;

(二)任免国有独资公司的董事长、副董事长、董事,并向其提出总经理、副总经理、总会计师等的任免建议;

(三)依照公司章程,提出向国有控股的公司派出的董事、监事人选,推荐国有控股的公司的董事长、副董事长和监事会主席人选,并向其提出总经理、副总经理、总会计师人选的建议;

(四)依照公司章程,提出向国有参股的公司派出的董事、监事人选。

国务院,省、自治区、直辖市人民政府,设区的市、自治州级人民政府,对所出资企业的企业负责人的任免另有规定的,按照有关规定执行。

第十八条　国有资产监督管理机构应当建立企业负责人经营业绩考核制度,与其任命的企业负责人签订业绩合同,根据业绩合同对企业负责人进行年度考核和任期考核。

第十九条　国有资产监督管理机构应当依照有关规定,确定所出资企业中的国有独资企业、国有独资公司的企业负责人的薪酬;依据考核结果,决定其向所出资企业派出的企业负责人的奖惩。

第四章　企业重大事项管理

第二十条　国有资产监督管理机构负责指导国有及国有控股企业建立现代企业制度,审核批准其所出资企业中的国有独资企业、国有独资公司的重组、股份制改造方案和所出资企业中的国有独资公司的章程。

第二十一条　国有资产监督管理机构依照法定程序决定其所出资企业中的国有独资企业、国有独资公司的分立、合并、破产、解散、增减资本、发行公司债券等重大事项。其中,重要的国有独资企业、国有独资公司分立、合并、破产、解散的,应当由国有资产监督管理机构审核后,报本级人民政府批准。

国有资产监督管理机构依照法定程序审核、决定国防科技工业领域其所出资企业中的国有独资企业、国有独资公司的有关重大事项时,按照国家有关法律、规定执行。

第二十二条　国有资产监督管理机构依照公司法的规定,派出股东代表、董事,参加国有控股的公司、国有参股的公司的股东会、董事会。

国有控股的公司、国有参股的公司的股东会、董事会决定公司的分立、合并、破产、解散、增减资本、发行公司债券、任免企业负责人等重大事项时,国有资产监督管理机构派出的股东代表、董事,应当按照国有资产监督管理机构的指示发表意见、行使表决权。

国有资产监督管理机构派出的股东代表、董事,应当将其履行职责的有关情况及时向国有资产监督管理机构报告。

第二十三条　国有资产监督管理机构决定其所出资企业的国有股权转让。其中,转让全部国有股权或者转让部分国有股权致使国家不再拥有控股地位的,报本级人民政府批准。

第二十四条　所出资企业投资设立的重要子企业的重大事项,需由所出资企业报国有资产监督管理机构批准的,管理办法由国务院国有资产监督管理机构另行制定,报国务院批准。

第二十五条　国有资产监督管理机构依照国家有关规定组织协调所出资企业中的国有独资企业、国有独资公司的兼并破产工作,并配合有关部门做好企业下岗职工安置等工作。

第二十六条　国有资产监督管理机构依照国家有关规定拟订所出资企业收入分配制度改革的指导意见，调控所出资企业工资分配的总体水平。

第二十七条　所出资企业中的国有独资企业、国有独资公司经国务院批准，可以作为国务院规定的投资公司、控股公司，享有公司法第十二条规定的权利；可以作为国家授权投资的机构，享有公司法第二十条规定的权利。（2011年1月8日删除）

第二十八条　国有资产监督管理机构可以对所出资企业中具备条件的国有独资企业、国有独资公司进行国有资产授权经营。

被授权的国有独资企业、国有独资公司对其全资、控股、参股企业中国家投资形成的国有资产依法进行经营、管理和监督。

第二十九条　被授权的国有独资企业、国有独资公司应当建立和完善规范的现代企业制度，并承担企业国有资产的保值增值责任。

第五章　企业国有资产管理

第三十条　国有资产监督管理机构依照国家有关规定，负责企业国有资产的产权界定、产权登记、资产评估监管、清产核资、资产统计、综合评价等基础管理工作。

国有资产监督管理机构协调其所出资企业之间的企业国有资产产权纠纷。

第三十一条　国有资产监督管理机构应当建立企业国有资产产权交易监督管理制度，加强企业国有资产产权交易的监督管理，促进企业国有资产的合理流动，防止企业国有资产流失。

第三十二条　国有资产监督管理机构对其所出资企业的企业国有资产收益依法履行出资人职责；对其所出资企业的重大投融资规划、发展战略和规划，依照国家发展规划和产业政策履行出资人职责。

第三十三条　所出资企业中的国有独资企业、国有独资公司的重大资产处置，需由国有资产监督管理机构批准的，依照有关规定执行。

第六章　企业国有资产监督

第三十四条　国有资产监督管理机构依法对所出资企业财务进行监督，建立和完善国有资产保值增值指标体系，维护国有资产出资人的权益。

第三十五条　国有及国有控股企业应当加强内部监督和风险控制，依照国家有关规定建立健全财务、审计、企业法律顾问和职工民主监督等制度。

第三十六条　所出资企业中的国有独资企业、国有独资公司应当按照规定定期向国有资产监督管理机构报告财务状况、生产经营状况和国有资产保值增值状况。

第七章　法 律 责 任

第三十七条　国有资产监督管理机构不按规定任免或者建议任免所出资企业的企业负责人，或者违法干预所出资企业的生产经营活动，侵犯其合法权益，造成企业国有资产损失或者其他严重后果的，对直接负责的主管人员和其他直接责任人员依法给予行政处分；构成犯罪的，依法追究刑事责任。

第三十八条　所出资企业中的国有独资企业、国有独资公司未按照规定向国有资产监督管理机构报告财务状况、生产经营状况和国有资产保值增值状况的，予以警告；情节严重的，对直接负责的主管人员和其他直接责任人员依法给予纪律处分。

第三十九条　国有及国有控股企业的企业负责人滥用职权、玩忽职守，造成企业国有资产损失的，应负赔偿责任，并对其依法给予纪律处分；构成犯罪的，依法追究刑事责任。

第四十条　对企业国有资产损失负有责任受到撤职以上纪律处分的国有及国有控股企业的企业负责人，5年内不得担任任何国有及国有控股企业的企业负责人；造成企业国有资产重大损失或者被判处刑罚的，终身不得担任任何国有及国有控股企业的企业负责人。

第八章　附　　则

第四十一条　国有及国有控股企业、国有参股企业的组织形式、组织机构、权利和义务等，依照《中华人民共和国公司法》等法律、行政法规和本条例的规定执行。

第四十二条　国有及国有控股企业、国有参股企业中中国共产党基层组织建设、社会主义精神文明建设和党风廉政建设,依照《中国共产党章程》和有关规定执行。

国有及国有控股企业、国有参股企业中工会组织依照《中华人民共和国工会法》和《中国工会章程》的有关规定执行。

第四十三条　国务院国有资产监督管理机构,省、自治区、直辖市人民政府可以依据本条例制定实施办法。

第四十四条　本条例施行前制定的有关企业国有资产监督管理的行政法规与本条例不一致的,依照本条例的规定执行。

第四十五条　政企尚未分开的单位,应当按照国务院的规定,加快改革,实现政企分开。政企分开后的企业,由国有资产监督管理机构依法履行出资人职责,依法对企业国有资产进行监督管理。

第四十六条　本条例自公布之日起施行。

中华人民共和国政府信息公开条例

(2007 年 4 月 5 日国务院令第 492 号公布　2019 年 4 月 3 日国务院令第 711 号修订)

第一章　总　　则

第一条　为了保障公民、法人和其他组织依法获取政府信息,提高政府工作的透明度,建设法治政府,充分发挥政府信息对人民群众生产、生活和经济社会活动的服务作用,制定本条例。

第二条　本条例所称政府信息,是指行政机关在履行行政管理职能过程中制作或者获取的,以一定形式记录、保存的信息。

第三条　各级人民政府应当加强对政府信息公开工作的组织领导。

国务院办公厅是全国政府信息公开工作的主管部门,负责推进、指导、协调、监督全国的政府信息公开工作。

县级以上地方人民政府办公厅(室)是本行政区域的政府信息公开工作主管部门,负责推进、指导、协调、监督本行政区域的政府信息公开工作。

实行垂直领导的部门的办公厅(室)主管本系统的政府信息公开工作。

第四条　各级人民政府及县级以上人民政府部门应当建立健全本行政机关的政府信息公开工作制度,并指定机构(以下统称政府信息公开工作机构)负责本行政机关政府信息公开的日常工作。

政府信息公开工作机构的具体职能是:

(一)办理本行政机关的政府信息公开事宜;

(二)维护和更新本行政机关公开的政府信息;

(三)组织编制本行政机关的政府信息公开指南、政府信息公开目录和政府信息公开工作年度报告;

(四)组织开展对拟公开政府信息的审查;

(五)本行政机关规定的与政府信息公开有关的其他职能。

第五条　行政机关公开政府信息,应当坚持以公开为常态、不公开为例外,遵循公正、公平、合法、便民的原则。

第六条　行政机关应当及时、准确地公开政府信息。

行政机关发现影响或者可能影响社会稳定、扰乱社会和经济管理秩序的虚假或者不完整信息的,应当发布准确的政府信息予以澄清。

第七条　各级人民政府应当积极推进政府信息公开工作,逐步增加政府信息公开的内容。

第八条　各级人民政府应当加强政府信息资源的规范化、标准化、信息化管理,加强互联网政府信息公开平台建设，推进政府信息公开平台与政务服务平台融合，提高政府信息公开在线办理水平。

第九条 公民、法人和其他组织有权对行政机关的政府信息公开工作进行监督，并提出批评和建议。

第二章 公开的主体和范围

第十条 行政机关制作的政府信息，由制作该政府信息的行政机关负责公开。行政机关从公民、法人和其他组织获取的政府信息，由保存该政府信息的行政机关负责公开；行政机关获取的其他行政机关的政府信息，由制作或者最初获取该政府信息的行政机关负责公开。法律、法规对政府信息公开的权限另有规定的，从其规定。

行政机关设立的派出机构、内设机构依照法律、法规对外以自己名义履行行政管理职能的，可以由该派出机构、内设机构负责与所履行行政管理职能有关的政府信息公开工作。

两个以上行政机关共同制作的政府信息，由牵头制作的行政机关负责公开。

第十一条 行政机关应当建立健全政府信息公开协调机制。行政机关公开政府信息涉及其他机关的，应当与有关机关协商、确认，保证行政机关公开的政府信息准确一致。

行政机关公开政府信息依照法律、行政法规和国家有关规定需要批准的，经批准予以公开。

第十二条 行政机关编制、公布的政府信息公开指南和政府信息公开目录应当及时更新。

政府信息公开指南包括政府信息的分类、编排体系、获取方式和政府信息公开工作机构的名称、办公地址、办公时间、联系电话、传真号码、互联网联系方式等内容。

政府信息公开目录包括政府信息的索引、名称、内容概述、生成日期等内容。

第十三条 除本条例第十四条、第十五条、第十六条规定的政府信息外，政府信息应当公开。

行政机关公开政府信息，采取主动公开和依申请公开的方式。

第十四条 依法确定为国家秘密的政府信息，法律、行政法规禁止公开的政府信息，以及公开后可能危及国家安全、公共安全、经济安全、社会稳定的政府信息，不予公开。

第十五条 涉及商业秘密、个人隐私等公开会对第三方合法权益造成损害的政府信息，行政机关不得公开。但是，第三方同意公开或者行政机关认为不公开会对公共利益造成重大影响的，予以公开。

第十六条 行政机关的内部事务信息，包括人事管理、后勤管理、内部工作流程等方面的信息，可以不予公开。

行政机关在履行行政管理职能过程中形成的讨论记录、过程稿、磋商信函、请示报告等过程性信息以及行政执法案卷信息，可以不予公开。法律、法规、规章规定上述信息应当公开的，从其规定。

第十七条 行政机关应当建立健全政府信息公开审查机制，明确审查的程序和责任。

行政机关应当依照《中华人民共和国保守国家秘密法》以及其他法律、法规和国家有关规定对拟公开的政府信息进行审查。

行政机关不能确定政府信息是否可以公开的，应当依照法律、法规和国家有关规定报有关主管部门或者保密行政管理部门确定。

第十八条 行政机关应当建立健全政府信息管理动态调整机制，对本行政机关不予公开的政府信息进行定期评估审查，对因情势变化可以公开的政府信息应当公开。

第三章 主动公开

第十九条 对涉及公众利益调整、需要公众广泛知晓或者需要公众参与决策的政府信息，行政机关应当主动公开。

第二十条 行政机关应当依照本条例第十九条的规定，主动公开本行政机关的下列政府信息：

（一）行政法规、规章和规范性文件；

（二）机关职能、机构设置、办公地址、办公时间、联系方式、负责人姓名；

（三）国民经济和社会发展规划、专项规划、区域规划及相关政策；

（四）国民经济和社会发展统计信息；

(五)办理行政许可和其他对外管理服务事项的依据、条件、程序以及办理结果;

(六)实施行政处罚、行政强制的依据、条件、程序以及本行政机关认为具有一定社会影响的行政处罚决定;

(七)财政预算、决算信息;

(八)行政事业性收费项目及其依据、标准;

(九)政府集中采购项目的目录、标准及实施情况;

(十)重大建设项目的批准和实施情况;

(十一)扶贫、教育、医疗、社会保障、促进就业等方面的政策、措施及其实施情况;

(十二)突发公共事件的应急预案、预警信息及应对情况;

(十三)环境保护、公共卫生、安全生产、食品药品、产品质量的监督检查情况;

(十四)公务员招考的职位、名额、报考条件等事项以及录用结果;

(十五)法律、法规、规章和国家有关规定规定应当主动公开的其他政府信息。

第二十一条　除本条例第二十条规定的政府信息外,设区的市级、县级人民政府及其部门还应当根据本地方的具体情况,主动公开涉及市政建设、公共服务、公益事业、土地征收、房屋征收、治安管理、社会救助等方面的政府信息;乡(镇)人民政府还应当根据本地方的具体情况,主动公开贯彻落实农业农村政策、农田水利工程建设运营、农村土地承包经营权流转、宅基地使用情况审核、土地征收、房屋征收、筹资筹劳、社会救助等方面的政府信息。

第二十二条　行政机关应当依照本条例第二十条、第二十一条的规定,确定主动公开政府信息的具体内容,并按照上级行政机关的部署,不断增加主动公开的内容。

第二十三条　行政机关应当建立健全政府信息发布机制,将主动公开的政府信息通过政府公报、政府网站或者其他互联网政务媒体、新闻发布会以及报刊、广播、电视等途径予以公开。

第二十四条　各级人民政府应当加强依托政府门户网站公开政府信息的工作,利用统一的政府信息公开平台集中发布主动公开的政府信息。政府信息公开平台应当具备信息检索、查阅、下载等功能。

第二十五条　各级人民政府应当在国家档案馆、公共图书馆、政务服务场所设置政府信息查阅场所,并配备相应的设施、设备,为公民、法人和其他组织获取政府信息提供便利。

行政机关可以根据需要设立公共查阅室、资料索取点、信息公告栏、电子信息屏等场所、设施,公开政府信息。

行政机关应当及时向国家档案馆、公共图书馆提供主动公开的政府信息。

第二十六条　属于主动公开范围的政府信息,应当自该政府信息形成或者变更之日起20个工作日内及时公开。法律、法规对政府信息公开的期限另有规定的,从其规定。

第四章　依申请公开

第二十七条　除行政机关主动公开的政府信息外,公民、法人或者其他组织可以向地方各级人民政府、对外以自己名义履行行政管理职能的县级以上人民政府部门(含本条例第十条第二款规定的派出机构、内设机构)申请获取相关政府信息。

第二十八条　本条例第二十七条规定的行政机关应当建立完善政府信息公开申请渠道,为申请人依法申请获取政府信息提供便利。

第二十九条　公民、法人或者其他组织申请获取政府信息的,应当向行政机关的政府信息公开工作机构提出,并采用包括信件、数据电文在内的书面形式;采用书面形式确有困难的,申请人可以口头提出,由受理该申请的政府信息公开工作机构代为填写政府信息公开申请。

政府信息公开申请应当包括下列内容:

(一)申请人的姓名或者名称、身份证明、联系方式;

(二)申请公开的政府信息的名称、文号或者便于行政机关查询的其他特征性描述;

(三)申请公开的政府信息的形式要求,包括获取信息的方式、途径。

第三十条　政府信息公开申请内容不明确的,行政机关应当给予指导和释明,并自收到申请之日起7个工作日内一次性告知申请人作出补正,说明需要补正的事项和合理的补正期限。答复期限自行政机关收到补正的申请之日起计算。申请人无正当理由逾期不补正的，视为放弃申请，行政机关不再处理该政府信息公开申请。

第三十一条　行政机关收到政府信息公开申请的时间，按照下列规定确定：

（一）申请人当面提交政府信息公开申请的，以提交之日为收到申请之日；

（二）申请人以邮寄方式提交政府信息公开申请的，以行政机关签收之日为收到申请之日；以平常信函等无需签收的邮寄方式提交政府信息公开申请的，政府信息公开工作机构应当于收到申请的当日与申请人确认，确认之日为收到申请之日；

（三）申请人通过互联网渠道或者政府信息公开工作机构的传真提交政府信息公开申请的，以双方确认之日为收到申请之日。

第三十二条　依申请公开的政府信息公开会损害第三方合法权益的，行政机关应当书面征求第三方的意见。第三方应当自收到征求意见书之日起15个工作日内提出意见。第三方逾期未提出意见的，由行政机关依照本条例的规定决定是否公开。第三方不同意公开且有合理理由的，行政机关不予公开。行政机关认为不公开可能对公共利益造成重大影响的，可以决定予以公开，并将决定公开的政府信息内容和理由书面告知第三方。

第三十三条　行政机关收到政府信息公开申请，能够当场答复的，应当当场予以答复。

行政机关不能当场答复的，应当自收到申请之日起20个工作日内予以答复；需要延长答复期限的，应当经政府信息公开工作机构负责人同意并告知申请人，延长的期限最长不得超过20个工作日。

行政机关征求第三方和其他机关意见所需时间不计算在前款规定的期限内。

第三十四条　申请公开的政府信息由两个以上行政机关共同制作的，牵头制作的行政机关收到政府信息公开申请后可以征求相关行政机关的意见，被征求意见机关应当自收到征求意见书之日起15个工作日内提出意见，逾期未提出意见的视为同意公开。

第三十五条　申请人申请公开政府信息的数量、频次明显超过合理范围，行政机关可以要求申请人说明理由。行政机关认为申请理由不合理的，告知申请人不予处理；行政机关认为申请理由合理，但是无法在本条例第三十三条规定的期限内答复申请人的，可以确定延迟答复的合理期限并告知申请人。

第三十六条　对政府信息公开申请，行政机关根据下列情况分别作出答复：

（一）所申请公开信息已经主动公开的，告知申请人获取该政府信息的方式、途径；

（二）所申请公开信息可以公开的，向申请人提供该政府信息，或者告知申请人获取该政府信息的方式、途径和时间；

（三）行政机关依据本条例的规定决定不予公开的，告知申请人不予公开并说明理由；

（四）经检索没有所申请公开信息的，告知申请人该政府信息不存在；

（五）所申请公开信息不属于本行政机关负责公开的，告知申请人并说明理由；能够确定负责公开该政府信息的行政机关的，告知申请人该行政机关的名称、联系方式；

（六）行政机关已就申请人提出的政府信息公开申请作出答复、申请人重复申请公开相同政府信息的，告知申请人不予重复处理；

（七）所申请公开信息属于工商、不动产登记资料等信息，有关法律、行政法规对信息的获取有特别规定的，告知申请人依照有关法律、行政法规的规定办理。

第三十七条　申请公开的信息中含有不应当公开或者不属于政府信息的内容，但是能够作区分处理的，行政机关应当向申请人提供可以公开的政府信息内容，并对不予公开的内容说明理由。

第三十八条　行政机关向申请人提供的信息，应当是已制作或者获取的政府信息。除依照本条例第三十七条的规定能够作区分处理的外，需要行政机关对现有政府信息进行加工、分析的，行政机关可以不予提供。

第三十九条　申请人以政府信息公开申请的形式进行信访、投诉、举报等活动，行政机关应当告知申请人不作为政府信息公开申请处理并可以告知通过相应渠道提出。

申请人提出的申请内容为要求行政机关提供政府公报、报刊、书籍等公开出版物的，行政机关可以告知获取的途径。

第四十条　行政机关依申请公开政府信

息,应当根据申请人的要求及行政机关保存政府信息的实际情况,确定提供政府信息的具体形式;按照申请人要求的形式提供政府信息,可能危及政府信息载体安全或者公开成本过高的,可以通过电子数据以及其他适当形式提供,或者安排申请人查阅、抄录相关政府信息。

第四十一条 公民、法人或者其他组织有证据证明行政机关提供的与其自身相关的政府信息记录不准确的,可以要求行政机关更正。有权更正的行政机关审核属实的,应当予以更正并告知申请人;不属于本行政机关职能范围的,行政机关可以转送有权更正的行政机关处理并告知申请人,或者告知申请人向有权更正的行政机关提出。

第四十二条 行政机关依申请提供政府信息,不收取费用。但是,申请人申请公开政府信息的数量、频次明显超过合理范围的,行政机关可以收取信息处理费。

行政机关收取信息处理费的具体办法由国务院价格主管部门会同国务院财政部门、全国政府信息公开工作主管部门制定。

第四十三条 申请公开政府信息的公民存在阅读困难或者视听障碍的,行政机关应当为其提供必要的帮助。

第四十四条 多个申请人就相同政府信息向同一行政机关提出公开申请,且该政府信息属于可以公开的,行政机关可以纳入主动公开的范围。

对行政机关依申请公开的政府信息,申请人认为涉及公众利益调整、需要公众广泛知晓或者需要公众参与决策的,可以建议行政机关将该信息纳入主动公开的范围。行政机关经审核认为属于主动公开范围的,应当及时主动公开。

第四十五条 行政机关应当建立健全政府信息公开申请登记、审核、办理、答复、归档的工作制度,加强工作规范。

第五章 监督和保障

第四十六条 各级人民政府应当建立健全政府信息公开工作考核制度、社会评议制度和责任追究制度,定期对政府信息公开工作进行考核、评议。

第四十七条 政府信息公开工作主管部门应当加强对政府信息公开工作的日常指导和监督检查,对行政机关未按照要求开展政府信息公开工作的,予以督促整改或者通报批评;需要对负有责任的领导人员和直接责任人员追究责任的,依法向有权机关提出处理建议。

公民、法人或者其他组织认为行政机关未按照要求主动公开政府信息或者对政府信息公开申请不依法答复处理的,可以向政府信息公开工作主管部门提出。政府信息公开工作主管部门查证属实的,应当予以督促整改或者通报批评。

第四十八条 政府信息公开工作主管部门应当对行政机关的政府信息公开工作人员定期进行培训。

第四十九条 县级以上人民政府部门应当在每年1月31日前向本级政府信息公开工作主管部门提交本行政机关上一年度政府信息公开工作年度报告并向社会公布。

县级以上地方人民政府的政府信息公开工作主管部门应当在每年3月31日前向社会公布本级政府上一年度政府信息公开工作年度报告。

第五十条 政府信息公开工作年度报告应当包括下列内容:

(一)行政机关主动公开政府信息的情况;

(二)行政机关收到和处理政府信息公开申请的情况;

(三)因政府信息公开工作被申请行政复议、提起行政诉讼的情况;

(四)政府信息公开工作存在的主要问题及改进情况,各级人民政府的政府信息公开工作年度报告还应当包括工作考核、社会评议和责任追究结果情况;

(五)其他需要报告的事项。

全国政府信息公开工作主管部门应当公布政府信息公开工作年度报告统一格式,并适时更新。

第五十一条 公民、法人或者其他组织认为行政机关在政府信息公开工作中侵犯其合法权益的,可以向上一级行政机关或者政府信息公开工作主管部门投诉、举报,也可以依法申请行政复议或者提起行政诉讼。

第五十二条 行政机关违反本条例的规定,未建立健全政府信息公开有关制度、机制的,由上一级行政机关责令改正;情节严重的,对负有责任的领导人员和直接责任人员依法给予处分。

第五十三条　行政机关违反本条例的规定，有下列情形之一的，由上一级行政机关责令改正；情节严重的，对负有责任的领导人员和直接责任人员依法给予处分；构成犯罪的，依法追究刑事责任：

（一）不依法履行政府信息公开职能；

（二）不及时更新公开的政府信息内容、政府信息公开指南和政府信息公开目录；

（三）违反本条例规定的其他情形。

第六章　附　　则

第五十四条　法律、法规授权的具有管理公共事务职能的组织公开政府信息的活动，适用本条例。

第五十五条　教育、卫生健康、供水、供电、供气、供热、环境保护、公共交通等与人民群众利益密切相关的公共企事业单位，公开在提供社会公共服务过程中制作、获取的信息，依照相关法律、法规和国务院有关主管部门或者机构的规定执行。全国政府信息公开工作主管部门根据实际需要可以制定专门的规定。

前款规定的公共企事业单位未依照相关法律、法规和国务院有关主管部门或者机构的规定公开在提供社会公共服务过程中制作、获取的信息，公民、法人或者其他组织可以向有关主管部门或者机构申诉，接受申诉的部门或者机构应当及时调查处理并将处理结果告知申诉人。

第五十六条　本条例自2019年5月15日起施行。

重大行政决策程序暂行条例

（2019年4月20日国务院令第713号公布　自2019年9月1日起施行）

第一章　总　　则

第一条　为了健全科学、民主、依法决策机制，规范重大行政决策程序，提高决策质量和效率，明确决策责任，根据宪法、地方各级人民代表大会和地方各级人民政府组织法等规定，制定本条例。

第二条　县级以上地方人民政府（以下称决策机关）重大行政决策的作出和调整程序，适用本条例。

第三条　本条例所称重大行政决策事项（以下简称决策事项）包括：

（一）制定有关公共服务、市场监管、社会管理、环境保护等方面的重大公共政策和措施；

（二）制定经济和社会发展等方面的重要规划；

（三）制定开发利用、保护重要自然资源和文化资源的重大公共政策和措施；

（四）决定在本行政区域实施的重大公共建设项目；

（五）决定对经济社会发展有重大影响、涉及重大公共利益或者社会公众切身利益的其他重大事项。

法律、行政法规对本条第一款规定事项的决策程序另有规定的，依照其规定。财政政策、货币政策等宏观调控决策，政府立法决策以及突发事件应急处置决策不适用本条例。

决策机关可以根据本条第一款的规定，结合职责权限和本地实际，确定决策事项目录、标准，经同级党委同意后向社会公布，并根据实际情况调整。

第四条　重大行政决策必须坚持和加强党的全面领导，全面贯彻党的路线方针政策和决策部署，发挥党的领导核心作用，把党的领导贯彻到重大行政决策全过程。

第五条　作出重大行政决策应当遵循科学决策原则，贯彻创新、协调、绿色、开放、共享的发展理念，坚持从实际出发，运用科学技术和方法，尊重客观规律，适应经济社会发展和全面深化改革要求。

第六条　作出重大行政决策应当遵循民主决策原则,充分听取各方面意见,保障人民群众通过多种途径和形式参与决策。

第七条　作出重大行政决策应当遵循依法决策原则,严格遵守法定权限,依法履行法定程序,保证决策内容符合法律、法规和规章等规定。

第八条　重大行政决策依法接受本级人民代表大会及其常务委员会的监督,根据法律、法规规定属于本级人民代表大会及其常务委员会讨论决定的重大事项范围或者应当在出台前向本级人民代表大会常务委员会报告的,按照有关规定办理。

上级行政机关应当加强对下级行政机关重大行政决策的监督。审计机关按照规定对重大行政决策进行监督。

第九条　重大行政决策情况应当作为考核评价决策机关及其领导人员的重要内容。

第二章　决策草案的形成

第一节　决策启动

第十条　对各方面提出的决策事项建议,按照下列规定进行研究论证后,报请决策机关决定是否启动决策程序:

(一)决策机关领导人员提出决策事项建议的,交有关单位研究论证;

(二)决策机关所属部门或者下一级人民政府提出决策事项建议的,应当论证拟解决的主要问题、建议理由和依据、解决问题的初步方案及其必要性、可行性等;

(三)人大代表、政协委员等通过建议、提案等方式提出决策事项建议,以及公民、法人或者其他组织提出书面决策事项建议的,交有关单位研究论证。

第十一条　决策机关决定启动决策程序的,应当明确决策事项的承办单位(以下简称决策承办单位),由决策承办单位负责重大行政决策草案的拟订等工作。决策事项需要两个以上单位承办的,应当明确牵头的决策承办单位。

第十二条　决策承办单位应当在广泛深入开展调查研究、全面准确掌握有关信息、充分协商协调的基础上,拟订决策草案。

决策承办单位应当全面梳理与决策事项有关的法律、法规、规章和政策,使决策草案合法合规、与有关政策相衔接。

决策承办单位根据需要对决策事项涉及的人财物投入、资源消耗、环境影响等成本和经济、社会、环境效益进行分析预测。

有关方面对决策事项存在较大分歧的,决策承办单位可以提出两个以上方案。

第十三条　决策事项涉及决策机关所属部门、下一级人民政府等单位的职责,或者与其关系紧密的,决策承办单位应当与其充分协商;不能取得一致意见的,应当向决策机关说明争议的主要问题,有关单位的意见,决策承办单位的意见、理由和依据。

第二节　公众参与

第十四条　决策承办单位应当采取便于社会公众参与的方式充分听取意见,依法不予公开的决策事项除外。

听取意见可以采取座谈会、听证会、实地走访、书面征求意见、向社会公开征求意见、问卷调查、民意调查等多种方式。

决策事项涉及特定群体利益的,决策承办单位应当与相关人民团体、社会组织以及群众代表进行沟通协商,充分听取相关群体的意见建议。

第十五条　决策事项向社会公开征求意见的,决策承办单位应当通过政府网站、政务新媒体以及报刊、广播、电视等便于社会公众知晓的途径,公布决策草案及其说明等材料,明确提出意见的方式和期限。公开征求意见的期限一般不少于30日;因情况紧急等原因需要缩短期限的,公开征求意见时应当予以说明。

对社会公众普遍关心或者专业性、技术性较强的问题,决策承办单位可以通过专家访谈等方式进行解释说明。

第十六条　决策事项直接涉及公民、法人、其他组织切身利益或者存在较大分歧的,可以召开听证会。法律、法规、规章对召开听证会另有规定的,依照其规定。

决策承办单位或者组织听证会的其他单位应当提前公布决策草案及其说明等材料,明确听证时间、地点等信息。

需要遴选听证参加人的，决策承办单位或者组织听证会的其他单位应当提前公布听证参加人遴选办法，公平公开组织遴选，保证相关各方都有代表参加听证会。听证参加人名单应当提前向社会公布。听证会材料应当于召开听证会7日前送达听证参加人。

第十七条　听证会应当按照下列程序公开举行：

（一）决策承办单位介绍决策草案、依据和有关情况；

（二）听证参加人陈述意见，进行询问、质证和辩论，必要时可以由决策承办单位或者有关专家进行解释说明；

（三）听证参加人确认听证会记录并签字。

第十八条　决策承办单位应当对社会各方面提出的意见进行归纳整理、研究论证，充分采纳合理意见，完善决策草案。

第三节　专家论证

第十九条　对专业性、技术性较强的决策事项，决策承办单位应当组织专家、专业机构论证其必要性、可行性、科学性等，并提供必要保障。

专家、专业机构应当独立开展论证工作，客观、公正、科学地提出论证意见，并对所知悉的国家秘密、商业秘密、个人隐私依法履行保密义务；提供书面论证意见的，应当署名、盖章。

第二十条　决策承办单位组织专家论证，可以采取论证会、书面咨询、委托咨询论证等方式。选择专家、专业机构参与论证，应当坚持专业性、代表性和中立性，注重选择持不同意见的专家、专业机构，不得选择与决策事项有直接利害关系的专家、专业机构。

第二十一条　省、自治区、直辖市人民政府应当建立决策咨询论证专家库，规范专家库运行管理制度，健全专家诚信考核和退出机制。

市、县级人民政府可以根据需要建立决策咨询论证专家库。

决策机关没有建立决策咨询论证专家库的，可以使用上级行政机关的专家库。

第四节　风险评估

第二十二条　重大行政决策的实施可能对社会稳定、公共安全等方面造成不利影响的，决策承办单位或者负责风险评估工作的其他单位应当组织评估决策草案的风险可控性。

按照有关规定已对有关风险进行评价、评估的，不作重复评估。

第二十三条　开展风险评估，可以通过舆情跟踪、重点走访、会商分析等方式，运用定性分析与定量分析等方法，对决策实施的风险进行科学预测、综合研判。

开展风险评估，应当听取有关部门的意见，形成风险评估报告，明确风险点，提出风险防范措施和处置预案。

开展风险评估，可以委托专业机构、社会组织等第三方进行。

第二十四条　风险评估结果应当作为重大行政决策的重要依据。决策机关认为风险可控的，可以作出决策；认为风险不可控的，在采取调整决策草案等措施确保风险可控后，可以作出决策。

第三章　合法性审查和集体讨论决定

第一节　合法性审查

第二十五条　决策草案提交决策机关讨论前，应当由负责合法性审查的部门进行合法性审查。不得以征求意见等方式代替合法性审查。

决策草案未经合法性审查或者经审查不合法的，不得提交决策机关讨论。对国家尚无明确规定的探索性改革决策事项，可以明示法律风险，提交决策机关讨论。

第二十六条　送请合法性审查，应当提供决策草案及相关材料，包括有关法律、法规、规章等依据和履行决策法定程序的说明等。提供的材料不符合要求的，负责合法性审查的部门可以退回，或者要求补充。

送请合法性审查，应当保证必要的审查时间，一般不少于7个工作日。

第二十七条　合法性审查的内容包括：

（一）决策事项是否符合法定权限；

（二）决策草案的形成是否履行相关法定程序；

(三)决策草案内容是否符合有关法律、法规、规章和国家政策的规定。

第二十八条　负责合法性审查的部门应当及时提出合法性审查意见,并对合法性审查意见负责。在合法性审查过程中,应当组织法律顾问、公职律师提出法律意见。决策承办单位根据合法性审查意见进行必要的调整或者补充。

第二节　集体讨论决定和决策公布

第二十九条　决策承办单位提交决策机关讨论决策草案,应当报送下列材料:

(一)决策草案及相关材料,决策草案涉及市场主体经济活动的,应当包含公平竞争审查的有关情况;

(二)履行公众参与程序的,同时报送社会公众提出的主要意见的研究采纳情况;

(三)履行专家论证程序的,同时报送专家论证意见的研究采纳情况;

(四)履行风险评估程序的,同时报送风险评估报告等有关材料;

(五)合法性审查意见;

(六)需要报送的其他材料。

第三十条　决策草案应当经决策机关常务会议或者全体会议讨论。决策机关行政首长在集体讨论的基础上作出决定。

讨论决策草案,会议组成人员应当充分发表意见,行政首长最后发表意见。行政首长拟作出的决定与会议组成人员多数人的意见不一致的,应当在会上说明理由。

集体讨论决定情况应当如实记录,不同意见应当如实载明。

第三十一条　重大行政决策出台前应当按照规定向同级党委请示报告。

第三十二条　决策机关应当通过本级人民政府公报和政府网站以及在本行政区域内发行的报纸等途径及时公布重大行政决策。对社会公众普遍关心或者专业性、技术性较强的重大行政决策,应当说明公众意见、专家论证意见的采纳情况,通过新闻发布会、接受访谈等方式进行宣传解读。依法不予公开的除外。

第三十三条　决策机关应当建立重大行政决策过程记录和材料归档制度,由有关单位将履行决策程序形成的记录、材料及时完整归档。

第四章　决策执行和调整

第三十四条　决策机关应当明确负责重大行政决策执行工作的单位(以下简称决策执行单位),并对决策执行情况进行督促检查。决策执行单位应当依法全面、及时、正确执行重大行政决策,并向决策机关报告决策执行情况。

第三十五条　决策执行单位发现重大行政决策存在问题、客观情况发生重大变化,或者决策执行中发生不可抗力等严重影响决策目标实现的,应当及时向决策机关报告。

公民、法人或者其他组织认为重大行政决策及其实施存在问题的,可以通过信件、电话、电子邮件等方式向决策机关或者决策执行单位提出意见建议。

第三十六条　有下列情形之一的,决策机关可以组织决策后评估,并确定承担评估具体工作的单位:

(一)重大行政决策实施后明显未达到预期效果;

(二)公民、法人或者其他组织提出较多意见;

(三)决策机关认为有必要。

开展决策后评估,可以委托专业机构、社会组织等第三方进行,决策作出前承担主要论证评估工作的单位除外。

开展决策后评估,应当注重听取社会公众的意见,吸收人大代表、政协委员、人民团体、基层组织、社会组织参与评估。

决策后评估结果应当作为调整重大行政决策的重要依据。

第三十七条　依法作出的重大行政决策,未经法定程序不得随意变更或者停止执行;执行中出现本条例第三十五条规定的情形、情况紧急的,决策机关行政首长可以先决定中止执行;需要作出重大调整的,应当依照本条例履行相关法定程序。

第五章　法律责任

第三十八条　决策机关违反本条例规定的,由上一级行政机关责令改正,对决策机关行政首长、负有责任的其他领导人员和直接责任人员依法追究责任。

决策机关违反本条例规定造成决策严重失误，或者依法应当及时作出决策而久拖不决，造成重大损失、恶劣影响的，应当倒查责任，实行终身责任追究，对决策机关行政首长、负有责任的其他领导人员和直接责任人员依法追究责任。

决策机关集体讨论决策草案时，有关人员对严重失误的决策表示不同意见的，按照规定减免责任。

第三十九条 决策承办单位或者承担决策有关工作的单位未按照本条例规定履行决策程序或者履行决策程序时失职渎职、弄虚作假的，由决策机关责令改正，对负有责任的领导人员和直接责任人员依法追究责任。

第四十条 决策执行单位拒不执行、推诿执行、拖延执行重大行政决策，或者对执行中发现的重大问题瞒报、谎报或者漏报的，由决策机关责令改正，对负有责任的领导人员和直接责任人员依法追究责任。

第四十一条 承担论证评估工作的专家、专业机构、社会组织等违反职业道德和本条例规定的，予以通报批评、责令限期整改；造成严重后果的，取消评估资格、承担相应责任。

第六章 附 则

第四十二条 县级以上人民政府部门和乡级人民政府重大行政决策的作出和调整程序，参照本条例规定执行。

第四十三条 省、自治区、直辖市人民政府根据本条例制定本行政区域重大行政决策程序的具体制度。

国务院有关部门参照本条例规定，制定本部门重大行政决策程序的具体制度。

第四十四条 本条例自 2019 年 9 月 1 日起施行。

优化营商环境条例

（2019 年 10 月 8 日国务院第 66 次常务会议通过 2019 年 10 月 22 日
国务院令第 722 号公布 自 2020 年 1 月 1 日起施行）

第一章 总 则

第一条 为了持续优化营商环境，不断解放和发展社会生产力，加快建设现代化经济体系，推动高质量发展，制定本条例。

第二条 本条例所称营商环境，是指企业等市场主体在市场经济活动中所涉及的体制机制性因素和条件。

第三条 国家持续深化简政放权、放管结合、优化服务改革，最大限度减少政府对市场资源的直接配置，最大限度减少政府对市场活动的直接干预，加强和规范事中事后监管，着力提升政务服务能力和水平，切实降低制度性交易成本，更大激发市场活力和社会创造力，增强发展动力。

各级人民政府及其部门应当坚持政务公开透明，以公开为常态、不公开为例外，全面推进决策、执行、管理、服务、结果公开。

第四条 优化营商环境应当坚持市场化、法治化、国际化原则，以市场主体需求为导向，以深刻转变政府职能为核心，创新体制机制、强化协同联动、完善法治保障，对标国际先进水平，为各类市场主体投资兴业营造稳定、公平、透明、可预期的良好环境。

第五条 国家加快建立统一开放、竞争有序的现代市场体系，依法促进各类生产要素自由流动，保障各类市场主体公平参与市场竞争。

第六条 国家鼓励、支持、引导非公有制经济发展,激发非公有制经济活力和创造力。

国家进一步扩大对外开放,积极促进外商投资,平等对待内资企业、外商投资企业等各类市场主体。

第七条 各级人民政府应当加强对优化营商环境工作的组织领导,完善优化营商环境的政策措施,建立健全统筹推进、督促落实优化营商环境工作的相关机制,及时协调、解决优化营商环境工作中的重大问题。

县级以上人民政府有关部门应当按照职责分工,做好优化营商环境的相关工作。县级以上地方人民政府根据实际情况,可以明确优化营商环境工作的主管部门。

国家鼓励和支持各地区、各部门结合实际情况,在法治框架内积极探索原创性、差异化的优化营商环境具体措施;对探索中出现失误或者偏差,符合规定条件的,可以予以免责或者减轻责任。

第八条 国家建立和完善以市场主体和社会公众满意度为导向的营商环境评价体系,发挥营商环境评价对优化营商环境的引领和督促作用。

开展营商环境评价,不得影响各地区、各部门正常工作,不得影响市场主体正常生产经营活动或者增加市场主体负担。

任何单位不得利用营商环境评价谋取利益。

第九条 市场主体应当遵守法律法规,恪守社会公德和商业道德,诚实守信、公平竞争,履行安全、质量、劳动者权益保护、消费者权益保护等方面的法定义务,在国际经贸活动中遵循国际通行规则。

第二章 市场主体保护

第十条 国家坚持权利平等、机会平等、规则平等,保障各种所有制经济平等受到法律保护。

第十一条 市场主体依法享有经营自主权。对依法应当由市场主体自主决策的各类事项,任何单位和个人不得干预。

第十二条 国家保障各类市场主体依法平等使用资金、技术、人力资源、土地使用权及其他自然资源等各类生产要素和公共服务资源。

各类市场主体依法平等适用国家支持发展的政策。政府及其有关部门在政府资金安排、土地供应、税费减免、资质许可、标准制定、项目申报、职称评定、人力资源政策等方面,应当依法平等对待各类市场主体,不得制定或者实施歧视性政策措施。

第十三条 招标投标和政府采购应当公开透明、公平公正,依法平等对待各类所有制和不同地区的市场主体,不得以不合理条件或者产品产地来源等进行限制或者排斥。

政府有关部门应当加强招标投标和政府采购监管,依法纠正和查处违法违规行为。

第十四条 国家依法保护市场主体的财产权和其他合法权益,保护企业经营者人身和财产安全。

严禁违反法定权限、条件、程序对市场主体的财产和企业经营者个人财产实施查封、冻结和扣押等行政强制措施;依法确需实施前述行政强制措施的,应当限定在所必需的范围内。

禁止在法律、法规规定之外要求市场主体提供财力、物力或者人力的摊派行为。市场主体有权拒绝任何形式的摊派。

第十五条 国家建立知识产权侵权惩罚性赔偿制度,推动建立知识产权快速协同保护机制,健全知识产权纠纷多元化解决机制和知识产权维权援助机制,加大对知识产权的保护力度。

国家持续深化商标注册、专利申请便利化改革,提高商标注册、专利申请审查效率。

第十六条 国家加大中小投资者权益保护力度,完善中小投资者权益保护机制,保障中小投资者的知情权、参与权,提升中小投资者维护合法权益的便利度。

第十七条 除法律、法规另有规定外,市场主体有权自主决定加入或者退出行业协会商会等社会组织,任何单位和个人不得干预。

除法律、法规另有规定外,任何单位和个人不得强制或者变相强制市场主体参加评比、达标、表彰、培训、考核、考试以及类似活动,不得借前述活动向市场主体收费或者变相收费。

第十八条 国家推动建立全国统一的市场主体维权服务平台,为市场主体提供高效、便捷的维权服务。

第三章　市 场 环 境

第十九条　国家持续深化商事制度改革，统一企业登记业务规范，统一数据标准和平台服务接口，采用统一社会信用代码进行登记管理。

国家推进“证照分离”改革，持续精简涉企经营许可事项，依法采取直接取消审批、审批改为备案、实行告知承诺、优化审批服务等方式，对所有涉企经营许可事项进行分类管理，为企业取得营业执照后开展相关经营活动提供便利。除法律、行政法规规定的特定领域外，涉企经营许可事项不得作为企业登记的前置条件。

政府有关部门应当按照国家有关规定，简化企业从申请设立到具备一般性经营条件所需办理的手续。在国家规定的企业开办时限内，各地区应当确定并公开具体办理时间。

企业申请办理住所等相关变更登记的，有关部门应当依法及时办理，不得限制。除法律、法规、规章另有规定外，企业迁移后其持有的有效许可证件不再重复办理。

第二十条　国家持续放宽市场准入，并实行全国统一的市场准入负面清单制度。市场准入负面清单以外的领域，各类市场主体均可以依法平等进入。

各地区、各部门不得另行制定市场准入性质的负面清单。

第二十一条　政府有关部门应当加大反垄断和反不正当竞争执法力度，有效预防和制止市场经济活动中的垄断行为、不正当竞争行为以及滥用行政权力排除、限制竞争的行为，营造公平竞争的市场环境。

第二十二条　国家建立健全统一开放、竞争有序的人力资源市场体系，打破城乡、地区、行业分割和身份、性别等歧视，促进人力资源有序社会性流动和合理配置。

第二十三条　政府及其有关部门应当完善政策措施、强化创新服务，鼓励和支持市场主体拓展创新空间，持续推进产品、技术、商业模式、管理等创新，充分发挥市场主体在推动科技成果转化中的作用。

第二十四条　政府及其有关部门应当严格落实国家各项减税降费政策，及时研究解决政策落实中的具体问题，确保减税降费政策全面、及时惠及市场主体。

第二十五条　设立政府性基金、涉企行政事业性收费、涉企保证金，应当有法律、行政法规依据或者经国务院批准。对政府性基金、涉企行政事业性收费、涉企保证金以及实行政府定价的经营服务性收费，实行目录清单管理并向社会公开，目录清单之外的前述收费和保证金一律不得执行。推广以金融机构保函替代现金缴纳涉企保证金。

第二十六条　国家鼓励和支持金融机构加大对民营企业、中小企业的支持力度，降低民营企业、中小企业综合融资成本。

金融监督管理部门应当完善对商业银行等金融机构的监管考核和激励机制，鼓励、引导其增加对民营企业、中小企业的信贷投放，并合理增加中长期贷款和信用贷款支持，提高贷款审批效率。

商业银行等金融机构在授信中不得设置不合理条件，不得对民营企业、中小企业设置歧视性要求。商业银行等金融机构应当按照国家有关规定规范收费行为，不得违规向服务对象收取不合理费用。商业银行应当向社会公开开设企业账户的服务标准、资费标准和办理时限。

第二十七条　国家促进多层次资本市场规范健康发展，拓宽市场主体融资渠道，支持符合条件的民营企业、中小企业依法发行股票、债券以及其他融资工具，扩大直接融资规模。

第二十八条　供水、供电、供气、供热等公用企事业单位应当向社会公开服务标准、资费标准等信息，为市场主体提供安全、便捷、稳定和价格合理的服务，不得强迫市场主体接受不合理的服务条件，不得以任何名义收取不合理费用。各地区应当优化报装流程，在国家规定的报装办理时限内确定并公开具体办理时间。

政府有关部门应当加强对公用企事业单位运营的监督管理。

第二十九条　行业协会商会应当依照法律、法规和章程，加强行业自律，及时反映行业诉求，为市场主体提供信息咨询、宣传培训、市场拓展、权益保护、纠纷处理等方面的服务。

国家依法严格规范行业协会商会的收费、

评比、认证等行为。

第三十条　国家加强社会信用体系建设,持续推进政务诚信、商务诚信、社会诚信和司法公信建设,提高全社会诚信意识和信用水平,维护信用信息安全,严格保护商业秘密和个人隐私。

第三十一条　地方各级人民政府及其有关部门应当履行向市场主体依法作出的政策承诺以及依法订立的各类合同,不得以行政区划调整、政府换届、机构或者职能调整以及相关责任人更替等为由违约毁约。因国家利益、社会公共利益需要改变政策承诺、合同约定的,应当依照法定权限和程序进行,并依法对市场主体因此受到的损失予以补偿。

第三十二条　国家机关、事业单位不得违约拖欠市场主体的货物、工程、服务等账款,大型企业不得利用优势地位拖欠中小企业账款。

县级以上人民政府及其有关部门应当加大对国家机关、事业单位拖欠市场主体账款的清理力度,并通过加强预算管理、严格责任追究等措施,建立防范和治理国家机关、事业单位拖欠市场主体账款的长效机制。

第三十三条　政府有关部门应当优化市场主体注销办理流程,精简申请材料、压缩办理时间、降低注销成本。对设立后未开展生产经营活动或者无债权债务的市场主体,可以按照简易程序办理注销。对有债权债务的市场主体,在债权债务依法解决后及时办理注销。

县级以上地方人民政府应当根据需要建立企业破产工作协调机制,协调解决企业破产过程中涉及的有关问题。

第四章　政务服务

第三十四条　政府及其有关部门应当进一步增强服务意识,切实转变工作作风,为市场主体提供规范、便利、高效的政务服务。

第三十五条　政府及其有关部门应当推进政务服务标准化,按照减环节、减材料、减时限的要求,编制并向社会公开政务服务事项(包括行政权力事项和公共服务事项,下同)标准化工作流程和办事指南,细化量化政务服务标准,压缩自由裁量权,推进同一事项实行无差别受理、同标准办理。没有法律、法规、规章依据,不得增设政务服务事项的办理条件和环节。

第三十六条　政府及其有关部门办理政务服务事项,应当根据实际情况,推行当场办结、一次办结、限时办结等制度,实现集中办理、就近办理、网上办理、异地可办。需要市场主体补正有关材料、手续的,应当一次性告知需要补正的内容;需要进行现场踏勘、现场核查、技术审查、听证论证的,应当及时安排、限时办结。

法律、法规、规章以及国家有关规定对政务服务事项办理时限有规定的,应当在规定的时限内尽快办结;没有规定的,应当按照合理、高效的原则确定办理时限并按时办结。各地区可以在国家规定的政务服务事项办理时限内进一步压减时间,并应当向社会公开;超过办理时间的,办理单位应当公开说明理由。

地方各级人民政府已设立政务服务大厅的,本行政区域内各类政务服务事项一般应当进驻政务服务大厅统一办理。对政务服务大厅中部门分设的服务窗口,应当创造条件整合为综合窗口,提供一站式服务。

第三十七条　国家加快建设全国一体化在线政务服务平台(以下称一体化在线平台),推动政务服务事项在全国范围内实现"一网通办"。除法律、法规另有规定或者涉及国家秘密等情形外,政务服务事项应当按照国务院确定的步骤,纳入一体化在线平台办理。

国家依托一体化在线平台,推动政务信息系统整合,优化政务流程,促进政务服务跨地区、跨部门、跨层级数据共享和业务协同。政府及其有关部门应当按照国家有关规定,提供数据共享服务,及时将有关政务服务数据上传至一体化在线平台,加强共享数据使用全过程管理,确保共享数据安全。

国家建立电子证照共享服务系统,实现电子证照跨地区、跨部门共享和全国范围内互信互认。各地区、各部门应当加强电子证照的推广应用。

各地区、各部门应当推动政务服务大厅与政务服务平台全面对接融合。市场主体有权自主选择政务服务办理渠道,行政机关不得限定办理渠道。

第三十八条　政府及其有关部门应当通过政府网站、一体化在线平台,集中公布涉及市场主体的法律、法规、规章、行政规范性文件和各类政策措施，并通过多种途径和方式加强宣传解读。

第三十九条 国家严格控制新设行政许可。新设行政许可应当按照行政许可法和国务院的规定严格设定标准，并进行合法性、必要性和合理性审查论证。对通过事中事后监管或者市场机制能够解决以及行政许可法和国务院规定不得设立行政许可的事项，一律不得设立行政许可，严禁以备案、登记、注册、目录、规划、年检、年报、监制、认定、认证、审定以及其他任何形式变相设定或者实施行政许可。

法律、行政法规和国务院决定对相关管理事项已作出规定，但未采取行政许可管理方式的，地方不得就该事项设定行政许可。对相关管理事项尚未制定法律、行政法规的，地方可以依法就该事项设定行政许可。

第四十条 国家实行行政许可清单管理制度，适时调整行政许可清单并向社会公布，清单之外不得违法实施行政许可。

国家大力精简已有行政许可。对已取消的行政许可，行政机关不得继续实施或者变相实施，不得转由行业协会商会或者其他组织实施。

对实行行政许可管理的事项，行政机关应当通过整合实施、下放审批层级等多种方式，优化审批服务，提高审批效率，减轻市场主体负担。符合相关条件和要求的，可以按照有关规定采取告知承诺的方式办理。

第四十一条 县级以上地方人民政府应当深化投资审批制度改革，根据项目性质、投资规模等分类规范投资审批程序，精简审批要件，简化技术审查事项，强化项目决策与用地、规划等建设条件落实的协同，实行与相关审批在线并联办理。

第四十二条 设区的市级以上地方人民政府应当按照国家有关规定，优化工程建设项目（不包括特殊工程和交通、水利、能源等领域的重大工程）审批流程，推行并联审批、多图联审、联合竣工验收等方式，简化审批手续，提高审批效能。

在依法设立的开发区、新区和其他有条件的区域，按照国家有关规定推行区域评估，由设区的市级以上地方人民政府组织对一定区域内压覆重要矿产资源、地质灾害危险性等事项进行统一评估，不再对区域内的市场主体单独提出评估要求。区域评估的费用不得由市场主体承担。

第四十三条 作为办理行政审批条件的中介服务事项（以下称法定行政审批中介服务）应当有法律、法规或者国务院决定依据；没有依据的，不得作为办理行政审批的条件。中介服务机构应当明确办理法定行政审批中介服务的条件、流程、时限、收费标准，并向社会公开。

国家加快推进中介服务机构与行政机关脱钩。行政机关不得为市场主体指定或者变相指定中介服务机构；除法定行政审批中介服务外，不得强制或者变相强制市场主体接受中介服务。行政机关所属事业单位、主管的社会组织及其举办的企业不得开展与本机关所负责行政审批相关的中介服务，法律、行政法规另有规定的除外。

行政机关在行政审批过程中需要委托中介服务机构开展技术性服务的，应当通过竞争性方式选择中介服务机构，并自行承担服务费用，不得转嫁给市场主体承担。

第四十四条 证明事项应当有法律、法规或者国务院决定依据。

设定证明事项，应当坚持确有必要、从严控制的原则。对通过法定证照、法定文书、书面告知承诺、政府部门内部核查和部门间核查、网络核验、合同凭证等能够办理，能够被其他材料涵盖或者替代，以及开具单位无法调查核实的，不得设定证明事项。

政府有关部门应当公布证明事项清单，逐项列明设定依据、索要单位、开具单位、办理指南等。清单之外，政府部门、公用企事业单位和服务机构不得索要证明。各地区、各部门之间应当加强证明的互认共享，避免重复索要证明。

第四十五条 政府及其有关部门应当按照国家促进跨境贸易便利化的有关要求，依法削减进出口环节审批事项，取消不必要的监管要求，优化简化通关流程，提高通关效率，清理规范口岸收费，降低通关成本，推动口岸和国际贸易领域相关业务统一通过国际贸易“单一窗口”办理。

第四十六条 税务机关应当精简办税资料和流程，简并申报缴税次数，公开涉税事项办理时限，压减办税时间，加大推广使用电子发票的力度，逐步实现全程网上办税，持续优化纳税服务。

第四十七条　不动产登记机构应当按照国家有关规定,加强部门协作,实行不动产登记、交易和缴税一窗受理、并行办理,压缩办理时间,降低办理成本。在国家规定的不动产登记时限内,各地区应当确定并公开具体办理时间。

国家推动建立统一的动产和权利担保登记公示系统,逐步实现市场主体在一个平台上办理动产和权利担保登记。纳入统一登记公示系统的动产和权利范围另行规定。

第四十八条　政府及其有关部门应当按照构建亲清新型政商关系的要求,建立畅通有效的政企沟通机制,采取多种方式及时听取市场主体的反映和诉求,了解市场主体生产经营中遇到的困难和问题,并依法帮助其解决。

建立政企沟通机制,应当充分尊重市场主体意愿,增强针对性和有效性,不得干扰市场主体正常生产经营活动,不得增加市场主体负担。

第四十九条　政府及其有关部门应当建立便利、畅通的渠道,受理有关营商环境的投诉和举报。

第五十条　新闻媒体应当及时、准确宣传优化营商环境的措施和成效,为优化营商环境创造良好舆论氛围。

国家鼓励对营商环境进行舆论监督,但禁止捏造虚假信息或者歪曲事实进行不实报道。

第五章　监 管 执 法

第五十一条　政府有关部门应当严格按照法律法规和职责,落实监管责任,明确监管对象和范围、厘清监管事权,依法对市场主体进行监管,实现监管全覆盖。

第五十二条　国家健全公开透明的监管规则和标准体系。国务院有关部门应当分领域制定全国统一、简明易行的监管规则和标准,并向社会公开。

第五十三条　政府及其有关部门应当按照国家关于加快构建以信用为基础的新型监管机制的要求,创新和完善信用监管,强化信用监管的支撑保障,加强信用监管的组织实施,不断提升信用监管效能。

第五十四条　国家推行"双随机、一公开"监管,除直接涉及公共安全和人民群众生命健康等特殊行业、重点领域外,市场监管领域的行政检查应当通过随机抽取检查对象、随机选派执法检查人员、抽查事项及查处结果及时向社会公开的方式进行。针对同一检查对象的多个检查事项,应当尽可能合并或者纳入跨部门联合抽查范围。

对直接涉及公共安全和人民群众生命健康等特殊行业、重点领域,依法依规实行全覆盖的重点监管,并严格规范重点监管的程序;对通过投诉举报、转办交办、数据监测等发现的问题,应当有针对性地进行检查并依法依规处理。

第五十五条　政府及其有关部门应当按照鼓励创新的原则,对新技术、新产业、新业态、新模式等实行包容审慎监管,针对其性质、特点分类制定和实行相应的监管规则和标准,留足发展空间,同时确保质量和安全,不得简单化予以禁止或者不予监管。

第五十六条　政府及其有关部门应当充分运用互联网、大数据等技术手段,依托国家统一建立的在线监管系统,加强监管信息归集共享和关联整合,推行以远程监管、移动监管、预警防控为特征的非现场监管,提升监管的精准化、智能化水平。

第五十七条　国家建立健全跨部门、跨区域行政执法联动响应和协作机制,实现违法线索互联、监管标准互通、处理结果互认。

国家统筹配置行政执法职能和执法资源,在相关领域推行综合行政执法,整合精简执法队伍,减少执法主体和执法层级,提高基层执法能力。

第五十八条　行政执法机关应当按照国家有关规定,全面落实行政执法公示、行政执法全过程记录和重大行政执法决定法制审核制度,实现行政执法信息及时准确公示、行政执法全过程留痕和可回溯管理、重大行政执法决定法制审核全覆盖。

第五十九条　行政执法中应当推广运用说服教育、劝导示范、行政指导等非强制性手段,依法慎重实施行政强制。采用非强制性手段能够达到行政管理目的的,不得实施行政强制;违法行为情节轻微或者社会危害较小的,可以不实施行政强制;确需实施行政强制的,应当尽可能减少对市场主体正常生产经营活动的影响。

开展清理整顿、专项整治等活动,应当严格

依法进行,除涉及人民群众生命安全、发生重特大事故或者举办国家重大活动,并报经有权机关批准外,不得在相关区域采取要求相关行业、领域的市场主体普遍停产、停业的措施。

禁止将罚没收入与行政执法机关利益挂钩。

第六十条　国家健全行政执法自由裁量基准制度,合理确定裁量范围、种类和幅度,规范行政执法自由裁量权的行使。

第六章　法 治 保 障

第六十一条　国家根据优化营商环境需要,依照法定权限和程序及时制定或者修改、废止有关法律、法规、规章、行政规范性文件。

优化营商环境的改革措施涉及调整实施现行法律、行政法规等有关规定的,依照法定程序经有权机关授权后,可以先行先试。

第六十二条　制定与市场主体生产经营活动密切相关的行政法规、规章、行政规范性文件,应当按照国务院的规定,充分听取市场主体、行业协会商会的意见。

除依法需要保密外,制定与市场主体生产经营活动密切相关的行政法规、规章、行政规范性文件,应当通过报纸、网络等向社会公开征求意见,并建立健全意见采纳情况反馈机制。向社会公开征求意见的期限一般不少于30日。

第六十三条　制定与市场主体生产经营活动密切相关的行政法规、规章、行政规范性文件,应当按照国务院的规定进行公平竞争审查。

制定涉及市场主体权利义务的行政规范性文件,应当按照国务院的规定进行合法性审核。

市场主体认为地方性法规同行政法规相抵触,或者认为规章同法律、行政法规相抵触的,可以向国务院书面提出审查建议,由有关机关按照规定程序处理。

第六十四条　没有法律、法规或者国务院决定和命令依据的,行政规范性文件不得减损市场主体合法权益或者增加其义务,不得设置市场准入和退出条件,不得干预市场主体正常生产经营活动。

涉及市场主体权利义务的行政规范性文件应当按照法定要求和程序予以公布,未经公布的不得作为行政管理依据。

第六十五条　制定与市场主体生产经营活动密切相关的行政法规、规章、行政规范性文件,应当结合实际,确定是否为市场主体留出必要的适应调整期。

政府及其有关部门应当统筹协调、合理把握规章、行政规范性文件等的出台节奏,全面评估政策效果,避免因政策叠加或者相互不协调对市场主体正常生产经营活动造成不利影响。

第六十六条　国家完善调解、仲裁、行政裁决、行政复议、诉讼等有机衔接、相互协调的多元化纠纷解决机制,为市场主体提供高效、便捷的纠纷解决途径。

第六十七条　国家加强法治宣传教育,落实国家机关普法责任制,提高国家工作人员依法履职能力,引导市场主体合法经营、依法维护自身合法权益,不断增强全社会的法治意识,为营造法治化营商环境提供基础性支撑。

第六十八条　政府及其有关部门应当整合律师、公证、司法鉴定、调解、仲裁等公共法律服务资源,加快推进公共法律服务体系建设,全面提升公共法律服务能力和水平,为优化营商环境提供全方位法律服务。

第六十九条　政府和有关部门及其工作人员有下列情形之一的,依法依规追究责任:

(一)违法干预应当由市场主体自主决策的事项;

(二)制定或者实施政策措施不依法平等对待各类市场主体;

(三)违反法定权限、条件、程序对市场主体的财产和企业经营者个人财产实施查封、冻结和扣押等行政强制措施;

(四)在法律、法规规定之外要求市场主体提供财力、物力或者人力;

(五)没有法律、法规依据,强制或者变相强制市场主体参加评比、达标、表彰、培训、考核、考试以及类似活动,或者借前述活动向市场主体收费或者变相收费;

(六)违法设立或者在目录清单之外执行政府性基金、涉企行政事业性收费、涉企保证金;

(七)不履行向市场主体依法作出的政策承诺以及依法订立的各类合同,或者违约拖欠市场主体的货物、工程、服务等账款;

(八)变相设定或者实施行政许可,继续实施或者变相实施已取消的行政许可,或者转由

行业协会商会或者其他组织实施已取消的行政许可;

(九)为市场主体指定或者变相指定中介服务机构,或者违法强制市场主体接受中介服务;

(十)制定与市场主体生产经营活动密切相关的行政法规、规章、行政规范性文件时,不按照规定听取市场主体、行业协会商会的意见;

(十一)其他不履行优化营商环境职责或者损害营商环境的情形。

第七十条　公用企事业单位有下列情形之一的,由有关部门责令改正,依法追究法律责任:

(一)不向社会公开服务标准、资费标准、办理时限等信息;

(二)强迫市场主体接受不合理的服务条件;

(三)向市场主体收取不合理费用。

第七十一条　行业协会商会、中介服务机构有下列情形之一的,由有关部门责令改正,依法追究法律责任:

(一)违法开展收费、评比、认证等行为;

(二)违法干预市场主体加入或者退出行业协会商会等社会组织;

(三)没有法律、法规依据,强制或者变相强制市场主体参加评比、达标、表彰、培训、考核、考试以及类似活动,或者借前述活动向市场主体收费或者变相收费;

(四)不向社会公开办理法定行政审批中介服务的条件、流程、时限、收费标准;

(五)违法强制或者变相强制市场主体接受中介服务。

第七章　附　　则

第七十二条　本条例自2020年1月1日起施行。

中华人民共和国外商投资法实施条例

(2019年12月12日国务院第74次常务会议通过
2019年12月26日国务院令第723号公布　自2020年1月1日起施行)

第一章　总　　则

第一条　根据《中华人民共和国外商投资法》(以下简称外商投资法),制定本条例。

第二条　国家鼓励和促进外商投资,保护外商投资合法权益,规范外商投资管理,持续优化外商投资环境,推进更高水平对外开放。

第三条　外商投资法第二条第二款第一项、第三项所称其他投资者,包括中国的自然人在内。

第四条　外商投资准入负面清单(以下简称负面清单)由国务院投资主管部门会同国务院商务主管部门等有关部门提出,报国务院发布或者报国务院批准后由国务院投资主管部门、商务主管部门发布。

国家根据进一步扩大对外开放和经济社会发展需要,适时调整负面清单。调整负面清单的程序,适用前款规定。

第五条　国务院商务主管部门、投资主管部门以及其他有关部门按照职责分工,密切配合、相互协作,共同做好外商投资促进、保护和管理工作。

县级以上地方人民政府应当加强对外商投资促进、保护和管理工作的组织领导,支持、督促有关部门依照法律法规和职责分工开展外商投资促进、保护和管理工作,及时协调、解决外商投资促进、保护和管理工作中的重大问题。

第二章　投资促进

第六条　政府及其有关部门在政府资金安

排、土地供应、税费减免、资质许可、标准制定、项目申报、人力资源政策等方面，应当依法平等对待外商投资企业和内资企业。

政府及其有关部门制定的支持企业发展的政策应当依法公开；对政策实施中需要由企业申请办理的事项，政府及其有关部门应当公开申请办理的条件、流程、时限等，并在审核中依法平等对待外商投资企业和内资企业。

第七条　制定与外商投资有关的行政法规、规章、规范性文件，或者政府及其有关部门起草与外商投资有关的法律、地方性法规，应当根据实际情况，采取书面征求意见以及召开座谈会、论证会、听证会等多种形式，听取外商投资企业和有关商会、协会等方面的意见和建议；对反映集中或者涉及外商投资企业重大权利义务问题的意见和建议，应当通过适当方式反馈采纳的情况。

与外商投资有关的规范性文件应当依法及时公布，未经公布的不得作为行政管理依据。与外商投资企业生产经营活动密切相关的规范性文件，应当结合实际，合理确定公布到施行之间的时间。

第八条　各级人民政府应当按照政府主导、多方参与的原则，建立健全外商投资服务体系，不断提升外商投资服务能力和水平。

第九条　政府及其有关部门应当通过政府网站、全国一体化在线政务服务平台集中列明有关外商投资的法律、法规、规章、规范性文件、政策措施和投资项目信息，并通过多种途径和方式加强宣传、解读，为外国投资者和外商投资企业提供咨询、指导等服务。

第十条　外商投资法第十三条所称特殊经济区域，是指经国家批准设立、实行更大力度的对外开放政策措施的特定区域。

国家在部分地区实行的外商投资试验性政策措施，经实践证明可行的，根据实际情况在其他地区或者全国范围内推广。

第十一条　国家根据国民经济和社会发展需要，制定鼓励外商投资产业目录，列明鼓励和引导外国投资者投资的特定行业、领域、地区。鼓励外商投资产业目录由国务院投资主管部门会同国务院商务主管部门等有关部门拟订，报国务院批准后由国务院投资主管部门、商务主管部门发布。

第十二条　外国投资者、外商投资企业可以依照法律、行政法规或者国务院的规定，享受财政、税收、金融、用地等方面的优惠待遇。

外国投资者以其在中国境内的投资收益在中国境内扩大投资的，依法享受相应的优惠待遇。

第十三条　外商投资企业依法和内资企业平等参与国家标准、行业标准、地方标准和团体标准的制定、修订工作。外商投资企业可以根据需要自行制定或者与其他企业联合制定企业标准。

外商投资企业可以向标准化行政主管部门和有关行政主管部门提出标准的立项建议，在标准立项、起草、技术审查以及标准实施信息反馈、评估等过程中提出意见和建议，并按照规定承担标准起草、技术审查的相关工作以及标准的外文翻译工作。

标准化行政主管部门和有关行政主管部门应当建立健全相关工作机制，提高标准制定、修订的透明度，推进标准制定、修订全过程信息公开。

第十四条　国家制定的强制性标准对外商投资企业和内资企业平等适用，不得专门针对外商投资企业适用高于强制性标准的技术要求。

第十五条　政府及其有关部门不得阻挠和限制外商投资企业自由进入本地区和本行业的政府采购市场。

政府采购的采购人、采购代理机构不得在政府采购信息发布、供应商条件确定和资格审查、评标标准等方面，对外商投资企业实行差别待遇或者歧视待遇，不得以所有制形式、组织形式、股权结构、投资者国别、产品或者服务品牌以及其他不合理的条件对供应商予以限定，不得对外商投资企业在中国境内生产的产品、提供的服务和内资企业区别对待。

第十六条　外商投资企业可以依照《中华人民共和国政府采购法》（以下简称政府采购法）及其实施条例的规定，就政府采购活动事项向采购人、采购代理机构提出询问、质疑，向政府采购监督管理部门投诉。采购人、采购代理机构、政府采购监督管理部门应当在规定的时限内作出答复或者处理决定。

第十七条　政府采购监督管理部门和其他

有关部门应当加强对政府采购活动的监督检查,依法纠正和查处对外商投资企业实行差别待遇或者歧视待遇等违法违规行为。

第十八条 外商投资企业可以依法在中国境内或者境外通过公开发行股票、公司债券等证券,以及公开或者非公开发行其他融资工具、借用外债等方式进行融资。

第十九条 县级以上地方人民政府可以根据法律、行政法规、地方性法规的规定,在法定权限内制定费用减免、用地指标保障、公共服务提供等方面的外商投资促进和便利化政策措施。

县级以上地方人民政府制定外商投资促进和便利化政策措施,应当以推动高质量发展为导向,有利于提高经济效益、社会效益、生态效益,有利于持续优化外商投资环境。

第二十条 有关主管部门应当编制和公布外商投资指引,为外国投资者和外商投资企业提供服务和便利。外商投资指引应当包括投资环境介绍、外商投资办事指南、投资项目信息以及相关数据信息等内容,并及时更新。

第三章 投资保护

第二十一条 国家对外国投资者的投资不实行征收。

在特殊情况下,国家为了公共利益的需要依照法律规定对外国投资者的投资实行征收的,应当依照法定程序、以非歧视性的方式进行,并按照被征收投资的市场价值及时给予补偿。

外国投资者对征收决定不服的,可以依法申请行政复议或者提起行政诉讼。

第二十二条 外国投资者在中国境内的出资、利润、资本收益、资产处置所得、取得的知识产权许可使用费、依法获得的补偿或者赔偿、清算所得等,可以依法以人民币或者外汇自由汇入、汇出,任何单位和个人不得违法对币种、数额以及汇入、汇出的频次等进行限制。

外商投资企业的外籍职工和香港、澳门、台湾职工的工资收入和其他合法收入,可以依法自由汇出。

第二十三条 国家加大对知识产权侵权行为的惩处力度,持续强化知识产权执法,推动建立知识产权快速协同保护机制,健全知识产权纠纷多元化解决机制,平等保护外国投资者和外商投资企业的知识产权。

标准制定中涉及外国投资者和外商投资企业专利的,应当按照标准涉及专利的有关管理规定办理。

第二十四条 行政机关(包括法律、法规授权的具有管理公共事务职能的组织,下同)及其工作人员不得利用实施行政许可、行政检查、行政处罚、行政强制以及其他行政手段,强制或者变相强制外国投资者、外商投资企业转让技术。

第二十五条 行政机关依法履行职责,确需外国投资者、外商投资企业提供涉及商业秘密的材料、信息的,应当限定在履行职责所必需的范围内,并严格控制知悉范围,与履行职责无关的人员不得接触有关材料、信息。

行政机关应当建立健全内部管理制度,采取有效措施保护履行职责过程中知悉的外国投资者、外商投资企业的商业秘密;依法需要与其他行政机关共享信息的,应当对信息中含有的商业秘密进行保密处理,防止泄露。

第二十六条 政府及其有关部门制定涉及外商投资的规范性文件,应当按照国务院的规定进行合法性审核。

外国投资者、外商投资企业认为行政行为所依据的国务院部门和地方人民政府及其部门制定的规范性文件不合法,在依法对行政行为申请行政复议或者提起行政诉讼时,可以一并请求对该规范性文件进行审查。

第二十七条 外商投资法第二十五条所称政策承诺,是指地方各级人民政府及其有关部门在法定权限内,就外国投资者、外商投资企业在本地区投资所适用的支持政策、享受的优惠待遇和便利条件等作出的书面承诺。政策承诺的内容应当符合法律、法规规定。

第二十八条 地方各级人民政府及其有关部门应当履行向外国投资者、外商投资企业依法作出的政策承诺以及依法订立的各类合同,不得以行政区划调整、政府换届、机构或者职能调整以及相关责任人更替等为由违约毁约。因国家利益、社会公共利益需要改变政策承诺、合同约定的,应当依照法定权限和程序进行,并依法对外国投资者、外商投资企业因此受到的损失及时予以公平、合理的补偿。

第二十九条 县级以上人民政府及其有关部门应当按照公开透明、高效便利的原则，建立健全外商投资企业投诉工作机制，及时处理外商投资企业或者其投资者反映的问题，协调完善相关政策措施。

国务院商务主管部门会同国务院有关部门建立外商投资企业投诉工作部际联席会议制度，协调、推动中央层面的外商投资企业投诉工作，对地方的外商投资企业投诉工作进行指导和监督。县级以上地方人民政府应当指定部门或者机构负责受理本地区外商投资企业或者其投资者的投诉。

国务院商务主管部门、县级以上地方人民政府指定的部门或者机构应当完善投诉工作规则、健全投诉方式、明确投诉处理时限。投诉工作规则、投诉方式、投诉处理时限应当对外公布。

第三十条 外商投资企业或者其投资者认为行政机关及其工作人员的行政行为侵犯其合法权益，通过外商投资企业投诉工作机制申请协调解决的，有关方面进行协调时可以向被申请的行政机关及其工作人员了解情况，被申请的行政机关及其工作人员应当予以配合。协调结果应当以书面形式及时告知申请人。

外商投资企业或者其投资者依照前款规定申请协调解决有关问题的，不影响其依法申请行政复议、提起行政诉讼。

第三十一条 对外商投资企业或者其投资者通过外商投资企业投诉工作机制反映或者申请协调解决问题，任何单位和个人不得压制或者打击报复。

除外商投资企业投诉工作机制外，外商投资企业或者其投资者还可以通过其他合法途径向政府及其有关部门反映问题。

第三十二条 外商投资企业可以依法成立商会、协会。除法律、法规另有规定外，外商投资企业有权自主决定参加或者退出商会、协会，任何单位和个人不得干预。

商会、协会应当依照法律法规和章程的规定，加强行业自律，及时反映行业诉求，为会员提供信息咨询、宣传培训、市场拓展、经贸交流、权益保护、纠纷处理等方面的服务。

国家支持商会、协会依照法律法规和章程的规定开展相关活动。

第四章 投资管理

第三十三条 负面清单规定禁止投资的领域，外国投资者不得投资。负面清单规定限制投资的领域，外国投资者进行投资应当符合负面清单规定的股权要求、高级管理人员要求等限制性准入特别管理措施。

第三十四条 有关主管部门在依法履行职责过程中，对外国投资者拟投资负面清单内领域，但不符合负面清单规定的，不予办理许可、企业登记注册等相关事项；涉及固定资产投资项目核准的，不予办理相关核准事项。

有关主管部门应当对负面清单规定执行情况加强监督检查，发现外国投资者投资负面清单规定禁止投资的领域，或者外国投资者的投资活动违反负面清单规定的限制性准入特别管理措施的，依照外商投资法第三十六条的规定予以处理。

第三十五条 外国投资者在依法需要取得许可的行业、领域进行投资的，除法律、行政法规另有规定外，负责实施许可的有关主管部门应当按照与内资一致的条件和程序，审核外国投资者的许可申请，不得在许可条件、申请材料、审核环节、审核时限等方面对外国投资者设置歧视性要求。

负责实施许可的有关主管部门应当通过多种方式，优化审批服务，提高审批效率。对符合相关条件和要求的许可事项，可以按照有关规定采取告知承诺的方式办理。

第三十六条 外商投资需要办理投资项目核准、备案的，按照国家有关规定执行。

第三十七条 外商投资企业的登记注册，由国务院市场监督管理部门或者其授权的地方人民政府市场监督管理部门依法办理。国务院市场监督管理部门应当公布其授权的市场监督管理部门名单。

外商投资企业的注册资本可以用人民币表示，也可以用可自由兑换货币表示。

第三十八条 外国投资者或者外商投资企业应当通过企业登记系统以及企业信用信息公示系统向商务主管部门报送投资信息。国务院商务主管部门、市场监督管理部门应当做好相关业务系统的对接和工作衔接,并为外国投资者或者外商投资企业报送投资信息提供指导。

第三十九条 外商投资信息报告的内容、范围、频次和具体流程,由国务院商务主管部门会同国务院市场监督管理部门等有关部门按照确有必要、高效便利的原则确定并公布。商务主管部门、其他有关部门应当加强信息共享,通过部门信息共享能够获得的投资信息,不得再行要求外国投资者或者外商投资企业报送。

外国投资者或者外商投资企业报送的投资信息应当真实、准确、完整。

第四十条 国家建立外商投资安全审查制度,对影响或者可能影响国家安全的外商投资进行安全审查。

第五章 法律责任

第四十一条 政府和有关部门及其工作人员有下列情形之一的,依法依规追究责任:

(一)制定或者实施有关政策不依法平等对待外商投资企业和内资企业;

(二)违法限制外商投资企业平等参与标准制定、修订工作,或者专门针对外商投资企业适用高于强制性标准的技术要求;

(三)违法限制外国投资者汇入、汇出资金;

(四)不履行向外国投资者、外商投资企业依法作出的政策承诺以及依法订立的各类合同,超出法定权限作出政策承诺,或者政策承诺的内容不符合法律、法规规定。

第四十二条 政府采购的采购人、采购代理机构以不合理的条件对外商投资企业实行差别待遇或者歧视待遇的,依照政府采购法及其实施条例的规定追究其法律责任;影响或者可能影响中标、成交结果的,依照政府采购法及其实施条例的规定处理。

政府采购监督管理部门对外商投资企业的投诉逾期未作处理的,对直接负责的主管人员和其他直接责任人员依法给予处分。

第四十三条 行政机关及其工作人员利用行政手段强制或者变相强制外国投资者、外商投资企业转让技术的,对直接负责的主管人员和其他直接责任人员依法给予处分。

第六章 附 则

第四十四条 外商投资法施行前依照《中华人民共和国中外合资经营企业法》、《中华人民共和国外资企业法》、《中华人民共和国中外合作经营企业法》设立的外商投资企业(以下称现有外商投资企业),在外商投资法施行后5年内,可以依照《中华人民共和国公司法》、《中华人民共和国合伙企业法》等法律的规定调整其组织形式、组织机构等,并依法办理变更登记,也可以继续保留原企业组织形式、组织机构等。

自2025年1月1日起,对未依法调整组织形式、组织机构等并办理变更登记的现有外商投资企业,市场监督管理部门不予办理其申请的其他登记事项,并将相关情形予以公示。

第四十五条 现有外商投资企业办理组织形式、组织机构等变更登记的具体事宜,由国务院市场监督管理部门规定并公布。国务院市场监督管理部门应当加强对变更登记工作的指导,负责办理变更登记的市场监督管理部门应当通过多种方式优化服务,为企业办理变更登记提供便利。

第四十六条 现有外商投资企业的组织形式、组织机构等依法调整后,原合营、合作各方在合同中约定的股权或者权益转让办法、收益分配办法、剩余财产分配办法等,可以继续按照约定办理。

第四十七条 外商投资企业在中国境内投资,适用外商投资法和本条例的有关规定。

第四十八条 香港特别行政区、澳门特别行政区投资者在内地投资,参照外商投资法和本条例执行;法律、行政法规或者国务院另有规定的,从其规定。

台湾地区投资者在大陆投资,适用《中华人民共和国台湾同胞投资保护法》(以下简称台湾同胞投资保护法)及其实施细则的规定;台湾同胞投资保护法及其实施细则未规定的事项,参照外商投资法和本条例执行。

定居在国外的中国公民在中国境内投资,参照外商投资法和本条例执行;法律、行政法规或者国务院另有规定的,从其规定。

第四十九条 本条例自2020年1月1日

起施行。《中华人民共和国中外合资经营企业法实施条例》、《中外合资经营企业合营期限暂行规定》、《中华人民共和国外资企业法实施细则》、《中华人民共和国中外合作经营企业法实施细则》同时废止。

2020年1月1日前制定的有关外商投资的规定与外商投资法和本条例不一致的，以外商投资法和本条例的规定为准。

国务院关于在市场监管领域全面推行部门联合“双随机、一公开”监管的意见

（2019年1月27日 国发〔2019〕5号）

各省、自治区、直辖市人民政府，国务院各部委、各直属机构：

在市场监管领域全面推行“双随机、一公开”监管，是党中央、国务院作出的重大决策部署，是市场监管理念和方式的重大创新，是深化“放管服”改革、加快政府职能转变的内在要求，是减轻企业负担、优化营商环境的有力举措，是加快信用体系建设、创新事中事后监管的重要内容。为持续深化“放管服”改革，推行部门联合“双随机、一公开”监管，实现市场监管领域全覆盖，现提出如下意见。

一、总体要求

以习近平新时代中国特色社会主义思想为指导，全面贯彻党的十九大和十九届二中、三中全会精神，认真落实党中央、国务院决策部署，适应建设现代化经济体系、推动经济高质量发展、推进国家治理体系和治理能力现代化的需要，切实转变监管理念，创新监管方式。实行抽查事项清单管理，避免多头执法、重复检查，规范执法行为，提高监管效能，减轻企业负担，强化信用支撑。在市场监管领域健全以“双随机、一公开”监管为基本手段、以重点监管为补充、以信用监管为基础的新型监管机制，切实做到监管到位、执法必严，使守法守信者畅行天下、违法失信者寸步难行，进一步营造公平竞争的市场环境和法治化、便利化的营商环境。

坚持全面覆盖。将“双随机、一公开”作为市场监管的基本手段和方式，除特殊重点领域外，原则上所有行政检查都应通过双随机抽查的方式进行，取代日常监管原有的巡查制和随意检查，形成常态化管理机制。对抽查中发现的问题线索一查到底、依法处罚，并将处罚结果记于相应市场主体名下，形成对违法失信行为的长效制约。

坚持规范透明。严格依法依规落实市场监管责任，形成科学规范、公平公正、公开透明的“双随机、一公开”监管工作机制。除法律法规明确规定外，抽查事项、抽查计划、抽查结果都要及时、准确、规范向社会公开，实现阳光监管，杜绝任性执法。

坚持问题导向。实施信用风险分类监管，针对突出问题和风险开展双随机抽查，提高监管精准性。在按照抽查计划做好“双随机、一公开”监管的同时，对通过投诉举报、转办交办、数据监测等发现的具体问题要进行有针对性的检查，对发现的问题线索依法依规处理。

坚持协同推进。落实地方各级人民政府责任，建立健全工作机制，全面推行部门联合“双随机、一公开”监管。建立双随机抽查结果部门间共享交换和互认互用机制。

二、主要目标

通过在市场监管领域全面推行部门联合“双随机、一公开”监管，增强市场主体信用意识和自我约束力，对违法者“利剑高悬”；切实减少对市场主体正常生产经营活动的干预，对守法者“无事不扰”。强化企业主体责任，实现由政府监管向社会共治的转变，以监管方式创新提升事中事后监管效能。

到2019年底,市场监管部门完成双随机抽查全流程整合,实现“双随机、一公开”监管全覆盖、常态化。到2020年底,实现市场监管领域相关部门“双随机、一公开”监管全覆盖,地方各级人民政府相关部门在市场监管领域联合“双随机、一公开”监管常态化。力争三到五年时间内,市场监管领域新型监管机制更加完善,实现综合监管、智慧监管。

三、重点任务

(一)统筹建设监管工作平台。

各省(区、市)人民政府要以国家企业信用信息公示系统和全国信用信息共享平台等为依托,建设本辖区统一的“双随机、一公开”监管工作平台(以下称省级平台),为抽查检查、结果集中统一公示和综合运用提供技术支撑。各地已经建设并使用的工作平台要与省级平台整合融合,避免数据重复录入、多头报送。部门相关监管信息通过省级平台实现互联互通,满足部门联合双随机抽查需求。着力规范计划制定、名单抽取、结果公示、数据存档等各项抽查检查工作程序,做到全程留痕、责任可追溯。

(二)实行抽查事项清单管理。

各有关部门要依照法律、法规、规章规定,建立本部门随机抽查事项清单,明确抽查依据、主体、内容、方式等。市场监管总局要会同有关部门制定联合抽查事项清单、标准和实施办法。各省(区、市)人民政府要统筹建立本辖区统一的市场监管领域随机抽查事项清单。

随机抽查事项分为重点检查事项和一般检查事项。重点检查事项针对涉及安全、质量、公共利益等领域,抽查比例不设上限;抽查比例高的,可以通过随机抽取的方式确定检查批次顺序。一般检查事项针对一般监管领域,抽查比例应根据监管实际情况设置上限。要严格控制重点检查事项的数量和一般检查事项的抽查比例。随机抽查事项清单应根据法律、法规、规章立改废释和工作实际情况等进行动态调整,并及时通过相关网站和平台向社会公开。

(三)建立健全随机抽查“两库”。

各省(区、市)人民政府要统筹建立健全覆盖本辖区各层级、与抽查事项相对应的检查对象名录库和执法检查人员名录库(统称“两库”)。要根据法律法规和部门职责分工,按照“谁审批、谁监管,谁主管、谁监管”的原则,通过分类标注、批量导入等方式,在省级平台分别建立与部门职责相对应的检查对象名录库,避免出现监管真空。检查对象名录库既可以包括企业、个体工商户等市场主体,也可以包括产品、项目、行为等。

执法检查人员名录库应包括所有相关的行政执法类公务员、具有行政执法资格的工作人员和从事日常监管工作的人员,并按照执法资质、业务专长进行分类标注,提高抽查检查专业性。对特定领域的抽查,可在满足执法检查人数要求的基础上,吸收检测机构、科研院所和专家学者等参与,通过听取专家咨询意见等方式辅助抽查,满足专业性抽查需要。要根据检查对象和执法检查人员变动情况,对“两库”进行动态管理。

(四)统筹制定抽查计划。

县级以上地方人民政府结合本地实际及行业主管部门的抽查要求,统筹制定本辖区年度抽查工作计划,涵盖一般检查事项和重点检查事项,明确工作任务和参与部门。年度抽查工作计划可根据工作实际动态调整。要科学确定部门联合抽查的事项和发起、参与部门,实现“进一次门、查多项事”。要按照法律法规规定和当地经济社会发展及监管领域、执法队伍的实际情况,针对不同风险等级、信用水平的检查对象采取差异化分类监管措施,合理确定、动态调整抽查比例、频次和被抽查概率,既保证必要的抽查覆盖面和监管效果,又防止任意检查和执法扰民。

(五)科学实施抽查检查。

县级以上地方人民政府根据年度抽查工作计划,组织领导本辖区内的部门联合“双随机、一公开”监管工作。根据抽查涉及的对象范围和参与部门,通过公开、公正的方式从检查对象名录库中随机抽取检查对象,并根据实际情况随机匹配执法检查人员。抽查可以采取实地核查、书面检查、网络监测等方式;涉及专业领域的,可以委托有资质的机构开展检验检测、财务审计、调查咨询等工作,或依法采用相关机构作出的鉴定结论。鼓励运用信息化手段提高问题发现能力,实现全过程留痕。各有关部门可以根据实际情况,制定详细的随机抽查工作细则和工作指引,对抽查工作程序、项目、方法等作出明确规定，方便基层执法检查人员操作，提高抽查检查规范化水平。

（六）强化抽查检查结果公示运用。

按照“谁检查、谁录入、谁公开”的原则，将抽查检查结果通过国家企业信用信息公示系统和全国信用信息共享平台等进行公示，接受社会监督。对抽查发现的违法违规行为依法加大惩处力度，涉嫌犯罪的及时移送司法机关。实现抽查检查结果政府部门间互认，促进“双随机、一公开”监管与信用监管有效衔接，对抽查发现的违法失信行为依法实施联合惩戒，形成有力震慑，增强市场主体守法自觉性。

（七）做好个案处理和专项检查工作。

在做好“双随机、一公开”监管工作的同时，对通过投诉举报、转办交办、数据监测等发现的违法违规个案线索，要立即实施检查、处置；需要立案查处的，要按照行政处罚程序规定进行调查处理。要坚持问题导向，对通过上述渠道发现的普遍性问题和市场秩序存在的突出风险，要通过双随机抽查等方式，对所涉抽查事项开展有针对性的专项检查，并根据实际情况确定抽查比例，确保不发生系统性、区域性风险。要将抽查检查结果归集至国家企业信用信息公示系统和全国信用信息共享平台等，为开展协同监管和联合惩戒创造条件。对无证无照经营，有关部门应当按照《无证无照经营查处办法》等法律法规的规定予以查处。

四、保障措施

（一）加强组织领导。

市场监管、发展改革、教育、公安、人力资源社会保障、生态环境、住房城乡建设、交通运输、农业农村、商务、文化和旅游、卫生健康、应急、海关、税务、统计等市场监管领域有关部门要统一思想认识，优化顶层设计，加强对本系统“双随机、一公开”监管工作的指导、督促。市场监管总局要发挥牵头作用，加强统筹协调，会同各有关部门共同推进各项工作。

地方各级人民政府要切实加强对本辖区“双随机、一公开”监管工作的组织领导，出台具体实施办法，建立市场监管部门牵头的联席会议制度，根据实际情况确定参与部门。合理配置、统筹使用执法资源，提高装备水平，完善档案管理，确保有效监管。通过现有渠道统筹做好部门联合“双随机、一公开”监管经费保障，将各有关部门“双随机、一公开”监管工作情况纳入政府绩效考核体系，加强督查督导。

（二）严格责任落实。

各地区、各有关部门要进一步增强责任意识。对忠于职守、履职尽责的，要给予表扬和鼓励；对未履行、不当履行或违法履行“双随机、一公开”监管职责的，要依法依规严肃处理；涉嫌犯罪的，要移送有关机关依法处理。同时，按照“尽职照单免责、失职照单问责”原则，对严格依据抽查事项清单和相关工作要求开展“双随机、一公开”监管，市场主体出现问题的，应结合执法检查人员工作态度、工作程序方法、客观条件等进行综合分析，该免责的依法依规免予追究相关责任。各地区、各有关部门可以根据实际，细化追责免责相关办法，明确政策标准和评判界线，既严格问责追责，又有效保护基层执法检查人员担当作为、干事创业的积极性。

（三）营造良好环境。

各地区、各有关部门要做好相关法规规章和规范性文件的立改废释工作，推进“双随机、一公开”监管法治化进程。加强干部队伍建设，强化监管执法业务培训，提升市场监管领域“双随机、一公开”监管能力和水平。鼓励各地结合实际大胆探索部门联合“双随机、一公开”监管的新模式，及时总结推广先进经验。加大宣传力度，提升“双随机、一公开”监管的社会影响力和公众知晓度，加快形成政府公正监管、企业诚信自律、社会公众监督的良好氛围。

国务院关于加强和规范事中事后监管的指导意见

(2019年9月6日 国发〔2019〕18号)

各省、自治区、直辖市人民政府,国务院各部委、各直属机构:

为深刻转变政府职能,深化简政放权、放管结合、优化服务改革,进一步加强和规范事中事后监管,以公正监管促进公平竞争,加快打造市场化法治化国际化营商环境,提出以下意见。

一、总体要求

(一)指导思想。以习近平新时代中国特色社会主义思想为指导,全面贯彻党的十九大和十九届二中、三中全会精神,牢固树立新发展理念,充分发挥市场在资源配置中的决定性作用,更好发挥政府作用,持续深化"放管服"改革,坚持放管结合、并重,把更多行政资源从事前审批转到加强事中事后监管上来,落实监管责任,健全监管规则,创新监管方式,加快构建权责明确、公平公正、公开透明、简约高效的事中事后监管体系,形成市场自律、政府监管、社会监督互为支撑的协同监管格局,切实管出公平、管出效率、管出活力,促进提高市场主体竞争力和市场效率,推动经济社会持续健康发展。

(二)基本原则。

依法监管。坚持权责法定、依法行政,法定职责必须为,法无授权不可为,严格按照法律法规规定履行监管责任,规范监管行为,推进事中事后监管法治化、制度化、规范化。

公平公正。对各类市场主体一视同仁,坚决破除妨碍公平竞争的体制机制障碍,依法保护各类市场主体合法权益,确保权利公平、机会公平、规则公平。

公开透明。坚持以公开为常态、不公开为例外,全面推进政府监管规则、标准、过程、结果等依法公开,让监管执法在阳光下运行,给市场主体以稳定预期。

分级分类。根据不同领域特点和风险程度,区分一般领域和可能造成严重不良后果、涉及安全的重要领域,分别确定监管内容、方式和频次,提升事中事后监管精准化水平。对新兴产业实施包容审慎监管,促进新动能发展壮大。

科学高效。充分发挥现代科技手段在事中事后监管中的作用,依托互联网、大数据、物联网、云计算、人工智能、区块链等新技术推动监管创新,努力做到监管效能最大化、监管成本最优化、对市场主体干扰最小化。

寓管于服。推进政府监管与服务相互结合、相互促进,坚持行"简约"之道,做到程序、要件等删繁就简、利企便民,营造良好发展环境,增强人民群众幸福感、获得感和安全感。

二、夯实监管责任

(三)明确监管对象和范围。要严格按照法律法规和"三定"规定明确的监管职责和监管事项,依法对市场主体进行监管,做到监管全覆盖,杜绝监管盲区和真空。除法律法规另有规定外,各部门对负责审批或指导实施的行政许可事项,负责事中事后监管;实行相对集中行政许可权改革的,要加强审管衔接,把监管责任落到实处,确保事有人管、责有人负;对已经取消审批但仍需政府监管的事项,主管部门负责事中事后监管;对下放审批权的事项,要同时调整监管层级,确保审批监管权责统一;对审批改为备案的事项,主管部门要加强核查,对未经备案从事相关经营活动的市场主体依法予以查处;对没有专门执法力量的行业和领域,审批或主管部门可通过委托执法、联合执法等方式,会同相关综合执法部门查处违法违规行为,相关综合执法部门要积极予以支持。

(四)厘清监管事权。各部门要充分发挥在规则和标准制定、风险研判、统筹协调等方面的作用,指导本系统开展事中事后监管。对涉及面广、较为重大复杂的监管领域和监管事项，主责部门要发挥牵头作用，相关部门要协同配合，建立健全工作协调机制。省级人民政府要统筹制定本行政区域内监管计划任务，指导和督促省级部门、市县级人民政府加强和规范监管执法；垂直管理部门要统筹制定本系统监管计划任务，并加强与属地政府的协同配合。市县级人民政府要把主要精力放在加强公正监管上，维护良好的市场秩序。

三、健全监管规则和标准

（五）健全制度化监管规则。各部门要围绕服务企业发展，分领域制订全国统一、简明易行的监管规则和标准，并向社会公开，以科学合理的规则标准提升监管有效性，降低遵从和执法成本。对边界模糊、执行弹性大的监管规则和标准，要抓紧清理规范和修订完善。要结合权责清单编制，在国家"互联网＋监管"系统监管事项目录清单基础上，全面梳理各级政府和部门职责范围内的监管事项，明确监管主体、监管对象、监管措施、设定依据、处理方式等内容，纳入国家"互联网＋监管"系统统一管理并动态更新，提升监管规范化、标准化水平。强化竞争政策的基础性地位，落实并完善公平竞争审查制度，加快清理妨碍全国统一市场和公平竞争的各种规定和做法。

（六）加强标准体系建设。加快建立完善各领域国家标准和行业标准，明确市场主体应当执行的管理标准、技术标准、安全标准、产品标准，严格依照标准开展监管。精简整合强制性标准，重点加强安全、卫生、节能、环保等领域的标准建设，优化强制性标准底线。鼓励企业、社会团体制定高于强制性标准的标准，开展标准自我声明公开并承诺执行落实，推动有关产品、技术、质量、服务等标准与国际接轨互认。适应新经济新技术发展趋势，及时修订调整已有标准，加快新产业新业态标准的研究制定。加强质量认证体系建设，对涉及安全、健康、环保等方面的产品依法实施强制性认证。

四、创新和完善监管方式

（七）深入推进"互联网＋监管"。依托国家"互联网＋监管"系统，联通汇聚全国信用信息共享平台、国家企业信用信息公示系统等重要监管平台数据，以及各级政府部门、社会投诉举报、第三方平台等数据，加强监管信息归集共享，将政府履职过程中形成的行政检查、行政处罚、行政强制等信息以及司法判决、违法失信、抽查抽检等信息进行关联整合，并归集到相关市场主体名下。充分运用大数据等技术，加强对风险的跟踪预警。探索推行以远程监管、移动监管、预警防控为特征的非现场监管，提升监管精准化、智能化水平。

（八）提升信用监管效能。以统一社会信用代码为标识，依法依规建立权威、统一、可查询的市场主体信用记录。大力推行信用承诺制度，将信用承诺履行情况纳入信用记录。推进信用分级分类监管，依据企业信用情况，在监管方式、抽查比例和频次等方面采取差异化措施。规范认定并设立市场主体信用"黑名单"，建立企业信用与自然人信用挂钩机制，强化跨行业、跨领域、跨部门失信联合惩戒，对失信主体在行业准入、项目审批、获得信贷、发票领用、出口退税、出入境、高消费等方面依法予以限制。建立健全信用修复、异议申诉等机制。在保护涉及公共安全、国家秘密、商业秘密和个人隐私等信息的前提下，依法公开在行政管理中掌握的信用信息，为社会公众提供便捷高效的信用查询服务。

（九）全面实施"双随机、一公开"监管。在市场监管领域全面实行随机抽取检查对象、随机选派执法检查人员、抽查情况及查处结果及时向社会公开，除特殊行业、重点领域外，原则上所有日常涉企行政检查都应通过"双随机、一公开"的方式进行。不断完善"双随机、一公开"监管相关配套制度和工作机制，健全跨部门随机抽查事项清单，将更多事项纳入跨部门联合抽查范围。将随机抽查的比例频次、被抽查概率与抽查对象的信用等级、风险程度挂钩，对有不良信用记录、风险高的要加大抽查力度，对信用较好、风险较低的可适当减少抽查。抽查结果要分别通过国家企业信用信息公示系统、"信用中国"网站、国家"互联网＋监管"系统等全面进行公示。

（十）对重点领域实行重点监管。对直接涉及公共安全和人民群众生命健康等特殊重点领域，依法依规实行全覆盖的重点监管，强化全过程质量管理，加强安全生产监管执法，严格落实生产、经营、使用、检测、监管等各环节质量和安全责任,守住质量和安全底线。对食品、药品、医疗器械、特种设备等重点产品,建立健全以产品编码管理为手段的追溯体系,形成来源可查、去向可追、责任可究的信息链条。地方各级政府可根据区域和行业风险特点,探索建立重点监管清单制度,严格控制重点监管事项数量,规范重点监管程序,并筛选确定重点监管的生产经营单位,实行跟踪监管、直接指导。

(十一)落实和完善包容审慎监管。对新技术、新产业、新业态、新模式,要按照鼓励创新原则,留足发展空间,同时坚守质量和安全底线,严禁简单封杀或放任不管。加强对新生事物发展规律研究,分类量身定制监管规则和标准。对看得准、有发展前景的,要引导其健康规范发展;对一时看不准的,设置一定的"观察期",对出现的问题及时引导或处置;对潜在风险大、可能造成严重不良后果的,严格监管;对非法经营的,坚决依法予以查处。推进线上线下一体化监管,统一执法标准和尺度。

(十二)依法开展案件查办。对监管中发现的违法违规问题,综合运用行政强制、行政处罚、联合惩戒、移送司法机关处理等手段,依法进行惩处。对情节轻微、负面影响较小的苗头性问题,在坚持依法行政的同时,主要采取约谈、警告、责令改正等措施,及时予以纠正。对情节和后果严重的,要依法责令下架召回、停工停产或撤销吊销相关证照,涉及犯罪的要及时移送司法机关处理。建立完善违法严惩制度、惩罚性赔偿和巨额罚款制度、终身禁入机制,让严重违法者付出高昂成本。

五、构建协同监管格局

(十三)加强政府协同监管。加快转变传统监管方式,打破条块分割,打通准入、生产、流通、消费等监管环节,建立健全跨部门、跨区域执法联动响应和协作机制,实现违法线索互联、监管标准互通、处理结果互认。深化市场监管、生态环境保护、交通运输、农业、文化市场综合行政执法改革,在其他具备条件的领域也要积极推进综合行政执法改革,统筹配置行政处罚职能和执法资源,相对集中行政处罚权,整合精简执法队伍,推进行政执法权限和力量向基层乡镇街道延伸下沉,逐步实现基层一支队伍管执法,解决多头多层重复执法问题。

(十四)强化市场主体责任。建立完善市场主体首负责任制,促使市场主体在安全生产、质量管理、营销宣传、售后服务、诚信纳税等方面加强自我监督、履行法定义务。督促涉及公众健康和安全等的企业建立完善内控和风险防范机制,落实专人负责,强化员工安全教育,加强内部安全检查。规范企业信息披露,进一步加强年报公示,推行"自我声明 + 信用管理"模式,推动企业开展标准自我声明和服务质量公开承诺。加快建立产品质量安全事故强制报告制度,切实保障公众知情权。

(十五)提升行业自治水平。推动行业协会商会建立健全行业经营自律规范、自律公约和职业道德准则,规范会员行为。鼓励行业协会商会参与制定国家标准、行业规划和政策法规,制定发布行业产品和服务标准。发挥行业协会商会在权益保护、纠纷处理、行业信用建设和信用监管等方面的作用,支持行业协会商会开展或参与公益诉讼、专业调解工作。规范行业协会商会收费、评奖、认证等行为。

(十六)发挥社会监督作用。建立"吹哨人"、内部举报人等制度,对举报严重违法违规行为和重大风险隐患的有功人员予以重奖和严格保护。畅通群众监督渠道,整合优化政府投诉举报平台功能,力争做到"一号响应"。依法规范牟利性"打假"和索赔行为。培育信用服务机构,鼓励开展信用评级和第三方评估。发挥会计、法律、资产评估、认证检验检测、公证、仲裁、税务等专业机构的监督作用,在监管执法中更多参考专业意见。强化舆论监督,持续曝光典型案件,震慑违法行为。

六、提升监管规范性和透明度

(十七)规范涉企行政检查和处罚。对涉企现场检查事项进行全面梳理论证,通过取消、整合、转为非现场检查等方式,压减重复或不必要的检查事项,着力解决涉企现场检查事项多、频次高、随意检查等问题。清理规范行政处罚事项,对重复处罚、标准不一、上位法已作调整的事项及时进行精简和规范。加强行政执法事项目录管理,从源头上减少不必要的执法事项。健全行政执法自由裁量基准制度,合理确定裁量范围、种类和幅度，严格限定裁量权的行使。禁止将罚没收入与行政执法机关利益挂钩。

（十八）全面推进监管执法公开。聚焦行政执法的源头、过程、结果等关键环节，严格落实行政执法公示、执法全过程记录、重大执法决定法制审核制度。建立统一的执法信息公示平台，按照“谁执法谁公示”原则，除涉及国家秘密、商业秘密、个人隐私等依法不予公开的信息外，行政执法职责、依据、程序、结果等都应对社会公开。对行政执法的启动、调查取证、审核决定、送达执行等全过程进行记录，做到全程留痕和可回溯管理。重大行政执法决定必须经过法制审核，未经法制审核或审核未通过的，不得作出决定。

（十九）健全尽职免责、失职问责办法。全面落实行政执法责任制和问责制，促进监管执法部门和工作人员履职尽责、廉洁自律、公平公正执法。对忠于职守、履职尽责的，要给予表扬和鼓励；对未履行、不当履行或违法履行监管职责的，严肃追责问责；涉嫌犯罪的，移送有关机关依法处理。加快完善各监管执法领域尽职免责办法，明确履职标准和评判界线，对严格依据法律法规履行监管职责、监管对象出现问题的，应结合动机态度、客观条件、程序方法、性质程度、后果影响以及挽回损失等情况进行综合分析，符合条件的要予以免责。

七、强化组织保障

（二十）认真抓好责任落实。各地区、各部门要认真贯彻落实党中央、国务院决策部署，按照本意见提出的各项措施和要求，落实和强化监管责任，科学配置监管资源，鼓励基层探索创新，细化实化监管措施，切实维护公平竞争秩序。将地方政府公正监管水平纳入中国营商环境评价指标体系。国务院办公厅负责对本意见落实工作的跟踪督促，确保各项任务和措施落实到位。

（二十一）加强法治保障。按照重大改革于法有据的要求，根据监管工作需要和经济社会发展变化，加快推进相关法律法规和规章立改废释工作，为事中事后监管提供健全的法治保障。加强监管执法与司法的衔接，建立监管部门、公安机关、检察机关间案情通报机制，完善案件移送标准和程序。

（二十二）加强监管能力建设。加快建设高素质、职业化、专业化的监管执法队伍，扎实做好技能提升工作，大力培养“一专多能”的监管执法人员。推进人财物等监管资源向基层下沉，保障基层经费和装备投入。推进执法装备标准化建设，提高现代科技手段在执法办案中的应用水平。

国务院办公厅关于加快推进社会信用体系建设构建以信用为基础的新型监管机制的指导意见

（2019年7月9日　国办发〔2019〕35号）

各省、自治区、直辖市人民政府，国务院各部委、各直属机构：

为加强社会信用体系建设，深入推进“放管服”改革，进一步发挥信用在创新监管机制、提高监管能力和水平方面的基础性作用，更好激发市场主体活力，推动高质量发展，经国务院同意，现提出如下意见。

一、总体要求

以习近平新时代中国特色社会主义思想为指导，深入贯彻落实党的十九大和十九届二中、三中全会精神，按照依法依规、改革创新、协同共治的基本原则，以加强信用监管为着力点，创新监管理念、监管制度和监管方式，建立健全贯穿市场主体全生命周期，衔接事前、事中、事后全监管环节的新型监管机制,不断提升监管能力和水平,进一步规范市场秩序,优化营商环境,推动高质量发展。

二、创新事前环节信用监管

(一)建立健全信用承诺制度。在办理适用信用承诺制的行政许可事项时,申请人承诺符合审批条件并提交有关材料的,应予即时办理。申请人信用状况较好、部分申报材料不齐备但书面承诺在规定期限内提供的,应先行受理,加快办理进度。书面承诺履约情况记入信用记录,作为事中、事后监管的重要依据,对不履约的申请人,视情节实施惩戒。要加快梳理可开展信用承诺的行政许可事项,制定格式规范的信用承诺书,并依托各级信用门户网站向社会公开。鼓励市场主体主动向社会作出信用承诺。支持行业协会商会建立健全行业内信用承诺制度,加强行业自律。(各地区各部门按职责分别负责)

(二)探索开展经营者准入前诚信教育。充分利用各级各类政务服务窗口,广泛开展市场主体守法诚信教育。为市场主体办理注册、审批、备案等相关业务时,适时开展标准化、规范化、便捷化的法律知识和信用知识教育,提高经营者依法诚信经营意识。开展诚信教育不得收费,也不得作为市场准入的必要条件。(各地区各部门按职责分别负责)

(三)积极拓展信用报告应用。鼓励各类市场主体在生产经营活动中更广泛、主动地应用信用报告。在政府采购、招标投标、行政审批、市场准入、资质审核等事项中,充分发挥公共信用服务机构和第三方信用服务机构出具的信用报告作用。探索建立全国统一的信用报告标准,推动信用报告结果实现异地互认。(发展改革委、人民银行牵头,各地区各部门按职责分别负责)

三、加强事中环节信用监管

(四)全面建立市场主体信用记录。根据权责清单建立信用信息采集目录,在办理注册登记、资质审核、日常监管、公共服务等过程中,及时、准确、全面记录市场主体信用行为,特别是将失信记录建档留痕,做到可查可核可溯。(各地区各部门按职责分别负责)完善法人和非法人组织统一社会信用代码制度,以统一社会信用代码为标识,整合形成完整的市场主体信用记录,并通过"信用中国"网站、国家企业信用信息公示系统或中国政府网及相关部门门户网站等渠道依法依规向社会公开。完成12315市场监管投诉举报热线和信息化平台整合工作,大力开展消费投诉公示,促进经营者落实消费维权主体责任。(发展改革委、市场监管总局负责)

(五)建立健全信用信息自愿注册机制。鼓励市场主体在"信用中国"网站或其他渠道上自愿注册资质证照、市场经营、合同履约、社会公益等信用信息,并对信息真实性公开作出信用承诺,授权网站对相关信息进行整合、共享与应用。经验证的自愿注册信息可作为开展信用评价和生成信用报告的重要依据。(发展改革委牵头,各部门按职责分别负责)

(六)深入开展公共信用综合评价。全国信用信息共享平台要加强与相关部门的协同配合,依法依规整合各类信用信息,对市场主体开展全覆盖、标准化、公益性的公共信用综合评价,定期将评价结果推送至相关政府部门、金融机构、行业协会商会参考使用,并依照有关规定向社会公开。推动相关部门利用公共信用综合评价结果,结合部门行业管理数据,建立行业信用评价模型,为信用监管提供更精准的依据。(发展改革委牵头,各部门按职责分别负责)

(七)大力推进信用分级分类监管。在充分掌握信用信息、综合研判信用状况的基础上,以公共信用综合评价结果、行业信用评价结果等为依据,对监管对象进行分级分类,根据信用等级高低采取差异化的监管措施。"双随机、一公开"监管要与信用等级相结合,对信用较好、风险较低的市场主体,可合理降低抽查比例和频次,减少对正常生产经营的影响;对信用风险一般的市场主体,按常规比例和频次抽查;对违法失信、风险较高的市场主体,适当提高抽查比例和频次,依法依规实行严管和惩戒。(各地区各部门按职责分别负责)

四、完善事后环节信用监管

(八)健全失信联合惩戒对象认定机制。有关部门依据在事前、事中监管环节获取并认定的失信记录,依法依规建立健全失信联合惩戒对象名单制度。以相关司法裁判、行政处罚、行政强制等处理结果为依据，按程序将涉及性质恶劣、情节严重、社会危害较大的违法失信行为的市场主体纳入失信联合惩戒对象名单。加快完善相关管理办法，明确认定依据、标准、程序、异议申诉和退出机制。制定管理办法要充分征求社会公众意见，出台的标准及其具体认定程序以适当方式向社会公开。支持有关部门根据监管需要建立重点关注对象名单制度，对存在失信行为但严重程度尚未达到失信联合惩戒对象认定标准的市场主体，可实施与其失信程度相对应的严格监管措施。（各部门按职责分别负责）

（九）督促失信市场主体限期整改。失信市场主体应当在规定期限内认真整改，整改不到位的，按照“谁认定、谁约谈”的原则，由认定部门依法依规启动提示约谈或警示约谈程序，督促失信市场主体履行相关义务、消除不良影响。约谈记录记入失信市场主体信用记录，统一归集后纳入全国信用信息共享平台。大力推进重点领域失信问题专项治理，采取有力有效措施加快推进整改。（各部门按职责分别负责）

（十）深入开展失信联合惩戒。加快构建跨地区、跨行业、跨领域的失信联合惩戒机制，从根本上解决失信行为反复出现、易地出现的问题。依法依规建立联合惩戒措施清单，动态更新并向社会公开，形成行政性、市场性和行业性等惩戒措施多管齐下，社会力量广泛参与的失信联合惩戒大格局。重点实施惩戒力度大、监管效果好的失信惩戒措施，包括依法依规限制失信联合惩戒对象股票发行、招标投标、申请财政性资金项目、享受税收优惠等行政性惩戒措施，限制获得授信、乘坐飞机、乘坐高等级列车和席次等市场性惩戒措施，以及通报批评、公开谴责等行业性惩戒措施。（发展改革委牵头，各地区各部门按职责分别负责）

（十一）坚决依法依规实施市场和行业禁入措施。以食品药品、生态环境、工程质量、安全生产、养老托幼、城市运行安全等与人民群众生命财产安全直接相关的领域为重点，实施严格监管，加大惩戒力度。对拒不履行司法裁判或行政处罚决定、屡犯不改、造成重大损失的市场主体及其相关责任人，坚决依法依规在一定期限内实施市场和行业禁入措施，直至永远逐出市场。（发展改革委牵头，各地区各部门按职责分别负责）

（十二）依法追究违法失信责任。建立健全责任追究机制，对被列入失信联合惩戒对象名单的市场主体，依法依规对其法定代表人或主要负责人、实际控制人进行失信惩戒，并将相关失信行为记入其个人信用记录。机关事业单位、国有企业出现违法失信行为的，要通报上级主管单位和审计部门；工作人员出现违法失信行为的，要通报所在单位及相关纪检监察、组织人事部门。（各地区各部门按职责分别负责）

（十三）探索建立信用修复机制。失信市场主体在规定期限内纠正失信行为、消除不良影响的，可通过作出信用承诺、完成信用整改、通过信用核查、接受专题培训、提交信用报告、参加公益慈善活动等方式开展信用修复。修复完成后，各地区各部门要按程序及时停止公示其失信记录，终止实施联合惩戒措施。加快建立完善协同联动、一网通办机制，为失信市场主体提供高效便捷的信用修复服务。鼓励符合条件的第三方信用服务机构向失信市场主体提供信用报告、信用管理咨询等服务。（发展改革委牵头，各地区各部门按职责分别负责）

五、强化信用监管的支撑保障

（十四）着力提升信用监管信息化建设水平。充分发挥全国信用信息共享平台和国家“互联网+监管”系统信息归集共享作用，对政府部门信用信息做到“应归尽归”，推进地方信用信息平台、行业信用信息系统互联互通，畅通政企数据流通机制，形成全面覆盖各地区各部门、各类市场主体的信用信息“一张网”。依托全国信用信息共享平台和国家“互联网+监管”系统，将市场主体基础信息、执法监管和处置信息、失信联合惩戒信息等与相关部门业务系统按需共享，在信用监管等过程中加以应用，支撑形成数据同步、措施统一、标准一致的信用监管协同机制。（发展改革委、国务院办公厅牵头，各地区各部门按职责分别负责）

（十五）大力推进信用监管信息公开公示。在行政许可、行政处罚信息集中公示基础上，依托“信用中国”网站、中国政府网或其他渠道，进一步研究推动行政强制、行政确认、行政征收、行政给付、行政裁决、行政补偿、行政奖励和行政监督检查等其他行政行为信息7个工作日内上网公开,推动在司法裁判和执行活动中应当公开的失信被执行人、虚假诉讼失信人相关信息通过适当渠道公开,做到“应公开、尽公开”。(各地区各部门按职责分别负责)

(十六)充分发挥“互联网 + ”、大数据对信用监管的支撑作用。依托国家“互联网 + 监管”等系统,有效整合公共信用信息、市场信用信息、投诉举报信息和互联网及第三方相关信息,充分运用大数据、人工智能等新一代信息技术,实现信用监管数据可比对、过程可追溯、问题可监测。鼓励各地区各部门结合实际,依法依规与大数据机构合作开发信用信息,及时动态掌握市场主体经营情况及其规律特征。充分利用国家“互联网 + 监管”等系统建立风险预判预警机制,及早发现防范苗头性和跨行业跨区域风险。运用大数据主动发现和识别违法违规线索,有效防范危害公共利益和群众生命财产安全的违法违规行为。鼓励通过物联网、视联网等非接触式监管方式提升执法监管效率,实现监管规范化、精准化、智能化,减少人为因素,实现公正监管,杜绝随意检查、多头监管等问题,实现“进一次门、查多项事”,减少对监管对象的扰动。(国务院办公厅、发展改革委、市场监管总局牵头,各部门按职责分别负责)

(十七)切实加大信用信息安全和市场主体权益保护力度。严肃查处违规泄露、篡改信用信息或利用信用信息谋私等行为。加强信用信息安全基础设施和安全防护能力建设。建立健全信用信息异议投诉制度,对市场主体提出异议的信息,信息提供和采集单位要尽快核实并反馈结果,经核实有误的信息要及时予以更正或撤销。因错误认定失信联合惩戒对象名单、错误采取失信联合惩戒措施损害市场主体合法权益的,有关部门和单位要积极采取措施消除不良影响。(各地区各部门按职责分别负责)

(十八)积极引导行业组织和信用服务机构协同监管。支持有关部门授权的行业协会商会协助开展行业信用建设和信用监管,鼓励行业协会商会建立会员信用记录,开展信用承诺、信用培训、诚信宣传、诚信倡议等,将诚信作为行规行约重要内容,引导本行业增强依法诚信经营意识。推动征信、信用评级、信用保险、信用担保、履约担保、信用管理咨询及培训等信用服务发展,切实发挥第三方信用服务机构在信用信息采集、加工、应用等方面的专业作用。鼓励相关部门与第三方信用服务机构在信用记录归集、信用信息共享、信用大数据分析、信用风险预警、失信案例核查、失信行为跟踪监测等方面开展合作。(发展改革委、民政部、人民银行按职责分别负责)

六、加强信用监管的组织实施

(十九)加强组织领导。各地区各部门要把构建以信用为基础的新型监管机制作为深入推进“放管服”改革的重要举措,摆在更加突出的位置,加强组织领导,细化责任分工,有力有序有效推动落实。完善信用监管的配套制度,并加强与其他“放管服”改革事项的衔接。负有市场监管、行业监管职责的部门要切实承担行业信用建设和信用监管的主体责任,充分发挥行业组织、第三方信用服务机构作用,为公众监督创造有利条件,整合形成全社会共同参与信用监管的强大合力。(发展改革委牵头,各地区各部门按职责分别负责)

(二十)开展试点示范。围绕信用承诺、信用修复、失信联合惩戒、信用大数据开发利用等重点工作,组织开展信用建设和信用监管试点示范。在各地区各部门探索创新的基础上,及时总结、提炼、交流开展信用建设和信用监管的好经验、好做法,在更大范围复制推广。(发展改革委牵头,各地区各部门按职责分别负责)

(二十一)加快建章立制。推动制定社会信用体系建设相关法律,加快研究出台公共信用信息管理条例、统一社会信用代码管理办法等法规。建立健全全国统一的信用监管规则和标准,及时出台相关地方性法规、政府规章或规范性文件,将信用监管中行之有效的做法上升为制度规范。抓紧制定开展信用监管急需的国家标准。(发展改革委、司法部牵头,各地区各部门按职责分别负责)

(二十二)做好宣传解读。各地区各部门要通过各种渠道和形式,深入细致向市场主体做好政策宣传解读工作,让经营者充分理解并积极配合以信用为基础的新型监管措施。加强对基层和一线监管人员的指导和培训。组织新闻媒体广泛报道,积极宣传信用监管措施及其成效,营造良好社会氛围。(发展改革委牵头,各地区各部门按职责分别负责)

国务院办公厅关于印发国有金融资本出资人职责暂行规定的通知

（2019 年 11 月 7 日　国办发〔2019〕49 号）

各省、自治区、直辖市人民政府，国务院各部委、各直属机构：

《国有金融资本出资人职责暂行规定》已经国务院同意，现印发给你们，请结合实际认真贯彻落实。

国有金融资本出资人职责暂行规定

第一章　总　　则

第一条　为进一步加强国有金融资本管理、明确出资人职责，根据《中华人民共和国公司法》等法律法规和《中共中央　国务院关于完善国有金融资本管理的指导意见》有关要求，制定本规定。

第二条　本规定所称国有金融资本是指国家及其授权投资主体直接或间接对金融机构出资所形成的资本和应享有的权益。凭借国家权力和信用支持的金融机构所形成的资本和应享有的权益，纳入国有金融资本管理，法律另有规定的除外。

前款所称金融机构包括依法设立的获得金融业务许可证的各类金融企业，主权财富基金、金融控股公司、金融投资运营公司以及金融基础设施等实质性开展金融业务的其他企业或机构。

第三条　按照权责匹配、权责对等、权责统一的原则，各级财政部门根据本级政府授权，集中统一履行国有金融资本出资人职责。财政部根据国务院授权，履行国有金融资本出资人职责。地方财政部门根据地方政府授权，履行地方国有金融资本出资人职责。

第四条　财政部门以管资本为主加强国有金融资产监管，重点管好国有金融资本布局、规范资本运作、提高资本回报、维护资本安全，对国家出资金融机构依法享有资本收益、参与重大决策和选择管理者等出资人权利。

第五条　国家出资金融机构及其投资设立的机构，依法享有经营自主权，承担国有金融资本保值增值责任，依法接受金融监管部门的行业监管。财政部门应当支持金融机构审慎合规经营、强化风险防控，除履行出资人职责以外，不得干预机构正常经营活动。

第六条　财政部门应当合理界定职责边界，以市场化、法治化方式履行国有金融资本出资人职责，加强与金融管理部门的沟通协调和信息共享，按照市场监管与出资人职责相分离的原则，理顺国有金融机构管理体制。地方政府、各级财政部门不得干预金融监管部门依法实施监管。

第七条　财政部门根据需要可以分级分类委托其他部门、机构管理国有金融资本，发挥国有金融资本投资、运营公司作用。受财政部门委托管理国有金融资本的其他部门、机构（以下统称受托人）按照受托权限管理国有金融资本，财政部门履行出资人职责的身份不变、产权管理责任不变、执行统一规制不变、全口径报告职责不变。

第八条　国有及国有控股金融机构应当坚持和加强党的领导，发挥党委（党组）的领导作用。国有及国有控股金融机构党委（党组）把方向、管大局、保落实,重点管政治方向、领导班子、基本制度、重大决策和党的建设,健全完善党建工作责任制,切实承担好、落实好从严管党治党责任。

第二章 出资人与受托人职责

第九条 财政部门作为出资人代表机构的主要职责是:

(一)坚持和加强党的领导,贯彻落实党中央、国务院决策部署,指导推进国有及国有控股金融机构改革。

(二)组织实施金融机构国有资本基础管理工作。

(三)负责国有金融资本经营预决算管理,组织上交国有金融资本收益。

(四)对所出资金融机构行使股东职责,维护所有者权益,以出资额为限承担有限责任。

(五)按照公司治理程序,制定或参与制定所出资金融机构章程,依法选派董事、监事,委派股东代表参与股东(大)会。

(六)通过法定程序参与所出资金融机构管理者的任免、考核,根据考核结果对其进行奖惩。负责国有及国有控股金融机构薪酬监管,完善激励约束机制。

(七)监督金融机构国有资本保值增值。

(八)建立统一的国有金融资本统计监测体系。

(九)委托其他部门、机构管理国有金融资本,督促检查国有及国有控股金融机构、受托人执行国有金融资本管理制度。

(十)履行出资人的其他职责和承办本级政府交办的事项。

除前款规定外,财政部负责制定统一的国有金融资本管理规章制度,依法指导和监督地方国有金融资本管理工作。

第十条 财政部门履行出资人职责的主要义务是:

(一)服务国家战略,落实国家金融政策法规,统筹优化国有金融资本战略布局,健全资本补充和动态调整机制,推动国有金融资本向关系国家安全、国民经济命脉、国计民生的重要金融行业和关键领域、重要金融基础设施、重点金融机构集中。

(二)健全国有金融资本形态转换、合理流动机制,保持国有金融资本在金融领域的主导地位,保持国家对重点金融机构的控制力。

(三)探索有效的国有金融资本授权经营体制及实现方式,促进国有金融资本保值增值,防范流失。

(四)促进国有及国有控股金融机构建立现代企业制度,健全风险管理和内控体系,完善法人治理结构,推进金融治理现代化。

(五)尊重国有及国有控股金融机构经营自主权,依法维护企业合法权益,增强活力、竞争力和可持续发展能力,配合做好重大风险处置工作。

(六)尊重受托人受托履行国有金融资本管理职责,不得不当干预受托人履职。

(七)承担全口径国有金融资本报告工作。

(八)接受外部监督,依法依规披露国有金融机构经营状况,提升国有金融资本运营透明度。

第十一条 受托人根据财政部门委托,按照产权关系,落实统一规制,管理国有金融资本,享有以下权利:

(一)协同推进受托管理的国有及国有控股金融机构改革,健全公司法人治理。

(二)按照受托权限和程序,对受托管理的金融机构行使相关股东职责。

(三)通过提名董事、监事人选等方式,参与受托管理的金融机构管理者的选择和考核。

(四)按照股权关系,通过公司法人治理机制,向受托管理的金融机构派出董事、监事等,并加强管理和监督。

(五)按照法定程序,参与受托管理的金融机构的重大事项决策,维护出资人合法权益。

根据相关法律法规,须经本级政府批准的履行出资人职责的重大事项,应当经财政部门同意后,报请本级政府批准。

第十二条 受托人管理国有金融资本的主要义务是:

(一)按照受托权责对等原则,提升国有金融资本运营效率,保障金融安全,防范金融风险,实现保值增值。

(二)落实统一的国有金融资本管理规章制度。

(三)督促受托管理的金融机构履行好服

务实体经济和防控金融风险的主体责任，监交其国有资本经营收益。

（四）定期向委托的财政部门报告受托履行国有金融资本管理职责、贯彻落实国家战略和政策目标等情况。

（五）接受财政部门的评价、监督和考核。

（六）落实财政部门委托的其他有关事项。

第三章 金融机构国有资本管理与监督

第十三条 财政部门应当建立健全国有金融资本基础管理体系，负责清产核资、产权界定、产权登记、资产评估、产权转让、统计分析等工作。财政部门依法决定所出资金融机构的国有股权转让。转让全部国有股权或者转让部分国有股权致使国家不再拥有控股地位的，应当报本级政府批准。

第十四条 财政部门应对国有产权变动实行全流程动态监管，并对所出资国有及国有控股金融机构实施资本穿透管理。纳入母公司并表管理或拥有实际控制权的各级子公司，由母公司按照公司治理程序，负责落实统一的国有金融资本管理制度。

涉及母公司本级的股权管理及重点子公司重大股权管理事项，由财政部门履行资本管理程序。重大股权管理事项是指可能导致实际控制权发生转移的股权管理事项。

第十五条 财政部门负责建立金融机构国有产权交易管理制度，加强监督管理，促进金融机构国有产权有序流动，防止国有金融资本流失。

第十六条 财政部门负责制定统一的国有金融资本收益管理制度，对所出资金融机构依法享有出资人权益，建立股东派出人员人才库。

第十七条 财政部门负责制定国有金融资本经营预算管理制度和办法，编制国有金融资本经营预决算，加强预算执行监管，促进国有金融资本合理配置。

第十八条 财政部门依法对所出资金融机构财务进行监督，建立和完善国有金融资本保值增值指标体系，开展动态统计监测和运行分析，全面掌握国有金融资本运营情况。

第十九条 财政部门应当积极推进监管信息化建设，整合信息资源，畅通共享渠道，健全金融机构国有产权和财务等监管系统，提升管理效能。

第二十条 财政部门应当建立健全内外监督工作制度，加强与审计机关和纪检监察机关沟通，强化国有金融资本管理制度执行情况监督检查，形成全面覆盖、分工明确、协同配合、制约有力的监督体系。

第二十一条 财政部门应当定期向本级政府报告履行出资人职责的情况，接受本级政府的监督和考核。

第二十二条 国有金融资本管理情况要全口径向党中央、国务院报告，并按照法定程序向全国人大常委会报告，具体报告责任由财政部承担。地方国有金融资本管理情况要向地方党委、政府报告，并按照法定程序向本级人大常委会报告，具体报告职责由本级财政部门承担。

第二十三条 财政部门应当依法推进国有金融资本管理信息公开，及时准确向社会披露国有金融资本管理制度、运营绩效和监督检查等情况，提高透明度，主动接受社会监督。

第四章 所出资金融机构重大事项管理

第二十四条 财政部门及受托人（以下统称出资人机构）依照法律法规及有关规定，制定或者参与制定所出资金融机构的章程，按照公司章程行使权利、履行义务。

第二十五条 出资人机构按照法定程序向所出资金融机构委派股东代表，提名董事、监事，参加其股东（大）会、董事会、监事会，落实和维护董事会依法行使重大决策、选人用人、薪酬分配等权利。

派出的股东代表、董事、监事，应当及时向出资人机构报告履职情况。出资人机构应当加强对董事、监事履职的技术支持以及监督评价，建立健全激励约束和责任追究机制。

国有独资金融机构不设股东会，由出资人机构行使股东会职权。出资人机构可以授权金融机构董事会行使股东会部分职权。

第二十六条 出资人机构应当通过公司治理机制，加强对所出资金融机构发展战略和投资规划、财务预决算、利润分配和弥补亏损方案、法人机构设立和撤并等须由股东决定的重大事项的审核。

所出资金融机构的股东(大)会、董事会决定机构合并、分立、改制、上市,增减注册资本、发行债券、重大投资、为他人提供除主营担保业务以外的大额担保、大额捐赠、分配利润、任免机构负责人,以及解散、申请破产等重大事项时,出资人机构派出的股东代表、董事,应当按程序发表意见、行使表决权。表决意见涉及股权管理的,应当经财政部门同意。

第二十七条 按照国家有关规定,财政部门拟订国有及国有控股金融机构薪酬分配制度和机制,指导建立企业年金制度,探索实施员工持股计划。出资人机构监管所出资国有及国有控股金融机构工资分配的总体水平,备案或核准工资总额预算方案,清算预算执行结果。

第五章 所出资金融机构管理者选择与考核

第二十八条 出资人机构会同有关部门依照法律法规、规范性文件以及金融机构章程等规定,建立规则透明的提名程序,任免或者建议任免所出资金融机构的下列人员:

(一)任免国有独资企业的总经理、副总经理、财务负责人和其他高级管理人员。

(二)任免国有独资公司的董事长、副董事长、董事。

(三)向国有控股、参股金融机构提出董事、监事人选。

国务院和地方政府对所出资金融机构管理者的任免另有规定的,从其规定。所出资金融机构中应当由职工代表出任的董事、监事,依法由职工民主选举产生。

第二十九条 出资人机构对拟任命或者建议任命的董事、监事、高级管理人员的人选,应当严格进行资格把关。对出资人机构直接管理的董事、监事,应当认真落实党管干部有关要求,根据规定权限进行考察,考察合格的,按照规定程序任命或者建议任命。

第三十条 出资人机构任命或者建议任命的董事、监事、高级管理人员,应当遵守法律法规以及金融机构章程,对金融机构负有忠实义务和勤勉义务。

第三十一条 财政部门应当健全完善国有金融资本经营绩效考核制度。出资人机构应当针对所出资金融机构的不同战略定位和发展目标,结合行业特点建立差异化的管理者经营业绩考核体系,按照法定程序对其任命的管理者进行年度和任期考核,并依据考核结果决定对管理者的奖惩。

第三十二条 按照国家有关规定,财政部门建立健全国有及国有控股金融机构管理者薪酬管理体系。

出资人机构应当根据有关规定,确定任命的国家出资金融机构管理者的薪酬机制和标准;规范所出资国有及国有控股金融机构负责人履职待遇、业务支出和福利保障,对其履职待遇、业务支出年度财务预算进行备案。

第六章 责任追究

第三十三条 财政部门应当建立健全违法违规经营投资责任追究制度,完善责任倒查和追究机制,构建权责清晰、约束有效的经营投资责任体系。

相关部门和单位按照职责权限,加大对违法违规经营投资责任的追究力度,综合运用组织处理、经济处罚、禁入限制、纪律处分和追究刑事责任等手段,依法依规查办违法违规经营投资导致国有资产重大损失的案件。

第三十四条 出资人机构不按规定的职责、权限和程序履职尽责,或者违法违规干预所出资金融机构经营活动,侵犯其合法权益,造成国有金融资产损失或其他严重后果的,对其直接负责的主管人员和其他责任人员,依规依纪给予纪律处分或者组织处理;构成犯罪的,依法追究刑事责任。

第三十五条 国有及国有控股金融机构的管理者滥用职权、玩忽职守,造成机构国有资产损失的,应负赔偿责任,并依规依纪对其给予纪律处分或者组织处理;构成犯罪的,依法追究刑事责任。

第七章 附则

第三十六条 国有实体企业投资入股金融

机构的,依法行使具体股东职责,应执行统一的国有金融资本管理制度,由财政部门会同国有资产监督管理机构组织做好落实。

第三十七条　对涉及国家安全、外溢性强的金融基础设施和履职平台,要保持国家绝对控制力,执行统一的国有金融资本管理制度,国家金融管理部门依法依规对其实施管理。

第三十八条　各省、自治区、直辖市及计划单列市人民政府依据本规定,结合本地区实际和管理现状,制定具体的实施规定,报财政部备案。

第三十九条　本规定自印发之日起施行。

国务院关于调整适用在境外上市公司召开股东大会通知期限等事项规定的批复

（2019年10月17日　国函〔2019〕97号）

中国证券监督管理委员会：

你会《关于调整适用境外上市公司召开股东大会通知期限等规定的请示》（证监发〔2019〕71号）收悉。现批复如下：

同意在中国境内注册并在境外上市的股份有限公司召开股东大会的通知期限、股东提案权和召开程序的要求统一适用《中华人民共和国公司法》相关规定,不再适用《国务院关于股份有限公司境外募集股份及上市的特别规定》第二十条至第二十二条的规定。

（四）中国证监会规章

科创板首次公开发行股票注册管理办法（试行）

（2019年3月1日　证监会令第153号）

第一章　总　　则

第一条　为规范在上海证券交易所科创板试点注册制首次公开发行股票相关活动,保护投资者合法权益和社会公共利益,根据《中华人民共和国证券法》《中华人民共和国公司法》《全国人民代表大会常务委员会关于授权国务院在实施股票发行注册制改革中调整适用〈中华人民共和国证券法〉有关规定的决定》《全国人民代表大会常务委员会关于延长授权国务院在实施股票发行注册制改革中调整适用〈中华人民共和国证券法〉有关规定期限的决定》《关于在上海证券交易所设立科创板并试点注册制的实施意见》及相关法律法规,制定本办法。

第二条　在中华人民共和国境内首次公开发行股票并在上海证券交易所科创板（以下简称科创板）上市,适用本办法。

第三条　发行人申请首次公开发行股票并在科创板上市,应当符合科创板定位,面向世界科技前沿、面向经济主战场、面向国家重大需求。优先支持符合国家战略,拥有关键核心技术,科技创新能力突出,主要依靠核心技术开展生产经营,具有稳定的商业模式,市场认可度高,社会形象良好,具有较强成长性的企业。

第四条　首次公开发行股票并在科创板上市,应当符合发行条件、上市条件以及相关信息披露要求,依法经上海证券交易所(以下简称交易所)发行上市审核并报经中国证券监督管理委员会(以下简称中国证监会)履行发行注册程序。

第五条　发行人作为信息披露第一责任人,应当诚实守信,依法充分披露投资者作出价值判断和投资决策所必需的信息,所披露信息必须真实、准确、完整,不得有虚假记载、误导性陈述或者重大遗漏。

发行人应当为保荐人、证券服务机构及时提供真实、准确、完整的财务会计资料和其他资料,全面配合相关机构开展尽职调查和其他相关工作。

发行人的控股股东、实际控制人应当全面配合相关机构开展尽职调查和其他相关工作,不得要求或者协助发行人隐瞒应当披露的信息。

第六条　保荐人应当诚实守信,勤勉尽责,按照依法制定的业务规则和行业自律规范的要求,充分了解发行人经营情况和风险,对注册申请文件和信息披露资料进行全面核查验证,对发行人是否符合发行条件、上市条件独立作出专业判断,审慎作出推荐决定,并对招股说明书及其所出具的相关文件的真实性、准确性、完整性负责。

第七条　证券服务机构应当严格按照依法制定的业务规则和行业自律规范,审慎履行职责,作出专业判断与认定,并对招股说明书中与其专业职责有关的内容及其所出具的文件的真实性、准确性、完整性负责。

证券服务机构及其相关执业人员应当对与本专业相关的业务事项履行特别注意义务,对其他业务事项履行普通注意义务,并承担相应法律责任。

第八条　同意发行人首次公开发行股票注册,不表明中国证监会和交易所对该股票的投资价值或者投资者的收益作出实质性判断或者保证,也不表明中国证监会和交易所对注册申请文件的真实性、准确性、完整性作出保证。

第九条　股票依法发行后,因发行人经营与收益的变化引致的投资风险,由投资者自行负责。

第二章　发行条件

第十条　发行人是依法设立且持续经营3年以上的股份有限公司,具备健全且运行良好的组织机构,相关机构和人员能够依法履行职责。

有限责任公司按原账面净资产值折股整体变更为股份有限公司的,持续经营时间可以从有限责任公司成立之日起计算。

第十一条　发行人会计基础工作规范,财务报表的编制和披露符合企业会计准则和相关信息披露规则的规定,在所有重大方面公允地反映了发行人的财务状况、经营成果和现金流量,并由注册会计师出具标准无保留意见的审计报告。

发行人内部控制制度健全且被有效执行,能够合理保证公司运行效率、合法合规和财务报告的可靠性,并由注册会计师出具无保留结论的内部控制鉴证报告。

第十二条　发行人业务完整,具有直接面向市场独立持续经营的能力:

(一)资产完整,业务及人员、财务、机构独立,与控股股东、实际控制人及其控制的其他企业间不存在对发行人构成重大不利影响的同业竞争,不存在严重影响独立性或者显失公平的关联交易。

(二)发行人主营业务、控制权、管理团队和核心技术人员稳定,最近2年内主营业务和董事、高级管理人员及核心技术人员均没有发生重大不利变化;控股股东和受控股股东、实际控制人支配的股东所持发行人的股份权属清晰,最近2年实际控制人没有发生变更,不存在导致控制权可能变更的重大权属纠纷。

(三)发行人不存在主要资产、核心技术、商标等的重大权属纠纷,重大偿债风险,重大担保、诉讼、仲裁等或有事项,经营环境已经或者将要发生重大变化等对持续经营有重大不利影响的事项。

第十三条　发行人生产经营符合法律、行政法规的规定,符合国家产业政策。

最近3年内,发行人及其控股股东、实际控制人不存在贪污、贿赂、侵占财产、挪用财产或者破坏社会主义市场经济秩序的刑事犯罪,不存在欺诈发行、重大信息披露违法或者其他涉及国家安全、公共安全、生态安全、生产安全、公众健康安全等领域的重大违法行为。

董事、监事和高级管理人员不存在最近3年内受到中国证监会行政处罚,或者因涉嫌犯罪被司法机关立案侦查或者涉嫌违法违规被中国证监会立案调查,尚未有明确结论意见等情形。

第三章 注册程序

第十四条 发行人董事会应当依法就本次股票发行的具体方案、本次募集资金使用的可行性及其他必须明确的事项作出决议,并提请股东大会批准。

第十五条 发行人股东大会就本次发行股票作出的决议,至少应当包括下列事项:

(一)本次公开发行股票的种类和数量;

(二)发行对象;

(三)定价方式;

(四)募集资金用途;

(五)发行前滚存利润的分配方案;

(六)决议的有效期;

(七)对董事会办理本次发行具体事宜的授权;

(八)其他必须明确的事项。

第十六条 发行人申请首次公开发行股票并在科创板上市,应当按照中国证监会有关规定制作注册申请文件,由保荐人保荐并向交易所申报。

交易所收到注册申请文件后,5个工作日内作出是否受理的决定。

第十七条 自注册申请文件受理之日起,发行人及其控股股东、实际控制人、董事、监事、高级管理人员,以及与本次股票公开发行并上市相关的保荐人、证券服务机构及相关责任人员,即承担相应法律责任。

第十八条 注册申请文件受理后,未经中国证监会或者交易所同意,不得改动。

发生重大事项的,发行人、保荐人、证券服务机构应当及时向交易所报告,并按要求更新注册申请文件和信息披露资料。

第十九条 交易所设立独立的审核部门,负责审核发行人公开发行并上市申请;设立科技创新咨询委员会,负责为科创板建设和发行上市审核提供专业咨询和政策建议;设立科创板股票上市委员会,负责对审核部门出具的审核报告和发行人的申请文件提出审议意见。

交易所主要通过向发行人提出审核问询、发行人回答问题方式开展审核工作,基于科创板定位,判断发行人是否符合发行条件、上市条件和信息披露要求。

第二十条 交易所按照规定的条件和程序,作出同意或者不同意发行人股票公开发行并上市的审核意见。同意发行人股票公开发行并上市的,将审核意见、发行人注册申请文件及相关审核资料报送中国证监会履行发行注册程序。不同意发行人股票公开发行并上市的,作出终止发行上市审核决定。

第二十一条 交易所应当自受理注册申请文件之日起3个月内形成审核意见。发行人根据要求补充、修改注册申请文件,以及交易所按照规定对发行人实施现场检查,或者要求保荐人、证券服务机构对有关事项进行专项核查的时间不计算在内。

第二十二条 交易所应当提高审核工作透明度,接受社会监督,公开下列事项:

(一)发行上市审核标准和程序等发行上市审核业务规则,以及相关监管问答;

(二)在审企业名单、企业基本情况及审核工作进度;

(三)发行上市审核问询及回复情况,但涉及国家秘密或者发行人商业秘密的除外;

(四)上市委员会会议的时间、参会委员名单、审议的发行人名单、审议结果及现场问询问题;

(五)对股票公开发行并上市相关主体采取的自律监管措施或者纪律处分;

(六)交易所规定的其他事项。

第二十三条 中国证监会收到交易所报送的审核意见、发行人注册申请文件及相关审核资料后,履行发行注册程序。发行注册主要关注交易所发行上市审核内容有无遗漏,审核程序是否符合规定,以及发行人在发行条件和信息披露要求的重大方面是否符合相关规定。中国证监会认为存在需要进一步说明或者落实事项的，可以要求交易所进一步问询。

中国证监会认为交易所对影响发行条件的重大事项未予关注或者交易所的审核意见依据明显不充分的，可以退回交易所补充审核。交易所补充审核后，同意发行人股票公开发行并上市的，重新向中国证监会报送审核意见及相关资料，本办法第二十四条规定的注册期限重新计算。

第二十四条　中国证监会在20个工作日内对发行人的注册申请作出同意注册或者不予注册的决定。发行人根据要求补充、修改注册申请文件，中国证监会要求交易所进一步问询，以及中国证监会要求保荐人、证券服务机构等对有关事项进行核查的时间不计算在内。

第二十五条　中国证监会同意注册的决定自作出之日起1年内有效，发行人应当在注册决定有效期内发行股票，发行时点由发行人自主选择。

第二十六条　中国证监会作出注册决定后、发行人股票上市交易前，发行人应当及时更新信息披露文件内容，财务报表过期的，发行人应当补充财务会计报告等文件；保荐人及证券服务机构应当持续履行尽职调查职责；发生重大事项的，发行人、保荐人应当及时向交易所报告。

交易所应当对上述事项及时处理，发现发行人存在重大事项影响发行条件、上市条件的，应当出具明确意见并及时向中国证监会报告。

第二十七条　中国证监会作出注册决定后、发行人股票上市交易前，发现可能影响本次发行的重大事项的，中国证监会可以要求发行人暂缓或者暂停发行、上市；相关重大事项导致发行人不符合发行条件的，可以撤销注册。

中国证监会撤销注册后，股票尚未发行的，发行人应当停止发行；股票已经发行尚未上市的，发行人应当按照发行价并加算银行同期存款利息返还股票持有人。

第二十八条　交易所因不同意发行人股票公开发行并上市，作出终止发行上市审核决定，或者中国证监会作出不予注册决定的，自决定作出之日起6个月后，发行人可以再次提出公开发行股票并上市申请。

第二十九条　中国证监会应当按规定公开股票发行注册行政许可事项相关的监管信息。

第三十条　存在下列情形之一的，发行人、保荐人应当及时书面报告交易所或者中国证监会，交易所或者中国证监会应当中止相应发行上市审核程序或者发行注册程序：

(一)相关主体涉嫌违反本办法第十三条第二款规定，被立案调查或者被司法机关侦查，尚未结案；

(二)发行人的保荐人，以及律师事务所、会计师事务所等证券服务机构因首次公开发行股票、上市公司证券发行、并购重组业务涉嫌违法违规，或者其他业务涉嫌违法违规且对市场有重大影响被中国证监会立案调查，或者被司法机关侦查，尚未结案；

(三)发行人的签字保荐代表人，以及签字律师、签字会计师等证券服务机构签字人员因首次公开发行股票、上市公司证券发行、并购重组业务涉嫌违法违规，或者其他业务涉嫌违法违规且对市场有重大影响被中国证监会立案调查，或者被司法机关侦查，尚未结案；

(四)发行人的保荐人，以及律师事务所、会计师事务所等证券服务机构被中国证监会依法采取限制业务活动、责令停业整顿、指定其他机构托管、接管等监管措施，或者被交易所实施一定期限内不接受其出具的相关文件的纪律处分，尚未解除；

(五)发行人的签字保荐代表人、签字律师、签字会计师等中介机构签字人员被中国证监会依法采取限制证券从业资格等监管措施或者证券市场禁入的措施，或者被交易所实施一定期限内不接受其出具的相关文件的纪律处分，尚未解除；

(六)发行人及保荐人主动要求中止发行上市审核程序或者发行注册程序，理由正当且经交易所或者中国证监会批准；

(七)发行人注册申请文件中记载的财务资料已过有效期，需要补充提交；

(八)中国证监会规定的其他情形。

前款所列情形消失后，发行人可以提交恢复申请；因前款第(二)、(三)项规定情形中止的，保荐人以及律师事务所、会计师事务所等证券服务机构按照有关规定履行复核程序后，发行人也可以提交恢复申请。交易所或者中国证监会按照有关规定恢复发行上市审核程序或者发行注册程序。

第三十一条　存在下列情形之一的，交易所或者中国证监会应当终止相应发行上市审核程序或者发行注册程序，并向发行人说明理由：

（一）发行人撤回注册申请文件或者保荐人撤销保荐；

（二）发行人未在要求的期限内对注册申请文件作出解释说明或者补充、修改；

（三）注册申请文件存在虚假记载、误导性陈述或者重大遗漏；

（四）发行人阻碍或者拒绝中国证监会、交易所依法对发行人实施检查、核查；

（五）发行人及其关联方以不正当手段严重干扰发行上市审核或者发行注册工作；

（六）发行人法人资格终止；

（七）注册申请文件内容存在重大缺陷，严重影响投资者理解和发行上市审核或者发行注册工作；

（八）发行人注册申请文件中记载的财务资料已过有效期且逾期3个月未更新；

（九）发行人中止发行上市审核程序超过交易所规定的时限或者中止发行注册程序超过3个月仍未恢复；

（十）交易所不同意发行人公开发行股票并上市；

（十一）中国证监会规定的其他情形。

第三十二条　中国证监会和交易所可以对发行人进行现场检查，可以要求保荐人、证券服务机构对有关事项进行专项核查并出具意见。

中国证监会和交易所应当建立健全信息披露质量现场检查制度，以及对保荐业务、发行承销业务的常态化检查制度，具体制度另行规定。

第三十三条　中国证监会与交易所建立全流程电子化审核注册系统，实现电子化受理、审核，以及发行注册各环节实时信息共享，并满足依法向社会公开相关信息的需要。

第四章　信 息 披 露

第三十四条　发行人申请首次公开发行股票并在科创板上市，应当按照中国证监会制定的信息披露规则，编制并披露招股说明书，保证相关信息真实、准确、完整。信息披露内容应当简明易懂，语言应当浅白平实，以便投资者阅读、理解。

中国证监会制定的信息披露规则是信息披露的最低要求。不论上述规则是否有明确规定，凡是对投资者作出价值判断和投资决策有重大影响的信息，发行人均应当予以披露。

第三十五条　中国证监会依法制定招股说明书内容与格式准则、编报规则，对注册申请文件和信息披露资料的内容、格式、编制要求、披露形式等作出规定。

交易所可以依据中国证监会部门规章和规范性文件，制定信息披露细则或者指引，在中国证监会确定的信息披露内容范围内，对信息披露提出细化和补充要求，报中国证监会批准后实施。

第三十六条　发行人及其董事、监事、高级管理人员应当在招股说明书上签字、盖章，保证招股说明书的内容真实、准确、完整，不存在虚假记载、误导性陈述或者重大遗漏，并声明承担相应法律责任。

发行人控股股东、实际控制人应当在招股说明书上签字、盖章，确认招股说明书的内容真实、准确、完整，不存在虚假记载、误导性陈述或者重大遗漏，并声明承担相应法律责任。

第三十七条　保荐人及其保荐代表人应当在招股说明书上签字、盖章，确认招股说明书的内容真实、准确、完整，不存在虚假记载、误导性陈述或者重大遗漏，并声明承担相应的法律责任。

第三十八条　为证券发行出具专项文件的律师、注册会计师、资产评估人员、资信评级人员及其所在机构，应当在招股说明书上签字、盖章，确认对发行人信息披露文件引用其出具的专业意见无异议，信息披露文件不因引用其出具的专业意见而出现虚假记载、误导性陈述或者重大遗漏，并声明承担相应的法律责任。

第三十九条　发行人应当根据自身特点，有针对性地披露行业特点、业务模式、公司治理、发展战略、经营政策、会计政策，充分披露科研水平、科研人员、科研资金投入等相关信息，并充分揭示可能对公司核心竞争力、经营稳定性以及未来发展产生重大不利影响的风险因素。

发行人尚未盈利的，应当充分披露尚未盈利的成因，以及对公司现金流、业务拓展、人才吸引、团队稳定性、研发投入、战略性投入、生产经营可持续性等方面的影响。

第四十条 发行人应当披露其募集资金使用管理制度,以及募集资金重点投向科技创新领域的具体安排。

第四十一条 存在特别表决权股份的境内科技创新企业申请首次公开发行股票并在科创板上市的,发行人应当在招股说明书等公开发行文件中,披露并特别提示差异化表决安排的主要内容、相关风险和对公司治理的影响,以及依法落实保护投资者合法权益的各项措施。

保荐人和发行人律师应当就公司章程规定的特别表决权股份的持有人资格、特别表决权股份拥有的表决权数量与普通股份拥有的表决权数量的比例安排、持有人所持特别表决权股份能够参与表决的股东大会事项范围、特别表决权股份锁定安排及转让限制等事项是否符合有关规定发表专业意见。

第四十二条 发行人应当在招股说明书中披露公开发行股份前已发行股份的锁定期安排,特别是核心技术人员股份的锁定期安排以及尚未盈利情况下发行人控股股东、实际控制人、董事、监事、高级管理人员股份的锁定期安排。

保荐人和发行人律师应当就前款事项是否符合有关规定发表专业意见。

第四十三条 招股说明书的有效期为6个月,自公开发行前最后一次签署之日起计算。

招股说明书引用经审计的财务报表在其最近一期截止日后6个月内有效,特殊情况下发行人可申请适当延长,但至多不超过1个月。财务报表应当以年度末、半年度末或者季度末为截止日。

第四十四条 交易所受理注册申请文件后,发行人应当按交易所规定,将招股说明书、发行保荐书、上市保荐书、审计报告和法律意见书等文件在交易所网站预先披露。

第四十五条 预先披露的招股说明书及其他注册申请文件不能含有价格信息,发行人不得据此发行股票。

发行人应当在预先披露的招股说明书显要位置作如下声明:"本公司的发行申请尚需经上海证券交易所和中国证监会履行相应程序。本招股说明书不具有据以发行股票的法律效力,仅供预先披露之用。投资者应当以正式公告的招股说明书作为投资决定的依据。"

第四十六条 交易所审核同意后,将发行人注册申请文件报送中国证监会时,招股说明书、发行保荐书、上市保荐书、审计报告和法律意见书等文件应在交易所网站和中国证监会网站公开。

第四十七条 发行人股票发行前应当在交易所网站和中国证监会指定网站全文刊登招股说明书,同时在中国证监会指定报刊刊登提示性公告,告知投资者网上刊登的地址及获取文件的途径。

发行人可以将招股说明书以及有关附件刊登于其他报刊和网站,但披露内容应当完全一致,且不得早于在交易所网站、中国证监会指定报刊和网站的披露时间。

第四十八条 保荐人出具的发行保荐书、证券服务机构出具的文件及其他与发行有关的重要文件应当作为招股说明书的附件,在交易所网站和中国证监会指定的网站披露,以备投资者查阅。

第五章 发行与承销的特别规定

第四十九条 首次公开发行股票并在科创板上市的发行与承销行为,适用《证券发行与承销管理办法》,本办法另有规定的除外。

第五十条 首次公开发行股票,应当向经中国证券业协会注册的证券公司、基金管理公司、信托公司、财务公司、保险公司、合格境外机构投资者和私募基金管理人等专业机构投资者(以下统称网下投资者)询价确定股票发行价格。

发行人和主承销商可以根据自律规则,设置网下投资者的具体条件,并在发行公告中预先披露。

第五十一条 网下投资者可以按照管理的不同配售对象账户分别申报价格,每个报价应当包含配售对象信息、每股价格和该价格对应的拟申购股数。

首次公开发行股票价格(或者发行价格区间)确定后,提供有效报价的网下投资者方可参与新股申购。

第五十二条 交易所应当根据《证券发行

与承销管理办法》和本办法制定科创板股票发行承销业务规则。

投资者报价要求、最高报价剔除比例、网下初始配售比例、网下优先配售比例、网下网上回拨机制、网下分类配售安排、战略配售、超额配售选择权等事项适用交易所相关规定。

《证券发行与承销管理办法》规定的战略投资者在承诺的持有期限内,可以按规定向证券金融公司借出获得配售的股票。借出期限届满后,证券金融公司应当将借入的股票返还给战略投资者。

第五十三条　保荐人的相关子公司或者保荐人所属证券公司的相关子公司参与发行人股票配售的具体规则由交易所另行规定。

第五十四条　获中国证监会同意注册后,发行人与主承销商应当及时向交易所报备发行与承销方案。交易所5个工作日内无异议的,发行人与主承销商可依法刊登招股意向书;启动发行工作。

第五十五条　交易所对证券发行承销过程实施监管。发行承销涉嫌违法违规或者存在异常情形的,中国证监会可以要求交易所对相关事项进行调查处理,或者直接责令发行人和承销商暂停或者中止发行。

第六章　发行上市保荐的特别规定

第五十六条　首次公开发行股票并在科创板上市保荐业务,适用《证券发行上市保荐业务管理办法》,本办法另有规定的除外。

第五十七条　保荐人应当根据科创板企业特点和注册制要求对科创板保荐工作内部控制做出合理安排,有效控制风险,切实提高执业质量。

第五十八条　保荐人应当按照中国证监会和交易所的规定制作、报送和披露发行保荐书、上市保荐书、回复意见及其他发行上市相关文件,遵守交易所和中国证监会的发行上市审核及发行注册程序,配合交易所和中国证监会的发行上市审核及发行注册工作,并承担相应工作。

第五十九条　首次公开发行股票并在科创板上市的,持续督导的期间为证券上市当年剩余时间及其后3个完整会计年度。

交易所可以对保荐人持续督导内容、履责要求、发行人通知报告事项等作出规定。

第七章　监督管理和法律责任

第六十条　中国证监会负责建立健全以信息披露为中心的注册制规则体系,制定股票发行注册并上市的规章规则,依法批准交易所制定的上市条件、审核标准、审核程序、上市委员会制度、信息披露、保荐、发行承销等方面的制度规则,指导交易所制定与发行上市审核相关的其他业务规则。

第六十一条　中国证监会建立对交易所发行上市审核工作和发行承销过程监管的监督机制,持续关注交易所审核情况和发行承销过程监管情况;发现交易所自律监管措施或者纪律处分失当的,可以责令交易所改正。

第六十二条　中国证监会对交易所发行上市审核和发行承销过程监管等相关工作进行年度例行检查。在检查过程中,可以调阅审核工作文件,列席相关审核会议。

中国证监会定期或者不定期按一定比例对交易所发行上市审核和发行承销过程监管等相关工作进行抽查。

中国证监会在检查和抽查过程中发现问题的,交易所应当整改。

第六十三条　中国证监会建立对发行上市监管全流程的权力运行监督制约机制,对发行上市审核程序和发行注册程序相关内控制度运行情况进行督导督察,对廉政纪律执行情况和相关人员的履职尽责情况进行监督监察。

第六十四条　交易所应当建立内部防火墙制度,发行上市审核部门、发行承销监管部门与其他部门隔离运行。参与发行上市审核的人员,不得与发行人及其控股股东、实际控制人、相关保荐人、证券服务机构有利害关系,不得直接或者间接与发行人、保荐人、证券服务机构有利益往来,不得持有发行人股票,不得私下与发行人接触。

第六十五条　交易所应当建立定期报告制度,及时总结发行上市审核和发行承销监管的工作情况,并报告中国证监会。

第六十六条　交易所发行上市审核工作违反本办法规定,有下列情形之一的,由中国证监

会责令改正;情节严重的,追究直接责任人员相关责任:

(一)未按审核标准开展发行上市审核工作;

(二)未按审核程序开展发行上市审核工作;

(三)不配合中国证监会对发行上市审核工作和发行承销监管工作的检查、抽查,或者不按中国证监会的整改要求进行整改。

第六十七条　发行人不符合发行上市条件,以欺骗手段骗取发行注册的,中国证监会将自确认之日起采取5年内不接受发行人公开发行证券相关文件的监管措施。对相关责任人员,视情节轻重,采取认定为不适当人选的监管措施,或者采取证券市场禁入的措施。

第六十八条　对发行人存在本办法第六十七条规定的行为并已经发行上市的,可以依照有关规定责令上市公司及其控股股东、实际控制人在一定期间从投资者手中购回本次公开发行的股票。

第六十九条　发行人存在本办法第三十一条第(三)项、第(四)项、第(五)项规定的情形,重大事项未报告、未披露,或者发行人及其董事、监事、高级管理人员、控股股东、实际控制人的签字、盖章系伪造或者变造的,中国证监会将自确认之日起采取3年至5年内不接受发行人公开发行证券相关文件的监管措施。

第七十条　发行人的控股股东、实际控制人违反本办法规定,致使发行人所报送的注册申请文件和披露的信息存在虚假记载、误导性陈述或者重大遗漏,或者纵容、指使、协助发行人进行财务造假、利润操纵或者有意隐瞒其他重要信息等骗取发行注册行为的,中国证监会可以视情节轻重,对相关单位和责任人员自确认之日起采取1年到5年内不接受相关单位及其控制的下属单位公开发行证券相关文件,对责任人员采取认定为不适当人选等监管措施,或者采取证券市场禁入的措施。

发行人的董事、监事和高级管理人员违反本办法规定,致使发行人所报送的注册申请文件和披露的信息存在虚假记载、误导性陈述或者重大遗漏的,中国证监会可以视情节轻重,对责任人员采取认定为不适当人选等监管措施,或者采取证券市场禁入的措施。

第七十一条　保荐人未勤勉尽责,致使发行人信息披露资料存在虚假记载、误导性陈述或者重大遗漏的,中国证监会将视情节轻重,自确认之日起采取暂停保荐人业务资格1年到3年,责令保荐人更换相关负责人的监管措施;情节严重的,撤销保荐人业务资格,对相关责任人员采取证券市场禁入的措施。

保荐代表人未勤勉尽责,致使发行人信息披露资料存在虚假记载、误导性陈述或者重大遗漏的,按规定撤销保荐代表人资格。

证券服务机构未勤勉尽责,致使发行人信息披露资料中与其职责有关的内容及其所出具的文件存在虚假记载、误导性陈述或者重大遗漏的,中国证监会可以视情节轻重,自确认之日起采取3个月至3年不接受相关单位及其责任人员出具的发行证券专项文件的监管措施;情节严重的,对证券服务机构相关责任人员采取证券市场禁入的措施。

第七十二条　保荐人存在下列情形的,中国证监会可以视情节轻重,自确认之日起采取暂停保荐人业务资格3个月至3年的监管措施;情节特别严重的,撤销其业务资格:

(一)伪造或者变造签字、盖章;

(二)重大事项未报告、未披露;

(三)以不正当手段干扰审核注册工作;

(四)不履行其他法定职责。

保荐代表人存在前款规定情形的,视情节轻重,按规定暂停保荐代表人资格3个月至3年;情节严重的,按规定撤销保荐代表人资格。

证券服务机构及其相关人员存在第一款规定情形的,中国证监会可以视情节轻重,自确认之日起,采取3个月至3年不接受相关单位及其责任人员出具的发行证券专项文件的监管措施。

第七十三条　发行人公开发行证券上市当年即亏损的,中国证监会自确认之日起暂停保荐人的保荐人资格3个月,撤销相关人员的保荐代表人资格,尚未盈利的企业或者已在证券发行募集文件中充分分析并揭示相关风险的除外。

第七十四条　保荐人、证券服务机构存在以下情形的,中国证监会可以视情节轻重,采取责令改正、监管谈话、出具警示函、1年内不接受相关单位及其责任人员出具的与注册申请有关的文件等监管措施；情节严重的，可以同时采取3个月到1年内不接受相关单位及其责任人员出具的发行证券专项文件的监管措施：

（一）制作或者出具的文件不齐备或者不符合要求；

（二）擅自改动注册申请文件、信息披露资料或者其他已提交文件；

（三）注册申请文件或者信息披露资料存在相互矛盾或者同一事实表述不一致且有实质性差异；

（四）文件披露的内容表述不清，逻辑混乱，严重影响投资者理解；

（五）未及时报告或者未及时披露重大事项。

发行人存在前款规定情形的，中国证监会可视情节轻重，采取责令改正、监管谈话、出具警示函、6个月至1年内不接受发行人公开发行证券相关文件的监管措施。

第七十五条　发行人披露盈利预测的，利润实现数如未达到盈利预测的80%，除因不可抗力外，其法定代表人、财务负责人应当在股东大会及中国证监会指定报刊上公开作出解释并道歉；中国证监会可以对法定代表人处以警告。

利润实现数未达到盈利预测的50%的，除因不可抗力外，中国证监会在3年内不受理该公司的公开发行证券申请。

注册会计师为上述盈利预测出具审核报告的过程中未勤勉尽责的，中国证监会将视情节轻重，对相关机构和责任人员采取监管谈话等监管措施，记入诚信档案并公布；情节严重的，给予警告等行政处罚。

第七十六条　发行人及其控股股东和实际控制人、董事、监事、高级管理人员，保荐人、承销商、证券服务机构及其相关执业人员，在股票公开发行并上市相关的活动中存在其他违反本办法规定行为的，中国证监会可以视情节轻重，采取责令改正、监管谈话、出具警示函、责令公开说明、责令参加培训、责令定期报告、认定为不适当人选、暂不受理与行政许可有关的文件等监管措施，或者采取证券市场禁入的措施。

第七十七条　发行人及其控股股东、实际控制人、保荐人、证券服务机构及其相关人员违反《中华人民共和国证券法》依法应予以行政处罚的，中国证监会将依法予以处罚；对欺诈发行、虚假陈述负有责任的发行人、保荐人、会计师事务所、律师事务所、资产评估机构及其责任人员依法从重处罚。涉嫌犯罪的，依法移送司法机关，追究其刑事责任。

第七十八条　交易所负责对发行人及其控股股东、实际控制人、保荐人、承销商、证券服务机构等进行自律监管。

中国证券业协会负责制定保荐业务、发行承销自律监管规则，对保荐人、承销商、保荐代表人、网下投资者进行自律监管。

交易所和中国证券业协会应当对发行上市过程中违反自律监管规则的行为采取自律监管措施或者给予纪律处分。

第七十九条　中国证监会会同有关部门，加强对发行人等相关市场主体的监管信息共享，完善失信联合惩戒机制。

第八章　附　　则

第八十条　符合《国务院办公厅转发证监会关于开展创新企业境内发行股票或存托凭证试点若干意见的通知》（国办发〔2018〕21号，以下简称《若干意见》）等规定的红筹企业，申请首次公开发行股票并在科创板上市，还应当符合本办法相关规定，但公司形式可适用其注册地法律规定；申请发行存托凭证并在科创板上市的，适用本办法关于发行上市审核注册程序的规定。

前款规定的红筹企业在科创板发行上市，适用《若干意见》“营业收入快速增长，拥有自主研发、国际领先技术，同行业竞争中处于相对优势地位”的具体标准，由交易所制定具体规则，并报中国证监会批准。

第八十一条　本办法自公布之日起施行。

科创板上市公司持续监管办法(试行)

(2019年3月1日　证监会令第154号)

第一章　总　　则

第一条　为了规范科创企业股票、存托凭证在上海证券交易所(以下简称交易所)科创板上市后相关各方的行为,支持引导科技创新企业更好地发展,保护投资者合法权益,根据《中华人民共和国证券法》(以下简称《证券法》)、《中华人民共和国公司法》、《国务院办公厅转发证监会关于开展创新企业境内发行股票或存托凭证试点若干意见的通知》、《关于在上海证券交易所设立科创板并试点注册制的实施意见》(以下简称《实施意见》)以及相关法律法规,制定本办法。

第二条　中国证券监督管理委员会(以下简称中国证监会)根据《证券法》等法律法规、《实施意见》、本办法和中国证监会其他相关规定,对科创板上市公司(以下简称科创公司)及相关主体进行监督管理。中国证监会其他相关规定与本办法规定不一致的,适用本办法。

第三条　交易所根据《实施意见》、《证券交易所管理办法》、本办法等有关规定,建立以上市规则为中心的科创板持续监管规则体系,在持续信息披露、股份减持、并购重组、股权激励、退市等方面制定符合科创公司特点的具体实施规则。科创公司应当遵守交易所持续监管实施规则。

交易所应当履行一线监管职责,加强信息披露与二级市场交易监管联动,加大现场检查力度,强化监管问询,切实防范和打击内幕交易与操纵市场行为,督促科创公司提高信息披露质量。

第二章　公司治理

第四条　科创公司应当保持健全、有效、透明的治理体系和监督机制,保证股东大会、董事会、监事会规范运作,督促董事、监事和高级管理人员履行忠实、勤勉义务,保障全体股东合法权利,积极履行社会责任,保护利益相关者的基本权益。

第五条　科创公司控股股东、实际控制人应当诚实守信,依法行使权利,严格履行承诺,维持公司独立性,维护公司和全体股东的共同利益。

第六条　科创公司应当积极回报股东,根据自身条件和发展阶段,制定并执行现金分红、股份回购等股东回报政策。交易所可以制定股东回报相关规则。

第七条　存在特别表决权股份的科创公司,应当在公司章程中规定特别表决权股份的持有人资格、特别表决权股份拥有的表决权数量与普通股份拥有的表决权数量的比例安排、持有人所持特别表决权股份能够参与表决的股东大会事项范围、特别表决权股份锁定安排及转让限制、特别表决权股份与普通股份的转换情形等事项。公司章程有关上述事项的规定,应当符合交易所的有关规定。

科创公司应当在定期报告中持续披露特别表决权安排的情况;特别表决权安排发生重大变化的,应当及时披露。

交易所应对存在特别表决权股份科创公司的上市条件、表决权差异的设置、存续、调整、信息披露和投资者保护事项制定有关规定。

第三章　信息披露

第八条　科创公司和相关信息披露义务人应当及时、公平地披露所有可能对证券交易价格或者投资决策有较大影响的事项,保证所披露信息的真实、准确、完整,不存在虚假记载、误导性陈述或者重大遗漏。

第九条　控股股东和实际控制人应当积极配合科创公司履行信息披露义务,不得要求或者协助科创公司隐瞒应当披露的信息。

第十条　科创公司筹划的重大事项存在较大不确定性,立即披露可能会损害公司利益或者误导投资者,且有关内幕信息知情人已书面承诺保密的,公司可以暂不披露,但最迟应在该重大事项形成最终决议、签署最终协议、交易确定能够达成时对外披露。已经泄密或确实难以保密的,科创公司应当立即披露该信息。

第十一条　科创公司应当结合所属行业特点,充分披露行业经营信息,尤其是科研水平、科研人员、科研投入等能够反映行业竞争力的信息以及核心技术人员任职及持股情况,便于投资者合理决策。

第十二条　科创公司应当充分披露可能对公司核心竞争力、经营活动和未来发展产生重大不利影响的风险因素。

科创公司尚未盈利的,应当充分披露尚未盈利的成因,以及对公司现金流、业务拓展、人才吸引、团队稳定性、研发投入、战略性投入、生产经营可持续性等方面的影响。

第十三条　科创公司和相关信息披露义务人认为相关信息有助于投资者决策,但不属于依法应当披露信息的,可以自愿披露。

科创公司自愿披露的信息应当真实、准确、完整,科创公司不得利用该等信息不当影响公司股票价格,并应当按照同一标准披露后续类似事件。

第十四条　科创公司和信息披露义务人确有需要的,可以在非交易时段对外发布重大信息,但应当在下一交易时段开始前披露相关公告,不得以新闻发布或者答记者问等形式代替信息披露。

第十五条　科创公司和相关信息披露义务人适用中国证监会、交易所相关信息披露规定,可能导致其难以反映经营活动的实际情况、难以符合行业监管要求或者公司注册地有关规定的,可以依照有关规定暂缓适用或免于适用,但是应当充分说明原因和替代方案,并聘请律师事务所出具法律意见。中国证监会、交易所认为依法不应调整适用的,科创公司和相关信息披露义务人应当执行相关规定。

第四章　股 份 减 持

第十六条　股份锁定期届满后,科创公司控股股东、实际控制人、董事、监事、高级管理人员、核心技术人员及其他股东减持首次公开发行前已发行的股份(以下简称首发前股份)以及通过非公开发行方式取得的股份的,应当遵守交易所有关减持方式、程序、价格、比例以及后续转让等事项的规定。

第十七条　上市时未盈利的科创公司,其控股股东、实际控制人、董事、监事、高级管理人员、核心技术人员所持首发前股份的股份锁定期应适当延长,具体期限由交易所规定。

第十八条　科创公司核心技术人员所持首发前股份的股份锁定期应适当延长,具体期限由交易所规定。

第五章　重大资产重组

第十九条　科创公司并购重组,由交易所统一审核;涉及发行股票的,由交易所审核通过后报经中国证监会履行注册程序。审核标准等事项由交易所规定。

第二十条　科创公司重大资产重组或者发行股份购买资产,标的资产应当符合科创板定位,并与公司主营业务具有协同效应。

第六章　股 权 激 励

第二十一条　科创公司以本公司股票为标的实施股权激励的,应当设置合理的公司业绩和个人绩效等考核指标,有利于公司持续发展。

第二十二条　单独或合计持有科创公司5%以上股份的股东或实际控制人及其配偶、父母、子女,作为董事、高级管理人员、核心技术人员或者核心业务人员的,可以成为激励对象。

科创公司应当充分说明前款规定人员成为激励对象的必要性、合理性。

第二十三条　科创公司授予激励对象的限制性股票,包括符合股权激励计划授予条件的激励对象在满足相应条件后分次获得并登记的本公司股票。

限制性股票的授予和登记等事项,应当遵守交易所和证券登记结算机构的有关规定。

第二十四条　科创公司授予激励对象限制性股票的价格,低于市场参考价 50% 的,应符合交易所有关规定,并应说明定价依据及定价方式。

出现前款规定情形的,科创公司应当聘请独立财务顾问,对股权激励计划的可行性、相关定价依据和定价方法的合理性、是否有利于公司持续发展、是否损害股东利益等发表意见。

第二十五条　科创公司全部在有效期内的股权激励计划所涉及的标的股票总数,累计不得超过公司总股本的 20%。

第七章　终止上市

第二十六条　科创公司触及终止上市标准的,股票直接终止上市,不再适用暂停上市、恢复上市、重新上市程序。

第二十七条　科创公司构成欺诈发行、重大信息披露违法或者其他涉及国家安全、公共安全、生态安全、生产安全和公众健康安全等领域的重大违法行为的,股票应当终止上市。

第二十八条　科创公司股票交易量、股价、市值、股东人数等交易指标触及终止上市标准的,股票应当终止上市,具体标准由交易所规定。

第二十九条　科创公司丧失持续经营能力,财务指标触及终止上市标准的,股票应当终止上市。

科创板不适用单一的连续亏损终止上市指标,交易所应当设置能够反映公司持续经营能力的组合终止上市指标。

第三十条　科创公司信息披露或者规范运作方面存在重大缺陷,严重损害投资者合法权益、严重扰乱证券市场秩序的,其股票应当终止上市。交易所可依据《证券法》在上市规则中作出具体规定。

第八章　其他事项

第三十一条　达到一定规模的上市公司,可以依据法律法规、中国证监会和交易所有关规定,分拆业务独立、符合条件的子公司在科创板上市。

第三十二条　科创公司应当建立完善募集资金管理使用制度,按照交易所规定持续披露募集资金使用情况和募集资金重点投向科技创新领域的具体安排。

第三十三条　科创公司控股股东、实际控制人质押公司股份的,应当合理使用融入资金,维持科创公司控制权和生产经营稳定,不得侵害科创公司利益或者向科创公司转移风险,并依据中国证监会、交易所的规定履行信息披露义务。

第三十四条　科创公司及其股东、实际控制人、董事、监事、高级管理人员、其他信息披露义务人、内幕信息知情人等相关主体违反本办法的,中国证监会根据《证券法》等法律法规和中国证监会其他有关规定,依法追究其法律责任。

第三十五条　中国证监会会同有关部门,加强对科创公司等相关市场主体的诚信信息共享,完善失信联合惩戒机制。

第九章　附　　则

第三十六条　本办法自公布之日起施行。

期货公司监督管理办法

（2019 年 6 月 4 日　证监会令第 155 号）

第一章　总　　则

第一条　为了规范期货公司经营活动，加强对期货公司监督管理，保护客户合法权益，推进期货市场建设，根据《公司法》和《期货交易管理条例》等法律、行政法规，制定本办法。

第二条　在中华人民共和国境内设立的期货公司，适用本办法。

第三条　期货公司应当遵守法律、行政法规和中国证券监督管理委员会（以下简称中国证监会）的规定，审慎经营，防范利益冲突，履行对客户的诚信义务。

第四条　期货公司的股东、实际控制人和其他关联人不得滥用权利，不得占用期货公司资产或者挪用客户资产，不得侵害期货公司、客户的合法权益。

第五条　中国证监会及其派出机构依法对期货公司及其分支机构实行监督管理。

中国期货业协会、期货交易所按照自律规则对期货公司实行自律管理。

期货保证金安全存管监控机构依法对客户保证金安全实施监控。

第二章　设立、变更与业务终止

第六条　申请设立期货公司，除应当符合《期货交易管理条例》第十六条规定的条件外，还应当具备下列条件：

（一）注册资本不低于人民币 1 亿元；

（二）具有期货从业人员资格的人员不少于 15 人；

（三）具备任职条件的高级管理人员不少于 3 人。

第七条　期货公司主要股东为法人或者非法人组织的，应当具备下列条件：

（一）实收资本和净资产均不低于人民币 1 亿元；

（二）净资产不低于实收资本的 50%，或有负债低于净资产的 50%，不存在对财务状况产生重大不确定影响的其他风险；

（三）具备持续盈利能力，持续经营 3 个以上完整的会计年度，最近 3 个会计年度连续盈利；

（四）出资额不得超过其净资产，且资金来源真实合法，不得以委托资金、负债资金等入股期货公司；

（五）信誉良好、公司治理规范、组织架构清晰、股权结构透明，主营业务性质与期货公司具有相关性；

（六）没有较大数额的到期未清偿债务；

（七）近 3 年未因重大违法违规行为受到行政处罚或者刑事处罚；

（八）未因涉嫌重大违法违规正在被有权机关立案调查或者采取强制措施；

（九）近 3 年作为公司（含金融机构）的股东或者实际控制人，未有滥用股东权利、逃避股东义务等不诚信行为；

（十）不存在中国证监会根据审慎监管原则认定的其他不适合持有期货公司股权的情形。

第八条　期货公司主要股东为自然人的，除应当符合本办法第七条第（四）项、第（六）项至第（十）项规定的条件外，还应当具备下列条件：

（一）个人金融资产不低于人民币 3000 万元；

（二）信誉良好，不存在对所投资企业经营失败或重大违法违规行为负有直接责任未逾 3 年的情形。

间接持有期货公司5%以上股权的自然人应当符合前款规定。

第九条　期货公司控股股东、第一大股东除应当符合本办法第七条、第八条规定的条件外,还应当具备下列条件:

(一)净资本不低于人民币5亿元;股东不适用净资本或者类似指标的,净资产不低于人民币10亿元;

(二)在技术能力、管理服务、人员培训或营销渠道等方面具有较强优势;

(三)具备对期货公司持续的资本补充能力,对期货公司可能发生风险导致无法正常经营的情况具有妥善处置的能力;

(四)中国证监会根据审慎监管原则规定的其他条件。

第十条　非金融企业入股期货公司成为主要股东或者控股股东、第一大股东的,除应当符合本办法第七条、第九条规定的相关条件外,还应当具备下列条件:

(一)符合国家关于加强非金融企业投资金融机构监管的有关规定和相关指导意见;

(二)中国证监会根据审慎监管原则规定的其他条件。

第十一条　期货公司主要股东、控股股东、第一大股东为境外股东的,除应当符合本办法第七条、第九条规定的条件外,还应当具备下列条件:

(一)依其所在国家或者地区法律设立、合法存续的金融机构;

(二)近3年各项财务指标及监管指标符合所在国家或者地区法律的规定和监管机构的要求;

(三)所在国家或者地区具有完善的期货法律和监督管理制度,其期货监管机构已与中国证监会签订监管合作备忘录,并保持有效的监管合作关系;

(四)期货公司外资持股比例或者拥有的权益比例,累计(包括直接持有和间接持有)不得超过我国期货业对外或者对我国香港特别行政区、澳门特别行政区和台湾地区开放所作的承诺。

境外股东应当以可自由兑换货币或者合法取得的人民币出资。

(五)中国证监会根据审慎监管原则规定的其他条件。

第十二条　期货公司有关联关系的股东持股比例合计达到5%的,持股比例最高的股东应当符合本办法第七条、第八条和第十一条规定的条件。

期货公司有关联关系的股东、一致行动人持股比例合计达到成为期货公司控股股东、第一大股东的,持股比例最高的股东应当符合本办法第九条、第十一条规定的条件。涉及的非金融企业股东应当符合本办法第十条、第十一条规定的条件。

第十三条　申请设立期货公司,应当向中国证监会提交下列申请材料:

(一)申请书;

(二)发起协议;

(三)非自然人股东按照其自身决策程序同意出资设立期货公司的决定文件;

(四)公司章程草案;

(五)经营计划;

(六)发起人名单及其最近3年经会计师事务所审计的财务报告或者个人金融资产证明以及不存在对所投资企业经营失败或重大违法违规行为负有直接责任未逾3年的说明;

(七)拟任用高级管理人员和从业人员名单、简历、相关任职条件证明和相关资格证书;

(八)拟订的期货业务制度、内部控制制度和风险管理制度文本;

(九)场地、设备、资金来源证明文件;

(十)股权结构及股东间关联关系、一致行动人关系的说明;

(十一)资本补充方案及风险处置预案;

(十二)律师事务所出具的法律意见书;

(十三)中国证监会规定的其他申请材料。

期货公司单个境外股东的持股比例或者有关联关系的境外股东合计持股比例达到5%以上的,还应当提交下列申请材料:

(一)境外股东的章程、营业执照或者注册证书和相关业务资格证书复印件;

(二)境外股东所在国家或者地区的相关监管机构或者中国证监会认可的境外机构出具的关于其符合本办法第七条第(七)项、第(八)项与第十一条第(二)项规定条件的说明函。

存在非金融企业为期货公司主要股东、控股股东、第一大股东情形的,除上述材料外,还需提交国家关于加强非金融企业投资金融机构监管的有关规定和相关指导意见要求的其他材料。

第十四条　外资持有股权的期货公司,应当按照法律、行政法规的规定,向国务院商务主管部门和外汇管理部门申请办理相关手续。

第十五条　按照本办法设立的期货公司,可以依法从事商品期货经纪业务;从事金融期货经纪、境外期货经纪、期货投资咨询的,应当取得相应业务资格。从事资产管理业务的,应当依法登记备案。

期货公司经批准或者备案可以从事中国证监会规定的其他业务。

第十六条　期货公司申请金融期货经纪业务资格,应当具备下列条件:

(一)申请日前2个月风险监管指标持续符合规定标准;

(二)具有健全的公司治理、风险管理制度和内部控制制度,并有效执行;

(三)符合中国证监会期货保证金安全存管监控的规定;

(四)业务设施和技术系统符合相关技术规范且运行状况良好;

(五)高级管理人员近2年内未受到刑事处罚,未因违法违规经营受到行政处罚,无不良信用记录,且不存在因涉嫌违法违规经营正在被有权机关调查的情形;

(六)不存在被中国证监会及其派出机构采取《期货交易管理条例》第五十五条第二款、第五十六条规定的监管措施的情形;

(七)不存在因涉嫌违法违规正在被有权机关立案调查的情形;

(八)近2年内未因违法违规行为受过刑事处罚或者行政处罚。但期货公司控股股东或者实际控制人变更,高级管理人员变更比例超过50%,对出现上述情形负有责任的高级管理人员和业务负责人已不在公司任职,且已整改完成并经期货公司住所地中国证监会派出机构验收合格的,可不受此限制;

(九)中国证监会根据审慎监管原则规定的其他条件。

第十七条　期货公司申请金融期货经纪业务资格,应当向中国证监会提交下列申请材料:

(一)申请书;

(二)加盖公司公章的营业执照和业务许可证复印件;

(三)股东会或者董事会决议文件;

(四)申请日前2个月风险监管报表;

(五)公司治理、风险管理制度和内部控制制度执行情况报告;

(六)业务设施和技术系统运行情况报告,以及信息系统内部审计报告等网络安全相关材料;

(七)律师事务所出具的法律意见书;

(八)若存在本办法第十六条第(八)项规定情形的,还应提供期货公司住所地中国证监会派出机构出具的整改验收合格意见书;

(九)中国证监会规定的其他申请材料。

第十八条　期货公司申请境外期货经纪、期货投资咨询以及经批准或者备案的其他业务的条件,由中国证监会另行规定。

第十九条　期货公司变更股权有下列情形之一的,应当经中国证监会批准:

(一)变更控股股东、第一大股东;

(二)单个股东的持股比例或者有关联关系的股东合计持股比例增加到5%以上,且涉及境外股东的。

除前款规定情形外,期货公司单个股东的持股比例或者有关联关系的股东合计持股比例增加到5%以上,应当经期货公司住所地中国证监会派出机构批准。

第二十条　期货公司变更股权有本办法第十九条所列情形的,应当具备下列条件:

(一)拟变更的股权不存在被冻结等情形;

(二)期货公司与股东之间不存在交叉持股的情形,期货公司不存在为股权受让方提供任何形式财务支持的情形;

(三)涉及的股东符合本办法第七条至第十二条规定的条件。

第二十一条　期货公司变更股权,有本办法第十九条所列情形的,应当提交下列相关申请材料:

(一)申请书;

(二)关于变更股权的决议文件;

(三)股权转让或者变更出资合同,以及有限责任公司其他股东放弃优先购买权的承诺书;

(四)所涉及股东的基本情况报告、变更后

期货公司股东股权背景情况图以及期货公司关于变更后股东是否存在关联关系、期货公司是否为股权受让方提供任何形式财务支持的情况说明；

（五）所涉及股东的股东会、董事会或者其他决策机构做出的相关决议；

（六）所涉及股东的最近3年经会计师事务所审计的财务报告或者个人金融资产证明以及不存在对所投资企业经营失败或重大违法违规行为负有直接责任未逾3年的说明；

（七）律师事务所出具的法律意见书；

（八）中国证监会规定的其他材料。

期货公司单个境外股东的持股比例或者有关联关系的境外股东合计持股比例增加到5%以上的，还应当提交本办法第十三条第二款所规定的申请材料。

存在非金融企业为期货公司主要股东、控股股东、第一大股东情形的，除上述材料外，还需提交国家关于加强非金融企业投资金融机构监管的有关规定和相关指导意见要求的其他材料。

期货公司发生本办法第十九条规定情形以外的股权变更，且股权登记管理未在证券登记结算机构实施的，应当自完成工商变更登记手续之日起5个工作日内向公司住所地中国证监会派出机构报备下列书面材料：

（一）变更持有5%以下股权股东情况报告；

（二）股权受让方相关背景材料；

（三）股权背景情况图；

（四）股权变更相关文件；

（五）公司章程、准予变更登记文件、营业执照复印件；

（六）中国证监会规定的其他材料。

第二十二条 期货公司股东应当秉承长期投资理念，依法行使股东权利，履行股东义务，督促期货公司完善治理结构、风险管理与内部控制制度，实现持续、健康发展。

第二十三条 期货公司拟入股股东应当充分了解期货公司股东条件、权利和义务，入股期货公司的程序应当完备合法，不得存在损害期货公司其他股东或者客户的合法权益以及通过隐瞒等方式规避期货公司股东资格审批或者监管的情况。

第二十四条 期货公司股权出让方在股权转让期间，应当支持并配合期货公司董事会、监事会和高级管理人员依法履行职责，不得在股权转让完成前推荐股权受让方相关人员担任期货公司董事、监事、高级管理人员。

期货公司股东出让股权依法应经中国证监会批准的，在批准前，股权出让方应当继续独立行使表决权及其他股东权利，不得以任何形式变相让渡表决权予股权受让方。

第二十五条 期货公司变更法定代表人，拟任法定代表人应当具备任职条件。期货公司应当自完成相关工商变更登记之日起5个工作日内向住所地中国证监会派出机构提交下列备案材料：

（一）备案报告；

（二）变更后的营业执照副本复印件；

（三）公司决议文件；

（四）法定代表人期货从业资格证书、任职条件证明；

（五）期货公司原《经营证券期货业务许可证》正、副本原件；

（六）中国证监会要求提交的其他文件。

第二十六条 期货公司变更住所或营业场所，应当妥善处理客户资产，拟迁入的住所和拟使用的设施应当符合业务需要，并自完成相关工商变更登记之日起5个工作日内向住所地中国证监会派出机构报备。期货公司在中国证监会不同派出机构辖区变更住所的，还应当符合下列条件：

（一）符合持续性经营规则；

（二）近2年未因重大违法违规行为受到行政处罚或者刑事处罚；

（三）中国证监会根据审慎监管原则规定的其他条件。

第二十七条 期货公司变更住所或营业场所，应当向拟迁入地中国证监会派出机构提交下列备案材料：

（一）备案报告；

（二）变更后的营业执照副本复印件；

（三）公司决议文件；

（四）关于客户资产处理情况，变更后住所和使用的设施符合期货业务需要的说明；

（五）变更后住所所有权或者使用权证明；

（六）首席风险官出具的公司符合相关条

件的意见；

（七）期货公司原《经营证券期货业务许可证》正、副本原件；

（八）中国证监会要求提交的其他文件。

期货公司在提交备案材料时，应当将备案材料同时抄报拟迁出地中国证监会派出机构。

第二十八条　期货公司设立营业部、分公司等境内分支机构，应当自完成相关工商设立登记之日起5个工作日内向公司住所地中国证监会派出机构报备。

期货公司设立境内分支机构，应当具备下列条件：

（一）公司治理健全，内部控制制度符合有关规定并有效执行；

（二）申请日前3个月符合风险监管指标标准；

（三）符合有关客户资产保护和期货保证金安全存管监控的规定；

（四）未因涉嫌违法违规经营正在被有权机关调查，近1年内未因违法违规经营受到行政处罚或者刑事处罚；

（五）具有符合业务发展需要的分支机构设立方案和稳定的经营计划；

（六）中国证监会根据审慎监管原则规定的其他条件。

第二十九条　期货公司设立境内分支机构，应当向公司住所地中国证监会派出机构提交下列备案材料：

（一）备案报告；

（二）分支机构营业执照副本复印件；

（三）公司决议文件；

（四）分支机构负责人任职条件证明；

（五）分支机构从业人员名册及期货从业资格证书；

（六）营业场所所有权或者使用权证明；

（七）首席风险官出具的公司符合相关条件的意见；

（八）中国证监会要求提交的其他文件。

期货公司在提交备案材料时，应当将备案材料同时抄报拟设立分支机构所在地的中国证监会派出机构。

第三十条　期货公司变更分支机构营业场所的，应当妥善处理客户资产，拟迁入的营业场所和拟使用的设施应当满足业务需要。

本办法所称期货公司变更分支机构营业场所仅限于在中国证监会同一派出机构辖区内变更营业场所。

第三十一条　期货公司终止境内分支机构的，应当先行妥善处理该分支机构客户资产，结清分支机构业务并终止经营活动，并自完成上述工作之日起5个工作日内向分支机构所在地中国证监会派出机构提交下列备案材料：

（一）备案报告；

（二）公司决议文件；

（三）关于处理分支机构客户资产、结清期货业务并终止经营活动情况的说明；

（四）在中国证监会指定报刊上的公告证明；

（五）首席风险官出具的公司符合相关条件的意见；

（六）期货公司分支机构《经营证券期货业务许可证》正、副本原件；

（七）中国证监会要求提交的其他文件。

期货公司在提交备案材料时，应当将备案材料同时抄报公司住所地的中国证监会派出机构。

第三十二条　期货公司设立、收购、参股境外经营机构，应当具备下列条件，并应当自公司决议生效之日起5个工作日内向中国证监会报备：

（一）申请日前6个月符合风险监管指标标准；

（二）最近一次期货公司分类监管评级不低于B类BB级；

（三）近3年内未因重大违法违规行为受到行政处罚或者刑事处罚，近1年未因治理结构不健全、内部控制不完善等原因被采取监管措施，不存在因涉嫌重大违法违规行为正在被立案调查或者正处于整改期间的情形；

（四）具有完备的境外机构管理制度，能够有效隔离风险；

（五）拟设立、收购或者参股机构所在国家或者地区的期货监管机构已与中国证监会签署监管合作备忘录；

（六）中国证监会根据审慎监管原则规定的其他条件。

第三十三条　期货公司设立、收购、参股境外经营机构，应当自获得境外有关监管机构核准文件之日起 5 个工作日内向中国证监会提交下列备案材料：

（一）备案报告；

（二）境外经营机构的章程；

（三）境外有关监管机构核准文件；

（四）中国证监会要求的其他资料。

期货公司变更境外经营机构注册资本或股权以及终止境外经营机构的，应当自获得境外有关监管机构核准文件之日起 5 个工作日内向中国证监会提交下列备案材料：

（一）备案报告；

（二）最近一年经具有证券、期货相关业务资格的会计师事务所审计的境外经营机构的财务报告；

（三）中国证监会要求的其他资料。

第三十四条　期货公司申请设立、收购或者参股境外经营机构，应当按照外汇管理部门相关规定办理有关手续。

第三十五条　期货公司因遭遇不可抗力等正当事由申请停业的，应当妥善处理客户资产，清退或者转移客户。

期货公司恢复营业的，应当符合期货公司持续性经营规则。停业期限届满后，期货公司未能恢复营业或者不符合持续性经营规则的，中国证监会可以根据《期货交易管理条例》第二十条第一款规定注销其期货业务许可证。

第三十六条　期货公司停业的，应当向中国证监会提交下列申请材料：

（一）申请书；

（二）停业决议文件；

（三）关于处理客户资产、处置或者清退客户情况的报告；

（四）中国证监会规定的其他材料。

第三十七条　期货公司被撤销所有期货业务许可的，应当妥善处理客户资产，结清期货业务；公司继续存续的，应当依法办理名称、营业范围和公司章程等工商变更登记，存续公司不得继续以期货公司名义从事业务，其名称中不得有“期货”或者近似字样。

期货公司解散、破产的，应当先行妥善处理客户资产，结清业务。

第三十八条　期货公司设立、变更、停业、解散、破产、被撤销期货业务许可或者其分支机构设立、变更、终止的，期货公司应当在中国证监会指定的媒体上公告。

第三十九条　期货公司及其分支机构的许可证由中国证监会统一印制。许可证正本或者副本遗失或者灭失的，期货公司应当在 30 个工作日内在中国证监会指定的媒体上声明作废，并持登载声明向中国证监会或期货公司分支机构所在地派出机构重新申领。

第三章　公 司 治 理

第四十条　期货公司应当按照明晰职责、强化制衡、加强风险管理的原则，建立并完善公司治理。

第四十一条　期货公司与其股东、实际控制人及其他关联人在业务、人员、资产、财务等方面应当严格分开，独立经营，独立核算。

未依法经期货公司股东会或者董事会决议，期货公司股东、实际控制人不得任免期货公司的董事、监事、高级管理人员，或者非法干预期货公司经营管理活动。

期货公司向股东、实际控制人及其关联人提供服务的，不得降低风险管理要求。

第四十二条　期货公司应当加强关联交易管理，准确识别关联方，严格落实关联交易审批和信息披露制度，及时向公司住所地中国证监会派出机构报告关联交易情况。

期货公司股东、实际控制人和其他关联人应当遵守法律、行政法规和中国证监会关于关联交易的相关规定，不得与期货公司进行不当的关联交易，不得利用其对期货公司经营管理的影响力获取不当利益。

第四十三条　期货公司控股股东、第一大股东应当每年对自身遵守法律法规及监管规定情况、经营状况、履行对期货公司承诺事项和期货公司章程的情况进行自查自评，每年度结束之日起 4 个月内将评估报告通过期货公司报送期货公司住所地中国证监会派出机构。

第四十四条　期货公司主要股东或者实际控制人出现下列情形之一的，应当主动、准确、完整地在 3 个工作日内通知期货公司：

（一）所持有的期货公司股权被冻结或者被强制执行；

（二）质押或解除质押所持有的期货公司股权；

（三）决定转让所持有的期货公司股权；

（四）不能正常行使股东权利或者承担股东义务，可能造成期货公司治理的重大缺陷；

（五）股权变更或者业务范围、经营管理发生重大变化；

（六）董事长、总经理或者代为履行相应职务的董事、高级管理人员等发生变动；

（七）因国家法律法规、重大政策调整或者不可抗力等因素，可能对公司经营管理产生重大不利影响；

（八）涉嫌重大违法违规被有权机关调查或者采取强制措施；

（九）因重大违法违规行为受到行政处罚或者刑事处罚；

（十）变更名称；

（十一）合并、分立或者进行重大资产、债务重组；

（十二）被采取停业整顿、撤销、接管、托管等监管措施，或者进入解散、破产、关闭程序；

（十三）其他可能影响期货公司股权变更或者持续经营的情形。

期货公司主要股东发生前款规定情形的，期货公司应当自收到通知之日起3个工作日内向期货公司住所地中国证监会派出机构报告。

期货公司实际控制人发生第一款第（八）项至第（十二）项所列情形的，期货公司应当自收到通知之日起3个工作日内向中国证监会及住所地派出机构报告。

第四十五条 期货公司有下列情形之一的，应当立即书面通知全体股东或进行公告，并向住所地中国证监会派出机构报告：

（一）公司或者其董事、监事、高级管理人员因涉嫌违法违规被有权机关立案调查或者采取强制措施；

（二）公司或者其董事、监事、高级管理人员因违法违规行为受到行政处罚或者刑事处罚；

（三）风险监管指标不符合规定标准；

（四）客户发生重大透支、穿仓，可能影响期货公司持续经营；

（五）发生突发事件，对期货公司或者客户利益产生或者可能产生重大不利影响；

（六）其他可能影响期货公司持续经营的情形。

中国证监会及其派出机构对期货公司及其分支机构采取《期货交易管理条例》第五十五条第二款、第四款或者第五十六条规定的监管措施或者作出行政处罚，期货公司应当书面通知全体股东或进行公告。

第四十六条 期货公司股东会或股东大会应当按照《公司法》和公司章程，对职权范围内的事项进行审议和表决。股东会或股东大会每年应当至少召开一次会议。期货公司股东应当按照出资比例或者所持股份比例行使表决权。

第四十七条 期货公司应当设立董事会，并按照《公司法》的规定设立监事会或监事，切实保障监事会和监事对公司经营情况的知情权。

期货公司可以设立独立董事，期货公司的独立董事不得在期货公司担任董事会以外的职务，不得与本期货公司存在可能妨碍其作出独立、客观判断的关系。

第四十八条 期货公司应当设首席风险官，对期货公司经营管理行为的合法合规性、风险管理进行监督、检查。

首席风险官发现涉嫌占用、挪用客户保证金等违法违规行为或者可能发生风险的，应当立即向住所地中国证监会派出机构和公司董事会报告。

期货公司拟解聘首席风险官的，应当有正当理由，并向住所地中国证监会派出机构报告。

第四十九条 期货公司的董事长、总经理、首席风险官之间不得存在近亲属关系。

第五十条 期货公司应当合理设置业务部门及其职能，建立岗位责任制度，不相容岗位应当分离。交易、结算、财务业务应当由不同部门和人员分开办理。

期货公司应当设立风险管理部门或者岗位，管理和控制期货公司的经营风险。

期货公司应当设立合规审查部门或者岗位，审查和稽核期货公司经营管理的合法合规性。

第五十一条 期货公司应当建立健全并持续完善覆盖境内外分支机构、子公司及其业务的合规管理、风险管理和内部控制体系，贯穿决策、执行、监督、反馈等各个环节，实现风险管理全覆盖。

第五十二条 期货公司应当对分支机构实

行集中统一管理,不得与他人合资、合作经营管理分支机构,不得将分支机构承包、租赁或者委托给他人经营管理。

分支机构经营的业务不得超出期货公司的业务范围,并应当符合中国证监会对相关业务的规定。

期货公司应当按照规定对分支机构实行统一结算、统一风险管理、统一资金调拨、统一财务管理和会计核算。

第五十三条　期货公司设立、收购、参股的境外经营机构发生下列事项的,期货公司应当在5个工作日内向公司住所地中国证监会派出机构书面报告:

(一)注册登记、取得业务资格、设立子公司;

(二)变更名称、变更业务范围以及修改章程重要条款等;

(三)取得、变更或者注销交易所、协会等会员资格;

(四)变更董事长、总经理、合规负责人和风险管理负责人;

(五)机构或其从业人员受到境外监管机构或交易所的调查、纪律处分或处罚;

(六)预计发生重大亏损或者遭受超过净资产10%的重大损失;

(七)与期货公司及其关联方发生重大关联交易;

(八)按规定应当向境外监管机构报告的重大事项;

(九)中国证监会规定的其他重大事项。

第五十四条　期货公司应当在每月结束之日起7个工作日内报送设立、收购的境外经营机构的上一月度主要财务数据及业务情况。

期货公司应当在每会计年度结束之日起4个月内报送上一年度境外经营机构经审计的财务报告、审计报告以及年度工作报告,年度工作报告的内容包括但不限于:持牌情况、业务开展情况、财务状况、下属机构以及被境外监管机构采取监管措施或处罚等情况。

第五十五条　期货公司可以按照规定,运用自有资金投资于股票、投资基金、债券等金融类资产,与业务相关的股权以及中国证监会规定的其他业务,但不得从事《期货交易管理条例》禁止的业务。

第四章　业务规则

第一节　一般规定

第五十六条　期货公司应当建立并有效执行风险管理、内部控制、期货保证金存管等业务制度和流程,有效隔离不同业务之间的风险,确保客户资产安全和交易安全。

第五十七条　期货公司应当按照规定实行投资者适当性管理制度,建立执业规范和内部问责机制,了解客户的经济实力、专业知识、投资经历和风险偏好等情况,审慎评估客户的风险承受能力,提供与评估结果相适应的产品或者服务。

期货公司应当向客户全面客观介绍相关法律法规、业务规则、产品或者服务的特征,充分揭示风险,并按照合同的约定,如实向客户提供相关的资料、信息,不得欺诈或者误导客户。

期货公司应充分了解和评估客户风险承受能力,加强对客户的管理。

期货公司应当承担各项产品和服务的投资者教育义务,保障必要费用和人员配备,将投资者教育纳入各业务环节。

第五十八条　期货公司应当在本公司网站、营业场所等公示业务流程。

期货公司应当提供从业人员资格证书等资料供客户查阅,并在本公司网站和营业场所提示客户可以通过中国期货业协会网站查询。

第五十九条　期货公司应当承担投资者投诉处理的首要责任,建立、健全客户投诉处理制度,公开投诉处理流程,妥善处理客户投诉及与客户的纠纷。

第六十条　期货公司应当建立数据备份制度,对交易、结算、财务等数据进行备份管理。

期货公司应当妥善保存客户开户资料、委托记录、交易记录和与内部管理、业务经营有关的各项资料,任何人不得隐匿、伪造、篡改或者毁损,除依法接受调查和检查外,应当为客户保密,不得非法提供给他人。客户资料保存期限自账户销户之日起不得少于20年。

第二节 期货经纪业务

第六十一条 期货公司不得接受下列单位和个人的委托，为其进行期货交易：

（一）国家机关和事业单位；

（二）中国证监会及其派出机构、期货交易所、期货保证金安全存管监控机构、中国期货业协会工作人员及其配偶；

（三）期货公司工作人员及其配偶；

（四）证券、期货市场禁止进入者；

（五）未能提供开户证明材料的单位和个人；

（六）中国证监会规定的不得从事期货交易的其他单位和个人。

第六十二条 客户应当以自己的名义向期货公司提出开户申请，出具合法有效的单位、个人身份证明或者其他证明材料，如实提供相关信息和材料，承诺资金来源合法，对拟开立的账户与其他账户存在实际控制关系的，应当在开户时向期货公司披露。期货公司应当及时向期货交易所、期货保证金安全存管监控机构报告。

期货公司应当充分告知客户有关实际控制关系账户管理的规定，对客户实际控制关系账户的申报和变更进行管理。

第六十三条 期货公司应当对客户开户信息和资料进行审核。开户信息和资料不真实、不准确和不完整的，期货公司不得为其办理开户手续。

第六十四条 期货公司在为客户开立期货经纪账户前，应当向客户出示《期货交易风险说明书》，由客户签字确认，并签订期货经纪合同。

《〈期货经纪合同〉指引》和《期货交易风险说明书》由中国期货业协会制定。

第六十五条 客户可以通过书面、电话、计算机、互联网等委托方式下达交易指令。

期货公司应当建立交易指令委托管理制度，并与客户就委托方式和程序进行约定。期货公司应当按照客户委托下达交易指令，不得未经客户委托或者未按客户委托内容，擅自进行期货交易。期货公司从业人员不得私下接受客户委托进行期货交易。

以书面方式下达交易指令的，客户应当填写书面交易指令单；以电话方式下达交易指令的，期货公司应当同步录音；以计算机、互联网等委托方式下达交易指令的，期货公司应当以适当方式保存。以互联网方式下达交易指令的，期货公司应当对互联网交易风险进行特别提示。

第六十六条 期货公司应当进行客户交易指令审核。期货公司应当在传递交易指令前对客户账户资金和持仓进行验证。

期货公司应当按照时间优先的原则传递客户交易指令。

第六十七条 期货公司应当建立健全客户交易行为管理制度，发现客户交易指令涉嫌违法违规或者出现交易异常的，应当及时向期货交易所、期货保证金安全存管监控机构及住所地中国证监会派出机构报告。

第六十八条 期货公司应当在每日结算后为客户提供交易结算报告，并提示客户可以通过期货保证金安全存管监控机构进行查询。客户应当按照期货经纪合同约定方式对交易结算报告内容进行确认。

客户对交易结算报告有异议的，应当在期货经纪合同约定的时间内以书面方式提出，期货公司应当在约定时间内进行核实。客户未在约定时间内提出异议的，视为对交易结算报告内容的确认。

第六十九条 期货公司应当制定并执行错单处理业务规则。

第七十条 期货公司应当按照规定为客户申请、注销交易编码。客户与期货公司的委托关系终止的，应当办理销户手续。期货公司不得将客户未注销的资金账号、交易编码借给他人使用。

第七十一条 期货公司为境外交易者和境外经纪机构提供境内特定品种期货交易、结算服务的，应当遵守法律、行政法规及中国证监会的有关规定。

第七十二条 期货公司可以按照规定委托其他机构或者接受其他机构委托从事中间介绍业务。

第三节 期货投资咨询业务

第七十三条 期货公司可以依法从事期货

投资咨询业务,接受客户委托,向客户提供风险管理顾问、研究分析、交易咨询等服务。

第七十四条　期货公司从事期货投资咨询业务,应当与客户签订服务合同,明确约定服务内容、收费标准及纠纷处理方式等事项。

第七十五条　期货公司及其从业人员从事期货投资咨询业务,不得有下列行为:

(一)向客户做出保证其资产本金不受损失或者取得最低收益的承诺;

(二)以虚假信息、市场传言或者内幕信息为依据向客户提供期货投资咨询服务;

(三)对价格涨跌或者市场走势做出确定性的判断;

(四)利用向客户提供投资建议谋取不正当利益;

(五)利用期货投资咨询活动传播虚假、误导性信息;

(六)以个人名义收取服务报酬;

(七)法律、行政法规和中国证监会规定禁止的其他行为。

第四节　资产管理业务

第七十六条　期货公司可以依法从事资产管理业务,接受客户委托,运用客户资产进行投资。投资收益由客户享有,损失由客户承担。

第七十七条　期货公司从事资产管理业务,应当与客户签订资产管理合同,通过专门账户提供服务。

第七十八条　期货公司可以依法从事下列资产管理业务:

(一)为单一客户办理资产管理业务;

(二)为特定多个客户办理资产管理业务。

第七十九条　期货公司及其从业人员从事资产管理业务,不得有下列行为:

(一)以欺诈手段或者其他不当方式误导、诱导客户;

(二)向客户做出保证其资产本金不受损失或者取得最低收益的承诺;

(三)接受客户委托的初始资产低于中国证监会规定的最低限额;

(四)占用、挪用客户委托资产;

(五)以转移资产管理账户收益或者亏损为目的,在不同账户之间进行买卖,损害客户利益;

(六)以获取佣金或者其他利益为目的,使用客户资产进行不必要的交易;

(七)利用管理的客户资产为第三方谋取不正当利益,进行利益输送;

(八)利用或协助客户利用资管账户规避期货交易所限仓管理规定;

(九)违反投资者适当性要求,通过拆分资产管理产品等方式,向风险承受能力低于产品风险等级的投资者销售资产管理产品;

(十)法律、行政法规以及中国证监会规定禁止的其他行为。

第八十条　期货公司从事资产管理业务,除应当符合本办法规定外,还应当符合中国证监会关于期货公司从事资产管理业务的其他规定。

第五章　客户资产保护

第八十一条　客户的保证金和委托资产属于客户资产,归客户所有。客户资产应当与期货公司的自有资产相互独立、分别管理。非因客户本身的债务或者法律、行政法规规定的其他情形,不得查封、冻结、扣划或者强制执行客户资产。期货公司破产或者清算时,客户资产不属于破产财产或者清算财产。

第八十二条　期货公司应当在期货保证金存管银行开立期货保证金账户。

期货公司开立、变更或者撤销期货保证金账户的,应于当日向期货保证金安全存管监控机构备案,并通过规定方式向客户披露账户开立、变更或者撤销情况。

第八十三条　客户应当向期货公司登记以本人名义开立的用于存取期货保证金的结算账户。

期货公司和客户应当通过备案的期货保证金账户和登记的期货结算账户转账存取保证金。

第八十四条　期货公司存管的客户保证金应当全额存放在期货保证金账户和期货交易所专用结算账户内,严禁在期货保证金账户和期货交易所专用结算账户之外存放。

第八十五条　期货公司应当按照规定及时向期货保证金安全存管监控机构报送信息。

第八十六条　期货保证金存管银行未按规定向期货保证金安全存管监控机构报送信息，被期货交易所采取自律监管措施或者被中国证监会采取监管措施、处以行政处罚的，期货公司应当暂停在该存管银行开立期货保证金账户，并将期货保证金转存至其他符合规定的期货保证金存管银行。

第八十七条　期货公司应当按照期货交易所规则，缴存结算担保金，并维持最低数额的结算准备金等专用资金，确保客户正常交易。

第八十八条　除依据《期货交易管理条例》第二十八条划转外，任何单位或者个人不得以任何形式占用、挪用客户保证金。

客户在期货交易中违约造成保证金不足的，期货公司应当以风险准备金和自有资金垫付，不得占用其他客户保证金。

期货公司应当按照规定提取、管理和使用风险准备金，不得挪作他用。

第六章　信息系统管理

第八十九条　期货公司应当具有符合行业标准和自身业务发展需要的信息系统，制定信息技术管理制度，按照规定设置信息技术部门或岗位，保障信息系统安全运行。

第九十条　期货公司应当将合规与风险管理贯穿信息技术管理的各个环节，建立相应的审查、测试、监测和应急处置机制。

第九十一条　期货公司运用信息系统从事期货业务活动前，应当进行内部审查，验证下列事项并建立存档记录：

（一）信息系统的功能设计与技术实现应当遵循业务合规的原则，各项功能符合法律、行政法规以及中国证监会的规定；

（二）风险管理系统功能完备、权限清晰，能够正常运行；

（三）信息系统的安全防护措施能够保障经营数据和客户信息的安全、完整；

（四）期货公司运行管理能力和信息系统备份能力能够保障信息系统的安全运行；

（五）可能影响信息系统运行连续性、合规性、安全性的其他事项。

第九十二条　期货公司应当建立独立于生产环境的专用信息系统开发测试环境，运用信息系统从事期货业务活动前应当进行测试。

第九十三条　期货公司应当通过自身具有管理权限的信息系统直接接受客户交易指令，不得允许或者配合其他机构、个人截取、留存客户信息，不得以任何方式向其他机构、个人违规提供客户信息，法律、行政法规以及中国证监会另有规定的除外。

期货公司发现其他机构、个人违规传输、转发、存储或者使用本公司经营数据和客户信息的，应当及时向公司住所地中国证监会派出机构报告，并评估影响范围、排查泄露途径。如涉及业务合作机构的，期货公司应当立即终止与其合作。

第九十四条　期货公司应当建立健全信息系统安全监测机制，设立监测指标并持续监测重要信息系统的运行状况。

期货公司应当跟踪监测发现的异常情形，及时处理并定期开展评估分析。

第九十五条　期货公司应当建立信息系统安全应急处置和报告机制，及时处置重大异常情况和突发信息安全事件，尽快恢复信息系统的正常运行，并向中国证监会及其派出机构和期货交易所报告。

第九十六条　期货公司重要信息系统部署以及所承载数据的管理，应当符合法律法规等规定。

第九十七条　期货公司应当建立健全外部接入信息系统管理制度。期货公司信息系统接入外部信息系统的，应当对接入的外部信息系统开展合规评估、风险评估和技术系统测试，保证接入的外部信息系统的合规性和安全性，并按照期货交易所、中国期货业协会的要求报告接入方及接入信息系统情况，不得违规为客户提供信息系统外部接入服务。

第九十八条　期货公司委托信息技术服务机构提供信息技术服务，应当建立内部审查、评估和管理机制。期货公司依法应当承担的相应责任不因委托而免除或减轻。

期货信息技术服务机构应当遵守法律、行政法规及中国证监会的相关规定。

第七章　监 督 管 理

第九十九条　期货公司应当按照规定报送

年度报告、月度报告等资料。

期货公司法定代表人、经营管理主要负责人、首席风险官、财务负责人应当对年度报告和月度报告签署确认意见;监事会或监事应对年度报告进行审核并提出书面审核意见;期货公司董事应当对年度报告签署确认意见。

期货公司年度报告、月度报告签字人员应当保证报告内容真实、准确、完整;对报告内容有异议的,应当注明意见和理由。

第一百条　中国证监会及其派出机构可以要求下列机构或者个人,在指定期限内报送与期货公司经营相关的资料:

(一)期货公司及其董事、监事、高级管理人员及其他工作人员;

(二)期货公司股东、实际控制人或者其他关联人;

(三)期货公司控股、参股或者实际控制的企业;

(四)为期货公司提供相关服务的会计师事务所、律师事务所、资产评估机构等中介服务机构。

报送、提供或者披露的资料、信息应当真实、准确、完整,不得有虚假记载、误导性陈述或者重大遗漏。

第一百零一条　期货公司主要股东、实际控制人或者其他关联人在期货公司从事期货交易的,期货公司应当自开户之日起5个工作日内向住所地中国证监会派出机构报告开户情况,并定期报告交易情况。

第一百零二条　发生下列事项之一的,期货公司应当在5个工作日内向住所地中国证监会派出机构书面报告:

(一)变更公司名称、形式、章程;

(二)同比例增减资;

(三)变更股权或注册资本,且不涉及新增持有5%以上股权的股东;

(四)变更分支机构负责人或者营业场所;

(五)作出终止业务等重大决议;

(六)被有权机关立案调查或者采取强制措施;

(七)发生影响或者可能影响期货公司经营管理、财务状况或者客户资产安全等重大事件;

(八)中国证监会规定的其他事项。

上述事项涉及期货公司分支机构的,期货公司应当同时向分支机构住所地中国证监会派出机构书面报告。

第一百零三条　期货公司聘请或者解聘会计师事务所的,应当自作出决定之日起5个工作日内向住所地中国证监会派出机构报告;解聘会计师事务所的,应当说明理由。

第一百零四条　期货公司应当按照规定,公示基本情况、历史情况、分支机构基本情况、董事及监事信息、高级管理人员及从业人员信息、公司股东信息、公司诚信记录以及中国证监会要求的其他信息。

期货公司公示信息及其他重大事项发生变更的,应当自变更之日起5个工作日内在中国证监会有关监管信息系统中进行更新。

第一百零五条　中国证监会可以按照规定对期货公司进行分类监管。

第一百零六条　中国证监会及其派出机构可以对期货公司及其分支机构进行定期或者不定期现场检查。

中国证监会及其派出机构依法进行现场检查时,检查人员不得少于2人,并应当出示合法证件和检查通知书,必要时可以聘请外部专业人士协助检查。

中国证监会及其派出机构可以对期货公司子公司以及期货公司的股东、实际控制人进行延伸检查。

第一百零七条　中国证监会及其派出机构对期货公司及其分支机构进行检查,有权采取下列措施:

(一)询问期货公司及其分支机构的工作人员,要求其对被检查事项作出解释、说明;

(二)查阅、复制与被检查事项有关的文件、资料;

(三)查询期货公司及其分支机构的客户资产账户;

(四)检查期货公司及其分支机构的信息系统,调阅交易、结算及财务数据。

第一百零八条　中国证监会及其派出机构认为期货公司可能存在下列情形之一的,可以要求其聘请中介服务机构进行专项审计、评估或者出具法律意见:

(一)期货公司年度报告、月度报告或者临时报告等存在虚假记载、误导性陈述或者重大遗漏；

（二）违反客户资产保护、期货保证金安全存管监控规定或者风险监管指标管理规定；

（三）中国证监会根据审慎监管原则认定的其他情形。

期货公司应当配合中介服务机构工作。

第一百零九条 期货公司及其分支机构、期货公司负有责任的董事、监事、高级管理人员以及其他直接责任人员违反本办法有关规定的，中国证监会及其派出机构可以对其采取监管谈话、责令改正、出具警示函等监管措施。

第一百一十条 期货公司或其分支机构有下列情形之一的，中国证监会及其派出机构可以依据《期货交易管理条例》第五十五条规定采取监管措施：

（一）公司治理不健全，部门或者岗位设置存在较大缺陷，关键业务岗位人员缺位或者未履行职责，可能影响期货公司持续经营；

（二）业务规则不健全或者未有效执行，风险管理或者内部控制等存在较大缺陷，经营管理混乱，可能影响期货公司持续经营或者可能损害客户合法权益；

（三）不符合有关客户资产保护或者期货保证金安全存管监控规定，可能影响客户资产安全；

（四）未按规定执行分支机构统一管理制度，经营管理存在较大风险或者风险隐患；

（五）未按规定实行投资者适当性管理制度，存在较大风险或者风险隐患；

（六）未按规定委托或者接受委托从事中间介绍业务；

（七）交易、结算或者财务信息系统存在重大缺陷，可能造成有关数据失真或者损害客户合法权益；

（八）信息系统不符合规定或者未按照规定要求实施信息系统管理，存在较大风险或者风险隐患；

（九）违规开展关联交易，可能影响持续经营；

（十）未按规定实施外部接入信息系统管理，存在较大风险或者风险隐患；

（十一）未按规定调拨和使用自有资金，存在较大风险或者风险隐患；

（十二）未按规定从事资产管理业务，存在较大风险或者风险隐患；

（十三）设立、收购、参股境外经营机构不符合本办法有关规定，存在较大风险或者风险隐患；

（十四）未按规定履行对境外经营机构的管理责任，导致境外经营机构运营不合规或者出现较大风险的；

（十五）股东、实际控制人或者其他关联人停业、发生重大风险或者涉嫌严重违法违规，可能影响期货公司治理或者持续经营；

（十六）存在重大纠纷、仲裁、诉讼，可能影响持续经营；

（十七）未按规定进行信息报送、披露或者报送、披露的信息存在虚假记载、误导性陈述或者重大遗漏；

（十八）其他不符合持续性经营规则规定或者出现其他经营风险的情形。

对经过整改仍未达到经营条件的分支机构，中国证监会派出机构有权依法关闭。

第一百一十一条 期货公司股东、实际控制人、其他关联人，为期货公司提供相关服务的会计师事务所、律师事务所、资产评估机构等中介服务机构违反本办法规定的，中国证监会及其派出机构可以对其采取监管谈话、责令改正、出具警示函等监管措施。

第一百一十二条 期货公司的股东、实际控制人或者其他关联人有下列情形之一的，中国证监会及其派出机构可以责令其限期整改：

（一）虚假出资、出资不实、抽逃出资的；

（二）违规使用委托资金、负债资金等投资入股的；

（三）股权转让过程中，在股权转让完成前推荐股权受让方相关人员担任期货公司董事、监事、高级管理人员或者出让股权依法应经中国证监会批准的，在批准前，让渡或者变相让渡表决权予股权受让方；

（四）占用期货公司资产；

（五）直接任免期货公司董事、监事、高级管理人员，或者非法干预期货公司经营管理活动；

（六）股东未按照出资比例或者所持股份比例行使表决权；

（七）报送、提供或者出具的材料、信息或者报告等存在虚假记载、误导性陈述或者重大

遗漏;

(八)违规开展关联交易;

(九)拒绝或阻碍中国证监会或其派出机构进行调查核实;

(十)不配合中国证监会或其派出机构开展风险处置;

(十一)其他损害期货公司及其客户合法利益,扰乱期货市场秩序的行为。

因前款情形致使期货公司不符合持续性经营规则或者出现经营风险的,中国证监会及其派出机构可以依据《期货交易管理条例》第五十五条的规定责令控股股东转让股权或者限制有关股东行使股东权利。

第一百一十三条　未经中国证监会或其派出机构批准,任何个人或者单位及其关联人擅自持有期货公司5%以上股权,或者通过提供虚假申请材料等方式成为期货公司股东的,中国证监会或其派出机构可以责令其限期转让股权。该股权在转让之前,不具有表决权、分红权。

第八章　法律责任

第一百一十四条　期货公司及其分支机构接受未办理开户手续的单位或者个人委托进行期货交易,或者将客户的资金账号、交易编码借给其他单位或者个人使用的,给予警告,单处或者并处3万元以下罚款。

第一百一十五条　期货公司及其分支机构有下列行为之一的,根据《期货交易管理条例》第六十六条处罚:

(一)未按规定实行投资者适当性管理制度,损害客户合法权益;

(二)未按规定将客户资产与期货公司自有资产相互独立、分别管理;

(三)在期货保证金账户和期货交易所专用结算账户之外存放客户保证金;

(四)占用客户保证金;

(五)向期货保证金安全存管监控机构报送的信息存在虚假记载、误导性陈述或者重大遗漏;

(六)违反期货保证金安全存管监控管理相关规定,损害客户合法权益;

(七)未按规定缴存结算担保金,或者未能维持最低数额的结算准备金等专用资金;

(八)在传递交易指令前未对客户账户资金和持仓进行验证;

(九)违反中国证监会有关结算业务管理规定,损害其他期货公司及其客户合法权益;

(十)信息系统不符合规定或者未按照规定要求实施信息系统管理,损害客户合法权益或者扰乱期货市场秩序;

(十一)未按规定实施外部接入信息系统管理,损害客户合法权益或者扰乱期货市场秩序;

(十二)违反中国证监会风险监管指标规定;

(十三)违反规定从事期货投资咨询或者资产管理业务,情节严重的;

(十四)设立、收购、参股境外经营机构不符合本办法有关规定,情节严重或者出现严重后果的;

(十五)未按规定履行对境外经营机构的管理责任,导致境外经营机构违法经营或者出现重大风险的;

(十六)违反规定委托或者接受其他机构委托从事中间介绍业务,损害客户合法权益;

(十七)违规开展关联交易,情节严重的;

(十八)对股东、实际控制人及其关联人降低风险管理要求,侵害其他客户合法权益;

(十九)以合资、合作、联营方式设立分支机构,或者将分支机构承包、出租给他人,或者违反分支机构集中统一管理规定;

(二十)拒不配合、阻碍或者破坏中国证监会及其派出机构的监督管理;

(二十一)违反期货投资者保障基金管理规定。

第一百一十六条　期货公司及其分支机构有下列情形之一的,根据《期货交易管理条例》第六十七条处罚:

(一)发布虚假广告或者进行虚假宣传,诱骗客户参与期货交易;

(二)不按照规定变更或者撤销期货保证金账户,或者不按照规定方式向客户披露期货保证金账户信息。

第一百一十七条　期货公司因治理结构不健全、内部控制不完善,未按有关规定履行对子公司的管理职责,导致子公司违法经营或者出现重大风险的，对期货公司及其直接负责的董事、监事、高级管理人员和其他直接责任人员，依照《期货交易管理条例》第六十六条处罚。

第一百一十八条　会计师事务所、律师事务所、资产评估机构等中介服务机构不按照规定履行报告义务，提供或者出具的材料、报告、意见不完整，责令改正，没收业务收入，单处或者并处3万元以下罚款。对直接负责的主管人员和其他责任人员给予警告，并处3万元以下罚款。

第一百一十九条　未经中国证监会或其派出机构批准，任何个人或者单位及其关联人擅自持有期货公司5%以上股权，或者通过提供虚假申请材料等方式成为期货公司股东，情节严重的，给予警告，单处或者并处3万元以下罚款。

第一百二十条　期货公司股东、实际控制人或者其他关联人等有下列情形之一，除法律、行政法规另有规定外，给予警告，单独或者并处三万元以下罚款。对直接负责的主管人员和其他直接责任人员，给予警告，单独或者并处三万元以下罚款：

（一）违规使用委托资金、负债资金等投资入股，情节严重的；

（二）股权转让过程中，在股权转让完成前推荐股权受让方相关人员担任期货公司董事、监事、高级管理人员或者出让股权依法应经中国证监会批准的，在批准前，让渡或者变相让渡表决权予股权受让方，情节严重的；

（三）占用期货公司资产；

（四）直接任免期货公司董事、监事、高级管理人员，或者非法干预期货公司经营管理活动，情节严重的；

（五）股东未按照出资比例或者所持股份比例行使表决权，情节严重的；

（六）违规开展关联交易，情节严重的；

（七）其他损害期货公司及其客户合法利益，严重扰乱期货市场秩序的行为。

第九章　附　　则

第一百二十一条　经中国证监会批准，其他期货经营机构可以从事特定期货业务。具体办法由中国证监会另行制定。

第一百二十二条　期货公司参与其他交易场所交易的，应当遵守法律、行政法规、中国证监会的规定及其他交易场所业务规则的规定。

第一百二十三条　本办法下列用语的含义：

（一）期货公司主要股东，是指持有期货公司5%以上股权的法人、非法人组织或者自然人。

（二）外部接入信息系统，是指通过期货公司交易信息系统接口或其他信息技术手段接入期货公司交易信息系统，且期货公司不具有管理权限的客户交易系统。

第一百二十四条　本办法中所称金融资产包括银行存款、股票、债券、基金份额、资产管理计划、银行理财产品、信托计划、保险产品、期货权益等。

第一百二十五条　本办法自公布之日起施行。2014年10月29日发布的《期货公司监督管理办法》（证监会令第110号）同时废止。

证券公司股权管理规定

（2019年7月5日　证监会令第156号）

第一章　总　　则

第一条　为加强证券公司股权管理，保护证券公司股东、客户及其他利益相关者的合法权益，促进证券公司持续健康发展，根据《中华人民共和国公司法》《中华人民共和国证券法》（以下简称《证券法》）《证券公司监督管理条例》等法律、行政法规，制定本规定。

第二条　本规定适用于中华人民共和国境

内依法设立的证券公司。

第三条　证券公司股权管理应当遵循分类管理、资质优良、权责明确、结构清晰、变更有序、公开透明的原则。

第四条　证券公司股东应当遵守法律法规、中国证券监督管理委员会(以下简称中国证监会)规定和公司章程,秉承长期投资理念,依法行使股东权利,履行股东义务。

证券公司应当加强对股权事务的管理,完善公司治理结构,健全风险管理与内部控制制度。

中国证监会及其派出机构遵循审慎监管原则,依法对证券公司股权实施穿透式监管和分类监管。

第五条　根据持股比例和对证券公司经营管理的影响,证券公司股东包括以下四类:

(一)控股股东,指持有证券公司50%以上股权的股东或者虽然持股比例不足50%,但其所享有的表决权足以对证券公司股东会的决议产生重大影响的股东;

(二)主要股东,指持有证券公司25%以上股权的股东或者持有5%以上股权的第一大股东;

(三)持有证券公司5%以上股权的股东;

(四)持有证券公司5%以下股权的股东。

第六条　证券公司设立时,中国证监会依照规定核准其注册资本及股权结构。

证券公司增加注册资本且股权结构发生重大调整、减少注册资本,变更持有5%以上股权的股东、实际控制人,应当依法报中国证监会批准。

证券公司变更注册资本或者股权,不涉及前款所列情形的,应当在公司登记机关办理变更登记后5个工作日内,向公司住所地中国证监会派出机构备案。证券公司在证券交易所、全国中小企业股份转让系统(以下简称股份转让系统)发生的股权变更不适用本款规定。

第二章　资质条件

第七条　持有证券公司5%以下股权的股东,应当符合下列条件:

(一)自身及所控制的机构信誉良好,最近3年无重大违法违规记录或重大不良诚信记录;不存在因故意犯罪被判处刑罚、刑罚执行完毕未逾3年的情形;没有因涉嫌重大违法违规正在被调查或处于整改期间;

(二)不存在长期未实际开展业务、停业、破产清算、治理结构缺失、内部控制失效等影响履行股东权利和义务的情形;不存在可能严重影响持续经营的担保、诉讼、仲裁或者其他重大事项;

(三)股权结构清晰,逐层穿透至最终权益持有人;股权结构中原则不允许存在理财产品,中国证监会认可的情形除外;

(四)自身及所控制的机构不存在因不诚信或者不合规行为引发社会重大质疑或产生严重社会负面影响且影响尚未消除的情形;不存在对所投资企业经营失败负有重大责任未逾3年的情形;

(五)中国证监会基于审慎监管原则规定的其他条件。

通过证券交易所、股份转让系统交易取得证券公司5%以下股份的股东,不适用本条规定。

第八条　持有证券公司5%以上股权的股东,应当符合下列条件:

(一)本规定第七条规定的条件;

(二)不存在净资产低于实收资本50%的情形;

(三)不存在或有负债达到净资产50%的情形;

(四)不存在不能清偿到期债务的情形;

(五)净资产不低于5000万元人民币。

第九条　证券公司的主要股东,应当符合下列条件:

(一)本规定第八条规定的条件;

(二)净资产不低于2亿元人民币,财务状况良好,具有持续盈利能力,资产负债和杠杆水平适度,具备与证券公司经营业务相匹配的持续资本补充能力;

(三)公司治理规范,管理能力达标,风险管控良好;

(四)开展金融相关业务经验与证券公司业务范围相匹配,能够为提升证券公司的综合竞争力提供支持;

(五)对证券公司可能发生风险导致无法正常经营的情况,制定合理有效的风险处置预案。

第十条　证券公司的控股股东，应当符合下列条件：

（一）本规定第九条规定的条件；

（二）入股证券公司与其长期战略协调一致，有利于服务其主营业务发展；

（三）对完善证券公司治理结构、推动证券公司长期发展有切实可行的计划安排；

（四）对保持证券公司经营管理的独立性和防范风险传递、不当利益输送，有明确的自我约束机制。

第十一条　证券公司从事的业务具有显著杠杆性质，且多项业务之间存在交叉风险的，其主要股东、

控股股东还应当符合下列条件：

（一）最近3年持续盈利，不存在未弥补亏损；

（二）最近3年长期信用均保持在高水平，最近3年规模、收入、利润、市场占有率等指标居于行业前列。

控股股东还应当符合下列条件：

（一）总资产不低于500亿元人民币，净资产不低于200亿元人民币；

（二）核心主业突出，主营业务最近5年持续盈利。

证券公司合并或者因重大风险被接管托管等中国证监会认可的特殊情形不适用本条规定。

第十二条　具有关联关系或者一致行动人关系的股东持有证券公司的股权比例应当合并计算；其中持股比例最高的股东或者在关联关系、一致行动人关系中居于控制、主导地位的股东应当符合合计持股比例对应类别的股东条件。

股东入股证券公司后，因证券公司股权结构调整导致股东类别变化的，应当符合变更后对应类别的股东条件。

第十三条　证券公司5%以上股权的实际控制人，应当符合本规定第八条第一项至四项的规定。证券公司的实际控制人，还应当符合本规定第九条第五项和第十条第三项、第四项的规定。

第十四条　有限合伙企业入股证券公司的，还应当符合下列要求：

（一）单个有限合伙企业控制证券公司的股权比例不得达到5%，中国证监会认可的情形除外。两个以上有限合伙企业的执行事务合伙人或者第一大有限合伙人相同或者存在其他关联关系、一致行动人关系的，持股比例合并计算。

（二）负责执行有限合伙企业事务的普通合伙人应当符合本规定第七条规定的条件。

第十五条　公司制基金入股证券公司且委托基金管理人管理证券公司股权的，该基金应当属于政府实际控制的产业投资基金且已经国家有关部门备案登记，并参照适用本规定第十四条的规定。

第十六条　非金融企业入股证券公司的，还应当符合下列要求：

（一）符合国家关于加强非金融企业投资金融机构监管的有关指导意见。

（二）单个非金融企业实际控制证券公司股权的比例原则上不得超过50%。

第三章　股权管理要求

第十七条　证券公司董事会办公室是证券公司股权管理事务的办事机构，组织实施股权管理事务相关工作。

证券公司董事长是证券公司股权管理事务的第一责任人。证券公司董事会秘书协助董事长工作，是证券公司股权管理事务的直接责任人。

第十八条　证券公司变更注册资本或者股权，应当制定工作方案和股东筛选标准等。证券公司、股权转让方应当事先向意向参与方告知证券公司股东条件、须履行的程序以及证券公司的经营情况和潜在风险等信息。

证券公司、股权转让方应当对意向参与方做好尽职调查，约定意向参与方不符合条件的后续处理措施。发现不符合条件的，不得与其签订协议。相关事项须经中国证监会批准的，应当约定批准后协议方可生效。

第十九条　证券公司变更注册资本或者股权过程中，对于可能出现的违反规定或者承诺的行为，证券公司应当与相关主体事先约定处理措施，明确对责任人的责任追究机制，并配合监管机构调查处理。

第二十条　证券公司应当对变更注册资本或者股权期间的风险防范作出安排,保证公司正常经营以及客户利益不受损害。

依法须经中国证监会批准的,在批准前,证券公司股东应当按照所持股权比例继续独立行使表决权,股权转让方不得推荐股权受让方相关人员担任证券公司董事、监事、高级管理人员,不得以任何形式变相让渡表决权。

第二十一条　证券公司股东应当充分了解股东权利和义务,充分知悉证券公司经营管理状况和潜在风险等信息,投资预期合理,出资意愿真实,并且履行必要的内部决策程序。

第二十二条　证券公司股东应当严格按照法律法规和中国证监会规定履行出资义务。

证券公司股东应当使用自有资金入股证券公司,资金来源合法,不得以委托资金等非自有资金入股,法律法规另有规定的除外。

第二十三条　证券公司股东应当真实、准确、完整地说明股权结构直至实际控制人、最终权益持有人,以及与其他股东的关联关系或者一致行动人关系,不得通过隐瞒、欺骗等方式规避证券公司股东资格审批或者监管。

第二十四条　证券公司股东以及股东的控股股东、实际控制人参股证券公司的数量不得超过2家,其中控制证券公司的数量不得超过1家。下列情形不计入参股、控制证券公司的数量范围:

(一)直接持有及间接控制证券公司股权比例低于5%;

(二)通过所控制的证券公司入股其他证券公司;

(三)证券公司控股其他证券公司;

(四)为实施证券公司并购重组所做的过渡期安排;

(五)国务院授权持有证券公司股权;

(六)中国证监会认定的其他情形。

第二十五条　证券公司应当保持股权结构稳定。证券公司股东的持股期限应当符合法律、行政法规和中国证监会的有关规定。

证券公司股东的实际控制人对所控制的证券公司股权应当遵守与证券公司股东相同的锁定期,中国证监会依法认可的情形除外。

第二十六条　证券公司股东在股权锁定期内不得质押所持证券公司股权。股权锁定期满后,证券公司股东质押所持证券公司的股权比例不得超过所持该证券公司股权比例的50%。

画风不对,如何相爱

股东质押所持证券公司股权的,不得损害其他股东和证券公司的利益,不得恶意规避股权锁定期要求,不得约定由质权人或其他第三方行使表决权等股东权利,也不得变相转移证券公司股权的控制权。

第二十七条　证券公司应当加强对股东资质的审查,对股东及其控股股东、实际控制人、关联方、一致行动人、最终权益持有人信息进行核实并掌握其变动情况,就股东对证券公司经营管理的影响进行判断,依法及时、准确、完整地报告或披露相关信息,必要时履行报批程序。

第二十八条　证券公司应当将股东的权利义务、股权锁定期、股权管理事务责任人等关于股权管理的监管要求写入公司章程,并在公司章程中载明下列内容:

(一)主要股东、控股股东应当在必要时向证券公司补充资本;

(二)应经但未经监管部门批准或未向监管部门备案的股东,或者尚未完成整改的股东,不得行使股东会召开请求权、表决权、提名权、提案权、处分权等权利;

(三)存在虚假陈述、滥用股东权利或其他损害证券公司利益行为的股东,不得行使股东会召开请求权、表决权、提名权、提案权、处分权等权利;

(四)发生违反法律、行政法规和监管要求等与股权管理事务相关的不法或不当行为,对股东、证券公司、股权管理事务责任人及相关人员的处理措施。

第二十九条　证券公司应当加强关联交易管理,准确识别关联方,严格落实关联交易审批制度和信息披露制度,避免损害证券公司及其客户的合法权益,并及时向中国证监会及其派出机构报告关联交易情况。

证券公司应当按照穿透原则将股东及其控股股东、实际控制人、关联方、一致行动人、最终权益持有人作为自身的关联方进行管理。

第三十条　证券公司股东及其实际控制人不得有下列行为:

(一)虚假出资、出资不实、抽逃出资或者变相抽逃出资;

（二）违反法律、行政法规和公司章程的规定干预证券公司的经营管理活动；

（三）滥用权利或影响力，占用证券公司或者客户的资产，进行利益输送，损害证券公司、其他股东或者客户的合法权益；

（四）违规要求证券公司为其或其关联方提供融资或者担保，或者强令、指使、协助、接受证券公司以其证券经纪客户或者证券资产管理客户的资产提供融资或者担保；

（五）与证券公司进行不当关联交易，利用对证券公司经营管理的影响力获取不正当利益；

（六）未经批准，委托他人或接受他人委托持有或管理证券公司股权，变相接受或让渡证券公司股权的控制权；

（七）中国证监会禁止的其他行为。

证券公司及其董事、监事、高级管理人员等相关主体不得配合证券公司的股东及其实际控制人发生上述情形。

证券公司发现股东及其实际控制人存在上述情形，应当及时采取措施防止违规情形加剧，并在2个工作日内向住所地中国证监会派出机构报告。

第四章　罚　　则

第三十一条　未履行法定程序，证券公司擅自变更股权相关事项的，中国证监会或其派出机构依照《证券法》第二百一十八条的规定处理。

第三十二条　任何单位或者个人未经批准，持有或者实际控制证券公司5%以上股权的，中国证监会或其派出机构依照《证券公司监督管理条例》第七十一条的规定处理。

任何单位或者个人未经批准，委托他人或者接受他人委托持有或者管理证券公司的股权，或者认购、受让或者实际控制证券公司的股权的，中国证监会或其派出机构依照《证券公司监督管理条例》第八十六条的规定处理。

第三十三条　证券公司的股东有虚假出资、出资不实、抽逃出资或者变相抽逃出资的，中国证监会或其派出机构依照《证券法》第一百五十一条的规定处理。

第三十四条　在行政许可过程中，相关主体隐瞒有关情况或者提供虚假材料的，中国证监会或其派出机构依照《行政许可法》第七十八条的规定处理。

相关主体以隐瞒、欺骗等不正当手段获得证券公司股权相关行政许可批复的，中国证监会或其派出机构依照《行政许可法》第六十九条、第七十九条的规定处理。

第三十五条　证券公司或其股东、实际控制人违反规定，未按规定报告有关事项，或者报送的信息有虚假记载、误导性陈述或者重大遗漏的，中国证监会或其派出机构依照《证券法》第二百二十二条的规定处理。

第三十六条　证券公司违规为其股东或者股东的关联人提供融资或者担保的，中国证监会或其派出机构依照《证券法》第二百二十二条的规定处理。

证券公司的股东及其实际控制人强令、指使、协助、接受证券公司以证券经纪客户或者证券资产管理客户的资产提供融资或者担保的，中国证监会或其派出机构依照《证券公司监督管理条例》第八十六条的规定处理。

第三十七条　证券公司及其股东、股东的实际控制人或其他相关主体违反本规定，致使证券公司治理结构不健全、内部控制不完善、经营管理混乱、违法违规的，中国证监会或其派出机构依照《证券公司监督管理条例》第七十条的规定处理；致使证券公司风险控制指标不符合规定，严重危及证券公司稳健运行、损害客户合法权益的，依照《证券法》第一百五十条的规定处理；致使证券公司违法经营或者出现重大风险的，依照《证券法》第一百五十三条的规定处理。

证券公司的董事、监事、高级管理人员违反本规定，致使证券公司存在重大违法违规行为或重大风险的，中国证监会或其派出机构依照《证券法》第一百五十二条的规定处理。

第三十八条　证券公司及其股东、股东的实际控制人或其他相关主体违反本规定，《证券法》《证券公司监督管理条例》等法律、行政法规没有规定相应处理措施或罚则的，中国证监会或其派出机构可以采取责令改正、监管谈话、出具警示函、责令公开说明、责令定期报告等监管措施；对直接负责的董事、监事、高级管理人员和其他责任人员，可以采取责令改正、监管谈话、出具警示函、责令参加培训、认定为不适当人选等监管措施;并可以视情节对相关主体处以警告、3 万元以下罚款;涉嫌犯罪的,依法移送司法机关。

第三十九条 中国证监会及其派出机构应当将证券公司及其董事、监事、高级管理人员,股东及其实际控制人、相关中介机构等相关机构或人员的失信行为按照中国证监会诚信监督管理相关规定记入资本市场诚信档案数据库,通过全国信用信息共享平台与其他政府机构共享信息。

第四十条 证券公司未遵守本规定进行股权管理的,中国证监会可以调整该证券公司分类监管评价类别。

第五章 附 则

第四十一条 本规定所称“以上”“不低于”包括本数,“以下”“超过”不包括本数。

第四十二条 证券公司增加注册资本且股权结构发生重大调整,指证券公司增加注册资本且新增持有 5% 以上股权的股东或主要股东,或者证券公司第一大股东、控股股东、实际控制人发生变化。

证券公司变更持有 5% 以上股权的股东,指证券公司新增持有 5% 以上股权的股东或主要股东,或者证券公司第一大股东、控股股东发生变化。

证券公司变更持有 5% 以上股权的实际控制人,指证券公司新增持有 5% 以上股权的实际控制人,或者证券公司的实际控制人发生变化。

第四十三条 国家对证券公司国有股权行政划转另有规定的,相关要求从其规定。

入股证券公司涉及金融业综合经营、国有资产或者其他金融监管部门职责的,应当符合国家关于金融业综合经营相关政策、国有资产管理和其他金融监管部门的相关规定。

外商投资证券公司的股东,还应当符合中国证监会关于外商投资证券公司管理的相关规定。

第四十四条 投资者通过证券交易所购买证券公司股份达到 5% 的,应当依法举牌并报中国证监会批准。获批前,投资者不得继续增持该公司股份。中国证监会不予批准的,投资者应当在自不予批准之日起 50 个交易日(不含停牌时间,持股不足 6 个月的,应当自持股满 6 个月后)内依法改正。

投资者通过股份转让系统购买证券公司股份达到 5% 以上的,参照适用第一款规定。

投资者通过证券交易所、股份转让系统公开交易转让证券公司股份,且所涉股权变更事项不需审批或备案的,豁免本规定第十八条、第十九条规定的要求。

第四十五条 本规定自公布之日起施行。本规定施行前,中国证监会有关证券公司股权管理的规定与本规定不一致的,按照本规定执行。

境外证券期货交易所驻华代表机构管理办法

(2019 年 7 月 25 日 证监会令第 157 号)

第一章 总 则

第一条 为规范境外交易所驻华代表机构的设立及其活动,根据《中华人民共和国证券法》《期货交易管理条例》《外国企业常驻代表机构登记管理条例》等有关法律法规,制定本办法。

第二条 本办法所称境外交易所,包括境外证券交易所、期货交易所、证券期货自动报价或者电子交易系统或者市场,以及中国证券监督管理委员会(以下简称中国证监会)认定的其他境外交易所。

本办法所称境外交易所驻华代表机构（以下简称代表处），是指境外交易所在中国境内依法设立并专门从事联络、调研等非营利性活动的常驻代表机构，以及中国证监会认定的其他代表机构。

第三条　中国证监会根据审慎监管的原则，依法对代表处进行监管。中国证监会派出机构在中国证监会授权范围内对本辖区的代表处进行监管。

代表处自愿加入证券、期货行业组织，接受自律管理。

第二章　设立备案

第四条　境外交易所应当在代表处完成登记注册后5个工作日内向其所在地中国证监会派出机构提交下列备案材料，并对材料真实、准确与完整负责：

（一）境外交易所出具的致中国证监会的备案申请书；

（二）所在国家或者地区有关主管当局核发的、经中国驻该国使（领）馆认证的营业执照或者合法开业证明等复印件；中国缔结或者参加的国际条约另有规定的除外；

（三）境外交易所章程、管理架构、股权结构图、业务范围、主要业务规则、管理制度、内控机制等说明以及董事会（理事会）成员、管理层人员名单及简介；

（四）境外交易所提交备案材料之日起过往3年的年报；

（五）境外交易所出具的首席代表授权书；

（六）就拟任首席代表最近3年是否存在重大违法违规行为受到处罚情形的声明；

（七）拟任首席代表的身份证明、简历、联系方式及家庭住址等信息；

（八）由拟任首席代表签署的致中国证监会的承诺书；

（九）代表处登记证复印件；

（十）代表处基本信息，包括但不限于名称、住所地、办公场所的电话和传真、业务范围、管理制度、内部机构设置及工作人员信息；

（十一）中国证监会要求提交的其他文件。

本条所列除第（四）项外，凡用外文书写的文件，均需附中文译本。

第五条　备案材料齐备的，代表处所在地中国证监会派出机构应当将备案材料及时报送中国证监会，中国证监会应当在5个工作日内对备案代表处的名称、变更、撤销及相关材料等信息予以公示；备案材料不齐备的，代表处所在地中国证监会派出机构应当要求境外交易所补充齐备。

第六条　代表处主要负责人为首席代表。首席代表不得由境外交易所总部或者地区总部人员兼任，也不得在中国境内任何营利性机构任职。首席代表有兼职行为的，境外交易所应当更换首席代表。

第三章　变更与撤销

第七条　代表处变更名称，应当向其所在地中国证监会派出机构提交境外交易所出具的书面报告，说明更名原因，并提交代表处更名后的登记证及中国证监会要求的其他文件。境外交易所因控制股权发生变更、合并、重组、被接管等原因导致代表处更名，境外交易所应当按本办法第四条要求重新备案。

代表处变更首席代表，应当在市场监督管理部门办理变更登记手续后向其所在地中国证监会派出机构书面报告并提交本办法第四条（五）至（九）项规定的材料。

代表处变更办公场所，自变更之日起5个工作日内，应当向其所在地中国证监会派出机构书面报告新办公场所电话、传真、通信地址。

第八条　代表处撤销，应当在启动撤销工作前20个工作日向其所在地中国证监会派出机构书面报告，撤销报告应当由境外交易所出具，并在市场监督管理部门办理注销登记后5个工作日内向其所在地中国证监会派出机构书面报告。

代表处撤销后，未了事宜由其境外交易所承担责任。

第四章　监督管理

第九条　代表处及其工作人员不得与法人或者自然人签订可能给代表处或者其境外交易所带来收入的协议或者合同，不得从事或者变相从事任何营利性活动，不得向境内单位或者个人提供交易直接接入服务，不得通过境外交易所会员等机构以任何形式向境内单位或者个人提供交易服务以及其他法律、法规规定的禁止性活动。

第十条　代表处及其工作人员只可面向机构或者企业进行市场介绍。

市场介绍指代表处及其工作人员对机构或者企业举办的培训、会议、座谈等非营利性活动。代表处举办面向机构或者企业的市场介绍，应当在活动结束后 5 个工作日内将有关情况报送代表处所在地中国证监会派出机构。

代表处及其工作人员进行市场介绍时，不得涉及具体产品；不得介绍开户、交易方式、交易费用等具有交易导向的内容；不得提出或者接受买卖任何证券、期货合约和其他金融产品的要约。

第十一条　代表处应当于每一年度结束之日起 4 个月内，向其所在地中国证监会派出机构报送上年度中文工作报告，工作报告包括但不限于其交易所上市交易的中国公司、中资会员的情况。

我不休息我还能学代表处应当在其境外交易所会计年度结束之日起 4 个月内向其所在地中国证监会派出机构报送其境外交易所上一年度年报。

第十二条　境外交易所有下列情形之一的，代表处应当自事件发生之日起 10 个工作日内，向其所在地中国证监会派出机构提交中文书面报告：

（一）章程、业务许可、名称、注册资本或者注册地址变更；

（二）分立、合并或者其他重大并购重组活动；

（三）董事长（理事长）、总经理、法定代表人或者主要负责人变动；

（四）经营严重亏损或者财务严重困难；

（五）所在国家或者地区的金融监管当局对其采取调查、处罚、纪律处分或者和解等措施；

（六）对经营有重大影响的其他事项。

第十三条　中国证监会或者其派出机构可以对代表处进行定期或者不定期现场或者非现场检查。

代表处违反本办法，中国证监会或者其派出机构可以对代表处的首席代表和其他直接责任人员采取责令整改、监管谈话、出具警示函等监管措施；情节严重的，中国证监会或者其派出机构可以对代表处的首席代表和其他直接责任人员采取证券期货市场禁入的措施。

第五章　法 律 责 任

第十四条　境外交易所未经省、自治区、直辖市人民政府市场监督管理部门登记而在中国境内设立代表处或者从事代表处活动的，中国证监会派出机构通知当地市场监督管理部门依法予以处理。境外交易所在市场监督管理部门办理代表处登记注册后，未向其代表处所在地中国证监会派出机构备案或者逾期未提交备案材料，由中国证监会或者其派出机构责令改正；逾期不改正的，给予警告并处以 3 万元以下罚款。

第十五条　代表处及其工作人员非法经营证券期货业务的，由中国证监会或者其派出机构按照《中华人民共和国证券法》《期货交易管理条例》等法律、法规进行处罚。

代表处及其工作人员违法从事证券期货业务以外营利性活动的，中国证监会派出机构通知市场监督管理等相关部门依法予以处理。

第十六条　代表处登记注册后，代表处及其工作人员违反本办法规定，有下列行为之一的，由中国证监会或者其派出机构责令改正，给予警告并处以 3 万元以下罚款；情节严重的，由中国证监会取消备案：

（一）提交虚假材料或者采取其他欺诈手段隐瞒真实情况，进行代表处备案的；

（二）未按规定向中国证监会派出机构报送报告、资料或者报送的报告、资料隐瞒真实情况、弄虚作假的；

（三）开展市场介绍未按规定报告的；

（四）拒绝、阻碍中国证监会或者其派出机构检查、监管或者不如实提供文件、资料的；

（五）其他违反法律、法规的行为。

第十七条　中国证监会依据本办法相关规定，将代表处及其工作人员的违法违规失信行为纳入证券期货诚信档案数据库，依据相关规定予以公示，并通报境外监管当局。

第六章　附　　则

第十八条　本办法自公布之日起施行。香港特别行政区、澳门特别行政区的交易所在内地和台湾地区的交易所在大陆设立代表处，参照本办法办理。原《境外证券交易所驻华代表机构管理办法》（证监会令第44号）同时废止。

自本办法施行起12个月以内，已在境内设立办事机构或者从事代表处活动的境外交易所，应当向中国证监会相关派出机构进行备案。

公开募集证券投资基金信息披露管理办法

（2019年7月26日　证监会令第158号）

第一章　总　　则

第一条　为规范公开募集证券投资基金（以下简称基金）信息披露活动，保护投资者及相关当事人的合法权益，根据《证券投资基金法》（以下简称《基金法》），制定本办法。

第二条　基金信息披露义务人应当以保护基金份额持有人利益为根本出发点，按照法律、行政法规和中国证券监督管理委员会（以下简称中国证监会）的规定披露基金信息，并保证所披露信息的真实性、准确性、完整性、及时性、简明性和易得性。

基金信息披露义务人包括基金管理人、基金托管人、召集基金份额持有人大会的基金份额持有人及其日常机构等法律、行政法规和中国证监会规定的自然人、法人和非法人组织。

第三条　基金信息披露义务人应当在中国证监会规定时间内，将应予披露的基金信息通过中国证监会指定的全国性报刊（以下简称指定报刊）及指定互联网网站（以下简称指定网站）等媒介披露，并保证投资者能够按照基金合同约定的时间和方式查阅或者复制公开披露的信息资料。

指定网站包括基金管理人网站、基金托管人网站、中国证监会基金电子披露网站。指定网站应当无偿向投资者提供基金信息披露服务。

第四条　基金份额在证券交易所上市交易的，基金信息披露义务人还应当根据证券交易所的自律管理规则披露基金信息。

第五条　中国证监会及其派出机构依法对基金信息披露活动进行监督管理。

中国证监会根据基金信息披露活动情况，及时制定相关的内容与格式准则、编报规则等；根据基金信息披露活动中存在的技术问题，直接做出或授权指定机构做出规范解答。

证券交易所、中国证券投资基金业协会依法对基金信息披露活动进行自律管理。

第二章　基金信息披露一般规定

第六条　公开披露的基金信息包括：

（一）基金招募说明书；

（二）基金合同；

（三）基金托管协议；

（四）基金产品资料概要；

（五）基金份额发售公告；

（六）基金募集情况；

（七）基金份额上市交易公告书；

（八）基金资产净值、基金份额净值；

（九）基金份额申购、赎回价格；

（十）基金定期报告，包括年度报告、中期报告和季度报告（含资产组合季度报告）；

（十一）临时报告；

（十二）基金份额持有人大会决议；

（十三）基金管理人、基金托管人的专门基金托管部门的重大人事变动；

(十四)涉及基金财产、基金管理业务、基金托管业务的诉讼或者仲裁;

(十五)澄清公告;

(十六)清算报告;

(十七)中国证监会规定的其他信息。

第七条　公开披露基金信息,不得有下列行为:

(一)虚假记载、误导性陈述或者重大遗漏;

(二)对证券投资业绩进行预测;

(三)违规承诺收益或者承担损失;

(四)诋毁其他基金管理人、基金托管人或者基金销售机构;

(五)登载任何自然人、法人和非法人组织的祝贺性、恭维性或推荐性文字;

(六)中国证监会禁止的其他行为。

第八条　公开披露的基金信息应当采用中文文本。同时采用外文文本的,基金信息披露义务人应当保证不同文本的内容一致。不同文本之间发生歧义的,以中文文本为准。

第九条　公开披露的基金信息应当采用阿拉伯数字;除特别说明外,货币单位应当为人民币元。

第三章　基金募集信息披露

第十条　基金募集申请经中国证监会注册后,基金管理人应当在基金份额发售的三日前,将基金份额发售公告、基金招募说明书提示性公告和基金合同提示性公告登载在指定报刊上,将基金份额发售公告、基金招募说明书、基金产品资料概要、基金合同和基金托管协议登载在指定网站上;基金托管人应当同时将基金合同、基金托管协议登载在指定网站上。

第十一条　基金管理人应当在基金合同生效的次日在指定报刊和指定网站上登载基金合同生效公告。

第十二条　基金合同生效后,基金招募说明书、基金产品资料概要的信息发生重大变更的,基金管理人应当在三个工作日内,更新基金招募说明书和基金产品资料概要,并登载在指定网站上。

第四章　基金运作信息披露

第十三条　基金份额获准在证券交易所上市交易的,基金管理人应当在基金份额上市交易的三个工作日前,将基金份额上市交易公告书登载在指定网站上,并将上市交易公告书提示性公告登载在指定报刊上。

第十四条　基金管理人应当按照下列要求披露基金净值信息:

(一)至少每周在指定网站披露一次封闭式基金资产净值和基金份额净值;

(二)开放式基金的基金合同生效后,在开始办理基金份额申购或者赎回前,至少每周在指定网站披露一次基金份额净值和基金份额累计净值;

(三)开放式基金在不晚于每个开放日的次日,通过指定网站、基金销售机构网站或者营业网点披露开放日的基金份额净值和基金份额累计净值;

(四)在不晚于半年度和年度最后一日的次日,在指定网站披露半年度和年度最后一日的基金份额净值和基金份额累计净值。

中国证监会对特殊基金品种的净值信息披露另有规定的,从其规定。

第十五条　基金管理人应当在开放式基金的基金合同、招募说明书等信息披露文件上载明基金份额申购、赎回价格的计算方式及有关申购、赎回费率,并保证投资者能够在基金销售机构网站或营业网点查阅或者复制前述信息资料。

第十六条　基金管理人应当在每年结束之日起三个月内,编制完成基金年度报告,将年度报告登载在指定网站上,并将年度报告提示性公告登载在指定报刊上。

基金年度报告中的财务会计报告应当经过具有证券、期货相关业务资格的会计师事务所审计。

第十七条　基金管理人应当在上半年结束之日起两个月内,编制完成基金中期报告,将中期报告登载在指定网站上,并将中期报告提示性公告登载在指定报刊上。

第十八条　基金管理人应当在季度结束之日起十五个工作日内,编制完成基金季度报告,将季度报告登载在指定网站上，并将季度报告提示性公告登载在指定报刊上。

第十九条 基金合同生效不足两个月的，基金管理人可以不编制当期季度报告、中期报告或者年度报告。

第二十条 基金合同终止的，基金管理人应当依法组织清算组对基金财产进行清算并作出清算报告。清算报告应当经过具有证券、期货相关业务资格的会计师事务所审计，并由律师事务所出具法律意见书。清算组应当将清算报告登载在指定网站上，并将清算报告提示性公告登载在指定报刊上。

第五章 基金临时信息披露

第二十一条 基金发生重大事件，有关信息披露义务人应当在两日内编制临时报告书，并登载在指定报刊和指定网站上。

前款所称重大事件，是指可能对基金份额持有人权益或者基金份额的价格产生重大影响的下列事件：

（一）基金份额持有人大会的召开及决定的事项；

（二）基金终止上市交易、基金合同终止、基金清算；

（三）基金扩募、延长基金合同期限；

（四）转换基金运作方式、基金合并；

（五）更换基金管理人、基金托管人、基金份额登记机构，基金改聘会计师事务所；

（六）基金管理人委托基金服务机构代为办理基金的份额登记、核算、估值等事项，基金托管人委托基金服务机构代为办理基金的核算、估值、复核等事项；

（七）基金管理人、基金托管人的法定名称、住所发生变更；

（八）基金管理公司变更持有百分之五以上股权的股东、变更公司的实际控制人；

（九）基金募集期延长或提前结束募集；

（十）基金管理人高级管理人员、基金经理和基金托管人专门基金托管部门负责人发生变动；

（十一）基金管理人的董事在最近12个月内变更超过百分之五十，基金管理人、基金托管人专门基金托管部门的主要业务人员在最近12个月内变动超过百分之三十；

（十二）涉及基金财产、基金管理业务、基金托管业务的诉讼或仲裁；

（十三）基金管理人或其高级管理人员、基金经理因基金管理业务相关行为受到重大行政处罚、刑事处罚，基金托管人或其专门基金托管部门负责人因基金托管业务相关行为受到重大行政处罚、刑事处罚；

（十四）基金管理人运用基金财产买卖基金管理人、基金托管人及其控股股东、实际控制人或者与其有重大利害关系的公司发行的证券或者承销期内承销的证券，或者从事其他重大关联交易事项，中国证监会另有规定的情形除外；

（十五）基金收益分配事项，货币市场基金等中国证监会另有规定的特殊基金品种除外；

（十六）管理费、托管费、销售服务费、申购费、赎回费等费用计提标准、计提方式和费率发生变更；

（十七）基金份额净值计价错误达基金份额净值百分之零点五；

（十八）开放式基金开始办理申购、赎回；

（十九）开放式基金发生巨额赎回并延期办理；

（二十）开放式基金连续发生巨额赎回并暂停接受赎回申请或延缓支付赎回款项；

（二十一）开放式基金暂停接受申购、赎回申请或重新接受申购、赎回申请；

（二十二）基金信息披露义务人认为可能对基金份额持有人权益或者基金份额的价格产生重大影响的其他事项或中国证监会规定的其他事项。

第二十二条 召开基金份额持有人大会的，召集人应当至少提前三十日在指定报刊和指定网站上公告基金份额持有人大会的召开时间、会议形式、审议事项、议事程序和表决方式等事项。

基金份额持有人或基金份额持有人大会的日常机构依法召集持有人大会，基金管理人、基金托管人对基金份额持有人大会决定的事项不依法履行信息披露义务的，召集人应当履行相关信息披露义务。

第二十三条 在基金合同期限内，任何公共媒体中出现的或者在市场上流传的消息可能对基金份额价格产生误导性影响或者引起较大波动,以及可能损害基金份额持有人权益的,相关信息披露义务人知悉后应当立即对该消息进行公开澄清,并将有关情况立即报告中国证监会、基金上市交易的证券交易所。

第六章 信息披露事务管理

第二十四条 基金管理人、基金托管人应当建立健全信息披露管理制度,指定专门部门及高级管理人员负责管理信息披露事务。

基金管理人、基金托管人应加强对未公开披露基金信息的管控,并建立基金敏感信息知情人登记制度。基金管理人、基金托管人及相关从业人员不得泄露未公开披露的基金信息。

第二十五条 基金信息披露义务人公开披露基金信息,应当符合中国证监会相关基金信息披露内容与格式准则等法规的规定;特定基金信息披露事项和特殊基金品种的信息披露,应当符合中国证监会相关编报规则等法规的规定。

第二十六条 基金托管人应当按照相关法律、行政法规、中国证监会的规定和基金合同的约定,对基金管理人编制的基金资产净值、基金份额净值、基金份额申购赎回价格、基金定期报告、更新的招募说明书、基金产品资料概要、基金清算报告等公开披露的相关基金信息进行复核、审查,并向基金管理人进行书面或电子确认。

第二十七条 基金管理人、基金托管人应当在指定报刊中选择披露信息的报刊,单只基金只需选择一家报刊。

基金管理人、基金托管人应当向中国证监会基金电子披露网站报送拟披露的基金信息,并保证相关报送信息的真实、准确、完整、及时。

第二十八条 基金管理人应当在基金合同、基金招募说明书、基金份额上市交易公告书等基金信息披露文件中加强风险揭示,对设计复杂、风险较高的基金应以显著、清晰的方式揭示基金投资运作及交易等环节的相关风险。

基金管理人应当规范基金名称,基金名称应显示产品类型、主要投资方向或投资策略等核心特征。采用定期开放式或封闭式、设置投资者最短持有期限的基金,应当在名称中明示产品封闭期限或投资者最短持有期限。

第二十九条 为强化投资者保护,提升信息披露服务质量,基金管理人应当按照中国证监会规定向投资者及时提供对其投资决策有重大影响的信息,基金销售机构、为投资者交易上市基金份额提供经纪服务的证券公司应当按照中国证监会规定做好相关信息传递工作。

第三十条 基金管理人、基金托管人除按法律法规要求披露信息外,也可着眼于为投资者决策提供有用信息的角度,在保证公平对待投资者、不误导投资者、不影响基金正常投资操作的前提下,自主提升信息披露服务的质量。具体应遵循以下要求:

(一)可以通过短信、电子邮件、移动客户端、社交平台等方式向投资者提供信息披露服务;

(二)可以通过月度报告等方式提高定期报告的披露频率;基金管理人应保持信息披露的持续性和公开性,不得为短期营销行为临时性、选择性披露信息;

(三)可以在其他公共媒介披露信息,但不得早于指定媒介和基金上市交易的证券交易所网站,且在不同媒介上披露同一信息的内容应当一致;

(四)前述自主披露如产生信息披露费用,该费用不得从基金财产中列支。

第三十一条 为基金信息披露义务人公开披露的基金信息出具审计报告、法律意见书的专业机构,应当制作工作底稿,并将相关档案至少保存到基金合同终止后十年。

第三十二条 依法必须披露的信息发布后,基金管理人、基金托管人应当按照相关法律法规规定将信息置备于公司住所、基金上市交易的证券交易所,供社会公众查阅、复制。

第七章 监督管理和法律责任

第三十三条 中国证监会及其派出机构对信息披露义务人、基金销售机构、证券公司从事信息披露及相关服务的情况,进行定期或者不定期的现场和非现场检查,相关单位及个人应当予以配合。

第三十四条　中国证监会可以定期评估基金管理人的信息披露质量，并纳入基金管理人分类监管评价指标体系中。基金管理人存在下列情形的，中国证监会可以中止审查，并根据情节轻重，在3－12个月内对该基金管理人提交的基金注册申请不适用简易程序，或者3－12个月内不再受理基金管理人提交的基金注册申请，违反法律法规的，依照相关规定采取措施或予以处罚：

（一）基金注册申请材料中基金招募说明书、基金合同、基金产品资料概要等信息披露文件存在明显差错；

（二）基金注册申请材料与合同填报指引存在明显差异，且未如实向中国证监会报告；

（三）中国证监会认定的其他情形。

第三十五条　基金信息披露义务人、基金销售机构、证券公司及相关人员违反本办法规定的，中国证监会及其派出机构可以采取责令改正、监管谈话、出具警示函、责令定期报告、暂不受理与行政许可有关的文件等行政监管措施；对直接负责的主管人员和其他直接责任人员，可以采取监管谈话、出具警示函、责令参加培训、认定为不适当人选等行政监管措施，记入诚信档案。

基金管理人违反本办法规定构成公司治理结构不健全、内部控制不完善等情形的，依照《基金法》第二十四条采取行政监管措施。

第三十六条　基金信息披露义务人的信息披露活动存在违反本办法的下列情形之一且情节严重的，除法律、行政法规另有规定外，对基金信息披露义务人处以警告、并处三万元以下罚款，对直接负责的主管人员和其他直接责任人员，处以警告、并处三万元以下罚款：

（一）违反本办法第二十五条的规定，信息披露文件不符合中国证监会有关规定；

（二）违反本办法第二十六条的规定，基金托管人未按规定对公开披露的基金信息进行复核、审查或者确认；

（三）违反本办法第二十七条的规定，基金管理人、基金托管人未按规定选择指定报刊，未按规定向中国证监会基金电子披露网站报送信息；

（四）违反本办法第二十八条的规定，基金管理人未在基金信息披露文件中揭示相关风险，未在基金名称中显示核心特征或期限；

（五）违反本办法第二十九条的规定，基金管理人未按规定向投资者及时提供对其投资决策有重大影响的信息，基金销售机构、证券公司未按规定做好相关信息传递工作；

（六）违反本办法第三十条关于自主信息披露服务的要求；

（七）违反本办法第三十二条的规定，未履行置备义务；

（八）中国证监会认定的其他情形。

第三十七条　基金管理人、基金托管人违反本办法第二十四条规定且情节严重的，处以警告、并处三万元以下罚款；对直接负责的主管人员和其他直接责任人员，处以警告、并处三万元以下罚款；构成《基金法》第二十条第（六）项所述情形的，依照《基金法》第一百二十三条进行处罚。

第三十八条　基金发生第二十一条第二款第（十四）项所述重大关联交易事项，且基金信息披露义务人未依法履行信息披露义务的，依照《基金法》第一百二十九条进行处罚。

第三十九条　基金信息披露义务人的信息披露活动存在下列情形之一的，依照《基金法》第一百三十一条进行处罚：

（一）违反本办法第三条的规定，未能保证投资者按照基金合同约定的时间和方式查阅或者复制公开披露的信息资料；

（二）违反本办法第七条规定；

（三）未公开披露本办法第六条、第二十一条第二款规定的基金信息；

（四）未按照本办法第十条、第十一条、第十二条、第十三条、第十四条、第十六条、第十七条、第十八条、第二十条、第二十一条规定的时间或指定媒介披露基金信息；

（五）违反本办法第十六条、第二十条的规定，年度报告中的财务会计报告未经审计即予披露，清算报告未经审计、未经出具法律意见书即予披露。

第四十条　为基金信息披露义务人公开披露的基金信息出具审计报告、法律意见书等文件的专业机构未勤勉尽责，所出具的文件有虚假记载、误导性陈述或者有重大遗漏的，依照《基金法》第一百四十三条进行处罚。

第八章 附 则

第四十一条 经中国证监会注册的境外互认基金,涉及境内信息披露业务的,依照本办法执行,法律法规及中国证监会另有规定的除外。

境外互认基金管理人、代理人在从事互认基金信息披露等相关业务活动中,存在违反本办法规定的,中国证监会可以依法对其采取行政监管措施或者行政处罚。

第四十二条 本办法自2019年9月1日起施行。中国证监会发布的《证券投资基金信息披露管理办法》(证监会令第19号)同时废止。

关于修改《上市公司重大资产重组管理办法》的决定

(2019年10月18日 证监会令第159号)

一、第十三条修改为:"上市公司自控制权发生变更之日起36个月内,向收购人及其关联人购买资产,导致上市公司发生以下根本变化情形之一的,构成重大资产重组,应当按照本办法的规定报经中国证监会核准:

(一)购买的资产总额占上市公司控制权发生变更的前一个会计年度经审计的合并财务会计报告期末资产总额的比例达到100%以上;

(二)购买的资产在最近一个会计年度所产生的营业收入占上市公司控制权发生变更的前一个会计年度经审计的合并财务会计报告营业收入的比例达到100%以上;

(三)购买的资产净额占上市公司控制权发生变更的前一个会计年度经审计的合并财务会计报告期末净资产额的比例达到100%以上;

(四)为购买资产发行的股份占上市公司首次向收购人及其关联人购买资产的董事会决议前一个交易日的股份的比例达到100%以上;

(五)上市公司向收购人及其关联人购买资产虽未达到本款第(一)至第(四)项标准,但可能导致上市公司主营业务发生根本变化;

(六)中国证监会认定的可能导致上市公司发生根本变化的其他情形。

上市公司实施前款规定的重大资产重组,应当符合下列规定:

(一)符合本办法第十一条、第四十三条规定的要求;

(二)上市公司购买的资产对应的经营实体应当是股份有限公司或者有限责任公司,且符合《首次公开发行股票并上市管理办法》规定的其他发行条件;

(三)上市公司及其最近3年内的控股股东、实际控制人不存在因涉嫌犯罪正被司法机关立案侦查或涉嫌违法违规正被中国证监会立案调查的情形,但是,涉嫌犯罪或违法违规的行为已经终止满3年,交易方案能够消除该行为可能造成的不良后果,且不影响对相关行为人追究责任的除外;

(四)上市公司及其控股股东、实际控制人最近12个月内未受到证券交易所公开谴责,不存在其他重大失信行为;

(五)本次重大资产重组不存在中国证监会认定的可能损害投资者合法权益,或者违背公开、公平、公正原则的其他情形。

上市公司通过发行股份购买资产进行重大资产重组的,适用《证券法》和中国证监会的相关规定。

本条第一款所称控制权,按照《上市公司收购管理办法》第八十四条的规定进行认定。上市公司股权分散,董事、高级管理人员可以支配公司重大的财务和经营决策的,视为具有上市公司控制权。

创业板上市公司自控制权发生变更之日

起,向收购人及其关联人购买符合国家战略的高新技术产业和战略性新兴产业资产,导致本条第一款规定任一情形的,所购买资产对应的经营实体应当是股份有限公司或者有限责任公司,且符合《首次公开发行股票并在创业板上市管理办法》规定的其他发行条件。

上市公司自控制权发生变更之日起,向收购人及其关联人购买的资产属于金融、创业投资等特定行业的,由中国证监会另行规定。"

二、第十四条修改为:"计算本办法第十二条、第十三条规定的比例时,应当遵守下列规定:

(一)购买的资产为股权的,其资产总额以被投资企业的资产总额与该项投资所占股权比例的乘积和成交金额二者中的较高者为准,营业收入以被投资企业的营业收入与该项投资所占股权比例的乘积为准,资产净额以被投资企业的净资产额与该项投资所占股权比例的乘积和成交金额二者中的较高者为准;出售的资产为股权的,其资产总额、营业收入以及资产净额分别以被投资企业的资产总额、营业收入以及净资产额与该项投资所占股权比例的乘积为准。

购买股权导致上市公司取得被投资企业控股权的,其资产总额以被投资企业的资产总额和成交金额二者中的较高者为准,营业收入以被投资企业的营业收入为准,资产净额以被投资企业的净资产额和成交金额二者中的较高者为准;出售股权导致上市公司丧失被投资企业控股权的,其资产总额、营业收入以及资产净额分别以被投资企业的资产总额、营业收入以及净资产额为准。

(二)购买的资产为非股权资产的,其资产总额以该资产的账面值和成交金额二者中的较高者为准,资产净额以相关资产与负债的账面值差额和成交金额二者中的较高者为准;出售的资产为非股权资产的,其资产总额、资产净额分别以该资产的账面值、相关资产与负债账面值的差额为准;该非股权资产不涉及负债的,不适用第十二条第一款第(三)项规定的资产净额标准。

(三)上市公司同时购买、出售资产的,应当分别计算购买、出售资产的相关比例,并以二者中比例较高者为准。

(四)上市公司在12个月内连续对同一或者相关资产进行购买、出售的,以其累计数分别计算相应数额。已按照本办法的规定编制并披露重大资产重组报告书的资产交易行为,无须纳入累计计算的范围。中国证监会对本办法第十三条第一款规定的重大资产重组的累计期限和范围另有规定的,从其规定。交易标的资产属于同一交易方所有或者控制,或者属于相同或者相近的业务范围,或者中国证监会认定的其他情形下,可以认定为同一或者相关资产。"

三、第二十二条第四款修改为:"上市公司只需选择一种中国证监会指定的报刊公告董事会决议、独立董事的意见,并应当在证券交易所网站全文披露重大资产重组报告书及其摘要、相关证券服务机构的报告或者意见。"

四、第四十四条第一款修改为:"上市公司发行股份购买资产的,可以同时募集部分配套资金,其定价方式按照现行相关规定办理。"

五、第五十九条增加一款,作为第二款:"交易对方超期未履行或者违反业绩补偿协议、承诺的,由中国证监会责令改正,并可以采取监管谈话、出具警示函、责令公开说明、认定为不适当人选等监管措施,将相关情况记入诚信档案。"

六、增加一条,作为第六十一条:"中国证监会对科创板上市公司重大资产重组另有规定的,从其规定。"

原第六十一条改为第六十二条。

本决定自2019年10月18日起施行。《上市公司重大资产重组管理办法》根据本决定作相应修改,重新公布。

关于《期货交易管理条例》第七十条第五项“其他操纵期货交易价格行为”的规定

(2019 年 11 月 18 日　证监会令第 160 号)

第一条　为防范和打击操纵期货交易价格违法行为,依据《期货交易管理条例》第四十六条和第七十条,制定本规定。

第二条　不以成交为目的,频繁申报、撤单或者大额申报、撤单,影响期货交易价格或者期货交易量,并进行与申报方向相反的交易或者谋取相关利益的,构成操纵。

第三条　不接我们电话也不给拒接原因编造、传播虚假信息或者误导性信息,影响期货交易价格或者期货交易量,并进行相关交易或者谋取相关利益的,构成操纵。

第四条　对合约或合约标的物作出公开评价、预测或者投资建议,影响期货交易价格或者期货交易量,并进行与其评价、预测或者投资建议方向相反的期货交易的,构成操纵。

第五条　在临近交割月或者交割月,利用不正当手段规避持仓限制,形成持仓优势,影响期货交易价格的,构成操纵。

第六条　任何单位或者个人不得以其他方式操纵期货交易价格。

第七条　任何单位或者个人有本规定行为的,依照《期货交易管理条例》第七十条的规定处理。

第八条　本规定自公布之日起施行。

关于修改《非上市公众公司监督管理办法》的决定

(2019 年 12 月 20 日　证监会令第 161 号)

一、第四条修改为:“公众公司公开转让股票应当在全国中小企业股份转让系统(以下简称全国股转系统)进行,公开转让的公众公司股票应当在中国证券登记结算公司集中登记存管。”

二、第五条第二款修改为:“公众公司发行优先股、可转换公司债券等证券品种,应当遵守法律、行政法规和中国证券监督管理委员会(以下简称中国证监会)的相关规定。”

三、第十条第二款修改为:“股东大会的提案审议应当符合规定程序,保障股东的知情权、参与权、质询权和表决权;董事会应当在职权范围和股东大会授权范围内对审议事项作出决议,不得代替股东大会对超出董事会职权范围和授权范围的事项进行决议。”

四、第十三条增加一款,作为第二款:“关联交易不得损害公众公司利益。”

五、第十四条增加两款,分别作为第二款、第三款。第二款为:“公众公司股东、实际控制人、董事、监事及高级管理人员不得实施侵占公司资产、利益输送等损害公众公司利益的行为。”第三款为:“未经董事会或股东大会批准或授权,公众公司不得对外提供担保。”

六、增加一条,作为第二十条:“股票公开转让的科技创新公司存在特别表决权股份的,应当在公司章程中规定以下事项:(一)特别表决权股份的持有人资格;(二)特别表决权股份拥有的表决权数量与普通股份拥有的表决权数量的比例安排;(三)持有人所持特别表决权股份能够参与表决的股东大会事项范围;(四)特别表决权股份锁定安排及转让限制;(五)特别表决权股份与普通股份的转换情形;(六)其他事项。全国股转系统应对存在特别表决权股份的公司表决权差异的设置、存续、调整、信息披露和投资者保护等事项制定具体规定。”

七、第二十条修改为第二十一条,修改为“公司及其他信息披露义务人应当按照法律、行政法规和中国证监会的规定履行信息披露义务,所披露的信息应当真实、准确、完整,不得有虚假记载、误导性陈述或者重大遗漏。公司及其他信息披露义务人应当及时、公平地向所有投资者披露信息。公司的董事、监事、高级管理人员应当忠实、勤勉地履行职责,保证公司披露信息的真实、准确、完整。”

八、第二十一条修改为第二十二条,修改为:“信息披露文件主要包括公开转让说明书、定向转让说明书、定向发行说明书、发行情况报告书、公开发行说明书、定期报告和临时报告等。具体的内容与格式、编制规则及披露要求,由中国证监会另行制定。”

九、第二十二条修改为第二十三条,第一款修改为:“股票公开转让与定向发行的公众公司应当报送年度报告、中期报告,并予公告。年度报告中的财务会计报告应当经符合《证券法》规定的会计师事务所审计。”第二款修改为“股票向特定对象转让导致股东累计超过200人的公众公司,应当报送年度报告,并予公告。年度报告中的财务会计报告应当经会计师事务所审计。”

十、第二十五条修改为第二十六条,修改为:“发生可能对股票价格产生较大影响的重大事件,投资者尚未得知时,公众公司应当立即将有关该重大事件的情况向中国证监会和全国股转系统报送临时报告,并予以公告,说明事件的起因、目前的状态和可能产生的后果。”

十一、增加一条,作为第二十七条:“中国证监会对公众公司实行差异化信息披露管理,具体规定由中国证监会另行制定。”

十二、第二十六条修改为第二十八条,修改为:“公众公司实施并购重组的,相关信息披露义务人应当依法严格履行公告义务。参与并购重组的相关单位和人员,应当及时、准确地向公众公司通报有关信息,配合公众公司真实、准确、完整地进行披露,在并购重组的信息依法披露前负有保密义务,禁止利用该信息进行内幕交易。”

十三、第二十九条修改为第三十一条,第一款修改为:“公司及其他信息披露义务人依法披露的信息,应当在符合《证券法》规定的信息披露平台公布。公司及其他信息披露义务人可在公司网站或者其他公众媒体上刊登依本办法必须披露的信息,但披露的内容应当完全一致,且不得早于在上述信息披露平台披露的时间。”第二款修改为“股票向特定对象转让导致股东累计超过200人的公众公司可以在公司章程中约定其他信息披露方式;在《证券法》规定的信息披露平台披露相关信息的,应当符合本条第一款的要求。”

十四、第三十二条修改为第三十四条,第三款修改为:“股票向特定对象转让应当以非公开方式协议转让。申请股票挂牌公开转让的,按照本办法第三十五条、第三十六条的规定办理。”

十五、第三十三条修改为第三十五条,第一款修改为“公司申请其股票挂牌公开转让的,董事会应当依法就股票挂牌公开转让的具体方案作出决议,并提请股东大会批准,股东大会决议必须经出席会议的股东所持表决权的2/3以上通过。”第二款修改为“董事会和股东大会决议中还应当包括以下内容:(一)按照中国证监会的相关规定修改公司章程;(二)按照法律、行政法规和公司章程的规定建立健全公司治理机制;(三)履行信息披露义务,按照相关规定披露公开转让说明书、年度报告、中期报告及其他信息披露内容。”增加一款作为第三款:“公司申请其股票挂牌公开转让时,可以按照本办法第五章规定申请发行股票。”

十六、第三十四条修改为第三十六条,第一款修改为:“股东人数超过200人的公司申请其股票挂牌公开转让,应当按照中国证监会有关规定制作公开转让的申请文件,申请文件应当包括但不限于:公开转让说明书、律师事务所出具的法律意见书、符合《证券法》规定的会计师事务所出具的审计报告、证券公司出具的推荐文件、全国股转系统的自律监管意见。公司持申请文件向中国证监会申请核准。”

十七、第三十六条修改为第三十七条,修改为:“股东人数未超过200人的公司申请其股票挂牌公开转让,中国证监会豁免核准,由全国股转系统进行审查。”

十八、增加一条,作为第四十条:“申请股票挂牌公开转让的公司应当聘请证券公司推荐其股票挂牌公开转让。证券公司应当对所推荐的股票公开转让的公众公司进行持续督导,督促公司诚实守信、及时履行信息披露义务、完善公司治理、提高规范运作水平。股票公开转让的公众公司应当配合证券公司持续督导工作,接受证券公司的指导和督促。”

十九、第三十八条修改为第四十一条,修改为:“本办法施行前股东人数超过200人的股份有限公司,符合条件的,可以申请在全国股转系统挂牌公开转让股票、首次公开发行并在证券交易所上市。”

二十、第三十九条修改为第四十二条,第一款修改为:“本办法所称定向发行包括股份有限公司向特定对象发行股票导致股东累计超过200人,以及公众公司向特定对象发行股票两种情形。”第三款修改为“股票未公开转让的公司确定发行对象时,符合本条第二款第(三)项规定的投资者合计不得超过35名。”

二十一、第四十条修改为第四十三条,第二款修改为:“公司应当与发行对象签订包含风险揭示条款的认购协议,发行过程中不得采取公开路演、询价等方式。”

二十二、第四十一条修改为第四十四条,增加一款作为第二款:“股东大会就股票发行作出的决议,至少应当包括下列事项:(一)本次发行股票的种类和数量(数量上限);(二)发行对象或范围、现有股东优先认购安排;(三)定价方式或发行价格(区间);(四)限售情况;(五)募集资金用途;(六)决议的有效期;(七)对董事会办理本次发行具体事宜的授权;(八)发行前滚存利润的分配方案;(九)其他必须明确的事项。”原第二款调整为第三款,修改为“申请向特定对象发行股票导致股东累计超过200人的股份有限公司,董事会和股东大会决议中还应当包括以下内容:(一)按照中国证监会的相关规定修改公司章程;(二)按照法律、行政法规和公司章程的规定建立健全公司治理机制;(三)履行信息披露义务,按照相关规定披露定向发行说明书、发行情况报告书、年度报告、中期报告及其他信息披露内容。”

二十三、增加一条,作为第四十五条:“董事会、股东大会决议确定具体发行对象的,董事、股东参与认购或者与认购对象存在关联关系的,应当回避表决。出席董事会的无关联关系董事人数不足三人的,应将该事项提交公司股东大会审议。”

二十四、第四十二条修改为第四十六条,修改为:“公司应当按照中国证监会有关规定制作定向发行的申请文件,申请文件应当包括但不限于:定向发行说明书、律师事务所出具的法律意见书、符合《证券法》规定的会计师事务所出具的审计报告、证券公司出具的推荐文件。”

二十五、增加一条,作为第四十七条:“股票公开转让的公众公司向公司前十名股东、实际控制人、董事、监事、高级管理人员及核心员工定向发行股票,连续12个月内发行的股份未超过公司总股本10%且融资总额不超过2000万元的,无需提供证券公司出具的推荐文件以及律师事务所出具的法律意见书。按照前款规定发行股票的,董事会决议中应当明确发行对象、发行价格和发行数量,且公司不得存在以下情形:(一)认购人以非现金资产认购的;(二)发行股票导致公司控制权发生变动的;(三)本次发行中存在特殊投资条款安排的;(四)公司或其控股股东、实际控制人、董事、监事、高级管理人员最近12个月内被中国证监会给予行政处罚或采取监管措施、被全国股转系统采取纪律处分的。”

二十六、第四十五条修改为第四十八条,修改为:“向特定对象发行股票后股东累计超过200人的公司,应当持申请文件向中国证监会申请核准。股票公开转让的公众公司提交的申请文件还应当包括全国股转系统的自律监管意见。股票公开转让的公众公司向特定对象发行股票后股东累计不超过200人的,中国证监会豁免核准,由全国股转系统自律管理。”

二十七、增加一条,作为第五十四条:“股票公开转让的公众公司可以向全国股转系统不特定合格投资者公开发行股票(以下简称公开发行)。前款所称的不特定合格投资者应当符合投资者适当性管理规定。”

二十八、增加一条，作为第五十五条：“公司申请公开发行，应当符合以下条件：(一)具备健全且运行良好的组织机构；(二)具有持续盈利能力，财务状况良好，最近3年财务会计文件无虚假记载；(三)依法规范经营，最近3年内，公司及其控股股东、实际控制人不存在贪污、贿赂、侵占财产、挪用财产或者破坏社会主义市场经济秩序的刑事犯罪，不存在欺诈发行、重大信息披露违法或者其他涉及国家安全、公共安全、生态安全、生产安全、公众健康安全等领域的重大违法行为，最近12个月内未受到中国证监会行政处罚。”

二十九、增加一条，作为第五十六条：“公司董事会应当依法就本次股票发行的具体方案、本次募集资金使用的可行性及其他必须明确的事项作出决议，并提请股东大会批准。公司股东大会就本次股票发行作出的决议，至少应当包括下列事项：(一)本次公开发行股票的种类和数量；(二)发行对象的范围；(三)定价方式、发行价格(区间)或发行底价；(四)募集资金用途；(五)决议的有效期；(六)对董事会办理本次发行具体事宜的授权；(七)发行前滚存利润的分配方案；(八)其他必须明确的事项。”

三十、增加一条，作为第五十七条：“股东大会就公开发行股票事项作出决议，必须经出席会议的股东所持表决权的2/3以上通过。公司股东人数超过200人的，应当对出席会议的持股比例在10%以下的股东表决情况单独计票并予以披露。公司就公开发行股票事项召开股东大会，应当提供网络投票的方式，公司还可以通过其他方式为股东参加股东大会提供便利。”

三十一、增加一条，作为第五十八条：“公司应当按照中国证监会有关规定制作公开发行的申请文件，申请文件应当包括但不限于：公开发行说明书、律师事务所出具的法律意见书、符合《证券法》规定的会计师事务所出具的审计报告、保荐人出具的股票发行保荐书、全国股转系统的自律监管意见。公司持申请文件向中国证监会申请核准。”

三十二、增加一条，作为第五十九条：“中国证监会受理申请文件后，依法对公开发行条件、信息披露等进行审核，在20个工作日内作出核准、中止审核、终止审核、不予核准的决定。”

三十三、增加一条，作为第六十条：“公开发行股票，应当聘请具有保荐资格的机构担任保荐人，其保荐业务适用《证券发行上市保荐业务管理办法》(以下简称《保荐办法》)相关规定，本办法另有规定的除外。”

三十四、增加一条，作为第六十一条：“尚未盈利或者已在股票发行申请文件中充分分析并揭示相关风险的公司申请公开发行股票，在公开发行股票当年即亏损的，其保荐人不适用《保荐办法》第六十七条相关责任。”

三十五、增加一条，作为第六十二条：“保荐人应当按照中国证监会和全国股转系统的规定制作、报送和披露发行保荐书、回复意见等相关文件，遵守中国证监会和全国股转系统的规定，配合中国证监会和全国股转系统工作，自提交保荐文件之日起，保荐机构及其保荐代表人应承担相应的责任。全国股转系统应当根据《保荐办法》和本办法制定全国股转系统股票发行保荐业务规则，并报中国证监会批准。”

三十六、增加一条，作为第六十三条：“保荐人持续督导期间为公开发行完成后当年剩余时间及其后2个完整会计年度。”

三十七、增加一条，作为第六十四条：“公司公开发行股票，应当聘请具有证券承销业务资格的证券公司承销，按照《证券法》有关规定签订承销协议，确定采取代销或包销方式。申请公开发行股票公司的高级管理人员、核心员工可以参与战略配售。公司在全国股转系统公开发行股票、证券公司承销在全国股转系统公开发行的股票以及投资者认购在全国股转系统公开发行的股票，适用本办法。”

三十八、增加一条，作为第六十五条：“公司、承销机构及相关人员不得存在以下行为：(一)泄露询价或定价信息；(二)以任何方式操纵发行定价；(三)夸大宣传，或以虚假广告等不正当手段诱导、误导投资者；(四)向投资者提供除公开发行意向书等公开信息以外的公司信息；(五)以提供透支、回扣或者中国证监会认定的其他不正当手段诱使他人申购股票；(六)以代持、信托持股等方式谋取不正当利益或向其他相关利益主体输送利益；(七)直接或通过其利益相关方向参与申购的投资者提供财务资助或者补偿;(八)以自有资金或者变相通过自有资金参与网下配售;(九)与投资者互相串通,协商报价和配售;(十)收取投资者回扣或其他相关利益;(十一)中国证监会规定的其他情形。”

三十九、增加一条,作为第六十六条:“公司公开发行股票,可以与主承销商自主协商直接定价,也可以通过合格投资者网上竞价,或者网下询价等方式确定股票发行价格和发行对象。公司和主承销商应当在公开发行说明书和发行公告中披露本次发行股票采用的定价方式。发行价格可以参考公司股票的市场价格(如有)、同行业可比公司的市盈率或市净率等。如果发行价格明显偏离股票市场价格,公司应当对定价依据及定价方式、定价的合理性作出充分说明并披露,主承销商应当对本次发行价格的合理性、相关定价依据和定价方法的合理性,是否损害现有股东利益等发表意见。”

四十、增加一条,作为第六十七条:“公司通过网下询价方式确定股票发行价格和发行对象的,询价对象应当是经中国证券业协会注册的网下投资者。公司和主承销商可以根据全国股转系统和中国证券业协会相关自律规则的规定,设置网下投资者的具体条件,并在发行公告中预先披露。”

四十一、增加一条,作为第六十八条:“全国股转系统应当根据本办法制定全国股转系统股票发行承销业务规则,并报中国证监会批准。”

四十二、增加一条,作为第六十九条:“股票公开发行的申请经中国证监会核准后,公司与主承销商应当及时向全国股转系统报送发行与承销方案,并向中国证监会备案。”

四十三、第五十条修改为第七十一条,修改为“中国证监会依法履行对公司股票转让、股票发行、信息披露的监管职责,有权对公司、证券公司、证券服务机构等采取《证券法》规定的有关措施。”

四十四、第五十一条修改为第七十二条,第一款修改为“全国股转系统应当发挥自律管理作用,对股票公开转让的公众公司及相关信息披露义务人披露信息进行监督,督促其依法及时、准确地披露信息。发现股票公开转让的公众公司及相关信息披露义务人有违反法律、行政法规和中国证监会相关规定的行为,应当向中国证监会报告,并采取自律管理措施。”增加两款,第二款为“全国股转系统对股票发行承销过程实施自律管理。发现异常情形或者涉嫌违法违规的,中国证监会可以要求全国股转系统对相关事项进行调查处理,或者直接责令公司、证券公司暂停或中止发行。”第三款为“全国股转系统可以依据相关规则对股票公开转让的公众公司进行检查。”

四十五、第五十二条修改为第七十三条,第一款修改为“中国证券业协会应当发挥自律管理作用,对从事公司股票转让和股票发行业务的证券公司进行监督,督促其勤勉尽责地履行尽职调查和督导职责。发现证券公司有违反法律、行政法规和中国证监会相关规定的行为,应当向中国证监会报告,并采取自律管理措施。”增加一款作为第二款:“中国证券业协会应当建立对承销商询价、定价、配售行为和询价投资者报价行为的自律管理制度,并加强相关行为的监督检查,发现违规情形的,应当及时采取自律管理措施。”

四十六、第五十四条修改为第七十五条,第一款修改为:“证券公司在从事股票转让、股票发行等业务活动中,应当按照中国证监会的有关规定勤勉尽责地进行尽职调查,规范履行内核程序,认真编制相关文件,并持续督导所推荐公司及时履行信息披露义务、完善公司治理。”增加一款作为第二款:“证券公司承销公众公司股票,应当依据本办法以及中国证监会、中国证券登记结算公司和中国证券业协会有关风险控制和内部控制等相关规定,制定严格的风险管理制度和内部控制制度,加强定价和配售过程管理,落实承销责任。为股票发行出具相关文件的证券服务机构和人员,应当按照行业公认的业务标准和道德规范,严格履行法定职责,对其所出具文件的真实性、准确性和完整性承担责任。”

四十七、第五十五条修改为第七十六条,修改为:“证券服务机构为公司的股票转让、股票发行等活动出具审计报告、资产评估报告或者法律意见书等文件的,应当严格履行法定职责,遵循勤勉尽责和诚实信用原则,对公司的主体资格、股本情况、规范运作、财务状况、公司治理、信息披露等内容的真实性、准确性、完整性进行充分的核查和验证，并保证其出具的文件不存在虚假记载、误导性陈述或者重大遗漏。”

四十八、第五十六条修改为第七十七条，修改为：“中国证监会依法对公司及其他信息披露义务人、证券公司、证券服务机构进行监督检查或者调查，被检查或者调查对象有义务提供相关文件资料。对于发现问题的单位和个人，中国证监会可以采取责令改正、监管谈话、责令公开说明、出具警示函等监管措施，并记入诚信档案；涉嫌违法、犯罪的，应当立案调查或者移送司法机关。”

四十九、第五十七条修改为第七十八条，第一款修改为：“公司在其公告的股票挂牌公开转让、股票发行文件中隐瞒重要事实或者编造重要虚假内容的，除依照《证券法》有关规定进行处罚外，中国证监会可以采取终止审核并自确认之日起在36个月内不受理公司的股票转让和股票发行申请的监管措施。”增加一款作为第二款：“公司擅自改动已提交的股票转让、股票发行申请文件的，或发生重大事项未及时报告或者未及时披露的，中国证监会可视情节轻重，采取责令改正、监管谈话、出具警示函、终止审核并自确认之日起在12个月内不受理公司的股票转让和股票发行申请的监管措施。”

五十、第五十八条修改为第八十条，修改为：“公司未依照本办法第三十四条、第三十六条、第四十八条、第五十八条规定，擅自转让或者发行股票的，依照《证券法》有关规定进行处罚。”

五十一、增加一条，作为第八十一条：“公众公司违反本办法第十三条、第十四条规定的，中国证监会可以责令改正，对相关责任主体给予警告，单处或者并处3万元以下的罚款。”

五十二、第六十条修改为第八十二条，修改为：“公司及其他信息披露义务人未按照规定披露信息，或者所披露的信息有虚假记载、误导性陈述或者重大遗漏的，依照《证券法》有关规定进行处罚。”

五十三、第六十三条修改为第八十四条，修改为“公众公司内幕信息知情人或非法获取内幕信息的人，在对公众公司股票价格有重大影响的信息公开前，泄露该信息、买卖或者建议他人买卖该股票的，依照《证券法》有关规定进行处罚。”

五十四、增加一条，作为第八十五条：“股票公开转让的公众公司及其股东、实际控制人未按本办法规定配合证券公司、证券服务机构尽职调查、持续督导等工作的，中国证监会可以采取责令改正、监管谈话、出具警示函等监管措施，并记入诚信档案。”

五十五、增加一条，作为第八十六条：“证券公司及其工作人员未按本办法规定履行持续督导责任，情节严重的，中国证监会可以采取责令改正、监管谈话、出具警示函等监管措施。”

五十六、增加一条，作为第八十八条：“证券公司、证券服务机构擅自改动已提交的股票转让、股票发行申请文件的，或发生重大事项未及时报告或者未及时披露的，中国证监会可视情节轻重，采取责令改正、监管谈话、出具警示函、12个月内不接受相关单位及其负责人员出具的与公众公司股票转让、股票发行有关的文件等监管措施。”

五十七、增加一条，作为第八十九条：“证券公司及其直接负责的主管人员和其他责任人员在承销证券过程中，违反本办法第六十五条规定的，中国证监会可以视情节轻重采取责令改正、监管谈话、出具警示函、责令公开说明、认定为不适当人选等监管措施，或者采取市场禁入措施，并记入诚信档案；情节严重的，还可以采取3个月至12个月暂不受理其证券承销业务有关文件的监管措施；依法应予行政处罚的，依照《证券法》有关规定予以处罚。”

五十八、第六十四条修改为第九十条，删除第一款。

五十九、增加一条，作为第九十一条：“注册在境内的境外上市公司在境内定向发行股份、将境内股份在全国股转系统挂牌公开转让，按照本办法相关规定执行。”

六十、第六十五条修改为第九十二条，修改为：“本办法施行前股东人数超过200人的股份有限公司，不在全国股转系统挂牌公开转让股票或证券交易所上市的，应当按相关要求规范后申请纳入非上市公众公司监管。”

六十一、增加一条，作为第九十三条，修改为：“公司发行优先股、可转换公司债券的，应当符合中国证监会和全国股转系统的有关规定,普通股、优先股、可转换公司债券持有人数合并计算,并按照本办法第五章有关规定办理。”

本决定自公布之日起施行。

《非上市公众公司监督管理办法》根据本决定作相应的修改并对条文顺序作相应调整,重新公布。

非上市公众公司监督管理办法

(2012 年 9 月 28 日中国证券监督管理委员会第 17 次主席办公会议审议通过,根据 2013 年 12 月 26 日、2019 年 12 月 20 日中国证券监督管理委员会《关于修改〈非上市公众公司监督管理办法〉的决定》修正)

第一章　总　　则

第一条　为了规范非上市公众公司股票转让和发行行为,保护投资者合法权益,维护社会公共利益,根据《证券法》、《公司法》及相关法律法规的规定,制定本办法。

第二条　本办法所称非上市公众公司(以下简称公众公司)是指有下列情形之一且其股票未在证券交易所上市交易的股份有限公司:

(一)股票向特定对象发行或者转让导致股东累计超过 200 人;

(二)股票公开转让。

第三条　公众公司应当按照法律、行政法规、本办法和公司章程的规定,做到股权明晰,合法规范经营,公司治理机制健全,履行信息披露义务。

第四条　公众公司公开转让股票应当在全国中小企业股份转让系统(以下简称全国股转系统)进行,公开转让的公众公司股票应当在中国证券登记结算公司集中登记存管。

第五条　公众公司可以依法进行股权融资、债权融资、资产重组等。

公众公司发行优先股、可转换公司债券等证券品种,应当遵守法律、行政法规和中国证券监督管理委员会(以下简称中国证监会)的相关规定。

第六条　为公司出具专项文件的证券公司、律师事务所、会计师事务所及其他证券服务机构,应当勤勉尽责、诚实守信,认真履行审慎核查义务,按照依法制定的业务规则、行业执业规范和职业道德准则发表专业意见,保证所出具文件的真实性、准确性和完整性,并接受中国证监会的监管。

第二章　公 司 治 理

第七条　公众公司应当依法制定公司章程。

中国证监会依法对公众公司章程必备条款作出具体规定,规范公司章程的制定和修改。

第八条　公众公司应当建立兼顾公司特点和公司治理机制基本要求的股东大会、董事会、监事会制度,明晰职责和议事规则。

第九条　公众公司的治理结构应当确保所有股东,特别是中小股东充分行使法律、行政法规和公司章程规定的合法权利。

股东对法律、行政法规和公司章程规定的公司重大事项,享有知情权和参与权。

公众公司应当建立健全投资者关系管理,保护投资者的合法权益。

第十条　公众公司股东大会、董事会、监事会的召集、提案审议、通知时间、召开程序、授权委托、表决和决议等应当符合法律、行政法规和公司章程的规定;会议记录应当完整并安全保存。

股东大会的提案审议应当符合规定程序,保障股东的知情权、参与权、质询权和表决权;董事会应当在职权范围和股东大会授权范围内对审议事项作出决议,不得代替股东大会对超出董事会职权范围和授权范围的事项进行决议。

第十一条　公众公司董事会应当对公司的治理机制是否给所有的股东提供合适的保护和

平等权利等情况进行充分讨论、评估。

第十二条　公众公司应当强化内部管理，按照相关规定建立会计核算体系、财务管理和风险控制等制度，确保公司财务报告真实可靠及行为合法合规。

第十三条　公众公司进行关联交易应当遵循平等、自愿、等价、有偿的原则，保证交易公平、公允，维护公司的合法权益，根据法律、行政法规、中国证监会的规定和公司章程，履行相应的审议程序。

关联交易不得损害公众公司利益。

第十四条　公众公司应当采取有效措施防止股东及其关联方以各种形式占用或者转移公司的资金、资产及其他资源。

公众公司股东、实际控制人、董事、监事及高级管理人员不得实施侵占公司资产、利益输送等损害公众公司利益的行为。

未经董事会或股东大会批准或授权，公众公司不得对外提供担保。

第十五条　公众公司实施并购重组行为，应当按照法律、行政法规、中国证监会的规定和公司章程，履行相应的决策程序并聘请证券公司和相关证券服务机构出具专业意见。

任何单位和个人不得利用并购重组损害公众公司及其股东的合法权益。

第十六条　进行公众公司收购，收购人或者其实际控制人应当具有健全的公司治理机制和良好的诚信记录。收购人不得以任何形式从被收购公司获得财务资助，不得利用收购活动损害被收购公司及其股东的合法权益。

在公众公司收购中，收购人持有的被收购公司的股份，在收购完成后 12 个月内不得转让。

第十七条　公众公司实施重大资产重组，重组的相关资产应当权属清晰、定价公允，重组后的公众公司治理机制健全，不得损害公众公司和股东的合法权益。

第十八条　公众公司应当按照法律的规定，同时结合公司的实际情况在章程中约定建立表决权回避制度。

第十九条　公众公司应当在章程中约定纠纷解决机制。股东有权按照法律、行政法规和公司章程的规定，通过仲裁、民事诉讼或者其他法律手段保护其合法权益。

第二十条　股票公开转让的科技创新公司存在特别表决权股份的，应当在公司章程中规定以下事项：

（一）特别表决权股份的持有人资格；

（二）特别表决权股份拥有的表决权数量与普通股份拥有的表决权数量的比例安排；

（三）持有人所持特别表决权股份能够参与表决的股东大会事项范围；

（四）特别表决权股份锁定安排及转让限制；

（五）特别表决权股份与普通股份的转换情形；

（六）其他事项。

全国股转系统应对存在特别表决权股份的公司表决权差异的设置、存续、调整、信息披露和投资者保护等事项制定具体规定。

第三章　信 息 披 露

第二十一条　公司及其他信息披露义务人应当按照法律、行政法规和中国证监会的规定履行信息披露义务，所披露的信息应当真实、准确、完整，不得有虚假记载、误导性陈述或者重大遗漏。公司及其他信息披露义务人应当及时、公平地向所有投资者披露信息。

公司的董事、监事、高级管理人员应当忠实、勤勉地履行职责，保证公司披露信息的真实、准确、完整。

第二十二条　信息披露文件主要包括公开转让说明书、定向转让说明书、定向发行说明书、发行情况报告书、公开发行说明书、定期报告和临时报告等。具体的内容与格式、编制规则及披露要求，由中国证监会另行制定。

第二十三条　股票公开转让与定向发行的公众公司应当报送年度报告、中期报告，并予公告。年度报告中的财务会计报告应当经符合《证券法》规定的会计师事务所审计。

股票向特定对象转让导致股东累计超过 200 人的公众公司，应当报送年度报告，并予公告。年度报告中的财务会计报告应当经会计师事务所审计。

第二十四条　公众公司董事、高级管理人员应当对定期报告签署书面确认意见；对报告内容有异议的，应当单独陈述理由，并与定期报告同时披露。公众公司不得以董事、高级管理人员对定期报告内容有异议为由不按时披露定期报告。

公众公司监事会应当对董事会编制的定期报告进行审核并提出书面审核意见,说明董事会对定期报告的编制和审核程序是否符合法律、行政法规、中国证监会的规定和公司章程,报告的内容是否能够真实、准确、完整地反映公司实际情况。

第二十五条　证券公司、律师事务所、会计师事务所及其他证券服务机构出具的文件和其他有关的重要文件应当作为备查文件,予以披露。

第二十六条　发生可能对股票价格产生较大影响的重大事件,投资者尚未得知时,公众公司应当立即将有关该重大事件的情况向中国证监会和全国股转系统报送临时报告,并予以公告,说明事件的起因、目前的状态和可能产生的后果。

第二十七条　中国证监会对公众公司实行差异化信息披露管理,具体规定由中国证监会另行制定。

第二十八条　公众公司实施并购重组的,相关信息披露义务人应当依法严格履行公告义务。

参与并购重组的相关单位和人员,应当及时、准确地向公众公司通报有关信息,配合公众公司真实、准确、完整地进行披露,在并购重组的信息依法披露前负有保密义务,禁止利用该信息进行内幕交易。

第二十九条　公众公司应当制定信息披露事务管理制度并指定具有相关专业知识的人员负责信息披露事务。

第三十条　除监事会公告外,公众公司披露的信息应当以董事会公告的形式发布。董事、监事、高级管理人员非经董事会书面授权,不得对外发布未披露的信息。

第三十一条　公司及其他信息披露义务人依法披露的信息,应当在符合《证券法》规定的信息披露平台公布。公司及其他信息披露义务人可在公司网站或者其他公众媒体上刊登依本办法必须披露的信息,但披露的内容应当完全一致,且不得早于在上述信息披露平台披露的时间。

股票向特定对象转让导致股东累计超过200人的公众公司可以在公司章程中约定其他信息披露方式;在《证券法》规定的信息披露平台披露相关信息的,应当符合本条第一款的要求。

第三十二条　公司及其他信息披露义务人应当将信息披露公告文稿和相关备查文件置备于公司住所供社会公众查阅。

第三十三条　公司应当配合为其提供服务的证券公司及律师事务所、会计师事务所等证券服务机构的工作,按要求提供所需资料,不得要求证券公司、证券服务机构出具与客观事实不符的文件或者阻碍其工作。

第四章　股 票 转 让

第三十四条　股票向特定对象转让导致股东累计超过200人的股份有限公司,应当自上述行为发生之日起3个月内,按照中国证监会有关规定制作申请文件,申请文件应当包括但不限于:定向转让说明书、律师事务所出具的法律意见书、会计师事务所出具的审计报告。股份有限公司持申请文件向中国证监会申请核准。在提交申请文件前,股份有限公司应当将相关情况通知所有股东。

在3个月内股东人数降至200人以内的,可以不提出申请。

股票向特定对象转让应当以非公开方式协议转让。申请股票挂牌公开转让的,按照本办法第三十五条、第三十六条的规定办理。

第三十五条　公司申请其股票挂牌公开转让的,董事会应当依法就股票挂牌公开转让的具体方案作出决议,并提请股东大会批准,股东大会决议必须经出席会议的股东所持表决权的2/3以上通过。

董事会和股东大会决议中还应当包括以下内容:

(一)按照中国证监会的相关规定修改公司章程;

(二)按照法律、行政法规和公司章程的规定建立健全公司治理机制;

(三)履行信息披露义务,按照相关规定披露公开转让说明书、年度报告、中期报告及其他信息披露内容。

公司申请其股票挂牌公开转让时,可以按照本办法第五章规定申请发行股票。

第三十六条 股东人数超过200人的公司申请其股票挂牌公开转让,应当按照中国证监会有关规定制作公开转让的申请文件,申请文件应当包括但不限于:公开转让说明书、律师事务所出具的法律意见书、符合《证券法》规定的会计师事务所出具的审计报告、证券公司出具的推荐文件、全国股转系统的自律监管意见。公司持申请文件向中国证监会申请核准。

公开转让说明书应当在公开转让前披露。

第三十七条 股东人数未超过200人的公司申请其股票挂牌公开转让,中国证监会豁免核准,由全国股转系统进行审查。

第三十八条 中国证监会受理申请文件后,依法对公司治理和信息披露进行审核,在20个工作日内作出核准、中止审核、终止审核、不予核准的决定。

第三十九条 公司及其董事、监事、高级管理人员,应当对公开转让说明书、定向转让说明书签署书面确认意见,保证所披露的信息真实、准确、完整。

第四十条 申请股票挂牌公开转让的公司应当聘请证券公司推荐其股票挂牌公开转让。证券公司应当对所推荐的股票公开转让的公众公司进行持续督导,督促公司诚实守信、及时履行信息披露义务、完善公司治理、提高规范运作水平。

股票公开转让的公众公司应当配合证券公司持续督导工作,接受证券公司的指导和督促。

第四十一条 本办法施行前股东人数超过200人的股份有限公司,符合条件的,可以申请在全国股转系统挂牌公开转让股票、首次公开发行并在证券交易所上市。

第五章 定向发行

第四十二条 本办法所称定向发行包括股份有限公司向特定对象发行股票导致股东累计超过200人,以及公众公司向特定对象发行股票两种情形。

前款所称特定对象的范围包括下列机构或者自然人:

(一)公司股东;

(二)公司的董事、监事、高级管理人员、核心员工;

(三)符合投资者适当性管理规定的自然人投资者、法人投资者及其他经济组织。

股票未公开转让的公司确定发行对象时,符合本条第二款第(三)项规定的投资者合计不得超过35名。

核心员工的认定,应当由公司董事会提名,并向全体员工公示和征求意见,由监事会发表明确意见后,经股东大会审议批准。

投资者适当性管理规定由中国证监会另行制定。

第四十三条 公司应当对发行对象的身份进行确认,有充分理由确信发行对象符合本办法和公司的相关规定。

公司应当与发行对象签订包含风险揭示条款的认购协议,发行过程中不得采取公开路演、询价等方式。

第四十四条 公司董事会应当依法就本次股票发行的具体方案作出决议,并提请股东大会批准,股东大会决议必须经出席会议的股东所持表决权的2/3以上通过。

股东大会就股票发行作出的决议,至少应当包括下列事项:

(一)本次发行股票的种类和数量(数量上限);

(二)发行对象或范围、现有股东优先认购安排;

(三)定价方式或发行价格(区间);

(四)限售情况;

(五)募集资金用途;

(六)决议的有效期;

(七)对董事会办理本次发行具体事宜的授权;

(八)发行前滚存利润的分配方案;

(九)其他必须明确的事项。

申请向特定对象发行股票导致股东累计超过200人的股份有限公司,董事会和股东大会决议中还应当包括以下内容:

(一)按照中国证监会的相关规定修改公司章程;

(二)按照法律、行政法规和公司章程的规定建立健全公司治理机制;

(三)履行信息披露义务,按照相关规定披

露定向发行说明书、发行情况报告书、年度报告、中期报告及其他信息披露内容。

第四十五条 董事会、股东大会决议确定具体发行对象的,董事、股东参与认购或者与认购对象存在关联关系的,应当回避表决。

出席董事会的无关联关系董事人数不足三人的,应将该事项提交公司股东大会审议。

第四十六条 公司应当按照中国证监会有关规定制作定向发行的申请文件,申请文件应当包括但不限于:定向发行说明书、律师事务所出具的法律意见书、符合《证券法》规定的会计师事务所出具的审计报告、证券公司出具的推荐文件。

第四十七条 股票公开转让的公众公司向公司前十名股东、实际控制人、董事、监事、高级管理人员及核心员工定向发行股票,连续12个月内发行的股份未超过公司总股本10%且融资总额不超过2000万元的,无需提供证券公司出具的推荐文件以及律师事务所出具的法律意见书。

按照前款规定发行股票的,董事会决议中应当明确发行对象、发行价格和发行数量,且公司不得存在以下情形:

(一)认购人以非现金资产认购的;

(二)发行股票导致公司控制权发生变动的;

(三)本次发行中存在特殊投资条款安排的;

(四)公司或其控股股东、实际控制人、董事、监事、高级管理人员最近12个月内被中国证监会给予行政处罚或采取监管措施、被全国股转系统采取纪律处分的。

第四十八条 向特定对象发行股票后股东累计超过200人的公司,应当持申请文件向中国证监会申请核准。股票公开转让的公众公司提交的申请文件还应当包括全国股转系统的自律监管意见。

股票公开转让的公众公司向特定对象发行股票后股东累计不超过200人的,中国证监会豁免核准,由全国股转系统自律管理。

第四十九条 中国证监会受理申请文件后,依法对公司治理和信息披露以及发行对象情况进行审核,在20个工作日内作出核准、中止审核、终止审核、不予核准的决定。

第五十条 公司申请定向发行股票,可申请一次核准,分期发行。自中国证监会予以核准之日起,公司应当在3个月内首期发行,剩余数量应当在12个月内发行完毕。超过核准文件限定的有效期未发行的,须重新经中国证监会核准后方可发行。首期发行数量应当不少于总发行数量的50%,剩余各期发行的数量由公司自行确定,每期发行后5个工作日内将发行情况报中国证监会备案。

第五十一条 股票发行结束后,公众公司应当按照中国证监会的有关要求编制并披露发行情况报告书。申请分期发行的公众公司应在每期发行后按照中国证监会的有关要求进行披露,并在全部发行结束或者超过核准文件有效期后按照中国证监会的有关要求编制并披露发行情况报告书。

豁免向中国证监会申请核准定向发行的公众公司,应当在发行结束后按照中国证监会的有关要求编制并披露发行情况报告书。

第五十二条 公司及其董事、监事、高级管理人员,应当对定向发行说明书、发行情况报告书签署书面确认意见,保证所披露的信息真实、准确、完整。

第五十三条 公众公司定向发行股份购买资产的,按照本章有关规定办理。

第六章 向不特定合格投资者公开发行

第五十四条 股票公开转让的公众公司可以向全国股转系统不特定合格投资者公开发行股票(以下简称公开发行)。

前款所称的不特定合格投资者应当符合投资者适当性管理规定。

第五十五条 公司申请公开发行,应当符合以下条件:

(一)具备健全且运行良好的组织机构;

(二)具有持续盈利能力,财务状况良好,最近3年财务会计文件无虚假记载;

(三)依法规范经营,最近3年内,公司及其控股股东、实际控制人不存在贪污、贿赂、侵占财产、挪用财产或者破坏社会主义市场经济秩序的刑事犯罪,不存在欺诈发行、重大信息披露违法或者其他涉及国家安全、公共安全、生态安全、生产安全、公众健康安全等领域的重大违法行为,最近12个月内未受到中国证监会行政处罚。

第五十六条 公司董事会应当依法就本次股票发行的具体方案、本次募集资金使用的可行性及其他必须明确的事项作出决议,并提请股东大会批准。公司股东大会就本次股票发行作出的决议,至少应当包括下列事项:

(一)本次公开发行股票的种类和数量;

(二)发行对象的范围;

(三)定价方式、发行价格(区间)或发行底价;

(四)募集资金用途;

(五)决议的有效期;

(六)对董事会办理本次发行具体事宜的授权;

(七)发行前滚存利润的分配方案;

(八)其他必须明确的事项。

第五十七条 股东大会就公开发行股票事项作出决议,必须经出席会议的股东所持表决权的2/3以上通过。公司股东人数超过200人的,应当对出席会议的持股比例在10%以下的股东表决情况单独计票并予以披露。

公司就公开发行股票事项召开股东大会,应当提供网络投票的方式,公司还可以通过其他方式为股东参加股东大会提供便利。

第五十八条 公司应当按照中国证监会有关规定制作公开发行的申请文件,申请文件应当包括但不限于:公开发行说明书、律师事务所出具的法律意见书、符合《证券法》规定的会计师事务所出具的审计报告、保荐人出具的股票发行保荐书、全国股转系统的自律监管意见。公司持申请文件向中国证监会申请核准。

第五十九条 中国证监会受理申请文件后,依法对公开发行条件、信息披露等进行审核,在20个工作日内作出核准、中止审核、终止审核、不予核准的决定。

第六十条 公开发行股票,应当聘请具有保荐资格的机构担任保荐人,其保荐业务适用《证券发行上市保荐业务管理办法》(以下简称《保荐办法》)相关规定,本办法另有规定的除外。

第六十一条 尚未盈利或者已在股票发行申请文件中充分分析并揭示相关风险的公司申请公开发行股票,在公开发行股票当年即亏损的,其保荐人不适用《保荐办法》第六十七条相关责任。

第六十二条 保荐人应当按照中国证监会和全国股转系统的规定制作、报送和披露发行保荐书、回复意见等相关文件,遵守中国证监会和全国股转系统的规定,配合中国证监会和全国股转系统工作,自提交保荐文件之日起,保荐机构及其保荐代表人应承担相应的责任。

全国股转系统应当根据《保荐办法》和本办法制定全国股转系统股票发行保荐业务规则,并报中国证监会批准。

第六十三条 保荐人持续督导期间为公开发行完成后当年剩余时间及其后2个完整会计年度。

第六十四条 公司公开发行股票,应当聘请具有证券承销业务资格的证券公司承销,按照《证券法》有关规定签订承销协议,确定采取代销或包销方式。

申请公开发行股票公司的高级管理人员、核心员工可以参与战略配售。

公司在全国股转系统公开发行股票、证券公司承销在全国股转系统公开发行的股票以及投资者认购在全国股转系统公开发行的股票,适用本办法。

第六十五条 公司、承销机构及相关人员不得存在以下行为:

(一)泄露询价或定价信息;

(二)以任何方式操纵发行定价;

(三)夸大宣传,或以虚假广告等不正当手段诱导、误导投资者;

(四)向投资者提供除公开发行意向书等公开信息以外的公司信息;

(五)以提供透支、回扣或者中国证监会认定的其他不正当手段诱使他人申购股票;

(六)以代持、信托持股等方式谋取不正当利益或向其他相关利益主体输送利益;

(七)直接或通过其利益相关方向参与申购的投资者提供财务资助或者补偿;

(八)以自有资金或者变相通过自有资金参与网下配售;

(九)与投资者互相串通,协商报价和配售;

(十)收取投资者回扣或其他相关利益;

(十一)中国证监会规定的其他情形。

第六十六条　公司公开发行股票,可以与主承销商自主协商直接定价,也可以通过合格投资者网上竞价,或者网下询价等方式确定股票发行价格和发行对象。公司和主承销商应当在公开发行说明书和发行公告中披露本次发行股票采用的定价方式。

发行价格可以参考公司股票的市场价格(如有)、同行业可比公司的市盈率或市净率等。如果发行价格明显偏离股票市场价格,公司应当对定价依据及定价方式、定价的合理性作出充分说明并披露,主承销商应当对本次发行价格的合理性、相关定价依据和定价方法的合理性,是否损害现有股东利益等发表意见。

第六十七条　公司通过网下询价方式确定股票发行价格和发行对象的,询价对象应当是经中国证券业协会注册的网下投资者。

公司和主承销商可以根据全国股转系统和中国证券业协会相关自律规则的规定,设置网下投资者的具体条件,并在发行公告中预先披露。

第六十八条　全国股转系统应当根据本办法制定全国股转系统股票发行承销业务规则,并报中国证监会批准。

第六十九条　股票公开发行的申请经中国证监会核准后,公司与主承销商应当及时向全国股转系统报送发行与承销方案,并向中国证监会备案。

第七章　监 督 管 理

第七十条　中国证监会会同国务院有关部门、地方人民政府,依照法律法规和国务院有关规定,各司其职,分工协作,对公众公司进行持续监管,防范风险,维护证券市场秩序。

第七十一条　中国证监会依法履行对公司股票转让、股票发行、信息披露的监管职责,有权对公司、证券公司、证券服务机构等采取《证券法》规定的有关措施。

第七十二条　全国股转系统应当发挥自律管理作用,对股票公开转让的公众公司及相关信息披露义务人披露信息进行监督,督促其依法及时、准确地披露信息。发现股票公开转让的公众公司及相关信息披露义务人有违反法律、行政法规和中国证监会相关规定的行为,应当向中国证监会报告,并采取自律管理措施。

全国股转系统对股票发行承销过程实施自律管理。发现异常情形或者涉嫌违法违规的,中国证监会可以要求全国股转系统对相关事项进行调查处理,或者直接责令公司、证券公司暂停或中止发行。

全国股转系统可以依据相关规则对股票公开转让的公众公司进行检查。

第七十三条　中国证券业协会应当发挥自律管理作用,对从事公司股票转让和股票发行业务的证券公司进行监督,督促其勤勉尽责地履行尽职调查和督导职责。发现证券公司有违反法律、行政法规和中国证监会相关规定的行为,应当向中国证监会报告,并采取自律管理措施。

中国证券业协会应当建立对承销商询价、定价、配售行为和询价投资者报价行为的自律管理制度,并加强相关行为的监督检查,发现违规情形的,应当及时采取自律管理措施。

第七十四条　中国证监会可以要求公司及其他信息披露义务人或者其董事、监事、高级管理人员对有关信息披露问题作出解释、说明或者提供相关资料,并要求公司提供证券公司或者证券服务机构的专业意见。

中国证监会对证券公司和证券服务机构出具文件的真实性、准确性、完整性有疑义的,可以要求相关机构作出解释、补充,并调阅其工作底稿。

第七十五条　证券公司在从事股票转让、股票发行等业务活动中,应当按照中国证监会的有关规定勤勉尽责地进行尽职调查,规范履行内核程序,认真编制相关文件,并持续督导所推荐公司及时履行信息披露义务、完善公司治理。

证券公司承销公众公司股票,应当依据本办法以及中国证监会、中国证券登记结算公司和中国证券业协会有关风险控制和内部控制等相关规定,制定严格的风险管理制度和内部控制制度,加强定价和配售过程管理,落实承销责任。为股票发行出具相关文件的证券服务机构和人员,应当按照行业公认的业务标准和道德规范,严格履行法定职责,对其所出具文件的真实性、准确性和完整性承担责任。

第七十六条　证券服务机构为公司的股票转让、股票发行等活动出具审计报告、资产评估报告或者法律意见书等文件的，应当严格履行法定职责，遵循勤勉尽责和诚实信用原则，对公司的主体资格、股本情况、规范运作、财务状况、公司治理、信息披露等内容的真实性、准确性、完整性进行充分的核查和验证，并保证其出具的文件不存在虚假记载、误导性陈述或者重大遗漏。

第七十七条　中国证监会依法对公司及其他信息披露义务人、证券公司、证券服务机构进行监督检查或者调查，被检查或者调查对象有义务提供相关文件资料。对于发现问题的单位和个人，中国证监会可以采取责令改正、监管谈话、责令公开说明、出具警示函等监管措施，并记入诚信档案；涉嫌违法、犯罪的，应当立案调查或者移送司法机关。

第八章　法律责任

第七十八条　公司在其公告的股票挂牌公开转让、股票发行文件中隐瞒重要事实或者编造重要虚假内容的，除依照《证券法》有关规定进行处罚外，中国证监会可以采取终止审核并自确认之日起在36个月内不受理公司的股票转让和股票发行申请的监管措施。

公司擅自改动已提交的股票转让、股票发行申请文件的，或发生重大事项未及时报告或者未及时披露的，中国证监会可视情节轻重，采取责令改正、监管谈话、出具警示函、终止审核并自确认之日起在12个月内不受理公司的股票转让和股票发行申请的监管措施。

第七十九条　公司向不符合本办法规定条件的投资者发行股票的，中国证监会可以责令改正，并可以自确认之日起在36个月内不受理其申请。

第八十条　公司未依照本办法第三十四条、第三十六条、第四十八条、第五十八条规定，擅自转让或者发行股票的，依照《证券法》有关规定进行处罚。

第八十一条　公众公司违反本办法第十三条、第十四条规定的，中国证监会可以责令改正，对相关责任主体给予警告，单处或者并处3万元以下的罚款。

第八十二条　公司及其他信息披露义务人未按照规定披露信息，或者所披露的信息有虚假记载、误导性陈述或者重大遗漏的，依照《证券法》有关规定进行处罚。

第八十三条　信息披露义务人及其董事、监事、高级管理人员，公司控股股东、实际控制人，为信息披露义务人出具专项文件的证券公司、证券服务机构及其工作人员，违反《证券法》、行政法规和中国证监会相关规定的，中国证监会可以采取责令改正、监管谈话、出具警示函、认定为不适当人选等监管措施，并记入诚信档案；情节严重的，中国证监会可以对有关责任人员采取证券市场禁入的措施。

第八十四条　公众公司内幕信息知情人或非法获取内幕信息的人，在对公众公司股票价格有重大影响的信息公开前，泄露该信息、买卖或者建议他人买卖该股票的，依照《证券法》有关规定进行处罚。

第八十五条　股票公开转让的公众公司及其股东、实际控制人未按本办法规定配合证券公司、证券服务机构尽职调查、持续督导等工作的，中国证监会可以采取责令改正、监管谈话、出具警示函等监管措施，并记入诚信档案。

第八十六条　证券公司及其工作人员未按本办法规定履行持续督导责任，情节严重的，中国证监会可以采取责令改正、监管谈话、出具警示函等监管措施。

第八十七条　证券公司、证券服务机构出具的文件有虚假记载、误导性陈述或者重大遗漏的，除依照《证券法》及相关法律法规的规定处罚外，中国证监会可视情节轻重，自确认之日起采取3个月至12个月内不接受该机构出具的相关专项文件，36个月内不接受相关签字人员出具的专项文件的监管措施。

第八十八条　证券公司、证券服务机构擅自改动已提交的股票转让、股票发行申请文件的，或发生重大事项未及时报告或者未及时披露的，中国证监会可视情节轻重，采取责令改正、监管谈话、出具警示函、12个月内不接受相关单位及其负责人员出具的与公众公司股票转让、股票发行有关的文件等监管措施。

第八十九条　证券公司及其直接负责的主管人员和其他责任人员在承销证券过程中，违反本办法第六十五条规定的，中国证监会可以视情节轻重采取责令改正、监管谈话、出具警示函、责令公开说明、认定为不适当人选等监管措施,或者采取市场禁入措施,并记入诚信档案;情节严重的,还可以采取3个月至12个月暂不受理其证券承销业务有关文件的监管措施;依法应予行政处罚的,依照《证券法》有关规定予以处罚。

第九章　附　　则

第九十条　公众公司申请在证券交易所上市的,应当遵守中国证监会和证券交易所的相关规定。

第九十一条　注册在境内的境外上市公司在境内定向发行股份、将境内股份在全国股转系统挂牌公开转让,按照本办法相关规定执行。

第九十二条　本办法施行前股东人数超过200人的股份有限公司,不在全国股转系统挂牌公开转让股票或证券交易所上市的,应当按相关要求规范后申请纳入非上市公众公司监管。

第九十三条　公司发行优先股、可转换公司债券的,应当符合中国证监会和全国股转系统的有关规定,普通股、优先股、可转换公司债券持有人数合并计算,并按照本办法第五章有关规定办理。

第九十四条　本办法所称股份有限公司是指首次申请股票转让或定向发行的股份有限公司;所称公司包括非上市公众公司和首次申请股票转让或定向发行的股份有限公司。

第九十五条　本办法自2013年1月1日起施行。

非上市公众公司信息披露管理办法

(2019年12月20日　证监会令第162号)

第一章　总　　则

第一条　为了规范非上市公众公司有关信息披露行为,保护投资者合法权益,维护市场秩序和社会公众利益,根据《公司法》《证券法》《国务院关于全国中小企业股份转让系统有关问题的决定》《非上市公众公司监督管理办法》(证监会令第161号)等有关法律法规的规定,制定本办法。

第二条　本办法适用于股票在全国中小企业股份转让系统(以下简称全国股转系统)挂牌公开转让的非上市公众公司(以下简称挂牌公司)定期报告和临时报告信息披露有关行为。

第三条　挂牌公司披露的信息,应当真实、准确、完整,简明清晰,通俗易懂,不得有虚假记载、误导性陈述或重大遗漏。

在境外市场发行股票及其他证券品种并上市的挂牌公司在境外市场披露的信息,应当同时在全国股转系统披露。

第四条　根据挂牌公司发展阶段、公众化程度以及风险状况等因素,充分考虑投资者需求,以全国股转系统精选层、创新层、基础层分层为基础,实施挂牌公司差异化的信息披露制度。

第五条　挂牌公司的董事、监事、高级管理人员应当忠实、勤勉地履行职责,保证公司及时、公平地披露信息,所披露的信息真实、准确、完整。

第六条　在内幕信息依法披露前,任何知情人不得公开或者泄露该信息,不得利用该信息进行交易。

第七条　挂牌公司依法披露的信息,应当在符合《证券法》规定的信息披露平台发布。挂牌公司在公司网站或者其他公众媒体发布信息的时间不得先于上述信息披露平台。

挂牌公司应当将披露的信息同时置备于公司住所、全国股转系统,供社会公众查阅。

信息披露文件应当采用中文文本。同时采

用外文文本的，挂牌公司应当保证两种文本的内容一致。两种文本发生歧义时，以中文文本为准。

第八条　中国证券监督管理委员会（以下简称中国证监会）根据《证券法》等法律法规以及本办法的规定，对挂牌公司信息披露有关各方的行为进行监督管理，并且可以结合市场分层对挂牌公司信息披露实施分类监管。

全国中小企业股份转让系统有限责任公司（以下简称全国股转公司）对挂牌公司信息披露有关行为实施自律管理，强化监管问询，督促挂牌公司及时、准确地披露信息。

第九条　除依法或者按照本办法及有关自律规则需要披露的信息外，挂牌公司可以自愿披露与投资者作出价值判断和投资决策有关的信息，但不得与依法或者按照本办法及有关自律规则披露的信息相冲突，不得误导投资者。

挂牌公司应当保持信息披露的持续性和一致性，避免选择性披露，不得利用自愿披露信息不当影响公司股票及其他证券品种交易价格。自愿披露具有一定预测性质信息的，应当明确预测的依据，并提示可能出现的不确定性和风险。

第十条　由于国家秘密、商业秘密等特殊原因导致本办法规定的某些信息确实不便披露的，挂牌公司可以不予披露，但应当在相关定期报告、临时报告中说明未按照规定进行披露的原因。中国证监会、全国股转公司认为需要披露的，挂牌公司应当披露。

第二章　定 期 报 告

第十一条　挂牌公司定期报告包括年度报告、中期报告和季度报告。精选层挂牌公司应当披露年度报告、中期报告和季度报告。创新层、基础层挂牌公司应当披露年度报告和中期报告。

凡是对投资者作出投资决策有重大影响的信息，均应当在定期报告中披露。

第十二条　年度报告应当在每个会计年度结束之日起四个月内，中期报告应当在每个会计年度的上半年结束之日起两个月内，季度报告应当在每个会计年度第三个月、第九个月结束之日起一个月内编制完成并披露。

第一季度季度报告的披露时间不得早于上一年度年度报告的披露时间。

第十三条　年度报告中的财务会计报告应当经符合《证券法》规定的会计师事务所审计。

精选层挂牌公司审计业务签字注册会计师应当定期轮换，具体由全国股转公司规定。

第十四条　挂牌公司年度报告应当记载以下内容：

（一）公司基本情况；

（二）主要会计数据和财务指标；

（三）管理层讨论与分析；

（四）公司股票、债券发行及变动情况，报告期末股票、债券总额、股东总数，公司前十大股东持股情况；

（五）控股股东及实际控制人情况；

（六）董事、监事、高级管理人员、核心员工任职及持股情况；

（七）报告期内发生的重大事件及对公司的影响；

（八）公司募集资金使用情况（如有）；

（九）利润分配情况；

（十）公司治理及内部控制情况；

（十一）财务会计报告和审计报告全文；

（十二）中国证监会规定的其他事项。

第十五条　挂牌公司中期报告应当记载以下内容：

（一）公司基本情况；

（二）主要会计数据和财务指标；

（三）公司股票、债券发行及变动情况，报告期末股东总数，公司前十大股东持股情况；

（四）控股股东及实际控制人发生变化的情况；

（五）报告期内重大诉讼、仲裁等重大事件及对公司的影响；

（六）公司募集资金使用情况（如有）；

（七）财务会计报告；

（八）中国证监会规定的其他事项。

第十六条　挂牌公司季度报告应当记载以下内容：

（一）公司基本情况；

（二）主要会计数据和财务指标；

（三）中国证监会规定的其他事项。

第十七条　除本办法第十四条规定的事项外，精选层挂牌公司还应当在年度报告中结合所属行业特点充分披露行业经营信息以及可能对公司核心竞争力、经营活动和未来发展产生重大不利影响的风险因素。

精选层挂牌公司尚未盈利的,应当在年度报告中充分披露尚未盈利的原因,以及对公司生产经营的影响。

第十八条　挂牌公司存在特别表决权股份的,应当在年度报告中披露特别表决权股份的持有和变化情况,以及相关投资者合法权益保护措施的实施情况。

第十九条　挂牌公司股东大会实行累积投票制和网络投票安排的,应当在年度报告中披露累积投票制和网络投票安排的实施情况。

第二十条　挂牌公司董事、高级管理人员应当对定期报告签署书面确认意见。我能说我还比较喜欢洗碗吗

监事会应当对董事会编制的定期报告进行审核并提出书面审核意见,说明董事会的编制和审核程序是否符合法律、行政法规和中国证监会、全国股转公司的规定,报告的内容是否真实、准确、完整地反映挂牌公司的实际情况。监事应当签署书面确认意见。

挂牌公司董事、监事和高级管理人员无法保证定期报告内容的真实性、准确性、完整性或者有异议的,应当在书面确认意见中发表意见并陈述理由,挂牌公司应当披露。挂牌公司不予披露的,董事、监事和高级管理人员可以直接申请披露。

第二十一条　定期报告披露前出现业绩泄露,或者出现业绩传闻且公司股票及其他证券品种交易出现异常波动的,挂牌公司应当及时披露本报告期相关财务数据。

第二十二条　精选层挂牌公司预计不能在会计年度结束之日起两个月内披露年度报告的,应当在该会计年度结束之日起两个月内披露本报告期主要财务数据。

精选层挂牌公司预计经营业绩发生亏损、扭亏为盈或者发生大幅变动的,应当及时进行业绩预告。

第二十三条　定期报告中的财务会计报告被出具非标准审计意见的,挂牌公司董事会应当针对该审计意见涉及事项作出专项说明。

第二十四条　挂牌公司未在规定期限内披露定期报告的,全国股转公司根据自律规则予以处理,情节严重的,应当提请中国证监会立案稽查。

精选层挂牌公司未在规定期限内披露年度报告和中期报告的,中国证监会应当立案稽查。

第三章　临 时 报 告

第二十五条　发生可能对挂牌公司股票及其他证券品种交易价格产生较大影响,或者对投资者作出投资决策有较大影响的重大事件,投资者尚未得知时,挂牌公司应当立即将有关该重大事件的情况向中国证监会和全国股转公司报送临时报告,并予公告,说明事件的起因、目前的状态和可能产生的影响。

前款所称重大事件包括:

(一)公司的经营方针和经营范围的重大变化;

(二)公司的重大投资行为,公司在一年内购买、出售重大资产超过公司资产总额百分之三十,或者公司营业用主要资产的抵押、质押、出售或者报废一次超过该资产的百分之三十;

(三)公司订立重要合同,提供重大担保或者从事关联交易,可能对公司的资产、负债、权益和经营成果产生重要影响;

(四)公司发生重大债务和未能清偿到期重大债务的违约情况;

(五)公司发生重大亏损或者重大损失;

(六)公司生产经营的外部条件发生的重大变化;

(七)公司的董事、三分之一以上监事或者经理发生变动,董事长或者经理无法履行职责;

(八)持有公司百分之五以上股份的股东或者实际控制人,其持有股份或者控制公司的情况发生较大变化,公司的实际控制人及其控制的其他企业从事与公司相同或者相似业务的情况发生较大变化;

(九)公司分配股利、增资的计划,公司股权结构的重要变化,公司减资、合并、分立、解散及申请破产的决定,或者依法进入破产程序、被责令关闭;

(十)涉及公司的重大诉讼、仲裁,股东大会、董事会决议被依法撤销或者宣告无效;

(十一)公司涉嫌违法违规被有权机关调查,或者受到刑事处罚、重大行政处罚;公司控股股东、实际控制人、董事、监事、高级管理人员涉

嫌违法违纪被有权机关调查、采取留置措施或强制措施，或者受到刑事处罚、重大行政处罚；

（十二）获得大额政府补贴等可能对公司资产、负债、权益或者经营成果产生重大影响的额外收益；

（十三）公司董事会就拟在其他证券交易场所上市、股权激励方案、股份回购方案作出决议；

（十四）公司主要资产被查封、扣押、冻结；

（十五）公司丧失重要生产资质、许可、特许经营权，或者主要业务陷入停顿；

（十六）法院裁决禁止控股股东转让其所持股份；任一股东所持公司百分之五以上股份被质押、冻结、司法拍卖、托管、设定信托或者被依法限制表决权；

（十七）变更会计政策、会计估计（法律、行政法规或者国家统一会计制度要求的除外）；

（十八）因前期已披露的信息存在差错、未按规定披露或者虚假记载，被有关机关责令改正或者经董事会决定进行更正；

（十九）中国证监会规定的其他事项。

挂牌公司的控股股东或者实际控制人对重大事件的发生、进展产生较大影响的，应当及时将其知悉的有关情况书面告知挂牌公司，并配合挂牌公司履行信息披露义务。

第二十六条　挂牌公司应当在最先发生的以下任一时点，及时履行重大事件的信息披露义务：

（一）董事会或者监事会就该重大事件形成决议时；

（二）有关各方就该重大事件签署意向书或者协议时；

（三）董事、监事或者高级管理人员知悉或者应当知悉该重大事件发生时。

挂牌公司筹划的重大事项存在较大不确定性，立即披露可能会损害公司利益或者误导投资者，且有关内幕信息知情人已书面承诺保密的，公司可以暂不披露，但最迟应当在该重大事项形成最终决议、签署最终协议、交易确定能够达成时对外披露。

相关信息确实难以保密、已经泄露或者出现市场传闻，导致公司股票及其他证券品种交易价格发生大幅波动的，公司应当立即披露相关筹划和进展情况。

第二十七条　挂牌公司披露重大事件后，已披露的重大事件出现可能对投资者决策或者挂牌公司股票及其他证券品种交易价格产生较大影响的进展或者变化的，应当及时披露进展或者变化情况、可能产生的影响。

第二十八条　挂牌公司控股子公司发生本办法第二十五条规定的重大事件，可能对投资者决策或者公司股票及其他证券品种交易价格产生较大影响的，挂牌公司应当履行信息披露义务。

挂牌公司参股公司发生可能对投资者决策或者挂牌公司股票及其他证券品种交易价格产生较大影响的事件，挂牌公司应当履行信息披露义务。

第二十九条　挂牌公司股票及其他证券品种交易被中国证监会或者全国股转公司认定为异常波动的，挂牌公司应当及时了解造成交易异常波动的影响因素，并于次一交易日开盘前披露。

第三十条　媒体传播的消息可能或者已经对投资者决策或者挂牌公司股票及其他证券品种交易价格产生较大影响的，挂牌公司应当及时了解情况，发布相应澄清公告。

第四章　信息披露事务管理

第三十一条　挂牌公司应当制定信息披露事务管理制度，经董事会审议通过并披露。信息披露事务管理制度应当包括：

（一）明确挂牌公司应当披露的信息，确定披露标准；

（二）未公开信息的传递、审核、披露流程；

（三）信息披露事务负责人在信息披露中的职责；

（四）董事和董事会、监事和监事会、高级管理人员等的报告、审议和披露的职责；

（五）董事、监事、高级管理人员履行职责的记录和保管制度；

（六）未公开信息的保密措施，内幕信息知情人的范围和保密责任；

（七）财务管理和会计核算的内部控制及监督机制；

（八）对外发布信息的申请、审核、发布流程；与投资者、证券服务机构、媒体等的信息沟通与制度；

（九）信息披露相关文件、资料的档案管理；

（十）涉及子公司的信息披露事务管理和报告制度；

（十一）未按规定披露信息的责任追究机制，对违反规定人员的处理措施。

信息披露事务负责人是指挂牌公司董事会秘书或者挂牌公司指定负责信息披露事务的人员。

精选层、创新层挂牌公司应当设立董事会秘书。基础层挂牌公司可以设立董事会秘书，不设立董事会秘书的，应当指定一名高级管理人员兼任信息披露事务负责人。董事会秘书为公司高级管理人员，其选任、履职应当符合中国证监会、全国股转公司的有关规定。

精选层挂牌公司应当设立信息披露事务管理部门，协助董事会秘书管理信息披露事务。

第三十二条　挂牌公司董事长、经理、信息披露事务负责人，应当对公司临时报告信息披露的真实性、准确性、完整性承担主要责任。

挂牌公司董事长、经理、财务负责人应对公司财务报告的真实性、准确性、完整性承担主要责任。

第三十三条　挂牌公司董事、监事、高级管理人员应当关注信息披露文件的编制情况，保证定期报告、临时报告在规定期限内披露，配合挂牌公司履行信息披露义务。

第三十四条　挂牌公司应当制定定期报告的编制、审议、公告程序。经理、财务负责人、信息披露事务负责人及相关人员应当及时编制定期报告草案，提请董事会审议；信息披露事务负责人负责送达董事审阅；董事长负责召集和主持董事会会议审议定期报告；监事会负责审核董事会编制的定期报告；信息披露事务负责人负责组织定期报告的公告工作。

第三十五条　挂牌公司应当制定重大事件的报告、传递、审核、披露程序。董事、监事、高级管理人员知悉重大事件发生时，应当按照公司规定立即履行报告义务；董事长在接到报告后，应当立即向董事会报告，并敦促信息披露事务负责人组织临时报告的披露工作。

第三十六条　挂牌公司通过业绩说明会、分析师会议、路演、接受投资者调研等形式就公司的经营情况、财务情况及其他事件与任何机构和个人进行沟通的，不得提供内幕信息。

第三十七条　董事应当了解并持续关注公司生产经营情况、财务状况和公司已经发生或者可能发生的重大事件及其影响，主动调查、获取决策所需的资料。

第三十八条　监事应当对公司董事、高级管理人员履行信息披露职责的行为进行监督；关注公司信息披露情况，发现信息披露存在违法违规问题的，应当进行调查并提出处理建议。

第三十九条　高级管理人员应当及时向董事会报告有关公司经营或者财务方面出现的重大事件、已披露的事件的进展或者变化情况及其他相关信息。

第四十条　信息披露事务负责人负责组织和协调挂牌公司信息披露事务，汇集挂牌公司应当披露的信息并报告董事会，持续关注媒体对公司的报道并主动求证报道的真实情况，办理公司信息对外公布等相关事宜。

信息披露事务负责人有权参加股东大会、董事会会议、监事会会议和高级管理人员相关会议，有权了解公司的财务和经营情况，查阅涉及信息披露事宜的所有文件。挂牌公司应当为信息披露事务负责人履行职责提供便利条件，财务负责人应当配合信息披露事务负责人在财务信息披露方面的相关工作。

第四十一条　挂牌公司的股东、实际控制人不得滥用其股东权利、支配地位指使挂牌公司不按规定履行信息披露义务或者披露有虚假记载、误导性陈述或者重大遗漏的信息，不得要求挂牌公司向其提供内幕信息。

挂牌公司的股东、实际控制人发生以下事件时，应当及时告知公司，并配合挂牌公司履行信息披露义务。

（一）持有公司百分之五以上股份的股东或者实际控制人，其持有股份或者控制公司的情况发生较大变化，公司的实际控制人及其控制的其他企业从事与公司相同或者相似业务的情况发生较大变化；

（二）法院裁决禁止控股股东转让其所持股份，任一股东所持公司百分之五以上股份被质押、冻结、司法拍卖、托管、设定信托或者被依法限制表决权；

（三）拟对挂牌公司进行重大资产或者业务重组；

（四）中国证监会规定的其他情形。

通过接受委托或者信托等方式持有挂牌公司百分之五以上股份的股东或者实际控制人，应当及时将委托人情况告知挂牌公司，配合挂牌公司履行信息披露义务。

应当披露的信息依法披露前，相关信息已在媒体上传播或者公司股票及其他证券品种出现交易异常情况的，股东或者实际控制人应当及时、准确地向挂牌公司作出书面报告，并配合挂牌公司及时、准确地披露。

第四十二条　挂牌公司董事、监事、高级管理人员、持股百分之五以上的股东及其一致行动人、实际控制人应当及时向挂牌公司董事会报送挂牌公司关联方名单、关联关系及变化情况的说明。挂牌公司应当履行关联交易的审议程序，并严格执行关联交易回避表决制度。交易各方不得通过隐瞒关联关系或者采取其他手段，规避挂牌公司信息披露义务和关联交易审议程序。

第四十三条　为挂牌公司提供持续督导服务的主办券商应持续关注挂牌公司业务经营、公司治理、财务等方面的重大变化，指导、督促挂牌公司规范履行信息披露义务。挂牌公司应当配合主办券商持续督导工作，提供必要材料，为主办券商开展持续督导工作提供便利条件。

持续督导期间内，发现挂牌公司拟披露的信息或已披露信息存在错误、遗漏或者误导的，或者发现存在应当披露而未披露事项的，主办券商应当要求挂牌公司进行更正或补充。挂牌公司拒不更正、补充的，主办券商应当及时发布风险揭示公告并报告全国股转公司，情节严重的，应同时报告挂牌公司注册地中国证监会派出机构。

主办券商持续督导业务有关具体规定由全国股转公司制定。

第四十四条　为挂牌公司履行信息披露义务出具专项文件的证券服务机构，应当勤勉尽责、诚实守信，认真履行审慎核查义务，按照依法制定的业务规定、行业执业规范、监管规则和道德准则发表意见，保证所出具文件的真实性、准确性和完整性。

挂牌公司应当配合为其提供服务的证券服务机构的工作，按要求提供与其执业相关的材料，不得要求证券服务机构出具与客观事实不符的文件或阻碍其工作。

证券服务机构在为信息披露出具专项文件时，发现挂牌公司提供的材料有虚假记载、误导性陈述、重大遗漏的，应当要求其补充、纠正。挂牌公司拒不补充、纠正的，证券服务机构应报告全国股转公司，情节严重的，应同时报告挂牌公司注册地中国证监会派出机构。

第四十五条　挂牌公司解聘会计师事务所的，应当在董事会决议后及时通知会计师事务所，公司股东大会就解聘会计师事务所进行表决时，应当允许会计师事务所陈述意见。股东大会作出解聘、更换会计师事务所决议的，挂牌公司应当在披露时说明更换的具体原因和会计师事务所的陈述意见。

第四十六条　任何机构和个人不得非法获取、提供、传播挂牌公司的内幕信息，不得利用所获取的内幕信息买卖或者建议他人买卖公司股票或其他证券品种，不得在投资价值分析报告、研究报告等文件中使用内幕信息。

第四十七条　媒体应当客观、真实地报道涉及挂牌公司的情况，发挥舆论监督作用。

任何机构和个人不得提供、传播虚假或者误导投资者的挂牌公司信息。

违反前两款规定，给投资者造成损失的，依法承担赔偿责任。

第五章　监 督 管 理

第四十八条　中国证监会依法对挂牌公司、主办券商和证券服务机构进行检查，挂牌公司、主办券商和证券服务机构应当予以配合。

中国证监会可以要求挂牌公司及其股东、实际控制人，或者其董事、监事、高级管理人员对有关信息披露问题作出解释、说明或者提供相关资料，或要求挂牌公司提供主办券商或者证券服务机构的专业意见。

中国证监会可以要求主办券商、证券服务机构对挂牌公司有关信息披露问题进行核查，并出具专项意见。中国证监会对主办券商和证券服务机构出具文件的真实性、准确性、完整性有疑义的，可以要求相关机构作出解释、补充，并调阅其工作底稿。

第四十九条　挂牌公司及其董事、监事、高级管理人员，挂牌公司的股东、实际控制人及其董事、监事、高级管理人员违反本办法的，中国证监会可以采取以下措施：

(一)责令改正;
(二)监管谈话;
(三)责令公开说明;
(四)出具警示函;
(五)认定为不适当人选;
(六)依法可以采取的其他监管措施。

第五十条　主办券商及其人员履行持续督导等义务,未勤勉尽责情节严重的,中国证监会可以采取责令改正、监管谈话、出具警示函及依法可以采取的其他监管措施。

第五十一条　为挂牌公司履行信息披露义务出具专项文件的证券服务机构及其人员,违反《证券法》、行政法规和中国证监会的规定,中国证监会可以采取责令改正、监管谈话、出具警示函及依法可以采取的其他监管措施。

第五十二条　全国股转公司可以依据自律规则及挂牌协议的规定对挂牌公司、主办券商、证券服务机构进行核查、检查,要求挂牌公司及其董事、监事、高级管理人员、股东、实际控制人,主办券商、证券服务机构对有关信息披露问题作出说明,发现问题应当按照有关规定处理,涉嫌违法的及时移送中国证监会。

第五十三条　挂牌公司、主办券商、证券服务机构及其人员违反信息披露有关自律规则的,全国股转公司可以对相关责任主体采取以下自律监管措施:
(一)约见谈话;
(二)要求提交书面承诺;
(三)出具警示函;
(四)责令改正;
(五)全国股转公司规定的其他监管措施。

情节严重的,全国股转公司可以对相关责任主体给予通报批评、公开谴责等纪律处分措施。

第六章　法 律 责 任

第五十四条　挂牌公司未按规定履行信息披露义务,或者所披露的信息有虚假记载、误导性陈述或者重大遗漏的,中国证监会依照《证券法》有关规定处罚。

挂牌公司的控股股东、实际控制人指使从事前款行为的,或知晓前款行为而未及时制止、纠正的,中国证监会可以依照前款规定处罚。

第五十五条　挂牌公司及其董事、监事、高级管理人员、股东及其一致行动人、实际控制人,主办券商、证券服务机构未按照本办法规定履行报告义务,或者报送的报告有虚假记载、误导性陈述或者重大遗漏的,中国证监会依照《证券法》有关规定处罚。

第五十六条　挂牌公司通过隐瞒关联关系或者采取其他手段,规避信息披露、报告义务的,中国证监会依照《证券法》有关规定处罚。

第五十七条　为挂牌公司履行信息披露义务出具专项文件的证券服务机构及其人员,违反《证券法》、行政法规和中国证监会的规定,应当给予行政处罚的,中国证监会依照《证券法》有关规定处罚。

第五十八条　任何机构和个人泄露挂牌公司内幕信息,或者利用内幕信息买卖股票及其他证券品种,中国证监会依照《证券法》有关规定处罚。

第五十九条　任何机构和个人编制、传播虚假信息扰乱证券市场;媒体传播挂牌公司信息不真实、不客观的,中国证监会依照《证券法》有关规定处罚。

在股票及其他证券品种交易活动中作出虚假陈述或者信息误导的,中国证监会依照《证券法》有关规定处罚。

第六十条　挂牌公司未按本办法规定制定挂牌公司信息披露事务管理制度的,中国证监会可以采取责令改正的监管措施。拒不改正的,可以给予警告或者三万元以下罚款。

第六十一条　挂牌公司股东、实际控制人未依法配合挂牌公司履行信息披露义务的,或者非法要求挂牌公司提供内幕信息的,中国证监会可以采取责令改正的监管措施。拒不改正的,可以给予警告或者三万元以下罚款。

第六十二条　相关责任主体违反本办法,存在主动消除或者减轻危害后果等情形的,依法从轻或者减轻处罚。

违法行为轻微并及时纠正,没有造成危害后果的,不予处罚。

第六十三条　相关责任主体违反本办法的规定,情节严重的,中国证监会可以采取证券市场禁入的措施。

第六十四条　违反本办法,涉嫌犯罪的,依法移送司法机关,追究刑事责任。

第七章　附　　则

第六十五条　本办法下列用语具有如下含义：

（一）主办券商，是指依据《全国中小企业股份转让系统有限责任公司管理暂行办法》规定在全国股转系统从事相关业务的证券公司。

（二）证券服务机构，是指为挂牌公司履行信息披露义务出具专项文件的会计师事务所、资产评估机构、律师事务所、财务顾问机构、资信评级机构等。

（三）及时，是指自起算日起或者触及披露时点的两个交易日内。

（四）挂牌公司的关联交易，是指挂牌公司或者其控股子公司与挂牌公司关联方之间发生的转移资源或者义务的事项。

关联方包括关联法人和关联自然人。

具有以下情形之一的法人或其他组织，为挂牌公司的关联法人：

1. 直接或者间接地控制挂牌公司的法人或其他组织；

2. 由前项所述法人直接或者间接控制的除挂牌公司及其控股子公司以外的法人或其他组织；

3. 关联自然人直接或者间接控制的、或者担任董事、高级管理人员的，除挂牌公司及其控股子公司以外的法人或其他组织；

4. 直接或间接持有挂牌公司百分之五以上股份的法人或其他组织；

5. 在过去十二个月内或者根据相关协议安排在未来十二个月内，存在上述情形之一的；

6. 中国证监会、全国股转公司或者挂牌公司根据实质重于形式的原则认定的其他与挂牌公司有特殊关系，可能或者已经造成挂牌公司对其利益倾斜的法人或其他组织。

具有以下情形之一的自然人，为挂牌公司的关联自然人：

1. 直接或间接持有挂牌公司百分之五以上股份的自然人；

2. 挂牌公司董事、监事及高级管理人员；

3. 直接或者间接地控制挂牌公司的法人的董事、监事及高级管理人员；

4. 上述第1、2项所述人士的关系密切的家庭成员，包括配偶、父母、年满十八周岁的子女及其配偶、兄弟姐妹及其配偶，配偶的父母、兄弟姐妹，子女配偶的父母；

5. 在过去十二个月内或者根据相关协议安排在未来十二个月内，存在上述情形之一的；

6. 中国证监会、全国股转公司或者挂牌公司根据实质重于形式的原则认定的其他与挂牌公司有特殊关系，可能或者已经造成挂牌公司对其利益倾斜的自然人。

第六十六条　股票不在全国股转系统公开转让的非上市公众公司有关信息披露行为按照《非上市公众公司监督管理办法》的相关规定执行。

第六十七条　中国证监会对特殊行业公司信息披露有特别规定的，适用其规定。

第六十八条　本办法自公布之日起施行。

附件一

中国证监会规范性文件目录

公开募集证券投资基金投资信用衍生品指引（2019年1月15日　证监会公告〔2019〕1号）

关于在上海证券交易所设立科创板并试点注册制的实施意见（2019年1月28日　证监会公告〔2019〕2号）

关于中国证监会启用政府信息依申请公开在线申请平台的公告（2019年1月29日　证监会公告〔2019〕3号）

关于修改《期货公司分类监管规定》的决定（2019年2月15日　证监会公告〔2019〕5号）

公开发行证券的公司信息披露内容与格式

准则第 41 号——科创板公司招股说明书（2019 年 3 月 1 日　证监会公告〔2019〕6 号）

公开发行证券的公司信息披露内容与格式准则第 42 号——首次公开发行股票并在科创板上市申请文件（2019 年 3 月 1 日　证监会公告〔2019〕7 号）

公开发行证券的公司信息披露编报规则第 24 号——科创板创新试点红筹企业财务报告信息特别规定（2019 年 3 月 7 日　证监会公告〔2019〕8 号）

关于取消部分行政许可事项申请材料、压缩部分行政许可事项承诺办理时限的公告（2019 年 3 月 21 日　证监会公告〔2019〕9 号）

关于设立“5 · 15 全国投资者保护宣传日”的决定（2019 年 4 月 3 日　证监会公告〔2019〕12 号）

关于修改《上市公司章程指引》的决定（2019 年 4 月 17 日　证监会公告〔2019〕10 号）

公开募集证券投资基金参与转融通证券出借业务指引（试行）（2019 年 6 月 14 日　证监会公告〔2019〕15 号）

关于在科创板注册制试点中对相关市场主体加强监管信息共享　完善失信联合惩戒机制的意见（2019 年 6 月 28 日　证监发〔2019〕72 号）

关于实施《证券公司股权管理规定》有关问题的规定（2019 年 7 月 5 日　证监会公告〔2019〕16 号）

关于实施《公开募集证券投资基金信息披露管理办法》有关问题的规定（2019 年 7 月 26 日　证监会公告〔2019〕17 号）

公开募集证券投资基金信息披露 XBRL 模板第 5 号《基金产品资料概要》（2019 年 7 月 26 日　证监会公告〔2019〕18 号）

中国证券监督管理委员会、中国人民银行、中国银行保险监督管理委员会关于银行在证券交易所参与债券交易有关问题的通知（2019 年 8 月 2 日　证监发〔2019〕81 号）

科创板上市公司重大资产重组特别规定（2019 年 8 月 23 日　证监会公告〔2019〕19 号）

证券交易所风险基金监管指引（2019 年 9 月 12 日　证监会公告〔2019〕14 号）

《上市公司重大资产重组管理办法》第十四条、第四十四条的适用意见——证券期货法律适用意见第 12 号（2019 年 10 月 18 日　证监会公告〔2019〕21 号）

H 股公司境内未上市股份申请“全流通”业务指引（2019 年 11 月 14 日　证监会公告〔2019〕22 号）

证券期货经营机构管理人中管理人（MOM）产品指引（试行）（2019 年 12 月 6 日　证监会公告〔2019〕26 号）

上市公司分拆所属子公司境内上市试点若干规定（2019 年 12 月 12 日　证监会公告〔2019〕27 号）

证券投资者保护基金实施流动性支持管理规定（2019 年 12 月 25 日　证监会公告〔2019〕29 号）

附件二

其他部委发布的相关部门规章及规范性文件

资产评估行业财政监督管理办法（2019 修改）（2019 年 1 月 2 日　中华人民共和国财政部令第 97 号）

会计师事务所执业许可和监督管理办法（2019 修改）（2019 年 1 月 2 日　中华人民共和国财政部令第 97 号）

外商投资准入特别管理措施（负面清单）（2019 年版）（2019 年 6 月 30 日　中华人民共和国国家发展和改革委员会、中华人民共和国商务部令第 25 号）

自由贸易试验区外商投资准入特别管理措施（负面清单）（2019 年版）（2019 年 6 月 30 日

中华人民共和国国家发展和改革委员会、中华人民共和国商务部令第26号）

鼓励外商投资产业目录（2019年版）（2019年6月30日　中华人民共和国国家发展和改革委员会、中华人民共和国商务部令第27号）

财政部、税务总局、发展改革委、证监会关于创业投资企业个人合伙人所得税政策问题的通知（2019年1月10日　财税〔2019〕8号）

关于金融服务乡村振兴的指导意见（2019年1月29日　银发〔2019〕11号）

财政部、税务总局、证监会关于创新企业境内发行存托凭证试点阶段有关税收政策的公告（2019年4月3日　财政部、税务总局、证监会公告〔2019〕第52号）

存托凭证跨境资金管理办法（试行）（2019年5月25日　中国人民银行、国家外汇管理局公告〔2019〕8号）

国家发展改革委、最高人民法院、工业和信息化部等关于印发《加快完善市场主体退出制度改革方案》的通知（2019年6月22日　发改财金〔2019〕1104号）

中国银保监会、中国证监会关于商业银行发行优先股补充一级资本的指导意见（修订）（2019年6月11日　银保监发〔2019〕31号）

财政部、税务总局、证监会关于继续实施全国中小企业股份转让系统挂牌公司股息红利差别化个人所得税政策的公告（2019年7月12日　财政部、税务总局、证监会公告〔2019〕第78号）

国务院金融稳定发展委员会办公室关于进一步扩大金融业对外开放的有关举措（2019年7月20日）

财政部、证监会关于认可英国会计师事务所从事沪伦通中国存托凭证相关审计业务有关事项的通知（2019年7月29日　财会〔2019〕11号）

中华人民共和国企业法人登记管理条例施行细则（2019修订）（2019年8月8日　国家市场监督管理总局令第14号）

外商投资合伙企业登记管理规定（2019修订）（2019年8月8日　国家市场监督管理总局令第14号）

财政部、人力资源社会保障部、国资委、税务总局、证监会关于全面推开划转部分国有资本充实社保基金工作的通知（2019年9月10日　国资〔2019〕49号）

财政部关于印发《国有金融资本产权登记管理办法（试行）》的通知（2019年9月20日　财金〔2019〕93号）

中国人民银行、国家外汇管理局关于进一步便利境外机构投资者投资银行间债券市场有关事项的通知（2019年9月30日　银发〔2019〕240号）

国家发展改革委、中国人民银行、财政部、银保监会、证监会、外汇局关于进一步明确规范金融机构资产管理产品投资创业投资基金和政府出资产业投资基金有关事项的通知（2019年10月19日　发改财金规〔2019〕1638号）

国资委关于进一步做好中央企业控股上市公司股权激励工作有关事项的通知（2019年10月24日　国资发考分规〔2019〕102号）

国家发展改革委、工业和信息化部、中央网信办、教育部、财政部、人力资源社会保障部、自然资源部、商务部、人民银行、市场监管总局、统计局、版权局、银保监会、证监会、知识产权局关于推动先进制造业和现代服务业深度融合发展的实施意见（2019年11月10日　发改产业〔2019〕1762号）

财政部关于进一步明确国有金融企业增资扩股股权管理有关问题的通知（2019年11月25日　财金〔2019〕130号）

信用评级业管理暂行办法（2019年11月26日　中国人民银行、国家发展和改革委员会、财政部、中国证券监督管理委员会令〔2019〕第5号）

财政部、税务总局、证监会关于继续执行沪港、深港股票市场交易互联互通机制和内地与香港基金互认有关个人所得税政策的公告（2019年12月4日　财政部公告〔2019〕93号）

财政部关于印发《金融机构国有股权董事管理暂行办法》的通知（2019年12月19日　财金〔2019〕138号）

中国人民银行、中国银行保险监督管理委员会、中国证券监督管理委员会、国家外汇管理局关于进一步规范金融营销宣传行为的通知（2019年12月20日　银发〔2019〕316号）

二、法规文件说明

《关于修改〈上市公司重大资产重组管理办法〉的决定》的立法说明

为深入贯彻习近平总书记“要建设一个规范、透明、开放、有活力、有韧性的资本市场,完善资本市场基础性制度,把好市场入口和市场出口两道关,加强对交易的全程监管”指示精神,支持深圳建设中国特色社会主义先行示范区,持续推进并购重组市场化改革,提高上市公司质量,服务实体经济发展,加强并购重组监管,保护中小投资者合法权益,我会对《上市公司重大资产重组管理办法》(以下简称《重组办法》)部分条文进行了修改。

一、修改背景与立法考虑

重组上市是上市公司并购重组的重要交易类型,市场影响大,投资者关注度高。为遏制投机“炒壳”,促进市场估值体系修复,2016 年我会修改《重组办法》,从丰富重组上市认定指标、取消配套融资、延长相关股东股份锁定期等方面完善监管规则。总体来看,通过严格监管,借重组上市“炒壳”、“囤壳”之风已得到明显抑制,市场和投资者对高溢价收购、盲目跨界重组等高风险、短期套利项目的认识也日趋理性。

随着经济形势发展变化,上市公司借助重组上市实现大股东“新陈代谢”、突破主业瓶颈、提升公司质量的需求日益凸显。但按现行《重组办法》,操作复杂度较高,有些交易难以实施。对此,市场各方主体意见较为一致,建议我会适度调整重组上市监管规则,发挥并购重组和直接融资功能。鉴此,我会经充分研究、评估,对《重组办法》作了进一步修改。

二、主要修改内容

一是取消重组上市认定标准中的“净利润”指标。针对亏损、微利上市公司“保壳”、“养壳”乱象,2016 年修订《重组办法》时,我会在重组上市认定标准中设定了总资产、净资产、营业收入、净利润等多项指标。规则执行中,多方意见反映,以净利润指标衡量,一方面,亏损公司注入任何盈利资产均可能构成重组上市,不利于推动以市场化方式“挽救”公司、维护投资者权益。另一方面,微利公司注入规模相对不大、盈利能力较强的资产,也极易触及净利润指标,不利于公司提高质量。在当前经济形势下,一些公司经营困难、业绩下滑,更需要通过并购重组吐故纳新、提升质量。鉴此,为强化监管法规“适应性”,发挥并购重组功能,本次修改删除了净利润指标,支持上市公司资源整合和产业升级,加快质量提升速度。

二是进一步缩短“累计首次原则”计算期间。2016 年我会修改《重组办法》时,将按“累计首次原则”计算是否构成重组上市的期间从“无限期”缩减至 60 个月。考虑到累计期过长不利于引导收购人及其关联人控制公司后加快注入优质资产,本次修改统筹市场需求与我会抑制“炒壳”、遏制监管套利的一贯要求,将累计期限减至 36 个月。

三是推进创业板重组上市改革。考虑创业板市场定位和防范二级市场炒作等因素,2013 年 11 月,我会发布《关于在借壳上市审核中严格执行首次公开发行股票上市标准的通知》,禁止创业板公司实施重组上市。前述要求后被《重组办法》吸收并沿用至今。经过多年发展,创业板公司情况发生了分化,市场各方不断提出允许创业板公司重组上市的意见建议。经研究,为支持深圳建设中国特色社会主义先行示范区,服务科技创新企业发展,本次修改允许符合国家战略的高新技术产业和战略性新兴产业相关资产在创业板重组上市，其他资产不得在创业板重组上市。相关资产应符合《重组办法》规定的重组上市一般条件以及《首次公开发行股票并在创业板上市管理办法》规定的发行条件。

四是恢复重组上市配套融资。为抑制投机和滥用融资便利，2016 年《重组办法》取消了重组上市的配套融资。为多渠道支持上市公司和置入资产改善现金流、发挥协同效应，重点引导社会资金向具有自主创新能力的高科技企业集聚，本次修改结合当前市场环境，以及融资、减持监管体系日益完善的情况，取消前述限制。

五是加强重组业绩承诺监管。针对重组承诺履行中出现的各种问题，为加强监管，在《重组办法》第五十九条增加一款，明确：重大资产重组的交易对方作出业绩补偿承诺的，应当严格履行补偿义务。超期未履行或违反业绩补偿承诺的，可以对其采取相应监管措施，从监管谈话直至认定为不适当人选。

此外，为实现并购重组监管规则有效衔接，本次修改明确："中国证监会对科创板公司重大资产重组另有规定的，从其规定。"为进一步降低成本，本次修改还一并简化信息披露要求。上市公司只需选择一种中国证监会指定报刊公告董事会决议、独立董事意见。

三、各方意见、建议采纳情况

公开征求意见期间，我会官网和中国政府法制信息网共收到书面意见、建议 69 份；剔除重复部分，合计收到有效意见 66 份。经认真梳理，我会对各方意见、建议作了分类吸收，其中未采纳意见主要涉及以下方面：

（一）关于是否放开创业板重组上市

有意见提出，放开创业板重组上市不利于稳定政策预期、遏制"垃圾股"炒作。另有意见提出，应当明确"符合国家战略的高新技术产业和战略性新兴产业相关资产"范围，并可一并放开"同行业、上下游"资产借壳创业板公司。

我会认为，一是有限度放开创业板重组上市确有必要，符合创业板发展需求，是我会支持深圳建设中国特色社会主义现行示范区的重要举措。

二是关于创业板重组上市资产范围。由于认定相关资产是否属于"符合国家战略的高新技术产业和战略性新兴产业"政策性、专业性强，且随着科技发展和国家政策调整，产业范围还将不断变动。为避免频繁修订规则，拟不在《重组办法》中具体界定前述产业的范围。我会将指导深圳证券交易所根据实践情况明确相关目录指引。

（二）关于是否进一步取消"净资产"等指标

有意见提出，净资产指标与上市公司杠杆使用情况相关，在重组上市认定标准中保留净资产指标，影响小规模公司正常产业重组，建议取消该指标。

我会认为，保留"净资产"指标，有利于全面对比借壳资产与上市公司体量差异，准确反映交易影响，遏制不能实质改善上市公司经营质量的"炒小"。因此，修改后的《重组办法》保留"净资产"指标。

《关于〈期货交易管理条例〉第七十条第五项"其他操纵期货交易价格行为"的规定》起草说明

为打击操纵期货交易价格的行为，增强期货市场服务实体经济能力，根据《期货交易管理条例》第四十六条和第七十条的规定，我会制定了《关于〈期货交易管理条例〉第七十条第五项"其他操纵期货交易价格行为"的规定》（以下简称《规定》）。现将相关情况说明如下：

一、起草背景

近年来，我会在监管工作中发现，一些交易者反复利用程序化交易工具或者自媒体平台，通过虚假申报、蛊惑、抢帽子、挤仓等方式操纵期货交易价格,扰乱期货市场秩序。此类行为未被《期货交易管理条例》明确禁止,呈现多发态势,急需予以规制。

二、主要内容

《规定》共 8 条。第一条为制定依据,第二至五条明确禁止虚假申报、蛊惑、抢帽子、挤仓等四种操纵期货交易价格的行为,第六条为兜底条款,第七条为责任条款,第八条为施行日期条款。

(一)关于虚假申报操纵

第二条规定:不以成交为目的,频繁申报、撤单或者大额申报、撤单,影响期货交易价格或者期货交易量,并进行与申报方向相反的交易或者谋取相关利益的,构成操纵。

1. 行为意图,即行为人在申报时并不以成交为目的。可结合申报、撤单情况及其他行为特征综合判断。在满足前述各行为特征的情况下,行为人存在少量成交或者部分成交的,不影响对“不以成交为目的”的认定。

2. 行为表现,即行为人不以成交为目的地频繁申报、撤单或者大额申报、撤单,制造虚假的市场深度表象,或者意图制造人为的价格涨跌方向,并进行与原申报方向相反的交易或者谋取相关利益。

对于是否“频繁”,可结合行为人撤单次数及其占同期市场总撤单次数比例、各次撤单的时间间隔等综合判断。对于是否“大额”,可结合行为人涉案期间单笔撤单量、撤单总量、撤单总量占申报总量比例、撤单量占同时段市场总撤单量比例,特定时段撤单量占申报量比例等综合判断。

3. 行为影响,即行为影响期货交易价格或者期货交易量。以价格为例,操纵行为对期货交易价格的影响主要表现为价格朝有利于行为人的方向变动,或者将价格维持在特定水平,尤其是封住停板直至收盘。

(二)关于蛊惑操纵

第三条规定:编造、传播虚假信息或者误导性信息,影响期货交易价格或者期货交易量,并进行相关交易或者谋取相关利益的,构成操纵。

1. 行为表现,一是行为人编造并传播或者虽未编造但传播了虚假信息或者误导性信息,二是行为人进行相关交易或者谋取相关利益。

2. 行为影响,即行为影响期货交易价格或者期货交易量。

(三)关于抢帽子操纵

第四条规定:对合约或者合约标的物作出公开评价、预测或者投资建议,影响期货交易价格或者期货交易量,并进行与其评价、预测或者投资建议方向相反的期货交易的,构成操纵。

1. 行为表现,即行为人对合约或者合约标的物作出公开评价、预测或者投资建议,并进行与其评价、预测或者投资建议方向相反的期货交易。

2. 行为影响,即行为人的评价、预测或者投资建议影响期货交易价格或者期货交易量。

(四)关于挤仓操纵

第五条规定:在临近交割月或者交割月,利用不正当手段规避持仓限制,形成持仓优势,影响期货交易价格的,构成操纵。

1. 行为表现,即行为人采取分仓或者其他不正当手段规避限仓规定,获取了相对于其他交易者的持仓优势。

2. 行为影响,即行为人的持仓优势影响期货交易价格,可结合期货与现货价格偏离度、近月合约与远月合约价格偏离度、涉案合约与关联合约价格偏离度等因素分析其影响。

《公开募集证券投资基金参与转融通证券出借业务指引(试行)》起草说明

为配合科创板的顺利推出,完善资本市场融券机制,规范公开募集证券投资基金(以下简称基金)参与转融通证券出借业务(以下简称出借业务)的行为,我会起草了《公开募集证券投资基金参与转融通证券出借业务指引（试行）》（以下简称《指引》）。

《指引》共十八条，主要规范了基金参与出借业务的基本原则、主体责任、投资指标、业务性质、风险管理、信息披露等内容。具体为：

（一）明确公募基金参与出借业务的基本原则以及业务参与各方的主体责任。《指引》要求基金管理人按照审慎经营原则，在制定科学严谨的投资策略与风险管理制度后方可开展出借业务。基金托管人应当加强对基金参与出借业务的监督和复核，中国证券金融股份有限公司（以下简称证券金融公司）应当加强对基金参与出借业务的风险监测。

（二）明确公募基金参与出借业务的定义和性质。《指引》明确基金参与出借业务是指基金以一定的费率通过证券交易所综合业务平台向证券金融公司出借证券，证券金融公司到期归还所借证券及相应权益补偿并支付费用的业务。此外，《指引》明确了证券出借后，不终止确认出借证券，出借证券应纳入基金投资运作指标计算范围，持有期计算不因出借证券而受影响。

（三）明确公募基金参与出借业务的具体要求，强化流动性风险管理。《指引》明确参与出借业务的产品类型限定于处于封闭期的股票型基金和偏股混合型基金、开放式股票指数基金及相关联接基金、战略配售基金以及中国证监会认可的其他基金产品；同时，《指引》要求基金管理人应当详细分析影响流动性风险的各项因素，合理确定出借证券的范围、期限和比例；并针对不同类型基金的流动性风险特征，从资产净值比例、单券出借比例、基金最低规模、出借平均剩余期限等维度设定了相关风控指标。

（四）要求基金管理人应强化信用风险以及关联交易管理。《指引》要求基金管理人应当合理分散出借期限与借券证券公司的集中度。基金通过约定申报方式参与出借业务的，对不同的借券证券公司实施交易额度管理并进行动态调整，借券证券公司最近 1 年的分类结果应为 A 类；同时，关联交易应当执行市场公平合理的价格，不得从事利益输送等不正当的交易活动。

（五）明确公募基金参与出借业务的产品注册材料、信息披露及会计核算等要求。产品注册申请材料方面，要求提交出借业务方案等相关内容；信息披露方面，要求在定期报告等相关文件中详细披露参与出借业务的情况，并就报告期内发生的重大关联交易事项作出详细说明；估值方面，要求参照行业协会有关规定进行估值核算。

《证券期货经营机构管理人中管理人（MOM）产品指引（试行）》起草说明

一、起草背景

管理人中管理人（manager of managers，以下简称“MOM”）产品是境外一类成熟的资产管理产品，具有“多元管理、多元资产、多元风格”的特征，既可以实现管理人大类资产配置的能力，又能发挥不同资产管理机构在特定领域的专业投资能力。

为支持证券期货经营机构更好承接各类中长期资金的资产配置需求，为资本市场引入更多中长期资金，证监会起草了《证券期货经营机构管理人中管理人（MOM）产品指引（试行）》（以下简称《指引》）。

二、主要内容

《指引》共 28 条，对 MOM 产品定义、运作模式、参与主体主要职责及资质要求、投资运作、内部控制及风险管理、法律责任等进行了规范。

（一）明确产品定义及运作模式。MOM 产品是指证券期货经营机构（即管理人）管理的同时符合以下两方面特征的公募基金或者私募资管产品:1. 部分或全部资产委托给两个或两个以上符合条件的第三方资产管理机构(即投资顾问)提供投资建议服务;2. 资产划分成两个或两个以上资产单元,每一个资产单元单独开立证券期货账户。

(二)界定参与主体职责。MOM 产品管理人履行法定管理人的受托职责,负责投资决策及交易执行;投资顾问在约定的权限范围内为特定资产单元提供投资建议等服务,其相关职责不得转授于其他机构。

(三)设定参与主体资质要求。MOM 产品管理人为符合要求的证券期货经营机构;仅允许公募基金管理人担任公募 MOM 产品的投资顾问,允许证券期货经营机构、商业银行资产管理机构、保险资产管理机构及符合要求的私募证券投资基金管理人担任私募 MOM 产品的投资顾问。MOM 产品的基金经理应当具备一定年限的证券期货投资、研究、分析等相关从业经验,或者一定年限的养老金或保险资金资产配置经验。

(四)规范 MOM 产品的投资运作。要求 MOM 产品的管理人建立健全投资顾问选聘、监督、考核、评估、解聘标准、制度和流程;根据产品投资策略合理确定投资顾问数量及各资产单元资产规模;持续加强对投资顾问的尽职调查、监督评估等。明确投资顾问费用从管理人收取的管理费中列支。加强信息披露,要求在产品设立阶段,管理人在法律文件中列明投资顾问相关信息,运作中变更投资顾问的,管理人依法履行变更注册或备案程序,并及时公告。

(五)加强利益冲突防范及风险管控。要求 MOM 产品的管理人与投资顾问均应针对非公平交易、异常交易、潜在利益输送行为等建立健全监控监测制度和流程。管理人应将投资顾问关联方一并纳入关联交易管控范畴,从事关联交易应当履行内部审批程序并定期评估审视,且依法向投资者披露相关信息。投资顾问应将 MOM 产品的投资建议活动与自身投资管理活动一并纳入公平交易管控,不得泄露与 MOM 产品投资运作相关的非公开信息,对可能导致不公平交易和利益输送的异常交易行为进行监控,定期形成公平交易分析报告备查。

(六)明晰法律责任承担。明确了管理人与投资顾问各自应当承担的职责、禁止性行为及法律责任。

《上市公司分拆所属子公司境内上市试点若干规定》的立法说明

为深化金融供给侧结构性改革,进一步完善并购重组功能,我会研究制定了《上市公司分拆所属子公司境内上市试点若干规定》(以下简称《若干规定》)。

一、制定背景

上市公司分拆,是资本市场优化资源配置的重要手段,有利于公司理顺业务架构,拓宽融资渠道,获得合理估值,完善激励机制,对更好地服务科技创新和经济高质量发展具有积极意义。

2019 年 1 月,经党中央、国务院同意的《关于在上海证券交易所设立科创板并试点注册制的实施意见》明确,“达到一定规模的上市公司,可以依法分拆其业务独立、符合条件的子公司在科创板上市。”

实践中,随着资本市场发展,部分上市公司采取多元化经营战略,涉足新的产业或行业,为实现业务聚焦与不同业务的均衡发展,提出将其部分业务分拆出来独立上市的诉求。为适应企业需要和市场发展要求,经充分评估论证,参考境外分拆制度及实践,我会研究制定《若干规定》,明确上市公司分拆子公司在境内上市的规则。

二、主要内容

一是明确上市公司分拆实质性条件。为保障分拆后母子公司均具备独立面向市场的能力，引导发挥分拆的正向作用，《若干规定》参考《关于规范境内上市公司所属企业到境外上市有关问题的通知》以及境外市场经验，从财务指标、规范运作、独立性等多个维度，提出规制标准。

二是规定上市公司分拆程序性要求。为充分保障股东合法权益，要求上市公司参照重大资产重组的规定披露相关信息、提示风险，严格执行股东大会表决程序，分拆决议须同时经出席会议的股东所持表决权的三分之二以上、出席会议的中小股东所持表决权的三分之二以上通过。

三是强化中介机构核查督导职责。上市公司分拆的，须聘请独立财务顾问、律师事务所以及具有证券业务资格的会计师事务所，就分拆事项进行核查、出具意见。独立财务顾问还应当在所属子公司上市当年及其后一个完整会计年度，持续督导上市公司维持其独立上市地位。

四是做好分拆监管与发行规则衔接。上市公司所属子公司在境内上市，仍须履行境内发行上市程序。涉及首次公开发行股票并上市的，应当遵守证券发行上市、保荐、承销等相关规定；涉及重组上市的，应当遵守上市公司重大资产重组的相关规定。

五是依法依规严格实施监管。为防范分拆过程中可能存在的信披违规、内幕交易、操纵市场等违法违规行为，抑制“忽悠式”分拆、借分拆概念炒作等市场乱象，《若干规定》明确证监会将依法严厉打击违法违规行为。

三、各方意见采纳情况

2019 年 8 月 23 日至 9 月 22 日，《若干规定》对外公开征求意见，我会共收到意见建议 164 条。经认真梳理研究，采纳了合理可行的意见建议，其中未采纳意见主要涉及以下方面：

（一）关于金融类业务可否分拆上市

有意见提出，建议取消上市公司不得分拆金融业务上市的限制。我会认为，为引导更多资金投向实体经济，试点阶段暂不宜允许金融类业务或资产分拆。后续我会将结合分拆政策实施效果、市场实践及发展情况，进一步研究。

（二）关于净资产、净利润占比指标

有意见认为，净资产、净利润占比指标过于单一，建议增加营业收入占比指标；有意见提出，进一步严格限制净利润占比不得超过 20%；还有意见建议放宽净资产占比指标至 50%。

我会认为，净利润、净资产占比指标与《关于规范境内上市公司所属企业到境外上市有关问题的通知》（证监发〔2004〕67 号）保持一致，实践运行中未发现较大问题，基本可以实现规范分拆活动的目的，防范分拆对上市公司可能带来的不利影响，因此，《若干规定》未予修改。

（三）关于优先认购权

有意见提出，分拆将摊薄上市公司拥有的权益、影响股东利益，建议赋予上市公司股东优先认购权。

考虑到《若干规定》已就中小股东利益保护做出针对性安排（如中小股东单独决议等），《公司法》及我会规定尚缺乏关于上市公司股东优先认购权的整体性制度安排，因此，未予采纳。

关于《证券投资者保护基金实施流动性支持管理规定》的立法说明

为建立健全证券行业流动性支持长效机制，充分发挥证券投资者保护基金（以下简称投保基金）作用，根据国务院同意的扩大投保基金使用范围相关方案精神，我会研究制定了《证券投资者保护基金实施流动性支持管理规定》（以下简称《规定》）。

一、立法背景

长期以来,流动性风险都是境内外金融机构面临的主要风险类型之一。目前境外成熟市场、境内银行业、信托业普遍建立了对金融机构的流动性支持长效机制。近年来,证券行业整体运行规范,资本充足,合规风控水平提升,未发生重大流动性风险。但与境外金融机构以及境内银行、信托机构相比,证券公司缺乏长效、统一的流动性支持储备工具,一旦发生流动性风险且可能外溢时,只能通过自救、寻求股东支持等市场化方式解决。为防患于未然,借鉴境内外成熟经验,经我会请示国务院同意,允许投保基金扩大使用范围,在市场出现重大波动或者行业发生重大风险事件时,对证券公司实施流动性支持。通过该项长效机制,进一步丰富证券公司流动性支持储备手段,进一步提升行业抗风险能力,进一步夯实行业持续稳健发展的基础。

为对投保基金实施流动性支持提供制度保障,根据国务院同意的扩大投保基金使用范围相关方案,我会研究制定了《规定》。

二、主要内容

《规定》共三十条,主要包括以下内容:

(一)明确基金使用情形

当证券公司发生的流动性风险可能在短期内对金融市场稳定产生重大影响,且证券公司具有持续经营及还本付息能力的情形下,证券公司可申请使用投保基金予以短期流动性支持。

(二)明确证券公司的主体责任

出现重大流动性风险时,证券公司应当首先采取自救或者其他市场化方式化解风险,在相关措施均未能生效的情况下,才可申请使用投保基金。

(三)强化使用约束

证券公司使用投保基金的程序、成本、期限等须遵守相关规定。使用程序上,须履行证券公司申请、投保基金公司和派出机构核实并提出处理意见、证监会报经国务院批准等程序;使用成本上,证券公司须提供担保、支付高于同期市场利率的利息;使用期限上,原则上不得超过一年;使用约束上,限制证券公司高管薪酬和股东分红等资本消耗行为,并提高下一年度投保基金缴纳比例等。

(四)强化监督追责

一方面,投保基金公司应当按照证券公司化解流动性风险的实际需要,逐笔审批、逐笔发放支持资金,并派出现场资金监控组。另一方面,证券公司应当定期向证监会、派出机构、投保基金公司报送基金使用情况等信息。发现问题的,监管部门及投保基金公司及时制止,并依法依规追究责任。

三、各方意见采纳情况

2019 年 7 月 5 日至 8 月 4 日,我会在官网就《规定》向社会公开征求意见。征求意见过程中,金融机构、行业自律组织、社会公众、有关政府部门给予积极正面的反馈,并提出一些具体修改意见。我会逐条研究,对大部分意见充分吸收,其中未采纳意见主要涉及审批程序方面:

有意见提出,流动性风险具有突发性、紧急性、传染性的特点,如审批节点过多、申请流程过长,可能导致流动性支持资金无法及时到位,建议简化使用投保基金的审批程序。经研究,证券公司申请、证监会报经国务院批准的程序与我会、财政部、人民银行联合发布的《证券投资者保护基金管理办法》(证监会令第 124 号)第二十条规定的投保基金使用程序一致,且为了确保流动性支持效率,《规定》已要求证券公司、派出机构、投保基金公司建立证券公司重大流动性风险的预判、预核、预准备机制,并严格限定了相关环节的工作时限,基本能够保障证券公司在采用自救以及其他市场化手段仍然无法化解重大外溢性流动性风险的情况下,可以及时得到流动性支持,因此未采纳相关意见。

《科创板上市公司持续监管办法(试行)》(征求意见稿)起草说明

根据《关于在上海证券交易所设立科创板并试点注册制的实施意见》(以下简称《实施意见》),为规范企业公开发行股票、存托凭证并在科创板上市后相关各方的行为,中国证监会起草了《科创板上市公司持续监管办法(试行)》(以下简称《持续监管办法》)。现就有关事项说明如下:

一、制定原则

《持续监管办法》以《证券法》、《公司法》等法律法规为基础,根据《实施意见》确立的基本原则与总体要求,针对企业发行股票、存托凭证并在科创板上市后的持续监管,围绕公司治理、信息披露、股份减持、重大资产重组、股权激励、退市等方面,作了针对性的制度设计,主要坚持以下原则:

一是坚持市场化、法治化、国际化。《持续监管办法》严格按照现有法律法规和《实施意见》划定的调整范围,制定各项持续监管规定,在改革方向、制度规范和监管逻辑上保持一致。制度设计中,更加强调发挥市场机制作用,注重疏堵结合,尊重市场规律,推动形成强有力的市场约束机制和价格形成机制,减少不必要的监管介入。同时,充分考虑境内外主要资本市场吸引优质科创企业的大背景,努力为科创企业上市后的持续发展提供有力的制度支撑,建立科创板持续监管的国际比较优势。

二是突出试点性和创新性。科创板是一块"试验田",是通过增量试点解决存量问题的一次重大改革,需要试点一批有市场共识,但囿于存量约束无法突破的基础性制度。为此,制度设计中,根据《实施意见》的改革方向,大胆探索,小心求证,在退市、减持、信息披露、股权激励等方面,设计了针对性的制度和机制。

三是充分借鉴境外成熟市场制度经验。境外成熟市场大多经过多年发展,制度安排比较完备,制度运行比较有效,是设计科创板持续监管制度的重要参考。在准确把握制度背景、制度逻辑和实践运行的基础上,可以有所借鉴,为我所用。

四是适应境内资本市场发展阶段。境内市场,总体上仍处于新兴加转轨的发展阶段,在投资者结构、上市公司特征、市场运行规律等方面,具有独特性。科创板持续监管制度的设计,在制度完善移植中,充分考虑市场实际,维护市场稳定,牢牢把握保护投资者特别是中小投资者利益这一核心要求。

二、主要内容

《持续监管办法》根据《实施意见》,规定了科创板持续监管的总体要求和制度取向,明确了调整适用的规则范围和衔接安排,共三十七条,包括企业在科创板发行上市后的公司治理、信息披露、股份减持、重大资产重组、股权激励、退市等方面,重点如下:

(一)明确适用原则

科创板持续监管,既有上市公司持续监管的共性要求,也有注册制下针对科创企业的特殊制度安排。因此,《持续监管办法》明确了规则适用的总体原则,即科创公司应遵守现行有关上市公司持续监管的一般规则,根据公开、公平、公正的原则,履行信息披露等各项义务。同时,由于科创企业具有不同于一般企业的的特点,以及考虑本次注册制改革的需要,《持续监管办法》针对性的作出了特别规定,与现行规章不一致的,应优先适用。

同时,《持续监管办法》衔接注册制,进一步下移监管重心,主要规定持续监管的原则和制度导向,具体细化标准由交易所在《科创板股票上市规则》中予以体现。此外,《持续监管办法》还强调了交易所必须切实履行一线监管职责,加强信息披露与二级市场交易监管联动,加大现场检查力度,强化监管问询,切实防范和打击内幕交易与操纵市场行为,提高科创公司信息披露质量。

(二)公司治理

根据《实施意见》,已经发行具有特别表决权的类别股份的公司可以在科创板上市。这项制度安排,充分尊重了科创公司的实践选择和发展规律,有利于培养和发扬企业家精神,但也带来公司治理的新问题,需要从制度层面趋利避害,防范特别表决权被不当使用。《持续监管办法》充分贯彻了这一原则,要求交易所对具有表决权差异安排的科创公司的上市资格、表决权差异的设置、存续、调整等重点事项,做出必要的限制性规定。此外,《持续监管办法》还根据境内上市公司的治理特点,特别强调了科创公司控股股东、实际控制人的行为规范。

(三)信息披露

与传统企业相比,科创企业的模式、技术、产品更新,但研发和经营失败的可能性也更高,普通投资者把握企业价值的难度更大。因此,在信息披露方面,需要更加强调行业信息和经营风险的披露。《持续监管办法》做出了针对性规定,要求科创公司应当结合行业特点,充分披露行业经营信息以及可能对公司产生重大不利影响的风险因素。另一方面,考虑到科创公司经营决策往往更加快速灵活,为帮助其提升商业竞争力,《持续监管办法》也同步提升了信息披露制度的弹性和包容度,在信息披露的及时性要求、新闻发布与信息披露衔接和规则豁免等方面,给予科创公司更多的自主空间。

(四)股份减持

科创企业上市后,如何有序规范股东减持IPO前持有的股份,是持续监管制度安排中的一个难点。《持续监管办法》规定上市时企业未盈利的,控股股东、实际控制人、董事、监事、高级管理人员、核心技术人员(以下统称"特定股东")的股份锁定期应适当延长,授权交易所制定具体规则;适当延长核心技术团队的股份锁定期。同时,考虑到现行减持规则的实践效果,以及更好发挥创投机构等相关主体对资本市场支持科技创新的积极作用,从科创板先行先试的定位出发,《持续监管办法》预留了改革创新的空间,由交易所根据市场实践对特定股东及创投等相关主体减持的方式、数量及比例予以细化。

(五)重大资产重组

根据《实施意见》,科创公司并购重组由交易所审核,涉及发行股票的,实施注册制;同时,考虑到科创板对行业、技术等方面的特别要求,要求重大资产重组标的公司须符合科创板对行业、技术的要求,并与现有主业具备协同效应。

(六)股权激励

股权激励是科创企业吸引人才、留住人才、激励人才的重要手段,也是资本市场服务科创企业的一项重要制度安排。《持续监管办法》充分借鉴境外成熟市场做法,大幅优化了现有股权激励制度。一是增加了可以成为激励对象的人员范围,承担企业主要管理和研发职责的5%以上股东及其亲属,可以成为激励对象。二是放宽限制性股票的价格限制,科创公司可以自主决定授予价格。三是便利股权激励的实施操作,授予的股份可以在满足获益条件后进行股份登记。四是结合调研情况,规定科创公司有效期内的股权激励计划标的股票总数占总股本的比例,由现行规定中的10%提升至20%。此外,根据境内市场的发展阶段,《持续监管办法》强调了股权激励必须与公司业绩相挂钩,避免出现业绩下滑、公司管理层仍能通过股权激励获益的不正常情况。

(七)退市制度

科创板必须建立严格的退市制度,这既是《实施意见》的明确要求,也是市场各方的高度共识。总体而言,这一制度取向,既是注册制下"宽进严出"的需要,也符合科创企业高淘汰率的发展规律。《持续监管办法》严格执行退市制度,在退市标准方面,坚持重大违法退市,丰富交易类和规范类退市指标,优化财务类退市指标。具体包括:明确科创板公司不适用单一的连续亏损退市指标,授权交易所制定能够反映公司持续盈利能力的组合退市指标;授权交易所在现有交易类退市指标基础上增加市值类退市指标;规定严重扰乱市场秩序、严重损害投资者权益且在规定期限内未改正的,交易所可以终止其股票上市。程序方面,科创板不再设置暂停上市、恢复上市和重新上市环节,退市程序更为简明、清晰。

（八）其他

除上述制度外，《持续监管办法》还对持续监管中，投资者十分关注的分拆上市、募集资金使用、控股股东股权质押和法律责任等方面做出了规定。

《科创板首次公开发行股票注册管理办法（试行）》（征求意见稿）起草说明

为贯彻落实党中央、国务院关于推进股票发行注册制改革的重大决策部署，按照《关于在上海证券交易所设立科创板并试点注册制的实施意见》的有关精神，中国证监会总结过往监管经验、吸收借鉴成熟市场做法，充分结合中国资本市场现实情况，起草了《科创板首次公开发行股票注册管理办法（试行）》（以下简称《注册管理办法》），切实规范上海证券交易所科创板试点注册制首次公开发行股票相关活动，保护投资者合法权益和社会公共利益。现将《注册管理办法》有关情况说明如下。

一、指导思想和基本原则

深入贯彻习近平新时代中国特色社会主义思想和党的十九大精神，认真落实习近平总书记关于资本市场的一系列重要指示批示精神，按照党中央、国务院决策部署，坚持稳中求进工作总基调，兼顾便利直接融资和保护投资者合法权益，兼顾以信息披露为中心和依法全面从严监管，兼顾长远改革目标和试点阶段性特征，稳步推进科创板试点注册制工作。

为做好科创板试点注册制工作，建立和完善符合市场化导向、直接融资效率提升、信息披露要求严格、市场主体责任到位、风险防控有效的股票发行上市制度，《注册管理办法》的起草遵循以下基本原则：

一是便利直接融资。精简优化现有发行条件，逐步将现行发行条件中可以由投资者判断的事项转化为更加严格、更加全面深入精准的信息披露要求，增加资本市场包容性，扩大资本市场覆盖面；按照市场化、法治化原则，建立公开、透明、高效、便捷的股票发行注册机制，健全市场化询价定价机制，提升直接融资效率，服务实体经济发展。

二是强化信息披露监管。建立健全以信息披露为中心的股票发行上市制度，明确以投资者需求为导向的信息披露要求，细化落实发行人、中介机构等市场主体关于信息披露的法定责任，强化信息披露监管，加大对信息披露违规行为的处罚力度。

三是加强风险防控。注册制应立足我国资本市场的实际情况，相应建立合理的股票发行注册机制，强化事前事中事后全过程监管，强调市场主体归位尽责，显著提升违法违规成本，有效防控各种风险，提升上市公司质量。

二、《注册管理办法》的主要内容

《注册管理办法》共 8 章，80 条，按照总则、发行条件、注册程序、信息披露、发行与承销的特别规定、发行上市保荐的特别规定、监督管理和法律责任、附则编排，为试点注册制搭建起整体制度框架体系，主要内容如下：

（一）总则。总则提出科创板试点注册制的核心内容：一是明确指出科创板的定位。二是规定科创板的股票发行适用注册制，由上海证券交易所（以下简称交易所）负责发行上市审核，并报经中国证监会注册。三是明确发行人和保荐人、证券服务机构的主体责任，发行人为信息披露的第一责任人，所披露信息必须真实、准确、完整；保荐人需对申请文件和信息披露资料进行全面核查验证并对真实性、准确性、完整性负责；证券服务机构对与其专业职责有关的内容负责。四是明确同意注册的法律后果，提醒投资者自担投资风险。

（二）发行条件。科创板股票公开发行条件的设定充分体现以信息披露为中心的注册制改革理念,精简优化现行发行条件,同时突出重大性原则并强调风险防控。《注册管理办法》取消了现行发行条件中关于盈利业绩、不存在未弥补亏损、无形资产占比限制等方面的要求,规定申请首发上市应当满足以下四方面的基本条件,一是组织机构健全,持续经营满 3 年;二是会计基础工作规范,内控制度健全有效;三是业务完整并具有直接面向市场独立持续经营的能力;四是生产经营合法合规,相关主体不存在《注册管理办法》规定的违法违规记录。

(三)注册程序。主要包括以下五方面内容:一是对科创板发行上市审核流程做出制度安排,规定交易所的发行上市审核程序和中国证监会发行注册程序的流程、审核机构设置、审核内容及审核时限。二是规定中国证监会与交易所建立电子化审核注册系统,实现受理和审核全流程电子化,提高审核效率,减轻企业负担。三是规定发行人及其控股股东、实际控制人、董事、监事、高级管理人员,以及相关中介机构及其责任人员,自注册申请文件受理之日起即承担相应法律责任。四是明确交易所和中国证监会应当提高审核和注册工作透明度,审核标准、流程、进度、反馈意见及发行人的回复情况、审议结果等全流程重要节点,均对社会公开,接受社会监督。五是将现场检查制度规则化,规定中国证监会和交易所应当建立健全信息披露质量现场检查制度。

(四)信息披露。《注册管理办法》贯彻注册制改革理念,强化信息披露要求,压实市场主体责任。一是明确发行人的信息披露义务,无论规则是否明确规定,凡是对投资者作出价值判断和投资决策有重大影响的信息,都必须充分披露。二是严格落实发行人及其董事、监事、高级管理人员、控股股东、实际控制人,以及保荐人、证券服务机构及相关人员在信息披露方面的责任,为加大信息披露违规处罚力度夯实基础。三是进一步完善首发预披露制度,增加了预披露次数和预披露内容,以强化社会监督。四是针对科创企业特点,规定其应当充分披露行业特点、业务模式、公司治理、发展战略、科研水平、科研人员、科研资金投入等情况,以及募集资金重点投向科技创新领域的具体安排。五是规定存在"同股不同权"的境内科技创新企业申请发行股票并在科创板上市,应当在招股说明书中披露相关情况和风险,中介机构需对特别表决权股份设置是否合规发表专业意见。

(五)发行承销。《注册管理办法》与《证券发行与承销管理办法》(以下简称《承销办法》)有效衔接并作出特别规定,明确科创板企业发行与承销行为一般适用《承销办法》,但参与询价网下机构投资者条件及报价要求、最高报价剔除比例、网下初始配售比例、网下优先配售比例、网下网上回拨机制、网下分类配售安排、战略配售、超额配售选择权等事项适用交易所相关规定。《注册管理办法》同时明确,科创板企业新股发行价格,应当通过向符合条件的网下投资者询价确定。

(六)发行上市保荐的特别规定。《注册管理办法》专章对设立科创板并试点注册制的保荐业务做出特别制度安排,并与现行《证券发行上市保荐业务管理办法》做好衔接。一是明确除特别规定外,科创板上市保荐业务适用《证券发行上市保荐业务管理办法》。二是要求保荐人应当结合科创企业特点做出针对性内部控制制度安排,控制业务风险,提高执业质量,并按规定制作、报送和披露注册申请文件,遵守发行上市审核及发行注册程序。三是明确科创板上市企业的持续督导期为证券上市当年剩余时间及其后 3 个完整会计年度。

(七)监督管理和法律责任。《注册管理办法》建立全流程监管体系,并对责任主体加大追责力度。一是规定中国证监会建立对发行上市监管全流程的权力运行监督制约机制,对发行上市审核程序和发行注册程序相关内控制度运行情况进行督导督察,对廉政纪律执行情况和相关人员的履职尽责情况进行监督监察。二是规定中国证监会建立对交易所发行上市审核工作和发行承销过程监管的监督机制,定期检查和抽查。三是加大违法违规行为追责力度,对负有责任的发行人及其控股股东、实际控制人、保荐人、证券服务机构以及相关责任人员,采取较长时间不予受理证券发行相关文件、限制相关从业资格、认定为不适当人员、市场禁入等严厉措施。四是突出投资者保护,明确发行人通过欺诈发行上市的,中国证监会可以责令发行人及其控股股东、实际控制人按规定购回本次公开发行的股票。五是强化自律监管,规定交易所和中国证券业协会应当对发行上市过程中违反自律监管规则的行为采取自律监管措施或者纪律处分。

专此说明。

关于《合格境外机构投资者及人民币合格境外机构投资者境内证券期货投资管理办法(征求意见稿)》及其配套规则的说明

为完善合格境外机构投资者(QFII)和人民币合格境外机构投资者(RQFII)制度，实施资本市场高水平对外开放，引进更多境外长期资金，我们对《合格境外机构投资者境内证券投资管理办法》及其配套规则、《人民币合格境外机构投资者境内证券投资试点办法》及其配套规则进行了修订整合，形成了《合格境外机构投资者及人民币合格境外机构投资者境内证券期货投资管理办法(征求意见稿)》(以下简称《管理办法》)和《关于实施〈合格境外机构投资者及人民币合格境外机构投资者境内证券期货投资管理办法〉有关问题的规定(征求意见稿)》(以下简称《实施规定》)。现说明如下：

一、修订背景

(一)QFII、RQFII 制度取得积极成效

我国于 2002 年和 2011 年，先后实施 QFII、RQFII(以下统称合格投资者)制度试点。截至 2018 年底，QFII 投资总额度为 1500 亿美元(目前已增至 3000 亿美元)，共有 309 家境外机构获得 QFII 资格，获批额度 1011 亿美元；RQFII 制度从香港扩大到 19 个国家和地区，投资总额度为 19400 亿元人民币，共有 233 家境外机构获得 RQFII 资格，获批额度 6467 亿元人民币。两项制度总体运行平稳，对引进境外长期资金、优化投资者结构、引导价值投资、改善上市公司治理、促进资本市场稳定健康发展发挥了积极作用。

一是投资规模逐步扩大。合格投资者主要包括资产管理公司、商业银行、证券公司、保险公司、境外央行、主权基金、捐赠基金、养老基金等。这些机构以长期资金为主，已成为 A 股市场第三大专业机构投资者，投资份额逐步提高。

二是坚持价值投资理念。合格投资者注重基本面分析，投资理念相对成熟，投资风格比较稳健，内部合规风控比较严格，持有蓝筹股比重较高，换手率较低，呈现出理性投资、长期投资和价值投资的特征，产生了较好的示范效应，带动更多资金投向优质上市公司。

三是积极参与公司治理。合格投资者偏好投资治理结构健全、信息披露规范的上市公司，并积极参与上市公司治理，对促使上市公司规范运作、加强投资者关系管理和完善信息披露机制发挥了积极作用。

四是助推人民币国际化进程。RQFII 拓宽了离岸人民币资金投资渠道，成为境内证券基金期货经营机构开展国际化经营和跨境投资服务的重要工具，促进了离岸人民币资金回流，增加了境外金融机构对人民币的需求，密切了境内外金融市场之间的相互联系。

五是有序推进跨境证券投资。我会与人民银行、国家外汇局建立了有效的分工协作监管机制，交易所实施一线自律监管。通过对资格准入、投资额度、投资活动、资金汇出入及相关信息报送等环节实施监管，确保跨境证券投资平稳有序进行，为进一步扩大资本市场开放积累了有益的监管经验。

(二)合格投资者制度存在的问题

近年来，我国经济进入高质量发展阶段，资本市场双向开放逐步扩大，现行合格投资者制度在准入条件、投资运作和持续监管等方面已不适应新的市场环境，有必要对现行规则进行修订完善。

一是准入条件不统一。QFII、RQFII 两项制度性质相同，但基于境外资金来源的不同币种规定了不同的准入条件，境外机构需要分别

申请两种资格。QFII 制度对境外机构的经营年限、资管规模等方面规定了较高的准入条件，而 RQFII 制度的准入条件较为宽松，只有合规性要求。近年来，内地与香港股票市场建立了交易互联互通机制，银行间债券市场进一步对境外机构投资者开放，人民币国际化进程稳步推进。在这种情况下，境外机构投资者准入条件应趋于一致，以引进更多境外长期资金，并防止监管套利。

二是投资范围受限制。目前，合格投资者可主要投资于在证券交易所交易的股票、债券，在银行间债券市场交易的固定收益产品，股指期货等。打造规范、透明、开放、有活力、有韧性的资本市场，需要实施高水平对外开放，扩大合格投资者投资范围。

三是持续监管需加强。合格投资者制度在运行过程中出现了一些新情况新问题，反映出相应的持续监测监管机制不完善，尤其是对跨市场交易和跨境交易行为的监管亟需加强，细化对合格投资者及托管人、经纪商的监管要求、监管措施和行政处罚等方面的规定。

二、主要修订内容

《管理办法》共 35 条，《实施规定》共 18 条。主要修改内容如下：

(一)合并两项制度

将 QFII、RQFII 两项制度合二为一，以 QFII 规则[①]为基础，吸收合并 RQFII 规则[②]的内容，并整合 QFII 制度两个专项规定[③]，形成统一的《管理办法》和《实施规定》。境外机构投资者只需申请一次资格，尚未获得 RQFII 额度的国家和地区的机构，仍以外币募集资金投资。

(二)放宽准入条件

统一 QFII、RQFII 的准入条件，取消数量型指标要求，保留财务稳健、资信良好、具备证券期货投资经验，治理结构、内部控制和合规管理制度健全有效，近 3 年或者自成立起未受到监管机构的重大处罚等合规性条件。同时，简化申请文件要求，缩短审批时限(《管理办法》第 1 条、第 7 条)。

(三)扩大投资范围

除原有品种外，合格投资者可投资于：(1)在全国中小企业股份转让系统(新三板)挂牌的股票；(2)债券回购；(3)私募投资基金；(4)金融期货；(5)商品期货；(6)期权等。同时，允许参与证券交易所融资融券交易。可参与的债券回购、金融期货、商品期货、期权的具体品种，由有关交易场所提出建议报监管部门同意后公布(《实施规定》第 6 条)。

(四)优化托管人管理

一是根据《国务院关于取消和调整一批行政审批项目等事项的决定》(国办发〔2014〕50 号)，合格境外机构投资者托管人资格审批事项已改为备案管理，此次修订明确了相关备案管理要求(《管理办法》第 10 条，《实施规定》第 3 条)。

二是不再限制合格投资者聘用托管人的数量，托管人为 2 个以上的，要求指定一个主托管人(《管理办法》第 13 条)。

(五)加强持续监管

一是完善账户管理。明确合格投资者为所管理的客户资金开立的证券期货账户下资产权属问题，加强对合格投资者账户的穿透式监管(《实施规定》第 5 条)。

二是健全监测分析机制。一方面，明确托管人定期报送要求，要求托管人、证券公司、期货公司持续监控合格投资者的交易行为、账户资金进出情况，及时向中国证监会、人民银行和国家外汇局报告异常情形和违法违规行为(《实施规定》第 10 条)。另一方面，要求证券期货交易场所、证券登记结算机构、证券期货市场监测监控机构对合格投资者境内投资活动进行监测分析和自律管理，建立信息共享和协作配合机制，及时发现和处置跨市场异常交易行为(《实施规定》第 17 条)。

三是增加提供相关跨境交易信息的要求。为防范跨境市场操纵和其他异常交易行为，规

---

① 包括《合格境外机构投资者境内证券投资管理办法》(证监会令第 36 号)和《关于实施〈合格境外机构投资者境内证券投资管理办法〉有关问题的规定》(证监会公告〔2012〕17 号)。

② 包括《人民币合格境外机构投资者境内证券投资试点办法》(证监会令第 90 号)和《关于实施〈人民币合格境外机构投资者境内证券投资试点办法〉的规定》(证监会公告〔2013〕14 号)。

③ 包括《合格境外机构投资者督察员指导意见》(证监会公告〔2008〕40 号)和《合格境外机构投资者参与股指期货交易指引》(证监会公告〔2011〕12 号)。

定合格投资者应当根据我会的要求,通过托管人定期报告其在境外开展的与境内证券期货投资相关的对冲交易头寸信息(《实施规定》第10条)。

四是强化穿透式监管要求。明确通过合格投资者投资境内资本市场的境外投资者应遵守中国证监会关于持股比例限制、信息披露义务等方面的规则(《管理办法》第18条、第19条)。

五是加大违规惩处力度。对合格投资者和托管人的违规行为予以细化,明确相应的监管措施和行政处罚(《管理办法》第31条、第33条)。

《证券公司交易信息系统外部接入管理暂行规定(征求意见稿)》起草说明

为加强证券公司交易信息系统外部接入管理,保护投资者合法权益,维护证券市场秩序,证监会起草了《证券公司交易信息系统外部接入管理暂行规定(征求意见稿)》(以下简称《规定》)。现说明如下:

一、起草背景

交易信息系统外部接入是指证券公司通过提供信息系统接口或其他信息技术手段,接入投资者交易系统并接收投资者交易和查询指令的行为。现实中,部分专业投资者存在借助交易信息系统外部接入实现分仓管理、统一风控以及交易策略执行等需求。

与交易信息系统外部接入有关的风险主要包括:一是业务合规风险。业务与技术高度耦合,投资者及相关方有可能借助交易信息系统外部接入参与持牌业务的部分环节,违规开展证券业务。二是信息安全风险。外接系统的信息技术风险可能会传导至证券公司,影响证券公司业务正常运转。三是市场风险。如果信息系统健壮性不足或者证券公司把关不严,生成异常"大单"、连续报单或者发生透支,可能影响证券市场秩序。

2015年以来,证监会先后发布《关于加强证券公司信息系统外部接入管理的通知》(证监办发〔2015〕35号)、《关于清理整顿违法从事证券业务活动的意见》(证监会公告〔2015〕19号)等相关文件,督促证券公司加强信息系统外部接入管理。

二、起草原则

为充分化解交易信息系统外部接入蕴含的风险隐患,有效防范证券公司在交易信息系统外部接入日常管理中存在的突出问题,《规定》起草过程遵循以下原则:

(一)保持政策连续性

《规定》与既有监管要求保持一致,将其中常态化监管要求上升为监管规定。同时,《规定》作为《证券基金经营机构信息技术管理办法》(证监会令第152号)下位法,全面规范证券公司交易信息系统外部接入管理,督促证券公司在安全合规前提下为投资者的合理交易需求提供服务。

(二)合理定位适用情形

考虑到信息系统互联互通的多样性,《规定》聚焦在与交易有关的信息系统外部接入活动。同时,要求证券公司"引导投资者优先使用本机构提供的交易终端",将交易信息系统外部接入定位在小众、例外情形,作为证券公司标准化服务的合理补充。

(三)强化证券公司主体责任

为督促证券公司审慎开展交易信息系统外部接入活动,《规定》明确证券公司是本机构交易信息系统外部接入管理的责任主体。同时,为督促证券公司切实履行交易信息系统外部接入管理职责,《规定》明确相应处罚措施。

(四)强调事前、事中、事后全程管理

《规定》对交易信息系统外部接入提出持

续规范要求,证券公司应当建立健全明确、清晰的全流程管理机制,切实履行各项管理职责,严格控制风险,确保外部接入始终保持合规、安全、稳定的状态。

(五)全面规范各类主体

为防范借助交易信息系统外部接入开展的违法违规活动,《规定》明确了禁止性条款。同时,《规定》将投资者失信行为纳入监管。

三、《规定》的主要内容

《规定》共26条,主要包括四方面内容:

(一)总则。一是明确制定《规定》的目的和依据、适用范围、监督管理及自律管理(第1条、第2条、第4条);二是提出了证券公司从事交易信息系统外部接入活动应当遵循的基本原则(第3条)。

(二)基本要求。一是明确证券公司从事交易信息系统外部接入活动的资质条件和合格的投资者接入范围(第5条、第6条);二是要求证券公司从事交易信息系统外部接入应当满足相应的风控技术要求(第7条);三是明确证券公司从事交易信息系统外部接入活动的禁止性要求(第8条)。

(三)全程管理要求。一是从尽职调查、事前审查、交易监测、异常处理、应急处置、退出机制等方面提出全程管理要求(第9条、第12条、第14条、第15条、第17条、第18条);二是强化证券公司识别、评估、验证交易关键要素等方面要求(第10条、第13条);三是规定证券公司从事交易信息系统外部接入与投资者签署协议的必备条款(第11条);四是要求证券公司建立日志留痕机制,定期评估交易信息系统外部接入管理情况并对相关人员开展合规和风险管理培训(第16条)。

(四)监督管理。一是明确证券公司从事交易信息系统外部接入活动的报备要求(第19条);二是明确监管机构对证券公司从事交易信息系统外部接入活动的监管要求及罚则(第20条、第21条)。

此外,第22条至第26条明确了参照执行、名词释义、差异化安排、过渡期安排、实施时间等方面的事项。

关于《公开募集证券投资基金销售机构监督管理办法(征求意见稿)》及配套规则的修订说明

为进一步规范公开募集证券投资基金(以下简称基金)销售行为,维护投资者合法权益,我会组织修订了《证券投资基金销售管理办法》(证监会令第91号,以下简称《销售办法》),并更名为《公开募集证券投资基金销售机构监督管理办法》(以下简称《销售办法(征求意见稿)》)。现将主要修订情况说明如下:

一、修订背景

《销售办法》是《证券投资基金法》的配套规则,2004年首次发布并于2011年、2013年作了两次修订。《销售办法》实施以来,在规范基金销售业务秩序,保护基金投资者合法权益等方面发挥了重要作用。目前公募基金销售业务初步构建了覆盖场内场外、线上线下、直销代销的多元化销售渠道。此外,未发生销售资金挪用、严重误导性销售等重大风险事件。

与此同时,《销售办法》部分内容已不能完全适应实践发展需要,亟需予以调整。突出表现在:一是销售业务定义不清晰,非持牌机构通过多种方式涉足基金销售业务,与此同时,销售业务日益互联网化,部分展业行为规范需要进一步明确和完善。二是部分类型销售机构特别是独立基金销售机构(以下简称“独销机构”)发展不及预期,内控及风险管理制度不健全。三是销售牌照退出制度不完善,未能实现优胜劣汰。

本次修订的基本思路是,坚持问题和风险导向,以保护投资者合法权益为出发点和落脚点,坚守销售适当性、资金和交易安全底线要求，推进基金销售机构提高专业服务能力，提升内部控制和风险管理水平，促进行业长远持续发展，培育行业良性发展生态。

二、修订情况

本次修订对规则名称、篇章结构等均进行了调整。一是修改了规则名称。为表明强化对销售机构合规和内部控制，特别是全方位加强独销机构监管的导向，同时体现一并规制销售机构公私募基金销售业务的内容，将规则名称从《证券投资基金销售管理办法》调整为《公开募集证券投资基金销售机构监督管理办法》。二是在调整篇章结构的同时大幅精简了条款。新规包括 8 章 67 条，具体为：总则、基金销售机构注册、基金销售业务规范（整合原办法基金宣传推介材料、基金销售费用、销售业务规范三章）、内部控制与风险管理（新增）、基金销售服务机构（拓展原办法基金销售支付结算章节内容）、销售私募基金的特别规定（新增）、监督管理与法律责任、附则等 8 章。在完善规则框架同时，大幅精简条文，在原 95 条基础上压缩 28 条。

为明确规则落实安排、对存量机构规范提出具体要求，我们拟配套发布《关于实施〈公开募集证券投资基金销售机构监督管理办法〉的规定》（以下简称《实施规定》）。此外，为强化《销售办法》的基础性与框架性，将原办法中涉及宣传推介的核心要求予以保留，其余细化要求与规范性文件《关于证券投资基金宣传推介材料监管事项的补充规定》（证监会公告〔2008〕2 号）合并，修订为《公开募集证券投资基金宣传推介材料管理暂行规定》，拟一并发布。

主要修订内容如下：

（一）厘清基金销售业务边界，将各类服务主体纳入监管。一是清晰界定销售业务行为，在原办法“宣传推介基金，发售基金份额，办理基金份额申购、赎回”的基础上，将交易账户开立与信息查询等业务活动纳入规制范围。二是清晰界定销售相关持牌机构，除基金销售机构外，基金销售相关服务机构可办理销售支付、资金监督、份额登记、信息技术服务等单项销售服务业务；其他类型机构均不得介入基金销售业务；此外，为行业基础性信息技术服务系统支持基金销售业务预留了政策空间。三是清晰界定互联网信息技术服务机构的职责定位，针对实践中较为突出的互联网流量导入、互联网系统嵌入等问题，规制信息技术服务机构，要求相关业务合作应当确保基金销售活动通过基金销售机构的基金销售业务信息管理平台完成，信息技术服务机构不得收集、传输、留存基金投资人任何基金交易信息。

（二）整合优化销售牌照注册条件，强化基金销售作为金融业务的持牌准入管理。《关于规范金融机构资产管理业务的指导意见》提出“非金融机构不得销售资产管理产品，国家另有规定的除外”，体现了资管产品销售作为金融业务应强化配套监管最大程度保护投资者的导向。为落实相关要求，《销售办法（征求意见稿）》着力完善了基金销售业务的持牌准入管理。一是改变现有分散的准入管理体例，整合机构准入条件，提升规则的简明性。将销售机构区分为商业银行、证券公司、期货公司、保险公司和独销机构，并分别设置准入条件。二是严把独销机构准入关口，促进独销机构提升公司治理、规范运营水平，防控牌照炒卖、内部控制不足等问题风险。参照三部委联合发布的《关于加强非金融企业投资金融机构监管的指导意见》，将独销机构实际控制人纳入监管，并对控股股东、实际控制人提出资质要求；限制同业竞争，禁止同一控制人控制两家及以上独销机构；强化对高管及合规风控负责人的专业要求；加强分支机构设立约束等。三是调整优化相关注册程序性安排。独销机构向中国证监会注册，商业银行、证券公司、期货公司、保险公司向中国证监会派出机构注册。深化行政审批制度改革，实行“先批后筹”，采取我会先行批准、申请人进行筹备并通过现场检查后再开展业务的模式。此外，分类施策，完善销售机构展业范围监管。一方面，支持商业银行、证券公司等金融机构广泛开展受监管的各类资产管理产品的销售业务。另一方面，立足当前独销机构内部控制和风险管理能力实际，适度规范独销机构展业范围，原则上限定于公募基金、证券期货经营机构私募资产管理计划销售业务，同时为其后续依照我会有关规定开展其他资产管理产品销售业务以及其他相关业务预留政策空间。

（三）全面梳理完善基金销售业务规范，强化投资者保护与投资者服务。一是坚持并完善客户识别、适当性管理、反洗钱、销售结算资金安全等基础业务规范。二是完善细化禁止性规定内容,严禁销售误导、挪用销售资金、排他销售等行为,明晰业务底线,强化利益冲突管理。三是在原办法规范基金宣传推介材料基础上,规制宣传推介行为,严禁宣传预期收益率、片面宣传过往业绩等行为。四是在强化投资人风险揭示同时,提升客户服务水平,提出持续信息服务等要求。五是强化对销售机构公募基金与私募基金销售业务的一体规范,并就私募基金销售业务从展业模式、投资者调查、信息揭示、销售结算资金管理、非标产品销售等方面提出了一系列针对性要求。

(四)强化对基金销售机构特别是独销机构的内控与风险管理制度安排。增设"内部控制与风险管理"专章,要求各类销售机构应制定并有效执行与公司发展战略相适应、与销售业务相匹配的内控与风险管理制度,具体包括合规风控、业务操作、账户管理、资金清算、客户服务、信息揭示、人员管理、应急处理等,并从合规风控组织保障、机构独立性、财务管理等方面对独销机构提出了专门要求。

(五)推动提升销售机构专业能力,通过资产配置等服务引导客户长期投资。一是为支持基金销售机构聚焦主业,降低运营成本,优化行业资源配置,新规为部分具备条件的基金销售机构从事其他销售机构中后台业务的外包服务预留了政策空间。二是允许基金销售机构基于客户资产配置需求开展基金组合销售服务,满足差异化风险收益投资需求,引导投资者行为更趋长期与理性,分享资本市场长期投资收益。

(六)进一步完善基金销售业务资格退出机制,按照市场化、法治化原则构建良性发展的行业生态。设定三种牌照退出安排。一是借鉴非银行支付机构以及保险经纪机构、保险代理机构业务牌照续展安排,建立基金销售机构业务牌照续展制度,明确续展条件与期限,对三年期满不符合续展条件的基金销售机构,不予续展。二是细化各类机构因重大违法违规行为被吊销牌照的制度安排,提高牌照吊销的可执行性。三是要求独销机构提交注册申请材料时就相关事项作出专门承诺,包括不得混同经营、不得违反"一参一控"规定等,后续若独销机构出现相关情形,可根据相关法律法规严肃处理甚至撤销许可。

三、新规实施后的过渡和衔接安排

为促进规则平稳落地,指导存量销售机构和销售业务有序整改规范,《实施规定(征求意见稿)》对未来新规实施后的部分落实事项做了过渡安排:一是新规实施后两年内,各类基金销售机构应符合新规规定的注册条件。二是新规实施后两年内,独销机构应有序消化不符合要求的分支机构和子公司,并对照新规调整自有资金的运用。三是新规实施两年期届满前,对于独销机构除公募基金、证券期货经营机构私募资产管理计划以外的其他资管产品的销售存量,独销机构应向管理人移送投资者所有信息资料,由管理人或者管理人指定销售机构负责投资者后续服务工作。四是基金管理人、基金销售机构与信息技术服务机构开展业务合作,不符合《销售办法(征求意见稿)》第四十九条规定的,应于新规实施后1年内规范。此外,《实施规定(征求意见稿)》明确,整改期届满,基金销售机构仍不符合规定的,中国证监会可以责令其暂停基金销售业务;不符合《经营证券期货业务许可证》续展条件的,不予续展。

另外,鉴于续展为新推出的制度,《实施规定(征求意见稿)》明确了相关衔接安排。一是明确既有基金销售机构的《经营证券期货业务许可证》自办法发布之日起,有效期3年。相关机构应在期满前6个月内向中国证监会派出机构提出续展申请。二是《销售办法》实施后取得基金销售资格的商业银行、证券公司、期货公司、保险公司,应当按期向中国证监会派出机构提出续展申请;《销售办法》实施后取得基金销售资格的独销机构,应当向中国证监会提出续展申请。

《期货公司监督管理办法(征求意见稿)》修订说明

为贯彻落实依法全面从严监管的工作要求,主动适应期货市场发展的新形势,加强期货公司监管,规范期货公司经营活动,我会对《期货公司监督管理办法》(以下简称《公司办法》)进行了修订。现将有关修订情况说明如下:

一、修订必要性

2007年4月,我会首次发布《公司办法》。2014年10月,为落实监管转型要求,修订发布了《公司办法》。《公司办法》实施以来,为期货公司规范发展,提升期货公司服务水平发挥了重要作用。随着期货市场的发展及对外开放的逐步扩大,《公司办法》的相关内容已满足不了实践的需要,有必要进行修订完善:一是股东门槛低,对股东约束偏弱、偏原则;二是期货公司子公司监管、信息系统管理规定尚难以满足规范发展要求,有必要进一步完善规则,强化监管;三是期货公司对客户的管理责任以及期货行业对外开放等规定需要进一步修订完善。同时,《公司办法》作为期货公司监管的基础性规章,对其进行系统修订,有利于解决期货公司监管规章制度的碎片化问题。

二、修订原则

此次《公司办法》的修订遵从以下原则:一是突出问题导向,重点解决上述《公司办法》满足不了市场发展和监管实践需要的问题;二是从法律责任层面,落实依法全面从严监管的要求,筑牢风险防范的制度基础,促进期货公司规范发展;三是注重法规体系协调性,与资管新规等保持一致。

三、修订内容

结合期货市场发展和监管工作实际,我们就期货公司股东行政许可条件、股权管理、期货公司分子公司管理、期货市场对外开放、期货公司客户管理责任和期货公司信息系统监管等6个方面进行了修订。

(一)提高期货公司股东资格条件,严把准入关

一是完善5%以上主要股东资格条件。对主要股东为法人的,明确持续经营时间、持续盈利能力要求,增加出资资金、公司治理以及业务相关性等方面的要求;对主要股东为自然人的,增加3年内不存在对所投企业经营失败或重大违法违规行为负有直接责任的要求。

二是对控股股东、第一大股东条件提出更高要求。在财务实力方面,对期货公司控股股东、第一大股东提出更高的净资本或净资产要求;在经营能力方面,要求其在技术、管理、营销等方面具有较强优势;在风险处置方面,要求其具备持续资本补充和风险处置能力。

三是增加非金融企业投资期货公司的条件规定。要求非金融企业投资入股期货公司的,除满足一般股东条件外,应同时满足国家关于加强非金融企业投资金融机构监管的有关规定和相关指导意见。

四是加强穿透监管。规定间接持有期货公司5%以上股权的自然人,应当符合期货公司主要股东的资格条件。

(二)加强期货公司股权管理,强化股东义务

一是在股权转让过程中,明确期货公司拟入股股东、股权出让方职责。增加拟入股股东应了解期货公司的义务,股权出让方在股权依法转让前不得让渡股东权利的义务。同时明确期货公司股东应秉承长期投资理念,依法行使股东权利,履行股东义务。

二是增加期货公司控股股东定期评估自身状况并报告的监管要求。为加强期货公司股东合规管理要求,在现有重大事件报告义务的基础上,明确期货公司控股股东、第一大股东应当每半年对自身遵守法律法规及监管规定情况、经营状况、履行承诺事项和章程情况进行评估,及时将评估报告通过期货公司报送期货公司住

所地中国证监会派出机构的要求。

三是完善期货公司及其股东、实际控制人的报告事项。结合期货公司行政许可实际,增加期货公司同比例增减资以及变更股权或注册资本,且不涉及新增持有5%以上股权的股东等情形期货公司的报告义务。增加规定要求持有期货公司5%以上股权的股东或者实际控制人业务范围、董事长等主要人员调整、经营管理发生重大变化等情形应向中国证监会及其派出机构的主动报告义务。

四是增加期货公司关联交易监管要求。为防范期货公司股东、实际控制人及其他关联人通过不当关联交易损害期货公司利益,明确期货公司股东不得与期货公司进行不当的关联交易,不得利用其对期货公司经营管理的影响力获取不当利益;期货公司应当加强关联交易管理,准确识别关联方,严格落实关联交易审批制度和信息披露制度,及时向期货公司住所地证监局报告关联交易情况。

五是完善期货公司股东、实际控制人或其他关联人的违规情形以及相关法律责任条款。增加可对期货公司股东、实际控制人或其他关联人采取监管措施的违规情形,明确虚假出资、出资不实、抽逃出资,违规使用委托资金、债务资金等投资入股,违规开展关联交易,拒绝或阻碍证监会或其派出机构进行调查核实等情形,我会及派出机构可责令其限期改正。增加法律责任规定,明确期货公司股东、实际控制人或者其他关联人以非自有资金入股、违规开展关联交易、股权转让前让渡表决权等情形,情节严重的,给予警告,单处或者并处3万元以下罚款。

(三)完善期货公司分子公司管理要求,落实相关责任

一是明确期货公司应当建立健全并持续完善覆盖境内外机构及业务的合规管理、风险管理和内部控制体系,贯穿决策、执行、监督、反馈等各个环节,防范分子公司违法违规行为的发生。

二是增加期货公司因治理结构不健全、内部控制不完善,未履行对子公司的管理责任,导致子公司违法经营或者出现重大风险的,可对期货公司及其直接负责的董事、监事、高级管理人员等依法处罚的规定。

(四)完善期货市场对外开放相关规定,鼓励优质公司"走出去"

一是增加期货公司设立、收购、参股境外经营机构的备案条件要求。在期货公司设立、收购、参股境外经营机构现有备案条件之外,增加对期货公司分类监管评级等方面的明确要求,并要求其近3年内未因重大违法违规行为受到行政处罚或者刑事处罚,最近1年未被采取监管措施,且当前未被调查、未在整改。

二是明确期货公司终止境外机构的应当备案,但不作备案条件要求。明确期货公司终止境外机构或变更股权的,应自取得境外监管机构核准文件之日起5个工作日内向我会提交有关材料。

三是增加期货公司对境外机构情况定期报告及重大事项报告要求。明确期货公司境外机构取得业务或会员资格、变更业务范围、公司负责人等重要人员变动、被境外机构调查或处罚以及发生重大亏损等事项的报告义务。增加期货公司对设立、收购的境外经营机构主要财务数据及业务情况的月度报告要求,财务报告、审计报告及工作报告的年度报告要求等。

(五)完善期货公司对客户交易行为管理,夯实异常交易监管基础

一是严格开户实名制要求,完善客户交易行为管理基础。明确客户应当以自己的名义向期货公司提出开户申请,如实提供相关信息和资料,承诺资金来源合法,并披露实际控制关系账户。增加期货公司应对开户信息和资料进行审核,开户信息和资料不真实、不准确和不完整的,期货公司不得为其办理开户手续的规定。同时,增加了期货公司对客户实际控制关系账户申报、变更等管理要求。

二是增加期货公司违法违规行为报告监管要求。要求期货公司应建立健全客户交易行为管理制度,加强客户交易指令审核,并报告异常交易及客户交易违法违规线索的义务。

(六)完善期货公司信息系统管理规定,维护系统安全

一是增加期货公司信息系统管理规范。明确期货公司对信息系统的审查内容、测试要求以及应建立监测和安全应急处置机制等。同时,明确期货公司对信息技术服务机构的管理要求。

二是完善客户信息安全管理规范。明确期货公司应当通过自身具有管理权限的信息系统

直接接受客户交易指令，不得允许或者配合他人违规截取客户信息，不得以任何方式向他人违规提供客户信息的规定。

三是加强期货公司外部接入信息系统管理。明确期货公司对外部接入信息系统合规、安全审查以及备案管理要求。

《关于修改〈上市公司章程指引〉的决定》（征求意见稿）起草说明

为促进上市公司科学制定公司章程，提升公司治理水平，保护投资者合法权益，进一步优化营商环境，中国证监会对《上市公司章程指引》（证监会公告〔2016〕23号）（以下简称《章程指引》）相关内容进行了修改。本次修改主要包括以下三方面内容：

一是明确存在特殊股权结构上市公司章程相关要求。根据《关于在上海证券交易所设立科创板并试点注册制的实施意见》（证监会公告〔2019〕2号）、《科创板上市公司持续监管办法（试行）》（证监会令第154号）等有关规定，在《章程指引》第十五条中增加一款，要求存在特别表决权股份的上市公司，应当在公司章程中对特别表决权相关事项作出具体安排，并符合交易所的有关规定。

二是落实全国人大常委会《关于修改〈中华人民共和国公司法〉的决定》，对《章程指引》第二十三条、第二十四条、二十五条有关上市公司收购本公司股份的内容进行修改，增设上市公司收购本公司股份的法定情形，明确收购方式、决策程序和股份处理要求等。

三是根据2018年修订发布的《上市公司治理准则》，结合上市公司治理实践情况，对有关股东大会召开方式（第四十四条）、解除董事职务（第九十六条）、董事会专门委员会设置（第一百零七条）、高管人员任职要求（第一百二十六条）作出修改。

下一步，中国证监会将持续跟踪上市公司治理状况，继续修订完善上市公司治理相关规则，督促上市公司规范运作、相关主体尽职履责，切实提高上市公司治理水平。

关于《证券公司流动性支持管理规定（征求意见稿）》的起草说明

为充分发挥证券投资者保护基金（以下简称投保基金）保护投资者利益的作用，完善证券行业基础制度，根据国务院批准的扩大投保基金使用范围相关方案精神，我会研究制定了《证券公司流动性支持管理规定》（以下简称《规定》）。现说明如下：

一、起草背景

一直以来，流动性风险都是境内外金融机构面临的主要风险类型之一。为切实防范相关风险，目前境外成熟市场普遍建立了对金融机构的流动性救助机制。如美国《1913年联邦储备法》第13条规定，美联储可以对符合条件的、无法从其他金融机构融资的市场主体提供流动性支持。境内银行业、信托业也建立了流动性救助机制。例如，1999年发布的《中国人民银行紧急贷款管理暂行办法》确立了对发生风险的商业银行给予紧急贷款的流动性救助机制。

2014 年底设立的信托业保障基金不仅可以用于处置信托公司被撤销、托管或者破产等风险事件,还可以对信托公司提供临时流动性救助。

虽然当前证券行业尚未发生重大流动性风险,但与境外金融机构以及境内银行、信托等其他金融机构相比较,证券公司缺乏稳定的长效流动性支持手段,相关基础制度尚不健全。为防患于未然,国务院批准同意投保基金扩大使用范围,在市场出现重大波动或者行业发生重大风险事件时,对证券公司流动性风险实施救助。为此,我们研究制定了《规定》,拟定位为证券公司流动性支持的系统性规定,一方面,明确了公司自救、股东支持、商业银行贷款、行业互助、投保基金救助等多种流动性救助方式;另一方面,规范投保基金救助条件、程序、监督管理职责等,为应对证券公司流动性风险提供制度支持。

二、起草原则

《规定》起草遵循以下四个基本原则:

一是全面性原则。除投保基金救助外,《规定》还明确了证券公司自救、股东支持、行业互助等流动性救助方式。

二是审慎稳健原则。使用投保基金进行流动性救助,须严格限定使用情形、使用顺序、使用程序,坚持"救急不救穷"、"先自救再投保基金救助"、"授权使用",牢牢守住防范系统性风险的定位,避免投保基金被滥用。

三是合理分配原则。对被撤销、关闭或者破产证券公司的债权人进行偿付是投保基金承担的首要职责,为实现前述职责与流动性救助职责的平衡,须限定投保基金用于对单一证券公司和所有证券公司进行流动性救助的资金比例。

四是救助与约束匹配原则。为切实保障投保基金安全,防范道德风险,须强化使用约束,对使用了投保基金这一公共资源的证券公司,在使用成本、使用期限、使用自由度、高管薪酬、股东分红等方面进行约束,对其违规使用投保基金的行为,从严追究责任,体现救助与约束相匹配。

三、主要内容

《规定》共二十七条,主要包括以下内容:

(一)强化证券公司流动性风险管理的主体责任

要求证券公司加强全面风险管理,建立健全流动性风险监测、预警、防范、处置机制,提前制定重大流动性风险应对预案。

(二)明确多元化的流动性支持方式

一是公司自救。证券公司出现重大流动性风险时,应当采取资产变现、同业拆借、质押融资、申请银行贷款等方式自行筹集流动资金,并同步控制相关业务规模,避免流动性风险进一步扩大。二是股东支持。证券公司出现重大流动性风险时,应当积极向主要股东及其实际控制人寻求流动性支持。三是行业互助。中国证券业协会应当充分发挥自律组织作用,积极引导证券公司之间通过购买资产、同业拆借等市场化手段化解重大流动性风险。四是投保基金救助。证券公司通过自救或者其他市场化方式仍然无法化解重大流动性风险的,可以申请使用投保基金。

(三)强化使用约束,切实防范道德风险

1. 限定使用情形。证券公司申请使用投保基金,应当满足可能引发证券市场重大风险、具有还本付息能力、通过自救或者其他市场化方式无法化解流动性风险的前提条件。

2. 限定使用程序。证券公司申请使用投保基金,应当向证监会提出申请,并抄报住所地派出机构和投保基金公司;证监会结合派出机构和投保基金公司提出的处理意见,审查认为需要使用投保基金对证券公司进行流动性救助的,应当报经国务院批准后,由投保基金公司办理基金发放手续。

3. 强化使用约束。一是要求提供担保。证券公司应当提供与拟使用投保基金金额价值相当的抵押物或者其他形式的担保。二是设置惩罚性利率。投保基金的借款利率应当高于市场利率的 1.5 倍以上,借款利息纳入基金收入。三是限定使用比例。投保基金公司用于流动性救助的资金,不得超过投保基金上年末余额的 80%,对单一证券公司的救助资金原则上不得超过投保基金上年末余额的 30%。四是限定使用期限。证券公司使用投保基金的期限不得超过一年。经住所地派出机构核实,到期归还确有困难的,经证券公司申请,投保基金公司同意后可以延期不超过一年。五是限制公司及股东权利。证券公司使用投保基金期间,除存在确有利于化解流动性风险且经中国证监会认可的情形外,应当限制董事、监事、高级管理人员薪酬，不得向董事、监事、高级管理人员发放奖金；不得向股东分红；不得允许董事、监事、高级管理人员离职；不得对外提供借款、担保、进行重大投资、投资低流动性资产、扩大除经纪、投资咨询、资产管理、投行业务以外的其他业务规模或者发生其他可能影响偿债能力的行为。六是按需发放，现场监控。投保基金公司应当按照证券公司化解流动性风险的实际需要，逐笔审批、逐笔发放投保基金救助资金，并派出资金监控组，对使用情况进行监督。

（四）明确各方职责，加强监管管理

一是加强申请材料核查。派出机构收到证券公司报送的申请材料后，应当及时检查核实证券公司的风险状况，提出处理意见报送证监会；投保基金公司应当及时对证券公司报送的申请材料进行审查，提出处理意见并制定投保基金使用方案，报送证监会。

二是强化信息报送。使用投保基金的证券公司应当定期报送基金使用情况、偿债计划执行情况和流动性风险化解情况；投保基金发放和使用中出现重大问题时，应当立即向证监会、派出机构和投保基金公司报告。

三是加强资金使用监管。投保基金公司应当加强对投保基金使用情况的监测监督，发现证券公司存在危及投保基金使用安全等情形的，应当将有关情况及时报告证监会，并通报证券公司住所地的派出机构，投保基金公司有权采取暂停划款、提前收回借款或者终止借款合同等措施。

四是强化责任追究。证券公司违反《规定》的，证监会及派出机构可以对其采取相应的行政监管措施，依法应予追究行政责任的，依照有关规定进行行政处罚；涉嫌犯罪的，依法移送司法机关，追究刑事责任。

《证券经纪业务管理办法（征求意见稿）》起草说明

为了规范证券经纪业务活动，保护投资者合法权益，维护证券市场秩序，我们在总结实践经验的基础上，起草了《证券经纪业务管理办法（征求意见稿）》（以下简称《办法》），拟以部门规章形式发布。现说明如下：

一、起草背景

证券经纪业务是证券公司的传统业务、核心业务，也是支持证券公司其他各类业务发展的基础业务。自综合治理以来，我会陆续完成问题公司风险处置、证券账户规范、客户资金三方存管、营销人员管理、营业网点清理规范、非现场开户推广、外部接入系统规范等各项基础性工作，证券经纪业务监管框架逐步建立。随着资本市场的发展与互联网技术应用的普及，证券经纪业务快速发展，证券公司分支机构数量迅速增加，投资者数量与从业人员持续增长，投资者交易较为活跃，投资者资产规模明显扩张。但是应当看到，证券经纪业务发展与监管也存在一些问题，亟待解决：

一是证券经纪业务的定义缺乏规定。现行法规对证券经纪业务的定义没有明确界定。各方对证券经纪业务的内涵与外延认识差异较大，不利于证券公司规范开展证券经纪业务与认定、打击非法证券经纪活动。

二是证券公司的作用没有充分发挥。证券公司作为连接广大投资者与证券交易场所的重要中介，理应在维护市场交易秩序、促进市场平稳运行、满足投资者多元化交易需求方面发挥积极作用。但从实践看证券公司对此认识不尽统一，大多数公司将经纪业务简单定位于交易通道，向投资者提供的专业服务严重不足。

三是现有业务规则体系不完善。证券经纪业务缺乏统一的部门规章，现有规定散见于证监会、交易场所、中国结算、证券业协会的文件之中，效力层级较低，缺乏有效统筹，部分监管要求明显滞后，无法满足业务规范运作的需要。

二、起草思路

本次起草，主要坚持了以下原则：

一是引导行业回归业务本源。围绕为投资者提供专业证券交易服务的核心定位,力求对证券公司营销客户、了解客户、适当性管理、交易执行、客户服务等做出较为系统的规范,引导证券公司维护市场交易秩序,充分发挥证券市场“守门人”的作用。

二是提升经纪业务运作规范程度。从管理客户、管理交易、管理人员等多个角度入手,强化内部管理与外部追责,着力加强证券公司自我约束和违规追责措施,弥补行业在处理场外配资、“飞单”等违法违规行为过程中已经暴露出来的业务管理“短板”,进一步消除市场混乱。

三是留出经纪业务未来发展空间。适应科技发展与业务转型需要,明确证券公司与互联网机构等第三方合作的原则要求、不再强调账户等业务的具体办理方式,同时就证券公司同业合作作出了原则规定,为未来降低业务同质化、实现证券公司功能差异化、探索发展成熟市场较为普遍的主经纪服务留出了空间。

三、主要内容

一是首次尝试对证券经纪业务作出界定。参考《证券法》第一百一十二条等规定,明确委托关系本质,把握核心环节,为打击非法证券经纪业务,提供了明确规则依据。

二是切实保护投资者合法权益。要求证券公司维护投资者信息知情权、财产安全权、公平交易权等,从交易佣金收取、客户资产保护、对账单提供、转销户办理、投诉处理等具体事项上作出必要的制度保障。

三是全面规范主要业务环节。对证券经纪业务涉及的营销、开户、交易、结算等环节作出了规定,特别是针对账户实名制、适当性管理、交易行为管理、异常交易监控作出了具体规范。

四是强化证券公司内部管控责任。从隔离墙建立、人员管理、组织保障、合规稽核、信息系统、营业场所等方面提出了规范要求。

五是强化监督管理与责任追究。在法律授权范围内明确了相应的行政监管与行政处罚措施,落实“双罚”原则,除规定了公司责任外,还明确了对相关个人的责任追究,避免出现公司和投资者受损失、责任人不需担责的情况。

关于修订《证券公司风险控制指标计算标准》(征求意见稿)的说明

为支持行业健康有序发展,充分反映和有效防范证券公司风险,增强证券公司风险控制指标体系的有效性和适应性,在充分总结实践经验的基础上,结合行业发展情况,根据《证券公司风险控制指标管理办法》(中国证监会令第125号)相关规定,我会对《证券公司风险控制指标计算标准》(以下简称《计算标准》)进行修订。

一、修订背景

2016年6月16日,我会修订发布了《证券公司风险控制指标管理办法》、《证券公司风险控制指标计算标准》,进一步建立和完善了证券公司以净资本和流动性为核心的风控指标体系,并明确我会可对各项风控指标计算标准和计算要求进行必要的逆周期调节。结合两年的实践经验,现行风险控制指标体系通过资本约束,在引导证券公司提升风险管理水平、有效防范和控制风险方面发挥了重要作用。但随着行业不断发展和业务结构调整,相关风险类型日趋复杂,风控指标计量标准需进一步完善和明确,以适应新形势下风险管理需要。因此,有必要对《计算标准》进行修订,以支持证券公司持续稳定健康发展。

二、修订原则

一是维持总体框架不变,局部指标调整。

鉴于现行风控指标计算标准体系整体完备，实施效果良好，已获得行业普遍认同。继续维持总体框架，仅根据市场情况和行业发展需要完善部分指标。

二是实施逆周期调节，引导行业优化资本配置。针对不同业务、产品的风险特征，实施宽严相济的指标调整，发挥风控指标计算标准的导向作用，提升资本市场流动性，支持行业健康有序发展。

三是明确新业务计算标准，提升风控指标完备性。根据市场发展情况和行业实践中的新业务、新情况，及时明确相关指标计算标准，确保风控指标对公司各类业务的全覆盖。

四是完善差异化监管指标，提升优质证券公司资本运作空间。结合证券公司分类评价结果强化差异化监管，提升合规风控有效、业务拓展能力较强的证券公司的资本运作空间。

三、修订的主要内容

本次调整主要涉及《计算标准》中证券公司风险资本准备、表内外资产总额、流动性覆盖率、净稳定资金率和风险控制指标等5张计算表。主要修订内容如下：

（一）倡导价值投资，有效支持实体经济发展

1. 完善部分权益类投资风险资本准备计算标准

为鼓励证券公司深度参与市场交易，引导价值投资，本次修订将证券公司投资成分股、权益类指数基金产品的市场风险资本准备计算标准分别下调至10%、5%，并明确证券公司持有宽基指数类ETF（主要指300ETF、上证50ETF、创业板ETF等跟踪综合类指数的ETF基金）不适用持有市值不得超过总市值5%的集中度要求。

2. 放宽政策性金融债等投资风险控制指标计算标准

适当调整政策性金融债和政府支持机构债券的计算标准，将市场风险资本准备计算标准由2%降至1%；计入优质流动性资产的比例由98%上调至99%、未来30日现金流出计算比例由2%下调至1%；将存续期大于等于1年的国债、中央银行票据、政策性金融债和政府支持机构债券所需稳定资金计算比例由5%降至2%。

（二）根据风险特征合理调整计算标准，推进融资类业务风险防范化解

1. 优化融资类业务相关风控指标计算标准

一是完善流动性风险指标计算标准。结合行业实践和融资类业务风险特征，将融资融券业务的融出资金所需稳定资金计算比例由50%降至30%，到期日在1年以上的股票质押交易融出资金计算比例由75%提升至100%。

二是调整股票质押风险资本准备计算标准。为引导证券公司在审慎控制风险的前提下依法合规开展股票质押业务、有序化解存量风险，对以自有资金参与股票质押交易的，信用风险资本准备计算标准调整为：受限股（包括限售股和减持受限股，为上市公司股东进行并购重组提供配套融资等情形除外）40%、非受限股20%。以资管计划参与股票质押交易的，以实际投资规模为基础，按照集合资管计划5%、单一资管计划3%计算特定风险资本准备。在此基础上，对已违约合约按照规定标准的2倍计算。

三是完善应收款项信用风险资本准备计算标准。要求证券公司对其子公司等关联公司的应收款项（对子公司提供短期流动性支持等证监会认可的情形除外）应当按照100%计算信用风险资本准备。

2. 提升高风险投资的风控指标计算标准

一是提升劣后级分级基金市场风险资本准备计算标准。为引导分级基金有序清理、控制证券公司持有高杠杆产品，提升证券公司持有分级基金中非优先级基金份额的市场风险资本准备计算标准至50%。

二是完善信用债、次级债市场风险资本准备计算标准。结合市场实践，调整风控指标体系中信用债等级划分标准为：AAA级债券，AAA级以下、AA级以上，AA级（含）以下、BBB级以上，及BBB级（含）以下四类。此外，鉴于次级债券偿付顺序在普通债务之后，对于证券公司投资各主体发行的次级债券的，参照投资BBB级（含）以下信用债券计算各项风控指标。

3. 适当放宽交易在途资金流动性覆盖率计算标准

综合行业实践和交易结算制度风险评估，上调流动性覆盖率计算表中集中清算交易在途

结算资金、银行间市场非集中清算交易在途结算资金未来 30 日资金流入计算标准,由 50%、40%统一提升至 95%。

4. 完善资管计划特定风险计算标准

结合《证券期货经营机构私募资产管理业务管理办法》,以私募资管产品实际投向和投资金额,分类计算设置特定风险资本准备计算标准:单一资管计划投资标准化资产的计算 0.3%、投资股票质押以外非标资产的计算 0.8%;集合资管计划投资标准化资产的计算 0.5%,投资股票质押以外非标资产的计算 3%。在此基础上,对高杠杆资管计划(总资产与净资产比值超过 140%),按照规定标准的 2 倍计算。

5. 提升货币基金计入优质流动性资产的比例

考虑到货币基金是证券公司进行现金管理的常用工具,自《公开募集开放式证券投资基金流动性风险管理规定》发布实施以来,货币基金资产的流动性和安全性进一步提升。据此,将证券公司持有货币基金计入优质流动性资产的计算比例由 60% 提升至 90%。

6. 为阶段性工作留出空间

为支持证券行业参与民营企业纾困,前期已明确证券公司认购专项用于化解上市公司股票质押风险、支持民营企业发展的各类资管计划的,可减半计算市场风险资本准备。本次调整在风险资本准备计算表中新增"中国证监会认可的调整事项"一栏,用于填报相关阶段性调整事项。

(三)结合新业务、新风险,明确风险计算标准

1. 明确开展信用衍生品业务风控指标计算标准

为支持证券公司合理运用信用衍生品,服务民企债券融资,明确开展信用衍生品业务的风控指标计算标准:一是买入信用衍生品,按照账面价值的 100% 计算市场风险资本准备。买入债券以及同一标的信用衍生品的,对债券面值未超过信用保护合约名义价值的部分,可计入"已对冲风险的非权益类证券";持有债券面值超过合约名义价值的部分(即风险敞口净额),仍按照相关非权益类债券标准计算市场风险资本准备。

二是卖出信用衍生品,按业务净收入的 18% 计算操作风险资本准备,按合约名义价值的 100% 计算表外项目余额;一级、二级交易商卖出信用衍生品的,分别按照合约名义价值总额的 20%、60% 计算市场风险资本准备,并按照期末名义价值的 4%、3% 分别计算流动性覆盖率、净稳定资金率。

此外,证券公司买入信用衍生品的规模及因卖出信用衍生品履行保护义务导致被动承接合约标的债券的情形,不受"持有一种非权益类证券的规模与其总规模的比例不得超过 20%"的比例限制。

2. 增加计算非标私募基金代销、托管业务的特定风险资本准备

针对部分私募基金扩张较快、运作管理不规范,私募基金出现兑付风险等问题,明确证券公司开展非标私募基金(主要包括私募股权投资基金、创业投资基金及其他私募投资基金)代销、托管业务,在对净收入计算 18% 操作风险资本准备的基础上,需分别按照代销规模的 1%、托管业务规模的 2% 计算特定风险资本准备。

3. 增加资产支持证券业务特定风险准备计算标准

为督促证券公司切实履行管理人职责,明确证券公司从事资产支持证券业务,在对承销净收入计算 15% 的操作风险资本准备基础上,需区分场内(指在证券交易所、银行间市场等经证监会认可交易场所内发行的资产支持证券等、资产支持票据等)、场外资产证券化产品,分别按照产品规模的 1%、2% 计算特定风险资本准备。

4. 明确境外股票投资业务风险控制指标计算标准

结合互联互通及跨境等业务的有序开展,明确证券公司因开展境外股票投资业务持有的境外股票,对属于当地市场前三大综合指数成分股的,参照境内指数成分股计算标准,否则参照一般上市股票计算标准;对同时持有 A + H 上市公司 A 股和 H 股股票的,持有一种权益类证券的市值与总市值的比例的统计口径为 A 股、H 股合并计算。

5. 统一期权业务风险计算标准

考虑到商品期权交易与现行股票期权交易

模式、风险特征相近，统一各类期权交易的市场风险计算标准和集中度指标要求。

6. 明确科创板股票市场风险资本准备计算标准

近日，科创板已顺利开市，配套相关监管要求，明确证券公司以自有资金投资于科创板股票的市场风险计算标准为：非限售流通股参照"一般上市股票"计算30%市场风险资本准备；首发前股份、未上市流通、限制流通及战略配售锁定期内的股票参照"流通受限的股票"计算50%市场风险资本准备。

同时，明确另类子公司持有上市证券（含跟投持股）应与母公司自营持券合并计算，满足"持有一种权益类证券的市值与其总市值的比例不得超过5%"的监管标准。

7. 明确债券质押式回购相关结算风险计算标准

考虑到现行债券质押式融资回购经纪业务交易结算模式下，证券公司作为结算参与人可能承担潜在结算风险，明确证券公司对场内债券质押式回购经纪业务待回购交易余额按照1%计算特定风险资本准备，并参照"其他或有事项"按照3%计算未来30日现金流出。

（四）强化差异化监管安排，支持行业发展

为支持证券公司提升全面风险管理水平，在风控有效的前提下进一步做大做强，在现行风险资本准备调整系数的基础上，增加一档"连续三年A类AA级及以上为0.5"。同时，明确对纳入并表监管的证券公司，相关风险控制指标计算标准可由中国证监会另行规定。

关于《公开募集证券投资基金侧袋机制指引》（征求意见稿）的起草说明

为进一步丰富公募基金流动性风险管理工具，保护基金份额持有人的合法权益，借鉴境外市场成熟经验，我会研究起草了《公开募集证券投资基金侧袋机制指引》（以下简称《指引》）。现将《指引》起草情况说明如下：

一、起草背景

2017年10月，证监会发布实施《公开募集开放式证券投资基金流动性风险管理规定》（证监会公告〔2017〕12号），其中规定，基金管理人可综合运用6类流动性风险管理工具以及我会认定的其他工具，作为特定情形下公募基金流动性风险管理的辅助措施。前述规定施行以来，对加强公募基金流动性风险管理、保护基金投资者合法权益、促进行业稳健运行发挥了重要作用。

近年来，债券市场陆续出现信用风险事件，个别开放式基金因持有的某个债券发行主体发生负面事件，叠加该债券流动性缺失，将导致基金管理人难以根据公开信息合理确定债券价值；这种情况下，基金份额净值的计算存在不确定性，如继续办理申购赎回，可能因净值高估或低估导致投资者利益受损。

借鉴境外市场监管经验，经充分调研，证监会启动了《指引》的起草工作。侧袋机制，是指将难以合理估值的资产从基金组合资产账户中独立出来、形成侧袋账户进行独立管理，其他基金组合资产仍存放在主袋账户的机制。公募基金引入侧袋机制，进一步丰富了流动性风险管理工具，有利于提高基金管理人管控和应对流动性风险的能力，防范先赎占优等行为，最大程度保障投资者合法权利，也能为产品创新发展提供制度保障。

二、《指引》主要内容

《指引》共计十七条，对侧袋机制的启用条件、申赎和投资安排、持有人大会表决权、费用支出、估值核算和信息披露等方面作出了原则性规定，并强化基金管理人、基金托管人和基金销售机构等各类参与主体的相关责任。主要内容如下：

(一)侧袋机制的启用条件

侧袋机制定位为流动性风险管理工具,用于处置无法通过调整估值解决的风险,区别于日常风控措施。当基金持有"特定资产"且存在或潜在大额赎回申请时,基金管理人经与托管人协商、并咨询会计师事务所专业意见后,可以依照法律法规和基金合同约定,对除货币市场基金与交易型开放式指数基金以外的开放式基金启用侧袋机制。特定资产包括:1. 无可参考的活跃市场价格且采用估值技术仍导致公允价值存在重大不确定性的资产;2. 按摊余成本计量且计提资产减值准备仍导致资产价值存在重大不确定性的资产;3. 其他资产价值存在重大不确定性的资产。

当组合资产可以及时、准确估值时,基金管理人应调整估值而非启用侧袋机制。此外,《指引》强调特定资产持有占比超50%时,应当按照《公开募集开放式证券投资基金流动性风险管理规定》的要求暂停基金估值,并采取延缓支付赎回款项或暂停接受基金申购赎回申请的措施。

(二)侧袋机制的申赎和投资安排

1. 主袋账户继续维持运作,并正常开放赎回。一是赎回方面,因主袋与侧袋独立运作,且主袋资产能合理估值,基金管理人应依法保障持有人享有基金合同约定的赎回权利;二是申购方面,基金管理人应将主袋账户视作一个正常基金延续相关申购政策,结合实际情况自行决定是否暂停申购;三是投资运作方面,鉴于侧袋机制本质是将风险资产转移至侧袋实现隔离,因此要求在启用侧袋机制后基金的投资运作指标以主袋账户资产为基准进行计算,并给予一定时间的调整期。

2. 侧袋账户不允许申购赎回,待侧袋资产流动性恢复后,基金管理人根据清算结果向侧袋账户份额持有人支付款项。侧袋账户采用完全封闭运作模式,不允许申购赎回。当侧袋账户资产恢复流动性后,基金管理人根据市场情况按照基金资产利益最大化原则予以处置变现,并及时向侧袋账户份额持有人支付款项。

(三)其他运作安排

为确保基金管理人实施侧袋机制的及时、有序、透明和公平,防范基金管理人滥用侧袋机制的道德风险,《指引》对侧袋机制的相关运作安排规定如下:

1. 侧袋账户份额确认。启用侧袋机制当日,基金管理人应以基金份额持有人的原有账户份额为基础,确认基金份额持有人的相应侧袋账户份额;主袋账户沿用原基金代码,侧袋账户使用独立的基金代码。

2. 持有人表决权。为确保表决权公平,表决事项涉及主袋、侧袋账户的,应当对侧袋账户份额按侧袋账户份额净值与主袋账户份额净值的比例折算;表决事项未涉及侧袋账户的,侧袋账户份额不享有表决权;表决事项未涉及主袋账户的,主袋账户份额无表决权。

3. 费用收取。基金管理人可以依照法律法规和基金合同约定,将与侧袋账户有关的费用从侧袋账户中列支;同时,基金管理人应当对侧袋账户管理费进行合理减免,不得计提或收取业绩报酬,并且侧袋账户所有费用占比合计不得超过主袋账户的费用合计占比。

4. 估值核算。基金管理人应对侧袋账户独立核算,审慎确定特定资产的参考估值,分开披露主袋账户和侧袋账户的份额净值;基金管理人应当在显著位置注明侧袋账户份额净值不作为特定资产最终变现价格的承诺。

5. 信息披露。基金管理人应当加强对侧袋机制的风险揭示和信息披露,对侧袋机制实施期间的基金简称进行特殊标识,在启用侧袋机制、清算特定资产、终止侧袋机制以及发生其他可能对投资者利益产生重大影响的事项后及时发布临时公告,并在基金定期报告中披露特定资产的运作情况。此外,《指引》对启用侧袋机制和清算特定资产的临时公告内容提出具体要求。

6. 法律文本。《指引》要求基金管理人应当在基金合同和招募说明书等法律文件中就侧袋机制相关运作安排进行约定。

(四)各类主体责任

1. 风险管控责任。强化基金管理人流动性风险管控和使用侧袋机制主体责任。通过引入侧袋机制,督促基金管理人练好内功、筑牢防线,并对当用而未用或滥用侧袋机制的行为加大监管问责力度。同时,基金托管人应加强对基金管理人实施侧袋机制的监督。

2. 流程控制。为强化启用侧袋机制的监

督制约机制,《指引》要求基金管理人:一是启用侧袋机制时应与基金托管人协商,并咨询会计师事务所的专业意见;二是启用侧袋机制后,应当由会计师事务所出具审计报告,并在五个工作日内向中国证监会及派出机构备案;三是基金管理人应当在监察稽核季度报告和年度报告中持续跟踪分析侧袋机制实施情况。

3.投资者服务责任。基金管理人、基金销售机构应做好投资者服务工作,提供主袋及侧袋账户的份额及份额净值查询服务,对侧袋机制实施期间申购或者赎回的投资者做好信息传递和解释工作,不得误导投资者。

关于《律师事务所从事首次公开发行股票并上市法律业务执业细则(试行)》(征求意见稿)的起草说明

为进一步规范和指导律师事务所及律师从事首次公开发行股票并上市(以下简称首发)证券法律业务活动,适应科创板股票发行注册制下提升中介机构能力、强化中介机构责任的要求,明确律师事务所及律师查验事项范围和勤勉尽责标准,督促律师事务所及律师归位尽责,证监会会同司法部研究起草了《律师事务所从事首次公开发行股票并上市法律业务执业细则(试行)》(以下简称《执业细则》)。现就《执业细则》说明如下:

《执业细则》立足于《证券法》《首次公开发行股票并上市管理办法》《首次公开发行股票并在创业板上市管理办法》《科创板首次公开发行股票注册管理办法(试行)》等首发上市的相关法律、规章中关于首发条件的规定,对律师事务所从事首发法律业务的主要查验事项和内容作出具体规定。《执业细则》共 12 章 79 条,包括总则、对发行人首发情况的核查及附则,核查范围覆盖了律师事务所出具法律意见书的主要事项。

一是关于主体资格。主体资格的合法性是发行人开展业务和发行上市的前提。第二章要求律师通过查验发行人的设立、出资情况,以及发起人、股东、实际控制人等情况,确认是否符合法律法规要求,判断发行人是否为依法设立并合法存续的股份有限公司,是否具备发行上市的主体资格。

二是关于独立性。第三章要求律师通过查验发行人资产的完整性、人员的独立性、财务的独立性、机构的独立性、业务的独立性等,确认发行人是否具有完整的业务体系和直接面向市场独立经营的能力。

三是关于业务。第四章要求律师通过查验发行人的生产经营情况、主营业务、重大合同情况、境外经营情况等,确认发行人的经营范围和经营方式是否合法合规、主营业务是否突出、是否存在持续经营的法律障碍。

四是关于主要财产。第五章要求律师通过查验发行人的主要固定资产及无形资产情况,确认发行人可以依法拥有或者使用主要财产。

五是关于公司治理。为强化信息披露、提高公司治理水平、增强市场透明度的要求,加强律师关于“公司治理”的核查责任,第六章要求律师通过查验发行人的公司章程及其草案制定的程序和内容,董事会、股东大会设立情况、议事规则、决策程序,高级管理人员的任职资格等内容,确保上述事项符合法律、法规和规范性文件的要求。

六是关于规范运作。为真实披露发行人的具体运行情况,第七章要求律师查验发行人的对外担保、资金占用、违法违规等方面的合规情况,重点关注税务和财政补贴情况,特别是查验环境保护和产品质量等标准的履行情况,确认发行人符合相关上市要求。

七是关于关联交易和同业竞争。为厘清责任并加强对律师的指引,第八章明确规定了律师对确认关联交易和同业竞争的责任,列举了律师核查关联交易和同业竞争的注意事项。

八是关于募集资金运用。为确认募集资金的使用,第九章要求律师查验募集资金投资项目的相关决议、项目的审批备案情况以及专项资金的存储制度,确认募集资金使用方向是否用于主营业务,是否符合要求,以及业务发展目标是否与主营业务一致等。

九是关于诉讼与仲裁。为如实披露发行人的重大或有风险,第十章要求律师认真核查发行人诉讼仲裁事项,并全面披露发行人的重大诉讼、仲裁案件情况。

十是其他。第十一章主要是要求律师对首发上市决议本身加强核查,并强调了律师对招股说明书中引用法律意见部分的责任承担要求。

《期货公司董事、监事和高级管理人员任职管理办法(征求意见稿)》修订说明

为落实“放管服”改革各项要求,加强对期货公司董事、监事和高级管理人员(以下简称“董监高人员”)的任职备案管理,规范期货公司运作,防范经营风险,中国证监会对《期货公司董事、监事和高级管理人员任职资格管理办法》(以下简称《办法》)进行了修订。现将有关情况说明如下:

一、修订背景

2007年7月4日颁布实施的《办法》,是中国证监会制定的关于规范期货公司董监高人员任职管理和履职行为的部门规章,对相关人员的任职资格条件、任职资格的申请与核准、行为准则等做出了具体规定,在促进期货公司规范运作、防范经营风险等方面都发挥了积极作用。

随着行政审批制度改革工作的不断深化,《办法》中的部分规定已与“放管服”改革后的实际做法不符,与修订后的上位法不一致。如,根据《国务院关于取消和调整一批行政审批项目等事项的决定》(国发〔2015〕11号),中国证监会已取消了期货公司董监高人员任职资格核准,改为事后管理;根据2016年《国务院关于修改部分行政法规的决定》(国务院令第666号),《期货交易管理条例》(以下简称《条例》)删除了关于期货公司董监高人员任职资格的规定。此外,随着期货行业的发展,需要在制度层面对董监高人员任职管理中出现的新情况作进一步明确和规范。为此,中国证监会对《办法》进行了相应修改。

二、修订原则

(一)既要落实“放管服”改革要求,又要保持监管有效性。在监管标准总体不降低的前提下,建立符合“放管服”改革精神的备案管理制度。

(二)优化现有制度框架,完善事中事后监管程序。优化备案流程,简化备案材料,降低制度性成本。同时,明确董监高人员的任职和履职要求,强化事中事后持续监管。

(三)坚持好的经验做法,并积极应对新情况、新问题。总结期货公司董监高日常监管经验,梳理监管工作中遇到的新变化,进一步完善董监高人员任职管理规范。

三、修订思路与主要内容

本次《办法》修订,着重体现行政审批制度改革以来,对期货公司董监高人员管理方式的变化,主要是由事前核准转变为事后备案,明确备案管理的有关要求,以与《条例》和行政审批制度改革措施保持一致。同时,对实践中出现的新情况和新问题一并进行明确和规范。主要修改内容包括以下六个方面:

(一)明确备案流程,简化备案材料。董监高人员的任职统一向证监会派出机构备案;明确备案时限和备案材料清单,不再要求提供工作年限证明、首席风险官意见、任职决定文件、

相关会议决议、推荐人的书面意见等材料；规定期货公司董监高人员改任的，应重新备案，并明确例外情形。

（二）删去与备案管理不相适应的条款。主要是删去证监会或者证监会派出机构终止审查、暂停或者撤销任职资格的情形，董监高人员任职资格失效情形，对取得经理层人员任职资格但未实际任职的人员实行资格年检等规定。

（三）进一步明确对相关主体的监管要求。将《办法》的适用范围由营业部负责人扩大到分支机构负责人；增加期货公司不得违规授权董监高之外的人员实际行使职权的规定；增加不得担任期货公司独立董事情形的概括性描述；明确期货公司首席风险官任职、履职及考核的独立性；在禁止任职的情形中，增加对基金管理公司相关人员的要求；增加代为履行分支机构负责人职责的相关情形和要求。

（四）优化任职管理规定，适应市场发展。除金融、会计、法律等专业经验外，允许有一定年限经济管理工作经验的人员担任董事长、监事长和高级管理人员；放宽期货公司高级管理人员只能在参股的2家公司担任董事、监事的规定，明确期货公司高级管理人员在其全资或控股的子公司兼职时不受限制，强化期货公司对子公司的管理和风险防范；适应2020年全面放开外资参股境内期货公司股比限制的政策，删除境外人士担任经理层人员数量不超过30%的比例限制。

（五）根据监管要求完善行政监管措施和行政处罚条款。明确期货公司违规授权董监高人员之外的人员实际行使职权时，可对相关各方采取的监管措施；增加董监高人员不符合任职条件时，中国证监会及其派出机构可以责令改正的规定；进一步完善期货公司或者任职人员隐瞒有关情况、提供虚假材料、以不正当手段取得备案的法律责任条款。

（六）修改相应表述及用语，删除原《办法》出台时的过渡性条款。修改《办法》名称；对具体条文中"核准"、"任职资格"、"拟任人"等有关表述进行调整；删除不具备期货从业资格的期货公司法定代表人应在规定时间内取得相应资格的规定。

《证券期货规章制定程序规定（修订草案征求意见稿）》起草说明

为贯彻落实2018年新修订的《规章制定程序条例》（以下简称《条例》）要求，进一步完善证券期货规章制定工作机制，更好地为资本市场法治建设提供基础性制度保障，中国证监会对《证券期货规章制定程序规定》（证监会令第59号，以下简称《规定》）进行了修订。现对有关修订情况说明如下：

一、修改背景

中国证监会高度重视证券期货立法体制机制建设。2008年，中国证监会制定发布了《规定》，其作为专门规范证券期货立法工作的部门规章，适应了资本市场立法工作量大、要求高、技术性强的特点，有力保障了资本市场法治建设。与此同时，也应当看到《规定》自发布至今已逾十年。为顺应新的时代要求，《立法法》、《条例》已分别于2015、2018年进行了修改。此外，中国证监会在多年立法工作中也积累了许多有益经验需要总结，也存在一些突出问题需要解决。为此，有必要抓紧落实新修订的《条例》要求，对《规定》进行配套修改。

二、修改思路

此次修改主要坚持了以下三方面思路：一是坚决贯彻党的路线方针政策；二是全面落实《条例》各项新要求，并结合资本市场特点对《规定》进行修改，做到原则性与灵活性的统一；三是坚持问题导向，总结立法工作的经验和不足，巩固有益做法，解决突出问题。

三、修改的主要内容

本次修改,除将原来的“起草与审查”一章分为“起草”和“审查”两章外,保持了原有框架结构。在条文上,由原来的40条增至41条,主要修改27条,增加5条。调整的主要内容包括:

(一)加强对立法工作的领导

一是在实体方面,要求制定规章,应当贯彻落实党的路线方针政策和决策部署,体现全面深化改革精神(《规定》修订草案征求意见稿第4条)。二是在程序方面,规定制定规章应当按规定履行报告程序(第5条);年度规章制定工作计划要经批准(第9条),临时补加规章立项,报中国证监会主要负责人批准(第10条)。三是在与中央大政方针保持一致性方面,强调规章的立改废应当服从全面深化改革和经济社会发展的要求(第33条、第34条)。

(二)修改完善与《条例》不一致的地方

一是强调依法立法。规定制定规章应当遵循《立法法》确定的立法原则,符合上位法规定(第4条)。二是突出民主立法。在立项阶段,规定法制机构可以向社会公开征集规章制定项目建议,年度规章制定工作计划要向社会公布(第8条、第9条)。在起草、审查阶段,要求起草部门要向社会公开征求意见;规章涉及重大利益调整事项的,起草部门和法制机构应当进行论证咨询,必要时进行听证;法制机构审查规章时,可以向社会公开征求意见(第16条、第22条)。三是遵循科学立法。在重大意见分歧的解决机制上,规定法制机构应当组织进行论证研究,提出倾向性意见,及时报委务会议决定(第24条、第25条)。完善规章解释相关规定(第31条)。确立立法后评估制度(第35条)。

(三)结合实践经验,改进立法程序机制

一是规定各部门需要增加计划外规章项目的,应当补报立项手续(第10条)。二是将中国证监会按照党中央国务院要求建立的公平竞争审查制度上升至规章层面(第18条)。三是明确法制机构在规章审查中的职责,起草部门报送审查后,由法制机构负责修改完善,并丰富了审查措施手段(第20至25条)。四是根据国办关于制定涉外规章和规范性文件的要求,明确制定涉外规章,应当向国务院报告(第5条)。

关于《修订〈非上市公众公司监督管理办法〉的决定》(征求意见稿)的起草说明

为贯彻落实党中央、国务院深化新三板改革的部署,完善新三板市场融资功能,提升新三板市场的活力,更好支持中小企业发展,服务实体经济,我会对《非上市公众公司监督管理办法》(证监会令第96号,以下简称《办法》)进行修订。现将有关修订情况说明如下:

一、修订背景

《办法》自2013年施行以来,对规范非上市公众公司监管,服务实体经济,促进新三板市场发展等发挥了重要作用。经过六年多的发展,新三板市场运行基础和内外部环境发生了重大变化,9000余家挂牌公司呈现出多元化特征,规模类型千差万别,市场需求日趋多元,需要对发行、信息披露、日常监管等制度进行优化完善。为此,有必要抓紧落实新三板改革要求,对《办法》进行修订。

二、修订思路

本次修订不是系统性的全面修订,而是在保持《办法》既有框架和主要内容的基础上,按照稳中求进、急用先行、有限目标的原则,立足于服务本次深化新三板改革,重点围绕实施向不特定合格投资者公开发行、优化定向发行机制、完善公司治理、确立差异化信息披露原则以及强化市场主体法律责任等内容进行修订,为新三板改革提供制度支持。

三、修订主要内容

本次修订,除增加“向不特定合格投资者公开发行”一章外,保持了原有体例。在条文上,由原来的67条增至94条,主要修改25条,增加27条。调整的主要内容包括:

(一)引入向不特定合格投资者公开发行

本次修订新增第六章“向不特定合格投资者公开发行”(以下简称公开发行),规定股票公开发行条件、保荐承销等内容。

1. 公开发行条件。新三板股票公开发行条件严格遵守《证券法》第13条规定以及《国务院关于全国中小企业股份转让系统有关问题的决定》(国发〔2013〕49号)要求,不新增条件,不设置财务门槛,申请公开发行的挂牌公司可以尚未盈利(第55条)。

2. 发行对象。为符合投资者适当性要求的合格投资者(第54条)。

3. 实行保荐制度。新三板保荐制度以原则加例外的方式适用《证券发行上市保荐业务管理办法》,对于尚未盈利或者已在申请文件中充分揭示风险的公司,公开发行当年即亏损的,可免除保荐人的责任,同时,证监会授权全国股转系统制定保荐业务规则(第60条至63条)。

4. 采取承销方式。新三板股票公开发行应当由证券公司进行承销,挂牌公司可以选择直接定价、竞价以及询价等方式定价,证监会授权全国股转系统制定发行承销业务规则(第64条至69条)。

(二)进一步完善定向发行

1. 统一定向发行的规则体系。增加对200人以下挂牌公司定向发行的规范要求,解决监管实践中同一市场不同情形的定向发行要求不统一以及股东人数在200人以下挂牌公司定向发行缺乏行政监管依据的问题(第42条)。

2. 对挂牌公司的定向发行放开35人限制(第42条)。

3. 增加自办发行方式,降低融资成本。允许在一定发行额度下,募集现金的内部融资和确定发行对象融资,无需证券公司出具推荐文件以及律师事务所出具法律意见书(第47条)。

4. 公司申请挂牌同时可以申请定向发行(第35条)。

(三)优化审核机制

1. 优化公司申请股票公开转让和挂牌公司发行审核程序。借鉴科创板注册制改革经验,进一步简政放权,充分发挥全国股转系统自律监管职能,公司申请股票公开转让和挂牌公司发行需要履行行政许可程序的,申请文件应当包含全国股转系统的自律监管意见,我会在此基础上简化行政许可程序(第36条、第48条、第58条)。《证券法》修订后,我们将根据《证券法》的相关规定进一步修订《办法》,做好法律与规章的衔接。

2. 强化监督管理。充分发挥全国股转系统一线监管职责,明确全国股转系统对股票公开发行、保荐、承销等业务实施监管,发现违法违规行为的,可以采取自律监管措施和纪律处分。(第72条)。

(四)增加特别表决权制度安排

为满足科技创新企业需求,充分发挥创业团队、管理团队对于科技创新企业的重要作用,保持科技创新企业在股权融资时控制权的稳定,允许科创挂牌公司存在特别表决权安排,并授权全国股转系统就特殊表决权设置、存续、调整、信息披露以及投资者保护等具体措施进行细化,防止特别表决权被不当使用(第20条)。

(五)完善公司治理有关规定

公司治理健全、履行信息披露义务,是对挂牌公司的基本要求。实践中,一些挂牌公司由于公众化程度不高,存在内部人控制的情况,容易出现违规对外担保、资金占用以及利用关联交易损害公司利益等情形,违反了公司治理要求。为促进公司规范运作,本次修订在公司治理一章中对关联交易、违规对外担保以及资金占用等情形作禁止性规定(第13条、第14条)并明确法律责任(第81条)。

(六)确立差异化信息披露原则

针对目前9000余家挂牌公司在规模、发展阶段、公众化程度等方面差异巨大的情况,证监会研究创新监管方式,确立差异化信息披露的原则,并在《非上市公众公司信息披露管理办法》明确信息披露具体要求(第27条)。

(七)明确主办券商的持续督导责任

增加了主办券商持续督导职责及法律责任

的规定,督促主办券商尽责履职,为行政执法提供法律依据(第 85 条)。同时,公司作为信息披露第一责任人,应当配合证券公司开展持续督导工作(第 40 条)。

(八)促进新三板和港交所跨市场融资

按照资本市场对外开放政策的整体安排,《办法》附则中明确纯 H 股公司境内定向发行普通股以及境内普通股挂牌新三板程序适用《办法》相关规定(第 90 条),促进公司跨市场融资。

关于《非上市公众公司信息披露管理办法》(征求意见稿)的起草说明

一、起草背景

新三板市场建立以来,证监会陆续发布了《非上市公众公司监督管理办法》(以下简称《公众公司办法》)《非上市公众公司监管指引第 1 号——信息披露》以及相应的信息披露内容与格式准则等文件,对规范挂牌公司信息披露行为、提升挂牌公司信息披露质量起到了较好的促进作用。但由于上述文件对信息披露的规定较为原则,对挂牌公司的要求较为整齐划一,实践中无法根据挂牌公司多元化特点作差异化的信息披露安排。深化新三板改革后,形成了"基础层、创新层和精选层"的三层次市场结构,需要进一步明确各层次挂牌公司信息披露要求,深化差异化监管安排,以更好地引导市场行为,高效地监管执法和保护投资者合法权益。为此,证监会起草了《非上市公众公司信息披露管理办法》(征求意见稿)(以下简称《信息披露办法》)。

二、起草原则

《信息披露办法》以《证券法》《公司法》《公众公司办法》等法律法规为基础,从新三板和挂牌公司实际情况出发,坚持市场化、法治化导向,借鉴上市公司信息披露制度经验以及科创板改革成果,充分考虑各方诉求,主要确定了以下起草原则:

(一)明确监管要求,保障挂牌公司信息披露质量。从新三板市场和挂牌公司实际情况出发,在了解市场主体信息需求的基础上,明确挂牌公司信息披露基本要求及中介机构责任,强化信息披露监管,夯实法律责任,保障挂牌公司信息披露质量,充分发挥信息披露在帮助投资者发现挂牌公司价值等方面的作用。

(二)建立差异化信息披露体系,提升精准服务能力。深化新三板改革实施后,各层次挂牌公司在公众化程度、股票交易活跃度、规范运作水平和市场认可度等方面差异性将更加凸显。《信息披露办法》结合各层次挂牌公司特点建立了差异化的信息披露体系,在披露形式、披露内容、信息披露事务管理等方面设置了不同的制度安排,与挂牌公司发展阶段和风险状况相匹配,满足市场主体的多元化需求,提升新三板市场精准金融服务能力。

(三)自律与行政相衔接,形成高效监管机制。挂牌公司信息披露的有效监管,需要行政监管与自律监管共同参与、形成合力。《信息披露办法》分别规定了行政监管与自律监管各自的监管方式与手段,明确证监会可以结合市场分层探索实施分类监管,全国股转公司对挂牌公司信息披露有关行为进行自律管理,二者分工明确,相互衔接。

三、基本框架及主要内容

《信息披露办法》共七章六十八条,包括总则、定期报告、临时报告、信息披露事务管理、监督管理、法律责任以及附则等。主要内容如下:

(一)适用范围。考虑到新三板挂牌公司数量众多,且其股票面向公众投资者公开转让,是监管实践中的重点,因此本次制订《信息披露办法》主要针对新三板挂牌的公众公司,明确挂牌公司信息披露基本要求。不挂牌公众公司有关信息披露行为按照《公众公司办法》的相关规定执行。

此外，由于公开转让、股票发行、并购重组等行为涉及的信息披露事宜，其他规章或规范性文件均已作出专门规定，《信息披露办法》主要规范挂牌公司定期报告、临时报告等持续信息披露行为。

（二）规定信息披露基本要求。挂牌公司信息披露监管的逻辑和实质与上市公司信息披露监管是一致的，同时挂牌公司在发展阶段、公众化程度等方面与上市公司还存在一定的差距。因此，《信息披露办法》借鉴上市公司信息披露监管的相应做法，同时充分考虑挂牌公司与上市公司的异同，建立起挂牌公司信息披露的基本框架，明确了挂牌公司信息披露的基本原则以及定期报告、临时报告和信息披露事务管理等方面的一般要求。

（三）明确差异化监管要求。深化新三板改革实施后，各层次挂牌公司在自身发展阶段、股东人数、交易制度等方面将呈现更显著的差异，投资者对各层次挂牌公司的信息需求也将有所区别。为确保信息披露与各层次公司实际情况及投资者需求相匹配，《信息披露办法》明确了差异化的信息披露监管要求，主要体现在以下三个方面：

一是披露形式方面。精选层公司需要披露年报、半年报、季报，创新层、基础层公司仅需披露年报、半年报，不强制要求披露季报。此外，精选层公司还需要披露业绩预告和业绩快报，且其审计业务签字注册会计师应当定期轮换。

二是披露内容方面。精选层公司应当在年度报告中披露行业经营信息以及重大风险因素，尚未盈利的，还应当在年度报告中披露原因及影响。

三是信息披露事务管理方面。精选层、创新层公司均应设立董事会秘书并作为公司高级管理人员，精选层公司还应当设立信息披露事务管理部门协助董事会秘书管理信息披露事务。

（四）建立监管分工协作机制。挂牌公司数量众多、差异化较大，需要证监会行政监管和全国股转公司自律监管衔接配合，共同保障信息披露监管的有效性、及时性。证监会对挂牌公司信息披露进行行政监管，查处相关违法行为，可以对挂牌公司及相关主体、主办券商和中介机构采取行政监管措施。证监会结合市场分层探索实施分类监管，重点关注精选层公司，精选层公司未按期披露年报、半年报的，证监会应当立案稽查。全国股转公司充分发挥自律监管职能，对挂牌公司信息披露进行日常自律管理，发现问题按照有关规定处理，涉嫌违法的及时移送证监会。

（五）夯实法律责任。《信息披露办法》规定了挂牌公司及相关主体违反信息披露有关要求应当承担的法律责任，进一步明确了证监会对挂牌公司信息披露进行行政监管和执法处罚的依据。挂牌公司及相关主体违反《信息披露办法》的规定，未按要求履行信息披露、报告义务的，证监会按照《证券法》第一百九十三条处罚。为挂牌公司履行信息披露义务出具专项文件的证券服务机构及其人员违反法律法规和中国证监会有关规定的，证监会按照《证券法》第二百二十三条、第二百二十六条处罚。泄露挂牌公司内幕信息，或者利用内幕信息买卖股票及其他证券品种的，证监会按照《证券法》第二百零一条、第二百零二条处罚。相关责任主体违反《信息披露办法》的规定，情节严重的，证监会可以采取证券市场禁入的措施，涉嫌犯罪的，依法移送司法机关，追究刑事责任。

关于《科创板上市公司证券发行注册管理办法（试行）》（征求意见稿）的起草说明

为贯彻落实党中央、国务院关于设立科创板并试点注册制的重大决策部署，按照《关于在上海证券交易所设立科创板并试点注册制的实施意见》的具体要求，中国证监会总结监管经验、吸收借鉴成熟市场做法,立足于中国资本市场现实情况起草了《科创板上市公司证券发行注册管理办法(试行)》(征求意见稿)(以下简称《科创板再融资办法》)。现将有关情况说明如下。

一、遵循的基本理念及原则

建立科创板再融资制度,是落实党中央、国务院关于设立科创板并试点注册制重大决策部署的重要环节,承载着全面深化资本市场改革的初心,也是形成更加开放包容的资本市场基础制度的客观要求。

坚持市场化、法制化的改革方向,贯彻落实"四个敬畏、一个合力"的监管理念,制定科创板再融资制度,支持有发展潜力、市场认可度高的优质科创板上市公司便捷融资,进一步畅通科技、资本和实体经济的循环机制,加速科技成果向现实生产力转化,引领经济发展向创新驱动转型,切实提升资本市场对提高我国关键核心技术创新能力的服务水平,形成可复制可推广的制度创新,努力打造规范透明开放有活力有韧性的资本市场。

科创板再融资制度遵循的原则:

一是大力推动上市公司提高质量。设定上市公司再融资基本发行条件,坚守科创板定位,规范上市公司再融资行为,支持优质科创板上市公司便捷融资,促进上市公司真实透明合规,切实提升上市公司整体质量,夯实资本市场可持续发展的基石。

二是严格落实以信息披露为核心的证券发行注册制。建立更加严格、全面、深入、精准的信息披露要求,督促上市公司以投资者投资决策需求为导向,真实准确完整地披露信息;审核标准、程序、内容、过程公开透明,增强市场可预期性。

三是努力提高上市公司融资效率。优化注册程序,最大限度压缩审核注册期限,调整再融资市场化发行定价机制,充分发挥市场对资源配置的决定性作用,提高融资便捷性。

四是显著提升违法违规成本。压严压实发行人及中介机构等市场主体的责任,强化事前事中事后全链条监管,加大处罚力度,增强监管震慑力,有效促进市场主体归位尽责,努力培育资本市场良好生态。

二、主要内容

《科创板再融资办法》共7章87条,包括总则、发行条件、发行程序、信息披露、发行承销与保荐的特别规定、监督管理和法律责任、附则,主要内容如下:

(一)总则主要包括以下方面内容:

一是明确适用《科创板再融资办法》再融资的品种主要为股票,并为以后证券新品种预留空间。

二是明确上市公司和保荐人、证券服务机构等各市场参与主体的责任和义务。

三是明确对于中国证监会依法同意注册并发行的证券,不表明中国证监会和交易所对投资价值判断和保证,也不表明对申请文件真实性、准确性、完整性作出保证。

(二)发行条件规定科创板上市公司公开发行和非公开发行需要满足的条件。公开发行要求:

一是组织机构健全,具备独立性,会计基础规范、内控健全、最近3年财务会计报告被出具标准无保留意见审计报告等条件。

二是为有效提升上市公司规范性,保护上市公司利益、投资者合法权益和社会公共利益,督促相关主体诚实守信,设置现任董监高具备任职资格并守法,上市公司及其控股股东、实际控制人最近3年不得存在职务和经济犯罪行为以及严重损害上述3项利益的重大违法行为,最近1年应履行曾经作出的公开承诺等基本条件。

鉴于非公开发行对象主要针对具有较高风险识别和承受能力的合格投资者,非公开发行从保护上市公司利益、投资者合法权益和社会公共利益角度,设置相对公开发行较低的负面清单形式的基本发行条件,主要包括几项限制性规定:

一是最近1年财务会计报告不得被出具否定意见或者无法表示意见的审计报告;最近1年财务会计报告不得被出具保留意见的审计报告,但保留意见所涉及事项对上市公司的重大不利影响已经消除或本次发行涉及重大资产重组的除外。

二是控股股东、实际控制人最近3年不得存在严重损害上市公司利益或投资者合法权益的重大违法行为。

三是上市公司及其现任董监高不得存在相关违法行为。

四是上市公司最近3年不得存在严重损害投资者合法权益和社会公众利益的重大违法行为。

为督促科创板上市公司坚守科创板定位，公开发行和非公开发行均要求募集资金应投资于科技创新领域的主营业务，募集资金使用应符合国家产业政策及土地环保法规要求，募投项目实施后，不影响公司的独立性。

（三）发行程序主要包括以下方面内容：

一是规定上市公司发行证券董事会、股东大会的决议事项。

二是最大限度压缩监管部门的审核和注册期限。交易所审核时间为2个月，中国证监会注册期限为15个工作日。

三是授权交易所可以根据市场发展需要，制定上市公司最近12个月内申请融资额不超过人民币3亿元且不超过最近一年末净资产20%的非公开发行股票的业务规则，并报中国证监会批准。

（四）信息披露主要包括以下方面内容：

一是建立更加严格、全面、深入、精准的信息披露要求，督促上市公司以投资者投资决策需求为导向，真实准确完整地披露信息。

二是针对科创板特点设置差异化的信息披露要求，重点突出科技创新领域的披露要求。

三是严格落实上市公司及其董监高、控股股东、实际控制人，以及保荐人、证券服务机构及相关人员在信息披露方面的责任，为加大信息披露违规处罚力度夯实基础。

四是针对发行主体为上市公司并持续履行信息披露义务，规定符合上市公司特点的与发行有关重大事项的公告要求。

（五）发行承销与保荐的特别规定主要包括以下方面内容：

一是规定配股中拟配售数量不超过本次配售前股本总额的50%。

二是规定公开增发定价应当不低于公告招股意向书前20个交易日或前1个交易日公司股票均价的95%。

三是对非公开发行证券的下列事项作出了规定：明确应当向合格投资者发行且每次发行对象不超过35人；支持董事会引入战略投资者，明确发行对象全部由董事会决议确定且为战略投资者等的，定价基准日可以选择本次非公开发行股票董事会决议公告日、股东大会决议公告日或发行期首日，锁定期18个月，除此之外的定价基准日为发行期首日，锁定期6个月；本次发行的发行底价为定价基准日前20个交易日公司股票交易均价的80%。

四是明确除另有规定外，上市公司再融资发行与承销原则适用《证券发行与承销管理办法》。

五是规定上市公司发行证券，由证券公司承销，同时规定上市公司可自行销售的情形。

（六）监督管理和法律责任主要包括以下方面内容：

一是规定中国证监会建立对交易所发行上市审核工作和发行承销过程监管的监督机制，定期检查和抽查。

二是加大违法违规行为追责力度，对负有责任的上市公司及其控股股东、实际控制人、保荐人、证券服务机构以及相关责任人员，采取较长时间不予受理证券发行相关文件、限制相关从业资格、认定为不适当人员、市场禁入等严厉措施。

三是突出投资者保护，明确发行人通过欺诈发行上市的，中国证监会可以责令上市公司及其控股股东、实际控制人按规定购回已上市的股票。

（七）附则主要包括以下方面内容：

一是明确合格投资者的范围和资质条件，合格投资者为具备相应的风险识别和承担能力，知悉并自行承担证券的投资风险的机构投资者、其他法人和自然人。

二是明确红筹企业首次公开发行的股票或存托凭证在科创板上市后发行股票、存托凭证的相关法律适用问题。

三是规定科创板上市公司发行可转换公司债券和发行优先股的办法、上市公司向员工发行证券用于激励的办法由中国证监会另行规定。

四是明确科创板非公开发行股票不适用《上市公司股东、董监高减持股份的若干规定》的有关规定。

特此说明。

关于《关于修改〈上市公司证券发行管理办法〉的决定》(征求意见稿)《关于修改〈创业板上市公司证券发行管理暂行办法〉的决定》(征求意见稿)《关于修改〈上市公司非公开发行股票实施细则〉的决定》(征求意见稿)的起草说明

为深入贯彻落实习近平总书记关于资本市场的一系列重要指示批示精神和党中央、国务院的决策部署,深化金融供给侧结构性改革,进一步提高直接融资比重,增强金融服务实体经济的能力,我会拟对《上市公司证券发行管理办法》(以下简称《主板再融资办法》)、《创业板上市公司证券发行管理暂行办法》(以下简称《创业板再融资办法》)、《上市公司非公开发行股票实施细则》(以下简称《实施细则》)等再融资规则进行修改。现将有关修改情况说明如下:

一、修改背景

现行再融资规则在规范上市公司证券发行行为,保护投资者合法权益和社会公共利益,尤其是在提高直接融资比重,支持实体经济发展,深化供给侧结构性改革,服务区域协调发展、绿色发展、"一带一路"、军民融合发展、国企改革等方面发挥着重要作用。

目前,我会正按照党中央的决策部署,积极落实设立科创板并试点注册制相关改革任务。为进一步提高再融资服务实体经济发展的能力,我们拟按照注册制的理念,对现行再融资规则中制定时间较早、不能适应市场形势发展需要的部分规定进行调整,切实解决企业融资难、融资贵问题,积极支持上市公司充分利用资本市场做优做强,提高直接融资特别是股权融资比重。

二、修改的总体思路

坚持市场化、法治化的改革方向,贯彻落实"四个敬畏、一个合力"的监管理念,按照注册制的理念,推动再融资制度改革,提升再融资的便捷性和制度包容性,提高股权融资比重,服务实体经济发展。

一是大力推动上市公司提高质量。精简优化现行再融资发行条件,降低硬性门槛,规范上市公司再融资行为,切实提高公司治理和财务信息披露质量。支持上市公司便捷融资,促进上市公司真实透明合规,让投资者认可的公司融到更多发展资金,切实提升上市公司整体质量,夯实资本市场可持续发展的基石。

二是落实以信息披露为核心的注册制理念。建立更加严格、全面、深入、精准的信息披露要求,督促上市公司以投资者投资决策需求为导向,真实准确完整地披露信息;审核标准、程序、内容、过程公开透明,增强市场可预期性。

三是努力提高上市公司融资效率。调整再融资市场化发行定价机制,充分发挥市场对资源配置的决定性作用,形成买卖双方充分博弈,市场决定发行成败的良性局面,提升再融资的便捷性。

三、修改的主要内容

一是修改《创业板再融资办法》第 9 条第 1 项的规定,取消创业板上市公司非公开发行股票连续 2 年盈利的条件;

二是修改《创业板再融资办法》第 9 条第 5 项的规定,取消创业板上市公司公开发行证券最近一期末资产负债率高于 45% 的条件;

三是修改《创业板再融资办法》第 11 条第

1 项的规定，取消创业板上市公司前次募集资金基本使用完毕的条件，将其调整为信息披露要求；

四是修改《主板再融资办法》第 37 条、《创业板再融资办法》第 15 条的规定，将目前主板（中小板）上市公司、创业板上市公司非公开发行股票发行对象数量分别不超过 10 名和 5 名，统一调整为不超过 35 名；

五是修改《主板再融资办法》第 38 条、《创业板再融资办法》第 16 条的规定，调整非公开发行股票定价和锁定机制，将发行价格不得低于定价基准日前 20 个交易日公司股票均价的 9 折改为 8 折；将锁定期由现在的 36 个月和 12 个月分别缩短至 18 个月和 6 个月，且不适用减持规则的限制。创业板上市公司非公开发行股票的定价和锁定机制与主板（中小板）上市公司保持一致；

六是修改《主板再融资办法》第 47 条、《创业板再融资办法》第 38 条的规定，将再融资批文有效期从 6 个月延长至 12 个月；

七是修改《实施细则》第 7 条的规定，调整非公开发行股票定价基准日的规定，即定价基准日为本次非公开发行股票的发行期首日，但上市公司董事会决议提前确定全部发行对象且为战略投资者等的，定价基准日可以为关于本次非公开发行股票的董事会决议公告日、股东大会决议公告日或者发行期首日。

此外，根据前述修改内容相应地修改了其他条款。

四、实施安排

上述再融资规则自发布之日起实施。

特此说明。

《期货交易所管理办法（征求意见稿）》修订说明

为适应期货市场发展和监管实践新情况，加强期货交易所一线监管，完善期货交易所监管规则，按照我会今年立法计划安排，我们对《期货交易所管理办法》（以下简称《办法》）进行了修订。现将有关修订情况说明如下：

一、修订必要性

期货交易所是专门为期货交易提供场所、设施和服务的机构，是期货交易及其相关活动的组织者，其规范发展对期货市场持续稳定健康发展具有重要意义。《办法》是规范期货交易所的基础性规章，自 2002 年首次发布实施以来，有力促进了期货交易所的规范运作。随着我国期货市场快速发展和对外开放，为适应新形势，解决新问题，有必要进一步修订和完善《办法》：一是期货交易所相关内部治理规定需要进一步完善；二是期货交易所一线监管规则需进一步完善，以满足市场规范发展要求；三是国际组织发布的《金融市场基础设施原则》相关要求需在国内监管法规中进一步明确；四是期货交易所有价证券作为保证金等相关业务规则需要进一步优化。

二、修订原则

此次《办法》的修订遵循以下原则：一是坚持合理定位。《办法》定位为监督管理期货交易所的部门规章，主要明确证监会对期货交易所的监管要求，强化对期货交易所的履职问责，对期货交易所的自律管理提出原则性要求。二是注重总结实践经验。认真梳理和提炼总结期货交易所内部治理和一线监管实践中行之有效的做法，并将其上升为规章层面。三是突出问题导向。重点解决期货交易所发挥一线监管职责中面临的制度供给不足问题。

三、修订的主要内容

（一）完善期货交易所内部治理结构，提升规范运作水平。一是优化会员大会召集、表决方式等规定，提高相关规范科学性。二是明确期货交易所的法定代表人依照其章程的规定，由理事长/董事长或者总经理担任。三是增加监事会组成、职责和产生方式等内容。四是明确会员制期货交易所会员申请退会或被取消会员资格的,按照有关规定退还会员资格费。五是增加中国证监会对期货交易所及其工作人员违法违规行为进行问责的规定。

(二)完善期货交易所一线监管规则,防范市场风险。一是增加实际控制关系账户管理规定,明确实际控制关系账户的定义、具体情形以及认定要求等内容。二是要求期货交易所应当制定业务规则,明确调整保证金、手续费以及交易限额等措施的具体情形,并向中国证监会报告。三是期货交易所应当明确会员交易信息系统的管理要求,并通过多种方式督促会员规范运作,保障市场正常运行秩序。四是规定期货交易所应明确会员对客户交易行为的管理责任,会员未履行管理责任的,期货交易所可以采取自律监管措施。五是增加程序化交易管理规定,要求期货交易所应建立程序化交易报告制度,明确报告标准和要求。六是明确期货交易所自律管理规则对市场各参与主体均具有约束力,并要求期货交易所应明确自律处分的类型、适用情形以及适用程序等。

(三)增加对外开放相关规则,夯实国际化的制度基础。一是落实《金融市场基础设施原则》要求,增加期货交易所合格中央对手方地位、理事会应设立风险管理委员会、净额结算以及结算最终性等相关规定。二是原则规定境外期货交易场所、境外结算机构在境内开展业务,应当遵守国家相关规定。三是明确期货交易所根据国家有关规定,在中国证监会与境外期货监督管理机构建立的监督管理合作机制框架下,开展跨境业务合作,实施跨境管理,处置跨境市场风险。

(四)进一步完善业务规则,提高市场运行质量。一是原则规定期货交易所组织期货交易及其相关活动,应遵循公开、公平、公正和诚实信用的原则,服务实体经济。二是明确期货交易所组织期货交易,应当在行情发布、机柜托管、信息系统接入、订单报送等方面公平对待市场参与者,对相关服务合理定价并予以公开。三是要求期货交易所应在自律规则中明确可以作为保证金的有价证券的种类、基准计算标准以及折扣率等内容,并规定会员未足额交纳保证金的,期货交易所有权处置作为保证金的有价证券。四是完善违约瀑布规则,明确实行会员分级结算制度的期货交易所应当以违约会员的自有资金、违约会员的结算担保金、期货交易所部分风险准备金、未违约会员的结算担保金、期货交易所风险准备金和期货交易所自有资金承担。

第三部分　监管执法实践

一、行 政 许 可

（一）2019 年证监会作出的行政许可决定书目录

发文文号	发文标题
证监许可〔2019〕1 号	关于核准国泰君安证券股份有限公司向合格投资者公开发行公司债券的批复
证监许可〔2019〕2 号	关于核准渤海证券股份有限公司向合格投资者公开发行公司债券的批复
证监许可〔2019〕3 号	关于核准珠海金融投资控股集团有限公司向合格投资者公开发行公司债券的批复
证监许可〔2019〕4 号	关于核准南京威尔药业股份有限公司首次公开发行股票的批复
证监许可〔2019〕5 号	关于核准浙江长城电工科技股份有限公司公开发行可转换公司债券的批复
证监许可〔2019〕6 号	关于核准江苏鼎胜新能源材料股份有限公司公开发行可转换公司债券的批复
证监许可〔2019〕7 号	关于核准武汉精测电子集团股份有限公司公开发行可转换公司债券的批复
证监许可〔2019〕8 号	关于核准江苏盐城农村商业银行股份有限公司定向发行股票的批复
证监许可〔2019〕9 号	关于核准豁免广西投资集团有限公司要约收购广西桂东电力股份有限公司股份义务的批复
证监许可〔2019〕10 号	关于核准湖南粮食集团有限责任公司向合格投资者公开发行公司债券的批复
证监许可〔2019〕11 号	关于准予财通行业龙头精选混合型证券投资基金注册的批复
证监许可〔2019〕12 号	关于准予长盛安鑫中短债债券型证券投资基金注册的批复
证监许可〔2019〕13 号	关于准予嘉实长青竞争优势股票型证券投资基金注册的批复
证监许可〔2019〕14 号	关于核准中国林业集团有限公司向合格投资者公开发行公司债券的批复
证监许可〔2019〕15 号	关于核准上海紫竹高新区（集团）有限公司向合格投资者公开发行公司债券的批复
证监许可〔2019〕16 号	关于核准新疆维泰开发建设（集团）股份有限公司向合格投资者公开发行公司债券的批复
证监许可〔2019〕17 号	关于核准中国联合网络通信有限公司向合格投资者公开发行公司债券的批复
证监许可〔2019〕18 号	关于核准杭州市金融投资集团有限公司向合格投资者公开发行公司债券的批复

续表

发文文号	发文标题
证监许可〔2019〕19 号	关于核准山东招金集团有限公司向合格投资者公开发行公司债券的批复
证监许可〔2019〕20 号	关于核准江苏银宝控股集团有限公司向合格投资者公开发行公司债券的批复
证监许可〔2019〕21 号	关于核准中交第二航务工程局有限公司向合格投资者公开发行可续期公司债券的批复
证监许可〔2019〕22 号	关于不予核准上海润达医疗科技股份有限公司向宁波睿晨投资合伙企业(有限合伙)等发行股份购买资产并募集配套资金的决定
证监许可〔2019〕23 号	关于核准豁免云南省工业投资控股集团有限责任公司要约收购云南南天电子信息产业股份有限公司股份义务的批复
证监许可〔2019〕24 号	关于核准中际旭创股份有限公司非公开发行股票的批复
证监许可〔2019〕25 号	招商局公路网络科技控股股份有限公司公开发行可转换公司债券的批复
证监许可〔2019〕26 号	关于核准武汉光迅科技股份有限公司非公开发行股票的批复
证监许可〔2019〕27 号	关于核准青岛农村商业银行股份有限公司首次公开发行股票的批复
证监许可〔2019〕28 号	关于核准深圳市海普瑞药业集团股份有限公司向合格投资者公开发行公司债券的批复
证监许可〔2019〕29 号	关于核准北京汽车股份有限公司向合格投资者公开发行公司债券的批复
证监许可〔2019〕30 号	关于核准上海申通地铁资产经营管理有限公司向合格投资者公开发行公司债券的批复
证监许可〔2019〕31 号	关于核准荣盛房地产发展股份有限公司向合格投资者公开发行公司债券的批复
证监许可〔2019〕32 号	关于核准京蓝科技股份有限公司向殷晓东等发行股份购买资产并募集配套资金的批复
证监许可〔2019〕33 号	关于准予华安安盛 3 个月定期开放债券型发起式证券投资基金注册的批复
证监许可〔2019〕34 号	关于准予圆信永丰高端制造混合型证券投资基金注册的批复
证监许可〔2019〕35 号	关于准予华泰紫金丰泰纯债债券型发起式证券投资基金注册的批复
证监许可〔2019〕36 号	关于准予万家鑫稳纯债债券型证券投资基金变更注册的批复
证监许可〔2019〕37 号	关于准予永赢中债 - 1 - 3 年政策性金融债指数证券投资基金注册的批复
证监许可〔2019〕38 号	关于准予永赢悦利债券型证券投资基金注册的批复
证监许可〔2019〕39 号	关于准予平安 0 - 3 年期政策性金融债债券型证券投资基金注册的批复
证监许可〔2019〕40 号	关于准予南方华元债券型证券投资基金注册的批复
证监许可〔2019〕41 号	关于核准山西河津农村商业银行股份有限公司定向发行股票的批复
证监许可〔2019〕42 号	关于核准豁免华鲁控股集团有限公司要约收购山东新华制药股份有限公司股份义务的批复
证监许可〔2019〕43 号	关于准予创金合信汇泽纯债一年期定期开放债券型证券投资基金变更注册的批复
证监许可〔2019〕44 号	关于准予南方亨元债券型发起式证券投资基金注册的批复

续表

发 文 文 号	发 文 标 题
证监许可〔2019〕45 号	关于准予财通安瑞短债债券型证券投资基金注册的批复
证监许可〔2019〕46 号	关于准予银华保本增值证券投资基金变更注册的批复
证监许可〔2019〕47 号	关于准予广发景利纯债债券型证券投资基金注册的批复
证监许可〔2019〕48 号	关于准予银河久裕 6 个月定期开放债券型证券投资基金注册的批复
证监许可〔2019〕49 号	关于准予国寿安保泰和纯债债券型证券投资基金注册的批复
证监许可〔2019〕50 号	关于准予长信稳通三个月定期开放债券型发起式证券投资基金变更注册的批复
证监许可〔2019〕51 号	关于准予泰康中证港股通 TMT 主题指数型发起式证券投资基金注册的批复
证监许可〔2019〕52 号	关于准予银华安鑫短债债券型证券投资基金注册的批复
证监许可〔2019〕53 号	关于准予华安信用增强债券型证券投资基金变更注册的批复
证监许可〔2019〕54 号	关于准予国泰惠盈纯债债券型证券投资基金注册的批复
证监许可〔2019〕55 号	关于准予平安 3－5 年期政策性金融债债券型证券投资基金注册的批复
证监许可〔2019〕56 号	关于准予鹏华中债 1－3 年国开行债券指数证券投资基金注册的批复
证监许可〔2019〕57 号	关于核准国家能源投资集团有限责任公司向合格投资者公开发行公司债券的批复
证监许可〔2019〕58 号	关于核准荣安地产股份有限公司向合格投资者公开发行公司债券的批复
证监许可〔2019〕59 号	关于不予核准国科恒泰（北京）医疗科技股份有限公司首次公开发行股票并上市申请的决定
证监许可〔2019〕60 号	关于核准万达信息股份有限公司公开发行可转换公司债券的批复
证监许可〔2019〕61 号	关于核准广州视源电子科技股份有限公司公开发行可转换公司债券的批复
证监许可〔2019〕62 号	关于核准南昌市政公用投资控股有限责任公司向合格投资者公开发行公司债券的批复
证监许可〔2019〕63 号	关于核准深圳华侨城股份有限公司向合格投资者公开发行公司债券的批复
证监许可〔2019〕64 号	关于核准潍坊市投资集团有限公司向合格投资者公开发行公司债券的批复
证监许可〔2019〕65 号	关于核准湖北楚天智能交通股份有限公司向合格投资者公开发行公司债券的批复
证监许可〔2019〕66 号	关于不予核准苏州富士莱医药股份有限公司首次公开发行股票并上市申请的决定
证监许可〔2019〕67 号	关于核准深圳光韵达光电科技股份有限公司非公开发行股票的批复
证监许可〔2019〕68 号	关于核准江西富祥药业股份有限公司公开发行可转换公司债券的批复
证监许可〔2019〕69 号	关于核准湖南华菱钢铁集团有限责任公司向合格投资者公开发行公司债券的批复
证监许可〔2019〕70 号	关于核准国网节能服务有限公司向合格投资者公开发行公司债券的批复
证监许可〔2019〕71 号	关于核准天津泰达投资控股有限公司向合格投资者公开发行公司债券的批复

续表

发文文号	发文标题
证监许可〔2019〕72号	关于准予中银景元回报混合型证券投资基金注册的批复
证监许可〔2019〕73号	关于准予西部利得中证500等权重指数分级证券投资基金变更注册的批复
证监许可〔2019〕74号	关于准予财通景利纯债债券型证券投资基金注册的批复
证监许可〔2019〕75号	关于准予浦银安盛上海清算所高等级优选短期融资券指数证券投资基金注册的批复
证监许可〔2019〕76号	关于准予华宝中短债债券型发起式证券投资基金注册的批复
证监许可〔2019〕77号	关于准予华宝英国富时100指数证券投资基金(LOF)注册的批复
证监许可〔2019〕78号	关于准予景顺长城景瑞双利债券型证券投资基金变更注册的批复
证监许可〔2019〕79号	关于准予鹏华永润一年定期开放债券型证券投资基金注册的批复
证监许可〔2019〕80号	关于准予嘉合磐泰短债债券型证券投资基金注册的批复
证监许可〔2019〕81号	关于准予国泰惠富纯债债券型证券投资基金注册的批复
证监许可〔2019〕82号	关于准予鹏华永融一年定期开放债券型证券投资基金注册的批复
证监许可〔2019〕83号	关于准予民生加银恒裕债券型证券投资基金注册的批复
证监许可〔2019〕84号	关于准予民生加银睿通定期开放债券型发起式证券投资基金变更注册的批复
证监许可〔2019〕85号	关于准予太平MSCI香港价值增强指数证券投资基金注册的批复
证监许可〔2019〕86号	关于准予中加颐瑾六个月定期开放债券型发起式证券投资基金注册的批复
证监许可〔2019〕87号	关于准予前海开源乾利定期开放债券型发起式证券投资基金变更注册的批复
证监许可〔2019〕88号	关于准予鹏华丰鑫债券型证券投资基金注册的批复
证监许可〔2019〕89号	关于准予鹏华9－10年利率债债券型发起式证券投资基金注册的批复
证监许可〔2019〕90号	关于准予南方中债7－10年国开行债券指数证券投资基金注册的批复
证监许可〔2019〕91号	关于准予华宝宝润纯债债券型证券投资基金注册的批复
证监许可〔2019〕92号	关于准予创金合信汇祥纯债三年期定期开放债券型证券投资基金变更注册的批复
证监许可〔2019〕93号	关于准予华宝政策性金融债债券型证券投资基金注册的批复
证监许可〔2019〕94号	关于准予华安安业债券型证券投资基金注册的批复
证监许可〔2019〕95号	关于准予前海开源丰鑫灵活配置混合型证券投资基金变更注册的批复
证监许可〔2019〕96号	关于核准安徽阜南农村商业银行股份有限公司定向发行股票的批复
证监许可〔2019〕97号	关于核准豁免中国能源工程集团有限公司要约收购甘肃蓝科石化高新装备股份有限公司股份义务的批复
证监许可〔2019〕98号	关于核准广东肇庆星湖生物科技股份有限公司向张国良等发行股份购买资产并募集配套资金的批复
证监许可〔2019〕99号	关于核准深圳市爱迪尔珠宝股份有限公司向李勇等发行股份购买资产的批复
证监许可〔2019〕100号	关于核准福建海峡银行股份有限公司定向发行股票的批复

续表

发文文号	发文标题
证监许可〔2019〕101号	关于核准北京汽车集团有限公司向合格投资者公开发行公司债券的批复
证监许可〔2019〕102号	关于核准成龙建设集团有限公司向合格投资者公开发行公司债券的批复
证监许可〔2019〕103号	关于核准中创物流股份有限公司首次公开发行股票的批复
证监许可〔2019〕104号	关于核准江苏立华牧业股份有限公司首次公开发行股票的批复
证监许可〔2019〕105号	关于核准青岛城乡建设融资租赁有限公司向合格投资者公开发行公司债券的批复
证监许可〔2019〕106号	关于核准惠州亿纬锂能股份有限公司非公开发行股票的批复
证监许可〔2019〕107号	关于核准物美控股集团有限公司向合格投资者公开发行公司债券的批复
证监许可〔2019〕108号	关于核准中国农业银行股份有限公司开展存托凭证试点存托业务的批复
证监许可〔2019〕109号	关于核准中国工商银行股份有限公司开展存托凭证试点存托业务的批复
证监许可〔2019〕110号	关于核准安徽长丰农村商业银行股份有限公司定向发行股票的批复
证监许可〔2019〕111号	关于核准廊坊银行股份有限公司定向发行股票的批复
证监许可〔2019〕112号	关于准予摩根国际债券基金注册的批复
证监许可〔2019〕113号	关于准予华宝MSCI中国A股国际通ESG通用指数证券投资基金（LOF）注册的批复
证监许可〔2019〕114号	关于准予国寿安保泰恒纯债债券型证券投资基金注册的批复
证监许可〔2019〕115号	关于准予浦银安盛普丰纯债债券型证券投资基金注册的批复
证监许可〔2019〕116号	关于准予中邮纯债优选一年定期开放债券型证券投资基金注册的批复
证监许可〔2019〕117号	关于准予农银汇理海棠三年定期开放混合型证券投资基金注册的批复
证监许可〔2019〕118号	关于准予国金上证50指数分级证券投资基金变更注册的批复
证监许可〔2019〕119号	关于准予东方红睿轩沪港深灵活配置混合型证券投资基金变更注册的批复
证监许可〔2019〕120号	关于准予泰康安欣纯债债券型证券投资基金注册的批复
证监许可〔2019〕121号	关于准予中金新医药股票型证券投资基金注册的批复
证监许可〔2019〕122号	关于准予国泰瑞安三个月定期开放债券型发起式证券投资基金注册的批复
证监许可〔2019〕123号	关于准予兴全恒瑞三个月定期开放债券型发起式证券投资基金注册的批复
证监许可〔2019〕124号	关于准予南方鑫利3个月定期开放债券型发起式证券投资基金注册的批复
证监许可〔2019〕125号	关于准予摩根亚洲股息基金注册的批复
证监许可〔2019〕126号	关于核准万家基金管理有限公司变更股权的批复
证监许可〔2019〕127号	关于核准豁免镇江城市建设产业集团有限公司要约收购江苏索普化工股份有限公司股份义务的批复
证监许可〔2019〕128号	关于核准青岛海尔生物医疗股份有限公司发行境外上市外资股的批复
证监许可〔2019〕129号	关于核准万科企业股份有限公司增发境外上市外资股的批复
证监许可〔2019〕130号	关于核准华商基金管理有限公司变更股权的批复

续表

发文文号	发文标题
证监许可〔2019〕131 号	关于准予华泰保兴尊裕三个月定期开放债券型发起式证券投资基金注册的批复
证监许可〔2019〕132 号	关于准予嘉实汇达中短债债券型证券投资基金注册的批复
证监许可〔2019〕133 号	关于准予博道沪深 300 指数增强型证券投资基金注册的批复
证监许可〔2019〕134 号	关于准予平安如意中短债债券型证券投资基金注册的批复
证监许可〔2019〕135 号	关于准予泰康安业政策性金融债债券型证券投资基金注册的批复
证监许可〔2019〕136 号	关于准予建信中短债纯债债券型证券投资基金注册的批复
证监许可〔2019〕137 号	关于准予平安惠添纯债债券型证券投资基金注册的批复
证监许可〔2019〕138 号	关于准予国融稳康债券型证券投资基金注册的批复
证监许可〔2019〕139 号	关于准予广发景兴中短债债券型证券投资基金注册的批复
证监许可〔2019〕140 号	关于准予鑫元承利三个月定期开放债券型发起式证券投资基金注册的批复
证监许可〔2019〕141 号	关于准予平安季添盈三个月定期开放债券型证券投资基金注册的批复
证监许可〔2019〕142 号	关于准予中欧远见两年定期开放混合型证券投资基金注册的批复
证监许可〔2019〕143 号	关于准予南方惠利 6 个月定期开放债券型证券投资基金注册的批复
证监许可〔2019〕144 号	关于准予兴全恒裕债券型证券投资基金注册的批复
证监许可〔2019〕145 号	关于核准豁免广州智能装备产业集团有限公司要约收购广州广日股份有限公司股份义务的批复
证监许可〔2019〕146 号	关于核准华电国际电力股份有限公司向合格投资者公开发行公司债券的批复
证监许可〔2019〕147 号	关于核准无锡市国联发展(集团)有限公司向合格投资者公开发行公司债券的批复
证监许可〔2019〕148 号	关于核准广西建工集团有限责任公司向合格投资者公开发行可续期公司债券的批复
证监许可〔2019〕149 号	关于核准江苏省农垦集团有限公司向合格投资者公开发行公司债券的批复
证监许可〔2019〕150 号	关于核准巨化集团有限公司向合格投资者公开发行可交换公司债券的批复
证监许可〔2019〕151 号	关于核准伟驰控股集团有限公司向合格投资者公开发行公司债券的批复
证监许可〔2019〕152 号	关于核准江苏东台农村商业银行股份有限公司定向发行股票的批复
证监许可〔2019〕153 号	关于核准豁免广州市水务投资集团有限公司要约收购广州珠江实业开发股份有限公司股份义务的批复
证监许可〔2019〕154 号	关于准予嘉实中债 1 – 3 年政策性金融债指数证券投资基金注册的批复
证监许可〔2019〕155 号	关于准予泓德三年封闭运作丰泽混合型证券投资基金注册的批复
证监许可〔2019〕156 号	关于准予湘财长顺混合型发起式证券投资基金注册的批复
证监许可〔2019〕157 号	关于准予银华积极精选混合型证券投资基金变更注册的批复
证监许可〔2019〕158 号	关于准予长信富安纯债一年定期开放债券型证券投资基金变更注册的批复

续表

发文文号	发文标题
证监许可〔2019〕159号	关于准予永赢高端制造混合型证券投资基金注册的批复
证监许可〔2019〕160号	关于准予长城核心优势混合型证券投资基金注册的批复
证监许可〔2019〕161号	关于准予上银慧永利中短期债券型证券投资基金注册的批复
证监许可〔2019〕162号	关于准予中证800交易型开放式指数证券投资基金注册的批复
证监许可〔2019〕163号	关于准予易方达双月利理财债券型证券投资基金变更注册的批复
证监许可〔2019〕164号	关于准予招商中债3－5年国开行债券指数证券投资基金注册的批复
证监许可〔2019〕165号	关于准予国寿安保中债1－3年国开行债券指数型证券投资基金注册的批复
证监许可〔2019〕166号	关于核准中国嘉陵工业股份有限公司(集团)向中电力神集团有限公司等发行股份购买资产的批复
证监许可〔2019〕167号	关于核准星期六股份有限公司向谢如栋等发行股份购买资产并募集配套资金的批复
证监许可〔2019〕168号	关于核准北京同有飞骥科技股份有限公司向杨建利等发行股份购买资产并募集配套资金的批复
证监许可〔2019〕169号	关于核准石家庄通合电子科技股份有限公司向常程等发行股份购买资产的批复
证监许可〔2019〕170号	关于核准国厚金融资产管理股份有限公司向合格投资者公开发行公司债券的批复
证监许可〔2019〕171号	关于核准招金矿业股份有限公司向合格投资者公开发行公司债券的批复
证监许可〔2019〕172号	关于准予富国民裕进取沪港深成长精选混合型证券投资基金注册的批复
证监许可〔2019〕173号	关于准予中银证券安泽债券型证券投资基金注册的批复
证监许可〔2019〕174号	关于准予永赢汇利六个月定期开放债券型证券投资基金注册的批复
证监许可〔2019〕175号	关于准予中泰蓝月短债债券型证券投资基金注册的批复
证监许可〔2019〕176号	关于准予中科沃土沃安债券型证券投资基金变更注册的批复
证监许可〔2019〕177号	关于准予银华安享短债债券型证券投资基金注册的批复
证监许可〔2019〕178号	关于准予平安季开鑫三个月定期开放债券型证券投资基金注册的批复
证监许可〔2019〕179号	关于准予中银中债1－3年期国开行债券指数证券投资基金注册的批复
证监许可〔2019〕180号	关于准予建信中债1－3年国开行债券指数证券投资基金注册的批复
证监许可〔2019〕181号	关于准予长城久泰沪深300指数证券投资基金变更注册的批复
证监许可〔2019〕182号	关于准予富兰克林国海健康优质生活股票型证券投资基金变更注册的批复
证监许可〔2019〕183号	关于准予华泰保兴尊享三个月定期开放债券型发起式证券投资基金注册的批复
证监许可〔2019〕184号	关于准予平安大华鑫源混合型证券投资基金变更注册的批复
证监许可〔2019〕185号	关于准予海富通聚合纯债债券型证券投资基金注册的批复
证监许可〔2019〕186号	关于准予汇添富3年封闭运作竞争优势灵活配置混合型证券投资基金注册的批复

续表

发 文 文 号	发 文 标 题
证监许可〔2019〕187 号	关于准予易方达中证 500 交易型开放式指数证券投资基金发起式联接基金注册的批复
证监许可〔2019〕188 号	关于准予国投瑞银港股通价值发现混合型证券投资基金注册的批复
证监许可〔2019〕189 号	关于准予国金标普中国 A 股低波红利指数增强证券投资基金(LOF)注册的批复
证监许可〔2019〕190 号	关于核准闽西兴杭国有资产投资经营有限公司向合格投资者公开发行公司债券的批复
证监许可〔2019〕191 号	关于核准四川浩物机电股份有限公司向天津市浩物机电汽车贸易有限公司等发行股份购买资产并募集配套资金的批复
证监许可〔2019〕192 号	关于准予中加聚盈四个月定期开放债券型证券投资基金注册的批复
证监许可〔2019〕193 号	关于准予鹏华金利债券型证券投资基金注册的批复
证监许可〔2019〕194 号	关于准予天治转型升级混合型证券投资基金注册的批复
证监许可〔2019〕195 号	关于准予建信安心回报两年定期开放债券型证券投资基金变更注册的批复
证监许可〔2019〕196 号	关于核准河南平原智能装备股份有限公司定向发行股票的批复
证监许可〔2019〕197 号	关于核准上海永冠众诚新材料科技(集团)股份有限公司首次公开发行股票的批复
证监许可〔2019〕198 号	关于核准江苏睢宁农村商业银行股份有限公司定向发行股票的批复
证监许可〔2019〕199 号	关于核准宜昌东阳光长江药业股份有限公司发行 H 股可转换公司债券的批复
证监许可〔2019〕200 号	关于核准江苏亨通光电股份有限公司公开发行可转换公司债券的批复
证监许可〔2019〕201 号	关于核准安徽集友新材料股份有限公司非公开发行股票的批复
证监许可〔2019〕202 号	关于核准隆基绿能科技股份有限公司配股的批复
证监许可〔2019〕203 号	关于不予核准常州银河世纪微电子股份有限公司首次公开发行股票并在创业板上市申请的决定
证监许可〔2019〕204 号	关于核准濮阳濮耐高温材料(集团)股份有限公司非公开发行股票的批复
证监许可〔2019〕205 号	关于核准浙江大丰实业股份有限公司公开发行可转换公司债券的批复
证监许可〔2019〕206 号	关于核准天津久日新材料股份有限公司定向发行股票的批复
证监许可〔2019〕207 号	关于重新核准设立明亚基金管理有限责任公司的批复
证监许可〔2019〕208 号	关于核准山西天然气有限公司向合格投资者公开发行可续期公司债券的批复
证监许可〔2019〕209 号	关于不予核准珠海欧比特宇航科技股份有限公司发行股份购买资产并募集配套资金申请的决定
证监许可〔2019〕210 号	关于核准豁免韩城四平旭升实业有限公司要约收购陕西黑猫焦化股份有限公司股份义务的批复
证监许可〔2019〕211 号	关于核准大唐融资租赁有限公司向合格投资者公开发行公司债券的批复
证监许可〔2019〕212 号	关于核准中国国际金融股份有限公司变更持有 5% 以上股权的股东的批复

续表

发文文号	发文标题
证监许可〔2019〕213 号	关于核准亚世光电股份有限公司首次公开发行股票的批复
证监许可〔2019〕214 号	关于核准奥美医疗用品股份有限公司首次公开发行股票的批复
证监许可〔2019〕215 号	关于核准中交第四公路工程局有限公司向合格投资者公开发行可续期公司债券的批复
证监许可〔2019〕216 号	关于核准盘谷资产管理有限公司人民币合格境外机构投资者资格的批复
证监许可〔2019〕217 号	关于核准厦门禹洲鸿图地产开发有限公司向合格投资者公开发行公司债券的批复
证监许可〔2019〕218 号	关于核准中国葛洲坝集团股份有限公司向合格投资者公开发行公司债券的批复
证监许可〔2019〕219 号	关于准予东兴兴福一年定期开放债券型证券投资基金注册的批复
证监许可〔2019〕220 号	关于准予工银瑞信中证 500 交易型开放式指数证券投资基金注册的批复
证监许可〔2019〕221 号	关于核准创美药业股份有限公司发行境外上市外资股的批复
证监许可〔2019〕222 号	关于核准重庆华森制药股份有限公司公开发行可转换公司债券的批复
证监许可〔2019〕223 号	关于核准河南明泰铝业股份有限公司公开发行可转换公司债券的批复
证监许可〔2019〕224 号	关于核准桂林莱茵生物科技股份有限公司配股的批复
证监许可〔2019〕225 号	关于核准浙江亚太药业股份有限公司公开发行可转换公司债券的批复
证监许可〔2019〕226 号	关于核准浙商证券股份有限公司公开发行可转换公司债券的批复
证监许可〔2019〕227 号	关于核准上海现代制药股份有限公司公开发行可转换公司债券的批复
证监许可〔2019〕228 号	关于核准宁波锦浪新能源科技股份有限公司首次公开发行股票的批复
证监许可〔2019〕229 号	关于核准上海东正汽车金融股份有限公司发行境外上市外资股的批复
证监许可〔2019〕230 号	关于核准海通恒信国际租赁股份有限公司发行境外上市外资股的批复
证监许可〔2019〕231 号	关于核准中国投融资担保股份有限公司向合格投资者公开发行公司债券的批复
证监许可〔2019〕232 号	关于核准远洋控股集团(中国)有限公司向合格投资者公开发行公司债券的批复
证监许可〔2019〕233 号	关于核准中节能太阳能股份有限公司向合格投资者公开发行绿色公司债券的批复
证监许可〔2019〕234 号	关于核准国家开发投资集团有限公司向合格投资者公开发行可续期公司债券的批复
证监许可〔2019〕235 号	关于核准华宝投资有限公司向合格投资者公开发行公司债券的批复
证监许可〔2019〕236 号	关于核准昆山创业控股集团有限公司向合格投资者公开发行公司债券的批复
证监许可〔2019〕237 号	关于核准福建七匹狼集团有限公司向合格投资者公开发行公司债券的批复
证监许可〔2019〕238 号	关于核准山东魏桥铝电有限公司向合格投资者公开发行公司债券的批复
证监许可〔2019〕239 号	关于核准厦门建发集团有限公司向合格投资者公开发行公司债券的批复
证监许可〔2019〕240 号	关于准予博时颐泽稳健养老目标 12 个月定期开放混合型基金中基金(FOF)变更注册的批复

续表

发文文号	发文标题
证监许可〔2019〕241 号	关于准予泰信中证锐联基本面 400 指数分级证券投资基金变更注册的批复
证监许可〔2019〕242 号	关于核准豁免上海五牛投资控股有限公司要约收购上海岩石企业发展股份有限公司股份义务的批复
证监许可〔2019〕243 号	关于核准福建省交通运输集团有限责任公司向合格投资者公开发行公司债券的批复
证监许可〔2019〕244 号	关于准予鑫元中债 3－5 年国开行债券指数证券投资基金注册的批复
证监许可〔2019〕245 号	关于准予平安 5－10 年期政策性金融债债券型证券投资基金注册的批复
证监许可〔2019〕246 号	关于核准上海瀚讯信息技术股份有限公司首次公开发行股票的批复
证监许可〔2019〕247 号	关于核准四川金时科技股份有限公司首次公开发行股票的批复
证监许可〔2019〕248 号	关于准予汇添富 90 天滚动持有短债债券型证券投资基金注册的批复
证监许可〔2019〕249 号	关于准予建信中债 5－10 年国开行债券指数证券投资基金注册的批复
证监许可〔2019〕250 号	关于准予工银瑞信中债 3－5 年国开行债券指数证券投资基金注册的批复
证监许可〔2019〕251 号	关于核准沈阳天创信息科技股份有限公司定向发行股票的批复
证监许可〔2019〕252 号	关于核准京投发展股份有限公司向合格投资者公开发行公司债券的批复
证监许可〔2019〕253 号	关于核准厦门象屿股份有限公司向合格投资者公开发行公司债券的批复
证监许可〔2019〕254 号	关于核准德尔未来科技控股集团股份有限公司公开发行可转换公司债券的批复
证监许可〔2019〕255 号	关于核准深圳和而泰智能控制股份有限公司公开发行可转换公司债券的批复
证监许可〔2019〕256 号	关于核准浙江每日互动网络科技股份有限公司首次公开发行股票的批复
证监许可〔2019〕257 号	关于核准豁免信达投资有限公司要约收购信达地产股份有限公司股份义务的批复
证监许可〔2019〕258 号	关于核准芜湖长信科技股份有限公司公开发行可转换公司债券的批复
证监许可〔2019〕259 号	关于核准浙江荣晟环保纸业股份有限公司公开发行可转换公司债券的批复
证监许可〔2019〕260 号	关于核准深圳市亚泰国际建设股份有限公司公开发行可转换公司债券的批复
证监许可〔2019〕261 号	关于核准深圳市星源材质科技股份有限公司非公开发行股票的批复
证监许可〔2019〕262 号	关于核准柏瑞投资爱尔兰有限公司人民币合格境外机构投资者资格的批复
证监许可〔2019〕263 号	关于核准北京扬德环境科技股份有限公司定向发行股票的批复
证监许可〔2019〕264 号	关于核准厦门建发集团有限公司向合格投资者公开发行可续期公司债券的批复
证监许可〔2019〕265 号	关于核准中国国新控股有限责任公司向合格投资者公开发行公司债券的批复
证监许可〔2019〕266 号	关于核准山东黄金矿业股份有限公司向合格投资者公开发行绿色公司债券的批复
证监许可〔2019〕267 号	关于不予核准南通超达装备股份有限公司首次公开发行股票并上市申请的决定

续表

发文文号	发文标题
证监许可〔2019〕268 号	关于核准南京安居建设集团有限责任公司向合格投资者公开发行公司债券的批复
证监许可〔2019〕269 号	关于核准深圳市贝特瑞新能源材料股份有限公司定向发行股票的批复
证监许可〔2019〕270 号	关于核准苏州赛腾精密电子股份有限公司向张玺等发行股份、可转换公司债券购买资产并募集配套资金的批复
证监许可〔2019〕271 号	关于不予核准浙江向日葵光能科技股份有限公司发行股份购买资产申请的决定
证监许可〔2019〕272 号	关于核准泸州市兴泸水务(集团)股份有限公司向合格投资者公开发行公司债券的批复
证监许可〔2019〕273 号	关于核准豁免上海航天技术研究院要约收购上海航天汽车机电股份有限公司股份义务的批复
证监许可〔2019〕274 号	关于核准云南能源投资股份有限公司向云南能投新能源投资开发有限公司发行股份购买的批复
证监许可〔2019〕275 号	关于核准思达资本(香港)有限公司人民币合格境外机构投资者资格的批复
证监许可〔2019〕276 号	关于核准湖南科力远新能源股份有限公司向浙江吉利控股集团有限公司等发行股份购买资产的批复
证监许可〔2019〕277 号	关于核准广东奥迪威传感科技股份有限公司定向发行股票的批复
证监许可〔2019〕278 号	关于准予长信富泰纯债一年定期开放债券型证券投资基金变更注册的批复
证监许可〔2019〕279 号	关于准予民生加银添鑫纯债债券型证券投资基金注册的批复
证监许可〔2019〕280 号	关于准予上投摩根日本精选股票型证券投资基金(QDII)注册的批复
证监许可〔2019〕281 号	关于准予汇添富中债 1－3 年国开行债券指数证券投资基金注册的批复
证监许可〔2019〕282 号	关于准予建信中债 3－5 年国开行债券指数证券投资基金注册的批复
证监许可〔2019〕283 号	关于准予富国优势精选混合型证券投资基金变更注册的批复
证监许可〔2019〕284 号	关于核准新疆金风科技股份有限公司配股的批复
证监许可〔2019〕285 号	关于核准四川蓝光嘉宝服务集团股份有限公司发行境外上市外资股的批复
证监许可〔2019〕286 号	关于核准温州康宁医院股份有限公司增发境外上市外资股的批复
证监许可〔2019〕287 号	关于核准云南震安减震科技股份有限公司首次公开发行股票的批复
证监许可〔2019〕288 号	关于核准石药集团新诺威制药股份有限公司首次公开发行股票的批复
证监许可〔2019〕289 号	关于核准新城控股集团股份有限公司向合格投资者公开发行公司债券的批复
证监许可〔2019〕290 号	关于核准江苏金坛投资控股有限公司向合格投资者公开发行公司债券的批复
证监许可〔2019〕291 号	关于核准中国电信股份有限公司向合格投资者公开发行公司债券的批复
证监许可〔2019〕292 号	关于核准四川发展(控股)有限责任公司向合格投资者公开发行公司债券的批复
证监许可〔2019〕293 号	关于核准中国东方航空股份有限公司向合格投资者公开发行公司债券的批复
证监许可〔2019〕294 号	关于核准国富期货有限公司变更股权的批复

续表

发文文号	发文标题
证监许可〔2019〕295 号	关于核准中国葛洲坝集团股份有限公司向合格投资者公开发行可续期公司债券的批复
证监许可〔2019〕296 号	关于核准中国船舶工业集团有限公司向合格投资者公开发行公司债券的批复
证监许可〔2019〕297 号	关于核准北京控股集团有限公司向合格投资者公开发行公司债券的批复
证监许可〔2019〕298 号	关于核准国际货币基金组织人民币合格境外机构投资者资格的批复
证监许可〔2019〕299 号	关于核准豁免天津津智国有资本投资运营有限公司要约收购天津百利特精电气股份有限公司股份义务的批复
证监许可〔2019〕300 号	关于核准安徽新力金融股份有限公司向王剑等发行股份购买资产的批复
证监许可〔2019〕301 号	关于核准豁免天津津智国有资本投资运营有限公司要约收购天津七一二通信广播股份有限公司股份义务的批复
证监许可〔2019〕302 号	关于核准恒力石化股份有限公司向合格投资者公开发行公司债券的批复
证监许可〔2019〕303 号	关于核准北京京客隆商业集团股份有限公司向合格投资者公开发行公司债券的批复
证监许可〔2019〕304 号	关于核准厦门路桥建设集团有限公司向合格投资者公开发行公司债券的批复
证监许可〔2019〕305 号	关于核准北京首都创业集团有限公司向合格投资者公开发行公司债券的批复
证监许可〔2019〕306 号	关于核准重庆龙湖企业拓展有限公司向合格投资者公开发行公司债券的批复
证监许可〔2019〕307 号	关于核准国药集团融资租赁有限公司向合格投资者公开发行公司债券的批复
证监许可〔2019〕308 号	关于核准中原资产管理有限公司向合格投资者公开发行公司债券的批复
证监许可〔2019〕309 号	关于核准杭州市交通投资集团有限公司向合格投资者公开发行公司债券的批复
证监许可〔2019〕310 号	关于核准新湖中宝股份有限公司向合格投资者公开发行公司债券的批复
证监许可〔2019〕311 号	关于核准鲁信创业投资集团股份有限公司向合格投资者公开发行创新创业公司债券的批复
证监许可〔2019〕312 号	关于核准江苏永鼎股份有限公司公开发行可转换公司债券的批复
证监许可〔2019〕313 号	关于核准河南清水源科技股份有限公司公开发行可转换公司债券的批复
证监许可〔2019〕314 号	关于准予凯石秦纯债三个月定期开放债券型发起式证券投资基金注册的批复
证监许可〔2019〕315 号	关于准予中加裕盈纯债债券型证券投资基金注册的批复
证监许可〔2019〕316 号	关于准予易方达恒利 3 个月定期开放债券型发起式证券投资基金注册的批复
证监许可〔2019〕317 号	关于准予国联安增瑞政策性金融债纯债债券型证券投资基金注册的批复
证监许可〔2019〕318 号	关于准予国泰丰鑫纯债债券型证券投资基金注册的批复
证监许可〔2019〕319 号	关于核准吉林化纤股份有限公司非公开发行股票的批复
证监许可〔2019〕320 号	关于核准中原资产管理有限公司向合格投资者公开发行可续期公司债券的批复
证监许可〔2019〕321 号	关于核准中工国际工程股份有限公司向中国机械工业集团有限公司发行股份购买资产并募集配套资金的批复

续表

发文文号	发文标题
证监许可〔2019〕322 号	关于核准深圳市斯盛能源股份有限公司定向发行股票的批复
证监许可〔2019〕323 号	关于核准远东国际租赁有限公司向合格投资者公开发行可续期公司债券的批复
证监许可〔2019〕324 号	关于准予南方沪港深核心优势混合型证券投资基金注册的批复
证监许可〔2019〕325 号	关于核准豁免池州市政府国有资产监督管理委员会要约收购安徽九华山旅游发展股份有限公司股份义务的批复
证监许可〔2019〕326 号	关于核准中原证券股份有限公司向合格投资者公开发行公司债券的批复
证监许可〔2019〕327 号	关于核准浙江三美化工股份有限公司首次公开发行股票的批复
证监许可〔2019〕328 号	关于准予融通消费升级混合型证券投资基金注册的批复
证监许可〔2019〕329 号	关于核准吉林亚泰（集团）股份有限公司向合格投资者公开发行公司债券的批复
证监许可〔2019〕330 号	关于核准鲁信创业投资集团股份有限公司向合格投资者公开发行公司债券的批复
证监许可〔2019〕331 号	关于核准平安国际融资租赁有限公司向合格投资者公开发行公司债券的批复
证监许可〔2019〕332 号	关于核准中国核能电力股份有限公司公开发行可转换公司债券的批复
证监许可〔2019〕333 号	关于核准浙江华海药业股份有限公司非公开发行股票的批复
证监许可〔2019〕334 号	关于准予博时中债 1－3 年国开行债券指数证券投资基金注册的批复
证监许可〔2019〕335 号	关于准予鹏扬元合量化大盘优选股票型证券投资基金注册的批复
证监许可〔2019〕336 号	关于准予长城沪港深行业龙头精选混合型证券投资基金注册的批复
证监许可〔2019〕337 号	关于准予东方红聚利债券型证券投资基金注册的批复
证监许可〔2019〕338 号	关于准予南方初元中短债债券型发起式证券投资基金注册的批复
证监许可〔2019〕339 号	关于准予泰康安和纯债 6 个月定期开放债券型证券投资基金注册的批复
证监许可〔2019〕340 号	关于准予天弘华享三个月定期开放债券型发起式证券投资基金注册的批复
证监许可〔2019〕341 号	关于准予工银瑞信中债 1－3 年国开行债券指数证券投资基金注册的批复
证监许可〔2019〕342 号	关于准予中庚小盘价值股票型证券投资基金注册的批复
证监许可〔2019〕343 号	关于准予睿远成长价值混合型证券投资基金注册的批复
证监许可〔2019〕344 号	关于准予长城港股通价值精选多策略混合型证券投资基金注册的批复
证监许可〔2019〕345 号	关于准予博道远航混合型证券投资基金注册的批复
证监许可〔2019〕346 号	关于准予浙商汇金中证浙江凤凰行动 50 交易型开放式指数证券投资基金注册的批复
证监许可〔2019〕347 号	关于准予汇添富内需增长股票型证券投资基金注册的批复
证监许可〔2019〕348 号	关于准予国投瑞银沪深 300 指数量化增强型证券投资基金注册的批复
证监许可〔2019〕349 号	关于准予工银瑞信中债 1－3 年农发行债券指数证券投资基金注册的批复
证监许可〔2019〕350 号	关于准予浙商汇金中证浙江凤凰行动 50 交易型开放式指数证券投资基金联接基金注册的批复

续表

发文文号	发文标题
证监许可〔2019〕351号	关于准予浙商聚潮灵活配置混合型证券投资基金变更注册的批复
证监许可〔2019〕352号	关于核准美的集团股份有限公司吸收合并无锡小天鹅股份有限公司的批复
证监许可〔2019〕353号	关于核准西南证券股份有限公司向合格投资者公开发行公司债券的批复
证监许可〔2019〕354号	关于核准博通集成电路(上海)股份有限公司首次公开发行股票的批复
证监许可〔2019〕355号	关于核准广州农村商业银行股份有限公司境外发行优先股的批复
证监许可〔2019〕356号	关于核准中集车辆(集团)股份有限公司发行境外上市外资股的批复
证监许可〔2019〕357号	关于核准中国核工业建设股份有限公司公开发行可转换公司债券的批复
证监许可〔2019〕358号	关于核准浙江三星新材股份有限公司公开发行可转换公司债券的批复
证监许可〔2019〕359号	关于准予嘉实中证锐联基本面50交易型开放式指数证券投资基金注册的批复
证监许可〔2019〕360号	关于准予广发汇阳三个月定期开放债券型发起式证券投资基金注册的批复
证监许可〔2019〕361号	关于准予招商招兴纯债债券型证券投资基金变更注册的批复
证监许可〔2019〕362号	关于准予海富通瑞福一年定期开放债券型证券投资基金变更注册的批复
证监许可〔2019〕363号	关于准予华泰紫金丰利中短债债券型发起式证券投资基金注册的批复
证监许可〔2019〕364号	关于准予诺安中证创业成长指数分级证券投资基金变更注册的批复
证监许可〔2019〕365号	关于准予国开泰富中小盘优选股票型发起式证券投资基金注册的批复
证监许可〔2019〕366号	关于准予嘉合磐瑞纯债债券型证券投资基金注册的批复
证监许可〔2019〕367号	关于准予海富通双福债券型证券投资基金变更注册的批复
证监许可〔2019〕368号	关于核准韩国投资证券株式会社设立北京代表处的批复
证监许可〔2019〕369号	关于核准野村新加坡有限公司合格境外机构投资者资格的批复
证监许可〔2019〕370号	关于准予国开泰富大盘优选股票型发起式证券投资基金注册的批复
证监许可〔2019〕371号	关于准予恒生前海消费升级混合型证券投资基金注册的批复
证监许可〔2019〕372号	关于准予中证银行交易型开放式指数证券投资基金联接基金注册的批复
证监许可〔2019〕373号	关于准予华泰柏瑞基本面智选混合型证券投资基金注册的批复
证监许可〔2019〕374号	关于准予诺德策略精选混合型证券投资基金注册的批复
证监许可〔2019〕375号	关于准予安信新起点灵活配置混合型证券投资基金变更注册的批复
证监许可〔2019〕376号	关于准予鹏扬中证500质量成长指数证券投资基金注册的批复
证监许可〔2019〕377号	关于准予国联安中证全指半导体产品与设备交易型开放式指数证券投资基金注册的批复
证监许可〔2019〕378号	关于准予创金合信港股通量化股票型证券投资基金注册的批复
证监许可〔2019〕379号	关于准予景顺长城中证红利低波动100交易型开放式指数证券投资基金注册的批复
证监许可〔2019〕380号	关于核准浙江中国小商品城集团股份有限公司向合格投资者公开发行公司债券的批复

续表

发文文号	发文标题
证监许可〔2019〕381号	关于核准华福证券有限责任公司向合格投资者公开发行公司债券的批复
证监许可〔2019〕382号	关于核准日照港裕廊股份有限公司发行境外上市外资股的批复
证监许可〔2019〕383号	关于核准北京住总集团有限责任公司向合格投资者公开发行可续期公司债券的批复
证监许可〔2019〕384号	关于核准国机汽车股份有限公司向中国机械工业集团有限公司发行股份购买资产并募集配套资金的批复
证监许可〔2019〕385号	关于核准中国石油天然气股份有限公司发行可转换为境外上市外资股的公司债券的批复
证监许可〔2019〕386号	关于核准新疆众和股份有限公司非公开发行股票的批复
证监许可〔2019〕387号	关于核准天津泰达股份有限公司向合格投资者公开发行公司债券的批复
证监许可〔2019〕388号	关于核准深圳顺丰泰森控股(集团)有限公司向合格投资者公开发行公司债券的批复
证监许可〔2019〕389号	关于核准碧桂园地产集团有限公司向合格投资者公开发行公司债券的批复
证监许可〔2019〕390号	关于核准新兴铸管股份有限公司向合格投资者公开发行公司债券的批复
证监许可〔2019〕391号	关于核准湖北宜昌交运集团股份有限公司向合格投资者公开发行公司债券的批复
证监许可〔2019〕392号	关于核准交通银行股份有限公司公开发行可转换公司债券的批复
证监许可〔2019〕393号	关于核准申万宏源集团股份有限公司发行境外上市外资股的批复
证监许可〔2019〕394号	关于核准深圳市银宝山新科技股份有限公司配股的批复
证监许可〔2019〕395号	关于不予核准信利光电股份有限公司首次公开发行股票并上市申请的决定
证监许可〔2019〕396号	关于核准豁免中国核工业集团有限公司要约收购中国核工业建设股份有限公司股份义务的批复
证监许可〔2019〕397号	关于准予长信量化价值精选混合型证券投资基金变更注册的批复
证监许可〔2019〕398号	关于准予国泰CES半导体行业交易型开放式指数证券投资基金注册的批复
证监许可〔2019〕399号	关于准予中海策略精选灵活配置混合型证券投资基金变更注册的批复
证监许可〔2019〕400号	关于准予万家沪港深蓝筹混合型证券投资基金注册的批复
证监许可〔2019〕401号	关于核准龙岩市汇金发展集团有限公司向合格投资者公开发行公司债券的批复
证监许可〔2019〕402号	关于准予南方恒庆一年定期开放债券型证券投资基金注册的批复
证监许可〔2019〕403号	关于准予华商瑞丰混合型证券投资基金变更注册的批复
证监许可〔2019〕404号	关于准予浙商港股通中华交易服务预期高股息指数增强型证券投资基金注册的批复
证监许可〔2019〕405号	关于准予银华美元债精选债券型证券投资基金(QDII)注册的批复
证监许可〔2019〕406号	关于准予前海开源裕和定期开放混合型证券投资基金变更注册的批复

续表

发文文号	发文标题
证监许可〔2019〕407 号	关于核准北京优炫软件股份有限公司定向发行股票的批复
证监许可〔2019〕408 号	关于准予招商添旭 3 个月定期开放债券型发起式证券投资基金注册的批复
证监许可〔2019〕409 号	关于准予中融聚通 3 个月定期开放债券型发起式证券投资基金注册的批复
证监许可〔2019〕410 号	关于准予金信新能源汽车灵活配置混合型发起式证券投资基金变更注册的批复
证监许可〔2019〕411 号	关于蜂巢添鑫纯债债券型证券投资基金注册的批复
证监许可〔2019〕412 号	关于准予易方达中债 3 – 5 年国开行债券指数证券投资基金注册的批复
证监许可〔2019〕413 号	关于准予易方达中债 1 – 3 年国开行债券指数证券投资基金注册的批复
证监许可〔2019〕414 号	关于准予国寿安保尊益信用纯债一年定期开放债券型证券投资基金变更注册的批复
证监许可〔2019〕415 号	关于准予凯石沣混合型证券投资基金注册的批复
证监许可〔2019〕416 号	关于准予华夏中债 3 – 5 年政策性金融债指数证券投资基金注册的批复
证监许可〔2019〕417 号	关于准予华夏中债 1 – 3 年政策性金融债指数证券投资基金注册的批复
证监许可〔2019〕418 号	关于准予兴银合丰政策性金融债债券型证券投资基金注册的批复
证监许可〔2019〕419 号	关于准予银河中债 – 1 – 3 年久期央企 20 债券指数证券投资基金注册的批复
证监许可〔2019〕420 号	关于准予嘉实汇鑫中短债债券型证券投资基金注册的批复
证监许可〔2019〕421 号	关于准予前海开源中债 3 – 5 年国开行债券指数证券投资基金注册的批复
证监许可〔2019〕422 号	关于准予浙商丰顺纯债债券型证券投资基金注册的批复
证监许可〔2019〕423 号	关于准予汇添富印度精选混合型证券投资基金(QDII)变更注册的批复
证监许可〔2019〕424 号	关于准予安信鑫日享中短债债券型证券投资基金注册的批复
证监许可〔2019〕425 号	关于准予上证上海改革发展主题交易型开放式指数发起式证券投资基金变更注册的批复
证监许可〔2019〕426 号	关于准予平安合盛 3 个月定期开放债券型发起式证券投资基金注册的批复
证监许可〔2019〕427 号	关于准予汇丰晋信港股通双核策略混合型证券投资基金注册的批复
证监许可〔2019〕428 号	关于准予浙商智能行业优选混合型发起式证券投资基金注册的批复
证监许可〔2019〕429 号	关于准予平安惠合纯债债券型证券投资基金注册的批复
证监许可〔2019〕430 号	关于准予华泰紫金丰益中短债债券型发起式证券投资基金注册的批复
证监许可〔2019〕431 号	关于准予国泰惠丰纯债债券型证券投资基金注册的批复
证监许可〔2019〕432 号	关于准予国开泰富消费服务股票型发起式证券投资基金注册的批复
证监许可〔2019〕433 号	关于准予中金新元一年定期开放债券型证券投资基金变更注册的批复
证监许可〔2019〕434 号	关于准予华泰柏瑞益通定期开放债券型发起式证券投资基金变更注册的批复
证监许可〔2019〕435 号	关于准予天弘优质成长企业精选灵活配置混合型发起式证券投资基金注册的批复

续表

发文文号	发文标题
证监许可〔2019〕436 号	关于准予国联安鑫盈混合型证券投资基金变更注册的批复
证监许可〔2019〕437 号	关于准予华安中债 1－3 年政策性金融债指数证券投资基金注册的批复
证监许可〔2019〕438 号	关于准予华安安和债券型证券投资基金注册的批复
证监许可〔2019〕439 号	关于准予南华价值启航纯债债券型证券投资基金注册的批复
证监许可〔2019〕440 号	关于核准江苏阜宁农村商业银行股份有限公司定向发行股票的批复
证监许可〔2019〕441 号	关于核准豁免深圳市光明区发展和财政局要约收购深圳市卫光生物制品股份有限公司股份义务的批复
证监许可〔2019〕442 号	关于核准中国建设银行股份有限公司开展存托凭证试点存托业务的批复
证监许可〔2019〕443 号	关于核准中国铁建投资集团有限公司向合格投资者公开发行公司债券的批复
证监许可〔2019〕444 号	关于核准融侨集团股份有限公司向合格投资者公开发行公司债券的批复
证监许可〔2019〕445 号	关于核准江苏盛泽投资有限公司向合格投资者公开发行公司债券的批复
证监许可〔2019〕446 号	关于核准上海国有资产经营有限公司向合格投资者公开发行公司债券的批复
证监许可〔2019〕447 号	关于核准北京市文化投资发展集团有限责任公司向合格投资者公开发行公司债券的批复
证监许可〔2019〕448 号	关于准予兴业 18 个月定期开放债券型证券投资基金变更注册的批复
证监许可〔2019〕449 号	关于准予山西证券裕泰 3 个月定期开放债券型发起式证券投资基金注册的批复
证监许可〔2019〕450 号	关于准予招商 3 年封闭运作瑞利灵活配置混合型证券投资基金注册的批复
证监许可〔2019〕451 号	关于准予平安季享裕三个月定期开放债券型证券投资基金注册的批复
证监许可〔2019〕452 号	关于准予万家年年恒祥定期开放债券型证券投资基金变更注册的批复
证监许可〔2019〕453 号	关于准予鹏华兴利定期开放灵活配置混合型证券投资基金变更注册的批复
证监许可〔2019〕454 号	关于准予华夏常阳三年定期开放混合型证券投资基金注册的批复
证监许可〔2019〕455 号	关于准予银河新动能混合型证券投资基金注册的批复
证监许可〔2019〕456 号	关于准予兴银上海清算所 3－5 年中高等级优选信用债指数证券投资基金注册的批复
证监许可〔2019〕457 号	关于准予民生加银聚益纯债债券型证券投资基金注册的批复
证监许可〔2019〕458 号	关于准予长城短债债券型证券投资基金注册的批复
证监许可〔2019〕459 号	关于准予永赢泰利债券型证券投资基金注册的批复
证监许可〔2019〕460 号	关于准予博时中债 3－5 年政策性金融债指数证券投资基金注册的批复
证监许可〔2019〕461 号	关于准予银华体育文化灵活配置混合型证券投资基金变更注册的批复
证监许可〔2019〕462 号	关于核准内蒙古鄂尔多斯资源股份有限公司向内蒙古鄂尔多斯羊绒集团有限责任公司发行股份购买资产并募集配套资金的批复
证监许可〔2019〕463 号	关于核准东莞金融控股集团有限公司向合格投资者公开发行公司债券的批复

续表

发文文号	发文标题
证监许可〔2019〕464 号	关于核准义乌市国有资本运营有限公司向合格投资者公开发行公司债券的批复
证监许可〔2019〕465 号	关于核准无锡市市政公用产业集团有限公司向合格投资者公开发行可续期公司债券的批复
证监许可〔2019〕466 号	关于核准淮北矿业股份有限公司向合格投资者公开发行公司债券的批复
证监许可〔2019〕467 号	关于核准海航机场控股(集团)有限公司向合格投资者公开发行公司债券的批复
证监许可〔2019〕468 号	关于核准厦门路桥建设集团有限公司向合格投资者公开发行可续期公司债券的批复
证监许可〔2019〕469 号	关于核准中国大唐集团有限公司向合格投资者公开发行可续期公司债券的批复
证监许可〔2019〕470 号	关于核准北京市朝阳区国有资本经营管理中心向合格投资者公开发行公司债券的批复
证监许可〔2019〕471 号	关于核准上海实业发展股份有限公司向合格投资者公开发行公司债券的批复
证监许可〔2019〕472 号	关于核准四川天味食品集团股份有限公司首次公开发行股票的批复
证监许可〔2019〕473 号	关于核准杭州迪普科技股份有限公司首次公开发行股票的批复
证监许可〔2019〕474 号	关于核准西安蓝晓科技新材料股份有限公司公开发行可转换公司债券的批复
证监许可〔2019〕475 号	关于核准欧派家居集团股份有限公司公开发行可转换公司债券的批复
证监许可〔2019〕476 号	关于核准豁免湖南湘投控股集团有限公司要约收购湖南华升股份有限公司股份义务的批复
证监许可〔2019〕477 号	关于核准豁免杭州市国有资本投资运营有限公司要约收购杭州杭氧股份有限公司股份义务的批复
证监许可〔2019〕478 号	关于核准浙江万丰奥威汽轮股份有限公司向合格投资者公开发行公司债券的批复
证监许可〔2019〕479 号	关于核准华润租赁有限公司向合格投资者公开发行公司债券的批复
证监许可〔2019〕480 号	关于准予华安安平 6 个月定期开放债券型发起式证券投资基金注册的批复
证监许可〔2019〕481 号	关于准予永赢嘉益债券型证券投资基金变更注册的批复
证监许可〔2019〕482 号	关于准予广发景安纯债债券型证券投资基金注册的批复
证监许可〔2019〕483 号	关于准予农银汇理金硕债券型证券投资基金注册的批复
证监许可〔2019〕484 号	关于准予汇安价值精选灵活配置混合型证券投资基金变更注册的批复
证监许可〔2019〕485 号	关于准予中邮中债 -1 -3 年久期央企 20 债券指数证券投资基金注册的批复
证监许可〔2019〕486 号	关于准予银华丰华三个月定期开放债券型发起式证券投资基金注册的批复
证监许可〔2019〕487 号	关于准予鹏华中证国防交易型开放式指数证券投资基金注册的批复
证监许可〔2019〕488 号	关于准予富国中债 1 -5 年农发行债券指数证券投资基金注册的批复
证监许可〔2019〕489 号	关于核准河北涿州农村商业银行股份有限公司定向发行股票的批复

续表

发文文号	发文标题
证监许可〔2019〕490号	关于核准中航资本控股股份有限公司向合格投资者公开发行公司债券的批复
证监许可〔2019〕491号	关于核准中国华电集团有限公司向合格投资者公开发行公司债券的批复
证监许可〔2019〕492号	关于核准宁夏国有资本运营集团有限责任公司向合格投资者公开发行公司债券的批复
证监许可〔2019〕493号	关于核准南通产业控股集团有限公司向合格投资者公开发行公司债券的批复
证监许可〔2019〕494号	关于核准石榴置业集团股份有限公司向合格投资者公开发行公司债券的批复
证监许可〔2019〕495号	关于核准中国中车股份有限公司向合格投资者公开发行公司债券的批复
证监许可〔2019〕496号	关于核准上海大宁资产经营(集团)有限公司向合格投资者公开发行公司债券的批复
证监许可〔2019〕497号	关于核准中国旅游集团有限公司向合格投资者公开发行公司债券的批复
证监许可〔2019〕498号	关于核准天津鹏翎集团股份有限公司向河北新华欧亚汽配集团有限公司等发行股份购买资产并募集配套资金的批复
证监许可〔2019〕499号	关于核准豁免山东钢铁集团矿业有限公司要约收购山东金岭矿业股份有限公司股份义务的批复
证监许可〔2019〕500号	关于准予浙商惠泉3个月定期开放债券型证券投资基金注册的批复
证监许可〔2019〕501号	关于准予汇添富中债1-3年农发行债券指数证券投资基金注册的批复
证监许可〔2019〕502号	关于准予红塔红土瑞祥纯债债券型证券投资基金注册的批复
证监许可〔2019〕503号	关于准予信达澳银量化多因子混合型证券投资基金(LOF)注册的批复
证监许可〔2019〕504号	关于准予中邮纯债裕利三个月定期开放债券型发起式证券投资基金注册的批复
证监许可〔2019〕505号	关于准予海富通中短债债券型证券投资基金注册的批复
证监许可〔2019〕506号	关于准予申万菱信安泰瑞利一年定期开放混合型证券投资基金变更注册的批复
证监许可〔2019〕507号	关于准予广发睿享稳健增利混合型证券投资基金注册的批复
证监许可〔2019〕508号	关于准予山西证券裕睿6个月定期开放债券型证券投资基金注册的批复
证监许可〔2019〕509号	关于准予财通恒利纯债债券型证券投资基金注册的批复
证监许可〔2019〕510号	关于准予博时富悦纯债债券型证券投资基金注册的批复
证监许可〔2019〕511号	关于准予人保中高等级信用债债券型证券投资基金注册的批复
证监许可〔2019〕512号	关于准予华安中证民企成长交易型开放式指数证券投资基金注册的批复
证监许可〔2019〕513号	关于核准设立摩根大通证券(中国)有限公司的批复
证监许可〔2019〕514号	关于核准设立野村东方国际证券有限公司的批复
证监许可〔2019〕515号	关于核准国药控股股份有限公司增发境外上市外资股的批复
证监许可〔2019〕516号	关于核准中国光大银行股份有限公司非公开发行优先股的批复
证监许可〔2019〕517号	关于核准科大讯飞股份有限公司非公开发行股票的批复

续表

发文文号	发文标题
证监许可〔2019〕518 号	关于核准深圳市元征科技股份有限公司增发境外上市外资股的批复
证监许可〔2019〕519 号	关于准予中信建投稳信定期开放债券型证券投资基金变更注册的批复
证监许可〔2019〕520 号	关于准予工银瑞信睿智中证 500 指数分级证券投资基金变更注册的批复
证监许可〔2019〕521 号	关于准予广发中债农发行债券总指数证券投资基金注册的批复
证监许可〔2019〕522 号	关于准予蜂巢添幂中短债债券型证券投资基金注册的批复
证监许可〔2019〕523 号	关于准予华泰保兴多策略三个月定期开放股票型发起式证券投资基金注册的批复
证监许可〔2019〕524 号	关于准予博时中债 1－3 年政策性金融债指数证券投资基金变更注册的批复
证监许可〔2019〕525 号	关于准予汇添富沪深 300 交易型开放式指数证券投资基金注册的批复
证监许可〔2019〕526 号	关于核准云南旅游股份有限公司向华侨城集团有限公司等发行股份购买资产的批复
证监许可〔2019〕527 号	关于核准深圳市德方纳米科技股份有限公司首次公开发行股票的批复
证监许可〔2019〕528 号	关于核准广东南方新媒体股份有限公司首次公开发行股票的批复
证监许可〔2019〕529 号	关于核准深圳市智莱科技股份有限公司首次公开发行股票的批复
证监许可〔2019〕530 号	关于核准凤凰光学股份有限公司非公开发行股票的批复
证监许可〔2019〕531 号	关于核准河南投资集团有限公司向合格投资者公开发行公司债券的批复
证监许可〔2019〕532 号	关于核准上海紫江企业集团股份有限公司向合格投资者公开发行公司债券的批复
证监许可〔2019〕533 号	关于核准山东省国有资产投资控股有限公司向合格投资者公开发行公司债券的批复
证监许可〔2019〕534 号	关于核准江苏永钢集团有限公司向合格投资者公开发行公司债券的批复
证监许可〔2019〕535 号	关于核准云南省投资控股集团有限公司向合格投资者公开发行公司债券的批复
证监许可〔2019〕536 号	关于核准江西省省属国有企业资产经营(控股)有限公司向合格投资者公开发行公司债券的批复
证监许可〔2019〕537 号	关于核准河北银行股份有限公司定向发行股票的批复
证监许可〔2019〕538 号	关于核准河北滦平农村商业银行股份有限公司定向发行股票的批复
证监许可〔2019〕539 号	关于准予华泰保兴安悦债券型证券投资基金注册的批复
证监许可〔2019〕540 号	关于准予前海开源润鑫灵活配置混合型证券投资基金变更注册的批复
证监许可〔2019〕541 号	关于准予西部利得聚享一年定期开放债券型证券投资基金注册的批复
证监许可〔2019〕542 号	关于准予国寿安保泰荣纯债债券型证券投资基金注册的批复
证监许可〔2019〕543 号	关于准予华安中债 7－10 年国开行债券指数证券投资基金注册的批复
证监许可〔2019〕544 号	关于准予华泰保兴安盈三个月定期开放混合型发起式证券投资基金注册的批复

续表

发文文号	发文标题
证监许可〔2019〕545 号	关于核准豁免甘肃省国有资产投资集团有限公司要约收购甘肃陇神戎发药业股份有限公司股份义务的批复
证监许可〔2019〕546 号	关于准予交银施罗德可转债债券型证券投资基金注册的批复
证监许可〔2019〕547 号	关于准予国融稳泓短债债券型证券投资基金注册的批复
证监许可〔2019〕548 号	关于准予上银中债 1－3 年农发行债券指数证券投资基金注册的批复
证监许可〔2019〕549 号	关于准予前海开源中债 1－3 年国开行债券指数证券投资基金注册的批复
证监许可〔2019〕550 号	关于准予鑫元中债 1－3 年国开行债券指数证券投资基金注册的批复
证监许可〔2019〕551 号	关于准予海富通瑞丰一年定期开放债券型证券投资基金变更注册的批复
证监许可〔2019〕552 号	关于准予平安惠涌纯债债券型证券投资基金注册的批复
证监许可〔2019〕553 号	关于准予农银汇理中债 5－10 年农发行债券指数证券投资基金注册的批复
证监许可〔2019〕554 号	关于准予华宝宝盛纯债债券型证券投资基金注册的批复
证监许可〔2019〕555 号	关于准予安信核心竞争力灵活配置混合型证券投资基金注册的批复
证监许可〔2019〕556 号	关于准予广发均衡价值混合型证券投资基金注册的批复
证监许可〔2019〕557 号	关于准予浙商汇金中高等级三个月定期开放债券型证券投资基金注册的批复
证监许可〔2019〕558 号	关于准予长安鑫垚主题轮动混合型证券投资基金变更注册的批复
证监许可〔2019〕559 号	关于准予华夏鼎淳债券型证券投资基金注册的批复
证监许可〔2019〕560 号	关于准予长安鑫恒回报混合型证券投资基金变更注册的批复
证监许可〔2019〕561 号	关于准予中金衡盈混合型证券投资基金注册的批复
证监许可〔2019〕562 号	关于准予华夏创业板动量成长交易型开放式指数证券投资基金注册的批复
证监许可〔2019〕563 号	关于准予华夏创业板低波蓝筹交易型开放式指数证券投资基金注册的批复
证监许可〔2019〕564 号	关于准予农银汇理 14 天理财债券型证券投资基金变更注册的批复
证监许可〔2019〕565 号	关于核准中国石油化工集团有限公司向合格投资者公开发行公司债券的批复
证监许可〔2019〕566 号	关于核准江西省投资集团有限公司向合格投资者公开发行公司债券的批复
证监许可〔2019〕567 号	关于核准招商局集团有限公司向合格投资者公开发行公司债券的批复
证监许可〔2019〕568 号	关于核准厦门象屿集团有限公司向合格投资者公开发行公司债券的批复
证监许可〔2019〕569 号	关于核准上海浦东发展（集团）有限公司向合格投资者公开发行公司债券的批复
证监许可〔2019〕570 号	关于核准广东东阳光科技控股股份有限公司向合格投资者公开发行公司债券的批复
证监许可〔2019〕571 号	关于准予兴业聚盛灵活配置混合型证券投资基金变更注册的批复
证监许可〔2019〕572 号	关于准予嘉合消费升级混合型发起式证券投资基金注册的批复
证监许可〔2019〕573 号	关于准予诺安合润六个月定期开放债券型证券投资基金注册的批复
证监许可〔2019〕574 号	关于准予民生加银中债 1－3 年农发行债券指数证券投资基金注册的批复

续表

发文文号	发文标题
证监许可〔2019〕575 号	关于准予永赢众利债券型证券投资基金注册的批复
证监许可〔2019〕576 号	关于准予平安惠澜纯债债券型证券投资基金注册的批复
证监许可〔2019〕577 号	关于准予国投瑞银顺祺纯债债券型证券投资基金注册的批复
证监许可〔2019〕578 号	关于核准光大嘉宝股份有限公司向合格投资者公开发行公司债券的批复
证监许可〔2019〕579 号	关于核准泛海控股股份有限公司向合格投资者公开发行公司债券的批复
证监许可〔2019〕580 号	关于核准国投电力控股股份有限公司向合格投资者公开发行公司债券的批复
证监许可〔2019〕581 号	关于准予上银政策性金融债债券型证券投资基金注册的批复
证监许可〔2019〕582 号	关于准予前海开源泰和 6 个月定期开放债券型证券投资基金注册的批复
证监许可〔2019〕583 号	关于准予上投摩根锦程积极成长养老目标五年持有期混合型基金中基金(FOF)注册的批复
证监许可〔2019〕584 号	关于准予广发养老目标日期 2050 五年持有期混合型发起式基金中基金(FOF)注册的批复
证监许可〔2019〕585 号	关于准予景顺长城养老目标日期 2045 五年持有期混合型发起式基金中基金(FOF)注册的批复
证监许可〔2019〕586 号	关于准予嘉实新添盈定期开放混合型证券投资基金变更注册的批复
证监许可〔2019〕587 号	关于准予鹏华养老目标日期 2045 三年持有期混合型发起式基金中基金(FOF)注册的批复
证监许可〔2019〕588 号	关于准予长盛养老目标日期 2040 三年持有期混合型基金中基金(FOF)注册的批复
证监许可〔2019〕589 号	关于准予华宝稳健养老目标一年持有期混合型发起式基金中基金(FOF)注册的批复
证监许可〔2019〕590 号	关于准予平安养老目标日期 2035 三年持有期混合型基金中基金(FOF)注册的批复
证监许可〔2019〕591 号	关于准予浦银安盛颐和稳健养老目标一年持有期混合型基金中基金(FOF)注册的批复
证监许可〔2019〕592 号	关于准予农银养老目标日期 2035 三年持有期混合型发起式基金中基金(FOF)注册的批复
证监许可〔2019〕593 号	关于准予景顺长城中证医药卫生交易型开放式指数证券投资基金联接基金变更注册的批复
证监许可〔2019〕594 号	关于准予大成养老目标日期 2040 三年持有期混合型基金中基金(FOF)注册的批复
证监许可〔2019〕595 号	关于准予天弘养老目标日期 2035 三年持有期混合型基金中基金(FOF)注册的批复
证监许可〔2019〕596 号	关于准予前海开源康颐平衡养老目标三年持有期混合型发起式基金中基金(FOF)注册的批复

续表

发文文号	发文标题
证监许可〔2019〕597号	关于准予易方达汇智稳健养老目标一年持有期混合型基金中基金（FOF）注册的批复
证监许可〔2019〕598号	关于准予万家平衡养老目标三年持有期混合型发起式基金中基金（FOF）注册的批复
证监许可〔2019〕599号	关于准予银华尊尚稳健养老目标一年持有期混合型发起式基金中基金（FOF）注册的批复
证监许可〔2019〕600号	关于准予广发均衡养老目标三年持有期混合型基金中基金（FOF）注册的批复
证监许可〔2019〕601号	关于准予鹏华长乐稳健养老目标一年持有期混合型发起式基金中基金（FOF）注册的批复
证监许可〔2019〕602号	关于核准中国核工业集团有限公司向合格投资者公开发行公司债券的批复
证监许可〔2019〕603号	关于核准北京亦庄国际投资发展有限公司向合格投资者公开发行公司债券的批复
证监许可〔2019〕604号	关于核准三亚凤凰国际机场有限责任公司向合格投资者公开发行公司债券的批复
证监许可〔2019〕605号	关于核准中建投租赁股份有限公司向合格投资者公开发行公司债券的批复
证监许可〔2019〕606号	关于准予凯石浩品质经营混合型证券投资基金注册的批复
证监许可〔2019〕607号	关于准予南方甑智定期开放混合型发起式证券投资基金变更注册的批复
证监许可〔2019〕608号	关于准予合煦智远消费主题股票型发起式证券投资基金注册的批复
证监许可〔2019〕609号	关于准予浦银安盛中证高股息精选交易型开放式指数证券投资基金联接基金注册的批复
证监许可〔2019〕610号	关于准予泰康信用精选债券型证券投资基金注册的批复
证监许可〔2019〕611号	关于准予浙商汇金聚盈中短债债券型证券投资基金注册的批复
证监许可〔2019〕612号	关于准予农银汇理策略趋势混合型证券投资基金注册的批复
证监许可〔2019〕613号	关于准予永赢昌利债券型证券投资基金注册的批复
证监许可〔2019〕614号	关于准予工银瑞信中债1－5年进出口行债券指数证券投资基金注册的批复
证监许可〔2019〕615号	关于准予国泰深证TMT50指数分级证券投资基金变更注册的批复
证监许可〔2019〕616号	关于准予西部利得聚利6个月定期开放债券型证券投资基金注册的批复
证监许可〔2019〕617号	关于准予国开泰富泰祥纯债债券型证券投资基金注册的批复
证监许可〔2019〕618号	关于准予农银汇理金益债券型证券投资基金注册的批复
证监许可〔2019〕619号	关于准予民生加银兴盈债券型证券投资基金注册的批复
证监许可〔2019〕620号	关于准予天弘安益债券型证券投资基金注册的批复
证监许可〔2019〕621号	关于准予银河沪深300指数增强型发起式证券投资基金注册的批复
证监许可〔2019〕622号	关于准予永赢久利债券型证券投资基金注册的批复
证监许可〔2019〕623号	关于准予国泰兴富三个月定期开放债券型发起式证券投资基金注册的批复

续表

发文文号	发文标题
证监许可〔2019〕624号	关于准予国联安中证全指半导体产品与设备交易型开放式指数证券投资基金联接基金注册的批复
证监许可〔2019〕625号	关于核准新余钢铁集团有限公司向合格投资者公开发行可交换公司债券的批复
证监许可〔2019〕626号	关于核准陕西建工集团有限公司向合格投资者公开发行公司债券的批复
证监许可〔2019〕627号	关于核准中国兵器工业集团有限公司向合格投资者公开发行公司债券的批复
证监许可〔2019〕628号	关于核准红星美凯龙家居集团股份有限公司向合格投资者公开发行公司债券的批复
证监许可〔2019〕629号	关于准予南方旭元债券型发起式证券投资基金注册的批复
证监许可〔2019〕630号	关于核准北京能源集团有限责任公司向合格投资者公开发行公司债券的批复
证监许可〔2019〕631号	关于核准云南省能源投资集团有限公司向合格投资者公开发行公司债券的批复
证监许可〔2019〕632号	关于核准中化国际(控股)股份有限公司向合格投资者公开发行公司债券的批复
证监许可〔2019〕633号	关于核准重庆市涪陵交通旅游建设投资集团有限公司向合格投资者公开发行公司债券的批复
证监许可〔2019〕634号	关于核准西王集团有限公司向合格投资者公开发行公司债券的批复
证监许可〔2019〕635号	关于准予南方科技创新混合型证券投资基金注册的批复
证监许可〔2019〕636号	关于准予华夏科技创新混合型证券投资基金注册的批复
证监许可〔2019〕637号	关于准予富国科技创新灵活配置混合型证券投资基金注册的批复
证监许可〔2019〕638号	关于准予易方达科技创新混合型证券投资基金注册的批复
证监许可〔2019〕639号	关于准予工银瑞信科技创新3年封闭运作混合型证券投资基金注册的批复
证监许可〔2019〕640号	关于准予嘉实科技创新混合型证券投资基金注册的批复
证监许可〔2019〕641号	关于准予汇添富科技创新灵活配置混合型证券投资基金注册的批复
证监许可〔2019〕642号	关于核准招商银行股份有限公司开展存托凭证试点存托业务的批复
证监许可〔2019〕643号	关于核准北京同仁堂科技发展股份有限公司增发境外上市外资股的批复
证监许可〔2019〕644号	关于核准温州城建集团股份有限公司发行境外上市外资股的批复
证监许可〔2019〕645号	关于核准长沙远大住宅工业集团股份有限公司发行境外上市外资股的批复
证监许可〔2019〕646号	关于核准拉卡拉支付股份有限公司首次公开发行股票的批复
证监许可〔2019〕647号	关于核准南京泉峰汽车精密技术股份有限公司首次公开发行股票的批复
证监许可〔2019〕648号	关于核准浙江运达风电股份有限公司首次公开发行股票的批复
证监许可〔2019〕649号	关于核准豁免广西农村投资集团有限公司要约收购南宁糖业股份有限公司股份义务的批复
证监许可〔2019〕650号	关于核准福建青松股份有限公司向诺斯贝尔(香港)无纺布制品有限公司等发行股份购买资产并募集配套资金的批复
证监许可〔2019〕651号	关于核准广东日丰电缆股份有限公司首次公开发行股票的批复

续表

发文文号	发文标题
证监许可〔2019〕652号	关于准予东兴兴财短债债券型证券投资基金注册的批复
证监许可〔2019〕653号	关于准予方正富邦添利纯债债券型证券投资基金注册的批复
证监许可〔2019〕654号	关于准予华宝中证消费龙头指数证券投资基金（LOF）注册的批复
证监许可〔2019〕655号	关于准予嘉合磐昇纯债债券型证券投资基金注册的批复
证监许可〔2019〕656号	关于准予永赢同利债券型证券投资基金注册的批复
证监许可〔2019〕657号	关于准予富国合利纯债债券型证券投资基金注册的批复
证监许可〔2019〕658号	关于准予平安惠泰纯债债券型证券投资基金注册的批复
证监许可〔2019〕659号	关于准予中银民丰回报混合型证券投资基金注册的批复
证监许可〔2019〕660号	关于准予兴业聚全灵活配置混合型证券投资基金变更注册的批复
证监许可〔2019〕661号	关于准予工银瑞信沪港深股票型证券投资基金变更注册的批复
证监许可〔2019〕662号	关于准予方正富邦尊利六个月定期开放债券型证券投资基金注册的批复
证监许可〔2019〕663号	关于准予中加恒泰三个月定期开放债券型证券投资基金注册的批复
证监许可〔2019〕664号	关于准予长江安盈中短债六个月定期开放债券型证券投资基金注册的批复
证监许可〔2019〕665号	关于准予银华兴盛股票型证券投资基金变更注册的批复
证监许可〔2019〕666号	关于准予汇安鼎信三个月定期开放纯债债券型证券投资基金注册的批复
证监许可〔2019〕667号	关于准予新疆前海联合泳辉纯债债券型证券投资基金注册的批复
证监许可〔2019〕668号	关于准予上投摩根瑞益纯债债券型证券投资基金注册的批复
证监许可〔2019〕669号	关于准予博时中证500交易型开放式指数证券投资基金注册的批复
证监许可〔2019〕670号	关于准予银河中证全指证券公司交易型开放式指数证券投资基金变更注册的批复
证监许可〔2019〕671号	关于准予永赢淳利债券型证券投资基金注册的批复
证监许可〔2019〕672号	关于准予富国创业板交易型开放式指数证券投资基金注册的批复
证监许可〔2019〕673号	关于准予富国鼎利纯债债券型发起式证券投资基金变更注册的批复
证监许可〔2019〕674号	关于准予华安安嘉6个月定期开放债券型发起式证券投资基金注册的批复
证监许可〔2019〕675号	关于核准昆明市高速公路建设开发股份有限公司向合格投资者公开发行公司债券的批复
证监许可〔2019〕676号	关于核准北京思创银联科技股份有限公司定向发行股票的批复
证监许可〔2019〕677号	关于核准甘肃省交通规划勘察设计院股份有限公司定向发行股票的批复
证监许可〔2019〕678号	关于准予海通亚洲高收益债券基金注册的批复
证监许可〔2019〕679号	关于核准交通银行股份有限公司开展存托凭证试点存托业务的批复
证监许可〔2019〕680号	关于核准西安三角防务股份有限公司首次公开发行股票的批复
证监许可〔2019〕681号	关于核准武汉帝尔激光科技股份有限公司首次公开发行股票的批复
证监许可〔2019〕682号	关于核准天津经纬辉开光电股份有限公司非公开发行股票的批复

续表

发文文号	发文标题
证监许可〔2019〕683 号	关于核准无锡智能自控工程股份有限公司公开发行可转换公司债券的批复
证监许可〔2019〕684 号	关于核准申能股份有限公司非公开发行股票的批复
证监许可〔2019〕685 号	关于核准浙江朗迪集团股份有限公司非公开发行股票的批复
证监许可〔2019〕686 号	关于核准浙江英特集团股份有限公司非公开发行股票的批复
证监许可〔2019〕687 号	关于核准苏州晶瑞化学股份有限公司公开发行可转换公司债券的批复
证监许可〔2019〕688 号	关于核准中国邮政集团公司向合格投资者公开发行公司债券的批复
证监许可〔2019〕689 号	关于核准湖北省宏泰国有资本投资运营集团有限公司向合格投资者公开发行公司债券的批复
证监许可〔2019〕690 号	关于核准杭州市实业投资集团有限公司向合格投资者公开发行公司债券的批复
证监许可〔2019〕691 号	关于核准合肥兴泰金融控股(集团)有限公司向合格投资者公开发行公司债券的批复
证监许可〔2019〕692 号	关于核准北新建材集团有限公司向合格投资者公开发行公司债券的批复
证监许可〔2019〕693 号	关于核准河北港口集团有限公司向合格投资者公开发行可续期公司债券的批复
证监许可〔2019〕694 号	关于核准福建省投资开发集团有限责任公司向合格投资者公开发行公司债券的批复
证监许可〔2019〕695 号	关于核准深圳市彩生活社区科技服务有限公司向合格投资者公开发行公司债券的批复
证监许可〔2019〕696 号	关于核准齐鲁交通发展集团有限公司向合格投资者公开发行公司债券的批复
证监许可〔2019〕697 号	关于核准深圳航空有限责任公司向合格投资者公开发行公司债券的批复
证监许可〔2019〕698 号	关于核准新兴际华集团有限公司向合格投资者公开发行公司债券的批复
证监许可〔2019〕699 号	关于核准中山城市建设集团有限公司向合格投资者公开发行公司债券的批复
证监许可〔2019〕700 号	关于核准亿利洁能股份有限公司向合格投资者公开发行公司债券的批复
证监许可〔2019〕701 号	关于核准中国蓝星(集团)股份有限公司向合格投资者公开发行可交换公司债券的批复
证监许可〔2019〕702 号	关于核准天瑞水泥集团有限公司向合格投资者公开发行公司债券的批复
证监许可〔2019〕703 号	关于核准鸿商产业控股集团有限公司向合格投资者公开发行公司债券的批复
证监许可〔2019〕704 号	关于核准中国南方电网有限责任公司向合格投资者公开发行公司债券的批复
证监许可〔2019〕705 号	关于核准天津泰达投资控股有限公司向合格投资者公开发行可交换公司债券的批复
证监许可〔2019〕706 号	关于核准中国光大实业(集团)有限责任公司向合格投资者公开发行公司债券的批复
证监许可〔2019〕707 号	关于核准浙江省国有资本运营有限公司向合格投资者公开发行公司债券的批复

续表

发文文号	发文标题
证监许可〔2019〕708 号	关于核准厦门航空有限公司向合格投资者公开发行公司债券的批复
证监许可〔2019〕709 号	关于核准新疆北新路桥集团股份有限公司向合格投资者公开发行公司债券的批复
证监许可〔2019〕710 号	关于准予新疆前海联合泳益纯债债券型证券投资基金注册的批复
证监许可〔2019〕711 号	关于核准杭州长川科技股份有限公司向国家集成电路产业投资基金股份有限公司等发行股份购买资产的批复
证监许可〔2019〕712 号	关于核准安徽省皖能股份有限公司向安徽省能源集团有限公司发行股份购买资产的批复
证监许可〔2019〕713 号	关于核准盛屯矿业集团股份有限公司向深圳盛屯集团有限公司等发行股份购买资产并募集配套资金的批复
证监许可〔2019〕714 号	关于不予核准赛摩电气股份有限公司向杨海生等发行股份购买资产并募集配套资金的决定
证监许可〔2019〕715 号	关于准予银河岁岁回报定期开放债券型证券投资基金变更注册的批复
证监许可〔2019〕716 号	关于准予易方达中短期美元债债券型证券投资基金（QDII）注册的批复
证监许可〔2019〕717 号	关于准予申万菱信安泰丰利债券型证券投资基金注册的批复
证监许可〔2019〕718 号	关于准予永赢创业板指数型发起式证券投资基金注册的批复
证监许可〔2019〕719 号	关于准予鹏华中证银行交易型开放式指数证券投资基金注册的批复
证监许可〔2019〕720 号	关于准予银河泰利纯债债券型证券投资基金变更注册的批复
证监许可〔2019〕721 号	关于准予鑫元添利债券型证券投资基金变更注册的批复
证监许可〔2019〕722 号	关于准予创金合信汇嘉三个月定期开放债券型发起式证券投资基金注册的批复
证监许可〔2019〕723 号	关于准予大成 MSCI 中国 A 股质优价值 100 交易型开放式指数证券投资基金注册的批复
证监许可〔2019〕724 号	关于准予大成 MSCI 中国 A 股质优价值 100 交易型开放式指数证券投资基金联接基金注册的批复
证监许可〔2019〕725 号	关于准予广发景辉纯债债券型证券投资基金注册的批复
证监许可〔2019〕726 号	关于准予平安惠文纯债债券型证券投资基金注册的批复
证监许可〔2019〕727 号	关于准予安信睿享纯债债券型证券投资基金注册的批复
证监许可〔2019〕728 号	关于准予华泰柏瑞中证红利低波动交易型开放式指数证券投资基金联接基金注册的批复
证监许可〔2019〕729 号	关于准予国融融信消费严选混合型证券投资基金注册的批复
证监许可〔2019〕730 号	关于准予鹏华尊诚 3 个月定期开放债券型发起式证券投资基金变更注册的批复
证监许可〔2019〕731 号	关于核准豁免广东省出版集团有限公司要约收购广东广弘控股股份有限公司股份义务的批复

续表

发 文 文 号	发 文 标 题
证监许可〔2019〕732 号	关于准予博时富丰纯债 3 个月定期开放债券型发起式证券投资基金注册的批复
证监许可〔2019〕733 号	关于准予国泰信用互利分级债券型证券投资基金变更注册的批复
证监许可〔2019〕734 号	关于准予中银中债 1－3 年期农发行债券指数证券投资基金注册的批复
证监许可〔2019〕735 号	关于准予浦银安盛盛勤纯债债券型证券投资基金变更注册的批复
证监许可〔2019〕736 号	关于准予前海开源沪港深龙头精选灵活配置混合型证券投资基金变更注册的批复
证监许可〔2019〕737 号	关于准予中银消费活力混合型证券投资基金注册的批复
证监许可〔2019〕738 号	关于准予融通增祥债券型证券投资基金变更注册的批复
证监许可〔2019〕739 号	关于准予华宝宝怡纯债债券型证券投资基金注册的批复
证监许可〔2019〕740 号	关于准予国投瑞银顺臻纯债债券型证券投资基金注册的批复
证监许可〔2019〕741 号	关于准予易方达中债 1－3 年政策性金融债指数证券投资基金注册的批复
证监许可〔2019〕742 号	关于准予浙商沪港深精选混合型证券投资基金注册的批复
证监许可〔2019〕743 号	关于准予东海科技动力混合型证券投资基金注册的批复
证监许可〔2019〕744 号	关于准予银华深证 100 交易型开放式指数证券投资基金注册的批复
证监许可〔2019〕745 号	关于准予鹏扬淳开债券型证券投资基金注册的批复
证监许可〔2019〕746 号	关于准予华安年年丰一年定期开放债券型证券投资基金注册的批复
证监许可〔2019〕747 号	关于准予汇添富中债 7－10 年国开行债券指数证券投资基金注册的批复
证监许可〔2019〕748 号	关于准予银河睿安纯债债券型证券投资基金注册的批复
证监许可〔2019〕749 号	关于准予汇安嘉盛纯债债券型证券投资基金注册的批复
证监许可〔2019〕750 号	关于准予大成中债 3－5 年国开行债券指数证券投资基金注册的批复
证监许可〔2019〕751 号	关于准予工银瑞信深证 100 交易型开放式指数证券投资基金注册的批复
证监许可〔2019〕752 号	关于准予国泰惠融纯债债券型证券投资基金注册的批复
证监许可〔2019〕753 号	关于准予易方达上证 50 交易型开放式指数证券投资基金注册的批复
证监许可〔2019〕754 号	关于准予易方达上证 50 交易型开放式指数证券投资基金发起式联接基金注册的批复
证监许可〔2019〕755 号	关于准予中科沃土沃盛创新驱动混合型证券投资基金变更注册的批复
证监许可〔2019〕756 号	关于准予博时中债 3－5 年国开行债券指数证券投资基金注册的批复
证监许可〔2019〕757 号	关于准予易方达中债 3－5 年政策性金融债指数证券投资基金注册的批复
证监许可〔2019〕758 号	关于准予永赢卓利债券型证券投资基金注册的批复
证监许可〔2019〕759 号	关于准予上投摩根研究驱动股票型证券投资基金注册的批复
证监许可〔2019〕760 号	关于准予工银瑞信中债—国债总指数证券投资基金变更注册的批复
证监许可〔2019〕761 号	关于核准乐瑞资产管理(香港)有限公司人民币合格境外机构投资者资格的批复

续表

发文文号	发文标题
证监许可〔2019〕762号	关于核准时和资产管理有限公司人民币合格境外机构投资者资格的批复
证监许可〔2019〕763号	关于核准恒大地产集团有限公司向合格投资者公开发行公司债券的批复
证监许可〔2019〕764号	关于核准江苏太仓农村商业银行股份有限公司定向发行股票的批复
证监许可〔2019〕765号	关于核准宁德市交通投资集团有限公司向合格投资者公开发行公司债券的批复
证监许可〔2019〕766号	关于准予大成惠祥定期开放纯债债券型证券投资基金变更注册的批复
证监许可〔2019〕767号	关于准予永赢凯利债券型证券投资基金注册的批复
证监许可〔2019〕768号	关于准予安信中短利率债债券型证券投资基金（LOF）注册的批复
证监许可〔2019〕769号	关于准予农银汇理7天理财债券型证券投资基金变更注册的批复
证监许可〔2019〕770号	关于核准云南白药集团股份有限公司吸收合并云南白药控股有限公司的批复
证监许可〔2019〕771号	关于准予富国中证全指证券公司交易型开放式指数证券投资基金注册的批复
证监许可〔2019〕772号	关于准予富国全球债券证券投资基金变更注册的批复
证监许可〔2019〕773号	关于准予富国聚利纯债定期开放债券型发起式证券投资基金变更注册的批复
证监许可〔2019〕774号	关于准予华泰保兴安晟债券型证券投资基金注册的批复
证监许可〔2019〕775号	关于准予国投瑞银顺悦3个月定期开放债券型证券投资基金注册的批复
证监许可〔2019〕776号	关于准予民生加银嘉盈债券型证券投资基金注册的批复
证监许可〔2019〕777号	关于准予鹏华中证5年期地方政府债交易型开放式指数证券投资基金注册的批复
证监许可〔2019〕778号	关于准予景顺长城绩优成长混合型证券投资基金注册的批复
证监许可〔2019〕779号	关于准予中证长三角一体化发展主题交易型开放式指数证券投资基金注册的批复
证监许可〔2019〕780号	关于准予上投摩根瑞利纯债债券型证券投资基金注册的批复
证监许可〔2019〕781号	关于核准北京元六鸿远电子科技股份有限公司首次公开发行股票的批复
证监许可〔2019〕782号	关于核准宁夏宝丰能源集团股份有限公司首次公开发行股票的批复
证监许可〔2019〕783号	关于核准中简科技股份有限公司首次公开发行股票的批复
证监许可〔2019〕784号	关于核准深圳市新城市规划建筑设计股份有限公司首次公开发行股票的批复
证监许可〔2019〕785号	关于核准浙江哈尔斯真空器皿股份有限公司公开发行可转换公司债券的批复
证监许可〔2019〕786号	关于核准西藏华钰矿业股份有限公司公开发行可转换公司债券的批复
证监许可〔2019〕787号	关于核准广州产业投资基金管理有限公司向合格投资者公开发行公司债券的批复
证监许可〔2019〕788号	关于核准安徽省皖能股份有限公司向合格投资者公开发行公司债券的批复
证监许可〔2019〕789号	关于核准北京居然之家投资控股集团有限公司向合格投资者公开发行公司债券的批复

续表

发文文号	发文标题
证监许可〔2019〕790 号	关于核准武汉金融控股(集团)有限公司向合格投资者公开发行公司债券的批复
证监许可〔2019〕791 号	关于核准山西建设发展有限公司向合格投资者公开发行公司债券的批复
证监许可〔2019〕792 号	关于核准中飞租融资租赁有限公司向合格投资者公开发行公司债券的批复
证监许可〔2019〕793 号	关于核准河北省新合作控股集团有限公司向合格投资者公开发行公司债券的批复
证监许可〔2019〕794 号	关于核准重庆渝开发股份有限公司向合格投资者公开发行公司债券的批复
证监许可〔2019〕795 号	关于核准四川路桥建设集团股份有限公司向合格投资者公开发行公司债券的批复
证监许可〔2019〕796 号	关于核准启迪桑德环境资源股份有限公司向合格投资者公开发行绿色公司债券的批复
证监许可〔2019〕797 号	关于核准江东控股集团有限责任公司向合格投资者公开发行公司债券的批复
证监许可〔2019〕798 号	关于核准中远海运租赁有限公司向合格投资者公开发行公司债券的批复
证监许可〔2019〕799 号	关于核准天士力控股集团有限公司向合格投资者公开发行公司债券的批复
证监许可〔2019〕800 号	关于准予汇添富养老目标日期 2050 五年持有期混合型基金中基金(FOF)变更注册的批复
证监许可〔2019〕801 号	关于准予易方达汇诚养老目标日期 2038 三年持有期混合型基金中基金(FOF)变更注册的批复
证监许可〔2019〕802 号	关于准予兴业养老目标日期 2035 三年持有期混合型基金中基金(FOF)变更注册的批复
证监许可〔2019〕803 号	关于准予易方达汇诚养老目标日期 2033 三年持有期混合型基金中基金(FOF)变更注册的批复
证监许可〔2019〕804 号	关于准予中欧预见养老目标日期 2050 五年持有期混合型基金中基金(FOF)变更注册的批复
证监许可〔2019〕805 号	关于核准芯鑫融资租赁有限责任公司向合格投资者公开发行公司债券的批复
证监许可〔2019〕806 号	关于准予国寿安保安盛纯债 3 个月定期开放债券型发起式证券投资基金变更注册的批复
证监许可〔2019〕807 号	关于准予华安鼎信 3 个月定期开放债券型发起式证券投资基金注册的批复
证监许可〔2019〕808 号	关于准予富国中证军工龙头交易型开放式指数证券投资基金注册的批复
证监许可〔2019〕809 号	关于准予中金新润 3 个月定期开放债券型证券投资基金注册的批复
证监许可〔2019〕810 号	关于准予鹏华稳利短债债券型证券投资基金注册的批复
证监许可〔2019〕811 号	关于准予银华 MSCI 中国 A 股交易型开放式指数证券投资基金联接基金变更注册的批复
证监许可〔2019〕812 号	关于准予银河久悦纯债债券型证券投资基金注册的批复
证监许可〔2019〕813 号	关于准予鹏扬淳盈 6 个月定期开放债券型证券投资基金注册的批复

续表

发文文号	发文标题
证监许可〔2019〕814号	关于准予前海开源景鑫灵活配置混合型证券投资基金变更注册的批复
证监许可〔2019〕815号	关于准予兴银长盈半年定期开放债券型证券投资基金变更注册的批复
证监许可〔2019〕816号	关于核准四川成南高速公路有限责任公司向合格投资者公开发行公司债券的批复
证监许可〔2019〕817号	关于核准万达电影股份有限公司向北京万达投资有限公司等发行股份购买资产的批复
证监许可〔2019〕818号	关于核准重庆蓝黛动力传动机械股份有限公司向深圳市中远智投控股有限公司等发行股份购买资产并募集配套资金的批复
证监许可〔2019〕819号	关于核准三菱日联银行股份有限公司人民币合格境外机构投资者资格的批复
证监许可〔2019〕820号	关于核准豁免亳州市国有资本运营有限公司要约收购安徽古井贡酒股份有限公司股份义务的批复
证监许可〔2019〕821号	关于不予核准杭州天元宠物用品股份有限公司首次公开发行股票并上市申请的决定
证监许可〔2019〕822号	关于核准青岛惠城环保科技股份有限公司首次公开发行股票的批复
证监许可〔2019〕823号	关于核准海宁市资产经营公司向合格投资者公开发行公司债券的批复
证监许可〔2019〕824号	关于核准昆明交通产业股份有限公司向合格投资者公开发行公司债券的批复
证监许可〔2019〕825号	关于核准中化能源股份有限公司向合格投资者公开发行公司债券的批复
证监许可〔2019〕826号	关于核准宁德市国有资产投资经营有限公司向合格投资者公开发行公司债券的批复
证监许可〔2019〕827号	关于核准北京住总集团有限责任公司向合格投资者公开发行公司债券的批复
证监许可〔2019〕828号	关于核准华邦生命健康股份有限公司向合格投资者公开发行公司债券的批复
证监许可〔2019〕829号	关于核准合肥华泰集团股份有限公司向合格投资者公开发行公司债券的批复
证监许可〔2019〕830号	关于核准宁波博威合金材料股份有限公司向宁波博威金石投资有限公司等发行股份购买资产的批复
证监许可〔2019〕831号	关于核准上海临港控股股份有限公司向上海市漕河泾新兴技术开发区发展总公司等发行股份购买资产并募集配套资金的批复
证监许可〔2019〕832号	关于核准宁波热电股份有限公司向宁波开发投资集团有限公司等发行股份购买资产的批复
证监许可〔2019〕833号	关于核准汉嘉设计集团股份有限公司向高重建等发行股份购买资产的批复
证监许可〔2019〕834号	关于核准江苏霞客环保色纺股份有限公司向上海其辰投资管理有限公司等发行股份购买资产的批复
证监许可〔2019〕835号	关于核准北京兆易创新科技股份有限公司向联意（香港）有限公司等发行股份购买资产并募集配套资金的批复
证监许可〔2019〕836号	关于核准豁免天津市浩翎汽车贸易有限公司要约收购四川浩物机电股份有限公司股份义务的批复

续表

发文文号	发文标题
证监许可〔2019〕837 号	关于核准广西金桂浆纸业有限公司向合格投资者公开发行公司债券的批复
证监许可〔2019〕840 号	关于核准洛阳栾川钼业集团股份有限公司向合格投资者公开发行公司债券的批复
证监许可〔2019〕841 号	关于核准 TCL 集团股份有限公司向合格投资者公开发行公司债券的批复
证监许可〔2019〕842 号	关于核准中电海康集团有限公司向合格投资者公开发行公司债券的批复
证监许可〔2019〕843 号	关于核准华南国际工业原料城(深圳)有限公司向合格投资者公开发行公司债券的批复
证监许可〔2019〕844 号	关于核准山东三星集团有限公司向合格投资者公开发行公司债券的批复
证监许可〔2019〕845 号	关于准予交银施罗德创业板 50 指数型证券投资基金注册的批复
证监许可〔2019〕846 号	关于准予南方致远混合型证券投资基金注册的批复
证监许可〔2019〕847 号	关于准予华商民营活力灵活配置混合型证券投资基金变更注册的批复
证监许可〔2019〕848 号	关于核准博爱新开源医疗科技集团股份有限公司向芜湖长谦投资中心(有限合伙)等发行股份购买资产并募集配套资金的批复
证监许可〔2019〕849 号	关于核准露笑科技股份有限公司向深圳东方创业投资有限公司等发行股份购买资产的批复
证监许可〔2019〕850 号	关于准予国泰中证计算机主题交易型开放式指数证券投资基金注册的批复
证监许可〔2019〕851 号	关于准予国寿安保泰弘纯债债券型证券投资基金注册的批复
证监许可〔2019〕852 号	关于准予长信富瑞三年定期开放债券型证券投资基金变更注册的批复
证监许可〔2019〕853 号	关于准予永赢沪深 300 指数型发起式证券投资基金注册的批复
证监许可〔2019〕854 号	关于核准新分享资产管理有限公司人民币合格境外机构投资者资格的批复
证监许可〔2019〕855 号	关于核准山东元利科技股份有限公司首次公开发行股票的批复
证监许可〔2019〕856 号	关于核准广东松炀再生资源股份有限公司首次公开发行股票的批复
证监许可〔2019〕857 号	关于核准南威软件股份有限公司公开发行可转换公司债券的批复
证监许可〔2019〕858 号	关于核准安徽中环环保科技股份有限公司公开发行可转换公司债券的批复
证监许可〔2019〕859 号	关于核准广东博罗农村商业银行股份有限公司定向发行股票的批复
证监许可〔2019〕860 号	关于核准杭州中泰深冷技术股份有限公司向卞传瑞等发行股份购买资产并募集配套资金的批复
证监许可〔2019〕861 号	关于不予核准天津环球磁卡股份有限公司发行股份购买资产并募集配套资金申请的决定
证监许可〔2019〕862 号	关于准予浙商惠睿纯债债券型证券投资基金注册的批复
证监许可〔2019〕863 号	关于准予广发民玉纯债债券型证券投资基金注册的批复
证监许可〔2019〕864 号	关于核准山西永东化工股份有限公司非公开发行股票的批复
证监许可〔2019〕865 号	关于核准广东文灿压铸股份有限公司公开发行可转换公司债券的批复
证监许可〔2019〕866 号	关于核准厦门日上集团股份有限公司非公开发行股票的批复

续表

发 文 文 号	发 文 标 题
证监许可〔2019〕867 号	关于核准郑州安图生物工程股份有限公司公开发行可转换公司债券的批复
证监许可〔2019〕868 号	关于核准新疆熙菱信息技术股份有限公司公开发行可转换公司债券的批复
证监许可〔2019〕869 号	关于准予鹏华尊晟 3 个月定期开放债券型发起式证券投资基金注册的批复
证监许可〔2019〕870 号	关于准予易方达恒兴 3 个月定期开放债券型发起式证券投资基金注册的批复
证监许可〔2019〕871 号	关于准予中加优享纯债债券型证券投资基金注册的批复
证监许可〔2019〕872 号	关于准予中信建投策略精选混合型证券投资基金注册的批复
证监许可〔2019〕873 号	关于准予兴全多维价值混合型证券投资基金注册的批复
证监许可〔2019〕874 号	关于准予德邦锐泓债券型证券投资基金注册的批复
证监许可〔2019〕875 号	关于准予华泰柏瑞研究精选混合型证券投资基金注册的批复
证监许可〔2019〕876 号	关于准予华安成长创新混合型证券投资基金注册的批复
证监许可〔2019〕877 号	关于准予中银惠兴多利债券型证券投资基金注册的批复
证监许可〔2019〕878 号	关于准予华夏创业板低波蓝筹交易型开放式指数证券投资基金发起式联接基金注册的批复
证监许可〔2019〕879 号	关于准予华夏创业板动量成长交易型开放式指数证券投资基金发起式联接基金注册的批复
证监许可〔2019〕880 号	关于准予信达澳银核心科技混合型证券投资基金注册的批复
证监许可〔2019〕881 号	关于准予汇添富鑫远债券型证券投资基金注册的批复
证监许可〔2019〕882 号	关于核准四川德恩精工科技股份有限公司首次公开发行股票的批复
证监许可〔2019〕883 号	关于准予富国华利纯债债券型证券投资基金注册的批复
证监许可〔2019〕884 号	关于准予南方信息创新混合型证券投资基金注册的批复
证监许可〔2019〕885 号	关于准予建信沪深 300 红利交易型开放式指数证券投资基金注册的批复
证监许可〔2019〕886 号	关于准予博道叁佰智航股票型证券投资基金注册的批复
证监许可〔2019〕887 号	关于准予永赢智益纯债三个月定期开放债券型发起式证券投资基金注册的批复
证监许可〔2019〕888 号	关于准予农银汇理丰泽三年定期开放债券型证券投资基金注册的批复
证监许可〔2019〕889 号	关于准予中证长三角一体化发展主题交易型开放式指数证券投资基金联接基金注册的批复
证监许可〔2019〕890 号	关于准予华夏逸享健康灵活配置混合型证券投资基金注册的批复
证监许可〔2019〕891 号	关于准予新华 MSCI 中国 A 股国际交易型开放式指数证券投资基金联接基金注册的批复
证监许可〔2019〕892 号	关于准予华宸未来价值先锋混合型发起式证券投资基金注册的批复
证监许可〔2019〕893 号	关于准予中欧盈和 5 年定期开放债券型证券投资基金注册的批复
证监许可〔2019〕894 号	关于准予永赢开泰中高等级中短债债券型证券投资基金注册的批复
证监许可〔2019〕895 号	关于核准贵州银行股份有限公司定向发行股票的批复

续表

发文文号	发文标题
证监许可〔2019〕896 号	关于核准广西绿城水务股份有限公司非公开发行股票的批复
证监许可〔2019〕897 号	关于核准浙江东尼电子股份有限公司非公开发行股票的批复
证监许可〔2019〕898 号	关于不予核准苏州规划设计研究院股份有限公司首次公开发行股票并在创业板上市申请的决定
证监许可〔2019〕899 号	关于核准福建博思软件股份有限公司非公开发行股票的批复
证监许可〔2019〕900 号	关于核准东方证券股份有限公司向合格投资者公开发行公司债券的批复
证监许可〔2019〕901 号	关于核准深圳市投资控股有限公司向合格投资者公开发行公司债券的批复
证监许可〔2019〕902 号	关于准予万家民安增利 12 个月定期开放债券型证券投资基金注册的批复
证监许可〔2019〕906 号	关于准予中庚价值灵动灵活配置混合型证券投资基金注册的批复
证监许可〔2019〕907 号	关于准予富国中证消费 50 交易型开放式指数证券投资基金注册的批复
证监许可〔2019〕908 号	关于准予南方泰元债券型发起式证券投资基金注册的批复
证监许可〔2019〕909 号	关于准予东方阿尔法优选混合型发起式证券投资基金注册的批复
证监许可〔2019〕910 号	关于准予朱雀产业臻选混合型证券投资基金注册的批复
证监许可〔2019〕911 号	关于准予富安达富利纯债债券型证券投资基金注册的批复
证监许可〔2019〕912 号	关于不予核准江苏大烨智能电气股份有限公司向吴国栋等发行股份购买资产的决定
证监许可〔2019〕913 号	关于核准中国中铁股份有限公司向中国国新控股有限责任公司等发行股份购买资产的批复
证监许可〔2019〕914 号	关于核准朗新科技股份有限公司向徐长军等发行股份购买资产的批复
证监许可〔2019〕915 号	关于核准天津利安隆新材料股份有限公司向韩厚义等发行股份购买资产的批复
证监许可〔2019〕916 号	关于核准江苏国茂减速机股份有限公司首次公开发行股票的批复
证监许可〔2019〕917 号	关于核准广东丸美生物技术股份有限公司首次公开发行股票的批复
证监许可〔2019〕918 号	关于核准华能天成融资租赁有限公司向合格投资者公开发行绿色公司债券的批复
证监许可〔2019〕919 号	关于核准建发房地产集团有限公司向合格投资者公开发行公司债券的批复
证监许可〔2019〕920 号	关于核准浙江卫星石化股份有限公司向合格投资者公开发行公司债券的批复
证监许可〔2019〕921 号	关于准予华夏野村日经 225 交易型开放式指数证券投资基金(QDII)注册的批复
证监许可〔2019〕922 号	关于准予易方达日兴资管日经 225 交易型开放式指数证券投资基金(QDII)注册的批复
证监许可〔2019〕923 号	关于准予华安三菱日联日经 225 交易型开放式指数证券投资基金(QDII)注册的批复
证监许可〔2019〕924 号	关于准予南方顶峰 TOPIX 交易型开放式指数证券投资基金(QDII)注册的批复

续表

发文文号	发文标题
证监许可〔2019〕925 号	关于核准武汉东湖高新集团股份有限公司向徐文辉等发行股份购买资产并募集配套资金的批复
证监许可〔2019〕926 号	关于核准浙江世纪华通集团股份有限公司向上海曜瞿如网络科技合伙企业(有限合伙)等发行股份购买资产并募集配套资金的批复
证监许可〔2019〕927 号	关于核准豁免中国航空汽车系统控股有限公司要约收购四川成飞集成科技股份有限公司股份义务的批复
证监许可〔2019〕928 号	关于核准中国铝业股份有限公司向合格投资者公开发行公司债券的批复
证监许可〔2019〕929 号	关于核准上海环境集团股份有限公司公开发行可转换公司债券的批复
证监许可〔2019〕930 号	关于核准金能科技股份有限公司公开发行可转换公司债券的批复
证监许可〔2019〕931 号	关于核准大亚圣象家居股份有限公司公开发行可转换公司债券的批复
证监许可〔2019〕932 号	关于准予万家科创主题 3 年封闭运作灵活配置混合型证券投资基金注册的批复
证监许可〔2019〕933 号	关于准予广发科创主题 3 年封闭运作灵活配置混合型证券投资基金注册的批复
证监许可〔2019〕934 号	关于准予富国科创主题 3 年封闭运作灵活配置混合型证券投资基金注册的批复
证监许可〔2019〕935 号	关于准予华安科创主题 3 年封闭运作灵活配置混合型证券投资基金注册的批复
证监许可〔2019〕936 号	关于准予鹏华科创主题 3 年封闭运作灵活配置混合型证券投资基金注册的批复
证监许可〔2019〕937 号	关于准予融通增润三个月定期开放债券型发起式证券投资基金注册的批复
证监许可〔2019〕938 号	关于准予华夏中证 AH 经济蓝筹股票指数发起式证券投资基金注册的批复
证监许可〔2019〕939 号	关于核准江苏卓胜微电子股份有限公司首次公开发行股票的批复
证监许可〔2019〕940 号	关于核准桂林西麦食品股份有限公司首次公开发行股票的批复
证监许可〔2019〕941 号	关于核准华润资产管理有限公司向合格投资者公开发行公司债券的批复
证监许可〔2019〕942 号	关于核准天津保税区投资控股集团有限公司向合格投资者公开发行公司债券的批复
证监许可〔2019〕943 号	关于准予东兴量化新锐灵活配置混合型证券投资基金变更注册的批复
证监许可〔2019〕944 号	关于准予易方达年年恒夏纯债一年定期开放债券型发起式证券投资基金注册的批复
证监许可〔2019〕945 号	关于准予景顺长城景泰盈利纯债债券型证券投资基金注册的批复
证监许可〔2019〕946 号	关于准予太平恒安三个月定期开放债券型证券投资基金注册的批复
证监许可〔2019〕947 号	关于准予安信价值成长混合型证券投资基金注册的批复
证监许可〔2019〕948 号	关于准予嘉实沪深 300 红利低波动交易型开放式指数证券投资基金注册的批复
证监许可〔2019〕949 号	关于准予农银汇理周期资源灵活配置混合型证券投资基金变更注册的批复
证监许可〔2019〕950 号	关于准予国泰中证全指通信设备交易型开放式指数证券投资基金注册的批复
证监许可〔2019〕951 号	关于准予国泰盛合三个月定期开放债券型发起式证券投资基金注册的批复
证监许可〔2019〕952 号	关于准予兴银汇逸三个月定期开放债券型发起式证券投资基金注册的批复

续表

发文文号	发文标题
证监许可〔2019〕953 号	关于准予格林创新成长混合型证券投资基金注册的批复
证监许可〔2019〕954 号	关于准予融通增享纯债债券型证券投资基金注册的批复
证监许可〔2019〕955 号	关于核准信达证券股份有限公司收购信达国际控股有限公司的批复
证监许可〔2019〕956 号	关于不予核准江苏索普化工股份有限公司发行股份购买资产并募集配套资金申请的决定
证监许可〔2019〕957 号	关于核准上海世茂建设有限公司向合格投资者公开发行公司债券的批复
证监许可〔2019〕958 号	关于核准浙江新化化工股份有限公司首次公开发行股票的批复
证监许可〔2019〕959 号	关于核准浙江圣达生物药业股份有限公司公开发行可转换公司债券的批复
证监许可〔2019〕960 号	关于核准濮阳市盛源能源科技股份有限公司发行境外上市外资股的批复
证监许可〔2019〕961 号	关于核准诚德科技股份有限公司发行境外上市外资股的批复
证监许可〔2019〕962 号	关于核准江苏新泉汽车饰件股份有限公司增发股票的批复
证监许可〔2019〕963 号	关于核准广东拓斯达科技股份有限公司增发股票的批复
证监许可〔2019〕964 号	关于核准中国东方航空股份有限公司非公开发行股票的批复
证监许可〔2019〕965 号	关于核准彩虹集团新能源股份有限公司发行境外上市外资股的批复
证监许可〔2019〕966 号	关于核准天水华天科技股份有限公司配股的批复
证监许可〔2019〕967 号	关于核准安徽国祯环保节能科技股份有限公司非公开发行股票的批复
证监许可〔2019〕968 号	关于核准中海油能源发展股份有限公司首次公开发行股票的批复
证监许可〔2019〕969 号	关于核准山东朗进科技股份有限公司首次公开发行股票的批复
证监许可〔2019〕970 号	关于核准三只松鼠股份有限公司首次公开发行股票的批复
证监许可〔2019〕971 号	关于核准美的置业集团有限公司向合格投资者公开发行公司债券的批复
证监许可〔2019〕972 号	关于核准融信(福建)投资集团有限公司向合格投资者公开发行公司债券的批复
证监许可〔2019〕973 号	关于核准晶科电力科技股份有限公司向合格投资者公开发行公司债券的批复
证监许可〔2019〕974 号	关于核准厦门合兴包装印刷股份有限公司公开发行可转换公司债券的批复
证监许可〔2019〕975 号	关于核准湖南中科电气股份有限公司非公开发行股票的批复
证监许可〔2019〕976 号	关于核准深圳市广和通无线股份有限公司非公开发行股票的批复
证监许可〔2019〕977 号	关于准予嘉实民企精选一年定期开放债券型证券投资基金注册的批复
证监许可〔2019〕978 号	关于准予金信稳健策略灵活配置混合型发起式证券投资基金注册的批复
证监许可〔2019〕979 号	关于准予景顺长城景泰锦利纯债债券型证券投资基金注册的批复
证监许可〔2019〕980 号	关于准予兴银幸福生活定期开放混合型证券投资基金变更注册的批复
证监许可〔2019〕981 号	关于准予中航瑞明纯债债券型证券投资基金注册的批复
证监许可〔2019〕982 号	关于准予鹏扬淳明债券型证券投资基金注册的批复
证监许可〔2019〕983 号	关于准予中加优选中高等级债券型证券投资基金注册的批复

续表

发文文号	发文标题
证监许可〔2019〕984号	关于核准安徽肥东农村商业银行股份有限公司定向发行股票的批复
证监许可〔2019〕985号	关于核准北京德鑫泉物联网科技股份有限公司定向发行股票的批复
证监许可〔2019〕986号	关于核准山东寿光农村商业银行股份有限公司定向发行股票的批复
证监许可〔2019〕987号	关于核准晋商银行股份有限公司发行境外上市外资股的批复
证监许可〔2019〕988号	关于核准吉林省春城热力股份有限公司发行境外上市外资股的批复
证监许可〔2019〕989号	关于核准建粤建设集团股份有限公司发行境外上市外资股的批复
证监许可〔2019〕990号	关于核准英大基金管理有限公司变更股权的批复
证监许可〔2019〕991号	关于核准深圳市赢合科技股份有限公司向合格投资者公开发行公司债券的批复
证监许可〔2019〕992号	关于准予上银聚鸿益半年定期开放债券型发起式证券投资基金变更注册的批复
证监许可〔2019〕993号	关于准予华宝中证科技龙头交易型开放式指数证券投资基金注册的批复
证监许可〔2019〕994号	关于准予华泰保兴安鑫纯债债券型证券投资基金注册的批复
证监许可〔2019〕995号	关于准予易方达ESG责任投资股票型发起式证券投资基金注册的批复
证监许可〔2019〕996号	关于准予鑫元聚鑫收益增强债券型证券投资基金变更注册的批复
证监许可〔2019〕997号	关于准予弘毅远方国证民企领先100交易型开放式指数证券投资基金注册的批复
证监许可〔2019〕998号	关于准予博时富信纯债债券型证券投资基金注册的批复
证监许可〔2019〕999号	关于准予南方恒新39个月定期开放债券型证券投资基金注册的批复
证监许可〔2019〕1000号	关于核准广西投资集团有限公司向合格投资者公开发行公司债券的批复
证监许可〔2019〕1001号	关于核准上海韦尔半导体股份有限公司向绍兴市韦豪股权投资基金合伙企业（有限合伙）等发行股份购买资产并募集配套资金的批复
证监许可〔2019〕1002号	关于核准豁免上海德殷德润实业发展有限公司、上海恭之润实业发展有限公司要约收购申通快递股份有限公司股份义务的批复
证监许可〔2019〕1003号	关于准予中融恒鑫纯债债券型证券投资基金注册的批复
证监许可〔2019〕1004号	关于准予博时富添纯债债券型证券投资基金注册的批复
证监许可〔2019〕1005号	关于准予景顺长城景泰纯利债券型证券投资基金注册的批复
证监许可〔2019〕1006号	关于准予鑫元富利三个月定期开放债券型发起式证券投资基金注册的批复
证监许可〔2019〕1007号	关于准予中泰开阳价值优选灵活配置混合型证券投资基金注册的批复
证监许可〔2019〕1008号	关于核准苏州国际发展集团有限公司向合格投资者公开发行公司债券的批复
证监许可〔2019〕1009号	关于准予华夏鼎琪三个月定期开放债券型发起式证券投资基金注册的批复
证监许可〔2019〕1010号	关于准予中金科创主题3年封闭运作灵活配置混合型证券投资基金注册的批复
证监许可〔2019〕1011号	关于准予银华科创主题3年封闭运作灵活配置混合型证券投资基金注册的批复
证监许可〔2019〕1012号	关于准予大成科创主题3年封闭运作灵活配置混合型证券投资基金注册的批复
证监许可〔2019〕1013号	关于准予中欧科创主题3年封闭运作灵活配置混合型证券投资基金注册的批复

续表

发文文号	发文标题
证监许可〔2019〕1014 号	关于准予财通科创主题 3 年封闭运作灵活配置混合型证券投资基金注册的批复
证监许可〔2019〕1015 号	关于准予博时科创主题 3 年封闭运作灵活配置混合型证券投资基金注册的批复
证监许可〔2019〕1016 号	关于核准北京华融基础设施投资有限责任公司向合格投资者公开发行公司债券的批复
证监许可〔2019〕1017 号	关于核准创金合信基金管理有限公司合格境内机构投资者资格的批复
证监许可〔2019〕1018 号	关于核准中国卫通集团股份有限公司首次公开发行股票的批复
证监许可〔2019〕1019 号	关于核准宏和电子材料科技股份有限公司首次公开发行股票的批复
证监许可〔2019〕1020 号	关于核准兴元投资管理有限公司合格境外机构投资者资格的批复
证监许可〔2019〕1021 号	关于核准江西正邦科技股份有限公司非公开发行股票的批复
证监许可〔2019〕1022 号	关于核准广州白云电器设备股份有限公司公开发行可转换公司债券的批复
证监许可〔2019〕1023 号	关于核准武汉当代科技产业集团股份有限公司向合格投资者公开发行公司债券的批复
证监许可〔2019〕1024 号	关于核准中国交通建设股份有限公司向合格投资者公开发行公司债券的批复
证监许可〔2019〕1025 号	关于核准金信期货有限公司变更股权的批复
证监许可〔2019〕1026 号	关于核准广西投资集团有限公司向合格投资者公开发行公司债券的批复
证监许可〔2019〕1027 号	关于核准山东宏河控股集团有限公司向合格投资者公开发行公司债券的批复
证监许可〔2019〕1028 号	关于核准摩根士丹利华鑫基金管理有限公司变更股权的批复
证监许可〔2019〕1029 号	关于核准汤臣倍健股份有限公司向上海中平国瑀并购股权投资基金合伙企业(有限合伙)等发行股份购买资产的批复
证监许可〔2019〕1030 号	关于核准保利发展控股集团股份有限公司向合格投资者公开发行公司债券的批复
证监许可〔2019〕1031 号	关于准予农银汇理丰盈三年定期开放债券型证券投资基金注册的批复
证监许可〔2019〕1032 号	关于准予博时安祺一年定期开放债券型证券投资基金变更注册的批复
证监许可〔2019〕1033 号	关于准予银华稳裕六个月定期开放债券型证券投资基金注册的批复
证监许可〔2019〕1034 号	关于准予人保添利 9 个月定期开放债券型证券投资基金注册的批复
证监许可〔2019〕1035 号	关于准予中信建投半年鑫定期开放债券型证券投资基金注册的批复
证监许可〔2019〕1036 号	关于准予嘉实致元 42 个月定期开放债券型证券投资基金注册的批复
证监许可〔2019〕1037 号	关于准予长盛稳益 6 个月定期开放债券型证券投资基金注册的批复
证监许可〔2019〕1038 号	关于准予中欧盈安 6 个月定期开放债券型证券投资基金注册的批复
证监许可〔2019〕1039 号	关于准予工银瑞信瑞弘 3 个月定期开放债券型发起式证券投资基金注册的批复
证监许可〔2019〕1040 号	关于准予嘉合医疗健康混合型发起式证券投资基金注册的批复
证监许可〔2019〕1041 号	关于准予中泰青月中短债债券型证券投资基金注册的批复
证监许可〔2019〕1042 号	关于准予泰康润颐 18 个月定期开放债券型证券投资基金注册的批复

续表

发文文号	发文标题
证监许可〔2019〕1043号	关于准予汇安嘉诚一年封闭运作债券型证券投资基金注册的批复
证监许可〔2019〕1044号	关于准予天弘沪深300交易型开放式指数证券投资基金注册的批复
证监许可〔2019〕1045号	关于准予农银汇理金盈债券型证券投资基金注册的批复
证监许可〔2019〕1046号	关于准予富国泽利纯债债券型证券投资基金注册的批复
证监许可〔2019〕1047号	关于准予浙商丰裕纯债债券型证券投资基金注册的批复
证监许可〔2019〕1048号	关于核准中国工商银行股份有限公司非公开发行优先股的批复
证监许可〔2019〕1049号	关于核准中国石油集团资本有限责任公司向合格投资者公开发行公司债券的批复
证监许可〔2019〕1050号	关于核准中国石油集团资本股份有限公司向合格投资者公开发行公司债券的批复
证监许可〔2019〕1051号	关于核准中国银行股份有限公司非公开发行优先股的批复
证监许可〔2019〕1052号	关于核准中信出版集团股份有限公司首次公开发行股票的批复
证监许可〔2019〕1053号	关于核准浙江大胜达包装股份有限公司首次公开发行股票的批复
证监许可〔2019〕1054号	关于同意苏州华兴源创科技股份有限公司首次公开发行股票注册的批复
证监许可〔2019〕1055号	关于同意烟台睿创微纳技术股份有限公司首次公开发行股票注册的批复
证监许可〔2019〕1056号	关于核准福州建工(集团)总公司向合格投资者公开发行公司债券的批复
证监许可〔2019〕1057号	关于准予金鹰添悦债券型证券投资基金变更注册的批复
证监许可〔2019〕1058号	关于准予华宝致远混合型证券投资基金(QDII)注册的批复
证监许可〔2019〕1059号	关于准予中加民丰纯债债券型证券投资基金注册的批复
证监许可〔2019〕1060号	关于准予中银宁享债券型证券投资基金注册的批复
证监许可〔2019〕1061号	关于核准上海移远通信技术股份有限公司首次公开发行股票的批复
证监许可〔2019〕1062号	关于核准山西焦煤集团有限责任公司向合格投资者公开发行公司债券的批复
证监许可〔2019〕1063号	关于核准徐工集团工程机械股份有限公司向合格投资者公开发行公司债券的批复
证监许可〔2019〕1064号	关于核准洛阳国宏投资集团有限公司向合格投资者公开发行公司债券的批复
证监许可〔2019〕1065号	关于核准豁免水发众兴集团有限公司要约收购大连派思燃气系统股份有限公司股份义务的批复
证监许可〔2019〕1066号	关于核准山证国际资产管理有限公司人民币合格境外机构投资者资格的批复
证监许可〔2019〕1067号	关于准予信达澳银量化先锋混合型证券投资基金(LOF)注册的批复
证监许可〔2019〕1068号	关于准予景顺长城中短债债券型证券投资基金注册的批复
证监许可〔2019〕1069号	关于准予博时富汇纯债3个月定期开放债券型发起式证券投资基金注册的批复
证监许可〔2019〕1070号	关于准予招商添泽纯债债券型证券投资基金注册的批复
证监许可〔2019〕1071号	关于准予南方全球精选债券型发起式证券投资基金(QDII)注册的批复

续表

发文文号	发文标题
证监许可〔2019〕1072 号	关于准予南方智锐混合型证券投资基金注册的批复
证监许可〔2019〕1073 号	关于准予兴银长益半年定期开放债券型证券投资基金变更注册的批复
证监许可〔2019〕1074 号	关于准予银河丰利纯债债券型证券投资基金变更注册的批复
证监许可〔2019〕1075 号	关于准予嘉实沪深 300 红利低波动交易型开放式指数证券投资基金联接基金注册的批复
证监许可〔2019〕1076 号	关于准予南方定元中短债债券型证券投资基金注册的批复
证监许可〔2019〕1077 号	关于准予中欧滚利一年滚动持有债券型证券投资基金注册的批复
证监许可〔2019〕1078 号	关于准予人保利璟纯债债券型证券投资基金注册的批复
证监许可〔2019〕1079 号	关于准予华夏价值精选混合型证券投资基金注册的批复
证监许可〔2019〕1080 号	关于准予泰达宏利永利债券型证券投资基金注册的批复
证监许可〔2019〕1081 号	关于准予泰达宏利鑫利半年定期开放债券型证券投资基金注册的批复
证监许可〔2019〕1082 号	关于准予汇安裕和纯债债券型证券投资基金注册的批复
证监许可〔2019〕1083 号	关于准予宝盈量化成长股票型证券投资基金变更注册的批复
证监许可〔2019〕1084 号	关于同意苏州天准科技股份有限公司首次公开发行股票注册的批复
证监许可〔2019〕1085 号	关于核准青岛城投金融控股集团有限公司向合格投资者公开发行公司债券的批复
证监许可〔2019〕1086 号	关于核准北京汽车集团有限公司向合格投资者公开发行公司债券的批复
证监许可〔2019〕1087 号	关于核准民生证券股份有限公司向合格投资者公开发行公司债券的批复
证监许可〔2019〕1088 号	关于核准新疆中泰(集团)有限责任公司向合格投资者公开发行可续期公司债券的批复
证监许可〔2019〕1089 号	关于核准河北涞水农村商业银行股份有限公司定向发行股票的批复
证监许可〔2019〕1090 号	关于准予国联安颐享养老目标日期 2040 三年持有期混合型基金中基金(FOF)注册的批复
证监许可〔2019〕1091 号	关于准予工银瑞信养老目标日期 2045 三年持有期混合型发起式基金中基金(FOF)注册的批复
证监许可〔2019〕1092 号	关于准予海富通平衡养老目标三年持有期混合型发起式基金中基金(FOF)注册的批复
证监许可〔2019〕1093 号	关于准予银华尊和养老目标日期 2040 三年持有期混合型发起式基金中基金(FOF)注册的批复
证监许可〔2019〕1094 号	关于准予南方养老目标日期 2030 三年持有期混合型发起式基金中基金(FOF)注册的批复
证监许可〔2019〕1095 号	关于准予工银瑞信养老目标日期 2040 三年持有期混合型发起式基金中基金(FOF)注册的批复
证监许可〔2019〕1096 号	关于准予广发养老目标日期 2035 三年持有期混合型基金中基金(FOF)注册的批复

续表

发文文号	发文标题
证监许可〔2019〕1097号	关于准予博时颐泽平衡养老目标三年持有期混合型发起式基金中基金（FOF）注册的批复
证监许可〔2019〕1098号	关于准予中加安瑞稳健养老目标一年持有期混合型基金中基金（FOF）注册的批复
证监许可〔2019〕1099号	关于准予华夏稳健养老目标一年持有期混合型发起式基金中基金（FOF）注册的批复
证监许可〔2019〕1100号	关于准予华安稳健养老目标一年持有期混合型发起式基金中基金（FOF）注册的批复
证监许可〔2019〕1101号	关于准予招商和悦均衡养老目标三年持有期混合型发起式基金中基金（FOF）注册的批复
证监许可〔2019〕1102号	关于准予银华尊和养老目标日期2030三年持有期混合型发起式基金中基金（FOF）注册的批复
证监许可〔2019〕1103号	关于准予长城恒康稳健养老目标三年持有期混合型基金中基金（FOF）注册的批复
证监许可〔2019〕1104号	关于准予富国鑫旺均衡养老目标三年持有期混合型发起式基金中基金（FOF）注册的批复
证监许可〔2019〕1105号	关于准予华夏恒益18个月定期开放债券型证券投资基金注册的批复
证监许可〔2019〕1106号	关于准予银河天盈中短债债券型证券投资基金注册的批复
证监许可〔2019〕1107号	关于准予人保鑫享短债债券型证券投资基金注册的批复
证监许可〔2019〕1108号	关于准予博时富顺纯债债券型证券投资基金注册的批复
证监许可〔2019〕1111号	关于同意浙江杭可科技股份有限公司首次公开发行股票注册的批复
证监许可〔2019〕1112号	关于核准闻泰科技股份有限公司向无锡国联集成电路投资中心（有限合伙）等发行股份购买资产并募集配套资金的批复
证监许可〔2019〕1113号	关于核准上海纳尔实业股份有限公司向王首斌等发行股份购买资产并募集配套资金的批复
证监许可〔2019〕1114号	关于核准珠海和佳医疗设备股份有限公司向合格投资者公开发行创新创业公司债券的批复
证监许可〔2019〕1115号	关于核准中国广核集团有限公司向合格投资者公开发行公司债券的批复
证监许可〔2019〕1116号	关于核准北京国联视讯信息技术股份有限公司首次公开发行股票的批复
证监许可〔2019〕1117号	关于核准北京值得买科技股份有限公司首次公开发行股票的批复
证监许可〔2019〕1118号	关于核准长城证券股份有限公司向合格投资者公开发行公司债券的批复
证监许可〔2019〕1119号	关于核准河北沧州农村商业银行股份有限公司定向发行股票的批复
证监许可〔2019〕1120号	关于准予德邦民裕进取量化精锐股票型证券投资基金注册的批复
证监许可〔2019〕1121号	关于准予国联安沪深300交易型开放式指数证券投资基金注册的批复
证监许可〔2019〕1122号	关于核准山东省财金投资集团有限公司向合格投资者公开发行公司债券的批复

续表

发文文号	发文标题
证监许可〔2019〕1123 号	关于核准内蒙古银行股份有限公司定向发行股票的批复
证监许可〔2019〕1124 号	关于核准正荣地产控股股份有限公司向合格投资者公开发行公司债券的批复
证监许可〔2019〕1125 号	关于核准重庆市南岸区城市建设发展(集团)有限公司向合格投资者公开发行公司债券的批复
证监许可〔2019〕1126 号	关于核准株洲市国有资产投资控股集团有限公司向合格投资者公开发行公司债券的批复
证监许可〔2019〕1127 号	关于核准设立达诚基金管理有限公司的批复
证监许可〔2019〕1128 号	关于同意澜起科技股份有限公司首次公开发行股票注册的批复
证监许可〔2019〕1129 号	关于准予东兴兴瑞一年定期开放债券型证券投资基金注册的批复
证监许可〔2019〕1130 号	关于准予天弘量化驱动股票型证券投资基金变更注册的批复
证监许可〔2019〕1131 号	关于准予永赢鼎利债券型证券投资基金注册的批复
证监许可〔2019〕1132 号	关于准予华商嘉益利率债债券型证券投资基金注册的批复
证监许可〔2019〕1133 号	关于核准广州好莱客创意家居股份有限公司公开发行可转换公司债券的批复
证监许可〔2019〕1134 号	关于准予华夏鼎泓债券型证券投资基金注册的批复
证监许可〔2019〕1136 号	关于准予嘉实致宁 3 个月定期开放纯债债券型证券投资基金注册的批复
证监许可〔2019〕1137 号	关于核准昆明市公共租赁住房开发建设管理有限公司向合格投资者公开发行公司债券的批复
证监许可〔2019〕1138 号	关于核准湖南湘投控股集团有限公司向合格投资者公开发行公司债券的批复
证监许可〔2019〕1139 号	关于核准鲁能集团有限公司向合格投资者公开发行公司债券的批复
证监许可〔2019〕1140 号	关于核准中国南玻集团股份有限公司向合格投资者公开发行公司债券的批复
证监许可〔2019〕1141 号	关于核准中国电建地产集团有限公司向合格投资者公开发行公司债券的批复
证监许可〔2019〕1142 号	关于核准中国国际金融股份有限公司向合格投资者公开发行公司债券的批复
证监许可〔2019〕1143 号	关于核准青岛城投金融控股集团有限公司向合格投资者公开发行可续期公司债券的批复
证监许可〔2019〕1144 号	关于准予长盛安逸纯债债券型证券投资基金注册的批复
证监许可〔2019〕1145 号	关于准予永赢乾元三年定期开放混合型证券投资基金注册的批复
证监许可〔2019〕1146 号	关于准予永赢泽利一年定期开放债券型证券投资基金注册的批复
证监许可〔2019〕1147 号	关于准予嘉实商业银行精选债券型证券投资基金注册的批复
证监许可〔2019〕1148 号	关于准予长盛沪港深优势精选灵活配置混合型证券投资基金变更注册的批复
证监许可〔2019〕1149 号	关于准予兴银中证 500 指数增强发起式证券投资基金注册的批复
证监许可〔2019〕1150 号	关于核准台州市椒江区国有资产经营有限公司向合格投资者公开发行公司债券的批复
证监许可〔2019〕1151 号	关于准予蜂巢添汇纯债债券型证券投资基金注册的批复

续表

发文文号	发文标题
证监许可〔2019〕1152 号	关于准予鑫元安睿三年定期开放债券型证券投资基金注册的批复
证监许可〔2019〕1153 号	关于准予鹏华丰登债券型证券投资基金注册的批复
证监许可〔2019〕1154 号	关于准予国投瑞银新能源混合型证券投资基金注册的批复
证监许可〔2019〕1155 号	关于准予海富通上证 5 年期地方政府债交易型开放式指数证券投资基金注册的批复
证监许可〔2019〕1156 号	关于准予永赢元利债券型证券投资基金注册的批复
证监许可〔2019〕1157 号	关于准予工银瑞信产业升级股票型证券投资基金注册的批复
证监许可〔2019〕1158 号	关于核准中国民生银行股份有限公司非公开发行优先股的批复
证监许可〔2019〕1159 号	关于核准物产中大集团股份有限公司非公开发行股票的批复
证监许可〔2019〕1160 号	关于准予建信中证红利潜力指数证券投资基金注册的批复
证监许可〔2019〕1161 号	关于核准景津环保股份有限公司首次公开发行股票的批复
证监许可〔2019〕1162 号	关于同意宁波容百新能源科技股份有限公司首次公开发行股票注册的批复
证监许可〔2019〕1163 号	关于同意深圳光峰科技股份有限公司首次公开发行股票注册的批复
证监许可〔2019〕1164 号	关于核准国际金融公司合格境外机构投资者资格的批复
证监许可〔2019〕1165 号	关于核准申万宏源证券有限公司证券投资基金托管资格的批复
证监许可〔2019〕1166 号	关于同意福建福光股份有限公司首次公开发行股票注册的批复
证监许可〔2019〕1167 号	关于同意安集微电子科技(上海)股份有限公司首次公开发行股票注册的批复
证监许可〔2019〕1168 号	关于同意中微半导体设备(上海)股份有限公司首次公开发行股票注册的批复
证监许可〔2019〕1169 号	关于同意西部超导材料科技股份有限公司首次公开发行股票注册的批复
证监许可〔2019〕1170 号	关于同意西安铂力特增材技术股份有限公司首次公开发行股票注册的批复
证监许可〔2019〕1171 号	关于同意乐鑫信息科技(上海)股份有限公司首次公开发行股票注册的批复
证监许可〔2019〕1172 号	关于同意哈尔滨新光光电科技股份有限公司首次公开发行股票注册的批复
证监许可〔2019〕1173 号	关于准予中加享利三年定期开放债券型证券投资基金注册的批复
证监许可〔2019〕1174 号	关于准予泰达宏利品牌升级混合型证券投资基金注册的批复
证监许可〔2019〕1175 号	关于准予华润元大润泰双鑫债券型证券投资基金变更注册的批复
证监许可〔2019〕1176 号	关于准予海富通富睿混合型证券投资基金变更注册的批复
证监许可〔2019〕1177 号	关于核准国泰君安证券股份有限公司向合格投资者公开发行公司债券的批复
证监许可〔2019〕1178 号	关于同意南京微创医学科技股份有限公司首次公开发行股票注册的批复
证监许可〔2019〕1179 号	关于同意上海微创心脉医疗科技股份有限公司首次公开发行股票注册的批复
证监许可〔2019〕1180 号	关于同意虹软科技股份有限公司首次公开发行股票注册的批复
证监许可〔2019〕1181 号	关于核准安福县海能实业股份有限公司首次公开发行股票的批复
证监许可〔2019〕1182 号	关于核准厦门弘信电子科技股份有限公司非公开发行股票的批复

续表

发文文号	发文标题
证监许可〔2019〕1183 号	关于核准山东英科医疗用品股份有限公司公开发行可转换公司债券的批复
证监许可〔2019〕1184 号	关于核准重庆智飞生物制品股份有限公司非公开发行股票的批复
证监许可〔2019〕1185 号	关于核准厦门国贸集团股份有限公司向合格投资者公开发行公司债券的批复
证监许可〔2019〕1186 号	关于核准东吴证券股份有限公司向合格投资者公开发行公司债券的批复
证监许可〔2019〕1187 号	关于核准杭州市商贸旅游集团有限公司向合格投资者公开发行公司债券的批复
证监许可〔2019〕1188 号	关于核准大唐高鸿数据网络技术股份有限公司向合格投资者公开发行公司债券的批复
证监许可〔2019〕1189 号	关于准予鹏华锦润 180 天定期开放债券型证券投资基金注册的批复
证监许可〔2019〕1190 号	关于准予泰达宏利养老目标日期 2040 三年持有期混合型基金中基金（FOF）变更注册的批复
证监许可〔2019〕1191 号	关于准予东方红中证竞争力指数发起式证券投资基金注册的批复
证监许可〔2019〕1192 号	关于准予红塔红土盛平中短债债券型证券投资基金注册的批复
证监许可〔2019〕1193 号	关于准予天弘中证 500 交易型开放式指数证券投资基金注册的批复
证监许可〔2019〕1194 号	关于准予交银施罗德瑞丰三年封闭运作混合型证券投资基金注册的批复
证监许可〔2019〕1195 号	关于准予方正富邦沪深 300 交易型开放式指数证券投资基金注册的批复
证监许可〔2019〕1196 号	关于准予鹏华锦利两年定期开放债券型证券投资基金注册的批复
证监许可〔2019〕1197 号	关于准予民生加银聚鑫三年定期开放债券型证券投资基金注册的批复
证监许可〔2019〕1198 号	关于准予华夏中证银行交易型开放式指数证券投资基金注册的批复
证监许可〔2019〕1199 号	关于准予中银理财 14 天债券型证券投资基金变更注册的批复
证监许可〔2019〕1200 号	关于准予华商电子行业量化股票型发起式证券投资基金注册的批复
证监许可〔2019〕1201 号	关于准予方正富邦中证主要消费红利指数增强型证券投资基金（LOF）注册的批复
证监许可〔2019〕1202 号	关于准予中银创新医疗混合型证券投资基金注册的批复
证监许可〔2019〕1203 号	关于准予汇添富中短债债券型证券投资基金注册的批复
证监许可〔2019〕1204 号	关于准予南方贺元利率债债券型证券投资基金注册的批复
证监许可〔2019〕1205 号	关于准予南方聪元债券型发起式证券投资基金注册的批复
证监许可〔2019〕1206 号	关于准予中金衡益增强债券型证券投资基金注册的批复
证监许可〔2019〕1207 号	关于准予国投瑞银顺业纯债债券型证券投资基金注册的批复
证监许可〔2019〕1208 号	关于准予华富科技动能混合型证券投资基金注册的批复
证监许可〔2019〕1209 号	关于准予泰达宏利中证 500 指数分级证券投资基金变更注册的批复
证监许可〔2019〕1210 号	关于核准华夏航空股份有限公司公开发行可转换公司债券的批复
证监许可〔2019〕1211 号	关于同意北京天宜上佳高新材料股份有限公司首次公开发行股票注册的批复

续表

发文文号	发文标题
证监许可〔2019〕1212号	关于同意广州方邦电子股份有限公司首次公开发行股票注册的批复
证监许可〔2019〕1213号	关于同意苏州瀚川智能科技股份有限公司首次公开发行股票注册的批复
证监许可〔2019〕1214号	关于同意北京沃尔德金刚石工具股份有限公司首次公开发行股票注册的批复
证监许可〔2019〕1215号	关于核准泰京资产管理股份有限公司人民币合格境外机构投资者资格的批复
证监许可〔2019〕1216号	关于核准浙江省能源集团有限公司向合格投资者公开发行公司债券的批复
证监许可〔2019〕1217号	关于核准豁免中荆投资控股集团有限公司要约收购湖北凯龙化工集团股份有限公司股份义务的批复
证监许可〔2019〕1218号	关于核准湖州银行股份有限公司定向发行股票的批复
证监许可〔2019〕1219号	关于同意交控科技股份有限公司首次公开发行股票注册的批复
证监许可〔2019〕1220号	关于北京航天宏图信息技术股份有限公司首次公开发行股票注册的批复
证监许可〔2019〕1221号	关于同意广东嘉元科技股份有限公司首次公开发行股票注册的批复
证监许可〔2019〕1222号	关于核准上海复宏汉霖生物技术股份有限公司发行境外上市外资股的批复
证监许可〔2019〕1224号	关于准予华宝浮动净值型发起式货币市场基金注册的批复
证监许可〔2019〕1225号	关于准予华安现金润利浮动净值型发起式货币市场基金注册的批复
证监许可〔2019〕1226号	关于准予汇添富汇鑫浮动净值型货币市场基金注册的批复
证监许可〔2019〕1227号	关于准予中银瑞福浮动净值型发起式货币市场基金注册的批复
证监许可〔2019〕1228号	关于准予嘉实融享浮动净值型发起式货币市场基金注册的批复
证监许可〔2019〕1229号	关于准予鹏华浮动净值型发起式货币市场基金注册的批复
证监许可〔2019〕1230号	关于核准苏州国发创业投资控股有限公司向合格投资者公开发行创新创业公司债券的批复
证监许可〔2019〕1231号	关于核准豁免海南省农垦投资控股集团有限公司豁免要约收购海南天然橡胶产业集团股份有限公司股份义务的批复
证监许可〔2019〕1232号	关于核准广东粤海控股集团有限公司向合格投资者公开发行公司债券的批复
证监许可〔2019〕1233号	关于核准当代节能置业股份有限公司向合格投资者公开发行公司债券的批复
证监许可〔2019〕1234号	关于核准远东国际租赁有限公司向合格投资者公开发行公司债券的批复
证监许可〔2019〕1235号	关于核准华鑫证券有限责任公司向合格投资者公开发行公司债券的批复
证监许可〔2019〕1236号	关于核准余姚市城市建设投资发展有限公司向合格投资者公开发行公司债券的批复
证监许可〔2019〕1237号	关于核准联发集团有限公司向合格投资者公开发行公司债券的批复
证监许可〔2019〕1238号	关于核准凯盛科技集团有限公司向合格投资者公开发行公司债券的批复
证监许可〔2019〕1239号	关于核准中广核风电有限公司向合格投资者公开发行公司债券的批复
证监许可〔2019〕1240号	关于准予金鹰添益纯债债券型证券投资基金变更注册的批复
证监许可〔2019〕1241号	关于准予鹏华尊悦6个月定期开放债券型发起式证券投资基金变更注册的批复

续表

发文文号	发文标题
证监许可〔2019〕1242 号	关于准予招商瑞源稳健配置混合型证券投资基金变更注册的批复
证监许可〔2019〕1243 号	关于准予民生加银持续成长混合型证券投资基金注册的批复
证监许可〔2019〕1244 号	关于核准国海证券股份有限公司变更实际控制人的批复
证监许可〔2019〕1245 号	关于核准江苏兴化农村商业银行股份有限公司定向发行股票的批复
证监许可〔2019〕1246 号	关于准予天弘信益债券型证券投资基金注册的批复
证监许可〔2019〕1247 号	关于核准太原钢铁(集团)有限公司向合格投资者公开发行公司债券的批复
证监许可〔2019〕1248 号	关于准予嘉实致华纯债债券型证券投资基金注册的批复
证监许可〔2019〕1249 号	关于准予财通资管鸿禧 6 个月定期开放债券型证券投资基金注册的批复
证监许可〔2019〕1250 号	关于准予国联安 6 个月定期开放债券型证券投资基金注册的批复
证监许可〔2019〕1251 号	关于核准西部证券股份有限公司变更持有 5% 以上股权的股东的批复
证监许可〔2019〕1252 号	关于核准山东机场集团有限公司向合格投资者公开发行公司债券的批复
证监许可〔2019〕1253 号	关于核准厦门建发股份有限公司向合格投资者公开发行公司债券的批复
证监许可〔2019〕1254 号	关于准予长城久瑞纯债债券型证券投资基金变更注册的批复
证监许可〔2019〕1255 号	关于准予中融沪港深高股息精选灵活配置混合型证券投资基金变更注册的批复
证监许可〔2019〕1256 号	关于准予格林泓泰三个月定期开放债券型证券投资基金注册的批复
证监许可〔2019〕1257 号	关于准予鹏华丰庆债券型证券投资基金注册的批复
证监许可〔2019〕1258 号	关于准予招商瑞文混合型证券投资基金注册的批复
证监许可〔2019〕1259 号	关于准予中银康享 3 个月定期开放债券型发起式证券投资基金注册的批复
证监许可〔2019〕1260 号	关于准予建信荣禧一年定期开放债券型证券投资基金注册的批复
证监许可〔2019〕1261 号	关于准予天弘标普 500 发起式证券投资基金(QDII – FOF)注册的批复
证监许可〔2019〕1262 号	关于准予万家鑫盛纯债债券型证券投资基金注册的批复
证监许可〔2019〕1263 号	关于准予景顺长城中证沪港深红利成长低波动指数型证券投资基金注册的批复
证监许可〔2019〕1264 号	关于不予核准中体产业集团股份有限公司向华体集团有限公司等发行股份购买资产并募集配套资金的决定
证监许可〔2019〕1265 号	关于准予南方梦元短债债券型证券投资基金注册的批复
证监许可〔2019〕1266 号	关于核准浙江启鑫新能源科技股份有限公司定向发行股票的批复
证监许可〔2019〕1267 号	关于准予鑫元一年定期开放中高等级债券型证券投资基金注册的批复
证监许可〔2019〕1268 号	关于准予华泰保兴尊诚一年定期开放债券型证券投资基金变更注册的批复
证监许可〔2019〕1269 号	关于准予人保添益 6 个月定期开放债券型证券投资基金注册的批复
证监许可〔2019〕1270 号	关于准予淳厚稳惠债券型证券投资基金注册的批复
证监许可〔2019〕1271 号	关于准予诺德中证研发创新 100 指数型证券投资基金注册的批复

续表

发文文号	发文标题
证监许可〔2019〕1272号	关于准予信达澳银安盛纯债债券型证券投资基金注册的批复
证监许可〔2019〕1273号	关于准予中银招利债券型证券投资基金注册的批复
证监许可〔2019〕1274号	关于核准中欧基金管理有限公司在香港特别行政区收购中睿资产管理有限公司的批复
证监许可〔2019〕1275号	关于核准平安不动产有限公司向合格投资者公开发行公司债券的批复
证监许可〔2019〕1276号	关于核准金茂投资管理(上海)有限公司向合格投资者公开发行公司债券的批复
证监许可〔2019〕1277号	关于核准天地源股份有限公司向合格投资者公开发行公司债券的批复
证监许可〔2019〕1278号	关于小熊电器股份有限公司首次公开发行股票的批复
证监许可〔2019〕1279号	关于核准宁波柯力传感科技股份有限公司首次公开发行股票的批复
证监许可〔2019〕1280号	关于准予财通久利三个月定期开放债券型发起式证券投资基金注册的批复
证监许可〔2019〕1281号	关于准予天弘养老目标日期2035三年持有期混合型基金中基金(FOF)变更注册的批复
证监许可〔2019〕1282号	关于准予天弘优选债券型证券投资基金变更注册的批复
证监许可〔2019〕1283号	关于准予广发优势增长股票型证券投资基金注册的批复
证监许可〔2019〕1284号	关于核准内蒙古包钢钢联股份有限公司向合格投资者公开发行公司债券的批复
证监许可〔2019〕1285号	关于核准君创国际融资租赁有限公司向合格投资者公开发行公司债券的批复
证监许可〔2019〕1286号	关于核准富滇银行股份有限公司定向发行股票的批复
证监许可〔2019〕1287号	关于准予汇添富鑫福债券型证券投资基金注册的批复
证监许可〔2019〕1288号	关于准予方正富邦恒生沪深港通大湾区综合指数证券投资基金(LOF)注册的批复
证监许可〔2019〕1289号	关于准予南方皓元短债债券型证券投资基金注册的批复
证监许可〔2019〕1290号	关于准予汇安量化先锋混合型证券投资基金注册的批复
证监许可〔2019〕1291号	关于准予天弘弘新混合型发起式证券投资基金注册的批复
证监许可〔2019〕1292号	关于准予中邮研究精选混合型证券投资基金注册的批复
证监许可〔2019〕1293号	关于同意上海柏楚电子科技股份有限公司首次公开发行股票注册的批复
证监许可〔2019〕1294号	关于同意晶晨半导体(上海)股份有限公司首次公开发行股票注册的批复
证监许可〔2019〕1295号	关于核准上海浦东土地控股(集团)有限公司向合格投资者公开发行公司债券的批复
证监许可〔2019〕1296号	关于核准海南省发展控股有限公司向合格投资者公开发行公司债券的批复
证监许可〔2019〕1297号	关于核准国投电力控股股份有限公司向合格投资者公开发行可续期公司债券的批复
证监许可〔2019〕1298号	关于核准中信资本投资管理有限公司合格境外机构投资者资格的批复

续表

发文文号	发文标题
证监许可〔2019〕1300 号	关于核准上海仁会生物制药股份有限公司定向发行股票的批复
证监许可〔2019〕1301 号	关于核准海尔集团公司下属境外上市公司收购境内资产权益的批复
证监许可〔2019〕1302 号	关于准予平安乐享一年定期开放债券型证券投资基金注册的批复
证监许可〔2019〕1303 号	关于准予长盛港股通行业龙头混合型证券投资基金变更注册的批复
证监许可〔2019〕1304 号	关于准予中融中证 500 交易型开放式指数证券投资基金注册的批复
证监许可〔2019〕1305 号	关于准予金元顺安泓泉中短债债券型证券投资基金注册的批复
证监许可〔2019〕1306 号	关于准予华夏中证全指证券公司交易型开放式指数证券投资基金注册的批复
证监许可〔2019〕1307 号	关于准予浦银安盛盛煊 3 个月定期开放债券型发起式证券投资基金注册的批复
证监许可〔2019〕1308 号	关于准予广发景富纯债债券型证券投资基金注册的批复
证监许可〔2019〕1309 号	关于核准国元证券股份有限公司向合格投资者公开发行公司债券的批复
证监许可〔2019〕1310 号	关于核准龙翔投资控股集团有限公司向合格投资者公开发行公司债券的批复
证监许可〔2019〕1311 号	关于核准四川新希望房地产开发有限公司向合格投资者公开发行公司债券的批复
证监许可〔2019〕1312 号	关于核准泸州老窖股份有限公司向合格投资者公开发行公司债券的批复
证监许可〔2019〕1313 号	关于核准豁免南昌市江铃投资有限公司要约收购江铃汽车股份有限公司股份义务的批复
证监许可〔2019〕1314 号	关于不予核准成都博瑞传播股份有限公司向成都传媒集团发行股份购买资产的决定
证监许可〔2019〕1315 号	关于核准江苏通光电子线缆股份有限公司公开发行可转换公司债券的批复
证监许可〔2019〕1316 号	关于核准协鑫集成科技股份有限公司非公开发行股票的批复
证监许可〔2019〕1317 号	关于核准哈尔滨九洲电气股份有限公司公开发行可转换公司债券的批复
证监许可〔2019〕1318 号	关于核准广东英联包装股份有限公司公开发行可转换公司债券的批复
证监许可〔2019〕1319 号	关于核准上海吉祥航空股份有限公司非公开发行股票的批复
证监许可〔2019〕1320 号	关于北大青鸟环宇消防设备股份有限公司首次公开发行股票的批复
证监许可〔2019〕1321 号	关于核准南通海星电子股份有限公司首次公开发行股票的批复
证监许可〔2019〕1322 号	关于核准豁免武汉市汉阳控股集团有限公司要约收购武汉市汉商集团股份有限公司股份义务的批复
证监许可〔2019〕1323 号	关于核准豁免重庆医药健康产业有限公司要约收购重药控股股份有限公司股份义务的批复
证监许可〔2019〕1324 号	关于准予海富通中证内地低碳经济主题指数证券投资基金变更注册的批复
证监许可〔2019〕1325 号	关于准予融通通昊定期开放债券型发起式证券投资基金变更注册的批复
证监许可〔2019〕1326 号	关于准予北信瑞丰量化优选股票型证券投资基金变更注册的批复
证监许可〔2019〕1327 号	关于准予嘉实中证新兴科技 100 策略交易型开放式指数证券投资基金注册的批复

续表

发 文 文 号	发 文 标 题
证监许可〔2019〕1328 号	关于准予嘉实中证新兴科技 100 策略交易型开放式指数证券投资基金联接基金注册的批复
证监许可〔2019〕1329 号	关于准予富安达中证 500 指数增强型证券投资基金注册的批复
证监许可〔2019〕1330 号	关于准予创金合信信用红利债券型证券投资基金注册的批复
证监许可〔2019〕1331 号	关于准予华夏中证全指房地产交易型开放式指数证券投资基金注册的批复
证监许可〔2019〕1332 号	关于准予国泰中证全指通信设备交易型开放式指数证券投资基金发起式联接基金注册的批复
证监许可〔2019〕1333 号	关于准予南华中证杭州湾区交易型开放式指数证券投资基金联接基金注册的批复
证监许可〔2019〕1334 号	关于准予同泰开泰混合型证券投资基金注册的批复
证监许可〔2019〕1335 号	关于准予招商深证 100 交易型开放式指数证券投资基金注册的批复
证监许可〔2019〕1336 号	关于准予天弘弘择短债债券型证券投资基金注册的批复
证监许可〔2019〕1337 号	关于准予博道志远混合型证券投资基金注册的批复
证监许可〔2019〕1338 号	关于准予富国中证医药 50 交易型开放式指数证券投资基金注册的批复
证监许可〔2019〕1339 号	关于准予嘉实瑞虹三年定期开放混合型证券投资基金注册的批复
证监许可〔2019〕1340 号	关于准予兴全合泰混合型证券投资基金注册的批复
证监许可〔2019〕1341 号	关于核准牧原食品股份有限公司非公开发行股票的批复
证监许可〔2019〕1342 号	关于核准通源石油科技集团股份有限公司非公开发行股票的批复
证监许可〔2019〕1343 号	关于准予建信 MSCI 中国 A 股指数增强型证券投资基金注册的批复
证监许可〔2019〕1344 号	关于准予汇添富中证国企一带一路交易型开放式指数证券投资基金注册的批复
证监许可〔2019〕1345 号	关于准予汇添富中证国企一带一路交易型开放式指数证券投资基金联接基金注册的批复
证监许可〔2019〕1346 号	关于准予富国中证国企一带一路交易型开放式指数证券投资基金注册的批复
证监许可〔2019〕1347 号	关于准予富国中证央企创新驱动交易型开放式指数证券投资基金联接基金注册的批复
证监许可〔2019〕1348 号	关于准予易方达中证国企一带一路交易型开放式指数证券投资基金注册的批复
证监许可〔2019〕1349 号	关于准予易方达中证国企一带一路交易型开放式指数证券投资基金联接基金注册的批复
证监许可〔2019〕1350 号	关于准予博时中证央企创新驱动交易型开放式指数证券投资基金注册的批复
证监许可〔2019〕1351 号	关于准予博时中证央企创新驱动交易型开放式指数证券投资基金联接基金注册的批复
证监许可〔2019〕1352 号	关于准予富国中证国企一带一路交易型开放式指数证券投资基金联接基金注册的批复

续表

发文文号	发文标题
证监许可〔2019〕1353 号	关于准予富国中证央企创新驱动交易型开放式指数证券投资基金注册的批复
证监许可〔2019〕1354 号	关于准予广发中证央企创新驱动交易型开放式指数证券投资基金注册的批复
证监许可〔2019〕1355 号	关于准予广发中证央企创新驱动交易型开放式指数证券投资基金联接基金注册的批复
证监许可〔2019〕1356 号	关于准予嘉实中证央企创新驱动交易型开放式指数证券投资基金注册的批复
证监许可〔2019〕1357 号	关于准予嘉实中证央企创新驱动交易型开放式指数证券投资基金联接基金注册的批复
证监许可〔2019〕1358 号	关于准予易方达中证浙江新动能交易型开放式指数证券投资基金注册的批复
证监许可〔2019〕1359 号	关于准予易方达中证浙江新动能交易型开放式指数证券投资基金联接基金注册的批复
证监许可〔2019〕1360 号	关于核准辽宁福鞍重工股份有限公司向辽宁中科环境监测有限公司发行股份购买资产的批复
证监许可〔2019〕1361 号	关于核准南方基金管理股份有限公司变更股权的批复
证监许可〔2019〕1362 号	关于准予民生加银品质消费股票型证券投资基金注册的批复
证监许可〔2019〕1363 号	关于核准吉林银行股份有限公司定向发行股票的批复
证监许可〔2019〕1364 号	关于准予宝盈鸿瑞债券型证券投资基金变更注册的批复
证监许可〔2019〕1365 号	关于准予万家家享纯债债券型证券投资基金变更注册的批复
证监许可〔2019〕1366 号	关于准予财通资管鸿福短债债券型证券投资基金注册的批复
证监许可〔2019〕1367 号	关于准予泰康润和两年定期开放债券型证券投资基金注册的批复
证监许可〔2019〕1368 号	关于准予淳厚信泽灵活配置混合型证券投资基金注册的批复
证监许可〔2019〕1369 号	关于准予九泰久弘灵活配置混合型证券投资基金注册的批复
证监许可〔2019〕1370 号	关于准予华润元大景泰灵活配置混合型证券投资基金变更注册的批复
证监许可〔2019〕1371 号	关于准予山西证券金融债债券型证券投资基金注册的批复
证监许可〔2019〕1372 号	关于准予博时月月盈短期理财债券型证券投资基金变更注册的批复
证监许可〔2019〕1373 号	关于准予华夏中证 5G 通信主题交易型开放式指数证券投资基金注册的批复
证监许可〔2019〕1374 号	关于核准广东翔鹭钨业股份有限公司公开发行可转换公司债券的批复
证监许可〔2019〕1375 号	关于不予核准西安瑞联新材料股份有限公司首次公开发行股票并在创业板上市申请的决定
证监许可〔2019〕1376 号	关于核准浙江万丰奥威汽轮股份有限公司非公开发行股票的批复
证监许可〔2019〕1377 号	关于不予核准广东申菱环境系统股份有限公司首次公开发行股票并在创业板上市申请的决定
证监许可〔2019〕1378 号	关于不予核准上海奕瑞光电子科技股份有限公司首次公开发行股票并在创业板上市申请的决定

续表

发文文号	发文标题
证监许可〔2019〕1379 号	关于不予核准深圳警翼智能科技股份有限公司首次公开发行股票并在创业板上市申请的决定
证监许可〔2019〕1380 号	关于不予核准北京生泰尔科技股份有限公司首次公开发行股票并在创业板上市申请的决定
证监许可〔2019〕1381 号	关于核准中国广核电力股份有限公司首次公开发行股票的批复
证监许可〔2019〕1382 号	关于核准上海城开（集团）有限公司向合格投资者公开发行公司债券的批复
证监许可〔2019〕1383 号	关于核准信达投资有限公司向合格投资者公开发行公司债券的批复
证监许可〔2019〕1384 号	关于核准北京友宝在线科技股份有限公司定向发行股票的批复
证监许可〔2019〕1385 号	关于准予财通资管丰和两年定期开放债券型证券投资基金注册的批复
证监许可〔2019〕1386 号	关于准予国寿安保尊耀纯债债券型证券投资基金注册的批复
证监许可〔2019〕1387 号	关于准予博道伍佰智航股票型证券投资基金注册的批复
证监许可〔2019〕1388 号	关于准予建信荣瑞一年定期开放债券型证券投资基金注册的批复
证监许可〔2019〕1389 号	关于准予华富中债－0－5 年中高等级信用债收益平衡指数证券投资基金注册的批复
证监许可〔2019〕1390 号	关于准予国泰鑫睿混合型证券投资基金注册的批复
证监许可〔2019〕1391 号	关于核准深圳市贝特瑞新能源材料股份有限公司定向发行股票的批复
证监许可〔2019〕1392 号	关于核准朗姿股份有限公司向申东日等发行股份购买资产并募集配套资金的批复
证监许可〔2019〕1393 号	关于核准浙江中欣氟材股份有限公司向高宝矿业有限公司等发行股份购买资产并募集配套资金的批复
证监许可〔2019〕1394 号	关于核准河南双汇投资发展股份有限公司吸收合并河南省漯河市双汇实业集团有限责任公司的批复
证监许可〔2019〕1395 号	关于核准湖北兴发化工集团股份有限公司向浙江金帆达生化股份有限公司等发行股份购买资产并募集配套资金的批复
证监许可〔2019〕1396 号	关于核准广东骏亚电子科技股份有限公司向陈兴农等发行股份购买资产的批复
证监许可〔2019〕1397 号	关于准予方正富邦天睿灵活配置混合型证券投资基金注册的批复
证监许可〔2019〕1398 号	关于准予工银瑞信粤港澳大湾区创新 100 交易型开放式指数证券投资基金注册的批复
证监许可〔2019〕1399 号	关于准予中海惠利纯债分级债券型证券投资基金变更注册的批复
证监许可〔2019〕1400 号	关于准予易方达中证 800 交易型开放式指数证券投资基金注册的批复
证监许可〔2019〕1401 号	关于准予易方达中证 800 交易型开放式指数证券投资基金发起式联接基金注册的批复
证监许可〔2019〕1402 号	关于准予华泰柏瑞锦泰一年定期开放债券型证券投资基金注册的批复
证监许可〔2019〕1403 号	关于准予农银汇理金玉 6 个月定期开放债券型证券投资基金注册的批复

续表

发文文号	发文标题
证监许可〔2019〕1404 号	关于准予山西证券汇利一年定期开放债券型证券投资基金注册的批复
证监许可〔2019〕1405 号	关于准予华商计算机行业量化股票型发起式证券投资基金注册的批复
证监许可〔2019〕1406 号	关于准予华宝中证科技龙头交易型开放式指数证券投资基金发起式联接基金注册的批复
证监许可〔2019〕1407 号	关于准予中加享润两年定期开放债券型证券投资基金注册的批复
证监许可〔2019〕1408 号	关于准予申万菱信中证研发创新 100 交易型开放式指数证券投资基金注册的批复
证监许可〔2019〕1409 号	关于准予天弘创业板交易型开放式指数证券投资基金注册的批复
证监许可〔2019〕1410 号	关于准予国融融兴灵活配置混合型证券投资基金注册的批复
证监许可〔2019〕1411 号	关于准予招商中证红利交易型开放式指数证券投资基金注册的批复
证监许可〔2019〕1412 号	关于准予九泰盈丰量化多策略灵活配置混合型证券投资基金注册的批复
证监许可〔2019〕1413 号	关于准予鹏华尊信 3 个月定期开放债券型发起式证券投资基金注册的批复
证监许可〔2019〕1414 号	关于准予南方卓利定期开放债券型发起式证券投资基金变更注册的批复
证监许可〔2019〕1415 号	关于准予工银瑞信瑞安 3 个月定期开放纯债债券型发起式证券投资基金注册的批复
证监许可〔2019〕1416 号	关于准予浦银安盛盛诺 3 个月定期开放债券型发起式证券投资基金注册的批复
证监许可〔2019〕1417 号	关于准予长城量化小盘股票型证券投资基金注册的批复
证监许可〔2019〕1418 号	关于准予光大保德信景气先锋混合型证券投资基金注册的批复
证监许可〔2019〕1419 号	关于准予金元顺安泓利纯债债券型证券投资基金注册的批复
证监许可〔2019〕1420 号	关于准予东方卓越三年定期开放债券型证券投资基金注册的批复
证监许可〔2019〕1421 号	关于核准中国东方航空股份有限公司增发境外上市外资股的批复
证监许可〔2019〕1422 号	关于核准科博达技术股份有限公司首次公开发行股票的批复
证监许可〔2019〕1423 号	关于核准厦门松霖科技股份有限公司首次公开发行股票的批复
证监许可〔2019〕1424 号	关于中科软科技股份有限公司首次公开发行股票的批复
证监许可〔2019〕1425 号	关于核准中孚信息股份有限公司向黄建等发行股份购买资产并募集配套资金的批复
证监许可〔2019〕1426 号	关于核准湖北宜昌交运集团股份有限公司向宜昌道行文旅开发有限公司等发行股份购买资产并募集配套资金的批复
证监许可〔2019〕1427 号	关于不予核准内蒙古兰太实业股份有限公司发行股份购买资产并募集配套资金申请的决定
证监许可〔2019〕1428 号	关于核准宁波继峰汽车零部件股份有限公司向宁波东证继涵投资合伙企业(有限合伙)等发行股份、可转换公司债券购买资产并募集配套资金的批复
证监许可〔2019〕1429 号	关于核准豁免甘肃电气装备集团有限公司要约收购兰州长城电工股份有限公司义务的批复

续表

发文文号	发文标题
证监许可〔2019〕1430 号	关于核准广东新劲刚新材料科技股份有限公司向文俊等发行股份、可转换公司债券购买资产并募集配套资金的批复
证监许可〔2019〕1431 号	关于核准台州市金融投资集团有限公司向合格投资者公开发行公司债券的批复
证监许可〔2019〕1432 号	关于核准瑞达期货股份有限公司首次公开发行股票的批复
证监许可〔2019〕1433 号	关于核准豁免广西投资集团有限公司要约收购国海证券股份有限公司股份义务的批复
证监许可〔2019〕1435 号	关于核准陕西金融资产管理股份有限公司向合格投资者公开发行公司债券的批复
证监许可〔2019〕1436 号	关于核准厦门国贸集团股份有限公司向合格投资者公开发行可续期公司债券的批复
证监许可〔2019〕1437 号	关于核准广州市时代控股集团有限公司向合格投资者公开发行公司债券的批复
证监许可〔2019〕1438 号	关于核准中国普天信息产业股份有限公司向合格投资者公开发行可续期公司债券的批复
证监许可〔2019〕1439 号	关于核准湖北菲利华石英玻璃股份有限公司非公开发行股票的批复
证监许可〔2019〕1440 号	关于核准安徽应流机电股份有限公司非公开发行股票的批复
证监许可〔2019〕1441 号	关于核准能科科技股份有限公司增发股票的批复
证监许可〔2019〕1442 号	关于核准思创医惠科技股份有限公司非公开发行股票的批复
证监许可〔2019〕1443 号	关于核准浙江迪贝电气股份有限公司公开发行可转换公司债券的批复
证监许可〔2019〕1444 号	关于核准北方国际合作股份有限公司公开发行可转换公司债券的批复
证监许可〔2019〕1445 号	关于不予核准河北建投能源投资股份有限公司向河北建投投资集团有限责任公司发行股份购买资产的决定
证监许可〔2019〕1446 号	关于核准嘉事堂药业股份有限公司非公开发行股票的批复
证监许可〔2019〕1447 号	关于核准国信证券股份有限公司非公开发行股票的批复
证监许可〔2019〕1448 号	关于核准黑牡丹(集团)股份有限公司向合格投资者公开发行公司债券的批复
证监许可〔2019〕1449 号	关于核准奥园集团有限公司向合格投资者公开发行公司债券的批复
证监许可〔2019〕1450 号	关于核准豁免杉杉集团有限公司要约收购宁波杉杉股份有限公司义务的批复
证监许可〔2019〕1451 号	关于不予核准金浦钛业股份有限公司发行股份购买资产并募集配套资金申请的决定
证监许可〔2019〕1452 号	关于核准河钢股份有限公司向合格投资者公开发行公司债券的批复
证监许可〔2019〕1453 号	关于核准中国国新控股有限责任公司向合格投资者公开发行公司债券的批复
证监许可〔2019〕1454 号	关于准予嘉实回报精选混合型证券投资基金变更注册的批复
证监许可〔2019〕1455 号	关于核准云南省建设投资控股集团有限公司向合格投资者公开发行公司债券的批复

续表

发文文号	发文标题
证监许可〔2019〕1456 号	关于准予上银可转债精选债券型证券投资基金注册的批复
证监许可〔2019〕1457 号	关于准予前海开源稳健增长三年持有期混合型发起式证券投资基金注册的批复
证监许可〔2019〕1458 号	关于准予国泰惠享三个月定期开放债券型发起式证券投资基金注册的批复
证监许可〔2019〕1459 号	关于准予中融中证 500 交易型开放式指数证券投资基金联接基金注册的批复
证监许可〔2019〕1460 号	关于准予东方红 7 号集合资产管理计划变更注册的批复
证监许可〔2019〕1461 号	关于准予建信中证沪港深粤港澳大湾区发展主题交易型开放式指数证券投资基金注册的批复
证监许可〔2019〕1462 号	关于准予汇添富盛安 39 个月定期开放债券型证券投资基金注册的批复
证监许可〔2019〕1463 号	关于准予嘉实致安 3 个月定期开放债券型发起式证券投资基金注册的批复
证监许可〔2019〕1464 号	关于准予惠升和风纯债债券型证券投资基金注册的批复
证监许可〔2019〕1465 号	关于核准平安国际融资租赁有限公司向合格投资者公开发行公司债券的批复
证监许可〔2019〕1466 号	关于准予银河聚星两年定期开放债券型证券投资基金注册的批复
证监许可〔2019〕1467 号	关于准予银河聚利两年定期开放债券型证券投资基金注册的批复
证监许可〔2019〕1468 号	关于准予朱雀产业智选混合型证券投资基金注册的批复
证监许可〔2019〕1469 号	关于准予华泰柏瑞中证科技 100 交易型开放式指数证券投资基金注册的批复
证监许可〔2019〕1470 号	关于核准上海东方证券资产管理有限公司合格境内机构投资者资格的批复
证监许可〔2019〕1471 号	关于核准绿城房地产集团有限公司向合格投资者公开发行公司债券的批复
证监许可〔2019〕1472 号	关于核准华晨汽车集团控股有限公司向合格投资者公开发行公司债券的批复
证监许可〔2019〕1473 号	关于核准豁免晋城市国有资本投资运营有限公司要约收购山西兰花科技创业股份有限公司股份义务的批复
证监许可〔2019〕1474 号	关于准予广发锐意进取 3 个月持有期混合型发起式基金中基金(FOF)注册的批复
证监许可〔2019〕1475 号	关于准予嘉合永泰优选三个月持有期混合型发起式基金中基金(FOF)注册的批复
证监许可〔2019〕1476 号	关于准予富国智诚精选 3 个月持有期混合型基金中基金(FOF)注册的批复
证监许可〔2019〕1477 号	关于准予易方达优选多资产三个月持有期混合型基金中基金(FOF)注册的批复
证监许可〔2019〕1478 号	关于准予诺德大类精选配置三个月定期开放混合型基金中基金(FOF)注册的批复
证监许可〔2019〕1481 号	关于核准杭州滨江房产集团股份有限公司向合格投资者公开发行公司债券的批复
证监许可〔2019〕1482 号	关于准予易方达恒盛 3 个月定期开放混合型发起式证券投资基金注册的批复
证监许可〔2019〕1483 号	关于核准西安工业投资集团有限公司向合格投资者公开发行公司债券的批复

续表

发文文号	发文标题
证监许可〔2019〕1484 号	关于核准信利光电股份有限公司向合格投资者公开发行创新创业公司债券的批复
证监许可〔2019〕1485 号	关于核准国电科技环保集团股份有限公司向合格投资者公开发行绿色公司债券的批复
证监许可〔2019〕1486 号	关于核准武汉金融控股(集团)有限公司向合格投资者公开发行可续期公司债券的批复
证监许可〔2019〕1487 号	关于核准华创证券有限责任公司向合格投资者公开发行公司债券的批复
证监许可〔2019〕1488 号	关于核准北京路劲隽御房地产开发有限公司向合格投资者公开发行公司债券的批复
证监许可〔2019〕1489 号	关于核准桃李面包股份有限公司公开发行可转换公司债券的批复
证监许可〔2019〕1490 号	关于核准烽火通信科技股份有限公司公开发行可转换公司债券的批复
证监许可〔2019〕1491 号	关于核准济民健康管理股份有限公司非公开发行股票的批复
证监许可〔2019〕1492 号	关于核准许昌远东传动轴股份有限公司公开发行可转换公司债券的批复
证监许可〔2019〕1493 号	关于核准杭州福斯特应用材料股份有限公司公开发行可转换公司债券的批复
证监许可〔2019〕1494 号	关于核准宝胜科技创新股份有限公司非公开发行股票的批复
证监许可〔2019〕1495 号	关于核准佛山水务环保股份有限公司发行境外上市外资股的批复
证监许可〔2019〕1496 号	关于核准上海康德莱医疗器械股份有限公司发行境外上市外资股的批复
证监许可〔2019〕1497 号	关于核准杭州永创智能设备股份有限公司公开发行可转换公司债券的批复
证监许可〔2019〕1498 号	关于核准江苏太平洋石英股份有限公司公开发行可转换公司债券的批复
证监许可〔2019〕1499 号	关于核准青岛汇金通电力设备股份有限公司非公开发行股票的批复
证监许可〔2019〕1500 号	关于核准深圳市铁汉生态环境股份有限公司非公开发行优先股的批复
证监许可〔2019〕1501 号	关于核准宁夏嘉泽新能源股份有限公司非公开发行股票的批复
证监许可〔2019〕1502 号	关于核准云南建投绿色高性能混凝土股份有限公司发行境外上市外资股的批复
证监许可〔2019〕1503 号	关于核准大冶特殊钢股份有限公司向中信泰富特钢投资有限公司等发行股份购买资产的批复
证监许可〔2019〕1504 号	关于准予鹏华中证 500 交易型开放式指数证券投资基金注册的批复
证监许可〔2019〕1505 号	关于准予鹏华中证 500 交易型开放式指数证券投资基金联接基金注册的批复
证监许可〔2019〕1506 号	关于准予信达澳银新机遇灵活配置混合型证券投资基金注册的批复
证监许可〔2019〕1507 号	关于准予嘉实价值成长混合型证券投资基金注册的批复
证监许可〔2019〕1508 号	关于准予广发粤港澳大湾区创新 100 交易型开放式指数证券投资基金注册的批复
证监许可〔2019〕1509 号	关于准予恒生前海恒扬纯债债券型证券投资基金注册的批复
证监许可〔2019〕1510 号	关于准予大成远见成长混合型证券投资基金注册的批复

续表

发文文号	发文标题
证监许可〔2019〕1511 号	关于准予招商添韵 3 个月定期开放债券型发起式证券投资基金注册的批复
证监许可〔2019〕1512 号	关于核准豁免海南中远海运投资有限公司要约收购海南海峡航运股份有限公司股份义务的批复
证监许可〔2019〕1513 号	关于同意北京安博通科技股份有限公司首次公开发行股票注册的批复
证监许可〔2019〕1514 号	关于核准金轮蓝海股份有限公司公开发行可转换公司债券的批复
证监许可〔2019〕1515 号	关于核准新凤鸣集团股份有限公司非公开发行股票的批复
证监许可〔2019〕1516 号	关于核准方正资产管理(香港)有限公司人民币合格境外机构投资者资格的批复
证监许可〔2019〕1517 号	关于核准三花控股集团有限公司向合格投资者公开发行公司债券的批复
证监许可〔2019〕1518 号	关于核准豁免闫凯境要约收购天士力医药集团股份有限公司股份义务的批复
证监许可〔2019〕1519 号	关于核准中国华电集团有限公司向合格投资者公开发行可续期公司债券的批复
证监许可〔2019〕1520 号	关于核准江苏双星彩塑新材料股份有限公司向合格投资者公开发行公司债券的批复
证监许可〔2019〕1521 号	关于核准中煤地质集团有限公司向合格投资者公开发行公司债券的批复
证监许可〔2019〕1522 号	关于准予华融现金增利货币市场基金变更注册的批复
证监许可〔2019〕1523 号	关于准予华融新锐灵活配置混合型证券投资基金变更注册的批复
证监许可〔2019〕1524 号	关于准予华融新利灵活配置混合型证券投资基金变更注册的批复
证监许可〔2019〕1525 号	关于准予合煦智远新兴成长股票型证券投资基金注册的批复
证监许可〔2019〕1526 号	关于准予方正富邦天鑫灵活配置混合型证券投资基金注册的批复
证监许可〔2019〕1527 号	关于核准申通快递股份有限公司向合格投资者公开发行公司债券的批复
证监许可〔2019〕1528 号	关于准予大成有色金属期货交易型开放式指数证券投资基金联接基金注册的批复
证监许可〔2019〕1529 号	关于准予华夏饲料豆粕期货交易型开放式证券投资基金发起式联接基金注册的批复
证监许可〔2019〕1530 号	关于准予华夏饲料豆粕期货交易型开放式证券投资基金注册的批复
证监许可〔2019〕1531 号	关于准予大成有色金属期货交易型开放式指数证券投资基金注册的批复
证监许可〔2019〕1532 号	关于准予建信易盛郑商所能源化工期货交易型开放式指数证券投资基金注册的批复
证监许可〔2019〕1533 号	关于核准豁免珠海融诚投资中心(有限合伙)要约收购大连美吉姆教育科技股份有限公司股份义务的批复
证监许可〔2019〕1534 号	关于核准新永安国际资产管理有限公司人民币合格境外机构投资者资格的批复
证监许可〔2019〕1535 号	关于核准马歇尔·伟世有限责任公司合格境外机构投资者资格的批复
证监许可〔2019〕1536 号	关于准予华夏中证新能源汽车交易型开放式指数证券投资基金注册的批复

续表

发文文号	发文标题
证监许可〔2019〕1537号	关于准予华夏粤港澳大湾区创新100交易型开放式指数证券投资基金注册的批复
证监许可〔2019〕1538号	关于准予前海开源中证500等权重交易型开放式指数证券投资基金注册的批复
证监许可〔2019〕1539号	关于核准贵州银行股份有限公司发行境外上市外资股的批复
证监许可〔2019〕1540号	关于准予华泰紫金智鑫3个月定期开放债券型发起式证券投资基金注册的批复
证监许可〔2019〕1541号	关于准予南方粤港澳大湾区创新100交易型开放式指数证券投资基金注册的批复
证监许可〔2019〕1542号	关于准予淳厚稳鑫债券型证券投资基金注册的批复
证监许可〔2019〕1543号	关于准予华泰保兴科瑞灵活配置混合型证券投资基金注册的批复
证监许可〔2019〕1544号	关于核准湖北五方光电股份有限公司首次公开发行股票的批复
证监许可〔2019〕1545号	关于核准豁免招商局(辽宁)港口发展有限公司及其一致行动人要约收购大连港股份有限公司股份义务的批复
证监许可〔2019〕1546号	关于核准豁免招商局(辽宁)港口发展有限公司及其一致行动人要约收购营口港务股份有限公司股份义务的批复
证监许可〔2019〕1547号	关于核准绵阳市投资控股(集团)有限公司向合格投资者公开发行公司债券的批复
证监许可〔2019〕1548号	关于核准中国通用技术(集团)控股有限责任公司向合格投资者公开发行公司债券的批复
证监许可〔2019〕1549号	关于核准北京建工集团有限责任公司向合格投资者公开发行公司债券的批复
证监许可〔2019〕1550号	关于核准上海世茂股份有限公司向合格投资者公开发行公司债券的批复
证监许可〔2019〕1551号	关于核准福建省华兴集团有限责任公司向合格投资者公开发行公司债券的批复
证监许可〔2019〕1552号	关于不予同意恒安嘉新(北京)科技股份公司首次公开发行股票注册的决定
证监许可〔2019〕1553号	关于核准索通发展股份有限公司公开发行可转换公司债券的批复
证监许可〔2019〕1554号	关于核准中富通集团股份有限公司非公开发行股票的批复
证监许可〔2019〕1555号	关于核准安徽省交通建设股份有限公司首次公开发行股票的批复
证监许可〔2019〕1556号	关于核准美年大健康产业控股股份有限公司非公开发行股票的批复
证监许可〔2019〕1557号	关于核准厦门金龙汽车集团股份有限公司非公开发行股票的批复
证监许可〔2019〕1558号	关于核准中国国际金融股份有限公司发行境外上市外资股的批复
证监许可〔2019〕1559号	关于核准深圳齐心集团股份有限公司非公开发行股票的批复
证监许可〔2019〕1560号	关于核准游族网络股份有限公司公开发行可转换公司债券的批复
证监许可〔2019〕1561号	关于核准常熟市汽车饰件股份有限公司公开发行可转换公司债券的批复
证监许可〔2019〕1562号	关于核准豁免中国宝武钢铁集团有限公司要约收购马鞍山钢铁股份有限公司股份义务的批复

续表

发文文号	发文标题
证监许可〔2019〕1563 号	关于核准江西洪城水业股份有限公司非公开发行股票的批复
证监许可〔2019〕1564 号	关于不予核准江西 3L 医用制品集团股份有限公司首次公开发行股票并在创业板上市申请的决定
证监许可〔2019〕1565 号	关于不予核准江苏扬瑞新型材料股份有限公司首次公开发行股票并在创业板上市申请的决定
证监许可〔2019〕1566 号	关于不予核准江苏中利集团股份有限公司非公开发行股票申请的决定
证监许可〔2019〕1567 号	关于不予核准深圳市中孚泰文化建筑建设股份有限公司首次公开发行股票并在创业板上市申请的决定
证监许可〔2019〕1568 号	关于不予核准上海艾融软件股份有限公司首次公开发行股票并在创业板上市申请的决定
证监许可〔2019〕1569 号	关于核准天津中环半导体股份有限公司非公开发行股票的批复
证监许可〔2019〕1570 号	关于核准大千生态环境集团股份有限公司非公开发行股票的批复
证监许可〔2019〕1571 号	关于核准无锡药明康德新药开发股份有限公司发行可转换为境外上市外资股的公司债券的批复
证监许可〔2019〕1572 号	关于核准广东万里马实业股份有限公司公开发行可转换公司债券的批复
证监许可〔2019〕1573 号	关于核准太极计算机股份有限公司公开发行可转换公司债券的批复
证监许可〔2019〕1574 号	关于核准西藏天路股份有限公司公开发行可转换公司债券的批复
证监许可〔2019〕1575 号	关于核准四川川投能源股份有限公司公开发行可转换公司债券的批复
证监许可〔2019〕1576 号	关于不予核准东方日升新能源股份有限公司公开发行可转换公司债券申请的决定
证监许可〔2019〕1577 号	关于核准洛阳栾川钼业集团股份有限公司发行可转换为境外上市外资股的公司债券的批复
证监许可〔2019〕1578 号	关于核准武汉当代明诚文化股份有限公司非公开发行股票的批复
证监许可〔2019〕1579 号	关于核准广东和胜工业铝材股份有限公司非公开发行股票的批复
证监许可〔2019〕1582 号	关于核准江苏如东农村商业银行股份有限公司定向发行股票的批复
证监许可〔2019〕1583 号	关于核准上海华铭智能终端设备股份有限公司向韩智等发行股份、可转换公司债券购买资产并募集配套资金的批复
证监许可〔2019〕1584 号	关于核准北京康拓红外技术股份有限公司向北京控制工程研究所发行股份购买资产并募集配套资金的批复
证监许可〔2019〕1585 号	关于核准河南易成新能源股份有限公司向中国平煤神马能源化工集团有限责任公司等发行股份购买资产的批复
证监许可〔2019〕1586 号	关于准予财通资管行业精选混合型证券投资基金注册的批复
证监许可〔2019〕1587 号	关于核准山东省国有资产投资控股有限公司向合格投资者公开发行可续期公司债券的批复
证监许可〔2019〕1588 号	关于核准深圳华大基因股份有限公司向合格投资者公开发行公司债券的批复

续表

发文文号	发文标题
证监许可〔2019〕1589号	关于核准中国机械工业集团有限公司向合格投资者公开发行公司债券的批复
证监许可〔2019〕1590号	关于核准浙江省交通投资集团有限公司向合格投资者公开发行公司债券的批复
证监许可〔2019〕1591号	关于核准国家能源投资集团有限责任公司向合格投资者公开发行公司债券的批复
证监许可〔2019〕1592号	关于核准福建福晟集团有限公司向合格投资者公开发行公司债券的批复
证监许可〔2019〕1593号	关于核准北京新能源汽车股份有限公司向合格投资者公开发行公司债券的批复
证监许可〔2019〕1594号	关于核准上海汽车集团股份有限公司向合格投资者公开发行公司债券的批复
证监许可〔2019〕1595号	关于核准中国国际贸易中心股份有限公司向合格投资者公开发行公司债券的批复
证监许可〔2019〕1596号	关于准予山西证券中证红利潜力交易型开放式指数证券投资基金注册的批复
证监许可〔2019〕1597号	关于准予富安达长三角区域主题混合型发起式证券投资基金注册的批复
证监许可〔2019〕1598号	关于准予方正富邦天恒灵活配置混合型证券投资基金注册的批复
证监许可〔2019〕1599号	关于准予民生加银沪深300交易型开放式指数证券投资基金注册的批复
证监许可〔2019〕1600号	关于准予中加科盈混合型证券投资基金注册的批复
证监许可〔2019〕1601号	关于准予平安中债－0－5年广东省地方政府债交易型开放式指数证券投资基金注册的批复
证监许可〔2019〕1602号	关于准予弘毅远方国证消费100交易型开放式指数证券投资基金注册的批复
证监许可〔2019〕1603号	关于准予申万菱信中证研发创新100交易型开放式指数证券投资基金联接基金注册的批复
证监许可〔2019〕1604号	关于核准平顶山天安煤业股份有限公司向合格投资者公开发行可续期公司债券的批复
证监许可〔2019〕1605号	关于核准协合风电投资有限公司向合格投资者公开发行绿色公司债券的批复
证监许可〔2019〕1606号	关于核准中国大唐集团新能源股份有限公司向合格投资者公开发行公司债券的批复
证监许可〔2019〕1607号	关于准予建信月盈安心理财债券型证券投资基金变更注册的批复
证监许可〔2019〕1608号	关于准予华宝宝惠纯债39个月定期开放债券型证券投资基金注册的批复
证监许可〔2019〕1609号	关于准予大成中债1－3年国开行债券指数证券投资基金注册的批复
证监许可〔2019〕1610号	关于核准泰豪科技股份有限公司向合格投资者公开发行公司债券的批复
证监许可〔2019〕1611号	关于核准中国中金财富证券有限公司向合格投资者公开发行公司债券的批复
证监许可〔2019〕1612号	关于核准新疆广汇实业投资（集团）有限责任公司向合格投资者公开发行公司债券的批复
证监许可〔2019〕1613号	关于核准深圳市龙光控股有限公司向合格投资者公开发行公司债券的批复

续表

发 文 文 号	发 文 标 题
证监许可〔2019〕1614 号	关于同意山石网科通信技术股份有限公司首次公开发行股票注册的批复
证监许可〔2019〕1615 号	关于同意北京热景生物技术股份有限公司首次公开发行股票注册的批复
证监许可〔2019〕1616 号	关于核准平安证券股份有限公司向合格投资者公开发行公司债券的批复
证监许可〔2019〕1617 号	关于核准杉杉集团有限公司向合格投资者公开发行公司债券的批复
证监许可〔2019〕1618 号	关于核准我爱我家控股集团股份有限公司向合格投资者公开发行公司债券的批复
证监许可〔2019〕1619 号	关于核准南京南钢钢铁联合有限公司向合格投资者公开发行公司债券的批复
证监许可〔2019〕1620 号	关于核准中国林产品有限公司向合格投资者公开发行公司债券的批复
证监许可〔2019〕1621 号	关于核准山东高速路桥集团股份有限公司向合格投资者公开发行公司债券的批复
证监许可〔2019〕1622 号	关于核准宁德时代新能源科技股份有限公司向合格投资者公开发行公司债券的批复
证监许可〔2019〕1623 号	关于核准北京首创股份有限公司向合格投资者公开发行公司债券的批复
证监许可〔2019〕1624 号	关于核准雪松实业集团有限公司向合格投资者公开发行公司债券的批复
证监许可〔2019〕1625 号	关于核准江苏省信用再担保集团有限公司向合格投资者公开发行可续期公司债券的批复
证监许可〔2019〕1626 号	关于核准郑州航空港兴港投资集团有限公司向合格投资者公开发行公司债券的批复
证监许可〔2019〕1627 号	关于核准山东发展投资控股集团有限公司向合格投资者公开发行公司债券的批复
证监许可〔2019〕1628 号	关于核准柳州市投资控股有限公司向合格投资者公开发行公司债券的批复
证监许可〔2019〕1629 号	关于核准华润元大基金管理有限公司变更股权的批复
证监许可〔2019〕1630 号	关于核准国际金融公司人民币合格境外机构投资者资格的批复
证监许可〔2019〕1631 号	关于核准新疆新业国有资产经营(集团)有限责任公司向合格投资者公开发行公司债券的批复
证监许可〔2019〕1632 号	关于核准上海大众公用事业(集团)股份有限公司向合格投资者公开发行公司债券的批复
证监许可〔2019〕1633 号	关于准予融通通恒 27 个月定期开放债券型证券投资基金注册的批复
证监许可〔2019〕1634 号	关于准予金元顺安沣润短债债券型证券投资基金注册的批复
证监许可〔2019〕1635 号	关于准予新疆前海联合润盈短债债券型证券投资基金注册的批复
证监许可〔2019〕1636 号	关于准予新疆前海联合淳丰纯债 1 年定期开放债券型证券投资基金注册的批复
证监许可〔2019〕1637 号	关于准予中金鑫福 1 年定期开放债券型证券投资基金注册的批复
证监许可〔2019〕1638 号	关于准予大成惠嘉一年定期开放债券型证券投资基金注册的批复

续表

发文文号	发文标题
证监许可〔2019〕1639 号	关于准予国寿安保安泽纯债 39 个月定期开放债券型证券投资基金注册的批复
证监许可〔2019〕1640 号	关于准予关于海富通裕昇三年定期开放债券型证券投资基金注册的批复
证监许可〔2019〕1641 号	关于准予诺安瑞康三年定期开放债券型证券投资基金注册的批复
证监许可〔2019〕1642 号	关于准予嘉实瑞熙三年封闭运作混合型证券投资基金注册的批复
证监许可〔2019〕1643 号	关于准予兴银尊享债券型证券投资基金注册的批复
证监许可〔2019〕1644 号	关于准予兴业中证银行 50 金融债指数证券投资基金注册的批复
证监许可〔2019〕1645 号	关于准予华泰柏瑞锦瑞债券型证券投资基金注册的批复
证监许可〔2019〕1646 号	关于准予中信保诚红利精选混合型证券投资基金注册的批复
证监许可〔2019〕1647 号	关于准予南方粤港澳大湾区创新 100 交易型开放式指数证券投资基金发起式联接基金注册的批复
证监许可〔2019〕1648 号	关于准予北信瑞丰鼎丰灵活配置混合型证券投资基金变更注册的批复
证监许可〔2019〕1649 号	关于核准烟台国丰投资控股有限公司向合格投资者公开发行公司债券的批复
证监许可〔2019〕1650 号	关于核准中国泛海控股集团有限公司向合格投资者公开发行公司债券的批复
证监许可〔2019〕1651 号	关于核准同方股份有限公司向合格投资者公开发行公司债券的批复
证监许可〔2019〕1652 号	关于核准广州杰赛科技股份有限公司向合格投资者公开发行公司债券的批复
证监许可〔2019〕1653 号	关于核准山西能源交通投资有限公司向合格投资者公开发行可续期公司债券的批复
证监许可〔2019〕1654 号	关于核准安阳钢铁集团有限责任公司向合格投资者公开发行可续期公司债券的批复
证监许可〔2019〕1655 号	关于准予鹏华鑫享稳健混合型证券投资基金注册的批复
证监许可〔2019〕1656 号	关于同意深圳传音控股股份有限公司首次公开发行股票注册的批复
证监许可〔2019〕1657 号	关于核准重庆农村商业银行股份有限公司首次公开发行股票的批复
证监许可〔2019〕1658 号	关于核准仙乐健康科技股份有限公司首次公开发行股票的批复
证监许可〔2019〕1659 号	关于核准广西慧金科技股份有限公司吸收合并北京天下秀科技股份有限公司的批复
证监许可〔2019〕1660 号	关于核准上海新梅置业股份有限公司重大资产重组及向陈刚等发行股份购买资产的批复
证监许可〔2019〕1661 号	关于准予景顺长城中债 3－5 年政策性金融债指数证券投资基金注册的批复
证监许可〔2019〕1662 号	关于准予南方创利 3 个月定期开放债券型发起式证券投资基金注册的批复
证监许可〔2019〕1663 号	关于准予嘉实致禄 3 个月定期开放纯债债券型发起式证券投资基金注册的批复
证监许可〔2019〕1664 号	关于准予华夏中证全指证券公司交易型开放式指数证券投资基金发起式联接基金注册的批复

续表

发文文号	发文标题
证监许可〔2019〕1665 号	关于准予万家家瑞债券型证券投资基金变更注册的批复
证监许可〔2019〕1666 号	关于准予华夏中证 500 指数增强型证券投资基金注册的批复
证监许可〔2019〕1667 号	关于准予万家惠享 39 个月定期开放债券型证券投资基金注册的批复
证监许可〔2019〕1668 号	关于准予长信纯债半年债券型证券投资基金变更注册的批复
证监许可〔2019〕1669 号	关于核准保利物业发展股份有限公司发行境外上市外资股的批复
证监许可〔2019〕1670 号	关于同意上海晶丰明源半导体股份有限公司首次公开发行股票注册的批复
证监许可〔2019〕1671 号	关于核准无锡芯朋微电子股份有限公司定向发行股票的批复
证监许可〔2019〕1672 号	关于核准乐凯胶片股份有限公司向中国乐凯集团有限公司发行股份购买资产并募集配套资金的批复
证监许可〔2019〕1673 号	关于准予鹏华价值驱动混合型证券投资基金注册的批复
证监许可〔2019〕1674 号	关于核准人福医药集团股份公司向合格投资者公开发行公司债券的批复
证监许可〔2019〕1675 号	关于核准湖南华菱钢铁股份有限公司向湖南华菱钢铁集团有限责任公司等发行股份购买资产的批复
证监许可〔2019〕1676 号	关于核准上海医药集团股份有限公司发行境外上市外资股的批复
证监许可〔2019〕1677 号	关于核准北京良业环境技术股份有限公司发行境外上市外资股的批复
证监许可〔2019〕1678 号	关于核准台州市水务集团股份有限公司发行境外上市外资股的批复
证监许可〔2019〕1681 号	关于准予富国汇远纯债三年定期开放债券型证券投资基金注册的批复
证监许可〔2019〕1682 号	关于准予易方达年年恒秋纯债一年定期开放债券型发起式证券投资基金注册的批复
证监许可〔2019〕1683 号	关于准予蜂巢恒利债券型证券投资基金注册的批复
证监许可〔2019〕1684 号	关于准予国泰惠信三年定期开放债券型证券投资基金注册的批复
证监许可〔2019〕1685 号	关于准予国联安恒利 63 个月定期开放债券型证券投资基金注册的批复
证监许可〔2019〕1686 号	关于核准海通证券股份有限公司向合格投资者公开发行公司债券的批复
证监许可〔2019〕1687 号	关于准予华富安兴 39 个月定期开放债券型证券投资基金注册的批复
证监许可〔2019〕1688 号	关于准予创金合信量化动力混合型证券投资基金变更注册的批复
证监许可〔2019〕1689 号	关于准予华商高端装备制造股票型证券投资基金注册的批复
证监许可〔2019〕1690 号	关于核准厦门国贸控股集团有限公司向合格投资者公开发行公司债券的批复
证监许可〔2019〕1691 号	关于准予嘉实中债 3－5 年国开行债券指数证券投资基金注册的批复
证监许可〔2019〕1692 号	关于准予大成通嘉三年定期开放债券型证券投资基金注册的批复
证监许可〔2019〕1693 号	关于准予工银瑞信泰和 39 个月封闭式债券型证券投资基金注册的批复
证监许可〔2019〕1694 号	关于准予中金鑫裕 1 年定期开放债券型证券投资基金注册的批复
证监许可〔2019〕1695 号	关于准予汇添富稳健增长混合型证券投资基金注册的批复
证监许可〔2019〕1696 号	关于准予鹏华 0－5 年利率债债券型发起式证券投资基金注册的批复

续表

发文文号	发文标题
证监许可〔2019〕1697号	关于准予天弘鑫利三年定期开放债券型证券投资基金注册的批复
证监许可〔2019〕1698号	关于准予国联安短债债券型证券投资基金注册的批复
证监许可〔2019〕1699号	关于准予银华稳晟39个月定期开放债券型证券投资基金注册的批复
证监许可〔2019〕1700号	关于准予南方上证50指数增强型发起式证券投资基金注册的批复
证监许可〔2019〕1701号	关于准予申万菱信安泰广利两年定期开放债券型证券投资基金注册的批复
证监许可〔2019〕1702号	关于准予富国中证科技50策略交易型开放式指数证券投资基金注册的批复
证监许可〔2019〕1703号	关于准予格林泓瑞增强一年定期开放债券型证券投资基金注册的批复
证监许可〔2019〕1704号	关于准予九泰天奕量化价值混合型证券投资基金注册的批复
证监许可〔2019〕1705号	关于准予华富中证人工智能产业交易型开放式指数证券投资基金注册的批复
证监许可〔2019〕1706号	关于准予华富中证人工智能产业交易型开放式指数证券投资基金联接基金注册的批复
证监许可〔2019〕1707号	关于核准佳禾智能科技股份有限公司首次公开发行股票的批复
证监许可〔2019〕1708号	关于核准江西彭泽农村商业银行股份有限公司定向发行股票的批复
证监许可〔2019〕1709号	关于核准华西证券股份有限公司向合格投资者公开发行公司债券的批复
证监许可〔2019〕1710号	关于核准阳城县阳泰集团实业有限公司向合格投资者公开发行公司债券的批复
证监许可〔2019〕1711号	关于核准海南瑞泽新型建材股份有限公司向合格投资者公开发行公司债券的批复
证监许可〔2019〕1712号	关于核准云南铜业股份有限公司向合格投资者公开发行公司债券的批复
证监许可〔2019〕1713号	关于核准上海城建(集团)公司向合格投资者公开发行公司债券的批复
证监许可〔2019〕1714号	关于核准中燃投资有限公司向合格投资者公开发行公司债券的批复
证监许可〔2019〕1715号	关于核准南京江北新区建设投资集团有限公司向合格投资者公开发行公司债券的批复
证监许可〔2019〕1716号	关于核准贵州乌江能源投资有限公司向合格投资者公开发行公司债券的批复
证监许可〔2019〕1717号	关于核准江苏中南建设集团股份有限公司向合格投资者公开发行公司债券的批复
证监许可〔2019〕1718号	关于核准上海复星高科技(集团)有限公司向合格投资者公开发行公司债券的批复
证监许可〔2019〕1719号	关于核准山西潞安环保能源开发股份有限公司向合格投资者公开发行可续期公司债券的批复
证监许可〔2019〕1720号	关于核准青岛城市建设投资(集团)有限责任公司向合格投资者公开发行公司债券的批复
证监许可〔2019〕1721号	关于核准中铁高新工业股份有限公司向合格投资者公开发行可续期公司债券的批复

续表

发文文号	发文标题
证监许可〔2019〕1722号	关于核准牡丹江市国有资产投资控股有限公司向合格投资者公开发行公司债券的批复
证监许可〔2019〕1723号	关于核准内蒙古伊利实业集团股份有限公司向合格投资者公开发行公司债券的批复
证监许可〔2019〕1724号	关于核准渤海租赁股份有限公司向合格投资者公开发行公司债券的批复
证监许可〔2019〕1725号	关于核准陕西延长石油(集团)有限责任公司向合格投资者公开发行可续期公司债券的批复
证监许可〔2019〕1726号	关于核准湖南华菱钢铁集团有限责任公司向合格投资者公开发行可交换公司债券的批复
证监许可〔2019〕1727号	关于核准中国中车集团有限公司向合格投资者公开发行公司债券的批复
证监许可〔2019〕1728号	关于核准国泰租赁有限公司向合格投资者公开发行公司债券的批复
证监许可〔2019〕1729号	关于核准山西兰花科技创业股份有限公司向合格投资者公开发行公司债券的批复
证监许可〔2019〕1730号	关于核准中国华电集团有限公司向合格投资者公开发行可续期公司债券的批复
证监许可〔2019〕1731号	关于准予招商核心优选股票型证券投资基金注册的批复
证监许可〔2019〕1732号	关于核准中联重科股份有限公司向合格投资者公开发行公司债券的批复
证监许可〔2019〕1733号	关于核准国电南瑞科技股份有限公司向合格投资者公开发行公司债券的批复
证监许可〔2019〕1734号	关于核准山东中华发电有限公司向合格投资者公开发行公司债券的批复
证监许可〔2019〕1735号	关于准予景顺长城价值边际灵活配置混合型证券投资基金注册的批复
证监许可〔2019〕1736号	关于核准云南省能源投资集团有限公司向合格投资者公开发行可续期公司债券的批复
证监许可〔2019〕1737号	关于准予银华中证研发创新100交易型开放式指数证券投资基金注册的批复
证监许可〔2019〕1738号	关于准予中信保诚嘉鑫定期开放债券型发起式证券投资基金变更注册的批复
证监许可〔2019〕1739号	关于准予安信中证深圳科技创新主题指数型证券投资基金(LOF)注册的批复
证监许可〔2019〕1740号	关于核准浙江米奥兰特商务会展股份有限公司首次公开发行股票的批复
证监许可〔2019〕1741号	关于核准八方电气(苏州)股份有限公司首次公开发行股票的批复
证监许可〔2019〕1742号	关于同意青岛海尔生物医疗股份有限公司首次公开发行股票注册的批复
证监许可〔2019〕1743号	关于同意申联生物医药(上海)股份有限公司首次公开发行股票注册的批复
证监许可〔2019〕1744号	关于核准中国宝安集团股份有限公司向合格投资者公开发行公司债券的批复
证监许可〔2019〕1745号	关于准予同泰慧择混合型证券投资基金注册的批复
证监许可〔2019〕1746号	关于准予浦银安盛MSCI中国A股交易型开放式指数证券投资基金注册的批复

续表

发 文 文 号	发 文 标 题
证监许可〔2019〕1747 号	关于准予工银瑞信粤港澳大湾区创新 100 交易型开放式指数证券投资基金联接基金注册的批复
证监许可〔2019〕1748 号	关于准予惠升惠新灵活配置混合型证券投资基金注册的批复
证监许可〔2019〕1749 号	关于准予山西证券中证红利潜力交易型开放式指数证券投资基金联接基金注册的批复
证监许可〔2019〕1750 号	关于核准金辉集团股份有限公司向合格投资者公开发行公司债券的批复
证监许可〔2019〕1751 号	关于准予景顺长城创业板综指增强型证券投资基金注册的批复
证监许可〔2019〕1752 号	关于准予招商中债－1－3 年高等级央企主题债券指数证券投资基金注册的批复
证监许可〔2019〕1753 号	关于准予鹏华金享混合型证券投资基金注册的批复
证监许可〔2019〕1754 号	关于准予中融睿享 86 个月定期开放债券型证券投资基金注册的批复
证监许可〔2019〕1755 号	关于准予南方沪深 300 指数增强型证券投资基金注册的批复
证监许可〔2019〕1756 号	关于核准聚信国际融资租赁股份有限公司向合格投资者公开发行公司债券的批复
证监许可〔2019〕1757 号	关于准予建信全球资源混合型证券投资基金变更注册的批复
证监许可〔2019〕1758 号	关于准予银华消费主题分级混合型证券投资基金变更注册的批复
证监许可〔2019〕1759 号	关于准予汇添富大盘核心资产增长混合型证券投资基金注册的批复
证监许可〔2019〕1760 号	关于准予浦银安盛创业板交易型开放式指数证券投资基金注册的批复
证监许可〔2019〕1761 号	关于准予平安大华鑫睿灵活配置混合型证券投资基金变更注册的批复
证监许可〔2019〕1762 号	关于准予博远增强回报债券型证券投资基金注册的批复
证监许可〔2019〕1763 号	关于准予上银鑫卓混合型证券投资基金注册的批复
证监许可〔2019〕1764 号	关于准予湘财长源股票型证券投资基金注册的批复
证监许可〔2019〕1765 号	关于准予嘉实中证先进制造 100 策略交易型开放式指数证券投资基金注册的批复
证监许可〔2019〕1766 号	关于准予华泰保兴科盈灵活配置混合型证券投资基金注册的批复
证监许可〔2019〕1767 号	关于准予华夏中证全指房地产交易型开放式指数证券投资基金发起式联接基金注册的批复
证监许可〔2019〕1768 号	关于准予华夏中证 5G 通信主题交易型开放式指数证券投资基金发起式联接基金注册的批复
证监许可〔2019〕1769 号	关于核准北京市基础设施投资有限公司向合格投资者公开发行公司债券的批复
证监许可〔2019〕1770 号	关于核准新疆天富集团有限责任公司向合格投资者公开发行公司债券的批复
证监许可〔2019〕1771 号	关于核准义乌市国有资本运营有限公司向合格投资者公开发行公司债券的批复
证监许可〔2019〕1772 号	关于核准靖江港口集团有限公司向合格投资者公开发行公司债券的批复
证监许可〔2019〕1773 号	关于核准北控清洁能源集团有限公司向合格投资者公开发行绿色公司债券的批复

续表

发文文号	发文标题
证监许可〔2019〕1774 号	关于核准新疆投资发展(集团)有限责任公司向合格投资者公开发行公司债券的批复
证监许可〔2019〕1775 号	关于准予汇添富中盘积极成长混合型证券投资基金注册的批复
证监许可〔2019〕1776 号	关于准予中融睿嘉 39 个月定期开放债券型证券投资基金注册的批复
证监许可〔2019〕1777 号	关于准予鹏扬富利增强债券型证券投资基金注册的批复
证监许可〔2019〕1778 号	关于准予圆信永丰丰和中短债债券型证券投资基金注册的批复
证监许可〔2019〕1779 号	关于准予湘财久丰 3 个月定期开放债券型证券投资基金注册的批复
证监许可〔2019〕1780 号	关于准予建信睿信三个月定期开放债券型发起式证券投资基金注册的批复
证监许可〔2019〕1781 号	关于核准豁免恒力集团有限公司要约收购广东松发陶瓷股份有限公司股份义务的批复
证监许可〔2019〕1784 号	关于准予金信民达纯债债券型发起式证券投资基金注册的批复
证监许可〔2019〕1785 号	关于核准广西北部湾国际港务集团有限公司向合格投资者公开发行公司债券的批复
证监许可〔2019〕1786 号	关于核准宝山钢铁股份有限公司向合格投资者公开发行公司债券的批复
证监许可〔2019〕1787 号	关于准予财通福盛定增定期开放灵活配置混合型发起式证券投资基金变更注册的批复
证监许可〔2019〕1788 号	关于核准东营银行股份有限公司定向发行股票的批复
证监许可〔2019〕1789 号	关于核准中航证券有限公司向合格投资者公开发行公司债券的批复
证监许可〔2019〕1790 号	关于核准麒盛科技股份有限公司首次公开发行股票的批复
证监许可〔2019〕1791 号	关于核准温州市交通投资集团有限公司向合格投资者公开发行公司债券的批复
证监许可〔2019〕1792 号	关于核准东风汽车集团股份有限公司向合格投资者公开发行公司债券的批复
证监许可〔2019〕1794 号	关于同意赛诺医疗科学技术股份有限公司首次公开发行股票注册的批复
证监许可〔2019〕1795 号	关于核准豁免上海临港经济发展集团资产管理有限公司及其一致行动人要约收购上海临港控股股份有限公司股份义务的批复
证监许可〔2019〕1796 号	关于同意华熙生物科技科技股份有限公司首次公开发票注册的批复
证监许可〔2019〕1797 号	关于同意深圳市杰普特光电股份有限公司首次公开发行股票注册的批复
证监许可〔2019〕1799 号	关于北京宝兰德软件股份有限公司首次公开发行股票注册的批复
证监许可〔2019〕1800 号	关于核准北京京能清洁能源电力股份有限公司向合格投资者公开发行公司债券的批复
证监许可〔2019〕1801 号	关于核准京东方科技集团股份有限公司向合格投资者公开发行可续期公司债券的批复
证监许可〔2019〕1802 号	关于核准中铝国际工程股份有限公司向合格投资者公开发行可续期公司债券的批复
证监许可〔2019〕1803 号	关于核准中国冶金科工集团有限公司向合格投资者公开发行公司债券的批复

续表

发文文号	发文标题
证监许可〔2019〕1804 号	关于准予上投摩根锦程积极成长养老目标五年持有期混合型基金中基金(FOF)变更注册的批复
证监许可〔2019〕1805 号	关于准予建信中证 800 交易型开放式指数证券投资基金注册的批复
证监许可〔2019〕1806 号	关于准予华商新动力灵活配置混合型证券投资基金变更注册的批复
证监许可〔2019〕1807 号	关于准予海富通先进制造股票型证券投资基金注册的批复
证监许可〔2019〕1808 号	关于准予天弘中证红利低波动 100 指数型发起式证券投资基金注册的批复
证监许可〔2019〕1809 号	关于准予中邮上证 380 指数增强型证券投资基金变更注册的批复
证监许可〔2019〕1810 号	关于准予诺安瑞泽一年定期开放债券型证券投资基金注册的批复
证监许可〔2019〕1811 号	关于准予广发粤港澳大湾区创新 100 交易型开放式指数证券投资基金联接基金注册的批复
证监许可〔2019〕1812 号	关于准予广发价值领先混合型证券投资基金注册的批复
证监许可〔2019〕1813 号	关于核准中铝国际工程股份有限公司向合格投资者公开发行公司债券的批复
证监许可〔2019〕1814 号	关于准予招商恒生沪深港通大湾区创新精选 50 交易型开放式指数证券投资基金注册的批复
证监许可〔2019〕1815 号	关于准予同泰慧选混合型发起式证券投资基金注册的批复
证监许可〔2019〕1816 号	关于准予九泰科盈价值灵活配置混合型证券投资基金注册的批复
证监许可〔2019〕1817 号	关于准予新华鑫源多策略混合型证券投资基金变更注册的批复
证监许可〔2019〕1818 号	关于准予中银亚太精选债券型证券投资基金(QDII)注册的批复
证监许可〔2019〕1819 号	关于准予华泰柏瑞行业精选混合型证券投资基金注册的批复
证监许可〔2019〕1820 号	关于准予平安中证新能源汽车产业交易型开放式指数证券投资基金注册的批复
证监许可〔2019〕1821 号	关于准予银华巨潮小盘价值交易型开放式指数证券投资基金注册的批复
证监许可〔2019〕1822 号	关于核准北京凯文德信教育科技股份有限公司非公开发行股票的批复
证监许可〔2019〕1823 号	关于准予华安沪深 300 交易型开放式指数证券投资基金注册的批复
证监许可〔2019〕1824 号	关于准予泰康沪深 300 交易型开放式指数证券投资基金注册的批复
证监许可〔2019〕1825 号	关于准予嘉实基础产业优选股票型证券投资基金注册的批复
证监许可〔2019〕1826 号	关于准予国寿安保研究精选混合型证券投资基金注册的批复
证监许可〔2019〕1827 号	关于准予汇添富多策略纯债债券型证券投资基金注册的批复
证监许可〔2019〕1828 号	关于准予嘉实中证医药健康 100 策略交易型开放式指数证券投资基金注册的批复
证监许可〔2019〕1829 号	关于准予工银瑞信消费行业股票型证券投资基金注册的批复
证监许可〔2019〕1830 号	关于准予银华信用精选 18 个月定期开放债券型证券投资基金注册的批复
证监许可〔2019〕1831 号	关于准予华商医药医疗行业股票型证券投资基金注册的批复
证监许可〔2019〕1832 号	关于准予财通资管价值发现混合型证券投资基金注册的批复

续表

发 文 文 号	发 文 标 题
证监许可〔2019〕1833 号	关于准予富国中证 800 交易型开放式指数证券投资基金注册的批复
证监许可〔2019〕1834 号	关于核准光明食品(集团)有限公司向合格投资者公开发行公司债券的批复
证监许可〔2019〕1835 号	关于准予富国龙头优势混合型证券投资基金注册的批复
证监许可〔2019〕1836 号	关于核准宝鸡钛业股份有限公司向合格投资者公开发行公司债券的批复
证监许可〔2019〕1837 号	关于准予鹏华优选价值股票型证券投资基金注册的批复
证监许可〔2019〕1838 号	关于准予南华沪深 300 红利低波动指数证券投资基金注册的批复
证监许可〔2019〕1839 号	关于准予银华沪深股通精选混合型证券投资基金注册的批复
证监许可〔2019〕1840 号	关于准予中泰中证 500 指数增强型证券投资基金注册的批复
证监许可〔2019〕1841 号	关于核准苏州创元投资发展(集团)有限公司向合格投资者公开发行公司债券的批复
证监许可〔2019〕1842 号	关于核准许继电气股份有限公司向合格投资者公开发行公司债券的批复
证监许可〔2019〕1843 号	关于核准安信证券股份有限公司向合格投资者公开发行公司债券的批复
证监许可〔2019〕1844 号	关于核准舍得酒业股份有限公司非公开发行股票的批复
证监许可〔2019〕1845 号	关于核准江西湖口农村商业银行股份有限公司定向发行股票的批复
证监许可〔2019〕1846 号	关于核准浙商银行股份有限公司首次公开发行股票的批复
证监许可〔2019〕1847 号	关于核准钢研纳克检测技术股份有限公司首次公开发行股票的批复
证监许可〔2019〕1848 号	关于核准江苏锦鸡实业股份有限公司首次公开发行股票的批复
证监许可〔2019〕1849 号	关于核准天齐锂业股份有限公司配股的批复
证监许可〔2019〕1850 号	关于核准江苏连云港港口股份有限公司非公开发行股票的批复
证监许可〔2019〕1851 号	关于核准中航重机股份有限公司非公开发行股票的批复
证监许可〔2019〕1852 号	关于核准中钨高新材料股份有限公司非公开发行股票的批复
证监许可〔2019〕1853 号	关于核准江西金力永磁科技股份有限公司公开发行可转换公司债券的批复
证监许可〔2019〕1854 号	关于不予核准广东泰恩康医药股份有限公司首次公开发行股票并在创业板上市申请的决定
证监许可〔2019〕1855 号	关于核准北京左江科技股份有限公司首次公开发行股票的批复
证监许可〔2019〕1856 号	关于核准利亚德光电股份有限公司公开发行可转换公司债券的批复
证监许可〔2019〕1857 号	关于核准上海浦东发展银行股份有限公司公开发行可转换公司债券的批复
证监许可〔2019〕1858 号	关于核准苏州科达科技股份有限公司公开发行可转换公司债券的批复
证监许可〔2019〕1859 号	关于核准宁波旭升汽车技术股份有限公司非公开发行股票的批复
证监许可〔2019〕1860 号	关于核准湖南天雁机械股份有限公司非公开发行股票的批复
证监许可〔2019〕1861 号	关于核准贵安新区开发投资有限公司向合格投资者公开发行公司债券的批复
证监许可〔2019〕1862 号	关于准予兴全优选进取三个月持有期混合型基金中基金(FOF)注册的批复

续表

发文文号	发文标题
证监许可〔2019〕1863 号	关于准予汇添富积极投资核心优势三个月持有期混合型基金中基金（FOF）注册的批复
证监许可〔2019〕1864 号	关于准予平安盈丰积极配置三个月持有期混合型发起式基金中基金（FOF）注册的批复
证监许可〔2019〕1865 号	关于准予汇添富聚焦价值成长三个月持有期混合型基金中基金（FOF）注册的批复
证监许可〔2019〕1866 号	关于准予招商盛鑫优选 3 个月持有期混合型基金中基金（FOF）注册的批复
证监许可〔2019〕1867 号	关于准予工银瑞信智远动态配置三个月持有期混合型基金中基金（FOF）注册的批复
证监许可〔2019〕1868 号	关于核准天津天保基建股份有限公司向合格投资者公开发行公司债券的批复
证监许可〔2019〕1869 号	关于核准中国船舶重工集团有限公司向合格投资者公开发行公司债券的批复
证监许可〔2019〕1870 号	关于核准平顶山天安煤业股份有限公司向合格投资者公开发行公司债券的批复
证监许可〔2019〕1871 号	关于核准北京首创股份有限公司向合格投资者公开发行可续期公司债券的批复
证监许可〔2019〕1872 号	关于核准漳州市九龙江集团有限公司向合格投资者公开发行公司债券的批复
证监许可〔2019〕1873 号	关于核准南京紫金投资集团有限责任公司向合格投资者公开发行公司债券的批复
证监许可〔2019〕1874 号	关于准予易方达中证香港证券投资主题交易型开放式指数证券投资基金注册的批复
证监许可〔2019〕1875 号	关于准予易方达中证红利交易型开放式指数证券投资基金注册的批复
证监许可〔2019〕1876 号	关于准予万家自主创新混合型证券投资基金注册的批复
证监许可〔2019〕1877 号	关于准予景顺长城竞争优势混合型证券投资基金注册的批复
证监许可〔2019〕1878 号	关于准予嘉实中证医药健康 100 策略交易型开放式指数证券投资基金联接基金注册的批复
证监许可〔2019〕1879 号	关于准予嘉实中证先进制造 100 策略交易型开放式指数证券投资基金联接基金注册的批复
证监许可〔2019〕1880 号	关于准予嘉实中证 500 成长估值交易型开放式指数证券投资基金联接基金注册的批复
证监许可〔2019〕1881 号	关于准予华夏中证四川国企改革交易型开放式指数证券投资基金联接基金变更注册的批复
证监许可〔2019〕1882 号	关于准予华夏粤港澳大湾区创新 100 交易型开放式指数证券投资基金发起式联接基金注册的批复
证监许可〔2019〕1883 号	关于同意博瑞生物医药（苏州）股份有限公司首次公开发行股票注册的批复
证监许可〔2019〕1884 号	关于同意山东奥福环保科技股份有限公司首次公开发行股票注册的批复
证监许可〔2019〕1885 号	关于同意上海美迪西生物医药股份有限公司首次公开发行股票注册的批复
证监许可〔2019〕1886 号	关于同意宁波长阳科技股份有限公司首次公开发行股票注册的批复
证监许可〔2019〕1887 号	关于同意天津久日新材料股份有限公司首次公开发行股票注册的批复

续表

发文文号	发文标题
证监许可〔2019〕1888 号	关于准予南方标普中国 A 股大盘红利低波 50 交易型开放式指数证券投资基金注册的批复
证监许可〔2019〕1889 号	关于准予南方标普中国 A 股大盘红利低波 50 交易型开放式指数证券投资基金联接基金注册的批复
证监许可〔2019〕1890 号	关于准予中欧弘涛一年定期开放债券型证券投资基金变更注册的批复
证监许可〔2019〕1891 号	关于准予上证龙头企业交易型开放式指数证券投资基金变更注册的批复
证监许可〔2019〕1892 号	关于准予华安上证龙头企业交易型开放式指数证券投资基金联接基金变更注册的批复
证监许可〔2019〕1893 号	关于核准兖矿东华建设有限公司向合格投资者公开发行公司债券的批复
证监许可〔2019〕1894 号	关于准予平安匠心优选混合型证券投资基金注册的批复
证监许可〔2019〕1895 号	关于核准兴业证券股份有限公司向合格投资者公开发行公司债券的批复
证监许可〔2019〕1896 号	关于准予广发汇优 66 个月定期开放债券型证券投资基金注册的批复
证监许可〔2019〕1897 号	关于准予新疆前海联合淳安纯债 3 年定期开放债券型证券投资基金注册的批复
证监许可〔2019〕1898 号	关于准予兴银合盛三年定期开放债券型证券投资基金注册的批复
证监许可〔2019〕1899 号	关于准予博时稳欣 39 个月定期开放债券型证券投资基金注册的批复
证监许可〔2019〕1900 号	关于准予东兴鑫远三年定期开放债券型证券投资基金注册的批复
证监许可〔2019〕1901 号	关于准予长城嘉裕六个月定期开放债券型证券投资基金注册的批复
证监许可〔2019〕1902 号	关于核准新希望六和股份有限公司公开发行可转换公司债券的批复
证监许可〔2019〕1903 号	关于核准顺丰控股股份有限公司公开发行可转换公司债券的批复
证监许可〔2019〕1904 号	关于核准中兴通讯股份有限公司非公开发行股票的批复
证监许可〔2019〕1905 号	关于准予华安优质生活混合型证券投资基金注册的批复
证监许可〔2019〕1906 号	关于准予前海开源黄金交易型开放式证券投资基金联接基金注册的批复
证监许可〔2019〕1907 号	关于准予前海开源黄金交易型开放式证券投资基金注册的批复
证监许可〔2019〕1908 号	关于准予华夏黄金交易型开放式证券投资基金发起式联接基金注册的批复
证监许可〔2019〕1909 号	关于准予华夏黄金交易型开放式证券投资基金注册的批复
证监许可〔2019〕1910 号	关于准予工银瑞信黄金交易型开放式证券投资基金联接基金注册的批复
证监许可〔2019〕1911 号	关于准予工银瑞信黄金交易型开放式证券投资基金注册的批复
证监许可〔2019〕1912 号	关于核准杭州平治信息技术股份有限公司非公开发行股票的批复
证监许可〔2019〕1913 号	关于准予中加中债 - 1 - 3 年政策性金融债指数证券投资基金注册的批复
证监许可〔2019〕1914 号	关于准予中金中债 1 - 3 年政策性金融债指数证券投资基金注册的批复
证监许可〔2019〕1915 号	关于准予广发汇达纯债 3 个月定期开放债券型发起式证券投资基金注册的批复
证监许可〔2019〕1916 号	关于准予南方远利 3 个月定期开放债券型发起式证券投资基金注册的批复
证监许可〔2019〕1917 号	关于核准领益科技(深圳)有限公司向合格投资者公开发行公司债券的批复

续表

发文文号	发文标题
证监许可〔2019〕1918号	关于核准深圳市宝德投资控股有限公司向合格投资者公开发行公司债券的批复
证监许可〔2019〕1919号	关于同意杭州安恒信息技术股份有限公司首次公开发行股票注册的批复
证监许可〔2019〕1920号	关于同意杭州鸿泉物联网技术股份有限公司首次公开发行股票注册的批复
证监许可〔2019〕1921号	关于同意龙岩卓越新能源股份有限公司首次公开发行股票注册的批复
证监许可〔2019〕1922号	关于同意中国电器科学研究院股份有限公司首次公开发行股票注册的批复
证监许可〔2019〕1923号	关于同意深圳普门科技股份有限公司首次公开发行股票注册的批复
证监许可〔2019〕1924号	关于同意江苏联瑞新材料股份有限公司首次公开发行股票注册的批复
证监许可〔2019〕1925号	关于同意三达膜环境技术股份有限公司首次公开发行股票注册的批复
证监许可〔2019〕1926号	关于核准天士力生物医药股份有限公司发行境外上市外资股的批复
证监许可〔2019〕1927号	关于核准广东邦宝益智玩具股份有限公司非公开发行股票的批复
证监许可〔2019〕1928号	关于核准云南铝业股份有限公司非公开发行股票的批复
证监许可〔2019〕1929号	关于核准广州广电计量检测股份有限公司首次公开发行股票的批复
证监许可〔2019〕1930号	关于核准力合科技（湖南）股份有限公司首次公开发行股票的批复
证监许可〔2019〕1931号	关于核准筑博设计股份有限公司首次公开发行股票的批复
证监许可〔2019〕1932号	关于核准山东泰和水处理科技股份有限公司首次公开发行股票的批复
证监许可〔2019〕1933号	关于核准豁免中电博微电子科技有限公司要约收购安徽四创电子股份有限公司股份义务的批复
证监许可〔2019〕1934号	关于核准深圳市汇川技术股份有限公司向赵锦荣等发行股份购买资产并募集配套资金的批复
证监许可〔2019〕1935号	关于核准豁免新疆绿原国有资产经营集团有限公司要约收购新疆冠农果茸股份有限公司股份义务的批复
证监许可〔2019〕1936号	关于核准中粮置业投资有限公司向合格投资者公开发行公司债券的批复
证监许可〔2019〕1937号	关于核准南京南钢钢铁联合有限公司向合格投资者公开发行公司债券的批复
证监许可〔2019〕1938号	关于核准山东省商业集团有限公司向合格投资者公开发行公司债券的批复
证监许可〔2019〕1939号	关于核准江苏汇鸿国际集团股份有限公司向合格投资者公开发行可续期公司债券的批复
证监许可〔2019〕1940号	关于核准重庆水务集团股份有限公司向合格投资者公开发行公司债券的批复
证监许可〔2019〕1941号	关于核准中电科投资控股有限公司向合格投资者公开发行创新创业公司债券的批复
证监许可〔2019〕1942号	关于核准紫金矿业集团股份有限公司增发股票的批复
证监许可〔2019〕1943号	关于核准浙江海亮股份有限公司公开发行可转换公司债券的批复
证监许可〔2019〕1944号	关于核准孚日集团股份有限公司公开发行可转换公司债券的批复
证监许可〔2019〕1945号	关于核准广东华锋新能源科技股份有限公司公开发行可转换公司债券的批复

续表

发文文号	发文标题
证监许可〔2019〕1946 号	关于核准招商证券股份有限公司境外上市外资股配股的批复
证监许可〔2019〕1947 号	关于核准内蒙古蒙草生态环境(集团)股份有限公司非公开发行优先股的批复
证监许可〔2019〕1948 号	关于核准广发基金管理有限公司变更股权的批复
证监许可〔2019〕1949 号	关于核准北方华创科技集团股份有限公司非公开发行股票的批复
证监许可〔2019〕1950 号	关于核准山东省财金投资集团有限公司向合格投资者公开发行公司债券的批复
证监许可〔2019〕1951 号	关于核准上海张江高科技园区开发股份有限公司向合格投资者公开发行公司债券的批复
证监许可〔2019〕1952 号	关于核准山西国际电力集团有限公司向合格投资者公开发行可续期公司债券的批复
证监许可〔2019〕1953 号	关于核准厦门国贸控股集团有限公司向合格投资者公开发行可续期公司债券的批复
证监许可〔2019〕1954 号	关于核准浙江嘉兴国有资本投资运营有限公司向合格投资者公开发行公司债券的批复
证监许可〔2019〕1955 号	关于准予同泰慧盈混合型证券投资基金注册的批复
证监许可〔2019〕1956 号	关于准予鹏华股息精选混合型证券投资基金注册的批复
证监许可〔2019〕1957 号	关于准予长城价值优选混合型证券投资基金注册的批复
证监许可〔2019〕1958 号	关于准予宝盈龙头优选股票型证券投资基金注册的批复
证监许可〔2019〕1959 号	关于准予工银瑞信中证 800 交易型开放式指数证券投资基金注册的批复
证监许可〔2019〕1960 号	关于准予建信高股息主题股票型证券投资基金注册的批复
证监许可〔2019〕1961 号	关于准予国泰中证钢铁交易型开放式指数证券投资基金注册的批复
证监许可〔2019〕1962 号	关于准予国泰中证钢铁交易型开放式指数证券投资基金发起式联接基金注册的批复
证监许可〔2019〕1963 号	关于准予诺安研究优选混合型证券投资基金注册的批复
证监许可〔2019〕1964 号	关于准予国泰蓝筹精选混合型证券投资基金注册的批复
证监许可〔2019〕1965 号	关于准予同泰慧利混合型证券投资基金注册的批复
证监许可〔2019〕1966 号	关于核准奥佳华智能健康科技集团股份有限公司公开发行可转换公司债券的批复
证监许可〔2019〕1967 号	关于核准重庆国际物流枢纽园区建设有限责任公司向合格投资者公开发行公司债券的批复
证监许可〔2019〕1968 号	关于核准恒大地产集团有限公司向合格投资者公开发行公司债券的批复
证监许可〔2019〕1969 号	关于核准设立瑞达基金管理有限公司的批复
证监许可〔2019〕1970 号	关于核准中国中信有限公司向合格投资者公开发行公司债券的批复
证监许可〔2019〕1971 号	关于核准珠海港股份有限公司向合格投资者公开发行公司债券的批复
证监许可〔2019〕1972 号	关于同意深圳清溢光电股份有限公司首次公开发行股票注册的批复

续表

发文文号	发文标题
证监许可〔2019〕1973号	关于同意北京金山办公软件股份有限公司首次公开发行股票注册的批复
证监许可〔2019〕1974号	关于准予农银汇理彭博1－3年中国利率债指数证券投资基金注册的批复
证监许可〔2019〕1975号	关于准予中银恒裕9个月持有期债券型证券投资基金注册的批复
证监许可〔2019〕1976号	关于准予中银产业债一年定期开放债券型证券投资基金变更注册的批复
证监许可〔2019〕1977号	关于准予中欧信用增利债券型证券投资基金（LOF）变更注册的批复
证监许可〔2019〕1978号	关于准予银华永盛债券型证券投资基金注册的批复
证监许可〔2019〕1979号	关于准予兴业奕祥混合型证券投资基金变更注册的批复
证监许可〔2019〕1980号	关于准予兴业上证1－5年期地方政府债交易型开放式指数证券投资基金注册的批复
证监许可〔2019〕1981号	关于准予兴业绿色纯债一年定期开放债券型证券投资基金注册的批复
证监许可〔2019〕1982号	关于准予农银汇理金禄债券型证券投资基金变更注册的批复
证监许可〔2019〕1983号	关于准予南方荣尊定期开放混合型证券投资基金变更注册的批复
证监许可〔2019〕1984号	关于准予交银施罗德稳利中短债债券型证券投资基金注册的批复
证监许可〔2019〕1985号	关于准予华夏鼎明债券型证券投资基金注册的批复
证监许可〔2019〕1986号	关于准予国泰瑞和纯债债券型证券投资基金变更注册的批复
证监许可〔2019〕1987号	关于准予国泰聚瑞纯债债券型证券投资基金注册的批复
证监许可〔2019〕1988号	关于准予国泰合融纯债债券型证券投资基金注册的批复
证监许可〔2019〕1989号	关于准予东方红品质优选两年定期开放混合型证券投资基金注册的批复
证监许可〔2019〕1990号	关于准予安信中证信用主体50债券指数证券投资基金注册的批复
证监许可〔2019〕1991号	关于核准中国邮政储蓄银行股份有限公司首次公开发行股票的批复
证监许可〔2019〕1992号	关于核准上海矩子科技股份有限公司首次公开发行股票的批复
证监许可〔2019〕1993号	关于核准北京指南针科技发展股份有限公司首次公开发行股票的批复
证监许可〔2019〕1994号	关于核准重庆新大正物业集团股份有限公司首次公开发行股票的批复
证监许可〔2019〕1995号	关于准予富兰克林国海基本面优选混合型证券投资基金注册的批复
证监许可〔2019〕1996号	关于准予长信先锐债券型证券投资基金变更注册的批复
证监许可〔2019〕1997号	关于准予淳厚信睿核心精选混合型证券投资基金注册的批复
证监许可〔2019〕1998号	关于核准顾家集团有限公司向合格投资者公开发行公司债券的批复
证监许可〔2019〕1999号	关于核准杭州启明医疗器械股份有限公司发行境外上市外资股的批复
证监许可〔2019〕2000号	关于核准康龙化成（北京）新药技术股份有限公司发行境外上市外资股的批复
证监许可〔2019〕2001号	关于不予核准新疆天顺供应链股份有限公司配股申请的决定
证监许可〔2019〕2002号	关于核准招商局能源运输股份有限公司非公开发行股票的批复
证监许可〔2019〕2003号	关于核准国投电力控股股份有限公司发行全球存托凭证并在伦敦证券交易所上市的批复

续表

发文文号	发文标题
证监许可〔2019〕2004号	关于核准上海华峰超纤材料股份有限公司非公开发行股票的批复
证监许可〔2019〕2005号	关于核准森特士兴集团股份有限公司公开发行可转换公司债券的批复
证监许可〔2019〕2006号	关于核准格林美股份有限公司非公开发行股票的批复
证监许可〔2019〕2007号	关于核准厦门金牌厨柜股份有限公司公开发行可转换公司债券的批复
证监许可〔2019〕2008号	关于核准振德医疗用品股份有限公司公开发行可转换公司债券的批复
证监许可〔2019〕2009号	关于核准广东长青(集团)股份有限公司公开发行可转换公司债券的批复
证监许可〔2019〕2010号	关于核准中国船舶重工集团海洋防务与信息对抗股份有限公司向中国船舶重工集团有限公司发行股份购买资产并募集配套资金的批复
证监许可〔2019〕2011号	关于不予核准江门市科恒实业股份有限公司向肖谊荣等发行股份购买资产并募集配套资金的决定
证监许可〔2019〕2012号	关于核准秦皇岛天业通联重工股份有限公司向宁晋县晶泰福科技有限公司等发行股份购买资产的批复
证监许可〔2019〕2013号	关于核准豁免陕西延长石油(集团)有限责任公司要约收购陕西省天然气股份有限公司股份义务的批复
证监许可〔2019〕2014号	关于不予核准万邦德新材股份有限公司发行股份购买资产申请的决定
证监许可〔2019〕2015号	关于不予核准多喜爱集团股份有限公司重大资产置换及吸收合并申请的决定
证监许可〔2019〕2016号	关于同意普元信息技术股份有限公司首次公开发行股票注册的批复
证监许可〔2019〕2017号	关于同意洛阳建龙微纳新材料股份有限公司首次公开发行股票注册的批复
证监许可〔2019〕2018号	关于同意无锡祥生医疗科技股份有限公司首次公开发行股票注册的批复
证监许可〔2019〕2019号	关于同意迈得医疗工业设备股份有限公司首次公开发行股票注册的批复
证监许可〔2019〕2020号	关于核准赤峰吉隆黄金矿业股份有限公司向赵美光等发行股份购买资产并募集配套资金的批复
证监许可〔2019〕2021号	关于核准中国电力建设股份有限公司向合格投资者公开发行可续期公司债券的批复
证监许可〔2019〕2022号	关于核准中泰证券股份有限公司向合格投资者公开发行公司债券的批复
证监许可〔2019〕2023号	关于核准湖南正清制药集团股份有限公司定向发行股票的批复
证监许可〔2019〕2024号	关于核准上海上国投资产管理有限公司向合格投资者公开发行公司债券的批复
证监许可〔2019〕2025号	关于准予人保中债1－3年国开行债券指数证券投资基金注册的批复
证监许可〔2019〕2026号	关于准予人保中债1－3年农发行债券指数证券投资基金注册的批复
证监许可〔2019〕2027号	关于核准重庆高速公路股份有限公司向合格投资者公开发行公司债券的批复
证监许可〔2019〕2028号	关于核准财富证券有限责任公司向合格投资者公开发行公司债券的批复
证监许可〔2019〕2029号	关于核准河北润农节水科技股份有限公司定向发行股票的批复
证监许可〔2019〕2030号	关于核准济南金融控股集团有限公司向合格投资者公开发行公司债券的批复
证监许可〔2019〕2031号	关于核准启迪控股股份有限公司向合格投资者公开发行公司债券的批复

续表

发文文号	发文标题
证监许可〔2019〕2032 号	关于核准华远地产股份有限公司向合格投资者公开发行公司债券的批复
证监许可〔2019〕2033 号	关于准予南方宝泰一年持有期混合型证券投资基金注册的批复
证监许可〔2019〕2034 号	关于准予金元顺安泓丰纯债六个月定期开放债券型证券投资基金注册的批复
证监许可〔2019〕2035 号	关于准予浙商汇金聚泓两年定期开放债券型发起式证券投资基金注册的批复
证监许可〔2019〕2036 号	关于准予浙商汇金安享一年定期开放债券型证券投资基金注册的批复
证监许可〔2019〕2037 号	关于准予光大保德信尊泰一年定期开放债券型证券投资基金变更注册的批复
证监许可〔2019〕2038 号	关于准予西部利得尊逸三年定期开放债券型证券投资基金注册的批复
证监许可〔2019〕2039 号	关于准予安信价值驱动三年持有期混合型发起式证券投资基金注册的批复
证监许可〔2019〕2040 号	关于准予鑫元安硕两年定期开放债券型证券投资基金注册的批复
证监许可〔2019〕2041 号	关于准予海富通裕通 30 个月定期开放债券型证券投资基金注册的批复
证监许可〔2019〕2042 号	关于准予华安鑫福 42 个月定期开放债券型证券投资基金注册的批复
证监许可〔2019〕2043 号	关于准予国泰聚盈三年定期开放债券型证券投资基金注册的批复
证监许可〔2019〕2044 号	关于准予兴业增益三年定期开放债券型证券投资基金变更注册的批复
证监许可〔2019〕2045 号	关于准予交银施罗德裕泰两年定期开放债券型证券投资基金注册的批复
证监许可〔2019〕2046 号	关于准予华夏中证银行交易型开放式指数证券投资基金发起式联接基金注册的批复
证监许可〔2019〕2047 号	关于准予兴业上证 180 金融交易型开放式指数证券投资基金注册的批复
证监许可〔2019〕2048 号	关于准予招商创业板大盘交易型开放式指数证券投资基金注册的批复
证监许可〔2019〕2049 号	关于准予中银中证 800 交易型开放式指数证券投资基金注册的批复
证监许可〔2019〕2050 号	关于准予中银中证 100 交易型开放式指数证券投资基金注册的批复
证监许可〔2019〕2051 号	关于准予中银证券中证 500 交易型开放式指数证券投资基金联接基金注册的批复
证监许可〔2019〕2052 号	关于准予中银证券中证 500 交易型开放式指数证券投资基金注册的批复
证监许可〔2019〕2053 号	关于准予招商研究优选股票型证券投资基金注册的批复
证监许可〔2019〕2054 号	关于准予银华中证创新药产业交易型开放式指数证券投资基金注册的批复
证监许可〔2019〕2055 号	关于准予银华中证 500 交易型开放式指数证券投资基金注册的批复
证监许可〔2019〕2056 号	关于准予天弘中证全指证券公司指数型发起式证券投资基金注册的批复
证监许可〔2019〕2057 号	关于准予鹏华价值成长混合型证券投资基金注册的批复
证监许可〔2019〕2058 号	关于准予农银汇理创新医疗混合型证券投资基金注册的批复
证监许可〔2019〕2059 号	关于准予九泰天辰量化新动力股票型证券投资基金注册的批复
证监许可〔2019〕2060 号	关于准予华夏中证人工智能主题交易型开放式指数证券投资基金注册的批复
证监许可〔2019〕2061 号	关于准予国联安沪深 300 交易型开放式指数证券投资基金联接基金注册的批复
证监许可〔2019〕2062 号	关于准予中信建投价值甄选混合型证券投资基金注册的批复

续表

发文文号	发文标题
证监许可〔2019〕2063 号	关于准予诺安新兴产业混合型证券投资基金注册的批复
证监许可〔2019〕2064 号	关于准予平安中证 500 指数增强型发起式证券投资基金注册的批复
证监许可〔2019〕2065 号	关于准予圆信永丰优选价值混合型证券投资基金注册的批复
证监许可〔2019〕2066 号	关于准予南方 ESG 主题股票型证券投资基金注册的批复
证监许可〔2019〕2067 号	关于准予富国新材料新能源混合型证券投资基金注册的批复
证监许可〔2019〕2068 号	关于准予光大保德信研究精选混合型证券投资基金注册的批复
证监许可〔2019〕2069 号	关于准予平安创业板交易型开放式指数证券投资基金联接基金注册的批复
证监许可〔2019〕2070 号	关于准予广发价值优势混合型证券投资基金注册的批复
证监许可〔2019〕2071 号	关于准予平安智能生活灵活配置混合型证券投资基金变更注册的批复
证监许可〔2019〕2072 号	关于准予大成行业先锋混合型证券投资基金注册的批复
证监许可〔2019〕2073 号	关于准予大成优势企业混合型证券投资基金注册的批复
证监许可〔2019〕2074 号	关于准予银华中证沪港深粤港澳大湾区发展主题交易型开放式指数证券投资基金注册的批复
证监许可〔2019〕2075 号	关于准予大成睿享混合型证券投资基金注册的批复
证监许可〔2019〕2076 号	关于准予易方达全球医药行业混合型发起式证券投资基金注册的批复
证监许可〔2019〕2077 号	关于准予鹏华中证 800 证券保险交易型开放式指数证券投资基金注册的批复
证监许可〔2019〕2078 号	关于准予国泰 CES 半导体行业交易型开放式指数证券投资基金发起式联接基金注册的批复
证监许可〔2019〕2079 号	关于准予国泰中证煤炭交易型开放式指数证券投资基金注册的批复
证监许可〔2019〕2080 号	关于准予国泰中证煤炭交易型开放式指数证券投资基金发起式联接基金注册的批复
证监许可〔2019〕2081 号	关于准予招商 MSCI 中国 A 股国际通交易型开放式指数证券投资基金注册的批复
证监许可〔2019〕2082 号	关于准予民生加银沪深 300 交易型开放式指数证券投资基金联接基金注册的批复
证监许可〔2019〕2083 号	关于准予鹏华中证传媒交易型开放式指数证券投资基金注册的批复
证监许可〔2019〕2084 号	关于准予融通产业趋势股票型证券投资基金注册的批复
证监许可〔2019〕2085 号	关于准予前海开源新兴产业混合型证券投资基金注册的批复
证监许可〔2019〕2086 号	关于准予前海开源金银珠宝主题精选灵活配置混合型证券投资基金变更注册的批复
证监许可〔2019〕2087 号	关于准予易方达研究精选股票型证券投资基金注册的批复
证监许可〔2019〕2088 号	关于准予长盛价值发现股票型证券投资基金变更注册的批复
证监许可〔2019〕2089 号	关于准予富国内需增长混合型证券投资基金注册的批复
证监许可〔2019〕2090 号	关于准予汇安宜创量化精选混合型证券投资基金注册的批复

续表

发文文号	发文标题
证监许可〔2019〕2091号	关于准予天弘中证计算机主题交易型开放式指数证券投资基金注册的批复
证监许可〔2019〕2092号	关于准予朱雀企业优胜股票型证券投资基金注册的批复
证监许可〔2019〕2093号	关于准予招商中证浙江100交易型开放式指数证券投资基金注册的批复
证监许可〔2019〕2094号	关于准予恒生前海恒生沪深港通细分行业龙头指数证券投资基金注册的批复
证监许可〔2019〕2095号	关于准予博时中证红利交易型开放式指数证券投资基金注册的批复
证监许可〔2019〕2096号	关于准予富国中证科技50策略交易型开放式指数证券投资基金联接基金注册的批复
证监许可〔2019〕2097号	关于准予北信瑞丰优势行业股票型证券投资基金注册的批复
证监许可〔2019〕2098号	关于准予银华中证5G通信主题交易型开放式指数证券投资基金注册的批复
证监许可〔2019〕2099号	关于准予西藏东财上证50指数型发起式证券投资基金注册的批复
证监许可〔2019〕2100号	关于准予长盛竞争优势混合型证券投资基金变更注册的批复
证监许可〔2019〕2101号	关于准予泰达宏利中证主要消费红利指数型证券投资基金注册的批复
证监许可〔2019〕2102号	关于准予弘毅远方深证300交易型开放式指数证券投资基金注册的批复
证监许可〔2019〕2103号	关于准予人保量化锐进混合型发起式证券投资基金注册的批复
证监许可〔2019〕2104号	关于准予博时沪深300交易型开放式指数证券投资基金注册的批复
证监许可〔2019〕2105号	关于准予圆信永丰致优混合型证券投资基金注册的批复
证监许可〔2019〕2106号	关于准予南方高股息主题股票型证券投资基金注册的批复
证监许可〔2019〕2107号	关于准予华夏见龙精选混合型证券投资基金注册的批复
证监许可〔2019〕2108号	关于准予方正富邦中证800相对成长交易型开放式指数证券投资基金联接基金注册的批复
证监许可〔2019〕2109号	关于准予华安现代生活混合型证券投资基金注册的批复
证监许可〔2019〕2110号	关于准予泰达宏利中证申万绩优策略指数增强型证券投资基金注册的批复
证监许可〔2019〕2111号	关于准予鹏华国证证券龙头交易型开放式指数证券投资基金注册的批复
证监许可〔2019〕2112号	关于准予天弘沪深300指数增强型发起式证券投资基金注册的批复
证监许可〔2019〕2113号	关于准予上银鑫恒灵活配置混合型证券投资基金变更注册的批复
证监许可〔2019〕2114号	关于准予上投摩根慧选成长股票型证券投资基金注册的批复
证监许可〔2019〕2115号	关于准予中泰沪深300指数增强型证券投资基金注册的批复
证监许可〔2019〕2116号	关于准予博时恒生沪深港通大湾区综合交易型开放式指数证券投资基金注册的批复
证监许可〔2019〕2117号	关于准予汇安上证证券交易型开放式指数证券投资基金注册的批复
证监许可〔2019〕2118号	关于准予南方中债1－5年国开行债券指数证券投资基金注册的批复
证监许可〔2019〕2119号	关于准予富国中债1－5年国开行债券指数证券投资基金注册的批复
证监许可〔2019〕2120号	关于准予泰达宏利消费行业量化精选混合型证券投资基金注册的批复

续表

发文文号	发文标题
证监许可〔2019〕2121 号	关于准予招商深证 100 交易型开放式指数证券投资基金联接基金注册的批复
证监许可〔2019〕2122 号	关于准予博道嘉泰回报混合型证券投资基金注册的批复
证监许可〔2019〕2123 号	关于准予民生加银汇众 18 个月定期开放债券型证券投资基金注册的批复
证监许可〔2019〕2124 号	关于准予长城泰丰纯债债券型证券投资基金注册的批复
证监许可〔2019〕2125 号	关于准予东方红恒阳五年定期开放混合型证券投资基金注册的批复
证监许可〔2019〕2126 号	关于准予银华中证 5G 通信主题交易型开放式指数证券投资基金联接基金注册的批复
证监许可〔2019〕2127 号	关于准予光大保德信消费主题股票型证券投资基金注册的批复
证监许可〔2019〕2128 号	关于准予长城嘉鑫两年定期开放债券型证券投资基金注册的批复
证监许可〔2019〕2129 号	关于准予中银恒优 12 个月持有期债券型证券投资基金注册的批复
证监许可〔2019〕2130 号	关于准予安信价值发现定期开放混合型证券投资基金(LOF)变更注册的批复
证监许可〔2019〕2131 号	关于准予安信价值启航混合型证券投资基金注册的批复
证监许可〔2019〕2132 号	关于准予银华沪深 300 交易型开放式指数证券投资基金注册的批复
证监许可〔2019〕2133 号	关于准予华夏翔阳两年定期开放混合型证券投资基金注册的批复
证监许可〔2019〕2134 号	关于准予易方达金融行业股票型发起式证券投资基金注册的批复
证监许可〔2019〕2135 号	关于准予鹏华稳健回报混合型证券投资基金注册的批复
证监许可〔2019〕2136 号	关于准予宝盈研究精选混合型证券投资基金注册的批复
证监许可〔2019〕2137 号	关于准予华泰紫金泰盈混合型证券投资基金注册的批复
证监许可〔2019〕2138 号	关于核准浙江华峰氨纶股份有限公司向华峰集团有限公司等发行股份购买资产并募集配套资金的批复
证监许可〔2019〕2139 号	关于核准广东威华股份有限公司向深圳盛屯集团有限公司等发行股份购买资产并募集配套资金的批复
证监许可〔2019〕2140 号	关于核准长春高新技术产业(集团)股份有限公司向金磊等发行股份、可转换公司债券购买资产并募集配套资金的批复
证监许可〔2019〕2141 号	关于核准合肥城建发展股份有限公司向合肥市工业投资控股有限公司发行股份购买资产并募集配套资金的批复
证监许可〔2019〕2142 号	关于核准郑州天迈科技股份有限公司首次公开发行股票的批复
证监许可〔2019〕2143 号	关于核准广东电声市场营销股份有限公司首次公开发行股票的批复
证监许可〔2019〕2144 号	关于核准江苏斯迪克新材料科技股份有限公司首次公开发行股票的批复
证监许可〔2019〕2145 号	关于核准广州通达汽车电气股份有限公司首次公开发行股票的批复
证监许可〔2019〕2146 号	关于核准扬州市城建国有资产控股(集团)有限责任公司向合格投资者公开发行公司债券的批复
证监许可〔2019〕2147 号	关于核准上海宝龙实业发展(集团)有限公司向合格投资者公开发行公司债券的批复

续表

发文文号	发文标题
证监许可〔2019〕2148号	关于核准湖北鼎龙控股股份有限公司向杨浩等发行股份购买资产的批复
证监许可〔2019〕2149号	关于核准惠州中京电子科技股份有限公司向胡可等发行股份、可转换公司债券购买资产并募集配套资金的批复
证监许可〔2019〕2150号	关于核准深圳市优博讯科技股份有限公司向陈建辉等发行股份购买资产并募集配套资金的批复
证监许可〔2019〕2151号	关于核准四川金融控股集团有限公司向合格投资者公开发行公司债券的批复
证监许可〔2019〕2152号	关于核准同安控股有限责任公司向合格投资者公开发行公司债券的批复
证监许可〔2019〕2153号	关于准予工银瑞信深证100交易型开放式指数证券投资基金联接基金注册的批复
证监许可〔2019〕2154号	关于准予天弘中证电子交易型开放式指数证券投资基金注册的批复
证监许可〔2019〕2155号	关于准予泰达宏利价值长青混合型证券投资基金注册的批复
证监许可〔2019〕2156号	关于准予华润元大润盈债券型证券投资基金变更注册的批复
证监许可〔2019〕2157号	关于准予银华大盘精选两年定期开放混合型证券投资基金注册的批复
证监许可〔2019〕2158号	关于准予方正富邦中证800相对成长交易型开放式指数证券投资基金注册的批复
证监许可〔2019〕2159号	关于准予招商上证港股通交易型开放式指数证券投资基金注册的批复
证监许可〔2019〕2160号	关于准予博时中证500交易型开放式指数证券投资基金发起式联接基金注册的批复
证监许可〔2019〕2161号	关于准予广发优质生活混合型证券投资基金注册的批复
证监许可〔2019〕2162号	关于准予建信中证全指证券公司交易型开放式指数证券投资基金注册的批复
证监许可〔2019〕2163号	关于准予光大保德信量化领航股票型证券投资基金注册的批复
证监许可〔2019〕2164号	关于准予华泰柏瑞中证科技100交易型开放式指数证券投资基金联接基金注册的批复
证监许可〔2019〕2165号	关于准予创金合信量化多策略混合型证券投资基金变更注册的批复
证监许可〔2019〕2166号	关于准予西部利得沣泰债券型证券投资基金注册的批复
证监许可〔2019〕2167号	关于准予中信保诚景裕中短债债券型证券投资基金注册的批复
证监许可〔2019〕2168号	关于准予大成惠明定期开放纯债债券型证券投资基金变更注册的批复
证监许可〔2019〕2169号	关于准予南华瑞泽债券型证券投资基金注册的批复
证监许可〔2019〕2170号	关于准予嘉实稳宏债券型证券投资基金变更注册的批复
证监许可〔2019〕2171号	关于准予英大通盈纯债债券型证券投资基金注册的批复
证监许可〔2019〕2172号	关于准予华富中债－安徽省公司信用类债券指数证券投资基金注册的批复
证监许可〔2019〕2173号	关于准予万家可转债债券型证券投资基金注册的批复
证监许可〔2019〕2174号	关于准予浙商惠盈纯债债券型证券投资基金变更注册的批复
证监许可〔2019〕2175号	关于准予景顺长城优信增利债券型证券投资基金变更注册的批复

续表

发文文号	发文标题
证监许可〔2019〕2176 号	关于准予永赢易弘债券型证券投资基金注册的批复
证监许可〔2019〕2177 号	关于准予平安元丰中短债债券型证券投资基金注册的批复
证监许可〔2019〕2178 号	关于准予平安惠智纯债债券型证券投资基金注册的批复
证监许可〔2019〕2179 号	关于准予招商 MSCI 中国 A 股国际通指数型证券投资基金变更注册的批复
证监许可〔2019〕2180 号	关于准予融通创业板交易型开放式指数证券投资基金联接基金注册的批复
证监许可〔2019〕2181 号	关于准予融通创业板交易型开放式指数证券投资基金注册的批复
证监许可〔2019〕2182 号	关于准予华安医疗创新混合型证券投资基金注册的批复
证监许可〔2019〕2183 号	关于准予西藏东财中证通信技术主题指数型发起式证券投资基金注册的批复
证监许可〔2019〕2184 号	关于准予国泰添瑞一年定期开放债券型发起式证券投资基金注册的批复
证监许可〔2019〕2185 号	关于准予国泰惠鑫一年定期开放债券型发起式证券投资基金注册的批复
证监许可〔2019〕2186 号	关于准予南方得利一年定期开放债券型发起式证券投资基金注册的批复
证监许可〔2019〕2187 号	关于准予国寿安保泰祥纯债一年定期开放债券型发起式证券投资基金注册的批复
证监许可〔2019〕2188 号	关于准予广发汇利一年定期开放债券型发起式证券投资基金注册的批复
证监许可〔2019〕2189 号	关于准予博时富洋纯债一年定期开放债券型发起式证券投资基金注册的批复
证监许可〔2019〕2190 号	关于准予新疆前海联合泓旭纯债 1 年定期开放债券型发起式证券投资基金注册的批复
证监许可〔2019〕2191 号	关于准予平安合进 1 年定期开放债券型发起式证券投资基金注册的批复
证监许可〔2019〕2192 号	关于准予鹏扬淳选一年定期开放债券型发起式证券投资基金注册的批复
证监许可〔2019〕2193 号	关于准予鹏华尊泰一年定期开放债券型发起式证券投资基金注册的批复
证监许可〔2019〕2194 号	关于准予南方招利一年定期开放债券型发起式证券投资基金注册的批复
证监许可〔2019〕2195 号	关于准予南方鼎利一年定期开放债券型发起式证券投资基金注册的批复
证监许可〔2019〕2196 号	关于准予民生加银家盈理财 7 天债券型证券投资基金变更注册的批复
证监许可〔2019〕2197 号	关于准予鹏华中证 0－4 年期地方政府债交易型开放式指数证券投资基金注册的批复
证监许可〔2019〕2198 号	关于准予博时富进纯债一年定期开放债券型发起式证券投资基金注册的批复
证监许可〔2019〕2199 号	关于准予海富通中证短融交易型开放式指数证券投资基金注册的批复
证监许可〔2019〕2200 号	关于核准重庆华宇集团有限公司向合格投资者公开发行公司债券的批复
证监许可〔2019〕2201 号	关于核准安徽省国有资本运营控股集团有限公司向合格投资者公开发行公司债券的批复
证监许可〔2019〕2202 号	关于核准冀中能源峰峰集团有限公司向合格投资者公开发行公司债券的批复
证监许可〔2019〕2203 号	关于核准国电电力发展股份有限公司向合格投资者公开发行公司债券的批复
证监许可〔2019〕2204 号	关于准予兴业纯债一年定期开放债券型证券投资基金变更注册的批复

续表

发文文号	发文标题
证监许可〔2019〕2205号	关于准予博道久航混合型证券投资基金注册的批复
证监许可〔2019〕2206号	关于准予银华汇益混合型证券投资基金注册的批复
证监许可〔2019〕2207号	关于准予海富通中债3－5年国开行债券指数证券投资基金注册的批复
证监许可〔2019〕2208号	关于准予广发中债3－5年政策性金融债指数证券投资基金注册的批复
证监许可〔2019〕2209号	关于准予博时荣丰回报三年封闭运作灵活配置混合型证券投资基金注册的批复
证监许可〔2019〕2210号	关于准予九泰科鑫策略精选灵活配置混合型证券投资基金注册的批复
证监许可〔2019〕2211号	关于准予国融融鑫灵活配置混合型证券投资基金注册的批复
证监许可〔2019〕2212号	关于准予前海开源盈鑫灵活配置混合型证券投资基金变更注册的批复
证监许可〔2019〕2213号	关于准予方正富邦天璇灵活配置混合型证券投资基金注册的批复
证监许可〔2019〕2214号	关于准予华润元大欣享灵活配置混合型证券投资基金变更注册的批复
证监许可〔2019〕2215号	关于准予兴银丰运稳益回报混合型证券投资基金注册的批复
证监许可〔2019〕2216号	关于准予红土创新稳进混合型证券投资基金注册的批复
证监许可〔2019〕2217号	关于准予银河久裕6个月定期开放债券型证券投资基金变更注册的批复
证监许可〔2019〕2218号	关于准予大成景瑞稳健配置混合型证券投资基金注册的批复
证监许可〔2019〕2219号	关于准予宝盈祥裕增强回报混合型证券投资基金注册的批复
证监许可〔2019〕2220号	关于准予宝盈祥利稳健配置混合型证券投资基金注册的批复
证监许可〔2019〕2221号	关于准予中加科丰价值精选混合型证券投资基金注册的批复
证监许可〔2019〕2222号	关于同意江苏北人机器人系统股份有限公司首次公开发行股票注册的批复
证监许可〔2019〕2223号	关于同意江苏卓易信息科技股份有限公司首次公开发行股票注册的批复
证监许可〔2019〕2224号	关于同意江苏硕世生物科技股份有限公司首次公开发行股票注册的批复
证监许可〔2019〕2225号	关于同意北京佰仁医疗科技股份有限公司首次公开发行股票注册的批复
证监许可〔2019〕2226号	关于核准熵一资产管理有限公司人民币合格境外机构投资者资格的批复
证监许可〔2019〕2227号	关于核准广东久量股份有限公司首次公开发行股票的批复
证监许可〔2019〕2228号	关于核准华辰精密装备（昆山）股份有限公司首次公开发行股票的批复
证监许可〔2019〕2229号	关于核准嘉美食品包装（滁州）股份有限公司首次公开发行股票的批复
证监许可〔2019〕2230号	关于核准浙江甬金金属科技股份有限公司首次公开发行股票的批复
证监许可〔2019〕2231号	关于准予鹏华环球发现证券投资基金变更注册的批复
证监许可〔2019〕2232号	关于准予华安法国CAC40交易型开放式指数证券投资基金（QDII）注册的批复
证监许可〔2019〕2233号	关于准予长信全球债券证券投资基金变更注册的批复
证监许可〔2019〕2234号	关于准予华安全球精选债券型证券投资基金（QDII）注册的批复
证监许可〔2019〕2235号	关于准予富国亚洲收益债券型证券投资基金（QDII）注册的批复
证监许可〔2019〕2236号	关于准予农银汇理金祺一年定期开放债券型发起式证券投资基金注册的批复

续表

发文文号	发文标题
证监许可〔2019〕2237 号	关于准予博时富通纯债一年定期开放债券型发起式证券投资基金注册的批复
证监许可〔2019〕2238 号	关于准予嘉实致融一年定期开放债券型发起式证券投资基金注册的批复
证监许可〔2019〕2239 号	关于准予广发汇明一年定期开放债券型发起式证券投资基金注册的批复
证监许可〔2019〕2240 号	关于准予广发汇成一年定期开放债券型发起式证券投资基金注册的批复
证监许可〔2019〕2241 号	关于准予建信睿阳一年定期开放债券型发起式证券投资基金注册的批复
证监许可〔2019〕2242 号	关于准予蜂巢丰鑫纯债一年定期开放债券型发起式证券投资基金注册的批复
证监许可〔2019〕2243 号	关于准予交银施罗德裕坤纯债一年定期开放债券型发起式证券投资基金注册的批复
证监许可〔2019〕2244 号	关于准予中信建投稳悦一年定期开放债券型发起式证券投资基金注册的批复
证监许可〔2019〕2245 号	关于准予南方尊利一年定期开放债券型发起式证券投资基金注册的批复
证监许可〔2019〕2246 号	关于准予中加丰盈纯债债券型证券投资基金变更注册的批复
证监许可〔2019〕2247 号	关于准予广发民丰一年定期开放债券型发起式证券投资基金注册的批复
证监许可〔2019〕2248 号	关于准予东方卓行 18 个月定期开放债券型证券投资基金注册的批复
证监许可〔2019〕2249 号	关于准予景顺长城弘利 39 个月定期开放债券型证券投资基金注册的批复
证监许可〔2019〕2250 号	关于准予华夏恒泰 64 个月定期开放债券型证券投资基金注册的批复
证监许可〔2019〕2251 号	关于准予泰达宏利添盈两年定期开放债券型证券投资基金注册的批复
证监许可〔2019〕2252 号	关于准予信达澳银安鑫一年定期开放债券型证券投资基金注册的批复
证监许可〔2019〕2253 号	关于准予蜂巢添跃纯债 2 年定期开放债券型证券投资基金注册的批复
证监许可〔2019〕2254 号	关于核准中化能源股份有限公司向合格投资者公开发行可续期公司债券的批复
证监许可〔2019〕2255 号	关于核准北京金隅集团股份有限公司向合格投资者公开发行公司债券的批复
证监许可〔2019〕2256 号	关于准予博时 - 安本标准精选新兴市场债券基金注册的批复
证监许可〔2019〕2257 号	关于准予惠理高息股票基金注册的批复
证监许可〔2019〕2258 号	关于准予摩根太平洋科技基金注册的批复
证监许可〔2019〕2259 号	关于核准上海浦东科创集团有限公司向合格投资者公开发行公司债券的批复
证监许可〔2019〕2260 号	关于核准南京证券股份有限公司向合格投资者公开发行公司债券的批复
证监许可〔2019〕2261 号	关于核准广东珠江投资股份有限公司向合格投资者公开发行公司债券的批复
证监许可〔2019〕2262 号	关于核准深圳高速公路股份有限公司向合格投资者公开发行公司债券的批复
证监许可〔2019〕2263 号	关于核准招商局港口集团股份有限公司向合格投资者公开发行公司债券的批复
证监许可〔2019〕2264 号	关于核准深圳市朗坤环境集团股份有限公司发行境外上市外资股的批复
证监许可〔2019〕2265 号	关于核准苏州市农业发展集团有限公司向合格投资者公开发行公司债券的批复
证监许可〔2019〕2266 号	关于核准华电融资租赁有限公司向合格投资者公开发行公司债券的批复
证监许可〔2019〕2267 号	关于核准云南省城市建设投资集团有限公司向合格投资者公开发行公司债券的批复

续表

发 文 文 号	发 文 标 题
证监许可〔2019〕2268 号	关于核准四川蓝光发展股份有限公司向合格投资者公开发行公司债券的批复
证监许可〔2019〕2269 号	关于核准淮北矿业控股股份有限公司公开发行可转换公司债券的批复
证监许可〔2019〕2270 号	关于核准深圳科安达电子科技股份有限公司首次公开发行股票的批复
证监许可〔2019〕2271 号	关于准予鹏扬景瑞三年定期开放混合型证券投资基金注册的批复
证监许可〔2019〕2272 号	关于准予嘉实中证主要消费交易型开放式指数证券投资基金发起式联接基金注册的批复
证监许可〔2019〕2273 号	关于核准深圳市锐明技术股份有限公司首次公开发行股票的批复
证监许可〔2019〕2274 号	关于核准仙鹤股份有限公司公开发行可转换公司债券的批复
证监许可〔2019〕2275 号	关于核准烟台艾迪精密机械股份有限公司非公开发行股票的批复
证监许可〔2019〕2276 号	关于核准汇纳科技股份有限公司非公开发行股票的批复
证监许可〔2019〕2277 号	关于核准上海至纯洁净系统科技股份有限公司公开发行可转换公司债券的批复
证监许可〔2019〕2278 号	关于核准北京中科海讯数字科技股份有限公司首次公开发行股票的批复
证监许可〔2019〕2279 号	关于核准江苏五洋停车产业集团股份有限公司非公开发行股票的批复
证监许可〔2019〕2280 号	关于核准深圳麦格米特电气股份有限公司公开发行可转换公司债券的批复
证监许可〔2019〕2281 号	关于核准江苏凯伦建材股份有限公司配股的批复
证监许可〔2019〕2282 号	关于核准广东凌霄泵业股份有限公司配股的批复
证监许可〔2019〕2283 号	关于核准北京迪信通商贸股份有限公司发行境外上市外资股的批复
证监许可〔2019〕2284 号	关于核准陕西建设机械股份有限公司非公开发行股票的批复
证监许可〔2019〕2285 号	关于核准渤海汽车系统股份有限公司非公开发行股票的批复
证监许可〔2019〕2286 号	关于核准木林森股份有限公司公开发行可转换公司债券的批复
证监许可〔2019〕2287 号	关于核准浙江康隆达特种防护科技股份有限公司公开发行可转换公司债券的批复
证监许可〔2019〕2288 号	关于核准桐昆集团股份有限公司公开发行可转换公司债券的批复
证监许可〔2019〕2289 号	关于核准江苏捷捷微电子股份有限公司非公开发行股票的批复
证监许可〔2019〕2290 号	关于核准日月重工股份有限公司公开发行可转换公司债券的批复
证监许可〔2019〕2291 号	关于不予核准北京墨迹风云科技股份有限公司首次公开发行股票并在创业板上市申请的决定
证监许可〔2019〕2292 号	关于核准广州期货股份有限公司变更股权的批复
证监许可〔2019〕2293 号	关于核准苏州市建筑科学研究院集团股份有限公司向冯国宝等发行股份购买资产并募集配套资金的批复
证监许可〔2019〕2294 号	关于核准海通期货股份有限公司通过子公司上海海通资源管理有限公司从事股票期权做市业务的批复
证监许可〔2019〕2295 号	关于核准中信期货有限公司通过子公司中信中证资本管理有限公司从事股票期权做市业务的批复

续表

发文文号	发文标题
证监许可〔2019〕2296 号	关于核准山西夏县农村商业银行股份有限公司定向发行股票的批复
证监许可〔2019〕2297 号	关于核准广东翁源农村商业银行股份有限公司定向发行股票的批复
证监许可〔2019〕2298 号	关于核准思佰益资产管理株式会社合格境外机构投资者资格的批复
证监许可〔2019〕2299 号	关于核准长沙银行股份有限公司非公开发行优先股的批复
证监许可〔2019〕2300 号	关于核准深圳市易天自动化设备股份有限公司首次公开发行股票的批复
证监许可〔2019〕2301 号	关于核准侨银环保科技股份有限公司首次公开发行股票的批复
证监许可〔2019〕2302 号	关于核准成都燃气集团股份有限公司首次公开发行股票的批复
证监许可〔2019〕2303 号	关于核准广西柳州医药股份有限公司公开发行可转换公司债券的批复
证监许可〔2019〕2304 号	关于核准昆山新莱洁净应用材料股份有限公司公开发行可转换公司债券的批复
证监许可〔2019〕2305 号	关于核准鸿达兴业股份有限公司公开发行可转换公司债券的批复
证监许可〔2019〕2306 号	关于核准金鹰基金管理有限公司变更股权的批复
证监许可〔2019〕2307 号	关于核准益民基金管理有限公司变更股权的批复
证监许可〔2019〕2308 号	关于核准浙江正裕工业股份有限公司公开发行可转换公司债券的批复
证监许可〔2019〕2309 号	关于核准无锡先导智能装备股份有限公司公开发行可转换公司债券的批复
证监许可〔2019〕2310 号	关于核准国轩高科股份有限公司公开发行可转换公司债券的批复
证监许可〔2019〕2311 号	关于核准深圳市美芝装饰设计工程股份有限公司非公开发行股票的批复
证监许可〔2019〕2312 号	关于核准中远海运能源运输股份有限公司非公开发行股票的批复
证监许可〔2019〕2313 号	关于核准重庆建工集团股份有限公司公开发行可转换公司债券的批复
证监许可〔2019〕2314 号	关于核准海南普利制药股份有限公司非公开发行股票的批复
证监许可〔2019〕2315 号	关于核准山鹰国际控股股份公司公开发行可转换公司债券的批复
证监许可〔2019〕2316 号	关于核准上海克来机电自动化工程股份有限公司公开发行可转换公司债券的批复
证监许可〔2019〕2317 号	关于核准山东新北洋信息技术股份有限公司公开发行可转换公司债券的批复
证监许可〔2019〕2318 号	关于核准上海璞泰来新能源科技股份有限公司公开发行可转换公司债券的批复
证监许可〔2019〕2319 号	关于核准山西同德化工股份有限公司公开发行可转换公司债券的批复
证监许可〔2019〕2320 号	关于准予中信保诚嘉裕五年定期开放债券型证券投资基金注册的批复
证监许可〔2019〕2321 号	关于准予融通通华五年定期开放债券型证券投资基金注册的批复
证监许可〔2019〕2322 号	关于准予富国汇优纯债 63 个月定期开放债券型证券投资基金注册的批复
证监许可〔2019〕2323 号	关于准予天弘鑫意 39 个月定期开放债券型证券投资基金注册的批复
证监许可〔2019〕2324 号	关于准予嘉实安元 39 个月定期开放纯债债券型证券投资基金注册的批复
证监许可〔2019〕2325 号	关于准予东兴鑫阳 66 个月定期开放债券型证券投资基金注册的批复
证监许可〔2019〕2326 号	关于准予中信保诚中债 1－3 年国开行债券指数证券投资基金注册的批复

续表

发文文号	发文标题
证监许可〔2019〕2327号	关于准予鹏华中债3－5年国开行债券指数证券投资基金注册的批复
证监许可〔2019〕2328号	关于准予国泰研究精选两年持有期混合型证券投资基金注册的批复
证监许可〔2019〕2329号	关于准予富国阿尔法两年持有期混合型证券投资基金注册的批复
证监许可〔2019〕2330号	关于准予华安汇智精选两年持有期混合型证券投资基金注册的批复
证监许可〔2019〕2331号	关于准予华泰柏瑞景气回报一年持有期混合型证券投资基金注册的批复
证监许可〔2019〕2332号	关于准予兴全社会价值三年持有期混合型证券投资基金注册的批复
证监许可〔2019〕2333号	关于准予中欧启航三年持有期混合型证券投资基金注册的批复
证监许可〔2019〕2334号	关于同意杭州当虹科技股份有限公司首次公开发行股票注册的批复
证监许可〔2019〕2335号	关于同意沈阳芯源微电子设备股份有限公司首次公开发行股票注册的批复
证监许可〔2019〕2336号	关于同意聚辰半导体股份有限公司首次公开发行股票注册的批复
证监许可〔2019〕2337号	关于核准中航善达股份有限公司向招商局蛇口工业区控股股份有限公司等发行股份购买资产的批复
证监许可〔2019〕2338号	关于同意嘉必优生物技术(武汉)股份有限公司首次公开发行股票注册的批复
证监许可〔2019〕2339号	关于核准重庆港九股份有限公司向重庆港务物流集团有限公司等发行股份购买资产的批复
证监许可〔2019〕2340号	关于准予人保安睿一年定期开放债券型发起式证券投资基金注册的批复
证监许可〔2019〕2341号	关于准予兴业嘉华一年定期开放债券型发起式证券投资基金注册的批复
证监许可〔2019〕2342号	关于准予国泰惠泰一年定期开放债券型发起式证券投资基金注册的批复
证监许可〔2019〕2343号	关于准予兴银汇裕一年定期开放债券型发起式证券投资基金注册的批复
证监许可〔2019〕2344号	关于准予国联安新蓝筹红利一年定期开放混合型发起式证券投资基金注册的批复
证监许可〔2019〕2345号	关于准予国联安增盛一年定期开放纯债债券型发起式证券投资基金注册的批复
证监许可〔2019〕2346号	关于准予申万菱信安泰鑫利纯债一年定期开放债券型发起式证券投资基金注册的批复
证监许可〔2019〕2347号	关于准予博时安仁一年定期开放债券型证券投资基金变更注册的批复
证监许可〔2019〕2348号	关于准予鹏华尊裕一年定期开放债券型发起式证券投资基金注册的批复
证监许可〔2019〕2349号	关于准予平安合庆1年定期开放债券型发起式证券投资基金注册的批复
证监许可〔2019〕2350号	关于准予平安合润1年定期开放债券型发起式证券投资基金注册的批复
证监许可〔2019〕2351号	关于准予大成惠享一年定期开放债券型发起式证券投资基金注册的批复
证监许可〔2019〕2352号	关于准予海富通上证投资级可转债及可交换债券交易型开放式指数证券投资基金注册的批复
证监许可〔2019〕2353号	关于准予长信中证可转债及可交换债券50指数证券投资基金注册的批复
证监许可〔2019〕2354号	关于准予博时中证可转债及可交换债券交易型开放式指数证券投资基金注册的批复

续表

发文文号	发文标题
证监许可〔2019〕2355号	关于准予海富通添鑫收益债券型证券投资基金注册的批复
证监许可〔2019〕2356号	关于准予中邮纯债聚利债券型证券投资基金变更注册的批复
证监许可〔2019〕2357号	关于准予招商安锦债券型证券投资基金注册的批复
证监许可〔2019〕2358号	关于准予人保利丰纯债债券型证券投资基金注册的批复
证监许可〔2019〕2359号	关于准予华安安敦债券型证券投资基金注册的批复
证监许可〔2019〕2360号	关于准予中融睿祥一年定期开放债券型证券投资基金变更注册的批复
证监许可〔2019〕2361号	关于准予中泰中证可转债及可交换债券指数证券投资基金注册的批复
证监许可〔2019〕2362号	关于准予中融盈泽债券型证券投资基金变更注册的批复
证监许可〔2019〕2363号	关于准予嘉实致益纯债债券型证券投资基金注册的批复
证监许可〔2019〕2364号	关于准予新疆前海联合添鑫一年定期开放债券型证券投资基金变更注册的批复
证监许可〔2019〕2365号	关于准予景顺长城景泰裕利纯债债券型证券投资基金注册的批复
证监许可〔2019〕2366号	关于准予东方红鑫裕两年定期开放信用债债券型证券投资基金注册的批复
证监许可〔2019〕2367号	关于准予蜂巢添益纯债债券型证券投资基金注册的批复
证监许可〔2019〕2368号	关于准予方正富邦恒利纯债债券型证券投资基金注册的批复
证监许可〔2019〕2369号	关于准予中金中证沪港深优选消费50指数证券投资基金注册的批复
证监许可〔2019〕2370号	关于准予富国中证消费50交易型开放式指数证券投资基金联接基金注册的批复
证监许可〔2019〕2371号	关于准予中融品牌优选混合型证券投资基金注册的批复
证监许可〔2019〕2372号	关于准予融通产业趋势先锋股票型证券投资基金注册的批复
证监许可〔2019〕2373号	关于准予中融智选消费股票型证券投资基金注册的批复
证监许可〔2019〕2374号	关于准予国泰大制造两年持有期混合型证券投资基金注册的批复
证监许可〔2019〕2375号	关于核准盛京银行股份有限公司发行境外上市外资股的批复
证监许可〔2019〕2376号	关于核准江西国泰集团股份有限公司向刘升权等发行股份、可转换公司债券购买资产并募集配套资金的批复
证监许可〔2019〕2377号	关于准予九泰行业优选灵活配置混合型证券投资基金注册的批复
证监许可〔2019〕2378号	关于准予博时鑫荣稳健混合型证券投资基金注册的批复
证监许可〔2019〕2379号	关于准予招商瑞阳股债配置混合型证券投资基金注册的批复
证监许可〔2019〕2380号	关于准予长盛盛杰一年期定期开放混合型证券投资基金变更注册的批复
证监许可〔2019〕2381号	关于准予鹏扬景科混合型证券投资基金注册的批复
证监许可〔2019〕2382号	关于准予华商恒益稳健混合型证券投资基金注册的批复
证监许可〔2019〕2383号	关于准予九泰科新优享灵活配置混合型证券投资基金注册的批复
证监许可〔2019〕2384号	关于准予广发招泰混合型证券投资基金注册的批复
证监许可〔2019〕2385号	关于准予申万菱信安鑫慧选混合型证券投资基金注册的批复

续表

发文文号	发文标题
证监许可〔2019〕2386号	关于准予九泰动态策略灵活配置混合型证券投资基金注册的批复
证监许可〔2019〕2387号	关于准予博道嘉元混合型证券投资基金注册的批复
证监许可〔2019〕2388号	关于核准安徽艾可蓝环保股份有限公司首次公开发行股票的批复
证监许可〔2019〕2389号	关于核准浙江建业化工股份有限公司首次公开发行股票的批复
证监许可〔2019〕2390号	关于核准联储证券有限责任公司向合格投资者公开发行公司债券的批复
证监许可〔2019〕2391号	关于核准重庆建工集团股份有限公司向合格投资者公开发行可续期公司债券的批复
证监许可〔2019〕2392号	关于核准狮桥融资租赁(中国)有限公司向合格投资者公开发行公司债券的批复
证监许可〔2019〕2393号	关于核准融信(福建)投资集团有限公司向合格投资者公开发行公司债券的批复
证监许可〔2019〕2394号	关于准予宝盈祥泰混合型证券投资基金变更注册的批复
证监许可〔2019〕2395号	关于准予惠升惠泽灵活配置混合型发起式证券投资基金注册的批复
证监许可〔2019〕2396号	关于准予惠升惠民混合型证券投资基金注册的批复
证监许可〔2019〕2397号	关于准予景顺长城泰申回报混合型证券投资基金注册批复
证监许可〔2019〕2398号	关于准予西部利得新瑞混合型证券投资基金注册的批复
证监许可〔2019〕2399号	关于准予西部利得新享混合型证券投资基金注册的批复
证监许可〔2019〕2400号	关于准予博时产业新趋势灵活配置混合型证券投资基金注册的批复
证监许可〔2019〕2401号	关于准予银河臻优稳健配置混合型证券投资基金注册的批复
证监许可〔2019〕2402号	关于准予博道嘉瑞混合型证券投资基金注册的批复
证监许可〔2019〕2403号	关于准予宝盈祥泽混合型证券投资基金注册的批复
证监许可〔2019〕2404号	关于准予宝盈祥瑞混合型证券投资基金变更注册的批复
证监许可〔2019〕2405号	关于准予凯石岐短债债券型证券投资基金注册的批复
证监许可〔2019〕2406号	关于准予德邦短债债券型证券投资基金注册的批复
证监许可〔2019〕2407号	关于准予朱雀安鑫回报债券型发起式证券投资基金注册的批复
证监许可〔2019〕2408号	关于准予兴全恒鑫债券型证券投资基金注册的批复
证监许可〔2019〕2409号	关于准予鹏扬浦利中短债债券型证券投资基金注册的批复
证监许可〔2019〕2410号	关于准予广发上海清算所0-4年央企80债券指数证券投资基金注册的批复
证监许可〔2019〕2411号	关于准予国联安增顺纯债债券型证券投资基金注册的批复
证监许可〔2019〕2412号	关于准予鹏扬聚利六个月持有期债券型证券投资基金注册的批复
证监许可〔2019〕2413号	关于准予中信建投桂企债债券型证券投资基金注册的批复
证监许可〔2019〕2414号	关于准予浦银安盛普天纯债债券型证券投资基金注册的批复
证监许可〔2019〕2415号	关于准予浦银安盛普庆纯债债券型证券投资基金注册的批复

续表

发文文号	发文标题
证监许可〔2019〕2416 号	关于准予华泰紫金月月购 3 个月滚动持有债券型证券投资基金注册的批复
证监许可〔2019〕2417 号	关于准予华泰紫金周周购 3 个月滚动持有债券型证券投资基金注册的批复
证监许可〔2019〕2418 号	关于准予招商招和 39 个月定期开放债券型证券投资基金注册的批复
证监许可〔2019〕2419 号	关于准予申万菱信安泰富利三年定期开放债券型证券投资基金注册的批复
证监许可〔2019〕2420 号	关于准予光大保德信添天盈月度理财债券型证券投资基金变更注册的批复
证监许可〔2019〕2421 号	关于准予工银瑞信泰颐三年定期开放债券型证券投资基金注册的批复
证监许可〔2019〕2422 号	关于准予博时稳悦 63 个月定期开放债券型证券投资基金注册的批复
证监许可〔2019〕2423 号	关于准予博时信用优选债券型证券投资基金注册的批复
证监许可〔2019〕2424 号	关于准予浙商中短债债券型证券投资基金注册的批复
证监许可〔2019〕2425 号	关于准予东方可转债债券型证券投资基金注册的批复
证监许可〔2019〕2426 号	关于准予财通中证中高等级信用债指数证券投资基金注册的批复
证监许可〔2019〕2427 号	关于准予南方中债 0－5 年中高等级江苏省城投类债券指数证券投资基金注册的批复
证监许可〔2019〕2428 号	关于准予财通多策略稳健增长债券型证券投资基金变更注册的批复
证监许可〔2019〕2429 号	关于准予招商民安增益债券型证券投资基金注册的批复
证监许可〔2019〕2430 号	关于准予鑫元恒鑫收益增强债券型证券投资基金变更注册的批复
证监许可〔2019〕2431 号	关于准予新疆前海联合泰瑞纯债债券型证券投资基金注册的批复
证监许可〔2019〕2432 号	关于准予汇安信利债券型证券投资基金注册的批复
证监许可〔2019〕2433 号	关于准予蜂巢添盈纯债债券型证券投资基金注册的批复
证监许可〔2019〕2434 号	关于准予招商招阳纯债债券型证券投资基金注册的批复
证监许可〔2019〕2435 号	关于准予万家家丰中短债债券型证券投资基金注册的批复
证监许可〔2019〕2436 号	关于准予天弘季季兴三个月定期开放债券型发起式证券投资基金注册的批复
证监许可〔2019〕2437 号	关于准予东方臻萃 3 个月定期开放纯债债券型证券投资基金注册的批复
证监许可〔2019〕2438 号	关于准予宝盈鸿盛债券型证券投资基金注册的批复
证监许可〔2019〕2439 号	关于准予浙商聚潮多策略量化混合型证券投资基金变更注册的批复
证监许可〔2019〕2440 号	关于准予工银瑞信开元利率债债券型证券投资基金注册的批复
证监许可〔2019〕2441 号	关于准予民生加银嘉益债券型证券投资基金注册的批复
证监许可〔2019〕2442 号	关于准予大成景和债券型证券投资基金注册的批复
证监许可〔2019〕2443 号	关于核准华峰集团有限公司向合格投资者公开发行公司债券的批复
证监许可〔2019〕2444 号	关于核准北京电子城投资开发集团股份有限公司向合格投资者公开发行公司债券的批复
证监许可〔2019〕2445 号	关于核准青岛国信发展(集团)有限责任公司向合格投资者公开发行公司债券的批复

续表

发文文号	发文标题
证监许可〔2019〕2446号	关于准予南方宝丰混合型证券投资基金注册的批复
证监许可〔2019〕2447号	关于准予博时富盛纯债一年定期开放债券型发起式证券投资基金注册的批复
证监许可〔2019〕2448号	关于准予山西证券裕丰一年定期开放债券型发起式证券投资基金注册的批复
证监许可〔2019〕2449号	关于准予国寿安保泰瑞纯债一年定期开放债券型发起式证券投资基金注册的批复
证监许可〔2019〕2450号	关于准予招商添瑞1年定期开放债券型发起式证券投资基金注册的批复
证监许可〔2019〕2451号	关于准予富荣富合一年定期开放纯债债券型发起式证券投资基金注册的批复
证监许可〔2019〕2452号	关于准予国联安增泰一年定期开放纯债债券型发起式证券投资基金注册的批复
证监许可〔2019〕2453号	关于准予兴全民全一年定期开放债券型发起式证券投资基金注册的批复
证监许可〔2019〕2454号	关于准予国金惠享一年定期开放纯债债券型发起式证券投资基金注册的批复
证监许可〔2019〕2455号	关于准予景顺长城景泰添利一年定期开放债券型发起式证券投资基金注册的批复
证监许可〔2019〕2456号	关于准予中融聚锦一年定期开放债券型发起式证券投资基金注册的批复
证监许可〔2019〕2457号	关于准予浦银安盛盛熙一年定期开放债券型发起式证券投资基金注册的批复
证监许可〔2019〕2458号	关于准予德邦德瑞一年定期开放债券型发起式证券投资基金注册的批复
证监许可〔2019〕2459号	关于准予蜂巢丰业纯债一年定期开放债券型发起式证券投资基金注册的批复
证监许可〔2019〕2460号	关于准予交银施罗德内核驱动混合型证券投资基金注册的批复
证监许可〔2019〕2461号	关于准予南方景泰3个月定期开放股票型发起式证券投资基金注册的批复
证监许可〔2019〕2462号	关于准予永赢股息优选混合型证券投资基金注册的批复
证监许可〔2019〕2463号	关于准予兴业中证500交易型开放式指数证券投资基金注册的批复
证监许可〔2019〕2464号	关于准予国泰惠瑞一年定期开放债券型发起式证券投资基金注册的批复
证监许可〔2019〕2465号	关于不予核准上海嘉麟杰纺织品股份有限公司向上海永普机械制造有限公司等发行股份购买资产并募集配套资金的决定
证监许可〔2019〕2466号	关于不予核准珠海汇金科技股份有限公司向彭澎等发行股份、可转换公司债券购买资产并募集配套资金的决定
证监许可〔2019〕2467号	关于核准深圳市通产丽星股份有限公司向深圳清研投资控股有限公司等发行股份购买资产并募集配套资金的批复
证监许可〔2019〕2468号	关于核准江苏雷科防务科技股份有限公司向伍捍东等发行股份、可转换公司债券购买资产并募集配套资金的批复
证监许可〔2019〕2469号	关于核准江苏大烨智能电气股份有限公司向吴国栋等发行股份购买资产的批复
证监许可〔2019〕2470号	关于核准华安证券股份有限公司在香港特别行政区设立华安证券（香港）金融控股有限公司的批复
证监许可〔2019〕2471号	关于核准北京必创科技股份有限公司向丁良成等发行股份、可转换公司债券购买资产并募集配套资金的批复

续表

发文文号	发文标题
证监许可〔2019〕2472 号	关于核准兖州煤业股份有限公司向合格投资者公开发行公司债券的批复
证监许可〔2019〕2473 号	关于核准天津城市基础设施建设投资集团有限公司向合格投资者公开发行公司债券的批复
证监许可〔2019〕2474 号	关于核准中国航空集团有限公司向合格投资者公开发行公司债券的批复
证监许可〔2019〕2475 号	关于核准中国诚通控股集团有限公司向合格投资者公开发行公司债券的批复
证监许可〔2019〕2476 号	关于核准中化国际(控股)股份有限公司向合格投资者公开发行可续期公司债券的批复
证监许可〔2019〕2477 号	关于核准广东电力发展股份有限公司向合格投资者公开发行公司债券的批复
证监许可〔2019〕2478 号	关于核准中国能源建设股份有限公司向合格投资者公开发行公司债券的批复
证监许可〔2019〕2479 号	关于核准中国航空技术国际控股有限公司向合格投资者公开发行公司债券的批复
证监许可〔2019〕2480 号	关于准予财通裕惠 63 个月定期开放债券型证券投资基金注册的批复
证监许可〔2019〕2481 号	关于准予中邮淳悦 39 个月定期开放债券型证券投资基金注册的批复
证监许可〔2019〕2482 号	关于准予安信丰泽 39 个月定期开放债券型证券投资基金注册的批复
证监许可〔2019〕2483 号	关于准予华商鸿畅 39 个月定期开放利率债债券型证券投资基金注册的批复
证监许可〔2019〕2484 号	关于准予格林泓裕一年定期开放债券型证券投资基金注册的批复
证监许可〔2019〕2485 号	关于核准苏州科斯伍德油墨股份有限公司向马良铭等发行股份、可转换公司债券购买资产并募集配套资金的批复
证监许可〔2019〕2486 号	关于核准 SMBC 日兴证券株式会社设立北京代表处的批复
证监许可〔2019〕2487 号	关于核准南京纺织品进出口股份有限公司向南京夫子庙文化旅游集团有限公司发行股份购买资产并募集配套资金的批复
证监许可〔2019〕2488 号	关于核准同方证券有限公司人民币合格境外机构投资者资格的批复
证监许可〔2019〕2489 号	关于准予中航晋金启一年定期开放债券型证券投资基金注册的批复
证监许可〔2019〕2490 号	关于准予融通通远三个月定期开放债券型证券投资基金注册的批复
证监许可〔2019〕2491 号	关于准予中加博裕纯债债券型证券投资基金注册的批复
证监许可〔2019〕2492 号	关于准予泰康瑞享纯债 3 年定期开放债券型证券投资基金注册的批复
证监许可〔2019〕2493 号	关于准予新疆前海联合泳嘉纯债债券型证券投资基金注册的批复
证监许可〔2019〕2494 号	关于准予东海祥苏短债债券型证券投资基金注册的批复
证监许可〔2019〕2495 号	关于准予中加瑞享纯债债券型证券投资基金注册的批复
证监许可〔2019〕2496 号	关于准予淳厚中短债债券型证券投资基金注册的批复
证监许可〔2019〕2497 号	关于准予国寿安保尊盛双债债券型证券投资基金注册的批复
证监许可〔2019〕2498 号	关于准予天弘增利短债债券型发起式证券投资基金注册的批复
证监许可〔2019〕2499 号	关于准予富国添享一年持有期债券型证券投资基金注册的批复

续表

发 文 文 号	发 文 标 题
证监许可〔2019〕2500 号	关于准予易方达裕富债券型证券投资基金注册的批复
证监许可〔2019〕2501 号	关于准予国金惠远纯债债券型证券投资基金注册的批复
证监许可〔2019〕2502 号	关于准予永赢邦利债券型证券投资基金注册的批复
证监许可〔2019〕2503 号	关于准予天治稳健双盈债券型证券投资基金变更注册的批复
证监许可〔2019〕2504 号	关于准予财通资管鸿盛 12 个月定期开放债券型证券投资基金注册的批复
证监许可〔2019〕2505 号	关于准予国投瑞银顺恒纯债债券型证券投资基金注册的批复
证监许可〔2019〕2506 号	关于准予汇安中债 – 广西壮族自治区公司信用类债券指数证券投资基金注册的批复
证监许可〔2019〕2507 号	关于准予东方永悦 18 个月定期开放纯债债券型证券投资基金注册的批复
证监许可〔2019〕2508 号	关于准予诺德安盈纯债债券型证券投资基金注册的批复
证监许可〔2019〕2509 号	关于准予九泰久嘉纯债 3 个月定期开放债券型证券投资基金注册的批复
证监许可〔2019〕2510 号	关于准予恒生前海短债债券型发起式证券投资基金注册的批复
证监许可〔2019〕2511 号	关于准予广发汇择纯债一年定期开放债券型证券投资基金注册的批复
证监许可〔2019〕2512 号	关于核准武汉中商集团股份有限公司向汪林朋等发行股份购买资产的批复
证监许可〔2019〕2513 号	关于核准范德堡大学合格境外机构投资者资格的批复
证监许可〔2019〕2514 号	关于准予农银汇理金瑞债券型证券投资基金变更注册的批复
证监许可〔2019〕2515 号	关于准予兴银聚丰债券型证券投资基金注册的批复
证监许可〔2019〕2516 号	关于准予宝盈中债 1 – 3 年农发行债券指数证券投资基金注册的批复
证监许可〔2019〕2517 号	关于准予创金合信尊源纯债债券型证券投资基金变更注册的批复
证监许可〔2019〕2518 号	关于核准华能澜沧江水电股份有限公司向合格投资者公开发行公司债券的批复
证监许可〔2019〕2519 号	关于核准平安国际融资租赁有限公司向合格投资者公开发行可续期公司债券的批复
证监许可〔2019〕2520 号	关于核准深圳市赛格集团有限公司向合格投资者公开发行公司债券的批复
证监许可〔2019〕2521 号	关于核准国泰君安证券股份有限公司向合格投资者公开发行公司债券的批复
证监许可〔2019〕2522 号	关于准予鹏华中证高股息龙头交易型开放式指数证券投资基金联接基金注册的批复
证监许可〔2019〕2523 号	关于准予方正富邦新兴成长混合型证券投资基金注册的批复
证监许可〔2019〕2524 号	关于准予鹏华中证高股息龙头交易型开放式指数证券投资基金注册的批复
证监许可〔2019〕2525 号	关于准予永赢沪深 300 交易型开放式指数证券投资基金注册的批复
证监许可〔2019〕2526 号	关于准予华商龙头优势混合型证券投资基金注册的批复
证监许可〔2019〕2527 号	关于准予西藏东财中证医药卫生指数型发起式证券投资基金注册的批复
证监许可〔2019〕2528 号	关于准予南方养老目标日期 2045 三年持有期混合型发起式基金中基金（FOF）注册的批复

续表

发文文号	发文标题
证监许可〔2019〕2529 号	关于准予东方红颐和稳健养老目标两年持有期混合型基金中基金(FOF)注册的批复
证监许可〔2019〕2530 号	关于准予国泰民泽平衡养老目标三年持有期混合型发起式基金中基金(FOF)注册的批复
证监许可〔2019〕2531 号	关于准予天弘永裕稳健养老目标一年持有期混合型基金中基金(FOF)注册的批复
证监许可〔2019〕2532 号	关于准予安信禧悦稳健养老目标一年持有期混合型基金中基金(FOF)注册的批复
证监许可〔2019〕2533 号	关于准予中银安康平衡养老目标三年持有期混合型发起式基金中基金(FOF)注册的批复
证监许可〔2019〕2534 号	关于准予国寿安保稳健养老目标一年持有期混合型发起式基金中基金(FOF)注册的批复
证监许可〔2019〕2535 号	关于准予东方红颐和平衡养老目标三年持有期混合型基金中基金(FOF)注册的批复
证监许可〔2019〕2536 号	关于准予万家养老目标日期 2035 三年持有期混合型发起式基金中基金(FOF)注册的批复
证监许可〔2019〕2537 号	关于准予富兰克林国海平衡养老目标三年持有期混合型发起式基金中基金(FOF)注册的批复
证监许可〔2019〕2538 号	关于准予中加安瑞平衡养老目标三年持有期混合型发起式基金中基金(FOF)注册的批复
证监许可〔2019〕2539 号	关于准予南方养老目标日期 2040 三年持有期混合型发起式基金中基金(FOF)注册的批复
证监许可〔2019〕2540 号	关于准予泰达宏利泰和稳健养老目标一年持有期混合型基金中基金(FOF)注册的批复
证监许可〔2019〕2541 号	关于准予东方红颐和积极养老目标五年持有期混合型基金中基金(FOF)注册的批复
证监许可〔2019〕2542 号	关于准予上投摩根锦程稳健养老目标一年持有期混合型基金中基金(FOF)注册的批复
证监许可〔2019〕2543 号	关于准予中欧预见养老目标日期 2025 一年持有期混合型基金中基金(FOF)注册的批复
证监许可〔2019〕2544 号	关于准予广发养老目标日期 2040 三年持有期混合型发起式基金中基金(FOF)注册的批复
证监许可〔2019〕2545 号	关于准予大成兴享平衡养老目标三年持有期混合型发起式基金中基金(FOF)注册的批复
证监许可〔2019〕2546 号	关于准予交银施罗德养老目标日期 2035 三年持有期混合型基金中基金(FOF)注册的批复

续表

发文文号	发文标题
证监许可〔2019〕2547 号	关于准予农银养老目标日期 2045 五年持有期混合型发起式基金中基金(FOF)注册的批复
证监许可〔2019〕2548 号	关于准予兴业中证福建 50 交易型开放式指数证券投资基金注册的批复
证监许可〔2019〕2549 号	关于核准汕头东风印刷股份有限公司公开发行可转换公司债券的批复
证监许可〔2019〕2550 号	关于核准苏州瑞玛精密工业股份有限公司首次公开发行股票的批复
证监许可〔2019〕2551 号	关于核准北京京城机电股份有限公司非公开发行股票的批复
证监许可〔2019〕2552 号	关于核准天津锐新昌科技股份有限公司首次公开发行股票的批复
证监许可〔2019〕2553 号	关于核准明阳智慧能源集团股份公司公开发行可转换公司债券的批复
证监许可〔2019〕2554 号	关于核准深南电路股份有限公司公开发行可转换公司债券的批复
证监许可〔2019〕2555 号	关于核准宁波银行股份有限公司非公开发行股票的批复
证监许可〔2019〕2556 号	关于核准新疆天润乳业股份有限公司配股的批复
证监许可〔2019〕2557 号	关于核准厦门港务发展股份有限公司非公开发行股票的批复
证监许可〔2019〕2558 号	关于核准日海智能科技股份有限公司非公开发行股票的批复
证监许可〔2019〕2559 号	关于核准佛山市金银河智能装备股份有限公司公开发行可转换公司债券的批复
证监许可〔2019〕2560 号	关于核准唐人神集团股份有限公司公开发行可转换公司债券的批复
证监许可〔2019〕2561 号	关于核准香飘飘食品股份有限公司公开发行可转换公司债券的批复
证监许可〔2019〕2562 号	关于同意广东华特气体股份有限公司首次公开发行股票注册的批复
证监许可〔2019〕2563 号	关于不予核准博敏电子股份有限公司可转债申请的决定
证监许可〔2019〕2564 号	关于核准宁波博威合金材料股份有限公司公开发行可转换公司债券的批复
证监许可〔2019〕2565 号	关于核准国海证券股份有限公司配股的批复
证监许可〔2019〕2566 号	关于核准浙江双飞无油轴承股份有限公司首次公开发行股票的批复
证监许可〔2019〕2567 号	关于不予核准海湾环境科技(北京)股份有限公司首次公开发行股票并上市申请的决定
证监许可〔2019〕2568 号	关于核准浙江五洲新春集团股份有限公司公开发行可转换公司债券的批复
证监许可〔2019〕2569 号	关于核准惠州光弘科技股份有限公司非公开发行股票的批复
证监许可〔2019〕2570 号	关于核准深圳新宙邦科技股份有限公司非公开发行股票的批复
证监许可〔2019〕2571 号	关于核准晨光生物科技集团股份有限公司公开发行可转换公司债券的批复
证监许可〔2019〕2572 号	关于核准成都康弘药业集团股份有限公司公开发行可转换公司债券的批复
证监许可〔2019〕2573 号	关于核准珠海博杰电子股份有限公司首次公开发行股票的批复
证监许可〔2019〕2574 号	关于核准广东领益智造股份有限公司非公开发行股票的批复
证监许可〔2019〕2575 号	关于同意北京龙软科技股份有限公司首次公开发行股票注册的批复
证监许可〔2019〕2576 号	关于核准江苏百川高科新材料股份有限公司公开发行可转换公司债券的批复
证监许可〔2019〕2577 号	关于核准安徽开润股份有限公司公开发行可转换公司债券的批复

续表

发文文号	发文标题
证监许可〔2019〕2578 号	关于核准福建傲农生物科技集团股份有限公司非公开发行股票的批复
证监许可〔2019〕2579 号	关于核准湘潭电化科技股份有限公司非公开发行股票的批复
证监许可〔2019〕2580 号	关于核准杭州纵横通信股份有限公司公开发行可转换公司债券的批复
证监许可〔2019〕2581 号	关于不予核准温州宏丰电工合金股份有限公司可转债申请的决定
证监许可〔2019〕2582 号	关于核准天津汽车模具股份有限公司公开发行可转换公司债券的批复
证监许可〔2019〕2583 号	关于核准湖南大康国际农业食品股份有限公司非公开发行股票的批复
证监许可〔2019〕2584 号	关于准予长盛中债 1－3 年政策性金融债指数证券投资基金注册的批复
证监许可〔2019〕2585 号	关于准予西部利得中债 1－3 年政策性金融债指数证券投资基金注册的批复
证监许可〔2019〕2586 号	关于准予上银中债 1－3 年国开行债券指数证券投资基金注册的批复
证监许可〔2019〕2587 号	关于准予太平中债 1－3 年政策性金融债指数证券投资基金注册的批复
证监许可〔2019〕2588 号	关于准予长城中债 1－3 年政策性金融债指数证券投资基金注册的批复
证监许可〔2019〕2589 号	关于准予华泰紫金中债 1－5 年国开行债券指数证券投资基金注册的批复
证监许可〔2019〕2590 号	关于准予华夏中证人工智能主题交易型开放式指数证券投资基金发起式联接基金注册的批复
证监许可〔2019〕2591 号	关于准予华泰柏瑞质量成长混合型证券投资基金注册的批复
证监许可〔2019〕2592 号	关于准予平安合聚 1 年定期开放债券型发起式证券投资基金注册的批复
证监许可〔2019〕2593 号	关于准予浦银安盛盛晖一年定期开放债券型发起式证券投资基金注册的批复
证监许可〔2019〕2594 号	关于准予德邦锐灵一年定期开放债券型发起式证券投资基金注册的批复
证监许可〔2019〕2595 号	关于准予汇安裕鑫 12 个月定期开放纯债债券型发起式证券投资基金注册的批复
证监许可〔2019〕2596 号	关于准予南方宁利一年定期开放债券型发起式证券投资基金注册的批复
证监许可〔2019〕2597 号	关于准予诺德汇盈纯债一年定期开放债券型发起式证券投资基金注册的批复
证监许可〔2019〕2598 号	关于准予惠升惠兴混合型证券投资基金注册的批复
证监许可〔2019〕2599 号	关于准予华泰保兴科荣混合型证券投资基金注册的批复
证监许可〔2019〕2600 号	关于准予东方先进制造灵活配置混合型证券投资基金变更注册的批复
证监许可〔2019〕2601 号	关于准予安信稳健增利混合型证券投资基金注册的批复
证监许可〔2019〕2602 号	关于准予泓德丰润三年持有期混合型证券投资基金注册的批复
证监许可〔2019〕2603 号	关于准予弘毅远方经济新动力混合型发起式证券投资基金注册的批复
证监许可〔2019〕2604 号	关于准予安信价值回报三年持有期混合型证券投资基金注册的批复
证监许可〔2019〕2605 号	关于准予博道安远 6 个月定期开放混合型证券投资基金注册的批复
证监许可〔2019〕2606 号	关于准予富安达科技领航混合型证券投资基金注册的批复
证监许可〔2019〕2607 号	关于核准湖北和远气体股份有限公司首次公开发行股票的批复

续表

发文文号	发文标题
证监许可〔2019〕2608号	关于核准豁免江西省投资集团有限公司要约收购安源煤业集团股份有限公司股份义务的批复
证监许可〔2019〕2609号	关于核准豁免江西省投资集团有限公司要约收购江西万年青水泥股份有限公司股份义务的批复
证监许可〔2019〕2610号	关于准予银河龙头精选股票型发起式证券投资基金注册的批复
证监许可〔2019〕2611号	关于准予博时中证可持续发展100交易型开放式指数证券投资基金注册的批复
证监许可〔2019〕2612号	关于准予永赢医药健康股票型证券投资基金注册的批复
证监许可〔2019〕2613号	关于核准中新苏州工业园区开发集团股份有限公司首次公开发行股票的批复
证监许可〔2019〕2614号	关于核准大唐环境产业集团股份有限公司向合格投资者公开发行绿色公司债券的批复
证监许可〔2019〕2615号	关于准予广发汇浦三年定期开放债券型证券投资基金注册的批复
证监许可〔2019〕2616号	关于准予中邮淳享39个月定期开放债券型证券投资基金注册的批复
证监许可〔2019〕2617号	关于准予新华安享多聚定期开放灵活配置混合型证券投资基金变更注册的批复
证监许可〔2019〕2618号	关于准予红塔红土盛兴一年定期开放债券型证券投资基金注册的批复
证监许可〔2019〕2619号	关于准予平安乐顺39个月定期开放债券型证券投资基金注册的批复
证监许可〔2019〕2620号	关于准予兴业聚华灵活配置混合型证券投资基金变更注册的批复
证监许可〔2019〕2621号	关于核准濮阳投资集团有限公司向合格投资者公开发行公司债券的批复
证监许可〔2019〕2622号	关于核准宁波舟山港集团有限公司向合格投资者公开发行公司债券的批复
证监许可〔2019〕2623号	关于核准广州金融控股集团有限公司向合格投资者公开发行公司债券的批复
证监许可〔2019〕2624号	关于核准中铝资本控股有限公司向合格投资者公开发行可续期公司债券的批复
证监许可〔2019〕2625号	关于核准长兴交通投资集团有限公司向合格投资者公开发行公司债券的批复
证监许可〔2019〕2626号	关于核准中国北方稀土（集团）高科技股份有限公司向合格投资者公开发行公司债券的批复
证监许可〔2019〕2627号	关于核准江苏交通控股有限公司向合格投资者公开发行公司债券的批复
证监许可〔2019〕2628号	关于核准中国同辐股份有限公司向合格投资者公开发行公司债券的批复
证监许可〔2019〕2629号	关于核准朱雀基金管理有限公司变更持股5%以上股东的批复
证监许可〔2019〕2630号	关于核准安信证券股份有限公司设立资产管理子公司的批复
证监许可〔2019〕2631号	关于核准中关村科技租赁股份有限公司发行境外上市外资股的批复
证监许可〔2019〕2632号	关于核准首创置业股份有限公司发行境外上市外资股的批复
证监许可〔2019〕2633号	关于核准广州富力地产股份有限公司发行境外上市外资股的批复
证监许可〔2019〕2634号	关于准予山西证券裕盛一年定期开放灵活配置混合型发起式证券投资基金注册的批复
证监许可〔2019〕2635号	关于准予西部利得合逸债券型证券投资基金变更注册的批复

续表

发文文号	发文标题
证监许可〔2019〕2636 号	关于准予嘉实新添盛定期开放混合型证券投资基金变更注册的批复
证监许可〔2019〕2637 号	关于准予中银澳享一年定期开放债券型发起式证券投资基金注册的批复
证监许可〔2019〕2638 号	关于准予中银同享一年定期开放债券型发起式证券投资基金注册的批复
证监许可〔2019〕2639 号	关于准予人保安和一年定期开放债券型发起式证券投资基金注册的批复
证监许可〔2019〕2640 号	关于准予平安合享 1 年定期开放债券型发起式证券投资基金注册的批复
证监许可〔2019〕2641 号	关于准予天弘兴享一年定期开放债券型发起式证券投资基金注册的批复
证监许可〔2019〕2642 号	关于核准奥普家居股份有限公司首次公开发行股票的批复
证监许可〔2019〕2643 号	关于核准神驰机电股份有限公司首次公开发行股票的批复
证监许可〔2019〕2644 号	关于核准四川科伦药业股份有限公司配股的批复
证监许可〔2019〕2645 号	关于核准抚顺银行股份有限公司定向发行股票的批复
证监许可〔2019〕2646 号	关于核准金科地产集团股份有限公司向合格投资者公开发行公司债券的批复
证监许可〔2019〕2647 号	关于核准利程融资租赁(上海)有限公司向合格投资者公开发行公司债券的批复
证监许可〔2019〕2648 号	关于核准珠海华发综合发展有限公司向合格投资者公开发行可续期公司债券的批复
证监许可〔2019〕2649 号	关于核准营口银行股份有限公司定向发行股票的批复
证监许可〔2019〕2650 号	关于核准安徽桐城农村商业银行股份有限公司定向发行股票的批复
证监许可〔2019〕2651 号	关于核准上海张江(集团)有限公司向合格投资者公开发行公司债券的批复
证监许可〔2019〕2652 号	关于核准华宝证券有限责任公司向合格投资者公开发行公司债券的批复
证监许可〔2019〕2653 号	关于核准北京康斯特仪表科技股份有限公司非公开发行股票的批复
证监许可〔2019〕2654 号	关于核准深圳市联得自动化装备股份有限公司公开发行可转换公司债券的批复
证监许可〔2019〕2655 号	关于核准神宇通信科技股份公司非公开发行股票的批复
证监许可〔2019〕2656 号	关于核准杭州巨星科技股份有限公司公开发行可转换公司债券的批复
证监许可〔2019〕2657 号	关于核准贵阳新天药业股份有限公司公开发行可转换公司债券的批复
证监许可〔2019〕2658 号	关于核准东方财富信息股份有限公司公开发行可转换公司债券的批复
证监许可〔2019〕2659 号	关于核准江苏索普化工股份有限公司向江苏索普(集团)有限公司发行股份购买资产并募集配套资金的批复
证监许可〔2019〕2660 号	关于核准国家电投集团东方新能源股份有限公司向国家电力投资集团有限公司等发行股份购买资产的批复
证监许可〔2019〕2661 号	关于核准内蒙古兰太实业股份有限公司向中盐吉兰泰盐化集团有限公司发行股份购买资产并募集配套资金的批复
证监许可〔2019〕2662 号	关于准予华夏国证半导体芯片交易型开放式指数证券投资基金注册的批复
证监许可〔2019〕2663 号	关于核准中闽能源股份有限公司向福建省投资开发集团有限责任公司发行股份和可转换公司债券购买资产并募集配套资金的批复

续表

发文文号	发文标题
证监许可〔2019〕2664号	关于准予国泰中证全指家用电器交易型开放式指数证券投资基金注册的批复
证监许可〔2019〕2665号	关于准予国泰中证全指家用电器交易型开放式指数证券投资基金发起式联接基金注册的批复
证监许可〔2019〕2666号	关于准予交银施罗德瑞思三年封闭运作混合型证券投资基金注册的批复
证监许可〔2019〕2667号	关于准予方正富邦科技创新混合型证券投资基金注册的批复
证监许可〔2019〕2668号	关于准予平安科技创新混合型证券投资基金注册的批复
证监许可〔2019〕2669号	关于准予银华科技创新混合型证券投资基金注册的批复
证监许可〔2019〕2670号	关于准予博时科技创新混合型证券投资基金注册的批复
证监许可〔2019〕2671号	关于准予景顺长城科技创新混合型证券投资基金注册的批复
证监许可〔2019〕2672号	关于准予万家科技创新混合型证券投资基金注册的批复
证监许可〔2019〕2673号	关于准予广发科技创新混合型证券投资基金注册的批复
证监许可〔2019〕2674号	关于准予鹏华科技创新混合型证券投资基金注册的批复
证监许可〔2019〕2675号	关于准予华安科技创新混合型证券投资基金注册的批复
证监许可〔2019〕2676号	关于准予交银施罗德科锐科技创新混合型证券投资基金注册的批复
证监许可〔2019〕2677号	关于准予招商科技创新混合型证券投资基金注册的批复
证监许可〔2019〕2678号	关于准予南方骏元中短期利率债债券型证券投资基金注册的批复
证监许可〔2019〕2679号	关于准予平安元盛超短债债券型证券投资基金注册的批复
证监许可〔2019〕2680号	关于准予鹏华普利债券型证券投资基金注册的批复
证监许可〔2019〕2681号	关于准予宝盈盈旭纯债债券型证券投资基金注册的批复
证监许可〔2019〕2682号	关于准予海富通瑞弘6个月定期开放债券型证券投资基金注册的批复
证监许可〔2019〕2683号	关于准予泰康瑞丰纯债3个月定期开放债券型证券投资基金注册的批复
证监许可〔2019〕2684号	关于准予平安惠铭纯债债券型证券投资基金注册的批复
证监许可〔2019〕2685号	关于准予同泰恒利纯债债券型证券投资基金注册的批复
证监许可〔2019〕2686号	关于准予大成景优中短债债券型证券投资基金注册的批复
证监许可〔2019〕2687号	关于准予嘉实致嘉纯债债券型证券投资基金注册的批复
证监许可〔2019〕2688号	关于准予人保鑫选双债债券型证券投资基金注册的批复
证监许可〔2019〕2689号	关于准予大成景乐纯债债券型证券投资基金注册的批复
证监许可〔2019〕2690号	关于准予宝盈盈瑞纯债债券型证券投资基金注册的批复
证监许可〔2019〕2691号	关于准予国联安增祺纯债债券型证券投资基金注册的批复
证监许可〔2019〕2692号	关于核准江苏建湖农村商业银行股份有限公司定向发行股票的批复
证监许可〔2019〕2693号	关于核准齐鲁交通发展集团有限公司向合格投资者公开发行可续期公司债券的批复
证监许可〔2019〕2694号	关于同意武汉兴图新科电子股份有限公司首次公开发行股票注册的批复

续表

发文文号	发文标题
证监许可〔2019〕2695 号	关于核准广东朝阳电子科技股份有限公司首次公开发行股票的批复
证监许可〔2019〕2696 号	关于同意北京八亿时空液晶科技股份有限公司首次公开发行股票注册的批复
证监许可〔2019〕2697 号	关于核准江苏天目湖旅游股份有限公司公开发行可转换公司债券的批复
证监许可〔2019〕2698 号	关于核准君禾泵业股份有限公司公开发行可转换公司债券的批复
证监许可〔2019〕2699 号	关于核准乐普(北京)医疗器械股份有限公司公开发行可转换公司债券的批复
证监许可〔2019〕2700 号	关于核准奥瑞金科技股份有限公司公开发行可转换公司债券的批复
证监许可〔2019〕2701 号	关于核准云南恩捷新材料股份有限公司公开发行可转换公司债券的批复
证监许可〔2019〕2702 号	关于核准上海翔港包装科技股份有限公司公开发行可转换公司债券的批复
证监许可〔2019〕2703 号	关于核准成都天箭科技股份有限公司首次公开发行股票的批复
证监许可〔2019〕2704 号	关于核准金杯汽车股份有限公司非公开发行股票的批复
证监许可〔2019〕2705 号	关于核准深圳康泰生物制品股份有限公司创业板非公开发行股票的批复
证监许可〔2019〕2706 号	关于准予浙商汇金卓越优选 3 个月持有期股票型基金中基金(FOF)注册的批复
证监许可〔2019〕2707 号	关于准予泰康睿福优选配置 3 个月持有期混合型基金中基金(FOF)注册的批复
证监许可〔2019〕2708 号	关于准予中加智选进取三个月定期开放混合型基金中基金(FOF)注册的批复
证监许可〔2019〕2709 号	关于准予兴银信淳 3 个月持有期混合型发起式基金中基金(FOF)注册的批复
证监许可〔2019〕2710 号	关于准予民生加银卓越配置 6 个月持有期混合型基金中基金(FOF)注册的批复
证监许可〔2019〕2711 号	关于核准上海奉贤发展(集团)有限公司向合格投资者公开发行公司债券的批复
证监许可〔2019〕2712 号	关于核准浙江省建设投资集团股份有限公司向合格投资者公开发行公司债券的批复
证监许可〔2019〕2713 号	关于核准浙江省建设投资集团股份有限公司向合格投资者公开发行可续期公司债券的批复
证监许可〔2019〕2714 号	关于核准珠海华发实业股份有限公司向合格投资者公开发行公司债券的批复
证监许可〔2019〕2715 号	关于核准中国大唐集团新能源股份有限公司向合格投资者公开发行可续期公司债券的批复
证监许可〔2019〕2716 号	关于准予天弘恒享一年定期开放债券型发起式证券投资基金注册的批复
证监许可〔2019〕2717 号	关于准予兴银汇智一年定期开放债券型发起式证券投资基金注册的批复
证监许可〔2019〕2718 号	关于准予民生加银瑞夏纯债一年定期开放债券型发起式证券投资基金注册的批复
证监许可〔2019〕2719 号	关于准予天弘纯享一年定期开放债券型发起式证券投资基金注册的批复
证监许可〔2019〕2720 号	关于准予华商鸿益一年定期开放债券型发起式证券投资基金注册的批复
证监许可〔2019〕2721 号	关于准予鹏华尊达一年定期开放债券型发起式证券投资基金注册的批复
证监许可〔2019〕2722 号	关于准予申万菱信安泰鼎利一年定期开放债券型发起式证券投资基金注册的批复

续表

发 文 文 号	发 文 标 题
证监许可〔2019〕2723 号	关于准予兴银汇悦一年定期开放债券型发起式证券投资基金注册的批复
证监许可〔2019〕2724 号	关于准予景顺长城品质成长混合型证券投资基金注册的批复
证监许可〔2019〕2725 号	关于准予兴业嘉荣一年定期开放债券型发起式证券投资基金注册的批复
证监许可〔2019〕2726 号	关于准予华泰柏瑞益商一年定期开放债券型发起式证券投资基金注册的批复
证监许可〔2019〕2727 号	关于准予浦银安盛盛智一年定期开放债券型发起式证券投资基金注册的批复
证监许可〔2019〕2728 号	关于准予兴银汇泽三年定期开放债券型发起式证券投资基金注册的批复
证监许可〔2019〕2729 号	关于准予中金新辉 1 年定期开放债券型发起式证券投资基金注册的批复
证监许可〔2019〕2730 号	关于准予民生加银瑞鑫一年定期开放债券型发起式证券投资基金注册的批复
证监许可〔2019〕2731 号	关于准予上银聚德益一年定期开放债券型发起式证券投资基金注册的批复
证监许可〔2019〕2732 号	关于准予中信保诚嘉丰一年定期开放债券型发起式证券投资基金注册的批复
证监许可〔2019〕2733 号	关于准予中欧同益一年定期开放债券型发起式证券投资基金注册的批复
证监许可〔2019〕2734 号	关于准予中金新盛 1 年定期开放债券型发起式证券投资基金注册的批复
证监许可〔2019〕2735 号	关于准予民生加银瑞盈纯债一年定期开放债券型发起式证券投资基金注册的批复
证监许可〔2019〕2736 号	关于准予中邮价值优选一年定期开放灵活配置混合型发起式证券投资基金注册的批复
证监许可〔2019〕2737 号	关于准予上银聚永益一年定期开放债券型发起式证券投资基金注册的批复
证监许可〔2019〕2738 号	关于准予泓德裕瑞三年定期开放债券型发起式证券投资基金注册的批复
证监许可〔2019〕2739 号	关于准予安信永顺一年定期开放债券型发起式证券投资基金注册的批复
证监许可〔2019〕2740 号	关于准予永赢欣益纯债一年定期开放债券型发起式证券投资基金注册的批复
证监许可〔2019〕2741 号	关于准予财通兴利纯债 12 个月定期开放债券型发起式证券投资基金注册的批复
证监许可〔2019〕2742 号	关于核准北京航天长峰股份有限公司向中国航天科工防御技术研究院等发行股份购买资产的批复
证监许可〔2019〕2743 号	关于不予核准中船科技股份有限公司向中国船舶工业集团有限公司等发行股份购买资产并募集配套资金的决定
证监许可〔2019〕2744 号	关于准予德邦锐恒 39 个月定期开放债券型证券投资基金注册的批复
证监许可〔2019〕2745 号	关于准予方正富邦禾利 39 个月定期开放债券型证券投资基金注册的批复
证监许可〔2019〕2746 号	关于准予华安鑫浦 87 个月定期开放债券型证券投资基金注册的批复
证监许可〔2019〕2747 号	关于准予华泰柏瑞锦兴 39 个月定期开放债券型证券投资基金注册的批复
证监许可〔2019〕2748 号	关于准予民生加银聚享 39 个月定期开放纯债债券型证券投资基金注册的批复
证监许可〔2019〕2749 号	关于准予上投摩根瑞泰 38 个月定期开放债券型证券投资基金注册的批复
证监许可〔2019〕2750 号	关于准予华安沪深 300 交易型开放式指数证券投资基金发起式联接基金注册的批复

续表

发 文 文 号	发 文 标 题
证监许可〔2019〕2751 号	关于准予嘉实回报精选股票型证券投资基金注册的批复
证监许可〔2019〕2752 号	关于准予鹏华优质回报两年定期开放混合型证券投资基金注册的批复
证监许可〔2019〕2753 号	关于准予广发高股息优享混合型证券投资基金注册的批复
证监许可〔2019〕2754 号	关于核准协鑫智慧能源股份有限公司向合格投资者公开发行绿色公司债券的批复
证监许可〔2019〕2755 号	关于核准浙江东方金融控股集团股份有限公司向合格投资者公开发行公司债券的批复
证监许可〔2019〕2756 号	关于核准甘肃省公路交通建设集团有限公司向合格投资者公开发行公司债券的批复
证监许可〔2019〕2757 号	关于核准国电长源电力股份有限公司向合格投资者公开发行公司债券的批复
证监许可〔2019〕2758 号	关于核准中交投资有限公司向合格投资者公开发行公司债券的批复
证监许可〔2019〕2759 号	关于核准江西铅山农村商业银行股份有限公司定向发行股票的批复
证监许可〔2019〕2760 号	关于核准北京市海淀区国有资本经营管理中心向合格投资者公开发行公司债券的批复
证监许可〔2019〕2761 号	关于核准潍柴控股集团有限公司向合格投资者公开发行公司债券的批复
证监许可〔2019〕2762 号	关于核准首创环境控股有限公司向合格投资者公开发行公司债券的批复
证监许可〔2019〕2763 号	关于核准唐山三友化工股份有限公司向合格投资者公开发行公司债券的批复
证监许可〔2019〕2764 号	关于核准鹰潭农村商业银行股份有限公司定向发行股票的批复
证监许可〔2019〕2765 号	关于核准安徽宿州农村商业银行股份有限公司定向发行股票的批复
证监许可〔2019〕2766 号	关于核准济宁银行股份有限公司定向发行股票的批复
证监许可〔2019〕2767 号	关于同意南京万德斯环保科技股份有限公司首次公开发行股票注册的批复
证监许可〔2019〕2768 号	关于核准建科机械(天津)股份有限公司首次公开发行股票的批复
证监许可〔2019〕2769 号	关于核准赛特斯信息科技股份有限公司定向发行股票的批复
证监许可〔2019〕2770 号	关于准予南方瑞盛三年持有期混合型证券投资基金注册的批复
证监许可〔2019〕2771 号	关于准予永赢中证 500 交易型开放式指数证券投资基金注册的批复
证监许可〔2019〕2772 号	关于准予嘉实中证 500 指数增强型证券投资基金注册的批复
证监许可〔2019〕2773 号	关于准予合煦智远国证香蜜湖金融科技指数证券投资基金(LOF)注册的批复
证监许可〔2019〕2774 号	关于准予宝盈盈顺纯债债券型证券投资基金注册的批复
证监许可〔2019〕2775 号	关于准予平安添裕债券型证券投资基金注册的批复
证监许可〔2019〕2776 号	关于准予国融稳利一年定期开放债券型证券投资基金注册的批复
证监许可〔2019〕2777 号	关于准予南方昭元债券型发起式证券投资基金注册的批复
证监许可〔2019〕2778 号	关于准予招商添浩纯债债券型证券投资基金注册的批复
证监许可〔2019〕2779 号	关于准予招商鑫福中短债债券型证券投资基金注册的批复

续表

发文文号	发文标题
证监许可〔2019〕2780 号	关于准予南方集利 18 个月定期开放债券型证券投资基金注册的批复
证监许可〔2019〕2781 号	关于准予大成景泰纯债债券型证券投资基金注册的批复
证监许可〔2019〕2782 号	关于准予平安增利六个月定期开放债券型证券投资基金注册的批复
证监许可〔2019〕2783 号	关于准予工银瑞信中证 5 年期地方政府债交易型开放式指数证券投资基金注册的批复
证监许可〔2019〕2784 号	关于准予财通多利纯债债券型证券投资基金注册的批复
证监许可〔2019〕2785 号	关于准予大成景轩中高等级债券型证券投资基金注册的批复
证监许可〔2019〕2786 号	关于准予嘉实安泽一年定期开放纯债债券型发起式证券投资基金注册的批复
证监许可〔2019〕2787 号	关于准予鹏扬淳悦一年定期开放债券型发起式证券投资基金注册的批复
证监许可〔2019〕2788 号	关于准予富国荣利纯债一年定期开放债券型发起式证券投资基金注册的批复
证监许可〔2019〕2789 号	关于准予民生加银睿智一年定期开放债券型发起式证券投资基金注册的批复
证监许可〔2019〕2790 号	关于准予兴业鼎泰一年定期开放债券型发起式证券投资基金注册的批复
证监许可〔2019〕2791 号	关于准予汇安盛鑫三年定期开放纯债债券型发起式证券投资基金注册的批复
证监许可〔2019〕2792 号	关于准予银华中债 1－3 年国开行债券指数证券投资基金注册的批复
证监许可〔2019〕2793 号	关于准予浦银安盛中债 1－3 年国开行债券指数证券投资基金注册的批复
证监许可〔2019〕2794 号	关于准予交银施罗德丰华两年封闭运作债券型证券投资基金注册的批复
证监许可〔2019〕2795 号	关于核准四川岷江水利电力股份有限公司重大资产重组及向国网信息通信产业集团有限公司等发行股份购买资产并募集配套资金的批复
证监许可〔2019〕2796 号	关于准予永赢鑫享混合型证券投资基金注册的批复
证监许可〔2019〕2797 号	关于准予国泰鑫利一年持有期混合型证券投资基金注册的批复
证监许可〔2019〕2798 号	关于准予嘉实鑫和一年持有期混合型证券投资基金注册的批复
证监许可〔2019〕2799 号	关于准予博时成长优选两年封闭运作灵活配置混合型证券投资基金注册的批复
证监许可〔2019〕2800 号	关于准予九泰聚鑫混合型证券投资基金注册的批复
证监许可〔2019〕2801 号	关于准予中银景泰回报混合型证券投资基金注册的批复
证监许可〔2019〕2802 号	关于准予博时研究优选 3 年封闭运作灵活配置混合型证券投资基金注册的批复
证监许可〔2019〕2803 号	关于准予长城健康生活灵活配置混合型证券投资基金注册的批复
证监许可〔2019〕2804 号	关于准予景顺长城价值驱动两年持有期灵活配置混合型证券投资基金注册的批复
证监许可〔2019〕2805 号	关于准予天弘越南市场股票型发起式证券投资基金（QDII）注册的批复
证监许可〔2019〕2806 号	关于准予天弘中证中美互联网指数型发起式证券投资基金（QDII）注册的批复
证监许可〔2019〕2807 号	关于准予大成全球美元债债券型证券投资基金（QDII）注册的批复
证监许可〔2019〕2808 号	关于核准新疆特变电工集团有限公司向合格投资者公开发行可续期公司债券的批复

续表

发文文号	发文标题
证监许可〔2019〕2809号	关于核准浙江万马股份有限公司向合格投资者公开发行公司债券的批复
证监许可〔2019〕2810号	关于准予融通中债1-3年国开行债券指数证券投资基金注册的批复
证监许可〔2019〕2811号	关于准予海富通中债1-3年国开行债券指数证券投资基金注册的批复
证监许可〔2019〕2812号	关于准予中信保诚中债1-3年农发行债券指数证券投资基金注册的批复
证监许可〔2019〕2813号	关于准予华夏中证浙江国资创新发展交易型开放式指数证券投资基金注册的批复
证监许可〔2019〕2814号	关于准予鹏华国证半导体芯片交易型开放式指数证券投资基金注册的批复
证监许可〔2019〕2815号	关于准予华夏国证半导体芯片交易型开放式指数证券投资基金发起式联接基金注册的批复
证监许可〔2019〕2816号	关于核准上海沃施园艺股份有限公司向西藏科坚企业管理有限公司等发行股份购买资产的批复
证监许可〔2019〕2817号	关于核准国联证券股份有限公司在香港特别行政区设立国联证券(香港)有限公司的批复
证监许可〔2019〕2818号	关于核准深圳中国农大科技股份有限公司向彭瀛等发行股份购买资产的批复
证监许可〔2019〕2819号	关于准予信诚理财7日盈债券型证券投资基金变更注册的批复
证监许可〔2019〕2820号	关于准予大成景兴信用债债券型证券投资基金变更注册的批复
证监许可〔2019〕2821号	关于准予东海祥瑞债券型证券投资基金变更注册的批复
证监许可〔2019〕2822号	关于准予德邦纯债一年定期开放债券型证券投资基金变更注册的批复
证监许可〔2019〕2823号	关于准予天弘成享定期开放债券型发起式证券投资基金变更注册的批复
证监许可〔2019〕2824号	关于准予信诚至泰灵活配置混合型证券投资基金变更注册的批复
证监许可〔2019〕2825号	关于准予博时信用债纯债债券型证券投资基金变更注册的批复
证监许可〔2019〕2826号	关于准予南方理财14天债券型证券投资基金变更注册的批复
证监许可〔2019〕2827号	关于核准深圳市铂科新材料股份有限公司首次公开发行股票的批复
证监许可〔2019〕2828号	关于同意厦门特宝生物工程股份有限公司首次公开发行股票注册的批复
证监许可〔2019〕2829号	关于核准福州瑞芯微电子股份有限公司首次公开发行股票的批复
证监许可〔2019〕2830号	关于核准江苏聚杰微纤科技集团股份有限公司首次公开发行股票的批复
证监许可〔2019〕2831号	关于准予国金惠安利率债债券型证券投资基金注册的批复
证监许可〔2019〕2832号	关于准予人保福欣3个月定期开放债券型证券投资基金注册的批复
证监许可〔2019〕2833号	关于准予人保利淳债券型证券投资基金注册的批复
证监许可〔2019〕2834号	关于准予鹏华丰诚债券型证券投资基金注册的批复
证监许可〔2019〕2835号	关于准予南方乐元中短期利率债债券型证券投资基金注册的批复
证监许可〔2019〕2836号	关于准予国都聚安债券型证券投资基金注册的批复
证监许可〔2019〕2837号	关于准予招商添华纯债债券型证券投资基金注册的批复

续表

发 文 文 号	发 文 标 题
证监许可〔2019〕2838 号	关于准予平安惠润纯债债券型证券投资基金注册的批复
证监许可〔2019〕2839 号	关于准予大成景悦中短债债券型证券投资基金注册的批复
证监许可〔2019〕2840 号	关于准予民生加银鑫通债券型证券投资基金注册的批复
证监许可〔2019〕2841 号	关于准予招商安华债券型证券投资基金注册的批复
证监许可〔2019〕2842 号	关于准予中融恒安纯债债券型证券投资基金注册的批复
证监许可〔2019〕2843 号	关于核准北京清新环境技术股份有限公司向合格投资者公开发行绿色公司债券的批复
证监许可〔2019〕2844 号	关于核准山东海洋集团有限公司向合格投资者公开发行公司债券的批复
证监许可〔2019〕2845 号	关于核准中交投资有限公司向合格投资者公开发行可续期公司债券的批复
证监许可〔2019〕2846 号	关于准予东方红安鑫甄选一年持有期混合型证券投资基金注册的批复
证监许可〔2019〕2847 号	关于准予中融鑫优创灵活配置混合型证券投资基金注册的批复
证监许可〔2019〕2848 号	关于核准豁免山东重工集团有限公司及其一致行动人要约收购中国重汽集团济南卡车股份有限公司股份义务的批复
证监许可〔2019〕2849 号	关于准予上投摩根中债 1－3 年国开行债券指数证券投资基金注册的批复
证监许可〔2019〕2850 号	关于准予国联安中债 1－3 年政策性金融债指数证券投资基金注册的批复
证监许可〔2019〕2851 号	关于核准北京二商集团有限责任公司向合格投资者公开发行可续期公司债券的批复
证监许可〔2019〕2852 号	关于准予华夏恒汇一年定期开放债券型证券投资基金变更注册的批复
证监许可〔2019〕2853 号	关于准予博时富灿纯债一年定期开放债券型发起式证券投资基金注册的批复
证监许可〔2019〕2854 号	关于准予鑫元锦利一年定期开放债券型发起式证券投资基金注册的批复
证监许可〔2019〕2855 号	关于准予创金合信泰享 39 个月定期开放债券型发起式证券投资基金注册的批复
证监许可〔2019〕2856 号	关于准予浦银安盛盛毅一年定期开放债券型发起式证券投资基金注册的批复
证监许可〔2019〕2857 号	关于准予汇安恒鑫 12 个月定期开放纯债债券型发起式证券投资基金注册的批复
证监许可〔2019〕2858 号	关于核准多喜爱集团股份有限公司重大资产置换及吸收合并申请的批复
证监许可〔2019〕2859 号	关于核准杭州星帅尔电器股份有限公司公开发行可转换公司债券的批复
证监许可〔2019〕2860 号	关于核准高都管理有限责任公司合格境外机构投资者资格的批复
证监许可〔2019〕2861 号	关于不予核准海洋王照明科技股份有限公司向朱恺等发行股份购买资产并募集配套资金的决定
证监许可〔2019〕2862 号	关于核准宜春交通投资集团有限公司向合格投资者公开发行公司债券的批复
证监许可〔2019〕2863 号	关于核准上海莱士血液制品股份有限公司向 Grifols, S. A. 发行股份购买资产的批复
证监许可〔2019〕2864 号	关于核准太平基金管理有限公司变更股权的批复

续表

发文文号	发文标题
证监许可〔2019〕2865 号	关于核准江西玉山农村商业银行股份有限公司定向发行股票的批复
证监许可〔2019〕2866 号	关于核准上海秦森园林股份有限公司定向发行股票的批复
证监许可〔2019〕2867 号	关于核准惠州农村商业银行股份有限公司定向发行股票的批复
证监许可〔2019〕2868 号	关于核准萍乡农村商业银行股份有限公司定向发行股票的批复
证监许可〔2019〕2869 号	关于核准武汉天盈投资集团有限公司向合格投资者公开发行公司债券的批复
证监许可〔2019〕2870 号	关于核准豁免长沙市国有资本投资运营集团有限公司要约收购湖南投资集团股份有限公司股份义务的批复
证监许可〔2019〕2871 号	关于核准中信证券股份有限公司向广州越秀金融控股集团股份有限公司等发行股份购买资产的批复
证监许可〔2019〕2872 号	关于核准华信期货股份有限公司变更股权的批复
证监许可〔2019〕2873 号	关于核准云南旅游股份有限公司向合格投资者公开发行公司债券的批复
证监许可〔2019〕2874 号	关于核准华能天成融资租赁有限公司向合格投资者公开发行绿色公司债券的批复
证监许可〔2019〕2875 号	关于核准云南合和(集团)股份有限公司向合格投资者公开发行公司债券的批复
证监许可〔2019〕2876 号	关于核准中交第二公路工程局有限公司向合格投资者公开发行可续期公司债券的批复
证监许可〔2019〕2877 号	关于准予招商中债－1－3 年国开行债券指数证券投资基金注册的批复
证监许可〔2019〕2878 号	关于准予天弘中债 1－3 年国开行债券指数发起式证券投资基金注册的批复
证监许可〔2019〕2879 号	关于准予景顺长城中债 1－3 年国开行债券指数证券投资基金注册的批复
证监许可〔2019〕2880 号	关于准予交银施罗德创新领航混合型证券投资基金注册的批复
证监许可〔2019〕2881 号	关于准予广发国证半导体芯片交易型开放式指数证券投资基金注册的批复
证监许可〔2019〕2882 号	关于准予华夏鼎航债券型证券投资基金注册的批复
证监许可〔2019〕2883 号	关于核准福建福能股份有限公司向福建省能源集团有限责任公司发行股份购买资产的批复
证监许可〔2019〕2884 号	关于核准金杯电工股份有限公司向长沙共举企业管理合伙企业(有限合伙)等发行股份购买资产的批复
证监许可〔2019〕2885 号	关于核准京沪高速铁路股份有限公司首次公开发行股票的批复
证监许可〔2019〕2886 号	关于准予富国量化对冲策略三个月持有期灵活配置混合型证券投资基金注册的批复
证监许可〔2019〕2887 号	关于准予海富通安益对冲策略灵活配置混合型证券投资基金注册的批复
证监许可〔2019〕2888 号	关于准予中融智选对冲策略 3 个月定期开放灵活配置混合型发起式证券投资基金注册的批复
证监许可〔2019〕2889 号	关于准予申万菱信量化对冲策略灵活配置混合型发起式证券投资基金注册的批复
证监许可〔2019〕2890 号	关于准予德邦量化对冲策略灵活配置混合型发起式证券投资基金注册的批复

续表

发文文号	发文标题
证监许可〔2019〕2891 号	关于准予景顺长城量化对冲策略三个月定期开放灵活配置混合型发起式证券投资基金注册的批复
证监许可〔2019〕2892 号	关于准予华夏安泰对冲策略 3 个月定期开放灵活配置混合型发起式证券投资基金注册的批复
证监许可〔2019〕2893 号	关于准予景顺长城价值稳进三年定期开放灵活配置混合型证券投资基金注册的批复
证监许可〔2019〕2894 号	关于准予大成恒享混合型证券投资基金注册的批复
证监许可〔2019〕2895 号	关于准予同泰远见灵活配置混合型证券投资基金注册的批复
证监许可〔2019〕2896 号	关于准予安信民稳增长混合型证券投资基金注册的批复
证监许可〔2019〕2897 号	关于准予大成民稳增长混合型证券投资基金注册的批复
证监许可〔2019〕2898 号	关于准予凯石汇价值优选混合型证券投资基金注册的批复
证监许可〔2019〕2899 号	关于准予创金合信鑫利混合型证券投资基金注册的批复
证监许可〔2019〕2900 号	关于准予银华汇盈一年持有期混合型证券投资基金注册的批复
证监许可〔2019〕2901 号	关于准予融通通益混合型证券投资基金注册的批复
证监许可〔2019〕2902 号	关于准予嘉合锦鹏添利混合型证券投资基金注册的批复
证监许可〔2019〕2903 号	关于准予浦银安盛安远回报一年持有期混合型证券投资基金注册的批复
证监许可〔2019〕2904 号	关于准予建信易盛郑商所能源化工期货交易型开放式指数证券投资基金联接基金注册的批复
证监许可〔2019〕2905 号	关于准予海富通中证长三角领先交易型开放式指数证券投资基金联接基金注册的批复
证监许可〔2019〕2906 号	关于准予海富通中证长三角领先交易型开放式指数证券投资基金注册的批复
证监许可〔2019〕2907 号	关于准予国寿安保国证创业板中盘精选 88 交易型开放式指数证券投资基金注册的批复
证监许可〔2019〕2908 号	关于准予广发中证 800 交易型开放式指数证券投资基金注册的批复
证监许可〔2019〕2909 号	关于准予大成睿裕六个月持有期股票型证券投资基金注册的批复
证监许可〔2019〕2910 号	关于准予国寿安保国证创业板中盘精选 88 交易型开放式指数证券投资基金联接基金注册的批复
证监许可〔2019〕2911 号	关于准予德邦大消费混合型证券投资基金注册的批复
证监许可〔2019〕2912 号	关于准予南方内需增长两年持有期股票型证券投资基金注册的批复
证监许可〔2019〕2913 号	关于准予博远博锐混合型证券投资基金注册的批复
证监许可〔2019〕2914 号	关于准予民生加银龙头优选股票型证券投资基金注册的批复
证监许可〔2019〕2915 号	关于核准瀚华金控股份有限公司向合格投资者公开发行公司债券的批复
证监许可〔2019〕2916 号	关于核准北京粮食集团有限责任公司向合格投资者公开发行可续期公司债券的批复
证监许可〔2019〕2917 号	关于同意优刻得科技股份有限公司首次公开发行股票注册的批复

续表

发文文号	发文标题
证监许可〔2019〕2918 号	关于同意广州洁特生物过滤股份有限公司首次公开发行股票注册的批复
证监许可〔2019〕2919 号	关于核准奇精机械股份有限公司非公开发行股票的批复
证监许可〔2019〕2920 号	关于核准江西都昌农村商业银行股份有限公司定向发行股票的批复
证监许可〔2019〕2921 号	关于同意威胜信息技术股份有限公司首次公开发行股票注册的批复
证监许可〔2019〕2922 号	关于核准嘉兴斯达半导体股份有限公司首次公开发行股票的批复
证监许可〔2019〕2923 号	关于核准山西省投资集团有限公司向合格投资者公开发行可续期公司债券的批复
证监许可〔2019〕2924 号	关于核准山煤国际能源集团股份有限公司向合格投资者公开发行可续期公司债券的批复
证监许可〔2019〕2925 号	关于核准广汇汽车服务有限责任公司向合格投资者公开发行公司债券的批复
证监许可〔2019〕2926 号	关于核准江西省投资集团有限公司向合格投资者公开发行可续期公司债券的批复
证监许可〔2019〕2927 号	关于准予招商中债－0－3 年长三角地方政府债交易型开放式指数证券投资基金注册的批复
证监许可〔2019〕2928 号	关于准予鑫元中短债债券型证券投资基金注册的批复
证监许可〔2019〕2929 号	关于准予鹏华中债－0－3 年 AA＋优选信用债指数证券投资基金注册的批复
证监许可〔2019〕2930 号	关于准予国寿安保尊恒利率债债券型证券投资基金注册的批复
证监许可〔2019〕2931 号	关于准予平安增鑫六个月定期开放债券型证券投资基金注册的批复
证监许可〔2019〕2932 号	关于准予鹏华中债－市场隐含评级 AAA 信用债(1－3 年)指数证券投资基金注册的批复
证监许可〔2019〕2933 号	关于准予国寿安保尊诚纯债债券型证券投资基金注册的批复
证监许可〔2019〕2934 号	关于核准广西河池化工股份有限公司向何卫国等发行股份购买资产并募集配套资金的批复
证监许可〔2019〕2935 号	关于核准江苏天瑞仪器股份有限公司向赵学伟等发行股份购买资产并募集配套资金的批复
证监许可〔2019〕2936 号	关于准予中欧华盈三年定期开放混合型证券投资基金变更注册的批复
证监许可〔2019〕2937 号	关于核准安徽辉隆农资集团股份有限公司向安徽辉隆投资集团有限公司等发行股份、可转换公司债券购买资产并募集配套资金的批复
证监许可〔2019〕2938 号	关于核准北京君正集成电路股份有限公司向北京屹唐半导体产业投资中心(有限合伙)等发行股份购买资产并募集配套资金的批复
证监许可〔2019〕2939 号	关于核准中国科学院沈阳科学仪器股份有限公司定向发行股票的批复
证监许可〔2019〕2940 号	关于核准晋中开发区农村商业银行股份有限公司定向发行股票的批复
证监许可〔2019〕2941 号	关于核准黄山徽州农村商业银行股份有限公司定向发行股票的批复
证监许可〔2019〕2942 号	关于核准豁免河南省财政厅要约收购河南豫能控股股份有限公司股份义务的批复

续表

发文文号	发文标题
证监许可〔2019〕2943 号	关于核准豁免河南省财政厅要约收购河南安彩高科股份有限公司股份义务的批复
证监许可〔2019〕2944 号	关于准予东方红均衡优选两年定期开放混合型证券投资基金注册的批复
证监许可〔2019〕2945 号	关于核准易方达基金管理有限公司变更股权的批复
证监许可〔2019〕2946 号	关于准予长安泓澄 18 个月定期开放债券型证券投资基金注册的批复
证监许可〔2019〕2947 号	关于准予西部利得聚禾灵活配置混合型证券投资基金变更注册的批复
证监许可〔2019〕2948 号	关于准予嘉合磐瑞纯债债券型证券投资基金变更注册的批复
证监许可〔2019〕2949 号	关于准予金信民长灵活配置混合型证券投资基金变更注册的批复
证监许可〔2019〕2950 号	关于准予西部利得港股通新机遇灵活配置混合型证券投资基金注册的批复
证监许可〔2019〕2951 号	关于准予创金合信鑫益混合型证券投资基金注册的批复
证监许可〔2019〕2952 号	关于准予中银证券汇远一年定期开放债券型发起式证券投资基金注册的批复
证监许可〔2019〕2953 号	关于准予前海开源惠泽两年定期开放债券型发起式证券投资基金注册的批复
证监许可〔2019〕2954 号	关于准予长江乐鑫纯债定期开放债券型发起式证券投资基金变更注册的批复
证监许可〔2019〕2955 号	关于准予中信建投稳泰一年定期开放债券型发起式证券投资基金注册的批复
证监许可〔2019〕2956 号	关于准予华安安腾一年定期开放债券型发起式证券投资基金注册的批复
证监许可〔2019〕2957 号	关于准予中银证券汇兴一年定期开放债券型发起式证券投资基金注册的批复
证监许可〔2019〕2958 号	关于准予平安合兴 1 年定期开放债券型发起式证券投资基金注册的批复
证监许可〔2019〕2959 号	关于准予博时裕安纯债债券型证券投资基金变更注册的批复
证监许可〔2019〕2960 号	关于准予融通月月添利定期开放债券型证券投资基金变更注册的批复
证监许可〔2019〕2961 号	关于准予长信金葵纯债一年定期开放债券型证券投资基金变更注册的批复
证监许可〔2019〕2962 号	关于核准浙江泰林生物技术股份有限公司首次公开发行股票的批复
证监许可〔2019〕2963 号	关于核准玉禾田环境发展集团股份有限公司首次公开发行股票的批复
证监许可〔2019〕2964 号	关于核准深圳市裕同包装科技股份有限公司公开发行可转换公司债券的批复
证监许可〔2019〕2965 号	关于核准豁免河南财政厅要约收购河南城发环境股份有限公司股份义务的批复
证监许可〔2019〕2966 号	关于核准荣盛石化股份有限公司非公开发行股票的批复
证监许可〔2019〕2967 号	关于同意福建赛特新材股份有限公司首次公开发行股票注册的批复
证监许可〔2019〕2968 号	关于核准深圳市富满电子集团股份有限公司非公开发行股票的批复
证监许可〔2019〕2969 号	关于核准宏辉果蔬股份有限公司公开发行可转换公司债券的批复
证监许可〔2019〕2970 号	关于核准滨化集团股份有限公司公开发行可转换公司债券的批复
证监许可〔2019〕2971 号	关于同意深圳市有方科技股份有限公司首次公开发行股票注册的批复
证监许可〔2019〕2972 号	关于核准金现代信息产业股份有限公司首次公开发行股票的批复
证监许可〔2019〕2973 号	关于核准中国船舶重工集团应急预警与救援装备股份有限公司公开发行可转换公司债券的批复

续表

发文文号	发文标题
证监许可〔2019〕2974 号	关于核准阿尔特汽车技术股份有限公司首次公开发行股票的批复
证监许可〔2019〕2975 号	关于核准晋亿实业股份有限公司非公开发行股票的批复
证监许可〔2019〕2976 号	关于核准南京市测绘勘察研究院股份有限公司首次公开发行股票的批复
证监许可〔2019〕2977 号	关于核准豁免沈阳市城市建设投资集团有限公司要约收购沈阳惠天热电股份有限公司股份义务的批复
证监许可〔2019〕2978 号	关于核准江苏海门农村商业银行股份有限公司定向发行股票的批复
证监许可〔2019〕2979 号	关于核准北京清畅电力技术股份有限公司定向发行股票的批复
证监许可〔2019〕2980 号	关于核准阜新银行股份有限公司定向发行股票的批复
证监许可〔2019〕2981 号	关于核准豁免中国航空科技工业股份有限公司及其一致行动人要约收购中航直升机股份有限公司股份义务的批复
证监许可〔2019〕2982 号	关于核准成都天府新区投资集团有限公司向合格投资者公开发行可续期公司债券的批复
证监许可〔2019〕2983 号	关于核准重庆高速公路集团有限公司向合格投资者公开发行公司债券的批复
证监许可〔2019〕2984 号	关于核准东吴证券股份有限公司配股的批复
证监许可〔2019〕2985 号	关于核准浙江正元智慧科技股份有限公司公开发行可转换公司债券的批复
证监许可〔2019〕2986 号	关于核准杭州雷迪克节能科技股份有限公司公开发行可转换公司债券的批复
证监许可〔2019〕2987 号	关于核准江苏苏博特新材料股份有限公司公开发行可转换公司债券的批复
证监许可〔2019〕2988 号	关于核准东方时尚驾驶学校股份有限公司公开发行可转换公司债券的批复
证监许可〔2019〕2989 号	关于核准云南合和(集团)股份有限公司向合格投资者公开发行可续期公司债券的批复
证监许可〔2019〕2990 号	关于核准上海浦东科创集团有限公司向合格投资者公开发行创新创业公司债券的批复
证监许可〔2019〕2991 号	关于核准豁免万向集团公司要约收购顺发恒业股份公司义务的批复
证监许可〔2019〕2992 号	关于核准苏州市相城城市建设投资(集团)有限公司向合格投资者公开发行公司债券的批复
证监许可〔2019〕2993 号	关于核准江苏亨通光电股份有限公司向华为技术投资有限公司发行股份购买资产的批复
证监许可〔2019〕2994 号	关于核准中国船舶重工集团动力股份有限公司向中国华融资产管理股份有限公司等发行股份、可转换公司债券购买资产并募集配套资金的批复
证监许可〔2019〕2995 号	关于不予核准共达电声股份有限公司吸收合并万魔声学科技有限公司申请的决定
证监许可〔2019〕2996 号	关于核准豁免上海贵酒企业发展有限公司要约收购上海岩石企业发展股份有限公司股份义务的批复
证监许可〔2019〕2997 号	关于核准中金黄金股份有限公司向中国黄金集团有限公司等发行股份购买资产并募集配套资金的批复

续表

发文文号	发文标题
证监许可〔2019〕2998 号	关于同意苏州泽璟生物制药股份有限公司首次公开发行股票的批复
证监许可〔2019〕2999 号	关于同意浙江东方基因生物制品股份有限公司首次公开发行股票注册的批复
证监许可〔2019〕3000 号	关于核准良品铺子股份有限公司首次公开发行股票的批复
证监许可〔2019〕3001 号	关于核准公牛集团股份有限公司首次公开发行股票的批复
证监许可〔2019〕3002 号	关于核准复星恒利证券有限公司人民币合格境外机构投资者资格的批复
证监许可〔2019〕3003 号	关于核准华泰保兴基金管理有限公司变更股权的批复
证监许可〔2019〕3004 号	关于核准中证信用增进股份有限公司向合格投资者公开发行公司债券的批复
证监许可〔2019〕3005 号	关于核准中证信用增进股份有限公司向合格投资者公开发行可续期公司债券的批复
证监许可〔2019〕3006 号	关于核准浙江东音泵业股份有限公司重大资产重组及向山东罗欣控股有限公司等发行股份购买资产的批复
证监许可〔2019〕3007 号	关于准予嘉实致信一年定期开放纯债债券型发起式证券投资基金注册的批复
证监许可〔2019〕3008 号	关于准予申万菱信创业板量化精选股票型证券投资基金注册的批复
证监许可〔2019〕3009 号	关于准予华夏中证浙江国资创新发展交易型开放式指数证券投资基金联接基金注册的批复
证监许可〔2019〕3010 号	关于准予大成惠兴一年定期开放债券型发起式证券投资基金注册的批复
证监许可〔2019〕3011 号	关于准予国寿安保泰吉纯债一年定期开放债券型发起式证券投资基金注册的批复

（二）2019 年派出机构作出的行政许可决定书目录

发文文号	发文标题
京证监许可〔2019〕1 号	关于核准第一创业证券承销保荐有限责任公司变更注册资本的批复
京证监许可〔2019〕2 号	关于核准中国国际金融股份有限公司设立 2 家分支机构的批复 1
京证监许可〔2019〕3 号	关于核准李卫证券公司董事长类人员任职资格的批复
京证监许可〔2019〕4 号	关于核准王云峰证券公司监事任职资格的批复
京证监许可〔2019〕5 号	关于核准张涛证券公司经理层高级管理人员任职资格的批复
京证监许可〔2019〕6 号	关于核准高东旺证券公司董事任职资格的批复
京证监许可〔2019〕7 号	关于核准冯壮勇证券公司董事任职资格的批复
京证监许可〔2019〕8 号	关于核准林锋证券公司董事任职资格的批复
京证监许可〔2019〕9 号	关于核准胡世明证券公司独立董事任职资格的批复

续表

发 文 文 号	发 文 标 题
京证监许可〔2019〕10 号	关于核准瑞银证券有限责任公司变更持有 5% 以上股权的股东的批复 1
京证监许可〔2019〕11 号	关于核准董裕平证券公司董事任职资格的批复
京证监许可〔2019〕12 号	关于核准曾涛证券公司董事任职资格的批复
京证监许可〔2019〕13 号	关于核准秦斌证券公司董事长类人员任职资格的批复
京证监许可〔2019〕14 号	关于核准侯秉乾证券公司经理层高级管理人员任职资格的批复
京证监许可〔2019〕15 号	关于核准信达证券股份有限公司变更公司章程重要条款的批复 2
京证监许可〔2019〕16 号	关于核准赵明证券公司监事任职资格的批复
京证监许可〔2019〕17 号	关于核准肖钢证券公司经理层高级管理人员任职资格的批复
京证监许可〔2019〕18 号	关于核准陆亚证券公司经理层高级管理人员任职资格的批复
京证监许可〔2019〕19 号	关于核准丁建强证券公司经理层高级管理人员任职资格的批复
京证监许可〔2019〕20 号	关于核准史彬证券公司经理层高级管理人员任职资格的批复
京证监许可〔2019〕21 号	关于核准崔玉红证券公司监事任职资格的批复
京证监许可〔2019〕22 号	关于核准华融证券股份有限公司变更公司章程重要条款的批复 2
京证监许可〔2019〕23 号	关于核准王佳证券公司监事任职资格的批复
京证监许可〔2019〕24 号	关于核准刘宇证券公司监事任职资格的批复
京证监许可〔2019〕25 号	关于核准梁世鹏证券公司经理层高级管理人员任职资格的批复
京证监许可〔2019〕26 号	关于核准郭守贵证券公司监事任职资格的批复
京证监许可〔2019〕27 号	关于核准舒高勇证券公司董事任职资格的批复
京证监许可〔2019〕28 号	关于核准杨凯蒂证券公司监事任职资格的批复
京证监许可〔2019〕29 号	关于核准蔡卫证券公司董事任职资格的批复
京证监许可〔2019〕30 号	关于核准广州证券股份有限公司撤销北京分公司的批复
京证监许可〔2019〕31 号	关于核准国融证券股份有限公司撤销北京博物馆路证券营业部的批复
京证监许可〔2019〕32 号	关于核准马登辉证券公司经理层高级管理人员任职资格的批复
京证监许可〔2019〕33 号	关于核准宏信证券有限责任公司撤销北京朝阳门证券营业部的批复
京证监许可〔2019〕34 号	关于核准中国民族证券有限责任公司变更注册资本的批复 1
京证监许可〔2019〕35 号	关于核准 Tung Lawrence Yu 证券公司经理层高级管理人员任职资格的批复
京证监许可〔2019〕36 号	关于核准彭文德证券公司经理层高级管理人员任职资格的批复
京证监许可〔2019〕37 号	关于核准新时代证券股份有限公司变更公司章程重要条款的批复
京证监许可〔2019〕38 号	关于核准严红波证券公司董事任职资格的批复
京证监许可〔2019〕39 号	关于核准刘晓群证券公司董事任职资格的批复
京证监许可〔2019〕40 号	关于核准中国民族证券有限责任公司变更公司章程重要条款的批复 8
京证监许可〔2019〕41 号	关于核准刘晖证券公司董事长类人员任职资格的批复

续表

发文文号	发文标题
京证监许可〔2019〕42号	关于核准齐睦丹证券公司董事任职资格的批复
京证监许可〔2019〕43号	关于核准华安证券股份有限公司撤销北京太阳宫证券营业部的批复
京证监许可〔2019〕44号	关于核准中天期货有限责任公司期货投资咨询业务资格的批复
京证监许可〔2019〕45号	关于核准汪洋证券公司监事任职资格的批复
京证监许可〔2019〕46号	关于核准太平洋证券股份有限公司撤销北京花园桥证券营业部的批复
京证监许可〔2019〕47号	关于核准胡知鸷证券公司董事任职资格的批复
京证监许可〔2019〕48号	关于核准中国国际金融股份有限公司设立2家分支机构的批复2
京证监许可〔2019〕49号	关于核准陆芳证券公司经理层高级管理人员任职资格的批复1
京证监许可〔2019〕50号	关于核准沈如军证券公司董事长类人员任职资格的批复
京证监许可〔2019〕51号	关于核准中国民族证券有限责任公司减少证券经纪等业务的批复
京证监许可〔2019〕52号	关于核准广州证券股份有限公司撤销北京海淀北二街证券营业部的批复
京证监许可〔2019〕53号	关于核准广州证券股份有限公司撤销北京亮马桥路证券营业部的批复
京证监许可〔2019〕54号	关于核准程果琦证券公司监事任职资格的批复
京证监许可〔2019〕55号	关于核准曾毳毳证券公司董事长类人员任职资格的批复
京证监许可〔2019〕56号	关于核准王斌证券公司独立董事任职资格的批复
京证监许可〔2019〕57号	关于核准周亮证券公司董事任职资格的批复
京证监许可〔2019〕58号	关于核准陈安证券公司经理层高级管理人员任职资格的批复
京证监许可〔2019〕59号	关于核准黄春燕证券公司独立董事任职资格的批复
京证监许可〔2019〕60号	关于核准马骅证券公司董事任职资格的批复
京证监许可〔2019〕61号	关于核准信达证券股份有限公司变更公司章程重要条款的批复3
京证监许可〔2019〕62号	关于核准张海文证券公司董事长类人员任职资格的批复
京证监许可〔2019〕63号	关于核准刘洪证券公司董事任职资格的批复
京证监许可〔2019〕64号	关于核准吴礼顺证券公司董事长类人员任职资格的批复
京证监许可〔2019〕65号	关于核准中信建投证券股份有限公司撤销北京4家证券营业部的批复
京证监许可〔2019〕66号	关于核准瑞银证券有限责任公司变更公司章程重要条款的批复1
京证监许可〔2019〕67号	关于核准中国民族证券有限责任公司变更公司章程重要条款的批复9
京证监许可〔2019〕68号	关于核准北京高华证券有限责任公司变更公司章程重要条款的批复2
京证监许可〔2019〕69号	关于核准宏源期货有限公司证券投资基金销售业务资格的批复
京证监许可〔2019〕70号	关于核准方正中期期货有限公司证券投资基金销售业务资格的批复
京证监许可〔2019〕71号	关于核准徐维利证券公司监事任职资格的批复
京证监许可〔2019〕72号	关于核准王胜华证券公司监事任职资格的批复
京证监许可〔2019〕73号	关于核准摩根资产管理（亚太）有限公司变更北京代表处名称的批复

续表

发文文号	发文标题
京证监许可〔2019〕74 号	关于核准肖林证券公司董事长类人员任职资格的批复
京证监许可〔2019〕75 号	关于核准民生证券股份有限公司设立 3 家分支机构的批复 1
京证监许可〔2019〕76 号	关于核准东兴证券股份有限公司变更公司章程重要条款的批复 3
京证监许可〔2019〕77 号	关于核准陆天证券公司经理层高级管理人员任职资格的批复
京证监许可〔2019〕78 号	关于核准开源证券股份有限公司撤销北京振兴路证券营业部的批复
京证监许可〔2019〕79 号	关于核准索莉晖证券公司经理层高级管理人员任职资格的批复
京证监许可〔2019〕80 号	关于核准信达证券股份有限公司撤销北京分公司的批复
津证监许可〔2019〕1 号	关于核准王修祥证券公司经理层高级管理人员任职资格的批复
津证监许可〔2019〕2 号	关于核准华金期货有限公司期货投资咨询业务资格的批复
津证监许可〔2019〕3 号	关于核准马彦平证券公司经理层高级管理人员任职资格的批复
津证监许可〔2019〕4 号	关于核准刘闯证券公司经理层高级管理人员任职资格的批复
津证监许可〔2019〕5 号	关于核准景鸿证券公司监事任职资格的批复
津证监许可〔2019〕6 号	关于核准广州证券股份有限公司撤销天津分公司的批复
津证监许可〔2019〕7 号	关于核准华林证券股份有限公司撤销天津拉萨道证券营业部的批复
津证监许可〔2019〕8 号	关于核准保琳琳证券公司董事任职资格的批复
津证监许可〔2019〕9 号	关于核准安志勇证券公司董事长类人员任职资格的批复
冀证监许可〔2019〕1 号	河北证监局关于核准财达证券股份有限公司变更公司章程重要条款的批复
冀证监许可〔2019〕2 号	关于核准广州证券股份有限公司撤销河北分公司的批复
冀证监许可〔2019〕3 号	关于核准河北恒银期货经纪有限公司期货投资咨询业务资格的批复
冀证监许可〔2019〕4 号	关于核准财达证券股份有限公司设立邢台威县证券营业部的批复
冀证监许可〔2019〕5 号	关于核准山西证券股份有限公司撤销石家庄南小街证券营业部的批复
冀证监许可〔2019〕6 号	关于核准财达证券股份有限公司设立 2 家证券营业部的批复
冀证监许可〔2019〕7 号	关于核准财达证券股份有限公司设立 2 家分公司的批复
冀证监许可〔2019〕8 号	关于核准东北证券股份有限公司撤销河北分公司的批复
晋证监许可字〔2019〕1 号	关于核准刘云峰证券公司监事任职资格的批复
晋证监许可字〔2019〕2 号	关于核准赵久红证券公司经理层高级管理人员任职资格的批复
晋证监许可字〔2019〕3 号	关于核准韩丽萍证券公司经理层高级管理人员任职资格的批复
晋证监许可字〔2019〕4 号	关于核准谢卫证券公司经理层高级管理人员任职资格的批复
晋证监许可字〔2019〕5 号	关于核准刘润照证券公司经理层高级管理人员任职资格的批复
晋证监许可字〔2019〕6 号	关于核准刘云峰证券公司监事会主席任职资格的批复
晋证监许可字〔2019〕7 号	关于核准广州证券股份有限公司撤销太原南中环街证券营业部的批复
晋证监许可字〔2019〕8 号	关于核准山西证券股份有限公司设立 11 家分支机构的批复

续表

发文文号	发文标题
晋证监许可字〔2019〕9 号	关于核准王学斌证券公司经理层高级管理人员任职资格的批复
内证监许可〔2019〕1 号	关于恒泰证券股份有限公司变更公司章程条款的批复
内证监许可〔2019〕3 号	核准广州证券股份有限公司在呼和浩特撤销 1 家分支机构
内证监许可〔2019〕4 号	关于核准布和证券公司经理层高级管理人员任职资格的批复
辽证监许可〔2019〕1 号	关于核准中国泛海证券有限公司沈阳代表处变更名称为中国通海证券有限公司沈阳代表处的批复
辽证监许可〔2019〕2 号	关于核准张亚军证券公司经理层高级管理人员任职资格的批复
辽证监许可〔2019〕3 号	关于核准广州证券股份有限公司撤销沈阳南京北街证券营业部的批复
辽证监许可〔2019〕4 号	关于宋雷证券公司独立董事任职资格的批复
辽证监许可〔2019〕5 号	关于吕慧证券公司独立董事任职资格的批复
辽证监许可〔2019〕6 号	关于任继恩证券公司监事任职资格的批复
辽证监许可〔2019〕7 号	关于陈琳证券公司监事任职资格的批复
辽证监许可〔2019〕8 号	关于李飚证券公司监事任职资格的批复
辽证监许可〔2019〕9 号	关于核准中航证券有限公司撤销鞍山解放东路证券营业部的批复
辽证监许可〔2019〕10 号	关于核准大通证券股份有限公司撤销锦州云飞街证券营业部的批复
辽证监许可〔2019〕11 号	关于核准田宇证券公司经理层高级管理人员任职资格的批复
吉证监许字〔2019〕1 号	关于核准崔强证券公司监事任职资格的批复
吉证监许字〔2019〕2 号	关于核准国都证券股份有限公司撤销延吉局子街证券营业部的批复
吉证监许字〔2019〕3 号	关于核准恒泰长财证券有限责任公司变更公司章程重要条款的批复
吉证监许字〔2019〕4 号	关于核准东北证券股份有限公司变更公司章程重要条款的批复
吉证监许字〔2019〕5 号	关于核准东北证券股份有限公司设立南京分公司的批复
吉证监许字〔2019〕6 号	关于核准广州证券股份有限公司撤销长春亚泰大街证券营业部的批复
吉证监许字〔2019〕7 号	关于核准东北证券股份有限公司撤销和龙文化路证券营业部的批复
吉证监许字〔2019〕8 号	关于核准东北证券股份有限公司设立北京固定收益分公司的批复
吉证监许字〔2019〕9 号	关于核准广州证券股份有限公司撤销四平分公司等七家分公司的批复
吉证监许字〔2019〕10 号	关于核准东北证券股份有限公司撤销舒兰滨河大街等三家证券营业部的批复
吉证监许字〔2019〕11 号	关于核准东北证券股份有限公司设立四家分支机构的批复
黑证监许可字〔2019〕1 号	关于核准江海证券有限公司变更公司章程重要条款的批复
黑证监许可字〔2019〕2 号	关于徐春霞证券公司监事任职资格的批复
黑证监许可字〔2019〕3 号	关于核准联储证券有限责任公司撤销黑龙江分公司的批复
黑证监许可字〔2019〕4 号	关于国海证券股份有限公司撤销肇东南直路证券营业部的批复
黑证监许可字〔2019〕5 号	关于广州证券股份有限公司撤销哈尔滨金江路证券营业部的批复

续表

发 文 文 号	发 文 标 题
黑证监许可字〔2019〕6 号	关于中天证券股份有限公司撤销哈尔滨世茂大道证券营业部的批复
黑证监许可字〔2019〕7 号	关于海通证券股份有限公司撤销哈尔滨新阳路证券营业部的批复
黑证监许可字〔2019〕8 号	关于国金证券股份有限公司撤销哈尔滨湘江路证券营业部的批复
黑证监许可字〔2019〕9 号	关于核准江海证券有限公司撤销哈尔滨宾县中心街证券营业部的批复
黑证监许可字〔2019〕10 号	关于核准国盛证券有限责任公司撤销大庆建行街证券营业部的批复
黑证监许可字〔2019〕11 号	关于核准国盛证券有限责任公司撤销绥化黄河北路证券营业部的批复
黑证监许可字〔2019〕12 号	关于中国中金财富证券有限公司撤销绥化海伦雷炎大街证券营业部的批复
黑证监许可字〔2019〕13 号	关于中国中金财富证券有限公司撤销佳木斯杏林路证券营业部的批复
沪证监许可〔2019〕1 号	关于核准吴高祥证券公司董事任职资格的批复
沪证监许可〔2019〕2 号	关于核准张磊证券公司经理层高级管理人员任职资格的批复
沪证监许可〔2019〕3 号	关于核准冯军证券公司经理层高级管理人员任职资格的批复
沪证监许可〔2019〕4 号	关于核准刘凤委证券公司独立董事任职资格的批复
沪证监许可〔2019〕5 号	关于核准爱建证券有限责任公司变更公司章程重要条款的批复
沪证监许可〔2019〕6 号	关于核准华泰证券(上海)资产管理有限公司变更公司章程重要条款的批复
沪证监许可〔2019〕7 号	关于核准张晓强证券公司董事长类人员任职资格的批复
沪证监许可〔2019〕8 号	关于核准东方证券股份有限公司变更业务范围的批复
沪证监许可〔2019〕9 号	关于核准唐建龙证券公司董事任职资格的批复
沪证监许可〔2019〕10 号	关于核准上海光大证券资产管理有限公司变更章程重要条款的批复
沪证监许可〔2019〕11 号	关于核准蔡雯青证券公司经理层高级管理人员任职资格的批复
沪证监许可〔2019〕12 号	关于核准 Michelle Mao Chen 证券公司经理层高级管理人员任职资格的批复
沪证监许可〔2019〕13 号	关于核准东方花旗证券有限公司变更业务范围的批复
沪证监许可〔2019〕14 号	关于核准孟祥凯证券公司董事任职资格的批复
沪证监许可〔2019〕15 号	关于核准东方花旗证券有限公司变更公司章程重要条款的批复
沪证监许可〔2019〕16 号	关于核准华宝证券有限责任公司设立 2 家证券营业部的批复
沪证监许可〔2019〕17 号	关于核准国泰君安股份有限公司变更公司章程重要条款的批复
沪证监许可〔2019〕18 号	关于核准华金证券股份有限公司变更公司章程重要条款的批复
沪证监许可〔2019〕19 号	关于核准闫峻证券公司董事长类人员任职资格的批复
沪证监许可〔2019〕20 号	关于核准郑德新证券公司监事任职资格的批复
沪证监许可〔2019〕21 号	关于核准长江证券(上海)资产管理有限公司经理层高级管理人员任职资格的批复
沪证监许可〔2019〕22 号	关于核准王欧证券公司董事长类人员任职资格的批复
沪证监许可〔2019〕23 号	关于核准广州证券股份有限公司在上海撤销一家分支机构的批复

续表

发文文号	发文标题
沪证监许可〔2019〕24 号	关于核准戴丽证券公司监事任职资格的批复
沪证监许可〔2019〕25 号	关于三井住友德思资产管理株式会社变更上海代表处名称的批复
沪证监许可〔2019〕26 号	关于核准葛蓉蓉证券公司董事任职资格的批复
沪证监许可〔2019〕27 号	关于核准屠旋旋证券公司董事任职资格的批复
沪证监许可〔2019〕28 号	关于核准武向阳证券公司监事任职资格的批复
沪证监许可〔2019〕29 号	关于核准任晓涛证券公司董事任职资格的批复
沪证监许可〔2019〕30 号	关于核准徐任重证券公司监事任职资格的批复
沪证监许可〔2019〕31 号	关于核准曹奕剑证券公司监事任职资格的批复
沪证监许可〔2019〕32 号	关于核准朱洪超证券公司独立董事任职资格的批复
沪证监许可〔2019〕33 号	关于核准王磊证券公司董事长类人员任职资格的批复
沪证监许可〔2019〕34 号	关于核准国融证券股份有限公司在上海撤销 1 家分支机构的批复
沪证监许可〔2019〕35 号	关于核准广州证券股份有限公司在上海撤销 1 家分支机构的批复
沪证监许可〔2019〕36 号	关于核准华菁证券有限公司变更公司章程重要条款的批复
沪证监许可〔2019〕37 号	关于核准周宇证券公司独立董事任职资格的批复
沪证监许可〔2019〕38 号	关于核准 Keke Zhang 证券公司经理层高级管理人员任职资格的批复
沪证监许可〔2019〕39 号	关于核准申万宏源证券有限公司变更公司章程重要条款的批复
沪证监许可〔2019〕40 号	关于核准侍旭证券公司监事任职资格的批复
沪证监许可〔2019〕41 号	关于核准王文杰证券公司董事任职资格的批复
沪证监许可〔2019〕42 号	关于核准海通证券股份有限公司设立 2 家分公司和 15 家证券营业部的批复
沪证监许可〔2019〕43 号	关于核准黄磷证券公司经理层高级管理人员任职资格的批复
沪证监许可〔2019〕44 号	关于核准刘晓春证券公司独立董事任职资格的批复
沪证监许可〔2019〕45 号	关于核准长江证券(上海)资产管理有限公司经理层高级管理人员任职资格的批复
沪证监许可〔2019〕46 号	关于核准姜元凯证券公司董事任职资格的批复
沪证监许可〔2019〕47 号	关于核准臧蕙玲证券公司董事任职资格的批复
沪证监许可〔2019〕48 号	关于核准余青证券公司董事任职资格的批复
沪证监许可〔2019〕49 号	关于核准宫野则昭证券公司监事任职资格的批复
沪证监许可〔2019〕50 号	关于核准水野晋一证券公司董事长类人员任职资格的批复
沪证监许可〔2019〕51 号	关于核准王国铭证券公司董事长类人员任职资格的批复
沪证监许可〔2019〕52 号	关于核准大塚彻证券公司董事任职资格的批复
沪证监许可〔2019〕53 号	关于核准管蔚证券公司董事任职资格的批复
沪证监许可〔2019〕54 号	关于核准柳木华证券公司独立董事任职资格的批复

续表

发 文 文 号	发 文 标 题
沪证监许可〔2019〕55 号	关于核准申万宏源证券有限公司设立 2 家证券营业部的批复
沪证监许可〔2019〕56 号	关于核准陈峰证券公司独立董事任职资格的批复
沪证监许可〔2019〕57 号	关于核准许黎霞证券公司监事任职资格的批复
沪证监许可〔2019〕58 号	关于核准杨玉成证券公司经理层高级管理人员任职资格的批复
沪证监许可〔2019〕59 号	关于核准于辉证券公司监事任职资格的批复
沪证监许可〔2019〕60 号	关于核准季胜君证券公司董事长类人员任职资格的批复
沪证监许可〔2019〕61 号	关于核准谢岭证券公司独立董事任职资格的批复
沪证监许可〔2019〕62 号	关于核准李一证券公司董事任职资格的批复
沪证监许可〔2019〕63 号	关于核准 Stephen Francis Davison 证券公司董事任职资格的批复
沪证监许可〔2019〕64 号	关于核准蔡峄青证券公司经理层高级管理人员任职资格的批复
沪证监许可〔2019〕65 号	关于核准李鑫证券公司董事任职资格的批复
沪证监许可〔2019〕66 号	关于核准周小雄证券公司董事任职资格的批复
沪证监许可〔2019〕67 号	关于核准徐涛证券公司监事任职资格的批复
沪证监许可〔2019〕68 号	关于核准黄康民证券公司独立董事任职资格的批复
沪证监许可〔2019〕69 号	关于核准余青证券公司董事长类人员任职资格的批复
沪证监许可〔2019〕70 号	关于核准胡笑容证券公司经理层高级管理人员任职资格的批复
沪证监许可〔2019〕71 号	关于核准刘宏证券公司董事长类人员任职资格的批复
沪证监许可〔2019〕72 号	关于核准何耀东证券公司董事长类人员任职资格的批复
沪证监许可〔2019〕73 号	关于核准郎洪平证券公司董事任职资格的批复
沪证监许可〔2019〕74 号	关于核准范龙斌证券公司经理层高级管理人员任职资格的批复
沪证监许可〔2019〕75 号	关于核准朴学谦证券公司董事任职资格的批复
沪证监许可〔2019〕76 号	关于核准蒋华良证券公司经理层高级管理人员任职资格的批复
沪证监许可〔2019〕77 号	关于核准李辉证券公司董事任职资格的批复
沪证监许可〔2019〕78 号	关于核准徐健证券公司经理层高级管理人员任职资格的批复
沪证监许可〔2019〕79 号	关于核准太平洋证券股份有限公司在上海撤销一家分支机构的批复
沪证监许可〔2019〕80 号	关于核准赵明证券公司经理层高级管理人员任职资格的批复
沪证监许可〔2019〕81 号	关于核准黄赪证券公司经理层高级管理人员任职资格的批复
沪证监许可〔2019〕82 号	关于核准李强证券公司经理层高级管理人员任职资格的批复
沪证监许可〔2019〕83 号	关于核准海通证券股份有限公司变更公司章程重要条款的批复
沪证监许可〔2019〕84 号	关于核准陈源证券公司经理层高级管理人员任职资格的批复
沪证监许可〔2019〕85 号	关于核准陈有安证券公司独立董事任职资格的批复
沪证监许可〔2019〕86 号	关于核准华菁证券有限公司变更公司章程重要条款的批复

续表

发文文号	发文标题
沪证监许可〔2019〕87号	关于核准庄严证券公司经理层高级管理人员任职资格的批复
沪证监许可〔2019〕88号	关于核准朱晓力证券公司经理层高级管理人员任职资格的批复
沪证监许可〔2019〕89号	关于核准 James J Lew 证券公司经理层高级管理人员任职资格的批复
沪证监许可〔2019〕90号	关于核准杨忠证券公司董事长类人员任职资格的批复
沪证监许可〔2019〕91号	关于核准喻鹏证券公司董事任职资格的批复
沪证监许可〔2019〕92号	关于核准朴学谦证券公司经理层高级管理人员任职资格的批复
沪证监许可〔2019〕93号	关于核准邵亚良证券公司董事长类人员任职资格的批复
沪证监许可〔2019〕94号	关于核准李一证券公司董事长类人员任职资格的批复
沪证监许可〔2019〕95号	关于核准胡倩证券公司经理层高级管理人员任职资格的批复
沪证监许可〔2019〕96号	关于核准任宏伟证券公司经理层高级管理人员任职资格的批复
沪证监许可〔2019〕97号	关于核准耿梦瑶证券公司监事任职资格的批复
沪证监许可〔2019〕98号	关于核准 Paul Uren 证券公司董事任职资格的批复
沪证监许可〔2019〕99号	关于核准摩根大通证券(中国)有限公司章程的批复
沪证监许可〔2019〕100号	关于核准光大证券股份有限公司变更公司章程重要条款的批复
沪证监许可〔2019〕101号	关于核准朱宁证券公司独立董事任职资格的批复
沪证监许可〔2019〕102号	关于核准野村东方国际证券有限公司(筹)章程的批复
沪证监许可〔2019〕103号	关于核准东证融汇证券资产管理有限公司变更公司章程重要条款的批复
沪证监许可〔2019〕104号	关于核准褚卫忠证券公司经理层高级管理人员任职资格的批复
沪证监许可〔2019〕105号	关于核准常松证券公司经理层高级管理人员任职资格的批复
沪证监许可〔2019〕106号	关于核准张少华证券公司董事任职资格的批复
沪证监许可〔2019〕107号	关于核准郭阿荣证券公司监事任职资格的批复
沪证监许可〔2019〕108号	关于核准孔宁宁证券公司独立董事任职资格的批复
沪证监许可〔2019〕109号	关于核准杨浩证券公司经理层高级管理人员任职资格的批复
沪证监许可〔2019〕110号	关于核准徐世磊证券公司监事任职资格的批复
沪证监许可〔2019〕111号	关于核准侯苏寒证券公司监事任职资格的批复
沪证监许可〔2019〕112号	关于核准华宝证券有限责任公司设立3家证券营业部的批复
沪证监许可〔2019〕113号	关于核准吴新江证券公司董事长类人员任职资格的批复
沪证监许可〔2019〕114号	关于核准任权证券公司经理层高级管理人员任职资格的批复
沪证监许可〔2019〕115号	关于核准李钊证券公司监事任职资格的批复
沪证监许可〔2019〕116号	关于核准安洪军证券公司董事任职资格的批复
沪证监许可〔2019〕117号	关于核准万建华证券公司独立董事任职资格的批复
沪证监许可〔2019〕118号	关于核准中信证券股份有限公司在上海市撤销2家分支机构的批复

续表

发文文号	发文标题
沪证监许可〔2019〕119 号	关于核准东方证券股份有限公司设立 11 家证券营业部的批复
沪证监许可〔2019〕120 号	关于核准中银国际证券股份有限公司变更公司章程重要条款的批复
沪证监许可〔2019〕121 号	关于核准亓磊证券公司经理层高级管理人员任职资格的批复
沪证监许可〔2019〕122 号	关于核准吴胤证券公司监事任职资格的批复
沪证监许可〔2019〕123 号	关于核准华宝证券有限责任公司变更公司章程重要条款的批复
沪证监许可〔2019〕124 号	关于核准申港证券股份有限公司变更公司章程重要条款的批复
沪证监许可〔2019〕125 号	关于核准胡爱民证券公司董事长类人员任职资格的批复
沪证监许可〔2019〕126 号	关于核准国富期货有限公司变更股权的批复
苏证监许可字〔2019〕1 号	关于核准大通证券股份有限公司撤销徐州分公司的批复
苏证监许可字〔2019〕2 号	关于核准大通证券股份有限公司撤销徐州市丰县中阳大道证券营业部的批复
苏证监许可字〔2019〕3 号	关于核准南京证券股份有限公司变更公司章程重要条款的批复
苏证监许可字〔2019〕4 号	关于核准高海明证券公司经理层高级管理人员任职资格的批复
苏证监许可字〔2019〕5 号	关于核准南京证券股份有限公司新设五家分支机构的批复
苏证监许可字〔2019〕6 号	关于核准华泰证券股份有限公司在陕西省西安市设立西北分公司的批复
苏证监许可字〔2019〕7 号	关于核准广州证券股份有限公司撤销苏州分公司的批复
苏证监许可字〔2019〕8 号	关于刘洪君证券公司董事任职资格的批复
苏证监许可字〔2019〕9 号	关于顾成中证券公司监事任职资格的批复
苏证监许可字〔2019〕10 号	关于翟军证券公司监事任职资格的批复
苏证监许可字〔2019〕11 号	关于黄艳证券公司董事任职资格的批复
苏证监许可字〔2019〕12 号	关于核准南京证券股份有限公司变更公司章程重要条款的批复
苏证监许可字〔2019〕13 号	关于核准汪锦岭证券公司经理层高级管理人员任职资格的批复
苏证监许可字〔2019〕14 号	关于核准王捷证券公司经理层高级管理人员任职资格的批复
苏证监许可字〔2019〕15 号	关于核准朱贺华证券公司独立董事任职资格的批复
苏证监许可字〔2019〕16 号	关于核准东吴证券股份有限公司变更公司章程重要条款的批复
苏证监许可字〔2019〕17 号	关于核准东海证券股份有限公司撤销泰兴济川路营业部的批复
苏证监许可字〔2019〕18 号	关于核准东海证券股份有限公司变更公司章程重要条款的批复
苏证监许可字〔2019〕19 号	关于核准新时代证券股份有限公司撤销南京江东中路证券营业部的批复
苏证监许可字〔2019〕20 号	关于核准华林证券股份有限公司撤销宿迁西湖路、泰州海陵南路、连云港苍梧路证券营业部的批复
苏证监许可字〔2019〕21 号	关于核准华泰证券股份有限公司变更公司章程重要条款的批复
苏证监许可字〔2019〕22 号	关于核准东吴证券股份有限公司撤销张家港塘桥镇等两家证券营业部的批复
苏证监许可字〔2019〕23 号	关于胡海峰证券公司独立董事任职资格的批复

续表

发文文号	发文标题
苏证监许可字〔2019〕24 号	关于林田证券公司董事任职资格的批复
苏证监许可字〔2019〕25 号	关于汤晓云证券公司监事任职资格的批复
苏证监许可字〔2019〕26 号	关于李军锋证券公司董事任职资格的批复
苏证监许可字〔2019〕27 号	关于章明证券公司监事任职资格的批复
苏证监许可字〔2019〕28 号	关于张晓红证券公司监事任职资格的批复
苏证监许可字〔2019〕29 号	关于核准张伟证券公司董事长任职资格的批复
苏证监许可字〔2019〕30 号	关于核准钱俊文证券公司董事长任职资格的批复
苏证监许可字〔2019〕31 号	关于核准汪涛证券公司董事长任职资格的批复
苏证监许可字〔2019〕32 号	关于王莹证券公司监事任职资格的批复
苏证监许可字〔2019〕33 号	关于核准南京证券股份有限公司撤销无锡分公司的批复
苏证监许可字〔2019〕34 号	关于核准南京证券股份有限公司设立江阴分公司的请示
浙证监许可〔2019〕1 号	关于核准熊建益证券公司独立董事任职资格的批复
浙证监许可〔2019〕2 号	关于核准华龙证券股份有限公司撤销乐清三里一路证券营业部的批复
浙证监许可〔2019〕3 号	关于核准方铁道证券公司经理层高级管理人员任职资格的批复
浙证监许可〔2019〕4 号	关于核准叶元祖证券公司监事会主席任职资格的批复
浙证监许可〔2019〕5 号	关于核准胡启彪证券公司董事任职资格的批复
浙证监许可〔2019〕6 号	关于核准大通证券股份有限公司撤销杭州古墩路证券营业部的批复
浙证监许可〔2019〕7 号	关于核准申万宏源证券有限公司撤销杭州文一西路证券营业部的批复
浙证监许可〔2019〕8 号	关于核准许长松证券公司董事任职资格的批复
浙证监许可〔2019〕9 号	关于核准海通证券股份有限公司撤销湖州吴兴商城西路证券营业部的批复
浙证监许可〔2019〕10 号	关于核准马笑渊证券公司监事任职资格的批复
浙证监许可〔2019〕11 号	关于核准陈益君证券公司监事任职资格的批复
浙证监许可〔2019〕12 号	关于核准光大证券股份有限公司撤销绍兴新昌七星路证券营业部的批复
浙证监许可〔2019〕13 号	关于核准程景东证券公司经理层高级管理人员任职资格的批复
浙证监许可〔2019〕14 号	关于核准广州证券股份有限公司撤销杭州分公司的批复
浙证监许可〔2019〕15 号	关于核准孔朱亮证券公司经理层高级管理人员任职资格的批复
浙证监许可〔2019〕16 号	关于核准西南证券股份有限公司撤销萧山市心北路证券营业部的批复
浙证监许可〔2019〕17 号	关于核准浙商证券股份有限公司新设 2 家分支机构的批复
浙证监许可〔2019〕18 号	关于核准马国庆证券公司副董事长任职资格的批复
浙证监许可〔2019〕19 号	关于核准财通证券股份有限公司新设 2 家分支机构的批复
浙证监许可〔2019〕20 号	关于核准王建证券公司董事任职资格的批复
浙证监许可〔2019〕21 号	关于核准周志威证券公司监事任职资格的批复

续表

发文文号	发文标题
浙证监许可〔2019〕22 号	关于核准陈耿证券公司独立董事任职资格的批复
浙证监许可〔2019〕23 号	关于核准郁建兴证券公司独立董事任职资格的批复
浙证监许可〔2019〕24 号	关于核准中信证券股份有限公司撤销杭州莫干山路、杭州丽景路、嘉兴纺工路三家证券营业部的批复
浙证监许可〔2019〕25 号	关于核准信达证券股份有限公司撤销嘉兴中环南路证券营业部的批复
浙证监许可〔2019〕26 号	关于核准财通证券股份有限公司变更公司章程重要条款的批复
浙证监许可〔2019〕27 号	关于核准周惠东证券公司经理层高级管理人员任职资格的批复
皖证监函〔2019〕24 号	关于核准刘晓东证券公司经理层高级管理人员任职资格的批复
皖证监函〔2019〕32 号	关于核准华安证券股份有限公司变更公司章程重要条款的批复
皖证监函〔2019〕36 号	关于核准丁峰证券公司监事任职资格的批复
皖证监函〔2019〕110 号	关于核准李晓玲、尹中立证券公司独立董事任职资格的批复
皖证监函〔2019〕111 号	关于核准李仕兵等人证券公司董事任职资格的批复
皖证监函〔2019〕134 号	关于核准马军伟等人证券公司监事任职资格的批复
皖证监函〔2019〕147 号	关于核准汲杨证券公司经理层高级管理人员任职资格的批复
皖证监函〔2019〕200 号	关于核准广州证券股份有限公司在安徽省撤销一家分支机构的批复
皖证监函〔2019〕258 号	关于核准国元证券股份有限公司变更公司章程重要条款的批复
皖证监函〔2019〕272 号	关于核准余海春证券公司经理层高级管理人员任职资格的批复
皖证监函〔2019〕326 号	关于核准西南证券股份有限公司在安徽省撤销一家分支机构的批复
皖证监函〔2019〕472 号	关于核准徐明余证券公司监事任职资格的批复
闽证监许可〔2019〕1 号	关于核准杨刚强证券公司董事任职资格的批复
闽证监许可〔2019〕2 号	关于核准杨敬朝证券公司董事任职资格的批复
闽证监许可〔2019〕4 号	关于核准兴业证券股份有限公司设立 17 家分支机构的批复
闽证监许可〔2019〕5 号	关于核准撤销广州证券股份有限公司福建分公司的批复
闽证监许可〔2019〕6 号	关于核准王志伟证券公司独立董事任职资格的批复
闽证监许可〔2019〕7 号	关于核准杜兴强证券公司独立董事任职资格的批复
闽证监许可〔2019〕8 号	关于核准乔红军证券公司独立董事任职资格的批复
闽证监许可〔2019〕9 号	关于核准谢融证券公司经理层高级管理人员任职资格的批复
闽证监许可〔2019〕10 号	关于核准孔祥杰证券公司经理层高级管理人员任职资格的批复
闽证监许可〔2019〕11 号	关于核准林红珍证券公司经理层高级管理人员任职资格的批复
闽证监许可〔2019〕12 号	关于核准兴证证券资产管理有限公司变更公司章程重要条款的批复
闽证监许可〔2019〕13 号	关于核准兴业证券股份有限公司变更公司章程重要条款的批复
闽证监许可〔2019〕14 号	关于核准 LIYUTAO 证券公司经理层高级管理人员任职资格的批复

续表

发文文号	发文标题
闽证监许可〔2019〕15 号	关于核准华福证券有限责任公司变更公司章程重要条款的批复
赣证监许可〔2019〕1 号	江西证监局关于核准王旺松证券公司监事任职资格的批复
赣证监许可〔2019〕2 号	江西证监局关于核准中航证券有限公司设立 3 家分支机构的批复
赣证监许可〔2019〕3 号	江西证监局关于核准广州证券股份有限公司撤销 1 家分支机构的批复
赣证监许可〔2019〕4 号	江西证监局关于核准刘萍证券公司监事任职资格的批复
赣证监许可〔2019〕5 号	江西证监局关于核准刘志新证券公司独立董事任职资格的批复
赣证监许可〔2019〕6 号	江西证监局关于核准王丰证券公司独立董事任职资格的批复
赣证监许可〔2019〕7 号	江西证监局关于核准国盛证券有限责任公司变更公司章程重要条款的批复
赣证监许可〔2019〕8 号	江西证监局关于核准张戈证券公司董事任职资格的批复
赣证监许可〔2019〕9 号	江西证监局关于核准吴壮证券公司董事任职资格的批复
赣证监许可〔2019〕10 号	江西证监局关于核准赵祝平证券公司董事任职资格的批复
赣证监许可〔2019〕11 号	江西证监局关于核准马健证券公司独立董事任职资格的批复
赣证监许可〔2019〕12 号	江西证监局关于核准于庆伟证券公司董事任职资格的批复
赣证监许可〔2019〕13 号	江西证监局关于核准中航证券有限公司撤销 2 家分支机构的批复
赣证监许可〔2019〕14 号	江西证监局关于核准中航证券有限公司变更公司章程重要条款的批复
赣证监许可〔2019〕15 号	江西证监局关于核准国泰君安证券股份有限公司撤销 1 家分支机构的批复
赣证监许可〔2019〕16 号	江西证监局关于核准中信建投证券股份有限公司撤销 1 家分支机构的批复
赣证监许可〔2019〕17 号	江西证监局关于核准中航证券有限公司设立 1 家分支机构的批复
鲁证监许可〔2019〕1 号	关于核准广州证券股份有限公司撤销济南经十路证券营业部的批复
鲁证监许可〔2019〕2 号	关于核准华林证券股份有限公司撤销东营府前大街证券营业部的批复
鲁证监许可〔2019〕3 号	关于核准曹孟博证券公司董事任职资格的批复
鲁证监许可〔2019〕4 号	关于核准东吴证券股份有限公司撤销淄博人民西路证券营业部的批复
鲁证监许可〔2019〕5 号	关于核准程龙证券公司经理层高级管理人员任职资格的批复
鲁证监许可〔2019〕6 号	关于核准国海证券股份有限公司撤销齐河县黄河大道证券营业部的批复
鲁证监许可〔2019〕7 号	关于核准张磊证券公司经理层高级管理人员任职资格的批复
豫证监发〔2019〕72 号	关于核准民生证券股份有限公司撤销郑州汝河路证券营业部的批复
豫证监发〔2019〕101 号	关于核准联储证券有限责任公司撤销舞钢、鲁山两家证券营业部的批复
豫证监发〔2019〕121 号	关于核准张华敏证券公司监事任职资格的批复
豫证监发〔2019〕124 号	关于核准广州证券股份有限公司撤销郑州商务外环路证券营业部的批复
豫证监发〔2019〕193 号	关于核准国盛证券有限责任公司撤销周口鹿邑谷阳路证券营业部的批复
豫证监发〔2019〕242 号	关于核准中国中金财富证券有限公司撤销巩义桐本路、固始中原路证券营业部的批复

续表

发文文号	发文标题
豫证监发〔2019〕270 号	关于核准韩军阳、李峰证券公司经理层高级管理人员任职资格的批复
豫证监发〔2019〕339 号	关于核准中原证券股份有限公司设立 1 家分支机构的批复
豫证监发〔2019〕340 号	关于核准中原证券股份有限公司撤销内黄证券营业部、内乡证券营业部的批复
豫证监发〔2019〕348 号	关于核准中原证券股份有限公司变更章程重要条款的批复(2019)
鄂证监许可〔2019〕1 号	湖北证监局关于核准韦洪波证券公司经理层高级管理人员任职资格的批复
鄂证监许可〔2019〕2 号	湖北证监局关于核准长江证券股份有限公司变更公司章程重要条款的批复
鄂证监许可〔2019〕3 号	湖北证监局关于天风证券股份有限公司董事任职资格的批复
鄂证监许可〔2019〕4 号	湖北证监局关于天风证券股份有限公司监事任职资格的批复
鄂证监许可〔2019〕5 号	湖北证监局关于天风证券股份有限公司监事任职资格的批复
鄂证监许可〔2019〕6 号	湖北证监局关于天风证券股份有限公司独立董事任职资格的批复
鄂证监许可〔2019〕7 号	湖北证监局关于核准邓玉敏证券公司董事任职资格的批复
鄂证监许可〔2019〕8 号	湖北证监局关于核准天风证券股份有限公司变更公司章程重要条款的批复
鄂证监许可〔2019〕9 号	湖北证监局关于核准胡勇证券公司经理层高级管理人员任职资格的批复
鄂证监许可〔2019〕10 号	湖北证监局关于核准长江证券股份有限公司撤销 5 家分支机构的批复
鄂证监许可〔2019〕11 号	湖北证监局关于核准华林证券股份有限公司撤销分支机构的批复
鄂证监许可〔2019〕12 号	湖北证监局关于核准广州证券股份有限公司撤销分支机构的批复
鄂证监许可〔2019〕13 号	湖北证监局关于长江证券股份有限公司监事任职资格的批复
鄂证监许可〔2019〕14 号	湖北证监局关于长江证券股份有限公司监事任职资格的批复
鄂证监许可〔2019〕15 号	湖北证监局关于核准中航证券有限公司撤销分支机构的批复
鄂证监许可〔2019〕16 号	湖北证监局关于天风证券股份有限公司董事任职资格的批复
鄂证监许可〔2019〕17 号	湖北证监局关于核准陈文彬证券公司董事任职资格的批复
鄂证监许可〔2019〕18 号	湖北证监局关于核准余振证券公司独立董事任职资格的批复
鄂证监许可〔2019〕19 号	湖北证监局关于核准黄雪强证券公司董事任职资格的批复
鄂证监许可〔2019〕20 号	湖北证监局关于核准史占中证券公司独立董事任职资格的批复
鄂证监许可〔2019〕21 号	湖北证监局关于核准潘红波证券公司独立董事任职资格的批复
鄂证监许可〔2019〕22 号	湖北证监局关于核准俞锋证券公司监事任职资格的批复
鄂证监许可〔2019〕23 号	湖北证监局关于核准杨星证券公司监事任职资格的批复
鄂证监许可〔2019〕24 号	湖北证监局关于核准长江证券股份有限公司撤销分支机构的批复
鄂证监许可〔2019〕25 号	湖北证监局关于核准田泽新证券公司董事任职资格的批复
湘证监许可字〔2019〕1 号	关于核准胡贺波证券公司董事任职资格的批复
湘证监许可字〔2019〕2 号	关于核准方正证券股份有限公司变更公司章程重要条款的批复
湘证监许可字〔2019〕3 号	关于核准杨光证券公司董事任职资格的批复

续表

发文文号	发文标题
湘证监许可字〔2019〕4号	关于核准王沛霖证券公司监事任职资格的批复
湘证监许可字〔2019〕5号	关于核准谭青春证券公司监事任职资格的批复
湘证监许可字〔2019〕6号	关于核准陈元证券公司监事任职资格的批复
湘证监许可字〔2019〕7号	关于核准刘晓蕾证券公司独立董事任职资格的批复
湘证监许可字〔2019〕8号	关于核准张亚斌证券公司独立董事任职资格的批复
湘证监许可字〔2019〕9号	关于核准丁军证券公司经理层高级管理人员任职资格的批复
湘证监许可字〔2019〕10号	关于核准胡贺波证券公司董事长任职资格的批复
湘证监许可字〔2019〕11号	关于核准湘财证券股份有限公司设立浙江分公司的批复
湘证监许可字〔2019〕12号	关于核准广州证券股份有限公司撤销分支机构的批复
湘证监许可字〔2019〕13号	关于核准崔肖证券公司经理层高级管理人员任职资格的批复
湘证监许可字〔2019〕14号	关于核准曲浩证券公司经理层高级管理人员任职资格的批复
湘证监许可字〔2019〕15号	关于核准国融证券股份有限公司撤销分支机构的批复
湘证监许可字〔2019〕16号	关于核准方正证券股份有限公司设立30家分支机构的批复
湘证监许可字〔2019〕17号	关于核准华林证券股份有限公司撤销分支机构的批复（岳阳金鹗中路证券营业部）
湘证监许可字〔2019〕18号	关于核准华林证券股份有限公司撤销分支机构的批复（吉首人民北路证券营业部）
湘证监许可字〔2019〕19号	关于核准华林证券股份有限公司撤销分支机构的批复（常德武陵大道证券营业部）
湘证监许可字〔2019〕20号	关于核准安信证券股份有限公司撤销分支机构的批复
湘证监许可字〔2019〕21号	关于核准朱征证券公司经理层高级管理人员任职资格的批复
湘证监许可字〔2019〕22号	关于核准财富证券有限责任公司设立7家分支机构的批复
湘证监许可字〔2019〕23号	关于核准中信建投证券股份有限公司撤销分支机构的批复
湘证监许可字〔2019〕24号	关于核准方正证券股份有限公司设立32家分支机构的批复
湘证监许可字〔2019〕25号	关于核准德盛期货有限公司变更股权及注册资本的批复
湘证监许可字〔2019〕26号	关于核准中国中金财富证券有限公司撤销分支机构的批复
湘证监许可字〔2019〕27号	关于核准曾媛证券公司监事任职资格的批复
湘证监许可字〔2019〕28号	关于核准黎传国证券公司监事任职资格的批复
广东证监许可〔2019〕1号	关于核准万联证券股份有限公司变更公司章程重要条款的批复
广东证监许可〔2019〕2号	关于核准东吴证券股份有限公司撤销东莞虎门证券营业部的批复
广东证监许可〔2019〕3号	关于核准广发证券股份有限公司设立20家分支机构的批复
广东证监许可〔2019〕4号	关于罗志红同志申请证券公司监事任职资格的批复
广东证监许可〔2019〕5号	关于符传岿同志申请证券公司监事任职资格的批复

续表

发 文 文 号	发 文 标 题
广东证监许可〔2019〕6 号	关于核准联讯证券股份有限公司变更持有 5% 以上股权的股东的批复
广东证监许可〔2019〕7 号	关于核准张英证券公司董事长类任职资格的批复
广东证监许可〔2019〕8 号	关于核准刘运哲证券公司经理层高级管理人员任职资格的批复
广东证监许可〔2019〕9 号	关于核准东莞证券股份有限公司设立 2 家分支机构的批复
广东证监许可〔2019〕10 号	关于核准李志明证券公司独立董事任职资格的批复
广东证监许可〔2019〕11 号	关于核准何勇峰证券公司经理层高级管理人员任职资格的批复
广东证监许可〔2019〕12 号	关于核准大通证券股份有限公司撤销湛江绿华路证券营业部的批复
广东证监许可〔2019〕13 号	关于核准东吴证券股份有限公司撤销中山小榄民安南路证券营业部的批复
广东证监许可〔2019〕14 号	关于核准何拄峰证券公司独立董事任职资格的批复
广东证监许可〔2019〕15 号	关于核准傅军如证券公司独立董事任职资格的批复
广东证监许可〔2019〕16 号	关于核准王毅镳证券公司董事任职资格的批复
广东证监许可〔2019〕17 号	关于核准徐佑军证券公司经理层高级管理人员任职资格的批复
广东证监许可〔2019〕18 号	关于核准段亚林证券公司独立董事任职资格的批复
广东证监许可〔2019〕19 号	关于核准简小方证券公司董事任职资格的批复
广东证监许可〔2019〕20 号	关于核准姚松涛证券公司经理层高级管理人员任职资格的批复
广东证监许可〔2019〕21 号	关于核准严亦斌证券公司董事长类任职资格的批复
广东证监许可〔2019〕22 号	关于核准银泰证券有限责任公司撤销广州华穗路证券营业部的批复
广东证监许可〔2019〕23 号	关于核准徐楠证券公司经理层高级管理人员任职资格的批复
广东证监许可〔2019〕24 号	关于核准东莞证券股份有限公司变更公司章程重要条款的批复
广东证监许可〔2019〕25 号	关于核准张毅峰证券公司经理层高级管理人员任职资格的批复
广东证监许可〔2019〕26 号	关于核准广发证券资产管理(广东)有限公司变更公司章程重要条款的批复
广东证监许可〔2019〕27 号	关于核准联讯证券股份有限公司变更公司章程重要条款的批复
广东证监许可〔2019〕28 号	关于核准广发证券股份有限公司撤销河源和平证券营业部的批复
广东证监许可〔2019〕29 号	关于核准联讯证券股份有限公司变更公司章程重要条款的批复
广东证监许可〔2019〕30 号	关于核准广发证券股份有限公司变更公司章程重要条款的批复
广东证监许可〔2019〕31 号	关于核准东莞证券股份有限公司设立 4 家分支机构的批复
广东证监许可〔2019〕32 号	关于核准宏信证券有限责任公司撤销广州华明路证券营业部的批复
桂证监许可〔2019〕1 号	广西证监局关于核准国海证券股份有限公司撤销 1 家分支机构的批复(桂林恭城)
桂证监许可〔2019〕2 号	广西证监局关于核准国海证券股份有限公司撤销 1 家分支机构的批复(河池都安)
桂证监许可〔2019〕3 号	广西证监局关于核准广州证券股份有限公司撤销 1 家分支机构的批复(南宁金湖北路)

续表

发文文号	发文标题
桂证监许可〔2019〕4号	广西证监局关于核准国海证券股份有限公司变更公司章程重要条款的批复
桂证监许可〔2019〕5号	广西证监局关于核准杨利平证券公司经理层高级管理人员任职资格的批复
桂证监许可〔2019〕6号	广西证监局关于核准温力证券公司经理层高级管理人员任职资格的批复
桂证监许可〔2019〕7号	广西证监局关于核准国海证券股份有限公司撤销1家分支机构的批复（南宁佛子岭路）
桂证监许可〔2019〕8号	广西证监局关于核准国海证券股份有限公司撤销1家分支机构的批复（百色靖西）
桂证监许可〔2019〕9号	广西证监局关于核准国海证券股份有限公司撤销1家分支机构的批复（钦州浦北）
桂证监许可〔2019〕10号	广西证监局关于核准西部证券股份有限公司撤销南宁分公司的批复
桂证监许可〔2019〕11号	广西证监局关于核准国海证券股份有限公司设立1家分公司和5家非现场交易证券营业部的批复
桂证监许可〔2019〕12号	广西证监局关于核准国海证券股份有限公司变更公司章程重要条款的批复
海南证监许可〔2019〕1号	关于谢敏敏证券公司监事任职资格的批复
海南证监许可〔2019〕2号	关于核准金元证券股份有限公司变更持有5%以上股权的实际控制人资格的批复
海南证监许可〔2019〕3号	关于核准广州证券股份有限公司撤销海口国贸路证券营业部的批复
海南证监许可〔2019〕4号	关于核准万春兰证券公司经理层高级管理人员任职资格的批复
海南证监许可〔2019〕5号	关于核准石志武证券公司经理层高级管理人员任职资格的批复
海南证监许可〔2019〕6号	关于邢治斌证券公司监事任职资格的批复
海南证监许可〔2019〕7号	关于核准万和证券股份有限公司设立6家分支机构的批复
海南证监许可〔2019〕8号	关于核准中国中金财富证券有限公司撤销文昌文建路证券营业部的批复
渝证监许可〔2019〕1号	关于核准倪月敏证券公司董事长类人员任职资格的批复
渝证监许可〔2019〕2号	关于核准广州证券股份有限公司撤销重庆江北嘴证券营业部的批复
渝证监许可〔2019〕3号	关于核准华林证券股份有限公司撤销重庆黄山大道证券营业部的批复
渝证监许可〔2019〕4号	关于核准西南证券股份有限公司设立证券营业部的批复
渝证监许可〔2019〕5号	关于核准徐平证券公司监事任职资格的批复
渝证监许可〔2019〕6号	关于核准华安证券股份有限公司撤销重庆涪陵兴华中路证券营业部的批复
黔证监许可字〔2020〕001号	贵州证监局关于核准华融证券股份有限公司撤销贵阳新华路证券营业部的批复
黔证监许可字〔2020〕002号	贵州证监局关于核准华创证券有限责任公司设立2家分支机构的批复
黔证监许可字〔2020〕003号	贵州证监局关于核准中天国富证券有限公司变更公司章程重要条款的批复
黔证监许可字〔2019〕004号	贵州证监局关于核准广州证券股份有限公司撤销贵阳长岭北路证券营业部的批复

续表

发 文 文 号	发 文 标 题
黔证监许可字〔2019〕005 号	贵州证监局关于核准张小艾证券公司董事任职资格的批复
黔证监许可字〔2019〕006 号	贵州证监局关于核准中天国富证券有限公司证券经纪、证券自营业务资格的批复
黔证监许可字〔2019〕007 号	贵州证监局关于核准国盛证券有限责任公司撤销铜仁南长城路证券营业部的批复
黔证监许可字〔2019〕008 号	贵州证监局关于核准华创证券有限责任公司设立 1 家分支机构的批复
黔证监许可字〔2019〕009 号	关于核准吴道永证券公司董事长类人员任职资格的批复
黔证监许可字〔2019〕010 号	贵州证监局关于核准温丽萍证券公司董事任职资格的批复
黔证监许可字〔2019〕011 号	关于核准谭忠游证券公司董事任职资格的批复
黔证监许可字〔2019〕012 号	贵州证监局关于核准罗婷婷证券公司独立董事任职资格的批复
黔证监许可字〔2019〕013 号	贵州证监局关于核准魏卫证券公司独立董事任职资格的批复
黔证监许可字〔2019〕014 号	贵州证监局关于核准王岱娜证券公司独立董事任职资格的批复
黔证监许可字〔2019〕015 号	贵州证监局关于核准中信建投证券股份有限公司撤销遵义昆明路证券营业部的批复
黔证监许可字〔2019〕017 号	关于核准柯靓证券公司经理层高级管理人员任职资格的批复
黔证监许可字〔2019〕018 号	关于核准钟敏证券公司经理层高级管理人员任职资格的批复
黔证监许可字〔2019〕019 号	贵州证监局关于核准中天国富证券有限公司变更公司章程重要条款的批复
黔证监许可字〔2019〕020 号	关于核准李建军证券公司经理层高级管理人员任职资格的批复
黔证监许可字〔2019〕16 号	贵州证监局关于核准华创证券有限责任公司设立 1 家分支机构的批复
云证监许可〔2019〕1 号	云南证监局关于王国军证券公司独立董事任职资格的批复
云证监许可〔2019〕2 号	云南证监局关于核准红塔证券股份有限公司设立 5 家分支机构的批复
云证监许可〔2019〕3 号	云南证监局关于核准东吴证券股份有限公司撤销昆明白云路证券营业部的批复
云证监许可〔2019〕4 号	云南证监局关于核准红塔证券股份有限公司变更公司章程重要条款的批复
云证监许可〔2019〕5 号	云南证监局关于核准国金证券股份有限公司撤销嵩明水真路证券营业部的批复
云证监许可〔2019〕6 号	云南证监局关于核准广州证券股份有限公司撤销昆明青年路证券营业部的批复
云证监许可〔2019〕7 号	云南证监局关于李双友证券公司董事任职资格的批复
云证监许可〔2019〕8 号	云南证监局关于方泽亮证券公司监事任职资格的批复
云证监许可〔2019〕9 号	云南证监局关于核准西南证券股份有限公司撤销富民环城南路证券营业部的批复
云证监许可〔2019〕10 号	云南证监局关于核准西部证券股份有限公司撤销云南分公司的批复
云证监许可〔2019〕11 号	云南证监局关于核准中国银河证券股份有限公司撤销河口福安路证券营业部的批复
云证监许可〔2019〕12 号	云南证监局关于核准红塔证券股份有限公司变更公司章程重要条款的批复

续表

发文文号	发文标题
云证监许可〔2019〕13号	云南证监局关于核准红塔证券股份有限公司设立3家分支机构的批复
中国证券监督管理委员会西藏监管局(藏证监发〔2019〕005号)	关于核准郭旻证券公司经理层高级管理人员任职资格的批复
中国证券监督管理委员会西藏监管局(藏证监发〔2019〕040号)	关于核准任晓旭证券公司经理层高级管理人员任职资格的批复
中国证券监督管理委员会西藏监管局(藏证监发〔2019〕041号)	关于核准许峥证券公司经理层高级管理人员任职资格的批复
中国证券监督管理委员会西藏监管局(藏证监发〔2019〕042号)	关于核准西藏东方财富证券股份有限公司新设十二家分支机构的批复
中国证券监督管理委员会西藏监管局(藏证监发〔2019〕047号)	关于核准林立证券公司经理层高级管理人员任职资格的批复
中国证券监督管理委员会西藏监管局(藏证监发〔2019〕052号)	关于核准翟效华证券公司经理层高级管理人员任职资格的批复
中国证券监督管理委员会西藏监管局(藏证监发〔2019〕092号)	关于核准雷杰证券公司经理层高级管理人员任职资格的批复
中国证券监督管理委员会西藏监管局(藏证监发〔2019〕156号)	关于核准温雪斌证券公司经理层高级管理人员任职资格的批复
中国证券监督管理委员会西藏监管局(藏证监发〔2019〕169号)	关于程磊证券公司董事任职资格的批复
中国证券监督管理委员会西藏监管局(藏证监发〔2019〕183号)	关于核准徐昭证券公司独立董事任职资格的批复
中国证券监督管理委员会西藏监管局(藏证监发〔2019〕184号)	关于核准李华强证券公司经理层高级管理人员任职资格的批复
中国证券监督管理委员会西藏监管局(藏证监发〔2019〕186号)	关于核准西藏东方财富证券股份有限公司变更公司章程的批复
中国证券监督管理委员会西藏监管局(藏证监发〔2019〕190号)	关于核准吴伟中证券公司监事任职资格的批复
中国证券监督管理委员会西藏监管局(藏证监发〔2019〕234号)	关于核准郑立坤证券公司经理层高级管理人员任职资格的批复

续表

发文文号	发文标题
中国证券监督管理委员会西藏监管局(藏证监发〔2019〕252号)	关于核准薛梅梅证券公司监事任职资格的批复
中国证券监督管理委员会西藏监管局(藏证监发〔2019〕253号)	关于核准关晓斌证券公司经理层高级管理人员任职资格的批复
中国证券监督管理委员会西藏监管局(藏证监发〔2019〕265号)	关于核准华林证券股份有限公司变更公司章程重要条款的批复
中国证券监督管理委员会西藏监管局(藏证监发〔2019〕286号)	关于核准西藏东方财富证券股份有限公司变更公司章程重要条款的批复
中国证券监督管理委员会西藏监管局(藏证监发〔2019〕288号)	关于核准史佳证券公司监事会主席任职资格的批复
中国证券监督管理委员会西藏监管局(藏证监发〔2019〕291号)	关于核准西藏东方财富证券股份有限公司新设十五家分支机构的批复
中国证券监督管理委员会西藏监管局(藏证监发〔2019〕302号)	关于核准吴伟中证券公司监事会主席任职资格的批复
陕证监许可字〔2019〕1号	关于张弛证券公司董事任职资格的批复
陕证监许可字〔2019〕2号	关于陈强证券公司董事任职资格的批复
陕证监许可字〔2019〕3号	关于刘洁证券公司监事任职资格的批复
陕证监许可字〔2019〕4号	关于徐谦证券公司董事任职资格的批复
陕证监许可字〔2019〕5号	关于栾兰证券公司董事任职资格的批复
陕证监许可字〔2019〕6号	关于核准周仁勇证券公司监事会主席任职资格的批复
陕证监许可字〔2019〕7号	关于郑智证券公司独立董事任职资格的批复
陕证监许可字〔2019〕8号	关于刘湖源证券公司董事任职资格的批复
陕证监许可字〔2019〕9号	关于核准西部证券股份有限公司变更公司章程重要条款的批复
陕证监许可字〔2019〕10号	关于核准民生证券股份有限公司撤销西安南二环证券营业部的批复
陕证监许可字〔2019〕11号	关于核准开源证券股份有限公司新设六家分支机构的批复
陕证监许可字〔2019〕12号	关于史玉瑛证券公司监事任职资格的批复
陕证监许可字〔2019〕13号	关于核准中邮证券有限责任公司新设三家分支机构的批复
陕证监许可字〔2019〕14号	关于核准张旭证券公司经理层高级管理人员任职资格的批复
陕证监许可字〔2019〕15号	关于核准丁海筠证券公司经理层高级管理人员任职资格的批复
陕证监许可字〔2019〕16号	关于核准广州证券股份有限公司撤销陕西分公司的批复

续表

发文文号	发文标题
陕证监许可字〔2019〕17号	关于核准齐冰证券公司经理层高级管理人员任职资格的批复
陕证监许可字〔2019〕18号	关于核准李文证券公司经理层高级管理人员任职资格的批复
陕证监许可字〔2019〕19号	关于李婵娟证券公司监事任职资格的批复
陕证监许可字〔2019〕20号	关于核准西部证券股份有限公司变更公司章程重要条款的批复
陕证监许可字〔2019〕21号	关于周冬生证券公司董事任职资格的批复
陕证监许可字〔2019〕22号	关于核准鲁傧证券公司经理层高级管理人员任职资格的批复
陕证监许可字〔2019〕23号	关于核准开源证券股份有限公司变更公司章程重要条款的批复
陕证监许可字〔2019〕24号	关于核准中邮证券有限责任公司设立3家分支机构的批复
甘证监发字〔2019〕17号	甘肃证监局关于核准陈牧原证券公司董事长类人员任职资格的批复
青证监许可〔2019〕1号	关于核准钟原证券公司经理层高级管理人员任职资格的批复
青证监许可〔2019〕2号	关于核准黄伟证券公司经理层高级管理人员任职资格的批复
新证监发〔2019〕75号	关于核准王明希证券公司高级管理人员任职资格的批复
新证监发〔2019〕85号	关于核准申万宏源西部证券有限公司撤销泽普石油基地证券营业部的批复
新证监发〔2019〕92号	关于核准申万宏源西部证券有限公司设立1家证券营业部的批复
新证监发〔2019〕95号	关于核准广州证券股份有限公司撤销乌鲁木齐扬子江路证券营业部的批复
新证监发〔2019〕126号	关于核准王锭证券公司高级管理人员任职资格的批复
新证监发〔2019〕174号	关于核准申万宏源西部证券有限公司撤销克拉玛依友谊路南证券营业部的批复
新证监发〔2019〕183号	关于核准申万宏源证券承销保荐有限责任公司在广东省广州市设立1家分公司的批复
新证监发〔2019〕199号	关于核准中信建投证券股份有限公司撤销石河子幸福路证券营业部的批复
深证局许可字〔2019〕1号	关于核准陈永东证券公司监事任职资格的批复
深证局许可字〔2019〕2号	关于核准万波证券公司独立董事任职资格的批复
深证局许可字〔2019〕3号	关于核准李樱证券公司董事任职资格的批复
深证局许可字〔2019〕4号	关于核准何浩强证券公司监事会主席任职资格的批复
深证局许可字〔2019〕5号	关于核准金剑华证券公司经理层高级管理人员任职资格的批复
深证局许可字〔2019〕6号	关于核准杨阳证券公司经理层高级管理人员任职资格的批复
深证局许可字〔2019〕7号	关于核准高愈湘证券公司经理层高级管理人员任职资格的批复
深证局许可字〔2019〕8号	关于华安证券股份有限公司在深圳撤销1家分支机构的批复
深证局许可字〔2019〕9号	关于核准朱建明证券公司监事任职资格的批复
深证局许可字〔2019〕10号	关于核准赵猛证券公司经理层高级管理人员任职资格的批复
深证局许可字〔2019〕11号	关于核准平安证券股份有限公司设立5家证券分支机构的批复
深证局许可字〔2019〕12号	关于核准刘好证券公司监事会主席任职资格的批复

续表

发 文 文 号	发 文 标 题
深证局许可字〔2019〕13 号	关于核准牛学坤证券公司监事任职资格的批复
深证局许可字〔2019〕14 号	关于核准李宁证券公司监事任职资格的批复
深证局许可字〔2019〕15 号	关于核准陈亚男证券公司监事任职资格的批复
深证局许可字〔2019〕16 号	关于核准谢继军证券公司经理层高级管理人员任职资格的批复
深证局许可字〔2019〕17 号	关于核准王莉证券公司监事任职资格的批复
深证局许可字〔2019〕18 号	关于核准世纪证券有限责任公司变更持有 5% 以上股权的股东的批复
深证局许可字〔2019〕19 号	关于核准招商证券资产管理有限公司变更公司章程重要条款的批复
深证局许可字〔2019〕20 号	关于核准联储证券有限责任公司变更公司章程重要条款的批复
深证局许可字〔2019〕21 号	关于核准周忠惠证券公司独立董事任职资格的批复
深证局许可字〔2019〕22 号	关于核准段心烨证券公司董事任职资格的批复
深证局许可字〔2019〕23 号	关于核准中信证券股份有限公司变更公司章程重要条款的批复
深证局许可字〔2019〕24 号	关于核准任洪秀证券公司董事任职资格的批复
深证局许可字〔2019〕25 号	关于核准夏明婕证券公司董事任职资格的批复
深证局许可字〔2019〕26 号	关于核准孟晓证券公司董事任职资格的批复
深证局许可字〔2019〕27 号	关于核准许晓曦证券公司董事任职资格的批复
深证局许可字〔2019〕28 号	关于核准吴韵璇证券公司董事任职资格的批复
深证局许可字〔2019〕29 号	关于核准高少镛证券公司董事任职资格的批复
深证局许可字〔2019〕30 号	关于核准渤海汇金证券资产管理有限公司设立 2 家证券分支机构的批复
深证局许可字〔2019〕31 号	关于核准国信证券股份有限公司变更公司章程重要条款的批复
深证局许可字〔2019〕32 号	关于核准何子军证券公司董事长类人员任职资格的批复
深证局许可字〔2019〕33 号	关于核准李强证券公司董事长类人员任职资格的批复
深证局许可字〔2019〕34 号	关于核准中山证券有限责任公司变更公司章程重要条款的批复
深证局许可字〔2019〕35 号	关于核准吴育辉证券公司独立董事任职资格的批复
深证局许可字〔2019〕36 号	关于核准华鑫证券有限责任公司设立 7 家分支机构的批复
深证局许可字〔2019〕37 号	关于核准邓玮证券公司监事任职资格的批复
深证局许可字〔2019〕38 号	关于核准华鑫证券有限责任公司变更公司章程重要条款的批复
深证局许可字〔2019〕39 号	关于核准华泰联合证券有限责任公司变更公司章程重要条款的批复
深证局许可字〔2019〕40 号	关于核准强力证券公司独立董事任职资格的批复
深证局许可字〔2019〕41 号	关于核准万素梅证券公司监事任职资格的批复
深证局许可字〔2019〕42 号	关于核准王婷证券公司监事会主席任职资格的批复
深证局许可字〔2019〕43 号	关于核准韩平证券公司独立董事任职资格的批复
深证局许可字〔2019〕44 号	关于核准银泰证券有限责任公司设立 1 家分支机构的批复

续表

发文文号	发文标题
深证局许可字〔2019〕45 号	关于核准曾贽证券公司经理层高级管理人员任职资格的批复
深证局许可字〔2019〕46 号	关于核准鞠书华证券公司监事任职资格的批复
深证局许可字〔2019〕47 号	关于核准郭文彤证券公司监事任职资格的批复
深证局许可字〔2019〕48 号	关于核准平安证券股份有限公司设立 6 家证券分支机构的批复
深证局许可字〔2019〕49 号	关于核准鲍建学证券公司董事任职资格的批复
深证局许可字〔2019〕50 号	关于核准张驰证券公司经理层高级管理人员任职资格的批复
深证局许可字〔2019〕51 号	关于核准世纪证券有限责任公司变更公司章程重要条款的批复
深证局许可字〔2019〕52 号	关于核准五矿证券有限公司变更公司章程重要条款的批复
深证局许可字〔2019〕53 号	关于核准王文证券公司董事任职资格的批复
深证局许可字〔2019〕54 号	关于核准何敏证券公司董事任职资格的批复
深证局许可字〔2019〕55 号	关于核准曹彤证券公司独立董事任职资格的批复
深证局许可字〔2019〕56 号	关于核准广州证券股份有限公司在深圳撤销 1 家分支机构的批复
深证局许可字〔2019〕57 号	关于核准雷伟证券公司董事任职资格的批复
深证局许可字〔2019〕58 号	关于核准杜凯证券公司董事任职资格的批复
深证局许可字〔2019〕59 号	关于核准中国中投证券有限责任公司变更公司章程重要条款的批复
深证局许可字〔2019〕60 号	关于核准吴克昌证券公司监事任职资格的批复
深证局许可字〔2019〕61 号	关于核准秦湘证券公司经理层高级管理人员任职资格的批复
深证局许可字〔2019〕62 号	关于核准夏明婕证券公司经理层高级管理人员任职资格的批复
深证局许可字〔2019〕63 号	关于核准贾康证券公司独立董事任职资格的批复
深证局许可字〔2019〕64 号	关于核准吴小静证券公司经理层高级管理人员任职资格的批复
深证局许可字〔2019〕65 号	关于核准韩飞证券公司经理层高级管理人员任职资格的批复
深证局许可字〔2019〕66 号	关于核准冯晓东证券公司经理层高级管理人员任职资格的批复
深证局许可字〔2019〕67 号	关于核准郑木清证券公司经理层
深证局许可字〔2019〕68 号	关于核准黄小坚证券公司经理层高级管理人员任职资格的批复
深证局许可字〔2019〕69 号	关于核准杨丽璇证券公司经理层高级管理人员任职资格的批复
深证局许可字〔2019〕70 号	关于核准盛况证券公司董事任职资格的批复
深证局许可字〔2019〕71 号	关于核准邵年证券公司监事任职资格的批复
深证局许可字〔2019〕72 号	关于核准王玲证券公司董事任职资格的批复
深证局许可字〔2019〕73 号	关于核准董光启证券公司监事任职资格的批复
深证局许可字〔2019〕74 号	关于核准王景雷证券公司独立董事任职资格的批复
深证局许可字〔2019〕75 号	关于核准殷喆证券公司经理层高级管理人员任职资格的批复
深证局许可字〔2019〕76 号	关于核准周刚证券公司经理层高级管理人员任职资格的批复

续表

发文文号	发文标题
深证局许可字〔2019〕77 号	关于核准郝京春证券公司董事长类人员任职资格的批复
深证局许可字〔2019〕78 号	关于核准 ZHANGCHAOHUI 证券公司经理层高级管理人员任职资格的批复
深证局许可字〔2019〕79 号	关于核准周而立证券公司监事会主席任职资格的批复
深证局许可字〔2019〕80 号	关于核准曲刚证券公司董事任职资格的批复
深证局许可字〔2019〕81 号	关于核准何江证券公司经理层高级管理人员任职资格的批复
深证局许可字〔2019〕82 号	关于核准世纪证券有限责任公司变更公司章程重要条款的批复
深证局许可字〔2019〕83 号	关于核准盛况证券公司经理层高级管理人员任职资格的批复
深证局许可字〔2019〕84 号	关于核准招商证券股份有限公司变更公司章程重要条款的批复
深证局许可字〔2019〕85 号	关于核准毛付根证券公司独立董事任职资格的批复
深证局许可字〔2019〕86 号	关于核准徐建军证券公司独立董事任职资格的批复
深证局许可字〔2019〕87 号	关于核准秦润发证券公司董事任职资格的批复
深证局许可字〔2019〕88 号	关于核准英大证券有限责任公司变更公司章程重要条款的批复
深证局许可字〔2019〕89 号	关于核准安信证券股份有限公司变更公司章程重要条款的批复
深证局许可字〔2019〕90 号	关于核准张子学证券公司独立董事任职资格的批复
深证局许可字〔2019〕91 号	关于核准长城证券股份有限公司变更公司章程重要条款的批复
深证局许可字〔2019〕92 号	关于核准周云福证券公司董事任职资格的批复
深证局许可字〔2019〕93 号	关于核准中国中金财富证券有限公司设立 9 家证券分支机构的批复
深证局许可字〔2019〕94 号	关于核准中山证券有限责任公司设立 2 家证券分支机构的批复
深证局许可字〔2019〕95 号	关于核准董晓亮证券公司经理层高级管理人员任职资格的批复
深证局许可字〔2019〕96 号	关于核准平安证券股份有限公司变更公司章程重要条款的批复
深证局许可字〔2019〕97 号	关于核准赵亚娟证券公司独立董事任职资格的批复
深证局许可字〔2019〕98 号	关于核准杨勇证券公司独立董事任职资格的批复
深证局许可字〔2019〕99 号	关于核准长城证券股份有限公司设立 12 家证券分支机构的批复
深证局许可字〔2019〕100 号	关于核准国盛证券资产管理有限公司变更公司章程重要条款的批复
深证局许可字〔2019〕101 号	关于核准郭泽林证券公司董事长类人员任职资格的批复
深证局许可字〔2019〕102 号	关于核准谭显荣证券公司经理层高级管理人员任职资格的批复
深证局许可字〔2019〕103 号	关于核准李剑铭证券公司经理层高级管理人员任职资格的批复
深证局许可字〔2019〕104 号	关于核准世纪证券有限责任公司设立 1 家分支机构的批复
深证局许可字〔2019〕105 号	关于核准孙蕤证券公司监事任职资格的批复
深证局许可字〔2019〕106 号	关于核准曹海涛证券公司经理层高级管理人员任职资格的批复
深证局许可字〔2019〕107 号	关于核准信达证券股份有限公司在深圳撤销 1 家分支机构的批复
深证局许可字〔2019〕108 号	关于核准劳志明证券公司经理层高级管理人员任职资格的批复

续表

发文文号	发文标题
深证局许可字〔2019〕109 号	关于核准张雷证券公司经理层高级管理人员任职资格的批复
深证局许可字〔2019〕110 号	关于核准周继卫证券公司经理层高级管理人员任职资格的批复
深证局许可字〔2019〕111 号	关于核准张东证券公司经理层高级管理人员任职资格的批复
深证局许可字〔2019〕112 号	关于核准张昱证券公司监事任职资格的批复
深证局许可字〔2019〕113 号	关于核准黄红志证券公司经理层高级管理人员任职资格的批复
深证局许可字〔2019〕114 号	关于核准杜少剑证券公司董事任职资格的批复
大证监发〔2019〕113 号	关于核准国都证券股份有限公司撤销大连中山路证券营业部的批复
大证监发〔2019〕114 号	关于核准大通证券股份有限公司撤销大连普兰店文化路证券营业部的批复
大证监发〔2019〕115 号	关于核准天风证券股份有限公司撤销大连分公司的批复
甬证监许可〔2019〕1 号	关于核准广州证券股份有限公司撤销宁波分公司的批复
厦证监许可〔2019〕1 号	厦门证监局关于李宁证券公司高级管理人员任职资格的批复
厦证监许可〔2019〕2 号	厦门证监局关于核准广州证券股份有限公司撤销厦门分公司的批复
厦证监许可〔2019〕3 号	厦门证监局关于朱红卫证券公司董事长任职资格的批复
青证监许可〔2019〕1 号	关于核准广州证券股份有限公司撤销青岛分公司的批复
青证监许可〔2019〕2 号	关于核准广州证券股份有限公司青岛分公司撤销方案实施情况的核查意见
青证监许可〔2019〕3 号	关于核准段燚证券公司经理层高级管理人员任职资格的批复
青证监许可〔2019〕4 号	关于核准青岛意才财富管理有限公司申请证券投资基金销售业务资格的批复

二、行政处罚

（一）2019 年作出的行政处罚决定书目录

一、2019 年处罚委作出的行政处罚决定书目录

关于赵敏违反证券法律法规行政处罚决定书（〔2019〕1 号）
关于福建道冲投资管理有限公司、李盛开、张秋丽违反证券法律法规的行政处罚决定书（〔2019〕2 号）
关于王永柯违反证券法律法规的行政处罚决定书（〔2019〕3 号）
关于封建华违反证券法律法规的行政处罚决定书（〔2019〕4 号）
关于解中力、丁华强违反证券法律法规的行政处罚决定书（〔2019〕5 号）
关于大信会计师事务所、钟永和、孙建伟违反证券法律法规的行政处罚决定书（〔2019〕6 号）

续表

关于欧海鹰违反证券法律法规的行政处罚决定书(〔2019〕7 号)
关于李甫、刘丹违反证券法律法规的行政处罚决定书(〔2019〕8 号)
关于江苏澄星磷化工股份有限公司、李兴、周忠明等 20 名责任人员违反证券法律法规的行政处罚决定书(〔2019〕9 号)
关于周德奋违反证券法律法规的行政处罚决定书(〔2019〕10 号)
关于吴学军违反证券法律法规的行政处罚决定书(〔2019〕11 号)
关于程凌违反证券法律法规的行政处罚决定书(〔2019〕12 号)
关于余盛违反证券法律法规的行政处罚决定书(〔2019〕13 号)
关于北京华谊嘉信整合营销顾问集团股份有限公司、刘伟违反证券法律法规的行政处罚决定书(〔2019〕14 号)
关于陈福泉违反证券法律法规的行政处罚决定书(〔2019〕15 号)
关于珠海中富实业股份有限公司、刘锦钟、宋建明、韩惠明违反证券法律法规的行政处罚决定书(〔2019〕16 号)
关于董艳违反证券法律法规的行政处罚决定书(〔2019〕17 号)
关于王永江违反证券法律法规的行政处罚决定书(〔2019〕18 号)
关于孙洁晓、郑海艳、蒋鸿璐违反证券法律法规的行政处罚决定书(〔2019〕19 号)
关于舒逸民违反证券法律法规的行政处罚决定书(〔2019〕20 号)
关于李建平违反证券法律法规的行政处罚决定书(〔2019〕21 号)
关于张勇违反证券法律法规的行政处罚决定书(〔2019〕22 号)
关于屈振兴违反证券法律法规的行政处罚决定书(〔2019〕23 号)
关于蔡伟强、黄茜萍违反证券法律法规的行政处罚决定书(〔2019〕24 号)
关于龙煜文违反证券法律法规的行政处罚决定书(〔2019〕25 号)
关于曹冬芳违反证券法律法规的行政处罚决定书(〔2019〕26 号)
关于刘有国违反证券法律法规的行政处罚决定书(〔2019〕27 号)
关于冷济伟违反证券法律法规的行政处罚决定书(〔2019〕28 号)
关于深圳市富航投资管理有限公司、岳伟、李博亚违反证券法律法规的行政处罚决定书(〔2019〕29 号)
关于董世启、马婧违反证券法律法规的行政处罚决定书(〔2019〕30 号)
关于苏立华、孔德永违反证券法律法规的行政处罚决定书(〔2019〕31 号)
关于王永琴违反证券法律法规的行政处罚决定书(〔2019〕32 号)
关于抚顺特殊钢股份有限公司、孙启、张晓军等 17 名责任人员违反证券法律法规的行政处罚决定书(〔2019〕33 号)
关于广东中广信资产评估有限公司、汤锦东、黄元助、张晓晶违反证券法律法规的行政处罚决定书(〔2019〕34 号)
关于湖南千山制药机械股份有限公司、刘祥华、周大连等 16 名责任人员违反证券法律法规的行政处罚决定书(〔2019〕35 号)

续表

关于北京中企华资产评估有限责任公司、张齐虹、胡奇违反证券法律法规的行政处罚决定书(〔2019〕36 号)
关于众华会计师事务所、孙勇、顾洁违反证券法律法规的行政处罚决定书(〔2019〕37 号)
关于张平、孙忠泽违反证券法律法规的行政处罚决定书(〔2019〕38 号)
关于辛宏文违反证券法律法规的行政处罚决定书(〔2019〕39 号)
关于银信资产评估有限公司、梅惠民、杨建平、林美芹违反证券法律法规的行政处罚决定书(〔2019〕40 号)
关于余树林违反证券法律法规的行政处罚决定书(〔2019〕41 号)
关于天津丰利、杰能科技、毛凤丽、张永辉、贾红生违反证券法律法规的行政处罚决定书(〔2019〕42 号)
关于丰利财富、毛凤丽、张永辉挪用私募基金财产的行政处罚决定书(〔2019〕43 号)
关于中安科股份有限公司、黄峰、邱忠成等 7 名责任人员违反证券法律法规的行政处罚决定书(〔2019〕44 号)
关于中安消技术有限公司、周侠、吴巧民违反证券法律法规的行政处罚决定书(〔2019〕45 号)
关于深圳市中恒汇志投资有限公司、涂国身违反证券法律法规的行政处罚决定书(〔2019〕46 号)
关于李健铭违反证券法律法规的行政处罚决定书(〔2019〕47 号)
关于倪汉腾、郑少銮违反证券法律法规的行政处罚决定书(〔2019〕48 号)
关于越野一族(北京)投资管理有限公司、辛华、任永青违反证券法律法规的行政处罚决定书(〔2019〕49 号)
关于浙江第五季实业有限公司、吴联模违反证券法律法规的行政处罚决定书(〔2019〕50 号)
关于北京新发展集团有限公司、李瑞承违反证券法律法规的行政处罚决定书(〔2019〕51 号)
关于新时代证券股份有限公司、严琦、董晓瑜违反证券法律法规的行政处罚决定书(〔2019〕52 号)
关于刘文聪违反证券法律法规的行政处罚决定书(〔2019〕53 号)
关于郭海违反证券法律法规的行政处罚决定书(〔2019〕54 号)
关于山东新绿食品股份有限公司、陈思、陈星等 14 名责任人员违反证券法律法规的行政处罚决定书(〔2019〕55 号)
关于刘德先违反证券法律法规的行政处罚决定书(〔2019〕56 号)
关于上海中毅达股份有限公司、党悦栋、杨世锋违反证券法律法规的行政处罚决定书(〔2019〕57 号)
关于山东地矿股份有限公司、张虹、张宪依等 14 名责任人员违反证券法律法规的行政处罚决定书(〔2019〕58 号)
关于肖洪彬违反证券法律法规的行政处罚决定书(〔2019〕59 号)
关于成都华泽钴镍材料股份有限公司、刘腾、齐中平等 5 名责任人员违反证券法律法规的行政处罚决定书(〔2019〕60 号)
关于成都华泽钴镍材料股份有限公司、王涛、王辉、王应虎、黎永亮违反证券法律法规的行政处罚决定书(〔2019〕61 号)
关于北京大成律师事务所、张新明、许东违反证券法律法规的行政处罚决定书(〔2019〕62 号)
关于袁志敏、王宗明违反证券法律法规的行政处罚决定书(〔2019〕63 号)
关于唐小宏、胡晓玲违反证券法律法规的行政处罚决定书(〔2019〕64 号)

续表

关于上海普天邮通科技股份有限公司、邢炜、徐千、王治义、李中耀违反证券法律法规的行政处罚决定书(〔2019〕65 号)
关于张红违反证券法律法规的行政处罚决定书(〔2019〕66 号)
关于丁贵元违反证券法律法规的行政处罚决定书(〔2019〕67 号)
关于吴毅健违反证券法律法规的行政处罚决定书(〔2019〕68 号)
关于美丽生态、八达园林、王仁年等 18 名责任人员违反证券法律法规的行政处罚决定书(〔2019〕69 号)
关于金元证券股份有限公司、陈绵飞、李喜违反证券法律法规的行政处罚决定书(〔2019〕70 号)
关于许伟强违反证券法律法规的行政处罚决定书(〔2019〕73 号)
关于阳雪初违反证券法律法规的行政处罚决定书(〔2019〕75 号)
关于孙咸明违反证券法律法规的行政处罚决定书(〔2019〕76 号)
关于王驾宇违反证券法律法规的行政处罚决定书(〔2019〕77 号)
关于龚彩霞违反证券法律法规的行政处罚决定书(〔2019〕78 号)
关于郭梅高违反证券法律法规的行政处罚决定书(〔2019〕79 号)
关于卢英俊违反证券法律法规的行政处罚决定书(〔2019〕80 号)
关于张勇、周美林违反证券法律法规的行政处罚决定书(〔2019〕81 号)
关于陈毅衡违反证券法律法规的行政处罚决定书(〔2019〕84 号)
关于林文全违反证券法律法规的行政处罚决定书(〔2019〕85 号)
关于王夏儒违反证券法律法规的行政处罚决定书(〔2019〕86 号)
关于吴化章违反证券法律法规的行政处罚决定书(〔2019〕87 号)
关于李军、刘帆违反证券法律法规的行政处罚决定书(〔2019〕89 号)
关于刘雁、蒋嫣违反证券法律法规的行政处罚决定书(〔2019〕90 号)
关于张建国违反证券法律法规的行政处罚决定书(〔2019〕91 号)
关于郭映娟违反证券法律法规的行政处罚决定书(〔2019〕92 号)
关于上海熙玥投资管理有限公司、邓二勇违反证券法律法规的行政处罚决定书(〔2019〕93 号)
关于江源违反证券法律法规的行政处罚决定书(〔2019〕94 号)
关于刘锋违反证券法律法规的行政处罚决定书(〔2019〕95 号)
关于奔腾集团、张郁达、田永林违反证券法律法规的行政处罚决定书(〔2019〕96 号)
关于张郁达、张晓敏违反证券法律法规的行政处罚决定书(〔2019〕97 号)
关于首善财富管理集团有限公司、吴正新违反证券法律法规的行政处罚决定书(〔2019〕98 号)
关于刘兴旺违反证券法律法规的行政处罚决定书(〔2019〕99 号)
关于陆朝阳违反证券法律法规的行政处罚决定书(〔2019〕100 号)
关于郑海若违反证券法律法规的行政处罚决定书(〔2019〕101 号)
关于黄建国违反证券法律法规的行政处罚决定书(〔2019〕102 号)

续表

关于马百亚、王会洁违反证券法律法规的行政处罚决定书(〔2019〕103 号)
关于浙江君隆资产管理有限公司、朱康军违反证券法律法规的行政处罚决定书(〔2019〕105 号)
关于邓建华违反证券法律法规的行政处罚决定书(〔2019〕106 号)
关于袁月明违反证券法律法规的行政处罚决定书(〔2019〕107 号)
关于叶熙正违反证券法律法规的行政处罚决定书(〔2019〕108 号)
关于天业股份、曾昭秦、王永文等 22 名责任人员违反证券法律法规的行政处罚决定书(〔2019〕109 号)
关于众华会计师事务所、孙勇、戴光宏违反证券法律法规的行政处罚决定书(〔2019〕110 号)
关于郑根彩违反证券法律法规的行政处罚决定书(〔2019〕111 号)
关于楼蓉违反证券法律法规的行政处罚决定书(〔2019〕112 号)
关于盈方微、陈志成、赵海峰等 8 名责任人员违反证券法律法规的行政处罚决定书(〔2019〕114 号)
关于吴伟快违反证券法律法规的行政处罚决定书(〔2019〕115 号)
关于花雷违反证券法律法规的行政处罚决定书(〔2019〕117 号)
关于熊天祥违反证券法律法规的行政处罚决定书(〔2019〕118 号)
关于凯瑞德控股股份有限公司、吴联模、张彬等 10 名责任人员违反证券法律法规的行政处罚决定书(〔2019〕119 号)
关于天马股份、徐茂栋、傅淼等 14 名责任人员违反证券法律法规的行政处罚决定书(〔2019〕120 号)
关于德邦证券、周丞玮、曹榕等 6 名责任人员违反证券法律法规的行政处罚决定书(〔2019〕121 号)
关于华信证券违反证券法律法规的行政处罚决定书(〔2019〕122 号)
关于宁波中百、龚东升、胡慷违反证券法律法规的行政处罚决定书(〔2019〕123 号)
关于魏敏秀违反证券法律法规的行政处罚决定书(〔2019〕124 号)
关于吕乐、陈志龙违反证券法律法规的行政处罚决定书(〔2019〕125 号)
关于陶扬违反证券法律法规的行政处罚决定书(〔2019〕127 号)
关于赵坚、楼金萍、朱攀峰违反证券法律法规的行政处罚决定书(〔2019〕128 号)
关于深大通违反证券法律法规的行政处罚决定书(〔2019〕129 号)
关于金瑜违反证券法律法规的行政处罚决定书(〔2019〕130 号)
关于刘军、宋彦君违反证券法律法规的行政处罚决定书(〔2019〕136 号)
关于王翔、郑飚违反证券法律法规的行政处罚决定书(〔2019〕137 号)
关于曹军违反证券法律法规的行政处罚决定书(〔2019〕138 号)
关于王翔违反证券法律法规的行政处罚决定书(〔2019〕139 号)
关于朱康军违反证券法律法规的行政处罚决定书(〔2019〕140 号)

二、地方局作出的处罚决定书目录

序号	单　位	名　称	文　号
1	北京证监局	关于周信钢违反证券法律法规的行政处罚决定书	〔2019〕1 号
		关于俞亮违反证券法律法规的行政处罚决定书	〔2019〕2 号
		关于大连华讯投资股份有限公司北京分公司违反证券法律法规的行政处罚决定书	〔2019〕3 号
		关于上海证券通投资资讯科技有限公司北京分公司私募基金违规的行政处罚决定书	〔2019〕4 号
		关于中逢昊投资基金管理(北京)有限公司、曹津逢、胡东旭(现名胡喻翔)、何江风私募基金违规的行政处罚决定书	〔2019〕5 号
		关于蒋东波违反证券法律法规的行政处罚决定书	〔2019〕6 号
		关于张剑锐、杜兴前违反证券法律法规的行政处罚决定书	〔2019〕7 号
2	河北证监局	关于景华违反证券法律法规的行政处罚决定书	〔2019〕1 号
3	山西证监局	关于张建五违反证券法律法规的行政处罚决定书	〔2019〕1 号
4	内蒙古证监局	关于李秀光违反证券法律法规的行政处罚决定书	〔2019〕1 号
5	辽宁证监局	关于胡明光违反证券法律法规的行政处罚决定书	〔2019〕1 号
		关于伍雪珍违反证券法律法规的行政处罚决定书	〔2019〕2 号
6	吉林证监局	关于肖卫东违反证券法律法规的行政处罚决定书	〔2019〕1 号
		关于张永强违反证券法律法规的行政处罚决定书	〔2019〕2 号
		关于森东电力等 7 名责任人违反证券法律法规的行政处罚决定书	〔2019〕3 号
		关于吉药控股等 4 名责任人违反证券法律法规的行政处罚决定书	〔2019〕4 号
		关于吉林安托等 2 名责任人违反证券法律法规的行政处罚决定书	〔2019〕5 号
		关于朱峰华违反证券法律法规的行政处罚决定书	〔2019〕6 号
7	黑龙江证监局	关于刘亚违反证券法律法规的行政处罚决定书	〔2019〕1 号
		关于黄林青违反证券法律法规的行政处罚决定书	〔2019〕2 号

续表

序号	单　位	名　称	文　号
8	上海证监局	关于张绍波违反证券法律法规的行政处罚决定书	〔2019〕1号
		关于马国斌、马倩超违反证券法律法规的行政处罚决定书	〔2019〕2号
		关于张毅违反证券法律法规的行政处罚决定书	〔2019〕3号
		关于上海绿庭投资控股集团股份有限公司违反证券法律法规的行政处罚决定书	〔2019〕4号
		关于俞乃奋违反证券法律法规的行政处罚决定书	〔2019〕5号
		关于李冬青违反证券法律法规的行政处罚决定书	〔2019〕6号
		关于熊天剑违反证券法律法规的行政处罚决定书	〔2019〕7号
		关于刘泓违反证券法律法规的行政处罚决定书	〔2019〕8号
		关于夏云芳违反证券法律法规的行政处罚决定书	〔2019〕9号
		关于项朝嵘违反证券法律法规的行政处罚决定书	〔2019〕10号
		关于上海飞乐音响股份有限公司违反证券法律法规的行政处罚决定书	〔2019〕11号
		关于庄申安违反证券法律法规的行政处罚决定书	〔2019〕12号
		关于黄金刚违反证券法律法规的行政处罚决定书	〔2019〕13号
		关于李虹违反证券法律法规的行政处罚决定书	〔2019〕14号
		关于赵开兰违反证券法律法规的行政处罚决定书	〔2019〕15号
		关于华鑫期货有限公司违反期货法律法规的行政处罚决定书	〔2019〕16号
		关于李俊违反期货法律法规的行政处罚决定书	〔2019〕17号
		关于金文献违反期货法律法规的行政处罚决定书	〔2019〕18号
9	江苏证监局	关于上海嘉愈医疗投资管理有限公司违反证券法律法规的行政处罚决定书	〔2019〕1号
		关于天奇自动化工程股份有限公司、黄伟兴、黄斌等4名责任人员违反证券法律法规的行政处罚决定书	〔2019〕2号
		关于怡球金属资源再生(中国)股份有限公司、黄崇胜、WONG SOON MING违反证券法律法规的行政处罚决定书	〔2019〕3号
		关于任向东、任向敏违反证券法律法规的行政处罚决定书	〔2019〕4号
		关于苏州市沧浪区昌信农村小额贷款股份有限公司、佘昌、陈琦等10名责任人员违反证券法律法规的行政处罚决定书	〔2019〕5号
		关于江苏辉丰生物农业股份有限公司、仲汉根、季自华等17名责任人员违反证券法律法规的行政处罚决定书	〔2019〕6号

续表

序号	单　位	名　称	文　号
10	浙江证监局	关于韩锋违反证券法律法规的行政处罚决定书	〔2019〕1 号
		关于厉璟、王俊伟违反证券法律法规的行政处罚决定书	〔2019〕2 号
		关于王俊伟违反证券法律法规的行政处罚决定书	〔2019〕3 号
		关于吴爱军违反证券法律法规的行政处罚决定书	〔2019〕4 号
		关于薛跃宏违反证券法律法规的行政处罚决定书	〔2019〕5 号
		关于罗泽林违反证券法律法规的行政处罚决定书	〔2019〕6 号
		关于浙江大东南股份有限公司违反证券法律法规的行政处罚决定书	〔2019〕7 号
		关于中汇会计师事务所、吴成航、蒋建国等 4 名责任人员违反证券法律法规的行政处罚决定书	〔2019〕8 号
11	安徽证监局	关于融捷投资控股集团、张加祥违反证券法律法规的行政处罚决定书	〔2019〕1 号
		关于刘旭伟违反证券法律法规的行政处罚决定书	〔2019〕2 号
		关于高玲违反证券法律法规的行政处罚决定书	〔2019〕3 号
		关于安徽盛运环保(集团)股份有限公司、开晓胜、杨宝等 17 名责任人员违反证券法律法规的行政处罚决定书	〔2019〕4 号
		关于吴静宏违反证券法律法规的行政处罚决定书	〔2019〕5 号
		关于中弘控股股份有限公司、王永红、王继红等 13 名责任人员违反证券法律法规的行政处罚决定书	〔2019〕6 号
		关于新光圆成股份有限公司、周晓光、虞云新等 5 名责任人员违反证券法律法规的行政处罚决定书	〔2019〕7 号
		关于新光控股集团有限公司、周晓光违反证券法律法规的行政处罚决定书	〔2019〕8 号
12	福建证监局	关于何新海违反证券法律法规的行政处罚决定书	〔2019〕1 号
		关于陈胜违反证券法律法规的行政处罚决定书	〔2019〕2 号
		关于刘长江违反证券法律法规的行政处罚决定书	〔2019〕3 号
		关于任敏媛违反证券法律法规的行政处罚决定书	〔2019〕4 号
13	江西证监局	关于刘魁枫、刘敏违反证券法律法规的行政处罚决定书	〔2019〕1 号
		关于江西省百信息披露违法违规份有限公司、张锁根、江萍敏等 10 名责任人员违反证券法律法规的行政处罚决定书	〔2019〕2 号
		关于谭澍坚、谭澍标违反证券法律法规的行政处罚决定书	〔2019〕3 号
14	山东证监局	关于中州期货有限公司、烟台市隆昌集团有限公司、王传江等 3 名责任人员违反期货法律法规的行政处罚决定书	〔2019〕1 号
		关于徐琍玲违反证券法律法规的行政处罚决定书	〔2019〕2 号
		关于武登富违反证券法律法规的行政处罚决定书	〔2019〕3 号

续表

序号	单　位	名　称	文　号
		关于李玉顺违反证券法律法规的行政处罚决定书	〔2019〕4 号
		关于聂涛违反证券法律法规的行政处罚决定书	〔2019〕5 号
		关于李桂元违反证券法律法规的行政处罚决定书	〔2019〕6 号
		关于桑培洲违反证券法律法规的行政处罚决定书	〔2019〕7 号
		关于汤于违反证券法律法规的行政处罚决定书	〔2019〕8 号
		关于山东东方信息披露违法违规股份有限公司、车轼、于雁冰等 3 名责任人员违反证券法律法规的行政处罚决定书	〔2019〕9 号
		关于刘同良违反证券法律法规的行政处罚决定书	〔2019〕10 号
		关于麦剑伟违反证券法律法规的行政处罚决定书	〔2019〕11 号
		关于杨健违反证券法律法规的行政处罚决定书	〔2019〕12 号
15	河南证监局	关于刘晓斌违反证券法律法规的行政处罚决定书	〔2019〕1 号
16	湖北证监局	关于闵浩违反证券法律法规的行政处罚决定书	〔2019〕1 号
		关于武汉华安信息披露违法违规有限公司、代松、刘艳违反证券法律法规的行政处罚决定书	〔2019〕2 号
		关于湖北和韵文化旅游开发股份有限公司、徐和贵、邹义社违反证券法律法规的行政处罚决定书	〔2019〕3 号
		关于中勤万信会计师事务所、叶忠辉、刘虹违反证券法律法规的行政处罚决定书	〔2019〕4 号
		关于高升控股股份有限公司、李耀、张一文等 5 名责任人员违反证券法律法规的行政处罚决定书	〔2019〕5 号
17	湖南证监局	关于湖南天衡信息披露违法违规股份有限公司、罗秋开、潘一平等 4 名责任人员违反证券法律法规的行政处罚决定书	〔2019〕1 号
		关于湖南奥莎动力集团股份有限公司、李汉军、刘梅芬违反证券法律法规的行政处罚决定书	〔2019〕2 号
18	广东证监局	关于广州亚投股权投资基金管理有限公司、张鸿飞、钟杰才违反证券法律法规的行政处罚决定书	〔2019〕1 号
		关于广东中钰信息披露违法违规有限公司、吴明玉、储百顺、吕王德、高义锋违反证券法律法规的行政处罚决定书	〔2019〕2 号
		关于曹志亚违反证券法律法规的行政处罚决定书	〔2019〕3 号
		关于邓飞违反证券法律法规的行政处罚决定书	〔2019〕4 号
		关于刘晨违反证券法律法规的行政处罚决定书	〔2019〕5 号
		关于刘煜违反证券法律法规的行政处罚决定书	〔2019〕6 号
		关于广州恒兆源投资管理中心、田铁勇违反证券法律法规的行政处罚决定书	〔2019〕7 号
		关于盛世股权、梁葆进、杨建军违反证券法律法规的行政处罚决定书	〔2019〕8 号

续表

序号	单　位	名　称	文　号
		关于海印股份、邵建明、邵建佳、潘尉违反证券法律法规的行政处罚决定书	〔2019〕9 号
		关于恒信基金、钟优西违反证券法律法规的行政处罚决定书	〔2019〕10 号
		关于蔡汝洪违反证券法律法规的行政处罚决定书	〔2019〕11 号
		关于张逸龙违反证券法律法规的行政处罚决定书	〔2019〕12 号
		关于广东风华高新科技股份有限公司、李泽中、廖永忠等 27 名责任人员违反证券法律法规的行政处罚决定书	〔2019〕13 号
		关于郑山违反证券法律法规的行政处罚决定书	〔2019〕14 号
		关于陈海容违反证券法律法规的行政处罚决定书	〔2019〕15 号
		关于陈良凤违反证券法律法规的行政处罚决定书	〔2019〕16 号
		关于方新湖,刘静违反证券法律法规的行政处罚决定书	〔2019〕17 号
19	广西证监局	关于陈华瑜违反证券法律法规的行政处罚决定书	〔2019〕1 号
		关于黄真盛、丁健华违反证券法律法规的行政处罚决定书	〔2019〕2 号
		关于银河集团信息披露违法违规违反证券法律法规的行政处罚决定书	〔2019〕3 号
20	海南证监局	关于孙敏华违反证券法律法规的行政处罚决定书	〔2019〕1 号
		关于综合制药(香港)有限公司、高洁亮违反证券法律法规的行政处罚决定书	〔2019〕2 号
		关于郑忠光违反证券法律法规的行政处罚决定书	〔2019〕3 号
		关于海南神农信息披露违法违规有限公司、黄培劲等 15 名责任人员违反证券法律法规的行政处罚决定书	〔2019〕4 号
		关于杨欢、张文淞违反证券法律法规的行政处罚决定书	〔2019〕5 号
21	重庆证监局	关于余明违反证券法律法规的行政处罚决定书	〔2019〕1 号
		关于重庆三圣实业股份有限公司、潘先文、杨志云等 15 名责任人员违反证券法律法规的行政处罚决定书	〔2019〕2 号
		关于欢瑞世纪联合股份有限公司、钟君艳、赵枳程等 11 名责任人员违反证券法律法规的行政处罚决定书	〔2019〕4 号
		关于欢瑞世纪联合股份有限公司、钟君艳、赵枳程等 11 名责任人员违反证券法律法规的行政处罚决定书	〔2019〕5 号
22	四川证监局	关于四川大墨投资管理有限公司、张茜、杜永攀等 5 名责任人员私募基金违规的行政处罚决定书	〔2019〕1 号
		关于成都天翔环境股份有限公司、邓亲华、邓翔等 6 名责任人员违反证券法律法规的行政处罚决定书	〔2019〕2 号
		关于四川升达林业产业股份有限公司、江昌政、江山等 6 名责任人员违反证券法律法规的行政处罚决定书	〔2019〕3 号
		关于四川省昊宸资产管理有限公司、何鑫、郭振容等 4 名责任人员私募基金违规的行政处罚决定书	〔2019〕4 号
		关于王登科违反证券法律法规的行政处罚决定书	〔2019〕5 号
		关于沈利新违反证券法律法规的行政处罚决定书	〔2019〕6 号

续表

序号	单　位	名　　称	文　号
23	贵州证监局	关于黄廷海违反证券法律法规的行政处罚决定书	〔2019〕1号
		关于吴幸光违反证券法律法规的行政处罚决定书	〔2019〕2号
24	陕西证监局	关于西安华新新能源股份有限公司、汪冀华、马能财等6名责任人员违反证券法律法规的行政处罚决定书	〔2019〕1号
25	甘肃证监局	关于刚泰控股、徐建刚、周锋、赵瑞俊、王小明违反证券法律法规的行政处罚决定书	〔2019〕002号
26	青海证监局	关于王宇违反证券法律法规的行政处罚决定书	〔2019〕1号
		关于藏格控股股份有限公司、肖永明、曹邦俊等17名责任人员违反证券法律法规的行政处罚决定书	〔2019〕2号
27	宁夏证监局	关于袁智勇违反证券法律法规的行政处罚决定书	〔2019〕1号
28	新疆证监局	关于张新红违反证券法律法规的行政处罚决定书	〔2019〕1号
		关于李金刚违反证券法律法规的行政处罚决定书	〔2019〕2号
		关于新疆汇嘉时代百货股份有限公司、潘锦海、王立峰等6名责任人员违反证券法律法规的行政处罚决定书	〔2019〕3号
		关于赵向阳违反证券法律法规的行政处罚决定书	〔2019〕4号
		关于徐杨违反证券法律法规的行政处罚决定书	〔2019〕5号
		关于丁园芳违反证券法律法规的行政处罚决定书	〔2019〕6号
		关于严凯歌违反证券法律法规的行政处罚决定书	〔2019〕7号
		关于陈明违反证券法律法规的行政处罚决定书	〔2019〕8号
		关于胡蒙菲违反证券法律法规的行政处罚决定书	〔2019〕9号
		关于林娜违反证券法律法规的行政处罚决定书	〔2019〕10号
29	深圳证监局	关于傅伟、桂再群、顾军违反证券法律法规的行政处罚决定书	〔2019〕1号
		关于天津东疆地平线国际贸易有限公司、商永强、陈义发违反证券法律法规的行政处罚决定书	〔2019〕2号
		关于黄光亮违反证券法律法规的行政处罚决定书	〔2019〕3号
		关于瑞华会计师事务所违反证券法律法规的行政处罚决定书	〔2019〕4号
		关于深圳市国诚投资咨询有限公司、孙忠违反证券法律法规的行政处罚决定书	〔2019〕5号
		关于苏建朝违反证券法律法规的行政处罚决定书	〔2019〕6号
		关于张洮违反证券法律法规的行政处罚决定书	〔2019〕7号
		关于深圳前海汇能金融控股集团有限公司、徐山、康媛媛等4名责任人员违反证券法律法规的行政处罚决定书	〔2019〕8号
		关于深圳市恒富汇通投资管理有限公司、王富贵、王天贵等4名责任人员违反证券法律法规的行政处罚决定书	〔2019〕9号

续表

序号	单　位	名　称	文　号
30	大连证监局	关于何文潮违反证券法律法规的行政处罚决定书	〔2019〕1 号
31	宁波证监局	关于张江波违反证券法律法规的行政处罚决定书	〔2019〕1 号
		关于江波违反证券法律法规的行政处罚决定书	〔2019〕2 号
		关于夏宇波违反证券法律法规的行政处罚决定书	〔2019〕3 号
		关于王志旺违反证券法律法规的行政处罚决定书	〔2019〕4 号
		关于赵利勇、龚白玉、祝科斌违反证券法律法规的行政处罚决定书	〔2019〕5 号
32	厦门证监局	关于厦门三维丝环保股份有限公司、廖政宗、罗祥波等 20 名责任人员违反证券法律法规的行政处罚决定书	〔2019〕1 号
		关于霍尔果斯金润悦网络科技合伙企业、李加东违反证券法律法规的行政处罚决定书	〔2019〕2 号
33	青岛证监局	关于刘嘉庆违反证券法律法规的行政处罚决定书	〔2019〕1 号
		关于徐华军违反证券法律法规的行政处罚决定书	〔2019〕2 号
		关于龙兵、贺斯彤违反证券法律法规的行政处罚决定书	〔2019〕3 号

(二)典 型 案 例

曾某某不服大连证监局行政处罚决定行政诉讼案

一、案件情况

原告:曾某某

被告:大连证监局

2016 年 6 月 14 日,原告编写《转交给大商所领导的一封信——中国蛋品流通协会联名上书》(以下简称“联名信”),2016 年 6 月 15 日在公开网站及微信群中发布,联名信中相关内容属于未经证实或夸大的信息,且以未经注册的虚假协会的名义发布。“联名信”经农产品期货网、新浪财经转载。截至调查日,中国蛋鸡信息网该帖查看量 2125 次,回复 15 次,后该帖被删除。联名信发布当日,JD1609 合约成交 28.98万手,成交量为近 5 个月新高。收盘结束合约价格下跌 152 点,跌幅 3.87%,盘中最大下跌 160 点,跌幅 4.1%。在编造并传播虚假信息前,原告使用其个人期货交易账户分两次卖开 1 手、2 手 JD1609 合约空单,6 月 15 日虚假信息发布后,于当日买入 3 手 JD1609 合约平仓,获利 1260 元,扣除交易手续费 36.18 元,违法所得 1223.82 元。

被告认为原告的行为违反《期货交易管理条例》第三十九条规定,构成《期货交易管理条例》第六十七条第三款所述的行为,决定对其给予警告,没收违法所得 1223.82 元,并处罚款 40 万元。原告不服上述行政处罚决定向被告申请行政复议,中国证监会复议维持了处罚决定。原告不服提起行政诉讼,法院一审、二审均判决驳回其诉讼请求,维持了被告作出的《行政处罚决定书》和中国证监会作出的《行政复议决定书》。

二、判决要点

(一)关于编造传播虚假信息行为中编造和传播行为的界定

法院判决认可了被告对编造和传播虚假信息行为的界定,并进一步明确了认定标准:“编造”,既可指行为人“无中生有”、凭空捏造不实信息,亦可指行为人对已经存在的信息进行加工、修改,使其构成新的独立信息,或是对传闻信息进行改变或作出肯定性陈述,且与客观事实不符。“传播”,意指将信息传达至不特定多数人,只要使虚假信息处于不特定人或多数人知悉或可能知悉的状态,即可认定传播行为已完成,不要求传播范围、传播速度等达到传播者预想的效果。

(二)关于虚假信息与市场异动之间的因果关系的认定

法院判决考虑了期货市场的特殊性,认可了被告此类案件多因一果的认定逻辑。认为两者之间是否具有因果关系需从对虚假信息的具体分析入手,结合市场逻辑及经验法则进行判定。具体从虚假信息的内容、发布的目的、传播后的效果、发布时间和市场波动时间的紧密性等方面分析,考察市场走向与虚假信息的目的、内容是否具有高度关联性、是否能排除虚假信息的传播与市场异动之间存在因果对应关系。从以上方面分析,如两者高度趋同,不能排除虚假信息和市场异常波动之间存在因果对应关系,可以认定传播虚假信息的行为造成了扰乱期货市场的后果。

(三)关于主观方面是否是构成编造传播虚假信息的要件

本案中,原告以其没有扰乱期货市场的主观故意提出抗辩,认为不应受到行政处罚。法院判决认为,《期货交易管理条例》第六十七条所述“扰乱期货交易市场”是为限制处罚范围而增加的客观要素,对于编造和传播虚假信息的行为,仅要求行为人对编造和传播的行为持故意态度即可,不需要当事人对传播范围、扰乱后果具有认识或持有希望、放任的态度。即是否具有扰乱期货市场的主观动机并非编造和传播虚假信息这一违法行为的构成要件。

(四)关于行政处罚程序合法性问题

本案中,原告在庭审中提出被告未立案即开展调查,认为被告行政处罚程序违法。法院判决认为,行政机关在立案受理前,可以进行必要的调查取证,并依据初步材料决定是否立案,立案后针对案件的相关事实进行详细的调查取证,最后作出行政处罚决定,立案前调查取证并不违反《行政处罚法》关于行政程序的一般规定。

(五)关于取证程序合法性问题

法院判决认为,《行政诉讼法》规定的证据包括书证、物证、视听资料、电子数据等,以非法手段取得的证据,不得作为认定案件事实的根据。《最高人民法院关于适用〈中华人民共和国行政诉讼法〉的解释》明确规定了“以非法手段取得的证据”包括三类:(一)违反法定程序收集的证据材料;(二)以违反法律强制性规定的手段获取且侵害他人合法权益的证据材料;(三)以利诱、欺诈、胁迫、暴力等手段获取的证据材料。中国证监会及派出机构有现场检查、调查取证、询问相关人员、查阅复制封存相关资料、限制交易等措施的权力。该电子证据在取证时取得了原告的同意,且并非以非法手段取得的证据,可以作为认定案件事实的证据。

三、办案体会

本案反映出期货交易管理条例的相关规定需要进一步完善。《期货交易管理条例》第三十九条单独规定了编造传播虚假信息行为,但在法律责任上没有单独的法律责任条款,适用《期货交易管理条例》第六十七条期货公司存在欺诈违法行为时的法律责任,在法律适用上容易产生争议,下一步,建议在《期货法》立法时予以考虑,针对编造传播虚假信息行为单独规定相应的法律责任。

北京大观等不服上海证监局行政处罚决定行政诉讼案

一、案件情况

原告:北京大观投资管理有限公司(以下简称北京大观)、徐某某、张某某

被告:上海证监局

被告行政处罚决定书认定,北京大观控制使用4个信托产品账户及1个收益互换产品账户,于2015年7月3日至7月28日的4个交易日内,通过集中资金优势连续买卖、尾盘拉抬等方式,影响“浙江鼎力”价格和交易量,后反向卖出获利共计277,664.63元。徐某某时任北京大观法定代表人、董事长,张某某时任北京大观总经理,上述账户由徐某某、张某某共同作出投资决策。北京大观构成操纵市场行为,徐某某、张某某是直接负责的主管人员。依据《证券法》第二百零三条,决定没收北京大观违法所得,并处以200万元罚款;对徐某某、张某某给予警告,并分别处以10万元罚款。北京大观等三人不服上海局处罚决定,向中国证监会申请行政复议,中国证监会依法予以维持。

2018年12月,原告不服上述行政处罚决定书,申请行政复议。经复议审理,决定维持被告行政处罚决定书。后原告向西城区法院提起诉讼、向北京市二中院提起上诉,法院一审、二审均判决驳回其诉讼请求。

二、判决要点

本案一审及二审判决书明确了以下问题:

一是可以认定行为人通过协议等间接方式实现对证券账户的控制。判断行为人对证券账户是否具有实际控制权,需要考察行为人对该账户是否具有管理、使用和处分的权限,上述权限可以通过直接控制账户下达交易指令的方式实现,也可以通过投资协议、金融衍生品、股权结构等形式取得投资决策权,以间接控制账户的方式实现。北京大观通过与信托公司、证券公司签订投资顾问协议、收益互换协议,以投资建议或收益互换指令的形式向信托公司或证券公司投资系统终端下发投资指令,信托公司及证券公司对相关投资指令并不做实质性审核,北京大观实质取得了涉案账户的投资决策权,从而间接取得相关账户的实际控制权。

二是操纵行为的认定应当考量主观故意、客观行为、行为后果三个因素。对于判断行为人是否具有主观操纵故意的问题,基于趋利避害的人之本能,行为人一般不会自认其在交易股票时具有操纵市场之主观故意,操纵故意的判断应当结合行为人的客观行为和一般交易习惯予以推断认定。

三是应当依据违法行为的特性适用与之相匹配的违法所得计算公式。《证券法》对于证券违法行为的违法所得如何计算问题没有作出明确规定。实践中,因证券违法行为的性质不同、手段差异,导致违法所得的计算方式亦有所不同。此外,违法所得指的是违法行为所产生的全部收益,与违法行为人实际得到的收益并非同一概念,在计算违法所得时,并不需要考虑违法行为人的融资成本,收益分配等因素。

三、办案体会

本案作为第一件利用收益互换产品实施操纵引发的复议、诉讼案件,案件情况较为复杂,对专业知识要求高。本案反映出,一些市场主体将信托产品、收益互换产品作为实施证券违法的工具,相关信托、证券机构未能对账户采取实质有效的风控和管理,不符合相关产品的内在法律关系定位,存在风险隐患。行为人以投资顾问之名、行管理人之实,与有关信托、资管等制度要求不符。对此,有必要进一步加强日常监管,落实监管要求,防范监管套利和市场风险。

三、行 政 复 议

(一)2019 年作出的行政复议决定书目录

发 文 标 题	发 文 字 号
关于贺霞的行政复议决定书	〔2019〕1 号
关于欧秋生的行政复议决定书	〔2019〕2 号
关于徐虹的行政复议决定书	〔2019〕3 号
关于樊良的行政复议决定书	〔2019〕4 号
关于潘勇的行政复议决定书	〔2019〕5 号
关于潘勇的行政复议决定书	〔2019〕6 号
关于孙长惠的行政复议决定书	〔2019〕7 号
关于杨宜梅的行政复议决定书	〔2019〕8 号
关于马永威的行政复议决定书	〔2019〕9 号
关于马永威的行政复议决定书	〔2019〕10 号
关于杨宜梅的行政复议决定书	〔2019〕11 号
关于谢一峰的行政复议决定书	〔2019〕12 号
关于兴讯集团有限公司的行政复议决定书	〔2019〕13 号
关于周志龙的行政复议决定书	〔2019〕14 号
关于张国政的行政复议决定书	〔2019〕15 号
关于北京大观投资管理有限公司的行政复议决定书	〔2019〕16 号
关于徐志霖的行政复议决定书	〔2019〕17 号
关于张海峰的行政复议决定书	〔2019〕18 号
关于王柯、张建峰、张溱、周妙娟、刘冬红、孙明堂的行政复议决定书	〔2019〕19 号
关于吴磊的行政复议决定书	〔2019〕20 号
关于朱永嘉的行政复议决定书	〔2019〕21 号
关于西部证券股份有限公司西宁长江路证券营业部的行政复议决定书	〔2019〕22 号
关于李震的行政复议决定书	〔2019〕23 号
关于林敢的行政复议决定书	〔2019〕24 号
关于於德凤的行政复议决定书	〔2019〕25 号
关于立信会计师事务所的行政复议决定书	〔2019〕26 号

续表

发文标题	发文字号
关于杨光的行政复议决定书	〔2019〕27 号
关于杨光的行政复议决定书	〔2019〕28 号
关于王法铜的行政复议决定书	〔2019〕29 号
关于王法铜的行政复议决定书	〔2019〕30 号
关于吴朝晖的行政复议决定书	〔2019〕31 号
关于杨金柱的行政复议决定书	〔2019〕32 号
关于曾令奇的行政复议决定书	〔2019〕33 号
关于李明哲的行政复议决定书	〔2019〕34 号
关于胡宜东的行政复议决定书	〔2019〕35 号
关于胡宜东的行政复议决定书	〔2019〕36 号
关于覃辉的行政复议决定书	〔2019〕37 号
关于覃辉的行政复议决定书	〔2019〕38 号
关于韩雁林的行政复议决定书	〔2019〕39 号
关于韩雁林的行政复议决定书	〔2019〕40 号
关于徐泓的行政复议决定书	〔2019〕41 号
关于沈义的行政复议决定书	〔2019〕42 号
关于王群的行政复议决定书	〔2019〕43 号
关于马东光的行政复议决定书	〔2019〕44 号
关于蒋波的行政复议决定书	〔2019〕45 号
关于张义山的行政复议决定书	〔2019〕46 号
关于李小平的行政复议决定书	〔2019〕47 号
关于张志萍的行政复议决定书	〔2019〕48 号
关于范选荣的行政复议决定书	〔2019〕49 号
关于深圳市联建光电股份有限公司的行政复议决定书	〔2019〕50 号
关于何吉伦的行政复议决定书	〔2019〕51 号
关于周昌文的行政复议决定书	〔2019〕52 号
关于朱贤洲的行政复议决定书	〔2019〕53 号
关于何吉伦的行政复议决定书	〔2019〕54 号
关于周昌文的行政复议决定书	〔2019〕55 号
关于朱贤洲的行政复议决定书	〔2019〕56 号
关于上海闵行区青悦环保信息技术服务中心的行政复议决定书	〔2019〕57 号
关于易新胜的行政复议决定书	〔2019〕58 号

续表

发文标题	发文字号
关于雅利(上海)资产管理有限公司的行政复议决定书	〔2019〕59号
关于吕沈强的行政复议决定书	〔2019〕60号
关于蒋涛的行政复议决定书	〔2019〕61号
关于郑领滨的行政复议决定书	〔2019〕62号
关于郑领滨的行政复议决定书	〔2019〕63号
关于上海川口机械有限公司的行政复议决定书	〔2019〕64号
关于郑宇的行政复议决定书	〔2019〕65号
关于丁春龙的行政复议决定书	〔2019〕66号
关于杨金柱的行政复议决定书	〔2019〕67号
关于杨金柱的行政复议决定书	〔2019〕68号
关于杨金柱的行政复议决定书	〔2019〕69号
关于别道平的行政复议决定书	〔2019〕70号
关于曾令奇的行政复议决定书	〔2019〕71号
关于陈孙君的行政复议决定书	〔2019〕72号
关于师安平的行政复议决定书	〔2019〕73号
关于俞亮的行政复议决定书	〔2019〕75号
关于杨金柱的行政复议决定书	〔2019〕76号
关于马路洲的行政复议决定书	〔2019〕77号
关于北京华谊嘉信整合营销顾问集团股份有限公司的行政复议决定书	〔2019〕78号
关于张绍波的行政复议决定书	〔2019〕79号
关于杨金柱的行政复议决定书	〔2019〕80号
关于曹刚的行政复议决定书	〔2019〕81号
关于朱乔春的行政复议决定书	〔2019〕82号
关于徐晓萍的行政复议决定书	〔2019〕83号
关于邓娴的行政复议决定书	〔2019〕84号
关于李苓的行政复议决定书	〔2019〕85号
关于孙丽琴的行政复议决定书	〔2019〕86号
关于佳禾食品工业股份有限公司的行政复议决定书	〔2019〕87号
关于施振飞的行政复议决定书	〔2019〕88号
关于童根宝的行政复议决定书	〔2019〕89号
关于屈瑞雪的行政复议决定书	〔2019〕90号
关于屠晓萍的行政复议决定书	〔2019〕91号

续表

发文标题	发文字号
关于余楠的行政复议决定书	〔2019〕92 号
关于雷杰的行政复议决定书	〔2019〕93 号
关于贾友宝的行政复议决定书	〔2019〕94 号
关于刘明辉的行政复议决定书	〔2019〕95 号
关于朱利民的行政复议决定书	〔2019〕96 号
关于李健铭的行政复议决定书	〔2019〕97 号
关于陈孙君的行政复议决定书	〔2019〕98 号
关于陈孙君的行政复议决定书	〔2019〕99 号
关于陈孙君的行政复议决定书	〔2019〕100 号
关于苏立华的行政复议决定书	〔2019〕101 号
关于孔德永的行政复议决定书	〔2019〕102 号
关于常东彪的行政复议决定书	〔2019〕103 号
关于蔡伟强的行政复议决定书	〔2019〕104 号
关于杨金柱的行政复议申请书	〔2019〕105 号
关于吴慧群的行政复议决定书	〔2019〕106 号
关于钱学杰的行政复议决定书	〔2019〕107 号
关于冷济伟的行政复议决定书	〔2019〕108 号
关于华林证券股份有限公司的行政复议决定书	〔2019〕109 号
关于陈孙君的行政复议决定书	〔2019〕110 号
关于中国蓝田总公司的行政复议决定书	〔2019〕111 号
关于王玉寿的行政复议决定书	〔2019〕112 号
关于丁春龙的行政复议决定书	〔2019〕113 号
关于桂志军的行政复议决定书	〔2019〕114 号
关于朱乔春的行政复议决定书	〔2019〕115 号
关于朱乔春的行政复议决定书	〔2019〕116 号
关于曾令奇的行政复议决定书	〔2019〕117 号
关于陈孙君的行政复议决定书	〔2019〕118 号
关于高宝坤的行政复议决定书	〔2019〕119 号
关于毛凤丽的行政复议决定书	〔2019〕120 号
关于陈孙君的行政复议决定书	〔2019〕121 号
关于王驾宇的行政复议决定书	〔2019〕122 号
关于朱乔春的行政复议决定书	〔2019〕123 号
关于张红的行政复议决定书	〔2019〕124 号

续表

发文标题	发文字号
关于姚雪萍的行政复议决定书	〔2019〕125号
关于陈孙君的行政复议决定书	〔2019〕126号
关于高玉杰的行政复议决定书	〔2019〕127号
关于许伟强的行政复议决定书	〔2019〕128号
关于吴毅健的行政复议决定书	〔2019〕129号
关于金元证券的行政复议决定书	〔2019〕130号
关于陈绵飞的行政复议决定书	〔2019〕131号
关于李喜的行政复议决定书	〔2019〕132号
关于杨光的行政复议决定书	〔2019〕133号
关于杨光的行政复议决定书	〔2019〕134号
关于杨玉珍的行政复议决定书	〔2019〕135号
关于廖列满的行政复议决定书	〔2019〕136号
关于杨金柱的行政复议决定书	〔2019〕138号
关于李军的行政复议决定书	〔2019〕139号
关于刘雁的行政复议决定书	〔2019〕140号
关于蒋嫱的行政复议决定书	〔2019〕141号
关于冯鑫的行政复议决定书	〔2019〕142号
关于暴风集团的行政复议决定书	〔2019〕143号
关于许惠贤的行政复议决定书	〔2019〕144号
关于蒋冬梅的行政复议决定书	〔2019〕145号
关于任小佳的行政复议决定书	〔2019〕146号
关于李海燕的行政复议决定书	〔2019〕147号

(二)典型案例

杨某某不服湖南证监局行政复议决定行政诉讼案

一、基本案情

原告:杨某某

被告:中国证监会

2019年3月,原告杨某某向湖南证监局举报湘潭电机股份有限公司(以下简称湘电股份)涉嫌信息披露违规问题,并要求给予举报奖励。2019年4月26日,湖南证监局在核查基础上书面答复原告,湘电股份信息披露数据存在瑕疵,湖南证监局已对公司相关责任人进行谈话提醒,未发现该公司信息披露存在违反证券法律法规的情形。原告不服举报答复,向被告申请行政复议。

被告复议审查认为,证券监督管理机构对市场交易主体进行监督管理的根本目的在于维护金融市场秩序和社会公共利益,而非针对原告这一特定主体。湖南证监局对原告举报事项的处理及答复并未设定原告的权利义务,亦不对原告的合法权益产生实际影响。因此,原告与湖南证监局的举报处理及答复之间不存在法律上的利害关系,原告申请行政复议,不符合《行政复议法实施条例》第二十八条规定的受理条件。据此,被告作出《行政复议决定书》(〔2019〕76 号),驳回原告的行政复议申请。原告对复议决定不服,提起行政诉讼,先后被北京市第一中级人民法院和北京市高级人民法院驳回。

二、焦点评析

本案中,我会复议审查和两级法院审理归纳的争议焦点是"原告与湖南证监局对举报事项的处理及答复之间是否存在法律上的利害关系"。

原告认为,其反映的问题及行政复议请求事项和湖南证监局作出的处理及答复均与原告存在法律上的直接利害关系。原告向湖南证监局提出的投诉是出于原告的投资行为,原告一直持有湘电股份,该公司的违法行为,对原告权益造成影响;湖南证监局对此不予处罚,导致原告无法获得投诉奖励。

法院认为,《行政复议法》第二条明确规定了公民、法人或者其他组织认为具体行政行为侵犯其合法权益,可以依据该法申请行政复议。因此,行政复议制度具有救济个人合法权益的属性,行政复议的申请人能够主张个人具有法律上值得保护的合法权益,应为《行政复议法实施条例》第二十八条第二项所规定的"具有利害关系"的要件之一。一是,行政机关履行法定职责,其首要任务在于维护公共利益。为此,行政机关需要对多元利益进行综合考量和权衡,并在此基础上合理配置和使用行政资源,以确保其监管职责能够得以全面有效的行使,公共利益能够得到有效的保护。不特定相关公众基于行政机关对行政管理秩序的维护而客观上获得的利益,属于"公共利益的片断",即所谓"反射利益",尚不足以构成行政复议法上所指的合法权益。只有当行政机关不仅有为不特定相关公众的共同利益,更有为特定个人利益而启动行政程序的法定义务时,行政机关履行职责才具有保护个人合法权益的功能,特定主体方有资格基于个人利益而请求行政机关履行职责。二是,证券监管机关应当且仅应当为整个证券市场之秩序及所有投资者之共同利益而依法全面履行其监管职责。证券监管机关履行监管职责,具有保护投资者合法权益的功能,此亦为证券监管的核心功能之一。但证券监管并不直接对个别投资者所涉及的权利冲突和市场纠纷进行考量和处理,其保护的投资者合法权益,应当且仅应当是所有不特定证券投资者的集合性权益。证券监管机关通过对证券市场依法实施有效的监管,维护有序的市场秩序,保障所有的投资者能够公平地参与市场竞争,从而实现对所有投资者共同权益的平等保护。三是,证券监管机关不负有基于个别举报投诉而启动行政调查程序的法定义务。因此,个别投资者并不具有要求证券监管机关为其个人利益而履行监管职责的请求权。个别投资者与其他市场主体之间的具体权利冲突和纠纷,则应当通过相应的法律救济途径予以解决。本案中,原告并非湖南证监局查处决定所针对的相对人,原告所主张的投资利益及举报奖励也不能构成行政复议法实施条例第二十八条第二项所规定的"具有利害关系",故被告据此驳回其行政复议申请并无不当。

三、办案体会

行政复议案件受理的必备条件之一是"申请人与具体行政行为有利害关系"。证券行政复议案件利害关系的判断,应从证券监管所维护的利益的类型、履职义务的性质、对当事人利益的影响程度等方面判断。本案司法判决支持与认可了我会的复议决定,有利于引导证券投资者理性维权,合理行使举报权。对今后此类案件的处理具有较强的借鉴指导意义。

徐某某不服广东证监局行政处罚行政复议案

一、基本案情

申请人:徐某某

被申请人:广东证监局

申请人控制使用其名下证券账户,在2015年7月20日至2016年3月8日期间的9个交易日内,在开盘集合竞价阶段以涨停价大额申报买入"航天工程"、"设计股份"、"普莱柯"、"康恩贝"、"共进股份"、"＊ST安泰"、"东方金钰"、"同济科技"、"西藏天路"等9只股票,申报买入挂单在驻留34秒至3分36秒不等后,均于当日9:20交易系统允许撤单截止时间前全部撤单,并于9:23至10:00期间以明显低于申买价格,反向卖出所持全部涉案股票,合计获利271,231.88元。相关申买量占开盘集合竞价可申报可撤单期间的12.52% -72.94%,占期间以涨停价申买量的19.30% -99.71%。相关股票开盘涨幅从0.2% -6.09%不等,偏离上证综指0.43% -8.94%不等。

被申请人处罚决定认定,2015年7月20日至2016年3月8日期间,申请人在上午开盘集合竞价可申报可撤单阶段,以涨停价大额申报买入"航天工程"等9只股票,随后全部撤单并反向卖出所持全部涉案股票。申请人在开盘集合竞价阶段,通过虚假大额买入申报拉抬涉案股票开盘价,为其随后的反向卖出制造条件,操纵意图明显。申请人的上述行为违反了《证券法》第七十七条第一款第(四)项的规定,构成《证券法》第二百零三条所述操纵证券市场的行为。根据申请人的违法事实、性质、情节与社会危害程度,依据《证券法》第203条的规定,被申请人决定:对申请人处以30万元罚款。后申请人不服向中国证监会申请行政复议,中国证监会复议维持被申请人处罚决定。

二、焦点评析

本案争议焦点是,申请人的相关交易行为是否构成证券市场操纵行为。

本案中,申请人多次通过在集合竞价阶段以涨停价申报买入,随后撤单并反向卖出的手法交易相关股票获利。

(一)申请人的申报行为足以影响相关股票开盘价。本案中,申请人以涨停价大额申报买入,对市场揭示的虚拟成交价和虚拟成交量造成了显著影响,申买后相关股票虚拟成交价和虚拟成交量普遍增长。对比申请人申买前,其申买后的虚拟成交价涨幅区间为1.35% -9.06%,虚拟成交量增长0.80 -89.66倍。申请人的申买行为造成盘面即时揭示的股票虚拟价格偏离,形成了当日相关股票价格将会高涨的预期和假象,向市场传导了积极买入的信号,误导其他参与集合竞价投资者的决策判断,吸引其他投资者跟风操作,强化了相关股票的价格走势,进而间接影响开盘价。因此,申请人以涨停价大额申报买入的行为,足以影响相关股票的开盘成交价。

(二)申请人的操纵意图明显。一是从申买委托时间分析,申请人熟知交易规则,为了形成有利的开盘价,在交易所的自动撮合系统尚未开始接受申报的时候,就提前申报买入,意图将其涨停价买入申报抢在交易系统开始揭示的第一时间呈现在盘面上,从集合竞价阶段最开始就公开向其他投资者表明其对当日股价走势的预判和影响,故意通过该申报行为来影响开盘价。且在申请人以涨停价委托买入的9只股票中,有4只股票前一交易日并非以涨停价收盘。虽然申请人的部分申买委托早于开盘集合竞价时间,以及未持续到集合竞价阶段结束,但由于申请人的申买量较大,申买价格高,该申买行为对开盘集合竞价阶段的盘面影响显著。二是从实际成交意愿分析,申请人先是于开盘前以涨停价大额申报买入,又在集合竞价阶段撤单并在不久后以较低价格反向卖出,结合其前一交易日持仓来看,其当日的真实交易意愿是卖出,进一步印证申请人在集合竞价阶段的高价申买委托具有一定欺骗性,目的在于引导他人跟风操作,使得本来没有买入意愿的投资者可能转而关注并申报买入,从而增加全市场买入委托总量,协助其拉高股价。而原本有卖出意愿的投资者可能转而观望或改为高价申报卖出,从而减轻全市场卖出动能,导致供需关系失衡,促使股价朝申请人有利的方向变化。三是从主观心理分析,申请人知悉开盘参考价的形成过程,在明知大量高价申报买入能够影响股票开盘参考价的情况下,故意通过虚假申报行为来影响相关股票的开盘参考价,为其反向卖出获取交易收益创造价格便利条件。申请人涉案的9笔交易全部获利,合计获利约27万元。

(三)申请人撤单后均存在反向卖出行为。从案件事实来看,涉案的9笔交易中,申请人操作的对象均为前一交易日买入的涉案股票,交易当日先是以涨停价申报买入,之后撤单,不久开始实施反向卖出交易,且以明显低于申买价格卖出其所持全部涉案股票。委托卖出时间区间集中在9:21:27 - 9:59:36,委托卖出价格低于申买价格1.08% - 9.16%不等,期间有5笔卖出委托发生在9:25开盘价形成前,有7笔卖出委托存在撤单交易,其中6笔是以更低价格委托卖出,交易时间急促,卖出行为果断,客观印证申请人开盘前以涨停价大额申报买入是为其后续的卖出行为做铺垫,意在通过反向卖出从中获利。

(四)申请人的行为模式具有持续性而非偶发。从2015年7月20日至2016年3月8日期间,申请人先后存在多次类似交易行为,仅涉案交易就有9笔,操作手法相同,行为模式基本一致,交易具有连贯性,该事实证明申请人的交易行为不是偶发而是惯性动作。申请人长期利用该交易模式实施非法获利,扰乱了市场正常的交易秩序,理应予以打击。

三、办案体会

操纵市场类案件认定的难点是论证存在操纵的主观故意,这也是本案的争议焦点。申请人熟知交易规则,在开盘集合竞价阶段开始前或刚开始就申报买入,意图将其涨停价买入申报第一时间呈现在盘面上,对虚拟成交价和虚拟成交量造成影响,误导其他投资者对当日股价走势的预判或决策,为申请人的反向卖出制造条件。申请人不以买入成交为目的进行申报。申请人先是开盘前以涨停价大额申报买入,之后于集合竞价阶段撤单并在不久后以较低价格反向卖出,交易模式连贯相承,交易行为一致,时间仓促急迫,进一步印证申请人在集合竞价阶段的申报买入行为具有一定欺诈性,目的在于引导他人跟风买入。因此进一步确认了申请人具有主观的故意。

四、监 管 措 施

(一)2019年证监会作出的监管措施决定书目录

发 文 字 号	发 文 标 题
行政监管措施〔2019〕5号	关于对五矿证券有限公司采取责令改正措施的决定
行政监管措施〔2019〕6号	关于对张智河、李涛、柳萌采取出具警示函措施的决定
行政监管措施〔2019〕9号	关于对国融证券股份有限公司采取限制业务活动措施的决定

续表

发文字号	发文标题
行政监管措施〔2019〕10号	关于对王晨昱采取认定为不适当人选措施的决定
行政监管措施〔2019〕11号	关于对陈冬涛采取出具警示函措施的决定
行政监管措施〔2019〕14号	关于对万久清、莫鹏采取出具警示函措施的决定
行政监管措施〔2019〕15号	关于对林治海采取监管谈话措施的决定
行政监管措施〔2019〕16号	关于对交控科技股份有限公司采取出具警示函监管措施的决定
行政监管措施〔2019〕17号	关于对中国国际金融股份有限公司采取出具警示函监管措施的决定
行政监管措施〔2019〕18号	关于对明冠新材料股份有限公司采取出具警示函监管措施的决定
行政监管措施〔2019〕19号	关于对上海之江生物科技股份有限公司采取出具警示函监管措施的决定
行政监管措施〔2019〕20号	关于对嘉兴斯达半导体股份有限公司采取出具警示函监管措施的决定
行政监管措施〔2019〕21号	关于对北京嘉曼服饰股份有限公司采取出具警示函监管措施的决定
行政监管措施〔2019〕22号	关于对句容宁武新材料股份有限公司采取出具警示函监管措施的决定
行政监管措施〔2019〕23号	关于对淄博鲁华泓锦新材料股份有限公司采取出具警示函监管措施的决定
行政监管措施〔2019〕24号	关于对上海柏楚电子科技股份有限公司采取出具警示函监管措施的决定
行政监管措施〔2019〕25号	关于对中信证券股份有限公司采取出具警示函监管措施的决定
行政监管措施〔2019〕26号	关于对朱烨辛、孙守安采取出具警示函监管措施的决定
行政监管措施〔2019〕27号	关于对马功勋采取出具警示函措施的决定
行政监管措施〔2019〕28号	关于对李安有采取监管谈话措施的决定
行政监管措施〔2019〕29号	关于对王力华采取出具警示函措施的决定
行政监管措施〔2019〕30号	关于对吴旭采取监管谈话措施的决定
行政监管措施〔2019〕31号	关于对广发证券股份有限公司采取限制业务活动措施的决定
行政监管措施〔2019〕32号	关于对阜阳大可新材料股份有限公司采取出具警示函监管措施的决定
行政监管措施〔2019〕33号	关于对张超采取出具警示函措施的决定
行政监管措施〔2019〕34号	关于对曾少彬采取出具警示函监管措施的决定
行政监管措施〔2019〕35号	关于对北京盛通印刷股份有限公司采取出具警示函监管措施的决定
行政监管措施〔2019〕36号	关于对华泰联合证券有限责任公司及贾鹏、吴学孔采取出具警示函监管措施的决定
行政监管措施〔2019〕37号	关于对财通证券采取出具警示函措施的决定
行政监管措施〔2019〕38号	关于对王建伟、李凌采取监管谈话措施的决定
行政监管措施〔2019〕39号	关于对毕杰、周碧采取监管谈话措施的决定
行政监管措施〔2019〕40号	关于对刘令、袁若宾采取监管谈话措施的决定
行政监管措施〔2019〕41号	关于对周扣山、马国庆采取出具警示函措施的决定
行政监管措施〔2019〕42号	关于对盛玉照、江成祺采取出具警示函措施的决定

续表

发文字号	发文标题
行政监管措施〔2019〕43 号	关于对刘博、王作维采取出具警示函监管措施的决定
行政监管措施〔2019〕44 号	关于对中信建投证券股份有限公司采取出具警示函监管措施的决定
行政监管措施〔2019〕45 号	关于对恒安嘉新(北京)科技股份公司采取出具警示函监管措施的决定
行政监管措施〔2019〕46 号	关于对周斌烽、刘建毅采取暂不受理与行政许可有关文件 3 个月措施的决定
行政监管措施〔2019〕47 号	关于对南京越博动力系统股份有限公司采取出具警示函措施的决定
行政监管措施〔2019〕48 号	关于对长城证券股份有限公司采取监管谈话措施的决定
行政监管措施〔2019〕49 号	关于对深圳市铂科新材料股份有限公司采取出具警示函监管措施的决定
行政监管措施〔2019〕50 号	关于对广发证券股份有限公司及保荐代表人玄虎成、杜俊涛采取出具警示函监管措施的决定
行政监管措施〔2019〕51 号	关于对上海华信证券有限责任公司采取撤销业务许可措施的决定
行政监管措施〔2019〕52 号	关于对浙商证券股份有限公司采取出具警示函措施的决定
行政监管措施〔2019〕53 号	关于对东方证券股份有限公司采取责令改正措施的决定
行政监管措施〔2019〕54 号	关于对西南证券股份有限公司采取责令改正措施的决定
行政监管措施〔2019〕55 号	关于对招商证券股份有限公司采取出具警示函措施的决定
行政监管措施〔2019〕56 号	关于对国元证券股份有限公司采取责令改正措施的决定
行政监管措施〔2019〕57 号	关于对广发证券股份有限公司采取出具警示函措施的决定
行政监管措施〔2019〕58 号	关于对林立采取监管谈话措施的决定
行政监管措施〔2019〕59 号	关于对何东、陶映冰采取暂不受理与行政许可有关文件 12 个月措施的决定
行政监管措施〔2019〕60 号	关于对华林证券股份有限公司采取限制业务活动措施的决定

(二)2019 年派出机构作出的监管措施决定书目录

发文字号	发文标题
中国证券监督管理委员会北京监管局行政监管措施决定书〔2019〕1 号	关于对北京中资北方投资顾问有限公司采取出具警示函监管措施的决定
中国证券监督管理委员会北京监管局行政监管措施决定书〔2019〕2 号	关于对北京中方信富投资管理咨询有限公司采取责令改正监管措施的决定
中国证券监督管理委员会北京监管局行政监管措施决定书〔2019〕3 号	关于对孟凯采取责令改正措施的决定
中国证券监督管理委员会北京监管局行政监管措施决定书〔2019〕4 号	关于对岳阳市中湘实业有限公司采取出具警示函措施的决定

续表

发文字号	发文标题
中国证券监督管理委员会北京监管局行政监管措施决定书〔2019〕5号	关于对刘建采取出具警示函行政监管措施的决定
中国证券监督管理委员会北京监管局行政监管措施决定书〔2019〕6号	关于对泰达宏利基金管理有限公司采取责令改正并暂停办理相关业务措施的决定
中国证券监督管理委员会北京监管局行政监管措施决定书〔2019〕7号	关于对谢莉采取出具警示函措施的决定
中国证券监督管理委员会北京监管局行政监管措施决定书〔2019〕8号	关于对中准会计师事务所(特殊普通合伙)及注册会计师王健、王霞采取出具警示函措施的决定
中国证券监督管理委员会北京监管局行政监管措施决定书〔2019〕9号	关于对北京瑞奇融通投资管理有限公司采取责令改正的行政监管措施的决定
中国证券监督管理委员会北京监管局行政监管措施决定书〔2019〕10号	关于对北京涵德投资管理有限公司采取责令改正的行政监管措施的决定
中国证券监督管理委员会北京监管局行政监管措施决定书〔2019〕11号	关于对北京富国天启资本管理有限公司采取责令改正的行政监管措施的决定
中国证券监督管理委员会北京监管局行政监管措施决定书〔2019〕12号	关于对财富证券有限责任公司北京市朝阳东三环中路证券营业部采取责令改正监管措施的决定
中国证券监督管理委员会北京监管局行政监管措施决定书〔2019〕13号	关于对二六三网络通信股份有限公司采取出具警示函措施的决定
中国证券监督管理委员会北京监管局行政监管措施决定书〔2019〕14号	关于对王含静采取出具警示函行政监管措施的决定
中国证券监督管理委员会北京监管局行政监管措施决定书〔2019〕15号	关于对银河期货有限公司采取责令改正监管措施的决定
中国证券监督管理委员会北京监管局行政监管措施决定书〔2019〕16号	关于对程毅采取出具警示函行政监管措施的决定
中国证券监督管理委员会北京监管局行政监管措施决定书〔2019〕17号	关于对北京晓程科技股份有限公司采取出具警示函行政监管措施的决定
中国证券监督管理委员会北京监管局行政监管措施决定书〔2019〕18号	关于对王婧采取出具警示函行政监管措施的决定
中国证券监督管理委员会北京监管局行政监管措施决定书〔2019〕19号	关于对冯鑫采取出具警示函行政监管措施的决定
中国证券监督管理委员会北京监管局行政监管措施决定书〔2019〕20号	关于对杨振华、许莉采取出具警示函措施的决定
中国证券监督管理委员会北京监管局行政监管措施决定书〔2019〕21号	关于对北京飞利信科技股份有限公司采取出具警示函措施的决定
中国证券监督管理委员会北京监管局行政监管措施决定书〔2019〕22号	关于对云南产业投资管理有限公司北京分公司采取责令暂停新增客户措施的决定

续表

发文字号	发文标题
中国证券监督管理委员会北京监管局行政监管措施决定书〔2019〕23号	关于对中融景诚(北京)投资管理有限公司采取责令改正的行政监管措施的决定
中国证券监督管理委员会北京监管局行政监管措施决定书〔2019〕24号	关于对北京中和应泰财务顾问有限公司采取责令暂停新增客户措施的决定
中国证券监督管理委员会北京监管局行政监管措施决定书〔2019〕25号	关于对北京肯特瑞基金销售有限公司采取责令改正行政监管措施的决定
中国证券监督管理委员会北京监管局行政监管措施决定书〔2019〕26号	关于对金一文化发展股份有限公司原董事长钟葱采取监管谈话措施的决定
中国证券监督管理委员会北京监管局行政监管措施决定书〔2019〕27号	关于对金一文化发展股份有限公司控股股东上海碧空龙翔投资管理有限公司采取出具警示函监管措施的决定
中国证券监督管理委员会北京监管局行政监管措施决定书〔2019〕28号	关于对刘辉采取出具警示函行政监管措施的决定
中国证券监督管理委员会北京监管局行政监管措施决定书〔2019〕29号	关于对陕西巨丰投资资讯有限责任公司北京分公司采取责令暂停新增客户措施的决定
中国证券监督管理委员会北京监管局行政监管措施决定书〔2019〕30号	关于对江卉采取监管谈话行政监管措施的决定
中国证券监督管理委员会北京监管局行政监管措施决定书〔2019〕31号	关于对国都证券股份有限公司采取责令改正措施的决定
中国证券监督管理委员会北京监管局行政监管措施决定书〔2019〕32号	关于对江川金融服务股份有限公司采取出具警示函措施的决定
中国证券监督管理委员会北京监管局行政监管措施决定书〔2019〕33号	关于对北京中富金石咨询有限公司采取责令暂停新增客户措施的决定
中国证券监督管理委员会北京监管局行政监管措施决定书〔2019〕34号	关于对丰利财富(北京)国际资本管理有限公司采取责令改正行政监管措施的决定
中国证券监督管理委员会北京监管局行政监管措施决定书〔2019〕35号	关于对神雾科技集团股份有限公司采取责令改正行政监管措施的决定
中国证券监督管理委员会北京监管局行政监管措施决定书〔2019〕36号	关于对亚洲(北京)资产评估有限公司采取出具警示函措施的决定
中国证券监督管理委员会北京监管局行政监管措施决定书〔2019〕37号	关于对泛海控股股份有限公司采取出具警示函措施的决定
中国证券监督管理委员会北京监管局行政监管措施决定书〔2019〕38号	关于对资产评估师郑明姑、崔贤亮采取出具警示函措施的决定
中国证券监督管理委员会北京监管局行政监管措施决定书〔2019〕39号	关于对资产评估师欧阳春竹、宋一武采取出具警示函措施的决定
中国证券监督管理委员会北京监管局行政监管措施决定书〔2019〕40号	关于对吴道洪采取责令改正行政监管措施的决定

续表

发 文 字 号	发 文 标 题
中国证券监督管理委员会北京监管局行政监管措施决定书〔2019〕41 号	关于对神雾环保技术股份有限公司采取出具警示函行政监管措施的决定
中国证券监督管理委员会北京监管局行政监管措施决定书〔2019〕42 号	关于对北京盛景嘉成投资管理有限公司采取责令改正的行政监管措施的决定
中国证券监督管理委员会北京监管局行政监管措施决定书〔2019〕43 号	关于对东方华盛财富管理有限公司采取出具警示函的行政监管措施的决定
中国证券监督管理委员会北京监管局行政监管措施决定书〔2019〕44 号	关于对中金鼎晟(北京)投资基金管理有限公司采取责令改正的行政监管措施的决定
中国证券监督管理委员会北京监管局行政监管措施决定书〔2019〕45 号	关于对卢邦杰采取出具警示函行政监管措施的决定
中国证券监督管理委员会北京监管局行政监管措施决定书〔2019〕46 号	关于对北京中财嘉盈基金管理有限公司采取责令改正的行政监管措施的决定
中国证券监督管理委员会北京监管局行政监管措施决定书〔2019〕47 号	关于对暴风集团股份有限公司采取出具警示函行政监管措施的决定
中国证券监督管理委员会北京监管局行政监管措施决定书〔2019〕48 号	关于对北京富牛投资基金管理有限公司采取责令改正的行政监管措施的决定
中国证券监督管理委员会北京监管局行政监管措施决定书〔2019〕49 号	关于对北京腾信创新网络营销技术股份有限公司采取责令改正监管措施的决定
中国证券监督管理委员会北京监管局行政监管措施决定书〔2019〕50 号	关于对中国中期投资股份有限公司采取出具警示函措施的决定
中国证券监督管理委员会北京监管局行政监管措施决定书〔2019〕51 号	关于对北京腾信创新网络营销技术股份有限公司实际控制人徐炜采取责令改正监管措施的决定
中国证券监督管理委员会北京监管局行政监管措施决定书〔2019〕52 号	关于对北京腾信创新网络营销技术股份有限公司原监事陈大可出具警示函的决定
中国证券监督管理委员会北京监管局行政监管措施决定书〔2019〕53 号	关于对北京腾信创新网络营销技术股份有限公司董事长兼董事会秘书刘勋采取责令改正监管措施的决定
中国证券监督管理委员会北京监管局行政监管措施决定书〔2019〕54 号	关于对北京腾信创新网络营销技术股份有限公司总经理史实采取责令改正监管措施的决定
中国证券监督管理委员会北京监管局行政监管措施决定书〔2019〕55 号	关于对北京蛋卷基金销售有限公司采取责令改正行政监管措施的决定
中国证券监督管理委员会北京监管局行政监管措施决定书〔2019〕56 号	关于对中海盈通(北京)投资基金管理有限公司采取责令改正的行政监管措施的决定
中国证券监督管理委员会北京监管局行政监管措施决定书〔2019〕57 号	关于对陈双聘采取出具警示函措施的决定
中国证券监督管理委员会北京监管局行政监管措施决定书〔2019〕58 号	关于对雷蒙德(北京)科技股份有限公司采取出具警示函和责令公开说明措施的决定

续表

发文字号	发文标题
中国证券监督管理委员会北京监管局行政监管措施决定书〔2019〕59号	关于对方正中期期货有限公司采取责令改正监管措施的决定
中国证券监督管理委员会北京监管局行政监管措施决定书〔2019〕60号	关于对中国华阳经贸集团有限公司采取责令改正措施的决定
中国证券监督管理委员会北京监管局行政监管措施决定书〔2019〕61号	关于对成清涛采取责令改正措施的决定
中国证券监督管理委员会北京监管局行政监管措施决定书〔2019〕62号	关于对吴铁军采取责令改正措施的决定
中国证券监督管理委员会北京监管局行政监管措施决定书〔2019〕63号	关于对李黎明采取出具警示函措施的决定
中国证券监督管理委员会北京监管局行政监管措施决定书〔2019〕64号	关于对东方基金管理有限责任公司采取责令改正行政监管措施的决定
中国证券监督管理委员会北京监管局行政监管措施决定书〔2019〕65号	关于对利安达会计师事务所(特殊普通合伙)采取出具警示函措施的决定
中国证券监督管理委员会北京监管局行政监管措施决定书〔2019〕66号	关于对神雾科技集团股份有限公司采取责令改正措施的决定
中国证券监督管理委员会北京监管局行政监管措施决定书〔2019〕67号	关于对吴道洪采取责令改正措施的决定
中国证券监督管理委员会北京监管局行政监管措施决定书〔2019〕68号	关于对奥凯航空有限公司采取出具警示函措施的决定
中国证券监督管理委员会北京监管局行政监管措施决定书〔2019〕69号	关于对中信建投证券股份有限公司采取责令增加内部合规检查次数措施的决定
中国证券监督管理委员会北京监管局行政监管措施决定书〔2019〕70号	关于对胡克勤采取责令改正措施的决定
中国证券监督管理委员会北京监管局行政监管措施决定书〔2019〕71号	关于对洛娃科技实业集团有限公司采取责令改正措施的决定
中国证券监督管理委员会北京监管局行政监管措施决定书〔2019〕72号	关于对赵静文采取责令改正措施的决定
中国证券监督管理委员会北京监管局行政监管措施决定书〔2019〕73号	关于对何蕾采取出具警示函行政监管措施的决定
中国证券监督管理委员会北京监管局行政监管措施决定书〔2019〕74号	关于对东兴证券股份有限公司采取责令增加内部合规检查次数措施的决定
中国证券监督管理委员会北京监管局行政监管措施决定书〔2019〕75号	关于对众融财富资产管理(北京)有限公司采取责令改正的行政监管措施的决定
中国证券监督管理委员会北京监管局行政监管措施决定书〔2019〕76号	关于对北京首证投资顾问有限公司采取责令暂停新增客户措施的决定

续表

发文字号	发文标题
中国证券监督管理委员会北京监管局行政监管措施决定书〔2019〕77号	关于对北京股商信息科技有限公司采取责令暂停新增客户措施的决定
中国证券监督管理委员会北京监管局行政监管措施决定书〔2019〕78号	关于对立信会计师事务所(特殊普通合伙)及注册会计师李璟、王彪采取出具警示函措施的决定
中国证券监督管理委员会北京监管局行政监管措施决定书〔2019〕79号	关于对国投长期投资基金管理(北京)有限公司采取责令改正的行政监管措施的决定
中国证券监督管理委员会北京监管局行政监管措施决定书〔2019〕80号	关于对冯鑫采取出具警示函行政监管措施的决定
中国证券监督管理委员会北京监管局行政监管措施决定书〔2019〕81号	关于对暴风集团股份有限公司采取责令改正行政监管措施的决定
中国证券监督管理委员会北京监管局行政监管措施决定书〔2019〕82号	关于对王万春采取出具警示函行政监管措施的决定
中国证券监督管理委员会北京监管局行政监管措施决定书〔2019〕83号	关于对郑海涛采取出具警示函行政监管措施的决定
中国证券监督管理委员会北京监管局行政监管措施决定书〔2019〕84号	关于对万利财富(北京)资产管理有限公司采取责令改正的行政监管措施的决定
中国证券监督管理委员会北京监管局行政监管措施决定书〔2019〕85号	关于对潘忠采取出具警示函及责令改正措施的决定
中国证券监督管理委员会北京监管局行政监管措施决定书〔2019〕86号	关于对北京数码视讯科技股份有限公司采取出具警示函行政监管措施的决定
中国证券监督管理委员会北京监管局行政监管措施决定书〔2019〕87号	关于对国鹏投资管理有限公司采取责令改正的行政监管措施的决定
中国证券监督管理委员会北京监管局行政监管措施决定书〔2019〕88号	关于对国融中投(北京)投资基金管理有限公司采取责令改正行政监管措施的决定
中国证券监督管理委员会北京监管局行政监管措施决定书〔2019〕89号	关于对北京蓝天瑞德环保技术股份有限公司采取出具警示函措施的决定
中国证券监督管理委员会北京监管局行政监管措施决定书〔2019〕90号	关于对元石资本管理有限公司采取责令改正的行政监管措施的决定
中国证券监督管理委员会北京监管局行政监管措施决定书〔2019〕91号	关于对神雾环保技术股份有限公司采取责令改正措施的决定
中国证券监督管理委员会北京监管局行政监管措施决定书〔2019〕92号	关于对吴道洪采取出具警示函行政监管措施的决定
中国证券监督管理委员会北京监管局行政监管措施决定书〔2019〕93号	关于对刘银玲采取出具警示函行政监管措施的决定
中国证券监督管理委员会北京监管局行政监管措施决定书〔2019〕94号	关于对刘骏采取出具警示函行政监管措施的决定

续表

发文字号	发文标题
中国证券监督管理委员会北京监管局行政监管措施决定书〔2019〕95 号	关于对先锋基金管理有限公司采取出具警示函行政监管措施的决定
中国证券监督管理委员会北京监管局行政监管措施决定书〔2019〕96 号	关于对招商证券股份有限公司北京朝外大街证券营业部采取责令改正并增加合规检查次数措施的决定
中国证券监督管理委员会北京监管局行政监管措施决定书〔2019〕97 号	关于对北京壹格资产管理有限公司采取责令改正的行政监管措施的决定
中国证券监督管理委员会北京监管局行政监管措施决定书〔2019〕98 号	关于对北京万方鑫润基金管理有限公司采取责令改正的行政监管措施的决定
中国证券监督管理委员会北京监管局行政监管措施决定书〔2019〕99 号	关于对北京金一文化发展股份有限公司原董事长钟葱出具警示函监管措施的决定
中国证券监督管理委员会北京监管局行政监管措施决定书〔2019〕100 号	关于对北京金一文化发展股份有限公司采取监管谈话监管措施的决定
中国证券监督管理委员会北京监管局行政监管措施决定书〔2019〕101 号	关于对北京瀚富资产管理有限公司采取责令改正的行政监管措施的决定
中国证券监督管理委员会北京监管局行政监管措施决定书〔2019〕102 号	关于对北京煜盈资产管理有限公司采取责令改正的行政监管措施的决定
中国证券监督管理委员会北京监管局行政监管措施决定书〔2019〕103 号	关于对中审众环会计师事务所(特殊普通合伙)及注册会计师黄丽琼、张玲采取出具警示函措施的决定
中国证券监督管理委员会北京监管局行政监管措施决定书〔2019〕104 号	关于对北京天相财富管理顾问有限公司采取责令暂停新增客户措施的决定
中国证券监督管理委员会北京监管局行政监管措施决定书〔2019〕105 号	关于对谢军伟采取出具警示函行政监管措施的决定
中国证券监督管理委员会北京监管局行政监管措施决定书〔2019〕106 号	关于对北京旋极信息技术股份有限公司采取出具警示函行政监管措施的决定
中国证券监督管理委员会北京监管局行政监管措施决定书〔2019〕107 号	关于对刘明采取出具警示函行政监管措施的决定
中国证券监督管理委员会北京监管局行政监管措施决定书〔2019〕108 号	关于对陈江涛采取出具警示函行政监管措施的决定
中国证券监督管理委员会北京监管局行政监管措施决定书〔2019〕109 号	关于对陈为群采取出具警示函行政监管措施的决定
中国证券监督管理委员会北京监管局行政监管措施决定书〔2019〕110 号	关于对邹卫明采取出具警示函行政监管措施的决定
中国证券监督管理委员会北京监管局行政监管措施决定书〔2019〕111 号	关于对张勤采取出具警示函行政监管措施的决定
中国证券监督管理委员会北京监管局行政监管措施决定书〔2019〕112 号	关于对王铁采取出具警示函措施的决定

续表

发文字号	发文标题
中国证券监督管理委员会北京监管局行政监管措施决定书〔2019〕113号	关于对北京恒宇天泽基金销售有限公司采取暂停办理相关业务行政监管措施的决定
中国证券监督管理委员会北京监管局行政监管措施决定书〔2019〕114号	关于对梁越采取出具警示函行政监管措施的决定
中国证券监督管理委员会北京监管局行政监管措施决定书〔2019〕115号	关于对刘伟采取责令改正行政监管措施的决定
中国证券监督管理委员会北京监管局行政监管措施决定书〔2019〕116号	关于对信永中和会计师事务所（特殊普通合伙）及注册会计师张克东、陈军采取出具警示函措施的决定
中国证券监督管理委员会北京监管局行政监管措施决定书〔2019〕117号	关于对中瑞世联资产评估（北京）有限公司及资产评估师刘秀平、彭文恒采取出具警示函措施的决定
中国证券监督管理委员会北京监管局行政监管措施决定书〔2019〕118号	关于对信永中和会计师事务所（特殊普通合伙）及注册会计师汪洋、王宏疆采取责令改正措施的决定
中国证券监督管理委员会北京监管局行政监管措施决定书〔2019〕119号	关于对上海东洲资产评估有限公司及资产评估师赵澎、龚瑶采取出具警示函措施的决定
中国证券监督管理委员会北京监管局行政监管措施决定书〔2019〕120号	关于对天健会计师事务所（特殊普通合伙）及注册会计师王振宇、刘德良采取责令改正措施的决定
中国证券监督管理委员会北京监管局行政监管措施决定书〔2019〕121号	关于对北京中科华资产评估有限公司及资产评估师宋征、杨东升采取责令改正措施的决定
中国证券监督管理委员会北京监管局行政监管措施决定书〔2019〕122号	关于对北京天星资本股份有限公司采取责令改正的行政监管措施的决定
中国证券监督管理委员会北京监管局行政监管措施决定书〔2019〕123号	关于对北京华谊嘉信整合营销顾问集团股份有限公司采取出具警示函行政监管措施的决定
中国证券监督管理委员会北京监管局行政监管措施决定书〔2019〕124号	关于对柴健采取出具警示函行政监管措施的决定
中国证券监督管理委员会北京监管局行政监管措施决定书〔2019〕125号	关于对北京万向新元科技股份有限公司出具警示函监管措施的决定
中国证券监督管理委员会北京监管局行政监管措施决定书〔2019〕126号	关于对北京天相财富管理顾问有限公司采取责令改正监管措施的决定
中国证券监督管理委员会北京监管局行政监管措施决定书〔2019〕127号	关于对北京普宸投资基金管理有限公司采取出具警示函的行政监管措施的决定
中国证券监督管理委员会北京监管局行政监管措施决定书〔2019〕128号	关于对北京国融兴华资产评估有限责任公司和资产评估师曲金亭、袁威采取出具警示函措施的决定
中国证券监督管理委员会北京监管局行政监管措施决定书〔2019〕129号	关于对北京中财嘉盈基金管理有限公司采取责令改正的行政监管措施的决定
中国证券监督管理委员会北京监管局行政监管措施决定书〔2019〕130号	关于对北京当升材料科技股份有限公司采取出具警示函行政监管措施的决定

续表

发文字号	发文标题
中国证券监督管理委员会北京监管局行政监管措施决定书〔2019〕131 号	关于对郭信平、左玉立采取出具警示函措施的决定
中国证券监督管理委员会北京监管局行政监管措施决定书〔2019〕132 号	关于对北京合众思壮科技股份有限公司采取出具警示函措施的决定
中国证券监督管理委员会北京监管局行政监管措施决定书〔2019〕133 号	关于对希格玛会计师事务所(特殊普通合伙)及注册会计师赵亮、赵琰采取出具警示函措施的决定
中国证券监督管理委员会北京监管局行政监管措施决定书〔2019〕134 号	关于对立信会计师事务所(特殊普通合伙)及注册会计师冯万奇、李福兴采取出具警示函措施的决定
中国证券监督管理委员会北京监管局行政监管措施决定书〔2019〕135 号	关于对大华会计师事务所(特殊普通合伙)及注册会计师王力飞、赵添波、颜新才采取出具警示函措施的决定
中国证券监督管理委员会北京监管局行政监管措施决定书〔2019〕136 号	关于对北京兴华会计师事务所(特殊普通合伙)及注册会计师李冬梅、王永忻采取出具警示函措施的决定
中国证券监督管理委员会北京监管局行政监管措施决定书〔2019〕137 号	关于对注册会计师严冰采取出具警示函措施的决定
中国证券监督管理委员会北京监管局行政监管措施决定书〔2019〕138 号	关于对北京万向新元科技股份有限公司王展出具警示函监管措施的决定
中国证券监督管理委员会北京监管局行政监管措施决定书〔2019〕139 号	关于对北京万向新元科技股份有限公司王展、朱业胜、潘帮南出具警示函监管措施的决定
中国证券监督管理委员会北京监管局行政监管措施决定书〔2019〕140 号	关于对北京捷成世纪科技股份有限公司、徐子泉、韩胜利、陈同刚、张文菊采取出具警示函行政监管措施的决定
中国证券监督管理委员会北京监管局行政监管措施决定书〔2019〕141 号	关于对中投骏和投资管理(北京)有限公司采取责令改正的行政监管措施的决定
中国证券监督管理委员会北京监管局行政监管措施决定书〔2019〕142 号	关于对国开泰富基金管理有限责任公司采取责令改正行政监管措施的决定
中国证券监督管理委员会北京监管局行政监管措施决定书〔2019〕143 号	关于对九州期货有限公司采取责令改正监管措施的决定
中国证券监督管理委员会北京监管局行政监管措施决定书〔2019〕144 号	关于对华泰汽车集团有限公司采取责令改正措施的决定
中国证券监督管理委员会北京监管局行政监管措施决定书〔2019〕145 号	关于对苗小龙采取责令改正措施的决定
中国证券监督管理委员会北京监管局行政监管措施决定书〔2019〕146 号	关于对北京腾信创新网络营销技术股份有限公司采取责令改正监管措施的决定
中国证券监督管理委员会北京监管局行政监管措施决定书〔2019〕147 号	关于对北京浩丰创源科技股份有限公司采取出具警示函措施的决定
中国证券监督管理委员会北京监管局行政监管措施决定书〔2019〕148 号	关于对东方网力科技股份有限公司出具警示函行政监管措施的决定

续表

发文字号	发文标题
中国证券监督管理委员会北京监管局行政监管措施决定书〔2019〕149 号	关于对刘光采取责令改正行政监管措施的决定
中国证券监督管理委员会北京监管局行政监管措施决定书〔2019〕150 号	关于对博天环境集团股份有限公司采取出具警示函措施的决定
中国证券监督管理委员会北京监管局行政监管措施决定书〔2019〕151 号	关于对徐子泉采取出具警示函行政监管措施的决定
中国证券监督管理委员会北京监管局行政监管措施决定书〔2019〕152 号	关于对张丽娜采取出具警示函行政监管措施的决定
中国证券监督管理委员会北京监管局行政监管措施决定书〔2019〕153 号	关于对冯鑫采取出具警示函行政监管措施的决定
中国证券监督管理委员会北京监管局行政监管措施决定书〔2019〕154 号	关于对暴风集团股份有限公司采取责令改正行政监管措施的决定
中国证券监督管理委员会北京监管局行政监管措施决定书〔2019〕155 号	关于对北京富国天启资本管理有限公司采取责令改正的行政监管措施的决定
中国证券监督管理委员会北京监管局行政监管措施决定书〔2019〕156 号	关于对 IPV Capital I HK Limited 采取出具警示函行政监管措施的决定
中国证券监督管理委员会北京监管局行政监管措施决定书〔2019〕157 号	关于对北京能源集团有限责任公司采取出具警示函措施的决定
中国证券监督管理委员会北京监管局行政监管措施决定书〔2019〕158 号	关于对同方股份有限公司采取出具警示函措施的决定
中国证券监督管理委员会北京监管局行政监管措施决定书〔2019〕159 号	关于对北京劲通投资管理有限公司采取责令改正行政监管措施的决定
中国证券监督管理委员会北京监管局行政监管措施决定书〔2019〕160 号	关于对北京恒宇天泽基金销售有限公司采取责令改正的行政监管措施的决定
中国证券监督管理委员会北京监管局行政监管措施决定书〔2019〕161 号	关于对北京天和盈泰投资管理有限公司采取责令改正的行政监管措施的决定
中国证券监督管理委员会北京监管局行政监管措施决定书〔2019〕162 号	关于对北京西创投资管理有限公司采取责令改正的行政监管措施的决定
中国证券监督管理委员会北京监管局行政监管措施决定书〔2019〕163 号	关于对富立天瑞华商投资管理有限公司采取责令改正的行政监管措施的决定
中国证券监督管理委员会北京监管局行政监管措施决定书〔2019〕164 号	关于对富立财富投资管理有限公司采取责令改正的行政监管措施的决定
中国证券监督管理委员会北京监管局行政监管措施决定书〔2019〕165 号	关于对深圳市华腾资本投资中心（有限合伙）采取责令改正的行政监管措施的决定
中国证券监督管理委员会北京监管局行政监管措施决定书〔2019〕166 号	关于对梁越、杨勇采取责令改正的行政监管措施的决定

续表

发文字号	发文标题
中国证券监督管理委员会北京监管局行政监管措施决定书〔2019〕167 号	关于对北京博信盈泰投资管理有限公司采取责令改正的行政监管措施的决定
中国证券监督管理委员会北京监管局行政监管措施决定书〔2019〕168 号	关于对深圳市新兰德证券投资咨询有限公司北京分公司采取责令改正监管措施的决定
中国证券监督管理委员会北京监管局行政监管措施决定书〔2019〕169 号	关于对汇安基金管理有限责任公司采取出具警示函行政监管措施的决定
中国证券监督管理委员会北京监管局行政监管措施决定书〔2019〕170 号	关于对北京中天嘉华基金销售有限公司采取暂停办理相关业务行政监管措施的决定
中国证券监督管理委员会北京监管局行政监管措施决定书〔2019〕171 号	关于对中邮创业基金管理股份有限公司采取出具警示函行政监管措施的决定
津证监措施〔2019〕1 号	关于对王晓明采取监管谈话措施的决定
津证监措施〔2019〕2 号	关于对天津市厚盈投资咨询有限公司采取责令改正监管措施的决定
津证监措施〔2019〕3 号	关于对刘振宇采取监管谈话监管措施的决定
津证监措施〔2019〕4 号	关于对天津鹏翎集团股份有限公司采取出具警示函措施的决定
津证监措施〔2019〕5 号	关于对河北新华欧亚汽配集团有限公司及解东林采取出具警示函措施的决定
津证监措施〔2019〕6 号	关于对海航科技股份有限公司采取出具警示函措施的决定
津证监措施〔2019〕7 号	关于对田李俊采取出具警示函措施的决定
津证监措施〔2019〕8 号	关于对刘亮采取出具警示函措施的决定
津证监措施〔2019〕9 号	关于对天津君辉蓝天环保科技股份有限公司采取出具警示函措施的决定
津证监措施〔2019〕10 号	关于对广州市润盈投资有限公司采取出具警示函措施的决定
津证监措施〔2019〕11 号	关于对魏方采取认定为不适当人选措施的决定
津证监措施〔2019〕12 号	关于对天津桦清信息技术股份有限公司采取出具警示函措施的决定
津证监措施〔2019〕13 号	关于对刘学升采取出具警示函措施的决定
津证监措施〔2019〕14 号	关于对潘子系采取出具警示函措施的决定
津证监措施〔2019〕15 号	关于对天津亿鑫通科技股份有限公司采取出具警示函措施的决定
津证监措施〔2019〕16 号	关于对刘士龙采取出具警示函措施的决定
津证监措施〔2019〕17 号	关于对张凤林采取出具警示函措施的决定

续表

发文字号	发文标题
津证监措施〔2019〕18号	关于对天津舜能润滑科技股份有限公司采取出具警示函措施的决定
津证监措施〔2019〕19号	关于对朱文斌采取出具警示函措施的决定
津证监措施〔2019〕20号	关于对广州市润盈投资有限公司采取出具警示函措施的决定
津证监措施〔2019〕21号	关于对弘森（天津）资产管理有限公司采取出具警示函措施的决定
津证监措施〔2019〕22号	关于对中民投租赁控股有限公司采取出具警示函措施的决定
津证监措施〔2019〕23号	关于对王蓉采取出具警示函措施的决定
津证监措施〔2019〕24号	关于对天津暴风创新投资管理有限公司采取出具警示函监管措施的决定
津证监措施〔2019〕25号	关于对天津市房地产信托集团有限公司采取出具警示函措施的决定
津证监措施〔2019〕26号	关于对天津房地产集团有限公司采取出具警示函措施的决定
津证监措施〔2019〕27号	关于对刘智、徐树青、张伟杰、张金义、石俊志、阎立新采取出具警示函措施的决定
津证监措施〔2019〕28号	关于对刘世杰采取出具警示函措施的决定
津证监措施〔2019〕29号	关于对天津物产能源资源发展有限公司采取出具警示函措施的决定
津证监措施〔2019〕30号	关于对天津市浩通物产有限公司采取出具警示函措施的决定
津证监措施〔2019〕31号	关于对开源证券股份有限公司及杨彬、杭宇采取责令改正措施的决定
津证监措施〔2019〕32号	关于对中兴财光华会计师事务所（特殊普通合伙）及崔志彪、左辉采取出具警示函措施的决定
津证监措施〔2019〕33号	关于对赵文凯、王松、古兆军等人采取出具警示函措施的决定
津证监措施〔2019〕34号	关于对立信中联会计师事务所（特殊普通合伙）及注册会计师黄小丁、李超采取出具警示函措施的决定
津证监措施〔2019〕35号	关于对陈琛采取出具警示函措施的决定
津证监措施〔2019〕36号	关于对黑龙江省容维证券数据程序化有限公司天津分公司采取责令改正措施的决定
津证监措施〔2019〕37号	关于对联合信用投资咨询有限公司采取责令改正措施的决定

续表

发文字号	发文标题
津证监措施〔2019〕38 号	关于对北京和众汇富科技股份有限公司天津分公司采取责令改正措施的决定
河北监管局行政监管措施决定书〔2019〕1 号	关于对河北华通科技股份有限公司及蔡志强采取出具警示函措施的决定
河北监管局行政监管措施决定书〔2019〕2 号	关于对胡志魁采取出具警示函行政监管措施的决定
河北监管局行政监管措施决定书〔2019〕3 号	关于对南京金浦东裕投资有限公司采取出具警示函行政监管措施的决定
河北监管局行政监管措施决定书〔2019〕4 号	关于对赵大伟采取监管谈话行政监管措施的决定
河北监管局行政监管措施决定书〔2019〕5 号	关于对国泰君安证券股份有限公司唐山建华西道证券营业部采取行政监管措施的决定
河北监管局行政监管措施决定书〔2019〕6 号	关于对快乐沃克人力资源股份有限公司及董事长张建业采取出具警示函措施的决定
河北监管局行政监管措施决定书〔2019〕7 号	关于对中兴财光华会计师事务所(特殊普通合伙)及王飞、张猛勇采取出具警示函措施的决定
河北监管局行政监管措施决定书〔2019〕8 号	关于对中勤万信会计师事务所(特殊普通合伙)及石朝欣、管仁梅采取出具警示函措施的决定
河北监管局行政监管措施决定书〔2019〕9 号	关于对同致信德(北京)资产评估有限公司及高兴嵘、刘洋采取出具警示函措施的决定
河北监管局行政监管措施决定书〔2019〕10 号	关于对石家庄茁安投资管理有限公司采取责令改正措施的决定
河北监管局行政监管措施决定书〔2019〕11 号	关于对中联资产评估集团有限公司及高峰、周良采取出具警示函措施的决定
河北监管局行政监管措施决定书〔2019〕12 号	关于对大信会计师事务所(特殊普通合伙)及王进、崔会强采取出具监管谈话措施的决定
河北监管局行政监管措施决定书〔2019〕13 号	关于对亚太(集团)会计师事务所及王金峰、邹蔚采取出具警示函措施的决定
河北监管局行政监管措施决定书〔2019〕14 号	关于对中瑞世联资产评估(北京)有限公司及李成贤、韩成国采取出具警示函措施的决定
河北监管局行政监管措施决定书〔2019〕15 号	河北证监局关于对河北福成五丰食品股份有限公司及李高生、赵永刚采取出具警示函的决定
河北监管局行政监管措施决定书〔2019〕16 号	关于对北京中资北方投资顾问有限公司石家庄分公司采取出具警示函监管措施的决定
〔2019〕1 号	关于对和合期货有限公司采取出具警示函措施的决定
〔2019〕2 号	关于对刘晓洁、袁锦滢、韩玉敏、马凤萍采取监管谈话措施的决定

续表

发 文 字 号	发 文 标 题
〔2019〕3 号	关于对山西安泰集团股份有限公司采取出具警示函措施的决定
〔2019〕4 号	关于对太原狮头水泥股份有限公司采取责令改正措施的决定
〔2019〕5 号	关于对太原狮头水泥股份有限公司时任董事长曹志东、财务负责人王翠娟采取出具警示函措施的决定
〔2019〕6 号	关于对晋城市国有资本投资运营有限公司采取出具警示函措施的决定
〔2019〕7 号	关于对大同证券有限责任公司采取出具警示函监管措施的决定
〔2019〕8 号	关于对当代东方投资股份有限公司采取责令改正措施的决定
〔2019〕9 号	关于对当代东方投资股份有限公司时任董事长彭志宏、财务总监孙永强、董事会秘书艾雯露采取出具警示函措施的决定
〔2019〕10 号	关于对亚宝药业集团股份有限公司采取出具警示函措施的决定
〔2019〕11 号	关于对亚宝药业集团股份有限公司财务总监左哲峰采取监管谈话措施的决定
〔2019〕12 号	关于对厦门当代文化发展股份有限公司采取出具警示函措施的决定
〔2019〕13 号	关于对鹰潭市当代投资集团有限公司采取出具警示函措施的决定
〔2019〕14 号	关于对山西证券股份有限公司河津泰兴东路证券营业部采取出具警示函措施的决定
〔2019〕15 号	关于对南风化工集团股份有限公司采取出具警示函措施的决定
〔2019〕16 号	关于对太原狮头水泥股份有限公司采取责令改正措施的决定
〔2019〕17 号	关于对山西安泰集团股份有限公司采取出具警示函措施的决定
〔2019〕18 号	关于对杨锦龙采取出具警示函措施的决定
〔2019〕19 号	关于对王风斌采取出具警示函措施的决定
〔2019〕20 号	关于对北京中资北方投资顾问有限公司太原分公司采取责令改正措施的决定
〔2019〕21 号	关于对山西聚海龙电通科技股份有限公司、于文平采取出具警示函措施的决定

续表

发文字号	发文标题
〔2019〕22 号	关于对民众证券投资咨询有限公司采取责令改正和责令暂停新增客户措施的决定
〔2019〕23 号	关于对大同证券有限责任公司采取责令暂停私募资产管理业务 6 个月措施的决定
〔2019〕24 号	关于对杨军一采取监管谈话措施的决定
〔2019〕25 号	关于对范建采取监管谈话措施的决定
〔2019〕26 号	关于对李春采取监管谈话措施的决定
内蒙古证监局行政监管措施决定书〔2019〕1 号	关于对中审众环会计师事务、秦晋臣、刘多采取出具警示函措施的决定
内蒙古证监局行政监管措施决定书〔2019〕2 号	关于对赤峰吉隆黄金矿业股份有限公司股东谭雄玉及一致行动人王国菊等采取出具警示函措施的决定
内蒙古证监局行政监管措施决定书〔2019〕3 号	关于对刘强采取认定为不适当人选行政监管措施的决定
内蒙古证监局行政监管措施决定书〔2019〕4 号	关于对刘忠舍、刘丽娟采取出具警示函行政监管措施的决定
内蒙古证监局行政监管措施决定书〔2019〕5 号	关于对内蒙古西水创业股份有限公司及其董事长兼总经理郭予丰、董事会秘书苏宏伟采取出具警示函措施的决定
内蒙古证监局行政监管措施决定书〔2019〕6 号	关于对内蒙古融丰源创股权投资管理有限公司采取责令改正措施的决定
内蒙古证监局行政监管措施决定书〔2019〕7 号	关于对内蒙古蒙草产业投资管理有限公司采取责令改正措施的决定
内蒙古证监局行政监管措施决定书〔2019〕8 号	关于对赤峰吉隆黄金矿业股份有限公司采取责令改正措施的决定
内蒙古证监局行政监管措施决定书〔2019〕9 号	关于对赤峰吉隆黄金矿业股份有限公司总经理高波、财务总监赵强采取监管谈话措施的决定
内蒙古证监局行政监管措施决定书〔2019〕10 号	关于对中审众环会计师事务所及秦晋臣、刘多采取出具警示函措施的决定
内蒙古证监局行政监管措施决定书〔2019〕11 号	关于对亿利洁能股份有限公司及相关责任人采取出具警示函行政监管措施的决定
中国证监会辽宁监管局行政监管措施决定书〔2019〕1 号	关于对辽宁红阳能源投资股份有限公司采取责令改正措施的决定
中国证监会辽宁监管局行政监管措施决定书〔2019〕2 号	关于对沈阳煤业(集团)有限责任公司采取责令改正措施的决定
中国证监会辽宁监管局行政监管措施决定书〔2019〕3 号	关于对赵光、张德辉等五人采取责令参加培训措施的决定
中国证监会辽宁监管局行政监管措施决定书〔2019〕4 号	关于对大通证券股份有限公司抚顺新华大街证券营业部实施责令改正等行政监管措施的决定

续表

发文字号	发文标题
中国证监会辽宁监管局行政监管措施决定书〔2019〕5号	关于对网信证券有限责任公司采取责令改正监管措施的决定
中国证监会辽宁监管局行政监管措施决定书〔2019〕6号	关于对网信证券有限责任公司采取责令改正并定期报告监管措施的决定
中国证监会辽宁监管局行政监管措施决定书〔2019〕7号	关于对中天证券股份有限公司采取出具警示函措施的决定
中国证监会辽宁监管局行政监管措施决定书〔2019〕8号	关于对北京市金杜律师事务所采取出具警示函措施的决定
中国证监会辽宁监管局行政监管措施决定书〔2019〕9号	关于对庆汇租赁有限公司采取出具警示函措施的决定
中国证监会辽宁监管局行政监管措施决定书〔2019〕10号	关于对恒泰证券股份有限公司采取出具警示函措施的决定
中国证监会辽宁监管局行政监管措施决定书〔2019〕11号	关于对中诚信证券评估有限公司采取出具警示函措施的决定
中国证监会辽宁监管局行政监管措施决定书〔2019〕12号	关于对李久旭、徐朋业等六人采取责令参加培训措施的决定
中国证监会辽宁监管局行政监管措施决定书〔2019〕13号	关于对沈阳惠天热电股份有限公司采取出具警示函措施的决定
中国证监会辽宁监管局行政监管措施决定书〔2019〕14号	关于对沈阳惠天热电股份有限公司采取责令改正措施的决定
中国证监会辽宁监管局行政监管措施决定书〔2019〕15号	关于对张利群、邓淑芬、任晓辉采取责令改正措施的决定
中国证监会辽宁监管局行政监管措施决定书〔2019〕16号	关于对联合创业集团有限公司采取限制股东权利措施的决定
中国证监会辽宁监管局行政监管措施决定书〔2019〕17号	关于对沈阳煤业(集团)有限责任公司采取出具警示函措施的决定
中国证监会辽宁监管局行政监管措施决定书〔2019〕18号	关于对辽宁红阳能源投资股份有限公司采取出具警示函措施的决定
中国证监会辽宁监管局行政监管措施决定书〔2019〕19号	关于对沈阳奥拓福科技股份有限公司采取出具警示函措施的决定
中国证监会辽宁监管局行政监管措施决定书〔2019〕20号	关于对北京中方信富投资管理咨询有限公司沈阳分公司采取责令改正措施的决定
中国证监会辽宁监管局行政监管措施决定书〔2019〕21号	关于对辽宁港口集团有限公司采取责令改正措施的决定
中国证监会辽宁监管局行政监管措施决定书〔2019〕22号	关于对营口港务股份有限公司采取责令改正措施的决定

续表

发 文 字 号	发 文 标 题
中国证监会辽宁监管局行政监管措施决定书〔2019〕23 号	关于对司政等四人采取出具警示函措施的决定
中国证监会辽宁监管局行政监管措施决定书〔2019〕24 号	关于对崔贝强等十一人采取监管谈话的行政监管措施决定
吉证监决〔2019〕1 号	关于对吉林省伟诚股权投资基金管理有限公司采取责令改正措施的决定
吉证监决〔2019〕2 号	关于对吉林省嘉泓股权投资基金管理有限公司采取责令改正措施的决定
吉证监决〔2019〕3 号	关于对国泰君安证券股份有限公司四平中央西路证券营业部采取责令改正行政监管措施的决定
吉证监决〔2019〕4 号	关于对王珏采取出具警示函措施的决定
吉证监决〔2019〕5 号	关于对吉林成城集团股份有限公司及有关责任人采取出具警示函措施的决定
吉证监决〔2019〕6 号	关于对吉药控股集团股份有限公司及相关人员采取出具警示函措施的决定
吉证监决〔2019〕7 号	关于对易继先采取出具警示函措施的决定
吉证监决〔2019〕8 号	关于对长春易点科技股份有限公司采取出具警示函措施的决定
吉证监决〔2019〕9 号	关于对长春中天能源股份有限公司及有关责任人采取出具警示函措施的决定
行政监管措施决定书〔2019〕1 号	关于对大通期货经纪有限公司采取责令改正措施的决定
行政监管措施决定书〔2019〕3 号	关于对黑龙江省容维证券数据程序化有限公司采取责令改正并暂停新增客户监管措施的决定
行政监管措施决定书〔2019〕4 号	关于对天津嘉颐实业有限公司采取出具警示函措施的决定
行政监管措施决定书〔2019〕5 号	关于对孙丽梅采取出具警示函措施的决定
行政监管措施决定书〔2019〕6 号	关于对中信建投证券股份有限公司哈尔滨新阳路证券营业部采取责令改正监管措施的决定
行政监管措施决定书〔2019〕7 号	关于对哈尔滨秋林集团股份有限公司采取出具警示函措施的决定
行政监管措施决定书〔2019〕8 号	关于对李亚采取出具警示函措施的决定
行政监管措施决定书〔2019〕9 号	关于对哈尔滨工大高新技术产业开发股份有限公司采取出具警示函措施的决定
行政监管措施决定书〔2019〕10 号	关于对彭海帆采取出具警示函措施的决定
行政监管措施决定书〔2019〕11 号	关于对大通期货经纪有限公司采取出具警示函措施的决定
行政监管措施决定书〔2019〕12 号	关于对安通控股股份有限公司采取出具警示函措施的决定

续表

发 文 字 号	发 文 标 题
行政监管措施决定书〔2019〕13 号	关于对华林证券股份有限公司采取出具警示函措施的决定
行政监管措施决定书〔2019〕14 号	关于对哈尔滨世纪祥云清洁能源股份有限公司采取出具警示函措施的决定
行政监管措施决定书〔2019〕15 号	关于对联合信用评级有限公司采取出具警示函措施的决定
行政监管措施决定书〔2019〕16 号	关于对哈尔滨红博会展购物广场有限公司采取出具警示函措施的决定
行政监管措施决定书〔2019〕17 号	关于对崔大勇采取出具警示函措施的决定
行政监管措施决定书〔2019〕18 号	关于对双鸭山市大地城市建设开发投资有限公司采取出具警示函措施的决定
行政监管措施决定书〔2019〕20 号	关于对九鼎国泰(北京)资产管理有限公司采取责令改正措施的决定
行政监管措施决定书〔2019〕21 号	关于对大通期货经纪有限公司采取暂停期货资产管理业务的决定
行政监管措施决定书〔2019〕22 号	关于对黑龙江文盛股权投资基金管理有限公司采取责令改正措施的决定
行政监管措施决定书〔2019〕23 号	关于对哈尔滨圣林凯格投资管理有限公司采取责令改正措施的决定
行政监管措施决定书〔2019〕24 号	关于对黑龙江省银泰股权投资基金管理有限公司采取责令改正措施的决定
行政监管措施决定书〔2019〕25 号	关于对哈尔滨秋林集团股份有限公司采取责令改正措施的决定
行政监管措施决定书〔2019〕26 号	关于对黑龙江省高速公路集团公司采取出具警示函措施的决定
行政监管措施决定书〔2019〕27 号	关于对中准会计师事务所(特殊普通合伙) 及注册会计师赵德权、徐运生采取出具警示函措施的决定
行政监管措施决定书〔2019〕28 号	关于对金洲慈航集团股份有限公司采取责令改正措施的决定
行政监管措施决定书〔2019〕29 号	关于对朱要文采取出具警示函措施的决定
行政监管措施决定书〔2019〕30 号	关于对黑龙江龙商资本投资有限责任公司采取责令改正措施的决定
行政监管措施决定书〔2019〕31 号	关于对黑龙江省容维证券数据程序化有限公司天津分公司采取责令改正行政监管措施的决定
行政监管措施决定书〔2019〕32 号	关于对丰润生物科技股份有限公司采取出具警示函措施的决定
行政监管措施决定书〔2019〕33 号	关于对大信会计师事务所(特殊普通合伙)及注册会计师闫秀敏、曹斌采取出具警示函措施的决定

续表

发文字号	发文标题
行政监管措施决定书〔2019〕34 号	关于对大华会计师事务所(特殊普通合伙)及注册会计师张鸿彦、黄羽采取出具警示函措施的决定
行政监管措施决定书〔2019〕35 号	关于对黑龙江省容维证券数据程序化有限公司采取责令改正行政监管措施的决定
行政监管措施决定书〔2019〕36 号	关于对龙江银行股份有限公司采取责令改正措施的决定
行政监管措施决定书〔2019〕37 号	关于对大兴安岭林格贝寒带生物科技股份有限公司采取出具警示函措施的决定
沪证监决〔2019〕2 号	关于对上海证券之星综合研究有限公司采取责令改正及暂停新增客户六个月监督管理措施的决定
沪证监决〔2019〕3 号	关于对张培采取出具警示函措施的决定
沪证监决〔2019〕4 号	关于对大申集团有限公司采取责令改正措施的决定
沪证监决〔2019〕7 号	关于对张朋起采取出具警示函措施的决定
沪证监决〔2019〕8 号	关于对上海五牛投资控股有限公司采取出具警示函措施的决定
沪证监决〔2019〕12 号	关于对章建平、方文艳、方德基采取出具警示函措施的决定
沪证监决〔2019〕13 号	关于对上海证券通投资资讯科技有限公司采取责令改正及增加内部合规检查次数并提交合规检查报告措施的决定
沪证监决〔2019〕14 号	关于对范永娇采取出具警示函措施的决定
沪证监决〔2019〕15 号	关于对薛岱采取出具警示函措施的决定
沪证监决〔2019〕16 号	关于对孙连文采取出具警示函措施的决定
沪证监决〔2019〕17 号	关于对戴梦娇采取出具警示函措施的决定
沪证监决〔2019〕23 号	关于对软库博辰创业投资企业、Masterwell(HK)Limited、SBCVC Fund II – Annex(HK)Limited 采取出具警示函措施的决定
沪证监决〔2019〕24 号	关于对薛峰采取监管谈话行政监管措施的决定
沪证监决〔2019〕25 号	关于对光大资本投资有限公司采取责令改正监管措施的决定
沪证监决〔2019〕26 号	关于对卓傲国际有限公司采取出具警示函措施的决定
沪证监决〔2019〕31 号	关于对大信会计师事务所(特殊普通合伙)及注册会计师舒铭、苏婷婷采取出具警示函措施的决定
沪证监决〔2019〕32 号	关于对光大浸辉投资管理(上海)有限公司采取出具警示函监管措施的决定
沪证监决〔2019〕36 号	关于对中银国际证券股份有限公司采取出具警示函措施的决定
沪证监决〔2019〕37 号	关于对光大证券股份有限公司采取责令增加内部合规检查次数行政监管措施的决定

续表

发文字号	发文标题
沪证监决〔2019〕42号	关于对长江证券承销保荐有限公司采取出具警示函措施的决定
沪证监决〔2019〕44号	关于对上海新汇通投资顾问有限公司采取责令改正监管措施的决定
沪证监决〔2019〕50号	关于对软库博辰创业投资企业采取出具警示函措施的决定
沪证监决〔2019〕53号	关于对曹际东采取出具警示函的决定
沪证监决〔2019〕54号	关于对段晓华采取出具警示函措施的决定
沪证监决〔2019〕55号	关于对隆鑫控股有限公司采取出具警示函措施的决定
沪证监决〔2019〕56号	关于对上海丰华（集团）股份有限公司采取责令改正措施的决定
沪证监决〔2019〕57号	关于对涂建敏采取出具警示函措施的决定
沪证监决〔2019〕58号	关于对张望宁采取出具警示函措施的决定
沪证监决〔2019〕59号	关于对中审众环会计师事务所（特殊普通合伙）及注册会计师孟红兵、尹传松采取出具警示函措施的决定
沪证监决〔2019〕61号	关于对长发集团长江投资实业股份有限公司采取出具警示函措施的决定
沪证监决〔2019〕64号	关于对上海飞乐音响股份有限公司采取出具警示函措施的决定
沪证监决〔2019〕65号	关于对江苏丹化集团有限责任公司采取出具警示函措施的决定
沪证监决〔2019〕66号	关于对上海雁塔科技有限公司采取出具警示函措施的决定
沪证监决〔2019〕68号	关于对华丽家族股份有限公司采取责令改正措施的决定
沪证监决〔2019〕71号	关于对爱建证券有限责任公司采取责令改正措施的决定
沪证监决〔2019〕80号	关于对智汇科技投资（深圳）有限公司采取出具警示函措施的决定
沪证监决〔2019〕89号	关于对隆鑫控股有限公司采取责令改正措施的决定
沪证监决〔2019〕90号	关于对上海农工商绿化有限公司采取出具警示函措施的决定
沪证监决〔2019〕92号	关于对朱斌采取出具警示函措施的决定
沪证监决〔2019〕93号	关于对陈文采取出具警示函措施的决定
沪证监决〔2019〕97号	关于对东方证券股份有限公司采取责令处分有关人员措施的决定

续表

发文字号	发文标题
沪证监决〔2019〕100号	关于对上海拉夏贝尔服饰股份有限公司采取出具警示函措施的决定
沪证监决〔2019〕114号	关于对华安证券上海虹口区吴淞路营业部采取出具警示函措施的决定
沪证监决〔2019〕115号	关于对鹏起科技控股集团有限公司采取出具警示函措施的决定
沪证监决〔2019〕116号	关于对洛阳申祥电子科技有限公司采取出具警示函措施的决定
沪证监决〔2019〕117号	关于对田海林采取监管谈话行政监管措施的决定
沪证监决〔2019〕118号	关于对鲁志军采取监管谈话行政监管措施的决定
沪证监决〔2019〕120号	关于对爱建证券有限责任公司采取责令改正措施的决定
沪证监决〔2019〕121号	关于对注册会计师陈迅骅采取出具警示函措施的决定
沪证监决〔2019〕122号	关于对注册会计师徐珍采取出具警示函措施的决定
沪证监决〔2019〕123号	关于对注册会计师张宇采取出具警示函措施的决定
沪证监决〔2019〕124号	关于对注册会计师韩频采取出具警示函措施的决定
沪证监决〔2019〕125号	关于对立信会计师事务所(特殊普通合伙)采取出具警示函措施的决定
沪证监决〔2019〕126号	关于对上海上科科技投资有限公司采取出具警示函措施的决定
沪证监决〔2019〕127号	关于对华林证券股份有限公司采取出具警示函措施的决定
沪证监决〔2019〕129号	关于对卢已为采取出具警示函措施的决定
沪证监决〔2019〕134号	关于对张朋起采取责令改正措施的决定
沪证监决〔2019〕135号	关于对鹏起科技发展股份有限公司采取责令改正措施的决定
沪证监决〔2019〕138号	关于对华宝证券有限责任公司采取出具警示函措施的决定
沪证监决〔2019〕139号	关于对申港证券股份有限公司采取出具警示函措施的决定
沪证监决〔2019〕141号	关于对华龙证券股份有限公司上海中山北二路证券营业部采取出具警示函监管措施的决定
沪证监决〔2019〕155号	关于对华福证券有限责任公司上海宛平南路证券营业部采取出具警示函措施的决定
沪证监决〔2019〕165号	关于对储敏健采取出具警示函措施的决定
沪证监决〔2019〕175号	关于对郏嘉琪采取出具警示函措施的决定
沪证监决〔2019〕176号	关于对中曼石油天然气集团股份有限公司采取出具警示函措施的决定
沪证监决〔2019〕177号	关于对李春第采取出具警示函措施的决定

续表

发文字号	发文标题
沪证监决〔2019〕178号	关于对上海龙韵传媒集团股份有限公司采取出具警示函措施的决定
沪证监决〔2019〕179号	关于对段佩璋采取出具警示函措施的决定
沪证监决〔2019〕180号	关于对中准会计师事务所(特殊普通合伙)采取出具警示函措施的决定
沪证监决〔2019〕181号	关于对马骥采取责令改正措施的决定
沪证监决〔2019〕184号	关于对上海申华控股股份有限公司采取出具警示函措施的决定
沪证监决〔2019〕185号	关于对上海新兰德证券投资咨询顾问有限公司采取责令改正并暂停新增客户九个月监管措施的决定
沪证监决〔2019〕187号	关于对洪书敏采取出具警示函措施的决定
沪证监决〔2019〕188号	关于对东方花旗证券有限公司采取责令增加内部合规检查次数措施的决定
沪证监决〔2019〕189号	关于对万达信息股份有限公司采取责令改正措施的决定
沪证监决〔2019〕190号	关于对上海龙创汽车设计股份有限公司采取出具警示函措施的决定
沪证监决〔2019〕191号	关于对上海万豪投资有限公司采取责令改正措施的决定
沪证监决〔2019〕192号	关于对史一兵采取责令改正措施的决定
沪证监决〔2019〕193号	关于对张令庆采取出具警示函措施的决定
沪证监决〔2019〕194号	关于对卞世军采取出具警示函措施的决定
沪证监决〔2019〕196号	关于对田耘采取出具警示函措施的决定
沪证监决〔2019〕197号	关于对王洁采取监管谈话的措施的决定
沪证监决〔2019〕198号	关于对国泰君安证券股份有限公司采取出具警示函措施的决定
沪证监决〔2019〕202号	关于对上海汇正财经顾问有限公司采取责令改正监督管理措施的决定
沪证监决〔2019〕203号	关于对上海世基投资顾问有限公司采取责令改正监督管理措施的决定
沪证监决〔2019〕204号	关于对益盟股份有限公司采取责令改正监管措施的决定
沪证监决〔2019〕205号	关于对山东神光咨询服务有限责任公司上海分公司采取责令改正监督管理措施的决定
措施决定书〔2019〕1号	关于对海通期货股份有限公司常州营业部采取责令改正监管措施的决定
措施决定书〔2019〕2号	关于对南京纺织品进出口股份有限公司采取出具警示函措施的决定

续表

发文字号	发文标题
措施决定书〔2019〕3 号	关于对毛凤丽等 15 人采取出具警示函措施的决定
措施决定书〔2019〕4 号	江苏证监局关于对北京亚超资产评估有限公司及资产评估师尹林、杨毓怀采取出具警示函监管措施的决定
措施决定书〔2019〕5 号	关于对徐州科融环境资源股份有限公司采取责令改正监管措施的决定
措施决定书〔2019〕6 号	江苏证监局关于对吕小奇采取出具警示函措施的决定
措施决定书〔2019〕7 号	关于对百瑞赢证券资讯有限公司采取责令改正监管措施的决定
措施决定书〔2019〕8 号	关于对大泰石基金销售有限公司采取出具警示函并暂停办理公募基金销售业务措施的决定
措施决定书〔2019〕9 号	关于对亚太(集团)会计师事务所(特殊普通合伙)及注册会计师吴平权、周铁华采取出具警示函措施的决定
措施决定书〔2019〕10 号	江苏证监局关于对东海证券股份有限公司采取出具警示函措施的决定
措施决定书〔2019〕11 号	江苏证监局关于对顺风光电投资(中国)有限公司采取出具警示函措施的决定
措施决定书〔2019〕12 号	江苏证监局关于对永安行科技股份有限公司采取出具警示函措施的决定
措施决定书〔2019〕13 号	江苏证监局关于对华创证券有限责任公司、叶海钢、吴宏茗、葛源、沈伟采取出具警示函措施的决定
措施决定书〔2019〕14 号	江苏证监局关于对北京国枫律师事务所采取出具警示函监管措施的决定
措施决定书〔2019〕15 号	关于对孙杰采取出具警示函监管措施的决定
措施决定书〔2019〕16 号	关于对沣沅弘(北京)控股集团有限公司采取责令改正监管措施的决定
措施决定书〔2019〕17 号	关于对新纪元期货股份有限公司采取责令改正监管措施的决定
措施决定书〔2019〕18 号	关于对苏州财路基金销售有限公司采取出具警示函暂停办理基金销售业务措施的决定
措施决定书〔2019〕19 号	关于对李凌艳采取出具警示函措施的决定
措施决定书〔2019〕20 号	关于对苏州春兴精工股份有限公司采取出具警示函措施的决定
措施决定书〔2019〕21 号	关于对江苏焕鑫新材料股份有限公司采取出具警示函措施的决定
措施决定书〔2019〕22 号	关于对大通证券股份有限公司采取出具警示函措施的决定

续表

发文字号	发文标题
措施决定书〔2019〕23号	关于对钱小金、朱凯采取出具警示函措施的决定
措施决定书〔2019〕24号	江苏证监局关于对钱建华采取认定为不适当人选措施的决定
措施决定书〔2019〕25号	关于对立信会计师事务所(特殊普通合伙)及注册会计师朱伟、陈朝亮采取出具警示函措施的决定
措施决定书〔2019〕26号	关于对王柏兴等人采取出具警示函措施的决定
措施决定书〔2019〕27号	关于对江苏中利集团股份有限公司采取出具警示函措施的决定
措施决定书〔2019〕28号	关于对新纪元期货股份有限公司采取出具警示函措施的决定
措施决定书〔2019〕29号	关于对江苏苏亚金诚会计师事务所及杨伯民等采取出具警示函措施的决定
措施决定书〔2019〕30号	关于对天衡会计师事务所及注册会计师徐江晴、刘莲采取出具警示函措施的决定
措施决定书〔2019〕31号	江苏证监局关于对北京市金杜律师事务所采取出具警示函监管措施的决定
措施决定书〔2019〕32号	江苏证监局关于对长城影视股份有限公司采取责令改正监管措施的决定
措施决定书〔2019〕33号	江苏证监局关于对赵锐钧采取责令改正监管措施的决定
措施决定书〔2019〕34号	关于对江苏沙钢股份有限公司采取出具警示函措施的决定
措施决定书〔2019〕35号	关于对东海证券股份有限公司采取责令改正措施的决定
措施决定书〔2019〕36号	关于对江苏万企达股份有限公司采取出具警示函措施的决定
措施决定书〔2019〕37号	关于对童伟采取出具警示函措施的决定
措施决定书〔2019〕38号	关于对苏州捷富投资企业(有限合伙)等采取出具警示函措施的决定
措施决定书〔2019〕39号	江苏证监局关于对陈少忠采取出具警示函措施的决定
措施决定书〔2019〕40号	江苏证监局关于对王斌采取出具警示函措施的决定
措施决定书〔2019〕41号	江苏证监局关于对常州大洋线缆股份有限公司采取出具警示函措施的决定
措施决定书〔2019〕42号	江苏证监局关于对南通大地电气股份有限公司采取出具警示函措施的决定
措施决定书〔2019〕43号	关于对宜兴中科金源创业投资企业(有限合伙)采取出具警示函措施的决定
措施决定书〔2019〕44号	江苏证监局关于对无锡市东杨新材料股份有限公司采取出具警示函措施的决定

续表

发文字号	发文标题
措施决定书〔2019〕45 号	江苏证监局关于对无锡五洲国际装饰城有限公司及舒策城舒策丸采取出具警示函措施的决定
措施决定书〔2019〕46 号	江苏证监局关于对国海证券股份有限公司采取出具警示函措施的决定
措施决定书〔2019〕47 号	关于对天风证券南京庐山路营业部采取责令改正措施的决定
措施决定书〔2019〕48 号	关于对金陵药业股份有限公司采取出具警示函监管措施的决定
措施决定书〔2019〕49 号	关于对江苏宏图高科技股份有限公司采取出具警示函措施的决定
措施决定书〔2019〕50 号	关于对东海证券股份有限公司采取责令改正措施的决定
措施决定书〔2019〕51 号	关于对江苏澳洋健康产业股份有限公司采取出具警示函监管措施的决定
措施决定书〔2019〕52 号	江苏证监局关于对李季采取出具警示函措施的决定
措施决定书〔2019〕53 号	江苏证监局关于对海润光伏科技股份有限公司采取出具警示函措施的决定
措施决定书〔2019〕54 号	关于对上海联新投资中心(有限合伙)采取出具警示函措施的决定
措施决定书〔2019〕55 号	江苏证监局关于对南京建工产业集团有限公司采取出具警示函措施的决定
措施决定书〔2019〕56 号	江苏证监局关于对方正中期期货有限公司苏州营业部采取责令改正措施的决定
措施决定书〔2019〕57 号	江苏证监局关于对江苏光一投资集团有限公司、龙昌明、熊珂采取出具警示函措施的决定
措施决定书〔2019〕58 号	江苏证监局关于对华泰联合证券有限责任公司采取出具警示函措施的决定
措施决定书〔2019〕59 号	关于对东吴证券苏州吴江中山北路证券营业部采取责令改正监督管理措施的决定
措施决定书〔2019〕60 号	关于对国旅联合股份有限公司采取出具警示函措施的决定
措施决定书〔2019〕61 号	江苏证监局关于对南京三信防务装备股份有限公司采取出具警示函措施的决定
措施决定书〔2019〕62 号	江苏证监局关于对魏可红采取认定为不适当人选措施的决定
措施决定书〔2019〕63 号	关于对常州永宣资源股权投资基金管理合伙企业(有限合伙)采取责令改正措施的决定
措施决定书〔2019〕64 号	江苏证监局关于对江苏飞力达国际物流股份有限公司采取出具警示函措施的决定

续表

发文字号	发文标题
措施决定书〔2019〕65号	江苏证监局关于对华泰证券股份有限公司采取责令改正监督管理措施的决定
措施决定书〔2019〕66号	关于对江苏鲁上投资管理有限公司采取责令改正措施的决定
措施决定书〔2019〕67号	关于对江苏趣投股权投资基金管理有限公司采取出具警示函措施的决定
措施决定书〔2019〕68号	江苏证监局关于对东海证券股份有限公司采取出具警示函措施的决定
措施决定书〔2019〕69号	关于对常州上赢投资有限公司采取出具警示函行政监管措施的决定
措施决定书〔2019〕70号	关于对常州博泽投资管理合伙企业（有限合伙）采取出具警示函行政监管措施的决定
措施决定书〔2019〕71号	关于对南通铁军投资管理有限公司采取出具警示函行政监管措施的决定
措施决定书〔2019〕72号	关于对江苏金百临投资咨询股份有限公司采取出具警示函行政监管措施的决定
措施决定书〔2019〕73号	关于对江苏金百灵资产管理有限责任公司采取出具警示函行政监管措施的决定
措施决定书〔2019〕74号	关于对信文资产管理（江苏）有限公司采取出具警示函行政监管措施的决定
措施决定书〔2019〕75号	关于对南京证券股份有限公司采取出具警示函行政监管措施的请示
措施决定书〔2019〕76号	关于对天德基金管理有限公司采取责令改正措施的决定
措施决定书〔2019〕77号	关于对银邦金属复合材料股份有限公司采取出具警示函措施的决定
措施决定书〔2019〕78号	关于对郑登强、柴国均采取责令改正措施的决定
措施决定书〔2019〕79号	关于对江苏光一贵仁股权投资基金管理有限公司采取出具警示函措施的决定
措施决定书〔2019〕80号	关于对苏州天恩成合资产管理有限公司采取出具警示函措施的决定
措施决定书〔2019〕81号	关于对国鑫无锡金融投资管理有限公司采取出具警示函措施的决定
措施决定书〔2019〕82号	关于对江苏南大光电材料股份有限公司采取出具警示函措施的决定
措施决定书〔2019〕83号	江苏证监局关于对中诚信证券评估有限公司采取出具警示函措施的决定

续表

发文字号	发文标题
措施决定书〔2019〕84 号	关于对大华会计师事务所(特殊普通合伙)及注册会计师施丹丹、杨勇胜采取监管谈话措施的决定
措施决定书〔2019〕85 号	关于对江苏金橙投资管理有限公司采取责令改正行政监管措施的决定
措施决定书〔2019〕86 号	关于对南京越博动力系统股份有限公司采取出具警示函措施的决定
措施决定书〔2019〕87 号	江苏证监局关于对江苏新宁现代物流股份有限公司采取出具警示函措施的决定
措施决定书〔2019〕88 号	江苏证监局关于对南京建工产业集团有限公司采取出具警示函措施的决定
措施决定书〔2019〕89 号	关于对苏州罗普斯金铝业有限公司采取出具警示函措施的决定
措施决定书〔2019〕90 号	江苏证监局关于对江苏鼎犇瀚涵投资基金管理有限公司采取出具警示函措施的决定
措施决定书〔2019〕91 号	关于对瞿建华、姚丽琴采取责令改正监管措施的决定
措施决定书〔2019〕92 号	关于对江苏天鼎证券投资咨询有限公司采取责令改正措施的决定
措施决定书〔2019〕93 号	关于对大连华讯投资股份有限公司南京分公司采取责令改正措施的决定
措施决定书〔2019〕94 号	江苏证监局关于对国轩高科股份有限公司采取出具警示函措施的决定
措施决定书〔2019〕95 号	江苏证监局关于对江苏中利集团股份有限公司采取出具警示函措施的决定
措施决定书〔2019〕96 号	关于对陕西巨丰投资资讯有限责任公司无锡分公司采取责令改正措施的决定
措施决定书〔2019〕97 号	关于对江苏百瑞赢证券咨询有限公司采取责令改正措施的决定
措施决定书〔2019〕98 号	江苏证监局关于对盐城市亭湖区公有资产投资经营有限公司采取出具警示函措施的决定
措施决定书〔2019〕99 号	江苏证监局关于对国信证券股份有限公司采取出具警示函措施的决定
措施决定书〔2019〕100 号	关于对南京露鸣投资管理有限公司采取出具警示函措施的决定
措施决定书〔2019〕101 号	关于对谷小雨采取出具警示函措施的决定
措施决定书〔2019〕102 号	江苏证监局关于对王羲伟采取责令改正措施的决定

续表

发文字号	发文标题
措施决定书〔2019〕103号	江苏证监局关于对黄义清、曹晓波、竺海燕、张阳采取责令改正措施的决定
措施决定书〔2019〕104号	江苏证监局关于对黄义清、王羲伟采取责令改正措施的决定
措施决定书〔2019〕105号	江苏证监局关于对许嚇男、张帆、徐立峰、梁淑燕采取责令改正措施的决定
措施决定书〔2019〕106号	关于对广州经传多赢投资咨询有限公司江苏分公司采取责令改正措施的决定
措施决定书〔2019〕107号	关于对交通银行股份有限公司江苏省分行采取责令改正措施的决定
措施决定书〔2019〕108号	关于对大连华讯投资股份有限公司南京分公司采取出具警示函行政监管措施的决定
措施决定书〔2019〕109号	江苏证监局关于对江苏润和软件股份有限公司采取责令改正措施的决定
措施决定书〔2019〕110号	关于对财达证券宿迁沭阳深圳东路证券营业部采取责令改正措施的决定
措施决定书〔2019〕111号	关于对江苏紫天传媒科技股份有限公司采取责令改正措施的决定
措施决定书〔2019〕112号	江苏证监局关于对周红卫、姚宁采取出具警示函措施的决定
浙证监措施〔2019〕1号	关于对沈旭涛采取出具警示函措施的决定
浙证监措施〔2019〕2号	关于对美都能源股份有限公司采取责令改正措施的决定
浙证监措施〔2019〕3号	关于对潘丽春采取出具警示函措施的决定
浙证监措施〔2019〕4号	关于对浙江金观诚财富管理有限公司采取责令改正并暂停办理基金销售相关业务措施的决定2019
浙证监措施〔2019〕6号	关于对娄底中钰资产管理有限公司采取出具警示函措施的决定
浙证监措施〔2019〕7号	关于对创新医疗管理股份有限公司及相关人员采取出具警示函措施的决定
浙证监措施〔2019〕8号	关于对浙江中国小商品城集团股份有限公司及相关人员采取出具警示函措施的决定
浙证监措施〔2019〕9号	关于对浙江嘉化能源化工股份有限公司及相关人员采取出具警示函措施的决定
浙证监措施〔2019〕11号	关于对郭乃梁采取出具警示函措施的决定
浙证监措施〔2019〕12号	关于对金炜棋采取认定为不适当人选措施的决定
浙证监措施〔2019〕13号	关于对宁波信达风盛投资合伙企业（有限合伙）采取出具警示函措施的决定

续表

发文字号	发文标题
浙证监措施〔2019〕22 号	关于对浙江万盛股份有限公司及相关人员采取出具警示函措施的决定
浙证监措施〔2019〕23 号	关于对海越能源集团股份有限公司及相关人员采取出具警示函措施的决定
浙证监措施〔2019〕24 号	关于对杭州中威电子股份有限公司采取出具警示函措施的决定
浙证监措施〔2019〕25 号	关于对石旭刚、何珊珊、孙琳、徐造金采取出具警示函措施的决定
浙证监措施〔2019〕26 号	关于对亚太(集团)会计师事务所(特殊普通合伙)采取出具警示函措施的决定——浙证监措施〔2019〕026 号
浙证监措施〔2019〕27 号	关于对周铁华、欧阳卓采取出具警示函措施的决定
浙证监措施〔2019〕28 号	关于对上海中期期货股份有限公司杭州营业部采取责令改正措施的决定
浙证监措施〔2019〕29 号	关于对焦岗汉采取出具警示函措施的决定
浙证监措施〔2019〕30 号	关于对汪一青采取出具警示函措施的决定
浙证监措施〔2019〕31 号	关于对浙江新世纪期货有限公司采取责令改正措施的决定
浙证监措施〔2019〕32 号	关于对余宏伟采取出具警示函措施的决定
浙证监措施〔2019〕33 号	关于对金朝璋采取出具警示函措施的决定
浙证监措施〔2019〕34 号	关于对陈跃民采取出具警示函措施的决定
浙证监措施〔2019〕35 号	关于对浙江普漫斯资产管理有限公司采取出具警示函措施的决定
浙证监措施〔2019〕36 号	关于对高荣华采取出具警示函措施的决定
浙证监措施〔2019〕37 号	关于对廖列满采取出具警示函措施的决定
浙证监措施〔2019〕38 号	关于对义乌市高创投资管理有限公司采取出具警示函措施的决定
浙证监措施〔2019〕39 号	关于对方刚军采取出具警示函措施并在辖区内通报的决定
浙证监措施〔2019〕40 号	关于对青岛金石灏汭投资有限公司采取出具警示函措施的决定
浙证监措施〔2019〕41 号	关于对浙江司太立制药股份有限公司、胡锦生采取出具警示函措施的决定
浙证监措施〔2019〕42 号	关于对露笑科技股份有限公司及相关人员采取出具警示函措施的决定
浙证监措施〔2019〕43 号	关于对浙江金盾风机股份有限公司及相关人员采取出具警示函措施的决定
浙证监措施〔2019〕44 号	关于对莱茵达体育发展股份有限公司、高继胜、高翔、程沧采取出具警示函措施的决定

续表

发文字号	发文标题
浙证监措施〔2019〕45 号	关于对浙江阿拉丁信息科技股份有限公司及相关人员采取出具警示函措施的决定
浙证监措施〔2019〕46 号	关于对浙江保亿物业服务股份有限公司及相关人员采取出具警示函措施的决定
浙证监措施〔2019〕47 号	关于对精功集团有限公司、金良顺采取出具警示函措施的决定
浙证监措施〔2019〕48 号	关于对浙江唐德影视股份有限公司及相关人员采取出具警示函措施的决定
浙证监措施〔2019〕49 号	关于对博创科技股份有限公司及相关人员采取出具警示函措施的决定
浙证监措施〔2019〕50 号	关于对方军采取出具警示函措施的决定
浙证监措施〔2019〕51 号	关于对陈杰采取出具警示函措施的决定
浙证监措施〔2019〕52 号	关于对海宁新鼎明影视文化投资管理有限公司采取责令改正监管措施的决定
浙证监措施〔2019〕53 号	关于对常州星河资本管理有限公司采取出具警示函措施的决定
浙证监措施〔2019〕54 号	关于对浙江巨龙控股集团有限公司采取出具警示函措施的决定
浙证监措施〔2019〕55 号	关于对浙银复成（杭州）资本管理有限公司采取责令改正监管措施的决定
浙证监措施〔2019〕56 号	关于对思嘉投资管理（浙江）有限公司采取责令改正监管措施的决定
浙证监措施〔2019〕57 号	关于对刘东采取出具警示函措施的决定
浙证监措施〔2019〕58 号	关于对牛江采取出具警示函措施的决定
浙证监措施〔2019〕59 号	关于对杭州纤益资产管理有限公司法定代表人采取监管谈话措施的决定
浙证监措施〔2019〕60 号	关于对浙江诚合资产管理有限公司采取责令改正监管措施的决定
浙证监措施〔2019〕61 号	关于对浙银博汇（杭州）资本管理有限公司采取责令改正监管措施的决定
浙证监措施〔2019〕62 号	关于对浙银伯乐（杭州）资本管理有限公司采取责令改正监管措施的决定
浙证监措施〔2019〕63 号	关于对杭州泽胤股权投资基金管理有限公司采取责令改正监管措施的决定
浙证监措施〔2019〕64 号	关于对杭州敦行投资管理合伙企业（有限合伙）采取责令改正监管措施的决定

续表

发文字号	发文标题
浙证监措施〔2019〕65 号	关于对浙银汇地(杭州)资本管理有限公司采取责令改正监管措施的决定
浙证监措施〔2019〕66 号	关于对浙银汇智(杭州)资本管理有限公司采取责令改正监管措施的决定
浙证监措施〔2019〕67 号	关于对杭州向胤资产管理有限公司采取责令改正监管措施的决定
浙证监措施〔2019〕68 号	关于对杭州千乘资产管理有限公司采取责令改正监管措施的决定
浙证监措施〔2019〕69 号	关于对义乌联创易富投资管理中心(有限合伙)采取责令改正监管措施的决定
浙证监措施〔2019〕70 号	关于对杭州绿城财富管理有限公司采取责令改正监管措施的决定
浙证监措施〔2019〕71 号	关于对浙江神州资产管理有限公司采取责令改正监管措施的决定
浙证监措施〔2019〕72 号	关于对浙江比特资产管理有限公司采取责令改正监管措施的决定
浙证监措施〔2019〕73 号	关于对盛达期货有限公司采取出具警示函措施的决定
浙证监措施〔2019〕75 号	关于对浙江步森服饰股份有限公司及相关人员采取出具警示函措施的决定
浙证监措施〔2019〕76 号	关于对杭州鸿泰股权投资基金管理有限公司采取责令改正监管措施的决定
浙证监措施〔2019〕77 号	关于对罗良顺采取出具警示函措施的决定
浙证监措施〔2019〕78 号	关于对何建采取出具警示函措施的决定
浙证监措施〔2019〕79 号	关于对付京采取出具警示函措施的决定
浙证监措施〔2019〕80 号	关于对骆江峰采取出具警示函措施的决定
浙证监措施〔2019〕81 号	关于对龙树资本管理股份有限公司采取责令改正监管措施的决定
浙证监措施〔2019〕82 号	关于对精功集团有限公司及金良顺采取出具警示函措施的决定
浙证监措施〔2019〕83 号	关于对会稽山绍兴酒股份有限公司及相关人员采取出具警示函措施的决定
浙证监措施〔2019〕84 号	关于对陕西长安航空旅游有限公司采取出具警示函措施的决定
浙证监措施〔2019〕85 号	关于对杭州天目山药业股份有限公司采取责令改正措施的决定(2019)
浙证监措施〔2019〕86 号	关于对长城影视文化企业集团有限公司采取责令改正措施的决定

续表

发文字号	发文标题
浙证监措施〔2019〕87 号	关于对浙江司太立制药股份有限公司采取出具警示函措施的决定
浙证监措施〔2019〕88 号	关于对傅国定、韩钧采取出具警示函措施的决定
浙证监措施〔2019〕89 号	关于对浙江金鹰股份有限公司采取责令改正措施的决定
浙证监措施〔2019〕90 号	关于对李嫚采取出具警示函措施的决定
浙证监措施〔2019〕91 号	关于对杭州金雕资产管理有限公司采取责令改正监管措施的决定
浙证监措施〔2019〕92 号	关于对余长青采取监管谈话措施的决定
浙证监措施〔2019〕93 号	关于对沈建昌采取监管谈话措施的决定
浙证监措施〔2019〕94 号	关于对李金燕采取监管谈话措施的决定
浙证监措施〔2019〕95 号	关于对爱建证券有限责任公司嘉兴斜西街证券营业部采取责令改正措施的决定
浙证监措施〔2019〕96 号	关于对爱建证券有限责任公司杭州富春路证券营业部采取责令改正措施的决定
浙证监措施〔2019〕97 号	关于对赞宇科技集团股份有限公司及方银军、陆伟娟、任国晓、马晗采取出具警示函措施的决定
浙证监措施〔2019〕98 号	关于对浙江精功科技股份有限公司采取责令改正措施的决定
浙证监措施〔2019〕99 号	关于对金越顺、吴海祥、黄伟明、夏青华采取出具警示函措施的决定
浙证监措施〔2019〕100 号	关于对嘉兴市信诚业达股权投资管理有限公司采取责令改正监管措施的决定
浙证监措施〔2019〕101 号	关于对浙江联合中小企业资本管理有限公司采取责令改正监管措施的决定
浙证监措施〔2019〕102 号	关于对杭州国瀚基金管理有限公司采取责令改正监管措施的决定
浙证监措施〔2019〕103 号	关于对信业华福投资管理有限公司采取责令改正监管措施的决定
浙证监措施〔2019〕104 号	关于对解舒华采取出具警示函监管措施的决定
浙证监措施〔2019〕105 号	关于对严国蓉采取出具警示函监管措施的决定
浙证监措施〔2019〕107 号	关于对李根采取出具警示函监管措施的决定
浙证监措施〔2019〕108 号	关于对张伟采取出具警示函监管措施的决定
浙证监措施〔2019〕109 号	关于对杜谢采取出具警示函监管措施的决定
浙证监措施〔2019〕110 号	关于对马博采取出具警示函监管措施的决定

续表

发文字号	发文标题
浙证监措施〔2019〕111 号	关于对嘉兴信业瑞佑投资管理有限公司采取责令改正监管措施的决定
浙证监措施〔2019〕112 号	关于对嘉兴惠博投资管理有限公司采取责令改正监管措施的决定
浙证监措施〔2019〕113 号	关于对任文波采取出具警示函监管措施的决定
浙证监措施〔2019〕114 号	关于对吴海军采取出具警示函措施的决定
浙证监措施〔2019〕115 号	关于对美都能源股份有限公司及相关人员采取出具警示函措施的决定(2019.10)
浙证监措施〔2019〕116 号	关于对杭州博海汇金资产管理有限公司采取责令改正监管措施的决定
浙证监措施〔2019〕117 号	关于对浙江华铁应急设备科技股份有限公司及相关人员采取出具警示函措施的决定
浙证监措施〔2019〕118 号	关于对浙江星星科技股份有限公司及其相关人员采取出具警示函措施的决定
浙证监措施〔2019〕119 号	关于对杭州天目山药业股份有限公司采取责令改正措施的决定(201910)
浙证监措施〔2019〕120 号	关于对美盛文化创意股份有限公司及相关人员采取出具警示函措施的决定
浙证监措施〔2019〕121 号	关于对永艺家具股份有限公司、张加勇、吕成、顾钦杭采取出具警示函措施的决定
浙证监措施〔2019〕122 号	关于对阮静波、徐万福、刘波平采取监管谈话监督管理措施的决定
浙证监措施〔2019〕123 号	关于对浙江闰土股份有限公司采取出具警示函监督管理措施的决定
浙证监措施〔2019〕124 号	关于对李美君采取出具警示函措施的决定
浙证监措施〔2019〕125 号	关于对朱国锭、包晓茹采取出具警示函措施的决定
浙证监措施〔2019〕126 号	关于对邢士军、刘蕾采取出具警示函措施的决定
浙证监措施〔2019〕127 号	关于对黄品爱采取出具警示函措施的决定
浙证监措施〔2019〕128 号	关于对郑国准采取出具警示函措施的决定
浙证监措施〔2019〕129 号	关于对柳建飞采取出具警示函措施的决定
浙证监措施〔2019〕130 号	关于对陈海军、陈夏英、杭州昌健投资合伙企业(有限合伙)采取出具警示函措施的决定
浙证监措施〔2019〕131 号	关于对谢炜采取出具警示函措施的决定
浙证监措施〔2019〕132 号	关于对上海康瀚投资管理中心(有限合伙)采取出具警示函措施的决定

续表

发文字号	发文标题
浙证监措施〔2019〕133号	关于对陈莎采取出具警示函措施的决定
浙证监措施〔2019〕134号	关于对林云贵采取出具警示函措施的决定
浙证监措施〔2019〕135号	关于对郑国基采取出具警示函措施的决定
浙证监措施〔2019〕136号	关于对瑞华会计师事务所(特殊普通合伙)采取出具警示函措施的决定——浙证监措施〔2019〕136号
浙证监措施〔2019〕137号	关于对立信会计师事务所(特殊普通合伙)及注册会计师朱伟、张建新、陈朝亮采取出具警示函措施的决定
浙证监措施〔2019〕138号	关于对天健会计师事务所(特殊普通合伙)及注册会计师陈志维、李琼娇采取出具警示函措施的决定
浙证监措施〔2019〕139号	关于对杭州中威电子股份有限公司及其相关人员采取出具警示函措施的决定
浙证监措施〔2019〕140号	关于对三鼎控股集团有限公司及相关责任人员采取出具警示函措施的决定
浙证监措施〔2019〕141号	关于对金龙控股集团有限公司、金绍平采取出具警示函措施的决定(2019年12月18日)
浙证监措施〔2019〕142号	关于对国融证券股份有限公司采取出具警示函措施的决定
浙证监措施〔2019〕143号	关于对天祥建设集团股份有限公司及相关人员采取出具警示函措施的决定
浙证监措施〔2019〕144号	关于对富达实业公司采取出具警示函措施的决定
安徽证监局行政监管措施决定书〔2019〕1号	关于对王晖采取出具警示函措施的决定
安徽证监局行政监管措施决定书〔2019〕3号	关于对安徽天九双众投资管理有限公司采取出具警示函措施的决定
安徽证监局行政监管措施决定书〔2019〕6号	关于对冯青青采取出具警示函措施的决定
安徽证监局行政监管措施决定书〔2019〕7号	关于对万和投资有限公司采取出具警示函措施的决定
安徽证监局行政监管措施决定书〔2019〕8号	关于对安徽梦舟实业股份有限公司采取责令改正措施的决定
安徽证监局行政监管措施决定书〔2019〕9号	关于对融捷健康科技股份有限公司采取警示函措施的决定
安徽证监局行政监管措施决定书〔2019〕10号	关于对吴仕超采取出具警示函措施的决定
安徽证监局行政监管措施决定书〔2019〕11号	关于对上海东洲资产评估有限公司及签字资产评估师杨黎鸣、朱淋云采取出具警示函措施的决定
安徽证监局行政监管措施决定书〔2019〕12号	关于对中审华会计师事务所(特殊普通合伙)及注册会计师梁筱芳、金益平、姚运海采取出具警示函措施的决定
安徽证监局行政监管措施决定书〔2019〕13号	关于对安徽梦舟实业股份有限公司及相关人员采取出具警示函措施的决定

续表

发 文 字 号	发 文 标 题
安徽证监局行政监管措施决定书〔2019〕14 号	关于对安徽赛伯乐科创股权投资管理有限公司采取责令改正措施的决定
安徽证监局行政监管措施决定书〔2019〕15 号	关于对安徽合和达投资管理有限公司采取责令改正措施的决定
安徽证监局行政监管措施决定书〔2019〕16 号	关于对芜湖卓辉盛景投资管理中心(有限合伙)采取责令改正措施的决定
安徽证监局行政监管措施决定书〔2019〕17 号	关于对陈杰采取出具警示函措施的决定
安徽证监局行政监管措施决定书〔2019〕18 号	关于对何冰采取出具警示函措施的决定
安徽证监局行政监管措施决定书〔2019〕19 号	关于对合肥新鼎明影视投资管理有限公司采取责令改正措施的决定
安徽证监局行政监管措施决定书〔2019〕22 号	关于对汤东标采取出具警示函措施的决定
安徽证监局行政监管措施决定书〔2019〕23 号	关于对广东正中珠江会计师事务所(特殊普通合伙)及注册会计师熊永忠、杨新春采取出具警示函措施的决定
安徽证监局行政监管措施决定书〔2019〕24 号	关于对安徽润升牛业股份有限公司及相关人员采取出具警示函措施的决定
安徽证监局行政监管措施决定书〔2019〕25 号	关于对大信会计师事务所(特殊普通合伙)及注册会计师乔冠芳、宋江勇采取监管谈话措施的决定
安徽证监局行政监管措施决定书〔2019〕26 号	关于对中兴财光华会计师事务所(特殊普通合伙)及注册会计师王荣前、张咏梅采取监管谈话措施的决定
安徽证监局行政监管措施决定书〔2019〕27 号	关于对立信中联会计师事务所(特殊普通合伙)及注册会计师何晓云、谢俊采取出具警示函措施的决定
安徽证监局行政监管措施决定书〔2019〕28 号	关于对徽商期货有限责任公司采取出具警示函措施的决定
安徽证监局行政监管措施决定书〔2019〕29 号	关于对华安期货有限责任公司采取出具警示函措施的决定
安徽证监局行政监管措施决定书〔2019〕30 号	关于对王明利采取出具警示函措施的决定
安徽证监局行政监管措施决定书〔2019〕31 号	关于对国元证券股份有限公司采取警示函措施的决定
安徽证监局行政监管措施决定书〔2019〕32 号	关于对安徽德豪润达电气股份有限公司采取出具警示函的决定
安徽证监局行政监管措施决定书〔2019〕33 号	关于对卫讯舟采取出具警示函措施的决定
安徽证监局行政监管措施决定书〔2019〕34 号	关于对上海益盟软件技术股份有限公司安徽分公司采取责令暂停新增客户措施的决定
安徽证监局行政监管措施决定书〔2019〕35 号	关于对江苏百瑞赢证券咨询有限公司合肥分公司采取责令暂停新增客户措施的决定
安徽证监局行政监管措施决定书〔2019〕36 号	关于对鲁政平采取出具警示函措施的决定
安徽证监局行政监管措施决定书〔2019〕37 号	关于对黑龙江省容维证券数据程序化有限公司安徽分公司采取责令暂停新增客户措施的决定

续表

发文字号	发文标题
安徽证监局行政监管措施决定书〔2019〕38号	关于对国元证券股份有限公司采取出具警示函措施的决定
福建证监局行政监管措施决定书〔2019〕1号	关于对王丽光采取出具警示函措施的决定
福建证监局行政监管措施决定书〔2019〕2号	关于对福鼎白茶股份有限公司采取出具警示函措施的决定
福建证监局行政监管措施决定书〔2019〕3号	关于对朱丽燕采取出具警示函措施的决定
福建证监局行政监管措施决定书〔2019〕4号	关于对福建天线宝宝食品股份有限公司采取出具警示函措施的决定
福建证监局行政监管措施决定书〔2019〕5号	关于对许志忠采取出具警示函措施的决定
福建证监局行政监管措施决定书〔2019〕6号	关于对中审华会计师事务所（特殊普通合伙）及注册会计师姚运海、贺诗钊采取出具警示函措施的决定
福建证监局行政监管措施决定书〔2019〕7号	关于对天健会计师事务所（特殊普通合伙）及注册会计师黄志恒、章天赐采取出具警示函措施的决定
福建证监局行政监管措施决定书〔2019〕8号	关于对徐双权采取出具警示函措施的决定
福建证监局行政监管措施决定书〔2019〕9号	关于对福建功夫谷股份有限公司采取责令改正措施的决定
福建证监局行政监管措施决定书〔2019〕10号	关于对福建海源复合材料科技股份有限公司采取出具警示函措施的决定
福建证监局行政监管措施决定书〔2019〕11号	关于对福建中兴资产评估房地产土地估价有限责任公司采取监管谈话措施的决定
福建证监局行政监管措施决定书〔2019〕12号	关于对资产评估师周庆国、陈世琴采取监管谈话措施的决定
福建证监局行政监管措施决定书〔2019〕13号	关于对资产评估师周庆国陈世琴采取监管谈话措施的决定
福建证监局行政监管措施决定书〔2019〕14号	关于对天广中茂股份有限公司采取责令改正措施的决定
福建证监局行政监管措施决定书〔2019〕15号	关于对苏加旭采取责令改正措施的决定
福建证监局行政监管措施决定书〔2019〕16号	关于对卢翔采取认定为不适当人选行政监管措施的决定
福建证监局行政监管措施决定书〔2019〕17号	关于对林力采取出具警示函行政监管措施的决定
福建证监局行政监管措施决定书〔2019〕18号	关于对方江涛采取出具警示函措施的决定
福建证监局行政监管措施决定书〔2019〕19号	关于对德化恒忆陶瓷艺术股份有限公司采取责令改正措施的决定
福建证监局行政监管措施决定书〔2019〕20号	关于对邱茂期、苏介全采取出具警示函措施的决定
福建证监局行政监管措施决定书〔2019〕21号	关于对林鸿福、林长标采取出具警示函措施的决定
福建证监局行政监管措施决定书〔2019〕22号	关于对福建众和股份有限公司采取出具警示函措施的决定
福建证监局行政监管措施决定书〔2019〕23号	关于对詹金明采取出具警示函措施的决定
福建证监局行政监管措施决定书〔2019〕24号	关于对福建省永安林业（集团）股份有限公司采取责令改正的决定
福建证监局行政监管措施决定书〔2019〕25号	关于对深圳市东方盛来投资管理有限公司采取责令改正措施的决定

续表

发文字号	发文标题
福建证监局行政监管措施决定书〔2019〕26 号	关于对谢红采取出具警示函措施的决定
福建证监局行政监管措施决定书〔2019〕27 号	关于对北京昂展科技发展有限公司采取出具警示函措施的决定
福建证监局行政监管措施决定书〔2019〕28 号	关于对宁波保税区永谐国际贸易有限公司采取出具警示函措施的决定
福建证监局行政监管措施决定书〔2019〕29 号	关于对黄迪群采取出具警示函措施的决定
福建证监局行政监管措施决定书〔2019〕30 号	关于对华福证券有限责任公司采取责令处分有关人员行政监管措施的决定
福建证监局行政监管措施决定书〔2019〕31 号	《关于对深圳市东方盛来投资管理有限公司采取责令公开说明措施的决定》
福建证监局行政监管措施决定书〔2019〕32 号	关于对蔡小如采取出具警示函措施的决定
福建证监局行政监管措施决定书〔2019〕33 号	关于对陈烈权采取出具警示函措施的决定
福建证监局行政监管措施决定书〔2019〕34 号	关于对善润园(福建)资产管理有限公司采取责令改正措施的决定
福建证监局行政监管措施决定书〔2019〕35 号	关于对泉州市丰侨投资管理有限公司采取责令改正措施的决定
福建证监局行政监管措施决定书〔2019〕36 号	关于对福建豪山资产管理有限公司采取出具警示函措施的决定
福建证监局行政监管措施决定书〔2019〕37 号	关于对福建双宇中融投资管理有限公司采取责令改正措施的决定
福建证监局行政监管措施决定书〔2019〕38 号	关于对周瑜、黄燕、李思韵、张敬采取责令改正措施的决定
福建证监局行政监管措施决定书〔2019〕39 号	关于对福建福厚资产管理有限公司采取责令改正措施的决定
福建证监局行政监管措施决定书〔2019〕40 号	关于对运通星(中国)财富管理有限公司采取责令改正措施的决定
福建证监局行政监管措施决定书〔2019〕41 号	关于对泉州市地山股权投资管理合伙企业(有限合伙)采取责令改正措施的决定
福建证监局行政监管措施决定书〔2019〕42 号	关于对广东正中珠江会计师事务所(特殊普通合伙)及注册会计师陈昭、马云山采取出具警示函措施的决定
福建证监局行政监管措施决定书〔2019〕43 号	关于对致同会计师事务所(特殊普通合伙)及注册会计师陈连锋、江辉、林礼璋采取出具警示函措施的决定
福建证监局行政监管措施决定书〔2019〕44 号	关于对林章威采取出具警示函措施的决定
福建证监局行政监管措施决定书〔2019〕45 号	关于对福建省闽保信息技术股份有限公司采取出具警示函措施的决定
福建证监局行政监管措施决定书〔2019〕46 号	关于对恺英网络股份有限公司采取出具责令改正与责令公开说明措施的决定

续表

发 文 字 号	发 文 标 题
福建证监局行政监管措施决定书〔2019〕47 号	关于对金锋、陈永聪采取出具警示函措施的决定
福建证监局行政监管措施决定书〔2019〕48 号	关于对万隆(上海)资产评估有限公司及资产评估师吴玉娜、杨贵海采取出具警示函措施的决定
福建证监局行政监管措施决定书〔2019〕49 号	关于对东海证券股份有限公司福清中环路证券营业部采取责令改正监督管理措施的决定
福建证监局行政监管措施决定书〔2019〕50 号	关于对黄祖尧采取出具警示函措施的决定
福建证监局行政监管措施决定书〔2019〕51 号	关于对陈志江采取出具警示函措施的决定
福建证监局行政监管措施决定书〔2019〕52 号	关于对王庆采取出具警示函措施的决定
福建证监局行政监管措施决定书〔2019〕53 号	关于对福建纳川管材科技股份有限公司采取出具警示函措施的决定
福建证监局行政监管措施决定书〔2019〕54 号	关于对福建赛伯乐绿科投资管理有限公司采取责令改正措施的决定
江西监管局行政监管措施决定书〔2019〕1 号	关于对深圳市鼎鹏投资有限公司采取出具警示函措施的决定
江西监管局行政监管措施决定书〔2019〕2 号	关于对新余观悦投资管理有限公司采取出具警示函措施的决定
江西监管局行政监管措施决定书〔2019〕3 号	关于对吴道洪、宋彬等采取责令改正措施的决定
江西监管局行政监管措施决定书〔2019〕4 号	关于对神雾节能股份有限公司采取出具警示函措施的决定
江西监管局行政监管措施决定书〔2019〕5 号	关于对江西昌九集团有限公司及其董事长李季采取出具警示函措施的决定
江西监管局行政监管措施决定书〔2019〕6 号	关于对神雾科技集团股份有限公司采取责令改正措施的决定
江西监管局行政监管措施决定书〔2019〕7 号	关于对吴道洪采取责令改正措施的决定
江西监管局行政监管措施决定书〔2019〕8 号	关于对抚州苍源中药材种植股份有限公司及相关责任人员采取出具警示函措施的决定
江西监管局行政监管措施决定书〔2019〕9 号	关于对神雾科技集团股份有限公司采取出具警示函措施的决定
江西监管局行政监管措施决定书〔2019〕10 号	关于对国盛证券有限责任公司采取出具警示函措施的决定
江西监管局行政监管措施决定书〔2019〕11 号	关于对平安证券股份有限公司江西分公司采取出具警示函措施的决定
山东证监局行政监管措施决定书〔2019〕1 号	关于对凯瑞德控股股份有限公司及其股东张培峰采取出具警示函措施的决定
山东证监局行政监管措施决定书〔2019〕2 号	关于对凯瑞德控股股份有限公司股东任飞、王腾采取出具警示函措施的决定

续表

发文字号	发文标题
山东证监局行政监管措施决定书〔2019〕3 号	关于对山东共达电声股份有限公司采取出具警示函措施的决定
山东证监局行政监管措施决定书〔2019〕4 号	关于对鲁证期货股份有限公司采取出具警示函措施的决定
山东证监局行政监管措施决定书〔2019〕5 号	关于对淄博人立文化创意股份有限公司采取出具警示函行政监管措施的决定
山东证监局行政监管措施决定书〔2019〕6 号	关于对山东绿嘉木结构股份有限公司及傅连刚采取出具警示函行政监管措施的决定
山东证监局行政监管措施决定书〔2019〕7 号	关于对烟台张裕葡萄酿酒股份有限公司采取责令改正措施的决定
山东证监局行政监管措施决定书〔2019〕8 号	关于对周洪江、曲为民采取出具警示函措施的决定
山东证监局行政监管措施决定书〔2019〕9 号	关于对烟台张裕葡萄酿酒股份有限公司采取出具警示函措施的决定
山东证监局行政监管措施决定书〔2019〕10 号	关于对北京中锋资产评估有限责任公司采取出具警示函措施的决定
山东证监局行政监管措施决定书〔2019〕11 号	关于对众华会计师事务所(特殊普通合伙)采取出具警示函措施的决定
山东证监局行政监管措施决定书〔2019〕12 号	关于对山东新潮能源股份有限公司及黄珍、卢绍杰、胡广军、何再权采取出具警示函措施的决定
山东证监局行政监管措施决定书〔2019〕13 号	关于对北京天圆全会计师事务所(特殊普通合伙)采取出具警示函措施的决定
山东证监局行政监管措施决定书〔2019〕14 号	关于对谢东、高丽华采取出具警示函措施的决定
山东证监局行政监管措施决定书〔2019〕15 号	关于对冯芸、衣志坤采取出具警示函措施的决定
山东证监局行政监管措施决定书〔2019〕16 号	关于对山东联创互联网传媒股份有限公司董事、总裁齐海莹采取出具警示函措施的决定
山东证监局行政监管措施决定书〔2019〕17 号	关于对中泰证券股份有限公司采取责令改正措施的决定
山东证监局行政监管措施决定书〔2019〕18 号	关于对山东东方誉源农资连锁股份有限公司采取责令公开说明措施的决定
山东证监局行政监管措施决定书〔2019〕19 号	关于对山东龙力生物科技股份有限公司采取责令改正措施的决定
山东证监局行政监管措施决定书〔2019〕20 号	关于对程少博、高立娟采取出具警示函措施的决定
山东证监局行政监管措施决定书〔2019〕21 号	关于对王华华采取出具警示函措施的决定
山东证监局行政监管措施决定书〔2019〕22 号	关于对金正大生态工程集团股份有限公司董事长万连步等 3 人采取监管谈话措施的决定
山东证监局行政监管措施决定书〔2019〕23 号	关于对金正大生态工程集团股份有限公司采取出具警示函措施的决定

续表

发文字号	发文标题
山东证监局行政监管措施决定书〔2019〕24号	关于对张仁华采取出具警示函措施的决定
山东证监局行政监管措施决定书〔2019〕25号	关于对山东佳田医学影像股份有限公司采取出具警示函行政监管措施的决定
山东证监局行政监管措施决定书〔2019〕26号	关于对山东泰然材料科技股份有限公司采取出具警示函措施的决定
山东证监局行政监管措施决定书〔2019〕27号	关于对山东地矿股份有限公司采取责令改正措施的决定
山东证监局行政监管措施决定书〔2019〕28号	关于对山东如意科技集团有限公司采取出具警示函措施的决定
山东证监局行政监管措施决定书〔2019〕29号	关于对山东林铂通投资有限公司采取责令改正措施的决定
山东证监局行政监管措施决定书〔2019〕30号	关于对融闽股权投资基金有限公司采取出具警示函措施的决定
山东证监局行政监管措施决定书〔2019〕31号	关于对东营市财金投资基金管理有限公司采取出具警示函措施的决定
山东证监局行政监管措施决定书〔2019〕32号	关于对潍坊金瓯股权投资管理有限公司采取出具警示函措施的决定
山东证监局行政监管措施决定书〔2019〕33号	关于对山东众安凯捷股权投资基金管理有限公司采取出具警示函措施的决定
山东证监局行政监管措施决定书〔2019〕34号	关于对山东省财金资本管理有限公司采取出具警示函措施的决定
山东证监局行政监管措施决定书〔2019〕35号	关于对爱建证券有限责任公司临沂沂蒙路证券营业部采取责令改正措施的决定
山东证监局行政监管措施决定书〔2019〕36号	关于对李金展采取监管谈话措施的决定
山东证监局行政监管措施决定书〔2019〕37号	关于对洪业化工集团股份有限公司及佘庆明、佘洪勇采取出具警示函措施的决定
山东证监局行政监管措施决定书〔2019〕38号	关于对东海证券股份有限公司采取出具警示函措施的决定
山东证监局行政监管措施决定书〔2019〕39号	关于对开源证券股份有限公司采取出具警示函措施的决定
山东证监局行政监管措施决定书〔2019〕40号	关于对中兴财光华会计师事务所（特殊普通合伙）及注册会计师姚更春、王新文采取出具警示函措施的决定
山东证监局行政监管措施决定书〔2019〕41号	关于对临沂金正大投资控股有限公司采取出具警示函措施的决定
山东证监局行政监管措施决定书〔2019〕42号	关于对万连步等11名人员采取出具警示函措施的决定
山东证监局行政监管措施决定书〔2019〕43号	关于对山东盈辉私募基金管理有限公司采取责令改正措施的决定

续表

发文字号	发文标题
山东证监局行政监管措施决定书〔2019〕44号	关于对山东舜基私募基金管理有限公司采取责令改正措施的决定
山东证监局行政监管措施决定书〔2019〕45号	关于对冯雷采取出具警示函措施的决定
山东证监局行政监管措施决定书〔2019〕46号	关于对杨涛采取出具警示函措施的决定
山东证监局行政监管措施决定书〔2019〕47号	关于对张权采取出具警示函措施的决定
山东证监局行政监管措施决定书〔2019〕48号	关于对中喜会计师事务所(特殊普通合伙)及注册会计师李松清、吴丽丽采取出具警示函行政监管措施的决定
山东证监局行政监管措施决定书〔2019〕49号	关于对烟台华达资产评估事务所(普通合伙)及资产评估师梁庆卫、王有志采取出具警示函行政监管措施的决定
山东证监局行政监管措施决定书〔2019〕50号	关于对中天运会计师事务所(特殊普通合伙)及注册会计师杨锡刚、张友富采取出具警示函行政监管措施的决定
山东证监局行政监管措施决定书〔2019〕51号	关于对北京中天华资产评估有限责任公司及注册资产评估师管基强、薛秀荣采取出具警示函措施的决定
山东证监局行政监管措施决定书〔2019〕52号	关于对胜利德润能源股份有限公司采取出具警示函措施的决定
山东证监局行政监管措施决定书〔2019〕53号	关于对山东星展投资基金管理股份有限公司采取责令改正措施的决定
山东证监局行政监管措施决定书〔2019〕54号	关于对广州润铠胜投资有限责任公司采取出具警示函措施的决定
山东证监局行政监管措施决定书〔2019〕55号	关于对烟台园城黄金股份有限公司采取出具警示函措施的决定
山东证监局行政监管措施决定书〔2019〕56号	关于对朗源股份有限公司采取出具警示函措施的决定
山东证监局行政监管措施决定书〔2019〕57号	关于对戚永茂、张涛、张丽娜采取出具警示函措施的决定
山东证监局行政监管措施决定书〔2019〕58号	关于对金茂纺织化工集团有限公司及徐朋明采取出具警示函措施的决定
山东证监局行政监管措施决定书〔2019〕59号	关于对山东大海集团有限公司及刘福海采取出具警示函措施的决定
山东证监局行政监管措施决定书〔2019〕60号	关于对山东厚观资产管理有限公司采取责令改正措施的决定
山东证监局行政监管措施决定书〔2019〕61号	关于对山东汉福股权投资基金管理有限公司采取出具警示函措施的决定
山东证监局行政监管措施决定书〔2019〕62号	关于对鲁证期货股份有限公司采取责令改正监管措施的决定
山东证监局行政监管措施决定书〔2019〕63号	关于对耿培梁采取出具警示函措施的决定
山东证监局行政监管措施决定书〔2019〕64号	关于对山东联创产业发展集团股份有限公司采取出具警示函措施的决定

续表

发文字号	发文标题
山东证监局行政监管措施决定书〔2019〕65号	关于对李洪国、齐海莹、王宪东、胡安智采取出具警示函措施的决定
山东证监局行政监管措施决定书〔2019〕66号	关于对凯瑞德控股股份有限公司采取出具警示函措施的决定
山东证监局行政监管措施决定书〔2019〕67号	关于对立信会计师事务所(特殊普通合伙)及注册会计师崔岩、何岚采取出具警示函措施的决定
山东证监局行政监管措施决定书〔2019〕68号	关于对山东永平再生资源股份有限公司采取出具警示函行政监管措施的决定
山东证监局行政监管措施决定书〔2019〕69号	关于对中兴华会计师事务所(特殊普通合伙)及注册会计师周振、赵丽红采取出具警示函行政监管措施的决定
山东证监局行政监管措施决定书〔2019〕70号	关于对临沂金正大投资控股有限公司和万连步采取出具警示函措施的决定
山东证监局行政监管措施决定书〔2019〕71号	关于对山东神光咨询服务有限责任公司采取出具警示函措施的决定
山东证监局行政监管措施决定书〔2019〕72号	关于对山东东方海洋科技股份有限公司采取出具警示函措施的决定
山东证监局行政监管措施决定书〔2019〕73号	关于对车轼采取出具警示函措施的决定
山东证监局行政监管措施决定书〔2019〕74号	关于对于雁冰采取出具警示函措施的决定
山东证监局行政监管措施决定书〔2019〕75号	关于对舒宁采取出具警示函措施的决定
山东证监局行政监管措施决定书〔2019〕76号	关于对中喜会计师事务所(特殊普通合伙)及注册会计师巩平、岳丁振采取出具警示函行政监管措施的决定
山东证监局行政监管措施决定书〔2019〕77号	关于对山东创道股权投资基金管理有限公司采取责令改正措施的决定
山东证监局行政监管措施决定书〔2019〕78号	关于对王文斌采取出具警示函措施的决定
山东证监局行政监管措施决定书〔2019〕79号	关于对徐美芬采取出具警示函措施的决定
山东证监局行政监管措施决定书〔2019〕80号	关于对邵春仙采取出具警示函措施的决定
山东证监局行政监管措施决定书〔2019〕81号	关于对盛晨悦采取出具警示函措施的决定
山东证监局行政监管措施决定书〔2019〕82号	关于对北京天圆开资产评估有限公司采取出具警示函措施的决定
山东证监局行政监管措施决定书〔2019〕83号	关于对山东未名生物医药股份有限公司采取出具警示函措施的决定
山东证监局行政监管措施决定书〔2019〕84号	关于对潘爱华、丁学国、赖闻博、王立君采取出具警示函措施的决定
山东证监局行政监管措施决定书〔2019〕85号	关于对北京北大未名生物工程集团有限公司采取出具警示函措施的决定

续表

发文字号	发文标题
河南证监局行政监管措施决定书〔2019〕2号	关于对北京中资北方投资顾问有限公司郑州分公司实施责令改正措施的决定
〔2019〕1号	湖北证监局关于对绿谷资产管理湖北有限公司采取出具警示函措施的决定
〔2019〕2号	湖北证监局关于对湖北远达财富股权投资基金有限公司采取出具警示函措施的决定
〔2019〕3号	湖北证监局关于对武汉恒信创投资产管理有限公司采取出具警示函措施的决定
〔2019〕4号	湖北证监局关于对荆州市科达商贸投资有限公司采取出具警示函措施的决定
〔2019〕5号	湖北证监局关于对西藏金益信和企业管理有限公司采取责令改正措施的决定
〔2019〕6号	湖北证监局关于对深圳市一体投资控股集团有限公司采取责令改正措施的决定
〔2019〕7号	湖北证监局关于对深圳市一体正润资产管理有限公司采取责令改正措施的决定
〔2019〕8号	湖北证监局关于对熊启华采取出具警示函措施的决定
〔2019〕9号	湖北证监局关于对深圳市达晨创泰股权投资企业(有限合伙)采取责令改正措施的决定
〔2019〕10号	湖北证监局关于对深圳市达晨创恒股权投资企业(有限合伙)采取责令改正措施的决定
〔2019〕11号	湖北证监局关于对深圳市达晨创瑞股权投资企业(有限合伙)采取责令改正措施的决定
〔2019〕12号	湖北证监局关于对代德明、湖北恒信盈加投资合伙企业(有限合伙)采取出具警示函措施的决定
〔2019〕13号	湖北证监局关于对湖北凯乐科技股份有限公司采取出具警示函措施的决定
〔2019〕14号	湖北证监局关于对宜昌长乐投资集团有限公司、朱剑采取出具警示函监管措施的决定
〔2019〕15号	湖北证监局关于对东方花旗证券有限责任公司、丁凝、王成钢采取出具警示函监管措施的决定
〔2019〕16号	湖北证监局关于对中国蓝田总公司采取出具警示函措施的决定
〔2019〕17号	湖北证监局关于对汤喆采取出具警示函措施的决定
〔2019〕18号	湖北证监局关于对赵宁采取出具警示函措施的决定

续表

发文字号	发文标题
〔2019〕19号	湖北证监局关于对云南兴龙实业有限公司采取出具警示函措施的决定
〔2019〕20号	湖北证监局关于对中珠医疗控股股份有限公司采取责令改正措施的决定
〔2019〕21号	湖北证监局关于对长江证券股份有限公司采取责令改正措施的决定
〔2019〕22号	湖北证监局关于对新洋丰农业科技股份有限公司采取出具警示函措施的决定
〔2019〕23号	湖北证监局关于对王莉萍采取出具警示函措施的决定
〔2019〕24号	湖北证监局关于对湖北三峡新型建材股份有限公司采取出具警示函措施的决定
〔2019〕25号	湖北证监局关于对湖北新海天投资有限公司采取出具警示函措施的决定
〔2019〕26号	湖北证监局关于对湖北金沙江股权投资管理有限公司采取出具警示函措施的决定
〔2019〕27号	湖北证监局关于对曹洪俊采取出具警示函措施的决定
〔2019〕28号	湖北证监局关于对刘鹏采取出具警示函措施的决定
〔2019〕29号	湖北证监局关于对刘延麟采取监管谈话措施的决定
〔2019〕30号	湖北证监局关于对中国中投证券有限责任公司武汉香港路证券营业部采取责令改正并增加内部合规检查次数监管措施的决定
〔2019〕31号	湖北证监局关于对天风证券股份有限公司采取责令改正监管措施的决定
〔2019〕32号	湖北证监局关于对刘晓蓓采取出具警示函措施的决定
〔2019〕33号	湖北证监局关于对国联期货股份有限公司武汉营业部采取责令改正措施的决定
〔2019〕34号	湖北证监局关于对亚太(集团)会计师事务所(特殊普通合伙)及注册会计师陈刚、孙伟捷采取出具警示函措施的决定
〔2019〕35号	湖北证监局关于对中京民信(北京)资产评估有限公司及资产评估师赵士威、刘章红采取出具警示函措施的决定
〔2019〕36号	湖北证监局关于对中审众环会计师事务所(特殊普通合伙)采取出具警示函措施的决定
〔2019〕37号	湖北证监局关于对汤家俊、汪紫玲采取出具警示函措施的决定
〔2019〕38号	湖北证监局关于对范桂铭、方正采取出具警示函措施的决定

续表

发文字号	发文标题
〔2019〕39 号	湖北证监局关于对武汉市汉商集团股份有限公司采取出具警示函措施的决定
〔2019〕40 号	湖北证监局关于对杨诗军采取出具警示函措施的决定
〔2019〕41 号	湖北证监局关于对广发证券股份有限公司武汉珞狮路证券营业部采取出具警示函措施的决定
〔2019〕42 号	湖北证监局关于对上海新兰德证券投资咨询顾问有限公司武汉分公司采取责令改正监管措施的决定
〔2019〕43 号	湖北证监局关于对郭丽萍采取出具警示函措施的决定
〔2019〕44 号	湖北证监局关于对湖北众联资产评估有限公司及资产评估师胡文胜、邓慧明采取出具警示函措施的决定
〔2019〕45 号	湖北证监局关于对西藏比邻医疗科技产业中心(有限合伙)采取出具警示函措施的决定
〔2019〕46 号	湖北证监局关于对深圳市新兰德证券投资咨询有限公司武汉分公司采取责令改正监管措施的决定
〔2019〕47 号	湖北证监局关于对施扬翼采取出具警示函监管措施的决定
〔2019〕48 号	湖北证监局关于对交通银行股份有限公司武汉武昌支行采取出具警示函监管措施的决定
〔2019〕49 号	湖北证监局关于对光大银行股份有限公司武汉分行采取责令改正措施的决定
〔2019〕50 号	湖北证监局关于对申万宏源证券有限公司武汉新华路证券营业部采取责令改正措施的决定
〔2019〕1 号	关于对湖南电广传媒股份有限公司及其相关人员采取出具警示函措施的决定
〔2019〕2 号	关于对九芝堂股份有限公司及李振国、刘国超等 9 名责任人员采取出具警示函措施的决定
〔2019〕3 号	关于对共青城禾元投资管理合伙企业(有限合伙)采取出具警示函监管措施的决定
〔2019〕4 号	关于对宁波聚贝投资合伙企业(有限合伙)采取出具警示函措施的决定
〔2019〕5 号	关于对四川天健华衡资产评估有限公司及资产评估师刘承彬、徐万松采取出具警示函监管措施的决定
〔2019〕6 号	关于对大华会计师事务所(特殊普通合伙)及注册会计师张文荣、马玉婧采取出具警示函监管措施的决定
〔2019〕7 号	关于对财富证券有限责任公司采取责令增加内部合规检查的次数行政监管措施的决定

续表

发文字号	发文标题
〔2019〕8号	关于对株洲时代新材料科技股份有限公司采取出具警示函措施的决定
〔2019〕9号	关于对湖南天润数字娱乐文化传媒股份有限公司采取出具警示函措施的决定
〔2019〕10号	关于对湖南贵之步科教股份有限公司采取责令改正监管措施的决定
〔2019〕11号	关于对郑靖采取警示函监管措施的决定
〔2019〕12号	关于对亚光科技集团股份有限公司及董事长李跃先等人采取出具警示函措施的决定
〔2019〕13号	关于对郴州市金贵银业股份有限公司及董事长曹永贵等人采取出具警示函措施的决定
〔2019〕14号	关于对永清环保股份有限公司及相关责任人采取出具警示函措施的决定
〔2019〕15号	关于对长沙红森林资产管理有限公司采取出具警示函措施的决定
〔2019〕16号	关于对长沙乐观投资管理有限公司采取责令改正监管措施的决定
〔2019〕17号	关于对湖南恒途投资有限公司采取责令改正监管措施的决定
〔2019〕18号	关于对湖南兆富资产管理有限公司采取责令改正监管措施的决定
〔2019〕19号	关于对湖南瑞启汇资产管理有限公司采取责令改正监管措施的决定
〔2019〕20号	关于对财富证券有限责任公司采取出具警示函措施的决定
〔2019〕21号	关于对沈北平采取出具警示函措施的决定
〔2019〕22号	关于对汪培采取出具警示函措施的决定
〔2019〕23号	关于对湘潭电机股份有限公司及相关责任人采取出具警示函措施的决定
〔2019〕24号	关于对中瑞世联资产评估(北京)有限公司及评估师谷峰、刘文华采取出具警示函监管措施的决定
〔2019〕25号	关于对长沙市国有资本投资运营集团有限公司采取出具警示函措施的决定
〔2019〕26号	关于对张秀宽采取责令参加培训监管措施的决定
〔2019〕27号	关于对罗勇采取出具警示函措施的决定
〔2019〕28号	关于对龙秋华采取警示函监管措施的决定

续表

发文字号	发文标题
〔2019〕29 号	关于对中审华会计师事务所及吴淳、蒋元采取出具警示函监管措施的决定
〔2019〕30 号	关于对湖南金证投资咨询顾问有限公司采取责令改正监管措施的决定
广东证监局行政监管措施决定书〔2019〕1 号	关于对广东德豪润达电气股份有限公司采取出具警示函措施的决定
广东证监局行政监管措施决定书〔2019〕2 号	关于对姜运政采取出具警示函措施的决定
广东证监局行政监管措施决定书〔2019〕3 号	关于对邓飞采取出具警示函措施的决定
广东证监局行政监管措施决定书〔2019〕4 号	关于对王冬雷采取出具警示函措施的决定
广东证监局行政监管措施决定书〔2019〕5 号	关于对李华亭采取出具警示函措施的决定
广东证监局行政监管措施决定书〔2019〕6 号	关于对董明珠采取出具警示函措施的决定
广东证监局行政监管措施决定书〔2019〕7 号	关于对广东省广告集团股份有限公司采取出具警示函措施的决定
广东证监局行政监管措施决定书〔2019〕8 号	关于对北京中科华资产评估有限公司、江星、夏志明采取出具警示函措施的决定
广东证监局行政监管措施决定书〔2019〕9 号	关于对陈钿隆、廖浩采取出具警示函措施的决定
广东证监局行政监管措施决定书〔2019〕10 号	关于对祝卫东采取出具警示函措施的决定
广东证监局行政监管措施决定书〔2019〕11 号	关于对何滨采取出具警示函措施的决定
广东证监局行政监管措施决定书〔2019〕12 号	关于对方洪波采取出具警示函措施的决定
广东证监局行政监管措施决定书〔2019〕13 号	关于对广州市和兴隆食品科技股份有限公司采取出具警示函措施的决定
广东证监局行政监管措施决定书〔2019〕14 号	关于对黄溪河采取出具警示函措施的决定
广东证监局行政监管措施决定书〔2019〕15 号	关于对广州汇垠澳丰股权投资基金管理有限公司采取出具警示函措施的决定
广东证监局行政监管措施决定书〔2019〕16 号	关于对广州汇垠天粤股权投资基金管理有限公司采取出具警示函措施的决定
广东证监局行政监管措施决定书〔2019〕17 号	关于对易方达基金管理有限公司采取责令改正措施的决定
广东证监局行政监管措施决定书〔2019〕18 号	关于对万联证券股份有限公司采取责令增加内部合规检查次数并提交合规检查报告措施的决定
广东证监局行政监管措施决定书〔2019〕19 号	关于对中国银河证券股份有限公司东莞东城中路证券营业部采取出具警示函措施的决定
广东证监局行政监管措施决定书〔2019〕20 号	关于对广发证券股份有限公司采取责令改正措施的决定
广东证监局行政监管措施决定书〔2019〕21 号	关于对拉芳家化股份有限公司、吴桂谦、张伟、张晨采取出具警示函措施的决定

续表

发 文 字 号	发 文 标 题
广东证监局行政监管措施决定书〔2019〕22 号	关于对北京中同华资产评估有限公司、齐爱玲、于勤勤采取出具警示函措施的决定
广东证监局行政监管措施决定书〔2019〕23 号	关于对广东正中珠江会计师事务所（特殊普通合伙）、洪文伟、陈丹燕采取出具警示函措施的决定
广东证监局行政监管措施决定书〔2019〕24 号	关于对广州期货股份有限公司采取责令改正措施的决定
广东证监局行政监管措施决定书〔2019〕25 号	关于对中联国际评估咨询有限公司、程海伦、李启森采取出具警示函措施的决定
广东证监局行政监管措施决定书〔2019〕26 号	关于对杨树坪采取出具警示函的决定
广东证监局行政监管措施决定书〔2019〕27 号	关于对东莞证券股份有限公司虎门分公司采取出具警示函措施的决定
广东证监局行政监管措施决定书〔2019〕28 号	关于对广发证券股份有限公司采取责令改正措施的决定
广东证监局行政监管措施决定书〔2019〕29 号	关于对广发基金管理有限公司采取责令改正措施的决定
广东证监局行政监管措施决定书〔2019〕30 号	关于对佛山市中基投资有限公司采取出具警示函措施的决定
广东证监局行政监管措施决定书〔2019〕31 号	关于对广州市犇鑫投资管理有限公司、潘毅采取出具警示函措施的决定
广东证监局行政监管措施决定书〔2019〕32 号	关于对横琴平安不动产股权投资管理有限公司采取责令改正措施的决定
广东证监局行政监管措施决定书〔2019〕33 号	关于对横琴润弘投资管理有限公司采取责令改正措施的决定
广东证监局行政监管措施决定书〔2019〕34 号	关于对惠州时代伯乐股权投资管理有限公司采取责令改正措施的决定
广东证监局行政监管措施决定书〔2019〕35 号	关于对梁俊丰采取出具警示函措施的决定
广东证监局行政监管措施决定书〔2019〕36 号	关于对张铁伟、徐凯英采取监管谈话措施的决定
广东证监局行政监管措施决定书〔2019〕37 号	关于对李欣采取出具警示函措施的决定
广东证监局行政监管措施决定书〔2019〕38 号	关于对长城期货股份有限公司采取责令改正措施的决定
广东证监局行政监管措施决定书〔2019〕39 号	关于对广东海印集团股份有限公司及全体董事采取出具警示函措施的决定
广东证监局行政监管措施决定书〔2019〕40 号	关于对赵淦鸿采取认定为不适当人选措施的决定
广东证监局行政监管措施决定书〔2019〕41 号	关于对赵文劼、北京维华祥资产管理有限公司采取出具警示函措施的决定
广东证监局行政监管措施决定书〔2019〕42 号	关于对阳明资产管理（横琴）有限公司采取责令改正措施的决定
广东证监局行政监管措施决定书〔2019〕43 号	关于对黄明麒采取出具警示函措施的决定
广东证监局行政监管措施决定书〔2019〕44 号	关于对广州基岩资产管理有限公司采取出具警示函措施的决定

续表

发文字号	发文标题
广东证监局行政监管措施决定书〔2019〕45号	关于对广州珠实投资基金管理有限公司采取责令改正措施的决定
广东证监局行政监管措施决定书〔2019〕46号	关于对广东省铁路发展基金有限责任公司采取责令改正措施的决定
广东证监局行政监管措施决定书〔2019〕47号	关于对广州赛富合银资产管理有限公司采取责令改正措施的决定
广东证监局行政监管措施决定书〔2019〕48号	关于对太库创业投资管理(横琴)有限公司采取出具警示函措施的决定
广东证监局行政监管措施决定书〔2019〕49号	关于对广州市犇鑫投资管理有限公司采取出具警示函措施的决定
广东证监局行政监管措施决定书〔2019〕50号	关于对国信证券股份有限公司广东南海分公司采取责令增加内部合规检查次数并提交合规检查报告措施的决定
广东证监局行政监管措施决定书〔2019〕51号	关于对王旭彬采取出具警示函措施的决定
广东证监局行政监管措施决定书〔2019〕52号	关于对广东领益智造股份有限公司采取出具警示函措施的决定
广东证监局行政监管措施决定书〔2019〕53号	关于对汪南东采取出具警示函措施的决定
广东证监局行政监管措施决定书〔2019〕54号	关于对曾芳勤采取出具警示函措施的决定
广东证监局行政监管措施决定书〔2019〕55号	关于对李晓青采取出具警示函措施的决定
广东证监局行政监管措施决定书〔2019〕56号	关于对周战峰采取出具警示函措施的决定
广东证监局行政监管措施决定书〔2019〕57号	关于对刘刚采取出具警示函措施的决定
广东证监局行政监管措施决定书〔2019〕58号	关于对梁丽采取出具警示函措施的决定
广东证监局行政监管措施决定书〔2019〕59号	关于对万联证券采取出具警示函措施的决定
广东证监局行政监管措施决定书〔2019〕60号	关于对广发银行股份有限公司采取责令改正措施的决定
广东证监局行政监管措施决定书〔2019〕61号	关于对广州农村商业银行股份有限公司采取责令改正措施的决定
广东证监局行政监管措施决定书〔2019〕62号	关于对融捷股份有限公司、吕向阳采取出具警示函措施的决定
广东证监局行政监管措施决定书〔2019〕63号	关于对黄启均采取出具警示函措施的决定
广东证监局行政监管措施决定书〔2019〕64号	关于对广州东凌国际投资股份有限公司采取责令改正措施的决定
广东证监局行政监管措施决定书〔2019〕65号	关于对中勤万信会计师事务所(特殊普通合伙)、陈明生、吴震采取出具警示函措施的决定
广东证监局行政监管措施决定书〔2019〕66号	关于对广东正中珠江会计师事务所(特殊普通合伙)、杨文蔚、姚静采取出具警示函措施的决定
广东证监局行政监管措施决定书〔2019〕67号	关于对赖宁昌、郭家华、陈雪平、柳金宏、武铁、郭学进、沙振权和刘国常采取出具警示函措施的决定

续表

发文字号	发文标题
广东证监局行政监管措施决定书〔2019〕68 号	关于对达正茂采取出具警示函措施的决定
广东证监局行政监管措施决定书〔2019〕69 号	关于对徐悦采取出具警示函措施的决定
广东证监局行政监管措施决定书〔2019〕70 号	关于对张志钢采取出具警示函措施的决定
广东证监局行政监管措施决定书〔2019〕71 号	关于对摩登大道时尚集团股份有限公司、林永飞采取出具警示函措施的决定
广东证监局行政监管措施决定书〔2019〕72 号	关于对蔡镇煌采取出具警示函措施的决定
广东证监局行政监管措施决定书〔2019〕73 号	关于对黄振光、毕天晓、蔡勇峰采取出具警示函措施的决定
广东证监局行政监管措施决定书〔2019〕74 号	关于对珠海横琴澜潾基金管理有限公司采取责令改正措施的决定
广东证监局行政监管措施决定书〔2019〕75 号	关于对天健会计师事务所（特殊普通合伙）、金顺兴、李振华采取出具警示函措施的决定
广东证监局行政监管措施决定书〔2019〕76 号	关于对徐海明采取出具警示函措施的决定
广东证监局行政监管措施决定书〔2019〕77 号	关于对国购产业控股有限公司、合肥华源物业发展有限责任公司、袁启宏采取出具警示函措施的决定
广东证监局行政监管措施决定书〔2019〕78 号	关于对汪南东、何丽婵、汪彦采取出具警示函措施的决定
广东证监局行政监管措施决定书〔2019〕79 号	关于对中科沃土基金管理有限公司采取责令改正措施的决定
广东证监局行政监管措施决定书〔2019〕80 号	关于对广东御澜资产管理有限公司采取责令改正措施的决定
广东证监局行政监管措施决定书〔2019〕81 号	关于对广州珠江实业开发股份有限公司、郑署平、罗晓、罗彬、黄静采取出具警示函措施的决定
广东证监局行政监管措施决定书〔2019〕82 号	关于对东方汇银（广东）资本管理有限公司采取责令改正措施的决定
广东证监局行政监管措施决定书〔2019〕83 号	关于对珠海国佳新材股份有限公司采取出具警示函措施的决定
广东证监局行政监管措施决定书〔2019〕84 号	关于对广东四通集团股份有限公司、蔡镇城、黄奕鹏采取警示函措施的决定
广东证监局行政监管措施决定书〔2019〕85 号	关于对上海康恒环境股份有限公司采取出具警示函措施的决定
广东证监局行政监管措施决定书〔2019〕86 号	关于对华泰联合证券有限责任公司、孔祥熙、程益竑、邵劼采取出具警示函措施的决定
广东证监局行政监管措施决定书〔2019〕87 号	关于对坤元资产评估有限公司、汪沧海、应丽云、章陈秋采取出具警示函措施的决定
广东证监局行政监管措施决定书〔2019〕88 号	关于对洪惠平采取出具警示函措施的决定
广东证监局行政监管措施决定书〔2019〕89 号	关于对易方达基金管理有限公司采取责令改正措施的决定

续表

发文字号	发文标题
广东证监局行政监管措施决定书〔2019〕90 号	关于对刘岩采取出具警示函措施的决定
广东证监局行政监管措施决定书〔2019〕91 号	关于对刘志刚采取出具警示函措施的决定
广东证监局行政监管措施决定书〔2019〕92 号	关于对曾长兴采取出具警示函监管措施的决定
广东证监局行政监管措施决定书〔2019〕93 号	关于对许冬瑾采取出具警示函措施的决定
广东证监局行政监管措施决定书〔2019〕94 号	关于对广东欧怡迪科技股份有限公司、郑胜采取出具警示函措施的决定
广东证监局行政监管措施决定书〔2019〕95 号	关于对广东雄资投资股份有限公司采取责令改正措施的决定
广东证监局行政监管措施决定书〔2019〕96 号	关于对广州百洋私募证券投资管理有限公司采取责令改正措施的决定
广东证监局行政监管措施决定书〔2019〕97 号	关于对金鹰基金管理有限公司采取责令改正并暂停办理相关业务措施的决定
广东证监局行政监管措施决定书〔2019〕98 号	关于对开元资产评估有限公司、许洁、张佑民采取出具警示函措施的决定
广东证监局行政监管措施决定书〔2019〕99 号	关于对江西力好新能源科技股份有限公司采取出具警示函措施的决定
广东证监局行政监管措施决定书〔2019〕100 号	关于对川财证券有限责任公司采取出具警示函措施的决定
广东证监局行政监管措施决定书〔2019〕101 号	关于对颐和地产集团有限公司、何建梁采取出具警示函措施的决定
广东证监局行政监管措施决定书〔2019〕102 号	关于对广州高金富恒集团有限公司、熊海涛采取出具警示函措施的决定
广东证监局行政监管措施决定书〔2019〕103 号	关于对中信证券股份有限公司广州番禺万达广场证券营业部采取责令改正措施的决定
广东证监局行政监管措施决定书〔2019〕104 号	关于对广东海印集团股份有限公司、邵建明、邵建佳、吴珈乐采取出具警示函措施的决定
广东证监局行政监管措施决定书〔2019〕105 号	关于对广东华铁通达高铁装备股份有限公司、石松山、王承卫、张璇采取出具警示函措施的决定
广东证监局行政监管措施决定书〔2019〕106 号	关于对广东科德投资顾问有限公司采取责令改正措施的决定
广东证监局行政监管措施决定书〔2019〕107 号	关于对广州市万隆证券咨询顾问有限公司采取责令改正措施的决定
广东证监局行政监管措施决定书〔2019〕108 号	关于对广州越声理财咨询有限公司采取责令暂停新增客户措施的决定
广东证监局行政监管措施决定书〔2019〕109 号	关于对广州经传多赢投资咨询有限公司采取责令暂停新增客户措施的决定

续表

发 文 字 号	发 文 标 题
广东证监局行政监管措施决定书〔2019〕110 号	关于对广东博众证券投资咨询有限公司采取责令暂停新增客户措施的决定
广东证监局行政监管措施决定书〔2019〕111 号	关于对易方达基金管理有限公司采取责令改正措施的决定
广东证监局行政监管措施决定书〔2019〕112 号	关于对林飞、张胜记、林伟斌采取出具警示函措施的决定
广东证监局行政监管措施决定书〔2019〕113 号	关于对永安期货股份有限公司广州分公司采取责令改正措施的决定
广东证监局行政监管措施决定书〔2019〕114 号	关于对广州奥园股权投资基金管理有限公司采取出具警示函措施的决定
广东证监局行政监管措施决定书〔2019〕115 号	关于对广东帝通新材料股份有限公司、麦鹤远采取出具警示函措施的决定
广东证监局行政监管措施决定书〔2019〕116 号	关于对肖兵采取出具警示函措施的决定
广东证监局行政监管措施决定书〔2019〕117 号	关于对广东好太太科技集团股份有限公司、周秋英采取出具警示函措施的决定
广东证监局行政监管措施决定书〔2019〕118 号	关于对西陇科学股份有限公司、黄伟鹏、黄少群、韦映吟、蔡博采取出具警示函措施的决定
广东证监局行政监管措施决定书〔2019〕119 号	关于对天健会计师事务所(特殊普通合伙)、禤文欣、陈建成采取出具警示函措施的决定
广东证监局行政监管措施决定书〔2019〕120 号	关于对何颖杰采取出具警示函措施的决定
广东证监局行政监管措施决定书〔2019〕121 号	关于对益盟股份有限公司广州分公司采取出具警示函措施的决定
广东证监局行政监管措施决定书〔2019〕122 号	关于对中审众环会计师事务所(特殊普通合伙)、吴杰、陈刚采取出具警示函措施的决定
广东证监局行政监管措施决定书〔2019〕123 号	关于对宜华健康医疗股份有限公司、陈奕民、刘壮青、邱海涛采取出具警示函措施的决定
广东证监局行政监管措施决定书〔2019〕124 号	关于对中审众环会计师事务所(特殊普通合伙)、彭翔、廖利华采取出具警示函措施的决定
广东证监局行政监管措施决定书〔2019〕125 号	关于对刘绍喜采取出具警示函措施的决定
广东证监局行政监管措施决定书〔2019〕126 号	关于对林正刚、林建新采取出具警示函措施的决定
广东证监局行政监管措施决定书〔2019〕127 号	关于对广东正中珠江会计师事务所(特殊普通合伙)、陈昭、林恒新采取出具警示函措施的决定
广东证监局行政监管措施决定书〔2019〕128 号	关于对广东猛狮新能源科技股份有限公司、陈乐伍、赖其聪采取出具警示函措施的决定
广东证监局行政监管措施决定书〔2019〕129 号	于对广东正中珠江会计师事务所(特殊普通合伙)、吉争雄、郭俊彬采取出具警示函措施的决定

续表

发 文 字 号	发 文 标 题
广东证监局行政监管措施决定书〔2019〕130 号	关于对广东联信资产评估土地房地产估价有限公司、高雪飞、张汇良采取出具警示函措施的决定
广东证监局行政监管措施决定书〔2019〕131 号	关于对立信会计师事务所(特殊普通合伙)、梁谦海、王文俊采取出具警示函措施的决定
广东证监局行政监管措施决定书〔2019〕132 号	关于对广州市香雪制药股份有限公司、王永辉、徐力采取出具警示函措施的决定
广东证监局行政监管措施决定书〔2019〕133 号	关于对陈炳华采取出具警示函措施的决定
中国证券监督管理委员会广西监管局行政监管措施决定书〔2019〕1 号	关于对黎桂华采取出具警示函措施的决定
中国证券监督管理委员会广西监管局行政监管措施决定书〔2019〕2 号	关于对徐蕾蕾采取责令改正措施的决定
中国证券监督管理委员会广西监管局行政监管措施决定书〔2019〕3 号	关于对上海慧添投资管理有限公司采取出具警示函措施的决定
中国证券监督管理委员会广西监管局行政监管措施决定书〔2019〕4 号	关于对上海信添投资管理有限公司采取出具警示函措施的决定
中国证券监督管理委员会广西监管局行政监管措施决定书〔2019〕5 号	关于对章琦采取出具警示函措施的决定
中国证券监督管理委员会广西监管局行政监管措施决定书〔2019〕6 号	关于对周农采取出具警示函措施的决定
中国证券监督管理委员会广西监管局行政监管措施决定书〔2019〕7 号	关于对南宁百货大楼股份有限公司采取出具警示函措施的决定
中国证券监督管理委员会广西监管局行政监管措施决定书〔2019〕8 号	关于对李建平采取出具警示函措施的决定
中国证券监督管理委员会广西监管局行政监管措施决定书〔2019〕9 号	关于对东方时代网络传媒股份有限公司采取出具警示函措施的决定
中国证券监督管理委员会广西监管局行政监管措施决定书〔2019〕10 号	关于对广西北部湾创新发展投资基金管理有限公司采取责令改正措施的决定
中国证券监督管理委员会广西监管局行政监管措施决定书〔2019〕11 号	关于对广西汇富资产管理有限公司采取责令改正措施的决定
中国证券监督管理委员会广西监管局行政监管措施决定书〔2019〕12 号	关于对南通富海投资管理中心(有限合伙)采取出具警示函措施的决定
中国证券监督管理委员会广西监管局行政监管措施决定书〔2019〕13 号	关于对广西中新正大国际旅游股份有限公司采取出具警示函措施的决定
中国证券监督管理委员会广西监管局行政监管措施决定书〔2019〕14 号	关于对乐美电商股份有限公司采取出具警示函措施的决定
中国证券监督管理委员会广西监管局行政监管措施决定书〔2019〕15 号	关于对广西钦州润港林业股份有限公司采取出具警示函措施的决定

续表

发文字号	发文标题
中国证券监督管理委员会广西监管局行政监管措施决定书〔2019〕16号	关于对王安祥、莒南恒鑫企业管理咨询中心(有限合伙)、莒南弘润企业管理咨询中心(有限合伙)采取责令改正措施的决定
中国证券监督管理委员会广西监管局行政监管措施决定书〔2019〕17号	关于对南宁八菱科技股份有限公司采取出具警示函措施的决定
中国证券监督管理委员会广西监管局行政监管措施决定书〔2019〕18号	关于对中审华会计师事务所(特殊普通合伙)、张乾明、刘凤兰采取出具警示函措施的决定
中国证券监督管理委员会广西监管局行政监管措施决定书〔2019〕19号	广西证监局关于对刘洪芳、辛文明、孙建田采取出具警示函措施的决定
中国证券监督管理委员会广西监管局行政监管措施决定书〔2019〕20号	关于对天夏智慧城市科技股份有限公司采取出具警示函措施的决定
中国证券监督管理委员会广西监管局行政监管措施决定书〔2019〕21号	关于对梁华易采取出具警示函措施的决定
中国证券监督管理委员会广西监管局行政监管措施决定书〔2019〕22号	关于对广西天涌节能科技股份有限公司采取出具警示函措施的决定
中国证券监督管理委员会广西监管局行政监管措施决定书〔2019〕23号	关于对永拓会计师事务所(特殊普通合伙)、马重飞、蓝元钧采取出具警示函措施的决定
中国证券监督管理委员会广西监管局行政监管措施决定书〔2019〕24号	关于对南方黑芝麻集团股份有限公司、韦清文、龙耐坚、李维昌采取出具警示函措施的决定
〔2019〕1号	关于对王磊采取出具警示函措施的决定
〔2019〕2号	关于对陈阳友采取出具警示函措施的决定
〔2019〕3号	关于对许树茂采取出具警示函措施的决定
〔2019〕4号	关于对尚多旭采取出具警示函措施的决定
〔2019〕5号	关于对骞军法采取出具警示函措施的决定
〔2019〕6号	关于对黄秋采取出具警示函措施的决定
〔2019〕7号	关于对海航基础设施投资集团股份有限公司采取出具警示函措施的决定
〔2019〕8号	《关于对立信会计师事务所(特殊普通合伙)采取出具警示函措施的决定》
〔2019〕9号	《关于对新大洲控股股份有限公司采取责令改正措施的决定》
〔2019〕10号	《关于对海南海药股份有限公司采取责令改正行政监管措施的决定》
〔2019〕11号	《关于对上海览海上寿医疗产业有限公司采取出具警示函措施的决定》
〔2019〕12号	《关于对黄培劲采取出具警示函措施的决定》

续表

发文字号	发文标题
〔2019〕13 号	《关于对海南省农垦投资控股集团有限公司采取责令改正措施的决定》
〔2019〕14 号	《关于对杨思涛采取出具警示函措施的决定》
〔2019〕15 号	《关于对新大洲控股股份有限公司采取责令改正措施的决定》
〔2019〕16 号	《关于对海南瑞丰恒泰股权投资基金管理有限公司采取责令改正措施的决定》
〔2019〕17 号	《关于对海南赛富鑫辉凰股权投资基金管理有限公司采取责令改正措施的决定》
〔2019〕18 号	《关于对海航基础设施投资集团股份有限公司采取出具警示函措施的决定》
〔2019〕19 号	《关于对海航创新股份有限公司采取责令改正措施的决定》
〔2019〕20 号	《关于对海南航空控股股份有限公司采取出具警示函措施的决定》
〔2019〕21 号	《关于对上海大陆期货有限公司海口营业部采取责令改正措施的决定》
〔2019〕22 号	《关于对伍宁平采取出具警示函措施的决定》
〔2019〕23 号	《关于对新大洲控股股份有限公司采取责令改正措施的决定》
〔2019〕24 号	《关于对中兴财光华会计师事务所(特殊普通合伙)采取出具警示函措施的决定》
〔2019〕25 号	《关于对万和证券股份有限公司采取出具警示函措施的决定》
〔2019〕26 号	《关于对亚洲(北京)资产评估有限公司关于对亚洲(北京)资产评估有限公司》
〔2019〕27 号	《关于对上海众华资产评估有限公司采取出具警示函措施的决定》
〔2019〕28 号	《关于对北京亚超资产评估有限公司采取出具警示函措施的决定》
〔2019〕29 号	《关于对洪江涛采取出具警示函措施的决定》
〔2019〕30 号	《关于对朱仲冬采取出具警示函措施的决定》
〔2019〕31 号	《关于对海南宏氏投资有限公司采取出具警示函措施的决定》
〔2019〕32 号	《关于对海南港澳资讯产业股份有限公司采取责令暂停新增证券投资咨询客户措施的决定》

续表

发文字号	发文标题
重庆证监局行政监管措施决定书〔2019〕1号	关于对重庆秦安机电股份有限公司采取责令改正措施的决定
重庆证监局行政监管措施决定书〔2019〕2号	关于对天职国际会计师事务所（特殊普通合伙）采取出具警示函措施的决定
重庆证监局行政监管措施决定书〔2019〕3号	关于对重庆三圣实业股份有限公司采取责令改正措施的决定
重庆证监局行政监管措施决定书〔2019〕4号	关于对重庆博腾制药科技股份有限公司采取责令改正措施的决定
重庆证监局行政监管措施决定书〔2019〕5号	关于对西证重庆股权投资基金管理有限公司采取出具警示函措施的决定
重庆证监局行政监管措施决定书〔2019〕6号	关于对重庆格林绿化设计建设股份有限公司采取出具警示函措施的决定
重庆证监局行政监管措施决定书〔2019〕7号	关于对刘群、李洪、李忠、孙进采取责令改正措施的决定
重庆证监局行政监管措施决定书〔2019〕9号	关于对重庆东金投资顾问有限公司采取责令暂停新增客户监管措施的决定
重庆证监局行政监管措施决定书〔2019〕10号	关于对重庆城投建信基础设施建设股权投资基金管理有限公司采取出具警示函措施的决定
重庆证监局行政监管措施决定书〔2019〕11号	关于对陕西巨丰投资资讯有限责任公司重庆分公司采取责令暂停新增客户监管措施的决定
重庆证监局行政监管措施决定书〔2019〕12号	关于对国元证券股份有限公司重庆观音桥步行街证券营业部采取出具警示函措施的决定
重庆证监局行政监管措施决定书〔2019〕13号	关于对弘泰通保投资管理有限公司采取出具警示函措施的决定
重庆证监局行政监管措施决定书〔2019〕14号	关于对重庆联创共富股权投资管理中心（有限合伙）采取出具警示函措施的决定
重庆证监局行政监管措施决定书〔2019〕15号	关于对重庆亚信医疗管理股份有限公司采取出具警示函措施的决定
重庆证监局行政监管措施决定书〔2019〕16号	关于对重庆三峡油漆股份有限公司采取出具警示函措施的决定
重庆证监局行政监管措施决定书〔2019〕17号	关于对重庆路桥股份有限公司及江津、谷安东、张漫、贾琳采取监管谈话措施的决定
重庆证监局行政监管措施决定书〔2019〕18号	关于对重庆正银广惠股权投资基金管理有限公司采取出具警示函措施的决定
重庆证监局行政监管措施决定书〔2019〕19号	关于对张军采取出具警示函措施的决定
重庆证监局行政监管措施决定书〔2019〕20号	关于对重庆峻岭能源股份有限公司采取责令改正措施的决定

续表

发文字号	发文标题
重庆证监局行政监管措施决定书〔2019〕21 号	关于对重庆峻岭能源股份有限公司周俊采取监管谈话措施的决定
重庆证监局行政监管措施决定书〔2019〕22 号	关于对亚信股权投资基金管理(重庆)有限公司采取出具警示函措施的决定
重庆证监局行政监管措施决定书〔2019〕23 号	关于对荣毅采取出具警示函措施的决定
重庆证监局行政监管措施决定书〔2019〕24 号	关于对王国亚采取出具警示函措施的决定
重庆证监局行政监管措施决定书〔2019〕25 号	关于对李龙吉采取出具警示函措施的决定
重庆证监局行政监管措施决定书〔2019〕26 号	关于对罗玲采取出具警示函措施的决定
重庆证监局行政监管措施决定书〔2019〕27 号	关于对杨宇采取出具警示函措施的决定
重庆证监局行政监管措施决定书〔2019〕28 号	关于对重庆正川医药包装材料股份有限公司采取责令改正措施的决定
行政监管措施决定书〔2019〕1 号	关于对深圳怀新企业投资顾问股份有限公司四川分公司采取责令改正并暂停新增客户行政监管措施的决定
行政监管措施决定书〔2019〕2 号	关于对成都锐盛元康投资管理有限公司采取责令改正行政监管措施的决定
行政监管措施决定书〔2019〕3 号	关于对北京中和谊资产评估有限公司及张武平、李国胜采取出具警示函措施的决定
行政监管措施决定书〔2019〕4 号	关于对中喜会计师事务所(特殊普通合伙)及韩秋科、李叶梅采取出具警示函措施的决定
行政监管措施决定书〔2019〕5 号	关于对华泰证券股份有限公司成都晋阳路证券营业部采取责令增加内部合规检查次数措施的决定
行政监管措施决定书〔2019〕6 号	关于对云卓资本投资(成都)有限公司采取责令改正行政监管措施的决定
行政监管措施决定书〔2019〕7 号	关于对四川华信(集团)会计师事务所(特殊普通合伙)及注册会计师唐方模、谢海林、何寿福采取出具警示函措施的决定
行政监管措施决定书〔2019〕8 号	关于对联讯证券股份有限公司成都人民南路证券营业部采取责令改正行政监管措施的决定
行政监管措施决定书〔2019〕9 号	关于对四川省物流产业股权投资基金管理有限公司采取责令改正行政监管措施的决定
行政监管措施决定书〔2019〕10 号	关于对成都汇联股权投资基金管理有限公司采取出具警示函措施的决定
行政监管措施决定书〔2019〕11 号	关于对安德里茨(中国)有限公司采取出具警示函措施的决定
行政监管措施决定书〔2019〕12 号	关于对长城影视文化企业集团有限公司采取出具警示函措施的决定

续表

发 文 字 号	发 文 标 题
行政监管措施决定书〔2019〕13 号	关于对谷秀娟采取出具警示函措施的决定
行政监管措施决定书〔2019〕14 号	关于对李程、聂卓采取出具警示函措施的决定
行政监管措施决定书〔2019〕15 号	关于对成都谛听科技股份有限公司采取出具警示函措施的决定
行政监管措施决定书〔2019〕16 号	关于对成都博世德能源科技股份有限公司采取出具警示函措施的决定
行政监管措施决定书〔2019〕17 号	关于对深圳朴素至纯投资企业（有限合伙）采取出具警示函措施的决定
行政监管措施决定书〔2019〕18 号	关于对梁斐、骆耀、张光朝和吴光源采取出具警示函措施的决定
行政监管措施决定书〔2019〕19 号	关于对四川金顶（集团）股份有限公司采取出具责令改正措施的决定
行政监管措施决定书〔2019〕20 号	关于对四川升达林业产业股份有限公司董事长单洋等 3 人采取出具警示函措施的决定
行政监管措施决定书〔2019〕21 号	关于对四川升达林业产业股份有限公司采取出具警示函措施的决定
行政监管措施决定书〔2019〕22 号	关于对四川连智资产管理有限公司采取责令改正措施的决定
行政监管措施决定书〔2019〕23 号	关于对刘斌采取出具警示函措施的决定
行政监管措施决定书〔2019〕24 号	关于对叶海睿德成都投资管理有限公司采取责令改正行政监管措施的决定
行政监管措施决定书〔2019〕25 号	关于对烟台市台海集团有限公司采取出具警示函措施的决定
行政监管措施决定书〔2019〕26 号	关于对台海玛努尔核电设备股份有限公司王雪欣、马明采取监管谈话措施的决定
行政监管措施决定书〔2019〕27 号	关于对台海玛努尔核电设备股份有限公司采取出具警示函措施的决定
行政监管措施决定书〔2019〕28 号	关于对广州汇垠澳丰股权投资基金管理公司采取责令公开说明监管措施的决定
行政监管措施决定书〔2019〕29 号	关于对广州蕙富骐骥投资合伙企业（有限合伙）采取责令公开说明监管措施的决定
行政监管措施决定书〔2019〕30 号	关于对成都深冷液化设备股份有限公司采取出具警示函措施的决定
行政监管措施决定书〔2019〕31 号	关于对川财证券有限责任公司采取责令改正并增加内部合规检查次数行政监管措施
行政监管措施决定书〔2019〕32 号	关于对王海阳采取出具警示函行政监管措施的决定

续表

发文字号	发文标题
行政监管措施决定书〔2019〕33 号	关于对赵锐勇、马利清、俞连明、沈琼、欧阳梅竹、沈伟、李嘉嘉采取出具警示函措施的决定
行政监管措施决定书〔2019〕34 号	关于对长城国际动漫游戏股份有限公司采取出具警示函措施的决定
行政监管措施决定书〔2019〕35 号	关于对成都兆云股权投资基金管理有限公司采取责令改正措施的决定
行政监管措施决定书〔2019〕36 号	关于对胡松采取出具警示函措施的决定
行政监管措施决定书〔2019〕37 号	关于对正源控股股份有限公司董事长何延龙等 3 人采取监管谈话措施的决定
行政监管措施决定书〔2019〕38 号	关于对厚普清洁能源股份有限公司采取出具警示函措施的决定
行政监管措施决定书〔2019〕39 号	关于对厚普清洁能源股份有限公司时任董事长江涛等 3 人采取出具警示函措施的决定
行政监管措施决定书〔2019〕40 号	关于对正源控股股份有限公司采取责令改正措施的决定
行政监管措施决定书〔2019〕41 号	关于对眉山发展(控股)有限责任公司采取出具警示函措施的决定
行政监管措施决定书〔2019〕42 号	关于对彭晓宇采取出具警示函措施的决定
行政监管措施决定书〔2019〕43 号	关于对四川银时股权投资基金管理有限公司采取责令改正措施的决定
行政监管措施决定书〔2019〕44 号	关于对黄进采取出具警示函措施的决定
行政监管措施决定书〔2019〕45 号	关于对瑞华会计师事务所(特殊普通合伙)及邢士军、张广志采取出具警示函措施的决定
行政监管措施决定书〔2019〕46 号	关于对北京中同华资产评估有限公司及王学良、庄超采取出具警示函措施的决定
行政监管措施决定书〔2019〕47 号	关于对中喜会计师事务所(特殊普通合伙)及韩秋科、李叶梅采取出具警示函措施的决定
行政监管措施决定书〔2019〕48 号	关于对大华会计师事务所(特殊普通合伙)及钟平修、曹云华采取出具警示函措施的决定
行政监管措施决定书〔2019〕49 号	关于对四川华信(集团)会计师事务所(特殊普通合伙)及张兰、邱燕采取出具警示函措施的决定
行政监管措施决定书〔2019〕50 号	关于对开元资产评估有限公司及侯秦、钟阳采取出具警示函措施的决定
行政监管措施决定书〔2019〕51 号	关于对亚太(集团)会计师事务所(特殊普通合伙)及注册会计师陈刚、石华超采取出具警示函措施的决定
行政监管措施决定书〔2019〕52 号	关于对四川华信(集团)会计师事务所(特殊普通合伙)及注册会计师秦茂、刘力采取出具警示函措施的决定

续表

发文字号	发文标题
行政监管措施决定书〔2019〕53号	关于对四川议中新材料股份有限公司采取出具警示函措施的决定
行政监管措施决定书〔2019〕54号	关于对四川议中新材料股份有限公司董事长张建军采取出具警示函措施的决定
行政监管措施决定书〔2019〕55号	关于对成都汇阳投资顾问有限公司采取责令改正行政监管措施的决定
行政监管措施决定书〔2019〕56号	关于对四川省钱坤证券投资咨询有限公司采取责令改正行政监管措施的决定
行政监管措施决定书〔2019〕57号	关于对四川大决策证券投资顾问有限公司采取责令改正行政监管措施的决定
行政监管措施决定书〔2019〕58号	关于对海南港澳资讯产业股份有限公司成都分公司采取责令改正行政监管措施的决定
行政监管措施决定书〔2019〕001号	关于对贵州贵安建设集团有限公司采取出具警示函措施的决定
行政监管措施决定书〔2019〕002号	关于对贵州泰永长征技术股份有限公司采取出具警示函措施的决定
行政监管措施决定书〔2019〕003号	关于对贵州益佰制药股份有限公司采取出具警示函措施的决定
行政监管措施决定书〔2019〕004号	关于对窦啟玲等采取出具警示函措施的决定
行政监管措施决定书〔2019〕005号	关于对贵州长征天成控股股份有限公司采取责令改正措施的决定
行政监管措施决定书〔2019〕006号	关于对朱洪彬等人采取出具警示函措施的决定
行政监管措施决定书〔2019〕007号	关于对贵阳御信基金管理有限公司采取出具警示函措施的决定
行政监管措施决定书〔2019〕008号	关于对贵州龙腾天澳基金管理有限公司采取出具警示函措施的决定
行政监管措施决定书〔2019〕009号	关于对李杨采取出具警示函措施的决定
行政监管措施决定书〔2019〕010号	关于对大唐高鸿数据网络技术股份有限公司采取出具警示函措施的决定
行政监管措施决定书〔2019〕011号	关于对北京中同华资产评估有限公司采取出具警示函措施的决定
行政监管措施决定书〔2019〕012号	关于对立信会计师事务所（特殊普通合伙）及注册会计师陈勇波、王晓燕采取出具警示函措施的决定
云南证监局行政监管措施决定书〔2019〕1号	关于对云南产业投资管理有限公司采取暂停新增客户措施的决定
云南证监局行政监管措施决定书〔2019〕2号	关于对太平洋证券股份有限公司采取责令改正措施的决定

续表

发文字号	发文标题
云南证监局行政监管措施决定书〔2019〕3号	关于对李云春采取出具警示函措施的决定
云南证监局行政监管措施决定书〔2019〕4号	关于对云南创森股权投资基金管理有限公司采取责令改正措施的决定
云南证监局行政监管措施决定书〔2019〕5号	关于对云南汇力产业投资基金管理有限公司采取出具警示函措施的决定
云南证监局行政监管措施决定书〔2019〕6号	关于对云南朴拓股权投资基金管理有限公司采取出具警示函措施的决定
云南证监局行政监管措施决定书〔2019〕7号	关于对中民亚联投资管理有限责任公司采取出具警示函措施的决定
云南证监局行政监管措施决定书〔2019〕8号	关于对昆明中金人和资产管理有限公司采取责令改正措施的决定
云南证监局行政监管措施决定书〔2019〕9号	关于对太平洋证券股份有限公司采取限制业务活动措施的决定
云南证监局行政监管措施决定书〔2019〕10号	云南证监局关于对兴海绿化采取出具警示函措施的决定
云南证监局行政监管措施决定书〔2019〕11号	云南证监局关于对明珠股份采取出具警示函措施的决定
云南证监局行政监管措施决定书〔2019〕12号	云南证监局关于对云投生态及张清、申毅、谭仁力采取出具警示函措施的决定
云南证监局行政监管措施决定书〔2019〕13号	云南证监局关于对龙发制药采取出具警示函措施的决定
云南证监局行政监管措施决定书〔2019〕14号	云南证监局关于对龙发制药实际控制人焦家良、焦少良采取出具警示函措施的决定
云南证监局行政监管措施决定书〔2019〕15号	云南证监局关于对名家智能采取出具警示函措施的决定
云南证监局行政监管措施决定书〔2019〕16号	关于对李长伟采取监管谈话措施的决定
云南证监局行政监管措施决定书〔2019〕17号	云南证监局关于对周岚采取监管谈话措施的决定
云南证监局行政监管措施决定书〔2019〕18号	云南证监局关于对明珠股份采取出具警示函措施的决定
云南证监局行政监管措施决定书〔2019〕19号	关于对力帆骏马采取出具警示函措施的决定
行政监管措施决定书〔2019〕001号	关于对拉萨信融财富基金管理有限公司采取责令改正措施的决定
行政监管措施决定书〔2019〕002号	关于对西藏国安睿博投资管理有限公司出具警示函措施的决定
行政监管措施决定书〔2019〕003号	关于对西藏源乘投资管理有限公司采取责令改正措施的决定
行政监管措施决定书〔2019〕004号	关于对西藏博恩资产管理有限公司采取责令改正措施的决定
行政监管措施决定书〔2019〕005号	关于对西藏昆仑鼎信投资管理有限公司采取责令改正措施的决定

续表

发文字号	发文标题
行政监管措施决定书〔2019〕006号	关于对西藏谷雨当时投资管理有限公司采取责令改正措施的决定
行政监管措施决定书〔2019〕007号	关于对西藏联海资产管理有限公司采取责令改正措施的决定
行政监管措施决定书〔2019〕008号	关于对堆龙航远创融创业投资管理有限公司采取出具警示函措施的决定
行政监管措施决定书〔2019〕009号	关于对西藏山南硅谷天堂昌吉投资管理有限公司采取出具警示函措施的决定书
行政监管措施决定书〔2019〕010号	关于对西藏宽域投资管理中心（有限合伙）采取责令改正措施的决定
行政监管措施决定书〔2019〕011号	关于对西藏银河科技发展股份有限公司采取责令改正措施的决定
行政监管措施决定书〔2019〕012号	关于对拉萨鸿新资产管理有限公司采取责令改正措施的决定
行政监管措施决定书〔2019〕013号	关于对拉萨鸿臻轩杰创业投资管理有限责任公司采取责令改正措施的决定
行政监管措施决定书〔2019〕014号	关于对西藏华闻资产管理有限公司采取责令改正措施的决定
行政监管措施决定书〔2019〕015号	关于对海思科医药集团股份有限公司采取出具警示函措施的决定
陕证监措施字〔2019〕1号	关于对赵敏、范勇建、张亚东采取出具警示函措施的决定
陕证监措施字〔2019〕2号	关于对西安宝德自动化股份有限公司采取出具警示函措施的决定
陕证监措施字〔2019〕3号	关于对西安晨曦航空科技股份有限公司及吴坚、张军妮采取出具警示函措施的决定
陕证监措施字〔2019〕4号	关于对高文舍采取出具警示函措施的决定
陕证监措施字〔2019〕5号	关于对武怀良、李青采取监管谈话监管措施的决定
陕证监措施字〔2019〕6号	关于对开源证券股份有限公司采取责令改正措施的决定
陕证监措施字〔2019〕7号	关于对中辉期货有限公司西安营业部采取出具警示函措施的决定
陕证监措施字〔2019〕8号	关于对陈海洋采取认定为不适当人选措施的决定
陕证监措施字〔2019〕9号	关于对新沂必康新医药产业综合体投资有限公司采取出具警示函措施的决定
陕证监措施字〔2019〕10号	关于对周新基采取出具警示函措施的决定
陕证监措施字〔2019〕11号	关于对上海萃竹股权投资管理中心（有限合伙）采取出具警示函措施的决定

续表

发文字号	发文标题
陕证监措施字〔2019〕12 号	关于对平安证券股份有限公司陕西分公司采取责令改正行政监管措施的决定
陕证监措施字〔2019〕13 号	关于对马慧飞采取责令改正行政监管措施的决定
陕证监措施字〔2019〕14 号	关于对海航旅游集团有限公司及其一致行动人大集控股有限公司采取出具警示函措施的决定
陕证监措施字〔2019〕15 号	关于对北京中资北方投资顾问有限公司西安分公司采取责令改正措施的决定
陕证监措施字〔2019〕16 号	关于对迈科期货股份有限公司采取责令改正措施的决定
陕证监措施字〔2019〕17 号	关于对开源证券股份有限公司采取出具警示函措施的决定
陕证监措施字〔2019〕18 号	关于对中邮证券有限责任公司采取责令改正措施的决定
陕证监措施字〔2019〕19 号	关于对陕西万德信息科技股份有限公司及周健、林斌、李艳霞采取出具警示函措施的决定
陕证监措施字〔2019〕20 号	关于对北京中资北方投资顾问有限公司西安分公司采取责令改正监管措施的决定
陕证监措施字〔2019〕21 号	关于对陕西和谐资本管理有限公司采取出具警示函措施的决定
陕证监措施字〔2019〕22 号	关于对西安凯洋资产管理咨询服务有限公司采取出具警示函措施的决定
陕证监措施字〔2019〕23 号	关于对陕西金世纪投资管理有限公司采取出具警示函措施的决定
陕证监措施字〔2019〕24 号	关于对西安龙鼎投资管理有限公司采取出具警示函措施的决定
陕证监措施字〔2019〕25 号	关于对西安凯诺华睿投资管理有限公司采取出具警示函措施的决定
陕证监措施字〔2019〕26 号	关于对陕西投资基金管理有限公司采取出具警示函措施的决定
陕证监措施字〔2019〕27 号	关于对陕西瀚林十方投资管理有限公司采取出具警示函措施的决定
陕证监措施字〔2019〕28 号	关于对上海中期期货股份有限公司西安营业部采取责令改正行政监管措施的决定
陕证监措施字〔2019〕29 号	关于对李大江采取出具警示函行政监管措施的决定
陕证监措施字〔2019〕30 号	关于对张伟采取出具警示函行政监管措施的决定
陕证监措施字〔2019〕31 号	关于对中节能环保装备股份有限公司采取出具警示函措施的决定
陕证监措施字〔2019〕32 号	关于对黄以武、朱彤、李强采取出具警示函措施的决定

续表

发文字号	发文标题
陕证监措施字〔2019〕33 号	关于对中天运会计师事务所（特殊普通合伙）及注册会计师黄斌、赵志刚采取出具警示函措施的决定
陕证监措施字〔2019〕34 号	关于对北京华亚正信资产评估有限公司及资产评估师陶志军、郭欢欢采取出具警示函措施的决定
陕证监措施字〔2019〕35 号	关于对陕西泰嘉电子股份有限公司及申小琳、刘玉婷采取出具警示函措施的决定
陕证监措施字〔2019〕36 号	关于对迈科期货股份有限公司及姜晴和、张彬、梁红漫采取出具警示函措施的决定
陕证监措施字〔2019〕37 号	关于对江苏百瑞赢证券咨询有限公司西安分公司采取责令改正措施的决定
陕证监措施字〔2019〕38 号	关于对陕西中商矿业股份有限公司采取出具警示函措施的决定
陕证监措施字〔2019〕39 号	关于对黑龙江省容维证券数据程序化有限公司陕西分公司采取责令暂停新增客户行政监管措施的决定
陕证监措施字〔2019〕40 号	关于对大连华讯投资股份有限公司西安分公司采取责令暂停新增客户行政监管措施的决定
陕证监措施字〔2019〕41 号	关于对西安迈科金属国际集团有限公司及袁兵兵、郑锐采取出具警示函措施的决定
陕证监措施字〔2019〕42 号	关于对供销大集集团股份有限公司未履行业绩补偿承诺的 22 名股东采取责令改正措施的决定
甘证监行政监管措施决定书〔2019〕001 号	关于对甘肃刚泰控股（集团）股份有限公司采取出具警示函监管措施的决定
甘证监行政监管措施决定书〔2019〕002 号	关于对甘肃刚泰控股（集团）股份有限公司徐建刚、周锋、赵瑞俊、王小明等 4 人采取出具警示函监管措施的决定
甘证监行政监管措施决定书〔2019〕004 号	关于对银亿股份有限公司熊续强、方宇、张明海、王德银等 6 人采取出具警示函监管措施的决定
甘证监行政监管措施决定书〔2019〕005 号	关于对银亿股份有限公司采取责令改正监管措施的决定
甘证监行政监管措施决定书〔2019〕3 号	关于对华龙证券股份有限公司采取责令增加内部合规检查次数监管措施的决定
甘证监行政监管措施决定书〔2019〕6 号	关于对甘肃兴陇基金管理有限公司采取责令改正措施的决定
甘证监行政监管措施决定书〔2019〕7 号	关于对华龙期货股份有限公司采取责令改正监管措施的决定
甘证监行政监管措施决定书〔2019〕8 号	关于对娄德全、李琦、杨昕采取监管谈话措施的决定
青证监措施字〔2019〕1 号	关于对上海众华资产评估有限公司采取出具警示函措施的决定

续表

发文字号	发文标题
青证监措施字〔2019〕2 号	关于对顺利办信息服务股份有限公司采取出具警示函措施的决定
青证监措施字〔2019〕3 号	关于对康岩勇采取出具警示函措施的决定
青证监措施字〔2019〕4 号	关于对西部矿业股份有限公司采取出具警示函措施的决定
中国证券监督管理委员会宁夏监管局行政监管措施决定书〔2019〕1 号	宁夏证监局关于对宁夏中银绒业国际集团有限公司及马生国采取出具警示函监督管理措施的决定
中国证券监督管理委员会宁夏监管局行政监管措施决定书〔2019〕2 号	宁夏证监局关于对宁夏中银绒业股份有限公司及李卫东、卢婕、石磊采取出具警示函监督管理措施的决定
中国证券监督管理委员会宁夏监管局行政监管措施决定书〔2019〕3 号	宁夏证监局关于对宁夏新日恒力钢丝绳股份有限公司及高小平、陈瑞、赵丽莉采取出具警示函监督管理措施的决定
中国证券监督管理委员会宁夏监管局行政监管措施决定书〔2019〕5 号	宁夏证监局关于对宁夏新日恒力钢丝绳股份有限公司采取责令公开说明监督管理措施的决定
中国证券监督管理委员会宁夏监管局行政监管措施决定书〔2019〕6 号	宁夏证监局关于对宁夏上陵实业(集团)有限公司、史信采取出具警示函监督管理措施的决定
中国证券监督管理委员会宁夏监管局行政监管措施决定书〔2019〕7 号	宁夏证监局关于对宁夏上陵牧业股份有限公司、史仁采取出具警示函监督管理措施的决定
中国证券监督管理委员会宁夏监管局行政监管措施决定书〔2019〕8 号	宁夏证监局关于对宁夏恒御投资基金管理有限公司采取出具警示函监管措施的决定
中国证券监督管理委员会宁夏监管局行政监管措施决定书〔2019〕9 号	宁夏证监局关于对宁夏锋创基金管理有限公司采取出具警示函监管措施的决定
新疆监管局行政监管措施决定书〔2019〕1 号	关于对袁秀莉、曾国强采取监管谈话措施的决定
新疆监管局行政监管措施决定书〔2019〕3 号	关于对新疆汇嘉时代百货股份有限公司及潘锦海、王立峰、董凤华、高玉杰采取行政监管措施的决定
新疆监管局行政监管措施决定书〔2019〕4 号	关于对中国银河证券股份有限公司保荐代表人李雪斌、李宁采取出具警示函行政监管措施的决定
新疆监管局行政监管措施决定书〔2019〕5 号	关于对新疆久印铭正律师事务所采取出具警示函措施的决定
新疆监管局行政监管措施决定书〔2019〕7 号	关于对新疆峰石盛茂股权投资管理有限公司采取出具警示函措施的决定
新疆监管局行政监管措施决定书〔2019〕8 号	关于对新疆沣华盛鼎股权投资管理有限公司采取出具警示函措施的决定
新疆监管局行政监管措施决定书〔2019〕9 号	关于对中国银河证券股份有限公司伊宁市山东路营业部采取责令改正措施的决定
新疆监管局行政监管措施决定书〔2019〕10 号	关于对石河子信远业丰股权投资管理有限公司采取出具警示函措施的决定
深圳证监局行政监管措施决定书〔2019〕3 号	关于对汤维清采取监管谈话措施的决定

续表

发文字号	发文标题
深圳证监局行政监管措施决定书〔2019〕5号	关于对深圳市芭田生态工程股份有限公司采取责令改正措施的决定
深圳证监局行政监管措施决定书〔2019〕6号	关于对黄培钊采取监管谈话措施的决定
深圳证监局行政监管措施决定书〔2019〕7号	关于对余应梓采取监管谈话措施的决定
深圳证监局行政监管措施决定书〔2019〕8号	关于对胡茂灵采取监管谈话措施的决定
深圳证监局行政监管措施决定书〔2019〕9号	关于对飞马投资控股有限公司采取责令改正措施的决定
深圳证监局行政监管措施决定书〔2019〕10号	关于对黄壮勉出具警示函措施的决定
深圳证监局行政监管措施决定书〔2019〕11号	关于对神州长城股份有限公司采取责令改正措施的决定
深圳证监局行政监管措施决定书〔2019〕12号	关于对陈略采取出具警示函措施的决定
深圳证监局行政监管措施决定书〔2019〕13号	关于对田威采取出具警示函措施的决定
深圳证监局行政监管措施决定书〔2019〕14号	关于对唐先勇采取出具警示函措施的决定
深圳证监局行政监管措施决定书〔2019〕15号	关于对崔红丽采取出具警示函措施的决定
深圳证监局行政监管措施决定书〔2019〕16号	关于对杨春玲采取出具警示函措施的决定
深圳证监局行政监管措施决定书〔2019〕18号	关于对深圳市全新好股份有限公司采取出具警示函措施的决定
深圳证监局行政监管措施决定书〔2019〕19号	关于对唐小宏采取出具警示函措施的决定
深圳证监局行政监管措施决定书〔2019〕21号	关于对华鹏飞股份有限公司采取责令改正措施的决定
深圳证监局行政监管措施决定书〔2019〕22号	关于对张京豫采取出具警示函措施的决定
深圳证监局行政监管措施决定书〔2019〕23号	关于对李长军采取出具警示函措施的决定
深圳证监局行政监管措施决定书〔2019〕24号	关于对游雷云采取出具警示函措施的决定
深圳证监局行政监管措施决定书〔2019〕25号	关于对李黎明采取出具警示函措施的决定
深圳证监局行政监管措施决定书〔2019〕27号	关于对一体投资控股集团有限公司采取出具警示函措施的决定
深圳证监局行政监管措施决定书〔2019〕28号	关于对刘丹宁采取出具警示函措施的决定
深圳证监局行政监管措施决定书〔2019〕29号	关于对立信会计师事务所（特殊普通合伙）及注册会计师丘运良、刘影采取出具警示函措施的决定
深圳证监局行政监管措施决定书〔2019〕30号	关于对天衡会计师事务所（特殊普通合伙）及注册会计师闵志强、汪焕新采取出具警示函措施的决定
深圳证监局行政监管措施决定书〔2019〕31号	关于对尹烨采取出具警示函措施的决定
深圳证监局行政监管措施决定书〔2019〕32号	关于对深圳华大基因股份有限公司采取责令改正措施的决定
深圳证监局行政监管措施决定书〔2019〕33号	关于陈轶青采取出具警示函措施的决定
深圳证监局行政监管措施决定书〔2019〕34号	关于对汪建采取出具警示函措施的决定

续表

发文字号	发文标题
深圳证监局行政监管措施决定书〔2019〕41 号	关于对深圳市路畅科技股份有限公司采取出具警示函措施的决定
深圳证监局行政监管措施决定书〔2019〕42 号	关于对郭秀梅采取监管谈话措施的决定
深圳证监局行政监管措施决定书〔2019〕43 号	关于对张宗涛采取监管谈话措施的决定
深圳证监局行政监管措施决定书〔2019〕44 号	关于对徐静宜采取监管谈话措施的决定
深圳证监局行政监管措施决定书〔2019〕45 号	关于对蒋福财采取监管谈话措施的决定
深圳证监局行政监管措施决定书〔2019〕46 号	关于对深圳市欣天科技股份有限公司采取责令改正措施的决定
深圳证监局行政监管措施决定书〔2019〕47 号	关于对薛枫采取出具警示函措施的决定
深圳证监局行政监管措施决定书〔2019〕48 号	关于对林艳金采取出具警示函措施的决定
深圳证监局行政监管措施决定书〔2019〕49 号	关于对秦杰采取出具警示函措施的决定
深圳证监局行政监管措施决定书〔2019〕50 号	关于对黄林华采取出具警示函措施的决定
深圳证监局行政监管措施决定书〔2019〕64 号	关于对中喜会计师事务所(特殊普通合伙)及注册会计师沈建平、李松青采取出具警示函措施的决定
深圳证监局行政监管措施决定书〔2019〕65 号	关于对大华会计师事务所(特殊普通合伙)及注册会计师徐德、陈瑜星采取出具警示函措施的决定
深圳证监局行政监管措施决定书〔2019〕66 号	关于对新余市华信远景投资咨询有限公司采取出具警示函措施的决定
深圳证监局行政监管措施决定书〔2019〕67 号	关于对景晓军采取出具警示函措施的决定
深圳证监局行政监管措施决定书〔2019〕69 号	关于对深圳市英唐智能控制股份有限公司采取责令改正措施的决定
深圳证监局行政监管措施决定书〔2019〕70 号	关于对胡庆周采取监管谈话措施的决定
深圳证监局行政监管措施决定书〔2019〕71 号	关于对钟勇斌采取监管谈话措施的决定
深圳证监局行政监管措施决定书〔2019〕72 号	关于对许春山采取监管谈话措施的决定
深圳证监局行政监管措施决定书〔2019〕73 号	关于对刘林采取监管谈话措施的决定
深圳证监局行政监管措施决定书〔2019〕74 号	关于对华周采取出具警示函措施的决定
深圳证监局行政监管措施决定书〔2019〕75 号	关于对深圳市飞马国际供应链股份有限公司采取责令改正和责令公开说明措施的决定
深圳证监局行政监管措施决定书〔2019〕80 号	关于对丁承采取出具警示函措施的决定
深圳证监局行政监管措施决定书〔2019〕87 号	关于对深圳大通实业股份有限公司采取出具警示函措施的决定
深圳证监局行政监管措施决定书〔2019〕88 号	关于对南京华睿环保产业投资中心(有限合伙)采取出具警示函措施的决定
深圳证监局行政监管措施决定书〔2019〕95 号	关于对深圳市索菱实业股份有限公司采取责令改正和责令公开说明措施的决定

续表

发文字号	发文标题
深圳证监局行政监管措施决定书〔2019〕97 号	关于对深圳市证通电子股份有限公司采取出具警示函措施的决定
深圳证监局行政监管措施决定书〔2019〕98 号	关于对深圳赛格股份有限公司出具警示函的决定
深圳证监局行政监管措施决定书〔2019〕99 号	关于对深圳洪涛集团股份有限公司采取出具警示函措施的决定
深圳证监局行政监管措施决定书〔2019〕101 号	关于对深圳市卓翼科技股份有限公司采取责令改正措施的决定
深圳证监局行政监管措施决定书〔2019〕111 号	关于对深圳市科陆电子科技股份有限公司采取责令改正措施的决定
深圳证监局行政监管措施决定书〔2019〕112 号	关于对饶陆华采取出具警示函措施的决定
深圳证监局行政监管措施决定书〔2019〕113 号	关于对聂志勇采取出具警示函措施的决定
深圳证监局行政监管措施决定书〔2019〕121 号	关于对人人乐连锁商业集团股份有限公司采取出具警示函措施的决定
深圳证监局行政监管措施决定书〔2019〕123 号	关于对珈伟新能源股份有限公司采取责令改正措施的决定
深圳证监局行政监管措施决定书〔2019〕124 号	关于对丁孔贤采取出具警示函措施的决定
深圳证监局行政监管措施决定书〔2019〕125 号	关于对李雳采取出具警示函措施的决定
深圳证监局行政监管措施决定书〔2019〕126 号	关于对吴童海采取出具警示函措施的决定
深圳证监局行政监管措施决定书〔2019〕127 号	关于对长园集团股份有限公司采取责令改正措施的决定
深圳证监局行政监管措施决定书〔2019〕128 号	关于对许晓文采取出具警示函措施的决定
深圳证监局行政监管措施决定书〔2019〕129 号	关于对鲁尔兵采取出具警示函措施的决定
深圳证监局行政监管措施决定书〔2019〕130 号	关于对倪昭华采取出具警示函措施的决定
深圳证监局行政监管措施决定书〔2019〕131 号	关于对黄永维采取出具警示函措施的决定
深圳证监局行政监管措施决定书〔2019〕132 号	关于对史忻采取出具警示函措施的决定
深圳证监局行政监管措施决定书〔2019〕133 号	关于对吴启权采取出具警示函措施的决定
深圳证监局行政监管措施决定书〔2019〕134 号	关于对许兰杭采取出具警示函措施的决定
深圳证监局行政监管措施决定书〔2019〕135 号	关于对高飞采取出具警示函措施的决定
深圳证监局行政监管措施决定书〔2019〕141 号	关于对广东正中珠江会计师事务所(特殊普通合伙)及注册会计师冯琨琮、林恒新采取出具警示函措施的决定
深圳证监局行政监管措施决定书〔2019〕147 号	关于对深圳市新纶科技股份有限公司采取出具警示函措施的决定
深圳证监局行政监管措施决定书〔2019〕148 号	关于对侯毅采取出具警示函措施的决定
深圳证监局行政监管措施决定书〔2019〕149 号	关于对傅博采取出具警示函措施的决定
深圳证监局行政监管措施决定书〔2019〕150 号	关于对马素清采取出具警示函措施的决定
深圳证监局行政监管措施决定书〔2019〕151 号	关于对高翔采取出具警示函措施的决定

续表

发文字号	发文标题
深圳证监局行政监管措施决定书〔2019〕157 号	关于对林凯旋采取责令改正措施的决定
深圳证监局行政监管措施决定书〔2019〕158 号	关于对大华会计师事务所(特殊普通合伙)及注册会计师张兴、刘国平采取出具警示函措施的决定
深圳证监局行政监管措施决定书〔2019〕163 号	关于对大族激光科技产业集团股份有限公司采取责令改正措施的决定
深圳证监局行政监管措施决定书〔2019〕164 号	关于对深圳赫美集团股份有限公司采取责令改正措施的决定
深圳证监局行政监管措施决定书〔2019〕165 号	关于对北讯集团股份有限公司采取责令公开说明及责令改正措施的决定
深圳证监局行政监管措施决定书〔2019〕166 号	关于对深圳赫美集团股份有限公司采取出具警示函措施的决定
深圳证监局行政监管措施决定书〔2019〕167 号	关于对英大证券有限责任公司采取责令改正措施的决定
深圳证监局行政监管措施决定书〔2019〕169 号	关于对长城证券股份有限公司采取出具警示函监督管理措施的决定
深圳证监局行政监管措施决定书〔2019〕170 号	关于对中喜会计师事务所(特殊普通合伙)及注册会计师杨光、岳丁振采取出具警示函措施的决定
深圳证监局行政监管措施决定书〔2019〕181 号	关于对联储证券有限责任公司采取责令增加内部合规检查次数并提交合规检查报告措施的决定
深圳证监局行政监管措施决定书〔2019〕182 号	关于对曲振采取出具警示函措施的决定
深圳证监局行政监管措施决定书〔2019〕183 号	关于对陈晋榕采取出具警示函措施的决定
深圳证监局行政监管措施决定书〔2019〕184 号	关于对张世强采取出具警示函措施的决定
深圳证监局行政监管措施决定书〔2019〕185 号	关于对隶源基首饰(深圳)股份有限公司采取出具警示函措施的决定
深圳证监局行政监管措施决定书〔2019〕186 号	关于对蔡荣军采取出具警示函措施的决定
深圳证监局行政监管措施决定书〔2019〕187 号	关于对李素雯采取出具警示函措施的决定
深圳证监局行政监管措施决定书〔2019〕188 号	关于对欧菲光集团股份有限公司采取责令改正措施的决定
深圳证监局行政监管措施决定书〔2019〕189 号	关于对谭振林采取出具警示函措施的决定
深圳证监局行政监管措施决定书〔2019〕190 号	关于对肖燕松采取出具警示函措施的决定
深圳证监局行政监管措施决定书〔2019〕192 号	关于对深圳市国诚投资咨询有限公司采取责令暂停新增客户监督管理措施的决定
深圳证监局行政监管措施决定书〔2019〕194 号	关于对中山证券有限责任公司采取出具警示函措施的决定
深圳证监局行政监管措施决定书〔2019〕196 号	关于对注册会计师李泽浩、易永健采取出具警示函措施的决定
深圳证监局行政监管措施决定书〔2019〕200 号	关于对中国南玻集团股份有限公司采取出具警示函措施的决定

续表

发文字号	发文标题
深圳证监局行政监管措施决定书〔2019〕201号	关于对曾南采取出具警示函措施的决定
深圳证监局行政监管措施决定书〔2019〕202号	关于对吴国斌采取出具警示函措施的决定
深圳证监局行政监管措施决定书〔2019〕203号	关于对罗友明采取出具警示函措施的决定
深圳证监局行政监管措施决定书〔2019〕213号	关于对国民技术股份有限公司采取责令改正措施的决定
深圳证监局行政监管措施决定书〔2019〕214号	关于对大华会计师事务所(特殊普通合伙)及注册会计师王建华、郑荣富采取监管谈话措施的决定
深圳证监局行政监管措施决定书〔2019〕215号	关于对国众联资产评估土地房地产有限公司及资产评估师支伟、刘广收采取监管谈话措施的决定
深圳证监局行政监管措施决定书〔2019〕216号	关于对亚太(集团)会计师事务所(特殊普通合伙)及注册会计师韩显、吴平权采取出具警示函措施的决定
深圳证监局行政监管措施决定书〔2019〕217号	关于对张晓云采取出具警示函措施的决定
深圳证监局行政监管措施决定书〔2019〕218号	关于对永拓会计师事务所(特殊普通合伙)及注册会计师黄经纬、王波、刘珺采取出具警示函措施的决定
深圳证监局行政监管措施决定书〔2019〕219号	关于对深圳海斯迪能源科技股份有限公司采取出具警示函措施的决定
深圳证监局行政监管措施决定书〔2019〕220号	关于对深圳市穗晶光电股份有限公司采取责令改正措施的决定
深圳证监局行政监管措施决定书〔2019〕221号	关于对郑汉武采取出具警示函措施的决定
深圳证监局行政监管措施决定书〔2019〕222号	关于对邹远林采取出具警示函措施的决定
深圳证监局行政监管措施决定书〔2019〕226号	关于对深圳市索菱实业股份有限公司采取责令改正措施的决定
深圳证监局行政监管措施决定书〔2019〕227号	关于对肖行亦采取出具警示函措施的决定
深圳证监局行政监管措施决定书〔2019〕228号	关于对大连华讯投资股份有限公司深圳分公司采取责令改正监督管理措施的决定
深圳证监局行政监管措施决定书〔2019〕230号	关于对深圳市海普瑞药业集团股份有限公司采取出具警示函措施的决定
深圳证监局行政监管措施决定书〔2019〕231号	关于对李锂采取监管谈话措施的决定
深圳证监局行政监管措施决定书〔2019〕232号	关于对单宇采取监管谈话措施的决定
深圳证监局行政监管措施决定书〔2019〕233号	关于对张斌采取监管谈话措施的决定
深圳证监局行政监管措施决定书〔2019〕234号	关于对步海华采取监管谈话措施的决定
深圳证监局行政监管措施决定书〔2019〕235号	关于对任子行网络技术股份有限公司采取责令改正措施的决定
深圳证监局行政监管措施决定书〔2019〕236号	关于对景晓军采取出具警示函措施的决定
深圳证监局行政监管措施决定书〔2019〕237号	关于对沈智杰采取出具警示函措施的决定
深圳证监局行政监管措施决定书〔2019〕238号	关于对孙文杰采取出具警示函措施的决定

续表

发文字号	发文标题
深圳证监局行政监管措施决定书〔2019〕239 号	关于对杨志强采取出具警示函措施的决定
深圳证监局行政监管措施决定书〔2019〕240 号	关于对张晓辉采取出具警示函措施的决定
深圳证监局行政监管措施决定书〔2019〕241 号	关于对钟海川采取出具警示函措施的决定
深圳证监局行政监管措施决定书〔2019〕242 号	关于对深圳市君为信股份有限公司采取责令改正和责令公开说明措施的决定
深圳证监局行政监管措施决定书〔2019〕243 号	关于对李汉清采取出具警示函措施的决定
深圳证监局行政监管措施决定书〔2019〕244 号	关于对杨育科采取出具警示函措施的决定
深圳证监局行政监管措施决定书〔2019〕245 号	关于对崔晓思采取出具警示函措施的决定
深圳证监局行政监管措施决定书〔2019〕246 号	关于对深圳永泽医药股份有限公司采取出具警示函措施的决定
深圳证监局行政监管措施决定书〔2019〕247 号	关于对薛建欣采取出具警示函措施的决定
深圳证监局行政监管措施决定书〔2019〕248 号	关于对薛宁博采取出具警示函措施的决定
深圳证监局行政监管措施决定书〔2019〕249 号	关于对彭宝珍采取出具警示函措施的决定
深圳证监局行政监管措施决定书〔2019〕250 号	关于对深圳东文传媒股份有限公司采取责令改正措施的决定
深圳证监局行政监管措施决定书〔2019〕251 号	关于对刘卫彪采取出具警示函措施的决定
深圳证监局行政监管措施决定书〔2019〕252 号	关于对曾鸿伟采取出具警示函措施的决定
深圳证监局行政监管措施决定书〔2019〕254 号	关于对民众证券投资咨询有限公司采取责令改正监督管理措施的决定
〔2019〕1 号	关于对天富期货有限公司大连营业部采取出具警示函措施的决定
〔2019〕2 号	关于对大连天宝绿色食品股份有限公司采取责令改正监管措施的决定
〔2019〕3 号	关于对大连天宝绿色食品股份有限公司采取出具警示函措施的决定
〔2019〕4 号	关于对黄作庆采取监管谈话措施的决定
〔2019〕5 号	关于对大连华讯投资股份有限公司采取出具警示函措施的决定
〔2019〕6 号	关于对平安银行股份有限公司大连分行采取责令改正行政监督管理措施的决定
〔2019〕7 号	关于对东莞证券股份有限公司大连星海广场证券营业部采取责令改正并责令增加内部合规检查次数行政监管措施的决定
〔2019〕8 号	关于对朱晔采取出具警示函措施的决定
〔2019〕9 号	关于对大连天神娱乐股份有限公司采取出具警示函措施的决定

续表

发文字号	发文标题
〔2019〕10 号	关于对北京国融兴华资产评估有限责任公司采取出具警示函措施的决定
〔2019〕11 号	关于对北京北方亚事资产评估事务所(特殊普通合伙)采取出具警示函措施的决定
〔2019〕12 号	关于对中审众环会计师事务所(特殊普通合伙)采取出具警示函措施的决定
〔2019〕13 号	关于对海航期货股份有限公司大连营业部采取责令改正措施的决定
〔2019〕14 号	关于对大连东霖食品股份有限公司采取出具警示函措施的决定
〔2019〕15 号	关于对沈琳采取出具警示函措施的决定
〔2019〕16 号	关于对大连市热电集团有限公司采取责令改正措施的决定
〔2019〕17 号	关于对大连热电股份有限公司采取责令改正措施的决定
中国证券监督管理委员会宁波监管局行政监管措施决定书〔2019〕1 号	关于对海顺证券投资咨询有限公司采取责令改正措施的决定
中国证券监督管理委员会宁波监管局行政监管措施决定书〔2019〕2 号	关于对浙江东能光电科技股份有限公司采取出具警示函措施的决定
中国证券监督管理委员会宁波监管局行政监管措施决定书〔2019〕3 号	关于对海顺证券投资咨询有限公司采取责令改正并暂停新增客户措施的决定
中国证券监督管理委员会宁波监管局行政监管措施决定书〔2019〕4 号	关于对海顺证券投资咨询有限公司总经理康海豹、上海分公司负责人李伟光采取监管谈话措施的决定
中国证券监督管理委员会宁波监管局行政监管措施决定书〔2019〕5 号	关于对天邦食品股份有限公司采取责令改正监管措施的决定
中国证券监督管理委员会宁波监管局行政监管措施决定书〔2019〕6 号	关于对宁波恒略智汇营销策划股份有限公司采取出具警示函措施的决定
中国证券监督管理委员会宁波监管局行政监管措施决定书〔2019〕7 号	关于对东方日升新能源股份有限公司采取责令改正措施的决定
中国证券监督管理委员会宁波监管局行政监管措施决定书〔2019〕8 号	关于对宁波天九双众投资管理有限公司采取责令改正措施的决定
中国证券监督管理委员会宁波监管局行政监管措施决定书〔2019〕9 号	关于对宁波市永瑜投资管理有限公司采取责令改正措施的决定
中国证券监督管理委员会宁波监管局行政监管措施决定书〔2019〕10 号	关于对九州证券股份有限公司宁波分公司采取责令改正措施的决定
中国证券监督管理委员会宁波监管局行政监管措施决定书〔2019〕11 号	关于对李玉婷采取出具警示函监管措施的决定
中国证券监督管理委员会宁波监管局行政监管措施决定书〔2019〕12 号	关于对宁波天九双众投资管理有限公司法定代表人兼董事长卢斌、总经理吴国华出具警示函措施的决定

续表

发文字号	发文标题
中国证券监督管理委员会宁波监管局行政监管措施决定书〔2019〕13 号	关于对宁波梅山保税港区新格雷资产管理有限公司采取责令改正措施的决定
中国证券监督管理委员会宁波监管局行政监管措施决定书〔2019〕14 号	关于对谢兵采取出具警示函措施的决定
中国证券监督管理委员会宁波监管局行政监管措施决定书〔2019〕15 号	关于对杜勇采取出具警示函措施的决定
中国证券监督管理委员会宁波监管局行政监管措施决定书〔2019〕16 号	关于对浙江厚道资产管理有限公司采取责令改正措施的决定
中国证券监督管理委员会宁波监管局行政监管措施决定书〔2019〕17 号	关于对宁波景隆投资管理有限公司采取责令改正措施的决定
中国证券监督管理委员会宁波监管局行政监管措施决定书〔2019〕18 号	关于对宁波赛伯乐投资管理有限公司总经理陈保明采取监管谈话措施的决定
中国证券监督管理委员会宁波监管局行政监管措施决定书〔2019〕19 号	关于对宁波厚扬方盛投资管理有限公司采取责令改正措施的决定
中国证券监督管理委员会宁波监管局行政监管措施决定书〔2019〕20 号	关于对宁波双林汽车部件股份有限公司采取出具警示函措施的决定
中国证券监督管理委员会宁波监管局行政监管措施决定书〔2019〕21 号	关于对邬建斌采取出具警示函措施的决定
中国证券监督管理委员会宁波监管局行政监管措施决定书〔2019〕22 号	关于对叶醒采取出具警示函措施的决定
中国证券监督管理委员会宁波监管局行政监管措施决定书〔2019〕23 号	关于对史敏采取出具警示函措施的决定
中国证券监督管理委员会宁波监管局行政监管措施决定书〔2019〕24 号	关于对方正中期期货有限公司宁波营业部采取责令改正措施的决定
中国证券监督管理委员会宁波监管局行政监管措施决定书〔2019〕25 号	关于对宁波图骥科技股份有限公司采取出具警示函措施的决定
中国证券监督管理委员会宁波监管局行政监管措施决定书〔2019〕26 号	关于对宁波亚锦电子科技股份有限公司采取出具警示函措施的决定
中国证券监督管理委员会宁波监管局行政监管措施决定书〔2019〕27 号	关于对宁波鸿立光电科技股份有限公司采取出具警示函措施的决定
中国证券监督管理委员会宁波监管局行政监管措施决定书〔2019〕28 号	关于对宁波爱珂智能科技股份有限公司采取出具警示函措施的决定
中国证券监督管理委员会宁波监管局行政监管措施决定书〔2019〕29 号	关于对陈兆华采取监管谈话措施的决定
中国证券监督管理委员会宁波监管局行政监管措施决定书〔2019〕30 号	关于对赵岑采取监管谈话措施的决定

续表

发文字号	发文标题
中国证券监督管理委员会宁波监管局行政监管措施决定书〔2019〕31号	关于对白厚善采取监管谈话措施的决定
中国证券监督管理委员会宁波监管局行政监管措施决定书〔2019〕32号	关于对宁波容百新能源科技股份有限公司采取责令改正措施的决定
中国证券监督管理委员会宁波监管局行政监管措施决定书〔2019〕33号	关于对李宗松采取出具警示函的决定
中国证券监督管理委员会宁波监管局行政监管措施决定书〔2019〕34号	关于对中国建设银行股份有限公司宁波市分行采取责令改正措施的决定
中国证券监督管理委员会宁波监管局行政监管措施决定书〔2019〕35号	关于对中国工商银行股份有限公司宁波市分行采取责令改正措施的决定
中国证券监督管理委员会宁波监管局行政监管措施决定书〔2019〕36号	关于对中国农业银行股份有限公司宁波市分行采取责令改正措施的决定
中国证券监督管理委员会宁波监管局行政监管措施决定书〔2019〕37号	关于对宁波鄞州农村商业银行股份有限公司采取责令改正措施的决定
中国证券监督管理委员会宁波监管局行政监管措施决定书〔2019〕38号	关于对爱建证券有限责任公司宁波槐树路证券营业部采取责令改正措施的决定
中国证券监督管理委员会宁波监管局行政监管措施决定书〔2019〕39号	关于对爱建证券有限责任公司宁波彩虹南路证券营业部采取责令改正措施的决定
中国证券监督管理委员会宁波监管局行政监管措施决定书〔2019〕40号	关于对浙江围海控股集团有限公司采取责令改正措施的决定
中国证券监督管理委员会宁波监管局行政监管措施决定书〔2019〕41号	关于对冯全宏采取责令改正措施的决定
中国证券监督管理委员会宁波监管局行政监管措施决定书〔2019〕42号	关于对冯婷婷采取责令改正措施的决定
中国证券监督管理委员会宁波监管局行政监管措施决定书〔2019〕43号	关于对张人杰采取责令改正措施的决定
中国证券监督管理委员会宁波监管局行政监管措施决定书〔2019〕44号	关于对朱广科采取监管谈话措施的决定
中国证券监督管理委员会宁波监管局行政监管措施决定书〔2019〕45号	关于对宁波银行股份有限公司采取责令改正措施的决定
中国证券监督管理委员会厦门监管局行政监管措施决定书〔2019〕1号	厦门证监局关于对厦门诺瑞特实业股份有限公司采取出具警示函措施的决定
中国证券监督管理委员会厦门监管局行政监管措施决定书〔2019〕2号	厦门证监局关于对雷建等人采取责令改正措施的决定
中国证券监督管理委员会厦门监管局行政监管措施决定书〔2019〕3号	厦门证监局关于对易联众信息技术股份有限公司采取出具警示函措施的决定

续表

发文字号	发文标题
中国证券监督管理委员会厦门监管局行政监管措施决定书〔2019〕4 号	关于对周苏华采取出具警示函措施的决定
中国证券监督管理委员会厦门监管局行政监管措施决定书〔2019〕5 号	厦门证监局关于对北京中企华资产评估有限责任公司和注册评估师要勇军、邵伟伟采取出具警示函措施的决定
中国证券监督管理委员会厦门监管局行政监管措施决定书〔2019〕6 号	厦门证监局关于对吴中华、周小金采取出具警示函措施的决定
中国证券监督管理委员会厦门监管局行政监管措施决定书〔2019〕7 号	厦门证监局关于对王春芳、王玲玲采取监管谈话措施的决定
中国证券监督管理委员会厦门监管局行政监管措施决定书〔2019〕8 号	厦门证监局关于对厦门继祥宏利投资管理有限公司采取责令改正措施的决定
中国证券监督管理委员会厦门监管局行政监管措施决定书〔2019〕9 号	厦门证监局关于对厦门捌大流域投资管理有限公司采取责令改正措施的决定
中国证券监督管理委员会厦门监管局行政监管措施决定书〔2019〕10 号	厦门证监局关于对厦门倍凡投资管理有限公司采取责令改正措施的决定
中国证券监督管理委员会厦门监管局行政监管措施决定书〔2019〕11 号	厦门证监局关于对福建省同亨投资管理有限公司采取责令改正措施的决定
中国证券监督管理委员会厦门监管局行政监管措施决定书〔2019〕12 号	厦门证监局关于对华尚股权投资有限责任公司采取责令改正措施的决定
中国证券监督管理委员会厦门监管局行政监管措施决定书〔2019〕13 号	厦门证监局关于对厦门市美亚梧桐投资管理有限公司采取责令改正措施的决定
中国证券监督管理委员会厦门监管局行政监管措施决定书〔2019〕14 号	厦门证监局关于对厦门盈利多资产管理有限公司采取责令改正措施的决定
中国证券监督管理委员会厦门监管局行政监管措施决定书〔2019〕15 号	厦门证监局关于对厦门东方汇富股权投资管理合伙企业(有限合伙)采取责令改正措施的决定
中国证券监督管理委员会厦门监管局行政监管措施决定书〔2019〕16 号	厦门证监局关于对厦门时位长信股权投资管理有限公司采取责令改正措施的决定
中国证券监督管理委员会厦门监管局行政监管措施决定书〔2019〕17 号	厦门证监局关于对厦门鑫点击网络集团股份有限公司采取出具警示函措施的决定
中国证券监督管理委员会厦门监管局行政监管措施决定书〔2019〕18 号	厦门证监局关于对华兴会计师事务所(特殊普通合伙)和注册会计师江叶瑜、李卓良采取出具警示函措施的决定
中国证券监督管理委员会厦门监管局行政监管措施决定书〔2019〕19 号	厦门证监局关于对厦门三五互联科技股份有限公司采取出具警示函措施的决定
中国证券监督管理委员会厦门监管局行政监管措施决定书〔2019〕20 号	厦门证监局关于对北京北方亚事资产评估事务所(特殊普通合伙)和注册评估师李巨林、陈鹏采取出具警示函措施的决定
中国证券监督管理委员会厦门监管局行政监管措施决定书〔2019〕21 号	厦门证监局关于对陈天培采取监管谈话措施的决定

续表

发文字号	发文标题
中国证券监督管理委员会厦门监管局行政监管措施决定书〔2019〕22号	关于对秦国安采取出具警示函措施的决定
中国证券监督管理委员会厦门监管局行政监管措施决定书〔2019〕23号	关于对鹭燕医药股份有限公司采取出具警示函措施的决定
中国证券监督管理委员会厦门监管局行政监管措施决定书〔2019〕24号	厦门证监局关于对古城采取出具警示函措施的决定
中国证券监督管理委员会厦门监管局行政监管措施决定书〔2019〕25号	厦门证监局关于对厦门三十三度资本管理有限公司采取责令改正措施的决定
中国证券监督管理委员会厦门监管局行政监管措施决定书〔2019〕26号	厦门证监局关于对厦门盛世汇金投资管理有限公司采取责令改正措施的决定
中国证券监督管理委员会厦门监管局行政监管措施决定书〔2019〕27号	厦门证监局关于对厦门华英汇股权投资合伙企业(有限合伙)采取责令改正措施的决定
中国证券监督管理委员会厦门监管局行政监管措施决定书〔2019〕28号	厦门证监局关于对厦门市鑫鼎盛控股有限公司采取责令改正措施的决定
青岛证监局行政监管措施决定书〔2019〕1号	关于对青岛中富泰科控股集团股份有限公司采取出具警示函措施的决定
青岛证监局行政监管措施决定书〔2019〕2号	关于对青岛中金卓越基金管理有限公司采取警示函监管措施的决定
青岛证监局行政监管措施决定书〔2019〕3号	关于对黄贺采取出具警示函措施的决定
青岛证监局行政监管措施决定书〔2019〕4号	关于对青岛鼎和硕投资有限公司采取出具警示函监管措施的决定
青岛证监局行政监管措施决定书〔2019〕5号	关于对李勇采取出具警示函监管措施的决定
青岛证监局行政监管措施决定书〔2019〕6号	关于对胡达采取出具警示函监管措施的决定
青岛证监局行政监管措施决定书〔2019〕7号	关于对青岛连创汇科股权投资管理有限公司采取责令改正监管措施的决定
青岛证监局行政监管措施决定书〔2019〕8号	关于对青岛圆融金融投资有限公司采取警示函监管措施的决定
青岛证监局行政监管措施决定书〔2019〕9号	关于对杨保龙采取出具警示函监管措施的决定
青岛证监局行政监管措施决定书〔2019〕10号	关于对任顺英采取出具警示函监管措施的决定
青岛证监局行政监管措施决定书〔2019〕11号	关于对朱昀采取出具警示函监管措施的决定
青岛证监局行政监管措施决定书〔2019〕12号	关于对泰盛(青岛)投资管理有限公司采取责令改正措施的决定
青岛证监局行政监管措施决定书〔2019〕13号	关于对王馨仪采取出具警示函监管措施的决定
青岛证监局行政监管措施决定书〔2019〕14号	关于对刘大龙采取出具警示函监管措施的决定
青岛证监局行政监管措施决定书〔2019〕15号	关于对杨晓君采取出具警示函措施的决定

续表

发文字号	发文标题
青岛证监局行政监管措施决定书〔2019〕16 号	关于对软控股份有限公司采取出具警示函措施的决定
青岛证监局行政监管措施决定书〔2019〕17 号	关于对山东民富股权投资管理有限公司采取责令改正监管措施的决定
青岛证监局行政监管措施决定书〔2019〕18 号	关于对青岛奥盖克化工股份有限公司采取出具警示函措施的决定
青岛证监局行政监管措施决定书〔2019〕19 号	关于对青岛旭域土工材料股份有限公司采取出具警示函措施的决定
青岛证监局行政监管措施决定书〔2019〕20 号	关于对青岛东软载波科技股份有限公司采取出具警示函措施的决定
青岛证监局行政监管措施决定书〔2019〕21 号	关于对崔健、吴迪、孙雪飞采取监管谈话措施的决定
青岛证监局行政监管措施决定书〔2019〕22 号	关于对青岛金王应用化学股份有限公司采取责令改正措施的决定
青岛证监局行政监管措施决定书〔2019〕23 号	关于对王天宇采取出具警示函措施的决定

第四部分　市场自律法治

一、上海证券交易所

（一）2019年制定、修改的主要自律规则目录

编号	发文文号	规则标题	发文机构	发布时间
1	上证发〔2019〕2号	关于融资融券标的证券2018年第四季度定期调整有关事项的通知	上海证券交易所	2019/1/11
2	上证发〔2019〕4号	关于发布《上海证券交易所上市公司回购股份实施细则》的通知	上海证券交易所	2019/1/11
3	上证发〔2019〕5号	关于修改《上海证券交易所债券交易实施细则》相关条款的通知	上海证券交易所	2019/1/17
4	上证发〔2019〕6号	关于股票质押式回购交易相关事项的通知	上海证券交易所	2019/1/18
5	上证发〔2019〕7号	关于发布《上海证券交易所　中国证券登记结算有限责任公司信用保护工具业务管理试点办法》的通知	上海证券交易所、中国证券登记结算有限责任公司	2019/1/18
6	上证发〔2019〕8号	关于发布《上海证券交易所信用保护工具交易业务指引》的通知	上海证券交易所	2019/1/18
7	上证发〔2019〕9号	关于信用保护工具交易经手费有关事宜的通知	上海证券交易所	2019/1/18
8	上证发〔2019〕12号	关于修订《上海证券交易所上市开放式基金业务指引》的通知	上海证券交易所、中国证券登记结算有限责任公司	2019/2/15
9	上证发〔2019〕18号	关于发布《上海证券交易所科创板股票发行上市审核规则》的通知	上海证券交易所	2019/3/1
10	上证发〔2019〕19号	关于发布《上海证券交易所科创板股票上市委员会管理办法》的通知	上海证券交易所	2019/3/1
11	上证发〔2019〕20号	关于发布《上海证券交易所科技创新咨询委员会工作规则》的通知	上海证券交易所	2019/3/1
12	上证发〔2019〕21号	关于发布《上海证券交易所科创板股票发行与承销实施办法》的通知	上海证券交易所	2019/3/1

续表

编号	发文文号	规则标题	发文机构	发布时间
13	上证发〔2019〕22 号	关于发布《上海证券交易所科创板股票上市规则》的通知	上海证券交易所	2019/3/1
14	上证发〔2019〕23 号	关于发布《上海证券交易所科创板股票交易特别规定》的通知	上海证券交易所	2019/3/1
15	上证发〔2019〕24 号	关于发布《上海证券交易所科创板上市保荐书内容与格式指引》的通知	上海证券交易所	2019/3/1
16	上证发〔2019〕25 号	关于发布《上海证券交易所科创板股票发行上市申请文件受理指引》的通知	上海证券交易所	2019/3/1
17	上证发〔2019〕26 号	关于发布《上海证券交易所科创板股票盘后固定价格交易指引》的通知	上海证券交易所	2019/3/1
18	上证发〔2019〕27 号	关于发布《上海证券交易所科创板股票交易风险揭示书必备条款》的通知	上海证券交易所	2019/3/1
19	上证发〔2019〕29 号	关于发布《上海证券交易所科创板股票发行上市审核问答》的通知	上海证券交易所	2019/3/3
20	上证发〔2019〕30 号	关于发布《上海证券交易所科创板企业上市推荐指引》的通知	上海证券交易所	2019/3/3
21	上证发〔2019〕32 号	关于发布《科创板创新试点红筹企业财务报告信息披露指引》的通知	上海证券交易所	2019/3/15
22	上证发〔2019〕33 号	关于科创板投资者教育与适当性管理相关事项的通知	上海证券交易所	2019/3/19
23	上证发〔2019〕36 号	关于发布《上海证券交易所科创板股票发行上市审核问答(二)》的通知	上海证券交易所	2019/3/24
24	上证发〔2019〕39 号	关于调整债券上市期间交易方式有关事项的通知	上海证券交易所	2019/3/29
25	上证发〔2019〕41 号	关于发布《上海证券交易所科创板股票公开发行自律委员会工作规则》的通知	上海证券交易所	2019/4/4
26	上证发〔2019〕44 号	关于融资融券标的证券 2019 年第一季度定期调整有关事项的通知	上海证券交易所	2019/4/12
27	上证发〔2019〕46 号	关于发布《上海证券交易所科创板股票发行与承销业务指引》的通知	上海证券交易所	2019/4/16
28	上证发〔2019〕52 号	关于修改《上海证券交易所股票上市规则》的通知	上海证券交易所	2019/4/30
29	上证发〔2019〕53 号	关于修改《上海证券交易所科创板股票上市规则》的通知	上海证券交易所	2019/4/30
30	上证发〔2019〕54 号	关于发布《上海证券交易所　中国证券金融股份有限公司　中国证券登记结算有限责任公司科创板转融通证券出借和转融券业务实施细则》的通知	上海证券交易所、中国证券金融股份有限公司、中国证券登记结算有限责任公司	2019/4/30

续表

编号	发 文 文 号	规 则 标 题	发文机构	发布时间
31	上证发〔2019〕55 号	关于调整股票期权限开仓标准的通知	上海证券交易所	2019/5/13
32	上证发〔2019〕56 号	关于发布《上海证券交易所会员投资者教育工作指引》的通知	上海证券交易所	2019/5/15
33	上证发〔2019〕59 号	关于为上市期间特定债券提供转让结算服务有关事项的通知	上海证券交易所、中国证券登记结算有限责任公司	2019/5/24
34	上证发〔2019〕60 号	关于为挂牌期间特定非公开发行债券提供转让结算服务有关事项的通知	上海证券交易所、中国证券登记结算有限责任公司	2019/5/24
35	上证发〔2019〕65 号	关于发布科创板证券上市公告书内容与格式指引的通知	上海证券交易所	2019/6/8
36	上证发〔2019〕68 号	关于发布《上海证券交易所科创板股票异常交易实时监控细则(试行)》的通知	上海证券交易所	2019/6/14
37	上证发〔2019〕70 号	关于公司债券回售业务有关事项的通知	上海证券交易所	2019/6/21
38	上证发〔2019〕71 号	关于科创板股票及存托凭证交易相关事项的通知	上海证券交易所	2019/6/21
39	上证发〔2019〕75 号	关于融资融券标的证券 2019 年第二季度定期调整有关事项的通知	上海证券交易所	2019/7/5
40	上证发〔2019〕76 号	关于上海证券交易所科创板股票及存托凭证收费事宜的通知	上海证券交易所	2019/7/5
41	上证发〔2019〕77 号	关于科创板股票暂不作为股票质押回购及约定购回交易标的证券的通知	上海证券交易所	2019/7/5
42	上证发〔2019〕78 号	关于科创板发行人财务信息披露有关事项的通知	上海证券交易所	2019/7/9
43	上证发〔2019〕79 号	关于发布科创板上市公司持续监管通用业务规则及业务指南目录的通知	上海证券交易所	2019/7/12
44	上证发〔2019〕84 号	关于修改《上海证券交易所融资融券交易实施细则》涉及维持担保比例若干条款的通知	上海证券交易所	2019/8/9
45	上证发〔2019〕85 号	《关于扩大融资融券标的股票范围相关事项的通知》	上海证券交易所	2019/8/9
46	上证发〔2019〕89 号	关于发布《非上市公司非公开发行可转换公司债券业务实施办法》的通知	上海证券交易所、全国中小企业股份转让系统有限责任公司、中国证券登记结算有限责任公司	2019/8/30
47	上证发〔2019〕96 号	关于发布《上海证券交易所复核实施办法(2019 年修订)》的通知	上海证券交易所	2019/10/11

续表

编号	发 文 文 号	规 则 标 题	发文机构	发布时间
48	上证发〔2019〕97 号	关于发布《上海证券交易所纪律处分和监管措施实施办法(2019 年修订)》的通知	上海证券交易所	2019/10/11
49	上证发〔2019〕98 号	关于发布《上海证券交易所自律管理听证实施细则(2019 年修订)》的通知	上海证券交易所	2019/10/11
50	上证发〔2019〕100 号	关于发布《上海证券交易所沪港通业务实施办法(2019 年修订)》的通知	上海证券交易所	2019/10/18
51	上证发〔2019〕101 号	关于修订《上海证券交易所港股通交易风险揭示书必备条款》的通知	上海证券交易所、中国证券登记结算有限责任公司	2019/10/18
52	上证发〔2019〕102 号	关于融资融券标的证券 2019 年第三季度定期调整有关事项的通知	上海证券交易所	2019/10/18
53	上证发〔2019〕105 号	关于发布《上海证券交易所资产支持证券临时报告信息披露指引》的通知	上海证券交易所	2019/11/1
54	上证发〔2019〕106 号	上海证券交易所会员管理规则(2019 年修订)	上海证券交易所	2019/11/1
55	上证发〔2019〕110 号	关于发布《上海证券交易所、中国证券登记结算有限责任公司股票期权组合策略业务指引》的通知	上海证券交易所、中国证券登记结算有限责任公司	2019/11/15
56	上证发〔2019〕111 号	关于调整固定收益证券综合电子平台交易相关事宜的通知	上海证券交易所	2019/11/15
57	上证发〔2019〕114 号	关于发布《上海证券交易所科创板上市公司重大资产重组审核规则》的通知	上海证券交易所	2019/11/29
58	上证发〔2019〕115 号	关于规范公司债券发行有关事项的通知	上海证券交易所	2019/12/13
59	上证发〔2019〕118 号	关于上海证券交易所沪深 300ETF 期权合约品种上市交易有关事项的通知	上海证券交易所	2019/12/17
60	上证发〔2019〕119 号	关于调整股票期权交易熔断标准和单笔申报最大数量的通知	上海证券交易所	2019/12/19
61	上证发〔2019〕120 号	关于调整 ETF 期权持仓限额有关事项的通知	上海证券交易所	2019/12/19
62	上证发〔2019〕121 号	关于上海证券交易所沪深 300ETF 期权试点相关收费标准的通知	上海证券交易所	2019/12/19
63	上证发〔2019〕122 号	关于发布《上市公司重大资产重组信息披露业务指引》的通知	上海证券交易所	2019/12/20
64	上证发〔2019〕123 号	关于修订《上海证券交易所沪港通业务实施办法》的通知	上海证券交易所	2019/12/20
65	上证发〔2019〕125 号	关于上海证券交易所下调上市公司上市费收费标准的通知	上海证券交易所	2019/12/31
66	上证发〔2019〕126 号	关于暂免收取上市基金相关费用的通知	上海证券交易所	2019/12/31

（二）2019 年纪律处分决定书目录

一、主板类

序号	文件标题	文　号	日期
1	关于对北京乾景园林股份有限公司及有关责任人予以通报批评的决定	纪律处分决定书〔2019〕1 号	2019/1/9
2	关于对长发集团长江投资实业股份有限公司及有关责任人予以通报批评的决定	纪律处分决定书〔2019〕2 号	2019/1/25
3	关于对海南矿业股份有限公司及有关责任人予以通报批评的决定	纪律处分决定书〔2019〕3 号	2019/1/29
4	关于对海航基础设施投资集团股份有限公司及有关责任人予以通报批评的决定	纪律处分决定书〔2019〕4 号	2019/1/29
5	关于对宁夏新日恒力钢丝绳股份有限公司及有关责任人予以纪律处分的决定	纪律处分决定书〔2019〕5 号	2019/1/29
6	关于对宁夏新日恒力钢丝绳股份有限公司重大资产重组交易对方许晓椿予以公开谴责的决定	纪律处分决定书〔2019〕6 号	2019/1/29
7	关于对宁夏新日恒力钢丝绳股份有限公司重大资产重组财务顾问项目主办人予以通报批评的决定	纪律处分决定书〔2019〕7 号	2019/1/29
8	关于对中珠医疗控股股份有限公司股东予以通报批评的决定	纪律处分决定书〔2019〕8 号	2019/1/31
9	关于对内蒙古君正能源化工集团股份有限公司时任董事翟晓枫予以通报批评的决定	纪律处分决定书〔2019〕9 号	2019/1/31
10	关于对吉林成城集团股份有限公司及有关责任人予以公开谴责的决定	纪律处分决定书〔2019〕10 号	2019/2/11
11	关于对阳煤化工股份有限公司及时任董事会秘书杨印生予以通报批评的决定	纪律处分决定书〔2019〕11 号	2019/2/12
12	关于对浙江祥源文化股份有限公司及控股股东浙江祥源实业有限公司和有关责任人予以纪律处分的决定	纪律处分决定书〔2019〕12 号	2019/2/12
13	关于对正源控股股份有限公司及有关责任人予以纪律处分的决定	纪律处分决定书〔2019〕13 号	2019/2/14
14	关于对览海医疗产业投资股份有限公司股东上海览海上寿医疗产业有限公司予以通报批评的决定	纪律处分决定书〔2019〕14 号	2019/2/14
15	关于对庞大汽贸集团股份有限公司时任副总经理蔡苏佳予以公开谴责的决定	纪律处分决定书〔2019〕16 号	2019/3/26

续表

序号	文件标题	文号	日期
16	关于对上海天洋热熔粘接材料股份有限公司股东上海橙子投资中心(有限合伙)予以通报批评的决定	纪律处分决定书〔2019〕17 号	2019/3/28
17	关于对常熟市汽车饰件股份有限公司股东上海联新投资中心(有限合伙)予以通报批评的决定	纪律处分决定书〔2019〕18 号	2019/3/28
18	关于对科达集团股份有限公司时任副总经理王华华予以公开谴责的决定	纪律处分决定书〔2019〕19 号	2019/3/29
19	关于对哈尔滨秋林集团股份有限公司及有关责任人予以纪律处分的决定	纪律处分决定书〔2019〕20 号	2019/3/29
20	关于对华丽家族股份有限公司及有关责任人予以通报批评的决定	纪律处分决定书〔2019〕21 号	2019/3/29
21	关于对华丽家族股份有限公司控股股东上海南江(集团)有限公司予以通报批评的决定	纪律处分决定书〔2019〕22 号	2019/3/29
22	关于对江苏悦达投资股份有限公司控股股东江苏悦达集团有限公司予以通报批评的决定	纪律处分决定书〔2019〕23 号	2019/4/10
23	关于对陕西建设机械股份有限公司及有关责任人予以通报批评的决定	纪律处分决定书〔2019〕24 号	2019/4/10
24	关于对陕西建设机械股份有限公司重大资产重组交易对方王志荣予以通报批评的决定	纪律处分决定书〔2019〕25 号	2019/4/10
25	关于对海润光伏科技股份有限公司及有关责任人予以公开谴责的决定	纪律处分决定书〔2019〕26 号	2019/5/10
26	关于对天津劝业场(集团)股份有限公司股东广州市润盈投资有限公司及其一致行动人予以通报批评的决定	纪律处分决定书〔2019〕27 号	2019/5/15
27	关于对庞大汽贸集团股份有限公司及有关责任人予以纪律处分的决定	纪律处分决定书〔2019〕33 号	2019/5/20
28	关于对广东明珠集团股份有限公司及有关责任人予以通报批评的决定	纪律处分决定书〔2019〕36 号	2019/5/22
29	关于对基蛋生物科技股份有限公司股东予以通报批评的决定	纪律处分决定书〔2019〕37 号	2019/5/28
30	关于对陕西宝光真空电器股份有限公司股东陕西省技术进步投资有限责任公司予以通报批评的决定	纪律处分决定书〔2019〕38 号	2019/5/31
31	关于对山东新潮能源股份有限公司及有关责任人予以纪律处分的决定	纪律处分决定书〔2019〕39 号	2019/6/11
32	关于对江西洪都航空工业股份有限公司时任副总经理金磊予以通报批评的决定	纪律处分决定书〔2019〕40 号	2019/6/13
33	关于对湖南方盛制药股份有限公司及有关责任人予以通报批评的决定	纪律处分决定书〔2019〕41 号	2019/6/17

续表

序号	文件标题	文　　号	日期
34	关于对航天通信控股集团股份有限公司及有关责任人予以通报批评的决定	纪律处分决定书〔2019〕42 号	2019/6/18
35	关于对贵州圣济堂医药产业股份有限公司及有关责任人予以纪律处分的决定	纪律处分决定书〔2019〕43 号	2019/6/18
36	关于对贵州圣济堂医药产业股份有限公司重大资产重组财务顾问项目主办人、年审会计师事务所及其注册会计师予以通报批评的决定	纪律处分决定书〔2019〕44 号	2019/6/19
37	关于对文投控股股份有限公司及有关责任人予以通报批评的决定	纪律处分决定书〔2019〕45 号	2019/6/26
38	关于对上海游久游戏股份有限公司时任董事吴烨予以通报批评的决定	纪律处分决定书〔2019〕46 号	2019/6/26
39	关于对新智认知数字科技股份有限公司股东上海慧添投资管理有限公司、上海信添投资管理有限公司予以通报批评的决定	纪律处分决定书〔2019〕47 号	2019/6/27
40	关于对浙江万盛股份有限公司及有关责任人予以纪律处分的决定	纪律处分决定书〔2019〕48 号	2019/6/28
41	关于对贵州盘江精煤股份有限公司时任副总经理黄廷海予以公开谴责的决定	纪律处分决定书〔2019〕49 号	2019/7/12
42	关于对贵人鸟股份有限公司及时任财务总监李志平予以通报批评的决定	纪律处分决定书〔2019〕50 号	2019/7/17
43	关于对大连大福控股股份有限公司、关联方天津大通铜业有限公司、实际控制人代威及有关责任人予以纪律处分的决定	纪律处分决定书〔2019〕51 号	2019/7/23
44	关于对中航重机股份有限公司时任监事李杨予以通报批评的决定	纪律处分决定书〔2019〕52 号	2019/7/19
45	关于对海越能源集团股份有限公司股东陕西长安航空旅游有限公司予以通报批评的决定	纪律处分决定书〔2019〕53 号	2019/7/19
46	关于对辽宁曙光汽车集团股份有限公司股东华泰汽车集团有限公司予以通报批评的决定	纪律处分决定书〔2019〕54 号	2019/7/24
47	关于对上海复旦复华科技股份有限公司股东上海上科科技投资有限公司予以通报批评的决定	纪律处分决定书〔2019〕55 号	2019/7/29
48	关于对北京华业资本控股股份有限公司及其控股股东华业发展（深圳）有限公司、实际控制人周文焕（ZHOU WENHUAN）和有关责任人予以纪律处分的决定	纪律处分决定书〔2019〕56 号	2019/7/29
49	关于对山东大业股份有限公司实际控制人、时任董事窦宝森予以通报批评的决定	纪律处分决定书〔2019〕57 号	2019/8/5
50	关于对江苏保千里视像科技集团股份有限公司评估机构银信资产评估有限公司及评估师梅惠民、李琦、龚沈璐予以公开谴责的决定	纪律处分决定书〔2019〕58 号	2019/8/5

续表

序号	文件标题	文　号	日期
51	关于对苏州纽威阀门股份有限公司实际控制人予以通报批评的决定	纪律处分决定书〔2019〕59 号	2019/8/6
52	关于对上海中毅达股份有限公司及有关责任人予以纪律处分的决定	纪律处分决定书〔2019〕60 号	2019/8/6
53	关于对江泉实业控股股东深圳市大生农业集团有限公司予以公开谴责的决定	纪律处分决定书〔2019〕61 号	2019/8/6
54	关于对闻泰科技股份有限公司及有关责任人予以通报批评的决定	纪律处分决定书〔2019〕62 号	2019/8/12
55	关于对鹏起科技发展股份有限公司股东鹏起科技控股集团有限公司、洛阳申祥电子科技有限公司予以通报批评的决定	纪律处分决定书〔2019〕63 号	2019/8/12
56	关于对上海中毅达股份有限公司控股股东大申集团有限公司予以公开谴责的决定	纪律处分决定书〔2019〕64 号	2019/8/12
57	关于对奥瑞德光电股份有限公司及有关责任人予以纪律处分的决定	纪律处分决定书〔2019〕65 号	2019/8/16
58	关于对奥瑞德光电股份有限公司及有关责任人予以通报批评的决定	纪律处分决定书〔2019〕66 号	2019/8/29
59	关于对湖北仰帆控股股份有限公司及有关责任人予以纪律处分的决定	纪律处分决定书〔2019〕67 号	2019/9/2
60	关于对河南黄河旋风股份有限公司及有关责任人予以纪律处分的决定	纪律处分决定书〔2019〕68 号	2019/9/3
61	关于对河南黄河旋风股份有限公司时任副总经理、重大资产重组主要交易对方陈俊予以纪律处分的决定	纪律处分决定书〔2019〕69 号	2019/9/3
62	关于对河南黄河旋风股份有限公司重大资产重组财务顾问项目主办人予以通报批评的决定	纪律处分决定书〔2019〕70 号	2019/9/3
63	关于对广州粤泰集团股份有限公司实际控制人杨树坪予以公开谴责的决定	纪律处分决定书〔2019〕71 号	2019/9/4
64	关于对亚宝药业集团股份有限公司及有关责任人予以通报批评的决定	纪律处分决定书〔2019〕72 号	2019/9/6
65	关于对湖北凯乐科技股份有限公司及有关责任人予以通报批评的决定	纪律处分决定书〔2019〕73 号	2019/9/6
66	关于对吉林亚泰(集团)股份有限公司及有关责任人予以通报批评的决定	纪律处分决定书〔2019〕75 号	2019/9/17
67	关于对江苏保千里视像科技集团股份有限公司重大资产重组财务顾问项目主办人予以通报批评的决定	纪律处分决定书〔2019〕76 号	2019/9/17
68	关于对株洲时代新材料科技股份有限公司及有关责任人予以通报批评的决定	纪律处分决定书〔2019〕77 号	2019/9/17

续表

序号	文件标题	文号	日期
69	关于对罗顿发展股份有限公司实际控制人李维及其一致行动人夏军予以通报批评的决定	纪律处分决定书〔2019〕78 号	2019/9/17
70	关于对文投控股股份有限公司股东耀莱文化产业股份有限公司予以公开谴责的决定	纪律处分决定书〔2019〕79 号	2019/9/17
71	关于对新疆汇嘉时代百货股份有限公司及其实际控制人兼时任董事长潘锦海和有关责任人予以公开谴责的决定	纪律处分决定书〔2019〕80 号	2019/9/18
72	关于对上海拉夏贝尔服饰股份有限公司及有关责任人予以通报批评的决定	纪律处分决定书〔2019〕81 号	2019/9/19
73	关于对中农发种业集团股份有限公司及有关责任人予以通报批评的决定	纪律处分决定书〔2019〕82 号	2019/9/20
74	关于对中农发种业集团股份有限公司重大资产重组交易对方郭文江予以通报批评的决定	纪律处分决定书〔2019〕83 号	2019/9/20
75	关于对南京新街口百货商店股份有限公司、关联方南京三胞医疗管理有限公司及有关责任人予以通报批评的决定	纪律处分决定书〔2019〕84 号	2019/9/23
76	关于对河南银鸽实业投资股份有限公司及有关责任人予以通报批评的决定	纪律处分决定书〔2019〕85 号	2019/9/30
77	关于对山东新华医疗器械股份有限公司及有关责任人予以通报批评的决定	纪律处分决定书〔2019〕86 号	2019/9/30
78	关于对山东新华医疗器械股份有限公司有关股东予以通报批评的决定	纪律处分决定书〔2019〕87 号	2019/9/30
79	关于对南京华脉科技股份有限公司股东上海金融发展投资基金(有限合伙)予以通报批评的决定	纪律处分决定书〔2019〕88 号	2019/9/30
80	关于对骆驼集团股份有限公司时任副总裁杨诗军予以公开谴责的决定	纪律处分决定书〔2019〕89 号	2019/10/15
81	关于对株洲千金药业股份有限公司时任董事罗勇予以通报批评的决定	纪律处分决定书〔2019〕90 号	2019/10/21
82	关于对大连大福控股股份有限公司及有关责任人予以公开谴责的决定	纪律处分决定书〔2019〕91 号	2019/10/21
83	关于对河南黄河旋风股份有限公司及有关责任人予以通报批评的决定	纪律处分决定书〔2019〕92 号	2019/10/24
84	关于对赤峰吉隆黄金矿业股份有限公司及有关责任人予以通报批评的决定	纪律处分决定书〔2019〕93 号	2019/10/24
85	关于对安徽迎驾贡酒股份有限公司时任监事高玲予以通报批评的决定	纪律处分决定书〔2019〕94 号	2019/10/24
86	关于对北京乾景园林股份有限公司及有关责任人予以通报批评的决定	纪律处分决定书〔2019〕95 号	2019/10/24

续表

序号	文件标题	文 号	日期
87	关于对辽宁红阳能源投资股份有限公司、控股股东沈阳煤业(集团)有限责任公司及有关责任人予以通报批评的决定	纪律处分决定书〔2019〕96 号	2019/10/24
88	关于对香溢融通控股集团股份有限公司及相关责任人纪律处分的决定	纪律处分决定书〔2019〕97 号	2019/10/29
89	关于对厦门华侨电子股份有限公司股东赣州鑫域投资管理有限公司、德昌行(北京)投资有限公司和有关责任人予以通报批评的决定	纪律处分决定书〔2019〕98 号	2019/11/4
90	关于对中信国安葡萄酒业股份有限公司股东中信国安投资有限公司予以通报批评的决定	纪律处分决定书〔2019〕99 号	2019/11/4
91	关于对洲际油气股份有限公司有关责任人予以通报批评的决定	纪律处分决定书〔2019〕100 号	2019/11/8
92	关于对沧州大化股份有限公司收购人南京金浦东裕投资有限公司及其负责人郭金东予以通报批评的决定	纪律处分决定书〔2019〕101 号	2019/11/12
93	关于对哈尔滨工大高新技术产业开发股份有限公司控股股东哈尔滨工业大学高新技术开发总公司予以通报批评的决定	纪律处分决定书〔2019〕102 号	2019/11/12
94	关于对新疆亿路万源实业投资控股股份有限公司及有关责任人予以纪律处分的决定	纪律处分决定书〔2019〕103 号	2019/11/14
95	关于对山东新潮能源股份有限公司股东深圳金志昌顺投资发展有限公司、深圳市金志昌盛投资有限公司予以通报批评的决定	纪律处分决定书〔2019〕104 号	2019/11/14
96	关于对洲际油气股份有限公司及其时任董事长王文韬予以通报批评的决定	纪律处分决定书〔2019〕105 号	2019/11/14
97	关于对哈尔滨秋林集团股份有限公司股东天津嘉颐实业有限公司予以通报批评的决定	纪律处分决定书〔2019〕106 号	2019/11/14
98	关于对鹏起科技发展股份有限公司、实际控制人兼时任董事长张朋起及有关责任人予以纪律处分的决定	纪律处分决定书〔2019〕107 号	2019/11/14
99	关于对上海中毅达股份有限公司及有关责任人予以公开谴责的决定	纪律处分决定书〔2019〕108 号	2019/11/14
100	关于对西部矿业股份有限公司及有关责任人予以通报批评的决定	纪律处分决定书〔2019〕109 号	2019/11/14
101	关于对北京华业资本控股股份有限公司股东重庆玖威医疗科技有限公司、重庆满垚医疗科技有限公司、重庆禄垚医疗科技有限公司及其实际控制人李仕林等予以纪律处分的决定	纪律处分决定书〔2019〕110 号	2019/11/22
102	关于对福建实达集团股份有限公司控股股东北京昂展科技发展有限公司予以通报批评的决定	纪律处分决定书〔2019〕111 号	2019/11/26

续表

序号	文件标题	文　号	日期
103	关于对北京华业资本控股股份有限公司年审会计师事务所大华会计师事务所（特殊普通合伙）及其注册会计师予以通报批评的决定	纪律处分决定书〔2019〕117号	2019/11/29
104	关于对福建实达集团股份有限公司及有关责任人予以通报批评的决定	纪律处分决定书〔2019〕118号	2019/12/2
105	关于对海南航空控股股份有限公司及有关责任人予以通报批评的决定	纪律处分决定书〔2019〕119号	2019/12/3
106	关于对文投控股股份有限公司及有关责任人予以通报批评的决定	纪律处分决定书〔2019〕120号	2019/12/10
107	关于对东软集团股份有限公司时任高级副总裁盖龙佳予以通报批评的决定	纪律处分决定书〔2019〕121号	2019/12/10
108	关于对会稽山绍兴酒股份有限公司、控股股东精功集团有限公司及有关责任人予以通报批评的决定	纪律处分决定书〔2019〕122号	2019/12/10
109	关于对湘潭电机股份有限公司及有关责任人予以通报批评的决定	纪律处分决定书〔2019〕123号	2019/12/11
110	关于对上海丰华（集团）股份有限公司、控股股东隆鑫控股有限公司、实际控制人涂建华及有关责任人予以纪律处分的决定	纪律处分决定书〔2019〕124号	2019/12/12
111	关于对福建傲农生物科技集团股份有限公司时任董事黄祖尧予以通报批评的决定	纪律处分决定书〔2019〕125号	2019/12/13
112	关于对长春中天能源股份有限公司及有关责任人予以通报批评的决定	纪律处分决定书〔2019〕126号	2019/12/13
113	关于对三一重工股份有限公司时任副总裁李京京予以通报批评的决定	纪律处分决定书〔2019〕127号	2019/12/13
114	关于对安通控股股份有限公司、实际控制人暨时任董事长郭东泽、郭东圣及有关责任人予以纪律处分的决定	纪律处分决定书〔2019〕128号	2019/12/16
115	关于对烟台园城黄金股份有限公司控股股东暨实际控制人徐诚东予以通报批评的决定	纪律处分决定书〔2019〕129号	2019/12/16
116	关于对南宁百货大楼股份有限公司及有关责任人予以通报批评的决定	纪律处分决定书〔2019〕130号	2019/12/16
117	关于对辅仁药业集团制药股份有限公司、控股股东辅仁药业集团有限公司及其关联方和有关责任人予以纪律处分的决定	纪律处分决定书〔2019〕131号	2019/12/24
118	关于对沈阳金山能源股份有限公司、控股股东华电金山能源有限公司及有关责任人予以通报批评的决定	纪律处分决定书〔2019〕136号	2019/12/30
119	关于对亿阳信通股份有限公司及其控股股东亿阳集团股份有限公司、实际控制人邓伟及有关责任人予以纪律处分的决定	纪律处分决定书〔2019〕137号	2019/12/30

续表

序号	文 件 标 题	文　　号	日期
120	关于对贵州长征天成控股股份有限公司、控股股东银河天成集团有限公司、实际控制人潘琦及有关责任人予以纪律处分的决定	纪律处分决定书〔2019〕138 号	2019/12/30
121	关于对无锡阿科力科技股份有限公司时任董事兼副总经理尤卫民予以通报批评的决定	纪律处分决定书〔2019〕139 号	2019/12/30
122	关于对江苏澄星磷化工股份有限公司、控股股东江阴澄星实业集团有限公司及有关责任人予以纪律处分的决定	纪律处分决定书〔2019〕140 号	2019/12/30

二、科创板类

序号	文 件 标 题	文　　号	日期
1	关于对保荐代表人万久清、莫鹏予以通报批评的决定	纪律处分决定书〔2019〕34 号	2019/5/21

三、债券类

序号	文 件 标 题	文　　号	日期
1	关于对丹东港集团有限公司予以通报批评的决定	纪律处分决定书〔2019〕28 号	2019/5/22
2	关于对富贵鸟股份有限公司及有关责任人予以通报批评的决定	纪律处分决定书〔2019〕29 号	2019/5/22
3	关于对上海华信国际集团有限公司予以通报批评的决定	纪律处分决定书〔2019〕30 号	2019/5/22
4	关于对无锡五洲国际装饰城有限公司及有关责任人予以通报批评的决定	纪律处分决定书〔2019〕31 号	2019/5/22
5	关于对亿阳集团股份有限公司予以通报批评的决定	纪律处分决定书〔2019〕32 号	2019/5/22
6	关于对洪业化工集团股份有限公司予以通报批评的决定	纪律处分决定书〔2019〕35 号	2019/5/22

四、会员类

序号	文 件 标 题	文　　号	日期
1	关于对新湖期货有限公司予以纪律处分的决定	纪律处分决定书〔2019〕15 号	2019/2/19
2	关于对银河期货有限公司予以纪律处分的决定	纪律处分决定书〔2019〕74 号	2019/9/11
3	关于对财富证券有限责任公司予以纪律处分的决定	纪律处分决定书〔2019〕112 号	2019/11/29
4	关于对南京证券股份有限公司予以纪律处分的决定	纪律处分决定书〔2019〕113 号	2019/11/29
5	关于对万联证券股份有限公司予以纪律处分的决定	纪律处分决定书〔2019〕114 号	2019/11/29
6	关于对英大证券有限责任公司予以纪律处分的决定	纪律处分决定书〔2019〕115 号	2019/11/29
7	关于对中邮证券有限责任公司予以纪律处分的决定	纪律处分决定书〔2019〕116 号	2019/11/29
8	关于对国盛证券有限责任公司予以纪律处分的决定	纪律处分决定书〔2019〕132 号	2019/12/20
9	关于对华宝证券有限责任公司予以纪律处分的决定	纪律处分决定书〔2019〕133 号	2019/12/20
10	关于对联储证券有限责任公司予以纪律处分的决定	纪律处分决定书〔2019〕134 号	2019/12/20
11	关于对申港证券股份有限公司予以纪律处分的决定	纪律处分决定书〔2019〕135 号	2019/12/20

(三)2019年同意上市通知书、暂停上市决定书、恢复上市通知书、终止上市决定书目录

一、股票类

序号	标　　题	文　　号
主板同意上市通知书目录		
1	关于江苏紫金农村商业银行股份有限公司人民币普通股股票上市交易的通知	自律监管决定书〔2019〕2号
2	关于上海华培动力科技股份有限公司人民币普通股股票上市交易的通知	自律监管决定书〔2019〕7号
3	关于青岛蔚蓝生物股份有限公司人民币普通股股票上市交易的通知	自律监管决定书〔2019〕13号
4	关于苏州龙杰特种纤维股份有限公司人民币普通股股票上市交易的通知	自律监管决定书〔2019〕15号
5	关于青岛港国际股份有限公司人民币普通股股票上市交易的通知	自律监管决定书〔2019〕19号
6	关于宁波水表股份有限公司人民币普通股股票上市交易的通知	自律监管决定书〔2019〕20号
7	关于明阳智慧能源集团股份公司人民币普通股股票上市交易的通知	自律监管决定书〔2019〕22号
8	关于南京威尔药业股份有限公司人民币普通股股票上市交易的通知	自律监管决定书〔2019〕23号
9	关于福莱特玻璃集团股份有限公司人民币普通股股票上市交易的通知	自律监管决定书〔2019〕29号
10	关于上海威派格智慧水务股份有限公司人民币普通股股票上市交易的通知	自律监管决定书〔2019〕33号
11	关于西安银行股份有限公司人民币普通股股票上市交易的通知	自律监管决定书〔2019〕36号
12	关于上海永冠众诚新材料科技(集团)股份有限公司人民币普通股股票上市交易的通知	自律监管决定书〔2019〕42号
13	关于浙江三美化工股份有限公司人民币普通股股票上市交易的通知	自律监管决定书〔2019〕48号
14	关于博通集成电路(上海)股份有限公司人民币普通股股票上市交易的通知	自律监管决定书〔2019〕54号
15	关于四川天味食品集团股份有限公司人民币普通股股票上市交易的通知	自律监管决定书〔2019〕55号
16	关于中创物流股份有限公司人民币普通股股票上市交易的通知	自律监管决定书〔2019〕67号
17	关于有友食品股份有限公司人民币普通股股票上市交易的通知	自律监管决定书〔2019〕72号
18	关于北京元六鸿远电子科技股份有限公司人民币普通股股票上市交易的通知	自律监管决定书〔2019〕76号

续表

序号	标　题	文　号
19	关于宁夏宝丰能源集团股份有限公司人民币普通股股票上市交易的通知	自律监管决定书〔2019〕78 号
20	关于南京泉峰汽车精密技术股份有限公司人民币普通股股票上市交易的通知	自律监管决定书〔2019〕93 号
21	关于四川福蓉科技股份有限公司人民币普通股股票上市交易的通知	自律监管决定书〔2019〕97 号
22	关于江苏国茂减速机股份有限公司人民币普通股股票上市交易的通知	自律监管决定书〔2019〕106 号
23	关于山东元利科技股份有限公司人民币普通股股票上市交易的通知	自律监管决定书〔2019〕112 号
24	关于广东松炀再生资源股份有限公司人民币普通股股票上市交易的通知	自律监管决定书〔2019〕113 号
25	关于中海油能源发展股份有限公司人民币普通股股票上市交易的通知	自律监管决定书〔2019〕114 号
26	关于浙江新化化工股份有限公司人民币普通股股票上市交易的通知	自律监管决定书〔2019〕116 号
27	关于中国卫通集团股份有限公司人民币普通股股票上市交易的通知	自律监管决定书〔2019〕117 号
28	关于红塔证券股份有限公司人民币普通股股票上市交易的通知	自律监管决定书〔2019〕123 号
29	关于上海移远通信技术股份有限公司人民币普通股股票上市交易的通知	自律监管决定书〔2019〕126 号
30	关于宏和电子材料科技股份有限公司人民币普通股股票上市交易的通知	自律监管决定书〔2019〕133 号
31	关于广东丸美生物技术股份有限公司人民币普通股股票上市交易的通知	自律监管决定书〔2019〕158 号
32	关于浙江大胜达包装股份有限公司人民币普通股股票上市交易的通知	自律监管决定书〔2019〕159 号
33	关于景津环保股份有限公司人民币普通股股票上市交易的通知	自律监管决定书〔2019〕161 号
34	关于北京国联视讯信息技术股份有限公司人民币普通股股票上市交易的通知	自律监管决定书〔2019〕163 号
35	关于江苏神马电力股份有限公司人民币普通股股票上市交易的通知	自律监管决定书〔2019〕165 号
36	关于宁波柯力传感科技股份有限公司人民币普通股股票上市交易的通知	自律监管决定书〔2019〕167 号
37	关于南通海星电子股份有限公司人民币普通股股票上市交易的通知	自律监管决定书〔2019〕170 号
38	关于厦门松霖科技股份有限公司人民币普通股股票上市交易的通知	自律监管决定书〔2019〕182 号
39	关于青岛日辰食品股份有限公司人民币普通股股票上市交易的通知	自律监管决定书〔2019〕184 号
40	关于南华期货股份有限公司人民币普通股股票上市交易的通知	自律监管决定书〔2019〕185 号
41	关于中科软科技股份有限公司人民币普通股股票上市交易的通知	自律监管决定书〔2019〕192 号
42	关于科博达技术股份有限公司人民币普通股股票上市交易的通知	自律监管决定书〔2019〕208 号
43	关于安徽省交通建设股份有限公司人民币普通股股票上市交易的通知	自律监管决定书〔2019〕214 号
44	关于重庆农村商业银行股份有限公司人民币普通股股票上市交易的通知	自律监管决定书〔2019〕220 号

续表

序号	标　　题	文　　号
45	关于麒盛科技股份有限公司人民币普通股股票上市交易的通知	自律监管决定书〔2019〕221 号
46	关于八方电气(苏州)股份有限公司人民币普通股股票上市交易的通知	自律监管决定书〔2019〕243 号
47	关于广州通达汽车电气股份有限公司人民币普通股股票上市交易的通知	自律监管决定书〔2019〕256 号
48	关于浙商银行股份有限公司人民币普通股股票上市交易的通知	自律监管决定书〔2019〕257 号
49	关于中国邮政储蓄银行股份有限公司人民币普通股股票上市交易的通知	自律监管决定书〔2019〕280 号
50	关于成都燃气集团股份有限公司人民币普通股股票上市交易的通知	自律监管决定书〔2019〕284 号
51	关于中新苏州工业园区开发集团股份有限公司人民币普通股股票上市交易的通知	自律监管决定书〔2019〕299 号
52	关于浙江甬金金属科技股份有限公司人民币普通股股票上市交易的通知	自律监管决定书〔2019〕300 号
53	关于神驰机电股份有限公司人民币普通股股票上市交易的通知	自律监管决定书〔2019〕305 号
科创板同意上市通知书目录		
1	关于苏州华兴源创科技股份有限公司人民币普通股股票科创板上市交易的通知	自律监管决定书〔2019〕128 号
2	关于烟台睿创微纳技术股份有限公司人民币普通股股票科创板上市交易的通知	自律监管决定书〔2019〕129 号
3	关于苏州天准科技股份有限公司人民币普通股股票科创板上市交易的通知	自律监管决定书〔2019〕130 号
4	关于浙江杭可科技股份有限公司人民币普通股股票科创板上市交易的通知	自律监管决定书〔2019〕131 号
5	关于澜起科技股份有限公司人民币普通股股票科创板上市交易的通知	自律监管决定书〔2019〕132 号
6	关于中国铁路通信信号股份有限公司人民币普通股股票科创板上市交易的通知	自律监管决定书〔2019〕136 号
7	关于宁波容百新能源科技股份有限公司人民币普通股股票科创板上市交易的通知	自律监管决定书〔2019〕137 号
8	关于深圳光峰科技股份有限公司人民币普通股股票科创板上市交易的通知	自律监管决定书〔2019〕138 号
9	关于安集微电子科技(上海)股份有限公司人民币普通股股票科创板上市交易的通知	自律监管决定书〔2019〕139 号
10	关于福建福光股份有限公司人民币普通股股票科创板上市交易的通知	自律监管决定书〔2019〕140 号
11	关于乐鑫信息科技(上海)股份有限公司人民币普通股股票科创板上市交易的通知	自律监管决定书〔2019〕141 号

续表

序号	标　　题	文　　号
12	关于中微半导体设备(上海)股份有限公司人民币普通股股票科创板上市交易的通知	自律监管决定书〔2019〕142 号
13	关于西安铂力特增材技术股份有限公司人民币普通股股票科创板上市交易的通知	自律监管决定书〔2019〕143 号
14	关于哈尔滨新光光电科技股份有限公司人民币普通股股票科创板上市交易的通知	自律监管决定书〔2019〕144 号
15	关于西部超导材料科技股份有限公司人民币普通股股票科创板上市交易的通知	自律监管决定书〔2019〕145 号
16	关于南京微创医学科技股份有限公司人民币普通股股票科创板上市交易的通知	自律监管决定书〔2019〕146 号
17	关于上海微创心脉医疗科技股份有限公司人民币普通股股票科创板上市交易的通知	自律监管决定书〔2019〕147 号
18	关于虹软科技股份有限公司人民币普通股股票科创板上市交易的通知	自律监管决定书〔2019〕148 号
19	关于北京天宜上佳高新材料股份有限公司人民币普通股股票科创板上市交易的通知	自律监管决定书〔2019〕150 号
20	关于广州方邦电子股份有限公司人民币普通股股票科创板上市交易的通知	自律监管决定书〔2019〕151 号
21	关于苏州瀚川智能科技股份有限公司人民币普通股股票科创板上市交易的通知	自律监管决定书〔2019〕152 号
22	关于北京沃尔德金刚石工具股份有限公司人民币普通股股票科创板上市交易的通知	自律监管决定书〔2019〕153 号
23	关于交控科技股份有限公司人民币普通股股票科创板上市交易的通知	自律监管决定书〔2019〕154 号
24	关于北京航天宏图信息技术股份有限公司人民币普通股股票科创板上市交易的通知	自律监管决定书〔2019〕155 号
25	关于广东嘉元科技股份有限公司人民币普通股股票科创板上市交易的通知	自律监管决定书〔2019〕156 号
26	关于上海柏楚电子科技股份有限公司人民币普通股股票科创板上市交易的通知	自律监管决定书〔2019〕168 号
27	关于晶晨半导体(上海)股份有限公司人民币普通股股票科创板上市交易的通知	自律监管决定书〔2019〕169 号
28	关于深圳微芯生物科技股份有限公司人民币普通股股票科创板上市交易的通知	自律监管决定书〔2019〕175 号
29	关于北京安博通科技股份有限公司人民币普通股股票科创板上市交易的通知	自律监管决定书〔2019〕191 号
30	关于江苏天奈科技股份有限公司人民币普通股股票科创板上市交易的通知	自律监管决定书〔2019〕201 号

续表

序号	标　　题	文　　号
31	关于山石网科通信技术股份有限公司人民币普通股股票科创板上市交易的通知	自律监管决定书〔2019〕203 号
32	关于北京热景生物技术股份有限公司人民币普通股股票科创板上市交易的通知	自律监管决定书〔2019〕204 号
33	关于深圳传音控股股份有限公司人民币普通股股票科创板上市交易的通知	自律监管决定书〔2019〕205 号
34	关于上海晶丰明源半导体股份有限公司人民币普通股股票科创板上市交易的通知	自律监管决定书〔2019〕207 号
35	关于青岛海尔生物医疗股份有限公司人民币普通股股票科创板上市交易的通知	自律监管决定书〔2019〕218 号
36	关于申联生物医药(上海)股份有限公司人民币普通股股票科创板上市交易的通知	自律监管决定书〔2019〕219 号
37	关于赛诺医疗科学技术股份有限公司人民币普通股股票科创板上市交易的通知	自律监管决定书〔2019〕222 号
38	关于北京致远互联软件股份有限公司人民币普通股股票科创板上市交易的通知	自律监管决定书〔2019〕224 号
39	关于上海昊海生物科技股份有限公司人民币普通股股票科创板上市交易的通知	自律监管决定书〔2019〕225 号
40	关于深圳市杰普特光电股份有限公司人民币普通股股票科创板上市交易的通知	自律监管决定书〔2019〕226 号
41	关于北京宝兰德软件股份有限公司人民币普通股股票科创板上市交易的通知	自律监管决定书〔2019〕227 号
42	关于天津久日新材料股份有限公司人民币普通股股票科创板上市交易的通知	自律监管决定书〔2019〕232 号
43	关于杭州安恒信息技术股份有限公司人民币普通股股票科创板上市交易的通知	自律监管决定书〔2019〕233 号
44	关于中国电器科学研究院股份有限公司人民币普通股股票科创板上市交易的通知	自律监管决定书〔2019〕234 号
45	关于深圳普门科技股份有限公司人民币普通股股票科创板上市交易的通知	自律监管决定书〔2019〕235 号
46	关于上海美迪西生物医药股份有限公司人民币普通股股票科创板上市交易的通知	自律监管决定书〔2019〕236 号
47	关于华熙生物科技股份有限公司人民币普通股股票科创板上市交易的通知	自律监管决定书〔2019〕237 号
48	关于山东奥福环保科技股份有限公司人民币普通股股票科创板上市交易的通知	自律监管决定书〔2019〕238 号
49	关于宁波长阳科技股份有限公司人民币普通股股票科创板上市交易的通知	自律监管决定书〔2019〕239 号

续表

序号	标　　题	文　　号
50	关于杭州鸿泉物联网技术股份有限公司人民币普通股股票科创板上市交易的通知	自律监管决定书〔2019〕240 号
51	关于博瑞生物医药(苏州)股份有限公司人民币普通股股票科创板上市交易的通知	自律监管决定书〔2019〕241 号
52	关于江苏联瑞新材料股份有限公司人民币普通股股票科创板上市交易的通知	自律监管决定书〔2019〕248 号
53	关于三达膜环境技术股份有限公司人民币普通股股票科创板上市交易的通知	自律监管决定书〔2019〕250 号
54	关于北京金山办公软件股份有限公司人民币普通股股票科创板上市交易的通知	自律监管决定书〔2019〕251 号
55	关于深圳清溢光电股份有限公司人民币普通股股票科创板上市交易的通知	自律监管决定书〔2019〕252 号
56	关于龙岩卓越新能源股份有限公司人民币普通股股票科创板上市交易的通知	自律监管决定书〔2019〕253 号
57	关于迈得医疗工业设备股份有限公司人民币普通股股票科创板上市交易的通知	自律监管决定书〔2019〕261 号
58	关于无锡祥生医疗科技股份有限公司人民币普通股股票科创板上市交易的通知	自律监管决定书〔2019〕264 号
59	关于普元信息技术股份有限公司人民币普通股股票科创板上市交易的通知	自律监管决定书〔2019〕265 号
60	关于洛阳建龙微纳新材料股份有限公司人民币普通股股票科创板上市交易的通知	自律监管决定书〔2019〕266 号
61	关于江苏硕世生物科技股份有限公司人民币普通股股票科创板上市交易的通知	自律监管决定书〔2019〕267 号
62	关于江苏卓易信息科技股份有限公司人民币普通股股票科创板上市交易的通知	自律监管决定书〔2019〕278 号
63	关于北京佰仁医疗科技股份有限公司人民币普通股股票科创板上市交易的通知	自律监管决定书〔2019〕279 号
64	关于江苏北人机器人系统股份有限公司人民币普通股股票科创板上市交易的通知	自律监管决定书〔2019〕281 号
65	关于杭州当虹科技股份有限公司人民币普通股股票科创板上市交易的通知	自律监管决定书〔2019〕282 号
66	关于沈阳芯源微电子设备股份有限公司人民币普通股股票科创板上市交易的通知	自律监管决定书〔2019〕283 号
67	关于嘉必优生物技术(武汉)股份有限公司人民币普通股股票科创板上市交易的通知	自律监管决定书〔2019〕297 号

续表

序号	标　　题	文　　号
68	关于聚辰半导体股份有限公司人民币普通股股票科创板上市交易的通知	自律监管决定书〔2019〕298 号
69	关于广东华特气体股份有限公司人民币普通股股票科创板上市交易的通知	自律监管决定书〔2019〕303 号
70	关于北京龙软科技股份有限公司人民币普通股股票科创板上市交易的通知	自律监管决定书〔2019〕304 号
71	关于武汉兴图新科电子股份有限公司人民币普通股股票科创板上市交易的通知	自律监管决定书〔2019〕312 号
暂停上市决定书目录		
1	关于对江苏保千里视像科技集团股份有限公司股票实施暂停上市的决定	自律监管决定书〔2019〕96 号
2	关于对上海中毅达股份有限公司股票实施暂停上市的决定	自律监管决定书〔2019〕127 号
终止上市决定书目录		
1	关于海润光伏科技股份有限公司股票终止上市的决定	自律监管决定书〔2019〕94 号
2	关于上海普天邮通科技股份有限公司股票终止上市的决定	自律监管决定书〔2019〕95 号
3	关于大连大福控股股份有限公司股票终止上市的决定	自律监管决定书〔2019〕215 号
4	关于北京华业资本控股股份有限公司股票终止上市的决定	自律监管决定书〔2019〕277 号

二、债券与资产支持证券类

1. 公募债券

序号	标　　题	文　　号
1	关于国美电器有限公司 2018 年公开发行公司债券(第一期)上市的公告	
2	关于山东省商业集团有限公司 2018 年公开发行可续期公司债券(第二期)上市的公告	
3	关于中融新大集团有限公司公开发行 2018 年公司债券(第二期)上市的公告	
4	关于南山集团有限公司 2018 年公开发行公司债券(第三期)上市的公告	
5	关于 2018 年朔州市投资建设开发有限公司公司债券(第二期)上市的公告	
6	关于上海爱建集团股份有限公司 2018 年公开发行公司债券(第一期)(品种一)上市的公告	
7	关于北京鸿坤伟业房地产开发有限公司 2018 年公开发行公司债券(第二期)上市的公告	
8	关于 2018 年江苏省吴中经济技术发展总公司社会领域产业专项债券上市的公告	

续表

序号	标　　题	文　　号
9	关于2018年大荔县城镇开发投资有限责任公司公司债券上市的公告	
10	关于中国化学工程集团有限公司公开发行2018年可续期公司债券(第一期)(品种一)上市的公告	
11	关于金光纸业(中国)投资有限公司2018年公开发行公司债券(第一期)上市的公告	
12	关于2018年绵竹市金申投资集团有限公司城市停车场建设专项债券上市的公告	
13	关于2018年第一期通化市丰源投资开发有限公司公司债券上市的公告	
14	关于中国环球租赁有限公司2018年公开发行可续期公司债券(第一期)(品种一)上市的公告	
15	关于铁牛集团有限公司2018年公开发行公司债券(第二期)上市的公告	
16	关于2018年泰州华诚医学投资集团有限公司公司债券上市的公告	
17	关于2018年第一期中国国新控股有限责任公司市场化银行债权转股权专项债券上市的公告	
18	关于2018年第一期浙江长兴环太湖经济投资开发有限公司公司债券上市的公告	
19	关于2018年第二期广西百色百东投资有限公司公司债券上市的公告	
20	关于2018年建德市城市建设发展投资有限公司城市停车场建设专项债券上市的公告	
21	关于2018年济南西城投资开发集团有限公司公司债券上市的公告	
22	关于2018年第一期利津县城市投资发展建设有限公司公司债券上市的公告	
23	关于2018年第二期广西东投集团有限公司公司债券上市的公告	
24	关于中国水利水电第八工程局有限公司2018年公开发行可续期绿色公司债券(第一期)上市的公告	
25	关于中国电子信息产业集团有限公司公开发行2018年可续期公司债券(第一期)(品种一)上市的公告	
26	关于2018年泰州市新滨江开发有限责任公司城市停车场建设专项债券上市的公告	
27	关于2018年第一期广东珠江投资管理集团有限公司公司债券上市的公告	
28	关于云南省城市建设投资集团有限公司2018年公开发行可续期公司债券(第一期)上市的公告	
29	关于广州番禺海怡房地产开发有限公司2018年公开发行公司债券上市的公告	
30	关于2019年泰州市鑫鸿文化产业发展有限公司公司债券上市的公告	

续表

序号	标　　题	文　　号
31	关于2018年湖南省高速公路集团有限公司公司债券上市的公告	
32	关于2018年第二期眉山市东坡发展投资有限公司公司债券上市的公告	
33	关于中融新大集团有限公司公开发行2018年公司债券(第三期)上市的公告	
34	关于财通证券股份有限公司2019年第一期次级债券(品种一)挂牌的公告	
35	关于2018年第一期汝城县顺兴投资开发有限公司公司债券上市的公告	
36	关于广州富力地产股份有限公司公开发行2018年公司债券(第二期)品种一上市的公告	
37	关于中国葛洲坝集团股份有限公司公开发行2019年住房租赁专项公司债券(第一期)上市的公告	
38	关于中国蓝星(集团)股份有限公司2019年公开发行公司债券(第一期)上市的公告	
39	关于北京金隅集团股份有限公司2019年面向合格投资者公开发行公司债券(第一期)品种二上市的公告	
40	关于北京金隅集团股份有限公司2019年面向合格投资者公开发行公司债券(第一期)品种一上市的公告	
41	关于2018年第一期仪征市众鑫建设开发有限公司公司债券上市的公告	
42	关于平安不动产有限公司面向合格投资者公开发行2019年可续期公司债券(第一期)上市的公告	
43	关于上海浦东土地控股(集团)有限公司公开发行2019年公司债券(第一期)上市的公告	
44	关于天津城市基础设施建设投资集团有限公司2019年公开发行公司债券(第一期)(品种二)上市的公告	
45	关于天津城市基础设施建设投资集团有限公司2019年公开发行公司债券(第一期)(品种一)上市的公告	
46	关于天津住宅建设发展集团有限公司2019年公开发行公司债券(第一期)上市的公告	
47	关于中国核工业建设股份有限公司2019年公开发行可续期公司债券(第一期)(品种二)上市的公告	
48	关于中国核工业建设股份有限公司2019年公开发行可续期公司债券(第一期)(品种一)上市的公告	
49	关于中粮置业投资有限公司2019年公开发行公司债券(第一期)(品种二)上市的公告	
50	关于中粮置业投资有限公司2019年公开发行公司债券(第一期)(品种一)上市的公告	

续表

序号	标　　题	文　　号
51	关于北京国有资本经营管理中心 2019 年公开发行公司债券(第一期)上市的公告	
52	关于北京市基础设施投资有限公司 2019 年面向合格投资者公开发行公司债券(第一期)(品种二)上市的公告	
53	关于北京市基础设施投资有限公司 2019 年面向合格投资者公开发行公司债券(第一期)(品种一)上市的公告	
54	关于联想控股股份有限公司公开发行 2019 年公司债券(第一期)(品种二)上市的公告	
55	关于联想控股股份有限公司公开发行 2019 年公司债券(第一期)(品种一)上市的公告	
56	关于上海世茂股份有限公司公开发行 2019 年公司债券(第一期)上市的公告	
57	关于福建阳光集团有限公司 2019 年公开发行公司债券(第一期)上市的公告	
58	关于福建省电子信息(集团)有限责任公司公开发行 2019 年公司债券(第一期)(品种一)上市的公告	
59	关于 2018 年第一期黔南州投资有限公司停车场专项债券上市的公告	
60	关于 2019 年第一期广西百色百东投资有限公司公司债券上市的公告	
61	关于国家能源投资集团有限责任公司 2019 年公开发行公司债券(第一期)上市的公告	
62	关于中国中铁股份有限公司公开发行 2019 年公司债券(第一期)(品种一)上市的公告	
63	关于国家电力投资集团有限公司 2019 年公开发行可续期公司债券(第一期)(品种二)上市的公告	
64	关于国家电力投资集团有限公司 2019 年公开发行可续期公司债券(第一期)(品种一)上市的公告	
65	关于 2019 年第一期广州地铁集团有限公司绿色债券上市的公告	
66	关于渤海证券股份有限公司公开发行 2019 年公司债券(第一期)上市的公告	
67	关于中国光大水务有限公司 2019 年公开发行公司债券(第一期)上市的公告	
68	关于镇江国有投资控股集团有限公司公开发行 2019 年公司债券(第一期)(品种一)上市的公告	
69	关于无锡市新发集团有限公司 2019 年公开发行公司债券(面向合格投资者)(第一期)品种一上市的公告	
70	关于无锡市新发集团有限公司 2019 年公开发行公司债券(面向合格投资者)(第一期)品种二上市的公告	

续表

序号	标　　题	文　　号
71	关于上海临港控股股份有限公司2019年面向合格投资者公开发行公司债券(第一期)(品种一)上市的公告	
72	关于上海临港控股股份有限公司2019年面向合格投资者公开发行公司债券(第一期)(品种二)上市的公告	
73	关于平安国际融资租赁有限公司2019年公开发行可续期公司债券(第一期)上市的公告	
74	关于中国铝业股份有限公司面向合格投资者公开发行2019年公司债券(第一期)上市的公告	
75	关于中国建材股份有限公司2019年公开发行公司债券(第一期)品种一上市的公告	
76	关于中国建材股份有限公司2019年公开发行公司债券(第一期)品种二上市的公告	
77	关于中交一公局集团有限公司2019年面向合格投资者公开发行可续期公司债券(第一期)上市的公告	
78	关于中国建材股份有限公司公开发行2019年可续期公司债券(第一期)(品种一)上市的公告	
79	关于南山集团有限公司2019年公开发行公司债券(第一期)品种一上市的公告	
80	关于2019年曲靖市麒麟区城市建设投资开发有限公司公司债券上市的公告	
81	关于2019年第一期广州市水务投资集团有限公司绿色债券上市的公告	
82	关于2019年第一期常德市鼎城江南新城建设投资开发有限公司公司债券上市的公告	
83	关于2019年赤水市城市建设投资经营有限公司公司债券上市的公告	
84	关于2018年昆明空港投资开发集团有限公司公司债券上市的公告	
85	关于重庆公路物流基地建设有限公司公开发行2019年公司债券(第一期)上市的公告	
86	关于天津城市基础设施建设投资集团有限公司2019年公开发行公司债券(第二期)(品种一)上市的公告	
87	关于天津城市基础设施建设投资集团有限公司2019年公开发行公司债券(第二期)(品种二)上市的公告	
88	关于2019年益阳市龙岭建设投资有限公司公司债券上市的公告	
89	关于2019年宜都市国通投资开发有限责任公司城市停车场建设专项债券上市的公告	
90	关于2019年监利县丰源城市投资开发有限责任公司公司债券上市的公告	

续表

序号	标　　题	文　　号
91	关于2019年第一期湖南轩达建设投资有限公司公司债券上市的公告	
92	关于2019年第二期湖南轩达建设投资有限公司公司债券上市的公告	
93	关于中航国际租赁有限公司公开发行2019年公司债券(第一期)上市的公告	
94	关于紫光集团有限公司公开发行2019年公司债券(第一期)上市的公告	
95	关于2019年第一期上栗县投资公司企业债券上市的公告	
96	关于绿城房地产集团有限公司公开发行2019年住房租赁专项公司债券(第一期)上市的公告	
97	关于2019年第一期舟山市普陀区国有资产投资经营有限公司公司债券上市的公告	
98	关于2019年第一期舟山群岛新区蓬莱国有资产投资集团有限公司公司债券上市的公告	
99	关于2019年苏州市吴江城市投资发展有限公司社会领域产业专项债券(第一期)上市的公告	
100	关于2019年栾川县天业投资有限公司公司债券(第一期)上市的公告	
101	关于中国航空技术国际控股有限公司公开发行2019年可续期公司债券(第一期)品种一上市的公告	
102	关于泰州口岸船舶有限公司公开发行2019年公司债券(第一期)上市的公告	
103	关于2019年安顺市西秀区工业投资(集团)有限公司公司债券(第一期)上市的公告	
104	关于2019年第一期盘锦市双台子区经济开发投资有限公司公司债券上市的公告	
105	关于2019年第一期新平县城镇建设投资有限公司公司债券上市的公告	
106	关于广汇汽车服务股份公司公开发行2019年公司债券(第一期)上市的公告	
107	关于红星美凯龙控股集团有限公司公开发行2019年公司债券(第一期)(品种一)上市的公告	
108	关于2019年赣州市南康区城市建设发展集团有限公司双创孵化专项债券上市的公告	
109	关于2019年徐州市贾汪都市旅游投资发展有限公司公司债券(第一期)上市的公告	
110	关于新疆广汇实业投资(集团)有限责任公司公开发行2019年公司债券(第一期)(品种一)上市的公告	
111	关于山东招金集团有限公司公开发行2019年公司债券(第一期)上市的公告	

续表

序号	标　　题	文　　号
112	关于2019年大洼县城市建设投资有限公司公司债券上市的公告	
113	关于2019年第一期龙海市国有资产投资经营有限公司公司债券上市的公告	
114	关于2019年洛阳市西苑城市发展投资有限公司公司债券上市的公告	
115	关于新奥(中国)燃气投资有限公司2019年公开发行公司债券(第一期)上市的公告	
116	关于2019年毕节市安方建设投资(集团)有限公司公司债券上市的公告	
117	关于2019年第一期湖北大冶湖高新技术产业投资有限公司公司债券上市的公告	
118	关于东方集团股份有限公司2019年公开发行公司债券(第一期)上市的公告	
119	关于2019怀远县城市投资发展有限责任公司公司债券上市的公告	
120	关于2019年长沙金霞经济开发区开发建设总公司企业债券上市的公告	
121	关于2018年河钢集团有限公司绿色可续期公司债券(品种一)上市的公告	
122	关于2019年山东宏河控股集团有限公司公司债券上市的公告	
123	关于2019年第一期江苏海州湾发展集团有限公司公司债券上市的公告	
124	关于2018年威海蓝创建设投资有限公司城市停车场建设专项债券上市的公告	
125	关于中国蓝星(集团)股份有限公司2019年公开发行公司债券(第二期)(品种一)上市的公告	
126	关于中国南方航空股份有限公司2019年公开发行公司债券(第一期)上市的公告	
127	关于中国长江电力股份有限公司公开发行2019年公司债券(第一期)上市的公告	
128	关于2018年青岛华通国有资本运营(集团)有限责任公司城市停车场建设专项债券(第一期)上市的公告	
129	关于2019年景德镇市城市建设开发投资有限责任公司公司债券上市的公告	
130	关于厦门翔业集团有限公司2019年面向合格投资者公开发行公司债券(第一期)(品种一)上市的公告	
131	关于北京住总集团有限责任公司2019年公开发行公司债券(第一期)(品种一)上市的公告	
132	关于金茂投资管理(上海)有限公司公开发行2019年公司债券(第一期)上市的公告	

续表

序号	标　题	文　号
133	关于重庆龙湖企业拓展有限公司公开发行2019年公司债券（第一期）（品种一）上市的公告	
134	关于重庆龙湖企业拓展有限公司公开发行2019年公司债券（第一期）（品种二）上市的公告	
135	关于中国长江三峡集团有限公司公开发行2019年绿色公司债券（第一期）品种一上市的公告	
136	关于中国长江三峡集团有限公司公开发行2019年绿色公司债券（第一期）品种二上市的公告	
137	关于2019年第一期重庆两江新区开发投资集团有限公司双创孵化专项债券上市的公告	
138	关于中国中信有限公司2019年公开发行公司债券（第一期）（品种一）上市的公告	
139	关于中国中信有限公司2019年公开发行公司债券（第一期）（品种二）上市的公告	
140	关于国家能源投资集团有限责任公司2019年公开发行公司债券（第二期）上市的公告	
141	关于2019年弥勒市农业投资开发有限责任公司公司债券（第一期）上市的公告	
142	关于2019年威海市文登区城市资产经营有限公司城市停车场建设专项债券上市的公告	
143	关于平安证券股份有限公司面向合格投资者公开发行2019年公司债券（第一期）上市的公告	
144	关于天津城市基础设施建设投资集团有限公司2019年公开发行公司债券（第三期）（品种二）上市的公告	
145	关于天津城市基础设施建设投资集团有限公司2019年公开发行公司债券（第三期）（品种一）上市的公告	
146	关于天津泰达投资控股有限公司2019年公开发行公司债券（面向合格投资者）（第一期）上市的公告	
147	关于平安不动产有限公司面向合格投资者公开发行2019年可续期公司债券（第二期）上市的公告	
148	关于上海陆家嘴金融贸易区开发股份有限公司公开发行2019年公司债券（第一期）（品种一）上市的公告	
149	关于2018年福州城市建设投资集团有限公司城市停车场建设专项债券（第二期）上市的公告	
150	关于2019年连云港祥云投资有限公司公司债券上市的公告	
151	关于2019年重庆三峡产业投资有限公司城市停车场建设专项债券上市的公告	

续表

序号	标　　题	文　　号
152	关于国美电器有限公司2019年公开发行公司债券（第一期）上市的公告	
153	关于中国远洋海运集团有限公司面向合格投资者公开发行2019年公司债券（第一期）（品种二）上市的公告	
154	关于中航证券有限公司面向合格投资者公开发行2019年公司债券（第一期）上市的公告	
155	关于苏州城市建设投资发展有限责任公司公开发行2019年公司债券（面向合格投资者）（第一期）上市的公告	
156	关于柳州市投资控股有限公司公开发行2019年公司债券上市的公告	
157	关于2019年泰兴市成兴国有资产经营投资有限公司公司债券（第一期）上市的公告	
158	关于重庆华宇集团有限公司2019年公开发行公司债券（第一期）上市的公告	
159	关于招商证券股份有限公司面向合格投资者公开发行2019年公司债券（第一期）上市的公告	
160	关于2019年第一期湖北省科技投资集团有限公司公司债券上市的公告	
161	关于中远海运发展股份有限公司2019年面向合格投资者公开发行可续期公司债券（第一期）（品种一）上市的公告	
162	关于中国建材股份有限公司2019年公开发行公司债券（第二期）品种一上市的公告	
163	关于宁夏远高实业集团有限公司2019年公开发行公司债券（第一期）（面向合格投资者）上市的公告	
164	关于2019年浙江湖州南浔经济建设开发有限公司公司债券上市的公告	
165	关于2019年温州市瓯海经济开发区建设投资有限公司公司债券上市的公告	
166	关于北京汽车集团有限公司2019年公开发行公司债券（第一期）上市的公告	
167	关于江苏省农垦集团有限公司2019年公开发行公司债券（第一期）上市的公告	
168	关于浙江省旅游集团有限责任公司公开发行2019年公司债券（第一期）上市的公告	
169	关于北京住总集团有限责任公司2019年公开发行公司债券（第二期）上市的公告	
170	关于中国航空技术国际控股有限公司公开发行2019年可续期公司债券（第二期）品种一上市的公告	

续表

序号	标　题	文　号
171	关于2019年四川简州城投有限公司城市停车场建设专项债券上市的公告	
172	关于2019年第一期广西铁路投资集团有限公司公司债券上市的公告	
173	关于漳州市九龙江集团有限公司公开发行2019年公司债券(第一期)上市的公告	
174	关于台州市国有资本运营集团有限公司2019年公开发行公司债券(第一期)上市的公告	
175	关于2019年贵州省长顺县国有资本营运有限责任公司社会领域产业专项债券上市的公告	
176	关于2019年宜春市袁州区国有资产运营有限公司地下管廊专项债券上市的公告	
177	关于华润电力投资有限公司公开发行2019年公司债券(第一期)上市的公告	
178	关于新城控股集团股份有限公司2019年公开发行公司债券(第一期)(品种一)上市的公告	
179	关于新城控股集团股份有限公司2019年公开发行公司债券(第一期)(品种二)上市的公告	
180	关于京投发展股份有限公司2019年公开发行公司债券(第一期)上市的公告	
181	关于2019年第一期普洱市思茅国拓资产经营有限公司公司债券上市的公告	
182	关于中国兵器装备集团有限公司2019年公司债券(第一期)(品种一)上市的公告	
183	关于重庆高速公路集团有限公司公开发行2019年公司债券(第一期)上市的公告	
184	关于广汇能源股份有限公司2019年面向合格投资者公开发行公司债券(第一期)上市的公告	
185	关于中国林业集团有限公司公开发行2019年公司债券(面向合格投资者)(第一期)(品种二)上市的公告	
186	关于中国铁建房地产集团有限公司2019年公开发行公司债券(第一期)(品种一)上市的公告	
187	关于福建省交通运输集团有限责任公司2019年公开发行公司债券("一带一路"建设)(第一期)(品种二)上市的公告	
188	关于2019年第一期贵州钟山开发投资有限责任公司城市停车场建设专项债券上市的公告	
189	关于湖北兴发化工集团股份有限公司公开发行2019年公司债券(第一期)上市的公告	

续表

序号	标　　题	文　　号
190	关于湖州市城市投资发展集团有限公司公开发行2019年公司债券(第一期)上市的公告	
191	关于中国兵器装备集团有限公司2019年公司债券(第一期)(品种二)上市的公告	
192	关于中广核风电有限公司2019年公开发行公司债券(第一期)品种二上市的公告	
193	关于中广核风电有限公司2019年公开发行公司债券(第一期)品种一上市的公告	
194	关于中国葛洲坝集团股份有限公司公开发行2019年公司债券(第一期)上市的公告	
195	关于中国华能集团有限公司公开发行2019年可续期公司债券(第一期)(品种一)上市的公告	
196	关于2019年第一期金乡县城建投资有限公司公司债券上市的公告	
197	关于杭州市金融投资集团有限公司2019年公开发行纾困专项公司债券(第一期)(品种一)上市的公告	
198	关于华泰证券股份有限公司2019年面向合格投资者公开发行公司债券(第一期)(品种一)上市的公告	
199	关于南昌市政公用投资控股有限责任公司2019年公开发行公司债券(第一期)(品种一)上市的公告	
200	关于山东招金集团有限公司2019年公开发行可续期公司债券(第一期)(品种一)上市的公告	
201	关于上海世茂股份有限公司公开发行2019年公司债券(第二期)上市的公告	
202	关于四川蓝光发展股份有限公司公开发行2019年公司债券(第一期)上市的公告	
203	关于中国中信有限公司2019年公开发行公司债券(第二期)(品种二)上市的公告	
204	关于新奥(中国)燃气投资有限公司2019年公开发行公司债券(第二期)上市的公告	
205	关于新天绿色能源股份有限公司公开发行2019年可续期绿色公司债券(第一期)上市的公告	
206	关于远洋控股集团(中国)有限公司公开发行2019年公司债券(第一期)(品种二)上市的公告	
207	关于远洋控股集团(中国)有限公司公开发行2019年公司债券(第一期)(品种一)上市的公告	
208	关于红星美凯龙控股集团有限公司公开发行2019年公司债券(第二期)(品种一)上市的公告	

续表

序号	标　　题	文　　号
209	关于东风汽车集团股份有限公司2019年公开发行公司债券(第一期)(品种一)上市的公告	
210	关于厦门建发集团有限公司公开发行2019年公司债券(第一期)(品种一)上市的公告	
211	关于2019年第一期绵阳经开投资控股集团有限公司公司债券上市的公告	
212	关于2019年第一期北京首都旅游集团有限责任公司公司债券(品种一)上市的公告	
213	关于2019年第一期北京首都旅游集团有限责任公司公司债券(品种二)上市的公告	
214	关于山东黄金矿业股份有限公司2019年公开发行绿色公司债券上市的公告	
215	关于2019年第二期舟山市普陀区国有资产投资经营有限公司公司债券上市的公告	
216	关于新疆特变电工集团有限公司2019年公开发行公司债券(第一期)上市的公告	
217	关于福建福晟集团有限公司公开发行2019年公司债券(第一期)上市的公告	
218	关于阳泉煤业(集团)股份有限公司公开发行2019年公司债券(第一期)上市的公告	
219	关于2019年广东省公路建设有限公司公司债券上市的公告	
220	关于中原证券股份有限公司2019年面向合格投资者公开发行公司债券(第一期)上市的公告	
221	关于华夏幸福基业股份有限公司2019年公开发行公司债券(第一期)上市的公告	
222	关于中国北方工业有限公司公开发行2019年公司债券(第一期)(品种一)上市的公告	
223	关于2019年湖南梅山资源开发有限责任公司公司债券上市的公告	
224	关于中国国新控股有限责任公司公开发行2019年公司债券(第一期)上市的公告	
225	关于中国希格玛有限公司面向合格投资者公开发行2019年公司债券(第一期)上市的公告	
226	关于唐山三友化工股份有限公司2019年公司债券(第一期)品种一上市的公告	
227	关于常高新集团有限公司2019年公开发行公司债券(第一期)(面向合格投资者)品种一上市的公告	

续表

序号	标　　题	文　　号
228	关于2019年第一期潜江市城市建设投资开发有限公司公司债券上市的公告	
229	关于2019年宜宾市翠屏区国有资产经营管理有限责任公司公司债券上市的公告	
230	关于2019年第一期湖北夷陵经济发展集团有限公司公司债券上市的公告	
231	关于2019年桐乡市工业发展投资有限公司双创孵化专项债券(第一期)上市的公告	
232	关于2019年东台惠民城镇化建设发展有限公司公司债券上市的公告	
233	关于东方国际创业股份有限公司2019年公开发行可交换公司债券挂牌的公告	
234	关于福建阳光集团有限公司2019年公开发行公司债券(第二期)上市的公告	
235	关于广西荣和有限责任公司公开发行2019年公司债券(第一期)上市的公告	
236	关于紫光集团有限公司公开发行2019年公司债券(第二期)上市的公告	
237	关于五矿资本控股有限公司2019年公开发行公司债券(第一期)上市的公告	
238	关于上海爱建集团股份有限公司2019年公开发行公司债券(第一期)上市的公告	
239	关于2018年崇左市城市建设投资有限责任公司公司债券上市的公告	
240	关于2019年福州城市建设投资集团有限公司城市停车场建设专项债券(第一期)上市的公告	
241	关于成龙建设集团有限公司公开发行2019年公司债券(第一期)(面向合格投资者)上市的公告	
242	关于鑫苑(中国)置业有限公司公开发行2019年公司债券(第一期)上市的公告	
243	关于2019年第二期湖北大冶湖高新技术产业投资有限公司公司债券上市的公告	
244	关于2019年清镇市城市建设投资有限公司公司债券上市的公告	
245	关于漳州市九龙江集团有限公司公开发行2019年可续期公司债券(第一期)上市的公告	
246	关于云南省城市建设投资集团有限公司2019年公开发行公司债券(第一期)上市的公告	
247	关于西南证券股份有限公司2019年公开发行公司债券(第一期)上市的公告	

续表

序号	标　题	文　号
248	关于2019年蒙自市城市建设投资有限责任公司城市停车场建设专项债券上市的公告	
249	关于中国航空技术国际控股有限公司公开发行2019年可续期公司债券(第三期)品种一上市的公告	
250	关于2019年第一期华晨汽车集团控股有限公司公司债券上市的公告	
251	关于镇江国有投资控股集团有限公司公开发行2019年公司债券(第二期)上市的公告	
252	关于四川发展(控股)有限责任公司2019年公开发行公司债券(第一期)品种二上市的公告	
253	关于四川发展(控股)有限责任公司2019年公开发行公司债券(第一期)品种一上市的公告	
254	关于鲁信创业投资集团股份有限公司2019年面向合格投资者公开发行公司债券(第一期)上市的公告	
255	关于2019年南平市武夷新区投资开发有限公司城市地下综合管廊建设专项债券上市的公告	
256	关于天堂硅谷资产管理集团有限公司2019年公开发行创新创业公司债券(第一期)上市的公告	
257	关于起步股份有限公司2019年面向合格投资者公开发行公司债券(第一期)上市的公告	
258	关于内蒙古伊泰煤炭股份有限公司公开发行2019年公司债券(第一期)上市的公告	
259	关于平安证券股份有限公司面向合格投资者公开发行2019年公司债券(第二期)上市的公告	
260	关于2019年湖南省楚之晟控股实业集团有限公司公司债券上市的公告	
261	关于2019年第一期泰州凤城河建设发展有限公司公司债券上市的公告	
262	关于光明食品(集团)有限公司2019年公开发行公司债券(第一期)上市的公告	
263	关于财通证券股份有限公司2019年第二期次级债券挂牌的公告	
264	关于辽宁成大股份有限公司2019年公开发行公司债券(第一期)上市的公告	
265	关于浙商创投股份有限公司公开发行2019年创新创业公司债券(第一期)上市的公告	
266	关于中国投融资担保股份有限公司2019年公开发行公司债券(第一期)上市的公告	
267	关于2019年乌鲁木齐经济技术开发区建设投资开发有限公司公司债券上市的公告	

续表

序号	标　　题	文　　号
268	关于厦门禹洲鸿图地产开发有限公司2019年面向合格投资者公开发行公司债券(第一期)(品种二)上市的公告	
269	关于厦门禹洲鸿图地产开发有限公司2019年面向合格投资者公开发行公司债券(第一期)(品种一)上市的公告	
270	关于兰州兰石集团有限公司公开发行2019年公司债券(第一期)上市的公告	
271	关于云南省工业投资控股集团有限责任公司2019年公开发行公司债券(第一期)(品种二)上市的公告	
272	关于碧桂园地产集团有限公司2019年公开发行公司债券(第一期)上市的公告	
273	关于中国建银投资有限责任公司2019年公开发行公司债券(第一期)品种一上市的公告	
274	关于中国建材股份有限公司2019年公开发行公司债券(第三期)品种一上市的公告	
275	关于2019年第一期淄博高新技术产业开发区国有资产经营管理公司双创孵化专项债券上市的公告	
276	关于大唐融资租赁有限公司2019年公开发行公司债券(第一期)上市的公告	
277	关于国家电力投资集团有限公司2019年公开发行可续期公司债券(第二期)(品种二)上市的公告	
278	关于国家电力投资集团有限公司2019年公开发行可续期公司债券(第二期)(品种一)上市的公告	
279	关于2019年海门市城市发展集团有限公司公司债券上市的公告	
280	关于2019年泰兴市成兴国有资产经营投资有限公司公司债券(第二期)上市的公告	
281	关于江苏汇鸿国际集团股份有限公司公开发行2019年公司债券(第一期)上市的公告	
282	关于2019年第一期云南省投资控股集团有限公司玉磨铁路及蔬菜园项目公司债券上市的公告	
283	关于杭州正才控股集团有限公司2019年面向合格投资者公开发行公司债券(第一期)上市的公告	
284	关于漳州市九龙江集团有限公司公开发行2019年公司债券(第二期)上市的公告	
285	关于2019年孟津县盛世城市建设投资有限公司公司债券上市的公告	
286	关于2016年黔西南州兴安开发投资有限公司公司债券上市的公告	
287	关于厦门路桥建设集团有限公司2019年公开发行公司债券(第一期)上市的公告	

续表

序号	标　　题	文　　号
288	关于重庆三峡融资担保集团股份有限公司2019年面向合格投资者公开发行公司债券(第一期)上市的公告	
289	关于国网节能服务有限公司2019年公开发行公司债券(第一期)上市的公告	
290	关于中国铁建投资集团有限公司2019年公开发行公司债券(第一期)上市的公告	
291	关于江苏洋河集团有限公司2019年公开发行公司债券(第一期)上市的公告	
292	关于2019年兰陵县国有资产运营有限公司公司债券上市的公告	
293	关于广西建工集团有限责任公司公开发行2019年可续期公司债券(第一期)(品种一)上市的公告	
294	关于西部矿业股份有限公司公开发行2019年公司债券(第一期)上市的公告	
295	关于2019年南通市海安市城市停车场建设一期工程项目收益债券上市的公告	
296	关于佛山市公用事业控股有限公司公开发行2019年公司债券(第一期)上市的公告	
297	关于2019年第一期梧州市城市建设投资开发有限公司城市地下综合管廊建设专项债券上市的公告	
298	关于特变电工股份有限公司公开发行2019年公司债券(第一期)(用于一带一路项目)上市的公告	
299	关于海通证券股份有限公司面向合格投资者公开发行2019年公司债券(第一期)上市的公告	
300	关于无锡市新发集团有限公司2019年公开发行公司债券(面向合格投资者)(第二期)(品种一)上市的公告	
301	关于龙岩市汇金发展集团有限公司2019年公开发行公司债券(第一期)上市的公告	
302	关于2019年第一期重庆渝中国有资产经营管理有限公司专项债券上市的公告	
303	关于2019年定南城建投资集团有限公司公司债券上市的公告	
304	关于中国大唐集团有限公司公开发行2019年可续期公司债券(第一期)(品种一)上市的公告	
305	关于华融证券股份有限公司2019年次级债券(第一期)(品种一)挂牌的公告	
306	关于中国大唐集团有限公司公开发行2019年可续期公司债券(第一期)(品种二)上市的公告	

续表

序号	标　　题	文　　号
307	关于2019年第二期射阳县城市投资发展有限责任公司公司债券上市的公告	
308	关于2019年苏州市木渎城乡投资开发有限公司公司债券上市的公告	
309	关于南京新工投资集团有限责任公司2019年公开发行公司债券(第一期)上市的公告	
310	关于北京首都创业集团有限公司2019年公开发行公司债券(第一期)上市的公告	
311	关于中国中铁股份有限公司公开发行2019年公司债券(第二期)(品种二)上市的公告	
312	关于中国中铁股份有限公司公开发行2019年公司债券(第二期)(品种一)上市的公告	
313	关于湖北楚天智能交通股份有限公司2019年公开发行公司债券(第一期)上市的公告	
314	关于江苏省国信集团有限公司面向合格投资者公开发行2019年公司债券(第一期)(品种一)上市的公告	
315	关于天津城市基础设施建设投资集团有限公司2019年公开发行公司债券(第四期)(品种一)上市的公告	
316	关于天津城市基础设施建设投资集团有限公司2019年公开发行公司债券(第四期)(品种二)上市的公告	
317	关于2019年郯城县城市国有资产运营有限公司公司债券上市的公告	
318	关于北京能源集团有限责任公司2019年公开发行公司债券(第一期)上市的公告	
319	关于华宝投资有限公司2019年公开发行公司债券(第一期)(面向合格投资者)(品种一)上市的公告	
320	关于2019年第一期马鞍山市博望区城市发展投资有限责任公司城市地下综合管廊建设专项债券上市的公告	
321	关于山东省国有资产投资控股有限公司公开发行2019年公司债券(第一期)(品种一)上市的公告	
322	关于2019年第一期信丰县城市建设投资开发有限公司公司债券上市的公告	
323	关于中国旅游集团有限公司2019年公开发行公司债券(第一期)(品种一)上市的公告	
324	关于华泰证券股份有限公司2019年面向合格投资者公开发行公司债券(第二期)(品种一)上市的公告	
325	关于中国中信有限公司2019年公开发行公司债券(第三期)上市的公告	

续表

序号	标　　题	文　　号
326	关于中原资产管理有限公司公开发行 2019 年公司债券(面向合格投资者)(第一期)上市的公告	
327	关于平安国际融资租赁有限公司公开发行 2019 年公司债券(第一期)上市的公告	
328	关于 2019 年第一期费县城市资产经营有限公司公司债券上市的公告	
329	关于杭州萧山国际机场有限公司公开发行 2019 年公司债券(第一期)上市的公告	
330	关于雅砻江流域水电开发有限公司 2019 年面向合格投资者公开发行公司债券(第一期)上市的公告	
331	关于 2019 年第一期绍兴市柯桥区国有资产投资经营集团有限公司公司债券上市的公告	
332	关于泰州口岸船舶有限公司公开发行 2019 年公司债券(第二期)上市的公告	
333	关于无锡市国联发展(集团)有限公司 2019 年公开发行公司债券(第一期)上市的公告	
334	关于华能国际电力股份有限公司 2019 年公开发行公司债券(第一期)上市的公告	
335	关于上海浦东发展(集团)有限公司 2019 年面向合格投资者公开发行公司债券(第一期)上市的公告	
336	关于东兴证券股份有限公司 2019 年度次级债券(第一期)挂牌的公告	
337	关于闽西兴杭国有资产投资经营有限公司公开发行 2019 年公司债券(第一期)上市的公告	
338	关于 2019 年汉江国有资本投资集团有限公司城市停车场建设专项债券上市的公告	
339	关于泸州市兴泸水务(集团)股份有限公司 2019 年公开发行公司债券(第一期)上市的公告	
340	关于国家电力投资集团有限公司 2019 年公开发行可续期公司债券(第三期)(品种二)上市的公告	
341	关于国家电力投资集团有限公司 2019 年公开发行可续期公司债券(第三期)(品种一)上市的公告	
342	关于中国科学院控股有限公司 2019 年公开发行公司债券(第一期)(面向合格投资者)(品种一)上市的公告	
343	关于福建福晟集团有限公司公开发行 2019 年公司债券(第二期)上市的公告	
344	关于浙商证券股份有限公司 2019 年次级债券(第一期)挂牌的公告	
345	关于 2019 年第二期湖北省科技投资集团有限公司公司债券上市的公告	

续表

序号	标　　题	文　　号
346	关于2019年第一期四川省投资集团有限责任公司公司债券(品种一)上市的公告	
347	关于2019年第一期四川省投资集团有限责任公司公司债券(品种二)上市的公告	
348	关于上海实业发展股份有限公司2019年公开发行公司债券(第一期)上市的公告	
349	关于中远海运发展股份有限公司2019年面向合格投资者公开发行可续期公司债券(第二期)(品种一)上市的公告	
350	关于民生证券股份有限公司2019年次级债券(第一期)挂牌的公告	
351	关于中国南方电网有限责任公司公开发行2019年公司债券(第一期)上市的公告	
352	关于湖南粮食集团有限责任公司2019年公开发行公司债券(第一期)上市的公告	
353	关于天津城市基础设施建设投资集团有限公司2019年公开发行公司债券(第五期)(品种一)上市的公告	
354	关于天津城市基础设施建设投资集团有限公司2019年公开发行公司债券(第五期)(品种二)上市的公告	
355	关于中国葛洲坝集团股份有限公司公开发行2019年公司债券(第二期)上市的公告	
356	关于深圳航空有限责任公司2019年公开发行公司债券(第一期)上市的公告	
357	关于2019年第一期上海国盛(集团)有限公司公司债券上市的公告	
358	关于中国邮政集团公司2019年公司债券(第一期)上市的公告	
359	关于2019年第一期贵阳白云工业发展投资有限公司公司债券上市的公告	
360	关于2019年陕西安康高新产业发展投资(集团)有限公司公司债券上市的公告	
361	关于2019年安吉县国有资本投资运营有限公司城市停车场建设专项债券上市的公告	
362	关于云南省能源投资集团有限公司公开发行2019年公司债券(第一期)(品种一)上市的公告	
363	关于2019年鱼台县鑫达经济开发投资有限公司公司债券上市的公告	
364	关于中国华电集团有限公司公开发行2019年公司债券(第一期)上市的公告	
365	关于北京市朝阳区国有资本经营管理中心2019年公开发行纾困专项公司债券(第一期)上市的公告	

续表

序号	标　　题	文　　号
366	关于无锡市新发集团有限公司2019年公开发行公司债券(面向合格投资者)(第三期)(品种一)上市的公告	
367	关于晋中市公用基础设施投资控股(集团)有限公司公开发行2019年公司债券(第一期)上市的公告	
368	关于新余钢铁集团有限公司公开发行2019年可交换公司债券(面向合格投资者)上市的公告	
369	关于中航资本控股股份有限公司2019年公开发行公司债券(第一期)(品种二)上市的公告	
370	关于金光纸业(中国)投资有限公司2019年公开发行公司债券(第一期)上市的公告	
371	关于国泰君安证券股份有限公司公开发行2019年公司债券(第一期)品种一上市的公告	
372	关于中天钢铁集团有限公司2019年公开发行公司债券(第一期)上市的公告	
373	关于中国林业集团有限公司公开发行2019年公司债券(面向合格投资者)(第二期)上市的公告	
374	关于2019年第一期利津县城市投资发展建设有限公司公司债券上市的公告	
375	关于2019年第一期双鸭山市大地城市建设开发投资有限公司公司债券上市的公告	
376	关于2019年成都市龙泉驿区新居安置工程建设(一期)项目收益债券上市的公告	
377	关于2019年第一期通化市丰源投资开发有限公司公司债券上市的公告	
378	关于厦门象屿集团有限公司公开发行2019年可续期公司债券(第一期)上市的公告	
379	关于2019年泰兴市成兴国有资产经营投资有限公司公司债券(第三期)上市的公告	
380	关于宁波舜通集团有限公司公开发行2019年公司债券(第一期)上市的公告	
381	关于2019年江苏省无锡市锡西新城产业发展集团有限公司农村产业融合发展专项债券上市的公告	
382	关于中国兵器装备集团有限公司2019年公开发行公司债券(第二期)(品种一)上市的公告	
383	关于2019年徐州市贾汪都市旅游投资发展有限公司公司债券(第二期)上市的公告	
384	关于2019年鹰潭市龙岗资产运营有限公司公司债券上市的公告	

续表

序号	标　题	文　号
385	关于昆山创业控股集团有限公司公开发行2019年公司债券(面向合格投资者)(第一期)上市的公告	
386	关于新疆绿原国有资产经营集团有限公司2019年公开发行公司债券(第一期)上市的公告	
387	关于江西省投资集团有限公司2019年公开发行公司债券(第一期)品种一上市的公告	
388	关于淮北矿业股份有限公司2019年面向合格投资者公开发行公司债券(第一期)上市的公告	
389	关于2019年淮安红日交通投资发展有限公司公司债券上市的公告	
390	关于山东高速集团有限公司公开发行2019年公司债券(第一期)上市的公告	
391	关于2019年第一期济宁市新城发展投资有限责任公司公司债券上市的公告	
392	关于湖北省宏泰国有资本投资运营集团有限公司公开发行2019年公司债券上市的公告	
393	关于2019年武穴市城市建设投资开发有限公司公司债券上市的公告	
394	关于上海紫竹高新区(集团)有限公司公开发行2019年公司债券(第一期)上市的公告	
395	关于2019年第一期射阳县城市投资发展有限责任公司公司债券上市的公告	
396	关于上海陆家嘴金融贸易区开发股份有限公司公开发行2019年公司债券(第二期)上市的公告	
397	关于2019年第一期安岳县兴安城市建设投资开发有限公司公司债券上市的公告	
398	关于2019年第一期东营区财金投资发展有限责任公司公司债券(品种二)上市的公告	
399	关于国家电力投资集团有限公司2019年公开发行可续期公司债券(第四期)(品种二)上市的公告	
400	关于国家电力投资集团有限公司2019年公开发行可续期公司债券(第四期)(品种一)上市的公告	
401	关于2019年鞍山旺通投资开发建设有限公司公司债券上市的公告	
402	关于2019年六盘水市农业投资开发有限责任公司公司债券上市的公告	
403	关于2019年第一期启迪科技服务有限公司公司债券上市的公告	
404	关于2019年第一期东营区财金投资发展有限责任公司公司债券(品种一)上市的公告	
405	关于恒大地产集团有限公司2019年公开发行公司债券(第一期)(品种一)上市的公告	

续表

序号	标　　题	文　　号
406	关于恒大地产集团有限公司 2019 年公开发行公司债券(第一期)(品种二)上市的公告	
407	关于国药控股(中国)融资租赁有限公司 2019 年面向合格投资者公开发行公司债券(第一期)上市的公告	
408	关于 2019 年第一期谷城县建设投资经营有限公司公司债券上市的公告	
409	关于杭州市实业投资集团有限公司 2019 年公开发行公司债券(第一期)(品种一)上市的公告	
410	关于宜华企业(集团)有限公司 2019 年面向合格投资者公开发行公司债券(第一期)(品种一)上市的公告	
411	关于宜华企业(集团)有限公司 2019 年面向合格投资者公开发行公司债券(第一期)(品种二)上市的公告	
412	关于 2019 年阿勒泰地区国有资产投资经营有限公司公司债券上市的公告	
413	关于 2019 年乐亭投资集团有限公司公司债券上市的公告	
414	关于 2019 年第一期渭南市产业投资开发集团有限公司公司债券上市的公告	
415	关于 2019 年井冈山市国有资产经营管理有限公司公司债券上市的公告	
416	关于 2019 年无锡市藕塘职教园区开发建设有限公司公司债券(品种一)上市的公告	
417	关于广州富力地产股份有限公司公开发行 2019 年公司债券(第一期)品种二上市的公告	
418	关于广州富力地产股份有限公司公开发行 2019 年公司债券(第一期)品种一上市的公告	
419	关于国家开发投资集团有限公司 2019 年面向合格投资者公开发行公司债券(第一期)上市的公告	
420	关于郑州宇通集团有限公司 2019 年公开发行公司债券(第一期)上市的公告	
421	关于中国华能集团有限公司公开发行 2019 年可续期公司债券(第二期)(品种一)上市的公告	
422	关于中国光大实业(集团)有限责任公司 2019 年面向合格投资者公开发行公司债券(第一期)上市的公告	
423	关于中国葛洲坝集团股份有限公司公开发行 2019 年可续期公司债券(第一期)(品种一)上市的公告	
424	关于 2018 年漯河经济开发区投资发展有限公司公司债券上市的公告	

续表

序号	标　　题	文　　号
425	关于中国华能集团有限公司公开发行2019年可续期公司债券（第二期）（品种二）上市的公告	
426	关于国家电力投资集团有限公司2019年公开发行可续期公司债券（第五期）（品种一）上市的公告	
427	关于国家电力投资集团有限公司2019年公开发行可续期公司债券（第五期）（品种二）上市的公告	
428	关于广州港股份有限公司公开发行2019年公司债券（第一期）上市的公告	
429	关于江海证券有限公司2019年次级债券（第一期）挂牌的公告	
430	关于天津城市基础设施建设投资集团有限公司2019年公开发行公司债券（第六期）（品种二）上市的公告	
431	关于天津城市基础设施建设投资集团有限公司2019年公开发行公司债券（第六期）（品种一）上市的公告	
432	关于国泰君安证券股份有限公司公开发行2019年公司债券（第二期）上市的公告	
433	关于中国南方航空股份有限公司2019年公开发行公司债券（第二期）上市的公告	
434	关于中信泰富有限公司2019年公开发行公司债券（第一期）上市的公告	
435	关于四川路桥建设集团股份有限公司2019年面向合格投资者公开发行公司债券（第一期）上市的公告	
436	关于上海隧道工程股份有限公司2019年公开发行公司债券（第一期）上市的公告	
437	关于2019年舟山交通投资集团有限公司公司债券上市的公告	
438	关于新兴际华集团有限公司2019年公开发行公司债券（第一期）品种一上市的公告	
439	关于2019年第一期浙江长兴环太湖经济投资开发有限公司公司债券上市的公告	
440	关于北京市基础设施投资有限公司2019年面向合格投资者公开发行公司债券（第二期）（品种二）上市的公告	
441	关于北京市基础设施投资有限公司2019年面向合格投资者公开发行公司债券（第二期）（品种一）上市的公告	
442	关于金辉集团股份有限公司面向合格投资者公开发行2019年公司债券（第一期）上市的公告	
443	关于2019年和县城市建设投资有限责任公司公司债券上市的公告	
444	关于中银国际证券股份有限公司2019年公开发行公司债券（第一期）上市的公告	

续表

序号	标　　题	文　　号
445	关于2019年西安市临潼区城市投资集团有限公司公司债券上市的公告	
446	关于上海世茂股份有限公司公开发行2019年公司债券(第三期)上市的公告	
447	关于2019年息烽县城市建设投资有限公司公司债券上市的公告	
448	关于广州市城市建设开发有限公司2019年公开发行住房租赁专项公司债券(第一期)品种一上市的公告	
449	关于2019年福州城市建设投资集团有限公司公司债券(第一期)上市的公告	
450	关于中广核风电有限公司2019年公开发行公司债券(第二期)品种二上市的公告	
451	关于中广核风电有限公司2019年公开发行公司债券(第二期)品种一上市的公告	
452	关于平安证券股份有限公司面向合格投资者公开发行2019年公司债券(第三期)上市的公告	
453	关于中国南方电网有限责任公司公开发行2019年公司债券(第二期)(品种二)上市的公告	
454	关于中国南方电网有限责任公司公开发行2019年公司债券(第二期)(品种一)上市的公告	
455	关于2019年第一期杨凌城乡投资建设开发有限公司公司债券上市的公告	
456	关于2019年第一期南京扬子国资投资集团有限责任公司公司债券上市的公告	
457	关于苏州城市建设投资发展有限责任公司公开发行2019年公司债券(面向合格投资者)(第二期)上市的公告	
458	关于中远海运发展股份有限公司2019年面向合格投资者公开发行可续期公司债券(第三期)(品种一)上市的公告	
459	关于2019年桐乡市工业发展投资有限公司双创孵化专项债券(第二期)上市的公告	
460	关于华润医药控股有限公司公开发行2019年公司债券(第一期)上市的公告	
461	关于国家电力投资集团有限公司2019年公开发行可续期公司债券(第六期)(品种一)上市的公告	
462	关于国家电力投资集团有限公司2019年公开发行可续期公司债券(第六期)(品种二)上市的公告	
463	关于广州市城市建设开发有限公司2019年面向合格投资者公开发行公司债券(第一期)品种一上市的公告	

续表

序号	标　　题	文　　号
464	关于广州市城市建设开发有限公司2019年面向合格投资者公开发行公司债券(第一期)品种二上市的公告	
465	关于深圳香江控股股份有限公司公开发行2019年公司债券(第一期)上市的公告	
466	关于特变电工股份有限公司公开发行2019年可续期公司债券(第一期)上市的公告	
467	关于中国南方电网有限责任公司公开发行2019年公司债券(第三期)上市的公告	
468	关于中国船舶工业集团有限公司2019年公开发行公司债券(第一期)品种一上市的公告	
469	关于中国核工业集团有限公司2019年公开发行公司债券(第一期)品种一上市的公告	
470	关于2019年青岛地铁集团有限公司绿色可续期公司债券(第一期)上市的公告	
471	关于义乌市国有资本运营有限公司2019年公开发行纾困专项公司债券(第一期)上市的公告	
472	关于天津泰达投资控股有限公司2019年公开发行公司债券(面向合格投资者)(第二期)上市的公告	
473	关于南京钟山资产经营管理集团有限公司2019年非发行公司债券(第一期)挂牌的公告	
474	关于融侨集团股份有限公司公开发行2019年公司债券(第一期)上市的公告	
475	关于2019年第一期广安鑫鸿投资控股有限公司公司债券上市的公告	
476	关于2019年宜春市创业投资有限公司城市地下综合管廊建设专项债券上市的公告	
477	关于浙江中国小商品城集团股份有限公司公开发行2019年公司债券(第一期)上市的公告	
478	关于中飞租融资租赁有限公司2019年公开发行公司债券(第一期)上市的公告	
479	关于2019年江西万年国有资源投资发展股份有限公司公司债券上市的公告	
480	关于天津城市基础设施建设投资集团有限公司2019年公开发行公司债券(第七期)(品种一)上市的公告	
481	关于齐鲁交通发展集团有限公司公开发行2019年公司债券(面向合格投资者)(第一期)上市的公告	
482	关于2019年靖江市滨江新城投资开发有限公司社会领域产业专项债券上市的公告	

续表

序号	标　　题	文　　号
483	关于广州市时代控股集团有限公司 2019 年面向合格投资者公开发行公司债券(第一期)品种二上市的公告	
484	关于中国大唐集团有限公司公开发行 2019 年可续期公司债券(第二期)(品种二)上市的公告	
485	关于中国大唐集团有限公司公开发行 2019 年可续期公司债券(第二期)(品种一)上市的公告	
486	关于西王集团有限公司 2019 年公开发行公司债券(第一期)品种一上市的公告	
487	关于中国华能集团有限公司公开发行 2019 年可续期公司债券(第三期)(品种一)上市的公告	
488	关于中国核工业建设股份有限公司 2019 年公开发行可续期公司债券(第二期)(品种二)上市的公告	
489	关于中国核工业建设股份有限公司 2019 年公开发行可续期公司债券(第二期)(品种一)上市的公告	
490	关于中国建材股份有限公司 2019 年公开发行公司债券(第四期)品种一上市的公告	
491	关于中航资本控股股份有限公司 2019 年公开发行公司债券(第二期)上市的公告	
492	关于红星美凯龙家居集团股份有限公司 2019 年公开发行公司债券(第一期)(品种二)上市的公告	
493	关于中国华能集团有限公司公开发行 2019 年可续期公司债券(第三期)(品种二)上市的公告	
494	关于 2019 年伊川财源实业投资有限责任公司公司债券上市的公告	
495	关于国投电力控股股份有限公司 2019 年面向合格投资者公开发行公司债券(第一期)上市的公告	
496	关于中广核风电有限公司公开发行 2019 年可续期公司债券(第一期)(品种一)上市的公告	
497	关于中广核风电有限公司公开发行 2019 年可续期公司债券(第一期)(品种二)上市的公告	
498	关于昆明交通产业股份有限公司 2019 年公开发行公司债券(第一期)品种一上市的公告	
499	关于中国联合网络通信有限公司公开发行 2019 年公司债券(第一期)上市的公告	
500	关于 2019 年浙江国兴投资集团有限公司公司债券(第一期)上市的公告	
501	关于中远海运发展股份有限公司 2019 年面向合格投资者公开发行可续期公司债券(第四期)(品种一)上市的公告	

续表

序号	标　　题	文　　号
502	关于北京京能电力股份有限公司公开发行2019年公司债券(第一期)上市的公告	
503	关于2019年第二期华晨汽车集团控股有限公司公司债券上市的公告	
504	关于福建阳光集团有限公司2019年公开发行公司债券(第三期)上市的公告	
505	关于中国光大集团股份公司2019年面向合格投资者公开发行公司债券(第一期)(品种二)上市的公告	
506	关于中国光大集团股份公司2019年面向合格投资者公开发行公司债券(第一期)(品种一)上市的公告	
507	关于天津城市基础设施建设投资集团有限公司2019年公开发行公司债券(第八期)(品种二)上市的公告	
508	关于南山集团有限公司2019年公开发行公司债券(第二期)上市的公告	
509	关于天津城市基础设施建设投资集团有限公司2019年公开发行公司债券(第八期)(品种一)上市的公告	
510	关于上海国有资产经营有限公司2019年公开发行公司债券(第一期)(品种一)上市的公告	
511	关于华能天成融资租赁有限公司公开发行2019年绿色公司债券(第一期)上市的公告	
512	关于上海国有资产经营有限公司2019年公开发行公司债券(第一期)(品种二)上市的公告	
513	关于合肥兴泰金融控股(集团)有限公司公开发行2019年公司债券(第一期)上市的公告	
514	关于北京电子控股有限责任公司2019年面向合格投资者公开发行公司债券上市的公告	
515	关于联想控股股份有限公司公开发行2019年公司债券(第二期)上市的公告	
516	关于中国华电集团有限公司公开发行2019年公司债券(第二期)(品种一)上市的公告	
517	关于中国华电集团有限公司公开发行2019年公司债券(第二期)(品种二)上市的公告	
518	关于平安国际融资租赁有限公司公开发行2019年公司债券(第二期)上市的公告	
519	关于中国环球租赁有限公司2019年公开发行公司债券(第一期)上市的公告	
520	关于中化能源股份有限公司2019年公开发行公司债券(第一期)(品种一)上市的公告	

续表

序号	标　　题	文　　号
521	关于重庆公路物流基地建设有限公司公开发行2019年公司债券(第二期)上市的公告	
522	关于北京控股集团有限公司公开发行2019年公司债券(第一期)上市的公告	
523	关于漳州市九龙江集团有限公司公开发行2019年可续期公司债券(第二期)上市的公告	
524	关于山东高速集团有限公司公开发行2019年可续期公司债券(第一期)上市的公告	
525	关于2019年青州市宏源公有资产经营有限公司绿色债券上市的公告	
526	关于2019年第一期连云港金东方港口投资有限公司公司债券上市的公告	
527	关于2019年第二期绍兴市柯桥区国有资产投资经营集团有限公司公司债券上市的公告	
528	关于国网节能服务有限公司2019年公开发行公司债券(第二期)上市的公告	
529	关于海宁市资产经营公司2019年公开发行公司债券(第一期)(品种一)上市的公告	
530	关于中原资产管理有限公司公开发行2019年公司债券(面向合格投资者)(第二期)上市的公告	
531	关于内蒙古伊泰煤炭股份有限公司公开发行2019年公司债券(第二期)上市的公告	
532	关于2019年第一期盐城市城南新区开发建设投资有限公司绿色债券上市的公告	
533	关于华创证券有限责任公司2019年次级债券(第一期)挂牌的公告	
534	关于2019年第一期岳阳市君山区城市建设投资有限公司公司债券上市的公告	
535	关于东方集团股份有限公司2019年公开发行公司债券(第二期)上市的公告	
536	关于2019年邯郸市建设投资集团有限公司公司债券上市的公告	
537	关于北京汽车集团有限公司2019年公开发行公司债券(第二期)(品种二)上市的公告	
538	关于北京汽车集团有限公司2019年公开发行公司债券(第二期)(品种一)上市的公告	
539	关于兰州兰石集团有限公司公开发行2019年公司债券(第二期)上市的公告	
540	关于花样年集团(中国)有限公司2019年公开发行公司债券(第一期)上市的公告	

续表

序号	标　　题	文　　号
541	关于国泰租赁有限公司公开发行2019年可续期公司债券(第一期)上市的公告	
542	关于融信(福建)投资集团有限公司公开发行2019年公司债券(第一期)(品种二)上市的公告	
543	关于融信(福建)投资集团有限公司公开发行2019年公司债券(第一期)(品种一)上市的公告	
544	关于华能国际电力股份有限公司2019年公开发行公司债券(第二期)上市的公告	
545	关于美的置业集团有限公司2019年面向合格投资者公开发行公司债券(第三期)上市的公告	
546	关于中国船舶工业集团有限公司2019年公开发行公司债券(第二期)上市的公告	
547	关于天津城市基础设施建设投资集团有限公司2019年公开发行公司债券(第九期)(品种二)上市的公告	
548	关于天津城市基础设施建设投资集团有限公司2019年公开发行公司债券(第九期)(品种一)上市的公告	
549	关于中交第二航务工程局有限公司公开发行2019年可续期公司债券(第一期)上市的公告	
550	关于鸿商产业控股集团有限公司面向合格投资者公开发行2019年公司债券(第一期)上市的公告	
551	关于南京栖霞建设股份有限公司公开发行2019年公司债券(第一期)上市的公告	
552	关于2019年宜昌高新投资开发有限公司公司债券上市的公告	
553	关于中交路桥建设有限公司面向合格投资者公开发行2019年可续期公司债券(第一期)上市的公告	
554	关于建发房地产集团有限公司公开发行2019年公司债券(第一期)(品种二)上市的公告	
555	关于2019年淄博般阳城市资产经营有限公司公司债券上市的公告	
556	关于中远海运租赁有限公司2019年公开发行公司债券(第一期)上市的公告	
557	关于建发房地产集团有限公司公开发行2019年公司债券(第一期)(品种一)上市的公告	
558	关于2019年钟祥市城市建设投资公司企业债券上市的公告	
559	关于国家电力投资集团有限公司2019年公开发行可续期公司债券(第七期)(品种一)上市的公告	
560	关于国家电力投资集团有限公司2019年公开发行可续期公司债券(第七期)(品种二)上市的公告	

续表

序号	标　　题	文　　号
561	关于2019年第二期广州地铁集团有限公司绿色债券上市的公告	
562	关于国电电力发展股份有限公司2019年公开发行公司债券(面向合格投资者)(第一期)上市的公告	
563	关于京投发展股份有限公司2019年公开发行公司债券(第二期)上市的公告	
564	关于中国华电集团有限公司公开发行2019年公司债券(第三期)(品种一)上市的公告	
565	关于中国中铁股份有限公司公开发行2019年公司债券(第三期)(品种一)上市的公告	
566	关于中国中铁股份有限公司公开发行2019年公司债券(第三期)(品种二)上市的公告	
567	关于常高新集团有限公司2019年公开发行公司债券(第二期)品种一上市的公告	
568	关于安信证券股份有限公司2019年证券公司次级债券(第五期)挂牌的公告	
569	关于国家电力投资集团有限公司2019年公开发行可续期公司债券(第八期)品种二上市的公告	
570	关于国家电力投资集团有限公司2019年公开发行可续期公司债券(第八期)品种一上市的公告	
571	关于鲁能集团有限公司2019年公开发行公司债券(第一期)(品种一)上市的公告	
572	关于北新建材集团有限公司2019年面向合格投资者公开发行公司债券(第一期)(品种一)上市的公告	
573	关于中国邮政集团公司2019年公司债券(第二期)上市的公告	
574	关于西南证券股份有限公司2019年公开发行公司债券(第二期)上市的公告	
575	关于无锡市国联发展(集团)有限公司2019年公开发行公司债券(第二期)上市的公告	
576	关于2019年第一期广东省广新控股集团有限公司公司债券上市的公告	
577	关于2019年第二期杨凌城乡投资建设开发有限公司公司债券上市的公告	
578	关于内蒙古伊泰煤炭股份有限公司公开发行2019年公司债券(第三期)上市的公告	
579	关于南京新工投资集团有限责任公司2019年公开发行公司债券(第二期)上市的公告	

续表

序号	标　题	文　号
580	关于重庆龙湖企业拓展有限公司公开发行2019年住房租赁专项公司债券(第一期)(品种二)上市的公告	
581	关于重庆龙湖企业拓展有限公司公开发行2019年住房租赁专项公司债券(第一期)(品种一)上市的公告	
582	关于2019年曲靖经济技术开发区建设投资集团有限公司公司债券上市的公告	
583	关于中国中信有限公司2019年公开发行公司债券(第四期)(品种一)上市的公告	
584	关于中国中信有限公司2019年公开发行公司债券(第四期)(品种二)上市的公告	
585	关于国家开发投资集团有限公司2019年面向合格投资者公开发行公司债券(第二期)上市的公告	
586	关于中航资本控股股份有限公司2019年公开发行公司债券(第三期)(品种一)上市的公告	
587	关于2019年第一期宁波市北仑区经济建设投资有限公司公司债券上市的公告	
588	关于天津保税区投资控股集团有限公司2019年公开发行公司债券(面向合格投资者)(第一期)上市的公告	
589	关于2019年中原豫资投资控股集团有限公司公司债券(第一期)上市的公告	
590	关于山东省财金投资集团有限公司2019年公开发行公司债券(第一期)(面向合格投资者)上市的公告	
591	关于青岛城投金融控股集团有限公司2019年公开发行公司债券(第一期)上市的公告	
592	关于2019年第一期河钢集团有限公司绿色可续期公司债券上市的公告	
593	关于2019年第一期舟山金建投资有限责任公司公司债券上市的公告	
594	关于北京华融基础设施投资有限责任公司2019年公开发行公司债券(第一期)(品种一)上市的公告	
595	关于北京华融基础设施投资有限责任公司2019年公开发行公司债券(第一期)(品种二)上市的公告	
596	关于天津城市基础设施建设投资集团有限公司2019年公开发行公司债券(第十期)(品种一)上市的公告	
597	关于2019年第一期海南省发展控股有限公司公司债券上市的公告	
598	关于天津城市基础设施建设投资集团有限公司2019年公开发行公司债券(第十期)(品种二)上市的公告	
599	关于北京市文化投资发展集团有限责任公司面向合格投资者公开发行2019年公司债券(第一期)上市的公告	

续表

序号	标　　题	文　　号
600	关于深圳市金证科技股份有限公司2019年公开发行公司债券(面向合格投资者)上市的公告	
601	关于芯鑫融资租赁有限责任公司2019年公开发行公司债券(面向合格投资者)(第一期)上市的公告	
602	关于中国交通建设股份有限公司2019年面向合格投资者公开发行公司债券(第一期)(品种一)上市的公告	
603	关于四川蓝光发展股份有限公司公开发行2019年公司债券(第二期)(品种一)上市的公告	
604	关于中国交通建设股份有限公司2019年面向合格投资者公开发行公司债券(第一期)(品种二)上市的公告	
605	关于安徽省投资集团控股有限公司2019年公开发行公司债券(第一期)(面向合格投资者)上市的公告	
606	关于青岛城投金融控股集团有限公司2019非年公开发行公司债券(第二期)挂牌的公告	
607	关于上海电气(集团)总公司2019年公开发行公司债券(第一期)上市的公告	
608	关于平安不动产有限公司2019年公开发行公司债券(第一期)品种二上市的公告	
609	关于湖北省宏泰国有资本投资运营集团有限公司公开发行2019年公司债券(第二期)上市的公告	
610	关于南京安居建设集团有限责任公司2019年公开发行公司债券(第一期)上市的公告	
611	关于中国建银投资有限责任公司2019年公开发行公司债券(第二期)品种二上市的公告	
612	关于中国建银投资有限责任公司2019年公开发行公司债券(第二期)品种一上市的公告	
613	关于中国核工业集团有限公司2019年公开发行公司债券(第二期)上市的公告	
614	关于江苏永钢集团有限公司面向合格投资者公开发行2019年公司债券(第一期)上市的公告	
615	关于江河创建集团股份有限公司2019年面向合格投资者公开发行公司债券(第一期)上市的公告	
616	关于渤海证券股份有限公司公开发行2019年公司债券(第二期)上市的公告	
617	关于2019年第一期云南省建设投资控股集团有限公司公司债券上市的公告	
618	关于2019年句容市城市建设投资有限责任公司公司债券上市的公告	

续表

序号	标　　题	文　　号
619	关于2019年第一期四川秦巴新城投资集团有限公司公司债券上市的公告	
620	关于2019年第一期桂阳县工业园建设开发有限公司公司债券上市的公告	
621	关于2019年第一期中国南方电网有限责任公司公司债券上市的公告	
622	关于南方工业资产管理有限责任公司2019年公开发行公司债券(第一期)(品种一)上市的公告	
623	关于西王集团有限公司2019年公开发行公司债券(第二期)上市的公告	
624	关于当代节能置业股份有限公司2019年面向合格投资者公开发行公司债券(第一期)上市的公告	
625	关于无锡市市政公用产业集团有限公司公开发行2019年公司债券(第一期)上市的公告	
626	关于山西建设投资集团有限公司公开发行2019年可续期公司债券(第一期)(品种二)上市的公告	
627	关于北京汽车集团有限公司2019年公开发行公司债券(第三期)(品种二)上市的公告	
628	关于北京汽车集团有限公司2019年公开发行公司债券(第三期)(品种一)上市的公告	
629	关于2019年亳州城建发展控股集团有限公司公司债券上市的公告	
630	关于2019年广东省高速公路有限公司公司债券(第一期)上市的公告	
631	关于国家电力投资集团有限公司2019年公开发行可续期公司债券(第九期)(品种二)上市的公告	
632	关于国家电力投资集团有限公司2019年公开发行可续期公司债券(第九期)(品种一)上市的公告	
633	关于碧桂园地产集团有限公司2019年公开发行公司债券(第二期)上市的公告	
634	关于北京控股集团有限公司2019年面向合格投资者公开发行可续期公司债券(第一期)上市的公告	
635	关于中国建材股份有限公司2019年公开发行公司债券(第五期)上市的公告	
636	关于苏州国发创业投资控股有限公司公开发行2019年创新创业公司债券(面向合格投资者)(第一期)上市的公告	
637	关于昆明交通产业股份有限公司2019年公开发行公司债券(第二期)品种一上市的公告	
638	关于无锡市新发集团有限公司2019年公开发行公司债券(面向合格投资者)(第四期)品种一上市的公告	

续表

序号	标　题	文　号
639	关于中泰证券股份有限公司公开发行2019年公司债券(第一期)上市的公告	
640	关于湖南湘投控股集团有限公司公开发行2019年公司债券(第一期)上市的公告	
641	关于美的置业集团有限公司2019年面向合格投资者公开发行公司债券(第四期)上市的公告	
642	关于中国南方航空集团有限公司公开发行2019年公司债券(第一期)(面向合格投资者)上市的公告	
643	关于2019年青岛市即墨区城市开发投资有限公司城市地下综合管廊建设专项债券上市的公告	
644	关于南山集团有限公司2019年公开发行公司债券(第三期)上市的公告	
645	关于中国科学院控股有限公司2019年公开发行公司债券(第二期)(面向合格投资者)(品种二)上市的公告	
646	关于中国科学院控股有限公司2019年公开发行公司债券(第二期)(面向合格投资者)(品种一)上市的公告	
647	关于四川蓝光发展股份有限公司公开发行2019年公司债券(第三期)上市的公告	
648	关于华能天成融资租赁有限公司公开发行2019年绿色公司债券(第二期)上市的公告	
649	关于2019年第一期怀化市工业园投资开发有限公司公司债券上市的公告	
650	关于山西建设发展有限公司2019年面向合格投资者公开发行公司债券上市的公告	
651	关于北京华融基础设施投资有限责任公司2019年公开发行公司债券(第二期)(品种二)上市的公告	
652	关于北京华融基础设施投资有限责任公司2019年公开发行公司债券(第二期)(品种一)上市的公告	
653	关于中国铝业股份有限公司2019年公开发行公司债券(第二期)品种二上市的公告	
654	关于建发房地产集团有限公司公开发行2019年公司债券(第二期)(品种二)上市的公告	
655	关于建发房地产集团有限公司公开发行2019年公司债券(第二期)(品种一)上市的公告	
656	关于联发集团有限公司2019年面向合格投资者公开发行公司债券(第一期)(品种二)上市的公告	
657	关于联发集团有限公司2019年面向合格投资者公开发行公司债券(第一期)(品种一)上市的公告	

续表

序号	标　　题	文　　号
658	关于中国中车集团有限公司公开发行2019年公司债券(第一期)(品种一)上市的公告	
659	关于郑州宇通集团有限公司2019年公开发行公司债券(第二期)上市的公告	
660	关于山西焦煤集团有限责任公司公开发行2019年公司债券(第一期)(品种一)上市的公告	
661	关于山西焦煤集团有限责任公司公开发行2019年公司债券(第一期)(品种二)上市的公告	
662	关于中国中车集团有限公司公开发行2019年公司债券(第一期)(品种二)上市的公告	
663	关于2019年第二期南京扬子国资投资集团有限责任公司公司债券上市的公告	
664	关于中国交通建设股份有限公司2019年面向合格投资者公开发行公司债券(第二期)(品种一)上市的公告	
665	关于中国交通建设股份有限公司2019年面向合格投资者公开发行公司债券(第二期)(品种二)上市的公告	
666	关于西王集团有限公司2019年公开发行公司债券(第三期)上市的公告	
667	关于2019年第二期东营区财金投资发展有限责任公司公司债券上市的公告	
668	关于2019年成都兴蜀投资开发有限责任公司公司债券上市的公告	
669	关于山东招金集团有限公司2019年公开发行可续期公司债券(第二期)上市的公告	
670	关于新兴际华集团有限公司2019年公开发行公司债券(第二期)品种二上市的公告	
671	关于中国南方航空集团有限公司公开发行2019年公司债券(第二期)(面向合格投资者)上市的公告	
672	关于2019年第一期南昌工业控股集团有限公司公司债券上市的公告	
673	关于中国中信有限公司2019年公开发行公司债券(第五期)(品种二)上市的公告	
674	关于中国中信有限公司2019年公开发行公司债券(第五期)(品种一)上市的公告	
675	关于新兴际华集团有限公司2019年公开发行公司债券(第二期)品种一上市的公告	
676	关于东吴证券股份有限公司2019年公开发行公司债券上市的公告	
677	关于景德镇市国资运营投资控股集团有限责任公司2019年公开发行公司债券(第一期)上市的公告	

续表

序号	标　　题	文　　号
678	关于2019年安徽省池州市平天湖建设工程有限公司公司债券上市的公告	
679	关于河南投资集团有限公司2019年公开发行公司债券(第一期)上市的公告	
680	关于2019年大同市经济建设投资有限责任公司社会领域产业专项债券上市的公告	
681	关于华润电力投资有限公司公开发行2019年公司债券(第二期)上市的公告	
682	关于国家电力投资集团有限公司2019年公开发行可续期公司债券(第十期)(品种二)上市的公告	
683	关于国家电力投资集团有限公司2019年公开发行可续期公司债券(第十期)(品种一)上市的公告	
684	关于2019年第一期嵊州市城市建设投资发展有限公司公司债券上市的公告	
685	关于厦门象屿集团有限公司公开发行2019年可续期公司债券(第二期)上市的公告	
686	关于中国大唐集团有限公司公开发行2019年可续期公司债券(第三期)(品种二)上市的公告	
687	关于中国大唐集团有限公司公开发行2019年可续期公司债券(第三期)(品种一)上市的公告	
688	关于中国环球租赁有限公司2019年公开发行公司债券(第二期)上市的公告	
689	关于中国建材股份有限公司2019年公开发行公司债券(第六期)品种二上市的公告	
690	关于中国东方航空股份有限公司2019年公开发行公司债券(第一期)上市的公告	
691	关于华福证券有限责任公司2019年公开发行公司债券(第一期)上市的公告	
692	关于云南省投资控股集团有限公司2019年公开发行公司债券(第一期)(面向合格投资者)(品种一)上市的公告	
693	关于云南省投资控股集团有限公司2019年公开发行公司债券(第一期)(面向合格投资者)(品种二)上市的公告	
694	关于2019年第一期成都兴城投资集团有限公司公司债券上市的公告	
695	关于广东恒健投资控股有限公司公开发行2019年公司债券(第二期)上市的公告	
696	关于内蒙古包钢钢联股份有限公司2019年公开发行公司债券(第一期)上市的公告	

续表

序号	标　　题	文　　号
697	关于2019年第一期江苏金灌投资发展集团有限公司公司债券上市的公告	
698	关于2019年第一期湖南森特实业投资有限公司公司债券上市的公告	
699	关于平安不动产有限公司2019年公开发行公司债券（第二期）品种二上市的公告	
700	关于平安不动产有限公司2019年公开发行公司债券（第二期）品种一上市的公告	
701	关于广东恒健投资控股有限公司公开发行2019年公司债券（第一期）上市的公告	
702	关于北京国有资本经营管理中心2019年公开发行公司债券（第二期）上市的公告	
703	关于中国南方航空集团有限公司公开发行2019年公司债券（第三期）（面向合格投资者）上市的公告	
704	关于四川发展（控股）有限责任公司2019年公开发行纾困专项公司债券（品种二）上市的公告	
705	关于四川发展（控股）有限责任公司2019年公开发行纾困专项公司债券（品种一）上市的公告	
706	关于国家电力投资集团有限公司2019年公开发行可续期公司债券（第十一期）品种二上市的公告	
707	关于国家电力投资集团有限公司2019年公开发行可续期公司债券（第十一期）品种一上市的公告	
708	关于天津保税区投资控股集团有限公司2019年公开发行公司债券（面向合格投资者）（第二期）上市的公告	
709	关于2019年贵州金凤凰产业投资有限公司公司债券上市的公告	
710	关于江海证券有限公司2019年次级债券（第二期）挂牌的公告	
711	关于上海浦东土地控股（集团）有限公司公开发行2019年公司债券（第二期）上市的公告	
712	关于台州市椒江区国有资产经营有限公司2019年公开发行公司债券（面向合格投资者）（第一期）上市的公告	
713	关于2019年浙江省国有资本运营有限公司公司债券（第一期）上市的公告	
714	关于2019年第一期遵义交旅投资（集团）有限公司公司债券上市的公告	
715	关于2019年第二期双鸭山市大地城市建设开发投资有限公司公司债券上市的公告	
716	关于2019年滨海县城镇建设发展有限公司公司债券上市的公告	
717	关于天风证券股份有限公司2019年次级债券（第一期）挂牌的公告	

续表

序号	标　题	文　号
718	关于中信建投证券股份有限公司2019年永续次级债券(第一期)挂牌的公告	
719	关于上海城开(集团)有限公司2019年公开发行公司债券(第一期)上市的公告	
720	关于云南城投置业股份有限公司2019年公开发行公司债券(第一期)(品种一)上市的公告	
721	关于2019年颍上县慎祥实业发展有限公司城市停车场建设专项债券上市的公告	
722	关于上海金茂投资管理集团有限公司2019年公开发行公司债券(第二期)上市的公告	
723	关于2019年第一期成都轨道交通集团有限公司公司债券上市的公告	
724	关于天津城市基础设施建设投资集团有限公司2019年公开发行公司债券(第十一期)上市的公告	
725	关于2019年第一期陕西投资集团有限公司公司债券(品种二)上市的公告	
726	关于2019年第一期陕西投资集团有限公司公司债券(品种一)上市的公告	
727	关于2019年第二期中国南方电网有限责任公司公司债券上市的公告	
728	关于2019年第一期中国电子信息产业集团有限公司公开发行公司债券上市的公告	
729	关于鸿商产业控股集团有限公司面向合格投资者公开发行2019年公司债券(第二期)上市的公告	
730	关于红狮控股集团有限公司公开发行2019年公司债券(第一期)上市的公告	
731	关于南昌市政公用投资控股有限责任公司2019年公开发行公司债券(第二期)上市的公告	
732	关于2019年第一期江苏交通控股有限公司公司债券上市的公告	
733	关于2019年第二期河钢集团有限公司绿色可续期公司债券上市的公告	
734	关于2019年广西柳州市东城投资开发集团有限公司公司债券上市的公告	
735	关于2019年浙江国兴投资集团有限公司公司债券(第二期)上市的公告	
736	关于2019年第三期广州地铁集团有限公司绿色债券上市的公告	
737	关于2019年第一期长兴交通投资集团有限公司绿色债券上市的公告	
738	关于天地源股份有限公司公开发行2019年公司债券(面向合格投资者)(第一期)上市的公告	

续表

序号	标　　题	文　　号
739	关于中国保利集团有限公司公开发行 2019 年公司债券(第一期)(品种二)上市的公告	
740	关于中国保利集团有限公司公开发行 2019 年公司债券(第一期)(品种一)上市的公告	
741	关于都城伟业集团有限公司 2019 年公开发行公司债券(第一期)上市的公告	
742	关于建发房地产集团有限公司公开发行 2019 年公司债券(第三期)(品种二)上市的公告	
743	关于建发房地产集团有限公司公开发行 2019 年公司债券(第三期)(品种一)上市的公告	
744	关于杭州市商贸旅游集团有限公司 2019 年公开发行公司债券(第一期)(品种一)上市的公告	
745	关于陕西金融资产管理股份有限公司 2019 年公开发行公司债券(第一期)上市的公告	
746	关于国家电力投资集团有限公司 2019 年公开发行可续期公司债券(第十二期)(品种二)上市的公告	
747	关于国家电力投资集团有限公司 2019 年公开发行可续期公司债券(第十二期)(品种一)上市的公告	
748	关于重庆市南岸区城市建设发展(集团)有限公司公开发行 2019 年公司债券(第一期)上市的公告	
749	关于洛阳国宏投资集团有限公司 2019 年面向合格投资者公开发行公司债券(第一期)上市的公告	
750	关于山东三星集团有限公司 2019 年面向合格投资者公开发行公司债券(第一期)上市的公告	
751	关于北京京客隆商业集团股份有限公司公开发行 2019 年公司债券(第一期)上市的公告	
752	关于国药集团融资租赁有限公司 2019 年面向合格机构投资者公开发行公司债券(第一期)上市的公告	
753	关于奥园集团有限公司(面向合格投资者)公开发行 2019 年公司债券(第一期)(品种二)上市的公告	
754	关于中国铝业股份有限公司 2019 年公开发行公司债券(第三期)品种一上市的公告	
755	关于华创证券有限责任公司 2019 年次级债券(第二期)挂牌的公告	
756	关于君创国际融资租赁有限公司公开发行 2019 年公司债券(第一期)(品种一)上市的公告	
757	关于武汉当代科技产业集团股份有限公司 2019 年公开发行公司债券(第一期)上市的公告	

续表

序号	标　　题	文　　号
758	关于中国长江电力股份有限公司公开发行 2019 年公司债券(第二期)上市的公告	
759	关于中国华电集团有限公司公开发行 2019 年可续期公司债券(第一期)(品种二)上市的公告	
760	关于中国华电集团有限公司公开发行 2019 年可续期公司债券(第一期)(品种一)上市的公告	
761	关于华鑫证券有限责任公司 2019 年公开发行公司债券(第一期)上市的公告	
762	关于湖北兴发化工集团股份有限公司公开发行 2019 年公司债券(第二期)上市的公告	
763	关于 2019 年南平武夷集团有限公司公司债券上市的公告	
764	关于国药控股股份有限公司 2019 年公开发行公司债券(第一期)上市的公告	
765	关于中国华能集团有限公司公开发行 2019 年可续期公司债券(第四期)(品种一)上市的公告	
766	关于厦门建发集团有限公司公开发行 2019 年可续期公司债券(第一期)上市的公告	
767	关于宁德市国有资产投资经营有限公司公开发行 2019 年公司债券(第一期)上市的公告	
768	关于四川沱牌舍得集团有限公司 2019 年公开发行公司债券(第一期)(面向合格投资者)上市的公告	
769	关于云南省建设投资控股集团有限公司 2019 年公开发行公司债券(第一期)上市的公告	
770	关于中国华能集团有限公司公开发行 2019 年可续期公司债券(第四期)(品种二)上市的公告	
771	关于 2019 年嘉善县国有资产投资有限公司公司债券(第一期)上市的公告	
772	关于北京汽车集团有限公司 2019 年公开发行公司债券(第四期)(品种一)上市的公告	
773	关于北京路劲隽御房地产开发有限公司 2019 年公开发行公司债券(第一期)品种一上市的公告	
774	关于福州建工(集团)总公司 2019 年面向合格投资者公开发行公司债券(第一期)上市的公告	
775	关于北京汽车集团有限公司 2019 年公开发行公司债券(第四期)(品种二)上市的公告	
776	关于中国国新控股有限责任公司 2019 年面向合格投资者公开发行公司债券(第二期)上市的公告	

续表

序号	标题	文号
777	关于四川新希望房地产开发有限公司公开发行2019年公司债券（第一期）上市的公告	
778	关于新湖中宝股份有限公司2019年公开发行公司债券（第一期）（品种一）上市的公告	
779	关于昆明市公共租赁住房开发建设管理有限公司2019年公开发行公司债券（保障性住房）（第一期）品种二上市的公告	
780	关于昆明市公共租赁住房开发建设管理有限公司2019年公开发行公司债券（保障性住房）（第一期）品种一上市的公告	
781	关于阳泉煤业（集团）股份有限公司公开发行2019年公司债券（第二期）上市的公告	
782	关于中国长江三峡集团有限公司公开发行2019年绿色公司债券（第二期）品种二上市的公告	
783	关于中国长江三峡集团有限公司公开发行2019年绿色公司债券（第二期）品种一上市的公告	
784	关于昆明交通产业股份有限公司2019年公开发行公司债券（第三期）上市的公告	
785	关于2019年第一期舟山市六横国有资产投资经营有限公司公司债券上市的公告	
786	关于中国建材股份有限公司2019年公开发行公司债券（第七期）品种三上市的公告	
787	关于中国建材股份有限公司2019年公开发行公司债券（第七期）品种一上市的公告	
788	关于山东省国有资产投资控股有限公司公开发行2019年公司债券（第二期）（品种二）上市的公告	
789	关于山东省国有资产投资控股有限公司公开发行2019年公司债券（第二期）（品种一）上市的公告	
790	关于中信证券股份有限公司面向合格投资者公开发行2019年公司债券（第一期）（品种一）上市的公告	
791	关于2018年贵州水城水务投资有限责任公司公司债券上市的公告	
792	关于中信证券股份有限公司面向合格投资者公开发行2019年公司债券（第一期）（品种二）上市的公告	
793	关于2019年第一期广西建工集团有限责任公司公司债券上市的公告	
794	关于平安国际融资租赁有限公司2019年公开发行公司债券（第一期）上市的公告	
795	关于2019年第一期河南投资集团有限公司公司债券上市的公告	
796	关于2019年龙游县国有资产经营有限公司公司债券上市的公告	

续表

序号	标　　题	文　　号
797	关于2019年第一期齐鲁交通发展集团有限公司公司债券上市的公告	
798	关于北京市基础设施投资有限公司2019年公开发行绿色可续期公司债券(第一期)(品种二)上市的公告	
799	关于北京市基础设施投资有限公司2019年公开发行绿色可续期公司债券(第一期)(品种一)上市的公告	
800	关于杭州市城市建设投资集团有限公司2019年公开发行公司债券(第一期)上市的公告	
801	关于国家能源投资集团有限责任公司2019年公开发行公司债券(第三期)上市的公告	
802	关于正荣地产控股股份有限公司2019年公开发行公司债券(第一期)品种一上市的公告	
803	关于国电科技环保集团股份有限公司公开发行2019年绿色公司债券(第一期)上市的公告	
804	关于中航资本控股股份有限公司2019年公开发行公司债券(第四期)(品种二)上市的公告	
805	关于中航资本控股股份有限公司2019年公开发行公司债券(第四期)(品种一)上市的公告	
806	关于2019年临朐沂山实业有限公司公司债券上市的公告	
807	关于2019年贵溪市城市建设投资开发公司企业债券上市的公告	
808	关于上海汽车集团股份有限公司2019年公开发行公司债券(第一期)上市的公告	
809	关于中国建银投资有限责任公司2019年公开发行公司债券(第三期)品种一上市的公告	
810	关于中国建银投资有限责任公司2019年公开发行公司债券(第三期)品种二上市的公告	
811	关于昆明市高速公路建设开发股份有限公司2019年公开发行公司债券(面向合格投资者)(第一期)(品种一)上市的公告	
812	关于上海上报资产管理有限公司公开发行2019年公司债券(第一期)上市的公告	
813	关于2019年如皋高新技术园区开发有限公司公司债券上市的公告	
814	关于2019年第一期上海城投(集团)有限公司公司债券(品种二)上市的公告	
815	关于2019年第一期上海城投(集团)有限公司公司债券(品种一)上市的公告	
816	关于2019年承德市国控投资集团有限责任公司绿色债券上市的公告	

续表

序号	标　　题	文　　号
817	关于内蒙古包钢钢联股份有限公司2019年公开发行公司债券(第二期)品种二上市的公告	
818	关于朗诗集团股份有限公司公开发行2019年公司债券(第一期)上市的公告	
819	关于华晨汽车集团控股有限公司公开发行2019年公司债券(第一期)上市的公告	
820	关于上海世茂建设有限公司2019年公开发行公司债券(第一期)(品种一)上市的公告	
821	关于黑牡丹(集团)股份有限公司公开发行2019年公司债券(第一期)上市的公告	
822	关于光大嘉宝股份有限公司公开发行2019年公司债券(第一期)上市的公告	
823	关于2019年第一期重庆市通瑞农业发展有限公司公司债券上市的公告	
824	关于2019年瑞丽仁隆投资开发有限责任公司公司债券上市的公告	
825	关于2019年西峡县财和产业集聚区投资有限公司养老产业专项债券上市的公告	
826	关于2019年黄石市国有资产经营有限公司绿色债券上市的公告	
827	关于山东高速集团有限公司公开发行2019年绿色公司债券(第一期)上市的公告	
828	关于湖南财信投资控股有限责任公司公开发行2019年公司债券(第一期)上市的公告	
829	关于四川广安爱众股份有限公司公开发行2019年公司债券(第一期)上市的公告	
830	关于北京住总集团有限责任公司2019年公开发行可续期公司债券(第一期)上市的公告	
831	关于正奇金融控股股份有限公司2019年公开发行公司债券(第一期)(品种一)上市的公告	
832	关于广汇汽车服务集团股份公司公开发行2019年公司债券(第二期)上市的公告	
833	关于北京新能源汽车股份有限公司2019年公开发行公司债券上市的公告	
834	关于凯盛科技集团有限公司2019年公开发行公司债券(第一期)(品种一)上市的公告	
835	关于台州市金融投资集团有限公司2019年公开发行公司债券(第一期)上市的公告	
836	关于泸州市兴泸水务(集团)股份有限公司2019年公开发行公司债券(第二期)上市的公告	

续表

序号	标　　题	文　　号
837	关于北京建工集团有限责任公司2019年公开发行公司债券(第一期)(面向合格投资者)(品种一)上市的公告	
838	关于2019年江西省萍乡市昌盛城市投资有限公司绿色债券上市的公告	
839	关于福建省华兴集团有限责任公司2019年面向合格投资者公开发行公司债券(第一期)上市的公告	
840	关于2019年第二期龙海市国有资产投资经营有限公司公司债券上市的公告	
841	关于2019年苏州市吴江城市投资发展有限公司社会领域产业专项债券(第二期)上市的公告	
842	关于淄博矿业集团有限责任公司2019年面向合格投资者公开发行公司债券(第一期)上市的公告	
843	关于上海大众公用事业(集团)股份有限公司2019年公开发行公司债券(第一期)上市的公告	
844	关于中国保利集团有限公司公开发行2019年公司债券(第二期)(品种一)上市的公告	
845	关于中国大唐集团新能源股份有限公司公开发行2019年公司债券(第一期)(品种一)上市的公告	
846	关于招金矿业股份有限公司2019年公开发行公司债券(第一期)上市的公告	
847	关于中国邮政集团公司2019年公司债券(第三期)上市的公告	
848	关于江西省省属国有企业资产经营(控股)有限公司公开发行2019年公司债券上市的公告	
849	关于中国通用技术(集团)控股有限责任公司2019年公开发行公司债券(第一期)品种一上市的公告	
850	关于广州市城市建设开发有限公司2019年面向合格投资者公开发行公司债券(第二期)品种二上市的公告	
851	关于宁夏远高实业集团有限公司2019年公开发行公司债券(第二期)(面向合格投资者)上市的公告	
852	关于中国华电集团有限公司2019年第二期公开发行可续期公司债券(品种一)上市的公告	
853	关于中国华电集团有限公司2019年第二期公开发行可续期公司债券(品种二)上市的公告	
854	关于陕西延长石油(集团)有限责任公司2019年公开发行可续期公司债券(第一期)(品种二)上市的公告	
855	关于山东发展投资控股集团有限公司公开发行2019年公司债券(第一期)(面向合格投资者)上市的公告	

续表

序号	标　　题	文　　号
856	关于中国大唐集团有限公司公开发行2019年可续期公司债券(第四期)(品种一)上市的公告	
857	关于中国大唐集团有限公司公开发行2019年可续期公司债券(第四期)(品种二)上市的公告	
858	关于重庆市南岸区城市建设发展(集团)有限公司公开发行2019年公司债券(第二期)上市的公告	
859	关于陕西延长石油(集团)有限责任公司2019年公开发行可续期公司债券(第一期)(品种一)上市的公告	
860	关于恒力石化股份有限公司公开发行2019年公司债券(第一期)上市的公告	
861	关于浙江中国小商品城集团股份有限公司公开发行2019年公司债券(第二期)上市的公告	
862	关于2019年第二期成都轨道交通集团有限公司可续期公司债券上市的公告	
863	关于2019年第一期武汉地铁集团有限公司绿色债券上市的公告	
864	关于西王集团有限公司2019年公开发行公司债券(第四期)上市的公告	
865	关于2019年重庆市四面山旅游投资有限公司城市停车场建设专项债券上市的公告	
866	关于2019年南京地铁集团有限公司绿色债券(第一期)上市的公告	
867	关于绵阳市投资控股(集团)有限公司公开发行2019年公司债券(第一期)上市的公告	
868	关于2019年长兴城市建设投资集团有限公司城市停车场建设专项债券上市的公告	
869	关于2019年第二期绵阳经开投资控股集团有限公司公司债券上市的公告	
870	关于2019年第一期安徽省投资集团控股有限公司公司债券上市的公告	
871	关于中国国际贸易中心股份有限公司2019年公开发行公司债券(面向合格投资者)(第一期)上市的公告	
872	关于云南省工业投资控股集团有限责任公司2019年公开发行公司债券(第二期)上市的公告	
873	关于2019年咸宁市城市建设投资开发有限公司城市停车场建设专项债券上市的公告	
874	关于2019年银川高新技术产业开发总公司企业债券上市的公告	
875	关于杉杉集团有限公司2019年面向合格投资者公开发行公司债券(第一期)上市的公告	

续表

序号	标　　题	文　　号
876	关于江海证券有限公司2019年次级债券(第三期)挂牌的公告	
877	关于中国北方工业有限公司公开发行2019年公司债券(第二期)上市的公告	
878	关于2019年张家口建设发展集团有限公司公司债券上市的公告	
879	关于苏州国际发展集团有限公司公开发行2019年公司债券(第一期)(面向合格投资者)上市的公告	
880	关于2019年大悟县城市建设投资开发有限责任公司城市地下综合管廊建设专项债券上市的公告	
881	关于中化能源股份有限公司2019年公开发行公司债券(第二期)(品种一)上市的公告	
882	关于华电国际电力股份有限公司公开发行2019年公司债券(第一期)(品种一)上市的公告	
883	关于陕西延长石油(集团)有限责任公司2019年公开发行可续期公司债券(第二期)(品种一)上市的公告	
884	关于陕西延长石油(集团)有限责任公司2019年公开发行可续期公司债券(第二期)(品种二)上市的公告	
885	关于国泰君安证券股份有限公司公开发行2019年公司债券(第三期)上市的公告	
886	关于联想控股股份有限公司公开发行2019年公司债券(第三期)上市的公告	
887	关于2019年第一期山东高速集团有限公司公司债券上市的公告	
888	关于青岛城市建设投资(集团)有限责任公司2019年公开发行公司债券(第一期)上市的公告	
889	关于厦门建发股份有限公司公开发行2019年公司债券(第一期)上市的公告	
890	关于东风汽车集团股份有限公司2019年公开发行公司债券(第二期)(品种一)上市的公告	
891	关于中国中金财富证券有限公司2019年公开发行公司债券(第一期)(面向合格投资者)上市的公告	
892	关于国家电力投资集团有限公司2019年公开发行可续期公司债券(第十三期)品种二上市的公告	
893	关于国家电力投资集团有限公司2019年公开发行可续期公司债券(第十三期)品种一上市的公告	
894	关于2019年第一期桃源县城市建设投资开发有限公司公司债券上市的公告	
895	关于2019年达州市国有资产经营管理有限公司公司债券上市的公告	

续表

序号	标　　题	文　　号
896	关于天津城市基础设施建设投资集团有限公司2019年公开发行公司债券(第十二期)(品种二)上市的公告	
897	关于天津城市基础设施建设投资集团有限公司2019年公开发行公司债券(第十二期)(品种一)上市的公告	
898	关于北京市朝阳区国有资本经营管理中心2019年公开发行纾困专项公司债券(第二期)上市的公告	
899	关于南山集团有限公司2019年公开发行公司债券(第四期)上市的公告	
900	关于国家能源投资集团有限责任公司2019年公开发行公司债券(第四期)上市的公告	
901	关于中煤地质集团有限公司2019年面向合格投资者公开发行公司债券(第一期)上市的公告	
902	关于同方股份有限公司公开发行2019年公司债券(第一期)(品种一)上市的公告	
903	关于2019年第二期舟山金建投资有限责任公司公司债券上市的公告	
904	关于2019年第一期上海国际集团有限公司公司债券上市的公告	
905	关于2019年中原豫资投资控股集团有限公司公司债券(第二期)上市的公告	
906	关于国家能源投资集团有限责任公司2019年公开发行公司债券(第五期)上市的公告	
907	关于中航证券有限公司面向合格投资者公开发行2019年公司债券(第二期)上市的公告	
908	关于2019年第三期南京扬子国资投资集团有限责任公司公司债券上市的公告	
909	关于中国蓝星(集团)股份有限公司2019年公开发行可交换公司债券(面向合格投资者)(第一期)上市的公告	
910	关于上海城建(集团)公司2019年公开发行公司债券(第一期)上市的公告	
911	关于江西省投资集团有限公司2019年公开发行公司债券(第二期)上市的公告	
912	关于2019年第二期江苏金灌投资发展集团有限公司公司债券上市的公告	
913	关于2019年第三期中国南方电网有限责任公司公司债券上市的公告	
914	关于中国铁建股份有限公司2019年面向合格投资者公开发行可续期公司债券(第一期)(品种二)上市的公告	
915	关于中国铁建股份有限公司2019年面向合格投资者公开发行可续期公司债券(第一期)(品种一)上市的公告	

续表

序号	标　　题	文　　号
916	关于2019年第四期南京扬子国资投资集团有限责任公司公司债券上市的公告	
917	关于2019年扬州易盛德产业发展有限公司公司债券(第一期)上市的公告	
918	关于义乌市国有资本运营有限公司2019年公开发行公司债券(第一期)(品种一)上市的公告	
919	关于青岛城乡建设融资租赁有限公司2019年公开发行公司债券(第一期)上市的公告	
920	关于华创证券有限责任公司公开发行2019年公司债券(第一期)(面向合格投资者)(品种二)上市的公告	
921	关于华创证券有限责任公司公开发行2019年公司债券(第一期)(面向合格投资者)(品种一)上市的公告	
922	关于辽宁成大股份有限公司2019年公开发行公司债券(第二期)上市的公告	
923	关于贵安新区开发投资有限公司公开发行2019年公司债券(第一期)上市的公告	
924	关于山东中华发电有限公司公开发行2019年公司债券(第一期)上市的公告	
925	关于新疆天富集团有限责任公司公开发行2019年公司债券(第一期)上市的公告	
926	关于宝鸡钛业股份有限公司2019年公开发行公司债券品种二上市的公告	
927	关于国药集团融资租赁有限公司2019年公开发行公司债券(第二期)上市的公告	
928	关于南京紫金投资集团有限责任公司2019年公开发行公司债券上市的公告	
929	关于陕西金融资产管理股份有限公司2019年公开发行公司债券(第二期)上市的公告	
930	关于江苏省信用再担保集团有限公司2019年公开发行可续期公司债券上市的公告	
931	关于宝鸡钛业股份有限公司2019年公开发行公司债券品种一上市的公告	
932	关于华鑫证券有限责任公司2019年公开发行公司债券(第二期)上市的公告	
933	关于2019年第一期北京市海淀区国有资本经营管理中心企业债券上市的公告	

续表

序号	标　　题	文　　号
934	关于江西省港航建设投资集团有限公司公开发行2019年公司债券(第一期)(品种二)上市的公告	
935	关于中铝国际工程股份有限公司2019年公开发行可续期公司债券(第一期)上市的公告	
936	关于杉杉集团有限公司2019年面向合格投资者公开发行公司债券(第二期)上市的公告	
937	关于2019年遂宁市天泰实业有限责任公司公司债券上市的公告	
938	关于2019年重庆梁平工业园区建设开发有限责任公司公司债券上市的公告	
939	关于昆明市高速公路建设开发股份有限公司2019年公开发行公司债券(面向合格投资者)(第二期)(品种一)上市的公告	
940	关于青岛城市建设投资(集团)有限责任公司2019年公开发行公司债券(第二期)上市的公告	
941	关于2019年德清县恒达建设发展有限公司公司债券(第一期)上市的公告	
942	关于中国中信有限公司2019年公开发行公司债券(第六期)上市的公告	
943	关于2019年沛县经济开发区发展有限公司公司债券上市的公告	
944	关于2019年第二期嵊州市城市建设投资发展集团有限公司公司债券上市的公告	
945	关于山东省财金投资集团有限公司2019年公开发行公司债券(第二期)(面向合格投资者)上市的公告	
946	关于2019年第二期桃源县城市建设投资开发有限公司公司债券上市的公告	
947	关于江苏银宝控股集团有限公司2019年面向合格投资者公开发行公司债券(第一期)上市的公告	
948	关于四川发展(控股)有限责任公司2019年面向合格投资者公开发行公司债券(第三期)(品种一)上市的公告	
949	关于四川发展(控股)有限责任公司2019年面向合格投资者公开发行公司债券(第三期)(品种二)上市的公告	
950	关于中国华能集团有限公司公开发行2019年可续期公司债券(第五期)(品种一)上市的公告	
951	关于中国华能集团有限公司公开发行2019年可续期公司债券(第五期)(品种二)上市的公告	
952	关于2019年第一期都江堰兴堰投资有限公司停车场专项债券上市的公告	

续表

序号	标　　题	文　　号
953	关于2019年第一期西安投资控股有限公司公司债券上市的公告	
954	关于2019年第一期广元市园区建设投资有限公司公司债券上市的公告	
955	关于兴业证券股份有限公司面向合格投资者公开发行2019年公司债券(第一期)品种一上市的公告	
956	关于2019年曹县商都投资有限公司绿色债券上市的公告	
957	关于2019年第一期宁明惠宁建设投资有限责任公司公司债券上市的公告	
958	关于上海张江高科技园区开发股份有限公司2019年公开发行公司债券(第一期)上市的公告	
959	关于中国化工油气股份有限公司2019年公开发行公司债券(第一期)上市的公告	
960	关于烟台国丰投资控股有限公司公开发行2019年公司债券(第一期)(品种一)上市的公告	
961	关于烟台国丰投资控股有限公司公开发行2019年公司债券(第一期)(品种二)上市的公告	
962	关于2019年第一期陕西西咸新区发展集团有限公司公司债券(品种二)上市的公告	
963	关于2019年第一期陕西西咸新区发展集团有限公司公司债券(品种一)上市的公告	
964	关于中国华电集团有限公司公开发行2019年公司债券(第四期)上市的公告	
965	关于物产中大集团股份有限公司公开发行2019年公司债券(第一期)上市的公告	
966	关于北京首创股份有限公司2019年公开发行可续期公司债券(第一期)(品种一)上市的公告	
967	关于国家开发投资集团有限公司2019年面向合格投资者公开发行公司债券(第三期)(品种二)上市的公告	
968	关于国家开发投资集团有限公司2019年面向合格投资者公开发行公司债券(第三期)(品种一)上市的公告	
969	关于中国中化股份有限公司公开发行2019年可续期公司债券(第一期)(品种一)上市的公告	
970	关于无锡市国联发展(集团)有限公司2019年公开发行公司债券(第三期)上市的公告	
971	关于中国通用技术(集团)控股有限责任公司2019年公开发行可续期公司债券(第一期)品种一上市的公告	

续表

序号	标　　题	文　　号
972	关于重庆高速公路股份有限公司公开发行2019年公司债券(第一期)上市的公告	
973	关于北京市基础设施投资有限公司2019年公开发行公司债券(第三期)(品种一)上市的公告	
974	关于陕西延长石油(集团)有限责任公司2019年公开发行可续期公司债券(第三期)(品种一)上市的公告	
975	关于华润医药控股有限公司公开发行2019年可续期公司债券(第一期)上市的公告	
976	关于上海汽车集团股份有限公司2019年公开发行公司债券(第二期)上市的公告	
977	关于新奥(中国)燃气投资有限公司2019年公开发行公司债券(第三期)上市的公告	
978	关于安信证券股份有限公司2019年公开发行公司债券(第一期)上市的公告	
979	关于中国电力建设股份有限公司2019年面向合格投资者公开发行可续期公司债券(第一期)上市的公告	
980	关于中国交通建设股份有限公司2019年面向合格投资者公开发行可续期公司债券(第一期)(品种一)上市的公告	
981	关于北京京能清洁能源电力股份有限公司2019年公开发行公司债券(第一期)上市的公告	
982	关于上海世茂建设有限公司2019年公开发行公司债券(第二期)(品种一)上市的公告	
983	关于上海世茂建设有限公司2019年公开发行公司债券(第二期)(品种二)上市的公告	
984	关于杭州市交通投资集团有限公司2019年公开发行公司债券(第一期)上市的公告	
985	关于2019年第二期陕西投资集团有限公司公司债券上市的公告	
986	关于浙江省国有资本运营有限公司2019年面向合格投资者公开发行纾困专项公司债券(第一期)(品种二)上市的公告	
987	关于中国铁建股份有限公司2019年面向合格投资者公开发行可续期公司债券(第二期)(品种一)上市的公告	
988	关于中国铁建股份有限公司2019年面向合格投资者公开发行可续期公司债券(第二期)(品种二)上市的公告	
989	关于民生证券股份有限公司2019年面向合格投资者公开发行公司债券(第一期)上市的公告	
990	关于平顶山天安煤业股份有限公司2019年面向合格投资者公开发行公司债券(第一期)上市的公告	

续表

序号	标　　题	文　　号
991	关于北京汽车集团有限公司 2019 年公开发行公司债券(第五期)(品种二)上市的公告	
992	关于北京汽车集团有限公司 2019 年公开发行公司债券(第五期)(品种一)上市的公告	
993	关于 2019 年长沙含浦科教产业园开发建设有限公司公司债券(品种二)上市的公告	
994	关于 2019 年长沙含浦科教产业园开发建设有限公司公司债券(品种一)上市的公告	
995	关于云南省建设投资控股集团有限公司 2019 年公开发行可续期公司债券(第一期)品种一上市的公告	
996	关于海通证券股份有限公司面向合格投资者公开发行 2019 年公司债券(第二期)上市的公告	
997	关于 2019 年重庆市涪陵区新城区开发(集团)有限公司城市停车场建设专项债券上市的公告	
998	关于 2019 年第一期成都产业投资集团有限公司公司债券(品种一)上市的公告	
999	关于 2019 年第一期成都产业投资集团有限公司公司债券(品种二)上市的公告	
1000	关于厦门航空有限公司公开发行 2019 年公司债券(第一期)上市的公告	
1001	关于贵安新区开发投资有限公司公开发行 2019 年公司债券(第二期)上市的公告	
1002	关于上海上国投资产管理有限公司 2019 年公开发行公司债券(第一期)上市的公告	
1003	关于深圳市龙光控股有限公司 2019 年公开发行公司债券(面向合格投资者)(第一期)上市的公告	
1004	关于中国华能集团有限公司公开发行 2019 年可续期公司债券(第六期)(品种一)上市的公告	
1005	关于中国华能集团有限公司公开发行 2019 年可续期公司债券(第六期)(品种二)上市的公告	
1006	关于君创国际融资租赁有限公司公开发行 2019 年公司债券(第二期)(品种一)上市的公告	
1007	关于上海宝龙实业发展(集团)有限公司公开发行 2019 年公司债券(第一期)(品种一)上市的公告	
1008	关于东方证券股份有限公司 2019 年公开发行公司债券(第一期)上市的公告	
1009	关于 2019 年第二期齐鲁交通发展集团有限公司公司债券上市的公告	

续表

序号	标　　题	文　　号
1010	关于中国国际金融股份有限公司公开发行 2019 年公司债券（面向合格投资者）（第一期）上市的公告	
1011	关于碧桂园地产集团有限公司 2019 年公开发行公司债券（第三期）上市的公告	
1012	关于新兴际华集团有限公司 2019 年公开发行公司债券（第三期）上市的公告	
1013	关于 2019 年第一期绵阳安州投资控股集团有限公司城市停车场建设专项债券上市的公告	
1014	关于镇江国有投资控股集团有限公司公开发行 2019 年公司债券（第四期）上市的公告	
1015	关于新湖中宝股份有限公司 2019 年公开发行公司债券（第二期）（品种一）上市的公告	
1016	关于北京鸿坤伟业房地产开发有限公司 2019 年公开发行公司债券（第一期）上市的公告	
1017	关于 2019 年吉安市城市建设投资开发公司地下综合管廊建设专项债券上市的公告	
1018	关于柳州市投资控股有限公司 2019 年公开发行公司债券（第一期）上市的公告	
1019	关于中铁高新工业股份有限公司 2019 年公开发行可续期公司债券（第一期）（面向合格投资者）（品种一）上市的公告	
1020	关于 2019 年第二期山东高速集团有限公司公司债券上市的公告	
1021	关于宁德市交通投资集团有限公司面向合格投资者公开发行 2019 年公司债券（第一期）上市的公告	
1022	关于 2019 年第一期郑州公共住宅建设投资有限公司公司债券上市的公告	
1023	关于上海浦东发展（集团）有限公司 2019 年面向合格投资者公开发行公司债券（第二期）（品种二）上市的公告	
1024	关于伟驰控股集团有限公司面向合格投资者公开发行 2019 年公司债券（第一期）上市的公告	
1025	关于上海浦东发展（集团）有限公司 2019 年面向合格投资者公开发行公司债券（第二期）（品种一）上市的公告	
1026	关于 2019 年第四期中国南方电网有限责任公司公司债券上市的公告	
1027	关于山东省金融资产管理股份有限公司公开发行 2019 年公司债券（第一期）（品种一）上市的公告	
1028	关于中交第四公路工程局有限公司 2019 年面向合格投资者公开发行可续期公司债券（第一期）上市的公告	

续表

序号	标　题	文　号
1029	关于天津保税区投资控股集团有限公司 2019 年公开发行公司债券(面向合格投资者)(第三期)上市的公告	
1030	关于济南金融控股集团有限公司 2019 年公开发行公司债券(面向合格投资者)上市的公告	
1031	关于杭州市金融投资集团有限公司 2019 年公开发行纾困专项公司债券(第二期)(品种一)上市的公告	
1032	关于中国电力建设股份有限公司 2019 年面向合格投资者公开发行可续期公司债券(第二期)上市的公告	
1033	关于上海申通地铁资产经营管理有限公司 2019 年公开发行公司债券上市的公告	
1034	关于 2019 年贵阳高科控股集团有限公司公司债券上市的公告	
1035	关于山西建设投资集团有限公司公开发行 2019 年可续期公司债券(第二期)(品种二)上市的公告	
1036	关于 2019 年第二期云南省建设投资控股集团有限公司公司债券上市的公告	
1037	关于上海豫园旅游商城(集团)股份有限公司 2019 年面向合格投资者公开发行公司债券(第一期)上市的公告	
1038	关于金辉集团股份有限公司 2019 年面向合格投资者公开发行公司债券(第二期)上市的公告	
1039	关于 2019 年第一期天水市城市建设投资(集团)有限公司公司债券上市的公告	
1040	关于洛阳栾川钼业集团股份有限公司公开发行 2019 年公司债券(第一期)上市的公告	
1041	关于朗诗集团股份有限公司公开发行 2019 年公司债券(第二期)上市的公告	
1042	关于武汉当代科技产业集团股份有限公司 2019 年公开发行公司债券(第二期)上市的公告	
1043	关于内蒙古伊利实业集团股份有限公司公开发行 2019 年公司债券(第一期)上市的公告	
1044	关于花样年集团(中国)有限公司 2019 年公开发行公司债券(第二期)上市的公告	
1045	关于中国电子信息产业集团有限公司公开发行 2019 年可交换公司债券(第一期)上市的公告	
1046	关于山东高速集团有限公司公开发行 2019 年公司债券(第二期)上市的公告	
1047	关于北京市文化投资发展集团有限责任公司面向合格投资者公开发行 2019 年公司债券(第二期)上市的公告	

续表

序号	标　　题	文　　号
1048	关于中国电力建设股份有限公司2019年面向合格投资者公开发行可续期公司债券(第三期)上市的公告	
1049	关于绿城房地产集团有限公司公开发行2019年公司债券(第一期)(品种二)上市的公告	
1050	关于绿城房地产集团有限公司公开发行2019年公司债券(第一期)(品种一)上市的公告	
1051	关于2019年第一期湖北省交通投资集团有限公司公司债券上市的公告	
1052	关于2019年衢州市柯城区国有资产经营有限责任公司公司债券上市的公告	
1053	关于天士力控股集团有限公司2019年公开发行公司债券(第一期)(品种一)上市的公告	
1054	关于中航国际租赁有限公司公开发行2019年可续期公司债券(第一期)(品种一)上市的公告	
1055	关于安徽省国有资本运营控股集团有限公司2019年公开发行公司债券(第一期)上市的公告	
1056	关于2019年第一期佛山市禅城区城市设施开发建设有限公司公司债券上市的公告	
1057	关于珠海华发综合发展有限公司公开发行2019年绿色公司债券(第一期)上市的公告	
1058	关于2019年第一期仪征市众鑫建设开发有限公司公司债券上市的公告	
1059	关于2019年第一期乌鲁木齐高铁枢纽综合开发建设投资有限公司城市停车场建设专项债券上市的公告	
1060	关于2019年第二期广州市水务投资集团有限公司绿色债券上市的公告	
1061	关于2019年赣州市赣县区城市建设投资集团有限公司公司债券上市的公告	
1062	关于中国兵器装备集团有限公司2019年公开发行公司债券(第三期)上市的公告	
1063	关于漳州市九龙江集团有限公司公开发行2019年公司债券(第三期)上市的公告	
1064	关于中国化工油气股份有限公司2019年公开发行公司债券(第二期)上市的公告	
1065	关于郑州航空港兴港投资集团有限公司2019年面向合格投资者公开发行公司债券(第一期)上市的公告	
1066	关于2019年浙江国兴投资集团有限公司公司债券(第三期)上市的公告	
1067	关于中国长江电力股份有限公司公开发行2019年公司债券(第三期)上市的公告	

续表

序号	标　　题	文　　号
1068	关于四川发展(控股)有限责任公司2019年面向合格投资者公开发行公司债券(第四期)(品种一)上市的公告	
1069	关于四川发展(控股)有限责任公司2019年面向合格投资者公开发行公司债券(第四期)(品种二)上市的公告	
1070	关于温州市交通投资集团有限公司公开发行2019年公司债券(第一期)(品种一)上市的公告	
1071	关于青岛国信发展(集团)有限责任公司2019年公开发行公司债券(第一期)(品种一)上市的公告	
1072	关于北京首创股份有限公司2019年公开发行可续期公司债券(第二期)(品种一)上市的公告	
1073	关于2019年第一期河钢集团有限公司公司债券上市的公告	
1074	关于中泰证券股份有限公司公开发行2019年公司债券(第二期)上市的公告	
1075	关于2019年如东县新天地投资发展有限公司公司债券上市的公告	
1076	关于2019年第一期长子县国有资产经营有限公司公司债券上市的公告	
1077	关于新疆广汇实业投资(集团)有限责任公司公开发行2019年公司债券(第二期)上市的公告	
1078	关于绿城房地产集团有限公司公开发行2019年住房租赁专项公司债券(第二期)上市的公告	
1079	关于中国通用技术(集团)控股有限责任公司2019年公开发行可续期公司债券(第二期)上市的公告	
1080	关于阳泉煤业(集团)股份有限公司公开发行2019年可续期公司债券(第一期)上市的公告	
1081	关于2019年宿州埇桥城投集团(控股)有限公司公司债券上市的公告	
1082	关于2019年第一期安陆市建设开发投资有限公司城市地下综合管廊建设专项债券(品种一)上市的公告	
1083	关于河南投资集团有限公司2019年公开发行公司债券(第二期)上市的公告	
1084	关于华电融资租赁有限公司面向合格投资者公开发行2019年公司债券(第一期)上市的公告	
1085	关于常高新集团有限公司2019年公开发行公司债券(第三期)品种一上市的公告	
1086	关于常高新集团有限公司2019年公开发行公司债券(第三期)品种二上市的公告	
1087	关于中国航空集团有限公司2019年公开发行公司债券(第一期)品种一上市的公告	

续表

序号	标 题	文 号
1088	关于中国航空集团有限公司2019年公开发行公司债券(第一期)品种二上市的公告	
1089	关于2019年南通天山置业有限公司公司债券上市的公告	
1090	关于2019年永安市国有资产投资经营有限责任公司双创孵化专项债券(第一期)上市的公告	
1091	关于2019年第二期重庆两江新区开发投资集团有限公司双创孵化专项债券上市的公告	
1092	关于2019年第二期天水市城市建设投资(集团)有限公司公司债券上市的公告	
1093	关于2019年南通市崇川城市建设投资有限公司公司债券上市的公告	
1094	关于兖矿东华建设有限公司2019年面向合格投资者公开发行公司债券(第一期)上市的公告	
1095	关于天津保税区投资控股集团有限公司2019年公开发行公司债券(面向合格投资者)(第四期)上市的公告	
1096	关于淄博矿业集团有限责任公司2019年面向合格投资者公开发行公司债券(第二期)上市的公告	
1097	关于中国同辐股份有限公司2019年公开发行公司债券上市的公告	
1098	关于中国水利水电第八工程局有限公司2019年公开发行可续期绿色公司债券(第一期)上市的公告	
1099	关于无锡市市政公用产业集团有限公司公开发行2019年可续期公司债券(第一期)上市的公告	
1100	关于厦门国贸控股集团有限公司公开发行2019年可续期公司债券(第一期)(品种一)上市的公告	
1101	关于中国能源建设股份有限公司2019年公开发行可续期公司债券(第一期)品种一上市的公告	
1102	关于天津城市基础设施建设投资集团有限公司2019年公开发行公司债券(第十三期)(品种一)上市的公告	
1103	关于天津城市基础设施建设投资集团有限公司2019年公开发行公司债券(第十三期)(品种二)上市的公告	
1104	关于天津城市基础设施建设投资集团有限公司2019年公开发行公司债券(第十三期)(品种三)上市的公告	
1105	关于2019年第三期双鸭山市大地城市建设开发投资有限公司公司债券上市的公告	
1106	关于华融证券股份有限公司2019年次级债券(第二期)挂牌的公告	
1107	关于2019年第二期潜江市城市建设投资开发有限公司公司债券上市的公告	

续表

序号	标　题	文　号
1108	关于中化国际(控股)股份有限公司公开发行2019年可续期公司债券(第一期)上市的公告	
1109	关于云南省城市建设投资集团有限公司2019年公开发行公司债券(第二期)上市的公告	
1110	关于苏州市农业发展集团有限公司2019年公开发行公司债券(第一期)(面向合格投资者)上市的公告	
1111	关于厦门建发集团有限公司公开发行2019年可续期公司债券(第二期)(品种一)上市的公告	
1112	关于2019年宁海宁东新城开发投资有限公司公司债券上市的公告	
1113	关于2019年第一期国家开发投资集团有限公司公司债券上市的公告	
1114	关于2019年河南省新乡平原示范区投资集团有限公司公司债券上市的公告	
1115	关于2019年第一期陕西煤业化工集团有限责任公司可续期公司债券上市的公告	
1116	关于中国铁建股份有限公司2019年面向合格投资者公开发行可续期公司债券(第三期)(品种二)上市的公告	
1117	关于中国铁建股份有限公司2019年面向合格投资者公开发行可续期公司债券(第三期)(品种一)上市的公告	
1118	关于中国中化股份有限公司公开发行2019年可续期公司债券(第二期)上市的公告	
1119	关于远东国际租赁有限公司公开发行2019年公司债券(面向合格投资者)(第一期)上市的公告	
1120	关于大唐环境产业集团股份有限公司公开发行2019年绿色公司债券(第一期)上市的公告	
1121	关于2018年毕节市天河城建开发投资有限公司城市停车场建设专项债券上市的公告	
1122	关于正奇金融控股股份有限公司2019年公开发行公司债券(第二期)(品种一)上市的公告	
1123	关于齐鲁交通发展集团有限公司公开发行2019年可续期公司债券(第一期)上市的公告	
1124	关于2019年第四期广州地铁集团有限公司绿色债券上市的公告	
1125	关于2019年第一期天津轨道交通集团有限公司公司债券上市的公告	
1126	关于2019年第一期襄阳市樊城区建设投资经营有限公司公司债券上市的公告	
1127	关于2019年青岛地铁集团有限公司绿色可续期公司债券(第二期)上市的公告	

续表

序号	标　　题	文　　号
1128	关于2019年第一期珠海港控股集团有限公司绿色可续期公司债券上市的公告	
1129	关于2019年长沙市望城区城市建设投资集团有限公司绿色债券（品种一）上市的公告	
1130	关于2019年长沙市望城区城市建设投资集团有限公司绿色债券（品种二）上市的公告	
1131	关于2019年第二期怀化市工业园投资开发有限公司公司债券上市的公告	
1132	关于2019年第二期安徽省投资集团控股有限公司公司债券上市的公告	
1133	关于2019年第三期陕西投资集团有限公司公司债券上市的公告	
1134	关于青岛城投金融控股集团有限公司2019年公开发行可续期公司债券（第一期）上市的公告	
1135	关于中国诚通控股集团有限公司公开发行2019年公司债券（第一期）上市的公告	
1136	关于雪松实业集团有限公司2019年面向合格投资者公开发行公司债券（第一期）上市的公告	
1137	关于北京新能源汽车股份有限公司2019年公开发行公司债券（第二期）上市的公告	
1138	关于2019年台州循环经济发展有限公司公司债券上市的公告	
1139	关于2019年岳阳惠临投资发展有限公司公司债券上市的公告	
1140	关于2019年第一期北京首都创业集团有限公司可续期公司债券上市的公告	
1141	关于狮桥融资租赁（中国）有限公司2019年面向合格投资者公开发行公司债券（第一期）上市的公告	
1142	关于2019年第二期陕西煤业化工集团有限责任公司可续期公司债券上市的公告	
1143	关于2019年第一期广西铁路投资集团有限公司可续期公司债券上市的公告	
暂停上市决定书		
1	关于对2012年海南港航控股有限公司公司债券实施暂停上市的决定	自律监管决定书〔2019〕79号
2	关于对北京首都旅游集团有限责任公司公开发行2016年公司债券（第一期）实施暂停上市的决定	自律监管决定书〔2019〕80号
3	关于对北京首都旅游集团有限责任公司2017年公开发行可续期公司债券实施暂停上市的决定	自律监管决定书〔2019〕81号
4	关于对2004年中国国电集团公司企业债券（15年）实施暂停上市的决定	自律监管决定书〔2019〕82号

续表

序号	标　　题	文　　号
5	关于对中国普天信息产业股份有限公司2016年公开发行公司债券实施暂停上市的决定	自律监管决定书〔2019〕83号
6	关于对中国普天信息产业股份有限公司2017年公开发行公司债券(第一期)实施暂停上市的决定	自律监管决定书〔2019〕84号
7	关于对2014年太原经济技术开发总公司企业债券实施暂停上市的决定	自律监管决定书〔2019〕85号
8	关于对新疆新能源(集团)有限责任公司公开发行2017年公司债券实施暂停上市的决定	自律监管决定书〔2019〕86号
9	关于对2012年重庆出版集团公司公司债券实施暂停上市的决定	自律监管决定书〔2019〕87号
10	关于对大连港集团有限公司公开发行2015年公司债券实施暂停上市的决定	自律监管决定书〔2019〕88号
11	关于对2012年营口港务集团有限公司公司债券实施暂停上市的决定	自律监管决定书〔2019〕89号
12	关于对2014年第二期中国有色矿业集团有限公司公司债券实施暂停上市的决定	自律监管决定书〔2019〕90号
13	关于对内蒙古圣牧高科牧业有限公司2016年公司债券(第一期)实施暂停上市的决定	自律监管决定书〔2019〕91号
14	关于对北京信威通信技术股份有限公司公开发行2016年度公司债券实施暂停上市的决定	自律监管决定书〔2019〕92号
15	关于对2010年武汉凯迪控股投资有限公司公司债券实施暂停上市的决定	自律监管决定书〔2019〕101号
16	关于对三胞集团有限公司公开发行2016年公司债券(第一期)实施暂停上市的决定	自律监管决定书〔2019〕135号
17	关于对安徽省外经建设(集团)有限公司公开发行2016年公司债券(第二期)实施暂停上市的决定	自律监管决定书〔2019〕149号
18	关于对三鼎控股集团有限公司2017年面向合格投资者公开发行公司债券(第一期)实施暂停上市决定的公告	上证公告(债券)〔2019〕1750号
19	关于对华泰汽车集团有限公司公开发行2016年公司债券(第二期)实施暂停上市决定的公告	上证公告(债券)〔2019〕2050号
恢复上市通知书		
1	关于2013年大同煤矿集团有限责任公司公司债券恢复上市的通知	自律监管决定书〔2019〕21号
2	关于重庆钢铁集团矿业有限公司2016年公开发行公司债券(第一期)恢复上市的通知	自律监管决定书〔2019〕99号
3	关于2012年阿拉尔统众国有资产经营有限责任公司公司债券恢复上市的通知	自律监管决定书〔2019〕166号
4	关于2013年山西煤炭运销集团有限公司公司债券恢复上市的通知	自律监管决定书〔2019〕178号
5	关于2012年山西煤炭运销集团有限公司公司债券恢复上市的通知	自律监管决定书〔2019〕180号
6	关于新疆新能源(集团)有限责任公司公开发行2017年公司债券恢复上市的通知	自律监管决定书〔2019〕198号

2. 私募债券

序号	标　　题	文　　号
1	关于云南保山电力股份有限公司非公开发行扶贫专项公司债券挂牌转让无异议的函	上证函〔2019〕7号
2	关于对盐城东方投资开发集团有限公司非公开发行公司债券挂牌转让无异议的函	上证函〔2019〕8号
3	关于对重庆开乾投资(集团)有限公司非公开发行公司债券挂牌转让无异议的函	上证函〔2019〕9号
4	关于对平顶山天安煤业股份有限公司非公开发行可续期公司债券挂牌转让无异议的函	上证函〔2019〕10号
5	关于对山西潞安矿业(集团)有限责任公司非公开发行可续期公司债券挂牌转让无异议的函	上证函〔2019〕11号
6	关于对楚昌投资集团有限公司非公开发行可交换公司债券挂牌转让无异议的函	上证函〔2019〕12号
7	关于对湖北大冶湖高新技术产业投资有限公司非公开发行公司债券挂牌转让无异议的函	上证函〔2019〕13号
8	关于对成龙建设集团有限公司非公开发行公司债券挂牌转让无异议的函	上证函〔2019〕14号
9	关于对天域生态环境股份有限公司非公开发行公司债券挂牌转让无异议的函	上证函〔2019〕19号
10	关于对日照交通发展集团有限公司非公开发行公司债券挂牌转让无异议的函	上证函〔2019〕20号
11	关于对中煤机械集团有限公司非公开发行可交换公司债券挂牌转让无异议的函	上证函〔2019〕21号
12	关于对中泰证券股份有限公司非公开发行次级债券挂牌转让无异议的函	上证函〔2019〕22号
13	关于对北京房地集团有限公司非公开发行公司债券挂牌转让无异议的函	上证函〔2019〕23号
14	关于对贵州省仁怀市酱香型白酒产业发展投资有限责任公司非公开发行公司债券挂牌转让无异议的函	上证函〔2019〕24号
15	关于对扬州绿色产业投资发展控股(集团)有限责任公司非公开发行公司债券挂牌转让无异议的函	上证函〔2019〕32号
16	关于对遵义市红花岗区国有资产投资经营有限责任公司非公开发行公司债券挂牌转让无异议的函	上证函〔2019〕33号
17	关于对江苏腾海投资控股集团有限公司非公开发行公司债券挂牌转让无异议的函	上证函〔2019〕38号
18	关于对广汇能源股份有限公司非公开发行公司债券挂牌转让无异议的函	上证函〔2019〕40号
19	关于对阜宁县新城置业有限公司非公开发行项目收益专项公司债券挂牌转让无异议的函	上证函〔2019〕41号
20	关于对常州滨湖建设发展集团有限公司非公开发行公司债券挂牌转让无异议的函	上证函〔2019〕44号
21	关于对中建投租赁股份有限公司非公开发行公司债券挂牌转让无异议的函	上证函〔2019〕50号

续表

序号	标　　题	文　　号
22	关于对启东市城市建设投资开发有限公司非公开发行公司债券挂牌转让无异议的函	上证函〔2019〕51 号
23	关于对悦达融资租赁有限公司非公开发行公司债券挂牌转让无异议的函	上证函〔2019〕52 号
24	关于对潍坊滨海国有资本投资运营集团有限公司非公开发行公司债券挂牌转让无异议的函	上证函〔2019〕53 号
25	关于对泰兴市智光环保科技有限公司非公开发行公司债券挂牌转让无异议的函	上证函〔2019〕54 号
26	关于对新沂市城市投资发展有限公司非公开发行公司债券挂牌转让无异议的函	上证函〔2019〕55 号
27	关于对重庆园业实业有限公司非公开发行公司债券挂牌转让无异议的函	上证函〔2019〕66 号
28	关于对贵州盘州旅游文化投资有限责任公司非公开发行项目收益专项公司债券挂牌转让无异议的函	上证函〔2019〕67 号
29	关于对龙岩交通发展集团有限公司非公开发行公司债券挂牌转让无异议的函	上证函〔2019〕68 号
30	关于对同方国信投资控股有限公司非公开发行公司债券挂牌转让无异议的函	上证函〔2019〕69 号
31	关于对泸州市交通投资集团有限责任公司非公开发行公司债券挂牌转让无异议的函	上证函〔2019〕70 号
32	关于对大连星海湾金融商务区投资管理股份有限公司非公开发行公司债券挂牌转让无异议的函	上证函〔2019〕74 号
33	关于对青岛融海投资控股有限公司非公开发行项目收益专项公司债券挂牌转让无异议的函	上证函〔2019〕75 号
34	关于对德华创业投资有限公司非公开发行可交换公司债券挂牌转让无异议的函	上证函〔2019〕76 号
35	关于对吴江经济技术开发区发展总公司非公开发行公司债券挂牌转让无异议的函	上证函〔2019〕80 号
36	关于对宁德市国有资产投资经营有限公司非公开发行公司债券挂牌转让无异议的函	上证函〔2019〕81 号
37	关于对浙江陆特能源科技股份有限公司非公开发行创新创业可转换绿色公司债券挂牌转让无异议的函	上证函〔2019〕82 号
38	关于对长沙市望城区城市建设投资集团有限公司非公开发行公司债券挂牌转让无异议的函	上证函〔2019〕83 号
39	关于对盐城市盐龙湖生态风景保护区开发建设有限公司非公开发行公司债券挂牌转让无异议的函	上证函〔2019〕84 号
40	关于对重庆市长寿生态旅业开发集团有限公司非公开发行公司债券挂牌转让无异议的函	上证函〔2019〕86 号
41	关于对长兴县永兴建设开发有限公司非公开发行公司债券挂牌转让无异议的函	上证函〔2019〕87 号

续表

序号	标　　题	文　　号
42	关于对南京西部路桥集团有限公司非公开发行公司债券挂牌转让无异议的函	上证函〔2019〕88 号
43	关于对东吴证券股份有限公司非公开发行次级债券挂牌转让无异议的函	上证函〔2019〕89 号
44	关于对北京威凯建设发展有限责任公司非公开发行公司债券挂牌转让无异议的函	上证函〔2019〕90 号
45	关于对江油鸿飞投资(集团)有限公司非公开发行公司债券挂牌转让无异议的函	上证函〔2019〕91 号
46	关于对新疆交通建设投资控股有限公司非公开发行公司债券挂牌转让无异议的函	上证函〔2019〕92 号
47	关于对武汉市市政建设集团有限公司非公开发行公司债券挂牌转让无异议的函	上证函〔2019〕93 号
48	关于对张家口通泰控股集团有限公司非公开发行公司债券挂牌转让无异议的函	上证函〔2019〕95 号
49	关于对绍兴市城市建设投资集团有限公司非公开发行公司债券挂牌转让无异议的函	上证函〔2019〕96 号
50	关于对常熟市发展投资有限公司非公开发行公司债券挂牌转让无异议的函	上证函〔2019〕105 号
51	关于对重庆市黔江区城市建设投资(集团)有限公司非公开发行公司债券挂牌转让无异议的函	上证函〔2019〕106 号
52	关于对漯河市城市建设投资有限公司非公开发行公司债券挂牌转让无异议的函	上证函〔2019〕109 号
53	关于对遵义市投资(集团)有限责任公司非公开发行公司债券挂牌转让无异议的函	上证函〔2019〕110 号
54	关于对天津市北辰区建设开发公司非公开发行公司债券挂牌转让无异议的函	上证函〔2019〕111 号
55	关于对河北省国有资产控股运营有限公司非公开发行公司债券挂牌转让无异议的函	上证函〔2019〕112 号
56	关于对民生证券股份有限公司非公开发行次级债券挂牌转让无异议的函	上证函〔2019〕113 号
57	关于对山东宏河控股集团有限公司非公开发行公司债券挂牌转让无异议的函	上证函〔2019〕114 号
58	关于对彭州市统一建设集团有限公司非公开发行公司债券挂牌转让无异议的函	上证函〔2019〕117 号
59	关于对苏州汾湖投资集团有限公司非公开发行公司债券挂牌转让无异议的函	上证函〔2019〕121 号
60	关于对吉林市国有资本发展控股集团有限公司非公开发行公司债券挂牌转让无异议的函	上证函〔2019〕126 号
61	关于对扬州维扬发展投资有限公司非公开发行公司债券挂牌转让无异议的函	上证函〔2019〕127 号

续表

序号	标　题	文　号
62	关于对江东控股集团有限责任公司非公开发行公司债券挂牌转让无异议的函	上证函〔2019〕128 号
63	关于对昆明产业开发投资有限责任公司非公开发行公司债券挂牌转让无异议的函	上证函〔2019〕129 号
64	关于对山东省金融资产管理股份有限公司非公开发行纾困专项公司债券挂牌转让无异议的函	上证函〔2019〕130 号
65	关于对中原证券股份有限公司非公开发行公司债券挂牌转让无异议的函	上证函〔2019〕132 号
66	关于对柳州东通投资发展有限公司非公开发行公司债券挂牌转让无异议的函	上证函〔2019〕135 号
67	关于对湖州南浔城市投资发展集团有限公司非公开发行绿色公司债券挂牌转让无异议的函	上证函〔2019〕136 号
68	关于对山西省经济建设投资集团有限公司非公开发行公司债券挂牌转让无异议的函	上证函〔2019〕137 号
69	关于对上海中环投资开发(集团)有限公司非公开发行公司债券挂牌转让无异议的函	上证函〔2019〕140 号
70	关于对绍兴市上虞杭州湾滨海新城投资开发建设有限公司非公开发行公司债券挂牌转让无异议的函	上证函〔2019〕148 号
71	关于对中原证券股份有限公司非公开发行次级债券挂牌转让无异议的函	上证函〔2019〕149 号
72	关于对常州新航建设发展集团有限公司非公开发行公司债券挂牌转让无异议的函	上证函〔2019〕152 号
73	关于对象山经济开发区投资有限公司非公开发行项目收益专项公司债券挂牌转让无异议的函	上证函〔2019〕153 号
74	关于延安城市建设投资(集团)有限责任公司非公开发行扶贫专项公司债券挂牌转让无异议的函	上证函〔2019〕154 号
75	关于对大唐融资租赁有限公司非公开发行公司债券挂牌转让无异议的函	上证函〔2019〕160 号
76	关于对南京钢铁股份有限公司非公开发行公司债券挂牌转让无异议的函	上证函〔2019〕164 号
77	关于对苏州高新区经济发展集团总公司非公开发行公司债券挂牌转让无异议的函	上证函〔2019〕167 号
78	关于对青岛西海岸公用事业集团有限公司非公开发行公司债券挂牌转让无异议的函	上证函〔2019〕168 号
79	关于对鲁商置业股份有限公司非公开发行公司债券挂牌转让无异议的函	上证函〔2019〕169 号
80	关于对绍兴市镜湖新区开发集团有限公司非公开发行公司债券挂牌转让无异议的函	上证函〔2019〕170 号
81	关于对首创置业股份有限公司非公开发行公司债券挂牌转让无异议的函	上证函〔2019〕171 号
82	关于对天士力控股集团有限公司非公开发行公司债券挂牌转让无异议的函	上证函〔2019〕175 号
83	关于对成都市润弘投资有限公司非公开发行公司债券挂牌转让无异议的函	上证函〔2019〕176 号

续表

序号	标　　题	文　　号
84	关于对南京安居建设集团有限责任公司非公开发行公司债券挂牌转让无异议的函	上证函〔2019〕179号
85	关于浙江南太湖控股集团有限公司非公开发行公司债券挂牌转让无异议的函	上证函〔2019〕180号
86	关于对内江投资控股集团有限公司非公开发行公司债券挂牌转让无异议的函	上证函〔2019〕181号
87	关于对联储证券有限责任公司非公开发行公司债券挂牌转让无异议的函	上证函〔2019〕186号
88	关于对北京华融基础设施投资有限责任公司非公开发行公司债券挂牌转让无异议的函	上证函〔2019〕187号
89	关于对北京市首都公路发展集团有限公司非公开发行公司债券挂牌转让无异议的函	上证函〔2019〕188号
90	关于对青岛海洋投资集团有限公司非公开发行公司债券挂牌转让无异议的函	上证函〔2019〕189号
91	关于对重庆高新区开发投资集团有限公司非公开发行短期公司债券挂牌转让无异议的函	上证函〔2019〕191号
92	关于对山东高创建设投资集团有限公司非公开发行公司债券挂牌转让无异议的函	上证函〔2019〕194号
93	关于对郑州城建集团投资有限公司非公开发行公司债券挂牌转让无异议的函	上证函〔2019〕195号
94	关于对四川华西绿舍建材有限公司非公开发行公司债券挂牌转让无异议的函	上证函〔2019〕196号
95	关于对长春城投建设投资(集团)有限公司非公开发行公司债券挂牌转让无异议的函	上证函〔2019〕197号
96	关于对泰兴市泰通投资发展有限公司非公开发行公司债券挂牌转让无异议的函	上证函〔2019〕200号
97	关于对常德市鼎力实业有限公司非公开发行公司债券挂牌转让无异议的函	上证函〔2019〕201号
98	关于对三亚凤凰国际机场有限责任公司非公开发行公司债券挂牌转让无异议的函	上证函〔2019〕215号
99	关于对株洲市湘江投资集团有限公司非公开发行公司债券挂牌转让无异议的函	上证函〔2019〕220号
100	关于对江苏华靖资产经营有限公司非公开发行公司债券挂牌转让无异议的函	上证函〔2019〕221号
101	关于对长兴滨湖建设开发有限公司非公开发行公司债券挂牌转让无异议的函	上证函〔2019〕222号
102	关于对重庆长寿开发投资(集团)有限公司非公开发行公司债券挂牌转让无异议的函	上证函〔2019〕223号
103	关于对江苏宿城国有资产经营管理有限公司非公开发行公司债券挂牌转让无异议的函	上证函〔2019〕224号
104	关于对邳州市恒润城市投资有限公司非公开发行公司债券挂牌转让无异议的函	上证函〔2019〕225号
105	关于对长兴滨湖建设开发有限公司非公开发行绿色公司债券挂牌转让无异议的函	上证函〔2019〕226号

续表

序号	标　题	文　号
106	关于对慈溪市商贸集团有限公司非公开发行公司债券挂牌转让无异议的函	上证函〔2019〕227 号
107	关于对滁州市城市建设投资有限公司非公开发行公司债券挂牌转让无异议的函	上证函〔2019〕228 号
108	关于对陕西省铁路集团有限公司非公开发行可续期公司债券挂牌转让无异议的函	上证函〔2019〕229 号
109	关于湖南省资产管理有限公司非公开发行纾困专项公司债券挂牌转让无异议的函	上证函〔2019〕233 号
110	关于对舟山市普陀区国有资产投资经营有限公司非公开发行公司债券挂牌转让无异议的函	上证函〔2019〕235 号
111	关于对浙江西塘旅游文化发展有限公司非公开发行公司债券挂牌转让无异议的函	上证函〔2019〕236 号
112	关于对成都天府新区投资集团有限公司非公开发行公司债券挂牌转让无异议的函	上证函〔2019〕237 号
113	关于对国联证券股份有限公司非公开发行公司债券挂牌转让无异议的函	上证函〔2019〕238 号
114	关于对泰州市鑫鸿文化产业发展有限公司非公开发行公司债券挂牌转让无异议的函	上证函〔2019〕239 号
115	关于对安龙县宏源国有资产经营有限责任公司非公开发行公司债券挂牌转让无异议的函	上证函〔2019〕240 号
116	关于对方正证券股份有限公司非公开发行次级债券挂牌转让无异议的函	上证函〔2019〕241 号
117	关于对国联证券股份有限公司非公开发行次级债券挂牌转让无异议的函	上证函〔2019〕242 号
118	关于对中国国际金融股份有限公司非公开发行次级债券挂牌转让无异议的函	上证函〔2019〕246 号
119	关于对湖南洞庭资源控股集团有限公司非公开发行绿色公司债券挂牌转让无异议的函	上证函〔2019〕247 号
120	关于对南京市浦口区国有资产投资经营有限公司非公开发行公司债券挂牌转让无异议的函	上证函〔2019〕248 号
121	关于对盐城高新区投资集团有限公司非公开发行公司债券挂牌转让无异议的函	上证函〔2019〕249 号
122	关于对宜春交通投资集团有限公司非公开发行公司债券挂牌转让无异议的函	上证函〔2019〕254 号
123	关于石家庄交通投资开发有限公司非公开发行公司债券挂牌转让无异议的函	上证函〔2019〕260 号
124	关于对山东钢铁股份有限公司非公开发行绿色公司债券挂牌转让无异议的函	上证函〔2019〕261 号
125	关于对绵阳市投资控股(集团)有限公司非公开发行公司债券挂牌转让无异议的函	上证函〔2019〕262 号
126	关于对上海大名城企业股份有限公司非公开发行公司债券挂牌转让无异议的函	上证函〔2019〕263 号
127	关于对江苏武进经济发展集团有限公司非公开发行公司债券挂牌转让无异议的函	上证函〔2019〕264 号

续表

序号	标　　题	文　　号
128	关于对南京市高淳区建设发展集团有限公司非公开发行公司债券挂牌转让无异议的函	上证函〔2019〕265号
129	关于对中国平煤神马能源化工集团有限责任公司非公开发行可续期公司债券挂牌转让无异议的函	上证函〔2019〕266号
130	关于对阿克苏信诚资产投资经营有限责任公司非公开发行公司债券挂牌转让无异议的函	上证函〔2019〕268号
131	关于对嵊州市投资控股有限公司非公开发行公司债券挂牌转让无异议的函	上证函〔2019〕274号
132	关于对贵州六盘水攀登开发投资贸易有限公司非公开发行公司债券挂牌转让无异议的函	上证函〔2019〕275号
133	关于对安吉县绿洲新农村建设有限公司非公开发行公司债券挂牌转让无异议的函	上证函〔2019〕295号
134	关于对重庆市南岸资产经营管理有限公司非公开发行公司债券挂牌转让无异议的函	上证函〔2019〕296号
135	关于对吉林市铁路投资开发有限公司非公开发行公司债券挂牌转让无异议的函	上证函〔2019〕297号
136	关于对南京软件谷发展有限公司非公开发行公司债券挂牌转让无异议的函	上证函〔2019〕300号
137	关于对福建省电子信息(集团)有限责任公司非公开发行公司债券挂牌转让无异议的函	上证函〔2019〕301号
138	关于对盐城市海兴集团有限公司非公开发行公司债券挂牌转让无异议的函	上证函〔2019〕303号
139	关于对濮阳市投资集团公司非公开发行公司债券挂牌转让无异议的函	上证函〔2019〕304号
140	关于对新沂市沭东新城投资开发有限公司非公开发行公司债券挂牌转让无异议的函	上证函〔2019〕305号
141	关于对东方证券股份有限公司非公开发行次级债券挂牌转让无异议的函	上证函〔2019〕306号
142	关于对巴中市国有资产经营管理有限责任公司非公开发行公司债券挂牌转让无异议的函	上证函〔2019〕314号
143	关于对莱芜钢铁集团有限公司非公开发行公司债券挂牌转让无异议的函	上证函〔2019〕315号
144	关于对广西正润发展集团有限公司非公开发行公司债券挂牌转让无异议的函	上证函〔2019〕316号
145	关于对江苏雅仕投资集团有限公司非公开发行可交换公司债券挂牌转让无异议的函	上证函〔2019〕317号
146	关于对天风证券股份有限公司非公开发行公司债券挂牌转让无异议的函	上证函〔2019〕318号
147	关于对建德市城市建设发展投资有限公司非公开发行公司债券挂牌转让无异议的函	上证函〔2019〕319号
148	关于对扬州经济技术开发区开发总公司非公开发行项目收益专项公司债券挂牌转让无异议的函	上证函〔2019〕320号
149	关于对常州东方新城建设有限公司非公开发行短期公司债券挂牌转让无异议的函	上证函〔2019〕321号

续表

序号	标　　题	文　　号
150	关于对中泰证券股份有限公司非公开发行公司债券挂牌转让无异议的函	上证函〔2019〕326 号
151	关于对南京江宁城市建设集团有限公司非公开发行公司债券挂牌转让无异议的函	上证函〔2019〕327 号
152	关于对南京钟山资产经营管理集团有限公司非公开发行公司债券挂牌转让无异议的函	上证函〔2019〕328 号
153	关于对咸阳金融控股集团有限公司非公开发行公司债券挂牌转让无异议的函	上证函〔2019〕329 号
154	关于对上海三盛宏业投资(集团)有限责任公司非公开发行公司债券挂牌转让无异议的函	上证函〔2019〕330 号
155	关于对华福证券有限责任公司非公开发行次级债券挂牌转让无异议的函	上证函〔2019〕331 号
156	关于对苏州市相城城市建设投资(集团)有限公司非公开发行公司债券挂牌转让无异议的函	上证函〔2019〕345 号
157	关于对无锡惠开经济发展集团有限公司非公开发行公司债券挂牌转让无异议的函	上证函〔2019〕346 号
158	关于兰考县城市建设投资发展有限公司非公开发行扶贫专项公司债券挂牌转让无异议的函	上证函〔2019〕347 号
159	关于对嘉兴市乍浦建设投资有限公司非公开发行公司债券挂牌转让无异议的函	上证函〔2019〕348 号
160	关于对天津泰达投资控股有限公司非公开发行公司债券挂牌转让无异议的函	上证函〔2019〕349 号
161	关于对重庆迈瑞城市建设投资有限责任公司非公开发行公司债券挂牌转让无异议的函	上证函〔2019〕351 号
162	关于对济南城市建设集团有限公司非公开发行公司债券挂牌转让无异议的函	上证函〔2019〕354 号
163	关于对大华(集团)有限公司非公开发行公司债券挂牌转让无异议的函	上证函〔2019〕355 号
164	关于对苏州市吴中城区建设发展有限公司非公开发行公司债券挂牌转让无异议的函	上证函〔2019〕356 号
165	关于对常州天宁建设发展集团有限公司非公开发行公司债券挂牌转让无异议的函	上证函〔2019〕365 号
166	关于对山西能源交通投资有限公司非公开发行公司债券挂牌转让无异议的函	上证函〔2019〕366 号
167	关于对广州番禺海怡房地产开发有限公司非公开发行公司债券挂牌转让无异议的函	上证函〔2019〕367 号
168	关于对北京海淀科技发展有限公司非公开发行公司债券挂牌转让无异议的函	上证函〔2019〕368 号
169	关于对平顶山天安煤业股份有限公司非公开发行公司债券挂牌转让无异议的函	上证函〔2019〕369 号
170	关于对首汽租赁有限责任公司非公开发行公司债券挂牌转让无异议的函	上证函〔2019〕370 号
171	关于对太和县国有资产投资控股集团有限公司非公开发行公司债券挂牌转让无异议的函	上证函〔2019〕371 号

续表

序号	标　题	文　号
172	关于对鑫苑(中国)置业有限公司非公开发行公司债券挂牌转让无异议的函	上证函〔2019〕385号
173	关于对包头钢铁(集团)有限责任公司非公开发行公司债券挂牌转让无异议的函	上证函〔2019〕386号
174	关于对北京北辰实业股份有限公司非公开发行公司债券挂牌转让无异议的函	上证函〔2019〕387号
175	关于对湖州申太建设发展有限公司非公开发行公司债券挂牌转让无异议的函	上证函〔2019〕388号
176	关于对呼和浩特春华水务开发集团有限责任公司非公开发行公司债券挂牌转让无异议的函	上证函〔2019〕405号
177	关于对厦门住宅建设集团有限公司非公开发行公司债券挂牌转让无异议的函	上证函〔2019〕406号
178	关于对云南云天化股份有限公司非公开发行公司债券挂牌转让无异议的函	上证函〔2019〕407号
179	关于对武汉新港建设投资开发集团有限公司非公开发行绿色公司债券挂牌转让无异议的函	上证函〔2019〕408号
180	关于对成都市融禾现代农业发展有限公司非公开发行公司债券挂牌转让无异议的函	上证函〔2019〕409号
181	关于对海门市城市发展集团有限公司非公开发行短期公司债券挂牌转让无异议的函	上证函〔2019〕410号
182	关于对北京泛华新兴体育产业股份有限公司非公开发行创新创业公司债券挂牌转让无异议的函	上证函〔2019〕414号
183	关于对山东鑫海科技股份有限公司非公开发行公司债券挂牌转让无异议的函	上证函〔2019〕415号
184	关于对重庆化医控股(集团)公司非公开发行公司债券挂牌转让无异议的函	上证函〔2019〕416号
185	关于对东兴证券股份有限公司非公开发行短期公司债券挂牌转让无异议的函	上证函〔2019〕417号
186	关于对眉山市工业投资有限公司非公开发行公司债券挂牌转让无异议的函	上证函〔2019〕418号
187	关于对贵州大龙扶贫开发投资有限责任公司非公开发行扶贫项目收益专项公司债券挂牌转让无异议的函	上证函〔2019〕420号
188	关于对山西能源交通投资有限公司非公开发行可续期公司债券挂牌转让无异议的函	上证函〔2019〕423号
189	关于对济宁市市中区城建投资有限公司非公开发行公司债券挂牌转让无异议的函	上证函〔2019〕424号
190	关于对九通基业投资有限公司非公开发行公司债券挂牌转让无异议的函	上证函〔2019〕425号
191	关于对青海省国有资产投资管理有限公司非公开发行纾困专项公司债券挂牌转让无异议的函	上证函〔2019〕426号
192	关于昊华骏化集团有限公司非公开发行公司债券挂牌转让无异议的函	上证函〔2019〕427号
193	关于对西安曲江大明宫投资(集团)有限公司非公开发行公司债券挂牌转让无异议的函	上证函〔2019〕438号
194	关于对南京滨江投资发展有限公司非公开发行公司债券挂牌转让无异议的函	上证函〔2019〕439号

续表

序号	标　　题	文　　号
195	关于对舟山交通投资集团有限公司非公开发行公司债券挂牌转让无异议的函	上证函〔2019〕446 号
196	关于对安吉县城市建设投资集团有限公司非公开发行公司债券挂牌转让无异议的函	上证函〔2019〕447 号
197	关于对靖江市滨江新城投资开发有限公司非公开发行公司债券挂牌转让无异议的函	上证函〔2019〕448 号
198	关于对凯里市文化旅游产业投资发展有限公司非公开发行公司债券挂牌转让无异议的函	上证函〔2019〕449 号
199	关于对贵州花竹山置业有限责任公司非公开发行扶贫专项公司债券挂牌转让无异议的函	上证函〔2019〕455 号
200	关于对四川蓝光发展股份有限公司非公开发行公司债券挂牌转让无异议的函	上证函〔2019〕456 号
201	关于对陕西金融控股集团有限公司非公开发行纾困专项公司债券挂牌转让无异议的函	上证函〔2019〕457 号
202	关于对南通市崇川城市建设投资有限公司非公开发行公司债券挂牌转让无异议的函	上证函〔2019〕458 号
203	关于对中华企业股份有限公司非公开发行公司债券挂牌转让无异议的函	上证函〔2019〕465 号
204	关于对四川发展资产管理有限公司非公开发行纾困专项公司债券挂牌转让无异议的函	上证函〔2019〕466 号
205	关于对云南新世纪滇池国际文化旅游会展投资有限公司非公开发行公司债券挂牌转让无异议的函	上证函〔2019〕467 号
206	关于对太仓市城市建设投资集团有限公司非公开发行公司债券挂牌转让无异议的函	上证函〔2019〕468 号
207	关于对天津津融资产管理有限公司非公开发行纾困专项公司债券挂牌转让无异议的函	上证函〔2019〕469 号
208	关于对广西铁路投资集团有限公司非公开发行公司债券挂牌转让无异议的函	上证函〔2019〕471 号
209	关于对株洲市云龙发展投资控股集团有限公司非公开发行公司债券挂牌转让无异议的函	上证函〔2019〕472 号
210	关于对兰州交通发展建设集团有限公司非公开发行公司债券挂牌转让无异议的函	上证函〔2019〕473 号
211	关于对福建永荣控股集团有限公司非公开发行绿色公司债券挂牌转让无异议的函	上证函〔2019〕474 号
212	关于对安顺市西秀区工业投资(集团)有限公司非公开发行项目收益专项公司债券挂牌转让无异议的函	上证函〔2019〕475 号
213	关于对盐城市亭湖城市资产投资实业有限公司非公开发行公司债券挂牌转让无异议的函	上证函〔2019〕476 号
214	关于对中电投融和融资租赁有限公司非公开发行公司债券挂牌转让无异议的函	上证函〔2019〕477 号

续表

序号	标　　题	文　　号
215	关于对无锡市惠山经济发展总公司非公开发行公司债券挂牌转让无异议的函	上证函〔2019〕495 号
216	关于对衡阳高新投资有限公司非公开发行公司债券挂牌转让无异议的函	上证函〔2019〕496 号
217	关于对天津北辰科技园区总公司非公开发行公司债券挂牌转让无异议的函	上证函〔2019〕497 号
218	关于远东国际租赁有限公司非公开发行公司债券挂牌转让无异议的函	上证函〔2019〕498 号
219	关于对岚桥国际商业有限公司非公开发行公司债券挂牌转让无异议的函	上证函〔2019〕499 号
220	关于对佳源创盛控股集团有限公司非公开发行公司债券挂牌转让无异议的函	上证函〔2019〕500 号
221	关于对滕州市城市建设综合开发公司非公开发行公司债券挂牌转让无异议的函	上证函〔2019〕501 号
222	关于对海航集团有限公司非公开发行公司债券挂牌转让无异议的函	上证函〔2019〕502 号
223	关于对苏州科技城发展集团有限公司非公开发行公司债券挂牌转让无异议的函	上证函〔2019〕503 号
224	关于对靖江市城投基础设施发展有限公司非公开发行公司债券挂牌转让无异议的函	上证函〔2019〕504 号
225	关于对江苏金坛国发国际投资发展有限公司非公开发行公司债券挂牌转让无异议的函	上证函〔2019〕505 号
226	关于南通市通州区惠通投资有限责任公司非公开发行公司债券挂牌转让无异议的函	上证函〔2019〕506 号
227	关于对上饶投资控股集团有限公司非公开发行项目收益专项公司债券挂牌转让无异议的函	上证函〔2019〕507 号
228	关于对盐城市国有资产投资集团有限公司非公开发行公司债券挂牌转让无异议的函	上证函〔2019〕508 号
229	关于对东莞证券股份有限公司非公开发行次级债券挂牌转让无异议的函	上证函〔2019〕514 号
230	关于对重庆市武隆喀斯特旅游产业（集团）有限公司非公开发行公司债券挂牌转让无异议的函	上证函〔2019〕515 号
231	关于对山西省国新能源发展集团有限公司非公开发行公司债券挂牌转让无异议的函	上证函〔2019〕516 号
232	关于对无锡惠玉农村新型社区建设发展有限公司非公开发行公司债券挂牌转让无异议的函	上证函〔2019〕517 号
233	关于对融侨集团股份有限公司非公开发行公司债券挂牌转让无异议的函	上证函〔2019〕518 号
234	关于对浙江省浙商资产管理有限公司非公开发行公司债券挂牌转让无异议的函	上证函〔2019〕519 号
235	关于对南安市贸工农投资经营有限公司非公开发行公司债券挂牌转让无异议的函	上证函〔2019〕520 号
236	关于对天津市浩通物产有限公司非公开发行公司债券挂牌转让无异议的函	上证函〔2019〕521 号
237	关于对宿迁市惠农产业发展股份有限公司非公开发行公司债券挂牌转让无异议的函	上证函〔2019〕522 号

续表

序号	标　　题	文　　号
238	关于对招商证券股份有限公司非公开发行公司债券挂牌转让无异议的函	上证函〔2019〕523 号
239	关于对肇庆市国联投资控股有限公司非公开发行公司债券挂牌转让无异议的函	上证函〔2019〕524 号
240	关于对浙江衢州东方集团股份有限公司非公开发行创新创业公司债券挂牌转让无异议的函	上证函〔2019〕525 号
241	关于对济南西城投资开发集团有限公司非公开发行公司债券挂牌转让无异议的函	上证函〔2019〕526 号
242	关于对崇州市兴旅景区管理有限公司非公开发行公司债券挂牌转让无异议的函	上证函〔2019〕527 号
243	关于对重庆红星美凯龙企业发展有限公司非公开发行公司债券挂牌转让无异议的函	上证函〔2019〕528 号
244	关于对泸州市工业投资集团有限公司非公开发行公司债券挂牌转让无异议的函	上证函〔2019〕529 号
245	关于对中国中投证券有限责任公司非公开发行次级债券挂牌转让无异议的函	上证函〔2019〕530 号
246	关于对中信证券股份有限公司非公开发行次级债券挂牌转让无异议的函	上证函〔2019〕531 号
247	关于对河北交通投资集团公司非公开发行公司债券挂牌转让无异议的函	上证函〔2019〕543 号
248	关于对海宁市资产经营公司非公开发行公司债券挂牌转让无异议的函	上证函〔2019〕544 号
249	关于对海门科技园发展有限公司非公开发行公司债券挂牌转让无异议的函	上证函〔2019〕545 号
250	关于对株洲市国有资产投资控股集团有限公司非公开发行绿色公司债券挂牌转让无异议的函	上证函〔2019〕546 号
251	关于对重庆华宇集团有限公司非公开发行公司债券挂牌转让无异议的函	上证函〔2019〕553 号
252	关于对山东钢铁集团有限公司非公开发行公司债券挂牌转让无异议的函	上证函〔2019〕554 号
253	关于对日照港集团有限公司非公开发行公司债券挂牌转让无异议的函	上证函〔2019〕555 号
254	关于对天津临港建设开发有限公司非公开发行公司债券挂牌转让无异议的函	上证函〔2019〕556 号
255	关于对江苏瀚瑞金控投资有限公司非公开发行公司债券挂牌转让无异议的函	上证函〔2019〕557 号
256	关于对天津港(集团)有限公司非公开发行公司债券挂牌转让无异议的函	上证函〔2019〕558 号
257	关于对蓬安蓬冶公路开发有限公司非公开发行项目收益专项公司债券挂牌转让无异议的函	上证函〔2019〕559 号
258	关于对华金证券股份有限公司非公开发行次级债券挂牌转让无异议的函	上证函〔2019〕560 号
259	关于对新风祥控股集团有限责任公司非公开发行公司债券挂牌转让无异议的函	上证函〔2019〕561 号
260	关于对山东钢铁集团有限公司非公开发行可续期公司债券挂牌转让无异议的函	上证函〔2019〕567 号
261	关于对成都蜀都川菜产业投资发展有限公司非公开发行公司债券挂牌转让无异议的函	上证函〔2019〕568 号

续表

序号	标　　题	文　　号
262	关于对四川花园水城城乡产业发展投资开发有限责任公司非公开发行公司债券挂牌转让无异议的函	上证函〔2019〕569 号
263	关于对盐城海瀛实业投资有限公司非公开发行公司债券挂牌转让无异议的函	上证函〔2019〕570 号
264	关于对成都武侯资本投资管理集团有限公司非公开发行纾困专项公司债券挂牌转让无异议的函	上证函〔2019〕571 号
265	关于对温州聚创电气科技有限公司非公开发行创新创业可转换公司债券挂牌转让无异议的函	上证函〔2019〕572 号
266	关于对贵州新蒲经济开发投资有限责任公司非公开发行公司债券挂牌转让无异议的函	上证函〔2019〕575 号
267	关于对汝州市鑫源投资有限公司非公开发行公司债券挂牌转让无异议的函	上证函〔2019〕576 号
268	关于对济南高新控股集团有限公司非公开发行纾困专项公司债券挂牌转让无异议的函	上证函〔2019〕577 号
269	关于对山东三星集团有限公司非公开发行公司债券挂牌转让无异议的函	上证函〔2019〕590 号
270	关于对光大证券股份有限公司非公开发行短期公司债券挂牌转让无异议的函	上证函〔2019〕591 号
271	关于对重庆三峡产业投资有限公司非公开发行绿色公司债券挂牌转让无异议的函	上证函〔2019〕592 号
272	关于对青岛城投金融控股集团有限公司非公开发行公司债券挂牌转让无异议的函	上证函〔2019〕599 号
273	关于对中航国际租赁有限公司非公开发行公司债券挂牌转让无异议的函	上证函〔2019〕600 号
274	关于对凯里市交通建设工程公司非公开发行公司债券挂牌转让无异议的函	上证函〔2019〕601 号
275	关于对第七师国有资产经营(集团)有限公司非公开发行公司债券挂牌转让无异议的函	上证函〔2019〕607 号
276	关于对无锡市硕放经济发展有限公司非公开发行项目收益专项公司债券挂牌转让无异议的函	上证函〔2019〕608 号
277	关于对泰州市姜堰交通建设投资发展有限公司非公开发行公司债券挂牌转让无异议的函	上证函〔2019〕609 号
278	关于对邹城市城市资产经营有限公司非公开发行公司债券挂牌转让无异议的函	上证函〔2019〕617 号
279	关于对上饶市滨江投资有限公司非公开发行公司债券挂牌转让无异议的函	上证函〔2019〕618 号
280	关于对重庆百盐投资(集团)有限公司非公开发行公司债券挂牌转让无异议的函	上证函〔2019〕620 号
281	关于对如东县民泰城乡建设工程有限公司非公开发行公司债券挂牌转让无异议的函	上证函〔2019〕621 号
282	关于对海盐县国有资产经营有限公司非公开发行公司债券挂牌转让无异议的函	上证函〔2019〕622 号

续表

序号	标　　题	文　　号
283	关于对湖南省高速公路集团有限公司非公开发行公司债券挂牌转让无异议的函	上证函〔2019〕623 号
284	关于对西双版纳绿洲投资控股有限公司非公开发行公司债券挂牌转让无异议的函	上证函〔2019〕624 号
285	关于对福州建工(集团)总公司非公开发行公司债券挂牌转让无异议的函	上证函〔2019〕625 号
286	关于对江海证券有限公司非公开发行次级债券挂牌转让无异议的函	上证函〔2019〕626 号
287	关于对湖州南浔城市投资发展集团有限公司非公开发行公司债券挂牌转让无异议的函	上证函〔2019〕627 号
288	关于对寿光市惠农新农村建设投资开发有限公司非公开发行公司债券挂牌转让无异议的函	上证函〔2019〕628 号
289	关于对无锡锡山资产经营管理有限公司非公开发行公司债券挂牌转让无异议的函	上证函〔2019〕629 号
290	关于对杭州余杭城市建设集团有限公司非公开发行公司债券挂牌转让无异议的函	上证函〔2019〕630 号
291	关于对义乌市市场发展集团有限公司非公开发行公司债券挂牌转让无异议的函	上证函〔2019〕631 号
292	关于对淮安市新型城镇化建设投资有限公司非公开发行项目收益专项公司债券挂牌转让无异议的函	上证函〔2019〕632 号
293	关于对浙江嘉化集团股份有限公司非公开发行可交换公司债券挂牌转让无异议的函	上证函〔2019〕635 号
294	关于对成都温江区国投兴城投资有限公司非公开发行公司债券挂牌转让无异议的函	上证函〔2019〕636 号
295	关于对江苏瀛洲发展集团有限公司非公开发行公司债券挂牌转让无异议的函	上证函〔2019〕637 号
296	关于对盐城东方投资开发集团有限公司非公开发行短期公司债券挂牌转让无异议的函	上证函〔2019〕638 号
297	关于对上海大唐融资租赁有限公司非公开发行公司债券挂牌转让无异议的函	上证函〔2019〕639 号
298	关于对简阳市水务投资发展有限公司非公开发行公司债券挂牌转让无异议的函	上证函〔2019〕640 号
299	关于对嘉兴滨海控股集团有限公司非公开发行公司债券挂牌转让无异议的函	上证函〔2019〕641 号
300	关于对山西路桥建设集团有限公司非公开发行公司债券挂牌转让无异议的函	上证函〔2019〕642 号
301	关于对北大方正集团有限公司非公开发行短期公司债券挂牌转让无异议的函	上证函〔2019〕648 号
302	关于对绍兴市柯桥区中国轻纺城市场开发经营集团有限公司非公开发行公司债券挂牌转让无异议的函	上证函〔2019〕649 号
303	关于对山东宏河控股集团有限公司非公开发行绿色公司债券挂牌转让无异议的函	上证函〔2019〕650 号

续表

序号	标　　题	文　　号
304	关于对德清联创科技新城建设有限公司非公开发行公司债券挂牌转让无异议的函	上证函〔2019〕651 号
305	关于对浙江中贝九洲集团有限公司非公开发行可交换公司债券挂牌转让无异议的函	上证函〔2019〕652 号
306	关于对海安城市动迁改造有限公司非公开发行公司债券挂牌转让无异议的函	上证函〔2019〕653 号
307	关于对兴业证券股份有限公司非公开发行短期公司债券挂牌转让无异议的函	上证函〔2019〕654 号
308	关于对甘肃省交通建设集团有限公司非公开发行公司债券挂牌转让无异议的函	上证函〔2019〕655 号
309	关于对江苏明升新农村建设发展有限公司非公开发行公司债券挂牌转让无异议的函	上证函〔2019〕656 号
310	关于对贵州现代物流产业（集团）有限责任公司非公开发行扶贫专项公司债券挂牌转让无异议的函	上证函〔2019〕657 号
311	关于对宜宾市翠屏区国有资产经营管理有限责任公司非公开发行公司债券挂牌转让无异议的函	上证函〔2019〕658 号
312	关于对营口沿海开发建设集团有限公司非公开发行公司债券挂牌转让无异议的函	上证函〔2019〕659 号
313	关于对湖州织里城市建设投资运营集团有限公司非公开发行绿色公司债券挂牌转让无异议的函	上证函〔2019〕662 号
314	关于对立根融资租赁（上海）有限公司非公开发行公司债券挂牌转让无异议的函	上证函〔2019〕663 号
315	关于对盐城市大纵湖湖区资源开发有限公司非公开发行公司债券挂牌转让无异议的函	上证函〔2019〕664 号
316	关于对连云港港口集团有限公司非公开发行公司债券挂牌转让无异议的函	上证函〔2019〕665 号
317	关于对南京浦口康居建设集团有限公司非公开发行公司债券挂牌转让无异议的函	上证函〔2019〕666 号
318	关于对泰州东方中国医药城控股集团有限公司非公开发行公司债券挂牌转让无异议的函	上证函〔2019〕667 号
319	关于对广西桂东电力股份有限公司非公开发行公司债券挂牌转让无异议的函	上证函〔2019〕668 号
320	关于对成都环境投资集团有限公司非公开发行纾困专项公司债券挂牌转让无异议的函	上证函〔2019〕669 号
321	关于对淮安市清浦城市建设投资开发有限公司非公开发行公司债券挂牌转让无异议的函	上证函〔2019〕670 号
322	关于对石门县城市建设投资开发有限责任公司非公开发行扶贫专项公司债券挂牌转让无异议的函	上证函〔2019〕671 号
323	关于对国厚金融资产管理股份有限公司非公开发行公司债券挂牌转让无异议的函	上证函〔2019〕672 号

续表

序号	标　题	文　号
324	关于对中国环球租赁有限公司非公开发行公司债券挂牌转让无异议的函	上证函〔2019〕673 号
325	关于对国泰君安证券股份有限公司非公开发行次级债券挂牌转让无异议的函	上证函〔2019〕674 号
326	关于对大同煤矿集团有限责任公司非公开发行可续期公司债券挂牌转让无异议的函	上证函〔2019〕678 号
327	关于对腾邦集团有限公司非公开发行公司债券挂牌转让无异议的函	上证函〔2019〕679 号
328	关于对华创证券有限责任公司非公开发行次级债券挂牌转让无异议的函	上证函〔2019〕680 号
329	关于对昊华骏化集团有限公司非公开发行短期公司债券挂牌转让无异议的函	上证函〔2019〕681 号
330	关于对海城市金财土地房屋投资有限公司非公开发行公司债券挂牌转让无异议的函	上证函〔2019〕682 号
331	关于对成都石化基地建设开发有限责任公司非公开发行公司债券挂牌转让无异议的函	上证函〔2019〕684 号
332	关于对商丘市铁路投资有限公司非公开发行公司债券挂牌转让无异议的函	上证函〔2019〕685 号
333	关于对宁波市镇海投资有限公司非公开发行公司债券挂牌转让无异议的函	上证函〔2019〕686 号
334	关于对桐乡市城市建设投资有限公司非公开发行公司债券挂牌转让无异议的函	上证函〔2019〕687 号
335	关于对龙岩投资发展集团有限公司非公开发行公司债券挂牌转让无异议的函	上证函〔2019〕688 号
336	关于对株洲市湘江投资集团有限公司非公开发行绿色公司债券挂牌转让无异议的函	上证函〔2019〕689 号
337	关于对平煤神马建工集团有限公司非公开发行公司债券挂牌转让无异议的函	上证函〔2019〕690 号
338	关于对黄石新港开发有限公司非公开发行公司债券挂牌转让无异议的函	上证函〔2019〕691 号
339	关于对江苏曲水园城镇化建设投资有限公司非公开发行公司债券挂牌转让无异议的函	上证函〔2019〕692 号
340	关于对国药控股(中国)融资租赁有限公司非公开发行公司债券挂牌转让无异议的函	上证函〔2019〕693 号
341	关于对宁波市兴奉开投建设有限公司非公开发行公司债券挂牌转让无异议的函	上证函〔2019〕694 号
342	关于对菏泽交通集团有限公司非公开发行公司债券挂牌转让无异议的函	上证函〔2019〕695 号
343	关于对江苏瀚瑞投资控股有限公司非公开发行公司债券挂牌转让无异议的函	上证函〔2019〕701 号
344	关于对郑州航空港兴港投资集团有限公司非公开发行公司债券挂牌转让无异议的函	上证函〔2019〕703 号
345	关于对靖江市润新建设有限公司非公开发行公司债券挂牌转让无异议的函	上证函〔2019〕704 号
346	关于对无锡惠开经济发展集团有限公司非公开发行公司债券挂牌转让无异议的函	上证函〔2019〕705 号
347	关于对山东能源集团有限公司非公开发行 2019 年公司债券挂牌转让无异议的函	上证函〔2019〕723 号

续表

序号	标　　题	文　　号
348	关于对方正证券股份有限公司非公开发行公司债券挂牌转让无异议的函	上证函〔2019〕736 号
349	关于对方正证券股份有限公司非公开发行短期公司债券挂牌转让无异议的函	上证函〔2019〕737 号
350	关于对潍坊滨城投资开发有限公司非公开发行公司债券挂牌转让无异议的函	上证函〔2019〕738 号
351	关于对雅安发展投资有限责任公司非公开发行公司债券挂牌转让无异议的函	上证函〔2019〕739 号
352	关于对济宁市兖州区惠民城建投资有限公司非公开发行公司债券挂牌转让无异议的函	上证函〔2019〕763 号
353	关于对遵义道桥建设(集团)有限公司非公开发行公司债券挂牌转让无异议的函	上证函〔2019〕764 号
354	关于对重庆市永川区兴永建设发展有限公司非公开发行公司债券挂牌转让无异议的函	上证函〔2019〕772 号
355	关于对湖北稻花香酒业股份有限公司非公开发行公司债券挂牌转让无异议的函	上证函〔2019〕773 号
356	关于对广西玉柴机器集团有限公司非公开发行公司债券挂牌转让无异议的函	上证函〔2019〕774 号
357	关于对扬州市临港建设发展有限公司非公开发行公司债券挂牌转让无异议的函	上证函〔2019〕780 号
358	关于对新疆九鼎农业集团有限公司非公开发行公司债券挂牌转让无异议的函	上证函〔2019〕790 号
359	关于对洛阳市西苑城市发展投资有限公司非公开发行公司债券挂牌转让无异议的函	上证函〔2019〕799 号
360	关于对泸州市高新投资集团有限公司非公开发行公司债券挂牌转让无异议的函	上证函〔2019〕810 号
361	关于对重庆市綦江区东部新城开发建设有限公司非公开发行公司债券挂牌转让无异议的函	上证函〔2019〕813 号
362	关于对南京浦口城乡建设集团有限公司非公开发行公司债券挂牌转让无异议的函	上证函〔2019〕816 号
363	关于对临沂商城控股集团有限公司非公开发行公司债券挂牌转让无异议的函	上证函〔2019〕817 号
364	关于对成都武侯产业发展投资管理集团有限公司非公开发行公司债券挂牌转让无异议的函	上证函〔2019〕823 号
365	关于对湖北松滋金松投资控股集团有限公司非公开发行公司债券挂牌转让无异议的函	上证函〔2019〕824 号
366	关于对丹阳市开发区高新技术产业发展有限公司非公开发行公司债券挂牌转让无异议的函	上证函〔2019〕826 号
367	关于对四川金鼎产融控股有限公司非公开发行纾困专项公司债券挂牌转让无异议的函	上证函〔2019〕829 号
368	关于无锡华阔经济贸易发展有限公司非公开发行公司债券挂牌转让无异议的函	上证函〔2019〕830 号

续表

序号	标　　题	文　号
369	关于对无锡山水产业投资发展有限公司非公开发行公司债券挂牌转让无异议的函	上证函〔2019〕835 号
370	关于对无锡市城开实业发展集团有限公司非公开发行公司债券挂牌转让无异议的函	上证函〔2019〕837 号
371	关于对广东省绿色金融投资控股集团有限公司非公开发行公司债券挂牌转让无异议的函	上证函〔2019〕842 号
372	关于对长沙先导投资控股集团有限公司非公开发行公司债券挂牌转让无异议的函	上证函〔2019〕843 号
373	关于对遵义交旅投资(集团)有限公司非公开发行项目收益专项公司债券挂牌转让无异议的函	上证函〔2019〕846 号
374	关于对华夏幸福基业股份有限公司非公开发行公司债券挂牌转让无异议的函	上证函〔2019〕847 号
375	关于对株洲市教育投资集团有限公司非公开发行公司债券挂牌转让无异议的函	上证函〔2019〕851 号
376	关于对如皋市禹通河道整治经营管理有限公司非公开发行公司债券挂牌转让无异议的函	上证函〔2019〕852 号
377	关于对余姚经济开发区建设投资发展有限公司非公开发行公司债券挂牌转让无异议的函	上证函〔2019〕853 号
378	关于对苏州市恒澄建设发展有限公司非公开发行公司债券挂牌转让无异议的函	上证函〔2019〕854 号
379	关于对重庆市万盛经济技术开发区开发投资集团有限公司非公开发行公司债券挂牌转让无异议的函	上证函〔2019〕855 号
380	关于对联储证券有限责任公司非公开发行短期公司债券挂牌转让无异议的函	上证函〔2019〕856 号
381	关于对平安不动产有限公司非公开发行公司债券挂牌转让无异议的函	上证函〔2019〕862 号
382	关于对广州珠江实业开发股份有限公司非公开发行公司债券挂牌转让无异议的函	上证函〔2019〕863 号
383	关于对南京溧水商贸旅游集团有限公司非公开发行公司债券挂牌转让无异议的函	上证函〔2019〕865 号
384	关于对慈溪市建设投资集团有限公司非公开发行公司债券挂牌转让无异议的函	上证函〔2019〕876 号
385	关于对长沙县星城发展集团有限公司非公开发行公司债券挂牌转让无异议的函	上证函〔2019〕877 号
386	关于对青岛黄岛发展(集团)有限公司非公开发行公司债券挂牌转让无异议的函	上证函〔2019〕878 号
387	关于对江苏金坛茅山旅游度假区发展有限公司非公开发行公司债券挂牌转让无异议的函	上证函〔2019〕879 号
388	关于对重庆市四面山旅游投资有限公司非公开发行公司债券挂牌转让无异议的函	上证函〔2019〕880 号

续表

序号	标　　题	文　　号
389	关于对贵安新区开发投资有限公司非公开发行短期公司债券挂牌转让无异议的函	上证函〔2019〕881号
390	关于对仁怀市城市开发建设投资经营有限责任公司非公开发行公司债券挂牌转让无异议的函	上证函〔2019〕882号
391	关于对无锡安阳山产业发展有限公司非公开发行公司债券挂牌转让无异议的函	上证函〔2019〕883号
392	关于对贵州福润实业有限责任公司非公开发行项目收益专项公司债券挂牌转让无异议的函	上证函〔2019〕884号
393	关于对芜湖宜居投资(集团)有限公司非公开发行公司债券挂牌转让无异议的函	上证函〔2019〕885号
394	关于对无锡城东投资有限公司非公开发行公司债券挂牌转让无异议的函	上证函〔2019〕886号
395	关于对湖州吴兴升农投资建设发展有限公司非公开发行项目收益专项公司债券挂牌转让无异议的函	上证函〔2019〕894号
396	关于对镇江交通产业集团有限公司非公开发行公司债券挂牌转让无异议的函	上证函〔2019〕899号
397	关于对新疆华凌工贸(集团)有限公司非公开发行公司债券挂牌转让无异议的函	上证函〔2019〕900号
398	关于对吉首华泰国有资产投资管理有限责任公司非公开发行公司债券挂牌转让无异议的函	上证函〔2019〕901号
399	关于对四川省川瑞发展投资有限公司非公开发行公司债券挂牌转让无异议的函	上证函〔2019〕902号
400	关于对玉溪市家园建设投资有限公司非公开发行公司债券挂牌转让无异议的函	上证函〔2019〕903号
401	关于对郓城县水浒城市建设置业有限公司非公开发行公司债券挂牌转让无异议的函	上证函〔2019〕904号
402	关于对国金证券股份有限公司非公开发行次级债券挂牌转让无异议的函	上证函〔2019〕905号
403	关于对昆山城市建设投资发展集团有限公司非公开发行公司债券挂牌转让无异议的函	上证函〔2019〕906号
404	关于对镇江文化旅游产业集团有限责任公司非公开发行公司债券挂牌转让无异议的函	上证函〔2019〕907号
405	关于对苏州市相城交通建设投资(集团)有限公司非公开发行公司债券挂牌转让无异议的函	上证函〔2019〕908号
406	关于对杭州余杭城市开发建设有限公司非公开发行公司债券挂牌转让无异议的函	上证函〔2019〕911号
407	关于对云能融资租赁(上海)有限公司非公开发行公司债券挂牌转让无异议的函	上证函〔2019〕912号

续表

序号	标　　题	文　　号
408	关于对上海证券有限责任公司非公开发行次级债券挂牌转让无异议的函	上证函〔2019〕913 号
409	关于对重庆市合川城市建设投资(集团)有限公司非公开发行公司债券挂牌转让无异议的函	上证函〔2019〕914 号
410	关于对国泰君安证券股份有限公司非公开发行公司债券挂牌转让无异议的函	上证函〔2019〕915 号
411	关于对内江建工集团有限责任公司非公开发行公司债券挂牌转让无异议的函	上证函〔2019〕919 号
412	关于对望城经济开发区铜官循环经济工业基地投资开发建设有限公司非公开发行公司债券挂牌转让无异议的函	上证函〔2019〕924 号
413	关于对青岛世园(集团)有限公司非公开发行公司债券挂牌转让无异议的函	上证函〔2019〕925 号
414	关于对龙翔投资控股集团有限公司非公开发行纾困专项公司债券挂牌转让无异议的函	上证函〔2019〕926 号
415	关于对昆山银桥控股集团有限公司非公开发行公司债券挂牌转让无异议的函	上证函〔2019〕927 号
416	关于对江苏句容福地生态科技有限公司非公开发行公司债券挂牌转让无异议的函	上证函〔2019〕928 号
417	关于对首钢集团有限公司非公开发行公司债券挂牌转让无异议的函	上证函〔2019〕935 号
418	关于对四川成阿发展实业有限公司非公开发行公司债券挂牌转让无异议的函	上证函〔2019〕937 号
419	关于对杭州市城市建设发展集团有限公司非公开发行公司债券挂牌转让无异议的函	上证函〔2019〕938 号
420	关于对浙江余姚工业园区开发建设投资有限公司非公开发行公司债券挂牌转让无异议的函	上证函〔2019〕940 号
421	关于对天津环城城市基础设施投资有限公司非公开发行公司债券挂牌转让无异议的函	上证函〔2019〕941 号
422	关于对洛阳城市发展投资集团有限公司非公开发行公司债券挂牌转让无异议的函	上证函〔2019〕942 号
423	关于对贵州西南交通投资实业集团有限公司非公开发行扶贫专项公司债券挂牌转让无异议的函	上证函〔2019〕943 号
424	关于对绍兴市上虞区国有资本投资运营有限公司非公开发行公司债券挂牌转让无异议的函	上证函〔2019〕944 号
425	关于对苏州吴中国太发展有限公司非公开发行绿色项目收益专项公司债券挂牌转让无异议的函	上证函〔2019〕945 号
426	关于对苏州市恒澄建设发展有限公司非公开发行短期公司债券挂牌转让无异议的函	上证函〔2019〕946 号
427	关于对黔西南州城市建设投资有限公司非公开发行公司债券挂牌转让无异议的函	上证函〔2019〕948 号
428	关于对顾家集团有限公司非公开发行可交换公司债券挂牌转让无异议的函	上证函〔2019〕949 号
429	关于丰都县国有资产经营投资集团有限公司非公开发行公司债券挂牌转让无异议的函	上证函〔2019〕950 号

续表

序号	标　　题	文　　号
430	关于对重庆市江津区华信资产经营(集团)有限公司非公开发行公司债券挂牌转让无异议的函	上证函〔2019〕952号
431	关于对江苏洋口港建设发展集团有限公司非公开发行公司债券挂牌转让无异议的函	上证函〔2019〕955号
432	关于对浙江省新昌县投资发展有限公司非公开发行公司债券挂牌转让无异议的函	上证函〔2019〕956号
433	关于对南京市高淳区城市投资有限公司非公开发行公司债券挂牌转让无异议的函	上证函〔2019〕957号
434	关于对黔南州投资有限公司非公开发行公司债券挂牌转让无异议的函	上证函〔2019〕964号
435	关于对哈尔滨投资集团有限责任公司非公开发行纾困专项公司债券挂牌转让无异议的函	上证函〔2019〕968号
436	关于对江苏高淳经济开发区开发有限公司非公开发行公司债券挂牌转让无异议的函	上证函〔2019〕969号
437	关于对江苏兴海港务有限公司非公开发行公司债券挂牌转让无异议的函	上证函〔2019〕970号
438	关于对淳安千岛湖建设集团城建发展有限公司非公开发行项目收益专项公司债券挂牌转让无异议的函	上证函〔2019〕971号
439	关于对宁波市镇海区海江投资发展有限公司非公开发行公司债券挂牌转让无异议的函	上证函〔2019〕975号
440	关于对天津蓟州新城建设投资有限公司非公开发行公司债券挂牌转让无异议的函	上证函〔2019〕979号
441	关于对台州市路桥公共资产投资管理有限公司非公开发行公司债券挂牌转让无异议的函	上证函〔2019〕980号
442	关于对山钢金融控股(深圳)有限公司非公开发行公司债券挂牌转让无异议的函	上证函〔2019〕985号
443	关于对镇江新区城市建设投资有限公司非公开发行公司债券挂牌转让无异议的函	上证函〔2019〕986号
444	关于对天风证券股份有限公司非公开发行次级债券挂牌转让无异议的函	上证函〔2019〕987号
445	关于对黔西南州水资源开发投资有限公司非公开发行公司债券挂牌转让无异议的函	上证函〔2019〕988号
446	关于对邳州市润田建设有限公司非公开发行公司债券挂牌转让无异议的函	上证函〔2019〕993号
447	关于对东吴证券股份有限公司非公开发行次级债券挂牌转让无异议的函	上证函〔2019〕994号
448	关于对株洲市国有资产投资控股集团有限公司非公开发行公司债券挂牌转让无异议的函	上证函〔2019〕996号
449	关于对新泰市统筹城乡发展集团有限公司非公开发行公司债券挂牌转让无异议的函	上证函〔2019〕997号
450	关于江苏中关村科技产业园控股集团有限公司非公开发行公司债券挂牌转让无异议的函	上证函〔2019〕998号

续表

序号	标　　题	文　　号
451	关于对江苏武进绿色建筑产业投资有限公司非公开发行公司债券挂牌转让无异议的函	上证函〔2019〕999 号
452	关于对青岛市即墨区城市旅游开发投资有限公司非公开发行公司债券挂牌转让无异议的函	上证函〔2019〕1000 号
453	关于对安信证券股份有限公司非公开发行次级债券挂牌转让无异议的函	上证函〔2019〕1001 号
454	关于对滁州市同创建设投资有限责任公司非公开发行公司债券挂牌转让无异议的函	上证函〔2019〕1006 号
455	关于对绍兴市上虞区交通集团有限公司非公开发行公司债券挂牌转让无异议的函	上证函〔2019〕1007 号
456	关于对内蒙古能源发电投资集团有限公司非公开发行绿色公司债券挂牌转让无异议的函	上证函〔2019〕1008 号
457	关于对滕州市房地产综合开发有限公司非公开发行公司债券挂牌转让无异议的函	上证函〔2019〕1009 号
458	关于对义乌市佛堂城市投资建设集团有限公司非公开发行公司债券挂牌转让无异议的函	上证函〔2019〕1010 号
459	关于对江苏武进经济发展集团有限公司非公开发行纾困专项公司债券挂牌转让无异议的函	上证函〔2019〕1011 号
460	关于对包头交通投资集团交通产业发展有限公司非公开发行公司债券挂牌转让无异议的函	上证函〔2019〕1012 号
461	关于对景德镇陶瓷文化旅游发展有限责任公司非公开发行公司债券挂牌转让无异议的函	上证函〔2019〕1015 号
462	关于对驻马店市投资有限公司非公开发行公司债券挂牌转让无异议的函	上证函〔2019〕1016 号
463	关于对如皋市新柴农村基础设施开发有限公司非公开发行公司债券挂牌转让无异议的函	上证函〔2019〕1017 号
464	关于对浏阳市工业新城建设开发有限公司非公开发行公司债券挂牌转让无异议的函	上证函〔2019〕1019 号
465	关于对常州市金坛同城建设投资发展有限公司非公开发行公司债券挂牌转让无异议的函	上证函〔2019〕1020 号
466	关于对遵义鑫晟投资有限责任公司非公开发行项目收益专项公司债券挂牌转让无异议的函	上证函〔2019〕1021 号
467	关于对启东市城市建设投资开发有限公司非公开发行公司债券挂牌转让无异议的函	上证函〔2019〕1027 号
468	关于对遵义市汇川区汇海停车场管理有限公司非公开发行项目收益专项公司债券挂牌转让无异议的函	上证函〔2019〕1028 号
469	关于对德兴市投资控股集团有限公司非公开发行项目收益专项公司债券挂牌转让无异议的函	上证函〔2019〕1029 号

续表

序号	标　　题	文　　号
470	关于对海门市交通产业集团有限公司非公开发行公司债券挂牌转让无异议的函	上证函〔2019〕1030 号
471	关于对重庆大晟资产经营（集团）有限公司非公开发行公司债券挂牌转让无异议的函	上证函〔2019〕1031 号
472	关于对苏州高新国有资产经营管理集团有限公司非公开发行公司债券挂牌转让无异议的函	上证函〔2019〕1032 号
473	关于对海盐杭州湾投资发展集团有限公司非公开发行项目收益专项公司债券挂牌转让无异议的函	上证函〔2019〕1033 号
474	关于对潍坊东兴建设发展有限公司非公开发行公司债券挂牌转让无异议的函	上证函〔2019〕1034 号
475	关于对云阳县城市开发投资（集团）有限公司非公开发行扶贫专项公司债券挂牌转让无异议的函	上证函〔2019〕1035 号
476	关于对滁州市城市建设投资有限公司非公开发行公司债券挂牌转让无异议的函	上证函〔2019〕1036 号
477	关于对南通新家园农业投资发展有限公司非公开发行公司债券挂牌转让无异议的函	上证函〔2019〕1043 号
478	关于对农银国际投资（苏州）有限公司非公开发行公司债券挂牌转让无异议的函	上证函〔2019〕1044 号
479	关于对韩城市城市投资（集团）有限公司非公开发行公司债券挂牌转让无异议的函	上证函〔2019〕1045 号
480	关于对临沂经济开发区城市建设投资有限公司非公开发行公司债券挂牌转让无异议的函	上证函〔2019〕1046 号
481	关于对首创证券有限责任公司非公开发行次级债券挂牌转让无异议的函	上证函〔2019〕1051 号
482	关于对宁乡市城市建设投资集团有限公司非公开发行公司债券挂牌转让无异议的函	上证函〔2019〕1052 号
483	关于对江苏省吴中经济技术发展集团有限公司非公开发行公司债券挂牌转让无异议的函	上证函〔2019〕1053 号
484	关于对陕西金融资产管理股份有限公司非公开发行公司债券挂牌转让无异议的函	上证函〔2019〕1054 号
485	关于对慈溪市慈东工业发展有限公司非公开发行公司债券挂牌转让无异议的函	上证函〔2019〕1056 号
486	关于对无锡惠憬城市发展有限公司非公开发行公司债券挂牌转让无异议的函	上证函〔2019〕1057 号
487	关于对龙翔投资控股集团有限公司非公开发行公司债券挂牌转让无异议的函	上证函〔2019〕1058 号
488	关于对海航集团有限公司非公开发行公司债券挂牌转让无异议的函	上证函〔2019〕1060 号
489	关于对无锡雪浪科教产业投资发展有限公司非公开发行公司债券挂牌转让无异议的函	上证函〔2019〕1061 号

续表

序号	标　题	文　号
490	关于对湖南洞庭资源控股集团有限公司非公开发行公司债券挂牌转让无异议的函	上证函〔2019〕1062 号
491	关于对衡阳白沙洲开发建设投资有限公司非公开发行公司债券挂牌转让无异议的函	上证函〔2019〕1063 号
492	关于对济南轨道交通集团有限公司非公开发行公司债券挂牌转让无异议的函	上证函〔2019〕1064 号
493	关于对苏州市吴中城市建设投资发展有限公司非公开发行公司债券挂牌转让无异议的函	上证函〔2019〕1065 号
494	关于对新疆广汇实业投资(集团)有限责任公司非公开发行公司债券挂牌转让无异议的函	上证函〔2019〕1066 号
495	关于对醴陵市渌江投资控股集团有限公司非公开发行公司债券挂牌转让无异议的函	上证函〔2019〕1067 号
496	关于对中银国际证券股份有限公司非公开发行次级债券挂牌转让无异议的函	上证函〔2019〕1069 号
497	关于对如皋市富港工程建设有限公司非公开发行公司债券挂牌转让无异议的函	上证函〔2019〕1070 号
498	关于对中银国际证券股份有限公司非公开发行公司债券挂牌转让无异议的函	上证函〔2019〕1071 号
499	关于对江苏天禾旅游发展有限公司非公开发行公司债券挂牌转让无异议的函	上证函〔2019〕1072 号
500	关于对江门市新会银海发展有限公司非公开发行公司债券挂牌转让无异议的函	上证函〔2019〕1073 号
501	关于对贵州贵安电子信息产业投资有限公司非公开发行公司债券挂牌转让无异议的函	上证函〔2019〕1074 号
502	关于对柳州市房地产开发有限责任公司非公开发行公司债券挂牌转让无异议的函	上证函〔2019〕1075 号
503	关于对江苏省张家港经济开发区实业总公司非公开发行公司债券挂牌转让无异议的函	上证函〔2019〕1080 号
504	关于对福信集团有限公司非公开发行可交换公司债券挂牌转让无异议的函	上证函〔2019〕1081 号
505	关于对南宁绿港建设投资集团有限公司非公开发行公司债券挂牌转让无异议的函	上证函〔2019〕1084 号
506	关于对郴州市百福投资集团有限公司非公开发行公司债券挂牌转让无异议的函	上证函〔2019〕1085 号
507	关于对淮安开发控股有限公司非公开发行公司债券挂牌转让无异议的函	上证函〔2019〕1086 号
508	关于对长兴城市建设投资集团有限公司非公开发行公司债券挂牌转让无异议的函	上证函〔2019〕1090 号
509	关于对重庆市蔡家组团建设开发有限公司非公开发行公司债券挂牌转让无异议的函	上证函〔2019〕1092 号
510	关于对华夏幸福基业控股股份公司非公开发行公司债券挂牌转让无异议的函	上证函〔2019〕1093 号

续表

序号	标　　题	文　　号
511	关于对建湖县开发区建设投资有限公司非公开发行公司债券挂牌转让无异议的函	上证函〔2019〕1094 号
512	关于对开滦（集团）有限责任公司非公开发行公司债券挂牌转让无异议的函	上证函〔2019〕1095 号
513	关于永嘉投资集团有限公司非公开发行公司债券挂牌转让无异议的函	上证函〔2019〕1096 号
514	关于对浙江长兴经开建设开发有限公司非公开发行公司债券挂牌转让无异议的函	上证函〔2019〕1098 号
515	关于对上海浦东现代产业开发有限公司非公开发行公司债券挂牌转让无异议的函	上证函〔2019〕1099 号
516	关于对无锡华阔经济贸易发展有限公司非公开发行项目收益专项公司债券挂牌转让无异议的函	上证函〔2019〕1100 号
517	关于对华泰证券股份有限公司非公开发行次级债券挂牌转让无异议的函	上证函〔2019〕1101 号
518	关于对江苏苏海投资集团有限公司非公开发行项目收益专项公司债券挂牌转让无异议的函	上证函〔2019〕1102 号
519	关于对上饶市城市建设投资开发集团有限公司非公开发行公司债券挂牌转让无异议的函	上证函〔2019〕1103 号
520	关于对福建漳龙集团有限公司非公开发行公司债券挂牌转让无异议的函	上证函〔2019〕1106 号
521	关于对杭州余杭经济开发建设有限公司非公开发行公司债券挂牌转让无异议的函	上证函〔2019〕1107 号
522	关于对江苏世纪新城投资控股集团有限公司非公开发行公司债券挂牌转让无异议的函	上证函〔2019〕1108 号
523	关于对河南省豫资城乡一体化建设发展有限公司非公开发行公司债券挂牌转让无异议的函	上证函〔2019〕1111 号
524	关于对嘉兴市秀宏建设投资集团有限公司非公开发行公司债券挂牌转让无异议的函	上证函〔2019〕1112 号
525	关于对柳州市龙建投资发展有限责任公司非公开发行公司债券挂牌转让无异议的函	上证函〔2019〕1113 号
526	关于对晋阳资产管理股份有限公司非公开发行纾困专项公司债券挂牌转让无异议的函	上证函〔2019〕1114 号
527	关于对中国江苏国际经济技术合作集团有限公司非公开发行公司债券挂牌转让无异议的函	上证函〔2019〕1115 号
528	关于对天津市东丽城市基础设施投资集团有限公司非公开发行公司债券挂牌转让无异议的函	上证函〔2019〕1116 号
529	关于对海安城镇建设投资有限公司非公开发行公司债券挂牌转让无异议的函	上证函〔2019〕1117 号
530	关于太仓市资产经营集团有限公司非公开发行公司债券挂牌转让无异议的函	上证函〔2019〕1123 号
531	关于对遵义经济技术开发区投资建设有限公司非公开发行公司债券挂牌转让无异议的函	上证函〔2019〕1124 号

续表

序号	标　　题	文　　号
532	关于对晋江市新佳园资产管理有限公司非公开发行公司债券挂牌转让无异议的函	上证函〔2019〕1125 号
533	关于对东港投资发展集团有限公司非公开发行公司债券挂牌转让无异议的函	上证函〔2019〕1126 号
534	关于对海门市保障房建设投资集团有限公司非公开发行公司债券挂牌转让无异议的函	上证函〔2019〕1127 号
535	关于对金湖县国有资产经营投资有限责任公司非公开发行公司债券挂牌转让无异议的函	上证函〔2019〕1131 号
536	关于对晋阳资产管理股份有限公司非公开发行公司债券挂牌转让无异议的函	上证函〔2019〕1132 号
537	关于对苏州沙家浜旅游发展有限公司非公开发行公司债券挂牌转让无异议的函	上证函〔2019〕1134 号
538	关于对郑州城建集团投资有限公司非公开发行公司债券挂牌转让无异议的函	上证函〔2019〕1135 号
539	关于对任兴集团有限公司非公开发行公司债券挂牌转让无异议的函	上证函〔2019〕1137 号
540	关于对咸阳市城市建设投资控股集团有限公司非公开发行公司债券挂牌转让无异议的函	上证函〔2019〕1138 号
541	关于对张家港市城市投资发展集团有限公司非公开发行公司债券挂牌转让无异议的函	上证函〔2019〕1141 号
542	关于对常德市城市建设投资集团有限公司非公开发行公司债券挂牌转让无异议的函	上证函〔2019〕1142 号
543	关于对泰州市姜堰城市建设投资集团有限公司非公开发行公司债券挂牌转让无异议的函	上证函〔2019〕1143 号
544	关于对苏州高铁新城经济发展有限公司非公开发行公司债券挂牌转让无异议的函	上证函〔2019〕1144 号
545	关于对南通开元建设开发有限公司非公开发行公司债券挂牌转让无异议的函	上证函〔2019〕1146 号
546	关于对江苏方洋集团有限公司非公开发行公司债券挂牌转让无异议的函	上证函〔2019〕1147 号
547	关于昌吉城市建设投资发展有限责任公司非公开发行公司债券挂牌转让无异议的函	上证函〔2019〕1149 号
548	关于对常熟市滨江城市建设经营投资有限责任公司非公开发行公司债券挂牌转让无异议的函	上证函〔2019〕1150 号
549	关于对浙江德清交运投资建设有限公司非公开发行绿色项目收益专项公司债券挂牌转让无异议的函	上证函〔2019〕1151 号
550	关于对淮安经济技术开发区经济发展集团有限公司非公开发行公司债券挂牌转让无异议的函	上证函〔2019〕1152 号
551	关于对内蒙古水务投资集团有限公司非公开发行公司债券挂牌转让无异议的函	上证函〔2019〕1153 号

续表

序号	标　　题	文　　号
552	关于对湛江市交通投资集团有限公司非公开发行公司债券挂牌转让无异议的函	上证函〔2019〕1154 号
553	关于对威海市文登区蓝海投资开发有限公司非公开发行公司债券挂牌转让无异议的函	上证函〔2019〕1156 号
554	关于对嘉兴市梅里投资管理集团有限公司非公开发行项目收益专项公司债券挂牌转让无异议的函	上证函〔2019〕1157 号
555	关于对江苏世纪新城投资控股集团有限公司非公开发行短期公司债券挂牌转让无异议的函	上证函〔2019〕1158 号
556	关于对紫光集团有限公司非公开发行公司债券挂牌转让无异议的函	上证函〔2019〕1159 号
557	关于对浏阳市广宇高科技农业有限公司非公开发行公司债券挂牌转让无异议的函	上证函〔2019〕1160 号
558	关于对桐庐芦茨慢生活体验区旅游开发有限公司非公开发行绿色项目收益公司债券挂牌转让无异议的函	上证函〔2019〕1161 号
559	关于对铜仁旅游投资有限公司非公开发行公司债券挂牌转让无异议的函	上证函〔2019〕1162 号
560	关于对遵义道桥建设(集团)有限公司非公开发行短期公司债券挂牌转让无异议的函	上证函〔2019〕1170 号
561	关于对毕节市七星关区新宇建设投资有限公司非公开发行公司债券挂牌转让无异议的函	上证函〔2019〕1173 号
562	关于对华融晋商资产管理股份有限公司非公开发行公司债券挂牌转让无异议的函	上证函〔2019〕1174 号
563	关于对宁波市海城投资开发有限公司非公开发行公司债券挂牌转让无异议的函	上证函〔2019〕1175 号
564	关于对江苏扬子江国际冶金工业园资产经营有限公司非公开发行公司债券挂牌转让无异议的函	上证函〔2019〕1176 号
565	关于对绍兴市柯桥区城建投资开发集团有限公司非公开发行公司债券挂牌转让无异议的函	上证函〔2019〕1177 号
566	关于对长沙市望城区水利建设投资管理有限公司非公开发行公司债券挂牌转让无异议的函	上证函〔2019〕1178 号
567	关于对广西西江开发投资集团有限公司非公开发行扶贫专项公司债券挂牌转让无异议的函	上证函〔2019〕1179 号
568	关于对苏州阳澄湖生态休闲旅游有限公司非公开发行公司债券挂牌转让无异议的函	上证函〔2019〕1180 号
569	关于无锡沪宁城铁惠山站区投资开发建设有限公司非公开发行公司债券挂牌转让无异议的函	上证函〔2019〕1181 号
570	关于对浙江太湖新城实业投资有限公司非公开发行公司债券挂牌转让无异议的函	上证函〔2019〕1182 号

续表

序号	标　　题	文　　号
571	关于对江苏润企万国实业有限公司非公开发行项目收益专项公司债券挂牌转让无异议的函	上证函〔2019〕1183 号
572	关于对荆州海子湖投资有限公司非公开发行公司债券挂牌转让无异议的函	上证函〔2019〕1197 号
573	关于南通经济技术开发区控股集团有限公司非公开发行公司债券挂牌转让无异议的函	上证函〔2019〕1198 号
574	关于福建福晟集团有限公司非公开发行公司债券挂牌转让无异议的函	上证函〔2019〕1199 号
575	关于对新沂市沭东新城投资开发有限公司非公开发行项目收益专项公司债券挂牌转让无异议的函	上证函〔2019〕1200 号
576	关于对宁海县交通集团有限公司非公开发行公司债券挂牌转让无异议的函	上证函〔2019〕1201 号
577	关于盘锦水务集团有限公司非公开发行公司债券挂牌转让无异议的函	上证函〔2019〕1202 号
578	关于长兴交通投资集团有限公司非公开发行绿色专项公司债券挂牌转让无异议的函	上证函〔2019〕1203 号
579	关于对扬州庆和瑞投资建设有限公司非公开发行公司债券挂牌转让无异议的函	上证函〔2019〕1204 号
580	关于对无锡惠山开发建设有限公司非公开发行公司债券挂牌转让无异议的函	上证函〔2019〕1205 号
581	关于对淮北市建投控股集团有限公司非公开发行公司债券挂牌转让无异议的函	上证函〔2019〕1206 号
582	关于长兴交通投资集团有限公司非公开发行公司债券挂牌转让无异议的函	上证函〔2019〕1207 号
583	关于对湖州南浔城市投资发展集团有限公司非公开发行项目收益专项公司债券挂牌转让无异议的函	上证函〔2019〕1208 号
584	关于对嵊州市城南建设投资有限公司非公开发行项目收益专项公司债券挂牌转让无异议的函	上证函〔2019〕1209 号
585	关于对江苏先行控股集团有限公司非公开发行公司债券挂牌转让无异议的函	上证函〔2019〕1210 号
586	关于对德清县建设投资有限公司非公开发行公司债券挂牌转让无异议的函	上证函〔2019〕1211 号
587	关于对萍乡市昌兴投资有限公司非公开发行公司债券挂牌转让无异议的函	上证函〔2019〕1212 号
588	关于对安顺市西秀区城镇投资发展有限公司非公开发行公司债券挂牌转让无异议的函	上证函〔2019〕1213 号
589	关于对清镇市城市建设投资有限公司非公开发行公司债券挂牌转让无异议的函	上证函〔2019〕1214 号
590	关于对株洲循环经济投资发展集团有限公司非公开发行公司债券挂牌转让无异议的函	上证函〔2019〕1215 号
591	关于对西峡县财和产业集聚区投资有限公司非公开发行公司债券挂牌转让无异议的函	上证函〔2019〕1216 号
592	关于对平安国际融资租赁有限公司非公开发行短期公司债券挂牌转让无异议的函	上证函〔2019〕1217 号

续表

序号	标　　题	文　　号
593	关于对青岛市即墨区丁字湾投资发展有限公司非公开发行公司债券挂牌转让无异议的函	上证函〔2019〕1218 号
594	关于对泰州市鑫鸿文化产业发展有限公司非公开发行公司债券挂牌转让无异议的函	上证函〔2019〕1219 号
595	关于对金华融盛投资发展集团有限公司非公开发行公司债券挂牌转让无异议的函	上证函〔2019〕1220 号
596	关于对常德市金禹水利投资有限公司非公开发行公司债券挂牌转让无异议的函	上证函〔2019〕1226 号
597	关于对常州市茅山投资控股有限公司非公开发行公司债券挂牌转让无异议的函	上证函〔2019〕1227 号
598	关于对兴化市东南城市建设投资有限公司非公开发行公司债券挂牌转让无异议的函	上证函〔2019〕1228 号
599	关于对马鞍山郑蒲港新区综合保税区投资有限公司非公开发行项目收益专项公司债券挂牌转让无异议的函	上证函〔2019〕1229 号
600	关于对连云港市城建控股集团有限公司非公开发行公司债券挂牌转让无异议的函	上证函〔2019〕1230 号
601	关于对黄石市国有资产经营有限公司非公开发行公司债券挂牌转让无异议的函	上证函〔2019〕1231 号
602	关于对杭州经济技术开发区资产经营集团有限公司非公开发行公司债券挂牌转让无异议的函	上证函〔2019〕1232 号
603	关于对江苏金坛国发国际投资发展有限公司非公开发行公司债券挂牌转让无异议的函	上证函〔2019〕1233 号
604	关于对湖南省攸州投资发展集团有限公司非公开发行公司债券挂牌转让无异议的函	上证函〔2019〕1234 号
605	关于诸暨市国有资产经营有限公司非公开发行公司债券挂牌转让无异议的函	上证函〔2019〕1235 号
606	关于对金湖县水务投资有限公司非公开发行公司债券挂牌转让无异议的函	上证函〔2019〕1236 号
607	关于对中国普天信息产业股份有限公司非公开发行公司债券挂牌转让无异议的函	上证函〔2019〕1240 号
608	关于对衡阳市滨江新区投资有限公司非公开发行公司债券挂牌转让无异议的函	上证函〔2019〕1241 号
609	关于对重庆市北碚区新城建设有限责任公司非公开发行公司债券挂牌转让无异议的函	上证函〔2019〕1242 号
610	关于对绍兴市财政投资有限公司非公开发行公司债券挂牌转让无异议的函	上证函〔2019〕1247 号
611	关于对太原重工股份有限公司非公开发行公司债券挂牌转让无异议的函	上证函〔2019〕1252 号
612	关于对淮安新城投资开发有限公司非公开发行公司债券挂牌转让无异议的函	上证函〔2019〕1253 号

续表

序号	标　题	文　号
613	关于对常州金坛建设产业集团有限公司非公开发行公司债券挂牌转让无异议的函	上证函〔2019〕1255号
614	关于对吐鲁番地区国有资产投资经营有限责任公司非公开发行公司债券挂牌转让无异议的函	上证函〔2019〕1256号
615	关于对兴化市城市建设投资有限公司非公开发行短期公司债券挂牌转让无异议的函	上证函〔2019〕1257号
616	关于对山东公用控股有限公司非公开发行公司债券挂牌转让无异议的函	上证函〔2019〕1258号
617	关于对湘潭市两型社会建设投融资有限公司非公开发行公司债券挂牌转让无异议的函	上证函〔2019〕1261号
618	关于对昆明交通产业股份有限公司非公开发行公司债券挂牌转让无异议的函	上证函〔2019〕1262号
619	关于对江苏金坛投资控股有限公司非公开发行公司债券挂牌转让无异议的函	上证函〔2019〕1266号
620	关于对永州市开发建设投资有限公司非公开发行公司债券挂牌转让无异议的函	上证函〔2019〕1275号
621	关于对水城县城市投资开发有限责任公司非公开发行扶贫专项公司债券挂牌转让无异议的函	上证函〔2019〕1276号
622	关于对扬州龙川控股集团有限责任公司非公开发行公司债券挂牌转让无异议的函	上证函〔2019〕1277号
623	关于对湖州市城市投资发展集团有限公司非公开发行公司债券挂牌转让无异议的函	上证函〔2019〕1278号
624	关于对碧桂园地产集团有限公司非公开发行公司债券挂牌转让无异议的函	上证函〔2019〕1279号
625	关于对高密市城市建设投资集团有限公司非公开发行公司债券挂牌转让无异议的函	上证函〔2019〕1280号
626	关于对东兴证券股份有限公司非公开发行次级债券挂牌转让无异议的函	上证函〔2019〕1281号
627	关于对南通市崇川城市建设投资有限公司非公开发行公司债券挂牌转让无异议的函	上证函〔2019〕1282号
628	关于对苏州市相城交通建设投资(集团)有限公司非公开发行短期公司债券挂牌转让无异议的函	上证函〔2019〕1286号
629	关于对苏州市吴中城区建设发展有限公司非公开发行公司债券挂牌转让无异议的函	上证函〔2019〕1287号
630	关于对常高新集团有限公司非公开发行公司债券挂牌转让无异议的函	上证函〔2019〕1289号
631	关于对深圳市百业源投资有限公司非公开发行可交换公司债券挂牌转让无异议的函	上证函〔2019〕1290号
632	关于对株洲高科集团有限公司非公开发行公司债券挂牌转让无异议的函	上证函〔2019〕1291号
633	关于对兴业证券股份有限公司非公开发行公司债券挂牌转让无异议的函	上证函〔2019〕1294号

续表

序号	标　　题	文　　号
634	关于对六盘水梅花山生态文化旅游发展有限公司非公开发行项目收益专项公司债券挂牌转让无异议的函	上证函〔2019〕1296 号
635	关于对青岛军民融合发展集团有限公司非公开发行公司债券挂牌转让无异议的函	上证函〔2019〕1297 号
636	关于对财富证券有限责任公司非公开发行公司债券挂牌转让无异议的函	上证函〔2019〕1298 号
637	关于对重庆市铜梁区金龙城市建设投资(集团)有限公司非公开发行公司债券挂牌转让无异议的函	上证函〔2019〕1299 号
638	关于对成都市瀚宇投资有限公司非公开发行公司债券挂牌转让无异议的函	上证函〔2019〕1308 号
639	关于对温州市瓯海经济开发区建设投资有限公司非公开发行公司债券挂牌转让无异议的函	上证函〔2019〕1309 号
640	关于对眉山发展(控股)有限责任公司非公开发行公司债券挂牌转让无异议的函	上证函〔2019〕1310 号
641	关于对重庆渝隆资产经营(集团)有限公司非公开发行公司债券挂牌转让无异议的函	上证函〔2019〕1311 号
642	关于对南京东南国资投资集团有限责任公司非公开发行公司债券挂牌转让无异议的函	上证函〔2019〕1312 号
643	关于对成都铸康实业有限公司非公开发行公司债券挂牌转让无异议的函	上证函〔2019〕1313 号
644	关于对桐乡市金凤凰服务业发展集团有限公司非公开发行公司债券挂牌转让无异议的函	上证函〔2019〕1314 号
645	关于对重庆国际物流枢纽园区建设有限责任公司非公开发行公司债券挂牌转让无异议的函	上证函〔2019〕1315 号
646	关于对安庆皖江高科技投资发展有限公司非公开发行公司债券挂牌转让无异议的函	上证函〔2019〕1316 号
647	关于对重庆万州经济技术开发(集团)有限公司非公开发行扶贫专项公司债券挂牌转让无异议的函	上证函〔2019〕1317 号
648	关于对株洲高科汽车园投资发展有限公司非公开发行公司债券挂牌转让无异议的函	上证函〔2019〕1318 号
649	关于对重庆大足石刻国际旅游集团有限公司非公开发行公司债券挂牌转让无异议的函	上证函〔2019〕1328 号
650	关于对金沙县路桥工程投资有限公司非公开发行公司债券挂牌转让无异议的函	上证函〔2019〕1329 号
651	关于对北京首都开发股份有限公司非公开发行公司债券挂牌转让无异议的函	上证函〔2019〕1332 号
652	关于对成都市郫都区城乡投资建设开发有限公司非公开发行公司债券挂牌转让无异议的函	上证函〔2019〕1333 号
653	关于对鹰潭市投资公司非公开发行公司债券挂牌转让无异议的函	上证函〔2019〕1334 号
654	关于对安吉县国有资本投资运营有限公司非公开发行公司债券挂牌转让无异议的函	上证函〔2019〕1335 号

续表

序号	标　　题	文　　号
655	关于对醴陵市高新技术产业发展集团有限公司非公开发行项目收益专项公司债券挂牌转让无异议的函	上证函〔2019〕1336 号
656	关于对义乌市佛堂城市投资建设集团有限公司非公开发行公司债券挂牌转让无异议的函	上证函〔2019〕1337 号
657	关于对苏州汾湖投资集团有限公司非公开发行短期公司债券挂牌转让无异议的函	上证函〔2019〕1338 号
658	关于重庆市潼南区城市建设投资(集团)有限公司非公开发行公司债券挂牌转让无异议的函	上证函〔2019〕1339 号
659	关于对成都九联投资有限公司非公开发行公司债券挂牌转让无异议的函	上证函〔2019〕1344 号
660	关于对云南城投置业股份有限公司非公开发行公司债券挂牌转让无异议的函	上证函〔2019〕1345 号
661	关于对泰州通泰投资有限公司非公开发行公司债券挂牌转让无异议的函	上证函〔2019〕1346 号
662	关于对万联证券股份有限公司非公开发行次级债券挂牌转让无异议的函	上证函〔2019〕1347 号
663	关于对新乡平原示范区投资集团有限公司非公开发行公司债券挂牌转让无异议的函	上证函〔2019〕1348 号
664	关于对河南铁路投资有限责任公司非公开发行公司债券挂牌转让无异议的函	上证函〔2019〕1349 号
665	关于对万联证券股份有限公司非公开发行公司债券挂牌转让无异议的函	上证函〔2019〕1350 号
666	关于对青岛西海岸新区融合控股集团有限公司非公开发行公司债券挂牌转让无异议的函	上证函〔2019〕1351 号
667	关于对贵州花竹山置业有限责任公司非公开发行公司债券挂牌转让无异议的函	上证函〔2019〕1352 号
668	关于对安吉县城西北开发有限公司非公开发行绿色公司债券挂牌转让无异议的函	上证函〔2019〕1353 号
669	关于对中国宜兴环保科技工业园发展总公司非公开发行公司债券挂牌转让无异议的函	上证函〔2019〕1354 号
670	关于对射阳县沿海投资有限公司非公开发行公司债券挂牌转让无异议的函	上证函〔2019〕1355 号
671	关于对新沂市城市投资发展有限公司非公开发行项目收益专项公司债券挂牌转让无异议的函	上证函〔2019〕1361 号
672	关于对南京市建邺区高新科技投资集团有限公司非公开发行公司债券挂牌转让无异议的函	上证函〔2019〕1367 号
673	关于对日照交通发展集团有限公司非公开发行项目收益专项公司债券挂牌转让无异议的函	上证函〔2019〕1368 号
674	关于对重庆市兴荣控股集团有限公司非公开发行公司债券挂牌转让无异议的函	上证函〔2019〕1369 号
675	关于对有格投资有限公司非公开发行可交换公司债券挂牌转让无异议的函	上证函〔2019〕1370 号
676	关于对绍兴市城中村改造建设投资有限公司非公开发行公司债券挂牌转让无异议的函	上证函〔2019〕1371 号

续表

序号	标　　题	文　　号
677	关于对邯郸市建设投资集团有限公司非公开发行公司债券挂牌转让无异议的函	上证函〔2019〕1372 号
678	关于对嘉兴市城市投资发展集团有限公司非公开发行公司债券挂牌转让无异议的函	上证函〔2019〕1373 号
679	关于对重庆市渝南资产经营有限公司非公开发行公司债券挂牌转让无异议的函	上证函〔2019〕1374 号
680	关于对浙江长兴环太湖经济投资开发有限公司非公开发行公司债券挂牌转让无异议的函	上证函〔2019〕1375 号
681	关于对宜兴市城市发展投资有限公司非公开发行公司债券挂牌转让无异议的函	上证函〔2019〕1376 号
682	关于对丰县经济开发区投资发展有限责任公司非公开发行公司债券挂牌转让无异议的函	上证函〔2019〕1377 号
683	关于对河南省农业综合开发有限公司非公开发行纾困专项公司债券挂牌转让无异议的函	上证函〔2019〕1378 号
684	关于江阴临港新城开发建设有限公司非公开发行公司债券挂牌转让无异议的函	上证函〔2019〕1379 号
685	关于对郑州经开投资发展有限公司非公开发行公司债券挂牌转让无异议的函	上证函〔2019〕1380 号
686	关于对巴中市国有资产经营管理有限责任公司非公开发行扶贫专项公司债券挂牌转让无异议的函	上证函〔2019〕1385 号
687	关于对杭州萧山钱江世纪城开发建设有限责任公司非公开发行公司债券挂牌转让无异议的函	上证函〔2019〕1386 号
688	关于对新疆新业国有资产经营（集团）有限责任公司非公开发行公司债券挂牌转让无异议的函	上证函〔2019〕1387 号
689	关于对山西路桥建设集团有限公司非公开发行公司债券挂牌转让无异议的函	上证函〔2019〕1388 号
690	关于对青岛金水控股集团有限公司非公开发行公司债券挂牌转让无异议的函	上证函〔2019〕1389 号
691	关于对镇江文化旅游产业集团有限责任公司非公开发行短期公司债券挂牌转让无异议的函	上证函〔2019〕1394 号
692	关于对济南产业发展投资集团有限公司非公开发行公司债券挂牌转让无异议的函	上证函〔2019〕1395 号
693	关于对郴州高科投资控股有限公司非公开发行公司债券挂牌转让无异议的函	上证函〔2019〕1396 号
694	关于对六盘水市保障性住房开发投资有限责任公司非公开发行公司债券挂牌转让无异议的函	上证函〔2019〕1397 号
695	关于对太仓娄城高新建设有限公司非公开发行公司债券挂牌转让无异议的函	上证函〔2019〕1398 号
696	关于对贵州乌江能源投资有限公司非公开发行公司债券挂牌转让无异议的函	上证函〔2019〕1399 号
697	关于对奉节县三峡库区生态产业发展有限公司非公开发行公司债券挂牌转让无异议的函	上证函〔2019〕1403 号

续表

序号	标　题	文　号
698	关于对青岛西海岸新区海洋控股集团有限公司非公开发行公司债券挂牌转让无异议的函	上证函〔2019〕1404 号
699	关于对重庆市万盛经开区城市开发投资集团有限公司非公开发行公司债券挂牌转让无异议的函	上证函〔2019〕1405 号
700	关于对华能天成融资租赁有限公司非公开发行绿色公司债券挂牌转让无异议的函	上证函〔2019〕1406 号
701	关于对新疆生产建设兵团第十二师国有资产经营(集团)有限责任公司非公开发行可交换公司债券挂牌转让无异议的函	上证函〔2019〕1407 号
702	关于对哈尔滨投资集团有限责任公司非公开发行公司债券挂牌转让无异议的函	上证函〔2019〕1414 号
703	关于对南京市河西新城区国有资产经营控股(集团)有限责任公司非公开发行公司债券挂牌转让无异议的函	上证函〔2019〕1415 号
704	关于对佛山市三水区森城建设投资有限公司非公开发行公司债券挂牌转让无异议的函	上证函〔2019〕1416 号
705	关于对莱芜民生实业有限公司非公开发行绿色公司债券挂牌转让无异议的函	上证函〔2019〕1419 号
706	关于对安徽省铜陵市承接产业转移示范园区建设投资有限责任公司非公开发行公司债券挂牌转让无异议的函	上证函〔2019〕1420 号
707	关于对如东县新天地投资发展有限公司非公开发行公司债券挂牌转让无异议的函	上证函〔2019〕1421 号
708	关于对常熟市虞山尚湖旅游发展有限责任公司非公开发行公司债券挂牌转让无异议的函	上证函〔2019〕1422 号
709	关于对安顺黄铺物流园区开发投资有限公司非公开发行公司债券挂牌转让无异议的函	上证函〔2019〕1424 号
710	关于对中国中金财富证券有限公司非公开发行公司债券挂牌转让无异议的函	上证函〔2019〕1426 号
711	关于对云南省工业投资控股集团有限责任公司非公开发行公司债券挂牌转让无异议的函	上证函〔2019〕1427 号
712	关于对云南省能源投资集团有限公司 2019 年非公开发行公司债券挂牌转让无异议的函	上证函〔2019〕1428 号
713	关于对新郑市政通投资控股有限公司非公开发行公司债券挂牌转让无异议的函	上证函〔2019〕1430 号
714	关于对潍坊滨海旅游集团有限公司非公开发行公司债券挂牌转让无异议的函	上证函〔2019〕1431 号
715	关于对贵州双龙航空港置业有限公司非公开发行项目收益专项公司债券挂牌转让无异议的函	上证函〔2019〕1432 号
716	关于对南通市市北新城开发建设有限公司非公开发行公司债券挂牌转让无异议的函	上证函〔2019〕1433 号

续表

序号	标　　题	文　　号
717	关于对新昌县经开产业园建设有限公司非公开发行项目收益专项公司债券挂牌转让无异议的函	上证函〔2019〕1438 号
718	关于对南通天山置业有限公司非公开发行公司债券挂牌转让无异议的函	上证函〔2019〕1439 号
719	关于对靖江市北辰城乡投资建设有限公司非公开发行公司债券挂牌转让无异议的函	上证函〔2019〕1440 号
720	关于对江苏金坛晨林经济技术发展有限公司非公开发行公司债券挂牌转让无异议的函	上证函〔2019〕1441 号
721	关于对大庆市城市建设投资开发有限公司非公开发行公司债券挂牌转让无异议的函	上证函〔2019〕1442 号
722	关于对广西百色百东投资有限公司非公开发行公司债券挂牌转让无异议的函	上证函〔2019〕1443 号
723	关于对绍兴市交通投资集团有限公司非公开发行公司债券挂牌转让无异议的函	上证函〔2019〕1444 号
724	关于兰州交通发展建设集团有限公司非公开发行公司债券挂牌转让无异议的函	上证函〔2019〕1445 号
725	关于对成都市新津水城水务投资有限责任公司非公开发行绿色公司债券挂牌转让无异议的函	上证函〔2019〕1446 号
726	关于对重庆市合川城市建设投资（集团）有限公司非公开发行短期公司债券挂牌转让无异议的函	上证函〔2019〕1447 号
727	关于对金堂县兴金工业投资有限责任公司非公开发行项目收益专项公司债券挂牌转让无异议的函	上证函〔2019〕1449 号
728	关于对南京江宁城市建设集团有限公司非公开发行纾困专项公司债券挂牌转让无异议的函	上证函〔2019〕1451 号
729	关于对淮安开发控股有限公司非公开发行短期公司债券挂牌转让无异议的函	上证函〔2019〕1452 号
730	关于对西南证券股份有限公司非公开发行次级债券挂牌转让无异议的函	上证函〔2019〕1453 号
731	关于对威海市中城公有资产经营有限公司非公开发行公司债券挂牌转让无异议的函	上证函〔2019〕1455 号
732	关于对上海联和投资有限公司非公开发行公司债券挂牌转让无异议的函	上证函〔2019〕1456 号
733	关于对青岛西海岸旅游投资集团有限公司非公开发行公司债券挂牌转让无异议的函	上证函〔2019〕1457 号
734	关于对成都市金牛国有资产投资经营集团有限公司非公开发行公司债券挂牌转让无异议的函	上证函〔2019〕1458 号
735	关于对扬州绿色产业投资发展控股（集团）有限责任公司非公开发行短期公司债券挂牌转让无异议的函	上证函〔2019〕1459 号
736	关于对扬州绿色产业投资发展控股（集团）有限责任公司非公开发行公司债券挂牌转让无异议的函	上证函〔2019〕1460 号

续表

序号	标　题	文　号
737	关于对平安证券股份有限公司非公开发行短期公司债券挂牌转让无异议的函	上证函〔2019〕1461 号
738	关于对兰州交通发展建设集团有限公司非公开发行扶贫专项公司债券挂牌转让无异议的函	上证函〔2019〕1462 号
739	关于对无锡惠基产业发展有限公司非公开发行公司债券挂牌转让无异议的函	上证函〔2019〕1466 号
740	关于对苏州市相城城市建设投资(集团)有限公司非公开发行公司债券挂牌转让无异议的函	上证函〔2019〕1467 号
741	关于对亳州城建发展控股集团有限公司非公开发行公司债券挂牌转让无异议的函	上证函〔2019〕1468 号
742	关于对重庆万州经济技术开发(集团)有限公司非公开发行公司债券挂牌转让无异议的函	上证函〔2019〕1469 号
743	关于对绍兴市城市建设投资集团有限公司非公开发行公司债券挂牌转让无异议的函	上证函〔2019〕1470 号
744	关于对南京高淳国有资产经营控股集团有限公司非公开发行公司债券挂牌转让无异议的函	上证函〔2019〕1478 号
745	关于对国都证券股份有限公司非公开发行次级债券挂牌转让无异议的函	上证函〔2019〕1479 号
746	关于对林州红旗渠经济技术开发区汇通控股有限公司非公开发行公司债券挂牌转让无异议的函	上证函〔2019〕1480 号
747	关于对牡丹江市国有资产投资控股有限公司非公开发行公司债券挂牌转让无异议的函	上证函〔2019〕1486 号
748	关于对绍兴市上虞区国有资本投资运营有限公司非公开发行纾困专项公司债券挂牌转让无异议的函	上证函〔2019〕1487 号
749	关于对义乌市建设投资集团有限公司非公开发行公司债券挂牌转让无异议的函	上证函〔2019〕1488 号
750	关于对青岛城市建设投资(集团)有限责任公司非公开发行公司债券挂牌转让无异议的函	上证函〔2019〕1489 号
751	关于对无锡锡东新城建设发展有限公司非公开发行公司债券挂牌转让无异议的函	上证函〔2019〕1490 号
752	关于对靖江港口集团有限公司非公开发行短期公司债券挂牌转让无异议的函	上证函〔2019〕1491 号
753	关于对常熟市昆承湖开发建设有限公司非公开发行公司债券挂牌转让无异议的函	上证函〔2019〕1492 号
754	关于对如皋市汇鑫投资有限公司非公开发行公司债券挂牌转让无异议的函	上证函〔2019〕1493 号
755	关于对成都市龙泉现代农业投资有限公司非公开发行公司债券挂牌转让无异议的函	上证函〔2019〕1499 号
756	关于对上海市北高新(集团)有限公司非公开发行可交换公司债券挂牌转让无异议的函	上证函〔2019〕1500 号
757	关于对仙游县城南新区开发总公司非公开发行公司债券挂牌转让无异议的函	上证函〔2019〕1503 号

续表

序号	标　　题	文　　号
758	关于对乌鲁木齐经济技术开发区建设发展总公司非公开发行公司债券挂牌转让无异议的函	上证函〔2019〕1504号
759	关于对平安国际融资租赁有限公司非公开发行公司债券挂牌转让无异议的函	上证函〔2019〕1507号
760	关于对启迪控股股份有限公司非公开发行短期公司债券挂牌转让无异议的函	上证函〔2019〕1509号
761	关于对潍坊水务投资有限责任公司非公开发行公司债券挂牌转让无异议的函	上证函〔2019〕1513号
762	关于对昆山高新集团有限公司非公开发行公司债券挂牌转让无异议的函	上证函〔2019〕1514号
763	关于对阿克苏纺织城发展有限责任公司非公开发行公司债券挂牌转让无异议的函	上证函〔2019〕1515号
764	关于对宁波市镇海区海江投资发展有限公司非公开发行短期公司债券挂牌转让无异议的函	上证函〔2019〕1516号
765	关于对山西国际电力集团有限公司非公开发行公司债券挂牌转让无异议的函	上证函〔2019〕1517号
766	关于对开源证券股份有限公司非公开发行短期公司债券挂牌转让无异议的函	上证函〔2019〕1518号
767	关于对金辉集团股份有限公司非公开发行公司债券挂牌转让无异议的函	上证函〔2019〕1519号
768	关于对海宁市交通投资集团有限公司非公开发行公司债券挂牌转让无异议的函	上证函〔2019〕1530号
769	关于对新华水力发电有限公司非公开发行绿色可续期公司债券挂牌转让无异议的函	上证函〔2019〕1531号
770	关于对重庆大足国有资产经营管理集团有限公司非公开发行公司债券挂牌转让无异议的函	上证函〔2019〕1536号
771	关于都江堰兴市集团有限责任公司非公开发行公司债券挂牌转让无异议的函	上证函〔2019〕1537号
772	关于对湖北省供销合作社社有资产经营管理公司非公开发行公司债券挂牌转让无异议的函	上证函〔2019〕1538号
773	关于对柳州市投资控股有限公司非公开发行公司债券挂牌转让无异议的函	上证函〔2019〕1539号
774	关于对海宁市城市发展投资集团有限公司非公开发行公司债券挂牌转让无异议的函	上证函〔2019〕1540号
775	关于对城发投资集团有限公司非公开发行公司债券挂牌转让无异议的函	上证函〔2019〕1550号
776	关于对盐城海瀛实业投资有限公司非公开发行短期公司债券挂牌转让无异议的函	上证函〔2019〕1551号
777	关于对中国康富国际租赁股份有限公司非公开发行公司债券挂牌转让无异议的函	上证函〔2019〕1552号
778	关于对绍兴袍江工业区投资开发有限公司非公开发行公司债券挂牌转让无异议的函	上证函〔2019〕1553号
779	关于对滁州市同创建设投资有限责任公司非公开发行绿色公司债券挂牌转让无异议的函	上证函〔2019〕1554号
780	关于对齐河县城市经营建设投资有限公司非公开发行公司债券挂牌转让无异议的函	上证函〔2019〕1555号

续表

序号	标　　题	文　　号
781	关于对云南省铁路投资有限公司非公开发行公司债券挂牌转让无异议的函	上证函〔2019〕1556 号
782	关于对六盘水市保障性住房开发投资有限责任公司非公开发行扶贫专项公司债券挂牌转让无异议的函	上证函〔2019〕1557 号
783	关于对绿城房地产集团有限公司非公开发行公司债券挂牌转让无异议的函	上证函〔2019〕1564 号
784	关于对萍乡市城市建设投资发展公司非公开发行公司债券挂牌转让无异议的函	上证函〔2019〕1565 号
785	关于对江阴市公有资产经营有限公司非公开发行公司债券挂牌转让无异议的函	上证函〔2019〕1566 号
786	关于对天津京宝置地有限公司非公开发行公司债券挂牌转让无异议的函	上证函〔2019〕1567 号
787	关于四川铁投城乡投资建设集团有限责任公司非公开发行公司债券挂牌转让无异议的函	上证函〔2019〕1568 号
788	关于对兖矿东华建设有限公司非公开发行公司债券挂牌转让无异议的函	上证函〔2019〕1569 号
789	关于对镇江城市建设产业集团有限公司非公开发行短期公司债券挂牌转让无异议的函	上证函〔2019〕1570 号
790	关于对山东泰丰控股集团有限公司非公开发行公司债券挂牌转让无异议的函	上证函〔2019〕1572 号
791	关于对苏州高铁新城经济发展有限公司非公开发行短期公司债券挂牌转让无异议的函	上证函〔2019〕1573 号
792	关于对泰州市新滨江开发有限责任公司非公开发行公司债券挂牌转让无异议的函	上证函〔2019〕1574 号
793	关于对株洲高科集团有限公司非公开发行短期公司债券挂牌转让无异议的函	上证函〔2019〕1575 号
794	关于对广西物资集团有限责任公司非公开发行公司债券挂牌转让无异议的函	上证函〔2019〕1576 号
795	关于对湖北省融资租赁有限责任公司非公开发行公司债券挂牌转让无异议的函	上证函〔2019〕1577 号
796	关于对新疆生产建设兵团第十二师国有资产经营(集团)有限责任公司非公开发行公司债券挂牌转让无异议的函	上证函〔2019〕1578 号
797	关于对中国康富国际租赁股份有限公司非公开发行短期公司债券挂牌转让无异议的函	上证函〔2019〕1579 号
798	关于对西安市长安城乡建设开发有限公司非公开发行公司债券挂牌转让无异议的函	上证函〔2019〕1583 号
799	关于对南京六合新城建设(集团)有限公司非公开发行公司债券挂牌转让无异议的函	上证函〔2019〕1584 号
800	关于对开封新区基础设施建设投资有限公司非公开发行项目收益专项公司债券挂牌转让无异议的函	上证函〔2019〕1585 号
801	关于对厦门经济特区房地产开发集团有限公司非公开发行公司债券挂牌转让无异议的函	上证函〔2019〕1586 号

续表

序号	标　　题	文　　号
802	关于对曹妃甸国控投资集团有限公司非公开发行短期公司债券挂牌转让无异议的函	上证函〔2019〕1587 号
803	关于对浙江青山湖科研创新基地投资有限公司非公开发行项目收益专项公司债券挂牌转让无异议的函	上证函〔2019〕1594 号
804	关于对连云港市工业投资集团有限公司非公开发行公司债券挂牌转让无异议的函	上证函〔2019〕1595 号
805	关于对湖南天易集团有限公司非公开发行短期公司债券挂牌转让无异议的函	上证函〔2019〕1596 号
806	关于对湖南天易集团有限公司非公开发行公司债券挂牌转让无异议的函	上证函〔2019〕1597 号
807	关于对福州交通建设投资集团有限公司非公开发行公司债券挂牌转让无异议的函	上证函〔2019〕1599 号
808	关于对湖南华侨城文旅投资有限公司非公开发行公司债券挂牌转让无异议的函	上证函〔2019〕1600 号
809	关于对启东市城市建设投资开发有限公司非公开发行公司债券挂牌转让无异议的函	上证函〔2019〕1601 号
810	关于对盐城市盐都交通建设发展有限公司非公开发行公司债券挂牌转让无异议的函	上证函〔2019〕1602 号
811	关于对遵义市汇川区城市建设投资经营有限公司非公开发行公司债券挂牌转让无异议的函	上证函〔2019〕1603 号
812	关于对苏州科技城发展集团有限公司非公开发行短期公司债券挂牌转让无异议的函	上证函〔2019〕1604 号
813	关于对绍兴柯岩建设投资有限公司非公开发行公司债券挂牌转让无异议的函	上证函〔2019〕1605 号
814	关于对绍兴市上虞城市建设集团有限公司非公开发行公司债券挂牌转让无异议的函	上证函〔2019〕1606 号
815	关于对宁波市北仑区经济建设投资有限公司非公开发行公司债券挂牌转让无异议的函	上证函〔2019〕1607 号
816	关于对舟山普陀城市投资发展集团有限公司非公开发行公司债券挂牌转让无异议的函	上证函〔2019〕1608 号
817	关于对曹妃甸国控投资集团有限公司非公开发行可续期公司债券挂牌转让无异议的函	上证函〔2019〕1609 号
818	关于对邳州经济开发区经发建设有限公司非公开发行项目收益专项公司债券挂牌转让无异议的函	上证函〔2019〕1610 号
819	关于对重庆鸿业实业(集团)有限公司非公开发行扶贫项目收益专项公司债券挂牌转让无异议的函	上证函〔2019〕1611 号
820	关于对江苏盛泽投资有限公司非公开发行绿色公司债券挂牌转让无异议的函	上证函〔2019〕1612 号

续表

序号	标　　题	文　　号
821	关于对新安县发达建设投资集团有限公司非公开发行公司债券挂牌转让无异议的函	上证函〔2019〕1619 号
822	关于对重庆市南岸区城市建设发展(集团)有限公司非公开发行公司债券挂牌转让无异议的函	上证函〔2019〕1620 号
823	关于对华泰证券股份有限公司非公开发行公司债券挂牌转让无异议的函	上证函〔2019〕1621 号
824	关于对如皋高新技术园区开发有限公司非公开发行公司债券挂牌转让无异议的函	上证函〔2019〕1622 号
825	关于对贵州省普安县城市开发投资有限公司非公开发行扶贫专项公司债券挂牌转让无异议的函	上证函〔2019〕1623 号
826	关于镇江国有投资控股集团有限公司非公开发行公司债券挂牌转让无异议的函	上证函〔2019〕1624 号
827	关于对山西省医药集团有限责任公司非公开发行公司债券挂牌转让无异议的函	上证函〔2019〕1625 号
828	关于对中国恒天集团有限公司非公开发行可续期公司债券挂牌转让无异议的函	上证函〔2019〕1626 号
829	关于对诸暨市城乡投资集团有限公司非公开发行公司债券挂牌转让无异议的函	上证函〔2019〕1627 号
830	关于对湘乡市东山投资建设开发有限公司非公开发行公司债券挂牌转让无异议的函	上证函〔2019〕1628 号
831	关于对绵阳新兴投资控股有限公司非公开发行项目收益专项公司债券挂牌转让无异议的函	上证函〔2019〕1629 号
832	关于对淮安市交通控股有限公司非公开发行可续期公司债券挂牌转让无异议的函	上证函〔2019〕1630 号
833	关于对平安证券股份有限公司非公开发行公司债券挂牌转让无异议的函	上证函〔2019〕1631 号
834	关于对云南省滇中产业发展集团有限责任公司非公开发行公司债券挂牌转让无异议的函	上证函〔2019〕1638 号
835	关于对河南水利投资集团有限公司非公开发行公司债券挂牌转让无异议的函	上证函〔2019〕1641 号
836	关于对泗洪县宏源公有资产经营有限公司非公开发行公司债券挂牌转让无异议的函	上证函〔2019〕1642 号
837	关于对颍上县慎祥实业发展有限公司非公开发行项目收益专项公司债券挂牌转让无异议的函	上证函〔2019〕1643 号
838	关于对南京滨江投资发展有限公司非公开发行短期公司债券挂牌转让无异议的函	上证函〔2019〕1644 号
839	关于对湖南省娄底经济技术开发投资建设集团有限公司非公开发行公司债券挂牌转让无异议的函	上证函〔2019〕1645 号
840	关于对湖州南浔旅游投资发展集团有限公司非公开发行公司债券挂牌转让无异议的函	上证函〔2019〕1646 号

续表

序号	标　　题	文　　号
841	关于对达州市投资有限公司非公开发行公司债券挂牌转让无异议的函	上证函〔2019〕1647 号
842	关于对张家港市金城投资发展有限公司非公开发行公司债券挂牌转让无异议的函	上证函〔2019〕1648 号
843	关于对福鞍控股有限公司非公开发行可交换公司债券挂牌转让无异议的函	上证函〔2019〕1649 号
844	关于对高邮市水务产业投资集团有限公司非公开发行公司债券挂牌转让无异议的函	上证函〔2019〕1650 号
845	关于对中铁十六局集团有限公司非公开发行公司债券挂牌转让无异议的函	上证函〔2019〕1651 号
846	关于对重庆共享工业投资有限公司非公开发行公司债券挂牌转让无异议的函	上证函〔2019〕1652 号
847	关于对扬州市江都沿江开发有限公司非公开发行公司债券挂牌转让无异议的函	上证函〔2019〕1657 号
848	关于对抚州投资发展(集团)有限公司非公开发行公司债券挂牌转让无异议的函	上证函〔2019〕1658 号
849	关于对盐城市大丰区裕丰城镇建设发展有限公司非公开发行公司债券挂牌转让无异议的函	上证函〔2019〕1659 号
850	关于对宁波宁南贸易物流区开发投资有限公司非公开发行项目收益专项公司债券挂牌转让无异议的函	上证函〔2019〕1660 号
851	关于对绍兴市城市建设投资集团有限公司非公开发行短期公司债券挂牌转让无异议的函	上证函〔2019〕1661 号
852	关于对衢州市国有资产经营有限公司非公开发行公司债券挂牌转让无异议的函	上证函〔2019〕1662 号
853	关于对常德市鼎力实业有限公司非公开发行公司债券挂牌转让无异议的函	上证函〔2019〕1663 号
854	关于对无锡惠鑫汇资产经营管理有限公司非公开发行项目收益专项公司债券挂牌转让无异议的函	上证函〔2019〕1664 号
855	关于对重庆市合川农村农业投资(集团)有限公司非公开发行公司债券挂牌转让无异议的函	上证函〔2019〕1665 号
856	关于对内蒙古准格尔国有资本投资控股集团有限公司非公开发行公司债券挂牌转让无异议的函	上证函〔2019〕1666 号
857	关于对盐城市城镇化建设投资集团有限公司非公开发行公司债券挂牌转让无异议的函	上证函〔2019〕1672 号
858	关于对贵阳市城市建设投资集团有限公司非公开发行公司债券挂牌转让无异议的函	上证函〔2019〕1673 号
859	关于对天津宝星工贸有限公司非公开发行公司债券挂牌转让无异议的函	上证函〔2019〕1675 号
860	关于对南京栖霞科技产业发展有限公司非公开发行公司债券挂牌转让无异议的函	上证函〔2019〕1676 号
861	关于对重庆建桥实业发展有限公司非公开发行公司债券挂牌转让无异议的函	上证函〔2019〕1677 号

续表

序号	标　题	文　号
862	关于对中原资产管理有限公司非公开发行公司债券挂牌转让无异议的函	上证函〔2019〕1682 号
863	关于对江苏瀚瑞投资控股有限公司非公开发行短期公司债券挂牌转让无异议的函	上证函〔2019〕1683 号
864	关于对潍坊经济区城市建设投资开发有限公司非公开发行公司债券挂牌转让无异议的函	上证函〔2019〕1684 号
865	关于对常德市经济建设投资集团有限公司非公开发行公司债券挂牌转让无异议的函	上证函〔2019〕1685 号
866	关于对杭州余杭经济开发建设有限公司非公开发行公司债券挂牌转让无异议的函	上证函〔2019〕1686 号
867	关于对深圳深业物流集团股份有限公司非公开发行公司债券挂牌转让无异议的函	上证函〔2019〕1687 号
868	关于对赣州振兴实业有限责任公司非公开发行公司债券挂牌转让无异议的函	上证函〔2019〕1688 号
869	关于对天津星城投资发展有限公司非公开发行公司债券挂牌转让无异议的函	上证函〔2019〕1689 号
870	关于对广西旅游发展集团有限公司非公开发行公司债券挂牌转让无异议的函	上证函〔2019〕1690 号
871	关于对浙江天子湖实业投资有限公司非公开发行项目收益专项公司债券挂牌转让无异议的函	上证函〔2019〕1691 号
872	关于对广西旅游发展集团有限公司非公开发行短期公司债券挂牌转让无异议的函	上证函〔2019〕1692 号
873	关于对昆明钢铁控股有限公司非公开发行可交换公司债券挂牌转让无异议的函	上证函〔2019〕1693 号
874	关于对南京浦口科学城建设发展有限公司非公开发行项目收益专项公司债券挂牌转让无异议的函	上证函〔2019〕1694 号
875	关于对安徽广信控股有限公司非公开发行可交换公司债券挂牌转让无异议的函	上证函〔2019〕1695 号
876	关于对扬州市运和城市建设投资集团有限公司非公开发行公司债券挂牌转让无异议的函	上证函〔2019〕1696 号
877	关于对陕西煤业化工集团有限责任公司非公开发行公司债券挂牌转让无异议的函	上证函〔2019〕1697 号
878	关于对伊宁市国有资产投资经营(集团)有限责任公司非公开发行公司债券挂牌转让无异议的函	上证函〔2019〕1698 号
879	关于对聊城市华经高科建设开发有限公司非公开发行项目收益专项公司债券挂牌转让无异议的函	上证函〔2019〕1701 号
880	关于对邛崃市建设投资集团有限公司非公开发行公司债券挂牌转让无异议的函	上证函〔2019〕1702 号
881	关于对山西省投资集团有限公司非公开发行可续期公司债券挂牌转让无异议的函	上证函〔2019〕1703 号

续表

序号	标　　题	文　　号
882	关于对嘉兴市群英投资开发有限公司非公开发行项目收益专项公司债券挂牌转让无异议的函	上证函〔2019〕1704号
883	关于对泰州市高港高新区开发建设有限责任公司非公开发行公司债券挂牌转让无异议的函	上证函〔2019〕1705号
884	关于对江苏天目湖（集团）有限公司非公开发行公司债券挂牌转让无异议的函	上证函〔2019〕1706号
885	关于对河北省国有资产控股运营有限公司非公开发行短期公司债券挂牌转让无异议的函	上证函〔2019〕1707号
886	关于对南京奥体建设开发有限责任公司非公开发行公司债券挂牌转让无异议的函	上证函〔2019〕1708号
887	关于对六盘水市水利开发投资有限责任公司非公开发行公司债券挂牌转让无异议的函	上证函〔2019〕1709号
888	关于对西咸新区丝路文化旅游发展有限公司非公开发行项目收益专项公司债券挂牌转让无异议的函	上证函〔2019〕1710号
889	关于对株洲金科建设投资经营集团有限公司非公开发行公司债券挂牌转让无异议的函	上证函〔2019〕1717号
890	关于对唐山金融控股集团股份有限公司非公开发行公司债券挂牌转让无异议的函	上证函〔2019〕1718号
891	关于对成都成华旧城改造投资有限责任公司非公开发行公司债券挂牌转让无异议的函	上证函〔2019〕1719号
892	关于对常德市交通建设投资集团有限公司非公开发行公司债券挂牌转让无异议的函	上证函〔2019〕1720号
893	关于对株洲金城投资控股集团有限公司非公开发行项目收益专项公司债券挂牌转让无异议的函	上证函〔2019〕1721号
894	关于对六盘水市钟山区城市建设投资有限公司非公开发行公司债券挂牌转让无异议的函	上证函〔2019〕1723号
895	关于对贵州遵铁物流开发投资有限公司非公开发行项目收益专项公司债券挂牌转让无异议的函	上证函〔2019〕1724号
896	关于对广西柳州市建设投资开发有限责任公司非公开发行公司债券挂牌转让无异议的函	上证函〔2019〕1725号
897	关于对泸州兴阳投资集团有限公司非公开发行公司债券挂牌转让无异议的函	上证函〔2019〕1726号
898	关于对盐城市大丰区兴城投资开发有限公司非公开发行公司债券挂牌转让无异议的函	上证函〔2019〕1727号
899	关于对贵阳泉丰城市建设投资有限公司非公开发行公司债券挂牌转让无异议的函	上证函〔2019〕1728号

续表

序号	标　　题	文　　号
900	关于对浙江汇盛投资集团有限公司非公开发行项目收益专项公司债券挂牌转让无异议的函	上证函〔2019〕1729 号
901	关于对安徽省小额再贷款股份有限公司非公开发行公司债券挂牌转让无异议的函	上证函〔2019〕1730 号
902	关于对连云港恒驰实业有限公司非公开发行公司债券挂牌转让无异议的函	上证函〔2019〕1731 号
903	关于对漳州市九龙江集团有限公司非公开发行公司债券挂牌转让无异议的函	上证函〔2019〕1734 号
904	关于对吉林市铁路投资开发有限公司非公开发行短期公司债券挂牌转让无异议的函	上证函〔2019〕1735 号
905	关于对江苏省锡山经济开发区开发总公司非公开发行公司债券挂牌转让无异议的函	上证函〔2019〕1736 号
906	关于对株洲高科集团有限公司非公开发行绿色公司债券挂牌转让无异议的函	上证函〔2019〕1737 号
907	关于对常州东方新城建设有限公司非公开发行短期公司债券挂牌转让无异议的函	上证函〔2019〕1738 号
908	关于对眉山市宏大建设投资有限责任公司非公开发行公司债券挂牌转让无异议的函	上证函〔2019〕1739 号
909	关于对诸暨市新城投资开发集团有限公司非公开发行公司债券挂牌转让无异议的函	上证函〔2019〕1743 号
910	关于对象山县开发经营有限公司非公开发行公司债券挂牌转让无异议的函	上证函〔2019〕1744 号
911	关于对长城国瑞证券有限公司非公开发行次级债券挂牌转让无异议的函	上证函〔2019〕1745 号
912	关于对铜仁市碧江城市建设开发投资有限公司非公开发行公司债券挂牌转让无异议的函	上证函〔2019〕1749 号
913	关于对长春市城市发展投资控股(集团)有限公司非公开发行公司债券挂牌转让无异议的函	上证函〔2019〕1750 号
914	关于对泰顺县发展投资集团有限公司非公开发行公司债券挂牌转让无异议的函	上证函〔2019〕1753 号
915	关于对内蒙古高新控股有限公司非公开发行公司债券挂牌转让无异议的函	上证函〔2019〕1754 号
916	关于对盐城市交通控股集团有限公司非公开发行公司债券挂牌转让无异议的函	上证函〔2019〕1755 号
917	关于对盐城市交通控股集团有限公司非公开发行绿色公司债券挂牌转让无异议的函	上证函〔2019〕1756 号
918	关于对重庆小康控股有限公司非公开发行可交换公司债券挂牌转让无异议的函	上证函〔2019〕1757 号
919	关于对兴业证券股份有限公司非公开发行次级债券挂牌转让无异议的函	上证函〔2019〕1758 号
920	关于对如东县东泰社会发展投资有限责任公司非公开发行公司债券挂牌转让无异议的函	上证函〔2019〕1762 号

续表

序号	标　　题	文　　号
921	关于对杭州大江东投资开发有限公司非公开发行公司债券挂牌转让无异议的函	上证函〔2019〕1763号
922	关于对贵州六盘水红桥新区基础设施有限公司非公开发行公司债券挂牌转让无异议的函	上证函〔2019〕1764号
923	关于对重庆国际生物城开发投资有限公司非公开发行公司债券挂牌转让无异议的函	上证函〔2019〕1765号
924	关于对江苏双溪实业有限公司非公开发行公司债券挂牌转让无异议的函	上证函〔2019〕1766号
925	关于对杭州市临安区新锦投资集团有限公司非公开发行公司债券挂牌转让无异议的函	上证函〔2019〕1767号
926	关于对南通富通城市建设有限公司非公开发行公司债券挂牌转让无异议的函	上证函〔2019〕1768号
927	关于对重庆市双福建设开发有限公司非公开发行公司债券挂牌转让无异议的函	上证函〔2019〕1769号
928	关于对新郑新区发展投资有限责任公司非公开发行项目收益专项公司债券挂牌转让无异议的函	上证函〔2019〕1770号
929	关于对常州市金坛区交通产业集团有限公司非公开发行公司债券挂牌转让无异议的函	上证函〔2019〕1771号
930	关于对铅山县水利投资发展有限公司非公开发行项目收益专项公司债券挂牌转让无异议的函	上证函〔2019〕1772号
931	关于对遵义市播州区交通建设投资有限公司非公开发行扶贫项目收益专项公司债券挂牌转让无异议的函	上证函〔2019〕1773号
932	关于对如东县通泰农业发展有限公司非公开发行公司债券挂牌转让无异议的函	上证函〔2019〕1774号
933	关于对山东丰源集团股份有限公司非公开发行公司债券挂牌转让无异议的函	上证函〔2019〕1775号
934	关于对宁波市海曙开发建设投资集团有限公司非公开发行公司债券挂牌转让无异议的函	上证函〔2019〕1776号
935	关于对重庆缙云资产经营(集团)有限公司非公开发行公司债券挂牌转让无异议的函	上证函〔2019〕1777号
936	关于对丰县城市投资发展有限公司非公开发行公司债券挂牌转让无异议的函	上证函〔2019〕1778号
937	关于对廊坊市投资控股集团有限公司非公开发行公司债券挂牌转让无异议的函	上证函〔2019〕1779号
938	关于对无锡市梁溪经发实业投资集团有限公司非公开发行公司债券挂牌转让无异议的函	上证函〔2019〕1784号
939	关于对柳州市城市投资建设发展有限公司非公开发行公司债券挂牌转让无异议的函	上证函〔2019〕1785号

续表

序号	标　　题	文　　号
940	关于对长沙市城市建设投资开发集团有限公司非公开发行公司债券挂牌转让无异议的函	上证函〔2019〕1786 号
941	关于对宜兴拓业实业有限公司非公开发行公司债券挂牌转让无异议的函	上证函〔2019〕1787 号
942	关于对安远县城市发展投资集团有限公司非公开发行扶贫专项公司债券挂牌转让无异议的函	上证函〔2019〕1791 号
943	关于对四川纳兴实业集团有限公司非公开发行公司债券挂牌转让无异议的函	上证函〔2019〕1792 号
944	关于对无锡市城南建设投资发展有限公司非公开发行公司债券挂牌转让无异议的函	上证函〔2019〕1793 号
945	关于对盱眙县天源控股集团有限公司非公开发行公司债券挂牌转让无异议的函	上证函〔2019〕1794 号
946	关于对遵义鸭溪大地投资开发有限责任公司非公开发行公司债券挂牌转让无异议的函	上证函〔2019〕1795 号
947	关于对建湖县城市建设投资有限公司非公开发行绿色公司债券挂牌转让无异议的函	上证函〔2019〕1796 号
948	关于对南通沿海开发集团有限公司非公开发行公司债券挂牌转让无异议的函	上证函〔2019〕1797 号
949	关于对桂林新城投资开发集团有限公司非公开发行公司债券挂牌转让无异议的函	上证函〔2019〕1798 号
950	关于对天津临港投资控股有限公司非公开发行公司债券挂牌转让无异议的函	上证函〔2019〕1799 号
951	关于对山西煤炭进出口集团有限公司非公开发行可续期公司债券挂牌转让无异议的函	上证函〔2019〕1800 号
952	关于对成都城建投资管理集团有限责任公司非公开发行公司债券挂牌转让无异议的函	上证函〔2019〕1803 号
953	关于对泸州汇兴投资集团有限公司非公开发行项目收益专项公司债券挂牌转让无异议的函	上证函〔2019〕1804 号
954	关于对华福证券有限责任公司非公开发行次级公司债券挂牌转让无异议的函	上证函〔2019〕1805 号
955	关于对扬州市邗江城市建设发展有限公司非公开发行公司债券挂牌转让无异议的函	上证函〔2019〕1806 号
956	关于对宁海科创集团有限公司非公开发行公司债券挂牌转让无异议的函	上证函〔2019〕1807 号
957	关于对华福证券有限责任公司非公开发行公司债券挂牌转让无异议的函	上证函〔2019〕1808 号
958	关于对云南泰佳鑫投资有限公司非公开发行公司债券挂牌转让无异议的函	上证函〔2019〕1809 号
959	关于对重庆鸿业实业(集团)有限公司非公开发行公司债券挂牌转让无异议的函	上证函〔2019〕1810 号
960	关于对颍上县慎祥实业发展有限公司非公开发行公司债券挂牌转让无异议的函	上证函〔2019〕1811 号

续表

序号	标　　题	文　　号
961	关于对南平武夷集团有限公司非公开发行公司债券挂牌转让无异议的函	上证函〔2019〕1812 号
962	关于对杭州农副物流管理有限公司非公开发行公司债券挂牌转让无异议的函	上证函〔2019〕1813 号
963	关于对重庆旅游投资集团有限公司非公开发行公司债券挂牌转让无异议的函	上证函〔2019〕1814 号
964	关于对吉林省长白山开发建设(集团)有限责任公司非公开发行短期公司债券挂牌转让无异议的函	上证函〔2019〕1815 号
965	关于对联储证券有限责任公司非公开发行次级公司债券挂牌转让无异议的函	上证函〔2019〕1816 号
966	关于对九江市置地投资有限公司非公开发行公司债券挂牌转让无异议的函	上证函〔2019〕1821 号
967	关于对响水县灌江控股集团有限公司非公开发行公司债券挂牌转让无异议的函	上证函〔2019〕1822 号
968	关于对陕西旅游集团有限公司非公开发行短期公司债券挂牌转让无异议的函	上证函〔2019〕1823 号
969	关于对潍坊潍州城建投资有限公司非公开发行公司债券挂牌转让无异议的函	上证函〔2019〕1824 号
970	关于对上海证券有限责任公司非公开发行短期公司债券挂牌转让无异议的函	上证函〔2019〕1827 号
971	关于对包头钢铁(集团)有限责任公司非公开发行可交换公司债券挂牌转让无异议的函	上证函〔2019〕1828 号
972	关于对广西林业集团有限公司非公开发行公司债券挂牌转让无异议的函	上证函〔2019〕1829 号
973	关于对绍兴市上虞经济开发区投资开发集团有限公司非公开发行公司债券挂牌转让无异议的函	上证函〔2019〕1830 号
974	关于对中国平煤神马能源化工集团有限责任公司非公开发行公司债券挂牌转让无异议的函	上证函〔2019〕1831 号
975	关于对广西柳州市东城投资开发集团有限公司非公开发行公司债券挂牌转让无异议的函	上证函〔2019〕1832 号
976	关于对寿光市城市建设投资开发有限公司非公开发行公司债券挂牌转让无异议的函	上证函〔2019〕1833 号
977	关于对河池市国有资产投资经营有限责任公司非公开发行公司债券挂牌转让无异议的函	上证函〔2019〕1834 号
978	关于对西宁经济技术开发区投资控股集团有限公司非公开发行公司债券挂牌转让无异议的函	上证函〔2019〕1835 号
979	关于对四川金石租赁股份有限公司非公开发行公司债券挂牌转让无异议的函	上证函〔2019〕1836 号
980	关于对乳山市国有资本运营有限公司非公开发行公司债券挂牌转让无异议的函	上证函〔2019〕1838 号
981	关于对宁波市镇海投资有限公司非公开发行短期公司债券挂牌转让无异议的函	上证函〔2019〕1839 号
982	关于对中德联合集团有限公司非公开发行公司债券挂牌转让无异议的函	上证函〔2019〕1840 号
983	关于对山东省商业集团有限公司非公开发行公司债券挂牌转让无异议的函	上证函〔2019〕1841 号
984	关于对无锡市住房保障建设发展有限公司非公开发行公司债券挂牌转让无异议的函	上证函〔2019〕1842 号

续表

序号	标　　题	文　　号
985	关于对泰州市中天新能源产业发展有限公司非公开发行公司债券挂牌转让无异议的函	上证函〔2019〕1843 号
986	关于对嵊州市经济开发区艇湖新兴产业园建设有限公司非公开发行项目收益专项公司债券挂牌转让无异议的函	上证函〔2019〕1844 号
987	关于对赣州建控投资控股集团有限公司非公开发行公司债券挂牌转让无异议的函	上证函〔2019〕1845 号
988	关于对湖州南浔交通水利投资建设集团有限公司非公开发行公司债券挂牌转让无异议的函	上证函〔2019〕1846 号
989	关于对重庆浦里开发投资(集团)有限公司非公开发行公司债券挂牌转让无异议的函	上证函〔2019〕1847 号
990	关于对启迪控股股份有限公司非公开发行公司债券挂牌转让无异议的函	上证函〔2019〕1848 号
991	关于对兰溪市城市投资集团有限公司非公开发行公司债券挂牌转让无异议的函	上证函〔2019〕1849 号
992	关于对无锡太湖城传感信息中心发展有限公司非公开发行公司债券挂牌转让无异议的函	上证函〔2019〕1850 号
993	关于对山西煤炭进出口集团有限公司非公开发行短期公司债券挂牌转让无异议的函	上证函〔2019〕1851 号
994	关于对开源证券股份有限公司非公开发行次级公司债券挂牌转让无异议的函	上证函〔2019〕1852 号
995	关于对山东海洋集团有限公司非公开发行公司债券挂牌转让无异议的函	上证函〔2019〕1855 号
996	关于对广西百色百东投资有限公司非公开发行扶贫专项公司债券挂牌转让无异议的函	上证函〔2019〕1856 号
997	关于对玉溪市红塔区国有资产经营有限责任公司非公开发行公司债券挂牌转让无异议的函	上证函〔2019〕1857 号
998	关于对鹤壁市经济建设投资集团有限公司非公开发行公司债券挂牌转让无异议的函	上证函〔2019〕1858 号
999	关于对株洲市华强云峰湖片区建设开发有限公司非公开发行公司债券挂牌转让无异议的函	上证函〔2019〕1859 号
1000	关于对安顺市西秀区工业投资(集团)有限公司非公开发行公司债券挂牌转让无异议的函	上证函〔2019〕1860 号
1001	关于对南京江宁城市建设集团有限公司非公开发行公司债券挂牌转让无异议的函	上证函〔2019〕1861 号
1002	关于对连云港海州工业投资集团有限公司非公开发行公司债券挂牌转让无异议的函	上证函〔2019〕1862 号
1003	关于对北京首创大气环境科技股份有限公司非公开发行创新创业公司债券挂牌转让无异议的函	上证函〔2019〕1863 号
1004	关于对塔城地区国有资产投资经营公司非公开发行公司债券挂牌转让无异议的函	上证函〔2019〕1864 号

续表

序号	标　　题	文　　号
1005	关于对六盘水市旅游文化投资有限责任公司非公开发行扶贫专项公司债券挂牌转让无异议的函	上证函〔2019〕1865号
1006	关于对资阳开发区投资有限公司非公开发行公司债券挂牌转让无异议的函	上证函〔2019〕1866号
1007	关于对南京农副产品物流配送中心有限公司非公开发行公司债券挂牌转让无异议的函	上证函〔2019〕1867号
1008	关于对潍坊水务投资有限责任公司非公开发行短期公司债券挂牌转让无异议的函	上证函〔2019〕1868号
1009	关于对银河证券股份有限公司非公开发行次级公司债券挂牌转让无异议的函	上证函〔2019〕1869号
1010	关于湖北农谷实业集团有限责任公司非公开发行公司债券挂牌转让无异议的函	上证函〔2019〕1881号
1011	关于对阜阳市安居投资管理有限公司非公开发行项目收益专项公司债券挂牌转让无异议的函	上证函〔2019〕1882号
1012	关于对云阳县人和投资开发有限公司非公开发行公司债券挂牌转让无异议的函	上证函〔2019〕1883号
1013	关于对江苏大行临港产业投资有限公司非公开发行公司债券挂牌转让无异议的函	上证函〔2019〕1884号
1014	关于对余姚市姚江科技投资开发有限公司非公开发行项目收益专项公司债券挂牌转让无异议的函	上证函〔2019〕1885号
1015	关于对宁波市中浦石化投资集团有限公司非公开发行公司债券挂牌转让无异议的函	上证函〔2019〕1886号
1016	关于对吉林市铁路投资开发有限公司非公开发行纾困专项公司债券挂牌转让无异议的函	上证函〔2019〕1887号
1017	关于对杭州仁和先进制造业投资有限公司非公开发行项目收益专项公司债券挂牌转让无异议的函	上证函〔2019〕1888号
1018	关于对慈溪市商贸集团有限公司非公开发行公司债券挂牌转让无异议的函	上证函〔2019〕1889号
1019	关于对江苏宜兴经济开发区投资发展有限公司非公开发行公司债券挂牌转让无异议的函	上证函〔2019〕1890号
1020	关于对株洲新芦淞产业发展集团有限公司非公开发行公司债券挂牌转让无异议的函	上证函〔2019〕1891号
1021	关于对淄博市临淄区公有资产经营有限公司非公开发行公司债券挂牌转让无异议的函	上证函〔2019〕1892号
1022	关于对苏州高新国有资产经营管理集团有限公司非公开发行短期公司债券挂牌转让无异议的函	上证函〔2019〕1893号
1023	关于对四川省有线广播电视网络股份有限公司非公开发行可续期公司债券挂牌转让无异议的函	上证函〔2019〕1894号

续表

序号	标　　题	文　　号
1024	关于对扬州鑫域建设工程有限公司非公开发行公司债券挂牌转让无异议的函	上证函〔2019〕1895 号
1025	关于对南京溧水经济技术开发集团有限公司非公开发行项目收益专项公司债券挂牌转让无异议的函	上证函〔2019〕1902 号
1026	关于对宁乡市城市建设投资集团有限公司非公开发行公司债券挂牌转让无异议的函	上证函〔2019〕1903 号
1027	关于对景德镇市城市建设投资集团有限责任公司非公开发行公司债券挂牌转让无异议的函	上证函〔2019〕1905 号
1028	关于对泰州市新滨江开发有限责任公司非公开发行项目收益专项公司债券挂牌转让无异议的函	上证函〔2019〕1906 号
1029	关于对深圳平安金融科技咨询有限公司非公开发行公司债券挂牌转让无异议的函	上证函〔2019〕1907 号
1030	关于对青岛华通国有资本运营(集团)有限责任公司非公开发行公司债券挂牌转让无异议的函	上证函〔2019〕1908 号
1031	关于对南京市浦口新城保障房开发建设有限公司非公开发行公司债券挂牌转让无异议的函	上证函〔2019〕1909 号
1032	关于对湖南金阳投资集团有限公司非公开发行项目收益专项公司债券挂牌转让无异议的函	上证函〔2019〕1910 号
1033	关于对宁海县城投集团有限公司非公开发行公司债券挂牌转让无异议的函	上证函〔2019〕1911 号
1034	关于对重庆长寿开发投资(集团)有限公司非公开发行短期公司债券挂牌转让无异议的函	上证函〔2019〕1913 号
1035	关于对贵州毕节高新建设投资有限公司非公开发行项目收益专项公司债券挂牌转让无异议的函	上证函〔2019〕1914 号
1036	关于对河南能源化工集团有限公司非公开发行公司债券挂牌转让无异议的函	上证函〔2019〕1915 号
1037	关于对上饶创新发展产业投资集团有限公司非公开发行公司债券挂牌转让无异议的函	上证函〔2019〕1916 号
1038	关于对邹城市恒泰建设发展有限公司非公开发行项目收益专项公司债券挂牌转让无异议的函	上证函〔2019〕1917 号
1039	关于对马鞍山郑蒲港新区建设投资有限公司非公开发行公司债券挂牌转让无异议的函	上证函〔2019〕1918 号
1040	关于对拉萨市城市建设投资经营有限公司非公开发行扶贫专项公司债券挂牌转让无异议的函	上证函〔2019〕1922 号
1041	关于对湘潭城乡建设发展集团有限公司非公开发行公司债券挂牌转让无异议的函	上证函〔2019〕1923 号
1042	关于对淮安市金鑫投资有限公司非公开发行公司债券挂牌转让无异议的函	上证函〔2019〕1924 号

续表

序号	标　题	文　号
1043	关于对东台惠民城镇化建设发展有限公司非公开发行公司债券挂牌转让无异议的函	上证函〔2019〕1928 号
1044	关于对衢州市交通投资集团有限公司非公开发行绿色公司债券挂牌转让无异议的函	上证函〔2019〕1929 号
1045	关于对金华市金东城市建设投资集团有限公司非公开发行公司债券挂牌转让无异议的函	上证函〔2019〕1930 号
1046	关于对南京证券股份有限公司非公开发行次级债券挂牌转让无异议的函	上证函〔2019〕1931 号
1047	关于对青岛国信发展（集团）有限责任公司非公开发行公司债券挂牌转让无异议的函	上证函〔2019〕1939 号
1048	关于对松原市城市开发建设有限责任公司非公开发行公司债券挂牌转让无异议的函	上证函〔2019〕1940 号
1049	关于对兴业资产管理有限公司非公开发行公司债券挂牌转让无异议的函	上证函〔2019〕1941 号
1050	关于对兴业资产管理有限公司非公开发行短期公司债券挂牌转让无异议的函	上证函〔2019〕1942 号
1051	关于对湖州市交通投资集团有限公司非公开发行公司债券挂牌转让无异议的函	上证函〔2019〕1943 号
1052	关于对绍兴市上虞城市建设集团有限公司非公开发行短期公司债券挂牌转让无异议的函	上证函〔2019〕1944 号
1053	关于对赣州市南康区口岸发展有限责任公司非公开发行公司债券挂牌转让无异议的函	上证函〔2019〕1945 号
1054	关于对日照市水务集团有限公司非公开发行绿色公司债券挂牌转让无异议的函	上证函〔2019〕1946 号
1055	关于对贵州省铜仁市交通旅游开发投资集团有限公司非公开发行公司债券挂牌转让无异议的函	上证函〔2019〕1947 号
1056	关于对兴化市城市建设投资有限公司非公开发行公司债券挂牌转让无异议的函	上证函〔2019〕1948 号
1057	关于对成都市兴城建实业发展有限责任公司非公开发行项目收益专项公司债券挂牌转让无异议的函	上证函〔2019〕1949 号
1058	关于对青岛海创开发建设投资有限公司非公开发行公司债券挂牌转让无异议的函	上证函〔2019〕1950 号
1059	关于对新疆新能源（集团）有限责任公司非公开发行公司债券挂牌转让无异议的函	上证函〔2019〕1951 号
1060	关于对华融证券股份有限公司非公开发行次级债券挂牌转让无异议的函	上证函〔2019〕1952 号
1061	关于对华融证券股份有限公司非公开发行公司债券挂牌转让无异议的函	上证函〔2019〕1953 号
1062	关于对仁怀市水务投资开发有限责任公司非公开发行公司债券挂牌转让无异议的函	上证函〔2019〕1956 号

续表

序号	标　　题	文　　号
1063	关于对青岛开发区投资建设集团有限公司非公开发行公司债券挂牌转让无异议的函	上证函〔2019〕1958号
1064	关于对广西贵港市交通投资发展集团有限公司非公开发行公司债券挂牌转让无异议的函	上证函〔2019〕1959号
1065	关于对昌吉市国有资产投资经营有限责任公司非公开发行公司债券挂牌转让无异议的函	上证函〔2019〕1960号
1066	关于对建湖县开发区建设投资有限公司非公开发行项目收益专项公司债券挂牌转让无异议的函	上证函〔2019〕1961号
1067	关于对当涂县清源水务投资有限公司非公开发行公司债券挂牌转让无异议的函	上证函〔2019〕1970号
1068	关于对内江市兴元实业有限责任公司非公开发行项目收益专项公司债券挂牌转让无异议的函	上证函〔2019〕1971号
1069	关于对无锡市太湖新城发展集团有限公司非公开发行公司债券挂牌转让无异议的函	上证函〔2019〕1972号
1070	关于对贵州省水利投资(集团)有限责任公司非公开发行绿色公司债券挂牌转让无异议的函	上证函〔2019〕1973号
1071	关于对天津城市基础设施建设投资集团有限公司非公开发行公司债券挂牌转让无异议的函	上证函〔2019〕1976号
1072	关于对泰州鑫泰集团有限公司非公开发行公司债券挂牌转让无异议的函	上证函〔2019〕1977号
1073	关于对大连普湾工程项目管理有限公司非公开发行公司债券挂牌转让无异议的函	上证函〔2019〕1978号
1074	关于对徐州新田投资发展有限责任公司非公开发行公司债券挂牌转让无异议的函	上证函〔2019〕1985号
1075	关于对徐州市铜山区城市建设投资有限责任公司非公开发行公司债券挂牌转让无异议的函	上证函〔2019〕1986号
1076	关于对重庆盈地实业(集团)有限公司非公开发行公司债券挂牌转让无异议的函	上证函〔2019〕1987号
1077	关于对新津新城发展集团有限公司非公开发行公司债券挂牌转让无异议的函	上证函〔2019〕1988号
1078	关于对兴业国信资产管理有限公司非公开发行公司债券挂牌转让无异议的函	上证函〔2019〕1989号
1079	关于对苏州市三角咀生态园开发有限公司非公开发行公司债券挂牌转让无异议的函	上证函〔2019〕1990号
1080	关于对上饶县恒利轩投资发展有限公司非公开发行项目收益专项公司债券挂牌转让无异议的函	上证函〔2019〕1991号
1081	关于对绍兴市柯桥区国有资产投资经营集团有限公司非公开发行公司债券挂牌转让无异议的函	上证函〔2019〕1997号

续表

序号	标题	文号
1082	关于对安丘市华安水务有限公司非公开发行公司债券挂牌转让无异议的函	上证函〔2019〕1998 号
1083	关于对云天化集团有限责任公司非公开发行公司债券挂牌转让无异议的函	上证函〔2019〕1999 号
1084	关于对重庆市南发城建发展有限公司非公开发行公司债券挂牌转让无异议的函	上证函〔2019〕2000 号
1085	关于对青岛城乡建设融资租赁有限公司非公开发行公司债券挂牌转让无异议的函	上证函〔2019〕2001 号
1086	关于对滁州市城市建设投资有限公司非公开发行公司债券挂牌转让无异议的函	上证函〔2019〕2005 号
1087	关于对平安国际融资租赁有限公司非公开发行可续期公司债券挂牌转让无异议的函	上证函〔2019〕2006 号
1088	关于对莱芜市经济开发投资有限公司非公开发行公司债券挂牌转让无异议的函	上证函〔2019〕2007 号
1089	关于对浙江省天台县国有资产经营有限公司非公开发行公司债券挂牌转让无异议的函	上证函〔2019〕2008 号
1090	关于对绍兴市柯桥区中国轻纺城市场开发经营集团有限公司非公开发行纾困专项公司债券挂牌转让无异议的函	上证函〔2019〕2009 号
1091	关于对泰安泰山城乡建设发展有限公司非公开发行公司债券挂牌转让无异议的函	上证函〔2019〕2010 号
1092	关于对商丘市古城保护开发建设有限公司非公开发行公司债券挂牌转让无异议的函	上证函〔2019〕2015 号
1093	关于对自贡市国有资本投资运营集团有限公司非公开发行公司债券挂牌转让无异议的函	上证函〔2019〕2016 号
1094	关于对新昌县城市建设投资集团有限公司非公开发行项目收益专项公司债券挂牌转让无异议的函	上证函〔2019〕2017 号
1095	关于对丽水南城新区投资发展有限公司非公开发行公司债券挂牌转让无异议的函	上证函〔2019〕2018 号
1096	关于对仪征市建设发展有限公司非公开发行公司债券挂牌转让无异议的函	上证函〔2019〕2019 号
1097	关于对丰城市住总运营有限公司非公开发行公司债券挂牌转让无异议的函	上证函〔2019〕2020 号
1098	关于对遂宁裕城建设有限公司非公开发行项目收益专项公司债券挂牌转让无异议的函	上证函〔2019〕2021 号
1099	关于对洛阳城乡建设投资集团有限公司非公开发行公司债券挂牌转让无异议的函	上证函〔2019〕2022 号
1100	关于对新沂市城市投资发展有限公司非公开发行公司债券挂牌转让无异议的函	上证函〔2019〕2023 号
1101	关于对遵义市汇川区娄海情旅游发展投资有限公司非公开发行项目收益专项公司债券挂牌转让无异议的函	上证函〔2019〕2024 号

续表

序号	标　题	文　号
1102	关于对西安高新控股有限公司非公开发行公司债券挂牌转让无异议的函	上证函〔2019〕2030 号
1103	关于对厦门住宅建设集团有限公司非公开发行公司债券挂牌转让无异议的函	上证函〔2019〕2031 号
1104	关于对宜兴市城市发展投资有限公司非公开发行公司债券挂牌转让无异议的函	上证函〔2019〕2033 号
1105	关于对贵州乌当经济开发区建设投资开发有限公司非公开发行公司债券挂牌转让无异议的函	上证函〔2019〕2037 号
1106	关于对郑州安图实业集团股份有限公司非公开发行可交换公司债券挂牌转让无异议的函	上证函〔2019〕2038 号
1107	关于对苏州市吴中城市建设投资发展有限公司非公开发行短期公司债券挂牌转让无异议的函	上证函〔2019〕2039 号
1108	关于对新沂市沭东新城投资开发有限公司非公开发行公司债券挂牌转让无异议的函	上证函〔2019〕2044 号
1109	关于对山西省文化旅游投资控股集团有限公司非公开发行公司债券挂牌转让无异议的函	上证函〔2019〕2045 号
1110	关于对浙江国兴投资集团有限公司非公开发行公司债券挂牌转让无异议的函	上证函〔2019〕2046 号
1111	关于对天津滨海高新区资产管理有限公司非公开发行公司债券挂牌转让无异议的函	上证函〔2019〕2047 号
1112	关于对江苏省锡山经济开发区开发总公司非公开发行短期公司债券挂牌转让无异议的函	上证函〔2019〕2048 号
1113	关于对安顺投资有限公司非公开发行项目收益专项公司债券挂牌转让无异议的函	上证函〔2019〕2054 号
1114	关于对舟山市定海区城乡建设集团有限公司非公开发行公司债券挂牌转让无异议的函	上证函〔2019〕2055 号
1115	关于对天津市静海城市基础设施建设投资集团有限公司非公开发行公司债券挂牌转让无异议的函	上证函〔2019〕2056 号
1116	关于对建湖县城市建设投资有限公司非公开发行公司债券挂牌转让无异议的函	上证函〔2019〕2057 号
1117	关于对西湖电子集团有限公司非公开发行公司债券挂牌转让无异议的函	上证函〔2019〕2058 号
1118	关于对财通证券股份有限公司非公开发行次级债券挂牌转让无异议的函	上证函〔2019〕2059 号
1119	关于对浙商证券股份有限公司非公开发行公司债券挂牌转让无异议的函	上证函〔2019〕2063 号
1120	关于对杭州西湖投资集团有限公司非公开发行公司债券挂牌转让无异议的函	上证函〔2019〕2069 号
1121	关于对象山经济开发区科技园区建设开发有限公司非公开发行公司债券挂牌转让无异议的函	上证函〔2019〕2070 号
1122	关于对石家庄市交通投资开发有限公司非公开发行公司债券挂牌转让无异议的函	上证函〔2019〕2077 号

续表

序号	标　　题	文　　号
1123	关于对开封市文化旅游投资集团有限公司非公开发行公司债券挂牌转让无异议的函	上证函〔2019〕2079 号
1124	关于对山东金鲁班集团有限公司非公开发行公司债券挂牌转让无异议的函	上证函〔2019〕2080 号
1125	关于对莱芜市经济开发投资有限公司非公开发行绿色公司债券挂牌转让无异议的函	上证函〔2019〕2086 号
1126	关于对河南资产管理有限公司非公开发行公司债券挂牌转让无异议的函	上证函〔2019〕2087 号
1127	关于对苏州高新区枫桥工业园有限公司非公开发行公司债券挂牌转让无异议的函	上证函〔2019〕2088 号
1128	关于对江苏叠石桥投资有限公司非公开发行公司债券挂牌转让无异议的函	上证函〔2019〕2089 号
1129	关于对新沂市交通投资有限公司非公开发行公司债券挂牌转让无异议的函	上证函〔2019〕2090 号
1130	关于对新疆广汇实业投资（集团）有限责任公司非公开发行可交换公司债券挂牌转让无异议的函	上证函〔2019〕2093 号
1131	关于对兰考县城市建设投资发展有限公司非公开发行扶贫专项公司债券挂牌转让无异议的函	上证函〔2019〕2094 号
1132	关于对天生产业新城南通有限公司非公开发行公司债券挂牌转让无异议的函	上证函〔2019〕2095 号
1133	关于对京津冀城际铁路投资有限公司非公开发行公司债券挂牌转让无异议的函	上证函〔2019〕2096 号
1134	关于对重庆市南部新城产业投资集团有限公司非公开发行公司债券挂牌转让无异议的函	上证函〔2019〕2097 号
1135	关于对中期集团有限公司非公开发行公司债券挂牌转让无异议的函	上证函〔2019〕2098 号
1136	关于对佛山市高明建设投资有限公司非公开发行公司债券挂牌转让无异议的函	上证函〔2019〕2102 号
1137	关于对西安航天高技术产业发展有限公司非公开发行公司债券挂牌转让无异议的函	上证函〔2019〕2103 号
1138	关于对滨州城建投资集团有限公司非公开发行纾困专项公司债券挂牌转让无异议的函	上证函〔2019〕2104 号
1139	关于对金华市婺城区城乡建设投资集团有限公司非公开发行公司债券挂牌转让无异议的函	上证函〔2019〕2112 号
1140	关于对湖北省文化旅游投资集团有限公司非公开发行公司债券挂牌转让无异议的函	上证函〔2019〕2113 号
1141	关于对大航控股集团有限公司非公开发行公司债券挂牌转让无异议的函	上证函〔2019〕2114 号
1142	关于对聊城市安泰城乡投资开发有限责任公司非公开发行公司债券挂牌转让无异议的函	上证函〔2019〕2115 号
1143	关于对浙江省新昌县投资发展集团有限公司非公开发行项目收益专项公司债券挂牌转让无异议的函	上证函〔2019〕2116 号

续表

序号	标　　题	文　　号
1144	关于对台州市黄岩城市建设发展集团有限公司非公开发行公司债券挂牌转让无异议的函	上证函〔2019〕2117 号
1145	关于对辽宁方大集团实业有限公司非公开发行可交换公司债券挂牌转让无异议的函	上证函〔2019〕2122 号
1146	关于对南山集团有限公司非公开发行可交换公司债券挂牌转让无异议的函	上证函〔2019〕2123 号
1147	关于对长兴南太湖投资开发有限公司非公开发行公司债券挂牌转让无异议的函	上证函〔2019〕2127 号
1148	关于对河北信息产业投资集团有限公司非公开发行公司债券挂牌转让无异议的函	上证函〔2019〕2128 号
1149	关于对启东创新型经济园开发有限公司非公开发行公司债券挂牌转让无异议的函	上证函〔2019〕2129 号
1150	关于对遵义和平投资建设有限责任公司非公开发行项目收益专项公司债券挂牌转让无异议的函	上证函〔2019〕2130 号
1151	关于对株洲高科集团有限公司非公开发行项目收益专项公司债券挂牌转让无异议的函	上证函〔2019〕2131 号
1152	关于对怀远县新型城镇化建设有限公司非公开发行公司债券挂牌转让无异议的函	上证函〔2019〕2132 号
1153	关于对高密市国有资产管理有限公司非公开发行公司债券挂牌转让无异议的函	上证函〔2019〕2133 号
1154	关于对盐城市城市建设投资集团有限公司非公开发行项目收益专项公司债券挂牌转让无异议的函	上证函〔2019〕2134 号
1155	关于对中荆投资控股集团有限公司非公开发行公司债券挂牌转让无异议的函	上证函〔2019〕2135 号
1156	关于对淳安县新安江生态开发集团有限公司非公开发行公司债券挂牌转让无异议的函	上证函〔2019〕2147 号
1157	关于对北京京城机电控股有限责任公司非公开发行公司债券挂牌转让无异议的函	上证函〔2019〕2148 号
1158	关于对扬州市邗江城市建设发展有限公司非公开发行绿色公司债券挂牌转让无异议的函	上证函〔2019〕2149 号
1159	关于对太仓市城市发展集团有限公司非公开发行公司债券挂牌转让无异议的函	上证函〔2019〕2150 号
1160	关于对财达证券股份有限公司非公开发行次级债券挂牌转让无异议的函	上证函〔2019〕2151 号
1161	关于对龙口市城乡建设投资发展有限公司非公开发行公司债券挂牌转让无异议的函	上证函〔2019〕2152 号
1162	关于对宁波滨江新城开发投资有限公司非公开发行公司债券挂牌转让无异议的函	上证函〔2019〕2153 号

续表

序号	标　　题	文　　号
1163	关于对南通市崇川城市建设投资有限公司非公开发行短期公司债券挂牌转让无异议的函	上证函〔2019〕2155号
1164	关于对无锡市滨湖城市投资发展有限责任公司非公开发行公司债券挂牌转让无异议的函	上证函〔2019〕2160号
1165	关于镇江国有投资控股集团有限公司非公开发行短期公司债券挂牌转让无异议的函	上证函〔2019〕2161号
1166	关于对如皋沿江开发投资有限公司非公开发行公司债券挂牌转让无异议的函	上证函〔2019〕2176号
1167	关于对宁波海创集团有限公司非公开发行公司债券挂牌转让无异议的函	上证函〔2019〕2177号
1168	关于对国泰租赁有限公司非公开发行公司债券挂牌转让无异议的函	上证函〔2019〕2178号
1169	关于对简阳市现代工业投资发展有限公司非公开发行项目收益专项公司债券挂牌转让无异议的函	上证函〔2019〕2179号
1170	关于对山西晋城无烟煤矿业集团有限责任公司非公开发行公司债券挂牌转让无异议的函	上证函〔2019〕2180号
1171	关于对山东寿光金鑫投资发展控股集团有限公司非公开发行公司债券挂牌转让无异议的函	上证函〔2019〕2181号
1172	关于对陕西旅游集团有限公司非公开发行公司债券挂牌转让无异议的函	上证函〔2019〕2182号
1173	关于对杭州富春山居集团有限公司非公开发行公司债券挂牌转让无异议的函	上证函〔2019〕2183号
1174	关于对山东菏建建筑集团有限公司非公开发行公司债券挂牌转让无异议的函	上证函〔2019〕2184号
1175	关于对青岛全球财富中心开发建设有限公司非公开发行公司债券挂牌转让无异议的函	上证函〔2019〕2185号
1176	关于对冀中能源邢台矿业集团有限责任公司非公开发行公司债券挂牌转让无异议的函	上证函〔2019〕2186号
1177	关于对新疆青松建材化工(集团)股份有限公司非公开发行短期公司债券挂牌转让无异议的函	上证函〔2019〕2192号
1178	关于对天津滨海新区建设投资集团有限公司非公开发行公司债券挂牌转让无异议的函	上证函〔2019〕2193号
1179	关于对重庆市能源投资集团有限公司非公开发行公司债券挂牌转让无异议的函	上证函〔2019〕2194号
1180	关于对新沂经济开发区建设发展有限公司非公开发行公司债券挂牌转让无异议的函	上证函〔2019〕2202号
1181	关于对临沂城市建设投资集团有限公司非公开发行公司债券挂牌转让无异议的函	上证函〔2019〕2203号
1182	关于对大同证券有限责任公司非公开发行次级债券挂牌转让无异议的函	上证函〔2019〕2204号
1183	关于对湖州南浔振浔污水处理有限公司非公开发行公司债券挂牌转让无异议的函	上证函〔2019〕2215号

续表

序号	标　　题	文　　号
1184	关于对昆明发展投资集团有限公司非公开发行公司债券挂牌转让无异议的函	上证函〔2019〕2216 号
1185	关于对重庆市长寿生态旅业开发集团有限公司非公开发行绿色公司债券挂牌转让无异议的函	上证函〔2019〕2217 号
1186	关于对河北顺德投资集团有限公司非公开发行公司债券挂牌转让无异议的函	上证函〔2019〕2218 号
1187	关于对重庆市永川区惠通建设发展有限公司非公开发行公司债券挂牌转让无异议的函	上证函〔2019〕2219 号
1188	关于对晋能集团有限公司非公开发行公司债券挂牌转让无异议的函	上证函〔2019〕2220 号
1189	关于对云南祥鹏航空有限责任公司非公开发行公司债券挂牌转让无异议的函	上证函〔2019〕2221 号
1190	关于对郑州牟中发展投资有限公司非公开发行公司债券挂牌转让无异议的函	上证函〔2019〕2222 号
1191	关于对宁波市奉化区城市投资发展集团有限公司非公开发行公司债券挂牌转让无异议的函	上证函〔2019〕2230 号
1192	关于对贵州绿景新城开发投资有限责任公司非公开发行扶贫公司债券挂牌转让无异议的函	上证函〔2019〕2231 号
1193	关于对江西省水利投资集团有限公司非公开发行可续期公司债券挂牌转让无异议的函	上证函〔2019〕2232 号
1194	关于对张家港市直属公有资产经营有限公司非公开发行公司债券挂牌转让无异议的函	上证函〔2019〕2233 号
1195	关于对淮安市水利控股集团有限公司非公开发行项目收益专项公司债券挂牌转让无异议的函	上证函〔2019〕2234 号
1196	关于对东海证券股份有限公司非公开发行次级债券挂牌转让无异议的函	上证函〔2019〕2235 号
1197	关于对怀化市交通建设投资有限公司非公开发行公司债券挂牌转让无异议的函	上证函〔2019〕2238 号
1198	关于对崇州市鼎兴实业有限公司非公开发行公司债券挂牌转让无异议的函	上证函〔2019〕2248 号
1199	关于对成都天府新区投资集团有限公司非公开发行公司债券挂牌转让无异议的函	上证函〔2019〕2249 号
1200	关于对西安兴航城乡建设发展有限公司非公开发行项目收益专项公司债券挂牌转让无异议的函	上证函〔2019〕2250 号
1201	关于对民生证券股份有限公司非公开发行公司债券挂牌转让无异议的函	上证函〔2019〕2270 号
1202	关于对湖北省宏泰贸易投资有限公司非公开发行公司债券挂牌转让无异议的函	上证函〔2019〕2278 号
1203	关于对青岛向阳湖开发建设有限公司非公开发行项目收益专项公司债券挂牌转让无异议的函	上证函〔2019〕2279 号
1204	关于对河钢集团有限公司非公开发行公司债券挂牌转让无异议的函	上证函〔2019〕2280 号
1205	关于对德清县文化旅游控股有限公司非公开发行公司债券挂牌转让无异议的函	上证函〔2019〕2281 号

续表

序号	标　　题	文　　号
1206	关于对泰州海陵城市发展集团有限公司非公开发行公司债券挂牌转让无异议的函	上证函〔2019〕2282 号
1207	关于对深圳市百业源投资有限公司 2019 年非公开发行可交换公司债券(第一期)信用保护凭证挂牌转让无异议的函	上证函〔2019〕2287 号
1208	关于对河北省国有资产控股运营有限公司非公开发行公司债券挂牌转让无异议的函	上证函〔2019〕2289 号
1209	关于对安阳投资集团有限公司非公开发行公司债券挂牌转让无异议的函	上证函〔2019〕2290 号
1210	关于对靖江市城投基础设施发展有限公司非公开发行短期公司债券挂牌转让无异议的函	上证函〔2019〕2297 号
1211	关于对重庆长寿经济技术开发区开发投资集团有限公司非公开发行公司债券挂牌转让无异议的函	上证函〔2019〕2298 号
1212	关于对靖江市城投基础设施发展有限公司非公开发行公司债券挂牌转让无异议的函	上证函〔2019〕2299 号
1213	关于对新余市城市建设投资开发有限公司非公开发行公司债券挂牌转让无异议的函	上证函〔2019〕2314 号
1214	关于对青岛金水控股集团有限公司非公开发行纾困专项公司债券挂牌转让无异议的函	上证函〔2019〕2315 号
1215	关于对宿迁市湖滨新城新农村开发建设有限公司非公开发行公司债券挂牌转让无异议的函	上证函〔2019〕2324 号
1216	关于对济南城市投资集团有限公司非公开发行公司债券挂牌转让无异议的函	上证函〔2019〕2325 号
1217	关于对天津东丽湖建设发展有限公司非公开发行公司债券挂牌转让无异议的函	上证函〔2019〕2326 号
1218	关于对湖州吴兴新业建设投资有限公司非公开发行公司债券挂牌转让无异议的函	上证函〔2019〕2327 号
1219	关于对宁波市北仑区河海建设投资有限公司非公开发行公司债券挂牌转让无异议的函	上证函〔2019〕2328 号
1220	关于对无锡市藕塘职教园区开发建设有限公司非公开发行公司债券挂牌转让无异议的函	上证函〔2019〕2329 号
1221	关于对新疆天富集团有限责任公司非公开发行公司债券挂牌转让无异议的函	上证函〔2019〕2330 号
1222	关于对昆山银桥控股集团有限公司非公开发行短期公司债券挂牌转让无异议的函	上证函〔2019〕2331 号
1223	关于对重庆开乾投资(集团)有限公司非公开发行扶贫专项公司债券挂牌转让无异议的函	上证函〔2019〕2332 号
1224	关于对长沙金洲新城开发建设投资有限公司非公开发行公司债券挂牌转让无异议的函	上证函〔2019〕2333 号

续表

序号	标　　题	文　　号
1225	关于对聊城市兴业经济开发有限公司非公开发行公司债券挂牌转让无异议的函	上证函〔2019〕2334 号
1226	关于对鸿达兴业集团有限公司非公开发行公司债券挂牌转让无异议的函	上证函〔2019〕2335 号
1227	关于对郑州航空港兴港投资集团有限公司非公开发行短期公司债券挂牌转让无异议的函	上证函〔2019〕2336 号
1228	关于对北京动力源科技股份有限公司非公开发行公司债券挂牌转让无异议的函	上证函〔2019〕2338 号
1229	关于对重庆市铜梁区龙廷城市开发建设有限公司非公开发行公司债券挂牌转让无异议的函	上证函〔2019〕2339 号
1230	关于对天津渤海国有资产经营管理有限公司非公开发行短期公司债券挂牌转让无异议的函	上证函〔2019〕2340 号
1231	关于对盐城市海兴集团有限公司非公开发行公司债券挂牌转让无异议的函	上证函〔2019〕2341 号
1232	关于对如东县新天地投资发展有限公司非公开发行绿色公司债券挂牌转让无异议的函	上证函〔2019〕2342 号
1233	关于对上海金外滩(集团)发展有限公司非公开发行公司债券挂牌转让无异议的函	上证函〔2019〕2343 号
1234	关于对红河发展集团有限公司非公开发行短期公司债券挂牌转让无异议的函	上证函〔2019〕2344 号
1235	关于对华能天成融资租赁有限公司非公开发行绿色公司债券挂牌转让无异议的函	上证函〔2019〕2348 号
1236	关于对岳阳市城市建设投资有限公司非公开发行公司债券挂牌转让无异议的函	上证函〔2019〕2355 号
1237	关于对中国国际金融股份有限公司非公开发行公司债券挂牌转让无异议的函	上证函〔2019〕2356 号
1238	关于对临沂振东建设投资有限公司非公开发行公司债券挂牌转让无异议的函	上证函〔2019〕2357 号
1239	关于对成都兴锦生态建设投资集团有限公司非公开发行公司债券挂牌转让无异议的函	上证函〔2019〕2359 号
1240	关于对东兴证券股份有限公司非公开发行公司债券挂牌转让无异议的函	上证函〔2019〕2360 号
1241	关于对晋商信用增进投资股份有限公司非公开发行公司债券挂牌转让无异议的函	上证函〔2019〕2361 号
1242	关于对四川龙阳天府新区建设投资有限公司非公开发行项目收益专项公司债券挂牌转让无异议的函	上证函〔2019〕2362 号
1243	关于对桃源县城市建设投资开发有限公司非公开发行公司债券挂牌转让无异议的函	上证函〔2019〕2363 号
1244	关于对漯河市城市建设投资有限公司非公开发行公司债券挂牌转让无异议的函	上证函〔2019〕2364 号
1245	关于对铜陵大江投资控股有限公司非公开发行公司债券挂牌转让无异议的函	上证函〔2019〕2365 号

续表

序号	标　　题	文　　号
1246	关于对泰州引江城市开发建设有限公司非公开发行项目收益专项公司债券挂牌转让无异议的函	上证函〔2019〕2374 号
1247	关于对贵州省盘州市红腾开发投资有限公司非公开发行绿色项目收益专项公司债券挂牌转让无异议的函	上证函〔2019〕2375 号
1248	关于对武汉长江经济联合发展股份有限公司非公开发行公司债券挂牌转让无异议的函	上证函〔2019〕2376 号
1249	关于对水发集团有限公司非公开发行公司债券挂牌转让无异议的函	上证函〔2019〕2377 号
1250	关于对十堰聚鑫国有资本投资运营有限公司非公开发行公司债券挂牌转让无异议的函	上证函〔2019〕2381 号
1251	关于对南京江宁交通建设集团有限公司非公开发行公司债券挂牌转让无异议的函	上证函〔2019〕2382 号
1252	关于对宁乡经济技术开发区建设投资有限公司非公开发行绿色公司债券挂牌转让无异议的函	上证函〔2019〕2383 号
1253	关于昆山城市建设投资发展集团有限公司非公开发行短期公司债券挂牌转让无异议的函	上证函〔2019〕2384 号
1254	关于对泉州台商投资区开发建设有限责任公司非公开发行公司债券挂牌转让无异议的函	上证函〔2019〕2389 号
1255	关于对成都蜀都川菜产业投资发展有限公司非公开发行公司债券挂牌转让无异议的函	上证函〔2019〕2390 号
1256	关于对徐州高新技术产业开发区国有资产经营有限公司非公开发行项目收益专项公司债券挂牌转让无异议的函	上证函〔2019〕2391 号
1257	关于对浙江杭州青山湖科技城投资集团有限公司非公开发行公司债券挂牌转让无异议的函	上证函〔2019〕2395 号
1258	关于对苏州市相城交通建设投资(集团)有限公司非公开发行公司债券挂牌转让无异议的函	上证函〔2019〕2396 号
1259	关于对醴陵市渌江投资控股集团有限公司非公开发行项目收益专项公司债券挂牌转让无异议的函	上证函〔2019〕2397 号
1260	关于对酉阳县桃花源旅游投资(集团)有限公司非公开发行扶贫专项公司债券挂牌转让无异议的函	上证函〔2019〕2398 号
1261	关于对诸城市龙城建设投资有限公司非公开发行项目收益专项公司债券挂牌转让无异议的函	上证函〔2019〕2399 号
1262	关于对海宁市水务投资集团有限公司非公开发行公司债券挂牌转让无异议的函	上证函〔2019〕2400 号
1263	关于对宜春交通投资集团有限公司非公开发行公司债券挂牌转让无异议的函	上证函〔2019〕2401 号
1264	关于对华夏幸福基业控股股份公司非公开发行可交换公司债券挂牌转让无异议的函	上证函〔2019〕2402 号

续表

序号	标　　题	文　　号
1265	关于对重庆市合川工业投资(集团)有限公司非公开发行公司债券挂牌转让无异议的函	上证函〔2019〕2403 号
1266	关于对江西云济投资有限公司非公开发行公司债券挂牌转让无异议的函	上证函〔2019〕2404 号
1267	关于对安庆化工建设投资有限公司非公开发行公司债券挂牌转让无异议的函	上证函〔2019〕2405 号
1268	关于对德清恒丰建设发展有限公司非公开发行项目收益专项公司债券挂牌转让无异议的函	上证函〔2019〕2414 号
1269	关于对内蒙古能源发电投资集团有限公司非公开发行公司债券挂牌转让无异议的函	上证函〔2019〕2415 号
1270	关于对中国林业集团有限公司非公开发行短期公司债券挂牌转让无异议的函	上证函〔2019〕2416 号
1271	关于对眉山市资产经营有限公司非公开发行公司债券挂牌转让无异议的函	上证函〔2019〕2417 号
1272	关于对广西崇左市城市建设投资发展集团有限公司非公开发行公司债券挂牌转让无异议的函	上证函〔2019〕2418 号
1273	关于对山东铁路发展基金有限公司非公开发行公司债券挂牌转让无异议的函	上证函〔2019〕2419 号
1274	关于对首创证券有限责任公司非公开发行次级债券挂牌转让无异议的函	上证函〔2019〕2420 号
1275	关于对国新投资有限公司非公开发行可交换公司债券挂牌转让无异议的函	上证函〔2019〕2421 号
1276	关于对嘉兴市闻川城市投资建设有限公司非公开发行项目收益专项公司债券挂牌转让无异议的函	上证函〔2019〕2424 号
1277	关于对江苏博融农业发展有限公司非公开发行公司债券挂牌转让无异议的函	上证函〔2019〕2425 号
1278	关于对广州合景控股集团有限公司非公开发行公司债券挂牌转让无异议的函	上证函〔2019〕2426 号
1279	关于对南京浦口自来水有限公司非公开发行公司债券挂牌转让无异议的函	上证函〔2019〕2427 号
1280	关于对水发众兴集团有限公司非公开发行公司债券挂牌转让无异议的函	上证函〔2019〕2428 号
1281	关于对开阳投资集团有限责任公司非公开发行项目收益专项公司债券挂牌转让无异议的函	上证函〔2019〕2429 号
1282	关于对海安市城建开发投资集团有限公司非公开发行公司债券挂牌转让无异议的函	上证函〔2019〕2430 号
1283	关于对无锡锡东科技投资控股有限公司非公开发行公司债券挂牌转让无异议的函	上证函〔2019〕2431 号
1284	关于对南京扬子国资投资集团有限责任公司非公开发行公司债券挂牌转让无异议的函	上证函〔2019〕2432 号
1285	关于对江苏众安建设投资(集团)有限公司非公开发行公司债券挂牌转让无异议的函	上证函〔2019〕2433 号
1286	关于对河北省资产管理有限公司非公开发行公司债券挂牌转让无异议的函	上证函〔2019〕2438 号
1287	关于对腾冲市建安城乡投资开发(集团)有限公司非公开发行公司债券挂牌转让无异议的函	上证函〔2019〕2439 号

续表

序号	标　　题	文　　号
1288	关于对苏州市吴中城市建设投资发展有限公司非公开发行绿色公司债券挂牌转让无异议的函	上证函〔2019〕2440号
1289	关于对光大证券股份有限公司非公开发行次级债券挂牌转让无异议的函	上证函〔2019〕2441号
1290	关于对新沂经济开发区建设发展有限公司非公开发行项目收益专项公司债券挂牌转让无异议的函	上证函〔2019〕2444号

3. 资产支持证券

序号	标　　题	文　　号
1	关于对景瑞控股－锴瑞投资京沪办公物业资产支持专项计划资产支持证券挂牌转让无异议的函	上证函〔2019〕5号
2	关于对中建五局－建信资本－联易融1－10期资产支持专项计划资产支持证券挂牌转让无异议的函	上证函〔2019〕6号
3	关于对华泰资管－邦信资产2018年第一期资产支持专项计划资产支持证券挂牌转让无异议的函	上证函〔2019〕17号
4	关于对光大招商－中远海运租赁2018年第二期资产支持专项计划资产支持证券挂牌转让无异议的函	上证函〔2019〕27号
5	关于对中信建投花呗第4－10期授信付款资产支持专项计划资产支持证券挂牌转让无异议的函	上证函〔2019〕28号
6	关于对湘财证券－新湖绿城物业费资产支持专项计划资产支持证券挂牌转让无异议的函	上证函〔2019〕29号
7	关于对国融证券－西美保理－中天建设供应链金融资产支持专项计划资产支持证券挂牌转让无异议的函	上证函〔2019〕30号
8	关于对利程租赁一期资产支持专项计划资产支持证券挂牌转让无异议的函	上证函〔2019〕31号
9	关于对渤海汇金－鲁商集团供应链金融第1－10期资产支持专项计划资产支持证券挂牌转让无异议的函	上证函〔2019〕35号
10	关于对2018平安租赁十期资产支持专项计划资产支持证券挂牌转让无异议的函	上证函〔2019〕36号
11	关于对东吴证券－恒和信保理1－20期供应链金融资产支持专项计划资产支持证券挂牌转让无异议的函	上证函〔2019〕37号
12	关于对融侨集团商业资产支持专项计划资产支持证券挂牌转让无异议的函	上证函〔2019〕43号
13	关于对长城证券－红星美凯龙家居卖场二期资产支持专项计划资产支持证券挂牌转让无异议的函	上证函〔2019〕46号
14	关于对中信建投－中骏集团应收款第一期资产支持专项计划资产支持证券挂牌转让无异议的函	上证函〔2019〕47号
15	关于对广州富力2018年第三期资产支持专项计划资产支持证券挂牌转让无异议的函	上证函〔2019〕48号

续表

序号	标　题	文　号
16	关于对远大租赁2018年第一期资产支持专项计划资产支持证券挂牌转让无异议的函	上证函〔2019〕49号
17	关于对中建保理－海通申证－中建二局供应链金融资产支持专项计划资产支持证券挂牌转让无异议的函	上证函〔2019〕58号
18	关于对菜鸟中联－中信证券－中国智能骨干网仓储资产支持专项计划资产支持证券挂牌转让无异议的函	上证函〔2019〕60号
19	关于对九州合创－声赫保理供应链资产支持专项计划资产支持证券挂牌转让无异议的函	上证函〔2019〕62号
20	关于对天风－青岛城乡租赁第五期资产支持专项计划资产支持证券挂牌转让无异议的函	上证函〔2019〕63号
21	关于对中联前海开源－华发租赁住房一号资产支持专项计划资产支持证券挂牌转让无异议的函	上证函〔2019〕64号
22	关于对五矿证券－中冶置业物业费资产支持专项计划资产支持证券挂牌转让无异议的函	上证函〔2019〕65号
23	关于对华泰佳越－梅溪湖一期资产支持专项计划资产支持证券挂牌转让无异议的函	上证函〔2019〕71号
24	关于对华林资管－嘉善水务供水收费收益权资产支持专项计划资产支持证券挂牌转让无异议的函	上证函〔2019〕72号
25	关于对江海证券－中铁十局－恒和信保理供应链金融第1－20期资产支持专项计划资产支持证券挂牌转让无异议的函	上证函〔2019〕73号
26	关于对2018年平安租赁第十一期小微租赁资产支持专项计划资产支持证券挂牌转让无异议的函	上证函〔2019〕79号
27	关于对招商财富－卓越青岛大融城信托受益权资产支持专项计划资产支持证券挂牌转让无异议的函	上证函〔2019〕85号
28	关于对中山－上银－太仓娄城高新安置房资产支持专项计划资产支持证券挂牌转让无异议的函	上证函〔2019〕97号
29	关于对武安供热收费权资产支持专项计划资产支持证券挂牌转让无异议的函	上证函〔2019〕120号
30	关于对华泰资管－中建新疆建工应收账款资产支持专项计划资产支持证券挂牌转让无异议的函	上证函〔2019〕122号
31	关于对民族－国联－扬州虹桥坊酒店资产支持专项计划资产支持证券挂牌转让无异议的函	上证函〔2019〕123号
32	关于对中银证券－杨浦滨江保障房资产支持专项计划资产支持证券挂牌转让无异议的函	上证函〔2019〕124号
33	关于对西南证券－龙光地产购房尾款资产支持专项计划资产支持证券挂牌转让无异议的函	上证函〔2019〕125号

续表

序号	标 题	文 号
34	关于对鑫沅资产贵银脱贫1号资产支持专项计划资产支持证券挂牌转让无异议的函	上证函〔2019〕133号
35	关于对天风－光谷租赁二期资产支持专项计划资产支持证券挂牌转让无异议的函	上证函〔2019〕134号
36	关于对桂林银行信托受益权资产支持专项计划资产支持证券挂牌转让无异议的函	上证函〔2019〕139号
37	关于对中信建投－卓誉一期购房尾款资产支持专项计划资产支持证券挂牌转让无异议的函	上证函〔2019〕144号
38	关于对天风证券－360金融1－20期信托受益权资产支持专项计划资产支持证券挂牌转让无异议的函	上证函〔2019〕145号
39	关于对海通恒信5－14号资产支持专项计划资产支持证券挂牌转让无异议的函	上证函〔2019〕155号
40	关于对中信信托－唐山世园会PPP项目资产支持专项计划资产支持证券挂牌转让无异议的函	上证函〔2019〕157号
41	关于对苍南县水务集团供水收费权资产支持专项计划资产支持证券挂牌转让无异议的函	上证函〔2019〕158号
42	关于对中国中投证券－国富保理－首创股份1－24期绿色供应链金融资产支持专项计划资产支持证券挂牌转让无异议的函	上证函〔2019〕159号
43	关于对长城证券－龙联1－20期资产支持专项计划资产支持证券挂牌转让无异议的函	上证函〔2019〕162号
44	关于对兴业圆融－新湖中宝供应链1－10期资产支持专项计划资产支持证券挂牌转让无异议的函	上证函〔2019〕163号
45	关于对天风－正奇租赁二期资产支持专项计划资产支持证券挂牌转让无异议的函	上证函〔2019〕172号
46	关于对平安证券－远古水业供水收费收益权资产支持专项计划资产支持证券挂牌转让无异议的函	上证函〔2019〕173号
47	关于对东证融汇－昆明公交经营收费收益权资产支持专项计划资产支持证券挂牌转让无异议的函	上证函〔2019〕174号
48	关于对华福－联易融－众益前行供应链1－20号资产支持专项计划资产支持证券挂牌转让无异议的函	上证函〔2019〕178号
49	关于对财富证券－吉首供水收费收益权资产支持专项计划资产支持证券挂牌转让无异议的函	上证函〔2019〕183号
50	关于对华福－宁德汽运客运收费收益权资产支持专项计划资产支持证券挂牌转让无异议的函	上证函〔2019〕184号
51	关于对平安－联易融－红星美凯龙家居供应链金融1－30号资产支持专项计划资产支持证券挂牌转让无异议的函	上证函〔2019〕185号

续表

序号	标　　题	文　　号
52	关于对西安市热力总公司供热收费收益权资产支持专项计划资产支持证券挂牌转让无异议的函	上证函〔2019〕193 号
53	关于对天风 – 先锋太盟二期资产支持专项计划资产支持证券挂牌转让无异议的函	上证函〔2019〕202 号
54	关于对信达信泽 2019 年第一期 1 – 8 号资产支持专项计划资产支持证券挂牌转让无异议的函	上证函〔2019〕203 号
55	关于对安吉租赁 2019 年 1 期资产支持专项计划资产支持证券挂牌转让无异议的函	上证函〔2019〕212 号
56	关于对中银资管 – 弘阳家居博览中心资产支持专项计划资产支持证券挂牌转让无异议的函	上证函〔2019〕213 号
57	关于对国融证券 – 遵运集团客运收费收益权资产支持专项计划资产支持证券挂牌转让无异议的函	上证函〔2019〕214 号
58	关于对华创证券 – 中电投融和租赁第 1 – 6 期资产支持专项计划资产支持证券挂牌转让无异议的函	上证函〔2019〕217 号
59	关于对华夏资本 – 金地火花长租公寓 1 – 8 期资产支持专项计划资产支持证券挂牌转让无异议的函	上证函〔2019〕218 号
60	关于对中信建投 – 绿城保理 – 绿城长三角一体化供应链金融 1 – 22 号资产支持专项计划资产支持证券挂牌转让无异议的函	上证函〔2019〕219 号
61	关于对中泰五矿 – 邳州安置房信托受益权资产支持专项计划资产支持证券挂牌转让无异议的函	上证函〔2019〕232 号
62	关于对东方汇添富 – 上海电气保理融资债权 1 – 24 期资产支持专项计划资产支持证券挂牌转让无异议的函	上证函〔2019〕234 号
63	关于对德邦证券 – 海尔保理三期资产支持专项计划资产支持证券挂牌转让无异议的函	上证函〔2019〕253 号
64	关于对天风 – 沣邦租赁二期资产支持专项计划资产支持证券挂牌转让无异议的函	上证函〔2019〕259 号
65	关于对中金 – 中车保理供应链金融 1 – 10 期资产支持专项计划资产支持证券挂牌转让无异议的函	上证函〔2019〕292 号
66	关于对鑫沅资产 – 海尔物业资产支持专项计划资产支持证券挂牌转让无异议的函	上证函〔2019〕293 号
67	关于对平安汇通 – 杭州平安金融中心资产支持专项计划资产支持证券挂牌转让无异议的函	上证函〔2019〕294 号
68	关于对平安 – 国贸物业物业费资产支持专项计划资产支持证券挂牌转让无异议的函	上证函〔2019〕298 号
69	关于对光证资管 – 光大租赁二期资产支持专项计划资产支持证券挂牌转让无异议的函	上证函〔2019〕299 号
70	关于对华科租赁五期资产支持专项计划资产支持证券挂牌转让无异议的函	上证函〔2019〕307 号

续表

序号	标　　题	文　　号
71	关于对国君－中远海运租赁2019年第一期资产支持专项计划资产支持证券挂牌转让无异议的函	上证函〔2019〕313号
72	关于对中信证券－联易融－阳煤集团供应链金融1－15号资产支持专项计划资产支持证券挂牌转让无异议的函	上证函〔2019〕323号
73	关于对国君太平洋寿险保单贷款1－6期资产支持专项计划资产支持证券挂牌转让无异议的函	上证函〔2019〕324号
74	关于对中信建投－北银丰业－吉利曹操专车绿色资产支持专项计划资产支持证券挂牌转让无异议的函	上证函〔2019〕325号
75	关于对广州富力2019年第二期资产支持专项计划资产支持证券挂牌转让无异议的函	上证函〔2019〕333号
76	关于对国金－汇益租赁一期资产支持专项计划资产支持证券挂牌转让无异议的函	上证函〔2019〕343号
77	关于对浦银安盛资管浦信赢1－5号资产支持专项计划资产支持证券挂牌转让无异议的函	上证函〔2019〕344号
78	关于对长城证券－一方恒融至诚1号第1－12期供应链金融资产支持专项计划资产支持证券挂牌转让无异议的函	上证函〔2019〕350号
79	关于对海通证券太平洋寿险保单贷款2019年第1－6期资产支持专项计划资产支持证券挂牌转让无异议的函	上证函〔2019〕352号
80	关于对国开－常德自来水收费收益权资产支持专项计划资产支持证券挂牌转让无异议的函	上证函〔2019〕353号
81	关于对华泰－联易融红豆供应链金融1－5期资产支持专项计划资产支持证券挂牌转让无异议的函	上证函〔2019〕357号
82	关于对2019平安租赁一期资产支持专项计划资产支持证券挂牌转让无异议的函	上证函〔2019〕363号
83	关于对东莞证券－海城供暖供热收费收益权资产支持专项计划资产支持证券挂牌转让无异议的函	上证函〔2019〕364号
84	关于对2019远东二期资产支持专项计划资产支持证券挂牌转让无异议的函	上证函〔2019〕384号
85	关于对天风－泛海民生金融中心2019年第一期资产支持专项计划资产支持证券挂牌转让无异议的函	上证函〔2019〕402号
86	关于对2019平安租赁二期资产支持专项计划资产支持证券挂牌转让无异议的函	上证函〔2019〕403号
87	关于对联发集团物业费资产支持专项计划资产支持证券挂牌转让无异议的函	上证函〔2019〕404号
88	关于对华福－超越3号资产支持专项计划资产支持证券挂牌转让无异议的函	上证函〔2019〕411号
89	关于对财通证券－渤海汇金黄岩城建保障房资产支持专项计划资产支持证券挂牌转让无异议的函	上证函〔2019〕413号
90	关于对2019远东一期资产支持专项计划资产支持证券挂牌转让无异议的函	上证函〔2019〕421号

续表

序号	标　　题	文　　号
91	关于对华泰－平裕保理供应链金融1－18号资产支持专项计划资产支持证券挂牌转让无异议的函	上证函〔2019〕440号
92	关于对开源－光明冷链仓储物流资产支持专项计划资产支持证券挂牌转让无异议的函	上证函〔2019〕441号
93	关于对开源－平裕保理裕源1－40期资产支持专项计划资产支持证券挂牌转让无异议的函	上证函〔2019〕442号
94	关于对广州富力2019年第一期资产支持专项计划资产支持证券挂牌转让无异议的函	上证函〔2019〕443号
95	关于对遵投集团供水收益权资产支持专项计划资产支持证券挂牌转让无异议的函	上证函〔2019〕444号
96	关于对光大保德信－东兴企融－融创南昌万达茂资产支持专项计划资产支持证券挂牌转让无异议的函	上证函〔2019〕445号
97	关于对2019云城租赁一期资产支持专项计划资产支持证券挂牌转让无异议的函	上证函〔2019〕459号
98	关于对奥克斯财富广场资产支持专项计划资产支持证券挂牌转让无异议的函	上证函〔2019〕462号
99	关于对银河金汇－青岛城乡小贷资产支持专项计划资产支持证券挂牌转让无异议的函	上证函〔2019〕463号
100	关于对华融证券－铜仁公交经营收费收益权绿色资产支持专项计划资产支持证券挂牌转让无异议的函	上证函〔2019〕464号
101	关于对华金－远东智慧能源2019年第一期应收账款资产支持专项计划资产支持证券挂牌转让无异议的函	上证函〔2019〕478号
102	关于对中信证券－新希望物业费信托受益权资产支持专项计划资产支持证券挂牌转让无异议的函	上证函〔2019〕479号
103	关于对国君－广州人才租赁第一期资产支持专项计划资产支持证券挂牌转让无异议的函	上证函〔2019〕480号
104	关于对海济租赁一期资产支持专项计划资产支持证券挂牌转让无异议的函	上证函〔2019〕481号
105	关于对仁恒－华泰－联易融供应链金融1－20期资产支持专项计划资产支持证券挂牌转让无异议的函	上证函〔2019〕487号
106	关于对度小满有钱花第1－10期资产支持专项计划资产支持证券挂牌转让无异议的函	上证函〔2019〕509号
107	关于对中山－南郊热电供电、供汽和供热合同债权资产支持专项计划资产支持证券挂牌转让无异议的函	上证函〔2019〕510号
108	关于对平安－长江－天津奕兴收费收益权资产支持专项计划资产支持证券挂牌转让无异议的函	上证函〔2019〕511号
109	关于对开源－北京地铁票款收费权1号绿色资产支持专项计划资产支持证券挂牌转让无异议的函	上证函〔2019〕532号

续表

序号	标　　题	文　　号
110	关于对中山证券－俊发集团供应链保理资产支持专项计划资产支持证券挂牌转让无异议的函	上证函〔2019〕533 号
111	关于对平安汇通－华夏幸福武汉市新洲区问津产业新城 PPP 项目资产支持专项计划资产支持证券挂牌转让无异议的函	上证函〔2019〕534 号
112	关于对国元－正奇保理二期资产支持专项计划资产支持证券挂牌转让无异议的函	上证函〔2019〕535 号
113	关于对广发恒进－德润租赁 2018 年 1 期资产支持专项计划资产支持证券挂牌转让无异议的函	上证函〔2019〕536 号
114	关于对元达信资本－春源热力供热收费收益权资产支持专项计划资产支持证券挂牌转让无异议的函	上证函〔2019〕549 号
115	关于对申万宏源－保利置业物业二期资产支持专项计划资产支持证券挂牌转让无异议的函	上证函〔2019〕550 号
116	关于对国信证券－逸锟保理供应链金融 4－15 号资产支持专项计划资产支持证券挂牌转让无异议的函	上证函〔2019〕551 号
117	关于对隆基泰和购房尾款资产支持专项计划资产支持证券挂牌转让无异议的函	上证函〔2019〕552 号
118	关于对华创－贵阳高新产投双写字楼资产支持专项计划资产支持证券挂牌转让无异议的函	上证函〔2019〕562 号
119	关于对平安－SAS 共赢链 1－30 号资产支持专项计划资产支持证券挂牌转让无异议的函	上证函〔2019〕564 号
120	关于对红塔鹤岗万隆供热合同债权资产支持专项计划资产支持证券挂牌转让无异议的函	上证函〔2019〕565 号
121	关于对中信证券－富力酒店一期资产支持专项计划资产支持证券挂牌转让无异议的函	上证函〔2019〕566 号
122	关于对平安－蒙高路高速公路通行费收费收益权资产支持专项计划资产支持证券挂牌转让无异议的函	上证函〔2019〕578 号
123	关于对申港－快易名商商业物业信托受益权资产支持专项计划资产支持证券挂牌转让无异议的函	上证函〔2019〕579 号
124	关于对中山证券－东兴企融－朗诗寓长租公寓一期资产支持专项计划资产支持证券挂牌转让无异议的函	上证函〔2019〕580 号
125	关于对平安－绿联保理供应链金融 1－20 号资产支持专项计划资产支持证券挂牌转让无异议的函	上证函〔2019〕593 号
126	关于对民生－京口北固保障房信托受益权资产支持专项计划资产支持证券挂牌转让无异议的函	上证函〔2019〕594 号
127	关于对中山证券－红星商业物业资产支持专项计划资产支持证券挂牌转让无异议的函	上证函〔2019〕595 号
128	关于对信远租赁一期资产支持专项计划资产支持证券挂牌转让无异议的函	上证函〔2019〕596 号

续表

序号	标　　题	文　　号
129	关于对聚信国际租赁2019年第一期资产支持专项计划资产支持证券挂牌转让无异议的函	上证函〔2019〕597号
130	关于对2019远东四期资产支持专项计划资产支持证券挂牌转让无异议的函	上证函〔2019〕598号
131	关于对国融－汇通信诚第1－10期资产支持专项计划资产支持证券挂牌转让无异议的函	上证函〔2019〕610号
132	关于对中信建投—盈祥资产支持专项计划资产支持证券挂牌转让无异议的函	上证函〔2019〕619号
133	关于对富安达资管－西双版纳景洪资产支持专项计划资产支持证券挂牌转让无异议的函	上证函〔2019〕633号
134	关于对金港融资租赁二期资产支持专项计划资产支持证券挂牌转让无异议的函	上证函〔2019〕634号
135	关于对广发资管－中南建筑应收账款资产支持专项计划资产支持证券挂牌转让无异议的函	上证函〔2019〕643号
136	关于对京东金融－华泰资管2019年第3－12期供应链保理合同债权资产支持专项计划资产支持证券挂牌转让无异议的函	上证函〔2019〕644号
137	关于对华金－中天美好购房尾款资产支持专项计划资产支持证券挂牌转让无异议的函	上证函〔2019〕645号
138	关于对万家共赢铜仁水务资产支持专项计划资产支持证券挂牌转让无异议的函	上证函〔2019〕646号
139	关于对招商创融－湖北科投光谷软件园资产支持专项计划资产支持证券挂牌转让无异议的函	上证函〔2019〕660号
140	关于对开源－云联供应链金融1－25期资产支持专项计划资产支持证券挂牌转让无异议的函	上证函〔2019〕696号
141	关于对2019国药控股融资租赁第二期资产支持专项计划资产支持证券挂牌转让无异议的函	上证函〔2019〕697号
142	关于对中金公司－中建五局票据结算应收账款1－10号资产支持专项计划资产支持证券挂牌转让无异议的函	上证函〔2019〕698号
143	关于对上实租赁八期资产支持专项计划资产支持证券挂牌转让无异议的函	上证函〔2019〕699号
144	关于对联储证券－贺州公共交通收费收益权绿色资产支持专项计划资产支持证券挂牌转让无异议的函	上证函〔2019〕700号
145	关于对金茂华福－长沙金茂广场北塔资产支持专项计划资产支持证券挂牌转让无异议的函	上证函〔2019〕706号
146	关于对华泰资管－同程供应链第一期保理债权资产支持专项计划资产支持证券挂牌转让无异议的函	上证函〔2019〕708号
147	关于对国金－亚夏租赁一期资产支持专项计划资产支持证券挂牌转让无异议的函	上证函〔2019〕709号

续表

序号	标　　题	文　　号
148	关于对民族－银华资本－南京珍珠泉景区游玩票证资产支持专项计划资产支持证券挂牌转让无异议的函	上证函〔2019〕710 号
149	关于对兴业圆融－无锡金控融资租赁资产支持专项计划资产支持证券挂牌转让无异议的函	上证函〔2019〕711 号
150	关于对天风－海联大厦商业物业资产支持专项计划资产支持证券挂牌转让无异议的函	上证函〔2019〕712 号
151	关于对平安租赁汽融 1－10 期资产支持专项计划资产支持证券挂牌转让无异议的函	上证函〔2019〕713 号
152	关于对中金－普洛斯租赁 1 期资产支持专项计划资产支持证券挂牌转让无异议的函	上证函〔2019〕714 号
153	关于对浙商－红星卓航信托受益权资产支持专项计划资产支持证券挂牌转让无异议的函	上证函〔2019〕715 号
154	关于对长城－金地－一方 1－20 期供应链金融资产支持专项计划资产支持证券挂牌转让无异议的函	上证函〔2019〕717 号
155	关于对中信建投－路劲物业资产支持专项计划资产支持证券挂牌转让无异议的函	上证函〔2019〕718 号
156	关于对国君资管－珠江实业第一期物业费资产支持专项计划资产支持证券挂牌转让无异议的函	上证函〔2019〕719 号
157	关于对汇添富资本－中泰证券－泰山租赁一期资产支持专项计划资产支持证券挂牌转让无异议的函	上证函〔2019〕720 号
158	关于对江海证券－恒和信铁路建设应收账款资产支持专项计划资产支持证券挂牌转让无异议的函	上证函〔2019〕721 号
159	关于对徐州铜山供水收费收益权资产支持专项计划资产支持证券挂牌转让无异议的函	上证函〔2019〕722 号
160	关于对中银证券－爽融第 1－30 期资产支持专项计划资产支持证券挂牌转让无异议的函	上证函〔2019〕724 号
161	关于对华泰资管－国新保理第 1－5 期资产支持专项计划资产支持证券挂牌转让无异议的函	上证函〔2019〕727 号
162	关于对中信证券－海信南方大厦资产支持专项计划资产支持证券挂牌转让无异议的函	上证函〔2019〕730 号
163	关于对万家共赢－富士康供应链 1－5 期资产支持专项计划资产支持证券挂牌转让无异议的函	上证函〔2019〕731 号
164	关于对华西－达州公交经营收费收益权资产支持专项计划资产支持证券挂牌转让无异议的函	上证函〔2019〕732 号
165	关于对天弘创新大搜车第 1－5 期资产支持专项计划资产支持证券挂牌转让无异议的函	上证函〔2019〕733 号

续表

序号	标　题	文　号
166	关于对中泰国元－山东高速环球租赁资产支持专项计划资产支持证券挂牌转让无异议的函	上证函〔2019〕734号
167	关于对华福－领地环球金融中心资产支持专项计划资产支持证券挂牌转让无异议的函	上证函〔2019〕735号
168	关于对天富能源四期资产支持专项计划资产支持证券挂牌转让无异议的函	上证函〔2019〕740号
169	关于对国君苏宁－银河物业费2019资产支持专项计划资产支持证券挂牌转让无异议的函	上证函〔2019〕741号
170	关于对长江楚越－盐城水务收费收益权资产支持专项计划资产支持证券挂牌转让无异议的函	上证函〔2019〕742号
171	关于对2019易鑫租赁一期资产支持专项计划资产支持证券挂牌转让无异议的函	上证函〔2019〕743号
172	关于对海峡万家－中林如皋港务长江经济带资产支持专项计划资产支持证券挂牌转让无异议的函	上证函〔2019〕744号
173	关于对北京市肖家河污水处理厂绿色资产支持专项计划资产支持证券挂牌转让无异议的函	上证函〔2019〕745号
174	关于对工银瑞投－合生创展物业费资产支持专项计划资产支持证券挂牌转让无异议的函	上证函〔2019〕746号
175	关于对昌邑市自来水公司供水收费收益权资产支持专项计划资产支持证券挂牌转让无异议的函	上证函〔2019〕747号
176	关于对中信建投－大榭开发供水收益权资产支持专项计划资产支持证券挂牌转让无异议的函	上证函〔2019〕748号
177	关于对财富证券－都匀市供排水供水收费收益权资产支持专项计划资产支持证券挂牌转让无异议的函	上证函〔2019〕749号
178	关于对新乡医学院三全学院信托受益权资产支持专项计划资产支持证券挂牌转让无异议的函	上证函〔2019〕756号
179	关于对湘江时代租赁一期资产支持专项计划资产支持证券挂牌转让无异议的函	上证函〔2019〕757号
180	关于对中建三局－十堰管廊PPP项目资产支持专项计划资产支持证券挂牌转让无异议的函	上证函〔2019〕758号
181	关于对华创证券－融侨集团应收账款资产支持专项计划资产支持证券挂牌转让无异议的函	上证函〔2019〕759号
182	关于对华金－荣成公交经营收费收益权绿色资产支持专项计划资产支持证券挂牌转让无异议的函	上证函〔2019〕760号
183	关于对江油鸿飞公交运营收费收益权绿色资产支持专项计划资产支持证券挂牌转让无异议的函	上证函〔2019〕761号
184	关于对中信证券－小米小贷3号第1－8期资产支持专项计划资产支持证券挂牌转让无异议的函	上证函〔2019〕762号

续表

序号	标　　题	文　　号
185	关于对华龙证券－龙信保理一期资产支持专项计划资产支持证券挂牌转让无异议的函	上证函〔2019〕770 号
186	关于对国联证券－国泰租赁第二期资产支持专项计划资产支持证券挂牌转让无异议的函	上证函〔2019〕771 号
187	关于对财富证券－毕节市水投供水收费收益权资产支持专项计划资产支持证券挂牌转让无异议的函	上证函〔2019〕775 号
188	关于对申港－伯恩物业信托受益权资产支持专项计划资产支持证券挂牌转让无异议的函	上证函〔2019〕776 号
189	关于对吉林公交集团经营收费收益权资产支持专项计划资产支持证券挂牌转让无异议的函	上证函〔2019〕777 号
190	关于对中信证券－中建五局物业费资产支持专项计划资产支持证券挂牌转让无异议的函	上证函〔2019〕783 号
191	关于对招商创融－联发集团购房尾款资产支持专项计划资产支持证券挂牌转让无异议的函	上证函〔2019〕784 号
192	关于对 2019 平安租赁四期资产支持专项计划资产支持证券挂牌转让无异议的函	上证函〔2019〕787 号
193	关于对德邦－吉利控股集团智慧融资租赁 2019 年第一期资产支持专项计划资产支持证券挂牌转让无异议的函	上证函〔2019〕788 号
194	关于对中邮证券－兴创置地信托受益权资产支持专项计划资产支持证券挂牌转让无异议的函	上证函〔2019〕789 号
195	关于对宏信－长沙星沙供水收费收益权资产支持专项计划资产支持证券挂牌转让无异议的函	上证函〔2019〕791 号
196	关于对申万宏源－山西建投应收账款资产支持专项计划资产支持证券挂牌转让无异议的函	上证函〔2019〕792 号
197	关于对九州合创－蒙能集团乌斯太热电厂供电合同债权资产支持专项计划资产支持证券挂牌转让无异议的函	上证函〔2019〕793 号
198	关于对中联元联－前海开源－新建元商旅资产支持专项计划资产支持证券挂牌转让无异议的函	上证函〔2019〕794 号
199	关于对中信证券－中建投租赁(天津)2019 年第一期资产支持专项计划资产支持证券挂牌转让无异议的函	上证函〔2019〕795 号
200	关于对万联证券—邵阳市自来水公司自来水收费收益权资产支持专项计划资产支持证券挂牌转让无异议的函	上证函〔2019〕796 号
201	关于对中航证券－大北物业物业费信托受益权资产支持专项计划资产支持证券挂牌转让无异议的函	上证函〔2019〕797 号
202	关于对中山证券－当代节能置业资产支持专项计划资产支持证券挂牌转让无异议的函	上证函〔2019〕798 号

续表

序号	标　　题	文　　号
203	关于对广州富力2019年第四期资产支持专项计划资产支持证券挂牌转让无异议的函	上证函〔2019〕802号
204	关于对重庆艺术工程职业学院及重庆传媒职业学院信托受益权资产支持专项计划资产支持证券挂牌转让无异议的函	上证函〔2019〕803号
205	关于对德邦－无锡红星美凯龙家居卖场一号馆资产支持专项计划资产支持证券挂牌转让无异议的函	上证函〔2019〕804号
206	关于对华龙证券－台金租赁第一期资产支持专项计划资产支持证券挂牌转让无异议的函	上证函〔2019〕818号
207	关于对长城证券－联合保理1－20期资产支持专项计划资产支持证券挂牌转让无异议的函	上证函〔2019〕836号
208	关于对国元证券－山东地下大峡谷旅游区入园凭证资产支持专项计划资产支持证券挂牌转让无异议的函	上证函〔2019〕838号
209	关于对国药租赁五期资产支持专项计划资产支持证券挂牌转让无异议的函	上证函〔2019〕839号
210	关于对聚信国际租赁2019年第三期资产支持专项计划资产支持证券挂牌转让无异议的函	上证函〔2019〕841号
211	关于对中信建投－新疆小额再贷债权2019年第一期资产支持专项计划资产支持证券挂牌转让无异议的函	上证函〔2019〕857号
212	关于对天风平安－红星昆明爱琴海资产支持专项计划资产支持证券挂牌转让无异议的函	上证函〔2019〕858号
213	关于对中信证券－小米金融2019年第1－15期资产支持专项计划资产支持证券挂牌转让无异议的函	上证函〔2019〕859号
214	关于对华福证券－韶山红色景区收费收益权资产支持专项计划资产支持证券挂牌转让无异议的函	上证函〔2019〕887号
215	关于对华能信托－开源－领途保理供应链1－20期资产支持专项计划资产支持证券挂牌转让无异议的函	上证函〔2019〕888号
216	关于对中山证券－融信集团资产支持专项计划资产支持证券挂牌转让无异议的函	上证函〔2019〕889号
217	关于对柳州市柳东新区保障房信托受益权资产支持专项计划资产支持证券挂牌转让无异议的函	上证函〔2019〕890号
218	关于对华泰资管－小米小微金融2019年1－15期信托受益权资产支持专项计划资产支持证券挂牌转让无异议的函	上证函〔2019〕909号
219	关于对聚信国际租赁2019年第二期资产支持专项计划资产支持证券挂牌转让无异议的函	上证函〔2019〕916号
220	关于对中山－上银－太仓滨江安置房资产支持专项计划资产支持证券挂牌转让无异议的函	上证函〔2019〕917号
221	关于对华创－安顺汽运客运收费收益权绿色扶贫资产支持专项计划资产支持证券挂牌转让无异议的函	上证函〔2019〕918号

续表

序号	标　　题	文　　号
222	关于对平安合惠1至10期资产支持专项计划资产支持证券挂牌转让无异议的函	上证函〔2019〕929号
223	关于对东方花呗第5－14期授信付款资产支持专项计划资产支持证券挂牌转让无异议的函	上证函〔2019〕930号
224	关于对国信证券－春秋－联易融供应链1号1－30期资产支持专项计划资产支持证券挂牌转让无异议的函	上证函〔2019〕931号
225	关于对华泰－海通－康富租赁高端制造1－20期资产支持专项计划资产支持证券挂牌转让无异议的函	上证函〔2019〕947号
226	关于对京东普惠金融第1－40期票据收益权资产支持专项计划资产支持证券挂牌转让无异议的函	上证函〔2019〕958号
227	关于对2019远东资产支持专项计划资产支持证券挂牌转让无异议的函	上证函〔2019〕959号
228	关于对2019平安租赁小微1－5期资产支持专项计划资产支持证券挂牌转让无异议的函	上证函〔2019〕965号
229	关于对中国铁建应收账款系列资产支持专项计划资产支持证券挂牌转让无异议的函	上证函〔2019〕966号
230	关于对银华－锦诚岷江供水合同债权资产支持专项计划资产支持证券挂牌转让无异议的函	上证函〔2019〕967号
231	关于对国君－合景泰富长租公寓1号系列资产支持专项计划资产支持证券挂牌转让无异议的函	上证函〔2019〕981号
232	关于对国君－中远海运租赁2019年第二期汽车资产支持专项计划资产支持证券挂牌转让无异议的函	上证函〔2019〕989号
233	关于对天风－中铁开投应收账款资产支持专项计划资产支持证券挂牌转让无异议的函	上证函〔2019〕990号
234	关于对东亚前海－宝龙地产商业一号资产支持专项计划资产支持证券挂牌转让无异议的函	上证函〔2019〕991号
235	关于对长城证券－龙光控股资产支持专项计划资产支持证券挂牌转让无异议的函	上证函〔2019〕992号
236	关于对天风－青岛城乡租赁第六期资产支持专项计划资产支持证券挂牌转让无异议的函	上证函〔2019〕1002号
237	关于对德邦－中铝商业保理供给侧改革1号资产支持专项计划资产支持证券挂牌转让无异议的函	上证函〔2019〕1018号
238	关于对中金－金投租赁租赁资产支持专项计划资产支持证券挂牌转让无异议的函	上证函〔2019〕1022号
239	关于对财通－中铁城投2019年应收账款资产支持专项计划资产支持证券挂牌转让无异议的函	上证函〔2019〕1023号
240	关于对十七冶集团应收账款资产支持专项计划资产支持证券挂牌转让无异议的函	上证函〔2019〕1037号

续表

序号	标　　题	文　　号
241	关于对中国中投证券 – 南京地铁信托受益权二期资产支持专项计划资产支持证券挂牌转让无异议的函	上证函〔2019〕1038 号
242	关于对二十二冶集团应收账款资产支持专项计划资产支持证券挂牌转让无异议的函	上证函〔2019〕1042 号
243	关于对中信证券 – 中建投租赁 2019 年第一期资产支持专项计划资产支持证券挂牌转让无异议的函	上证函〔2019〕1049 号
244	关于对中金花呗 2019 年授信付款资产支持专项计划资产支持证券挂牌转让无异议的函	上证函〔2019〕1050 号
245	关于对中建保理 – 海通 – 中建八局供应链金融资产支持专项计划资产支持证券挂牌转让无异议的函	上证函〔2019〕1068 号
246	关于对申万宏源 – 正泰电器 – 蔷薇保理供应链 1 – 10 期资产支持专项计划资产支持证券挂牌转让无异议的函	上证函〔2019〕1076 号
247	关于对华泰佳越 – 北大医疗一期资产支持专项计划资产支持证券挂牌转让无异议的函	上证函〔2019〕1077 号
248	关于对东吴 – 苏城 1 号天然气收费收益权资产支持专项计划资产支持证券挂牌转让无异议的函	上证函〔2019〕1078 号
249	关于对灿谷汽车融资租赁资产支持专项计划资产支持证券挂牌转让无异议的函	上证函〔2019〕1079 号
250	关于对 2019 易鑫租赁二期资产支持专项计划资产支持证券挂牌转让无异议的函	上证函〔2019〕1087 号
251	关于对华泰资管 – 链盈第 1 – 20 号资产支持专项计划资产支持证券挂牌转让无异议的函	上证函〔2019〕1089 号
252	关于对中信证券 – 中航租赁 2019 年第一期资产支持专项计划资产支持证券挂牌转让无异议的函	上证函〔2019〕1104 号
253	关于对天弘创新花呗第 1 – 6 期消费授信融资资产支持专项计划资产支持证券挂牌转让无异议的函	上证函〔2019〕1109 号
254	关于对中金 – 金茂凯晨 2019 年资产支持专项计划资产支持证券挂牌转让无异议的函	上证函〔2019〕1129 号
255	关于对广发恒进 – 联合保理供应链金融第 16 – 20 期资产支持专项计划资产支持证券挂牌转让无异议的函	上证函〔2019〕1133 号
256	关于对平安 – 赛达伟业信托受益权资产支持专项计划资产支持证券挂牌转让无异议的函	上证函〔2019〕1139 号
257	关于对中信建投花呗第 8 – 15 期授信付款资产支持专项计划资产支持证券挂牌转让无异议的函	上证函〔2019〕1145 号
258	关于对交银施罗德 – 中车信融资产支持专项计划资产支持证券挂牌转让无异议的函	上证函〔2019〕1148 号

续表

序号	标　　题	文　　号
259	关于对平安汇通－万安信托受益权第1－20期资产支持专项计划资产支持证券挂牌转让无异议的函	上证函〔2019〕1168号
260	关于对海通－华泰资管－雅居乐酒店物业资产支持专项计划资产支持证券挂牌转让无异议的函	上证函〔2019〕1169号
261	关于对国海证券－广西租赁第二期资产支持专项计划资产支持证券挂牌转让无异议的函	上证函〔2019〕1193号
262	关于对华鑫－方正世纪应收账款资产支持专项计划资产支持证券挂牌转让无异议的函	上证函〔2019〕1194号
263	关于对平安证券－中和农信1－6号公益小额贷款资产支持专项计划资产支持证券挂牌转让无异议的函	上证函〔2019〕1195号
264	关于对平安－兴港投资供应链金融1－20期资产支持专项计划资产支持证券挂牌转让无异议的函	上证函〔2019〕1196号
265	关于对2019平安租赁七期资产支持专项计划资产支持证券挂牌转让无异议的函	上证函〔2019〕1237号
266	关于对中国银河－城发租赁第一期资产支持专项计划资产支持证券挂牌转让无异议的函	上证函〔2019〕1243号
267	关于对德邦－中国建材工程第1－3期应收账款资产支持专项计划资产支持证券挂牌转让无异议的函	上证函〔2019〕1246号
268	关于对华泰资管－厦飞租一期资产支持专项计划资产支持证券挂牌转让无异议的函	上证函〔2019〕1254号
269	关于对江油鸿飞二期天然气收费收益权资产支持专项计划资产支持证券挂牌转让无异议的函	上证函〔2019〕1263号
270	关于对渤海汇金－宝业东城广场资产支持专项计划资产支持证券挂牌转让无异议的函	上证函〔2019〕1267号
271	关于对奥克斯租赁十期资产支持专项计划资产支持证券挂牌转让无异议的函	上证函〔2019〕1272号
272	关于对长城光耀－联合保理1－20期资产支持专项计划资产支持证券挂牌转让无异议的函	上证函〔2019〕1273号
273	关于对华福－苏高新永旺梦乐城资产支持专项计划资产支持证券挂牌转让无异议的函	上证函〔2019〕1274号
274	关于对德银租赁2019年第五期租赁资产支持专项计划资产支持证券挂牌转让无异议的函	上证函〔2019〕1292号
275	关于对诚泰租赁2019年第一期资产支持专项计划资产支持证券挂牌转让无异议的函	上证函〔2019〕1300号
276	关于对平安汇通－平裕融迅供应链金融1－12号资产支持专项计划资产支持证券挂牌转让无异议的函	上证函〔2019〕1301号

续表

序号	标　　题	文　　号
277	关于对2019平安租赁六期资产支持专项计划资产支持证券挂牌转让无异议的函	上证函〔2019〕1302号
278	关于对天风-国药租赁五期资产支持专项计划资产支持证券挂牌转让无异议的函	上证函〔2019〕1303号
279	关于对2019国药控股融资租赁第三期资产支持专项计划资产支持证券挂牌转让无异议的函	上证函〔2019〕1307号
280	关于对中建保理-申万宏源-中建六局2019年第1-15期供应链金融资产支持专项计划资产支持证券挂牌转让无异议的函	上证函〔2019〕1319号
281	关于对财通证券-中铁八局2019年应收账款资产支持专项计划资产支持证券挂牌转让无异议的函	上证函〔2019〕1320号
282	关于对国开-航空城集团信托受益权资产支持专项计划资产支持证券挂牌转让无异议的函	上证函〔2019〕1321号
283	关于对万融保理-恒丰银行-申万宏源第1-8期供应链金融资产支持专项计划资产支持证券挂牌转让无异议的函	上证函〔2019〕1322号
284	关于对国君-新长宁兆丰广场资产支持专项计划资产支持证券挂牌转让无异议的函	上证函〔2019〕1323号
285	关于对云能租赁公司2019年第二期资产支持专项计划资产支持证券挂牌转让无异议的函	上证函〔2019〕1330号
286	关于对国元证券-中安保理二期资产支持专项计划资产支持证券挂牌转让无异议的函	上证函〔2019〕1331号
287	关于对中信证券-德远保理-中建八局第1-10期供应链资产支持专项计划资产支持证券挂牌转让无异议的函	上证函〔2019〕1356号
288	关于对君创租赁2019年第一期资产支持专项计划资产支持证券挂牌转让无异议的函	上证函〔2019〕1357号
289	关于对水电十一局-建信资本-联易融1-20期资产支持专项计划资产支持证券挂牌转让无异议的函	上证函〔2019〕1358号
290	关于对兴业圆融-顺泰租赁绿色惠农资产支持专项计划资产支持证券挂牌转让无异议的函	上证函〔2019〕1359号
291	关于对首创证券-首创置业应收账款资产支持专项计划资产支持证券挂牌转让无异议的函	上证函〔2019〕1360号
292	关于对中电建保理融信第1-6期资产支持专项计划资产支持证券挂牌转让无异议的函	上证函〔2019〕1381号
293	关于对晋建保理-交银施罗德-供应链金融1-5号资产支持专项计划资产支持证券挂牌转让无异议的函	上证函〔2019〕1382号
294	关于对海通华泰-金光上海白玉兰广场资产支持专项计划资产支持证券挂牌转让无异议的函	上证函〔2019〕1383号

续表

序号	标　　题	文　　号
295	关于对2019易鑫租赁三期资产支持专项计划资产支持证券挂牌转让无异议的函	上证函〔2019〕1400号
296	关于对财通上虞水务污水处理收费收益权绿色资产支持专项计划资产支持证券挂牌转让无异议的函	上证函〔2019〕1401号
297	关于对国君－电建租赁第1期资产支持专项计划资产支持证券挂牌转让无异议的函	上证函〔2019〕1408号
298	关于对中联元联－前海开源－苏州恒泰商业地产一期资产支持专项计划资产支持证券挂牌转让无异议的函	上证函〔2019〕1409号
299	关于对国君－中国电建2019年工程应收账款资产支持专项计划资产支持证券挂牌转让无异议的函	上证函〔2019〕1410号
300	关于对爱建租赁一期资产支持专项计划资产支持证券挂牌转让无异议的函	上证函〔2019〕1411号
301	关于对国元－中泰－山钢应收账款资产支持专项计划资产支持证券挂牌转让无异议的函	上证函〔2019〕1412号
302	关于对长城国瑞－江河集团应收账款资产支持专项计划资产支持证券挂牌转让无异议的函	上证函〔2019〕1413号
303	关于对德邦－武汉正凯红星家居展示中心资产支持专项计划资产支持证券挂牌转让无异议的函	上证函〔2019〕1423号
304	关于对中国中投证券－德远保理－中建六局供应链金融1号第1－24期资产支持专项计划资产支持证券挂牌转让无异议的函	上证函〔2019〕1434号
305	关于对中联基金－浙商资管－沪杭甬徽杭高速资产支持专项计划资产支持证券挂牌转让无异议的函	上证函〔2019〕1435号
306	关于对中泰五矿－联易融供应链金融1－10期资产支持专项计划资产支持证券挂牌转让无异议的函	上证函〔2019〕1448号
307	关于对方正证券－中企云链－水电八局1－20期供应链金融资产支持专项计划资产支持证券挂牌转让无异议的函	上证函〔2019〕1454号
308	关于对华泰－国药器械应收账款债权1－5期资产支持专项计划资产支持证券挂牌转让无异议的函	上证函〔2019〕1471号
309	关于对德邦长沙水业供水收费收益权资产支持专项计划资产支持证券挂牌转让无异议的函	上证函〔2019〕1472号
310	关于对华泰－青岛城乡租赁第七期资产支持专项计划资产支持证券挂牌转让无异议的函	上证函〔2019〕1481号
311	关于对长城证券－耀达租赁一期资产支持专项计划资产支持证券挂牌转让无异议的函	上证函〔2019〕1482号
312	关于对中金花呗授信付款资产支持专项计划资产支持证券挂牌转让无异议的函	上证函〔2019〕1483号
313	关于对东兴－铭著资产支持专项计划资产支持证券挂牌转让无异议的函	上证函〔2019〕1494号

续表

序号	标　题	文　号
314	关于对海通－华泰－锦安家园南北区资产支持专项计划资产支持证券挂牌转让无异议的函	上证函〔2019〕1495 号
315	关于对华泰资管－三六零小贷第 1－20 期资产支持专项计划资产支持证券挂牌转让无异议的函	上证函〔2019〕1502 号
316	关于对 2019 年平安租赁八期资产支持专项计划资产支持证券挂牌转让无异议的函	上证函〔2019〕1510 号
317	关于对阳光人寿惠金保单贷款第 1－10 期资产支持专项计划资产支持证券挂牌转让无异议的函	上证函〔2019〕1520 号
318	关于对天风－碧强应收账款资产支持专项计划资产支持证券挂牌转让无异议的函	上证函〔2019〕1521 号
319	关于对山证汇通－龙泉工投产业园资产支持专项计划资产支持证券挂牌转让无异议的函	上证函〔2019〕1522 号
320	关于对万家东吴－苏州相城保障房资产支持专项计划资产支持证券挂牌转让无异议的函	上证函〔2019〕1523 号
321	关于对长安新生－天风 2019 年 1 期资产支持专项计划资产支持证券挂牌转让无异议的函	上证函〔2019〕1529 号
322	关于对邹城市国运公共交通有限公司经营收费收益权资产支持专项计划资产支持证券挂牌转让无异议的函	上证函〔2019〕1533 号
323	关于对成都交投停车费收益权资产支持专项计划资产支持证券挂牌转让无异议的函	上证函〔2019〕1534 号
324	关于对中金－中和农信 1－6 号公益小额贷款资产支持专项计划资产支持证券挂牌转让无异议的函	上证函〔2019〕1535 号
325	关于对中信证券－爱奇艺知识产权供应链金融资产支持专项计划 1－15 期资产支持证券挂牌转让无异议的函	上证函〔2019〕1547 号
326	关于对中铁资本第 1－3 期应收账款资产支持专项计划资产支持证券挂牌转让无异议的函	上证函〔2019〕1548 号
327	关于对国君资管－山东海发国际航运中心绿色建筑资产支持专项计划资产支持证券挂牌转让无异议的函	上证函〔2019〕1549 号
328	关于对华泰资管－苏信 1 号资产支持专项计划资产支持证券挂牌转让无异议的函	上证函〔2019〕1580 号
329	关于对财通－中铁广州局 2019 年应收账款资产支持专项计划资产支持证券挂牌转让无异议的函	上证函〔2019〕1581 号
330	关于对中金－金光金虹桥国际中心资产支持专项计划资产支持证券挂牌转让无异议的函	上证函〔2019〕1613 号
331	关于对京东数科－国君资管 2019 年第一期保理合同债权资产支持专项计划资产支持证券挂牌转让无异议的函	上证函〔2019〕1632 号

续表

序号	标　　题	文　　号
332	关于对工银瑞投－海垦控股集团土地承包金资产支持专项计划资产支持证券挂牌转让无异议的函	上证函〔2019〕1633 号
333	关于对中山平安－联融供应链资产支持专项计划资产支持证券挂牌转让无异议的函	上证函〔2019〕1634 号
334	关于对安吉租赁第 2－6 期资产支持专项计划资产支持证券挂牌转让无异议的函	上证函〔2019〕1635 号
335	关于对东亚前海－联易融－珠江投资供应链金融资产支持专项计划资产支持证券挂牌转让无异议的函	上证函〔2019〕1636 号
336	关于对中信金石－成都苏宁广场资产支持专项计划资产支持证券挂牌转让无异议的函	上证函〔2019〕1639 号
337	关于对交银施罗德－苏新国资天都商业广场资产支持专项计划资产支持证券挂牌转让无异议的函	上证函〔2019〕1640 号
338	关于对宏信证券－太平城乡保障房信托受益权资产支持专项计划资产支持证券挂牌转让无异议的函	上证函〔2019〕1667 号
339	关于对德邦贵诚聚盈资产支持专项计划资产支持证券挂牌转让无异议的函	上证函〔2019〕1668 号
340	关于对 2019 海尔租赁第一期资产支持专项计划资产支持证券挂牌转让无异议的函	上证函〔2019〕1669 号
341	关于对兴瀚资管－迈科商业中心综合体资产支持专项计划资产支持证券挂牌转让无异议的函	上证函〔2019〕1670 号
342	关于对招商创融－中国能建西北建投 2019 年应收账款资产支持专项计划资产支持证券挂牌转让无异议的函	上证函〔2019〕1711 号
343	关于对中建保理－平安光大－中建一局供应链金融 1－15 期资产支持专项计划资产支持证券挂牌转让无异议的函	上证函〔2019〕1712 号
344	关于对中金公司－奥通应收账款资产支持专项计划资产支持证券挂牌转让无异议的函	上证函〔2019〕1713 号
345	关于对鑫沅资产－中国林产品有限公司保理资产支持专项计划资产支持证券挂牌转让无异议的函	上证函〔2019〕1722 号
346	关于对中联元联－前海开源－苏州纳米大学科技园资产支持专项计划资产支持证券挂牌转让无异议的函	上证函〔2019〕1740 号
347	关于对天风－汇通信诚 1 期资产支持专项计划资产支持证券挂牌转让无异议的函	上证函〔2019〕1742 号
348	关于对中金公司－中企云链－供应链金融 1－24 期资产支持专项计划资产支持证券挂牌转让无异议的函	上证函〔2019〕1751 号
349	关于对中金－中垠租赁 1－8 期资产支持专项计划资产支持证券挂牌转让无异议的函	上证函〔2019〕1759 号
350	关于对中大元通租赁 1－3 号资产支持专项计划资产支持证券挂牌转让无异议的函	上证函〔2019〕1760 号

续表

序号	标　　题	文　　号
351	关于对上海国金租赁有限公司2019年度第一期资产支持专项计划资产支持证券挂牌转让无异议的函	上证函〔2019〕1817号
352	关于对中建保理－中建五局第1－20期供应链金融资产支持专项计划资产支持证券挂牌转让无异议的函	上证函〔2019〕1818号
353	关于对东方花呗第9－18期授信付款资产支持专项计划资产支持证券挂牌转让无异议的函	上证函〔2019〕1820号
354	关于对中建保理－中建四局2019年第1－15期供应链金融资产支持专项计划资产支持证券挂牌转让无异议的函	上证函〔2019〕1853号
355	关于对招银睿进－招商创融－海淀区国资经营中心2019资产支持专项计划资产支持证券挂牌转让无异议的函	上证函〔2019〕1870号
356	关于对苏高速车辆通行费收益权资产支持专项计划资产支持证券挂牌转让无异议的函	上证函〔2019〕1896号
357	关于对申万宏源－领途保理2019年第1－10期供应链金融资产支持专项计划资产支持证券挂牌转让无异议的函	上证函〔2019〕1897号
358	关于对京东数科－2019年京诚系列供应链保理合同债权资产支持专项计划资产支持证券挂牌转让无异议的函	上证函〔2019〕1898号
359	关于对中金公司－海尔保理1－5期资产支持专项计划资产支持证券挂牌转让无异议的函	上证函〔2019〕1899号
360	关于对中信建投－德远保理－中建一局第1－10期供应链资产支持专项计划资产支持证券挂牌转让无异议的函	上证函〔2019〕1900号
361	关于对国融证券－华潍租赁一期资产支持专项计划资产支持证券挂牌转让无异议的函	上证函〔2019〕1901号
362	关于对华西证券—十九冶集团2019年第一期应收账款资产支持专项计划资产支持证券挂牌转让无异议的函	上证函〔2019〕1919号
363	关于对华润医药商业集团应收账款4－9期资产支持专项计划资产支持证券挂牌转让无异议的函	上证函〔2019〕1920号
364	关于对国君－中国核建工程应收账款1－5期资产支持专项计划资产支持证券挂牌转让无异议的函	上证函〔2019〕1921号
365	关于对水电十一局－中原－联易融供应链金融1－10期资产支持专项计划资产支持证券挂牌转让无异议的函	上证函〔2019〕1932号
366	关于对中信建投－北京一方天启1－10期供应链金融资产支持专项计划资产支持证券挂牌转让无异议的函	上证函〔2019〕1933号
367	关于对华西证券－中铁建保理银信供应链资产支持专项计划资产支持证券挂牌转让无异议的函	上证函〔2019〕1954号
368	关于对天弘创新－大搜车2019年第1－25期资产支持专项计划资产支持证券挂牌转让无异议的函	上证函〔2019〕1955号

续表

序号	标　　题	文　　号
369	关于对中广核租赁共进共赢1号资产支持专项计划资产支持证券挂牌转让无异议的函	上证函〔2019〕1962号
370	关于对中信证券－国美信达保理供应链金融第1－15期资产支持专项计划资产支持证券挂牌转让无异议的函	上证函〔2019〕1964号
371	关于对中国中投证券－江北公用保障房资产支持专项计划资产支持证券挂牌转让无异议的函	上证函〔2019〕1974号
372	关于对天风－大众租赁－运营商终端消费分期1－3期资产支持专项计划资产支持证券挂牌转让无异议的函	上证函〔2019〕1975号
373	关于对华融睿鑫－济钢集团应收账款资产支持专项计划资产支持证券挂牌转让无异议的函	上证函〔2019〕1979号
374	关于对中信建投借呗第1－10期消费贷款资产支持专项计划资产支持证券挂牌转让无异议的函	上证函〔2019〕1980号
375	关于对华西－北京华联商业物业资产支持专项计划资产支持证券挂牌转让无异议的函	上证函〔2019〕1983号
376	关于对宏源热力供热收费收益权资产支持专项计划资产支持证券挂牌转让无异议的函	上证函〔2019〕1984号
377	关于对远大租赁2019年第二期资产支持专项计划资产支持证券挂牌转让无异议的函	上证函〔2019〕1992号
378	关于对申万宏源平安－湘潭公交客运经营收费收益权资产支持专项计划资产支持证券挂牌转让无异议的函	上证函〔2019〕1995号
379	关于对德邦花呗授信付款资产支持专项计划资产支持证券挂牌转让无异议的函	上证函〔2019〕1996号
380	关于对浙江海洋租赁五期资产支持专项计划资产支持证券挂牌转让无异议的函	上证函〔2019〕2011号
381	关于对中金－华冶集团应收账款资产支持专项计划资产支持证券挂牌转让无异议的函	上证函〔2019〕2012号
382	关于对平安－华泰－山钢集团供应链金融资产支持专项计划资产支持证券挂牌转让无异议的函	上证函〔2019〕2013号
383	关于对中金花呗2019年授信付款资产支持专项计划资产支持证券挂牌转让无异议的函	上证函〔2019〕2014号
384	关于对中金花呗授信付款资产支持专项计划资产支持证券挂牌转让无异议的函	上证函〔2019〕2040号
385	关于对中远海运租赁领航第1－6期汽车资产支持专项计划资产支持证券挂牌转让无异议的函	上证函〔2019〕2041号
386	关于对中信建投天信和融资产支持专项计划资产支持证券挂牌转让无异议的函	上证函〔2019〕2042号

续表

序号	标　　题	文　　号
387	关于对国开－乌房保障性租赁住房资产支持专项计划资产支持证券挂牌转让无异议的函	上证函〔2019〕2043 号
388	关于对国海证券－厦门英才学校信托受益权资产支持专项计划资产支持证券挂牌转让无异议的函	上证函〔2019〕2060 号
389	关于对建信资本－中冶建工应收账款资产支持专项计划资产支持证券挂牌转让无异议的函	上证函〔2019〕2061 号
390	关于对浙江恒风集团有限公司义乌公交客运收费权资产支持专项计划资产支持证券挂牌转让无异议的函	上证函〔2019〕2062 号
391	关于对平安－建投新能源 1－5 号可再生能源电价附加补助绿色资产支持专项计划资产支持证券挂牌转让无异议的函	上证函〔2019〕2071 号
392	关于对华泰资管－云投租赁 2019 年第 1－5 期资产支持专项计划资产支持证券挂牌转让无异议的函	上证函〔2019〕2072 号
393	关于对德邦海通－复星旅文－三亚亚特兰蒂斯资产支持专项计划资产支持证券挂牌转让无异议的函	上证函〔2019〕2073 号
394	关于对国君资管安享第 1－20 期资产支持专项计划资产支持证券挂牌转让无异议的函	上证函〔2019〕2074 号
395	关于对兴业－中泰－中航租赁 2019 年第三期资产支持专项计划资产支持证券挂牌转让无异议的函	上证函〔2019〕2076 号
396	关于对长城证券－平煤神马集团 1－24 期供应链金融资产支持专项计划资产支持证券挂牌转让无异议的函	上证函〔2019〕2082 号
397	关于对江海证券－中铁十局 2019 年第一期应收账款资产支持专项计划资产支持证券挂牌转让无异议的函	上证函〔2019〕2083 号
398	关于对国开－河钢供应链 1－10 号资产支持专项计划资产支持证券挂牌转让无异议的函	上证函〔2019〕2099 号
399	关于对太证国富融源 1－10 期供应链金融资产支持专项计划资产支持证券挂牌转让无异议的函	上证函〔2019〕2100 号
400	关于对飞驰－建信资本供应链 1－50 期资产支持专项计划资产支持证券挂牌转让无异议的函	上证函〔2019〕2101 号
401	关于对五矿证券－中冶交通应收账款资产支持专项计划资产支持证券挂牌转让无异议的函	上证函〔2019〕2118 号
402	关于对中信证券－厦门中骏应收账款第一期资产支持专项计划资产支持证券挂牌转让无异议的函	上证函〔2019〕2119 号
403	关于对中建保理－中建三局第 1－15 期供应链金融资产支持专项计划资产支持证券挂牌转让无异议的函	上证函〔2019〕2124 号
404	关于对兴业圆融－广州医药应收账款 1－5 期资产支持专项计划资产支持证券挂牌转让无异议的函	上证函〔2019〕2125 号

续表

序号	标　题	文　号
405	关于对国开证券－宁波北仑公交票款绿色资产支持专项计划资产支持证券挂牌转让无异议的函	上证函〔2019〕2126号
406	关于对中信证券－中铁金控2019第一期资产支持专项计划资产支持证券挂牌转让无异议的函	上证函〔2019〕2136号
407	关于对中信证券－联易融－中建钢构供应链金融1－10期资产支持专项计划资产支持证券挂牌转让无异议的函	上证函〔2019〕2137号
408	关于对五冶集团2019年应收账款资产支持专项计划资产支持证券挂牌转让无异议的函	上证函〔2019〕2138号
409	关于对国君资管－中电投融和租赁2019年第一期绿色资产支持专项计划资产支持证券挂牌转让无异议的函	上证函〔2019〕2139号
410	关于对天风证券－中铁大桥局2019年应收账款资产支持专项计划资产支持证券挂牌转让无异议的函	上证函〔2019〕2140号
411	关于对国元－中泰－华宸租赁一期资产支持专项计划资产支持证券挂牌转让无异议的函	上证函〔2019〕2143号
412	关于对英大证券－大渡河水电电费应收账款资产支持专项计划资产支持证券挂牌转让无异议的函	上证函〔2019〕2144号
413	关于对招商－腾讯－微企链供应链金融1－50号资产支持专项计划资产支持证券挂牌转让无异议的函	上证函〔2019〕2145号
414	关于对中信信托－南京世茂希尔顿酒店资产支持专项计划资产支持证券挂牌转让无异议的函	上证函〔2019〕2146号
415	关于对工银瑞信投资－碧桂园2019年第一期资产支持专项计划资产支持证券挂牌转让无异议的函	上证函〔2019〕2154号
416	关于对中国中投证券－首约科技特许经营收入资产支持专项计划资产支持证券挂牌转让无异议的函	上证函〔2019〕2162号
417	关于对海通－华福－三一高端制造1－8期融资租赁资产支持专项计划资产支持证券挂牌转让无异议的函	上证函〔2019〕2172号
418	关于对德邦－中联水泥第1－4期应收账款资产支持专项计划资产支持证券挂牌转让无异议的函	上证函〔2019〕2173号
419	关于对平安租赁1－3号资产支持专项计划资产支持证券挂牌转让无异议的函	上证函〔2019〕2174号
420	关于对中国银河－新疆广汇－汇新热力资产支持专项计划资产支持证券挂牌转让无异议的函	上证函〔2019〕2175号
421	关于对中航－淮矿发电1号电力上网收费收益权资产支持专项计划资产支持证券挂牌转让无异议的函	上证函〔2019〕2191号
422	关于对信达信源2019年第一期1－5号资产支持专项计划资产支持证券挂牌转让无异议的函	上证函〔2019〕2199号

续表

序号	标　　题	文　　号
423	关于对德邦－医药高新－联易融资产支持专项计划资产支持证券挂牌转让无异议的函	上证函〔2019〕2200 号
424	关于对长城证券－宁国安居保障房资产支持专项计划资产支持证券挂牌转让无异议的函	上证函〔2019〕2201 号
425	关于对中信证券－舜信第 1－2 期资产支持专项计划资产支持证券挂牌转让无异议的函	上证函〔2019〕2211 号
426	关于对国君－东南发展第 1－2 期资产支持专项计划资产支持证券挂牌转让无异议的函	上证函〔2019〕2212 号
427	关于对联易融－中信证券供应链金融 2 号第 1－5 期资产支持专项计划资产支持证券挂牌转让无异议的函	上证函〔2019〕2213 号
428	关于对开源－中交租赁一期资产支持专项计划资产支持证券挂牌转让无异议的函	上证函〔2019〕2214 号
429	关于对天风证券－华福－前交所集合保理区块链资产 1－50 号资产支持专项计划资产支持证券挂牌转让无异议的函	上证函〔2019〕2223 号
430	关于对上海电气应收账款资产支持专项计划资产支持证券挂牌转让无异议的函	上证函〔2019〕2225 号
431	关于对中铁十八局－建信资本－联易融供应链 1－15 期资产支持专项计划资产支持证券挂牌转让无异议的函	上证函〔2019〕2226 号
432	关于对 2019 远东九期资产支持专项计划资产支持证券挂牌转让无异议的函	上证函〔2019〕2227 号
433	关于对中信证券－电建保理供应链金融 1 号第 1－5 期资产支持专项计划资产支持证券挂牌转让无异议的函	上证函〔2019〕2228 号
434	关于对中信建投花呗第 12－25 期授信付款资产支持专项计划资产支持证券挂牌转让无异议的函	上证函〔2019〕2229 号
435	关于对光证－中铁建第 1－5 期光穗资产支持专项计划资产支持证券挂牌转让无异议的函	上证函〔2019〕2237 号
436	关于对建投福田－中车信融第二期资产支持专项计划资产支持证券挂牌转让无异议的函	上证函〔2019〕2244 号
437	关于对中电通商租赁－广发瑞元 2019 年第一期应收账款资产支持专项计划资产支持证券挂牌转让无异议的函	上证函〔2019〕2245 号
438	关于对航信供应链金融 1－50 号资产支持专项计划资产支持证券挂牌转让无异议的函	上证函〔2019〕2246 号
439	关于对华宝证券－欧冶区块链通宝 1 号资产支持专项计划资产支持证券挂牌转让无异议的函	上证函〔2019〕2247 号
440	关于对中泰五矿－高青供热收费收益权资产支持专项计划资产支持证券挂牌转让无异议的函	上证函〔2019〕2269 号
441	关于对万联－汉正街小商品中心市场资产支持专项计划资产支持证券挂牌转让无异议的函	上证函〔2019〕2271 号

续表

序号	标　　题	文　　号
442	关于对中信证券－中电建保理融信第1期资产支持专项计划资产支持证券挂牌转让无异议的函	上证函〔2019〕2272号
443	关于对海通恒信小微6－10号资产支持专项计划资产支持证券挂牌转让无异议的函	上证函〔2019〕2273号
444	关于对聚信国际融资租赁2019年第四期资产支持专项计划资产支持证券挂牌转让无异议的函	上证函〔2019〕2274号
445	关于对财通资管－华能信托惠享1－10期资产支持专项计划资产支持证券挂牌转让无异议的函	上证函〔2019〕2275号
446	关于对开源－光大－共鑫资产支持专项计划资产支持证券挂牌转让无异议的函	上证函〔2019〕2276号
447	关于对浙商－宋都股份购房尾款资产支持专项计划资产支持证券挂牌转让无异议的函	上证函〔2019〕2277号
448	关于对2019海尔租赁第一期资产支持专项计划信用保护凭证挂牌转让无异议的函	上证函〔2019〕2288号
449	关于对中信证券－联易融－中交二航局供应链金融1－20期资产支持专项计划资产支持证券挂牌转让无异议的函	上证函〔2019〕2291号
450	关于对山西证券－云南保山水电收费收益权绿色资产支持专项计划资产支持证券挂牌转让无异议的函	上证函〔2019〕2292号
451	关于对中信建投－中铝国际2019年应收账款资产支持专项计划资产支持证券挂牌转让无异议的函	上证函〔2019〕2293号
452	关于对长江楚越－中铁投资2019年应收账款资产支持专项计划资产支持证券挂牌转让无异议的函	上证函〔2019〕2294号
453	关于对东方汇添富－中电信息应收账款第1－10期资产支持专项计划资产支持证券挂牌转让无异议的函	上证函〔2019〕2295号
454	关于对中泰－联易融－淮安控股供应链金融1－10期资产支持专项计划资产支持证券挂牌转让无异议的函	上证函〔2019〕2316号
455	关于对华泰－国电山西可再生能源电价附加补助绿色1期资产支持专项计划资产支持证券挂牌转让无异议的函	上证函〔2019〕2318号
456	关于对华泰－国电和风可再生能源电价附加补助绿色1期资产支持专项计划资产支持证券挂牌转让无异议的函	上证函〔2019〕2319号
457	关于对德邦证券财通租赁一期资产支持专项计划资产支持证券挂牌转让无异议的函	上证函〔2019〕2320号
458	关于对天风－新兴建筑应收账款资产支持专项计划资产支持证券挂牌转让无异议的函	上证函〔2019〕2321号
459	关于对中建七局－中信证券第一期应收账款资产支持专项计划资产支持证券挂牌转让无异议的函	上证函〔2019〕2322号

续表

序号	标　题	文　号
460	关于对中信证券－滴滴1－10期滴水贷资产支持专项计划资产支持证券挂牌转让无异议的函	上证函〔2019〕2323号
461	关于对杭安居资产支持专项计划资产支持证券挂牌转让无异议的函	上证函〔2019〕2349号
462	关于对建投汇筑－中建二局－联易融供应链金融1－20号资产支持专项计划资产支持证券挂牌转让无异议的函	上证函〔2019〕2350号
463	关于对首创证券－首创置业第二期应收账款资产支持专项计划资产支持证券挂牌转让无异议的函	上证函〔2019〕2351号
464	关于对中国交建供应链资产支持专项计划资产支持证券挂牌转让无异议的函	上证函〔2019〕2358号
465	关于对国君－电建保理第一期应收账款资产支持专项计划资产支持证券挂牌转让无异议的函	上证函〔2019〕2366号
466	关于对中山证券－君美资产支持专项计划资产支持证券挂牌转让无异议的函	上证函〔2019〕2367号
467	关于对中金－华能天成融资租赁2019年第一期绿色资产支持专项计划资产支持证券挂牌转让无异议的函	上证函〔2019〕2368号
468	关于对万联证券－靖江安置房信托受益权资产支持专项计划资产支持证券挂牌转让无异议的函	上证函〔2019〕2369号
469	关于对大连德泰自来水有限公司自来水收费收益权资产支持专项计划资产支持证券挂牌转让无异议的函	上证函〔2019〕2370号
470	关于对中金－淄博城燃供气合同债权资产支持专项计划资产支持证券挂牌转让无异议的函	上证函〔2019〕2371号
471	关于对中邮证券－上海胜握胜应收账款资产支持专项计划资产支持证券挂牌转让无异议的函	上证函〔2019〕2378号
472	关于对海通恒信第六期资产支持专项计划资产支持证券挂牌转让无异议的函	上证函〔2019〕2379号
473	关于对开源－陕煤应收账款1－10期资产支持专项计划资产支持证券挂牌转让无异议的函	上证函〔2019〕2380号
474	关于对山证汇通－永辉超市供应链1－10期资产支持专项计划资产支持证券挂牌转让无异议的函	上证函〔2019〕2385号
475	关于对华泰资管惠沣嘉文1－8期资产支持专项计划资产支持证券挂牌转让无异议的函	上证函〔2019〕2406号
476	关于对申万宏源－上海宝冶贵州新蒲经济开发区PPP项目收益权资产支持专项计划资产支持证券挂牌转让无异议的函	上证函〔2019〕2407号
477	关于对中建投租赁2020年第一期资产支持专项计划资产支持证券挂牌转让无异议的函	上证函〔2019〕2408号
478	关于对平安证券－安润1－20号资产支持专项计划资产支持证券挂牌转让无异议的函	上证函〔2019〕2409号

续表

序号	标　　题	文　　号
479	关于对华科租赁六期资产支持专项计划资产支持证券挂牌转让无异议的函	上证函〔2019〕2410 号
480	关于对冀中能源集团应收账款 1－10 期资产支持专项计划资产支持证券挂牌转让无异议的函	上证函〔2019〕2412 号
481	关于对东兴企融－南京河西会展中心一期资产支持专项计划资产支持证券挂牌转让无异议的函	上证函〔2019〕2413 号
482	关于对京东物产资产支持专项计划资产支持证券挂牌转让无异议的函	上证函〔2019〕2434 号
483	关于对国君－诚泰租赁 2019 年小微资产支持专项计划资产支持证券挂牌转让无异议的函	上证函〔2019〕2435 号
484	关于对浦东科创 1－10 期知识产权资产支持专项计划资产支持证券挂牌转让无异议的函	上证函〔2019〕2436 号
485	关于对平安证券－中和农信普惠金融 1－10 号资产支持专项计划资产支持证券挂牌转让无异议的函	上证函〔2019〕2437 号

三、基金类

序号	标　　题	文　　号
同意上市通知书目录		
1	关于博时中证央企结构调整交易型开放式指数证券投资基金上市交易的通知	自律监管决定书〔2019〕8 号
2	关于华夏中证央企结构调整交易型开放式指数证券投资基金上市交易的通知	自律监管决定书〔2019〕9 号
3	关于华泰柏瑞中证红利低波动交易型开放式指数证券投资基金上市交易的通知	自律监管决定书〔2019〕10 号
4	关于建信港股通恒生中国企业交易型开放式指数证券投资基金上市交易的通知	自律监管决定书〔2019〕12 号
5	关于富时中国 A50 交易型开放式指数证券基金上市交易的通知	自律监管决定书〔2019〕17 号
6	关于嘉实恒生港股通新经济指数证券投资基金（LOF）A 类份额上市交易的通知	自律监管决定书〔2019〕24 号
7	关于南华中证杭州湾区交易型开放式指数证券投资基金上市交易的通知	自律监管决定书〔2019〕27 号
8	关于平安中证 5－10 年期国债活跃券交易型开放式指数证券投资基金上市交易的通知	自律监管决定书〔2019〕28 号
9	关于华宝标普中国 A 股质量价值指数证券投资基金（LOF）上市交易的通知	自律监管决定书〔2019〕32 号
10	关于工银瑞信上证 50 交易型开放式指数证券投资基金上市交易的通知	自律监管决定书〔2019〕34 号
11	关于浦银安盛中证高股息精选交易型开放式指数证券投资基金上市交易的通知	自律监管决定书〔2019〕35 号

续表

序号	标　　题	文　　号
12	关于平安中债－中高等级公司债利差因子交易型开放式指数证券投资基金上市交易的通知	自律监管决定书〔2019〕37 号
13	关于华安沪深 300 行业中性低波动交易型开放式指数证券投资基金上市交易的通知	自律监管决定书〔2019〕40 号
14	关于嘉实 3 年封闭运作战略配售灵活配置混合型证券投资基金(LOF)上市交易的通知	自律监管决定书〔2019〕43 号
15	关于华夏 3 年封闭运作战略配售灵活配置混合型证券投资基金(LOF)上市交易的通知	自律监管决定书〔2019〕44 号
16	关于汇添富 3 年封闭运作战略配售灵活配置混合型证券投资基金(LOF)上市交易的通知	自律监管决定书〔2019〕45 号
17	关于东方红恒元五年定期开放灵活配置混合型证券投资基金上市交易的通知	自律监管决定书〔2019〕58 号
18	关于鹏华中证酒交易型开放式指数证券投资基金上市交易的通知	自律监管决定书〔2019〕61 号
19	关于银华 MSCI 中国 A 股交易型开放式指数证券投资基金上市交易的通知	自律监管决定书〔2019〕62 号
20	关于汇添富经典成长定期开放混合型证券投资基金上市交易的通知	自律监管决定书〔2019〕68 号
21	关于国泰价值优选灵活配置混合型证券投资基金上市交易的通知	自律监管决定书〔2019〕73 号
22	关于国泰中证生物医药交易型开放式指数证券投资基金上市交易的通知	自律监管决定书〔2019〕75 号
23	关于国泰 CES 半导体行业交易型开放式指数证券投资基金上市交易的通知	自律监管决定书〔2019〕102 号
24	关于国联安中证全指半导体产品与设备交易型开放式指数证券投资基金上市交易的通知	自律监管决定书〔2019〕103 号
25	关于兴业上证红利低波动交易型开放式指数证券投资基金上市交易的通知	自律监管决定书〔2019〕104 号
26	关于华宝中证医疗交易型开放式指数证券投资基金上市交易的通知	自律监管决定书〔2019〕105 号
27	关于华安三菱日联日经 225 交易型开放式指数证券投资基金(QDII)上市交易的通知	自律监管决定书〔2019〕107 号
28	关于南方顶峰 TOPIX 交易型开放式指数证券投资基金(QDII)上市交易的通知	自律监管决定书〔2019〕108 号
29	关于华夏野村日经 225 交易型开放式指数证券投资基金(QDII)上市交易的通知	自律监管决定书〔2019〕109 号
30	关于易方达日兴资管日经 225 交易型开放式指数证券投资基金(QDII)上市交易的通知	自律监管决定书〔2019〕110 号
31	关于广发中证 100 交易型开放式指数证券投资基金上市交易的通知	自律监管决定书〔2019〕115 号
32	关于汇添富悦享定期开放混合型证券投资基金上市交易的通知	自律监管决定书〔2019〕118 号

续表

序号	标　　题	文　　号
33	关于嘉实中证锐联基本面50交易型开放式指数证券投资基金上市交易的通知	自律监管决定书〔2019〕119号
34	关于国金标普中国A股低波红利指数增强证券投资基金(LOF)上市交易的通知	自律监管决定书〔2019〕120号
35	关于上证上海改革发展主题交易型开放式指数发起式证券投资基金上市交易的通知	自律监管决定书〔2019〕121号
36	关于广发睿阳三年定期开放混合型证券投资基金上市交易的通知	自律监管决定书〔2019〕160号
37	关于鹏华中证国防交易型开放式指数证券投资基金上市交易的通知	自律监管决定书〔2019〕162号
38	关于华宝中证科技龙头交易型开放式指数证券投资基金上市交易的通知	自律监管决定书〔2019〕172号
39	关于工银瑞信沪深300交易型开放式指数证券投资基金上市交易的通知	自律监管决定书〔2019〕173号
40	关于平安中证人工智能主题交易型开放式指数证券投资基金上市交易的通知	自律监管决定书〔2019〕174号
41	关于国泰中证计算机主题交易型开放式指数证券投资基金上市交易的通知	自律监管决定书〔2019〕176号
42	关于富国中证军工龙头交易型开放式指数证券投资基金上市交易的通知	自律监管决定书〔2019〕179号
43	关于华安中证民企成长交易型开放式指数证券投资基金上市交易的通知	自律监管决定书〔2019〕183号
44	关于国泰中证全指通信设备交易型开放式指数证券投资基金上市交易的通知	自律监管决定书〔2019〕186号
45	关于中欧科创主题3年封闭运作灵活配置混合型证券投资基金上市交易的通知	自律监管决定书〔2019〕187号
46	关于浙商汇金中证浙江凤凰行动50交易型开放式指数证券投资基金上市交易的通知	自律监管决定书〔2019〕189号
47	关于万家科创主题3年封闭运作灵活配置混合型证券投资基金A类份额上市交易的通知	自律监管决定书〔2019〕193号
48	关于华宝MSCI中国A股国际通ESG通用指数证券投资基金(LOF)上市交易的通知	自律监管决定书〔2019〕194号
49	关于嘉实沪深300红利低波动交易型开放式指数证券投资基金上市交易的通知	自律监管决定书〔2019〕195号
50	关于泓德三年封闭运作丰泽混合型证券投资基金上市交易的通知	自律监管决定书〔2019〕196号
51	关于建信沪深300红利交易型开放式指数证券投资基金上市交易的通知	自律监管决定书〔2019〕197号
52	关于易方达上证50交易型开放式指数证券投资基金上市交易的通知	自律监管决定书〔2019〕199号

续表

序号	标　　题	文　　号
53	关于华夏中证 5G 通信主题交易型开放式指数证券投资基金上市交易的通知	自律监管决定书〔2019〕206 号
54	关于嘉实中证新兴科技 100 策略交易型开放式指数证券投资基金上市交易的通知	自律监管决定书〔2019〕210 号
55	关于中证长三角一体化发展主题交易型开放式指数证券投资基金上市交易的通知	自律监管决定书〔2019〕211 号
56	关于易方达中证 800 交易型开放式指数证券投资基金上市交易的通知	自律监管决定书〔2019〕212 号
57	关于华泰柏瑞中证科技 100 交易型开放式指数证券投资基金上市交易的通知	自律监管决定书〔2019〕213 号
58	关于富国科创主题 3 年封闭运作灵活配置混合型证券投资基金上市交易的通知	自律监管决定书〔2019〕216 号
59	关于方正富邦沪深 300 交易型开放式指数证券投资基金上市交易的通知	自律监管决定书〔2019〕223 号
60	关于华夏中证全指证券公司交易型开放式指数证券投资基金上市交易的通知	自律监管决定书〔2019〕228 号
61	关于平安中证粤港澳大湾区发展主题交易型开放式指数证券投资基金上市交易的通知	自律监管决定书〔2019〕229 号
62	关于富国中证消费 50 交易型开放式指数证券投资基金上市交易的通知	自律监管决定书〔2019〕230 号
63	关于广发科创主题 3 年封闭运作灵活配置混合型证券投资基金上市交易的通知	自律监管决定书〔2019〕244 号
64	关于大成 MSCI 中国 A 股质优价值 100 交易型开放式指数证券投资基金上市交易的通知	自律监管决定书〔2019〕245 号
65	关于申万菱信中证研发创新 100 交易型开放式指数证券投资基金上市交易的通知	自律监管决定书〔2019〕246 号
66	关于华夏中证银行交易型开放式指数证券投资基金上市交易的通知	自律监管决定书〔2019〕258 号
67	关于富国中证科技 50 策略交易型开放式指数证券投资基金上市交易的通知	自律监管决定书〔2019〕262 号
68	关于鹏华科创主题 3 年封闭运作灵活配置混合型证券投资基金上市交易的通知	自律监管决定书〔2019〕263 号
69	关于广发中证央企创新驱动交易型开放式指数证券投资基金上市交易的通知	自律监管决定书〔2019〕268 号
70	关于博时中证央企创新驱动交易型开放式指数证券投资基金上市交易的通知	自律监管决定书〔2019〕269 号
71	关于易方达中证红利交易型开放式指数证券投资基金上市交易的通知	自律监管决定书〔2019〕270 号

续表

序号	标　　题	文　　号
72	关于中证800交易型开放式指数证券投资基金上市交易的通知	自律监管决定书〔2019〕271号
73	关于嘉实中证央企创新驱动交易型开放式指数证券投资基金上市交易的通知	自律监管决定书〔2019〕272号
74	关于海富通上证5年期地方政府债交易型开放式指数证券投资基金上市交易的通知	自律监管决定书〔2019〕273号
75	关于华安科创主题3年封闭运作灵活配置混合型证券投资基金上市交易的通知	自律监管决定书〔2019〕286号
76	关于中金科创主题3年封闭运作灵活配置混合型证券投资基金上市交易的通知	自律监管决定书〔2019〕287号
77	关于汇添富沪深300交易型开放式指数证券投资基金上市交易的通知	自律监管决定书〔2019〕288号
78	关于中融中证500交易型开放式指数证券投资基金上市交易的通知	自律监管决定书〔2019〕289号
79	关于国联安沪深300交易型开放式指数证券投资基金上市交易的通知	自律监管决定书〔2019〕290号
80	关于华夏中证人工智能主题交易型开放式指数证券投资基金上市交易的通知	自律监管决定书〔2019〕291号
81	关于博时科创主题3年封闭运作灵活配置混合型证券投资基金上市交易的通知	自律监管决定书〔2019〕292号
82	关于天弘沪深300交易型开放式指数证券投资基金上市交易的通知	自律监管决定书〔2019〕293号
83	关于招商中证红利交易型开放式指数证券投资基金上市交易的通知	自律监管决定书〔2019〕294号
84	关于工银瑞信中证500交易型开放式指数证券投资基金上市交易的通知	自律监管决定书〔2019〕295号
85	关于方正富邦中证主要消费红利指数增强型证券投资基金(LOF)上市交易的通知	自律监管决定书〔2019〕301号
86	关于华夏中证全指房地产交易型开放式指数证券投资基金上市交易的通知	自律监管决定书〔2019〕302号
87	关于华宝中证消费龙头指数证券投资基金(LOF)上市交易的通知	自律监管决定书〔2019〕308号
88	关于华安沪深300交易型开放式指数证券投资基金上市交易的通知	自律监管决定书〔2019〕309号
终止上市决定书目录		
1	关于景顺长城中证医药卫生交易型开放式指数证券投资基金终止上市的决定	自律监管决定书〔2019〕16号
2	关于中海中证高铁产业指数分级证券投资基金终止上市的决定	自律监管决定书〔2019〕25号
3	关于长信中证能源互联网主题指数型证券投资基金(LOF)终止上市的决定	自律监管决定书〔2019〕26号
4	关于创金合信鼎鑫睿选定期开放混合型证券投资基金(LOF)终止上市的决定	自律监管决定书〔2019〕100号

续表

序号	标　　题	文　　号
5	关于上证上海改革发展主题交易型开放式指数证券投资基金终止上市的决定	自律监管决定书〔2019〕177 号
6	关于嘉实元和直投封闭混合型发起式证券投资基金终止上市的决定	自律监管决定书〔2019〕190 号
7	关于上证 180 成长交易型开放式指数证券投资基金终止上市的决定	自律监管决定书〔2019〕200 号
8	关于国金上证 50 指数分级证券投资基金两类子份额终止上市的决定	自律监管决定书〔2019〕202 号
9	关于诺安中证 500 交易型开放式指数证券投资基金终止上市的决定	自律监管决定书〔2019〕217 号
10	关于上证 180 等权重交易型开放式指数证券投资基金终止上市的决定	自律监管决定书〔2019〕231 号
11	关于上证新兴产业交易型开放式指数证券投资基金终止上市的决定	自律监管决定书〔2019〕307 号

(四)2019 年自律监管典型案例

科创板发行上市信息披露违规问题的监管判断与处置——以 N 中介机构监管案例为视角

2018 年 11 月 5 日，习近平总书记在首届中国国际进口博览会开幕式上宣布，在上海证券交易所设立科创板并试点注册制，促进上海国际金融中心和科技创新中心建设，不断完善资本市场基础制度。自宣布以来，按照党中央、国务院的战略部署，上交所在证监会和地方政府等各方支持下，集中力量、统筹推进、狠抓落实，设立科创板并试点注册制工作在 2019 年平稳起航。在科创板发行上市审核工作中，上交所及时发现中介机构的违规行为，并及时进行监管处置，督促中介机构勤勉尽责，发挥其应有的职能作用。

一、N 中介机构等违规情况

N 公司是 M 发行人申请首次公开发行股票并在科创板上市的保荐机构，A 和 B 系 N 公司指派的项目保荐代表人。

在 2019 年 4 月 28 日向上交所报送的《M 公司首次公开发行 A 股股票并在科创板上市申请文件审核问询函的回复》及同步报送的更新版招股说明书中，A 和 B 作为保荐工作具体负责人，擅自多处修改了招股说明书中有关经营数据、业务与技术、管理层分析等信息披露数据和内容，并由此同步多处修改了上交所问询问题中引述的招股说明书相关内容。上述修改未按上交所要求采用楷体加粗格式标明，未向上交所报告，也未按照保荐业务执业规范和 N 公司内部控制制度规定报送公司内核部门审核把关。

二、监管判断

招股说明书及对上交所发行上市审核问询的回复，是股票发行上市审核中的重要文件，市场和投资者对此高度关注。对相关信息披露文件的修改，既关系到投资者的知情权，也影响审核工作的顺利进行。

A 和 B 作为 N 公司指派的保荐代表人，本应恪守业务规则和行业规范，诚实守信、勤勉尽责，按照要求认真回复问询，标识并报告招股说明书的修改内容，配合上交所开展发行上市审核工作。两人的上述行为违反了《科创板首次公开发行股票注册管理办法（试行）》（以下简称《注册管理办法》）和《上海证券交易所科创板股票发行上市审核规则》（以下简称《审核规则》）的相关规定，也违反了保荐代表人执业规范。对于N公司而言，其指派的保荐代表人未经上交所同意，擅自改动发行人注册申请文件的行为，一定程度上反映出N公司在保荐代表人业务管理和保荐业务内部质量控制方面存在薄弱环节，应当承担相应的管理责任。

三、监管处置

基于违规事实和情节，经上交所纪律处分委员会审核通过，根据《审核规则》第九条、第七十三条、第七十四条和《上海证券交易所纪律处分和监管措施实施办法》等有关规定，上交所对保荐代表人A、B以通报批评。对于上述纪律处分，上交所通报中国证监会，并记入保荐代表人执业质量评价和诚信档案。同时对保荐机构出具监管警示的自律监管措施。

另，按照《注册管理办法》第七十四条的规定，中国证监会对N公司采取出具警示函的行政监督管理措施，并责令N公司对内部控制制度存在的问题进行整改，并在收到决定书之日起三十日内将整改情况的报告报送证监会。

四、监管思考

在注册制下，发行人承担第一位主体责任，要对信息披露的真实、准确、完整负责，中介机构肩负着核查验证的把关责任，重点从真实性、准确性和完整性方面将发行人的信息披露内容"核清楚"。压严压实中介机构责任，是保证科创板平稳运行的重要基础。注册制下的发行上市审核坚持以信息披露为核心，主要通过公开化问询式审核要求发行人"讲清楚"，同时要求中介机构"核清楚"，督促中介机构尽职履责，切实提高执业质量和信息披露质量。

在审核过程中，上交所在查明事实、严格履行自律监管程序的基础上，对相关责任主体存在的违规行为及时采取自律监管措施，并将结合科创板审核实践不断积累案例，厘清中介机构履职尽责的内容与边界，逐步形成可遵照执行的处理标准。同时，上交所及时传递监管压力，让市场各方对发行人、保荐人以及证券服务机构的职责边界认识更为清晰，科创板企业信息披露质量逐步提升，中介机构监管的效果也逐渐显现。

沪市工业大麻概念公司监管情况回顾及思考
——基于A等相关股票监管案例的分析

工业大麻，是指四氢大麻酚（THC）含量低于0.3%，不具备毒品利用价值的大麻品种，长期以来作为重要的纤维作物和工业原料被广泛应用。近年来，随着对大麻提取物-大麻二酚（CBD）药用价值认识与研究的不断推进，以及受加拿大等国"大麻合法化"的政策影响，工业大麻的潜在市场需求与社会关注度开始骤升。工业大麻相关概念股受到关注，有关股票出现了较大幅度的股价波动。但是，工业大麻产业所面临的政策风险与技术瓶颈被选择性忽视。当前蜂拥而至的资本并不能快速催熟这个产业，长期投资变成了短期投机。因此，在对涉及工业大麻概念的上市公司信息披露监管上，上交所以风险揭示为核心，及时、果断地采取了系列监管措施，督促充分揭示相关风险和重大不确定性，相关概念股股价走势趋于平稳，概念炒作热度逐渐降温，监管取得一定成效。

一、沪市工业大麻概念股炒作情况

根据Wind资讯发布的"工业大麻指数"统计数据，2019年沪深两市主动公告或被动成为工业大麻概念股的上市公司有30余家，但平均市值较小，不到百亿元。值得注意的是，上述公司中，有些与工业大麻毫无关联却依然受到市场“追捧”。比如,其中三家沪市公司属于麻纺织行业,与当前市场所追捧的工业大麻 CBD 价值并无关联;而其中一家更是仅因为其某一处于停业状态的参股子公司通过多层穿透后持有极低比例工业大麻相关公司股权而涨停。

工业大麻相关信息披露大部分属于自愿性披露范畴,且该类公告在披露时间、内容、方式等方面均有较大弹性,存在选择性披露空间,比如对投资项目的具体内容和风险揭示都相对模糊。因此,不排除“部分真布局、部分假投入”的情况,真实动机良莠不齐。根据沪市工业大麻概念公司的有关业务开展情况,可以将相关题材股归为以下三类:

一是利用自有资源进行转换的公司。此类公司主要为在植物提取和加工等领域拥有一定产业基础和条件的中药制造企业。如沪市公司 A 与 B 都是在现有生产技术、设备改造的基础上,尝试开展工业大麻加工业务。其中,A 披露子公司取得加工大麻花叶项目申请批复后,拟在云南子公司现有银杏叶提取厂区的生产和配套设施基础上进行适当改造以开展工业大麻加工业务,并与控股股东合作开展工业大麻相关投资项目。B 同样披露拟将控股子公司现有植物药提取车间改造成工业大麻花叶加工车间项目。虽然上述两家公司都可以将工业大麻作为主业延伸方向,也貌似具有一定的产业背景或基础,都是工业大麻概念股的重要主力且股价涨幅显著,但实际上相较于其他公司只是利用了现有部分厂房设备,并无独特的技术或资源优势,其对于工业大麻的布局也只是一种新的尝试。

二是与科研院所等相关机构合作。该类公司往往也具有一定的资源概念,其选择与科研院所或政府合作进行工业大麻的布局,往往会获得更多的市场关注。比如,C 是国内造纸类上市公司中林纸一体化的龙头央企,拥有大量林地资源,公司披露与中国农业科学院麻类研究所签署《技术服务合同》,委托其在公司现有林地上对工业大麻进行示范性种植与技术支持,助力公司形成原料种植、加工和成分提取等能力,参与工业大麻产业链分工。显而易见,该公司本次只是委托麻研所开展麻类作物的试验性种植,公司只负责提供土地资源而已,且研究所并不保证试验种植的成功;同时,公司目前尚未对开展麻类作物的规模化种植与产业化发展作出任何明确的规划。因此,诸如“参与工业大麻产业链分工”等信息披露表述缺乏依据和支撑。

三是投资参股相关大麻企业的公司。主营业务与工业大麻产业没有任何关联的公司,往往只能通过参股相关大麻企业进行链接。例如,D 是一家以医疗集约化业务与运营服务为主的上市公司,主要从事体外诊断试剂与耗材的销售,但公司同样披露了投资相关大麻企业的公告,用于标的公司租赁工业大麻种植土地、购买固定资产等,但标的公司成立不到一年且工厂和研究中心主体均未设立,而且其营业范围的表述几乎涉及工业大麻全产业链。仅隔一周,公司又迅速披露与境外相关工业大麻投资企业签订框架协议的公告,以获取对优质标的公司进行跟投的权利,而相关协议并无实质性内容,也不具任何法律约束力。因此,对于类似无确切内容和约束力的自愿性信息披露,蹭热点的嫌疑相对明显,其真实性就值得投资者审慎判断。

二、沪市工业大麻概念股炒作监管应对及效果评估

在本轮“工业大麻”概念炒作中,上交所快速反应,及时采取分类监管措施,针对不同公司的实际情况采取了相关监管措施,尤其重视概念股板块龙头对于整个板块的带动和影响。

一是事前向相关公司明确信息披露标准。按《股票上市规则》,仅在工业大麻相关业务对公司实际经营的影响达到重要性标准时,才应当予以披露,避免干扰市场。如未达到规定披露标准,公司主动自愿披露,应当对类似项目或类似金额交易,按一致性原则披露,不得选择性披露。

二是事中督促公司充分提示风险。就一些已经公告工业大麻相关信息且引起股价大幅波动的公司,上交所公司监管部门发出监管工作函,要求公司披露相关项目的可行性、与公司主营业务的关联性、存在的风险以及对公司财务状况及经营成果的具体影响,同时说明上述合作的具体进展情况并向市场充分提示风险。必要时,约谈上市公司,强调监管要求。

三是事后加强联合监管与内幕交易核查。

针对一些股价波动明显,存在信息披露配合进行股价炒作嫌疑的公司,核查相关公司股票交易,另一方面加强与公司所在地证监局沟通协作,形成监管合力。

从监管情况来看,通过综合采取多种监管措施,更加明确地向市场传递过度炒作的风险和信号,上述公司股价的上涨趋势也不同程度得到有效抑制。

三、概念股炒作的监管思考

概念股炒作是市场顽疾,上交所历来将抑制概念股炒作作为监管的重点工作。

一是事前及时了解行业概念背景,严格控制自愿性披露。现阶段,概念炒作题材越来越新奇、专业,类似"边缘计算""泛在电力物联网"这种新的概念领域。即便有一定行业监管经验,也很难在短期内了解清楚背后所涉及的投资价值与相关风险。正如工业大麻概念,其背后的产业发展涉及政策、技术、市场应用等多个领域,具有一定的专业性和复杂性,如果不能及时掌握相关情况,对此类概念炒作的信息披露监管将处于被动局面。鉴此,一线监管需要保持敏感度,及时对热点概念及背后的产业链进行梳理,了解相关产业的发展逻辑,做出有效的监管判断,以便采取恰当的监管措施。

此外,在市场已经出现概念炒作苗头时,为了防止公司利用信息披露蹭热点、炒股价,有必要对自愿性信息披露进行事前引导和规范,要求公司严格按照上市规则等相关规定,涉及热点概念的事项只有对公司经营产生重要影响,达到信息披露标准时,才应当予以披露,避免对市场和投资者产生不必要的干扰。

二是事中提高信息披露要求,加强风险揭示的针对性和充分性。面对二级市场的概念炒作,一线监管虽然要求公司在信息披露过程中充分揭示风险,但重点在于风险提示要点是否准确、充分并有针对性。此时,在市场对相关概念的了解处于极度不对称的情况下,一线监管应当在充分研究的基础上,引导上市公司结合相关产业当前的发展瓶颈、技术障碍、人员储备、政策风险等方面充分披露。

三是事后监管快速反应,采用多种监管手段加强监管震慑。对于信息披露存在违规、股价管理动机明显的公司,可以视具体情形,综合采取要求补充公告、约见谈话、公开问询、内幕交易核查、提请现场检查等监管手段,向公司和市场明确一线监管对于利用信息披露操纵股价行为的严惩态度,切实维护市场秩序。

沪市上市公司控制权转让的监管判断与处置
——以D公司监管案例为视角

控制权对上市公司经营发展意义重大,控制权的变动受到市场高度关注。D公司公告控制权转让事项,因受让方因存在造假历史,更加牵动着市场神经,公告发布后舆情反响强烈,质疑股权转让背后的可行性和合法性。就此,上交所快速反应,加大事中监管力度,采取了问询、约谈等手段,督促公司回应媒体质疑。最终在监管和市场的压力下,公司终止了控制权转让事项。

一、案例基本情况

2019年春节前夕,D公司公告,公司实际控制人拟向A转让控制权,交易完成后A间接持有公司31.42%股权。公告发布后舆情反响强烈,认为原"造假第一股"B拟"借壳还魂",并质疑其股权转让背后的可行性和合法性。舆情质疑焦点主要有三:一是受让方法人代表为昔日财务造假且已退市的B时任董事长、总经理,这一身份收购公司控制权是否合适有待商榷;二是受让方A为"农业部主管的全民所有制企业"的身份信息是否属实暂无定论;三是控股股东提交的债务司法重整申请已被立案,且公司因涉嫌信息披露违法违规已被证监会立案调查,在公司深陷危机、可能被实施退市风险警示时,A“接盘”行为的可行性和真实性尚且存疑。

二、监管判断及处置效果评估

对此,上交所根据事件和舆情发展的具体阶段,适时采取了不同措施。

一是在事件开端,针对A公司给出多项承诺以及控制权转让对公司利好的报道,快速反应,结合A公司身份信息等市场关切问题,就公司控制权转让存在诸多疑点发出针对性问询,通过提出相关疑点向市场揭示风险、力图还原事件真实情况。问询关注四个问题:其一,聚焦A的真实身份及其与农业部的具体关系;其二,A的法人代表与A及B之间的关联关系,是否存在不得收购上市公司的情形;其三,A的财务情况是否具备为公司提供资金支持和担保增信的能力;其四,本次交易的策划过程和相关内幕知情人员。

二是与主流媒体合作在第一时间阐述主要事实消除市场误解,引导舆情聚焦,较好地帮助投资者及时有效地掌握事实真相,不被“哗众取宠”的描述洗脑。针对股权转让挑战监管等纯粹吸引眼球的报道,积极跟踪舆论走向,关注夸大其词报道的后续影响;对于吸人眼球而转向夸大细枝末节的报道,积极引导舆情主要聚焦,揭示风险。

三是通过内容公开的监管工作函进一步明确监管要求,并还原A真实的控制权状态和经营权状态。另外,监管工作函还明确了后续如若发现信息披露违规情形,将启动纪律处分程序,严肃追责,并提请中国证监会核查,表明严肃的监管态度。监管工作函发出后,舆情对监管工作认可度较高,媒体在监管函件的引导下,逐步深挖交易背后的细节,或开展实地调查,或还原当年案件真实细节,形成了对公司和交易双方较强的外部约束。

最终,随着监管与媒体监督双管齐下,公司公告终止本次控制权转让事项,其后舆情逐渐平稳。

三、控制权转让事项的监管思考

舆情监督在本次控制权转让事项中发挥重要作用,对监管如何应对和处理舆情提出了较高要求,也对监管如何应对涉及舆情关注度高的事项提供了如下思路。

一是监管应结合舆情特点、不同阶段采取不同的措施。本案中,舆情发展呈现不同阶段,从舆情发酵之初的情绪化,再到问询后逐步理性聚焦主要问题,最后到围绕制度合理性展开讨论,每个阶段具有不同特点和影响。鉴此,日常监管中应当注重事实判断、真实性把握以及敏感能力的培养,及时掌握公司与市场状况,遇到异常情况时,迅速做出合理判断,当舆情发酵时,结合事实、市场环境等,积极主动表达市场合理期待,引导市场理性思考。具体而言,对于存疑的行为,依靠具体的事实依据,充分向市场揭示风险;对于公司极其恶劣的行为、极具煽动性的公告内容,充分向市场表明监管立场和态度;对于需要通过公司解释和进一步披露阐释的问题,借助合作媒体的力量,在事态尚未明晰的情况下,通过媒体的合理引导,保证舆论态势的良好发展。

二是舆情监督作为市场监管的重要一环,要重视主流媒体和自媒体的影响力,积极应对相关影响。在我国证券市场上,新闻媒体是投资者获得信息来源的主要渠道。单个投资者在时间、资金、专业知识等方面处于弱势,他们获取信息的能力极为有限,方式也比较单一,而且单个投资者对信息加工、消化和判断能力也比较差,主要依赖于主流媒体接收信息。随着技术手段的与日俱进,自媒体的影响力不断扩大,尤其是吸引眼球的相关报道,其传播范围之广、传播速度之快、所造成影响之大均不容小觑。因而,应当重视主流财经媒体和自媒体相关报道的影响力,必要时应站在投资者的角度设身处地看待所报道信息,分析投资者所思所想,推敲其可能产生的影响,从而作出监管应对。如针对市场关切而含糊不清的热点,应督促公司补充披露,向市场充分揭示风险。

三是加强监管与媒体的粘合力,提高新闻宣传的准确度。我国资本市场投资者以中小投资者为主,舆情的快速处置关系到市场整体的稳定。通常而言,媒体报道对于公司监管的效果有着较大的影响,若取得市场的认可或理解,监管效果可事半功倍。鉴于上市公司监管工作的外部性极强,在加强监管敏感性的同时,应当借助外部力量提高监管的有效性。监管应当善于与媒体合作,向有经验的媒体学习宣传形式和技巧，做更贴近市场的报道，加强自身新闻宣传的精准度和吸引力；还应当树立股价与舆情联动监管的理念，强化与外部媒体或平台的粘合力，站在信息推送者或信息接收者角度看待、观察和思考问题，力求新闻宣传准确，从而达到所追求的目标。

沪市公司面值退市的监管处置及思考
——基于D、H两家公司退市案例的分析

我国股票市场2012年退市改革时，借鉴美国等境外成熟资本市场的经验，引入股票价格、股东人数和成交量等交易类退市指标。其中股票价格指标规定，公司股票收盘价连续20个交易日低于股票面值即触及终止上市条件，其股票不再经过退市风险警示和暂停上市环节，将被直接终止上市。从面值退市实践来看，截至2019年底，A股市场已有7家面值退市公司，尤其是其中6家公司于2019年触及面值退市条件，面值退市逐渐成为退市重要渠道，引发资本市场广泛关注。沪市2019年度有D、H两家公司因股价低于面值指标而退市。上交所在对两家公司的监管中，立足于信息披露，依法依规、严格监管。通过及时有效的监管措施，表明了监管立场，向市场传达了"有一家退一家"的监管态度，得到了上市公司和市场的理解。退市工作坚持监管与服务相结合，整体过程比较平稳，市场化退市工作又迈新台阶。

一、两家公司面值退市的基本情况

2019年D、H两家公司因股价连续20个交易日低于面值，触及终止上市条件，分别成为沪市首家和第二家面值退市公司。两家公司退市前均存在主营业务不振、经营业绩亏损、公司治理失序、信息披露违规等问题，是上交所重点监管的高风险公司。两家公司股价不断下跌并低于面值触及退市条件，本质上是市场对公司基本面的真实反映，体现了投资者对公司股票的价值判断和选择。

（一）两家公司基本情况

D和H分别于1996年、2000年挂牌上市，上市之初均为地方国企，主营业务分别为显像管等电子产品、服装面料的生产及销售。由于行业、自身发展等原因，两家公司经营逐渐陷入困境，分别于2011年、2002年转让控制权，成为民营企业。退市前两家公司主要存在以下风险：

一是主业不振，持续经营能力存在重大不确定性。D公司近年来以贸易业务为主，基本空心化，2018年亏损达15.65亿元。H公司房地产业务增长乏力，2018年医疗债权投资业务爆发造假风险，当年公司亏损64.38亿元。两家公司2018年审计报告均被出具无法表示意见，股票已被实施退市风险警示。

二是内控运行失效，存在资金占用、违规担保等问题。D公司实际控制人2016年以来通过贸易合同长期占用公司17.46亿元资金，拖垮上市公司经营。H公司的下属子公司违规为大股东提供17.13亿元担保，上市公司因此涉及多起担保诉讼。两家公司因多项内控重大缺陷，2018年内控审计均被出具否定意见。

三是信息披露不规范，多次违法违规被处罚或处分。D公司及实际控制人因多项信息披露违法违规行为，2015年、2017年两次被中国证监会行政处罚，被上交所多次公开谴责。H公司及股东因违规担保等事项2019年被上交所公开谴责。退市前，两家公司均被中国证监会立案调查。

（二）面值退市有关情况

D和H在公司经营、运作等风险陆续爆发后，基本面恶化，股价失去支撑而不断下跌，从而触及终止上市条件。两家公司具体退市过程如下：

D公司于2019年6月10日股价收盘于0.98元/股，首次低于面值。其后，股价在1元

附近上下波动,出现4轮低于面值后又回到面值以上的“拉锯”情况。2019年8月22日至9月19日,股价连续20个交易日均低于面值,触及终止上市条件。2019年10月18日,上交所对D公司股票作出终止上市决定。12月6日D公司股票退市整理期交易结束,12月12日上交所对其股票予以摘牌。

H公司于2019年6月6日股价收盘于0.99元/股,首次低于面值。其后,股价经历4轮连续十多日低于面值后又回到面值以上的情况。2019年10月16日至11月12日,股价连续20个交易日均低于面值,触及终止上市条件。2019年12月4日,上交所对H公司股票作出终止上市决定。2020年1月23日H公司股票退市整理期交易结束,2月5日上交所对其股票予以摘牌。

二、退市的监管应对及效果评估

“1元股”退市压力高悬,对于公司合法合规采用的有效“自救”措施,上交所在规则范围内予以支持,督促公司切实改善基本面,提高经营质量。部分公司迫于退市压力,短期炒作股价的动机明显加强。对于此类现象,上交所立足信息披露,严格监管,督促公司充分揭示风险,及时进行二级市场交易核查,着力保护投资者合法权益。对于触及面值退市条件的公司,上交所切实担起退市主体责任,扛住压力,依法依规启动退市程序,保障公司听证申辩权利,坚持市场化、法治化原则处置退市各项工作。监管应对措施具体情况如下。

一是多种方式督促公司采取合规、有效手段自救。针对公司股票可能出现低于面值的情况,多次向有关公司发出监管工作函,约谈公司和相关各方,督促公司董监高勤勉尽责,充分关注退市风险,采取有效手段自救,恢复造血能力。对于部分公司存在股份回购或增持事项的,要求公司及时披露,按规实施。例如,在D公司及H公司股价接近面值时,上交所即多次发出监管工作函,约谈公司及其董监高,督促公司尽早采取有效合规措施,切实改善基本面。

二是快速反应、严格监管,信息披露和二级市场股价监管联动。对于部分公司利用信息披露炒作股价的行为,上交所严格监管、快速反应,通过问询挤压公告水分,督促公司充分提示风险。同时,部分公司股价起起伏伏,经历多轮来回拉锯。对此,上交所持续关注二级市场交易,及时向中国证监会通报相关情况,并与辖区证监局保持协作,信息披露和二级市场股价实施联动监管。例如,D公司分别于2019年6月12日、7月10日、9月5日发布重大资产重组收购建筑资产、设立科技子公司、收购租电公司等公告,事后审核发现存在明显蹭热点、炒股价嫌疑,合理性、可行性都存在较大不确定性,上交所均于当晚发出问询函,督促公司补充披露、提示风险,避免误导投资者。H公司股价存在4轮低于面值十余日后又回到面值以上的情况,被市场称为“不死鸟”,上交所保持信息披露和二级市场监管联动,对于其存疑的要约收购等公告及时问询,充分揭示退市风险,遏制其股价炒作。

三是明确市场预期,监管与服务相结合,依法依规实施退市工作。对于触及退市条件的公司,上交所一方面切实担起退市主体责任,坚决执行退市制度,打破部分公司寻求例外豁免的幻想,明确市场和投资者预期,维护退市制度的严肃性;另一方面,依法依规保障公司的听证申辩权利,与证监局、地方政府保持协作,做好退市服务,妥善化解退市风险。例如,D公司在触及面值退市条件后,上交所告知公司享有听证的权利,公司在听证中对面值退市制度等质疑较多,存在寻求例外豁免、拒绝退市的幻想。作为第一家退市听证公司,上交所一方面充分保障其合法申辩权利,一方面严肃回应公司应依法依规遵守现有退市规则,维护退市制度的严肃性。H公司作为当地首家A股退市公司,金融风险和维稳压力较大,上交所积极配合地方政府,派专人参加地方政府协调会,对接地方部门,做好退市服务,协作化解退市风险。

经过上述工作,面对沪市首批面值退市公司,上交所严格执行退市制度,充分保障公司听证权利,同时做好退市服务,与证监局、地方政府协作化解退市风险,D、H两家公司整个退市工作平稳有序,退市整理期交易未出现异常。市场普遍能够理性看待两家公司面值退市,并未出现投资者群体事件和大规模投诉情况。监管取得了较好的效果。

三、面值退市的监管思考

面值退市是A股市场近年来出现的退市情形，成为一项退市重要方式，上交所在D、H两家公司退市监管处置过程中，积累了一些宝贵经验，有必要进一步回顾和总结，为未来退市监管提供有益经验。

一是快速反应，保持信息披露和二级市场联动监管。面值退市不同于财务类退市等类型，退市标准锚定于公司股价，既客观又易受影响，所以公司炒作股价或操纵市场动机较强。因此，面值退市监管中应始终快速反应，信息披露监管和二级市场交易监管保持联动、实时监控、密切配合，才能揭示风险、遏制炒作，达到较好的监管效果。

二是加强宣传，明确预期，维护退市制度的严肃性。规则上，面值退市不经退市风险警示及暂停上市阶段，风险窗口期较短、消化时间较少，部分公司未形成明确的制度预期，甚至存在例外豁免的幻想，在处置过程中往往自行发布相关媒体报道，试图引导舆论、博取同情、规避退市。因此，有必要加强退市制度宣传，引导市场主体形成合理、明确、一致的预期，维护退市制度的严肃性，降低退市处置阻力。

三是统筹考虑，进一步完善退市制度和配套制度。在D、H公司的退市听证中，两家公司均申辩称，目前面值退市规则执行未考虑整体市场波动对公司的影响，风险警示板50万股单日买入限制阻碍了公司实施自救。新《证券法》赋予交易所制定退市规则的权力，为更好完善退市制度，可以结合退市实践，统筹考虑修订退市制度和风险警示板等配套制度，更好地维护资本市场优胜劣汰的市场秩序。

二、深圳证券交易所

（一）2019年制定、修改的主要业务规则目录

序号	发布时间	文　号	业务规则名称
综合类			
1	2019－11－29	深证会〔2019〕390号	深圳证券交易所限制交易实施细则（2019年修订）
发行类			
2	2019－12－13	深证上〔2019〕821号	关于规范公司债券发行有关事项的通知
上市挂牌类			
3	2019－04－30	深证上〔2019〕245号	关于修改《深圳证券交易所股票上市规则》《深圳证券交易所创业板股票上市规则》有关条款的通知
4	2019－11－26	深证上〔2019〕761号	深圳证券交易所上市公司股东大会网络投票实施细则（2019年修订）
5	2019－05－10	深证上〔2019〕273号	深圳证券交易所上市公司信息披露指引第3号——重大资产重组
6	2019－11－03	深证上〔2019〕699号	深圳证券交易所上市公司信息披露指引第4号——员工持股计划

续表

序号	发布时间	文　号	业务规则名称
7	2019-10-27	深证上〔2019〕674号	深圳证券交易所行业信息披露指引第1号——上市公司从事畜禽、水产养殖相关业务(2019年修订)
8	2019-10-27	深证上〔2019〕674号	深圳证券交易所行业信息披露指引第2号——上市公司从事固体矿产资源相关业务(2019年修订)
9	2019-10-27	深证上〔2019〕674号	深圳证券交易所行业信息披露指引第3号——上市公司从事房地产业务(2019年修订)
10	2019-10-27	深证上〔2019〕674号	深圳证券交易所行业信息披露指引第5号——上市公司从事工程机械相关业务(2019年修订)
11	2019-10-27	深证上〔2019〕674号	深圳证券交易所行业信息披露指引第6号——上市公司从事装修装饰业务(2019年修订)
12	2019-10-27	深证上〔2019〕674号	深圳证券交易所行业信息披露指引第7号——上市公司从事土木工程建筑业务(2019年修订)
13	2019-10-27	深证上〔2019〕674号	深圳证券交易所行业信息披露指引第8号——上市公司从事零售相关业务(2019年修订)
14	2019-10-27	深证上〔2019〕674号	深圳证券交易所行业信息披露指引第9号——上市公司从事快递服务业务(2019年修订)
15	2019-11-03	深证上〔2019〕698号	深圳证券交易所行业信息披露指引第13号——上市公司从事非金属建材相关业务
16	2019-01-11	深证上〔2019〕22号	深圳证券交易所上市公司回购股份实施细则
17	2019-10-27	深证上〔2019〕673号	深圳证券交易所创业板行业信息披露指引第1号——上市公司从事广播电影电视业务(2019年修订)
18	2019-10-27	深证上〔2019〕673号	深圳证券交易所创业板行业信息披露指引第2号——上市公司从事药品、生物制品业务(2019年修订)
19	2019-10-27	深证上〔2019〕673号	深圳证券交易所创业板行业信息披露指引第3号——上市公司从事光伏产业链相关业务(2019年修订)
20	2019-10-27	深证上〔2019〕673号	深圳证券交易所创业板行业信息披露指引第4号——上市公司从事节能环保服务业务(2019年修订)
21	2019-10-27	深证上〔2019〕673号	深圳证券交易所创业板行业信息披露指引第5号——上市公司从事互联网游戏业务(2019年修订)
22	2019-10-27	深证上〔2019〕673号	深圳证券交易所创业板行业信息披露指引第6号——上市公司从事互联网视频业务(2019年修订)
23	2019-10-27	深证上〔2019〕673号	深圳证券交易所创业板行业信息披露指引第7号——上市公司从事电子商务业务(2019年修订)
24	2019-10-27	深证上〔2019〕673号	深圳证券交易所创业板行业信息披露指引第8号——上市公司从事互联网营销及数据服务相关业务(2019年修订)
25	2019-10-27	深证上〔2019〕673号	深圳证券交易所创业板行业信息披露指引第9号——上市公司从事LED产业链相关业务(2019年修订)

续表

序号	发布时间	文　　号	业务规则名称
26	2019－10－27	深证上〔2019〕673 号	深圳证券交易所创业板行业信息披露指引第 10 号——上市公司从事医疗器械业务(2019 年修订)
27	2019－11－30	深证上〔2019〕697 号	深圳证券交易所创业板行业信息披露指引第 11 号——上市公司从事工业机器人产业链相关业务
28	2019－11－30	深证上〔2019〕697 号	深圳证券交易所创业板行业信息披露指引第 12 号——上市公司从事集成电路相关业务
29	2019－11－30	深证上〔2019〕697 号	深圳证券交易所创业板行业信息披露指引第 13 号——上市公司从事锂离子电池产业链相关业务
30	2019－08－30	深证会〔2019〕524 号	非上市公司非公开发行可转换公司债券业务实施办法
31	2019－11－01	深证上〔2019〕685 号	深圳证券交易所资产支持证券临时报告信息披露指引
32	2019－02－18	深证会〔2019〕61 号	深圳证券交易所基金产品开发与创新服务指引(2019 年修订)
交易类			
33	2019－01－11	深证上〔2019〕23 号	关于修订《深圳证券交易所交易规则》第 3.1.4 条的通知
34	2019－08－09	深证会〔2019〕287 号	深圳证券交易所融资融券交易实施细则(2019 年修订)
35	2019－12－31	中国结算发字〔2019〕230 号	H 股“全流通”业务实施细则
36	2019－01－18	深证会〔2019〕41 号	关于股票质押式回购交易相关事项的通知
37	2019－01－17	深证会〔2019〕40 号	深圳证券交易所债券交易实施细则(2019 年修订)
38	2019－03－29	深证上〔2019〕166 号	深圳证券交易所关于调整债券上市期间交易方式有关事项的通知
39	2019－01－18	深证上〔2019〕38 号	深圳证券交易所　中国证券登记结算有限责任公司信用保护工具业务管理试点办法
40	2019－04－04	深证上〔2019〕184 号	深圳证券交易所信用保护工作业务指引
41	2019－05－24	深证上〔2019〕303 号	深圳证券交易所　中国证券登记结算有限责任公司关于为上市期间特定债券提供转让结算服务有关事项的通知
42	2019－05－24	深证上〔2019〕304 号	深圳证券交易所　中国证券登记结算有限责任公司关于为挂牌期间特定债券提供转让结算服务有关事项的通知
43	2019－09－27	深证会〔2019〕340 号	关于发布《深圳证券交易所证券投资基金交易和申购赎回实施细则(2019 年修订)》的通知
44	2019－12－20	深证上〔2019〕844 号	深圳证券交易所深港通业务实施办法(2019 年 12 月修订)
45	2019－10－18	深证会〔2019〕380 号	深圳证券交易所港股通交易风险揭示书必备条款(2019 年修订)
股票期权类			
46	2019－12－07	深证上〔2019〕800 号	关于发布《深圳证券交易所股票期权试点交易规则》的通知

续表

序号	发布时间	文　　号	业务规则名称
47	2019－12－07	深证上〔2019〕802 号	关于发布《深圳证券交易所股票期权试点投资者适当性管理指引》的通知
48	2019－12－07	深证上〔2019〕805 号	关于发布《深圳证券交易所　中国证券登记结算有限责任公司股票期权组合策略业务指引》的通知
49	2019－12－07	深证上〔2019〕803 号	关于发布《深圳证券交易所股票期权试点做市商业务指引》的通知
50	2019－12－07	深证上〔2019〕808 号	关于股票期权程序化交易管理的通知
51	2019－12－07	深证上〔2019〕807 号	关于发布《深圳证券交易所股票期权试点交易取消审核委员会工作细则》的通知
52	2019－12－07	深证上〔2019〕806 号	关于发布《深圳证券交易所股票期权试点合约条款管理指引》的通知
53	2019－12－07	深证上〔2019〕804 号	关于发布《深圳证券交易所股票期权试点持仓限额管理业务指引》的通知
54	2019－12－07	深证上〔2019〕801 号	关于发布《深圳证券交易所　中国证券登记结算有限责任公司股票期权试点风险控制管理办法》的通知
55	2019－12－19	深证上〔2019〕835 号	关于嘉实沪深 300ETF 期权合约品种上市交易有关事项的通知
会员类			
56	2019－11－01	深证会〔2019〕408 号	深圳证券交易所会员管理规则(2019 年修订)
57	2019－05－15	深证会〔2019〕127 号	深圳证券交易所会员投资者教育工作指引
服务与收费类			
58	2019－12－13	深证上〔2019〕817 号	关于下调股票上市费收费标准的通知
59	2019－09－12	深证上〔2019〕560 号	关于暂免收取上市基金相关费用的通知
60	2019－12－07	深证上〔2019〕809 号	关于股票期权试点初期收费事项

(二)2019 年度作出的纪律处分决定目录

一、股票类

编号	年份	印发日期	文　　号	文件名称
1	2019	2019－01－03	深证上〔2019〕6 号	关于对四川映业文化发展有限公司给予通报批评处分的决定
2	2019	2019－01－07	深证上〔2019〕12 号	关于对广东天龙油墨集团股份有限公司及相关当事人给予通报批评处分的决定

续表

编号	年份	印发日期	文　号	文件名称
3	2019	2019－01－10	深证上〔2019〕18号	关于对吉林省现代农业和新兴产业投资基金有限公司给予通报批评处分的决定
4	2019	2019－01－15	深证上〔2019〕27号	关于对共青城禾元投资管理合伙企业（有限合伙）给予通报批评处分的决定
5	2019	2019－01－29	深证上〔2019〕54号	关于对飞马投资控股有限公司给予通报批评处分的决定
6	2019	2019－01－29	深证上〔2019〕55号	关于对巢昺给予通报批评处分的决定
7	2019	2019－01－29	深证上〔2019〕56号	关于对黎仁超给予通报批评处分的决定
8	2019	2019－01－30	深证上〔2019〕61号	关于对大华会计师事务所（特殊普通合伙）注册会计师张晓义、高德惠、谭荣给予通报批评处分的决定
9	2019	2019－02－01	深证上〔2019〕68号	关于对光一科技股份有限公司及相关当事人给予通报批评的决定
10	2019	2019－02－18	深证上〔2019〕77号	关于对仁东控股股份有限公司及相关当事人给予通报批评的决定
11	2019	2019－02－19	深证上〔2019〕81号	关于对浙江东晶电子股份有限公司及相关当事人给予纪律处分的决定
12	2019	2019－02－21	深证上〔2019〕83号	关于对上海达渡资产管理合伙企业（有限合伙）给予公开谴责处分的决定
13	2019	2019－02－25	深证上〔2019〕87号	关于对夏建统给予通报批评处分的决定
14	2019	2019－02－27	深证上〔2019〕88号	关于对常州光洋轴承股份有限公司股东给予纪律处分的决定
15	2019	2019－02－27	深证上〔2019〕89号	关于对融钰集团股份有限公司及相关当事人给予纪律处分的决定
16	2019	2019－03－12	深证上〔2019〕111号	关于对浙江巨龙控股集团有限公司给予通报批评处分的决定
17	2019	2019－03－15	深证上〔2019〕115号	关于对深圳秦商集团有限公司给予通报批评处分的决定
18	2019	2019－03－15	深证上〔2019〕118号	关于对内蒙古瑞盛新能源有限公司和张彬给予通报批评处分的决定
19	2019	2019－03－18	深证上〔2019〕123号	关于对大连承运投资集团有限公司、黄作庆给予通报批评处分的决定
20	2019	2019－03－20	深证上〔2019〕125号	关于对张培峰给予通报批评处分的决定
21	2019	2019－03－18	深证上〔2019〕126号	关于对侯建芳给予通报批评处分的决定
22	2019	2019－03－19	深证上〔2019〕127号	关于对上海碧空龙翔投资管理有限公司、钟葱给予公开谴责处分的决定

续表

编号	年份	印发日期	文　　号	文 件 名 称
23	2019	2019 - 03 - 19	深证上〔2019〕128 号	关于对吉林利源精制股份有限公司及相关当事人给予纪律处分的决定
24	2019	2019 - 03 - 19	深证上〔2019〕131 号	关于对邹勇给予通报批评处分的决定
25	2019	2019 - 03 - 27	深证上〔2019〕146 号	关于对鸿达兴业集团有限公司给予通报批评处分的决定
26	2019	2019 - 03 - 29	深证上〔2019〕155 号	关于对深圳市联建光电股份有限公司及相关当事人给予纪律处分的决定
27	2019	2019 - 03 - 29	深证上〔2019〕160 号	关于对江苏中南建设集团股份有限公司及相关当事人给予通报批评处分的决定
28	2019	2019 - 03 - 29	深证上〔2019〕163 号	关于对北京威卡威汽车零部件股份有限公司及相关当事人给予通报批评处分的决定
29	2019	2019 - 04 - 08	深证上〔2019〕187 号	关于对印纪娱乐传媒股份有限公司及相关当事人给予通报批评处分的决定
30	2019	2019 - 04 - 09	深证上〔2019〕189 号	关于对加加食品集团股份有限公司及相关当事人给予通报批评处分的决定
31	2019	2019 - 04 - 09	深证上〔2019〕191 号	关于对苏州天利投资有限公司给予通报批评处分的决定
32	2019	2019 - 04 - 09	深证上〔2019〕192 号	关于对国民技术股份有限公司及相关当事人给予通报批评处分的决定
33	2019	2019 - 04 - 10	深证上〔2019〕195 号	关于对石河子市瑞晨股权投资合伙企业(有限合伙)给予通报批评处分的决定
34	2019	2019 - 04 - 17	深证上〔2019〕214 号	关于对孟凯给予公开谴责处分的决定
35	2019	2019 - 04 - 17	深证上〔2019〕215 号	关于对王清给予通报批评处分的决定
36	2019	2019 - 04 - 20	深证上〔2019〕229 号	关于对新光圆成股份有限公司及相关当事人给予公开谴责处分的决定
37	2019	2019 - 04 - 25	深证上〔2019〕238 号	关于对中南红文化集团股份有限公司及相关当事人给予纪律处分的决定
38	2019	2019 - 04 - 25	深证上〔2019〕239 号	关于对科林环保装备股份有限公司及相关当事人给予通报批评处分的决定
39	2019	2019 - 04 - 25	深证上〔2019〕240 号	关于对上海融屏信息科技有限公司给予通报批评处分的决定
40	2019	2019 - 04 - 25	深证上〔2019〕241 号	关于对叶振给予通报批评处分的决定
41	2019	2019 - 04 - 29	深证上〔2019〕244 号	关于对李季给予通报批评处分的决定
42	2019	2019 - 04 - 30	深证上〔2019〕247 号	关于对石波涛给予通报批评处分的决定
43	2019	2019 - 05 - 08	深证上〔2019〕258 号	关于对杭州艺阳股权投资合伙企业(有限合伙)给予通报批评处分的决定

续表

编号	年份	印发日期	文　　号	文件名称
44	2019	2019－05－14	深证上〔2019〕276 号	关于对尹宏伟给予通报批评处分的决定
45	2019	2019－05－16	深证上〔2019〕283 号	关于对宁波启亚天道企业管理咨询有限公司给予通报批评处分的决定
46	2019	2019－05－17	深证上〔2019〕287 号	关于对长生生物科技股份有限公司及相关当事人给予纪律处分的决定
47	2019	2019－05－21	深证上〔2019〕295 号	关于对长城影视股份有限公司及相关当事人给予纪律处分决定
48	2019	2019－05－22	深证上〔2019〕299 号	关于对高升控股股份有限公司及相关当事人给予纪律处分的决定
49	2019	2019－05－29	深证上〔2019〕310 号	关于对深圳市大富科技股份有限公司及相关当事人给予通报批评处分的决定
50	2019	2019－05－29	深证上〔2019〕311 号	关于对霍向琦给予通报批评处分的决定
51	2019	2019－05－30	深证上〔2019〕312 号	关于对福州达华智能科技股份有限公司及相关当事人给予通报批评的决定
52	2019	2019－05－31	深证上〔2019〕314 号	关于对德威投资集团有限公司给予通报批评处分的决定
53	2019	2019－06－04	深证上〔2019〕317 号	关于对山东东方海洋科技股份有限公司及相关当事人给予公开谴责处分的决定
54	2019	2019－06－04	深证上〔2019〕320 号	关于对江苏帝奥控股集团股份有限公司、王进飞给予公开谴责处分的决定
55	2019	2019－06－11	深证上〔2019〕329 号	关于对宁波银亿控股有限公司给予通报批评处分的决定
56	2019	2019－06－12	深证上〔2019〕331 号	关于对珠海中富实业股份有限公司及相关当事人给予通报批评处分的决定
57	2019	2019－06－12	深证上〔2019〕333 号	关于对单宇给予通报批评处分的决定
58	2019	2019－06－20	深证上〔2019〕351 号	关于对广东领益智造股份有限公司及相关当事人给予通报批评处分的决定
59	2019	2019－06－21	深证上〔2019〕353 号	关于对重庆三圣实业股份有限公司及相关当事人给予通报批评处分的决定
60	2019	2019－06－24	深证上〔2019〕357 号	关于对冠福控股股份有限公司及相关当事人给予公开谴责处分的决定
61	2019	2019－07－01	深证上〔2019〕363 号	关于对广州润铠胜投资有限责任公司给予通报批评处分的决定
62	2019	2019－07－02	深证上〔2019〕375 号	关于对傅博、马素清、高翔给予通报批评处分的决定
63	2019	2019－07－02	深证上〔2019〕376 号	关于对天马轴承集团股份有限公司及相关当事人给予纪律处分的决定

续表

编号	年份	印发日期	文　号	文件名称
64	2019	2019-07-04	深证上〔2019〕378 号	关于对恺英网络股份有限公司给予通报批评的决定
65	2019	2019-07-05	深证上〔2019〕380 号	关于对四川升达林业产业股份有限公司及相关当事人给予纪律处分的决定
66	2019	2019-07-05	深证上〔2019〕381 号	关于对成都华泽钴镍材料股份有限公司给予公开谴责处分的决定
67	2019	2019-07-10	深证上〔2019〕391 号	关于对深圳洪涛集团股份有限公司及相关当事人给予通报批评处分的决定
68	2019	2019-07-11	深证上〔2019〕395 号	关于对林州重机集团股份有限公司及相关当事人给予通报批评处分的决定
69	2019	2019-07-11	深证上〔2019〕396 号	关于对曹永贵、许军、张平西、刘承锰给予通报批评处分的决定
70	2019	2019-07-11	深证上〔2019〕399 号	关于对上海雁塔科技有限公司、潘晖给予通报批评处分的决定
71	2019	2019-07-15	深证上〔2019〕400 号	关于对浙江步森服饰股份有限公司及相关当事人给予纪律处分的决定
72	2019	2019-07-17	深证上〔2019〕402 号	关于对长生生物科技股份有限公司给予公开谴责处分的决定
73	2019	2019-07-17	深证上〔2019〕403 号	关于对新大洲控股股份有限公司及相关当事人给予纪律处分的决定
74	2019	2019-07-18	深证上〔2019〕405 号	关于对深圳市卓翼科技股份有限公司及相关当事人给予通报批评处分的决定
75	2019	2019-07-19	深证上〔2019〕415 号	关于对杭州联络互动信息科技股份有限公司及相关当事人给予通报批评处分的决定
76	2019	2019-07-22	深证上〔2019〕417 号	关于对广东德豪润达电气股份有限公司及相关当事人给予通报批评处分的决定
77	2019	2019-07-23	深证上〔2019〕420 号	关于对江苏中利集团股份有限公司及相关当事人给予通报批评处分的决定
78	2019	2019-07-23	深证上〔2019〕421 号	关于对华西能源工业股份有限公司及相关当事人给予通报批评处分的决定
79	2019	2019-07-23	深证上〔2019〕422 号	关于对苏州罗普斯金铝业股份有限公司及相关当事人给予通报批评处分的决定
80	2019	2019-07-24	深证上〔2019〕425 号	关于对天广中茂股份有限公司及相关当事人给予通报批评处分的决定
81	2019	2019-07-25	深证上〔2019〕431 号	关于对中国华力控股集团有限公司给予通报批评处分的决定
82	2019	2019-07-29	深证上〔2019〕435 号	关于对大连天宝绿色食品股份有限公司及相关当事人给予纪律处分的决定

续表

编号	年份	印发日期	文　　号	文 件 名 称
83	2019	2019－07－31	深证上〔2019〕441 号	关于对神雾节能股份有限公司及相关当事人给予纪律处分的决定
84	2019	2019－08－09	深证上〔2019〕461 号	关于对刘绍喜给予通报批评处分的决定
85	2019	2019－08－09	深证上〔2019〕462 号	关于对浙江尤夫高新纤维股份有限公司及相关当事人给予纪律处分的决定
86	2019	2019－08－12	深证上〔2019〕464 号	关于对任永青等相关当事人给予纪律处分的决定
87	2019	2019－08－14	深证上〔2019〕469 号	关于对祝卫东给予公开谴责处分的决定
88	2019	2019－08－15	深证上〔2019〕472 号	关于对山东东方海洋科技股份有限公司及相关当事人给予通报批评处分的决定
89	2019	2019－08－16	深证上〔2019〕473 号	关于对吴绪顺、吴卫东、吴卫红给予通报批评处分的决定
90	2019	2019－08－19	深证上〔2019〕482 号	关于对华闻传媒投资集团股份有限公司及相关当事人给予通报批评处分的决定
91	2019	2019－08－20	深证上〔2019〕483 号	关于对广东海印集团股份有限公司及相关当事人给予纪律处分的决定
92	2019	2019－08－20	深证上〔2019〕487 号	关于对深圳市证通电子股份有限公司及相关当事人给予通报批评处分的决定
93	2019	2019－08－21	深证上〔2019〕492 号	关于对北京旋极信息技术股份有限公司及相关当事人给予通报批评处分的决定
94	2019	2019－08－23	深证上〔2019〕493 号	关于对储敏健给予通报批评处分的决定
95	2019	2019－08－23	深证上〔2019〕498 号	关于对深圳市索菱实业股份有限公司及相关当事人给予公开谴责处分的决定
96	2019	2019－8－26	深证上〔2019〕502 号	关于对湖南天润数字娱乐文化传媒股份有限公司及相关当事人给予纪律处分的决定
97	2019	2019－08－27	深证上〔2019〕506 号	关于对安德里茨(中国)有限公司给予通报批评处分的决定
98	2019	2019－08－28	深证上〔2019〕508 号	关于对金亚科技股份有限公司及相关当事人给予通报批评处分的决定
99	2019	2019－08－28	深证上〔2019〕510 号	关于对李宗松给予通报批评处分的决定
100	2019	2019－08－28	深证上〔2019〕511 号	关于对兴源控股集团有限公司给予通报批评处分的决定
101	2019	2019－08－28	深证上〔2019〕512 号	关于对国民技术股份有限公司及相关当事人给予公开谴责处分的决定
102	2019	2019－08－28	深证上〔2019〕513 号	关于对内蒙古兴业矿业股份有限公司及相关当事人给予公开谴责处分的决定
103	2019	2019－08－28	深证上〔2019〕514 号	关于对于钊给予通报批评处分的决定

续表

编号	年份	印发日期	文　　号	文 件 名 称
104	2019	2019－08－29	深证上〔2019〕519 号	关于对深圳市长方集团股份有限公司及相关当事人给予通报批评处分的决定
105	2019	2019－09－02	深证上〔2019〕527 号	关于对上海康耐特旗计智能科技集团股份有限公司及相关当事人给予通报批评处分的决定
106	2019	2019－09－02	深证上〔2019〕528 号	关于对北京捷成世纪科技股份有限公司及相关当事人给予通报批评处分的决定
107	2019	2019－09－04	深证上〔2019〕534 号	关于对邱茂国给予通报批评处分的决定
108	2019	2019－09－04	深证上〔2019〕535 号	关于对深圳市东方盛来投资管理有限公司给予通报批评处分的决定
109	2019	2019－09－04	深证上〔2019〕537 号	关于对西藏银河科技发展股份有限公司及相关当事人给予纪律处分的决定
110	2019	2019－09－11	深证上〔2019〕550 号	关于对深圳大通实业股份有限公司及相关当事人给予公开谴责处分的决定
111	2019	2019－09－11	深证上〔2019〕551 号	关于对藏格控股股份有限公司及相关当事人给予纪律处分的决定
112	2019	2019－09－11	深证上〔2019〕557 号	关于对王仁年给予公开谴责处分的决定
113	2019	2019－09－11	深证上〔2019〕558 号	关于对凯迪生态环境科技股份有限公司及相关当事人给予纪律处分的决定
114	2019	2019－09－12	深证上〔2019〕563 号	关于对江西华伍制动器股份有限公司及相关当事人给予通报批评处分的决定
115	2019	2019－09－16	深证上〔2019〕564 号	关于对暴风集团股份有限公司及相关当事人给予公开谴责处分的决定
116	2019	2019－09－18	深证上〔2019〕566 号	关于对新海宜科技集团股份有限公司及相关当事人给予公开谴责处分的决定
117	2019	2019－09－17	深证上〔2019〕567 号	关于对金洲慈航集团股份有限公司及相关当事人给予公开谴责处分的决定
118	2019	2019－09－18	深证上〔2019〕570 号	关于对四川迅游网络科技股份有限公司及相关当事人给予通报批评处分的决定
119	2019	2019－09－18	深证上〔2019〕571 号	关于对深圳翰宇药业股份有限公司及相关当事人给予通报批评处分的决定
120	2019	2019－09－18	深证上〔2019〕572 号	关于对重庆梅安森科技股份有限公司及相关当事人给予通报批评处分的决定
121	2019	2019－09－20	深证上〔2019〕577 号	关于对汪南东给予公开谴责处分的决定
122	2019	2019－09－19	深证上〔2019〕578 号	关于对成都天翔环境股份有限公司及相关当事人给予纪律处分的决定
123	2019	2019－09－19	深证上〔2019〕579 号	关于对朱国锭、包晓茹给予通报批评处分的决定

续表

编号	年份	印发日期	文　号	文件名称
124	2019	2019－09－23	深证上〔2019〕583号	关于对广东猛狮新能源科技股份有限公司及相关当事人给予通报批评处分的决定
125	2019	2019－09－23	深证上〔2019〕584号	关于对浙江星星科技股份有限公司及相关当事人给予通报批评处分的决定
126	2019	2019－09－23	深证上〔2019〕585号	关于对北海银河生物产业投资股份有限公司及相关当事人给予纪律处分的决定
127	2019	2019－09－24	深证上〔2019〕589号	关于对广东文化长城集团股份有限公司及相关当事人给予通报批评处分的决定
128	2019	2019－09－24	深证上〔2019〕591号	关于对东莞勤上光电股份有限公司及相关当事人给予纪律处分的决定
129	2019	2019－09－24	深证上〔2019〕593号	关于对莱茵达体育发展股份有限公司及相关当事人给予通报批评处分的决定
130	2019	2019－09－24	深证上〔2019〕594号	关于对北京安策恒兴投资有限公司给予通报批评处分的决定
131	2019	2019－09－25	深证上〔2019〕599号	关于对杭州中威电子股份有限公司及相关当事人给予通报批评处分的决定
132	2019	2019－09－25	深证上〔2019〕600号	关于对银亿股份有限公司及相关当事人给予纪律处分的决定
133	2019	2019－09－27	深证上〔2019〕602号	关于对江苏中超控股股份有限公司及相关当事人给予通报批评处分的决定
134	2019	2019－09－27	深证上〔2019〕603号	关于对江苏中超投资集团有限公司、杨飞给予通报批评处分的决定
135	2019	2019－09－30	深证上〔2019〕604号	关于对福建纳川管材科技股份有限公司及相关当事人给予通报批评处分的决定
136	2019	2019－09－26	深证上〔2019〕606号	关于对雏鹰农牧集团股份有限公司及相关当事人给予公开谴责处分的决定
137	2019	2019－09－27	深证上〔2019〕607号	关于对腾邦国际商业服务集团股份有限公司及相关当事人给予通报批评处分的决定
138	2019	2019－10－08	深证上〔2019〕613号	关于对樊少斌给予通报批评处分的决定
139	2019	2019－09－30	深证上〔2019〕614号	关于对海航资本集团有限公司给予通报批评处分的决定
140	2019	2019－09－30	深证上〔2019〕615号	关于对聚龙股份有限公司及相关当事人给予通报批评处分的决定
141	2019	2019－09－30	深证上〔2019〕616号	关于对顺利办信息服务股份有限公司及相关当事人给予通报批评处分的决定
142	2019	2019－09－30	深证上〔2019〕617号	关于对刘明辉给予公开谴责处分的决定

续表

编号	年份	印发日期	文　　号	文 件 名 称
143	2019	2019 - 10 - 08	深证上〔2019〕619 号	关于对刘华山、刘祥华、新疆海捷康健股权投资合伙企业(有限合伙)、周俊丽给予纪律处分的决定
144	2019	2019 - 10 - 09	深证上〔2019〕624 号	关于对欧浦智网股份有限公司及相关当事人给予纪律处分的决定
145	2019	2019 - 10 - 10	深证上〔2019〕625 号	关于对长城国际动漫游戏股份有限公司及相关当事人给予通报批评处分的决定
146	2019	2019 - 10 - 09	深证上〔2019〕626 号	关于对金龙机电股份有限公司及相关当事人给予纪律处分的决定
147	2019	2019 - 10 - 09	深证上〔2019〕627 号	关于对安徽华信国际控股股份有限公司及相关当事人给予纪律处分的决定
148	2019	2019 - 10 - 11	深证上〔2019〕633 号	关于对侯建芳给予通报批评处分的决定
149	2019	2019 - 10 - 11	深证上〔2019〕634 号	关于对围海建设集团股份有限公司及相关当事人给予纪律处分的决定
150	2019	2019 - 10 - 15	深证上〔2019〕635 号	关于对广东惠伦晶体科技股份有限公司及相关当事人给予通报批评处分的决定
151	2019	2019 - 10 - 15	深证上〔2019〕638 号	关于对张玲给予通报批评处分的决定
152	2019	2019 - 10 - 18	深证上〔2019〕643 号	关于对广东华铁通达高铁装备股份有限公司及相关当事人给予通报批评处分的决定
153	2019	2019 - 10 - 21	深证上〔2019〕651 号	关于对新余德康投资管理有限公司给予通报批评处分的决定
154	2019	2019 - 10 - 22	深证上〔2019〕652 号	关于对大连天神娱乐股份有限公司及相关当事人给予通报批评处分的决定
155	2019	2019 - 10 - 23	深证上〔2019〕654 号	关于对苏州科斯伍德油墨股份有限公司及相关当事人给予通报批评处分的决定
156	2019	2019 - 10 - 23	深证上〔2019〕655 号	关于对吉药控股集团股份有限公司及相关当事人给予通报批评处分的决定
157	2019	2019 - 10 - 23	深证上〔2019〕657 号	关于对重庆博腾制药科技股份有限公司及相关当事人给予通报批评处分的决定
158	2019	2019 - 10 - 24	深证上〔2019〕659 号	关于对雄安科融环境科技股份有限公司及相关当事人给予通报批评处分的决定
159	2019	2019 - 10 - 24	深证上〔2019〕663 号	关于对雅本化学股份有限公司及相关当事人给予通报批评处分的决定
160	2019	2019 - 10 - 28	深证上〔2019〕676 号	关于对雷万春给予通报批评处分的决定
161	2019	2019 - 10 - 29	深证上〔2019〕680 号	关于对永清环保股份有限公司及相关当事人给予通报批评处分的决定
162	2019	2019 - 11 - 01	深证上〔2019〕696 号	关于对王宇给予公开谴责处分的决定

续表

编号	年份	印发日期	文　　号	文 件 名 称
163	2019	2019－11－04	深证上〔2019〕701 号	关于对亚光科技集团股份有限公司及相关当事人给予通报批评处分的决定
164	2019	2019－11－04	深证上〔2019〕705 号	关于对施延军给予通报批评处分的决定
165	2019	2019－11－06	深证上〔2019〕709 号	关于对苏麒安、钟葱给予公开谴责处分的决定
166	2019	2019－11－08	深证上〔2019〕718 号	关于对郴州市金贵银业股份有限公司及相关当事人给予公开谴责处分的决定
167	2019	2019－11－12	深证上〔2019〕721 号	关于对向开兵给予通报批评的决定
168	2019	2019－11－13	深证上〔2019〕722 号	关于对余海峰、苏州聚力互盈投资管理中心（有限合伙）给予通报批评处分的决定
169	2019	2019－11－14	深证上〔2019〕726 号	关于对深圳赫美集团股份有限公司及相关当事人给予纪律处分的决定
170	2019	2019－11－15	深证上〔2019〕730 号	关于对浙江大东南股份有限公司及相关当事人给予纪律处分的决定
171	2019	2019－11－19	深证上〔2019〕736 号	关于对上海加冷松芝汽车空调股份有限公司时任董事长陈福泉给予公开谴责处分的决定
172	2019	2019－11－25	深证上〔2019〕753 号	关于对新海宜科技集团股份有限公司给予通报批评处分的决定
173	2019	2019－11－26	深证上〔2019〕757 号	关于对山东龙力生物科技股份有限公司及相关当事人给予公开谴责处分的决定
174	2019	2019－11－25	深证上〔2019〕758 号	关于对陈俊给予通报批评处分的决定
175	2019	2019－11－25	深证上〔2019〕759 号	关于对徐子泉给予通报批评处分的决定
176	2019	2019－11－26	深证上〔2019〕763 号	关于对陈嘉给予通报批评处分的决定
177	2019	2019－11－28	深证上〔2019〕767 号	关于对天津丰利创新投资有限公司、徐州杰能科技发展投资有限公司、毛凤丽及相关当事人给予通报批评处分的决定
178	2019	2019－11－28	深证上〔2019〕768 号	关于对刘燕给予通报批评处分的决定
179	2019	2019－11－28	深证上〔2019〕769 号	关于对吉药控股集团股份有限公司及相关当事人给予公开谴责处分的决定
180	2019	2019－11－29	深证上〔2019〕775 号	关于对巴士在线股份有限公司及相关当事人给予纪律处分的决定
181	2019	2019－12－04	深证上〔2019〕789 号	关于对北京晓程科技股份有限公司及相关当事人给予通报批评处分的决定
182	2019	2019－12－04	深证上〔2019〕790 号	关于对临沂金正大投资控股有限公司给予通报批评处分的决定
183	2019	2019－12－05	深证上〔2019〕795 号	关于对神雾环保技术股份有限公司及相关当事人给予纪律处分的决定

续表

编号	年份	印发日期	文　　号	文 件 名 称
184	2019	2019－12－12	深证上〔2019〕812 号	关于对北讯集团股份有限公司及相关当事人给予纪律处分的决定
185	2019	2019－12－16	深证上〔2019〕813 号	关于对欧菲光集团股份有限公司及相关当事人给予公开谴责处分的决定
186	2019	2019－12－12	深证上〔2019〕814 号	关于对龚伦勇、彭君给予公开谴责处分的决定
187	2019	2019－12－16	深证上〔2019〕818 号	关于对飞马投资控股有限公司给予通报批评处分的决定
188	2019	2019－12－16	深证上〔2019〕819 号	关于对钜鸿(香港)有限公司给予通报批评处分的决定
189	2019	2019－12－13	深证上〔2019〕823 号	关于对新疆机械研究院股份有限公司及相关当事人给予通报批评处分的决定
190	2019	2019－12－17	深证上〔2019〕827 号	关于对李强给予通报批评处分的决定
191	2019	2019－12－19	深证上〔2019〕837 号	关于对朱吉满、白莉惠及其一致行动人给予通报批评处分的决定
192	2019	2019－12－20	深证上〔2019〕839 号	关于对胡庆周给予通报批评处分的决定
193	2019	2019－12－20	深证上〔2019〕840 号	关于对南京越博动力系统股份有限公司及相关当事人给予通报批评处分的决定
194	2019	2019－12－23	深证上〔2019〕846 号	关于对陕西坚瑞沃能股份有限公司及相关当事人给予纪律处分的决定
195	2019	2019－12－30	深证上〔2019〕854 号	关于对新大洲控股股份有限公司及相关当事人给予纪律处分的决定
196	2019	2019－12－31	深证上〔2019〕871 号	关于对乐视网信息技术(北京)股份有限公司及相关当事人给予纪律处分的决定
197	2019	2019－12－31	深证上〔2019〕872 号	关于对贾跃亭给予通报批评处分的决定

二、债券类

编号	年份	印发日期	文　　号	文 件 名 称
1	2019	2019－01－14	深证上〔2019〕21 号	关于对邹平县电力集团有限公司给予通报批评处分的决定
2	2019	2019－08－22	深证上〔2019〕486 号	关于对神雾科技集团股份有限公司及相关当事人给予通报批评处分的决定
3	2019	2019－08－22	深证上〔2019〕495 号	关于对阳光凯迪新能源集团有限公司及相关当事人给予通报批评处分的决定
4	2019	2019－09－26	深证上〔2019〕605 号	关于对中弘控股股份有限公司及相关当事人给予通报批评处分的决定
5	2019	2019－10－08	深证上〔2019〕620 号	关于对海南宏氏投资有限公司及相关当事人给予通报批评处分的决定

续表

编号	年份	印发日期	文　　号	文 件 名 称
6	2019	2019－10－08	深证上〔2019〕621 号	关于对金龙控股集团有限公司及相关当事人给予通报批评处分的决定
7	2019	2019－10－17	深证上〔2019〕641 号	关于对中国汇源果汁集团有限公司及相关当事人给予通报批评处分的决定
8	2019	2019－10－28	深证上〔2019〕653 号	关于对飞马投资控股有限公司及相关当事人给予通报批评处分的决定
9	2019	2019－12－09	深证上〔2019〕811 号	关于对南京建工产业集团有限公司及相关当事人给予通报批评处分的决定

三、会员类

编号	年份	印发日期	文　　号	文 件 名 称
1	2019	2019－11－29	深证会〔2019〕458 号	关于对中邮证券有限责任公司给予纪律处分的决定
2	2019	2019－11－29	深证会〔2019〕459 号	关于对万联证券股份有限公司给予纪律处分的决定
3	2019	2019－11－29	深证会〔2019〕460 号	关于对英大证券有限责任公司给予纪律处分的决定
4	2019	2019－11－29	深证会〔2019〕461 号	关于对财富证券有限责任公司给予纪律处分的决定
5	2019	2019－11－29	深证会〔2019〕462 号	关于对南京证券股份有限公司给予纪律处分的决定
6	2019	2019－12－20	深证会〔2019〕499 号	关于对国盛证券有限责任公司给予纪律处分的决定
7	2019	2019－12－20	深证会〔2019〕500 号	关于对华宝证券有限责任公司给予纪律处分的决定
8	2019	2019－12－20	深证会〔2019〕501 号	关于对联储证券有限责任公司给予纪律处分的决定
9	2019	2019－12－20	深证会〔2019〕502 号	关于对申港证券股份有限公司给予纪律处分的决定

（三）2019 年度作出的限制交易措施目录

编号	发文时间	文　　号	限 制 对 象
1	2019－03－11	深圳证券交易所限制交易决定〔2019〕1 号	施玉庆
2	2019－04－01	深圳证券交易所限制交易决定〔2019〕2 号	储敏健
3	2019－04－01	深圳证券交易所限制交易决定〔2019〕3 号	屠文斌
4	2019－04－30	深圳证券交易所限制交易决定〔2019〕4 号	王建军
5	2019－09－09	深圳证券交易所限制交易决定〔2019〕5 号	施玉庆
6	2019－09－17	深圳证券交易所限制交易决定〔2019〕6 号	郑国基
7	2019－11－14	深圳证券交易所限制交易决定〔2019〕7 号	北京泽盈投资有限公司

(四)2019年度作出的同意上市、暂停上市、恢复上市通知目录

一、股票类

同意上市通知书		
序号	文件标题	文号
1	关于罗博特科智能科技股份有限公司人民币普通股股票在创业板上市的通知	深证上〔2019〕8号
2	关于青岛银行股份有限公司人民币普通股股票上市的通知	深证上〔2019〕26号
3	关于华林证券股份有限公司人民币普通股股票上市的通知	深证上〔2019〕30号
4	关于新希望乳业股份有限公司人民币普通股股票上市的通知	深证上〔2019〕44号
5	关于康龙化成(北京)新药技术股份有限公司人民币普通股股票在创业板上市的通知	深证上〔2019〕48号
6	关于华致酒行连锁管理股份有限公司人民币普通股股票在创业板上市的通知	深证上〔2019〕50号
7	关于苏州恒铭达电子科技股份有限公司人民币普通股股票上市的通知	深证上〔2019〕62号
8	关于江苏立华牧业股份有限公司人民币普通股股票在创业板上市的通知	深证上〔2019〕74号
9	关于鞍山七彩化学股份有限公司人民币普通股股票在创业板上市的通知	深证上〔2019〕82号
10	关于深圳市华阳国际工程设计股份有限公司人民币普通股股票上市的通知	深证上〔2019〕84号
11	关于奥美医疗用品股份有限公司人民币普通股股票上市的通知	深证上〔2019〕99号
12	关于上海瀚讯信息技术股份有限公司人民币普通股股票在创业板上市的通知	深证上〔2019〕109号
13	关于四川金时科技股份有限公司人民币普通股股票上市的通知	深证上〔2019〕112号
14	关于宁波锦浪新能源科技股份有限公司人民币普通股股票在创业板上市的通知	深证上〔2019〕117号
15	关于石药集团新诺威制药股份有限公司人民币普通股股票在创业板上市的通知	深证上〔2019〕133号
16	关于浙江每日互动网络科技股份有限公司人民币普通股股票在创业板上市的通知	深证上〔2019〕135号
17	关于青岛农村商业银行股份有限公司人民币普通股股票上市的通知	深证上〔2019〕140号
18	关于亚世光电股份有限公司人民币普通股股票上市的通知	深证上〔2019〕149号
19	关于云南震安减震科技股份有限公司人民币普通股股票在创业板上市的通知	深证上〔2019〕153号

续表

序号	文件标题	文　号
20	关于杭州迪普科技股份有限公司人民币普通股股票在创业板上市的通知	深证上〔2019〕198号
21	关于深圳市德方纳米科技股份有限公司人民币普通股股票在创业板上市的通知	深证上〔2019〕203号
22	关于广东南方新媒体股份有限公司人民币普通股股票在创业板上市的通知	深证上〔2019〕216号
23	关于深圳市智莱科技股份有限公司人民币普通股股票在创业板上市的通知	深证上〔2019〕221号
24	关于拉卡拉支付股份有限公司人民币普通股股票在创业板上市的通知	深证上〔2019〕232号
25	关于浙江运达风电股份有限公司人民币普通股股票在创业板上市的通知	深证上〔2019〕235号
26	关于广东日丰电缆股份有限公司人民币普通股股票上市的通知	深证上〔2019〕255号
27	关于深圳市新城市规划建筑设计股份有限公司人民币普通股股票在创业板上市的通知	深证上〔2019〕259号
28	关于中简科技股份有限公司人民币普通股股票在创业板上市的通知	深证上〔2019〕277号
29	关于武汉帝尔激光科技股份有限公司人民币普通股股票在创业板上市的通知	深证上〔2019〕280号
30	关于西安三角防务股份有限公司人民币普通股股票在创业板上市的通知	深证上〔2019〕286号
31	关于青岛惠城环保科技股份有限公司人民币普通股股票在创业板上市的通知	深证上〔2019〕293号
32	关于鸿合科技股份有限公司人民币普通股股票上市的通知	深证上〔2019〕296号
33	关于四川德恩精工科技股份有限公司人民币普通股股票在创业板上市的通知	深证上〔2019〕308号
34	关于广东因赛品牌营销集团股份有限公司人民币普通股股票在创业板上市的通知	深证上〔2019〕319号
35	关于江苏卓胜微电子股份有限公司人民币普通股股票在创业板上市的通知	深证上〔2019〕340号
36	关于桂林西麦食品股份有限公司人民币普通股股票上市的通知	深证上〔2019〕344号
37	关于山东朗进科技股份有限公司人民币普通股股票在创业板上市的通知	深证上〔2019〕348号
38	关于中信出版集团股份有限公司人民币普通股股票在创业板上市的通知	深证上〔2019〕377号
39	关于三只松鼠股份有限公司人民币普通股股票在创业板上市的通知	深证上〔2019〕393号
40	关于北京值得买科技股份有限公司人民币普通股股票在创业板上市的通知	深证上〔2019〕397号
41	关于青岛国林环保科技股份有限公司人民币普通股股票在创业板上市的通知	深证上〔2019〕413号
42	关于深圳科瑞技术股份有限公司人民币普通股股票上市的通知	深证上〔2019〕426号
43	关于苏州银行股份有限公司人民币普通股股票上市的通知	深证上〔2019〕442号
44	关于北大青鸟环宇消防设备股份有限公司人民币普通股股票上市的通知	深证上〔2019〕458号
45	关于安福县海能实业股份有限公司人民币普通股股票在创业板上市的通知	深证上〔2019〕467号
46	关于小熊电器股份有限公司人民币普通股股票上市的通知	深证上〔2019〕490号

续表

序号	文件标题	文号
47	关于中国广核电力股份有限公司人民币普通股股票上市的通知	深证上〔2019〕496 号
48	关于成都唐源电气股份有限公司人民币普通股股票在创业板上市的通知	深证上〔2019〕503 号
49	关于瑞达期货股份有限公司人民币普通股股票上市的通知	深证上〔2019〕533 号
50	关于湖北五方光电股份有限公司人民币普通股股票上市的通知	深证上〔2019〕561 号
51	关于东莞市宇瞳光学科技股份有限公司人民币普通股股票在创业板上市的通知	深证上〔2019〕576 号
52	关于仙乐健康科技股份有限公司人民币普通股股票在创业板上市的通知	深证上〔2019〕586 号
53	关于杭州壹网壹创科技股份有限公司人民币普通股股票在创业板上市的通知	深证上〔2019〕597 号
54	关于佳禾智能科技股份有限公司人民币普通股股票在创业板上市的通知	深证上〔2019〕639 号
55	关于浙江米奥兰特商务会展股份有限公司人民币普通股股票在创业板上市的通知	深证上〔2019〕645 号
56	关于祥鑫科技股份有限公司人民币普通股股票上市的通知	深证上〔2019〕658 号
57	关于豪尔赛科技集团股份有限公司人民币普通股股票上市的通知	深证上〔2019〕661 号
58	关于北京左江科技股份有限公司人民币普通股股票在创业板上市的通知	深证上〔2019〕668 号
59	关于钢研纳克检测技术股份有限公司人民币普通股股票在创业板上市的通知	深证上〔2019〕682 号
60	关于力合科技(湖南)股份有限公司人民币普通股股票在创业板上市的通知	深证上〔2019〕706 号
61	关于广州广电计量检测股份有限公司人民币普通股股票上市的通知	深证上〔2019〕710 号
62	关于筑博设计股份有限公司人民币普通股股票在创业板上市的通知	深证上〔2019〕711 号
63	关于上海矩子科技股份有限公司人民币普通股股票在创业板上市的通知	深证上〔2019〕720 号
64	关于绍兴贝斯美化工股份有限公司人民币普通股股票在创业板上市的通知	深证上〔2019〕723 号
65	关于北京指南针科技发展股份有限公司人民币普通股股票在创业板上市的通知	深证上〔2019〕725 号
66	关于广东电声市场营销股份有限公司人民币普通股股票在创业板上市的通知	深证上〔2019〕737 号
67	关于江苏锦鸡实业股份有限公司人民币普通股股票在创业板上市的通知	深证上〔2019〕739 号
68	关于江苏斯迪克新材料科技股份有限公司人民币普通股股票在创业板上市的通知	深证上〔2019〕748 号
69	关于山东泰和水处理科技股份有限公司人民币普通股股票在创业板上市的通知	深证上〔2019〕760 号
70	关于广东久量股份有限公司人民币普通股股票在创业板上市的通知	深证上〔2019〕766 号
71	关于嘉美食品包装(滁州)股份有限公司人民币普通股股票上市的通知	深证上〔2019〕774 号
72	关于重庆新大正物业集团股份有限公司人民币普通股股票上市的通知	深证上〔2019〕779 号

续表

序号	文件标题	文　号
73	关于华辰精密装备(昆山)股份有限公司人民币普通股股票在创业板上市的通知	深证上〔2019〕783 号
74	关于北京中科海讯数字科技股份有限公司人民币普通股股票在创业板上市的通知	深证上〔2019〕788 号
75	关于深圳市锐明技术股份有限公司人民币普通股股票上市的通知	深证上〔2019〕825 号
76	关于郑州天迈科技股份有限公司人民币普通股股票在创业板上市的通知	深证上〔2019〕829 号
77	关于深圳科安达电子科技股份有限公司人民币普通股股票上市的通知	深证上〔2019〕853 号
78	关于深圳市铂科新材料股份有限公司人民币普通股股票在创业板上市的通知	深证上〔2019〕856 号
79	关于广东溢多利生物科技股份有限公司可转换公司债券上市交易的通知	深证上〔2019〕31 号
80	关于湖北凯龙化工集团股份有限公司可转换公司债券上市交易的通知	深证上〔2019〕32 号
81	关于平安银行股份有限公司可转换公司债券上市交易的通知	深证上〔2019〕72 号
82	关于冰轮环境技术股份有限公司可转换公司债券上市交易的通知	深证上〔2019〕76 号
83	关于深圳市尚荣医疗股份有限公司可转换公司债券上市交易的通知	深证上〔2019〕93 号
84	关于烟台中宠食品股份有限公司可转换公司债券上市交易的通知	深证上〔2019〕98 号
85	关于苏州中来光伏新材股份有限公司可转换公司债券上市交易的通知	深证上〔2019〕116 号
86	关于浙江今飞凯达轮毂股份有限公司可转换公司债券上市交易的通知	深证上〔2019〕119 号
87	关于万达信息股份有限公司可转换公司债券上市交易的通知	深证上〔2019〕124 号
88	关于江西富祥药业股份有限公司可转换公司债券上市交易的通知	深证上〔2019〕138 号
89	关于博彦科技股份有限公司可转换公司债券上市交易的通知	深证上〔2019〕151 号
90	关于广州视源电子科技股份有限公司可转换公司债券上市交易的通知	深证上〔2019〕152 号
91	关于江苏长青农化股份有限公司可转换公司债券上市交易的通知	深证上〔2019〕159 号
92	关于深圳拓邦股份有限公司可转换公司债券上市交易的通知	深证上〔2019〕164 号
93	关于安徽中鼎密封件股份有限公司可转换公司债券上市交易的通知	深证上〔2019〕165 号
94	关于芜湖长信科技股份有限公司可转换公司债券上市交易的通知	深证上〔2019〕178 号
95	关于广州迪森热能技术股份有限公司可转换公司债券上市交易的通知	深证上〔2019〕188 号
96	关于深圳市中装建设集团股份有限公司可转换公司债券上市交易的通知	深证上〔2019〕194 号
97	关于长沙岱勒新材料科技股份有限公司可转换公司债券上市交易的通知	深证上〔2019〕200 号
98	关于武汉精测电子集团股份有限公司可转换公司债券上市交易的通知	深证上〔2019〕209 号
99	关于启明星辰信息技术集团股份有限公司可转换公司债券上市交易的通知	深证上〔2019〕223 号
100	关于浙江亚太药业股份有限公司可转换公司债券上市交易的通知	深证上〔2019〕224 号
101	关于德尔未来科技控股集团股份有限公司可转换公司债券上市交易的通知	深证上〔2019〕225 号

续表

序号	文 件 标 题	文　号
102	关于招商局公路网络科技控股股份有限公司可转换公司债券上市交易的通知	深证上〔2019〕237 号
103	关于安徽省司尔特肥业股份有限公司可转换公司债券上市交易的通知	深证上〔2019〕243 号
104	关于四川雅化实业集团股份有限公司可转换公司债券上市交易的通知	深证上〔2019〕248 号
105	关于深圳市亚泰国际建设股份有限公司可转换公司债券上市交易的通知	深证上〔2019〕269 号
106	关于创维数字股份有限公司可转换公司债券上市交易的通知	深证上〔2019〕272 号
107	关于云南鸿翔一心堂药业(集团)股份有限公司可转换公司债券上市交易的通知	深证上〔2019〕279 号
108	关于深圳和而泰智能控制股份有限公司可转换公司债券上市交易的通知	深证上〔2019〕358 号
109	关于安徽中环环保科技股份有限公司可转换公司债券上市交易的通知	深证上〔2019〕359 号
110	关于西安蓝晓科技新材料股份有限公司可转换公司债券上市交易的通知	深证上〔2019〕362 号
111	关于重庆华森制药股份有限公司可转换公司债券上市交易的通知	深证上〔2019〕389 号
112	关于河南清水源科技股份有限公司可转换公司债券上市交易的通知	深证上〔2019〕390 号
113	关于无锡智能自控工程股份有限公司可转换公司债券上市交易的通知	深证上〔2019〕408 号
114	关于山东英科医疗用品股份有限公司可转换公司债券上市交易的通知	深证上〔2019〕525 号
115	关于浙江哈尔斯真空器皿股份有限公司可转换公司债券上市交易的通知	深证上〔2019〕541 号
116	关于哈尔滨九洲电气股份有限公司可转换公司债券上市交易的通知	深证上〔2019〕546 号
117	关于厦门合兴包装印刷股份有限公司可转换公司债券上市交易的通知	深证上〔2019〕547 号
118	关于广东翔鹭钨业股份有限公司可转换公司债券上市交易的通知	深证上〔2019〕548 号
119	关于苏州晶瑞化学股份有限公司可转换公司债券上市交易的通知	深证上〔2019〕580 号
120	关于游族网络股份有限公司可转换公司债券上市交易的通知	深证上〔2019〕640 号
121	关于许昌远东传动轴股份有限公司可转换公司债券上市交易的通知	深证上〔2019〕656 号
122	关于广东万里马实业股份有限公司可转换公司债券上市交易的通知	深证上〔2019〕666 号
123	关于太极计算机股份有限公司可转换公司债券上市交易的通知	深证上〔2019〕694 号
124	关于华夏航空股份有限公司可转换公司债券上市交易的通知	深证上〔2019〕703 号
125	关于金轮蓝海股份有限公司可转换公司债券上市交易的通知	深证上〔2019〕707 号
126	关于广东英联包装股份有限公司可转换公司债券上市交易的通知	深证上〔2019〕724 号
127	关于北方国际合作股份有限公司可转换公司债券上市交易的通知	深证上〔2019〕735 号
128	关于江西金力永磁科技股份有限公司可转换公司债券上市交易的通知	深证上〔2019〕745 号
129	关于江苏通光电子线缆股份有限公司可转换公司债券上市交易的通知	深证上〔2019〕755 号
130	关于利亚德光电股份有限公司可转换公司债券上市交易的通知	深证上〔2019〕780 号
131	关于顺丰控股股份有限公司可转换公司债券上市交易的通知	深证上〔2019〕786 号
132	关于浙江海亮股份有限公司可转换公司债券上市交易的通知	深证上〔2019〕799 号

续表

序号	文件标题	文　号
133	关于山东新北洋信息技术股份有限公司可转换公司债券上市交易的通知	深证上〔2019〕857号
134	关于鸿达兴业股份有限公司可转换公司债券上市交易的通知	深证上〔2019〕866号
暂停、恢复上市通知书		
序号	文件标题	文　号
1	关于长生生物科技股份有限公司股票暂停上市的决定	深证上〔2019〕108号
2	关于甘肃皇台酒业股份有限公司股票暂停上市的决定	深证上〔2019〕262号
3	关于湖南千山制药机械股份有限公司股票暂停上市的决定	深证上〔2019〕263号
4	关于金亚科技股份有限公司股票暂停上市的决定	深证上〔2019〕264号
5	关于乐视网信息技术(北京)股份有限公司股票暂停上市的决定	深证上〔2019〕265号
6	关于凯迪生态环境科技股份有限公司股票暂停上市的决定	深证上〔2019〕266号
7	关于山东龙力生物科技股份有限公司股票暂停上市的决定	深证上〔2019〕267号
8	关于德奥通用航空股份有限公司股票暂停上市的决定	深证上〔2019〕268号

二、债券类

公开发行公司债券同意上市通知		
序号	标　　题	文　号
1	关于深圳市天健(集团)股份有限公司2018年面向合格投资者公开发行可续期公司债券(第一期)(品种一)上市的通知	深证上〔2019〕2号
2	关于广州智光电气股份有限公司2018年面向合格投资者公开发行公司债券(第二期)上市的通知	深证上〔2019〕4号
3	关于中国电子科技集团有限公司2018年面向合格投资者公开发行公司债券(第二期)上市的通知	深证上〔2019〕5号
4	关于天马微电子股份有限公司2018年面向合格投资者公开发行公司债券(第一期)上市的通知	深证上〔2019〕7号
5	关于广州航新航空科技股份有限公司2018年面向合格投资者公开发行创新创业公司债券上市的通知	深证上〔2019〕13号
6	关于中原出版传媒投资控股集团有限公司2018年面向合格投资者公开发行可交换公司债券(第一期)上市的通知	深证上〔2019〕14号
7	关于同意鲁西化工集团股份有限公司2018年面向合格投资者公开发行公司债券(第一期)上市的通知	深证上〔2019〕20号
8	关于重庆市涪陵国有资产投资经营集团有限公司2018年面向合格投资者公开发行可续期公司债券(第一期)(品种一)上市的通知	深证上〔2019〕24号
9	关于同意深圳赛格股份有限公司2018年面向合格投资者公开发行公司债券(第一期)上市的通知	深证上〔2019〕28号

续表

序号	标　　题	文　　号
10	关于广州金融控股集团有限公司 2018 年面向合格投资者公开发行可续期公司债券(第二期)上市的通知	深证上〔2019〕29 号
11	关于同意美的置业集团有限公司 2019 年面向合格投资者公开发行公司债券(第一期)上市的通知	深证上〔2019〕33 号
12	关于同意广州越秀融资租赁有限公司 2018 年面向合格投资者公开发行公司债券(第一期)上市的通知	深证上〔2019〕35 号
13	关于同意阳光城集团股份有限公司 2018 年面向合格投资者公开发行公司债券(第二期)上市的通知	深证上〔2019〕36 号
14	关于阳光城集团股份有限公司 2018 年面向合格投资者公开发行公司债券(第二期)上市的通知	深证上〔2019〕36 号
15	关于申万宏源证券有限公司 2019 年面向合格投资者公开发行公司债券(第一期)(品种一)上市的通知	深证上〔2019〕37 号
16	关于深圳市卓越商业管理有限公司公开发行 2018 年公司债券(第一期)(面向合格投资者)上市的通知	深证上〔2019〕42 号
17	关于北京东方园林环境股份有限公司 2019 年面向合格投资者公开发行公司债券(第一期)上市的通知	深证上〔2019〕47 号
18	关于 2018 年第一期比亚迪股份有限公司绿色债券上市的通知	深证上〔2019〕49 号
19	关于武汉市江岸国有资产经营管理有限责任公司 2019 年面向合格投资者公开发行公司债券(第一期)上市的通知	深证上〔2019〕51 号
20	关于海航航空集团有限公司 2019 年面向合格投资者公开发行公司债券(第一期)上市的通知	深证上〔2019〕57 号
21	关于中国电子科技集团有限公司 2018 年面向合格投资者公开发行公司债券(第三期)上市的通知	深证上〔2019〕58 号
22	关于牧原食品股份有限公司 2019 年面向合格投资者公开发行扶贫专项公司债券(第一期)上市的通知	深证上〔2019〕66 号
23	关于广州越秀融资租赁有限公司 2019 年面向合格投资者公开发行公司债券(第一期)上市的通知	深证上〔2019〕67 号
24	关于中海地产集团有限公司 2019 年面向合格投资者公开发行公司债券(第一期)上市的通知	深证上〔2019〕70 号
25	关于珠海金融投资控股集团有限公司 2019 年面向合格投资者公开发行公司债券(第一期)上市的通知	深证上〔2019〕78 号
26	关于长城证券股份有限公司 2019 年面向合格投资者公开发行公司债券(第一期)(品种一)上市的通知	深证上〔2019〕79 号
27	关于北京东方园林环境股份有限公司 2019 年面向合格投资者公开发行公司债券(第二期)上市的通知	深证上〔2019〕85 号
28	关于 2019 年第一期新兴铸管股份有限公司绿色债券上市的通知	深证上〔2019〕86 号

续表

序号	标　　题	文　　号
29	关于山西证券股份有限公司2019年面向合格投资者公开发行公司债券(第一期)上市的通知	深证上〔2019〕94号
30	关于2019年第一期深圳能源集团股份有限公司绿色债券上市的通知	深证上〔2019〕96号
31	关于比亚迪股份有限公司2019年面向合格投资者公开发行公司债券(第一期)(品种一)上市的通知	深证上〔2019〕100号
32	关于万科企业股份有限公司2019年面向合格投资者公开发行住房租赁专项公司债券(第一期)上市的通知	深证上〔2019〕101号
33	关于伊犁农四师国有资产投资有限责任公司2019年面向合格投资者公开发行公司债券(第一期)上市的通知	深证上〔2019〕106号
34	关于中山公用事业集团股份有限公司2019年面向合格投资者公开发行公司债券(第一期)上市的通知	深证上〔2019〕113号
35	关于美的置业集团有限公司2019年面向合格投资者公开发行公司债券(第二期)上市的通知	深证上〔2019〕114号
36	关于阳光城集团股份有限公司2019年面向合格投资者公开发行公司债券(第一期)上市的通知	深证上〔2019〕120号
37	关于申万宏源证券有限公司2019年面向合格投资者公开发行公司债券(第二期)(品种一)上市的通知	深证上〔2019〕122号
38	关于天津中环半导体股份有限公司2019年面向合格投资者公开发行公司债券(第一期)上市的通知	深证上〔2019〕129号
39	关于广发证券股份有限公司2019年面向合格投资者公开发行公司债券(第一期)(品种一)上市的通知	深证上〔2019〕130号
40	关于金科地产集团股份有限公司2019年面向合格投资者公开发行公司债券(第一期)(品种一)上市的通知	深证上〔2019〕137号
41	关于广州金融控股集团有限公司2019年面向合格投资者公开发行可续期公司债券(第一期)(品种一)上市的通知	深证上〔2019〕147号
42	关于广西投资集团有限公司2019年面向合格投资者公开发行公司债券(第一期)(品种一)上市的通知	深证上〔2019〕156号
43	关于珠海金融投资控股集团有限公司2019年面向合格投资者公开发行纾困专项债券(第一期)(品种二)上市的通知	深证上〔2019〕157号
44	关于天马微电子股份有限公司2019年面向合格投资者公开发行公司债券(第一期)上市的通知	深证上〔2019〕158号
45	关于恒逸石化股份有限公司2019年面向合格投资者公开发行公司债券(第一期)上市的通知	深证上〔2019〕171号
46	关于山东魏桥铝电有限公司2019年面向合格投资者公开发行公司债券(第一期)上市的通知	深证上〔2019〕172号
47	关于深圳华侨城股份有限公司2019年面向合格投资者公开发行公司债券(第一期)(品种一)上市的通知	深证上〔2019〕173号

续表

序号	标　　题	文　　号
48	关于潍坊市投资集团有限公司2019年面向合格投资者公开发行公司债券(第一期)上市的通知	深证上〔2019〕175号
49	关于上海宝龙实业发展(集团)有限公司2019年公开发行住房租赁专项公司债券(第一期)上市的通知	深证上〔2019〕185号
50	关于深圳市龙光控股有限公司2019年面向合格投资者公开发行公司债券(第一期)上市的通知	深证上〔2019〕186号
51	关于华西证券股份有限公司2019年面向合格投资者公开发行公司债券(第一期)上市的通知	深证上〔2019〕193号
52	关于普洛斯中国控股有限公司2019年面向合格投资者公开发行"一带一路"公司债券(第一期)(品种一)上市的通知	深证上〔2019〕201号
53	关于中节能太阳能股份有限公司2019年面向合格投资者公开发行绿色公司债券(第一期)(品种一)上市的通知	深证上〔2019〕208号
54	关于阳光城集团股份有限公司2019年面向合格投资者公开发行公司债券(第二期)上市的通知	深证上〔2019〕210号
55	关于2019年第二期新兴铸管股份有限公司绿色债券上市的通知	深证上〔2019〕213号
56	关于湖南华菱钢铁集团有限责任公司2019年公开发行公司债券(面向合格投资者)(第一期)(品种一)上市的通知	深证上〔2019〕230号
57	关于华侨城集团有限公司2019年面向合格投资者公开发行公司债券(第一期)(品种一)上市的通知	深证上〔2019〕231号
58	关于2018年第一期浙江恒逸集团有限公司公司债券上市的通知	深证上〔2019〕234号
59	关于四川科伦药业股份有限公司2019年面向合格投资者公开发行公司债券(第一期)(品种一)上市的通知	深证上〔2019〕242号
60	关于重庆市涪陵国有资产投资经营集团有限公司2019年面向合格投资者公开发行可续期公司债券(第一期)(品种一)上市的通知	深证上〔2019〕251号
61	关于2019年第一期成都市兴蓉环境股份有限公司绿色债券上市的通知	深证上〔2019〕260号
62	关于东莞金融控股集团有限公司2019年面向合格投资者公开发行纾困专项债券(第一期)上市的通知	深证上〔2019〕278号
63	关于申万宏源证券有限公司2019年面向合格投资者公开发行公司债券(第三期)(品种一)上市的通知	深证上〔2019〕281号
64	关于北京三聚环保新材料股份有限公司2019年面向合格投资者公开发行可续期公司债券(第一期)上市的通知	深证上〔2019〕284号
65	关于华润租赁有限公司2019年面向合格投资者公开发行公司债券(品种二)上市的通知	深证上〔2019〕290号
66	关于福建七匹狼集团有限公司2019年面向合格投资者公开发行公司债券(第一期)上市的通知	深证上〔2019〕294号

续表

序号	标　　题	文　　号
67	关于苏州电器科学研究院股份有限公司2019年面向合格投资者公开发行公司债券(第一期)上市的通知	深证上〔2019〕301号
68	关于深圳市投资控股有限公司2019年面向合格投资者公开发行粤港澳大湾区专项公司债券(第一期)上市的通知	深证上〔2019〕313号
69	关于TCL集团股份有限公司2019年面向合格投资者公开发行公司债券(第一期)上市的通知	深证上〔2019〕318号
70	关于深圳市沃尔核材股份有限公司2019年面向合格投资者公开发行公司债券(第一期)上市的通知	深证上〔2019〕321号
71	关于广州产业投资基金管理有限公司2019年面向合格投资者公开发行公司债券(第一期)上市的通知	深证上〔2019〕322号
72	关于石榴置业集团股份有限公司2019年面向合格投资者公开发行公司债券(第一期)上市的通知	深证上〔2019〕332号
73	关于恒逸石化股份有限公司2019年面向合格投资者公开发行公司债券(第二期)上市的通知	深证上〔2019〕337号
74	关于珠海恒基达鑫国际化工仓储股份有限公司2019年面向合格投资者公开发行公司债券(第一期)上市的通知	深证上〔2019〕343号
75	关于物美科技集团有限公司2019年面向合格投资者公开发行公司债券(第一期)上市的通知	深证上〔2019〕345号
76	关于2019年第一期浙江恒逸集团有限公司公司债券上市的通知	深证上〔2019〕349号
77	关于2019年第一期木林森股份有限公司绿色公司债券上市的通知	深证上〔2019〕350号
78	关于深圳市投资控股有限公司2019年面向合格投资者公开发行公司债券(第一期)上市的通知	深证上〔2019〕354号
79	关于华润资产管理有限公司2019年面向合格投资者公开发行公司债券(第一期)上市的通知	深证上〔2019〕369号
80	关于国厚金融资产管理股份有限公司2019年面向合格投资者公开发行公司债券(第一期)上市的通知	深证上〔2019〕370号
81	关于招商局蛇口工业区控股股份有限公司2019年面向合格投资者公开发行公司债券(第一期)上市的通知	深证上〔2019〕372号
82	关于比亚迪股份有限公司2019年面向合格投资者公开发行可续期公司债券(第一期)(品种一)上市的通知	深证上〔2019〕373号
83	关于2019年第二期深圳能源集团股份有限公司绿色债券上市的通知	深证上〔2019〕387号
84	关于2019年第一期比亚迪股份有限公司绿色债券上市的通知	深证上〔2019〕388号
85	关于深圳市英唐智能控制股份有限公司2019年面向合格投资者公开发行公司债券(第一期)上市的通知	深证上〔2019〕392号
86	关于金科地产集团股份有限公司2019年面向合格投资者公开发行公司债券(第二期)(品种一)上市的通知	深证上〔2019〕401号

续表

序号	标　　题	文　　号
87	关于中联重科股份有限公司 2019 年面向合格投资者公开发行公司债券(第一期)上市的通知	深证上〔2019〕404 号
88	关于潍坊市投资集团有限公司 2019 年面向合格投资者公开发行公司债券(第二期)上市的通知	深证上〔2019〕409 号
89	关于湖南华菱钢铁集团有限责任公司 2019 年公开发行公司债券(面向合格投资者)(第二期)上市的通知	深证上〔2019〕410 号
90	关于万达集团股份有限公司 2019 年面向合格投资者公开发行公司债券(第一期)上市的通知	深证上〔2019〕411 号
91	关于招商局蛇口工业区控股股份有限公司 2019 年面向合格投资者公开发行公司债券(第二期)上市的通知	深证上〔2019〕416 号
92	关于重庆渝开发股份有限公司 2019 年面向合格投资者公开发行公司债券(第一期)上市的通知	深证上〔2019〕423 号
93	关于长城证券股份有限公司 2019 年面向合格投资者公开发行公司债券(第二期)(品种一)上市的通知	深证上〔2019〕427 号
94	关于新兴铸管股份有限公司 2019 年面向合格投资者公开发行公司债券(第一期)上市的通知	深证上〔2019〕430 号
95	关于物美科技集团有限公司 2019 年面向合格投资者公开发行公司债券(第二期)(品种一)上市的通知	深证上〔2019〕434 号
96	关于安徽皖能股份有限公司 2019 年面向合格投资者公开发行公司债券(第一期)上市的通知	深证上〔2019〕437 号
97	关于泛海控股股份有限公司 2019 年面向合格投资者公开发行公司债券(第一期)上市的通知	深证上〔2019〕438 号
98	关于中国电建地产集团有限公司 2019 年面向合格投资者公开发行公司债券(第一期)上市的通知	深证上〔2019〕440 号
99	关于中国石油集团资本股份有限公司 2019 年面向合格投资者公开发行公司债券(第一期)(品种一)上市的通知	深证上〔2019〕447 号
100	关于 TCL 集团股份有限公司 2019 年面向合格投资者公开发行公司债券(第二期)上市的通知	深证上〔2019〕450 号
101	关于厦门中骏集团有限公司 2019 年面向合格投资者公开发行公司债券(第一期)上市的通知	深证上〔2019〕452 号
102	关于华南国际工业原料城(深圳)有限公司 2019 年面向合格投资者公开发行公司债券(第一期)上市的通知	深证上〔2019〕456 号
103	关于华南国际工业原料城(深圳)有限公司 2019 年面向合格投资者公开发行公司债券(第二期)上市的通知	深证上〔2019〕459 号
104	关于广西投资集团有限公司 2019 年面向合格投资者公开发行纾困专项公司债券(第一期)上市的通知	深证上〔2019〕463 号

续表

序号	标　　题	文　　号
105	关于深圳市投资控股有限公司2019年面向合格投资者公开发行公司债券(第二期)上市的通知	深证上〔2019〕468号
106	关于比亚迪股份有限公司2019年面向合格投资者公开发行公司债券(第二期)上市的通知	深证上〔2019〕470号
107	关于天津中环半导体股份有限公司2019年面向合格投资者公开发行公司债券(第二期)上市的通知	深证上〔2019〕477号
108	关于太原钢铁(集团)有限公司2019年面向合格投资者公开发行公司债券(第一期)上市的通知	深证上〔2019〕481号
109	关于深圳市特发集团有限公司2019年面向合格投资者公开发行公司债券(第一期)上市的通知	深证上〔2019〕485号
110	关于石榴置业集团股份有限公司2019年面向合格投资者公开发行公司债券(第二期)上市的通知	深证上〔2019〕499号
111	关于信达投资有限公司2019年面向合格投资者公开发行公司债券上市的通知	深证上〔2019〕516号
112	关于珠海金融投资控股集团有限公司2019年面向合格投资者公开发行公司债券(第二期)上市的通知	深证上〔2019〕518号
113	关于中国南山开发(集团)股份有限公司2019年面向合格投资者公开发行公司债券(第一期)上市的通知	深证上〔2019〕526号
114	关于物美科技集团有限公司2019年面向合格投资者公开发行公司债券(第三期)(品种一)上市的通知	深证上〔2019〕531号
115	关于广州产业投资基金管理有限公司2019年面向合格投资者公开发行公司债券(第二期)(品种一)上市的通知	深证上〔2019〕532号
116	关于泸州老窖股份有限公司2019年面向合格投资者公开发行公司债券(第一期)上市的通知	深证上〔2019〕536号
117	关于深圳能源集团股份有限公司2019年面向合格投资者公开发行可续期公司债券(第一期)上市的通知	深证上〔2019〕539号
118	关于江苏高科技投资集团有限公司2019年面向合格投资者公开发行创新创业公司债券(第一期)上市的通知	深证上〔2019〕540号
119	关于深圳市特区建设发展集团有限公司2019年面向合格投资者公开发行公司债券(第一期)上市的通知	深证上〔2019〕549号
120	关于中电海康集团有限公司2019年面向合格投资者公开发行公司债券(第一期)上市的通知	深证上〔2019〕553号
121	关于温氏食品集团股份有限公司2019年面向合格投资者公开发行公司债券(第一期)上市的通知	深证上〔2019〕559号
122	关于广东粤海控股集团有限公司2019年面向合格投资者公开发行粤港澳大湾区专项公司债券(第一期)上市的通知	深证上〔2019〕574号

续表

序号	标　　题	文　　号
123	关于信利光电股份有限公司 2019 年面向合格投资者公开发行创新创业公司债券(第一期)上市的通知	深证上〔2019〕575 号
124	关于山东机场集团有限公司 2019 年面向合格投资者公开发行公司债券(第一期)上市的通知	深证上〔2019〕582 号
125	关于中国电子科技集团有限公司 2019 年面向合格投资者公开发行公司债券(第一期)上市的通知	深证上〔2019〕590 号
126	关于福建省投资开发集团有限责任公司 2019 年面向合格投资者公开发行公司债券(第一期)上市的通知	深证上〔2019〕592 号
127	关于深圳顺丰泰森控股(集团)有限公司 2019 年面向合格投资者公开发行公司债券(第一期)上市的通知	深证上〔2019〕596 号
128	关于湖南华菱钢铁集团有限责任公司 2019 年公开发行公司债券(面向合格投资者)(第三期)上市的通知	深证上〔2019〕608 号
129	关于物美科技集团有限公司 2019 年面向合格投资者公开发行公司债券(第四期)上市的通知	深证上〔2019〕609 号
130	关于湖北宜昌交运集团股份有限公司 2019 年面向合格投资者公开发行公司债券(第一期)上市的通知	深证上〔2019〕623 号
131	关于浙江华媒控股股份有限公司 2019 年面向合格投资者公开发行公司债券(第一期)上市的通知	深证上〔2019〕629 号
132	关于万科企业股份有限公司 2019 年面向合格投资者公开发行住房租赁专项公司债券(第二期)上市的通知	深证上〔2019〕630 号
133	关于启迪环境科技发展股份有限公司 2019 年公开发行绿色公司债券(面向合格投资者)(第一期)上市的通知	深证上〔2019〕637 号
134	关于启迪环境科技发展股份有限公司 2019 年公开发行绿色公司债券(面向合格投资者)(第一期)上市的通知	深证上〔2019〕637 号
135	关于中国国际海运集装箱(集团)股份有限公司 2019 年面向合格投资者公开发行公司债券(第一期)上市的通知	深证上〔2019〕650 号
136	关于中燃投资有限公司 2019 年面向合格投资者公开发行公司债券(第一期)(品种一)上市的通知	深证上〔2019〕662 号
137	关于长城证券股份有限公司 2019 年面向合格投资者公开发行公司债券(第三期)上市的通知	深证上〔2019〕667 号
138	关于华西证券股份有限公司 2019 年面向合格投资者公开发行公司债券(第二期)(品种一)上市的通知	深证上〔2019〕672 号
139	关于 TCL 集团股份有限公司 2019 年面向合格投资者公开发行公司债券(第三期)上市的通知	深证上〔2019〕675 号
140	关于深圳市海普瑞药业集团股份有限公司 2019 年面向合格投资者公开发行公司债券(第一期)上市的通知	深证上〔2019〕690 号

续表

序号	标　　题	文　　号
141	关于浙江恒逸集团有限公司2019年面向合格投资者公开发行公司债券(第一期)上市的通知	深证上〔2019〕692号
142	关于宁德时代新能源科技股份有限公司2019年面向合格投资者公开发行公司债券(第一期)(品种一)上市的通知	深证上〔2019〕693号
143	关于2019年芜湖市建设投资有限公司战略性新兴产业专项债券(第一期)上市的通知	深证上〔2019〕704号
144	关于京东方科技集团股份有限公司2019年公开发行可续期公司债券(面向合格投资者)(第一期)上市的通知	深证上〔2019〕712号
145	关于深圳市投资控股有限公司2019年面向合格投资者公开发行公司债券(第三期)上市的通知	深证上〔2019〕713号
146	关于广西北部湾国际港务集团有限公司2019年面向合格投资者公开发行公司债券(品种一)上市的通知	深证上〔2019〕716号
147	关于2019年第一期珠海华发集团有限公司公司债券上市的通知	深证上〔2019〕729号
148	关于物美科技集团有限公司2019年面向合格投资者公开发行公司债券(第五期)上市的通知	深证上〔2019〕731号
149	关于山东高速路桥集团股份有限公司2019年面向合格投资者公开发行公司债券(第一期)上市的通知	深证上〔2019〕743号
150	关于中电海康集团有限公司2019年面向合格投资者公开发行公司债券(第二期)上市的通知	深证上〔2019〕750号
151	关于江苏中南建设集团股份有限公司2019年面向合格投资者公开发行公司债券(第一期)上市的通知	深证上〔2019〕765号
152	关于深圳市宝德投资控股有限公司2019年面向合格投资者公开发行公司债券(第一期)上市的通知	深证上〔2019〕772号
153	关于海南省发展控股有限公司2019年面向合格投资者公开发行公司债券(第一期)上市的通知	深证上〔2019〕773号
154	关于荣盛石化股份有限公司2019年面向合格投资者公开发行绿色公司债券(第一期)上市的通知	深证上〔2019〕777号
155	关于湖南华菱钢铁集团有限责任公司2019年面向合格投资者公开发行可交换公司债券上市的通知	深证上〔2019〕782号
156	关于中国广核集团有限公司2019年面向合格投资者公开发行公司债券(第一期)上市的通知	深证上〔2019〕792号
157	关于许继电气股份有限公司2019年面向合格投资者公开发行公司债券(第一期)上市的通知	深证上〔2019〕796号
158	关于2019年第二期成都市兴蓉环境股份有限公司绿色债券上市的通知	深证上〔2019〕797号
159	关于河钢股份有限公司2019年面向合格投资者公开发行公司债券(第一期)上市的通知	深证上〔2019〕798号

续表

序号	标　　题	文　　号
160	关于南通产业控股集团有限公司2019年面向合格投资者公开发行公司债券(第一期)上市的通知	深证上〔2019〕810号
161	关于北控清洁能源集团有限公司2019年面向合格投资者公开发行绿色公司债券(第一期)上市的通知	深证上〔2019〕816号
162	关于中电科投资控股有限公司2019年公开发行创新创业公司债券(第一期)上市的通知	深证上〔2019〕820号
163	关于江苏高科技投资集团有限公司2019年面向合格投资者公开发行创新创业公司债券(第二期)上市的通知	深证上〔2019〕822号
164	关于天津天保基建股份有限公司2019年面向合格投资者公开发行公司债券(第一期)上市的通知	深证上〔2019〕826号
165	关于珠海和佳医疗设备股份有限公司公开发行2019年创新创业公司债券(面向合格投资者)(第一期)上市的通知	深证上〔2019〕832号
166	关于河钢股份有限公司2019年面向合格投资者公开发行公司债券(第二期)上市的通知	深证上〔2019〕848号
167	关于新疆可克达拉市国有资本投资运营有限责任公司2019年面向合格投资者公开发行公司债券(第二期)上市的通知	深证上〔2019〕852号
168	关于深圳市赛格集团有限公司2019年面向合格投资者公开发行公司债券(第一期)上市的通知	深证上〔2019〕858号
169	关于广州杰赛科技股份有限公司2019年面向合格投资者公开发行公司债券(第一期)上市的通知	深证上〔2019〕860号
170	关于广州金融控股集团有限公司2019年面向合格投资者公开发行大湾区专项公司债券(第一期)上市的通知	深证上〔2019〕868号

公开发行公司债券暂停上市决定

序号	标　　题	文　　号
1	关于南宁糖业股份有限公司2012年公司债券暂停上市的决定	深证上〔2019〕177号
2	关于青海盐湖工业股份有限公司2012年公司债券(第一期)暂停上市的决定	深证上〔2019〕250号
3	关于安徽盛运环保(集团)股份有限公司2017年面向合格投资者公开发行公司债券(第一期)暂停上市的决定	深证上〔2019〕256号
4	关于金世旗国际控股股份有限公司2017年公司债券暂停上市的决定	深证上〔2019〕257号
5	关于凯迪生态环境科技股份有限公司相关公司债券暂停上市的决定	深证上〔2019〕274号
6	关于"16凯迪债"暂停上市的决定	深证上〔2019〕355号

公开发行公司债券恢复上市决定

序号	标　　题	文　　号
1	关于湖北宜化化工股份有限公司相关公司债券恢复上市的决定	深证上〔2019〕222号

续表

非公开发行公司债券无异议函		
序号	标　　题	文　　号
1	关于国元证券股份有限公司 2019 年证券公司次级债券符合深交所转让条件的无异议函	深证函〔2019〕2 号
2	关于通鼎互联信息股份有限公司 2019 年非公开发行创新创业公司债券符合深交所转让条件的无异议函	深证函〔2019〕18 号
3	关于无锡沪宁城铁惠山站区投资开发建设有限公司 2019 年非公开发行公司债券符合深交所转让条件的无异议函	深证函〔2019〕22 号
4	关于山西建设发展有限公司 2019 年非公开发行公司债券符合深交所转让条件的无异议函	深证函〔2019〕27 号
5	关于国信证券股份有限公司 2019 年证券公司次级债券符合深交所转让条件的无异议函	深证函〔2019〕28 号
6	关于长城证券股份有限公司 2019 年非公开发行公司债券符合深交所转让条件的无异议函	深证函〔2019〕30 号
7	关于蓝盾信息安全技术股份有限公司 2018 年非公开发行创新创业公司债券符合深交所转让条件的无异议函	深证函〔2019〕32 号
8	关于百色百矿集团有限公司 2019 年非公开发行扶贫专项公司债券符合深交所转让条件的无异议函	深证函〔2019〕41 号
9	关于众泰汽车股份有限公司 2019 年非公开发行公司债券符合深交所转让条件的无异议函	深证函〔2019〕42 号
10	关于永州市经济建设投资发展集团有限责任公司 2018 年非公开发行公司债券符合深交所转让条件的无异议函	深证函〔2019〕44 号
11	关于山东中际投资控股有限公司 2019 年非公开发行可交换公司债券符合深交所转让条件的无异议函	深证函〔2019〕49 号
12	关于广东海印集团股份有限公司 2018 年非公开发行公司债券符合深交所转让条件的无异议函	深证函〔2019〕50 号
13	关于美林控股集团有限公司 2018 年非公开发行可交换公司债券符合深交所转让条件的无异议函	深证函〔2019〕51 号
14	关于山东泰丰控股集团有限公司 2018 年非公开发行公司债券符合深交所转让条件的无异议函	深证函〔2019〕52 号
15	关于遵义道桥建设(集团)有限公司 2019 年非公开发行项目收益专项公司债券符合深交所转让条件的无异议函	深证函〔2019〕53 号
16	关于广东文化长城集团股份有限公司 2019 年非公开发行公司债券符合深交所转让条件的无异议函	深证函〔2019〕55 号
17	关于深圳市洪涛装饰股份有限公司 2019 年非公开发行公司债券符合深交所转让条件的无异议函	深证函〔2019〕61 号
18	关于申万宏源集团股份有限公司 2019 年非公开发行公司债券符合深交所转让条件的无异议函	深证函〔2019〕62 号

续表

序号	标　题	文　号
19	关于冀中能源集团有限责任公司2019年非公开发行公司债券符合深交所转让条件的无异议函	深证函〔2019〕63号
20	关于冀中能源国际物流集团有限公司2019年非公开发行公司债券符合深交所转让条件的无异议函	深证函〔2019〕66号
21	关于广西柳州市建设投资开发有限责任公司2019年非公开发行扶贫专项公司债券符合深交所转让条件的无异议函	深证函〔2019〕69号
22	关于海亮集团有限公司2019年非公开发行可交换公司债券符合深交所转让条件的无异议函	深证函〔2019〕91号
23	关于成都兴城投资集团有限公司2019年非公开发行纾困专项债券符合深交所转让条件的无异议函	深证函〔2019〕95号
24	关于湖北洋丰集团股份有限公司2019年非公开发行可交换公司债券符合深交所转让条件的无异议函	深证函〔2019〕98号
25	关于华侨城(云南)投资有限公司2019年面向合格投资者非公开发行公司债券符合深交所转让条件的无异议函	深证函〔2019〕103号
26	关于重庆市涪陵国有资产投资经营集团有限公司2019年非公开发行公司债券符合深交所转让条件的无异议函	深证函〔2019〕104号
27	关于东北证券股份有限公司2019年证券公司次级债券符合深交所转让条件的无异议函	深证函〔2019〕112号
28	关于福建漳龙集团有限公司2019年非公开发行公司债券符合深交所转让条件的无异议函	深证函〔2019〕114号
29	关于东北证券股份有限公司2019年证券公司短期公司债券符合深交所转让条件的无异议函	深证函〔2019〕116号
30	关于长江证券股份有限公司2019年非公开发行公司债券符合深交所转让条件的无异议函	深证函〔2019〕119号
31	关于中国武夷实业股份有限公司2019年非公开发行公司债券符合深交所转让条件的无异议函	深证函〔2019〕124号
32	关于联化科技股份有限公司2019年非公开发行公司债券符合深交所转让条件的无异议函	深证函〔2019〕126号
33	关于北京金一文化发展股份有限公司2019年非公开发行公司债券符合深交所转让条件的无异议函	深证函〔2019〕137号
34	关于新疆中泰化学股份有限公司2019年非公开发行公司债券符合深交所转让条件的无异议函	深证函〔2019〕138号
35	关于重庆市黔江区城市建设投资(集团)有限公司2019年非公开发行扶贫专项公司债券符合深交所转让条件的无异议函	深证函〔2019〕139号
36	关于潍坊市城市建设发展投资集团有限公司2018年非公开发行公司债券符合深交所转让条件的无异议函	深证函〔2019〕140号

续表

序号	标　　题	文　　号
37	关于潍坊市城市建设发展投资集团有限公司2019年非公开发行可续期公司债券符合深交所转让条件的无异议函	深证函〔2019〕141号
38	关于绵阳市投资控股(集团)有限公司2019年非公开发行纾困专项公司债券符合深交所转让条件的无异议函	深证函〔2019〕145号
39	关于贵阳市工业投资(集团)有限公司2018年非公开发行公司债券符合深交所转让条件的无异议函	深证函〔2019〕148号
40	关于内蒙古高等级公路建设开发有限责任公司2019年非公开发行公司债券符合深交所转让条件的无异议函	深证函〔2019〕156号
41	关于临汾市投资集团有限公司2019年非公开发行公司债券符合深交所转让条件的无异议函	深证函〔2019〕157号
42	关于上饶市国有资产经营集团有限公司2019年非公开发行公司债券符合深交所转让条件的无异议函	深证函〔2019〕161号
43	关于中天金融集团股份有限公司2019年非公开发行公司债券符合深交所转让条件的无异议函	深证函〔2019〕162号
44	关于信达投资有限公司2019年非公开发行公司债券符合深交所转让条件的无异议函	深证函〔2019〕164号
45	关于西王集团有限公司2019年非公开发行可交换公司债券符合深交所转让条件的无异议函	深证函〔2019〕165号
46	关于天津泰达投资控股有限公司2019年非公开发行可交换公司债券符合深交所转让条件的无异议函	深证函〔2019〕170号
47	关于山西省投资集团有限公司2019年非公开发行公司债券符合深交所转让条件的无异议函	深证函〔2019〕180号
48	关于华西证券股份有限公司2019年非公开发行公司债券符合深交所转让条件的无异议函	深证函〔2019〕183号
49	关于昆明市高速公路建设开发股份有限公司2019年非公开发行公司债券符合深交所转让条件的无异议函	深证函〔2019〕185号
50	关于广西建工集团有限责任公司2019年非公开发行公司债券符合深交所转让条件的无异议函	深证函〔2019〕189号
51	关于昌吉州国有资产投资经营集团有限公司2019年非公开发行公司债券符合深交所转让条件的无异议函	深证函〔2019〕201号
52	关于深圳市招商平安资产管理有限责任公司2019年非公开发行公司债券符合深交所转让条件的无异议函	深证函〔2019〕205号
53	关于南京派雷斯特科技有限公司2019年非公开发行可交换公司债券符合深交所转让条件的无异议函	深证函〔2019〕210号
54	关于平阳县利得海涂围垦开发有限公司2019年非公开发行公司债券符合深交所转让条件的无异议函	深证函〔2019〕211号

续表

序号	标　　题	文　　号
55	关于新沂市交通投资有限公司 2019 年非公开发行公司债券符合深交所转让条件的无异议函	深证函〔2019〕212 号
56	关于山东美晨生态环境股份有限公司 2019 年非公开发行绿色公司债券符合深交所转让条件的无异议函	深证函〔2019〕213 号
57	关于华讯方舟科技有限公司 2019 年非公开发行公司债券符合深交所转让条件的无异议函	深证函〔2019〕215 号
58	关于泰州市城市建设投资集团有限公司 2019 年非公开发行公司债券符合深交所转让条件的无异议函	深证函〔2019〕219 号
59	关于淄博蓝帆投资有限公司 2019 年非公开发行可交换公司债券符合深交所转让条件的无异议函	深证函〔2019〕221 号
60	关于景德镇黑猫集团有限责任公司 2019 年非公开发行可交换公司债券符合深交所转让条件的无异议函	深证函〔2019〕223 号
61	关于华南国际工业原料城(深圳)有限公司 2019 年非公开发行公司债券符合深交所转让条件的无异议函	深证函〔2019〕226 号
62	关于华润资产管理有限公司 2019 年非公开发行公司债券符合深交所转让条件的无异议函	深证函〔2019〕227 号
63	关于鸿达兴业集团有限公司 2019 年非公开发行可交换公司债券符合深交所转让条件的无异议函	深证函〔2019〕230 号
64	关于广发证券股份有限公司 2019 年证券公司次级债券符合深交所转让条件的无异议函	深证函〔2019〕235 号
65	关于云南水务投资股份有限公司 2019 年非公开发行公司债券符合深交所转让条件的无异议函	深证函〔2019〕250 号
66	关于深圳市科陆电子科技股份有限公司 2019 年非公开发行公司债券符合深交所转让条件的无异议函	深证函〔2019〕267 号
67	关于江阴城市建设投资有限公司 2019 年非公开发行公司债券符合深交所转让条件的无异议函	深证函〔2019〕268 号
68	关于重庆西彭铝产业区开发投资有限公司 2019 年非公开发行公司债券符合深交所转让条件的无异议函	深证函〔2019〕270 号
69	关于湘潭九华经济建设投资有限公司 2019 年非公开发行公司债券符合深交所转让条件的无异议函	深证函〔2019〕273 号
70	关于拉萨欣导创业投资有限公司 2019 年非公开发行可交换公司债券符合深交所转让条件的无异议函	深证函〔2019〕278 号
71	关于怀化市城市建设投资有限公司 2019 年非公开发行公司债券符合深交所转让条件的无异议函	深证函〔2019〕284 号
72	关于融信(福建)投资集团有限公司 2019 年非公开发行公司债券符合深交所转让条件的无异议函	深证函〔2019〕292 号

续表

序号	标　　题	文　　号
73	关于江苏东方盛虹股份有限公司2019年非公开发行绿色公司债券符合深交所转让条件的无异议函	深证函〔2019〕296号
74	关于广东锦龙发展股份有限公司2019年非公开发行公司债券符合深交所转让条件的无异议函	深证函〔2019〕297号
75	关于冀中能源峰峰集团有限公司2019年非公开发行公司债券符合深交所转让条件的无异议函	深证函〔2019〕312号
76	关于安信证券股份有限公司2019年证券公司短期公司债券符合深交所转让条件的无异议函	深证函〔2019〕320号
77	关于大同煤矿集团有限责任公司2019年非公开发行公司债券符合深交所转让条件的无异议函	深证函〔2019〕321号
78	关于唐山市通顺交通投资开发有限责任公司2019年非公开发行公司债券符合深交所转让条件的无异议函	深证函〔2019〕323号
79	关于陕西省西咸新区泾河新城开发建设(集团)有限公司2019年非公开发行公司债券符合深交所转让条件的无异议函	深证函〔2019〕328号
80	关于安徽楚江投资集团有限公司2019年非公开发行可交换公司债券符合深交所转让条件的无异议函	深证函〔2019〕331号
81	关于第一创业证券股份有限公司2019年证券公司次级债符合深交所转让条件的无异议函	深证函〔2019〕333号
82	关于长江证券股份有限公司2019年证券公司次级债券符合深交所转让条件的无异议函	深证函〔2019〕339号
83	关于扬州化工产业投资发展有限公司2019年非公开发行公司债券符合深交所转让条件的无异议函	深证函〔2019〕341号
84	关于英大证券有限责任公司2019年证券公司次级债符合深交所转让条件的无异议函	深证函〔2019〕347号
85	关于义乌市水务建设集团有限公司2019年非公开发行公司债券符合深交所转让条件的无异议函	深证函〔2019〕348号
86	关于华融晋商资产管理股份有限公司2019年非公开发行短期公司债券符合深交所转让条件的无异议函	深证函〔2019〕355号
87	关于益阳市城市建设投资开发有限责任公司2019年非公开发行公司债券符合深交所转让条件的无异议函	深证函〔2019〕358号
88	关于上海原龙投资控股(集团)有限公司2019年非公开发行可交换公司债券符合深交所转让条件的无异议函	深证函〔2019〕359号
89	关于寿光市惠农新农村建设投资开发有限公司2019年非公开发行绿色项目收益专项公司债券符合深交所转让条件的无异议函	深证函〔2019〕365号
90	关于广州市番禺交通建设投资有限公司2019年非公开发行大湾区专项公司债券符合深交所转让条件的无异议函	深证函〔2019〕376号

续表

序号	标　　题	文　　号
91	关于宁波溪口雪窦山风景名胜区开发建设有限公司 2019 年非公开发行公司债券符合深交所转让条件的无异议函	深证函〔2019〕386 号
92	关于福建奥华集团有限公司 2019 年非公开发行可交换公司债券符合深交所转让条件的无异议函	深证函〔2019〕389 号
93	关于福州市建设发展集团有限公司 2019 年非公开发行公司债券符合深交所转让条件的无异议函	深证函〔2019〕390 号
94	关于遵义道桥建设(集团)有限公司 2019 年非公开发行纾困专项公司债券符合深交所转让条件的无异议函	深证函〔2019〕391 号
95	关于山东任城融鑫发展有限公司 2019 年非公开发行公司债券符合深交所转让条件的无异议函	深证函〔2019〕394 号
96	关于湖南湘江新区发展集团有限公司 2019 年非公开发行公司债券符合深交所转让条件的无异议函	深证函〔2019〕397 号
97	关于泰州市鑫鸿文化产业发展有限公司 2019 年非公开发行绿色公司债券符合深交所转让条件的无异议函	深证函〔2019〕399 号
98	关于北京三聚环保新材料股份有限公司 2019 年非公开发行公司债券符合深交所转让条件的无异议函	深证函〔2019〕401 号
99	关于宁波舜通集团有限公司 2019 年非公开发行公司债券符合深交所转让条件的无异议函	深证函〔2019〕403 号
100	关于湖南省高速公路集团有限公司 2019 年非公开发行扶贫专项公司债券符合深交所转让条件的无异议函	深证函〔2019〕407 号
101	关于武汉蔡甸生态发展集团有限公司 2019 年非公开发行公司债券符合深交所转让条件的无异议函	深证函〔2019〕408 号
102	关于株洲市城市建设发展集团有限公司 2019 年非公开发行纾困专项公司债券符合深交所转让条件的无异议函	深证函〔2019〕413 号
103	关于上饶投资控股集团有限公司 2019 年非公开发行公司债券符合深交所转让条件的无异议函	深证函〔2019〕414 号
104	关于北京顺鑫控股集团有限公司 2019 年非公开发行公司债券符合深交所转让条件的无异议函	深证函〔2019〕427 号
105	关于华润租赁有限公司 2019 年非公开发行公司债券符合深交所转让条件的无异议函	深证函〔2019〕430 号
106	关于国海证券股份有限公司 2019 年证券公司次级债券符合深交所转让条件的无异议函	深证函〔2019〕432 号
107	关于深圳市名家汇科技股份有限公司 2019 年非公开发行公司债券符合深交所转让条件的无异议函	深证函〔2019〕433 号
108	关于武汉市江夏农业集团有限公司 2019 年非公开发行公司债券符合深交所转让条件的无异议函	深证函〔2019〕435 号

续表

序号	标　　题	文　　号
109	关于福建石狮产业投资发展集团有限责任公司2019年非公开发行公司债券符合深交所转让条件的无异议函	深证函〔2019〕440号
110	关于广西西江开发投资集团有限公司2019年非公开发行公司债券符合深交所转让条件的无异议函	深证函〔2019〕452号
111	关于完美世界控股集团有限公司2019年非公开发行可交换公司债券符合深交所转让条件的无异议函	深证函〔2019〕455号
112	关于阜阳交通能源投资有限公司2019年非公开发行公司债券符合深交所转让条件的无异议函	深证函〔2019〕456号
113	关于达州合展实业有限公司2019年非公开发行公司债券符合深交所转让条件的无异议函	深证函〔2019〕457号
114	关于新乡白鹭投资集团有限公司2019年非公开发行可交换公司债券符合深交所转让条件的无异议函	深证函〔2019〕477号
115	关于株洲循环经济投资发展集团有限公司2019年非公开发行公司债券符合深交所转让条件的无异议函	深证函〔2019〕504号
116	关于商丘市发展投资集团有限公司2019年非公开发行公司债券符合深交所转让条件的无异议函	深证函〔2019〕508号
117	关于河南宏光正商置业有限公司2019年非公开发行公司债券符合深交所转让条件的无异议函	深证函〔2019〕509号
118	关于安徽省铁路发展基金股份有限公司2019年非公开发行纾困专项公司债券符合深交所转让条件的无异议函	深证函〔2019〕521号
119	关于深圳市建艺装饰集团股份有限公司2019年非公开发行公司债券符合深交所转让条件的无异议函	深证函〔2019〕524号
120	关于什邡市国有投资控股集团有限公司2019年非公开发行公司债券符合深交所转让条件的无异议函	深证函〔2019〕525号
121	关于新疆国恒投资发展集团有限公司2019年非公开发行公司债券符合深交所转让条件的无异议函	深证函〔2019〕526号
122	关于山西漳泽电力股份有限公司2019年非公开发行公司债券符合深交所转让条件的无异议函	深证函〔2019〕532号
123	关于钦州市滨海新城置业集团有限公司2019年非公开发行公司债券符合深交所转让条件的无异议函	深证函〔2019〕535号
124	关于天津东方财信投资集团有限公司2019年非公开发行公司债券符合深交所转让条件的无异议函	深证函〔2019〕539号
125	关于国信证券股份有限公司2019年非公开发行公司债券符合深交所转让条件的无异议函	深证函〔2019〕540号
126	关于广元市投资控股(集团)有限公司2019年非公开发行扶贫专项公司债券符合深交所转让条件的无异议函	深证函〔2019〕541号

续表

序号	标　　题	文　　号
127	关于仁寿发展投资集团有限公司2019年非公开发行公司债券符合深交所转让条件的无异议函	深证函〔2019〕550号
128	关于仁寿发展投资集团有限公司2019年非公开发行绿色公司债券符合深交所转让条件的无异议函	深证函〔2019〕551号
129	关于申万宏源证券有限公司2019年非公开发行公司债券符合深交所转让条件的无异议函	深证函〔2019〕552号
130	关于重庆市涪陵国有资产投资经营集团有限公司2019年非公开发行公司债券符合深交所转让条件的无异议函	深证函〔2019〕576号
131	关于湖南太阳鸟控股有限公司2019年非公开发行可交换公司债券符合深交所转让条件的无异议函	深证函〔2019〕581号
132	关于山东高速投资控股有限公司2019年非公开发行纾困专项公司债券符合深交所转让条件的无异议函	深证函〔2019〕584号
133	关于无锡沪宁城铁惠山站区投资开发建设有限公司2019年非公开发行公司债券符合深交所转让条件的无异议函	深证函〔2019〕585号
134	关于贵州水城水务投资有限责任公司2019年非公开发行项目收益扶贫专项公司债券符合深交所转让条件的无异议函	深证函〔2019〕586号
135	关于内蒙古新工创业发展有限责任公司2019年非公开发行公司债券符合深交所转让条件的无异议函	深证函〔2019〕587号
136	关于无锡安阳山产业发展有限公司2019年非公开发行项目收益专项公司债券符合深交所转让条件的无异议函	深证函〔2019〕588号
137	关于成都兴城投资集团有限公司2019年非公开发行可续期公司债券符合深交所转让条件的无异议函	深证函〔2019〕592号
138	关于嘉兴市湘家荡发展投资集团有限公司2019年非公开发行项目收益专项公司债券符合深交所转让条件的无异议函	深证函〔2019〕594号
139	关于广发证券股份有限公司2019年非公开发行公司债券符合深交所转让条件的无异议函	深证函〔2019〕600号
140	关于西安市浐灞河发展有限公司2019年非公开发行公司债券符合深交所转让条件的无异议函	深证函〔2019〕601号
141	关于深圳航空有限责任公司2019年非公开发行短期公司债券符合深交所转让条件的无异议函	深证函〔2019〕602号
142	关于海安市城建开发投资集团有限公司2019年非公开发行短期公司债券符合深交所转让条件的无异议函	深证函〔2019〕603号
143	关于绵阳交通发展集团有限责任公司2019年非公开发行公司债券符合深交所转让条件的无异议函	深证函〔2019〕604号
144	关于国海证券股份有限公司2019年非公开发行公司债券符合深交所转让条件的无异议函	深证函〔2019〕608号

续表

序号	标　题	文　号
145	关于文山城市建设投资(集团)有限公司2019年非公开发行公司债券符合深交所转让条件的无异议函	深证函〔2019〕615号
146	关于安吉交通运输发展有限公司2019年非公开发行公司债券符合深交所转让条件的无异议函	深证函〔2019〕616号
147	关于中国电子信息产业集团有限公司2019年非公开发行可交换公司债券符合深交所转让条件的无异议函	深证函〔2019〕619号
148	关于瑞康医药集团股份有限公司2019年非公开发行公司债券符合深交所转让条件的无异议函	深证函〔2019〕621号
149	关于北京科锐北方科技发展有限公司2019年非公开发行可交换公司债券符合深交所转让条件的无异议函	深证函〔2019〕623号
150	关于珠海华金资本股份有限公司2019年非公开发行公司债券符合深交所转让条件的无异议函	深证函〔2019〕626号
151	关于湖北交投产城控股集团有限公司2019年非公开发行公司债券符合深交所转让条件的无异议函	深证函〔2019〕627号
152	关于大同煤矿集团有限责任公司2019年非公开发行公司债券符合深交所转让条件的无异议函	深证函〔2019〕637号
153	关于上海润欣信息技术有限公司2019年非公开发行可交换公司债券符合深交所转让条件的无异议函	深证函〔2019〕646号
154	关于湖州织里城市建设投资运营集团有限公司2019年非公开发行项目收益专项公司债券符合深交所转让条件的无异议函	深证函〔2019〕657号
155	关于申万宏源证券有限公司2019年证券公司次级债券符合深交所转让条件的无异议函	深证函〔2019〕659号
156	关于贵阳市城市发展投资(集团)股份有限公司2019年非公开发行公司债券符合深交所转让条件的无异议函	深证函〔2019〕660号
157	关于国盛金融控股集团股份有限公司2019年非公开发行公司债券符合深交所转让条件的无异议函	深证函〔2019〕663号
158	关于海通期货股份有限公司2019年非公开发行次级债券符合深交所转让条件的无异议函	深证函〔2019〕664号
159	关于天津市宁河区兴宁建设投资集团有限公司2019年非公开发行公司债券符合深交所转让条件的无异议函	深证函〔2019〕668号
160	关于万达集团股份有限公司2019年非公开发行公司债券符合深交所转让条件的无异议函	深证函〔2019〕669号
161	关于长城证券股份有限公司2019年证券公司次级债券符合深交所转让条件的无异议函	深证函〔2019〕684号
162	关于阳泉煤业(集团)有限责任公司2019年非公开发行公司债券符合深交所转让条件的无异议函	深证函〔2019〕690号

续表

序号	标　题	文　号
163	关于淮安市国有联合投资发展集团有限公司2019年非公开发行公司债券符合深交所转让条件的无异议函	深证函〔2019〕703号
164	关于山西省投资集团有限公司2019年非公开发行短期公司债券符合深交所转让条件的无异议函	深证函〔2019〕711号
165	关于深圳市远望谷信息技术股份有限公司2019年非公开发行公司债券符合深交所转让条件的无异议函	深证函〔2019〕719号
166	关于新疆天富集团有限责任公司2019年非公开发行短期公司债券符合深交所转让条件的无异议函	深证函〔2019〕747号
167	关于泰州市城市建设投资集团有限公司2019年非公开发行公司债券(第三期)符合深交所转让条件的无异议函	深证函〔2019〕748号
168	关于深圳市新国都股份有限公司2019年非公开发行创新创业公司债券符合深交所转让条件的无异议函	深证函〔2019〕752号
169	关于正海集团有限公司2019年非公开发行可交换公司债券符合深交所转让条件的无异议函	深证函〔2019〕755号
170	关于广发证券股份有限公司2019年证券公司短期公司债券符合深交所转让条件的无异议函	深证函〔2019〕760号
171	关于福建省汽车工业集团有限公司2019年非公开发行公司债券符合深交所转让条件的无异议函	深证函〔2019〕763号
172	关于浙江恒逸集团有限公司2019年非公开发行可交换公司债券符合深交所转让条件的无异议函	深证函〔2019〕768号
173	关于上海光线投资控股有限公司2019年非公开发行可交换公司债券符合深交所转让条件的无异议函	深证函〔2019〕770号
174	关于国新投资有限公司2019年非公开发行可交换公司债券符合深交所转让条件的无异议函	深证函〔2019〕774号
175	关于福州城市建设投资集团有限公司2019年非公开发行公司债券符合深交所转让条件的无异议函	深证函〔2019〕777号
176	关于重庆渝垫国有资产经营有限责任公司2019年非公开发行公司债券符合深交所转让条件的无异议函	深证函〔2019〕784号
177	关于海南省发展控股有限公司2019年非公开发行公司债券符合深交所转让条件的无异议函	深证函〔2019〕785号
178	关于广东海伦堡地产集团有限公司2019年非公开发行公司债券符合深交所转让条件的无异议函	深证函〔2019〕790号
179	关于东北证券股份有限公司2020年证券公司次级债券符合深交所转让条件的无异议函	深证函〔2019〕795号
180	关于新疆金投资产管理股份有限公司2019年非公开发行公司债券符合深交所转让条件的无异议函	深证函〔2019〕798号

续表

非公开发行公司债券转让服务通知		
序号	标　　题	文　　号
1	关于为国海证券股份有限公司 2018 年证券公司次级债券（第一期）提供转让服务的通知	深证上〔2019〕9 号
2	关于为重庆市黔江区城市建设投资（集团）有限公司 2018 年非公开发行绿色公司债券（第二期）提供转让服务的通知	深证上〔2019〕10 号
3	关于为北京汽车集团产业投资有限公司 2018 年非公开发行公司债券（第一期）提供转让服务的通知	深证上〔2019〕11 号
4	关于为安信证券股份有限公司 2018 年证券公司次级债券（第五期）提供转让服务的通知	深证上〔2019〕15 号
5	关于为安信证券股份有限公司 2018 年证券公司短期公司债券（第三期）提供转让服务的通知	深证上〔2019〕16 号
6	关于为厦门国贸控股集团有限公司非公开发行 2018 年可续期公司债券（第一期）提供转让服务的通知	深证上〔2019〕19 号
7	关于为重庆西部现代物流产业园区开发建设有限责任公司 2017 年非公开发行公司债券（第一期）提供转让服务的通知	深证上〔2019〕39 号
8	关于为广东海伦堡地产集团有限公司 2018 年非公开发行公司债券（第二期）提供转让服务的通知	深证上〔2019〕40 号
9	关于为深圳市海王生物工程股份有限公司 2018 年非公开发行公司债券（第二期）提供转让服务的通知	深证上〔2019〕41 号
10	关于为浙江唐德影视股份有限公司 2019 年非公开发行公司债券（第一期）提供转让服务的通知	深证上〔2019〕45 号
11	关于为石榴置业集团股份有限公司 2019 年非公开发行公司债券（第一期）提供转让服务的通知	深证上〔2019〕46 号
12	关于为山西证券股份有限公司 2019 年证券公司次级债券（第一期）提供转让服务的通知	深证上〔2019〕52 号
13	关于为康佳集团股份有限公司 2019 年非公开发行公司债券（第一期）提供转让服务的通知	深证上〔2019〕53 号
14	关于为西安曲江文化产业投资（集团）有限公司 2019 年非公开发行公司债券（第一期）提供转让服务的通知	深证上〔2019〕59 号
15	关于为南国置业股份有限公司 2019 年非公开发行公司债券提供转让服务的通知	深证上〔2019〕64 号
16	关于为金融街控股股份有限公司 2019 年非公开发行公司债券（第一期）提供转让服务的通知	深证上〔2019〕65 号
17	关于为苏宁电器集团有限公司 2019 年非公开发行公司债券（第一期）（品种一）提供转让服务的通知	深证上〔2019〕69 号
18	关于为安信证券股份有限公司 2019 年证券公司次级债券（第一期）提供转让服务的通知	深证上〔2019〕71 号

续表

序号	标　　题	文　　号
19	关于为安信证券股份有限公司 2019 年证券公司短期公司债券(第一期)提供转让服务的通知	深证上〔2019〕73 号
20	关于为广发证券股份有限公司 2019 年证券公司次级债券(第一期)提供转让服务的通知	深证上〔2019〕75 号
21	关于为美的置业集团有限公司 2019 年非公开发行公司债券(第一期)提供转让服务的通知	深证上〔2019〕80 号
22	关于为中交地产股份有限公司 2019 年非公开发行公司债券(第一期)提供转让服务的通知	深证上〔2019〕90 号
23	关于为广发证券股份有限公司 2019 年非公开发行公司债券(第一期)提供转让服务的通知	深证上〔2019〕91 号
24	关于为龙翔投资控股集团有限公司 2019 年非公开发行公司债券(第一期)提供转让服务的通知	深证上〔2019〕95 号
25	关于为北京汽车集团产业投资有限公司 2019 年非公开发行公司债券(第一期)提供转让服务的通知	深证上〔2019〕103 号
26	关于为广发证券股份有限公司 2019 年非公开发行公司债券(第二期)提供转让服务的通知	深证上〔2019〕104 号
27	关于为安信证券股份有限公司 2019 年证券公司次级债券(第二期)提供转让服务的通知	深证上〔2019〕107 号
28	关于为武汉工业控股集团有限公司 2019 年非公开发行公司债券(第一期)提供转让服务的通知	深证上〔2019〕110 号
29	关于为石榴置业集团股份有限公司 2019 年非公开发行公司债券(第二期)提供转让服务的通知	深证上〔2019〕121 号
30	关于为长江证券股份有限公司 2019 年证券公司次级债券(第一期)提供转让服务的通知	深证上〔2019〕139 号
31	关于为申万宏源集团股份有限公司 2019 年非公开发行公司债券(第一期)提供转让服务的通知	深证上〔2019〕141 号
32	关于为昆明钢铁控股有限公司 2019 年非公开发行公司债券(第一期)提供转让服务的通知	深证上〔2019〕148 号
33	关于为国信证券股份有限公司 2019 年非公开发行公司债券(第一期)提供转让服务的通知	深证上〔2019〕150 号
34	关于为安信证券股份有限公司 2019 年证券公司次级债券(第三期)提供转让服务的通知	深证上〔2019〕154 号
35	关于为长城证券股份有限公司 2019 年非公开发行公司债券(品种一)提供转让服务的通知	深证上〔2019〕161 号
36	关于为招商局集团有限公司 2019 年非公开发行可交换公司债券(第一期)提供转让服务的通知	深证上〔2019〕162 号

续表

序号	标　　题	文　　号
37	关于为启迪桑德环境资源股份有限公司2019年非公开发行绿色公司债券(第一期)提供转让服务的通知	深证上〔2019〕167号
38	关于为大同市经济建设投资有限责任公司2019年非公开发行公司债券提供转让服务的通知	深证上〔2019〕168号
39	关于为安信证券股份有限公司2019年证券公司短期公司债券(第二期)提供转让服务的通知	深证上〔2019〕169号
40	关于为广发证券股份有限公司2019年非公开发行公司债券(第三期)提供转让服务的通知	深证上〔2019〕170号
41	关于为唐山冀东水泥股份有限公司2019年非公开发行公司债券(第一期)提供转让服务的通知	深证上〔2019〕176号
42	关于为大族控股集团有限公司2019年非公开发行可交换公司债券(第一期)提供转让服务的通知	深证上〔2019〕180号
43	关于为珠海赛纳打印科技股份有限公司2019年非公开发行可交换公司债券(第一期)提供转让服务的通知	深证上〔2019〕181号
44	关于为北京久其科技投资有限公司2019年非公开发行可交换公司债券提供转让服务的通知	深证上〔2019〕182号
45	关于为成都兴城投资集团有限公司2019年非公开发行纾困专项债券(第一期)(品种一)提供转让服务的通知	深证上〔2019〕183号
46	关于为北京汽车集团产业投资有限公司2019年非公开发行公司债券(第二期)提供转让服务的通知	深证上〔2019〕190号
47	关于为福建漳龙集团有限公司2019年非公开发行公司债券(第一期)提供转让服务的通知	深证上〔2019〕196号
48	关于为甘肃省公路航空旅游投资集团有限公司2019年非公开发行可续期公司债券(第一期)提供转让服务的通知	深证上〔2019〕197号
49	关于为碧桂园地产集团有限公司2019年非公开发行住房租赁专项公司债券(第一期)提供转让服务的通知	深证上〔2019〕205号
50	关于为珠海赛纳打印科技股份有限公司2019年非公开发行可交换公司债券(第二期)提供转让服务的通知	深证上〔2019〕206号
51	关于为国信证券股份有限公司2019年非公开发行公司债券(第二期)提供转让服务的通知	深证上〔2019〕207号
52	关于为湖南省高速公路集团有限公司2019年非公开发行绿色公司债券(第一期)提供转让服务的通知	深证上〔2019〕211号
53	关于为蓝思科技(香港)有限公司2019年非公开发行可交换公司债券(第一期)提供转让服务的通知	深证上〔2019〕212号
54	关于为申万宏源集团股份有限公司2019年非公开发行公司债券(第二期)(品种一)提供转让服务的通知	深证上〔2019〕219号

续表

序号	标　题	文　号
55	关于为金融街控股股份有限公司 2019 年非公开发行公司债券(第二期)提供转让服务的通知	深证上〔2019〕220 号
56	关于为长江证券股份有限公司 2019 年非公开发行公司债券(第一期)提供转让服务的通知	深证上〔2019〕226 号
57	关于为冀中能源集团有限责任公司 2019 年非公开发行公司债券(第一期)提供转让服务的通知	深证上〔2019〕227 号
58	关于为孚日控股集团股份有限公司 2019 年非公开发行可交换公司债券(第一期)提供转让服务的通知	深证上〔2019〕228 号
59	关于为福建漳龙集团有限公司 2019 年非公开发行公司债券(第二期)提供转让服务的通知	深证上〔2019〕236 号
60	关于为深圳市海普瑞药业集团股份有限公司 2019 年非公开发行公司债券提供转让服务的通知	深证上〔2019〕246 号
61	关于为国元证券股份有限公司 2019 年非公开发行公司债券(第一期)提供转让服务的通知	深证上〔2019〕249 号
62	关于为深圳洪涛集团股份有限公司 2019 年非公开发行公司债券(第一期)提供转让服务的通知	深证上〔2019〕252 号
63	关于为安信证券股份有限公司 2019 年证券公司次级债券(第四期)提供转让服务的通知	深证上〔2019〕253 号
64	关于为京山京源科技投资有限公司 2019 年非公开发行可交换公司债券提供转让服务的通知	深证上〔2019〕254 号
65	关于为潍坊市城市建设发展投资集团有限公司 2019 年非公开发行公司债券(第一期)(品种二)提供转让服务的通知	深证上〔2019〕261 号
66	关于为海亮集团有限公司 2019 年非公开发行可交换公司债券(第一期)提供转让服务的通知	深证上〔2019〕270 号
67	关于为龙翔投资控股集团有限公司 2019 年非公开发行公司债券(第二期)(品种二)提供转让服务的通知	深证上〔2019〕271 号
68	关于为苏宁电器集团有限公司 2019 年非公开发行公司债券(第二期)(品种一)提供转让服务的通知	深证上〔2019〕282 号
69	关于为遵义道桥建设(集团)有限公司 2019 年非公开发行项目收益专项公司债券(第一期)提供转让服务的通知	深证上〔2019〕285 号
70	关于为无锡沪宁城铁惠山站区投资开发建设有限公司 2019 年非公开发行公司债券提供转让服务的通知	深证上〔2019〕291 号
71	关于为东北证券股份有限公司 2019 年证券公司次级债券(第一期)提供转让服务的通知	深证上〔2019〕297 号
72	关于为信达投资有限公司 2019 年非公开发行公司债券(第一期)提供转让服务的通知	深证上〔2019〕305 号

续表

序号	标　题	文　号
73	关于为山西省投资集团有限公司2019年非公开发行公司债券(第一期)提供转让服务的通知	深证上〔2019〕306号
74	关于为长江证券股份有限公司2019年非公开发行公司债券(第二期)提供转让服务的通知	深证上〔2019〕307号
75	关于为龙翔投资控股集团有限公司2019年非公开发行公司债券(第三期)(品种一)提供转让服务的通知	深证上〔2019〕309号
76	关于为内蒙古高等级公路建设开发有限责任公司2019年非公开发行公司债券(第一期)提供转让服务的通知	深证上〔2019〕315号
77	关于为广发证券股份有限公司2019年非公开发行公司债券(第四期)提供转让服务的通知	深证上〔2019〕316号
78	于为青岛德锐投资有限公司2019年非公开发行可交换公司债券(第一期)提供转让服务的通知	深证上〔2019〕324号
79	关于为海亮集团有限公司2019年非公开发行可交换公司债券(第二期)提供转让服务的通知	深证上〔2019〕325号
80	关于为康佳集团股份有限公司2019年非公开发行公司债券(第二期)提供转让服务的通知	深证上〔2019〕327号
81	关于为金融街控股股份有限公司2019年非公开发行公司债券(第三期)提供转让服务的通知	深证上〔2019〕328号
82	关于为山西省投资集团有限公司2019年非公开发行公司债券(第二期)提供转让服务的通知	深证上〔2019〕330号
83	关于为潍坊市城市建设发展投资集团有限公司2019年非公开发行公司债券(第二期)提供转让服务的通知	深证上〔2019〕334号
84	关于为新沂市交通投资有限公司2019年非公开发行公司债券(第一期)提供转让服务的通知	深证上〔2019〕335号
85	关于为中国武夷实业股份有限公司2019年非公开发行公司债券(第一期)提供转让服务的通知	深证上〔2019〕336号
86	关于为甘肃省公路航空旅游投资集团有限公司2019年非公开发行可续期公司债券(第二期)提供转让服务的通知	深证上〔2019〕339号
87	关于为绵阳市投资控股(集团)有限公司2019年非公开发行纾困专项公司债券(第一期)提供转让服务的通知	深证上〔2019〕346号
88	关于为冀中能源国际物流集团有限公司2019年非公开发行公司债券(第一期)提供转让服务的通知	深证上〔2019〕347号
89	关于为怀化市城市建设投资有限公司2019年非公开发行公司债券(品种二)提供转让服务的通知	深证上〔2019〕352号
90	关于为金融街控股股份有限公司2019年非公开发行公司债券(第四期)(品种二)提供转让服务的通知	深证上〔2019〕360号

续表

序号	标　　题	文　　号
91	关于为申万宏源证券有限公司2019年非公开发行公司债券(第一期)(品种一)提供转让服务的通知	深证上〔2019〕361号
92	关于为江西省金融资产管理股份有限公司2019年非公开发行公司债券(第一期)提供转让服务的通知	深证上〔2019〕367号
93	关于为淄博蓝帆投资有限公司2019年非公开发行可交换公司债券(第一期)提供转让服务的通知	深证上〔2019〕368号
94	关于为大同煤矿集团有限责任公司非公开发行2019年公司债券(第二期)提供转让服务的通知	深证上〔2019〕371号
95	关于为百色百矿集团有限公司2019年非公开发行扶贫专项公司债券(第一期)提供转让服务的通知	深证上〔2019〕374号
96	关于为苏宁电器集团有限公司2019年非公开发行公司债券(第三期)(品种一)提供转让服务的通知	深证上〔2019〕379号
97	关于为甘肃省公路航空旅游投资集团有限公司2019年非公开发行公司债券(第一期)提供转让服务的通知	深证上〔2019〕385号
98	关于为昆明钢铁控股有限公司2019年非公开发行公司债券(第二期)(品种二)提供转让服务的通知	深证上〔2019〕386号
99	关于为江苏中南建设集团股份有限公司2019年非公开发行公司债券(第一期)(品种二)提供转让服务的通知	深证上〔2019〕394号
100	关于为国信证券股份有限公司2019年非公开发行公司债券(第三期)提供转让服务的通知	深证上〔2019〕406号
101	关于为冀中能源集团有限责任公司2019年非公开发行可交换公司债券(第一期)提供转让服务的通知	深证上〔2019〕407号
102	关于为湖南省高速公路集团有限公司2019年非公开发行绿色公司债券(第二期)提供转让服务的通知	深证上〔2019〕412号
103	关于为重庆市涪陵国有资产投资经营集团有限公司2019年非公开发行公司债券(第一期)(品种一)提供转让服务的通知	深证上〔2019〕414号
104	关于为湖南唐人神控股投资股份有限公司2019年非公开发行可交换公司债券提供转让服务的通知	深证上〔2019〕418号
105	关于为深圳市科陆电子科技股份有限公司2019年非公开发行公司债券(第一期)提供转让服务的通知	深证上〔2019〕419号
106	关于为重庆市涪陵国有资产投资经营集团有限公司2019年非公开发行纾困专项公司债券(第一期)(品种一)提供转让服务的通知	深证上〔2019〕424号
107	关于为阳泉煤业(集团)有限责任公司2019年非公开发行公司债券(第一期)提供转让服务的通知	深证上〔2019〕429号
108	关于为重庆西彭铝产业区开发投资有限公司2019年非公开发行公司债券(第一期)提供转让服务的通知	深证上〔2019〕432号

续表

序号	标　　题	文　　号
109	关于为拉萨欣导创业投资有限公司 2019 年非公开发行可交换公司债券(第一期)提供转让服务的通知	深证上〔2019〕433 号
110	关于为康佳集团股份有限公司 2019 年非公开发行公司债券(第三期)(品种一)等两只债券提供转让服务的通知	深证上〔2019〕436 号
111	关于为东北证券股份有限公司 2019 年证券公司短期公司债券(第一期)提供转让服务的通知	深证上〔2019〕439 号
112	关于为鸿达兴业集团有限公司 2019 年非公开发行可交换公司债券(第一期)提供转让服务的通知	深证上〔2019〕443 号
113	关于为义乌市水务建设集团有限公司 2019 年非公开发行公司债券(第一期)(品种一)提供转让服务的通知	深证上〔2019〕444 号
114	关于为长江证券股份有限公司 2019 年非公开发行公司债券(第三期)提供转让服务的通知	深证上〔2019〕445 号
115	关于为山西漳泽电力新能源投资有限公司 2019 年非公开发行公司债券(第一期)提供转让服务的通知	深证上〔2019〕446 号
116	关于为深圳市招商平安资产管理有限责任公司 2019 年非公开发行公司债券(第一期)提供转让服务的通知	深证上〔2019〕451 号
117	关于为义乌市水务建设集团有限公司 2019 年非公开发行公司债券(第二期)提供转让服务的通知	深证上〔2019〕453 号
118	关于为陕西省西咸新区泾河新城开发建设(集团)有限公司 2019 年非公开发行公司债券(第一期)提供转让服务的通知	深证上〔2019〕454 号
119	关于为英大证券有限责任公司 2019 年非公开发行证券公司次级债券(第一期)提供转让服务的通知	深证上〔2019〕455 号
120	关于为昆明市高速公路建设开发股份有限公司 2019 年非公开发行公司债券(第一期)提供转让服务的通知	深证上〔2019〕457 号
121	关于为冀中能源集团有限责任公司 2019 年非公开发行公司债券(第二期)提供转让服务的通知	深证上〔2019〕460 号
122	关于为大同煤矿集团有限责任公司 2019 年非公开发行公司债券(第三期)提供转让服务的通知	深证上〔2019〕465 号
123	关于为深圳市龙光控股有限公司 2019 年非公开发行公司债券(第一期)提供转让服务的通知	深证上〔2019〕466 号
124	关于为第一创业证券股份有限公司 2019 年证券公司次级债券(第一期)提供转让服务的通知	深证上〔2019〕471 号
125	关于为信达投资有限公司 2019 年非公开发行公司债券(第二期)(品种二)提供转让服务的通知	深证上〔2019〕474 号
126	关于为国元证券股份有限公司 2019 年证券公司次级债券(第一期)提供转让服务的通知	深证上〔2019〕475 号

续表

序号	标　　题	文　　号
127	关于为福建奥华集团有限公司非公开发行2019年可交换公司债券(第一期)提供转让服务的通知	深证上〔2019〕478号
128	关于为拉萨欣导创业投资有限公司2019年非公开发行可交换公司债券(第二期)提供转让服务的通知	深证上〔2019〕479号
129	关于为广西柳州市建设投资开发有限责任公司2019年非公开发行扶贫专项公司债券(第一期)提供转让服务的通知	深证上〔2019〕480号
130	关于为中天金融集团股份有限公司2019年非公开发行公司债券(第一期)提供转让服务的通知	深证上〔2019〕489号
131	关于为湘潭九华经济建设投资有限公司2019年非公开发行公司债券提供转让服务的通知	深证上〔2019〕491号
132	关于为新疆中泰化学股份有限公司2019年非公开发行公司债券(第一期)提供转让服务的通知	深证上〔2019〕494号
133	关于为湖南湘江新区发展集团有限公司2019年非公开发行公司债券(第一期)提供转让服务的通知	深证上〔2019〕497号
134	关于为山东泰丰控股集团有限公司2019年非公开发行公司债券(第一期)提供转让服务的通知	深证上〔2019〕500号
135	关于为上饶市国有资产经营集团有限公司2019年非公开发行公司债券提供转让服务的通知	深证上〔2019〕501号
136	关于为青海盐湖工业股份有限公司2012年公司债券(第一期)提供转让服务的通知	深证上〔2019〕504号
137	关于为南京派雷斯特科技有限公司2019年非公开发行可交换公司债券(第一期)提供转让服务的通知	深证上〔2019〕505号
138	关于为融信(福建)投资集团有限公司2019年非公开发行公司债券(第一期)提供转让服务的通知	深证上〔2019〕507号
139	关于为冀中能源国际物流集团有限公司2019年非公开发行公司债券(第二期)提供转让服务的通知	深证上〔2019〕515号
140	关于为中交地产股份有限公司2019年非公开发行公司债券(第二期)提供转让服务的通知	深证上〔2019〕517号
141	关于为新沂市交通投资有限公司2019年非公开发行公司债券(第二期)提供转让服务的通知	深证上〔2019〕520号
142	关于为中天金融集团股份有限公司2019年非公开发行公司债券(第二期)提供转让服务的通知	深证上〔2019〕521号
143	关于为北京金一文化发展股份有限公司2019年非公开发行公司债券(第一期)提供转让服务的通知	深证上〔2019〕522号
144	关于为福州市建设发展集团有限公司2019年非公开发行公司债券(第一期)提供转让服务的通知	深证上〔2019〕523号

续表

序号	标　　题	文　　号
145	关于为江阴城市建设投资有限公司2019年非公开发行公司债券（第一期）提供转让服务的通知	深证上〔2019〕529号
146	关于为阳泉煤业（集团）有限责任公司2019年非公开发行公司债券（第二期）提供转让服务的通知	深证上〔2019〕530号
147	关于为昆明钢铁控股有限公司2019年非公开发行公司债券（第三期）（品种二）提供转让服务的通知	深证上〔2019〕542号
148	关于为山东泰丰控股集团有限公司2019年非公开发行公司债券（第二期）提供转让服务的通知	深证上〔2019〕543号
149	关于为重庆西彭铝产业区开发投资有限公司2019年非公开发行公司债券（第二期）提供转让服务的通知	深证上〔2019〕544号
150	关于为大同煤矿集团有限责任公司2019年非公开发行公司债券（第四期）提供转让服务的通知	深证上〔2019〕545号
151	关于为上海原龙投资控股（集团）有限公司2019年非公开发行可交换公司债券（第一期）提供转让服务的通知	深证上〔2019〕552号
152	关于为上海原龙投资控股（集团）有限公司2019年非公开发行可交换公司债券（第二期）提供转让服务的通知	深证上〔2019〕554号
153	关于为达州合展实业有限公司2019年非公开发行公司债券（第一期）提供转让服务的通知	深证上〔2019〕555号
154	关于为北京顺鑫控股集团有限公司2019年非公开发行公司债券（第一期）提供转让服务的通知	深证上〔2019〕556号
155	关于为湖南省高速公路集团有限公司2019年非公开发行扶贫专项公司债券（第一期）提供转让服务的通知	深证上〔2019〕562号
156	关于为昌吉州国有资产投资经营集团有限公司2019年非公开发行公司债券（第一期）提供转让服务的通知	深证上〔2019〕568号
157	关于为泰州市城市建设投资集团有限公司2019年非公开发行公司债券（第一期）提供转让服务的通知	深证上〔2019〕569号
158	关于为冀中能源集团有限责任公司2019年非公开发行可交换公司债券（第二期）提供转让服务的通知	深证上〔2019〕573号
159	关于为中天金融集团股份有限公司2019年非公开发行公司债券（第三期）提供转让服务的通知	深证上〔2019〕587号
160	关于为株洲市城市建设发展集团有限公司2019年非公开发行纾困专项公司债券（第一期）提供转让服务的通知	深证上〔2019〕588号
161	关于为茂名港集团有限公司2019年非公开发行公司债券（第一期）提供转让服务的通知	深证上〔2019〕601号
162	关于为上海原龙投资控股（集团）有限公司2019年非公开发行可交换公司债券（第三期）提供转让服务的通知	深证上〔2019〕610号

续表

序号	标　　题	文　　号
163	关于为宁波溪口雪窦山风景名胜区开发建设有限公司2019年非公开发行公司债券(第一期)提供转让服务的通知	深证上〔2019〕611号
164	关于为泰州市城市建设投资集团有限公司2019年非公开发行公司债券(第二期)提供转让服务的通知	深证上〔2019〕612号
165	关于为福建奥华集团有限公司非公开发行2019年可交换公司债券(第二期)提供转让服务的通知	深证上〔2019〕622号
166	关于为上饶投资控股集团有限公司2019年非公开发行公司债券(第一期)提供转让服务的通知	深证上〔2019〕628号
167	关于为江苏东方盛虹股份有限公司2019年非公开发行绿色公司债券(第一期)提供转让服务的通知	深证上〔2019〕631号
168	关于为合肥华泰集团股份有限公司2019年非公开发行可交换公司债券提供转让服务的通知	深证上〔2019〕636号
169	关于为唐山市通顺交通投资开发有限责任公司2019年非公开发行公司债券(第一期)提供转让服务的通知	深证上〔2019〕642号
170	关于为金世旗国际控股股份有限公司2017年公司债券(第一期)提供转让服务的通知	深证上〔2019〕644号
171	关于为阜阳交通能源投资有限公司2019年非公开发行公司债券提供转让服务的通知	深证上〔2019〕647号
172	关于为重庆市黔江区城市建设投资(集团)有限公司2019年非公开发行扶贫专项公司债券(第一期)提供转让服务的通知	深证上〔2019〕648号
173	关于为武汉蔡甸生态发展集团有限公司2019年非公开发行公司债券(第一期)提供转让服务的通知	深证上〔2019〕649号
174	关于为福州市建设发展集团有限公司2019年非公开发行公司债券(第二期)提供转让服务的通知	深证上〔2019〕660号
175	关于为上海原龙投资控股(集团)有限公司2019年非公开发行可交换公司债券(第四期)提供转让服务的通知	深证上〔2019〕669号
176	关于为深圳市招商平安资产管理有限责任公司2019年非公开发行公司债券(第二期)提供转让服务的通知	深证上〔2019〕670号
177	关于为益阳市城市建设投资开发有限责任公司2019年非公开发行公司债券提供转让服务的通知	深证上〔2019〕671号
178	关于为深圳市名家汇科技股份有限公司2019年非公开发行公司债券提供转让服务的通知	深证上〔2019〕678号
179	关于为山东美晨生态环境股份有限公司2019年非公开发行绿色公司债券(第一期)提供转让服务的通知	深证上〔2019〕679号
180	关于为长江证券股份有限公司2019年非公开发行公司债券(第四期)提供转让服务的通知	深证上〔2019〕681号

续表

序号	标　　题	文　　号
181	关于为申万宏源集团股份有限公司2019年非公开发行公司债券(第三期)提供转让服务的通知	深证上〔2019〕683号
182	关于为扬州化工产业投资发展有限公司2019年非公开发行公司债券(第一期)提供转让服务的通知	深证上〔2019〕686号
183	关于为内蒙古新工创业发展有限责任公司2019年非公开发行公司债券(第一期)提供转让服务的通知	深证上〔2019〕687号
184	关于为完美世界控股集团有限公司2019年非公开发行可交换公司债券(第一期)提供转让服务的通知	深证上〔2019〕688号
185	关于为商丘市发展投资集团有限公司2019年非公开发行公司债券(第一期)提供转让服务的通知	深证上〔2019〕689号
186	关于为唐山冀东水泥股份有限公司2019年非公开发行公司债券(第二期)提供转让服务的通知	深证上〔2019〕691号
187	关于为华融晋商资产管理股份有限公司2019年非公开发行短期公司债券(第一期)提供转让服务的通知	深证上〔2019〕695号
188	关于为甘肃省公路航空旅游投资集团有限公司2019年非公开发行公司债券(第二期)提供转让服务的通知	深证上〔2019〕708号
189	关于为新疆国恒投资发展集团有限公司2019年非公开发行公司债券提供转让服务的通知	深证上〔2019〕717号
190	关于为江西省金融资产管理股份有限公司2019年非公开发行公司债券(第二期)提供转让服务的通知	深证上〔2019〕727号
191	关于为融信(福建)投资集团有限公司2019年非公开发行公司债券(第二期)(品种一)提供转让服务的通知	深证上〔2019〕728号
192	关于为北京顺鑫控股集团有限公司2019年非公开发行公司债券(第二期)提供转让服务的通知	深证会〔2019〕741号
193	关于为贵阳市工商产业投资集团有限公司2019年非公开发行公司债券(第一期)提供转让服务的通知	深证上〔2019〕746号
194	关于为昆明市高速公路建设开发股份有限公司2019年非公开发行公司债券(第二期)(品种一)提供转让服务的通知	深证上〔2019〕751号
195	关于为株洲循环经济投资发展集团有限公司2019年非公开发行公司债券(第一期)提供转让服务的通知	深证上〔2019〕752号
196	关于为广州市番禺交通建设投资有限公司2019年非公开发行公司债券(第一期)提供转让服务的通知	深证上〔2019〕754号
197	关于为东北证券股份有限公司2019年证券公司次级债券(第二期)提供转让服务的通知	深证上〔2019〕756号
198	关于为株洲市城市建设发展集团有限公司2019年非公开发行纾困专项公司债券(第二期)提供转让服务的通知	深证上〔2019〕762号

续表

序号	标　　题	文　　号
199	关于为平阳县利得海涂围垦开发有限公司2019年非公开发行公司债券(第一期)提供转让服务的通知	深证上〔2019〕764号
200	关于为成都兴城投资集团有限公司2019年非公开发行可续期公司债券(第一期)提供转让服务的通知	深证上〔2019〕770号
201	关于为山西漳泽电力新能源投资有限公司2019年非公开发行公司债券(第二期)提供转让服务的通知	深证上〔2019〕778号
202	关于为河南宏光正商置业有限公司2019年非公开发行公司债券(第一期)(品种二)提供转让服务的通知	深证上〔2019〕781号
203	关于为融信(福建)投资集团有限公司2019年非公开发行公司债券(第三期)(品种二)提供转让服务的通知	深证上〔2019〕784号
204	关于为山东高速投资控股有限公司2019年非公开发行纾困专项公司债券(第一期)提供转让服务的通知	深证上〔2019〕785号
205	关于为福建石狮产业投资发展集团有限责任公司2019年非公开发行公司债券(第一期)提供转让服务的通知	深证上〔2019〕787号
206	关于为荣盛建设工程有限公司2019年非公开发行可交换公司债券(第一期)提供转让服务的通知	深证上〔2019〕791号
207	关于为无锡沪宁城铁惠山站区投资开发建设有限公司2019年非公开发行公司债券(第二期)提供转让服务的通知	深证上〔2019〕793号
208	关于为上海原龙投资控股(集团)有限公司2019年非公开发行可交换公司债券(第五期)提供转让服务的通知	深证上〔2019〕794号
209	关于为寿光市惠农新农村建设投资开发有限公司2019年非公开发行绿色项目收益专项公司债券(第一期)提供转让服务的通知	深证上〔2019〕824号
210	关于为绵阳市投资控股(集团)有限公司2019年非公开发行纾困专项公司债券(第二期)提供转让服务的通知	深证上〔2019〕830号
211	关于为中天金融集团股份有限公司2019年非公开发行公司债券(第四期)提供转让服务的通知	深证上〔2019〕831号
212	关于为甘肃省公路航空旅游投资集团有限公司2019年非公开发行公司债券(第三期)提供转让服务的通知	深证上〔2019〕833号
213	关于为宁波溪口雪窦山风景名胜区开发建设有限公司2019年非公开发行公司债券(第二期)提供转让服务的通知	深证上〔2019〕834号
214	关于为成都兴城投资集团有限公司2019年非公开发行公司债券(第一期)提供转让服务的通知	深证上〔2019〕836号
215	关于为湖北交投产城控股集团有限公司2019年非公开发行公司债券(品种二)提供转让服务的通知	深证上〔2019〕838号
216	关于为安徽省铁路发展基金股份有限公司2019年非公开发行纾困专项公司债券(第一期)提供转让服务的通知	深证上〔2019〕842号

续表

序号	标　　题	文　　号
217	关于为大同煤矿集团有限责任公司2019年非公开发行公司债券(第五期)提供转让服务的通知	深证上〔2019〕845号
218	关于为阳泉煤业(集团)有限责任公司2019年非公开发行公司债券(第三期)提供转让服务的通知	深证上〔2019〕847号
219	关于为武汉市江夏农业集团有限公司2019年非公开发行公司债券(第一期)提供转让服务的通知	深证上〔2019〕850号
220	关于为山东中际投资控股有限公司2019年非公开发行可交换公司债券提供转让服务的通知	深证上〔2019〕851号
221	关于为潍坊市城市建设发展投资集团有限公司2019年非公开发行可续期公司债券(第一期)提供转让服务的通知	深证上〔2019〕855号
222	关于为山东任城融鑫发展有限公司2019年非公开发行公司债券(第一期)(品种三)提供转让服务的通知	深证上〔2019〕859号
223	关于为海安市城建开发投资集团有限公司2019年非公开发行短期公司债券(第一期)提供转让服务的通知	深证上〔2019〕863号
224	关于为中国电子信息产业集团有限公司2019年非公开发行可交换公司债券提供转让服务的通知	深证上〔2019〕864号
225	关于为泰州市城市建设投资集团有限公司2019年非公开发行公司债券(第三期)提供转让服务的通知	深证上〔2019〕865号
226	关于为扬州化工产业投资发展有限公司2019年非公开发行公司债券(第二期)提供转让服务的通知	深证上〔2019〕867号
227	关于为天津东方财信投资集团有限公司2019年非公开发行公司债券(第一期)(品种一)提供转让服务的通知	深证上〔2019〕869号
228	关于为深圳市建艺装饰集团股份有限公司2019年非公开发行公司债券提供转让服务的通知	深证上〔2019〕870号
资产支持专项计划挂牌无异议函		
序号	标　　题	文　　号
1	关于江海证券“建业凯旋广场资产支持专项计划”符合深交所挂牌条件的无异议函	深证函〔2019〕9号
2	关于华金证券“华金诚融桐乡水务资产支持专项计划”符合深交所挂牌条件的无异议函	深证函〔2019〕12号
3	关于首创证券“首创华通热力居民供暖收费收益权资产支持专项计划”符合深交所挂牌条件的无异议函	深证函〔2019〕16号
4	关于中国中投证券“中国中投证券国富保理首创置业130期供应链金融资产支持专项计划”符合深交所挂牌条件的无异议函	深证函〔2019〕17号
5	关于中信证券“中信证券链融科技供应链金融2号第110期资产支持专项计划”符合深交所挂牌条件的无异议函	深证函〔2019〕23号

续表

序号	标　　题	文　　号
6	关于天风证券“天风禹洲地产供应链金融【1X】期资产支持专项计划”符合深交所挂牌条件的无异议函	深证函〔2019〕24 号
7	关于中金公司“中金天信惠贷第 X 期资产支持专项计划”符合深交所挂牌条件的无异议函	深证函〔2019〕25 号
8	关于长江资管“长江楚越联易融供应链【11X】期资产支持专项计划”符合深交所挂牌条件的无异议函	深证函〔2019〕26 号
9	关于天风证券“天风证券包钢股份供应链金融 1X 期资产支持专项计划”符合深交所挂牌条件的无异议函	深证函〔2019〕31 号
10	关于申万宏源“申万宏源电建地产购房尾款资产支持专项计划”符合深交所挂牌条件的无异议函	深证函〔2019〕35 号
11	关于广州证券“广州证券神州数码应收账款资产支持专项计划”符合深交所挂牌条件的无异议函	深证函〔2019〕39 号
12	关于平安大华“平安汇通星河丽思卡尔顿酒店资产支持专项计划”符合深交所挂牌条件的无异议函	深证函〔2019〕45 号
13	关于招商资管“招商资管卓越商业停车场资产支持专项计划”符合深交所挂牌条件的无异议函	深证函〔2019〕46 号
14	关于天风证券“狮桥十五期(天风)资产支持专项计划”符合深交所挂牌条件的无异议函	深证函〔2019〕47 号
15	关于南方资本“南方资本冀中能源邯矿集团中企云链第【15】期供应链资产支持专项计划”符合深交所挂牌条件的无异议函	深证函〔2019〕57 号
16	关于华金证券“华金瑞驰联易融华发供应链 1X 号资产支持专项计划”符合深交所挂牌条件的无异议函	深证函〔2019〕58 号
17	关于东亚前海“南京北园置业保障房资产支持专项计划”符合深交所挂牌条件的无异议函	深证函〔2019〕68 号
18	关于平安证券“平安证券一方瑞新供应链金融 1X 号资产支持专项计划”符合深交所挂牌条件的无异议函	深证函〔2019〕70 号
19	关于平安汇通“平安汇通顺丰小贷第二期资产支持专项计划”符合深交所挂牌条件的无异议函	深证函〔2019〕71 号
20	关于国信证券“国信证券链融科技供应链金融 2 号第 1X 期资产支持专项计划”符合深交所挂牌条件的无异议函	深证函〔2019〕73 号
21	关于渤海汇金“渤海汇金纳什空间资产支持专项计划”符合深交所挂牌条件的无异议函	深证函〔2019〕74 号
22	关于中信建投“中信建投北京一方天著 1X 期供应链金融资产支持专项计划”符合深交所挂牌条件的无异议函	深证函〔2019〕75 号
23	关于兴证资管“2019 远东三期资产支持专项计划”符合深交所挂牌条件的无异议函	深证函〔2019〕76 号

续表

序号	标　题	文　号
24	关于中信建投"中信建投深能环保绿色发电上网收费收益权资产支持专项计划"符合深交所挂牌条件的无异议函	深证函〔2019〕77号
25	关于中山证券"中山证券阳光城汇欣融供应链金融资产支持专项计划"符合深交所挂牌条件的无异议函	深证函〔2019〕86号
26	关于华泰资管"华泰腾讯新分享优信汽车融资租赁一期资产支持专项计划"符合深交所挂牌条件的无异议函	深证函〔2019〕87号
27	关于华泰资管"华泰佳越阳光控股大厦资产支持专项计划"符合深交所挂牌条件的无异议函	深证函〔2019〕88号
28	关于中山证券"中山证券建银保理供应链金融资产支持专项计划"符合深交所挂牌条件的无异议函	深证函〔2019〕94号
29	关于平安证券"万科平安证券购房尾款资产支持专项计划第八期"符合深交所挂牌条件的无异议函	深证函〔2019〕99号
30	关于南方资本"万科南方资本购房尾款资产支持专项计划第九期"符合深交所挂牌条件的无异议函	深证函〔2019〕100号
31	关于平安证券"平安证券中铁建保理1N号小微企业供应链资产支持专项计划"符合深交所挂牌条件的无异议函	深证函〔2019〕101号
32	关于渤海汇金"渤海汇金阳光城福州阳光天地资产支持专项计划"符合深交所挂牌条件的无异议函	深证函〔2019〕102号
33	关于中山证券"中山证券佳兆业城中佳画住房租赁120期资产支持专项计划"符合深交所挂牌条件的无异议函	深证函〔2019〕106号
34	关于华西证券"华西证券合景泰富商业物业第一至十五期资产支持专项计划"符合深交所挂牌条件的无异议函	深证函〔2019〕107号
35	关于招商资管"招商资管碧桂园资产支持专项计划"符合深交所挂牌条件的无异议函	深证函〔2019〕108号
36	关于联讯证券"滨江集团资产支持专项计划"符合深交所挂牌条件的无异议函	深证函〔2019〕109号
37	关于长城证券"长城海通镇海安置房信托受益权资产支持专项计划"符合深交所挂牌条件的无异议函	深证函〔2019〕117号
38	关于华泰资管"华泰佳兆业联易融供应链金融【110】号资产支持专项计划"符合深交所挂牌条件的无异议函	深证函〔2019〕118号
39	关于申港证券"申港滨丽小城镇保障房信托受益权资产支持专项计划"符合深交所挂牌条件的无异议函	深证函〔2019〕121号
40	关于天风证券"五矿信托360金融120期信托受益权资产支持专项计划"符合深交所挂牌条件的无异议函	深证函〔2019〕122号
41	关于鑫沅资管"鑫沅资产西双版纳傣文化风情园资产支持专项计划"符合深交所挂牌条件的无异议函	深证函〔2019〕123号

续表

序号	标　　题	文　　号
42	关于安信证券“安信证券四川发展国润环境绵竹供排水一体化 PPP 项目资产支持专项计划”符合深交所挂牌条件的无异议函	深证函〔2019〕129 号
43	关于海通资管“海通精诚 120 号资产支持专项计划”符合深交所挂牌条件的无异议函	深证函〔2019〕132 号
44	关于华福证券“华福证券联捷保理供应链 120 号资产支持专项计划”符合深交所挂牌条件的无异议函	深证函〔2019〕133 号
45	关于国寿财富“国寿财富云南能投石林电力收费收益权绿色资产支持专项计划”符合深交所挂牌条件的无异议函	深证函〔2019〕134 号
46	关于国海证券“集通铁路客运收费收益权绿色资产支持专项计划”符合深交所挂牌条件的无异议函	深证函〔2019〕135 号
47	关于德邦证券“德邦韵达货运应收账款资产支持专项计划”符合深交所挂牌条件的无异议函	深证函〔2019〕136 号
48	关于山西证券“山西证券河南海王应收账款资产支持专项计划”符合深交所挂牌条件的无异议函	深证函〔2019〕142 号
49	关于前海开源“中联前海开源天津现代商业地产资产支持专项计划”符合深交所挂牌条件的无异议函	深证函〔2019〕143 号
50	关于平安证券“平安逸锟供应链金融【1030】号资产支持专项计划”符合深交所挂牌条件的无异议函	深证函〔2019〕144 号
51	关于中信建投“中信建投前海兴邦供应链金融 1N 号资产支持专项计划”符合深交所挂牌条件的无异议函	深证函〔2019〕150 号
52	关于鑫沅资管“鑫沅资产河套水务集团水费收费权资产支持专项计划”符合深交所挂牌条件的无异议函	深证函〔2019〕151 号
53	关于南方资本“南方资本一方永熙 1X 期供应链金融资产支持专项计划”符合深交所挂牌条件的无异议函	深证函〔2019〕152 号
54	关于天风证券“天风滇中保理供应链金融 110 期资产支持专项计划”符合深交所挂牌条件的无异议函	深证函〔2019〕153 号
55	关于中金公司“中金金易联易融 115 期资产支持专项计划”符合深交所挂牌条件的无异议函	深证函〔2019〕159 号
56	关于中信证券“中信证券京东数科荟享 3 号第 15 期信托受益权资产支持专项计划”符合深交所挂牌条件的无异议函	深证函〔2019〕160 号
57	关于长城嘉信“长城嘉信蓝色光标应收账款资产支持专项计划”符合深交所挂牌条件的无异议函	深证函〔2019〕163 号
58	关于中信证券“狮桥中信证券增益系列 13 期资产支持专项计划”符合深交所挂牌条件的无异议函	深证函〔2019〕179 号
59	关于中信证券“京东数科中信证券【1625】号京东白条应收账款债权资产支持专项计划”符合深交所挂牌条件的无异议函	深证函〔2019〕184 号

续表

序号	标　　题	文　　号
60	关于中信证券"中信证券瀚华小额贷款资产支持专项计划 1 期"符合深交所挂牌条件的无异议函	深证函〔2019〕188 号
61	关于国融证券"国融证券茂丰保理大名城第 X 期供应链金融资产支持专项计划"符合深交所挂牌条件的无异议函	深证函〔2019〕190 号
62	关于长城证券"长城星顺供应链金融 1 号资产支持专项计划"符合深交所挂牌条件的无异议函	深证函〔2019〕198 号
63	关于招商资管"招商创融慧链通保理第 1N 期资产支持专项计划"符合深交所挂牌条件的无异议函	深证函〔2019〕199 号
64	关于华西证券"华西证券中南建设资产支持专项计划"符合深交所挂牌条件的无异议函	深证函〔2019〕200 号
65	关于中信证券"中信证券信捷联易融 2 号供应链资产支持专项计划 120 期"符合深交所挂牌条件的无异议函	深证函〔2019〕207 号
66	关于平安证券"平安奥发供应链金融 120 号资产支持专项计划"符合深交所挂牌条件的无异议函	深证函〔2019〕208 号
67	关于长城证券"长城证券张家界公交经营收费收益权资产支持专项计划"符合深交所挂牌条件的无异议函	深证函〔2019〕217 号
68	关于交银施罗德"交银施罗德绿景物业费资产支持专项计划"符合深交所挂牌条件的无异议函	深证函〔2019〕218 号
69	关于天风证券"中关村科技租赁第 4 期资产支持专项计划"符合深交所挂牌条件的无异议函	深证函〔2019〕222 号
70	关于广州证券"广州证券越秀租赁 2019 年第一期资产支持专项计划"符合深交所挂牌条件的无异议函	深证函〔2019〕234 号
71	关于东证资管"天琦 2019 年第一期资产支持专项计划"符合深交所挂牌条件的无异议函	深证函〔2019〕241 号
72	关于招商证券"招商创融招商蛇口供应链 1N 期资产支持专项计划"符合深交所挂牌条件的无异议函	深证函〔2019〕246 号
73	关于长城证券"长城证券一方恒融至信 1 号第【18】期供应链金融资产支持专项计划"符合深交所挂牌条件的无异议函	深证函〔2019〕247 号
74	关于东亚前海证券"东亚前海－逸锟保理供应链金融 1－N 期资产支持专项计划"符合深交所挂牌条件的无异议函	深证函〔2019〕248 号
75	关于平安证券"平安腾讯联易融微企链供应链金融 150 号资产支持专项计划"符合深交所挂牌条件的无异议函	深证函〔2019〕253 号
76	关于东方汇智"东方汇智平裕保理 115 期供应链金融资产支持专项计划"符合深交所挂牌条件的无异议函	深证函〔2019〕254 号
77	关于长城国瑞"济三电力信托受益权资产支持专项计划"符合深交所挂牌条件的无异议函	深证函〔2019〕255 号

续表

序号	标　　题	文　　号
78	关于招商资管“招商创融仁恒海河广场资产支持专项计划”符合深交所挂牌条件的无异议函	深证函〔2019〕257 号
79	关于天风证券“狮桥十七期(天风)资产支持专项计划”符合深交所挂牌条件的无异议函	深证函〔2019〕271 号
80	关于平安证券“平安租赁 110 号汽车融资租赁资产支持专项计划”符合深交所挂牌条件的无异议函	深证函〔2019〕272 号
81	关于华西证券“华西中原金控(深圳)融资租赁资产支持专项计划”符合深交所挂牌条件的无异议函	深证函〔2019〕277 号
82	关于信达证券“信达信和 2019 年第一期 15 号资产支持专项计划”符合深交所挂牌条件的无异议函	深证函〔2019〕279 号
83	关于南方资本“南方资本闽东电力水电收费收益权绿色资产支持专项计划”符合深交所挂牌条件的无异议函	深证函〔2019〕280 号
84	关于万家共赢“万家共赢凯京物流供应链金融一期资产支持专项计划”符合深交所挂牌条件的无异议函	深证函〔2019〕281 号
85	关于平安证券“2019 平安租赁三期资产支持专项计划”符合深交所挂牌条件的无异议函	深证函〔2019〕286 号
86	关于德邦证券“德邦国药朴信保理供应链金融第 115 号资产支持专项计划”符合深交所挂牌条件的无异议函	深证函〔2019〕294 号
87	关于招商资管“平安不动产招创京基集团酒店资产支持专项计划”符合深交所挂牌条件的无异议函	深证函〔2019〕295 号
88	关于中信证券“中信证券南国置业供应链应付账款 1 号第 15 期资产支持专项计划”符合深交所挂牌条件的无异议函	深证函〔2019〕305 号
89	关于平安证券“平安证券漳泽新能源电力上网收费收益权绿色资产支持专项计划”符合深交所挂牌条件的无异议函	深证函〔2019〕306 号
90	关于长城证券“长城证券泰兴利民安置房信托受益权资产支持专项计划”符合深交所挂牌条件的无异议函	深证函〔2019〕308 号
91	关于中山证券“中山光耀链融科技 124 期资产支持专项计划”符合深交所挂牌条件的无异议函	深证函〔2019〕310 号
92	关于平安证券“平安中山时融供应链金融 120 号资产支持专项计划”符合深交所挂牌条件的无异议函	深证函〔2019〕311 号
93	关于东兴证券“东兴声赫保理供应链 1N 期资产支持专项计划”符合深交所挂牌条件的无异议函	深证函〔2019〕329 号
94	关于华金证券“华金证券瑞康医药仓储物流园一期资产支持专项计划”符合深交所挂牌条件的无异议函	深证函〔2019〕330 号
95	关于西南证券“西南证券联易融供应链金融 1N 号资产支持专项计划”符合深交所挂牌条件的无异议函	深证函〔2019〕332 号

续表

序号	标　　题	文　　号
96	关于国金证券“国金川投航信停车场 PPP 项目 110 号资产支持专项计划”符合深交所挂牌条件的无异议函	深证函〔2019〕340 号
97	关于南方资本“南方资本—方永泰 1X 期供应链金融资产支持专项计划”符合深交所挂牌条件的无异议函	深证函〔2019〕345 号
98	关于华西证券“华西证券民生汇富德基广场资产支持专项计划”符合深交所挂牌条件的无异议函	深证函〔2019〕350 号
99	关于金元百利“金元百利溧阳中关村保障房信托受益权资产支持专项计划”符合深交所挂牌条件的无异议函	深证函〔2019〕353 号
100	关于长城证券“长城证券睿思 1 号第 110 期供应链金融资产支持专项计划”符合深交所挂牌条件的无异议函	深证函〔2019〕366 号
101	关于国金证券“国金龙洲股份客运收益权资产支持专项计划”符合深交所挂牌条件的无异议函	深证函〔2019〕377 号
102	关于联储证券“联储证券福星惠誉群星城资产支持专项计划”符合深交所挂牌条件的无异议函	深证函〔2019〕380 号
103	关于广发资管“2019 平安租赁五期资产支持专项计划”符合深交所挂牌条件的无异议函	深证函〔2019〕381 号
104	关于华创证券“华创证券雪松大宗供应链 1 号资产支持专项计划”符合深交所挂牌条件的无异议函	深证函〔2019〕382 号
105	关于光证资管“光证资管联易融供应链金融第 1X 期资产支持专项计划”符合深交所挂牌条件的无异议函	深证函〔2019〕383 号
106	关于瑞元资本“瑞元资本嘉泰 1X 期资产支持专项计划”符合深交所挂牌条件的无异议函	深证函〔2019〕384 号
107	关于英大证券“鲁能集团英大证券济南贵和商业物业资产支持专项计划”符合深交所挂牌条件的无异议函	深证函〔2019〕385 号
108	关于长城证券“长城证券锦绣供应链金融 15 号资产支持专项计划”符合深交所挂牌条件的无异议函	深证函〔2019〕388 号
109	关于华能贵诚信托“华能信托链融科技诚意 13 期供应链金融资产支持专项计划”符合深交所挂牌条件的无异议函	深证函〔2019〕396 号
110	关于兴证资管“兴业圆融广州开发区专利许可资产支持专项计划”符合深交所挂牌条件的无异议函	深证函〔2019〕402 号
111	关于华能贵诚信托“华能信托一方诚意 13 期供应链金融资产支持专项计划”符合深交所挂牌条件的无异议函	深证函〔2019〕404 号
112	关于华泰资管“华泰合生创展联合保理供应链金融 124 号资产支持专项计划”符合深交所挂牌条件的无异议函	深证函〔2019〕405 号
113	关于中山证券“中山佳兆业购房尾款第二期资产支持专项计划”符合深交所挂牌条件的无异议函	深证函〔2019〕422 号

续表

序号	标　　题	文　　号
114	关于平安证券“中小担中小企业供应链资产支持专项计划”符合深交所挂牌条件的无异议函	深证函〔2019〕423号
115	关于平安证券“平安中山时联供应链金融120号资产支持专项计划”符合深交所挂牌条件的无异议函	深证函〔2019〕424号
116	关于五矿证券“五矿证券农信保理一期资产支持专项计划”符合深交所挂牌条件的无异议函	深证函〔2019〕426号
117	关于中信证券“中信证券中和农信公益小额贷款10N号资产支持专项计划”符合深交所挂牌条件的无异议函	深证函〔2019〕428号
118	关于申港证券“申港证券方捷佳美第X期资产支持专项计划”符合深交所挂牌条件的无异议函	深证函〔2019〕429号
119	关于南方资本“南方资本一方永熙10X期供应链金融资产支持专项计划”符合深交所挂牌条件的无异议函	深证函〔2019〕431号
120	关于万家共赢“万家共赢荣安地产商业资产支持专项计划”符合深交所挂牌条件的无异议函	深证函〔2019〕434号
121	关于招商财富“招商财富重庆医药应收账款一期资产支持专项计划”符合深交所挂牌条件的无异议函	深证函〔2019〕436号
122	关于广州证券、中信证券“中信证券广证越秀租赁第16期普惠型小微资产支持专项计划”符合深交所挂牌条件的无异议函	深证函〔2019〕438号
123	关于中信证券“中信证券信盈联易融供应链资产支持专项计划120期”符合深交所挂牌条件的无异议函	深证函〔2019〕439号
124	关于民生证券“民生佳源购房尾款资产支持专项计划”符合深交所挂牌条件的无异议函	深证函〔2019〕445号
125	关于天风证券“天风证券分期乐1X期信托受益权资产支持专项计划”符合深交所挂牌条件的无异议函	深证函〔2019〕446号
126	关于平安证券“鹏举120号供应链金融资产支持专项计划”符合深交所挂牌条件的无异议函	深证函〔2019〕453号
127	关于中信证券“中信证券越秀租赁2019年第二期资产支持专项计划”符合深交所挂牌条件的无异议函	深证函〔2019〕454号
128	关于招商财富“招商财富联易融供应链120号资产支持专项计划”符合深交所挂牌条件的无异议函	深证函〔2019〕458号
129	关于华泰资管“华泰资管苏宁供应链1130号资产支持专项计划”符合深交所挂牌条件的无异议函	深证函〔2019〕459号
130	关于中信证券“中信证券绿地控股资产支持专项计划”符合深交所挂牌条件的无异议函	深证函〔2019〕465号
131	关于中金公司“中金外贸兴诚第X期资产支持专项计划”符合深交所挂牌条件的无异议函	深证函〔2019〕466号

续表

序号	标　　题	文　　号
132	关于华西证券“华西碧桂园购房尾款2019年第一期资产支持专项计划”符合深交所挂牌条件的无异议函	深证函〔2019〕467号
133	关于首创证券“第一创业首创证券文化租赁15期资产支持专项计划”符合深交所挂牌条件的无异议函	深证函〔2019〕470号
134	关于南方资本“南方资本一方永熙1315期供应链金融资产支持专项计划”符合深交所挂牌条件的无异议函	深证函〔2019〕471号
135	关于天风证券“狮桥天风证券嘉鑫系列13期资产支持专项计划”符合深交所挂牌条件的无异议函	深证函〔2019〕478号
136	关于长城证券“长城荣耀供应链金融115期资产支持专项计划”符合深交所挂牌条件的无异议函	深证函〔2019〕479号
137	关于中山证券“中山证券桃源一方1N期供应链金融资产支持专项计划”符合深交所挂牌条件的无异议函	深证函〔2019〕481号
138	关于平安证券“平安中联重科租赁2019年第一期资产支持专项计划”符合深交所挂牌条件的无异议函	深证函〔2019〕482号
139	关于平安证券“平安证券前交所保理资产供应链150号资产支持专项计划”符合深交所挂牌条件的无异议函	深证函〔2019〕488号
140	关于德邦证券“德邦证券苏宁小贷第110期资产支持专项计划”符合深交所挂牌条件的无异议函	深证函〔2019〕489号
141	关于国海证券“国海航洋城信托受益权资产支持专项计划”符合深交所挂牌条件的无异议函	深证函〔2019〕490号
142	关于山西证券“山证汇通清控创新基地一二期资产支持专项计划”符合深交所挂牌条件的无异议函	深证函〔2019〕491号
143	关于天风证券“天风有车有家2019年第一期资产支持专项计划”符合深交所挂牌条件的无异议函	深证函〔2019〕492号
144	关于国君资管“国君资管科学城租赁大湾区制造业一期资产支持专项计划”符合深交所挂牌条件的无异议函	深证函〔2019〕493号
145	关于兴证资管“2019远东七期资产支持专项计划”符合深交所挂牌条件的无异议函	深证函〔2019〕494号
146	关于中金公司“中金华南城购房尾款资产支持专项计划”符合深交所挂牌条件的无异议函	深证函〔2019〕500号
147	关于浦银安盛资管“国新保理浦银安盛资管央企供给侧改革供应链110号资产支持专项计划”符合深交所挂牌条件的无异议函	深证函〔2019〕501号
148	关于山西证券“山证汇通中泰美畅漳泽1X期供应链金融资产支持专项计划”符合深交所挂牌条件的无异议函	深证函〔2019〕502号
149	关于万和证券“万和证券一方保理鹏程【1X】期供应链金融资产支持专项计划”符合深交所挂牌条件的无异议函	深证函〔2019〕514号

续表

序号	标　　题	文　　号
150	关于平安证券"平安证券中建三局供应链120号资产支持专项计划"符合深交所挂牌条件的无异议函	深证函〔2019〕515号
151	关于中信证券"中信证券凯京租赁和晟15期资产支持专项计划"符合深交所挂牌条件的无异议函	深证函〔2019〕516号
152	关于南方资本"南方资本一方永熙1618期供应链金融资产支持专项计划"符合深交所挂牌条件的无异议函	深证函〔2019〕517号
153	关于华创证券"华创星顺星耀供应链金融110号资产支持专项计划"符合深交所挂牌条件的无异议函	深证函〔2019〕518号
154	关于华泰资管"海通华泰资管佳兆业万豪酒店物业资产支持专项计划"符合深交所挂牌条件的无异议函	深证函〔2019〕522号
155	关于平安证券"平安北京住总供应链金融1X期资产支持专项计划"符合深交所挂牌条件的无异议函	深证函〔2019〕527号
156	关于华金证券"兴银华金新发展小贷扶贫资产支持专项计划"符合深交所挂牌条件的无异议函	深证函〔2019〕528号
157	关于中金公司"鲁能集团中金公司济南领秀城商业综合体资产支持专项计划"符合深交所挂牌条件的无异议函	深证函〔2019〕536号
158	关于华泰资管、中信建投"东道二号15期京东白条应收账款债权资产支持专项计划"符合深交所挂牌条件的无异议函	深证函〔2019〕537号
159	关于前海开源"中联前海开源中集产城产业园一号资产支持专项计划"符合深交所挂牌条件的无异议函	深证函〔2019〕546号
160	关于南方资本"南方资本链融科技13期供应链金融资产支持专项计划"符合深交所挂牌条件的无异议函	深证函〔2019〕547号
161	关于中信证券"东道一号115期京东白条应收账款债权资产支持专项计划"符合深交所挂牌条件的无异议函	深证函〔2019〕548号
162	关于华龙证券"万科华龙证券购房尾款资产支持专项计划第十期"符合深交所挂牌条件的无异议函	深证函〔2019〕558号
163	关于中信证券"中信证券花呗第10X期授信付款资产支持专项计划"符合深交所挂牌条件的无异议函	深证函〔2019〕559号
164	关于建信资本"建信资本招商创融步步高资产支持专项计划"符合深交所挂牌条件的无异议函	深证函〔2019〕560号
165	关于招商资管"招商资管三号云南交投会待高速车辆通行费收费收益权资产支持专项计划"符合深交所挂牌条件的无异议函	深证函〔2019〕561号
166	关于中金公司"中金中交地产联易融供应链金融6X期资产支持专项计划"符合深交所挂牌条件的无异议函	深证函〔2019〕565号
167	关于中航证券"中航证券中航科技大厦资产支持专项计划"符合深交所挂牌条件的无异议函	深证函〔2019〕567号

续表

序号	标　　题	文　　号
168	关于大同证券“湖州申太建设安置房信托受益权资产支持专项计划”符合深交所挂牌条件的无异议函	深证函〔2019〕570 号
169	关于安信证券、首创证券“东道三号 15 期京东白条应收账款债权资产支持专项计划”符合深交所挂牌条件的无异议函	深证函〔2019〕571 号
170	关于长城国瑞证券“中利集团应收账款二期资产支持专项计划”符合深交所挂牌条件的无异议函	深证函〔2019〕582 号
171	关于天风证券“天风国美小贷第一期消费贷款资产支持专项计划”符合深交所挂牌条件的无异议函	深证函〔2019〕583 号
172	关于中信证券“中信证券链融科技供应链金融 3 号第 15 期资产支持专项计划”符合深交所挂牌条件的无异议函	深证函〔2019〕596 号
173	关于易方达资产“万纬物流易方达资产物流仓储 1 期资产支持专项计划”符合深交所挂牌条件的无异议函	深证函〔2019〕597 号
174	关于海通资管“海通深圳科技园先行示范区物业资产支持专项计划”符合深交所挂牌条件的无异议函	深证函〔2019〕599 号
175	关于南方资本“南方资本一方永熙 19 期供应链金融资产支持专项计划”符合深交所挂牌条件的无异议函	深证函〔2019〕617 号
176	关于平安证券“金融街中心资产支持专项计划”符合深交所挂牌条件的无异议函	深证函〔2019〕624 号
177	关于平安证券“平安证券高新投知识产权 110 号资产支持专项计划”符合深交所挂牌条件的无异议函	深证函〔2019〕629 号
178	关于上海证券“中航租赁 2019 年第二期资产支持专项计划”符合深交所挂牌条件的无异议函	深证函〔2019〕632 号
179	关于财通资管“财通资管先锋太盟第三期资产支持专项计划”符合深交所挂牌条件的无异议函	深证函〔2019〕633 号
180	关于广发资管“广发恒进广州港集团资产支持专项计划”符合深交所挂牌条件的无异议函	深证函〔2019〕634 号
181	关于平安证券“京东智管有方【150】期供应链资产支持专项计划”符合深交所挂牌条件的无异议函	深证函〔2019〕635 号
182	关于长城证券“长城海通牟山湖安置房信托受益权资产支持专项计划”符合深交所挂牌条件的无异议函	深证函〔2019〕638 号
183	关于华泰资管“龙源电力可再生能源电价附加补助 115 期绿色资产支持专项计划”符合深交所挂牌条件的无异议函	深证函〔2019〕639 号
184	关于华泰资管“华泰三一高端制造 16 期中宏租赁资产支持专项计划”符合深交所挂牌条件的无异议函	深证函〔2019〕647 号
185	关于中信证券“中信证券中和农信普惠金融 1N 号信托受益权资产支持专项计划”符合深交所挂牌条件的无异议函	深证函〔2019〕648 号

续表

序号	标　　题	文　　号
186	关于中金公司“中金借呗第X期消费贷款资产支持专项计划”符合深交所挂牌条件的无异议函	深证函〔2019〕658号
187	关于长城证券“长城荣耀2号供应链金融115期资产支持专项计划”符合深交所挂牌条件的无异议函	深证函〔2019〕665号
188	关于平安汇通“平安汇通惠安1x期资产支持专项计划”符合深交所挂牌条件的无异议函	深证函〔2019〕666号
189	关于首创证券“首创证券成都珠江广场资产支持专项计划”符合深交所挂牌条件的无异议函	深证函〔2019〕674号
190	关于平安证券“平安中山粤湾资产支持专项计划”符合深交所挂牌条件的无异议函	深证函〔2019〕675号
191	关于中信证券“万科中信证券购房尾款资产支持专项计划第十一期”符合深交所挂牌条件的无异议函	深证函〔2019〕676号
192	关于招商资管“招商创融外贸信托中和农信1号信托受益权资产支持专项计划”符合深交所挂牌条件的无异议函	深证函〔2019〕678号
193	关于天风证券“天风证券微聚未来1X期信托受益权资产支持专项计划”符合深交所挂牌条件的无异议函	深证函〔2019〕679号
194	关于华泰资管“华泰佳越嘉凯城城市客厅资产支持专项计划”符合深交所挂牌条件的无异议函	深证函〔2019〕680号
195	关于南方资本“南方资本星河福田COCO Park资产支持专项计划”符合深交所挂牌条件的无异议函	深证函〔2019〕682号
196	关于南方资本“南方资本元熹1X期供应链金融资产支持专项计划”符合深交所挂牌条件的无异议函	深证函〔2019〕683号
197	关于金元百利“金元百利如皋保障房资产支持专项计划”符合深交所挂牌条件的无异议函	深证函〔2019〕691号
198	关于申万宏源“申万宏源重庆水投供水收费收益权2019年资产支持专项计划”符合深交所挂牌条件的无异议函	深证函〔2019〕692号
199	关于中信证券、中信建投、浦银安盛资管“国新租赁央企高质量发展110号资产支持专项计划”符合深交所挂牌条件的无异议函	深证函〔2019〕694号
200	关于华金证券“武清开发区自来水资产支持专项计划”符合深交所挂牌条件的无异议函	深证函〔2019〕696号
201	关于长城国瑞“特锐德应收账款二期绿色资产支持专项计划”符合深交所挂牌条件的无异议函	深证函〔2019〕697号
202	关于国信证券“万科国信证券购房尾款资产支持专项计划第十二期”符合深交所挂牌条件的无异议函	深证函〔2019〕698号
203	关于平安证券“平安云庐一方供应链金融110期资产支持专项计划”符合深交所挂牌条件的无异议函	深证函〔2019〕702号

续表

序号	标　　题	文　　号
204	关于平安证券“平安证券海诺1号第1X期供应链金融资产支持专项计划”符合深交所挂牌条件的无异议函	深证函〔2019〕705号
205	关于汇添富资本“东方汇添富高新投深圳大型民企暨中小微企业供应链金融124期资产支持专项计划”符合深交所挂牌条件的无异议函	深证函〔2019〕708号
206	关于平安证券“平安商银供应链金融150号资产支持专项计划”符合深交所挂牌条件的无异议函	深证函〔2019〕709号
207	关于华金证券“华金建投弘基保理供应链18号资产支持专项计划”符合深交所挂牌条件的无异议函	深证函〔2019〕710号
208	关于华泰资管“东久中国科技园区1期漕河泾科技绿洲资产支持专项计划”符合深交所挂牌条件的无异议函	深证函〔2019〕716号
209	关于元达信资管“元达信资本正商供应链金融110号资产支持专项计划”符合深交所挂牌条件的无异议函	深证函〔2019〕717号
210	关于中山证券“中山证券奥创资产支持专项计划”符合深交所挂牌条件的无异议函	深证函〔2019〕718号
211	关于民生加银资管“民生加银麓谷实业创新创业集聚区信托受益权资产支持专项计划”符合深交所挂牌条件的无异议函	深证函〔2019〕741号
212	关于前海开源“中联前海开源碧桂园安和泰医院资产支持专项计划”符合深交所挂牌条件的无异议函	深证函〔2019〕743号
213	关于元达信资本“元达信云南世博花园酒店资产支持专项计划”符合深交所挂牌条件的无异议函	深证函〔2019〕750号
214	关于长城嘉信“长城嘉信弘阳澜海保理110号资产支持专项计划”符合深交所挂牌条件的无异议函	深证函〔2019〕751号
215	关于南方资本“南方资本一方永熙2022期供应链金融资产支持专项计划”符合深交所挂牌条件的无异议函	深证函〔2019〕753号
216	关于华泰资管“海通华泰国投（宁夏）小贷资产支持专项计划”符合深交所挂牌条件的无异议函	深证函〔2019〕754号
217	关于华泰资管“华泰四川高速隆纳高速公路资产支持专项计划”符合深交所挂牌条件的无异议函	深证函〔2019〕759号
218	关于中信证券“中信证券链融科技供应链金融4号第13期资产支持专项计划”符合深交所挂牌条件的无异议函	深证函〔2019〕761号
219	关于平安证券“平安证券一方瑞新供应链金融系列资产支持专项计划”符合深交所挂牌条件的无异议函	深证函〔2019〕762号
220	关于上海证券“浙商中拓第一期应收账款资产支持专项计划”符合深交所挂牌条件的无异议函	深证函〔2019〕764号
221	关于首创证券“首创长春供热振兴东北1号供热收费收益权资产支持专项计划”符合深交所挂牌条件的无异议函	深证函〔2019〕766号

续表

序号	标　　题	文　　号
222	关于招商资管"万科招商创融购房尾款资产支持专项计划第十三期"符合深交所挂牌条件的无异议函	深证函〔2019〕767 号
223	关于中信证券"中信证券滨江集团供应链资产支持专项计划 110 期"符合深交所挂牌条件的无异议函	深证函〔2019〕769 号
224	关于国金证券"国金徐工矿机供应链 120 期资产支持专项计划"符合深交所挂牌条件的无异议函	深证函〔2019〕771 号
225	关于招商资管"招商资管昆明建投建设应收账款资产支持专项计划"符合深交所挂牌条件的无异议函	深证函〔2019〕772 号
226	关于南方资本"南方资本链融科技 35 期供应链金融资产支持专项计划"符合深交所挂牌条件的无异议函	深证函〔2019〕773 号
227	关于华能信托"华能信托世茂酒店物业权益型房托资产支持专项计划"符合深交所挂牌条件的无异议函	深证函〔2019〕775 号
228	关于平安证券"平安证券高新投深圳大型民企暨中小微企业供应链金融 124 期资产支持专项计划"符合深交所挂牌条件的无异议函	深证函〔2019〕782 号
229	关于南方资本"南方资本一方永熙 2224 期供应链金融资产支持专项计划"符合深交所挂牌条件的无异议函	深证函〔2019〕783 号
230	关于天风证券"天风小淀保障房资产支持专项计划"符合深交所挂牌条件的无异议函	深证函〔2019〕788 号
231	关于中信建投"中信建投京基瑞吉酒店资产支持专项计划"符合深交所挂牌条件的无异议函	深证函〔2019〕791 号
232	关于前海开源"中联前海开源中交路建清西大桥资产支持专项计划"符合深交所挂牌条件的无异议函	深证函〔2019〕794 号
233	关于华福证券"华福汇鑫小额贷款资产支持专项计划"符合深交所挂牌条件的无异议函	深证函〔2019〕796 号
234	关于金元百利"金元百利高港龙湖美景二期保障房信托受益权资产支持专项计划"符合深交所挂牌条件的无异议函	深证函〔2019〕797 号
235	关于招商资管"招商创融一方合信 1X 期供应链金融资产支持专项计划"符合深交所挂牌条件的无异议函	深证函〔2019〕800 号
236	关于山西证券"山证汇通中原银行牟中投资保障房资产支持专项计划"符合深交所挂牌条件的无异议函	深证函〔2019〕801 号
237	关于民生证券"民生证券北控清洁能源中企云链供应链金融 1X 期资产支持专项计划"符合深交所挂牌条件的无异议函	深证函〔2019〕802 号
资产支持专项计划提供转让服务通知		
序号	标　　题	文　　号
1	关于"德邦国药朴信保理第 1 号资产支持专项计划"挂牌转让的通知	深证会〔2019〕1 号
2	关于"长城龙光联合保理 6 号资产支持专项计划"挂牌转让的通知	深证会〔2019〕2 号

续表

序号	标　　题	文　　号
3	关于"三特索道集团索道乘坐凭证资产支持专项计划"挂牌转让的通知	深证会〔2019〕4号
4	关于"中信证券信捷联易融供应链资产支持专项计划6期"挂牌转让的通知	深证会〔2019〕5号
5	关于"方正证券一方集顺7期供应链金融资产支持专项计划"挂牌转让的通知	深证会〔2019〕6号
6	关于"万科方正证券购房尾款资产支持专项计划第七期"挂牌转让的通知	深证会〔2019〕7号
7	关于"华夏资本一方恒融绿城供应链金融7期资产支持专项计划"挂牌转让的通知	深证会〔2019〕8号
8	关于"长城融隽2号资产支持专项计划"挂牌转让的通知	深证会〔2019〕9号
9	关于"深创投中金苏宁云创资产支持专项计划"挂牌转让的通知	深证会〔2019〕10号
10	关于"煦日2018年第一期资产支持专项计划"挂牌转让的通知	深证会〔2019〕11号
11	关于"平安逸锟供应链金融4号资产支持专项计划"挂牌转让的通知	深证会〔2019〕12号
12	关于"京东金融华泰资管【22】号京东白条应收账款债权资产支持专项计划"挂牌转让的通知	深证会〔2019〕13号
13	关于"中金中交地产联易融供应链金融1期资产支持专项计划"挂牌转让的通知	深证会〔2019〕19号
14	关于"京东金融华泰资管【23】号京东白条应收账款债权资产支持专项计划"挂牌转让的通知	深证会〔2019〕22号
15	关于"中信证券链融科技供应链金融1号第2期资产支持专项计划"挂牌转让的通知	深证会〔2019〕25号
16	关于"中和农信公益小额贷款6号资产支持专项计划"挂牌转让的通知	深证会〔2019〕27号
17	关于"中信证券京东金融荟享2号信托受益权资产支持专项计划"挂牌转让的通知	深证会〔2019〕28号
18	关于"中信证券兴业建投联易融供应链资产支持专项计划4期"挂牌转让的通知	深证会〔2019〕29号
19	关于"平安SAS共赢链1号资产支持专项计划"挂牌转让的通知	深证会〔2019〕30号
20	关于"招商创融广田集团2018年第一期应收账款资产支持专项计划"挂牌转让的通知	深证会〔2019〕31号
21	关于"平安逸锟供应链金融5号资产支持专项计划"挂牌转让的通知	深证会〔2019〕32号
22	关于"平安证券一方保理万科供应链金融30号资产支持专项计划"挂牌转让的通知	深证会〔2019〕33号
23	关于"平安证券一方保理万科供应链金融33号资产支持专项计划"挂牌转让的通知	深证会〔2019〕34号
24	关于"融元方正证券一方恒融碧桂园41期保理资产支持专项计划"挂牌转让的通知	深证会〔2019〕35号

续表

序号	标　题	文　号
25	关于“华夏资本—方恒融绿城供应链金融 8 期资产支持专项计划”挂牌转让的通知	深证会〔2019〕36 号
26	关于“德邦国药朴信保理第 2 号资产支持专项计划”挂牌转让的通知	深证会〔2019〕37 号
27	关于“平安证券—方保理万科供应链金融 32 号资产支持专项计划”挂牌转让的通知	深证会〔2019〕38 号
28	关于“中信证券信捷联易融供应链资产支持专项计划 7 期”挂牌转让的通知	深证会〔2019〕42 号
29	关于“润银华西通商小贷一期(扶贫)资产支持专项计划”挂牌转让的通知	深证会〔2019〕43 号
30	关于“融元方正证券—方恒融碧桂园 42 期保理资产支持专项计划”挂牌转让的通知	深证会〔2019〕44 号
31	关于“国融祥达租赁资产支持专项计划”挂牌转让的通知	深证会〔2019〕46 号
32	关于“平安证券—方保理万科供应链金融 34 号资产支持专项计划”挂牌转让的通知	深证会〔2019〕47 号
33	关于“平安证券—方保理万科供应链金融 35 号资产支持专项计划”挂牌转让的通知	深证会〔2019〕48 号
34	关于“华泰佳越顺丰产业园一期第 1 号资产支持专项计划”挂牌转让的通知	深证会〔2019〕49 号
35	关于“狮桥十四期(中信证券)资产支持专项计划”挂牌转让的通知	深证会〔2019〕50 号
36	关于“中信证券链融科技供应链金融 1 号第 3 期资产支持专项计划”挂牌转让的通知	深证会〔2019〕51 号
37	关于“平安证券—方保理万科供应链金融 36 号资产支持专项计划”挂牌转让的通知	深证会〔2019〕52 号
38	关于“华泰资管乾汇租赁一期资产支持专项计划”挂牌转让的通知	深证会〔2019〕53 号
39	关于“长江楚越联易融供应链 9 期资产支持专项计划”挂牌转让的通知	深证会〔2019〕54 号
40	关于“平安证券尚融保理首开股份供应链金融【3】号资产支持专项计划”挂牌转让的通知	深证会〔2019〕55 号
41	关于“中信证券链融科技供应链金融 1 号第 4 期资产支持专项计划”挂牌转让的通知	深证会〔2019〕56 号
42	关于“平安证券—方融惠供应链金融 1 号资产支持专项计划”挂牌转让的通知	深证会〔2019〕57 号
43	关于“招商资管安路通卓越供应链第一期(2 号)资产支持专项计划”挂牌转让的通知	深证会〔2019〕58 号
44	关于“平安逸锟供应链金融 6 号资产支持专项计划”挂牌转让的通知	深证会〔2019〕59 号
45	关于“长城世茂尚隽保理 5 号资产支持专项计划”挂牌转让的通知	深证会〔2019〕60 号
46	关于“长城龙光联合保理 7 号资产支持专项计划”挂牌转让的通知	深证会〔2019〕62 号
47	关于“融元方正证券—方恒融碧桂园 43 期保理资产支持专项计划”挂牌转让的通知	深证会〔2019〕63 号

续表

序号	标　　题	文　　号
48	关于“招商固收红星联易融供应链资产支持专项计划3期”挂牌转让的通知	深证会〔2019〕64号
49	关于“融元方正证券一方恒融碧桂园45期保理资产支持专项计划”挂牌转让的通知	深证会〔2019〕65号
50	关于“平安证券一方保理万科供应链金融37号资产支持专项计划”挂牌转让的通知	深证会〔2019〕66号
51	关于“融元方正证券一方恒融碧桂园44期保理资产支持专项计划”挂牌转让的通知	深证会〔2019〕67号
52	关于“长江楚越宝湾物流第1期资产支持专项计划”挂牌转让的通知	深证会〔2019〕68号
53	关于“古井华龙安信小贷二期资产支持专项计划”挂牌转让的通知	深证会〔2019〕69号
54	关于“中金印力印象1号资产支持专项计划”挂牌转让的通知	深证会〔2019〕70号
55	关于“中冶天工应收账款资产支持专项计划”挂牌转让的通知	深证会〔2019〕71号
56	关于“中金中交地产联易融供应链金融2期资产支持专项计划”挂牌转让的通知	深证会〔2019〕72号
57	关于“华夏资本一方恒融绿城供应链金融9期资产支持专项计划”挂牌转让的通知	深证会〔2019〕73号
58	关于“招商资管前海一方恒融第二期(7号)资产支持专项计划”挂牌转让的通知	深证会〔2019〕74号
59	关于“中信证券链融科技供应链金融1号第5期资产支持专项计划”挂牌转让的通知	深证会〔2019〕75号
60	关于“方正证券一方集顺8期供应链金融资产支持专项计划”挂牌转让的通知	深证会〔2019〕76号
61	关于“平安逸锟供应链金融7号资产支持专项计划”挂牌转让的通知	深证会〔2019〕77号
62	关于“平安证券一方保理万科供应链金融38号资产支持专项计划”挂牌转让的通知	深证会〔2019〕78号
63	关于“平安逸锟供应链金融8号资产支持专项计划”挂牌转让的通知	深证会〔2019〕80号
64	关于“中金中铁置业联易融供应链金融2期资产支持专项计划”挂牌转让的通知	深证会〔2019〕81号
65	关于“中信证券信捷联易融供应链资产支持专项计划8期”挂牌转让的通知	深证会〔2019〕82号
66	关于“天风禹洲地产供应链金融1期资产支持专项计划”挂牌转让的通知	深证会〔2019〕84号
67	关于“融元方正证券一方恒融碧桂园46期保理资产支持专项计划”挂牌转让的通知	深证会〔2019〕85号
68	关于“长城旭辉联合保理2号资产支持专项计划”挂牌转让的通知	深证会〔2019〕86号
69	关于“中和农信公益小额贷款7号资产支持专项计划”挂牌转让的通知	深证会〔2019〕87号
70	关于“华夏资本一方恒融绿城供应链金融10期资产支持专项计划”挂牌转让的通知	深证会〔2019〕88号

续表

序号	标　　题	文　　号
71	关于“中和农信公益小额贷款 8 号资产支持专项计划”挂牌转让的通知	深证会〔2019〕89 号
72	关于“平安证券一方保理万科供应链金融 39 号资产支持专项计划”挂牌转让的通知	深证会〔2019〕90 号
73	关于“中信证券链融科技供应链金融 1 号第 6 期资产支持专项计划”挂牌转让的通知	深证会〔2019〕91 号
74	关于“中信证券链融科技供应链金融 2 号第 2 期资产支持专项计划”挂牌转让的通知	深证会〔2019〕92 号
75	关于“长江楚越联易融供应链 10 期资产支持专项计划”挂牌转让的通知	深证会〔2019〕93 号
76	关于“凯京物流租赁一期资产支持专项计划”挂牌转让的通知	深证会〔2019〕94 号
77	关于“中信建投鼎程保理供应链金融 1 号资产支持专项计划”挂牌转让的通知	深证会〔2019〕95 号
78	关于“中信建投远洋地产长租公寓 1 号第一期资产支持专项计划”挂牌转让的通知	深证会〔2019〕96 号
79	关于“平安证券一方恒融合景泰富供应链金融 2 号资产支持专项计划”挂牌转让的通知	深证会〔2019〕97 号
80	关于“方正证券一方集顺 9 期供应链金融资产支持专项计划”挂牌转让的通知	深证会〔2019〕98 号
81	关于“华福联易融供应链 2 号资产支持专项计划”挂牌转让的通知	深证会〔2019〕99 号
82	关于“平安证券一方恒融绿金供应链金融 2 号资产支持专项计划”挂牌转让的通知	深证会〔2019〕100 号
83	关于“平安汇通利园酒店资产支持专项计划”挂牌转让的通知	深证会〔2019〕102 号
84	关于“中信证券链融科技供应链金融 2 号第 1 期资产支持专项计划”挂牌转让的通知	深证会〔2019〕103 号
85	关于“长城龙光联合保理 8 号资产支持专项计划”挂牌转让的通知	深证会〔2019〕105 号
86	关于“平安证券一方恒融绿金供应链金融 3 号资产支持专项计划”挂牌转让的通知	深证会〔2019〕106 号
87	关于“长城世茂尚隽保理 6 号资产支持专项计划”挂牌转让的通知	深证会〔2019〕108 号
88	关于“中信证券兴业建投联易融供应链资产支持专项计划 5 期”挂牌转让的通知	深证会〔2019〕114 号
89	关于“招商资管前海一方恒融第二期(8 号)资产支持专项计划”挂牌转让的通知	深证会〔2019〕115 号
90	关于“方正证券一方集顺 10 期供应链金融资产支持专项计划”挂牌转让的通知	深证会〔2019〕116 号
91	关于“建信资本云智 2018 资产支持专项计划”挂牌转让的通知	深证会〔2019〕117 号
92	关于“狮桥十五期(天风)资产支持专项计划”挂牌转让的通知	深证会〔2019〕118 号

续表

序号	标　题	文　号
93	关于“2019 远东三期资产支持专项计划”挂牌转让的通知	深证会〔2019〕119 号
94	关于“华泰资管苏宁供应链 1 号资产支持专项计划”挂牌转让的通知	深证会〔2019〕120 号
95	关于“中信证券链融科技供应链金融 2 号第 3 期资产支持专项计划”挂牌转让的通知	深证会〔2019〕122 号
96	关于“海南省人才租赁住房第一期资产支持专项计划”挂牌转让的通知	深证会〔2019〕123 号
97	关于“中信金石深圳龙岗万科广场资产支持专项计划”挂牌转让的通知	深证会〔2019〕125 号
98	关于“长城旭辉联合保理 3 号资产支持专项计划”挂牌转让的通知	深证会〔2019〕126 号
99	关于“平安证券中铁建保理 1 号小微企业供应链资产支持专项计划”挂牌转让的通知	深证会〔2019〕128 号
100	关于“平安云南能投供应链金融 1 号资产支持专项计划”挂牌转让的通知	深证会〔2019〕129 号
101	关于“中信证券信捷联易融供应链资产支持专项计划 9 期”挂牌转让的通知	深证会〔2019〕130 号
102	关于“第一创业文科租赁一期资产支持专项计划”挂牌转让的通知	深证会〔2019〕131 号
103	关于“中信证券信捷联易融供应链资产支持专项计划 10 期”挂牌转让的通知	深证会〔2019〕133 号
104	关于“中信证券链融科技供应链金融 2 号第 4 期资产支持专项计划”挂牌转让的通知	深证会〔2019〕134 号
105	关于“平安汇通顺丰小贷第二期资产支持专项计划”挂牌转让的通知	深证会〔2019〕137 号
106	关于“华金诚融桐乡水务资产支持专项计划”挂牌转让的通知	深证会〔2019〕139 号
107	关于“广发资管招商证券融出资金债权第 2 期资产支持专项计划”挂牌转让的通知	深证会〔2019〕140 号
108	关于“融元方正证券一方恒融碧桂园 47 期保理资产支持专项计划”挂牌转让的通知	深证会〔2019〕141 号
109	关于“华福联易融供应链 3 号资产支持专项计划”挂牌转让的通知	深证会〔2019〕143 号
110	关于“长城龙光联合保理 9 号资产支持专项计划”挂牌转让的通知	深证会〔2019〕144 号
111	关于“京东数科中信证券 7 号京东白条应收账款债权资产支持专项计划”挂牌转让的通知	深证会〔2019〕146 号
112	关于“京东数科中信证券 8 号京东白条应收账款债权资产支持专项计划”挂牌转让的通知	深证会〔2019〕147 号
113	关于“长城证券鹏星船务信托受益权资产支持专项计划”挂牌转让的通知	深证会〔2019〕148 号
114	关于“广发恒进广州地铁集团地铁客运收费收益权 2019 年第一期绿色资产支持专项计划”挂牌转让的通知	深证会〔2019〕151 号
115	关于“天风悦达保理翼支付第 1 期资产支持专项计划”挂牌转让的通知	深证会〔2019〕153 号
116	关于“煦日 2019 年第二期资产支持专项计划”挂牌转让的通知	深证会〔2019〕156 号
117	关于“融元方正证券一方恒融碧桂园 48 期保理资产支持专项计划”挂牌转让的通知	深证会〔2019〕157 号

续表

序号	标　　题	文　　号
118	关于"申港滨丽小城镇保障房信托受益权资产支持专项计划"挂牌转让的通知	深证会〔2019〕158 号
119	关于"南方资本一方永熙 1 期供应链金融资产支持专项计划"挂牌转让的通知	深证会〔2019〕159 号
120	关于"广发资管招商证券融出资金债权第 3 期资产支持专项计划"挂牌转让的通知	深证会〔2019〕160 号
121	关于"中和农信公益小额贷款 9 号资产支持专项计划"挂牌转让的通知	深证会〔2019〕161 号
122	关于"平安证券一方融惠供应链金融 2 号资产支持专项计划"挂牌转让的通知	深证会〔2019〕162 号
123	关于"中信建投北京一方天著 1 期供应链金融资产支持专项计划"挂牌转让的通知	深证会〔2019〕163 号
124	关于"平安汇通星河丽思卡尔顿酒店资产支持专项计划"挂牌转让的通知	深证会〔2019〕164 号
125	关于"中国中投证券江南银行贸易金融 1 号资产支持专项计划"挂牌转让的通知	深证会〔2019〕165 号
126	关于"华夏资本一方恒融绿城供应链金融 11 期资产支持专项计划"挂牌转让的通知	深证会〔2019〕166 号
127	关于"华金证券链融科技雅居乐供应链 1 号资产支持专项计划"挂牌转让的通知	深证会〔2019〕167 号
128	关于"长江楚越联易融供应链 11 期资产支持专项计划"挂牌转让的通知	深证会〔2019〕168 号
129	关于"中金中交地产联易融供应链金融 3 期资产支持专项计划"挂牌转让的通知	深证会〔2019〕169 号
130	关于"南方资本一方永熙 2 期供应链金融资产支持专项计划"挂牌转让的通知	深证会〔2019〕170 号
131	关于"江海启东安置房信托受益权资产支持专项计划"挂牌转让的通知	深证会〔2019〕171 号
132	关于"中信建投深能环保绿色发电上网收费收益权资产支持专项计划"挂牌转让的通知	深证会〔2019〕172 号
133	关于"华泰资管苏宁供应链 2 号资产支持专项计划"挂牌转让的通知	深证会〔2019〕173 号
134	关于"中山佳兆业购房尾款第一期资产支持专项计划"挂牌转让的通知	深证会〔2019〕175 号
135	关于"中信证券信捷联易融供应链资产支持专项计划 11 期"挂牌转让的通知	深证会〔2019〕176 号
136	关于"中信证券兴业建投联易融供应链资产支持专项计划 6 期"挂牌转让的通知	深证会〔2019〕177 号
137	关于"首创华通热力居民供暖收费收益权资产支持专项计划"挂牌转让的通知	深证会〔2019〕179 号
138	关于"中信证券京东数科荟享 3 号第 1 期信托受益权资产支持专项计划"挂牌转让的通知	深证会〔2019〕181 号

续表

序号	标　　题	文　　号
139	关于“融元方正证券—方恒融碧桂园 49 期保理资产支持专项计划”挂牌转让的通知	深证会〔2019〕182 号
140	关于“华泰佳越阳光控股大厦资产支持专项计划”挂牌转让的通知	深证会〔2019〕183 号
141	关于“华泰资管晟融 1 期资产支持专项计划”挂牌转让的通知	深证会〔2019〕184 号
142	关于“京东数科华泰资管 24 号京东白条应收账款债权资产支持专项计划”挂牌转让的通知	深证会〔2019〕185 号
143	关于“南方资本—方永熙 3 期供应链金融资产支持专项计划”挂牌转让的通知	深证会〔2019〕186 号
144	关于“长城融隽 3 号资产支持专项计划”挂牌转让的通知	深证会〔2019〕187 号
145	关于“狮桥中信证券增益系列 1 期资产支持专项计划”挂牌转让的通知	深证会〔2019〕188 号
146	关于“申万宏源电建地产购房尾款资产支持专项计划”挂牌转让的通知	深证会〔2019〕190 号
147	关于“中信建投北京—方天著 2 期供应链金融资产支持专项计划”挂牌转让的通知	深证会〔2019〕191 号
148	关于“光证资管光控安石商业地产第 1 期静安大融城资产支持专项计划”挂牌转让的通知	深证会〔2019〕192 号
149	关于“中信证券兴业建投联易融供应链资产支持专项计划 7 期”挂牌转让的通知	深证会〔2019〕194 号
150	关于“融元方正证券—方恒融碧桂园 50 期保理资产支持专项计划”挂牌转让的通知	深证会〔2019〕195 号
151	关于“国信证券链融科技供应链金融 2 号第 1 期资产支持专项计划”挂牌转让的通知	深证会〔2019〕196 号
152	关于“南京北园置业保障房资产支持专项计划”挂牌转让的通知	深证会〔2019〕199 号
153	关于“天琦 2019 年第一期资产支持专项计划”挂牌转让的通知	深证会〔2019〕200 号
154	关于“华金瑞驰联易融华发供应链 1 号资产支持专项计划”挂牌转让的通知	深证会〔2019〕201 号
155	关于“长江楚越联易融供应链 12 期资产支持专项计划”挂牌转让的通知	深证会〔2019〕202 号
156	关于“华金证券链融科技雅居乐供应链 2 号资产支持专项计划”挂牌转让的通知	深证会〔2019〕203 号
157	关于“平安逸锟供应链金融 10 号资产支持专项计划”挂牌转让的通知	深证会〔2019〕204 号
158	关于“平安证券—方融惠供应链金融 3 号资产支持专项计划”挂牌转让的通知	深证会〔2019〕205 号
159	关于“中信证券信捷联易融供应链资产支持专项计划 12 期”挂牌转让的通知	深证会〔2019〕206 号
160	关于“华夏资本—方恒融绿城供应链金融 12 期资产支持专项计划”挂牌转让的通知	深证会〔2019〕207 号
161	关于“平安逸锟供应链金融 11 号资产支持专项计划”挂牌转让的通知	深证会〔2019〕208 号

续表

序号	标　　题	文　　号
162	关于“融元方正证券—方恒融碧桂园51期保理资产支持专项计划”挂牌转让的通知	深证会〔2019〕210号
163	关于“融元方正证券—方恒融碧桂园52期保理资产支持专项计划”挂牌转让的通知	深证会〔2019〕211号
164	关于“天风禹洲地产供应链金融2期资产支持专项计划”挂牌转让的通知	深证会〔2019〕212号
165	关于“南方资本—方永熙4期供应链金融资产支持专项计划”挂牌转让的通知	深证会〔2019〕213号
166	关于“平安证券—方恒融合景泰富供应链金融3号资产支持专项计划”挂牌转让的通知	深证会〔2019〕214号
167	关于“中山证券阳光城汇欣融供应链金融1号资产支持专项计划”挂牌转让的通知	深证会〔2019〕215号
168	关于“天风证券包钢股份供应链金融1期资产支持专项计划”挂牌转让的通知	深证会〔2019〕217号
169	关于“中金中铁置业联易融供应链金融3期资产支持专项计划”挂牌转让的通知	深证会〔2019〕218号
170	关于“平安证券尚融保理首开股份供应链金融【4】号资产支持专项计划”挂牌转让的通知	深证会〔2019〕219号
171	关于“长城世茂尚隽保理7号资产支持专项计划”挂牌转让的通知	深证会〔2019〕220号
172	关于“平安证券中铁建保理2号小微企业供应链资产支持专项计划”挂牌转让的通知	深证会〔2019〕221号
173	关于“平安证券—方恒融绿金供应链金融4号资产支持专项计划”挂牌转让的通知	深证会〔2019〕222号
174	关于“招商创融慧链通保理第1期资产支持专项计划”挂牌转让的通知	深证会〔2019〕224号
175	关于“京东数科中信证券16号京东白条应收账款债权资产支持专项计划”挂牌转让的通知	深证会〔2019〕225号
176	关于“招商创融仁恒海河广场资产支持专项计划”挂牌转让的通知	深证会〔2019〕226号
177	关于“鑫沅资产西双版纳傣文化风情园资产支持专项计划”挂牌转让的通知	深证会〔2019〕227号
178	关于“南方资本—方永熙6期供应链金融资产支持专项计划”挂牌转让的通知	深证会〔2019〕228号
179	关于“融元方正证券—方恒融碧桂园53期保理资产支持专项计划”挂牌转让的通知	深证会〔2019〕229号
180	关于“中信建投北京—方天著3期供应链金融资产支持专项计划”挂牌转让的通知	深证会〔2019〕230号
181	关于“南方资本—方永熙5期供应链金融资产支持专项计划”挂牌转让的通知	深证会〔2019〕231号
182	关于“中金金易联易融1期资产支持专项计划”挂牌转让的通知	深证会〔2019〕232号

续表

序号	标　　题	文　　号
183	关于“华金证券链融科技雅居乐供应链3号资产支持专项计划”挂牌转让的通知	深证会〔2019〕233号
184	关于“长城海通镇海安置房信托受益权资产支持专项计划”挂牌转让的通知	深证会〔2019〕234号
185	关于“中信证券链融科技供应链金融2号第5期资产支持专项计划”挂牌转让的通知	深证会〔2019〕235号
186	关于“华福联易融供应链4号资产支持专项计划”挂牌转让的通知	深证会〔2019〕236号
187	关于“中信证券京东数科荟享3号第2期信托受益权资产支持专项计划”挂牌转让的通知	深证会〔2019〕237号
188	关于“华泰资管苏宁供应链3号资产支持专项计划”挂牌转让的通知	深证会〔2019〕238号
189	关于“平安奥发供应链金融1号资产支持专项计划”挂牌转让的通知	深证会〔2019〕239号
190	关于“京东数科中信证券9号京东白条应收账款债权资产支持专项计划”挂牌转让的通知	深证会〔2019〕240号
191	关于“长江楚越联易融供应链13期资产支持专项计划”挂牌转让的通知	深证会〔2019〕241号
192	关于“中山联荣供应链金融1号资产支持专项计划”挂牌转让的通知	深证会〔2019〕242号
193	关于“中信证券链融科技供应链金融2号第6期资产支持专项计划”挂牌转让的通知	深证会〔2019〕247号
194	关于“狮桥十七期(天风)资产支持专项计划”挂牌转让的通知	深证会〔2019〕248号
195	关于“中信建投前海兴邦供应链金融1号资产支持专项计划”挂牌转让的通知	深证会〔2019〕249号
196	关于“2019平安租赁三期资产支持专项计划”挂牌转让的通知	深证会〔2019〕250号
197	关于“华夏资本一方恒融绿城供应链金融13期资产支持专项计划”挂牌转让的通知	深证会〔2019〕251号
198	关于“国金徐工租赁四期资产支持专项计划”挂牌转让的通知	深证会〔2019〕252号
199	关于“长城世茂尚隽保理8号资产支持专项计划”挂牌转让的通知	深证会〔2019〕253号
200	关于“中金中交地产联易融供应链金融4期资产支持专项计划”挂牌转让的通知	深证会〔2019〕254号
201	关于“长城龙光联合保理10号资产支持专项计划”挂牌转让的通知	深证会〔2019〕255号
202	关于“平安奥发供应链金融2号资产支持专项计划”挂牌转让的通知	深证会〔2019〕256号
203	关于“国信证券链融科技供应链金融2号第2期资产支持专项计划”挂牌转让的通知	深证会〔2019〕257号
204	关于“中信证券花呗第7期授信付款资产支持专项计划”挂牌转让的通知	深证会〔2019〕258号
205	关于“平安证券一方融惠供应链金融4号资产支持专项计划”挂牌转让的通知	深证会〔2019〕259号
206	关于“信达信和2019年第一期1号资产支持专项计划”挂牌转让的通知	深证会〔2019〕260号

续表

序号	标　　题	文　　号
207	关于"南方资本一方永熙 7 期供应链金融资产支持专项计划"挂牌转让的通知	深证会〔2019〕261 号
208	关于"南方资本一方永熙 8 期供应链金融资产支持专项计划"挂牌转让的通知	深证会〔2019〕262 号
209	关于"中信证券信捷联易融供应链资产支持专项计划 13 期"挂牌转让的通知	深证会〔2019〕264 号
210	关于"中信证券兴业建投联易融供应链资产支持专项计划 9 期"挂牌转让的通知	深证会〔2019〕265 号
211	关于"南方资本一方永熙 9 期供应链金融资产支持专项计划"挂牌转让的通知	深证会〔2019〕271 号
212	关于"融元方正证券一方恒融碧桂园 54 期保理资产支持专项计划"挂牌转让的通知	深证会〔2019〕272 号
213	关于"中信证券链融科技供应链金融 2 号第 7 期资产支持专项计划"挂牌转让的通知	深证会〔2019〕273 号
214	关于"平安证券一方瑞新供应链金融 1 号资产支持专项计划"挂牌转让的通知	深证会〔2019〕274 号
215	关于"平安租赁 1 号汽车融资租赁资产支持专项计划"挂牌转让的通知	深证会〔2019〕275 号
216	关于"渤海汇金纳什空间资产支持专项计划"挂牌转让的通知	深证会〔2019〕276 号
217	关于"中信建投北京一方天著 4 期供应链金融资产支持专项计划"挂牌转让的通知	深证会〔2019〕278 号
218	关于"平安中山时融供应链金融 1 号资产支持专项计划"挂牌转让的通知	深证会〔2019〕279 号
219	关于"华金证券链融科技雅居乐供应链 4 号资产支持专项计划"挂牌转让的通知	深证会〔2019〕280 号
220	关于"中信证券兴业建投联易融供应链资产支持专项计划 8 期"挂牌转让的通知	深证会〔2019〕281 号
221	关于"京东数科中信证券 17 号京东白条应收账款债权资产支持专项计划"挂牌转让的通知	深证会〔2019〕282 号
222	关于"中金中铁置业联易融供应链金融 4 期资产支持专项计划"挂牌转让的通知	深证会〔2019〕283 号
223	关于"华泰佳兆业联易融供应链金融 1 号资产支持专项计划"挂牌转让的通知	深证会〔2019〕284 号
224	关于"华西证券合景泰富商业物业第一期资产支持专项计划"挂牌转让的通知	深证会〔2019〕285 号
225	关于"中山证券建银保理供应链金融 1 号资产支持专项计划"挂牌转让的通知	深证会〔2019〕286 号
226	关于"平安奥发供应链金融 3 号资产支持专项计划"挂牌转让的通知	深证会〔2019〕289 号

续表

序号	标　　题	文　　号
227	关于“南方资本—方永泰1期供应链金融资产支持专项计划”挂牌转让的通知	深证会〔2019〕290号
228	关于“中信证券链融科技供应链金融2号第8期资产支持专项计划”挂牌转让的通知	深证会〔2019〕291号
229	关于“南方资本—方永泰2期供应链金融资产支持专项计划”挂牌转让的通知	深证会〔2019〕292号
230	关于“招商创融慧链通保理第2期资产支持专项计划”挂牌转让的通知	深证会〔2019〕293号
231	关于“平安证券—方融惠供应链金融5号资产支持专项计划”挂牌转让的通知	深证会〔2019〕294号
232	关于“万科平安证券购房尾款资产支持专项计划第八期”挂牌转让的通知	深证会〔2019〕295号
233	关于“平安云南能投供应链金融2号资产支持专项计划”挂牌转让的通知	深证会〔2019〕296号
234	关于“中信证券信捷联易融2号供应链资产支持专项计划1期”挂牌转让的通知	深证会〔2019〕297号
235	关于“招商创融慧链通保理第3期资产支持专项计划”挂牌转让的通知	深证会〔2019〕299号
236	关于“南方资本—方永泰3期供应链金融资产支持专项计划”挂牌转让的通知	深证会〔2019〕300号
237	关于“中关村科技租赁第4期资产支持专项计划”挂牌转让的通知	深证会〔2019〕301号
238	关于“融元方正证券—方恒融碧桂园55期保理资产支持专项计划”挂牌转让的通知	深证会〔2019〕302号
239	关于“平安证券—方瑞新供应链金融2号资产支持专项计划”挂牌转让的通知	深证会〔2019〕305号
240	关于“平安证券—方瑞新供应链金融3号资产支持专项计划”挂牌转让的通知	深证会〔2019〕306号
241	关于“京东数科中信证券18号京东白条应收账款债权资产支持专项计划”挂牌转让的通知	深证会〔2019〕308号
242	关于“华福联易融供应链5号资产支持专项计划”挂牌转让的通知	深证会〔2019〕309号
243	关于“中信建投北京—方天著5期供应链金融资产支持专项计划”挂牌转让的通知	深证会〔2019〕310号
244	关于“融元方正证券—方恒融碧桂园56期保理资产支持专项计划”挂牌转让的通知	深证会〔2019〕311号
245	关于“国信证券链融科技供应链金融2号第3期资产支持专项计划”挂牌转让的通知	深证会〔2019〕312号
246	关于“招商创融招商蛇口供应链1期资产支持专项计划”挂牌转让的通知	深证会〔2019〕313号
247	关于“国信证券链融科技供应链金融2号第4期资产支持专项计划”挂牌转让的通知	深证会〔2019〕314号

续表

序号	标　　题	文　　号
248	关于“中信证券链融科技供应链金融2号第9期资产支持专项计划”挂牌转让的通知	深证会〔2019〕315号
249	关于“平安证券尚融保理首开股份供应链金融【5】号资产支持专项计划”挂牌转让的通知	深证会〔2019〕316号
250	关于“南方资本一方永泰4期供应链金融资产支持专项计划”挂牌转让的通知	深证会〔2019〕317号
251	关于“南方资本一方永熙10期供应链金融资产支持专项计划”挂牌转让的通知	深证会〔2019〕318号
252	关于“平安证券一方融惠供应链金融6号资产支持专项计划”挂牌转让的通知	深证会〔2019〕319号
253	关于“平安不动产招创京基集团酒店资产支持专项计划”挂牌转让的通知	深证会〔2019〕320号
254	关于“平安租赁2号汽车融资租赁资产支持专项计划”挂牌转让的通知	深证会〔2019〕321号
255	关于“中山证券佳兆业城中佳画住房租赁1期资产支持专项计划”挂牌转让的通知	深证会〔2019〕323号
256	关于“华夏资本一方恒融绿城供应链金融14期资产支持专项计划”挂牌转让的通知	深证会〔2019〕324号
257	关于“南方资本一方永熙11期供应链金融资产支持专项计划”挂牌转让的通知	深证会〔2019〕325号
258	关于“华泰资管苏宁供应链4号资产支持专项计划”挂牌转让的通知	深证会〔2019〕326号
259	关于“狮桥中信证券增益系列2期资产支持专项计划”挂牌转让的通知	深证会〔2019〕327号
260	关于“平安奥发供应链金融4号资产支持专项计划”挂牌转让的通知	深证会〔2019〕328号
261	关于“中金中交地产联易融供应链金融5期资产支持专项计划”挂牌转让的通知	深证会〔2019〕329号
262	关于“光证资管光控安石商业地产第2期观音桥大融城资产支持专项计划”挂牌转让的通知	深证会〔2019〕331号
263	关于“京东数科华泰资管25号京东白条应收账款债权资产支持专项计划”挂牌转让的通知	深证会〔2019〕332号
264	关于“中信证券兴业建投联易融供应链资产支持专项计划10期”挂牌转让的通知	深证会〔2019〕333号
265	关于“平安证券一方瑞新供应链金融4号资产支持专项计划”挂牌转让的通知	深证会〔2019〕334号
266	关于“2019平安租赁五期资产支持专项计划”挂牌转让的通知	深证会〔2019〕335号
267	关于“华金证券链融科技雅居乐供应链5号资产支持专项计划”挂牌转让的通知	深证会〔2019〕336号
268	关于“中信证券链融科技供应链金融2号第10期资产支持专项计划”挂牌转让的通知	深证会〔2019〕338号

续表

序号	标　　题	文　　号
269	关于“华泰—携程金融拿去花第一期资产支持专项计划3号”挂牌转让的通知	深证会〔2019〕339号
270	关于“申港证券方捷佳美第1期资产支持专项计划”挂牌转让的通知	深证会〔2019〕341号
271	关于“招商创融慧链通保理第4期资产支持专项计划”挂牌转让的通知	深证会〔2019〕342号
272	关于“中信证券信捷联易融2号供应链资产支持专项计划2期”挂牌转让的通知	深证会〔2019〕343号
273	关于“德邦证券海融汇供应链第1期资产支持专项计划”挂牌转让的通知	深证会〔2019〕344号
274	关于“国信证券链融科技供应链金融2号第5期资产支持专项计划”挂牌转让的通知	深证会〔2019〕345号
275	关于“南方资本一方永熙12期供应链金融资产支持专项计划”挂牌转让的通知	深证会〔2019〕346号
276	关于“南方资本一方永熙13期供应链金融资产支持专项计划”挂牌转让的通知	深证会〔2019〕347号
277	关于“长江楚越联易融供应链14期资产支持专项计划”挂牌转让的通知	深证会〔2019〕348号
278	关于“德邦国药朴信保理供应链金融第1号资产支持专项计划”挂牌转让的通知	深证会〔2019〕349号
279	关于“中信证券中和农信公益小额贷款10号资产支持专项计划”挂牌转让的通知	深证会〔2019〕350号
280	关于“平安证券一方恒融绿金供应链金融5号资产支持专项计划”挂牌转让的通知	深证会〔2019〕351号
281	关于“广州证券神州数码应收账款资产支持专项计划”挂牌转让的通知	深证会〔2019〕353号
282	关于“广州证券越秀租赁2019年第一期资产支持专项计划”挂牌转让的通知	深证会〔2019〕354号
283	关于“广发恒进广州地铁集团地铁客运收费收益权2019年第二期绿色资产支持专项计划”挂牌转让的通知	深证会〔2019〕355号
284	关于“中信证券花呗第8期授信付款资产支持专项计划”挂牌转让的通知	深证会〔2019〕370号
285	关于“中联前海开源华侨城租赁住房一号第一期资产支持专项计划”挂牌转让的通知	深证会〔2019〕373号
286	关于“东方汇智平裕保理1期供应链金融资产支持专项计划”挂牌转让的通知	深证会〔2019〕374号
287	关于“中金金易联易融2期资产支持专项计划”挂牌转让的通知	深证会〔2019〕375号
288	关于“南方资本一方永熙14期供应链金融资产支持专项计划”挂牌转让的通知	深证会〔2019〕376号
289	关于“平安证券一方恒融合景泰富供应链金融4号资产支持专项计划”挂牌转让的通知	深证会〔2019〕377号
290	关于“中信证券花呗第9期授信付款资产支持专项计划”挂牌转让的通知	深证会〔2019〕378号

续表

序号	标　　题	文　　号
291	关于“华夏资本—方恒融绿城供应链金融 15 期资产支持专项计划”挂牌转让的通知	深证会〔2019〕381 号
292	关于“招商资管安路通卓越供应链第一期(3 号)资产支持专项计划”挂牌转让的通知	深证会〔2019〕382 号
293	关于“华泰—携程金融拿去花第一期资产支持专项计划 4 号”挂牌转让的通知	深证会〔2019〕383 号
294	关于“平安中联重科租赁 2019 年第一期资产支持专项计划”挂牌转让的通知	深证会〔2019〕384 号
295	关于“招商固收红星联易融供应链资产支持专项计划 4 期”挂牌转让的通知	深证会〔2019〕385 号
296	关于“中信建投前海兴邦供应链金融 2 号资产支持专项计划”挂牌转让的通知	深证会〔2019〕386 号
297	关于“长城荣耀供应链金融 1 期资产支持专项计划”挂牌转让的通知	深证会〔2019〕387 号
298	关于“华强物业费委贷资产支持专项计划”挂牌转让的通知	深证会〔2019〕388 号
299	关于“招商创融招商蛇口供应链 2 期资产支持专项计划”挂牌转让的通知	深证会〔2019〕389 号
300	关于“安信证券四川发展国润环境绵竹供排水一体化 PPP 项目资产支持专项计划”挂牌转让的通知	深证会〔2019〕392 号
301	关于“长城证券锦绣供应链金融 1 号资产支持专项计划”挂牌转让的通知	深证会〔2019〕394 号
302	关于“中信建投北京一方天著 6 期供应链金融资产支持专项计划”挂牌转让的通知	深证会〔2019〕395 号
303	关于“2019 远东七期资产支持专项计划”挂牌转让的通知	深证会〔2019〕396 号
304	关于“华金证券链融科技雅居乐供应链 6 号资产支持专项计划”挂牌转让的通知	深证会〔2019〕400 号
305	关于“蚂蚁借呗德邦第四期资产支持专项计划”挂牌转让的通知	深证会〔2019〕401 号
306	关于“国信证券链融科技供应链金融 2 号第 6 期资产支持专项计划”挂牌转让的通知	深证会〔2019〕402 号
307	关于“京东数科中信证券 20 号京东白条应收账款债权资产支持专项计划”挂牌转让的通知	深证会〔2019〕403 号
308	关于“华泰佳越顺丰产业园一期第 2 号资产支持专项计划”挂牌转让的通知	深证会〔2019〕404 号
309	关于“蚂蚁借呗德邦第五期资产支持专项计划”挂牌转让的通知	深证会〔2019〕405 号
310	关于“京东数科中信证券 19 号京东白条应收账款债权资产支持专项计划”挂牌转让的通知	深证会〔2019〕406 号
311	关于“民生佳源购房尾款资产支持专项计划”挂牌转让的通知	深证会〔2019〕407 号
312	关于“天淇 360 金融 1 期信托受益权资产支持专项计划”挂牌转让的通知	深证会〔2019〕411 号
313	关于“南方资本—方永熙 15 期供应链金融资产支持专项计划”挂牌转让的通知	深证会〔2019〕412 号

续表

序号	标　　题	文　　号
314	关于“南方资本一方永熙16期供应链金融资产支持专项计划”挂牌转让的通知	深证会〔2019〕413号
315	关于“中信证券借呗第1期消费贷款资产支持专项计划”挂牌转让的通知	深证会〔2019〕414号
316	关于“中信建投北京一方天著7期供应链金融资产支持专项计划”挂牌转让的通知	深证会〔2019〕415号
317	关于“平安证券平裕保理供应链金融1号资产支持专项计划”挂牌转让的通知	深证会〔2019〕416号
318	关于“国金川投航信停车场PPP项目1号资产支持专项计划”挂牌转让的通知	深证会〔2019〕422号
319	关于“南方资本一方永熙17期供应链金融资产支持专项计划”挂牌转让的通知	深证会〔2019〕424号
320	关于“中信证券借呗第2期消费贷款资产支持专项计划”挂牌转让的通知	深证会〔2019〕425号
321	关于“国信证券链融科技供应链金融2号第7期资产支持专项计划”挂牌转让的通知	深证会〔2019〕428号
322	关于“长江楚越联易融供应链15期资产支持专项计划”挂牌转让的通知	深证会〔2019〕429号
323	关于“华能信托一方诚意1期供应链金融资产支持专项计划”挂牌转让的通知	深证会〔2019〕430号
324	关于“华泰资管苏宁供应链5号资产支持专项计划”挂牌转让的通知	深证会〔2019〕431号
325	关于“中金外贸兴诚第一期资产支持专项计划”挂牌转让的通知	深证会〔2019〕432号
326	关于“南方资本链融科技1期供应链金融资产支持专项计划”挂牌转让的通知	深证会〔2019〕433号
327	关于“兴业圆融广州开发区专利许可资产支持专项计划”挂牌转让的通知	深证会〔2019〕434号
328	关于“天风证券招商财富瑞康医药供应链金融1期资产支持专项计划”挂牌转让的通知	深证会〔2019〕435号
329	关于“中信证券广证越秀租赁第1期普惠型小微资产支持专项计划”挂牌转让的通知	深证会〔2019〕436号
330	关于“南方资本一方永熙18期供应链金融资产支持专项计划”挂牌转让的通知	深证会〔2019〕437号
331	关于“中山证券桃源一方1期供应链金融资产支持专项计划”挂牌转让的通知	深证会〔2019〕441号
332	关于“集通铁路客运收费收益权绿色资产支持专项计划”挂牌转让的通知	深证会〔2019〕442号
333	关于“鲁能集团中金公司济南领秀城商业综合体资产支持专项计划”挂牌转让的通知	深证会〔2019〕444号
334	关于“天风天韵景园保障房资产支持专项计划”挂牌转让的通知	深证会〔2019〕445号
335	关于“中信证券京东数科荟享3号第3期信托受益权资产支持专项计划”挂牌转让的通知	深证会〔2019〕446号

续表

序号	标　　题	文　　号
336	关于“国君资管科学城租赁大湾区制造业一期资产支持专项计划”挂牌转让的通知	深证会〔2019〕447 号
337	关于“招商创融招商蛇口供应链 3 期资产支持专项计划”挂牌转让的通知	深证会〔2019〕448 号
338	关于“天风有车有家 2019 年第一期资产支持专项计划”挂牌转让的通知	深证会〔2019〕449 号
339	关于“平安证券中建三局供应链 1 号资产支持专项计划”挂牌转让的通知	深证会〔2019〕450 号
340	关于“中信证券借呗第 3 期消费贷款资产支持专项计划”挂牌转让的通知	深证会〔2019〕452 号
341	关于“南方资本一方永熙 19 期供应链金融资产支持专项计划”挂牌转让的通知	深证会〔2019〕454 号
342	关于“长江楚越联易融供应链 16 期资产支持专项计划”挂牌转让的通知	深证会〔2019〕455 号
343	关于“京东数科中信证券 21 号京东白条应收账款债权资产支持专项计划”挂牌转让的通知	深证会〔2019〕456 号
344	关于“华西碧桂园购房尾款 2019 年第一期资产支持专项计划”挂牌转让的通知	深证会〔2019〕457 号
345	关于“国海航洋城信托受益权资产支持专项计划”挂牌转让的通知	深证会〔2019〕463 号
346	关于“中信证券花呗第 10 期授信付款资产支持专项计划”挂牌转让的通知	深证会〔2019〕464 号
347	关于“中山佳兆业购房尾款第二期资产支持专项计划”挂牌转让的通知	深证会〔2019〕466 号
348	关于“天风南国置业购房尾款资产支持专项计划”挂牌转让的通知	深证会〔2019〕467 号
349	关于“招商财富联易融供应链 1 号资产支持专项计划”挂牌转让的通知	深证会〔2019〕468 号
350	关于“南方资本链融科技 2 期供应链金融资产支持专项计划”挂牌转让的通知	深证会〔2019〕475 号
351	关于“济三电力信托受益权资产支持专项计划”挂牌转让的通知	深证会〔2019〕476 号
352	关于“平安证券一方瑞新供应链金融 5 号资产支持专项计划”挂牌转让的通知	深证会〔2019〕477 号
353	关于“国金徐工租赁五期资产支持专项计划”挂牌转让的通知	深证会〔2019〕478 号
354	关于“天淇 360 金融 2 期信托受益权资产支持专项计划”挂牌转让的通知	深证会〔2019〕479 号
355	关于“狮桥天风证券嘉鑫系列 1 期资产支持专项计划”挂牌转让的通知	深证会〔2019〕480 号
356	关于“中信证券花呗第 11 期授信付款资产支持专项计划”挂牌转让的通知	深证会〔2019〕481 号
357	关于“华金证券链融科技雅居乐供应链 7 号资产支持专项计划”挂牌转让的通知	深证会〔2019〕482 号
358	关于“华能信托链融科技诚意 1 期供应链金融资产支持专项计划”挂牌转让的通知	深证会〔2019〕485 号
359	关于“长城证券一方恒融至信 1 号第 1 期供应链金融资产支持专项计划”挂牌转让的通知	深证会〔2019〕486 号
360	关于“招商资管三号云南交投会待高速车辆通行费收费收益权资产支持专项计划”挂牌转让的通知	深证会〔2019〕487 号

续表

序号	标　　题	文　　号
361	关于“长城荣耀供应链金融2期资产支持专项计划”挂牌转让的通知	深证会〔2019〕489号
362	关于“平安证券一方瑞新供应链金融6号资产支持专项计划”挂牌转让的通知	深证会〔2019〕490号
363	关于“平安云南能投供应链金融3号资产支持专项计划”挂牌转让的通知	深证会〔2019〕491号
364	关于“平安证券一方融惠供应链金融7号资产支持专项计划”挂牌转让的通知	深证会〔2019〕492号
365	关于“广发资管招商证券融出资金债权第4期资产支持专项计划”挂牌转让的通知	深证会〔2019〕493号
366	关于“平安证券中建三局供应链2号资产支持专项计划”挂牌转让的通知	深证会〔2019〕494号
367	关于“中信证券花呗第12期授信付款资产支持专项计划”挂牌转让的通知	深证会〔2019〕496号
368	关于“平安租赁3号汽车融资租赁资产支持专项计划”挂牌转让的通知	深证会〔2019〕497号
369	关于“平安证券中建三局供应链4号资产支持专项计划”挂牌转让的通知	深证会〔2019〕503号
370	关于“平安租赁4号汽车融资租赁资产支持专项计划”挂牌转让的通知	深证会〔2019〕504号
371	关于“平安证券高新投知识产权1号资产支持专项计划”挂牌转让的通知	深证会〔2019〕505号
372	关于“平安证券中铁建保理3号小微企业供应链资产支持专项计划”挂牌转让的通知	深证会〔2019〕506号
373	关于“东道二号1期京东白条应收账款债权资产支持专项计划”挂牌转让的通知	深证会〔2019〕507号
374	关于“平安证券一方恒融绿金供应链金融6号资产支持专项计划”挂牌转让的通知	深证会〔2019〕508号
375	关于“中信证券链融科技供应链金融3号第1期资产支持专项计划”挂牌转让的通知	深证会〔2019〕509号
376	关于“招商资管碧桂园资产支持专项计划”挂牌转让的通知	深证会〔2019〕511号
377	关于“中联一创首创钜大奥特莱斯一号第一期资产支持专项计划”挂牌转让的通知	深证会〔2019〕512号
378	关于“煦日2019年第三期资产支持专项计划”挂牌转让的通知	深证会〔2019〕513号
379	关于“平安证券一方瑞新供应链金融7号资产支持专项计划”挂牌转让的通知	深证会〔2019〕514号
380	关于“兴银华金新发展小贷扶贫资产支持专项计划”挂牌转让的通知	深证会〔2019〕515号
381	关于“德邦证券苏宁小贷第1期资产支持专项计划”挂牌转让的通知	深证会〔2019〕516号
382	关于“招商财富重庆医药应收账款一期资产支持专项计划”挂牌转让的通知	深证会〔2019〕517号
383	关于“鲁能集团英大证券济南贵和商业物业资产支持专项计划”挂牌转让的通知	深证会〔2019〕518号
384	关于“平安证券一方瑞新供应链金融8号资产支持专项计划”挂牌转让的通知	深证会〔2019〕519号

续表

序号	标　　题	文　　号
385	关于“招商创融招商蛇口供应链4期资产支持专项计划”挂牌转让的通知	深证会〔2019〕522号
386	关于“平安中山粤湾资产支持专项计划”挂牌转让的通知	深证会〔2019〕523号
387	关于“平安中山时联供应链金融1号资产支持专项计划”挂牌转让的通知	深证会〔2019〕524号
388	关于“中金中铁置业联易融供应链金融5期资产支持专项计划”挂牌转让的通知	深证会〔2019〕525号
389	关于“华能信托一方诚意2期供应链金融资产支持专项计划”挂牌转让的通知	深证会〔2019〕526号

三、基金类

上市通知		
序号	标　　题	文　　号
1	上市通知书(银华中证央企结构调整交易型开放式指数证券投资基金)	深证上〔2019〕25号
2	上市通知书(易方达科顺定期开放灵活配置混合型证券投资基金)	深证上〔2019〕43号
3	上市通知书(富国恒生中国企业交易型开放式指数证券投资基金)	深证上〔2019〕132号
4	上市通知书[招商3年封闭运作战略配售灵活配置混合型证券投资基金(LOF)]	深证上〔2019〕142号
5	上市通知书[大成中华沪深港300指数证券投资基金(LOF)]	深证上〔2019〕143号
6	上市通知书[易方达3年封闭运作战略配售灵活配置混合型证券投资基金(LOF)]	深证上〔2019〕144号
7	上市通知书[南方3年封闭运作战略配售灵活配置混合型证券投资基金(LOF)]	深证上〔2019〕145号
8	上市通知书(嘉实瑞享定期开放灵活配置混合型证券投资基金)	深证上〔2019〕179号
9	上市通知书(平安创业板交易型开放式指数证券投资基金)	深证上〔2019〕202号
10	上市通知书(华夏中证四川国企改革交易型开放式指数证券投资基金)	深证上〔2019〕204号
11	上市通知书(中融央视财经50交易型开放式指数证券投资基金)	深证上〔2019〕218号
12	上市通知书(中欧远见两年定期开放混合型证券投资基金)	深证上〔2019〕292号
13	上市通知书[万家社会责任18个月定期开放混合型证券投资基金(LOF)]	深证上〔2019〕323号
14	上市通知书(富国中证银行指数型证券投资基金)	深证上〔2019〕326号
15	上市通知书(富国创业板交易型开放式指数证券投资基金)	深证上〔2019〕356号
16	上市通知书(华夏创业板低波蓝筹交易型开放式指数证券投资基金)	深证上〔2019〕383号
17	上市通知书(华夏创业板动量成长交易型开放式指数证券投资基金)	深证上〔2019〕384号
18	上市通知书[财通资管中证500指数增强型证券投资基金(LOF)]	深证上〔2019〕428号

续表

序号	标　　题	文　　号
19	上市通知书(弘毅远方国证民企领先100交易型开放式指数证券投资基金)	深证上〔2019〕448号
20	上市通知书(银华深证100交易型开放式指数证券投资基金)	深证上〔2019〕488号
21	上市通知书[易方达中小板指数证券投资基金(LOF)]	深证上〔2019〕565号
22	上市通知书(天弘创业板交易型开放式指数证券投资基金)	深证上〔2019〕581号
23	上市通知书(博时中证500交易型开放式指数证券投资基金)	深证上〔2019〕664号
24	上市通知书(鹏华中证5年期地方政府债交易型开放式指数证券投资基金)	深证上〔2019〕702号
25	上市通知书(银华中证研发创新100交易型开放式指数证券投资基金)	深证上〔2019〕719号
26	上市通知书[信达澳银量化多因子混合型证券投资基金(LOF)]	深证上〔2019〕740号
27	上市通知书[博时优势企业3年封闭运作灵活配置混合型证券投资基金(LOF)]	深证上〔2019〕747号
28	上市通知书(鹏华精选回报三年定期开放混合型证券投资基金)	深证上〔2019〕749号
29	上市通知书(华夏饲料豆粕期货交易型开放式证券投资基金)	深证上〔2019〕771号
30	上市通知书[泰达宏利中证500指数增强型证券投资基金(LOF)]	深证上〔2019〕776号
31	上市通知书(富国中证央企创新驱动交易型开放式指数证券投资基金)	深证上〔2019〕815号
32	上市通知书(大成有色金属期货交易型开放式指数证券投资基金)	深证上〔2019〕828号
33	上市通知书(招商深证100交易型开放式指数证券投资基金)	深证上〔2019〕849号
34	上市通知书[安信中证深圳科技创新主题指数型证券投资基金(LOF)]	深证上〔2019〕861号
35	上市通知书[方正富邦恒生沪深港通大湾区综合指数证券投资基金(LOF)]	深证上〔2019〕862号

终止上市通知

序号	标　　题	文　　号
1	终止上市通知书[新华惠鑫债券型证券投资基金(LOF)C类基金份额]	深证上〔2019〕17号
2	终止上市通知书(国寿安保中证养老产业指数分级证券投资基金之养老A份额、养老B份额)	深证上〔2019〕136号
3	终止上市通知书(富国中证银行指数分级证券投资基金)	深证上〔2019〕174号
4	终止上市通知书(银华中证800等权重指数增强分级证券投资基金之中证800A份额、中证800B份额)	深证上〔2019〕199号
5	终止上市通知书[南方恒生中国企业精明指数证券投资基金(QDII－LOF)]	深证上〔2019〕217号
6	终止上市通知书(诺安中证创业成长指数分级证券投资基金之诺安稳健份额、诺安进取份额)	深证上〔2019〕298号
7	终止上市通知书(易方达深证成指交易型开放式指数证券投资基金)	深证上〔2019〕382号
8	终止上市通知书(银华惠丰定期开放混合型证券投资基金)	深证上〔2019〕509号
9	终止上市通知书(易方达中小板指数分级证券投资基金之中小A份额、中小B份额)	深证上〔2019〕565号

续表

序号	标　　题	文　　号
10	终止上市通知书(泰达宏利中证 500 指数分级证券投资基金之泰达 500A 份额、泰达 500B 份额)	深证上〔2019〕677 号
11	终止上市通知书(银华消费主题分级混合型证券投资基金之消费 A 份额、消费 B 份额)	深证上〔2019〕843 号

四、衍生品类

上市通知		
序号	标　　题	文　　号
1	关于嘉实沪深 300ETF 期权合约品种上市交易有关事项的通知	深证上〔2019〕835 号

(五)2019 年自律监管典型案例

GFGF 违规关联担保及资金占用监管案例

在监管实践中,违规担保、资金占用一直是日常监管工作的监管重点。近年来,其违规形式呈现日益复杂化、隐蔽化,发现甄别违规线索的难度较以往加大。本文通过梳理 GFGF 违规关联担保及资金占用案例,介绍交易所采取的监管措施,并结合日常监管实践提出相关思考建议。

一、案例简介

GFGF 是一家民营上市公司,2006 年 12 月 29 日在深市中小板上市,公司实际控制人为某氏家族。公司原主营业务为陶瓷产品的生产销售,2014 年至 2016 年期间公司通过重大资产重组,引入了医药中间体及维生素 E、塑料供应链电商平台等业务。

2018 年 8 月起,GFGF 公司开始陆续暴露一些债务风险,实际控制人所持股份高比例质押、因债务违约被司法冻结,上市公司子公司股权被冻结、银行基本户因借款逾期被申请冻结等。一系列的风险事件引起深交所的高度监管关注,经过多次监管问询和电话约谈,深交所初步判断公司披露的风险事项只是冰山一角,公司涉嫌的违规事项可能远不止目前所知的情况。结合日常监管关注到公司实际控制人家族式管理的内控风险、债务风险、高额关联担保风险等,深交所随即发函要求公司自查涉及的债务及关联担保情况,以及公司在防范大股东违规资金占用、内部用印管理制度和审批流程等方面的控制措施。

迫于监管关注压力,公司实际控制人及其关联方在首次问询回函中承认了其存在非经营性占用上市公司资金,以及利用上市公司为其违规担保的事项,初步自查金额为 22.42 亿元。后续,在深交所持续关注问询下,公司实际控制人及其关联方修正违规金额至 23.66 亿元。

二、主要自律监管措施

(一)及时问询,刨根问底查实公司违规行为

在关注到公司实际控制人出现资金链断裂,存在掏空上市公司的动机后,深交所第一时间向公司发出问询函,要求公司及实际控制人自查其对外担保、资金占用情况。在其承认相

关违规行为后，深交所再次向公司发出关注函要求厘清事实，逐笔详细说明其违规担保及资金占用的发生时间、方式、金额、状态，董监高的责任归属、对公司的影响及公司拟采取的解决措施等，并充分揭示相关违规情况是否是否存在可能被实施其他风险警示的情形。

（二）持续与地方证监局沟通，加强监管联动

深交所在发现、查实、处理公司实际控制人及其关联方违规占用公司资金以及公司违规关联担保的过程中，多次与××证监局进行密切的监管沟通，并将涉及的违规事项、存在的风险情形、对上市公司的影响等多次形成报告函，提请××证监局关注，并报送证监会。××证监局也予以高度重视，并于2019年1月18日对公司的违规行为进行立案调查。

（三）严肃处理违规行为，警示纠偏

针对查实的违规行为，深交所予以严厉打击，对公司及相关责任人予以公开谴责纪律处分，并公开认定某氏家族主要责任人员五年内不适合担任上市公司董事、监事、高级管理人员。同时，深交所督促公司对公司内部控制存在的缺陷及时进行整改。

（四）其他措施

对于上述违规事实，深交所密切关注公司股价波动情况和股票交易情况，加强上市公司舆情监测，及时处理投资者投诉事项。

三、监管思考

（一）紧盯控股股东财务风险，增强提前研判能力

从案例来看，部分民营企业（尤其是家族企业）的控股股东、实际控制人出现资金周转困难，财务风险暴露时，由于股权较为集中，规范运作意识薄弱，容易产生掏空上市公司的不良动机，并将风险传导至上市公司。因此，在日常监管中，应对控股股东、实际控制人的资金状态、体外投资等情况有较全面的了解，紧盯存在高比例质押、股份冻结的控股股东，关注其是否出现财务危机、资金链断裂、股票质押平仓风险等情况，是及早识别违规风险的重要方式，同时对可能存在侵占上市公司利益的情况保持关注和问询。

（二）识别隐蔽违规手段，提升线索发现能力

现阶段，上市公司股东资金占用方式和违规担保方式都愈加隐蔽，除开具没有真实交易背景的商业汇票、通过银行或非银行金融机构向关联方提供委托贷款等常见手段外，还出现控股股东盗用或假借上市公司名义借款、抵押担保，利用无关联第三方虚构正常经营、投资、贸易、理财等业务进行资金转出，甚至出现与银行合作实现集团合并范围内企业的资金上拨下划等不法手段，实现资金占用目的。此类违规行为不体现在上市公司合并财务报表内，隐蔽性高、发现难度大。

因此，在日常监管中，需要对碎片化的监管信息抽丝剥茧地深入分析，提高监管的敏感性，加强质疑式问询。例如通过对公司担保涉诉案件、主要资产或账户被司法冻结、投资者投诉、控股股东股份冻结等蛛丝马迹进一步综合审查，有助于发现资金占用和违规担保线索。

（三）借助中介机构力量，发挥市场看门人作用

交易所以信息披露为主的非现场监管，具有一定的监管局限性，较难对违规事项作出实质判断。通过借助中介机构力量，提请年审会计师、律师、保荐机构等中介机构对违规线索进行核查，是发现占用资金及违规担保的重要方式和有效手段。

同时，在日常监管中，应高度重视中介机构意见，并保持与中介机构的沟通联动。例如，通过注册会计师出具的年度审计报告，关注上市公司是否存在违规占用资金和对外担保的违规行为；通过内部控制审计报告，关注公司是否存在控股股东凌驾于内部控制之上的内控失效风险；通过律师的核查意见，关注公司是否未经履行法定程序进行了违规担保或资金占用等，有助于及时发现违规事实、精准打击违规行为。

HYGF 信息披露违规监管案例

2019 年 6 月 12 日,HYGF 披露投产“非洲猪瘟”疫苗的公告,由于公司信息披露违背真实、准确、完整的三大基本原则,公告披露后立即引发市场广泛质疑,公司股价因此大起大落、股票交易出现异常,对市场造成恶劣影响。对于 HYGF 及相关责任人的违规行为,深交所在日常监管中及时关注,经过监管问询最终查实公司的违规行为。为重申上市公司信息披露的严肃性,深交所及时对 HYGF 及相关当事人给予了公开谴责的处分,力求正本清源。

一、案例简介

HYGF 是一家民营上市公司,1998 年 10 月 28 日在深市主板上市。HYGF 控股股东为 HYSY 公司,实际控制人为邵某等三人。HYGF 主营业务为商业物业运营和金融服务。

2019 年 6 月 12 日,HYGF 披露《关于签署〈合作合同〉的公告》(以下简称“合作公告”)称,某团队成功研制出多糖注射液,可以实现对非洲猪瘟不低于 92% 有效率的预防。HYGF 拟与该团队、JZNY 公司(以下简称“JZNY”)签署合作合同,为非洲猪瘟防治疫苗的投产做准备;预计 JZNY 在 2019 ~ 2021 年实现营业收入 5 亿、50 亿、100 亿,净利润 2 亿、10 亿、20 亿,估值 30 亿元人民币,预计年产 10 亿支糖注射液。由于非洲猪瘟疫情备受关注,而 HYGF 此前并无制药相关业务经验,且 HYGF 实际控制人之一邵某曾于 4 月 26 日披露减持计划,HYGF 存在炒作股价嫌疑。深交所立即就该多糖注射液专利取得情况、产品属性、预防有效率数据真实性、业绩预测可靠性、估值合理性、是否配合股东减持等十大问题 29 个疑点,要求 HYGF 核实说明并进行风险提示。

2019 年 6 月 22 日,HYGF 披露《关于深圳证券交易所对本公司关注函的回复公告》(以下简称“回复公告”),回复公告显示上述多糖注射液并非疫苗,预防非洲猪瘟疗效也未经科学验证,JZNY 业绩预测和估值等缺乏依据,相关专利尚未获得有关部门审批;JZNY 股权状况和履约保证金支付状况也与合作公告披露不一致;此外,合作公告未披露合同重要条款,未对相关风险进行提示。HYGF 信息披露不真实、不准确、不完整。

二、主要自律监管措施

HYGF 违规行为发生后,引起深交所的高度关注,深交所采取了一系列监管措施,具体如下:

(一)加强监管问询,查实违规行为

6 月 12 日,HYGF 披露合作公告,6 月 13 日上午深交所及时向公司发出关注函,要求公司对市场质疑、相关部门声明等事项进行核实说明。6 月 22 日,HYGF 回复关注函,经对比合作公告和回复公告相关内容,查实公司合作公告披露的相关信息存在不真实、不准确、不完整的情况。

(二)关注股价异动,及时核查交易

6 月 12 日,HYGF 披露合作公告后,当日股价开盘涨停。由于上市公司借助市场热点炒作股价,容易引发内幕交易及股价操纵等违规行为。因此,深交所立即启动对内幕信息知情人的二级市场交易核查。核查结果显示,部分账户交易异常,深交所将相关情况上报中国证监会。

(三)强化监管联动,联手采取监管措施

针对 HYGF 公告多处、多次违规,情节严重,市场影响恶劣,深交所和 × × 证监局持续沟通,共同督促公司真实、准确、完整披露相关情况;同时,同步采取监管措施,增强监管威慑力。

(四)实施纪律处分,从严打击违规行为

针对已查实的违规行为,深交所于 2019 年 7 月 15 日向 HYGF 及相关责任人发出纪律处分事先告知书,并于 2019 年 8 月 20 日对 HYGF 及相关责任人给予公开谴责的纪律处分。

三、监管思考

（一）保持监管敏感性，快速作出监管反应

本案例中，上市公司实际控制人之一披露减持计划、公司控股股东质押比例较高、资金压力大，上市公司存在炒作股价动机。针对这类上市公司，除了在日常监管中时刻紧盯公司行为，重点观察公司公告动态外，还需密切关注公司在互动易发布的信息以及每日舆情状况，一旦发现异常，需要快速反应，第一时间发出监管问询，要求公司说明澄清。

（二）严防"蹭热点"炒作，强化公司信息披露规范

本案例中，上市公司宣称拟投产有效预防"非洲猪瘟"药物，以疫苗、专利、预防有效率及年产计划等暗示其广阔前景，引致股价异动，但经多方核实后发现存在误导性陈述。类似案例的共同特征是均涉及市场热点相关的产品或业务信息，有明显蹭热点炒作之嫌疑，但相关公告用词渲染夸大和暗示，或相关信息处于强制披露信息与自愿披露信息的边缘地带。对此，要求监管作出智慧应对，注重收集查询相关信息，细致核对公告背景情况，遏制误导性陈述的炒作行为。

（三）加强监管联动，推进监管协作

本案例中，上市公司及相关责任存在不配合监管的情况。深交所持续通过多种方式与XX证监局保持沟通，实现信息共享，形成现场监管与非现场监管的有效互补，增强对公司及相关责任人的监管威慑，加强了监管效果。对于类似不配合监管工作的违规公司，交易所应持续和证监局保持协作，共享现场监管和非现场监管获取的有效信息，同步采取监管措施，形成监管合力。

JYKG信息披露违规监管案例

2019年，因上市公司JYKG信息披露不真实、不准确，深交所对JYKG及相关责任人予以公开谴责。本文通过梳理该案例，介绍交易所采取的监管措施，并结合日常监管实践提出相关思考。

一、案例简介

2019年6月20日，中国证监会发布的《关于修改〈上市公司重大资产重组管理办法〉的决定（征求意见稿）》提出，拟取消重组上市认定标准中的"净利润"指标，进一步缩短"累计首次原则"计算期间，允许符合国家战略的高新技术产业和战略性新兴产业相关产业在创业板重组上市，同时恢复重组上市配套融资。

2019年7月11日，JYKG披露《关于重大资产重组停牌公告》（以下简称《重组停牌公告》），称拟通过发行股份方式购买XZYY100%股权，预计构成重大资产重组。

2019年7月25日，JYKG披露《关于终止重大资产重组暨公司股票复牌的公告》（以下简称《终止重组公告》），称由于通过发行股份等方式购买XZYY100%股权事项将构成XZYY重组上市，JYKG计划待条件成熟后再继续推进购买XZYY股权事项。JYKG股票自7月25日开市起复牌，7月25日、7月26日股价连续二个交易日涨停。

2019年7月26日晚间，JYKG披露《关于终止重大资产重组暨公司股票复牌的公告的更正公告》（以下简称《更正公告》），称因经办人员失误，公司7月24日晚间披露的《终止重组公告》存在错误。JYKG与XZYY于7月24日已解除了前期签订的拟通过发行股份等方式购买XZYY100%股权的《意向协议》并约定双方不再筹划相关重大资产重组事项。前述《更正公告》披露后，7月29日至7月31日，公司股价跌幅分别达9.95%、6.8%、8.21%，触及股票交易异常波动情形。

JYKG信息披露不真实、不准确，情节严重，造成较大市场影响。对于上述违规行为，深交所对上市公司JYKG、董事长兼总经理孙某、

实际控制人兼董事卢某、董事会秘书张某以及财务总监张某予以公开谴责。

二、主要自律监管措施

交易所作为自律监管机构,一直以来立足监管本位,以信息披露为抓手,督促信息披露义务人注重信息披露质量、承担主体责任,切实保障投资者的合法权益。JYKG 披露重组相关公告后,交易所始终密切关注事件进展和舆情演化,及时采取监管措施,并与地方证监局紧密沟通,推动监管协作。

(一)紧跟事件动态,及时跟进

JYKG 披露《关于重大资产重组停牌公告》后,交易所结合 JYKG 市值、2018 年营业收入、净利润以及 XZYY 销售收入情况分析,XZYY 通过发行股份等方式购买 XZYY100% 股权事项将构成重组上市。为此,交易所密切关注公司重组进展,在公司披露《终止重组公告》后及时发出关注函,要求 JYKG 对终止重组的原因与合理性、与 XZYY 后续交易事项、以及此次重组是否构成重组上市、重组的真实性与可行性等进行核实说明。

(二)督促公司更正,主动发声

2019 年 7 月 26 日,交易所在收市后关注到 XZYY 当天在其官网发布了《关于与 JYKG 意向协议解除的声明》(以下简称《声明》)。根据《声明》,2019 年 7 月 24 日,XZYY 与 JYKG 签署的"意向协议之解除协议"中并无"待条件成熟后,再继续推进谋划上市公司控股权转让、筹划发行股份等方式购买 XZYY100% 股权事宜"的相关约定。经交易所督促,公司于 7 月 26 日晚间披露了《更正公告》。同日,交易所再次发出关注函,要求 JYKG 对信息披露有误情形作出解释与说明。

(三)启动纪律处分流程,尽职履责

由于 JYKG 前后信息披露不一致,存在不真实、不准确,且造成较大市场影响,交易所于 2019 年 8 月向 JYKG 及相关责任人发出纪律处分告知书。之后,对 JYKG 信息披露违规事项,交易所结合上市公司及相关责任人违规事实,于 2019 年 11 月对上市公司及相关责任人予以公开谴责。

(四)主动沟通了解,局所联动

在此案例中,交易所与地方证监局始终保持密切联系。在 JYKG 披露《停牌公告》后,交易所及时与地方证监局进行了沟通,就公司此次重组是否构成重组上市进行探讨,并对公司信息披露质量、日常生产经营等进行沟通。在 JYKG 披露《终止重组公告》《更正公告》后,交易所与地方证监局继续保持密切沟通,局所加强联动,及时梳理公司违规事实,并向证监局发出提请现场检查函,地方证监局也启动了对公司的立案调查,并于 2019 年 12 月作出相应行政处罚决定。

三、监管思考

新《证券法》为"信息披露"设立专章,通过"信息披露义务人"的概念,扩大了信息披露主体范围,改变了过去发行人和上市公司以外相关主体信息披露责任不明确、监管依据不足的情形。交易所以信息披露为抓手的上位法依据更加明确,有利于交易所对信息披露义务人实施信息披露全方位、全链条的监管。

信息披露义务人真实、准确披露信息,是证券市场的"灵魂",是推动证券市场"公开、公平、公正"原则实现的基础,也是保障投资者权益的重要途径。而在该案例中,公司及相关责任人对信息披露不重视、合规意识淡漠,为实现自身利益披露不实信息误导投资者,且短期内披露内容迥异的两份公告导致股价大涨大跌,对市场造成了不良影响;此外,公司披露《终止重组公告》时向交易所报备不真实的解除协议文件。针对公司的违规行为,交易所立足自身职责,以信息披露为抓手,利用事后审查实施自律监管,先后发出二封关注函,及时跟进公司重组相关事项,要求公司充分披露重组进展及终止情况,向市场作出清楚解释,并精准打击违规行为,对公司及相关当事人公开谴责处分,给市场以警示。

交易所作为自律监管机构,将继续立足监管本位,对信息披露违规行为实施强监管,通过加大对信息披露违规的处分力度形成震慑,推动信息披露义务人重视信息披露质量,切实保障投资者的合法权益。

三、上海期货交易所

(一)2019 年度制定、修改的自律规则目录

序号	发文日期	发文文件	实施日期
1	2019 年 1 月 21 日	关于发布《上海期货交易所天然橡胶期货期权合约》及相关规则的公告(〔2019〕3 号) 1. 上海期货交易所天然橡胶期货期权合约 2. 上海期货交易所期权交易管理办法(修订案) 3. 上海期货交易所异常交易行为管理办法(修订案)	2019 年 1 月 21 日
2	2019 年 1 月 22 日	关于印发关于发布《上海期货交易所风险控制管理办法(修订案)》的公告(〔2019〕4 号) 1. 上海期货交易所风险控制管理办法(修订案)	2019 年 3 月 18 日
3	2019 年 2 月 1 日	关于发布《上海期货交易所交割细则》等实施细则修订案的公告(〔2019〕7 号) 1. 上海期货交易所交割细则(修订案) 2. 上海期货交易所黄金期货交割实施细则(试行)(修订案) 3. 上海期货交易所燃料油期货交割实施细则(修订案) 4. 上海期货交易所石油沥青期货交割实施细则(试行)(修订案)	2019 年 2 月 1 日
4	2019 年 5 月 31 日	关于发布《上海期货交易所期货交易者适当性管理办法(修订案)》的公告(〔2019〕30 号) 1. 上海期货交易所期货交易者适当性管理办法(修订案) 2. 上海期货交易所期货交易者适当性管理办法	2019 年 5 月 31 日
5	2019 年 9 月 18 日	上期所公告〔2019〕75 号关于发布《上海期货交易所不锈钢期货合约》及相关规则的公告(〔2019〕75 号) 1. 上海期货交易所不锈钢期货合约 2. 上海期货交易所结算细则(修订案) 3. 上海期货交易所交割细则(修订案) 4. 上海期货交易所风险控制管理办法(修订案) 5. 上海期货交易所标准仓单管理办法(修订案) 6. 上海期货交易所指定不锈钢厂库交割办法(试行) 7. 上海期货交易所套期保值交易管理办法(修订案) 8. 上海期货交易所套利交易管理办法(修订案) 9. 上海期货交易所指定钢材厂库交割办法(试行)(修订案) 10. 修订对照表	2019 年 9 月 18 日

续表

序号	发文日期	发文文件	实施日期
6	2019年10月28日	关于发布《上海期货交易所天然橡胶期货合约》以及相关实施细则修订案的公告(〔2019〕89号) 1. 上海期货交易所天然橡胶期货合约(修订案) 2. 上海期货交易所交割细则(修订案) 3. 修订对照表	2019年10月28日
7	2019年10月29日	关于发布《上海期货交易所交易细则》的公告(〔2019〕92号) 1. 上海期货交易所交易细则(修订案) 2.《上海期货交易所交易细则》修订对照表	2020年1月1日
8	2019年12月2日	关于发布《上海期货交易所黄金期货合约(修订案)》的公告(〔2019〕114号) 1. 上海期货交易所黄金期货合约(修订案) 2.《上海期货交易所黄金期货合约》修订对照表	2019年12月10日(9日晚夜盘)
9	2019年12月13日	关于发布《上海期货交易所黄金期货期权合约》的公告(〔2019〕131号) 1. 上海期货交易所黄金期货期权合约	2019年12月13日

(二)2019年度纪律处分决定目录

序号	处罚日期	处分对象	违规事实	处分依据	处罚措施
1	2019年1月28日	自然人	通过对敲等手段,获取不当利益	《上海期货交易所违规处理办法》第二十九条	通报批评, 暂停开仓12个月, 罚款3万元
2	2019年6月19日	法人	自成交 影响结算价	《上海期货交易所违规处理办法》第二十九条	通报批评, 暂停开仓交易8个月
3	2019年8月26日	自然人	遗漏重要事实申报	《上海期货交易所违规处理办法》第三十九条	通报批评, 暂停开仓交易6个月, 罚款20万元, 暂停开仓交易3个月
4	2019年11月6日	自然人	通过对敲等手段,获取不当利益	《上海期货交易所违规处理办法》第二十九条	通报批评, 暂停开仓交易10个月

四、郑州商品交易所

(一)2019 年制定、修订的主要自律规则目录

序号	名　　称	发布时间	备注
1	郑州商品交易所做市商管理办法	2019.01.07	制定
2	郑州商品交易所棉花期权合约	2019.01.21	制定
3	郑州商品交易所期货交割细则	2019.03.04	修订
4	郑州商品交易所标准仓单及中转仓单管理办法	2019.03.04	修订
5	郑州商品交易所期货交易风险控制管理办法	2019.03.04	修订
6	郑州商品交易所综合业务平台管理办法	2019.04.11	修订
7	郑州商品交易所干制红枣期货合约	2019.04.24	制定
8	郑州商品交易所期货交割细则	2019.04.24	修订
9	郑州商品交易所标准仓单及中转仓单管理办法	2019.04.24	修订
10	郑州商品交易所期货交易风险控制管理办法	2019.04.24	修订
11	郑州商品交易所期货交割细则	2019.05.15	修订
12	郑州商品交易所标准仓单及中转仓单管理办法	2019.05.15	修订
13	郑州商品交易所期货交易者适当性管理办法	2019.05.31	制定
14	郑州商品交易所尿素期货合约	2019.08.02	制定
15	郑州商品交易所期货交割细则	2019.08.02	修订
16	郑州商品交易所标准仓单及中转仓单管理办法	2019.08.02	修订
17	郑州商品交易所期货交易风险控制管理办法	2019.08.02	修订
18	郑州商品交易所优质强筋小麦期货合约	2019.09.24	修订
19	郑州商品交易所期货交割细则	2019.09.24	修订
20	郑州商品交易所标准仓单及中转仓单管理办法	2019.09.24	修订
21	郑州商品交易所期货交易风险控制管理办法	2019.09.24	修订
22	郑州商品交易所期货交易细则	2019.10.29	修订
23	郑州商品交易所白糖期权合约	2019.10.29	修订
24	郑州商品交易所棉花期权合约	2019.10.29	修订
25	郑州商品交易所期货交易风险控制管理办法	2019.10.30	修订

续表

序号	名　　称	发布时间	备注
26	郑州商品交易所纯碱期货合约	2019.11.29	制定
27	郑州商品交易所期货交割细则	2019.11.29	修订
28	郑州商品交易所标准仓单及中转仓单管理办法	2019.11.29	修订
29	郑州商品交易所期货交易风险控制管理办法	2019.11.29	修订
30	郑州商品交易所 PTA 人期权合约	2019.12.09	制定
31	郑州商品交易所甲醇期权合约	2019.12.09	制定
32	郑州商品交易所期货结算细则	2019.12.13	修订
33	郑州商品交易所期货交割细则	2019.12.24	修订
34	郑州商品交易所普通小麦等 21 个期货合约	2019.12.27	修订
35	郑州商品交易所期货交割细则	2019.12.27	修订
36	郑州商品交易所期货结算细则	2019.12.27	修订
37	郑州商品交易所标准仓单及中转仓单管理办法	2019.12.27	修订
38	郑州商品交易所保税交割实施细则	2019.12.27	修订

(二)2019 年纪律处分决定目录

序号	处分时间	违规对象	处分原因
1	2019.01.07	自然人	扰乱市场秩序
2	2019.02.28	自然人	扰乱市场秩序
3	2019.02.28	自然人	扰乱市场秩序
4	2019.02.28	自然人	扰乱市场秩序
5	2019.02.28	自然人	自然人违规持仓进入交割月
6	2019.04.03	自然人、法人	对敲转移资金
7	2019.04.03	自然人、法人	扰乱市场秩序
8	2019.07.17	自然人	扰乱市场秩序
9	2019.07.17	法人	未按要求接受风险警示谈话
10	2019.07.17	法人	未按要求接受风险警示谈话
11	2019.09.18	自然人、法人	对敲转移资金
12	2019.09.18	自然人	对敲转移资金
13	2019.12.30	自然人	自然人违规持仓进入交割月

续表

序号	处分时间	违规对象	处分原因
14	2019.12.30	自然人	对敲转移资金
15	2019.12.30	自然人	扰乱市场秩序
16	2019.12.30	自然人	自然人违规持仓进入交割月
17	2019,12.30	自然人	自然人违规持仓进入交割月
18	2019.12.30	自然人	自然人违规持仓进入交割月
19	2019.12.30	自然人	自然人违规持仓进入交割月
20	2019.12.30	自然人	自然人违规持仓进入交割月
21	2019.12.30	自然人	自然人违规持仓进入交割月
22	2019.12.30	自然人	自然人违规持仓进入交割月
23	2019.12.30	自然人	自然人违规持仓进入交割月
24	2019.12.30	自然人	自然人违规持仓进入交割月
25	2019.12.30	自然人	自然人违规持仓进入交割月
26	2019.12.30	自然人	自然人违规持仓进入交割月
27	2019.12.30	自然人	自然人违规持仓进入交割月
28	2019.12.30	自然人	自然人违规持仓进入交割月
29	2019.12.30	自然人	自然人违规持仓进入交割月
30	2019.12.30	自然人	自然人违规持仓进入交割月
31	2019.12.30	自然人	自然人违规持仓进入交割月
32	2019.12.30	法人	扰乱市场秩序
33	2019.12.30	自然人	扰乱市场秩序
34	2019.12.30	自然人	未按要求接受风险警示谈话
35	2019.12.30	自然人	未按要求接受风险警示谈话
36	2019.12.30	自然人	对敲转移资金
37	2019.12.30	自然人	对敲转移资金

五、大连商品交易所

(一)2019 年制定、修改的自律规则目录

序号	发文日期	文　　号	文 件 标 题
1	2019 年 1 月 21 日	大商所发〔2019〕29 号	关于发布《大连商品交易所玉米期货期权合约》的通知
2	2019 年 4 月 3 日	大商所发〔2019〕140 号	关于修改《大连商品交易所风险管理办法》和《大连商品交易所套期保值管理办法》的通知
3	2019 年 5 月 20 日	大商所发〔2019〕198 号	关于修改《大连商品交易所指定交割仓库管理办法》的通知
4	2019 年 5 月 31 日	大商所发〔2019〕224 号	关于发布《大连商品交易所期货交易者适当性管理办法》的通知
5	2019 年 8 月 1 日	大商所发〔2019〕318 号	关于修改《大连商品交易所章程》、《大连商品交易所交易规则》的通知
6	2019 年 8 月 13 日	大商所发〔2019〕344 号	关于公布施行《大连商品交易所粳米期货合约》和相关实施细则修正案的通知
7	2019 年 8 月 28 日	大商所发〔2019〕362 号	关于发布焦炭焦煤品种实行滚动交割相关规则修改的通知
8	2019 年 9 月 6 日	大商所发〔2019〕380 号	关于发布线型低密度聚乙烯、聚氯乙烯、聚丙烯交割注册品牌制度及厂库制度相关规则修改的通知
9	2019 年 9 月 12 日	大商所发〔2019〕395 号	关于铁矿石品种实施品牌交割制度相关规则修改的通知
10	2019 年 9 月 20 日	大商所发〔2019〕412 号	关于公布施行《大连商品交易所苯乙烯期货合约》和相关实施细则修正案的通知
11	2019 年 10 月 14 日	大商所发〔2019〕437 号	关于修改纤维板合约及相关规则的通知
12	2019 年 10 月 29 日	大商所发〔2019〕452 号	关于修改《大连商品交易所交易管理办法》的通知
13	2019 年 11 月 29 日	大商所发〔2019〕504 号	关于发布《大连商品交易所铁矿石期货期权合约》的通知
14	2019 年 11 月 29 日	大商所发〔2019〕506 号	关于修改《大连商品交易所交割管理办法》的通知
15	2019 年 12 月 9 日	大商所发〔2019〕517 号	关于修改《大连商品交易所结算管理办法》的通知

(二)2019年纪律措施决定目录

序号	处罚日期	处分对象	违规事实	处分依据	处罚措施
1	2019年5月31日	法人客户	拒不配合交易所调查	《大连商品交易所违规处理办法》第四十四条	暂停开仓交易1个月、通报批评
2	2019年5月31日	法人客户	拒不配合交易所调查	《大连商品交易所违规处理办法》第四十四条	暂停开仓交易1个月、通报批评
3	2019年5月31日	法人客户	拒不配合交易所调查	《大连商品交易所违规处理办法》第四十四条	暂停开仓交易1个月、通报批评
4	2019年5月31日	自然人客户	违反交易所持仓管理规定	《大连商品交易所违规处理办法》第三十条	暂停开仓交易1个月、通报批评
5	2019年5月31日	法人客户	违反交易所持仓管理规定	《大连商品交易所违规处理办法》第三十条	暂停开仓交易1个月、通报批评
6	2019年5月31日	法人客户	违反交易所持仓管理规定	《大连商品交易所违规处理办法》第三十条	暂停开仓交易1个月、通报批评
7	2019年5月31日	自然人客户	违反交易所持仓管理规定	《大连商品交易所违规处理办法》第三十条	暂停开仓交易1个月、通报批评
8	2019年8月7日	法人客户	按事先约定的方式或价格多次进行交易、互为买卖,导致合约异常大幅波动,影响市场价格	《大连商品交易所违规处理办法》第三十四条	公开谴责、宣布为"市场禁止进入者",采取3年市场禁入措施
9	2019年8月7日	自然人客户	利用自成交手段影响价格	《大连商品交易所违规处理办法》第三十四条	暂停开仓交易6个月、通报批评
10	2019年8月7日	自然人客户	利用对敲手段转移资金	《大连商品交易所违规处理办法》第三十四条	暂停开仓交易10个交易日、警告
11	2019年8月7日	自然人客户	拒不配合交易所立案调查	《大连商品交易所违规处理办法》第四十四条	暂停开仓交易1个月
12	2019年8月7日	法人客户	利用自成交手段影响价格	《大连商品交易所违规处理办法》第三十四条	警告
13	2019年8月7日	法人客户	利用自成交手段影响价格	《大连商品交易所违规处理办法》第三十四条	暂停开仓交易6个月
14	2019年12月16日	自然人客户	利用自成交手段影响价格	《大连商品交易所违规处理办法》第三十四条	暂停开仓交易1个月并处警告、没收违规所得

续表

序号	处罚日期	处分对象	违规事实	处分依据	处罚措施
15	2019 年 12 月 16 日	法人客户	利用自成交手段影响价格	《大连商品交易所违规处理办法》第三十四条	警告
16	2019 年 12 月 16 日	自然人客户	利用自成交手段影响价格	《大连商品交易所违规处理办法》第三十四条	暂停开仓交易 1 个月并处警告
17	2019 年 12 月 16 日	自然人客户	对敲转移资金	《大连商品交易所违规处理办法》第三十四条	暂停开仓交易 2 个月并处通报批评;暂停开仓交易 1 个月并处警告;警告
18	2019 年 12 月 16 日	自然人客户	利用自成交手段影响价格	《大连商品交易所违规处理办法》第三十四条	暂停开仓交易 10 个交易日并处警告
19	2019 年 12 月 16 日	自然人客户	利用自成交手段影响价格	《大连商品交易所违规处理办法》第三十四条	暂停开仓交易 20 个交易日并处警告
20	2019 年 12 月 16 日	自然人客户	利用自成交手段影响价格	《大连商品交易所违规处理办法》第三十四条	暂停开仓交易 10 个交易日并处警告
21	2019 年 12 月 16 日	自然人客户	不配合交易所立案调查	《大连商品交易所违规处理办法》第四十四条	暂停开仓交易 1 个月并处通报批评
22	2019 年 12 月 31 日	法人客户	利用自成交影响合约价格	《大连商品交易所违规处理办法》第三十四条	暂停开仓交易 1 个月并处通报批评,没收违规所得 1560 元
23	2019 年 12 月 31 日	自然人客户	利用对敲手段转移资金、未妥善管理交易编码	《大连商品交易所违规处理办法》第三十三条、第三十四条	暂停开仓交易 3 个月并处通报批评;警告
24	2019 年 12 月 31 日	法人客户	利用自成交手段影响合约价格	《大连商品交易所违规处理办法》第三十四条	警告
25	2019 年 12 月 31 日	自然人客户	利用对敲手段转移资金	《大连商品交易所违规处理办法》第三十四条	暂停开仓交易 1 个月并处警告
27	2019 年 12 月 31 日	自然人客户、法人客户	利用对敲手段转移资金	《大连商品交易所违规处理办法》第三十四条	暂停开仓 10 个交易日并处警告;警告;暂停开仓交易 5 个交易日
27	2019 年 12 月 31 日	自然人客户	利用对敲手段转移资金	《大连商品交易所违规处理办法》第三十四条	暂停开仓交易 5 个交易日并处警告
28	2019 年 12 月 31 日	自然人客户	利用对敲手段转移资金	《大连商品交易所违规处理办法》第三十四条	暂停开仓交易 10 个交易日并处警告

续表

序号	处罚日期	处分对象	违规事实	处分依据	处罚措施
29	2019 年 12 月 31 日	法人客户	利用自成交手段影响合约价格	《大连商品交易所违规处理办法》第三十四条	警告
30	2019 年 12 月 31 日	自然人客户	利用自成交手段影响合约价格	《大连商品交易所违规处理办法》第三十四条	警告

（三）2019 年自律管理典型案例

一、案例基本情况

2019 年 5 月，大商所查处一起约定交易影响价格的案件。通过对客户甲、乙、丙的交易行为、情况说明、开户资料、交易地址、交易历史等深入调查，查明客户甲、乙、丙存在为制造虚假的市场行情而进行连续买卖，按事先约定的方式或价格进行交易或互为买卖，制造市场假象，影响或企图影响市场价格的行为。上述违规行为持续时间长、对合约价格影响较大、违规获利数额较大。

二、大商所处理情况

大商所认定客户甲、乙、丙为制造虚假的市场行情而进行连续买卖，按事先约定的价格互为买卖，制造市场假象，影响市场价格，情节较为严重。根据《大连商品交易所违规处理办法》第三十四条（五）客户有下列行为“为制造虚假的市场行情而进行连续买卖、自我买卖或蓄意串通，按事先约定的方式或价格进行交易或互为买卖，制造市场假象，影响或企图影响市场价格或持仓量的”，对客户甲、客户乙、客户丙进行公开谴责、宣布为“市场禁止进入者”，采取 3 年市场禁入措施的纪律处分。在市场禁止进入期限内，不得从事我所期货、期权业务。该处分当事人的违规行为纪律处分结果记入证券期货市场诚信档案数据库。

三、案例思考

价格发现是期货市场的重要功能之一，本案中，当事人利用约定交易手段影响期货合约价格，阻碍了价格发现市场功能的发挥，破坏了期货市场正常交易秩序，对市场造成了较为恶劣的影响。大商所作为期货市场一线监管机构，为了对违规行为形成有效打击，大胆采取历史上极少采取的“宣布为市场禁入者”的自律处罚措施，促使自律处罚与违规行为更相适应。

四、关于违规交易案例的纪律处分决定书

当事人：客户甲、客户乙、客户丙

客户甲、客户乙、客户丙违规交易一案，现已调查、审理终结。经调查审理查明，2019 年 1 月期间，客户甲、客户乙、客户丙多次按事先约定的方式或价格进行交易、互为买卖，导致合约异常大幅波动，影响市场价格。

客户甲、客户乙、客户丙违规事实清楚，证据充分，情节严重，根据《大连商品交易所违规处理办法》第三十四条第一款第五项的规定，现决定客户甲、客户乙、客户丙公开谴责、宣布为“市场禁止进入者”，采取 3 年市场禁入措施的纪律处分。在市场禁止进入期限内，不得从事我所期货、期权业务。本决定书中被处分当事人的违规行为纪律处分结果记入证券期货市场诚信档案数据库。

当事人如对本处理决定不服，可在收到本处理决定书之日起 10 日内向大连商品交易所书面申请复议一次，复议期间不停止决定的执行。

大连商品交易所
2019 年 5 月 9 日

六、中国金融期货交易所

(一)2019年制定、修改的主要自律规则目录

序号	文件标题	发文日期
1	关于国债作为保证金业务的通知	2019年1月11日
2	关于调整股指期货手续费标准的通知	2019年4月19日
3	关于调整中证500股指期货交易保证金的通知	2019年4月19日
4	关于发布《中国金融期货交易所风险准备金管理办法》的通知	2019年5月24日
5	关于股指期货跨品种双向持仓按照交易保证金单边较大者收取交易保证金的通知	2019年5月31日
6	关于发布《中国金融期货交易所异常交易管理办法》《中国金融期货交易所风险控制管理办法》及相关规定的通知	2019年5月31日
7	关于发布《沪深300股指期权合约》及相关业务规则的通知	2019年12月14日
8	关于期货、期权品种信息披露标准的通知	2019年12月18日
9	关于套期保值交易管理要求的通知	2019年12月18日
10	《中国金融期货交易所异常交易管理办法》股指期权有关监管标准及处理程序	2019年12月18日
11	关于沪深300股指期权交易信息报备的通知	2019年12月18日
12	关于沪深300股指期权合约上市交易有关事项的通知	2019年12月18日

(二)2019年纪律措施决定目录

序号	处罚日期	处分对象	违规事实	处分依据	处罚措施
1	2019-05-30	自然人客户及其他市场参与者	相互成交、转移资金,牟取不当利益;未主动申报实际控制关系,未妥善管理交易编码,且提供交易编码供他人使用。	《中国金融期货交易所违规违约处理办法》第十九条和第二十三条。	公开谴责;在国债期货品种上限制开仓9个月。

（三）2019 年自律管理典型案例

吕某实际控制高某账户利用对敲手段转移资金、牟取不当利益案

一、案例情况

2019 年 1 月 17 日，中金所监控发现 2 年期国债期货 1903 合约发生首笔成交后，价格走势异常，买卖双方主要为某证券自营账户和自然人高某账户。经进一步调查，2018 年 10 月 22 日，高某在其表弟吕某的要求下开通金融期货交易权限，并将交易编码提供吕某使用。吕某实际控制高某的金融期货账户后，在 2018 年 10 月 23 日至 2019 年 1 月 22 日间，利用职务之便，操作某证券自营账户与高某账户大量相互成交，控制高某账户低买高卖，操作某证券账户高买低卖，将某证券自营账户资金转移至高某账户，相互成交得利 20.78 万元。

中金所审理后认定，吕某的行为符合《中国金融期货交易所违规违约处理办法》第二十三条有关利用对敲手段转移资金、牟取不当利益的情形；高某的行为符合第十九条有关提供交易编码供他人使用导致被他人利用实施违规行为的情形。据此，中金所对吕某采取公开谴责的纪律处分，对高某采取在国债期货品种上限制开仓 9 个月的纪律处分。处理结果记入资本市场诚信信息数据库。

二、案例启示

所谓对敲交易，是指两个账户之间在相同的期货合约上，按照事先约定的时间、价格和方式进行互为对手的交易。对敲交易是期货市场典型的违规交易行为，能够影响市场价格、转移资金或者牟取不当利益，严重危害期货市场功能发挥，是中金所重点查处、严厉打击的违规行为之一。同时，投资者将期货账户“出借”或“出售”他人存在资金及交易安全风险。如遇操盘手对敲转移资金或者从事其他违法违规行为，投资者往往会陷入人财两空的境地，甚至面临法律法规的制裁。

中金所作为行业自律组织，承担一线监管责任，严厉打击违法违规行为，保护投资者合法权益，维护“公开、公平、公正”的市场秩序，确保市场安全平稳运行。中金所将继续加强会员单位管理和投资者教育，提醒广大投资者提高合规和风险意识，依法合规理性参与期货交易，防范违规交易行为的发生。

七、中国证券登记结算公司

(一)2019年制定、修改的业务规则目录

序号	业务规则名称	发布主体	发布时间
账户管理类			
1	中国证券登记结算有限责任公司特殊机构及产品证券账户业务指南	公司总部	2019.12.06
2	中国证券登记结算有限责任公司证券账户业务指南	公司总部	2019.06.28
登记与存管类			
1	全国中小企业股份转让系统有限责任公司中国证券登记结算有限责任公司关于发布《全国中小企业股份转让系统挂牌公司股份特定事项协议转让细则》的公告	公司总部	2019.12.27
2	关于发布《中国证券登记结算有限责任公司投资者登记业务代理机构管理办法》的通知	公司总部	2019.03.22
3	关于修订并发布《中国证券登记结算有限责任公司证券登记规则》的通知	公司总部	2019.03.01
4	关于修订《中国证券登记结算有限责任公司上海分公司证券发行人业务指南》的通知	上海分公司	2019.12.12
5	中国证券登记结算有限责任公司上海分公司营业大厅业务指南	上海分公司	2019.10.15
6	关于修订并发布《中国结算深圳分公司证券非交易过户业务指南》的通知	深圳分公司	2019.09.30
7	关于修订并发布《中国证券登记结算有限责任公司深圳分公司证券转托管业务指南》的通知	深圳分公司	2019.07.11
8	关于修订并发布《中国结算深圳分公司上市公司股权激励业务操作指南》的通知	深圳分公司	2019.04.30
9	中国结算北京分公司投资者业务指南	北京分公司	2019.08.30
10	中国结算北京分公司挂牌公司要约收购登记结算业务指南	北京分公司	2019.08.15
11	中国结算北京分公司挂牌公司股份注销登记业务指南	北京分公司	2019.05.22
12	中国结算北京分公司境外上市公司非境外上市股份登记存管服务指南	北京分公司	2019.04.29
清算与交收类			
1	关于发布《结算备付金管理办法(2019年修订版)》的通知	公司总部	2019.12.20
2	关于修订并发布《中国证券登记结算有限责任公司深圳分公司证券资金结算业务指南》的通知	深圳分公司	2019.10.11

续表

序号	业务规则名称	发布主体	发布时间
结算参与机构管理类			
创新类业务类			
1	关于发布《上海证券交易所　中国证券金融股份有限公司　中国证券登记结算有限责任公司科创板转融通证券出借和转融券业务实施细则》的通知	公司总部	2019.04.30
2	关于发布《中国证券登记结算有限责任公司科创板股票登记结算业务细则（试行）》的通知	公司总部	2019.03.01
3	关于修订《上海市场首次公开发行股票登记结算业务指南》的通知	上海分公司	2019.11.15
4	中国证券登记结算有限责任公司上海分公司创新企业境内发行存托凭证登记结算业务指南	上海分公司	2019.07.03
5	关于发布《中国结算上海分公司股权激励计划登记结算业务指南》的通知	上海分公司	2019.07.02
6	中国结算上海分公司场内实时申赎货币市场基金登记结算业务指南	上海分公司	2019.06.26
7	中国结算上海分公司科创板股票登记结算业务指南	上海分公司	2019.06.21
8	中国结算上海分公司质押式报价回购登记结算业务指南	上海分公司	2019.01.18
9	中国结算上海分公司约定购回式证券交易登记结算业务指南	上海分公司	2019.01.18
10	关于发布《深圳市场首次公开发行股票登记结算业务指南》的通知	深圳分公司	2019.10.08
11	关于修订并发布《中国证券登记结算有限责任公司深圳分公司交易型开放式基金登记结算业务指南》的通知	深圳分公司	2019.10.11
12	中国结算北京分公司优先股登记结算业务指南	北京分公司	2019.02.25
债券业务类			
1	关于质押式回购现金担保品有关事项的通知	公司总部	2019.11.22
2	上海证券交易所　全国中小企业股份转让系统有限责任公司　中国证券登记结算有限责任公司关于发布《非上市公司非公开发行可转换公司债券业务实施办法》的通知	公司总部	2019.08.30
3	深圳证券交易所　全国中小企业股份转让系统有限责任公司　中国证券登记结算有限责任公司关于发布《非上市公司非公开发行可转换公司债券业务实施办法》的通知	公司总部	2019.08.30
4	上海证券交易所　中国证券登记结算有限责任公司关于为上市期间特定债券提供转让结算服务有关事项的通知	公司总部	2019.05.24
5	上海证券交易所　中国证券登记结算有限责任公司关于为挂牌期间特定非公开发行债券提供转让结算服务有关事项的通知	公司总部	2019.05.24
6	深圳证券交易所　中国证券登记结算有限责任公司关于为上市期间特定债券提供转让结算服务有关事项的通知	公司总部	2019.05.24
7	深圳证券交易所　中国证券登记结算有限责任公司关于为挂牌期间特定非公开发行债券提供转让结算服务有关事项的通知	公司总部	2019.05.24

续表

序号	业务规则名称	发布主体	发布时间
8	关于调整公司债券结算业务有关事项的通知	公司总部	2019.03.29
9	关于发布《上海证券交易所　中国证券登记结算有限责任公司信用保护工具业务管理试点办法》的通知	公司总部	2019.01.18
10	关于发布《深圳证券交易所　中国证券登记结算有限责任公司信用保护工具业务管理试点办法》的通知	公司总部	2019.01.18
11	关于发布《中国证券登记结算有限责任公司可交换公司债券登记结算业务细则》的通知	公司总部	2019.01.04
12	关于发布《中国证券登记结算有限责任公司国债期货交割登记结算业务实施办法》的通知	公司总部	2019.01.04
13	中国证券登记结算有限责任公司上海分公司债券质押式三方回购登记结算业务指南	上海分公司	2019.11.15
14	中国结算上海分公司非公开发行公司债券登记结算业务指南	上海分公司	2019.11.15
15	中国结算上海分公司债券质押式协议回购登记结算业务指南	上海分公司	2019.11.15
16	关于修订发布《中国结算上海分公司债券登记结算业务指南》的通知	上海分公司	2019.01.29
17	关于修订《中国结算上海分公司可交换公司债券登记结算业务指南》的通知	上海分公司	2019.01.29
18	关于修订并发布《中国结算深圳分公司债券质押式协议回购登记结算业务指南》的通知	深圳分公司	2019.04.22
股票期权类			
1	深圳证券交易所　中国证券登记结算有限责任公司股票期权组合策略业务指引	公司总部	2019.12.07
2	中国证券登记结算有限责任公司关于深圳证券交易所股票期权试点结算业务实施细则	公司总部	2019.12.06
3	深圳证券交易所　中国证券登记结算有限责任公司股票期权试点风险控制管理办法	公司总部	2019.12.06
4	上海证券交易所　中国证券登记结算有限责任公司股票期权组合策略业务指引	公司总部	2019.11.15
5	关于沪市股票期权试点期间暂免收取卖出开仓交易结算费的通知	上海分公司	2019.12.20
6	关于修订《中国结算上海分公司股票期权试点结算业务指南》的通知	上海分公司	2019.11.15
7	深圳股票期权登记结算业务投资者问答	深圳分公司	2019.12.20
8	关于做好深市股票期权业务上线相关工作的通知	深圳分公司	2019.12.20
9	关于深市股票期权结算业务收费标准及试点初期暂免收取卖出开仓交易结算费的通知	深圳分公司	2019.12.06
10	关于做好深市衍生品合约账户开户工作的通知	深圳分公司	2019.12.06
11	关于发布《中国证券登记结算有限责任公司深圳分公司股票期权试点结算业务指南》的通知	深圳分公司	2019.12.06

续表

序号	业务规则名称	发布主体	发布时间
融资融券与转融通类			
1	中国证券登记结算有限责任公司上海分公司证券出借及转融通登记结算业务指南(试行)	上海分公司	2019.01.28
开放式基金类			
1	关于修订并发布《中国证券登记结算有限责任公司开放式证券投资基金及证券公司集合资产管理计划份额登记及资金结算业务指南》的通知	公司总部	2019.05.13
2	关于修订《上海证券交易所上市开放式基金业务指引》的通知	公司总部	2019.02.22
涉外与跨境业务类			
1	关于发布《H股“全流通”业务实施细则》的通知	公司总部	2019.12.31
2	关于修订《上海证券交易所港股通交易风险揭示书必备条款》的通知	公司总部	2019.10.18
3	关于修订《深圳证券交易所港股通交易风险揭示书必备条款》的通知	公司总部	2019.10.18
4	关于修订《中国结算上海分公司港股通存管结算业务指南》的通知	上海分公司	2019.11.15
5	上海证券交易所与伦敦证券交易所互联互通存托凭证登记结算业务指南	上海分公司	2019.11.14
6	中国结算上海分公司合格境外机构投资者证券投资登记结算业务指南	上海分公司	2019.01.18
其他类			
1	关于发布《中国证券登记结算有限责任公司自律管理实施细则》的通知	公司总部	2019.08.23
2	中国结算北京分公司协助执法业务指南	北京分公司	2019.01.31

(二)2019年自律管理措施目录

序号	对象	惩戒事由	惩戒种类	措施日期
1	通金投资等941名投资者	违反证券账户实名制要求	注销违规账户、限制新开户、列为实名制重点关注对象	2019.02.12
2	安信证券	公司客户连续十五个交易日发生债券质押式回购欠库	约见谈话	2019.03.15
3	金元证券	股票期权自营业务保证金不足	口头警示	2019.03.19
4	光大证券	客户连续9个交易日发生债券质押式回购欠库	书面警示	2019.7.5
5	贺文哲等12名投资者	违反证券账户实名制要求	注销违规账户、限制新开户、列为实名制重点关注对象	2019.8.13
6	国联证券	未经我公司同意,自行开展了单向视频非现场开户业务	口头警示	2019.8.30

续表

序号	对象	惩戒事由	惩戒种类	措施日期
7	赵敏等 6 名投资者	违反证券账户实名制要求。	注销违规账户、限制新开户、列为实名制重点关注对象'	2019.11.12
8	余盛	违反证券账户实名制要求	注销违规账户、限制新开户、列为实名制重点关注对象	2019.12.17

八、中国证券投资者保护基金公司

(一)2019 年纪律措施决定目录

序号	主体	文　号	发文日期	措施种类
1	财富证券	证保函[2019]73 号	2019 年 3 月 12 日	出具《整改通知书》
2	金元证券	证保函[2019]286 号	2019 年 6 月 21 日	
3	财通证券	证保函[2019]337 号	2019 年 7 月 10 日	
4	中信银行	证保函[2019]357 号	2019 年 7 月 25 日	
5	广发银行	证保函[2019]391 号	2019 年 8 月 16 日	
6	中山证券	证保函[2019]434 号	2019 年 9 月 18 日	
7	东吴证券	证保函[2019]435 号	2019 年 9 月 18 日	
8	农业银行	证保函[2019]492 号	2019 年 10 月 29 日	
9	浦发银行	证保函[2019]493 号	2019 年 10 月 29 日	
10	国联证券	证保函[2019]674 号	2019 年 12 月 27 日	

(二)2019 年自律管理典型案例

【案例 1】存管银行误冻结证券公司客户交易结算资金账户。2019 年 7 月 8 日 0 时至 10 时 15 分，A 银行误冻结了 B 证券公司的客户交易结算资金专用存款账户，期间该账户资金划入、划出功能受限，B 证券公司共 211 名客户 376 笔合计 2.3 亿元“银证转账”交易失败。此外，A 银行未能发现上述异常情况，经投保基金公司电话告知后才启动应急处理。

A 存管银行涉嫌违反《证券法》第一百三十九条，关于非因客户本身的债务不得冻结客户交易结算资金的相关规定。

【案例 2】使用客户信用担保资金进行客户融资交易交收，导致客户信用交易担保资金出现缺口。C 证券公司 2019 年 2 月 26 日融资融券客户深圳市场融资交易净额为净应付 74,970,180.78 元，而 2 月 27 日交收时账户内的自有资金仅为 56,589,356.23 元，使用 18,380,824.55 元客户信用交易担保资金完成了客户融资交易交收。由于 C 证券公司未能准确划付交收款，导致客户信用交易担保资金出现缺口。

C 证券公司涉嫌违反《证券公司监督管理条例》第五十三条，关于证券公司不得动用客户担保账户内资金，以及《证券公司融资融券业务管理办法》第四条第三项，证券公司经营融资融券业务不得违规挪用客户担保物的相关规定。

九、中国证券金融公司

2019 年制定、参与制定的主要自律规则目录

1. 中国证券金融公司统计监测处理措施实施办法

2. 上海证监交易所、中国证券金融股份有限公司、中国证券登记结算有限责任公司科创板转融通证券出借和转融券业务实施细则

十、中国期货市场监控中心公司

2019 年制定、修改的自律规则目录

序号	发布时间	文　　号	标　　题
1	2019 年 1 月 24 日	监控函〔2019〕31 号	期货保证金监控系统对股票期权业务结算机构的数据报送接口 1.1 版
2	2019 年 3 月 7 日	监控函〔2019〕73 号	关于修订《境外交易者统一开户业务操作规则》的函
3	2019 年 4 月 3 日	监控函〔2019〕111 号	期货保证金监控系统数据报送接口（交易所 5.3 版）
4	2019 年 8 月 15 日	监控函〔2019〕216 号	场外衍生品交易报告库数据报送接口 V2.0

续表

序号	发布时间	文　号	标　题
5	2019 年 9 月 17 日	监控函〔2019〕230 号	关于修订《特殊单位客户统一开户业务操作指引》《期货公司资产管理业务统一开户操作指引》和《境外交易者统一开户业务操作规则》的函
6	2019 年 11 月 22 日	监控函〔2019〕273 号	关于发布《期货保证金监控系统数据报送接口(期货公司 4.4 版)》的函
7	2019 年 12 月 4 日	监控函〔2019〕281 号	期货市场运行监测监控系统交易所数据报送接口(4.2 版)

十一、全国股份转让系统公司

(一)2019 年制定、修改的主要自律规则目录

序号	规则名称	文　号	发布日期
综合类			
1	全国中小企业股份转让系统复核实施细则	股转系统公告〔2019〕930 号	2019 - 06 - 14
2	全国中小企业股份转让系统自律监管措施和纪律处分细则	股转系统公告〔2019〕918 号	2019 - 06 - 14
3	全国中小企业股份转让系统分层管理办法	股转系统公告〔2019〕1843 号	2019 - 12 - 27
挂牌业务类			
4	全国中小企业股份转让系统公开转让说明书信息披露指引——专业技术服务公司	股转系统公告〔2018〕1497 号	2019 - 01 - 04
5	全国中小企业股份转让系统公开转让说明书信息披露指引——零售公司	股转系统公告〔2018〕1497 号	2019 - 01 - 04
6	全国中小企业股份转让系统公开转让说明书信息披露指引——互联网和相关服务公司	股转系统公告〔2018〕1497 号	2019 - 01 - 04
7	全国中小企业股份转让系统公开转让说明书信息披露指引——计算机、通信和其他电子设备制造公司	股转系统公告〔2018〕1497 号	2019 - 01 - 04
8	全国中小企业股份转让系统股票挂牌审查工作指引(试行)	股转系统公告〔2019〕368 号	2019 - 03 - 08
9	全国中小企业股份转让系统公开转让说明书信息披露指引——教育公司	股转系统公告〔2019〕1556 号	2019 - 10 - 18

续表

序号	规则名称	文号	发布日期
10	全国中小企业股份转让系统公开转让说明书信息披露指引——影视公司	股转系统公告〔2019〕1556号	2019－10－18
11	全国中小企业股份转让系统公开转让说明书信息披露指引——农林牧渔公司	股转系统公告〔2019〕1556号	2019－10－18
12	全国中小企业股份转让系统公开转让说明书信息披露指引——化工公司	股转系统公告〔2019〕1556号	2019－10－18
公司业务类——信息披露类			
13	全国中小企业股份转让系统挂牌公司信息披露指引——专业技术服务公司	股转系统公告〔2018〕1497号	2019－01－04
14	全国中小企业股份转让系统挂牌公司信息披露指引——零售公司	股转系统公告〔2018〕1497号	2019－01－04
15	全国中小企业股份转让系统挂牌公司信息披露指引——互联网和相关服务公司	股转系统公告〔2018〕1497号	2019－01－04
16	全国中小企业股份转让系统挂牌公司信息披露指引——计算机、通信和其他电子设备制造公司	股转系统公告〔2018〕1497号	2019－01－04
17	全国中小企业股份转让系统挂牌公司持续信息披露公告分类指南	股转系统公告〔2019〕1169号	2019－08－29
18	全国中小企业股份转让系统挂牌公司信息披露指引——教育公司	股转系统公告〔2019〕1556号	2019－10－18
19	全国中小企业股份转让系统挂牌公司信息披露指引——影视公司	股转系统公告〔2019〕1556号	2019－10－18
20	全国中小企业股份转让系统挂牌公司信息披露指引——农林牧渔公司	股转系统公告〔2019〕1556号	2019－10－18
21	全国中小企业股份转让系统挂牌公司信息披露指引——化工公司	股转系统公告〔2019〕1556号	2019－10－18
公司业务类——融资类			
22	挂牌公司股票发行常见问题解答（四）——特殊投资条款	股转系统公告〔2019〕693号	2019－04－19
23	非上市公司非公开发行可转换公司债券业务实施办法	股转系统公告〔2019〕1438号、1439号	2019－08－30
公司业务类——并购重组类			
24	挂牌公司权益变动与收购业务问答（二）	股转系统公告〔2019〕621号	2019－04－12
25	全国中小企业股份转让系统挂牌公司要约收购业务指引	股转系统公告〔2019〕931号	2019－06－14
公司业务类——其他类			
26	全国中小企业股份转让系统挂牌公司回购股份实施细则	股转系统公告〔2018〕1503号	2019－01－02

续表

序号	规 则 名 称	文　　号	发布日期
27	全国中小企业股份转让系统挂牌公司申请股票终止挂牌及撤回终止挂牌业务指南	股转系统公告〔2019〕315 号	2019 - 03 - 08
28	关于实施要约回购制度的公告	股转系统公告〔2019〕932 号	2019 - 06 - 14
交易监察类			
29	全国中小企业股份转让系统股票交易规则	股转系统公告〔2019〕1844 号	2019 - 12 - 27
30	全国中小企业股份转让系统股票异常交易监控细则(试行)	股转系统公告〔2019〕1849 号	2019 - 12 - 27
31	全国中小企业股份转让系统挂牌公司股份特定事项协议转让细则	股转系统公告〔2019〕1847 号	2019 - 12 - 27
32	全国中小企业股份转让系统挂牌公司股份特定事项协议转让业务办理指南	股转系统公告〔2019〕1846 号	2019 - 12 - 27
机构业务类			
33	全国中小企业股份转让系统做市商做市业务管理细则(试行)	股转系统公告〔2019〕141 号	2019 - 01 - 25
34	全国中小企业股份转让系统主办券商相关业务备案申请文件内容与格式指南	股转系统公告〔2019〕384 号	2019 - 04 - 01
35	全国中小企业股份转让系统做市业务备案申请文件内容与格式指南	股转系统公告〔2019〕384 号	2019 - 04 - 01
36	全国中小企业股份转让系统主办券商执业质量负面行为清单	股转系统办发〔2019〕150 号	2019 - 12 - 31
37	全国中小企业股份转让系统主办券商执业质量评价细则	股转系统公告〔2019〕1828 号	2019 - 12 - 31
投资者服务类			
38	全国中小企业股份装让系统投资者适当性管理办法	股转系统公告〔2019〕1845 号	2019 - 12 - 27
39	全国中小企业股份转让系统投资者适当性管理业务指南	股转系统公告〔2019〕1846 号	2019 - 12 - 27
两网及退市公司类			
40	全国中小企业股份转让系统两网及退市公司股票转让暂行办法	股转系统公告〔2019〕1455 号	2019 - 09 - 11

(二)2019年纪律处分决定目录

序号	文件名称	文号	发文日期
1	关于给予北京中科可来博电子科技股份有限公司及陈曙光、袁晓阳通报批评的决定	股转系统发〔2019〕155号	2019-2-20
2	关于给予武汉银都文化传媒股份有限公司及相关责任人员纪律处分及自律监管措施的决定	股转系统发〔2019〕237号	2019-2-11
3	关于给予南京三信防务装备股份有限公司及相关责任人员纪律处分的决定	股转系统发〔2019〕244号	2019-2-12
4	关于给予上海乐宝日化股份有限公司、香港远景生物科技有限公司、魏长有、李宪立、王晓娟通报批评的纪律处分的决定	股转系统发〔2019〕433号	2019-2-20
5	关于给予汕头市金森源化工股份有限公司及杨派钿通报批评的决定	股转系统发〔2019〕582号	2019-4-3
6	关于给予广东温迪数字传播股份有限公司、关丽芬、罗淑妮、王立军纪律处分的决定	股转系统发〔2019〕624号	2019-4-12
7	关于给予杭州九言科技股份有限公司及相关责任人纪律处分的决定	股转系统发〔2019〕708号	2019-5-9
8	关于给予焦作力合节能装备股份有限公司及相关责任人员纪律处分的决定	股转系统发〔2019〕766号	2019-5-10
9	关于给予河南亚太能源科技股份有限公司及相关责任人员纪律处分的决定	股转系统发〔2019〕961号	2019-5-22
10	关于对山东飞达集团生物科技股份有限公司及相关责任主体采取自律监管措施和纪律处分的决定	股转系统发〔2019〕965号	2019-5-24
11	关于对山东绿嘉木结构股份有限公司及相关责任主体采取自律监管措施和纪律处分的决定	股转系统发〔2019〕967号	2019-5-24
12	关于对大民种业股份有限公司及相关责任主体采取自律监管措施和纪律处分的决定	股转系统发〔2019〕968号	2019-5-24
13	关于对上海丰汇医学科技股份有限公司及相关责任主体采取自律监管措施和纪律处分的决定	股转系统发〔2019〕969号	2019-5-24
14	关于给予聊城金新建筑节能股份有限公司及相关责任人员纪律处分和自律监管措施的决定	股转系统发〔2019〕970号	2019-5-24
15	关于给予洛阳国润新材料科技股份有限公司及相关责任人员纪律处分和自律监管措施的决定	股转系统发〔2019〕971号	2019-5-24

续表

序号	文 件 名 称	文　　号	发文日期
16	关于给予湖北视纪印象科技股份有限公司及相关责任人员纪律处分和自律监管措施的决定	股转系统发〔2019〕972 号	2019 - 5 - 24
17	关于给予浙江仁者科技股份有限公司及相关责任人员纪律处分和自律监管措施的决定	股转系统发〔2019〕973 号	2019 - 5 - 24
18	关于给予江苏一块去网络股份有限公司及相关责任人员纪律处分和自律监管措施的决定	股转系统发〔2019〕974 号	2019 - 5 - 24
19	关于给予浙江德立自动化装备股份有限公司及相关责任人纪律处分的决定	股转系统发〔2019〕975 号	2019 - 5 - 24
20	关于给予深圳市亚风快运股份有限公司及相关责任人员纪律处分和自律监管措施的决定	股转系统发〔2019〕976 号	2019 - 5 - 24
21	关于给予北京道隆华尔软件股份有限公司及相关责任人员纪律处分和自律监管措施的决定	股转系统发〔2019〕977 号	2019 - 5 - 24
22	关于给予武汉颂大教育科技股份有限公司及相关责任人员纪律处分和自律监管措施的决定	股转系统发〔2019〕978 号	2019 - 5 - 24
23	关于给予重庆帮豪种业股份有限公司及相关责任人员纪律处分和自律监管措施的决定	股转系统发〔2019〕979 号	2019 - 5 - 24
24	关于给予大连东霖食品股份有限公司及相关责任人员纪律处分和自律监管措施的决定	股转系统发〔2019〕980 号	2019 - 5 - 24
25	关于给予璧合科技股份有限公司及相关责任人员纪律处分和自律监管措施的决定	股转系统发〔2019〕981 号	2019 - 5 - 24
26	关于给予湖北万星面业股份有限公司及相关责任人员纪律处分和自律监管措施的决定	股转系统发〔2019〕982 号	2019 - 5 - 24
27	关于给予广东葫芦堡文化科技股份有限公司及相关责任人员纪律处分和自律监管措施的决定	股转系统发〔2019〕983 号	2019 - 5 - 24
28	关于给予青岛海润检测股份有限公司及相关责任人员纪律处分和自律监管措施的决定	股转系统发〔2019〕984 号	2019 - 5 - 24
29	关于给予江西兴邦光电股份有限公司及相关责任人员纪律处分和自律监管措施的决定	股转系统发〔2019〕985 号	2019 - 5 - 24
30	关于给予科盾科技股份有限公司及相关责任人员纪律处分和自律监管措施的决定	股转系统发〔2019〕986 号	2019 - 5 - 24
31	关于给予江苏阳光四季新能源科技股份有限公司及相关责任人员纪律处分和自律监管措施的决定	股转系统发〔2019〕987 号	2019 - 5 - 24
32	关于给予河南中云创光电科技股份有限公司及相关责任人员纪律处分和自律监管措施的决定	股转系统发〔2019〕988 号	2019 - 5 - 24
33	关于给予义博通信设备集团股份有限公司及相关责任人员纪律处分和自律监管措施的决定	股转系统发〔2019〕989 号	2019 - 5 - 24

续表

序号	文件名称	文　号	发文日期
34	关于给予山东广安车联科技股份有限公司及相关责任人员纪律处分和自律监管措施的决定	股转系统发〔2019〕990 号	2019－5－24
35	关于给予厦门中健网农股份有限公司及相关责任人员纪律处分和自律监管措施的决定	股转系统发〔2019〕991 号	2019－5－24
36	关于给予湖北天立坤鑫装备股份有限公司及相关责任人员纪律处分和自律监管措施的决定	股转系统发〔2019〕992 号	2019－5－24
37	关于给予上海张铁军翡翠股份有限公司及相关责任人员纪律处分和自律监管措施的决定	股转系统发〔2019〕993 号	2019－5－24
38	关于给予江苏万企达股份有限公司及相关责任人员纪律处分和自律监管措施的决定	股转系统发〔2019〕994 号	2019－5－24
39	关于给予广西圣保堂健康产业股份有限公司及相关责任人员纪律处分和自律监管措施的决定	股转系统发〔2019〕995 号	2019－5－24
40	关于给予辽宁利浩管业股份有限公司及相关责任人员纪律处分和自律监管措施的决定	股转系统发〔2019〕996 号	2019－5－24
41	关于给予山东泰然材料科技股份有限公司及相关责任人员纪律处分和自律监管措施的决定	股转系统发〔2019〕997 号	2019－5－24
42	关于给予山东东海融资租赁股份有限公司及相关责任人员纪律处分和自律监管措施的决定	股转系统发〔2019〕998 号	2019－5－24
43	关于给予元亨利珠宝股份有限公司及相关责任人员纪律处分和自律监管措施的决定	股转系统发〔2019〕999 号	2019－5－24
44	关于给予浙江华汇能源环境投资股份有限公司及相关责任人员纪律处分的决定	股转系统发〔2019〕1000 号	2019－5－24
45	关于给予无锡鸣哩科技股份有限公司及相关责任人员纪律处分的决定	股转系统发〔2019〕1001 号	2019－5－24
46	关于给予宁夏科捷锂电池股份有限公司及相关责任人员纪律处分的决定	股转系统发〔2019〕1002 号	2019－5－24
47	关于给予山东澳泰药剂股份有限公司及相关责任人员纪律处分和自律监管措施的决定	股转系统发〔2019〕1003 号	2019－5－24
48	关于给予东莞市德尔能新能源股份有限公司及相关责任人员纪律处分和自律监管措施的决定	股转系统发〔2019〕1004 号	2019－5－24
49	关于给予江西大族能源科技股份有限公司及相关责任人员纪律处分和自律监管措施的决定	股转系统发〔2019〕1005 号	2019－5－24
50	关于给予深圳市恒康达国际食品股份有限公司及相关责任人员纪律处分和自律监管措施的决定	股转系统发〔2019〕1006 号	2019－5－24
51	关于给予江西大麦互娱科技股份有限公司及相关责任人员纪律处分的决定	股转系统发〔2019〕1007 号	2019－5－24

续表

序号	文件名称	文号	发文日期
52	关于给予浙江海宁国爱文化传媒股份有限公司及相关责任人员纪律处分的决定	股转系统发〔2019〕1008 号	2019－5－24
53	关于给予宁波科莱尔节能科技股份有限公司及相关责任人员纪律处分和自律监管措施的决定	股转系统发〔2019〕1009 号	2019－5－24
54	关于给予深圳市佳信捷技术股份有限公司及相关责任人员纪律处分的决定	股转系统发〔2019〕1010 号	2019－5－24
55	关于给予江苏聚业机械装备股份有限公司及相关责任人员纪律处分和自律监管措施的决定	股转系统发〔2019〕1011 号	2019－5－24
56	关于给予北京中诚昊天科技股份有限公司及相关责任人员纪律处分和自律监管措施的决定	股转系统发〔2019〕1012 号	2019－5－24
57	关于给予山东华翼微电子技术股份有限公司及相关责任人员纪律处分和自律监管措施的决定	股转系统发〔2019〕1013 号	2019－5－24
58	关于给予山东永平再生资源股份有限公司及相关责任人员纪律处分和自律监管措施的决定	股转系统发〔2019〕1014 号	2019－5－24
59	关于给予广东盛世华诚保险销售股份有限公司及相关责任人员纪律处分和自律监管措施的决定	股转系统发〔2019〕1015 号	2019－5－24
60	关于给予萍乡华维电瓷科技股份有限公司及相关责任人员纪律处分和自律监管措施的决定	股转系统发〔2019〕1016 号	2019－5－24
61	关于给予广州傲胜人造草股份有限公司及相关责任人员纪律处分和自律监管措施的决定	股转系统发〔2019〕1017 号	2019－5－24
62	关于给予深圳恒泰智联股份有限公司及相关责任人员纪律处分和自律监管措施的决定	股转系统发〔2019〕1018 号	2019－5－24
63	关于给予福建伟思国瑞软件股份有限公司及相关责任人员纪律处分和自律监管措施的决定	股转系统发〔2019〕1019 号	2019－5－24
64	关于给予上海陆道智城文化创意产业集团股份有限公司及相关责任人员纪律处分和自律监管措施的决定	股转系统发〔2019〕1020 号	2019－5－24
65	关于给予广州市仪美医用家具科技股份有限公司及相关责任人员纪律处分和自律监管措施的决定	股转系统发〔2019〕1021 号	2019－5－24
66	关于给予福玛特机器人科技股份有限公司及相关责任人员纪律处分和自律监管措施的决定	股转系统发〔2019〕1022 号	2019－5－24
67	关于给予广东宗兴合泰能源环保股份有限公司及相关责任人员纪律处分的决定	股转系统发〔2019〕1023 号	2019－5－24
68	关于给予重庆广建装饰股份有限公司及相关责任人员纪律处分的决定	股转系统发〔2019〕1024 号	2019－5－24
69	关于给予深圳京金动力股份有限公司及相关责任人员纪律处分和自律监管措施的决定	股转系统发〔2019〕1025 号	2019－5－24

续表

序号	文件名称	文　　号	发文日期
70	关于给予亿丰洁净科技江苏股份有限公司纪律处分的决定	股转系统发〔2019〕1026号	2019-5-24
71	关于给予大连玉洋集团股份有限公司及相关责任人员纪律处分和自律监管措施的决定	股转系统发〔2019〕1027号	2019-5-24
72	关于给予河北尚真新材料科技股份有限公司及相关责任人员纪律处分和自律监管措施的决定	股转系统发〔2019〕1028号	2019-5-24
73	关于给予广州市日森机械股份有限公司及相关责任人员纪律处分和自律监管措施的决定	股转系统发〔2019〕1029号	2019-5-24
74	关于给予华夏明科(北京)互联网技术股份有限公司及相关责任人员纪律处分和自律监管措施的决定	股转系统发〔2019〕1030号	2019-5-24
75	关于给予北京荣程创新科技展股份有限公司及相关责任人员纪律处分和自律监管措施的决定	股转系统发〔2019〕1031号	2019-5-24
76	关于给予宁夏成丰农业科技开股份有限公司及相关责任人员纪律处分和自律监管措施的决定	股转系统发〔2019〕1032号	2019-5-24
77	关于给予宁夏万仕隆冷冻科技股份有限公司及相关责任人员纪律处分和自律监管措施的决定	股转系统发〔2019〕1033号	2019-5-24
78	关于给予宁夏原歌葡萄酒庄股份有限公司及相关责任人员纪律处分和自律监管措施的决定	股转系统发〔2019〕1034号	2019-5-24
79	关于给予深圳世能科泰能源技术股份有限公司及相关责任人员纪律处分和自律监管措施的决定	股转系统发〔2019〕1035号	2019-5-24
80	关于给予宁夏智诚安环科技展股份有限公司及相关责任人员纪律处分和自律监管措施的决定	股转系统发〔2019〕1036号	2019-5-24
81	关于给予湖南蒙生生物科技股份有限公司及相关责任人员纪律处分和自律监管措施的决定	股转系统发〔2019〕1037号	2019-5-24
82	关于给予天津市锦聚成商贸股份有限公司及相关责任人员纪律处分的决定	股转系统发〔2019〕1038号	2019-5-24
83	关于给予天津市和泰鑫工程技术股份有限公司及相关责任人员纪律处分的决定	股转系统发〔2019〕1039号	2019-5-24
84	关于给予武汉同强商用厨房设备科技股份有限公司及相关责任人员纪律处分和自律监管措施的决定	股转系统发〔2019〕1040号	2019-5-24
85	关于给予湖南信达智能设备股份有限公司及相关责任人员纪律处分的决定	股转系统发〔2019〕1041号	2019-5-24
86	关于给予武汉博茗低碳产业股份有限公司及相关责任人员纪律处分和自律监管措施的决定	股转系统发〔2019〕1042号	2019-5-24
87	关于给予华凯保险销售股份有限公司及相关责任人员纪律处分的决定	股转系统发〔2019〕1043号	2019-5-24

续表

序号	文件名称	文　号	发文日期
88	关于给予浙江宇清热工科技股份有限公司及相关责任人员纪律处分和自律监管措施的决定	股转系统发〔2019〕1044号	2019-5-24
89	关于给予浙江原态农业股份有限公司及相关责任人员纪律处分和自律监管措施的决定	股转系统发〔2019〕1045号	2019-5-24
90	关于给予酒泉华杰电气股份有限公司及相关责任人员纪律处分和自律监管措施的决定	股转系统发〔2019〕1046号	2019-5-24
91	关于给予宁波柏泽供应链管理股份有限公司及相关责任人员纪律处分和自律监管措施的决定	股转系统发〔2019〕1047号	2019-5-24
92	关于给予成都嘉尚广告传媒股份有限公司及相关责任人员纪律处分和自律监管措施的决定	股转系统发〔2019〕1048号	2019-5-24
93	关于给予福建意昂机电股份公司及相关责任人员纪律处分的决定	股转系统发〔2019〕1049号	2019-5-24
94	关于给予浙江久灵早教用品科技股份有限公司及相关责任人员纪律处分和自律监管措施的决定	股转系统发〔2019〕1050号	2019-5-24
95	关于给予浙江昊能光电股份有限公司及相关责任人员纪律处分和自律监管措施的决定	股转系统发〔2019〕1051号	2019-5-24
96	关于给予江苏康倍得药业股份有限公司及相关责任人员纪律处分和自律监管措施的决定	股转系统发〔2019〕1052号	2019-5-24
97	关于给予大连隆源气体科技股份有限公司及相关责任人员纪律处分和自律监管措施的决定	股转系统发〔2019〕1053号	2019-5-24
98	关于给予大庆亚东无纺新材料股份有限公司及相关责任人员纪律处分和自律监管措施的决定	股转系统发〔2019〕1054号	2019-5-24
99	关于给予大连荣邦医疗卫生用品股份有限公司及相关责任人员纪律处分和自律监管措施的决定	股转系统发〔2019〕1055号	2019-5-24
100	关于给予厦门羽星科技股份有限公司及相关责任人员纪律处分和自律监管措施的决定	股转系统发〔2019〕1056号	2019-5-24
101	关于给予天津伟力盛世节能科技股份有限公司及相关责任人员纪律处分的决定	股转系统发〔2019〕1057号	2019-5-24
102	关于给予德泓国际绒业股份有限公司及相关责任人员纪律处分的决定	股转系统发〔2019〕1058号	2019-5-24
103	关于给予江苏艾倍科科技股份有限公司及相关责任人员纪律处分和自律监管措施的决定	股转系统发〔2019〕1059号	2019-5-24
104	关于给予山东通用航空服务股份有限公司及相关责任人员纪律处分和自律监管措施的决定	股转系统发〔2019〕1060号	2019-5-24
105	关于给予江苏凯伦风能科技股份有限公司及相关责任人员纪律处分的决定	股转系统发〔2019〕1061号	2019-5-24

续表

序号	文件名称	文　　号	发文日期
106	关于给予芯联达信息科技（北京）股份有限公司及相关责任人员纪律处分和自律监管措施的决定	股转系统发〔2019〕1062号	2019-5-24
107	关于给予河南黑蜘蛛电子商务股份有限公司及相关责任人员纪律处分和自律监管措施的决定	股转系统发〔2019〕1063号	2019-5-24
108	关于给予甘肃丝路林牧生态科技股份有限公司及相关责任人员纪律处分和自律监管措施的决定	股转系统发〔2019〕1064号	2019-5-24
109	关于给予吉林省金恒企业管理集团股份有限公司及相关责任人员纪律处分和自律监管措施的决定	股转系统发〔2019〕1065号	2019-5-24
110	关于给予北京炬福文化股份有限公司及相关责任人员纪律处分和自律监管措施的决定	股转系统发〔2019〕1066号	2019-5-24
111	关于给予苏州长天互娱网络科技股份有限公司及相关责任人员纪律处分和自律监管措施的决定	股转系统发〔2019〕1067号	2019-5-24
112	关于给予黑龙江龙云旅游管理股份有限公司及相关责任人员纪律处分和自律监管措施的决定	股转系统发〔2019〕1068号	2019-5-24
113	关于给予吉林省广通有线网络股份有限公司及相关责任人员纪律处分和自律监管措施的决定	股转系统发〔2019〕1069号	2019-5-24
114	关于给予江西画店文化产业股份有限公司及相关责任人员纪律处分的决定	股转系统发〔2019〕1070号	2019-5-24
115	关于给予杭州和雷实业股份有限公司及相关责任人员纪律处分和自律监管措施的决定	股转系统发〔2019〕1071号	2019-5-24
116	关于给予北京大象健康管理股份有限公司及相关责任人员纪律处分的决定	股转系统发〔2019〕1072号	2019-5-24
117	关于给予上海至臻文化传媒股份有限公司及相关责任人员纪律处分的决定	股转系统发〔2019〕1073号	2019-5-24
118	关于给予北京宝利明威软件股份有限公司及相关责任人员纪律处分的决定	股转系统发〔2019〕1074号	2019-5-24
119	关于给予上海掌玩互娱网络科技股份有限公司及相关责任人员纪律处分的决定	股转系统发〔2019〕1075号	2019-5-24
120	关于给予北京七维航测科技股份有限公司及相关责任人员纪律处分的决定	股转系统发〔2019〕1076号	2019-5-24
121	关于给予河南金硅科技股份有限公司及相关责任人员纪律处分的决定	股转系统发〔2019〕1077号	2019-5-24
122	关于给予西安光谷防务技术股份有限公司及相关责任人员纪律处分和自律监管措施的决定	股转系统发〔2019〕1078号	2019-5-24
123	关于给予延安一正启源科技展股份有限公司及相关责任人员纪律处分的决定	股转系统发〔2019〕1079号	2019-5-24

续表

序号	文件名称	文号	发文日期
124	关于给予深圳华意隆电气股份有限公司及相关责任人员纪律处分和自律监管措施的决定	股转系统发〔2019〕1080号	2019-5-24
125	关于给予安徽金瑞大药房连锁股份有限公司及相关责任人员纪律处分和自律监管措施的决定	股转系统发〔2019〕1081号	2019-5-24
126	关于给予江苏易电通智慧能源股份有限公司及相关责任人员纪律处分和自律监管措施的决定	股转系统发〔2019〕1082号	2019-5-24
127	关于给予湖北任森农业科技展股份有限公司及相关责任人员纪律处分和自律监管措施的决定	股转系统发〔2019〕1083号	2019-5-24
128	关于给予江苏维福特科技展股份有限公司及相关责任人员纪律处分的决定	股转系统发〔2019〕1084号	2019-5-24
129	关于给予上海之江生物科技股份有限公司及相关责任人员纪律处分和自律监管措施的决定	股转系统发〔2019〕1085号	2019-5-24
130	关于给予东莞市尼的科技股份有限公司及相关责任人员纪律处分的决定	股转系统发〔2019〕1086号	2019-5-24
131	关于给予广东中星科技股份有限公司及相关责任人员纪律处分和自律监管措施的决定	股转系统发〔2019〕1087号	2019-5-24
132	关于给予哈密华坤新能源股份有限公司及相关责任人员纪律处分的决定	股转系统发〔2019〕1088号	2019-5-24
133	关于给予山西唐是文化创意股份有限公司及相关责任人员纪律处分和自律监管措施的决定	股转系统发〔2019〕1089号	2019-5-24
134	关于给予广东泰通农业展集团股份有限公司及相关责任人员纪律处分的决定	股转系统发〔2019〕1090号	2019-5-24
135	关于给予东信智能科技股份有限公司及相关责任人员纪律处分和自律监管措施的决定	股转系统发〔2019〕1091号	2019-5-24
136	关于给予广东天环创新科技股份有限公司及相关责任人员纪律处分和自律监管措施的决定	股转系统发〔2019〕1092号	2019-5-24
137	关于给予广东晖速通信技术股份有限公司及相关责任人员纪律处分和自律监管措施的决定	股转系统发〔2019〕1093号	2019-5-24
138	关于给予广东金源科技股份有限公司及相关责任人员纪律处分和自律监管措施的决定	股转系统发〔2019〕1094号	2019-5-24
139	关于给予广东任我通汽车云智能科技股份有限公司及相关责任人员纪律处分和自律监管措施的决定	股转系统发〔2019〕1095号	2019-5-24
140	关于给予广东安尔智能科技股份有限公司及相关责任人员纪律处分的决定	股转系统发〔2019〕1096号	2019-5-24
141	关于给予广东唯诺冠动漫食品股份有限公司及相关责任人员纪律处分和自律监管措施的决定	股转系统发〔2019〕1097号	2019-5-24

续表

序号	文 件 名 称	文　　号	发文日期
142	关于给予广东长旺财务股份有限公司及相关责任人员纪律处分和自律监管措施的决定	股转系统发〔2019〕1098 号	2019－5－24
143	关于给予上海希奥信息科技股份有限公司及相关责任人员纪律处分和自律监管措施的决定	股转系统发〔2019〕1099 号	2019－5－24
144	关于给予广东永通起重机械股份有限公司及相关责任人员纪律处分和自律监管措施的决定	股转系统发〔2019〕1100 号	2019－5－24
145	关于给予江苏康杰机械股份有限公司及相关责任人员纪律处分的决定	股转系统发〔2019〕1101 号	2019－5－24
146	关于给予江苏兴农环保科技股份有限公司及相关责任人员纪律处分和自律监管措施的决定	股转系统发〔2019〕1102 号	2019－5－24
147	关于给予北京航天理想科技股份有限公司及相关责任人员纪律处分的决定	股转系统发〔2019〕1103 号	2019－5－24
148	关于给予深圳市长宁钻石股份有限公司及相关责任人员纪律处分的决定	股转系统发〔2019〕1104 号	2019－5－24
149	关于给予苏州金品智慧机器人制造股份有限公司及相关责任人员纪律处分和自律监管措施的决定	股转系统发〔2019〕1105 号	2019－5－24
150	关于给予昆山三景科技股份有限公司及相关责任人员纪律处分和自律监管措施的决定	股转系统发〔2019〕1106 号	2019－5－24
151	关于给予上海钢联物流股份有限公司及相关责任人员纪律处分和自律监管措施的决定	股转系统发〔2019〕1107 号	2019－5－24
152	关于给予四川蓝源广告传媒股份有限公司及相关责任人员纪律处分和自律监管措施的决定	股转系统发〔2019〕1108 号	2019－5－24
153	关于给予苏州盈迪信康科技股份有限公司及相关责任人员纪律处分和自律监管措施的决定	股转系统发〔2019〕1109 号	2019－5－24
154	关于给予苏州耐戈友防护用品股份有限公司及相关责任人员纪律处分和自律监管措施的决定	股转系统发〔2019〕1110 号	2019－5－24
155	关于给予胜利方兰德石油装备股份有限公司及相关责任人员纪律处分和自律监管措施的决定	股转系统发〔2019〕1111 号	2019－5－24
156	关于给予江西源森油茶科技股份有限公司及相关责任人员纪律处分和自律监管措施的决定	股转系统发〔2019〕1112 号	2019－5－24
157	关于给予上海盛蒂斯自动化设备股份有限公司及相关责任人员纪律处分和自律监管措施的决定	股转系统发〔2019〕1113 号	2019－5－24
158	关于给予江苏神农灭菌设备股份有限公司及相关责任人员纪律处分和自律监管措施的决定	股转系统发〔2019〕1114 号	2019－5－24
159	关于给予丽水兴昌新材料科技股份有限公司及相关责任人员纪律处分和自律监管措施的决定	股转系统发〔2019〕1115 号	2019－5－24

续表

序号	文件名称	文　号	发文日期
160	关于给予上海百林通信网络科技服务股份有限公司及相关责任人员纪律处分的决定	股转系统发〔2019〕1116 号	2019 - 5 - 24
161	关于给予南通元方缘智造工程股份有限公司及相关责任人员纪律处分和自律监管措施的决定	股转系统发〔2019〕1117 号	2019 - 5 - 24
162	关于给予雨来智能科技服务(苏州)股份有限公司及相关责任人员纪律处分和自律监管措施的决定	股转系统发〔2019〕1118 号	2019 - 5 - 24
163	关于给予安徽瑞格电梯服务股份有限公司及相关责任人员纪律处分的决定	股转系统发〔2019〕1119 号	2019 - 5 - 24
164	关于给予辽宁达荣科技股份有限公司及相关责任人员纪律处分和自律监管措施的决定	股转系统发〔2019〕1120 号	2019 - 5 - 24
165	关于给予新疆石大科技股份有限公司及相关责任人员纪律处分的决定	股转系统发〔2019〕1121 号	2019 - 5 - 24
166	关于给予江西通达航运股份有限公司及相关责任人员纪律处分的决定	股转系统发〔2019〕1122 号	2019 - 5 - 24
167	关于给予时空客集团股份有限公司及相关责任人员纪律处分的决定	股转系统发〔2019〕1123 号	2019 - 5 - 24
168	关于给予北京核新伟鸿建设工程股份有限公司及相关责任人员纪律处分的决定	股转系统发〔2019〕1124 号	2019 - 5 - 24
169	关于给予南京金榜麒麟家居股份有限公司及相关责任人员纪律处分和自律监管措施的决定	股转系统发〔2019〕1125 号	2019 - 5 - 24
170	关于给予北京九方天和新能源技术股份有限公司及相关责任人员纪律处分和自律监管措施的决定	股转系统发〔2019〕1126 号	2019 - 5 - 24
171	关于给予广东军大生物科技股份有限公司及相关责任人员纪律处分和自律监管措施的决定	股转系统发〔2019〕1127 号	2019 - 5 - 24
172	关于给予广州曦望文化传播股份有限公司及相关责任人员纪律处分和自律监管措施的决定	股转系统发〔2019〕1128 号	2019 - 5 - 24
173	关于给予杭州天行建筑装饰股份有限公司及相关责任人员纪律处分和自律监管措施的决定	股转系统发〔2019〕1129 号	2019 - 5 - 24
174	关于给予杭州中广物业管理服务股份有限公司及相关责任人员纪律处分和自律监管措施的决定	股转系统发〔2019〕1130 号	2019 - 5 - 24
175	关于给予浙江华尔达热导技术股份有限公司及相关责任人员纪律处分和自律监管措施的决定	股转系统发〔2019〕1131 号	2019 - 5 - 24
176	关于给予逸德汽车智能科技(常州)股份有限公司及相关责任人员纪律处分的决定	股转系统发〔2019〕1132 号	2019 - 5 - 24
177	关于给予浙江华辰新材股份有限公司及相关责任人员纪律处分和自律监管措施的决定	股转系统发〔2019〕1133 号	2019 - 5 - 24

续表

序号	文件名称	文　　号	发文日期
178	关于给予江苏优生活传媒科技股份有限公司及相关责任人员纪律处分和自律监管措施的决定	股转系统发〔2019〕1134号	2019-5-24
179	关于给予浙江弛达信息科技股份有限公司及相关责任人员纪律处分和自律监管措施的决定	股转系统发〔2019〕1135号	2019-5-24
180	关于给予深圳海斯迪能源科技股份有限公司及相关责任人员纪律处分和自律监管措施的决定	股转系统发〔2019〕1136号	2019-5-24
181	关于给予深圳市康普斯节能科技股份有限公司及相关责任人员纪律处分和自律监管措施的决定	股转系统发〔2019〕1137号	2019-5-24
182	关于给予宁波爱珂智能科技股份有限公司及相关责任人员纪律处分和自律监管措施的决定	股转系统发〔2019〕1138号	2019-5-24
183	关于给予南京北斗城际在线信息股份有限公司及相关责任人员纪律处分和自律监管措施的决定	股转系统发〔2019〕1139号	2019-5-24
184	关于给予天津圣目信息安全技术股份有限公司及相关责任人员纪律处分和自律监管措施的决定	股转系统发〔2019〕1140号	2019-5-24
185	关于给予山东华煜盛园农业展股份有限公司及相关责任人员纪律处分和自律监管措施的决定	股转系统发〔2019〕1141号	2019-5-24
186	关于给予杭州洁诺清洁用品股份有限公司及相关责任人员纪律处分和自律监管措施的决定	股转系统发〔2019〕1142号	2019-5-24
187	关于给予湖南联盛网络科技股份有限公司及相关责任人员纪律处分和自律监管措施的决定	股转系统发〔2019〕1143号	2019-5-24
188	关于给予淄博人立文化创意股份有限公司及相关责任人员纪律处分的决定	股转系统发〔2019〕1144号	2019-5-24
189	关于给予雷蒙德（北京）科技股份有限公司及相关责任人员纪律处分的决定	股转系统发〔2019〕1145号	2019-5-24
190	关于给予无锡亚夫农业科技股份有限公司及相关责任人员纪律处分和自律监管措施的决定	股转系统发〔2019〕1146号	2019-5-24
191	关于给予河南腾飞高分子复合材料股份有限公司及相关责任人员纪律处分和自律监管措施的决定	股转系统发〔2019〕1147号	2019-5-24
192	关于给予烟台天圣科技股份有限公司及相关责任人员纪律处分和自律监管措施的决定	股转系统发〔2019〕1148号	2019-5-24
193	关于给予上海富翊装饰工程股份有限公司及相关责任人员纪律处分的决定	股转系统发〔2019〕1149号	2019-5-24
194	关于给予上海大满文化创意股份有限公司及相关责任人员纪律处分和自律监管措施的决定	股转系统发〔2019〕1150号	2019-5-24
195	关于给予浙江龙文精密设备股份有限公司及相关责任人员纪律处分和自律监管措施的决定	股转系统发〔2019〕1151号	2019-5-24

续表

序号	文件名称	文号	发文日期
196	关于给予星光珠宝集团股份有限公司及相关责任人员纪律处分和自律监管措施的决定	股转系统发〔2019〕1152号	2019-5-24
197	关于给予廊坊市北方嘉科印务股份有限公司及相关责任人员纪律处分和自律监管措施的决定	股转系统发〔2019〕1153号	2019-5-24
198	关于给予北京赢鼎教育科技股份有限公司及相关责任人员纪律处分的决定	股转系统发〔2019〕1154号	2019-5-24
199	关于给予武汉众联信息技术股份有限公司及相关责任人员纪律处分和自律监管措施的决定	股转系统发〔2019〕1155号	2019-5-24
200	关于给予江苏正佰电气股份有限公司及相关责任人员纪律处分和自律监管措施的决定	股转系统发〔2019〕1156号	2019-5-24
201	关于给予福建省闽保信息技术股份有限公司及相关责任人员纪律处分的决定	股转系统发〔2019〕1157号	2019-5-24
202	关于给予广东利美隆文化股份有限公司及相关责任人员纪律处分的决定	股转系统发〔2019〕1158号	2019-5-24
203	关于给予广东澄星无人机股份有限公司及相关责任人员纪律处分的决定	股转系统发〔2019〕1159号	2019-5-24
204	关于给予上海爱韦讯信息技术股份有限公司及相关责任人员纪律处分的决定	股转系统发〔2019〕1160号	2019-5-24
205	关于给予上海创乐人企业展股份有限公司及相关责任人员纪律处分的决定	股转系统发〔2019〕1161号	2019-5-24
206	关于给予成都搜搜电子商务股份有限公司及相关责任人员纪律处分和自律监管措施的决定	股转系统发〔2019〕1162号	2019-5-24
207	关于给予山东鸿源金属容器科技股份有限公司及相关责任人员纪律处分的决定	股转系统发〔2019〕1163号	2019-5-24
208	关于给予安徽蓝华金属科技股份有限公司及相关责任人员纪律处分的决定	股转系统发〔2019〕1164号	2019-5-24
209	关于给予北京信联众成技术股份公司及相关责任人员纪律处分的决定	股转系统发〔2019〕1165号	2019-5-24
210	关于给予厦门中闽全球环保股份有限公司及相关责任人员纪律处分的决定	股转系统发〔2019〕1166号	2019-5-24
211	关于给予灵智自控(广州)股份有限公司及相关责任人员纪律处分和自律监管措施的决定	股转系统发〔2019〕1167号	2019-5-24
212	关于给予深圳市创想天空科技股份有限公司及相关责任人员纪律处分和自律监管措施的决定	股转系统发〔2019〕1168号	2019-5-24
213	关于给予西安华新新能源股份有限公司及相关责任人员纪律处分和自律监管措施的决定	股转系统发〔2019〕1169号	2019-5-24

续表

序号	文件名称	文　号	发文日期
214	关于给予河南浏健康管理股份有限公司及相关责任人员纪律处分和自律监管措施的决定	股转系统发〔2019〕1170号	2019－5－24
215	关于给予山东同创汽车散热装置股份有限公司及相关责任人员纪律处分和自律监管措施的决定	股转系统发〔2019〕1171号	2019－5－24
216	关于给予陕西中商矿业股份有限公司及相关责任人员纪律处分和自律监管措施的决定	股转系统发〔2019〕1172号	2019－5－24
217	关于给予广西中新正大国际旅游股份有限公司及相关责任人员纪律处分和自律监管措施的决定	股转系统发〔2019〕1173号	2019－5－24
218	关于给予广西钦州润港林业股份有限公司及相关责任人员纪律处分和自律监管措施的决定	股转系统发〔2019〕1174号	2019－5－24
219	关于给予深圳市跨境翼电子商务股份有限公司及相关责任人员纪律处分和自律监管措施的决定	股转系统发〔2019〕1175号	2019－5－24
220	关于给予北京蓝天瑞德环保技术股份有限公司及相关责任人员纪律处分和自律监管措施的决定	股转系统发〔2019〕1176号	2019－5－24
221	关于给予江苏宝达汽车股份有限公司及相关责任人员纪律处分和自律监管措施的决定	股转系统发〔2019〕1177号	2019－5－24
222	关于给予宝鸡市晨光真空电器股份有限公司及相关责任人员纪律处分和自律监管措施的决定	股转系统发〔2019〕1178号	2019－5－24
223	关于给予舟山群岛新区阿尔法游艇文化旅游股份有限公司及相关责任人员纪律处分的决定	股转系统发〔2019〕1179号	2019－5－24
224	关于给予穆力赛(上海)新材料科技股份有限公司及相关责任人员纪律处分和自律监管措施的决定	股转系统发〔2019〕1180号	2019－5－24
225	关于给予北京普达财务顾问股份有限公司及相关责任人员纪律处分和自律监管措施的决定	股转系统发〔2019〕1181号	2019－5－24
226	关于给予北京金云彩科技展股份有限公司及相关责任人员纪律处分和自律监管措施的决定	股转系统发〔2019〕1182号	2019－5－24
227	关于给予广州国游网络科技股份有限公司及相关责任人员纪律处分和自律监管措施的决定	股转系统发〔2019〕1183号	2019－5－24
228	关于给予鸿鑫互联科技(北京)股份有限公司及相关责任人员纪律处分和自律监管措施的决定	股转系统发〔2019〕1184号	2019－5－24
229	关于给予亚泰都会(北京)城市规划建筑园林设计研究院股份有限公司及相关责任人员纪律处分和自律监管措施的决定	股转系统发〔2019〕1185号	2019－5－24
230	关于给予北京天润康隆科技股份有限公司及相关责任人员纪律处分和自律监管措施的决定	股转系统发〔2019〕1186号	2019－5－24
231	关于给予北京时尚百联科技股份有限公司及相关责任人员纪律处分和自律监管措施的决定	股转系统发〔2019〕1187号	2019－5－24

续表

序号	文件名称	文号	发文日期
232	关于给予深圳市金开利科技股份有限公司及相关责任人员纪律处分和自律监管措施的决定	股转系统发〔2019〕1188 号	2019－5－24
233	关于给予常州大洋线缆股份有限公司及相关责任人员纪律处分和自律监管措施的决定	股转系统发〔2019〕1189 号	2019－5－24
234	关于给予该云(上海)科技股份有限公司及相关责任人员纪律处分的决定	股转系统发〔2019〕1190 号	2019－5－24
235	关于给予北京绿色空间生物科技股份有限公司及相关责任人员纪律处分的决定	股转系统发〔2019〕1191 号	2019－5－24
236	关于给予北京厚德汽车租赁股份有限公司及相关责任人员纪律处分和自律监管措施的决定	股转系统发〔2019〕1192 号	2019－5－24
237	关于给予内蒙古民大商贸股份有限公司及相关责任人员纪律处分和自律监管措施的决定	股转系统发〔2019〕1193 号	2019－5－24
238	关于给予新疆金润枣业股份有限公司及相关责任人员纪律处分和自律监管措施的决定	股转系统发〔2019〕1194 号	2019－5－24
239	关于给予中天康华健康科技(北京)股份有限公司及相关责任人员纪律处分的决定	股转系统发〔2019〕1195 号	2019－5－24
240	关于给予翱华工程技术股份有限公司及相关责任人员纪律处分和自律监管措施的决定	股转系统发〔2019〕1196 号	2019－5－24
241	关于给予广之益农业股份有限公司及相关责任人员纪律处分和自律监管措施的决定	股转系统发〔2019〕1197 号	2019－5－24
242	关于给予湖北仕外田源网商股份有限公司及相关责任人员纪律处分的决定	股转系统发〔2019〕1198 号	2019－5－24
243	关于给予安徽樵森电气科技股份有限公司及相关责任人员纪律处分的决定	股转系统发〔2019〕1199 号	2019－5－24
244	关于给予江阴天力重科安装股份有限公司及相关责任人员纪律处分和自律监管措施的决定	股转系统发〔2019〕1200 号	2019－5－24
245	关于给予山东弘峰智能装备股份有限公司及相关责任人员纪律处分和自律监管措施的决定	股转系统发〔2019〕1201 号	2019－5－24
246	关于给予北京中邮展鸿通信设备股份有限公司及相关责任人员纪律处分和自律监管措施的决定	股转系统发〔2019〕1202 号	2019－5－24
247	关于给予北京智信恒瑞科技股份有限公司及相关责任人员纪律处分和自律监管措施的决定	股转系统发〔2019〕1203 号	2019－5－24
248	关于给予深圳金创供应链股份有限公司及相关责任人员纪律处分和自律监管措施的决定	股转系统发〔2019〕1204 号	2019－5－24
249	关于给予北京金泽环境能源技术研究股份有限公司及相关责任人员纪律处分和自律监管措施的决定	股转系统发〔2019〕1205 号	2019－5－24

续表

序号	文件名称	文　　号	发文日期
250	关于给予湖北骐通智能科技股份有限公司及相关责任人员纪律处分和自律监管措施的决定	股转系统发〔2019〕1206 号	2019－5－24
251	关于给予乐美电商股份有限公司及相关责任人员纪律处分的决定	股转系统发〔2019〕1207 号	2019－5－24
252	关于给予上海漫界文化传播股份有限公司及相关责任人员纪律处分和自律监管措施的决定	股转系统发〔2019〕1208 号	2019－5－24
253	关于给予上海恒道国际物流股份有限公司及相关责任人员纪律处分和自律监管措施的决定	股转系统发〔2019〕1209 号	2019－5－24
254	关于给予四川恒力通农牧科技股份有限公司及相关责任人员纪律处分和自律监管措施的决定	股转系统发〔2019〕1210 号	2019－5－24
255	关于给予新疆多浪牧业股份有限公司及相关责任人员纪律处分和自律监管措施的决定	股转系统发〔2019〕1211 号	2019－5－24
256	关于给予广东天富电气股份有限公司及相关责任人员纪律处分和自律监管措施的决定	股转系统发〔2019〕1212 号	2019－5－24
257	关于给予安徽广美药业股份有限公司及相关责任人员纪律处分和自律监管措施的决定	股转系统发〔2019〕1213 号	2019－5－24
258	关于给予南京中创水务集团股份有限公司及相关责任人员纪律处分和自律监管措施的决定	股转系统发〔2019〕1214 号	2019－5－24
259	关于给予北京永捷科技股份有限公司及相关责任人员纪律处分和自律监管措施的决定	股转系统发〔2019〕1215 号	2019－5－24
260	关于给予北京汇新恒信能源科技股份有限公司及相关责任人员纪律处分和自律监管措施的决定	股转系统发〔2019〕1216 号	2019－5－24
261	关于给予宁夏赛文技术股份有限公司及相关责任人员纪律处分和自律监管措施的决定	股转系统发〔2019〕1217 号	2019－5－24
262	关于给予天津舜能润滑科技股份有限公司及相关责任人员纪律处分的决定	股转系统发〔2019〕1218 号	2019－5－24
263	关于给予郑州彩通科技股份有限公司及相关责任人员纪律处分的决定	股转系统发〔2019〕1219 号	2019－5－24
264	关于给予西藏勃达微波装备股份有限公司及相关责任人员纪律处分的决定	股转系统发〔2019〕1220 号	2019－5－24
265	关于给予灏景（厦门）文化传媒股份有限公司及相关责任人员纪律处分和自律监管措施的决定	股转系统发〔2019〕1221 号	2019－5－24
266	关于给予宁波锦澄电子科技股份有限公司及相关责任人员纪律处分的决定	股转系统发〔2019〕1222 号	2019－5－24
267	关于给予吉林永丰食品股份有限公司及相关责任人员纪律处分和自律监管措施的决定	股转系统发〔2019〕1223 号	2019－5－24

续表

序号	文件名称	文　号	发文日期
268	关于给予上海承蓝科技股份有限公司及相关责任人员纪律处分的决定	股转系统发〔2019〕1224 号	2019－5－24
269	关于给予北京励思信息技术股份有限公司及相关责任人员纪律处分的决定	股转系统发〔2019〕1225 号	2019－5－24
270	关于给予北京东方嘉禾文化展股份有限公司及相关责任人员纪律处分的决定	股转系统发〔2019〕1226 号	2019－5－24
271	关于给予广州凯路仕自行车运动时尚产业股份有限公司及相关责任人员纪律处分的决定	股转系统发〔2019〕1227 号	2019－5－24
272	关于给予新疆科神农业装备科技开股份有限公司及相关责任人员纪律处分和自律监管措施的决定	股转系统发〔2019〕1228 号	2019－5－24
273	关于给予虎符智能科技股份有限公司及相关责任人员纪律处分和自律监管措施的决定	股转系统发〔2019〕1229 号	2019－5－24
274	关于给予杭州三叶新材料股份有限公司及相关责任人员纪律处分和自律监管措施的决定	股转系统发〔2019〕1230 号	2019－5－24
275	关于给予花火（厦门）文化传播股份有限公司及相关责任人员纪律处分的决定	股转系统发〔2019〕1231 号	2019－5－24
276	关于给予山东春鹏彩虹智能电气股份公司及相关责任人员纪律处分和自律监管措施的决定	股转系统发〔2019〕1232 号	2019－5－24
277	关于给予湖北金科环保科技股份有限公司及相关责任人员纪律处分和自律监管措施的决定	股转系统发〔2019〕1233 号	2019－5－24
278	关于给予江西省广蓝传动科技股份有限公司及相关责任人员纪律处分和自律监管措施的决定	股转系统发〔2019〕1234 号	2019－5－24
279	关于给予上海迅傲信息科技股份有限公司及相关责任人员纪律处分和自律监管措施的决定	股转系统发〔2019〕1235 号	2019－5－24
280	关于给予天津君辉蓝天环保科技股份有限公司及相关责任人员纪律处分的决定	股转系统发〔2019〕1236 号	2019－5－24
281	关于给予深圳市雅诺科技股份有限公司及相关责任人员纪律处分和自律监管措施的决定	股转系统发〔2019〕1237 号	2019－5－24
282	关于给予北京亿邦中和医疗科技股份有限公司及相关责任人员纪律处分的决定	股转系统发〔2019〕1238 号	2019－5－24
283	关于给予北京艾美迪科技股份有限公司及相关责任人员纪律处分和自律监管措施的决定	股转系统发〔2019〕1239 号	2019－5－24
284	关于给予新疆同德能源股份有限公司及相关责任人员纪律处分和自律监管措施的决定	股转系统发〔2019〕1240 号	2019－5－24
285	关于给予深圳市和西智能装备股份有限公司及相关责任人员纪律处分和自律监管措施的决定	股转系统发〔2019〕1241 号	2019－5－24

续表

序号	文件名称	文号	发文日期
286	关于给予北京爱乐祺文化展股份有限公司及相关责任人员纪律处分和自律监管措施的决定	股转系统发〔2019〕1242号	2019-5-24
287	关于给予江苏苏美材料股份有限公司及相关责任人员纪律处分和自律监管措施的决定	股转系统发〔2019〕1243号	2019-5-24
288	关于给予北京中鼎恒信科技股份有限公司及相关责任人员纪律处分和自律监管措施的决定	股转系统发〔2019〕1244号	2019-5-24
289	关于给予内蒙古皓腾牧业科技股份有限公司及相关责任人员纪律处分和自律监管措施的决定	股转系统发〔2019〕1245号	2019-5-24
290	关于给予公准肉食品股份有限公司及相关责任人员纪律处分的决定	股转系统发〔2019〕1246号	2019-5-24
291	关于给予合德堂控股(深圳)股份有限公司及相关责任人员纪律处分和自律监管措施的决定	股转系统发〔2019〕1247号	2019-5-24
292	关于给予湖南银丰园林股份有限公司及相关责任人员纪律处分和自律监管措施的决定	股转系统发〔2019〕1248号	2019-5-24
293	关于给予凯兰德运动科技股份有限公司及相关责任人员纪律处分和自律监管措施的决定	股转系统发〔2019〕1249号	2019-5-24
294	关于给予山东朵云清农业股份有限公司及相关责任人员纪律处分和自律监管措施的决定	股转系统发〔2019〕1250号	2019-5-24
295	关于给予深圳日盛科技股份有限公司及相关责任人员纪律处分的决定	股转系统发〔2019〕1251号	2019-5-24
296	关于给予广东宏伟泰精工实业股份有限公司及相关责任人员纪律处分和自律监管措施的决定	股转系统发〔2019〕1252号	2019-5-24
297	关于给予江西蓝谷新能源科技股份有限公司及相关责任人员纪律处分和自律监管措施的决定	股转系统发〔2019〕1253号	2019-5-24
298	关于给予浙江安生信息科技股份有限公司及相关责任人员纪律处分和自律监管措施的决定	股转系统发〔2019〕1254号	2019-5-24
299	关于给予上海寅酷网络股份有限公司及相关责任人员纪律处分的决定	股转系统发〔2019〕1255号	2019-5-24
300	关于给予山东农凯米业股份有限公司及相关责任人员纪律处分的决定	股转系统发〔2019〕1256号	2019-5-24
301	关于给予无锡美好世界科技股份有限公司及相关责任人员纪律处分和自律监管措施的决定	股转系统发〔2019〕1257号	2019-5-24
302	关于给予陕西迅腾通信科技股份有限公司及相关责任人员纪律处分和自律监管措施的决定	股转系统发〔2019〕1258号	2019-5-24
303	关于给予江苏艾洛维显示科技股份有限公司及相关责任人员纪律处分的决定	股转系统发〔2019〕1259号	2019-5-24

续表

序号	文件名称	文　号	发文日期
304	关于给予爱科凯能科技(北京)股份有限公司及相关责任人员纪律处分和自律监管措施的决定	股转系统发〔2019〕1260 号	2019 - 5 - 24
305	关于给予吉林喜报科技股份有限公司及相关责任人员纪律处分的决定	股转系统发〔2019〕1261 号	2019 - 5 - 24
306	关于给予北京国顺投资股份有限公司及相关责任人员纪律处分的决定	股转系统发〔2019〕1262 号	2019 - 5 - 24
307	关于给予江苏博强新能源科技股份有限公司及相关责任人员纪律处分和自律监管措施的决定	股转系统发〔2019〕1263 号	2019 - 5 - 24
308	关于给予福鼎白茶股份有限公司及相关责任人员纪律处分和自律监管措施的决定	股转系统发〔2019〕1264 号	2019 - 5 - 24
309	关于给予安徽宇宁果胶股份有限公司及相关责任人员纪律处分和自律监管措施的决定	股转系统发〔2019〕1265 号	2019 - 5 - 24
310	关于给予上海爱尚鲜花股份有限公司及相关责任人员纪律处分的决定	股转系统发〔2019〕1266 号	2019 - 5 - 24
311	关于给予北京西典展览股份有限公司及相关责任人员纪律处分的决定	股转系统发〔2019〕1267 号	2019 - 5 - 24
312	关于给予北京赛欧必弗科技股份有限公司及相关责任人员纪律处分和自律监管措施的决定	股转系统发〔2019〕1268 号	2019 - 5 - 24
313	关于给予通化盛吉信生物科技股份有限公司及相关责任人员纪律处分和自律监管措施的决定	股转系统发〔2019〕1269 号	2019 - 5 - 24
314	关于给予江苏辰华能源股份有限公司及相关责任人员纪律处分和自律监管措施的决定	股转系统发〔2019〕1270 号	2019 - 5 - 24
315	关于给予镇江裕久智能装备股份有限公司及相关责任人员纪律处分和自律监管措施的决定	股转系统发〔2019〕1271 号	2019 - 5 - 24
316	关于给予四川议中新材料股份有限公司及相关责任人员纪律处分和自律监管措施的决定	股转系统发〔2019〕1272 号	2019 - 5 - 24
317	关于给予天津星路文化传播股份有限公司及相关责任人员纪律处分和自律监管措施的决定	股转系统发〔2019〕1273 号	2019 - 5 - 24
318	关于给予上海易可文化展股份有限公司及相关责任人员纪律处分和自律监管措施的决定	股转系统发〔2019〕1274 号	2019 - 5 - 24
319	关于给予北京方胜有成科技股份有限公司及相关责任人员纪律处分和自律监管措施的决定	股转系统发〔2019〕1275 号	2019 - 5 - 24
320	关于给予上海嘉妮诗化妆品股份有限公司及相关责任人员纪律处分和自律监管措施的决定	股转系统发〔2019〕1276 号	2019 - 5 - 24
321	关于给予黑龙江省正赫新型材料科技股份有限公司及相关责任人员纪律处分的决定	股转系统发〔2019〕1277 号	2019 - 5 - 24

续表

序号	文件名称	文　号	发文日期
322	关于给予江苏艾萨克机器人股份有限公司及相关责任人员纪律处分和自律监管措施的决定	股转系统发〔2019〕1278号	2019-5-24
323	关于给予北京观天执行科技股份有限公司及相关责任人员纪律处分和自律监管措施的决定	股转系统发〔2019〕1279号	2019-5-24
324	关于给予重庆亚信医疗管理股份有限公司及相关责任人员纪律处分和自律监管措施的决定	股转系统发〔2019〕1280号	2019-5-24
325	关于给予江苏徐耐新材料科技股份有限公司及相关责任人员纪律处分和自律监管措施的决定	股转系统发〔2019〕1281号	2019-5-24
326	关于给予重庆祥龙电气股份有限公司及相关责任人员纪律处分和自律监管措施的决定	股转系统发〔2019〕1282号	2019-5-24
327	关于给予如皋市鼎浩液压机械股份有限公司及相关责任人员纪律处分和自律监管措施的决定	股转系统发〔2019〕1283号	2019-5-24
328	关于给予广东麒麒文化传播股份有限公司及相关责任人员纪律处分和自律监管措施的决定	股转系统发〔2019〕1284号	2019-5-24
329	关于给予北京飞尼课斯科技股份有限公司及相关责任人员纪律处分和自律监管措施的决定	股转系统发〔2019〕1285号	2019-5-24
330	关于给予江苏奇智奇才在线教育股份有限公司及相关责任人员纪律处分和自律监管措施的决定	股转系统发〔2019〕1286号	2019-5-24
331	关于给予北京威达宇电软件股份有限公司及相关责任人员纪律处分和自律监管措施的决定	股转系统发〔2019〕1287号	2019-5-24
332	关于给予深圳市齐普光电子股份有限公司及相关责任人员纪律处分和自律监管措施的决定	股转系统发〔2019〕1288号	2019-5-24
333	关于给予浙江益立胶囊股份有限公司及相关责任人员纪律处分和自律监管措施的决定	股转系统发〔2019〕1289号	2019-5-24
334	关于给予深圳万方网络股份有限公司及相关责任人员纪律处分和自律监管措施的决定	股转系统发〔2019〕1290号	2019-5-24
335	关于给予浙江宝安服饰股份有限公司及相关责任人员纪律处分的决定	股转系统发〔2019〕1291号	2019-5-24
336	关于给予烟台市中贝志宇能源科技股份有限公司及相关责任人员纪律处分和自律监管措施的决定	股转系统发〔2019〕1292号	2019-5-24
337	关于给予广东智冠信息技术股份有限公司及相关责任人员纪律处分的决定	股转系统发〔2019〕1293号	2019-5-24
338	关于给予安徽恒利机电科技股份有限公司及相关责任人员纪律处分和自律监管措施的决定	股转系统发〔2019〕1294号	2019-5-24
339	关于给予北京腾实信科技股份有限公司及相关责任人员纪律处分的决定	股转系统发〔2019〕1295号	2019-5-24

续表

序号	文 件 名 称	文　　号	发文日期
340	关于给予博本智能科技(深圳)股份有限公司及相关责任人员纪律处分和自律监管措施的决定	股转系统发〔2019〕1296 号	2019 - 5 - 24
341	关于给予广州欣迪时尚科技股份有限公司及相关责任人员纪律处分和自律监管措施的决定	股转系统发〔2019〕1297 号	2019 - 5 - 24
342	关于给予河南古城实业股份有限公司及相关责任人员纪律处分和自律监管措施的决定	股转系统发〔2019〕1298 号	2019 - 5 - 24
343	关于给予广州星亚高新塑料科技股份有限公司及相关责任人员纪律处分的决定	股转系统发〔2019〕1299 号	2019 - 5 - 24
344	关于给予张家口中业科技股份有限公司及相关责任人员纪律处分和自律监管措施的决定	股转系统发〔2019〕1300 号	2019 - 5 - 24
345	关于给予艾迪艾思(北京)科技股份有限公司及相关责任人员纪律处分和自律监管措施的决定	股转系统发〔2019〕1301 号	2019 - 5 - 24
346	关于给予北京鹏程安泰尔救援装备制造股份有限公司及相关责任人员纪律处分和自律监管措施的决定	股转系统发〔2019〕1302 号	2019 - 5 - 24
347	关于给予广州佳华影业股份有限公司及相关责任人员纪律处分和自律监管措施的决定	股转系统发〔2019〕1303 号	2019 - 5 - 24
348	关于给予上海和旭自动化股份有限公司及相关责任人员纪律处分的决定	股转系统发〔2019〕1304 号	2019 - 5 - 24
349	关于给予苏州英尔捷微电子股份有限公司及相关责任人员纪律处分和自律监管措施的决定	股转系统发〔2019〕1305 号	2019 - 5 - 24
350	关于给予河南东和环保科技股份有限公司及相关责任人员纪律处分和自律监管措施的决定	股转系统发〔2019〕1306 号	2019 - 5 - 24
351	关于给予安徽光大医疗科技股份有限公司及相关责任人员纪律处分和自律监管措施的决定	股转系统发〔2019〕1307 号	2019 - 5 - 24
352	关于给予江苏康沃动力科技股份有限公司及相关责任人员纪律处分的决定	股转系统发〔2019〕1308 号	2019 - 5 - 24
353	关于给予深圳指盟网络科技股份有限公司及相关责任人员纪律处分和自律监管措施的决定	股转系统发〔2019〕1309 号	2019 - 5 - 24
354	关于给予深圳易通技术股份有限公司及相关责任人员纪律处分的决定	股转系统发〔2019〕1310 号	2019 - 5 - 24
355	关于给予河南大陆农牧技术股份有限公司及相关责任人员纪律处分和自律监管措施的决定	股转系统发〔2019〕1311 号	2019 - 5 - 24
356	关于给予重庆天人节能技术股份有限公司及相关责任人员纪律处分和自律监管措施的决定	股转系统发〔2019〕1312 号	2019 - 5 - 24
357	关于给予福建好与佳生物科技股份有限公司及相关责任人员纪律处分的决定	股转系统发〔2019〕1313 号	2019 - 5 - 24

续表

序号	文件名称	文　　号	发文日期
358	关于给予江苏精湛光电仪器股份有限公司及相关责任人员纪律处分的决定	股转系统发〔2019〕1314 号	2019 - 5 - 24
359	关于给予新疆威奥科技股份有限公司及相关责任人员纪律处分和自律监管措施的决定	股转系统发〔2019〕1315 号	2019 - 5 - 24
360	关于给予北京奋斗致远文化传媒股份有限公司及相关责任人员纪律处分的决定	股转系统发〔2019〕1316 号	2019 - 5 - 24
361	关于给予江苏展博电扶梯成套部件股份有限公司及相关责任人员纪律处分的决定	股转系统发〔2019〕1317 号	2019 - 5 - 24
362	关于给予宁波图骥科技股份有限公司及相关责任人员纪律处分和自律监管措施的决定	股转系统发〔2019〕1318 号	2019 - 5 - 24
363	关于给予杭州华蓝旭信息科技股份有限公司及相关责任人员纪律处分和自律监管措施的决定	股转系统发〔2019〕1319 号	2019 - 5 - 24
364	关于给予北京中科可来博电子科技股份有限公司及相关责任人员纪律处分和自律监管措施的决定	股转系统发〔2019〕1320 号	2019 - 5 - 24
365	关于给予上海华魏科技股份有限公司及相关责任人员纪律处分的决定	股转系统发〔2019〕1321 号	2019 - 5 - 24
366	关于给予北京赛孚制药股份有限公司及相关责任人员纪律处分和自律监管措施的决定	股转系统发〔2019〕1322 号	2019 - 5 - 24
367	关于给予常州瑞珑汽车科技股份有限公司及相关责任人员纪律处分的决定	股转系统发〔2019〕1323 号	2019 - 5 - 24
368	关于给予上海方心健康科技展股份有限公司及相关责任人员纪律处分和自律监管措施的决定	股转系统发〔2019〕1324 号	2019 - 5 - 24
369	关于给予杭州智玩网络股份有限公司及相关责任人员纪律处分的决定	股转系统发〔2019〕1325 号	2019 - 5 - 24
370	关于给予大连雅威特生物技术股份有限公司及相关责任人员纪律处分的决定	股转系统发〔2019〕1326 号	2019 - 5 - 24
371	关于给予北海保通食品股份有限公司及相关责任人员纪律处分的决定	股转系统发〔2019〕1327 号	2019 - 5 - 24
372	关于给予北京中景橙石科技股份有限公司及相关责任人员纪律处分的决定	股转系统发〔2019〕1328 号	2019 - 5 - 24
373	关于给予云南润紫源生物科技股份有限公司及相关责任人员纪律处分的决定	股转系统发〔2019〕1329 号	2019 - 5 - 24
374	关于给予深圳市科威特斯特科技股份有限公司及相关责任人员纪律处分的决定	股转系统发〔2019〕1330 号	2019 - 5 - 24
375	关于给予安徽润升牛业股份有限公司及相关责任人员纪律处分和自律监管措施的决定	股转系统发〔2019〕1331 号	2019 - 5 - 24

续表

序号	文件名称	文号	发文日期
376	关于给予多尔克司食品集团股份有限公司及相关责任人员纪律处分的决定	股转系统发〔2019〕1332 号	2019 - 5 - 24
377	关于给予云南坤瑞泰隆建材科技股份有限公司及相关责任人员纪律处分和自律监管措施的决定	股转系统发〔2019〕1333 号	2019 - 5 - 24
378	关于给予江苏海天微电子股份有限公司及相关责任人员纪律处分和自律监管措施的决定	股转系统发〔2019〕1334 号	2019 - 5 - 24
379	关于给予上海巨乐投资展股份有限公司及相关责任人员纪律处分的决定	股转系统发〔2019〕1335 号	2019 - 5 - 24
380	关于给予吉林喜丰节水科技股份有限公司及相关责任人员纪律处分和自律监管措施的决定	股转系统发〔2019〕1336 号	2019 - 5 - 24
381	关于给予凉山州锡成新材料股份有限公司及相关责任人员纪律处分和自律监管措施的决定	股转系统发〔2019〕1337 号	2019 - 5 - 24
382	关于给予重庆泰壹环保新能源开股份有限公司及相关责任人员纪律处分和自律监管措施的决定	股转系统发〔2019〕1338 号	2019 - 5 - 24
383	关于给予上海行动者企业管理股份有限公司及相关责任人员纪律处分和自律监管措施的决定	股转系统发〔2019〕1339 号	2019 - 5 - 24
384	关于给予北京智云达科技股份有限公司及相关责任人员纪律处分和自律监管措施的决定	股转系统发〔2019〕1340 号	2019 - 5 - 24
385	关于给予成都大众生态园林股份有限公司及相关责任人员纪律处分和自律监管措施的决定	股转系统发〔2019〕1341 号	2019 - 5 - 24
386	关于给予北京中科联众科技股份有限公司及相关责任人员纪律处分的决定	股转系统发〔2019〕1342 号	2019 - 5 - 24
387	关于给予北京盖特佳信息科技股份有限公司及相关责任人员纪律处分和自律监管措施的决定	股转系统发〔2019〕1343 号	2019 - 5 - 24
388	关于给予上海立特营销股份有限公司及相关责任人员纪律处分和自律监管措施的决定	股转系统发〔2019〕1344 号	2019 - 5 - 24
389	关于给予江西科得新材料股份有限公司及相关责任人员纪律处分和自律监管措施的决定	股转系统发〔2019〕1345 号	2019 - 5 - 24
390	关于给予哈尔滨庆功林泵业股份有限公司及相关责任人员纪律处分和自律监管措施的决定	股转系统发〔2019〕1346 号	2019 - 5 - 24
391	关于给予武汉东智科技股份有限公司及相关责任人员纪律处分和自律监管措施的决定	股转系统发〔2019〕1347 号	2019 - 5 - 24
392	关于给予河南一恒贞珠宝股份有限公司及相关责任人员纪律处分的决定	股转系统发〔2019〕1348 号	2019 - 5 - 24
393	关于给予重庆格林绿化设计建设股份有限公司及相关责任人员纪律处分的决定	股转系统发〔2019〕1349 号	2019 - 5 - 24

续表

序号	文件名称	文　号	发文日期
394	关于给予湖南湘联节能科技股份有限公司及相关责任人员纪律处分和自律监管措施的决定	股转系统发〔2019〕1350号	2019-5-24
395	关于给予广州盛盈汇电子商务股份有限公司及相关责任人员纪律处分的决定	股转系统发〔2019〕1351号	2019-5-24
396	关于给予福建万芳园林艺术股份有限公司及相关责任人员纪律处分的决定	股转系统发〔2019〕1352号	2019-5-24
397	关于给予深圳市鸿益达供应链股份有限公司及相关责任人员纪律处分和自律监管措施的决定	股转系统发〔2019〕1353号	2019-5-24
398	关于给予华安奥特(北京)科技股份有限公司及相关责任人员纪律处分的决定	股转系统发〔2019〕1354号	2019-5-24
399	关于给予首特华峰机械装备制造股份有限公司及相关责任人员纪律处分和自律监管措施的决定	股转系统发〔2019〕1355号	2019-5-24
400	关于给予北京拓美文化传媒股份有限公司及相关责任人员纪律处分和自律监管措施的决定	股转系统发〔2019〕1356号	2019-5-24
401	关于给予上海馋神国际贸易股份有限公司及相关责任人员纪律处分和自律监管措施的决定	股转系统发〔2019〕1357号	2019-5-24
402	关于给予安徽白兔湖动力股份有限公司及相关责任人员纪律处分和自律监管措施的决定	股转系统发〔2019〕1358号	2019-5-24
403	关于给予襄阳佰蒂生物科技股份有限公司及相关责任人员纪律处分和自律监管措施的决定	股转系统发〔2019〕1359号	2019-5-24
404	关于给予深圳中科讯联科技股份有限公司及相关责任人员纪律处分和自律监管措施的决定	股转系统发〔2019〕1360号	2019-5-24
405	关于给予上海中加飞机机载设备维修股份有限公司及相关责任人员纪律处分和自律监管措施的决定	股转系统发〔2019〕1361号	2019-5-24
406	关于给予重庆澳凯龙医疗科技股份有限公司及相关责任人员纪律处分和自律监管措施的决定	股转系统发〔2019〕1362号	2019-5-24
407	关于给予北京高科中天技术股份有限公司及相关责任人员纪律处分和自律监管措施的决定	股转系统发〔2019〕1363号	2019-5-24
408	关于给予北京八叶科技股份有限公司及相关责任人员纪律处分和自律监管措施的决定	股转系统发〔2019〕1364号	2019-5-24
409	关于给予华晟世纪教育科技(北京)股份有限公司及相关责任人员纪律处分的决定	股转系统发〔2019〕1365号	2019-5-24
410	关于给予北京中科同志科技股份有限公司及相关责任人员纪律处分和自律监管措施的决定	股转系统发〔2019〕1366号	2019-5-24
411	关于给予沈阳新久利管业股份有限公司及相关责任人员纪律处分和自律监管措施的决定	股转系统发〔2019〕1367号	2019-5-24

续表

序号	文 件 名 称	文　　号	发文日期
412	关于给予宁夏网虫信息技术股份有限公司及相关责任人员纪律处分和自律监管措施的决定	股转系统发〔2019〕1368 号	2019 - 5 - 24
413	关于给予山东合力达科技股份有限公司及相关责任人员纪律处分和自律监管措施的决定	股转系统发〔2019〕1369 号	2019 - 5 - 24
414	关于给予湖北华工能源股份有限公司及相关责任人员纪律处分和自律监管措施的决定	股转系统发〔2019〕1370 号	2019 - 5 - 24
415	关于给予山东乾云启创信息科技股份有限公司及相关责任人员纪律处分的决定	股转系统发〔2019〕1371 号	2019 - 5 - 24
416	关于给予福建建润电子科技股份有限公司及相关责任人员纪律处分和自律监管措施的决定	股转系统发〔2019〕1372 号	2019 - 5 - 24
417	关于给予福建长潮信息科技股份有限公司及相关责任人员纪律处分的决定	股转系统发〔2019〕1373 号	2019 - 5 - 24
418	关于给予江西北陆服饰股份有限公司及相关责任人员纪律处分和自律监管措施的决定	股转系统发〔2019〕1374 号	2019 - 5 - 24
419	关于给予苏州掌柜软件股份有限公司及相关责任人员纪律处分和自律监管措施的决定	股转系统发〔2019〕1375 号	2019 - 5 - 24
420	关于给予北京康盛伟业工程技术股份有限公司及相关责任人员纪律处分的决定	股转系统发〔2019〕1376 号	2019 - 5 - 24
421	关于给予湖南智卓创新信息产业股份有限公司及相关责任人员纪律处分和自律监管措施的决定	股转系统发〔2019〕1377 号	2019 - 5 - 24
422	关于给予湖南高盛板业股份有限公司及相关责任人员纪律处分的决定	股转系统发〔2019〕1378 号	2019 - 5 - 24
423	关于给予浙江久源林业科技股份有限公司及相关责任人员纪律处分和自律监管措施的决定	股转系统发〔2019〕1379 号	2019 - 5 - 24
424	关于给予广东力天世纪传媒股份有限公司及相关责任人员纪律处分的决定	股转系统发〔2019〕1380 号	2019 - 5 - 24
425	关于给予广州和索信息科技股份有限公司及相关责任人员纪律处分的决定	股转系统发〔2019〕1381 号	2019 - 5 - 24
426	关于给予北京益诚嘉华科技股份有限公司及相关责任人员纪律处分和自律监管措施的决定	股转系统发〔2019〕1382 号	2019 - 5 - 24
427	关于给予东莞市锐源仪器股份有限公司及相关责任人员纪律处分的决定	股转系统发〔2019〕1383 号	2019 - 5 - 24
428	关于给予聊城继东华明机械股份有限公司及相关责任人员纪律处分和自律监管措施的决定	股转系统发〔2019〕1384 号	2019 - 5 - 24
429	关于给予上海亚美国际旅行社股份有限公司及相关责任人员纪律处分的决定	股转系统发〔2019〕1385 号	2019 - 5 - 24

续表

序号	文件名称	文　　号	发文日期
430	关于给予洛阳润环轴承科技股份有限公司及相关责任人员纪律处分和自律监管措施的决定	股转系统发〔2019〕1386 号	2019－5－24
431	关于给予河北地平线通用航空股份有限公司及相关责任人员纪律处分和自律监管措施的决定	股转系统发〔2019〕1387 号	2019－5－24
432	关于给予湖南奥莎动力集团股份有限公司及相关责任人员纪律处分的决定	股转系统发〔2019〕1388 号	2019－5－24
433	关于给予山东融汇管通股份有限公司及相关责任人员纪律处分的决定	股转系统发〔2019〕1389 号	2019－5－24
434	关于给予焦作中维特品药业股份有限公司及相关责任人员纪律处分的决定	股转系统发〔2019〕1390 号	2019－5－24
435	关于给予上海能讯环保科技股份有限公司及相关责任人员纪律处分的决定	股转系统发〔2019〕1391 号	2019－5－24
436	关于给予温州煌盛管件股份有限公司及相关责任人员纪律处分的决定	股转系统发〔2019〕1392 号	2019－5－24
437	关于给予天津庆泉宠物用品股份有限公司及相关责任人员纪律处分和自律监管措施的决定	股转系统发〔2019〕1393 号	2019－5－24
438	关于给予江苏谷峰电力科技股份有限公司及相关责任人员纪律处分和自律监管措施的决定	股转系统发〔2019〕1394 号	2019－5－24
439	关于给予北京天创惠丰物联科技股份有限公司及相关责任人员纪律处分的决定	股转系统发〔2019〕1395 号	2019－5－24
440	关于给予励福(江门)环保科技股份有限公司及相关责任人员纪律处分和自律监管措施的决定	股转系统发〔2019〕1396 号	2019－5－24
441	关于给予陕西泰嘉电子股份有限公司及相关责任人员纪律处分和自律监管措施的决定	股转系统发〔2019〕1397 号	2019－5－24
442	关于给予河北金土生物科技股份有限公司及相关责任人员纪律处分和自律监管措施的决定	股转系统发〔2019〕1398 号	2019－5－24
443	关于给予胜利德润能源股份有限公司及相关责任人员纪律处分和自律监管措施的决定	股转系统发〔2019〕1399 号	2019－5－24
444	关于给予江西吉瑞节能科技股份有限公司及相关责任人员纪律处分的决定	股转系统发〔2019〕1400 号	2019－5－24
445	关于给予深圳市浩丰科技股份有限公司及相关责任人员纪律处分的决定	股转系统发〔2019〕1401 号	2019－5－24
446	关于给予云南安友农场股份有限公司及相关责任人员纪律处分的决定	股转系统发〔2019〕1402 号	2019－5－24
447	关于给予福州紫荆动漫游戏股份有限公司及相关责任人员纪律处分的决定	股转系统发〔2019〕1403 号	2019－5－24

续表

序号	文 件 名 称	文 号	发文日期
448	关于给予微网信通(北京)通信技术股份有限公司及相关责任人员纪律处分的决定	股转系统发〔2019〕1404 号	2019-5-24
449	关于给予山西华盈时代智能科技股份有限公司及相关责任人员纪律处分的决定	股转系统发〔2019〕1405 号	2019-5-24
450	关于给予重庆天开园林股份有限公司及相关责任人员纪律处分和自律监管措施的决定	股转系统发〔2019〕1406 号	2019-5-24
451	关于给予郭氏博信中医科技(北京)股份有限公司及相关责任人员纪律处分和自律监管措施的决定	股转系统发〔2019〕1407 号	2019-5-24
452	关于给予宁波燎原电器集团股份有限公司及相关责任人员纪律处分和自律监管措施的决定	股转系统发〔2019〕1408 号	2019-5-24
453	关于给予余江天余生态农业科技股份有限公司及相关责任人员纪律处分和自律监管措施的决定	股转系统发〔2019〕1409 号	2019-5-24
454	关于给予山东威能环保电源科技股份有限公司及相关责任人员纪律处分和自律监管措施的决定	股转系统发〔2019〕1410 号	2019-5-24
455	关于给予洛阳宇航重工科技股份有限公司及相关责任人员纪律处分和自律监管措施的决定	股转系统发〔2019〕1411 号	2019-5-24
456	关于给予北京弘视际影业股份有限公司及相关责任人员纪律处分和自律监管措施的决定	股转系统发〔2019〕1412 号	2019-5-24
457	关于给予成都天意天映数字科技传媒股份有限公司及相关责任人员纪律处分和自律监管措施的决定	股转系统发〔2019〕1413 号	2019-5-24
458	关于给予皓月汽车安全系统技术股份有限公司及相关责任人员纪律处分和自律监管措施的决定	股转系统发〔2019〕1414 号	2019-5-24
459	关于给予陕西华银科技股份有限公司及相关责任人员纪律处分和自律监管措施的决定	股转系统发〔2019〕1415 号	2019-5-24
460	关于给予深圳市华森科技股份有限公司及相关责任人员纪律处分和自律监管措施的决定	股转系统发〔2019〕1416 号	2019-5-24
461	关于给予内蒙古长明机械股份有限公司及相关责任人员纪律处分和自律监管措施的决定	股转系统发〔2019〕1417 号	2019-5-24
462	关于给予中光高科(北京)节能投资管理股份有限公司及相关责任人员纪律处分的决定	股转系统发〔2019〕1418 号	2019-5-24
463	关于给予山东科耐燃气冰箱制造股份有限公司及相关责任人员纪律处分和自律监管措施的决定	股转系统发〔2019〕1419 号	2019-5-24
464	关于给予深圳市吉祥世家科技股份有限公司及相关责任人员纪律处分和自律监管措施的决定	股转系统发〔2019〕1420 号	2019-5-24
465	关于给予奥其斯科技股份有限公司及相关责任人员纪律处分的决定	股转系统发〔2019〕1421 号	2019-5-24

续表

序号	文件名称	文　号	发文日期
466	关于给予北京天信瑞安科技股份有限公司及相关责任人员纪律处分的决定	股转系统发〔2019〕1422 号	2019－5－24
467	关于给予北京铁骑国际物流股份有限公司及相关责任人员纪律处分的决定	股转系统发〔2019〕1423 号	2019－5－24
468	关于给予中青英拓（北京）科技股份有限公司及相关责任人员纪律处分和自律监管措施的决定	股转系统发〔2019〕1424 号	2019－5－24
469	关于给予河南宇建科技股份有限公司及相关责任人员纪律处分和自律监管措施的决定	股转系统发〔2019〕1425 号	2019－5－24
470	关于给予江西大华新材料股份有限公司及相关责任人员纪律处分和自律监管措施的决定	股转系统发〔2019〕1426 号	2019－5－24
471	关于给予诺威尔（天津）能源装备股份有限公司及相关责任人员纪律处分的决定	股转系统发〔2019〕1427 号	2019－5－24
472	关于给予青岛晓天智能装备股份有限公司及相关责任人员纪律处分和自律监管措施的决定	股转系统发〔2019〕1428 号	2019－5－24
473	关于给予北京辉宏世纪科技股份有限公司及相关责任人员纪律处分和自律监管措施的决定	股转系统发〔2019〕1429 号	2019－5－24
474	关于给予河北宏润核装备科技股份有限公司及相关责任人员纪律处分和自律监管措施的决定	股转系统发〔2019〕1430 号	2019－5－24
475	关于给予浙江金大地生物科技股份有限公司及相关责任人员纪律处分和自律监管措施的决定	股转系统发〔2019〕1431 号	2019－5－24
476	关于给予新疆三江实业股份有限公司及相关责任人员纪律处分的决定	股转系统发〔2019〕1432 号	2019－5－24
477	关于给予赛浪车联汽车科技（北京）股份有限公司及相关责任人员纪律处分和自律监管措施的决定	股转系统发〔2019〕1433 号	2019－5－24
478	关于给予泉州市诺伊曼信息科技股份公司及相关责任人员纪律处分和自律监管措施的决定	股转系统发〔2019〕1434 号	2019－5－24
479	关于给予江苏群鑫粉体科技股份有限公司及相关责任人员纪律处分和自律监管措施的决定	股转系统发〔2019〕1435 号	2019－5－24
480	关于给予福建亿同世纪软件科技股份有限公司及相关责任人员纪律处分和自律监管措施的决定	股转系统发〔2019〕1436 号	2019－5－24
481	关于给予自贡天健生物科技股份有限公司及相关责任人员纪律处分和自律监管措施的决定	股转系统发〔2019〕1437 号	2019－5－24
482	关于给予深圳中科君浩科技股份有限公司及相关责任人员纪律处分和自律监管措施的决定	股转系统发〔2019〕1438 号	2019－5－24
483	关于给予成都中联信通科技股份有限公司及相关责任人员纪律处分的决定	股转系统发〔2019〕1439 号	2019－5－24

续表

序号	文件名称	文号	发文日期
484	关于给予云南龙制药股份有限公司及相关责任人员纪律处分和自律监管措施的决定	股转系统发〔2019〕1440 号	2019 - 5 - 24
485	关于给予上海路骋国际旅行社股份有限公司及相关责任人员纪律处分的决定	股转系统发〔2019〕1441 号	2019 - 5 - 24
486	关于给予北京博远欣绿科技股份有限公司及相关责任人员纪律处分的决定	股转系统发〔2019〕1442 号	2019 - 5 - 24
487	关于给予云南鸿运嘉工贸展股份有限公司及相关责任人员纪律处分的决定	股转系统发〔2019〕1443 号	2019 - 5 - 24
488	关于给予天津慧科电子股份有限公司及相关责任人员纪律处分和自律监管措施的决定	股转系统发〔2019〕1444 号	2019 - 5 - 24
489	关于给予福建国民商用软件股份有限公司及相关责任人员纪律处分和自律监管措施的决定	股转系统发〔2019〕1445 号	2019 - 5 - 24
490	关于给予深圳海龙精密股份有限公司及相关责任人员纪律处分和自律监管措施的决定	股转系统发〔2019〕1446 号	2019 - 5 - 24
491	关于给予上海沃特奇能源科技股份有限公司及相关责任人员纪律处分和自律监管措施的决定	股转系统发〔2019〕1447 号	2019 - 5 - 24
492	关于给予福建三鑫隆信息技术开股份有限公司及相关责任人员纪律处分的决定	股转系统发〔2019〕1448 号	2019 - 5 - 24
493	关于给予深圳市三泰特种材料股份有限公司及相关责任人员纪律处分的决定	股转系统发〔2019〕1449 号	2019 - 5 - 24
494	关于给予深圳市美泰材料科技股份有限公司及相关责任人员纪律处分和自律监管措施的决定	股转系统发〔2019〕1450 号	2019 - 5 - 24
495	关于给予奥吉特生物科技股份有限公司及相关责任人员纪律处分的决定	股转系统发〔2019〕1451 号	2019 - 5 - 24
496	关于给予上海卓仕物流科技股份有限公司及相关责任人员纪律处分的决定	股转系统发〔2019〕1452 号	2019 - 5 - 24
497	关于给予河南希芳阁绿化工程股份有限公司及相关责任人员纪律处分和自律监管措施的决定	股转系统发〔2019〕1453 号	2019 - 5 - 24
498	关于给予北京忆江山园林科技股份有限公司及相关责任人员纪律处分和自律监管措施的决定	股转系统发〔2019〕1454 号	2019 - 5 - 24
499	关于给予大兴安岭林格贝寒带生物科技股份有限公司及相关责任人员纪律处分的决定	股转系统发〔2019〕1455 号	2019 - 5 - 24
500	关于给予爱刷(北京)科技股份有限公司及相关责任人员纪律处分的决定	股转系统发〔2019〕1456 号	2019 - 5 - 24
501	关于给予辽宁通银沐源网络金融服务股份有限公司及相关责任人员纪律处分和自律监管措施的决定	股转系统发〔2019〕1457 号	2019 - 5 - 24

续表

序号	文件名称	文号	发文日期
502	关于给予鲁冀管业科技股份有限公司及相关责任人员纪律处分和自律监管措施的决定	股转系统发〔2019〕1458号	2019-5-24
503	关于给予重庆松德再生资源股份有限公司及相关责任人员纪律处分的决定	股转系统发〔2019〕1459号	2019-5-24
504	关于给予江苏金宏泰科技股份有限公司及相关责任人员纪律处分和自律监管措施的决定	股转系统发〔2019〕1460号	2019-5-24
505	关于给予深圳市梧桐世界科技股份有限公司及相关责任人员纪律处分和自律监管措施的决定	股转系统发〔2019〕1461号	2019-5-24
506	关于给予深圳市欣视景科技股份有限公司及相关责任人员纪律处分和自律监管措施的决定	股转系统发〔2019〕1462号	2019-5-24
507	关于给予北京赛科世纪科技股份有限公司及相关责任人员纪律处分的决定	股转系统发〔2019〕1463号	2019-5-24
508	关于给予深圳市二中科技股份有限公司及相关责任人员纪律处分的决定	股转系统发〔2019〕1464号	2019-5-24
509	关于给予云南智云信息技术股份有限公司及相关责任人员纪律处分的决定	股转系统发〔2019〕1465号	2019-5-24
510	关于给予武汉湛卢精密科技股份有限公司及相关责任人员纪律处分的决定	股转系统发〔2019〕1466号	2019-5-24
511	关于给予北京万众凯旋互联网科技股份有限公司及相关责任人员纪律处分和自律监管措施的决定	股转系统发〔2019〕1467号	2019-5-24
512	关于给予辽宁报阅传媒股份有限公司及相关责任人员纪律处分和自律监管措施的决定	股转系统发〔2019〕1468号	2019-5-24
513	关于给予北京金色少年文化创意股份有限公司及相关责任人员纪律处分的决定	股转系统发〔2019〕1469号	2019-5-24
514	关于给予安徽华盛科技控股股份有限公司及相关责任人员纪律处分和自律监管措施的决定	股转系统发〔2019〕1470号	2019-5-24
515	关于给予鄂信钻石新材料股份有限公司及相关责任人员纪律处分的决定	股转系统发〔2019〕1471号	2019-5-24
516	关于给予湖南力天高新材料股份有限公司及相关责任人员纪律处分的决定	股转系统发〔2019〕1472号	2019-5-24
517	关于给予武汉振源电气股份有限公司及相关责任人员纪律处分的决定	股转系统发〔2019〕1473号	2019-5-24
518	关于给予无锡隆玛科技股份有限公司及相关责任人员纪律处分的决定	股转系统发〔2019〕1474号	2019-5-24
519	关于给予北京丰荣航空科技股份有限公司及相关责任人员纪律处分和自律监管措施的决定	股转系统发〔2019〕1475号	2019-5-24

续表

序号	文件名称	文　号	发文日期
520	关于给予黑龙江省现者机器人股份有限公司及相关责任人员纪律处分和自律监管措施的决定	股转系统发〔2019〕1476 号	2019 - 5 - 24
521	关于给予凯美家用品(青岛)股份有限公司及相关责任人员纪律处分和自律监管措施的决定	股转系统发〔2019〕1477 号	2019 - 5 - 24
522	关于给予广东精讯科技股份有限公司及相关责任人员纪律处分的决定	股转系统发〔2019〕1478 号	2019 - 5 - 24
523	关于给予贵州森瑞新材料股份有限公司及相关责任人员纪律处分和自律监管措施的决定	股转系统发〔2019〕1479 号	2019 - 5 - 24
524	关于给予广州知鸿国际旅行社股份有限公司及相关责任人员纪律处分和自律监管措施的决定	股转系统发〔2019〕1480 号	2019 - 5 - 24
525	关于给予宁波保税区正正电子商务股份有限公司及相关责任人员纪律处分和自律监管措施的决定	股转系统发〔2019〕1481 号	2019 - 5 - 24
526	关于给予郑州开普勒测控技术股份有限公司及相关责任人员纪律处分和自律监管措施的决定	股转系统发〔2019〕1482 号	2019 - 5 - 24
527	关于给予重庆五洋通信股份有限公司及相关责任人员纪律处分和自律监管措施的决定	股转系统发〔2019〕1483 号	2019 - 5 - 24
528	关于给予贵州南源电力科技股份有限公司及相关责任人员纪律处分和自律监管措施的决定	股转系统发〔2019〕1484 号	2019 - 5 - 24
529	关于给予天津皇冠幕墙装饰股份有限公司及相关责任人员纪律处分和自律监管措施的决定	股转系统发〔2019〕1485 号	2019 - 5 - 24
530	关于给予深圳汉鼎绿能股份有限公司及相关责任人员纪律处分和自律监管措施的决定	股转系统发〔2019〕1486 号	2019 - 5 - 24
531	关于给予黄石汇波材料科技股份有限公司及相关责任人员纪律处分的决定	股转系统发〔2019〕1487 号	2019 - 5 - 24
532	关于给予福建博渊堂传媒股份有限公司及相关责任人员纪律处分和自律监管措施的决定	股转系统发〔2019〕1488 号	2019 - 5 - 24
533	关于给予湖南金旅环保股份有限公司及相关责任人员纪律处分的决定	股转系统发〔2019〕1489 号	2019 - 5 - 24
534	关于给予浙江曼克斯缝纫机股份有限公司及相关责任人员纪律处分的决定	股转系统发〔2019〕1490 号	2019 - 5 - 24
535	关于给予江苏宝田新型材料科技股份有限公司及相关责任人员纪律处分和自律监管措施的决定	股转系统发〔2019〕1491 号	2019 - 5 - 24
536	关于给予上海华昕文化传媒股份有限公司及相关责任人员纪律处分的决定	股转系统发〔2019〕1492 号	2019 - 5 - 24
537	关于给予西安东风机电股份有限公司及相关责任人员纪律处分和自律监管措施的决定	股转系统发〔2019〕1493 号	2019 - 5 - 24

续表

序号	文件名称	文号	发文日期
538	关于给予天津三绅品牌文化传播股份有限公司及相关责任人员纪律处分和自律监管措施的决定	股转系统发〔2019〕1494 号	2019 - 5 - 24
539	关于给予浙江铭阳工程管理股份有限公司及相关责任人员纪律处分的决定	股转系统发〔2019〕1495 号	2019 - 5 - 24
540	关于给予深圳市川马电子股份有限公司及相关责任人员纪律处分和自律监管措施的决定	股转系统发〔2019〕1496 号	2019 - 5 - 24
541	关于给予北京飞扬天下网络科技股份有限公司及相关责任人员纪律处分和自律监管措施的决定	股转系统发〔2019〕1497 号	2019 - 5 - 24
542	关于给予浙江博通影音科技股份有限公司及相关责任人员纪律处分和自律监管措施的决定	股转系统发〔2019〕1498 号	2019 - 5 - 24
543	关于给予江苏德威兰医疗器械股份有限公司及相关责任人员纪律处分和自律监管措施的决定	股转系统发〔2019〕1499 号	2019 - 5 - 24
544	关于给予深圳恒安兴智联生活科技集团股份有限公司及相关责任人员纪律处分和自律监管措施的决定	股转系统发〔2019〕1500 号	2019 - 5 - 24
545	关于给予北京都市鼎点科技股份有限公司及相关责任人员纪律处分的决定	股转系统发〔2019〕1501 号	2019 - 5 - 24
546	关于给予北京土星在线教育科技股份有限公司及相关责任人员纪律处分和自律监管措施的决定	股转系统发〔2019〕1502 号	2019 - 5 - 24
547	关于给予常州宏膡科技股份有限公司及相关责任人员纪律处分和自律监管措施的决定	股转系统发〔2019〕1503 号	2019 - 5 - 24
548	关于给予广东骏汇汽车科技股份有限公司及相关责任人员纪律处分和自律监管措施的决定	股转系统发〔2019〕1504 号	2019 - 5 - 24
549	关于给予嘉源网络股份有限公司及相关责任人员纪律处分和自律监管措施的决定	股转系统发〔2019〕1505 号	2019 - 5 - 24
550	关于给予福州驿动在线传媒股份有限公司及相关责任人员纪律处分和自律监管措施的决定	股转系统发〔2019〕1506 号	2019 - 5 - 24
551	关于给予黑龙江盛华霖科技展股份有限公司及相关责任人员纪律处分的决定	股转系统发〔2019〕1507 号	2019 - 5 - 24
552	关于给予广东温迪数字传播股份有限公司及相关责任人员纪律处分的决定	股转系统发〔2019〕1508 号	2019 - 5 - 24
553	关于给予广州盈光科技股份有限公司及相关责任人员纪律处分和自律监管措施的决定	股转系统发〔2019〕1509 号	2019 - 5 - 24
554	关于给予山东银维科技股份有限公司及相关责任人员纪律处分和自律监管措施的决定	股转系统发〔2019〕1510 号	2019 - 5 - 24
555	关于给予上海易所试网络信息技术股份有限公司及相关责任人员纪律处分的决定	股转系统发〔2019〕1511 号	2019 - 5 - 24

续表

序号	文件名称	文　号	发文日期
556	关于给予山东三田电子科技股份有限公司及相关责任人员纪律处分和自律监管措施的决定	股转系统发〔2019〕1512号	2019-5-24
557	关于给予淄博华绵制衣股份有限公司及相关责任人员纪律处分的决定	股转系统发〔2019〕1513号	2019-5-24
558	关于给予北京凯英信业科技股份有限公司及相关责任人员纪律处分和自律监管措施的决定	股转系统发〔2019〕1514号	2019-5-24
559	关于给予大连神州云融合网络股份有限公司及相关责任人员纪律处分的决定	股转系统发〔2019〕1515号	2019-5-24
560	关于给予杭州全维技术股份有限公司及相关责任人员纪律处分和自律监管措施的决定	股转系统发〔2019〕1516号	2019-5-24
561	关于给予辽宁天佐羊绒纺织股份有限公司及相关责任人员纪律处分和自律监管措施的决定	股转系统发〔2019〕1517号	2019-5-24
562	关于给予上海数元影视传媒股份有限公司及相关责任人员纪律处分的决定	股转系统发〔2019〕1518号	2019-5-24
563	关于给予浙江新复大海洋生物科技股份有限公司及相关责任人员纪律处分和自律监管措施的决定	股转系统发〔2019〕1519号	2019-5-24
564	关于给予山东众和植保机械股份有限公司及相关责任人员纪律处分的决定	股转系统发〔2019〕1520号	2019-5-24
565	关于给予吉林省宜家清洁股份有限公司及相关责任人员纪律处分的决定	股转系统发〔2019〕1521号	2019-5-24
566	关于给予中钰医疗控股(北京)股份有限公司及相关责任人员纪律处分的决定	股转系统发〔2019〕1522号	2019-5-24
567	关于给予北京星原丰泰电子技术股份有限公司及相关责任人员纪律处分和自律监管措施的决定	股转系统发〔2019〕1523号	2019-5-24
568	关于给予厦门冠宇科技股份有限公司及相关责任人员纪律处分和自律监管措施的决定	股转系统发〔2019〕1524号	2019-5-24
569	关于给予哈尔滨世纪祥云清洁能源股份有限公司及相关责任人员纪律处分和自律监管措施的决定	股转系统发〔2019〕1525号	2019-5-24
570	关于给予江苏连连化学股份有限公司及相关责任人员纪律处分和自律监管措施的决定	股转系统发〔2019〕1526号	2019-5-24
571	关于给予厦门源利达环保科技股份有限公司及相关责任人员纪律处分和自律监管措施的决定	股转系统发〔2019〕1527号	2019-5-24
572	关于给予山东汇锋传动股份有限公司及相关责任人员纪律处分和自律监管措施的决定	股转系统发〔2019〕1528号	2019-5-24
573	关于给予青岛明药堂医疗股份有限公司及相关责任人员纪律处分的决定	股转系统发〔2019〕1529号	2019-5-24

续表

序号	文件名称	文　号	发文日期
574	关于给予上海医微讯数字科技股份有限公司及相关责任人员纪律处分的决定	股转系统发〔2019〕1530 号	2019－5－24
575	关于给予北京欧迅体育文化股份有限公司及相关责任人员纪律处分的决定	股转系统发〔2019〕1531 号	2019－5－24
576	关于给予珠海市蓝海之略医疗股份有限公司及相关责任人员纪律处分的决定	股转系统发〔2019〕1532 号	2019－5－24
577	关于给予北京百程国际旅游股份有限公司及相关责任人员纪律处分的决定	股转系统发〔2019〕1533 号	2019－5－24
578	关于给予西安未来国际信息股份有限公司及相关责任人员纪律处分和自律监管措施的决定	股转系统发〔2019〕1534 号	2019－5－24
579	关于给予天津唐邦科技股份有限公司及相关责任人员纪律处分和自律监管措施的决定	股转系统发〔2019〕1535 号	2019－5－24
580	关于给予北京宣爱智能模拟技术股份有限公司及相关责任人员纪律处分和自律监管措施的决定	股转系统发〔2019〕1536 号	2019－5－24
581	关于给予国建新能科技股份有限公司及相关责任人员纪律处分的决定	股转系统发〔2019〕1537 号	2019－5－24
582	关于给予昆明兴海绿化股份有限公司及相关责任人员纪律处分和自律监管措施的决定	股转系统发〔2019〕1538 号	2019－5－24
583	关于给予广州汇量网络科技股份有限公司及相关责任人员纪律处分和自律监管措施的决定	股转系统发〔2019〕1539 号	2019－5－24
584	关于给予东莞市佛尔盛智能机电股份有限公司及相关责任人员纪律处分和自律监管措施的决定	股转系统发〔2019〕1540 号	2019－5－24
585	关于给予北京艾森博航空科技股份有限公司及相关责任人员纪律处分和自律监管措施的决定	股转系统发〔2019〕1541 号	2019－5－24
586	关于给予派芬自控（上海）股份有限公司及相关责任人员纪律处分和自律监管措施的决定	股转系统发〔2019〕1542 号	2019－5－24
587	关于给予上海利隆新媒体股份有限公司及相关责任人员纪律处分的决定	股转系统发〔2019〕1543 号	2019－5－24
588	关于给予多彩贵州文化艺术股份有限公司及相关责任人员纪律处分和自律监管措施的决定	股转系统发〔2019〕1544 号	2019－5－24
589	关于给予天参密码科技股份有限公司及相关责任人员纪律处分和自律监管措施的决定	股转系统发〔2019〕1545 号	2019－5－24
590	关于给予韵盛科技（北京）股份有限公司及相关责任人员纪律处分和自律监管措施的决定	股转系统发〔2019〕1546 号	2019－5－24
591	关于给予山东鲁华龙心生物科技股份有限公司及相关责任人员纪律处分和自律监管措施的决定	股转系统发〔2019〕1547 号	2019－5－24

续表

序号	文 件 名 称	文　　号	发文日期
592	关于给予深圳市众鼎商学院在线科技股份有限公司及相关责任人员纪律处分和自律监管措施的决定	股转系统发〔2019〕1548 号	2019 - 5 - 24
593	关于给予上海欧泰科智能科技股份有限公司及相关责任人员纪律处分和自律监管措施的决定	股转系统发〔2019〕1549 号	2019 - 5 - 24
594	关于给予浙江爱丽莎环保科技股份有限公司及相关责任人员纪律处分和自律监管措施的决定	股转系统发〔2019〕1550 号	2019 - 5 - 24
595	关于给予浙江华电智能电站设备股份有限公司及相关责任人员纪律处分和自律监管措施的决定	股转系统发〔2019〕1551 号	2019 - 5 - 24
596	关于给予芜湖科阳新材料股份有限公司及相关责任人员纪律处分和自律监管措施的决定	股转系统发〔2019〕1552 号	2019 - 5 - 24
597	关于给予辽宁同益物流股份有限公司及相关责任人员纪律处分和自律监管措施的决定	股转系统发〔2019〕1553 号	2019 - 5 - 24
598	关于给予无锡市太湖湖泊治理股份有限公司及相关责任人员纪律处分和自律监管措施的决定	股转系统发〔2019〕1554 号	2019 - 5 - 24
599	关于给予深圳市中瀛鑫科技股份有限公司及相关责任人员纪律处分的决定	股转系统发〔2019〕1555 号	2019 - 5 - 24
600	关于给予北京三友创美饲料科技股份有限公司及相关责任人员纪律处分的决定	股转系统发〔2019〕1556 号	2019 - 5 - 24
601	关于给予哈尔滨宝德生物技术股份有限公司及相关责任人员纪律处分和自律监管措施的决定	股转系统发〔2019〕1557 号	2019 - 5 - 24
602	关于给予江苏金瀚科技股份有限公司及相关责任人员纪律处分和自律监管措施的决定	股转系统发〔2019〕1558 号	2019 - 5 - 24
603	关于给予北京北亚时代科技股份有限公司及相关责任人员纪律处分和自律监管措施的决定	股转系统发〔2019〕1559 号	2019 - 5 - 24
604	关于给予河南雪阳坯衫股份有限公司及相关责任人员纪律处分和自律监管措施的决定	股转系统发〔2019〕1560 号	2019 - 5 - 24
605	关于给予北京爱尚文化传媒股份有限公司及相关责任人员纪律处分和自律监管措施的决定	股转系统发〔2019〕1561 号	2019 - 5 - 24
606	关于给予青岛奥盖克化工股份有限公司、王在军、刘武通报批评的纪律处分的决定	股转系统发〔2019〕1587 号	2019 - 6 - 4
607	关于给予青岛亨达股份有限公司、单存礼、王吉万、江志强、单玉香纪律处分的决定	股转系统发〔2019〕1642 号	2019 - 7 - 1
608	关于给予威海国际物流园股份有限公司及相关责任主体纪律处分及自律监管措施的决定	股转系统发〔2019〕1705 号	2019 - 6 - 26
609	关于给予赣州鑫磊稀土新材料股份有限公司及钟小伟通报批评的决定	股转系统发〔2019〕2306 号	2019 - 8 - 20

续表

序号	文件名称	文号	发文日期
610	关于给予江西省百乐米业股份有限公司及相关责任主体纪律处分的决定	股转系统发〔2019〕2507号	2019-9-18
611	关于给予广州星亚高新塑料科技股份有限公司及相关责任主体纪律处分的决定	股转系统发〔2019〕2524号	2019-11-4
612	关于给予山东泰然材料科技股份有限公司及相关责任主体纪律处分及自律监管措施的决定	股转系统发〔2019〕2599号	2019-10-25
613	关于给予新疆新华能电气股份有限公司及相关责任人员纪律处分和自律监管措施的决定	股转系统发〔2019〕2611号	2019-10-31
614	关于给予成都十九号极速文化传播股份有限公司及相关责任主体纪律处分的决定	股转系统发〔2019〕2615号	2019-11-4
615	关于给予成都谛听科技股份有限公司及相关责任主体纪律处分的决定	股转系统发〔2019〕2638号	2019-11-7
616	关于给予深圳京金动力股份有限公司及相关责任主体纪律处分及自律监管措施的决定	股转系统发〔2019〕2699号	2019-11-29
617	关于给予贵州森瑞新材料股份有限公司及相关责任主体纪律处分的决定	股转系统发〔2019〕2700号	2019-11-29
618	关于给予山东佳田医学影像股份有限公司及相关责任主体纪律处分和自律监管措施的决定	股转系统发〔2019〕2701号	2019-11-29
619	关于给予山东永平再生资源股份有限公司及相关责任主体纪律处分及自律监管措施的决定	股转系统发〔2019〕2702号	2019-11-29
620	关于给予北京益跑科技股份有限公司及相关责任主体纪律处分的决定	股转系统发〔2019〕2703号	2019-11-29
621	关于给予北京华夏金东方科技股份有限公司及相关责任主体纪律处分及自律监管措施的决定	股转系统发〔2019〕2704号	2019-11-29
622	关于给予森纵艾德(北京)教育科技股份有限公司及相关责任主体纪律处分的决定	股转系统发〔2019〕2705号	2019-11-29
623	关于给予福建伟思国瑞软件股份有限公司及相关责任主体纪律处分及自律监管措施的决定	股转系统发〔2019〕2706号	2019-11-29
624	关于给予广东旭业光电科技股份有限公司及相关责任主体纪律处分的决定	股转系统发〔2019〕2707号	2019-11-29
625	关于给予上海谦讯网络科技股份有限公司及相关责任主体纪律处分的决定	股转系统发〔2019〕2708号	2019-11-29
626	关于给予重庆广建装饰股份有限公司及相关责任主体纪律处分的决定	股转系统发〔2019〕2709号	2019-11-29
627	关于给予杭州丽晶光电股份有限公司及相关责任主体纪律处分的决定	股转系统发〔2019〕2710号	2019-11-29

续表

序号	文 件 名 称	文 号	发文日期
628	关于给予江苏德润环保科技股份有限公司及相关责任主体纪律处分的决定	股转系统发〔2019〕2711 号	2019 - 11 - 29
629	关于给予宁波江宸智能装备股份有限公司及相关责任主体纪律处分的决定	股转系统发〔2019〕2712 号	2019 - 11 - 29
630	关于给予浙江久灵早教用品科技股份有限公司及相关责任主体纪律处分和自律监管措施的决定	股转系统发〔2019〕2713 号	2019 - 11 - 29
631	关于给予浙江腾骏祥科技股份有限公司及相关责任主体纪律处分和自律监管措施的决定	股转系统发〔2019〕2714 号	2019 - 11 - 29
632	关于给予洛阳市河之阳高分子材料股份有限公司及相关责任主体纪律处分和自律监管措施的决定	股转系统发〔2019〕2715 号	2019 - 11 - 29
633	关于给予沧州天河化纤制品股份有限公司及相关责任主体纪律处分和自律监管措施的决定	股转系统发〔2019〕2716 号	2019 - 11 - 29
634	关于给予厦门中健网农股份有限公司及相关责任主体纪律处分的决定	股转系统发〔2019〕2717 号	2019 - 11 - 29
635	关于给予广东科海信息科技股份有限公司及相关责任主体纪律处分的决定	股转系统发〔2019〕2718 号	2019 - 11 - 29
636	关于给予东莞市华天兴邦智能装备股份有限公司及相关责任主体纪律处分的决定	股转系统发〔2019〕2719 号	2019 - 11 - 29
637	关于给予广东科维北斗电子股份有限公司及相关责任主体纪律处分和自律监管措施的决定	股转系统发〔2019〕2720 号	2019 - 11 - 29
638	关于给予东莞辉科机器人自动化股份有限公司及相关责任主体纪律处分和自律监管措施的决定	股转系统发〔2019〕2721 号	2019 - 11 - 29
639	关于给予广东凯硕生物科技股份有限公司及相关责任主体纪律处分和自律监管措施的决定	股转系统发〔2019〕2722 号	2019 - 11 - 29
640	关于给予张家港嘉成建设材料股份有限公司及相关责任主体纪律处分的决定	股转系统发〔2019〕2723 号	2019 - 11 - 29
641	关于给予珠海横琴万琦威数字建筑股份有限公司及相关责任主体纪律处分的决定	股转系统发〔2019〕2724 号	2019 - 11 - 29
642	关于给予雨来智能科技服务(苏州)股份有限公司及相关责任主体纪律处分和自律监管措施的决定	股转系统发〔2019〕2725 号	2019 - 11 - 29
643	关于给予苏州馨格家居用品股份有限公司及相关责任主体纪律处分的决定	股转系统发〔2019〕2726 号	2019 - 11 - 29
644	关于给予睿德天和(北京)国际文化传播股份有限公司及相关责任主体纪律处分和自律监管措施的决定	股转系统发〔2019〕2727 号	2019 - 11 - 29
645	关于给予广州盛世传媒股份有限公司及相关责任主体纪律处分和自律监管措施的决定	股转系统发〔2019〕2728 号	2019 - 11 - 29

续表

序号	文件名称	文号	发文日期
646	关于给予陕西中商矿业股份有限公司及相关责任主体纪律处分和自律监管措施的决定	股转系统发〔2019〕2729 号	2019－11－29
647	关于给予安徽颍元农业科技股份有限公司纪律处分的决定	股转系统发〔2019〕2730 号	2019－11－29
648	关于给予安徽广美药业股份有限公司及相关责任主体纪律处分和自律监管措施的决定	股转系统发〔2019〕2731 号	2019－11－29
649	关于给予浙江新天龙科技股份有限公司及相关责任主体纪律处分和自律监管措施的决定	股转系统发〔2019〕2732 号	2019－11－29
650	关于给予山东力凯电子科技股份有限公司及相关责任主体纪律处分和自律监管措施的决定	股转系统发〔2019〕2733 号	2019－11－29
651	关于给予武汉博奇玉宇环保股份有限公司及相关责任主体纪律处分的决定	股转系统发〔2019〕2734 号	2019－11－29
652	关于给予深圳新为软件股份有限公司及相关责任主体纪律处分和自律监管措施的决定	股转系统发〔2019〕2735 号	2019－11－29
653	关于给予花火（厦门）文化传播股份有限公司及相关责任主体纪律处分的决定	股转系统发〔2019〕2736 号	2019－11－29
654	关于给予安徽中昊环保装备股份有限公司及相关责任主体纪律处分的决定	股转系统发〔2019〕2737 号	2019－11－29
655	关于给予湖南帝耳智能科技股份有限公司及相关责任主体纪律处分的决定	股转系统发〔2019〕2738 号	2019－11－29
656	关于给予爱科凯能科技（北京）股份有限公司及相关责任主体纪律处分和自律监管措施的决定	股转系统发〔2019〕2739 号	2019－11－29
657	关于给予吉林省施泰信息技术股份有限公司及相关责任主体纪律处分和自律监管措施的决定	股转系统发〔2019〕2740 号	2019/11/29
658	关于给予洁誉科技（上海）股份有限公司及相关责任主体纪律处分和自律监管措施的决定	股转系统发〔2019〕2741 号	2019/11/29
659	关于给予安徽宇宁果胶股份有限公司及相关责任主体纪律处分和自律监管措施的决定	股转系统发〔2019〕2742 号	2019/11/29
660	关于给予甘肃鸿泰种业股份有限公司及相关责任主体纪律处分和自律监管措施的决定	股转系统发〔2019〕2743 号	2019/11/29
661	关于给予通化盛吉信生物科技股份有限公司及相关责任主体纪律处分和自律监管措施的决定	股转系统发〔2019〕2744 号	2019/11/29
662	关于给予南京沃阁酒店管理股份有限公司及相关责任主体纪律处分的决定	股转系统发〔2019〕2745 号	2019/11/29
663	关于给予北京润丰世纪物业管理股份有限公司及相关责任主体纪律处分的决定	股转系统发〔2019〕2746 号	2019/11/29

续表

序号	文件名称	文号	发文日期
664	关于给予珠海国佳新材股份有限公司及相关责任主体纪律处分的决定	股转系统发〔2019〕2747号	2019/11/29
665	关于给予北京时尚百联科技股份有限公司及相关责任主体纪律处分和自律监管措施的决定	股转系统发〔2019〕2748号	2019-11-29
666	关于给予北京腾实信科技有限公司及相关责任主体纪律处分的决定	股转系统发〔2019〕2749号	2019-11-29
667	关于给予南京福怡科技发展股份有限公司及相关责任主体纪律处分和自律监管措施的决定	股转系统发〔2019〕2750号	2019-11-29
668	关于给予山东国丰君达化工科技股份有限公司及相关责任主体纪律处分和自律监管措施的决定	股转系统发〔2019〕2751号	2019-11-29
669	关于给予张家界新盛旅游管理股份有限公司及相关责任主体纪律处分和自律监管措施的决定	股转系统发〔2019〕2752号	2019-11-29
670	关于给予杭州中广物业管理服务股份有限公司及相关责任主体纪律处分和自律监管措施的决定	股转系统发〔2019〕2753号	2019-11-29
671	关于给予南京王者之风建筑装饰股份有限公司及相关责任主体纪律处分的决定	股转系统发〔2019〕2754号	2019-11-29
672	关于给予江苏宝鑫瑞机械股份有限公司及相关责任主体纪律处分和自律监管措施的决定	股转系统发〔2019〕2755号	2019-11-29
673	关于给予安徽安浓园艺股份有限公司及相关责任主体纪律处分的决定	股转系统发〔2019〕2756号	2019-11-29
674	关于给予北京中科联众科技股份有限公司及相关责任主体纪律处分的决定	股转系统发〔2019〕2757号	2019-11-29
675	关于给予布雷尔利(保定)金属家居用品股份有限公司及相关责任主体纪律处分的决定	股转系统发〔2019〕2758号	2019-11-29
676	关于给予大卫之选信息技术(北京)股份有限公司及相关责任主体纪律处分和自律监管措施的决定	股转系统发〔2019〕2759号	2019-11-29
677	关于给予成都大众生态园林股份有限公司及相关责任主体纪律处分和自律监管措施的决定	股转系统发〔2019〕2760号	2019-11-29
678	关于给予广州能之原科技股份有限公司及相关责任主体纪律处分的决定	股转系统发〔2019〕2761号	2019-11-29
679	关于给予华安奥特(北京)科技股份有限公司及相关责任主体纪律处分的决定	股转系统发〔2019〕2762号	2019-11-29
680	关于给予襄阳佰蒂生物科技股份有限公司及相关责任主体纪律处分和自律监管措施的决定	股转系统发〔2019〕2763号	2019-11-29
681	关于给予烟台卓能电池材料股份有限公司及相关责任主体纪律处分和自律监管措施的决定	股转系统发〔2019〕2764号	2019-11-29

续表

序号	文件名称	文　　号	发文日期
682	关于给予宁夏网虫信息技术股份有限公司及相关责任主体纪律处分和自律监管措施的决定	股转系统发〔2019〕2765号	2019－11－29
683	关于给予北京安之文化传播股份有限公司及相关责任主体纪律处分的决定	股转系统发〔2019〕2766号	2019－11－29
684	关于给予无锡威易发精密机械股份有限公司及相关责任主体纪律处分和自律监管措施的决定	股转系统发〔2019〕2767号	2019－11－29
685	关于给予北京艾的教育科技股份有限公司及相关责任主体纪律处分和自律监管措施的决定	股转系统发〔2019〕2768号	2019－11－29
686	关于给予余江天余生态农业科技股份有限公司及相关责任主体纪律处分和自律监管措施的决定	股转系统发〔2019〕2769号	2019－11－29
687	关于给予微网信通（北京）通信技术股份有限公司及相关责任主体纪律处分的决定	股转系统发〔2019〕2770号	2019－11－29
688	关于给予宁波燎原电器集团股份有限公司及相关责任主体纪律处分和自律监管措施的决定	股转系统发〔2019〕2771号	2019－11－29
689	关于给予中光高科（北京）节能工程管理股份有限公司及相关责任主体纪律处分的决定	股转系统发〔2019〕2772号	2019－11－29
690	关于给予北京元鼎时代科技股份有限公司及相关责任主体纪律处分和自律监管措施的决定	股转系统发〔2019〕2773号	2019－11－29
691	关于给予诺威尔（天津）能源装备股份有限公司及相关责任主体纪律处分的决定	股转系统发〔2019〕2774号	2019－11－29
692	关于给予河南双发石油装备制造股份有限公司及相关责任主体纪律处分和自律监管措施的决定	股转系统发〔2019〕2775号	2019－11－29
693	关于给予上海沃特奇能源科技股份有限公司及相关责任主体纪律处分和自律监管措施的决定	股转系统发〔2019〕2776号	2019－11－29
694	关于给予奥吉特生物科技股份有限公司及相关责任主体纪律处分的决定	股转系统发〔2019〕2777号	2019－11－29
695	关于给予武汉亿房信息网络股份有限公司及相关责任主体纪律处分的决定	股转系统发〔2019〕2778号	2019－11－29
696	关于给予武汉全华光电科技股份有限公司及相关责任主体纪律处分的决定	股转系统发〔2019〕2779号	2019－11－29
697	关于给予安徽亿海矿山设备股份有限公司及相关责任主体纪律处分和自律监管措施的决定	股转系统发〔2019〕2780号	2019－11－29
698	关于给予河北百年巧匠文化传播股份有限公司及相关责任主体纪律处分和自律监管措施的决定	股转系统发〔2019〕2781号	2019－11－29
699	关于给予紫晶之光科技股份有限公司及相关责任主体纪律处分和自律监管措施的决定	股转系统发〔2019〕2782号	2019－11－29

续表

序号	文件名称	文号	发文日期
700	关于给予盐城市新亚自控设备股份有限公司及相关责任主体纪律处分的决定	股转系统发〔2019〕2783 号	2019 - 11 - 29
701	关于给予北京清水生态环境工程股份有限公司及相关责任主体纪律处分和自律监管措施的决定	股转系统发〔2019〕2784 号	2019 - 11 - 29
702	关于给予北京集酷文化股份有限公司及相关责任主体纪律处分的决定	股转系统发〔2019〕2785 号	2019 - 11 - 29
703	关于给予江苏吉美思物联网产业股份有限公司及相关责任主体纪律处分和自律监管措施的决定	股转系统发〔2019〕2786 号	2019 - 11 - 29
704	关于给予深圳东文传媒股份有限公司及相关责任主体纪律处分和自律监管措施的决定	股转系统发〔2019〕2787 号	2019 - 11 - 29
705	关于给予浙江建宏链传动材料股份有限公司及相关责任主体纪律处分的决定	股转系统发〔2019〕2788 号	2019 - 11 - 29
706	关于给予环幕影视文化传媒(天津)股份有限公司及相关责任主体纪律处分和自律监管措施的决定	股转系统发〔2019〕2789 号	2019 - 11 - 29
707	关于给予深圳市尚洋文化股份有限公司及相关责任主体纪律处分的决定	股转系统发〔2019〕2790 号	2019 - 11 - 29
708	关于给予青岛乐克玻璃科技股份有限公司及相关责任主体纪律处分和自律监管措施的决定	股转系统发〔2019〕2791 号	2019 - 11 - 29
709	关于给予北京百玩游戏科技股份有限公司及相关责任主体纪律处分和自律监管措施的决定	股转系统发〔2019〕2792 号	2019 - 11 - 29
710	关于给予大连神州云融合网络股份有限公司及相关责任主体纪律处分的决定	股转系统发〔2019〕2793 号	2019 - 11 - 29
711	关于给予武汉智通恒大供应链科技股份有限公司及相关责任主体纪律处分和自律监管措施的决定	股转系统发〔2019〕2794 号	2019 - 11 - 29
712	关于给予北京中搜网络技术股份有限公司及相关责任主体纪律处分的决定	股转系统发〔2019〕2795 号	2019 - 11 - 29
713	关于给予北京春秋鸿文化投资股份有限公司及相关责任主体纪律处分的决定	股转系统发〔2019〕2796 号	2019 - 11 - 29
714	关于给予参园庄生物科技股份有限公司及相关责任主体纪律处分的决定	股转系统发〔2019〕2797 号	2019 - 11 - 29
715	关于给予北京艾森博航空科技股份有限公司及相关责任主体纪律处分的决定	股转系统发〔2019〕2798 号	2019 - 11 - 29
716	关于给予云南天之游科技股份有限公司及相关责任主体纪律处分和自律监管措施的决定	股转系统发〔2019〕2799 号	2019 - 11 - 29
717	关于给予青岛海天炜业过程控制技术股份有限公司及相关责任主体纪律处分和自律监管措施的决定	股转系统发〔2019〕2800 号	2019 - 11 - 29

续表

序号	文件名称	文　　号	发文日期
718	关于给予深圳艾派网络科技股份有限公司及相关责任主体纪律处分的决定	股转系统发〔2019〕2801 号	2019－11－29
719	关于给予苏州中集国际供应链股份有限公司及相关责任主体纪律处分和自律监管措施的决定	股转系统发〔2019〕2802 号	2019－11－29
720	关于给予北京联达动力信息科技股份有限公司及相关责任主体纪律处分的决定	股转系统发〔2019〕3023 号	2019－12－26
721	关于给予北京赫宸智慧能源科技股份有限公司及相关责任主体纪律处分和自律监管措施的决定	股转系统发〔2019〕3029 号	2019－12－26
722	关于给予天津爱智威机器人制造股份有限公司及相关责任主体纪律处分的决定	股转系统发〔2019〕3030 号	2019－12－26
723	关于给予广东丰裕环保科技股份有限公司及相关责任主体纪律处分和自律监管措施的决定	股转系统发〔2019〕3031 号	2019－12－26
724	关于给予湖南体运通信息技术股份有限公司及相关责任主体纪律处分和自律监管措施的决定	股转系统发〔2019〕3032 号	2019－12－26
725	关于给予深圳海斯迪能源科技股份有限公司及相关责任主体纪律处分的决定	股转系统发〔2019〕3033 号	2019－12－26
726	关于给予湖南湘联节能科技股份有限公司及相关责任主体纪律处分和自律监管措施的决定	股转系统发〔2019〕3034 号	2019－12－26
727	关于给予湖北贝克药业股份有限公司及相关责任主体纪律处分和自律监管措施的决定	股转系统发〔2019〕3035 号	2019－12－26
728	关于给予上海白虹软件科技股份有限公司及相关责任主体纪律处分和自律监管措施的决定	股转系统发〔2019〕3036 号	2019－12－26
729	关于给予北京宝辰联合科技股份有限公司及相关责任主体纪律处分的决定	股转系统发〔2019〕3037 号	2019－12－26
730	关于给予成都欧迅科技股份有限公司及相关责任主体纪律处分和自律监管措施的决定	股转系统发〔2019〕3038 号	2019－12－26
731	关于给予重庆龙驰国际旅行社股份有限公司及相关责任主体纪律处分和自律监管措施的决定	股转系统发〔2019〕3039 号	2019－12－26
732	关于给予湖南农商通电子商务股份有限公司及相关责任主体纪律处分的决定	股转系统发〔2019〕3040 号	2019－12－26
733	关于给予江苏绿博低碳科技股份有限公司及相关责任主体纪律处分和自律监管措施的决定	股转系统发〔2019〕3041 号	2019－12－26
734	关于给予融汇通网络服务股份有限公司及相关责任主体纪律处分和自律监管措施的决定	股转系统发〔2019〕3042 号	2019－12－26
735	关于给予浙江太悦健康管理股份有限公司及相关责任主体纪律处分的决定	股转系统发〔2019〕3043 号	2019－12－26

续表

序号	文 件 名 称	文 号	发文日期
736	关于给予江苏徕兹智能装备科技股份有限公司纪律处分的决定	股转系统发〔2019〕3044 号	2019 - 12 - 26
737	关于给予新疆多浪牧业股份有限公司及相关责任主体纪律处分和自律监管措施的决定	股转系统发〔2019〕3045 号	2019 - 12 - 26
738	关于给予宁波鸿立光电科技股份有限公司及相关责任主体纪律处分的决定	股转系统发〔2019〕3046 号	2019 - 12 - 26
739	关于给予天和自动化科技(苏州)股份有限公司及相关责任主体纪律处分和自律监管措施的决定	股转系统发〔2019〕3047 号	2019 - 12 - 26
740	关于给予南京金蛋科技股份有限公司及相关责任主体纪律处分和自律监管措施的决定	股转系统发〔2019〕3048 号	2019 - 12 - 26
741	关于给予北京慧网通达科技股份有限公司及相关责任主体纪律处分和自律监管措施的决定	股转系统发〔2019〕3049 号	2019 - 12 - 26
742	关于给予甘肃荣宝科技股份有限公司及相关责任主体纪律处分的决定	股转系统发〔2019〕3050 号	2019 - 12 - 26
743	关于给予上海齐思信息技术股份有限公司及相关责任主体纪律处分的决定	股转系统发〔2019〕3051 号	2019 - 12 - 26
744	关于给予统领得一网络科技(上海)股份有限公司及相关责任主体纪律处分的决定	股转系统发〔2019〕3052 号	2019 - 12 - 26
745	关于给予杭州洁诺清洁用品股份有限公司及相关责任主体纪律处分的决定	股转系统发〔2019〕3053 号	2019 - 12 - 26
746	关于给予北京博远欣绿科技股份有限公司及相关责任主体纪律处分的决定	股转系统发〔2019〕3054 号	2019 - 12 - 26
747	关于给予浙江新复大海洋生物科技股份有限公司及相关责任主体纪律处分和自律监管措施的决定	股转系统发〔2019〕3055 号	2019 - 12 - 26

(三)2019 年自律监管典型案例

一、股东大会程序违规

2018 年 8 月 30 日,JY 公司召开 2018 年第一次临时股东大会,审议《关于申请公司股票在全国中小企业股份转让系统终止挂牌的议案》等议案,截至本次股东大会的股权登记日,公司共有股东 20 名。9 月 3 日,JY 公司披露上述议案决议,公告显示:"出席和授权出席本次股东大会的股东共 19 人,持有表决权的股份总数 154,125,000 股,占公司有表决权股份总数的 99.76% 表决同意股数 151,687,500 股,占本次股东大会有表决权股份总数的 98.42%;反对股数 2,437,500 股,占本次股东大会有表决权股份总数的 1.58%;弃权股数 0 股,占本次股东大会有表决权股份总数的 0%。"主办券商及监管机构后来发现,本次股东大会存在部分股东未出席或委托代理人出席会议但通过邮寄表决票参与表决，并且公司将此类表决票计入了表决结果。JY 公司在主办券商进行核查后对股东大会的出席及表决情况进行了更正，但更正情况与函证结果、公司后续出具的说明存在矛盾。

JY 的上述行为违反了《全国中小企业股份转让系统业务规则（试行）》（以下简称《业务规则》）第 1.4 条、第 1.5 条和《全国中小企业股份转让系统信息披露细则》（以下简称《信息披露细则》）第四条的有关规定。

时任董事长兼信息披露负责人孙某未能忠实、勤勉地履行职责，对上述违规行为负有责任，违反了《业务规则》第 1.4 条、第 1.5 条和《信息披露细则》第四十九条的规定。

鉴于上述违规事实和情节，全国中小企业股份转让系统有限责任公司决定：对 JY 公司及其董事长兼信息披露负责人孙某给予通报批评的纪律处分，并记入诚信档案数据库。

二、财务信息披露违规、违规对外担保

BLMY 股份有限公司（以下简称：BLMY）涉嫌存在以下违规事实：

（一）2016 年年报和 2017 年半年报虚假记载营业收入

1. 虚假销售原粮

2016 年 1 月 1 日至 2017 年 6 月 30 日期间，BLMY 向新余市新穗米业有限公司虚假销售原粮合计 24,362,950.00 元（其中 2016 年 11,362,950.00 元、2017 年上半年 13,000,000.00 元），向新余经济开发区粮食购销公司虚假销售原粮 9,750,000.00 元（2016 年），向江西新余国家粮食储备库虚假销售原粮 11,832,750.00 元（2016 年）。虚假销售原粮导致 2016 年年报虚增营业收入 29,155,486.73 元，2017 年半年报虚增营业收入 11,504,424.78 元。

2. 虚假销售大米及米粉

2016 年 1 月 1 日至 2017 年 6 月 30 日期间，BLMY 的大米及米粉销售部分属于虚构，其中向自然人陈某虚假销售 8,723,282.40 元（其中 2016 年 2,700,000.00 元，2017 年上半年 6,023,282.40 元），向自然人麻某虚假销售 4,900,000.00元（其中 2016 年 2,300,000.00 元，2017 年上半年 2,600,000.00 元），以公司销售人员名义存现的方式虚假销售 88,114,178.00 元（其中 2016 年 61,715.474.00 元、2017 年上半年 26,398,704.00 元）。虚假销售大米及米粉导致 2016 年年报虚增营业收入 59,040,242.48 元；2017 年半年报虚增营业收入 30,992,908.32 元。

上述两项合计虚增 2016 年营业收入 88,195,729.21元，占披露的 2016 年营业收入（450,990,123.99 元）的 19.56%；合计虚增 2017 年半年度营业收入 42,497,333.1 元，占披露的 2017 年半年度营业收入（264,947,102.24 元）的 16.04%。

（二）公司 2016 年年报和 2017 年半年报虚假记载存货

1. 虚假采购原粮

2016 年 1 月 1 日至 2017 年 6 月 30 日期间，BLMY 的采购原粮业务部分属于虚构，BLMY 出纳彭某实际控制 70 多张自然人的银行卡，BLMY 虚假采购原粮的采购款转入上述银行卡，并将转账金额录入 ERP 系统。虚假采购原粮导致 2016 年年报虚增存货 117,636,949.09 元，2017 年半年报虚增存货 79,731,404.12 元。

2. 虚假采购大米

2016 年 1 月 1 日至 2017 年 6 月 30 日期间，BLMY 的采购大米业务部分属于虚构，其中向自然人郑某虚假采购 29,400,000.00 元（其中 2016 年 15,300,000.00 元、2017 年上半年 14,100,000.00 元），向自然人钟某虚假采购 25,750,000.00 元（其中 2016 年 17,150,000.00 元、2017 年上半年 8,600,000.00 元），向自然人周某泉虚假采购 12,300,000.00 元（其中 2016 年 9,300,000.00 元、2017 年上半年 3,000,000.00元），向自然人许某虚假采购 1,339,547.00元（2017 年）。虚假采购大米导致 2016 年年报虚增存货 36,946,902.65 元，2017 年半年报虚增存货 23,928,802.65 元。

上述两项合计虚增 2016 年存货154,583,851.74 元，占披露的 2016 年存货（330,403,411.47 元）的 46.79%；合计虚增 2017 年半年度存货 103,660,206.77 元，占披露的 2017 年半年度存货（311,668,045.85 元）的 33.26%。

（三）公司 2016 年年报和 2017 年半年报虚假记载短期借款等负债项目

1. 短期借款未入账

2016 年 11 月，BLMY 向重庆海尔小额贷

款有限公司贷款2000万元,未进行账务处理,导致BLMY2016年年报和2017年半年报隐瞒负债2000万元。

2. 短期借款入账但未在财务报告中反映

BLMY于2017年6月30日收到两笔短期借款,合计金额4100万元,分别计入其他应付款和短期借款核算;但2017年半年报的其他应付款和短期借款科目均未披露该两笔借款,导致BLMY2017年半年报隐瞒负债4100万元。

(四)公司2016年年报和2017年半年报未披露为实际控制人担保事项

BLMY存在未经审议程序为实际控制人张某、彭某提供担保且未披露的行为,2016年年报未披露金额为1,440.37万元,2017年半年报未披露金额为2,084.38万元。

BLMY2016年年报、2017年半年报虚假记载营业收入、存货、短期借款等,信息披露不真实、不准确,违反了《全国中小企业股份转让系统业务规则(试行)》第1.4条、第1.5条的规定;BLMY违规为关联方提供担保,且未披露相关信息,违反了《全国中小企业股份转让系统信息披露细则(试行)》(以下简称《信息披露细则》)第三十五条、第四十六条,《挂牌公司年度报告内容与格式指引(试行)》第二十二条,《挂牌公司半年度报告内容与格式指引(试行)》第二十三条的规定。

BLMY董事长兼总经理张某、董事、财务总监兼董事会秘书刘某、董事兼副总经理江某、周某、鲁某、彭某、监事彭某、胡某、郑某违反了《全国中小企业股份转让系统业务规则(试行)》(以下简称《业务规则》)第1.4条、第1.5条的规定。

鉴于上述违规事实和情节,根据《业务规则》第6.2、6.3条的规定,全国中小企业股份转让系统有限责任公司于2019年作出决定:给予BLMY和董事长兼总经理张某、董事、财务总监兼董事会秘书刘某公开谴责的纪律处分,并计入诚信档案,给予董事兼副总经理江某、周某、鲁某、彭某、监事彭某、胡某、郑某通报批评的纪律处分,并计入诚信档案。

三、投资者(账户组)异常价格申报或成交、反向交易

2019年4月26日至6月11日,"YBX"账户组通过组内9个账户间频繁反向交易基础层集合竞价股票JPJK,将股价由0.71元拉抬至14元,期间股价累计上涨1871.83%,其成交占比100%,并且于5月10日以7元的价格进行盘后协议转让。

2019年4月29日至6月11日,"YBX"账户组通过组内5个账户间频繁反向交易基础层集合竞价股票YFWL,将股价由1.18元拉抬至14元,期间股价累计上涨1086.44%,其成交占比100%,并且于4月29日、30日分别以2元、3元的价格进行盘后协议转让。

2019年4月以来,"YBX"账户组在组内11个账户间持续以49.6元左右的价格在盘中大量反向交易基础层集合竞价股票OQKJ,盘后于组内进行协议转让,累计对倒交易54.9万股、2,722.95万元,成交占比100%,其中盘中成交14.7万股、729.12万元,盘后协议成交40.2万股、1993.83万元。

综上,"YBX"账户组在参与JPJK、YFWL、OQKJ交易的过程中,存在大量或频繁进行反向交易的行为,构成异常交易,违反了《全国中小企业股份转让系统股票转让细则》第一百零九条关于"单个证券账户,或两个以上固定的或涉嫌关联的证券账户之间大量或频繁进行反向交易"的规定。并且自2018年以来,该账户组内先后已有20个账户被全国股转公司采取出具警示函的自律监管措施,10个账户被全国股转公司采取限制证券账户交易(三个月)的自律监管措施,情节严重,性质十分恶劣。

鉴于上述违规事实和情节,根据《全国中小企业股份转让系统业务规则(试行)》第6.1条、《全国中小企业股份转让系统自律监管措施和纪律处分实施细则》第十六条和《全国中小企业股份转让系统股票转让细则》第一百一十五条的规定,全国股转公司对"YBX"账户组中在上述期间内发生异常交易的15个账户一并采取限制证券账户交易(三个月)的自律监管措施,并将涉及私募基金产品账户的函件抄送基金业协会。

四、股份回购违规

ZHTCYSQ技术股份有限公司(以下简称"TCGF")存在股份回购违规事宜,具体如下:

TCGF于2019年9月16日召开第二届董事会第十二次会议审议通过了《第二次回购股份方案》(以下简称"回购方案")的议案,根据回购方案,此次回购方式为竞价回购,拟回购股份数量不少于65万股,不超过70万股。回购实施期限为自董事会审议通过股份回购方案之日起不超过1个月。

回购期间,TCGF累计委托买单数量为65000股,仅达回购方案回购数量下限的10.00%;回购期限届满,TCGF实际回购总数为42900股,仅达回购方案回购数量下限的6.60%。TCGF未按照回购方案实施回购,导致回购结果与回购方案不一致。

TCGF的上述行为违反了《全国中小企业股份转让系统挂牌公司回购股份实施细则》(以下简称《回购股份实施细则》)第二十七条的规定,构成回购股份违规。

针对上述违规行为,时任董事长、控股股东、实际控制人黄某某未能勤勉尽责,保证公司规范实施回购股份行为,违反了《全国中小企业股份转让系统业务规则(试行)》(以下简称《业务规则》)第1.4条的规定,对上述违规行为负有责任。

鉴于上述违规事实和情节,根据《回购股份实施细则》第六十条、《业务规则》第6.1条和《全国中小企业股份转让系统自律监管措施和纪律处分实施细则》第十四条的规定,全国中小企业股份转让系统有限责任公司做出如下决定:

对TCGF采取出具警示函的自律监管措施。

对黄某某采取出具警示函的自律监管措施。

五、重大资产重组违规

SHGLWL股份有限公司(以下简称:GLWL)于2018年11月2日认缴1亿元人民币参股设立NMGBGGLWL有限公司。截至2017年12月31日,GLWL经审计的合并财务会计报表期末资产总额为242,333,712.19元,期末净资产总额为113,107,278.67元。本次对外投资的认缴金额达到2017年度经审计的合并财务会计报表期末净资产额的50%以上,且达到2017年度经审计的合并财务会计报表期末资产总额的30%以上,根据《非上市公众公司重大资产重组管理办法》第二条规定已构成重大资产重组。GLWL未根据《非上市公众公司重大资产重组管理办法》的规定按照重大资产重组的标准履行审议和信息披露程序。

GLWL的上述行为违反了《非上市公众公司重大资产重组管理办法》第十四条的规定,构成重大资产重组违规。

杨某和张某作为董事长和董事会秘书,未能保证公司按照重大资产重组的标准履行审议程序并及时信息披露,违反了《全国中小企业股份转让系统业务规则(试行)》第1.4条和第1.5条的规定,对上述违规行为负有责任。

鉴于上述违规事实和情节,根据《全国中小企业股份转让系统业务规则(试行)》第6.1条和《全国中小企业股份转让系统自律监管措施和纪律处分实施细则》第十四条的规定,全国股转公司于2019年2月对GLWL、杨某、张某采取出具警示函的自律监管措施。

十二、中国证券业协会

(一)2019年制定、修订的自律规则目录

序号	规则名称	发布时间	备注
1	证券经营机构投资者教育工作指引	2019年5月15日	修订
2	科创板首次公开发行股票承销业务规范	2019年5月31日	制定
3	科创板首次公开发行股票网下投资者管理细则	2019年5月31日	制定
4	证券投资咨询机构执业规范(试行)	2019年6月3日	制定
5	证券公司信用风险管理指引	2019年7月15日	制定
6	证券分析师参加外部评选规范	2019年10月8日	制定
7	证券公司公司债券业务执业能力评价办法(试行)	2019年10月18日	制定
8	证券公司信息隔离墙制度指引	2019年11月8日	修订
9	中国证券业协会自律措施实施办法	2019年12月4日	修订
10	中国证券业协会自律处分委员会办案规程	2019年12月4日	修订
11	非公开发行公司债券项目承接负面清单指引	2019年12月20日	修订

(二)2019年纪律处分决定目录

序号	标题与文号	违规行为	处分措施	发布日期
1	关于对王滢芝采取自律惩戒措施的决定〔2019〕1号	代客户进行证券交易	注销执业证书,二年内不受理执业证书申请	2019年4月15日
2	关于对孙静采取自律惩戒措施的决定〔2019〕2号	不配合调查	注销执业证书,三年不受理执业证书申请	2019年4月15日
3	关于对郑晓南采取自律惩戒措施的决定〔2019〕3号	不配合调查	注销执业证书,三年内不受理执业注册申请	2019年4月15日
4	关于对马军采取自律措施的决定〔2019〕4号	违反证券分析师参加评选活动的有关规定,社会影响恶劣,严重损害行业声誉	注销证券分析师执业证书、三年内不受理证券分析师执业注册申请	2019年6月19日

续表

序号	标题与文号	违规行为	处分措施	发布日期
5	关于对周乐采取自律措施的决定〔2019〕5号	在非公开发行项目现场核查过程中弄虚作假，编造虚假信息，未做到诚实守信、勤勉尽责	注销执业证书（一般证券业务）、三年内不受理执业注册申请	2019年6月19日
6	关于对江汝采取自律措施的决定〔2019〕6号	在未获得证券投资咨询业务（投资顾问）执业证书的情况下，违规从事证券投资咨询业务	暂停执业三个月	2019年7月23日

十三、中国上市公司协会

2019年制定、修订的自律规则目录

名　称	类型
上市公司独立董事履职指引（征求意见稿）	修订
上市公司独立董事参与内部控制指引（征求意见稿）	制定

十四、中国期货业协会

（一）2019年制定、修订的规则目录

序号	规则名称	发布日期	备注
1	《期货公司风险管理公司业务试点指引》	2019年2月15日	修订
2	《中国期货业协会专业委员会管理办法》	2019年9月20日	修订
3	《中国期货业协会批评警示程序》	2019年10月15日	修订
4	《期货从业人员资格管理规则》	2019年10月15日	修订
5	《期货公司信息技术管理指引》	2019年10月16日	修订

(二)2019 年纪律惩戒决定目录

序号	纪律惩戒决定标题	当事人	当事人从业公司	纪律惩戒措施	纪律惩戒决定文号	发布日期
1	关于对甘卫清作出纪律惩戒的决定	甘卫清	中大期货	撤销从业资格并在 3 年内拒绝受理其从业资格申请	中期协字〔2019〕12 号	2019 年 1 月 28 日
2	关于对和合资产管理(上海)有限公司、刘晓洁、袁锦滢、韩玉敏、蒋毅尧、郭寒冰作出纪律惩戒的决定	和合资管	和合资管	12 个月内暂停享有协会的选举权和被选举权	中期协字〔2019〕14 号	2019 年 2 月 18 日
3		刘晓洁	和合期货	训诫		
4		袁锦滢	和合期货	训诫		
5		韩玉敏	和合期货	训诫		
6		蒋毅尧	和合资管	训诫		
7		郭寒冰	和合资管	训诫		
8	关于对郭任重作出纪律惩戒的决定	郭任重	方正中期期货	撤销从业资格并在三年内拒绝受理其从业资格申请	中期协字〔2019〕34 号	2019 年 4 月 23 日
9	关于对龚跃作出纪律惩戒的决定	龚跃	金信期货	撤销从业资格并在三年内拒绝受理其从业资格申请	中期协字〔2019〕35 号	2019 年 4 月 23 日
10	关于对彭洪林作出纪律惩戒的决定	彭洪林	大有期货	撤销从业资格并在三年内拒绝受理其从业资格申请	中期协字〔2019〕36 号	2019 年 4 月 23 日
11	关于对霍青山作出纪律惩戒的决定	霍青山	大有期货	撤销从业资格并在三年内拒绝受理其从业资格申请	中期协字〔2019〕37 号	2019 年 4 月 23 日
12	关于对光亮作出纪律惩戒的决定	光亮	徽商期货	撤销从业资格并在三年内拒绝受理其从业资格申请	中期协字〔2019〕38 号	2019 年 4 月 23 日
13	关于对廖云龙作出纪律惩戒的决定	廖云龙	中衍期货	撤销从业资格并在三年内拒绝受理其从业资格申请	中期协字〔2019〕39 号	2019 年 4 月 23 日
14	关于对孙杰作出纪律惩戒的决定	孙杰	宁证期货	撤销从业资格并在三年内拒绝受理其从业资格申请	中期协字〔2019〕40 号	2019 年 4 月 23 日

续表

序号	纪律惩戒决定标题	当事人	当事人从业公司	纪律惩戒措施	纪律惩戒决定文号	发布日期
15	关于对潘梁作出纪律惩戒的决定	潘梁	中航期货	撤销从业资格并在三年内拒绝受理其从业资格申请	中期协字〔2019〕41号	2019年4月23日
16	关于对中衍期货有限公司作出纪律惩戒的决定	中衍期货	中衍期货	训诫	中期协字〔2019〕42号	2019年4月23日
17	关于对中衍期(天津)企业管理咨询有限公司作出纪律惩戒的决定	中衍期(天津)企业管理咨询有限公司	中衍期货	训诫	中期协字〔2019〕43号	2019年4月23日
18	关于对中电投先融(天津)风险管理有限公司作出纪律惩戒的决定	中电投先融(天津)风险管理有限公司	中电投先融期货	训诫	中期协字〔2019〕44号	2019年4月23日
19	关于对中电投先融(上海)资产管理有限公司作出纪律惩戒的决定	中电投先融(上海)资产管理有限公司	中电投先融期货	训诫	中期协字〔2019〕45号	2019年4月23日
20	关于对上海海通资源管理有限公司作出纪律惩戒的决定	上海海通资源管理有限公司	海通期货	训诫	中期协字〔2019〕46号	2019年4月23日
21	关于对王宏川作出纪律惩戒的决定	王宏川	中电投先融期货	撤销从业资格并永久拒绝受理其从业资格申请	中期协字〔2019〕47号	2019年4月29日
22	关于对田野作出纪律惩戒的决定	田野	中电投先融期货	撤销从业资格并在三年内拒绝受理其从业资格申请	中期协字〔2019〕48号	2019年4月29日
23	关于对一德期货有限公司作出纪律惩戒的决定	一德期货	一德期货	训诫	中期协字(2019)50号	2019年4月30日
24	关于对中国国际期货股份有限公司作出纪律惩戒的决定	中国国际期货	中国国际期货	训诫	中期协字(2019)51号	2019年4月30日
25	关于对中辉期货有限公司作出纪律惩戒的决定	中辉期货	中辉期货	训诫	中期协字(2019)52号	2019年4月30日
26	关于对中投天琪期货有限公司作出纪律惩戒的决定	中投天琪期货	中投天琪期货	公开谴责	中期协字(2019)53号	2019年4月30日

续表

序号	纪律惩戒决定标题	当事人	当事人从业公司	纪律惩戒措施	纪律惩戒决定文号	发布日期
27	关于对彭程作出纪律惩戒的决定	彭程	光大期货	暂停从业资格 6 个月	中期协字〔2019〕59 号	2019 年 5 月 16 日
28	关于对郭建永作出纪律惩戒的决定	郭建永	中衍期货	撤销从业资格并在三年内拒绝受理其从业资格申请	中期协字〔2019〕60 号	2019 年 5 月 16 日
29	关于对刘雷雷作出纪律惩戒的决定	刘雷雷	中衍期货	暂停从业资格 6 个月	中期协字〔2019〕83 号	2019 年 8 月 9 日
30	关于对银河德睿资本管理有限公司作出纪律惩戒的决定	银河德睿资本管理有限公司	银河期货	训诫	中期协字〔2019〕84 号	2019 年 8 月 9 日
31	关于对中辉期货有限公司、安中山、邵剑秋、赵晋仙、陈慧作出纪律惩戒的决定	中辉期货	中辉期货	训诫	中期协字〔2019〕107 号	2019 年 11 月 4 日
32		安中山		训诫		
33		邵剑秋		训诫		
34		赵晋仙		训诫		
35		陈慧		训诫		

十五、中国证券投资基金业协会

(一)2019 年制定、修订的主要自律规则目录

序号	文件名称	发布日期	备注
1	证券投资基金投资信用衍生品估值指引(试行)	2019 年 1 月 18 日	制定
2	关于开展基金销售机构基金从业人员资格注册管理的通知	2019 年 3 月 21 日	制定
3	资产管理计划风险揭示书内容与格式指引(试行)	2019 年 3 月 29 日	制定
4	单一资产管理计划资产管理合同内容与格式指引(试行)	2019 年 3 月 29 日	制定
5	集合资产管理计划资产管理合同内容与格式指引(试行)	2019 年 3 月 29 日	修订
6	关于证券公司从事大集合产品管理业务相关人员资质管理的通知	2019 年 4 月 4 日	制定
7	证券期货经营机构私募资产管理计划备案管理办法(试行)	2019 年 6 月 3 日	制定
8	证券投资基金参与转融通证券出借业务会计核算和估值业务指引(试行)	2019 年 6 月 21 日	制定

续表

序号	文件名称	发布日期	备注
9	政府和社会资本合作(PPP)项目资产证券化业务尽职调查工作细则	2019年6月24日	制定
10	企业应收账款资产证券化业务尽职调查工作细则	2019年6月24日	制定
11	融资租赁债权资产证券化业务尽职调查工作细则	2019年6月24日	制定
12	基金从业资格考试大纲(2019年度修订)	2019年6月25日	修订
13	关于调整基金从业人员后续职业培训管理的公告	2019年6月25日	制定
14	关于证券期货经营机构从事私募资产管理业务投资经理登记的通知	2019年7月2日	制定
15	关于基金从业人员资格注册有关事项调整的通知	2019年7月3日	制定
16	关于发布《公开募集证券投资基金信息披露管理办法》提示性公告模板的通知	2019年8月5日	制定
17	关于发布《证券期货经营机构私募集合资产管理计划适用简易备案核查程序条件清单》的通知	2019年10月8日	制定
18	私募股权、创业投资基金管理人会员信用信息报告工作规则(试行)	2019年11月11日	制定
19	私募投资基金备案须知(2019版)	2019年12月23日	修订

(二)2019年纪律处分决定目录

一、机构类纪律处分决定

序号	决定名称	当事人	纪律处分措施	作出日期
1	纪律处分决定书(上海富诚海富通资产管理有限公司)	上海富诚海富通资产管理有限公司	暂停受理其资产支持计划,期限为6个月	2019年7月
2	纪律处分决定书(恒泰证券股份有限公司)	恒泰证券股份有限公司	要求限期整改	2019年7月
3	纪律处分决定书(长城证券股份有限公司)	长城证券股份有限公司	谈话提醒	2019年7月
4	纪律处分决定书(北京大观投资管理有限公司)	北京大观投资管理有限公司	取消会员资格	2019年9月
5	纪律处分决定书(深圳市恒富汇通投资管理有限公司)	深圳市恒富汇通投资管理有限公司	取消会员资格	2019年9月
6	纪律处分决定书[上海禄象投资管理中心(有限合伙)]	上海禄象投资管理中心(有限合伙)	取消会员资格	2019年9月

续表

序号	决定名称	当事人	纪律处分措施	作出日期
7	纪律处分决定书(北京新华汇嘉投资管理有限公司)	北京新华汇嘉投资管理有限公司	取消会员资格	2019年9月
8	纪律处分决定书(北京永安财富投资基金管理有限公司)	北京永安财富投资基金管理有限公司	取消会员资格	2019年9月
9	纪律处分复核决定书(北京永安财富投资基金管理有限公司)	北京永安财富投资基金管理有限公司	维持原纪律处分决定,驳回申请人的复核申请	2019年10月
10	纪律处分决定书(上海通金投资有限公司)	上海通金投资有限公司	取消会员资格、撤销管理人登记	2019年12月
11	纪律处分决定书(北京礼一投资有限公司)	北京礼一投资有限公司	取消会员资格、撤销管理人登记	2019年12月
12	纪律处分决定书(中联金储(上海)投资管理有限公司)	中联金储(上海)投资管理有限公司	取消会员资格、要求限期改正、暂停受理私募基金备案3个月	2019年12月
13	纪律处分决定书(杭州奥圣资产管理有限公司)	杭州奥圣资产管理有限公司	取消会员资格、撤销管理人登记	2019年12月
14	纪律处分决定书(北京华致投资管理有限公司)	北京华致投资管理有限公司	取消会员资格、撤销管理人登记	2019年12月
15	纪律处分决定书(福建道冲投资管理有限公司)	福建道冲投资管理有限公司	取消会员资格、撤销管理人登记	2019年12月

二、人员类纪律处分决定

序号	决定名称	当事人	纪律处分措施	作出日期
1	纪律处分决定书(高平)	高平	书面警示	2019年7月
2	纪律处分决定书(王卫东)	王卫东	书面警示、要求参加强制培训	2019年9月
3	纪律处分决定书(徐志霖、张海峰)	徐志霖、张海峰	书面警示、要求参加强制培训	2019年9月
4	纪律处分决定书(郭阳少杰)	郭阳少杰	书面警示、要求参加强制培训	2019年11月
5	纪律处分决定书(刘璟)	刘璟	加入黑名单,期限为三年	2019年11月
6	纪律处分决定书(林伟健)	林伟健	加入黑名单,期限为三年	2019年11月
7	纪律处分决定书(陈方、辛同磊、徐烨波)	陈方、辛同磊、徐烨波	将陈方加入黑名单,期限为终身;将辛同磊加入黑名单,期限为三年;将徐烨波加入黑名单,期限为三年	2019年11月

续表

序号	决定名称	当事人	纪律处分措施	作出日期
8	纪律处分决定书(赵裕)	赵裕	书面警示、要求参加强制培训	2019年12月
9	纪律处分决定书(张毅)	张毅	加入黑名单,期限为十年	2019年12月
10	纪律处分决定书(张恩平)	张恩平	加入黑名单,期限为三年	2019年12月
11	纪律处分决定书(韩雪)	韩雪	加入黑名单,期限为三年	2019年12月
12	纪律处分决定书(罗晨宇)	罗晨宇	加入黑名单,期限为三年	2019年12月
13	纪律处分决定书(龚琼)	龚琼	加入黑名单,期限为三年	2019年12月
14	纪律处分决定书(杨卫东)	杨卫东	加入黑名单,期限为十年	2019年12月
15	纪律处分决定书(张秋丽)	张秋丽	加入黑名单,期限为三年	2019年12月
16	纪律处分决定书(李盛开)	李盛开	加入黑名单,期限为三年	2019年12月

第五部分　司法案例

北京市高级人民法院行政判决书
（北八道集团有限公司诉我会行政处罚案）

（2019）京行终 4186 号

上诉人（一审原告）北八道集团有限公司，住所地上海自由贸易试验区世纪大道 210 号 15 层。

法定代表人林惠惠，执行董事。

委托代理人程娟娟，北京市康达律师事务所律师。

委托代理人陈鹏，北京市康达律师事务所律师。

被上诉人（一审被告）中国证券监督管理委员会，住所地北京市西城区金融街 19 号富凯大厦。

法定代表人易会满，主席。

委托代理人谢可君，中国证券监督管理委员会工作人员。

委托代理人周可峰，中国证券监督管理委员会工作人员。

北八道集团有限公司（以下简称北八道公司）因诉中国证券监督管理委员会（以下简称中国证监会）〔2018〕27 号《行政处罚决定书》中对其作出的处罚决定内容（以下简称被诉处罚决定）及〔2018〕97 号《行政复议决定书》（以下简称被诉复议决定）一案，不服北京市第一中级人民法院（以下简称一审法院）（2018）京 01 行初 1450 号行政判决，向本院提起上诉。本院依法组成合议庭，于 2019 年 7 月 30 日公开开庭审理了本案。上诉人北八道公司的委托代理人程娟娟、陈鹏，被上诉人中国证监会的委托代理人谢可君、周可峰到庭参加诉讼。本案现已审理终结。

2018 年 4 月 9 日，中国证监会作出被诉处罚决定，其中认定北八道公司存在以下违法事实：

一、北八道公司控制账户情况

北八道公司实际控制"陈某腾"等 301 个证券账户（以下简称账户组）。账户组由员工及员工相关账户和配资中介提供账户（以下简称配资户）两类组成。员工及员工相关账户有：公某、何某（华泰证券户、西南证券户）、蔡某、黄某勤、毛某珊、林某垒、王某凯、叶某加、宋某川、叶某华（长城国瑞证券户、华泰证券户）、侯某梅、陈某腾 14 个账户。配资户有：配资中介张某海提供的安某兰、白某云、常某萍等 103 个账户，朱某峰提供的蔡某波、陈某娥、陈某根等 97 个账户，以及其他中介提供的 87 个账户。账户组与北八道公司存在大量、频繁的资金往来。账户组中员工及员工相关账户的交易资金主要来源和去向均指向北八道公司。配资户的保证金来源、提取盈利去向、利息支付方也均指向北八道公司，且有相关配资中介指认。

二、北八道公司通过多种手段操纵涉案股票（以下简称涉案股票）股价

2017 年 2 月 10 日至 4 月 12 日，北八道公司利用账户组中 297 个账户（不包括宋某川、万某玲、王某萍、张某燕 4 个账户）交易涉案股票。2017 年 2 月 10 日至 4 月 12 日，北八道公司控制账户组累计买入 243,135,641 股，买入金额 4,796,696,204.16 元；累计卖出 241,020,841 股，卖出金额 5,235,485,292.98 元。

(一)北八道公司集中资金优势和持股优势连续买卖操纵涉案股票股价。2017年2月10日至4月12日期间的31个交易日(已去除停牌的11个交易日)内,账户组持仓量占市场流通股比例超过20%的天数达25个交易日,超过40%的天数达13个交易日。在账户组操纵的主要区间2月15日至4月7日,持仓量占市场流通股比例均超过20%。2017年3月6日,账户组达到最高持仓量,持仓量占市场流通股比例为52.34%。

在2017年2月10日至4月12日期间的31个交易日内,每个交易日账户组均交易涉案股票。其中账户组交易量占该股当日市场成交量大于10%的有20个交易日,大于20%的有8个交易日,大于30%的有2个交易日。2017年2月16日,账户组交易量占市场成交量的比例为62.46%。账户组单日买成交量占该股市场成交量的比例大于10%的有16个交易日,大于20%的有9个交易日,大于30%的有5个交易日。账户组单日卖成交量占该股当日市场成交量的比例大于10%的有15个交易日,大于20%的有10个交易日,大于30%的有6个交易日。账户组在26个交易日买委托量在市场买委托量排名第一,22个交易日卖委托量在市场卖委托量排名第一。账户组反向交易占比大于30%的有18个交易日,大于50%的有12个交易日。

账户组拉抬股价意图明显。在2017年2月10日至4月12日期间,申买价高于卖一档价的申买量占账户组期间总申买量的74.04%;账户组申买价高于卖五档价的申报量占期间总申买量的62.51%;账户组申买价高于申买前一笔市场成交价的申买量占账户组期间总申买量的30.72%;账户组申买价高于申买前一笔市场成交价超过1%的笔数为106笔,分布在2月10日至4月5日期间的13个交易日中,累计申买量占账户组2017年2月10日至4月12日期间总申买量的2.5%。较为典型的交易日有:

2017年2月16日,账户组利用资金优势,通过大量、高价申报在集合竞价阶段拉抬股价。当日,账户组开盘集合竞价买成交量占市场成交量比例97.91%。当日9时15分00秒至9时15分06秒的6秒时间内,账户组申买162笔,申买量34,190,300股,占集合竞价阶段市场申买量的71.05%,其中以涨停价申买量占比72.93%。账户组集合竞价阶段买撤单量700,000股,占市场买撤单量的30.4%。当日涉案股票价格以涨停价16.20元开盘。账户组在盘中继续通过高价申报、在自己实际控制的账户之间交易拉抬股价。当日账户组买成交量占市场成交量的72.40%,买委托量市场排名第一,买撤单占市场买委托比例为25.59%,在自己实际控制的账户之间交易的量占市场成交量的41.05%,反向交易占比84.09%,当日涉案股票股价与中小板综指偏离幅度9.42个百分点。

2017年2月17日,账户组利用资金优势,通过高价申报在集合竞价阶段拉抬股价,大单申报封涨停。账户组开盘集合竞价申买量19,565,300股,均以涨停价申买,占集合竞价市场申买量的60.47%,占市场涨停价申买量的67.42%。账户组在集合竞价阶段均未成交,其中5,109,200股延续至连续竞价阶段成交。当日涉案股票价格开盘价17.82元,较前日收盘价上涨10%。账户组在盘中继续以涨停价申买70笔,累计13,798,500股。收盘时以涨停价封单股数为23,179,940股。账户组封单量占全市场封单比77.83%,账户组以涨停价申买量占市场涨停价申买量的比例为60.76%,以涨停价申买成交量占其以涨停价申买量的比例为14.34%。

2017年3月2日,账户组利用持股优势、资金优势,通过高价申报、连续买卖在盘中拉抬股价。当日9时30分00秒至9时34分33秒,账户组委托买入365笔,共计16,885,500股,买入成交量13,156,507股,占该期间市场买入成交量的50.82%。其中165笔申买价高于前一笔市场成交价,占总申买笔数的45.21%;申买价高于前一笔市场成交价超过1%的笔数为34笔。账户组在短时间内大量、连续买卖涉案股票,该股股价5分钟内涨幅10.83%。当日9时30分02秒,账户组以20.00元申买150,000股,申买价高于申买前最新市场成交价的4.17%;账户组申报量为申报前一刻市场卖委托前5档申报总量的1.18倍。账户组在上述拉抬期间之前没有卖出交易,在拉抬过程中卖出10,000股,拉抬后卖出25,217,528股,拉抬后卖出均价 21,29 元,账户组在期间买入均价 20.33 元。

2017 年 3 月 3 日,账户组利用资金优势,多次通过高价申报、连续买卖在盘中拉抬股价。当日 9 时 30 分 00 秒至 9 时 56 分 17 秒,账户组委托买入 221 笔共计 12,747,600 股,买入成交量 9,855,006 股,占该期间市场买入成交量 37,914,146股的 25.99%。账户组在此期间的 114 笔申买价高于前一笔市场成交价,占其总申买笔数的 51.58%。账户组大量、连续买卖涉案股票,期间该股股价涨幅 12.88%,而在账户组拉抬之前该股股价下跌 3.62%。账户组在上述拉抬期间之前没有卖出交易,在拉抬过程中卖出 2,375,900 股,占其当日卖出量 4,586,030股的 51.81%;拉抬后卖出 2,210,130 股,拉抬后卖出均价 23.02 元,而账户组在期间买入均价 22.18 元,在账户组买入前最后一笔市场成交价为 20.50 元。当日账户组在 10 时 13 分 14 秒至 10 时 22 分 33 秒,10 时 42 分 29 秒至 10 时 57 分 33 秒,14 时 39 分 21 秒至 14 时 53 分 37 秒三个时间段内,均通过高价申报、连续买卖进行拉抬,期间账户组买入成交量占市场成交量的比例分别为 61.14%、48.32%、44.56%,账户组在上述期间申买价高于前一笔市场成交价的笔数占其总申买笔数的比例分别为 73.33%、46.51%、55.81%,该股股价在账户组拉抬期间涨幅分别为 2.18%、2.48%、3.42%。

2017 年 3 月 7 日,账户组利用资金优势,通过大量、连续申买在尾盘拉抬股价。当日 14 时 51 分 48 秒至 14 时 54 分 31 秒,账户组在 3 分钟内委托买入 37 笔共计 1,980,800 股,买入成交量 1,019,500 股,占该期间市场买入成交量 2,004,349 股的 50.86%。账户组在此期间的 21 笔申买价高于前一笔市场成交价,占其总申买笔数的 56.76%,其中 15 笔申买价高于市场卖一档价。账户组在尾盘短时间内大量、连续申买涉案股票,在 3 分钟内该股股价涨幅达 3.3%。账户组于次日卖出 12,748,850 股,成交均价 24.34 元,比其在当日尾盘 3 分钟拉抬区间内买入均价 22.21 元上涨 9.59%。

(二)北八道公司通过在自己控制的账户之间进行交易操纵涉案股票股价。在 2017 年 2 月 10 日至 4 月 12 日的 31 个交易日内,北八道公司有 21 个交易日在自己实际控制的证券账户之间交易涉案股票,占总交易日的 67.74%。北八道公司在其实际控制的证券账户之间交易涉案股票数量占当日市场成交量比例大于 5%(含 5%)的有 3 个交易日。2017 年 2 月 16 日,该比例达到 41.05%。

综上,2017 年 2 月 10 日至 4 月 12 日期间,北八道公司通过采用集中资金优势、持股优势连续交易,在自己实际控制的证券账户之间交易的方式,影响了涉案股票交易价格,获利 466,894,890.32 元。2017 年 2 月 10 日至 4 月 12 日期间,涉案股票股价上涨 109.55%,同期中小板综指累计上涨 2.74%,偏离 106.81 个百分点。期间上市公司并无影响股价的重大事项。

中国证监会认为,2017 年 2 月 10 日至 4 月 12 日期间,北八道公司控制账户组,通过采用集中资金优势、持股优势连续交易,在自己实际控制的证券账户之间交易方式操纵涉案股票,影响了股票价格,违反了《中华人民共和国证券法》(以下简称证券法)第七十七条第一款第一项、第三项规定,构成了证券法第二百零三条所述违法行为。根据当事人违法行为的事实、性质、情节与社会危害程度,依据证券法第二百零三条的规定,中国证监会决定没收北八道公司违法所得 466,894,890.32 元,并处罚款 2,334,474,451.6元。

北八道公司不服被诉处罚决定,向中国证监会提出行政复议申请。中国证监会经审查,依据《中华人民共和国行政复议法》第二十八条第一款第一项的规定,决定维持被诉处罚决定。

北八道公司不服被诉处罚决定中针对自己的处罚决定和被诉复议决定,起诉至一审法院,请求撤销被诉处罚决定和被诉复议决定。

一审法院经审理查明:中国证监会认为北八道公司涉嫌操纵涉案股票股价,决定对其进行立案调查。2017 年 5 月 17 日,中国证监会向北八道公司作出调查通知书,并向北八道公司送达。之后,中国证监会对涉案相关人员进行询问,并调取了相关人员询问笔录、证券账户资料、交易流水、银行账户资料、相关配资协议、相关材料及交易数据、交易所计算数据等证据材料。2018 年 1 月 23 日,中国证监会作出行政处罚事先告知书并向北八道公司送达,北八道公司于同年2月23日签收。同年3月5日，北八道公司书面声明放弃陈述、申辩和听证。同年4月9日，中国证监会作出被诉处罚决定并向北八道公司送达，北八道公司于同年4月13日签收。北八道公司不服该处罚决定，于同年6月7日向中国证监会申请行政复议。同年8月6日，中国证监会作出延期审理通知书，告知北八道公司延期至2018年9月4日前作出复议决定。同年8月28日至31日，北八道公司查阅全案证据（包括电子证据）。同年9月3日，中国证监会作出被诉复议决定并向北八道公司邮寄送达，北八道公司于同年9月5日签收。北八道公司仍不服，于同年9月18日诉至一审法院。

一审法院经审理认为：根据证券法第一百七十九条第一款第七项之规定，国务院证券监督管理机构依法对违反证券市场监督管理法律、行政法规的行为进行查处；根据证券法第二百零三条之规定，中国证监会对于操纵证券市场的行为具有查处并予以行政处罚的法定职权。

根据双方当事人的诉辩主张，本案的争议焦点在于：一、上诉人是否实际控制了涉案账户组？二、如果上诉人实际控制了涉案账户组，其买卖涉案股票的行为是否构成操纵证券市场？三、被诉处罚决定中对于违法所得的计算结果是否正确？处罚幅度是否适当？四、被诉处罚决定和被诉复议决定的程序是否合法？

一、关于争议焦点一

鉴于涉案账户组中的证券账户数量较多且来源复杂，为排除偶然因素，保证认定逻辑的周延，可从人员关联、资金关联和行为关联等三个方面来综合考量上述证券账户之间是否存在内在联系。如果上述三个方面均存在关联关系且均指向北八道公司，则可据此认定北八道公司实际控制了涉案账户组。

第一，在人员关联方面，中国证监会将涉案账户组中的证券账户区分为两类：一是员工及员工相关账户；二是配资中介提供的账户。第一类账户涉及12个人，根据林玉婷、李俊苗、何映花、孔素兰、吕开场、蔡咏东、郑春虹、张丁海等人的询问笔录以及联系记录可知，李俊苗是北八道公司配资业务团队的负责人，其向北八道公司的控股股东林玉婷汇报配资资金需求。在该团队中，公雪、何雪负责和配资中介沟通，王燕燕负责签订配资协议，蔡咏东、吕开场、王彬等人负责实施股票交易。上述人员中，公雪、吕开场等人均在厦门六湖游艇俱乐部有限公司（以下简称六湖游艇）缴纳社保。结合李俊苗的描述可知，六湖游艇没有什么业务，其员工的社保都由北八道公司帮忙缴纳。六湖游艇的参保人员吕开场、蔡咏东、林东红、陈燕婷等人也均出现在北八道公司的员工通讯录中，上述情况均说明六湖游艇与北八道公司之间存在密切的关系。在中国证监会认定的员工及员工相关账户中，公雪、何雪属于北八道公司配资业务团队成员。黄惠勤系北八道公司配资业务团队成员吕开场的配偶，且曾在北八道公司工作，后注册成立六湖游艇，与北八道公司关系密切。毛慧珊、林保垒、叶孙加、蔡城等人均在六湖游艇参保，王耀凯在北八道公司下属子公司参保，根据李俊苗的陈述可知，上述人员的证券账户由其和公雪管理。根据章丽群的陈述可知，宋泳川是北八道公司员工章丽群的配偶，而李俊苗称宋泳川的证券账户由其和公雪管理。叶蔚华是北八道公司控股股东林玉婷的母亲，与北八道公司具有密切关系。综上可知，中国证监会认定的员工及员工相关账户的开户人均与北八道公司之间具有密切关系。

第二类账户属于配资中介提供的账户，这部分账户可通过比对配资业务双方提供的证据来予以确认。在北八道公司方面，中国证监会从李俊苗处提取了2017年3月9日更新的风控表，其中详细记载了配资中介、配资账户、配资比例、配资金额、利息、警戒线、平仓线、提盈等信息。根据该记载，这些配资账户主要由张丁海、朱攀峰、曾将军、赖良森等负责提供，每一个配资中介提供的账户均有详细的清单列表。对此，北八道公司控股股东林玉婷在其询问笔录中认可，系由李俊苗负责和朱攀峰、石横特钢等进行配资合作，北八道公司做劣后级。李俊苗在询问笔录中认可，上述表格中的配资中介张丁海、朱攀峰等人均是与北八道公司合作的配资方。在配资中介方面，中国证监会对相关的配资中介也进行了询问，并获取了相关的配资账户信息。以提供配资账户最多的张丁海为例，其在询问笔录中称，其通过王发龙的介绍与北八道公司的林玉婷认识，有了对方的手机号后就直接对接。其与林玉婷之间达成合作共识,由其为北八道公司找资金找账户,单个账户资金量要在五百万以上,总资金量要达到3亿元。2016年8月8日,其去了北八道公司在厦门的办公地址,见了林玉婷并签了一份《股票借款协议书》,合同的甲方是张丁海,乙方是王燕燕。协议中约定由张丁海提供资金和证券账户,并负责三个月更换一次,由乙方提供保证金并向张丁海支付利息,乙方可以使用张丁海提供的账户买卖股票。张丁海称主要和公雪联系,也有王燕燕和李俊苗的联系方式,但不常联系。与此同时,张丁海还向中国证监会提供了其与王燕燕签订的《股票借款协议书》、《待清仓账户明细表》、《财务收入信息》、《财务表》、《股票账户信息》等材料,上述材料中反映的股票账户信息能够与从李俊苗处提取的风控表中的账户信息相对应,再结合前述北八道公司配资业务团队的人员构成可知,张丁海提供的配资账户确由北八道公司在实际使用。北八道公司也均采取此模式与其他配资中介合作,通过比对北八道公司方面与配资中介方面提供的证据材料以及询问笔录等,均可发现北八道公司与上述配资账户之间的对应关系。

综上可知,北八道公司与中国证监会认定的账户之间或者通过员工及亲属关系关联,或者通过配资中介关联,据此可以认定北八道公司与这些账户之间存在人员关联关系。

第二,在资金关联方面,中国证监会认为员工相关账户交易股票的资金主要来源于北八道公司,去向也是北八道公司及其子公司。配资账户的保证金来源、提取盈利去向、利息支付均指向北八道公司及其控制的银行账户。对于上述认定,可结合相关资金流向的证据材料来予以审查。

就员工相关账户而言,以公雪为例,中国证监会提供了公雪的银行账户资料,其中显示林育志于2016年12月21日、12月29日和2017年2月21日向公雪的招商银行账户汇入大笔资金。而林育志在其询问笔录中称,北八道公司的资金调转都是李俊苗负责,其根据李俊苗的指示进行转款。此外,通过中国证监会提取的公雪银行账户资金来往情况可知,其与林育志、何雪、蔡咏东、章丽群等北八道公司关联人员之间具有频繁的资金往来。根据前述查证事实可知,公雪也是北八道公司配资业务团队成员。综合上述情况可以认定,公雪银行账户的资金与北八道公司之间具有密切关联,与此相似的还有何雪、黄惠勤、毛慧珊、叶蔚华、侯苏梅等人。此外,林玉婷在其询问笔录中认可,北八道公司与恒鑫小贷之间签订了股票配资借款协议,并由其提供担保。李俊苗在其询问笔录中称,北八道公司与恒鑫小贷之间有一笔配资业务,涉及北八道公司控制的四个账户,其中包括何雪、叶孙加、林保垒等三人,还有一个记不清楚了,这四个账户也是蔡咏东负责下单。从何雪、叶孙加的银行账户流水情况看,其与恒鑫小贷确有资金往来。上述情况均可以印证中国证监会认定的员工及相关账户与北八道公司之间的资金关联关系。

就配资账户而言,以张丁海为例,根据其询问笔录可知,其通过各方中介和人员借出资金和证券账户,北八道公司会将保证金先打给张丁海,张丁海再把保证金转入指定的银行账户,最终使保证金和借来的资金均转入借来的证券账户,张丁海的下线会告知其相关证券账户的账号和密码,张丁海再转给北八道公司使用。由此,对于账户资金关联的情况,可从接收保证金、转出保证金和提盈去向等三个方面予以审查。

在接收保证金和提盈方面,根据张丁海的询问笔录及其提供的《股票借款协议书》可知,张丁海与王燕燕在签订股票借款协议时,同时约定了双方的转款账户。比如,张丁海除提供本人银行账户外,还提供周玲的银行账户,王燕燕提供了吕开场、黄惠勤、许仁路、王芬芬、赵羽、谢新菲、何晨、蔡城等人的银行账户。从账户资金流水来看,张丁海与王芬芬、赵羽、吕开场、黄惠勤、谢新菲、何晨等人的银行账户之间有大量频繁资金往来,周玲与王芬芬、周玲与蔡城、张丁海与周玲的银行账户之间也有大量频繁的资金往来,该情况可以与张丁海的询问笔录以及《股票借款协议书》的记载相互印证,证明张丁海从北八道公司接收保证金以及北八道公司按照协议约定提盈的事实。

在转出保证金方面,张丁海在询问笔录中称,其使用的账户是从小的配资中介手里收来的,这些配资中介包括刘加林、陈天华、邓珍科、程商露、乔永亮、邵录、薛建、林超浩、张强龙、谢敏等人。在转保证金时,邵录会用吴云雷的银行卡,薛建使用金兰仙的卡,刘加林用王景春的卡,林超浩用林益辉、林素芳的卡等等。对此,刘加林在其询问笔录中称,张丁海是其上游,将保证金打入其控制使用的其母亲王景春的银行账户里,然后由其将保证金从王景春的账户转给出资方,出资方按照配资比例打入相应的配资资金,然后由出资方提供证券账户,其再将证券账户的账号和交易密码告诉张丁海,由张丁海交给操作使用人。张丁海与刘加林的询问笔录之间能够相互印证,证明资金和证券账户的实际使用情况。此外,从银行资金流向来看,张丁海和周玲的银行账户与王景春银行账户(刘加林之母)、金兰仙银行账户(薛建实际使用)、吴云雷银行账户(邵录实际使用)、陈天华银行账户、邓珍科银行账户等账户之间有频繁的资金往来,上述情况均能印证张丁海与配资户之间的密切资金关联。

上述三个方面的资金流向情况均可以印证中国证监会认定的配资账户与北八道公司之间的资金关联关系。

第三,在行为关联方面,从中国证监会提交的证据来看,在 2017 年 2 月 10 日至 4 月 12 日的时间区间内,账户组中的证券账户集中交易涉案股票,行为上具有明显的一致性,据此可以认定账户组的证券账户之间具有行为关联。

通过人员关联、资金关联和行为关联等三个方面的审查可知,账户组的证券账户之间具有密切联系且均指向北八道公司,北八道公司对此无法作出合理解释,据此可以认定北八道公司实际控制了涉案账户组。

关于北八道公司提出的吴玉兰等 18 个证券账户不在 2017 年 3 月 9 日更新的风控表所列账户清单中之主张,经审查可知,吴玉兰、刘海金账户在制作风控表之前就已经归还名义持有人,故不在风控表所列账户清单之中,其余证券账户均在清单之中。同时根据中国证监会提供的账户组交易情况来看,吴玉兰、刘海金账户在 2017 年 2 月 10 日至 4 月 12 日之间均参与交易涉案股票。因此,中国证监会将上述账户列入涉案账户组具有事实根据,北八道公司对此提出的异议理由不能成立,一审法院不予支持。

二、关于争议焦点二

证券法第七十七条第一款第一项和第三项规定:“禁止任何人以下列手段操纵证券市场:(一)单独或者通过合谋,集中资金优势、持股优势或者利用信息优势联合或者连续买卖,操纵证券交易价格或者证券交易量;……(三)在自己实际控制的账户之间进行证券交易,影响证券交易价格或者证券交易量。”本案中,北八道公司实际控制了涉案账户组,利用该账户组进行的证券交易均应视为北八道公司实施的行为。

在持仓方面,从中国证监会提供的账户组交易涉案股票的情况来看,在操纵期间的 31 个交易日内,账户组持仓量占市场流通股比例超过 20% 的天数达 25 个交易日,超过 40% 的天数达 13 个交易日。在账户组操纵的主要区间 2 月 15 日至 4 月 7 日,持仓量占市场流通股比例均超过 20%,持股数量显著大于相关证券一般投资者的持有水平。

在交易方面,在操纵期间的 31 个交易日内,每个交易日账户组均交易涉案股票。其中账户组交易量占该股当日市场成交量大于 10% 的有 20 个交易日,大于 20% 的有 8 个交易日,大于 30% 的有 2 个交易日,交易频繁,而且拉抬股价意图明显。账户组利用资金优势,通过大量、高价申报在集合竞价阶段拉抬股价,连续买卖在盘中拉抬股价,通过大量、连续申买在尾盘拉抬股价。据统计,在操纵期间的 31 个交易日内,申买价高于卖一档价的申买量占账户组期间总申买量的 74.04%;账户组申买价高于卖五档价的申报量占期间总申买量的 62.51%;账户组申买价高于申买前一笔市场成交价的申买量占账户组期间总申买量的 30.72%。此外,账户组内账户之间交易涉案股票有 21 天,交易量占当日市场成交量比例大于 5%(含 5%)的有 3 个交易日。其中,2017 年 2 月 16 日,该比例达到 41.05%。在上述交易期间,涉案股票股价上涨 109.55%,同期中小板综指累计上涨 2.74%,偏离 106.81 个百分点。

综上可知,北八道公司通过采用集中资金优势、持股优势连续交易,在自己实际控制的证券账户之间交易的方式,影响了涉案股票交易价格,构成证券法第七十七条所指的操纵证券市场的行为。被诉处罚决定对此认定正确。北八道公司主张其交易特征符合“低买高卖”的投资逻辑,缺乏事实根据,一审法院不予支持。

关于北八道公司所称的交易期间存在其他影响股票价格重大事项这一主张,一审法院认为,该情形并不影响操纵证券市场行为的认定。一般而言,操纵证券市场行为的认定可从以下两点予以把握:一是行为人客观上实施了可能影响证券交易价格或者证券交易量的行为;二是行为人主观上具有操纵证券交易价格或者证券交易量的意图。关于行为对证券交易价格或者证券交易量产生影响的可能性,考虑到证券市场的价格形成往往是多个因素促成的结果,且各个因素作用在各个价格形成阶段的比重各有不同,精确判断要素作用发挥程度及大小几无可能。因此,这一点可由证券执法人员根据证券市场有关状况或证券市场发展规律,依据普遍的经验法则和证券市场常识予以判断。需要指出的是,客观性的价量变动并非必要条件,而仅仅是判断行为本身具有影响的佐证。而关于操纵意图,一方面可以通过当事人的陈述、证人证言或是相关书证直接予以证明,另一方面也可以通过其实施的违法、异常行为进行推定。就本案而言,北八道公司控制数量庞大的证券账户在较短时间内集中大量高频次买卖涉案股票,从普遍的经验法则和证券市场常识可以判断,上述交易行为本身就会影响涉案股票的股价,促进其股价的提升。从客观效果来看,在涉案期间,涉案股票的股价涨幅确实明显优于同期中小板综指。同时,北八道公司还在账户组内的账户之间进行交易,结合其连续交易行为综合判断,其操纵涉案股票股价的意图明显,中国证监会将其认定为操纵证券市场的行为并无不当。因此,对于北八道公司提出的该项主张,一审法院不予支持。

三、关于争议焦点三

中国证监会提供了深圳证券交易所统计的涉案账户组在2017年2月10日至4月12日期间交易涉案股票的数据以及相应的盈利金额,盈利金额中扣除了印花税、手续费等交易费用,能够体现北八道公司通过账户组交易涉案股票的获利情况,中国证监会将深圳证券交易所计算的盈利金额作为北八道公司的违法所得具有事实根据,一审法院应予支持。

关于北八道公司所称石横特钢名下的王秀萍、张晓燕账户密码于2017年2月14日被修改,陈彩霞、万玲玲账户密码于2017年2月20日被修改,上述4个证券账户并非北八道公司实际控制这一主张,经查,陈彩霞账户交易涉案股票的时间均在2017年2月20日之前,而万玲玲、王秀萍、张晓燕并未在中国证监会认定参与交易涉案股票的账户清单之中,计算盈利情况时也不涉及上述账户,故北八道公司提出的上述抗辩理由不能成立,亦不影响违法所得的计算。

关于处罚幅度的问题,证券法第二百零三条规定,违反本法规定,操纵证券市场的,责令依法处理非法持有的证券,没收违法所得,并处以违法所得一倍以上五倍以下的罚款。本案中,中国证监会对北八道公司处以违法所得5倍的罚款,并未超出法定处罚幅度。考虑到北八道公司控制账户组规模庞大,股票交易量、交易金额及获利金额巨大,造成股价上涨幅度严重偏离同期中小板综指,严重扰乱证券市场秩序,中国证监会据此在法定处罚幅度内予以从重处罚并无不当,不存在滥用行政自由裁量权之情形,处罚结果亦不存在显失公平之情形。因此,对于北八道公司提出的该项主张,一审法院不予采纳。

四、关于争议焦点四

中国证监会在调查过程中依法向北八道公司送达调查通知书,在调查证据的基础上查明案件事实,后作出行政处罚事先告知书并向北八道公司送达,告知了拟作出行政处罚的事实、理由、依据及依法享有的陈述、申辩、听证权。北八道公司放弃陈述、申辩和听证。后中国证监会作出被诉处罚决定并依法向北八道公司送达,处罚程序合法。北八道公司不服被诉处罚决定,向中国证监会提出复议,中国证监会受理该申请后于法定期限内作出复议决定,复议程序合法。

关于北八道公司提出的中国证监会调查程序违法的主张。首先,关于疲劳询问和诱导性询问的问题,现有证据尚不足以证明其主张。其次,因中国证监会已向北八道公司送达调查通知书,故作为北八道公司的员工或相关人员即负有接受调查的义务。部分被调查人员未在询问笔录上签字并不足以否定调查笔录内容的真实性,而且,本案事实并非依据某一份询问笔录认定,而是综合其他相关的询问笔录以及银行账户资金流水、证券账户交易记录等客观证据予以考虑，北八道公司提出的该项主张并不足以推翻被诉处罚决定认定的事实。再次，关于北八道公司提出的中国证监会自行翻阅财务资料之主张。依据证券法第一百八十条第二项及第一百八十三条之规定，中国证监会在履行职责时有权进入涉嫌违法行为发生场所调查取证。被检查、调查的单位和个人应当配合，如实提供有关文件和资料，不得拒绝、阻碍和隐瞒。在中国证监会已经依法向北八道公司送达调查通知书的情况下，中国证监会翻阅财务资料的行为系其行使法定调查权的表现，无须征求被调查人同意。同时，被调查人对于监管机关行使调查权的行为负有适度的容忍义务。并且，在案证据尚不足以证明中国证监会在行使调查权的过程中存在故意侵犯被调查人基本权利的行为。故对于北八道公司的该项主张，一审法院亦不予支持。

此外，北八道公司还提出中国证监会在复议程序中未依法延长阅卷时间、中止复议程序等主张，对此，一审法院认为，对于阅卷时间的确定以及是否需要中止复议程序等事项应由中国证监会在履行复议职责时根据案件具体情况依法裁量，在未违反法律规定的情形下，法院原则上予以尊重。北八道公司提出的上述主张缺乏法律依据，一审法院不予支持。

综上，被诉处罚决定认定事实清楚，适用法律正确，程序合法，处罚幅度适当，被诉复议决定程序合法，维持被诉处罚决定亦无不当，一审法院应予支持。北八道公司的相关诉讼理由均不能成立，对其提出的要求撤销被诉处罚决定及被诉复议决定等诉讼请求，一审法院不予支持。

据此，一审法院依照《中华人民共和国行政诉讼法》第六十九条和第七十九条之规定，判决驳回北八道公司的诉讼请求。

北八道公司不服一审判决，以被诉处罚决定对北八道公司控制的账户情况认定有误；被诉处罚决定认定北八道公司操纵涉案股票没有充分的事实及证据依据；被诉处罚决定对北八道公司处以五倍违法所得的处罚构成处罚幅度畸重，滥用了行政裁量权；中国证监会在行政调查过程中存在诱导性询问，询问时间过长等调查取证不合法的问题为由上诉至本院，请求撤销一审判决，撤销被诉处罚决定及被诉复议决定。

本院经审理，对一审判决认定的事实予以确认，不再赘述。

本院认为：证券法第七十七条第一款规定，禁止任何人以下列手段操纵证券市场：（一）单独或者通过合谋，集中资金优势、持股优势或者利用信息优势联合或者连续买卖，操纵证券交易价格或者证券交易量；（三）在自己实际控制的账户之间进行证券交易，影响证券交易价格或者证券交易量。证券法第二百零三条规定，违反本法规定，操纵证券市场的，责令依法处理非法持有的证券，没收违法所得，并处以违法所得一倍以上五倍以下的罚款：……

结合上述法律的规定及证监会作出被诉处罚决定的内容，本院认为本案存在以下五个焦点问题：一是北八道公司是否实际控制了中国证监会认定的涉案账户组；二是北八道公司是否实施了控制涉案账户组通过集中资金优势、持股优势连续交易，在自己实际控制的账户之间交易的活动；三是北八道公司实施的上述活动是否操纵了涉案股票的股票交易价格，构成证券法第七十七条第一款第一项、第三项所指的操纵证券市场行为；四是证监会对北八道公司违法所得的认定是否准确，处罚幅度是否适当；五是被诉处罚决定及复议决定的作出是否符合法定程序，适用法律是否有误。

一、对于北八道公司是否实际控制了中国证监会认定的涉案账户组问题。中国证监会提供了北八道公司及其子公司、关联公司的公司情况材料、身份认定资料、公司相关人员询问笔录、账户资料、交易及资金资料等证明员工及员工相关账户由北八道公司实际控制；中国证监会提供了配资中介相关人员的询问笔录、电子取证记录、与相关中介人员和机构配资合作情况的材料、配资协议、账户资料、交易流水等证明配资户由北八道公司实际控制；中国证监会亦提供了其他相关询问笔录及身份证明材料、调查通知书、通讯聊天记录、相关账户材料、配资协议、银行流水、交易 IP. MAC 信息等证明涉案账户组由北八道公司实际控制。上述证据之间相互印证，能够形成较为完整清晰的证据链条证明涉案账户组由北八道公司控制，故本院同意中国证监会关于北八道公司控制涉案账户组的认定意见。北八道公司认为其公司员工及员工相关账户的交易资金并非来源于北八道公司,个别配资账户存在密码被修改和平仓行为,不能再作为认定北八道公司控制相关账户的依据,但北八道公司的上述理由较为单一孤立,并不能作为其未控制相关账户的充分理由,不能作为推翻证监会整个证据链条的依据,故本院对北八道公司的该上诉理由,不予采纳。

二、对于北八道公司是否实施了控制涉案账户组通过集中资金优势、持股优势连续交易,在自己实际控制的账户之间交易的活动问题。中国证监会提供了 2017 年 2 月至 4 月期间北八道公司的一系列交易数据(被诉处罚决定中有详细记载,本院在此不再赘述),从这些交易数据可以看出,无论是从北八道公司控制账户组所占涉案股票成交量的比例、同期市场交易活跃程度、投资者参与交易状况等资金层面因素判断,还是从该公司持有实际流通股份的总量及其所占实际流通股份总量的比例、同期涉案股票投资者持股状况等持股层面因素判断,抑或从北八道公司使用的开盘后拉抬、盘中拉抬、尾盘拉抬、开盘前集合竞价阶段大量申买、在控制的账户之间大量互相交易及反向交易等交易行为特征层面判断,均能够得出北八道公司存在控制涉案账户组通过集中资金优势、持股优势连续交易,在自己实际控制的账户之间交易的行为。

三、对于北八道公司实施的上述活动是否操纵了涉案股票的股票交易价格,构成证券法第七十七条第一款第一项、第三项所指的操纵证券市场行为问题。该问题的主要判断标准在于北八道公司实施的上述活动是否操纵了涉案股票的价格,导致涉案股票的股票交易价格异常,扭曲了涉案股票的正常交易。在北八道公司利用其控制的账户组进行上述活动期间,涉案股票的价格均随着北八道公司通过控制涉案账户组大量进行的买入行为同步暴涨,该公司买入涉案股票后的涨幅存在严重偏离同期中小板综指,导致市场交易异常的情况。在 2017 年 2 月 10 日至 4 月 12 日北八道公司控制涉案账户组大量交易涉案股票期间,涉案股票股价上涨 109.55%,同期中小板综指累计上涨 2.74%,偏离 106.81 个百分点,期间涉案股票上市公司并无影响股价的重大事项。从证监会提供的上述数据等情况可以认定,北八道公司的上述活动已经构成了操纵涉案股票的股票交易价格,构成证券法第七十七条第一款第一项第三项所指的操纵证券市场行为。因此,北八道公司上诉认为中国证监会认定其构成操纵涉案股票没有事实依据的上诉理由不成立,本院对其该上诉理由亦不予采纳。

四、对于中国证监会对北八道公司违法所得的认定是否准确,处罚幅度是否适当问题。对于违法所得的认定,可以将操纵行为的发生时间、操纵行为终止、获利了结、行政调查终结、操纵影响消除等时间节点作为违法所得发生期间的时间判断节点,以上述期间结束时间的证券的市值,结合该期间累计卖出的金额、累计买入金额、交易费用等要素,综合认定违法所得金额。本案中,中国证监会根据北八道公司在操纵涉案股票期间卖出涉案股票的金额扣减买入金额、相关税费金额作为违法所得的计算方法,在深圳证券交易所核算违法所得金额的基础上综合认定北八大道公司的违法所得金额,该认定并无不当。鉴于北八道公司通过控制数量庞大的账户组进行股票操纵行为,操纵涉案股票的交易金额和交易量巨大(买卖交易量均约 2.4亿股,买卖交易金额均约 50 亿),短期内造成涉案股票涨跌幅度严重偏离同期中小板综指,严重扰乱证券市场交易秩序且造成严重社会影响的后果,同时考虑到北八道公司在被调查期间存在不配合执法调查等情况,中国证监会在法定处罚幅度内对北八道公司处以违法所得五倍的处罚,该处罚幅度的认定是适当的,不存在北八道公司上诉所称的中国证监会予以处罚幅度过重、滥用自由裁量权的情况。本院对北八道公司的该上诉理由不予采纳。

五、被诉处罚决定及复议决定的作出是否符合法定程序,适用法律是否有误问题。北八道公司上诉认为中国证监会在调查程序中存在对被调查人员存在诱导性询问、询问时间过长等程序违法问题,但对中国证监会提供的询问笔录内容进行审查后并未发现中国证监会明显存在北八道公司所述的诱导性询问问题,且中国证监会亦对北八道公司诉称的个别询问时间过长系被调查人员不配合签阅询问笔录所致这一情况进行了合理解释,对中国证监会的该合理解释本院予以采信,对北八道公司的该上诉理由,本院不予采纳。中国证监会在作出被诉处罚决定的过程中履行了调查、询问、告知被调查人享有的相关权利、听取被调查人意见和申辩，依法送达处罚决定等行政程序；在审理复议案件过程中亦按照行政复议法的要求进行了相应法定程序，即中国证监会所作的被诉处罚决定和被诉决定符合法定程序，亦不存在适用法律有误的情况。北八道公司上诉认为中国证监会在行政处罚程序中存在程序违法的上诉理由不成立，本院对其该上诉理由不予采纳。

综上，被诉处罚决定及被诉复议决定的作出均符合法律规定，北八道公司的上诉理由均不成立，本院对其上诉请求不予支持，一审法院判决驳回北八道公司的诉讼请求是正确的，本院予以维持。据此，依据《中华人民共和国行政诉讼法》第八十九条第一款第一项的规定，判决如下：

驳回上诉，维持一审判决。

二审案件受理费50元，由北八道集团有限公司负担（已交纳）。

本判决为终审判决。

审判长　刘　行
审判员　霍振宇
审判员　刘天毅

二〇一九年×月×日

本件与原本核对无误

法官助理　李程程
书记员　李　晴

北京市高级人民法院行政判决书（北八道集团有限公司诉我会行政处罚案）

（2019）京行终4194号

上诉人（一审原告）北八道集团有限公司，住所地上海自由贸易试验区世纪大道210号15层。

法定代表人林惠惠，执行董事。

委托代理人程娟娟，北京市康达律师事务所律师。

委托代理人陈鹏，北京市康达律师事务所律师。

被上诉人（一审被告）中国证券监督管理委员会，住所地北京市西城区金融街19号富凯大厦。

法定代表人易会满，主席。

委托代理人谢可君，中国证券监督管理委员会工作人员。

委托代理人周可峰，中国证券监督管理委员会工作人员。

北八道集团有限公司（以下简称北八道公司）因诉中国证券监督管理委员会（以下简称中国证监会）〔2018〕29号《行政处罚决定书》中对其作出的处罚决定（以下简称被诉处罚决定）及〔2018〕99号《行政复议决定书》（以下简称被诉复议决定）一案，不服北京市第一中级人民法院（以下简称一审法院）（2018）京01行初1449号行政判决，向本院提起上诉。本院依法组成合议庭，于2019年7月30日公开开庭审理了本案。上诉人北八道公司的委托代理人程娟娟、陈鹏，被上诉人中国证监会的委托代理人谢可君、周可峰到庭参加诉讼。本案现已审理终结。

2018年4月9日，中国证监会作出被诉处罚决定，其中认定北八道公司存在以下违法事实：

一、北八道公司控制账户情况

北八道公司实际控制“陈某腾”等301个证券账户（以下简称账户组）。账户组由员工及员工相关账户和配资中介提供账户（以下简称配资户）两类组成。员工及员工相关账户有:公某、何某(华泰证券户、西南证券户)、蔡某、黄某勤、毛某珊、林某垒、王某凯、叶某加、宋某川、叶某华(长城国瑞证券户、华泰证券户)、侯某梅、陈某腾14个账户。配资户有:配资中介张某海提供的安某兰、自某云、常某萍等103个账户,朱某峰提供的蔡某波、陈某娥、陈某根等97个账户,以及其他中介提供的87个账户。账户组与北八道公司存在大量、频繁的资金往来。账户组中员工及员工相关账户的交易资金主要来源和去向均指向北八道公司。配资户的保证金来源、提取盈利去向、利息支付方也均指向北八道公司,且有相关配资中介指认。

二、北八道公司通过多种手段操纵"江阴银行"(以下简称涉案股票)股价

2017年2月10日至5月9日,北八道公司利用账户组中297个账户交易涉案股票,不包括侯某梅、何某(西南证券户)、黄某勤、王某凯4个账户。上述期间,北八道公司控制账户组累计买入460,911,218股,成交金额8,474,287,889.04元;累计卖出449,947,408股,成交金额8,655,647,553.17元。

(一)北八道公司利用资金和持股优势连续买卖操纵涉案股票股价。2017年2月10日至5月9日期间的52个交易日中,账户组每个交易日均参与交易,42个交易日买委托量市场排名第一,41个交易日卖委托量市场排名第一。从买入成交占比看,35个交易日超过10%,23个交易日超过20%,10个交易日超过30%,3个交易日超过40%;从卖出成交占比看,27个交易日超过10%,16个交易日超过20%,11个交易日超过30%,3个交易日超过40%。

2017年2月10日至2月28日的13个交易日中,账户组内232个账户大量集中交易涉案股票,累计申买269,717,400股,成交211,147,514股,买入成交占比28,60%,成交额3,359,520,605.56元,持仓占流通股比例从0%升至最高值56.28%。账户组每个交易日的买委托量均为市场排名第一,10个交易日买入成交占比均在20%以上。期间股价从拉升前10.07元上涨至21.40元,涨幅112.51%,偏离同期中小板综指110.86个百分点。2017年2月10日至2月28日共13个交易日中典型拉抬时段有:

2月10日开盘后拉抬。9时30分00秒至9时44分30秒,账户组以10.07至11.03元大量连续申买116笔(99笔属于第一档)共5,988,400股,成交5,631,410股,占同期市场成交量的比例为51.240,其中93笔委托价格均高于委托前最新市场成交价,5笔委托价格均等于委托前最新市场成交价,期间股价上涨7.58%。

2月13日影响开盘价和封涨停。开盘前集合竞价阶段账户组以涨停价12.19元连续申买7,911,600股,占同期市场申买量的29,65%,占同期市场涨停价申买量的30.81%,成交4,475,600股,当日股价直接以涨停价12.19元开盘。盘中账户组以涨停价12.19元申买15,361,600股,占同期市场涨停价申买量的比例为30.09%,成交7,361,600股。截至收盘账户组以涨停价格申买未成交股数(以下简称封单股数)是5,980,000股,账户组收盘涨停封单股数占市场收盘涨停封单股数比(以下简称封单占比)为40.18%。

2月14日影响开盘价和封涨停。开盘前集合竞价阶段账户组连续申买27,004,400股,占同期市场申买量的比例为65,18%。其中账户组以涨停价申买26,804,400股,占同期市场涨停价申买量比例为67.36%,影响开盘价,当日股价以涨停价开盘。盘中账户组以涨停价申买45,278,800股,占同期市场涨停价申买比例为38.92%,实际成交32,292,300股,封单股数2,500,000股,封单占比38.48%。

2月15日开盘后拉抬。9时30分00秒至9时39分37秒,账户组以13.90至14.75元连续申买220笔(199笔属于第一档)共8,152,200股,成交7,452,800股,占同期市场成交量的比例为28.06%,其中147笔委托价格高于委托前最新市场成交价,37笔委托价格等于委托前最新市场成交价,期间股价上涨5.21%。

2月16日开盘后拉抬。9时37分26秒至10时10分59秒,账户组以14.62至16.22元连续申买218笔(177笔属于第一档)共17,210,100股,实际成交11,561,991股,占同期市场成交量的比例为41.72%,其中145笔委托价高于委托前最新市场成交价,19笔委托价格等于委托前最新市场成交价,期间股价上涨10.27%。

2月21日盘中拉抬。9时51分50秒至9

时57分41秒,账户组以15.78至16.48元大量连续申买65笔(61笔属于第一档)2,382,500股,实际成交1,771,670股,占同期市场成交量的比例为73.59%,其中50笔委托价格高于委托前最新市场成交价,8笔委托价格等于委托前最新市场成交价,期间股价上涨4.38%。

2月23日尾盘拉抬。14时34分40秒至14时56分59秒,账户组以15.65至16.20元连续申买65笔共计5,799,400股,其中53笔的委托价高于委托前最新市场成交价,6笔委托价等于委托前最新市场成交价,实际成交5,379,520股,占同期市场成交的比例为65.88%,期间股价涨幅3.58%。

2月24日盘中拉抬。14时05分28秒至14时40分42秒,账户组以16.01至17.73元连续申买164笔(其中102笔在第一档)共计6,396,800股,实际成交3,904,075股,占同期市场成交量的比例为44.55%,其中72笔的委托价格高于委托前最新市场成交价,23笔委托价格等于委托前最新市场成交价,期间股价上涨10.81%。

2月27日盘中拉抬。10时20分14秒至10时55分36秒,账户组以16.8至18.20元连续申买88笔(其中65笔在第一档)共计5,527,600股,实际成交3,989,400股,占同期市场成交量的比例为39.75%,其中49笔的委托价格高于委托前最新市场成交价,14笔委托价格等于委托前最新市场成交价,期间股价上涨8.53%。当日11时02分54秒至13时15分09秒,账户组以17.78至19.50元连续申买115笔(其中87笔在第一档)共计7,117,200股,实际成交5,921,048股,占同期市场成交量的比例为48.17%,其中67笔的委托价格高于委托前最新市场成交价,9笔委托价格等于委托前最新市场成交价,期间股价上涨9.74%。

2月28日尾盘拉抬。当日14时45分28秒至14时51分12秒,账户组连续申买21笔共计1,721,000股,其中13笔的委托价高于委托前最新市场成交价,成交1,051,300股,占同期市场成交量的比例为65.48%,期间股价涨幅4.03%。

2017年3月1日至3月3日账户组申卖64,921,708股,成交62,422,630股,卖出成交占比35.25%,成交金额1,203,942,219.13元,卖出均价19.29元,3个交易日卖委托量均为市场排名第一,持仓量占流通股比例从55.94%降至34.15%。期间股价从21.4元降至18.81元,跌幅12.1%,偏离同期中小板综指12.26个百分点。

2017年3月6日至3月14日的7个交易日内,账户组大量连续集中买入,累计委托买入76,673,000股,成交67,549,045股,买入成交占比21.22%,成交额1,397,080,030元,持仓量占流通股比例从34.15%上升至47.58%,期间股价从18.81元涨至20.78元,涨幅10.47%,偏离同期中小板综指9.27个百分点。2017年3月6日至3月14日7个交易日中典型拉抬时段有:

3月7日影响开盘价和开盘后拉抬。开盘前集合竞价阶段账户组以20.79元连续申买3,002,200股,占同期市场申买量的比例为59.31%,实际成交股713,700股,影响开盘价,当日股价以涨幅5.77%的19.80元开盘。当日9时30分00秒至9时39分19秒,账户组以18.93至20.79元连续申买184笔(147笔位于第一档)共计16,549,900股,实际成交14,920,430股,占同期市场成交量55.52%,其中132笔委托价格高于委托前最新市场成交价,12笔委托价格等于委托前最新市场成交价,期间股价上涨4.47%,当日股价涨停。

2017年3月15日至3月16日账户组申卖51,325,887股,成交43,999,723股,卖出成交占比40.68%,成交金额902,106,896.97元,卖出均价20.50元,每个交易日的卖出委托量均为市场排名第一。上述期间,持仓量占流通股的比例从47.58%降至27.24%。3月16日北八道公司在自己实际控制的账户之间交易股数占买入成交股数比例为52.9%。

2017年3月17日至3月28日的8个交易日内,账户组连续累计申买50,819,500股,成交38,465,177股,买入成交占比13.99%,成交额783,287,664.11元,7个交易日的委托买入量均为市场排名第一,持仓量占流通股比例从27.24%上升至38.84%,期间股价从20.9元涨至21.76元,涨幅4.11%,偏离同期中小板综指4.44个百分点。2017年3月17日至3月28日的8个交易日中典型拉抬时段有:

3月20日开盘后拉抬。当日9时30分00秒至9时34分08秒,账户组以19.73至20.68

元连续申买 83 笔(66 笔位于第一档)共计 6,094,800股,实际成交 5,073,091 股,占同期市场成交量的比例为 42.81%,其中 57 笔的委托价格高于委托前最新市场成交价,8 笔的委托价格等于委托前最新市场成交价,期间股价上涨 4.97%。

2017 年 3 月 29 日至 3 月 31 日账户组集中累计申报卖出 65,326,806 股,成交 50,645,258 股,卖出成交占比 34.62%,成交金额 977,800,207 元,每个交易日的卖委托量均为市场排名第一,持仓量占流通股比例从 38.84% 下降至 15.86%。期间股价从 21.76 元降至 18.69 元,跌幅 14.11%,偏离同期中小板综指 12.28 个百分点。

2017 年 4 月 5 日至 4 月 11 日的 5 个交易日内,账户组连续累计申买 96,001,700 股,买入均价 20.25 元,成交 82,183,827 股,买入成交占比 30.99%,成交金额 1,663,932,844.15 元,持仓量占流通股比例从 15.86% 上升至 45.59%,每个交易日委托买入量均为市场排名第一。期间,股价从 18.69 元涨至 22.98 元,涨幅 22.95%,偏离同期中小板综指 21.20 个百分点。2017 年 4 月 5 日至 4 月 11 目的 5 个交易日中典型拉抬时段有:

4 月 5 日盘中拉抬。当日 10 时 59 分 08 秒至 13 时 06 分 47 秒,账户组以 16.85 至 17.98 元大量连续申买 134 笔(116 笔位于第一档)共计 7,914,400 股,成交 5,690,275 股,成交股数占同期市场成交量的比例为 54.67%,其中 90 笔的委托价格高于委托前最新市场成交价,18 笔的委托价格等于委托前最新市场成交价,期间股价上涨 6.83%。当日 14 时 40 分 30 秒至 14 时 45 分 06 秒,账户组以 17.88 至 19.05 元连续申买 53 笔(39 笔位于第一档)共计 4,249,600 股,成交 1,966,168 股,占同期市场成交量的比例为 69.02%,其中 26 笔的委托价格高于委托前最新市场成交价,12 笔的委托价格等于委托前最新市场成交价,期间股价上涨 6.60%。

4 月 6 日尾盘拉抬。当日收盘前最后 15 分钟,账户组连续申买 160 笔共计 10,654,700 股,其中 115 笔的委托价高于委托前最新市场成交价,19 笔委托价等于委托前最新市场成交价,成交 9,334,217 股,成交股数占同期市场成交量的比例为 50.52%,委托买入均价 19.31 元,较当日 14 时 45 分 00 秒涨幅 2.77%,尾市期间股价涨幅 4.74%,当日股价涨幅 4.51%。

4 月 7 日开盘后拉抬。当日 9 时 30 分 01 秒至 10 时 04 分 16 秒,账户组以 19.50 至 21.22 元大量连续申买 124 笔(110 笔属于第一档)共计 10,232,300 股,成交 8,714,336 股,占同期市场成交量的比例为 36.09%,其中 92 笔委托价格高于委托前最新市场成交价,14 笔委托价格等于委托前最新市场成交价,期间股价上涨 9.10%。

4 月 11 日盘中拉抬。当日 14 时 01 分 48 秒至 14 时 43 分 58 秒,账户组以 20.87 至 22.21 元连续申买 153 笔(144 笔属于第一档)共计 3,108,900股,成交 2,475,500 股,占同期市场成交量的比例为 33.53%,其中 84 笔委托价格高于委托前最新市场成交价,56 笔委托价格等于委托前最新市场成交价,期间股价上涨 6.63%。

4 月 24 日至 5 月 9 日共 11 个交易日,账户组集中卖出直至清仓。4 月 24 日至 4 月 25 日账户组开始出货,股价出现下跌,4 月 25 日尾盘账户组开始买入拉抬,4 月 28 日收盘股价达期间最高 23.63 元,其后集中卖出直至 2017 年 5 月上旬清仓。期间账户组累计申卖 171,289,727 股,成交 134,364,014 股,卖出成交占比 26.34%,成交金额 2,592,754,165.45 元,其中 10 个交易日卖委托量均为市场排名第一,持仓量占流通股比例从 45.59% 下降至 0%。期间股价从 22.98 元降至 15.84 元,跌幅 31.07%,偏离同期中小板综指 23.05 个百分点。4 月 24 日至 5 月 9 日共 11 个交易日典型拉抬时段有:

4 月 25 日尾盘拉抬。当日 14 时 46 分 56 秒至 14 时 53 分 14 秒,账户组连续申买 59 笔共计 2,543,600 股,成交 2,193,300 股,成交股数占同期市场成交量的比例为 48.29%,委托买入均价 20.89 元,其中 42 笔的委托价高于委托前最新市场成交价,4 笔委托价等于委托前最新市场成交价,期间股价涨幅 5%。

4 月 26 日开盘后拉抬。当日 9 时 33 分 06 秒至 9 时 53 分 21 秒,账户组以 20.52 至 22.54 元连续申买 47 笔(40 笔属于第一档)共计 3,678,600股,成交 3,229,700 股,占同期市场成交量的比例为 32.11%,其中 40 笔委托价格高于委托前最新市场成交价,1 笔委托价格等于委托前最新市场成交价,期间股价上涨 9.81%。

4月27日盘中拉抬。当日13时21分45秒至13时33分38秒账户组以21.68至23元连续申买43笔(34笔属于第一档)3,780,500股,成交2,227,351股,占同期市场成交量的比例为61.08%,其中21笔委托价格高于委托前最新市场成交价,11笔委托价格等于委托前最新市场成交价,期间股价上涨5.70%。

5月4日盘中拉抬。当日13时35分21秒至13时45分52秒,账户组以18.66至19.80元连续申买26笔(20笔属于第一档)共计3,453,500股,成交2,715,180股,成交股数占同期市场成交量的比例为35.06%,其中16笔委托价格高于委托前最新市场成交价,2笔委托价格等于委托前最新市场成交价,期间股价上涨6.17%。当日14时41分52秒至14时55分03秒,账户组以18.93至20.15元连续申买38笔(30笔属于第一档)共计3,777,700股,成交2,614,800股,占同期市场成交量的比例为30.01%,其中28笔委托价格高于委托前最新市场成交价,1笔委托价格等于委托前最新市场成交价,期间股价上涨7.50%。

账户组拉抬和维持股价期较长,拉升到一定价位后,集中于1日至3日内快速出货。较为典型交易日有:3月3日持仓量占市场流通股比例从46.99%下降至34.15%;3月16日该比例由46.89%下降至27.24%;3月31日该比例由35.28%下降至15.86%;5月4日至5日该比例由29.78%下降至4.51%。账户组日内反向交易频繁,反向交易占比40%以上的有30个交易日,20%以上有38个交易日。在建仓拉升和股价维持中,账户组多数通过日内反向交易卖出获利。

(二)北八道公司通过在自己实际控制的账户之间交易操纵涉案股票股价。2017年2月10日至5月9日期间,账户组中284个账户,有42个交易日在自己控制的账户之间交易涉案股票,参与账户数占总交易账户数的95.95%,参与交易日占总交易日的80.77%。在自己实际控制的账户之间交易股数占买入成交股数比例大于10%的有17个交易日,3月16日最高达52.9%。在自己实际控制的账户之间交易股数占市场成交股数比例大于4%的有6个交易日,2月27日达到最高为11.01%。

综上,2017年2月10日至5月9日期间,北八道公司使用其控制账户组中的297个账户,利用资金优势、持股优势连续集中交易涉案股票,同时在自己实际控制的账户之间交易,影响涉案股票交易价格,共计获利339,223,805.59元。

中国证监会认为,2017年2月10日至5月9日期间,北八道公司控制账户组,通过采用集中资金优势、持股优势连续交易,在自己实际控制的证券账户之间交易的方式操纵涉案股票,影响了交易价格,违反了《中华人民共和国证券法》(以下简称证券法)第七十七条第一款第一项、第三项规定,构成了证券法第二百零三条所述违法行为。根据当事人违法行为的事实、性质、情节与社会危害程度,依据证券法第二百零三条的规定,中国证监会决定:没收北八道公司违法所得339,223,805.59元,并处罚款1,696,119,027.95元;

北八道公司不服,向中国证监会申请行政复议。中国证监会于2018年9月3日作出被诉复议决定,根据《中华人民共和国行政复议法》第二十八条第一款第一项的规定,决定维持了被诉处罚决定。

北八道公司不服被诉处罚决定中针对自己的处罚决定和被诉复议决定,起诉至一审法院,请求撤销被诉处罚决定和被诉复议决定。

一审法院经审理查明:中国证监会认为北八道公司涉嫌操纵涉案股票股价,决定对其进行立案调查。2017年5月17日,中国证监会向北八道公司作出调查通知书,并向北八道公司送达。中国证监会对涉案相关人员进行询问,并调取了相关人员询问笔录、证券账户资料、交易流水、银行账户资料、相关配资协议、相关材料及交易数据、交易所计算数据等证据材料。2018年1月23日,中国证监会作出行政处罚及市场禁入事先告知书并向北八道公司送达,北八道公司于同年2月23日签收。同年3月5日,北八道公司书面声明放弃陈述、申辩和听证。同年4月9日,中国证监会作出被诉处罚决定并向北八道公司送达,北八道公司于同年4月13日签收。北八道公司不服被诉处罚决定中针对自己的处罚决定,于同年6月7日向中国证监会申请行政复议。同年8月6日,中国证监会作出延期审理通知书,告知北八道公司延期至2018年9月4日前作出复议决定。同年8月28日至31日,北八道公司查阅全案证据(包括电子证据)。同年 9 月 3 日,中国证监会作出被诉复议决定并向北八道公司邮寄送达,北八道公司于同年 9 月 5 日签收。北八道公司仍不服,于同年 9 月 18 日诉至一审法院。

一审法院经审理认为:根据证券法第一百七十九条第一款第七项之规定,国务院证券监督管理机构依法对违反证券市场监督管理法律、行政法规的行为进行查处;根据证券法第二百零三条之规定,中国证监会对于操纵证券市场的行为具有查处并予以行政处罚的法定职权。

根据双方当事人的诉辩主张,本案的争议焦点在于:一、北八道公司是否实际控制了涉案账户组?二、如果北八道公司实际控制了涉案账户组,其交易涉案股票的行为是否构成操纵证券市场?三、被诉处罚决定中对于违法所得的认定是否正确?处罚幅度是否适当?四、被诉处罚决定和被诉复议决定的程序是否合法?

一、关于争议焦点一

鉴于涉案账户组中的证券账户数量较多且来源复杂,为排除偶然因素,保证认定逻辑的周延,可从人员关联、资金关联和行为关联等三个方面来综合考量上述证券账户之间是否存在内在联系。如果上述三个方面均存在关联关系且均指向北八道公司,则可据此认定北八道公司实际控制了涉案账户组。

第一,在人员关联方面,中国证监会将涉案账户组中的证券账户区分为两类:一是员工及员工相关账户;二是配资中介提供的账户。第一类账户涉及 12 个人,根据林玉婷、李俊苗、何映花、孔素兰、吕开场、蔡咏东、郑春虹、张丁海等人的询问笔录以及联系记录可知,李俊苗是北八道公司配资业务团队的负责人,其向北八道公司的控股股东林玉婷汇报配资资金需求。在该团队中,公雪、何雪负责和配资中介沟通,王燕燕负责签订配资协议,蔡咏东、吕开场、王彬等人负责实施股票交易。上述人员中,公雪、吕开场等人均在厦门六湖游艇俱乐部有限公司(以下简称六湖游艇)缴纳社保。结合李俊苗的描述可知,六湖游艇没有什么业务,其员工的社保都由北八道公司帮忙缴纳。六湖游艇的参保人员吕开场、蔡咏东、林东红、陈燕婷等人也均出现在北八道公司的员工通讯录中,上述情况均说明六湖游艇与北八道公司之间存在密切的关系。在中国证监会认定的员工及员工相关账户中,公雪、何雪属于北八道公司配资业务团队成员。黄惠勤系北八道公司配资业务团队成员吕开场的配偶,且曾在北八道公司工作,后注册成立六湖游艇,与北八道公司关系密切。毛慧珊、林保垒、叶孙加、蔡城等人均在六湖游艇参保,王耀凯在北八道公司下属子公司参保,根据李俊苗的陈述可知,上述人员的证券账户由其和公雪管理。根据章丽群的陈述可知,宋泳川是北八道公司员工章丽群的配偶,而李俊苗称宋泳川的证券账户由其和公雪管理。叶蔚华是北八道公司控股股东林玉婷的母亲,与北八道公司具有密切关系。综上可知,中国证监会认定的员工及员工相关账户的开户人均与北八道公司之间具有密切关系。

第二类账户属于配资中介提供的账户,这部分账户可通过比对配资业务双方提供的证据来予以确认。在北八道公司方面,中国证监会从李俊苗处提取了 2017 年 3 月 9 日更新的风控表,其中详细记载了配资中介、配资账户、配资比例、配资金额、利息、警戒线、平仓线、提盈等信息。根据该记载,这些配资账户主要由张丁海、朱攀峰、曾将军、赖良森等负责提供,每一个配资中介提供的账户均有详细的清单列表。对此,北八道公司控股股东林玉婷在其询问笔录中认可,系由李俊苗负责和朱攀峰、石横特钢等进行配资合作,北八道公司做劣后级。李俊苗在询问笔录中认可,上述表格中的配资中介张丁海、朱攀峰等人均是与北八道公司合作的配资方。在配资中介方面,中国证监会对相关的配资中介也进行了询问,并获取了相关的配资账户信息。以提供配资账户最多的张丁海为例,其在询问笔录中称,其通过王发龙的介绍与北八道公司的林玉婷认识,有了对方的手机号后就直接对接。其与林玉婷之间达成合作共识,由其为北八道公司找资金找账户,单个账户资金量要在五百万以上,总资金量要达到 3 亿元。2016 年 8 月 8 日,其去了北八道公司在厦门的办公地址,见了林玉婷并签了一份《股票借款协议书》,合同的甲方是张丁海,乙方是王燕燕。协议中约定由张丁海提供资金和证券账户,并负责三个月更换一次,由乙方提供保证金并向张丁海支付利息,乙方可以使用张丁海提供的账户买卖股票。张丁海称主要和公雪联系,也有王燕燕和李俊苗的联系方式,但不常联系。与此同时,张丁海还向中国证监会提供了其与王燕燕签订的《股票借款协议书》《待清仓账户明细表》《财务收入信息》《财务表》《股票账户信息》等材料,上述材料中反映的股票账户信息能够与从李俊苗处提取的风控表中的账户信息相对应,再结合前述北八道公司配资业务团队的人员构成可知,张丁海提供的配资账户确由北八道公司在实际使用。北八道公司也均采取此模式与其他配资中介合作,通过比对北八道公司方面与配资中介方面提供的证据材料以及询问笔录等,均可发现北八道公司与上述配资账户之间的对应关系。

综上可知,北八道公司与中国证监会认定的账户之间或者通过员工及亲属关系关联,或者通过配资中介关联,据此可以认定北八道公司与这些账户之间存在人员关联关系。

第二,在资金关联方面,中国证监会认为员工相关账户交易股票的资金主要来源于北八道公司,去向也是北八道公司及其子公司。配资账户的保证金来源、提取盈利去向、利息支付均指向北八道公司及其控制的银行账户。对于上述认定,可结合相关资金流向的证据材料来予以审查。

就员工相关账户而言,以公雪为例,中国证监会提供了公雪的银行账户资料,其中显示林育志于2016年12月21日、12月29日和2017年2月21日向公雪的招商银行账户汇入大笔资金。而林育志在其询问笔录中称,北八道公司的资金调转都是李俊苗负责的,其根据李俊苗的指示进行转款。此外,通过中国证监会提取的公雪银行账户资金来往情况可知,其与林育志、何雪、蔡咏东、章丽群等北八道公司关联人员之间具有频繁的资金往来。根据前述查证事实可知,公雪也是北八道公司配资业务团队成员。综合上述情况可以认定,公雪银行账户的资金与北八道公司之间具有密切关联,与此相似的还有何雪、黄惠勤、毛慧珊、叶蔚华、侯苏梅等人。此外,林玉婷在其询问笔录中认可,北八道公司与恒鑫小贷之间签订了股票配资借款协议,并由其提供担保。李俊苗在其询问笔录中称,北八道公司与恒鑫小贷之间有一笔配资业务,涉及北八道公司控制的四个账户,其中包括何雪、叶孙加、林保垒等三人,还有一个记不清楚了,这四个账户也是蔡咏东负责下单。从何雪、叶孙加的银行账户流水情况看,其与恒鑫小贷确有资金往来。上述情况均可以印证中国证监会认定的员工及相关账户与北八道公司之间的资金关联关系。

就配资账户而言,以张丁海为例,根据其询问笔录可知,其通过各方中介和人员借出资金和证券账户,北八道公司会将保证金先打给张丁海,张丁海再把保证金转入指定的银行账户,最终使保证金和借来的资金均转入借来的证券账户,张丁海的下线会告知其相关证券账户的账号和密码,张丁海再转给北八道公司使用。由此,对于账户资金关联的情况,可从接收保证金、转出保证金和提盈去向等三个方面予以审查。

在接收保证金和提盈方面,根据张丁海的询问笔录及其提供的《股票借款协议书》可知,张丁海与王燕燕在签订股票借款协议时,同时约定了双方的转款账户。比如,张丁海除提供本人银行账户外,还提供周玲的银行账户,王燕燕提供了吕开场、黄惠勤、许仁路、王芬芬、赵羽、谢新菲、何晨、蔡城等人的银行账户。从账户资金流水来看,张丁海与王芬芬、赵羽、吕开场、黄惠勤、谢新菲、何晨等人的银行账户之间有大量频繁资金往来,周玲与王芬芬、周玲与蔡城、张丁海与周玲的银行账户之间也有大量频繁的资金往来,该情况可以与张丁海的询问笔录以及《股票借款协议书》的记载相互印证,证明张丁海从北八道公司接收保证金以及北八道公司按照协议约定提盈的事实。

在转出保证金方面,张丁海在询问笔录中称,其使用的账户是从小的配资中介手里收来的,这些配资中介包括刘加林、陈天华、邓珍科、程商露、乔永亮、邵录、薛建、林超浩、张强龙、谢敏等人。在转保证金时,邵录会用吴云雷的银行卡,薛建使用金兰仙的卡,刘加林用王景春的卡,林超浩用林益辉、林素芳的卡等等。对此,刘加林在其询问笔录中称,张丁海是其上游,将保证金打入其控制使用的其母亲王景春的银行账户里,然后由其将保证金从王景春的账户转给出资方,出资方按照配资比例打入相应的配资资金,然后由出资方提供证券账户,其再将证券账户的账号和交易密码告诉张丁海,由张丁海交给操作使用人。张丁海与刘加林的询问笔录之间能够相互印证,证明资金和证券账户的实际使用情况。此外,从银行资金流向来看,张丁海和周玲的银行账户与王景春银行账户(刘加林之母)、金兰仙银行账户(薛建实际使用)、吴云雷银行账户(邵录实际使用)、陈天华银行账户、邓珍科银行账户等账户之间有频繁的资金往来,上述情况均能印证张丁海与配资户之间的密切资金关联。

上述三个方面的资金流向情况均可以印证中国证监会认定的配资账户与北八道公司之间的资金关联关系。

第三,在行为关联方面,从中国证监会提交的证据来看,在2017年2月10日至5月9日的时间区间内,账户组中的证券账户集中交易涉案股票,行为上具有明显的一致性,据此可以认定账户组的证券账户之间具有行为关联。

通过人员关联、资金关联和行为关联等三个方面的审查可知,账户组的证券账户之间具有密切联系且均指向北八道公司,北八道公司对此无法作出合理解释。据此可以认定北八道公司实际控制了涉案账户组。

关于北八道公司提出的吴玉兰等18个证券账户不在2017年3月9日更新的风控表所列账户清单中之主张,经审查可知,吴玉兰、刘海金账户在制作风控表之前就已经归还名义持有人,故不在风控表所列账户清单之中,其余证券账户均在清单之中。同时根据中国证监会提供的账户组交易情况来看,吴玉兰、刘海金账户在中国证监会认定的操纵期间均参与交易涉案股票。因此,中国证监会将上述账户列入涉案账户组具有事实根据,北八道公司对此提出的异议理由不能成立,一审法院不予支持。

二、关于争议焦点二

证券法第七十七条第一款第一项和第三项规定:“禁止任何人以下列手段操纵证券市场:(一)单独或者通过合谋,集中资金优势、持股优势或者利用信息优势联合或者连续买卖,操纵证券交易价格或者证券交易量……(三)在自己实际控制的账户之间进行证券交易,影响证券交易价格或者证券交易量。”本案中,北八道公司实际控制了涉案账户组,利用该账户组进行的证券交易均应视为北八道公司实施的行为。

从中国证监会提供的账户组交易涉案股票的情况来看,2017年2月10日至5月9日期间的52个交易日中,北八道公司实际控制的账户组持仓量、资金量均较一般投资者具有显著优势,期间申买量、申卖量、成交量、成交额均明显高于一般投资者。从交易行为上看,账户组采取集合竞价阶段拉抬、开盘后拉抬、盘中拉抬、尾盘拉抬封单、集中申买申卖等典型操盘手法,操纵股价意图明显。上述交易手法符合连续交易、在账户组之间交易等典型操纵市场行为的一般特征。从涉案股票股价波动情况看,其与同期中小板综指出现较大幅度偏离。综上,北八道公司利用资金优势、持股优势连续交易涉案股票,同时在自己实际控制的证券账户之间交易,影响了涉案股票交易价格,构成证券法第七十七条所指的操纵证券市场的行为。被诉处罚决定对此认定正确。北八道公司主张其交易特征符合“低买高卖”的投资逻辑,缺乏事实根据,一审法院不予支持。

关于北八道公司所称的交易期间存在其他影响股票价格重大事项这一主张,一审法院认为,该情形并不影响操纵证券市场行为的认定。一般而言,操纵证券市场行为的认定可从以下两点予以把握:一是行为人客观上实施了可能影响证券交易价格或者证券交易量的行为;二是行为人主观上具有操纵证券交易价格或者证券交易量的意图。关于行为对证券交易价格或者证券交易量产生影响的可能性,考虑到证券市场的价格形成往往是多个因素促成的结果,且各个因素作用在各个价格形成阶段的比重各有不同,精确判断要素作用发挥程度及大小几无可能。因此,这一点可由证券执法人员根据证券市场有关状况或证券市场发展规律,依据普遍的经验法则和证券市场常识予以判断。需要指出的是,客观性的价量变动并非必要条件,而仅仅是判断行为本身具有影响的佐证。而关于操纵意图,一方面可以通过当事人的陈述、证人证言或是相关书证直接予以证明,另一方面也可以通过其实施的违法、异常行为进行推定。就本案而言,北八道公司控制数量庞大的证券账户在较短时间内集中大量高频次买卖涉案股票,从普遍的经验法则和证券市场常识可以判断,上述交易行为本身就会影响涉案股票的股价,促进其股价的提升。从客观效果来看,在涉案期间,涉案股票的股价涨幅确实明显优于同期中小板综指。同时,北八道公司还在账户组内的账户之间进行交易,结合其连续交易行为综合判断,其操纵涉案股票股价的意图明显,中国证监会将其认定为操纵证券市场的行为并无不当。因此,对于北八道公司提出的该项主张,一审法院不予支持。

三、关于争议焦点三

中国证监会提供了深圳证券交易所统计的涉案账户组在 2017 年 2 月 10 日至 5 月 9 日期间交易涉案股票的数据以及相应的盈利金额,盈利金额中扣除了印花税、手续费等交易费用,能够体现北八道公司通过账户组交易涉案股票的获利情况,中国证监会将深圳证券交易所计算的盈利金额作为北八道公司的违法所得具有事实根据,一审法院应予支持。

关于北八道公司所称石横特钢名下的王秀萍、张晓燕账户密码于 2017 年 2 月 14 日被修改,陈彩霞、万玲玲账户密码于 2017 年 2 月 20 日被修改,上述 4 个证券账户并非北八道公司实际控制这一主张,一审法院认为,仅凭账户密码的修改并不足以认定账户控制关系即刻发生转移,况且根据相关证据,中国证监会在计算违法所得时业已考虑该项事实,北八道公司的主张依据不足,一审法院不予支持。

关于处罚幅度的问题。证券法第二百零三条规定,违反本法规定,操纵证券市场的,责令依法处理非法持有的证券,没收违法所得,并处以违法所得一倍以上五倍以下的罚款。本案中,中国证监会对北八道公司处以违法所得 5 倍的罚款,并未超出法定处罚幅度。考虑到北八道公司控制账户组规模庞大,股票交易量、交易金额及获利金额巨大,造成股价上涨幅度严重偏离同期中小板综指,严重扰乱证券市场秩序、中国证监会据此在法定处罚幅度内予以从重处罚并无不当,不存在滥用行政自由裁量权之情形,处罚结果亦不存在显失公平之情形。因此,对于北八道公司提出的该项主张,一审法院不予支持。

四、关于争议焦点四

中国证监会在调查过程中依法向北八道公司送达调查通知书,在调查证据的基础上查明案件事实,后作出行政处罚事先告知书并向北八道公司送达,告知了拟作出行政处罚的事实、理由、依据及依法享有的陈述、申辩、听证权。北八道公司放弃陈述、申辩和听证。后中国证监会作出被诉处罚决定并依法向北八道公司送达,处罚程序合法。北八道公司不服被诉处罚决定,向中国证监会提出复议,中国证监会受理该申请后于法定期限内作出复议决定,复议程序合法。

关于北八道公司提出的中国证监会调查程序违法的主张。首先,关于疲劳询问和诱导性询问的问题,现有证据尚不足以证明其主张。

其次,因中国证监会已向北八道公司送达调查通知书,故作为北八道公司的员工或相关人员即负有接受调查的义务。部分被调查人员未在询问笔录上签字并不足以否定调查笔录内容的真实性,而且,本案事实并非依据某一份询问笔录认定,而是综合其他相关的询问笔录以及银行账户资金流水、证券账户交易记录等客观证据予以考虑,北八道公司提出的该项主张并不足以推翻被诉处罚决定认定的事实。

再次,关于北八道公司提出的中国证监会自行翻阅财务资料之主张。依据证券法第一百八十条第二项及第一百八十三条之规定,中国证监会在履行职责时有权进入涉嫌违法行为发生场所调查取证。被检查、调查的单位和个人应当配合,如实提供有关文件和资料,不得拒绝、阻碍和隐瞒。在中国证监会已经依法向北八道公司送达调查通知书的情况下,中国证监会翻阅财务资料的行为系其行使法定调查权的表现,无须征求被调查人同意。同时,被调查人对于监管机关行使调查权的行为负有配合及适度的容忍义务。并且,在案证据尚不足以证明中国证监会在行使调查权的过程中存在故意侵犯被调查人基本权利的行为。故对于北八道公司的该项主张,一审法院亦不予支持。

最后,北八道公司还提出中国证监会在复议程序中未依法延长阅卷时间、中止复议程序等主张,对此,一审法院认为,对于阅卷时间的确定以及是否需要中止复议程序等事项,应由中国证监会在履行复议职责时根据案件具体情况依法裁量,在未违反法律规定的情形下,法院原则上予以尊重。北八道公司提出的上述主张缺乏法律依据,一审法院不予支持。

综上,被诉处罚决定认定事实清楚,适用法律正确,程序合法,处罚幅度适当,被诉复议决定程序合法,维持被诉处罚决定亦无不当,一审法院应予支持。北八道公司的相关诉讼理由均不能成立,对其诉讼请求,一审法院不予支持。据此,一审法院依照《中华人民共和国行政诉讼法》第六十九条和第七十九条之规定,判决驳回北八道公司的诉讼请求。

北八道公司不服一审判决,以被诉处罚决定对北八道公司控制的账户情况认定有误;被诉处罚决定认定北八道公司操纵涉案股票没有充分的事实及证据依据;被诉处罚决定对北八道公司处以五倍违法所得的处罚构成处罚幅度畸重,滥用了行政裁量权;中国证监会在行政调查过程中存在诱导性询问,询问时间过长等调查取证不合法的问题为由上诉至本院,请求撤销一审判决,撤销被诉处罚决定及被诉复议决定。

本院经审理,对一审判决认定的事实予以确认,不再赘述。

本院认为:证券法第七十七条第一款规定,禁止任何人以下列手段操纵证券市场:(一)单独或者通过合谋,集中资金优势、持股优势或者利用信息优势联合或者连续买卖,操纵证券交易价格或者证券交易量;(三)在自己实际控制的账户之间进行证券交易,影响证券交易价格或者证券交易量。证券法第二百零三条规定,违反本法规定,操纵证券市场的,责令依法处理非法持有的证券,没收违法所得,并处以违法所得一倍以上五倍以下的罚款;……

结合上述法律的规定及证监会作出被诉处罚决定的内容,本院认为本案存在以下五个焦点问题:一是北八道公司是否实际控制了中国证监会认定的涉案账户组;二是北八道公司是否实施了控制涉案账户组通过集中资金优势、持股优势连续交易,在自己实际控制的账户之间交易的活动;三是北八道公司实施的上述活动是否操纵了涉案股票的股票交易价格,构成证券法第七十七条第一款第一项、第三项所指的操纵证券市场行为;四是证监会对北八道公司违法所得的认定是否准确,处罚幅度是否适当;五是被诉处罚决定及复议决定的作出是否符合法定程序,适用法律是否有误。

一、对于北八道公司是否实际控制了中国证监会认定的涉案账户组问题。中国证监会提供了北八道公司及其子公司、关联公司的公司情况材料、身份认定资料、公司相关人员询问笔录、账户资料、交易及资金资料等证明员工及员工相关账户由北八道公司实际控制;中国证监会提供了配资中介相关人员的询问笔录、电子取证记录、与相关中介人员和机构配资合作情况的材料、配资协议、账户资料、交易流水等证明配资户由北八道公司实际控制;中国证监会亦提供了其他相关询问笔录及身份证明材料、调查通知书、通讯聊天记录、相关账户材料、配资协议、银行流水、交易 IP、MAC 信息等证明涉案账户组由北八道公司实际控制。上述证据之间相互印证,能够形成较为完整清晰的证据链条证明涉案账户组由北八道公司控制,故本院同意中国证监会关于北八道公司控制涉案账户组的认定意见。北八道公司认为其公司员工及员工相关账户的交易资金并非来源于北八道公司,个别配资账户存在密码被修改和平仓行为,不能再作为认定北八道公司控制相关账户的依据,但北八道公司的上述理由较为单一孤立,并不能作为其未控制相关账户的充分理由,不能作为推翻证监会整个证据链条的依据,故本院对北八道公司的该上诉理由,不予采纳。

二、对于北八道公司是否实施了控制涉案账户组通过集中资金优势、持股优势连续交易,在自己实际控制的账户之间交易的活动问题。中国证监会提供了 2017 年 2 月至 5 月期间北八道公司的一系列交易数据(被诉处罚决定中有详细记载,本院在此不再赘述),从这些交易数据可以看出,无论是从北八道公司控制账户组所占涉案股票成交量的比例、同期市场交易活跃程度、投资者参与交易状况等资金层面因素判断,还是从该公司持有实际流通股份的总量及其所占实际流通股份总量的比例、同期涉案股票投资者持股状况等持股层面因素判断,抑或从北八道公司使用的开盘后拉抬、盘中拉抬、尾盘拉抬、开盘前集合竞价阶段大量申买、在控制的账户之间大量互相交易及反向交易等交易行为特征层面判断,均能够得出北八道公司存在控制涉案账户组通过集中资金优势、持股优势连续交易,在自己实际控制的账户之间交易的行为。

三、对于北八道公司实施的上述活动是否操纵了涉案股票的股票交易价格,构成证券法第七十七条第一款第一项、第三项所指的操纵证券市场行为问题。该问题的主要判断标准在于北八道公司实施的上述活动是否操纵了涉案股票的价格,导致涉案股票的股票交易价格异常,扭曲了涉案股票的正常交易。在北八道公司利用其控制的账户组进行上述活动期间,涉案股票的价格均随着北八道公司通过控制涉案账户组大量进行的买入、卖出行为同步暴涨暴跌,无论是在该公司买入阶段涉案股票的涨幅,抑或在其卖出阶段涉案股票的跌幅,均存在严重偏离同期中小板综指,导致市场交易异常的情况。如在2017年2月10日至2月28日的13个交易日期间,股价从拉升前的10.07元上涨至21.40元,涨幅112.51%,偏离同期中小板综指110.86个百分点;又如2017年4月24日至5月9日期间,股价从22.98元降至15.84原,跌幅为31.07%,偏离同期中小板综指23.05个百分点。从证监会提供的上述数据等情况可以认定,北八道公司的上述活动已经构成了操纵涉案股票的股票交易价格,构成证券法第七十七条第一款第一项、第三项所指的操纵证券市场行为。因此,北八道公司上诉认为中国证监会认定其构成操纵涉案股票没有事实依据的上诉理由不成立,本院对其该上诉理由亦不予采纳。

四、对于中国证监会对北八道公司违法所得的认定是否准确,处罚幅度是否适当问题。对于违法所得的认定,可以将操纵行为的发生时间、操纵行为终止、获利了结、行政调查终结、操纵影响消除等时间节点作为违法所得发生期间的时间判断节点,以上述期间结束时间的证券的市值,结合该期间累计卖出的金额、累计买入金额、交易费用等要素,综合认定违法所得金额。本案中,中国证监会根据北八道公司在操纵涉案股票期间卖出涉案股票的金额扣减买入金额、相关税费金额作为违法所得的计算方法,在深圳证券交易所核算违法所得金额的基础上综合认定北八大道公司的违法所得金额,该认定并无不当。鉴于北八道公司通过控制数量庞大的账户组进行股票操纵行为,操纵涉案股票的交易金额和交易量巨大(买卖交易量均约4.5亿股,买卖交易金额均约85亿),短期内造成涉案股票涨跌幅度严重偏离同期中小板综指,严重扰乱证券市场交易秩序且造成严重社会影响的后果,同时考虑到北八道公司在被调查期间存在不配合执法调查等情况,中国证监会在法定处罚幅度内对北八道公司处以违法所得五倍的处罚,该处罚幅度的认定是适当的,不存在北八道公司上诉所称的中国证监会予以处罚幅度过重、滥用自由裁量权的情况。本院对北八道公司的该上诉理由不予采纳。

五、被诉处罚决定及复议决定的作出是否符合法定程序,适用法律是否有误问题。北八道公司上诉认为中国证监会在调查程序中存在对被调查人员存在诱导性询问、询问时间过长等程序违法问题,但对中国证监会提供的询问笔录内容进行审查后并未发现中国证监会明显存在北八道公司所述的诱导性询问问题,且中国证监会亦对北八道公司诉称的个别询问时间过长系被调查人员不配合签阅询问笔录所致这一情况进行了合理解释,对中国证监会的该合理解释本院予以采信,对北八道公司的该上诉理由,本院不予采纳。中国证监会在作出被诉处罚决定的过程中履行了调查、询问、告知被调查人享有的相关权利、听取被调查人意见和申辩,依法送达处罚决定等行政程序;在审理复议案件过程中亦按照行政复议法的要求进行了相应法定程序,即中国证监会所作的被诉处罚决定和被诉决定符合法定程序,亦不存在适用法律有误的情况。北八道公司上诉认为中国证监会在行政处罚程序中存在程序违法的上诉理由不成立,本院对其该上诉理由不予采纳。

综上,被诉处罚决定及被诉复议决定的作出均符合法律规定,北八道公司的上诉理由均不成立,本院对其上诉请求不予支持,一审法院判决驳回北八道公司的诉讼请求是正确的,本院予以维持。据此,依据《中华人民共和国行政诉讼法》第八十九条第一款第一项的规定,判决如下:

驳回上诉,维持一审判决。

二审案件受理费50元,由北八道集团有限公司负担(已交纳)。

本判决为终审判决。

审判长　刘　行
审判员　霍振宇
审判员　刘天毅

二〇一九年×月×日

本件与原本核对无误

法官助理　李程程
书记员　李　晴

北京市高级人民法院行政判决书
(北八道集团有限公司诉我会行政处罚案)

(2019)京行终 4208 号

上诉人(一审原告)北八道集团有限公司,住所地上海自由贸易试验区世纪大道 210 号 15 层。

法定代表人林惠惠,执行董事。

委托代理人程娟娟,北京市康达律师事务所律师。

委托代理人陈鹏,北京市康达律师事务所律师。

被上诉人(一审被告)中国证券监督管理委员会,住所地北京市西城区金融街 19 号富凯大厦。

法定代表人易会满,主席。

委托代理人谢可君,中国证券监督管理委员会工作人员。

委托代理人周可峰,中国证券监督管理委员会工作人员。

北八道集团有限公司(以下简称北八道公司)因诉中国证券监督管理委员会(以下简称中国证监会)〔2018〕28 号《行政处罚决定书》中对其作出的处罚决定(以下简称被诉处罚决定)及〔2018〕98 号《行政复议决定书》(以下简称被诉复议决定)一案,不服北京市第一中级人民法院(以下简称一审法院)〔2018〕京 01 行初 1451 号行政判决,向本院提起上诉。本院依法组成合议庭,于 2019 年 7 月 30 日公开开庭审理了本案。上诉人北八道公司的委托代理人程娟娟、陈鹏,被上诉人中国证监会的委托代理人谢可君、周可峰到庭参加诉讼。本案现已审理终结。

2018 年 4 月 9 日,中国证监会作出被诉处罚决定,其中认定北八道公司存在以下违法事实:

一、北八道公司控制账户情况

北八道公司实际控制“陈某腾”等 301 个证券账户(以下简称账户组)。账户组由员工及员工相关账户和配资中介提供账户(以下简称配资户)两类组成。员工及员工相关账户有:公某、何某(华泰证券户、西南证券户)、蔡某、黄某勤、毛某珊、林某垒、王某凯、叶某加、宋某川、叶某华(长城国瑞证券户、华泰证券户)、侯某梅、陈某腾 14 个账户。配资户有:配资中介张某海提供的安某兰、白某云、常某萍等 103 个账户,朱某峰提供的蔡某波、陈某娥、陈某根等 97 个账户,以及其他中介提供的 87 个账户。账户组与北八道公司存在大量、频繁的资金往来。账户组中员工及员工相关账户的交易资金主要来源和去向均指向北八道公司。配资户的保证金来源、提取盈利去向、利息支付方也均指向北八道公司,且有相关配资中介指认。

二、北八道公司控制账户组中参与交易涉案股票(以下简称涉案股票)的账户情况

2017 年 2 月 7 日至 2 月 17 日期间,北八道公司利用账户组中 177 个证券账户交易涉案股票。其中员工及员工相关账户有公某、黄某勤、毛某珊、陈某腾、叶某华(长城国瑞户)、侯某梅 6 个账户;配资户有朱某峰提供的蔡某波、陈某娥、陈某根等 44 个账户,张某海提供的安某兰、白某云、常某萍等 78 个账户,以及其他中介提供的 49 个账户。

三、北八道公司通过多种手段操纵涉案股票股价

2017 年 2 月 7 日至 2 月 17 日,北八道公司累计买入涉案股票 34127484 股,买入金额 1681145175.30 元,买入均价 49.26 元;累计卖出 33732484 股,卖出金额 1800791496.08 元,卖出均价 53.38 元。

(一)北八道公司集中资金优势和持股优势连续买卖操纵涉案股票股价。2017 年 2 月 7

日至2月16日(2月17日无买入),北八道公司日均买入涉案股票210143146.91元,日买入成交金额均在1000万元以上,其中超过10000万元的有7个交易日,占统计天数的87.5%;超过20000万元的有3个交易日,占统计天数的37.5%。2017年2月13日,买入金额最高达到615918115.90元。北八道公司有6个交易日持有股份占总股本的比例超过5%,2月15日最高比例达到10.95%。持有股份占流通股的比例超过10%的有7个交易日,超过20%的有6个交易日,超过30%的有4个交易日,超过40%的有2个交易日。2017年2月15日,持有股份占流通股的比例达到最高值43.78%。

2017年2月7日至2月17日的9个交易日,北八道公司每个交易日均交易涉案股票。每个交易日的成交数量和金额占比均超过10%,超过20%的有5个交易日,超过30%的有4个交易日,超过40%的有2个交易日。2017年2月10日,交易量占市场成交量的比例最高达65.5%。买入涉案股票数量占市场成交量的比例超过10%的有8个交易日,超过20%的有6个交易日,超过30%的有4个交易日,超过40%的有3个交易日。2017年2月10日,买入量占市场成交量的比例最高达82.44%。上述期间,卖出涉案股票数量占市场成交量的比例超过20%的有5个交易日,超过30%的有4个交易日,超过40%的有4个交易日。2017年2月16日,卖出量占市场成交量的比例最高达56.95%。2月7日至2月16日账户组每日买委托数量均排名第一,账户组在2月10日开始卖出,除2月15日卖委托数量排名第二外,2月10日至2月17日的其他交易日的卖委托数量均排名第一。

账户组拉抬股价意图明显。2017年2月7日至2017年2月17日,账户组申买价大于卖一档价的笔数为702笔,占账户组期间总申买笔数1240笔的56.61%;申买价大于卖一档价的申买量为37258600股,占账户组期间总申买量51675600股的72.10%。特别是,账户组申买价大于卖五档价的申报笔数为572笔,占账户组期间总申买笔数的46.13%,申买价大于卖五档价的申买量为36014900股,占其期间总申买量的69.69%。账户组申买价大于申买前一笔市场成交价的笔数为461笔,占账户组期间总申买笔数的37.18%;申买量为13239700股,占账户组期间总申买量的25.62%。较为典型的拉抬区间包括:

2017年2月7日、2月8日、2月15日,北八道公司利用持股优势、资金优势,通过连续交易进行盘中拉抬。2月7日开盘至13:30:00之前股价在31.50元至32.89元间小幅波动。账户组在2月7日13:30:57开始申报买入,至15:00:00期间申报买入295笔共计5259100股,占当日市场申报买入量的21.58%,成交3600939股,占当日市场买入成交量的21.36%。其中,145笔委托价格高于前一笔市场成交价格,占其申买笔数的49,15%,成交股数1863399股占账户组当日申买量的35.43%;147笔买入委托的申买价大于卖一档价,占其申买笔数的49.83%。当日账户组买委托数量排名第一。股价从31.56元拉升至涨停价35.75元,拉升幅度13.28%。2017年2月8日9:30:01至9:44:10期间,账户组申报买入157笔共计7,577,200股,成交3588623股,成交股数占期间市场买入成交量的43.68%;其中78笔申买价格高于前一笔市场成交价,占期间账户组申报笔数的49.68%,申报买入量2625900股,占期间市场申报买入量的34.65%。当日账户组买入量市场排名第一。期间股价由34.72元上涨到涨停价39.33元,涨幅为13.28%,之后股价一直封在涨停价39.33元。2017年2月15日13:34:02至13:37:24期间,账户组申报买入14笔共计744200股,占期间市场申报买入量的39.97%,成交703974股,成交股数占期间市场买入成交量的84.51%;账户组委托买入前的最后一笔市场成交价为57.74元,账户组的申报买入价格由57.85元快速拉升至60.50元,其中12笔申买价高于申报前市场最新成交价,占账户组申买笔数的85.71%。当日账户组买入量市场排名第一,期间股价涨幅为4.78%。

2017年2月15日,北八道公司利用持股优势、资金优势,通过连续交易在尾盘拉抬股价。当日涉案股票收盘前15分钟,账户组申报买入65笔共计2304000股,占期间市场申报买入量的比例为60.87%,成交2053262股,占期间市场成交量比例为67.92%,撤单195838股,撤单占比17.29%,其中44笔高于申报前一刻该股市场成交价格,占账户组期间申报笔数的比例为67.69%。当日账户组买入的涉案股票于次日全部卖出。期间委托买入均价59.70元,期间股价上涨5.05%,当日收盘价涨幅与中小板综指偏离4.99个百分点。

2017年2月10日、2月16日,北八道公司利用持股优势、资金优势,在集合竞价阶段及盘中通过在自己实际控制的账户之间交易,影响开盘价、成交量及盘中价格。2017年2月10日,账户组在集合竞价阶段9:15:00至9:24:54申报买入55笔共计5626500股,成交4646800股(于9:25:00至9:30:09成交);申报卖出60笔共计2877891股(全部于9:25:00成交)。9:25:00账户组之间在自己实际控制的账户之间交易量为2603773股,金额为123913557.07元,在自己实际控制账户之间交易的量占账户组集合竞价阶段买入成交量的56.03%,占账户组集合竞价阶段卖出成交量的90.47%,占当日市场成交量的43.92%。在集合竞价阶段账户组通过在自己实际控制的账户之间大量交易,营造虚假成交量,影响开盘时的成交量和开盘价,操纵开盘价意图明显。2017年2月16日,账户组在9:18:01至11:17:38期间申报买入38笔共计2696900股,成交2559800股;申报卖出810笔共计9474385股,成交8898699股。其中在自己实际控制的账户之间交易1865107股,占账户组买入成交量的72.86%,占账户组卖出成交量的20.96%,占当日市场成交量的8.08%。当日账户组采用小量多笔卖出同时通过在自己实际控制的账户之间交易,营造虚假需求,顺利完成出货。当日账户组卖成交量占市场成交量的比例为56.95%。当日股价从开盘震荡下跌,多次触及跌停。

2017年2月8日、2月9日、2月10日,北八道公司在大量委托未成交的情况下,继续连续以涨停价申报,营造虚假需求,维持涨停价。2017年2月8日,账户组在9:39:17至13:59:57期间以涨停价39.33元申报买入21笔,申报3040400股,成交868000股,撤单992500股,剩余1179900股直至收盘未成交。其中账户组在9:40:34至9:40:57以涨停价申报买入3笔共528600股一直未成交,9:42:13至13:59:57仍持续以涨停价申报买入10笔共1643800股,该部分申报至收盘均未成交。当日账户组以涨停价格申买量占市场总申买量的比例为16.02%,占市场以涨停价格申买量的比例为34.88%02017年2月9日,账户组在集合竞价阶段9:17:21至9:24:08期间,以涨停价申报买入8笔共计617800股,成交412800股,成交金额17857728元,剩余205000股未成交。当日9:34:35至13:00:09期间,账户组再次以涨停价申报买入5笔共计845200股,直至收盘均未成交。当日账户组以涨停价格申买量占市场申买量的比例为18.03%,占市场以涨停价格申买量的比例为19.88%。2017年2月10日账户组在9:30:00申报买入7笔共372400股,成交240347股,在尚有132053股一直未成交的情况下,账户组于9:30:01至14:17:09又以涨停价申报买入29笔,申报买入量为2292900股,该2292900股申报截至收盘未成交。当日账户组以涨停价格申买量占市场申买量的比例为59.73%,占市场以涨停价格申买量的比例为71.55%。

(二)北八道公司通过在自己实际控制的账户之间交易操纵涉案股票股价。2017年2月7日至2月17日,北八道公司有5个交易日在自己实际控制的账户之间交易,其中有2个交易日的账户组交易量占当日市场成交量比例超过20%,2月10日该比例达到最高值43.92%。北八道公司有4个交易日在自己实际控制的账户之间的交易量占当日账户组买入成交量的比例超过40%,2月16日达到最高值72.86%;有5个交易日存在反向交易,且反向交易量占账户组交易量比例均超过10%,有4个交易日超过30%,2017年2月13日反向交易占比达到最高值87.53%。账户组通过在自己控制的账户组之间交易和反向交易制造成交活跃假象,影响证券交易价格。

综上,2017年2月7日至2月17日期间,北八道公司控制账户组集中资金优势、持股优势连续交易涉案股票,影响交易价格,获利138752520.32元。2017年2月7日至2月17日期间,股价上涨53.38%,偏离同期中小板综指52.58个百分点。期间上市公司并无发布重大事项。

中国证监会认为,2017年2月7日至2月17日期间,北八道公司控制账户组,通过采用集中资金优势、持股优势连续交易,在自己实际控制的证券账户之间交易方式操纵涉案股票，影响了股票价格，违反了《中华人民共和国证券法》（以下简称证券法）第七十七条第一款第一项、第三项规定，构成了证券法第二百零三条所述违法行为。根据当事人违法行为的事实、性质、情节与社会危害程度，依据证券法第二百零三条的规定，中国证监会决定：没收北八道公司违法所得138752520.32元，并处罚款693762601.6元。

北八道公司不服，向中国证监会申请行政复议。中国证监会于2018年9月3日作出被诉复议决定，根据《中华人民共和国行政复议法》第二十八条第一款第一项的规定，决定维持了被诉处罚决定。

北八道公司不服被诉处罚决定中针对自己的处罚决定和被诉复议决定，起诉至一审法院，请求撤销被诉处罚决定和被诉复议决定。

一审法院经审理查明：中国证监会认为北八道公司涉嫌操纵涉案股票股价，决定对其进行立案调查。2017年5月17日，中国证监会向北八道公司作出调查通知书，并向北八道公司送达。中国证监会对涉案相关人员进行询问，并调取了相关人员询问笔录、证券账户资料、交易流水、银行账户资料、相关配资协议、相关材料及交易数据、交易所计算数据等证据材料。2018年1月23日，中国证监会作出行政处罚及市场禁入事先告知书并向北八道公司送达，北八道公司于同年2月23日签收。同年3月5日，北八道公司书面声明放弃陈述、申辩和听证。同年4月9日，中国证监会作出被诉处罚决定并向北八道公司送达，北八道公司于同年4月13日签收。北八道公司不服被诉处罚决定中针对自己的处罚决定，于同年6月7日向中国证监会申请行政复议。同年8月6日，中国证监会作出延期审理通知书，告知北八道公司延期至2018年9月4日前作出复议决定。同年8月28日至31日，北八道公司查阅全案证据（包括电子证据）。同年9月3日，中国证监会作出被诉复议决定并向北八道公司邮寄送达，北八道公司于同年9月5日签收。北八道公司仍不服，于同年9月18日诉至一审法院。

一审法院经审理认为：根据证券法第一百七十九条第一款第七项之规定，国务院证券监督管理机构依法对违反证券市场监督管理法律、行政法规的行为进行查处；根据证券法第二百零三条之规定，中国证监会对于操纵证券市场的行为具有查处并予以行政处罚的法定职权。

根据双方当事人的诉辩主张，本案的争议焦点在于：一、北八道公司是否实际控制了涉案账户组？二、如果北八道公司实际控制了涉案账户组，其交易涉案股票的行为是否构成操纵证券市场？三、被诉处罚决定中对于违法所得的认定是否正确？处罚幅度是否适当？四、被诉处罚决定和被诉复议决定的程序是否合法？

一、关于争议焦点一

鉴于涉案账户组中的证券账户数量较多且来源复杂，为排除偶然因素，保证认定逻辑的周延，可从人员关联、资金关联和行为关联等三个方面来综合考量上述证券账户之间是否存在内在联系。如果上述三个方面均存在关联关系且均指向北八道公司，则可据此认定北八道公司实际控制了涉案账户组。

第一，在人员关联方面，中国证监会将涉案账户组中的证券账户区分为两类：一是员工及员工相关账户；二是配资中介提供的账户。第一类账户涉及12个人，根据林玉婷、李俊苗、何映花、孔素兰、吕开场、蔡咏东、郑春虹、张丁海等人的询问笔录以及联系记录可知，李俊苗是北八道公司配资业务团队的负责人，其向北八道公司的控股股东林玉婷汇报配资资金需求。在该团队中，公雪、何雪负责和配资中介沟通，王燕燕负责签订配资协议，蔡咏东、吕开场、王彬等人负责实施股票交易。上述人员中，公雪、吕开场等人均在厦门六湖游艇俱乐部有限公司（以下简称六湖游艇）缴纳社保。结合李俊苗的描述可知，六湖游艇没有什么业务，其员工的社保都由北八道公司帮忙缴纳。六湖游艇的参保人员吕开场、蔡咏东、林东红、陈燕婷等人也均出现在北八道公司的员工通讯录中，上述情况均说明六湖游艇与北八道公司之间存在密切的关系。在中国证监会认定的员工及员工相关账户中，公雪、何雪属于北八道公司配资业务团队成员。黄惠勤系北八道公司配资业务团队成员吕开场的配偶，且曾在北八道公司工作，后注册成立六湖游艇，与北八道公司关系密切。毛慧珊、林保垒、叶孙加、蔡城等人均在六湖游艇参保，王耀凯在北八道公司下属子公司参保，根据李俊苗的陈述可知,上述人员的证券账户由其和公雪管理。根据章丽群的陈述可知,宋泳川是北八道公司员工章丽群的配偶,而李俊苗称宋泳川的证券账户由其和公雪管理。叶蔚华是北八道公司控股股东林玉婷的母亲,与北八道公司具有密切关系。综上可知,中国证监会认定的员工及员工相关账户的开户人均与北八道公司之间具有密切关系。

第二类账户属于配资中介提供的账户,这部分账户可通过比对配资业务双方提供的证据来予以确认。在北八道公司方面,中国证监会从李俊苗处提取了2017年3月9日更新的风控表,其中详细记载了配资中介、配资账户、配资比例、配资金额、利息、警戒线、平仓线、提盈等信息。根据该记载,这些配资账户主要由张丁海、朱攀峰、曾将军、赖良森等负责提供,每一个配资中介提供的账户均有详细的清单列表。对此,北八道公司控股股东林玉婷在其询问笔录中认可,系由李俊苗负责和朱攀峰、石横特钢等进行配资合作,北八道公司做劣后级。李俊苗在询问笔录中认可,上述表格中的配资中介张丁海、朱攀峰等人均是与北八道公司合作的配资方。在配资中介方面,中国证监会对相关的配资中介也进行了询问,并获取了相关的配资账户信息。以提供配资账户最多的张丁海为例,其在询问笔录中称,其通过王发龙的介绍与北八道公司的林玉婷认识,有了对方的手机号后就直接对接。其与林玉婷之间达成合作共识,由其为北八道公司找资金找账户,单个账户资金量要在五百万以上,总资金量要达到3亿元。2016年8月8日,其去了北八道公司在厦门的办公地址,见了林玉婷并签了一份《股票借款协议书》,合同的甲方是张丁海,乙方是王燕燕。协议中约定由张丁海提供资金和证券账户,并负责三个月更换一次,由乙方提供保证金并向张丁海支付利息,乙方可以使用张丁海提供的账户买卖股票。张丁海称主要和公雪联系,也有王燕燕和李俊苗的联系方式,但不常联系。与此同时,张丁海还向中国证监会提供了其与王燕燕签订的《股票借款协议书》《待清仓账户明细表》《财务收入信息》《财务表》《股票账户信息》等材料,上述材料中反映的股票账户信息能够与从李俊苗处提取的风控表中的账户信息相对应,再结合前述北八道公司配资业务团队的人员构成可知,张丁海提供的配资账户确由北八道公司在实际使用。北八道公司也均采取此模式与其他配资中介合作,通过比对北八道公司方面与配资中介方面提供的证据材料以及询问笔录等,均可发现北八道公司与上述配资账户之间的对应关系。

综上可知,北八道公司与中国证监会认定的账户之间或者通过员工及亲属关系关联,或者通过配资中介关联,据此可以认定北八道公司与这些账户之间存在人员关联关系。

第二,在资金关联方面,中国证监会认为员工相关账户交易股票的资金主要来源于北八道公司,去向也是北八道公司及其子公司。配资账户的保证金来源、提取盈利去向、利息支付均指向北八道公司及其控制的银行账户。对于上述认定,可结合相关资金流向的证据材料来予以审查。

就员工相关账户而言,以公雪为例,中国证监会提供了公雪的银行账户资料,其中显示林育志于2016年12月21日、12月29日和2017年2月21日向公雪的招商银行账户汇入大笔资金。而林育志在其询问笔录中称,北八道公司的资金调转都是李俊苗负责的,其根据李俊苗的指示进行转款。此外,通过中国证监会提取的公雪银行账户资金来往情况可知,其与林育志、何雪、蔡咏东、章丽群等北八道公司关联人员之间具有频繁的资金往来。根据前述查证事实可知,公雪也是北八道公司配资业务团队成员。综合上述情况可以认定,公雪银行账户的资金与北八道公司之间具有密切关联,与此相似的还有何雪、黄惠勤、毛慧珊、叶蔚华、侯苏梅等人。此外,林玉婷在其询问笔录中认可,北八道公司与恒鑫小贷之间签订了股票配资借款协议,并由其提供担保。李俊苗在其询问笔录中称,北八道公司与恒鑫小贷之间有一笔配资业务,涉及北八道公司控制的四个账户,其中包括何雪、叶孙加、林保垒等三人,还有一个记不清楚了,这四个账户也是蔡咏东负责下单。从何雪、叶孙加的银行账户流水情况看,其与恒鑫小贷确有资金往来。上述情况均可以印证中国证监会认定的员工及相关账户与北八道公司之间的资金关联关系。

就配资账户而言,以张丁海为例,根据其询问笔录可知,其通过各方中介和人员借出资金和证券账户,北八道公司会将保证金先打给张丁海,张丁海再把保证金转入指定的银行账户,最终使保证金和借来的资金均转入借来的证券账户,张丁海的下线会告知其相关证券账户的账号和密码,张丁海再转给北八道公司使用。由此,对于账户资金关联的情况,可从接收保证金、转出保证金和提盈去向等三个方面予以审查。

在接收保证金和提盈方面,根据张丁海的询问笔录及其提供的《股票借款协议书》可知,张丁海与王燕燕在签订股票借款协议时,同时约定了双方的转款账户。比如,张丁海除提供本人银行账户外,还提供周玲的银行账户,王燕燕提供了吕开场、黄惠勤、许仁路、王芬芬、赵羽、谢新菲、何晨、蔡城等人的银行账户。从账户资金流水来看,张丁海与王芬芬、赵羽、吕开场、黄惠勤、谢新菲、何晨等人的银行账户之间有大量频繁资金往来,周玲与王芬芬、周玲与蔡城、张丁海与周玲的银行账户之间也有大量频繁的资金往来,该情况可以与张丁海的询问笔录以及《股票借款协议书》的记载相互印证,证明张丁海从北八道公司接收保证金以及北八道公司按照协议约定提盈的事实。

在转出保证金方面,张丁海在询问笔录中称,其使用的账户是从小的配资中介手里收来的,这些配资中介包括刘加林、陈天华、邓珍科、程商露、乔永亮、邵录、薛建、林超浩、张强龙、谢敏等人。在转保证金时,邵录会用吴云雷的银行卡,薛建使用金兰仙的卡,刘加林用王景春的卡,林超浩用林益辉、林素芳的卡等等。对此,刘加林在其询问笔录中称,张丁海是其上游,将保证金打入其控制使用的其母亲王景春的银行账户里,然后由其将保证金从王景春的账户转给出资方,出资方按照配资比例打入相应的配资资金,然后由出资方提供证券账户,其再将证券账户的账号和交易密码告诉张丁海,由张丁海交给操作使用人。张丁海与刘加林的询问笔录之间能够相互印证,证明资金和证券账户的实际使用情况。此外,从银行资金流向来看,张丁海和周玲的银行账户与王景春银行账户(刘加林之母)、金兰仙银行账户(薛建实际使用)、吴云雷银行账户(邵录实际使用)、陈天华银行账户、邓珍科银行账户等账户之间有频繁的资金往来,上述情况均能印证张丁海与配资户之间的密切资金关联。

上述三个方面的资金流向情况均可以印证中国证监会认定的配资账户与北八道公司之间的资金关联关系。

第三,在行为关联方面,从中国证监会提交的证据来看,在2017年2月7日至2月17日的时间区间内,账户组中的证券账户集中交易涉案股票,行为上具有明显的一致性,据此可以认定账户组的证券账户之间具有行为关联。

通过人员关联、资金关联和行为关联等三个方面的审查可知,账户组的证券账户之间具有密切联系且均指向北八道公司,北八道公司对此无法作出合理解释。据此可以认定北八道公司实际控制了涉案账户组。

关于北八道公司提出的吴玉兰等18个证券账户不在2017年3月9日更新的风控表所列账户清单中之主张,经审查可知,吴玉兰、刘海金账户在制作风控表之前就已经归还名义持有人,故不在风控表所列账户清单之中,其余证券账户均在清单之中。同时根据中国证监会提供的账户组交易情况来看,吴玉兰、刘海金账户中国证监会认定的操纵期间均参与交易涉案股票。因此,中国证监会将上述账户列入涉案账户组具有事实根据,北八道公司对此提出的异议理由不能成立,一审法院不予支持。

二、关于争议焦点二

证券法第七十七条第一款第一项和第三项规定:"禁止任何人以下列手段操纵证券市场:(一)单独或者通过合谋,集中资金优势、持股优势或者利用信息优势联合或者连续买卖,操纵证券交易价格或者证券交易量;……(三)在自己实际控制的账户之间进行证券交易,影响证券交易价格或者证券交易量。"本案中,北八道公司实际控制了涉案账户组,利用该账户组进行的证券交易均应视为北八道公司实施的行为。

从中国证监会提供的账户组交易涉案股票的情况看,2017年2月7日至2月17日期间的9个交易日中,北八道公司实际控制的账户组持仓量、资金量均较一般投资者具有显著优势,期间申买量、申卖量、成交量、成交额均明显高于一般投资者。从交易行为上看,账户组采取集合竞价阶段拉抬、开盘后拉抬、盘中拉抬、尾盘拉抬封单、集中申买申卖等典型操盘手法,操纵股价意图明显。上述交易手法符合连续交易、在账户组之间交易等典型操纵市场行为的一般特征。从涉案股票股价波动情况看,其与同期中小板综指出现较大幅度偏离。综上,北八道公司利用资金优势、持股优势连续交易涉案股票,同时在自己实际控制的证券账户之间交易,影响了涉案股票交易价格,构成证券法第七十七条所指的操纵证券市场的行为。被诉处罚决定对此认定正确。北八道公司主张其交易特征符合“低买高卖”的投资逻辑,缺乏事实根据,一审法院不予支持。

关于北八道公司所称的交易期间存在其他影响股票价格重大事项这一主张,一审法院认为,该情形并不影响操纵证券市场行为的认定。一般而言,操纵证券市场行为的认定可从以下两点予以把握:一是行为人客观上实施了可能影响证券交易价格或者证券交易量的行为;二是行为人主观上具有操纵证券交易价格或者证券交易量的意图。关于行为对证券交易价格或者证券交易量产生影响的可能性,考虑到证券市场的价格形成往往是多个因素促成的结果,且各个因素作用在各个价格形成阶段的比重各有不同,精确判断要素作用发挥程度及大小几无可能。因此,这一点可由证券执法人员根据证券市场有关状况或证券市场发展规律,依据普遍的经验法则和证券市场常识予以判断。需要指出的是,客观性的价量变动并非必要条件,而仅仅是判断行为本身具有影响的佐证。而关于操纵意图,一方面可以通过当事人的陈述、证人证言或是相关书证直接予以证明,另一方面也可以通过其实施的违法、异常行为进行推定。就本案而言,北八道公司控制数量庞大的证券账户在较短时间内集中大量高频次交易涉案股票,从普遍的经验法则和证券市场常识可以判断,上述交易行为本身就会影响涉案股票的股价,促进其股价的提升。从客观效果来看,在涉案期间,涉案股票的股价涨幅确实明显优于同期中小板综指。同时,北八道公司还在账户组内的账户之间送行交易,结合其连续交易行为综合判断,其操纵涉案股票股价的意图明显,中国证监会将其认定为操纵证券市场的行为并无不当。因此,对于北八道公司提出的该项主张,一审法院不予支持。

三、关于争议焦点三

中国证监会提供了深圳证券交易所统计的涉案账户组在2017年2月7日至2月17日期间交易涉案股票的数据以及相应的盈利金额,盈利金额中扣除了印花税、手续费等交易费用,能够体现北八道公司通过账户组交易涉案股票的获利情况,中国证监会将深圳证券交易所计算的盈利金额作为北八道公司的违法所得具有事实根据,一审法院应予支持。

关于北八道公司所称石横特钢名下的王秀萍、张晓燕账户密码于2017年2月14日被修改,陈彩霞、万玲玲账户密码于2017年2月20日被修改,上述4个证券账户并非北八道公司实际控制这一主张,一审法院认为,仅凭账户密码的修改并不足以认定账户控制关系即刻发生转移,况且根据相关证据,中国证监会在计算违法所得时业已考虑该项事实,北八道公司的主张依据不足,一审法院不予支持。

关于处罚幅度的问题。证券法第二百零三条规定,违反本法规定,操纵证券市场的,责令依法处理非法持有的证券,没收违法所得,并处以违法所得一倍以上五倍以下的罚款。本案中,中国证监会对北八道公司处以违法所得5倍的罚款,并未超出法定处罚幅度。考虑到北八道公司控制账户组规模庞大,股票交易量、交易金额及获利金额巨大,造成股价上涨幅度严重偏离同期中小板综指,严重扰乱证券市场秩序,中国证监会据此在法定处罚幅度内予以从重处罚并无不当,不存在滥用行政自由裁量权之情形,处罚结果亦不存在显失公平之情形。因此,对于北八道公司提出的该项主张,一审法院不予支持。

四、关于争议焦点四

中国证监会在调查过程中依法向北八道公司送达调查通知书,在调查证据的基础上查明案件事实,后作出行政处罚事先告知书并向北八道公司送达,告知了拟作出行政处罚的事实、理由、依据及依法享有的陈述、申辩、听证权。北八道公司放弃陈述、申辩和听证。后中国证监会作出被诉处罚决定并依法向北八道公司送达,处罚程序合法。北八道公司不服被诉处罚决定,向中国证监会提出复议,中国证监会受理该申请后于法定期限内作出复议决定,复议程序合法。

关于北八道公司提出的中国证监会调查程序违法的主张。首先,关于疲劳询问和诱导性询问的问题,现有证据尚不足以证明其主张。

其次,因中国证监会已向北八道公司送达调查通知书,故作为北八道公司的员工或相关人员即负有接受调查的义务。部分被调查人员未在询问笔录上签字并不足以否定调查笔录内容的真实性,而且,本案事实并非依据某一份询问笔录认定,而是综合其他相关的询问笔录以及银行账户资金流水、证券账户交易记录等客观证据予以考虑,北八道公司提出的该项主张并不足以推翻被诉处罚决定认定的事实。

再次,关于北八道公司提出的中国证监会自行翻阅财务资料之主张。依据证券法第一百八十条第二项及第一百八十三条之规定,中国证监会在履行职责时有权进入涉嫌违法行为发生场所调查取证。被检查、调查的单位和个人应当配合,如实提供有关文件和资料,不得拒绝、阻碍和隐瞒。在中国证监会已经依法向北八道公司送达调查通知书的情况下,中国证监会翻阅财务资料的行为系其行使法定调查权的表现,无需征求被调查人同意。同时,被调查人对于监管机关行使调查权的行为负有配合及适度的容忍义务。并且,在案证据尚不足以证明中国证监会在行使调查权的过程中存在故意侵犯被调查人基本权利的行为。故对于北八道公司的该项主张,一审法院亦不予支持。

最后,北八道公司还提出中国证监会在复议程序中未依法延长阅卷时间、中止复议程序等主张,对此,一审法院认为,对于阅卷时间的确定以及是否需要中止复议程序等事项,应由中国证监会在履行复议职责时根据案件具体情况依法裁量,在未违反法律规定的情形下,法院原则上予以尊重。北八道公司提出的上述主张缺乏法律依据,一审法院不予支持。

综上,被诉处罚决定认定事实清楚,适用法律正确,程序合法,处罚幅度适当,被诉复议决定程序合法,维持被诉处罚决定亦无不当,一审法院应予支持。北八道公司的相关诉讼理由均不能成立,对其诉讼请求,一审法院不予支持。

据此,依照《中华人民共和国行政诉讼法》第六十九条和第七十九条之规定,判决驳回北八道公司的诉讼请求。

北八道公司不服一审判决,以被诉处罚决定对北八道公司控制的账户情况认定有误;被诉处罚决定认定北八道公司操纵涉案股票没有充分的事实及证据依据;被诉处罚决定对北八道公司处以五倍违法所得的处罚构成处罚幅度畸重,滥用了行政裁量权;中国证监会在行政调查过程中存在诱导性询问,询问时间过长等调查取证不合法的问题为由上诉至本院,请求撤销一审判决,撤销被诉处罚决定及被诉复议决定。本院经审理,对一审判决认定的事实予以确认,不再赘述。

本院认为:证券法第七十七条第一款规定,禁止任何人以下列手段操纵证券市场:(一)单独或者通过合谋,集中资金优势、持股优势或者利用信息优势联合或者连续买卖,操纵证券交易价格或者证券交易量;(三)在自己实际控制的账户之间进行证券交易,影响证券交易价格或者证券交易量。证券法第二百零三条规定,违反本法规定,操纵证券市场的,责令依法处理非法持有的证券,没收违法所得,并处以违法所得一倍以上五倍以下的罚款;……

结合上述法律的规定及证监会作出被诉处罚决定的内容,本院认为本案存在以下五个焦点问题:一是北八道公司是否实际控制了中国证监会认定的涉案账户组;二是北八道公司是否实施了控制涉案账户组通过集中资金优势、持股优势连续交易,在自己实际控制的账户之间交易的活动;三是北八道公司实施的上述活动是否操纵了涉案股票的股票交易价格,构成证券法第七十七条第一款第一项、第三项所指的操纵证券市场行为;四是证监会对北八道公司违法所得的认定是否准确,处罚幅度是否适当;五是被诉处罚决定及复议决定的作出是否符合法定程序,适用法律是否有误。

一、对于北八道公司是否实际控制了中国证监会认定的涉案账户组问题。中国证监会提供了北八道公司及其子公司、关联公司的公司情况材料、身份认定资料、公司相关人员询问笔录、账户资料、交易及资金资料等证明员工及员工相关账户由北八道公司实际控制;中国证监会提供了配资中介相关人员的询问笔录、电子取证记录、与相关中介人员和机构配资合作情况的材料、配资协议、账户资料、交易流水等证明配资户由北八道公司实际控制;中国证监会亦提供了其他相关询问笔录及身份证明材料、调查通知书、通讯聊天记录、相关账户材料、配资协议、银行流水、交易 IP、VIAC 信息等证明涉案账户组由北八道公司实际控制。上述证据之间相互印证,能够形成较为完整清晰的证据链条证明涉案账户组由北八道公司控制,故本院同意中国证监会关于北八道公司控制涉案账户组的认定意见。北八道公司认为其公司员工及员工相关账户的交易资金并非来源于北八道公司,个别配资账户存在密码被修改和平仓行为,不能再作为认定北八道公司控制相关账户的依据,但北八道公司的上述理由较为单一孤立,并不能作为其未控制相关账户的充分理由,不能作为推翻证监会整个证据链条的依据,故本院对北八道公司的该上诉理由,不予采纳。

二、对于北八道公司是否实施了控制涉案账户组通过集中资金优势、持股优势连续交易,在自己实际控制的账户之间交易的活动问题。中国证监会提供了 2017 年 2 月 7 日至 2 月 17 日期间北八道公司的一系列交易数据(被诉处罚决定中有详细记载,本院在此不再赘述),从这些交易数据可以看出,无论是从北八道公司控制账户组所占涉案股票成交量的比例、同期市场交易活跃程度、投资者参与交易状况等资金层面因素判断,还是从该公司持有实际流通股份的总量及其所占实际流通股份总量的比例、同期涉案股票投资者持股状况等持股层面因素判断,抑或从北八道公司使用的开盘后拉抬、盘中拉抬、尾盘拉抬、开盘前集合竞价阶段大量申买、在控制的账户之间大量互相交易及反向交易等交易行为特征层面判断,均能够得出北八道公司存在控制涉案账户组通过集中资金优势、持股优势连续交易,在自己实际控制的账户之间交易的行为。

三、对于北八道公司实施的上述活动是否操纵了涉案股票的股票交易价格,构成证券法第七十七条第一款第一项,第三项所指的操纵证券市场行为问题。该问题的主要判断标准在于北八道公司实施的上述活动是否操纵了涉案股票的价格,导致涉案股票的股票交易价格异常,扭曲了涉案股票的正常交易。在北八道公司利用其控制的账户组进行上述活动期间,涉案股票的价格均随着北八道公司通过控制涉案账户组大量进行的买入、卖出行为同步暴涨暴跌,无论是在该公司买入阶段涉案股票的涨幅,抑或在其卖出阶段涉案股票的跌幅,均存在严重偏离同期中小板综指,导致市场交易异常的情况。如在 2017 年 2 月 7 日至 2 月 17 日期间,涉案股票股价上涨 53.38%,偏离同期中小板综指 52.58 个百分点。又如 2017 年 2 月 16 日,北八道公司通过其控制的账户组卖出成交量占市场成交量的比例为 56.95%,当日股价从开盘震荡下跌,多次触及跌停,完成出货。从证监会提供的上述数据等情况可以认定,北八道公司的上述活动已经构成了操纵涉案股票的股票交易价格,构成证券法第七十七条第一款第一项、第三项所指的操纵证券市场行为。因此,北八道公司上诉认为中国证监会认定其构成操纵涉案股票没有事实依据的上诉理由不成立,本院对其该上诉理由亦不予采纳。

四、对于中国证监会对北八道公司违法所得的认定是否准确,处罚幅度是否适当问题。对于违法所得的认定,可以将操纵行为的发生时间、操纵行为终止、获利了结、行政调查终结、操纵影响消除等时间节点作为违法所得发生期间的时间判断节点,以上述期间结束时间的证券的市值,结合该期间累计卖出的金额、累计买入金额、交易费用等要素,综合认定违法所得金额。本案中,中国证监会根据北八道公司在操纵涉案股票期间卖出涉案股票的金额扣减买入金额、相关税费金额作为违法所得的计算方法,在深圳证券交易所核算违法所得金额的基础上综合认定北八大道公司的违法所得金额,该认定并无不当。鉴于北八道公司通过控制数量庞大的账户组进行股票操纵行为,操纵涉案股票的交易金额和交易量巨大(买卖交易量均约 3000 万股,买卖交易金额均逾 16 亿),短期内造成涉案股票涨跌幅度严重偏离同期中小板综指,严重扰乱证券市场交易秩序且造成严重社会影响的后果,同时考虑到北八道公司在被调查期间存在不配合执法调查等情况,中国证监会在法定处罚幅度内对北八道公司处以违法所得五倍的处罚,该处罚幅度的认定是适当的,不存在北八道公司上诉所称的中国证监会予以处罚幅度过重、滥用自由裁量权的情况。本院对北八道公司的该上诉理由不予采纳。

五、被诉处罚决定及复议决定的作出是否符合法定程序适用法律是否有误问题。北八道公司上诉认为中国证监会在调查程序中存在对被调查人员存在诱导性询问、询问时间过长等程序违法问题,但对中国证监会提供的询问笔录内容进行审查后并未发现中国证监会明显存在北八道公司所述的诱导性询问问题，且中国证监会亦对北八道公司诉称的个别询问时间过长系被调查人员不配合签阅询问笔录所致这一情况进行了合理解释，对中国证监会的该合理解释本院予以采信，对北八道公司的该上诉理由，本院不予采纳。中国证监会在作出被诉处罚决定的过程中履行了调查、询问、告知被调查人享有的相关权利、听取被调查人意见和申辩，依法送达处罚决定等行政程序；在审理复议案件过程中亦按照行政复议法的要求进行了相应法定程序，即中国证监会所作的被诉处罚决定和被诉决定符合法定程序，亦不存在适用法律有误的情况。北八道公司上诉认为中国证监会在行政处罚程序中存在程序违法的上诉理由不成立，本院对其该上诉理由不予采纳。

综上，被诉处罚决定及被诉复议决定的作出均符合法律规定，北八道公司的上诉理由均不成立，本院对其上诉请求不予支持，一审法院判决驳回北八道公司的诉讼请求是正确的，本院予以维持。据此，依据《中华人民共和国行政诉讼法》第八十九条第一款第一项的规定，判决如下：

驳回上诉，维持一审判决。

二审案件受理费50元，由北八道集团有限公司负担（已交纳）。

本判决为终审判决。

审判长 刘 行
审判员 霍振宇
审判员 刘天毅

二〇一九年×月×日

本件与原本核对无误

法官助理 李程程
书记员 李 晴

北京市高级人民法院行政判决书（大连景元昆泰商贸有限公司诉我会行政复议案）

（2019）京行终2285号

上诉人（一审原告）大连景元昆泰商贸有限公司，住所地辽宁省大连市中山区港兴路6号万达中心写字楼35层2单元。

法定代表人唐军，董事长。

委托代理人陈明，男，1990年7月24日出生，汉族，大连景元昆泰商贸有限公司工作人员，户籍所在地福建省泰宁县杉城镇金湖东路台前巷3号。

委托代理人肖敏，广东沁森律师事务所律师。

被上诉人（一审被告）中国证券监督管理委员会，住所地北京市西城区金融大街19号。

法定代表人易会满，主席。

委托代理人何兆飞，中国证券监督管理委员会工作人员。

委托代理人黄俊，中国证券监督管理委员会工作人员。

大连景元昆泰商贸有限公司（以下简称景元昆泰公司）因诉中国证券监督管理委员会（以下简称证监会）作出的行政复议决定书（〔2018〕146号，以下简称被诉复议决定）一案，不服北京市第一中级人民法院（以下简称一审法院）（2018）京01行初1754号行政判决，向本院提起上诉。本院依法组成合议庭审理了本案，本案现已审理终结。

2018年10月26日，证监会以景元昆泰公司为申请人，以中国证券监督管理委员会北京监管局（以下简称北京证监局）为被申请人作出被诉复议决定，主要内容为：《中华人民共和国行政复议法》（以下简称行政复议法）第二条规定,公民、法人或者其他组织认为具体行政行为侵犯其合法权益,可以申请行政复议。行政法上所规定的具体行政行为,是指行政机关为履行行政职责对外作出的具有法律拘束力的行为,而《关于对大连顶金贵金属经营有限公司北京分公司交易形式进行认定的复函》(京证监函〔2018〕527 号,以下简称 527 号复函)并非被申请人作出的行政行为。根据《中华人民共和国刑事诉讼法》第三条的规定,刑事案件的办理由作为刑事司法机关的公安机关、人民检察院、人民法院负责,除法律特别规定的以外,其他任何机关无权行使这些权力,即具有排他性。《最高人民法院、最高人民检察院、公安部、中国证监会关于办理证券期货违法犯罪案件工作若干问题的意见》第四条规定,证券监管机构可以根据司法机关办案需要,依法就案件涉及的证券期货专业问题向司法机关出具认定意见。本案 527 号复函系被申请人应办理刑事案件的公安机关要求,对有关期货领域的专业问题提供的认定意见。该认定意见对司法机关办理刑事案件只具有参考意义,不能替代司法机关依法作出的认定结论,不具有法律上的拘束力。据此,527 号复函不属于具体行政行为。根据行政复议法第七条的规定,复议附带审查是对具体行政行为所依据的规范性文件合法性审查,而 527 号复函不属于具体行政行为,故 527 号复函所依据的证监办发〔2013〕111 号《关于做好商品现货市场非法期货交易活动认定有关工作的通知》(以下简称 111 号通知)及其附件不属于复议审查范围。因此,申请人的复议申请不符合《中华人民共和国行政复议法实施条例》(以下简称行政复议法实施条例)第二十八条第五项规定的受理条件。根据行政复议法实施条例第四十八条第一款第二项的规定,决定驳回申请人的行政复议申请。

景元昆泰公司不服被诉复议决定起诉至一审法院,请求撤销被诉复议决定,判令证监会履行行政复议的法定义务。

一审法院经审理查明:2018 年 8 月 30 日,景元昆泰公司针对 527 号复函向证监会提出行政复议申请,证监会于次日签收。景元昆泰公司复议请求撤销 527 号复函并对其规范性文件 111 号通知及其附件进行附带审查。2018 年 9 月 4 日,证监会法制工作机构收到上述行政复议申请。2018 年 9 月 12 日,证监会向北京证监局制发证监复答字〔2018〕121 号行政复议答复通知书。2018 年 9 月 20 日,北京证监局向证监会作出京证监函〔2018〕616 号《关于报送(行政复议答复意见书)的函》及相关证据材料。2018 年 10 月 26 日,证监会作出被诉复议决定,并于 10 月 29 日印发,次日向景元昆泰公司邮寄。11 月 1 日景元昆泰公司签收。景元昆泰公司不服,于 2018 年 11 月 13 日诉至一审法院。

一审法院经审理认为:行政复议法第二条规定,公民、法人或者其他组织认为具体行政行为侵犯其合法权益,可以申请行政复议。本案中,527 号复函系北京证监局应刑事司法机关的请求,就刑事案件相关法律适用问题出具的认定意见,未直接为景元昆泰公司设定行政法上的权利义务,对刑事司法机关亦不具有法律上的拘束力,故不属于可复议的行政行为的范畴。景元昆泰公司针对该复函提出行政复议申请并请求对 111 号通知及其附件进行附带审查,不属于行政复议范围。证监会依据行政复议法第二条,行政复议法实施条例第二十八条第一款第五项、第四十八条第一款第二项之规定,作出被诉复议决定予以驳回,并无不当。景元昆泰公司主张 527 号复函系刑事司法机关进行相关认定的前提,缺乏法律依据。至于该复函事实上对刑事司法机关进而对景元昆泰公司可能产生的影响,因刑事司法程序对当事人权利义务影响的路径与方式均区别于行政行为,故不能仅凭此种影响认定行政行为的可复议性。景元昆泰公司的相关主张,亦不成立,一审法院不予支持。另查,证监会作出被诉复议决定履行了相关程序,并无违法之处。综上,景元昆泰公司的诉讼理由均缺乏事实及法律依据,对其诉讼请求,一审法院不予支持。依照《中华人民共和国行政诉讼法》第六十九条之规定,判决驳回景元昆泰公司的诉讼请求。

景元昆泰公司不服一审判决,以 527 号复函属于具体行政行为,其针对 527 号复函申请行政复议属于复议范围为由上诉至本院,请求撤销一审判决,支持其原诉请求。

本院经审理,对一审判决认定的事实予以确认,不再赘述。

本院认为:景元昆泰公司申请行政复议要

求证监会复议审查的对象为527号复函，该复函系北京证监局对公安机关在办理刑事案件过程中就向相关问题向其发函予以回复的司法协助行为，该行为并不属于行政复议案件的受理范围，因此中国证监会以景元昆泰公司所提行政复议申请不属于复议范围为由作出被诉复议决定并无不当，一审法院判决驳回景元昆泰公司的诉讼请求是正确的，本院应予维持。景元昆泰公司的上诉请求不成立，本院不予支持。综上，依据《中华人民共和国行政诉讼法》第八十九条第一款第一项的规定，判决如下：

驳回上诉，维持一审判决。

二审案件受理费50元，由大连景元昆泰商贸有限公司负担（已交纳）。

本判决为终审判决。

审判长　刘　行
审判员　霍振宇
审判员　刘天毅

二〇一九年六月四日

本件与原本核对无误

法官助理　李程程
书记员　李　晴

上海市第二中级人民法院刑事裁定书（张晋阳、钮华明等非国家工作人员受贿案）

（2018）沪02刑终1368号

原公诉机关上海市杨浦区人民检察院。

上诉人（原审被告人）张晋阳，男，1977年4月26日出生，户籍在广东省广州市，住北京市。

辩护人林子云，上海市震旦律师事务所律师。

辩护人黄勐，上海明伦律师事务所律师。

上诉人（原审被告人）钮华明，男，1966年12月17日出生，户籍在北京市，住北京市。

辩护人李敏、陈一舟，上海市华夏律师事务所律师。

原审被告人陈德兵，男，1976年5月9日出生，汉族，住北京市。

辩护人康勇，上海市理诚律师事务所律师。

上海市杨浦区人民法院审理上海市杨浦区人民检察院指控原审被告人张晋阳、钮华明、陈德兵犯非国家工作人员受贿一案，于2018年10月29日作出（2017）沪0110刑初1187号刑事判决。原审被告人张晋阳、钮华明不服，提出上诉。本院依法组成合议庭，公开开庭审理了本案。上海市人民检察院第二分院指派检察员陈某3出庭履行职务，上诉人张晋阳及其辩护人林子云，上诉人钮华明及其辩护人李敏、陈一舟，原审被告人陈德兵及其辩护人康勇均到庭参加诉讼。本院审理期间，经上海市高级人民法院批准，延长审理期限二个月；上海市人民检察院第二分院提出延期审理建议，本院予以同意。现已审理终结。

上海市杨浦区人民法院依据广发证券股份有限公司（以下简称广发证券）出具的《关于张晋阳在广发证券工作经历的说明》、《关于张晋阳在广发证券的任职证明》、《关于刘某2在广发证券工作经历的说明》、《关于钮华明在广发证券工作经历的说明》、《关于陈德兵在广发证券工作经历的说明》、《劳动合同》，立项申请材料、《合同会签表》、《辅导协议》、《首次发行股票辅导备案申请报告》、《辅导计划与实施方案》、《关于东方国信辅导备案登记的受理函》、《辅导工作备案报告》、《辅导验收申请报告》、《辅导工作总结报告》、《承销暨保荐协议》、《招股说明书》、《发行保荐书》、《发行保荐工作报告》，北京东方国信科技股份有限公司（以下简称东方国信)第一届董事会第九次会议决议、第一届第四次股东大会决议、《增资扩股协议》、现金进账单,东方国信2010年第二次临时股东大会议案、会议记录、《股权转让协议书》,《关于核准东方国信首次公开发行股票并在创业板上市的批复》、询价基本情况表,证人周1、邱某某、管某某、霍某某、陈某1、毛某某、金某、赵某、成某、詹某某、张某1、刘1、周某2、郑某、张2、王某1、尹某某、黄某1、黄某2、张某3、商某、陈某2、王2、马某某的证言,相关记账凭证、收入凭证,《司法会计鉴定意见书》、银行账户交易明细、东方国信报销单,上海财瑞资产评估有限公司(以下简称财瑞评估公司)2018年7月29日出具的股权市场价值补充评估报告,公安机关出具的《受案登记表》、《到案经过》,协助冻结财产通知书回执、法院代管款收据,协助冻结财产通知书回执、郑某、陈德兵出具的声明、说明及提供的银行账户明细,以及被告人张晋阳、钮华明、陈德兵的供述等证据判决认定:

2009年,时任广发证券投资银行部(以下简称投行部)总经理的被告人钮华明及副总经理刘某2接受东方国信实际控制人管某某、霍某某的上市咨询,后广发证券承揽东方国信IPO项目。2009年10月至2010年11月,广发证券指派投行部的被告人张晋阳、陈德兵等人组成项目组进入东方国信开展IPO项目。其中,张晋阳作为保荐代表人,全面负责东方国信IPO项目的材料撰写等工作,并在保荐代表人或辅导人员处签名;钮华明代表广发证券与东方国信签订《辅导协议》、《承销暨保荐协议》等,参与东方国信IPO项目的立项会、内核会并行使投票权,且在相关材料的保荐业务部门负责人或辅导机构负责人处签名;陈德兵主要负责东方国信IPO项目招股说明书中非财务部分的撰写等。

其间,2009年9、10月,刘某2利用东方国信客观的增资需求与该公司董事长管某某商议入股东方国信,并要求该公司如不能上市则按原价回购股份。管某某为确保公司顺利上市和利益捆绑,同意增资扩股200万股。后经刘某2分配,张晋阳、钮华明、陈德兵在履职过程中,利用职务便利及所获取的信息优势,在东方国信拟上市期间增资扩股的关键阶段低价投资入股。其中,张晋阳于2009年10月出资人民币100万元(以下币种均为人民币)购入25万股;陈德兵通过周某2、郑某夫妇筹资60万元于2009年11月购入15万股;钮华明于2009年12月出资100万元购入25万股。其余股份由刘某2及赵某、成某等人出资购入。上述200万股由刘某2安排王某3、金某代持。2010年2月,王某3名下股份转让给毛某某代持。

2009年10月,张晋阳在尽职调查及办理东方国信增资扩股200万股期间,发现东方国信需要资金补缴管某某、霍某某的个人所得税及剥离亏损企业。经张晋阳建议,东方国信决定以9元/股的价格再次增资扩股80万股,并同意由张晋阳寻找入股对象。张晋阳安排自己及王某1等人投资入股,并安排王某1妻子张2代持股份。其中,王某1出资315万元购入35万股,李飞出资270万元购入30万股,尹某某出资80万元购入8万股,张晋阳出资55万元购入7万股。

2009年10月29日、11月19日,东方国信召开第一届董事会第九次会议、第一届第四次股东大会,同意增加新股东王某3、金某、张2,三人以货币形式出资,按3.68元/股认购公司增发的普通股105万股、95万股、80万股。2009年11月17日、18日,东方国信收到王某3、金某、张2注册资本金280万元,溢价部分(资本公积金)750.4万元。另张晋阳以现金形式将张2的425.6万元陆续交到东方国信用于缴纳管某某、霍某某的个人所得税及剥离亏损企业。

2011年1月,东方国信首次公开发行A股通用股票,发行价格为55.36元/股。2013年及其后,张晋阳、钮华明、陈德兵以毛某某、金某、张2名义代持的股票解禁后由王某3丈夫陈某1、王某1等人操作抛售,张晋阳合计获取收益2,400余万元、钮华明获取收益1,200余万元、陈德兵从中获取收益460万元。

2018年7月29日,经财瑞评估公司评估,东方国信的股权价值在评估基准日2009年9月30日的估值区间为11.82元/股-22.20元/股。

另经查明,2012年7月至2014年1月,张晋阳利用负责东方国信持续督导工作的职务便利,提供各类发票、以东方国信员工马某某的名义报销,收受东方国信给予的好处费共计20余万元。

2016年12月2日，张晋阳被民警抓获，到案后主动交代了公安机关尚未掌握的上述基本事实。2017年1月12日、16日，钮华明、陈德兵接民警电话通知后主动投案，如实交代了上述基本事实。

在侦查阶段，公安机关冻结钮华明账号为××××××××××××××××的招商银行账户12,172,735.57元；冻结陈德兵转入郑某账号为××××××××××××××××××的招商银行账户460万元；在法院审理期间，张晋阳在亲属的帮助下退出400万元。

上海市杨浦区人民法院认为，被告人张晋阳、钮华明、陈德兵的行为均已构成非国家工作人员受贿罪。张晋阳自首且退出部分违法所得，钮华明、陈德兵均自首，且违法所得已全部被冻结，依法均可以对三名被告人减轻处罚。依照《中华人民共和国刑法》第一百六十三条第一款，第二十五条第一款，第六十七条第一款，第七十二条第一款，第七十三条第二、三款，第六十四条之规定，以非国家工作人员受贿罪分别判处张晋阳有期徒刑二年六个月；判处钮华明有期徒刑二年三个月，缓刑二年三个月；判处陈德兵有期徒刑一年九个月，缓刑一年九个月；冻结在案的12,172,734.22元、4,600,000元及张晋阳退出的4,000,000元均应予没收，继续向张晋阳追缴违法所得。

上诉人张晋阳及其辩护人均认为张晋阳的行为不构成非国家工作人员受贿罪。具体理由如下：1.根据我国目前的法律规定，并没有对未上市公司股权的价格有限制性的规定，只要股权转让价格不低于每股的净资产额，就没有法律障碍；2.财瑞评估公司分别于2017年5月和2018年7月出具的股权市场价值评估报告和补充评估报告均存在严重瑕疵，事后的评估无法估算当时的股权价值，且估值偏高；3.张晋阳突击入股虽然违规，但不构成犯罪。

上诉人钮华明及其辩护人均认为钮华明的行为不构成非国家工作人员受贿罪。具体理由如下：1.钮华明的行为仅违反《中华人民共和国证券法》（以下简称证券法）的相关规定，属于行政违法而不是刑事犯罪；2.钮华明不存在职务之便，因为选择保荐机构的主导权在公司，决定公司能否上市的权力在证监会发审委，钮华明作为立项会和内核会成员之一，对东方国信拟上市项目没有决定权，其所作的参与投票及签字工作，皆为保荐机构工作人员必须履行的本职工作；3.钮华明购买东方国信的股份，是一种对尚未上市公司的投资行为，不存在受贿事实；4.财瑞评估公司分别于2017年5月和2018年7月出具的股权市场价值评估报告和补充评估报告在程序及适用性上均存在重大瑕疵，不应作为定案依据。

原审被告人陈德兵及其辩护人均认为陈德兵的行为不构成非国家工作人员受贿罪。具体理由如下：1.陈德兵仅是根据领导安排完成本职工作，没有利用职务便利为东方国信谋取利益；2.原判将理论价格和实际交易价格的差额作为认定陈德兵非国家工作人员受贿的金额不正确。此外，陈德兵还辩称即使其构成犯罪，在共同犯罪中也是从犯。

上海市人民检察院第二分院认为，原判认定张晋阳、钮华明、陈德兵犯非国家工作人员受贿罪的事实清楚，证据确实、充分，适用法律正确，建议本院驳回上诉，维持原判。

本院经审理查明，上海市杨浦区人民法院（2017）沪0110刑初1187号刑事判决认定事实的证据，均经一审当庭出示、辨认、质证等法庭调查程序查证属实，且本院审理查明的事实和认定依据与原判相同，应予确认。

针对上诉人的上诉理由、辩护人的辩护意见以及检察院的评判意见，本院评判如下：

第一，本院认为上诉人张晋阳、钮华明以及原审被告人陈德兵的行为构成非国家工作人员受贿罪。《证券法》第四十三条第一款规定："证券交易所、证券公司和证券登记结算机构的从业人员、证券监督管理机构的工作人员以及法律、行政法规禁止参与股票交易的其他人员，在任期或者法定限期内，不得直接或者以化名、借他人名义持有、买卖股票，也不得收受他人赠送的股票。"《证券法》第二百三十一条规定："违反本法规定，构成犯罪的，依法追究刑事责任。"张晋阳、钮华明、陈德兵受广发证券指派，进入东方国信开展IPO项目，分别负责IPO项目的相关材料撰写，签订《辅导协议》、《承销暨保荐协议》，参与立项会、内核会、行使投票权等，具有职务上的便利。张晋阳、钮华明、陈德兵作为保荐机构的从业人员，应当遵守业务规则和行业规范,诚实守信,勤勉尽责。但是,三人利用帮助东方国信上市的职务便利,通过开展 IPO 项目过程中获取的重要信息,在东方国信拟上市、增资扩股的关键阶段,低价突击入股,将自身利益与拟上市公司利益进行捆绑,属于以交易形式非法收受东方国信给予的巨大股权利益,价值分别为 220 余万元、190 余万元、110 余万元。三人的上述行为背离了保荐机构专业人员应具有的客观、公正和独立性,影响了保荐机构对拟上市公司风险的客观判断,侵害了投资者全面了解信息的知情权,破坏了公平公正的证券市场秩序。三人的上述行为不仅违反了《证券法》第四十三条第一款的规定,而且符合非国家工作人员受贿罪的构成要件,已达到需要刑事评价的程度,构成非法国家工作人员受贿罪。因此,上诉人、原审被告人及辩护人关于张晋阳、钮华明、陈德兵的行为不构成非国家工作人员受贿罪的意见不能成立。

第二,本院认为财瑞评估公司 2018 年 7 月出具的股权市场价值补充评估报告合法有效,原判按照补充评估报告中东方国信股权估值区间的最低价与张晋阳、钮华明、陈德兵实际支付价格的差额计算三人的受贿数额并无不当。财瑞评估公司具有法定资质,其评估师系评估专业人员,根据资产评估的有关法律、法规和评估准则,遵循独立、客观、公正的原则,依据东方国信股权的实际状况、有关市场交易资料和评估基准日股权市场价格标准,采用合适的方法进行评估测算,经对 2017 年 5 月的评估报告进行修正,剔除了 IPO 后定向募集资金发行股份对东方国信估值的影响和基准日后补贴收入对东方国信估值的影响等,修正了相关数据,于 2018 年 7 月出具了补充评估报告,得出东方国信的股权价值在评估基准日 2009 年 9 月 30 日的估值区间为 11.82 元/股－22.20 元/股的评估结论更为科学、合理。原判就低以 11.82 元/股与张晋阳、钮华明、陈德兵突击入股时实际支付价格的差额认定三人的受贿数额正确。因此,上诉人、原审被告人及辩护人关于财瑞评估公司出具的股权市场价值补充评估报告存在严重瑕疵,原判认定受贿金额错误的意见不能成立。

第三,本院认为陈德兵在共同犯罪中积极作为,不是从犯。陈德兵系广发证券承揽东方国信上市保荐项目的项目组成员,主要负责东方国信 IPO 项目招股说明书中非财务部分的撰写等。其利用上述职务便利,为东方国信上市提供帮助,在东方国信拟上市、增资扩股的关键阶段通过他人筹资 60 万元低价购入 15 万股东方国信股权,从而非法收受东方国信给予的股权利益 110 余万元,陈德兵在共同犯罪中并非起次要或者辅助作用。因此,陈德兵关于其系从犯的辩解不能成立。

综上,本院认为,上诉人张晋阳、钮华明以及原审被告人陈德兵身为广发证券的工作人员,利用职务上的便利,非法收受他人财物,为他人谋取利益,数额巨大,其行为均已构成非国家工作人员受贿罪。张晋阳具有自首情节且退出部分违法所得,钮华明、陈德兵均具有自首情节,且违法所得已全部被冻结,依法可对三人减轻处罚。上海市人民检察院第二分院的意见正确,应予支持。原判认定事实和适用法律正确,量刑适当,且诉讼程序合法。据此,依照《中华人民共和国刑事诉讼法》第二百三十六条第一款第(一)项之规定,裁定如下:

驳回上诉,维持原判。

本裁定为终审裁定。

法官助理　姚翔宇
审判长　沈　言
审判员　沈　燕
审判员　章丽斌

二〇一九年五月二十八日

书记员　唐　晔

附:相关的法律条文

《中华人民共和国刑事诉讼法》

第二百三十六条　第二审人民法院对不服第一审判决的上诉、抗诉案件,经过审理后,应当按照下列情形分别处理:

(一)原判认定事实和适用法律正确,量刑适当的,应当裁定驳回上诉或者抗诉,维持原判;

……

中华人民共和国国务院行政复议裁决书（唐汉博不服我会行政处罚案）

国复〔2019〕498号

申请人：唐汉博

住所：广东省深圳市罗湖区宝安南路3042号11栋204

被申请人：中国证券监督管理委员会

住所：北京市西城区金融大街19号

法定代表人：易会满，主席

申请人不服被申请人作出的《行政处罚决定书》（〔2017〕20号，以下称〔2017〕20号《处罚决定书》），向被申请人申请行政复议，被申请人作出了维持的行政复议决定（〔2017〕99号）。申请人依照《中华人民共和国行政复议法》第十四条的规定，向本机关申请裁决。本机关依法予以受理，现已审理终结。

申请人请求：撤销被申请人作出的〔2017〕99号行政复议决定。

申请人称：案涉处罚决定认定事实错误、证据不足，具体理由如下：

一、被申请人关于申请人对袁海林等涉案账户组的证券交易、盈利具有指挥、操纵的认定证据不足，申请人对袁海林等人进行股票操作行为不知情，被申请人作出处罚是基于申请人之前存在违法行为的推断。

二、被申请人对违法所得的认定错误。袁公林、杨丽荣账户与袁海林账户从资金方面看没有关联性，该两个账户资金数额不应当计入“袁海林”账户组一并处罚。

三、申请人对被申请人与香港证监会签订的合作调查相关文件效力没有异议，但其已就香港证监会本次调查取证的合法性向香港特别行政区法院提起司法审查，司法审查结果可能对移交的部分证据合法性、关联性产生影响。

被申请人答复称：对申请人作出的处罚决定事实清楚，证据充分，申请人提出的申辩理由缺乏事实和法律依据，不能成立，具体理由如下：

一、“袁海林”账户组交易股票品种类似，下单使用电脑，下单地址高度重合，相关银行账户网银转账地址高度重合，资金关联度高，涉案账户资金主要来源于唐汉博。“袁海林”账户组在北京、长沙等地酒店下单时点与袁海林、袁超等人的入住记录完全匹配。多台交易使用电脑隐匿在唐汉博香港家中。唐汉博、袁海林、唐渊琦、袁超等人已经组成了以唐汉博为首的较为稳定团伙，涉案账户资金主要来源于唐汉博，违法行为的场所、工具也由唐汉博提供。唐汉博在上述违法人员中起主导、核心作用，袁海林、唐渊琦、袁超为其主要操盘手，本案可以认定唐汉博通过袁海林、唐渊琦、袁超等实际控制有关账户，进行了操纵市场的违法行为。

二、袁公林账户交易行为与袁海林账户高度趋同，下单IP、MAC地址与“袁海林”账户组的“袁海林”、“叶某清”、“李某怡”、“唐某”、“唐某若”存在重合，足以认定袁公林账户与上述账户同属于同一控制；杨丽荣账户长期使用委托MAC地址与袁海林交易用笔记本电脑MAC地址重合。杨丽荣与“唐某”等人招商银行账户共同使用同一MAC地址进行网银转账，双方账户的交易存在高度趋同，可以认定双方同属于同一控制。因此，袁公林、杨丽荣账户的违法所得应当计算入“袁海林”账户组一并作为申请人唐汉博的违法所得范围。

三、根据被申请人与香港证监会签署的《内地与香港股票市场交易互联互通机制若干规定》（证监会令第128号）和《内地与香港股票市场交易互联互通机制下中国证监会与香港证监会加强监管执法合作备忘录》的规定，被申请人可以要求香港证监会向被申请人移交本案有关证据。我国内地与香港特区属于不同法域,特区法院所作判决对被申请人是否采信香港证监会移交的证据并无影响。实际上,香港特区法院已经驳回了申请人的诉请,肯定了香港证监会调取证据材料的合法性。

经审理查明:

2017年3月10日,被申请人作出〔2017〕20号处罚决定书,该处罚决定书认定:

申请人唐汉博通过袁海林、唐渊琦、袁超控制使用"袁海林"、"袁某林"、"唐某"、"叶某清"、"李某怡"、"杨某荣"、"唐某若"等7个自然人账户(以下简称"袁海林"账户组)。袁海林、唐渊琦、袁超系唐汉博操盘手。

2014年12月1日至2015年4月13日期间内,唐汉博利用资金优势、持股优势,通过"袁海林"账户组操纵"同花顺"、"杰赛科技"股票的行为,违反了《证券法》第七十七条第一款第(一)、(三)、(四)项的相关规定,构成《证券法》第二百零三条所述的违法行为,决定没收唐汉博操纵"同花顺"、"杰赛科技"股票违法所得199,855,287.99元,并处597,765,863.97元罚款,对袁海林、唐渊琦、袁超分别处以600,000元罚款。

唐汉博、唐园子共同操纵"新希望"股票2015年3月23日至25日股价及"博云新材"股票2015年3月24日至26日股价的行为,违反了《证券法》第七十七条第一款第(一)、(四)项的相关规定,构成《证券法》第二百零三条所述的违法行为,决定没收唐汉博、唐园子违法所得38,105.771元,对唐汉博处以89,653,850元罚款,对唐园子处以22,863,463元罚款,对袁海林、唐渊琦、袁超分别处以600,000元罚款。

申请人对上述行政处罚决定不服,向被申请人申请行政复议。2017年7月17日,被申请人作出了维持(2017)20号处罚决定书对申请人作出的行政处罚的行政复议决定(〔2017〕99号)。

另查明,上述交易期间内,"袁海林"、"袁某林"、"唐某"、"叶某清"、"李某怡"、"杨某荣"、"唐某若"等自然人账户交易股票品种类似;下单使用电脑、下单地址高度重合;在北京、长沙等地下单时点与袁海林、袁超等人的入住记录完全匹配;香港证监会在申请人香港家中发现多台相关证券交易账户登录使用过的笔记本电脑。"袁海林"账户组相关银行账户网银转账地址高度重合,资金关联度高,涉案账户资金主要来源于申请人。

上述事实有下列证据证明:

一、袁海林、袁公林、杨丽荣、熊茂林、张婷、唐欣、叶美清、李静怡、唐汉若等人账户开户资料、交易流水、账户银行资料、证券资料等;

二、袁海林、唐渊琦、袁超、袁公林、杨丽荣、刘晓斌、唐园子、熊茂林、张婷、唐仕荣、孙路、蔡斌、谭振宇等人询问笔录或证人证言等;

三、唐汉博、袁海林等人电脑信息资料;

四、亚洲大酒店、长沙喜来登国际酒店入住记录、入住证明等;

五、相关下单账户IP、MAC地址信息等;

六、相关笔记本电脑及电脑内部信息等资料;

七、证监会,相关银行、证券公司等单位提供的光盘资料等;

八、深交所出具的操纵指标明细表等;

九、深州博腾资本、北京雨花石影视投资有限公司、北京汉卓华逸投资管理有限公司等工商登记资料;

十、唐汉博等人手机微信、短信、照片、通话记录等资料;

十一、〔2017〕20号《处罚决定书》;

十二、行政复议决定书(〔2017〕99号)。

本机关认为:

一、关于申请人与袁海林等账户实际控制关系的认定问题本案中,在调查询问过程中,袁海林、唐渊琦、袁超等人均承认"袁海林"账户组涉案资金主要来源于申请人。袁超在笔录中还指认,"袁海林"团队帮助申请人操作股票。"唐某若"证券开户资料显示其联系地址为申请人在北京的住所。香港证监会在申请人香港家中发现多台相关证券交易账户登录使用过的笔记本电脑。袁海林、唐渊琦、袁超等人在深圳主要下单地址为申请人在深圳的家中。"袁海林"账户组交易股票品种类似,下单使用的电脑以及IP、MAC地址高度重合,资金关联度高。从上述证据可以认定,"袁海林"等账户具有同一控制关系,且申请人在上述违法人员中起主导、核心作用,系"袁海林"账户组实际控制人,袁海林、唐渊琦、袁超为其主要操盘手。

据此,对申请人以其与袁海林等账户不存在实际控制关系,其对袁海林等人股票交易不知情为由,要求撤销〔2017〕99号行政复议决定的主张,本机关不予支持。

二、关于袁公林、杨丽荣账户与“袁海林”账户组关系的认定问题

本案中,2015年2月12日至3月23日以及2014年12月1日至2015年3月30日期间,袁公林、杨丽荣账户交易行为与“袁海林”账户组高度趋同。袁公林账户下单IP、MAC地址与“袁海林”账户组的“袁海林”、“叶某清”、“李某怡”、“唐某”、“唐某若”存在重合。杨丽荣账户长期使用委托MAC地址与袁海林交易用笔记本电脑MAC地址重合。杨丽荣与“唐某”等人招商银行账户共同使用同一MAC地址进行网银转账。从上述证据可以认定,袁公棒、杨丽荣账户与“袁海林”、“叶某清”、“李某怡”、“唐某”、“唐某若”等账户具有同一控制关系。在认定申请人系“袁海林”账户组实际控制人的情况下,被申请人将袁公林、杨丽荣账户的违法所得计算入“袁海林”账户组一并作为申请人的违法所得范围,并无不当。据此,对申请人以袁公林、杨丽荣账户与袁海林账户从资金方面看没有关联性,该两个账户资金数额不应当计入“袁海林”账户组一并处罚为由,要求撤销〔2017〕99号行政复议决定的主张,本机关不予支持。

三、关于香港特别行政区证监会移交的证据法律效力问题

根据《内地与香港股票市场交易互联互通机制若干规定》(证监会令第128号)和《内地与香港股票市场交易互联互通机制下中国证监会与香港证监会加强监管执法合作备忘录》的规定,被申请人可以要求香港证监会向被申请人移交本案有关证据。香港特区法院就香港证监会调取证据材料的合法性所作判决对被申请人是否采信香港证监会移交的证据并无影响。据此,对申请人以其已就香港证监会调查取证的合法性向香港特别行政区法院提起司法审查,司法审查结果可能对移交的部分证据合法性、关联性产生影响为由,要求撤销〔2017〕99号行政复议决定的主张,本机关不予支持。

综上,依照《中华人民共和国行政复议法》第十四条、第二十八条第一款第(一)项的规定,本机关裁决如下:

维持被申请人作出的〔2017〕99号行政复议决定。

本裁决为最终裁决。

二〇一九年六月六日

中华人民共和国国务院行政复议裁决书
(唐园子不服我会行政处罚案)

国复〔2019〕499号

申请人:唐园子

住所:江苏省南京市秦淮区九龙盛世园4号501室

被申请人:中国证券监督管理委员会

住所:北京市西城区金融大街19号

法定代表人:易会满,主席

申请人不服被申请人作出的《行政处罚决定书》(〔2017〕20号,以下称〔2017〕20号《处罚决定书》),向被申请人申请行政复议,被申请人作出了维持的行政复议决定(〔2017〕100号)。申请人依照《中华人民共和国行政复议法》第十四条的规定,向本机关申请裁决。本机关依法予以受理,现已审理终结。

申请人请求:撤销被申请人作出的〔2017〕20号《处罚决定书》第二项、第三项处罚决定和〔2017〕100号行政复议决定。

申请人称:案涉处罚决定和复议决定认定

事实不清、证据不足，适用法律错误，行政复议程序违法，具体理由如下：

一、申请人购买“广发证券”股票是对当时股票市场行情综合分析研判后的投资决策行为。

二、申请人购买“新希望”、“博云新材”股票是综合研判后作出的正常投资行为，不存在与袁海林等账户组共同操纵的故意。

三、处罚决定关于认定申请人与唐汉博共同操纵“新希望”和“博云新材”股票的处罚数额计算错误。

四、复议过程中被申请人未告知案件受理情况，也未告知申请人或向申请人转交相关证据材料，违反法定程序。

被申请人答复称：对申请人作出的处罚决定事实清楚，证据充分，行政复议决定适用依据正确，程序合法，内容适当，申请人提出的申辩理由缺乏事实和法律依据，不能成立，具体理由如下：

一、申请人交易“广发证券”股票时操纵意图明显，操纵手段典型。从其操纵手法、异常交易情况和交易行为影响等因素综合判断，其具有明显的操纵故意，有异于正常的投资行为，其行为导致“广发证券”股票交易价格异常。

一、从交易手法、时间、方式和账户配合度方面分析，“新希望”和“博云新材”股票交易过程中，申请人与唐汉博实际控制的账户配合故意明显，操纵行为特征显著。

三、对于申请人与唐汉博共同操纵“新希望”和“博云新材”股票的违法所得计算，是基于将双方控制的账户作为一个整体对操纵的违法所得进行计算和认定的，罚款数额按照违法所得3倍进行计算并无不妥。

四、行政复议程序合法，被申请人并无主动向其转交相关证据材料的法定义务。

经审理查明：

“熊某林”、“张某”等2个自然人账户（以下简称“熊某林”账户组）自开户之日起即交申请人控制使用。“袁海林”、“袁某林”、“唐某”、“叶某清”、“李某怡”、“杨某荣”、“唐某若”等7个自然人账户（以下简称“袁海林”账户组）由唐汉博实际控制使用，袁海林、唐渊琦、袁超系唐汉博操盘手。唐汉博与申请人唐园子系同胞兄弟，袁海林系唐汉博表叔，唐渊琦、袁超系唐汉博表弟。

一、交易“广发证券”股票情况

2014年12月4日14:02:32:30至14:02:33:48，申请人利用“张某”账户以买1档涨停价21.9元申报买入6笔3,420,000股“广发证券”股票，申报时同方向同档位其他投资者申报总量为5,000股，“张某”账户申报量为申报时同方向同档位其他投资者申报总量的684倍，不断买入以涨停价所挂申卖单，该时段最后一笔申买单将申报前一刻以涨停价所挂申卖单全部买入。14:02:33:84至14:04:39:27，“张某”账户以21.9元申报买入4笔1,766,000股，前3笔1,710,000股全部成交。14:02:32:49该股被封死在涨停板上。

2014年12月5日9:15:01:46，“熊某林”账户以涨停价格24.09元（高于前一交易日收盘价10%）申报买入2笔1,342,800股，占开盘集合竞价可撤单期间市场申报买入量比例为20.87%，占集合竞价可撤单期间市场申报价位以上买入量比例为89.35%，“熊某林”账户在上述期间申买排名第一位，占申报前一刻市场前10档卖出申报总量的14.11倍，9:16:21:38全部撤单。当日“广发证券”以22.95元价格开盘，开盘涨幅4.79%。“张某”账户在9:31:28:82至9:51:43:23以23.4元至23.93元价格不断申报卖出，共计卖出5,130,000股，将所持该股全部减持，成交金额122,112,068.67元，成交均价23.8元，获利9,572,618.88元。

二、交易“新希望”股票情况

2015年3月23日，“袁海林”账户以19.3元至19.4元价格申报买入5笔2,490,000股“新希望”股票，成交2,139,684股，成交金额41,439,951.28元，成交均价19.37元。

2015年3月24日，10:42:00:70至11:13:43:34，“袁海林”账户以18.91元至涨停价21,32元价格申报买入119笔45,057,200股，其中111笔处于买1档，申报前一刻卖委托第1档申报量为8,825,155股，账户组申报量为申报前一刻卖委托第1档申报量的5.11倍，申报时同方向同档位其他投资者申报总量为446,986股，账户组申报量为申报时同方向同档位其他投资者申报总量的100.8倍，申报时同方向前5档其他投资者申报总量12,781,166股，账户组申报量为申报时同方向前5档其他投资者申报总量的3.53倍,申报前一刻市场成交价由18.9元上涨为21.3元,上涨幅度为12.7%。该股11:13:43:05首次触及涨停板,11:13:51:68至11:24:14:76该股连续涨停,11:24:16:32打开涨停。11:14:05:91至11:15:23:27,"袁海林"账户以涨停价21.32元价格申报买入31笔13,700,000股,11:23:54:77至11:23:59:39全部撤单。11:25:06:61至11:29:48:24,"袁海林"、"袁某林"账户申报买入39笔15,026,000股,全部处于买1档(其中28笔13,000,000股以涨停价申报),申报前一刻卖委托第1档申报量为272,992股,账户组申报量为申报前一刻卖委托第1档申报量的55.04倍。11:29:27:35,该股被封死在涨停板上。13:00:02:78至13:07:23:82,"袁海林"、"袁某林"、"杨某荣"账户以涨停价申报买入162笔37,969,700股,其中3,515,000股在成交前撤单,其余均未成交。14:21:33:95至14:55:14:42,"熊某林"账户以涨停价申报买入27,962,800股,均未成交,却在涨停板形成堆单。

2015年3月25日,9:15:05:24至9:15:32:61,"熊某林"账户以买1档23.45元的价格(高于前收盘价9.77%)申报买入7笔7,000,000股,占开盘集合竞价可撤单期间市场申报买入量的44.23%,占开盘集合竞价可撤单期间市场申报价位以上买入量的47.51%,"熊某林"账户在上述期间申买排名第1位,9:19:48:25前全部撤单,撤单时所处档位为买1档。当日,该股以22.8元价格开盘,开盘涨幅6.94%。9:30:04:78至14:23:38:07,"袁海林"账户以21.24元至22.8元价格申报卖出82,222,040股,成交27,734,278股,成交金额600,268,254.51元,成交均价21.64元。9:22:35:17至10:44:21:15,"张某"账户与"袁海林"账户申报买入5,626,000股,其中99.32%的申报量在成交前撤回,最短驻留时间为13.7299秒。

三、交易"博云新材"股票情况

2015年3月24日,9:32:41:12至10:06:03:64,"袁海林"账户以17.7元至18元的价格申报买入12笔4,330,000股"博云新材"股票,其中3,275,809股于成交前撤回申报,占申买量的75.65%,成交1,054,191股,成交金额18,775,045.5元,成交均价17.81元。申报前一刻市场成交价17.68元,最后一笔申报撤单前市场成交价18.01元,上涨幅度为1.87%。

2015年3月25日,"袁海林"、"张某"、"熊某林"账户以17.44元至18元价格申报买入15,378,800股,成交8,975,657股,成交金额160,460,063.96元,成交均价17.88元。14:24:24:01至14:25:05:86,"张某"、"熊某林"账户以18元的价格成功申报买入4,790,000股,其中4,146,999股为"袁海林"账户卖出。对倒股数占当日市场成交量比例为12.54%。"袁海林"账户以17.6元至18.4元的价格申报卖出15,021,300股,成交6,754,949股,成交均价18.05元。

2015年3月26日,9:15:37:20至9:16:19:23,"熊某林"账户以19.79元价格(高于前收盘价10,01%)申报买入6笔6,000,000股,申报时同方向前5档其他投资者申报总量为152,500股,"熊某林"账户申报量为同方向前5档其他投资者申报总量的39.34倍,9:17:49:30至9:17:50:31全部撤单。9:16:57:28至13:45:28:87,"袁海林"、"熊某林"账户以17.95元、18元、18.05元的价格申报卖出22,232,561股,成交6,020,200股,成交均价18.01元。

四、申请人及相关账户组共同操纵"新希望"和"博云新材"获利情况

2015年3月23日至3月25日,唐园子实际控制的"熊某林"、"张某"账户和唐汉博实际控制的"杨某荣"、"袁某林"、"袁海林"账户交易"新希望"股票期间,"袁海林"账户共计获利36,349,015.24元,其余账户无盈利。2015年3月24日至3月26日,"熊某林"、"张某"账户以及"袁海林"账户交易"博云新材"股票期间"袁海林"账户获利1,888,611.28元,"熊某林"账户亏损131,855.46元,其余账户无盈利,违法所得的具体金额=终点日持有证券的市值+累计卖出金额+累计派现金额-累计买入金额-配股金额-交易费用估算。上述"新希望"、"博云新材"股票交易总计获利38,105,771元。

2017年3月10日,被申请人作出〔2017〕20号处罚决定书。该处罚决定书认定:一、2014年12月4日至12月5日期间内,唐园子利用资金优势、持股优势通过"熊某林"账户

组操纵“广发证券”股票的行为,违反了《证券法》第七十七条第一款第(四)项的相关规定,构成《证券法》第二百零三条所述的违法行为,决定没收唐园子操纵“广发证券”股票违法所得9,572,618.88元,并处28,717,856.64元罚款。二、唐汉博、唐园子共同操纵“新希望”股票2015年3月23日至25日股价及“博云新材”股票2015年3月24日至26日股价的行为,违反了《证券法》第七十七条第一款第(一)、(四)项的相关规定,构成《证券法》第二百零三条所述的违法行为,决定没收唐汉博、唐园子违法所得38,105,771元,对唐汉博处以89,653,850元罚款,对唐园子处以22,863,463元罚款,对袁海林、唐渊琦、袁超分别处以600,000元罚款。

申请人对上述行政处罚决定不服,向被申请人申请行政复议。2017年7月17日,被申请人作出了维持〔2017〕20号《处罚决定书》对申请人作出的行政处罚的行政复议决定(〔2017〕100号)。

另查明,2017年5月7日,申请人向被申请人提交行政复议申请。2017年5月15日,被申请人作出补正通知书并邮寄给申请人。2017年5月19日,被申请人收到申请人补正的行政复议申请材料。2017年8月24日,被申请人通知行政处罚作出部门答复,随后行政处罚作出部门依法作出答复意见书并向被申请人移送相关证据材料。行政复议期间,申请人未向被申请人申请阅卷。

上述事实有下列证据证明:

一、袁海林、袁公林、杨丽荣、熊茂林、张婷、唐欣、叶美清、李静怡、唐汉若等人账户开户资料、交易流水、账户银行资料、证券资料等;

二、袁海林、唐渊琦、袁超、袁公林、杨丽荣、刘晓斌、唐园子、熊茂林、张婷、唐仕荣、孙路、蔡斌、谭振宇等人询问笔录或证人证言等;

三、唐汉博、袁海林等人电脑信息资料;

四、亚洲大酒店、长沙喜来登国际酒店入住记录、入住证明等;

五、相关下单账户IP、MAC地址信息等;

六、相关笔记本电脑及电脑内部信息等资料;

七、证监会、相关银行、证券公司等单位提供的光盘资料等;

八、深交所出具的操纵指标明细表等;

九、深州博腾资本、北京雨花石影视投资有限公司、北京汉卓华逸投资管理有限公司等工商登记资料;

十、唐汉博等人手机微信、短信、照片、通话记录等资料;

十一、行政处罚事先告知书及其送达回证、回执;

十二、听证通知书及其送达回证;

十三、当事人陈述申辩意见、听证笔录等;

十四、行政复议申请书、补正通知书、答复通知书等复议程序材料;

十五、〔2017〕20号《处罚决定书》;

十六、行政复议决定书(〔2017〕100号)。

本机关认为:

一、关于“广发证券”股票市场操纵行为的认定问题

《中华人民共和国证券法》第七十七条规定:“禁止任何人以下列手段操纵证券市场:(一)单独或者通过合谋,集中资金优势、持股优势或者利用信息优势联合或者连续买卖,操纵证券交易价格或者证券交易量;(二)与他人串通,以事先约定的时间、价格和方式相互进行证券交易,影响证券交易价格或者证券交易量;(三)在自己实际控制的账户之间进行证券交易,影响证券交易价格或者证券交易量;(四)以其他手段操纵证券市场。”本案中,2014年12月4日,唐园子通过拉涨停、封涨停手法影响“广发证券”股价后,于12月5日早盘第一时间以涨停价大笔申报买入然后随即撤单,并在连续竞价阶段开始后,即将前一交易日买入股票全部减持,其影响当日开盘价、操纵股价的意图明显,操纵手段典型。从其操纵手法、异常交易情况和交易行为影响等因素综合判断,其具有明显的操纵故意,有异于正常的投资行为,其行为足以导致“广发证券”股票交易价格异常,属于操纵证券市场的行为。据此,对申请人以其不存在操纵股价的主观目的和客观行为,并未导致相关证券交易价格或交易量发生异常以及来形成虚拟价格或交易量水平为由,要求认定其购买“广发证券”股票是正常投资行为的主张,本机关不予支持。

二、关于申请人与唐汉博共同操纵“新希望”、“博云新材”股票行为的认定问题

《中华人民共和国证券法》第七十七条规

定:“禁止任何人以下列手段操纵证券市场:(一)单独或者通过合谋,集中资金优势、持股优势或者利用信息优势联合或者连续买卖,操纵证券交易价格或者证券交易量;(二)与他人串通,以事先约定的时间、价格和方式相互进行证券交易,影响证券交易价格或者证券交易量;(三)在自己实际控制的账户之间进行证券交易,影响证券交易价格或者证券交易量;(四)以其他手段操纵证券市场。”本案中,综合交易期间内申请人及唐汉博等人交易“新希望”、“博云新材”情况及当事人询问笔录、证人证言及相关证据材料,“熊某林”账户组与“袁海林”账户组交易时间接近,交易股票高度趋同,下单使用电脑、地址存在重合,两个账户组之间交易配合特征明显,且唐汉博等人控制的银行账户与申请人控制的银行账户存在资金关联,操纵行为特征显著,可以认定申请人与唐汉博存在共同操纵行为。据此,对申请人以其购买上述两只股票是综合研判后作出的正常投资行为,不存在与袁海林等账户组共同操纵的故意为由,要求撤销被申请人作出的行政处罚决定的主张,本机关不予支持。

三、关于共同操纵行为处罚数额的计算问题

《中华人民共和国证券法》第二百零三条规定,违反本法规定,操纵证券市场的,责令依法处理非法持有的证券,没收违法所得,并处以违法所得一倍以上五倍以下的罚款。本案中,申请人及相关账户组共同操纵“新希望”和“博云新材”股票总计获利38,105,771元,被申请人按照依法认定的违法所得3倍计算,罚款共计114,317,313元。被申请人根据违法情节、资金来源等综合考量,决定分别由涉案被处罚人唐汉博承担89,653,850元,申请人承担22,863,463元,袁海林、唐渊琦、袁超分别承担600,000元,符合上述法律规定。据此,对申请人以罚款数额计算错误为由,要求撤销被申请人作出的行政处罚决定的主张,本机关不予支持。

四、关于行政复议程序问题

根据《中华人民共和国行政复议法》第十七条、第二十三条、第三十一条的规定,除特殊规定外,行政复议申请自行政复议机关负责法制工作的机构收到之日起即为受理;行政复议机关应当自受理申请之日起六十日内作出行政复议决定;行政复议期间,申请人、第三人可以查阅被申请人提出的书面答复、作出具体行政行为的证据、依据和其他有关材料。本案中,2017年5月7日,申请人向被申请人提交行政复议申请。2017年5月15日,被申请人作出补正通知书并邮寄给申请人。2017年5月19日,被申请人收到申请人补正的行政复议申请材料。2017年5月24日,被申请人通知原行政行为作出部门答复,随后原行政行为作出部门依法作出答复意见书并向被申请人移送相关证据材料。行政复议期间,申请人来向被申请人申请阅卷。2017年7月17日,被申请人作出〔2017〕100号行政复议决定并邮寄给申请人,符合行政复议法规定的时限要求;行政复议期间,申请人并未向被申请人提出查阅书面答复、作出具体行政行为的证据、依据和其他有关材料的申请,被申请人并无主动向申请人转交相关证据材料的法定义务。据此,对申请人以原级行政复议程序违法为由,要求撤销〔2017〕100号行政复议决定的主张,本机关不予支持。

综上,依照《中华人民共和国行政复议法》第十四条、第二十八条第一款第(一)项的规定,本机关裁决如下:

维持〔2017〕20号《处罚决定书》对申请人作出的处罚决定和〔2017〕100号行政复议决定。

本裁决为最终裁决。

二〇一九年六月六日

中华人民共和国国务院行政复议裁决书
(吴文沛诉我会信息公开案)

国复〔2019〕2765 号

申请人:吴文沛

住所:广东省恩平市沙湖镇下凯村民委员会新塘村 2 巷 10 号

被申请人:中国证券监督管理委员会

住所:北京市西城区金融大街 19 号

法定代表人:易会满,主席

申请人对被申请人作出的《监管信息告知书》(证监信息公开〔2017〕824 号,以下称证监信息公开〔2017〕824 号告知书)不服,向被申请人申请行政复议,被申请人作出了维持的行政复议决定(〔2018〕36 号)。申请人依照《中华人民共和国行政复议法》第十四条的规定,向本机关申请裁决。本机关依法予以受理,现已审理终结。

申请人请求:撤销被申请人作出的〔2018〕36 号行政复议决定,并确认违法。

经审理查明:

2017 年 11 月 8 日,被申请人收到申请人通过电子邮件方式提交的政府信息公开申请,要求公开:"1. 申请人在 2017 年 8 月 23 日向被申请人邮寄《关于广西各级政府对清理整顿各类交易场所"回头看"工作不作为的举报信》,被申请人对此事处理的所有材料;2. 联席会议办公室印发的《关于地方交易场所涉嫌非法证券期货活动风险提示函》(清整联办〔2016〕12 号)《清理整顿各类交易场所部际联席会议第三次会议纪要》(清整联办〔2017〕30 号)《关于做好清理整顿各类交易场所"回头看"前期阶段有关工作的通知》(清整联办〔2017〕31 号)《邮币卡类交易场所整顿工作专题会议纪要》(清整联办〔2017〕49 号)等 4 个文件。"2017 年 11 月 28 日,被申请人告知申请人将延期答复。2017 年 12 月 20 日,被申请人作出证监信息公开〔2017〕824 号告知书,对申请人反映的《关于广西各级政府对清理整顿各类交易场所"回头看"工作不作为的举报信》相关处理材料和《关于地方交易场所涉嫌非法证券期货活动风险提示函》、清整联办〔2017〕30 号文、《关于做好清理整顿各类交易场所"回头看"前期阶段有关工作的通知》、清整联办〔2017〕49 号文的问题均作了回复。

申请人对上述答复不服,向被申请人申请行政复议。2018 年 3 月 14 日,被申请人作出了维持的行政复议决定(〔2018〕36 号)。

另查明,申请人因参与东盟交易所平台的原油现货交易出现投资亏损,反复向广西壮族自治区人民政府、广西壮族自治区金融工作办公室、南宁市人民政府等提出投诉举报,多次向被申请人、广西壮族自治区人民政府、司法部等提出政府信息公开和行政复议申请,向人民法院提起行政诉讼。2018 年 9 月 7 日,广西壮族自治区南宁市中级人民法院作出的〔2018〕桂 01 行初 177 号《行政裁定书》认定:具有查处申请人举报事项即东盟交易所违法行为法定职责的行政机关是南宁市金融办。申请人就同一事项、不问是否必要,同时分别向多个不具有相应职责的行政机关进行举报,进而申请行政复议乃至提起行政诉讼,并不是通过行政复议或行政诉讼维护其所称的受损利益,而是以此向相关单位施压,构成了权利滥用。

上述事实有下列证据证明:

一、申请人向被申请人电子邮寄的政府信息公开申请表;

二、被申请人作出的证监信息公开〔2017〕824 号告知书;

三、《中国证券监督管理委员会行政复议决定书》(〔2018〕36 号);

四、申请人提交的不服广西壮族自治区人民政府、司法部等行政机关政府信息公开答复申请行政复议的申请材料；

五、广西壮族自治区南宁市中级人民法院行政裁定书(〔2018〕桂01行初177号)。

本机关认为：

2008年5月1日施行的《中华人民共和国政府信息公开条例》第一条规定，为了保障公民、法人和其他组织依法获取政府信息，提高政府工作的透明度，促进依法行政，充分发挥政府信息对人民群众生产、生活和经济社会活动的服务作用，制定该条例。该条例第二条规定，政府信息是指行政机关在履行职责过程中制作或者获取，以一定形式记录和保存的信息。该条例第五条规定，行政机关公开政府信息，应当遵循公正、公平、便民的原则。该条例第九条、第十条、第十一条、第十二条，对各级政府和行政机关应当主动公开政府信息的范围作了明确规定。该条例第十三条规定，除主动公开的政府信息外，公民、法人或者其他组织还可以根据自身生产、生活、科研等特殊需要，向国务院部门、地方各级人民政府及县级以上人民政府部门申请获取相关政府信息。同时该条例第三章明确了公开的方式和程序。

据此，《中华人民共和国政府信息公开条例》设立了政府信息的主动公开和依申请公开制度，其目标是立足保障公民、法人和其他组织依法获取相关政府信息的需要，充分发挥政府信息对人民群众生产、生活和经济社会活动的服务作用；同时提高政府工作的透明度，促进依法行政。政府信息公开坚持"公开为原则、不公开为例外"、"主动公开为主、依申请公开为辅"的原则，明确了各级政府和行政机关应当主动公开政府信息的范围，同时规定了公民、法人或者其他组织可以根据自身生产、生活、科研等特殊需要依申请获取相关政府信息。申请人因参与东盟交易所平台的原油现货交易出现投资亏损，多次提出投诉举报和政府信息公开申请，进而申请行政复议、提出行政诉讼，不符合《中华人民共和国政府信息公开条例》的立法精神，也浪费了有限的行政资源、司法资源。

本案中，申请人提出的政府信息公开申请与其自身生产、生活、科研等特殊需要没有直接关联，被申请人作出的政府信息公开答复并不影响申请人的合法权益。对于申请人与其自身生产、生活、科研等特殊需要无关的政府信息公开申请，被申请人不负有适用《中华人民共和国政府信息公开条例》规定予以处理的法定职责。

综上，依照《中华人民共和国行政复议法》第十四条，《中华人民共和国行政复议法实施条例》第四十八条的规定，本机关裁决如下：

驳回申请人提出的行政复议裁决申请。

本裁决为最终裁决。

二〇一九年十二月二十五日

第六部分　法律意见书选编

一、境内发行上市类

北京市金杜律师事务所关于京沪高速铁路股份有限公司首次公开发行股票并上市的法律意见书

致：京沪高速铁路股份有限公司

北京市金杜律师事务所（以下简称金杜或本所）接受京沪高速铁路股份有限公司（以下简称京沪高铁公司、公司或发行人）委托，担任发行人首次公开发行股票并上市（以下简称本次发行上市）的专项法律顾问。

本所根据《中华人民共和国证券法》（以下简称《证券法》）、《中华人民共和国公司法》（以下简称《公司法》）、《首次公开发行股票并上市管理办法》（以下简称《首发管理办法》）、《律师事务所从事证券法律业务管理办法》（以下简称《证券法律业务管理办法》）、《律师事务所证券法律业务执业规则（试行）》（以下简称《证券法律业务执业规则》）、《公开发行证券公司信息披露的编报规则第 12 号——公开发行证券的法律意见书和律师工作报告》（以下简称《编报规则第 12 号》）等中华人民共和国（以下简称中国，为本法律意见书之目的，不包括中国香港特别行政区、中国澳门特别行政区和中国台湾地区）现行有效的法律、行政法规、规章和规范性文件和中国证券监督管理委员会（以下简称中国证监会）的有关规定，按照律师行业公认的业务标准、道德规范和勤勉尽责精神，就发行人本次发行上市事宜出具本法律意见书。

本所及经办律师依据上述法律、行政法规、规章及规范性文件和中国证监会的有关规定以及本法律意见书出具日以前已经发生或者存在的事实，严格履行了法定职责，遵循了勤勉尽责和诚实信用原则，对发行人本次发行上市相关事项进行了充分的核查验证，保证本法律意见书所认定的事实真实、准确、完整，对本次发行上市所发表的结论性意见合法、准确，不存在虚假记载、误导性陈述或者重大遗漏，并承担相应法律责任。

为出具本法律意见书，本所依据《证券法律业务管理办法》和《证券法律业务执业规则》等有关规定，编制和落实了查验计划，亲自收集证据材料，查阅了按规定需要查阅的文件以及本所认为必须查阅的其他文件。在发行人保证提供了本所为出具本法律意见书所要求发行人提供的原始书面材料、副本材料、复印材料、确认函或证明，提供给本所的文件和材料是真实、准确、完整和有效的，并无隐瞒记载、虚假陈述和重大遗漏之处，且文件材料为副本或复印件的，其与原件一致和相符的基础上，本所独立、客观、公正地遵循审慎性及重要性原则，合理、充分地运用了面谈、书面审查、实地调查、查询、函证或复核等方式进行了查验，对有关事实进行了查证和确认。

在本法律意见书和《北京市金杜律师事务所关于京沪高速铁路股份有限公司首次公开发行股票并上市的律师工作报告》（以下简称《律师工作报告》）中，本所仅就与发行人本次发行上市有关的法律问题发表意见，而不对有关会计、审计及资产评估等非法律专业事项发表意见。本所仅根据现行有效的中国法律法规发表意见,并不根据任何中国境外法律发表意见。本所不对有关会计、审计及资产评估等非法律专业事项及境外法律事项发表意见,在本法律意见书和《律师工作报告》中对有关会计报告、审计报告、资产评估报告及境外法律意见的某些数据和结论进行引述时,已履行了必要的注意义务,但该等引述并不视为本所对这些数据、结论的真实性和准确性作出任何明示或默示保证。本所不具备核查和评价该等数据的适当资格。

本法律意见书和《律师工作报告》仅供发行人为本次发行上市之目的使用,不得用作任何其他目的。本所同意将本法律意见书和《律师工作报告》作为发行人申请本次发行上市所必备的法律文件,随同其他材料一同上报,并承担相应的法律责任。本所同意发行人在其为本次发行上市所制作的《招股说明书(申报稿)》中自行引用或按照中国证监会的审核要求引用本法律意见书或《律师工作报告》的相关内容,但发行人作上述引用时,不得因引用而导致法律上的歧义或曲解。本所有权对上述相关文件的内容进行再次审阅并确认。

在本法律意见书内,除非文义另有所指,下列词语具有下述含义:

金杜/本所	指	北京市金杜律师事务所
京沪高铁公司/公司/发行人	指	京沪高速铁路股份有限公司
京沪高速铁路	指	发行人运营的自北京南站至上海虹桥站的高速铁路
国铁集团	指	中国国家铁路集团有限公司
原铁路总公司	指	原中国铁路总公司,已于2019年6月14日改制更名为“中国国家铁路集团有限公司”
中国铁投	指	中国铁路建设投资公司,2018年3月28日改制更名为中国铁路投资有限公司
平安资管	指	平安资产管理有限责任公司
社保基金	指	全国社会保障基金理事会
上海申铁	指	上海申铁投资有限公司
江苏交通	指	江苏交通控股有限公司
江苏铁路	指	江苏省铁路集团有限公司
京投公司	指	北京市基础设施投资有限公司
津投公司	指	天津城市基础设施建设投资集团有限公司
天津铁投	指	天津铁路建设投资控股(集团)有限公司
南京铁投	指	南京铁路建设投资有限责任公司
山东高速	指	山东省高速公路集团有限公司
山东铁投	指	山东铁路建设投资有限公司,2018年11月更名为山东铁路投资控股集团有限公司
河北建投	指	河北建投交通投资有限责任公司
安徽投资	指	安徽省投资集团有限责任公司,2011年8月更名为安徽省投资集团控股有限公司
中银投资	指	中银集团投资有限公司,英文名称为 Bank of China Group Investment Limited
四省四市	指	四省:河北省、山东省、安徽省、江苏省;四市:北京市、天津市、、南京市、上海市
北京局集团	指	中国铁路北京局集团有限公司
上海局集团	指	中国铁路上海局集团有限公司

续表

金杜/本所	指	北京市金杜律师事务所
济南局集团	指	中国铁路济南局集团有限公司
南昌局集团	指	中国铁路南昌局集团有限公司
中铁电气化局	指	中铁电气化局集团有限公司
铁路发展基金	指	中国铁路发展基金股份有限公司
博格公司	指	马克斯·博格建筑有限公司,英文名称为 Max Boegl Construction Ltd
中铁设计	指	中国铁路设计集团有限公司,原名为铁道第三勘察设计院集团有限公司
中技招标公司	指	中技国际招标有限公司,原名为中技国际招标公司
昌宇棉业	指	天津市昌宇棉业有限公司
京福安徽公司	指	京福铁路客运专线安徽有限责任公司
标的股权	指	上海局集团持有的京福安徽公司 54.0769% 股权(对应认缴出资额为 4,253,800 万元)及铁路发展基金持有的京福安徽公司 10.9990% 股权(对应认缴出资额为 865,200.5778万元)
天职事务所	指	天职国际会计师事务所(特殊普通合伙),曾用名为天职国际会计师事务所有限公司
A 股	指	境内上市人民币普通股
本次发行	指	发行人首次公开发行不超过 755,662.14 万股人民币普通股(A 股)股票
本次发行上市	指	发行人首次公开发行不超过 755,662.14 万股人民币普通股(A 股)股票并在上海证券交易所上市
本次收购	指	发行人以本次发行上市的募集资金收购标的股权
本法律意见书	指	《北京市金杜律师事务所关于京沪高速铁路股份有限公司首次公开发行股票并上市的律师工作报告》
中国	指	中华人民共和国(为本法律意见书之目的,不包括中国香港特别行政区、中国澳门特别行政区及中国台湾地区)
《招股说明书(申报稿)》	指	《京沪高速铁路股份有限公司首次公开发行 A 股股票招股说明书(申报稿)》
《审计报告》	指	2019 年 10 月 18 日,天职事务所出具的天职业字[2019]29065 号《京沪高速铁路股份有限公司审计报告》
《内控报告》	指	2019 年 10 月 18 日,天职事务所出具的天职业字[2019]29073 号《内部控制鉴证报告》
《纳税情况鉴证报告》	指	2019 年 10 月 18 日,天职事务所出具的天职业字[2019]29071 号《主要税种纳税情况说明审核报告》
《验资复核报告》	指	2019 年 10 月 18 日,天职事务所出具的天职业字[2019]29072 号《关于对京沪高速铁路股份有限公司验资报告的专项复核说明》
《发起人协议》	指	2007 年 12 月 27 日,中国铁投、平安资管、社保基金、上海申铁、江苏交通、京投公司、津投公司、南京铁投、山东高速、河北建投、安徽投资共同签署的《京沪高速铁路股份有限公司发起人协议》

续表

金杜/本所	指	北京市金杜律师事务所
《发行人章程》	指	2019年9月25日，发行人2019年第三次临时股东大会审议通过、现行有效的《京沪高速铁路股份有限公司章程》
《发行人章程(草案)》	指	2019年10月18日，发行人2019年第四临时股东大会审议通过、于本次发行上市后生效的《京沪高速铁路股份有限公司章程(草案)》
中国证监会	指	中国证券监督管理委员会
中国银保监会	指	中国银行保险监督管理委员会
上交所	指	上海证券交易所
北京市场监管局	指	北京市市场监督管理局
原北京工商局	指	原北京市工商行政管理局
原国家工商总局	指	原中华人民共和国国家工商行政管理总局
国家发改委	指	中华人民共和国国家发展和改革委员会
商务部	指	中华人民共和国商务部
财政部	指	中华人民共和国财政部
原铁道部	指	原中华人民共和国铁道部
自然资源部	指	中华人民共和国自然资源部
原国土资源部	指	原中华人民共和国国土资源部
法律法规	指	已公布并现行有效的中国法律、行政法规、部门规章以及其他规范性文件的统称
报告期	指	2016年、2017年、2018年、2019年1-6月
元	指	如无特殊说明，指人民币元

本法律意见书中部分合计数与各加数直接相加之和在尾数上可能存在差异，这些差异是由四舍五入造成，而非数据错误。

本所按照律师行业公认的业务标准、道德规范和勤勉尽责精神，出具法律意见如下：

一、本次发行上市的批准和授权

（一）发行人内部的批准与授权

根据2019年10月18日发行人第四届董事会第二次会议董事签到册、授权委托书、会议记录、会议决议等，发行人第四届董事会审议通过了《京沪高速铁路股份有限公司关于申请首次公开发行人民币普通股（A股）股票并上市的议案》、《关于提请股东大会授权董事会办理与首次公开发行人民币普通股（A股）股票并上市有关具体事宜的议案》等与本次发行上市有关的议案。

根据2019年10月18日发行人2019年第四次临时股东大会股东或股东代表签到册、授权委托书、会议记录、会议决议，发行人2019年第四次临时股东大会审议通过了《关于京沪高速铁路股份有限公司申请首次公开发行人民币普通股（A股）股票并上市的议案》、《关于提请股东大会授权董事会办理与首次公开发行人民币普通股（A股）股票并上市有关的一切具体事宜的议案》等与本次发行上市有关的议案。

基于上述，本所认为，发行人已就本次发行上市取得必要的内部批准和授权，上述决议内容及授权范围合法有效。

（二）外部的核准与同意

2019年7月22日，财政部财建函[2019]87号《关于中国国家铁路集团有限公司所属企业股改上市有关意见的函》授权国铁集团审批国铁集团所持有的非上市股份有限公司（除铁路局集团公司)国有股权的管理方案。

2019 年 10 月 18 日，国铁集团铁财函[2019]279 号《关于京沪高速铁路股份有限公司上市国有股权管理方案的批复》批准发行人本次发行上市的国有股权管理方案，国有股份总数 3,792,129.4116 万股，占总股本的 88.56%。

根据《证券法》的规定，发行人本次发行尚待获得中国证监会核准；本次发行完成后，发行人股票于上交所上市交易尚待获得上交所审核同意。

二、发行人本次发行上市的主体资格

(一)如本法律意见书"四、发行人的设立"及"七、发行人的股本及其演变"所述，发行人系在北京市场监管局登记注册的股份有限公司。根据统一社会信用代码为 91110000710935257Q 的《营业执照》、发行人《公司章程》并经核查，本所认为，发行人为依法设立且有效存续的股份有限公司，不存在根据法律、法规及《公司章程》需要终止的情形，符合《首发管理办法》第八条之规定。

(二)如本法律意见书"四、发行人的设立"所述，发行人系以发起方式设立的股份有限公司，设立日为 2008 年 1 月 9 日，持续经营三年以上，符合《首发管理办法》第九条之规定。

(三)如本法律意见书"四、发行人的设立"及"七、发行人的股本及其演变"所述，发行人注册资本已由股东足额缴纳；土地作价出资涉及的土地均由发行人占有并使用，且均已取得国有土地使用证或不动产权证书，正在换领作价出资土地使用证中，发行人的主要资产不存在重大权属纠纷，符合《首发管理办法》第十条之规定。

(四)根据国家发改委、商务部令第 18 号《外商投资准入特别管理措施(负面清单)(2019 年版)》，发行人《营业执照》、《发行人章程》并经核查，发行人主要从事高铁旅客运输，生产经营符合法律、行政法规和《发行人章程》的规定，符合国家产业政策，符合《首发管理办法》第十一条之规定。

(五)如本法律意见书"六、发起人和股东(实际控制人)"、"八、发行人的业务"及"十五、发行人董事、监事和高级管理人员及其变化"所述，发行人最近三年内主营业务没有发生重大变化，董事、高级管理人员没有发生重大变化，实际控制人没有发生变更，符合《首发管理办法》第十二条之规定。

(六)根据发行人全体股东书面承诺并经核查，截至本法律意见书出具日，各股东对其所持发行人股份没有设置质押、查封、冻结等任何第三方权利限制；其所持发行人股份不存在重大权属纠纷，符合《首发管理办法》第十三条之规定。

综上，本所认为，发行人具备本次发行上市的主体资格。

三、本次发行上市的实质条件

(一)发行人本次发行上市符合《证券法》规定的相关条件

1. 经核查发行人《发行人章程》、《股东大会议事规则》、《董事会议事规则》、《监事会议事规则》、《关联交易管理规定》、公司职能部门设置及其职责说明等具体公司治理文件、《内控报告》，发行人具有规范的法人治理结构及完善的内部管理制度，具备健全且运行良好的组织机构，相关机构和人员能够依法履行职责，符合《证券法》第十三条第一款第(一)项的规定。

2. 根据《审计报告》、发行人与第三方签署的业务合同及核查发行人业务合同履行情况，发行人最近三年连续盈利，具有持续盈利能力，财务状况良好，符合《证券法》第十三条第一款第(二)项的规定。

3. 根据《审计报告》、《内控报告》、发行人相关内控制度并经核查，发行人最近三年财务会计文件无虚假记载，无其他重大违法行为，符合《证券法》第十三条第一款第(三)项以及第五十条第一款第(四)项的规定。

4. 发行人本次发行前股本总额为 4,282,085.4611万元，不少于 3,000 万元，符合《证券法》第五十条第一款第(二)项的规定。

5. 本次发行完成后，发行人公开发行的股份数将达到本次发行后发行人股份总数的 10% 以上，符合《证券法》第五十条第一款第(三)项的规定。

(二)发行人本次发行上市符合《首发管理办法》规定的相关条件

1. 主体资格

如本法律意见书"二、发行人本次发行上

市的主体资格”所述，发行人具有本次发行上市的主体资格。

2. 规范运行

（1）如本法律意见书“十四、发行人股东大会、董事会、监事会议事规则及规范运作”所述，发行人已经依法建立健全股东大会、董事会、监事会、独立董事和董事会秘书制度，相关机构和人员能够依法履行职责，符合《首发管理办法》第十四条的规定。

（2）根据对发行人上市辅导培训相关资料及发行人董事、监事和高级管理人员的确认并经核查，发行人的董事、监事和高级管理人员已经了解与股票发行上市相关的法律法规，知悉上市公司及其董事、监事和高级管理人员的法定义务和责任，符合《首发管理办法》第十五条的规定。

（3）如本法律意见书“十五、发行人董事、监事和高级管理人员及其变化”所述，发行人的董事、监事和高级管理人员符合法律、行政法规和规章规定的任职资格，不存在《首发管理办法》第十六条所述之情形，符合《首发管理办法》第十六条的规定。

（4）如本法律意见书“十五、发行人董事、监事和高级管理人员及其变化”所述，发行人的内部控制制度健全且被有效执行，能够合理保证财务报告的可靠性、经营的合法性、营运的效率与效果，符合《首发管理办法》第十七条的规定。

（5）根据发行人确认并经核查，发行人不存在《首发管理办法》第十八条所述之情形，符合《首发管理办法》第十八条的规定。

（6）根据《审计报告》、《发行人章程》、发行人确认并经核查，《发行人章程》已明确对外担保的审批权限和审议程序。截至本法律意见书出具日，发行人不存在为控股股东、实际控制人及其控制的其他企业进行违规担保的情形，符合《首发管理办法》第十九条的规定。

（7）根据《内控报告》、《审计报告》、发行人的相关制度、发行人确认并经核查，发行人有严格的资金管理制度；截至本法律意见书出具日，发行人不存在资金被控股股东、实际控制人及其控制的其他企业以借款、代偿债务、代垫款项或者其他方式占用的情形，符合《首发管理办法》第二十条的规定。

3. 财务与会计

（1）根据《审计报告》、与发行人财务负责人的访谈、发行人确认，发行人财务状况和资产质量良好，资产负债结构合理，盈利能力较强，现金流量正常，符合《首发管理办法》第二十一条的规定。

（2）根据《内控报告》、与发行人财务负责人的访谈、发行人确认，发行人的内部控制在所有重大方面均有效，并由天职事务所出具了无保留结论的《内控报告》，符合《首发管理办法》第二十二条的规定。

（3）根据《审计报告》、《内控报告》、与发行人财务负责人的访谈、发行人确认，发行人会计基础工作规范，财务报表的编制符合企业会计准则和相关会计制度的规定，在所有重大方面公允地反映了发行人2016年12月31日、2017年12月31日、2018年12月31日及2019年9月30日的财务状况以及2016年度、2017年度、2018年度及2019年1－9月的经营成果和现金流量，并由天职事务所出具了无保留意见的《审计报告》，符合《首发管理办法》第二十三条的规定。

（4）根据《审计报告》、《内控报告》、与发行人财务负责人的访谈、发行人确认，发行人编制财务报表以实际发生的交易或者事项为依据；在进行会计确认、计量和报告时保持应有的谨慎；对相同或者相似的经济业务，选用一致的会计政策，未进行随意变更，符合《首发管理办法》第二十四条的规定。

（5）根据《审计报告》、与发行人财务负责人的访谈、发行人确认，发行人完整披露关联方关系并按重要性原则恰当披露关联交易，关联交易价格公允，不存在通过关联交易操纵利润的情形，符合《首发管理办法》第二十五条的规定。

（6）根据《审计报告》、《内控报告》、与发行人财务负责人的访谈、发行人确认，发行人符合《首发管理办法》第二十六条规定的各项条件。

（7）根据《审计报告》、发行人主管税务机关出具的证明、《纳税情况鉴证报告》和发行人确认，发行人最近三年依法纳税，各项税收优惠符合相关法律法规的规定，发行人的经营成果对税收优惠不存在严重依赖，符合《首发管理办法》第二十七条的规定。

(8)根据《审计报告》、中国人民银行征信中心出具的《企业信用报告》、本所律师在中国裁判文书网、全国法院失信被执行人名单信息公布与查询系统等网站的查询和发行人确认,发行人不存在重大偿债风险,不存在影响持续经营的担保、诉讼以及仲裁等重大或有事项,符合《首发管理办法》第二十八条的规定。

(9)根据《审计报告》、与发行人财务负责人的访谈、发行人确认,发行人申报文件中不存在《首发管理办法》第二十九条所述之情形,符合《首发管理办法》第二十九条的规定。

(10)根据《审计报告》、与发行人财务负责人的访谈、发行人确认,发行人具备持续盈利能力,不存在《首发管理办法》第三十条所述之影响持续盈利能力的情形,符合《首发管理办法》第三十条的规定。

综上,本所认为,发行人具备本次发行上市的实质条件。

四、发行人的设立

(一)发行人设立的程序、资格、条件、方式

2006年3月7日,国家发改委发改交运[2006]374号《关于新建京沪高速铁路项目建议书的批复》批准同意新建京沪高速铁路项目。该批复主要内容如下:"组建京沪高速铁路有限责任公司,专门负责项目的建设和运营;要积极探索市场化融资方式,吸纳民间资本、法人资本及国外投资,构建多元投资主体,拓展多种投资渠道;具体筹资方案在可行性研究阶段研究确定。"

2007年9月,国家发改委(发改交运[2007]1402号)转发经国务院批准的《国家发展改革委关于审批新建京沪高速铁路可行性研究报告的请示》明确:"先由目前已确定的出资方共同组建京沪高速铁路有限责任公司或股份有限公司,组织工程建设。"

2007年12月27日,中国铁投、平安资管、社保基金、上海申铁、江苏交通、京投公司、津投公司、南京铁投、山东高速、河北建投、安徽投资签署《发起人协议》,约定:(1)依据原铁道部与沿线各省、市签署的《加快铁路建设会谈纪要》及各省、市对建设京沪高速铁路项目的出资意见,北京市、天津市、上海市、河北省、山东省、安徽省、江苏省、南京市境内的征地拆迁工作,由各省市政府指定的单位负责并与公司签署征地拆迁协议,费用由各省市出资人代表承担,并作为资本金入股,征地拆迁补偿费用标准按国家有关规定,比照本省市同等重点工程确定。在公司成立时暂按批准概算内征地拆迁费用计算股比;待征地拆迁工作完成后,经股东大会确认后作价出资并调整股比。征地拆迁工作进度应满足工程建设进展的需要。其余发起人以货币形式出资,并在公司登记后根据工程进度计划要求分年度在3年内到位,具体由公司股东大会确定。(2)京沪高铁公司成立时的全体发起人的首期出资为人民币20亿元。

2007年12月27日,京沪高铁公司创立大会审议通过《京沪高速铁路股份有限公司筹办及项目前期工作情况的报告》、《京沪高速铁路股份有限公司章程(草案)》、《关于京沪高速铁路股份有限公司首期注册资金到位方案的议案》等议案,并选举产生第一届董事会成员、第一届监事会成员。

同日,中国铁投、平安资管、社保基金、上海申铁、江苏交通、京投公司、津投公司、南京铁投、山东高速、河北建投、安徽投资签署《京沪高速铁路股份有限公司章程》。

2007年12月28日,原国家工商总局下发(国)登记内名预核字[2007]第1636号《企业名称预先核准通知书》,核准企业名称为"京沪高速铁路股份有限公司"。

2008年1月6日,中一会计师事务所有限责任公司出具中一所(验)字[2008]15号《验资报告》,经审验,截至2008年1月4日,京沪高铁公司(筹)已收到中国铁投、平安资管、社保基金分别缴纳的首期出资31,035万元、5,565万元、3,400万元,合计4亿元,均为货币出资,占注册资本总额比例为20%。

2008年1月7日,原铁道部作出《关于京沪高速铁路股份有限公司经营范围的批复》(铁政法函[2008]37号),同意京沪高铁公司的经营范围包括"旅客运输业务",其他经营范围根据公司章程和发展需要确定。

2008年1月9日,原国家工商总局向京沪高铁公司核发注册号为100000000041425的《企业法人营业执照》,京沪高铁公司设立时注册资本20亿元,实收资本4亿元,具体情况如下:

序号	发起人名称	认缴情况		首期出资情况	
		认购股数(万股)	认缴比例	股份数(万股)	实缴比例
1	中国铁投	112,534	56.267%	31,035	15.518%
2	平安资管	27,826	13.913%	5,565	2.783%
3	社保基金	17,392	8.696%	3,400	1.700%
4	上海申铁	13,128	6.564%	—	—
5	江苏交通	7,606	3.803%	—	—
6	京投公司	6,668	3.334%	—	—
7	津投公司	5,502	2.751%	—	—
8	南京铁投	3,806	1.903%	—	—
9	山东高速	3,230	1.615%	—	—
10	河北建投	1,182	0.591%	—	—
11	安徽投资	1,126	0.563%	—	—
合计		200,000	100%	40,000	20%

根据原铁道部与各省市加快铁路建设的会议纪要，四省四市以征地拆迁补偿费用出资为原铁道部与各省市会议纪要讨论确定的出资方式，即北京市、天津市、上海市、河北省、山东省、安徽省、江苏省、南京市境内的征地拆迁工作，由各省市政府指定的单位负责并与京沪高铁公司签订征地拆迁协议，费用由各省市出资人代表承担，并作为资本金入股。

就上述征地拆迁补偿费用出资形式，2014年5月23日，发行人股东大会一致审议通过修改公司章程，规定征地拆迁补偿费用“经中介机构审计，由股东大会确认后作为其他货币资本金入股，重新调整各股东资本金数额”，上述修改后的公司章程已在并于2014年10月在原国家工商总局完成备案。

2019年10月18日，天职事务所出具的《验资复核报告》载明：截至2019年9月25日，京沪高铁公司注册资本为4,282,085.46万元，四省四市股东出资方式均为货币。

2019年2月26日，原北京工商局开具《证明》，证明发行人近三年没有违反工商行政管理法律、法规受到该局行政处罚的案件记录。经本所律师检索国家企业信用信息公示系统，截至本律师工作报告出具日，该系统中不存在发行人受到行政处罚的记录。

基于上述，本所认为，上述征地拆迁补偿费用属于《公司法》下的货币出资。

根据财政部财管字[2000]200号《关于股份有限公司国有股权管理工作有关问题的通知》规定，发行人设立时应办理国有股权管理批复。经核查，发行人设立时未相应办理财政部国有股权管理批复。

国铁集团依据财政部的授权于2019年10月作出铁财函[2019]279号《关于京沪高速铁路股份有限公司上市国有股权管理方案的批复》，批准发行人本次发行上市的国有股权管理方案；并已书面确认“本公司认可京沪高铁公司在设立及相关股本变动中对注册资本及国有股权的设置真实、明确、有效，京沪高铁公司股份权属清晰，不存在纠纷或潜在纠纷情形，上述程序瑕疵情形未导致国有资产流失。”

基于上述，本所认为：

1. 除设立时未履行财政部国有股权管理批复外，发行人设立的程序、资格、条件、方式符合当时法律法规的规定，并得到有权部门的批准；发行人设立时以及相关股本变动的股权设置已取得国铁集团认可，设立时未办理国有股权管理批复的情形不会导致发行人设立时的股本产权界定和确认存在纠纷及风险，不会对本次发行上市造成重大不利影响。

2. 发行人设立过程中所签署的《发起人协议》符合相关法律、法规的规定,合法有效,不会引致发行人设立行为存在重大的潜在纠纷。

3. 发行人系以发起方式设立的股份有限公司,各发起人首期出资均为货币,不涉及资产评估事项;发行人在设立过程中已履行必要的验资程序,符合其设立时相关法律、法规的规定。

4. 发行人创立大会的程序及所审议事项符合其设立时相关法律、法规的规定。

五、发行人的独立性

(一)发行人具有完整的业务体系和直接面向市场独立经营的能力

根据发行人提供的资料、发行人确认并经核查,发行人是京沪高速铁路的投资、建设、运营主体,经原铁道部批准并依据《营业执照》核定的经营范围从事旅客运输业务。根据原铁道部铁政法[2011]149号《关于新建合资铁路委托运输管理的指导意见》,发行人采取委托运输模式,委托京沪高速铁路沿线的北京局集团、济南局集团和上海局集团对京沪高速铁路进行运输管理,并将牵引供电和电力设施运行维修委托中铁电气化局管理。委托运输模式为我国合资铁路公司运营高速铁路的特点,实践中提升了高速铁路的运输质量和效率,提升运能利用水平,保障铁路运输安全,不影响发行人业务的独立性。

(二)发行人的资产完整

根据发行人提供的资产权属文件等资料、发行人确认并经核查,除本法律意见书“十、发行人的主要财产”部分所述之相关权属瑕疵外,发行人合法拥有、使用与生产经营有关的土地、房产、机器设备以及商标、计算机软件著作权、域名的所有权或使用权,具备与其经营有关的业务体系及相关资产。

(三)发行人的人员独立

根据发行人提供的员工名册等资料、发行人确认并经核查,截至本法律意见书出具日,发行人的总经理、副总经理、总会计师和董事会秘书等高级管理人员均未在控股股东、实际控制人及其控制的其他企业中担任其他职务,未在控股股东、实际控制人及其控制的其他企业领薪。发行人的财务人员没有在控股股东、实际控制人及其控制的其他企业中兼职。

(四)发行人的财务独立

根据《内控报告》、发行人提供的资料、与发行人财务负责人的访谈、发行人确认并经核查,发行人设有独立的财务会计部门,建立了独立的财务核算体系、能够独立作出财务决策、具有规范的财务会计制度。发行人依法办理税务登记,在银行开设了独立账户,不存在与控股股东、实际控制人及其控制的其他企业共用一个银行账户的情形。

(五)发行人的机构独立

根据发行人提供的资料、发行人确认并经核查,发行人依法设立了股东大会、董事会、监事会;董事会下设战略委员会、提名委员会、审计委员会、薪酬与考核委员会,董事会成员共11名,其中4名为独立董事,1名为职工董事;监事会成员共7名,其中职工监事3名;按照《公司章程》的规定聘任了高级管理人员,同时根据公司业务发展的需要设置了包括计划财务部、运输经营部、设备安全部、人力资源部等在内的职能部门,独立行使经营管理职权;与控股股东、实际控制人及其控制的其他企业间不存在机构混同的情形。

(六)发行人的业务独立

根据发行人与第三方签署的业务合同、确认并经核查,发行人独立从事其《营业执照》所核定的经营范围中的业务,发行人的业务独立于控股股东、实际控制人及其控制的其他企业,发行人与控股股东、实际控制人及其控制的其他企业间不存在同业竞争或者显失公平的关联交易。

综上,本所认为,发行人具有完整的业务体系和面向市场自主经营的能力,资产独立完整,人员、财务、机构独立。

六、发起人和股东(实际控制人)

(一)发起人或股东的资格

如本法律意见书“四、发行人的设立”及“七、发行人的股本及其演变”所述,发行人设立时共有发起人11名,分别为中国铁投、平安资管、社保基金、上海申铁、江苏交通、京投公司、津投公司、南京铁投、山东高速、河北建投、安徽投资;其后,天津市、山东省、江苏省出资人代表分别变更为天津铁投、山东铁投、江苏铁路,中国铁投将所持有的5,217,391,304股股份转让给中银投资。

截至本法律意见书出具日,发行人现有股东12名,分别为中国铁投、平安资管、社保基金、中银投资、上海申铁、江苏铁路、京投公司、天津铁投、南京铁投、山东铁投、河北建投、安徽投资。

经核查,本所认为,社保基金为依法存续的事业单位法人,平安资管为经中国银保监会审核通过的京沪高铁股权投资计划之受托管理人,中银投资为依据香港律法设立的公司,发行人的其他股东均系依法存续的有限责任公司或国有独资公司,具有《公司法》等有关法律法规规定的担任股东并进行出资的资格。

其中,平安资管系京沪高铁股权投资计划的受托管理人,该投资计划已经中国银保监会审核通过;其他股东均不涉及由私募投资基金管理人管理并进行有关投资活动。本所认为,平安资管不属于《证券投资基金法》、《私募投资基金监督管理暂行办法》和《私募投资基金管理人登记和基金备案办法(试行)》规定的私募投资基金或私募基金管理人,不需要按照《私募投资基金监督管理暂行办法》和《私募投资基金管理人登记和基金备案办法(试行)》等相关法律法规履行登记或备案程序。

(二)股东的人数、住所、出资比例

经本所律师核查,截至本法律意见书出具日,发行人现有股东人数、住所、出资比例符合《公司法》等有关法律法规的规定。

(三)发起人的出资

如本法律意见书"四、发行人的设立"及"七、发行人的股本及其演变"所述,本所认为,发起人已投入发行人的资产的产权关系清晰,各发起人将该等资产投入发行人不存在法律障碍。

(四)发行人的控股股东和实际控制人

如本法律意见书"七、发行人的股本及其演变"所述,报告期初,中国铁投持有发行人51.73%股权;2016年9月,中国铁投对发行人的持股比例变更为46.21%;2019年9月,中国铁投对发行人的持股比例变更为49.76%。此外,报告期内,发行人的董事长、总经理、总会计师均由中国铁投提名或推荐。因此,报告期内,发行人的控股股东为中国铁投。中国铁投为国铁集团的全资子公司,发行人的实际控制人为国铁集团,报告期内未发生变更。

综上所述,本所认为,发行人的控股股东为中国铁投,实际控制人为国铁集团,最近三年未发生变更。

七、发行人的股本及其演变

(一)发行人设立时的股本结构

发行人设立时的股权设置、股本结构情况如下表所示:

序号	发起人	持股数(万股)	占股本总额的比例
1	中国铁投	112,534	56.267%
2	平安资管	27,826	13.913%
3	社保基金	17,392	8.696%
4	上海申铁	13,128	6.564%
5	江苏交通	7,606	3.803%
6	京投公司	6,668	3.334%
7	津投公司	5,502	2.751%
8	南京铁投	3,806	1.903%
9	山东高速	3,230	1.615%
10	河北建投	1,182	0.591%
11	安徽投资	1,126	0.563%
合计		200,000	100%

如本法律意见书"四、发行人的设立"所述,发行人设立时未办理国有股权管理批复。鉴于国铁集团已书面认可发行人设立时以及相关股本变动的股权设置,本所认为,发行人设立时的股本结构合法有效,发行人设立时未办理国有股权管理批复的情形不会导致发行人设立时的股本产权界定和确认存在纠纷及风险,不会对本次发行上市造成重大不利影响。

(二)发行人的历次股权变动情况

2009年12月,津市出资人代表变更为天津铁投,山东铁投受让山东高速持有的全部发行人股份,公司增加注册资本至1,150亿元,并据此进行了工商变更登记,换发了注册号为100000000041425的《企业法人营业执照》。

2010年7月,公司增加实收资本至7,778,100万元,并据此进行了工商变更登记,换发了注册号为100000000041425的《企业法人营业执照》。

2010年12月,中国铁投将其持有的公司5,217,391,304股股份(占公司总股本的4.537%)转让给中银投资,公司变更为外商投资股份有限公司。公司据此进行了工商变更登记,换发了注册号为100000000041425的《企业法人营业执照》。

2011年8月,公司增加实收资本至8,240,000万元,并据此进行了工商变更登记,换发了注册号为100000000041425的《企业法人营业执照》。

2014年1月,公司股东安徽投资更名为"安徽省投资集团控股有限公司",公司据此进行了工商变更登记,换发了注册号为100000000041425的《企业法人营业执照》。

2016年9月,经原铁路总公司铁总计统函[2015]429号《关于同意调整京沪高速铁路股份有限公司出资的批复》、商务部商资批[2016]660号《关于同意京沪高速铁路股份有限公司增资的批复》批准,公司调整股比并增加注册资本至13,062,396.12万元,公司据此进行了工商变更登记,换发了统一社会信用代码为91110000710935257Q的《营业执照》。

2019年1月,江苏省出资人代表变更为江苏铁路;股东中国铁投更名为"中国铁路投资有限公司";经江苏省人民政府国有资产监督管理委员会苏国资复[2018]50号《关于省铁路集团无偿受让南京铁路建设投资有限责任公司所持京沪高速铁路股份有限公司股份的批复》及南京市人民政府国有资产监督管理委员会宁国资委产[2018]216号《关于无偿划转京沪高铁公司部分股权的批复》批准,南京铁投将持有的公司4,423.28万股股份无偿划转给江苏铁路;全体股东同比例减资,公司注册资本变更为400亿元。公司据此进行了工商变更登记,换发了统一社会信用代码为91110000710935257Q的《营业执照》。

2019年9月,经自然资源部批复、财政部批复、国铁集团批复,公司土地作价出资转增国家资本金,公司注册资本增加至4,282,085.4611万元,中国铁投持股数量增加至2,130,647.7996万股,各股东持股比例相应调整。公司据此进行了工商变更登记,换发了统一社会信用代码为91110000710935257Q的《营业执照》。

经核查,京沪高铁公司历史上存在相关股本变动未履行国有股权管理批复、未履行评估及评估备案的情形。对此,国铁集团已于2019年10月作出铁财函[2019]279号《关于京沪高速铁路股份有限公司上市国有股权管理方案的批复》,批准发行人本次发行上市的国有股权管理方案;并已书面确认"本公司认可京沪高铁公司在设立及相关股本变动中对注册资本及国有股权的设置真实、明确、有效,京沪高铁公司股份权属清晰,不存在纠纷或潜在纠纷情形,上述程序瑕疵情形未导致国有资产流失。"

发行人各股东均已书面确认发行人历次增资未损害其股东利益或对发行人历次增资予以认可,其持有的发行人股份权属清晰,不存在争议或潜在纠纷。

基于上述,除相关股本变动未履行国有股权管理批复、未履行评估及评估备案外,发行人历次股本变动合法、合规、真实、有效;相关股本变动未履行国有股权管理批复、未履行评估及评估备案的情形不存在发生产权纠纷的潜在风险,不会对本次发行上市造成重大不利影响。

(三)发行人股份质押情况

根据发行人及各股东的确认并经金杜核查,截至本法律意见书出具日,发行人各股东所持股份均未设置质押。

八、发行人的业务

(一)经营范围和经营方式

根据发行人现持有的《营业执照》、《招股说明书(申报稿)》、发行人确认并经核查,发行人经营范围为"京沪高速铁路建设,旅客运输业务;咨询服务、设备物资采购及销售、物业管理、物流、仓储、停车场业务等"。发行人是京沪高铁及沿线车站的投资、建设、运营主体,通过委托运输管理模式,委托京沪高铁沿线的北京局集团、济南局集团和上海局集团对京沪高铁进行运输管理,并将牵引供电和电力设施运行维修委托中铁电气化局进行管理。发行人主营业务为高铁旅客运输,具体主要包括:(1)为乘坐担当列车的旅客提供高铁运输服务并收取票价款;(2)其他铁路运输企业担当的列车在京沪高速铁路上运行时,向其提供线路使用、接触网使用等服务并收取相应费用等。

2008年1月7日，原铁道部铁政法函[2008]37号《关于京沪高速铁路股份有限公司经营范围的批复》同意京沪高铁公司的经营范围包括“旅客运输业务”，其他经营范围根据公司章程和发展需要确定。

基于上述，本所认为，发行人的经营范围和经营方式符合相关法律法规的规定，已经获得其经营所需的相关业务许可或资质。

（二）境外业务

根据《审计报告》、发行人确认并经核查，截至本法律意见书出具日，发行人在中国境外没有从事任何经营活动。

（三）业务变更情况

根据发行人历次变更的《企业法人营业执照》/《营业执照》、发行人确认并经核查，发行人自2016年以来未发生过重大业务变更。

（四）发行人的主营业务

根据《审计报告》、发行人确认并经核查，发行人的主营业务为高铁旅客运输，发行人的主营业务突出。

（五）发行人的持续经营能力

根据《审计报告》、与发行人财务负责人的访谈并经核查，发行人依法存续，发行人的主要财务指标良好，不存在不能支付到期债务的情况，不存在影响其持续经营的法律障碍。

九、关联交易及同业竞争

（一）关联方

1. 控股股东、实际控制人

发行人的控股股东为中国铁投、实际控制人为国铁集团，构成发行人的关联方。

2. 持股5%以上的其他股东

截至本律师工作报告出具日，持有发行人5%以上股份的股东包括中国铁投、平安资管、社保基金、上海申铁，构成发行人的关联方。此外，江苏铁路、南京铁投在报告期内曾是公司持股5%以上的其他股东，截至2019年9月30日，江苏铁路、南京铁投持有发行人的股份比例已降低至5%以下。

3. 控股股东、实际控制人控制的其他主要企业

发行人控股股东中国铁投和实际控制人国铁集团控制的其他主要企业构成本公司的关联方。

4. 子公司、合营企业及联营企业

报告期内，发行人无控制的子公司，也没有合营企业及联营企业。

5. 关联自然人及其控制或担任董事、高级管理人员的其他企业

发行人的关联自然人包括发行人董事、监事、高级管理人员及与其关系密切的家庭成员，以及发行人控股股东中国铁投、实际控制人国铁集团的董事、监事、高级管理人员。其中，关系密切的家庭成员包括：配偶、年满18周岁的子女及其配偶、父母及配偶的父母、兄弟姐妹及其配偶、配偶的兄弟姐妹、子女配偶的父母。上述关联自然人直接或间接控制的或担任董事、高级管理人员的其他企业也是发行人的关联方。

（二）关联交易

根据《审计报告》、发行人确认并经核查，发行人报告期内关联交易类型主要包括销售商品/提供劳务、采购商品/接受劳务、关联存款及利息收入、关联租赁、关联贷款及利息支出、关联代建工程移交及利息收入、关联遗留征地拆迁费用、关联土地权益转让等。

（三）关联交易公允性

根据《审计报告》、发行人确认并经核查，发行人的关联交易是基于公允原则进行的，不存在损害发行人及股东利益的情况。

（四）减少和规范关联交易的承诺和措施

1. 关联交易决策程序

经核查，本所认为，发行人在《发行人章程》及其他内部制度中明确了关联交易公允决策的程序。

2. 关于规范关联交易的承诺

为减少和规范发行人的关联交易，发行人的实际控制人国铁集团、控股股东中国铁投分别出具了《关于规范关联交易的承诺函》，具体情况如下：

（1）发行人实际控制人国铁集团承诺如下：

“一、本公司及本公司控制的下属单位将尽量避免和减少目前和将来与发行人之间发生不必要的关联交易。本公司及本公司控制的下属单位不以向发行人借款或采取由发行人代垫款项、代偿债务等方式侵占发行人资金。

二、对于无法避免或者有合理理由而发生

的关联交易,则本公司将促使上述交易按照公平合理和正常商业交易的条件进行,并且严格按照国家有关法律法规、公司章程的规定履行相关程序。本公司及本公司控制的下属单位将与发行人签订必要的协议,遵循公正、公开、公平的原则,关联交易的定价原则上应遵循市场化原则,并按照有关法律法规、规范性文件以及发行人公司章程的规定履行决策程序,保证不通过关联交易损害发行人及其他股东的合法权益。

三、自本承诺函出具之日起,若因本公司违反上述承诺致使发行人及其公众投资者遭受损失的,本公司将承担相关责任。”

(2)发行人控股股东中国铁投承诺如下:

“一、本公司及本公司控制的下属其他单位将尽量避免和减少目前和将来与发行人之间发生不必要的关联交易。本公司及本公司控制的下属单位不以向发行人借款或采取由发行人代垫款项、代偿债务等方式侵占发行人资金。

二、对于无法避免或者有合理理由而发生的关联交易,则本公司将促使上述交易按照公平合理和正常商业交易的条件进行,并且严格按照国家有关法律法规、公司章程的规定履行相关程序;涉及需要回避表决的,本公司将严格执行回避表决制度,并不会干涉其他董事和/或股东对关联交易的审议。本公司及本公司控制人的下属其他单位将与发行人签订必要的协议,遵循公正、公开、公平的原则,关联交易的定价原则上应遵循市场化原则,并按照有关法律法规、规范性文件以及发行人公司章程的规定履行决策程序,保证不通过关联交易损害发行人及其他股东的合法权益。

本公司及本公司控制的下属其他单位还将严格和善意的履行与发行人签订的各种关联交易协议。本公司承诺将不会向发行人谋求或给予任何超过上述协议规定以外的利益或收益。

三、本公司将严格遵守《公司法》等法规和发行人公司治理制度中关于关联交易的相关规定,自觉维护发行人及全体股东的利益,不会利用关联交易损害发行人及其他股东的合法权益。

四、自本承诺函出具之日起,若因本公司违反本承诺函任何条款而致使发行人及其公众投资者遭受或产生的任何损失或开支,本公司将予以全额赔偿。”

(五)同业竞争

根据发行人提供的资料、发行人确认并经核查,发行人与其控股股东、实际控制人及其控制的其他企业之间不存在同业竞争。

(六)避免同业竞争的承诺或措施

为避免同业竞争,发行人控股股东中国铁投、实际控制人国铁集团分别出具了《关于避免同业竞争的承诺函》,具体情况如下:

1. 发行人控股股东中国铁投承诺如下:

“一、本公司或本公司控股或实际控制的其他企业没有、将来也不会以任何方式在中国境内外直接或间接参与任何导致或可能导致与发行人主营业务直接或间接产生竞争的业务或活动。本公司承诺将尽最大努力促使本公司参股企业在目前或将来不在中国境内外直接或间接参与任何导致或可能导致与发行人主营业务直接或间接产生竞争的业务或活动。

二、如果本公司或本公司控股或实际控制的其他企业发现任何与发行人主营业务构成或可能构成直接或间接竞争关系的新业务机会,将立即书面通知发行人,并尽力促使该业务机会按合理和公平的条款和条件首先提供给发行人。

三、如果发行人放弃该等竞争性新业务机会且本公司或本公司控股或实际控制的其他企业从事该等竞争性业务,则发行人有权随时一次性或分多次向本公司或本公司控股或实际控制的其他企业收购在上述竞争性业务中的任何股权、资产及其他权益,或由发行人根据国家法律法规许可的方式选择委托经营、租赁或承包经营本公司或本公司控股或实际控制的其他企业在上述竞争性业务中的资产或业务。

四、在本公司或本公司控股或实际控制的其他企业拟转让、出售、出租、许可使用或以其他方式转让或允许使用与发行人主营业务构成或可能构成直接或间接竞争关系的资产和业务时,本公司或本公司控股或实际控制的其他企业将向发行人提供优先受让权,并承诺尽最大努力促使本公司参股企业在上述情况下向发行人提供优先受让权。

五、本公司将保证合法、合理地运用股东权利,不采取任何限制或影响发行人正常经营的行为。

六、自本承诺函出具之日起，若违反本承诺，本公司将在发行人股东大会及有关监管机构认可的媒体上公开说明未履行承诺的具体原因并向发行人及其公众投资者道歉；若因本公司违反本承诺函任何条款而致使发行人及其公众投资者遭受或产生的任何损失或开支，本公司将予以全额赔偿。”

2. 发行人实际控制人国铁集团承诺如下：

“一、铁路路网作为国家基础设施，不同于其他充分竞争的一般商品。我国铁路路网建设由国家统一规划，国家在规划及立项批复时点已经充分考虑了不同线路的必要性问题。不同铁路运输企业担当列车的运行线路及时刻表均根据本公司统一制定的列车运行图确定，本公司制定的列车运行图是确保铁路运输产品质量的基础，以发挥路网最大效率为目标。因此，本公司控制的其他企业与发行人不存在同业竞争。

二、如本公司控制的其他企业从事了与发行人的业务构成竞争的业务，本公司将加强内部协调与控制管理，确保发行人健康、持续发展，不会出现损害发行人及其公众投资者利益的情况。

三、本公司充分尊重发行人的独立法人地位，不干预其采购、生产和销售等具体经营活动。本公司若因干预发行人的具体生产经营活动，致使发行人及其公众投资者受到损失的，将承担相关责任。”

综上，本所认为，发行人已经采取有效措施避免同业竞争。

（七）发行人对关联交易及同业竞争事项的披露

发行人对上述关联交易情况及避免同业竞争事项已在《招股说明书（申报稿）》中予以充分披露，且该等披露不存在重大遗漏或重大隐瞒。

十、发行人的主要财产

（一）自有物业

如本法律意见书“八、发行人的业务”及“九、关联交易及同业竞争”所述，发行人是京沪高铁及沿线车站的投资、建设、运营主体。京沪高铁正线长1,318千米，纵贯北京、天津、上海三大直辖市和河北、山东、安徽、江苏四省，全线共设24个车站，由北向南分别为：北京南站、廊坊站、天津西站、天津南站、沧州西站、德州东站、济南西站、泰安站、曲阜东站、滕州东站、枣庄站、徐州东站、宿州东站、蚌埠南站、定远站、滁州站、南京南站、镇江南站、丹阳北站、常州北站、无锡东站、苏州北站、昆山南站和上海虹桥站。发行人的自有物业均为京沪高铁沿线用地及车站站房、保养点等其他生产生活用房。

1. 自有土地

根据发行人提供的资料，截至2019年9月30日，发行人共使用土地使用权约1,043宗，面积合计约为39,350,543.92平方米，总体情况如下：

类　　型		宗数	面积（m^2）	占比
已取得权属证书	划拨土地	121	2,204,892.90	5.60%
	已办理土地作价出资	598	35,561,433.15	90.37%
小计		719	37,766,326.05	95.97%
未取得权属证书，正在办理		324	1,584,217.87	4.03%
合计		1,043	39,350,543.92	100%

（1）已办证土地

根据发行人提供的资料、确认并经核查，发行人上述已取得权属证书的土地均用于铁路线路、车站及站场设施建设，符合《划拨用地目录》（国土资源部令第9号）的要求。截至本法律意见书出具日，除位于天津市面积合计为2,204,892.90平方米的划拨土地外，上述已取得权属证书的35,561,433.15平方米土地均已经自然资源部2019年9月作出的《关于京沪高速铁路股份有限公司上市涉及土地资产处置的复函》（自然资函[2019]492号）批复同意以作价出资方式进行有偿处置，相关土地权利类型转变为作价出资土地使用权。截至本法律意见书出具日,发行人正在就上述土地换领土地性质为作价出资的不动产权证。

(2)未办证土地

发行人未取得权属证书的土地使用权总体情况如下:

序号	坐落	宗数	面积(m^2)	用地批复	无证原因及办理进展
1	北京市东城区、丰台区	1	528,140	京政房地字[2007]230号(系批复给北京铁路局)	已自北京局集团移交至发行人,北京局集团尚未办理不动产权证并过户至发行人
2	北京市丰台区	9	33,539.98	暂未取得	正在组卷中,组卷完成后进行建设用地申请审批
3	北京市大兴区	12	31,173.33	暂未取得	
4	天津市红桥区、西青区	10	464,114.96	国土资函[2009]384号	正在由北京局集团向发行人过户登记中
5	山东省德州市	43	97,452.26	暂未取得	涉及基本农田补划方案,需国家对占补平衡工作进行批复后才能进行后续建设用地批复及供地流程
6	山东省枣庄市	18	18,902.00	暂未取得	
7	江苏省徐州市	33	108,409.34	暂未取得	正在组卷中,组卷完成后进行建设用地申请审批
8	江苏省镇江市	38	80,421.69	暂未取得	
9	江苏省南京市	111	121,731.15	暂未取得	
10	江苏省常州市	21	46,156.83	苏政地[2017]83号	已取得用地批复,正在履行供地流程
11	江苏省无锡市	17	35,331.03	苏政地[2017]312号	
12	江苏省苏州市	11	18,845.30	苏政地[2017]336号	

上述无证土地中,相关具体情况如下:

a. 北京南站及5公里动车行走线所占土地(上表中第1项)

就北京南站占用的652.26亩土地,2014年9月,北京局集团与京沪高铁公司签订《北京南站资产转让移交协议》,北京局集团按照土地价值专项审计报告以14.88亿元将上述土地转让给京沪高铁公司,并承诺协议生效后在一年内负责将划转土地的土地证变更至京沪高铁公司名下,京沪高铁公司配合办证工作,涉及土地办证费用由北京局集团承担,土地证由北京局集团变更至京沪高铁公司所需费用由京沪高铁公司承担。

就动车行走线占用的139.95亩土地,2015年5月,京沪高铁公司、北京局集团、京投公司签署《京沪高速铁路正线与北京动车段走行线并行段征地拆迁资金拨付及处理协议》,北京局集团代征代拆京沪高速铁路正线与动车段走行线并行段铁路运输用地征地拆迁费用4.3亿元由京投公司作为资本金入股京沪高铁公司,北京局集团承诺在2016年底前负责将该等土地的土地证变更至京沪高铁公司名下,并向京沪高铁公司移交相关文件资料和测绘数据,涉及土地办证费用全部由北京局集团承担。

截至本法律意见书出具日,上述土地均已移交京沪高铁公司使用,但北京局集团尚未依据上述协议约定将土地证办理至京沪高铁公司名下。

b. 天津西站相关占地(上表中第4项)

该464,114.96平方米(约696.17亩)土地系原北京局集团既有铁路用地,由北京局集团作为办证主体取得了其中约685.77亩土地的权属证书(其中,授权经营土地约648.54亩,划拨用地约47.63亩),另有约10.4亩划拨土地暂未取得权属证书。

该约696.17亩土地已于2009年由原国土资源部以《关于京沪高速铁路天津段工程建设用地的批复》(国土资函[2009]384号)批复给京沪高速铁路项目。历史上,北京局集团作为主体对上述648.54亩的划拨地办理土地授权经营。

为确保公司经营资产的完整性，公司聘请北京华源龙泰房地产土地资产评估有限公司以2019年6月30日为估价期日对上述约696.17亩土地的国有权益价值、划拨土地价值进行估价，并以北京华源龙泰房地产土地资产评估有限公司出具的土地估价报告载明的国有权益价值、划拨土地价值为依据与北京局集团签订《天津西站土地权属变更登记协议》，约定北京局集团将上述土地的权属证书变更登记至发行人名下，公司将就该等授权经营土地，按照土地估价报告载明的国有权益评估单价及相应土地面积向北京局集团支付款项，款项总额为51,602.26万元。就剩余约47.63亩划拨土地，公司按照土地估价报告载明的划拨土地使用权评估单价向北京局集团支付款项，款项总额为12,033.68万元。

此外，北京局集团已在《天津西站土地权属变更登记协议》中承诺：在标的土地变更登记至公司名下之前，北京局集团应当确保乙方正常、稳定使用该等土地，如发生任何主管部门对公司使用标的土地及其地上建筑物（如有）提出异议、任何第三方对标的土地及其上建筑物（如有）提出权利主张，北京局集团应负责与相关主管部门、第三方沟通予以妥善解决，并对公司因上述异议或权利主张等发生的费用及损失予以足额补偿。

c.其他无证土地

其他无证土地（上表中第2－3项及第5－12项）主要为四电、警务区、值班岗亭等用地。

2010年6月28日、2011年3月30日，原国土资源部办公厅分别向北京、天津、河北、上海、江苏、安徽、山东省（市）国土部门下发《关于解决京沪高速铁路"四电"用地的通知》（国土资厅函[2010]668号）、《关于解决京沪高速铁路新增警务区、值班岗亭用地的通知》（国土资厅函[2011]232号），提及发行人、铁道部京沪高速铁路建设指挥部申请解决京沪高速铁路通信、信号、电力、电气化用地变更问题及新增警务区、值班岗亭用地报批问题，对此，原国土资源部办公厅通知：（1）"四电"变更用地、新增警务区、值班岗亭用地属用地批后实施中出现的问题，不涉及占用基本农田，用地依法由有关省级人民政府审批，报国土资源部备案。（2）鉴于京沪高速铁路工程时间紧，"四电"设备安装急需用地，且"四电"、警务区、值班岗亭用地零星分散，在做好征地补偿安置有关工作的前提下，市、县国土资源部门可先行提供用地，同时尽快完善用地手续。

截至本法律意见书出具日，位于江苏省常州市、无锡市、苏州市的土地（上表中第10－12项）已取得江苏省人民政府《关于常州市京沪高铁四电建设用地的批复》（苏政地[2017]83号）、《关于京沪高铁无锡段四电建设用地的批复》（苏政地[2017]312号）、《关于京沪高铁四电（苏州段）建设用地的批复》（苏政地[2017]336号）的批准，均以划拨形式供地，目前正在推进办理权属证书中。

根据与相关自然资源主管部门的访谈或现场咨询及发行人的确认，发行人正在就位于山东省德州市和枣庄市、北京市丰台区和大兴区、江苏省徐州市、镇江市和南京市的无证土地（上表中第2－3项、第5－9项）推进办理建设用地组卷报批。

2.自有房屋

根据发行人提供的资料并经核查，京沪高铁公司全线需办理不动产权登记的建筑物共计940处约1,312,063.19平方米，已取得权属证书的房屋面积为631,105.27平方米，占房屋总面积的比例约为48.10%。总体情况如下：

类型	数量	面积（m^2）	已办证面积（m^2）	未办证面积（m^2）	未办证面积占总面积的比例
站房、保养点	203	1,244,242.99	597,916.07	646,326.92	49.26%
警务区	78	9,645.18	5,876.18	3,769.00	0.29%
四电房屋	139	55,834.40	25,468.40	30,366.00	2.31%
岗亭	520	2,340.62	1,844.62	496.00	0.04%
合计	940	1,312,063.19	631,105.27	680,957.92	51.90%

发行人未取得权属证书的房屋具体情况如下：

(1)站房、保养点

京沪高铁沿线24个站房、保养点中的未办证房屋面积占房屋总面积的比例约为49.26%，其中：

a. 北京南站约154,964平方米的相关房产系北京局集团建设，2014年9月，北京局集团与京沪高铁公司签订《北京南站资产转让移交协议》，北京局集团按照评估价值以49.55亿元将北京南站相关建筑物、构筑物等转让给京沪高铁公司。因北京局集团未就北京南站相关房产办理权属证书，北京局集团向发行人移交北京南站相关房产后，发行人亦未能办理不动产权证。

b. 天津西站约154,539平方米的相关房产所占用土地已由北京局集团办理不动产权证，2019年9月，京沪高铁公司与北京局集团签订《天津西站土地权属变更登记协议》，确认发行人拥有相关土地的完整权属，并约定北京局集团在本协议签署生效后三个月内将标的土地的权属证书变更登记至发行人名下，发行人提供必要的配合。发行人将在土地过户登记至发行人名下后就天津西站相关房屋办理不动产权证。

c. 丹阳北站5,978平方米的相关房产因所占用土地正在办理权属证书而暂时无法办理不动产权证，土地办证进展详见上文所述江苏省镇江市未取得权属证书的土地办证进展。

d. 南京南站、镇江南站、苏州北站、昆山南站站房及保养点合计约330,845.92平方米的相关房产所占用土地均已取得权属证书，发行人正在就该等站房、保养点办理不动产权证。

(2)警务区、四电房屋、岗亭

京沪高铁沿线警务区、四电房屋、岗亭未办证面积较小，合计约占房屋总面积的2.64%，其中，发行人正在就该等房屋和/或其占用的土地办理不动产权证。

就尚未取得不动产权证的房屋，根据发行人确认及其提供的资料，上述房屋建筑物是根据国家发改委批复同意的京沪高速铁路项目建设，建设过程中涉及的规划批复等履行行业管理程序。

为解决上述未办证土地及房屋事宜，2019年5月17日，自然资源部办公厅向北京、天津、河北、江苏、安徽省(市)自然资源主管部门下发《关于积极做好铁路不动产登记发证服务工作的函》，提及“国家投资的铁路工程项目，包含铁路用地和铁路生产生活用房等附属设施，主要依据《铁路法》《铁路建设管理办法》《铁路建设工程勘察设计管理办法》等履行规划报批和基本建设手续，经过国家统一立项、统一规划、统一建设、统一验收，有自己相对独立的规划建设管理流程，在可行性研究等环节铁路企业也商请地方政府或部门参与，经批复的铁路初步设计抄送了设计的省(市)人民政府。因此，为支持铁路企业股改上市，加快推进京沪高铁、京福高铁涉及的铁路用地和生产生活用房(不含经营性用房，下同)首次登记发证，请5省(市)不动产登记机构根据申请，结合现行铁路项目依法依规已经形成的完整材料，直接为国家投资的铁路用地和生产生活用房办理不动产登记手续，尽快完成登记发证工作，不应要求铁路企业到属地补办规划、竣工验收等手续。”

发行人的控股股东中国铁投、实际控制人国铁集团均已于2019年10月出具《关于未取得权属证书的房屋、土地相关事宜的承诺函》，承诺：“一、发行人未取得权属证书的房屋及土地目前均由发行人占有及正常使用，发行人经营状况良好，不存在因该等房屋、土地占有使用的相关情况而无法持续、正常经营的情形。二、截至本承诺函出具日，发行人尚未取得权属证书的房屋及土地不存在影响或可能影响发行人持续、正常经营及本次发行上市的权属争议。三、本公司将积极督促并进最大努力协助发行人未取得权属证书的房屋及土地的办证工作。四、如发行人因上述尚未取得权属证书的房屋及土地相关情形与任何第三方发生权属争议、受到相关主管部门的处罚、无法继续使用该等房屋、土地对发行人生产经营活动产生其他不利影响，本公司将承担发行人因此遭受的经济损失。”

此外，国铁集团进一步书面确认：发行人未取得权属证书的房屋均为铁路生产生活用房，在建设过程中已依据《铁路法》、《铁路建设管理办法》、《铁路建设工程勘察设计管理办法》等履行规划报批和建设手续。

根据发行人及其控股股东、实际控制人的确认，与相关自然资源主管部门的访谈或现场咨询并经本所律师查询裁判文书网、人民法院公告网、全国法院失信被执行人名单信息公布与查询系统、全国法院被执行人信息查询系统、人民检察院案件信息公开网、国家企业信用信息公示系统、京沪高速铁路沿线省市国土主管部门网站，发行人目前正常使用上述未取得权属证书的土地、房屋，该等土地及房屋无重大权属争议；发行人报告期内未因用地情况及土地、房屋权属事宜受到行政处罚。

基于上述，本所认为，发行人合法拥有上述已取得权属证书的土地使用权及房屋；就尚未办证的土地及房屋，鉴于(1)京沪高速铁路是国家战略性重大交通工程和"八纵八横"高速铁路主通道的组成部分，(2)发行人未办证土地面积占土地总面积的比例较小(4.03%)，(3)发行人控股股东中国铁投、实际控制人国铁集团已作出上述承诺及确认，(4)自然资源部已出具上述《关于积极做好铁路不动产登记发证服务工作的函》，发行人部分土地未取得权属证书的情形不会对发行人的持续经营及本次发行上市造成重大不利影响。

(二)租赁物业

根据发行人提供的资料、确认并经核查，发行人目前无租赁使用的土地，合计租赁使用8处房屋，均用于办公或职工公租房。

就该等房屋，出租方均未提供房屋权属证书。其中，就发行人主要办公用房北京市海淀区北蜂窝路5号院1号写字楼第三、四层，2019年1月25日，中关村科技园区海淀园管理委员会出具《原铁道部住宅配套用房房屋权属及用途证明》，载明：原铁道部住宅配套用房位于海淀区北蜂窝路5号院，房屋权属归原铁道部所有，该房屋用途为办公及商业用房，由于客观原因，尚未取得房屋所有权证。该配套用房由铁总服务有限公司管理运营，用于引入高科技创新性企业，目前入驻的企业有京沪高铁公司、中铁联合国际集装箱有限公司等重点企业，证明有效期至2019年12月31日。

经核查，发行人上述房屋租赁未办理租赁备案。根据最高人民法院《关于适用〈中华人民共和国合同法〉若干问题的解释(一)》"法律、行政法规规定合同应当办理登记手续，但未规定登记后生效的，当事人未办理登记手续不影响合同的效力，合同标的物所有权及其他物权不能转移"及《关于审理城镇房屋租赁合同纠纷案件具体应用法律若干问题的解释》(法释〔2009〕11号)"出租人就同一房屋订立数份租赁合同，在合同均有效的情况下，承租人均主张履行合同的，人民法院按照下列顺序确定履行合同的承租人：(一)已经合法占有租赁房屋的；(二)已经办理登记备案手续的；(三)合同成立在先的"的规定，未办理租赁备案不影响租赁合同的效力，发行人继续使用其已经实际合法占有但未办理租赁登记备案的承租房屋不存在重大法律风险。

鉴于未办理房屋租赁备案及出租方未提供或提供房屋权属证书不影响租赁合同的效力且上述房屋仅用于办公或员工住宿，发行人有权依据租赁合同的约定使用该等租赁房屋，上述瑕疵情况不会对发行人的持续经营及本次发行上市造成重大不利影响。

(三)知识产权

1. 商标

根据发行人提供的资料并经本所律师查询中国商标网，截至本法律意见书出具日，发行人目前使用309项已注册商标。根据发行人提供的《商标证》并经核查，发行人合法拥有上述商标。

2. 计算机软件著作权

根据发行人提供的资料并经核查，截至本法律意见书出具日，发行人拥有5项计算机软件著作权。根据发行人提供的《计算机软件著作权登记证书》并经核查，发行人合法拥有上述计算机软件著作权。

3. 域名

根据发行人提供的资料并经核查，截至本律师工作报告出具日，发行人拥有11项域名。根据发行人提供的《中国国家顶级域名证书》、《国际顶级域名证书》等并经核查，发行人合法拥有上述域名。

(四)主要生产经营设备

截至2019年9月30日，公司主要生产经营设备主要包括线路、信号设备、通信设备、机械动力设备、运输起动设备、传导设备、电气化供电设备、仪器仪表、工具及器具、信息技术设备等。

(五)发行人分、子公司

根据发行人的确认并经本所律师查询国家企业信用信息公示系统,截至本法律意见书出具日,发行人无分公司、控股或参股子公司。

(六)主要财产所有权或使用权的受限制情况

根据发行人提供的资料、发行人确认,本所认为,截至本法律意见书出具日,发行人的上述主要财产不存在抵押、质押等所有权或使用权受限制情况。

十一、发行人的重大债权债务

(一)经本所律师核查,截至本律师工作报告出具日,发行人及其下属公司正在履行的可能对其生产经营活动以及资产、负债和权益产生重大影响的合同主要包括与北京局集团、济南局集团、上海局集团签署的《京沪高速铁路委托运输管理合同》、《京沪高速铁路客站商业资产委托经营合同》,与中铁电气化局及北京局集团、济南局集团、上海局集团分别签署的《京沪高速铁路牵引供电、电力设施北京局管段委托运行维修管理合同》、《京沪高速铁路牵引供电、电力设施济南局管段委托运行维修管理合同》、《京沪高速铁路牵引供电、电力设施上海局管段委托运行维修管理合同》,其他采购合同,借款合同等。

经核查,本所认为,上述重大合同的内容和形式合法有效。根据发行人确认并经金杜核查,发行人的上述重大合同不存在法律纠纷,发行人履行该等合同项下的义务与其依据其他合同或法律文件承担的义务没有冲突;发行人已经履行完毕的重大合同不存在潜在纠纷。

(二)经核查,本所认为,发行人作为上述重大合同的主体,继续履行该等合同不存在实质性法律障碍。

(三)根据发行人相关主管部门出具的证明、本所律师在中国裁判文书网、全国法院失信被执行人名单信息公布与查询系统等网站的查询、发行人确认并经核查,发行人报告期内没有因知识产权、产品质量、劳动安全、人身权等原因产生的重大侵权之债。

(四)除《律师工作报告》"九、关联交易和同业竞争"所述之外,发行人与其关联方之间不存在其他重大债权债务关系;发行人与其关联方之间不存在相互提供担保的情况。

(五)根据《审计报告》及发行人确认,报告期内,发行人金额较大的应收款、应付款是因正常的经营及投资活动发生,合法有效。

十二、发行人的重大资产变化及收购兼并

(一)发行人历次增资、减资

经本所律师核查,发行人自设立至本法律意见书出具日未发生合并、分立,进行了3次增资、1次减资,具体情况请见本法律意见书"七、发行人的股本及其演变"。

(二)发行人重大资产收购、出售

为厘清发行人资产边界,明确管理责任,按照国家批复的《新建京沪高速铁路可行性研究报告》和《发起人协议》,考虑相关资产的功能发挥、运用管理,原铁路总公司于2013年12月27日下发《关于京沪高速铁路股份有限公司资产范围有关问题的指导意见》(铁总计统[2013]195号),对发行人资产范围调整涉及的资产划入、划出提出相关调整意见。

依据该等调整意见,发行人2013年第二次临时股东大会审议通过《京沪高速铁路股份有限公司部分资产调整划转方案》、2014年临时股东大会审议通过《京沪高速铁路股份有限公司部分资产调整划转情况报告》,审议通过相关资产划入、划出事宜。

为确定资产交易价格,发行人聘请北京中企华资产评估有限责任公司以2013年9月30日为评估基准日采用成本法对拟划入、划出的相关实物资产进行评估并出具评估报告,评估结果均已经原铁路总公司备案;天职事务所以实际发生的征地拆迁补偿费用为基础,参照"同地域、同区位、同政策、同标准"原则对涉及的土地开展审计并出具了专项审计报告。

根据土地专项审计及实物资产评估结果,发行人分别与相关资产划入方、划出方签署资产移交协议(及补充协议或安排),并相应办理资产移交手续。

上述资产划入、划出已经原铁路总公司批准并经发行人股东大会审议通过,符合当时法律法规的规定,已履行必要的法律手续,不会对发行人发本次行上市的实质条件产生实质性影响。

(三)经本所律师核查,截至本法律意见书

出具日，除本次发行上市募集资金拟用于收购标的股权外，发行人没有拟进行的资产置换、资产剥离、重大资产出售或收购等计划或安排。本次发行上市募集资金拟用于收购标的股权的具体情况详见本法律意见书“十九、发行人募集资金的运用”。

十三、发行人公司章程的制定与修改

（一）经本所律师核查，发行人公司章程的制定及最近三年的历次修订均经股东大会以特别决议审议通过，其内容符合当时法律法规的规定。

（二）经本所律师核查，《发行人章程》的内容符合《公司法》等现行法律法规的规定。

（三）为本次发行上市之目的，发行人已按照《公司法》、《章程指引》及其他有关规定制定了《发行人上市章程（草案）》，《发行人上市章程（草案）》已获发行人 2019 年第一次临时股东大会、2019 年第四次临时股东大会审议通过，待发行人完成本次发行上市之日起生效并实施。

十四、发行人股东大会、董事会、监事会议事规则及规范运作

（一）经本所律师核查，发行人已经按照《公司法》及《发行人章程》等规定，设立了股东大会、董事会、监事会，选举了公司董事（包括职工董事）、监事（包括职工监事），并聘请了总经理、副总经理、总会计师、董事会秘书等高级管理人员。公司董事会由 11 名董事组成，监事会由 7 名监事组成。本所认为，发行人具有健全的组织机构。

（二）经本所律师核查，发行人根据《公司法》并参照《上市公司股东大会规则》等规定，制定了《股东大会议事规则》、《董事会议事规则》、《监事会议事规则》，该等议事规则及公司治理制度符合相关法律法规的规定。

（三）经核查，本所认为，发行人近三年历次股东大会、董事会及监事会会议的决议内容及签署均合法、合规、真实、有效。

（四）经核查，发行人股东大会、董事会历次授权及重大决策行为符合《公司法》、《发行人章程》和有关内部治理制度规定的股东大会或董事会的职权范围，合法、合规、真实、有效。

十五、发行人董事、监事和高级管理人员及其变化

（一）发行人现任董事 11 名，其中独立董事 4 名、职工董事 1 名；现任监事 7 名，其中职工监事 3 名；高级管理人员共 5 名，其中总经理 1 名（兼任副董事长）、副总经理 2 名、总会计师 1 名、董事会秘书 1 名。

本所认为，发行人董事、监事和高级管理人员的任职，符合有关法律法规及《发行人章程》的规定。

（二）根据发行人股东大会、董事会、监事会、职工大会决议，发行人近三年以来董事、监事及高级管理人员变化符合有关法律法规及当时发行人公司章程的规定，已履行了必要的法律程序。

根据发行人的确认、相关推荐函及相关董事和高级管理人员填写的调查表，报告期内，董事及高级管理人员的变动主要是源于国有企业董事会的正常换届、正常的干部任免；变动后新增的非独立董事、高级管理人员大多来自原股东推荐或发行人内部培养产生，符合公司经营发展需要；新增或更换的四名独立董事系为完善公司治理聘任。因此，本所认为，发行人董事、高级管理人员最近三年内没有发生重大变化，符合《首发管理办法》第十二条的规定，上述人员的变化均履行了必要的法律程序。

（三）发行人的独立董事为张星臣、李世辉、林义相、王玉亮。

经本所律师核查，发行人的独立董事任职资格、职权范围符合法律法规及中国证监会的有关规定。

十六、发行人的税务

（一）根据《审计报告》、《纳税情况鉴证报告》及发行人确认，本所认为，发行人执行的主要税种、税率符合现行法律法规的规定。

（二）根据发行人提供的《企业所得税优惠事项备案表》、《审计报告》、《纳税情况鉴证报告》并经核查，发行人报告期内享受的税收优惠合法、合规、真实、有效。

（三）根据发行人的确认、《审计报告》并经核查，发行人报告期内未收到财政补贴。

（四）根据发行人的确认、主管税务机关出

具的证明并经核查,发行人最近三年不存在受到税务部门处罚的情形。

十七、发行人的环境保护和产品质量、技术等标准

(一)根据发行人确认并经本所核查,发行人最近三年不存在因违反环境保护方面的法律法规而受到处罚的情形。

(二)根据发行人确认并经本所核查,发行人最近三年不存在因违反产品质量和技术监督标准而受到质监、安监部门处罚的情形。

十八、发行人的劳动及社会保障

根据发行人提供的员工名册,截至2019年9月30日,公司员工总数为67人,其中25人为借调员工。发行人正在对借调人员进行清理,对需要留用的员工签署劳动合同,规范劳动关系。

根据相关主管部门开具的证明、发行人确认并经核查,发行人最近三年不存在因违反劳动及社会保障方面的法律法规而受到处罚的情形。

十九、发行人募集资金的运用

(一)根据发行人2019年第四次临时股东大会决议,本次发行上市的募集资金在扣除发行费用后,将用于收购上海局集团持有的京福安徽公司54.0769%股权、铁路发展基金持有的京福安徽公司10.9990%股权,京福安徽公司的具体情况详见下文。经核查,本所认为,发行人本次募集资金收购标的股权已取得现阶段必要的批准或授权。

(二)根据京福安徽公司各股东的确认并经核查,标的股权权属清晰,不存在委托持股、信托持股或类似安排,未设置质押等限制转让的第三方权利,也不存在被查封、冻结等限制转让的情形;发行人与上海局集团、铁路发展基金签订的《关于京福铁路客运专线安徽有限责任公司之股权收购协议》的内容不违反法律、行政法规的强制性规定,将自其约定的生效条件全部得到满足之日起生效。

(三)京福安徽公司基本情况

京福安徽公司持有安徽省工商行政管理局于2019年7月29日核发的统一社会信用代码为913400006881467871的《营业执照》。根据京福安徽公司的确认并经核查,本所认为,京福安徽公司为依法设立并有效存续的有限责任公司,不存在根据相关法律法规或其公司章程应予解散或终止的情形。

根据京福安徽公司的工商登记资料等,京福安徽公司的设立及历次股权变动情况如下:

2009年5月,上海局集团认缴12.225亿元、安徽投资认缴2.775亿元共同设立京福安徽公司,首期出资3亿元,其中上海局集团首期以货币出资2.445亿元,安徽投资首期以货币出资0.555亿元。京福安徽公司据此办理了工商设立登记,取得注册号为340000000045967的《企业法人营业执照》。

2011年5月,上海局集团、安徽投资缴纳第二期出资,新增实收注册资本12亿元,累计实收资本15亿元,占注册资本100%。京福安徽公司据此办理了工商变更登记,换发注册号为340000000045967的《企业法人营业执照》。

2015年9月,京福安徽公司新增股东铁路发展基金;注册资本由15亿元增加至319.52亿元,其中,上海局集团认缴出资246.24亿元,安徽投资认缴出资45.09亿元,铁路发展基金认缴出资10亿元。京福安徽公司据此办理了工商变更登记,换发注册号为340000000045967的《企业法人营业执照》。

2015年11月,京福安徽公司注册资本增加至760.84亿元,其中,上海局集团认缴出资255.24亿元,占注册资本33.55%,安徽投资认缴出资149.16亿元,占注册资本19.6%,铁路发展基金认缴出资356.44亿元,占注册资本46.85%。京福安徽公司据此办理了工商变更登记,换发统一社会信用代码为913400006881467871的《营业执照》。

2019年7月,京福安徽公司注册资本增加至786.62亿元,其中,上海局集团认缴出资425.38亿元、占比54.08%;铁路发展基金认缴出资186.30亿元、占比23.68%;安徽投资认缴出资174.94亿元、占比22.24%。京福安徽公司据此办理了工商变更登记,换发统一社会信用代码为913400006881467871的《营业执照》。

根据天职事务所出具的天职业字[2019]32302号《关于京福铁路客运专线安徽有限责任公司验资报告的专项复核说明》,截至2019

年 9 月 30 日,京福安徽公司的股权结构及注册资本实缴情况如下表所示,其中上海局集团、铁路发展基金出资均为货币出资,安徽投资出资为货币出资 723,219.90 万元、征地拆迁费用 928,050.47 万元、站房合作建设资金 32,461.00 万元:

序号	股东名称	认缴出资		实缴出资	
		金额(万元)	比例	金额(万元)	比例
1	上海局集团	4,253,800.00	54.08%	4,023,980.00	51.16%
2	安徽投资	1,749,400.00	22.24%	1,673,731.37	21.28%
3	铁路发展基金	1,863,000.00	23.68%	1,863,000.00	23.68%
合计		7,866,200.00	100.00%	7,560,711.37	96.12%

国铁集团于 2019 年 10 月出具《关于京福铁路客运专线安徽有限责任公司历史沿革情况的确认函》,载明其"确认京福安徽公司上述增资或持股比例调整行为真实、明确、有效,不存在纠纷或潜在纠纷情形,未履行资产评估及备案的情形未导致国有资产流失,京福安徽公司股权权属清晰,不会对本次募集资金收购京福安徽公司股权造成重大不利影响。京福安徽公司自设立至今,历次增资价格及股比调整均为 1 元/注册资本,符合铁路建设的实际,定价合理,不会损害相关股东的利益。"此外,京福安徽公司各股东均已书面确认京福安徽公司自设立至今的历次增资或股比调整符合铁路建设的实际,不会损害其股东利益。

(四)京福安徽公司业务情况

京福安徽公司主营业务为高铁旅客运输,是合肥至蚌埠铁路客运专线、合肥至福州铁路客运专线安徽段、商丘至合肥至杭州铁路安徽段、郑州至阜阳铁路安徽段的投资、建设、运营主体。福安徽公司本身不担当列车,仅提供路网服务,其他铁路运输企业担当的列车在京福安徽公司运营高铁线路上运行时,向其提供线路使用、接触网使用等服务并收取相应费用等。

其中,合肥至蚌埠铁路客运专线、合肥至福州铁路客运专线安徽段已开通运营。根据京福安徽公司和上海局集团签署的《合福高铁(上海局管段)委托运输管理协议》、《合蚌铁路客运专线委托运输管理协议》及与南昌局集团签署的《合肥至福州铁路安徽段委托运输管理协议》,京福安徽公司通过委托运输管理模式,委托铁路沿线的上海局集团、南昌局集团对其已开通运营的高铁线路进行运输管理。

根据京福安徽公司提供的资料、京福安徽公司确认并经核查,本次募集资金投资项目符合国家产业政策等法律法规的情况如下:

1. 产业政策方面

京福安徽公司主要从事高速铁路建设和运营,属于"铁路新线建设",是国家发改委《产业结构调整指导目录(2011 年本,2013 年修订)》规定的鼓励类产业范围,符合国家产业政策。

京福安徽公司建设运营的线路均已取得国家相关主管部门关于可行性研究报告的批复。

2. 环境保护方面

京福安徽公司未被纳入重点排污单位名录,报告期内未发生对环境有重大影响的事项,未因违反环境保护相关法律法规受到行政处罚。

京福安徽公司建设运营的线路均已取得国家相关主管部门关于环境影响报告书的批复。

3. 土地管理方面

截至 2019 年 9 月 30 日,京福安徽公司共有土地使用权 601 宗,总面积约为 3,108.27 万平方米,总体情况如下:

线　　路	类　　型	宗数	面积(万平方米)	面积占比
运营线(合蚌铁路、合福铁路安徽段)	已取得权属证书	67	1,265.03	88.31%
	未取得权属证书	279	167.49	11.69%

续表

线　　路	类　　型	宗数	面积(万平方米)	面积占比
小　　计		346	1,432.52	100.00%
在建线(商合杭铁路安徽段、郑阜铁路安徽段)	已取得权属证书	54	382.35	22.82%
	未取得权属证书	201	1,293.40	77.18%
小　　计		255	1,675.75	100.00%

京福安徽公司合法拥有并使用上述已取得权属证书的划拨土地使用权,以划拨方式使用上述土地符合《土地管理法》、《划拨用地目录》等法律法规的规定,已办理了必要的审批和登记手续。京福安徽公司未办证土地均为铁路交通设施用地,相关铁路均经国家发改委批复建设且已开通运营或正在建设过程中,从保障铁路运输经济、安全、效率及铁路建设有序进行的角度,因土地未取得权属证书而需要改线或搬迁的风险较低,报告期内京福安徽公司未因用地情况及土地权属事宜受到诉讼或行政处罚。

基于上述,本所认为,公司的募集资金投资项目符合国家产业政策,不存在因违反环境保护、土地管理等方面法律法规而受到处罚的情形。

二十、发行人业务发展目标

根据发行人说明及《招股说明书(申报稿)》,京沪高铁连接着“京津冀”和“长三角”两大经济区,稳定的客流为公司良性发展提供了坚实基础,公司将围绕“资产经营、资本运营、委管监督、品牌塑造、依法治理”基本定位,积极推进京沪高铁标准示范线建设,力争在安全管理、设备质量、服务水平、运输效率、综合效益、品牌形象等方面达到世界一流水平。

公司的经营目标包括:(1)在安全管理方面,构建人防、物防、技防“三位一体”的高铁安全保障体系,不发生责任旅客死亡事故、不发生一般A类及以上责任铁路交通事故;(2)在设备设施方面,按照高标定位、从严要求的原则,实现设备设施配备质量管理达标、状态实时掌控、维修组织高效,最大化降低京沪高铁本线运行动车组故障率;(3)在运营管理方面,统筹市场需求、运输能力和装备运用,通过增加运输密度、提高客座率、提升列车开行质量等方式,促使公司经营综合效益达到世界先进水平;(4)在站车服务方面,以《铁路旅客运输服务质量规范》为基础,通过不断丰富服务内容,持续提升旅客购票、进出站、信息获取等服务水平;(5)在经营开发和品牌创建方面,通过丰富业态和提升服务品质等逐步培育“京沪高铁”品牌,并在经营管理、市场开发等方面彰显品牌效应。

本所认为,发行人上述经营目标与其主营业务一致,符合相关法律法规的规定,不存在潜在的法律风险。

二十一、诉讼、仲裁或行政处罚

(一)发行人

1. 诉讼、仲裁

根据发行人提供的资料、确认并经本所律师查询裁判文书网、人民法院公告网、全国法院失信被执行人名单信息公布与查询系统、全国法院被执行人信息查询系统、人民检察院案件信息公开网等,截至本法律意见书出具日,发行人标的金额超过1,000万元的未决诉讼、仲裁情况如下:

(1)公司与博格公司的技术服务合同纠纷

2009年9月18日,发行人、中铁设计、中技招标公司与博格公司签署《京沪高速铁路板式无砟轨道系统技术服务合同》,约定博格公司向发行人、中铁设计提供设计技术咨询服务、打磨机的监造及联调联试技术咨询、对制板的监造、施工技术服务等在内的所有服务,合同价款约定为“合同共需3070人月,合同价款总额为人民币699,878,600元”,并就技术服务人员资质及数量、合同价款、根据考核支付价款、考核标准及违约责任等进行了约定。

2018年1月10日,博格公司向中国国际经济贸易仲裁委员会递交《仲裁申请书》,主张合同为固定价格合同、对服务的考核不是主要取决于人月等,其已提供了上述合同项下的所有服务,目前合同价款已部分结算,被申请人未支付金额为人民币313,177,547元;要求裁决被申请人京沪高铁公司、中铁设计、中技招标公司支付313,177,547元及利息总额114,439,968.57元(计算至2017年12月31日),承担博格公司在仲裁程序中支出的所有律师费和其他费用和支出,以及承担本案所有仲裁费用。

2018年7月30日,中国国际经济贸易仲裁委员会受理该案。

2018年10月20日,发行人、中铁设计、公司向中国国际经济贸易仲裁委员会递交《仲裁答辩书》,认为博格公司关于本案所涉合同为与人月无关的固定价格合同、对服务的考核不主要取决于人月等主张不能成立,技术服务接受方根据博格公司提供的技术服务内容和工作量(人月数)对其进行考核,实际支付的款项已经覆盖博格公司实际完成的服务内容和工作量,博格公司无权再要求答辩人支付任何其他款项。

截至本法律意见书出具日,发行人、中铁设计及博格公司尚未就仲裁庭组成达成共识。

(2)公司与昌宇棉业的纠纷

2017年1月18日,昌宇棉业向天津铁路运输法院递交《民事起诉状》,主张京沪高铁运营导致昌宇棉业无法正常经营,迫使其在2011年11月正式停产,至今无法复产。昌宇棉业诉请判令发行人停止侵害、排除妨碍(方式包括但不限于:采取合理措施使昌宇棉业工厂可正常进行生产经营;或由发行人出资将昌宇棉业的案涉厂房及生产设备全部搬迁、重置;或向昌宇棉业支付工厂整体重置补偿费);赔偿因京沪高铁运行导致昌宇棉业停产期间(2011年10月30日至2016年10月30日)的经营损失1,642.59万元(昌宇棉业同时保留对后续年份经营损失的追索权);按照同期银行贷款利率对以上赔偿款自2011年10月30日起至实际清偿之日止向昌宇棉业支付利息;承担本案的案件受理费、评估费、鉴定费、律师费、差旅费等为诉讼支出的合理费用。

2018年12月14日,天津铁路运输法院作出(2017)津8601民初10006号《民事裁定书》,载明:"本院经审查认为,原被告双方均为从事现代化工业加工运营的企业,原告棉纺加工和被告高铁运营均会对周边环境产生影响。但本案被告高速铁路开通运营后,原告周边其他相关企业未受相关影响,原告的部分厂房被其他企业占用后,经营正常,且被告经营的高速铁路已经国家环保验收合格,不能认定原被告之间纠纷为环境污染责任纠纷。原被告双方因不动产相邻产生纠纷,原告在诉请中,亦陈述其自身生产经营排放的棉尘、短绒、飞絮等物质,会影响被告高速铁路的轨电线路、信号线路的正常工作状态。故本案应为相邻关系纠纷,并非环境污染责任纠纷",并依据《最高人民法院关于铁路运输法院案件管辖范围的若干规定》、《最高人民法院关于适用〈中华人民共和国民事诉讼法〉的解释》相关规定,裁定移送天津市北辰区人民法院处理。

2019年3月27日,天津市北辰区人民法院作出(2019)津0113民初1823号《民事裁定书》,认为本次需报请上级人民法院指定管辖,裁定中止诉讼。

2019年6月25日,天津市高级人民法院作出(2019)津民辖109号《民事裁定书》,裁定撤销天津铁路运输法院(2017)津8601民初10006号民事裁定,本案由天津铁路运输法院审理。

截至本法律意见书出具日,上述案件正在审理中。

就发行人与昌宇棉业的上述纠纷,代理该案件的北京市科瀚律师事务所于2019年10月9日出具意见,认为"本案的实质为征地拆迁遗留问题,原告以环境污染为案由进行缠讼,我方败诉并承担赔偿责任的可能性是极小的"。就发行人、中铁设计、中技招标公司与博格公司的服务合同纠纷,博格公司的仲裁请求不涉及京沪高铁的运行安排等,且博格公司在本协议项下对京沪高铁的技术服务已经提供完毕,京沪高铁已于2011年6月30日投入运营。

上述诉讼或仲裁的起诉书、仲裁申请书明确主张的标的金额分别为0.16亿元、4.28亿元,合计占发行人2018年度经审计总资产、净资产、净利润比例分别为0.25%、0.30%、4.33%,占相关财务指标的比例较小。

基于上述,本所认为,上述诉讼或仲裁事项不会对发行人的生产经营及财务成果造成重大不利影响。

2. 行政处罚

根据发行人的确认、相关主管部门出具的

证明并经本所律师查询国家企业信用信息公示系统、“天眼查”网站(http://www.tianyancha.com/)及相关主管部门网站,报告期内发行人不存在受到行政处罚的情况。

(二)持有发行人5%以上股份的股东

根据发行人相关股东确认并经本所律师查询裁判文书网、人民法院公告网、全国法院失信被执行人名单信息公布与查询系统、全国法院被执行人信息查询系统、人民检察院案件信息公开网等网站,发行人的控股股东及持有发行人5%以上股份的股东不存在尚未了结的或可预见的重大诉讼、仲裁及行政处罚案件。

(三)发行人的董事长、总经理

根据发行人的确认、发行人董事长及总经理的确认、本所并经本所律师查询裁判文书网、人民法院公告网、全国法院失信被执行人名单信息公布与查询系统、全国法院被执行人信息查询系统、人民检察院案件信息公开网等,发行人的董事长和总经理不存在尚未了结的或可预见的重大诉讼、仲裁及行政处罚案件。

二十二、本次发行上市涉及的相关承诺及约束措施

(一)经本所律师核查,发行人及其控股股东等责任主体已就本次发行上市签署股份锁定及限售、持股意向和减持意向、信息披露责任承诺等承诺,稳定股价预案已经股东大会审议通过,上述承诺内容合法、合规,符合证监会公告[2013]42号《中国证监会关于进一步推进新股发行体制改革的意见》对相关责任主体作出公开承诺事项的相关要求。

(二)经本所律师核查,发行人及其控股股东等责任主体已就未履行相关承诺的约束措施签署承诺,内容合法、合规,符合《关于进一步推进新股发行体制改革的意见》对相关责任主体作出公开承诺事项应同时提出未履行承诺时的约束措施的相关要求。

(三)经本所律师核查,发行人已就本次发行对即期回报摊薄的影响进行了分析,并制定了摊薄即期回报的填补措施。发行人董事、高级管理人员、控股股东及实际控制人已根据《关于首发及再融资、重大资产重组摊薄即期回报有关事项的指导意见》的要求,就确保发行人填补回报措施的切实履行作出了承诺。发行人第四届董事会第二次会议已将填补即期回报措施及上述相关承诺主体的承诺等事项形成议案,由发行人2019年第四次临时股东大会审议通过。

二十三、发行人《招股说明书(申报稿)》法律风险的评价

本所律师已参与《招股说明书(申报稿)》的编制和讨论,已审阅了《招股说明书(申报稿)》及其摘要,并特别审阅了其中引用本法律意见书和《法律意见书》的相关内容。本所认为,发行人《招股说明书(申报稿)》及其摘要引用的本法律意见书相关内容与本法律意见书无矛盾之处。本所对发行人《招股说明书(申报稿)》及其摘要中引用本法律意见书的相关内容无异议,确认《招股说明书(申报稿)》不致因引用本法律意见书的内容而出现虚假记载、误导性陈述或重大遗漏。

二十四、关于本次发行上市的总体结论性意见

综上所述,本所认为,发行人符合《证券法》、《公司法》、《首发管理办法》等有关法律法规规定的首次公开发行股票并上市的各项条件,不存在重大违法违规行为。本所对发行人《招股说明书(申报稿)》及其摘要中引用本法律意见书和《律师工作报告》的相关内容无异议,确认《招股说明书(申报稿)》不致因引用本法律意见书和《律师工作报告》的内容而出现虚假记载、误导性陈述或重大遗漏。发行人本次发行尚待获得中国证监会核准,本次发行完成后,经证券交易所审核同意,发行人股票可于证券交易所上市交易。

本法律意见书正本一式五份。

(以下无正文,下接签章页)

(本页无正文,为《北京市金杜律师事务所关于京沪高速铁路股份有限公司首次公开发行股票并上市的法律意见书》之签章页)

北京市金杜律师事务所

经办律师:唐丽子、韩杰、郭亮

单位负责人:王玲

二〇一九年十月二十一日

北京市海问律师事务所关于中国邮政储蓄银行股份有限公司首次公开发行人民币普通股(A股)股票及上市项目的法律意见书

致:中国邮政储蓄银行股份有限公司

北京市海问律师事务所(以下简称"本所")是经北京市司法局批准成立,在中华人民共和国(以下简称"中国",为本法律意见书之目的,不包括香港特别行政区、澳门特别行政区和台湾地区)具有合法执业资格的律师事务所。本所接受中国邮政储蓄银行股份有限公司(以下简称"发行人"或"邮储银行")的委托,担任发行人首次公开发行人民币普通股(A股)股票(以下简称"本次发行")并在上海证券交易所上市(以下简称"本次上市",与本次发行合称"本次发行及上市")的特聘专项法律顾问。应发行人的要求,本所根据《中华人民共和国公司法(2018年修订)》(以下简称"《公司法》")、《中华人民共和国证券法(2014年修订)》(以下简称"《证券法》")、《首次公开发行股票并上市管理办法(2018年修订)》(以下简称"《首发管理办法》")及其他中国现行有效的法律、行政法规、部门规章及规范性文件(以下合称"中国法律"),出具本法律意见书及《北京市海问律师事务所为中国邮政储蓄银行股份有限公司首次公开发行人民币普通股(A股)股票及上市项目出具法律意见书的律师工作报告》(以下简称"《律师工作报告》")。

为出具本法律意见书,本所依据中国律师行业公认的业务标准、道德规范和勤勉尽责精神,对发行人进行了审慎的尽职调查,查阅了本所认为必须查阅的文件,包括发行人提供的有关政府部门的批准文件、有关记录、资料和证明,以及现行有关法律、法规、行政规章和其他规范性文件,并就与发行人本次发行及上市相关的问题向有关管理人员进行了必要的询问或讨论,对有关问题进行了核实。此外,对于本所认为就出具本法律意见书至关重要而又无法得到独立的证据支持的事实,本所律师向发行人发出了书面询问、备忘录,或取得了政府有关主管部门、发行人或者其他有关机构对有关事实和法律问题出具的确认函和/或证明文件。上述文件资料、确认函和/或证明文件均构成本法律意见书的分析及结论的重要依据。

本所仅就与发行人本次发行及上市有关的中国法律问题发表法律意见,而不对有关会计审计、资产评估、投资决策等专业事项发表意见。本所并未就中国以外的其他司法管辖区域的法律事项进行调查,亦不就中国以外的其他司法管辖区域的法律问题发表意见。在本法律意见书中述及有关会计审计、资产评估、投资决策等专业事项或中国以外的其他司法管辖区域的法律事项时,均为严格按照其他有关专业机构出具的报告或意见引述,本所经办律师按照《律师事务所从事证券法律业务管理办法》的要求对此仅履行普通人一般的注意义务。本所在本法律意见书中对其他有关专业机构出具的报告或意见中某些数据和结论的引述,并不意味着本所对这些数据和结论的真实性和准确性做出任何明示或默示的保证。

为出具本法律意见书,本所特作如下声明:

1. 本所发表法律意见所依据的是本法律意见书出具日前已经发生或存在的有关事实和正式颁布实施的中国法律,本所基于对有关事实的了解和对有关法律的理解而发表法律意见;

2. 本所要求发行人提供本所认为出具本法律意见书所必备的和真实的原始书面材料、副本材料、复印材料或者口头证言,上述签署文件或作出说明、陈述与确认的主体均具有相应的权利能力和行为能力,与本所进行访谈的相关人员均有权代表其所任职的单位就相关问题做出陈述和/或说明;所提供的文件和所作出的说明、陈述与确认是完整、真实、准确和有效的,所提供文件中的所有签字和印章是真实的,任何已签署的文件和已作出的说明、陈述与确认均获得相关当事各方有效授权,且由其法定代表人或合法授权代表签署或授权作出,文件的复印件与原件相符,并且一切足以影响本法律意见书的事实和文件均已向本所披露,而无任何隐瞒、遗漏、虚假或误导之处,该等事实和文件于提供给本所之日及本法律意见书出具之日,未发生任何变更;所有政府批准、同意、证书、许可、登记、备案或其他的官方文件均为相关主体通过正当的程序以及合法的途径从有权的主管机关取得;

3. 本所及经办律师依据《证券法》《律师事务所从事证券法律业务管理办法》和《律师事务所证券法律业务执业规则(试行)》等规定及本法律意见书出具日以前已经发生或者存在的事实,严格履行了法定职责,遵循了勤勉尽责和诚实信用原则,进行了充分的核查验证,保证本法律意见书所认定的事实真实、准确、完整,所发表的结论性意见合法、准确,不存在虚假记载、误导性陈述或者重大遗漏,并承担相应法律责任;

4. 本所同意将本法律意见书及《律师工作报告》作为发行人申请本次发行及上市所必备的法律文件,随其他申报材料一同上报中国证券监督管理委员会(以下简称"中国证监会"),并依法对本法律意见书承担相应的法律责任;

5. 本所同意发行人在为本次发行及上市而编制的《中国邮政储蓄银行股份有限公司首次公开发行 A 股股票并上市股说明书(申报稿)》(以下简称"《招股说明书》")中自行引用或按中国证监会的审核要求引用本法律意见书或《律师工作报告》的全部或部分的内容,但发行人作上述引用时,不得因引用而导致法律上的歧义或曲解;

6. 本法律意见书及《律师工作报告》仅供发行人为本次发行及上市之目的使用,不得由任何其他人使用或用于任何其他目的。

基于上述,本所出具法律意见如下:

一、本次发行及上市的批准和授权

1.1　内部批准和授权

1.1.1　2017 年 10 月 27 日,发行人召开的 2017 年第二次临时股东大会、2017 年第二次内资股类别股东大会及 2017 年第二次 H 股类别股东大会,分别审议并通过了《关于中国邮政储蓄银行股份有限公司首次公开发行人民币普通股(A 股)股票并上市方案的议案》《关于中国邮政储蓄银行股份有限公司授权办理首次公开发行人民币普通股(A 股)股票并上市具体事宜的议案》《关于中国邮政储蓄银行股份有限公司首次公开发行人民币普通股(A 股)股票并上市前滚存利润分配方案的议案》等与本次发行及上市相关的议案,本次发行及上市的方案包括股票种类、每股面值、拟上市证券交易所、发行数量、发行对象、战略配售、发行方式、定价方式、承销方式、本次发行及上市方案的有效期等内容;2017 年 10 月 27 日,发行人召开的 2017 年第二次临时股东大会审议并通过了《关于修订〈中国邮政储蓄银行股份有限公司章程〉的议案》《关于中国邮政储蓄银行股份有限公司首次公开发行人民币普通股(A 股)股票并上市募集资金用途的议案》等与本次发行及上市相关的议案。

1.1.2　2018 年 6 月 28 日,发行人召开的 2017 年年度股东大会、2018 年第一次内资股类别股东大会及 2018 年第一次 H 股类别股东大会,分别审议并通过了《关于延长中国邮政储蓄银行股份有限公司首次公开发行人民币普通股(A 股)股票并上市方案有效期的议案》以及《关于延长中国邮政储蓄银行股份有限公司授权办理首次公开发行人民币普通股(A 股)股票并上市具体事宜有效期的议案》,将本次发行及上市方案的有效期以及授权办理本次发行及上市具体事宜有效期延长至自 2017 年年度股东大会、2018 年第一次内资股类别股东大会及 2018 年第一次 H 股类别股东大会审议通过之日起十二个月内有效(以下简称"原有效期届满日"),本次发行及上市方案和授权办理本次发行及上市具体事宜的内容保持不变。

1.1.3　2019 年 5 月 30 日,发行人召开的 2018 年年度股东大会、2019 年第一次内资股类别股东大会及 2019 年第一次 H 股类别股东大会,分别审议并通过了《关于延长中国邮政储蓄银行股份有限公司首次公开发行人民币普通股(A 股)股票并上市方案有效期的议案》以及《关于延长中国邮政储蓄银行股份有限公司授权办理首次公开发行人民币普通股(A 股)股票并上市具体事宜有效期的议案》,将本次发行及上市方案有效期以及授权办理本次发行及上市具体事宜有效期再次延长12个月,自原有效期届满日的次日起算,本次发行及上市方案和授权办理本次发行及上市具体事宜的内容保持不变。

1.1.4　本所认为,本次发行相关股东大会已依照法定程序作出了批准本次发行及上市的决议,决议的内容符合中国法律及发行人当时适用的公司章程的有关规定,合法有效;本次发行相关股东大会对董事会办理与本次发行及上市相关事项的授权范围、程序合法有效。

1.2　外部批准

1.2.1　2017年11月17日,中华人民共和国财政部(以下简称"财政部")出具《财政部关于中国邮政储蓄银行股份有限公司国有股权管理方案的批复》(财建函[2017]139号),就邮储银行国有股权管理方案有关事宜作出批复。

1.2.2　2019年6月6日,中国银行保险监督管理委员会(以下简称"中国银保监会")出具《中国银保监会关于邮储银行首次公开发行A股股票并上市和修改公司章程的批复》(银保监复[2019]565号),同意发行人首次公开发行A股股票并上市,核准《中国邮政储蓄银行股份有限公司章程》(以下简称"《公司章程》")。

1.2.3　2019年6月14日,中国银保监会办公厅出具《关于邮储银行监管意见书的函》(银保监办便函[2019]851号)及所附《中国邮政储蓄银行股份有限公司监管意见书》。

1.2.4　发行人本次发行尚待获得中国证监会的核准,本次上市尚待获得上海证券交易所审核同意。

二、本次发行及上市的主体资格

2.1　根据《财政部关于中国邮政储蓄银行股份制改革有关事项的批复》(财建[2011]1140号)及《中国银监会关于中国邮政储蓄银行整体改制为股份有限公司的批复》(银监复[2011]634号)的批准,在中国邮政储蓄银行有限责任公司整体改制的基础上,由邮政集团作为发起人以独家发起方式设立的股份有限公司。发行人设立的具体情况详见本法律意见书"四、发行人的设立"。发行人现持有北京市市场监督管理局于2019年6月3日核发的《营业执照》(统一社会信用代码:9111000071093465XC)。发行人为依法设立且合法存续的股份有限公司,截至本法律意见书出具之日,不存在根据中国法律和《公司章程》的规定需要终止的情形,符合《首发管理办法》第八条之规定。

2.2　截至本法律意见书出具之日,发行人的持续经营时间在3年以上,符合《首发管理办法》第九条之规定。

2.3　根据发行人现行有效的《营业执照》(统一社会信用代码:9111000071093465XC),发行人的注册资本为8,103,057.4万元;根据普华永道中天会计师事务所(特殊普通合伙)(以下简称"普华永道")于2017年11月28日出具的邮储银行历次实收资本验证的复核报告,发行人的注册资本已经足额缴纳;发起人或股东用作出资的主要资产的财产权转移手续已办理完毕(详见本法律意见书"十一、发行人的主要财产");根据发行人的确认并经核查,发行人的主要资产不存在重大权属纠纷,符合《首发管理办法》第十条之规定。

2.4　根据发行人现行有效的《营业执照》(统一社会信用代码:9111000071093465XC),发行人的经营范围为:"吸收公众存款;发放短期、中期、长期贷款;办理国内外结算;办理票据承兑和贴现;发行金融债券;代理发行、代理兑付、承销政府债券;买卖政府债券、金融债券;从事同业拆借;买卖、代理买卖外汇;从事银行卡业务;提供信用证服务及担保;代理收付款项及代理保险业务;提供保险箱服务;经中国银行业监督管理机构等监管部门批准的其他业务(企业依法自主选择经营项目,开展经营活动;依法须经批准的项目,经相关部门批准后依批准的内容开展经营活动;不得从事本市产业政策禁止和限制类项目的经营活动)。"经核查,发行人的经营符合法律、行政法规和发行人《公司章程》的规定,符合国家产业政策,符合《首发管理办法》第十一条之规定。

2.5　发行人最近三年内主营业务和董事、高级管理人员没有发生重大变化(详见本法律意见书"九、发行人的业务"和"十六、发行人董事、监事和高级管理人员及其变化"),实际控制人没有发生变更,符合《首发管理办法》第十二条之规定。

2.6　根据发行人的确认并经核查,发行人的股权清晰(详见本法律意见书“七、发行人的股本及其演变”),发行人控股股东持有的发行人股份不存在重大权属纠纷(详见本法律意见书“六、发行人的发起人和股东”),符合《首发管理办法》第十三条之规定。

综上,本所认为,发行人具备本次发行及上市的主体资格。

三、本次发行及上市的实质条件

3.1 主体资格

如本法律意见书“二、本次发行及上市的主体资格”所述,发行人具备本次发行及上市的主体资格,符合《首发管理办法》第八条至第十三条之规定。

3.2 规范运行

3.2.1 如本法律意见书“十五、发行人股东大会、董事会、监事会的议事规则及规范运作”和“十六、发行人董事、监事和高级管理人员及其变化”所述,发行人已经依法建立健全股东大会、董事会、监事会、独立董事和董事会秘书制度,相关机构和人员能够依法履行职责,具备健全且运行良好的组织机构,符合《证券法》第十三条第一款第(一)项和《首发管理办法》第十四条之规定。

3.2.2 根据发行人的董事、监事和高级管理人员书面确认并经核查,发行人的董事、监事和高级管理人员已经了解与股票发行上市有关的法律法规,知悉上市公司及其董事、监事和高级管理人员的法定义务和责任,符合《首发管理办法》第十五条之规定。

3.2.3 根据发行人的董事、监事和高级管理人员书面确认并经核查,发行人的现任董事、监事和高级管理人员符合法律、行政法规、部门规章规定的任职资格(详见本法律意见书“十六、发行人董事、监事和高级管理人员及其变化”),不存在下列情形,符合《首发管理办法》第十六条之规定:

(1)被中国证监会采取证券市场禁入措施尚在禁入期的;

(2)最近36个月内受到中国证监会行政处罚,或者最近12个月内受到证券交易所公开谴责;

(3)因涉嫌犯罪被司法机关立案侦查或者涉嫌违法违规被中国证监会立案调查,尚未有明确结论意见。

3.2.4 根据普华永道于2019年4月25日出具的《中国邮政储蓄银行股份有限公司截至2018年12月31日止的内部控制审核报告》(以下简称“《内部控制审核报告》”)、发行人于2019年4月25日出具的《中国邮政储蓄银行股份有限公司2018年12月31日财务报告内部控制有效性认定书》(以下简称“《内部控制有效性认定书》”)以及发行人的确认,发行人的内部控制制度符合《首发管理办法》第十七条之规定。

3.2.5 根据发行人的确认并经核查,如本法律意见书“十七、发行人的税务”之“17.4 税务行政处罚情况”和“二十一、诉讼、仲裁或行政处罚”之“21.2 发行人及其子公司的行政处罚”所述,发行人于2016年度、2017年度及2018年度(以下简称“报告期”或“最近三年”)内受到的行政处罚不会对本次发行及上市产生重大不利影响,发行人不存在《首发管理办法》第十八条规定的下列情形,符合《证券法》第十三条第一款第(三)项、第五十条第一款第(四)项之相关规定:

(1)最近36个月内未经法定机关核准,擅自公开或者变相公开发行过证券;或者有关违法行为虽然发生在36个月前,但目前仍处于持续状态;

(2)最近36个月内违反工商、税收、土地、环保、海关以及其他法律、行政法规,受到行政处罚,且情节严重;

(3)最近36个月内曾向中国证监会提出发行申请,但报送的发行申请文件有虚假记载、误导性陈述或重大遗漏;或者不符合发行条件以欺骗手段骗取发行核准;或者以不正当手段干扰中国证监会及其发行审核委员会审核工作;或者伪造、变造发行人或其董事、监事、高级管理人员的签字、盖章;

(4)本次报送的发行申请文件有虚假记载、误导性陈述或者重大遗漏;

(5)涉嫌犯罪被司法机关立案侦查,尚未有明确结论意见;和

(6)严重损害投资者合法权益和社会公共利益的其他情形。

3.2.6 发行人《公司章程》已明确对外担保的审批权限和审议程序;根据普华永道对发

行人报告期财务报表进行审计并于2019年4月25日出具的《审计报告》(以下简称“《审计报告》”)及发行人的确认,截至2018年12月31日,发行人不存在为控股股东、实际控制人及其控制的其他企业进行违规担保的情形,符合《首发管理办法》第十九条之规定。

3.2.7　根据发行人的确认并经核查,发行人有严格的资金管理制度;根据《审计报告》及发行人的确认,截至2018年12月31日,除正常的商业银行业务外,发行人不存在资金被控股股东、实际控制人及其控制的其他企业以借款、代偿债务、代垫款项或者其他方式占用的情形,符合《首发管理办法》第二十条之规定。

3.3　财务与会计

3.3.1　根据《审计报告》及发行人的确认,发行人资产质量和财务状况良好,资产负债结构合理,盈利能力较强且具有持续盈利能力,现金流量正常,符合《证券法》第十三条第一款第(二)项和《首发管理办法》第二十一条之规定。

3.3.2　根据《内部控制审核报告》及发行人出具的《内部控制有效性认定书》,发行人的内部控制在所有重大方面是有效的,符合《首发管理办法》第二十二条之规定。

3.3.3　根据《审计报告》,发行人最近三年会计基础工作规范,财务报表的编制符合企业会计准则和相关会计制度的规定,在所有重大方面公允地反映了发行人的财务状况、经营成果和现金流量,符合《首发管理办法》第二十三条之规定。

3.3.4　根据《审计报告》及发行人的确认,发行人最近三年编制财务报表以实际发生的交易或者事项为依据;在进行会计确认、计量和报告时保持了应有的谨慎;对相同或者相似的经济业务,选用了一致的会计政策,不存在随意变更的情形,符合《首发管理办法》第二十四条之规定。

3.3.5　根据《招股说明书》《审计报告》并经核查,发行人已完整披露主要关联方关系并按重要性原则恰当披露关联交易;根据发行人的确认及独立董事发表的相关意见,关联交易价格公允,不存在通过关联交易操纵利润的情形,符合《首发管理办法》第二十五条之规定。

3.3.6　根据《审计报告》、普华永道于2019年4月25日出具的《中国邮政储蓄银行股份有限公司2018年度、2017年度及2016年度非经常性损益明细表专项报告》及发行人的确认:

(1)发行人2016年度、2017年度及2018年度归属于普通股股东的扣除非经常性损益前后较低者的净利润分别为39,286百万元、47,683百万元和49,920百万元。发行人最近三个会计年度净利润均为正数且累计超过3,000万元,符合《首发管理办法》第二十六条第(一)项之规定;

(2)发行人2016年度、2017年度及2018年度的营业收入分别为188,809百万元、224,572百万元和260,995百万元,最近三个会计年度营业收入累计超过3亿元,符合《首发管理办法》第二十六条第(二)项之规定;

(3)截至2018年12月31日,发行人的净资产为475,313百万元,无形资产为1,696百万元(扣除土地使用权后),发行人最近一期的无形资产(扣除土地使用权后)在净资产中所占比例不高于20%,符合《首发管理办法》第二十六条第(四)项之规定;

(4)截至2018年12月31日,发行人的未分配利润为132,933百万元,发行人在最近一期期末不存在未弥补亏损,符合《首发管理办法》第二十六条第(五)项之规定。

3.3.7　发行人现股本总额为8,103,057.40万元,不少于3,000万元,符合《证券法》第五十条第一款第(二)项、《首发管理办法》第二十六条第(三)项之规定。

3.3.8　根据普华永道于2019年4月25日出具的《中国邮政储蓄银行股份有限公司2018年度、2017年度及2016年度主要税种纳税情况说明的专项报告》(以下简称“《纳税情况专项报告》”)、发行人的确认和主管税务机关出具的证明文件并经核查,发行人报告期内依法纳税,各项税收优惠符合中国法律的规定;根据《审计报告》及发行人的确认,发行人的经营成果对税收优惠不存在严重依赖,符合《首发管理办法》第二十七条之规定。

3.3.9　根据《审计报告》和发行人的确认并经核查,发行人不存在重大偿债风险,不存在影响其持续经营的担保、诉讼以及仲裁等重大或有事项,符合《首发管理办法》第二十八条之规定。

3.3.10　根据《审计报告》《招股说明书》和发行人的确认并经核查,发行人的本次发行申请文件中不存在以下情形,符合《首发管理办法》第二十九条之规定:

(1)故意遗漏或虚构交易、事项或者其他重要信息;

(2)滥用会计政策或者会计估计;

(3)操纵、伪造或篡改编制财务报表所依据的会计记录或者相关凭证。

3.3.11　根据《审计报告》和发行人的确认并经核查,发行人不存在下列影响其持续盈利能力的情形,符合《首发管理办法》第三十条之规定:

(1)发行人的经营模式、产品或服务的品种结构已经或者将发生重大变化,并对发行人的持续盈利能力构成重大不利影响;

(2)发行人的行业地位或发行人所处行业的经营环境已经或者将发生重大变化,并对发行人的持续盈利能力构成重大不利影响;

(3)发行人最近1个会计年度的营业收入或净利润对关联方或者存在重大不确定性的客户存在重大依赖;

(4)发行人最近1个会计年度的净利润主要来自合并财务报表范围以外的投资收益;

(5)发行人在用的商标、专利、专有技术以及特许经营权等重要资产或技术的取得或者使用存在重大不利变化的风险;

(6)其他可能对发行人持续盈利能力构成重大不利影响的情形。

3.3.12　根据《审计报告》和发行人的确认,发行人最近三年的财务会计文件无虚假记载,符合《证券法》第十三条第一款第(三)项、第五十条第一款第(四)项之相关规定。

综上,本所认为,发行人具备本次发行及上市的实质条件。

四、发行人的设立

4.1　发行人的前身为2007年3月6日设立的中国邮政储蓄银行有限责任公司。发行人系原中国邮政储蓄银行有限责任公司整体改制、由邮政集团独家发起设立的股份有限公司。

4.2　根据发行人提供的资料并经核查,发行人设立的程序、资格、条件、方式等符合发行人设立当时适用的法律、法规和规范性文件的规定,并得到了有权部门的批准。

4.3　根据发行人提供的资料并经核查,发行人设立过程中所签订的《关于中国邮政储蓄银行有限责任公司设立及整体变更为股份公司相关事项的协议》符合当时适用的法律、法规和规范性文件的规定,不会引致发行人设立行为存在潜在纠纷。

4.4　根据发行人提供的资料并经核查,发行人在设立过程中履行了资产评估、验资程序,资产评估结果已获得核准,符合当时适用的法律、法规和规范性文件的规定。

4.5　根据发行人提供的资料并经核查,发行人创立大会的召开程序及所议事项符合当时适用的法律、法规和规范性文件的规定。

五、发行人的独立性

5.1　资产独立、完整

根据《招股说明书》以及发行人的确认,除本法律意见书"十一、发行人的主要财产"另有说明外,发行人拥有完整的与经营有关的业务体系和相关资产,独立拥有与经营相关的土地、房屋以及注册商标、专利、著作权等知识产权的所有权或使用权。

5.2　人员独立

根据《招股说明书》以及发行人及其高级管理人员的确认,发行人的高级管理人员均未在邮政集团及其控制的其他企业中担任除董事、监事以外的其他行政职务或领取薪酬;发行人的财务人员未在邮政集团及其控制的其他企业中兼职。

5.3　财务独立

根据《招股说明书》《审计报告》以及发行人的确认,发行人建立了独立的财务核算体系,能够独立作出财务决策,具有规范的财务会计制度和对分支机构、子公司的财务管理制度;发行人不存在与邮政集团及其控制的其他企业共用银行账户的情形。

5.4　机构独立

根据《招股说明书》以及发行人的确认,发行人已建立健全内部经营管理机构,独立行使经营管理职权,不存在与邮政集团及其控制的其他企业机构混同的情形。

5.5　业务独立

根据《招股说明书》以及发行人的确认,发行人具有完整的业务体系和直接面向市场独立经营的能力,发行人的业务独立于邮政集团及其控制的其他企业,与邮政集团及其控制的其他企业之间不存在实质性同业竞争或显失公平的关联交易。

综上,发行人在《招股说明书》中披露已达到发行监管对公司独立性的基本要求。根据《招股说明书》、发行人的确认以及本所律师具有的专业知识所能够作出的合理判断,本所认为,发行人的资产、人员、财务、机构和业务均独立于邮政集团及其控制的其他企业。

六、发行人的发起人和股东

6.1　发起人的基本情况

邮储银行的发起人是邮政集团。经核查,本所认为,发行人的发起人为根据中国法律设立并依法存续的企业,具有法律、法规和规范性文件规定担任发起人的资格;发行人的发起人人数、住所、出资比例符合有关法律、法规和规范性文件的规定。

6.2　发起人投入发行人的资产

发行人系原中国邮政储蓄银行有限责任公司整体改制、由邮政集团独家发起设立的股份有限公司。根据财政部于 2011 年 12 月 23 日作出的《财政部关于中国邮政储蓄银行股份有限公司国有股权管理方案的批复》(财金[2011]181 号),邮政集团作为发起人独家发起设立中国邮政储蓄银行股份有限公司,发行人实收资本 4,500,000 万元,按每股面值 1 元设置发起人股份 4,500,000 万股,全部由邮政集团持有。根据北京中财华审会计师事务所有限公司于 2011 年 12 月 27 日出具的中财验字(2011)第 1201 号《验资报告》,截至 2010 年 12 月 31 日,发行人实收资本为 450 亿元。普华永道于 2017 年 11 月 28 日出具普华永道中天特审字(2017)第 2464 号《中国邮政储蓄银行股份有限公司 2011 年股份制改革实收资本验证的复核报告》,确认北京中财华审会计师事务所有限公司出具的中财验字(2011)第 1201 号《验资报告》的结论在所有重大方面与普华永道在上述复核过程中了解到的情况一致。

经核查,本所认为,发起人投入发行人的资产的产权关系清晰,不存在重大纠纷或争议,发起人将上述资产投入发行人不存在法律障碍。

6.3　发行人的控股股东和实际控制人

经核查,邮政集团现持有发行人 55,847,933,782股股份,占发行人股份总数的 68.92%,系发行人的控股股东和实际控制人。根据发行人的确认并经核查,发行人的实际控制人最近三年没有发生变更。

6.4　发行人的其他内资股股东

根据发行人提供的相关工商登记文件并经核查,截至本法律意见书出具之日,除邮政集团外,发行人其他内资股股东包括:中国人寿保险股份有限公司、中国电信集团有限公司、浙江蚂蚁小微金融服务集团股份有限公司、深圳市腾讯网域计算机网络有限公司。经核查,前述四家股东不属于《证券投资基金法》《私募投资基金监督管理暂行办法》及《私募投资基金管理人登记和基金备案办法(试行)》规范的私募投资基金。

七、发行人的股本及其演变

7.1　自中国邮政储蓄银行有限责任公司设立至本法律意见书出具之日,发行人发生了 5 次增资、整体变更为股份有限公司、首次公开发行 H 股并上市及 1 次境外非公开发行优先股。经核查,本所认为,发行人设立时的股权设置、股本结构合法有效,产权界定和确认不存在纠纷及风险,发行人历次股权变动合法、合规、真实、有效。

7.2　根据发行人的确认并经核查,截至本法律意见书出具之日,发起人股东所持发行人的股份不存在设置质押或被冻结的情形。

八、发行人的子公司

截至本法律意见书出具之日,发行人拥有一家子公司,即中邮消费金融有限公司(以下简称“中邮消费金融”或“子公司”)。根据发行人的确认并经核查,本所认为,发行人的子公司为合法设立并有效存续的中外合资经营企业,发行人合法持有子公司的股权,该股权不存在质押、冻结或其他权利受到限制的情形。根据发行人的确认,截至本法律意见书出具之日,发行人的子公司不存在根据中国法律及其公司章程须予终止、解散的情形。

九、发行人的业务

9.1　发行人及其分支机构、代理营业机构的业务经营

9.1.1　根据北京市市场监督管理局于2019年6月3日核发的《营业执照》(统一社会信用代码:9111000071093465XC),发行人经核准登记的经营范围为:“吸收公众存款;发放短期、中期、长期贷款;办理国内外结算;办理票据承兑和贴现;发行金融债券;代理发行、代理兑付、承销政府债券;买卖政府债券、金融债券;从事同业拆借;买卖、代理买卖外汇;从事银行卡业务;提供信用证服务及担保;代理收付款项及代理保险业务;提供保险箱服务;经中国银行业监督管理机构等监管部门批准的其他业务。(企业依法自主选择经营项目,开展经营活动;依法须经批准的项目,经相关部门批准后依批准的内容开展经营活动;不得从事本市产业政策禁止和限制类项目的经营活动。)”。发行人持有中国银行业监督管理委员会(以下简称“中国银监会”,现已与中国保险监督管理委员会合并为中国银保监会)于2012年1月5日核发的机构编码为B0018H111000001的《金融许可证》。

发行人在中国22个省、5个自治区、4个直辖市及5个计划单列市所设一级分行(以下简称“一级分行”)截至2018年12月31日已取得工商行政机关/市场监督管理机关核发的《营业执照》以及中国银保监会派出机构核发的《金融许可证》。

经核查,本所认为,发行人及其一级分行的经营范围和经营方式符合中国法律的规定,已经取得了主要业务所需的相关许可和/或批准。

9.1.2　根据中国银监会于2015年11月30日颁布的《中国银监会关于印发邮政储蓄银行代理营业机构管理办法(修订)的通知》(银监发[2015]49号)及所附《中国邮政储蓄银行代理营业机构管理办法(修订)》,代理营业机构是指经银行业监督管理机构批准取得金融许可证,在邮储银行委托业务范围内办理商业银行有关业务的邮政企业营业机构(以下简称“代理营业机构”),代理营业机构是邮储银行服务网络的组成部分。邮政企业是指邮政集团及其下属提供邮政普遍服务的各级分支机构。2016年9月7日,发行人与邮政集团签署《代理营业机构委托代理银行业务框架协议》,对代理营业机构的管理、委托代理业务管理、风险控制与责任认定及代理费用等事项进行了约定。

9.2　发行人子公司的业务经营

根据广州南沙经济技术开发区行政审批局于2018年3月16日核发的《营业执照》(统一社会信用代码:91440115MA59ATXN6C)、中国银监会广东监管局于2015年11月17日核发的机构编码为X0011H244010001的《金融许可证》并经核查,本所认为,发行人子公司章程所载的经营范围符合中国法律的规定,已经取得了主要业务所需的相关许可和/或批准。

9.3　发行人在中国境外的经营

根据《审计报告》及发行人的确认,发行人未在中国境外开展业务。

9.4　主营业务

根据《审计报告》、发行人的确认并经核查,发行人报告期内的主营业务收入占其营业收入的绝大部分。

经核查,报告期内,发行人的主营业务突出,且未发生重大变化。

9.5　持续经营

根据发行人现行有效的《营业执照》和《审计报告》,并经核查,截至本法律意见书出具之日,发行人不存在影响其持续经营的重大法律障碍。

十、关联交易及同业竞争

10.1　发行人的关联方及关联关系

根据中国法律的相关规定,发行人的主要关联方及关联关系如下:

10.1.1　发行人的控股股东及实际控制人:邮政集团持有发行人68.92%的股份,是发行人的控股股东和实际控制人。

10.1.2　发行人的控股股东、实际控制人控制的其他重要企业或单位:除发行人及其子公司以外,发行人的控股股东、实际控制人邮政集团直接控制的其他重要企业或单位共计95家。

10.1.3　发行人的董事、监事和高级管理人员。

10.2　发行人与主要关联方之间的重大关联交易

发行人与主要关联方之间正在履行的重大关联交易包括：

10.2.1　发行人与邮政集团于2016年9月7日签署的《代理营业机构委托代理银行业务框架协议》及2019年5月31日签署的《关于促进存款业务发展相关机制的协议》；

10.2.2　发行人与邮政集团于2016年9月6日签署的《综合服务框架协议》，该协议有效期截至2018年12月31日，期满后双方无异议及在符合股票上市地监管规则要求的前提下，该协议有效期自动延长，每次延长的期限为三年。根据邮储银行和邮政集团的确认，该协议期满后双方均无异议；

10.2.3　发行人与邮政集团于2016年9月2日签署的《土地使用权及房屋租赁框架协议》，该协议有效期截至2018年12月31日，期满后双方无异议及在符合股票上市地监管规则要求的前提下，该协议有效期自动延长，每次延长的期限为三年。根据邮储银行和邮政集团的确认，该协议期满后双方均无异议；

10.2.4　发行人与邮政集团于2016年9月5日签署的《商标许可使用协议》。

10.3　重大关联交易的公允性

发行人的独立董事于2019年4月25日出具独立意见，认为：发行人2016年度、2017年度、2018年度与关联方之间发生的关联交易系邮储银行日常业务中按照市场化原则进行，相关交易安排和协议条款公平、合理，关联交易定价公允、合理，并已履行相关法律法规和公司章程等内部制度规定的内部审批程序，符合邮储银行及股东的整体利益，不存在损害邮储银行或其他股东利益的情形。

10.4　关联交易决策程序

发行人的《公司章程》《中国邮政储蓄银行股份有限公司关联交易管理办法(2018年修订版)》和发行人拟于本次发行及上市后适用的《中国邮政储蓄银行股份有限公司关联交易管理办法(2019年修订版)》对关联方、关联交易的决策程序等作出了明确规定，确立了关联股东及关联董事在审议相关关联交易的股东大会或董事会上的回避制度，并明确了股东大会及董事会各自审批关联交易的权限。

综上，本所认为，发行人在《公司章程》《中国邮政储蓄银行股份有限公司关联交易管理办法(2018年修订版)》和拟于本次发行及上市后适用的《中国邮政储蓄银行股份有限公司关联交易管理办法(2019年修订版)》及其他内部制度中已经明确了关联交易的决策程序，符合中国法律的规定。

10.5　同业竞争

根据发行人提供的文件并经核查，邮政集团主要从事国内和国际邮件寄递业务、报刊和图书等出版物发行业务、邮票发行业务、邮政汇兑业务、机要通信业务、邮政物流业务、电子商务业务、邮政代理业务及依法开办的其他业务，其中，汇兑业务、代收业务和保险兼业代理业务与发行人的业务存在相同或相似之处。经核查，并根据发行人的确认以及本所律师具有的专业知识所能够作出的合理判断，本所认为，邮政集团从事的上述业务与发行人的业务不存在实质性竞争。

根据发行人提供的文件并经核查，邮政集团控制的其他企业(除发行人及其子公司外)从事的资产管理、投资管理、投资咨询、投资银行、保险代理/保险兼业代理等业务与发行人的业务存在相同或相似之处。经核查，并根据发行人的确认以及本所律师具有的专业知识所能够作出的合理判断，本所认为，邮政集团控制的其他企业从事的上述业务与发行人从事的业务不存在实质性竞争。

10.6　避免同业竞争的承诺

邮政集团已于2019年5月15日向发行人出具《中国邮政集团公司关于避免同业竞争的承诺》，承诺如下：

"1.截至本承诺出具之日，本公司及关联企业未从事与商业银行业务及发行人下属企业开展的业务构成实质性竞争的业务。

2.本公司及关联企业将不会从事任何与商业银行业务及发行人下属企业开展的业务构成或可能构成实质性竞争的业务。

3.如因任何原因导致本公司及关联企业取得与商业银行业务及发行人下属企业开展的业务相同或相类似的业务机会，而该业务机会可能导致本公司及关联企业与商业银行业务及发行人下属企业开展的业务构成实质性竞争，本公司将立即通知发行人，并尽最大努力促使上述业务机会按照公平合理的条件优先提供给发行人及其下属企业。

4. 本公司不会利用本公司作为发行人控股股东的地位，损害发行人及发行人其他股东（特别是中小股东）的合法权益。

5. 如本公司或关联企业违反上述承诺，造成发行人或其下属企业损失的，本公司将依法赔偿发行人及其下属企业因此受到的损失。

6. 本承诺函自发行人 A 股上市之日起生效。”

综上，本所认为，发行人的控股股东已采取有效措施避免在发行人本次发行及上市完成后与发行人在主营业务上进行竞争。

10.7　充分披露义务

经核查，发行人在《招股说明书》中已对重大关联交易及避免同业竞争的承诺作出充分披露，且不存在重大遗漏或重大隐瞒。

十一、发行人的主要财产

11.1　自有房屋

根据发行人的确认并经核查，截至 2018 年 12 月 31 日，发行人及其子公司在境内拥有 6,249处房屋，建筑面积合计约 4,882,921.45 平方米。该等房屋截至本法律意见书出具之日的具体情况如下：

11.1.1　已取得权属证书的房屋

发行人就 5,880 处、建筑面积合计约 4,205,411.47平方米的自有房产取得了房屋权属证书，该等房屋占发行人自有房产总建筑面积约 86.12%。

11.1.1.1　就 5,649 处、建筑面积合计约 4,027,804.47 平方米的房屋，发行人已取得房屋所有权证及该等房屋占用范围内土地的国有土地使用证。该等房屋占发行人自有房产总建筑面积约 82.49%。其中：

（1）发行人取得 4,629 处、建筑面积合计约 2,670,230.57 平方米的房屋占用范围内土地的国有土地使用证，该等国有土地使用权类型为出让或转让，其中 15 处、建筑面积合计约 19,104.20 平方米的房屋占用范围内土地的土地使用权期限已届满。

本所认为，对于占用范围内土地使用权类型为出让或转让的房屋，除了国有土地使用证所载土地使用权期限已届满的情形，发行人合法拥有该等房屋的所有权和该等房屋占用范围内土地的使用权，有权依法占有、使用、转让、出租、抵押或以其他方式处置该等房屋；对于坐落于已取得国有土地使用证、但土地使用权期限已届满的土地上的房屋，发行人占有、使用该等房屋不存在实质性法律障碍，但是，发行人转让、抵押或以其他方式处置该等房屋前，应依法完成相关土地使用权的续期；根据发行人的确认并经核查，该等房屋不存在产权纠纷或潜在产权纠纷，亦不存在担保或其他使用权受到限制的情形。

（2）发行人取得 284 处、建筑面积合计约 451,358.52 平方米的房屋占用范围内土地的国有土地使用证，该等国有土地使用证登记的使用权类型为“授权经营”“授权经营作价出资”“国家授权经营”或“划拨、授权经营”；取得 728 处、建筑面积合计约 901,779.31 平方米的房屋占用范围内土地的国有土地使用证，该等国有土地使用证登记的使用权类型为作价出资（或入股），其中 1 处、建筑面积约 1,386.84 平方米的房屋占用范围内土地的土地使用权期限已届满；取得 3 处、建筑面积合计约 3,395.28 平方米的房屋占用范围内土地的国有土地使用证，该等国有土地使用证登记的使用权类型为划拨。前述房屋均来自于邮政集团。此外，发行人取得 4 处，建筑面积合计约 870.99 平方米的房屋占用范围内土地的国有土地使用证，该等国有土地使用证登记的使用权类型为划拨；取得 1 处，建筑面积约 169.80 平方米的房屋占用范围内土地的国有土地使用证，该等国有土地使用证登记的使用类型为国有土地租赁。

本所认为，（i）对于来自于邮政集团的、发行人已取得房屋占用范围内土地使用权的房屋，就土地使用权类型为作价出资（或入股）的房屋，该等土地使用权为有偿使用方式且发行人已取得相应的权属证明文件。除了国有土地使用证所载土地使用权期限已届满的 1 处房屋之外，发行人有权根据房屋所有权证记载的用途占有、使用该等房屋，并可依法转让、出租、抵押或以其他合法方式处置该等房屋及土地使用权；对于坐落于已取得国有土地使用证、但土地使用权期限已届满的土地上的 1 处房屋，发行人占有、使用该等房屋不存在实质性法律障碍，但是，发行人转让、抵押或以其他方式处置该等房屋前,应依法完成相关土地使用权的续期;(ii)对于来自于邮政集团的、发行人已取得房屋占用范围内土地使用权的房屋,就土地使用权类型为授权经营和划拨的房屋,邮政集团就其将该等土地使用权注入发行人事宜已取得国土主管部门的批准。因此,发行人有权根据房屋所有权证记载的用途占有、使用该等房屋,并可依法转让、出租、抵押或以其他合法方式处置该等房屋及土地使用权;(iii)对于发行人已取得房屋占用范围内土地使用权且土地使用权类型登记为划拨或国有土地租赁的房屋,发行人有权根据房屋所有权证记载的用途占有、使用该等房屋,在办理完毕该等土地的有偿使用手续后,发行人方可转让、出租、抵押或以其他合法方式处置该等房屋及土地;(iv)根据发行人的确认并经核查,除3处、建筑面积约4,724.10平方米的房屋因发行人有关分支机构提请诉讼保全程序向法院提供担保而处于查封状态外,该等房屋不存在产权纠纷或潜在产权纠纷,亦不存在担保或其他使用权受到限制的情形。

11.1.1.2　就231处、建筑面积合计约177,607.00平方米的房屋,发行人已取得房屋所有权证,但未取得该等房屋占用范围内土地的权属证书。该等房屋占发行人自有房产总建筑面积约3.63%。其中:

(1)就102处、建筑面积合计约89,977.55平方米的房屋,根据发行人的确认,发行人未取得土地权属证书的原因是当地房地产管理部门不予单独核发国有土地使用证。该等房屋占发行人自有房产总建筑面积约1.84%。

本所认为,鉴于发行人已取得上述房屋的房屋所有权证,发行人占有、使用该等房屋不存在实质性法律障碍;鉴于当地房地产主管部门不予单独核发国有土地使用证,发行人转让、抵押或以其他方式处置该等房屋亦不存在实质性法律障碍。

(2)就66处、建筑面积合计约43,259.18平方米的房屋,发行人系购买取得,出售方已提供该等房屋的预售许可证或土地使用权证明文件。该等房屋占发行人自有房产总建筑面积约0.88%。

本所认为,鉴于发行人已取得上述房屋的房屋所有权证,发行人占有、使用该等房屋不存在实质性法律障碍;发行人转让、抵押或以其他方式处置该等房屋前,应依法取得该等土地的国有土地使用证;在发行人依照购房合同的约定履行了支付购房价款等义务的前提下,除在将来办理过程中当地主管部门不予单独核发土地使用权证的情形外,发行人取得该等土地的国有土地使用证应不存在实质性法律障碍。

(3)除上述外,发行人另有63处、建筑面积合计约44,370.27平方米的房屋已取得房屋所有权证,但未取得该等房屋占用范围内土地的土地使用权证,该等房屋占发行人自有房产总建筑面积约0.91%。其中,33处、建筑面积合计约29,079.76平方米的房屋属于邮政集团投入发行人的实物资产。

本所认为,鉴于发行人已取得上述房屋的权属证书,发行人占有、使用该等房屋不存在实质性法律障碍;但是,发行人转让、抵押或以其他方式处置该等房屋前,应依法取得该等房屋占用范围内土地的土地使用权证。

11.1.2　尚未取得权属证书的房屋

发行人就369处、建筑面积合计约677,509.98平方米的自有房产尚未取得房屋权属证书,该等房屋占发行人自有房产总建筑面积约13.88%。

11.1.2.1　就29处、建筑面积合计约299,274.32平方米的房屋,发行人未取得房屋所有权证,但已取得该等房屋占用范围内土地的权属证书。该等房屋占发行人自有房产总建筑面积约6.13%。其中:

(1)就发行人实际占有的4处、建筑面积合计约123,602.53平方米的房屋,发行人以自建方式取得且已办理了竣工验收备案手续。该等房屋占发行人自有房产总建筑面积约2.53%。

本所认为,鉴于发行人已取得上述房屋占用范围内土地的国有土地使用证,且截至目前无第三方向发行人主张该等房屋的所有权,因此,发行人占有、使用该等房屋不存在实质性法律障碍,但发行人转让、抵押或以其他方式处置该等房屋前应当取得该等房屋的房屋所有权证。

(2)除上述外,就发行人实际占有25处、建筑面积合计约175,671.79平方米的房屋,发行人未取得该等房屋的房屋所有权证,但已取得该等房屋占用范围内土地的国有土地使用证,该等房屋占发行人自有房产总建筑面积约3.60%。其中,17处、建筑面积合计约19,422.71平方米的房屋属于邮政集团投入发行人的实物资产。

本所认为,鉴于发行人已取得上述房屋占用范围内土地的国有土地使用证,且截至目前无第三方向发行人主张该等房屋的所有权,因此,发行人占有、使用该等房屋不存在实质性法律障碍,但发行人转让、抵押或以其他方式处置该等房屋前应当取得该等房屋的房屋所有权证。

11.1.2.2 就340处、建筑面积合计约378,235.66平方米的房屋,发行人未取得房屋所有权证,亦未取得该等房屋占用范围内土地的权属证书。该等房屋占发行人自有房产总建筑面积约7.75%。其中:

(1)就发行人购买取得的292处、建筑面积合计约265,966.55平方米的房屋,出售方已提供该等房屋的预售许可证或房屋权属证明文件。该等房屋占发行人自有房产总建筑面积约5.45%。

本所认为,在发行人依照购房合同的约定履行了支付购房价款等义务的前提下,发行人就前述房屋取得房屋所有权证不存在实质性法律障碍。

(2)除上述外,就发行人实际占有的48处、建筑面积合计约112,269.11平方米的房屋,发行人未取得该等房屋的房屋所有权证和该等房屋占用范围内土地的国有土地使用证,该等房屋占发行人自有房产总建筑面积约2.30%。其中,16处、建筑面积合计约66,520.95平方米的房屋属于邮政集团投入发行人的实物资产。

根据发行人的确认,如果由于上述房屋的权属瑕疵导致发行人无法继续使用该等房屋而必须搬迁时,发行人可以及时在相关区域内找到替代性的合法经营场所继续办公营业,该等搬迁不会对发行人的财务和经营状况产生重大不利影响。

11.2 土地使用权

根据发行人的确认并经核查,截至2018年12月31日,除本法律意见书第11.1项、第11.3项所述房屋、在建工程占用范围的土地外,发行人及其子公司在境内拥有18宗、面积合计约133,377.88平方米的土地使用权,该等土地之上无在建或已建成房产。该等土地使用权截至本法律意见书出具之日的具体情况如下:

11.2.1 已取得权属证书的土地使用权

发行人已取得17宗、面积合计约127,501.88平方米土地的国有土地使用证。该等土地使用权占发行人自有土地使用权总面积约95.59%。其中:15宗、面积合计约98,584.68平方米的土地使用权类型为出让;2宗、面积合计约28,917.20平方米的土地使用权类型为作价出资。在前述土地使用权中,发行人已就2宗、面积合计约为19,946.43平方米的土地上的建设工程取得建设工程施工许可证并开工建设。

鉴于发行人合法拥有使用权类型为出让和作价出资的土地的权属证明文件,发行人有权依法占有、使用、转让、出租、抵押或以其他方式处置该等土地,根据发行人的确认并经核查,该等土地使用权不存在产权纠纷或潜在产权纠纷,亦不存在担保或其他使用权受到限制的情形。

11.2.2 尚未取得权属证书的土地使用权

发行人已就1宗、面积合计约5,876.00平方米的土地签署国有土地使用权出让合同,该等土地使用权占发行人自有土地使用权总面积约4.41%。

本所认为,发行人在按照国有土地使用权出让合同的约定缴纳全部土地出让金后,取得国有土地使用证应不存在实质性法律障碍。在取得相应的国有土地使用证后,发行人可依法转让、出租、抵押或以其他方式处置该等土地使用权。

11.3 在建工程

根据发行人的确认并经核查,截至2018年12月31日,发行人及其子公司在境内拥有19项、规划建筑面积合计约460,019.64平方米的在建工程(即已动工建设但尚未办理竣工验收手续且未实际投入使用的房屋建设工程),上述在建工程已按建设进度取得土地和项目建设所需的批准或许可。

本所认为,发行人就上述在建工程已按建设进度取得土地和项目建设所需的批准或许可。

11.4 租赁房屋

根据发行人的确认并经核查,截至2018年12月31日,发行人及其子公司在境内承租使用了14,941处、建筑面积合计约5,625,583.29

平方米的房屋（以下简称“发行人承租房屋”）。该等房屋的具体情况如下：

（1）就9,324处、建筑面积合计约3,750,993.24平方米的房屋，出租方拥有该等房屋的房屋所有权证或该等房屋的所有权人授权出租方出租该等房屋的书面文件。该等房屋占发行人承租房屋总建筑面积约66.68%。

本所认为，除在集体土地上建设的房产之外，该等租赁安排合法、有效。就在集体土地上建设的房产而言，出租方已取得房屋主管部门核发的权属证明文件且其已与发行人达成了相应的租赁安排。根据发行人的确认，发行人后续若无法继续使用在集体土地上建设的该等租赁房屋而必须搬迁时，发行人可以及时在相关区域内找到替代性的合法经营场所继续办公营业，该等搬迁不会对发行人的财务和经营状况产生重大不利影响。

（2）就4,676处、建筑面积合计约1,520,000.89平方米的房屋，出租方未能提供该等房屋的房屋所有权证或该等房屋的所有权人授权出租方出租该等房屋的书面文件，但已书面出具以下或类似的承诺：因出租方对租赁房屋的权属瑕疵导致承租方遭受损失的，出租方愿意予以赔偿。该等房屋占发行人承租房屋总建筑面积约27.02%。

本所认为，如出租方未拥有该等房屋的所有权或房屋所有权人同意其出租的授权，则出租方无权出租该等房屋。如第三方针对该等房屋的所有权或出租权提出异议，发行人对该等房屋的租赁可能会受到影响，但发行人可根据出租方出具的书面承诺向其要求赔偿。

（3）就941处、建筑面积合计约354,589.16平方米的房屋，出租方未能提供该等房屋的房屋所有权证或该等房屋的所有权人授权出租方出租该等房屋的书面文件，亦未书面出具上述第（2）项所述承诺。该等房屋占发行人承租房屋总建筑面积约6.30%。

本所认为，如出租方未拥有该等房屋的所有权，则出租方无权出租该等房屋。根据发行人的确认，如果由于上述房屋的权属瑕疵导致发行人无法继续使用该等房屋而必须搬迁时，发行人可以及时在相关区域内找到替代性的合法经营场所继续办公营业，该等搬迁不会对发行人的财务和经营状况产生重大不利影响。

（4）发行人承租的上述房屋中，大部分房屋未办理房屋租赁登记备案。

本所认为，根据中国法律的相关规定，未办理租赁登记备案手续不影响相关房屋租赁协议的效力，但存在因未办理租赁备案登记手续被相关主管部门处罚的可能。

11.5　知识产权

11.5.1　商标

根据发行人的确认并经核查，截至2018年12月31日，发行人及其子公司在境内拥有484项注册商标。

11.5.2　专利权

根据发行人的确认并经核查，截至2018年12月31日，发行人及其子公司在境内拥有4项专利权。

11.5.3　著作权

根据发行人的确认并经核查，截至2018年12月31日，发行人及其子公司在境内拥有72项计算机软件著作权和10项作品著作权。

11.5.4　许可使用的商标

根据发行人的确认并经核查，截至2018年12月31日，发行人持有2项经邮政集团授权许可使用的境内注册商标。

根据发行人的确认并经核查，发行人拥有的上述知识产权不存在产权纠纷、担保权益或权利受到重大限制的其他情况。

11.6　抵债资产

根据《审计报告》及发行人的确认，截至2018年12月31日，发行人抵债资产的账面价值为183百万元，主要包括土地使用权和房屋及建筑物。

经核查，截至2018年12月31日，发行人存在未在法定期限内处置抵债资产的情况。根据发行人的确认，发行人将采取积极措施尽快处置。本所认为，该等情形不会对本次发行及上市产生重大不利影响。

十二、发行人的重大债权债务

12.1　重大合同

根据发行人的确认并经核查，截至2018年12月31日，除本法律意见书“十、关联交易及同业竞争”所述合同外，发行人及其子公司正在履行或已经签署将要履行的重大合同如下：

12.1.1　贷款合同

截至2018年12月31日,发行人尚未履行完毕的单笔合同金额最大的前10笔贷款合同,该等合同内容合法有效。

12.1.2　同业借款合同

截至2018年12月31日,发行人尚未履行完毕的单笔合同金额最大的前10笔同业借款合同,该等合同内容合法有效。

12.1.3　担保业务合同

截至2018年12月31日,按照2018年12月28日中国人民银行公布的人民币汇率中间价折算,发行人尚未履行完毕的单笔合同金额最大的前10笔担保业务合同,该等合同内容合法有效。

12.2　二级资本债券

经中国银监会于2013年12月10日作出的《中国银监会关于邮政储蓄银行发行二级资本债券的批复》(银监复[2013]640号)、中国人民银行于2015年8月6日作出的《中国人民银行准予行政许可决定书》(银市场许准予字[2015]第185号)批准,发行人于2015年9月在全国银行间债券市场发行二级资本债券,发行规模为250亿元。

经中国银监会于2016年6月17日作出的《中国银监会关于邮储银行发行二级资本债券的批复》(银监复[2016]177号)、中国人民银行于2016年9月8日作出的《中国人民银行准予行政许可决定书》(银市场许准予字[2016]第137号)批准,发行人分别于2016年10月及2017年3月在全国银行间债券市场发行二级资本债券,发行规模分别为300亿元和200亿元。

12.3　侵权之债

根据发行人的确认并经核查,截至2018年12月31日,发行人不存在因环境保护、知识产权、产品质量、劳动安全、人身权等原因产生的重大侵权之债。

12.4　其他重大应收款

根据《审计报告》,截至2018年12月31日,发行人的其他应收款为2,256百万元。根据发行人的确认,发行人金额较大的其他应收款均因银行正常业务产生,合法有效。

十三、发行人的重大资产变化及收购兼并

13.1　根据发行人提供的资料并经核查,除本法律意见书“四、发行人的设立”及“七、发行人的股本及其演变”所述的整体变更和增资扩股及下述资产置换、资产抵偿外,发行人自设立以来未发生合并、分立、增资、减资、重大资产收购或出售情况。

根据邮政集团与邮储银行于2011年10月31日签署的《关于中国邮政储蓄银行有限责任公司设立及整体变更为股份公司相关事项的协议》,为完善邮储银行设立时邮政集团用作出资的实物资产的权属证明手续,并解决邮储银行设立时因承继邮政集团邮政储蓄等业务形成的历史挂账问题,邮政集团以其部分房屋及相关土地使用权用于进行资产置换及抵偿历史挂账。

(1)根据北京中企华资产评估有限责任公司出具的中企华评报字[2011]第1278号《中国邮政储蓄银行有限责任公司拟与中国邮政集团公司进行资产置换项目之中国邮政储蓄银行有限责任公司置出资产评估报告》、中企华评报字[2011]第1279号《中国邮政集团公司拟与中国邮政储蓄银行有限责任公司进行资产置换项目之中国邮政集团公司置入资产评估报告》,截至评估基准日2010年12月31日,邮储银行拟置出资产的评估值为106,297.42万元;邮政集团拟置入资产的评估值为102,666.09万元。前述资产评估结果已于2011年12月9日获得《财政部关于中国邮政储蓄银行有限责任公司改制相关项目资产评估报告核准的批复》(财金[2011]166号)核准。前述置出资产评估值与置入资产评估值之间的差额已由邮政集团补足。

(2)根据《关于中国邮政储蓄银行有限责任公司设立及整体变更为股份公司相关事项的协议》,邮政集团以现金50亿元及其持有的抵偿资产解决历史挂账账面金额106.1亿元。根据北京中企华资产评估有限责任公司出具的中企华评报字[2011]第1280号《中国邮政集团公司拟以资产抵偿所欠中国邮政储蓄银行有限责任公司政策性历史挂账项目评估报告》,截至评估基准日2010年12月31日,邮政集团持有的抵偿资产的评估值为427,793.95万元。前述资产评估结果已于2011年12月9日获得《财政部关于中国邮政储蓄银行有限责任公司改制相关项目资产评估报告核准的批复》(财

金[2011]166号)核准。前述历史挂账的账面金额与现金及抵偿资产评估值之间的差额已由邮政集团补足。

13.2　根据发行人的确认并经核查,截至本法律意见书出具之日,发行人不存在拟进行的资产置换、资产剥离、重大资产出售或收购等计划或安排。

十四、发行人公司章程的制定与修改

经核查,本所认为,发行人公司章程的制定及最近三年历次修改均已履行必要的法定程序并取得了相关监管部门的核准,其内容符合中国法律的规定。发行人的《公司章程》系根据《上市公司章程指引(2019修订)》及《到境外上市公司章程必备条款》并结合发行人实际情况制定,其内容符合中国法律的规定。

十五、发行人股东大会、董事会、监事会议事规则及规范运作

经核查,本所认为:

15.1　发行人已按照《公司法》《中华人民共和国商业银行法》《商业银行公司治理指引》及《公司章程》的规定,设立了股东大会、董事会、监事会,建立了独立董事、董事会秘书制度,并在董事会下设战略规划委员会、关联交易控制委员会、审计委员会、风险管理委员会、提名和薪酬委员会、社会责任与消费者权益保护委员会等专门委员会;在监事会下设提名委员会、履职尽职监督委员会、财务与内控风险监督委员会等专门委员会;聘任了副行长等高级管理人员。发行人现任董事14名,其中5名为独立董事;发行人现任监事9名,其中3名为外部监事,3名为职工监事;发行人现任高级管理人员7名。发行人的组织机构健全。

15.2　发行人股东大会、董事会和监事会的议事规则符合中国法律的有关规定。

15.3　发行人报告期内历次股东大会、董事会、监事会的召开、决议内容及签署合法、有效;发行人报告期内历次股东大会或董事会授权或重大决策行为合法、有效。

十六、发行人董事、监事和高级管理人员及其变化

16.1　根据发行人提供的资料并经核查,发行人的董事、监事和公司章程规定的高级管理人员的任职均符合中国法律和发行人公司章程的规定。

16.2　根据发行人提供的资料并经核查,发行人的董事、监事和公司章程规定的高级管理人员最近三年的变化情况符合当时适用的中国法律和发行人当时有效的公司章程的规定,并履行了必要的法律程序。

16.3　根据发行人提供的资料并经核查,发行人已设立独立董事,其任职资格符合有关规定,其职权范围不违反有关法律、法规和规范性文件的规定。

16.4　发行人董事、监事和高级管理人员的兼职情况

截至本法律意见书出具之日,发行人董事、监事和高级管理人员的兼职情况如下表所示:

序号	姓名	在邮储银行担任的职务	其他任职单位名称	在其他任职单位担任的职务	其他任职单位与邮储银行的关系
1	张金良	董事长、非执行董事	邮政集团	董事、总经理	邮储银行关联方
2	张学文	执行董事、副行长	中国金融会计学会	理事会副会长	邮储银行关联方
			中国社会保险学会	农村社会保险委员会副主任委员	非关联方
3	姚红	执行董事、副行长	中邮人寿保险股份有限公司	董事	邮储银行关联方
			中国银联股份有限公司	董事	邮储银行关联方
4	韩文博	非执行董事	邮政集团	高级管理岗	邮储银行关联方
5	唐健	非执行董事	邮政集团	高级管理岗	邮储银行关联方

续表

序号	姓名	在邮储银行担任的职务	其他任职单位名称	在其他任职单位担任的职务	其他任职单位与邮储银行的关系
6	刘尧功	非执行董事	邮政集团	高级管理岗	邮储银行关联方
7	金弘毅	非执行董事	瑞银	亚太区企业客户解决方案部门主管	非关联方
8	刘悦	非执行董事	中国船舶重工集团有限公司	总经济师	邮储银行关联方
			中国船舶资本有限公司	董事长	邮储银行关联方
			中国船舶重工集团有限公司规划发展战略研究中心	主任	邮储银行关联方
			中船重工(青岛)海洋装备研究院有限责任公司	董事长	邮储银行关联方
			中船重工龙江广瀚燃气轮机有限公司	董事	邮储银行关联方
			青岛武船麦克德莫特海洋工程有限公司	董事	邮储银行关联方
			中船重工(三沙)海洋科技发展有限公司	董事	邮储银行关联方
			CSIC Investment One Limited	董事长	邮储银行关联方
			国家军民融合产业投资基金有限责任公司	董事	邮储银行关联方
9	丁向明	非执行董事	上海国际港务(集团)股份有限公司	副总裁、董事会秘书	邮储银行关联方
			上海海通国际汽车码头有限公司	董事	邮储银行关联方
			上海海通国际汽车物流有限公司	监事	邮储银行关联方
			上港集团长江港口物流有限公司	董事长	邮储银行关联方
			上海港航股权投资有限公司	监事	邮储银行关联方
			上海亿通国际股份有限公司	监事长	邮储银行关联方
			重庆国际集装箱码头有限责任公司	副董事长	邮储银行关联方
			重庆果园集装箱码头有限公司	副董事长	邮储银行关联方
			湖南城陵矶国际港务集团有限公司	副董事长	邮储银行关联方
			东海航运保险股份有限公司	董事	邮储银行关联方
			温州金洋集装箱码头有限公司	监事长	邮储银行关联方
			芜湖港务有限责任公司	副董事长	邮储银行关联方
			上港集团(香港)有限公司	执行董事	邮储银行关联方
			上港集箱(澳门)有限公司	董事长	邮储银行关联方
			万航旅业(上海)有限公司	副董事长	邮储银行关联方

续表

序号	姓名	在邮储银行担任的职务	其他任职单位名称	在其他任职单位担任的职务	其他任职单位与邮储银行的关系
10	马蔚华	独立董事	泰康保险集团股份有限公司	监事长	非关联方
			中国东方航空股份有限公司	独立董事	邮储银行关联方
			中国金融学会	常务理事	非关联方
			中国国际贸易中心股份有限公司	独立董事	邮储银行关联方
			联想控股股份有限公司	独立非执行董事	邮储银行关联方
			华宝投资有限公司	独立董事	邮储银行关联方
			贝森金融集团有限公司	公司主席	邮储银行关联方
			国家科技成果转化引导基金	理事长	邮储银行关联方
			深圳壹基金公益基金会	理事长	邮储银行关联方
			北京大学	兼职教授	非关联方
			清华大学	兼职教授	非关联方
			深圳高等金融研究院	理事	非关联方
			深圳国际公益学院	董事会主席	邮储银行关联方
			深圳市质量强市促进会	会长	邮储银行关联方
			四源合股权投资管理股份有限公司	董事长	邮储银行关联方
			深圳市乐土精准医疗科技有限公司	董事	邮储银行关联方
			北京乐土医学检验实验室有限公司	董事	邮储银行关联方
			北京创新乐土生物科技有限公司	董事	邮储银行关联方
			前海方舟资产管理有限公司	董事	邮储银行关联方
			深圳市华庆前海投资管理有限公司	董事、总经理	邮储银行关联方
			北京观唐文化艺术股份有限公司	董事	邮储银行关联方
			北京城镇化三十人顾问有限公司	执行董事	邮储银行关联方
11	毕仲华	独立董事	中粮信托有限责任公司	独立董事	邮储银行关联方
12	傅廷美	独立董事	中粮包装控股有限公司	独立非执行董事	邮储银行关联方
			国泰君安国际控股有限公司	独立非执行董事	邮储银行关联方
			中粮肉食控股有限公司	独立非执行董事	邮储银行关联方
			华润医药集团有限公司	独立非执行董事	邮储银行关联方
			江西凯美实业发展有限公司	董事及顾问	邮储银行关联方
			南昌五湖大酒店有限公司	顾问	邮储银行关联方

续表

序号	姓名	在邮储银行担任的职务	其他任职单位名称	在其他任职单位担任的职务	其他任职单位与邮储银行的关系
13	甘培忠	独立董事	北京大学	法学院教授	非关联方
			北京东方通科技股份有限公司	独立董事	邮储银行关联方
			北京华宇软件股份有限公司	独立董事	邮储银行关联方
			中国商业法研究会	会长	邮储银行关联方
			中国证券法学研究会	副会长	邮储银行关联方
			中国经济法学研究会	常务理事	非关联方
			北京市人民检察院第二分院	专家咨询委员	非关联方
			华南国际经济贸易仲裁委员会	仲裁员	非关联方
			中国最高人民法院	案例指导工作专家委员会委员	非关联方
			中国最高人民法院	第四届特邀咨询员	非关联方
			中国最高人民法院	执行特邀咨询专家	非关联方
			北京市第二中级人民法院	专家咨询委员会委员、兼职教授	非关联方
			苏州道森钻采设备股份有限公司	独立董事	邮储银行关联方
			金徽酒股份有限公司	独立董事	邮储银行关联方
			辽宁省人民政府	法律顾问	非关联方
14	胡湘	独立董事	浙江大钧资产管理有限公司	董事长、总经理	邮储银行关联方
			上海智通建设发展股份有限公司	董事	邮储银行关联方
			沃德传动(天津)股份有限公司	董事	邮储银行关联方
			浙江元和顺资产管理有限公司	执行董事、总经理	邮储银行关联方
			宁波均泰投资管理有限公司	执行董事、总经理	邮储银行关联方
			北京大钧道口文化传媒有限公司	执行董事、经理	邮储银行关联方
			上海尚搜藏实业有限公司	董事	邮储银行关联方
			深圳市东方中量投资发展有限公司	董事	邮储银行关联方
15	陈跃军	监事长、股东代表监事	无	—	—
16	李玉杰	股东代表监事	邮政集团	财务部总经理	邮储银行关联方
			湖南湘邮科技股份有限公司	董事	邮储银行关联方
17	赵永祥	股东代表监事	邮政集团	审计局局长	邮储银行关联方
			湖南湘邮科技股份有限公司	监事会主席	邮储银行关联方
			北京邮乐电子商务有限公司	监事	邮储银行关联方
			中邮创业基金管理股份有限公司	监事长	邮储银行关联方
			中国内部审计协会	常务理事	非关联方

续表

序号	姓名	在邮储银行担任的职务	其他任职单位名称	在其他任职单位担任的职务	其他任职单位与邮储银行的关系
18	曾康霖	外部监事	西南财经大学	中国金融研究中心名誉主任	非关联方
			中国电影股份有限公司	独立董事	邮储银行关联方
19	郭田勇	外部监事	中央财经大学	金融学院教授及博士生导师	非关联方
			鼎捷软件股份有限公司	独立董事	邮储银行关联方
			恒生电子股份有限公司	独立董事	邮储银行关联方
			平安银行股份有限公司	独立董事	邮储银行关联方
			浙江东方金融控股集团股份有限公司	独立董事	邮储银行关联方
			艾艾精密工业输送系统(上海)股份有限公司	独立董事	邮储银行关联方
			民建北京市金融委员会	副主任	邮储银行关联方
			中国国际金融学会	理事	非关联方
			中国支付清算协会	互联网金融专家委员会委员	非关联方
20	吴昱	外部监事	中国化工资产管理有限公司	董事、高级副总裁	邮储银行关联方
			北京央企投资协会	副会长	邮储银行关联方
21	李跃	职工监事	无	—	—
22	宋长林	职工监事	中邮消费金融	董事	邮储银行关联方
23	卜东升	职工监事	无	—	—
24	曲家文	副行长	中国互联网协会	理事会副理事长	邮储银行关联方
			中国支付清算协会	常务理事	非关联方
25	徐学明	副行长	中邮证券有限责任公司	董事	邮储银行关联方
26	邵智宝	副行长	中国农村金融学会	理事会常务理事、副会长	邮储银行关联方
27	刘虎城	纪委书记	邮政集团	党组纪检组组员、党组纪检组驻邮储银行纪检组组长	邮储银行关联方
28	杜春野	董事会秘书	无	—	—

十七、发行人的税务

17.1　适用的主要税种税率

根据《审计报告》《纳税情况专项报告》以及发行人的确认，发行人及其子公司适用的主要税种、税率符合相关中国法律的规定。

17.2　税收优惠

根据发行人的确认并经核查，除发行人根

据法律法规依法享有的税收优惠之外,发行人报告期内享受的主要税收优惠政策符合中国法律的规定。

17.3　纳税情况

根据发行人的确认和主管税务机关出具的证明和记录,发行人、36家一级分行以及子公司自2016年1月1日至2018年12月31日依法纳税,除本法律意见书"十七、发行人的税务"之"17.4　税务行政处罚情况"披露的税务行政处罚外,不存在因违反税收法律法规而被税务机关处以单笔处罚金额在10万元以上处罚的情形。

17.4　税务行政处罚情况

根据发行人的确认并经核查,发行人及其子公司自2016年1月1日至2018年12月31日受到的单笔处罚金额在10万元以上的税务行政处罚共计3项,该等处罚的处罚金额共计约93.73万元,已全部缴清。

根据《审计报告》及发行人的确认,上述税务行政处罚涉及的处罚总金额占发行人最近一期经审计的总资产和净资产的比例较小,且均已缴纳完毕。本所认为,上述税务行政处罚不会对发行人本次发行及上市产生重大不利影响。

十八、发行人的环境保护

发行人为非生产型企业,不涉及生产性环保问题。

根据发行人的确认并经核查,发行人报告期内不存在因经营活动违反环境保护方面的中国法律而受到行政处罚的情形。

十九、发行人募集资金的运用

根据发行人于2017年10月27日召开的2017年第二次临时股东大会审议通过的《关于中国邮政储蓄银行股份有限公司首次公开发行人民币普通股(A股)股票并上市募集资金用途的议案》,本次发行及上市所募集资金在扣除发行费用后,将全部用于充实资本金。

本所认为,发行人本次发行及上市的募集资金用途符合中国法律的规定。

二十、发行人的业务发展目标

经核查,发行人在《招股说明书》中所述的业务发展目标与其主营业务一致。经核查,发行人在《招股说明书》中所述的业务发展目标符合中国法律的规定,不存在潜在的法律风险。

二十一、诉讼、仲裁或行政处罚

21.1　发行人及其子公司的未决诉讼、仲裁

21.1.1　作为原告或申请人的未决诉讼、仲裁

根据发行人的确认并经核查,截至2018年12月31日,发行人及其子公司作为原告或申请人的尚未了结的、单笔标的金额在5,000万元以上的诉讼、仲裁案件共计20宗,涉及金额约235,159.51万元。除一起房屋买卖合同纠纷、一起破产债权确认纠纷外,其余案件均为与银行业务相关的纠纷。

21.1.2　作为被告或被申请人的未决诉讼、仲裁

根据发行人的确认并经核查,截至2018年12月31日,发行人及其子公司作为被告或被申请人的尚未了结的、单笔标的金额在5,000万元以上的诉讼、仲裁案件共计4宗,涉及金额约143,368.04万元。上述案件为票据纠纷及金融借款合同纠纷。

根据《审计报告》及发行人的确认,上述案件涉及标的金额占发行人最近一期经审计的总资产和净资产的比例较小。本所认为,上述案件不会对发行人本次发行及上市产生重大不利影响。

21.2　发行人及其子公司的行政处罚

根据发行人的确认并经核查,除本法律意见书"十七、发行人的税务"之"17.4　税务行政处罚情况"所述的税务行政处罚外,发行人及其子公司自2016年1月1日至2018年12月31日因违反中国法律而被政府主管部门处以单笔处罚金额在10万元以上的行政处罚共计281项,前述处罚涉及处罚金额合计约71,624.78万元,已全部缴清。

根据《审计报告》及发行人的确认,上述行政处罚涉及的处罚总金额占发行人最近一期末经审计的总资产和净资产的比例较小,且均已缴纳完毕。根据政府主管部门出具的有关文件、发行人的确认并经核查,本所认为,上述行政处罚不会对发行人本次发行及上市产生重大

不利影响。

21.3　根据发行人的书面确认并经核查，截至2018年12月31日，发行人控股股东、实际控制人，发行人董事长不存在尚未了结的或可预见的会对本次发行及上市构成重大不利影响的诉讼、仲裁以及行政处罚。

二十二、对《招股说明书》的法律风险评价

本所律师未参与发行人《招股说明书》的编制，仅审阅了《招股说明书》。本所认为，《招股说明书》及其摘要引用本法律意见书和《律师工作报告》相关内容的部分（以下简称"本所报告内容"）与本所报告内容无矛盾之处；本所对《招股说明书》及其摘要引用本所报告内容无异议，确认《招股说明书》及其摘要不致因引用本所报告内容而出现虚假记载、误导性陈述或者重大遗漏。

二十三、结论

综上所述，本所认为：发行人本次发行及上市的申请符合《公司法》《证券法》《首发管理办法》及其他有关法律、法规和中国证监会颁布的规范性文件规定的首次公开发行股票并上市的有关条件，不存在对本次发行及上市有重大不利影响的法律障碍。发行人本次发行尚需获得中国证监会的核准，本次上市需经上海证券交易所审核同意。

本法律意见书正本一式三份。

（以下无正文）

（此页无正文，为《北京市海问律师事务所关于中国邮政储蓄银行股份有限公司首次公开发行人民币普通股（A股）股票及上市的法律意见书》的签署页）

北京市海问律师事务所

负责人：张继平

经办律师：王雷、杜宁

二〇一九年六月十八日

上海市锦天城律师事务所关于上海移远通信技术股份有限公司首次公开发行股票并上市的法律意见书

释　　义

在本法律意见书内，除非文义另有所指，下列词语具有下述含义：

本所、锦天城	指	上海市锦天城律师事务所
发行人、公司、股份公司、移远通信	指	上海移远通信技术股份有限公司
移远有限	指	上海移远通信技术有限公司
合肥移瑞	指	合肥移瑞通信技术有限公司
上海鸣研	指	上海鸣研国际贸易有限公司
宁波移远	指	宁波移远投资合伙企业（有限合伙）
创高安防	指	福建创高安防技术股份有限公司
上海汲渡	指	上海汲渡投资中心（有限合伙）
宁波鼎锋	指	宁波鼎锋明德正心投资合伙企业（有限合伙）
宁波聚力	指	宁波聚力嘉合投资管理合伙企业（有限合伙）
宁波中利	指	宁波中利彩鑫投资合伙企业（有限合伙）

续表

上海行知	指	上海行知创业投资有限公司
信展保达	指	重庆信展保达投资中心(有限合伙)
重庆信展	指	重庆信展股权投资基金管理有限公司
喀什创元	指	喀什创元创业投资有限合伙企业
湖州泰宇	指	湖州泰宇投资合伙企业(有限合伙)
盐城乔贝	指	盐城乔贝盛益投资管理合伙企业(有限合伙)
信展云达	指	重庆信展云达投资中心(有限合伙)
广州云起	指	广州云起科技股权投资企业(有限合伙)
宁波云起	指	宁波琢石云起股权投资合伙企业(有限合伙),曾用名广州云起科技股权投资企业(有限合伙)
深圳国泰	指	深圳国泰红马投资管理中心(有限合伙)
深圳同创	指	深圳同创锦程新三板投资企业(有限合伙)
广州琢石	指	广州琢石成长股权投资企业(有限合伙)
深圳安创	指	深圳安创科技股权投资合伙企业(有限合伙)
杭州聚引	指	杭州聚引投资管理有限公司
巴旗资产	指	巴旗资产管理(上海)有限公司
移为通信	指	上海移为通信技术股份有限公司
市监局	指	市场监督管理局
工商局	指	工商行政管理局
本次发行上市	指	公司首次公开发行股票并上市

续表

保荐人、招商证券、主承销商	指	招商证券股份有限公司
会计师、立信所	指	立信会计师事务所(特殊普通合伙)
A股	指	境内上市内资股
《招股说明书》	指	发行人为本次发行上市编制的《招股说明书》(申报稿)
报告期	至	2016年1月1日至2018年12月31日
《审计报告》	指	立信会计师事务所(特殊普通合伙)出具的信会师报字[2019]第ZF10019号《审计报告》
《内控鉴证报告》	指	立信会计师事务所(特殊普通合伙)出具的信会师报字[2019]第ZF10020号《内部控制鉴证报告》
《公司章程》	指	《上海移远通信技术股份有限公司章程》
《章程(草案)》	指	经发行人2016年年度股东大会通过的按照《公司法》和《上市公司章程指引(2016修订)》等相关法律法规制定的,并经发行人2017年第四次临时股东大会修订的《公司章程(草案)》
中国	指	中华人民共和国
证监会	指	中国证券监督管理委员会
《公司法》	指	《中华人民共和国公司法》(2018修订)
《证券法》	指	《中华人民共和国证券法》(2014修订)
《管理办法》	指	《首次公开发行股票并上市管理办法》(2018修正)
元	指	人民币

上海市锦天城律师事务所关于上海移远通信技术股份有限公司首次公开发行股票并上市的法律意见书

致:上海移远通信技术股份有限公司

上海市锦天城律师事务所接受上海移远通信技术股份有限公司的委托,并根据发行人与本所签订的《聘请律师协议》,作为发行人首次公开发行股票并上市(以下简称"本次发行上市")工作的特聘专项法律顾问,根据《中华人民共和国证券法》(以下简称"《证券法》")、《中华人民共和国公司法》(以下简称"《公司法》")及《首次公开发行股票并上市管理办法》(以下简称"《管理办法》")等有关法律、法规和规范性文件的规定,就本次发行所涉有关事宜出具本法律意见书。

本所律师承诺已依据中国证监会颁布的《公开发行证券公司信息披露的编报规则第12号——公开发行证券的法律意见书和律师工作报告》的要求及本法律意见书出具日以前已发生或存在的事实和我国现行法律法规和中国证监会的有关规定发表法律意见,并对本法律意见书的真实性、准确性、完整性承担相应的法律责任。

本所律师承诺已严格履行法定职责,遵循了勤勉尽责和诚实信用原则,对发行人的行为以及本次申请的合法、合规、真实、有效进行了充分的核查验证,保证本法律意见书不存在虚假记载、误导性陈述及重大遗漏。

本所同意将本法律意见书作为发行人本次申请股票发行及上市所必备的法律文件,随同其他材料一同上报,并愿意承担相应的法律责任。

本所律师承诺同意发行人部分或全部在招股说明书中自行引用或按中国证监会审核要求引用本法律意见书内容,但发行人作上述引用时,不得因引用而导致法律上的歧义或曲解。

本法律意见书仅供发行人为本次股票发行、上市之目的使用,不得用作任何其他目的。

本所根据《证券法》、《公司法》等有关法律、法规和中国证监会颁布的《公开发行证券公司信息披露的编报规则第12号——法律意见书和律师工作报告》、《管理办法》等有关规定,原指派李云龙律师、李和金律师作为经办律师,为发行人提供相关的法律服务,因李和金律师工作变动,无法继续为上海移远通信技术股份有限公司首次公开发行股票并上市相关法律文件签字,经与发行人协商本所决定将经办律师变更为李云龙律师、张东晓律师、张玲平律师。关于变更经办律师事宜,本所出具了《上海市锦天城律师事务所关于上海移远通信技术股份有限公司首次公开发行股票并上市变更签字律师的承诺函》。本所之前已按照律师行业公认的业务标准、道德规范和勤勉尽责精神,向发行人出具了由李云龙律师、李和金律师作为经办律师签署的原《上海市锦天城律师事务所关于上海移远通信技术股份有限公司首次公开发行股票并上市的律师工作报告》、《上海市锦天城律师事务所关于上海移远通信技术股份有限公司首次公开发行股票并上市的的法律意见书》、《上海市锦天城律师事务所关于上海移远通信技术股份有限公司首次公开发行股票并上市的法律意见书(一)》、《上海市锦天城律师事务所关于上海移远通信技术股份有限公司首次公开发行股票并上市的法律意见书(二)》、《上海市锦天城律师事务所关于上海移远通信技术股份有限公司首次公开发行股票并上市的法律意见书(三)》、《上海市锦天城律师事务所关于上海移远通信技术股份有限公司首次公开发行股票并上市的法律意见书(四)》。根据《股票发行审核标准备忘录第8号关于发行人报送申请文件后变更中介机构的处理办法》等相关规定,本所变更后的经办律师在对前述出具的法律文件以及前述法律文件出具日后至本次重新出具相关法律文件之日期间发行人涉及与本次发行上市相关的重大法律事项与新增事实情况进行核查的基础上,就发行人本次发行重新出具法律意见书及律师工作报告。

正　　文

一、本次发行上市的批准和授权

(一)董事会的批准与授权

发行人于2017年5月4日向公司全体董事发出召开第一届董事会第十四次会议的通知。发行人第一届董事会第十四次会议于2017年5月15日召开。该次会议应到董事7名,实际出席本次会议7名,发行人的监事、高级管理人员列席该次会议。该次会议审议通过《关于公司首次公开发行股票并上市的议案》、《关于公司首次公开发行股票并上市后三年内稳定股价预案的议案》、《关于公司首次公开发行股票募集资金投资项目及其可行性研究报告的议案》、《关于公司上市后三年内分红回报规划的议案》、《关于公司本次公开发行股票前滚存未分配利润分配方案的议案》、《关于授权董事会办理公司首次公开发行股票并上市相关事宜的议案》、《关于制订〈上海移远通信技术股份有限公司章程(草案)〉(首次公开发行股票并上市后适用)的议案》、《关于首次公开发行股票涉及摊薄即期回报有关事项的议案》、《关于公司就本次公开发行股票并上市事项出具有关承诺并提出相应约束措施的议案》等议案,全体董事一致同意将本次发行上市的议案提交2016年年度股东大会审议。

2017年11月16日,发行人向公司全体董事发出召开第一届董事会第十六次会议的通知。发行人第一届董事会第十六次会议于2017年11月27日召开。该次会议应到董事5名,实际出席本次会议5名,发行人的监事、高级管理人员列席该次会议。该次会议审议通过《关于对公司2014年度、2015年度、2016年度、2017年1-6月份关联交易予以确认的议案》、《关于确认公司〈审计报告〉及〈内部控制鉴证报告〉的议案》等议案,全体董事一致同意将前述议案提交2017年第五次临时股东大会审议。

2018年3月10日,发行人召开第一届董事会第十七次会议,该次会议审议通过了《关于延长公司首次公开发行股票并上市相关议案有效期的议案》,全体董事一致同意将《关于公司首次公开发行股票并上市的议案》和《关于授权董事会办理公司首次公开发行股票并上市相关事宜的议案》的有效期延长12个月,并同意将该议案提交2017年年度股东大会审议。

(二)股东大会的批准与授权

发行人于2017年5月15日向公司全体股东发出召开2016年年度股东大会的通知。发行人2016年年度股东大会于2017年6月8日召开。该次会议应到股东29名,实到股东29名,持有公司发行在外有表决权股份6,688万股(占发行人本次发行上市前股份总数的100%),发行人的董事、监事、董事会秘书出席该次会议,高级管理人员列席本次会议。本次会议审议通过了《关于公司首次公开发行股票并上市的议案》、《关于公司首次公开发行股票并上市后三年内稳定股价预案的议案》、《关于公司首次公开发行股票募集资金投资项目及其可行性研究报告的议案》、《关于公司上市后三年内分红回报规划的议案》、《关于公司本次公开发行股票前滚存未分配利润分配方案的议案》、《关于授权董事会办理公司首次公开发行股票并上市相关事宜的议案》、《关于制订〈上海移远通信技术股份有限公司章程(草案)〉(首次公开发行股票并上市后适用)的议案》、《关于首次公开发行股票涉及摊薄即期回报有关事项的议案》、《关于公司就本次公开发行股票并上市事项出具有关承诺并提出相应约束措施的议案》等议案。

2017年11月27日,发行人向公司全体股东发出召开2017年第五次临时股东大会的通知。发行人2017年第五次临时股东大会于2017年12月13日召开。该次会议应到股东29名,实到股东29名,持有公司发行在外有表决权股份6,688万股(占发行人本次发行上市前股份总数的100%),发行人的董事、监事、董事会秘书出席该次会议,高级管理人员列席本次会议。本次会议审议通过了《关于对公司2014年度、2015年度、2016年度、2017年1-6月份关联交易予以确认的议案》、《关于确认公司〈审计报告〉及〈内部控制鉴证报告〉的议案》等议案。

2018年3月10日,发行人向公司全体股东发出召开2017年年度股东大会的通知。发行人2017年年度股东大会于2018年3月31日召开。该次会议应到股东29名,实到股东29名,持有公司发行在外有表决权股份6,688万股(占发行人本次发行上市前股份总数的100%),发行人的董事、监事、董事会秘书出席该次会议,高级管理人员列席本次会议。本次会议审议通过了《关于延长公司首次公开发行股票并上市相关议案有效期的议案》,同意将《关于公司首次公开发行股票并上市的议案》和《关于授权董事会办理公司首次公开发行股票并上市相关事宜的议案》的有效期延长12个月。

(三)经核查发行人第一届董事会第十四次会议、第一届董事会第十六次会议、第一届董事会第十七次会议、2016年年度股东大会、2017年第五次临时股东大会及2017年年度股东大会的相关通知、议案、会议记录及决议等文件后,本所律师认为,发行人2016年年度股东大会、2017年第五次临时股东大会及2017年年度股东大会的召集人的资格、召集、召开的程序、出席会议人员资格、表决程序、决议的内容均符合《公司法》、《管理办法》等法律、法规及规范性文件及发行人《公司章程》的有关规定,本次股东大会作出的决议合法有效。发行人2016年年度股东大会和2017年年度股东大会授权董事会办理本次公开发行股票并上市事宜的授权范围及程序合法有效。发行人本次发行上市已获得发行人内部权力机构的必要批准与授权,本次发行上市尚待中国证监会及上海证券交易所的核准。

二、发行人本次发行股票的主体资格

(一)发行人发起设立公司

发行人系由钱鹏鹤、张栋、郑建国、宁波移远、上海汲渡、宁波鼎锋、宁波聚力、宁波中利、创高安防、上海行知共10位股东作为发起人,由移远有限按原账面净资产值折为1,000万股整体变更而设立的股份有限公司。

2015年9月14日,移远有限股东会作出股东会决议,决定以2015年7月31日为审计及评估基准日,由全体股东作为发起人将公司整体变更为股份有限公司。同日,全体发起人签订了《发起人协议》。2015年9月29日,发起人召开创立大会暨第一次股东大会,并制定了股份有限公司章程。2015年11月2日,上海市工商局核发了统一社会信用代码为913100005631196115的《营业执照》。

根据上海市工商局核发的《营业执照》记载,发行人设立时的名称为“上海移远通信技术股份有限公司”,住所为上海市徐汇区田州路99号13幢401A室,法定代表人为钱鹏鹤,注册资本为1,000万元,公司类型为股份有限公司(非上市),经营范围为通信技术、电子科技、计算机硬件领域内的技术开发、技术咨询、技术服务、技术转让,计算机软硬件及辅助设备(除计算机信息系统安全专用产品)、电子产品、仪器仪表、电子元器件、通讯设备的销售,从事货物及技术的进出口业务。(依法须经批准的项目,经相关部门批准后方可开展经营活动)。

根据发行人工商登记资料及本所律师核查,发行人依法设立并有效存续,且根据我国法律、法规、规范性文件及发行人《公司章程》的规定,发行人不存在需要终止的情形。因此,本所律师认为,发行人是依法设立且合法存续的股份有限公司。

(二)经本所律师验证与核查,截至本法律意见书出具日,发行人已持续经营三年以上。

根据发行人工商登记资料,移远有限成立于2010年10月25日。发行人于2015年11月2日由移远有限整体变更而设立。所以,自移远有限成立之日起计算,发行人的持续经营时间已逾三年。

(三)经核查,根据北京兴华会计师事务所(特殊普通合伙)于2015年9月29日出具的《验资报告》([2015]京会兴验字第13010031号),移远有限按账面净资产值折股整体变更设立发行人时的注册资本1,000万元,已由钱鹏鹤、张栋、郑建国、宁波移远、上海汲渡、宁波鼎锋、宁波聚力、宁波中利、创高安防、上海行知缴足。

因此,本所律师认为,发行人的注册资本已足额缴纳,除部分软件著作权、域名仍在办理从移远有限更名为发行人的程序之外,发起人或者股东用作出资的资产的财产权转移手续已办理完毕,发行人的主要资产不存在重大权属纠纷。

(四)根据立信所出具的《审计报告》,截至2018年12月31日,发行人的主要资产包括货币资金、应收票据及应收账款、存货、固定资产、其他应收款等。

根据发行人的承诺及本所律师对发行人相关资产权属证书、正在履行的重大合同及子公司相关资料的审查,本所律师认为,发行人的主要资产不存在重大权属纠纷。

(五)根据发行人目前持有的营业执照,发行人的经营范围为通信技术、电子科技、计算机硬件领域内的技术开发、技术咨询、技术服务、技术转让、计算机软硬件及辅助设备(除计算机信息系统安全专用产品)、电子产品、仪器仪表、电子元器件、通讯设备的销售,电子配件组装和销售,从事货物及技术的进出口业务(依法须经批准的项目,经相关部门批准后方可开展经营活动)。经核查,发行人目前的经营范围和经营方式均在上海市工商局核发给发行人的营业执照规定的范围之内。

因此,本所律师认为,发行人的经营范围和经营方式符合我国有关法律、行政法规和公司章程的规定,符合国家产业政策。

(六)根据立信所出具的《审计报告》及发行人提供的业务相关资料并经本所律师核查,发行人最近三年的主营业务始终为从事物联网领域蜂窝通信模块及其解决方案的设计、研发与销售服务,故发行人最近三年主营业务没有发生重大变化。

(七)根据本所律师对发行人最近三年股东会/股东大会、董事会、监事会相关会议资料及发行人工商登记资料的核查,本所律师认为,发行人的董事、高级管理人员最近三年未发生重大变化。

(八)经核查,发行人控股股东、实际控制人为钱鹏鹤,且最近三年没有发生变更

(九)经核查,发行人的股权清晰,控股股东、实际控制人持有的发行人的股份不存在重大权属纠纷。

综上所述,本所律师认为,发行人符合《证券法》、《公司法》、《管理办法》等法律、法规及规范性文件的规定,具备本次发行上市的主体资格。

三、本次发行上市的实质条件

(一)经本所律师核查,发行人本次发行股票,系发行人在境内首次公开发行股票并上市。

(二)经本所律师核查,发行人本次发行并上市符合《公司法》、《证券法》规定的实质条件:

1. 经本所律师核查,发行人已依据《公司法》等法律、法规设立了股东大会、董事会和监事会,并在董事会下设战略委员会、薪酬与考核委员会、提名委员会、审计委员会,建立了独立董事和董事会秘书制度,具备健全且运行良好的组织机构,符合《证券法》第十三条第一款第(一)项之规定。

2. 根据立信所出具的无保留意见的《审计报告》和本所律师核查,发行人 2016 年度、2017 年度、2018 年度的净利润分别为 20,563,227.18 元、81,513,812.13 元、180,485,212.16 元。发行人最近三年连续盈利,具有持续盈利能力,财务状况良好,符合《证券法》第十三条第一款第(二)项之规定。

3. 根据发行人的经营证照、纳税申报表、完税凭证和已经履行、将要履行或尚在履行中的重大合同等原始资料、有关政府部门出具的证明,立信所出具的《审计报告》和本所律师核查,本所律师认为,发行人最近三年的财务会计报告在所有重大方面均公允地反映了公司最近三年的财务状况、经营成果和现金流量,无虚假记载;根据发行人承诺及相关部门出具的证明和本所律师核查,发行人近三年无其他重大违法行为;符合《证券法》第十三条第一款第(三)项以及第五十条第一款第(四)项之规定。

4. 发行人本次发行前,股本总额为 6,688 万股。根据发行人 2016 年年度股东大会审议通过的《关于公司首次公开发行股票并上市的议案》,发行人拟向社会公众发行股票不超过 2,230 万股,发行后股份总数为不超过 8,918 万股,股本总额不超过 8,918 万元,发行前股本总额不少于人民币 3,000 万元,同时公开发行的股份达到股份总数的百分之二十五以上,符合《证券法》第五十条第一款第(二)项、第(三)项之规定;

5. 发行人本次发行的股份仅限于普通股一种,并且同股同权、同股同利、同次发行的同种类股票的每股发行条件和价格相同,符合《公司法》第一百二十六条之规定。

(三)经本所律师核查,发行人本次股票发行与上市还符合《管理办法》及其他规范性文件规定的实质条件:

1. 主体资格

经核查，发行人系依法设立且有效存续的股份公司，具有本次发行上市的主体资格（详见本法律意见书正文“二、本次发行股票的主体资格”）。符合《管理办法》第八条、第九条、第十条、第十一条、第十二条和第十三条之规定。

2. 独立性

经核查，发行人具有完整的业务体系和直接面向市场独立经营的能力，资产完整，人员独立，财务独立，机构独立，业务独立，公司独立性方面不存在缺陷（详见本法律意见书“五、发起人的独立性”部分所述），符合《管理办法》第四十二条之规定。

3. 规范运行

（1）经核查，发行人已经依法建立健全股东大会、董事会、监事会、独立董事、董事会秘书制度，具备健全且运行良好的组织机构，相关机构和人员能够依法履行职责，符合《管理办法》第十四条之规定。

（2）经核查，经保荐人、本所及立信所等中介机构的辅导，发行人的董事、监事和高级管理人员已经了解与股票发行上市有关的法律法规，知悉上市公司及其董事、监事和高级管理人员的法定义务和责任，符合《管理办法》第十五条之规定。

（3）经核查，发行人的董事、监事和高级管理人员符合法律、行政法规和规范性文件规定的任职资格，忠实、勤勉地履行职责，且不存在下列情形：1）被中国证监会采取证券市场禁入措施尚在禁入期的；2）最近36个月内受到中国证监会行政处罚，或者最近12个月内受到证券交易所公开谴责的；3）因涉嫌犯罪被司法机关立案侦查或者涉嫌违法违规被中国证监会立案调查，尚未有明确结论意见的，符合《管理办法》第十六条之规定。

（4）根据发行人编写的《内部控制的自我评价报告》、立信所出具的《内控鉴证报告》和本所律师核查，发行人的内部控制制度健全且被有效执行，能够合理保证财务报告的可靠性、生产经营的合法性、营运的效率与效果，符合《管理办法》第十七条之规定。

（5）根据发行人确认并经核查，发行人最近36个月内不存在未经法定机关核准，擅自公开或者变相公开发行证券，或者有关违法行为虽然发生在36个月前，但目前仍处于持续状态的情形，符合《管理办法》第十八条第（一）项之规定。

（6）根据有关工商、税收、海关等相关主管部门出具的书面证明，发行人作出的书面承诺并经核查，发行人及其控股子公司在最近36个月内不存在因违反工商、税收、海关以及其他法律、行政法规，受到行政处罚，且情节严重的情形，符合《管理办法》第十八条第（二）项之规定。

（7）经核查，发行人最近36个月内未向中国证监会提出过发行申请，符合《管理办法》第十八条第（三）项之规定。

（8）经核查，发行人本次报送的发行申请文件不存在虚假记载、误导性陈述或重大遗漏的情形，符合《管理办法》第十八条第（四）项之规定。

（9）经核查，根据司法机关的查询、发行人出具的书面说明并经核查，发行人及其控股子公司不存在涉嫌犯罪被司法机关立案侦查的情形，符合《管理办法》第十八条第（五）项之规定。

（10）经核查，发行人不存在严重损害投资者合法权益和社会公共利益的其他情形，符合《管理办法》第十八条第（六）项之规定。

（11）经核查，发行人《公司章程》已明确对外担保的审批权限和审议程序，发行人不存在为控股股东、实际控制人及其控制的其他企业进行违规担保的情况，符合《管理办法》第十九条之规定。

（12）根据立信所出具的《审计报告》、《内控鉴证报告》并经本所律师核查，发行人有严格的资金管理制度，不存在资金被控股股东、实际控制人及其控制的其他企业以借款、代偿债务、代垫款项或者其他方式占用的情形，符合《管理办法》第二十条之规定。

4. 财务与会计

（1）根据立信所出具的《审计报告》、发行人提供的相关资料并经本所律师核查，发行人资产质量良好，资产负债结构合理，盈利能力较强，现金流量正常，符合《管理办法》第二十一条之规定。

（2）根据发行人编写的《内部控制的自我

评估报告》、立信所出具的无保留结论的《内控鉴证报告》和本所律师核查,发行人的内部控制在所有重大方面是有效的,符合《管理办法》第二十二条的规定。

(3)根据立信所出具的《审计报告》并经本所律师核查,发行人会计基础工作规范,财务报表的编制符合企业会计准则和相关会计制度的规定,在所有重大方面公允地反映了发行人的财务状况、经营成果和现金流量,并由注册会计师出具了无保留意见的审计报告,符合《管理办法》第二十三条的规定。

(4)根据立信所出具的《审计报告》并经本所律师核查,发行人编制财务报表以实际发生的交易或者事项为依据;在进行会计确认、计量和报告时保持了应有的谨慎;对相同或者相似的经济业务,选用了一致的会计政策,不存在随意变更的情形,符合《管理办法》第二十四条的规定。

(5)根据立信所出具的《审计报告》并经本所律师核查,发行人已完整披露关联方关系并按重要性原则恰当披露关联交易。关联交易价格公允,不存在通过关联交易操纵利润的情形,符合《管理办法》第二十五条的规定。

(6)根据立信所出具的《审计报告》并经本所律师核查,发行人符合《管理办法》第二十六条第(一)项、第(二)项、第(三)项、第(四)项、第(五)项之规定:

1)根据立信所出具的《审计报告》和信会师报字[2019]第ZF10023号《关于上海移远通信技术股份有限公司非经常性损益及净资产收益率和每股收益的专项审核报告》,发行人2016年度、2017年度、2018年度的净利润(以扣除非经常性损益前后较低者为计算依据)分别为20,563,227.18元、76,326,878.4元、170,403,764.16元,发行人报告期内近三个会计年度即2016年度、2017年度、2018年度的净利润累计为267,293,869.74元,发行人最近3个会计年度净利润均为正数且累计超过人民币3000万元;

2)根据立信所出具的《审计报告》,发行人报告期内前3个会计年度即2016年度、2017年度、2018年度营业收入分别为572,783,877.37元、1,660,800,819.29元、2,701,473,995.49元,累计为4,935,058,692.15元,超过3亿元;

3)发行人本次发行前股本总额已达到6,688万元,不少于3000万元;

4)截至2018年12月31日,发行人无形资产(扣除土地使用权等后)的金额为19,921,820.25元,占发行人净资产的比例为3.04%,不高于20%;

5)截至2018年12月31日,发行人的未分配利润为277,372,393.41元,不存在未弥补亏损。

(7)根据立信所出具的《审计报告》、主管税务机关出具的完税证明并经本所律师核查,发行人及其控股子公司依法纳税,各项税收优惠符合相关法律法规之规定。发行人的经营成果对税收优惠不存在严重依赖,符合《管理办法》第二十七条之规定。

(8)根据立信所出具的《审计报告》并经本所律师核查,发行人不存在重大偿债风险,不存在影响持续经营的担保、诉讼以及仲裁等重大或有事项,符合《管理办法》第二十八条之规定。

(9)根据发行人说明、立信所出具的《审计报告》并经本所律师核查,发行人申报文件中不存在下列情形,符合《管理办法》第二十九条之规定:

1)故意遗漏或虚构交易、事项或者其他重要信息;

2)滥用会计政策或者会计估计;

3)操纵、伪造或篡改编制财务报表所依据的会计记录或者相关凭证。

(10)根据发行人说明、立信所出具的《审计报告》并经本所律师核查,发行人具备持续盈利能力,不存在下列情形,符合《管理办法》第三十条之规定:

1)发行人的经营模式、产品或服务的品种结构已经或者将发生重大变化,并对发行人的持续盈利能力构成重大不利影响;

2)发行人的行业地位或发行人所处行业的经营环境已经或者将发生重大变化,并对发行人的持续盈利能力构成重大不利影响;

3)发行人最近一个会计年度的营业收入或净利润对关联方或者存在重大不确定性的客户存在重大依赖;

4)发行人最近一个会计年度的净利润主要来自合并财务报表范围以外的投资收益;

5)发行人在用的商标、专利、专有技术以及特许经营权等重要资产或技术的取得或者使

用存在重大不利变化的风险;

6)其他可能对发行人持续盈利能力构成重大不利影响的情形。

综上所述,本所律师认为,发行人符合《证券法》、《公司法》、《管理办法》等法律、法规及规范性文件的规定,具备本次发行上市的实质条件。

四、发行人设立

(一)经核查,发行人系由移远有限整体变更设立的股份有限公司,发行人整体变更设立股份公司的程序、资格、条件、方式等均符合现行相关法律、法规、中国证监会行政规章和规范性文件的规定,该设立行为不存在潜在纠纷。

(二)经核查,发行人按账面净资产值折股由有限责任公司整体变更为股份有限公司过程中签订的《发起人协议》,符合有关法律、法规和规范性文件的规定,不会因此导致发行人设立行为存在潜在纠纷。

(三)经核查,发行人由有限责任公司整体变更为股份有限公司过程中的有关审计、资产评估和验资履行了必要的程序,符合当时生效的法律、法规和规范性文件的规定。

(四)经核查,发行人于2015年9月29日召开了创立大会。本所律师审查后认为,发行人创立大会的程序及所议事项,符合当时生效的法律、法规和规范性文件的规定。

五、发行人的独立性

(一)经核查,本所律师认为,发行人具有完整的业务体系和直接面向市场独立经营的能力。

(二)经核查,本所律师认为,发行人的资产独立完整。

(三)经核查,本所律师认为,发行人的人员独立。

(四)经核查,本所律师认为,发行人的财务独立。

(五)经核查,本所律师认为,发行人的机构独立。

(六)经核查,本所律师认为,发行人的业务独立。

综上,本所律师核查后认为,发行人资产完整,业务及人员、财务、机构独立,具有完整的业务体系和直接面向市场自主经营的能力,符合《管理办法》中关于独立性的要求。

六、发起人和股东(实际控制人)

(一)经核查,发行人目前股东共29位,其中18名法人,11名自然人,具体情况如下:

序号	股东名称	持股数(万股)	持股比例
1	钱鹏鹤	2,120.505	31.71%
2	宁波移远	700	10.47%
3	上海汲渡	462	6.91%
4	信展保达	381.3559	5.70%
5	创高安防	349.5	5.23%
6	任向东	266.6666	3.99%
7	喀什创元	242.1308	3.62%
8	上海行知	238	3.56%
9	廖祝明	200	2.99%
10	湖州泰宇	154.6667	2.31%
11	许慧	151.3317	2.26%
12	盐城乔贝	151.3317	2.26%
13	信展云达	150	2.24%
14	宁波中利	130	1.94%
15	张栋	125	1.87%
16	宁波聚力	120	1.79%
17	宁波云起	100	1.50%
18	深圳国泰	90.7990	1.36%
19	李继梅	75	1.12%
20	深圳同创	75	1.12%
21	广州琢石	66.6666	1%
22	深圳安创	60.5326	0.91%
23	杭州聚引	60.5326	0.91%
24	赵鸿飞	54.4950	0.81%
25	郑建国	50	0.75%
26	巴旗资产	50	0.75%
27	张克剑	37.7728	0.56%
28	张建红	24.2130	0.36%
29	钱祥丰	0.5	0.01%
合计		6,688	100%

经本所律师核查,发行人的上述发起人和股东均具有法律、法规和规范性文件规定担任发起人或进行出资的资格。

(二)经核查,发行人的发起人人数符合《公司法》关于发起设立股份有限公司发起人人数的规定,且发起人在中国境内均有住所,其出资比例符合相关法律、法规和规范性文件的规定。

(三)发行人的控股股东和实际控制人

经核查,钱鹏鹤系发行人前身移远有限的创始人,自2010年7月移远有限设立以来钱鹏鹤一直是发行人及其前身移远有限的最大股东,在历次股权转让和增资完成后钱鹏鹤持有发行人2,120.505万股股份,占发行人股份总数的31.71%;钱鹏鹤通过宁波移远持有发行人3万股股份,占发行人股份总数的0.04%。钱鹏鹤直接及间接持有发行人股份总数的31.75%,为发行人的第一大股东;发行人第二大股东宁波移远持有发行人10.47%股份,钱鹏鹤为宁波移远的执行事务合伙人;钱鹏鹤持有和控制的发行人股份合计42.18%,远大于公司第三大股东上海汲渡持有的发行人股份,因此钱鹏鹤控制的发行人的股份所享有的表决权已足以对股东大会的决议产生重大影响。本所律师认为,发行人的实际控制人为钱鹏鹤,发行人实际控制人最近三年未发生变更;实际控制人控股比例始终在30%以上,远高于其他股东,不存在影响发行人控股股东、实际控制人对发行人控制权之稳定性的情形。

(四)发起人投入公司的资产

经核查,发行人的发起人以移远有限净资产折股投入发行人,该等净资产经有资质的机构审计、评估确认,此后历次增资也均经有资质的机构验资确认,因此,本所律师认为,发起人已投入发行人的资产的产权关系清晰。

(五)发起人投入发行人的资产或权利的权属证书的转移

经核查,发行人各发起人投入发行人的资产独立完整,除部分软件著作权、域名仍在办理从移远有限更名为发行人的程序之外,相关资产或权利的财产转移手续已经办理完毕,不存在法律障碍和风险。

七、发行人的股本及其演变

(一)经本所律师核查,发行人及其前身移远有限设立时股权设置、股本结构合法有效,产权界定和确认不存在潜在纠纷和风险。

(二)经本所律师核查,发行人历次股权转让、增资和股份发行行为均符合国家法律、法规及规范性文件的有关规定,且履行了验资及工商变更登记程序,为合法、合规、真实、有效。

(三)根据本所律师核查及发行人股东的承诺,截至本法律意见书出具之日,发行人各股东所持发行人股份不存在质押及其他权利受到限制的情况。

八、发行人的业务

(一)经核查,发行人及其子公司的经营范围和经营方式均符合有关法律、法规和规范性文件的规定。

(二)根据立信所出具的《审计报告》、发行人提供的境外子公司的财务资料并经本所律师核查,发行人在英属维尔京群岛拥有全资子公司Quectel Technologies Company Limited、在中国香港特别行政区拥有全资子公司Hong Kong Quectel Technologies Company Limited、在加拿大拥有全资子公司QUECTEL WIRELESS SOLUTIONS NORTH AMERICA CORP。除此之外,发行人不存在中国大陆以外经营的情况。

(三)根据发行人工商档案、立信所出具的《审计报告》及本所律师核查,发行人自设立以来主营业务未发生过变更,主要从事物联网领域蜂窝通信模块及其解决方案的设计、研发与销售服务。

(四)根据立信所出具的《审计报告》及本所律师核查,发行人主营业务突出。

(五)经核查,发行人近三年内存在进出口业务,根据上海海关出具的书面证明及本所律师核查,发行人出口业务不存在违法经营的情形。

(六)经核查,发行人不存在持续经营的法律障碍。

九、关联交易及同业竞争

(一)发行人的关联方

1.经核查,持有发行人5%以上股份的股东为钱鹏鹤、宁波移远、上海汲渡、信展保达、创高安防。

2. 发行人的实际控制人为钱鹏鹤。[详见本法律意见书正文“六、发起人和股东(实际控制人)”]。

3. 发行人的全资子公司

截止本法律意见书出具之日,发行人设有五家全资子公司合肥移瑞、Quectel Technologies Company Limited(移远科技有限公司)、Hong Kong Quectel Technologies Company Limited、QUECTEL WIRELESS SOLUTIONS NORTH AMERICA CORP、上海移远通信科技有限公司。

4. 发行人的分公司

截止本法律意见书出具之日,发行人设有三家分公司上海移远通信技术股份有限公司鹰潭分公司、上海移远通信技术股份有限公司深圳分公司和上海移远通信技术股份有限公司杭州分公司。

5. 持有发行人5%以上股份的股东及其实际控制人控制的企业

序号	公司名称	关联关系
1	宁波移远	发行人实际控制人控制的企业
2	东莞市弗多尔安防科技有限公司	创高安防持股100%
3	福州创想未来物联网技术有限公司	创高安防持股100%
4	深圳市创想掌上数字有限公司	创高安防持股100%
5	深圳市创高移动安防有限公司	创高安防持股100%
6	创高国际控股有限公司	创高安防持股100%
7	创高技术控股有限公司	创高安防持股100%

6. 报告期内,发行人控股股东曾经控制的其他企业

序号	公司名称	状态
1	Amobi GmbH	2016年10月11日注销

7. 其他关联方

序号	名称	关联关系
1	谢金勇	合肥移瑞总经理
2	上海相兑资产管理有限公司	上海汲渡执行事务合伙人
3	重庆信展股权投资基金管理有限公司	信展保达执行事务合伙人

8. 报告期内,已注销或已转让的关联方

序号	名称	关联关系	消除关联关系的时间
1	杭州相实资产管理有限公司	公司原董事陈华担任执行董事的公司	2017年7月18日,陈华辞去公司董事职务,从而消除了关联关系。
2	上海贤兑企业管理咨询有限公司	公司原董事陈华担任监事的公司	2017年7月18日,陈华辞去公司董事职务,从而消除了关联关系。
3	浙江相兑资产管理有限公司	公司原董事陈华担任执行董事兼经理的公司	2017年7月18日,陈华辞去公司董事职务,从而消除了关联关系。
4	相兑股权投资管理(上海)有限公司	公司原董事陈华持股26.25%并担任监事的公司	2017年7月18日,陈华辞去公司董事职务,从而消除了关联关系。
5	杭州朵想数据技术有限公司	公司原董事李晨担任执行董事的公司	2017年7月18日,李晨辞去公司董事职务,从而消除了关联关系。
6	SMANOS INC	公司原董事李晨持股100%的公司	2017年7月18日,李晨辞去公司董事职务,从而消除了关联关系。

9. 董事、监事、高级管理人员及其关联方

董事	钱鹏鹤(董事长)、张栋、黄忠霖、于春波(独立董事)、耿相铭(独立董事)
监事	项克理(监事会主席)、安勇(职工代表监事)、花文
高级管理人员	钱鹏鹤(总经理)、张栋(副总经理)、王勇(副总经理)、杨中志(副总经理)、徐大勇(副总经理)、郑雷(董事会秘书兼副总经理)、朱伟峰(财务总监)

(1)发行人共有5名董事、3名监事和7名高级管理人员。

(2)除发行人及其子公司和宁波移远外,发行人董事、监事、高级管理人员及其关系密切的家庭成员控制或有重大影响的企业:

序号	关联方名称	关联关系
1	上海市松江区车墩镇妙逗母婴用品店	发行人财务总监朱伟峰之配偶王爽经营的个体工商户
2	上海美迪索科电子科技有限公司	发行人独立董事耿相铭担任执行董事兼经理的公司
3	余姚市河姆渡车厩铁沫废品回收站	发行人实际控制人钱鹏鹤之父亲钱国明持股100%的企业
4	上海市崇明县安东五金加工场	发行人董事张栋配偶之父亲许安东经营的个体工商户
5	上海市崇明县小末服装加工场	发行人董事张栋配偶之母亲杨小沫经营的个体工商户
6	乐清市大望文化传媒有限公司	发行人监事会主席项克理配偶的兄弟蒋大望持股100%并任执行董事兼经理的公司
7	乐清市恒昇文化传媒有限公司	发行人监事会主席项克理配偶的姐妹蒋央洁持股100%并任执行董事兼经理的公司
8	乐清市恒元文化传播有限公司	发行人监事会主席项克理配偶的姐妹蒋央洁持股100%并任执行董事兼经理的公司
9	乐清市索契文化传播有限公司	发行人监事会主席项克理配偶的姐妹蒋央洁持股50%并任执行董事兼总经理的公司
10	乐清市柳市央洁复印打字店	发行人监事会主席项克理配偶的姐妹蒋央洁经营的个体工商户
11	无锡和盈科技股份有限公司	发行人董事、副总经理张栋的姐妹张艳担任董事的公司
12	江苏和灵实业股份有限公司	发行人董事、副总经理张栋的姐妹张艳担任董事的公司
13	江苏宝来信息科技股份有限公司	发行人董事、副总经理张栋的姐妹张艳担任董事的公司

(3)截至本法律意见书出具之日,除公司及其子公司外,公司董事、监事、高级管理人员在其他企业、单位的任职情况:

序号	姓名	任发行人职务	任职单位	兼任职务
1	钱鹏鹤	董事长兼总经理	宁波移远	执行事务合伙人
2	于春波	独立董事	瑞华会计师事务所上海分所	授薪合伙人
3	耿相铭	独立董事	上海交通大学上海市北斗导航与位置服务重点实验室感知与导航研究所	高级工程师
			上海美迪索科电子科技有限公司	执行董事兼经理

(二)根据立信所出具的《审计报告》和本所律师核查,报告期内,发行人与关联方发生的关联交易如下:

1. 经常性关联交易

(1)购销商品、提供和接受劳务的关联交易

关联方	关联交易内容	2018 年度（万元）	2017 年度（万元）	2016 年度（万元）
创高安防	销售商品	41.78	33.60	7.96

创高安防为发行人的下游客户，上述关联交易的主要内容为创高安防向发行人采购少量生产所需的通信模块。上述关联交易以市场行情为基础定价，定价公允、合理，且报告期内每年双方董事会对该关联交易均进行了审议，不存在通过关联交易输送利益的情况，亦不存在损害公司及其他股东权益的情形。

(2)关联担保情况

报告期内，发行人作为被担保方的担保情况：

担保方	担保金额(万元)	主债权期限/主债权发生期限	截至 2018 年 12 月 31 日，担保是否已经履行完毕
钱鹏鹤	500	2015.11.20 至 2016.11.19	是
钱鹏鹤	350	2016.9.29 至 2017.6.28	是
任向东	2,000	2016.8.31 至 2017.2.28	是
钱鹏鹤	312.5 万美元	提款日之日起最长不超过 6 个月	是
钱鹏鹤	3,000	2016.12.16 至 2018.12.31	是
钱鹏鹤	750	2017.2.23 至 2018.2.22	是
钱鹏鹤	250	2017.5.25 至 2018.5.24	是
张栋	300	2016.11.11 至 2017.11.11	是
钱鹏鹤、张栋、朱伟峰、谢金勇	950	2018.6.28 至 2019.6.27	否
钱鹏鹤	13,400	2018.3.16 至 2019.12.31	否
钱鹏鹤、张栋	4,000	2018.3.1 至 2019.2.28	否
钱鹏鹤	1,000	2016.4.12 至 2019.4.11	否
钱鹏鹤	《委托代理进口协议》项下应支付深圳博科的欠款	2017.11.27 至 2019.11.26	否
钱鹏鹤、张栋、谢金勇、朱伟峰	1,000	2018.8.6 至 2019.8.6	否
钱鹏鹤	2,000	2018.7.26 至 2019.7.26	否
钱鹏鹤	600 万美元	2018.4.4 至 2019.3.28	否
钱鹏鹤	8,000	2018.10.12 至 2019.10.11	否

注：因任向东是发行人的小股东，谨慎性考虑，将其为发行人提供的担保作为关联担保披露。

(3)关联方资金拆借

关联方	2016 年累计借入(万元)	2016 年累计收回(万元)	2017 年累计借入(万元)	2017 年累计收回(万元)	2018 年累计借入(万元)	2018 年累计收回(万元)
钱鹏鹤	–	350.00	–	–	–	–
宁波移远	–	99.90	–	–	–	–
张栋	250.00	–	–	250.00	–	–
合计	250.00	449.90	–	250.00	–	–

注:发行人未向上述关联方支付借款利息。

截至报告期末,发行人向关联方借入资金已全部归还。

(4)关键管理人员薪酬

项目	2018 年度(万元)	2017 年度(万元)	2016 年度(万元)
关键管理人员薪酬	1,332.27	940.80	543.41
合计	1,332.27	940.80	543.41

2. 偶发性关联交易

报告期内,发行人未发生偶发性关联交易。

3. 关联方往来余额

(1)关联方应收款项

项目名称	关联方	账面余额		
		2018.12.31(万元)	2017.12.31(万元)	2016.12.31(万元)
应收账款	创高安防	8.65	3.92	1.45
	小计	8.65	3.92	1.45

(2)关联方应付款项

项目名称	关联方	账面余额		
		2018.12.31(万元)	2017.12.31(万元)	2016.12.31(万元)
其他应付款	张栋	–	–	250
	小计	–	–	250

4. 关联交易对经营状况和财务状况的影响

报告期内关联方无偿提供担保行为,对发行人向银行筹集资金、弥补暂时资金不足、增强发行人运营能力、提高发行人偿债能力及盈利能力均起到了积极作用。报告期内发行人与各关联方发生的关联交易不存在利用关联关系损害发行人利益的情形,对发行人财务状况和经营成果均无重大不利影响。

发行人独立董事对 2016 年度、2017 年度、2018 年度发生的关联交易进行了核查,并发表了独立意见,认为发行人 2016 年度、2017 年度、2018 年度发生的关联交易是真实、准确与完整的,不存在虚假、误导性陈述及重大遗漏;发行人 2016 年度、2017 年度、2018 年度发生的关联交易是发行人生产经营过程中正常发生的,没有损害发行人股东及债权人的利益,也不存在故意规避税收的行为;发行人 2016 年度、2017 年度、2018 年度发生的关联交易是遵循市场经济规则的,关联交易的价格公允。

(三)经核查,发行人在《公司章程》、《公司章程(草案)》、《股东大会议事规则》、《董事会议事规则》、《关联交易决策制度》、《独立董事工作制度》中明确规定了公允的决策程序。

(四)同业竞争

根据发行人的说明、立信所出具的《审计报告》,并经本所律师核查,发行人的控股股东、实际控制人及其控制的企业均未从事与发行人相同或相似的业务。

因此,本所律师认为发行人与控股股东、实际控制人及其控制的其他企业之间不存在同业竞争。

(五)避免同业竞争的措施

经本所律师核查,发行人实际控制人、控股股东钱鹏鹤以及主要股东宁波移远、上海汲渡、信展保达、创高安防分别作出《关于避免同业竞争的承诺》。

因此，本所认为，发行人实际控制人、控股股东、主要股东等有关方面已作出有效承诺避免同业竞争。

（六）经本所律师核查，发行人对上述关联方、关联关系、对有关关联交易和避免同业竞争的承诺或措施在《招股说明书》中进行了充分的披露，没有重大遗漏或隐瞒。

十、发行人的主要财产

（一）发行人及其子公司拥有的商标、专利、软件著作权、域名等知识产权经核查，截至本法律意见书出具之日，发行人及其子公司拥有11项境内注册商标，4项境外商标；发行人及其子公司拥有专利74项；发行人及其子公司拥有主要软件著作权88项；发行人及其子公司拥有域名4项；发行人及其子公司拥有美术作品1项。

（二）本所律师对上述财产的购买合同、发票、付款凭证及申请文件、权属证书等资料核查后认为，发行人及其子公司上述财产权属明晰、完整，不存在产权纠纷或潜在纠纷。

（三）根据发行人提供的资料并经本所律师核查，发行人及其子公司上述主要财产的取得方式为：商标、专利、域名、软件著作权和美术作品由发行人或其子公司自行申请注册或受让取得。

本所律师审查后认为，发行人及其子公司取得上述主要财产的方式合法有效，除上述部分软件著作权和域名权利证书仍在办理从移远有限更名为发行人之外，发行人已取得上述商标、专利、软件著作权、域名的权属证书。

（四）根据发行人提供的资料并经本所律师核查，发行人及其子公司共租赁19处房屋。

经核查，本所律师认为，发行人租赁的19处房屋的租赁合同内容均符合相关法律、法规和规范性文件的规定

十一、发行人的重大债权债务

（一）经核查，截至法律意见书出具日，发行人及其子公司正在履行或将要履行的重大合同均为发行人及其子公司在正常经营活动中产生的，该等合同的内容及形式均符合《中华人民共和国合同法》等相关法律、法规和规范性文件的规定，合法、有效，且对合同当事人具有约束力，合同的履行不存在法律障碍和潜在风险。

（二）经本所律师核查，上述重大合同的一方主体均为发行人或其子公司，不存在主体变更的情形。发行人最近三年已履行完毕的合同，包括但不限于购销合同等，该等合同均为发行人在正常经营活动中产生的，内容及形式均合法有效，不存在潜在纠纷或风险。

（三）经本所律师核查并根据发行人的承诺及有关部门出具的证明材料，发行人目前不存在因环境保护、知识产权、产品质量、劳动安全和人身权等原因而产生的侵权之债。

（四）根据立信出具的《审计报告》及发行人出具的说明并经本所律师核查，截至本法律意见书出具日，发行人与关联方之间的重大债权债务均根据正常的经营业务产生，不存在关联方占用发行人资金的情形。除本法律意见书“九、关联交易及同业竞争”披露的关联交易事项外，发行人与其他关联方目前不存在重大债权债务关系，发行人与关联方之间不存在未披露的相互提供担保的情况。

（五）经核查，发行人金额较大的其他应收款、其他应付款均属于发行人生产经营活动过程中正常发生的，为合法、有效。

十二、发行人的重大资产变化及收购兼并

（一）根据发行人的确认并经本所律师核查，除本法律意见书“七、发行人的股本及其演变”披露的发行人历次股权转让、增资扩股、变更公司形式情况之外。发行人近三年不存在其他重大资产重组、合并、分立、增资扩股、减少注册资本、收购或出售资产等行为。

（二）经本所律师核查及发行人所作的承诺，发行人不存在其他拟进行的资产置换、资产剥离、资产出售或收购等行为。

十三、发行人章程的制定与修改

（一）经核查，发行人章程的制定及近三年的修改均已履行法定程序。

（二）经核查，本所律师认为，发行人现行有效的《公司章程》为本次发行上市之目的而制定的《公司章程（草案）》，其符合国家法律、法规和规范性文件的相关规定。

（三）发行人2016年年度股东大会审议通

过了《上海移远通信技术股份有限公司章程(草案)》,将在发行人公开发行股票并上市后生效;因发行人董事人数和经营范围变更,发行人2017年第四次临时股东大会对《公司章程(草案)》进行修订。发行人制定的《公司章程(草案)》系依据《公司法》的规定,并按照《上市公司治理准则》(证监发〔2002〕1号)、《上市公司股东大会规则(2016修订)》(中国证券监督管理委员会公告〔2016〕22号)、《上市公司章程指引(2016年修订)》(证监会公告〔2016〕23号)、《关于发布〈上海证券交易所股票上市规则(2014年修订)〉的通知》(上证发〔2014〕65号)等有关规定制订的。该《公司章程(草案)》在发行人公开发行股票并上市后生效。

经核查,本所律师认为,发行人的《公司章程》、《公司章程(草案)》系按照有关制定上市公司章程的规定起草或修订的,《公司章程》和《公司章程(草案)》的内容符合现行法律、法规和规范性文件的规定。

十四、发行人股东大会、董事会、监事会议事规则及规范运作

(一)经本所律师核查,发行人具有健全的组织机构,包括股东大会、董事会、监事会以及经营管理层,并设立了独立董事、董事会秘书和董事会专门委员会,制订了相关制度。发行人股东大会、董事会、监事会目前运作正常。

(二)经核查,本所律师认为,发行人已制定了健全的股东大会、董事会、监事会议事规则,该等议事规则符合《公司法》、《上市公司治理准则》、《上市公司股东大会规则》、《管理办法》等相关法律、法规和规范性文件及《公司章程》的规定。

(三)经核查,根据发行人提供的历次股东大会、董事会、监事会会议的通知、会议记录、会议决议等法律文件,本所律师认为,发行人自股份公司成立以来历次股东大会、董事会、监事会的召开、决议内容及签署均合法、合规、真实、有效。

(四)经本所律师核查,发行人股东大会及董事会历次授权或重大决策等行为合法、合规、真实、有效。

十五、发行人董事、监事和高级管理人员及其变化

(一)经本所律师核查,发行人现任董事、监事和高级管理人员的任职均符合现行有关法律、法规和规范性文件以及发行人《公司章程》的规定。

(二)经本所律师核查,本所律师认为,发行人最近三年内董事、高级管理人员没有发生重大变化;最近三年内董事、监事和高级管理人员发生的任免情况,符合有关规定,履行了必要的法律程序,该等变化不会对发行人持续经营产生不利影响。

(三)根据现行有效的《公司章程》规定及相关董事会、股东大会决议,发行人目前聘任了2名独立董事,分别为于春波、耿相铭,其中于春波为会计专业人士。

经本所律师核查并根据发行人《公司章程》以及《独立董事工作制度》的相关内容,发行人二名独立董事的任职资格均符合《公司法》、中国证监会《关于在上市公司建立独立董事制度的指导意见》等法律、法规、部门规章和规范性文件的规定,其职权范围并未违反有关法律、法规、部门规章和规范性文件的规定。

十六、发行人的税务

(一)经核查,发行人及其子公司执行的税种、税率及享受的税收优惠政策均符合现行法律、法规、规章和规范性文件的要求;财政补贴未与现行法律、法规、规章及规范性文件的规定相冲突,均为合法、合规、真实、有效。

(二)经本所律师核查并根据发行人及其境内子公司所在地主管税务机关出具的证明文件及其境外子公司的审计报告,除已披露的外,发行人及其全资子公司自2016年以来均依法纳税,无偷漏税、欠税情况,不存在因违反税务方面法律、法规和规范性文件而受到行政处罚的情况。

十七、发行人的环境保护和产品质量、技术等标准

(一)经核查,发行人的主营业务为从事物联网领域蜂窝通信模块及其解决方案的设计、研发与销售服务,发行人对外销售的产品均通

过委托代工方式生产，发行人只负责前期研发设计，因此基本上不存在安全生产和环境污染隐患。

（二）根据发行人提供的文件及本所律师的核查，发行人近三年不存在因经营活动严重违反环境保护方面的法律、法规和规范性文件而受到行政处罚的情形。

（三）根据发行人提供的文件及本所律师核查，发行人近三年不存在因严重违反有关产品质量和技术监督方面的法律、法规而受到行政处罚的情形。

综上所述，本所律师认为，就环境保护、产品质量和技术监督要求等方面，不存在影响发行人本次发行上市的法律障碍。

十八、发行人募股资金的运用

（一）经核查，发行人募集资金的运用，已获得发行人股东大会和有权机关的批准与授权。发行人实施募集资金投资项目不存在法律障碍。

（二）经核查，发行人本次募集资金投资项目符合国家产业政策、投资管理及环境保护政策以及其他相关法律、行政法规和规章的规定。

（三）经核查，发行人本次发行拟募集资金数额和投资项目均与发行人现有生产经营规模、财务状况、技术水平和管理能力等相适应。

（四）经核查，发行人本次募集资金投资项目均由发行人自行实施或由发行人全资子公司实施，不涉及与他人合作，故本次募集资金投资项目实施后，不会产生同业竞争或者对发行人的独立性产生不利影响。

（五）经核查，发行人 2017 年第二次临时股东大会已审议通过了《募集资金使用管理办法》，确定募集资金将存放于董事会决定的专项账户，专项用于募集资金投资项目的实施。

十九、发行人业务发展目标

（一）经核查，本所律师认为，发行人业务发展目标与主营业务一致。

（二）经核查，发行人业务发展目标符合国家法律、法规和规范性文件的规定，不存在潜在的法律风险。

二十、诉讼、仲裁或行政处罚

（一）经本所律师核查及发行人所作承诺，除以下已披露之外，发行人、持有发行人 5% 以上（含 5%）的主要股东、发行人控股的子公司，不存在尚未了结或可预见的、影响发行人持续经营的重大诉讼、仲裁、行政处罚案件。

1. 发行人诉东峡大通（北京）管理咨询有限公司合同纠纷案

2019 年 1 月 22 日，发行人在北京市海淀区人民法院起诉东峡大通（北京）管理咨询有限公司（以下简称“被告”），要求：(1) 被告支付货款 1,984,945 元；(2) 被告支付自 2019 年 1 月 1 日起至实际清偿之日止，以 1,984,945 元为基数，按中国人民银行规定的同期贷款基准利率计算的延迟付款利息；(3) 本案诉讼费由被告负担。截至本法律意见书出具之日，本案正在审理中。

（二）经本所律师核查及相关人员所作承诺，发行人董事、监事、高级管理人员不存在尚未了结的或虽未发生但可预见的重大诉讼、仲裁及行政处罚案件。

二十一、发行人招股说明书法律风险的评价

本所律师经审阅发行人为本次股票发行并上市编制的招股说明书及其摘要中发行人引用法律意见书和本法律意见书的相关内容，认为发行人招股说明书及其摘要中引用法律意见书及本法律意见书的相关内容准确，确认不致因引用法律意见书及本法律意见书的内容而出现虚假记载、误导性陈述或重大遗漏。

二十二、其他重要事项

（一）对发行人及其控股股东、实际控制人、董事、监事、高级管理人员等责任主体所做承诺及相关约束措施的核查

本所律师查阅查验了发行人的《招股说明书》、发行人董事会及股东大会会议文件，以及发行人有关责任主体签署的声明和承诺，发行人及其控股股东、实际控制人、董事、监事、高级管理人员、相关中介机构等责任主体就发行人本次发行上市作出如下承诺：

1. 本次发行前股东所持股份的流通限制及自愿锁定的承诺

(1) 发行人实际控制人的承诺

1) 本人持有的发行人股份目前不存在委托持股、信托持股或其他利益安排，不存在权属

纠纷、质押、冻结等依法不得转让或其他有争议的情况;发行人在证券监管部门指定的证券交易所上市成功后,本人股份被质押的,本人将在事实发生之日起二日内通知发行人,并通过发行人发出相关公告。

2)于发行人股票在证券交易所上市交易之日起三十六个月内,不转让或者委托他人管理本人直接或间接持有的发行人股份,也不由发行人回购本人直接或间接持有的发行人股份。

3)本人基于对发行人未来发展前景的信心,在锁定期满后,在不违反本人在发行人首次公开发行时所作出的公开承诺的情况才可以转让发行人股票。

4)本人将通过上海证券交易所竞价交易系统、大宗交易平台和协议转让等上海证券交易所允许的转让方式转让发行人股票。

5)本人减持时将提前三个交易日通知发行人并公告。在锁定期满后两年内减持的转让价格不低于发行人股票的发行价(如因发生权益分派、公积金转增股本、配股等情况进行除权、除息的,须按照中国证券监督管理委员会、上海证券交易所的有关规定作相应调整),上述两年期限届满后,本人在减持发行人股份时,将按市价且不低于发行人最近一期经审计的每股净资产价格进行减持。本人在锁定期满后可以转让本人持有的发行人股份。若公司上市后6个月内公司股票连续20个交易日的收盘价均低于发行价,或者上市后6个月期末收盘价低于发行价,本人持有公司股票的锁定期限自动延长6个月。在延长的锁定期内,不转让或委托他人管理本人所直接持有或间接持有的发行人首次公开发行股票前已发行的股份,也不由发行人回购该部分股份。

在满足以下条件的前提下,本人可以进行减持:

①本人承诺的锁定期届满;

②若发生需本人向投资者进行赔偿的情形,本人已经全额承担赔偿责任;

本人将遵守中国证券监督管理委员会《上市公司股东、董监高减持股份的若干规定》、《上海证券交易所股票上市规则》、《上海证券交易所上市公司股东及董事、监事、高级管理人员减持股份实施细则》的相关规定。

6)本人承诺,在发行人上市后三年内,若发行人连续二十个交易日每日股票收盘价均低于最近一期经审计的每股净资产(若审计基准日后因权益分派、转增股本、增资、配股等原因进行除权、除息的,须按照中国证券监督管理委员会、上海证券交易所的有关规定作相应调整),按照《上海移远通信技术股份有限公司上市后三年内股价稳定的预案》,在发行人就回购股份事宜召开的股东大会上,对回购股份的相关决议投赞成票。

(2)实际控制人控制的企业宁波移远的承诺

1)本企业持有的发行人股份目前不存在委托持股、信托持股或其他利益安排,不存在权属纠纷、质押、冻结等依法不得转让或其他有争议的情况;发行人在证券监管部门指定的证券交易所上市成功后,本企业股份被质押的,本企业将在事实发生之日起二日内通知发行人,并通过发行人发出相关公告。

2)于发行人股票在证券交易所上市交易之日起三十六个月内,不转让或者委托他人管理本企业直接或间接持有的发行人股份,也不由发行人回购本企业直接或间接持有的发行人股份。

3)本企业基于对发行人未来发展前景的信心,在锁定期满后,在不违反本企业在发行人首次公开发行时所作出的公开承诺的情况才可以转让发行人股票。

4)本企业将通过上海证券交易所竞价交易系统、大宗交易平台和协议转让等上海证券交易所允许的转让方式转让发行人股票。

5)本企业减持时将提前三个交易日通知发行人并公告。在锁定期满后两年内减持的转让价格不低于发行人股票的发行价(如因发生权益分派、公积金转增股本、配股等情况进行除权、除息的,须按照中国证券监督管理委员会、上海证券交易所的有关规定作相应调整),上述两年期限届满后,本企业在减持发行人股份时,将按市价且不低于发行人最近一期经审计的每股净资产价格进行减持。本企业在锁定期满后可以转让本企业持有的发行人股份。若公司上市后6个月内公司股票连续20个交易日的收盘价均低于发行价,或者上市后6个月期末收盘价低于发行价,持有公司股票的锁定期限自动延长6个月。在延长的锁定期内，不转让或委托他人管理本企业所直接持有或间接持有的发行人首次公开发行股票前已发行的股份，也不由发行人回购该部分股份。

本企业将遵守中国证监会《上市公司股东、董监高减持股份的若干规定》，《上海证券交易所股票上市规则》、《上海证券交易所上市公司股东及董事、监事、高级管理人员减持股份实施细则》的相关规定。

6）本企业承诺，在发行人上市后三年内，若发行人连续二十个交易日每日股票收盘价均低于最近一期经审计的每股净资产（若审计基准日后因权益分派、转增股本、增资、配股等原因进行除权、除息的，须按照中国证券监督管理委员会、上海证券交易所的有关规定作相应调整），按照《上海移远通信技术股份有限公司上市后三年内股价稳定的预案》，在发行人就回购股份事宜召开的股东大会上，对回购股份的相关决议投赞成票。

（3）持有发行人股份的董事钱鹏鹤、张栋的承诺

1）本人直接或间接持有的发行人股份目前不存在委托持股、信托持股或其他利益安排，不存在权属纠纷、质押、冻结等依法不得转让或其他有争议的情况；发行人在证券监管部门指定的证券交易所上市成功后，本人股份被质押的，本人将在事实发生之日起二日内通知发行人，并通过发行人发出相关公告。

2）若发行人在证券监管部门指定的证券交易所上市，本人承诺：

①于发行人股票在证券交易所上市交易之日起三十六个月内，不转让或者委托他人管理本人直接或间接持有的发行人股份，也不由发行人回购本人直接或间接持有的发行人股份；

②三十六个月的锁定期满后，在本人担任发行人的董事期间，每年转让的股份不超过所直接或间接持有发行人股份总数的百分之二十五；

③离职后半年内，不转让本人直接或间接持有的发行人股份。

3）若本人在前述锁定期满后两年内减持所持股份，减持价格将不低于发行人首次公开发行股票时的价格（以下简称“发行价”），每年减持股份将不超过本人直接或间接持有发行人股份总数的百分之二十五；减持股份应符合相关法律法规及上海证券交易所规则要求，减持方式包括二级市场集中竞价交易、大宗交易、协议转让等上海证券交易所认可的合法方式。上述两年期限届满后，本人在减持发行人股份时，将按市价且不低于发行人最近一期经审计的每股净资产价格进行减持。

在满足以下条件的前提下，本人可以进行减持：

①本人承诺的锁定期届满；

②若发生需本人向投资者进行赔偿的情形，本人已经全额承担赔偿责任；

③为避免发行人的控制权出现变更，保证发行人长期稳定发展，如本人通过非二级市场集中竞价出售股份的方式直接或间接出售发行人A股股份，本人不将所持发行人股份（包括通过其他方式控制的股份）转让给与发行人从事相同或类似业务或与发行人有其他竞争关系的第三方。

本人减持发行人股份时，将提前三个交易日通过发行人发出相关公告。

本人将遵守中国证券监督管理委员会《上市公司股东、董监高减持股份的若干规定》、《上海证券交易所股票上市规则》、《上海证券交易所上市公司股东及董事、监事、高级管理人员减持股份实施细则》的相关规定。

4）发行人上市后六个月内，若发行人股票连续二十个交易日的收盘价均低于发行价，或者上市后六个月期末收盘价低于发行价，本人持有发行人股票的锁定期限在前述锁定期的基础上自动延长六个月。

5）本人承诺，在发行人上市后三年内，若发行人连续二十个交易日每日股票收盘价均低于最近一期经审计的每股净资产，按照《上海移远通信技术股份有限公司上市后三年内股价稳定的预案》，在公司就回购股份事宜召开的董事会、股东大会上，对回购股份的相关决议投赞成票；按照《上海移远通信技术股份有限公司上市后三年内股价稳定的预案》增持公司股份。

6）本人作出的上述承诺在本人直接或间接持有发行人股票期间持续有效，不因本人职务变更或离职等原因而放弃履行上述承诺。

7）本承诺书中所称“发行价”是指发行人

首次公开发行股票时的价格,若此后期间因权益分派、转增股本、增资、配股等原因进行除权、除息的,须按照中国证券监督管理委员会、上海证券交易所的有关规定作相应调整;“每股净资产价格”是指发行人最近一期经审计的每股净资产价格,若审计基准日后因权益分派、转增股本、增资、配股等原因进行除权、除息的,须按照中国证券监督管理委员会、上海证券交易所的有关规定作相应调整。

(4)持有发行人股份的董事黄忠霖的承诺

1)本人直接或间接持有的发行人股份目前不存在委托持股、信托持股或其他利益安排,不存在权属纠纷、质押、冻结等依法不得转让或其他有争议的情况;发行人在证券监管部门指定的证券交易所上市成功后,本人股份被质押的,本人将在事实发生之日起二日内通知发行人,并通过发行人发出相关公告。

2)若发行人在证券监管部门指定的证券交易所上市,本人承诺:

①于发行人股票在证券交易所上市交易之日起十二个月内,不转让或者委托他人管理本人直接或间接持有的发行人股份,也不由发行人回购本人直接或间接持有的发行人股份;

②十二个月的锁定期满后,在本人担任发行人的董事期间,每年转让的股份不超过所直接或间接持有发行人股份总数的百分之二十五;

③离职后半年内,不转让本人直接或间接持有的发行人股份。

3)若本人在前述锁定期满后两年内减持所持股份,减持价格将不低于发行人首次公开发行股票时的价格(以下简称“发行价”),每年减持股份将不超过本人直接或间接持有发行人股份总数的百分之二十五;减持股份应符合相关法律法规及上海证券交易所规则要求,减持方式包括二级市场集中竞价交易、大宗交易、协议转让等上海证券交易所认可的合法方式。上述两年期限届满后,本人在减持发行人股份时,将按市价且不低于发行人最近一期经审计的每股净资产价格进行减持。

在满足以下条件的前提下,本人可以进行减持:

①本人承诺的锁定期届满;

②若发生需本人向投资者进行赔偿的情形,本人已经全额承担赔偿责任;

③为避免发行人的控制权出现变更,保证发行人长期稳定发展,如本人通过非二级市场集中竞价出售股份的方式直接或间接出售发行人 A 股股份,本人不将所持发行人股份(包括通过其他方式控制的股份)转让给与发行人从事相同或类似业务或与发行人有其他竞争关系的第三方。

本人减持发行人股份时,将提前三个交易日通过发行人发出相关公告。

本人将遵守中国证券监督管理委员会《上市公司股东、董监高减持股份的若干规定》、《上海证券交易所股票上市规则》、《上海证券交易所上市公司股东及董事、监事、高级管理人员减持股份实施细则》的相关规定。

4)发行人上市后六个月内,若发行人股票连续二十个交易日的收盘价均低于发行价,或者上市后六个月期末收盘价低于发行价,本人持有发行人股票的锁定期限在前述锁定期的基础上自动延长六个月。

5)本人承诺,在发行人上市后三年内,若发行人连续二十个交易日每日股票收盘价均低于最近一期经审计的每股净资产,按照《上海移远通信技术股份有限公司上市后三年内股价稳定的预案》,在公司就回购股份事宜召开的董事会、股东大会上,对回购股份的相关决议投赞成票;按照《上海移远通信技术股份有限公司上市后三年内股价稳定的预案》增持公司股份。

6)本人作出的上述承诺在本人直接或间接持有发行人股票期间持续有效,不因本人职务变更或离职等原因而放弃履行上述承诺。

7)本承诺书中所称“发行价”是指发行人首次公开发行股票时的价格,若此后期间因权益分派、转增股本、增资、配股等原因进行除权、除息的,须按照中国证券监督管理委员会、上海证券交易所的有关规定作相应调整;“每股净资产价格”是指发行人最近一期经审计的每股净资产价格,若审计基准日后因权益分派、转增股本、增资、配股等原因进行除权、除息的,须按照中国证券监督管理委员会、上海证券交易所的有关规定作相应调整。

(5)持有发行人股份的高级管理人员杨中志、王勇、徐大勇、郑雷的承诺

1)本人直接或间接持有的发行人股份目

前不存在委托持股、信托持股或其他利益安排，不存在权属纠纷、质押、冻结等依法不得转让或其他有争议的情况；发行人在证券监管部门指定的证券交易所上市成功后，本人股份被质押的，本人将在事实发生之日起二日内通知发行人，并通过发行人发出相关公告。

2）若发行人在证券监管部门指定的证券交易所上市，本人承诺：

①于发行人股票在证券交易所上市交易之日起十二个月内，不转让或者委托他人管理本人直接或间接持有的发行人股份，也不由发行人回购本人直接或间接持有的发行人股份；

②十二个月的锁定期满后，在本人担任发行人的董事期间，每年转让的股份不超过所直接或间接持有发行人股份总数的百分之二十五；

③离职后半年内，不转让本人直接或间接持有的发行人股份。

3）若本人在前述锁定期满后两年内减持所持股份，减持价格将不低于发行人首次公开发行股票时的价格（以下简称“发行价”），每年减持股份将不超过本人直接或间接持有发行人股份总数的百分之二十五；减持股份应符合相关法律法规及上海证券交易所规则要求，减持方式包括二级市场集中竞价交易、大宗交易、协议转让等上海证券交易所认可的合法方式。上述两年期限届满后，本人在减持发行人股份时，将按市价且不低于发行人最近一期经审计的每股净资产价格进行减持。

在满足以下条件的前提下，本人可以进行减持：

①本人承诺的锁定期届满；

②若发生需本人向投资者进行赔偿的情形，本人已经全额承担赔偿责任；

③为避免发行人的控制权出现变更，保证发行人长期稳定发展，如本人通过非二级市场集中竞价出售股份的方式直接或间接出售发行人A股股份，本人不将所持发行人股份（包括通过其他方式控制的股份）转让给与发行人从事相同或类似业务或与发行人有其他竞争关系的第三方。

本人减持发行人股份时，将提前三个交易日通过发行人发出相关公告。

本人将遵守中国证券监督管理委员会《上市公司股东、董监高减持股份的若干规定》、《上海证券交易所股票上市规则》、《上海证券交易所上市公司股东及董事、监事、高级管理人员减持股份实施细则》的相关规定。

4）发行人上市后六个月内，若发行人股票连续二十个交易日的收盘价均低于发行价，或者上市后六个月期末收盘价低于发行价，本人持有发行人股票的锁定期限在前述锁定期的基础上自动延长六个月。

5）本人承诺，在发行人上市后三年内，若发行人连续二十个交易日每日股票收盘价均低于最近一期经审计的每股净资产，按照《上海移远通信技术股份有限公司上市后三年内股价稳定的预案》增持公司股份。

6）本人作出的上述承诺在本人直接或间接持有发行人股票期间持续有效，不因本人职务变更或离职等原因而放弃履行上述承诺。

7）本承诺书中所称“发行价”是指发行人首次公开发行股票时的价格，若此后期间因权益分派、转增股本、增资、配股等原因进行除权、除息的，须按照中国证券监督管理委员会、上海证券交易所的有关规定作相应调整；“每股净资产价格”是指发行人最近一期经审计的每股净资产价格，若审计基准日后因权益分派、转增股本、增资、配股等原因进行除权、除息的，须按照中国证券监督管理委员会、上海证券交易所的有关规定作相应调整。

（6）持有发行人股份的监事安勇和项克理承诺

1）本人直接或间接持有的发行人股份目前不存在委托持股、信托持股或其他利益安排，不存在权属纠纷、质押、冻结等依法不得转让或其他有争议的情况；发行人在证券监管部门指定的证券交易所上市成功后，本人股份被质押的，本人将在事实发生之日起二日内通知发行人，并通过发行人发出相关公告。

2）若发行人在证券监管部门指定的证券交易所上市，本人承诺：

①于发行人股票在证券交易所上市交易之日起十二个月内，不转让或者委托他人管理本人直接或间接持有的发行人股份，也不由发行人回购本人直接或间接持有的发行人股份；

②十二个月的锁定期满后，在本人担任发行人的监事期间，每年转让的股份不超过所直

接或间接持有发行人股份总数的百分之二十五;

③离职后半年内,不转让本人直接或间接持有的发行人股份。

3)若本人在前述锁定期满后减持所持股份,每年减持股份将不超过本人直接或间接持有发行人股份总数的百分之二十五;减持股份应符合相关法律法规及上海证券交易所规则要求,减持方式包括二级市场集中竞价交易、大宗交易、协议转让等上海证券交易所认可的合法方式。

在满足以下条件的前提下,本人可以进行减持:

①本人承诺的锁定期届满;

②若发生需本人向投资者进行赔偿的情形,本人已经全额承担赔偿责任;

③为避免发行人的控制权出现变更,保证发行人长期稳定发展,如本人通过非二级市场集中竞价出售股份的方式直接或间接出售发行人 A 股股份,本人不将所持发行人股份(包括通过其他方式控制的股份)转让给与发行人从事相同或类似业务或与发行人有其他竞争关系的第三方。

本人减持发行人股份时,将提前三个交易日通过发行人发出相关公告。

本人将遵守中国证券监督管理委员会《上市公司股东、董监高减持股份的若干规定》、《上海证券交易所股票上市规则》、《上海证券交易所上市公司股东及董事、监事、高级管理人员减持股份实施细则》的相关规定。

4)本人作出的上述承诺在本人直接或间接持有发行人股票期间持续有效,不因本人职务变更或离职等原因而放弃履行上述承诺。

(7)持有发行人 5% 以下股份的股东关于流通限制及自愿锁定的承诺

1)本人/本企业/本公司直接或间接持有的发行人股份目前不存在委托持股、信托持股或其他利益安排,不存在权属纠纷、质押、冻结等依法不得转让或其他有争议的情况;

2)若发行人在证券监管部门指定的证券交易所上市,本人/本企业/本公司于发行人股票在证券交易所上市交易之日起十二个月内,不转让或者委托他人管理本人/本企业/本公司直接或间接持有的发行人股份,也不由发行人回购本人/本企业/本公司直接或间接持有的发行人股份。

(8)赵鸿飞关于流通限制及自愿锁定的承诺

1)本人持有的发行人股份目前不存在委托持股、信托持股或其他利益安排,不存在权属纠纷、质押、冻结等依法不得转让或其他有争议的情况。

2)于发行人股票在证券交易所上市交易之日起三十六个月内,不转让或者委托他人管理本人直接持有的发行人股份,也不由发行人回购本人直接持有的发行人股份。

(9)关于股权激励事项的补充承诺

宁波移远系移远通信的职工持股平台,现因移远通信拟向中国境内社会公众首次公开发行股票并上市,宁波移远及其普通合伙人、有限合伙人就相关事项进行进一步承诺。

1)宁波移远承诺如下:

“本企业自 2016 年 1 月 1 日至 2022 年 12 月 31 日期间,不转让本企业持有的移远通信股份,若本企业违反上述承诺,因此产生的收益归移远通信所有”。

2)发行人实际控制人、宁波移远普通合伙人钱鹏鹤承诺如下:

“本人承诺自本承诺签署之日至 2022 年 12 月 31 日期间,本人作为宁波移远普通合伙人的身份不会变更,在上述期间内,本人不会从移远通信离职,且本人不转让持有的宁波移远出资额,亦不转让本人通过宁波移远间接持有的移远通信的股份。在上述期间内,若宁波移远其他合伙人从移远通信主动或被动离职,则本人受让该合伙人持有的宁波移远出资额,受让价格按照最初出资入股宁波移远价格、离职当时移远通信净资产和离职当时移远通信市场估价中三者中孰低者为基准。自本人受让该部分出资额之日至 2022 年 12 月 31 日期间,本人不转让该部分出资额,亦不转让通过该部分出资额间接持有的移远通信的股份。若本人违反上述承诺,因此产生的收益归移远通信所有”。

3)宁波移远有限合伙人王勇、杨中志、李欣俊、徐大勇、汪燕飞、安勇、项克理、黄忠霖、辛健、孙延明、胡志琴、张栋、王敏、魏来、郑雷承诺如下:

“作为宁波移远有限合伙人,本人在股权

激励服务期自取得宁波移远出资额之日至2022年12月31日期间，不转让本人持有的宁波移远出资额，亦不转让本人通过宁波移远间接持有的移远通信的股份，若本人在上述期间内从移远通信主动或被动离职，则本人丧失了成为合伙企业有限合伙人的资格并退出合伙企业，本人承诺将持有的宁波移远出资额转让给钱鹏鹤，转让价格按照最初出资入股宁波移远价格、离职当时移远通信净资产和离职当时移远通信市场估价中三者中孰低者为基准。若本人违反上述承诺，因此产生的收益归移远通信所有”。

2. 关于因信息披露重大违规的相关承诺

(1)发行人的承诺

1)若本公司招股说明书有虚假记载、误导性陈述或者重大遗漏，对判断本公司是否符合法律规定的发行条件构成重大、实质影响，本公司将依法回购首次公开发行的全部新股。本公司将在国务院证券监督管理机构或司法机关认定本公司招股说明书存在本款前述违法违规情形之日起的30个交易日内公告回购新股的回购方案，包括回购股份数量、价格区间、完成时间等信息，股份回购方案还应经本公司股东大会审议批准。本公司将在股份回购义务触发之日起6个月内完成回购，回购价格不低于下列两者中的孰高者：①新股发行价格加新股上市日至回购或回购要约发出日期间的同期银行活期存款利息，公司上市后如有权益分派、公积金转增股本、配股等除权除息事项，上述发行价格及回购股份数量相应进行调整；或②国务院证券监督管理机构或司法机关认定本公司招股说明书存在本款前述违法违规情形之日公司股票二级市场的收盘价格。

2)若因招股说明书有虚假记载、误导性陈述或者重大遗漏，致使投资者在证券交易中遭受损失，将依法赔偿投资者损失。

(2)发行人控股股东、实际控制人的承诺

1)若本公司招股说明书有虚假记载、误导性陈述或者重大遗漏，对判断本公司是否符合法律规定的发行条件构成重大、实质影响，控股股东、实际控制人钱鹏鹤将依法回购首次公开发行的全部新股。控股股东、实际控制人钱鹏鹤将在国务院证券监督管理机构或司法机关认定本公司招股说明书存在本款前述违法违规情形之日起的30个交易日内制定已转让的原限售股份的购回方案，包括购回股份数量、价格区间、完成时间等信息，并由本公司予以公告。控股股东、实际控制人钱鹏鹤将在股份购回义务触发之日起6个月内完成购回，回购价格不低于下列两者中的孰高者：①新股发行价格加新股上市日至购回或购回要约发出日期间的同期银行活期存款利息，公司上市后如有权益分派、公积金转增股本、配股等除权除息事项，上述发行价格及购回股份数量相应进行调整；或②国务院证券监督管理机构或司法机关认定本公司招股说明书存在本款前述违法违规情形之日公司股票二级市场的收盘价格。

2)若因招股说明书有虚假记载、误导性陈述或者重大遗漏，致使投资者在证券交易中遭受损失，将依法赔偿投资者损失

(3)发行人董事、监事、高级管理人员的承诺

若因招股说明书有虚假记载、误导性陈述或者重大遗漏，致使投资者在证券交易中遭受损失，将依法赔偿投资者损失。

3. 关于上市后三年内稳定股价的预案

发行人已于2017年6月8日召开的2016年年度股东大会通过《关于公司首次公开发行股票并上市后三年内稳定股价预案的议案》，明确公司上市后三年内股价低于每股净资产时，公司将采取以下股价稳定预案：

“一、启动稳定股价措施的条件

上市后三年内，若公司连续二十个交易日每日股票收盘价均低于最近一期经审计的每股净资产时(以下简称‘启动条件’，因权益分派、公积金转增股本、增发或配股等情况导致公司净资产或股份总数出现变化时，则每股净资产应相应调整)，且公司情况同时满足监管机构对于回购、增持等股本变动行为的规定，则本公司、控股股东及本预案载明的相关主体将启动以下部分或全部措施稳定公司股价：

二、稳定股价的具体措施

(一)公司回购

1. 公司为稳定股价之目的回购股份，应符合《上市公司回购社会公众股份管理办法(试行)》及《关于上市公司以集中竞价交易方式回购股份的补充规定》等相关法律、法规的规定，且不应导致公司股权分布不符合上市条件。

2. 公司董事会对回购股份作出决议,公司董事承诺就该等回购事宜在董事会中投赞成票。

3. 公司股东大会对回购股份做出决议,该决议须经出席会议的股东所持表决权的三分之二以上通过,公司实际控制人及控股股东钱鹏鹤承诺就该等回购事宜在股东大会中投赞成票。

4. 公司为稳定股价进行股份回购时,除应符合相关法律法规之要求之外,还应符合下列各项:

(1)公司回购价格不高于最近一期经审计的每股净资产(因权益分派、公积金转增股本、增发或配股等情况导致公司净资产或股份总数出现变化时,则每股净资产应相应调整)。

(2)公司单次用于回购股份的资金原则上不得低于人民币1,000万元。

(3)公司单次回购股份不超过公司总股本的2%。如上述第(2)项与本项冲突的,按照本项执行。

(4)公司用于回购股份的资金总额累计不超过首次公开发行新股所募集资金的总额。

(5)在上述稳定股价具体方案实施期间内,如公司股票连续10个交易日收盘价高于每股净资产时,将停止实施股价稳定措施。

(二)控股股东增持

1. 上市后三年内,若公司出现启动稳定股价措施的条件时,公司股东钱鹏鹤(以下称'控股股东')应在符合《上市公司收购管理办法》、《上市公司股东及其一致行动人增持股份行为指引》等法律法规的条件和要求的前提下,对公司股票进行增持。

2. 控股股东为稳定股价进行增持时,除应符合相关法律法规之要求之外,还应符合下列各项:

(1)控股股东承诺单次增持金额原则上不少于人民币1,000万元。

(2)单次增持公司股份数量不超过公司总股本的2%。如上述第(1)项与本项冲突的,按照本项执行。

(3)在上述稳定股价具体方案实施期间内,如公司股票连续10个交易日收盘价高于每股净资产时或者相关回购资金使用完毕,将停止实施股价稳定措施。

3. 控股股东、实际控制人承诺在增持计划完成后的6个月内将不出售所增持的股份。

(三)董事、高级管理人员增持

1. 上市后三年内,若公司出现启动稳定股价措施的条件时,公司时任董事(不包括独立董事)、高级管理人员应在符合《上市公司收购管理办法》及《上市公司董事、监事和高级管理人员所持本公司股份及其变动管理规则》等法律法规的条件和要求的前提下,对公司股票进行增持。

2. 有增持义务的公司董事、高级管理人员承诺,为本次稳定股价而用于增持公司股份的资金原则上不少于其上一年度从公司实际领取的现金薪酬总和(税后,下同)的20%,但不超过该等董事、高级管理人员上年度实际领取薪酬的总和。公司全体董事(不包括独立董事)、高级管理人员对该等增持义务的履行承担连带责任。

3. 有增持义务的公司董事、高级管理人员承诺,在增持计划完成后的6个月内将不出售所增持的股份。

4. 本公司若有新聘任董事、高级管理人员,本公司将要求其接受稳定公司股价预案和相关措施的约束。

(四)再次启动稳定股价措施

上述稳定股价具体方案实施期满后120个交易日内,上述稳定股价的义务自动解除。从上述稳定股价具体方案实施期满后的第121个交易日开始,如再次发生上述启动条件,则再次启动稳定股价措施。

(五)其他稳定股价的措施

根据届时有效的法律、法规、规范性文件和公司章程的规定,在履行相关法定程序后,公司及有关方可以采用法律、行政法规、规范性文件规定以及中国证监会认可的其他稳定股价的措施。

三、稳定股价措施的启动程序

(一)公司回购

1. 公司董事会应在上述公司回购启动条件触发之日起的15个交易日内做出回购股份的决议。

2. 公司董事会应当在做出回购股份决议后的2个工作日内公告董事会决议、回购股份预案,并发布召开股东大会的通知。

3.公司应在股东大会做出决议之次日起开始启动回购,并应在履行相关法定手续后的30个交易日内实施完毕。

4.公司回购方案实施完毕后,应在2个工作日内公告公司股份变动报告,并在10日内依法注销所回购的股份,办理工商变更登记手续。

(二)控股股东及董事、高级管理人员增持

1.公司董事会应在上述控股股东及董事、高级管理人员增持条件触发之日起2个交易日内做出增持公告。

2.控股股东及董事、高级管理人员应在增持公告做出之次日起开始启动增持,并应在履行相关法定手续后的30个交易日内实施完毕。"

4.本次发行相关中介机构的承诺

经查阅保荐机构招商证券、发行人会计师立信会计师,以及本所律师的相关承诺,各中介机已作出以下承诺:

(1)保荐机招商证券承诺:"若因本公司为发行人首次公开发行制作、出具的文件有虚假记载、误导性陈述或者重大遗漏,给投资者造成损失的,将依法赔偿投资者损失。"

(2)发行人会计师立信会计师承诺:"本所为发行人首次公开发行股票事宜制作、出具的文件有虚假记载、误导性陈述或者重大遗漏,给投资者造成损失的,将依法赔偿投资者损失。"

(3)发行人律师锦天城律师承诺:"如因本所为发行人首次公开发行制作、出具的文件有虚假记载、误导性陈述或者重大遗漏,给投资者造成损失的,将依法赔偿投资者损失。"

5.发行人控股股东、实际控制人及重要股东避免同业竞争的承诺函

(1)本人/本企业/本公司及本人/本企业/本公司控制的公司或其他组织中,不存在从事与发行人及其子公司相同或类似的业务,不存在同业竞争。

(2)本人/本企业/本公司及本人/本企业/本公司控制的公司或其他组织将不在中国境内外以任何形式从事与发行人及其子公司现有相同或类似业务,包括不在中国境内外投资、收购、兼并与发行人及其子公司现有主要业务有直接竞争的公司或者其他经济组织。

(3)若发行人及其子公司今后从事新的业务领域,则本人/本企业/本公司及本人/本企业/本公司控制的公司或其他组织将不在中国境内外以控股方式,或以参股但拥有实质控制权的方式从事与发行人及其子公司新的业务领域有直接竞争的业务活动,包括在中国境内外投资、收购、兼并与发行人及其子公司今后从事的新业务有直接竞争的公司或者其他经济组织。

(4)如若本人/本企业/本公司及本人/本企业/本公司控制的法人出现与发行人及其子公司有直接竞争的经营业务情况时,发行人及其子公司有权以优先收购或委托经营的方式将相竞争的业务集中到发行人及其子公司经营。

(5)本人/本企业/本公司承诺不以发行人及其子公司股东的地位谋求不正当利益,进而损害发行人及其子公司其他股东的权益。

以上声明与承诺自本人/本企业/本公司签署之日起正式生效。此承诺为不可撤销的承诺,如因本人/本企业/本公司及本人/本企业/本公司控制的公司或其他组织违反上述声明与承诺而导致发行人及其子公司的权益受到损害的,则本人/本企业/本公司同意向发行人及其子公司承担相应的损害赔偿责任。

6.减少关联交易的承诺函

(1)发行人控股股东、实际控制人减少关联交易的承诺函

1)本承诺人按照证券监管法律、法规以及规范性文件的要求对关联方及关联交易进行了完整、详尽披露。除已经披露的关联交易外,本承诺人及本承诺人下属全资/控股子公司及其他实际控制企业(以下简称"附属企业")与上海移远通信技术股份有限公司及其下属子公司(以下简称"移远通信")之间在报告期内不存在其他任何依照法律法规和中国证券监督管理委员会有关规定应披露而未披露的关联交易。

2)在本承诺人作为移远通信的控股股东期间,本承诺人将尽量避免与移远通信之间产生关联交易事项,对于不可避免发生的关联业务往来或交易,将在平等、自愿的基础上,按照公平、公允和等价有偿的原则进行,交易价格将按照市场公认的合理价格确定。本承诺人将严格遵守移远通信的章程等公司规章制度中关于关联交易事项的回避规定,所涉及的关联交易均将按照规定的决策程序进行,并将履行合法程序,及时对关联交易事项进行信息披露。本

承诺人承诺不会利用关联交易转移、输送利润,不会通过对移远通信的经营决策权损害移远通信及其股东的合法权益。

3)本承诺人承诺不利用在移远通信的股东地位,损害移远通信及其股东的合法利益。

4)本承诺人承诺如未能履行其已做出的以上各项承诺(因相关法律法规、政策变化、自然灾害及其他不可抗力等其无法控制的客观原因导致的除外),同意采取以下措施:

①及时、充分披露未能履行或无法履行承诺的具体原因;

②向投资者提出补充承诺或替代承诺,以尽最大限度保护投资者的权益;

③就补充承诺或替代承诺向公司董事会、股东大会提出审议申请,并承诺在董事会、股东大会审议该项议案时投赞成票。如因未履行上述承诺,造成投资者损失的,将依法承担赔偿损失的责任。

(2)发行人董事、监事、高级管理人员减少关联交易的承诺函

1)本承诺人按照证券监管法律、法规以及规范性文件的要求对关联方及关联交易进行了完整、详尽披露。除已经披露的关联交易外,本承诺人及本承诺人下属全资/控股子公司及其他实际控制企业(以下简称“附属企业”)与上海移远通信技术股份有限公司及其下属子公司(以下简称“移远通信”)之间在报告期内不存在其他任何依照法律法规和中国证券监督管理委员会有关规定应披露而未披露的关联交易。

2)在本承诺人作为移远通信的董事、监事、高级管理人员期间,本承诺人将尽量避免与移远通信之间产生关联交易事项,对于不可避免发生的关联业务往来或交易,将在平等、自愿的基础上,按照公平、公允和等价有偿的原则进行,交易价格将按照市场公认的合理价格确定。本承诺人将严格遵守移远通信的章程等公司规章制度中关于关联交易事项的回避规定,所涉及的关联交易均将按照规定的决策程序进行,并将履行合法程序,及时对关联交易事项进行信息披露。本承诺人承诺不会利用关联交易转移、输送利润,不会通过对移远通信的经营决策权损害移远通信及其股东的合法权益。

3)本承诺人承诺不利用在移远通信的董事、监事、高级管理人员地位,损害移远通信及其股东的合法利益。

4)本承诺人承诺如未能履行其已做出的以上各项承诺(因相关法律法规、政策变化、自然灾害及其他不可抗力等其无法控制的客观原因导致的除外),同意采取以下措施:

①及时、充分披露未能履行或无法履行承诺的具体原因;

②向投资者提出补充承诺或替代承诺,以尽最大限度保护投资者的权益;

③就补充承诺或替代承诺向公司董事会、股东大会提出审议申请,并承诺在董事会、股东大会审议该项议案时投赞成票。如因未履行上述承诺,造成投资者损失的,将依法承担赔偿损失的责任。

7. 违反承诺的约束措施

(1)公司承诺:

1)本公司将在股东大会及中国证券监督管理委员会指定报刊上公开说明未能履行相关承诺的具体原因,并向公司股东和社会公众投资者道歉。

2)如因本公司未能履行相关承诺,致使投资者在证券交易中遭受损失的,本公司将依法向投资者赔偿相关损失。本公司将自愿按相应的赔偿金额冻结自有资金,以为本公司需根据法律法规和监管要求赔偿的投资者损失提供保障。

(2)公司控股股东、实际控制人承诺:

1)本人将在股东大会及中国证券监督管理委员会指定报刊上公开说明未能履行相关承诺的具体原因,并向公司股东和社会公众投资者道歉。

2)如因本人未能履行相关承诺而给公司或者其他投资者造成损失的,本人将向公司或者其他投资者依法承担赔偿责任。在履行完毕前述赔偿责任之前,本人持有的公司股份不得转让,同时将本人从公司领取的现金红利交付公司用于承担前述赔偿责任。

3)在本人作为控股股东期间,若公司未能履行相关承诺给投资者造成损失的,本人承诺将依法承担赔偿责任。

(3)公司全体董事、监事、高级管理人员承诺:

1)本人将在股东大会及中国证券监督管理委员会指定报刊上公开说明未能履行相关承

诺的具体原因，并向公司股东和社会公众投资者道歉。

2）如因本人未能履行相关承诺而给公司或者其他投资者造成损失的，本人将向公司或者其他投资者依法承担赔偿责任，本人将在前述事项发生之日起10个交易日内，停止领取薪酬，且公司有权从本人在公司的工资、奖金、补贴、股票分红（若有）等收入中直接予以扣除，用于承担前述赔偿责任，直至足额偿付为止。

3）在履行完毕前述赔偿责任之前，本人持有的公司股份（若有）不得转让。

上述承诺内容系各承诺人的真实意思表示，各承诺人自愿接受监管机构、自律组织及社会公众的监督，若违反上述承诺，各承诺人将依法承担相应责任。

8. 关于严格执行公司利润分配政策的承诺

上海移远通信技术股份有限公司（以下简称"发行人"）拟向中国证券监督管理委员会申请首次公开发行股票并上市，发行人已在上市后生效的《上海移远通信技术股份有限公司章程（草案）》中明确了发行人首次公开发行股票并上市后的利润分配政策，并经公司2016年年度股东大会审议通过了《关于公司上市后三年内分红回报规划的议案》。

为确保发行人利润分配政策和分红回报规划的落实，发行人控股股东、全体董事、监事、高级管理人员（以下合称"承诺人"）特作出如下承诺：

承诺人将依法履行各自的相应职责，采取一切必要的合理措施，以协助并促使发行人按照经股东大会审议通过的分红回报规划及发行人上市后生效的《上海移远通信技术股份有限公司章程（草案）》的相关规定，严格执行相应的利润分配政策和分红回报规划。

承诺人拟采取的措施包括但不限于：

1）根据发行人公司章程中规定的利润分配政策及公司分红回报规划，制定利润分配预案；

2）在审议发行人利润分配预案的董事会、股东大会上，对符合发行人利润分配政策和分红回报规划要求的利润分配预案投赞成票；

3）在发行人董事会、股东大会审议通过有关利润分配方案后，严格予以执行。

以上承诺自发行人首次公开发行人的人民币普通股股票于上海证券交易所挂牌交易之日起生效。

9. 关于填补被摊薄即期回报的措施及承诺

上海移远通信技术股份有限公司（以下称"发行人"）拟向中国证券监督管理委员会（以下称"中国证监会"）申请首次公开发行股票并上市。本次发行后，发行人净资产将增加，由于本次募集资金项目建设存在一定周期，项目收益需在完工后逐步体现，发行当年的净利润增幅将低于净资产的增幅，可能导致净资产收益率与上年同期相比出现一定程度的下降。

鉴于上述情况，为填补本次发行可能导致的即期回报的减少，发行人将采取有效措施进一步提高募集资金的使用效率，增强发行人的业务实力和盈利能力，尽量减少本次发行对净资产收益率下降以及每股收益摊薄的影响。

（1）发行人承诺采取如下措施：

1）保证募集资金规范、有效使用，实现项目预期回报

本次发行募集资金到账后，发行人将开设董事会决定的募集资金专项账户，并与开户行、保荐机构签订募集资金三方监管协议，确保募集资金专款专用。同时，发行人将严格遵守资金管理制度和《募集资金使用管理制度》的规定，在进行募集资金项目投资时，履行资金支出审批手续，明确、各控制环节的相关责任，按项目计划申请、审批、使用募集资金，并对使用情况进行内部考核与审计。

2）保证募投项目实施效果，提升发行人盈利能力

本次募集资金投资项目，可有效优化发行人业务结构，积极开拓新的市场空间，巩固和提升发行人的市场地位和竞争能力，提升发行人的盈利能力。

此外，发行人已充分做好了募投项目前期的可行性研究工作，对募投项目所涉及行业进行了深入的了解和分析，结合行业趋势、市场容量、技术水平及发行人自身等基本情况，最终拟定了项目规划。本次募集资金到位后，发行人将加快推进募投项目实施，争取募投项目早日投产并实现预期效益。

3）完善内部控制，加强资金使用管理和对管理层考核

进一步完善内部控制，加强资金管理，防止资金被挤占挪用，提高资金使用效率。严格控

制发行人费用支出,加大成本控制力度,提升发行人利润率。加强对管理层的考核,将管理层薪酬水平与发行人经营效益挂钩,确保管理层恪尽职守、勤勉尽责。

4)完善利润分配制度

本公司制定了详细的利润分配原则、利润分配的形式、利润分配的期间间隔、利润分配的条件、利润分配的比例、利润分配的决策程序和机制、分配利润的实施、利润分配政策的信息披露、利润分配政策的调整机制、利润分配规划制订周期和调整机制;在具备现金分红条件下,发行人应当优先采用现金分红进行利润分配,且发行人每年以现金分红方式分配的利润不低于当年实现的可供股东分配利润的10%。此外,发行人还制定了《上市后三年内分红回报规划》,进一步明确了上市后三年内的利润分配方案。

5)其他方式

本公司承诺未来将根据中国证券监督管理委员会、深圳证券交易所等监管机构出台的具体细则及要求,持续完善填补被摊薄即期回报的各项措施。

(2)根据《国务院办公厅关于进一步加强资本市场中小投资者合法权益保护工作的意见》(国办发〔2013〕110号)、《关于首发及再融资、重大资产重组摊薄即期回报有关事项的指导意见》(中国证监会〔2015〕31号)等相关规定,为了防范即期回报被摊薄或填补可能被摊薄即期回报,上市公司拟采取系列措施,作为公司的控股股东、实际控制人,为保证公司上述措施能够得到切实履行作出承诺如下:

1)承诺不越权干预公司经营管理活动。

2)承诺不侵占公司利益。

3)承诺不损害公司利益。

4)承诺切实履行本人作出的任何有关填补回报措施的承诺,若本人违反该等承诺并给公司或者投资者造成损失的,本人愿意依法承担对公司或者投资者的补偿责任。

公司控股股东、实际控制人作为上述承诺的责任主体,如违反上述承诺,给公司及投资者造成损失的,将依法承担赔偿责任。

(3)根据《国务院办公厅关于进一步加强资本市场中小投资者合法权益保护工作的意见》(国办发〔2013〕110号)、《关于首发及再融资、重大资产重组摊薄即期回报有关事项的指导意见》(中国证监会〔2015〕31号)等相关规定,为了防范即期回报被摊薄或填补可能被摊薄即期回报,上市公司拟采取系列措施,作为公司的董事/高级管理人员,将忠实、勤勉的履行职责,维护公司和全体股东的合法权益,并对公司上述措施能够得到切实履行作出承诺如下:

1)承诺不无偿或以不公平条件向其他单位或者个人输送利益,也不采用其他方式损害公司利益。

2)承诺对董事和高级管理人员的职务消费行为进行约束。

3)承诺不动用公司资产从事与其履行职责无关的投资、消费活动。

4)承诺由董事会或薪酬委员会制定的薪酬制度与公司填补被摊薄即期回报措施的执行情况相挂钩。

5)如公司未来推出股权激励计划,承诺拟公布的公司股权激励计划的行权条件与公司填补被摊薄即期回报措施的执行情况相挂钩。

6)承诺未来将根据中国证券监督管理委员会、上海证券交易所等监管机构出台的具体细则及要求,持续完善填补被摊薄即期回报的各项措施。

公司董事/高级管理人员作为上述承诺的责任主体,如违反上述承诺,给公司及投资者造成损失的,将依法承担赔偿责任。

(二)核查意见

经书面查阅并见证发行人有关责任主体签署前述声明及承诺,本所律师核查后认为,发行人及其实际控制人、董事、监事、高级管理人员、发行有关中介机构等责任主体前述承诺系出于承诺人真实的意思表示,有关承诺具体、合理且提出的未履行承诺而采取的约束措施及时、合法、有效,且已经在《招股说明书》中进行了充分披露,符合《公司法》、《证券法》、《管理办法》、《关于进一步推进新股发行体制改革的意见》等相关法律、法规和规范性文件的规定。

二十三、结论意见

综上所述,本所律师认为,发行人符合《中华人民共和国证券法》、《中华人民共和国公司法》、《首次公开发行股票并上市管理办法》等有关法律、法规和规范性文件中有关公司首次公开发行股票并上市的规定条件；发行人的行为不存在重大违法违规行为；发行人招股说明书及其摘要中所引用的法律意见书及本法律意见书的内容适当，因此，发行人具备申请本次公开发行股票并上市的上报待核准条件。

本法律意见书正本一份，副本若干份，正本、副本具有同等法律效力。

（以下无正文）

（本页无正文，为《上海市锦天城律师事务所关于上海移远通信技术股份有限公司首次公开发行股票并上市的法律意见书》之签署页）

上海市锦天城律师事务所

经办律师：李云龙、张东晓、张玲平

负责人：顾功耘

二〇一九年二月二十日

北京市金杜律师事务所关于华辰精密装备（昆山）股份有限公司首次公开发行股票并在创业板上市的法律意见书

致：华辰精密装备（昆山）股份有限公司

北京市金杜律师事务所（以下简称“本所”）接受华辰精密装备（昆山）股份有限公司（以下简称“发行人”）委托，作为其本次发行上市的专项法律顾问，根据《中华人民共和国证券法》（以下简称“《证券法》”）、《中华人民共和国公司法》《首次公开发行股票并在创业板上市管理办法》《律师事务所从事证券法律业务管理办法》（以下简称“《证券法律业务管理办法》”）、《律师事务所证券法律业务执业规则（试行）》（以下简称“《证券法律业务执业规则》”）和《公开发行证券公司信息披露的编报规则第12号——公开发行证券的法律意见书和律师工作报告》等法律、法规及规范性文件和中国证券监督管理委员会的有关规定，就发行人本次发行上市事宜出具本法律意见书。

为出具本法律意见书，本所依据《证券法律业务管理办法》和《证券法律业务执业规则》等有关规定，编制和落实了查验计划，亲自收集证据材料，查阅了按规定需要查阅的文件以及本所认为必须查阅的其他文件。在发行人保证提供了本所为出具本法律意见书要求发行人提供的原始书面材料、副本材料、复印材料、确认函或证明，提供给本所的文件和材料是真实、准确、完整和有效的，并无隐瞒记载、虚假陈述和重大遗漏之处，且文件材料为副本或复印件的，其与原件一致和相符的基础上，本所合理、充分地运用了包括但不限于面谈、书面审查、实地调查、查询、函证、复核等方式进行了查验，对有关事实进行了查证和确认。

本所及经办律师依据《证券法》《证券法律业务管理办法》和《证券法律业务执业规则》等规定及本法律意见书出具之日以前已经发生或者存在的事实，严格履行了法定职责，遵循了勤勉尽责和诚实信用原则，进行了充分的核查验证，保证本法律意见书所认定的事实真实、准确、完整，所发表的结论性意见合法、准确，不存在虚假记载、误导性陈述或者重大遗漏，并承担相应法律责任。

本所仅就与发行人本次发行上市有关的法律问题发表意见，且仅根据现行中国法律发表法律意见，并不依据任何中国境外法律发表法律意见。本所不对有关会计、审计及资产评估等专业事项发表意见，在本法律意见书和为本法律意见书出具的《北京市金杜律师事务所关于华辰精密装备（昆山）股份有限公司首次公开发行股票并在创业板上市的律师工作报告》中对有关会计报告、审计报告和资产评估报告的某些数据和结论进行引述时，已履行了必要的注意义务，但该等引述并不视为本所对这些数据、结论的真实性和准确性作出任何明示或默示保证。

本法律意见书仅供发行人为本次发行上市之目的使用,不得用作任何其他目的。本所同意将本法律意见书和《北京市金杜律师事务所关于华辰精密装备(昆山)股份有限公司首次公开发行股票并在创业板上市的律师工作报告》作为发行人本次发行上市所必备的法律文件,随同其他材料一起上报,并承担相应的法律责任。本所同意发行人在其为本次发行上市所制作的招股说明书(申报稿)中自行引用或按照中国证券监督管理委员会的审核要求引用本法律意见书或《北京市金杜律师事务所关于华辰精密装备(昆山)股份有限公司首次公开发行股票并在创业板上市的律师工作报告》的相关内容,但发行人作上述引用时,不得因引用而导致法律上的歧义或曲解。

在本法律意见书内,除非文义另有所指,下列词语具有下述含义:

简　　称	全　　称
公司、发行人或华辰装备	华辰精密装备(昆山)股份有限公司
华辰重机	昆山华辰重机有限公司,系发行人前身,于 2017 年 11 月 1 日整体变更为发行人
华辰新材料	昆山华辰新材料科技有限公司
华辰机器	昆山华辰机器制造有限公司
中小基金	中小企业发展基金(江苏有限合伙)
双禺投资	昆山双禺投资企业(有限合伙)
苏特威	昆山苏特威软件有限公司
萨驰华辰	萨驰华辰机械(苏州)有限公司
简阳海重	简阳海特重型铸造有限公司
华辰精工	昆山华辰精密工具有限公司
贵阳汇峰	贵阳汇峰轧辊磨床有限公司,曾用名为贵阳国家高新技术开发区汇峰轧辊磨床有限公司
普邦资管	宁波梅山保税港区普邦资产管理合伙企业(有限合伙)
博观管理	昆山博观企业管理合伙企业(有限合伙)
万鹏国际	万鹏国际实业有限公司
华辰电气	昆山华辰电气科技有限公司,曾用名为昆山华辰电器有限公司
华辰联合	昆山华辰联合投资管理有限公司
华辰光电	昆山华辰光电科技有限公司
华辰电动	昆山华辰电动科技有限公司,曾用名为昆山华辰电器科技有限公司
华辰净化	昆山华辰净化科技有限公司
行辰智能	上海行辰智能科技有限公司
华辰智能	昆山华辰智能环保机器人有限公司
Universe Master BVI	Universe Master Management Limited
IDEA Sky	IDEA Sky Enterprises Limited
萨驰控股	萨驰集团控股有限公司

续表

简　　称	全　　称
萨驰发展	萨驰集团发展有限公司
广发证券	广发证券股份有限公司
立信会计师事务所	立信会计师事务所(特殊普通合伙)
本所或金杜	北京市金杜律师事务所
A股	境内上市人民币普通股
本次发行	发行人首次公开发行A股股票
本次发行上市	发行人首次公开发行A股股票并在深圳证券交易所创业板上市
中国证监会	中国证券监督管理委员会
《证券法》	《中华人民共和国证券法》(根据2014年8月31日第十二届全国人民代表大会常务委员会第十次会议《关于修改〈中华人民共和国保险法〉等五部法律的决定》第三次修正)
《公司法》	《中华人民共和国公司法》(根据2013年12月28日第十二届全国人民代表大会常务委员会第六次会议《关于修改〈中华人民共和国海洋环境保护法〉等七部法律的决定》第三次修正)
《首发办法》	《首次公开发行股票并在创业板上市管理办法》(根据2018年6月6日中国证券监督管理委员会《关于修改〈首次公开发行股票并在创业板上市管理办法〉的决定》修正)(证监会令第142号)
《编报规则第12号》	《公开发行证券公司信息披露的编报规则第12号——公开发行证券的法律意见书和律师工作报告》(证监发[2001]37号)
《证券法律业务管理办法》	《律师事务所从事证券法律业务管理办法》(证监会、司法部令第41号)
《证券法律业务执业规则》	《律师事务所证券法律业务执业规则(试行)》(证监会、司法部公告[2010]33号)
本法律意见书	《北京市金杜律师事务所关于华辰精密装备(昆山)股份有限公司首次公开发行股票并在创业板上市的法律意见书》
《律师工作报告》	《北京市金杜律师事务所关于华辰精密装备(昆山)股份有限公司首次公开发行股票并在创业板上市的律师工作报告》
《招股说明书》	发行人为本次发行上市制作的《首次公开发行股票并在创业板上市招股说明书(申报稿)》
《审计报告》	立信会计师事务所(特殊普通合伙)于2018年8月20日出具的《审计报告》(信会师报字[2018]第ZA15622号)
《内控报告》	立信会计师事务所(特殊普通合伙)于2018年8月20日出具的《内部控制鉴证报告》(信会师报字[2018]第ZA15623号)
《公司章程》	发行人现行有效的《华辰精密装备(昆山)股份有限公司章程》
《发起人协议》	发起人于2017年9月25日签署的《华辰精密装备(昆山)股份有限公司发起人协议》

续表

简　　称	全　　称
《发行上市章程(草案)》	发行人为本次发行上市而修订的公司章程,经发行人 2018 年 4 月 16 日召开的 2018 年第一次临时股东大会审议通过,自发行人在深圳证券交易所上市之日起实施
报告期	2015 年度、2016 年度、2017 年度和 2018 年 1 -6 月
中国	中华人民共和国(为本法律意见书目的,不包括香港特别行政区、澳门特别行政区和台湾地区)
元	人民币元

本所按照律师行业公认的业务标准、道德规范和勤勉尽责精神,出具法律意见如下:

一、本次发行上市的批准和授权

(一)发行人的内部批准

2018 年 4 月 16 日,发行人召开 2018 年第一次临时股东大会,审议通过了与发行人本次发行上市相关的议案,并对董事会办理本次发行上市的相关事宜做出了具体授权。

根据发行人 2018 年第一次临时股东大会的会议通知、议案、决议和会议记录,并经核查,本所认为,发行人本次股东大会的召集和召开程序符合有关法律、法规、规范性文件和《公司章程》的规定,上述股东大会决议的内容合法有效,股东大会对董事会的授权范围、程序合法有效。

(二)发行人本次发行上市尚待取得的核准/审核同意

发行人本次发行尚待获得中国证监会核准;本次发行完成后,发行人股票于深圳证券交易所上市交易尚待获得深圳证券交易所审核同意。

综上,本所认为,发行人本次发行上市已获得必要的发行人内部批准及授权;本次发行尚待获得中国证监会核准;本次发行完成后,发行人股票于深圳证券交易所上市交易尚待获得深圳证券交易所审核同意。

二、发行人本次发行上市的主体资格

(一)经核查,本所认为,截至本法律意见书出具之日,发行人为依法设立并有效存续的股份有限公司,不存在中国法律、行政法规、部门规章、规范性文件及《公司章程》规定的需要终止的情形,且自其前身华辰重机成立之日起持续经营已超过三年,符合《首发办法》第十一条第一款第(一)项之规定。

(二)经核查,本所认为,发行人的注册资本已足额缴纳。经核查,发行人的主要资产不存在重大权属纠纷,符合《首发办法》第十二条的规定。

(三)根据发行人的《营业执照》《公司章程》、发行人的声明和承诺、主要业务合同及本所对其经营活动场所的实地走访,发行人主要从事全自动数控轧辊磨床的研发、生产和销售的业务,其生产经营活动符合中国法律、行政法规和《公司章程》的规定,符合国家产业政策及环境保护政策,符合《首发办法》第十三条的规定。

(四)根据《招股说明书》《审计报告》、发行人最近两年的主要业务合同及发行人的声明和承诺,并经核查,本所认为,截至本法律意见书出具之日,发行人最近两年内主营业务和董事、高级管理人员未发生重大变化,实际控制人没有发生变更,符合《首发办法》第十四条的规定。

(五)根据《公司章程》、发行人的股东名册、发行人的声明和承诺并经核查,本所认为,截至本法律意见书出具之日,发行人的股权清晰,各股东所持发行人股份不存在重大权属纠纷,符合《首发办法》第十五条的规定。

综上,发行人自成立之日至今依法有效存续,不存在依据法律、行政法规、规章、规范性文件及《公司章程》需要终止的情形。本所认为,发行人具备本次发行上市的主体资格。

三、本次发行上市的实质条件

（一）发行人本次发行上市符合《证券法》规定的相关条件

1. 经核查，本所认为，发行人具备健全且至今运行良好的组织机构，符合《证券法》第十三条第一款第（一）项之规定。

2. 根据《审计报告》，发行人具有持续盈利能力，且财务状况良好，符合《证券法》第十三条第一款第（二）项之规定。

3. 根据《审计报告》、发行人的声明和承诺及相关主管部门出具的证明文件并经核查，发行人报告期内财务会计文件无虚假记载且无重大违法行为，符合《证券法》第十三条第一款第（三）项以及第五十条第一款第（四）项之规定。

4. 根据发行人现行有效的《营业执照》，发行人的股本总额为11,769万元，发行后股本总额不少于3,000万元，符合《证券法》第五十条第一款第（二）项之规定。

5. 根据《招股说明书》及发行人2018年第一次临时股东大会，发行人拟向社会公众发行不超过3,923万股A股股份，本次发行后发行人的股份总数为15,692万股，不低于本次发行上市后发行人股份总数的25%，符合《证券法》第五十条第一款第（三）项之规定。

（二）发行人本次发行上市符合《首发办法》规定的相关条件

1. 主体资格

经核查，本所认为，发行人具备本次发行上市的主体资格，符合《首发办法》第十一条第一款第（一）项、第十二条、第十三条、第十四条、第十五条的规定。

2. 规范运行

（1）经核查，发行人具有完善的公司治理结构，已经依法建立健全股东大会、董事会、监事会、独立董事、董事会秘书等制度，相关机构和人员能够依法履行职责。发行人通过《公司章程》《发行上市章程（草案）》《股东大会议事规则》《累积投票制度实施细则》等建立健全股东投票计票制度；通过《公司章程》《发行上市章程（草案）》《股东大会议事规则》《投资者关系管理制度》《华辰精密装备（昆山）股份有限公司上市后三年内稳定股价的预案》，以及相关责任主体作出的依法承担赔偿或者补偿责任的承诺、填补被摊薄即期回报的措施及承诺等，建立了发行人与股东之间的多元化纠纷解决机制，切实保障投资者依法行使收益权、知情权、参与权、监督权、求偿权等股东权利，符合《首发办法》第十六条的规定。

（2）根据《内控报告》及发行人的声明和承诺，发行人于2018年6月30日在所有重大方面保持了按照财政部颁发的《内部会计控制规范——基本规范（试行）》及内部会计控制具体规范建立了与财务报表相关的有效的内部控制，发行人内部控制制度健全且被有效执行，能够合理保证公司运行效率、合法合规和财务报告的可靠性，并由立信会计师事务所出具无保留结论的《内控报告》，符合《首发办法》第十八条的规定。

（3）经核查，发行人的董事、监事和高级管理人员符合中国法律、行政法规和规章规定的任职资格，不存在以下情形，符合《首发办法》第十九条的规定：

i　被中国证监会采取证券市场禁入措施尚在禁入期的；

ii　报告期内受到中国证监会行政处罚，或者最近一年内受到证券交易所公开谴责的；

iii　因涉嫌犯罪被司法机关立案侦查或者涉嫌违法违规被中国证监会立案调查，尚未有明确结论意见的。

（4）根据相关主管部门出具的证明文件、发行人的声明和承诺，并经核查，发行人及其控股股东、实际控制人报告期内不存在损害投资者合法权益和社会公共利益的重大违法行为，报告期内不存在未经法定机关核准，擅自公开发行或者变相公开发行证券的行为，也不存在有关违法行为虽发生在报告期前，但目前仍处于持续状态的情形，符合《首发办法》第二十条的规定。

3. 财务与会计

（1）根据《审计报告》及发行人的声明和承诺，发行人符合《首发办法》第十一条第一款第（二）、（三）、（四）项之规定：

i　发行人2016年度、2017年度、2018年1–6月归属于母公司股东的净利润（以扣除非经常性损益前后孰低者为计算依据）分别为4,286.13万元、5,481.55万元、4,637.61万元，最近两年净利润（以扣除非经常性损益前后孰

低者为计算依据)累计不少于1,000万元;

ii 发行人截至2018年6月30日归属于母公司股东的净资产为46,480.76万元,最近一期末净资产不少于2,000万元,且不存在未弥补亏损;

iii 本次发行后股本总额不少于3,000万元。

(2)根据《审计报告》及发行人的声明和承诺,发行人会计基础工作规范,财务报表编制符合企业会计准则和相关会计制度的规定,在所有重大方面公允地反映了发行人的财务状况、经营成果和现金流量,立信会计师事务所已出具无保留结论的《审计报告》,符合《首发办法》第十七条的规定。

综上,本所认为,发行人具备本次发行上市的实质条件。

四、发行人的设立

(一)发行人设立的程序、资格、条件、方式

发行人系由华辰重机整体变更方式设立。2017年11月1日,苏州市工商行政管理局向发行人核发变更后的《营业执照》。经核查,本所认为,发行人设立的程序、资格、条件、方式符合有关法律、法规和规范性文件的规定,履行了必要的法律程序。

(二)发行人设立过程中所签署的改制重组文件

经核查,本所认为,华辰重机全体股东作为发起人共同签署的《发起人协议》符合有关法律、法规及规范性文件的规定,不存在因此导致发行人设立行为存在潜在纠纷的法律障碍。

(三)发行人设立过程中的有关审计、资产评估、验资事项

经核查,本所认为,发行人设立过程中已经履行了有关审计、资产评估、验资等必要程序,符合法律、法规和规范性文件的规定。

(四)发行人设立时股东大会、董事会、监事会的程序及所议事项

根据发行人设立时的股东大会、董事会及监事会的会议通知、议案、决议和会议记录等会议资料并经核查,本所认为,发行人设立时股东大会、董事会、监事会的程序及所议事项符合有关的法律、法规和规范性文件的规定。

五、发行人的独立性

(一)发行人业务独立

根据发行人的《营业执照》《公司章程》、发行人的声明和承诺、主要业务合同及本所对其经营活动场所的实地走访,本所认为,截至本法律意见书出具之日,发行人具有完整的业务体系和直接面向市场独立经营的能力,发行人业务独立。

(二)发行人资产独立、完整

根据《审计报告》、发行人有关财产清单和权属证书,并经核查,本所认为,截至本法律意见书出具之日,发行人资产独立、完整。

(三)发行人人员独立

根据发行人的声明和承诺,并经核查,本所认为,截至本法律意见书出具之日,发行人人员独立。

(四)发行人财务独立

根据发行人的声明和承诺、《审计报告》《内控报告》,并经核查,本所认为,截至本法律意见书出具之日,发行人财务独立。

(五)发行人机构独立

根据《招股说明书》、发行人的《公司章程》《股东大会议事规则》《董事会议事规则》《监事会议事规则》、历次股东大会决议、董事会决议、监事会决议及发行人的说明,并经核查,本所认为,截至本法律意见书出具之日,发行人机构独立。

(六)经核查,本所认为,截至本法律意见书出具之日,发行人在独立性方面不存在其他严重缺陷。

综上,本所认为,发行人具有完整的业务体系和面向市场自主经营的能力,资产独立、完整,人员、财务、机构独立。

六、发行人的发起人和股东

(一)发起人的资格、人数、住所、出资比例

经核查,发行人设立时共有3名发起人股东,为曹宇中、刘翔雄、赵泽明。经核查,本所认为,发行人3名自然人发起人均具备完全民事行为能力,各发起人均具有法律、法规和规范性文件规定的担任发起人或进行出资的资格;发行人的发起人人数、住所、出资比例均符合有关法律、法规和规范性文件的规定。

（二）发起人的出资

根据《发起人协议》《公司章程》及立信会计师事务所出具的《验资报告》（信会师报字[2017]第 ZA16257 号），发行人系由华辰重机以其经审计的账面净资产值折股整体变更而来，各发起人均以其所持有的华辰重机净资产，按照 1:0.4019 的比例折合为发行人的股份。

根据发行人提供的相关文件，经核查，本所认为：

1. 各发起人投入发行人的资产产权关系清晰，将上述资产投入发行人不存在法律障碍；

2. 发起人不存在将其全资附属企业或其他企业先注销再以其资产折价入股的情形，也不存在发起人以其在其他企业中的权益折价入股的情形；

3. 发行人的设立属于有限责任公司整体变更为股份有限公司，全体发起人以华辰重机经审计的净资产出资投入发行人，华辰重机的资产、业务、债权债务均由发行人承继，不存在发起人投入发行人的资产或权利的权属证书需要转移的情形。

（三）发行人现有股东情况

发行人现有股东 6 名，分别为曹宇中、刘翔雄、赵泽明、徐彩英、中小基金、双禺投资。

经核查，本所认为，上述发行人现有股东的股东资格符合有关法律、法规和规范性文件的规定；上述发行人现有股东的人数、住所、出资比例符合有关法律、法规和规范性文件的规定。

（四）发行人现有机构股东履行私募投资基金备案程序

根据发行人提供的现有机构股东的营业执照、工商资料和《私募投资基金备案证明》，并经核查，截至本法律意见书出具之日，发行人现有机构股东中小基金已于 2016 年 12 月 19 日办理私募基金备案（编号为 SR1700），中小基金之管理人江苏毅达股权投资基金管理有限公司已于 2014 年 4 月 29 日办理私募基金管理人登记（登记编号为 P1001459）；双禺投资已于 2018 年 1 月 4 日办理私募基金备案（编号为 SY3441），双禺投资之管理人苏州锦天前程投资管理中心（有限合伙）已于 2017 年 8 月 14 日办理私募基金管理人登记（登记编号为 P1064235）。本所认为，中小基金、双禺投资已按照《私募投资基金监督管理暂行办法》和《私募投资基金管理人登记和基金备案办法（试行）》的规定履行了私募投资基金备案程序。

（五）发行人的实际控制人

经核查，本所认为，自报告期初至本法律意见书出具之日，曹宇中、刘翔雄、赵泽明三人对发行人的重大决策具有控制力，为发行人的实际控制人，发行人最近两年实际控制人没有发生变更。

七、发行人的股本及其演变

（一）发行人前身华辰重机的股本演变

经核查，本所认为，发行人的前身华辰重机是依据相关规定设立并有效存续的有限责任公司，其历次股权变更均履行了相应的法律程序，该等变更合法、合规、真实、有效。

（二）2017 年 11 月整体变更为股份有限公司

经核查，本所认为，发行人设立时的股权设置及股本结构合法有效。

（三）发行人的股本变动

经核查，本所认为，发行人设立后的历次股权变动合法、合规、真实、有效。

（四）发行人现有股东所持股份不存在质押

根据发行人的声明和承诺，并经核查，本所认为，截至本法律意见书出具之日，发行人的股东所持发行人股份不存在质押或其他权利受限制的情形。

八、发行人的业务

（一）发行人及控股子公司的经营范围和经营方式

根据《审计报告》、发行人的重大合同及发行人的声明和承诺，发行人主要经营一种业务，即全自动数控轧辊磨床的研发、生产和销售。

综上，本所认为，发行人的经营范围和经营方式符合有关法律、法规和规范性文件的规定。

（二）发行人拥有的主要经营资质、许可或备案

1. 海关报关单位注册登记证书

公司名称	海关注册编码	企业经营类别	核发日期	有效期	发证机关
华辰装备	3223962645	进出口货物收发货人	2017.11.8	长期	昆山海关

2. 对外贸易经营者备案登记表

公司名称	备案登记表编号	备案登记日期	备案登记机关
华辰装备	03325036	2018.1.12	昆山市商务局

3. 出入境检验检疫报检企业备案表

公司名称	编号	备案号码	备案类别	核发日期	备案机构
华辰装备	17110311023500000262	3204604329	自理企业	2017.11.8	江苏出入境检验检疫局

（三）发行人在中国大陆以外从事的经营活动

根据发行人说明、《招股说明书》和《审计报告》，并经核查，本所认为，发行人未在中国大陆以外从事经营活动。

（四）发行人业务的变更

根据《招股说明书》《审计报告》、发行人最近两年的主要业务合同及发行人的声明和承诺，发行人的主营业务为全自动数控轧辊磨床的研发、生产和销售。经核查，本所认为，发行人最近两年持续经营相同的主营业务，发行人的主营业务未发生过重大变更。

（五）发行人主营业务突出

根据《审计报告》，并经核查，本所认为，发行人主要经营一种业务，即全自动数控轧辊磨床的研发、生产和销售，主营业务突出。

（六）发行人的持续经营能力

根据《审计报告》、发行人现行有效的《营业执照》、相关主管部门出具的证明文件及发行人的声明和承诺，并经核查，本所认为，截至本法律意见书出具之日，发行人依法存续，生产经营正常，其主要财务指标良好，不存在不能支付到期债务的情况，不存在尚未了结的或可预见的重大诉讼、仲裁或行政处罚，不存在影响其持续经营的法律障碍。

九、关联交易及同业竞争

（一）关联方

根据《公司法》《深圳证券交易所创业板股票上市规则》《企业会计准则第 36 号—关联方披露》及中国证监会颁布的《公开发行证券的公司信息披露内容与格式准则第 1 号—招股说明书》的规定以及《审计报告》《招股说明书》，结合本所律师核验的发行人的实际情况，本所认为，发行人的关联方主要如下：

1. 发行人的控股股东、实际控制人及持有发行人 5% 以上股份的股东

经核查，截至本法律意见书出具之日，曹宇中、刘翔雄、赵泽明为发行人的控股股东、实际控制人。

经核查，截至本法律意见书出具之日，除发行人的控股股东、实际控制人外，无其他持有发行人 5% 以上股份的股东。

2. 发行人的控股子公司

根据《招股说明书》和《审计报告》及发行人的说明，截至本法律意见书出具之日，发行人直接或间接控股的子公司共有 1 家，为华辰新材料。

3. 发行人的董事、监事、高级管理人员，以及前述人员的关系密切的家庭成员

发行人的董事、监事、高级管理人员的情况详见《律师工作报告》正文第十五部分“发行人的董事、监事及高级管理人员及其变化”所述，前述人员关系密切的家庭成员包括配偶、年满 18 周岁的子女及其配偶、父母及配偶的父母、兄弟姐妹及其配偶、配偶的兄弟姐妹、子女配偶的父母。

4. 实际控制人、董事、监事、高级管理人员及其关系密切的家庭成员控制、施加重大影响或担任董事、高级管理人员的除发行人及其控股子公司以外的其他重要企业

根据发行人实际控制人、董事、监事、高级

管理人员填写的调查表，并经核查，截至本法律意见书出具之日，发行人的实际控制人、董事、监事、高级管理人员及其关系密切的家庭成员控制或施加重大影响或担任董事、高级管理人员的除发行人及其控股子公司以外的其他重要企业如下：

序号	关联方名称	主要关联关系	控制/施加重大影响的具体情况
1	华辰联合	实际控制人控制的其他企业	曹宇中、刘翔雄、赵泽明分别持有其 33.34%、33.33%、33.33% 的股权
2	Universe Master BVI		曹宇中、刘翔雄、赵泽明分别持有其 33.34%、33.33%、33.33% 的股权
3	华辰光电		华辰联合持有其 60% 的股权
4	华辰电动		华辰联合持有其 60% 的股权
5	华辰净化		华辰联合持有其 70% 的股权
6	行辰智能		华辰联合持有其 100% 的股权
7	华辰智能		华辰净化持有其 100% 的股权
8	普邦资管		曹宇中、刘翔雄、赵泽明作为有限合伙人各持有其 33.33% 的份额
9	博观管理		华辰联合作为有限合伙人持有其 89.99% 的份额
10	昆山优和微电子科技有限公司	实际控制人具有重大影响的其他企业	赵泽明持有其 40% 的股权
11	湖北本杰明新材料有限公司		刘翔雄持有其 32.40% 的股权
12	上海公诗企业管理有限公司		刘翔雄持有其 20% 的股权
13	万鹏国际	实际控制人关系密切的家庭成员控制的其他企业	赵文君、曹雯蛟、刘呈远[①]分别持有其 60%、20%、20% 的股份
14	上海贵商股权投资基金管理有限公司	实际控制人关系密切的家庭成员施加重大影响的其他企业	刘呈远持有其 25% 的股权，并担任法定代表人、董事、总经理
15	上海贵商实业有限公司		上海贵商股权投资基金管理有限公司持有其 12% 的股权；刘呈远担任董事
16	宁波贵商企业管理合伙企业（有限合伙）		上海贵商股权投资基金管理有限公司作为其普通合伙人，上海贵商实业有限公司作为有限合伙人持有其 25% 的份额，刘呈远作为有限合伙人持有其 13.29% 的份额
17	上海黔货商贸股份有限公司		上海贵商股权投资基金管理有限公司持有其 50% 的股权，刘呈远担任董事
18	贵州润丽建材有限责任公司		刘呈远持有其 27% 的股权，并担任监事
19	宁波谷诗企业管理合伙企业（有限合伙）		刘呈远作为有限合伙人持有其 99% 的份额
20	宁波贵润企业管理合伙企业（有限合伙）		刘呈远作为有限合伙人持有其 99% 的份额
21	宁波公诗企业管理合伙企业（有限合伙）		刘呈远作为有限合伙人持有其 19.80% 的份额，上海公诗企业管理有限公司为其普通合伙人
22	宁波沪禾企业管理合伙企业（有限合伙）		刘呈远为其执行事务合伙人的委派代表

① 赵文君为赵泽明之女、曹雯蛟为曹宇中之女、刘呈远为刘翔雄之子。

根据《董事、监事和高级管理人员调查函》以及发行人说明,并经本所于天眼查(网址为 https://www.tianyancha.com/)等公开网络核查,除上述企业外,发行人董事、监事、高级管理人员控制、施加重大影响或担任董事、高级管理人员的其他企业详见《律师工作报告》正文第十五部分“发行人的董事、监事及高级管理人员及其变化”。

5. 发行人报告期内曾经存在的关联方

报告期内,发行人曾经存在的关联方情况如下:

序号	名　　称	关联关系	变更原因	工商变更时间
1	华辰电气	实际控制人控制的其他企业	吸收合并后注销	2015.1.20
2	萨驰华辰	发行人参股公司	转让	2015.7.30
3	上海舒旋企业营销策划中心	实际控制人亲属控制的其他企业	注销	2016.3.1
4	上海誉兆机械技术服务中心	实际控制人亲属控制的其他企业	注销	2016.3.2
5	简阳海重①	发行人参股公司	转让	2016.11.17
6	简阳市虹都房地产开发有限公司	实际控制人参股的其他企业	转让	2016.11.17
7	华辰精工	实际控制人控制的其他企业	转让	2016.12.6
8	苏特威	发行人控股子公司	注销	2016.12.30
9	湖南省娄底市汇峰轧辊磨床技术咨询有限公司	实际控制人控制的其他企业	注销	2017.10.13
10	萨驰控股②	实际控制人具有重大影响的其他企业	股份回购	2017.11.29
11	贵阳汇峰	实际控制人控制的其他企业	注销	2018.3.12
12	贵州聚德精密磨床技术服务有限公司	实际控制人关系密切的家庭成员施加重大影响的其他企业	转让	2018.4.18
13	苏辰资管	实际控制人控制的其他企业	注销	2018.5.21
14	华辰机器	发行人控股子公司	吸收合并后注销	2018.6.25

(二)发行人与关联方之间存在的重大关联交易

根据《审计报告》《招股说明书》,并经核查,发行人报告期内的重大关联交易如下:

1. 经常性关联交易

根据《审计报告》,并经核查关联交易合同、付款凭证等资料,发行人报告期内与其关联方发生的经常性的、金额较大的购销商品、提供和接受劳务的关联交易情况如下:

① 华辰重机是简阳海重设立时的股东。2016 年 11 月华辰重机召开股东会并作出决议,将其所持有的简阳海重 30% 的股权转让给无关联第三方李敖。上述股权转让于 2016 年 11 月完成工商变更登记,转让后华辰重机不再持有简阳海重股权,发行人与简阳海重不再具有关联关系。

② 发行人实际控制人曹宇中、刘翔雄、赵泽明在报告期内持有 Universe Master BVI 100% 的股份,Universe Master BVI 曾持有萨驰控股 20% 的股份;萨驰控股持有 IDEA Sky 100% 的股份;IDEA Sky 持有萨驰发展 100% 股份。

（1）采购商品或劳务

单位:万元

关联方	交易内容	2018年1-6月		2017年度		2016年度		2015年度	
		金额	占营业成本比例	金额	占营业成本比例	金额	占营业成本比例	金额	占营业成本比例
贵阳汇峰	材料	-	-	-	-	309.01	2.83%	254.26	2.22%
简阳海重	铸件、模具	-	-	2,169.41	15.93%	1,335.24	12.24%	1,070.62	9.37%
华辰精工	刀片	-	-	-	-	0.92	0.01%	0.92	0.01%
华辰联合	天然气	11.19	0.14%	3.43	0.03%	-	-	-	-
合计		11.19	0.14%	2,172.84	15.96%	1,645.17	15.08%	1,325.80	11.60%

（2）销售商品、提供劳务

单位:万元

关联方	交易内容	2018年1-6月		2017年度		2016年度		2015年度	
		金额	占营业成本比例	金额	占营业收入比例	金额	占营业收入比例	金额	占营业收入比例
贵阳汇峰	商品	-	-	346.15	1.38%	-	-	-	-
华辰电动	材料	-	-	13.38	0.05%	-	-	-	-
华辰净化	备件	-	-	-	-	3.02	0.01%	-	-
萨驰华辰	水电费	-	-	-	-	-	-	18.88	0.09%
华辰精工		-	-	-	-	4.22	0.02%	8.43	0.04%
华辰净化		-	-	0.10	0.0004%	0.21	0.001%	-	-
华辰光电		30.24	0.20%	51.10	0.20%	26.90	0.13%	-	-
华辰电动		-	-	7.57	0.03%	-	-	-	-
合计		30.24	0.20%	418.30	1.67%	34.35	0.17%	27.31	0.14%

(3)关联租赁

单位:万元

租赁方	交易内容	2018 年 1 - 6 月		2017 年度		2016 年度		2015 年度	
		金额	占营业收入比例	金额	占营业收入比例	金额	占营业收入比例	金额	占营业收入比例
萨驰华辰	房屋租赁	-	-	-	-	21.71	0.11%	221.32	1.10%
华辰精工		-	-	-	-	30.17	0.15%	40.23	0.20%
华辰净化		-	-	9.33	0.04%	18.10	0.09%	7.20	0.04%
华辰光电		24.42	0.16%	48.85	0.19%	24.42	0.12%	-	-
华辰电动		-	-	39.83	0.16%	-	-	-	-
合计		24.42	0.16%	98.00	0.39%	94.40	0.47%	268.75	1.33%

2. 偶发性关联交易

根据《审计报告》,并经核查,发行人报告期内与其关联方发生的偶发性关联交易情况如下:

(1)向关联方出售运输设备

2016 年 11 月 1 日,华辰重机与华辰净化签订了《二手车买卖合同》,华辰重机将一辆五菱牌二手汽车转让给华辰净化,交易价格以车辆的账面净值为基础,作价 2.31 万元。

(2)向关联方转让房屋、土地及相关设备

2017 年 6 月,华辰重机与华辰联合签订《房屋买卖合同》,华辰重机向华辰联合出售房屋建筑物、土地及辅助设备。

(3)关联方转让或收购关联方股权

单位:万元

序号	交易时间	交 易 内 容	定价依据	金额
1	2015 年 7 月	华辰重机向萨驰发展转让持有的萨驰华辰 20% 的股权	评估值	1,140.00
2	2016 年 7 月	华辰重机受让华辰联合持有的华辰新材料 100% 股权	原始出资额	5.00
3	2016 年 8 月	华辰重机受让万鹏国际持有的华辰机器 25% 的股权	评估值	2,752.26
4	2017 年 9 月	华辰重机向华辰联合转让持有的行辰智能 100% 的股权	评估值	387.42

(4)技术转让

报告期外,华辰重机出于生产经营需要,从股东曹宇中、刘翔雄、赵泽明受让了非专利技术,受让价格为 6,874.05 万元。2017 年,经华辰重机与股东曹宇中、刘翔雄、赵泽明友好协商,三位股东以原价 6,874.05 万元向华辰重机回购前述非专利技术,且购回后将前述非专利技术继续无偿投入至华辰重机使用。

3. 资金往来

根据《审计报告》并经核查,发行人报告期内与其关联方资金往来情况如下:

(1)2015 年度

单位:万元

单位名称	年初余额	拆出资金	收回资金	期末余额
简阳海重	700.00	-	-	700.00
萨驰华辰	-	3,750.00	3,750.00	-
华辰精工	115.67	-	74.51	41.16
贵阳汇峰	2,769.52	913.94	1,815.53	1,867.93
华辰光电	-	950.00	950.00	-
合计	3,585.19	5,613.94	6,590.04	2,609.09

(2)2016 年度

单位:万元

单位名称	年初余额	拆出资金	收回资金	期末余额
简阳海重	700.00	-	700.00	-
华辰精工	41.16	140.20	181.36	-
贵阳汇峰	1,867.93	2,182.20	4,050.13	-
合计	2,609.09	2,322.40	4,931.49	-

4. 关联管理人员薪酬

单位:万元

项目	2018 年 1-6 月	2017 年度	2016 年度	2015 年度
关键管理人员薪酬总额	172.36	351.14	284.03	258.58

5. 发行人报告期内与关联方往来余额情况

根据《审计报告》,截至 2018 年 6 月 30 日,发行人应收或应付关联方款项如下所示:

(1)应收项目

单位:万元

项目	关联方	2018 年 6 月 30 日		2017 年 12 月 31 日		2016 年 12 月 31 日		2015 年 12 月 31 日	
		账面余额	坏账准备	账面余额	坏账准备	账面余额	坏账准备	账面余额	坏账准备
其他应收款	华辰精工	-	-	-	-	-	-	41.16	2.06
	简阳海重	-	-	-	-	-	-	700.00	35.00
	贵阳汇峰	-	-	-	-	-	-	1,867.93	93.40

(2)应付项目

单位:万元

项目	关联方	2018 年 6 月 30 日	2017 年 12 月 31 日	2016 年 12 月 31 日	2015 年 12 月 31 日
应付账款	简阳海重	-	386.33	628.62	65.24
预收账款	华辰净化	-	-	0.21	-

6. 关联担保情况

2017 年 12 月 8 日,华辰联合作为抵押人与中国农业银行股份有限公司昆山分行(以下简称"抵押权人")签订了《最高额抵押合同》(合同编号:32100620170010138),为抵押权人与华辰新材料等债务人签订的一系列业务合同所形成的债权提供最高额抵押担保,担保的债权最高余额折合 4,324.95 万元。最高额担保债权的确定期间自 2017 年 12 月 8 日起至 2022 年 12 月 7 日止。在该《最高额抵押合同》项下,华辰新材料于 2018 年 3 月 14 日借款 100 万元,并于 2018 年 5 月 29 日全部偿还了上述借款。

(三)关联交易的公允性

在整体变更为股份有限公司前,发行人未制订关联交易决策制度,关联交易未履行具体的关联交易决策程序。

2018 年 9 月 5 日,发行人召开 2018 年第三次临时股东大会,审议通过了《关于确认公司最近三年及一期关联交易的议案》,各股东确认:公司自 2015 年 1 月 1 日至 2018 年 6 月 30 日期间发生的关联交易内容合法有效,定价公允合理,遵守了"公平、公正、公开"的原则,符合市场规律和实际情况,不存在损害公司及其股东利益的情形,有利于公司持续、稳定、健康发展。

针对公司报告期内发生的关联交易,发行人独立董事发表独立意见认为:公司在报告期内发生的关联交易系交易双方在平等自愿的基础上协商一致达成,且签署了相关书面协议。该等关联交易依据公平、合理的定价政策,关联交易的审议和表决程序符合当时有效的公司章程及相关规定;关联交易价格公允,符合公平、公开、公正的原则,不存在损害公司及其股东利益的情形。

综上,经核查,本所认为,发行人报告期内与关联方发生的重大关联交易是交易双方在平等自愿的基础上,经协商一致达成的,交易价格公允,不存在损害发行人及其他股东利益的情形。

(四)关联交易决策制度和对其他股东利益的保护措施

根据发行人《公司章程》《发行上市章程(草案)》《股东大会议事规则》《董事会议事规则》《独立董事工作制度》以及《关联交易决策制度》,并经核查,本所认为,发行人在《公司章程》及其他内部规定中明确了关联交易公允决策的程序,该等规定合法有效;发行人已经采取必要的措施对非关联股东的利益进行保护。

(五)关于减少和规范关联交易的承诺函

为减少和规范关联交易,维护公司利益,发行人的实际控制人、董事、监事和高级管理人员均已出具《关于减少和规范关联交易的承诺函》。

(六)发行人与关联方之间的同业竞争关系

根据《招股说明书》、发行人实际控制人的说明及承诺,并经核查,本所认为,截至本法律意见书出具之日,发行人控股股东、实际控制人控制的企业不存在从事与发行人相同或相似的业务,与发行人不存在同业竞争的情况。

(七)避免同业竞争的措施或承诺

为有效避免同业竞争,发行人的实际控制人出具了《关于避免同业竞争的承诺》,本所认为,上述承诺合法有效,发行人实际控制人已采取有效措施避免与发行人发生同业竞争,能够保护发行人及中小股东利益。

(八)发行人对关联交易及同业竞争事项的披露

根据发行人的声明和承诺,并经核查,本所认为,发行人已在《招股说明书》中对有关关联交易及解决同业竞争的承诺进行了充分披露,无重大遗漏或重大隐瞒。

十、发行人的主要财产

(一)发行人拥有的房产

1. 发行人自有房产

(1)已取得房屋所有权权属证书的房屋

根据发行人提供的资料,并经核查,截至本法律意见书出具之日,发行人已取得房屋所有权权属证书的房屋建筑面积合计约为60,834.13平方米。

(2)尚未取得房屋所有权权属证书的房屋

根据发行人提供的相关文件及说明,并经核查,截至本法律意见书出具之日,发行人位于昆山市周市镇新镇路12号[不动产证号:苏(2018)昆山市不动产权第0070924号]的一处房屋尚未办理房屋产权登记,未取得房屋所有权权属证书。

截至本法律意见书出具之日,发行人已取得建设上述房屋的不动产权证、建设用地规划许可证、建设工程规划许可证、建筑工程施工许可证,已完成竣工验收消防备案,并已向主管部门申请取得房屋所有权权属证书。同时,根据发行人说明并经本所律师现场核查,上述房屋主要用于发行人辅助性生产经营。

根据发行人的声明和承诺,并经核查发行人拥有的房屋所有权权属证书,发行人拥有的上述房屋不存在他项权利限制。本所认为,截至本法律意见书出具之日,除上述一处尚未取得房屋所有权权属证书的房屋外,发行人拥有的其他房屋已取得完备的权属证书,不存在产权纠纷或潜在纠纷。

2. 发行人房产对外出租情况

根据发行人提供的租赁合同及其声明和承诺,并经核查,截至本法律意见书出具之日,发行人的关联方向发行人承租面积合计2,514.24平方米的房屋用于生产经营,该等租赁的基本情况如下:

序号	房屋所有权人	承租人	租赁地址	租赁期限	面积(平方米)	用途
1	华辰装备	华辰光电	昆山市周市镇横长泾路333号5号房	2018.7.1－2019.6.30	2,514.24	生产

（二）发行人拥有的土地使用权

截至本法律意见书出具之日，发行人拥有的土地使用权面积合计约为97,448.40平方米。

根据发行人的声明和承诺，并经核查发行人提供的土地使用权权属证书，发行人拥有的上述土地使用权不存在他项权利限制。本所认为，发行人拥有的土地使用权已取得完备的权属证书，不存在产权纠纷或潜在纠纷。

（三）发行人拥有的知识产权

1. 注册商标

经核查，截至本法律意见书出具之日，发行人共拥有4项境内注册商标权。经核查，本所认为，发行人已经就上述注册商标权取得完备的权属证书，发行人合法拥有上述商标专用权。

2. 专利权

经核查，截至本法律意见书出具之日，发行人及其控股子公司拥有41项专利权。经核查，本所认为，发行人及其控股子公司已经就上述专利权取得完备的权属证书，发行人及其控股子公司合法拥有上述专利权。

3. 域名

经核查，截至本法律意见书出具之日，发行人拥有1项域名并已取得相应的域名证书。

（四）发行人拥有的特许经营权

根据发行人说明，经核查，截至本法律意见书出具之日，发行人及其控股子公司无任何特许经营权。

（五）发行人拥有的主要生产经营设备

根据发行人的声明和承诺及《审计报告》，并经核查，截至法律意见书出具之日，发行人及其控股子公司主要生产经营设备处于正常使用中，不存在产权纠纷或潜在纠纷。

（六）发行人主要财产被抵押、质押及其他权利受到限制的情况

根据《审计报告》、发行人的说明，并经核查，上述土地使用权、房屋所有权以及其他主要财产的所有权或使用权的行使不存在权利受到限制的情形。

（七）发行人租赁房屋等资产的情况

根据发行人说明，发行人及其控股子公司不存在向第三方承租房屋的情形。

（八）发行人的对外投资

1. 发行人的控股子公司

根据发行人提供的资料，截至本法律意见书出具之日，发行人共拥有1家控股子公司，为华辰新材料，其具体情况如下：

<table>
<tr><td>名称</td><td colspan="3">昆山华辰新材料科技有限公司</td></tr>
<tr><td>统一社会信用代码</td><td colspan="3">91320583346331827U</td></tr>
<tr><td>法定代表人</td><td colspan="3">刘翔雄</td></tr>
<tr><td>法定住所</td><td colspan="3">昆山市周市镇横长泾路333号1号房</td></tr>
<tr><td>注册资本</td><td colspan="3">800万元</td></tr>
<tr><td>经营范围</td><td colspan="3">新材料科技领域内的技术开发、技术咨询、技术转让、技术服务；新材料设计、销售；精密机械金属零部件研发、生产及销售；一类医疗器械销售；磨具研发、生产、销售；工业控制领域软件及相关产品的研发、销售；半导体器件及应用产品技术研发、销售；货物及技术的进出口业务。（依法须经批准的项目，经相关部门批准后方可开展经营活动）</td></tr>
<tr><td>成立时间</td><td colspan="3">2015年7月29日</td></tr>
<tr><td rowspan="5">持股情况</td><td>序号</td><td>股　　东</td><td>持股比例（%）</td></tr>
<tr><td>1</td><td>发行人</td><td>62.50</td></tr>
<tr><td>2</td><td>蒋昇</td><td>27.50</td></tr>
<tr><td>3</td><td>刘滨</td><td>10.00</td></tr>
<tr><td colspan="2">合　　计</td><td>100.00</td></tr>
</table>

根据发行人提供的华辰新材料工商登记资料及发行人的声明和承诺,并经核查,发行人上述控股子公司系依据中国法律合法设立并有效存续的有限责任公司。

2. 发行人的分公司

根据发行人的声明和承诺,截至本法律意见书出具之日,发行人不存在分公司。

3. 发行人的参股公司

根据发行人提供的资料,截至本法律意见书出具之日,发行人共拥有1家参股公司,为苏州银行股份有限公司,其具体情况如下:

名称	苏州银行股份有限公司
统一社会信用代码	91320000768299855B
法定代表人	王兰凤
法定住所	江苏省苏州工业园区钟园路728号
注册资本	300,000万元
经营范围	吸收公众存款;发放短期、中期和长期贷款;办理国内外结算;办理票据承兑与贴现;代理发行、代理兑付、承销政府债券;买卖政府债券、金融债券;从事同行拆借;代理收付款项及代理保险业务;提供保管箱服务;外汇存款;外汇贷款;外汇汇款;外币兑换;结汇、售汇;资信调查、咨询和见证业务;经中国银行业监督管理委员会批准的其他业务。(依法须经批准的项目,经相关部门批准后方可开展经营活动)
成立时间	2004年12月24日
持股比例	发行人持股0.2%

十一、发行人的重大债权债务

(一)重大合同

根据发行人提供的资料,并经本所核查,截至本法律意见书出具之日,发行人及其控股子公司正在履行的重大合同包括授信合同、销售合同、采购合同、承销暨保荐协议等。

根据发行人说明,并经核查,本所认为,发行人及其控股子公司的相关重大合同的内容和形式均合法、有效,履行该等合同目前不存在法律纠纷,合同的履行不存在实质性法律障碍。

(二)重大侵权之债

根据发行人及其控股子公司有关安全生产、工商、劳动与社会保障等部门出具的证明以及发行人的说明,并经核查,本所认为,截至本法律意见书出具之日,发行人及其控股子公司不存在因安全生产、环境保护、知识产权、劳动安全、人身权等原因产生的重大侵权之债。

(三)与关联方之间的重大债权债务及担保

根据《审计报告》,并经核查,本所认为,截至本法律意见书出具之日,除《律师工作报告》正文第九部分"关联交易及同业竞争"之"(二)发行人与关联方之间存在的重大关联交易"部分披露的情况外,发行人与其关联方不存在重大债权债务关系,不存在相互提供担保之情形。

(四)对外担保情况

根据发行人说明,并经核查,截至本法律意见书出具之日,发行人不存在对外担保情况。

(五)金额较大的其他应收、应付款项

根据《审计报告》以及发行人的声明和承诺,并经核查,2015年末,发行人其他应收款账面金额较大,主要为对关联方的资金往来款。2016年,随着发行人对关联方资金往来情况进行了规范清理,公司其他应收款金额逐渐降低;发行人不存在金额较大的其他应付款项。

十二、发行人的重大资产变化及收购兼并

(一)发行人的增资扩股、减资、合并、分立

经核查,本所认为,发行人设立至今的历次增资扩股、减资、合并符合当时的法律、法规和规范性文件的规定,并已履行必要的法律手续。

根据发行人的说明,并经核查,发行人至今未发生过分立的情形。

（二）发行人的重大资产收购及出售

经核查，本所认为，发行人历次资产收购及出售行为符合当时法律、法规和规范性文件的规定，履行了必要的法律程序，合法、有效。

（三）拟进行的重大资产收购或出售

根据发行人的声明和承诺，截至本法律意见书出具之日，发行人没有拟进行的资产置换、资产剥离、重大资产出售或收购等计划或安排。

十三、发行人章程的制定与修改

（一）章程的制定与修改

经核查，本所认为，发行人公司章程的制定及最近三年的修改已履行法定程序。

（二）发行人《公司章程》内容的合法性

经核查，截至本法律意见书出具之日，发行人的《公司章程》系根据《公司法》和其他有关规定，并参照《上市公司治理准则》《上市公司章程指引》等有关规定，结合公司自身的实际情况制定，内容完备，符合现行法律、法规和规范性文件的规定。

（三）发行人《发行上市章程（草案）》的制定

经核查，本所认为，发行人《发行上市章程（草案）》的制定程序及内容符合相关法律、法规和规范性文件的规定。

十四、发行人股东大会、董事会、监事会议事规则及规范运作

（一）发行人组织机构

经核查，本所认为，发行人具有健全的组织机构，符合《公司法》《上市公司章程指引》等法律、行政法规及规范性文件的规定。

（二）发行人股东大会、董事会、监事会议事规则

经核查，本所认为，发行人制定的议事规则符合相关法律、法规和规范性文件的规定。

（三）发行人设立至今历次股东大会、董事会、监事会的召开、决议内容及签署

经核查，本所认为，发行人历次股东大会、董事会会议、监事会会议的决议内容及决议签署均合法、合规、真实、有效。

（四）股东大会、董事会历次授权或重大决策等行为

经核查，本所认为，发行人股东大会、董事会历次授权或重大决议行为均依据发行人《公司章程》《股东大会议事规则》及《董事会议事规则》规定的股东大会或董事会的职权范围作出，该等授权或重大决策行为合法、合规、真实、有效。

十五、发行人的董事、监事及高级管理人员及其变化

（一）发行人董事、监事及高级管理人员

截至本法律意见书出具之日，发行人共有董事7名（其中独立董事3名）、监事3名（其中职工代表监事1名）、高级管理人员中总经理1名，由刘翔雄担任；副总经理2名，分别由赵泽明、徐彩英担任；财务负责人及董事会秘书均由徐彩英担任。发行人现任董事、监事、高级管理人员的任职及兼职情况如下：

姓名	本公司任职	兼职单位	兼任职务	兼职单位与本公司关系
曹宇中	董事长	华辰联合	监事	实际控制人控制的其他企业
		华辰光电	执行董事	实际控制人控制的其他企业
		华辰电动	执行董事	实际控制人控制的其他企业
		Universe Master BVI	董事	实际控制人控制的其他企业
刘翔雄	董事、总经理	华辰新材料	执行董事	发行人控股子公司
		华辰光电	监事	实际控制人控制的其他企业
		华辰电动	监事	实际控制人控制的其他企业
		华辰净化	执行董事	实际控制人控制的其他企业
		华辰智能	执行董事	实际控制人控制的其他企业

续表

姓名	本公司任职	兼职单位	兼任职务	兼职单位与本公司关系
刘翔雄	董事、总经理	行辰智能	执行董事	实际控制人控制的其他企业
		上海贵商股权投资基金管理有限公司	监事	实际控制人之一刘翔雄之子刘呈远担任董事、高级管理人员的其他企业
		Universe Master BVI	董事	实际控制人控制的其他企业
赵泽明	董事、副总经理	华辰联合	执行董事	实际控制人控制的其他企业
		昆山优和微电子科技有限公司	监事	实际控制人赵泽明具有重大影响的其他企业。赵泽明持有其40%的股权
		Universe Master BVI	董事	实际控制人控制的其他企业
徐彩英	董事、董事会秘书、财务总监、副总经理	苏州恒铭达电子科技股份有限公司	独立董事	发行人董事担任董事、高级管理人员的企业
		伟时电子股份有限公司	独立董事	
高允斌	独立董事	江苏国瑞兴光税务师事务所有限公司	执行董事、总经理	发行人董事担任董事、高级管理人员的企业
		江苏国瑞兴光税务咨询有限公司	执行董事、总经理	发行人董事担任董事、高级管理人员的企业
		江苏天赋税务咨询有限公司	董事长	发行人董事担任董事、高级管理人员的企业
		江苏安税信息技术有限公司	执行董事、总经理	发行人董事担任董事、高级管理人员的企业
		西藏润升康勤企业管理有限公司	执行董事、经理	发行人董事担任董事、高级管理人员的企业
		日出东方太阳能股份有限公司	独立董事	发行人董事担任董事、高级管理人员的企业
		南京全信传输科技股份有限公司	独立董事	发行人董事担任董事、高级管理人员的企业
		江苏常宝钢管股份有限公司	独立董事	发行人董事担任董事、高级管理人员的企业
		江苏康缘集团有限责任公司	独立董事	发行人董事担任董事、高级管理人员的企业
		上海云讯财务咨询服务中心	经理	发行人董事担任董事、高级管理人员的企业
		中国注册会计师协会专业技术咨询委员会	委员	无关联关系
		江苏省总会计师协会	常务理事	无关联关系
		江苏省注册税务师协会	常务理事	无关联关系

续表

姓名	本公司任职	兼职单位	兼任职务	兼职单位与本公司关系
金武明	独立董事	上海宝信软件股份有限公司	自动化本部副总经理	无关联关系
金诗晟	独立董事	国浩律师(上海)事务所	合伙人	无关联关系
李志伟	监事	行辰智能	监事	实际控制人控制的其他企业
杜海涛	监事	–	–	–
周拯	职工监事	–	–	–

根据发行人及其董事、监事和高级管理人员出具的声明和承诺,并经核查,本所认为,发行人董事、监事和高级管理人员不存在《公司法》第一百四十六条规定的禁止任职的情形;不存在《证券法》第二百三十三条规定的被中国证监会确定为证券市场禁入者的情形。本所认为,发行人董事、监事、高级管理人员具有合法的任职资格。

(二)发行人董事、监事及高级管理人员最近两年的变化

经核查,本所认为,发行人董事、高级管理人员的变化主要因发行人公司类型变化以及公司治理规范要求而引起,最近两年发行人董事、高级管理人员未发生重大变化,发行人的董事、监事、高级管理人员的选聘符合法律、法规和规范性文件以及发行人《公司章程》的规定,并已履行了必要的法律程序。

(三)发行人独立董事的情况

发行人现有3名独立董事,分别为高允斌、金武明、金诗晟。根据独立董事声明和发行人确认,经核查,本所认为,其任职资格符合《关于在上市公司建立独立董事制度的指导意见》等有关法律、法规和规范性文件的规定,职权范围没有违反有关法律、法规和规范性文件的规定。

十六、发行人的税务

(一)发行人及其控股子公司执行的主要税种、税率

经核查,本所认为,报告期内,发行人及其控股子公司执行的主要税种、税率符合现行法律、法规和规范性文件的要求。

(二)发行人及其控股子公司享受的税收优惠政策、财政补贴

1. 发行人及其原全资子公司享受的税收优惠政策

根据《审计报告》、发行人的说明确认及其提供的文件并经本所核查,本所认为,发行人及其原全资子公司华辰机器在报告期内享受的税收优惠合法、合规、真实、有效。

2. 发行人及其控股子公司享受的财政补贴

根据《审计报告》、发行人及其控股子公司的说明确认及其提供的文件,并经核查,本所认为,发行人及其控股子公司在报告期内享受的主要财政补贴合法、合规、真实、有效。

3. 发行人及其控股子公司取得的税务合规证明

根据相关税务主管部门出具的证明文件,并经核查,报告期内,发行人及其控股子公司依法纳税,发行人及其控股子公司未因偷税、漏税等违反税收法律法规的行为受到主管税务机关的税务行政处罚。

十七、发行人的环境保护和产品质量、技术标准

(一)环境保护

1. 排污许可及环保运行情况

2017年6月27日,华辰重机取得昆山市环境保护局核发的《江苏省排放污染物许可证》(昆环字第91320583666396160B),有效期至2020年6月21日。

根据发行人的声明和承诺,并经核查,发行人及其控股子公司的生产经营活动在报告期内在所有重大方面符合有关环境保护的要求;发行人及其控股子公司报告期内不存在因违反环境保护方

面的法律、法规和规范性文件而被处罚的情形。

2. 募投项目的环评批复情况

根据有关环境保护主管部门关于募投项目环境影响报告书的批复,经核查,发行人募集资金拟投资项目符合有关环境保护的要求。

(二)产品质量、技术标准

根据发行人及其控股子公司取得的相关证明文件以及发行人的声明和承诺,并经核查,发行人及其控股子公司的产品符合有关产品质量和技术监督标准,报告期内未因违反有关产品质量、技术监督法律法规而受到行政处罚。

(三)安全生产

根据发行人及其控股子公司取得的相关证明文件以及发行人的声明和承诺,并经核查,发行人及其控股子公司,报告期内未因违反有关安全生产方面的法律法规而受到行政处罚。

十八、发行人的劳动用工与社会保障

(一)劳动用工

根据发行人提供的资料,并经核查,本所认为,截至2018年6月30日,发行人及其控股子公司已与其聘用的全部员工签署了劳动合同,该等劳动合同内容合法有效。

(二)社会保险与住房公积金

根据发行人及其控股子公司取得的相关证明文件及发行人说明,并经核查,本所认为,发行人及控股子公司,报告期内不存在因违反社会保险、住房公积金法律、法规或规范性文件而受到行政处罚的情形。

(三)劳务派遣

根据发行人提供的相关资料及发行人说明,并经核查,本所认为,发行人及其控股子公司,报告期内不存在违反劳务派遣相关法律、法规或规范性文件的情形。

十九、发行人募集资金的运用

根据发行人第一届董事会第五次会议、2018年第一次临时股东大会决议、《招股说明书》,并经核查,发行人本次发行募集的资金的运用如下:

单位:万元

序号	项目名称	投资总额	拟募集资金使用金额	项目备案	环保审批
1	全自动数控轧辊磨床升级扩能建设项目	25,982.82	25,982.82	昆经信备[2018]82号	昆环建[2018]0485号
2	智能化磨削设备生产项目	22,929.07	22,929.07	昆发改备[2018]440号	
3	研发中心建设项目	5,452.00	5,452.00	昆发改备[2018]439号	
4	补充流动资金	6,000.00	6,000.00	-	-
合计		60,363.89	60,363.89	-	-

经核查,本所认为,发行人上述募集资金投资项目已经完成在政府有权部门所必须的备案手续,并已按照规定取得主管环保部门审批同意;发行人上述募集资金投资项目已经发行人股东大会审议通过,已取得必要的内部批准和授权。

二十、发行人的业务发展目标

(一)发行人业务发展目标与主营业务一致

根据《招股说明书》及发行人的说明,本所认为,发行人在《招股说明书》中所述的业务发展目标与其主营业务一致。

(二)发行人业务发展目标符合法律、法规和规范性文件的规定

经核查,发行人的业务发展目标符合国家法律、法规和规范性文件的规定,不存在潜在的法律风险。

二十一、诉讼、仲裁或行政处罚

(一)发行人及其控股子公司涉及诉讼、仲裁或行政处罚情况

根据发行人的说明及承诺,并经核查,截至本法律意见书出具之日,发行人及其控股子公司不存在尚未了结或可预见的、影响发行人持

续经营的重大诉讼、仲裁、行政处罚案件。

（二）发行人主要股东涉及诉讼、仲裁或行政处罚情况

根据发行人主要股东的说明及承诺，并经核查，截至本法律意见书出具之日，发行人主要股东不存在尚未了结或可预见的、影响发行人持续经营的重大诉讼、仲裁、行政处罚案件。

（三）发行人董事长、总经理涉及诉讼、仲裁或行政处罚情况

根据发行人董事长、总经理的说明及承诺，并经核查，截至本法律意见书出具之日，发行人董事长、总经理不存在尚未了结或可预见的、影响发行人持续经营的重大诉讼、仲裁、行政处罚案件。

二十二、本次发行上市涉及的相关承诺及约束措施

（一）本次发行上市涉及的相关责任主体的主要承诺

经核查，发行人及其股东、实际控制人、董事、监事和高级管理人员就本次发行上市在《招股说明书》中作出的主要承诺如下：

序号	主要承诺内容	承诺方
1	股份流通限制及锁定承诺	全体股东（含持有发行人股份的董事和高级管理人员）
2	股份减持意向的承诺	持股5%以上股东
3	关于稳定股价的预案及承诺	发行人、实际控制人及发行人董事、高级管理人员
4	股份回购的承诺	发行人、控股股东
5	避免同业竞争的承诺	实际控制人
6	发行人招股说明书真实性、准确性、完整性的承诺	发行人、实际控制人、发行人董事、监事和高级管理人员
7	保障公司填补被摊薄即期回报的相关措施能够得到切实履行的承诺	发行人、实际控制人、董事和高级管理人员
8	关于股份无权属纠纷、质押、冻结的承诺函	全体股东
9	未能履行承诺时的约束措施	发行人、实际控制人、发行人董事、监事和高级管理人员
10	关于减少和规范关联交易的承诺	控股股东、实际控制人、董事、监事和高级管理人员

经核查，本所认为，发行人及其股东、实际控制人、董事、监事和高级管理人员作出的上述承诺的相关内容合法、合规；发行人作出上述承诺已经按《公司章程》规定履行了内部决策程序。

（二）未履行承诺的约束措施

经核查，本所认为，发行人、实际控制人、发行人各董事、监事和高级管理人员已就其未能履行在本次发行上市中作出的承诺进一步提出了相应的补救措施和约束措施，其内容合法、合规，符合《中国证监会关于进一步推进新股发行体制改革的意见》对相关责任主体作出公开承诺事项应同时提出未履行承诺时的约束措施的相关要求。

二十三、发行人《招股说明书》法律风险的评价

本所参与了编制《招股说明书》的讨论，已审阅《招股说明书》，并特别审阅了其中引用《律师工作报告》和本法律意见书的相关内容。本所认为，发行人《招股说明书》引用《律师工作报告》和本法律意见书相关内容与《律师工作报告》和本法律意见书无矛盾之处。本所对发行人《招股说明书》中引用《律师工作报告》和本法律意见书的相关内容无异议，确认《招股说明书》不致因引用《律师工作报告》和本法律意见书的内容而出现虚假记载、误导性陈述或重大遗漏。

二十四、本次发行上市的总体结论性意见

综上所述,本所认为,发行人符合《证券法》《公司法》以及《首发办法》等有关法律、法规和规范性文件关于首次公开发行股票并在创业板上市的各项发行条件,不存在重大违规行为。本所对发行人《招股说明书》中引用《律师工作报告》和本法律意见书的相关内容无异议,确认《招股说明书》不致因引用《律师工作报告》和本法律意见书的内容而出现虚假记载、误导性陈述或重大遗漏。发行人本次发行尚待获得中国证监会的核准,本次发行完成后,经深圳证券交易所审核同意,发行人股票可于深圳证券交易所上市交易。

本法律意见书正本一式四份,无副本。

(以下无正文,下接签章页)

(本页无正文,为《北京市金杜律师事务所关于华辰精密装备(昆山)股份有限公司首次公开发行股票并在创业板上市的法律意见书》之签章页)

北京市金杜律师事务所

经办律师:牟蓬、陈复安

单位负责人:王玲

二〇一八年九月十日

北京市金杜律师事务所关于北京首都在线科技股份有限公司首次公开发行股票并在创业板上市的法律意见书

致:北京首都在线科技股份有限公司

北京市金杜律师事务所(以下简称“金杜”或“本所”)接受北京首都在线科技股份有限公司(以下简称“发行人”或“公司”或“首都在线”)的委托,担任发行人首次公开发行A股股票(以下简称“本次发行”)并在深圳证券交易所(以下简称“深交所”)创业板上市(以下简称“本次发行上市”)的专项法律顾问,根据《中华人民共和国证券法》(以下简称“《证券法》”)、《中华人民共和国公司法》(以下简称“《公司法》”)、《首次公开发行股票并在创业板上市管理办法》(以下简称“《创业板首发管理办法》”)(根据2018年6月6日中国证券监督管理委员会《关于修改〈首次公开发行股票并在创业板上市管理办法〉的决定》修正)、《律师事务所从事证券法律业务管理办法》(中国证券监督管理委员会、司法部令第41号)、《律师事务所证券法律业务执业规则(试行)》(中国证券监督管理委员会、司法部公告[2010]33号)、《中国证券监督管理委员会关于发布〈公开发行证券公司信息披露的编报规则第12号——公开发行证券的法律意见书和律师工作报告〉的通知》(证监发〔2001〕37号)(以下简称“《编报规则第12号》”)等法律、行政法规、部门规章、规范性文件和中国证券监督管理委员会(以下简称“中国证监会”)的有关规定,出具本法律意见书。

为出具本法律意见书,金杜根据中华人民共和国(以下简称“中国”,为本法律意见书表述之目的,不包括香港特别行政区、澳门特别行政区和台湾地区)现行有效的法律、行政法规、部门规章、规范性文件、现行有效的《北京首都在线科技股份有限公司章程》(以下简称“《公司章程》”)及与发行人签署的《专项法律顾问聘用协议》,对发行人本次发行上市所涉及的有关事实和法律事项进行了核查,包括发行人本次发行上市的批准和授权,发行人本次发行上市的主体资格,发行人本次发行上市的实质条件,发行人的设立,发行人的独立性,发起人和股东(实际控制人),发行人的股本及其演变,发行人的业务,关联交易及同业竞争,发行人的主要财产,发行人的重大债权债务,发行人重大资产变化及收购兼并，发行人公司章程的制定与修改，发行人股东大会、董事会、监事会议事规则及规范运作，发行人董事、监事和高级管理人员及其变化，发行人的税务，发行人的环境保护和产品质量、技术等标准、劳动用工，发行人募集资金的运用，发行人业务发展目标，诉讼、仲裁或行政处罚，发行人为本次发行上市所编制的《北京首都在线科技股份有限公司首次公开发行股票并在创业板上市招股说明书（申报稿）》（以下简称“《招股说明书》”）等。

此外，金杜依据中国律师行业公认的业务标准和道德规范，查阅了其认为必须查阅的文件，包括发行人提供的有关政府部门的批准文件、有关记录、资料、证明、承诺函，现行有关法律、行政法规、部门规章及其他规范性文件，并合理、充分地运用了包括但不限于面谈、书面审查、实地调查、查询、函证、复核等方式，对有关事实进行核查验证。其中，对于出具本法律意见书至关重要而又无法得到独立证据支持的事实，金杜依赖有关政府部门、发行人或其他有关单位出具的证明文件出具法律意见书。

本法律意见书是依据本法律意见书出具日以前已经发生或者存在的事实和中国现行法律、行政法规、部门规章、规范性文件和中国证监会的有关规定发表法律意见。

金杜仅就与发行人本次发行上市有关的中国法律问题发表意见，并不对中国境外法律问题发表意见，也不对有关会计、审计、资产评估、内部控制等专业事项发表意见。在本法律意见书和为本法律意见书出具的律师工作报告（以下简称“律师工作报告”）中对有关验资报告、审计报告、资产评估报告和内部控制鉴证报告等专业报告中的某些数据和结论的引述，并不意味着金杜对该等数据、结论的真实性和准确性作出任何明示或默示保证。金杜并不具备核查和评价该等数据的适当资格。

本法律意见书的出具已得到发行人如下保证：

1. 发行人已经提供了金杜为出具本法律意见书所要求发行人提供的原始书面材料、副本材料、复印材料、确认函或证明等文件材料。

2. 发行人提供给金杜的文件和材料是真实、准确、完整和有效的，并无隐瞒、虚假和重大遗漏之处，且文件材料为副本或复印件的，其与原件一致和相符。

金杜已严格履行法定职责，遵循了勤勉尽责和诚实信用原则，对发行人的行为以及本次发行上市申请的合法、合规、真实、有效进行了充分的核查验证，保证本法律意见书和律师工作报告不存在虚假记载、误导性陈述及重大遗漏。

本法律意见书仅供发行人为本次发行上市之目的使用，不得用作任何其他目的。

金杜同意发行人在其为本次发行上市所编制的《招股说明书》中按照中国证监会审核要求引用本法律意见书或律师工作报告的相关内容，但发行人作上述引用时，不得因引用而导致法律上的歧义或曲解，金杜有权对《招股说明书》的相关内容再次审阅并确认。

金杜根据《证券法》等有关法律、行政法规、部门规章、规范性文件和中国证监会有关规定的要求，按照律师行业公认的业务标准、道德规范和勤勉尽责精神，对发行人提供的有关文件和事实进行了核查和验证，现出具法律意见如下：

一、本次发行上市的批准和授权

（一）发行人于2019年2月11日召开的第四届董事会第二次会议审议通过《关于公司首次公开发行人民币普通股股票并在创业板上市的议案》、《关于提请股东大会授权董事会办理公司首次公开发行人民币普通股股票并在创业板上市相关事宜的议案》和《关于公司首次公开发行人民币普通股股票募集资金用途的议案》等与发行人本次发行上市有关的议案。

（二）发行人于2019年2月28日召开的2019年第二次临时股东大会依法定程序审议通过了已由董事会通过的关于发行人本次发行上市的相关议案。根据《公司法》等法律、法规、规范性文件以及《公司章程》的有关规定，金杜认为，出席本次股东大会人员资格、召集人资格、本次股东大会的召集、召开符合《公司法》等法律、行政法规、规范性文件及《公司章程》的有关规定；本次股东大会已依法定程序作出批准本次发行上市的决议；本次股东大会决议的内容合法有效。

（三）发行人本次发行尚需取得中国证监会核准；本次发行完成后，发行人股票于深交所上市交易尚待获得深交所审核同意。

综上,金杜认为,发行人本次发行上市已获得发行人内部的批准及授权;发行人本次发行尚待获得中国证监会核准;本次发行完成后,发行人股票于深交所上市交易尚待获得深交所审核同意。

二、本次发行上市的主体资格

(一)发行人是由北京首都在线数据科技有限公司(以下简称"首都在线有限")整体改制变更设立的股份有限公司,现持有北京市工商行政管理局海淀分局于 2018 年 9 月 12 日核发的统一社会信用代码为 911101087776681301 的营业执照。经本所律师核查,发行人为依法设立并合法存续的股份有限公司,不存在法律、法规、规范性文件及《公司章程》中规定的需要终止的情形,且自其前身首都在线有限成立之日起持续经营三年以上,符合《创业板首发管理办法》第十一条第(一)项之规定。

(二)本法律意见书第四章"发行人的设立"和第七章"发行人的股本及演变"所述,发行人的注册资本已足额缴纳,发起人或者股东用作出资的资产的财产权转移手续已办理完毕,发行人的主要资产不存在重大权属纠纷,符合《创业板首发管理办法》第十二条之规定。

(三)根据发行人目前持有的营业执照、《公司章程》以及发行人的说明与承诺,发行人主要从事云计算服务和 IDC 服务。发行人主要经营一种业务,发行人的生产经营活动符合法律、行政法规和《公司章程》的规定,符合国家产业政策及环境保护政策,符合《创业板首发管理办法》第十三条之规定。

(四)如本法律意见书第六章"发起人和股东"、第八章"发行人的业务"及第十五章"发行人董事、监事和高级管理人员及其变化"所述,发行人最近两年内主营业务没有发生重大变化,董事、高级管理人员没有发生重大变化,实际控制人没有发生变更,符合《创业板首发管理办法》第十四条之规定。

(五)根据发行人及发行人主要股东出具的调查表并经本所律师核查,发行人的股权清晰,控股股东和受控股股东、实际控制人支配的股东持有的发行人股份不存在重大权属纠纷,符合《创业板首发管理办法》第十五条的规定。

综上,金杜认为,截至本法律意见书出具之日,发行人具备本次发行上市的主体资格。

三、本次发行上市的实质条件

(一)发行人本次发行上市符合《证券法》规定的相关条件

1. 根据发行人现行有效的《公司章程》等内部治理文件、发行人的内部结构图及历次股东大会、董事会和监事会的会议文件和发行人的说明与承诺,发行人已按照《公司法》等相关法律、法规及《公司章程》的规定,设立了股东大会、董事会、监事会;选举了董事、独立董事、监事、职工监事;聘任了总经理、副总经理、财务总监、董事会秘书等高级管理人员,设置了财务部、销售部门等职能部门,具备健全且运行良好的组织机构,相关机构和人员能够依法履行职责,符合《证券法》第十三条第一款第(一)项之规定。

2. 根据大华会计师于 2019 年 3 月 8 日出具的以 2018 年 12 月 31 日为基准日的大华审字[2019]001087 号《北京首都在线科技股份有限公司审计报告》(以下简称"《审计报告》"),发行人 2016 年度、2017 年度和 2018 年度的净利润(以扣除非经常性损益前后孰低者为计算依据)分别为 29,227,141.66 元、39,484,408.18 元、54,156,999.45 元,发行人最近三年连续盈利,具有持续盈利能力,财务状况良好,符合《证券法》第十三条第一款第(二)项之规定。

3. 根据《审计报告》、发行人及其子公司的工商、税务、电信行业等主管部门开具的合规证明、发行人的说明与承诺并经本所律师访谈发行人的财务总监,发行人最近三年财务会计文件无虚假记载,无其他重大违法行为,符合《证券法》第十三条第一款第(三)项及第五十条第一款第(四)项之规定。

4. 根据发行人现行有效的营业执照和《公司章程》,发行人本次发行上市前股本总额为 36,131.6277 万元,不少于 3,000 万元,符合《证券法》第五十条第一款第(二)项之规定。

5. 根据发行人 2019 年第二次临时股东大会决议,发行人本次发行后股本总额超过 4 亿元,发行人拟公开发行的股份数不少于本次发行后发行人股份总数的 10%,符合《证券法》第五十条第一款第(三)项之规定。

（二）发行人本次发行上市符合《创业板首发管理办法》规定的相关条件

1. 主体资格

如本法律意见书第二章“发行人本次发行上市的主体资格”所述，发行人具有本次发行上市的主体资格，符合《创业板首发管理办法》第十一条第（一）项、第十二条、第十三条、第十四条、第十五条的规定。

2. 规范运行

（1）如本法律意见书第十四章“发行人股东大会、董事会、监事会议事规则及规范运作”所述，发行人具有完善的公司治理结构，依法建立健全股东大会、董事会、监事会、独立董事、董事会秘书、审计委员会制度，相关机构和人员能够依法履行职责，符合《创业板首发管理办法》第十六条第一款之规定。

（2）根据《公司章程》和《股东大会议事规则》，发行人已建立股东投票计票制度，已建立发行人与股东之间的纠纷解决机制，能够切实保障投资者依法行使收益权、知情权、参与权、监督权、求偿权等股东权利，符合《创业板首发管理办法》第十六条第二款的规定。

（3）根据大华会计师于2019年3月8日出具的大华核字[2019]000413号《北京首都在线科技股份有限公司内部控制鉴证报告》（以下简称“《内控报告》”）、发行人的说明与承诺并经本所律师核查，发行人内部控制制度健全且被有效执行，能够合理保证财务报告的可靠性、生产经营的合法性、营运的效率与效果，并由大华会计师出具无保留结论的《内控报告》，符合《创业板首发管理办法》第十八条之规定。

（4）如本法律意见书第十五章“发行人董事、监事和高级管理人员及其变化”所述，发行人的董事、监事和高级管理人员具备法律、行政法规和规章规定的任职资格，忠实、勤勉地履行职责，不存在下列情形，符合《创业板首发管理办法》第十九条之规定：

①被中国证监会采取证券市场禁入措施尚在禁入期的；

②最近三年内受到中国证监会行政处罚，或者最近一年内受到证券交易所公开谴责的；

③因涉嫌犯罪被司法机关立案侦查或者涉嫌违法违规被中国证监会立案调查，尚未有明确结论意见。

（5）根据发行人及其控股股东、实际控制人的说明与承诺，并经本所律师核查，发行人及其控股股东、实际控制人最近三年内不存在损害投资者合法权益和社会公共利益的重大违法行为，不存在未经法定机关核准，擅自公开或变相公开发行证券，或者有关违法行为虽然发生在三年前，但目前仍处于持续状态的情形，符合《创业板首发管理办法》第二十条的规定。

3. 财务与会计

（1）根据《审计报告》，并经本所律师核查，发行人符合《创业板首发管理办法》第十一条第（二）至第（四）项规定的下列条件：

①发行人2017、2018年度的净利润（以扣除非经常性损益前后孰低者为计算依据）分别为39,484,408.18元、54,156,999.45元，发行人最近两年连续盈利，最近两年净利润累计不少于1,000万元；

②发行人截至2018年12月31日的净资产为548,670,084.27元，不少于2,000万元，且不存在未弥补亏损；

③发行人本次发行前股本总额为36,131.6277万元，本次发行后股本总额将不少于3,000万元。

（2）根据《审计报告》、发行人的说明与承诺并经本所律师核查，发行人会计基础工作规范，财务报表的编制符合企业会计准则和相关会计制度的规定，在所有重大方面公允地反映了发行人的财务状况、经营成果和现金流量，并由大华会计师出具了无保留意见的《审计报告》，符合《创业板首发管理办法》第十七条之规定。

综上，金杜认为，发行人具备本次发行上市的实质条件。

四、发行人的设立

（一）发行人设立的程序

发行人是经北京市工商行政管理局海淀分局于2010年3月9日核准登记，以整体改制变更方式设立的股份有限公司。金杜认为，发行人设立的程序、资格、条件、方式等均符合当时相关法律、法规及规范性文件的规定。

（二）改制重组过程中的相关协议

2010年1月23日，曲宁、毕名武和赵永志签署了《北京首都在线数据科技有限公司整体变更设立股份有限公司的股东协议书暨北京首都在线科技股份有限公司发起人协议书》，该协议就拟设立股份公司的名称、住所、经营范围、注册资本、折股方式、发起人认购股份及持股比例等内容作出了明确约定。金杜认为，前述《发起人协议》符合有关法律、法规和规范性文件规定，合法有效，不会引致发行人设立行为存在潜在纠纷。

（三）审计报告、资产评估及验资等事项

发行人设立过程中聘请北京永拓会计师事务所有限责任公司出具了《审计报告》[京永审字（2010）第14002号]、《验资报告》[京永验字（2010）第21002号]，聘请北京六合正旭资产评估有限责任公司出具《北京首都在线数据科技有限公司拟组建股份有限公司涉及的企业股东全部权益价值评估项目资产评估报告书》（六合正旭评报字[2010]第029号）。金杜认为，发行人设立过程中有关审计、资产评估、验资等事项均已履行了必要程序，符合当时相关法律、法规及规范性文件的规定。

（四）发行人的创立大会

发行人于2010年2月23日召开了创立大会。金杜认为，发行人创立大会召开的程序及所审议事项符合其设立时相关法律、法规和规范性文件的规定。

五、发行人的独立性

（一）根据发行人的营业执照、《公司章程》及其说明与承诺并经本所律师核查，发行人的主营业务为云计算服务和IDC服务。发行人的业务如本法律意见书第八章“发行人的业务”所述，发行人及其子公司已获得为进行其营业执照上核定的经营范围内开展业务所需获得的批准、许可、同意或证书。发行人依法独立从事经营范围内的业务，不因与关联方之间存在关联关系而使发行人经营的完整性、独立性受到不利影响。金杜认为，截至本法律意见书出具之日，发行人具有完整的业务体系和直接面向市场独立经营的能力。

（二）根据发行人提供的资产清单及相应的权属证书及其说明与承诺，并经本所律师核查，发行人具备与生产经营有关的生产系统、业务系统和配套设施，除本法律意见书第十章“发行人的主要财产”所述之相关权属瑕疵情形外，发行人合法拥有与其生产经营有关的房屋、设备、注册商标以及软件著作权等财产的所有权或使用权，具备与其经营有关的业务体系及相关资产。金杜认为，截至本法律意见书出具日，发行人的资产独立完整。

（三）根据发行人董事、监事和高级管理人员填写的调查表、发行人的说明与承诺并经本所律师核查，截至本法律意见书出具日，发行人的总经理、副总经理、财务总监和董事会秘书等高级管理人员不存在在控股股东、实际控制人及其控制的其他企业中担任除董事、监事以外的其他职务的情形，也不存在在控股股东、实际控制人及其控制的其他企业领薪的情形；发行人的财务人员未在控股股东、实际控制人及其控制的其他企业中兼职。金杜认为，截至本法律意见书出具日，发行人的人员独立。

（四）根据发行人提供的财务管理制度及其说明与承诺，并经本所律师核查，发行人设立有独立的财务部门，建立了独立的财务核算体系，能够独立作出财务决策，具有规范、独立的财务会计制度和对其下属公司的财务管理制度。发行人依法办理税务登记，在银行开立了独立账户，不存在与控股股东、实际控制人及其控制的其他企业共用银行账户的情形。金杜认为，截至本法律意见书出具日，发行人的财务独立。

（五）根据发行人历次“三会”文件、发行人董事、监事和高级管理人员出具的调查表、发行人的说明与承诺并经核查，发行人设置了股东大会、董事会和监事会，并在董事会下设战略委员会、提名委员会、审计委员会、薪酬与考核委员会，设置了财务部、销售部门等业务职能部门和内部经营管理机构。发行人独立行使经营管理职权，与控股股东、实际控制人及其控制的其他企业间不存在机构混同的情形。金杜认为，截至本法律意见书出具日，发行人的机构独立。

（六）根据发行人《审计报告》、发行人的营业执照、经营资质、发行人的说明与承诺并经本所律师核查，发行人独立从事其营业执照所核定的经营范围中的业务，发行人的业务独立于控股股东、实际控制人及其控制的其他企业，与控股股东、实际控制人及其控制的其他企业间不存在同业竞争或者显失公平的关联交易。金杜认为，截至本法律意见书出具日，发行人的业务独立。

经核查，金杜认为，截至本法律意见书出具日，发行人在独立性方面不存在严重缺陷。

六、发起人和股东

（一）发起人的资格

根据《发起人协议》，发行人共有3名自然人发起人，分别为曲宁、毕名武、赵永志。经核查，金杜认为，上述各自然人发起人具有完全的民事权利能力和民事行为能力，均具备法律、法规和规范性文件规定担任发起人并进行出资的资格。

（二）发起人的人数、住所、出资比例

经本所律师核查，发行人共有3名发起人，全部在中国境内有住所。如本法律意见书"四、发行人的设立"所述，各发起人的出资已经必要的验资程序。据此，金杜认为，发行人设立时的发起人人数、住所、出资比例符合有关法律、法规和规范性文件的规定。

（三）发起人的出资

根据北京永拓会计师事务所有限责任公司出具的《验资报告》［京永验字（2010）第21002号］、发行人的说明并经本所律师核查，各发起人均以足额缴纳出资。金杜认为，发起人已投入发行人的资产的产权关系清晰，各发起人将该等资产投入发行人不存在法律障碍。

（四）根据发行人的说明，发行人的设立属于有限责任公司整体变更为股份有限公司，发行人不存在将全资附属企业或其他企业先注销再折价入股或以在其他企业中的权益折价入股的情形。

（五）根据发行人的说明，发行人的设立属于有限责任公司整体变更为股份有限公司，各发起人以其对首都在线有限出资形成的权益所对应的净资产折为其所拥有的发行人的股份，首都在线有限的资产、业务和债权、债务全部由发行人承继，不存在发起人投入发行人的资产或权利的权属证书需要转移的情形。

（六）发行人的现有股东

根据中国证券登记结算有限责任公司（以下简称"中登公司"）提供的发行人的《证券持有人名册》，截至2019年1月28日，发行人的在册股东共452名。本所律师从中选取了下列58名股东作为核查对象：(1)公司的控股股东、实际控制人及其亲属，(2)公司的前十大机构股东和自然人股东，(3)持有公司5%以上股份的股东，(4)公司的员工持股平台，(5)持有公司股份的董事、监事、高级管理人员、核心技术人员及其他员工，(6)通过定向发行股票持有公司股份的股东，(7)直接持有发行人股份的"三类股东"①。

根据发行人的说明和承诺、前述股东的出具的调查表、自然人股东的身份证和合伙企业及法人股东的营业执照和公司章程或合伙协议，并经本所律师核查，金杜认为，截至本法律意见书出具之日，除新方程启辰新三板指数增强基金（以下简称"新方程基金"）已经进入清算期外，发行人的合伙企业股东、法人股东和三类股东均依法存续，具有《公司法》等有关法律、法规和规范性文件规定的担任股东并进行出资的资格；发行人的自然人股东均具有完全的民事权利能力和民事行为能力，具有法律、法规和规范性文件规定的担任股东并进行出资的资格；发行人的股东人数、住所、出资比例符合《公司法》等有关法律、法规和规范性文件的规定。

关于新方程基金已经进入清算期的问题，如本法律意见书第二十三章"律师认为需要说明的其他问题"所述，"鉴于1)新方程基金及其管理人已对新方程基金所持有的首都在线的股份在清算期间的转让事宜作出适当安排，承诺将按照锁定期和减持规则的要求对其所持有的首都在线的股份进行减持和变现，且所有基金份额持有人对此没有异议；2)在新方程基金的全部财产全部变现、完成清算前，新方程基金的基金合同始终有效，基金产品仍然有效存续，不会影响新方程基金作为发行人股东的资格，金杜认为，新方程基金现已进入清算期不会影响新方程基金作为发行人股东的资格，不会对发行人的股权结构稳定性产生重大不利影响，不构成本次发行上市的实质性障碍"。

（七）发行人的控股股东和实际控制人

经本所律师核查，金杜认为，截至本法律意见书出具之日，曲宁为发行人第一大股东，报告

① 指契约性基金、资管计划和信托计划，下同。

期内始终保持相对控股,能够对发行人的董事会成员的提名情况产生重大影响,并且是发行人的创始人,对发行人的生产起核心作用;因此,曲宁是发行人的控股股东、实际控制人,发行人近两年内的控股股东、实际控制人没有发生变更。

(八)发行人现有股东的私募基金备案

根据《私募投资基金监督管理暂行办法》(中国证券监督管理委员会令第105号,以下简称"《私募基金暂行办法》")及《私募投资基金管理人登记和基金备案办法(试行)》(中基协发[2014]1号),私募投资基金是指在中国境内,以非公开方式向投资者募集资金设立的投资基金;非公开募集资金,以进行投资活动为目的设立的公司或者合伙企业,资产由基金管理人或者普通合伙人管理的,其登记备案、资金募集和投资运作适用《私募基金暂行办法》。私募投资基金管理人应当向中国证券投资基金业协会履行基金管理人登记程序,并在私募投资基金募集完毕后通过私募基金登记备案系统进行备案。

截至2019年1月28日,发行人共有452名股东,其中自然人股东401名,机构股东51名;在前述机构股东中,26名股东属于私募投资基金或私募投资基金管理人,且均已办理私募投资基金备案或私募投资基金管理人登记,剩余25名股东不属于私募投资基金或私募投资基金管理人。关于发行人机构股东的私募投资基金备案登记情况详见律师工作报告"附件一:发行人机构股东私募基金备案登记情况"。

七、发行人的股本及其演变

(一)发行人设立时的股权设置、股本结构

如本法律意见书第四章"发行人的设立"所述,发行人是由首都在线有限整体变更设立,发行人设立时的股权设置、股本结构如下表所示:

序号	发起人	持股数(万股)	占股本总额的比例	股权性质
1	曲宁	400.95	72.9%	境内自然人股
2	毕名武	94.05	17.1%	境内自然人股
3	赵永志	55	10%	境内自然人股
合计		550	100%	—

经核查,金杜认为,发行人设立时的股权设置、股本结构合法有效,产权界定和确认不存在纠纷及风险。

(二)发行人及其前身的设立、历次股权变动及其他重大事项的变化

2005年7月,发行人前身首都在线有限设立,设立时的注册资本为250万元,股权结构为:曲宁以货币出资102.5万元,出资比例为41%;二六三网络通信股份有限公司(以下简称"二六三")以货币出资50万元、以实物出资50万元,出资比例为40%;毕名武以货币出资47.5万元,出资比例为19%,首都在线有限据此进行了工商设立登记,并取得了注册号为1101082863113的企业法人营业执照。

2007年4月,首都在线有限将注册资本增加至400万元,其中二六三增资60万元,曲宁增资61.5万元,毕名武增资28.5万元,并变更注册号。首都在线有限据此进行了工商变更登记,并取得了换发后的企业法人营业执照。

2009年5月,二六三将其持有的首都在线有限160万元的股权以480万元的价格转让给曲宁。首都在线有限据此进行了工商变更登记,并取得了换发后的企业法人营业执照。

2009年12月,首都在线有限将注册资本增加至444.4万元,其中新股东赵永志增资44.4万元。首都在线有限据此进行了工商变更登记,并取得了换发后的企业法人营业执照。

2010年3月,首都在线有限按照经审计的净资产值整体变更设立股份有限公司。首都在线有限据此进行了工商变更登记,并取得了换发后的企业法人营业执照。

2010年8月,首都在线在证券公司代办股份转让系统挂牌。

2011年11月,首都在线向16名员工和2名机构投资者定向发行股票,将注册资本增加至640万元。首都在线据此进行了工商变更登记,并取得了换发后的企业法人营业执照。

2012年4月,首都在线以资本公积转增股本,将注册资本增加至1,536万元。首都在线据此进行了工商变更登记,并取得了换发后的企业法人营业执照。

2012年12月,首都在线向二六三定向发行股票,将注册资本增加至1,616.68万元。首都在线据此进行了工商变更登记,并取得了换

发后的企业法人营业执照。

2013 年 4 月，首都在线在全国股转系统挂牌公开转让。

2013 年 7 月，首都在线进行送红股，并以资本公积转增股本，将注册资本增加至 2,505.854 万元。首都在线据此进行了工商变更登记，并取得了换发后的企业法人营业执照。

2013 年 9 月，首都在线向员工持股平台宁波梅山保税港区云拓投资管理合伙企业（有限合伙）（以下简称“梅山云拓”）定向发行股票，将注册资本增加至 2,555.294 万元。首都在线据此进行了工商变更登记，并取得了换发后的企业法人营业执照。

2014 年 4 月，首都在线向北京基石创业投资基金（有限合伙）（以下简称“基石创投”）和北京中海盈创投资管理中心（有限合伙）（以下简称“中海盈创”）定向发行股票，将注册资本增加至 2,855.294 万元。首都在线据此进行了工商变更登记，并取得了换发后的营业执照。

2014 年 12 月，首都在线向员工持股平台梅山云拓定向发行股票，将注册资本增加至 2,904.794万元。首都在线据此进行了工商变更登记，并取得了换发后的营业执照。

2014 年 12 月，首都在线将股票转让方式变更为做市转让。

2015 年 5 月，首都在线以资本公积转增股本，将注册资本增加至 7,842.9438 万元。首都在线据此进行了工商变更登记，并取得了换发后的营业执照。

2015 年 10 月，首都在线向包括张晓慧在内的 15 名自然人、广发证券股份有限公司、海通证券股份有限公司、中信证券股份有限公司、青岛金石灏汭投资有限公司和国泰君安证券股份有限公司定向发行股票，将注册资本增加至 8,037.9438 万元。首都在线据此进行了工商变更登记，并取得了换发后的营业执照。

2016 年 7 月，首都在线以发行股份和支付现金的方式购买闽清县宇联投资管理中心（有限合伙）、闽清县合众投资管理中心（有限合伙）持有的广东力通网络科技有限公司（以下简称“广东力通”）的股权，将注册资本增加至 8,816.3222 万元。首都在线据此进行了工商变更登记，并取得了换发后的营业执照。

2017 年 10 月，首都在线向中信证券投资有限公司等 11 名特定对象定向发行股票，将注册资本增加至 10,323.3222 万元。首都在线据此进行了工商变更登记，并取得了换发后的营业执照。

2017 年 12 月，首都在线以资本公积转增股本，将注册资本增加至 36,131.6277 万元。首都在线据此进行了工商变更登记，并取得了换发后的营业执照。

综上，金杜认为，发行人及其前身首都在线有限在存续期间的历次变更已经通过登记机关核准，履行了必要的法律手续，发行人历次股权变动合法、合规、真实、有效。

（三）发行人股份质押情况

根据发行人提供的截至 2019 年 1 月 28 日的《证券持有人名册》、发行人的说明与承诺并经本所律师核查，截至本法律意见书出具之日，发行人的现有股东所持股份未设置质押。

八、发行人的业务

（一）发行人的经营范围和经营方式

根据发行人现行有效的营业执照，发行人的经营范围为“技术开发、技术推广、技术服务、技术咨询；计算机系统服务；数据处理；基础软件服务；应用软件服务；销售计算机、软件及辅助设备、电子产品；出租商业用房；机械设备、电子产品租赁；技术进出口、货物进出口、代理进出口；经营电信业务。（企业依法自主选择经营项目，开展经营活动；经营电信业务以及依法须经批准的项目，经相关部门批准后已批准的内容开展经营活动；不得从事本市产业政策禁止和限制类项目的经营活动）”。

经核查，金杜认为，除广东力通和中瑞云祥正在向工信部申请增加增值电信业务经营许可证的业务覆盖范围，发行人及其境内子公司的经营范围和经营方式符合相关法律、法规的规定，已经获得其经营所需的相关业务许可或资质。

（二）境外业务

截至本法律意见书出具之日，发行人已在境外设立了 Capitalonline Data Service Co.,Ltd（以下简称“美国首都在线”）和城际互联（香港）有限公司（以下简称“香港首都在线”）2 家境外子公司开展相关境外业务。根据美国首都在线和香港首都在线注册地律师出具的法律意见书,发行人设立前述境外公司均取得了当地所需主管部门的批准、备案及/或登记手续。该等境外子公司的具体情况详见律师工作报告第十章"发行人的主要财产"第(六)部分"对外投资"。

综上,金杜认为,该等境外子公司的存续和境外经营合法、合规、真实、有效。

(三)重大业务变更

根据发行人历次变更的企业法人营业执照/营业执照、发行人的说明和承诺,并经本所律师核查,发行人近两年未发生过重大业务变更。

(四)发行人的主营业务

根据发行人及其子公司的营业执照、发行人的说明与承诺并经本所律师核查,发行人的主营业务为云计算服务和IDC托管服务。根据《审计报告》,发行人2016年度、2017年度和2018年度的主营业务收入分别为361,946,146.98元、481,500,069.64元和603,110,487.44元,分别占同期发行人营业收入的100%、100%和100%,发行人的主营业务突出。

(五)发行人的持续经营能力

根据《审计报告》、发行人的说明与承诺并经本所律师核查,发行人的主要财务指标良好,不存在不能支付到期债务的情况,不存在影响其持续经营的法律障碍。

九、关联交易及同业竞争

(一)关联交易

1. 关联方

(1)控股股东、实际控制人

如本法律意见书第六章"发起人和股东"第(七)部分"发行人的控股股东和实际控制人"所述,发行人的控股股东和实际控制人为曲宁。因此,曲宁为发行人的关联方。

(2)持有发行人5%以上股份的股东

根据《编报规则第12号》第三十八条的规定,由于赵永志持有发行人30,732,776股的股份,占总股本的8.51%,合众投资持有发行人24,163,276股的股份,占总股本的6.69%,基石创投持有发行人21,735,000股的股份,占总股本的6.02%,毕名武持有发行人18,263,364股的股份,占总股本的5.05%,赵永志、合众投资、基石创投、毕名武作为除控股股东曲宁之外持有发行人5%以上股份的股东,为发行人的关联方。

持有发行人5%以上股份的自然人股东关系密切的家庭成员为发行人的关联方。

上述自然人直接、间接控制或有重大影响的企业及担任董事、高级管理人员的企业也是发行人的关联方。

(3)发行人的子公司

如本法律意见书第十章"发行人的主要财产"第(六)部分"对外投资"所述,发行人目前有9家控股子公司:广东力通、首都在线信息科技(上海)有限公司(以下简称"上海首都在线")、北京云宽志业网络技术有限公司(以下简称"云宽志业")、北京乾云时代数据科技有限公司(以下简称"乾云时代")、上海红之盟网络科技有限公司(以下简称"红之盟")、北京首云汇商金融信息服务有限公司(以下简称"首云汇商")、北京中瑞云祥信息科技发展有限公司(以下简称"中瑞云祥")、香港首都在线、美国首都在线,是发行人的关联方。

此外,首都在线科技无锡有限公司报告期内曾是发行人的全资子公司,现已注销,在报告期内为发行人的关联方。

(4)发行人的联营企业

如本法律意见书第十章"发行人的主要财产"第(六)部分"对外投资"所述,发行人目前有1家联营企业:武汉云在线科技有限公司(以下简称"武汉云在线")是发行人的联营企业,为发行人的关联方。

(5)发行人的董事、监事和高级管理人员及与其关系密切的家庭成员,及该等人员直接或者间接控制的或有重大影响的企业及担任董事、高级管理人员的企业

发行人的董事、监事、高级管理人员情况参见本法律意见书第十五章"发行人董事、监事和高级管理人员及其变化"。

发行人的董事、监事和高级管理人员关系密切的家庭成员为发行人的关联方。

此外,上述人员直接、间接控制或有重大影响的企业及担任董事、高级管理人员的企业也是发行人的关联方。

2. 关联交易

根据《审计报告》和发行人的说明与承诺,报告期内,发行人发生的关联交易类型包括:购

买商品、接受劳务、销售商品、提供劳务、关联担保和关键管理人员薪酬。

3. 关联交易公允性

根据发行人的说明与承诺，报告期内的关联交易存在市场指导价格的，按市场价格交易；无可供参考的市场价格的，交易双方按照实际成本协议确定。

就上述关联交易，发行人独立董事发表独立意见，认为“公司报告期内与关联方之间的关联交易遵循了公平、自愿、合理的原则，关联交易作价公允，不存在损害公司及非关联股东利益的情形”。

为了减少和规范与发行人的关联交易，发行人的控股股东及实际控制人曲宁、全体董事、监事和高级管理人员以及持股5%以上的股东合众投资、基石创投和毕名武承诺：

(1)本人/本企业和本人/本企业的关联方(含义同《企业会计准则第36号——关联方披露》)将采取切实有效的措施尽量规范和减少与首都在线及其下属子公司之间的关联交易；

(2)本人/本企业将严格按照《公司法》等法律法规以及公司章程等有关规定行使股东权利，在股东大会对有关涉及本人的关联交易事项进行表决时严格履行回避表决程序；

(3)不以拆借、占用或由公司代垫款项、代偿债务等任何方式挪用、侵占首都在线及其子公司的资金、资产及其他资源；不要求首都在线及其下属子公司违法违规提供任何形式担保；

(4)在关联交易事项上，严格遵循市场原则，尽量避免不必要的关联交易发生；

(5)对于与首都在线及其下属子公司之间确有必要进行的关联交易，均将严格遵守公平公允、等价有偿的原则，公平合理地进行；关联交易均以签订书面合同或协议形式明确约定，并严格遵守《中华人民共和国公司法》等法律法规、规范性文件以及公司章程、股东大会议事规则、关联交易制度等相关规定，履行各项审批程序和信息披露义务，切实保护首都在线及其他股东的合法利益；

(6)本人/本企业保证遵守上述承诺，不通过关联交易损害首都在线及首都在线其他股东的合法权益，如违反上述承诺，将采取以下措施：1)及时、充分披露承诺未得到执行、无法执行或无法按期执行的原因；2)向首都在线及其他股东提出补充或替代承诺，以保护首都在线及其他股东的权益；3)将上述补充承诺或替代承诺提交股东大会审议；4)给其他股东造成直接损失的，依法赔偿损失；5)有违法所得的，按相关法律法规处理；6)其他根据届时规定可以采取的其他措施。综上，金杜认为，发行人的关联交易是基于诚实公允及商业原则进行的，不存在损害发行人及股东利益的情况。

综上，金杜认为，发行人的关联交易是基于诚实公允及商业原则进行的，不存在损害发行人及股东利益的情况。

4. 关联交易决策制度

经核查，金杜认为，发行人在《公司章程》及其他内部制度中明确了关联交易公允决策的程序。

(二)同业竞争

1. 同业竞争

根据发行人控股股东及实际控制人曲宁提供的调查表、发行人的说明与承诺并经本所律师核查，发行人与控股股东及实际控制人曲宁之间均不存在同业竞争。

2. 关于避免同业竞争的承诺

为避免同业竞争，发行人的控股股东及实际控制人曲宁承诺：

(1)本人目前没有在中国境内任何地方或中国境外，直接或间接发展、经营或协助经营或参与与公司及其子公司业务存在竞争的任何活动，亦没有在任何与公司及其子公司业务有直接或间接竞争的公司或企业拥有任何权益(不论直接或间接)；

(2)本人保证及承诺不会直接或间接发展、经营或协助经营或参与或从事与公司及其子公司业务相竞争的任何活动；

(3)如拟出售本人与公司及其子公司生产、经营相关的任何其他资产、业务或权益，公司均有优先购买的权利；本人将尽最大努力使有关交易的价格公平合理，且该等交易价格按与独立第三方进行正常商业交易的交易价格为基础确定；

(4)本人将依法律、法规及公司的规定向公司及有关机构或部门及时披露与公司及其子公司业务构成竞争或可能构成竞争的任何业务或权益的详情；

(5)自本函签署之日起，若公司及其子公

司未来开拓新的业务领域而导致本人及本人所控制的其他公司及企业所从事的业务与公司及其子公司构成竞争,本人将终止从事该业务,或由公司在同等条件下优先收购该业务所涉资产或股权,或遵循公平、公正的原则将该业务所涉资产或股权转让给无关联关系的第三方;

(6)本人将不会利用公司实际控制人的身份进行损害公司及其子公司或其他股东利益的经营活动;

(7)如实际执行过程中,本人违反首次公开发行时已作出的承诺,将采取以下措施:1)及时、充分披露承诺未得到执行、无法执行或无法按期执行的原因;2)向首都在线及其投资者提出补充或替代承诺,以保护首都在线及其投资者的权益;3)将上述补充承诺或替代承诺提交股东大会审议;4)给投资者造成直接损失的,依法赔偿损失;5)有违法所得的,按相关法律法规处理;6)其他根据届时规定可以采取的其他措施。

(三)发行人对关联交易事项和解决同业竞争的承诺或措施的披露

发行人对上述关联交易情况及避免同业竞争事项已在《招股说明书》中予以充分披露,且该等披露不存在重大遗漏或重大隐瞒。

十、发行人的主要财产

(一)自有房屋和自有土地使用权

根据发行人的说明并经本所律师核查,截至本法律意见书出具日,发行人及其子公司没有自有房屋和自有土地使用权。

(二)租赁房产

根据发行人提供的租赁合同、租赁物业的《房屋所有权证》或其他权属证明等相关文件并经本所律师核查,截至本法律意见书出具之日,发行人及其子公司合计租赁使用 11 处房产,租赁面积合计约为 4,736.02 平方米。

经本所律师核查,发行人及其子公司的租赁物业存在的瑕疵情形及对本次发行上市的影响如下:

1. 除上海首都在线承租的上海德馨置业发展有限公司的房产、广东力通承租的广东省机械研究院和无锡软件产业发展有限公司的房产已办理租赁房产备案外,发行人及其子公司的租赁房产的出租方未办理房屋租赁备案登记。

《商品房屋租赁管理办法》(中华人民共和国住房和城乡建设部令第6号)第十四条规定,“房屋租赁合同订立后 30 日内,房屋租赁当事人应当到租赁房屋所在地直辖市、市、县人民政府建设(房地产)主管部门办理房屋租赁登记备案”;第二十三条规定,“违反本办法第十四条第一款、第十九条规定的,由直辖市、市、县人民政府建设(房地产)主管部门责令限期改正;个人逾期不改正的,处以 1,000 元以下罚款;单位逾期不改正的,处以 1,000 元以上 1 万元以下罚款”。根据前述规定,发行人未办理房屋租赁备案登记的租赁物业存在被各地主管机构责令限期改正,以及如未能按要求改正而受到罚款的风险。鉴于潜在处罚的金额较小,金杜认为,该等处罚不会对发行人的盈利能力产生重大影响。此外,根据发行人的说明,截至本律师工作报告出具日,发行人未曾收到各地主管部门责令限期改正的通知,亦未受到房屋租赁管理部门的行政处罚。

对于该问题,根据最高人民法院《关于审理城镇房屋租赁合同纠纷案件具体应用法律若干问题的解释》(法释〔2009〕11 号)的规定:“出租人就同一房屋订立数份租赁合同,在合同均有效的情况下,承租人均主张履行合同的,人民法院按照下列顺序确定履行合同的承租人:(一)已经合法占有租赁房屋的;(二)已经办理登记备案手续的;(三)合同成立在先的。”金杜认为,发行人及其子公司继续使用其已经实际合法占有但未办理租赁备案登记的承租房屋不存在重大法律风险。

此外,根据发行人的说明,发行人租赁该等房产仅作为办公使用,搬迁成本较低,发行人对该等租赁房产的依赖程度较小,因此该等租赁房产具有可替代性,发行人及其子公司在当地类似地段寻找新的租赁场所亦无实质性障碍,上述租赁房屋未办理租赁备案登记不会对发行人的经营造成重大不利影响。

2. 广东力通向无锡软件产业发展有限公司租赁的房产的证载用途为“教医科”,但该等租赁房产的实际用途为办公,因此存在租赁房产的实际租赁用途和《房屋所有权证》所载明的房屋用途不一致的问题。

《商品房屋租赁管理办法》(中华人民共和国住房和城乡建设部令第 6 号)第六条规定,

“有下列情形之一的房屋不得出租：……（三）违反规定改变房屋使用性质的……”因此广东力通向无锡软件产业发展有限公司租赁的房产的合同可能因违反上述规定被认定无效，广东力通存在无法继续承租前述房产的风险。

此外，根据发行人的说明，发行人租赁该等房产仅作为办公使用，搬迁成本较低，发行人对该等租赁房产的依赖程度较小，因此该等租赁房产具有可替代性，发行人及其子公司在当地类似地段寻找新的租赁场所亦无实质性障碍。

发行人的实际控制人曲宁已作出承诺，如果发行人因前述租赁房产存在的瑕疵而不能正常使用相应房屋、并因此遭受损失的，同意全额补偿发行人受到的该等损失。

综上，金杜认为，上述发行人存在的上述租赁房产瑕疵不会对发行人本次发行上市构成实质性法律障碍。

（三）在建工程

根据发行人的说明并经本所律师核查，截至本法律意见书出具日，发行人没有在建工程。

（四）知识产权

1. 注册商标

根据发行人提供的商标注册证，截至本法律意见书出具之日，发行人拥有合计 63 项注册商标。

2. 域名

根据发行人提供的域名证书并经本所律师核查，截至本法律意见书出具之日，发行人及其子公司拥有 25 项域名。

3. 软件著作权

根据发行人提供的软件著作权登记证书，截至本律师工作报告出具之日，发行人及其子公司拥有合计 109 项软件著作权。

根据发行人提供的商标注册证、域名证书和软件著作权登记证书并经本所律师核查，发行人及其子公司合法拥有上述知识产权。

（五）主要经营设备

根据《审计报告》，发行人拥有的主要经营设备包括网络设备、服务器、存储设备等。根据发行人的说明与承诺并经本所律师核查，发行人的主要经营设备不存在产权纠纷或潜在纠纷。

（六）对外投资

发行人现有 8 家控股子公司和 1 家控股孙公司，分别为乾云时代、云宽志业、上海首都在线、红之盟、广东力通、首云汇商、香港首都在线、美国首都在线和中瑞云祥；此外，首都在线现有 1 家参股公司，为武汉云在线。发行人对外投资具体情况请见律师工作报告第十章“发行人的主要财产”第（六）部分“对外投资”。

经本所律师核查，发行人的上述子公司自成立之日起至今合法有效存续，均不存在法律法规、规范性文件及各子公司的公司章程规定的需要终止的情形。

综上，金杜认为，截至本法律意见书出具日，除本法律意见书另有说明的情形外，发行人的主要财产不存在重大产权纠纷或潜在的其他重大纠纷。

十一、发行人的重大债权债务

（一）经本所律师核查，截至本法律意见书出具日，发行人正在履行或将履行且可能对其生产、经营活动以及资产、负债和权益产生重大影响的合同包括销售合同、采购合同和银行授信合同。

经核查，金杜认为，上述重大合同的内容和形式合法有效。根据发行人说明，并经本所律师核查，发行人的上述重大合同不存在法律纠纷，发行人履行该等合同项下的义务与其依据其他合同或法律文件承担的义务没有冲突。

（二）根据发行人的说明与承诺并经本所律师核查，金杜认为，发行人和/或其子公司是上述合同的主体，有关合同的履行不存在法律障碍。

（三）如本法律意见书第十七章“发行人的环境保护和产品质量、技术等标准”所述，发行人不存在因环境保护、产品质量等原因产生的重大侵权之债；此外，根据发行人的说明与承诺并经本所核查，截至本法律意见书出具之日，发行人也不存在因知识产权、劳动安全、人身权等原因产生的侵权之债。

（四）根据《审计报告》、发行人的说明与承诺并经本所律师核查，截至本法律意见书出具之日，发行人与其关联方之间不存在重大债权债务关系及违规相互提供担保的情况。

（五）根据《审计报告》、发行人的说明与承诺并经本所律师核查，发行人金额较大的应收款、应付款是因正常的经营活动发生，合法有效。

十二、发行人重大资产变化及收购兼并

(一)经本所律师核查,除律师工作报告第七章“发行人的股本及其演变”第(二)部分“(二)发行人及其前身的历次股权变动及其他重大事项的变化”中披露的发行人和首都在线有限历次增资扩股和“十、发行人的主要财产”之“(六)对外投资”中披露的收购中瑞云祥、广东力通和红之盟外,发行人自设立至法律意见书出具之日,不存在其他合并、分立、增资扩股、减少注册资本、收购或出售重大资产等行为。

(二)根据发行人说明与承诺,截至本法律意见书出具日,发行人没有拟进行的资产置换、资产剥离、重大资产出售或收购等计划或安排。

十三、发行人章程的制定与修改

(一)经本所律师核查,发行人公司章程的制定及最近三年的历次修订已经履行了必要的法定程序,其内容符合当时法律、法规和规范性文件的规定。

(二)发行人现行《公司章程》共 12 章、209 条,经本所律师核查,其内容符合现行法律、法规和规范性文件的规定。

(三)发行人已按照中国证监会于 2016 年 9 月 30 日发布的《上市公司章程指引(2016 年修订)》(中国证券监督管理委员会公告[2016] 23 号)(以下简称“《上市公司章程指引》”)及其他有关上市公司章程之规定对其公司章程进行了修订。修订后的《北京首都在线科技股份有限公司章程(草案)》已于 2019 年 2 月 28 日获发行人 2019 年第二次临时股东大会通过。

十四、发行人股东大会、董事会、监事会议事规则及规范运作

(一)经本所律师核查,发行人已经按照《公司法》及《公司章程》的规定设立了股东大会、董事会、监事会,选举了公司董事、监事(职工监事由职工代表大会选举产生),聘任了总经理、副总经理、财务总监、董事会秘书等高级管理人员。公司董事会由 7 名董事组成,其中独立董事 3 名;监事会由 3 名监事组成,其中 1 名为职工监事。金杜认为,发行人具有健全的组织机构。

(二)经本所律师核查,发行人根据《公司法》、《上市公司章程指引》、《上市公司股东大会规则》以及其他相关规定制定了《股东大会议事规则》、《董事会议事规则》、《监事会议事规则》等,金杜认为,该等议事规则的制定程序和内容符合相关法律、法规及规范性文件的规定。

(三)经本所律师核查,金杜认为,发行人历次股东大会、董事会、监事会的召开、决议内容及签署合法、合规、真实、有效,股东大会及董事会历次授权或重大决策等行为合法、合规、真实、有效。

十五、发行人董事、监事和高级管理人员及其变化

(一)发行人现任董事、监事及高级管理人员的任职情况

发行人的董事会由 7 名董事组成,其中 3 名为独立董事;发行人的监事会由 3 名监事组成,其中 1 名为职工监事;发行人共有 3 名高级管理人员,其中总经理 1 名(由董事长兼任),副总经理 2 名(由董事兼任,其中 1 名副总经理还兼任董事会秘书和财务总监)。

经核查,金杜认为,发行人现任董事、监事和高级管理人员的任职符合法律、法规和规范性文件以及《公司章程》的规定。

(二)根据发行人近两年以来的股东大会、董事会和监事会以及职工代表大会决议,发行人的说明与承诺并经本所律师核查,金杜认为,发行人董事、监事和高级管理人员的变化符合法律、法规、规范性文件及当时发行人公司章程的规定,履行了必要的法律程序,发行人的董事、高级管理人员最近两年内没有发生重大变化。

(三)公司现任董事会成员中有 3 名独立董事,分别为耿建新、梁清华和郑纬民。根据发行人《董事会议事规则》、《独立董事工作制度》和独立董事的承诺,发行人的独立董事任职资格符合中国证监会的有关规定,其职权范围符合有关法律、行政法规、部门规章和其他规范性文件的规定。

十六、发行人的税务

(一)根据发行人提供的政府补贴批准文件和转账凭证等资料、《审计报告》、发行人说

明与承诺,并经本所律师核查,金杜认为,发行人及其子公司执行的主要税种、税率符合现行法律、法规的规定;发行人及其子公司享受的税收优惠政策和政府补贴政策合法、合规、真实、有效。

(二)根据《审计报告》、发行人说明与承诺、发行人及其子公司所在地的税务机关出具的证明,并经本所律师核查,发行人及其子公司近三年依法纳税,不存在被税务部门处罚的情形。

十七、发行人的环境保护和产品质量、技术等标准

(一)环境保护情况

经本所律师核查,发行人为非生产型企业,主营业务包括云计算服务和 IDC 服务,其经营活动不涉及环境保护问题。根据发行人的说明和承诺并经本所律师检索发行人及其子公司所在地的环保机关的网站,发行人及其子公司报告期内不存在因违反环境保护方面的法律、法规和规范性文件而受到行政处罚的情形。

(二)产品质量、技术

根据发行人提供的有关产品质量方面的文件、发行人及其子公司所在地的电信主管部门出具的相关证明、发行人的说明并经本所律师核查,发行人及其子公司的产品符合国家有关产品质量和技术监督标准,近三年来不存在因违反有关产品质量和技术监督方面的法律、法规和规范性文件而受到处罚的情况。

十八、发行人募集资金的运用

(一)募集资金用途

发行人 2019 年第二次临时股东大会审议通过了《关于公司首次公开发行人民币普通股股票募集资金用途的议案》,本次发行上市的募集资金将用于首都在线对象存储项目、首都在线 GIC 平台技术升级项目和首都在线云宽冰山存储项目。

根据发行人 2019 年第二次临时股东大会决议,上述项目所需资金拟全部以本次公开发行募集资金投入;若本次募集资金不足,公司将以自有资金、银行贷款或其他债务融资方式完成项目投资。在本次募集资金到位前,公司如以自有资金或借款资金提前投入上述项目建设,本次募集资金到位后,公司将根据中国证监会和深交所有关规则,以募集资金对前期投入部分进行置换。

(二)根据发行人的说明与承诺并经本所律师核查,发行人的募集资金使用项目均不涉及与他人进行合作,不涉及兼并、收购其他企业。

(三)经本所律师核查,发行人募集资金投资项目符合国家产业政策、环境保护、土地管理以及其他法律、法规和规章的规定。

十九、发行人业务发展目标

根据《招股说明书》和发行人的说明,发行人的业务发展目标为:

"1. 行业地位

公司将通过技术与资源优势在未来持续聚焦互联网领域的中大型客户,不断提升公司云计算服务的市场占有率,力争成为行业认可的云计算龙头。

2. 业务拓展

加强全球'云网一体化'平台架构,增加南美、中东、印度的云计算节点,优化全球范围的网络覆盖,完成 IPv6 的部署,为中国企业互联网全球化布局提供有力支撑。

3. 研发与技术创新

公司将在网络、云计算方向持续进行研发投入,并不断进行技术创新,提升公司技术竞争力,提高公司在相关领域的技术壁垒。

4. 内部管理

不断完善企业内部控制制度。公司秉承'理性、诚信、挑战、分享'的企业文化,坚持'以客户为中心,不断为客户创造价值'的理念,以制度为基础以文化为牵引将公司目标与个人目标有机结合,实现公司内部高效协同"。

金杜认为,发行人业务发展目标与其主营业务一致,符合法律、法规、规范性文件的规定,不存在潜在的法律风险。

二十、诉讼、仲裁或行政处罚

(一)发行人及其子公司

1. 诉讼、仲裁

根据发行人的说明并经本所律师核查,广东力通存在 1 项尚未了结的诉讼,具体情况如下:

2017 年 10 月 24 日,广东力通因服务合同纠纷向北京市朝阳区人民法院提起诉讼,请求法院依法判令乐视云计算有限公司立即向广东力通支付合同欠款 2,784,907 元,并判令乐视云计算有限公司向广东力通支付至实际给付之日的逾期付款损失,同时判令乐视云计算有限公司承担全部诉讼费用。

2018 年 3 月 6 日,北京市朝阳区人民法院作出《民事裁定书》[(2017)京 0105 民初 75276 号],裁定驳回乐视云计算有限公司对本案管辖权提出的异议。乐视云计算有限公司不服该裁定,向北京市第三中级人民法院提起上诉。

2018 年 5 月 17 日,北京市第三中级人民法院作出《民事裁定书》[(2018)京 03 民辖终 660 号],裁定驳回乐视云计算有限公司对本案管辖权提出的异议,北京市朝阳区人民法院依法对本案有管辖权。根据发行人说明,本案正在审理过程中。

根据发行人的说明并经本所律师核查,除上述诉讼外,截至本律师工作报告出具日,发行人及其子公司不存在其他尚未了结的诉讼、仲裁。就广东力通和乐视云计算有限公司的诉讼案件,鉴于前述诉讼标的金额不大,且发行人是诉讼的原告,因此前述诉讼不会对发行人的生产经营产生重大不利影响,不构成本次发行上市的实质性障碍。

2. 行政处罚

根据发行人的说明并经本所律师核查,发行人及其子公司自 2016 年 1 月 1 日至今未受行政处罚。

(二)持有发行人 5% 以上股份的股东、发行人的控股股东和实际控制人、发行人董事长、总经理

根据持有发行人 5% 以上股份的股东、发行人控股股东和实际控制人、发行人董事长、总经理的说明与承诺并经本所律师通过网上检索及查询全国法院被执行人信息查询网站(http://zhixing.court.gov.cn/search/)等方式进行核查,截至本法律意见书出具之日,持有发行人 5% 以上股份的股东、发行人的控股股东和实际控制人、发行人董事长、总经理均不存在尚未了结或可预见的重大诉讼、仲裁或行政处罚案件。

二十一、本次发行涉及的相关承诺及约束措施的合法性

(一)本次发行涉及的相关责任主体的主要承诺的合法性

经查验,发行人、发行人股东、实际控制人、董事、监事及高级管理人员已签署如下主要承诺:公司股份流通限制、自愿锁定的承诺、公开发行前持股 5% 以上股东的持股意向及减持意向的承诺、关于填补本次公开发行股票被摊薄即期回报的措施及承诺、关于强化对相关责任主体承诺事项的约束措施的承诺、关于稳定公司股价预案的承诺和关于申报文件真实性及赔偿的承诺

经查验,上述承诺已由发行人、发行人股东、实际控制人、董事、监事及高级管理人员盖章或亲自签署,其内容符合法律、行政法规的相关规定;发行人作出相应承诺已履行必要的决策程序。金杜认为,上述承诺内容合法合规并已履行了相应的决策程序。

(二)承诺履行的约束措施

发行人、发行人全体股东、实际控制人及发行人全体董事、监事、高级管理人员已按照《中国证监会关于进一步推进新股发行体制改革的意见》(证监会公告〔2013〕42 号)的相关要求,签署了关于强化对相关责任主体承诺事项的约束措施的承诺。相关承诺主体均承诺将严格履行在发行人本次发行上市过程中所做出的全部公开承诺事项中的各项义务和责任,若非因不可抗力原因未能完全、及时、有效地履行承诺事项中的各项义务或责任,相关承诺主体需提出新的承诺并接受相应的约束措施。

经查验,发行人、发行人全体股东、实际控制人及发行人董事、监事及高级管理人员已提出其未能履行在本次发行上市中作出的承诺时的相关约束措施,符合《中国证监会关于进一步推进新股发行体制改革的意见》(证监会公告〔2013〕42 号)对责任主体作出公开承诺应同时提出未履行承诺时的约束措施的要求。金杜认为,上述约束措施内容合法合规并已履行了相应的决策程序。

二十二、发行人招股说明书法律风险的评价

经审阅发行人《招股说明书》引用本律师

工作报告相关内容的部分，金杜认为，发行人《招股说明书》引用的本律师工作报告相关内容与本律师工作报告无矛盾之处。金杜对发行人《招股说明书》中引用本律师工作报告的相关内容无异议，确认《招股说明书》不致因引用本律师工作报告的内容而出现虚假记载、误导性陈述或重大遗漏。

二十三、律师认为需要说明的其他问题

（一）“三类股东”

根据中登公司提供的发行人截至2019年1月28日的《证券持有人名册》、发行人的说明和承诺并经本所律师核查，截至本法律意见书出具日，发行人直接持股层面共有11名属于契约性基金和1名属于资管计划的股东，该等股东合计持有发行人1.0258%的股份，该等股东的具体情况详见律师工作报告第二十三章“律师认为需要说明的其他问题”第（一）部分“三类股东问题”。

根据该等股东提供的产品合同、投资人清单和调查表并经本所律师核查，金杜认为：

1. 发行人不存在控股股东、实际控制人或第一大股东为“三类股东”的情况；

2. 发行人的“三类股东”已依法履行审批、备案程序，已纳入国家金融监管部门的有效监管，符合资产管理的相关规定；

3. 发行人的三类股东不存在高杠杆结构化、层层嵌套的情形；

4. 发行人的“三类股东”穿透后的投资人情况详见律师工作报告“附件八：‘三类股东’穿透式披露结构图”，发行人“三类股东”及其投资人与发行人的控股股东、实际控制人、董事、监事、高级管理人员及其近亲属、本次发行上市的中介机构及其签字人员未直接或间接在发行人的“三类股东”中持有权益；

5. 发行人的“三类股东”的管理人均承诺将按照中国证监会及深交所的锁定期和减持规则的要求对该等股东的存续期进行合理安排，可确保符合现行锁定期和减持规则要求。

根据新方程基金的基金合同，新方程基金的存续期为自基金成立之日起一年，期满后自动展期，基金管理人有权终止展期。2018年12月3日，上海新方程股权投资管理有限公司向所有基金份额持有人出具《关于新方程启辰新三板指数增强基金终止的公告》，确认新方程基金将于2018年12月31日到期，并将进入清算程序。根据前述公告，新方程基金现已进入清算期。鉴于在首都在线向中国证监会提交本次发行上市的申请期间以及首都在线上市后一年内，新方程基金所持有的首都在线股份不能转让，新方程基金已就在清算期间首都在线的股份处置事宜作出如下安排：

新方程基金的基金合同未对在清算期间内不能变现的财产的处理方式进行明确约定；但基金合同第二十六条第（五）款的规定，“本合同中关于基金清算的未尽事宜以清算报告或基金管理人公告为准”，据此新方程基金的基金管理人上海新方程股权投资管理有限公司有权通过向所有基金份额持有人公告的方式决定清算过程中不能变现资产的处置方式。

2019年3月20日，上海新方程股权投资管理有限公司向新方程基金的基金份额持有人出具《关于基金所持有北京首都在线科技股份有限公司股份相关事宜的通知》，说明在首都在线向中国证监会提交本次发行上市的申请期间和首都在线上市后一年内，新方程基金所持有的首都在线的股份存在不能转让的情形，如基金份额持有人存在异议应在通知发出日内提出，如未在通知时限内提出异议，则视为基金份额持有人认可上海新方程股权投资管理有限公司在清算期间对新方程基金所持首都在线股份所作的任何承诺和处理措施。

根据上海新方程股权投资管理有限公司于2019年3月23日出具的《说明函》，自前述通知发出之日起2日内，上海新方程股权投资管理有限公司未收到基金份额持有人的任何异议，基金份额持有人认可本管理人在清算期间对新方程所持首都在线股份所作的任何承诺、处理措施。该基金的管理人上海新方程股权投资管理有限公司已出具承诺，承诺：1）其已知晓并同意在首都在线申请首次公开发行股票并在创业板上市期间以及首都在线在深交所创业板上市后一年内，新方程基金所持有的首都在线的股份无法转让和变现；2）在前述锁定期满后，新方程基金将按照减持规则的规定对其所持有的首都在线的股份进行减持和变现；3）在新方程基金作为首都在线股东期间，新方程基金将保证新方程基金及新方程基金

持有的首都在线的股份清晰、稳定、不存在争议和纠纷。

鉴于1)新方程基金及其管理人已对新方程基金所持有的首都在线的股份在清算期间的转让事宜作出适当安排,承诺将按照锁定期和减持规则的要求对其所持有的首都在线的股份进行减持和变现,且所有基金份额持有人对此没有异议;2)在新方程基金的全部财产全部变现、完成清算前,新方程基金的基金合同始终有效,基金产品仍然有效存续,不会影响新方程基金作为发行人股东的资格,金杜认为,新方程基金现已进入清算期不会影响新方程基金作为发行人股东的资格,不会对发行人的股权结构稳定产生重大不利影响,不构成本次发行上市的实质性障碍。

(二)五险一金问题

根据发行人提供的调查问卷、社会保险和住房公积金缴纳凭证以及发行人的说明并经本所律师核查,报告期内,发行人及其子公司在五险一金缴纳/缴存方面主要存在的问题为:(1)根据发行人的说明,为便于及时、有效处理五险一金事务,简化人力资源操作流程,发行人及其子公司报告期内曾委托人力资源服务公司代为缴纳员工社会保险和住房公积金费用。发行人委托第三方代缴社会保险和住房公积金与《社会保险登记管理暂行办法》和《住房公积金管理条例》的要求不一致,可能导致发行人被社会保险和住房公积金主管机关责令改正,交纳滞纳金或罚款。根据发行人的说明,其已对前述问题进行整改,除因少量员工正在办理社会保险和住房公积金手续转移手续,发行人及其子公司仍然委托人力资源服务公司为该等员工缴纳社会保险和住房公积金外,发行人及其子公司已开始自己为员工缴纳社会保险和住房公积金;(2)发行人及其子公司未为少量员工缴纳社会保险和住房公积金,该等欠缴主要原因为员工当月新入职、员工自愿放弃等。

针对发行人及其子公司存在的五险一金缴纳/缴存问题,发行人的控股股东和实际控制人曲宁承诺"若由于首都在线在上市前的经营活动中存在应缴未缴的社会保险和住房公积金而被有关政府部门要求补缴或者处罚,本人将赔偿首都在线由此产生的全部损失"。

根据发行人及其子公司住所地社会保险和住房公积金主管机关出具的证明、发行人控股股东和实际控制人出具的承诺函,金杜认为,发行人及其子公司存在的五险一金缴纳/缴存的相关问题不会对发行人本次发行上市构成实质性法律障碍。

二十四、本次发行上市的总体结论性意见

综上所述,金杜认为,发行人符合《证券法》《公司法》《创业板首发管理办法》等有关法律、法规和规范性文件规定的首次公开发行股票并在创业板上市的各项条件,不存在重大违法违规行为。金杜对发行人《招股说明书》及其摘要中引用本律师工作报告和《法律意见书》的相关内容无异议,确认《招股说明书》不致因引用本律师工作报告和《法律意见书》的内容而出现虚假记载、误导性陈述或重大遗漏。发行人本次发行尚待获得中国证监会核准,本次发行完成后,经深交所审核同意,发行人股票可于深交所创业板上市交易。

本法律意见书正本一式三份。

(以下无正文,下接签字盖章页)

(此页无正文,为《北京市金杜律师事务所关于北京首都在线科技股份有限公司首次公开发行股票并在创业板上市的法律意见书》之签字盖章页)

北京市金杜律师事务所
经办律师:周宁、周蕊
单位负责人:王玲

二〇一九年三月二十八日

二、境内债券发行类

北京市嘉源律师事务所关于湖南华菱钢铁集团有限责任公司2019年面向合格投资者公开发行可交换公司债券的法律意见书

释　　义

除本法律意见书中另有说明，下列词语之特定含义如下：

发行人、公司、华菱集团	指	湖南华菱钢铁集团有限责任公司
可交换债券、可交换公司债、可交换公司债券	指	上市公司的股东依法发行、在一定期限内依据约定的条件可以交换成该股东所持有的上市公司股份的公司债券
A股	指	人民币普通股股票
预备用于交换的股票、标的股票	指	预备用于本次债券交换的发行人持有的部分华菱钢铁A股股票
本次债券	指	发行人本次申请在境内面向合格投资者公开发行的可交换公司债券
本次发行、本次债券发行	指	发行人本次申请在境内面向合格投资者公开发行可交换公司债券之行为
本法律意见书	指	《北京市嘉源律师事务所关于湖南华菱钢铁集团有限责任公司2019年面向合格投资者公开发行可交换公司债券的法律意见书》
华菱控股	指	华菱控股集团有限公司，系华菱集团控股股东
华菱钢铁	指	湖南华菱钢铁股份有限公司
涟钢集团	指	涟源钢铁集团有限公司

续表

子公司	指	发行人合并报表范围内的下属企业
华菱钢铁发行股份及支付现金购买资产	指	华菱钢铁向包括华菱集团、涟钢集团、衡钢集团在内的9个交易对方以发行股份及支付现金的方式购买其持有的华菱湘钢、华菱涟钢、华菱钢管的全部少数股权以及华菱节能100%股权
华泰联合证券	指	华泰联合证券有限责任公司，本次债券发行的联席主承销商
招商证券	指	招商证券股份有限公司，本次债券发行的联席主承销商
联席主承销商、主承销商	指	华泰联合证券、招商证券的合称
天健	指	天健会计师事务所（特殊普通合伙）
利安达	指	利安达会计师事务所有限责任公司
审计报告		天健审[2017]2－333号审计报告、大华审字[2018]2－67号审计报告的合称、利安达审字[2019]第2108号《审计报告》的合称
评级机构、联合评级	指	联合信用评级有限公司
报告期	指	2016年、2017年、2018年和2019年1－3月

续表

《承销协议》	指	发行人就本次债券发行与华泰联合证券、招商证券签署的《关于湖南华菱钢铁集团有限责任公司2019年面向合格投资者公开发行可交换公司债券之承销协议》
《债券受托管理协议》	指	就本次发行,发行人与华泰联合证券签署的《关于湖南华菱钢铁集团有限责任公司2019年面向合格投资者公开发行可交换公司债券之债券受托管理协议》
《债券持有人会议规则》	指	发行人与华泰联合证券共同制定的《湖南华菱钢铁集团有限责任公司2019年面向合格投资者公开发行可交换公司债券之债券持有人会议规则》
《债券募集说明书》	指	《湖南华菱钢铁集团有限责任公司2019年面向合格投资者公开发行可交换公司债券募集说明书》
《信托及担保合同》	指	就本次发行,发行人(作为委托人、出质人)与债券受托管理人(受托管理人、质权代理人)签署的《湖南华菱钢铁集团有限责任公司2019年面向合格投资者公开发行可交换公司债券之信托及担保合同》

续表

《公司章程》	指	现行有效的《湖南华菱钢铁集团有限责任公司章程》
湖南省国资委	指	湖南省人民政府国有资产监督管理委员会
中国证监会	指	中国证券监督管理委员会
深交所	指	深圳证券交易所
《公司法》	指	《中华人民共和国公司法》
《证券法》	指	《中华人民共和国证券法》
《信托法》	指	《中华人民共和国信托法》
《管理办法》	指	《公司债券发行与交易管理办法》(中国证监会第113号令)
《试行规定》	指	《上市公司股东发行可交换公司债券试行规定》
本所	指	北京市嘉源律师事务所
中国	指	中华人民共和国,为本法律意见书之目的,不包括香港特别行政区、澳门特别行政区及台湾地区
境内	指	中国境内
元	指	人民币元

北京市嘉源律师事务所关于湖南华菱钢铁集团有限责任公司2019年面向合格投资者公开发行可交换公司债券的法律意见书

致:湖南华菱钢铁集团有限责任公司

敬启者:

根据公司与本所签署的《专项法律顾问协议》,本所作为公司本次发行可交换公司债券之专项法律顾问,并获授权为公司本次债券发行出具法律意见书。

本法律意见书依据《公司法》、《证券法》、《管理办法》、《试行规定》和中国证监会的有关规定,按照律师行业公认的业务标准、道德规范和勤勉尽责精神出具。

本所对公司本次债券发行的法律资格及其具备的条件进行了调查,查阅了本所认为出具本法律意见书所需查阅的文件,包括但不限于涉及本次发行的授权和批准、发行人的主体资格、本次发行的实质条件、发行人的股本及演变、发行人的控股股东及实际控制人、发行人的业务、发行人的重大股权投资、发行人的主要资产、发行人的重大债权债务情况、发行人近三年重大资产变化及收购兼并、发行人董事、监事及高级管理人员、募集资金的运用、发行人的重大诉讼、仲裁及行政处罚、债券受托管理人及《债券受托管理协议》、债券持有人会议及其会议规则、债券主承销商及《承销协议》、本次发行的担保及信托事项、本次债券发行的中介机构、关于本次发行的《债券募集说明书》、发行人媒体质疑重大事项核查及失信被执行人核查等方面的有关记录、资料和证明,并就有关事项向公司董事会成员及高级管理人员作了询问并进行了必要的讨论。

在前述调查过程中,本所得到公司如下保证:就本所认为出具本法律意见书所必需审查的事项而言,公司已经提供了全部相关的原始书面材料、副本材料或口头证言,该等资料均属真实、准确和完整,有关复印件与原件一致、副本与正本一致。

本所依据本法律意见书出具日以前已经发生或存在的事实及国家正式公布、实施的法律、法规和规范性法律文件,并基于对有关事实的了解和对法律的理解发表法律意见。

在本所进行合理核查的基础上,对于对出具本法律意见书至关重要而又无法得到独立的证据支持的事实,或者基于本所专业无法作出核查及判断的重要事实,本所依赖政府有关部门、公司或者其他有关机构出具的证明文件作出判断。

本所仅就与本次发行有关的法律问题发表意见,并不对有关审计、信用评级等发表评论。本所在本法律意见书中对有关会计报表、审计报告和评级报告中某些数据和结论的引述,不表明本所对这些数据、结论的真实性和准确性做出任何明示或暗示的保证。对本次发行所涉及的财务数据等专业事项,本所未被授权、亦无权发表任何评论。

本所及经办律师依据《证券法》、《律师事务所从事证券法律业务管理办法》和《律师事务所证券法律业务执业规则》等规定及本法律意见书出具日以前已经发生或者存在的事实,严格履行了法定职责,遵循了勤勉尽责和诚实信用原则,进行了充分的核查验证,保证本法律意见书所认定的事实真实、准确、完整,所发表的结论性意见合法、准确,不存在虚假记载、误导性陈述或者重大遗漏,并承担相应法律责任。

本所同意将本法律意见书作为公司本次债券发行所需要的法定文件,随其他申请材料一起上报,并依法对所出具的法律意见承担责任。本法律意见书仅供公司本次债券发行之目的使用,不得用作任何其他目的。

本所律师作为本次债券发行的特聘专项法律顾问,现出具法律意见如下:

一、本次发行的授权和批准

(一)发行人于2019年7月10日召开公司第二届董事会第四十次会议并于2019年7月19日召开2019年第三次股东会,审议通过了《关于华菱集团面向合格投资者公开发行可交换公司债券的议案》,同意公司面向合格投资者公开发行总规模不超过40亿元(含40亿元)、期限不超过5年的可交换公司债券。

根据上述议案,本次发行方案的主要内容如下:

1. 发行主体

湖南华菱钢铁集团有限责任公司

2. 本次发行债券的种类

本次发行债券的种类为可交换为华菱集团持有的华菱钢铁A股股票的公司债券。

3. 发行方式

本次可交换公司债券以公开发行方式向合格投资者发行。

4. 发行规模及期次

本次发行的可交换公司债券总额不超过40亿元(含40亿元),采用分期发行或一次性发行方式。

5. 票面金额和发行价格

本次发行的可交换公司债券每张面值100元,按面值平价发行。

6. 债券期限

本次发行的可交换公司债券期限为自发行首日起不超过5年(含5年)。

7. 票面利率

本次发行的可交换公司债券为固定利率,在债券存续期间内固定不变,采取单利按年计息,不计复利。

8. 付息方式

本次发行的可交换债采用每年付息一次的付息方式,计息起始日为本次可交换债发行首日。

9. 换股价格

本次可交换公司债券的初始换股价格,不

低于募集说明书公告日前1个交易日、前20个交易日、前30个交易日标的股票均价中的最高者,且不低于华菱钢铁最近一期经审计的每股净资产。

10. 股份质押担保事项

预备用于交换的华菱钢铁A股股票及其孳息(包括资本公积转增股本、送股和现金分红,不包括增发、配股及在办理质押登记手续前已经产生并应当归属于公司的现金分红等)是本次发行可交换债的担保资产。

在本期债券存续期内,当华菱钢铁实施现金分红后,华菱集团有权以华菱钢铁A股股票置换现金分红,具体股票数额、置换方式及安排由公司董事会(或由董事会授权的人士或机构)与主承销商在本次债券发行前根据市场状况与监管要求协商确定。

11. 募集资金用途

本次债券募集资金扣除发行费用后,拟全部用于偿还华菱集团本部及/及其或下属子公司的有息债务。

12. 转让交易场所

深圳证券交易所。

13. 授权事项:股东会授权董事会,并由公司董事会授权公司董事长、总经理,根据有关法律法规规定及监管机构的意见和建议,从维护公司利益最大化的原则出发,在上述发行方案内,全权决定和办理与本次发行可交换公司债券有关的事宜,包括但不限于:

(1)依据国家法律、法规及证券监管部门的有关规定,结合公司实际需要及届时市场条件,制定本次可交换公司债券发行的具体方案,包括但不限于确定发行规模及期次、发行期限、换股期限、换股价格、质押股票数量、票面利率、到期赎回补偿利率、换股价格向下修正条款、有条件赎回条款、回售条款、募集资金用途等。

(2)签署必要的文件,包括但不限于发行公司债券的募集资金说明书、承销协议、债券受托管理协议、股票信托及担保合同和各种公告;办理必要的手续以及采取其他必要的行动。

以上授权自本议案经公司股东会审议通过之日起至授权事项办理完毕之日止。

14. 决议有效期:本次发行可交换公司债券的决议有效期为自公司股东会审议通过之日起12个月。如果公司已于该有效期内取得中国证监会关于本次发行的核准文件,则该有效期自动延长至本次发行完成日。

(二)2019年7月22日,湖南省国资委作出《关于湖南华菱钢铁集团有限责任公司公开发行可交换公司债券的意见函》(湘国资产权函〔2019〕95号),同意华菱集团以持有的华菱钢铁股票为标的,发行总规模不超过40亿元(含40亿元)、期限不超过5年的可交换公司债券。

综上,本所认为:

本次发行除尚需取得中国证监会的核准外,已取得目前阶段所必需的、适当的授权和批准,已履行的程序符合法律法规以及《公司章程》的规定。

二、发行人的主体资格

(一)1997年11月8日,湖南省人民政府作出《关于组建湖南华菱钢铁集团有限责任公司的批复》(湘政办函〔1997〕338号),批准由原湖南冶金企业集团公司所属的原湘潭钢铁公司、原衡阳钢管厂、涟钢集团三大国有独资钢铁企业联合组建成立湖南华菱钢铁集团有限责任公司,注册资本200,000万元整,出资人为湖南省冶金企业集团公司。1997年11月9日,发行人完成工商登记注册并取得湖南省工商行政管理局核发的《企业法人营业执照》(注册号:18380860-X)。

(二)公司现持有湖南省工商行政管理局于2018年1月16日颁发的统一社会信用代码为9143000018380860XK的《营业执照》。根据该《营业执照》,发行人目前的注册资本为200,000万元,住所为长沙市天心区湘府西路222号,法定代表人为曹志强,公司类型为其他有限责任公司,营业期限为1997年11月9日至长期,经营范围为:“以自有合法资产开展冶金资源开发、黑石金属冶炼加工、物流仓储、金融业、废弃资源综合利用、节能环保、新材料、高端装备制造等钢铁产业链有关项目的投资(不得从事吸收存款、集资收款、受托贷款、发行票据、发放贷款等国家金融监管及财政信用业务);所属企业生产经营所需原材料、机电设备和配件的采购及供应;子公司的资产管理;钢铁产品及副产品的加工、销售;法律法规允许的商品和技术的进出口业务。(依法须经批准的项目,经相关部门批准后方可开展经营活动)。”

（三）根据《公司章程》,公司的经营期限为永久。根据公司书面确认,截至本法律意见书出具之日,公司不存在根据中国法律、法规、规范性文件及《公司章程》的规定需要终止的情形。经本所律师查询国家企业信用信息公示系统,公司的登记状态为“存续(在营、开业、在册)”。

综上,本所认为:

发行人依法设立并有效存续,不存在根据中国法律法规和《公司章程》的规定可能导致其终止的情形,符合《证券法》及《管理办法》的相关规定,具备申请发行可交换公司债券的主体资格。

三、本次发行的实质条件

根据《证券法》、《管理办法》、《试行规定》的有关规定,本所律师审阅了发行人近三年的年度报告、《审计报告》、《债券募集说明书》及本次发行方案,并就相关事项取得发行人的确认,对发行人本次发行的实质条件进行了逐项核查,具体情况如下:

（一）本次发行符合《试行规定》、《证券法》及《管理办法》关于面向合格投资者公开发行可交换公司债券的规定

1. 根据发行人提供的资料及书面确认并经本所律师核查,发行人是依照《公司法》设立并有效存续的有限责任公司,符合《试行规定》第二条第(一)项的规定。

2. 根据发行人提供的资料及书面确认并经本所律师核查,发行人已根据《公司法》、《中华人民共和国企业国有资产法》等国家有关法律法规以及《公司章程》的规定,设立了股东会、董事会、监事会和经理层,对发行人的生产经营进行管理;并且发行人已根据有关法律法规及现代企业制度的要求,结合自身的实际情况,从重大事项决策、财务管理和会计核算、投融资决策、资产管理、内部审计等多角度构建了内部控制制度体系。发行人组织机构健全,运行良好,内部控制制度不存在重大缺陷,符合《试行规定》第二条第(二)项的规定。

3. 根据发行人提供的公司最近一期合并财务报表(未经审计),截至 2019 年 3 月 31 日,发行人的净资产为 445.39 亿元,不少于 3 亿元,符合《证券法》第十六条第一款第(一)项和《试行规定》第二条第(三)项的规定。

4. 根据《审计报告》,发行人最近三个会计年度实现的归属于母公司所有者的净利润分别为 5.95 亿元、30.30 亿元和 37.55 亿元,年均可分配利润为 24.60 亿元(2016 年 - 2018 年合并报表中归属于母公司所有者的净利润平均值)。根据发行人的书面确认,本次债券票面利率将由发行人和主承销商根据网下询价结果按照有关法律法规规定协商确定利率区间,以簿记建档方式确定最终发行利率,不超过国务院限定的利率水平。经发行人与主承销商合理测算,发行人最近三个会计年度实现的年均可分配利润预计不少于公司债券一年利息的 1.5 倍,符合《证券法》第十六条第一款第(三)项和第(五)项、《管理办法》第十八条第(二)款和《试行规定》第二条第(四)项的规定。

5. 根据发行人的书面确认并经本所律师核查,本次可交换债券全部发行完毕后,发行人累计债券余额不超过 60 亿元(仅包括境内发行的公司债券和企业债券),占发行人截至 2019 年 3 月 31 日合并财务报表口径净资产(含少数股东权益)的比例为 13.47%,未超过发行人最近一期末合并净资产的 40%,符合《证券法》第十六条第一款第(二)项和《试行规定》第二条第(五)项的规定。

6. 根据《债券募集说明书》及《信托及担保合同》,发行人将以其合法持有的不超过其所持华菱钢铁 50% 的 A 股股票作为担保及信托财产并依法办理担保及信托登记手续,以保障本次债券持有人交换标的股票和本次债券本息按照约定如期足额兑付;本次发行债券的金额将不超过预备用于交换的标的股票按《债券募集说明书》公告日前 20 个交易日的市值的 70%,符合《试行规定》第二条第(六)项的规定。

7. 根据联合评级出具的《湖南华菱钢铁集团有限责任公司 2019 年面向合格投资者公开发行可交换公司债券信用评级报告》(联合〔2019〕1846 号),发行人主体信用级别为 AAA,该级别反映发行人偿还债务的能力极强,基本不受经济环境的影响,违约风险极低;本次债券信用级别为 AAA,该级别反映本次债券的信用质量极高,信用风险极低。经资信评

级机构评级,发行人债券信用级别良好,符合《试行规定》第二条第(七)项和《管理办法》第十八条第(三)项的规定。

8.根据发行人书面确认、中国人民银行征信中心出具的《湖南华菱钢铁集团有限责任公司企业征信报告》并经本所律师适当核查,发行人最近三年无债务违约或者迟延支付本息的事实,符合《管理办法》第十八条第(一)款的规定。

9.根据发行人的书面确认、中国人民银行征信中心出具的《湖南华菱钢铁集团有限责任公司企业征信报告》并经本所律师适当核查,发行人符合《试行规定》第二条第(八)项的规定,不存在《管理办法》第十七条及《证券法》第十八条、二十条规定的以下情形:

1)最近三十六月内发行人财务会计文件存在虚假记载,或发行人存在其他重大违法行为;

2)本次发行债券的申请文件存在虚假记载、误导性陈述或重大遗漏;

3)前一次公开发行的公司债券尚未募足;

4)对已发行的公司债券或者其他债务有违约或者迟延支付本息的事实,仍处于继续状态;

5)违反《证券法》的规定,改变公开发行公司债券所募资金的用途;

6)严重损害投资者合法权益和社会公共利益的其他情形。

10.根据本次发行方案及《债券募集说明书》,本次发行公司债券的募集资金扣除发行费用后,拟全部用于偿还公司有息债务。本次债券发行筹集资金用途符合国家产业政策,且不会用于弥补亏损和非生产性支出,亦不会转借他人。符合《证券法》第十六条第一款第(四)项和第二款、《管理办法》第十五条第一款的规定。

11.根据发行人提供的资料及书面确认并经本所律师核查,发行人向湖南省国资委报送的证券发行申请文件均真实、准确、完整,符合《证券法》第二十条第一款的规定。

(二)本次发行符合《试行规定》关于预备用于交换的上市公司股票应当符合条件的规定

1.根据《湖南华菱钢铁股份有限公司2019年度第一季度报告》,截至2019年3月31日,华菱钢铁合并口径的净资产(未经审计)为186.21亿元,不低于15亿元,符合《试行规定》第三条第(一)项的规定。

2.根据发行人提供的资料及书面确认并经本所律师核查,截至本法律意见书出具之日,发行人持有的标的股票为无限售条件股份,并且发行人承诺将在不违反华菱钢铁发行股份及支付现金购买资产相关承诺的前提下,在约定的换股期间转让该部分股票,符合《试行规定》第三条第(二)项的规定。

3.根据发行人提供的资料及书面确认并经本所律师核查,截至本法律意见书出具之日,除为本次发行所设定的担保及信托外,发行人持有的标的股票不存在被查封、扣押、冻结等财产权利被限制的情形,也不存在权属争议或者依法不得转让或设定担保的其他情形,符合《试行规定》第三条第(三)项的规定。

(三)根据本次发行方案并经本所律师核查,本次发行全部换股后不会影响发行人对华菱钢铁的控制权,符合《试行规定》第十条的规定。

(四)根据发行人提供的资料及书面确认并经本所律师查询"信用中国"网站、国家企业信用信息公示系统和国家安全生产监督管理局网站披露的公开信息,截至本法律意见书出具之日,发行人不属于被安全监管监察部门会同有关行业主管部门向社会公告并在限制期内的企业。

(五)根据发行人提供的资料及书面确认并经本所律师查询"信用中国"网站、国家企业信用信息公示系统和发行人及其境内子公司所在省级及地市级税务机关(包括国税和地税)网站披露的公开信息,截至本法律意见书出具之日,发行人不属于税务机构公布的重大税收违法案件信息的当事人,不属于税务机构公布的重大税收违法案件信息中所列明的且未缴清税款、滞纳金和罚款的企业。

(六)根据发行人提供的资料及书面确认并经本所律师查询中国证监会、证券交易所网站披露的公开信息,截至本法律意见书出具之日,发行人不存在最近三十六个月内因发生重大违法行为而被监管部门作出限制发行债券的监管决定且在限制期内的情形。

综上,本所认为:

发行人符合《证券法》、《管理办法》等法律法规和规范性文件规定的发行可交换公司债券的各项实质条件。

四、发行人的股本及演变

（一）1997 年 11 月 8 日，湖南省人民政府作出《关于组建湖南华菱钢铁集团有限责任公司的批复》（湘政办函〔1997〕338 号），批准由原湖南冶金企业集团公司所属的原湘潭钢铁公司、原衡阳钢管厂、涟钢集团三大国有独资钢铁企业联合组建成立湖南华菱钢铁集团有限责任公司，注册资本200,000万元整，出资人为湖南省冶金企业集团公司。1997 年 11 月 9 日，发行人完成工商登记注册并取得湖南省工商行政管理局合法的《企业法人营业执照》（注册号：18380860 – X）。1998 年 5 月 11 日，湖南省会计师事务所出具《验资报告》[湘会师（1998）内验字第 033 号]，对发行人截至 1997 年 10 月 31 日的净资产及相关的资产和负债的真实性和合法性进行了审验。1998 年 7 月 17 日，发行人进行了国有产权登记。

（二）2001 年 10 月 18 日，湖南省人民政府办公厅作出《湖南省人民政府办公厅关于授权湖南华菱钢铁集团有限责任公司经营所属范围内国有资产有关问题的批复》（湘政办函〔2001〕151 号），同意授权华菱集团经营所辖范围内国有资产，对控股、参股企业按出资额行使出资人的权利。2001 年 10 月 18 日，湖南省人民政府批准通过《湖南华菱钢铁集团有限责任公司章程》。2003 年 4 月 3 日，湖南省人民政府办公厅作出《湖南省人民政府办公厅关于华菱钢铁集团有限责任公司产权归属的批复》（湘政办函〔2003〕44 号），明确发行人出资单位为湖南省人民政府，产权直属湖南省人民政府。2003 年 4 月，发行人完成了股东变更的工商变更登记手续，出资人变更为湖南省人民政府，出资金额为人民币 20 亿元。2004 年 5 月 23 日，湖南省人民政府下发《湖南省人民政府关于省国资委履行出资人职责有关问题的通知》（湘政发〔2004〕16 号），授权湖南省国资委会对华菱集团及下属湘潭钢铁集团有限公司、涟钢集团、湖南衡阳钢管（集团）有限公司履行出资人职责。

（三）2010 年 2 月 23 日，湖南省人民政府作出《湖南省人民政府关于湖南华菱钢铁集团有限责任公司股权无偿划转的批复》（湘政函〔2010〕88 号），同意将华菱集团 100% 股权无偿划转给华菱控股。2010 年 3 月 26 日，发行人完成了工商变更登记手续。出资人变更为华菱控股。

（四）2010 年 3 月 31 日，湖南省国资委作出《关于华菱控股集团有限公司将所持湖南华菱钢铁集团有限责任公司 2.76% 的股权无偿划转给湖南发展投资集团有限公司有关问题的批复》（湘国资产权函〔2010〕137 号），同意华菱控股将所持华菱集团 2.76% 股权无偿划转至湖南发展。2010 年 6 月 2 日，发行人完成了工商变更登记手续。

（五）2017 年 9 月 1 日，湖南省国资委作出《关于湖南华菱钢铁集团有限责任公司 7.03% 股权无偿划转的批复》（湘国资产权函〔2017〕239 号），同意华菱控股将所持有华菱集团 7.03% 的股权无偿划转至湖南发展。2017 年 10 月 12 日，发行人完成了工商变更登记手续。

综上，本所认为：

发行人的设立及历次股权变动均已履行了必要的法律程序，合法、有效。

五、发行人控股股东及实际控制人

（一）根据发行人提供的资料及书面确认并经本所律师查询“国家企业信用信息公示系统”，截至本法律意见书出具之日，发行人的产权控制结构图如下：

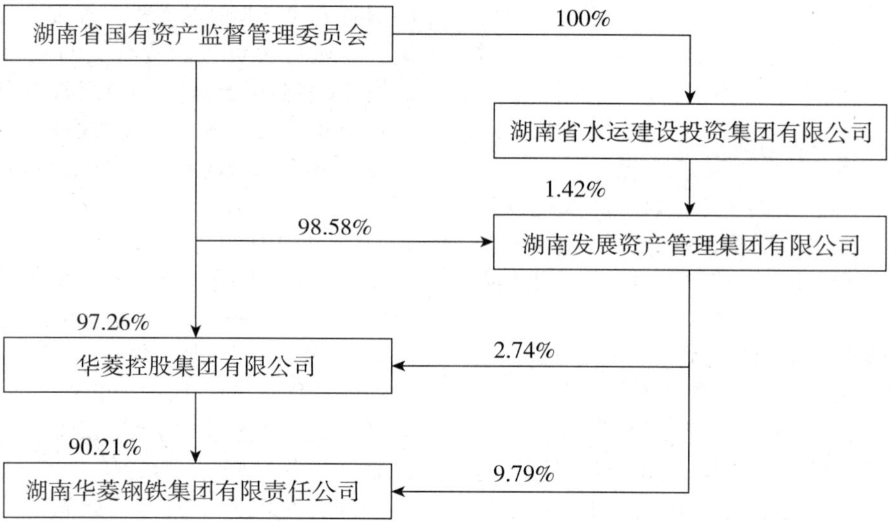

根据发行人及华菱控股现行有效的公司章程，发行人控股股东为华菱控股，实际控制人为湖南省国资委。

（二）华菱控股设立于2010年2月10日，现持有湖南省工商行政管理局于2018年8月17日核发的统一社会信用代码为91430000550735124F的《营业执照》。根据该《营业执照》，华菱控股的住所为长沙市天心区湘府西路222号，法定代表人为曹志强，注册资本为523,000万元，公司类型为其他有限责任公司，经营范围为“以自有资产进行的产业及项目投资及并购；子公司国有股权及资产经营管理；资本经营及提供咨询服务。（依法须经批准的项目，经相关部门批准后方可开展经营活动）”。经查询国家企业信用信息公示系统，华菱控股的登记状态为“存续”。

根据发行人提供的资料及书面确认并经本所律师适当核查，截至本法律意见书出具之日，华菱控股所持公司的股权不存在质押、冻结的情形。

综上，本所认为：

1. 发行人的股权结构真实、准确、完整并且发行人已履行相关权属登记程序。

2. 公司的控股股东华菱控股系依法设立、有效存续的企业法人，其所持公司股权不存在质押、冻结的情形。

六、发行人的业务

（一）根据发行人现行有效的《营业执照》，发行人的经营范围为“以自有合法资产开展冶金资源开发、黑石金属冶炼加工、物流仓储、金融业、废弃资源综合利用、节能环保、新材料、高端装备制造等钢铁产业链有关项目的投资（不得从事吸收存款、集资收款、受托贷款、发行票据、发放贷款等国家金融监管及财政信用业务）；所属企业生产经营所需原材料、机电设备和配件的采购及供应；子公司的资产管理；钢铁产品及副产品的加工、销售；法律法规允许的商品和技术的进出口业务。（依法须经批准的项目，经相关部门批准后方可开展经营活动）”，根据发行人的书面确认并经本所律师适当核查，发行人的主营业务为钢材的生产及销售，发行人的主营业务与其营业执照记载的范围一致。

（二）根据发行人提供资料及书面确认并经本所律师适当核查，发行人及其境内重要子公司已根据其项目建设进度取得其从事主营业务所必需的资质及许可，该等资质及许可合法、有效。

（三）根据公司的书面确认并经本所律师适当核查，公司不存在影响其持续经营的法律障碍。

综上，本所认为：

发行人从事的主营业务符合有关法律、法规及规范性文件的规定，发行人不存在持续经营的法律障碍。

七、发行人的重大股权投资

根据发行人提供的资料及书面确认并经本所律师查询“国家企业信用信息公示系统”、“天眼查”等公开信息，截至本法律意见书具之日,发行人合并报表范围内的境内全资及控股子公司合计为89家。其中,公司直接控股的境内一级子公司为17家。

根据发行人提供的资料及书面确认并经本所律师适当核查,截至本法律意见书出具之日,最近一期(单体)经审计的资产总额、营业收入、净资产额或净利润占华菱集团对应指标的10%的发行人境内重要子公司为7家,其基本情况如下:

序号	公司名称	注册资本(万元)	股东	持股比例	营业范围
1	湖南华菱钢铁股份有限公司	301,565.00	华菱集团	60.98%	主营钢坯、无缝钢管、线材、棒材、螺纹钢、热轧超薄带钢卷、冷轧板卷、涂镀钢板、中小型材、热轧中板等黑色和有色金属产品的生产与销售;兼营相关附属产品,咨询服务业务。(依法须经批准的项目,经相关部门批准后方可开展经营活动)
2	湖南华菱湘潭钢铁有限公司(以下简称"华菱湘钢")	274,817.041	华菱钢铁	86.32%	生铁、钢坯、钢材(含钢材深加工)、钢板、焦炭及附产品的设计、开发、生产、销售及相关活动;冶金机械设备、金属丝绳及其制品的制造、销售;冶金技术咨询;计算机及自动化设备经营与技术开发;金属材料及矿产品;建材、五金交电、钢渣、非危险及监控化工产品的销售;法律法规允许的进出口业务及代理进出口贸易;粗苯、蒽油、萘、煤焦沥青、硫黄、煤焦油生产;装卸、搬运服务;房屋租赁服务;经电信、移动授权的相关代理业务;管道和设备安装;各类广告设计、制作、发布及代理;群众文化活动管理服务;委托加工业务。(依法须经批准的项目,经相关部门许可后方可开展经营活动)
			华菱集团	4.82%	
3	湖南华菱涟源钢铁有限公司(以下简称"华菱涟钢")	419,802.753	华菱钢铁	55.83%	钢材、钢坯、生铁及其他黑色金属产品的生产经营;氧气、煤气、氩气、焦炭及副产品的生产经营;热轧超薄带钢卷、冷轧板卷、镀锌板及相关产品的生产经营、技术咨询服务;机制加工、机电维修;政策允许的有色金属及矿产品、建材、五金交电、原材料、钢渣、化工产品(不含危险品)经营;信息设备维修、经营;发电、交通运输、建筑安装设计;本公司产品进出口业务、补偿贸易;电子平台秤的生产经营。(依法须经批准的项目,经相关部门批准后方可开展经营活动)
			涟钢集团	30.71%	
			华菱集团	2.44%	
4	湖南华菱涟钢薄板有限公司(以下简称"涟钢薄板")	194,518.00	华菱涟钢	100.00%	钢铁产品、热轧超薄带钢卷、冷轧板卷、镀锌板及相关产品生产经营;本公司产品进出口业务、补偿贸易。

续表

序号	公司名称	注册资本（万元）	股东	持股比例	营业范围
5	涟钢集团	85,933.01	华菱集团	100.00%	钢材、生铁、氧气、煤气、氩气、氮气、焦炭及副产品的生产、销售；发电；文化娱乐、文艺演出、文体活动经营(限分公司)；内部报刊、电视广告发布、分类广告承办；内部有线电视广播节目制作、转播、影视播放(限分公司)；电子平台称的生产、销售；机制加工、机电维修；政策允许的有色金属及矿产品、建材、五金交电、原材料、钢渣、化工产品、贵重金属销售；信息设备维修、经营；建安设计；本公司产品进出口业务、补偿贸易、境外冶金工程承包及境内国际招标、对外派遣境外工程劳务人员；公司产品理化检测。(以上项目不含专营专控及限制项目；涉及行政许可经营的办理许可证或资质证后，方可经营)
6	阳春新钢铁有限责任公司（以下简称“阳春新钢”）	280,000.00	湘潭钢铁集团有限公司	83.5%	制造、销售：生铁、钢坯、钢材、水泥、耐火材料、冶金炉料、冶金机械、电气设备；冶金技术咨询；计算机及自动化设备经营与技术开发；开发、销售：政策允许的金属材料及矿产品；销售：建材(不含硅酮胶)、五金交电、钢渣、化工产品(不含危险及监控化学产品)、钢铁产品及副产品；房屋租赁、仓储服务；水、蒸汽销售；工业生产过程中产生的余热、余压生产的电力或热力销售；钢铁废弃物的加工和销售；废旧物资销售。(依法须经批准的项目，经相关部门批准后方可开展经营活动)
7	湖南华菱钢铁集团财务有限公司	260,000.00	华菱集团	30%	对成员单位办理财务和融资顾问、信用鉴证及相关的咨询、代理业务；协助成员单位实现交易款项的收付；经批准的保险代理业务；对成员单位提供担保；办理成员单位之间的委托贷款及委托投资；对成员单位办理票据承兑与贴现；办理成员单位之间的内部转账结算及相应的结算、清算方案设计；吸取成员单位的存款；对成员单位办理贷款及融资租赁；从事同业拆借；经批准发行财务公司债券；承销成员单位的企业债券；对金融机构的股权投资；有价证券投资，仅限于政府债券、央行票据、金融债券、成员单位企业债券及股票一级市场业务等风险相对较低的品种(按金融许可证核定的期限和范围从事经营)。(依法须经批准的项目，经相关部门批准后方可开展经营活动)
			华菱涟钢	20%	
			华菱湘钢	20%	
			湖南迪策创业投资有限公司	15%	
			衡阳华菱钢管有限公司	15%	

根据发行人的书面确认并经本所律师适当核查，截至本法律意见书出具之日，发行人合并报表范围内的境内全资及控股子公司均系依法设立并有效存续；发行人合法持有该等子公司的股权，且均不存在重大权属纠纷。

根据发行人提供的资料及书面确认并经本所律师适当核查，截至本法律意见书出具之日，除发行人将所持湘潭钢铁集团有限公司14.45%股权质押给国家开发银行、将所持湘潭钢铁集团有限公司70%股权、涟钢集团100%股权、湖南衡阳钢管(集团)有限公司100%股权质押给进出口银行外，发行人合并报表范围内的其他境内全资及控股子公司不存在股权质押、冻结的情形。①

综上，本所认为：

1. 发行人合并报表范围内的境内全资及控股子公司合计 89 家，均系依法设立并有效存续；经发行人确认，该等子公司范围真实、准确、完整。

2. 发行人合法持有该等子公司的股权，且均不存在重大权属纠纷；除已披露的情形外，该等子公司不存在股权质押、冻结的情形。

八、发行人的主要资产

发行人的主要非流动资产为土地、房产，具体情况如下：

(一) 土地

根据发行人提供的资料及书面确认并经本所律师适当核查，截至本法律意见书出具之日，公司及其境内重要子公司拥有的已取得土地使用权证的土地 178 宗，面积合计为 11,586,253.56 平方米，该等土地的具体情况详见本法律意见书附表一。上述土地使用权不存在重大权属纠纷，不存在抵押、冻结的情形。

根据发行人提供的资料及书面确认，截至本法律意见书出具之日，公司及其境内重要子公司正在使用的如下土地尚未获得土地使用权证：

1. 华菱涟钢尚未办理取得土地使用权证的土地情况

华菱涟钢拥有的未办理取得土地使用权证的土地共计 5 宗，面积合计 907,886.71 平方米。就该等土地，娄底市不动产登记中心已出具证明，确认该等土地由华菱涟钢合法拥有，权属清晰，华菱涟钢就该等土地与其签署土地出让合同不存在障碍，在华菱涟钢完善该等土地的出让手续并交纳相关税费后，该等土地取得产权证书不存在法律障碍。

2. 华菱湘钢尚未办理取得土地使用权证的土地情况

华菱湘钢未办理取得土地使用权证的土地共计 11 宗，面积合计 869,864.38 平方米，其中 3 宗面积合计为 701,665.26 平方米的土地使用权，湘潭市自然资源和规划局已出具证明，确认该等土地归华菱湘钢所有，办理产权登记并取得产权证书不存在法律障碍。其中 8 宗面积约 168,199.12 平方米的土地，因该等土地存在部分面积与湘潭市政府规划的绿地、道路、水渠等公共用地重合的问题，尚无法办理权属证书。就该等土地，湘潭市自然资源和规划局已出具证明，确认该等土地归华菱湘钢所有，目前政府主管部门正在调整原用地规划，在市政规划调整并完成相应的法律程序后，该等土地办理权属证书不存在法律障碍。

3. 华菱集团尚未办理取得土地使用权证的情况

因办理不动产权登记证的需要，涟钢集团四宗面积约为 318,666.67m^2（以实际办证面积为准）的土地需重新测绘、划分，尚未办理取得权属证书。

(二) 房屋

根据发行人提供的资料及书面确认并经本所律师适当核查，截至本法律意见书出具之日，公司及其境内重要子公司拥有的已取得房屋所有权证的房屋共 1247 处，建筑面积合计为 1,881,868.68 平方米，该等房屋的具体情况详见本法律意见书附表二。

根据发行人提供的资料及书面确认并经本所律师适当核查，截至本法律意见书出具之日，公司及其境内重要子公司拥有的尚未取得权属证书的房屋共 207 处，建筑面积合计为 921,450.46 平方米。

根据发行人提供的资料和书面确认，截至本法律意见书出具之日，公司及其境内重要子公司的上述自有房屋不存在重大权属纠纷，不存在抵押、冻结的情形。

综上，本所认为：

除本法律意见书已披露的公司尚未办理取得权属证书的土地使用权及房屋所有权外，公司及其境内重要子公司已经取得权属证书的土地及房屋权属清晰，不存在重大权属纠纷，并且不存在抵押、冻结的情形。

---

① 根据公司提供的资料，原法律意见书披露的华菱集团质押的湖南华菱矿业投资有限公司 100% 股权、湖南华晟能源投资发展有限公司 51% 股权已解除。

九、发行人的重大债权债务情况

(一)重大金融借款

根据公司最近一期合并财务报表(未经审计),截至2019年3月31日,公司合并口径的短期借款余额为173.54亿元,长期借款余额为68.94亿元。

根据中国人民银行征信中心于2019年6月19日出具的《企业信用报告》及公司的书面确认并经本所律师核查,截至2019年6月19日,公司于上述借款项下不存在不良和违约负债的情形。

(二)债务融资工具

根据发行人提供的资料及书面确认并经本所律师适当核查,截至本法律意见书出具之日,公司及其下属全资、控股子公司已发行尚未到期兑付的公司债券及债务融资工具情况如下:

序号	债券名称	发行主体	发行金额	发行日期	发行期限
1	18华菱钢铁MTN002	华菱集团	10亿元	2018.10.17	2+1年
2	18华菱钢铁MTN001	华菱集团	10亿元	2018.9.13	2+1年
3	18华菱钢铁SCP005	华菱集团	5亿元	2018.10.19	270天
4	18华菱钢铁SCP006	华菱集团	5亿元	2018.11.15	270天
5	18华菱钢铁SCP007	华菱集团	5亿元	2018.12.11	270天
6	境外可交换债	华菱(新加坡)矿业投资有限公司	3.548亿美元	2016.11.16	5年
7	19华菱集团SCP001	华菱集团	5.00	2019.1.1	270天
8	19华菱集团MTN001	华菱集团	10.00	2019.1.17	3+2年
9	19华菱集团MTN002	华菱集团	5.00	2019.3.22	3+2年
10	19华菱01	华菱集团	5.00	2019.4.15	3年
11	19华菱集团CP001	华菱集团	5.00	2019.4.25	1年
12	19华菱集团MTN003	华菱集团	15.00	2019.5.16	3+2年
13	19华菱集团CP002	华菱集团	5.00	2019.5.23	1年
14	19华菱03	华菱集团	15.00	2019.7.10	3+2年

(三)对外担保

根据发行人提供的资料及书面确认并经本所律师适当核查,截至2019年3月31日,公司及其下属全资、控股子公司不存在为第三方(指公司合并报表范围外的主体)提供对外担保的情形。

(四)非经营性往来占款

根据发行人提供的资料及书面确认并经本所律师适当核查,截至2019年3月31日,发行人非经营性其他应收款23.85亿元,具体如下:

1. 根据发行人提供的资料及书面确认并经本所经办律师适当核查,因成立国有资本投资与运营平台的需要,发行人向华菱控股提供了多笔无息借款,截至2019年3月31日,借款余额为12.33亿元。就上述资金拆借事宜,发行人已按照《湖南华菱钢铁集团有限责任公司关联交易管理办法》履行了相应的审批程序。

2. 根据发行人提供的资料及书面确认并经本所经办律师适当核查,发行人向华菱控股上交了国有资本收益款5亿元,并计入发行人“其他应收款”。发行人已按照《湖南华菱钢铁集团有限责任公司关联交易管理办法》履行了相应的审批程序。

3. 根据发行人提供的资料及书面确认并经

本所经办律师适当核查，华菱集团曾为全资子公司长沙铜铝材有限公司提供资金拆借，该公司于2007年开始进入破产清算程序，截止2019年3月31日，华菱集团为该公司提供的借款余额为2.4亿元，已全额计提坏账准备。

4. 根据发行人提供的资料及书面确认并经本所经办律师适当核查，华菱集团于2018年向非关联企业提供了一笔借款并按市场利率收取利息，截至2019年3月31日，借款余额为4.12亿元。就上述资金拆借事项，发行人已召开集团办公会审议通过。

综上，本所认为：

公司的上述重大债务（包括非经营性往来占款）系公司正常经营及国有资本管理的需要，并且资金拆借行为已履行了相应的审议程序，对发行人的本次发行不构成重大不利影响。

十、发行人近三年重大资产变化及收购兼并

（一）华菱钢铁与华菱集团、湖南迪策创业投资重大资产置换，同时向湖南财信金融控股集团有限公司、深圳市润泽灯光音响科技发展有限公司发行股份购买资产事宜于2017年2月21日获得中国证监会核准。2017年7月5日，华菱钢铁与华菱集团、湖南迪策创业投资有限公司签署了《重大资产置换协议之终止协议》，与湖南财信金融控股集团有限公司、深圳市润泽灯光音响科技发展有限公司签署了《发行股份购买资产协议之终止协议》，与华菱控股签署了《股份认购协议之终止协议》。2017年8月2日，华菱钢铁2017年第一次临时股东大会审议通过《关于公司终止重大资产重组事项的议案》，上述协议即日生效，上述华菱钢铁重大资产重组正式终止，发行人主营业务未发生变更。

（二）华菱钢铁拟向华菱集团、涟钢集团、湖南衡阳钢管（集团）有限公司、建信金融资产投资有限公司、中银金融资产投资有限公司、湖南华弘一号私募股权基金企业（有限合伙）、中国华融资产管理股份有限公司、农银金融资产投资有限公司、深圳市招平穗达投资中心（有限合伙）等发行股份收购其持有的湖南华菱湘潭钢铁有限公司13.68%股权、湖南华菱涟源钢铁有限公司44.17%股权、衡阳华菱钢管有限公司43.42%股权。就上述重大资产重组事项，华菱钢铁于2018年12月5日披露《关于引进投资者对湖南华菱湘潭钢铁有限公司等三家控股子公司增资暨关联交易的公告》，于2018年12月8日披露《发行股份及支付现金购买资产暨关联交易预案》，于2019年4月1日披露《湖南华菱钢铁股份有限公司发行股份及支付现金购买资产暨关联交易报告书（草案）》及相关资产评估报告、财务顾问报告及法律意见书，详见深交所网站报告。截至本报告出具之日，本次重组尚处于证监会审核阶段。本次交易构成华菱钢铁重大资产重组，但未导致发行人合并报表范围发生变更，亦未导致发行人主营业务发生变更，不构成发行人的重大资产重组。

除上述事项外，根据发行人提供的资料及书面确认并经本所律师适当核查，发行人近三年未发生导致发行人主营业务发生实质变更的重大资产购买、出售和置换的情况。

十一、发行人的董事、监事及高级管理人员

发行人现任董事为曹志强、易佐、赵建辉、田文智、张秀萍、鲁贵卿、单汨源、肖和保。根据发行人现行有效的《公司章程》，发行人董事会需由9名董事组成，其中外部董事5名、职工董事1名。发行人目前尚缺1名外部董事。根据发行人的说明，2018年5月原董事颜建新因个人原因辞去董事职务，目前新董事尚待湖南省国资委委派。

发行人现任监事为职工监事孙志能。根据发行人现行有效的《公司章程》，发行人监事会由6名监事组成，其中职工监事2名。原职工监事刘国忠现已退休，并且根据湖南省国资委于2018年10月31日下发的《关于国有企业监事会退出派驻企业的通知》（湘国资监督〔2018〕192号），原湖南省国资委派驻华菱集团的4名监事傅筝、黄非、章清、赵治国不再担任发行人监事，新监事人选尚待履行相应流程。

发行人现任总经理1名，由易佐担任；副总经理2名，由赵建辉、阳向宏担任；财务负责人1名，由李正德担任。

根据发行人提供的资料及书面确认并经本所律师适当核查，发行人的现任董事、监事和高级管理人员均不存在《公司法》第一百四十六条所规定的禁止担任公司董事、监事和高级管理人员的情形，未受过中国证监会及其他有关部门的处罚和证券交易所惩戒,也不存在其他重大违法违纪情况。

综上,本所认为:

发行人现任董事、监事及高级管理人员的任职符合相关法律法规及规范性文件的规定,不存在重大违法违纪情况。

十二、募集资金的运用

根据本次发行方案及《债券募集说明书》,本次发行可交换公司债券的募集资金扣除发行费用后,拟全部用于偿还公司有息债务。上述募集资金用途已经发行人根据2019年第三次股东会审议通过。

综上,本所认为:

发行人本次发行的募集资金用途符合国家产业政策和相关法律法规的规定。

十三、发行人的重大诉讼、仲裁及行政处罚

(一)根据发行人提供的资料及书面确认并经本所律师适当核查,发行人及其子公司尚未了结的诉讼、仲裁案件不会对发行人的生产经营产生重大不利影响,不构成本次发行的实质性法律障碍;截至本法律意见书出具之日,公司及其子公司存在的尚未了结的金额在1亿元以上的诉讼共4起,具体情况如下:

1.2017年8月28日,攸县矿业向株洲市中级人民法院提交《民事起诉状》,诉称因涟钢集团违反合同义务,请求判决涟钢集团支付勘察探矿费、利息、预期利益损失共计12,930.22万元人民币。2019年1月,湖南省株洲市中级人民法院一审裁决驳回原告的起诉。2019年1月13日,攸县矿业向湖南省高级人民法院提起上诉,此案目前处于二审阶段。

2.2010年10月9日,湘潭市岳塘区人民法院作出《民事调解书》,五月天公司同意于2010年11月30日之前还清湘潭钢铁集团有限公司企业借款本金17,659.71万元及相应利息,并承担本案受理费及财产保全费共计48.5万元。2015年3月19日,湖南省湘潭区岳塘市人民法院作出《执行裁定》,因五月天公司未履行执行义务,冻结、划拨其银行存款23,048.69万元人民币或查封、扣押同等价值财产。截至本法律意见书出具之日,本案的借款本金已全部收回,但利息尚未执行完毕。

3.2018年9月18日,安石集团向娄底市中级人民法院起诉,要求涟钢集团、湖南华菱涟源钢铁有限公司共同向湖南煤化支付承包费和税后利润、逾期付款资金占用费8475.83万元,向湖南煤化返还设备进项税额等税费7041.28万元,弥补承包期间湖南煤化的亏损503万元。湖南省娄底市中级人民法院组织了第一次质证,此案尚处于一审阶段。

4.2019年3月4日,衡阳华菱钢管有限公司向衡阳市中级人民法院起诉,要求宝塔石化集团财务有限公司、宝塔石化集团有限公司、宁夏宝塔能源化工有限公司、宁夏宝塔油气销售有限公司支付贷款1.533亿元、利息217.075万元及违约金5.4343万元。此案已经衡阳市中级人民法院立案,尚未开庭审理。

(二)根据发行人提供的资料及书面确认并经本所律师适当核查,报告期内,公司及其子公司存在7起安全生产事故;经本所律师核查,根据国务院令第493号《生产安全事故报告和调查处理条例》的规定,上述安全事故均属于一般事故。

(三)根据发行人提供的资料及书面确认并经本所律师适当核查,报告期内,发行人及其子公司不存在对公司生产经营及本次发行构成重大不利影响的行政处罚。

综上,本所认为:

1.发行人及其子公司尚未了结的诉讼、仲裁案件不会对发行人的生产经营产生重大不利影响,不构成本次发行的实质性法律障碍。

2.发行人及其子公司不存在对公司生产经营及本次发行构成重大不利影响的行政处罚。

十四、债券受托管理人及《债券受托管理协议》

本次债券的受托管理人为华泰联合证券,其具备担任债券受托管理人的主体资格。

发行人已就本次债券发行与华泰联合证券签署了《债券受托管理协议》。该《债券受托管理协议》对受托管理事项、发行人和受托管理人的权利和义务、受托管理事务报告、利益冲突的风险防范机制、债券受托管理人的变更等事项均作出了明确约定。

综上,本所认为:

1.华泰联合证券具备担任本次债券受托管

理人的资格。

2. 发行人与受托管理人签署的《债券受托管理协议》符合《管理办法》和《公司债券受托管理人执业行为准则》的相关规定。

十五、债券持有人会议及其会议规则

发行人与债券受托管理人共同制定了《债券持有人会议规则》，规定了债券持有人会议的权限范围、债券持有人会议的召集、议案、委托及授权事项、债券持有人会议的召开、表决、决议及会议记录等重要事项。

综上，本所认为：

发行人已经按照《管理办法》的规定与债券受托管理人共同制定《债券持有人会议规则》，该规则符合《管理办法》、《深圳证券交易所公司债券上市规则》的相关规定。

十六、债券主承销商及《承销协议》

本次债券发行的主承销商为华泰联合证券、招商证券。发行人已就本次债券发行与主承销商签署了《承销协议》。该《承销协议》对主承销商的委任、承销责任、先决条件、募集款项的划付、与本期债券有关的费用、付息和本金兑付、发行人和主承销商的义务、税款缴纳、违约责任、利益冲突等事项均作出了明确约定。

综上，本所认为：

发行人与主承销商签署的《承销协议》符合《管理办法》和《公司债券承销业务规范》的相关规定。

十七、本次发行的担保及信托事项

发行人已就本次发行与债券受托管理人签署了《信托及担保合同》。根据该等合同，发行人拟将其所持有的标的股票及其孳息出质给本次可交换债券持有人（债券受托管理人将代表本次可交换债券持有人作为本合同项下的质权人，但《信托及担保合同》项下的所有有关标的股票及其孳息质押担保的权利和义务均由本次可交换债券持有人最终享有和承担），用于为本次可交换债券交换标的股票或本次可交换债券本息偿付提供质押担保；同时，由发行人作为《信托及担保合同》的委托人，以债券受托管理人作为受托人，将标的股票及其孳息作为信托财产委托给债券受托管理人进行管理和处分。《信托及担保合同》的主要内容已在《债券募集说明书》中披露。

综上，本所认为：

《信托及担保合同》的内容符合《中华人民共和国信托法》、《试行规定》等相关规定的要求，且主要内容已在《债券募集说明书》中披露。

十八、本次债券发行的中介机构

（一）主承销商

1. 华泰联合证券

华泰联合证券是一家根据中国法律注册成立的有限责任公司，现持有深圳市市场监督管理局核发的统一社会信用代码为91440300002794349137的《营业执照》。根据中国证监会核发的《经营证券业务许可证》，华泰联合证券具有从事承销的证券业务资格。

根据华泰联合证券的书面确认并经本所查询中国证监会、证券交易所网站披露的公开信息，华泰联合证券目前不存在被监管部门限制参与债券发行业务活动及被立案调查的情形。

2. 招商证券

招商证券是一家根据中国法律注册成立的股份有限公司，现持有深圳市工商行政管理局福田分局核发的统一社会信用代码为91440300192238549B的《营业执照》。根据中国证监会核发的《经营证券业务许可证》，招商证券具有从事承销的证券业务资格。

根据招商证券的书面确认并经本所查询中国证监会、证券交易所网站披露的公开信息，招商证券目前不存在被监管部门限制参与债券发行业务活动及被立案调查的情形。

（二）审计机构

1. 天健

天健现持有浙江省工商行政管理局核发的统一社会信用代码为913300005793421213号的《营业执照》。天健持有北京市财政局核发的执业证书编号为33000001的《会计师事务所执业证书》，及中华人民共和国财政部和中国证监会联合核发的证书序号为000171的《会计师事务所证券、期货相关业务许可证》。

根据天健的书面确认并经本所查询中国证监会、证券交易所网站披露的公开信息，天健目前不存在被监管部门限制参与债券发行业务活动及被立案调查的情形。

2. 利安达

利安达现持有北京市工商行政管理局朝阳分局核发的统一社会信用代码为 91110105400007965L 号的《营业执照》。利安达持有北京市财政局核发的执业证书编号为 11000154 的《会计师事务所执业证书》,及中华人民共和国财政部和中国证监会联合核发的证书序号为 000111 的《会计师事务所证券、期货相关业务许可证》。

根据利安达的书面确认并经本所查询中国证监会、证券交易所网站披露的公开信息,利安达前不存在被监管部门限制参与债券发行业务活动及被立案调查的情形。

(三)评级机构

本次债券发行的信用评级机构为联合评级。联合评级现持有天津市南开区市场和质量监督管理局核发的统一社会信用代码为 91120104738471845H 的《营业执照》。联合评级持有中国证监会颁发的编号 ZPJ005 的《证券市场资信评级业务许可证》。

根据联合评级的书面确认并经本所查询中国证监会、证券交易所网站披露的公开信息,联合评级目前不存在被监管部门限制参与债券发行业务活动及被立案调查的情形。

(四)法律顾问

本所作为本次债券发行的专项法律顾问,现持有北京市司法局于 2016 年 7 月 29 日颁发的统一社会信用代码为 31110000E000184804 号的《律师事务所执业许可证》。

本所自成立以来不存在被相关监管部门给予处罚或采取监管措施的情形。

综上,本所认为:

1. 华泰联合证券、招商证券具备证券承销资格。

2. 天健、利安达具备为本次债券发行出具审计报告的资格。

3. 联合评级具备为本次债券发行提供信用评级服务的资格。

4. 本所具备担任本次债券发行专项法律顾问的资格。

十九、关于本次发行的《债券募集说明书》

发行人与主承销商共同编制了《债券募集说明书》及其摘要,《债券募集说明书》载明了本次发行概况,风险因素,发行人及本次债券的资信状况,增信机制、偿债计划及其他保障措施,发行人的基本情况,发行人财务状况,标的公司财务状况,募集资金运用,债券持有人会议,债券受托管理人,其中重要事项,仲裁或者其他争议解决机制,发行人、董事、监事、高级管理人员及有关中介机构声明,备查文件等内容。本所律师未参与《债券募集说明书》及其摘要的编制,但在《债券募集说明书》及其摘要编制过程中,本所律师参与了法律问题的讨论,并已审阅定稿后的《债券募集说明书》及其摘要,特别对发行人引用本法律意见书相关内容进行了重点审阅。

《债券募集说明书》第十二节约定了"仲裁或者其他争议解决机制",即"本次债券的有关事项受中国法律管辖,并按中国法律解释。本次债券引起的或与本次债券有关的争议或纠纷均应由各方友好协商解决。如果当事人协商不能解决,应提交位于北京的北京仲裁委员会按照该会届时有效的仲裁规则进行仲裁。仲裁裁决是终局的,对相关当事人具有约束力。"综上,本所认为:

《债券募集说明书》已披露了相关法律法规要求披露的重要信息,在引用法律意见书的相关内容方面不存在虚假记载、误导性陈述或重大遗漏。《债券募集说明书》约定的争议解决机制符合法律规定,不存在违反法律法规规定的情形。

二十、其他重大事项

(一)关于发行人是否存在被媒体质疑的重大事项

根据公司的书面确认并经本所律师适当核查,截至本法律意见书出具之日,公司不存在被媒体质疑的重大事项。

(二)关于发行人诚信情况的核查

根据公司的书面确认并经本所律师查询全国最高人民法院失信被执行人名单公布与查询系统、中国裁判文书网、全国企业信用信息公示系统网站、"信用中国"网站、国家安全生产监督管理总局网站、国家税务总局网站、国家质量监督检验检疫总局网站、中华人民共和国环境保护部网站、国家食品药品监督管理总局网站等，发行人及其境内重要子公司未被列为失信被执行人、涉金融严重失信人名单，未被列为环境保护领域、安全生产领域、食品药品生产领域失信生产经营单位，未被列为重大税收违法案件当事人。

（三）关于化解过剩产能相关政策对发行人的影响

1. 报告期内发行人符合《国务院关于化解产能严重过剩矛盾的指导意见》（国发〔2013〕41号）及《国务院关于钢铁行业化解过剩产能实现脱困发展的意见》（国发〔2016〕6号）关于禁止新增产能的要求

根据国发〔2013〕41号文规定，自该指导意见发布后，钢铁行业严禁建设新增产能项目，具体规定为：严格执行国家投资管理规定和产业政策，加强产能严重过剩行业项目管理，各地方、各部门不得以任何名义、任何方式核准、备案产能严重过剩行业新增产能项目，各相关部门和机构不得办理土地（海域）供应、能评、环评审批和新增授信支持等相关业务。国发〔2016〕6号文再次强调，严格执行国发〔2013〕41号文，各地区、各部门不得以任何名义、任何方式备案新增产能的钢铁项目。

根据发行人的书面确认，自2016年1月1日至2019年3月末，华菱集团严格执行国发〔2013〕41号文及国发〔2016〕6号文，不存在以任何名义、任何方式备案新增产能的钢铁项目的情况，符合禁止新增产能的要求。

经本所律师查询湖南省经济和信息化委员会、湖南省发展和改革委员会等主管部门网站，未发现2017年度－2019年3月发行人及其控制下企业向湖南省经济和信息化委员会、湖南省发展和改革委员会等主管部门申请新增产能备案的信息。

综上所述，根据发行人的书面确认及本所律师适当核查，自2016年1月1日至2019年3月末，华菱集团严格执行国发〔2013〕41号文，不存在以任何名义、任何方式备案新增产能的钢铁项目的情况，符合国发〔2013〕41号文及国发〔2016〕6号文关于禁止新增产能的要求。

2. 报告期内发行人不存在《关于钢铁行业化解过剩产能实现脱困发展的意见》（国发〔2016〕6号）中关于化解过剩产能的触发条件

（1）严禁新增产能、化解过剩产能

据湖南省经济和信息化委员会公告，2016年以来，去产能成为湖南省推进供给侧改革的首要任务。国家化解钢铁行业过剩产能的文件下发后，湖南省制订了《湖南省钢铁行业化解过剩产能实现脱困发展的实施方案》，建立了省钢铁行业化解过剩产能实现脱困发展联席会议制度。2016年5月，湖南省政府与国家部际联席会议签订化解钢铁、煤炭行业过剩产能目标责任书。经发行人书面确认，华菱集团及其控制下企业未包含在化解过剩产能目标责任书中。

2016年8月，据湖南省经济和信息化委员会公告，湖南省已完成2016年度钢铁去产能任务；2016年9月，根据《国务院关于进一步加强淘汰落后产能工作的通知》（国发〔2010〕7号）和《关于印发钢铁煤炭行业淘汰落后产能专项行动实施方案的通知》（工信部联产业〔2016〕167号）要求，湖南省淘汰落后产能和企业兼并重组工作领导小组办公室公告了《2016年湖南省钢铁行业淘汰落后产能目标任务和企业名单》，名单中未包含华菱集团及其控制下企业。

根据湖南省经济和信息化委员会的公告，湖南省钢铁行业化解过剩产能任务已经于2016年提前完成。

（2）对环保、能耗、质量、安全、技术等法律法规和产业政策的执行情况

根据发行人的书面确认，发行人及其控制下企业已严格执行环保、能耗、质量、安全、技术等法律法规和产业政策，具体如下：

①环保方面：根据发行人的书面确认，报告期内，发行人严格执行环境保护法，下属钢铁产能对污染物排放基本达到《钢铁工业水污染物排放标准》、《钢铁烧结、球团工业大气污染物排放标准》、《炼铁工业大气污染物排放标准》、《炼钢工业大气污染物排放标准》、《轧钢工业大气污染物排放标准》等要求；经本所律师查询国家环保部、湖南省环保厅网站及湖南省经济和信息化委员会网站，未发现发行人及其境内一级及重要子公司因违反上述排放标准受到上述主管部门重大处罚之情况，未发现因违反上述排放标准而被主管部门要求退出或压减产能之情形。

②能耗方面：根据发行人的书面确认，报告

期内发行人严格执行节约能源法,下属钢铁产能达到《粗钢生产主要工序单位产品能源消耗限额》等强制性标准要求。

根据《国家发展改革委、工业和信息化部关于运用价格手段促进钢铁行业与供给侧结构性改革有关事项的通知》(发改价格〔2016〕2803 号)的有关要求,结合湖南省实际情况,湖南省经济和信息化委员会、湖南省发展和改革委员会于 2017 年 3 月对发行人子公司湖南华菱涟源钢铁有限公司、湖南华菱湘潭钢铁有限公司、衡阳华菱钢管有限公司 3 家钢铁企业能耗限额标准及阶梯电价政策执行情况进行专项监察,现场核查了 3 家钢铁企业 2016 年度生产用电情况,依据《粗钢生产主要工序单位产品能源消耗限额》(GB 21256 - 2013)对 3 家钢铁企业 2016 年度工序单位产品能耗指标进行了核算。根据湖南省经济和信息化委员会的公告,3 家钢铁企业的各项工序单位产品能耗指标均达到《粗钢生产主要工序单位产品能源消耗限额》(GB 21256 - 2013)限定值要求,根据发改价格〔2016〕2803 号文件的有关规定,湖南华菱涟源钢铁有限公司、湖南华菱湘潭钢铁有限公司、衡阳华菱钢管有限公司均属于应执行阶梯电价政策"第一档不加价"的钢铁企业。

经本所律师查询国家能源局、国家能源局湖南监管办公室及湖南省经济和信息化委员会网站,未发现发行人及其境内一级及重要子公司因违反上述能耗标准受到上述主管部门重大处罚之情况,未发现因违反上述能耗标准而被上述主管部门要求退出或压减产能之情形,亦未发现因未达《粗钢生产主要工序单位产品能源消耗限额》等强制性标准而被上述主管部门要求整改或关停之情形。

③质量方面:根据发行人的书面确认,报告期内,发行人严格执行产品质量法,下属钢材产品质量达到强制性标准要求。经本所律师查询国家市场监督管理总局、国家质量监督检验检疫总局及湖南省质量技术监督局网站,未发现发行人及其境内一级及重要子公司因违反质量标准受到上述主管部门重大处罚之情况,未发现因违反钢材产品质量标准而被上述主管部门要求整改或关停退出之情形。

④安全方面:根据发行人的书面确认,报告期内,发行人严格执行安全生产法,截至 2019 年 3 月末,发行人及其境内一级及重要子公司均达到安全生产标准化三级、安全条件达到《炼铁安全规程》、《炼钢安全规程》、《工业企业煤气安全规程》等标准要求。经本所律师查询国家安监局及湖南省安监局网站,未发现发行人及其境内一级及重要子公司因未达到企业安全生产标准化三级或安全条件达不到《炼铁安全规程》、《炼钢安全规程》、《工业企业煤气安全规程》等要求而被主管部门要求整改或关停退出之情形。

⑤技术方面:根据发行人提供的资料及书面确认,截至 2019 年 3 月末,发行人不存在 400 立方米以下炼铁高炉、不存在 30 吨或以下炼钢转炉、不存在 30 吨或以下炼钢电炉。经本所律师查询国家能源局、国家能源局湖南监管办公室及湖南省经济和信息化委员会网站,未发现发行人及其境内一级及重要子公司因生产地条钢而被上述监管部门要求关停、拆除设备或处以重大处罚的情况。

综上所述,根据发行人的书面确认及本所律师适当核查,自 2016 年 1 月 1 日至 2019 年 3 月末,华菱集团严格执行国发〔2016〕6 号文关于环保、能耗、质量、安全、技术等法律法规和产业政策,不存在因达不到标准要求的钢铁产能要被主管部门要求退出的情形。

3. 发行人属于工信部公布的《钢铁行业规范条件》企业名单中的企业所属集团

根据发行人的书面确认并经本所律师查询《钢铁行业规范条件(2012)钢铁企业名单(第一批)》、《符合钢铁行业规范条件企业名单(第三批)》,发行人下属重要子公司湖南华菱湘潭钢铁有限公司、湖南华菱涟源钢铁有限公司、衡阳华菱钢管有限公司及阳春新钢铁有限责任公司被列入上述钢铁企业名单,因此,发行人属于工信部公布的《钢铁行业规范条件》企业名单中的企业所属集团。

综上,本所认为:发行人符合《国务院关于化解产能严重过剩矛盾的指导意见》(国发〔2013〕41 号)、《关于钢铁行业化解过剩产能实现脱困发展的意见》(国发〔2016〕6 号)关于禁止新增产能的要求;不存在因违反《关于钢铁行业化解过剩产能实现脱困发展的意见》(国发〔2016〕6 号)的相关规定而被主管部门要求退出的情形。发行人及其从事钢铁生产的重要子公司属于中华人民共和国工业和信息化部公布的符合《钢铁行业规范条件》企业名单中的企业,发行人属于名单中企业所属集团。国家化解过剩产能的相关政策及省级主管部门规划预计不会对发行人正常业务经营和本次债券的偿债能力造成重大不利影响。

（四）关于发行人是否存在重大法律事项及法律风险

根据公司的书面确认并经本所律师适当核查,截至本法律意见书出具之日,发行人不存在未决或者可预见的对本次发行具有重大不利影响的法律事项,不存在对本次发行构成实质性障碍的潜在法律风险。

二十一、结论意见

综上所述,本所认为:

公司本次债券发行符合《公司法》、《证券法》、《管理办法》、《试行规定》等有关法律、法规和规范性文件的要求,发行人具备本次债券发行的条件。本次债券的发行尚待中国证监会核准。

本法律意见书正本一式六份。

本法律意见书仅供发行人本次发行之目的使用,任何人不得将其用作任何其他目的之依据。

特此致书!

（以下无正文）

（此页无正文,为《北京市嘉源律师事务所关于湖南华菱钢铁集团有限责任公司 2019 年面向合格投资者公开发行可交换公司债券的法律意见书》之签字页）

北京市嘉源律师事务所
法定代表人:郭斌
经办律师:黄娜、柳卓利

二〇一九年×月×日

附表一:

公司及其重要子公司自有土地清单

1. 华菱集团

序号	土地使用权人	土地使用权证号	土地性质	土地面积（m^2）	使用权期限	座　落	土地用途	是否存在他项权利
1	华菱集团	长国用(2014)第 002142 号	出让	284.32	2053.6.30	芙蓉区芙蓉中路 269 号华联大厦	综合	否

2. 涟钢集团

序号	土地使用权人	土地使用权证号	土地性质	土地面积（m^2）	使用权期限	座　落	土地用途	是否存在他项权利
1	涟钢集团	湘国用(2010)第 136 号	作价入股	8,914.18	2080.03.19	湖南省娄底市黄泥塘街道办事处谭家山居委会	住宅	否

续表

序号	土地使用权人	土地使用权证号	土地性质	土地面积(m^2)	使用权期限	座　　落	土地用途	是否存在他项权利
2	涟钢集团	湘国用(2010)第133号	作价入股	1,338.80	2060.03.19	湖南省娄底市钢城北路	工业	否
3	涟钢集团	湘国用(2003)第318号	作价入股	69.70	/	娄底市涟源七星街镇	工业	否
4	涟钢集团	湘国用(2010)第183号	作价入股	105,749.89	2053.09.25	湖南省娄底市黄泥塘街道办事处	工业	否
5	涟钢集团	湘国用(2003)第277号	作价入股	406,395.90	/	湖南省娄底市黄泥塘街道办事处	工业	否
6	涟钢集团	湘国用(2010)第155号	作价入股	78,848.10	2060.03.19	湖南省娄底市钢城东路北侧	工业	否
7	涟钢集团	湘国用(2010)第153号	作价入股	326.00	2050.03.19	湖南省娄底市钢城东路北侧	商服	否
8	涟钢集团	湘国用(2010)第157号	作价入股	1,194.82	2060.03.19	湖南省娄底市涟滨西街磷肥厂南侧	工业	否
9	涟钢集团	湘国用(2010)第138号	作价入股	19,362.30	2060.03.19	湖南省娄底市黄泥塘街道高溪村黄泥组	工业	否
10	涟钢集团	湘国用(2010)第128号	作价入股	1,161.00	2060.03.19	湖南省娄底市钢城北路	工业	否
11	涟钢集团	湘国用(2010)第134号	作价入股	254.50	2060.03.19	湖南省娄底市钢城北路	工业	否
12	涟钢集团	湘国用(2010)第130号	作价入股	88.00	2060.03.19	湖南省娄底市钢城北路	工业	否
13	涟钢集团	湘国用(2010)第127号	作价入股	616.90	2060.03.19	湖南省娄底市钢城北路	工业	否
14	涟钢集团	湘国用(2010)第131号	作价入股	307.10	2060.03.19	湖南省娄底市钢城北路	工业	否
15	涟钢集团	湘国用(2010)第139号	作价入股	178,592.00	2060.03.19	湖南省娄底市涟钢河西区道路	交通运输	否
16	涟钢集团	娄国用(2006)第A0036号	国有出让	5,876.43	2055.10.19	娄底市涟滨西街	办公住宅	否
17	涟钢集团	娄国用(2006)第A0037号	国有出让	4,015.50	2055.10.19	娄底市涟滨西街	办公住宅	否
18	涟钢集团	娄国用(2006)第A0041号	国有出让	46.00	2055.10.19	娄底市涟滨西街	工业	否

续表

序号	土地使用权人	土地使用权证号	土地性质	土地面积（m^2）	使用权期限	座　落	土地用途	是否存在他项权利
19	涟钢集团	湘国用（2003）第327号	作价入股	299.60	/	娄底市涟源七星街镇	工业	否
20	涟钢集团	湘国用（2003）第326号	作价入股	10,012.90	/	娄底市涟源七星街镇	工业	否
21	涟钢集团	湘国用（2010）第145号	作价入股	15,354.43	2080.03.19	湖南省娄底市桔园路南侧	住宅	否
22	涟钢集团	湘国用（2010）第143号	作价入股	20,874.09	2080.03.19	湖南省娄底市桔园路南侧	住宅	否
23	涟钢集团	湘国用（2010）第182号	作价入股	34,866.04	2053.09.25	湖南省娄底市黄泥塘办事处	工业	否
24	涟钢集团	湘国用（2010）第187号	作价入股	17,942.83	2053.09.25	湖南省娄底市黄泥塘办事处	工业	否
25	涟钢集团	湘国用（2010）第190号	作价入股	334,571.40	2053.09.25	湖南省娄底市涟源七星街镇	工业	否
26	涟钢集团	湘国用（2003）第270号	作价入股	43,886.40	/	娄底市黄泥塘办事处	工业	否
27	涟钢集团	湘国用（2010）第129号	作价入股	4,266.60	2060.03.19	湖南省娄底市钢城北路	工业	否
28	涟钢集团	湘国用（2010）第132号	作价入股	295.40	2060.03.19	湖南省娄底市钢城北路	工业	否
29	涟钢集团	娄国用（2006）第A0040号	国有出让	203.96	2055.10.19	娄底市涟滨西街	工业	否
30	涟钢集团	湘国用（2003）第319号	作价入股	12,890.00	/	娄底市涟源七星街镇	工业	否
31	涟钢集团	湘国用（2003）第320号	作价入股	919.00	/	娄底市涟源七星街镇	工业	否
32	涟钢集团	湘国用（2003）第322号	作价入股	750.50	/	娄底市涟源七星街镇	工业	否
33	涟钢集团	湘国用（2003）第324号	作价入股	566.80	/	娄底市涟源七星街镇	工业	否
34	涟钢集团	湘国用（2003）第321号	作价入股	13,789.83	/	娄底市涟源七星街镇	工业	否
35	涟钢集团	湘国用（2003）第323号	作价入股	587.10	/	娄底市涟源七星街镇	工业	否

续表

序号	土地使用权人	土地使用权证号	土地性质	土地面积(m^2)	使用权期限	座落	土地用途	是否存在他项权利
36	涟钢集团	湘国用(2003)第328号	作价入股	237.30	/	娄底市涟源七星街镇	工业	否
37	涟钢集团	湘国用(2003)第325号	作价入股	130,048.90	/	娄底市涟源七星街镇	工业	否
38	涟钢集团	湘国用(2003)第316号	作价入股	53.50	/	娄底市涟源七星街镇	工业	否
39	涟钢集团	湘国用(2010)第144号	作价入股	1,401.44	2080.03.19	湖南省娄底市桔园路南侧	住宅	否
40	涟钢集团	湘国用(2010)第158号	作价入股	14,191.44	2060.03.19	湖南省娄底市碧溪路西侧	工业	否
41	涟钢集团	湘国用(2010)第148号	作价入股	9,590.11	2060.03.19	湖南省娄底市钢城北路东北侧	工业	否
42	涟钢集团	湘国用(2010)第142号	作价入股	2,035.66	2080.03.19	湖南省娄底市黄泥塘街道办事处谭家山居委会	住宅	否
43	涟钢集团	湘国用(2010)第146号	作价入股	19,864.15	2080.03.19	湖南省娄底市黄泥塘办事处谭家山居委会	住宅	否
44	涟钢集团	湘国用(2010)第147号	作价入股	2,091.70	2080.03.19	湖南省娄底市黄泥塘办事处谭家山居委会	住宅	否
45	涟钢集团	湘国用(2010)第149号	作价入股	6,623.28	2080.03.19	湖南省娄底市黄泥塘街道办事处娄星北路西侧	住宅	否
46	涟钢集团	湘国用(2010)第150号	作价入股	20,913.12	2080.03.19	湖南省娄底市钢城东路东南侧凤阳路西南侧	住宅	否
47	涟钢集团	湘国用(2010)第151号	作价入股	14,547.93	2080.03.19	湖南省娄底市桑塘路东边	住宅	否
48	涟钢集团	湘国用(2010)第152号	作价入股	7,552.96	2080.03.19	湖南省娄底市钢城东路西侧	住宅	否
49	涟钢集团	湘(2019)娄底市不动产权第0011096号	作价出资(入股)	344,097.81	/	娄底市黄泥塘办事处涟钢厂区内2幢55栋环保科技公司翻渣系统主厂房101	工业	否

3. 华菱湘钢

序号	土地使用权人	土地使用权证号	土地性质	土地面积（m^2）	使用权期限	座　落	土地用途	是否存在他项权利
1	华菱湘钢	湘国用（2005）第108号	作价入股	156,700.60	2053.6.30	湘潭市岳塘区钢城路	工业	否
2	华菱湘钢	湘国用（2005）第109号	作价入股	496,194.90	2053.6.30	湘潭市岳塘区	工业	否
3	华菱湘钢	湘国用（2005）第110号	作价入股	759,590.70	2053.6.30	湘潭市岳塘区霞城乡	工业	否
4	华菱湘钢	湘国用（2005）第111号	作价入股	65,712.10	2053.6.30	湘潭市岳塘区霞城乡	工业	否
5	华菱湘钢	湘国用（2005）第112号	作价入股	77,816.40	2053.6.30	湘潭市岳塘区霞城乡下摄司村	企业铁路	否
6	华菱湘钢	湘国用（2005）第113号	作价入股	6,233.70	2053.6.30	湘潭市岳塘区霞城乡下摄司村	工业	否
7	华菱湘钢	湘国用（2010）第105号	作价入股	69,526.07	2053.6.30	湖南省湘潭市岳塘区	工业	否
8	华菱湘钢	湘国用（2005）第115号	作价入股	301,710.50	2053.6.30	湘潭市岳塘区	工业	否
9	华菱湘钢	湘国用（2005）第116号	作价入股	95,462.40	2053.6.30	湘潭市岳塘区	工业	否
10	华菱湘钢	湘国用（2005）第117号	作价入股	293,280.00	2053.6.30	湘潭市岳塘区	工业	否
11	华菱湘钢	湘国用（2007）第213号	作价入股	365,571.10	2057.3.16	湘潭市岳塘去霞城乡联合村	工业	否
12	华菱湘钢	湘国用（2007）第214号	作价入股	31,935.80	2057.3.16	湘潭市岳塘区霞城乡五星村	工业	否
13	华菱湘钢	湘国用（2007）第215号	作价入股	5,446.00	2057.3.16	湘潭市岳塘区霞城乡五星村	工业	否
14	华菱湘钢	湘国用（2007）第216号	作价入股	27,852.20	2057.3.16	湘潭市岳塘区霞城乡五星村	工业	否
15	华菱湘钢	湘国用（2007）第217号	作价入股	23,681.80	2057.3.16	湘潭市岳塘区霞城乡五星村	工业	否
16	华菱湘钢	湘国用（2007）第218号	作价入股	10,350.90	2057.3.16	湘潭市岳塘区霞城乡下摄司村	工业	否
17	华菱湘钢	湘国用（2007）第219号	作价入股	73,657.40	2057.3.16	湘潭市岳塘区霞城乡五星村	工业	否

续表

序号	土地使用权人	土地使用权证号	土地性质	土地面积(m²)	使用权期限	座　　落	土地用途	是否存在他项权利
18	华菱湘钢	湘国用(2007)第220号	作价入股	21,252.80	2057.3.16	湘潭市岳塘区霞城乡联合村	工业	否
19	华菱湘钢	湘国用(2010)第015号	作价入股	101,344.80	2053.6.30	湖南省湘潭市岳塘区	工业	否
20	华菱湘钢	湘国用(2010)第023号	作价入股	42,468.40	2053.6.30	湖南省湘潭市岳塘区	工业	否
21	华菱湘钢	湘国用(2010)第025号	作价入股	1,681.60	2053.6.30	湖南省湘潭市岳塘区	工业	否
22	华菱湘钢	湘国用(2010)第019号	作价入股	117,736.50	2053.6.30	湖南省湘潭市岳塘区	工业	否
23	华菱湘钢	湘国用(2010)第017号	作价入股	95,539.00	2053.6.30	湖南省湘潭市岳塘区	工业	否
24	华菱湘钢	湘国用(2010)第022号	作价入股	145,418.90	2053.6.30	湖南省湘潭市岳塘区	工业	否
25	华菱湘钢	湘(2018)湘潭市不动产权第0048486号	出让	27,926.52	2018.3.11 - 2068.3.10	岳塘区湘钢路企直通一区B	工业	否
26	华菱湘钢	湘(2018)湘潭市不动产权第0048487号	出让	25,874.19	2018.3.11 - 2068.3.10	岳塘区湘钢路企直通一区A	工业	否
27	华菱湘钢	湘(2018)湘潭市不动产权第0048488号	出让	4,732.50	2018.3.11 - 2068.3.10	岳塘区湘钢路企直通一区C	工业	否
28	华菱湘钢	湘(2019)湘潭市不动产权第0019784号	出让	40,967.74	2018.3.11 - 2068.3.10	岳塘区岳塘街道湘钢路局办公楼	工业	否
29	华菱湘钢	湘(2019)湘潭市不动产权第0026114号	出让	173,006.32	2018.3.11 - 2068.3.10	岳塘区钢城路焦化厂酚氰废水处理配药间0101001号	工业	否
30	华菱湘钢	湘(2019)湘潭市不动产权第0026115号	出让		2018.3.11 - 2068.3.10	岳塘区钢城路焦化厂酚氰废水处理站风机房0101001号	工业	否
31	华菱湘钢	湘(2019)湘潭市不动产权第0026117号	出让	103,628.44	2018.3.11 - 2068.3.10	岳塘区钢城路焦化厂备煤办公楼0101001/0201001号	工业	否

续表

序号	土地使用权人	土地使用权证号	土地性质	土地面积（m^2）	使用权期限	座　　落	土地用途	是否存在他项权利
32	华菱湘钢	湘（2019）湘潭市不动产权第0026124号	出让	18,588.21	2018.3.11－2068.3.10	岳塘区钢城路炼铁总排水处理动力厂炼铁口水站压滤机室0101001/0201001号	工业	否
33	华菱湘钢	湘（2019）湘潭市不动产权第0026126号	出让		2018.3.11－2068.3.10	岳塘区钢城路炼铁总排水处理动力厂炼铁口水站加氯间0101001号	工业	否
34	华菱湘钢	湘（2019）湘潭市不动产权第0026127号	出让		2018.3.11－2068.3.10	岳塘区钢城路炼铁总排水处理动力厂炼铁口水站水泵房0101001号	工业	否
35	华菱湘钢	湘（2019）湘潭市不动产权第0026129号	出让		2018.3.11－2068.3.10	岳塘区钢城路炼铁总排水处理动力厂炼铁口水站加药间0101001号	工业	否
36	华菱湘钢	湘（2019）湘潭市不动产权第0026130号	出让	66,661.97	2018.3.11－2068.3.10	岳塘区钢城路焦化厂焦煤场翻车机电磁站及中控室0101001/0201001号	工业	否
37	华菱湘钢	湘（2019）湘潭市不动产权第0026131号	出让		2018.3.11－2068.3.10	岳塘区钢城路焦化煤场调度室0101001/0201001号	工业	否
38	华菱湘钢	湘（2019）湘潭市不动产权第0024682号	出让	5,919.50	2018.3.11－2068.3.10	岳塘区钢城路轧钢污水处理	工业	否
39	华菱湘钢	湘（2019）湘潭市不动产权第0024680号	出让	3,149.52	2018.3.11－2068.3.10	岳塘区钢城路节水节能焦化一区	工业	否

4.华菱涟钢

序号	土地使用权人	土地使用权证号	土地性质	土地面积（m^2）	使用权期限	座　　落	土地用途	是否存在他项权利
1	华菱涟钢	湘国用（2005）第255号	作价入股	90,988.20	2053.06.30	娄底市黄泥塘办事处	工业	否
2	华菱涟钢	湘国用（2005）第259号	作价入股	51,747.30	2053.06.30	娄底市黄泥塘办事处	工业	否

续表

序号	土地使用权人	土地使用权证号	土地性质	土地面积(m^2)	使用权期限	座　　落	土地用途	是否存在他项权利
3	华菱涟钢	湘国用(2005)第260号	作价入股	21,787.20	2053.06.30	娄底市黄泥塘办事处	工业	否
4	华菱涟钢	湘国用(2005)第256号	作价入股	466.30	2053.06.30	娄底市黄泥塘办事处	工业	否
5	华菱涟钢	湘国用(2005)第257号	作价入股	1,555.20	2053.06.30	娄底市黄泥塘办事处	工业	否
6	华菱涟钢	湘国用(2005)第261号	作价入股	15,029.70	2053.06.30	娄底市黄泥塘办事处	工业	否
7	华菱涟钢	湘国用(2005)第265号	作价入股	12,550.30	2053.06.30	娄底市黄泥塘办事处	工业	否
8	华菱涟钢	湘国用(2005)第266号	作价入股	2,698.70	2053.06.30	娄底市黄泥塘办事处	工业	否
9	华菱涟钢	湘国用(2005)第267号	作价入股	120,348.40	2053.06.30	娄底市黄泥塘办事处	工业	否
10	华菱涟钢	湘国用(2005)第268号	作价入股	86,485.80	2053.06.30	娄底市黄泥塘办事处	工业	否
11	华菱涟钢	湘国用(2005)第269号	作价入股	30,846.70	2053.06.30	娄底市黄泥塘办事处	工业	否
12	华菱涟钢	湘国用(2005)第270号	作价入股	131,389.90	2053.06.30	娄底市黄泥塘办事处	工业	否
13	华菱涟钢	湘国用(2005)第271号	作价入股	1,539.00	2053.06.30	娄底市黄泥塘办事处	工业	否
14	华菱涟钢	湘国用(2005)第272号	作价入股	56,898.10	2053.06.30	娄底市黄泥塘办事处	工业	否
15	华菱涟钢	湘国用(2005)第263号	作价入股	1,263.90	2053.06.30	娄底市黄泥塘办事处	工业	否
16	华菱涟钢	湘国用(2005)第262号	作价入股	15,289.70	2053.06.30	娄底市黄泥塘办事处	工业	否
17	华菱涟钢	湘国用(2005)第273号	作价入股	7,505.20	2053.06.30	娄底市黄泥塘办事处	工业	否
18	华菱涟钢	湘国用(2005)第274号	作价入股	7,145.10	2053.06.30	娄底市黄泥塘办事处	工业	否
19	华菱涟钢	湘国用(2005)第275号	作价入股	2,546.80	2053.06.30	娄底市黄泥塘办事处	工业	否

续表

序号	土地使用权人	土地使用权证号	土地性质	土地面积（m^2）	使用权期限	座　落	土地用途	是否存在他项权利
20	华菱涟钢	湘国用（2005）第 278 号	作价入股	347,671.10	2053.06.30	娄底市黄泥塘办事处	工业	否
21	华菱涟钢	湘国用（2005）第 279 号	作价入股	195,381.30	2053.06.30	娄底市黄泥塘办事处	工业	否
22	华菱涟钢	湘国用（2005）第 280 号	作价入股	145,408.50	2053.06.30	娄底市黄泥塘办事处	工业	否
23	华菱涟钢	湘国用（2005）第 281 号	作价入股	10,905.30	2053.06.30	娄底市黄泥塘办事处	工业	否
24	华菱涟钢	湘国用（2005）第 282 号	作价入股	142,195.30	2053.06.30	娄底市黄泥塘办事处	工业	否
25	华菱涟钢	湘国用（2005）第 283 号	作价入股	17,113.30	2053.06.30	娄底市黄泥塘办事处	工业	否
26	华菱涟钢	湘国用（2005）第 284 号	作价入股	179,357.60	2053.06.30	娄底市黄泥塘办事处	工业	否
27	华菱涟钢	湘国用（2005）第 285 号	作价入股	240,673.40	2053.06.30	娄底市黄泥塘办事处	工业	否
28	华菱涟钢	湘国用（2005）第 286 号	作价入股	15,232.80	2053.06.30	娄底市黄泥塘办事处	工业	否
29	华菱涟钢	湘国用（2005）第 287 号	作价入股	50,746.90	2053.06.30	娄底市黄泥塘办事处	工业	否
30	华菱涟钢	湘国用（2005）第 288 号	作价入股	32,374.90	2053.06.30	娄底市黄泥塘办事处	工业	否
31	华菱涟钢	湘国用（2005）第 289 号	作价入股	63,351.10	2053.06.30	娄底市黄泥塘办事处	工业	否
32	华菱涟钢	湘国用（2005）第 290 号	作价入股	4,838.70	2053.06.30	娄底市黄泥塘办事处	工业	否
33	华菱涟钢	湘国用（2005）第 291 号	作价入股	473.60	2053.06.30	娄底市黄泥塘办事处	工业	否
34	华菱涟钢	湘国用（2005）第 292 号	作价入股	20,818.30	2053.06.30	娄底市黄泥塘办事处	工业	否
35	华菱涟钢	湘国用（2005）第 293 号	作价入股	25,613.60	2053.06.30	娄底市黄泥塘办事处	工业	否
36	华菱涟钢	湘国用（2005）第 294 号	作价入股	26,036.60	2053.06.30	娄底市黄泥塘办事处	工业	否

续表

序号	土地使用权人	土地使用权证号	土地性质	土地面积(m^2)	使用权期限	座落	土地用途	是否存在他项权利
37	华菱涟钢	湘国用(2005)第295号	作价入股	13,001.90	2053.06.30	娄底市黄泥塘办事处	工业	否
38	华菱涟钢	湘国用(2005)第296号	作价入股	288.40	2053.06.30	娄底市黄泥塘办事处	工业	否
39	华菱涟钢	湘国用(2005)第297号	作价入股	2,759.00	2053.06.30	娄底市黄泥塘办事处	工业	否
40	华菱涟钢	湘国用(2005)第298号	作价入股	2,427.40	2053.06.30	娄底市黄泥塘办事处	工业	否
41	华菱涟钢	湘国用(2005)第299号	作价入股	5,953.40	2053.06.30	娄底市黄泥塘办事处	工业	否
42	华菱涟钢	湘国用(2005)第300号	作价入股	15,003.60	2053.06.30	娄底市黄泥塘办事处	工业	否
43	华菱涟钢	湘国用(2005)第302号	作价入股	59,700.10	2053.06.30	娄底市黄泥塘办事处	工业	否
44	华菱涟钢	湘国用(2005)第303号	作价入股	604.70	2053.06.30	娄底市黄泥塘办事处	工业	否
45	华菱涟钢	湘国用(2005)第304号	作价入股	6,537.00	2053.06.30	娄底市黄泥塘办事处	工业	否
46	华菱涟钢	湘国用(2005)第305号	作价入股	293.50	2053.06.30	娄底市黄泥塘办事处	工业	否
47	华菱涟钢	湘国用(2005)第306号	作价入股	129,731.50	2053.06.30	娄底市黄泥塘办事处	工业	否
48	华菱涟钢	湘国用(2005)第332号	出让	9,006.87	2047.06.11	娄底市钢城南路东侧	工业	否
49	华菱涟钢	湘国用(2005)第307号	作价入股	8,786.40	2053.06.30	娄底市黄泥塘办事处	工业	否
50	华菱涟钢	湘国用(2005)第308号	作价入股	3,602.00	2053.06.30	娄底市黄泥塘办事处	工业	否
51	华菱涟钢	湘国用(2005)第309号	作价入股	1,874.10	2053.06.30	娄底市黄泥塘办事处	工业	否
52	华菱涟钢	湘国用(2005)第331号	出让	2,988.80	2051.02.18	娄底市钢城南路西侧	工业	否
53	华菱涟钢	湘国用(2005)第310号	作价入股	2,527.20	2053.06.30	娄底市黄泥塘办事处	工业	否

续表

序号	土地使用权人	土地使用权证号	土地性质	土地面积（m^2）	使用权期限	座　　落	土地用途	是否存在他项权利
54	华菱涟钢	湘国用（2005）第322号	作价入股	90,287.10	2053.06.30	娄底市黄泥塘办事处	工业	否
55	华菱涟钢	湘国用（2005）第323号	作价入股	21,511.70	2053.06.30	娄底市黄泥塘办事处	工业	否
56	华菱涟钢	湘国用（2005）第264号	作价入股	3,300.40	2053.06.30	娄底市黄泥塘办事处	工业	否
57	华菱涟钢	湘国用（2005）第333号	出让	6,819.30	2050.06.27	娄底市湘阳街北侧	商业、工业	否
58	华菱涟钢	湘国用（2005）第324号	作价入股	57,389.36	2053.06.30	娄底市黄泥塘办事处	工业	否
59	华菱涟钢	湘国用（2005）第325号	作价入股	55,944.02	2053.06.30	娄底市黄泥塘办事处	工业	否
60	华菱涟钢	湘国用（2005）第311号	作价入股	12,179.90	2053.06.30	娄底市黄泥塘办事处	工业	否
61	华菱涟钢	湘国用（2005）第312号	作价入股	867.70	2053.06.30	娄底市黄泥塘办事处	工业	否
62	华菱涟钢	湘国用（2005）第313号	作价入股	3,735.10	2053.06.30	娄底市黄泥塘办事处	工业	否
63	华菱涟钢	湘国用（2005）第314号	作价入股	41,866.20	2053.06.30	娄底市黄泥塘办事处	工业	否
64	华菱涟钢	湘国用（2005）第315号	作价入股	131,426.81	2053.06.30	娄底市黄泥塘办事处	工业	否
65	华菱涟钢	湘国用（2005）第316号	作价入股	30,915.70	2053.06.30	娄底市黄泥塘办事处	工业	否
66	华菱涟钢	湘国用（2005）第258号	作价入股	17,358.70	2053.06.30	娄底市黄泥塘办事处	工业	否
67	华菱涟钢	湘国用（2005）第326号	作价入股	23,356.00	2053.06.30	娄底市黄泥塘办事处	工业	否
68	华菱涟钢	湘国用（2005）第320号	作价入股	12,938.90	2053.06.30	娄底市黄泥塘办事处	工业	否
69	华菱涟钢	湘国用（2005）第321号	作价入股	2,738.90	2053.06.30	娄底市黄泥塘办事处	工业	否
70	华菱涟钢	湘国用（2005）第276号	作价入股	1,811.10	2053.06.30	娄底市黄泥塘办事处	工业	否

续表

序号	土地使用权人	土地使用权证号	土地性质	土地面积（m^2）	使用权期限	座　落	土地用途	是否存在他项权利
71	华菱涟钢	湘国用(2005)第 318 号	作价入股	15,138.40	2053.06.30	娄底市黄泥塘办事处	工业	否
72	华菱涟钢	湘国用(2005)第 277 号	作价入股	5,604.40	2053.06.30	娄底市黄泥塘办事处	工业	否
73	华菱涟钢	湘国用(2005)第 319 号	作价入股	55,952.10	2053.06.30	娄底市黄泥塘办事处	工业	否
74	华菱涟钢	湘国用(2005)第 301 号	作价入股	16,655.70	2053.06.30	娄底市黄泥塘办事处	工业	否
75	华菱涟钢	湘国用(2005)第 327 号	作价入股	1,051.40	2053.06.30	娄底市黄泥塘办事处	工业	否
76	华菱涟钢	湘国用(2005)第 328 号	作价入股	1,939.50	2053.06.30	娄底市黄泥塘办事处	工业	否
77	华菱涟钢	湘国用(2005)第 329 号	作价入股	1,926.90	2053.06.30	娄底市黄泥塘办事处	工业	否
78	华菱涟钢	湘国用(2005)第 317 号	作价入股	8,985.80	2053.06.30	娄底市黄泥塘办事处	工业	否
79	华菱涟钢	湘国用(2005)第 330 号	作价入股	18,701.90	2053.06.30	娄底市黄泥塘办事处	工业	否
80	华菱涟钢	娄国用(2008)第 A0443 号	出让	93,698.90	2048.06.01	娄底市高溪工业小区内	工业	否
81	华菱涟钢	娄国用(2008)第 A0445 号	出让	50,084.26	2058.12.31	娄底市黄泥塘办事处高溪村	工业	否
82	华菱涟钢	娄国用(2008)第 A0446 号	出让	66,967.53	2058.12.31	娄底市黄泥塘办事处高溪村	工业	否
83	华菱涟钢	娄国用(2008)第 A0147 号	出让	1,522.95	2056.08.22	涟滨西街	工业	否
84	华菱涟钢	娄国用(2008)第 A0148 号	出让	1,189.23	2052.09.20	涟滨西街	工业	否
85	华菱涟钢	娄国用(2011)第 07243 号	出让	6,543.29	2061.04.29	娄底市娄星区黄泥塘办事处福岭社区(大湾)	工业	否
86	华菱涟钢	娄国用(2011)第 07244 号	出让	97,077.86	2061.04.29	娄底市娄星区黄泥塘办事处福岭社区(大湾)	工业	否

续表

序号	土地使用权人	土地使用权证号	土地性质	土地面积（m^2）	使用权期限	座落	土地用途	是否存在他项权利
87	华菱涟钢	娄国用(2011)第07245号	出让	3,940.88	2061.04.29	娄底市娄星区福岭社区	工业	否
88	华菱涟钢	娄国用(2011)第07246号	出让	31,095.99	2061.04.29	娄底市娄星区福岭社区	工业	否
89	华菱涟钢	娄国用(2011)第07247号	出让	17.73	2061.04.29	娄底市娄星区福岭社区	工业	否
90	华菱涟钢	娄国用(2011)第07248号	出让	5,654.02	2061.04.29	娄底市娄星区福岭社区	工业	否

5. 阳春新钢

序号	土地使用权人	土地使用权证号	土地性质	土地面积（m^2）	使用权期限	座落	土地用途	是否存在他项权利
1	阳春新钢	春府国用(2008)第1400178号特0000446	出让	1,373,067.00	2058.04	阳春市潭水镇南山工业区	工业	否
2	阳春新钢	春府国用(2010)第1401814号特0001270	出让	603,122.70	2060.06.08	阳春市潭水镇南山工业园地块六	工业	否
3	阳春新钢	春府国用(2010)第1401815号特0001271	出让	192,949.30	2060.06.08	阳春市潭水镇南山工业园地块七	工业	否
4	阳春新钢	春府国用(2010)第1401816号特0001272	出让	42,501.20	2060.06.08	阳春市潭水镇南山工业园地块八	工业	否
5	阳春新钢	春府国用(2010)第1401817号特0001273	出让	7,286.60	2060.06.08	阳春市潭水镇南山工业园地块九A	工业	否
6	阳春新钢	春府国用(2010)第1401818号特0001289	出让	2,534.50	2060.06.08	阳春市潭水镇南山工业园地块九B	工业	否
7	阳春新钢	粤(2016)阳春市不动产权第0004528号	出让	26,646.86	2084.05.17	阳春市马水镇新风村委会黑莲田	住宅	否
8	阳春新钢	粤(2017)阳春市不动产权第0007746号	出让	138,344.88	2080.06.08	阳春市马水镇新风村委会黑莲田	住宅	否

附表二:

公司及其重要子公司自有房产清单

1. 华菱集团

序号	房屋所有权人	证载权利人	物业位置	房产证号	建筑面积(m^2)	证载用途	是否存在他项权利
1	华菱集团	华菱集团	芙蓉中路269号华联大厦2001	长房权证芙蓉字第713172951号	1,617.44	办公	否
2	华菱集团	华菱集团	芙蓉中路269号华联大厦2202等	长房权证芙蓉字第713172954号	3,434.65	办公	否
3	华菱集团	华菱集团	裕南街104号	长房权证天心字第00692873号	991.15	车库/商业	否

2. 涟钢集团

序号	房屋所有权人	证载权利人	物业位置	房产证号	建筑面积(m^2)	证载用途	是否存在他项权利
1	涟钢集团	涟钢集团	涟钢洪家洲集体宿舍楼	娄房权证娄底字第00036008号	165.63	集体宿舍	否
2	涟钢集团	涟钢集团	涟钢洪家洲集体宿舍楼	娄房权证娄底字第00036009号	954.89	集体宿舍	否
3	涟钢集团	涟钢集团	涟钢洪家洲集体宿舍楼	娄房权证娄底字第00036010号	1,895.28	集体宿舍	否
4	涟钢集团	涟钢集团	涟钢洪家洲集体宿舍楼	娄房权证娄底字第00036011号	2,837.49	集体宿舍	否
5	涟钢集团	涟钢集团	涟钢洪家洲集体宿舍楼	娄房权证娄底字第00036013号	58.52	其他	否
6	涟钢集团	涟钢集团	涟钢洪家洲集体宿舍楼	娄房权证娄底字第00036015号	1,900.2	集体宿舍	否
7	涟钢集团	涟钢集团	涟钢洪家洲集体宿舍楼	娄房权证娄底字第00036016号	1,697.99	集体宿舍	否
8	涟钢集团	涟钢集团	涟钢洪家洲351栋	娄房权证娄底字第00036151号	1,334.58	住宅	否
9	涟钢集团	涟钢集团	涟钢洪家洲宿舍二轧宿舍(现大学生宿舍)	娄房权证娄底字第00036154号	2,278.67	集体宿舍	否
10	涟钢集团	涟钢集团	涟钢洪家洲宿舍20栋烤火房	娄房权证娄底字第000360155号	50.25	简易房	否

续表

序号	房屋所有权人	证载权利人	物业位置	房产证号	建筑面积（m^2）	证载用途	是否存在他项权利
11	涟钢集团	涟钢集团	涟钢洪家洲宿舍六轧宿舍	娄房权证娄底字第00036156号	2,425.63	集体宿舍	否
12	涟钢集团	涟钢集团	涟钢洪家洲宿舍二轧开水房	娄房权证娄底字第00036165号	48.42	其他	否
13	涟钢集团	涟钢集团	涟钢洪家洲宿舍	娄房权证娄底字第00036186号	262.44	集体宿舍	否
14	涟钢集团	涟钢集团	涟钢洪家洲物业公司洗衣房	娄房权证娄底字第00036190号	194.47	其他	否
15	涟钢集团	涟钢集团	涟钢洪家洲宿舍	娄房权证娄底字第00036191号	1,744.61	集体宿舍	否
16	涟钢集团	涟钢集团	涟钢洪家洲宿舍六轧门卫	娄房权证娄底字第00036192号	17.12	其他	否
17	涟钢集团	涟钢集团	涟钢洪家洲新华书店	娄房权证娄底字第00036196号	546.13	文化娱乐	否
18	涟钢集团	涟钢集团	涟钢洪家洲门店	娄房权证娄底字第00036198号	840.23	商业	否
19	涟钢集团	涟钢集团	旁山冲居委会41栋	娄房权证娄底字第00036201号	1,651.19	集体宿舍	否
20	涟钢集团	涟钢集团	涟钢373栋	娄房权证娄底字第00036210号	591.91	办公	否
21	涟钢集团	涟钢集团	涟钢谭家山居委会334栋	娄房权证娄底字第00036211号	1,180.1	住宅	否
22	涟钢集团	涟钢集团	涟钢谭家山居委会333栋	娄房权证娄底字第00036212号	1,180.1	住宅	否
23	涟钢集团	涟钢集团	涟钢谭家山居委会332栋	娄房权证娄底字第00036213号	1,180.1	住宅	否
24	涟钢集团	涟钢集团	涟钢索桥居委会419栋	娄房权证娄底字第00036214号	797.56	住宅	否
25	涟钢集团	涟钢集团	涟钢索桥居委会418栋	娄房权证娄底字第00036215号	740.79	住宅	否
26	涟钢集团	涟钢集团	涟钢索桥居委会417栋	娄房权证娄底字第00036216号	886.9	住宅	否
27	涟钢集团	涟钢集团	涟钢索桥居委会416栋	娄房权证娄底字第00036217号	1,502.86	住宅	否
28	涟钢集团	涟钢集团	涟钢索桥居委会415栋	娄房权证娄底字第00036218号	663.55	住宅	否

续表

序号	房屋所有权人	证载权利人	物业位置	房产证号	建筑面积（m^2）	证载用途	是否存在他项权利
29	涟钢集团	涟钢集团	涟钢洪家洲河边生活泵房配电室	娄房权证娄底字第00036530号	91.27	电瓶房	否
30	涟钢集团	涟钢集团	涟钢北大桥电修公司(门卫)	娄房权证娄底字第00036545号	64.51	其他	否
31	涟钢集团	涟钢集团	涟钢北大桥电修公司	娄房权证娄底字第00036547号	1,890.35	工厂厂房	否
32	涟钢集团	涟钢集团	涟钢北大桥电修公司(门卫)	娄房权证娄底字第00036548号	16.98	其他	否
33	涟钢集团	涟钢集团	涟钢北大桥电修公司	娄房权证娄底字第00036549号	1,109.92	工厂厂房	否
34	涟钢集团	涟钢集团	涟钢北大桥电修公司	娄房权证娄底字第00036550号	440.22	工厂厂房	否
35	涟钢集团	涟钢集团	涟钢北大桥电修公司(油罐房)	娄房权证娄底字第00036551号	84.41	其他	否
36	涟钢集团	涟钢集团	涟钢北大桥电修公司(厕所)	娄房权证娄底字第00036552号	26.27	其他	否
37	涟钢集团	涟钢集团	涟钢北大桥电修公司	娄房权证娄底字第00036553号	64.62	/	否
38	涟钢集团	涟钢集团	涟钢北大桥电修公司	娄房权证娄底字第00036554号	98.79	车库	否
39	涟钢集团	涟钢集团	北大桥电修公司	娄房权证娄底字第00036555号	1,767.2	工厂厂房	否
40	涟钢集团	涟钢集团	涟钢桔园路培训中心	娄房权证娄底字第00036718号	147.57	其他	否
41	涟钢集团	涟钢集团	涟钢桔园路培训中心	娄房权证娄底字第00036719号	24.47	其他	否
42	涟钢集团	涟钢集团	涟钢桔园路培训中心	娄房权证娄底字第00036720号	569.34	其他	否
43	涟钢集团	涟钢集团	涟钢桔园路培训中心	娄房权证娄底字第00036721号	825.82	工厂厂房	否
44	涟钢集团	涟钢集团	涟钢桔园路培训中心	娄房权证娄底字第00036722号	528.02	集体宿舍	否
45	涟钢集团	涟钢集团	涟钢桔园路培训中心	娄房权证娄底字第00036723号	774.49	其他	否
46	涟钢集团	涟钢集团	涟钢桔园路培训中心	娄房权证娄底字第00036725号	1,164.14	教育	否

续表

序号	房屋所有权人	证载权利人	物业位置	房产证号	建筑面积（m^2）	证载用途	是否存在他项权利
47	涟钢集团	涟钢集团	涟钢桔园路培训中心	娄房权证娄底字第00036726号	1,990.33	办公	否
48	涟钢集团	涟钢集团	涟钢桔园路培训中心	娄房权证娄底字第00036727号	1,751.71	教育	否
49	涟钢集团	涟钢集团	涟钢桔园路培训中心	娄房权证娄底字第00036728号	41.72	其他	否
50	涟钢集团	涟钢集团	涟钢桔园路培训中心	娄房权证娄底字第00036729号	625.77	工厂厂房	否
51	涟钢集团	涟钢集团	涟钢桔园路培训中心	娄房权证娄底字第00036730号	887.87	工厂厂房	否
52	涟钢集团	涟钢集团	涟钢桔园路培训中心	娄房权证娄底字第00036731号	265.21	其他	否
53	涟钢集团	涟钢集团	涟钢桔园路培训中心	娄房权证娄底字第00036732号	883.45	工厂厂房	否
54	涟钢集团	涟钢集团	涟钢桔园路培训中心	娄房权证娄底字第00036733号	53.1	其他	否
55	涟钢集团	涟钢集团	涟钢桔园路培训中心	娄房权证娄底字第00036736号	115.69	办公	否
56	涟钢集团	涟钢集团	涟钢桔园路培训中心	娄房权证娄底字第00036737号	67.95	其他	否
57	涟钢集团	涟钢集团	涟钢桔园路培训中心	娄房权证娄底字第00036738号	955.3	办公	否
58	涟钢集团	涟钢集团	涟钢桔园路培训中心	娄房权证娄底字第00036739号	2,747.41	工厂厂房	否
59	涟钢集团	涟钢集团	涟钢洪家洲宿舍一炼钢宿舍	娄房权证娄底字第00036740号	2,914.27	住宅	否
60	涟钢集团	涟钢集团	涟钢洪家洲集体宿舍原1、2、3栋	娄房权证娄底字第00036742号	8,239.68	住宅	否
61	涟钢集团	涟钢集团	涟钢六食堂旁边[生活服务公司]	娄房权证娄底字第00036746号	636.86	其他	否
62	涟钢集团	涟钢集团	涟钢钢城北路五食堂旁边	娄房权证娄底字第00036759号	187.81	其他	否
63	涟钢集团	涟钢集团	涟钢钢城北路[食堂]	娄房权证娄底字第00036761号	878.49	其他	否
64	涟钢集团	涟钢集团	涟钢黄泥塘居委会[食堂]	娄房权证娄底字第00036772号	213.59	其他	否

续表

序号	房屋所有权人	证载权利人	物业位置	房产证号	建筑面积(m^2)	证载用途	是否存在他项权利
65	涟钢集团	涟钢集团	炼钢钢城西街绿化对杂房	娄房权证娄底字第00036833号	65.1	其他	否
66	涟钢集团	涟钢集团	涟钢洪家洲集体宿舍原4,5,6栋	娄房权证娄底字第00036873号	13,925.64	住宅	否
67	涟钢集团	涟钢集团	涟钢露天场厕所	娄房权证娄底字第00036895号	28.16	其他	否
68	涟钢集团	涟钢集团	涟钢洪家洲物业公司办公楼前栋右边仓库	娄房权证娄底字第00046916号	877.98	仓库	否
69	涟钢集团	涟钢集团	涟钢洪家洲物业公司办公楼前栋	娄房权证娄底字第00046919号	966.44	办公楼	否
70	涟钢集团	涟钢集团	涟钢河东26栋物业公司维修队办公室(0201)	娄房权证娄底字第00046920号	192.29	维修班	否
71	涟钢集团	涟钢集团	涟钢洪家洲培训基地宿舍	娄房权证娄底字第00046923号	201.19	宿舍	否
72	涟钢集团	涟钢集团	涟钢洪家洲培训基地宿舍旁边厕所(0201)	娄房权证娄底字第00046924号	46.66	厕所	否
73	涟钢集团	涟钢集团	涟钢谭家山346栋(0201)	娄房权证娄底字第00046925号	1,622.97	宿舍	否
74	涟钢集团	涟钢集团	涟钢洪家洲培训基地宿(0201)	娄房权证娄底字第00046926号	393.92	宿舍	否
75	涟钢集团	涟钢集团	涟钢四栋平房心动(0206)	娄房权证娄底字第00046928号	2,029.05	宿舍	否
76	涟钢集团	涟钢集团	涟钢四栋平房新栋	娄房权证娄底字第00046929号	3,243.13	宿舍	否
77	涟钢集团	涟钢集团	涟钢河东集体宿舍(医院集体宿舍39栋)	娄房权证娄底字第00046944号	723.15	住宅	否
78	涟钢集团	涟钢集团	涟钢389栋	娄房权证娄底字第00046946号	936.27	公房	否
79	涟钢集团	涟钢集团	涟钢谭家山居委会330栋	娄房权证娄底字第00046950号	1,809.21	住宅	否
80	涟钢集团	涟钢集团	涟钢457栋	娄房权证娄底字第00046965号	2,810.64	公房	否
81	涟钢集团	涟钢集团	物业公司(绿化队办公楼)	娄房权证娄底字第00046968号	611.67	办公楼	否
82	涟钢集团	涟钢集团	涟钢谭家山居委会331栋	娄房权证娄底字第00046970号	1,809.21	住宅	否

续表

序号	房屋所有权人	证载权利人	物业位置	房产证号	建筑面积（m^2）	证载用途	是否存在他项权利
83	涟钢集团	涟钢集团	涟钢物业公司469栋三层楼	娄房权证娄底字第00046985号	213.27	住宅	否
84	涟钢集团	涟钢集团	涟钢谭家山居委会347栋	娄房权证娄底字第00046986号	858.45	住宅	否
85	涟钢集团	涟钢集团	涟钢物业公司谭家山集体宿舍343号	娄房权证娄底字第00046988号	1,126.03	住宅	否
86	涟钢集团	涟钢集团	物业公司（绿化队工具房）	娄房权证娄底字第00046989号	55.64	工具房	否
87	涟钢集团	涟钢集团	涟钢河东集体宿舍46栋	娄房权证娄底字第00046995号	1,929.25	/	否
88	涟钢集团	涟钢集团	涟钢河东集体宿舍47栋（0206）	娄房权证娄底字第00046996号	1,881.84	住宅	否
89	涟钢集团	涟钢集团	涟钢河东集体宿舍47栋旁原三炼钢食堂	娄房权证娄底字第00046998号	1,177.08	/	否
90	涟钢集团	涟钢集团	涟钢四栋平房49栋	娄房权证娄底字第00047000号	2,029.05	住宅	否
91	涟钢集团	涟钢集团	涟钢四栋平房门面	娄房权证娄底字第00048305号	126.58	商业	否
92	涟钢集团	涟钢集团	娄星区涟钢城东路涟钢培训中心教学楼	娄房权证娄底字第00048336号	2,989.81	教育	否
93	涟钢集团	涟钢集团	涟钢河东集体宿舍	娄房权证娄底字第00048345号	248.55	住宅	否
94	涟钢集团	涟钢集团	涟钢河东集体宿舍	娄房权证娄底字第00048346号	339.90	住宅	否
95	涟钢集团	涟钢集团	涟钢洪家洲物业公司车库	娄房权证娄底字第00048351号	282.41	车库	否
96	涟钢集团	涟钢集团	涟钢物业公司河东维修点门卫	娄房权证娄底字第00048352号	59.66	门卫	否
97	涟钢集团	涟钢集团	涟钢谭家居委会349栋	娄房权证娄底字第00048354号	1,241.28	住宅	否
98	涟钢集团	涟钢集团	涟钢谭家山居委会350栋	娄房权证娄底字第00048355号	1,341.28	住宅	否
99	涟钢集团	涟钢集团	涟钢物业公司谭家山集体宿舍345栋	娄房权证娄底字第00048356号	976.12	住宅	否
100	涟钢集团	涟钢集团	物业公司	娄房权证娄底字第00048361号	191.50	绿化队温室	否

续表

序号	房屋所有权人	证载权利人	物业位置	房产证号	建筑面积（m^2）	证载用途	是否存在他项权利
101	涟钢集团	涟钢集团	涟钢洪家洲辅材	娄房权证娄底字第00048363号	912.36	办公	否
102	涟钢集团	涟钢集团	涟钢洪家洲辅材	娄房权证娄底字第00048364号	91.83	门卫	否
103	涟钢集团	涟钢集团	涟钢洪家洲辅材	娄房权证娄底字第00048365号	583.91	宿舍	否
104	涟钢集团	涟钢集团	涟钢旁山冲	娄房权证娄底字第00048369号	795.80	/	否
105	涟钢集团	涟钢集团	涟钢洪家洲辅材四栋杂房	娄房权证娄底字第00048372号	125.34	住宅	否
106	涟钢集团	涟钢集团	涟钢洪家洲辅材	娄房权证娄底字第00048373号	912.36	办公楼	否
107	涟钢集团	涟钢集团	涟钢洪家洲辅材四栋杂房	娄房权证娄底字第00048374号	427.56	住宅	否
108	涟钢集团	涟钢集团	涟钢洪家洲辅材四栋杂房	娄房权证娄底字第00048375号	271.22	住宅	否
109	涟钢集团	涟钢集团	涟钢物业公司河东维修队办公楼26栋旁	娄房权证娄底字第00048378号	358.20	办公	否
110	涟钢集团	涟钢集团	涟钢物业公司河东维修点办公大楼	娄房权证娄底字第00048379号	598.42	办公	否
111	涟钢集团	涟钢集团	涟钢洪家洲356栋前老人活动室	娄房权证娄底字第00048394号	73.70	老人活动室	否
112	涟钢集团	涟钢集团	涟钢月琴山公园老人活动室	娄房权证娄底字第00048396号	86.59	老人活动室	否
113	涟钢集团	涟钢集团	涟钢路四轧钢厂河西48栋	娄房权证娄底字第00052671号	1,655.89	办公	否
114	涟钢集团	涟钢集团	涟钢旁山冲老年活动中心	娄房权证娄底字第00052673号	780.12	老干活动中心	否
115	涟钢集团	涟钢集团	娄星区仙人阁小区(0202)	娄房权证娄底字第00102225号	9,997.09	综合	否
116	涟钢集团	涟钢集团	娄星区涟钢仙人阁小区三组团0013幢01室	娄房权证娄底字第00103251号	29.62	其他	否
117	涟钢集团	涟钢集团	娄星区9#门卫(273990010)0083幢101	娄房权证娄底字第00145473号	13.54	门卫	否
118	涟钢集团	涟钢集团	娄星区涟钢3#门卫值班室(273990017)	娄房权证娄底字第00145546号	112.88	门卫	否

续表

序号	房屋所有权人	证载权利人	物业位置	房产证号	建筑面积（m²）	证载用途	是否存在他项权利
119	涟钢集团	涟钢集团	娄星区涟钢仓库(230000012)0039 幢 10	娄房权证娄底字第 00146555 号	196.99	仓储	否
120	涟钢集团	涟钢集团	娄星区涟钢四食堂（285990025）	娄房权证娄底字第 00146566 号	164.94	其他	否
121	涟钢集团	涟钢集团	娄星区食堂(285990033)0038 幢 101	娄房权证娄底字第 00146567 号	55.64	其他	否
122	涟钢集团	涟钢集团	娄星区涟钢工地食堂（285990042）	娄房权证娄底字第 00146569 号	779.66	其他	否
123	涟钢集团	涟钢集团	娄星区保卫部办公楼大门（27399021）0081 幢 101	娄房权证娄底字第 00146570 号	25.87	办公楼	否
124	涟钢集团	涟钢集团	娄星区涟钢北大桥副门卫(273990009) 0076 幢 101	娄房权证娄底字第 00146571 号	8.25	公用设施	否
125	涟钢集团	涟钢集团	娄星区涟钢化验室（211000571）	娄房权证娄底字第 00146572 号	721.97	工业	否
126	涟钢集团	涟钢集团	娄星区涟钢东 18 栋文化室(281010015)	房权证娄底字第 00146576 号	406.04	其他	否
127	涟钢集团	涟钢集团	娄星区涟钢生活水处理新建门卫（211000572）0036 幢 101	房权证娄底字第 00146578 号	16.98	其他	否
128	涟钢集团	涟钢集团	娄星区涟钢技校传达室(252050073)	房权证娄底字第 00146579 号	112.88	传达室	否
129	涟钢集团	涟钢集团	娄底市黄泥塘办事处涟钢厂区内 2 幢 55 栋环保科技公司翻渣系统主厂房 101	湘(2019)娄底市不动产权第 0011096 号	3,906.37	工业	否

3. 华菱湘钢

序号	房屋所有权人	证载权利人	物业位置	房产证号	建筑面积（m²）	证载用途	是否存在他项权利
1	华菱湘钢	华菱湘钢	岳塘区岳塘街道宽厚板厂	潭房权证湘潭市字第 245791 号	128,497.98	工业	否
2	华菱湘钢	华菱湘钢	岳塘区岳塘街道炼钢厂	潭房权证湘潭市字第 209466 号	30,231.02	工业	否
3	华菱湘钢	华菱湘钢	岳塘区岳塘街道棒材厂大盘卷主厂房	潭房权证湘潭市字第 240844 号	36,879.32	工业	否

续表

序号	房屋所有权人	证载权利人	物业位置	房产证号	建筑面积(m^2)	证载用途	是否存在他项权利
4	华菱湘钢	华菱湘钢	岳塘区岳塘街道宽厚板厂	潭房权证湘潭市字第245789号	28,676.66	工业	否
5	华菱湘钢	华菱湘钢	岳塘区岳塘街道宽厚板厂	潭房权证湘潭市字第245670号	25,530.09	工业	否
6	华菱湘钢	华菱湘钢	岳塘区岳塘街道高线厂	潭房权证湘潭市字第245694号	28,406.22	工业	否
7	华菱湘钢	华菱湘钢	岳塘区岳塘街道炼钢厂	潭房权证湘潭市字第209467号	17,562.77	工业	否
8	华菱湘钢	华菱湘钢	岳塘区岳塘街道高线厂	潭房权证湘潭市字第174072号	27,793.88	工业	否
9	华菱湘钢	华菱湘钢	岳塘区岳塘街道棒材厂	潭房权证湘潭市字第234049号	9,329.98	工业、交通、仓储	否
10	华菱湘钢	华菱湘钢	岳塘区岳塘街道华菱湘钢修磨厂房	潭房权证岳塘区字第2015028342号	9,496.86	工业	否
11	华菱湘钢	华菱湘钢	岳塘区岳塘街道设备管理部信息大楼	潭房权证湘潭市字第245655号	6,303.19	工业	否
12	华菱湘钢	华菱湘钢	岳塘区岳塘街道华菱湘钢5号高炉喷烧煤主厂房	潭房权证岳塘区字第2015027076号	4,882.85	工业	否
13	华菱湘钢	华菱湘钢	岳塘区岳塘街道宽板厂宽板二线综合楼	潭房权证湘潭市字第242144号	10,130.80	工业	否
14	华菱湘钢	华菱湘钢	岳塘区岳塘街道棒材厂大盘卷办公楼	潭房权证湘潭市字第242143号	5,615.64	工业	否
15	华菱湘钢	华菱湘钢	岳塘区岳塘街道棒材厂1号主电室	潭房权证湘潭市字第242193号	2,840.54	工业	否
16	华菱湘钢	华菱湘钢	岳塘区岳塘街道棒材厂	潭房权证湘潭市字第174206号	19,347.77	工业	否
17	华菱湘钢	华菱湘钢	岳塘区岳塘街道能源中心	潭房权证湘潭市字第234025号	4,165.28	工业、交通、仓储	否
18	华菱湘钢	华菱湘钢	岳塘区岳塘街道棒材厂	潭房权证湘潭市字第234036号	6,217.26	工业、交通、仓储	否
19	华菱湘钢	华菱湘钢	岳塘区岳塘街道采购部	潭房权证湘潭市字第245780号	2,033.05	工业	否
20	华菱湘钢	华菱湘钢	岳塘区岳塘街道能源中心	潭房权证湘潭市字第216928号	1,120.95	工业、交通、仓储	否

续表

序号	房屋所有权人	证载权利人	物业位置	房产证号	建筑面积（m²）	证载用途	是否存在他项权利
21	华菱湘钢	华菱湘钢	岳塘区岳塘街道炼铁厂新一烧主抽风机室	潭房权证湘潭市字第241159号	1,141.10	工业	否
22	华菱湘钢	华菱湘钢	岳塘区岳塘街道湘钢炼铁厂	潭房权证湘潭市字第174196号	7,236.47	工业	否
23	华菱湘钢	华菱湘钢	岳塘区岳塘街道炼钢厂	潭房权证湘潭市字第209465号	9,253.13	工业	否
24	华菱湘钢	华菱湘钢	岳塘区岳塘街道炼铁厂新一烧主电气楼	潭房权证湘潭市字第242195号	3,339.00	工业	否
25	华菱湘钢	华菱湘钢	岳塘区岳塘街道炼铁厂5号高炉软水泵房	潭房权证湘潭市字第242354号	1,080.32	工业	否
26	华菱湘钢	华菱湘钢	岳塘区岳塘街道宽厚板厂	潭房权证湘潭市字第245680号	3,288.30	工业	否
27	华菱湘钢	华菱湘钢	岳塘区岳塘街道能源中心	潭房权证湘潭市字第234018号	2,997.20	工业、交通、仓储	否
28	华菱湘钢	华菱湘钢	岳塘区岳塘街道炼铁厂	潭房权证湘潭市字第199931号	5,355.19	工业、交通、仓储	否
29	华菱湘钢	华菱湘钢	岳塘区岳塘街道能源中心电动风机站房屋	潭房权证湘潭市字第241016号	3741.62	工业	否
30	华菱湘钢	华菱湘钢	岳塘区岳塘街道采购部	潭房权证湘潭市字第216835号	470.16	工业、交通、仓储	否
31	华菱湘钢	华菱湘钢	岳塘区岳塘街道炼铁厂	潭房权证湘潭市字第217115号	3,393.94	工业、交通、仓储	否
32	华菱湘钢	华菱湘钢	岳塘区岳塘街道湘钢炼铁厂5号高炉1号渣处理泵房	潭房权证湘潭市字第241154号	1,486.23	工业	否
33	华菱湘钢	华菱湘钢	岳塘区岳塘街道炼铁厂5号高炉2号渣处理泵房	潭房权证湘潭市字第241071号	1,494.33	工业	否
34	华菱湘钢	华菱湘钢	岳塘区岳塘街道能源中心	潭房权证湘潭市字第217130号	2,135.41	工业、交通、仓储	否
35	华菱湘钢	华菱湘钢	岳塘区岳塘街道机关	潭房权证湘潭市字第174179号	5,886.19	工业、交通、仓储	否
36	华菱湘钢	华菱湘钢	岳塘区岳塘街道炼铁厂5号高炉主控楼	潭房权证湘潭市字第241069号	2,390.69	工业	否

续表

序号	房屋所有权人	证载权利人	物业位置	房产证号	建筑面积(m^2)	证载用途	是否存在他项权利
37	华菱湘钢	华菱湘钢	岳塘区岳塘街道能源中心三水站泵房	潭房权证湘潭市字第242355号	2,252.65	工业	否
38	华菱湘钢	华菱湘钢	岳塘区岳塘街道宽板厂宽板一线炼钢综合楼	潭房权证湘潭市字第242352号	3,309.48	工业	否
39	华菱湘钢	华菱湘钢	岳塘区岳塘街道科技开发中心	潭房权证湘潭市字第209482号	1,206.80	工业、交通、仓储	否
40	华菱湘钢	华菱湘钢	岳塘区岳塘街道炼铁厂	潭房权证湘潭市字第199746号	4,543.00	工业	否
41	华菱湘钢	华菱湘钢	岳塘区岳塘街道炼钢厂综合楼	潭房权证湘潭市字第245658号	3,832.44	综合楼	否
42	华菱湘钢	华菱湘钢	岳塘区岳塘街道能源中心	潭房权证湘潭市字第234015号	1,714.45	工业、交通、仓储	否
43	华菱湘钢	华菱湘钢	岳塘区岳塘街道能源中心	潭房权证湘潭市字第245657号	309.00	工业	否
44	华菱湘钢	华菱湘钢	岳塘区岳塘街道宽厚板厂办公楼	潭房权证湘潭市字第245693号	2,757.90	办公	否
45	华菱湘钢	华菱湘钢	岳塘区岳塘街道物流中心	潭房权证湘潭市字第234108号	1,987.65	工业、交通、仓储	否
46	华菱湘钢	华菱湘钢	岳塘区岳塘街道宽厚板厂	潭房权证湘潭市字第245661号	2,388.42	工业	否
47	华菱湘钢	华菱湘钢	岳塘区岳塘街道高线厂	潭房权证湘潭市字第234029号	3,380.09	工业	否
48	华菱湘钢	华菱湘钢	岳塘区岳塘街道科技开发中心	潭房权证湘潭市字第234045号	1,305.62	工业	否
49	华菱湘钢	华菱湘钢	岳塘区岳塘街道采购部	潭房权证湘潭市字第199749号	2,379.51	工业、交通、仓储	否
50	华菱湘钢	华菱湘钢	岳塘区岳塘街道炼钢厂脱硫除尘风机房	潭房权证湘潭市字第242192号	1,201.72	工业	否
51	华菱湘钢	华菱湘钢	岳塘区岳塘街道棒材厂	潭房权证湘潭市字第234037号	1,427.01	工业、交通、仓储	否
52	华菱湘钢	华菱湘钢	岳塘区岳塘街道能源中心十三水站淬火水处理泵房	潭房权证湘潭市字第241055号	615.56	工业	否
53	华菱湘钢	华菱湘钢	岳塘区岳塘街道高线厂	潭房权证湘潭市字第216842号	1,954.86	工业	否

续表

序号	房屋所有权人	证载权利人	物业位置	房产证号	建筑面积（m^2）	证载用途	是否存在他项权利
54	华菱湘钢	华菱湘钢	岳塘区岳塘街道能源中心	潭房权证湘潭市字第 217120 号	1,826.47	工业、交通、仓储	否
55	华菱湘钢	华菱湘钢	岳塘区岳塘街道炉料加工厂	潭房权证湘潭市字第 245654 号	2,471.03	工业	否
56	华菱湘钢	华菱湘钢	岳塘区岳塘街道能源中心	潭房权证湘潭市字第 217116 号	1,221.24	工业、交通、仓储	否
57	华菱湘钢	华菱湘钢	岳塘区岳塘街道采购部	潭房权证湘潭市字第 183699 号	2,874.04	工业、交通、仓储	否
58	华菱湘钢	华菱湘钢	岳塘区岳塘街道棒材厂	潭房权证湘潭市字第 216846 号	1,140.81	工业、交通、仓储	否
59	华菱湘钢	华菱湘钢	岳塘区岳塘街道炼铁厂喷煤 3 号，4 号高炉空压机房	潭房权证湘潭市字第 241056 号	1,084.92	工业	否
60	华菱湘钢	华菱湘钢	岳塘区岳塘街道炼铁厂	潭房权证湘潭市字第 216901 号	1,107.02	工业、交通、仓储	否
61	华菱湘钢	华菱湘钢	岳塘区岳塘街道能源中心	潭房权证湘潭市字第 216929 号	1,070.16	工业、交通、仓储	否
62	华菱湘钢	华菱湘钢	岳塘区岳塘街道炉料加工厂	潭房权证湘潭市字第 245794 号	1,227.51	工业	否
63	华菱湘钢	华菱湘钢	岳塘区岳塘街道能源中心	潭房权证湘潭市字第 216803 号	1,744.13	工业、交通、仓储	否
64	华菱湘钢	华菱湘钢	岳塘区岳塘街道湘钢炼铁厂	潭房权证湘潭市字第 174032 号	1,005.09	工业、交通、仓储	否
65	华菱湘钢	华菱湘钢	岳塘区岳塘街道能源中心三水站脱泥	潭房权证湘潭市字第 241013 号	1177.08	工业	否
66	华菱湘钢	华菱湘钢	岳塘区岳塘街道湘钢炼铁厂	潭房权证湘潭市字第 174007 号	1,715.63	工业、交通、仓储	否
67	华菱湘钢	华菱湘钢	岳塘区岳塘街道高线厂	潭房权证湘潭市字第 174069 号	1,940.85	工业	否
68	华菱湘钢	华菱湘钢	岳塘区岳塘街道能源中心大盘卷水站中心泵房	潭房权证湘潭市字第 241052 号	2,069.34	工业	否
69	华菱湘钢	华菱湘钢	岳塘区岳塘街道能源中心宽厚板二线 ACC 水站泵房	潭房权证湘潭市字第 242051 号	1,185.30	工业	否

续表

序号	房屋所有权人	证载权利人	物业位置	房产证号	建筑面积(m^2)	证载用途	是否存在他项权利
70	华菱湘钢	华菱湘钢	岳塘区岳塘街道能源中心	潭房权证湘潭市字第217043号	782.81	工业、交通、仓储	否
71	华菱湘钢	华菱湘钢	岳塘区岳塘街道炼铁厂5号高炉水渣休息室	潭房权证湘潭市字第241070号	401.12	工业	否
72	华菱湘钢	华菱湘钢	岳塘区岳塘街道炼铁厂	潭房权证湘潭市字第245776号	1,008.42	工业	否
73	华菱湘钢	华菱湘钢	岳塘区岳塘街道能源中心	潭房权证湘潭市字第216918号	992.02	工业、交通、仓储	否
74	华菱湘钢	华菱湘钢	岳塘区岳塘街道能源中心	潭房权证湘潭市字第217034号	453.06	工业、交通、仓储	否
75	华菱湘钢	华菱湘钢	岳塘区岳塘街道能源中心宽厚板二线浊环水站综合楼	潭房权证湘潭市字第240838号	4,506.61	工业	否
76	华菱湘钢	华菱湘钢	岳塘区岳塘街道能源中心宽厚板二线浊环水站脱泥加药间	潭房权证湘潭市字第240843号	812.28	工业	否
77	华菱湘钢	华菱湘钢	岳塘区岳塘街道炼铁厂四烧结空压站	潭房权证湘潭市字第241010号	506.58	工业	否
78	华菱湘钢	华菱湘钢	岳塘区岳塘街道能源中心	潭房权证湘潭市字第245690号	1,282.68	工业	否
79	华菱湘钢	华菱湘钢	岳塘区岳塘街道采购部	潭房权证湘潭市字第209539号	1,533.13	工业、交通、仓储	否
80	华菱湘钢	华菱湘钢	岳塘区岳塘街道采购部	潭房权证湘潭市字第216827号	1,004.64	工业、交通、仓储	否
81	华菱湘钢	华菱湘钢	岳塘区岳塘街道炉料加工厂	潭房权证湘潭市字第245799号	2,273.82	工业	否
82	华菱湘钢	华菱湘钢	岳塘区岳塘街道物流中心	潭房权证湘潭市字第234109号	1,629.24	工业、交通、仓储	否
83	华菱湘钢	华菱湘钢	岳塘区岳塘街道能源中心二净化TRT主控大楼	潭房权证湘潭市字第241158号	902.24	工业	否
84	华菱湘钢	华菱湘钢	岳塘区岳塘街道华菱湘钢轨道机车库复建	潭房权证岳塘区字第2015026414号	1,275.18	工业	否

续表

序号	房屋所有权人	证载权利人	物业位置	房产证号	建筑面积（m^2）	证载用途	是否存在他项权利
85	华菱湘钢	华菱湘钢	岳塘区岳塘街道华菱湘钢倒锭间	潭房权证岳塘区字第2015028349号	4,985.70	工业	否
86	华菱湘钢	华菱湘钢	岳塘区岳塘街道湘钢设备管理部	潭房权证湘潭市字第174075号	2,092.67	工业、交通、仓储	否
87	华菱湘钢	华菱湘钢	岳塘区岳塘街道炼钢厂	潭房权证湘潭市字第174258号	1,541.32	工业	否
88	华菱湘钢	华菱湘钢	岳塘区岳塘街道能源中心宽厚板二线净环水站泵房	潭房权证湘潭市字第240841号	526.71	工业	否
89	华菱湘钢	华菱湘钢	岳塘区岳塘街道能源中心三净化主厂房	潭房权证湘潭市字第240842号	735.66	工业	否
90	华菱湘钢	华菱湘钢	岳塘区岳塘街道棒材厂	潭房权证湘潭市字第174068号	1,804.29	办公	否
91	华菱湘钢	华菱湘钢	岳塘区岳塘街道湘钢炼铁厂	潭房权证湘潭市字第174031号	1,288.02	工业	否
92	华菱湘钢	华菱湘钢	岳塘区岳塘街道湘钢炼铁厂	潭房权证湘潭市字第174004号	481.67	工业、交通、仓储	否
93	华菱湘钢	华菱湘钢	岳塘区岳塘街道炼铁厂车间综合楼	潭房权证湘潭市字第242199号	1,640.84	工业	否
94	华菱湘钢	华菱湘钢	岳塘区岳塘街道能源中心	潭房权证湘潭市字第217042号	723.38	工业、交通、仓储	否
95	华菱湘钢	华菱湘钢	岳塘区岳塘街道棒材厂旋流池水泵房	潭房权证湘潭市字第241007号	58.00	工业	否
96	华菱湘钢	华菱湘钢	岳塘区岳塘街道能源中心大盘卷空压站综合楼	潭房权证湘潭市字第240850号	920.11	工业	否
97	华菱湘钢	华菱湘钢	岳塘区岳塘街道设备管理部	潭房权证湘潭市字第209529号	2,594.89	办公	否
98	华菱湘钢	华菱湘钢	岳塘区岳塘街道炼铁厂	潭房权证湘潭市字第245687号	1,734.42	工业	否
99	华菱湘钢	华菱湘钢	岳塘区岳塘街道炼铁厂新一烧循环水泵房	潭房权证湘潭市字第241163号	188.70	工业	否
100	华菱湘钢	华菱湘钢	岳塘区岳塘街道炼铁厂	潭房权证湘潭市字第217147号	1,161.85	工业、交通、仓储	否

续表

序号	房屋所有权人	证载权利人	物业位置	房产证号	建筑面积（m^2）	证载用途	是否存在他项权利
101	华菱湘钢	华菱湘钢	岳塘区岳塘街道能源中心	潭房权证湘潭市字第216914号	661.02	工业、交通、仓储	否
102	华菱湘钢	华菱湘钢	岳塘区岳塘街道棒材厂	潭房权证湘潭市字第234034号	1,168.25	工业、交通、仓储	否
103	华菱湘钢	华菱湘钢	岳塘区岳塘街道炉料加工厂	潭房权证湘潭市字第245797号	1,923.76	工业	否
104	华菱湘钢	华菱湘钢	岳塘区岳塘街道高线厂	潭房权证湘潭市字第209559号	1,792.12	工业	否
105	华菱湘钢	华菱湘钢	岳塘区岳塘街道炼铁厂	潭房权证湘潭市字第216902号	347.44	工业、交通、仓储	否
106	华菱湘钢	华菱湘钢	岳塘区岳塘街道宽厚板厂	潭房权证湘潭市字第245766号	1,149.12	工业	否
107	华菱湘钢	华菱湘钢	岳塘区岳塘街道炼铁厂新一烧燃料粗破室	潭房权证湘潭市字第241161号	253.19	工业	否
108	华菱湘钢	华菱湘钢	岳塘区岳塘街道能源中心十二水站渣浆泵房	潭房权证湘潭市字第241062号	700.62	工业	否
109	华菱湘钢	华菱湘钢	岳塘区岳塘街道能源中心	潭房权证湘潭市字第234117号	1,388.85	工业、交通、仓储	否
110	华菱湘钢	华菱湘钢	岳塘区岳塘街道炼铁厂	潭房权证湘潭市字第174045号	217.58	工业、交通、仓储	否
111	华菱湘钢	华菱湘钢	岳塘区岳塘街道宽厚板厂	潭房权证湘潭市字第245788号	890.54	工业	否
112	华菱湘钢	华菱湘钢	岳塘区岳塘街道炼钢厂	潭房权证湘潭市字第209564号	1,045.73	工业	否
113	华菱湘钢	华菱湘钢	岳塘区岳塘街道炼铁厂	潭房权证湘潭市字第174018号	999.74	工业	否
114	华菱湘钢	华菱湘钢	岳塘区岳塘街道能源中心二电站办公楼	潭房权证湘潭市字第241014号	924.30	工业	否
115	华菱湘钢	华菱湘钢	岳塘区岳塘街道炼铁厂	潭房权证湘潭市字第174028号	873.92	工业	否
116	华菱湘钢	华菱湘钢	岳塘区岳塘街道能源中心	潭房权证湘潭市字第217134号	577.71	工业、交通、仓储	否
117	华菱湘钢	华菱湘钢	岳塘区岳塘街道能源中心	潭房权证湘潭市字第209535号	1,511.16	工业、交通、仓储	否

续表

序号	房屋所有权人	证载权利人	物业位置	房产证号	建筑面积（m^2）	证载用途	是否存在他项权利
118	华菱湘钢	华菱湘钢	岳塘区岳塘街道高线厂	潭房权证湘潭市字第234030号	1,319.39	工业	否
119	华菱湘钢	华菱湘钢	岳塘区岳塘街道宽厚板厂	潭房权证湘潭市字第245672号	1,027.09	工业	否
120	华菱湘钢	华菱湘钢	岳塘区岳塘街道宽厚板厂	潭房权证湘潭市字第245664号	1,019.78	工业	否
121	华菱湘钢	华菱湘钢	岳塘区岳塘街道炼铁厂	潭房权证湘潭市字第174168号	663.41	工业、交通、仓储	否
122	华菱湘钢	华菱湘钢	岳塘区岳塘街道能源中心	潭房权证湘潭市字第217133号	555.97	工业、交通、仓储	否
123	华菱湘钢	华菱湘钢	岳塘区岳塘街道采购部	潭房权证湘潭市字第216833号	1,983.96	工业、交通、仓储	否
124	华菱湘钢	华菱湘钢	岳塘区岳塘街道能源中心大盘卷压滤机房	潭房权证湘潭市字第241051号	1,205.44	工业	否
125	华菱湘钢	华菱湘钢	岳塘区岳塘街道华菱湘钢原料站办公室	潭房权证岳塘区字第2015028007号	819.99	工业	否
126	华菱湘钢	华菱湘钢	岳塘区岳塘街道炼铁厂新厂办公室	潭房权证湘潭市字第242198号	1,285.20	办公	否
127	华菱湘钢	华菱湘钢	岳塘区岳塘街道高线厂	潭房权证湘潭市字第245679号	5,542.74	工业	否
128	华菱湘钢	华菱湘钢	岳塘区岳塘街道炼铁厂	潭房权证湘潭市字第217039号	907.16	工业、交通、仓储	否
129	华菱湘钢	华菱湘钢	岳塘区岳塘街道宽厚板厂	潭房权证湘潭市字第245673号	898.89	工业	否
130	华菱湘钢	华菱湘钢	岳塘区岳塘街道采购部	潭房权证湘潭市字第234135号	518.24	工业、交通、仓储	否
131	华菱湘钢	华菱湘钢	岳塘区岳塘街道棒材厂	潭房权证湘潭市字第174190号	491.93	工业	否
132	华菱湘钢	华菱湘钢	岳塘区岳塘街道炼铁厂四烧结电气库	潭房权证湘潭市字第241011号	516.61	工业	否
133	华菱湘钢	华菱湘钢	岳塘区岳塘街道检修中心二烧区复建铆焊间	潭房权证湘潭市字第241155号	918.98	工业	否
134	华菱湘钢	华菱湘钢	岳塘区岳塘街道炼钢厂	潭房权证湘潭市字第209468号	1,877.26	工业	否

续表

序号	房屋所有权人	证载权利人	物业位置	房产证号	建筑面积（m^2）	证载用途	是否存在他项权利
135	华菱湘钢	华菱湘钢	岳塘区岳塘街道能源中心	潭房权证湘潭市字第217044号	476.71	工业、交通、仓储	否
136	华菱湘钢	华菱湘钢	岳塘区岳塘街道华菱湘钢修磨厂房线室外配电室	潭房权证岳塘区字第2015028126号	981.75	工业	否
137	华菱湘钢	华菱湘钢	岳塘区岳塘街道炼铁厂运转4号高炉水泵房	潭房权证湘潭市字第242196号	460.46	工业	否
138	华菱湘钢	华菱湘钢	岳塘区岳塘街道华菱湘钢二烧食堂	潭房权证岳塘区字第2015024430号	739.97	工业	否
139	华菱湘钢	华菱湘钢	岳塘区岳塘街道能源中心	潭房权证湘潭市字第217138号	419.04	工业、交通、仓储	否
140	华菱湘钢	华菱湘钢	岳塘区岳塘街道炼铁厂5号高炉喷煤控制楼	潭房权证湘潭市字第241066号	267.98	工业	否
141	华菱湘钢	华菱湘钢	岳塘区岳塘街道能源中心大盘卷加压站综合楼	潭房权证湘潭市字第241015号	452.17	工业	否
142	华菱湘钢	华菱湘钢	岳塘区岳塘街道炼铁厂新料场变电所	潭房权证湘潭市字第241073号	186.09	工业	否
143	华菱湘钢	华菱湘钢	岳塘区岳塘街道能源中心	潭房权证湘潭市字第209567号	800.93	工业、交通、仓储	否
144	华菱湘钢	华菱湘钢	岳塘区岳塘街道炼铁厂三烧综合楼	潭房权证湘潭市字第240836号	591.84	工业	否
145	华菱湘钢	华菱湘钢	岳塘区岳塘街道炼铁厂高压配电室	潭房权证湘潭市字第240833号	233.22	工业	否
146	华菱湘钢	华菱湘钢	岳塘区岳塘街道高线厂	潭房权证湘潭市字第209461号	1,608.20	办公	否
147	华菱湘钢	华菱湘钢	岳塘区岳塘街道能源中心	潭房权证湘潭市字第234115号	996.40	工业、交通、仓储	否
148	华菱湘钢	华菱湘钢	岳塘区岳塘街道宽厚板厂	潭房权证湘潭市字第245790号	673.80	工业	否
149	华菱湘钢	华菱湘钢	岳塘区岳塘街道湘钢炼铁厂	潭房权证湘潭市字第174185号	988.86	工业	否
150	华菱湘钢	华菱湘钢	岳塘区岳塘街道炼铁厂	潭房权证湘潭市字第199738号	962.28	工业	否

续表

序号	房屋所有权人	证载权利人	物业位置	房产证号	建筑面积（m^2）	证载用途	是否存在他项权利
151	华菱湘钢	华菱湘钢	岳塘区岳塘街道能源中心	潭房权证湘潭市字第209583号	1,280.25	工业、交通、仓储	否
152	华菱湘钢	华菱湘钢	岳塘区岳塘街道能源中心	潭房权证湘潭市字第216927号	365.16	工业、交通、仓储	否
153	华菱湘钢	华菱湘钢	岳塘区岳塘街道炼铁厂	潭房权证湘潭市字第217050号	660.64	工业、交通、仓储	否
154	华菱湘钢	华菱湘钢	岳塘区岳塘街道炼铁厂	潭房权证湘潭市字第174029号	2,226.90	工业	否
155	华菱湘钢	华菱湘钢	岳塘区岳塘街道物资部	潭房权证湘潭市字第174193号	727.38	工业	否
156	华菱湘钢	华菱湘钢	岳塘区岳塘街道能源中心	潭房权证湘潭市字第245772号	1,279.77	工业	否
157	华菱湘钢	华菱湘钢	岳塘区岳塘街道炼铁厂	潭房权证湘潭市字第216923号	787.89	工业、交通、仓储	否
158	华菱湘钢	华菱湘钢	岳塘区岳塘街道宽厚板厂	潭房权证湘潭市字第245660号	586.47	工业	否
159	华菱湘钢	华菱湘钢	岳塘区岳塘街道能源中心	潭房权证湘潭市字第216931号	447.53	工业、交通、仓储	否
160	华菱湘钢	华菱湘钢	岳塘区岳塘街道炼铁厂	潭房权证湘潭市字第199734号	831.68	工业	否
161	华菱湘钢	华菱湘钢	岳塘区岳塘街道能源中心十二水站沉井低压室	潭房权证湘潭市字第240840号	308.95	工业	否
162	华菱湘钢	华菱湘钢	岳塘区岳塘街道炼铁厂	潭房权证湘潭市字第174187号	442.93	工业	否
163	华菱湘钢	华菱湘钢	岳塘区岳塘街道炼铁厂	潭房权证湘潭市字第216995号	341.96	工业、交通、仓储	否
164	华菱湘钢	华菱湘钢	岳塘区岳塘街道炼铁厂	潭房权证湘潭市字第199735号	575.04	工业	否
165	华菱湘钢	华菱湘钢	岳塘区岳塘街道能源中心	潭房权证湘潭市字第209566号	324.44	工业、交通、仓储	否
166	华菱湘钢	华菱湘钢	岳塘区岳塘街道高线厂	潭房权证湘潭市字第234101号	654.43	工业	否
167	华菱湘钢	华菱湘钢	岳塘区岳塘街道炼铁厂	潭房权证湘潭市字第245775号	290.40	工业	否

续表

序号	房屋所有权人	证载权利人	物业位置	房产证号	建筑面积（m^2）	证载用途	是否存在他项权利
168	华菱湘钢	华菱湘钢	岳塘区岳塘街道炼铁厂	潭房权证湘潭市字第 245777 号	288.49	工业	否
169	华菱湘钢	华菱湘钢	岳塘区岳塘街道炼铁厂	潭房权证湘潭市字第 216997 号	503.40	工业、交通、仓储	否
170	华菱湘钢	华菱湘钢	岳塘区岳塘街道宽厚板厂	潭房权证湘潭市字第 245682 号	494.84	工业	否
171	华菱湘钢	华菱湘钢	岳塘区岳塘街道能源中心	潭房权证湘潭市字第 217148 号	877.38	工业、交通、仓储	否
172	华菱湘钢	华菱湘钢	岳塘区岳塘街道物流中心	潭房权证湘潭市字第 209476 号	956.66	工业、交通、仓储	否
173	华菱湘钢	华菱湘钢	岳塘区岳塘街道棒材厂	潭房权证湘潭市字第 209554 号	643.74	工业	否
174	华菱湘钢	华菱湘钢	岳塘区岳塘街道华菱湘钢油品监测实验室	潭房权证岳塘区字第 2015026439 号	432.10	工业	否
175	华菱湘钢	华菱湘钢	岳塘区岳塘街道炼铁厂新一烧成品取样检验室	潭房权证湘潭市字第 241160 号	52.33	工业	否
176	华菱湘钢	华菱湘钢	岳塘区岳塘街道炼铁厂	潭房权证湘潭市字第 174209 号	685.19	工业	否
177	华菱湘钢	华菱湘钢	岳塘区岳塘街道能源中心	潭房权证湘潭市字第 234019 号	780.73	工业、交通、仓储	否
178	华菱湘钢	华菱湘钢	岳塘区岳塘街道炼铁厂	潭房权证湘潭市字第 209600 号	676.06	工业	否
179	华菱湘钢	华菱湘钢	岳塘区岳塘街道科技开发中心	潭房权证湘潭市字第 217002 号	267.26	工业	否
180	华菱湘钢	华菱湘钢	岳塘区岳塘街道湘钢炼铁厂	潭房权证湘潭市字第 209599 号	373.74	工业	否
181	华菱湘钢	华菱湘钢	岳塘区岳塘街道炼钢厂	潭房权证湘潭市字第 245674 号	1,751.10	工业	否
182	华菱湘钢	华菱湘钢	岳塘区岳塘街道能源中心	潭房权证湘潭市字第 217047 号	1,297.99	工业、交通、仓储	否
183	华菱湘钢	华菱湘钢	岳塘区岳塘街道能源中心	潭房权证湘潭市字第 217136 号	248.76	工业、交通、仓储	否
184	华菱湘钢	华菱湘钢	岳塘区岳塘街道能源中心	潭房权证湘潭市字第 217041 号	476.80	工业、交通、仓储	否

续表

序号	房屋所有权人	证载权利人	物业位置	房产证号	建筑面积（m^2）	证载用途	是否存在他项权利
185	华菱湘钢	华菱湘钢	岳塘区岳塘街道棒材厂	潭房权证湘潭市字第 174191 号	841.30	工业	否
186	华菱湘钢	华菱湘钢	岳塘区岳塘街道能源中心	潭房权证湘潭市字第 174034 号	57.90	工业、交通、仓储	否
187	华菱湘钢	华菱湘钢	岳塘区岳塘街道棒材厂	潭房权证湘潭市字第 174257 号	544.44	仓储	否
188	华菱湘钢	华菱湘钢	岳塘区岳塘街道物流中心	潭房权证湘潭市字第 209473 号	755.97	工业、交通、仓储	否
189	华菱湘钢	华菱湘钢	岳塘区岳塘街道采购部	潭房权证湘潭市字第 217022 号	691.53	工业、交通、仓储	否
190	华菱湘钢	华菱湘钢	岳塘区岳塘街道物流中心	潭房权证湘潭市字第 199743 号	774.94	工业	否
191	华菱湘钢	华菱湘钢	岳塘区岳塘街道炼铁厂	潭房权证湘潭市字第 174064 号	234.62	工业、交通、仓储	否
192	华菱湘钢	华菱湘钢	岳塘区岳塘街道接待科备件库及车库	潭房权证岳塘区字第 2015035890 号	810.66	车库	否
193	华菱湘钢	华菱湘钢	岳塘区岳塘街道物流中心	潭房权证湘潭市字第 234102 号	232.83	工业、交通、仓储	否
194	华菱湘钢	华菱湘钢	岳塘区岳塘街道物流中心	潭房权证湘潭市字第 234120 号	284.42	工业、交通、仓储	否
195	华菱湘钢	华菱湘钢	岳塘区岳塘街道能源中心	潭房权证湘潭市字第 217046 号	741.95	工业、交通、仓储	否
196	华菱湘钢	华菱湘钢	岳塘区岳塘街道采购部	潭房权证湘潭市字第 216831 号	1,006.45	工业、交通、仓储	否
197	华菱湘钢	华菱湘钢	岳塘区岳塘街道能源中心	潭房权证湘潭市字第 201367 号	616.99	工业	否
198	华菱湘钢	华菱湘钢	岳塘区岳塘街道炼铁厂	潭房权证湘潭市字第 217105 号	645.85	工业、交通、仓储	否
199	华菱湘钢	华菱湘钢	岳塘区岳塘街道炼铁厂	潭房权证湘潭市字第 216903 号	215.11	工业、交通、仓储	否
200	华菱湘钢	华菱湘钢	岳塘区岳塘街道采购部	潭房权证湘潭市字第 209489 号	972.81	工业、交通、仓储	否
201	华菱湘钢	华菱湘钢	岳塘区岳塘街道采购部	潭房权证湘潭市字第 209491 号	972.00	工业、交通、仓储	否

续表

序号	房屋所有权人	证载权利人	物业位置	房产证号	建筑面积（m^2）	证载用途	是否存在他项权利
202	华菱湘钢	华菱湘钢	岳塘区岳塘街道棒材厂	潭房权证湘潭市字第 216818 号	240.49	工业、交通、仓储	否
203	华菱湘钢	华菱湘钢	岳塘区岳塘街道采购部	潭房权证湘潭市字第 209540 号	956.77	工业、交通、仓储	否
204	华菱湘钢	华菱湘钢	岳塘区岳塘街道炼铁厂	潭房权证湘潭市字第 217000 号	311.57	工业、交通、仓储	否
205	华菱湘钢	华菱湘钢	岳塘区岳塘街道采购部	潭房权证湘潭市字第 209541 号	949.59	工业、交通、仓储	否
206	华菱湘钢	华菱湘钢	岳塘区岳塘街道能源中心	潭房权证湘潭市字第 174053 号	903.84	工业、交通、仓储	否
207	华菱湘钢	华菱湘钢	岳塘区岳塘街道棒材厂综合楼	潭房权证湘潭市字第 240845 号	423.53	工业	否
208	华菱湘钢	华菱湘钢	岳塘区岳塘街道炼钢厂	潭房权证湘潭市字第 174195 号	525.76	工业	否
209	华菱湘钢	华菱湘钢	岳塘区岳塘街道湘钢炼铁厂	潭房权证湘潭市字第 174073 号	34.07	工业、交通、仓储	否
210	华菱湘钢	华菱湘钢	岳塘区岳塘街道物流中心	潭房权证湘潭市字第 216813 号	426.07	工业、交通、仓储	否
211	华菱湘钢	华菱湘钢	岳塘区岳塘街道宽厚板厂	潭房权证湘潭市字第 245663 号	342.69	工业	否
212	华菱湘钢	华菱湘钢	岳塘区岳塘街道科技开发中心	潭房权证湘潭市字第 174080 号	3,836.26	工业、交通、仓储	否
213	华菱湘钢	华菱湘钢	岳塘区岳塘街道能源中心	潭房权证湘潭市字第 217033 号	158.46	工业、交通、仓储	否
214	华菱湘钢	华菱湘钢	岳塘区岳塘街道能源中心	潭房权证湘潭市字第 216926 号	1,440.89	工业、交通、仓储	否
215	华菱湘钢	华菱湘钢	岳塘区岳塘街道建筑安装公司	潭房权证湘潭市字第 174178 号	1,522.48	工业	否
216	华菱湘钢	华菱湘钢	岳塘区岳塘街道炼铁厂一原料车间办公室	潭房权证湘潭市字第 241005 号	298.86	工业	否
217	华菱湘钢	华菱湘钢	岳塘区岳塘街道能源中心	潭房权证湘潭市字第 245779 号	370.69	工业	否
218	华菱湘钢	华菱湘钢	岳塘区岳塘街道能源中心	潭房权证湘潭市字第 216805 号	666.35	工业、交通、仓储	否

续表

序号	房屋所有权人	证载权利人	物业位置	房产证号	建筑面积（m^2）	证载用途	是否存在他项权利
219	华菱湘钢	华菱湘钢	岳塘区岳塘街道炉料加工厂	潭房权证湘潭市字第 245796 号	497.79	工业	否
220	华菱湘钢	华菱湘钢	岳塘区岳塘街道能源中心	潭房权证湘潭市字第 217117 号	171.92	工业、交通、仓储	否
221	华菱湘钢	华菱湘钢	岳塘区岳塘街道高线厂	潭房权证湘潭市字第 174067 号	433.54	工业	否
222	华菱湘钢	华菱湘钢	岳塘区岳塘街道炼铁厂	潭房权证湘潭市字第 245676 号	383.13	工业	否
223	华菱湘钢	华菱湘钢	岳塘区岳塘街道棒材厂	潭房权证湘潭市字第 174066 号	647.29	工业	否
224	华菱湘钢	华菱湘钢	岳塘区岳塘街道能源中心	潭房权证湘潭市字第 174065 号	1,441.20	工业、交通、仓储	否
225	华菱湘钢	华菱湘钢	岳塘区岳塘街道采购部	潭房权证湘潭市字第 209480 号	734.79	工业、交通、仓储	否
226	华菱湘钢	华菱湘钢	岳塘区岳塘街道炼铁厂	潭房权证湘潭市字第 217109 号	156.89	工业、交通、仓储	否
227	华菱湘钢	华菱湘钢	岳塘区岳塘街道炼铁厂	潭房权证湘潭市字第 216949 号	159.30	工业、交通、仓储	否
228	华菱湘钢	华菱湘钢	岳塘区岳塘街道能源中心四净化液压站	潭房权证湘潭市字第 241012 号	133.39	工业	否
229	华菱湘钢	华菱湘钢	岳塘区岳塘街道采购部	潭房权证湘潭市字第 209544 号	682.84	工业、交通、仓储	否
230	华菱湘钢	华菱湘钢	岳塘区岳塘街道棒材厂	潭房权证湘潭市字第 217010 号	150.30	工业、交通、仓储	否
231	华菱湘钢	华菱湘钢	岳塘区岳塘街道能源中心	潭房权证湘潭市字第 216922 号	337.38	工业、交通、仓储	否
232	华菱湘钢	华菱湘钢	岳塘区岳塘街道采购部	潭房权证湘潭市字第 174202 号	467.89	工业	否
233	华菱湘钢	华菱湘钢	岳塘区岳塘街道物流中心	潭房权证湘潭市字第 174199 号	773.82	工业、交通、仓储	否
234	华菱湘钢	华菱湘钢	岳塘区岳塘街道炼钢厂四号铸机风机房操作室	潭房权证湘潭市字第 242197 号	215.90	工业	否
235	华菱湘钢	华菱湘钢	岳塘区岳塘街道采购部	潭房权证湘潭市字第 234134 号	880.03	工业、交通、仓储	否

续表

序号	房屋所有权人	证载权利人	物业位置	房产证号	建筑面积(m^2)	证载用途	是否存在他项权利
236	华菱湘钢	华菱湘钢	岳塘区岳塘街道能源中心	潭房权证湘潭市字第 217118 号	199.55	工业、交通、仓储	否
237	华菱湘钢	华菱湘钢	岳塘区岳塘街道宽厚板厂	潭房权证湘潭市字第 245787 号	212.18	工业	否
238	华菱湘钢	华菱湘钢	岳塘区岳塘街道能源中心	潭房权证湘潭市字第 216915 号	326.92	工业、交通、仓储	否
239	华菱湘钢	华菱湘钢	岳塘区岳塘街道炼钢厂脱硫系统厂房延长跨	潭房权证湘潭市字第 245685 号	82.61	工业	否
240	华菱湘钢	华菱湘钢	岳塘区岳塘街道湘钢炼铁厂	潭房权证湘潭市字第 209572 号	355.04	工业	否
241	华菱湘钢	华菱湘钢	岳塘区岳塘街道宽厚板厂	潭房权证湘潭市字第 245662 号	246.30	工业	否
242	华菱湘钢	华菱湘钢	岳塘区岳塘街道物流中心	潭房权证湘潭市字第 209485 号	483.75	工业、交通、仓储	否
243	华菱湘钢	华菱湘钢	岳塘区岳塘街道能源中心	潭房权证湘潭市字第 199747 号	527.16	工业	否
244	华菱湘钢	华菱湘钢	岳塘区岳塘街道湘钢炼铁厂	潭房权证湘潭市字第 174026 号	119.88	工业	否
245	华菱湘钢	华菱湘钢	岳塘区岳塘街道采购部	潭房权证湘潭市字第 209479 号	582.55	工业、交通、仓储	否
246	华菱湘钢	华菱湘钢	岳塘区岳塘街道设备管理部	潭房权证湘潭市字第 216822 号	84.02	工业	否
247	华菱湘钢	华菱湘钢	岳塘区岳塘街道棒材厂大方坯加热炉主电室房屋	潭房权证湘潭市字第 240846 号	126.26	工业	否
248	华菱湘钢	华菱湘钢	岳塘区岳塘街道能源中心	潭房权证湘潭市字第 209568 号	115.64	工业、交通、仓储	否
249	华菱湘钢	华菱湘钢	岳塘区岳塘街道炼铁厂三烧整粒风机房	潭房权证湘潭市字第 240835 号	365.31	工业	否
250	华菱湘钢	华菱湘钢	岳塘区岳塘街道设备管理部	潭房权证湘潭市字第 217121 号	476.06	工业	否
251	华菱湘钢	华菱湘钢	岳塘区岳塘街道能源中心	潭房权证湘潭市字第 216932 号	296.02	工业、交通、仓储	否
252	华菱湘钢	华菱湘钢	岳塘区岳塘街道能源中心	潭房权证湘潭市字第 199748 号	466.63	工业、交通、仓储	否

续表

序号	房屋所有权人	证载权利人	物业位置	房产证号	建筑面积（m^2）	证载用途	是否存在他项权利
253	华菱湘钢	华菱湘钢	岳塘区岳塘街道能源中心	潭房权证湘潭市字第199740号	433.55	工业	否
254	华菱湘钢	华菱湘钢	岳塘区岳塘街道炼铁厂	潭房权证湘潭市字第217110号	223.98	工业、交通、仓储	否
255	华菱湘钢	华菱湘钢	岳塘区岳塘街道炉料加工厂	潭房权证湘潭市字第216947号	395.30	工业、交通、仓储	否
256	华菱湘钢	华菱湘钢	岳塘区岳塘街道能源中心	潭房权证湘潭市字第174037号	316.31	工业、交通、仓储	否
257	华菱湘钢	华菱湘钢	岳塘区岳塘街道棒材厂	潭房权证湘潭市字第234039号	140.75	工业、交通、仓储	否
258	华菱湘钢	华菱湘钢	岳塘区岳塘街道物流中心	潭房权证湘潭市字第174025号	415.54	工业	否
259	华菱湘钢	华菱湘钢	岳塘区岳塘街道采购部	潭房权证湘潭市字第217015号	229.87	工业、交通、仓储	否
260	华菱湘钢	华菱湘钢	岳塘区岳塘街道能源中心	潭房权证湘潭市字第217036号	113.82	工业、交通、仓储	否
261	华菱湘钢	华菱湘钢	岳塘区岳塘街道棒材厂	潭房权证湘潭市字第234033号	188.70	工业、交通、仓储	否
262	华菱湘钢	华菱湘钢	岳塘区岳塘街道棒材厂	潭房权证湘潭市字第174201号	275.02	工业	否
263	华菱湘钢	华菱湘钢	岳塘区岳塘街道棒材厂	潭房权证湘潭市字第209560号	92.58	工业	否
264	华菱湘钢	华菱湘钢	岳塘区岳塘街道棒材厂	潭房权证湘潭市字第234041号	92.58	工业、交通、仓储	否
265	华菱湘钢	华菱湘钢	岳塘区岳塘街道能源中心	潭房权证湘潭市字第245783号	88.55	工业	否
266	华菱湘钢	华菱湘钢	岳塘区岳塘街道物流中心	潭房权证湘潭市字第234118号	192.69	工业、交通、仓储	否
267	华菱湘钢	华菱湘钢	岳塘区岳塘街道采购部	潭房权证湘潭市字第217024号	976.75	工业、交通、仓储	否
268	华菱湘钢	华菱湘钢	岳塘区岳塘街道采购部	潭房权证湘潭市字第209492号	337.13	工业、交通、仓储	否
269	华菱湘钢	华菱湘钢	岳塘区岳塘街道炼铁厂一原硫化班休息室	潭房权证湘潭市字第241074号	246.42	工业	否

续表

序号	房屋所有权人	证载权利人	物业位置	房产证号	建筑面积（m^2）	证载用途	是否存在他项权利
270	华菱湘钢	华菱湘钢	岳塘区岳塘街道能源中心	潭房权证湘潭市字第 217101 号	87.72	工业、交通、仓储	否
271	华菱湘钢	华菱湘钢	岳塘区岳塘街道能源中心	潭房权证湘潭市字第 245667 号	113.82	工业	否
272	华菱湘钢	华菱湘钢	岳塘区岳塘街道宽厚板厂	潭房权证湘潭市字第 245792 号	156.31	工业	否
273	华菱湘钢	华菱湘钢	岳塘区岳塘街道物流中心工务班	潭房权证湘潭市字第 241157 号	149.39	工业	否
274	华菱湘钢	华菱湘钢	岳塘区岳塘街道物流中心	潭房权证湘潭市字第 217012 号	414.19	工业、交通、仓储	否
275	华菱湘钢	华菱湘钢	岳塘区岳塘街道棒材厂	潭房权证湘潭市字第 174070 号	402.21	工业	否
276	华菱湘钢	华菱湘钢	岳塘区岳塘街道物流中心	潭房权证湘潭市字第 216809 号	453.24	工业、交通、仓储	否
277	华菱湘钢	华菱湘钢	岳塘区岳塘街道能源中心	潭房权证湘潭市字第 245666 号	231.74	工业	否
278	华菱湘钢	华菱湘钢	岳塘区岳塘街道炼铁厂	潭房权证湘潭市字第 174030 号	207.75	工业	否
279	华菱湘钢	华菱湘钢	岳塘区岳塘街道能源中心	潭房权证湘潭市字第 199929 号	77.45	工业	否
280	华菱湘钢	华菱湘钢	岳塘区书院路街道采购部	潭房权证湘潭市字第 174020 号	311.17	工业	否
281	华菱湘钢	华菱湘钢	岳塘区岳塘街道能源中心	潭房权证湘潭市字第 174055 号	211.24	工业、交通、仓储	否
282	华菱湘钢	华菱湘钢	岳塘区岳塘街道高线厂	潭房权证湘潭市字第 209463 号	282.67	办公	否
283	华菱湘钢	华菱湘钢	岳塘区岳塘街道销售部	潭房权证湘潭市字第 174043 号	168.16	工业、交通、仓储	否
284	华菱湘钢	华菱湘钢	岳塘区岳塘街道炉料加工厂	潭房权证湘潭市字第 245769 号	269.28	工业	否
285	华菱湘钢	华菱湘钢	岳塘区岳塘街道采购部	潭房权证湘潭市字第 209490 号	33.84	工业、交通、仓储	否
286	华菱湘钢	华菱湘钢	岳塘区岳塘街道炼钢厂四号铸机风机房	潭房权证湘潭市字第 242190 号	112.15	工业	否
287	华菱湘钢	华菱湘钢	岳塘区岳塘街道能源中心	潭房权证湘潭市字第 234104 号	215.90	工业、交通、仓储	否

续表

序号	房屋所有权人	证载权利人	物业位置	房产证号	建筑面积（m^2）	证载用途	是否存在他项权利
288	华菱湘钢	华菱湘钢	岳塘区岳塘街道能源中心	潭房权证湘潭市字第234044号	404.56	工业、交通、仓储	否
289	华菱湘钢	华菱湘钢	岳塘区岳塘街道棒材厂	潭房权证湘潭市字第174261号	412.64	工业	否
290	华菱湘钢	华菱湘钢	岳塘区岳塘街道能源中心	潭房权证湘潭市字第217032号	328.05	工业、交通、仓储	否
291	华菱湘钢	华菱湘钢	岳塘区岳塘街道能源中心	潭房权证湘潭市字第174051号	304.59	工业、交通、仓储	否
292	华菱湘钢	华菱湘钢	岳塘区岳塘街道炼铁厂	潭房权证湘潭市字第245688号	162.07	工业	否
293	华菱湘钢	华菱湘钢	岳塘区岳塘街道宽厚板厂	潭房权证湘潭市字第245671号	128.38	工业	否
294	华菱湘钢	华菱湘钢	岳塘区岳塘街道采购部	潭房权证湘潭市字第209488号	344.08	工业、交通、仓储	否
295	华菱湘钢	华菱湘钢	岳塘区岳塘街道炉料加工厂	潭房权证湘潭市字第216936号	33.67	工业、交通、仓储	否
296	华菱湘钢	华菱湘钢	岳塘区岳塘街道科技开发中心	潭房权证湘潭市字第216850号	630.11	工业	否
297	华菱湘钢	华菱湘钢	岳塘区岳塘街道炼铁厂	潭房权证湘潭市字第174188号	504.92	工业	否
298	华菱湘钢	华菱湘钢	岳塘区岳塘街道棒材厂	潭房权证湘潭市字第217017号	63.90	工业、交通、仓储	否
299	华菱湘钢	华菱湘钢	岳塘区岳塘街道高线厂	潭房权证湘潭市字第209462号	245.38	办公	否
300	华菱湘钢	华菱湘钢	岳塘区岳塘街道炼铁厂	潭房权证湘潭市字第234006号	119.63	工业、交通、仓储	否
301	华菱湘钢	华菱湘钢	岳塘区岳塘街道炼铁厂	潭房权证湘潭市字第245669号	113.31	工业	否
302	华菱湘钢	华菱湘钢	岳塘区岳塘街道能源中心	潭房权证湘潭市字第174023号	243.89	工业	否
303	华菱湘钢	华菱湘钢	岳塘区岳塘街道科技研发中心	潭房权证湘潭市字第217018号	193.65	工业	否
304	华菱湘钢	华菱湘钢	岳塘区岳塘街道棒材厂	潭房权证湘潭市字第234040号	62.39	工业、交通、仓储	否
305	华菱湘钢	华菱湘钢	岳塘区岳塘街道采购部	潭房权证湘潭市字第216834号	711.19	工业、交通、仓储	否

续表

序号	房屋所有权人	证载权利人	物业位置	房产证号	建筑面积(m^2)	证载用途	是否存在他项权利
306	华菱湘钢	华菱湘钢	岳塘区岳塘街道销售部	潭房权证湘潭市字第199910号	29.18	工业、交通、仓储	否
307	华菱湘钢	华菱湘钢	岳塘区岳塘街道能源中心	潭房权证湘潭市字第216930号	96.97	工业、交通、仓储	否
308	华菱湘钢	华菱湘钢	岳塘区岳塘街道炉料加工厂	潭房权证湘潭市字第217143号	366.94	工业、交通、仓储	否
309	华菱湘钢	华菱湘钢	岳塘区岳塘街道炼铁厂	潭房权证湘潭市字第234137号	143.04	工业、交通、仓储	否
310	华菱湘钢	华菱湘钢	岳塘区岳塘街道高线厂厂内食堂	潭房权证湘潭市字第245678号	244.35	工业	否
311	华菱湘钢	华菱湘钢	岳塘区岳塘街道高线厂	潭房权证湘潭市字第216843号	159.55	工业	否
312	华菱湘钢	华菱湘钢	岳塘区岳塘街道能源中心	潭房权证湘潭市字第209592号	213.12	工业、交通、仓储	否
313	华菱湘钢	华菱湘钢	岳塘区岳塘街道棒材厂	潭房权证湘潭市字第234035号	342.03	工业、交通、仓储	否
314	华菱湘钢	华菱湘钢	岳塘区岳塘街道能源中心	潭房权证湘潭市字第174197号	197.22	工业、交通、仓储	否
315	华菱湘钢	华菱湘钢	岳塘区岳塘街道能源中心	潭房权证湘潭市字第217144号	165.47	工业、交通、仓储	否
316	华菱湘钢	华菱湘钢	岳塘区岳塘街道棒材厂	潭房权证湘潭市字第234048号	108.48	工业、交通、仓储	否
317	华菱湘钢	华菱湘钢	岳塘区岳塘街道能源中心	潭房权证湘潭市字第216938号	150.51	工业、交通、仓储	否
318	华菱湘钢	华菱湘钢	岳塘区岳塘街道采购部	潭房权证湘潭市字第216838号	377.18	工业、交通、仓储	否
319	华菱湘钢	华菱湘钢	岳塘区岳塘街道设备管理部	潭房权证湘潭市字第209552号	223.26	工业	否
320	华菱湘钢	华菱湘钢	岳塘区岳塘街道炼铁厂	潭房权证湘潭市字第216950号	46.75	工业、交通、仓储	否
321	华菱湘钢	华菱湘钢	岳塘区岳塘街道高线厂	潭房权证湘潭市字第209460号	193.13	工业	否
322	华菱湘钢	华菱湘钢	岳塘区岳塘街道华菱湘钢电视台差转房	潭房权证岳塘区字第2015026287号	231.66	工业	否
323	华菱湘钢	华菱湘钢	岳塘区岳塘街道研发中心	潭房权证湘潭市字第217004号	47.31	工业	否

续表

序号	房屋所有权人	证载权利人	物业位置	房产证号	建筑面积（m^2）	证载用途	是否存在他项权利
324	华菱湘钢	华菱湘钢	岳塘区岳塘街道炉料加工厂	潭房权证湘潭市字第245795号	173.72	工业	否
325	华菱湘钢	华菱湘钢	岳塘区岳塘街道能源中心大盘卷泥浆泵房	潭房权证湘潭市字第241054号	92.99	工业	否
326	华菱湘钢	华菱湘钢	岳塘区岳塘街道棒材厂	潭房权证湘潭市字第217026号	196.80	工业、交通、仓储	否
327	华菱湘钢	华菱湘钢	岳塘区岳塘街道炉料加工厂	潭房权证湘潭市字第245652号	83.14	工业	否
328	华菱湘钢	华菱湘钢	岳塘区岳塘街道能源中心	潭房权证湘潭市字第199742号	140.52	工业、交通、仓储	否
329	华菱湘钢	华菱湘钢	岳塘区岳塘街道能源中心	潭房权证湘潭市字第245656号	272.95	工业	否
330	华菱湘钢	华菱湘钢	岳塘区岳塘街道棒材厂	潭房权证湘潭市字第234032号	32.70	工业、交通、仓储	否
331	华菱湘钢	华菱湘钢	岳塘区岳塘街道宽厚板厂	潭房权证湘潭市字第245659号	64.21	工业	否
332	华菱湘钢	华菱湘钢	岳塘区岳塘街道宽厚板厂	潭房权证湘潭市字第245668号	64.21	工业	否
333	华菱湘钢	华菱湘钢	岳塘区岳塘街道棒材厂	潭房权证湘潭市字第234038号	79.64	工业、交通、仓储	否
334	华菱湘钢	华菱湘钢	岳塘区岳塘街道能源中心	潭房权证湘潭市字第245784号	80.38	工业	否
335	华菱湘钢	华菱湘钢	岳塘区岳塘街道高线厂	潭房权证湘潭市字第209525号	137.42	工业	否
336	华菱湘钢	华菱湘钢	岳塘区岳塘街道采购部	潭房权证湘潭市字第209486号	123.34	工业、交通、仓储	否
337	华菱湘钢	华菱湘钢	岳塘区岳塘街道湘钢炼铁厂	潭房权证湘潭市字第209574号	131.67	工业	否
338	华菱湘钢	华菱湘钢	岳塘区岳塘街道炼铁厂	潭房权证湘潭市字第216826号	119.16	工业、交通、仓储	否
339	华菱湘钢	华菱湘钢	岳塘区岳塘街道高线厂	潭房权证湘潭市字第209526号	133.95	工业	否
340	华菱湘钢	华菱湘钢	岳塘区岳塘街道棒材厂	潭房权证湘潭市字第209558号	93.08	工业	否

续表

序号	房屋所有权人	证载权利人	物业位置	房产证号	建筑面积(m²)	证载用途	是否存在他项权利
341	华菱湘钢	华菱湘钢	岳塘区岳塘街道能源中心	潭房权证湘潭市字第 209477 号	95.10	工业、交通、仓储	否
342	华菱湘钢	华菱湘钢	岳塘区岳塘街道棒材厂	潭房权证湘潭市字第 216848 号	69.85	工业、交通、仓储	否
343	华菱湘钢	华菱湘钢	岳塘区岳塘街道能源中心	潭房权证湘潭市字第 216917 号	52.17	工业、交通、仓储	否
344	华菱湘钢	华菱湘钢	岳塘区岳塘街道生产管理中心	潭房权证湘潭市字第 216820 号	38.72	工业、交通、仓储	否
345	华菱湘钢	华菱湘钢	岳塘区岳塘街道物流中心	潭房权证湘潭市字第 209481 号	216.06	工业、交通、仓储	否
346	华菱湘钢	华菱湘钢	岳塘区岳塘街道能源中心	潭房权证湘潭市字第 234105 号	92.51	工业、交通、仓储	否
347	华菱湘钢	华菱湘钢	岳塘区岳塘街道设备管理部	潭房权证湘潭市字第 209551 号	106.66	工业	否
348	华菱湘钢	华菱湘钢	岳塘区岳塘街道能源中心	潭房权证湘潭市字第 245675 号	91.98	工业	否
349	华菱湘钢	华菱湘钢	岳塘区岳塘街道炉料加工厂	潭房权证湘潭市字第 209577 号	163.96	工业、交通、仓储	否
350	华菱湘钢	华菱湘钢	岳塘区岳塘街道炼铁厂	潭房权证湘潭市字第 217113 号	184.75	工业、交通、仓储	否
351	华菱湘钢	华菱湘钢	岳塘区岳塘街道采购部	潭房权证湘潭市字第 216832 号	2,706.36	工业、交通、仓储	否
352	华菱湘钢	华菱湘钢	岳塘区岳塘街道炉料加工厂	潭房权证湘潭市字第 234014 号	86.85	工业、交通、仓储	否
353	华菱湘钢	华菱湘钢	岳塘区岳塘街道物流中心	潭房权证湘潭市字第 216810 号	243.84	工业、交通、仓储	否
354	华菱湘钢	华菱湘钢	岳塘区岳塘街道炼铁厂	潭房权证湘潭市字第 183682 号	70.43	工业	否
355	华菱湘钢	华菱湘钢	岳塘区岳塘街道湘钢炼铁厂	潭房权证湘潭市字第 174015 号	38.25	工业	否
356	华菱湘钢	华菱湘钢	岳塘区岳塘街道能源中心	潭房权证湘潭市字第 209585 号	57.66	工业、交通、仓储	否
357	华菱湘钢	华菱湘钢	岳塘区岳塘街道能源中心	潭房权证湘潭市字第 174203 号	126.30	工业	否
358	华菱湘钢	华菱湘钢	岳塘区岳塘街道能源中心	潭房权证湘潭市字第 174060 号	130.16	工业、交通、仓储	否

续表

序号	房屋所有权人	证载权利人	物业位置	房产证号	建筑面积（m^2）	证载用途	是否存在他项权利
359	华菱湘钢	华菱湘钢	岳塘区岳塘街道棒材厂修磨办公室	潭房权证湘潭市字第 241006 号	269.02	工业	否
360	华菱湘钢	华菱湘钢	岳塘区岳塘街道能源中心	潭房权证湘潭市字第 234106 号	276.73	工业、交通、仓储	否
361	华菱湘钢	华菱湘钢	岳塘区岳塘街道能源中心	潭房权证湘潭市字第 174061 号	73.60	工业、交通、仓储	否
362	华菱湘钢	华菱湘钢	岳塘区岳塘街道炼铁厂	潭房权证湘潭市字第 245774 号	52.16	工业、交通、仓储	否
363	华菱湘钢	华菱湘钢	岳塘区岳塘街道宽版厂轨道衡计量室	潭房权证湘潭市字第 240847 号	50.48	工业	否
364	华菱湘钢	华菱湘钢	岳塘区岳塘街道炼铁厂	潭房权证湘潭市字第 217114 号	66.77	工业、交通、仓储	否
365	华菱湘钢	华菱湘钢	岳塘区岳塘街道炼铁厂三烧空气净化站	潭房权证湘潭市字第 242191 号	68.93	工业	否
366	华菱湘钢	华菱湘钢	岳塘区岳塘街道华菱湘钢电视台加层	潭房权证岳塘区字第 2015026257 号	206.59	工业	否
367	华菱湘钢	华菱湘钢	岳塘区岳塘街道采购部	潭房权证湘潭市字第 234138 号	173.68	工业、交通、仓储	否
368	华菱湘钢	华菱湘钢	岳塘区岳塘街道能源中心	潭房权证湘潭市字第 245683 号	54.35	工业	否
369	华菱湘钢	华菱湘钢	岳塘区岳塘街道能源中心	潭房权证湘潭市字第 216939 号	99.51	工业、交通、仓储	否
370	华菱湘钢	华菱湘钢	岳塘区岳塘街道炉料加工厂	潭房权证湘潭市字第 209596 号	39.52	工业、交通、仓储	否
371	华菱湘钢	华菱湘钢	岳塘区岳塘街道炉料加工厂	潭房权证湘潭市字第 209590 号	67.35	工业、交通、仓储	否
372	华菱湘钢	华菱湘钢	岳塘区岳塘街道能源中心	潭房权证湘潭市字第 217102 号	348.06	工业、交通、仓储	否
373	华菱湘钢	华菱湘钢	岳塘区岳塘街道棒材厂	潭房权证湘潭市字第 216849 号	264.99	工业、交通、仓储	否
374	华菱湘钢	华菱湘钢	岳塘区岳塘街道棒材厂	潭房权证湘潭市字第 217025 号	39.75	工业、交通、仓储	否
375	华菱湘钢	华菱湘钢	岳塘区岳塘街道高线厂	潭房权证湘潭市字第 209464 号	57.96	工业	否

续表

序号	房屋所有权人	证载权利人	物业位置	房产证号	建筑面积（m^2）	证载用途	是否存在他项权利
376	华菱湘钢	华菱湘钢	岳塘区岳塘街道物资部	潭房权证湘潭市字第174184号	58.96	工业	否
377	华菱湘钢	华菱湘钢	岳塘区岳塘街道物流中心	潭房权证湘潭市字第209471号	60.10	工业、交通、仓储	否
378	华菱湘钢	华菱湘钢	岳塘区岳塘街道物流中心	潭房权证湘潭市字第209571号	54.02	工业	否
379	华菱湘钢	华菱湘钢	岳塘区岳塘街道能源中心	潭房权证湘潭市字第217037号	42.39	工业、交通、仓储	否
380	华菱湘钢	华菱湘钢	岳塘区岳塘街道湘钢炼铁厂	潭房权证湘潭市字第209576号	61.36	工业、交通、仓储	否
381	华菱湘钢	华菱湘钢	岳塘区岳塘街道炉料加工厂	潭房权证湘潭市字第245651号	260.94	工业	否
382	华菱湘钢	华菱湘钢	岳塘区岳塘街道能源中心	潭房权证湘潭市字第217119号	43.16	工业、交通、仓储	否
383	华菱湘钢	华菱湘钢	岳塘区岳塘街道炼铁厂	潭房权证湘潭市字第216999号	34.94	工业、交通、仓储	否
384	华菱湘钢	华菱湘钢	岳塘区岳塘街道能源中心	潭房权证湘潭市字第174177号	215.12	工业	否
385	华菱湘钢	华菱湘钢	岳塘区岳塘街道能源中心	潭房权证湘潭市字第209532号	116.75	工业、交通、仓储	否
386	华菱湘钢	华菱湘钢	岳塘区岳塘街道炉料加工厂	潭房权证湘潭市字第234011号	46.81	工业、交通、仓储	否
387	华菱湘钢	华菱湘钢	岳塘区岳塘街道炉料加工厂	潭房权证湘潭市字第234013号	72.09	工业、交通、仓储	否
388	华菱湘钢	华菱湘钢	岳塘区岳塘街道采购部	潭房权证湘潭市字第241053号	187.28	工业	否
389	华菱湘钢	华菱湘钢	岳塘区岳塘街道能源中心	潭房权证湘潭市字第216916号	43.18	工业、交通、仓储	否
390	华菱湘钢	华菱湘钢	岳塘区岳塘街道采购部	潭房权证湘潭市字第216837号	111.57	工业、交通、仓储	否
391	华菱湘钢	华菱湘钢	岳塘区岳塘街道设备管理部	潭房权证湘潭市字第217127号	49.53	工业	否
392	华菱湘钢	华菱湘钢	岳塘区岳塘街道能源中心	潭房权证湘潭市字第245781号	494.3	工业	否
393	华菱湘钢	华菱湘钢	岳塘区岳塘街道炉料加工厂	潭房权证湘潭市字第245773号	41.96	工业	否

续表

序号	房屋所有权人	证载权利人	物业位置	房产证号	建筑面积（m^2）	证载用途	是否存在他项权利
394	华菱湘钢	华菱湘钢	岳塘区岳塘街道炉料加工厂	潭房权证湘潭市字第216994号	9.86	工业、交通、仓储	否
395	华菱湘钢	华菱湘钢	岳塘区岳塘街道生产管理中心	潭房权证湘潭市字第216845号	38.13	工业、交通、仓储	否
396	华菱湘钢	华菱湘钢	岳塘区岳塘街道采购部	潭房权证湘潭市字第216836号	25.96	工业、交通、仓储	否
397	华菱湘钢	华菱湘钢	岳塘区岳塘街道炉料加工厂	潭房权证湘潭市字第234026号	51.42	工业、交通、仓储	否
398	华菱湘钢	华菱湘钢	岳塘区岳塘街道能源中心	潭房权证湘潭市字第174054号	27.50	工业、交通、仓储	否
399	华菱湘钢	华菱湘钢	岳塘区岳塘街道炉料加工厂	潭房权证湘潭市字第234012号	77.34	工业、交通、仓储	否
400	华菱湘钢	华菱湘钢	岳塘区岳塘街道棒材厂	潭房权证湘潭市字第234022号	23.59	工业、交通、仓储	否
401	华菱湘钢	华菱湘钢	岳塘区岳塘街道物流中心	潭房权证湘潭市字第209472号	23.52	工业、交通、仓储	否
402	华菱湘钢	华菱湘钢	岳塘区岳塘街道设备管理部	潭房权证湘潭市字第217128号	58.75	工业	否
403	华菱湘钢	华菱湘钢	岳塘区岳塘街道能源中心	潭房权证湘潭市字第234103号	94.02	工业、交通、仓储	否
404	华菱湘钢	华菱湘钢	岳塘区岳塘街道炼铁厂	潭房权证湘潭市字第174321号	36.12	工业	否
405	华菱湘钢	华菱湘钢	岳塘区岳塘街道设备管理部	潭房权证湘潭市字第209553号	47.83	工业、交通、仓储	否
406	华菱湘钢	华菱湘钢	岳塘区岳塘街道炉料加工厂	潭房权证湘潭市字第216934号	18.27	工业、交通、仓储	否
407	华菱湘钢	华菱湘钢	岳塘区岳塘街道棒材厂	潭房权证湘潭市字第216819号	33.03	工业、交通、仓储	否
408	华菱湘钢	华菱湘钢	岳塘区岳塘街道炉料加工厂	潭房权证湘潭市字第245798号	39.06	工业	否
409	华菱湘钢	华菱湘钢	岳塘区岳塘街道湘钢机关	潭房权证湘潭市字第216808号	30.81	工业、交通、仓储	否
410	华菱湘钢	华菱湘钢	岳塘区岳塘街道能源中心	潭房权证湘潭市字第174052号	83.18	工业、交通、仓储	否
411	华菱湘钢	华菱湘钢	岳塘区岳塘街道物流中心机务澡堂休息室	潭房权证湘潭市字第240839号	18.90	工业	否

续表

序号	房屋所有权人	证载权利人	物业位置	房产证号	建筑面积（m^2）	证载用途	是否存在他项权利
412	华菱湘钢	华菱湘钢	岳塘区岳塘街道能源中心	潭房权证湘潭市字第 217049 号	217.37	工业、交通、仓储	否
413	华菱湘钢	华菱湘钢	岳塘区岳塘街道能源中心	潭房权证湘潭市字第 234130 号	73.23	工业、交通、仓储	否
414	华菱湘钢	华菱湘钢	岳塘区岳塘街道能源中心	潭房权证湘潭市字第 245782 号	110.79	工业	否
415	华菱湘钢	华菱湘钢	岳塘区岳塘街道炉料加工厂	潭房权证湘潭市字第 209594 号	51.42	工业、交通、仓储	否
416	华菱湘钢	华菱湘钢	岳塘区岳塘街道棒材厂	潭房权证湘潭市字第 209562 号	27.37	工业	否
417	华菱湘钢	华菱湘钢	岳塘区岳塘街道棒材厂	潭房权证湘潭市字第 209561 号	37.79	工业	否
418	华菱湘钢	华菱湘钢	岳塘区岳塘街道采购部	潭房权证湘潭市字第 174038 号	32.38	工业、交通、仓储	否
419	华菱湘钢	华菱湘钢	岳塘区岳塘街道采购部	潭房权证湘潭市字第 217020 号	47.91	工业、交通、仓储	否
420	华菱湘钢	华菱湘钢	岳塘区岳塘街道能源中心	潭房权证湘潭市字第 216921 号	105.10	工业、交通、仓储	否
421	华菱湘钢	华菱湘钢	岳塘区岳塘街道炉料加工厂	潭房权证湘潭市字第 234009 号	15.99	工业、交通、仓储	否
422	华菱湘钢	华菱湘钢	岳塘区岳塘街道炉料加工厂	潭房权证湘潭市字第 199914 号	138.93	工业、交通、仓储	否
423	华菱湘钢	华菱湘钢	岳塘区岳塘街道物流中心	潭房权证湘潭市字第 217011 号	11.15	工业、交通、仓储	否
424	华菱湘钢	华菱湘钢	岳塘区岳塘街道炉料加工厂	潭房权证湘潭市字第 234031 号	17.55	工业、交通、仓储	否
425	华菱湘钢	华菱湘钢	岳塘区岳塘街道炼铁厂	潭房权证湘潭市字第 174046 号	86.83	工业、交通、仓储	否
426	华菱湘钢	华菱湘钢	岳塘区岳塘街道物流中心	潭房权证湘潭市字第 234114 号	11.15	工业、交通、仓储	否
427	华菱湘钢	华菱湘钢	岳塘区岳塘街道炉料加工厂	潭房权证湘潭市字第 216944 号	24.59	工业、交通、仓储	否
428	华菱湘钢	华菱湘钢	岳塘区岳塘街道岳塘物资部	潭房权证湘潭市字第 174323 号	252.11	工业、交通、仓储	否
429	华菱湘钢	华菱湘钢	岳塘区岳塘街道炉料加工厂	潭房权证湘潭市字第 216946 号	34.94	工业、交通、仓储	否

续表

序号	房屋所有权人	证载权利人	物业位置	房产证号	建筑面积（m^2）	证载用途	是否存在他项权利
430	华菱湘钢	华菱湘钢	岳塘区岳塘街道采购部	潭房权证湘潭市字第174174号	460.38	工业	否
431	华菱湘钢	华菱湘钢	岳塘区岳塘街道采购部	潭房权证湘潭市字第174170号	1,716.87	工业、交通、仓储	否
432	华菱湘钢	华菱湘钢	岳塘区岳塘街道科技研发中心	潭房权证湘潭市字第217007号	373.7	工业	否
433	华菱湘钢	华菱湘钢	岳塘区岳塘街道能源中心	潭房权证湘潭市字第174176号	16,997.61	工业	否
434	华菱湘钢	华菱湘钢	岳塘区岳塘街道宽板厂二线主厂房	潭房权证湘潭市字第240849号	82,840.64	工业	否
435	华菱湘钢	华菱湘钢	岳塘区岳塘街道采购部	潭房权证湘潭市字第174183号	511.94	工业、交通、仓储	否
436	华菱湘钢	华菱湘钢	岳塘区岳塘街道高线厂	潭房权证湘潭市字第245695号	2684.9	工业	否
437	华菱湘钢	华菱湘钢	岳塘区岳塘街道物流中心	潭房权证湘潭市字第216815号	110.15	工业、交通、仓储	否
438	华菱湘钢	华菱湘钢	岳塘区岳塘街道炼铁厂	潭房权证湘潭市字第216904号	31.45	工业、交通、仓储	否
439	华菱湘钢	华菱湘钢	岳塘区岳塘街道湘钢炼铁厂	潭房权证湘潭市字第174001号	21.94	工业、交通、仓储	否
440	华菱湘钢	华菱湘钢	岳塘区岳塘街道湘钢炼铁厂	潭房权证湘潭市字第174009号	45.46	工业、交通、仓储	否
441	华菱湘钢	华菱湘钢	岳塘区岳塘街道炼铁厂	潭房权证湘潭市字第174017号	110.56	工业	否
442	华菱湘钢	华菱湘钢	岳塘区岳塘街道炼铁厂	潭房权证湘潭市字第174019号	807.81	工业	否
443	华菱湘钢	华菱湘钢	岳塘区岳塘街道炼铁厂	潭房权证湘潭市字第174033号	558.89	工业、交通、仓储	否
444	华菱湘钢	华菱湘钢	岳塘区岳塘街道湘钢炼铁厂	潭房权证湘潭市字第174036号	15.75	工业、交通、仓储	否
445	华菱湘钢	华菱湘钢	岳塘区岳塘街道湘钢炼铁厂	潭房权证湘潭市字第174048号	168.52	工业、交通、仓储	否
446	华菱湘钢	华菱湘钢	岳塘区岳塘街道科技开发中心	潭房权证湘潭市字第174078号	54.02	工业、交通、仓储	否
447	华菱湘钢	华菱湘钢	岳塘区岳塘街道炼铁厂	潭房权证湘潭市字第174259号	245.06	工业、交通、仓储	否

续表

序号	房屋所有权人	证载权利人	物业位置	房产证号	建筑面积（m^2）	证载用途	是否存在他项权利
448	华菱湘钢	华菱湘钢	岳塘区岳塘街道湘钢炼铁厂	潭房权证湘潭市字第 174262 号	318.05	工业、交通、仓储	否
449	华菱湘钢	华菱湘钢	岳塘区岳塘街道炼铁厂	潭房权证湘潭市字第 174264 号	204.72	工业	否
450	华菱湘钢	华菱湘钢	岳塘区岳塘街道炼铁厂	潭房权证湘潭市字第 209582 号	1102.46	工业、交通、仓储	否
451	华菱湘钢	华菱湘钢	岳塘区岳塘街道炼铁厂	潭房权证湘潭市字第 209591 号	55.05	工业、交通、仓储	否
452	华菱湘钢	华菱湘钢	岳塘区岳塘街道炼铁厂	潭房权证湘潭市字第 209595 号	55.27	工业、交通、仓储	否
453	华菱湘钢	华菱湘钢	岳塘区岳塘街道炼铁厂	潭房权证湘潭市字第 209597 号	85.05	工业、交通、仓储	否
454	华菱湘钢	华菱湘钢	岳塘区岳塘街道炼铁厂	潭房权证湘潭市字第 217028 号	22.09	工业、交通、仓储	否
455	华菱湘钢	华菱湘钢	岳塘区岳塘街道炼铁厂	潭房权证湘潭市字第 217111 号	17.98	工业、交通、仓储	否
456	华菱湘钢	华菱湘钢	岳塘区岳塘街道炼铁厂	潭房权证湘潭市字第 217141 号	95.72	工业、交通、仓储	否
457	华菱湘钢	华菱湘钢	岳塘区岳塘街道炼铁厂	潭房权证湘潭市字第 217150 号	758.94	工业、交通、仓储	否
458	华菱湘钢	华菱湘钢	岳塘区岳塘街道炼铁厂干熄焦综合电器楼	潭房权证湘潭市字第 240834 号	1495.83	工业	否
459	华菱湘钢	华菱湘钢	岳塘区岳塘街道炼铁厂备煤车间配煤室	潭房权证湘潭市字第 241008 号	1440.68	工业	否
460	华菱湘钢	华菱湘钢	岳塘区岳塘街道炼铁厂硫铵厂房	潭房权证湘潭市字第 241017 号	1373.27	工业	否
461	华菱湘钢	华菱湘钢	岳塘区岳塘街道炼铁厂鼓冷变电所	潭房权证湘潭市字第 241057 号	84.56	工业	否
462	华菱湘钢	华菱湘钢	岳塘区岳塘街道炼铁厂循环水泵房及制冷站主厂房	潭房权证湘潭市字第 241067 号	1343.92	工业	否
463	华菱湘钢	华菱湘钢	岳塘区岳塘街道炼铁厂炼焦变电所	潭房权证湘潭市字第 241068 号	102.01	工业	否
464	华菱湘钢	华菱湘钢	岳塘区岳塘街道炼铁厂集控室	潭房权证湘潭市字第 241072 号	220.68	工业	否

续表

序号	房屋所有权人	证载权利人	物业位置	房产证号	建筑面积（m^2）	证载用途	是否存在他项权利
465	华菱湘钢	华菱湘钢	岳塘区岳塘街道炼铁厂焦化综合楼	潭房权证湘潭市字第241164号	2567.51	工业	否
466	华菱湘钢	华菱湘钢	岳塘区岳塘街道湘钢炼铁厂	谭房权证湘潭市字第174008号	53.04	工业、交通、仓储	否
467	华菱湘钢	华菱湘钢	岳塘区岳塘街道湘钢炼铁厂	谭房权证湘潭市字第174057号	370.15	工业、交通、仓储	否
468	华菱湘钢	华菱湘钢	岳塘区岳塘街道湘钢炼铁厂	谭房权证湘潭市字第209483号	21.81	工业、交通、仓储	否
469	华菱湘钢	华菱湘钢	岳塘区岳塘街道湘钢炼铁厂沉淀池泵房及配电间	谭房权证湘潭市字第242200号	87.17	工业	否
470	华菱湘钢	华菱湘钢	科研大楼	谭房权证湘潭市字第174194号	3,846.73	工业、交通、仓储	否
471	华菱湘钢	华菱湘钢	物理检测大楼	谭房权证湘潭市字第241162号	2,666.07	工业	否
472	华菱湘钢	华菱湘钢	岳塘区岳塘街道湘钢路局办公楼	湘（2019）湘潭市不动产权第0019784号	2,179.74	工业	否
473	华菱湘钢	华菱湘钢	岳塘区钢城路焦化厂酚氰废水处理配药间0101001号	湘（2019）湘潭市不动产权第0026114号	165.79	工业	否
474	华菱湘钢	华菱湘钢	岳塘区钢城路焦化厂酚氰废水处理站风机房0101001号	湘（2019）湘潭市不动产权第0019784号	196.26	工业	否
475	华菱湘钢	华菱湘钢	岳塘区钢城路焦化厂备煤办公楼0101001/0201001号	湘（2019）湘潭市不动产权第0026114号	337.10	工业	否
476	华菱湘钢	华菱湘钢	岳塘区钢城路炼铁总排水处理动力厂炼铁口水站压滤机室0101001/0201001号	湘（2019）湘潭市不动产权第0019784号	871.34	工业	否
477	华菱湘钢	华菱湘钢	岳塘区钢城路炼铁总排水处理动力厂炼铁口水站加氯间0101001号	湘（2019）湘潭市不动产权第0026114号	146.35	工业	否
478	华菱湘钢	华菱湘钢	岳塘区钢城路炼铁总排水处理动力厂炼铁口水站水泵房0101001号	湘（2019）湘潭市不动产权第0019784号	565.27	工业	否

续表

序号	房屋所有权人	证载权利人	物业位置	房产证号	建筑面积（m^2）	证载用途	是否存在他项权利
479	华菱湘钢	华菱湘钢	岳塘区钢城路炼铁总排水处理动力厂炼铁口水站加药间 0101001 号	湘(2019)湘潭市不动产权第 0026114 号	350.56	工业	否
480	华菱湘钢	华菱湘钢	岳塘区钢城路焦化厂焦煤场翻车机电磁站及中控室 0101001/0201001 号	湘(2019)湘潭市不动产权第 0019784 号	165.58	工业	否
481	华菱湘钢	华菱湘钢	岳塘区钢城路焦化煤场调度室 0101001/0201001 号	湘(2019)湘潭市不动产权第 0026114 号	175.44	工业	否

4. 华菱涟钢

序号	房屋所有权人	证载权利人	物业位置	房产证号	建筑面积（m^2）	证载用途	是否存在他项权利
1	华菱涟钢	华菱涟钢	涟钢钢城东路公司办公室	娄房权证娄底字第 00086134 号	2093.64	办公	否
2	华菱涟钢	华菱涟钢	涟钢钢城东路公司办公室	娄房权证娄底字第 00086348 号	229.55	办公	否
3	华菱涟钢	华菱涟钢	凤阳街涟钢新办公楼	娄房权证娄底字第 00086353 号	10975.53	办公	否
4	华菱涟钢	华菱涟钢	涟钢钢城东路公司办公室	娄房权证娄底字第 00086133 号	101.52	办公	否
5	华菱涟钢	华菱涟钢	娄星区涟钢体育馆对面	娄房权证娄底字第 00086132 号	1190.09	办公	否
6	华菱涟钢	华菱涟钢	娄星区涟钢公司办公室双菱大厦	娄房权证娄底字第 00118580 号	14228.80	综合	否
7	华菱涟钢	华菱涟钢	娄星区涟钢公司办公室文化楼	娄房权证娄底字第 00118607 号	5782.89	综合	否
8	华菱涟钢	华菱涟钢	娄星区涟钢公司办公室煤气调压站 0015 幢 101 室	娄房权证娄底字第 00118605 号	79.26	综合	否
9	华菱涟钢	华菱涟钢	涟钢二轧钢	娄房权证娄底字第 00086325 号	3141.25	工厂厂房	否
10	华菱涟钢	华菱涟钢	涟钢涟钢路四轧钢厂	娄房权证娄底字第 00086136 号	10,515	工厂厂房	否

续表

序号	房屋所有权人	证载权利人	物业位置	房产证号	建筑面积（m^2）	证载用途	是否存在他项权利
11	华菱涟钢	华菱涟钢	娄星区涟钢原燃料部清油水泵房	娄房权证娄底字第00086067号	58.02	其他	否
12	华菱涟钢	华菱涟钢	涟钢二轧钢厂	娄房权证娄底字第00086308号	1089.14	工厂厂房	否
13	华菱涟钢	华菱涟钢	涟钢二轧钢	娄房权证娄底字第00086310号	1477.79	工厂厂房	否
14	华菱涟钢	华菱涟钢	涟钢二轧钢	娄房权证娄底字第00086318号	340.76	工厂厂房	否
15	华菱涟钢	华菱涟钢	涟钢路四轧钢厂	娄房权证娄底字第00086161号	423.53	工厂厂房	否
16	华菱涟钢	华菱涟钢	涟钢二轧钢	娄房权证娄底字第00086323号	1479.87	工厂厂房	否
17	华菱涟钢	华菱涟钢	涟钢二轧钢厂	娄房权证娄底字第00086321号	1757.82	工厂厂房	否
18	华菱涟钢	华菱涟钢	涟钢路四轧钢厂	娄房权证娄底字第00086093号	89.99	工厂厂房	否
19	华菱涟钢	华菱涟钢	涟钢路四轧钢厂	娄房权证娄底字第00086094号	90.84	工厂厂房	否
20	华菱涟钢	华菱涟钢	涟钢路四轧钢厂	娄房权证娄底字第00086091号	262.86	工厂厂房	否
21	华菱涟钢	华菱涟钢	涟钢原燃料部轻油库加油房	娄房权证娄底字第00086062号	26.370	其他	否
22	华菱涟钢	华菱涟钢	涟钢北大桥二轧钢厂	娄房权证娄底字第00085996号	217.48	其他	否
23	华菱涟钢	华菱涟钢	涟钢北大桥二轧钢厂	娄房权证娄底字第00086315号	87.91	其他	否
24	华菱涟钢	华菱涟钢	涟钢二轧钢	娄房权证娄底字第00086316号	555.61	工厂厂房	否
25	华菱涟钢	华菱涟钢	涟钢路四轧钢厂	娄房权证娄底字00086302号	102.78	工厂厂房	否
26	华菱涟钢	华菱涟钢	涟钢路四轧钢厂	娄房权证娄底字第00086274号	51.90	工厂厂房	否
27	华菱涟钢	华菱涟钢	涟钢路四轧钢厂	娄房权证娄底字第00086272号	51.90	工厂厂房	否
28	华菱涟钢	华菱涟钢	涟钢路四轧钢厂	娄房权证娄底字第00086140号	13.26	工厂厂房	否

续表

序号	房屋所有权人	证载权利人	物业位置	房产证号	建筑面积（m^2）	证载用途	是否存在他项权利
29	华菱涟钢	华菱涟钢	涟钢路四轧钢厂	娄房权证娄底字第00086141号	21.30	工厂厂房	否
30	华菱涟钢	华菱涟钢	涟钢路四轧钢厂	娄房权证娄底字第00086139号	23.27	工厂厂房	否
31	华菱涟钢	华菱涟钢	涟钢二轧钢	娄房权证娄底字第00086309号	80.43	工厂厂房	否
32	华菱涟钢	华菱涟钢	涟钢路四轧钢厂	娄房权证娄底字第00086163号	1604.16	办公	否
33	华菱涟钢	华菱涟钢	娄星区涟钢原燃料部轻油库库房	娄房权证娄底字第00086319号	515.79	仓库	否
34	华菱涟钢	华菱涟钢	涟钢路四轧钢厂	娄房权证娄底字第00086138号	30.99	工厂厂房	否
35	华菱涟钢	华菱涟钢	涟钢路四轧钢厂	娄房权证娄底字第00086145号	528.44	工厂厂房	否
36	华菱涟钢	华菱涟钢	涟钢路四轧钢厂	娄房权证娄底字第00086135号	2572.33	工厂厂房	否
37	华菱涟钢	华菱涟钢	娄星区涟钢原燃料部轻油库配电房	娄房权证娄底字第00086314号	24.04	其他	否
38	华菱涟钢	华菱涟钢	娄星区涟钢原燃料部轻油库门卫	娄房权证娄底字第00086326号	9.82	其他	否
39	华菱涟钢	华菱涟钢	娄星区涟钢运输部线二轧库房	娄房权证娄底字第00118620号	4525.53	工厂厂房	否
40	华菱涟钢	华菱涟钢	涟钢机动部（备件库）	娄房权证娄底字第00086128号	1180.87	工厂厂房	否
41	华菱涟钢	华菱涟钢	娄星区涟钢原燃料部轻油库宿舍	娄房权证娄底字第00086320号	158.21	住宅	否
42	华菱涟钢	华菱涟钢	娄星区涟钢运输部线主跨仓库0017幢101室	娄房权证娄底字第00118517号	2275.97	工厂厂房	否
43	华菱涟钢	华菱涟钢	钢城西街设备材料公司物质总库	娄房权证娄底字第00086234号	2670.36	仓库	否
44	华菱涟钢	华菱涟钢	北大桥洪家洲火车站西侧	娄房权证娄底字第00086225号	4090.83	仓库	否
45	华菱涟钢	华菱涟钢	北大桥洪家洲火车站西侧	娄房权证娄底字第00086226号	1322.05	工厂厂房	否

续表

序号	房屋所有权人	证载权利人	物业位置	房产证号	建筑面积（m^2）	证载用途	是否存在他项权利
46	华菱涟钢	华菱涟钢	北大桥洪家洲火车站西侧仓管	娄房权证娄底字第 00086075 号	478.31	工厂厂房	否
47	华菱涟钢	华菱涟钢	北大桥洪家洲火车站西侧	娄房权证娄底字第 00086073 号	85.10	工厂厂房	否
48	华菱涟钢	华菱涟钢	北大桥洪家洲火车站西侧	娄房权证娄底字第 00086244 号	10.50	工厂厂房	否
49	华菱涟钢	华菱涟钢	北大桥洪家洲火车站西侧	娄房权证娄底字第 00086327 号	21.83	其他	否
50	华菱涟钢	华菱涟钢	娄星区涟钢运输部线办公楼	娄房权证娄底字第 00118520 号	462.06	工厂厂房	否
51	华菱涟钢	华菱涟钢	娄星区涟钢运输部线付跨厂房	娄房权证娄底字第 00118578 号	995.60	工厂厂房	否
52	华菱涟钢	华菱涟钢	娄星区涟钢运输部线休息室及澡堂	娄房权证娄底字第 00118496 号	64.95	工厂厂房	否
53	华菱涟钢	华菱涟钢	娄星区涟钢运输部线厕所 0019 幢 101 室	娄房权证娄底字第 00118466 号	45.18	工厂厂房	否
54	华菱涟钢	华菱涟钢	娄星区涟钢运输部线洪家州库房	娄房权证娄底字第 00118472 号	4119.48	工厂厂房	否
55	华菱涟钢	华菱涟钢	娄星区涟钢备品备件库	娄房权证娄底字第 00145504 号	3144.30	仓储	否
56	华菱涟钢	华菱涟钢	娄星区涟钢备品备件库	娄房权证娄底字第 00146513 号	6319.64	仓储	否
57	华菱涟钢	华菱涟钢	娄星区涟钢加工车间办公楼	娄房权证娄底字第 00145519 号	327.52	厂房	否
58	华菱涟钢	华菱涟钢	娄星区涟钢调度值班办公楼	娄房权证娄底字第 00145514 号	424.34	办公楼	否
59	华菱涟钢	华菱涟钢	娄星区涟钢变配电房	娄房权证娄底字第 00145521 号	35.10	厂房	否
60	华菱涟钢	华菱涟钢	娄星区涟钢门卫室 1#	娄房权证娄底字第 00146486 号	17.98	其他	否
61	华菱涟钢	华菱涟钢	娄星区涟钢厕所	娄房权证娄底字第 00145506 号	25.98	非居住	否
62	华菱涟钢	华菱涟钢	涟钢钢城西街销售部（33 米跨厂房）	娄房权证娄底字第 00086011 号	3618.72	工厂厂房	否
63	华菱涟钢	华菱涟钢	涟钢钢城西街销售部成品库办公	娄房权证娄底字第 00085994 号	180.77	办公	否

续表

序号	房屋所有权人	证载权利人	物业位置	房产证号	建筑面积(m^2)	证载用途	是否存在他项权利
64	华菱涟钢	华菱涟钢	涟钢钢城西街销售部成品库办公	娄房权证娄底字第00086324号	117.79	工厂厂房	否
65	华菱涟钢	华菱涟钢	涟钢二轧钢	娄房权证娄底字第00086009号	1744.46	办公	否
66	华菱涟钢	华菱涟钢	涟钢钢城东路公司办公室	娄房权证娄底字第00086351号	3358.25	办公	否
67	华菱涟钢	华菱涟钢	娄涟钢机动部(闲置库1#)	娄房权证娄底字第00086275号	542.17	工厂厂房	否
68	华菱涟钢	华菱涟钢	娄涟钢机动部(闲置库2#)	娄房权证娄底字第00086131号	542.17	工厂厂房	否
69	华菱涟钢	华菱涟钢	娄涟钢机动部(闲置库办公室)	娄房权证娄底字第00086130号	157.40	工厂厂房	否
70	华菱涟钢	华菱涟钢	涟钢四食堂旁边[生活服务公司]	娄房权证娄底字第00086002号	51.42	其他	否
71	华菱涟钢	华菱涟钢	涟钢四食堂	娄房权证娄底字第00086001号	159.30	办公	否
72	华菱涟钢	华菱涟钢	娄星区涟钢北大桥电修公司	娄房权证娄底字第00086129号	1866.52	工厂厂房	否
73	华菱涟钢	华菱涟钢	娄星区涟钢冶耐哨所(211000803)	娄房权证娄底字第00145531号	21.00	其他	否
74	华菱涟钢	华菱涟钢	娄星区涟钢交编站2#哨所(211000804)	娄房权证娄底字第00146512号	22.34	其他	否
75	华菱涟钢	华菱涟钢	娄星区涟钢交编站1#哨所(211000805)	娄房权证娄底字第00145503号	22.34	办公	否
76	华菱涟钢	华菱涟钢	娄星区涟钢交编站3#哨所(211000806)	娄房权证娄底字第00145515号	22.34	其他	否
77	华菱涟钢	华菱涟钢	娄星区涟钢交编站4#哨所(211000807)	娄房权证娄底字第00146504号	22.34	其他	否
78	华菱涟钢	华菱涟钢	娄星区涟钢交编站5#哨所(211000808)	娄房权证娄底字第00146505号	22.34	其他	否
79	华菱涟钢	华菱涟钢	娄星区西大桥哨所(211000809)	娄房权证娄底字第00145502号	44.01	办公	否
80	华菱涟钢	华菱涟钢	涟钢钢城西街焦化厂	娄房权证娄底字第00085974号	272.35	办公	否
81	华菱涟钢	华菱涟钢	涟钢焦化厂化验室	娄房权证娄底字第00118482号	967.32	工厂厂房	否

续表

序号	房屋所有权人	证载权利人	物业位置	房产证号	建筑面积（m^2）	证载用途	是否存在他项权利
82	华菱涟钢	华菱涟钢	涟钢钢城西街焦化厂	娄房权证娄底字第00086358号	3019.07	办公	否
83	华菱涟钢	华菱涟钢	涟钢焦化厂还建浴室	娄房权证娄底字第00118581号	2058.32	工厂厂房	否
84	华菱涟钢	华菱涟钢	涟钢焦化厂炼焦配煤室、电磁焦化备煤	娄房权证娄底字第00118601号	139.14	工厂厂房	否
85	华菱涟钢	华菱涟钢	涟钢钢城西街焦化厂	娄房权证娄底字第00085970号	86.17	工厂厂房	否
86	华菱涟钢	华菱涟钢	涟钢钢城西街焦化厂	娄房权证娄底字第00085919号	151.86	工厂厂房	否
87	华菱涟钢	华菱涟钢	涟钢钢城西街焦化厂	娄房权证娄底字第00088578号	22.81	工厂厂房	否
88	华菱涟钢	华菱涟钢	涟钢钢城西街焦化厂	娄房权证娄底字第00085973号	17.98	工厂厂房	否
89	华菱涟钢	华菱涟钢	涟钢钢城西街焦化厂	娄房权证娄底字第00085976号	112.28	工厂厂房	否
90	华菱涟钢	华菱涟钢	娄星区涟钢焦化厂备煤推土机房前栋0115幢101室	娄房权证娄底字第00118566号	203.58	工业	否
91	华菱涟钢	华菱涟钢	涟钢钢城西街焦化厂	娄房权证娄底字第00086050号	52.33	工厂厂房	否
92	华菱涟钢	华菱涟钢	涟钢钢城西街焦化厂	娄房权证娄底字第00085928号	28.57	工厂厂房	否
93	华菱涟钢	华菱涟钢	涟钢钢城西街焦化厂	娄房权证娄底字第00086122号	107.32	工厂厂房	否
94	华菱涟钢	华菱涟钢	涟钢钢城西街焦化厂	娄房权证娄底字第00086263号	350.21	办公	否
95	华菱涟钢	华菱涟钢	涟钢钢城西街焦化厂	娄房权证娄底字第00085926号	27.35	房管设施	否
96	华菱涟钢	华菱涟钢	涟钢钢城西街焦化厂	娄房权证娄底字第00085922号	202.66	房管设施	否
97	华菱涟钢	华菱涟钢	涟钢钢城西街焦化厂	娄房权证娄底字第00085925号	161.70	办公	否
98	华菱涟钢	华菱涟钢	涟钢焦化厂	娄房权证娄底字第00085920号	329.80	工厂厂房	否

续表

序号	房屋所有权人	证载权利人	物业位置	房产证号	建筑面积（m^2）	证载用途	是否存在他项权利
99	华菱涟钢	华菱涟钢	涟钢焦化厂	娄房权证娄底字第00086121号	953.72	工厂厂房	否
100	华菱涟钢	华菱涟钢	涟钢焦化厂	娄房权证娄底字第00085972号	53.01	其他	否
101	华菱涟钢	华菱涟钢	涟钢焦化厂	娄房权证娄底字第00086356号	159.30	工厂厂房	否
102	华菱涟钢	华菱涟钢	涟钢焦化厂翻车机工房	娄房权证娄底字第00118669号	120.06	工厂厂房	否
103	华菱涟钢	华菱涟钢	娄星区涟钢焦化厂翻车机工房	娄房权证娄底字第00118488号	289.30	工业	否
104	华菱涟钢	华菱涟钢	娄星区涟钢焦化厂翻车机厂房0112幢101室	娄房权证娄底字第00118664号	491.43	厂房	否
105	华菱涟钢	华菱涟钢	涟钢钢城西街焦化厂	娄房权证娄底字第00085971号	447.72	工厂厂房	否
106	华菱涟钢	华菱涟钢	涟钢钢城西街焦化厂	娄房权证娄底字第00086355号	61.66	工厂厂房	否
107	华菱涟钢	华菱涟钢	娄星区涟钢焦化厂筛焦楼除尘系统控制室	娄房权证娄底字第00118528号	639.91	工业	否
108	华菱涟钢	华菱涟钢	涟钢焦化厂配煤槽房、煤制样室	娄房权证娄底字第00118513号	1060.84	工厂厂房	否
109	华菱涟钢	华菱涟钢	涟钢焦化厂	娄房权证娄底字第00085962号	107.55	工厂厂房	否
110	华菱涟钢	华菱涟钢	涟钢焦化厂一炼焦办公室	娄房权证娄底字第00118486号	412.03	工厂厂房	否
111	华菱涟钢	华菱涟钢	娄星区涟钢检修中心检修站工房(焦炉北站)	娄房权证娄底字第00118579号	598.37	工房	否
112	华菱涟钢	华菱涟钢	涟钢焦化厂高压氨水泵房	娄房权证娄底字第00118583号	55.75	工厂厂房	否
113	华菱涟钢	华菱涟钢	涟钢焦化厂	娄房权证娄底字第00085916号	646.03	办公	否
114	华菱涟钢	华菱涟钢	涟钢焦化厂焦炉烟道排水泵房0101幢101室	娄房权证娄底字第00118661号	23.25	工厂厂房	否

续表

序号	房屋所有权人	证载权利人	物业位置	房产证号	建筑面积（m^2）	证载用途	是否存在他项权利
115	华菱涟钢	华菱涟钢	涟钢焦化厂煤焦制样室	娄房权证娄底字第00118599号	353.11	工厂厂房	否
116	华菱涟钢	华菱涟钢	娄星区焦化厂筛贮焦楼	娄房权证娄底字第00118487号	1942.05	工厂厂房	否
117	华菱涟钢	华菱涟钢	涟钢焦化厂	娄房权证娄底字第00085975号	291.10	工厂厂房	否
118	华菱涟钢	华菱涟钢	涟钢焦化厂	娄房权证娄底字第00085917号	911.00	工厂厂房	否
119	华菱涟钢	华菱涟钢	娄星区焦化厂除尘地面站	娄房权证娄底字第00118612号	483.48	工厂厂房	否
120	华菱涟钢	华菱涟钢	涟钢焦化厂	娄房权证娄底字第00086218号	261.44	工厂厂房	否
121	华菱涟钢	华菱涟钢	涟钢焦化厂	娄房权证娄底字第00086217号	368.63	工厂厂房	否
122	华菱涟钢	华菱涟钢	涟钢焦化厂蒸氨工段主厂房	娄房权证娄底字第00118459号	592.70	工厂厂房	否
123	华菱涟钢	华菱涟钢	涟钢焦化厂	娄房权证娄底字第00086214号	141.53	工厂厂房	否
124	华菱涟钢	华菱涟钢	涟钢焦化厂净化车间变电所	娄房权证娄底字第00118652号	107.55	工厂厂房	否
125	华菱涟钢	华菱涟钢	涟钢焦化厂	娄房权证娄底字第00086213号	170.12	其他	否
126	华菱涟钢	华菱涟钢	涟钢焦化厂	娄房权证娄底字第00086212号	133.86	其他	否
127	华菱涟钢	华菱涟钢	涟钢焦化厂	娄房权证娄底字第00086349号	243.13	其他	否
128	华菱涟钢	华菱涟钢	涟钢焦化厂	娄房权证娄底字第00086363号	518.89	其他	否
129	华菱涟钢	华菱涟钢	涟钢焦化厂	娄房权证娄底字第00086364号	168.98	工厂厂房	否
130	华菱涟钢	华菱涟钢	娄星区涟钢焦化厂	娄房权证娄底字第00086365号	202.16	办公	否
131	华菱涟钢	华菱涟钢	涟钢焦化厂	娄房权证娄底字第00086366号	1221.56	工厂厂房	否
132	华菱涟钢	华菱涟钢	涟钢焦化厂	娄房权证娄底字第00086367号	21.99	工厂厂房	否

续表

序号	房屋所有权人	证载权利人	物业位置	房产证号	建筑面积（m^2）	证载用途	是否存在他项权利
133	华菱涟钢	华菱涟钢	娄星区涟钢焦化厂	娄房权证娄底字第 00086359 号	233.48	其他	否
134	华菱涟钢	华菱涟钢	涟钢焦化厂酚氯水处理综合楼	娄房权证娄底字第 00118574 号	515.20	工厂厂房	否
135	华菱涟钢	华菱涟钢	涟钢钢城西街焦化厂	娄房权证娄底字第 00085918 号	81.19	工厂厂房	否
136	华菱涟钢	华菱涟钢	涟钢焦化厂	娄房权证娄底字第 00086362 号	751.67	其他	否
137	华菱涟钢	华菱涟钢	涟钢焦化厂	娄房权证娄底字第 00086361 号	442.19	工厂厂房	否
138	华菱涟钢	华菱涟钢	涟钢焦化厂	娄房权证娄底字第 00086360 号	1240.57	其他	否
139	华菱涟钢	华菱涟钢	涟钢焦化厂综合水泵房变电所	娄房权证娄底字第 00118469 号	154.01	工厂厂房	否
140	华菱涟钢	华菱涟钢	娄星区涟钢焦化厂干熄焦地面除尘站 0122 幢 101 室	娄房权证娄底字第 00118573 号	343.05	厂房	否
141	华菱涟钢	华菱涟钢	娄星区涟钢焦化厂压缩空气干燥站 0125 幢 101 室	娄房权证娄底字第 00118515 号	122.34	工业	否
142	华菱涟钢	华菱涟钢	娄星区涟钢焦化厂除氧给水泵房	娄房权证娄底字第 00118604 号	421.85	工业	否
143	华菱涟钢	华菱涟钢	娄星区涟钢焦化厂循环水泵房 0120 幢 101 室	娄房权证娄底字第 00118477 号	602.59	工业	否
144	华菱涟钢	华菱涟钢	娄星区涟钢焦化厂干熄焦检修作业区 0116 幢 101 室	娄房权证娄底字第 00118592 号	288.92	综合	否
145	华菱涟钢	华菱涟钢	娄星区涟钢焦化厂干熄焦检修作业区 0124 幢 101 室	娄房权证娄底字第 00118483 号	190.36	工业	否
146	华菱涟钢	华菱涟钢	娄星区涟钢焦化厂综合电气室	娄房权证娄底字第 00118467 号	1478.82	工业	否
147	华菱涟钢	华菱涟钢	娄星区涟钢焦化厂汽轮发电站 0119 幢 101 室	娄房权证娄底字第 00118591 号	596.16	工业	否

续表

序号	房屋所有权人	证载权利人	物业位置	房产证号	建筑面积（m^2）	证载用途	是否存在他项权利
148	华菱涟钢	华菱涟钢	娄星区涟钢烧结线备品库	娄房权证娄底字第00118492号	1103.37	工厂厂房	否
149	华菱涟钢	华菱涟钢	涟钢烧结厂	娄房权证娄底字第00086105号	1757.94	工厂厂房	否
150	华菱涟钢	华菱涟钢	涟钢烧结厂（取样室）	娄房权证娄底字第00086148号	2000.41	其他	否
151	华菱涟钢	华菱涟钢	涟钢烧结厂	娄房权证娄底字第00086104号	323.70	工厂厂房	否
152	华菱涟钢	华菱涟钢	涟钢烧结厂	娄房权证娄底字第00088579号	19.07	工厂厂房	否
153	华菱涟钢	华菱涟钢	涟钢烧结三厂（配电室）	娄房权证娄底字第00085978号	1041.69	其他	否
154	华菱涟钢	华菱涟钢	涟钢烧结厂	娄房权证娄底字第00085992号	117.88	工厂厂房	否
155	华菱涟钢	华菱涟钢	涟钢烧结厂（抽风室）	娄房权证娄底字第00085991号	562.66	其他	否
156	华菱涟钢	华菱涟钢	涟钢烧结厂（水泵房）	娄房权证娄底字第00085990号	180.87	其他	否
157	华菱涟钢	华菱涟钢	涟钢	娄房权证娄底字第00085989号	795.48	工厂厂房	否
158	华菱涟钢	华菱涟钢	涟钢烧结厂	娄房权证娄底字第00085988号	490.69	工厂厂房	否
159	华菱涟钢	华菱涟钢	涟钢烧结三厂	娄房权证娄底字第00085987号	2278.72	工厂厂房	否
160	华菱涟钢	华菱涟钢	涟钢烧结三厂	娄房权证娄底字第00085986号	335.96	工厂厂房	否
161	华菱涟钢	华菱涟钢	涟钢烧结厂（机房）	娄房权证娄底字第00085985号	80.80	工厂厂房	否
162	华菱涟钢	华菱涟钢	涟钢烧结厂（厕所）	娄房权证娄底字第00088580号	54.22	其他	否
163	华菱涟钢	华菱涟钢	涟钢烧结三厂	娄房权证娄底字第00085983号	991.28	办公	否
164	华菱涟钢	华菱涟钢	涟钢烧结三厂	娄房权证娄底字第00085982号	114.85	工厂厂房	否
165	华菱涟钢	华菱涟钢	涟钢烧结厂	娄房权证娄底字第00086102号	48.94	工厂厂房	否

续表

序号	房屋所有权人	证载权利人	物业位置	房产证号	建筑面积（m^2）	证载用途	是否存在他项权利
166	华菱涟钢	华菱涟钢	娄星区涟钢烧结线一次混合室0060幢101室	娄房权证娄底字第00118587号	22.47	工厂厂房	否
167	华菱涟钢	华菱涟钢	涟钢烧结厂	娄房权证娄底字第00085981号	346.75	工厂厂房	否
168	华菱涟钢	华菱涟钢	娄星区涟钢烧结机室	娄房权证娄底字第00118479号	2801.97	工房	否
169	华菱涟钢	华菱涟钢	娄星区涟钢烧结厂主抽风室	娄房权证娄底字第00118576号	660.53	工业	否
170	华菱涟钢	华菱涟钢	娄星区涟钢烧结厂新烧变电所0073幢101室	娄房权证娄底字第00118619号	223.98	工业	否
171	华菱涟钢	华菱涟钢	娄星区涟钢烧结厂机尾电除尘0072幢101室	娄房权证娄底字第00118577号	168.44	工业	否
172	华菱涟钢	华菱涟钢	娄星区涟钢烧结厂整粒电除尘0070幢101室	娄房权证娄底字第00118527号	81.85	工业	否
173	华菱涟钢	华菱涟钢	涟钢烧结三厂(配电室)	娄房权证娄底字第00086374号	166.21	其他	否
174	华菱涟钢	华菱涟钢	涟钢烧结厂(配电室)	娄房权证娄底字第00086375号	63.75	工厂厂房	否
175	华菱涟钢	华菱涟钢	涟钢烧结厂(维修间)	娄房权证娄底字第00086376号	738.71	工厂厂房	否
176	华菱涟钢	华菱涟钢	涟钢烧结厂(厕所)	娄房权证娄底字第00086377号	30.90	其他	否
177	华菱涟钢	华菱涟钢	涟钢烧结厂	娄房权证娄底字第00086381号	948.83	工厂厂房	否
178	华菱涟钢	华菱涟钢	涟钢烧结厂(配电室)	娄房权证娄底字第00086388号	400.42	其他	否
179	华菱涟钢	华菱涟钢	涟钢烧结厂(厕所)	娄房权证娄底字第00085984号	27.05	其他	否
180	华菱涟钢	华菱涟钢	涟钢	娄房权证娄底字第00086391号	51.42	其他	否
181	华菱涟钢	华菱涟钢	涟钢	娄房权证娄底字第00086380号	1169.40	工厂厂房	否

续表

序号	房屋所有权人	证载权利人	物业位置	房产证号	建筑面积（m^2）	证载用途	是否存在他项权利
182	华菱涟钢	华菱涟钢	涟钢涟水河西烧结厂	娄房权证娄底字第00086390号	448.94	工厂厂房	否
183	华菱涟钢	华菱涟钢	娄星区涟钢烧结线2号翻车机室0080幢101室	娄房权证娄底字第00118665号	426.14	工业	否
184	华菱涟钢	华菱涟钢	涟钢烧结厂	娄房权证娄底字第00086379号	84.50	工厂厂房	否
185	华菱涟钢	华菱涟钢	娄星区涟钢烧结线6号变电所	娄房权证娄底字第00118585号	466.44	工业	否
186	华菱涟钢	华菱涟钢	涟钢烧结厂	娄房权证娄底字第00086389号	232.86	工厂厂房	否
187	华菱涟钢	华菱涟钢	涟钢	娄房权证娄底字第00086387号	57.66	其他	否
188	华菱涟钢	华菱涟钢	娄星区涟钢烧结线高低压室	娄房权证娄底字第00118584号	260.25	厂房	否
189	华菱涟钢	华菱涟钢	娄星区涟钢经警宿舍	娄房权证娄底字第00145499号	1046.70	集体宿舍	否
190	华菱涟钢	华菱涟钢	娄星区涟钢焦化厂破筛楼0121幢101室	娄房权证娄底字第00118611号	555.63	工业	否
191	华菱涟钢	华菱涟钢	娄星区涟钢烧结线成品取样室0067幢101室	娄房权证娄底字第00118651号	108.86	工房	否
192	华菱涟钢	华菱涟钢	娄星区涟钢烧结线第二筛分室0067幢111室	娄房权证娄底字第00118571号	426.24	工房	否
193	华菱涟钢	华菱涟钢	娄星区涟钢烧结线第一筛分室	娄房权证娄底字第00118489号	2029.84	工房	否
194	华菱涟钢	华菱涟钢	娄星区烧结线二次混合室0079幢101室	娄房权证娄底字第00118616号	30.70	工房	否
195	华菱涟钢	华菱涟钢	娄星区涟钢烧结厂机尾电除尘及风机0074幢101室	娄房权证娄底字第00118484号	267.08	工业	否
196	华菱涟钢	华菱涟钢	娄星区涟钢烧结线配料电除尘及风机房	娄房权证娄底字第00118490号	207.51	工厂厂房	否

续表

序号	房屋所有权人	证载权利人	物业位置	房产证号	建筑面积(m^2)	证载用途	是否存在他项权利
197	华菱涟钢	华菱涟钢	娄星区涟钢烧结线配料室 0078 幢 101 室	娄房权证娄底字第 00118615 号	1106.14	工业	否
198	华菱涟钢	华菱涟钢	娄星区涟钢烧结线配汽室 0064 幢 101 室	娄房权证娄底字第 00118655 号	80.28	厂房	否
199	华菱涟钢	华菱涟钢	娄星区涟钢燃料粗破碎室	娄房权证娄底字第 00118500 号	648.33	厂房	否
200	华菱涟钢	华菱涟钢	娄星区涟钢烧结线大块筛分室 0058 幢 101 室	娄房权证娄底字第 00118514 号	141.38	厂房	否
201	华菱涟钢	华菱涟钢	娄星区涟钢燃料袋除尘	娄房权证娄底字第 00118593 号	36.69	工厂厂房	否
202	华菱涟钢	华菱涟钢	娄星区涟钢烧结线机尾电除尘及风机房	娄房权证娄底字第 00118491 号	155.00	工厂厂房	否
203	华菱涟钢	华菱涟钢	娄星区涟钢烧结线熔剂燃料仓库 0082 幢 101 室	娄房权证娄底字第 00118666 号	2892.19	工业	否
204	华菱涟钢	华菱涟钢	娄星区涟钢烧结线烧结机主厂房	娄房权证娄底字第 00118485 号	1519.69	工厂厂房	否
205	华菱涟钢	华菱涟钢	娄星区涟钢烧结线循环水泵房 0056 幢 101 室	娄房权证娄底字第 00118659 号	171.03	厂房	否
206	华菱涟钢	华菱涟钢	娄星区涟钢烧结厂压缩空气净化站 0071 幢 101 室	娄房权证娄底字第 00118499 号	80.62	工业	否
207	华菱涟钢	华菱涟钢	娄星区涟钢烧结线原料变电所 0081 幢 101 室	娄房权证娄底字第 00118617 号	202.77	工业	否
208	华菱涟钢	华菱涟钢	娄星区涟钢烧结线整粒变电所 0063 幢 101 室	娄房权证娄底字第 00118572 号	192.60	工房	否
209	华菱涟钢	华菱涟钢	娄星区涟钢烧结厂整粒电除尘及风机 0076 幢 101 室	娄房权证娄底字第 00118658 号	182.33	工业	否

续表

序号	房屋所有权人	证载权利人	物业位置	房产证号	建筑面积（m^2）	证载用途	是否存在他项权利
210	华菱涟钢	华菱涟钢	娄星区涟钢烧结线燃料细破碎室	娄房权证娄底字第00118660号	1149.81	厂房	否
211	华菱涟钢	华菱涟钢	娄星区涟钢烧结厂主电气楼	娄房权证娄底字第00118476号	3532.48	工业	否
212	华菱涟钢	华菱涟钢	娄星区涟钢烧结线综合楼	娄房权证娄底字第00118462号	2740.47	厂房	否
213	华菱涟钢	华菱涟钢	娄星区涟钢烧结线维修间0062幢101室	娄房权证娄底字第00118457号	883.55	厂房	否
214	华菱涟钢	华菱涟钢	涟钢钢城东路公司办公室	娄房权证娄底字第00086352号	4117.37	办公	否
215	华菱涟钢	华菱涟钢	娄星区涟钢炼铁线布货除尘制作室	娄房权证娄底字第00118494号	45.18	工厂厂房	否
216	华菱涟钢	华菱涟钢	涟钢炼铁厂	娄房权证娄底字第00086179号	228.26	工厂厂房	否
217	华菱涟钢	华菱涟钢	娄星区涟钢炼铁厂	娄房权证娄底字第00085907号	1124.64	工厂厂房	否
218	华菱涟钢	华菱涟钢	娄星区涟钢炼铁线热风炉液压站	娄房权证娄底字第00118495号	60.64	工厂厂房	否
219	华菱涟钢	华菱涟钢	娄星区涟钢炼线液压站及润滑	娄房权证娄底字第00118569号	66.90	工厂厂房	否
220	华菱涟钢	华菱涟钢	涟钢炼铁原料开关站	娄房权证娄底字第00086123号	1113.60	工厂厂房	否
221	华菱涟钢	华菱涟钢	涟钢炼铁主传动房	娄房权证娄底字第00086194号	313.03	工厂厂房	否
222	华菱涟钢	华菱涟钢	娄星区涟钢炼铁厂修罐厂房	娄房权证娄底字第00086125号	1357.44	工厂厂房	否
223	华菱涟钢	华菱涟钢	娄星区涟钢炼铁厂耐材库	娄房权证娄底字第00088587号	353.69	工厂厂房	否
224	华菱涟钢	华菱涟钢	娄星区涟钢炼铁厂烧罐库	娄房权证娄底字第00086127号	341.00	工厂厂房	否
225	华菱涟钢	华菱涟钢	涟钢炼铁厂	娄房权证娄底字第00086328号	694.75	工厂厂房	否
226	华菱涟钢	华菱涟钢	涟钢炼铁厂	娄房权证娄底字第00088593号	649.35	工厂厂房	否

续表

序号	房屋所有权人	证载权利人	物业位置	房产证号	建筑面积（m^2）	证载用途	是否存在他项权利
227	华菱涟钢	华菱涟钢	娄星区涟钢炼铁厂绞车房	娄房权证娄底字第00085897号	56.28	工厂厂房	否
228	华菱涟钢	华菱涟钢	娄星区涟钢炼铁厂备品库	娄房权证娄底字第00086329号	381.35	仓库	否
229	华菱涟钢	华菱涟钢	娄星区涟钢炼铁厂干煤房	娄房权证娄底字第00086330号	933.28	仓库	否
230	华菱涟钢	华菱涟钢	娄星区涟钢炼铁厂	娄房权证娄底字第00085894号	45.18	工厂厂房	否
231	华菱涟钢	华菱涟钢	娄星区涟钢炼铁厂干煤房	娄房权证娄底字第00085893号	108.84	工厂厂房	否
232	华菱涟钢	华菱涟钢	娄星区涟钢炼铁厂备品库	娄房权证娄底字第00086126号	233.16	仓库	否
233	华菱涟钢	华菱涟钢	娄星区涟钢炼铁厂	娄房权证娄底字第00086124号	274.90	工厂厂房	否
234	华菱涟钢	华菱涟钢	娄星区涟钢炼铁线氧氮调压站房	娄房权证娄底字第00118595号	50.63	工厂厂房	否
235	华菱涟钢	华菱涟钢	娄星区涟钢 TRT 办公楼	娄房权证娄底字第00086249号	1830.20	办公	否
236	华菱涟钢	华菱涟钢	涟钢机关 3 号楼西头[品质部化验综合楼]	娄房权证娄底字第00086032号	4821.88	其他	否
237	华菱涟钢	华菱涟钢	娄星区涟钢转炉线洗衣机房 0001 幢 101 室	娄房权证娄底字第00118567号	33.44	工业	否
238	华菱涟钢	华菱涟钢	娄星区涟钢转炉线加料跨 0006 幢 101 室	娄房权证娄底字第00118480号	7649.14	工业	否
239	华菱涟钢	华菱涟钢	涟钢轧钢路三炼钢厂	娄房权证娄底字第00086006号	2059.26	其他	否
240	华菱涟钢	华菱涟钢	涟钢轧钢路三炼钢厂	娄房权证娄底字第00086005号	3506.46	其他	否
241	华菱涟钢	华菱涟钢	娄星区涟钢轧钢路三炼钢厂	娄房权证娄底字第00086004号	5968.86	其他	否
242	华菱涟钢	华菱涟钢	娄星区涟钢转炉线第一出坯跨 0007 幢 101 室	娄房权证娄底字第00118458号	5845.36	工业	否

续表

序号	房屋所有权人	证载权利人	物业位置	房产证号	建筑面积（m^2）	证载用途	是否存在他项权利
243	华菱涟钢	华菱涟钢	娄星区涟钢转炉线第二出坯跨 0009 幢 101 室	娄房权证娄底字第 00118519 号	6352.67	工业	否
244	华菱涟钢	华菱涟钢	涟钢轧钢路三炼钢厂	娄房权证娄底字第 00086307 号	2655.59	其他	否
245	华菱涟钢	华菱涟钢	涟钢轧钢路三炼钢厂	娄房权证娄底字第 00086037 号	384.23	其他	否
246	华菱涟钢	华菱涟钢	涟钢轧钢路三炼钢厂	娄房权证娄底字第 00086018 号	1224.88	其他	否
247	华菱涟钢	华菱涟钢	涟钢轧钢路三炼钢厂	娄房权证娄底字第 00086019 号	283.80	其他	否
248	华菱涟钢	华菱涟钢	娄星区涟钢轧钢路三炼钢厂	娄房权证娄底字第 00086007 号	6841.50	其他	否
249	华菱涟钢	华菱涟钢	娄星区涟钢转炉线 1 号机火焰切割机室 0002 幢 101 室	娄房权证娄底字第 00118522 号	51.94	工业	否
250	华菱涟钢	华菱涟钢	娄星区涟钢轧钢路三炼钢厂	娄房权证娄底字第 00086003 号	5968.86	其他	否
251	华菱涟钢	华菱涟钢	娄星区涟钢转炉线新浇注跨西延长 0003 幢 101 室	娄房权证娄底字第 00118524 号	1411.17	厂房	否
252	华菱涟钢	华菱涟钢	娄星区涟钢转炉线制冷站 0015 幢 101 室	娄房权证娄底字第 00118663 号	420.77	厂房	否
253	华菱涟钢	华菱涟钢	娄星区涟钢转炉线冷修罐休息室	娄房权证娄底字第 00118590 号	77.97	厂房	否
254	华菱涟钢	华菱涟钢	涟钢轧钢路三炼钢厂	娄房权证娄底字第 00086020 号	330.48	其他	否
255	华菱涟钢	华菱涟钢	涟钢轧钢路三炼钢厂	娄房权证娄底字第 00086304 号	843.48	其他	否
256	华菱涟钢	华菱涟钢	娄星区涟钢转炉线二次除尘厂房 0016 幢 101 室	娄房权证娄底字第 00118668 号	338.86	工业	否
257	华菱涟钢	华菱涟钢	娄星区涟钢转炉线二次除尘房 0010 幢 101 室	娄房权证娄底字第 00118461 号	332.00	工业	否

续表

序号	房屋所有权人	证载权利人	物业位置	房产证号	建筑面积(m²)	证载用途	是否存在他项权利
258	华菱涟钢	华菱涟钢	娄星区涟钢转炉线过道跨 0005 幢 101 室	娄房权证娄底字第 00118478 号	4013.40	工业	否
259	华菱涟钢	华菱涟钢	涟钢北大桥二轧钢厂	娄房权证娄底字第 00086317 号	102.42	其他	否
260	华菱涟钢	华菱涟钢	涟钢轧钢路三炼钢厂	娄房权证娄底字第 00086305 号	602.66	其他	否
261	华菱涟钢	华菱涟钢	娄星区涟钢转炉线电气楼	娄房权证娄底字第 00118568 号	1048.72	工房	否
262	华菱涟钢	华菱涟钢	娄星区洪家洲北大桥附近	娄房权证娄底字第 00086266 号	1935.88	工厂厂房	否
263	华菱涟钢	华菱涟钢	娄星区洪家洲北大桥附近	娄房权证娄底字第 00086283 号	363.92	工厂厂房	否
264	华菱涟钢	华菱涟钢	娄星区洪家洲北大桥附近	娄房权证娄底字第 00085964 号	180.42	工厂厂房	否
265	华菱涟钢	华菱涟钢	娄星区洪家洲北大桥附近	娄房权证娄底字第 00085968 号	42.90	工厂厂房	否
266	华菱涟钢	华菱涟钢	娄星区洪家洲北大桥附近	娄房权证娄底字第 00086057 号	42.90	工厂厂房	否
267	华菱涟钢	华菱涟钢	娄星区洪家洲北大桥附近(0201)	娄房权证娄底字第 00086298 号	516.76	工厂厂房	否
268	华菱涟钢	华菱涟钢	娄星区洪家洲北大桥附近	娄房权证娄底字第 00085963 号	3243.06	工厂厂房	否
269	华菱涟钢	华菱涟钢	娄星区洪家洲北大桥附近	娄房权证娄底字第 00086054 号	420.11	工厂厂房	否
270	华菱涟钢	华菱涟钢	娄星黄泥塘办事处居委会(村)组	娄房权证娄底字第 00086051 号	1849.53	办公	否
271	华菱涟钢	华菱涟钢	娄星区洪家洲北大桥附近	娄房权证娄底字第 00086300 号	8640.00	工厂厂房	否
272	华菱涟钢	华菱涟钢	娄星区洪家洲北大桥	娄房权证娄底字第 00085961 号	3420.00	工厂厂房	否
273	华菱涟钢	华菱涟钢	涟钢北大桥涟钢废钢部	娄房权证娄底字第 00086237 号	389.06	办公	否
274	华菱涟钢	华菱涟钢	娄星区洪家洲北大桥附近	娄房权证娄底字第 00085959 号	90.42	工厂厂房	否

续表

序号	房屋所有权人	证载权利人	物业位置	房产证号	建筑面积（m^2）	证载用途	是否存在他项权利
275	华菱涟钢	华菱涟钢	娄星区洪家洲北大桥	娄房权证娄底字第00088577号	275.97	工厂厂房	否
276	华菱涟钢	华菱涟钢	娄星区洪家洲北大桥	娄房权证娄底字第00085965号	49.45	工厂厂房	否
277	华菱涟钢	华菱涟钢	娄星区洪家洲北大桥	娄房权证娄底字第00085969号	157.20	工厂厂房	否
278	华菱涟钢	华菱涟钢	娄星区洪家洲北大桥	娄房权证娄底字第00085967号	76.38	工厂厂房	否
279	华菱涟钢	华菱涟钢	娄星区洪家洲北大桥附近	娄房权证娄底字第00086252号	167.22	工厂厂房	否
280	华菱涟钢	华菱涟钢	娄星区洪家洲北大桥附近	娄房权证娄底字第00086251号	63.50	工厂厂房	否
281	华菱涟钢	华菱涟钢	娄星区涟钢主控楼（211000810）	娄房权证娄底字第00145512号	1018.85	厂房	否
282	华菱涟钢	华菱涟钢	娄星区涟钢新水泵房（211000811）0044幢101	娄房权证娄底字第00145517号	52.44	厂房	否
283	华菱涟钢	华菱涟钢	娄星区洪家洲北大桥附近	娄房权证娄底字第00085966号	320.44	工厂厂房	否
284	华菱涟钢	华菱涟钢	娄星区洪家洲北大桥附近	娄房权证娄底字第00086052号	480.00	工厂厂房	否
285	华菱涟钢	华菱涟钢	娄星区洪家洲北大桥附近	娄房权证娄底字第00086299号	179.64	工厂厂房	否
286	华菱涟钢	华菱涟钢	娄星区洪家洲北大桥附近	娄房权证娄底字第00086293号	1123.19	工厂厂房	否
287	华菱涟钢	华菱涟钢	娄星区洪家洲北大桥附近	娄房权证娄底字第00086297号	22.43	工厂厂房	否
288	华菱涟钢	华菱涟钢	娄星区洪家洲北大桥附近	娄房权证娄底字第00086296号	77.45	工厂厂房	否
289	华菱涟钢	华菱涟钢	娄星区洪家洲北大桥附近	娄房权证娄底字第00086294号	53.66	工厂厂房	否
290	华菱涟钢	华菱涟钢	娄星区洪家洲北大桥附近	娄房权证娄底字第00086053号	53.66	工厂厂房	否
291	华菱涟钢	华菱涟钢	娄星区洪家洲北大桥附近	娄房权证娄底字第00086295号	70.26	工厂厂房	否

续表

序号	房屋所有权人	证载权利人	物业位置	房产证号	建筑面积（m²）	证载用途	是否存在他项权利
292	华菱涟钢	华菱涟钢	娄星区洪家洲北大桥附近	娄房权证娄底字第 00086253 号	167.64	工厂厂房	否
293	华菱涟钢	华菱涟钢	娄星区洪家洲北大桥附近	娄房权证娄底字第 00086254 号	23.71	工厂厂房	否
294	华菱涟钢	华菱涟钢	娄星区洪家洲北大桥附近	娄房权证娄底字第 00086059 号	40.56	工厂厂房	否
295	华菱涟钢	华菱涟钢	娄星区涟钢北大桥	娄房权证娄底字第 00085960 号	242.20	工厂厂房	否
296	华菱涟钢	华菱涟钢	娄星区洪家洲北大桥附近	娄房权证娄底字第 00086055 号	25.61	工厂厂房	否
297	华菱涟钢	华菱涟钢	娄星区洪家洲北大桥附近	娄房权证娄底字第 00086056 号	29.58	工厂厂房	否
298	华菱涟钢	华菱涟钢	娄星区洪家洲北大桥附近	娄房权证娄底字第 00086284 号	29.58	工厂厂房	否
299	华菱涟钢	华菱涟钢	娄星区洪家洲北大桥附近	娄房权证娄底字第 00086282 号	7776.00	工厂厂房	否
300	华菱涟钢	华菱涟钢	娄星区洪家洲北大桥附近	娄房权证娄底字第 00086285 号	73.93	工厂厂房	否
301	华菱涟钢	华菱涟钢	涟钢棒材厂主厂房	娄房权证娄底字第 00085877 号	27993.52	工厂厂房	否
302	华菱涟钢	华菱涟钢	涟钢棒材厂主电室	娄房权证娄底字第 00085867 号	2783.36	工厂厂房	否
303	华菱涟钢	华菱涟钢	涟钢棒材厂循环水泵房	娄房权证娄底字第 00085878 号	468.54	工厂厂房	否
304	华菱涟钢	华菱涟钢	娄星区涟钢泵房(211000824)0042 幢 101	娄房权证娄底字第 00145511 号	51.48	厂房	否
305	华菱涟钢	华菱涟钢	娄星区涟钢二炼铁燃料粗碎室 8250037 幢 111	娄房权证娄底字第 00145485 号	635	工业	否
306	华菱涟钢	华菱涟钢	娄星区涟钢二炼铁燃料细碎室 826	娄房权证娄底字第 00146472 号	1486.33	工业	否
307	华菱涟钢	华菱涟钢	娄星区涟钢二炼铁生石灰及粉尘加湿室	娄房权证娄底字第 00146444 号	1859.10	工业	否
308	华菱涟钢	华菱涟钢	娄星区涟钢二炼铁一次混合室 829	娄房权证娄底字第 00146484 号	277.56	工业	否

续表

序号	房屋所有权人	证载权利人	物业位置	房产证号	建筑面积（m^2）	证载用途	是否存在他项权利
309	华菱涟钢	华菱涟钢	娄星区涟钢二炼铁二次混合室 830	娄房权证娄底字第 00145490 号	159.00	工业	否
310	华菱涟钢	华菱涟钢	娄星区涟钢二炼铁主抽风机室 833	娄房权证娄底字第 00146463 号	1160.44	工业	否
311	华菱涟钢	华菱涟钢	娄星区涟钢二炼铁烧结矿一筛分室 835	娄房权证娄底字第 00145492 号	1686.48	工业	否
312	华菱涟钢	华菱涟钢	娄星区涟钢二炼铁烧结矿二筛分室 836	娄房权证娄底字第 00146470 号	1203.03	工业	否
313	华菱涟钢	华菱涟钢	娄星区涟钢二炼铁大块筛分室 837	娄房权证娄底字第 00146546 号	295.23	工业	否
314	华菱涟钢	华菱涟钢	娄星区涟钢二炼铁成品矿取样检验室 838	娄房权证娄底字第 00146580 号	537.56	工业	否
315	华菱涟钢	华菱涟钢	娄星区涟钢二炼铁电气楼 843	娄房权证娄底字第 00146587 号	3654.48	工业	否
316	华菱涟钢	华菱涟钢	娄星区涟钢二炼铁原料变电所 8440031 幢 111	娄房权证娄底字第 00146514 号	135.27	工业	否
317	华菱涟钢	华菱涟钢	娄星区涟钢二炼铁整粒变电所 8450031 幢	娄房权证娄底字第 00146460 号	189.27	工业	否
318	华菱涟钢	华菱涟钢	娄星区涟钢二炼铁循环水泵站 8640045 幢	娄房权证娄底字第 00146471 号	223.02	工业	否
319	华菱涟钢	华菱涟钢	娄星区涟钢二炼铁加压泵站 0044 幢 111	娄房权证娄底字第 00145478 号	124.40	工业	否
320	华菱涟钢	华菱涟钢	娄星区涟钢二炼铁配汽室 8480041 幢 111	娄房权证娄底字第 00145493 号	32.70	工业	否
321	华菱涟钢	华菱涟钢	娄星区涟钢二炼铁厕所 8490040 幢 111	娄房权证娄底字第 00146462 号	41.08	工业	否
322	华菱涟钢	华菱涟钢	娄星区湖南华菱涟源钢铁有限公司厂房	娄房权证娄底字第 00146552 号	9603.60	厂房	否
323	华菱涟钢	华菱涟钢	娄星区涟钢二炼铁车间办公室 998	娄房权证娄底字第 00146521 号	2809.30	办公	否
324	华菱涟钢	华菱涟钢	娄星区涟钢二炼铁主控楼 999	娄房权证娄底字第 00146519 号	1236.90	工业	否
325	华菱涟钢	华菱涟钢	娄星区二炼钢办公楼	娄房权证娄底字第 00146474 号	2277.22	办公楼	否

续表

序号	房屋所有权人	证载权利人	物业位置	房产证号	建筑面积（m^2）	证载用途	是否存在他项权利
326	华菱涟钢	华菱涟钢	娄星区二炼铁1号渣处理水泵房(894)	娄房权证娄底字第00146517号	341.82	厂房	否
327	华菱涟钢	华菱涟钢	娄星区二炼铁主传动房0073幢111	娄房权证娄底字第00146582号	295.53	厂房	否
328	华菱涟钢	华菱涟钢	娄星区二炼铁炉主控/烟气房(885/884)	娄房权证娄底字第00146485号	5829.31	厂房	否
329	华菱涟钢	华菱涟钢	娄星区二炼铁炉前三机液压站(887)000幢111	娄房权证娄底字第00146450号	171.30	厂房	否
330	华菱涟钢	华菱涟钢	娄星区二炼铁炉(888)0007幢101	娄房权证娄底字第00146541号	58.90	厂房	否
331	华菱涟钢	华菱涟钢	娄星区二炼铁炉前操作室及阀台	娄房权证娄底字第00146525号	130.80	厂房	否
332	华菱涟钢	华菱涟钢	娄星区二炼铁炉(890)	娄房权证娄底字第00146500号	166.48	厂房	否
333	华菱涟钢	华菱涟钢	娄星区二炼铁原料除尘电气室(893)0015幢111	娄房权证娄底字第00146584号	64.35	厂房	否
334	华菱涟钢	华菱涟钢	娄星区二炼铁1号渣处理电气室(894)000幢111	娄房权证娄底字第00145488号	220.01	厂房	否
335	华菱涟钢	华菱涟钢	娄星区二炼铁炉(895)	娄房权证娄底字第00146468号	1294.67	厂房	否
336	华菱涟钢	华菱涟钢	娄星区二炼铁炉(869,898)	娄房权证娄底字第00146550号	169.50	厂房	否
337	华菱涟钢	华菱涟钢	娄星区二炼铁干煤棚电气室(897)0013幢111	娄房权证娄底字第00145481号	125.34	厂房	否
338	华菱涟钢	华菱涟钢	娄星区二炼铁炉(899)0008幢101	娄房权证娄底字第00146515号	64.14	厂房	否
339	华菱涟钢	华菱涟钢	娄星区二炼铁醋下液压站(900)0075幢111	娄房权证娄底字第00146490号	80.76	厂房	否
340	华菱涟钢	华菱涟钢	娄星区二炼铁槽下转运站液压站(901)0074幢111,112	娄房权证娄底字第00145534号	396.06	厂房	否
341	华菱涟钢	华菱涟钢	娄星区二炼铁氧气调压站(902)0009幢111	娄房权证娄底字第00145470号	30.87	厂房	否

续表

序号	房屋所有权人	证载权利人	物业位置	房产证号	建筑面积（m^2）	证载用途	是否存在他项权利
342	华菱涟钢	华菱涟钢	娄星区二炼铁氮气调压站(903)0072 幢	娄房权证娄底字第 00146456 号	79.26	厂房	否
343	华菱涟钢	华菱涟钢	娄星区二炼铁喷煤控制楼(906)	娄房权证娄底字第 00146548 号	667.98	厂房	否
344	华菱涟钢	华菱涟钢	娄星区二炼铁主控室(907)	娄房权证娄底字第 00146526 号	1667.46	厂房	否
345	华菱涟钢	华菱涟钢	娄星区二炼铁槽上操作室休息室(891)	娄房权证娄底字第 00146461 号	1162.26	工业	否
346	华菱涟钢	华菱涟钢	娄星区涟钢二炼铁 TRT 主厂房及控制楼(886)	娄房权证娄底字第 00146588 号	1833.93	厂房	否
347	华菱涟钢	华菱涟钢	娄星区 210 厂修罐库厂房(880)0028 幢 111	娄房权证娄底字第 00146590 号	1695.6	厂房	否
348	华菱涟钢	华菱涟钢	娄星区 210 厂炼钢主厂房(912)0029 幢 111	娄房权证娄底字第 00146542 号	47045.58	厂房	否
349	华菱涟钢	华菱涟钢	娄星区 210 厂冷修罐值班室(913)0033 幢 111	娄房权证娄底字第 00145494 号	39.18	厂房	否
350	华菱涟钢	华菱涟钢	娄星区湖南华菱涟源钢铁有限公司厂房	娄房权证娄底字第 00146501 号	78.36	厂房	否
351	华菱涟钢	华菱涟钢	娄星区 210 废钢操作室(915/917)	娄房权证娄底字第 00146453 号	95.34	厂房	否
352	华菱涟钢	华菱涟钢	娄星区 210 厂稀油润滑站(918)0041 幢 111	娄房权证娄底字第 00146480 号	47.67	厂房	否
353	华菱涟钢	华菱涟钢	娄星区 210 厂吹阀门室(919)0039 幢 111	娄房权证娄底字第 00146489 号	156.06	厂房	否
354	华菱涟钢	华菱涟钢	娄星区 210 厂吹氩站操作室(922)0038 幢	娄房权证娄底字第 00146479 号	17.84	厂房	否
355	华菱涟钢	华菱涟钢	娄星区 210 厂混铁炉操作室(923)0031 幢 101	娄房权证娄底字第 00146495 号	19.66	厂房	否
356	华菱涟钢	华菱涟钢	娄星区 210 厂混铁炉电气室(924)	娄房权证娄底字第 00146443 号	226.20	办公	否
357	华菱涟钢	华菱涟钢	娄星区 210 厂转炉跨叉车值班室(931)0040 幢 111	娄房权证娄底字第 00146499 号	29.69	办公	否

续表

序号	房屋所有权人	证载权利人	物业位置	房产证号	建筑面积（m^2）	证载用途	是否存在他项权利
358	华菱涟钢	华菱涟钢	娄星区210厂转炉跨钢包水口机械维修	娄房权证娄底字第00146498号	42.57	厂房	否
359	华菱涟钢	华菱涟钢	娄星区210厂转炉跨钢包热修工具间（933）0044幢101	娄房权证娄底字第00146496号	13.74	非居住	否
360	华菱涟钢	华菱涟钢	娄星区210厂主控楼（934）	娄房权证娄底字第00146447号	7636.15	工业	否
361	华菱涟钢	华菱涟钢	娄星区210厂溶剂铁合金电气室操作室0047幢101	娄房权证娄底字第00146452号	971.75	厂房	否
362	华菱涟钢	华菱涟钢	娄星区210厂脱硫操作室（936）0035幢	娄房权证娄底字第00146493号	135.69	厂房	否
363	华菱涟钢	华菱涟钢	娄星区210厂液压站（937）0034幢111	娄房权证娄底字第00146483号	44.34	厂房	否
364	华菱涟钢	华菱涟钢	娄星区210厂1号液压站（945）0049幢111	娄房权证娄底字第00146482号	174.77	厂房	否
365	华菱涟钢	华菱涟钢	娄星区RH会议室和休息室（947）0050幢	娄房权证娄底字第00146492号	104.82	办公	否
366	华菱涟钢	华菱涟钢	娄星区涟钢二炼铁厂房0036幢111	娄房权证娄底字第00146553号	1602.23	厂房	否
367	华菱涟钢	华菱涟钢	娄星区210厂LF操作室（939）	娄房权证娄底字第00146497号	484.16	厂房	否
368	华菱涟钢	华菱涟钢	娄星区湖南华菱涟源钢铁有限公司210厂液压站（940）0053幢111	娄房权证娄底字第00146478号	67.99	厂房	否
369	华菱涟钢	华菱涟钢	娄星区210厂高压配电室、2号变压器室（941）0045幢111	娄房权证娄底字第00146544号	153.08	厂房	否
370	华菱涟钢	华菱涟钢	娄星区210厂厕所（943）0048幢111	娄房权证娄底字第00146488号	8.06	其他	否
371	华菱涟钢	华菱涟钢	娄星区湖南华菱涟源钢铁有限公司210厂青灰房（944）0052幢111	娄房权证娄底字第00146487号	13.74	厂房	否
372	华菱涟钢	华菱涟钢	娄星区210厂连铸主厂房（920）0013幢	娄房权证娄底字第00146524号	20859.90	厂房	否

续表

序号	房屋所有权人	证载权利人	物业位置	房产证号	建筑面积（m^2）	证载用途	是否存在他项权利
373	华菱涟钢	华菱涟钢	娄星区 210 厂现场值班室(921)	娄房权证娄底字第 00146464 号	899.20	工业	否
374	华菱涟钢	华菱涟钢	娄星区 250 厂精轧电气楼(814)	娄房权证娄底字第 00146455 号	667.24	工业	否
375	华菱涟钢	华菱涟钢	娄星区 210 厂一号连铸机电气室 0016 幢 111	娄房权证娄底字第 00146446 号	389.48	工业	否
376	华菱涟钢	华菱涟钢	娄星区 210 厂出坯区液压站 0014 幢 111	娄房权证娄底字第 00146591 号	125.25	厂房	否
377	华菱涟钢	华菱涟钢	娄星区 210 厂主机液压站(953)0020 幢 111	娄房权证娄底字第 00146547 号	241.69	厂房	否
378	华菱涟钢	华菱涟钢	娄星区 210 厂 1 号水阀站(954)0017 幢 111	娄房权证娄底字第 00146494 号	553.03	厂房	否
379	华菱涟钢	华菱涟钢	娄星区连铸机主控楼(955)	娄房权证娄底字第 00146523 号	206.26	厂房	否
380	华菱涟钢	华菱涟钢	娄星区 210 厂切割电气操作室(956)	娄房权证娄底字第 00146593 号	350.10	厂房	否
381	华菱涟钢	华菱涟钢	娄星区 210 厂硫印室出坯操作室(957)0023 幢 111	娄房权证娄底字第 00145477 号	262.74	厂房	否
382	华菱涟钢	华菱涟钢	娄星区 210 厂出坯值班室 0022 幢 111	娄房权证娄底字第 00146467 号	117.72	办公	否
383	华菱涟钢	华菱涟钢	娄星区 210 厂 2 号连铸机电气室(959)	娄房权证娄底字第 00146522 号	708.99	工业	否
384	华菱涟钢	华菱涟钢	娄星区 210 厂 2 号液压室(960)0027 幢 101	娄房权证娄底字第 00145475 号	430.98	厂房	否
385	华菱涟钢	华菱涟钢	娄星区 210 厂中间罐侧翻除尘电气室 0025 幢 111	娄房权证娄底字第 00146545 号	26.63	办公	否
386	华菱涟钢	华菱涟钢	娄星区 210 厂公辅变电室 0015 幢 111	娄房权证娄底字第 00146445 号	163.87	办公	否
387	华菱涟钢	华菱涟钢	娄星区 210 厂旋流井电气室(962)0012 幢 111	娄房权证娄底字第 00146466 号	125.58	厂房	否
388	华菱涟钢	华菱涟钢	娄星区 210 厂主循环水泵房(963/964)	娄房权证娄底字第 00146583 号	9634.75	厂房	否

续表

序号	房屋所有权人	证载权利人	物业位置	房产证号	建筑面积(m^2)	证载用途	是否存在他项权利
389	华菱涟钢	华菱涟钢	娄星区 210 厂板式换热间(965)0007 幢 111	娄房权证娄底字第 00145486 号	759.06	厂房	否
390	华菱涟钢	华菱涟钢	娄星区 210 厂泵房加药间(966)	娄房权证娄底字第 00145489 号	221.30	厂房	否
391	华菱涟钢	华菱涟钢	娄星区 250 厂精轧电气楼(814)	娄房权证娄底字第 00146502 号	313.22	厂房	否
392	华菱涟钢	华菱涟钢	娄星区 210 厂平流泵房(968)0011 幢 111	娄房权证娄底字第 00146516 号	194.84	厂房	否
393	华菱涟钢	华菱涟钢	娄星区 210 厂污泥脱水间(969)	娄房权证娄底字第 00146543 号	495.46	厂房	否
394	华菱涟钢	华菱涟钢	娄星区 210 厂污泥电气室(970)0008 幢 111	娄房权证娄底字第 00145484 号	125.58	厂房	否
395	华菱涟钢	华菱涟钢	娄星区 210 厂事故水塔阀门室(971)	娄房权证娄底字第 00145491 号	258.80	厂房	否
396	华菱涟钢	华菱涟钢	娄星区 210 厂除尘区开关站(972)	娄房权证娄底字第 00145476 号	921.72	厂房	否
397	华菱涟钢	华菱涟钢	娄星区 210 厂 1/2 号切换站(973)0005 幢	娄房权证娄底字第 00146451 号	65.71	厂房	否
398	华菱涟钢	华菱涟钢	娄星区 210 厂综合楼(997)	娄房权证娄底字第 00146520 号	9409.15	综合楼	否
399	华菱涟钢	华菱涟钢	涟钢钢城东路公司办公室	娄房权证娄底字第 00086350 号	5642.97	办公	否
400	华菱涟钢	华菱涟钢	娄星区湖南华菱涟源钢铁有限公司 250 厂房平面图(813)0077 幢 101	娄房权证娄底字第 00145501 号	81891.26	厂房	否
401	华菱涟钢	华菱涟钢	娄星区 250 厂水处理变电所(816)	娄房权证娄底字第 00146594 号	1854.11	厂房	否
402	华菱涟钢	华菱涟钢	娄星区 250 厂丙烷汇流排间(817)0056 幢 111	娄房权证娄底字第 00146589 号	129.93	厂房	否
403	华菱涟钢	华菱涟钢	娄星区 250 厂污泥脱水间(818)	娄房权证娄底字第 00145482 号	473.70	厂房	否
404	华菱涟钢	华菱涟钢	娄星区 250 厂集中泵站(819)0061 幢 111	娄房权证娄底字第 00145483 号	2148.25	厂房	否
405	华菱涟钢	华菱涟钢	娄星区 250 厂平流池泵房(820)0064 幢 111	娄房权证娄底字第 00145487 号	641.33	厂房	否

续表

序号	房屋所有权人	证载权利人	物业位置	房产证号	建筑面积（m^2）	证载用途	是否存在他项权利
406	华菱涟钢	华菱涟钢	娄星区 250 厂浓缩池泵房(821)0067 幢 111	娄房权证娄底字第 00146457 号	133.55	厂房	否
407	华菱涟钢	华菱涟钢	娄星区 250 厂预浓缩池泵房(822)0062 幢 111	娄房权证娄底字第 00146518 号	50.30	厂房	否
408	华菱涟钢	华菱涟钢	娄星区 250 厂旋流电池泵房(823)0065 幢	娄房权证娄底字第 00146469 号	415.50	厂房	否
409	华菱涟钢	华菱涟钢	娄星区 250 厂精轧电气楼(814)0057 幢 111	娄房权证娄底字第 00146454 号	5696.76	厂房	否
410	华菱涟钢	华菱涟钢	娄星区 250 厂粗轧电气楼(815)0060 幢 101	娄房权证娄底字第 00146592 号	1540.09	厂房	否
411	华菱涟钢	华菱涟钢	娄星区涟钢动力厂办公楼	娄房权证娄底字第 00118608 号	1284.85	综合	否
412	华菱涟钢	华菱涟钢	涟钢动力厂[传达室]	娄房权证娄底字第 00086077 号	71.28	其他	否
413	华菱涟钢	华菱涟钢	娄星区涟钢动力分厂 210 转炉调压室	娄房权证娄底字第 00146458 号	76.380	工业	否
414	华菱涟钢	华菱涟钢	娄星区涟钢动力分厂 210 转炉调压室	娄房权证娄底字第 00146586 号	76.380	工业	否
415	华菱涟钢	华菱涟钢	涟钢动力厂	娄房权证娄底字第 00086063 号	971.06	工厂厂房	否
416	华菱涟钢	华菱涟钢	涟钢动力厂	娄房权证娄底字第 00086064 号	51.42	工厂厂房	否
417	华菱涟钢	华菱涟钢	涟钢动力厂	娄房权证娄底字第 00086065 号	943.87	工厂厂房	否
418	华菱涟钢	华菱涟钢	涟钢气柜山脱萘机房	娄房权证娄底字第 00086089 号	166.30	工厂厂房	否
419	华菱涟钢	华菱涟钢	涟钢气柜山鼓风机房	娄房权证娄底字第 00086098 号	166.30	工厂厂房	否
420	华菱涟钢	华菱涟钢	涟钢气柜山综合楼	娄房权证娄底字第 00086099 号	308.15	办公	否
421	华菱涟钢	华菱涟钢	涟钢气柜山空压机厂及厂房延伸	娄房权证娄底字第 00086100 号	525.26	工厂厂房	否
422	华菱涟钢	华菱涟钢	涟钢动力厂	娄房权证娄底字第 00086092 号	671.00	工厂厂房	否

续表

序号	房屋所有权人	证载权利人	物业位置	房产证号	建筑面积（m^2）	证载用途	是否存在他项权利
423	华菱涟钢	华菱涟钢	娄星区涟钢动力厂小水污水水泵 0010 幢 101 室	娄房权证娄底字第 00118518 号	273.38	工厂厂房	否
424	华菱涟钢	华菱涟钢	涟钢动力厂	娄房权证娄底字第 00086269 号	187.57	工厂厂房	否
425	华菱涟钢	华菱涟钢	涟钢动力厂	娄房权证娄底字第 00086281 号	931.51	工厂厂房	否
426	华菱涟钢	华菱涟钢	涟钢动力厂	娄房权证娄底字第 00086248 号	313.31	工厂厂房	否
427	华菱涟钢	华菱涟钢	娄星区涟钢动力厂污泥脱水间 0009 幢 101 室	娄房权证娄底字第 00118614 号	100.76	工厂厂房	否
428	华菱涟钢	华菱涟钢	涟钢动力厂(机加工房)	娄房权证娄底字第 00086279 号	842.27	其他	否
429	华菱涟钢	华菱涟钢	涟钢动力厂	娄房权证娄底字第 00086280 号	37.95	工厂厂房	否
430	华菱涟钢	华菱涟钢	涟钢动力厂(四水站泵房)	娄房权证娄底字第 00086267 号	599.73	其他	否
431	华菱涟钢	华菱涟钢	涟钢动力厂(净环班泵房)	娄房权证娄底字第 00086268 号	193.63	其他	否
432	华菱涟钢	华菱涟钢	涟钢动力厂(净环班泵房)	娄房权证娄底字第 00086270 号	279.42	其他	否
433	华菱涟钢	华菱涟钢	涟钢动力厂	娄房权证娄底字第 00086271 号	603.03	工厂厂房	否
434	华菱涟钢	华菱涟钢	涟钢高溪热电厂索桥旁泵站	娄房权证娄底字第 00086000 号	154.74	其他	否
435	华菱涟钢	华菱涟钢	涟钢高溪热电厂索桥旁泵站	娄房权证娄底字第 00085977 号	56.28	其他	否
436	华菱涟钢	华菱涟钢	涟钢高溪热电厂索桥旁泵站	娄房权证娄底字第 00085932 号	10.70	其他	否
437	华菱涟钢	华菱涟钢	涟钢高溪热电厂索桥旁泵站	娄房权证娄底字第 00085931 号	15.95	其他	否
438	华菱涟钢	华菱涟钢	涟钢高溪热电厂索桥旁泵站	娄房权证娄底字第 00086264 号	102.01	其他	否
439	华菱涟钢	华菱涟钢	娄星区涟钢动力厂净循环水泵站	娄房权证娄底字第 00118463 号	810.83	工厂厂房	否

续表

序号	房屋所有权人	证载权利人	物业位置	房产证号	建筑面积（m^2）	证载用途	是否存在他项权利
440	华菱涟钢	华菱涟钢	娄星区涟钢动力厂净存水泵站	娄房权证娄底字第00118497号	193.88	工厂厂房	否
441	华菱涟钢	华菱涟钢	娄星区涟钢动力厂十水站水泵房	娄房权证娄底字第00118606号	246.48	工厂厂房	否
442	华菱涟钢	华菱涟钢	娄星区涟钢动力分厂三水站主厂	娄房权证娄底字第00145479号	1558.23	工业	否
443	华菱涟钢	华菱涟钢	娄星区涟钢动力分厂压风八班主厂	娄房权证娄底字第00145480号	479.38	工业	否
444	华菱涟钢	华菱涟钢	娄星区涟钢动力分厂压风三班主厂	娄房权证娄底字第00146473号	909.67	工业	否
445	华菱涟钢	华菱涟钢	娄星区涟钢动力分厂脱盐水站主厂房	娄房权证娄底字第00146549号	2387.16	工业	否
446	华菱涟钢	华菱涟钢	娄星区涟钢动力分厂压风九班主厂房	娄房权证娄底字第00146585号	1049.53	工业	否
447	华菱涟钢	华菱涟钢	娄星区涟钢动力分厂煤气加压站871	娄房权证娄底字第00146442号	3567.84	工业	否
448	华菱涟钢	华菱涟钢	娄星区涟钢动力分厂加药车间	娄房权证娄底字第00146465号	149.82	工业	否
449	华菱涟钢	华菱涟钢	娄星区涟钢动力分厂板式换热器间	娄房权证娄底字第00146459号	370.14	工业	否
450	华菱涟钢	华菱涟钢	娄星区涟钢动力分厂水处理控制室879	娄房权证娄底字第00146449号	869.13	工业	否
451	华菱涟钢	华菱涟钢	涟钢四轧钢热电厂6kv高压开关站	娄房权证娄底字第00088592号	221.79	其他	否
452	华菱涟钢	华菱涟钢	涟钢涟钢路四轧钢厂	娄房权证娄底字第00088591号	19.95	工厂厂房	否
453	华菱涟钢	华菱涟钢	涟钢五轧钢旁热电厂供电二站	娄房权证娄底字第00086046号	828.43	其他	否
454	华菱涟钢	华菱涟钢	涟钢五轧钢旁热电厂供电二站	娄房权证娄底字第00086047号	17.95	其他	否
455	华菱涟钢	华菱涟钢	涟钢高溪一炼新区6kv配电室	娄房权证娄底字第00086142号	347.00	其他	否
456	华菱涟钢	华菱涟钢	涟钢五轧钢旁热电厂供电二站	娄房权证娄底字第00086143号	133.82	其他	否
457	华菱涟钢	华菱涟钢	娄星区涟钢热电厂鼓风机房	娄房权证娄底字第00085871号	2569.37	工厂厂房	否

续表

序号	房屋所有权人	证载权利人	物业位置	房产证号	建筑面积(m²)	证载用途	是否存在他项权利
458	华菱涟钢	华菱涟钢	涟钢五轧钢旁热电厂供电二站	娄房权证娄底字第00086048号	515.08	其他	否
459	华菱涟钢	华菱涟钢	涟钢五轧钢旁热电厂供电二站	娄房权证娄底字第00086049号	1074.88	其他	否
460	华菱涟钢	华菱涟钢	娄星区涟钢供电线主控楼(供电)	娄房权证娄底字第00118618号	3665.62	工房	否
461	华菱涟钢	华菱涟钢	涟钢电热厂内	娄房权证娄底字第00086060号	1976.16	工厂厂房	否
462	华菱涟钢	华菱涟钢	娄星区涟钢厂区涟钢热电厂内	娄房权证娄底字第00085868号	784.41	其他	否
463	华菱涟钢	华菱涟钢	娄星区涟钢供电线35KV变电站厂房0077幢101室	娄房权证娄底字第00118653号	532.82	工房	否
464	华菱涟钢	华菱涟钢	娄星区涟钢工站检修楼(211000861)	娄房权证娄底字第00145507号	265.62	厂房	否
465	华菱涟钢	华菱涟钢	娄星区涟钢1站控制楼211000862	娄房权证娄底字第00145533号	783.41	厂房	否
466	华菱涟钢	华菱涟钢	娄星区涟钢1站35000配电室	娄房权证娄底字第00145509号	763.25	厂房	否
467	华菱涟钢	华菱涟钢	娄星区炼钢35KV主控楼211000864	娄房权证娄底字第00145472号	1085.67	厂房	否
468	华菱涟钢	华菱涟钢	娄星区主控楼热电分厂211000865	娄房权证娄底字第00146503号	1218.92	厂房	否
469	华菱涟钢	华菱涟钢	娄星区鼓风机房及控制楼211000876	娄房权证娄底字第00145510号	2720.73	厂房	否
470	华菱涟钢	华菱涟钢	涟钢五轧钢旁热电厂供电二站	娄房权证娄底字第00085873号	181.42	其他	否
471	华菱涟钢	华菱涟钢	娄星区供电线新电试楼(供电院外)	娄房权证娄底字第00118662号	1491.40	工房	否
472	华菱涟钢	华菱涟钢	娄星区供电线新电试楼(供电院外)0023幢101室	娄房权证娄底字第00118465号	294.26	车棚	否
473	华菱涟钢	华菱涟钢	涟钢五轧钢旁热电厂供电二站	娄房权证娄底字第00085872号	74.51	其他	否
474	华菱涟钢	华菱涟钢	涟钢制氧厂内	娄房权证娄底字第S201312100015号	623.34	办公、办公、办公	否

续表

序号	房屋所有权人	证载权利人	物业位置	房产证号	建筑面积（m^2）	证载用途	是否存在他项权利
475	华菱涟钢	华菱涟钢	涟钢制氧厂内	娄房权证娄底字第S201312100014号	36.33	其他	否
476	华菱涟钢	华菱涟钢	涟钢制氧厂内	娄房权证娄底字第S201312100034号	34.07	工厂厂房	否
477	华菱涟钢	华菱涟钢	涟钢制氧厂内	娄房权证娄底字第S201312100033号	414.24	其他	否
478	华菱涟钢	华菱涟钢	涟钢制氧厂内	娄房权证娄底字第S201312100029号	31.56	工厂厂房	否
479	华菱涟钢	华菱涟钢	涟钢制氧厂内	娄房权证娄底字第S201312100031号	845.29	工厂厂房	否
480	华菱涟钢	华菱涟钢	涟钢制氧厂内	娄房权证娄底字第S201312100035号	193.57	工厂厂房	否
481	华菱涟钢	华菱涟钢	涟钢制氧厂内	娄房权证娄底字第S201312100021号	172.19	仓库	否
482	华菱涟钢	华菱涟钢	涟钢制氧厂内	娄房权证娄底字第S201312100017号	26.46	工厂厂房	否
483	华菱涟钢	华菱涟钢	涟钢制氧厂内	娄房权证娄底字第S201312100028号	64.14	工厂厂房	否
484	华菱涟钢	华菱涟钢	涟钢制氧厂内	娄房权证娄底字第S201312100016号	4007.90	工厂厂房	否
485	华菱涟钢	华菱涟钢	涟钢制氧厂内	娄房权证娄底字第S201312100030号	274.23	工厂厂房	否
486	华菱涟钢	华菱涟钢	涟钢制氧分厂21000主控楼535－574	娄房权证娄底字第S201312100019号	1495.98	工业	否
487	华菱涟钢	华菱涟钢	涟钢制氧分厂水泵加药厂538	娄房权证娄底字第S201312100018号	72.35	工业	否

续表

序号	房屋所有权人	证载权利人	物业位置	房产证号	建筑面积（m²）	证载用途	是否存在他项权利
488	华菱涟钢	华菱涟钢	涟钢制氧分厂21000制氧机主厂533－573	娄房权证娄底字第S201312100024号	2549.58	工业	否
489	华菱涟钢	华菱涟钢	涟钢制氧分厂21000制氧机水泵房534－575	娄房权证娄底字第S201312100026号	624.90	工业	否
490	华菱涟钢	华菱涟钢	涟钢制氧分厂空压机简易厂576	娄房权证娄底字第S201312100027号	381.66	工业	否
491	华菱涟钢	华菱涟钢	涟钢制氧分厂21000配电房537－577	娄房权证娄底字第S201312100023号	961.69	工业	否
492	华菱涟钢	华菱涟钢	涟钢制氧分厂空压机简易厂576	娄房权证娄底字第S201312100025号	51.17	工业	否
493	华菱涟钢	华菱涟钢	涟钢制氧厂内	娄房权证娄底字第S201312100020号	764.57	工厂厂房	否
494	华菱涟钢	华菱涟钢	涟钢制氧厂内	娄房权证娄底字第S201312100032号	34.94	工厂厂房	否
495	华菱涟钢	华菱涟钢	涟钢制氧厂内	娄房权证娄底字第S201312100022号	660.72	办公、办公	否
496	华菱涟钢	华菱涟钢	涟钢路四轧钢厂	娄房权证娄底字第00086159号	1655.89	工厂厂房	否
497	华菱涟钢	华菱涟钢	涟钢路四轧钢厂	娄房权证娄底字第00086144号	106.52	工厂厂房	否
498	华菱涟钢	华菱涟钢	涟钢路四轧钢厂	娄房权证娄底字第00086162号	63.90	工厂厂房	否
499	华菱涟钢	华菱涟钢	涟钢路四轧钢厂	娄房权证娄底字第00086146号	770.46	工厂厂房	否
500	华菱涟钢	华菱涟钢	涟钢北大桥工程管理部	娄房权证娄底字第00085869号	2733.23	办公	否
501	华菱涟钢	华菱涟钢	娄星区涟钢运输部线车辆检修库	娄房权证娄底字第00118470号	898.08	工厂厂房	否
502	华菱涟钢	华菱涟钢	涟钢二轧钢厂门对面	娄房权证娄底字第00086044号	11853.35	工厂厂房	否

续表

序号	房屋所有权人	证载权利人	物业位置	房产证号	建筑面积（m^2）	证载用途	是否存在他项权利
503	华菱涟钢	华菱涟钢	涟钢二轧钢厂门对面	娄房权证娄底字第00086247号	150.95	办公	否
504	华菱涟钢	华菱涟钢	娄星区涟钢新到发场综合楼	娄房权证娄底字第00146511号	661.30	综合	否
505	华菱涟钢	华菱涟钢	娄星区湖南华菱涟源钢铁有限公司厂房	娄房权证娄底字第00146551号	715.08	非居住	否
506	华菱涟钢	华菱涟钢	娄星区涟钢西街磷肥厂仓库旁	娄房权证娄底字第00096836号	1125.80	其他	否
507	华菱涟钢	华菱涟钢	涟钢冷水坑运输部	娄房权证娄底字第00086341号	399.49	办公	否
508	华菱涟钢	华菱涟钢	娄星区涟钢冷水坑运输部	娄房权证娄底字第00086343号	174.37	其他	否
509	华菱涟钢	华菱涟钢	涟钢冷水坑运输部	娄房权证娄底字第00086342号	923.51	工厂厂房	否
510	华菱涟钢	华菱涟钢	娄星区涟钢运输部压风机房	娄房权证娄底字第00086338号	97.97	其他	否
511	华菱涟钢	华菱涟钢	娄星区涟钢运输部加工房	娄房权证娄底字第00086337号	126.30	其他	否
512	华菱涟钢	华菱涟钢	娄星区涟钢运输部综合楼	娄房权证娄底字第00086334号	876.69	其他	否
513	华菱涟钢	华菱涟钢	娄星区涟钢运输部机车房	娄房权证娄底字第00086336号	2705.00	其他	否
514	华菱涟钢	华菱涟钢	娄星区涟钢运输部线机库木工房	娄房权证娄底字第00118600号	140.82	工厂厂房	否
515	华菱涟钢	华菱涟钢	娄星区涟钢运输部线机电办公楼	娄房权证娄底字第00118511号	635.22	工厂厂房	否
516	华菱涟钢	华菱涟钢	娄星区涟钢边修线库	娄房权证娄底字第00145518号	401.91	厂房	否
517	华菱涟钢	华菱涟钢	娄星区站调及乘务综合楼	娄房权证娄底字第00146507号	943.20	综合	否
518	华菱涟钢	华菱涟钢	娄星区涟钢制水房(211000994)0064幢101	娄房权证娄底字第00146508号	82.88	厂房	否
519	华菱涟钢	华菱涟钢	娄星区涟钢运输部材料房	娄房权证娄底字第00086332号	171.31	其他	否

续表

序号	房屋所有权人	证载权利人	物业位置	房产证号	建筑面积(m^2)	证载用途	是否存在他项权利
520	华菱涟钢	华菱涟钢	娄星区涟钢工务工区房	娄房权证娄底字第 00146506 号	143.48	厂房	否
521	华菱涟钢	华菱涟钢	娄星区涟钢运输部	娄房权证娄底字第 00086041 号	586.62	其他	否
522	华菱涟钢	华菱涟钢	涟钢冷水坑运输部	娄房权证娄底字第 00086043 号	75.28	工厂厂房	否
523	华菱涟钢	华菱涟钢	涟钢冷水坑运输部	娄房权证娄底字第 00086042 号	595.86	工厂厂房	否
524	华菱涟钢	华菱涟钢	娄星区涟钢 10/0.4 KV 室内配电所 2#(211000993)0062 幢 101 室	娄房权证娄底字第 00145523 号	133.82	厂房	否
525	华菱涟钢	华菱涟钢	娄星区涟钢运输部线信号楼扩建	娄房权证娄底字第 00118588 号	337.71	工厂厂房	否
526	华菱涟钢	华菱涟钢	娄星区涟钢运输部线出口信号楼	娄房权证娄底字第 00118582 号	235.68	工厂厂房	否
527	华菱涟钢	华菱涟钢	娄星区新铁水站信号楼	娄房权证娄底字第 00145529 号	731.64	机房	否
528	华菱涟钢	华菱涟钢	娄星区涟钢新到发场信号楼	娄房权证娄底字第 00145505 号	1162.38	机房	否
529	华菱涟钢	华菱涟钢	娄星区涟钢 4#道口房	娄房权证娄底字第 00145526 号	31.58	厂房	否
530	华菱涟钢	华菱涟钢	娄星区涟钢 10/0.4 KV 室内配电所 1#	娄房权证娄底字第 00145527 号	196.99	厂房	否
531	华菱涟钢	华菱涟钢	娄星区涟钢电务工区房 1	娄房权证娄底字第 00146510 号	252.90	厂房	否
532	华菱涟钢	华菱涟钢	娄星区涟钢电务工区 2	娄房权证娄底字第 00146477 号	236.61	厂房	否
533	华菱涟钢	华菱涟钢	娄星区涟钢运输部线二炼钢道口房 0025 幢 101 室	娄房权证娄底字第 00118656 号	38.94	工厂厂房	否
534	华菱涟钢	华菱涟钢	涟钢运输部内燃机库	娄房权证娄底字第 00086040 号	415.64	工厂厂房	否
535	华菱涟钢	华菱涟钢	娄星区涟钢新铁水站道口房 1#	娄房权证娄底字第 00145522 号	15.01	厂房	否
536	华菱涟钢	华菱涟钢	娄星区涟钢新铁水站道口房 2#	娄房权证娄底字第 00145516 号	15.01	厂房	否

续表

序号	房屋所有权人	证载权利人	物业位置	房产证号	建筑面积（m^2）	证载用途	是否存在他项权利
537	华菱涟钢	华菱涟钢	娄星区涟钢新铁水站机车库	娄房权证娄底字第00146509号	426.33	车库	否
538	华菱涟钢	华菱涟钢	娄星区涟钢4#道口房	娄房权证娄底字第00145520号	31.58	厂房	否
539	华菱涟钢	华菱涟钢	涟钢北大桥计控部	娄房权证娄底字第00085923号	1722.49	工厂厂房	否
540	华菱涟钢	华菱涟钢	涟钢北大桥计控部	娄房权证娄底字第00088582号	105.27	其他	否
541	华菱涟钢	华菱涟钢	涟钢北大桥计控部	娄房权证娄底字第00086357号	1848.63	工厂厂房	否
542	华菱涟钢	华菱涟钢	涟钢北大桥计控部	娄房权证娄底字第00085883号	73.71	工厂厂房	否
543	华菱涟钢	华菱涟钢	涟钢北大桥计控部	娄房权证娄底字第00085930号	528.90	工厂厂房	否
544	华菱涟钢	华菱涟钢	涟钢北大桥计控部	娄房权证娄底字第00088583号	57.01	工厂厂房	否
545	华菱涟钢	华菱涟钢	娄星区涟钢仙人阁二组团0010幢101，201，102，202，103，203室	娄房权证娄底字第00103252号	143.67	其他	否
546	华菱涟钢	华菱涟钢	娄星区涟钢炼铁厂	娄房权证娄底字第00085921号	44.03	工厂厂房	否
547	华菱涟钢	华菱涟钢	涟钢废钢部附近50吨汽车衡称房	娄房权证娄底字第00088589号	30.56	工厂厂房	否
548	华菱涟钢	华菱涟钢	涟钢棒材厂附近7#8#磅房	娄房权证娄底字第00086245号	44.45	工厂厂房	否
549	华菱涟钢	华菱涟钢	娄星区涟钢计控厂100t东城衡称房（交接站）	娄房权证娄底字第00118464号	55.58	工房	否
550	华菱涟钢	华菱涟钢	娄星区涟钢计控厂150t轨道衡称房0031幢101室	娄房权证娄底字第00118586号	38.68	厂房	否
551	华菱涟钢	华菱涟钢	娄星区涟钢9#汽车秤秤房0026幢101	娄房权证娄底字第00145496号	203.89	厂房	否
552	华菱涟钢	华菱涟钢	娄星区涟钢计控厂1#汽车衡秤房公司南入口0032幢101室	娄房权证娄底字第00118610号	53.15	工房	否

续表

序号	房屋所有权人	证载权利人	物业位置	房产证号	建筑面积（m^2）	证载用途	是否存在他项权利
553	华菱涟钢	华菱涟钢	涟钢焦化厂炼兽转鼓房	娄房权证娄底字第00086035号	530.15	其他	否
554	华菱涟钢	华菱涟钢	涟钢技术中心	娄房权证娄底字第00086242号	46.14	其他	否
555	华菱涟钢	华菱涟钢	娄星区涟钢准运车间办公室(211000802)	娄房权证娄底字第00145500号	454.93	办公	否
556	华菱涟钢	华菱涟钢	娄星区涟钢物理检验楼	娄房权证娄底字第00145497号	1085.37	工业	否
557	华菱涟钢	华菱涟钢	娄星区涟钢检修中心厂房0067幢101室	娄房权证娄底字第00118460号	773.34	厂房	否
558	华菱涟钢	华菱涟钢	娄星区涟钢检修中心综合楼0068幢101室	娄房权证娄底字第00118521号	335.87	厂房	否
559	华菱涟钢	华菱涟钢	娄星区涟钢检修中心澡堂0064幢101室	娄房权证娄底字第00118657号	82.00	公用设施	否
560	华菱涟钢	华菱涟钢	娄星区涟钢检修中心厕所0066幢101室	娄房权证娄底字第00118654号	73.69	公用设施	否
561	华菱涟钢	华菱涟钢	娄星区涟钢检修中心门卫0069幢101室	娄房权证娄底字第00118609号	28.57	工房	否
562	华菱涟钢	华菱涟钢	娄星区涟钢洪家洲北大桥附近	娄房权证娄底字第00086076号	1142.51	工厂厂房	否
563	华菱涟钢	华菱涟钢	娄星区涟钢检修中心机加工(洪家洲检测中心0065幢101室)	娄房权证娄底字第00118603号	1128.98	工房	否
564	华菱涟钢	华菱涟钢	涟钢	娄房权证娄底字第00086373号	284.96	工厂厂房	否
565	华菱涟钢	华菱涟钢	涟钢技术中心	娄房权证娄底字第00086233号	1925.39	工厂厂房	否
566	华菱涟钢	华菱涟钢	涟钢技术中心	娄房权证娄底字第00086036号	905.89	工厂厂房	否
567	华菱涟钢	华菱涟钢	涟钢技术中心	娄房权证娄底字第00086033号	599.12	工厂厂房	否
568	华菱涟钢	华菱涟钢	涟钢技术中心	娄房权证娄底字第00086031号	174.01	工厂厂房	否
569	华菱涟钢	华菱涟钢	涟钢技术中心	娄房权证娄底字第00086240号	542.85	工厂厂房	否

续表

序号	房屋所有权人	证载权利人	物业位置	房产证号	建筑面积（m^2）	证载用途	是否存在他项权利
570	华菱涟钢	华菱涟钢	涟钢技术中心	娄房权证娄底字第00086239号	50.20	工厂厂房	否
571	华菱涟钢	华菱涟钢	涟钢技术中心	娄房权证娄底字第00086241号	24.21	工厂厂房	否
572	华菱涟钢	华菱涟钢	涟钢技术中心	娄房权证娄底字第00086224号	98.84	工厂厂房	否
573	华菱涟钢	华菱涟钢	娄星区涟钢门卫室3#	娄房权证娄底字第00145408号	17.98	工业	否
574	华菱涟钢	华菱涟钢	娄星区涟钢门卫室2#	娄房权证娄底字第00145528号	17.98	其他	否
575	华菱涟钢	华菱涟钢	娄星区涟钢动力厂小水污水水泵	娄房权证娄底字第00118493号	32.70	工厂厂房	否
576	华菱涟钢	华菱涟钢	娄星区涟钢动力分厂脱盐水站主厂房水池房0062幢111	娄房权证娄底字第00146475号	521.10	工业	否
577	华菱涟钢	华菱涟钢	娄星区210厂2号水阀站(954)0019幢	娄房权证娄底字第00146448号	369.12	工业	否
578	华菱涟钢	华菱涟钢	娄星区250厂浓缩池泵房(821)0068幢111	娄房权证娄底字第00146476号	133.55	厂房	否
579	华菱涟钢	华菱涟钢	娄星区湖南华菱涟源钢铁有限公司210厂转炉控制楼(938)0054幢111	娄房权证娄底字第00146481号	677.23	厂房	否
580	华菱涟钢	华菱涟钢	涟钢烧结厂	娄房权证娄底字第0086147号	438.31	工厂厂房	否
581	华菱涟钢	华菱涟钢	娄星区涟钢原娄涟公路收费站	娄房权证娄底字第00145508号	344.64	娄涟公路收费站	否
582	华菱涟钢	华菱涟钢	娄星黄泥塘办事处居委会(村)组	娄房权证娄底字第00086261号	473.77	3#电动风机厂房	否

5. 涟钢薄板

序号	房屋所有权人	证载权利人	物业位置	房产证号	建筑面积（m^2）	证载用途	是否存在他项权利
1	薄板公司	薄板公司	湖南华菱涟钢薄板有限公司热轧	娄房权证娄底字第00070886号	894.12	办公	否
2	薄板公司	薄板公司	湖南华菱涟钢薄板有限公司热轧	娄房权证娄底字第00070887号	924.40	办公	否

续表

序号	房屋所有权人	证载权利人	物业位置	房产证号	建筑面积（m^2）	证载用途	是否存在他项权利
3	薄板公司	薄板公司	湖南华菱涟钢薄板有限公司热轧	娄房权证娄底字第00070891号	56156.86	工厂厂房	否
4	薄板公司	薄板公司	湖南华菱涟钢薄板有限公司热轧	娄房权证娄底字第00070889号	7321.38	工厂厂房	否
5	薄板公司	薄板公司	湖南华菱涟钢薄板有限公司热轧板厂中	娄房权证娄底字第00070885号	2877.30	工厂厂房	否
6	薄板公司	薄板公司	湖南华菱涟钢薄板有限公司热轧	娄房权证娄底字第00070875号	75.33	工厂厂房	否
7	薄板公司	薄板公司	湖南华菱涟钢薄板有限公司热轧板厂中	娄房权证娄底字第00070883号	1872.72	工厂厂房	否
8	薄板公司	薄板公司	湖南华菱涟钢薄板有限公司热轧	娄房权证娄底字第00070876号	405.09	工厂厂房	否
9	薄板公司	薄板公司	湖南华菱涟钢薄板有限公司热轧板厂层	娄房权证娄底字第00070884号	519.47	工厂厂房	否
10	薄板公司	薄板公司	湖南华菱涟钢薄板有限公司热轧	娄房权证娄底字第00070892号	594.67	工厂厂房	否
11	薄板公司	薄板公司	湖南华菱涟钢薄板有限公司热轧	娄房权证娄底字第00070877号	562.44	工厂厂房	否
12	薄板公司	薄板公司	湖南华菱涟钢薄板有限公司热轧板厂加	娄房权证娄底字第00070880号	251.70	工厂厂房	否
13	薄板公司	薄板公司	湖南华菱涟钢薄板有限公司热轧板厂更	娄房权证娄底字第00070881号	886.98	其他	否
14	薄板公司	薄板公司	湖南华菱涟钢薄板有限公司热轧板厂净	娄房权证娄底字第00070879号	1813.85	工厂厂房	否
15	薄板公司	薄板公司	湖南华菱涟钢薄板有限公司热轧	娄房权证娄底字第00070871号	116.18	工厂厂房	否
16	薄板公司	薄板公司	湖南华菱涟钢薄板有限公司热轧	娄房权证娄底字第00070893号	116.18	工厂厂房	否
17	薄板公司	薄板公司	湖南华菱涟钢薄板有限公司热轧	娄房权证娄底字第00070873号	2915.09	工厂厂房	否
18	薄板公司	薄板公司	湖南华菱涟钢薄板有限公司	娄房权证娄底字第00070874号	3327.57	工厂厂房	否
19	薄板公司	薄板公司	湖南华菱涟钢薄板有限公司热轧	娄房权证娄底字第00070872号	473.88	工厂厂房	否
20	薄板公司	薄板公司	湖南华菱涟钢薄板有限公司热轧	娄房权证娄底字第00070890号	656.82	工厂厂房	否

续表

序号	房屋所有权人	证载权利人	物业位置	房产证号	建筑面积（m^2）	证载用途	是否存在他项权利
21	薄板公司	薄板公司	湖南华菱涟钢薄板有限公司热轧	娄房权证娄底字第00070888号	32.59	工厂厂房	否
22	薄板公司	薄板公司	娄星区涟钢冷轧板厂内	娄房权证娄底字第00105873号	1572.30	厂房	否
23	薄板公司	薄板公司	娄星区涟钢冷轧道口房0050幢101	娄房权证娄底字第00146708号	18.35	电讯信息	否
24	薄板公司	薄板公司	娄星区涟钢信号楼	娄房权证娄底字第00146707号	362.92	电讯信息	否
25	薄板公司	薄板公司	娄星区涟钢冷轧板厂内	娄房权证娄底字第00105872号	1062.12	厂房	否
26	薄板公司	薄板公司	娄星区涟钢冷轧板厂内0003幢101室	娄房权证娄底字第00105857号	661.02	厂房	否
27	薄板公司	薄板公司	娄星区涟钢冷轧板厂内	娄房权证娄底字第00105854号	686.77	厂房	否
28	薄板公司	薄板公司	娄星区涟钢冷轧板厂内	娄房权证娄底字第00105874号	2386.96	厂房	否
29	薄板公司	薄板公司	娄星区涟钢冷轧板厂内	娄房权证娄底字第00105858号	1398.36	厂房	否
30	薄板公司	薄板公司	娄星区涟钢冷轧板厂内	娄房权证娄底字第00105869号	668.28	厂房	否
31	薄板公司	薄板公司	娄星区涟钢冷轧板厂内0010幢101室	娄房权证娄底字第00105860号	76.38	仓储	否
32	薄板公司	薄板公司	娄星区涟钢冷轧板厂内	娄房权证娄底字第00105853号	167.58	厂房	否
33	薄板公司	薄板公司	娄星区涟钢冷轧板厂内0030幢101室	娄房权证娄底字第00105856号	81.38	厂房	否
34	薄板公司	薄板公司	娄星区涟钢冷轧板厂内0013幢101室	娄房权证娄底字第00105855号	94342.32	厂房	否
35	薄板公司	薄板公司	娄星区涟钢冷轧板厂办公楼	娄房权证娄底字第00105851号	3027.76	办公楼	否
36	薄板公司	薄板公司	娄星区涟钢冷轧板厂内	娄房权证娄底字第00105852号	3752.74	综合楼	否
37	薄板公司	薄板公司	娄星区涟钢冷轧板厂门卫值班室0022幢101室	娄房权证娄底字第00146706号	23.76	非居住	否

续表

序号	房屋所有权人	证载权利人	物业位置	房产证号	建筑面积(m^2)	证载用途	是否存在他项权利
38	薄板公司	薄板公司	娄星区涟钢冷轧板厂内0027幢101室	娄房权证娄底字第00105867号	95.46	厂房	否
39	薄板公司	薄板公司	娄星区涟钢冷轧板厂内	娄房权证娄底字第00105864号	2207.40	厂房	否
40	薄板公司	薄板公司	娄星区涟钢冷轧板厂内	娄房权证娄底字第00105863号	1527.28	厂房	否
41	薄板公司	薄板公司	娄星区涟钢冷轧板厂内	娄房权证娄底字第00105861号	843.28	厂房	否
42	薄板公司	薄板公司	娄星区涟钢冷轧板厂内	娄房权证娄底字第00105868号	1235.58	厂房	否
43	薄板公司	薄板公司	娄星区涟钢冷轧板厂内	娄房权证娄底字第00105865号	4467.76	厂房	否
44	薄板公司	薄板公司	娄星区涟钢冷轧板厂内	娄房权证娄底字第00105871号	3116.40	厂房	否
45	薄板公司	薄板公司	娄星区涟钢冷轧板厂内	娄房权证娄底字第00105862号	5500.10	厂房	否
46	薄板公司	薄板公司	娄星区涟钢冷轧板厂内0031幢101室	娄房权证娄底字第00105870号	183.22	厂房	否
47	薄板公司	薄板公司	娄星区涟钢冷轧板厂内0023幢101室	娄房权证娄底字第00105866号	183.22	厂房	否
48	薄板公司	薄板公司	娄星区涟钢冷轧板厂内	娄房权证娄底字第00105859号	4547.13	仓储	否
49	薄板公司	薄板公司	娄星区涟钢物检综合办公楼	娄房权证娄底字第00145474号	1606.95	办公楼	否

北京金诚同达律师事务所关于国家开发投资集团有限公司2019年面向合格投资者公开发行可续期公司债券的法律意见书

释　　义

在本法律意见书中，除非文中另有说明，下列词语具有下述含义：

本所	指	北京金诚同达律师事务所
国投集团/国投公司/发行人/公司	指	国家开发投资集团有限公司
本次发行/本次债券发行	指	发行人本次在境内发行的总额不超过人民币40亿元（含40亿元）的可续期公司债券
《公司法》	指	《中华人民共和国公司法》
《证券法》	指	《中华人民共和国证券法》
《管理办法》	指	《公司债券发行与交易管理办法》
《债券业务办理指南第1号》	指	深圳证券交易所固定收益部2016年2月3日制定的《债券业务办理指南第1号——公开发行公司债券上市预审核、发行及上市业务办理》
《公司章程》	指	《国家开发投资集团有限公司章程》
《募集说明书》	指	《国家开发投资集团有限公司2019年面向合格投资者公开发行可续期公司债券募集说明书》

续表

本所	指	北京金诚同达律师事务所
《承销协议》	指	《国家开发投资集团有限公司与安信证券股份有限公司、广发证券股份有限公司、中信建投证券股份有限公司、华泰联合证券有限责任公司拟签订的关于国家开发投资集团有限公司2019年面向合格投资者公开发行可续期公司债券的承销协议》
《债券受托管理协议》	指	国家开发投资集团有限公司（作为发行人）与广发证券股份有限公司（作为债券受托管理人）关于国家开发投资集团有限公司公开发行可续期公司债券签署的债券受托管理协议
《债券持有人会议规则》	指	国家开发投资集团有限公司与广发证券股份有限公司关于国家开发投资集团有限公司公开发行可续期公司债券签署的债券持有人会议规则
国务院国资委	指	国务院国有资产监督管理委员会
北京市工商局	指	北京市工商行政管理局
深交所	指	深圳证券交易所
安信证券	指	安信证券股份有限公司
广发证券	指	广发证券股份有限公司

续表

本所	指	北京金诚同达律师事务所
中信建投证券	指	中信建投证券股份有限公司
华泰联合证券	指	华泰联合证券有限责任公司
联合信用	指	联合信用评级有限公司
立信事务所	指	立信会计师事务所(特殊普通合伙)
国投财务	指	国投财务有限公司
广发期货	指	广发期货有限公司
广发乾和	指	广发乾和投资有限公司
中国证监会	指	中国证券监督管理委员会
全国股转系统	指	全国中小企业股份转让系统
天津证监局	指	中国证监会天津监管局
上海证监局	指	中国证监会上海监管局
深圳证监局	指	中国证监会深圳监管局
青岛证监局	指	中国证监会青岛监管局

续表

本所	指	北京金诚同达律师事务所
辽宁证监局	指	中国证监会辽宁监管局
广东证监局	指	中国证监会广东监管局
江苏证监局	指	中国证监会江苏监管局
黑龙江证监局	指	中国证监会黑龙江监管局
河南证监局	指	中国证监会河南监管局
河北证监局	指	中国证监会河北监管局
绍兴人行	指	中国人民银行绍兴市中心支行
青岛人行	指	中国人民银行青岛市中心支行
湛江人行	指	中国人民银行湛江市中心支行
泸州人行	指	中国人民银行泸州市中心支行
元	指	人民币元
报告期	指	2015 年、2016 年、2017 年及 2018 年 1－9 月

北京金诚同达律师事务所关于国家开发投资集团有限公司2019 年面向合格投资者公开发行可续期公司债券的法律意见书

致:国家开发投资集团有限公司

本所接受国家开发投资集团有限公司的委托,作为发行人 2019 年面向合格投资者公开发行可续期公司债券的特聘专项法律顾问,为发行人本次债券发行提供法律服务。

本所根据《公司法》、《证券法》、《管理办法》、《债券业务办理指南第 1 号》等有关法律、法规和规范性文件的规定,按照律师行业公认的业务标准、道德规范和勤勉尽责精神,查阅了本所律师认为债券发行所需查阅的文件,对发行人申请本次债券发行的资格及条件进行了调查,对有关事实进行了核查和验证。现就发行人 2019 年申请在中国境内面向合格投资者公开发行可续期公司债券事宜,出具本法律意见书。

本所律师声明:

1. 为出具本法律意见书,本所事先对发行人及相关主体进行了尽职调查,并就尽职调查事宜得到发行人如下声明和保证:发行人已向本所提供了出具法律文件所必需且力所能及的全部有关事实材料,有关书面材料及书面证言均真实有效,所有书面文件的签字和/或印章均属真实,所有副本材料或复印件均与正本材料或原件一致；不存在任何虚假或误导性陈述，亦不存在任何重大遗漏。对上述声明、保证之充分信赖是本所出具本法律意见书的基础和前提；

2. 本所出具本法律意见书的依据是出具日以前已发生或存在的事实，及我国现行法律、法规及规范性文件的规定。本所认定有关事项是否合法、有效是以该等事项发生时所应适用的法律、行政法规为依据，同时也充分考虑了政府有关主管部门给予的有关批准或确认；

3. 本所对与本法律意见书有关的所有文件资料及证言进行了审查判断，并据此出具法律意见；但对于至关重要而又无法得到独立证据支持的事实，本所依赖有关政府部门、发行人、其他有关单位或有关人士出具或提供的证明文件、证言或文件的复印件出具法律意见；

4. 本法律意见书仅就与本次债券发行有关的法律问题发表意见，对有关文件的审查未涉及其中属于财务、审计、信用评级等非法律专业领域的有关事实、数据和结论。鉴于本所并不具有对上述事实、数据和结论作出核查和评价的适当资格，本所对上述事实、数据和结论的引用，不应在任何意义上理解为本所对上述事实、数据和结论之真实、准确或完整性作出任何认可或保证；

5. 本所同意将本法律意见书作为本次债券发行、上市的必备法律文件，随同其他发行、上市文件一同上报，并愿意依法承担相应的法律责任。同时，本所同意发行人在本次发行募集说明书中自行或按有关规定引用本法律意见书的内容；

6. 本法律意见书仅供发行人为本次债券发行之目的使用，不得用作其他任何目的。

引　　言

律师事务所及律师简介：

本所系经北京市司法局批准，于 1992 年 12 月在北京市成立的合伙制律师事务所，有权从事《中华人民共和国律师法》规定的全部律师业务。本所现有合伙人 90 余名及律师 240 余名，办公地点为北京市朝阳区建国门外大街 1 号国贸大厦 A 座 10 层。

本所经办发行人本次发行、上市业务的律师为童晓青、汪先平两位律师；该两位律师执业至今均无任何违法、违规记录；两位律师的基本情况如下：

1. 童晓青律师，主要从事公司证券、并购重组、公司法律顾问等方面法律业务。2005 年就职于本所之前曾在人民法院从事审判工作。曾办理过鼎汉技术、东方国信、当升科技、建新股份等上市公司及若干非上市公司的首发上市、并购重组、股权激励等法律业务；先后为国家开发投资集团有限公司、中金公司、鼎汉技术、幸福人寿、巅峰智业等公司提供专业法律顾问服务。

童律师联系方式：010 - 57068282　E - mail：tongxiaoqing@ jtnfa. com

2. 汪先平律师，主要从事公司证券、公司法律顾问及诉讼等法律业务，曾主办、参与办理国家开发投资集团有限公司等公司的公司债券业务，鼎汉技术、建新股份等上市公司及若干非上市公司的股权激励业务。

汪律师联系方式：010 - 57068257　E - mail：wangxianping@ jtnfa. com

出具法律意见书的简要过程：

本所于 2018 年 10 月受聘为发行人律师，指派律师组成工作团队，开始参与发行人的本次发行工作。期间，本所律师根据中国证监会有关规范性文件的要求及本所和发行人所签订的专项委托协议，就发行人本次发行进行了尽职调查。

本所律师按照《律师事务所从事证券法律业务管理办法》等文件，向发行人发出了尽职调查文件清单，在根据事实确信发行人已经符合本次发行的条件后，本所律师通过各种途径对发行人与本次债券发行有关的所有重大方面（包括但不限于本次债券发行的授权和批准、发行人的主体资格、本次发行的实质条件、债券持有人权益保护、本次债券发行的信用评级、本次债券发行的承销、本次债券发行的募集说明书、债券持有人权益保护及重大诉讼、仲裁或行政处罚等）进行了核查，并出具本法律意见书，与此同时整理并制作了律师工作底稿。

正　　文

一、本次债券发行发行人的主体资格

（一）发行人的基本情况

中文名称：国家开发投资集团有限公司

英文名称:State Development & Investment Corp. ,Ltd.

统一社会信用代码:91110000100017643K

法定代表人:王会生

设立日期:1995 年 4 月 14 日

注册资本:3,380,000.00 万元人民币

实缴资本:3,380,000.00 万元人民币

住所:北京市西城区阜成门北大街 6 号 - 6 国际投资大厦

邮编:100034

电话:010 - 88006923

传真:010 - 66579074

经营范围:经营国务院授权范围内的国有资产并开展有关投资业务;能源、交通运输、化肥、高科技产业、金融服务、咨询、担保、贸易、生物质能源、养老产业、大数据、医疗健康、检验检测等领域的投资及投资管理;资产管理;经济信息咨询;技术开发、技术服务。(企业依法自主选择经营项目,开展经营活动;依法须经批准的项目,经相关部门批准后依批准的内容开展经营活动;不得从事本市产业政策禁止和限制类项目的经营活动。)

(二)发行人的历史沿革

1994 年 8 月 16 日,国务院出具国函〔1994〕84 号文《关于组建国家开发投资公司的批复》,批准了国家开发投资公司的组建方案,决定由国家开发银行拨付 58 亿元资金出资设立发行人。1995 年 1 月 25 日,国家开发银行出具《关于印发〈国家开发投资公司公司章程〉的通知》,批准了公司章程。1995 年 4 月 14 日,国家工商行政管理总局核发了《企业法人营业执照》(注册号为 10001764 - 3),注册资金为 58 亿元,企业性质为全民所有制企业。

根据国务院国发〔1997〕15 号文、计规划〔1997〕2020 号文《关于同意成立国投集团的批复》,以发行人为母公司,按照资本纽带关系,组建国投集团。

根据国务院办公厅 2003 年 10 月 21 日《关于公布国务院国有资产监督管理委员会履行出资人职责企业名单的通知》,国务院国有资产监督管理委员会(以下简称"国务院国资委")成为履行发行人出资人职责的主体。

2006 年 5 月 10 日,国务院国资委出具国资产权〔2006〕536 号文《关于国家开发投资公司转增国家资本金的批复》,同意将发行人的注册资金增加至 158 亿元。2006 年 7 月 7 日,国务院国资委出具国资改革〔2006〕788 号文《关于修改〈国家开发投资公司章程〉的批复》,同意了修改后的公司章程。2006 年 7 月 20 日,国家工商行政管理总局核发了变更后的《企业法人营业执照》(注册号为 1000001764),注册资金为 158 亿元。

2007 年 11 月 1 日,国务院国资委出具国资改革〔2007〕1213 号文《关于同意中国纺织物资(集团)总公司整体划转到国家开发投资公司的通知》,同意将中国纺织物资(集团)总公司由中国恒天集团公司整体划转至发行人。2008 年 4 月 17 日,国家工商行政管理总局核发了变更后的《企业法人营业执照》(注册号为 10000010017644),注册资金为 161.68763 亿元。

2009 年 2 月,发行人注册资金增加为 184.18763亿元。2009 年 2 月 18 日,国家工商行政管理总局核发了变更后的《企业法人营业执照》(注册号为 100000000017644),注册资金为 184.18763 亿元。

2010 年 3 月,发行人注册资金增加为 194.70511亿元。2010 年 3 月 15 日,国家工商行政管理总局核发了变更后的《企业法人营业执照》(注册号为 100000000017644),注册资金为 194.70511 亿元。

2014 年 11 月 19 日,发行人的登记机关变更为北京市工商行政管理局。

2017 年 11 月 9 日,国务院国资委出具国资改革〔2017〕1174 号文《关于国家开发投资公司改制有关事项的批复》,同意将国家开发投资公司由全民所有制改制为国有独资公司,改制后的公司名称为"国家开发投资集团有限公司",由国务院国资委代表国务院履行出资人职责。2017 年 12 月 5 日,北京市工商行政管理局核发了变更后的《营业执照》(统一社会信用代码为 91110000100017643K),注册资本为 338 亿元。

(三)发行人合法有效存续

根据工商登记(备案)资料、公司公示信息并经本所律师核查,截至本法律意见书出具之日,发行人不存在依据法律、法规和规范性文件规定可能解散、终止或被吊销营业执照的情形,为合法存续的主体,不存在持续经营的法律

障碍。

综上所述，本所律师认为，发行人为依法设立并有效存续的有限责任公司，符合《公司法》、《证券法》及《管理办法》等法律法规的规定，具备本次债券发行的主体资格。

二、本次债券的主要发行条款

根据发行人签发的《募集说明书》，本次债券的主要发行条款如下：

（1）发行主体：国家开发投资集团有限公司。

（2）本次债券名称：国家开发投资集团有限公司2019年面向合格投资者公开发行可续期公司债券。

（3）本次债券发行规模：本次债券发行总规模不超过人民币40亿元（含40亿元），分期发行；首期债券发行规模为不超过人民币20亿元（含20亿元）。

（4）债券票面金额及发行价格：本次债券票面金额为100元，按面值平价发行。

（5）本次债券期限与品种：本次债券的基础期限不超过10年（含10年），在约定的基础期限期末及每一个周期末，发行人有权行使续期选择权，按约定的基础期限延长1个周期；发行人不行使续期选择权则全额到期兑付。本次债券可以为单一期限品种，也可以为多种期限的混合品种。具体期限构成和品种，在发行前根据发行人资金需求情况和市场情况，在上述范围内确定。

（6）发行人续期选择权：本次债券以不超过每10个计息年度为1个周期，在每个周期末，发行人有权选择将本次债券期限延长1个周期，或选择在该周期末到期全额兑付本次债券。发行人应至少于续期选择权行权年度付息日前30个交易日，在相关媒体上刊登续期选择权行使公告。

（7）债券利率及其确定方式：本次债券采用固定利率形式，单利按年计息。如有递延，则每笔递延利息在递延期间按当期票面利率累计计息。首个周期的票面利率将由发行人与主承销商根据网下向合格投资者的簿记建档结果在预设区间范围内协商确定，在首个周期内固定不变，其后每个周期重置一次。

首个周期的票面利率为初始基准利率加上初始利差，后续周期的票面利率调整为当期基准利率加上初始利差再加300个基点。初始利差为首个周期的票面利率减去初始基准利率。如果未来因宏观经济及政策变化等因素影响导致当期基准利率在利率重置日不可得，当期基准利率沿用利率重置日之前一期基准利率。初始基准利率为簿记建档日前250个工作日中国债券信息网（www. chinabond. com. cn）（或中央国债登记结算有限责任公司认可的其他网站）公布的中债银行间固定利率国债收益率曲线中，待偿期与本次债券基础期限一致的国债收益率算术平均值（四舍五入计算到0.01%）；后续周期的当期基准利率为票面利率重置日前250个工作日中国债券信息网（www. chinabond. com. cn）（或中央国债登记结算有限责任公司认可的其他网站）公布的中债银行间固定利率国债收益率曲线中，待偿期与本次债券基础期限一致的国债收益率算术平均值（四舍五入计算到0.01%）。

（8）递延支付利息权：本次债券附设发行人递延支付利息权，除非发生强制付息事件，本次债券的每个付息日，发行人可自行选择将当期利息以及按照本条款已经递延的所有利息及其孳息推迟至下一个付息日支付，且不受到任何递延支付利息次数的限制；前述利息递延不属于发行人未能按照约定足额支付利息的行为。如发行人决定递延支付利息的，发行人应在付息日前10个交易日披露《递延支付利息公告》。

递延支付的金额将按照当期执行的利率计算复息。在下个利息支付日，若发行人继续选择延后支付，则上述递延支付的金额产生的复息将加入已经递延的所有利息及其孳息中继续计算利息。

（9）强制付息事件及利息递延下的限制事项

强制付息事件：付息日前12个月内，发生以下事件的，发行人不得递延当期利息以及按照约定已经递延的所有利息及其孳息：1）向股东分红；2）减少注册资本。

利息递延下的限制事项：若发行人选择行使延期支付利息权，则在延期支付利息及其孳息未偿付完毕之前，发行人不得有下列行为：1）向股东分红；2）减少注册资本。

(10)发行人赎回选择权

1)发行人因税务政策变更进行赎回

发行人由于法律法规的改变或修正,相关法律法规司法解释的改变或修正而不得不为本次债券的存续支付额外税费,且发行人在采取合理的审计方式后仍然不能避免该税款缴纳或补缴责任时,发行人有权对本次债券进行赎回。

发行人若因上述原因进行赎回,则在发布赎回公告时需要同时提供以下文件:

①由发行人总经理及财务负责人签字的说明,该说明需阐明上述发行人不可避免的税款缴纳或补缴条例;

②由会计师事务所或法律顾问提供的关于发行人因法律法规的改变而缴纳或补缴税款的独立意见书,并说明变更开始的日期。

发行人有权在法律法规及相关司法解释变更后的首个付息日行使赎回权。发行人如果进行赎回,必须在该可以赎回之日(即法律法规、相关法律法规司法解释变更后的首个付息日)前20个交易日公告(法律法规、相关法律法规司法解释变更日距付息日少于20个交易日的情况除外,但发行人应及时进行公告)。赎回方案一旦公告不可撤销。

2)发行人因会计准则变更进行赎回

根据《企业会计准则第37号——金融工具列报》(财会〔2014〕23号)和《关于印发〈金融负债与权益工具的区分及相关会计处理规定〉的通知》(财会〔2014〕13号),发行人将本次债券分类为权益工具。若未来因企业会计准则变更或其他法律法规改变或修正,影响发行人在合并财务报表中将本次债券计入权益时,发行人有权对本次债券进行赎回。

发行人若因上述原因进行赎回,则在发布赎回公告时需要同时提供以下文件:

①由发行人总经理及财务负责人签字的说明,该说明需阐明发行人符合提前赎回条件;

②由会计师事务所出具的对于会计准则改变而影响发行人相关会计条例的情况说明,并说明变更开始的日期。

发行人有权在该会计政策变更正式实施日的年度末行使赎回权。公司如果进行赎回,必须在该可以赎回之日前20个交易日公告(会计政策变更正式实施日距年度末少于20个交易日的情况除外,但发行人应及时进行公告)。赎回方案一旦公告不可撤销。

发行人将以票面面值加当期利息及递延支付的利息及其孳息(如有)向投资者赎回全部本次债券。赎回的支付方式与本次债券到期本息支付相同,将按照本次债券登记机构的有关规定统计债券持有人名单,按照本次债券登记机构的相关规定办理。若发行人不行使赎回选择权,则本次债券将继续存续。

除上述两种情况外,发行人没有权利也没有义务赎回本次债券。

(11)偿付顺序:本次债券在破产清算时的清偿顺序等同于发行人普通债务。

(12)会计处理:根据《企业会计准则第37号——金融工具列报》(财会〔2014〕23号)和《关于印发〈金融负债与权益工具的区分及相关会计处理规定〉的通知》(财会〔2014〕13号),发行人将本次债券分类为权益工具。债券存续期内如出现导致本次发行可续期公司债券不再计入权益的事项,发行人应当于2个交易日内披露相关信息,说明事项的基本情况并对其影响进行分析。

(13)发行方式、发行对象及配售安排:本次债券采取网下面向合格投资者询价配售的方式,由发行人与簿记管理人根据簿记建档情况进行债券配售。本次债券面向《管理办法》规定的合格投资者公开发行,不向发行人股东优先配售。具体参见发行公告。

(14)配售规则:簿记管理人据本次债券网下询价结果对所有有效申购进行配售,合格投资者的获配金额不会超过其有效申购中相应的最大申购金额。配售依照以下原则进行:按照合格投资者的申购利率从低到高进行簿记建档,按照申购利率从低向高对申购金额进行累计,当累计金额超过或等于本次债券发行总额时所对应的最高申购利率确认为发行利率,申购利率在最终发行利率以下(含发行利率)的合格投资者按照价格优先的原则配售;在价格相同的情况下,按照时间优先的原则进行配售,同时适当考虑长期合作的合格投资者优先。

(15)债券形式:实名制记账式公司债券。投资者认购的本次债券在证券登记机构开立的托管账户托管记载。本次债券发行结束后,债券投资者按照有关主管机构的规定进行债券的转让、质押等操作。

(16)还本付息方式:在发行人不行使递延支付利息权的情况下,每年付息一次;在每个约定的周期末,发行人有权选择将本次债券延期,或选择在该周期末全额兑付本次债券。本次债券本息支付将按照本次债券登记机构的有关规定统计债券持有人名单,本息支付方式及其他具体安排按照本次债券登记机构的相关规定办理。

(17)起息日:本次债券的起息日为【　】年【　】月【　】日。

(18)利息登记日:按照深交所和本次债券登记机构的相关规定办理。在利息登记日当日收市后登记在册的本次债券持有人,均有权就所持本次债券获得该利息登记日所在计息年度的利息。

(19)付息日:本次债券的付息日为债券存续期间每年的【　】月【　】日。如遇法定节假日或休息日,则顺延至其后的第1个工作日;每次付息款项不另计利息。

(20)本金兑付日:若在本次债券的某一续期选择权行权年度,发行人选择全额兑付本次债券,则该计息年度的付息日即为本次债券的兑付日(如遇法定节假日或休息日,则顺延至其后的第1个工作日)。

(21)信用级别及资信评级机构:经联合信用综合评定,发行人的主体信用等级为AAA,本次债券的信用等级为AAA。联合信用将在本次债券有效存续期间对发行人进行定期跟踪评级以及不定期跟踪评级。

(22)担保情况:本次债券无担保。

(23)牵头主承销商:安信证券。

(24)联席主承销商:广发证券、中信建投证券、华泰联合证券。

(25)主承销商团:安信证券、广发证券、中信建投证券、华泰联合证券。

(26)债券受托管理人:广发证券。

(27)承销方式:本次债券由主承销商以余额包销的方式承销。

(28)募集资金专项账户:【　】。

(29)募集资金用途:本次债券的募集资金在扣除发行费用后,拟用于偿还金融机构借款、调整债务结构、股权投资、补充流动资金和法律法规允许的其他用途。

(30)质押式回购安排:发行人主体信用等级为AAA,本次债券的信用等级为AAA,本次债券符合进行质押式回购交易的基本条件,本次债券质押式回购相关申请尚需有关部门最终批复,具体折算率等事宜按深交所及证券登记机构的相关规定执行。

(31)拟上市交易场所:深圳证券交易所。

(32)税务提示:根据国家有关税收法律、法规的规定,投资者投资本次债券所应缴纳的税款由投资者承担。

本所律师认为,本次发行方案的主要条款符合《证券法》、《管理办法》等法律、法规和其他规范性文件的规定;本次发行中特殊条款包括债券期限及品种、债券利率及其确定方式、发行人续期选择权、递延支付利息权、强制付息事件及利息递延下的限制事项、发行人赎回选择权、偿付顺序、会计处理,以上内容均符合发行人董事会的决议、国务院国资委的批复,不存在违反《管理办法》及深圳证券交易所债券发行相关规定的情形。

三、本次债券发行的批准

(一)本次债券发行的相关决议和批准

1.2018年10月31日,发行人召开董事会会议,作出了批准本次债券发行的董事会决议。

2.2019年1月5日,国务院国资委下发《关于国家开发投资集团有限公司发行不超过40亿元可续期公司债券有关问题的批复》(国资产权〔2019〕10号),原则同意公司关于发行基础期限不超过10年、总额不超过40亿元可续期公司债券的方案。

本所律师认为,本次债券发行经发行人董事会作出决议,相关决议合法有效,发行人已履行了规定的内部决策程序,并获得国务院国资委批准,符合《公司法》、《证券法》、《管理办法》等相关法律、法规以及《公司章程》的规定。

(二)授权事宜

为保证公司顺利实施本次债券发行的相关事宜,发行人董事会作出的决议授权总会计师全权办理本次债券有关的全部事项,包括但不限于:

1.根据公司和市场的实际情况,拟订可续期公司债券发行注册的具体方案;

2. 聘请中介机构，开展本次可续期公司债券发行注册所必须的评级、尽调等工作；

3. 办理与本次可续期公司债券发行、上市及存续期管理有关的其他具体事项。

本所律师认为，发行人董事会对于本次可续期公司债券发行已进行必要的授权，符合有关法律、法规和规范性文件以及《公司章程》的规定。

四、本次债券发行的实质条件

(一)本次债券发行符合《证券法》规定的条件

1. 发行人最近一期末净资产不少于6,000万元

根据立信事务所出具的发行人2017年度审计报告及发行人2018年9月30日未经审计的财务报表，截至2017年12月31日及2018年9月30日，发行人合并范围内的净资产合计分别为1,557.03亿元和1,660.29亿元，不低于6,000万元，符合《证券法》第十六条第一款第(一)项规定的条件。

2. 发行人累计可续期债券余额不超过公司净资产的40%

本所律师核查了发行人历次公司债券、企业债券及债务融资工具相关文件及本息支付公告及相关数据，核查了本次债券《募集说明书》的相关内容并经发行人确认，由于本次债券为可续期公司债券，根据《企业会计准则第37号——金融工具列报》(财会〔2014〕23号)和《关于印发〈金融负债与权益工具的区分及相关会计处理规定〉的通知》(财会〔2014〕13号)，经中国证监会核准并全部发行完毕后，发行人将本次债券计入所有者权益，不计入累计公司债券余额。

截至2018年9月30日，国投公司合并报表口径未经审计的净资产为1,660.29亿元，本次债券发行完成后合并口径公开发行可续期公司债券余额为105亿元，共占截至2018年9月末公司净资产(扣除计入权益永续类金融工具)余额的6.71%，未超过发行人最近一期未经审计净资产的40%，符合《证券法》、《管理办法》、《深圳证券交易所公司债券业务办理指南第3号——可续期公司债券业务》对于公开发行可续期公司债券的相关规定。

3. 发行人最近三年实现的年均可分配利润不少于债券利息的1.5倍

根据立信事务所分别于2016年4月27日出具的编号为信会师报字[2016]第725003号的《审计报告》、2017年4月13日出具的编号为信会师报字[2017]第ZG24690号的《审计报告》、2018年4月26日出具的编号为信会师报字[2018]第ZG25237号的审计报告，发行人2015、2016和2017年度归属于母公司所有者的净利润分别为4,143,264,018.46元、5,791,493,387.91元和6,852,504,926.46元，发行人最近三个会计年度实现的年均可分配利润为5,595,754,110.94元，不少于债券利息的1.5倍，足以支付本次发行的公司债券一年的利息，符合《证券法》第十六条第一款第(三)项规定的条件。

4. 发行人本次债券募集资金用途符合发行人董事会核准的用途及国家产业政策

根据发行人董事会为本次债券发行作出的决议及发行人签发的《募集说明书》，本次发行债券的募集资金拟用于偿还金融机构借款、调整债务结构、股权投资、补充流动资金和法律法规允许的其他用途，符合国家产业政策，符合《证券法》第十六条第一款第(四)项的规定。募集资金用途不用于弥补亏损和非生产性支出，符合《证券法》第十六条第二款规定的条件。

5. 发行人本次债券的利率水平不超过国务院限定的利率水平

根据发行人签发的《募集说明书》，本次债券为固定利率债券，票面利率由发行人与主承销商根据向合格投资者的簿记建档结果在预设区间范围内共同协商确定。债券票面利率采取单利按年计息。根据《募集说明书》中利率确定方式中“预设利率区间”的内容及相应说明，如果投资者申购的利率高于发行人及主承销商根据法律法规及相关监管规则规定预设的利率区间上限的，其申购将不会被接受，因此，本所律师认为，本次发行债券的利率将不会超过国务院限定的利率水平，符合《证券法》第十六条第一款第(五)项规定的条件。

(二)发行人不存在法律法规禁止发行的情形

1. 经本所律师通过查询人民银行征信报告、中国证监会、深圳证券交易所网站诚信档案

等方式进行核查，并核查发行人历次公司债券、企业债券及债务融资工具相关文件及本息支付公告及相关数据，通过中国裁判文书网、中国执行信息公开网等进行检索的方式进行核查，核查本次债券的《募集说明书》相关内容并经发行人确认，发行人已发行的公司债券或其他债务（含银行贷款）无违约或延迟支付本息并仍处于继续状态的事实。

通过上述核查方式并经发行人书面确认，发行人不存在以下情形：

（1）前一次公开发行的公司债券尚未募足；

（2）对已公开发行的公司债券或者其他债务有违约或者迟延支付本息的事实，仍处于持续状态；

（3）违反《证券法》规定，改变公开发行公司债券所募资金的用途。

发行人不存在上述情形的情况符合《证券法》第十八条规定的条件。

综上，本所律师认为，发行人本次债券发行的实质条件符合《证券法》的相关规定。

2.本次债券发行符合《管理办法》规定的发行条件

本所律师核查发行人征信报告，查询中国证监会、中国银行间市场交易商协会网站诚信档案、查询发行人及其子公司所在地地市级以上税务机关门户网站所披露的公开信息。同时，本所律师通过以下政府机关网站及信息发布平台对发行人是否存在违法行为进行了核查：中华人民共和国应急管理部以及发行人下属相关公司所在地省级安全监管监察部门网站；中华人民共和国生态环境部以及发行人下属相关公司所在地省级环境保护部门网站；国家税务总局重大税收违法案件信息公布栏、国家企业信用信息公示系统；信用中国网；中华人民共和国国家发展和改革委员会网站；工业和信息化部网站；国家商务部网站；中国商务信用平台；全国行业信用公共服务平台；国家外汇管理局网站；中国人民银行网站；中国银行保险监督管理委员会网站及原中国银监会及原中国保监会网站；证券期货市场失信记录查询平台；中国盐业协会；国家统计局网站；中国电力企业联合会网站；电力建设企业能力及信用信息查询系统；国家能源局网站；国家市场监督管理总局网站；国家财政部网站；农业部政府网站；海关总署网站；中华人民共和国住房和城乡建设部；动产融资统一登记公示；中国自然资源部网站。

通过上述方式核查并经发行人书面确认，发行人不存在以下情形：

（1）最近三十六个月内公司财务会计文件存在虚假记载，或公司存在其他重大违法行为；

（2）本次发行申请文件存在虚假记载、误导性陈述或者重大遗漏；

（3）对已发行的公司债券或者其他债务有违约或者迟延支付本息的事实，仍处于继续状态；

（4）严重损害投资者合法权益和社会公共利益的其他情形。

发行人不存在上述情形的情况符合《管理办法》第十七条规定的条件。

五、本次债券发行的《募集说明书》及相关协议

（一）本次债券发行的《募集说明书》

发行人和安信证券、广发证券、中信建投证券、华泰联合证券为本次债券发行之目的编制了《募集说明书》等相关募集文件。本所律师确认，募集文件引用法律意见书中的相关内容，与法律意见书并无矛盾之处，不会因引用法律意见书的相关内容而出现虚假记载、严重误导性陈述或者重大遗漏，并对其真实性、准确认和完整性承担相应的法律责任。

《募集说明书》约定了本次发行的违约责任及争议解决措施，包括：本次债券项下的违约事件、解决措施、其他救济方式及争议解决等相关内容。本所律师经审查后认为，相关措施具有可执行性，内容合法合规，符合相关法律规定。

（二）本次债券发行的《承销协议》

为了本次债券的发行，发行人与主承销商均同意，将按照《管理办法》、《公司债券承销业务规范》的相关规定签订《承销协议》，约定各方的权利义务、承销金额、承销方式等事项。

本所律师认为，发行人与主承销商已同意签署符合相关法律和规范的承销协议，符合《管理办法》、《公司债券承销业务规范》的相关规定。

（三）本次债券发行的《债券持有人会议规则》

发行人与广发证券为本次债券的债券持有人制订了《债券持有人会议规则》，主要内容包括：债券持有人会议的权限范围、债券持有人会议的召集、议案、委托及授权事项、债券持有人会议的召开、表决、决议及会议记录等程序性事项和其他重要事项。本次债券发行的《募集说明书》已经披露了前述债券持有人会议规则的主要内容。

本所律师认为，发行人已按《管理办法》等法律法规制定了维护债券持有人权益的相关措施，相关措施具有可执行性，能够保障债券持有人的权益。经审查，《债券受托管理协议》及《债券持有人会议规则》的内容符合《证券法》和《管理办法》等法律、法规和规范性文件的规定。

（四）本次债券发行的《债券受托管理协议》

发行人聘请广发证券为本次债券持有人的债券受托管理人。在债券存续期限内，由债券受托管理人依照协议的约定维护债券持有人的利益。

根据发行人与广发证券签订的《债券受托管理协议》，该受托管理协议的主要内容包括：受托管理事项、发行人的权利和义务、债券受托管理人的职责、权利和义务、受托管理事务报告、利益冲突的风险防范机制、受托管理人的变更、陈述与保证、不可抗力、违约责任、法律适用和争议解决、协议的生效、变更及终止、通知等。本次债券发行的《募集说明书》已经披露了前述债券受托管理协议的主要内容。

本所律师认为，《债券受托管理协议》内容符合《管理办法》、《公司债券受托管理人执业行为准则》的相关规定。

六、对本次债券发行相关事项的核查

1. 本次债券募集资金用途合法合规

根据《募集说明书》，本次债券募集资金拟用于偿还金融机构借款、调整债务结构、股权投资、补充流动资金和法律法规允许的其他用途，本次募集资金用途合法合规。

2. 发行人的股权结构

经核查发行人的工商登记（备案）资料、工商公示信息及经发行人确认，发行人是由国家出资设立的中央直属企业，由国务院国资委履行出资人职责，发行人股权结构真实、准确、完整并履行了相关权属登记程序，不存在重大权属纠纷，不存在质押或其他受限情形。

3. 发行人的子公司是否存在权属纠纷

本所律师通过核查发行人近三年审计报告、发行人各子公司的工商公示信息并经发行人确认，发行人子公司范围真实、准确、完整并履行了相关权属登记程序，取得了必要权属证明或其他控制权文件，不存在重大权属纠纷、股权不存在质押或其他受限情形。

4. 发行人的主要资产

发行人分布在境内外的子公司数量众多、资产规模和数量巨大，本所律师无法对发行人合并报表范围内的资产逐一展开核查，本所律师对发行人合并报表范围内子公司及其主要资产的核查主要依赖于《审计报告》及发行人的说明和确认，在此基础上，本所律师对价值较大的资产涉及的土地、房屋等权属证书进行了抽查，并结合工商、专利、商标公示信息及人民法院裁判文书网等方式对发行人的主要资产进行了适当核查。

根据立信事务所出具的发行人最近三年的审计报告及《募集说明书》相关内容，发行人目前的资产主要包括土地、房屋及建筑物、机器设备、运输工具、电子设备、办公设备、酒店业家具等；无形资产主要包括软件、专利权、非专利技术、商标权、特许权、采矿权、公路使用权、海域使用权等。

截至2017年末，国投公司及其合并范围内子公司已抵押或质押的资产账面价值共计3,556,017.29万元，约占2017年末总资产9,668,756.28万元的36.78%。资产受限的原因是为取得银行借款提供的抵押、质押资产，主要抵押权人、质押权人为商业银行，所有权受限期限大部分为1—3年。

综上，根据发行人的确认、《审计报告》、《募集说明书》及本所律师适当核查，本所律师认为，发行人及其子公司主要资产已取得权属证书或证明，不存在重大权属纠纷。发行人有部分资产存在抵押或质押情形，上述资产受限的原因主要系因发行人及其合并范围内子公司基于正常生产经营所必要的融资行为发生，不存在违反相关法律法规规定的情形，对本次发行不构成实质性法律障碍。

5. 非经营性往来占款或资金拆借行为的合规性核查

发行人为国务院国资委控股的国有独资有限责任公司，建立了严格的资金管理制度。报告期内，发行人不存在资金被控股股东、实际控制人及其控制的其他企业违规占用的情形，也不存在为控股股东、实际控制人及其控制的其他企业提供违规担保的情形。

截至2017年12月31日，发行人的其他应收款账面价值为318,972.50万元，占流动资产比例为1.95%，占比较低，与2016年末相比无重大变动。发行人已按会计准则要求对应收款计提了必要的坏账准备。

6. 经本所律师通过检索主要互联网搜索引擎的方式核查，并经发行人确认，截至本法律意见书出具之日，发行人不存在被媒体质疑的重大事项。

7. 经本所律师核查发行人董事、高级管理人员的任职文件及发行人确认，经本所律师适当核查，发行人的董事、高级管理人员不存在涉嫌重大违纪违法的情形。

8. 根据发行人提供的资料及近三年审计报告，本所律师通过中国裁判文书网、全国法院失信被执行人名单信息公布与查询网站查询并经发行人确认，发行人不存在对其生产经营及偿债能力构成重大不利影响的尚未了结的重大诉讼、仲裁及行政处罚案件。

9. 经本所律师核查发行人的审计报告及下属子公司的经营范围及其他公示信息，并经发行人确认，发行人主要业务板块中无房地产业务，参照中国证监会《上市公司行业分类指引》，发行人不属于房地产企业。

10. 经本所律师核查发行人工商档案、近三年审计报告、历次公司债券及债务融资工具募集说明书及相关资料，并经发行人确认，发行人报告期内不存在重大资产重组情形。

七、本次债券发行的中介机构

本所律师对参与本次可续期公司债券发行的各中介机构的工商公示信息、业务资质及相关人员资格进行了核查，对各中介机构有关监管机关的网站等信息公示平台进行了检索，同时参考相关中介机构提供的说明，核查意见如下：

（一）发行人本次债券发行的信用评级

1. 联合信用于2019年1月16日为本次债券发行出具了《国家开发投资集团有限公司2019年面向合格投资者公开发行可续期公司债券信用评级报告》，评定发行人的主体信用级别为AAA，本次债券的信用级别为AAA，评级展望为稳定。

根据评级报告中的"可续期公司债券的跟踪评级安排"，联合信用将在本次债券的存续期内每年进行定期及不定期的跟踪评级，并向发行人提交相应的跟踪评级结果，同时向社会公布。

2. 联合信用作为本次债券发行的评级机构，其成立于2002年5月10日，现持有天津市南开区市场和质量监督管理局颁发的《营业执照》（统一社会信用代码为91120104738471845H），具有独立的企业法人资格。

2017年7月7日，中国证监会向联合信用核发了《证券市场资信评级业务许可证》（编号：ZPJ005），业务许可种类为证券市场资信评级。

3. 根据发行人和联合信用出具的承诺，并经本所律师对发行人及联合信用及其股东的工商公示信息进行核查，发行人与联合信用不存在关联关系。

4. 经本所律师查询中国证监会网站证券期货市场失信记录查询平台等方式进行核查，联合信用存在以下被采取监管措施等相关事项：

（1）天津证监局于2016年2月1日和2016年2月4日先后作出了《关于对联合信用评级有限公司采取出具警示函措施的决定》（津证监措施字〔2016〕2号）和《关于对联合信用评级有限公司总经理张志军、副总经理（评级总监）万华伟采取监管谈话措施的决定》（津证监措施字〔2016〕3号）。根据联合信用出具的说明，上述监管措施的出具，是针对证券市场资信评级全行业的普遍行动，是监管机构为进一步规范评级机构执业行为、加强债券市场监管的重要措施。本次年度现场检查除1家评级机构（上海远东资信评估有限公司）尚未开展证券市场资信评级业务外，其他6家已开展证券市场资信评级业务的评级机构均被采取了监管措施。联合信用对《警示函》提出的问题进行整改,并已向天津证监局提交了整改报告。

(2)上海证监局于2016年12月15日作出了《关于对联合信用评级有限公司采取责令改正监管措施的决定》(沪证监决〔2016〕105号),认定联合信用在出具《珠海华发综合发展有限公司2016年公司债券信用评级分析报告》过程中,存在评级报告审核工作程序不当,评级活动独立性欠缺等情形,并据此提出整改要求。根据联合信用的说明,联合信用已针对上述决定进行整改,并已向上海证监局提交了整改报告。

(3)天津证监局于2018年2月5日作出了《关于对联合信用评级有限公司采取出具警示函措施的决定》(津证监措施〔2018〕1号),认定联合信用在从事"渤钢租赁资产支持专项计划"2016年定期跟踪评级业务的过程中发现并记载了被评级对象后续租金偿付面临较大不确定性、原始权益人整体偿债能力一般、担保方的担保能力存在很大不确定性等事实,联合信用对上述风险和信息,未能勤勉尽责、审慎分析,对该项业务出具了评级结果为A级别的评级报告,不符合行业规范和业务规则要求。根据联合信用的说明,本次监管措施的出具,是针对证券市场资信评级全行业的普遍行动,旨在进一步规范评级机构执业行为、提高资信评级服务水平,联合信用已进行认真检查和整改,并已向天津证监局提交了整改报告。

除上述事项外,自2015年1月1日至本法律意见书出具日,联合信用不存在其他被证券监管部门立案调查或者责令整改的情形,经核查,联合信用不存在被监管部门限制参与债券发行业务活动资格的情形,上述被采取监管措施等相关事项不会对本次发行构成实质性障碍。

综上,本所律师认为,联合信用具备对发行人及本次债券发行进行信用评级的资格,且将于债券有效存续期间进行跟踪评级,符合法律、法规的相关规定。

(二)本次债券发行的承销机构

本次债券的牵头主承销商为安信证券,联席主承销商为广发证券、中信建投证券、华泰联合证券。

1. 安信证券

安信证券现持有深圳市市场监督管理局核发的《营业执照》(统一社会信用代码为91440300792573957K)。安信证券同时持有中国证监会于2017年12月2日核发的《经营证券期货业务许可证》,经营范围包括:证券经纪;证券投资咨询;与证券交易、证券投资活动有关的财务顾问;证券承销与保荐;证券自营;证券资产管理;融资融券;证券投资基金销售;代销金融产品。

根据发行人出具的承诺并经本所律师核查,发行人与主承销商安信证券存在股权关系。截至2018年9月30日,发行人直接持有国投资本股份有限公司41.62%的股权,国投资本股份有限公司持有国投资本控股有限公司100%的股权,国投资本控股有限公司持有安信证券100.00%的股权。发行人是主承商安信证券的实际控制人,安信证券与发行人存在利害关系。

经本所律师通过查询中国证监会网站、证券期货市场失信记录查询平台等方式进行核查,安信证券主要存在以下被采取监管措施等相关事项:

(1)中国证监会于2015年1月16日作出了《关于对安信证券股份有限公司采取责令增加内部合规检查次数措施的决定》(〔2015〕4号),认定安信证券存在自主开发系统为客户与客户之间的融资活动提供便利等问题,情节严重,违反了《证券公司融资融券业务管理办法》第三条的规定,反映出安信证券内部控制不完善。按照《证券公司监督管理条例》第七十条的规定,采取责令增加内部合规检查次数的措施。根据安信证券的说明,安信证券进行了核查并制定和落实了整改措施,并于2015年3月12日提交了整改报告。

(2)中国证监会于2015年3月5日作出了《关于对安信证券股份有限公司采取暂停保荐机构资格3个月措施的决定》(〔2015〕27号),认定安信证券在华锐风电科技(集团)股份有限公司上市后持续督导期间未勤勉尽责,持续督导制度未有效执行,提交的与保荐工作相关的文件存在虚假记载,中国证监会决定在2015年3月4日至2015年6月3日期间,暂停安信证券保荐机构资格。根据安信证券的说明,安信证券在暂停保荐机构资格期间积极采取改进措施,并于2015年5月28日向中国证监会提交了改进报告。2015年6月4日起安信证券保荐机构资格恢复正常状态。

(3)全国股转系统于2015年10月27日作出了《关于对安信证券股份有限公司采取约见谈话、责令改正自律监管措施的决定》(股转系统发〔2015〕147号),认定安信证券自2015年10月14日为深圳市软通供应链股份有限公司提供做市服务以来,安信证券自营账户始终持有该股票(合计20万股),但未发生买卖行为,违反了《全国中小企业股份转让系统股票转让细则(试行)》第五十八条的规定,根据《全国中小企业股份转让系统业务规则(试行)》第6.1条和《全国中小企业股份转让系统做市商做市业务管理规定(试行)》第二十条的规定,处以约见谈话、责令改正的自律监管措施。根据安信证券的说明,针对上述问题,安信证券进行了整改,自营账户中的相关股票已划转至做市账户,并对部门、负责人和直接责任人进行相应的合规问责。

(4)全国股转系统于2016年12月6日作出了《关于对安信证券股份有限公司采取自律监管措施的决定》(股转系统发〔2016〕935号),认定安信证券为推荐深圳优力可科技股份有限公司挂牌的主办券商,在提交的《关于推荐深圳优力可科技股份有限公司进入全国中小企业股份转让系统挂牌的报告》中存在以下违规行为:公司在《公开转让说明书》中陈述了"参与主编了《建筑机电工程抗震设计规范》"及"其他业务收入系深圳市置华机电有限公司参与公司组织的《建筑机电工程抗震设计规范》编写",与事实情况不符。经查明,公司既不是《建筑机电工程抗震设计规范》的主编,也不是参编单位。安信证券的上述未勤勉尽责行为违反了《全国中小企业股份转让系统业务规则(试行)》第1.7条及《全国中小企业股份转让系统公开转让说明书内容与格式指引(试行)》第四十二条的规定。鉴于上述违规事实和情节,根据《全国中小企业股份转让系统业务规则(试行)》第6.1条的规定,全国股转系统决定:对安信证券给予约见谈话并要求提交书面承诺的自律监管措施。根据安信证券的说明,安信证券相关负责人已经根据要求前往全国股转系统进行谈话,同时安信证券根据全国股转系统要求提交了书面承诺。

(5)关于首次公开发行股票询价工作的警示函

2016年9月,安信证券参与"鼎信通讯"IPO网下申购,获得网下初步配售股数1,687股,应缴认购款23,651.74元。安信证券划付缴款时划款金额误为23,561.74元,缺额90元,形成未足额缴纳认购款情形。2017年5月2日,中国证券业协会下发《关于首次公开发行股票询价工作的警示函》(中证协函〔2017〕197号),根据2016年修订的《首次公开发行股票网下投资者管理细则》(以下简称《细则》)相关规定对安信证券予以警示。

该次未足额缴纳认购款情节轻微,未造成明显不良后果,且安信证券在2016年9月28日获悉情况后,立即在2016年10月11日(十个工作日内)向中国证券业协会提交了书面整改公函。

(6)全国股转系统于2017年6月28日作出了《关于对安信证券股份有限公司采取自律监管措施的决定》(股转系统发〔2017〕315号),查明安信证券持续督导的深圳市大族元亨光电股份有限公司(证券代码:430382,证券简称:元亨光电)存在以下违规事实:2015年12月23日,元亨光电控股股东深圳市元亨瑞乾控股有限公司股权转让过程中,元亨光电未及时披露法律意见书等文件,且在《2015年年度报告》中实际控制人的披露内容不准确、不完整,违反了《非上市公众公司信息披露内容与格式准则第5号——权益变动报告书、收购报告书和要约收购报告书》第二十八条、《全国中小企业股份转让系统业务规则(试行)》第1.5条的相关规定,构成信息披露违规。全国股转系统认定,安信证券作为元亨光电的主办券商,在对元亨光电2015年年度报告进行事前审查过程中未能勤勉尽责,截至目前仍未能督促元亨光电披露法律意见书、规范履行信息披露义务。安信证券的上述行为,违反了《主办券商持续督导工作指引》第六条的规定,决定对安信证券股份有限公司采取要求提交书面承诺的自律监管措施。根据安信证券的说明,安信证券相关负责人已根据要求提交了书面承诺。

(7)2017年9月28日,全国股转系统对安信证券出具公司业务部发〔2017〕325号《关于对安信证券股份有限公司的监管意见函》,查明,2017年9月22日,长春高斯达生物科技集团股份有限公司(以下简称"斯达5")披露了重整计划等公告。上述公告中涉及的重大资产重组、股权分置改革等事项存在无法实施的风险亦不符合相关监管要求,安信证券作为斯达5的主办券商未及时做出风险提示,未对其信息披露进行有效指导,违反了《全国中小企业股份转让系统两网公司及退市公司信息披露暂行办法》第九条的规定。鉴于上述事实,全国股转系统对安信证券出具监管意见函。根据安信证券说明,安信证券及时与全国股转系统进行了沟通解释,并就斯达5破产重整相关事项向广大投资者进行风险提示。

(8)深圳证监局于2017年8月7日作出了《深圳证监局关于对安信证券股份有限公司采取出具警示函措施的决定》(行政监管措施决定书〔2017〕41号),查明安信证券发布的《杭萧钢构:技术授权模式助高增,布局河北有望受益雄安新区建设》研究报告中关于"已深入布局雄安新区核心区域,后续受益雄安新区建设确定性强"的表述不严谨,违反了《发布证券研究报告暂行规定》第九条的规定。依照《发布证券研究报告暂行规定》第二十二条的规定,"现对你公司出具警示函。你公司应加强研究所内部管理,提高研究报告客观性和审慎性"。

(9)青岛证监局于2018年1月29日作出了《行政监管措施决定书》(〔2018〕4号),认定安信证券在审阅奥盖克2016年半年报时,发现奥盖克存在违规为控股股东、实际控制人提供担保的情况,但未按照相关业务规则要求认真履行审慎核查义务。奥盖克2015年年报中披露了与关联方之间存在大额异常资金拆借。安信证券未保持应有的执业谨慎,未深入了解相关拆借背景,未按照相关业务规则要求认真履行审慎核查义务。上述行为违反了《非上市公众公司监督管理办法》第六条的规定,按照《非上市公众公司监督管理办法》第六十二条的规定,青岛证监局决定:"对你公司予以警示,你公司应深刻反省,吸取教训,切实提高执业质量,勤勉尽责,避免再次发生违法违规行为。"

(10)关于对安信证券股份有限公司采取责令增加内部合规检查次数措施的决定

2018年12月28日,中国证券监督管理委员会深圳监管局对安信证券出具了"〔2018〕95号"行政监管措施决定书,主要内容如下:

"经查,我局发现你公司研究咨询业务客户服务管理制度不健全,客户服务档案管理不完善。该事实有公司制度、档案和现场检查事实确认书等证据证明。

上述行为违反了《证券公司监督管理条例》第二十七条、《证券公司内部控制指引》第八十二条的规定。按照《证券公司监督管理条例》第七十条的规定,我局决定:

责令你公司在2019年1月1日至2019年12月31日期间,每季度开展一次内部合规检查,并在每次检查后10个工作日内,向我局报送合规检查报告。

如果对本监督管理措施不服,可以在收到本决定书之日起60日内向中国证券监督管理委员会提出行政复议申请,也可以在收到本决定书之日起6个月内向有管辖权的人民法院提起诉讼。复议与诉讼期间,上述监督管理措施不停止执行。"

安信证券将按照监管要求增加内部合规检查次数,定期向中国证券监督管理委员会深圳监管局报送合规检查报告。

除上述事项外,自2015年1月1日至本法律意见书出具日,安信证券不存在其他被证券监管部门立案调查或者责令整改的情形,经核查,安信证券不存在被监管部门限制参与债券发行业务活动资格的情形,上述被采取监管措施等相关事项不会对本次发行构成实质性障碍。

2. 广发证券

广发证券现持有广东省工商行政管理局核发的《营业执照》(统一社会信用代码为91440000126335439C)。广发证券同时持有中国证监会于2017年5月31日核发的《经营证券期货业务许可证》,经营范围包括:证券经纪;证券投资咨询;与证券交易、证券投资活动有关的财务顾问;证券承销与保荐;证券自营;融资融券;证券投资基金代销;代销金融产品;证券投资基金托管;股票期权做市。

根据发行人和广发证券出具的承诺,并经本所律师对发行人及广发证券及其股东、实际控制人的工商公示信息等资料进行核查,发行人与广发证券不存在关联关系。

经本所律师通过查询中国证监会网站、证

券期货市场失信记录查询平台等方式进行核查，广发证券存在以下被行政处罚及采取监管措施等相关事项：

（1）中国证监会于2015年1月作出了《关于对广发证券股份有限公司采取责令限期整改措施的决定》（行政监管措施决定书〔2015〕7号）。中国证监会就广发证券在开展融资融券业务过程中，向从事证券交易时间不足半年的客户融资融券、违规为到期融资融券合约展期等问题，要求广发证券在三个月内完成整改工作。根据广发证券的说明，广发证券已按要求于2015年4月完成相关整改工作。

（2）全国股转系统于2016年5月18日作出了《关于对广发证券股份有限公司采取约见谈话并责令改正自律监管措施的决定》（股转系统发〔2016〕50号），认定广发证券因新三板挂牌公司做市申请提交、尽职调查工作不符合全国股转系统规则要求，对其采取约见谈话并责令整改的自律监管措施。根据广发证券的说明，广发证券已部署整改落实工作，并已按期向全国股转系统提交了整改报告。

（3）绍兴人行于2016年9月2日作出了《行政处罚决定书》（绍银罚〔2016〕第4号），认定广发证券诸暨暨东路营业部存在违反反洗钱相关管理规定的行为：以开立账户方式与客户建立业务关系时未按规定登记客户信息、未按规定重新识别客户身份、未按规定划分客户风险等级，决定对诸暨暨东路营业部处以人民币21万元罚款，同时对诸暨暨东路营业部反洗钱专员处以罚款1万元的行政处罚。根据广发证券的说明，广发证券已积极开展自查整改工作，并及时向绍兴人行提交了整改落实情况报告。

（4）2016年11月25日，中国证监会对广发证券作出了《行政处罚决定书》（〔2016〕128号），认定广发证券构成未按规定审查、了解客户身份等违法违规行为，决定对广发证券责令改正，给予警告，没收违法所得6,805,135.75元，并处以20,415,407.25元罚款。根据广发证券的说明，广发证券从清理规范第三方信息系统接入、规范完善程序化交易管理、加强客户适当性管理等方面进行了整改，及时向中国证监会缴纳了违法所得及罚款，目前已整改完毕，并向中国证监会及相关监管机构进行了报告。

（5）辽宁证监局于2016年11月28日作出了《关于对广发证券股份有限公司营口学府路证券营业部采取责令改正措施的决定》（〔2016〕10号），认定广发证券营口学府路营业部代销宝盈新动力3、7、15号产品过程中存在未能全面、公正、准确地介绍金融产品有关信息，充分说明金融产品的主要风险特征，未能保证金融产品营销人员充分了解所负责推介金融产品的信息以及风险揭示不到位的问题，决定对营口学府路营业部采取责令整改的措施。根据广发证券的说明，广发证券对检查发现的具体问题进行梳理和逐项整改落实，并按要求向辽宁证监局提交了报告。

（6）全国股转系统于2017年1月9日作出了《关于对广发证券股份有限公司采取要求提交书面承诺的自律监管措施的决定》（股转系统发〔2016〕434号），认定广发证券作为推荐江苏宝莲生物科技股份有限公司挂牌的主办券商，未履行勤勉尽责义务，江苏宝莲生物科技股份有限公司构成信息披露违规。根据广发证券的说明，广发证券制定和落实了整改措施，并及时按要求向全国股转系统提交了书面承诺。

（7）青岛人行于2017年9月29日对广发证券青岛香港东路证券营业部作出了《行政处罚决定书》（青银罚字〔2017〕第2号），认定广发证券青岛香港东路证券营业部违反《反洗钱法》关于内控制度、客户身份识别、客户资料保存、大额交易和可疑交易报告等管理规定，决定对广发证券罚款10万元。根据广发证券的说明，广发证券落实了各项整改措施，并及时报送了整改报告。

（8）湛江人行于2017年10月11日对广发证券湛江遂溪证券营业部作出了《行政处罚决定书》（湛银发〔2017〕120号），认定广发证券湛江遂溪证券营业部违反《反洗钱法》等法律法规相关规定，未严格按照规定履行客户身份识别义务，决定对广发证券罚款人民币25万元。根据广发证券的说明，广发证券落实了各项整改措施，并及时报送了整改报告。

（9）广东证监局于2017年1月9日作出了《关于对广发期货有限公司采取出具警示函措施的决定》，认定广发证券的子公司广发期货主交易系统向大连商品交易所的报单状态异常，导致客户无法实时获取大连商品交易所报单回报状态，影响客户正常交易，向广发证券出具警示函。根据广发证券的说明,广发期货及时采取了补救措施,系统故障当日上市即已修复故障,未发生重大投诉、纠纷事宜,广发期货落实了各项整改措施,在规定时间内完成了整改验收。

(10)中国证券业协会于 2017 年 2 月 24 日作出了《关于首次公开发行股票询价工作的警示函》,认定广发证券的子公司广发乾和自有资金投资账户在参与无锡银行首次公开发行股票的网下申购业务时,已缴纳申购款,但由于广发乾和存在客观过错导致申购无效。根据广发证券的说明,广发乾和及时向中国证券业协会进行了说明并报送了说明函,并对制度、流程进行了完善。

(11)2018 年 2 月 26 日,广东证监局向广发证券下发了《监管关注函》(广东证监函〔2018〕246 号),认定广发证券分支机构监管报表报送工作出现数据漏报、错报等情况,对汕头潮南峡山营业部、汕头珠池路营业部、广州花城大道营业部提出监管关注。根据广发证券说明,广发证券及时进行了自查整改,并及时向广东证监局报送了整改报告。

(12)2018 年 3 月 19 日,浙江证监局向广发证券下发了《监管关注函》(浙证监债券字〔2018〕9 号),因监管部门对发行人浙江大东南集团有限公司"16 东南 01"公司债募集资金使用不规范等问题高度关注,要求广发证券进行自查并提供本项目底稿和自查报告。根据广发证券说明,广发证券立即安排专职工作小组对本项目发行承销环节的履职情况及工作底稿进行了全面梳理与自查,并向浙江证监局进行了报告。

(13)2018 年 9 月 5 日,广东证监局向广发合信产业投资管理有限公司(以下简称"广发合信")出具了《关于对广发合信产业投资管理有限公司采取责令改正措施的决定》(〔2018〕53 号),指出广发合信存在以下问题:1)部分基金产品在募集说明书或基金合同中约定预期收益率或业绩基准收益率,并按照约定的收益率向投资者支付收益;2)作为楚发一号私募专项投资基金的基金管理人,未采取问卷调查等方式,对投资者的风险识别能力和风险承担能力进行评估;3)2018 年 3 月变更合规风控负责人后,未及时向中国证券投资基金业协会报告,而对广发合信采取责令改正的行政监管措施。

对此,广发合信高度重视,由高管牵头,组织全体员工对函件所反映的问题进行积极整改,措施如下:1)修改相关基金产品《募集说明书》,删除关于预期收益率或业绩比较基准的表述,并获得所有投资者的确认;2)与相关基金产品投资者沟通,明确上述结构化基金产品在存续期内不提高杠杆倍数、不增加净申购规模,合同到期后予以清盘,不进行续期,并积极推进提前减资工作;3)采取问卷调查方式对相关基金投资者进行了风险识别能力和风险承担能力评估;经评估,该投资者风险承受能力为高风险,与基金的产品风险评级相匹配;4)合规风控负责人已参加基金从业资格考试,并已取得从业资格,广发合信将尽快完成中国证券投资基金业协会平台的信息变更。广发合信积极协调推进相关整改工作,编制整改方案,并于 2018 年 9 月 28 日向广东证监局报送了《广发合信产业投资管理有限公司整改情况报告》。除以上措施外,广发合信将进一步梳理公司内部工作机制,并完善内控措施,查漏补缺,防微杜渐,确保未来的业务合法合规开展。

(14)2018 年 9 月 5 日,广东证监局向广发信德智胜投资管理有限公司(以下简称"信德智胜")出具了《关于对广发信德智胜投资管理有限公司采取责令改正措施的决定》(〔2018〕54 号),指出信德智胜存在以下问题:1)部分基金产品在募集说明书或基金合同中约定预期收益率或业绩基准收益率,并按照约定的收益率向投资者支付收益;2)作为珠海广发信德新三板股权投资基金(有限合伙)和珠海广发信德厚维投资企业(有限合伙)的基金管理人,未采取问卷调查等方式对一名投资者的风险识别能力和风险承担能力进行评估;3)所管理的珠海横琴金投广发信德厚挚股权投资合伙企业(有限合伙)未对基金进行托管,且未在基金合同中明确保障私募财产安全的制度措施和纠纷解决机制,而对信德智胜采取责令改正的行政监管措施。

对此,信德智胜管理层高度重视,立即组织了对相关问题的自查和整改,并形成报告及时完成向广东证监局的报备。整改方案如下:1)资管合同中约定了预期收益率的两项资管产品,在合同中已声明该资管计划为非保本型产品,极端情况下有发生亏损的风险,预期收益率并非对投资者最低收益的保证或承诺。已分别于2018年5月、6月完成对此两项资管产品收回本息和清算的工作。信德智胜旗下的其他资管计划严格遵守法律法规,没有出现“预期收益率”的不合规表述;2)信德智胜立即对投资者采取调查问卷方式对其风险识别能力和风险承担能力进行评估,测试结果为其符合上述两只基金的合格投资者条件;3)珠海横琴金投广发信德厚挚股权投资合伙企业(有限合伙)为单项目基金,只投资了一个项目,资金募集后随即全部作为投资款完成了投资,因此,该基金从业务运作上不存在对基金托管的需求,发起设立的三方自愿对该合伙企业不进行托管。截至目前,三方也未因未托管而产生任何纠纷。经自查,信德智胜目前管理的其他基金都已经托管。并且,信德智胜加快了该基金投资的项目的退出工作,之后会启动基金清算。信德智胜将严格按照法律的规定成立清算小组,进行财产分配,切实保障基金资金安全和投资人利益;4)针对决定书提出的问题,信德智胜承诺:后续发行的任何基金产品,将会严格遵守相关法律规定,不出现任何违规表述,不出现变相承诺本金不受损失或承诺最低收益的行为,对信德智胜销售的私募基金产品均会采取问卷调查等方式对投资者的风险识别能力和风险承担能力进行评估,并由投资者书面承诺符合合格投资者条件;5)为保护投资人的利益,信德智胜已经建立相应的内部控制指引,已经建立了完善的财产分离制度,私募基金财产与私募基金管理人固有财产之间、不同私募基金财产之间、私募基金财产和其他财产之间实行独立运作,分别核算。

综上,信德智胜将会进一步规范自身行为,进一步加强风险管理,同时信德智胜已经建立《投资者适当性管理办法》、《内部控制指引》等相关制度,将会严格遵守相关法律法规以及公司内部制度,维护投资人的合法利益。

(15)2018年9月20日,广东证监局向瑞元资本管理有限公司(以下简称“瑞元资本”)出具了《关于对瑞元资本管理有限公司采取责令改正措施的决定》(〔2018〕67号),指出瑞元资本存在以下问题:1)公司部分专户产品自成立以来,瑞元资本作为管理人未编制并向资产委托人报送委托财产的投资报告;2)瑞元资本璟宸股权投资专项资产管理计划为高风险产品,其中一名资产委托人的风险承受能力测评结果为稳健型,瑞元资本未就该产品风险等级超越该委托人风险承受能力的情况要求委托人确认,而对瑞元资本采取责令改正的行政监管措施。

瑞元资本管理层对广东证监局检查发现的问题高度重视,立即组织开展全面的业务自查,积极协调推进相关整改工作,形成整改报告并于近日完成向广东证监局的报备。整改方案如下:针对投资报告问题拟定了如下整改措施:1)加强投后管理,新设投后管理部,专门负责公司产品的投后管理和信息披露;2)自2018年第四季度起,瑞元资本将按照资管合同的约定向客户提供投资报告;3)持续加强信息披露检查力度。针对销售适当性问题拟定了如下整改措施:①建立客户风险测评和产品风险等级匹配系统;②加强客户风险承受能力的有效识别和动态管理;③完善风险匹配不一致情况下产品购买的流程管理和处理措施。除以上措施外,瑞元资本将进一步梳理公司内部工作机制,完善内控措施,查漏补缺,防微杜渐,确保公司未来的业务合法合规开展。同时要求全体人员认真总结,吸取教训,持续开展制度和业务流程的深入学习,强化风险意识、责任意识,促进瑞元资本的稳健发展。

(16)2018年10月17日,广东证监局向广发期货出具《关于对广发期货有限公司采取责令改正措施的决定》(〔2018〕77号),指出广发期货资产管理业务存在第三方投顾或投资经理直接执行投资指令,未经交易员确认的问题,违反了《期货公司监督管理办法》第四十六条的规定。

对此,广发期货高度重视,由高管牵头,组织资产管理部员工对相关问题进行整改,措施如下:1)修改公司资产管理业务相关制度,明确所有资管产品的投资指令必须经过交易员确认;2)完善资产管理业务交易系统,调整投资交易指令流程,确保资管计划的投资指令必须经过交易员确认后才能下达到柜台;3)组织相关人员认真总结,吸取教训,持续开展监管制度和业务流程的学习,强化合规意识,确保资产管理业务规范运作。

除上述事项外,自2015年1月1日起至本法律意见书出具日,广发证券不存在其他被证券监管部门立案调查或者责令整改的情形,经核查,广发证券不存在被监管部门限制参与债券发行业务活动资格的情形,上述被采取监管措施等相关事项不会对本次发行构成实质性障碍。

3. 中信建投证券

中信建投证券现持有北京市工商局核发的《营业执照》(统一社会信用代码为91110000781703453H)。中信建投证券同时持有中国证监会于2017年9月11日核发的《经营证券期货业务许可证》,经营范围包括:证券经纪;证券投资咨询;与证券交易、证券投资活动有关的财务顾问;证券承销与保荐;证券自营;证券资产管理;融资融券;证券投资基金代销;代销金融产品;股票期权做市;证券投资基金托管。

根据发行人和中信建投证券出具的承诺,并经本所律师对发行人及中信建投证券及其股东、实际控制人的工商公示信息等资料进行核查,发行人与中信建投证券不存在关联关系。

经本所律师通过中国证监会网站、证券期货市场失信记录查询平台等方式进行核查,中信建投证券存在以下被行政处罚或采取监管措施等相关事项:

(1)中国证监会于2015年1月23日作出了《关于对中信建投证券股份有限公司采取监管谈话措施的决定》(行政监管措施决定书〔2015〕13号),认定中信建投证券在担任创智信息科技股份有限公司重大资产重组项目独立财务顾问时,发表的专业意见有误等问题,要求有关负责人于2015年1月29日到证监会非上市公众公司监管部接受监管谈话。根据中信建投证券的说明,中信建投证券责成投资银行业务部及项目组进行检讨与反思,向投资银行部重申严格执行多级复核制度的必要性,督促业务部有效落实质控机制,强化项目自查以及质控核查。投资银行部进一步增加了质控人员,增强质控力量,加强了审核和管理工作力度。中信建投证券针对投行项目质量控制情况,增加了法律合规部的专项合规检查及稽核审计部的专项稽查等内部检查程序。

(2)中国证监会于2015年11月4日作出了《关于对中信建投证券股份有限公司采取暂停新开户证券账户1个月措施的决定》(行政监管措施决定书〔2015〕79号),认定中信建投证券存在外部接入具有分账户功能的第三方交易终端软件,未对外部系统接入实施有效管理,对相关客户身份情况缺乏了解,以及自查过程中存在漏报信息系统外部接入账户等问题,要求中信建投证券暂停新开证券账户1个月,暂停期间不得新增经纪业务客户,并按照相关规定的要求落实整改。根据中信建投证券的说明,中信建投证券制定和落实了多项整改措施,并部署开展专项业务合规风控检查、加大合规培训力度、加强公司业务线中台建设工作,提升了合规管理能力。

(3)全国股转系统于2016年4月25日作出了《关于给予中信建投证券股份有限公司自律监管措施的决定》(股转系统发〔2016〕110号),认定中信建投证券在西部超导项目中,未能对西部超导存在的信息披露不规范、会计核算及财务管理不规范、内控机制不完善等问题勤勉尽责、及时发现和督导整改,要求中信建投证券提交书面承诺的自律监管措施,承诺认真督导挂牌公司执行相关规定。根据中信建投证券的说明,中信建投证券投资银行部已经按时提交了书面承诺并落实了相关整改措施。

(4)全国股转系统于2016年8月22日作出了《关于给予中信建投证券股份有限公司采取出具警示函、责令改正自律监管措施的决定》(股转系统发〔2016〕233号),认定中信建投证券在新三板投资者适当性管理过程中,存在为不符合条件的投资者开通新三板交易权限、自查报告未如实上报上述违规开户情况及未将投资者账户正确报送为合格投资者等问题,要求中信建投证券在3个月内尽快完善投资者适当性内部管理制度、规范业务权限开通工作并提交书面改正报告。根据中信建投证券的说明,中信建投证券已完成违规账户整改并及时提交了书面整改报告。

(5)泸州人行于2016年10月10日对中信建投证券泸州迎晖路营业部作出了《中国人民银行泸州市中心支行行政处罚决定书》(泸银罚字〔2016〕4号),认定泸州迎晖路营业部未按照《金融机构客户身份识别和客户身份资料及交易记录保存管理办法》的规定履行客户身份识别义务，在对客户进行初次识别、持续识别、重新识别及客户洗钱风险等级划分四个方面存在违规情形，决定对泸州迎晖路营业部处20万元罚款，并对单位主要负责人、分管反洗钱工作直接负责人和其他直接责任人员处1万元罚款。根据中信建投证券的说明，中信建投证券向泸州人行上报了《反洗钱整改报告》，2016年11月8日，泸州人行向营业部出具了《关于对中信建投证券股份有限公司泸州迎晖路证券营业部反洗钱检查问题整改情况的反馈意见》，认为泸州营业部对检查整改高度重视、整改措施有力、整改问题落实，达到了其提出的整改要求。

（6）全国股转系统于2016年11月16日作出了《关于给予中信建投证券股份有限公司采取自律监管措施的决定》（股转系统发〔2016〕360号），认定中信建投证券作为速达科技主办券商及重大资产重组独立财务顾问，未能在信息披露事前审查中发现速达科技对重组行为存在误判，也未能在明知公司交易行为构成重大资产重组的情况下督导公司规范履行相关程序。根据中信建投证券的说明，中信建投证券已经按时提交和落实了书面承诺及整改报告；

（7）全国股转系统于2016年11月30日作出了《关于对中信建投证券股份有限公司采取自律监管措施的决定》（股转系统发〔2016〕388号），认定中信建投证券作为珠海伊斯佳科技股份有限公司推荐挂牌的主办券商，未在公开转让说明书公司治理及公司财务部分披露伊斯佳股利分配事项，未充分对公开转让说明书的完整性进行核查。根据中信建投证券的说明，中信建投证券已按时提交和落实了书面承诺。

（8）中国证监会于2017年7月3日作出了《关于对徐炯炜、王道达采取出具警示函措施的决定》（行政监管措施决定书〔2017〕59号），认定在广州金逸影视传媒股份有限公司首次公开发行股票及上市项目中，保荐代表人未勤勉尽责，未对发行人主要客户的异常情况保持应有的职业审慎，未进行全面充分核查，对中信建投证券的两位保荐代表人采取了警示的监管措施。根据中信建投证券的说明，中信建投证券制定和落实了多项整改措施，要求执业人员在后续的执业过程中认真负责，从根源上杜绝此类现象。

（9）中国证券业协会于2017年8月9日作出了《关于对中信建投证券股份有限公司采取自律惩戒措施的决定》（中国证券业协会自律惩戒措施决定书〔2017〕38号），在2016年各地证监局对辖区内公司债券发行人开展的专项现场检查中发现中信建投证券受托管理项目存在募集资金及信息披露方面的问题，中信建投证券作为受托管理人，未及时完全履行受托管理人职责，违反了证券业协会《公司债券受托管理人执业行为准则》的相关规定，依据有关规定对中信建投证券采取警示的自律管理措施。根据中信建投证券的说明，中信建投证券就相关项目受托管理履职情况向中国证券业协会提交书面了说明并落实了相关整改措施。

（10）江苏证监局于2017年12月4日作出了《关于对中信建投证券股份有限公司南京龙园西路证券营业部采取出具警示函措施的决定》（中国证监会江苏监管局行政监管措施决定书〔2017〕76号），认定中信建投证券南京龙园西路证券营业部在证券账户开立业务过程中，存在客户风险承受能力结果失实、缺失的情形，未能全面、准确地了解客户的风险承受能力，违反了《证券期货投资者适当性管理办法》第三条的相关规定。上述问题反映出南京龙园西路证券营业部在业务流程管理、内部控制等方面存在薄弱环节，根据《证券期货投资者适当性管理办法》第三十七条的规定，对南京龙园西路证券营业部采取出具警示函的行政监管措施。根据中信建投证券的说明，中信建投证券积极整改，就相关人员进行了合规问责。

（11）中国证券业协会于2017年12月27日作出了《关于对中信建投证券股份有限公司采取自律惩戒措施的决定》（〔2017〕87号），认定在2017年从业人员执业行为现场检查中，发现中信建投证券存在个别投资主办人档案中缺少身份证复印件、学历学位证书等材料；营业部材料中未见个别经纪人的执业前培训记录材料；部分员工提交离职备案时间较晚的问题。上述情形与《证券业从业人员资格管理实施细则（试行）》第十二条的规定不符，因此决定对中信建投证券采取警示的自律管理措施。根据中信建投证券的说明，中信建投证券积极进行了整改，落实了各项整改措施。

（12）中国证监会于2018年3月9日作出

了《关于对刘连杰、李彦芝采取出具警示函措施的决定》(〔2018〕43 号),认定在无锡化工装备股份有限公司首次公开发行股票及上市项目中,保荐代表人未勤勉尽责,对发行人购销金额等事项的核查不充分,对中信建投证券的两位保荐代表人采取了警示的监管措施。根据中信建投证券的说明,中信建投证券制定和落实了多项整改措施,业务部要求各项目组进一步完善内部管理,严格执行内部多级交叉复核制度,建立内部问责制度,严防信息披露问题的发生。

(13)中国证监会于 2018 年 6 月 25 日作出了《关于对张铁、徐炯炜采取监管谈话措施的决定》(〔2018〕73 号),认定中信建投证券员工张铁、徐炯炜在担任拉卡拉支付股份有限公司首次公开发行股票并上市保荐代表人过程中,未勤勉尽责,对发行人整体变更设立股份有限公司及业务剥离等事项的核查不充分,对中信建投证券的两位保荐代表人采取监管谈话措施。根据中信建投证券的说明,中信建投证券制定和落实了多项整改措施,并拟对相关责任人员进行合规问责。

除上述事项外,自 2015 年 1 月 1 日至本法律意见书出具日,中信建投证券不存在其他被证券监管部门立案调查或者责令整改的情形,经核查,中信建投证券不存在被监管部门限制参与债券发行业务活动资格的情形,上述被采取监管措施等相关事项不会对本次发行构成实质性障碍。

4. 华泰联合证券

华泰联合证券现持有深圳市市场监督管理局核发的《营业执照》(统一社会信用代码为 914403002794349137)。华泰联合证券同时持有中国证监会于 2017 年 3 月 9 日核发的《经营证券期货业务许可证》,经营范围包括:与证券交易、证券投资活动有关的财务顾问;证券承销与保荐(国债、非金融企业债务融资工具、金融债承销业务除外)。

根据发行人和华泰联合证券出具的承诺,并经本所律师对发行人及华泰联合证券及其股东、实际控制人的工商公示信息等资料进行核查,发行人与华泰联合证券不存在关联关系。

经本所律师查询中国证监会网站、证券期货市场失信记录查询平台等方式进行核查,华泰联合证券存在以下被采取监管措施等相关事项:

(1)中国证监会于 2017 年 1 月作出了《关于对华泰联合证券有限责任公司采取出具警示函措施的决定》(〔2017〕4 号),认定华泰联合证券作为北京利德曼生化股份有限公司发行股份购买资产并募集配套资金项目的财务顾问,对标的资产主要客户和供应商的核查不充分,违反了《上市公司并购重组财务顾问业务管理办法》第三条、第二十四条的规定。中国证监会按照《上市公司并购重组财务顾问业务管理办法》第三十九条的规定,对华泰联合证券采取出具警示函的行政监督管理措施。根据华泰联合证券的说明,华泰联合证券已按照相关法律、行政法规和中国证监会规定的要求落实了整改工作,2017 年 2 月 9 日,华泰联合证券发布了《关于对战略客户部及利德曼项目相关责任人予以处罚的决定》(华泰联合发〔2017〕2 号),对该项目责任部门和责任人员进行了处罚,并要求各部门引以为戒,严格遵守监管规定及公司的各项规章制度,认真履行工作职责。

(2)中国证券业协会于 2017 年 12 月作出了《关于对华泰联合证券有限责任公司采取自律惩戒措施的决定》(〔2017〕86 号),在 2017 年 12 月 4 日至 12 月 15 日开展的 2017 年从业人员执业行为现场检查中,发现华泰联合证券三名员工存在执业资格注册信息与实际状态不符的情况,决定对华泰联合证券采取责令改正的自律管理措施,并将自律惩戒措施计入协会诚信信息管理系统。根据华泰联合证券的说明,华泰联合证券在现场检查结束后向协会提交了《关于证券业协会现场检查的整改措施》的报告,并立即更新了该三名员工的注册信息,完成了执业资格注册。2018 年 1 月 18 日,华泰联合证券发布了《关于对执业行为违规责任人员及责任部门予以处罚的决定》(华泰联合发〔2018〕2 号),对三名存在违规情况的员工和人力资源部进行了处罚,

(3)黑龙江证监局于 2018 年 4 月作出了《关于对华泰联合证券有限责任公司采取出具警示函措施的决定》(〔2018〕6 号),认定华泰联合证券在亿阳集团股份有限公司 2016 年发行的 16 亿阳 01、16 亿阳 03、16 亿阳 04、16 亿阳 05 四只债券的承销过程中存在以下问题:“一、对亿阳集团及其实际控制人等相关主体

尽职调查不全面,对相关人员兼职情况和对外投资情况核查不到位,存在遗漏。对亿阳集团公司治理及资信状况等事项尽职调查不充分,对诉讼情况、股权转让、关联交易、债务信息等事项核查不到位。二、尽职调查底稿不完善。底稿中缺少发行人独立性说明以及香港亿阳实业有限公司等子公司的工商档案资料”。根据华泰联合证券的说明,华泰联合证券于2018年5月4日向黑龙江证监局报送了《华泰联合证券有限责任公司关于监管警示函的整改报告》(华泰联合字〔2018〕50号),对警示函中认定的问题和后续整改措施进行了说明。

除上述事项外,自2015年1月1日至本法律意见书出具日,华泰联合证券不存在其他被证券监管部门立案调查或者责令整改的情形。经核查,华泰联合证券不存在被监管部门限制参与债券发行业务活动资格的情形,上述被采取监管措施等相关事项不会对本次发行构成实质性障碍。

(三)本次发行的法律服务机构

1.为本次可续期公司债券发行提供法律服务的机构为北京金诚同达律师事务所,目前持有北京市司法局2016年8月8日颁发的《律师事务所执业许可证》(统一社会信用代码为:31110000E00017402T)

经办律师童晓青现持有北京市司法局颁发的执业证号为11101200710111745的《律师执业证》,经办律师汪先平现持有北京市司法局颁发的执业证号为11101200811292160的《律师执业证》,两位律师均已通过最近年度年检,无执业不良记录。

2.根据发行人出具的承诺并经本所律师核查,发行人与本所不存在关联关系。

3.经本所律师通过查询中国证监会网站、证券期货市场失信记录查询平台等方式进行核查,本所及签字律师均不存在被监管部门限制参与债券发行业务活动资格的情形。

本所律师认为,本所及经办律师具有为本次可续期公司债券发行提供法律服务的资格。

(四)本次债券发行的审计机构

1.本次债券发行的审计机构为立信事务所。

为发行人提供2015年度、2016年度、2017年度审计服务的会计师事务所为立信事务所。立信事务所现持有黄浦区市场监督管理局颁发的《营业执照》(统一社会信用代码为91310101568093764U)、上海市财政局于2014年8月5日颁发的《会计师事务所执业证书》(会计师事务所编号为31000006)及财政部、中国证券监督管理委员会于2017年7月17日联合颁发的《会计师事务所证券、期货相关业务许可证》(证书号为34)。

经办会计师赵斌现持有编号为340400060013的《注册会计师证书》,经办会计师闫保瑞持有编号为310000060338的《注册会计师证书》,均为在中国依法注册的会计师,未涉及相关行政处罚、行政调查或行政监管措施。

2.根据发行人出具的承诺并经本所律师对发行人、立信事务所的工商公示信息等资料核查,发行人与立信事务所不存在关联关系。

3.经本所律师通过查询中国证监会网站、证券期货市场失信记录查询平台等方式进行核查,立信事务所被相关监管机构给予处罚、立案调查或监管措施的情况如下:

(1)行政处罚情况

1)中国证监会于2016年7月20日作出了《中国证监会行政处罚决定书(立信会计师事务所、姜维杰、葛勤)》(〔2016〕89号),认定立信事务所及相关注册会计师在为上海大智慧股份有限公司提供2013年财务报表审计服务过程中,未能勤勉尽责,出具的审计报告文件存在虚假记载,决定对立信事务所责令改正违法行为,没收业务收入70万元,并处以210万元罚款;对涉案注册会计师姜维杰、葛勤给予警告,并分别处以10万元罚款;

2)中国证监会于2017年5月23日作出了《中国证监会行政处罚决定书(立信会计师事务所、王运成、肖常和)》(〔2017〕55号),认定立信师事务所及相关注册会计师在提供广西康华农业股份有限公司2011年至2014年1-4月重大资产重组财务报表审计服务过程中,未能勤勉尽责,出具的审计报告文件存在虚假记载,决定对立信事务所责令改正违法行为,没收业务收入45万元,并处以45万元罚款;对涉案注册会计师王云成、肖常和给予警告,并分别处以6万元罚款;

3)2017年6月15日,立信事务所收到中国财政部会计司及中国证监会会计部下发的财会便〔2017〕24 号文,自 2017 年 5 月 23 日起立信事务所暂停承接新的证券业务并整改两个月。财政部会计司、中国证监会会计部于 2017 年 8 月 10 日出具了《关于立信会计师事务所(特殊普通合伙)整改工作核查情况及处理决定的通知》(财会便〔2017〕38 号),同意立信事务所自 2017 年 8 月 10 日起恢复承接新的证券业务;

4)中国证监会于 2018 年 8 月 6 日作出了《中国证监会行政处罚决定书(立信会计师事务所、邬军梅、程进)》(〔2018〕78 号),认定立信事务所及相关注册会计师在为金亚科技股份有限公司提供 2014 年财务报表审计服务过程中,未能勤勉尽责,出具的审计报告文件存在虚假记载,决定对立信事务所违法行为,没收业务收入 90 万元,并处以 270 万元罚款;对涉案注册会计师邹军梅、程进给予警告,并分别处以 10 万元罚款;

5)中国证监会于 2018 年 12 月 20 日作出了《中国证监会行政处罚决定书(立信会计师事务所、周铮文、陶奇)》(〔2018〕119 号),认定立信事务所及相关注册会计师在对 * ST 国药 2012 年、2013 年年度财务报表审计时,未勤勉尽责,出具了存在虚假记载的审计报告,决定对立信事务所违法行为,没收业务收入 95 万元,并处以 95 万元罚款;对涉案注册会计师周铮文、陶奇给予警告,并分别处以 10 万元的罚款。

(2)立案调查情况

1)2015 年 7 月 16 日,立信事务所收到中国证监会出具的调查通知书(深专调查通字 20151031)。该调查主要针对立信事务所在湖北仰帆控股股份有限公司(原名武汉国药科技股份有限公司)财务报表审计过程中,涉嫌未勤勉尽责出具了含有虚假内容的审计报告而进行的立案调查。该项目注册会计师为周铮文、陶奇。该调查事项目前尚未结案;

2)2016 年 1 月 26 日,立信事务所收到中国证监会出具的调查通知书(深专调查通字 2016251)。本次调查主要针对立信事务所在金亚科技股份有限公司财务报表审计过程中,涉嫌违反证券法律法规而进行的立案调查。该项目注册会计师为邹军梅、程进。2018 年 8 月 6 日已结案;

3)2018 年 5 月 28 日,立信事务所收到中国证监会出具的调查通知书(粤证调查通字 180123)。本次调查主要针对本所在广东超华科技股份有限公司财务报表审计过程中,涉嫌违反证券法律法规而进行的立案调查。该项目注册会计师为高敏、康跃华。该调查事项目前尚未结案。

(3)行政监管措施情况

1)2015 年 1 月 5 日,立信事务所收到河南证监局行政监管措施决定书(〔2015〕2 号),涉及利达光电股份有限公司 2013 年度审计,经办注册会计师李顺利、陈佳。河南证监局决定对立信事务所出具“警示函”;

2)2015 年 3 月 4 日,立信事务所收到中国证监会行政监管措施决定书(〔2015〕19 号),涉及上海神开石油化工装备股份有限公司、山东海化股份有限公司、华电能源股份有限公司 2010—2013 年度审计、2012 年审计部分项目及 2013 年度审计,以及 2013 年度审计和控股股东及其他关联方占用资金情况专项审计。中国证监会决定对立信事务所出具“警示函”;

3)2015 年 5 月 29 日,立信事务所收到上海证监局行政监管措施决定书(沪证监决〔2015〕38 号),涉及上海物资贸易股份有限公司,上海大智慧股份有限公司 2008 - 2011 年度审计,以及 2013 年度审计,经办注册会计师钱志昂、童冰薇、康吉言、丁陈隆、葛勤、姜维杰。上海证监局决定对立信事务所以及注册会计师钱志昂、童冰薇、康吉言、丁陈隆、葛勤、姜维杰出具“警示函”;

4)2015 年 7 月 30 日,立信事务所收到河南证监局行政监管措施决定书(〔2015〕26 号),涉及新开普电子股份有限公司 2014 年度审计。河南证监局决定对立信事务所出具“警示函”;

5)2015 年 9 月 6 日,立信事务所收到深圳证监局行政监管措施决定书(〔2015〕38 号),涉及人人乐连锁商业集团股份有限公司 2013 年度审计,深圳证监局决定对立信事务所以及注册会计师宣宜辰、杨艳出具“警示函”;

6)2015 年 11 月 2 日,立信事务所收到河南证监局行政监管措施决定书(〔2015〕37 号),涉及河南森源电气股份有限公司 2014 年度审计,河南证监局决定对立信事务所处以“责令改正”的行政监管措施;

7)2016 年 1 月 11 日,立信事务所收到江苏证监局行政监管措施决定书(〔2016〕1 号),涉及国电南京自动化股份有限公司 2014 年度审计以及控股股东及其他关联方占用资金情况专项审计。江苏证监局决定对立信事务所以及注册会计师祁涛、汪开明出具“警示函”;

8)2016 年 3 月 4 日,立信事务所收到中国证监会行政监管措施决定书(〔2016〕30 号),涉及中冶美利纸业股份有限公司 2014 年度审计。中国证监会决定对立信事务所以及注册会计师李长照、王志勇出具“警示函”;

9)2016 年 4 月 18 日,立信事务所收到上海证监局行政监管措施决定书(沪证监决〔2016〕26 号),涉及浙江德美彩印有限公司、浙江德兴纸塑包装有限公司、湖州德美纸制品有限公司 2012 年度审计。上海证监局决定对立信事务所以及注册会计师唐涛、朱鑫炎出具“警示函”;

10)2016 年 9 月 27 日,立信事务所收到河北证监局行政监管措施决定书(〔2016〕5 号),涉及保定天威保变电气股份有限公司,针对该公司下属子公司保定天威卓创电工设备科技有限公司及保定天威英利新能源有限公司 2015 年度审计,河北证监局决定对立信事务所出具“警示函”;

11)2017 年 2 月 17 日,立信事务所收到上海证监局行政监管措施决定书(沪证监决〔2017〕12 号),涉及上海物资贸易股份有限公司 2014 年度审计,上海证监局决定对立信事务所以及注册会计师钱志昂、丁陈隆出具“警示函”;

12)2017 年 6 月 2 日,立信事务所收到广东证监局行政监管措施决定书(〔2017〕15 号),涉及分众传媒信息技术股份有限公司 2015 - 2016 年度审计。广东证监局决定对立信事务所出具“警示函”;

13)2018 年 2 月 22 日,立信事务所收到中国证监会行政监管措施决定书(〔2018〕25 号),涉及苏州宝馨科技实业股份有限公司、湖北省宏源药业科技股份有限公司 2016 年度审计,以及 2014 年和 2015 年年报审计。中国证监会决定对立信事务所出具“警示函”。

除上述事项外,自 2015 年 1 月 1 日至本法律意见书出具日,立信事务所不存在其他被证券监管部门立案调查或者责令整改的情形。经核查,立信事务所不存在被监管部门限制参与债券发行业务活动资格的情形,本次债券项目经办人员与上述立案调查情况无关,上述被采取监管措施等相关事项不会对本次发行构成实质性障碍。

本所律师认为,立信事务所具备担任本次债券发行的审计机构的资格。

(五)本次债券发行的财务顾问

本次债券的财务顾问为国投财务。国投财务现持有北京市工商行政管理局核发的《营业执照》(统一社会信用代码为 91110000717884106３)。国投财务同时持有中国银行业监督管理委员会北京监管局于 2016 年 7 月 18 日颁发的《金融许可证》(机构代码:L0098H211000001)。

根据发行人出具的承诺并经本所律师核查,发行人与财务顾问国投财务存在股权关系。截至 2018 年 9 月 30 日,发行人直接间接持有国投财务 100% 的股权,发行人是国投财务的实际控制人,国投财务与发行人存在利害关系。

经本所律师通过查询中国证监会网站、证券期货市场失信记录查询平台等方式进行核查,国投财务不存在被限制参与债券发行业务活动资格的情形。

八、结论意见

综上所述,本所律师认为:

1. 发行人系依法设立并有效存续的有限责任公司,具备《公司法》、《证券法》、《管理办法》等法律、法规及规范性文件规定的发行可续期公司债券的主体资格;

2. 发行人本次公开发行债券符合《公司法》、《证券法》、《管理办法》等法律、法规和规范性文件规定的发行条件;

3. 发行人已经履行规定的内部决策程序,取得了本次债券发行现阶段所需的各项批准和授权,该等批准和授权合法有效;

4. 本次债券发行的承销机构、信用评级机构、会计师事务所及签字会计师、律师事务所及承办律师、财务顾问具备参与本次债券发行的资格;

5. 发行人为本次债券发行编制的《募集说明书》内容符合有关法律、法规及规范性文件的要求;

6. 发行人已按《管理办法》等法律法规制定了《债券持有人会议规则》,并签署了《承销协议》和《债券受托管理协议》,其内容符合相关法律、法规和规范性文件的规定。

本法律意见书正本一式六份,无副本。

本法律意见书经本所负责人及经办律师签字并加盖本所公章后生效。

(以下无正文)

(本页无正文,为《北京金诚同达律师事务所关于国家开发投资集团有限公司 2019 年面向合格投资者公开发行可续期公司债券的法律意见书》之签字页)

北京金诚同达律师事务所
负责人:庞正忠
经办律师:童晓青、汪先平

二〇一九年×月×日

北京德恒律师事务所关于华润租赁有限公司 2019 年非公开发行公司债券的法律意见书

释　义

除非本法律意见另行特别说明,下列词语在本法律意见中具有以下含义:

公司/发行人/华润租赁	指	华润租赁有限公司
本次发行	指	发行人在深圳证券交易所以非公开方式发行公司债券的行为
本次债券	指	发行人本次以非公开方式发行的公司债券
本次发行方案	指	发行人董事会于 2019 年 1 月 10 日作出的董事会决议(董决字[2019]01 号)所批准的发行方案
德恒、本所	指	北京德恒律师事务所
本法律意见	指	《北京德恒律师事务所关于华润租赁有限公司 2019 年非公开发行公司债券的法律意见》
华润集团	指	华润(集团)有限公司
华润金控	指	华润金融控股有限公司
华润能服	指	华润能源服务有限公司,发行人的子公司

续表

深圳润能	指	深圳润能能源服务有限公司,发行人的子公司
北京润能	指	北京润能能源服务有限公司,发行人的子公司
苏州润安	指	苏州润安新能源有限公司,发行人的子公司
牵头主承销商、簿记管理人、债券受托管理人、广发证券	指	广发证券股份有限公司
联席主承销商、中金公司	指	中国国际金融股份限公司
主承销商	指	广发证券与中金公司的合称
德勤华永	指	德勤华永会计师事务所(特殊普通合伙)
安永华明	指	安永华明会计师事务所(特殊普通合伙)
中国证监会	指	中国证券监督管理委员会
深交所	指	深圳证券交易所
商务部	指	中华人民共和国商务部
国务院国资委	指	国务院国有资产监督管理委员会
国家工商总局	指	国家工商行政管理总局
深圳市监局	指	深圳市市场监督管理局
深圳前海管理局	指	深圳市前海深港现代服务业合作区管理局

续表

《公司法》	指	《中华人民共和国公司法》
《证券法》	指	《中华人民共和国证券法》
《管理办法》	指	中国证监会《公司债券发行及交易管理办法》
《备案管理办法》	指	中国证券业协会《非公开发行公司债券备案管理办法》
《负面清单》	指	中国证券业协会《非公开发行公司债券项目承接负面清单(2018年修订)》(中证协发[2018]102号)
《办理指南》	指	深交所《债券业务办理指南第2号——非公开发行公司债券转让条件确认、发行、转让及投资者适当性管理业务办法》
相关中国境内法律	指	中国境内现行有效的法律、行政法规、部门规章、地方性法规等国家立法机关、行政机关或司法机关颁布的具有法律约束力及/或强制执行效力的规范性文件
《公司章程》	指	华润租赁有限公司章程
《募集说明书》	指	发行人根据有关法律法规为本次发行而制作的《华润租赁有限公司2019年非公开发行公司债券募集说明书》
《承销协议》	指	主承销商与发行人为本次发行签订的《华润租赁有限公司非公开发行公司债券之承销协议》

续表

《债券受托管理协议》	指	发行人与债券受托管理人为本次发行债券的受托管理而签署的《华润租赁有限公司2019年非公开发行公司债券之受托管理协议》及其变更和补充
《债券持有人会议规则》	指	发行人与债券受托管理人就本次发行制定的《华润租赁有限公司2019年非公开发行公司债券之债券持有人会议规则》及其变更和补充
《2017年审计报告》	指	德勤华永广州分所于2018年4月23日出具的德师广州报(审)字(18)第P00172号《审计报告》
《2018年审计报告》	指	安永华明于2019年4月9日出具的安永华明(2019)审字第61476650_H01号《审计报告》
《2019年3月份会计报表》	指	发行人于2019年4月8日编制的未经审计的《华润租赁有限公司2019年3月份企业会计报表》
最近两年	指	2017年度、2018年度
中国境内	指	中华人民共和国境内,仅为本法律意见之目的,不包括香港、澳门特别行政区及台湾地区
元、万元、亿元	指	如无特别说明,指人民币元、万元、亿元

北京德恒律师事务所关于华润租赁有限公司2019年非公开发行公司债券的法律意见

致:华润租赁有限公司

本所接受发行人委托,担任发行人本次发行的特聘专项法律顾问,根据《证券法》、《管理办法》等相关中国境内法律、法规、部门规章及规范性文件,按照律师行业公认的业务标准、道德规范和勤勉尽责精神,就本次发行事宜出具本法律意见。

声　　明

为出具本法律意见,本所谨此声明如下:

1. 本所为具有中国境内司法主管机关签发的《律师事务所执业许可证》的律师事务所,签署本法律意见的经办律师均经依法注册,持有有效的《中华人民共和国律师执业证》,有权接受发行人委托,出具本法律意见。

2. 本所已经得到发行人的保证:其已应本所要求向本所提供了出具本法律意见所必需的全部有关事实材料;该等原始书面材料、副本材料或陈述均真实、准确、完整,不存在虚假记载、误导性陈述或重大遗漏;发行人向本所提供的有关副本材料或复印件与原件一致;所提供的文件上的签署、印章是真实的,并已履行该等签署和签章所需的法定程序,获得合法授权;所有的陈述均与实际发生的事实一致。

3. 为出具本法律意见,本所根据《证券法》、《管理办法》及其他相关中国境内法律,按照《律师事务所从事证券法律业务管理办法》和《律师事务所证券法律业务执业规则(试行)》等律师执业守则,并遵循勤勉尽责、诚实信用之原则,对发行人提供的与本次发行有关的文件进行了审慎地核查和验证;对于部分通过公开渠道难以充分核查的事项,本所已要求发行人出具确认函予以确认。本所保证本法律意见所陈述的事实真实、准确、完整,所发表的法律意见合法、准确,不存在虚假记载、误导性陈述或者重大遗漏。

4. 本法律意见仅就与本次发行有关的中国法律问题发表法律意见,并不对有关会计、审计、资信评级等非法律专业事项发表评论。在本法律意见中涉及会计、审计等内容时,本所均严格按照有关中介机构出具的报告进行引述,该等引述并不意味着本所律师对其真实性和准确性作出任何明示或默示的保证,且对于这些内容本所律师并不具备核查和作出判断的合法资格。

5. 本所依据截至2019年8月9日已经发生或存在的事实以及中国境内相关法律,并基于本所对该等事实的了解和中国境内相关法律的理解而出具本法律意见。

6. 本所同意发行人在募集文件中部分或全部引用本法律意见的内容,该等引用与法律意见并无矛盾之处,不会因应引用本法律意见的相关内容而出现虚假记载、严重误导性陈述或重大遗漏。

7. 本所同意将本法律意见作为发行人本次发行的必备文件,随同其他申请材料一并提交深交所、中国证券业协会,并依法对本法律意见承担责任。

8. 本法律意见仅供发行人为本次发行之目的使用,未经本所书面同意,任何人不得向第三方披露本法律意见的内容或作片面的、不完整的引述,也不得用作任何其他目的。

正　　文

一、发行人的主体资格

(一)发行人的基本情况

根据《公司章程》以及发行人提供的《工商档案》,并经本所查询"国家企业信用信息公示系统"及"深圳信用网",截至2019年8月9日,发行人的基本情况如下:

统一社会信用代码	914403007178660046
注册号	100000400011652
名称	华润租赁有限公司
住所	深圳市前海深港合作区前湾一路1号A栋201室(入驻深圳市前海商务秘书有限公司)
法定代表人	陈向军
企业类型	有限责任公司(台港澳与境内合资)
成立日期	2006年6月27日
营业期限	自2006年6月27日至2036年6月26日
注册资本	178,433.417127万元人民币
经营范围	1.融资租赁业务;2.租赁业务;3.向国内外购买租赁财产;4.租赁财产的残值处理及维修;5.租赁交易咨询和担保;批发Ⅲ、Ⅱ类:医用光学器具、仪器及内窥镜设备;医用超声仪器及有关设备;医用高频仪器设备;医用磁共振设备;医用X射线设备;临床检验分析仪器Ⅱ类:神经外科手术器械;6.与主营业务相关的商业保理业务(非银行融资类)。
核准日期	2019年6月26日

(二)发行人的主要历史沿革

根据发行人提供的《工商档案》,并经本所查询"国家企业信用信息公示系统"、"深圳信用网",发行人的主要历史沿革如下:

1.设立(2006年6月)

2005年11月28日,中国华润总公司(已于2017年12月29日更名为"中国华润有限公司")与华润集团签署《华润租赁有限公司章程》,约定双方合资设立华润租赁。

2006年3月31日,商务部出具"商资批[2006]977号"《关于同意设立华润租赁有限公司的批复》,批准中国华润总公司与华润集团合资设立华润租赁,注册资本为2,500万美元,其中中国华润总公司出资1,500万美元,华润集团出资1,000万美元。

2006年4月10日,商务部向发行人颁发批准号"商外资资审A字[2006]0218号"《中华人民共和国台港澳侨投资企业批准证书》。

2006年6月27日,发行人取得国家工商总局出具的"(国)外资准字[2006]第378号"的《准予设立登记通知书》以及注册号为"企合国副字第001165号"的《企业法人营业执照》。

本次设立完成后,发行人的基本情况如下:

执照号	企合国副字第001165号
名称	华润租赁有限公司
住所	北京市东城区建国门北大街8号华润大厦2729–2731室
注册资本	2,500万美元
实收资本	0万美元
法定代表人	蒋伟
企业类型	中外合资经营企业
成立日期	2006年6月27日
营业期限	2006年6月27日至2036年6月26日
经营范围	1.融资租赁业务;2.租赁业务;3.向国内外购买租赁财产;4.租赁财产的残值处理及维修;租赁交易咨询和担保。

本次设立完成后,发行人的股东及出资情况如下:

序号	股东名称	出资额(万美元)	出资比例
1	中国华润总公司	1,500.00	60.00%
2	华润集团	1,000.00	40.00%
合计		2,500.00	100.00%

2.第一次股权转让(2011年3月)

2009年9月4日,华润租赁董事会通过决议,同意中国华润总公司将其持有华润租赁60%的股权以人民币1,447.73047万元的价格转让给华润股份有限公司,华润集团将持有华润租赁40%的股权以人民币6,965.1221万元(等值港币7,906.00万元)的价格转让给在香港注册的御拓有限公司。

2009 年 12 月 4 日,中国华润总公司与华润股份有限公司签署《产权交易合同》,随后双方就上述股权转让取得天津产权交易中心出具的《产权交易凭证》。

2009 年 12 月 10 日,华润集团与御拓有限公司签署《股权转让协议》,约定华润集团将持有华润租赁 40% 的股权以人民币 6,965.1221 万元(等值港币 7,906.00 万元)的价格转让给御拓有限公司。

2010 年 3 月 23 日,北京市商务委员会出具"京商务资字[2010]219 号"《关于华润租赁有限公司股权变更的批复》,核准了华润租赁上述股权转让事项。

2010 年 5 月 4 日,北京市人民政府向华润租赁颁发变更后的批准号为"商外资京字[2006]20495 号"的《中华人民共和国台港澳侨投资企业批准证书》。

2010 年 7 月 23 日,中国华润总公司、华润集团分别出具了同意上述两项股权转让的《同意股权转让的声明》。

2011 年 3 月 25 日,国家工商总局向华润租赁颁发了换发后的《企业法人营业执照》。

本次变更完成后,发行人的股东及出资情况如下:

序号	股东名称	出资额(万美元)	出资比例
1	华润股份有限公司	1,500.00	60.00%
2	御拓有限公司	1,000.00	40.00%
合计		2,500.00	100.00%

3. 第二次股权转让(2013 年 2 月)

2012 年 3 月 19 日,华润租赁董事会通过决议,同意华润股份有限公司将其持有华润租赁 60% 股权以 10,130.952 万元的价格转让给御拓有限公司。

随后,华润股份有限公司与御拓有限公司就上述股权转让事宜签署《股权转让协议》。

2012 年 12 月 6 日,北京市商务委员会向发行人出具"京商务资字[2012]920 号"《关于华润租赁有限公司股权变更的批复》,同意华润股份有限公司将 60% 公司股权转让给御拓有限公司,发行人变更为外商独资经营企业。

2012 年 12 月 17 日,北京市人民政府向华润租赁颁发变更后的批准号为"商外资京资字[2006]20604 号"的《中华人民共和国台港澳侨投资企业批准证书》。

2013 年 2 月 1 日,国家工商总局向华润租赁颁发了换发后的《企业法人营业执照》。

本次变更完成后,华润租赁的股东及出资情况如下:

序号	股东名称	出资额(万美元)	出资比例
1	御拓有限公司	2,500.00	100.00%
合计		2,500.00	100.00%

4. 第一次增资(2014 年 1 月)

2013 年 2 月 27 日,御拓有限公司更名为"华润医疗设备租赁有限公司"。

2013 年 11 月 18 日,华润医疗设备租赁有限公司作出股东决定,决定将华润租赁注册资本由 2,500 万美元增加至 5,000 万美元。2014 年 1 月 10 日,北京市商务委员会出具"京商务资字[2014]30 号"《关于华润租赁有限公司增资的批复》,同意华润租赁注册资本由 2,500 万美元增加至 5,000 万美元。

2014 年 1 月 16 日,北京市人民政府向华润租赁颁发变更后的批准号为"商外资京资字[2006]20604 号"的《中华人民共和国台港澳侨投资企业批准证书》。

2014 年 1 月 24 日,国家工商总局向华润租赁颁发了换发后的《企业法人营业执照》。

本次变更完成后,华润租赁的股东及出资情况如下:

序号	股东名称	出资额(万美元)	出资比例
1	华润医疗设备租赁有限公司	5,000.00	100.00%
合计		5,000.00	100.00%

5. 第二次增资(2015 年 3 月)

2014 年 10 月 9 日,北京市商务委员会出具"京商务函字[2014]782 号"《关于华润租赁有限公司迁址的复函》,同意华润租赁迁至深圳市。

2014 年 10 月 28 日,华润租赁取得深圳市人民政府向换发的批准号为“商外资粤深前外资证字[2014]0294号”的《中华人民共和国台港澳侨投资企业批准证书》。

2015年1月5日，华润医疗设备租赁有限公司作出股东决定，决定将华润租赁注册资本由5,000万美元增加至15,500万美元。

2015年1月28日，深圳前海管理局向发行人出具深外资前复[2015]0063号《深圳市前海管理局关于外资企业华润租赁有限公司增资的批复》，同意华润租赁注册资本自5,000万美元增加至15,500万美元，增加的注册资本须在2017年1月31日前投入。

2015年2月2日，深圳市人民政府向华润租赁颁发变更后的批准号为“商外资粤深前外资证字[2014]0294号”的《中华人民共和国台港澳侨投资企业批准证书》。

2015年3月4日，深圳市监局出具“[2015]第82951395号”的《变更（备案）通知书》，依法核准了华润租赁本次变更，并向华润租赁颁发了换发后的《营业执照》。

本次增资完成后，华润租赁的股东及出资情况如下：

序号	股东名称	出资额（万美元）	出资比例
1	华润医疗设备租赁有限公司	15,500.00	100.00%
合计		15,500.00	100.00%

6. 第三次增资（2018年1月）

2016年10月26日，华润医疗设备租赁有限公司更名为“华润租赁（香港）有限公司”。

2017年12月27日，中国华润总公司作出“中润财[2017]049号”《关于华润租赁有限公司协议增资的批复》，同意华润医药控股有限公司、华润医药商业集团有限公司对发行人进行增资，两家公司增资后各持有华润租赁20%股权，华润租赁注册资本变更为2.58亿美元。

2017年12月28日，华润租赁（香港）有限公司作出股东决定，将注册资本由15,500万美元增加至25,833.33万美元，新增注册资本10,333.33万美元由华润医药控股有限公司和华润医药商业集团有限公司各自认缴50%，于2018年6月30日前缴足。

2018年1月11日，中国（广东）自由贸易试验区深圳前海蛇口片区管理委员会出具编号“粤前海自贸资备201800452”《外商投资企业变更备案回执》。

2018年1月18日，深圳市监局出具编号“21801185921”的《变更（备案）通知书》，对华润租赁上述变更予以备案。

本次变更完成后，华润租赁的股东及其出资情况具体如下：

序号	股东名称	出资额（万美元）	出资比例
1	华润租赁（香港）有限公司	15,500.00	60.00%
2	华润医药控股有限公司	5,166.67	20.00%
3	华润医药商业集团有限公司	5,166.67	20.00%
合计		25,833.33	100.00%

7. 变更注册资本（2019年6月）

根据发行人《公司章程》及工商档案，并经本所查询“国家企业信用信息公示系统”及“深圳信用网”，发行人于2019年6月26日将注册资本“25,833.33万美元”变更为“178,433.417127万元人民币”。

2019年5月30日，中国（广东）自由贸易试验区深圳前海蛇口片区管理委员会出具编号“粤前海自贸资备201902175”《外商投资企业变更备案回执》，对本次变更予以备案。

2019年6月26日，深圳市监局出具编号“21903221007”的《变更（备案）通知书》，对本次变更予以备案。

本次变更完成后，华润租赁的股东及其出资情况具体如下：

序号	股东名称	出资额（万元）	出资比例
1	华润租赁（香港）有限公司	107,060.0500000	60.00%
2	华润医药控股有限公司	35,686.683564	20.00%
3	华润医药商业集团有限公司	35,686.683564	20.00%
合计		178,433.417127	100.00%

(三)发行人的实收注册资本

根据发行人书面确认及提供的历次《验资报告》,经验资机构审验,截至2019年5月14日,即发行人最近一次验资之日,华润租赁全体股东累计实缴注册资本为25,833.33万美元。

序号	期数	累计实缴注册资本金(万美元)	验资报告编号
1	第一期	375.00	五联方圆验字[2006]007号
2	第二期	2,500.00	方验字[2008]第0813021号
3	第三期	14,918.76	深皇嘉所验字[2015]第361号
4	第四期	15,489.33	深皇嘉所验字[2016]第052号
5	第五期	25,822.67	深义验字[2018]011号
6	第六期	25,833.33	深义验字[2019]33号

(四)发行人的股权结构

根据发行人《公司章程》,并经本所查询"国家企业信用信息公示系统"及"深圳信用网",截至2019年8月9日,发行人的股东及其出资情况如下:

序号	股东名称	出资额(万元)	出资比例
1	华润租赁(香港)有限公司	107,060.0500000	60.00%
2	华润医药控股有限公司	35,686.683564	20.00%
3	华润医药商业集团有限公司	35,686.683564	20.00%
合计		178,433.417127	100.00%

经发行人书面确认,并经本所查询"国家企业信用信息公示系统",截至2019年8月9日,未发现发行人在中国境内存在股权质押或其他权利限制情形的记录;经发行人书面确认并经本所查询"中国裁判文书网",截至2019年8月9日,未发现股东所持发行人股权存在重大权属纠纷。

据此,本所认为,发行人股权结构真实、准确、完整,发行人股东已就持有发行人全部股份履行了必要的工商登记手续,不存在重大权属纠纷、质押或其他权利受限情形。

(五)发行人的实际控制人

根据发行人提供的股权架构图及发行人书面确认,截至2019年8月9日,国务院国资委为发行人的实际控制人。发行人的股权架构图如下:

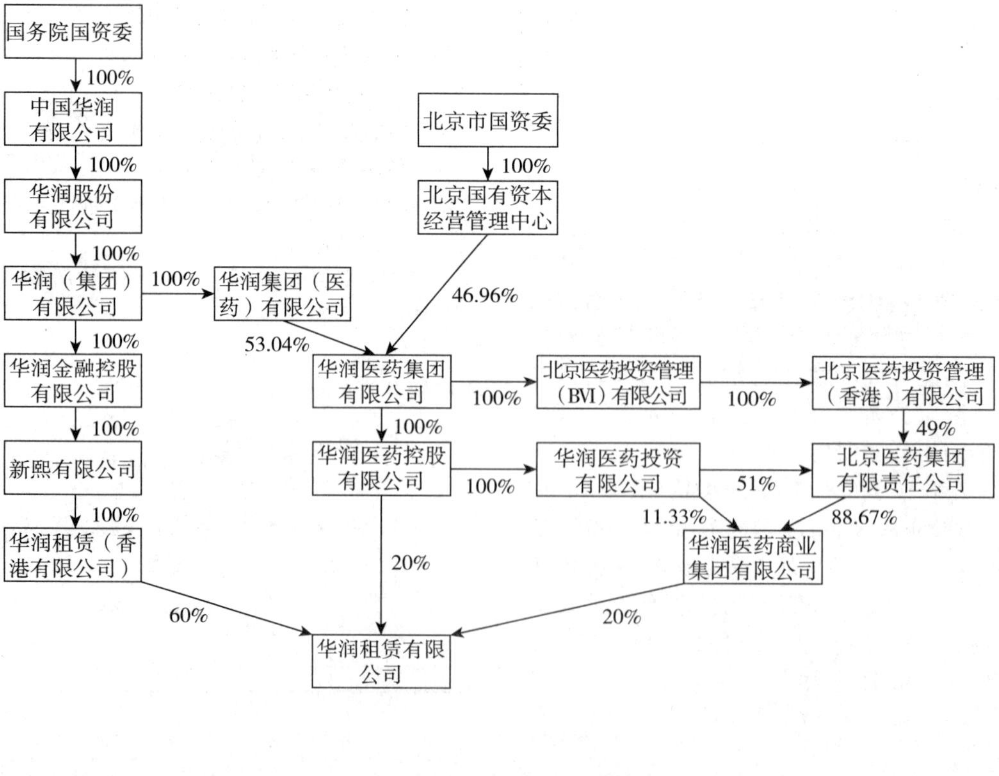

（六）发行人的子公司

根据发行人《2018 年审计报告》、《深南 92 号单一资金信托合同》，并经发行人书面确认，发行人的子公司华润能服通过"深南 92 号单一资金信托"设立了深圳润能，并作为深圳润能的实际投资人、管理人和受益人。深圳润能投资设立了北京润能和苏州润安。

截至 2019 年 3 月 31 日，发行人合并报表范围内的子公司有 4 家，具体情况如下：

序号	子公司名称	注册资本（万元）	投资比例
1	华润能源服务有限公司	5,000.00	100%
2	深圳润能能源服务有限公司	500.00	100%
3	北京润能能源服务有限公司	50.00	100%
4	苏州润安新能源有限公司	50.00	100%

经发行人书面确认并经本所查询"国家企业信用信息公示系统"，截至 2019 年 8 月 9 日，未发现发行人持有子公司的股权在中国境内存在股权质押或其他权利限制情形的记录；经发行人书面确认并经本所查询"中国裁判文书网"，截至 2019 年 8 月 9 日，未发现发行人所持上述子公司股权在中国境内存在重大权属纠纷。

据此，本所认为，发行人合并报表范围内的子公司依法设立并有效存续，发行人已就持有子公司股权履行了必要的工商登记手续，不存在重大权属纠纷、质押或其他权利受限情形。

（七）发行人的董事、监事及高级管理人员

根据发行人提供的《管理层基本信息表》，并经本所律师查询"国家企业信用信息公示系统"及"深圳信用网"，发行人在工商登记机关登记的董事、监事及高级管理人员情况如下：

组织架构	姓名	现任职务
董事会	陈向军	董事长
	司立军	董事
	徐后胜	董事
	孟金良	董事
	李国辉	董事
监事	车纲	监事
高级管理人员	徐后胜	总经理

根据发行人书面确认及提供的《董事委派函》，发行人上述经工商登记的董事李国辉已不再担任发行人董事，股东华润医药控股有限公司已重新委派翁菁雯为发行人董事；董事司立军为华润金控委派的董事，因司立军已从华润金控处离职/退休，但华润金控暂未向发行人委派新的董事，因此发行人本届董事会现任成员为四人。经发行人书面确认，发行人承诺将按照《公司法》及《公司章程》的相关规定，尽快完成发行人董事会成员的改选及相应工商变更登记工作，该事项不会影响发行人治理结构的健全，不会导致发行人董事会人数低于《公司法》规定的最低人数，不会对发行人正常经营造成重大不利影响。

经发行人书面确认并经本所核查，截至 2019 年 8 月 9 日，未发现发行人董事、监事及高级管理人员在中国境内存在涉嫌重大违法违规行为的情形。

（八）法律意见

综上，本所认为：

1. 发行人为依法设立并有效存续的有限公司，具备独立的法人地位及资格；截至 2019 年 8 月 9 日，发行人不存在依据有关法律法规、规范性文件或《公司章程》规定需要解散、终止的情形；

2. 发行人股权结构清晰，股东出资真实，不存在重大权属纠纷或质押等权利限制情形；

3. 发行人具备《证券法》、《管理办法》等相关法律规定的本次发行的主体资格。

二、本次发行的发行方案及条款

（一）发行方式及发行对象

根据发行人提供的《募集说明书》及董事会决议，本次债券以非公开方式发行，发行对象为符合《管理办法》及相关法律法规规定的不超过200名的合格投资者。

本所认为,本次发行方案所针对投资者符合适当性原则;本次发行为私募发行,不会采用广告、公开劝透和变相公开方式。本次发行方案确定的发行方式符合《证券法》及《管理办法》等相关规定。

(二)发行方案

根据发行人关于本次债券发行的董事会决议,以及《募集说明书》,本次债券发行的主要发行条款包括但不限于:

1. 债券名称:华润租赁有限公司2019年非公开发行公司债券。

2. 发行规模:本次债券发行总额不超过人民币20亿元(含20亿元),首期发行规模为不超过人民币10亿元。

3. 票面金额和发行价格:本次债券面值100元,按面值平价发行。

4. 债券品种和期限:本次发行的公司债券期限为不超过5年。

5. 票面利率及确定方式:本次债券票面利率采取单利按年计息,不计复利。本次发行的公司债券票面利率将根据网下询价簿记结果,由发行人与主承销商按照市场情况确定。

6. 债券形式:实名制记账式公司债券。投资者认购的本次债券在债券登记机构开立的托管账户登记托管。

7. 还本付息方式:每年付息一次,最后一期利息随本金的兑付一起支付。年度付息款项自付息日起不另计利息,本次债券的本金自其兑付日起不另计利息。具体本息兑付工作按照主管部门的相关规定办理。

8. 担保情况:本次债券无担保。

9. 信用级别及资信评级机构:经中诚信证券评估有限公司综合评定,发行人的主体信用等级为AA+级。本次债券无评级。

10. 债券受托管理人:广发证券股份有限公司。

11. 发行方式和发行对象:本次债券采取非公开发行的方式向符合《公司债券发行和交易管理办法》的合格投资者发售,且不超过200名。

12. 承销方式:本次债券由主承销商以余额包销的方式承销。

13. 拟挂牌转让场所:深圳证券交易所。

14. 募集资金用途:本次债券募集资金款项,在扣除必要的发行费用后,拟用于偿还公司债务和补充营运资金。其中,偿还公司债务10亿元,剩余部分用于补充公司营运资金。

15. 募集资金专项账户:发行人将会开立用于本次债券募集资金使用及偿还安排的专项账户。

16. 利息登记日:本次债券的利息登记日按登记机构相关规定处理。在利息登记日当日收市后登记在册的本次债券持有人,均有权就所持本次债券获得该利息登记日所在计息年度的利息。

17. 支付金额:本次债券于每年的付息日向投资者支付的利息金额为投资者截至利息登记日收市时所持有的本次债券票面总额与对应的票面年利率的乘积;于兑付日向投资者支付的本息金额为投资者截至兑付债券登记日收市时所持有的本次债券最后一期利息及所持有的债券票面总额的本金。

18. 税务提示:根据国家有关税收法律、法规的规定,投资者投资本次债券所应缴纳的税款由投资者承担。

(三)法律意见

本所认为,本次发行方案符合《管理办法》等其他相关境内法律。在本次发行取得本法律意见第三项所述的全部批准和授权后,实施本次发行没有法律障碍。

三、本次发行的批准和授权

1. 2019年1月10日,发行人董事会全体董事签署《华润租赁有限公司董事会决议》(董决字[2019]01号),审议通过《关于华润租赁有限公司发行公司债券的议案》,同意发行人在深交所申报发行总额度不超过28亿元人民币公司债券,其中,非公开发行的公司债券不超过人民币20亿元,非公开发行公司债券发行期限不超过5年。

2. 截至2019年8月9日,发行人尚未就本次发行取得深交所确认符合挂牌转让条件;在发行完成后五个工作日内应向中国证券业协会备案。

据此,本所认为:

1. 根据发行人现行有效之《公司章程》,发行人董事会为发行人最高权力机关,有权对发行人发行公司债券事项进行批准;

2. 发行人已就本次发行取得了必要的批准

和授权，该等批准和授权符合《证券法》和《公司章程》的规定，合法、有效；

3. 根据《管理办法》等相关中国境内法律的规定，本次发行尚待深交所确认符合挂牌转让条件；在发行完成后五个工作日内应向中国证券业协会备案。

四、本次发行的实质条件

（一）发行人的经营业务

经本所核查发行人《营业执照》及《公司章程》，截至2019年8月9日，发行人的经营范围和主营业务均符合国家相关政策和法律法规的规定。经发行人书面确认，发行人在上述业务范围内从事经营活动，不存在违法违规经营业务的情形。

（二）发行人的内部控制制度

经核查发行人的《公司章程》、等公司治理文件，发行人已按照《公司法》等法律法规及《公司章程》的规定建立董事会、监事，成立了有关的内部组织机构，具有规范的公司治理结构，并制定了《董事会议事规则》、《总经理办公会议事规则》、《风险管理委员会工作制度》以及财务、投资管理、人事行政等相应的公司管理制度。

本所律师认为，发行人具有健全的组织机构及议事规则，该组织机构及议事规则合法合规、符合《公司章程》，发行人董事、监事和高级管理人员的任职符合有关法律法规、规范性文件及《公司章程》的规定。本所律师认为，发行人内部控制制度健全，内部控制制度的完整性、合理性、有效性不存在重大缺陷。

（三）受限资产情况

根据发行人《2018年审计报告》及发行人书面确认，截至2018年12月31日，发行人合并报表范围内所有权或使用权受到限制的资产情况如下：

单位：万元

项目	期末余额	受限原因
货币资金	18,968.12	银行承兑汇票保证金
应收租赁债权	257,402.90	借款质押、资产支持票据基础资产
合计	276,371.02	——

经发行人书面确认并经本所核查，发行人合法持有其主要资产；经本所查询“国家企业信用信息公示系统”及“中国裁判文书网”，除本法律意见另有披露外，截至2019年8月9日，未发现发行人主要资产存在重大权属纠纷或其他租赁、担保、抵押、质押或权利限制的情况。

据此，本所认为，发行人不存在可能对本次发行构成实质性不利影响的重大资产担保、抵押、质押或其他权利限制情形。

（四）本次发行债券的募集资金用途

根据《募集说明书》及董事会决议，本次发行所募集的资金拟用于偿还公司债务和补充营运资金。其中，偿还公司债务10亿元，剩余部分用于补充公司营运资金。

本所认为，本次发行募集资金的用途符合中国法律法规和产业政策，未用于投资有价证券、衍生品等，亦未用于向他人提供贷款。本次发行募集资金用途合法、合规。

（五）未决诉讼、仲裁以及行政处罚

根据发行人书面确认并经本所律师核查，截至2019年8月9日，发行人及其合并范围内的子公司不存在对本次发行产生重大影响的诉讼、仲裁、行政处罚事项，亦不存在尚未了结的或可预见的可能对本次发行产生重大影响的诉讼、仲裁、行政处罚事项。具体请参见本法律意见第十部分“重大诉讼、仲裁或行政处罚”。

根据发行人书面确认，并经本所律师核查，截至2019年7月31日，发行人及其重要子公司未被列入失信被执行人名单、涉金融严重失信人名单，未被列为环境保护领域、安全生产领域、食品药品生产领域失信生产经营单位，不存在被列为重大税收违法案件当事人的情形，具体核查情况详见本法律意见附件二。

（六）发行人不存在法律法规规定不得发行债券的情形

根据发行人书面确认并经本所律师核查，发行人不存在《证券法》、《管理办法》规定不得发行债券的下述情形：

1. 前一次公开发行的公司债券尚未募足。

2. 违反《证券法》规定，改变募集资金用途。

3. 发行人最近三十六个月内公司财务会

计文件存在虚假记载,或存在其他重大违法行为。

4. 本次发行申请文件存在虚假记载,误导性陈述或者重大遗漏。

5. 对已发行的公司债券或其他债务有违约或者迟延支付本息的事实,仍处于继续状态。

6. 发行人存在严重损害投资者合法权益和社会公众利益的其他情形。

(七)发行人不存在《负面清单》规定不得发行债券的情形

根据发行人书面确认并经本所律师核查,发行人及其重要子公司不存在《负面清单》规定不得发行债券的下述限制情形:

1. 最近二十四个月内公司财务会计文件存在虚假记载,或公司存在其他重大违法行为。

2. 对已发行的公司债券或者其他债务有违约或迟延支付本息的事实,仍处于继续状态。

3. 存在违规对外担保或者资金被关联方或第三方以借款、代偿债务、代垫款项等方式违规占用的情形,仍处于继续状态。

4. 最近十二个月内因违反公司债券相关规定被中国证监会采取行政监管措施;或最近六个月内因违反公司债券相关规定被证券交易所等自律组织采取纪律处分。

5. 最近两年内财务报表曾被注册会计师出具保留意见且保留意见所涉及事项的重大影响尚未消除,或被注册会计师出具否定意见或者无法表示意见审计报告。

6. 因严重违法失信行为,被有权部门认定为失信被执行人、失信生产经营单位或者其他失信单位,并被暂停或限制发行公司债券。

7. 擅自改变前次发行公司债券募集资金的用途而未做纠正。

8. 本次发行募集资金用途违反相关法律法规或募集资金投向不符合国家产业政策。

9. 除金融类企业外,本次发行债券募集资金用途为持有以交易为目的的金融资产、委托理财等财务性投资,或本次发行债券募集资金用途为直接或间接投资于以买卖有价证券为主要业务的公司。

10. 本次发行文件存在虚假记载、误导性陈述或重大遗漏。

11. 存在严重损害投资者合法权益和社会公共利益情形。

12. 地方融资平台公司。

13. 国土资源部等部门认定的存在"闲置土地"、"炒地"、"捂盘惜售"、"哄抬房价"等违法违规行为的房地产公司。

14. 典当行。

15. 未能同时满足以下条件的担保公司:

(1)经营融资担保业务满 3 年;

(2)注册资本不低于人民币 6 亿元;

(3)主体信用评级 AA 级(含)以上;

(4)近三年无重大违法违规行为。

16. 未能满足以下条件的小贷公司:

(1)经省级主管机关批准设立或备案,且成立时间满两年;

(2)省级监管评级或考核评级最近两年连续达到最高等级;

(3)主体信用评级达到 AA 级(含)以上。

(八)法律意见

综上所述,本所律师认为,发行人本次发行符合《证券法》、《管理办法》及其他相关中国境内法律,不存在属于《负面清单》规定不得发行债券的限制情形,不存在未决或者可预见的可能对其本次发行公司债券产生重大不利影响的法律事项。

五、本次发行的承销

发行人聘请了广发证券为本次发行的牵头主承销商,中金公司为联席主承销商,并签订了《承销协议》。

广发证券是一家根据中国法律注册成立的股份有限公司,持有深圳市市场监督管理局核发的统一社会信用代码为 91440000126335439C 的《营业执照》和中国证监会核发的流水号为 000000000540 的《经营证券期货业务许可证》。

中金公司是一家根据中国法律注册成立的股份有限公司,持有北京市工商行政管理局核发的统一社会信用代码为 91110000625909986U 的《营业执照》和中国证监会核发的流水号为 000000000961 的《经营证券期货业务许可证》。

基于上述核查,本所认为,广发证券及中金公司具有《证券法》、《管理办法》等相关法律规定的作为本次发行的主承销商的资格条件;发行人与广发证券、中金公司签订的《承销协议》符合《管理办法》、《公司债券承销业务规定》的相关规定。

六、债券持有人的权益保护

(一)债券受托管理人

发行人拟委托广发证券作为本次发行债券之受托管理人,本所律师认为,广发证券具备担任本次债券受托管理人之资格。

(二)债券受托管理协议

本所审阅了发行人提供的发行人与广发证券签署的《债券受托管理协议》,该协议对债券受托管理事项、发行人的权利和义务、受托管理人的职责、权利和义务、受托管理事务报告、利益冲突的风险防范机制、受托管理人的变更、陈述与保证及违约责任等相关事项做出了明确约定。此外,在《募集说明书》中规定了凡认购、交易、受让、继承、承继或通过其他合法方式取得并持有本次债券的投资者均视为同意《债券受托管理协议》。

本所律师认为,《债券受托管理协议》的内容合法,符合《管理办法》第四十八条、第四十九条第一款及《公司债券受托管理人执业行为准则》的相关规定。

(三)债券持有人会议规则

本所审阅了发行人提供的发行人与债券受托管理人共同制定的《债券持有人会议规则》,该规则明确规定了债券持有人会议的权限范围、债券持有人会议的召集、议案和委托及授权事项、债券持有人会议的召开、表决和决议及会议记录等其他重要事项。此外,《募集说明书》中规定了认购、购买、持有、受让或通过其他合法方式取得本次发行债券的投资者均视作同意并接受《债券持有人会议规则》。

本所律师认为,《债券持有人会议规则》约定了债券持有人通过债券持有人会议行使权利的范围、程序和其他重要事项,符合《管理办法》第五十四条的规定。

(四)本次债券偿债计划

根据《募集说明书》,发行人将按照本次债券发行条款的约定,凭借自身的偿债能力,筹措相应的偿还资金,履行到期还本付息的义务,充分有效地维护本次债券持有人的利益。发行人的偿债资金来源为:稳定的盈利能力、优良的可变现资产、集团的充分支持、充足的银行授信额度以及其他偿债措施。

(五)偿债保障措施

根据《募集说明书》,为维护本次发行债券持有人的合法权益,发行人为本次债券的按时、足额偿付制定了一系列工作计划,力争形成一套确保债券安全兑付的保障措施,包括:指定专门部门负责偿付工作、设立专项账户并严格执行资金管理计划、制定《债券持有人会议规则》、充分发挥债券受托管理人的作用、严格信息披露等措施。

本所律师认为,发行人拟建立的偿债保障措施有助于防范本次发行债券的偿债风险,保障债券持有人的合法权益。

七、发行人的主要资产

发行人主要资产情况如下:

1. 根据发行人《2019 年 3 月份会计报表》,截至 2019 年 3 月 31 日,发行人合并报表项下的主要资产情况如下:

单位:元

项　　目	截至 2019 年 3 月 31 日
流动资产合计	4,436,903,676.75
其中:货币资金	1,168,669,540.45
非流动资产合计	12,821,357,810.50
资产总计	17,258,261,487.25
流动负债合计	11,234,264,376.66
其中:短期借款	4,253,561,445.54
非流动负债合计	3,673,883,878.06
其中:长期借款	2,752,201,955.54
应付债券	451,444,713.54
负债总计	14,908,148,254.72

2. 根据发行人书面确认,截至 2018 年 12 月 31 日,发行人合并报表范围内所有权或使用权受到限制的资产情况如下:

单位:万元

项目	期末余额	受限原因
货币资金	18,968.12	银行承兑汇票保证金
应收账款	257,402.90	借款质押、资产支持票据基础资产
合计	276,371.02	——

经发行人书面确认并经本所核查,发行人合法持有其主要资产;经本所查询"国家企业信用信息公示系统"及"中国裁判文书网",除本法律意见另有披露外,截至2019年8月9日,未发现发行人主要资产存在重大权属纠纷或其他租赁、担保、抵押、质押或权利限制的情况。

据此,本所认为,发行人不存在可能对本次发行构成实质性不利影响的重大资产担保、抵押、质押或其他权利限制情形。

八、发行人的重大债权债务

1. 有息债务余额

根据发行人书面确认,截至2019年3月31日,发行人合并报表范围内有息债务余额1,198,048.20万元,具体如下:

单位:万元

项　　目	期末余额	占比(%)
短期借款	425,356.14	35.50
一年内到期的非流动负债	53,497.43	4.47
长期借款	275,220.20	22.97
长期应付款	47,000.33	3.92
其他应付款(付息项)	351,829.63	29.37
应付债券	45,144.47	3.77
总计	1,198,048.20	100.00

2. 非经营性往来占款及资金拆借情况

根据发行人《募集说明书》、《2017年审计报告》、《2018年审计报告》,并经发行人书面确认,发行人2017年度、2018年度与未纳入合并报表范围内的关联方非经营性资金往来款项情况如下:

(1)其他应收款

①集团往来款项

单位:万元

公司名称	2018年	2017年
华润股份有限公司	373.78	373.78
华润昆明儿童医院管理有限公司	100.00	100.00
润星财务有限公司	0.17	0.01
合计	473.95	473.79

②保证金

单位:万元

公司名称	2018年	2017年
上海天诚创业发展有限公司	62.55	62.55
北京华润大厦有限公司	27.26	27.26
华润健康科技(北京)有限公司	——	4.05
合计	89.81	93.86

(2)其他应付款

①关联方往来款项

单位:万元

公司名称	2018年	2017年
华润医药控股有限公司及其附属公司	176,747.52	——
华润燃气投资(中国)有限公司	80,319.00	——
华润保险经纪有限公司	5,000.00	3,000.00
华润股份有限公司	——	80,083.74
华润深国投投资有限公司	——	14,235.83
华润资产管理(深圳)有限公司	344.40	344.40
华润金融控股有限公司	1.78	4.27
华润租赁(香港)有限公司	0.05	0.05
合计	262,412.76	97,668.29

②保证金

单位:万元

公司名称	2018年	2017年
上海华润大东船务工程有限公司	1,292.20	500.00
华润医药商业集团有限公司及其附属公司	11.42	11.42
合计	1,303.62	511.42

根据发行人提供的相关非经营性资金往来文件、内部决策审批文件,并经发行人书面确认,发行人上述最近三年发生的非经营性往来

款项均系发行人为提高内部资金使用效率，满足公司日常合理的经营需要而发生，上述关联方资金往来事项均已履行了相应的内部决策程序。

根据发行人书面确认及发行人提供的《内部公司交易风险管理办法》、《租赁产品定价管理办法》，为规范与关联方的关联交易行为，防范财务风险，华润集团对其下属一级利润中心实行统一的内部公司交易风险管理，并制定了《内部公司交易风险管理办法》，发行人参照执行。同时，发行人结合公司的实际情况，制定了《租赁产品定价管理办法》，规范和明确了各类产品的定价原则、定价模型，并定期更新各交易产品的指导价格，明确公司风险管理委员会是租赁产品定价的决策机构。截至2019年8月9日，发行人严格按照上述有关办法执行，关联交易公平合理，未损害公司及非关联股东的利益，发行人上述报告期内发生的非经营性往来款项合法合规。

3. 担保事项

经发行人书面确认并经本所适当核查，截至2019年3月31日，发行人不存在对外提供担保的情况。

4. 其他

经发行人书面确认并经本所适当核查，除本法律意见另有披露外，未发现发行人在中国境内存在因环境保护、知识产权、产品质量、劳动安全、人身侵权等原因产生的重大侵权之债。

经发行人书面确认并经本所适当核查，除本法律意见另有披露外，发行人不存在其他重大债权债务、重大担保或重大或有事项。

经发行人书面确认并经本所适当核查，截至2019年8月9日，未发现发行人在中国境内存在经媒体质疑可能对发行人正常经营造成重大不利影响的事项。

基于上述核查，本所认为，报告期内发行人不存在可能对本次发行构成实质性不利影响的重大债权债务，不存在关联方违规占用发行人资金的情形，发行人与关联方之间的资金往来事项均已履行了相应的内部决策程序，不会对本次债券发行构成重大影响或实质性障碍。

九、本次发行的发行文件及发行有关机构

(一)募集说明书

1. 发行人已就本次发行编制了《募集说明书》，该《募集说明书》对本次发行债券的发行概况、风险因素、发行人及本次债券的资信状况、增信机制、偿债计划及其他保障措施、发行人基本情况、发行人财务情况、募集资金运用、债券持有人会议、债券受托管理人等重要事项进行了详细的说明。

2. 本所律师未参与本次发行债券《募集说明书》的编制，但已审阅《募集说明书》，本所律师确认募集说明书与本法律意见不存在矛盾，本所律师对发行人在募集说明书中引用的法律意见内容无异议，确认募集说明书不致因所引用内容出现虚假记载、误导性陈述或重大遗漏，并对所引用内容的真实性、准确性和完整性承担相应的法律责任。

(二)法律意见

发行人聘请本所担任本次债券发行的专项法律顾问并出具本法律意见。本所于1993年3月10日经批准设立，持有北京市司法局于2016年8月1日颁发的统一社会信用代码为31110000400000448M的《律师事务所执业许可证》，具备出具本法律意见的资格。

本所为本次债券发行出具法律意见的赖铁峰律师、皇甫天致律师分别持有编号为14403200410893557和14403201211024621的《律师执业证》，且均通过最近年度年检。

本所律师认为，本所及本所指派的律师具备为发行人本次债券发行出具法律意见的合法资格。

(三)审计报告

受发行人的委托，德勤华永广州分所与安永华明为本次发行的审计机构。德勤华永广州分所就发行人2017年度的财务报表出具了《2017年审计报告》，安永华明就发行人2018年度的财务报表出具了《2018年审计报告》。

1. 德勤华永是一家根据中国法律注册成立的特殊普通合伙企业，持有上海市工商行政管理局颁发的统一社会信用代码为9131000005587870XB的《营业执照》和财政部核发的证书序号为0004094的《会计师事务所执业证书》，并持有财政部与中国证监会核发的证书序号为

000400 的《会计师事务所证券、期货相关业务许可证》。

2. 安永华明是一家根据中国法律注册成立的特殊普通合伙企业,持有北京市工商行政管理局颁发的统一社会信用代码为 91110000051421390A 的《营业执照》和财政部核发的证书序号为 0004095 的《会计师事务所执业证书》,并持有财政部与中国证监会核发的序号为 000197 的《会计师事务所证券、期货相关业务许可证》。

据此,本所认为,本次发行的审计机构具有《证券法》、《管理办法》等相关法律规定的审计机构的资格条件。

十、重大诉讼、仲裁或行政处罚

1. 重大未决诉讼及仲裁事项

经发行人书面确认,并经本所律师登录"中国裁判文书网"核查,截至 2019 年 8 月 9 日,发行人发生的标的金额在 900 万元以上的重大未决诉讼及仲裁事项见本法律意见附件一。

根据发行人提供的该等诉讼案件的裁定书、起诉状,该等未决诉讼的案件标的约合 49,643.36 万元,发行人均为原告;经发行人书面确认,该等未决诉讼不会对公司正常经营及本次发行造成重大不利影响,对本次发行不构成实质性法律障碍。

经发行人书面确认,截至 2019 年 8 月 9 日,发行人及其子公司不存在可预见的对本次发行构成重大不利影响或实质性障碍的其他潜在诉讼、仲裁等法律事项。

2. 重大行政处罚

经发行人书面确认,并经本所律师核查,截至 2019 年 8 月 9 日,未发现发行人或子公司自 2017 年 1 月 1 日至今存在重大行政处罚事项。

综上,本所认为,发行人及其子公司不存在尚未了结且可能对本次发行构成重大不利影响或实质性障碍的诉讼、仲裁或行政处罚等法律事项。

十一、结论

综上所述,本所认为:

1. 发行人具备《公司法》、《证券法》、《管理办法》等法律、法规及规范性文件规定的公司债券发行的主体资格。本次发行尚待深交所确认符合挂牌转让条件;在发行完成后五个工作日内应向中国证券业协会备案。

2. 发行人将就本次发行聘请承销商及债券受托管理人,发行人提供的《承销协议》、《债券受托管理协议》、《债券持有人会议规则》,其内容符合《管理办法》等相关中国境内法律的规定。

3. 发行人提供的《募集说明书》中关于本次发行的信息披露在本所法律服务所涉及的方面不存在虚假记载、误导性陈述及重大遗漏,符合《证券法》、《管理办法》等有关法律、法规及规范性文件的规定。

本法律意见一式陆份,经经办律师签字并加盖本所公章后生效。

(以下无正文,接签字页)

(本页无正文,为《北京德恒律师事务所关于华润租赁有限公司 2019 年非公开发行公司债券的法律意见》之签字盖章页)

北京德恒律师事务所

负责人:王丽

经办律师:赖铁峰、经办律师:皇甫天致

二〇一九年　　月　　日

附件一：

发行人及其子公司重大未决诉讼/仲裁事项汇总表

编号	原告（申请人）	被告（被申请人）	案由	案号	案情概述	案件标的（万元）	未决原因
1	华润租赁有限公司	周进、眉山泌尿外科医院、眉山眉州医院（眉山创伤外科医院）、郑艳红、陈东翔	融资租赁合同纠纷	（2017）粤0391民初6667号	2013年，眉山眉州医院与华润租赁签署《售后回租赁合同》、《所有权转让协议》，约定眉州医院将其自有设备转让给华润租赁后再租回使用，租赁成本为950万元，租期60个月。周进、郑艳红以其名下房产为眉州医院合同项下全部债务提供抵押担保。协议签署后，华润租赁交付了租赁物，自2015年5月起，眉州医院不再支付租金，华润租赁于2017年12月8日起诉主张行使加速到期权，要求眉州医院支付租金、违约金及其他应付款项。	905.99	（1）法院2018年3月7日裁定查封、扣押冻结眉山眉州医院、陈东翔、眉山泌尿外科医院、周进、赵素贞、郑艳红名下价值905万元财产。 （2）一审案件正在审理。
2	华润租赁有限公司	周进、眉山泌尿外科医院、眉山眉州医院（眉山创伤外科医院）、郑艳红、陈东翔	融资租赁合同纠纷	（2017）粤0391民初6668号	2014年，眉山眉州医院与华润租赁签署《售后回租赁合同》、《所有权转让协议》，约定眉州医院将其自有设备转让给华润租赁后再租回使用，租赁成本为1400万元，租期60个月。周进、郑艳红以其名下房产为眉州医院合同项下全部债务提供抵押担保。协议签署后，华润租赁交付了租赁物，自2015年5月起，眉州医院不再支付租金，华润租赁于2017年12月8日起诉主张行使加速到期权，要求眉州医院支付租金、违约金及其他应付款项。	1,563.25	（1）法院2018年3月7日裁定查封、扣押冻结眉山眉州医院、陈东翔、眉山泌尿外科医院、周进、赵素贞、郑艳红名下价值1563万元财产。 （2）一审案件正在审理。

续表

编号	原告（申请人）	被告（被申请人）	案由	案号	案情概述	案件标的（万元）	未决原因
3	华润租赁有限公司	郑州侢进热电能源有限公司、登封电厂集团有限公司	融资租赁合同纠纷	(2019)粤03民初1976号	2017年9月,华润租赁与郑州侢进签订《售后回租合同》,约定华润租赁就租赁物清单中的租赁物以售后回租形式出租给郑州侢进,概算租金总额为269,318,500元;华润租赁与登封电厂签订《保证合同》与《质押合同》,约定登封电厂对郑州侢进在《售后回租合同》中所承担的全部债务承担连带责任,并为债务提供质押担保。2019年4月16日,郑州侢进未如期支付租金,经多次催促仍未支付,华润租赁起诉主张承担违约责任。	23,073.62	已起诉,尚未开庭。
4	华润租赁有限公司	郑州荣奇热电能源有限公司、登封电厂集团有限公司	融资租赁合同纠纷	(2019)粤03民初1975号	2017年9月,华润租赁与郑州荣奇签订《售后回租合同》,约定华润租赁就租赁物清单中的租赁物以售后回租形式出租给郑州荣奇,概算租金总额为281,560,250元;华润租赁与登封电厂签订《保证合同》与《质押合同》,约定登封电厂对郑州荣奇在《售后回租合同》中所承担的全部债务承担连带责任,并为债务提供质押担保。2019年5月29日,郑州荣奇未如期支付租金,经多次催促仍未支付,华润租赁起诉主张承担违约责任。	24,100.50	已起诉,尚未开庭。
合计						49,643.36	——

附件二：

发行人及其重要子公司限制发行债券情形核查表

序号	项目	核查途径	华润租赁	华润能服	深圳润能	北京润能	苏州润安
1	是否被列入失信被执行人名单	国家企业信用信息公示系统、信用中国网站、最高人民法院失信被执行人公开网	否	否	否	否	否
2	是否被列入涉金融严重失信人名单	国家企业信用信息公示系统、信用中国网站、最高人民法院失信被执行人公开网	否	否	否	否	否
3	是否被列入环境保护领域失信生产经营单位	国家企业信用信息公示系统、信用中国网站、国家生态环境部网站	否	否	否	否	否
4	是否被列入安全生产领域失信单位	国家企业信用信息公示系统、信用中国网站、中华人民共和国应急管理部网站	否	否	否	否	否
5	是否被列入食品药品生产领域失信生产经营单位	国家企业信用信息公示系统、信用中国网站、国家市场监督管理总局网站	否	否	否	否	否
6	是否被列为重大税收违法案件当事人	国家企业信用信息公示系统、信用中国网站、国家税务总局网站、国家税务总局深圳市税务局网站、国家税务总局北京市税务局网站	否	否	否	否	否
7	是否存在其他重大违法行为被限制发行债券	国家企业信用信息公示系统、信用中国网站	否	否	否	否	否

北京市金杜(广州)律师事务所关于平安证券股份有限公司设立平安 – 桂语一方供应链金融 4 – X 期资产支持专项计划之法律意见书

引　言

致:平安证券股份有限公司

北京市金杜(广州)律师事务所(下称“本所”或“金杜”)是经中华人民共和国[①](下称“中国”)广东省司法厅批准设立并在中国合法执业的专业法律服务机构。受平安证券股份有限公司(下称“平安证券”或“计划管理人”)的委托,本所作为平安证券设立“平安 – 桂语一方供应链金融 4 – X 期资产支持专项计划”(下各称或合称“专项计划”)的专项法律顾问,现就专项计划相关事宜出具本法律意见。

基于本专项计划基础资产和债务人的特殊性,本法律意见具有以下特点:

第一,截至本法律意见出具日,专项计划特定的拟入池应收账款债权(下称“目标应收账款债权”)尚未形成,本法律意见仅按《证券公司及基金管理公司子公司资产证券化业务管理规定》(下称“《管理规定》”)的相关要求,对计划管理人为本专项计划之目的而设计的,与应收账款债权的形成、共同债务的加入及原始权益人受让应收账款债权等模式问题进行分析和论证(下称“模式法律意见”)。每一期专项计划设立前,本所律师将根据届时具体确定的尽调方案对目标应收账款债权进行核查并发表补充法律意见(下称“补充法律意见”)。

第二,计划管理人可能在每一期专项计划下指定中国光大银行股份有限公司杭州分行(下称“光大银行杭州分行”)、中国邮政储蓄银行股份有限公司上海分行(下称“邮储银行上海分行”)或兴业银行股份有限公司杭州分行(下称“兴业银行杭州分行”)(以下各称或合称“备选托管人”)中的一家银行作为托管人为专项计划提供资金托管服务。本所律师将在本模式法律意见中对光大银行杭州分行、邮储银行上海分行、兴业银行杭州分行的主体资格和内部授权进行逐一核查并发表法律意见。就每期专项计划而言,除非届时该等备选托管人因经营资质的实质性变更导致其不能履行托管人职责,否则,本所律师不再在每一期专项计划设立前对备选托管人作为托管人的事宜单独发表补充法律意见。

第三,本专项计划下,绿城集团将通过出具《付款确认书》的方式就绿城集团下属公司的付款义务进行确认,并以债务加入的方式与产生目标应收账款债权的绿城集团下属公司成为该笔债权的共同债务人。根据《证券公司及基金管理公司子公司资产证券化业务尽职调查工作指引》(下称“《尽调指引》”)的规定,绿城集团和绿城集团下属公司均为本专项计划的重要债务人。鉴于绿城集团因债务加入而成为各笔目标应收账款债权的债务人,而绿城集团下属公司则根据债权债务发生的实际情况具体对应不同的目标应收账款债权,因此,本所律师在本模式法律意见中仅对绿城集团进行主体资格的核查并发表法律意见。每一专项计划成立前,本所律师再对逐笔核查或抽样核查(具体核查方式根据每一期专项计划拟入池基础资产笔数决定)的目标应收账款债权所对应的各绿城集团下属公司进行主体资格的简要核查并发表补充法律意见。

本系列专项计划拟采取分期发行模式,即计划管理人同时申报多期专项计划,仅需履行一次挂牌条件确认程序,并由深圳证券交易所

① 为本专项计划之目的,不包括香港特别行政区、澳门特别行政区和台湾地区。

(下称"深交所")出具一次无异议函①。据此,现阶段的模式法律意见与每一期专项计划的补充法律意见共同构成本所就专项计划发表的完整法律意见。

为出具本法律意见,本所律师审阅了平安证券及原始权益人深圳市前海一方恒融商业保理有限公司(下称"一方恒融"、"原始权益人"或"保理商")提供的应收账款债权买卖相关文件,就基础资产形成、应收账款债权的受让等专项计划相关问题与绿城集团、一方恒融相关人员进行了访谈,并通过登录行业主管部门、司法机关官方网站方式获取了必要的公开信息。

本所出具本法律意见的依据主要是:《中华人民共和国民法总则》《中华人民共和国民法通则》《中华人民共和国合同法》(下称"《合同法》")、《中华人民共和国公司法》《中华人民共和国担保法》《中华人民共和国物权法》《中华人民共和国企业破产法》(下称"《企业破产法》")、《中华人民共和国证券法》《中华人民共和国证券投资基金法》《管理规定》等法律、行政法规和中国证券监督管理委员会(下称"中国证监会")、中国证券投资基金业协会颁布的规章、规范性文件。

为出具本法律意见,本所假设:(1)相关各方提交本所审阅的所有文件的复印件均与原件相符,所有文件的内容均为真实、准确和完整,不存在隐瞒、虚假和重大遗漏,不论该文件是通过邮寄、电子邮件所获取,还是通过访问互联网云存储网盘或保理IT系统所获取;(2)专项计划各方签署其作为一方的专项计划文件,是该方的真实意思表示,所有文件的印章或签名(含电子签名/数字证书)均为真实有效;(3)所有已签署文件的专项计划各方,均已取得适当的授权签署该等文件;(4)专项计划各方之间不存在任何可能影响其作为签署一方的专项计划文件的法律效力或影响本法律意见的真实性、完整性、准确性的事实情况或其他安排;(5)专项计划各方在专项计划文件中关于事实的陈述和保证均真实、准确、完整,不存在虚假记载、误导性陈述或者重大遗漏;(6)专项计划文件项下的义务自该等专项计划文件生效之日起均会持续地被相关方遵守及履行。

为出具本法律意见,本所声明如下:(1)本所仅就与本专项计划有关的法律问题发表意见,且仅根据现行有效的中国法律发表法律意见,本所不具备对中国境外形成文书(包括但不限于由中国境外主体出具的文书)的真实性及其在境外法律项下的合法性、有效性进行核查的适当资格,在本法律意见中对境外律师出具的法律意见书中某些结论进行引述时(如有),本所已履行必要的注意义务,但该等引述并不视为本所对该些结论的真实性、准确性及/或完整性作出任何明示或默示的专业保证;(2)囿于专业所限,本所不对有关会计、审计、资产评估、价格核验、信用评级以及原始权益人/资产服务机构业务经营所涉及的风险资产计算、风险准备金计提、保理业务集中度和关联度相关财务指标等非法律事项发表专业意见,在本模式补充法律意见/法律意见中对有关会计报告、审计报告、资产评估报告、信用评级报告、价格核验报告、第三方或原始权益人/资产服务机构相关陈述与信息披露中某些数据和结论进行引述时,已履行必要的注意义务,该等引述并不视为本所对这些数据、结论的真实性和准确性作出任何明示或默示的专业保证;(3)对于出具本法律意见至关重要而又无法得到独立证据支持的事实,本所依赖有关政府主管部门或者其他有关机构及参与方出具的证明文件或确认及其他官方网站公布信息出具法律意见;(4)本所对本法律意见所涉及事实的了解和判断,最终依赖于专项计划各方向本所提供的文件、资料及所作书面或其口头说明的真实性、完整性、准确性。

本所承诺,本所及本所律师按照律师行业公认的业务标准、道德规范和勤勉尽责精神,出具本法律意见。

基于上述假设、声明及承诺,本所同意将本法律意见作为本专项计划发行之必备法律文件,随其他申报备案材料一同上报,并承担相应的法律责任。但本法律意见仅供平安证券申请通过设立专项计划发行资产支持证券之目的使用,不得用作任何其他目的。

---

① 参见《深圳证券交易所资产证券化业务问答》(2017年3月修订)第2.8条规定。

除上下文另有所指以外,本法律意见用语的定义及释义规则如附件:《专项计划文件及申报备案材料之主定义表》所述。

本法律意见的具体内容见正文部分。

正　　文

一、专项计划方案

本专项计划的交易结构如下图所示:

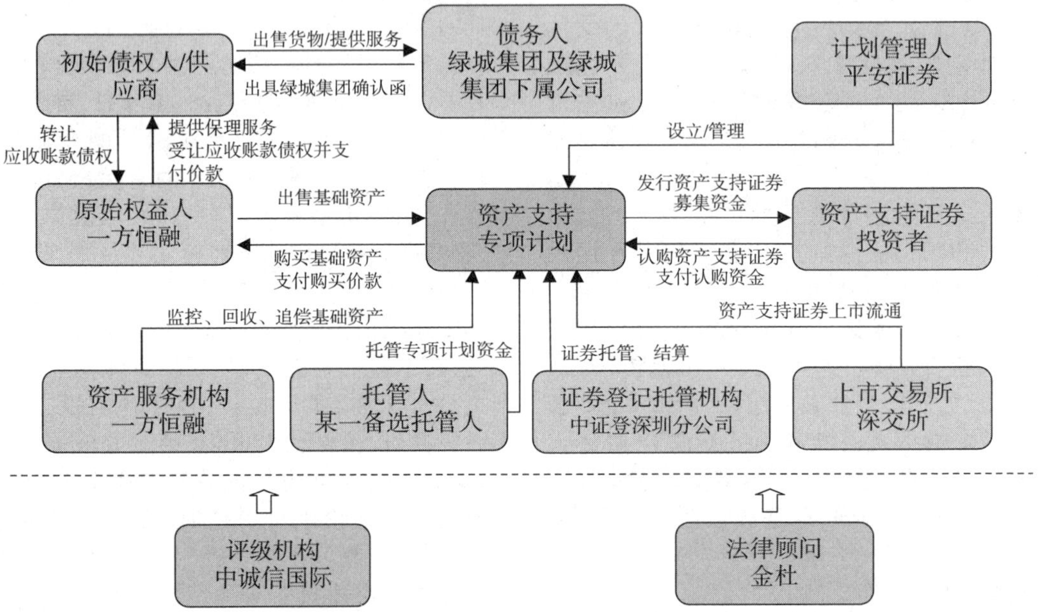

在以上交易结构中,

1. 初始债权人因向绿城集团下属公司提供境内货物/服务贸易或境内工程承包/分包服务等而对绿城集团下属公司享有应收账款债权,该等债权由绿城集团出具《付款确认书》作出到期付款承诺。

2. 一方恒融应初始债权人的申请,就初始债权人对绿城集团下属公司享有的应收账款债权提供保理服务,并受让该等未到期的应收账款债权。初始债权人同意一方恒融将该等债权转让予专项计划。

3. 计划管理人通过设立专项计划向资产支持证券投资者募集资金,并运用专项计划募集资金购买一方恒融从初始债权人受让的前述未到期应收账款债权,同时代表专项计划按照专项计划文件的约定对专项计划资产进行管理、运用和处分。

4. 计划管理人委托一方恒融作为资产服务机构,为专项计划提供基础资产管理服务,包括但不限于基础资产文件保管、基础资产池监控、基础资产债权清收、基础资产回收资金归集。

5. 计划管理人聘请备选托管人中的某一家作为某一专项计划的托管银行(具体以计划管理人于各期专项计划设立时发布的设立公告为准),在托管银行开立专项计划账户,对专项计划资金进行保管。

6. 计划管理人按照专项计划文件的约定将专项计划利益分配给专项计划资产支持证券持有人。

7. 专项计划设立后,资产支持证券将在中证登深圳分公司登记和托管。专项计划存续期内,优先级资产支持证券将在深交所进行转让和交易。除非生效判决裁定或计划管理人事先的书面同意,次级资产支持证券持有人不得转让其所持有的任何部分或全部次级资产支持证券。

8. 专项计划无循环购买安排。

经适当核查,本所认为上述专项计划方案在适用法律项下为合法、可行。

二、专项计划各方的主体资格和内部授权

（一）计划管理人和销售机构的主体资格和内部授权

平安证券拟担任专项计划的计划管理人。

经适当核查，本所了解到：

1. 平安证券现持有深圳市市场监督管理局于2019年11月20日颁发的《营业执照》，统一社会信用代码为914403001000234534。

2. 平安证券现持有中国证监会于2019年11月22日核发的《经营证券期货业务许可证》（流水号：000000029256），经核准的证券期货业务范围为：证券经纪；证券投资咨询；与证券交易、证券投资活动有关的财务顾问；证券承销与保荐；证券自营；证券资产管理；融资融券；证券投资基金代销；代销金融产品。

3. 平安证券【】年【】月【】日出具的【】载明，【】

4. 根据计划管理人于2020年【】月【】日出具的《确认函》，并经本所律师登录中国证监会及其派出机构网站①进行适当核查，我们暂未发现平安证券自2019年1月1日至2020年【】月【】日存在因重大违法违规行为受到行政处罚的情形。

综上，本所认为：

1. 平安证券是一家依法设立并有效存续的证券公司，其已取得中国证监会核发的《经营证券期货业务许可证》，符合《管理规定》第二条②的规定，具备担任专项计划的计划管理人的主体资格。

2. 平安证券作为本专项计划的计划管理人和销售机构已获得合法、有效的内部授权，根据《管理规定》第十三条第（三）项规定③，平安证券有权作为销售机构，处理专项计划资产支持证券的发行事宜。

（二）专项计划托管人的主体资格

本专项计划采取分期发行模式，计划管理人拟委托备选托管人中的任一家作为每一期专项计划的托管人，并在每一期专项计划成立前确定（具体以每一期专项计划的设立公告为准）。

为本专项计划之目的，本所对备选托管人光大银行杭州分行、邮储银行上海分行、兴业银行杭州分行的主体资格进行核查。

1. 光大银行杭州分行2作为专项计划托管人的主体资格

（1）光大银行杭州分行现持有【】于【】年【】月【】日核发的《营业执照》，统一社会信用代码为【】。

（2）光大银行杭州分行现持有中国银行业监督管理委员会（现为中国银行保险监督管理委员会）浙江监管局于【】年【】月【】日核发的《金融许可证》（机构编码：【】）。

（3）【待提供光大银行总行托管资质】

（4）【待提供光大银行总行对光大银行杭州分行的授权】

2. 邮储银行上海分行作为专项计划托管人的主体资格

（1）邮储银行上海分行现持有【】于【】年【】月【】日核发的《营业执照》，统一社会信用代码为【】。

（2）邮储银行上海分行现持有中国银行业监督管理委员会（现为中国银行保险监督管理委员会）上海监管局于【】年【】月【】日核发的《金融许可证》（机构编码：【】）。

（3）【待提供邮储银行总行托管资质】

（4）【待提供邮储银行总行对邮储银行上海分行的授权】

3. 兴业银行杭州分行作为专项计划托管人的主体资格

（1）兴业银行杭州分行现持有浙江省工商行政管理局于2018年1月29日核发的《营业执照》，统一社会信用代码为91330000720084740E。

（2）兴业银行杭州分行现持有中国银行业监督管理委员会（现为中国银行保险监督管理委员会）浙江监管局于2007年9月14日核发的《金融许可证》（机构编码：B0013B233010001）。

① 证监会查询网址：http://www.csrc.gov.cn/pub/zjhpublic/；派出机构证监会深圳监管局查询网址：http://www.csrc.gov.cn/pub/shenzhen/。

② 《管理规定》第二条规定，开展资产证券化业务的证券公司须具备客户资产管理业务资格，基金管理公司子公司须由证券投资基金管理公司设立且具备特定客户资产管理业务资格。

③ 《管理规定》第十三条规定，管理人应当履行下列职责：……（三）办理资产支持证券发行事宜；……

(3)2005年4月26日,中国证监会、中国银行业监督管理委员会(现为中国银行保险监督管理委员会)核发《关于核准兴业银行证券投资基金托管资格的通知》(证监基金字[2005]74号),核准兴业银行证券投资基金托管资格。

(4)2015年8月31日,兴业银行核发《兴业银行关于杭州分行开展证券投资类产品托管业务的批复》(兴银复[2015]358号),同意兴业银行杭州分行开展证券投资类产品托管业务。

综上,本所认为:

备选托管人光大银行杭州分行、邮储银行上海分行、兴业银行杭州分行均为依法设立并有效存续的银行业金融机构的分支机构,其总行均已获得中国证监会、中国银行业监督管理委员会(现为中国银行保险监督管理委员会)或中国人民银行核准的证券投资基金托管资格,且该等备选托管人均已获得总行授权具备开展托管业务的资格,符合《证券公司监督管理条例》第五十八条①、《管理规定》第八条②的规定,具备担任专项计划托管人的主体资格及内部授权。

(三)原始权益人和资产服务机构的主体资格及内部授权

一方恒融拟作为专项计划项下基础资产的原始权益人(作为卖方)向计划管理人(作为买方,代表专项计划)转让基础资产,并作为计划管理人委托的资产服务机构,为专项计划提供基础资产管理服务。

经适当核查,本所了解到:

1.一方恒融现持有深圳市市场监督管理局于2016年12月26日核发的《营业执照》,统一社会信用代码为9144030035972710X6。业务范围包括:保付代理(非银行融资类);与商业保理有关的咨询服务;信用风险管理平台系统的开发;投资咨询、股权投资(法律、行政法规、国务院决定禁止的项目除外,限制的项目须取得许可后方可经营);受托资产管理(不得从事信托、金融资产管理、证券资产管理等业务);金融信息咨询、提供金融中介服务、接受金融机构委托从事金融服务外包业务(根据法律、行政法规、国务院决定等规定需要审批的,依法取得相关审批文件后方可经营);供应链管理及相关配套服务;经济信息咨询、企业管理咨询(以上均不含限制项目);国内贸易(不含专营、专控、专卖商品),经营进出口业务。(以上各项涉及法律、行政法规、国务院决定禁止的项目除外,限制的项目须取得许可后方可经营)

2.【】年【】月【】日,一方恒融股东会作出《股东会决议》,一致同意将一方恒融因向客户提供国内保理服务而对绿城集团及绿城集团下属公司享有的应收账款债权转让予平安证券,由平安证券作为计划管理人设立资产支持专项计划进行证券化融资,由一方恒融作为原始权益人参与前述资产证券化项目,并同意接受平安证券委托担任专项计划的资产服务机构。在专项计划存续期间,一方恒融作为原始权益人同意按照《基础资产买卖协议》的约定承担不合格基础资产的赎回义务。

3.根据中国人民银行征信中心于2019年12月19日出具的《企业信用报告》及一方恒融于【】年【】月【】日出具的《确认函》,并经本所律师登陆中国执行信息公开网③、应急管理部网站④、生态环境部网站⑤、国家市场监督管理

① 《证券公司监督管理条例》第五十八条规定,证券公司从事证券资产管理业务,应当将客户的委托资产交由本条例第五十七条第四款规定的指定商业银行或者国务院证券监督管理机构认可的其他资产托管机构托管。资产托管机构应当按照国务院证券监督管理机构的规定和证券资产管理合同的约定,履行安全保管客户的委托资产、办理资金收付事项、监督证券公司投资行为等职责。

② 《管理规定》第八条规定,专项计划资产应当由具有相关业务资格的商业银行、中国证券登记结算有限责任公司、具有托管业务资格的证券公司或者中国证监会认可的其他资产托管机构托管。

③ 中国执行信息公开网可查询相关主体是否为被执行人或失信被执行人,综合查询被执行人网址:http://zxgk.court.gov.cn/zhzxgk/;全国法院失信被执行人名单信息公布与查询平台查询网址,http://zxgk.court.gov.cn/shixin/。

④ 应急管理部网站查询网址:https://www.mem.gov.cn/。

⑤ 生态环境部查询网址:http://www.mee.gov.cn/。

总局网站[①]、国家发展和改革委员会网站[②]、财政部网站[③]、“信用中国”网站[④]、国家税务总局网站[⑤]，以及国家企业信用信息公示系统[⑥]，截至2020年【】月【】日，我们暂未发现一方恒融在安全生产领域、环境保护领域、产品质量领域、财政性资金管理使用领域存在失信记录，未发现其因严重违法失信行为，被认定为失信被执行人、失信生产经营单位或者其他失信单位的情况或被暂停或限制进行融资记录。

4. 根据一方恒融于【】年【】月【】日出具的《确认函》及本所律师登录国家企业信用信息公示系统[⑦]查询的结果，原始权益人的实际控制人为赖荣火（身份证号：440229196402290032）。根据中国人民银行征信中心于【】年【】月【】日出具的《个人信用报告》，并经本所律师登录中国执行信息公开网[⑧]、应急管理部网站[⑨]、生态环境部网站[⑩]、国家市场监督管理总局网站[⑪]、国家发展和改革委员会网站[⑫]、财政部网站[⑬]、“信用中国”网站[⑭]、国家税务总局网站[⑮]、以及国家企业信用信息公示系统[⑯]，截至2020年【】月【】日，我们暂未发现赖荣火最近两年发生重大违约、虚假信息披露或者其他重大违法违规行为，未发现其在安全生产领域、环境保护领域、产品质量领域、财政性资金管理使用领域存在失信记录，未发现其因严重违法失信行为，被认定为失信被执行人、失信生产经营单位或者其他失信单位的情况或被暂停或限制进行融资记录。

综上，本所认为：

1. 基于以上第1点，一方恒融是一家依法设立并有效存续的有限责任公司，具备向初始债权人购买目标应收账款债权并将该等债权转让予专项计划的民事权利能力和民事行为能力，具备作为专项计划的原始权益人和资产服务机构的主体资格。

2. 基于以上第2点，一方恒融股东会已同意其参与专项计划设立及相关事宜，一方恒融作为专项计划的原始权益人参与专项计划设立并担任资产服务机构，以及在专项计划存续期间，对不合格基础资产承担赎回义务的行为已获得合法、有效的内部授权。

3. 基于以上第3点，截至2020年【】月【】日，我们暂未发现一方恒融存在被认定为失信被执行人的情况，也未发现一方恒融存在相关失信记录及被暂停或限制进行融资记录。

4. 基于以上第4点，截至2020年【】月【】日，我们暂未发现一方恒融的实际控制人赖荣火最近两年存在被认定为失信被执行人的情

---

① 国家市场监督管理总局网站查询网址：http://www.samr.gov.cn/。

② 国家发展和改革委员会网站可查询企业信用信息，查询网址：http://credit.ndrc.gov.cn/XYXX/admin_client/form_designer/ttt/index.html。

③ 财政部网站查询网址：http://www.mof.gov.cn/index.htm。

④ “信用中国”网站可查询相关主体是否被列为失信生产经营单位或者其他失信单位，查询网址：http://www.creditchina.gov.cn/。

⑤ 国家税务总局网站可查询相关主体是否为重大税收违法案件当事人，查询网址：http://hd.chinatax.gov.cn/nszx/InitMajor.html。

⑥ 国家企业信用信息公示系统查询网址：http://www.gsxt.gov.cn/index.html。

⑦ 国家企业信用信息公示系统查询网址：http://www.gsxt.gov.cn/index.html。

⑧ 中国执行信息公开网可查询相关主体是否为被执行人或失信被执行人，被执行人查询网址：http://zxgk.court.gov.cn/zhzxgk/；失信被执行人查询网址：http://zxgk.court.gov.cn/shixin/。

⑨ 应急管理部网站查询网址：https://www.mem.gov.cn/。

⑩ 生态环境部查询网址：http://www.mee.gov.cn/。

⑪ 国家市场监督管理总局网站查询网站：http://samr.saic.gov.cn/。

⑫ 国家发展和改革委员会网站可查询企业信用信息，查询网址：http://credit.ndrc.gov.cn/XYXX/admin_client/form_designer/ttt/index.html。

⑬ 财政部网站查询网址：http://www.mof.gov.cn/index.htm。

⑭ “信用中国”网站可查询相关主体是否被列为失信生产经营单位或者其他失信单位，查询网址：http://www.creditchina.gov.cn/。

⑮ 国家税务总局网站可查询相关主体是否为重大税收违法案件当事人，查询网址：http://www.chinatax.gov.cn/。

⑯ 国家企业信用信息公示系统查询网址：http://www.gsxt.gov.cn/index.html。

况,也未发现赖荣火存在相关失信记录及被暂停或限制进行融资记录。

三、专项计划的基础资产

(一)基础资产的真实性、合法性、有效性、权利归属及其负担情况

本专项计划项下的基础资产是指按《基础资产买卖协议》约定,由原始权益人转让予专项计划并交割完成的应收账款债权。该等“应收账款债权”是指原始权益人因向初始债权人提供保理服务而从初始债权人处受让的、符合《基础资产买卖协议》中约定的入池标准并由原始权益人通过签署《基础资产买卖协议》作出资产保证的合格应收账款债权,即原始权益人对债务人享有的,对于债务人履行相应的付款义务及支付滞纳金、违约金、损害赔偿金的请求权,以及基于该等请求权而享有的全部附属权益(如有)。“附属权益”,就每一笔目标应收账款债权而言,指基础交易合同及/或相关担保合同、担保条款就该笔债权的实现而设定的或依适用法律规定取得的任何担保或具有债权保障作用的权益。为专项计划利益,作为目标应收账款债权组成部分的附属权益,亦包含:1)原始权益人根据目标应收账款债权对应的保理合同的约定对初始债权人享有要求其在特定情形下回购该笔应收账款债权的请求权(即“回购请求权”,如有);2)初始债权人在保理合同中作出的任何陈述、承诺或保证所对应的原始权益人权利或利益;3)原始权益人在保理合同中享有的其他相关权益。

经核查,根据保理合同的约定,经保理商审核同意受让应收账款的,保理商与初始债权人签订《应收账款转让登记协议》,并通过中登网将该笔应收账款转让登记至原始权益人名下。

经审阅原始权益人提供的、可供备签的保理合同,本所了解到并非每一备签的保理合同文本均赋予原始权益人对初始债权人享有应收账款债权的回购请求权,原始权益人将根据与初始债权人的商务谈判条件与其签署不同的备签保理合同文本。可见,原始权益人对初始债权人是否享有回购请求权为原始权益人与初始债权人就该笔应收账款债权转让达成的特定商业安排。鉴于此,为本专项计划之利益,如原始权益人根据目标应收账款债权对应的保理合同的约定对初始债权人享有要求其在特定情形下回购该笔应收账款债权的请求权(即“回购请求权”),则就该笔目标应收账款债权而言,原始权益人享有的该等回购请求权作为基础资产附属权益随目标应收账款债权一并作为《基础资产买卖协议》项下基础资产买卖的购买标的。若保理合同约定对初始债权人不享有回购请求权,只要该等应收账款债权符合《基础资产买卖协议》约定的入池标准和资产保证的要求,也可以作为专项计划的基础资产。

为确保目标应收账款债权的真实性、合法性、有效性、权属清晰及无权利负担,计划管理人与原始权益人在《基础资产买卖协议》中约定了如下入池标准,满足该等入池标准作为每一期专项计划购买基础资产的先决条件之一:

1. 初始债权人与初始债务人之间具有真实的交易背景,初始债权人与初始债务人订立的基础交易合同及其他相关法律文件在适用法律下均合法、有效;并且,初始债权人在向原始权益人转让其享有的目标应收账款债权前,真实、完整、合法、有效地拥有该笔目标应收账款债权;

2. 原始权益人为初始债权人提供的保理服务真实、合法、有效,原始权益人与初始债权人双方签署的保理合同在适用法律下均合法及有效;并且,原始权益人向初始债权人受让其享有的目标应收账款债权后,真实、完整、合法、有效地拥有该笔目标应收账款债权;

3. 目标应收账款债权上未设定抵押、质押等担保权利,亦无其他权利负担,但原始权益人因受让目标应收账款债权而通过中登网进行转让登记的除外。

为核查拟入池基础资产是否满足入池标准的要求,若当期拟入池基础资产笔数少于50笔,本所律师将采取逐笔尽调方式,本所律师将对原始权益人提供并经资产服务机构初步筛选确认为合格债权的应收账款债权的基础资产文件进行全面审查;若当期拟入池基础资产笔数不少于50笔(含本数),经计划管理人认可,本

所律师将在每一期专项计划设立前采取抽样方式[①]，根据基础资产是否涉及关联交易、是否涉及质量保证金、债权类型、债权金额、债权产生的所属区域等五个维度，对原始权益人提供并经资产服务机构初步筛选确认为合格债权的应收账款债权进行抽样审查，并对原始权益人向计划管理人提供的抽样基础资产的基础资产文件（电子扫描件，下同）进行全面核查。

在采用抽样核查方式的情况下，抽样方案大致如下（其中，N、M、P、X、Y、Z代表不同的基础资产数目，本所律师将根据计划管理人的委托，针对每一期专项计划拟入池应收账款债权的实际情况调整抽样方案，具体以每一期专项计划的补充法律意见披露的抽样方案和抽样应收账款债权信息为准）：

（1）根据原始权益人提供的拟入池资产清单载明的相关信息，如目标应收账款债权的初始债权人与绿城存在关联关系，本所律师将选取N笔关联资产进入抽样资产池，若当期目标资产池无关联交易资产，则直接进行下一步的资产抽查；

（2）经上述（1）抽取样本后，在剩余的目标基础资产中随机选取M笔涉及质量保证金资产进入抽样资产池，若当期目标资产池无涉及质量保证金的资产，则直接进行下一步的资产抽查；

（3）经上述（2）抽取样本后，将剩余的目标应收账款债权按单笔应收账款债权金额从大到小进行降序排列，选取金额最大的X笔进入抽样资产池；

（4）经上述（1）（2）（3）抽取样本后，将剩余的目标应收账款债权按照债权类型和债权产生的所属区域进行排列组合，从每一子类中随机抽取Y笔进入抽样资产池；

（5）经上述（1）（2）（3）（4）抽取样本后，如样本总量少于Z笔，则在剩余的目标应收账款债权中随机抽取P笔直至样本总量不少于Z笔。样本总量Z应不少于50笔，占全部拟入池基础资产的笔数比例不低于5%（含本数），且抽样基础资产的应收账款债权金额合计占全部拟入池基础资产的比例不低于30%（含本数）。

综上，本所认为：

1. 上述关于原始权益人就其享有的回购请求权随目标应收账款债权一并转让给专项计划的特殊安排未违反法律、行政法规的强制性规定，未损害社会公共利益及国家、集体或者第三人利益，在适用法律项下为合法、有效。

2. 上述入池标准的约定与《管理规定》第三条[②]和第十条[③]实质一致，满足入池标准的应收账款债权即可满足《管理规定》有关基础资产真实性、合法性、有效性、权属清晰及无权利负担的要求。

3. 为确保基础资产满足《基础资产买卖协议》约定的上述入池标准，计划管理人通过《服务协议》委托资产服务机构协助对《合格应收账款债权清单》项下的每一笔目标应收账款债权的基础资产文件进行全面审查。同时，计划管理人将在专项计划设立前委托本所律师根据届时具体确定的尽调方案核查《合格应收账款债权清单》项下相应目标应收账款债权的基础资产文件，并对相应目标应收账款债权是否符合入池标准进行适当核查。若目标应收账款债权被发现在专项计划设立日、购买日不符合入池标准，则原始权益人应承担不合格基础资产的赎回责任。该等安排有利于敦促基础资产买卖双方按法定及约定标准遴选基础资产。

① 根据《深圳证券交易所资产证券化业务问答》（2017年3月修订）第5.10条规定，对于小额贷款、融资租赁、应收账款等债权类基础资产，如入池资产符合笔数众多、资产同质性高、单笔资产占比较小等特征，可以采用抽样尽职调查方法。根据《深圳证券交易所企业应收账款资产支持证券挂牌条件确认指南》（2017年12月15日发布）第九条规定，入池资产符合笔数众多、资产同质性高、单笔资产占比较小等特征的，可以采用抽样尽职调查方法……根据中国基金业协会《企业应收账款资产证券化业务尽职调查工作细则》（2019年6月24日发布）第八条规定，入池资产符合笔数众多、资产同质性高、单笔资产占比较小等特征的，可以采用抽样尽职调查方法。

② 《管理规定》第三条规定，本规定所称基础资产，是指符合法律法规规定，权属明确，可以产生独立、可预测的现金流的可特定化的财产权利或者财产……前款规定的财产权利或者财产，其交易基础应当真实，交易对价应当公允，现金流应当持续、稳定。

③ 《管理规定》第十条规定，……原始权益人应当确保基础资产真实、合法、有效，不存在虚假或欺诈性转移等任何影响专项计划设立的情形。

（二）基础资产的完整性

如以上第（一）项所述，附属权益随应收账款主债权出售予专项计划，专项计划在购买目标基础资产时，一并取得应收账款债权及其附属权益（如有）。

对于基础资产交割时未就应收账款债权转让通知保证人、抵押人、出质人等担保人（如有），也未就抵押权、质权转让办理变更登记手续，《基础资产买卖协议》约定了明确的权利完善机制，可以使入池的每一笔基础资产在权利上均为完整和周延。

虽然并非每一备签的保理合同文本均赋予原始权益人对初始债权人享有应收账款债权的回购请求权，但是根据专项计划的交易安排，对于原始权益人对初始债权人享有回购请求权且随应收账款债权一并转让予专项计划的应收账款债权而言，如计划管理人决定自行向初始债权人主张回购义务，原始权益人应在计划管理人对初始债权人采取诉讼、仲裁或其他措施或法律程序时给予充分配合，包括但不限于提供相关的基础资产文件原件、作为诉讼当事人或参与人参加法律程序等。

（三）基础资产的可特定化

本专项计划基础资产将为初始债权人、初始债务人、金额及基础交易权利/义务关系清晰、确定的未到期应收账款债权，可区别于原始权益人未出售予专项计划的其他应收账款债权。此外，根据《服务协议》，资产服务机构将通过开立台账、编号管理及保理 IT 系统单列数据模块等方式进一步实现基础资产的特定化。

（四）基础资产转让行为的合法性

1. 基础资产的可转让性

《合同法》第七十九条规定："债权人可以将合同的权利全部或者部分转让给第三人，但有下列情形之一的除外：（一）根据合同性质不得转让；（二）按照当事人约定不得转让；（三）依照法律规定不得转让。"也即，只要不存在以上三种情形，任何合同债权均可转让。

本专项计划的特点在于原始权益人向专项计划转让的债权系其基于保理合同而从初始债权人处受让的，因此，基础资产的可转让性需要基于基础交易合同和保理合同进行判断。

从基础交易合同层面而言，首先，原始权益人向专项计划转让的是其从初始债权人处受让的贸易应收账款债权和工程应收账款债权，债权的基础是不具有人身专属性的货物/服务贸易合同或者工程承包/分包合同，除非基础交易合同本身另有限制，否则应属于可以转让的合同。其次，《基础资产买卖协议》中将"基础交易合同及适用法律未对初始债权人转让目标应收账款债权作出禁止性或限制性约定；或者，在基础交易合同对初始债权人转让该债权作出限制性约定的情况下，转让条件已经成就"作为入池标准之一，计划管理人将在专项计划购买基础资产前对基础交易合同及相关适用法律进行核查，确保相关基础交易合同和适用法律不对基础资产转让构成障碍。

从保理合同层面而言，首先，原始权益人与初始债权人签订的保理合同中约定卖方（即初始债权人）同意保理商（即原始权益人，下同）有权将受让的应收账款再转让予其他再保理商或银行、基金公司、证券公司等其他金融机构/平台，或证券公司、资产管理公司、基金公司、保险公司等资产管理机构设立的资产管理计划等特殊目的载体，初始债权人已经同意原始权益人将其受让的应收账款债权再对外转让。其次，《基础资产买卖协议》中将"保理合同及适用法律未对保理商受让目标应收账款债权后再行转让作出禁止性或限制性约定；或者，在保理合同对保理商再行转让该债权作出限制性约定的情况下，转让条件已经成就"作为入池标准之一，计划管理人将在专项计划购买基础资产前对保理合同及适用法律相关条款进行核查，确保入池应收账款债权的保理合同约定和适用法律规定不对基础资产转让构成障碍。

综上，本所认为：

在基础交易合同、保理合同及适用法律均未对目标应收账款债权的转让作出限制的前提下，或者基础交易合同、保理合同虽对目标应收账款债权的转让有限制性约定，但转让条件已经成就的前提下，该等应收账款债权可以转让。

是否存在上述限制、转让条件是否成就，则需通过每一期专项计划设立前的计划管理人尽职调查加以确认。本所律师将在每一期专项计划设立前根据届时具体确定的尽调方案对逐笔核查或抽样核查的目标应收账款债权的转让限制条件进行审查并发表补充法律意见。

2. 基础资产购买安排的合法性和有效性

为实现基础资产的购买，计划管理人与原始权益人将在专项计划设立前签署《基础资产买卖协议》。根据该等协议，基础资产的购买安排如下：

(1)专项计划设立日前(含当日)，计划管理人与原始权益人共同确认《合格应收账款债权清单》，就基础资产出售的价格和条件达成一致，计划管理人按上述清单确认的折价率计算基础资产购买价款。

(2)在满足合格债权确认的前提下，计划管理人应向托管人发出付款指令，指示托管人将基础资产购买价款划转至原始权益人指定的银行账户用于基础资产的购买，基础资产购买价款自专项计划账户划付至原始权益人指定的银行账户之日，基础资产购买价款支付完成。

(3)计划管理人与原始权益人依《基础资产买卖协议》约定完成《合格应收账款债权清单》的签章确认，原始权益人将清单项下目标应收账款债权的基础资产文件上传至《基础资产买卖协议》约定的电子网盘或向计划管理人及/或其指定方开放保理 IT 系统的数据接口，允许计划管理人及/或其指定方通过其电脑终端查阅、下载、审核当期《合格应收账款债权清单》项下各笔目标应收账款债权的基础资产文件之日起，视为基础资产交付完成，且基础资产文件已经由原始权益人交付给作为计划管理人受托代表的资产服务机构。

(4)基础资产购买价款支付完成，且基础资产和基础资产文件均视为交付完成，即基础资产购买交割完成。

(5)除《基础资产买卖协议》另有约定的情形之外，自基础资产购买交割完成之日起，基础资产转让给专项计划，专项计划承担基础资产的全部风险，享有基础资产所产生的全部收益。

经适当核查，本所认为，上述基础资产购买安排未违反法律、行政法规的强制性规定，未损害社会公共利益及国家、集体或者第三人利益，在适用法律项下为合法、有效。

3. 基础资产转让通知

为确保入池应收账款债权的实现，计划管理人与原始权益人在《基础资产买卖协议》中对基础资产的转让通知作了如下安排，并已列入基础资产的入池标准，即：

(1)初始债权人已将该笔目标应收账款债权转让予原始权益人的事宜向绿城集团下属公司发出《应收账款债权转让通知书》(适用于供应商通知)；

(2)绿城集团下属公司已向初始债权人、原始权益人、绿城集团出具《买方确认函》，且绿城集团已向原始权益人出具《付款确认书》，确认知悉目标应收账款债权的转让事宜，该等《买方确认函》及《付款确认书》在适用法律下均合法、有效且可执行；

(3)原始权益人已将其受让的该笔目标应收账款债权出售予专项计划的事宜向绿城集团下属公司及绿城集团发出《应收账款债权转让通知书》(适用于保理商通知)，并抄送计划管理人；

(4)经以上的通知后，绿城集团根据各绿城集团下属公司已出具的《买方确认函》的委托，在接收原始权益人发出的《应收账款债权转让通知书》(适用于保理商通知)后，统一向原始权益人、计划管理人出具《应收账款债权转让通知书回执》，确认知悉目标应收账款债权转让予专项计划的事宜。

综上，本所认为，以上基础资产转让通知安排符合《合同法》第八十条①和《管理规定》第二十三条②的规定，在适用法律项下为合法、有效。

4. 基础资产转让登记

为实现基础资产的转让登记，计划管理人与原始权益人在《基础资产买卖协议》中对基础资产的转让登记作了如下安排，即：计划管理人及原始权益人双方应当在《合格应收账款债权清单》盖章确认合格债权并公告专项计划设立之日 24:00 前签订《应收账款转让登记协议》或类似文件，并由计划管理人或其委托的资产服务机构在专项计划设立日后【5】个工作日内在中登网办理将目标应收账款债权权属转让给计划管理人(代表专项计划)的登记手续。

经适当核查，本所认为，上述基础资产的转

① 《合同法》第八十条规定，债权人转让权利的，应当通知债务人。未经通知，该转让对债务人不发生效力。

② 《管理规定》第二十三条规定，……基础资产为债权的，应当按照有关法律规定将债权转让事项通知债务人。

让登记安排未违反法律、行政法规的强制性规定,未损害社会公共利益及国家、集体或者第三人利益,在适用法律项下为合法、有效。

四、专项计划资金归集的特殊安排

在本专项计划中,就每一笔拟入池应收账款债权而言,在绿城集团下属公司向初始债权人、原始权益人出具《买方确认函》确认其将在相应的应收账款债权到期日前一个工作日15:00前自行或通过其委托的第三方向原始权益人或原始权益人指定的第三方清偿目标应收账款债权的前提下,绿城集团也将向原始权益人出具《付款确认书》,确认对绿城集团下属公司未在相应的应收账款到期日前一个工作日15:00前清偿的应付账款的差额部分承担共同付款义务,并承诺在应收账款债权到期日12:00前自行或通过其方委托的第三方向原始权益人或原始权益人指定的第三方履行到期清付目标应收账款债权的义务。

并且,绿城集团下属公司和绿城集团分别在《买方确认函》和《付款确认书》中不可承销地承诺和确认,除付款期限外,绿城集团下属公司和绿城集团履行目标应收账款债权付款义务的前提条件均已满足,绿城集团下属公司和绿城集团对目标应收账款债权负有付款义务,不存在任何扣减、减免或抵销全部或部分应付账款的情形,也不存在商业纠纷抗辩事由,直至目标应收账款债权获得全部清偿。

鉴于绿城集团的付款确认并未免除绿城集团下属公司的债务承担,专项计划也未对绿城集团下属公司继续承担入池应收账款债权项下的付款义务作出豁免,因此,绿城集团系以债务加入的方式与绿城集团下属公司成为每一笔拟入池作为基础资产的应收账款债权的共同债务人,对相应账款负有到期支付义务。

为确保每一笔入池应收账款债权均取得绿城集团的付款确认,《基础资产买卖协议》将绿城集团向保理商的《付款确认书》作为必备的基础资产文件并将取得该文件作为入池标准之一。

经适当核查,本所了解到:

根据绿城集团于2019年8月20日召开第13届董事会第1次会议并作出的《董事会决议》【于2020年【】月【】日召开董事会会议并作出的《董事会决议》】以及绿城集团于2020年【】月【】日出具的《供应链保理应收账款债权专项计划申报额度审批表》(额度审批表编号:【】),绿城集团同意就本系列专项计划下每一笔目标应收账款债权向保理商出具《付款确认书》,对绿城集团下属公司的付款义务进行确认,并以债务加入的方式与目标应收账款债权对应的绿城集团下属公司成为该等应收账款债权的共同债务人。绿城集团确认,如绿城集团下属公司未能在目标应收账款债权到期日的前一个工作日足额清偿目标应收账款债权,绿城集团将履行到期清付目标应收账款债权的义务。

综上,本所认为:

1. 绿城集团出具的《付款确认书》在适用法律下已符合债务承担的要件,且《付款确认书》及专项计划并未作出免除作为初始债务人的绿城集团下属公司对入池应收账款债权业已存在的付款义务,而将到期付款义务转由绿城集团承担的意思表示,根据《民法通则》第九十一条①和《合同法》第八十四条②的规定,绿城集团出具《付款确认书》的行为并不构成债务转让,而是具有并存的债务承担的法律特征。因此,绿城集团与作为初始债务人的绿城集团下属公司作为应收账款债权的共同债务人。

2. 绿城集团通过出具《付款确认书》的方式以债务加入的方式与产生目标应收账款债权的绿城集团下属公司成为该笔债权的共同债务人,已履行绿城集团的董事会决策程序,符合绿城集团的内部审批程序要求,未违反法律、行政法规的强制性规定,未损害社会公共利益及国家、集体或者第三人利益,在适用法律项下为合法、有效。

3. 绿城集团下属公司须自行或通过其委托

① 《民法通则》第九十一条规定,合同一方将合同的权利、义务全部或者部分转让给第三人的,应当取得合同另一方的同意,并不得牟利。依照法律规定应当由国家批准的合同,需经原批准机关批准。但是,法律另有规定或者原合同另有约定的除外。

② 《合同法》第八十四条规定,债务人将合同的义务全部或者部分转移给第三人的,应当经债权人同意。

的第三方在应收账款债权到期日前一个工作日15:00前直接向专项计划账户偿还入池应收账款债权本金,并在绿城集团下属公司未自行或通过其委托的第三方在前述约定时间内足额清偿应收账款的情况下,由绿城集团在应收账款到期日的12:00前自行或通过其委托的第三方直接向专项计划账户划付等额于绿城集团下属公司未能支付的入池目标应收账款债权账面价值之和的资金的安排,属于基础资产现金流归集措施,符合专项计划的利益。

五、专项计划的增信措施

本专项计划采取分期发行模式,根据计划管理人向深交所提交申报的《计划说明书》及相关专项计划文件规定,计划管理人将根据每一期专项计划的实际情况,决定当期专项计划是否设置优先级/次级结构的增信安排,并在每一期专项计划的《计划说明书》和《标准条款》中予以明确。

如计划管理人在某一期专项计划设置优先级/次级结构的增信安排,本所律师将在当期专项计划成立前对该优先级/次级结构的合法性、有效性发表补充法律意见。

六、风险隔离的效果

本专项计划的基础资产是权利义务边界清晰的应收账款债权及其附属权益。根据《基础资产买卖协议》约定,自购买价款支付等交割事项完成之日起,基础资产转让给专项计划,专项计划承担基础资产的全部风险,享有基础资产所产生的全部收益。

第一,就本专项计划基础资产买卖而言,计划管理人支付的购买价款为公允市场价格,不存在《企业破产法》第三十一条规定的情形①,原始权益人也不存在《企业破产法》第三十二条规定的"资产不足以清偿全部债务或者明显缺乏清偿能力"而对专项计划进行"个别清偿"的情形②。本所认为,在原始权益人发生破产情形的情况下,人民法院不应根据《企业破产法》第三十一、三十二条规定撤销《基础资产买卖协议》项下的应收账款债权转让行为,对已成为专项计划资产的应收账款债权不应被认定为原始权益人的破产财产。

第二,本专项计划下,绿城集团下属公司及绿城集团均为直接向专项计划账户偿还入池基础资产的应收账款。由于债务人系直接向专项计划还款,因此不存在专项计划回收资金需要通过原始权益人资金账户再转付给专项计划的情形,专项计划资金并未与原始权益人资金相混同。

综上,本所认为:

上述基础资产买卖交割及基础资产回收资金的归集安排在适用法律项下合法、有效,通过在专项计划文件中作出上述安排,实现专项计划与原始权益人之间的风险隔离,并降低专项计划资金的归集风险。

七、重要债务人的主体资格和信用情况

绿城集团和绿城集团下属公司均为本专项计划的重要债务人。

(一)绿城集团

经适当核查,本所了解到:

1. 绿城集团现持有浙江省市场监督管理局于2019年10月15日颁发的《营业执照》,统一社会信用代码为913300001429292295。

2. 根据绿城集团于2019年11月12日出具的《企业信用报告》及绿城集团于2020年【】月【】日出具的《确认函》,并经本所律师登陆中国执行信息公开网③、应急管理部网站④、生态

---

① 《企业破产法》第三十一条规定,人民法院受理破产申请前一年内,涉及债务人财产的下列行为,管理人有权请求人民法院予以撤销:(一)无偿转让财产的;(二)以明显不合理的价格进行交易的;(三)对没有财产担保的债务提供财产担保的;(四)对未到期的债务提前清偿的;(五)放弃债权的。

② 《企业破产法》第三十二条规定,人民法院受理破产申请前六个月内,债务人有《企业破产法》第二条第一款规定的情形,仍对个别债权人进行清偿的,管理人有权请求人民法院予以撤销。但是个别清偿使债务人财产受益的除外。

③ 中国执行信息公开网可查询被执行人以及失信被执行人,被执行人查询网址:http://zxgk.court.gov.cn/zhzxgk/;失信被执行人查询网址,http://zxgk.court.gov.cn/shixin/。

④ 应急管理部网站查询网址:http://www.chinasafety.gov.cn/。

环境部网站①、国家市场监督管理总局网站②、国家发展和改革委员会网站③、财政部网站④、“信用中国”网站⑤、国家税务总局网站⑥以及国家企业信用信息公示系统⑦,截至2020年【】月【】日,未发现绿城集团最近两年内因严重违法失信行为,被认定为失信被执行人、重大税收违法案件当事人或涉金融严重失信人的情况。

综上,本所认为:

1. 绿城集团作为一家依照中华人民共和国法律设立并有效存续的有限责任公司,具有完全民事权利能力和民事行为能力,有权通过出具《付款确认书》的方式与绿城集团下属公司成为各笔应收账款债权的共同债务人。

2. 截至2020年【】月【】日,未发现绿城集团最近两年内因严重违法失信行为,被认定为失信被执行人、重大税收违法案件当事人或涉金融严重失信人的情况。

(二)绿城集团下属公司

每一专项计划成立前,本所律师将对目标应收账款债权所对应的初始债务人主体资格进行简要核查并发表补充法律意见。

八、原始权益人/资产服务机构业务经营的合规性

根据原始权益人/资产服务机构出具的自查报告和《确认及承诺函》以及提供的《企业征信报告》,并经本所通过百度搜索引擎,组合输入“一方恒融”和“吸收公众存款”“P2P”“金融交易所”“金交所”“交易所”“交易平台”“资产管理”“资管”“私募基金”“拆借资金”“放贷”“催收”“讨债”“票据”等关键词检索相关信息,本所了解到:

1. 自【】年【】月【】日至《确认及承诺函》出具之日,原始权益人/资产服务机构不存在以下行为或经营以下业务:(1)吸收或变相吸收公众存款;(2)通过网络借贷信息中介机构、地方各类交易场所、资产管理机构以及私募投资基金等机构融入资金;(3)与其他商业保理企业拆借或变相拆借资金;(4)发放贷款或受托发放贷款;(5)专门从事或受托开展与商业保理无关的催收业务、讨债业务;(6)基于不合法基础交易合同、寄售合同、权属不清的应收账款、因票据或其他有价证券而产生的付款请求权等开展保理融资业务;(7)国家规定不得从事的其他活动。

2. 原始权益人/资产服务机构主要通过银行、信托等金融机构进行融资,不存在违规融资的情况,原始权益人/资产服务机构融资来源符合相关法律法规规定。经核查《企业征信报告》,截至该《企业征信报告》出具日,原始权益人/资产服务机构不存在贷款违约的情形。

3. 截至【】年【】月【】日:(1)原始权益人/资产服务机构受让同一债务人的应收账款余额最高不超过风险资产总额的50%;(2)原始权益人/资产服务机构受让以其关联企业为债务人的应收账款余额为零;(3)原始权益人/资产服务机构不存在逾期90天未收回或未实现的保理融资款;(4)原始权益人/资产服务机构的融资保理业务余额为【】元,累计已计提风险准备金【】元,占融资保理业务余额的【】%;(5)原始权益人/资产服务机构风险资产余额为【】元,净资产余额为【】元,前者为后者的【】倍。

综上,本所认为:

1. 鉴于《关于加强商业保理企业监督管理的通知》(银保监办发[2019]205号,下称“205号文”)未明确该文对商业保理企业的既往行为是否具有溯及效力,根据“法不溯及既往”的基本原则,原始权益人/资产服务机构的商业保理业务经营行为自205号文下发之日(即2019年10月18日,下同)起应受205号文之规制。

2. 自205号文下发之日起至本所尽职调查

① 生态环境部查询网址:http://www.mee.gov.cn/。

② 国家市场监督管理总局网站查询网址:http://samr.saic.gov.cn/。

③ 国家发展和改革委员会网站可查询企业信用信息,查询网址:http://credit.ndrc.gov.cn/XYXX/admin_client/form_designer/ttt/index.html。

④ 财政部网站查询网址:http://www.mof.gov.cn/index.htm。

⑤ “信用中国”网站可查询相关主体是否被列为涉金融严重失信人,查询网址:http://www.creditchina.gov.cn/home。

⑥ 国家税务总局网站可查询重大税收违法案件信息,查询网址:http://www.chinatax.gov.cn/。

⑦ 国家企业信用信息公示系统查询网址:http://www.gsxt.gov.cn/index.html。

完成之日[①]止的期间，原始权益人/资产服务机构的业务经营和融资方式不存在205号文第（四）条明确禁止的行为或从事相关禁止性业务；主要融资来源于205号文第（五）条所允许的融资方式；经原始权益人/资产服务机构自查其业务经营指标业务经营指标不违反205号文第（七）条规定的监管要求。但是，鉴于205号文的具体执行口径有待监管机构进一步明确，不排除嗣后相关监管机构对原始权益人/资产服务机构的业务经营是否满足205号文规定作出不同判断。

九、其他可能影响资产支持证券持有人利益的重大事项

根据计划管理人及原始权益人提供的书面说明：

1. 计划管理人未持有原始权益人5%以上的股份或出资份额；

2. 原始权益人未持有计划管理人5%以上的股份或出资份额；

3. 平安证券作为计划管理人参与"平安证券－一方恒融－绿金供应链金融1－15号资产支持专项计划""平安证券－一方－融惠供应链金融1－【X】号资产支持专项计划""平安证券－一方恒融－合景泰富供应链金融1－15号资产支持专项计划""平安－云庐一方供应链金融1－10期资产支持专项计划""平安－桂语一方供应链金融1－10期资产支持专项计划""平安证券－海诺1号第1－X期供应链金融资产支持专项计划"的设立发行及管理；作为销售机构参与"长城证券－一方1－20期供应链金融资产支持专项计划""华夏资本－一方恒融－绿城供应链金融1－15期资产支持专项计划""融元－方正证券－一方恒融碧桂园11－34期保理资产支持专项计划""融元－方正证券－一方恒融碧桂园35－82期保理资产支持专项计划"；作为联合推广机构参与"南方资本－元熹1－X期供应链金融资产支持转型计划""南方资本－元熹4－X期供应链金融资产支持转型计划"；作为代理推广机构参与"中山证券－桃源一方1－N期供应链金融资产支持专项计划""长城－金地－一方1－20期供应链金融资产支持专项计划资产支持证券"，一方恒融均作为原始权益人参与前述项目。除前述所述项目外，平安证券与一方恒融不存在其他承销保荐、财务顾问等业务关系及/或其他重大利益关系。

十、主要专项计划文件的合规性

计划管理人经办人[②]于2020年【】月【】日【】（本所收件人[③]电子邮箱系统显示时间）向本所发出拟提交深交所审核的各主要专项计划文件封卷稿，分别为《计划说明书》《标准条款》《认购协议》《基础资产买卖协议》《服务协议》《托管协议》。根据对上述主要交易文件的审慎审阅，本所发表如下意见：

（一）《专项计划合同》

本专项计划的《专项计划合同》由《标准条款》和《认购协议》两部分构成。

《认购协议》由认购人和计划管理人在认购人认购资产支持证券时签署。《标准条款》作为《认购协议》的附件，由计划管理人事先签章确认，供认购人签署《认购协议》时一并确认知悉和接受。《标准条款》与《认购协议》同时生效。

《标准条款》内容涵盖专项计划合同的全部必备条款，明确了基础资产入池标准、基础资产购买、专项计划资金的运用与归集、专项计划费用、专项计划资产分配、存续期信用风险管理、信息披露、资产支持证券持有人大会、专项计划终止和清算、违约责任、争议处理等重大事项。《认购协议》则对认购标的、认购资金支付和认购确认流程作约定，并重点申明专项计划风险因素等。《标准条款》与《认购协议》共同构成一份完整的资产支持专项计划合同。

经适当核查，本所认为：

1.《专项计划合同》将于计划管理人在《标准条款》上签字盖章，且计划管理人与认购人签署《认购协议》之日成立并生效。

2.《专项计划合同》未违反法律、行政法规

① 因调查事项不同，本所律师尽职调查完成之日亦有所不同。

② 计划管理人经办人姓名：袁帅；电子邮箱地址：YUANSHUAI383@pingan.com.cn。

③ 本所收件人姓名：蓝旖琳；电子邮箱地址：lanyilin@cn.kwm.com。

的强制性规定,未损害社会公共利益及国家、集体或者第三人利益;符合《管理规定》及基金业协议发布的《资产支持专项计划备案管理办法》的相关规定,在适用法律项下合法、有效。

(二)《基础资产买卖协议》

《基础资产买卖协议》由计划管理人(作为买方)与原始权益人(作为卖方)双方签署。

根据《基础资产买卖协议》,计划管理人以专项计划资金,为专项计划的资产支持证券持有人的利益,代表专项计划向原始权益人购买合格应收账款债权及其附属权益(如有)作为专项计划的基础资产。

在专项计划设立日,计划管理人将专项计划募集资金用于向原始权益人购买合格债权。除《基础资产买卖协议》另有约定的情形之外,自基础资产购买交割完成之日起,专项计划承担基础资产的全部风险,享有基础资产所产生的全部收益。

经适当核查,本所认为:《基础资产买卖协议》将于其签署完成日生效。《基础资产买卖协议》的内容未违反法律、行政法规的强制性规定,未损害社会公共利益及国家、集体或者第三人利益,符合《管理规定》的规定。

(三)《服务协议》

《服务协议》由计划管理人与资产服务机构共同签署。

根据《服务协议》,计划管理人委托一方恒融作为资产服务机构,为专项计划提供合格基础资产筛选、基础资产回收资金归集、基础资产债权追索、基础资产池监控、交易信息的记录、保存和披露等基础资产管理服务。为此,《服务协议》明确约定了资产服务机构的服务内容、服务期间、服务报酬、资产服务机构解任等事项。

经适当核查,本所认为:《服务协议》将于其签署完成日生效。《服务协议》的内容未违反法律、行政法规的强制性规定,未损害社会公共利益及国家、集体或者第三人利益,符合《管理规定》的规定。

(四)《托管协议》

《托管协议》由计划管理人与托管人双方签署。

根据《托管协议》,计划管理人以专项计划名义在托管人处开立专项计划账户(即专项计划资产的托管账户),专项计划资金的一切收支活动,包括但不限于自募集专用账户接收认购资金、向原始权益人划付基础资产购买价款、缴纳专项计划税费、接收专项计划回收资金、支付专项计划费用以及向资产支持证券持有人划付专项计划利益分配款项,均必须通过该账户进行,托管人根据专项计划文件的约定对专项计划资金实施托管。为此,《托管协议》对双方在专项计划资产托管、资金划拨指令的发送、确认和执行、认购资金的使用、专项计划的会计核算和账户核对及托管人的解任和辞任等相关事宜中的权利、义务及职责进行了明确约定,以实现托管人对计划管理人的业务监督,确保专项计划资产的安全,保护资产支持证券持有人的合法权益。

经适当核查,本所认为:《托管协议》将于其签署完成日生效。《托管协议》未违反法律、行政法规的强制性规定,未损害社会公共利益及国家、集体或者第三人利益,符合《管理规定》的规定。

(五)《计划说明书》

计划管理人为专项计划发行制作了《计划说明书》,由计划管理人事先签章确认后作为各专项计划《认购协议》的附件,供认购人签署《认购协议》时一并确认知悉和接受。

《计划说明书》重点阐明以下事项:(一)当事人权利与义务;(二)资产支持证券的基本情况,包括:发行规模、品种、期限、资信评级状况(如有)以及登记、托管、交易场所等基本情况;(三)专项计划的交易结构与相关方简介;(四)资产支持证券的信用增级方式;(五)原始权益人、计划管理人、其他业务参与人情况;(六)基础资产情况、现金流预测分析;(七)专项计划现金流归集、投资及分配;(八)专项计划资产的管理安排;(九)原始权益人风险自留的相关情况;(十)风险揭示与防范措施;(十一)专项计划的销售、设立及终止等事项;(十二)资产支持证券的登记及转让安排;(十三)专项计划的信息披露安排;(十四)资产支持证券持有人会议相关安排;(十五)主要交易文件摘要;(十六)相关规定要求披露或明确的事项;(十七)违约责任及争议解决;(十八)附录和备查文件的存放及查阅方式;(十九)通知。同时,《计划说明书》已在显著位置说明,资产支持证券仅代表专项计划权益的相应份额,不属于管理人或者任何其他机构的负债,并提示投资者自行承担投资风险。

经适当核查,本所认为,《计划说明书》的内容与格式符合《管理规定》及基金业协议发布的《资产支持专项计划备案管理办法》及《资产支持专项计划说明书内容与格式指引》(试行)的相关规定,在适用法律项下为合法、有效。

十一、结论

经适当核查,本所认为:

(一)专项计划的计划管理人暨销售机构、原始权益人暨资产服务机构均具有法定必备的主体资格、资质、许可,并已取得合法、有效的内部授权。

(二)专项计划的备选托管人光大银行杭州分行、邮储银行上海分行、兴业银行杭州分行均具有法定必备的主体资格、资质、许可,并已取得合法、有效的内部授权。

(三)专项计划文件的约定未违反法律、行政法规的强制性规定,未损害社会公共利益及国家、集体或者第三人利益,在专项计划文件约定的生效条件得到满足后,专项计划文件将对相关的专项计划当事人产生合法、有效的法律约束力。

(四)在满足专项计划文件约定的设立前提后,专项计划可依法、有效设立。

(以下无正文,接附件和签章页)

附件:专项计划文件及申报备案材料之主定义表(略)

(本页无正文,为《北京市金杜(广州)律师事务所关于平安证券股份有限公司设立平安-桂语一方供应链金融4-X期资产支持专项计划之法律意见书》之签章页)

北京市金杜(广州)律师事务所

经办律师:李文敏

经办律师:张 乐

负责人:王立新

二〇一九年×月×日

北京大成律师事务所关于国新租赁-央企高质量发展1-10号资产支持专项计划申报阶段法律意见书

致:中信证券股份有限公司/中信建投证券股份有限公司/上海浦银安盛资产管理有限公司:

北京大成律师事务所(下称"本所")是在中华人民共和国境内合法执业的法律服务机构。作为贵司设立并发行资产支持证券之融资项目(以下简称"本项目")的专项法律顾问,本所为本项目法律服务事项委培之律师(统称"本项目律师")现就相关问题出具法律意见。本项目最终名称以相关交易所核发的《无异议函》所述名称为准,其变更不影响本《法律意见书》的效力。本《法律意见书》的效力、有效性、可信度、法律约束力以及相关的法律责任完全基于和取决于如下事实依据、假定及声明和保留:

1 事实依据,包括但不限于:

1.1 原始权益人/资产服务机构、管理人、托管银行和其他相关主体的营业执照(若为个人则为身份证件)、资格证书及许可证。

1.2 原始权益人/资产服务机构、管理人、托管银行和其他相关主体的工商登记记录或

(若为上市公司)公开披露的信息。

1.3 具有公信力的部分网上信息系统,包括:(1)国家企业信用信息公示系统;(2)国家税务总局重大税收违法案件查询系统;(3)生态环境部行政处罚查询页面;(4)中国人民银行征信中心动产融资统一登记系统;(5)全国企业破产重整案件信息网;(6)全国法院被执行人信息查询系统;(7)中国执行信息公开网;(8)信用中国网;(9)中国证券监督管理委员会官网及中国银行业监督管理委员会官网;(10)应急管理部搜索栏目;(11)事业单位在线查询专栏。上述信息系统的网址见《法律尽职调查报告》列举。

1.4 原始权益人/资产服务机构和管理人提供的交易文件(包括已签署文本和尚未签署的文本),包括但不限于《标准条款》和其他交易文件,以及底层资产相关的《底层租赁合同》和其他文件。

1.5 有专业资质的第三方专业机构出具的专业报告。

2 假定

2.1 相关法律主体提供给本所审阅的所有证照原件都是真实有效的而非伪造或变造或过期/届满的。

2.2 相关法律主体提供给本所审阅的一切复印件均与原件相符。

2.3 相关法律主体提供给本所审阅的所有文件的内容均真实、准确和完整,不存在隐瞒、夸大、遗漏、伪造和篡改事项。

2.4 相关主体提供给本所审阅的所有盖章文件,其印章均为真实有效的。

2.5 相关主体提供给本所审阅的所有签名文件,其签名均为所需签署者本人真实有效的签名,且具备签名授权。

2.6 (若相关主体仅提供某份文件中的部分内容并导致本所无法审核全本)未提供/未审核的内容不存在与本法律意见书的结论相冲突的条款。

2.7 相关各参与方单独出具的或在相关交易文件中做出的声明与保证在基础资产转让日和各期专项计划设立日均为真实、准确、完整。

2.8 若本所审核的法律文本为非签署文本,则最终签署版与审核文本无实质差别。

2.9 (鉴于本意见书发表于专项计划成立及资产支持证券发行之前)专项计划成立及资产支持证券发行之日,《法律意见书》已确认之事项没有发生不利于专项计划及基础资产之变化,且《法律意见书》要求具备之条件已经具备。

3 声明和保留

3.1 法律依据。本所出具本《法律意见书》,依据的是截至签署日仍有效的中华人民共和国法律法规和《证券公司及基金管理公司子公司资产证券化业务管理规定》等规范性文件,以及监管机构发布的相关指引和律师行业公认的业务标准、道德规范和勤勉尽责精神。

3.2 事实依据。本所出具本《法律意见书》,依据的是截至调查日(及《法律尽职调查报告》内申明的其他日期)已发生或存在的事实。

3.3 本所仅就(与本项目有关的)法律问题发表意见。本所不具备会计、审计、财务、资产评估、信用评级、商业可行性分析和内部管理适当性等非法律事项(以下统称"非法律事项")的专业技能,对该等事项不发表意见。若本《法律意见书》中出现有关该等非法律事项之数据或结论,则皆为引用第三方专业机构或调查对象提供之信息,本所对于该等数据或结论的真实性、合法性、完整性或有效性不提供任何形式的核查、保证、核证、确认或担保,亦不承担任何法律责任。

3.4 为出具法律意见,本所将首先审阅并依赖有关证照及法律文件之原件,或政府机构核证的复印件,或政府机构的官方网站发布的信息。若因任何缘故未获得上述审核材料,则本所将审核并依赖第三方或调查对象自身提供的信息。若因任何缘故未获得第三方或调查对象自己提供的信息,则本所将使用并依赖调查对象为保证调查事项的真实性而签署的书面声明与保证。

4 本所同意:将本《法律意见书》作为申请《无异议函》的必备法律文件,随同其他材料一同报送;愿意作为公开披露文件,在前述事实依据、假定以及声明和保留之前提下和范围内,本所愿为本《法律意见书》所发表之法律意见承担法律责任。

5　附件。本《法律意见书》的附件为《法律尽职调查报告》。

北京大成律师事务所(公章)
律师:于绪刚、潘攀

2019 年×月×日

一、参与方和其他当事人

1.1　原始权益人/资产服务机构/差额支付承诺人

1.1.1　名称。根据法律尽职调查,原始权益人/资产服务机构/差额支付承诺人的全称为"国新融资租赁有限公司",统一社会信用代码为91120118MA05LN8Q21。

1.1.2　股东。根据法律尽职调查,国新融资租赁有限公司之股东为国新控股香港有限公司和国新资本有限公司。

1.1.3　主体合法性。根据法律尽职调查,国新融资租赁有限公司系合法有效存续的法人主体,亦不存在法律和公司章程规定的终止事项。

1.1.4　经营范围。根据法律尽职调查,本项目不违反国新融资租赁有限公司的经营范围。

1.1.5　内部审批。根据法律尽职调查,国新融资租赁有限公司董事会于 2019 年 8 月 16 日做出决议,批准国新融资租赁有限公司参与本项目并提供差额支付增信。

1.1.6　行为能力。国新融资租赁有限公司拥有签署和履行本项目中《融资租赁协议》《资产转让协议》《资产服务协议》《原始权益人陈述和保证函》《差额支付承诺函》等法律文件的民事行为能力。

1.1.7　债务状况。经核查,国新融资租赁有限公司不存在关注类和不良类债务。

1.1.8　主体信用评级。根据上海新世纪资信评估投资服务有限公司《信用评级报告》,国新融资租赁有限公司之信用等级为AAA。

1.1.9　风险管理制度。经核查,国新融资租赁有限公司制定有《内部控制制度》,由信用风险管理、流动性风险管理、市场风险管理、操作风险管理、信息披露事务管理、突发事件应急处理、短期资金调度应急预案、财务管理、预算管理、关联交易、项目投放决策及风险防控、担保制度等部分构成了内部控制和风险管理制度。

1.1.10　失信风险提示。根据法律尽职调查,未发现国新融资租赁有限公司存在《法律尽职调查报告》中所列的失信风险提示,尤其是不存在如下记录:(1)被中国执行信息公开网列入失信被执行人名单;(2)被中国证监会列入证券市场禁入名单;(3)被信用中国网站列入信用黑名单、国家发改委涉金融严重失信行为人名单和失信生产经营单位名单;(4)被列入重大税收违法案件信息名单。详见本《法律意见书》所附《法律尽职调查报告》。

1.1.11　根据核查,原始权益人符合下列标准:(1)正式运营已满两年;(2)具备风险控制能力;(3)具备 AA 以上主体评级。因而原始权益人符合《深圳证券交易所融资租赁债权资产支持证券挂牌条件确认指南》第十六条对原始权益人的要求。

1.1.12　合法经营核查。经核查:(1)原始权益人是以融资租赁等租赁业务为主营业务,开展与融资租赁和租赁业务相关的租赁财产购买等业务;(2)原始权益人开展本项目相关的融资租赁业务是以权属清晰、真实存在且能够产生收益权的租赁物为载体;(3)原始权益人未从事未经批准的吸收存款、发放贷款、受托发放贷款等金融业务,也没有发现其未经相关部门批准从事同业拆借等业务、借融资租赁的名义开展非法集资活动;(4)原始权益人建立有《内部控制制度》,由信用风险管理、流动性风险管理、市场风险管理、操作风险管理、信息披露事务管理、突发事件应急处理、短期资金调度应急预案、财务管理、预算管理、关联交易、项目投放决策及风险防控、担保制度等部分构成了内部控制和风险管理制度;(5)原始权益人在本项目相关的售后回租协议中均提供了相应的租赁物价款发票,或采购合同、登记权证、付款凭证、产权转移凭证等证明材料,以确认标的物权属关系;(6)原始权益人的风险资产未超过净资产总额的10倍。①

1.2　管理人(1)

1.2.1　名称。根据法律尽职调查,本项目计划管理人候选之一为中信证券股份有限公司,其统一社会信用代码为914403001017814402。

1.2.2　主体合法性。根据法律尽职调查,中信证券股份有限公司系合法有效存续的法人主体,亦不存在法律和公司章程规定的终止事项。

1.2.3　经营范围。根据法律尽职调查,本项目不违反中信证券股份有限公司的经营范围。

1.2.4　专业资质。根据法律尽职调查,中信证券股份有限公司拥有客户资产管理资格,故能够以专项计划管理人身份参与本项目。

1.2.5　行为能力。中信证券股份有限公司拥有签署和履行本项目中的《标准条款》《资产转让协议》《资产服务协议》《资金托管协议》等相关法律文件的民事行为能力。

1.2.6　风险控制体系。根据法律尽职调查,可确认中信证券股份有限公司建立了合法合规的风险控制体系。

1.2.7　关联关系。未发现与本项目原始权益人、差额支付承诺人、评级机构、律师事务所和会计师事务所之间存在关联关系。

1.2.8　失信风险提示。根据法律尽职调查,未发现中信证券股份有限公司最近三年有行政处罚记录;未发现其被中国证监会列入证券市场禁入名单。

1.3　管理人(2)

1.3.1　名称。根据法律尽职调查,本项目计划管理人候选之二为上海浦银安盛资产管理有限公司,统一社会信用代码为91310000084120930D。

1.3.2　主体合法性。根据法律尽职调查,上海浦银安盛资产管理有限公司系合法有效存续的法人主体,亦不存在法律和公司章程规定的终止事项。

1.3.3　经营范围。根据法律尽职调查,本项目不违反上海浦银安盛资产管理有限公司的经营范围。

1.3.4　专业资质。根据法律尽职调查,上海浦银安盛资产管理有限公司拥有客户资产管理资格,故能够以专项计划管理人身份参与本项目。

1.3.5　行为能力。上海浦银安盛资产管理有限公司拥有签署和履行本项目中的《标准条款》《资产转让协议》《资产服务协议》《资金托管协议》等相关法律文件的民事行为能力。

1.3.6　风险控制体系。根据法律尽职调查,可确认上海浦银安盛资产管理有限公司建立了合法合规的风险控制体系。

1.3.7　关联关系。未发现与本项目原始权益人、差额支付承诺人、评级机构、律师事务所和会计师事务所之间存在关联关系。

1.3.8　失信风险提示。根据法律尽职调查,未发现有限公司最近三年有行政处罚记录;未发现其被中国证监会列入证券市场禁入名单。

1.4　管理人(3)

1.4.1　名称。根据法律尽职调查,本项目计划管理人候选之三为中信建投证券股份有限公司,统一社会信用代码为91110000781703453H。

1.4.2　主体合法性。根据法律尽职调查,中信建投证券股份有限公司系合法有效存续的法人主体,亦不存在法律和公司章程规定的终止事项。

1.4.3　经营范围。根据法律尽职调查,本项目不违反中信建投证券股份有限公司的经营范围。

1.4.4　专业资质。根据法律尽职调查,中信建投证券股份有限公司拥有客户资产管理资格,故能够以专项计划管理人身份参与本项目。

1.4.5　行为能力。中信建投证券股份有限公司拥有签署和履行本项目中的《标准条款》《资产转让协议》《资产服务协议》《资金托管协议》等相关法律文件的民事行为能力。

1.4.6　风险控制体系。根据法律尽职调查,可确认中信建投证券股份有限公司建立了合法合规的风险控制体系。

---

①　根据《国新融资租赁有限公司风险资产与净资产比例合规说明》,截至2019年6月末,公司期末总资产余额2,365,862.57万元,银行存款余额3,166.74万元,无现金、国债、委托租赁资产。故风险资产余额为2,362,695.83万元。同时净资产为320,399.16万元。2019年6月末,公司风险资产为净资产的7.37倍。

1.4.7　关联关系。未发现与本项目原始权益人、差额支付承诺人、评级机构、律师事务所和会计师事务所之间存在关联关系。

1.4.8　失信风险提示。根据法律尽职调查,未发现中信建投证券股份有限公司最近三年有行政处罚记录;未发现其被中国证监会列入证券市场禁入名单。

1.5　托管银行

1.5.1　名称。根据法律尽职调查,托管银行的全称为"上海浦东发展银行股份有限公司广州分行",统一社会信用代码为91440000707664169C。

1.5.2　主体合法性。根据法律尽职调查,上海浦东发展银行股份有限公司广州分行为依据中华人民共和国法律合法设立和有效存续的法律主体,不存在法律和公司章程规定的终止事项。

1.5.3　经营范围。根据法律尽职调查,本项目不违反上海浦东发展银行股份有限公司广州分行的经营范围。

1.5.4　专业资质。根据法律尽职调查,上海浦东发展银行股份有限公司广州分行拥有基金托管资格,故能够以托管银行身份参与本项目。

1.5.5　行为能力。上海浦东发展银行股份有限公司广州分行拥有签署和履行本项目中的《资金托管协议》的民事行为能力。

1.5.6　证券市场禁入。经核查,未发现托管银行被中国证监会列入证券市场禁入名单。

1.6　财务顾问

1.6.1　名称。根据法律尽职调查,财务顾问的全称为"国新集团财务有限责任公司",统一社会信用代码为91110108MA01C0J55L。

1.6.2　主体合法性。根据法律尽职调查,国新集团财务有限责任公司为依据中华人民共和国法律合法设立和有效存续的法律主体,不存在法律和公司章程规定的终止事项。

1.6.3　经营范围。根据法律尽职调查,本项目不违反国新集团财务有限责任公司的经营范围。

1.6.4　行为能力。国新集团财务有限责任公司拥有签署和履行本项目财务顾问协议的民事行为能力。

1.6.5　证券市场禁入。经核查,未发现国新集团财务有限责任公司被中国证监会列入证券市场禁入名单。

1.7　其他服务机构

1.7.1　信用评级机构

(1)名称:上海新世纪资信评估投资服务有限公司

(2)统一社会信用代码:91310110132206721U

(3)营业执照信息:杨浦区市场监管局1992年07月30日核准

(4)住所:上海市杨浦区控江路1555号A座103室K-22

(5)经核查,未发现该机构被中国证监会列入证券市场禁入名单。

1.7.2　法律顾问

(1)名称:北京大成律师事务所

(2)统一社会信用代码:311100004005689575

(3)证券执业资格证:证号11016,1996年7月8日获得

(4)通讯地址:北京朝阳区东大桥路9号侨福芳草地大厦D座7层

(5)经核查,未发现该机构被中国证监会列入证券市场禁入名单。

1.7.3　会计机构

(1)名称:大信会计师事务所(特殊普通合伙)

(2)统一社会信用代码:91110108590611484C

(3)营业执照信息:北京市工商行政管理局海淀分局2018年08月28日核准

(4)通讯地址:北京市海淀区知春路1号学院国际大厦1504室

(5)经核查,未发现该机构被中国证监会列入证券市场禁入名单。

1.8　法律意见。针对相关法律主体,本项目律师确认:

(1)本项目之原始权益人、资产服务机构、差额支付承诺人、管理人和托管银行,均为依法成立并有效存续的法律主体;均不存在法律和公司章程规定的终止事项;参与本项目均不违反其经营范围;均拥有参与本项目必备的专业资格;均拥有签署和履行相关交易文件的民事行为能力;均不存在本《法律意见书》提示的风险事项。

(2)原始权益人已为本项目出具内部权力机构的批准决议,该决议内容符合法律,并符合其公司章程规定的程序,故为合法有效并具备

法律执行效力的法律行为。

(3)原始权益人系特定原始权益人。经核查:其生产经营符合法律行政法规、公司章程的规定;内部控制制度健全;最近三年未发生重大违约、虚假信息披露或者其他重大违法违规行为;符合法律、行政法规和中国证监会对原始权益人规定的其他条件。

(4)差额支付承诺人已为本项目的差额支付承诺事宜出具内部权力机构的批准决议,该决议内容符合法律,并符合其公司章程规定的程序,故为合法有效并具备法律执行效力的法律行为。

(5)本项目之信用评级机构、法律顾问和会计机构均为依法成立并有效存续的法律主体;均不存在法律和机构章程规定的终止事项;参与本项目均不违反其经营范围;均拥有签署和履行相关法律文件的民事行为能力;均未被列入中国证监会的证券市场禁入名单。

二、申报和发行程序

2.1 项目申报程序

(1)本次资产证券化项目通过原始权益人和差额支付承诺人内部审批;

(2)管理人准备正式的《标准条款》以及《资产转让协议》《资产服务协议》《资金托管协议》《差额支付承诺函》《原始权益人陈述和保证函》的待签署文本;

(3)法律顾问根据法律尽职调查结果和已签署文本及待签署文本,签署《申报阶段法律意见书》(含尽职调查报告);

(4)管理人提交申报材料,获取《无异议函》。至此申报阶段完成。

2.2 本项目各期资产支持证券发行程序

(1)管理人与原始权益人和法律顾问协作对当期基础资产进行筛选和尽职调查;

(2)法律顾问出具当期《法律意见书》(含当期基础资产的尽职调查报告);

(3)原始权益人与管理人签署当期《资产转让协议》,并交付当期基础资产;

(4)管理人在证券交易所发行当期资产支持证券;

(5)管理人向原始权益人支付该期基础资产转让款,购买该期基础资产,并在中国人民银行征信中心动产融资统一登记系统进行转让登记。

2.3 关于一次申报多次发行模式。本项目将确保各期发行均符合如下全部要求:(1)本项目预期入池的基础资产均为国新融资租赁有限公司的融资租赁债权,具备较高同质性,风险特征不存在较大差异;(2)各期资产支持证券使用相同的交易结构和增信安排,设置相同的基础资产合格标准,且合格标准包括相对清晰明确的基础资产质量控制条款(含分散度标准);(3)原始权益人能够持续产生与分期发行规模相适应的基础资产规模;(4)增信方资信良好;(5)计划管理人和相关参与方具备良好的履约能力,没有被列入最高人民法院失信被执行人名单和信用中国的信用黑名单,并拥有较为丰富的资产证券化业务经验。

2.4 法律意见。针对申报和发行程序,本项目律师确认:

(1)交易文件和申报文件的内容合法有效,亦符合本项目之交易结构和监管规则,一经签署,即可生效并对相关各方产生法律约束力。

(2)原始权益人和差额支付承诺人已为本项目出具内部权力机构的批准决议,其内容符合法律,并符合其公司章程规定的程序,故为合法有效并具备法律执行效力的法律行为。

(3)本项目具备一次申报多次发行的条件。

(4)鉴于申报条件已经完全具备,故申报文件连同本《申报阶段法律意见书》可用于申请《无异议函》。

三、交易要素及产品结构

3.1 交易结构

(1)设立和发行阶段。原始权益人将其拥有的租赁债权(基础资产)转让给专项计划,专项计划发行资产支持证券,所募集的资金支付给原始权益人用作购买基础资产的对价。

(2)回款阶段。原始权益人应在任何一个资金归集日将其租金账户中归属于专项计划的资金统一归集进入归集账户,并于回收款转付日将归集账户中的全部资金付至该期专项计划账户。

(3)分配阶段。在该期专项计划的兑付日,管理人将该期专项计划账户内的资金按照《标准条款》规定的顺序和流程进行分配。

3.2　增信。增信方式是差额支付承诺人出具《差额支付承诺函》，承诺在发生差额支付启动事件时履行差额补足义务。

3.3　循环购买。各期专项计划的基础资产池均为静态，不设置循环购买安排。

3.4　现金流归集和转付监管

（1）就任何一期专项计划而言，依据《标准条款》的设置，租金账户自该期基准日之后收到《融资租赁协议》项下的应付款应当用于偿付该期专项计划，应于每个资金归集日统一归集至归集账户，并于每个回收款转付日从归集账户转付至该期专项计划账户。

（2）根据《标准条款》《资产转让协议》和《资产服务协议》，原始权益人在收到《融资租赁协议》项下的应付款项后，应在规定的资金归集日统一付至归集账户，并于回收款转付日从归集账户转付至该期专项计划账户。在该期专项计划资金分配时，托管银行只能按照管理人的指令将该期专项计划资金中相当于该期投资本息的部分兑付给该期资产支持证券持有人。按照《资金托管协议》的规定，托管银行不得将该期专项计划资金付至其他任何账户（包括本项目其他各期专项计划的账户）。

3.5　风险隔离机制。本项目通过买断和专项计划账户机制实施风险隔离。租赁债权（基础资产）通过《资产转让协议》买断后，即不再属于原始权益人。若原始权益人因依法解散、被依法撤销或者宣告破产等原因进行清算，因基础资产已经归属专项计划，故不纳入原始权益人的清算财产。管理人之地位决定了其不是以所有人之身份持有基础资产，且监管规则明确规定基础资产与管理人的固有财产相区别，若管理人依法解散、被依法撤销、被宣告破产或财产被查封，基础资产不属于其清算财产。

3.6　风险揭示。根据《标准条款》和《计划说明书》的内容，专项计划揭示风险概述如下：原始权益人破产的风险；差额支付承诺人违约的风险；现金流预测的风险；债务人违约的风险；债务人区域集中度的风险；资金混同的风险；资产支持证券信用增级措施的风险；资产支持证券的利率风险；资产支持证券的流动性风险；评级风险；与专项计划管理相关的风险；专项计划操作风险；专项计划相关的政策和法律风险；税收风险；不可抗力的风险；技术风险；经济周期的风险；其他不可预知、不可防范的风险。

3.7　信息披露。根据《标准条款》和《专项计划说明书》的内容，专项计划的信息披露机制概述如下：

（1）发行前的披露。管理人应在任何一期资产支持证券发行前向该期认购人披露《计划说明书》《法律意见书》和《信用评级报告》（若有）。

（2）在任何一期专项计划存续期间，管理人应按照中国证监会和证券交易所规定的内容、格式和日期向该期投资者披露经具有从事证券期货相关业务资格的会计师事务所审计的上年度该期专项计划的《资产管理报告》。对于专项计划设立距报告期不足2个月或者每年4月30日之前专项计划所有挂牌证券全部摘牌的，管理人可以不编制年度《资产管理报告》。年度《资产管理报告》内容应符合《深圳证券交易所资产支持证券定期报告内容与格式指引》。

（3）在任何一期专项计划存续期间，托管银行应按照中国证监会和证券交易所规定的内容、格式和日期，在该期专项计划的年度《资产管理报告》被披露的同时披露相应期间的年度《托管报告》。对于专项计划设立距报告期不足2个月或者每年4月30日之前专项计划所有挂牌证券全部摘牌的，托管银行可以不编制年度《托管报告》。年度《托管报告》的内容应符合《深圳证券交易所资产支持证券定期报告内容与格式指引》。

（4）在任何一期专项计划存续期间，管理人应公告该期专项计划的《收益分配报告》。管理人应在每期专项计划的每个兑付日之前向该期投资者披露《收益分配报告》，披露该期专项计划的分配信息。

（5）在任何一期专项计划存续期间，管理人应公告该期专项计划的《评级报告》。该期专项计划发行前，管理人应委托资信评级机构向管理人提供一份有关该期专项计划的《初始评级报告》。该期专项计划存续期间，评级机构应当于该期专项计划存续期内每年的6月30日前在证券交易所网站和管理人网站上向投资者披露上年度的该期专项计划《定期跟踪评级报告》，并应当及时披露《不定期跟踪评级报告》。

(6)《清算报告》。任何一期专项计划清算完成之日起10个工作日内,管理人应向该期投资者披露该期专项计划的《清算报告》,并将清算结果向中国证券投资基金业协会报告。

(7)临时披露。在任何一期专项计划存续期内,如果发生《证券公司及基金管理公司子公司资产证券化业务信息披露指引》第十九条列举的任何事件,管理人均应及时向该期投资者公布,并向中国证券投资基金业协会报告。

(8)澄清公告。在任何传播媒介中出现的或者在市场上流传的消息可能对投资者的收益预期产生重大影响或引起较大恐慌时,相关的信息披露义务人知悉后应当立即对该消息进行澄清或说明,并将有关情况立即报管理人住所地主管部门备案。

(9)查阅。任何一期专项计划的定期公告和临时公告的文本在编制完成后,应存放于管理人所在地、托管银行所在地、有关推广机构及其网点,并在指定网站披露,供该期投资者查阅。该期投资者在支付工本费后,可在合理时间内取得上述文件复制件或复印件。管理人和托管银行保证文本的内容与所公告的内容完全一致。该期投资者按上述方式所获得的文件或其复印件,管理人和托管银行应保证与所公告的内容完全一致。

3.8　投资者保护机制。本项目中,对各期专项计划投资者的保护通过合同条款、风险事件的设置、资产赎回机制以及资产支持证券持有人会议(以下简称"持有人会议")四类方式得以实现。

(1)合同保护。根据《标准条款》的约定,投资者(资产支持证券持有人)的权利包括但不限于:作为投资者参与投资本息的分配;参与专项计划清算后的分配;依法转让其持有的优先级资产支持证券;按照法律法规以及《标准条款》的规定参加和要求召开持有人会议;对持有人会议审议事项行使表决权;查阅或复制基础资产和资产支持证券相关信息资料;获得相关参与方的信息披露;因相关参与方违约或违规行为导致专项计划发生损害时,投资者拥有损害赔偿请求权;通过持有人会议解任管理人、资产服务机构和托管银行的权利;法律法规赋予的其他权利。

(2)风险事件之权利完善事件。系指资产服务机构发生的下列任何事件之一:1)资产服务机构/原始权益人的任何账户因任何缘故被司法机关、行政机构或银行冻结,且管理人合理判断该等情形可能危及专项计划的利益;2)资产服务机构/原始权益人被任何第三方提起仲裁或起诉,但累计诉请金额尚未达到风险基准线,且管理人合理判断该等情形可能危及专项计划的利益;3)资产服务机构/原始权益人被行政机构或监管机构实施调查,且该等调查可能导致资质被取消、行政处罚或罚款,但累计罚款金额尚未达到风险基准线,且管理人合理判断该等情形可能危及专项计划的利益;4)发生任何资产服务机构解任事件;5)发生任何事件危及租赁物的安全或权利,且管理人合理判断该等情形所涉及租赁物的价值较大,已可能危及专项计划的利益;6)资产服务机构/原始权益人主体长期信用评级(若有)被下调至不足AA或相当于AA的等级。

任何一期专项计划存续期间,若资产服务机构发生任何权利完善事件,则管理人有权决定提出如下部分或全部请求(且相关参与方有义务服从该等请求):管理人有权提出如下部分或全部请求(且相关参与方有义务服从该等请求):请求(或通过原始权益人请求)承租人将其在《融资租赁协议》项下应偿付的款项直接付至该期专项计划账户;请求原始权益人在其租金账户收到每一期专项计划的每一笔约定支付款之后的第一个工作日将该款项直接转入该期专项计划账户;资产服务机构与其开户银行应互为配合,将租金账户内的相关资金转入该期专项计划账户;原始权益人将租赁物的所有权零对价转至专项计划(由管理人代表);租赁物上若有担保权益或保险利益,原始权益人亦应转至专项计划(由管理人代表)。管理人应向风险警示对象发出的《权利完善通知》应包含相关各方应采取的风险预防措施。风险预防措施包括本文件有关资金归集和转付变更的措施或偿付频率提高,以及本文件规定的其他措施,但遭遇权利完善事件的当事人应履行的全部义务并不限于《权利完善通知》的内容,该当事人仍应履行相关交易文件规定的其他义务。

(3)风险事件之差额支付启动事件。差额

支付启动事件系指下列任何事件之一:1)在每个兑付期(若为加速清偿则为加速兑付期),截至回收款转付日(若为加速清偿则为加速清偿启动日),专项计划账户内的资金少于该兑付期(或加速兑付期)的预期分配总额;2)资产赎回发生时,原始权益人于赎回执行日没有全额支付赎回价款。任何一期专项计划发生差额支付启动事件后,差额支付承诺人应按照管理人的指令将其应履行的金额支付至该期专项计划账户。

(4)风险事件之加速清偿事件:加速清偿事件系指下列任何事件:1)资产服务机构发生任何丧失清偿能力事件;2)差额支付承诺人发生任何丧失清偿能力事件,且管理人确认有必要实施加速清偿;3)租赁物完全毁损,或基本丧失其使用价值,且管理人认为有必要实施加速清偿。

(5)风险事件之特别终止事件。系指如下事件之一:1)该期专项计划届时存续的持有人会议决定特别终止该期专项计划;2)管理人或托管银行之一被解任后60个工作日内未能找到合格的继任者;3)该期专项计划成立后,因原始权益人未如约收到基础资产转让款并导致其终止《资产转让协议》;4)在该期专项计划的任何一个兑付期,差额支付承诺人未如约履行其差额支付义务并导致该期优先级资产支持证券持有人的预期收益或该期应付本金无法按期足额获得兑付;5)发生不可抗力事件,且管理人认定该事件已经导致该期专项计划无法存续或导致回收款无法偿付该期优先级资产支持证券的本金或预期收益;6)该期专项计划被法院或仲裁机构的生效判决或裁决撤销、认定无效或终止;7)该期专项计划被有管辖权的行政机关或监管机关下令终止;8)因该期专项计划相关的《融资租赁协议》被司法认定为非法、无效、被撤销或提前终止,导致该期专项计划基础资产因此减少的比例达到相关计息期间首日资产池余额的百分之十,且管理人认为应当终止该期专项计划;9)因该期专项计划的交易文件被司法认定为非法、无效、被撤销或提前终止,导致该期专项计划无效、终止或被撤销;10)承租人发生丧失清偿能力事件,且涉及的基础资产达到该期专项计划相关计息期间首日资产池余额的百分之十,且管理人认为应当终止该期专项计划。

(6)资产赎回:不合格资产。在专项计划的存续期内,如果管理人或原始权益人发现存在不合格资产,且无法被纠正,则原始权益人有义务赎回该不合格资产,并在管理人通知的赎回执行日将全部赎回价款支付至专项计划账户。

(7)资产赎回:资产保证不实。在专项计划的存续期内,如果原始权益人做出的资产保证被证明不实,则原始权益人有义务按照管理人的指示赎回相关的基础资产,在管理人通知的赎回执行日将全部赎回价款支付至专项计划账户。

(8)持有人会议的保护。持有人会议由管理人或投资者召集。在特定情况下,持有人会议可做出决定,解任特定参与方,或终止专项计划。

3.9　原始权益人风险自留。本项目各期将发行一定比例的次级资产支持证券。按照交易结构的设计,若任何一期专项计划发行次级资产支持证券,均由原始权益人自持全部次级资产支持证券。

3.10　转租赁。本项目存在转租赁结构,即《融资租赁协议》的承租人系另一租赁关系中的出租人;两重租赁关系中的租赁物是同一的。

(1)经核查,原始权益人的经营范围中包括“融资租赁业务”。根据法律,[1]转租赁业务系融资租赁业务之一,且并非属于审批事项。

(2)经核查,原始权益人的公司章程中并未对转租赁业务规定有不同于其他融资租赁业务类型的内部审批程序和标准。

3.11　项目租赁物中存在部分医疗器械,但是原始权益人并未持有医疗器械经营许可

① 《融资租赁企业监督管理办法》第八条规定:“融资租赁企业可以在符合有关法律、法规及规章规定的条件下采取直接租赁、转租赁、售后回租、杠杆租赁、委托租赁、联合租赁等形式开展融资租赁业务。”此外可参照《金融租赁公司管理办法》第十八条第(一)项,该条款将直接租赁、回租、转租赁、委托租赁均并列为融资性租赁之类别。

证。[①] 对此，本项目律师基于如下理解，确认原始权益人对于该部分租赁物的融资租赁行为并未违法，亦不影响入池基础资产的合法有效性：

（1）《医疗器械监督管理条例》第二十九条规定："从事医疗器械经营活动，应当有与经营规模和经营范围相适应的经营场所和贮存条件，以及与经营的医疗器械相适应的质量管理制度和质量管理机构或者人员。"这个要求显然不适用于售后回租行为，因为售后回租业务中的租赁物始终不脱离承租人占有，因此这一条针对的是真正存在医疗器械经营行为的法律主体。因此，一旦证明承租人拥有该等医疗器械经营许可证，则已经满足该条要求。

（2）即便出租人未取得法律法规要求的行政许可，仅此也不足以导致租赁合同无效。[②] 因此，在原始权益人没有其他违法违规行为的前提下，不会仅因不具有医疗器械经营许可证而导致租赁关系无效，故而不会影响入池基础资产的合法有效性。

（3）关于融资租赁公司应办理医疗器械企业经营许可证，这是国家食品药品监督管理局的答复意见，并未遵循《规章制定程序条例》规定的程序[③]以及《中华人民共和国立法法》规定的程序予[④]以公布，因而不属于具有法律强制力的部门规章，更非法律和行政法规。因此，仅凭此项答复意见不足以构成售后回租业务必须适用经营许可证之依据。

3.12　法律意见。针对交易要素及产品结构，本项目律师确认：

（1）本项目交易结构不存在违反强制性或禁止性法律规定的情况，符合监管规则，系合法有效的法律安排。

（2）现金流转付监管。本项目资金转付监管机制的各项约定，在和托管银行如约履行义务的情况下，不会发生专项计划账户内的资金被移至他处的风险以及专项计划资金与第三方资金混同的风险，符合监管规则，系列发有效的法律安排。

（3）增信。本项目的增信机制（《差额支付承诺函》）符合本项目交易结构，符合监管规则，系合法有效的法律安排。

（4）风险隔离机制。本项目通过买断和专项计划账户的设置实施风险隔离。该等风险隔离机制不违反强制性和禁止性的法律规定，符合监管规则。

（5）风险揭示。本项目法律文件对专项计划和基础资产可能涉及的风险均有符合法律的揭示，不违反强制性或禁止性的法律规定，符合监管规则。

（6）信息披露。本项目设置了合格的信息披露机制，该机制不违反强制性或禁止性的法律规定，符合监管规则。

（7）投资者保护机制。本项目通过合同条款、风险事件的设置、资产赎回机制以及持有人会议制度的设置等合法有效的方式对投资者实施保护。这些安排均不违反强制性和禁止性的法律规定，符合监管规则。相关文件签署后，这些安排即构成有强制执行效力的条款。

（8）原始权益人风险自留。各期专项计划可发行一定比例的次级资产支持证券。若任何一期专项计划发行次级资产支持证券，将由原始权益人自持，该安排符合监管规则有关风险自留的要求。若任何一期专项计划不发行次级资产支持证券，由于专项计划均有差额支付承诺人之增信，故依据监管规则可免于原始权益人风险自留之要求。

（9）原始权益人开展转租赁业务属于其经营范围中的融资租赁类型之一，不违反强制性或禁止性的法律条款，不违反其经营范围，亦无须适用公司章程中不同于其他融资租赁业务的内部审批程序和标准。

（10）原始权益人不具备医疗器械经营许可证之事实不足以构成《融资租赁协议》无效之依据，仅此不足以导致入池基础资产的合法有效性受到不利影响。

---

① 《医疗器械监督管理条例》和《关于融资租赁医疗器械监管问题的答复意见》（国食药监市[2005]250号）。

② 《最高人民法院关于审理融资租赁合同纠纷案件适用法律问题的解释》第三条："根据法律、行政法规的规定，承租人对于租赁物的经营使用应当取得行政许可的，人民法院不应仅应出租人未取得行政许可为由认定融资租赁合同无效。"

③ 《国务院规章制定程序条例》规定，规章制定应经过立项、起草、审查、决定和公布。

④ 《中华人民共和国立法法》第八十五条规定，部门规章由部门首长签署命令予以公布。

四、基础资产

4.1　基础资产

(1)任何一期专项计划的基础资产均指该期《融资租赁协议》项下的租赁债权(不含预付款、质量保证金或类似款项)及其关联权益。其范围限于该期《基础资产清单》所列的内容。

(2)形成过程。若干租赁公司分别与各终端承租人签署《底层租赁合同》,购买租赁物,并出租(回租或直租)给终端承租人(简称"底层租赁交易")。该等租赁公司(作为承租人)与本项目的原始权益人(出租人)签署《融资租赁协议》,将其在底层租赁交易中获得所有权的租赁物出售给原始权益人(出租人),并由原始权益人将该租赁物回租给承租人,由此形成二次租赁关系。租赁物继续由终端承租人占有和使用。

4.2　基础资产之合格标准。就任何一期专项计划,该期任何一笔资产在该期专项计划设立日和该期基础资产转让日均应已经全部满足下列合格标准,否则基础资产视为不合格资产:

(1)该期专项计划相关的承租人均为在中华人民共和国注册的法人主体,拥有签署《融资租赁协议》所需的民事行为能力、资质、许可、批准和备案(若需),未发生申请停业整顿、申请解散、申请破产、停产、歇业、注销登记、被吊销营业执照或涉及重大诉讼或仲裁,且不属于失信被执行人。

(2)关于《底层租赁合同》:1)原始出租人(承租人)与终端承租人均为依据中华人民共和国法律在中华人民共和国成立和有效存续的法人主体;2)《底层租赁合同》系原始出租人(承租人)与终端承租人合法有效签署并已发生法律效力;3)原始出租人(承租人)已经履行并遵守了基础资产对应的任一份《底层租赁合同》项下的义务;4)租赁物状况良好,租赁物已交付给终端承租人并已起租。

(3)基础资产对应的全部《融资租赁协议》适用法律为中国法律,原始权益人和承租人已经合法有效签署该期《融资租赁协议》。

(4)租赁债权应当基于真实、合法的交易活动产生,交易对价公允,具备商业合理性。

(5)基础资产中没有以地方政府或地方政府融资平台为直接或间接债务人的资产。

(6)原始权益人已根据该期《融资租赁协议》的约定向承租人支付租赁物购买价款,且承租人不存在抗辩事由和抵销事由(以保证金冲抵除外)。

(7)基础资产均为原始权益人正常、关注、次级、可疑、损失5级分类体系中的正常类;基础资产所对应的任一份《融资租赁协议》项下的到期租金均已按时足额支付,无违约情况。

(8)同一《融资租赁协议》项下承租人剩余未偿还的本金、利息及其他应收款项全部入池。

(9)原始权益人已经完全拥有租赁物的所有权,并且是唯一的所有权人;按照国家法律法规规定租赁物的权属应当登记的,原始权益人已依法办理相关登记手续;租赁物可与原始权益人自身的其他资产相区分,且原始权益人已声明和保证其状态完好。

(10)租赁物已经登记于合法的动产抵押登记公示系统,原始权益人系抵押权人;租赁物不得附带第三方的担保权(抵押、质押等)或者其他权利限制;已经存在抵押、质押等担保负担或者其他权利限制的,应当能够通过专项计划相关安排在原始权益人向专项计划转移基础资产时予以解除。

(11)原始权益人已经履行并遵守了基础资产所对应的任一份《融资租赁协议》,租赁物已经交付给承租人。

(12)基础资产如附有担保权益,则相关担保合同均合法有效,担保权益可以进行合法有效的转让,且无须取得承租人、保证人、物权担保人或其他主体的同意。

(13)各期入池的租赁债权的到期日早于该期专项计划资产支持证券的预期到期日,晚于该期专项计划的成立日。

(14)基础资产上不存在第三方担保权益(如抵押和质押)或类似的其他权利负担。

(15)基础资产不属于依法不得转让或依其性质不得转让的财产;《融资租赁协议》及法律未对基础资产的转让作出禁止性或限制性约定。

(16)原始权益人与承租人之间不存在关联关系。

(17)任何一期专项计划的无关联关系的

承租人数量不得少于五个,单一承租人入池规模占比不得超过50% 。[①]

(18)该期基础资产转让已完成中国人民银行征信中心动产融资统一登记系统的转让登记,已由原始权益人合法所有;

(19)差额支付承诺人已向管理人出具《差额支付承诺函》,且该等《差额支付承诺函》适用中国法律且在适用法律下均合法、有效且可执行;

(20)该期基础资产和租赁物未被列入《资产证券化业务基础资产负面清单指引》,亦不属于国防、军工或国家机密类别的资产;

(21)该期基础资产和租赁物不涉及任何未决的诉讼、仲裁、执行或破产程序,未被采取任何查封、扣押、冻结等司法保全或强制措施;

(22)原始权益人未被列入信用中国黑名单、最高人民法院失信被执行人名单、重大税收违法案件信息名单、国家发改委涉金融严重失信行为人名单。

4.3　基础资产的形成。基础资产的形成取决于如下条件的成就:

(1)《底层租赁合同》均已签署并生效。

(2)租赁物所有权已经合法有效转移至原始出租人(即本项目的承租人)。

(3)原始权益人与承租人已签署《融资租赁协议》,原始权益人已按照该合同支付应收账款债权转让款,承租人已将租赁物所有权转让至原始权益人。

4.4　基础资产的可交付状态。任何一期基础资产的可交付状态,取决于下列条件的成就:

(1)管理人与原始权益人已签署该期《资产转让协议》,原始权益人已提交该期《基础资产清单》。

(2)中国人民银行征信中心动产融资统一登记系统显示《融资租赁协议》项下的应收账款债权并未转让或质押给第三方。

(3)截至该期《法律意见书》申明的调查日,基础资产在全部实质方面已符合合格标准。

4.5　基础资产的权属。根据《标准条款》之约定,资产支持证券发行成功后,募集资金中相当于基础资产转让款的部分应支付给原始权益人;基础资产转让款支付给原始权益人之同一时刻,基础资产转归专项计划所有。管理人应于中国人民银行征信中心动产融资统一登记系统进行转让登记。

4.6　第三方担保和权利负担。发行之前,将依据中国人民银行征信中心动产融资统一登记系统查询基础资产是否为第三方设置质押。

4.7　基础资产的现金流归集和转付监管机制

(1)就任何一期专项计划而言,依据《标准条款》的设置,租金账户自该期基准日之后收到的资金应优先偿付该期专项计划,应于资金归集日统一归集至归集账户,并于回收款转付日从归集账户转付至该期专项计划账户。

(2)根据《标准条款》《资产转让协议》和《资产服务协议》,原始权益人收到《融资租赁协议》项下的应收款项后,应于资金归集日统一付至归集账户,并于回收款转付日转至该期专项计划账户。在该期专项计划资金分配时,托管银行只能按照管理人的指令将该期专项计划资金中相当于该期投资本息的部分兑付给该期资产支持证券持有人。按照《资金托管协议》的规定,托管银行不得将该期专项计划资金付至其他任何账户(包括本项目其他各期专项计划的账户)。

4.8　基础资产的完整性。基础资产为《融资租赁协议》项下的租赁债权。每一份《融资租赁协议》均有独立的编号、明确的应收账款金额和租金偿付日。根据《资产转让协议》之约定,《基础资产清单》中每一笔基础资产均完整转让给专项计划。

4.9　基础资产的可特定化。根据本项目交易结构,基础资产基于/对应于拥有单独编号的《融资租赁协议》,产生于原始权益人和特定的承租人之间的融资租赁交易,在会计上亦可独立记账;租赁物及对应租金应符合可特定化要求,租金数额和支付时间应是明确的。

4.10　基础资产的交付。依据《标准条款》和《资产转让协议》,原始权益人向管理人交付如下文件并且收到管理人提交的《基础资

① 鉴于本项目各期专项计划均设置有差额支付承诺增信机制,故可免于监管规则要求的分散度标准。

产交付确认函》,即可认定原始权益人已向管理人交付基础资产：

(1)《基础资产交付通知》;

(2)原始权益文件;

(3)《原始权益人陈述和保证函》;

(4)《差额支付承诺函》;

(5)原始权益人有关参与本次资产支持证券发行的内部决议;

(6)差额支付承诺人有关参与本项目的内部决议。

4.11　资产的转让限制。本项目中的基础资产系租赁债权不属于依据合同性质不得转让的债权,亦不属于被法律法规禁止或限制转让的债权。

4.12　租赁物

(1)对于本项目任何一期专项计划,若租赁物权属及其转移必须登记,则该期专项计划将把租赁物的所有权及其转移的登记作为前提条件。若租赁物不属于依法需要登记的财产类别,则该期专项计划将把原始权益人在中国人民银行征信中心办理融资租赁登记作为前提条件。

(2)登记的租赁物财产信息应当与融资租赁合同及租赁物实际状况相符。对于租赁物权属不随基础资产转让给专项计划的情形,应采取登记公示的方法防止第三方获得租赁物权属。同时,在发生权利完善事件且可能导致第三方获得租赁物权属时,管理人有权将租赁物的所有权收归专项计划。

4.13　基础资产尽职调查方式

(1)本项目各期专项计划的基础资产,若入池资产笔数少于50笔,将采用逐笔尽职调查方法;若入池资产笔数不少于50笔的资产池,将采用抽样尽职调查方法。

(2)若采用逐笔尽职调查方法,将对每一笔资产展开尽职调查。

(3)若采用抽样尽职调查方法,将结合重要性和全面性原则设置科学合理的抽样方法和标准,并对抽取样本的代表性进行分析说明。对于对基础资产池有重要影响的入池资产应当着重进行抽样调查。

(4)入池资产笔数在50笔以上,1万笔以下的,抽样比例将不低于百分之五,且笔数不低于50笔;入池资产笔数在1万至10万笔之间的,抽样比例将不低于千分之五,且笔数不低于200笔;入池资产笔数在10万笔及以上的,将结合基础资产特征和对筛选基础资产所依赖的技术系统进行测试验证的结果,确定抽样规模,且笔数不低于300笔。

(5)抽样比例系抽样样本的未偿还本金总额占入池资产未偿还本金总额的比重。

4.14　承租人合规核查。根据对模拟资产池及其涉及的承租人的核查,本项目律师确认如下：

(1)承租人均为《底层租赁合同》项下的出租人。根据核查,全体承租人均符合下列标准：1)根据核查相关材料,①正式运营已满两年;2)根据核查相关材料,可确认承租人均具备风险控制能力。②

(2)每一笔《底层租赁合同》项下的交易均符合原始出租人的经营范围和特许资格。③

(3)《底层租赁合同》均以权属清晰、真实存在且能够产生收益权的租赁物为载体。④

(4)经核查,未发现承租人有严重违法失信行为。⑤

(5)经核查,承租人均建立了合法有效的内部风险控制体系。⑥

(6)经核查,《底层租赁合同》项下的租赁交易均已登记于中国人民银行征信中心动产融资统一登记系统。

(7)经核查,未发现承租人(原始出租人)被列入全国法院失信被执行人名单。

4.15　法律意见。针对基础资产,本项目律师确认：

(1)基础资产的合法有效性。本项目合格

① 根据公开发行公司债募集说明书的内容或国家企业信用信息公示系统的记载。

② 根据公开发行公司债募集说明书的内容或相关承租人提供的风险控制制度说明材料。

③ 根据承租人公司章程和特许资格证明。

④ 根据相关《底层租赁合同》和《融资租赁协议》所附的租赁物清单。

⑤ 根据国家企业信用信息公示系统和信用中国网站。

⑥ 根据公开发行公司债募集说明书或相关承租人提供的风险控制制度说明材料。

标准之设置不违反强制性或禁止性的法律规定,符合监管规则,经各方接受后即成为具备法律效力的约定。

(2)现金流归集和转付机制。本项目现金流归集和转付机制是合法有效的法律安排,符合监管规则,一经签署即可对相关各方形成有法律约束力的义务。

(3)基础资产的完整性。根据交易结构的设计,各期基础资产为《融资租赁协议》项下的租赁债权;每一份《融资租赁协议》均有独立的编号、明确的租赁债权本金金额、利息计算方式和租金支付日。根据《资产转让协议》之约定,《基础资产清单》中每一笔资产均完整转让给专项计划,基础资产转让给专项计划后,专项计划是其唯一的权利人,任何一笔基础资产上均不存在共有人。因此,基础资产一旦按照交易结构的要求形成,即具备完整性。

(4)基础资产的可特定化。根据本项目交易结构,基础资产基于/对应于拥有单独编号的《融资租赁协议》,产生于原始权益人和特定的承租人之间的融资租赁交易,在会计上亦可独立记账;租赁物及对应租金应符合可特定化要求,租金数额和支付时间应是明确的。因此,基础资产一旦按照交易结构的要求形成,即属于可特定化的资产类型。

(5)基础资产无须遵循特定的交付方式。

(6)租赁物。租赁物权属登记的设定符合法律法规和监管规则指引的要求。在租赁物不转移给专项计划的情况下,预定交易结构已有合法有效的安排,以防止第三方获得租赁物的权属。

(7)基础资产的可转让性。本项目中基础资产的类型不属于因合同性质而不得转让的资产,不属于法律或行政法规禁止流通因而不得作为专项计划资产的资产,亦不属于法律或行政法规限制流通因而需要取得有关主管部门批准后方可作为专项计划资产的资产。

(8)基础资产的尽职调查方式符合《融资租赁债权资产证券化业务尽职调查工作细则》。

(9)经核查,承租人(《底层租赁合同》项下的原始出租人)符合《融资租赁企业监督管理办法》对出租人的要求。

五、模拟基础资产核查

5.1　模拟基础资产符合申报阶段《主定义表》对基础资产的定义,其范围见本意见所附《模拟基础资产清单》。本部分如下条款所指合同、协议、文件、材料、租赁物、价款等信息,均值模拟资产相关的该等信息。

5.2　形成。经核查:(1)《底层租赁合同》和《融资租赁协议》均已合法有效地签署生效;(2)《底层租赁合同》项下的租赁物所有权已经转让给原始出租人,原始出租人已经依据《底层租赁合同》支付租赁物转让价款;(3)《融资租赁协议》项下的租赁物已经由承租人(原始出租人)转让给出租人(原始权益人),出租人(原始权益人)已经依据《融资租赁协议》向承租人(原始出租人)支付租赁物转让价款。因此,模拟基础资产已经形成。

5.3　可交付状态。经核查:(1)中国人民银行征信中心动产融资统一登记系统未显示《融资租赁协议》项下的租赁债权被转让或质押给第三方;(2)模拟基础资产符合合格标准。因此,一旦相关《资产转让协议》生效之后,模拟基础资产即达到可交付状态。

5.4　模拟基础资产的权属。经核查,中国人民银行征信中心动产融资统一登记系统未显示模拟基础资产被转让给第三方。因此,模拟基础资产之权属仍属于原始权益人。

5.5　第三方担保和权利负担。经核查,中国人民银行征信中心动产融资统一登记系统未显示模拟基础资产上存在第三方质押权。

5.6　基础资产的完整性。经核查,模拟基础资产中的每一份《融资租赁协议》均有独立的编号、明确的应收账款金额和租金偿付日。根据《资产转让协议》之约定,《基础资产清单》中每一笔基础资产均完整转让给本项目专项计划。因此模拟基础资产符合完整性之要求。

5.7　基础资产的可特定化。经核查,模拟基础资产基于/对应于拥有单独编号的《融资租赁协议》,产生于原始权益人和特定的承租人之间的融资租赁交易,具有较强的可识别性,与其他资产之间存在较强的区分度;租赁物及对应租金符合可特定化要求,租金数额和支付时间是明确的。因此,模拟基础资产符合可特定化之要求。

5.8　交付。一旦管理人提交《基础资产交付确认函》,即可确认模拟基础资产已经被交付给管理人。

5.9　租赁物。模拟基础资产相关的租赁物均为动产,其所有权之转让不以登记为要件。经核查,原始权益人已在中国人民银行征信中心动产融资统一登记系统为模拟基础资产相关的融资租赁交易办理租赁登记。

5.10　转让限制。经核查,模拟基础资产相关的《底层租赁合同》和《融资租赁协议》中均不存在禁止或限制租赁债权转让给第三方的条款,亦无须以通知债务人为生效要件。鉴于本项目并不要求承租人立即直接向专项计划支付《融资租赁协议》项下的应付款项,仍需通过原始权益人转付,故专项计划成立之时无须通知承租人。根据交易文件之设定,若发生任何风险事件,则管理人或资产服务机构均可发布相关通知。依据法律,一旦获得通知,承租人则应依法向债权受让方直接履行偿付义务。[①]

5.11　基础资产的调查方式。模拟基础资产实施逐笔调查,且符合《申报阶段法律意见书》中声明的调查方式。

5.12　合格标准核查

(1)经核查,模拟基础资产相关的承租人均为在中华人民共和国注册的法人主体,拥有签署《融资租赁协议》所需的民事行为能力、资质、许可、批准和备案(若需)。

(2)关于《底层租赁合同》:1)原始出租人(承租人)与终端承租人均为依据中华人民共和国法律在中华人民共和国成立和有效存续的法人主体;[②]2)《底层租赁合同》系原始出租人(承租人)与终端承租人合法有效签署并已发生法律效力;[③]3)原始出租人(承租人)已经履行并遵守了基础资产对应的任一份《底层租赁合同》项下的义务;[④]4)租赁物状况良好,租赁物已交付给终端承租人并已起租。[⑤]

(3)经核查,原始权益人和承租人已经合法有效签署模拟基础资产相关的《融资租赁协议》,适用法律为中国法律;该等协议不存在违反强制性或禁止性法律规定之内容,系合法有效之法律文件,在当事人双方之间构成合法有效的权利义务关系。[⑥]

(4)经核查,模拟资产项下的租赁债权基于真实、合法的交易活动产生,交易对价公允,具备商业合理性。[⑦]

(5)经核查,模拟基础资产中不存在以地方政府为直接或间接债务人的基础资产。

(6)经核查,模拟基础资产中不存在以地方融资平台公司为债务人的基础资产。

(7)经核查,原始权益人已根据相关《融资租赁协议》的约定向承租人支付租赁物转让价款,且承租人不存在抗辩事由和抵销事由(以保证金冲抵除外)。[⑧]

(8)经核查,模拟基础资产均为原始权益人正常、关注、次级、可疑、损失5级分类体系中的正常类;模拟基础资产所对应的任一份《融资租赁协议》项下的到期租金均已按时足额支付,无违约情况。[⑨]

(9)同一《融资租赁协议》项下承租人剩余未偿还的本金、利息及其他应收款项全部入池。[⑩]

(10)经核查,原始权益人已经完全拥有模拟基础资产相关的租赁物的所有权,并且是唯一的所有权人;模拟资产相关的租赁物的权属和转让生效均无须登记;租赁物可与原始权益

---

① 《中华人民共和国合同法》第八十条:"债权人转让权利的,应当通知债务人。未经通知,该转让对债务人不发生效力。"债权转让一旦通知到债务人,即对债务人发生效力。

② 根据核查国家企业信用信息公示系统。

③ 根据核查相关《底层租赁合同》约定和原始权益人之声明和保证。

④ 根据核查相关《底层租赁合同》约定和原始权益人之声明和保证。

⑤ 根据核查相关《底层租赁合同》约定和原始权益人之声明和保证。

⑥ 根据核查相关《融资租赁协议》。

⑦ 根据核查相关《融资租赁协议》和原始权益人之声明和保证。

⑧ 根据核查相关付款凭证或所有权转移证明以及相关当事人的声明和保证。

⑨ 根据核查相关付款凭证和原始权益人之声明和保证。

⑩ 根据专项计划交易文件之规定。

人自身的其他资产相区分,且其状态完好。①

(11)经核查,模拟基础资产相关之租赁交易已经登记于合法的公示系统,原始权益人系权利人。租赁物不附带第三方的担保权(抵押、质押等)或者其他权利限制。②

(12)经核查,原始权益人已经履行并遵守了基础资产所对应的任一份《融资租赁协议》,租赁物已经交付给承租人。③

(13)经核查,基础资产未附有第三方担保权益。

(14)经核查,租赁债权的到期日早于本期专项计划资产支持证券的预期到期日,晚于本期专项计划的成立日。④

(15)经核查,模拟基础资产上不存在第三方担保权益(如抵押和质押)或类似的其他权利负担。⑤

(16)经核查,模拟基础资产不属于依法不得转让或依其性质不得转让的财产;相关《融资租赁协议》及法律未对模拟基础资产的转让作出禁止性或限制性约定。⑥

(17)经核查,原始权益人与承租人之间不存在关联关系。⑦

(18)经核查,本项目各期专项计划均设置有差额支付承诺增信机制,故可免于监管规则要求的分散度要求。经核查,模拟基础资产涉及的承租人数量不少于五个,单一承租人入池规模占比未超过50%,符合申报阶段确定之合格标准。

(19)经核查,模拟基础资产转让已完成中国人民银行征信中心动产融资统一登记系统的转让登记,已由原始权益人合法所有。

(20)经核查,差额支付承诺人已向管理人出具《差额支付承诺函》,且该等《差额支付承诺函》适用中国法律,且在适用法律下均合法、有效且可执行。

(21)经核查,模拟基础资产和租赁物均未被列入《资产证券化业务基础资产负面清单指引》。

(22)经核查,模拟基础资产和租赁物均不涉及任何未决的诉讼、仲裁、执行或破产程序,未被采取任何查封、扣押、冻结等司法保全或强制措施。⑧

(23)经核查,原始权益人未被列入信用中国黑名单、最高人民法院失信被执行人名单、重大税收违法案件信息名单、国家发改委涉金融严重失信行为人名单。⑨

六、专项计划交易文件

6.1 每一期专项计划共有的交易文件包括:《计划说明书》《标准条款》《资产转让协议》《资产服务协议》《资金托管协议》《原始权益人陈述和保证函》和《差额支付承诺函》。

6.2 计划说明书。《计划说明书》的内容包含:释义;专项计划的基本情况;风险提示及说明;专项计划的交易结构;原始权益人、承租人、管理人及中介服务机构的基本情况;基础资产情况及现金流预测分析;现金流归集和转付管理机制、投资及分配机制;风险自留的相关情况;募集资金用途及合法合规性声明;信息披露安排;投资者保护机制;法律适用及争议解决机制;税费安排;主要文件摘要;评级状况;备查文件存放及查阅方式;发行有关机构的情况介绍。

6.3 标准条款。管理人制作和签署的《标准条款》包含了全部各期专项计划的全部必备内容,其中主要内容如下:专项计划成立的条件;专项计划资产的范围、种类和状况;原始权益人、管理人、其他中介机构和投资者的权利义务;基础资产的合格标准和购买流程;资产的赎回;账户的设置;专项计划的管理;资金的归集和转付;资金分配的优先序位和流程;信息披

① 根据《所有权转移证明》《付款凭证》和原始权益人之声明和保证。

② 根据核查中国人民银行征信中心动产融资统一登记系统。

③ 根据《融资租赁协议》《底层租赁合同》及其相关附件等文件的核查。

④ 根据《底层租赁合同》《融资租赁协议》和《计划说明书》。

⑤ 根据中国人民银行征信中心动产融资统一登记系统查询。

⑥ 根据核查《融资租赁协议》。

⑦ 根据核查国家企业信用信息公示系统和原始权益人之声明和保证。

⑧ 根据核查中国执行信息公开网、全国企业破产重整案件信息网以及原始权益人之声明和保证。

⑨ 根据核查信用中国网站、中国执行信息公开网、国家税务总局重大税收违法案件信息公布栏。

露的约定；风险揭示；专项计划的终止和清算；违约处置措施。

6.4　资产转让协议。管理人代表各期专项计划与原始权益人签署的与该期基础资产买卖相关的《资产转让协议》。该期专项计划据此获得基础资产。主要内容包括：双方的承诺、权利和义务；该期基础资产的交付和转让；该期基础资产的赎回；违约处置。

6.5　资产服务协议。管理人聘请资产服务机构，其核心义务是催收、收取并将回收款转付至各期专项计划账户。为此，双方将为全部各期专项计划的资产服务事项签署统一的《资产服务协议》，其核心内容如下：资产服务的内容、范围和方式；转付义务和流程；双方的权利义务；资产服务机构的解任条件和后果；违约处置措施。

6.6　资金托管协议。为确保各期专项计划账户中资金的安全，管理人与托管银行将为全部各期专项计划签署统一的《资金托管协议》，其核心内容包括：专项计划账户的开设、功能和使用；业务监管的流程；双方在资金保管方面的权利和义务；业务指令的发送和执行；资金运用和收付；在不同情况下专项计划资金的分配；托管银行解任的条件和后果；违约处置措施。

6.7　原始权益人陈述和保证函。原始权益人出此函保证各期基础资产的基本情况，并承诺：若上述陈述和保证涉及的事实发生变化，原始权益人将书面通知管理人和律师，以便对基础资产进行重新筛查；若上述陈述和保证不实，原始权益人愿意承担因此发生的一切法律责任并赔偿损失。

6.8　差额支付承诺函。差额支付承诺人出具《差额支付承诺函》，无条件及不可撤销地承诺：若发生差额支付启动事件，差额支付承诺人将在收到管理人的指令后于差额支付日向专项计划账户补足差额。

6.9　法律意见。本项目律师确认：

（1）《计划说明书》的内容（包括但不限于交易结构和信息披露）符合法律和监管规则之规定。

（2）其他交易文件的内容没有违反强制性或禁止性法律条款，其内容符合本次专项计划之交易结构，亦符合监管规则，一经签署即可在签署当事人之间生效并具有强制执行效力。

七、总体结论

7.1　法律主体

（1）本项目之原始权益人、差额支付承诺人、资产服务机构、管理人和托管银行，均为依法成立并有效存续的法律主体；均不存在法律和公司章程规定的终止事项；参与本项目均不违反其经营范围；均拥有参与本项目必备的专业资格；均拥有签署和履行相关交易文件的民事行为能力；均不存在本《法律意见书》提示的风险事项。

（2）本项目之信用评级机构、法律顾问和会计机构均为依法成立并有效存续的法律主体；均不存在法律和机构章程规定的终止事项；参与本项目均不违反其经营范围；均拥有签署和履行相关法律文件的民事行为能力。

7.2　申报和发行程序

（1）本项目之申报程序中，原始权益人及差额支付承诺人已各自签署内部决议，该等决议符合法律、监管规则及各自公司章程，系合法有效的法律文件，构成对出具该等决议的法律主体具有法律约束力的义务。

（2）本项目具备“一次申报多次发行”的条件。

（3）在本《法律意见书》出具后，若相关交易文件已经签署并生效，则管理人可提交申报材料申请《无异议函》，随后在各期发行文件签署后，即可在证券交易所发行本项目各期资产支持证券。

7.3　交易要素和产品结构

（1）合法有效性。本项目交易结构不存在违反强制性或禁止性法律规定的情况，系合法有效的法律安排，符合监管规则。

（2）增信机制。本项目设置的增信机制不存在违反强制性或禁止性法律规定的情况，系合法有效的法律安排，符合监管规则。

（2）现金流归集和转付监管。本项目发行的任何一期资产支持证券的本息支付均来源于该期基础资产产生的现金流。本项目为确保现金流的安全性，设置了现金流归集和转付监管机制，该等机制不违反强制性和禁止性的法律规定，符合监管规则。

（3）风险隔离机制。本项目通过买断和专

项计划账户的设置实施风险隔离。该等风险隔离机制不违反强制性和禁止性的法律规定,符合监管规则。

(4)投资者保护机制。本项目通过合同条款、风险事件的设置、资产赎回机制以及持有人会议制度的设置等合法有效的方式对投资者实施保护。这些安排均不违反强制性和禁止性的法律规定,符合监管规则。

(5)风险揭示。本项目法律文件对专项计划和基础资产可能涉及的与基础资产有关的风险、与资产支持证券有关的风险、与专项计划管理有关的风险和其他风险均有合格的揭示,均不违反强制性和禁止性的法律规定,符合监管规则。

(6)信息披露。本项目设置了合格的信息披露机制,该机制符合监管规则的要求,不违反强制性或禁止性的法律规定,符合监管规则。

(7)原始权益人风险自留。各期专项计划可发行一定比例的次级资产支持证券。若任何一期专项计划发行次级资产支持证券,将由原始权益人自持,该安排符合监管规则有关风险自留的要求。若任何一期专项计划不发行次级资产支持证券,由于专项计划均有差额支付承诺人之增信,故依据监管规则可免于原始权益人风险自留之要求。

7.4　基础资产

(1)基础资产的合法有效性。本项目合格标准之设置不违反强制性或禁止性的法律规定,符合监管规则,经各方接受后即成为具备法律效力的约定。

(2)现金流归集和转付机制。专项计划的现金流归集和转付机制是合法有效的法律安排,符合监管规则,一经签署即可对相关各方形成有法律约束力的义务。

(3)基础资产的完整性。根据交易结构的设计,各期基础资产为《融资租赁协议》项下的租赁债权;每一份《融资租赁协议》均有独立的编号、明确的租赁债权本金金额、利息计算方式和租金支付日。根据《资产转让协议》之约定,《基础资产清单》中每一笔资产均完整转让给专项计划,基础资产转让给专项计划后,专项计划是其唯一的权利人,任何一笔基础资产上均不存在共有人。因此,基础资产一旦按照交易结构之要求形成,即具备完整性。

(4)基础资产的可特定化。根据本项目交易结构,基础资产基于/对应于拥有单独编号的《融资租赁协议》,产生于原始权益人和特定的承租人之间的融资租赁交易,在会计上亦可独立记账;租赁物及对应租金应符合可特定化要求,租金数额和支付时间应是明确的。因此,基础资产一旦按照交易结构之要求形成,即属于可特定化的资产类型。

(5)基础资产无须遵循特定的交付方式。

(6)租赁物。租赁物权属登记的设定符合法律法规和监管规则指引的要求。在租赁物不转移给专项计划的情况下,预定交易结构已有合法有效的安排,以防止第三方获得租赁物的权属。

(7)基础资产的可转让性。本项目中基础资产的类型不属于因合同性质而不得转让的资产,不属于法律或行政法规禁止流通因而不得作为专项计划资产的资产,亦不属于法律或行政法规限制流通因而需要取得有关主管部门批准后方可作为专项计划资产的资产。

(8)基础资产的转让限制。经核查,《融资租赁协议》没有限制出租人(原始权益人)将租赁债权转让给第三方。

7.5　模拟基础资产

(1)模拟基础资产符合申报阶段《主定义表》对基础资产的定义。

(2)模拟基础资产已经合法有效地形成。

(3)一旦相关《资产转让协议》生效,模拟基础资产即达到可交付状态。

(4)模拟基础资产之权属仍属于原始权益人。

(5)中国人民银行征信中心动产融资统一登记系统未显示模拟基础资产上存在第三方质押权。

(6)基础资产的完整性。经核查,模拟基础资产中的每一份《融资租赁协议》均有独立的编号、明确的应收账款金额和租金偿付日。根据《资产转让协议》之约定,《基础资产清单》中每一笔基础资产均完整转让给本项目专项计划。因此模拟基础资产符合完整性之要求。

(7)基础资产的可特定化。经核查,模拟基础资产基于/对应于拥有单独编号的《融资租赁协议》,产生于原始权益人和特定的承租人之间的融资租赁交易,具有较强的可识别性,与其他资产之间存在较强的区分度;租赁物及对应租金符合可特定化要求,租金数额和支付时间是明确的。因此,模拟基础资产符合可特定化之要求。

(8)一旦管理人提交《基础资产交付确认函》,即可确认模拟基础资产已经被交付给管理人。

(9)模拟基础资产相关的租赁物均为动产,其所有权之转让不以登记为要件。经核查,原始权益人已在中国人民银行征信中心动产融资统一登记系统为模拟基础资产相关的融资租赁交易办理租赁登记。

(10)模拟基础资产相关的《底层租赁合同》和《融资租赁协议》中均不存在禁止或限制租赁债权转让给第三方的条款,亦无须以通知债务人为生效要件。

(11)模拟基础资产实施逐笔调查,《标准条款》中规定的调查方式。

(12)模拟基础资产符合合格标准。

7.6 专项计划文件。本项目律师确认:

(1)《计划说明书》的内容(包括但不限于交易结构和信息披露)符合法律和监管规则之规定。

(2)专项计划其他交易文件的内容没有违反强制性或禁止性法律条款,其内容符合本次专项计划之交易结构,亦符合监管规则,一经签署即可在签署当事人之间生效并具有强制执行效力。

(3)原始权益人及差额支付承诺人各自签署的内部决议符合法律、监管规则及各自公司章程,系合法有效的法律文件,构成对出具该等决议的法律主体具有法律约束力的义务。

7.7 基础资产尽职调查方式。本项目律师确认,基础资产尽职调查方法的设置符合《深圳证券交易所融资租赁债权资产证券化业务尽职调查工作细则》的要求。

7.8 待确定事项。各期专项计划成立之前,需对各期基础资产的如下方面进行核查,并根据核查结果出具该期专项计划的《法律意见书》:

(1)对照本意见书第4.3条所列基础资产之形成条件,核查该期基础资产是否已经形成。

(2)对照本意见书第4.4条列举之条件,核查该期基础资产是否已经具备可交付条件。

(3)核查该期基础资产是否存在第三方担保权利,以及该期资产池中是否存在受限资产。

(4)核查该期基础资产交付步骤是否完成,基础资产是否已经有效交付给管理人。

(5)核查该期相关的《底层租赁合同》和《融资租赁协议》,确定租赁物的转让和基础资产的转让是否有效以及是否受限。

(6)核查该期资产是否符合合格标准。

【本页以下无正文,后接《法律尽职调查报告》】

附件1:法律尽职调查报告

申报阶段法律尽职调查报告
(本项目相关主体)

网络信息来源

1. 国家企业信用信息公示系统:http://gsxt.saic.gov.cn/

2. 国家税务总局重大税收违法案件信息公布栏:http://hd.chinatax.gov.cn/xxk/

3. 中国银行业监督管理委员会行政处罚查询系统:http://www.cbrc.gov.cn/forwardToXZCFPage2.html

4. 中国证券监督管理委员会公示系统:http://www.csrc.gov.cn/pub/zjhpublic/

5. 中华人民共和国生态环境部行政处罚信息公开目录:http://www.mep.gov.cn/gkml/

6. 信用中国网:http://www.creditchina.gov.cn/

7. 中国人民银行征信中心动产融资统一登记系统:https://www.zhongdengwang.org.cn/

8. 全国企业破产重整案件信息网:http://pccz.court.gov.cn/pcajxxw/pctzr/tzrdh? lx=1

9. 中国执行信息公开网：http://zxgk.court.gov.cn/shixin/

10. 中华人民共和国应急管理部搜索页面：http://www.chinasafety.gov.cn/search/? sw =

11. 事业单位在线查询专栏：http://www.gjsy.gov.cn/cxzl/

1. 原始权益人/资产服务机构

1.1　调查日：2019 年 9 月 18 日

1.2　调查信息

(1)全称　国新融资租赁有限公司

(2)社会信用代码　91120118MA05LN8Q21

(3)存续状态　存续

(4)成立时间　2016 年 11 月 28 日

(5)营业截止日　2046 年 11 月 27 日

(6)住所　天津自贸试验区(东疆保税港区)重庆道以南，呼伦贝尔路以西铭海中心 2 号楼 -5、6 -304

(7)法定代表人　郑则鹏

(8)营业执照信息　天津市自由贸易试验区市场和质量监督管理局 2018 年 07 月 10 日核准

(9)经营范围　融资租赁业务；租赁业务；向国内外购买租赁财产；租赁财产的残值处理及维修；兼营与主营业务相关的保理业务；融资租赁业务咨询。(依法须经批准的项目，经相关部门批准后方可开展经营活动)

(10)信用报告　根据 2019 年 9 月 9 日查询的《企业信用报告》(NO. B201909090378794310)，调查对象的未结清债务共计 970519.13 万元，均为正常类，不存在关注类和不良类；不存在未结清担保代偿记录。

(11)股东　国新控股香港有限公司；国新资本有限公司

(12)特许资格　无须

(13)主体评级　根据上海新世纪资信评估投资服务有限公司《信用评级报告》(编号为【新世纪企评[2018]020354】)，调查对象之信用等级为 AAA。

1.3　风险管理　经核查，调查对象制定有《内部控制制度》，由信用风险管理、流动性风险管理、市场风险管理、操作风险管理、信息披露事务管理、突发事件应急处理、短期资金调度应急预案、财务管理、预算管理、关联交易、项目投放决策及风险防控、担保制度等部分构成了内部控制和风险管理制度。

1.4　失信风险提示

(1)经核查国家企业信用信息公示系统，未发现调查对象存在行政处罚信息。

(2)经核查中国执行信息公开网，未发现调查对象最近三年内被列入全国法院失信被执行人名单。

(3)经核查国家税务总局重大税收违法案件信息公布栏，未发现调查对象最近三年存在重大税收违法记录。

(4)经核查全国企业破产重整案件信息网，未发现调查对象存在破产重整情况。

(5)经核查信用中国网，未发现调查对象被列入信用黑名单、涉金融严重失信行为人名单和失信生产经营单位名单。

(6)经核查证券监督管理委员会官网，未发现调查对象正处于证券市场禁入状态。

(7)经核查，未发现调查对象与承租人之间存在关联关系。

(8)经核查，未发现调查对象与本项目管理人、评级机构、律师事务所和会计师事务所之间存在关联关系。

2. 差额支付承诺人【由原始权益人担任】

3. 候选管理人/推广机构：中信证券股份有限公司

3.1　调查日：2019 年 9 月 18 日

3.2　调查信息

(1)全称　中信证券股份有限公司

(2)社会信用代码　914403001017814402

(3)存续状态　存续

(4)成立时间　1995 年 10 月 25 日

(5)营业截止日　无

(6)住所　广东省深圳市福田区中心三路 8 号卓越时代广场(二期)北座

(7)法定代表人　张佑君

(8)营业执照信息　深圳市市场监督管理局 2019 年 09 月 06 日核准

(9)经营范围　一般经营项目是：许可经营项目是：证券经纪(限山东省、河南省、浙江省天台县、浙江省苍南县以外区域)；证券投资咨询；与证券交易、证券投资活动有关的财务顾问；证券承销与保荐；证券自营；证券资产管理；融资融券；证券投资基金代销；为期货公司提供中间介绍业务；代销金融产品；股票期权做市。

(10)专业资质　中国证监会于2002年5月8日颁发《关于核准中信证券股份有限公司受托投资管理业务资格的批复》(证监机构字[2002]112号);2016年7月26日获得《经营证券期货业务许可证》。

(11)股东　截至2019年6月30日的十大股东:香港中央结算(代理人)有限公司(18.79%);中国中信有限公司(16.50%);中国证券金融股份有限公司(2.99%);香港中央结算有限公司(1.78%);中央汇金资产管理有限责任公司(1.64%);大成基金－农业银行－大成中证金融资产管理计划(1.27%);华夏基金－农业银行－华夏中证金融资产管理计划(1.19%);中欧基金－农业银行－中欧中证金融资产管理计划(1.16%);广发基金－农业银行－广发中证金融资产管理计划(1.16%);南方基金－农业银行－南方中证金融资产管理计划(1.15%)。

(12)关联关系　未发现调查对象与本项目原始权益人、差额支付承诺人、评级机构、律师事务所和会计师事务所之间存在关联关系。

(13)行政处罚　经核查国家企业信用信息公示系统和中国证监会官网,未发现调查对象最近三年内有行政处罚记录。

(14)证券市场禁入　经核查,中国证监会市场公示栏目未显示调查对象目前处于证券市场禁入状态。

(15)司法执行　经核查,调查对象未被列入全国法院失信被执行人名单。

(16)失信记录　经核查信用中国网,未发现调查对象被列入信用黑名单、涉金融严重失信行为人名单。

3.3　治理和风控

管理规范化程度。调查对象根据《中华人民共和国公司法》(以下简称《公司法》)、《中华人民共和国证券法》(以下简称《证券法》)、《证券公司监督管理条例》、《证券公司治理准则》、《上市公司治理准则》等法律法规和监管规定,结合公司实际情况,建立了由股东大会、董事会、监事会和经营管理层组成的、符合现代企业制度的公司治理结构。

质量内控机制。调查对象针对投资银行业务的风险特征,在组织架构、制度建设、保荐人管理、质量控制、内核、发行方案设计和发行定价、持续督导等方面建立了完善的内部控制机制。

组织架构。投资银行管理委员会(以下简称“投行委”)下设置八大行业组、十个投行分部、人才发展中心、股票资本市场部、债务资本市场部、债券承销业务线、资产证券化业务线、并购业务线,负责各类客户潜在全产品投行业务需求的发掘和执行;设置股票资本市场部和债务资本市场部分别负责股权类产品和债权类产品的发行定价、推介路演和配售;设置质量控制组负责全产品、全流程质量控制;设置运营部负责各类融资业务的内部协调与支持工作。总体上,投行委形成了以公司资本承诺委员会、风险管理部、合规部、法律部、其他内控部门及投行委运营部、质量控制组构成的内部控制架构体系。

制度建设。2017年,投行委对《投资银行管理委员会项目开发和立项管理办法》、《并购重组项目提交申请文件前应履行工作程序的规定》、《重组业务工作底稿目录模板》、《调查对象投资银行委员会资产证券化业务操作规则》、IPO项目的尽职调查指引和工作底稿目录进行了修订;制定了《投行委并购重组业务尽职调查和工作底稿管理办法》、《资产管理业务资产支持专项计划风险处置指引(试行)》。此外,投行委还联合合规部等部门共同制定了权益类证券发行投资者适当性管理制度,修订了公司债、专项计划、银行间市场债券三类债券产品的发行投资者适当性管理制度。上述制度的制定和完善工作进一步提升了投行业务的规范化管理水平。

保荐人管理。为加强保荐代表人管理,调查对象制定了《〈保荐代表人尽职调查工作日志〉管理办法》、《保荐业务项目工作底稿档案管理办法》等制度,要求保荐代表人对所保荐的项目进行充分的尽职调查,全面参与包括发行方案讨论、申报材料制作、与监管机构的沟通、路演发行等各个阶段的业务活动,并按照监管要求建立完整的保荐工作日志,详细记录项目实施过程,以确保项目不存在虚假记载、误导性陈述或者重大遗漏,并建立完备的项目工作底稿。质量控制组对保荐代表人的履职情况进行全程监督。

质量控制。投行委各部门/业务线在业务

运作过程中,负有把控风险和质量的工作职责。质量控制组根据《投行业务质量控制工作管理办法》负责在投行委内部对项目运作全过程进行质量核查及风险控制的动态跟踪,涵盖了立项管理、项目过程监控、申报文件审核、技术专家支持、经验总结和积累等一系列完整流程。投行业务根据《投资银行委员会项目开发和立项管理办法》,设立立项委员会,在公司层面对投行项目进行评估和甄别。立项委员会负责审核各业务线提交的立项申请是否符合相关条件,并以投票的方式决定项目是否立项,核定项目组负责人及项目组成员,核定项目初步预算,批准撤销因各种原因已结束工作的立项项目等工作。立项委员会组成人员除投行委各部门/业务线内部资深人士之外,还包括合规部内核小组等投行业务外部人员。

内核。合规部内核小组是投行业务内部控制的重要一环,其主要工作内容包括:依据项目人员前期尽职调查的情况,参与对证券发行上市项目的立项选择;持续跟踪项目的改制、辅导等中间环节,及时了解项目动态及存在的问题;对公司拟推荐证券发行上市申报材料进行审核;对证监会历次反馈意见的答复进行审核;关注项目人员在项目持续督导期间履行持续督导义务的情况,并对重点或异常情况进行核查。

发行方案设计和发行定价。在项目的发行方案设计和发行定价环节,调查对象建立了严密的风险控制体系。通过项目组的尽职调查、股票资本市场部的估值、销售部门的询价路演、风险管理部的承销项目包销压力测试、资本承诺委员会对包销项目的审批等环节,有效控制项目的包销风险。

持续督导。对于项目持续督导环节,调查对象制定了《持续督导工作管理暂行办法》。项目组成员按照该办法督导发行人履行规范运作、信守承诺、信息披露等义务,及时汇报及披露企业的重大事项,编制持续督导报告。

4.1 调查日:2019 年 9 月 18 日

4.2 调查信息

(1)全称 上海浦银安盛资产管理有限公司

(2)社会信用代码 91310000084120930D

(3)存续状态 存续

(4)成立时间 2013 年 12 月 04 日

(5)营业截止日 无

(6)住所 中国(上海)自由贸易试验区西里路 55 号 1463A 室 2013 年 12 月 04 日核准

(7)法定代表人 郁蓓华

(8)营业执照信息 自由贸易试验区市场监管局 2013 年 12 月 04 日核准

(9)经营范围 特定客户资产管理业务及中国证监会许可的其他业务。【依法须经批准的项目,经相关部门批准后方可开展经营活动】

(10)证券资格 中国证监会 2018 年 7 月 9 日颁发《经营证券期货业务许可证》。

(11)股东 浦银安盛基金管理有限公司

(12)关联关系 未发现调查对象与本项目原始权益人、差额支付承诺人、评级机构、律师事务所和会计师事务所之间存在关联关系。

(13)行政处罚 经核查国家企业信用信息公示系统和中国证监会官网,未发现调查对象最近三年内有行政处罚记录。

(14)证券市场禁入 经核查,中国证监会市场公示栏目未显示调查对象目前处于证券市场禁入状态。

(15)司法执行 经核查,调查对象未被列入全国法院失信被执行人名单。

(16)失信记录 经核查信用中国网,未发现调查对象被列入信用黑名单、涉金融严重失信行为人名单。

4.3 治理和风控

调查对象的风险控制制度由一系列的管理办法构成,包括但不限于《上海浦银安盛资产管理有限公司特定客户资产管理业务管理制度》、《上海浦银安盛资产管理有限公司特定客户资产管理业务财务管理制度》、《上海浦银安盛资产管理有限公司授权管理制度》、《上海浦银安盛资产管理有限公司风险控制管理办法》及《上海浦银安盛资产管理有限公司关联交易管理制度》等。

资产证券化业务方面,调查对象制定有《资产证券化业务内核委员会议事规则》《资产证券化业务立项委员会议事规则》《资产证券化业务发行委员会议事规则》《资产证券化业务管理办法》《资产证券化业务尽职调查管理办法》《资产证券化业务风险控制管理办法》《资产证券化业务内核工作管理办法》《资产证券化业务质量控制管理办法》《资产证券化业务存续期信用风险管理办法》《资产证券化业务立项工作管理办法》《资产证券化业务发行管理办法》。

5. 候选管理人/推广机构:中信建投证券股份有限公司

5.1　调查日:2019 年 10 月 15 日

5.2　调查信息

(1)全称　中信建投证券股份有限公司

(2)社会信用代码　91110000781703453H

(3)存续状态　存续

(4)成立时间　2005 年 11 月 02 日

(5)营业截止日　无

(6)住所　北京市朝阳区安立路66 号4 号楼

(7)法定代表人　王常青

(8)营业执照信息　北京市工商行政管理局朝阳分局 2019 年 10 月 08 日核准

(9)经营范围　证券经纪;证券投资咨询;与证券交易、证券投资活动有关的财务顾问;证券承销与保荐;证券自营;证券资产管理;证券投资基金代销;为期货公司提供中间介绍业务;融资融券业务;代销金融产品业务;股票期权做市业务;证券投资基金托管业务;销售贵金属制品。(企业依法自主选择经营项目,开展经营活动;依法须经批准的项目,经相关部门批准后依批准的内容开展经营活动;不得从事本市产业政策禁止和限制类项目的经营活动。)

(10)专业资格　中国证监会 2019 年 3 月 20 日颁发《经营证券期货业务许可证》。2009 年6 月 29 日,中国证监会向调查对象发布《证券资产管理业务资格的批复》。

(11)股东　中信证券股份有限公司;北京国有资本经营管理中心;世纪金源投资集团有限公司;中央汇金投资有限责任公司

(12)关联关系　未发现调查对象与本项目原始权益人、差额支付承诺人、评级机构、律师事务所和会计师事务所之间存在关联关系。

(13)行政处罚　经核查国家企业信用信息公示系统和中国证监会官网,未发现调查对象最近三年内有行政处罚记录。

(14)证券市场禁入　经核查,中国证监会市场公示栏目未显示调查对象目前处于证券市场禁入状态。

(15)司法执行　经核查,调查对象未被列入全国法院失信被执行人名单。

(16)失信记录　经核查信用中国网,未发现调查对象被列入信用黑名单、涉金融严重失信行为人名单。

5.3　治理和风控

按照调查对象《承销企业资产证券化项目风控标准》,在整体风控标准方面,制定了一般标准(针对原始权益人、基础资产和存续期);债权类专项标准(针对基础资产分散度和重要债务人);权益类专项标准(针对资产运营时间、重要/关联现金流提供方);在分类风控方面,对于应收账款、PPP 项目、基础设施、融资租赁类、小额贷款、购房尾款、门票收益权、CMBS 制定了分类风控标准。此外,调查对象按照监管规则的要求制定了《承销资产支持证券存续期信用风险管理工作流程》。

6. 托管银行

6.1　调查日:2019 年 7 月 31 日

6.2　调查信息

(1)全称　上海浦东发展银行股份有限公司广州分行

(2)存续状态　存续

(3)社会信用代码　91440000707664169C

(4)成立时间　1998 年 09 月 23 日

(5)营业截止日　无

(6)住所　广州市天河区珠江西路 12 号首层 04、05、06 房商铺、2 层 02 房商铺、4 – 7 层 02 – 10 房、8 – 11 层 02 房

(7)负责人　李荣军

(8)营业执照信息　广东省市场监督管理局 2016 年 04 月 06 日核准

(9)经营范围　办理人民币存款、贷款、结算业务;办理票据贴现;代理发行金融债券;代理发行、代理兑付、销售政府债券;代理收付款项;外汇存款;外汇贷款;外汇汇款;外币兑换;国际结算;结汇、售汇;外汇票据的承兑和贴现;总行授予权的代客外汇买卖;资信调查、咨询、见证业务;经中国人民银行批准的其他业务;代理各类财产保险及人身保险(有效期至 2017 年 1 月 5 日止)。

(10)基金托管资格　《关于上海浦东发展银行证券投资基金托管人资格的批复》(证监基金字[2003]105 号),以及《关于授权分行开

展资产托管与养老金业务有关事项的通知》(浦银发[2015]370号),调查对象于2003年9月10日获得此项资格。

(11)证券市场禁入　经核查,中国证监会市场公示栏目未显示调查对象目前处于证券市场禁入状态。

7. 财务顾问

7.1　调查日:2019年11月9日

7.2　调查信息

(1)全称　国新集团财务有限责任公司

(2)存续状态　存续

(3)社会信用代码　91110108MA01C0J55L

(4)成立时间　2018年05月08日

(5)营业截止日　无

(6)住所　北京市海淀区复兴路12号恩菲科技大厦B座一层西侧

(7)法定代表人　刘学诗

(8)营业执照信息　北京市工商行政管理局海淀分局2018年05月08日核准

(9)经营范围　对成员单位办理财务和融资顾问、信用鉴证及相关的咨询、代理业务;协助成员单位实现交易款项的收付;经批准的保险代理业务;对成员单位提供担保;办理成员单位之间的委托贷款;对成员单位办理票据承兑与贴现;办理成员单位之间的内部转账结算及相应的结算、清算方案设计;吸收成员单位的存款;对成员单位办理贷款及融资租赁;从事同业拆借。(企业依法自主选择经营项目,开展经营活动;依法须经批准的项目,经相关部门批准后依批准的内容开展经营活动;不得从事本市产业政策禁止和限制类项目的经营活动。)

(10)证券市场禁入　经核查,中国证监会市场公示栏目未显示调查对象目前处于证券市场禁入状态。

8. 其他服务机构

8.1　评级机构

(1)全称　上海新世纪资信评估投资服务有限公司

(2)存续状态　存续

(3)社会信用代码　913101101322067 21U

(4)成立时间　1992年07月30日

(5)营业截止日　无

(6)住所　上海市杨浦区控江路1555号A座103室K-22

(7)法定代表人　朱荣恩

(8)营业执照信息　杨浦区市场监管局1992年07月30日核准

(9)经营范围　资信服务,企业资产委托管理,债券评估,为投资者提供投资咨询及信息服务,为发行者提供投资咨询服务。【依法须经批准的项目,经相关部门批准后方可开展经营活动】

(10)证券评级资格　根据证监会2007年9月30日颁发《关于核准上海新世纪资信评估投资服务有限公司从事证券市场资信评级业务的批复》(证监机构字[2007]250号)以及《从事证券市场资信评级业务的资信评级机构名单》(截至2008年12月31日),可确认调查对象拥有证券市场资信评级业务资格

(11)证券市场禁入　经核查,中国证监会市场公示栏目未显示调查对象目前处于证券市场禁入状态。

(12)司法执行　经核查,调查对象未被列入全国法院失信被执行人名单。

(13)关联关系　经核查,调查对象与本项目原始权益人、差额支付承诺人和管理人均无关联关系。

8.2　法律顾问

(1)全称　北京大成律师事务所

(2)存续状态　存续

(3)社会信用代码　311100004005689575

(4)住所　北京朝阳区东大桥路9号侨福芳草地大厦D座7层

(5)法定代表人　彭雪峰

(6)证券执业资格　证号11016,1996年7月8日获得

(7)证券市场禁入　经核查,中国证监会市场公示栏目未显示调查对象目前处于证券市场禁入状态。

(8)司法执行　经核查,调查对象未被列入全国法院失信被执行人名单。

(9)关联关系　经核查,调查对象与本项目原始权益人、差额支付承诺人和管理人均无关联关系。

8.3　会计师事务所

(1)全称　大信会计师事务所(特殊普通合伙)

(2)存续状态　存续

（3）社会信用代码　91110108590611484C

（4）住所　北京市海淀区知春路1号学院国际大厦1504室

（5）营业执照信息　北京市工商行政管理局海淀分局2019年02月01日核准

（6）证券业务资格　经核查财政部和证监会于2018年1月18日联合颁发的《会计师事务所证券、期货相关业务许可证》（证书序号000407），可确认调查对象拥有执行证券、期货相关业务之资格

（7）证券市场禁入　经核查，中国证监会市场公示栏目未显示调查对象目前处于证券市场禁入状态。

（8）司法执行　经核查，调查对象未被列入全国法院失信被执行人名单。

（9）关联关系　经核查，调查对象与本项目原始权益人、差额支付承诺人和管理人均无关联关系。

附件2：

模拟基础资产清单

资产（1）	
融资租赁协议名称	融资租赁合同
融资租赁协议编号	国新租2016002－2
承租人	国药集团融资租赁有限公司
终端承租人	古蔺县人民医院
底层租赁合同名称	融资租赁合同
底层租赁合同编号	15GYZLCW－002504－HZ－Z
资产（2）	
融资租赁协议名称	融资租赁合同
融资租赁协议编号	国新租2017008－1
承租人	中电投融和融资租赁有限公司
终端承租人	中电投宁夏能源铝业中卫新能源有限公司
底层租赁合同名称	融资租赁合同（直接租赁）
底层租赁合同编号	RHZL－2015－002－103－ZWNY
资产（3）	
融资租赁协议名称	融资租赁合同
融资租赁协议编号	国新租2017005－4
承租人	中国环球租赁有限公司
终端承租人	奈曼旗人民医院
底层租赁合同名称	售后回租赁合同
底层租赁合同编号	16CULC0130D02L030

续表

资产(4)	
融资租赁协议名称	融资租赁合同
融资租赁协议编号	国新租 2017005 – 5
承租人	中国环球租赁有限公司
终端承租人	耿马傣族佤族自治县人民医院
底层租赁合同名称	售后回租赁合同
底层租赁合同编号	16CULC0148D07L036
资产(5)	
融资租赁协议名称	融资租赁合同
融资租赁协议编号	国新租 2017005 – 7
承租人	中国环球租赁有限公司
终端承租人	延吉市医院
底层租赁合同名称	售后回租赁合同
底层租赁合同编号	16CULC0224D07L062
资产(6)	
融资租赁协议名称	名称:融资租赁合同
融资租赁协议编号	编号:国新租 2017005 – 9
承租人	中国环球租赁有限公司
终端承租人	灵璧县人民医院
底层租赁合同名称	售后回租赁合同
底层租赁合同编号	16CULC0065D07L012
资产(7)	
融资租赁协议名称	名称:融资租赁合同
融资租赁协议编号	编号:国新租 2017005 – 11
承租人	中国环球租赁有限公司
终端承租人	延边中医医院延吉市中医医院
底层租赁合同名称	售后回租赁合同
底层租赁合同编号	16CULC0221D07L061
资产(8)	
融资租赁协议名称	融资租赁合同
融资租赁协议编号	国新租 2017032 – 1
承租人	中国康富国际租赁股份有限公司
终端承租人	德州市陵城区乾超兄弟能源科技有限公司
底层租赁合同名称	融资租赁合同(售后回租)

续表

底层租赁合同编号	KFHZ2016－40012
资产(9)	
融资租赁协议名称	融资租赁合同
融资租赁协议编号	国新租 2017032－2
承租人	中国康富国际租赁股份有限公司
终端承租人	垦利恒泰新能源有限公司
底层租赁合同名称	融资租赁合同(售后回租)
底层租赁合同编号	KFHZ2016－40022
资产(10)	
融资租赁协议名称	融资租赁合同
融资租赁协议编号	国新租 2017032－3
承租人	中国康富国际租赁股份有限公司
终端承租人	泗水县中电电气光伏发电有限公司
底层租赁合同名称	融资租赁合同(售后回租)
底层租赁合同编号	KFHZ2016－40019
资产(11)	
融资租赁协议名称	融资租赁合同
融资租赁协议编号	国新租 2018009－1
承租人	中电投融和融资租赁有限公司
终端承租人	萧县协合风力发电有限公司
底层租赁合同名称	融资租赁合同(直接租赁)
底层租赁合同编号	RHZL－2015－002－284－XXLS
资产(12)	
融资租赁协议名称	融资租赁合同
融资租赁协议编号	国新租 2018009－2
承租人	中电投融和融资租赁有限公司
终端承租人	麻城市孚旭电力有限公司
底层租赁合同名称	融资租赁合同(直接租赁)
底层租赁合同编号	RHZL－2015－102－378－MCFX
资产(13)	
融资租赁协议名称	融资租赁合同
融资租赁协议编号	国新租 2017009－3
承租人	中电投融和融资租赁有限公司

续表

终端承租人	北京瑞启达新能源科技发展有限公司
底层租赁合同名称	融资租赁合同(直接租赁)
底层租赁合同编号	RHZL – 2015 – 102 – 429 – BJRQD
资产(14)	
融资租赁协议名称	融资租赁合同
融资租赁协议编号	国新租 2018022 – 1
承租人	中核融资租赁有限公司
终端承租人	中海油新能源潍坊风电有限公司
底层租赁合同名称	中海油新能源潍坊风电有限公司风电一期项目设备融资租赁合同(回租)
底层租赁合同编号	2016 年中核租赁设备字第 004 号
资产(15)	
融资租赁协议名称	融资租赁合同
融资租赁协议编号	国新租 2018022 – 2
承租人	中核融资租赁有限公司
终端承租人	西部新锆核材料科技有限公司
底层租赁合同名称	西部新锆核材料科技有限公司设备(一期)融资租赁合同(回租)
底层租赁合同编号	2017 年中核租赁设备字第 003 号
资产(16)	
融资租赁协议名称	融资租赁合同
融资租赁协议编号	国新租 2018022 – 3
承租人	中核融资租赁有限公司
终端承租人	云南中云电新能源有限责任公司
底层租赁合同名称	融资租赁合同(售后回租)
底层租赁合同编号	2017 年中核租赁设备字第 020 号
资产(17)	
融资租赁协议名称	融资租赁合同
融资租赁协议编号	国新租 2018024 – 3
承租人	中核建融资租赁股份有限公司
终端承租人	临沧新华水利水电开发有限公司
底层租赁合同名称	融资租赁合同(售后回租)
底层租赁合同编号	CNFL000J2017023
资产(18)	
融资租赁协议名称	融资租赁合同
融资租赁协议编号	国新租 2018022 – 7
承租人	中核融资租赁有限公司

续表

终端承租人	云南滇能会泽牛栏江水电开发有限公司
底层租赁合同名称	融资租赁合同(售后回租)
底层租赁合同编号	ZHHZ－2018－3－001
资产(19)	
融资租赁协议名称	融资租赁合同
融资租赁协议编号	国新租 2018035－2
承租人	中航国际租赁有限公司
终端承租人	中铝山西新材料有限公司
底层租赁合同名称	电厂变压器、高低压加热器及配套设备融资租赁合同(售后回租)
底层租赁合同编号	ZHZL(18)03HZ011
资产(20)	
融资租赁协议名称	融资租赁合同
融资租赁协议编号	国新租 2018025－2
承租人	华润租赁有限公司
终端承租人	大庆市晶科光伏发电有限公司
底层租赁合同名称	融资租赁合同
底层租赁合同编号	CRL－ES－2017－078－L01
资产(21)	
融资租赁协议名称	融资租赁合同
融资租赁协议编号	国新租 2018022－6
承租人	中核融资租赁有限公司
终端承租人	云南滇能泗南江水电开发有限公司
底层租赁合同名称	融资租赁合同(售后回租)
底层租赁合同编号	2017 年中核租赁设备字第 022 号
资产(22)	
融资租赁协议名称	融资租赁合同
融资租赁协议编号	国新租 2019031－2
承租人	中远海运租赁有限公司
终端承租人	江西联创宏声电子股份有限公司
底层租赁合同名称	融资租赁合同
底层租赁合同编号	201960091
资产(23)	
融资租赁协议名称	融资租赁合同
融资租赁协议编号	国新租 2019031－2
承租人	中远海运租赁有限公司
终端承租人	丽江市公共汽车有限公司
底层租赁合同名称	融资租赁合同

续表

底层租赁合同编号	201930085
资产(24)	
融资租赁协议名称	融资租赁合同
融资租赁协议编号	国新租 2019031 – 2
承租人	中远海运租赁有限公司
终端承租人	陕西斯瑞新材料股份有限公司
底层租赁合同名称	融资租赁合同
底层租赁合同编号	201960127
资产(25)	
融资租赁协议名称	融资租赁合同
融资租赁协议编号	国新租 2019031 – 2
承租人	中远海运租赁有限公司
终端承租人	上达电子(深圳)股份有限公司
底层租赁合同名称	融资租赁合同
底层租赁合同编号	201960119
资产(26)	
融资租赁协议名称	融资租赁合同
融资租赁协议编号	国新租 2019031 – 2
承租人	中远海运租赁有限公司
终端承租人	中玻(咸阳)镀膜玻璃有限公司 中玻投资有限公司
底层租赁合同名称	融资租赁合同
底层租赁合同编号	201960089
资产(27)	
融资租赁协议名称	融资租赁合同
融资租赁协议编号	国新租 2019050 – 1
承租人	中铁建金融租赁有限公司
终端承租人	简阳铁建和兴公路投资有限公司
底层租赁合同名称	融资租赁合同(售后回租)
底层租赁合同编号	01 – 01 – 简阳(51510185MA67BQ3630)
资产(28)	
融资租赁协议名称	融资租赁合同
融资租赁协议编号	国新租 2019052 – 1
承租人	中航国际租赁有限公司
终端承租人	富县矿业开发有限公司
底层租赁合同名称	采煤设备及巷道融资租赁合同(售后回租)
底层租赁合同编号	ZHZL(19)03HZ039

三、境外发行上市类

北京德恒律师事务所关于上海康德莱医疗器械股份有限公司首次公开发行境外上市外资股(H股)股票并在香港联合交易所有限公司主板上市之法律意见书

释 义

在本法律意见中,除非另有说明或上下文表明并不适用,下列词语具有如下特定含义:

德恒/本所	指	北京德恒律师事务所
法律意见/本法律意见	指	《北京德恒律师事务所关于上海康德莱医疗器械股份有限公司首次公开发行境外上市外资股(H股)股票并在香港联合交易所有限公司主板上市之法律意见》
发行人/上海医械/公司	指	上海康德莱医疗器械股份有限公司
上海医械有限	指	上海康德莱企业发展集团医疗器械有限公司,系发行人的前身
本次发行并上市	指	发行人首次公开发行境外上市外资股(H股)股票并在香港联合交易所有限公司主板上市
中国证监会	指	中国证券监督管理委员会
香港联交所	指	香港联合交易所有限公司
国家工商总局	指	中华人民共和国国家工商行政管理总局
康德莱	指	上海康德莱企业发展集团股份有限公司,发行人之控股股东

续表

康德莱有限	指	上海康德莱企业发展集团有限公司,系康德莱前身
怀格泰益	指	宁波怀格泰益股权投资合伙企业(有限合伙),发行人之股东
同创速维	指	宁波同创速维投资合伙企业(有限合伙),发行人之股东
宁波瑛泰	指	宁波瑛泰投资合伙企业(有限合伙),发行人之股东
发起人	指	康德莱、梁栋科、林森、王瑞琴、陈星、黄楚彬
研究所	指	上海康德莱医疗器械自动化研究所有限公司,发行人全资子公司
珠海德瑞	指	珠海德瑞医疗器械有限公司,发行人全资子公司
璞康医疗	指	上海璞康医疗器械有限公司,发行人持股85%的子公司
七木医疗	指	上海七木医疗器械有限公司,发行人持股35%的子公司
璞慧医疗	指	上海璞慧医疗器械有限公司,发行人持股45%的子公司

续表

翰凌医疗	指	上海翰凌医疗器械有限公司,发行人持股69%的子公司
瑛泰医疗	指	香港瑛泰医疗器械有限公司,发行人全资子公司
立信	指	立信会计师事务所(特殊普通合伙)
下属公司	指	研究所、珠海德瑞、璞康医疗、七木医疗、璞慧医疗、翰凌医疗及瑛泰医疗
《公司章程》	指	发行人设立时制定及其后在境外上市前不时修订的公司章程
《公司章程》(H股)	指	拟于发行人境外上市后生效并适用的公司章程
《公司法》	指	《中华人民共和国公司法》
《特别规定》	指	《国务院关于股份有限公司境外募集股份及上市的特别规定》(国务院令第160号)

续表

《67号文》	指	《中国证券监督管理委员会关于规范境内上市公司所属企业到境外上市有关问题的通知》(证监发〔2004〕67号)
《香港上市规则》	指	《香港联合交易所有限公司证券上市规则》
法律、法规、规范性文件	指	中华人民共和国境内适用的法律、法规、规范性文件,不包括香港特别行政区、澳门特别行政区及台湾地区的法律、法规、规范性文件、判决、裁定、案例等
元、万元、亿元	指	除特别注明的币种外,指人民币元、万元、亿元
报告期	指	2016年1月1日至2018年12月31日

北京德恒律师事务所
关于上海康德莱医疗器械股份有限公司首次公开发行境外上市外资股(H股)股票并在香港联合交易所有限公司主板上市之法律意见

致:上海康德莱医疗器械股份有限公司

北京德恒律师事务所接受发行人的委托,担任发行人首次公开发行境外上市外资股(H股)股票并在香港联交所主板上市事宜的中国法律顾问。德恒及经办律师根据《公司法》、《中华人民共和国证券法》、《特别规定》、《关于股份有限公司境外发行股票和上市申报文件及审核程序的监管指引》、《律师事务所从事证券法律业务管理办法》及《律师事务所证券法律业务执业规则(试行)》等法律、法规、规范性文件的规定及本法律意见出具日以前已经发生或者存在的事实,为发行人本次发行并上市出具本法律意见。

为出具本法律意见,德恒及经办律师严格履行了法定职责,遵循了勤勉尽责和诚实信用原则,进行了充分的核查验证,保证本法律意见所认定的事实真实、准确、完整,所发表的结论性意见合法、准确,不存在虚假记载、误导性陈述或者重大遗漏,并承担相应法律责任。

本法律意见的出具,基于发行人向德恒作出的如下确认和保证:(1)其已经提供了德恒出具本法律意见所必须的全部原始书面材料或副本材料;(2)其提供的上述材料真实、准确、完整,不存在虚假记载、重大遗漏或误导性陈述;(3)其提供的上述材料文件上所有签字与印章均真实、合法、有效;(4)其提供的上述材料中复印件与原件一致,副本与正本一致。

对出具本法律意见至关重要而又无法得到

独立证据支持的事实,德恒及经办律师依赖发行人、政府部门、其他有关机构或有关人士出具或提供的证明、证言或文件出具本法律意见。

对于从国家机关、具有管理公共事务职能的组织、会计师事务所、资产评估机构等机构直接取得或经办律师从上述机构抄录、复制的文书或材料,本所经办律师直接作为出具法律意见的依据;对于不是从上述机构直接取得或未经确认的文书,本所经办律师核查和验证后方作为出具法律意见的依据。

德恒仅就与发行人本次发行并上市有关的中华人民共和国(以下简称"中国",但不包括香港特别行政区、澳门特别行政区及台湾地区)法律问题根据法律、法规、规范性文件发表法律意见,并不对有关会计、审计、资产评估等非法律事项发表意见。德恒在本法律意见中对有关会计报表、审计报告和资产评估报告书等相关专业报告中某些数据和结论的引述,完全依赖于有关会计、审计、资产评估机构的专业意见,德恒的该等引述并不意味着对该等数据、结论的真实性、准确性、完整性、合法性做出任何明示或默示的保证,对于该等会计、审计和资产评估报告等文件的内容,德恒并不具备核查和做出评价的适当资格。

本法律意见仅供发行人本次发行并上市之目的使用,除此之外,不得用作其他任何目的。

德恒同意将本法律意见作为发行人申请本次发行所必备的法律文件,随同其他申请文件一同上报,并愿意承担相应的法律责任。

基于上述,德恒根据现行法律、法规、规范性文件的要求,按照中国律师行业公认的业务标准、道德规范和勤勉尽责精神,就本次发行并上市相关事宜出具法律意见如下:

一、本次发行并上市的批准和授权

(一)发行人控股股东批准

1.2019 年 3 月 28 日,康德莱召开了第三届董事会第三十二次会议,审议通过了《关于公司所属企业上海康德莱医疗器械股份有限公司境外上市符合〈中国证券监督管理委员会关于规范境内上市公司所属企业到境外上市有关问题的通知〉的议案》、《关于公司所属企业上海康德莱医疗器械股份有限公司境外上市方案的议案》、《关于公司维持独立上市地位承诺的议案》、《关于公司持续盈利能力的说明与前景的议案》和《关于提请股东大会授权董事会及董事会授权人士全权办理与公司子公司境外上市有关事宜的议案》的议案。

2.2019 年 4 月 19 日,康德莱召开 2018 年年度股东大会,审议通过了前述议案,确认发行人符合到境外上市的相关条件,并同意发行人境外发行并上市。

(二)发行人内部批准和授权

1.2019 年 3 月 28 日,发行人召开第二届董事会第四次会议,审议通过了《关于上海康德莱医疗器械股份有限公司首次公开发行境外上市外资股(H 股)并在香港联合交易所有限公司主板上市方案的议案》、《关于上海康德莱医疗器械股份有限公司申请转为境外募集股份有限公司的议案》、《关于上海康德莱医疗器械股份有限公司在境外发行股票募集资金用途的议案》、《关于上海康德莱医疗器械股份有限公司首次公开发行股票前滚存利润分配方案的议案》、《关于授权公司董事会及其授权人士全权处理公司境外发行股票及上市相关事宜的议案》、《关于制定在本次发行并上市后适用的〈上海康德莱医疗器械股份有限公司章程〉(H 股章程)的议案》、《关于修订〈上海康德莱医疗器械股份有限公司股东大会议事规则〉的议案》、《关于修订〈上海康德莱医疗器械股份有限公司董事会议事规则〉的议案》、《关于制定上海康德莱医疗器械股份有限公司〈董事会提名委员会职责和议事规则〉等十项公司内部制度的议案》、《关于上海康德莱医疗器械股份有限公司发行 H 股股票并上市决议有效期的议案》及《关于提请召开公司 2018 年年度股东大会的议案》等议案,并决议于 2019 年 4 月 20 日召开发行人 2018 年年度股东大会。

2.2019 年 4 月 20 日,发行人召开 2018 年年度股东大会,审议通过了本次发行并上市相关的议案。根据经股东大会审议通过的本次发行并上市方案,本次发行并上市拟发行的 H 股股票种类为普通股,股票面值为人民币 1.00 元,拟在全球范围内进行发售,包括面向香港公众投资者的香港公开发售和面向国际投资者、中国境内的合格境内机构投资者以及中国境内经监管机构批准的其他可以进行境外投资的投资者的国际配售。发行方式拟采取全部发行新股的方式。本次拟发行的H股股数为40,000,000股,占发行后总股本的25%(超额配售权行使前)。同时根据市场情况授予承销商不超过本次基础发行的H股股数15%的超额配售权(如考虑超额配售权,本次发行H股股数合计将不超过46,000,000股)。最终发行数量将由公司股东大会授权其董事会或其董事会授权人士根据法律法规规定、监管机构批准及市场情况确定,以公司根据与有关承销商分别签署的国际承销协议及香港承销协议发行完成后实际发行的H股数量为准。本次股东大会授权公司董事会及其授权人士全权处理公司境外发行股票及上市相关事宜。

(三)外部批准

就中国境内涉及的审批和批准而言,本次发行并上市尚需取得中国证监会的核准。

综上,本所经办律师认为:

1. 发行人本次发行并上市方案已经发行人2018年年度股东大会批准,相关决议内容合法、有效。

2. 发行人本次发行并上市方案已经发行人控股股东康德莱2018年年度股东大会批准,相关决议内容合法、有效。

3. 就中国境内涉及的审批和批准而言,发行人本次发行并上市尚需取得中国证监会的核准。

二、发行人本次发行并上市的主体资格

发行人系由康德莱、梁栋科、林森、王瑞琴、陈星、黄楚彬于2015年10月26日共同发起设立的股份有限公司,现持有上海市市场监督管理局于2019年4月25日核发的统一社会信用代码为913100007895295174的《营业执照》,其基本情况如下:

名称:上海康德莱医疗器械股份有限公司

住所:上海市嘉定区金园一路925号2幢

法定代表人:梁栋科

公司类型:股份有限公司

注册资本:12,000万元

经营范围:从事Ⅱ类和Ⅲ类医疗器械(范围详见许可证)、仪器仪表的生产、销售,一类医疗器械的销售,从事货物及技术的进出口业务,电子产品、金属材料、化工产品(除危险化学品、监控化学品、烟花爆竹、民用爆炸物品、易制毒化学品)、塑料制品的销售,模具设计、销售,从事模具技术领域内的技术开发。【依法须经批准的项目,经相关部门批准后方可开展经营活动】

经本所经办律师核查发行人的工商登记资料及其历次变动取得的批准文件、现行《公司章程》、营业执照及其从事主营业务所必须的经营资质,并经本所经办律师通过国家企业信用信息公示系统进行查询,发行人为依照法律、法规、规范性文件合法设立且有效存续的股份有限公司,不存在根据法律、法规、规范性文件及现行《公司章程》规定需要终止的情形,具备本次发行并上市的主体资格。

三、发行人本次发行并上市的实质条件

(一)本次发行并上市的类别

发行人本次发行并上市为股份公司申请境外公开发行股票并上市。

(二)《公司法》规定的条件

根据发行人设立时的《营业执照》及《公司章程》,发行人设立时的注册资本为1,830万元。根据2015年9月22日立信出具的信会师报字[2015]第115303号《验资报告》,截至2015年9月21日,发行人已收到各发起人缴纳的注册资本(股本)合计人民币1,830万元。发起人认购的股份均已缴足,符合《公司法》第八十条的规定。

(三)《证券法》规定的条件

截至本法律意见出具之日,发行人设立了股东大会、董事会和监事会,具有规范、健全及运行良好的法人治理结构和组织机构、较完善的内部管理制度,有稳定的高级管理层,符合《证券法》第十三条第一款第(一)项的规定。

根据发行人提供的相关审计报告、审计及审阅结果和发行人的书面确认,发行人自2016年1月1日至本法律意见出具之日具有持续盈利能力,财务状况良好,符合《证券法》第十三条第一款第(二)项的规定。

根据发行人提供的相关审计报告、审计及审阅结果和发行人的书面确认,发行人最近三年财务会计文件无虚假记载,亦无其他重大违法违规行为,符合《证券法》第十三条第一款第(三)项的规定。

(四)《67号文》规定的条件

发行人作为A股上市公司康德莱的控股

子公司,本次发行并上市构成境内上市公司所属企业到境外上市。

1. 康德莱最近三年连续盈利

根据立信出具的信会师报字[2017]第ZA13171号、信会师报字[2018]第ZA12522号及信会师报字[2019]第ZA10612号《审计报告》,康德莱2016年度、2017年度、2018年度归属于母公司所有者的净利润分别为1.01亿元、1.19亿元、1.47亿元,最近三年连续盈利,符合《67号文》第二条第一款关于"上市公司在最近三年连续盈利"的规定。

2. 康德莱最近三个会计年度内发行股份及募集资金投向的业务和资产未作为对发行人的出资申请境外上市

根据康德莱就其2018年度募集资金存放与实际使用所编制的《上海康德莱企业发展集团股份有限公司关于2018年度募集资金存放与实际使用情况的专项报告》,康德莱首次公开发行股票募集资金主要用于医用针扩建项目及医用穿刺器生产基地改扩建项目,相关业务和资产不涉及对发行人的出资。除此以外公司不存在其他发行股份募集资金的情形,因此康德莱不存在最近三个会计年度内使用发行股份及募集资金投向的业务和资产作为对发行人的出资申请境外上市的情形,符合《67号文》第二条第二款"上市公司最近三个会计年度内发行股份及募集资金投向的业务和资产不得作为对所属企业的出资申请境外上市"的规定。

3. 康德莱最近一个会计年度合并报表中按权益享有的发行人的净利润未超过康德莱合并报表净利润的50%

根据立信出具的信会师报字[2019]第ZA10612号和信会师报字[2019]第ZA10622号《审计报告》,康德莱2018年度合并报表归属于母公司所有者的净利润为1.47亿元,康德莱按权益享有的发行人的净利润占公司2018年度合并报表净利润的20.64%,符合《67号文》第二条第三款关于"上市公司最近一个会计年度合并报表中按权益享有的所属企业的净利润不得超过上市公司合并报表净利润的50%"的规定。

4. 康德莱最近一个会计年度合并报表中按权益享有的发行人净资产未超过康德莱合并报表净资产的30%

根据立信出具的信会师报字[2019]第ZA10612号和信会师报字[2019]第ZA10622号《审计报告》,康德莱截至2018年12月31日的合并报表归属于母公司所有者权益为13.74亿元,康德莱按权益享有的发行人的净资产占公司2018年度合并报表净资产的10.28%,符合《67号文》第二条第四款关于"上市公司最近一个会计年度合并报表中按权益享有的发行人净资产未超过康德莱合并报表净资产的30%"的规定。

5. 康德莱与发行人不存在同业竞争,且资产、财务独立,经理人员不存在交叉任职

(1)康德莱与发行人不存在同业竞争

根据发行人及其控股股东康德莱提供的资料及书面确认,并经本所律师核查,截至本法律意见出具之日,康德莱与发行人不存在同业竞争,康德莱与发行人的经营范围、产品种类、主要产品和行业定位情况具体如下:

主体	工商登记经营范围	医疗器械产品种类	主要产品	行业定位
康德莱(除发行人)	实业投资、资产管理;国内贸易(除专项审批项目);电子产品、机械成套、金属材料、计算机软硬件、高新技术产品的科研、开发、加工、生产;医用高分子材料及制品、卫生材料及敷料、塑料制品、金属管的制造、销售,生产、销售一次性输血、输液器具、一次性注射器械,销售一次性使用血管内导管,麻醉用导管;进出口(外经贸委批准范围内)。【依法须经批准的项目,经相关部门批准后方可开展经营活动】	穿刺针类、穿刺器类、管袋类	焊管、针管、散装针、输液针、留置针、注射器、输液器、高分子管袋包、采血管	医用穿刺器产品、高分子管袋类产品

续表

主体	工商登记经营范围	医疗器械产品种类	主要产品	行业定位
发行人	从事Ⅱ类和Ⅲ类医疗器械(范围详见许可证)、仪器仪表的生产、销售,一类医疗器械的销售,从事货物及技术的进出口业务,电子产品、金属材料、化工产品(除危险化学品、监控化学品、烟花爆竹、民用爆炸物品、易制毒化学品)、塑料制品的销售,模具设计、销售,从事模具技术领域内的技术开发。【依法须经批准的项目,经相关部门批准后方可开展经营活动】	介入类	一次性使用介入手术器械包、球囊扩张压力泵、一次性使用造影导丝、Y 型连接器套装	介入类医疗器械

综上所述,截至本法律意见出具之日,康德莱(除发行人)与发行人所从事业务属于不同行业细分领域,具有明确区分的业务范畴,且康德莱已出具了切实可行的不竞争承诺书,双方对未来业务发展作出了合理安排,不存在同业竞争。

(2)康德莱和发行人的资产、财务独立,经理人员不存在交叉任职

如本法律意见"五、发行人的独立性"所述,发行人的资产、财务和人员均独立于康德莱。

截至本法律意见出具之日,康德莱高级管理人员共有 5 名,包括董事兼总经理张维鑫、董事兼副总经理章增华、董事兼副总经理项剑勇、董事会秘书顾佳俊、财务总监张捷。发行人高级管理人员共有 4 名,包括董事长兼总经理梁栋科、董事兼副总经理王彩亮、副总经理兼董事会秘书宋媛、财务负责人赵燕。因此,康德莱与发行人人员独立,高级管理人员不存在交叉任职。

综上所述,康德莱与发行人不存在同业竞争,且发行人的资产和财务均独立于康德莱,康德莱与发行人高级管理人员之间不存在交叉任职,符合《67 号文》第二条第五款关于"上市公司与所属企业不存在同业竞争,且资产、财务独立,经理人员不存在交叉任职"的规定。

6. 康德莱及发行人董事、高级管理人员及其关联人员持有发行人的股份,未超过发行人到境外上市前总股本的 10%

根据本所律师的核查,截至本法律意见出具之日,康德莱董事、高级管理人员及关联人员未直接持有发行人股份,发行人董事、高级管理人员及关联人员通过直接及间接方式合计持有发行人 8.3738% 的股份,符合《67 号文》第二条第六款关于"上市公司及所属企业董事、高级管理人员及其关联人员持有所属企业的股份,不得超过所属企业到境外上市前总股本的 10%"的规定。

7. 上市公司不存在资金、资产被具有实际控制权的个人、法人或其他组织及其关联人占用的情形,或其他损害公司利益的重大关联交易

根据立信出具的信会师报字[2019]第 ZA10613 号《关于对上海康德莱企业发展集团股份有限公司控股股东及其他关联方占用资金情况的专项审计说明》和康德莱《2018 年年度报告》,并经本所经办律师核查,截至本法律意见书出具之日,康德莱与其控股股东、实际控制人及其关联人相互资金、资产独立,不存在资金、资产被实际控制人及其关联人占用的情形,关联交易均履行了内部决策程序并依法进行了信息披露,符合《67 号文》第二条第七款关于"上市公司不存在资金、资产被具有实际控制权的个人、法人或其他组织及其关联人占用的情形,或其他损害公司利益的重大关联交易"的规定。

8. 康德莱最近三年无重大违法违规行为

根据康德莱相关政府主管部门出具的相关证明文件,并经本所经办律师查询国家企业信用信息公示系统、证券期货市场失信记录查询平台、信用中国网等网络信息及康德莱公开披露的信息,康德莱最近三年无重大违法违规行为。

9. 康德莱内部批准

根据康德莱的董事会和股东大会文件并经本所经办律师核查,康德莱第三届董事会第三十二次会议及康德莱 2018 年年度股东大会已经就发行人到境外上市是否符合《67 号文》、发行人到境外上市方案、上市公司维持独立上市

地位承诺及持续盈利能力的说明与前景等事项进行逐项审议并决议通过，康德莱已根据《67号文》的要求履行了必要的内部决策审批程序。

10. 康德莱财务顾问聘请

根据本所经办律师核查，康德莱已经聘请了国元证券股份有限公司担任财务顾问，负责对本次发行并上市的合规情况进行核查和持续督导。

综上，本所律师认为，本次发行并上市符合《67号文》的规定。

四、发行人的历史沿革

（一）上海医械有限设立和第一期注册资本实缴

2006年4月3日，上海市工商行政管理局核发了《企业名称预先核准通知书》，核准企业名称为上海康德莱企业发展集团医疗器械有限公司。

2006年5月11日，康德莱有限和大连健康岛科技有限公司签署了《上海康德莱企业发展集团医疗器械有限公司章程》，约定上海医械有限注册资本人民币1,000万元。其中，康德莱有限认缴出资700万元，出资方式为货币，占注册资本的70%；大连健康岛科技有限公司认缴出资300万元，出资方式为非货币，占注册资本的30%。

2006年6月1日，上海中勤万信会计师事务所有限公司出具了沪勤内验字（2006）00355号《验资报告》，确认截至2006年5月26日，上海医械有限已收到康德莱有限缴纳的注册资本人民币200万元。其中，以货币出资人民币200万元，占认缴注册资本的比例为20%。

2006年6月7日，上海市工商行政管理局嘉定分局出具了《准予设立登记通知书》，准予上海医械有限设立登记，并向上海医械有限核发了《企业法人营业执照》。

上海医械有限成立时的股东及持股情况为：

序号	股东名称	认缴出资额（万元）	实缴出资额（万元）	持股比例（%）
1	康德莱有限	700	200	70
2	大连健康岛科技有限公司	300	0	30
合　计		1,000	200	100

（二）上海医械有限第二期注册资本实缴

2007年8月10日，上海医械有限召开股东会，同意由股东大连健康岛科技有限公司增加实缴出资人民币300万元。

2007年8月20日，大连海达资产评估有限公司出具了海达评估字（2007）第102号《关于大连健康岛科技有限公司委托评估的专利权及相关技术使用权资产评估报告书》，大连健康岛科技有限公司委托评估的专利权及相关技术使用权在评估基准日2007年8月15日的评估价值合计为人民币305万元整。

2007年8月30日，上海汇洪会计师事务所有限公司出具了汇洪验（2007）394号《验资报告》，确认截至2007年8月15日上海医械有限已收到大连健康岛科技有限公司以知识产权所缴纳注册资本人民币300万元，上海医械有限全体股东连同本次出资，已累计实缴注册资本为人民币500万元，上海医械有限的实收资本为500万元，占已登记注册资本总额的50%。

2008年1月25日，上海市工商行政管理局嘉定分局出具了《准予变更登记通知书》，准予上海医械有限变更实缴资本。

本次变更后，上海医械有限的股权结构为：

序号	股东名称	认缴出资额（万元）	实缴出资额（万元）	持股比例（%）
1	康德莱有限	700	200	70
2	大连健康岛科技有限公司	300	300	30
合　计		1,000	500	100

（三）上海医械有限第三期注册资本实缴

2008 年 8 月 5 日，上海从信会计师事务所出具了沪从会验字［2008］101 号《验资报告》，确认截至 2008 年 7 月 31 日上海医械有限已收到全体股东累计实缴注册资本合计人民币 1,000万元，占已登记注册资本总额的 100%。其中，第三期出资由康德莱有限以货币出资人民币 500 万元，占认缴注册资本的比例为 50%。

2008 年 8 月 6 日，上海医械有限召开股东会，同意由股东康德莱有限增加实缴出资人民币 500 万元。

2008 年 8 月 8 日，上海市工商行政管理局嘉定分局出具了《准予变更登记通知书》，准予上海医械有限变更实缴资本。

本次变更后，上海医械有限的股权结构为：

序号	股东名称	认缴出资额（万元）	实缴出资额（万元）	持股比例（%）
1	康德莱有限	700	700	70
2	大连健康岛科技有限公司	300	300	30
合　计		1,000	1,000	100

上海医械有限成立于 2006 年 6 月 7 日，按照公司章程的规定所有股东应当于公司成立之日起两年内缴足认缴的注册资本。其中，股东康德莱有限于 2008 年 7 月 31 日完成缴纳剩余的实缴注册资本 500 万元，未能及时缴足，存在出资不规范的行为。

2012 年 11 月 14 日，立信出具了信报师会字［2012］第 114226 号《上海康德莱企业发展集团医疗器械有限公司注册资本、实收股本的复核报告》，对公司前述出资进行了复核，确认上海医械有限截至 2008 年 7 月 31 日止的注册资本人民币 1,000 万元、实收资本人民币 1,000 万元真实、合法、有效，上海从信会计师事务所有限公司出具的沪从会验（2008）101 号《验资报告》所列的验资金额已足额缴纳。

2012 年 12 月 5 日，上海市工商行政管理局嘉定分局出具《证明》，确认对上海医械有限未能及时缴足出资的不规范行为，不再追究行政责任。

本所经办律师认为，鉴于该等事宜发生在 2008 年、上海医械有限相关股东已就上述出资不规范行为进行了及时整改并按《公司章程》规定缴足注册资本，且工商主管部门已出具证明不再追究上海医械有限的行政责任，因此其不构成对发行人上市的实质性法律障碍。

（四）上海医械有限第一次股权转让

2010 年 4 月 6 日，上海医械有限召开股东会，同意大连健康岛科技有限公司将所持有的上海医械有限 30% 股权（对应注册资本人民币 300 万元）以 300 万元人民币的价格转让给康德莱有限。同日，大连健康岛科技有限公司与康德莱有限签署了《股权转让协议》。

2010 年 4 月 6 日，上海医械有限股东康德莱有限作出股东决定，决定上海医械有限变更为一人有限责任公司，并通过新的公司章程。

2010 年 4 月 21 日，上海市工商行政管理局嘉定分局核发了《准予变更（备案）登记通知书》，准予上述事项的变更。

本次变更后，上海医械有限的股权结构为：

序号	股东名称	认缴出资额（万元）	实缴出资额（万元）	持股比例（%）
1	康德莱有限	1,000	1,000	100
合　计		1,000	1,000	100

（五）上海医械有限第二次股权转让、第一次增资

2010 年 6 月 5 日，康德莱有限作出股东决定，同意康德莱有限向梁栋科转让其所持上海医械有限 2.5% 股权，转让价格为人民币 237,573.33元；同意康德莱有限向杨大智转让其所持上海医械有限 2.5% 股权，转让价格为人民币 237,573.33 元；同意康德莱有限向林森

转让其所持上海医械有限2.5%股权，转让价格为人民币237,573.33元；同意康德莱有限向王瑞琴转让其所持上海医械有限2.5%股权，转让价格为人民币237,573.33元。上述股权转让价格均以康德莱有限截至2010年5月31日经审计的净资产9,502,933.15元为基准确定。

2010年6月10日，康德莱有限就上述事宜与上述人员共同签署了《股权转让协议》。

2010年6月25日，上海医械有限召开股东会，同意梁栋科、杨大智、林森和王瑞琴以货币方式对上海医械有限进行增资，上海医械有限注册资本由1,000万元增至1,500万元，由梁栋科、杨大智、林森和王瑞琴各自分别新增注册资本125万元，并通过了上海医械有限新的公司章程。

2010年7月7日，立信出具了信会师报字(2010)第24685号《验资报告》，确认截至2010年7月6日，上海医械有限已收到梁栋科、杨大智、林森和王瑞琴缴纳的新增注册资本合计人民币500万元。

2010年8月10日，上海市工商行政管理局嘉定分局核发了《准予变更(备案)登记通知书》，准予上述事项的变更，并换发了新的《企业法人营业执照》。

本次变更后，上海医械有限的股权结构为：

序号	股东名称	认缴出资额(万元)	实缴出资额(万元)	持股比例(%)
1	康德莱有限	900	900	60
2	梁栋科	150	150	10
3	杨大智	150	150	10
4	林森	150	150	10
5	王瑞琴	150	150	10
合 计		1,500	1,500	100

(六)上海医械有限变更股东名称

2013年5月15日，上海医械有限召开股东会，同意公司股东康德莱有限名称变更为“上海康德莱企业发展集团股份有限公司”，并通过了公司章程修正案。

2013年7月19日，上海市工商行政管理局嘉定分局出具了《准予变更登记通知书》，准予上述事项的变更，并换发了新的《营业执照》。

本次变更后，上海医械有限的股权结构为：

序号	股东名称	认缴出资额(万元)	实缴出资额(万元)	持股比例(%)
1	康德莱	900	900	60
2	梁栋科	150	150	10
3	杨大智	150	150	10
4	林森	150	150	10
5	王瑞琴	150	150	10
合 计		1,500	1,500	100

(七)上海医械有限第三次股权转让

2014年1月16日，股东杨大智与康德莱、梁栋科、林森和王瑞琴共同签署了《股权转让协议》，约定杨大智将所持公司10%的股权转让给其余股东。其中，康德莱以人民币120万元的价格受让6.67%的股权，对应上海医械有限注册资本100万元；梁栋科以人民币20万元的价格受让1.11%的股权，对应上海医械有限注册资本166,666.666元；林森以人民币20万元的价格受让1.11%的股权，对应上海医械有限注册资本166,666.667元;王瑞琴以人民币20万元的价格受让1.11%的股权,对应上海医械有限注册资本166,666.667元。

2014年3月20日,上海医械有限召开股东会同意上述股权转让事宜。

2014年5月7日,上海市工商行政管理局嘉定分局出具了《准予变更(备案)登记通知书》,准予上述事项的变更,并换发了新的《营业执照》。

本次变更后,上海医械有限的股权结构为:

序号	股东名称	认缴出资额(万元)	实缴出资额(万元)	持股比例(%)
1	康德莱	1,000.00	1000.00	66.67
2	梁栋科	166.66666	166.66666	11.11
4	林森	166.66667	166.66667	11.11
5	王瑞琴	166.66667	166.66667	11.11
合　计		1,500.00	1500.00	100.00

(八)上海医械有限第二次增资

2014年9月12日,康德莱、梁栋科、林森、王瑞琴、陈星、黄楚彬及上海医械有限签署了《关于认缴上海康德莱企业发展集团医疗器械有限公司新增注册资本之增资入股协议》,约定由陈星和黄楚彬分别以人民币1,603.50万元认购上海医械有限新增注册资本人民币165万元,超过注册资本的溢价款人民币1,438.50万元计入资本公积。

2014年9月24日,上海医械有限全体股东一致同意上海医械有限注册资本由1,500万元增至1,830万元,陈星和黄楚彬分别认缴新增注册资本165万元,并通过了修改后的公司章程。

2014年10月22日,上海市工商行政管理局嘉定分局出具了《准予变更(备案)登记通知书》,准予上述事项的变更,并换发了新的《营业执照》。

2014年12月19日,正道会计师事务所(上海)有限公司出具了正道验字(2014)第425号《验资报告》,确认截至2014年9月24日,上海医械有限已收到新股东黄楚彬和陈星缴纳的新增注册资本合计人民币330万元整,出资方式为货币。

本次变更后,上海医械有限的股权结构为:

序号	股东名称	认缴出资额(万元)	实缴出资额(万元)	持股比例(%)
1	康德莱	1,000.00	1,000.00	54.6448
2	梁栋科	166.66666	166.66666	9.1074
4	林森	166.66667	166.66667	9.1075
5	王瑞琴	166.66667	166.66667	9.1075
6	陈星	165.00	165.00	9.0164
7	黄楚彬	165.00	165.00	9.0164
合　计		1,830.00	1,830.00	100.0000

(九)发行人的设立

2015年9月5日,上海医械有限召开股东会,同意上海医械有限整体变更为股份公司(非上市公司),由全体股东作为发起人,以截至2015年6月30日经审计账面净资产人民币107,489,658.13元,按照1:0.1702的比例折合股份1,830万股(每股面值1元),剩余部分89,189,658.13元计入股份公司的资本公积,整体变更为股份公司前后各股东的持股比例不变。

2015年8月10日,立信出具了信会师报字

[2015]第115086号《审计报告》，确认截至审计基准日2015年6月30日，上海医械有限账面净资产为人民币107,489,658.13元。

2015年9月8日，银信资产评估有限公司出具了银信资评报字[2015]沪第0930号《上海康德莱企业发展集团医疗器械有限公司股份制改制净资产公允价值评估报告》，确认截至评估基准日2015年6月30日，上海医械有限净资产评估值为人民币11,610.07万元。

2015年9月21日，全体发起人签订了《发起人协议书》，就拟设立上海医械的名称、经营目的、经营范围、公司设立的方式和组织形式、折股比例、发起人的权利和义务等内容作出了明确约定。

2015年9月21日，发行人召开创立大会，审议通过了《关于上海康德莱医疗器械股份有限公司筹办情况的报告》、《关于上海康德莱医疗器械股份有限公司设立费用的报告》及《上海康德莱医疗器械股份有限公司章程》等议案，并选举了董事及非职工代表监事，组建了董事会及监事会。

2015年9月22日，立信出具了信会师报字[2015]第115303号《验资报告》，确认截至2015年9月21日，发行人(筹)已收到各发起人缴纳的注册资本(股本)合计人民币1,830万元，均系以上海医械有限截至2015年6月30日的净资产折股投入，共计1,830万股，每股面值1元，净资产折合股本后的余额转为资本公积。

2015年10月26日，上海工商行政管理局向发行人换发了《营业执照》，核准上海医械有限整体变更设立为股份有限公司。

经本所经办律师核查，发行人在成立时的发起人及其持股情况为：

序号	股东名称	持股数额(股)	持股比例(%)
1	康德莱	10,000,000	54.6448
2	梁栋科	1,666,666	9.1074
3	林森	1,666,667	9.1075
4	王瑞琴	1,666,667	9.1075
5	陈星	1,650,000	9.0164
6	黄楚彬	1,650,000	9.0164
合　计		18,300,000	100.0000

(十)发行人第一次增资

2015年12月4日，康德莱、梁栋科、林森、王瑞琴、陈星、黄楚彬、王锴及发行人签署了《关于认缴上海康德莱医疗器械股份有限公司新增注册资本之增资入股协议》，约定由王锴以人民币1,560万元认购发行人新增注册资本人民币130万元，超过注册资本的溢价款人民币1,430万元计入资本公积。

2015年12月4日，发行人召开2015年第一次临时股东大会，同意王锴对发行人进行增资，发行人注册资本由1,830万元增至1,960万元，并通过了修改《公司章程》部分条款的议案。

2015年12月30日，上海市工商行政管理局出具了《准予变更登记通知书》，准予上述事项的变更，并换发了新的《营业执照》。

2016年1月7日，上海通展会计师事务所(特殊普通合伙)出具了通展会验字(2016)第101号《验资报告》，验证截至2015年12月16日，发行人已收到新股东王锴缴纳的新增注册资本人民币130万元整，出资方式为货币。

本次变更后，发行人的股权结构为：

序号	股东名称	持股数额(股)	持股比例(%)
1	康德莱	10,000,000	51.0204
2	梁栋科	1,666,666	8.5034
3	林森	1,666,667	8.5034
4	王瑞琴	1,666,667	8.5034
5	陈星	1,650,000	8.4184
6	黄楚彬	1,650,000	8.4184
7	王锴	1,300,000	6.6326
合　计		19,600,000	100.0000

(十一)发行人第二次增资

2018年4月25日，发行人召开2017年年度股东大会，审议通过了《关于公司资本公积转增股本方案的议案》以及《关于修改〈上海康德莱医疗器械股份有限公司章程〉部分条款的议案》，以总股份数19,600,000股为基数，以资本公积2,240万元向全体股东同比例转增股本，发行人股份数由19,600,000股增加至42,000,000股，发行人注册资本由人民币1,960

万元增加至4,200万元,并相应修改《公司章程》。

2018年4月26日,上海市工商行政管理局出具了《准予变更(备案)登记通知书》,准予上述事项的变更,并换发了新的《营业执照》。

本次变更后,发行人的股权结构为:

序号	股东名称	持股数额(股)	持股比例(%)
1	康德莱	21,428,571	51.0204
2	梁栋科	3,571,427	8.5034
3	林森	3,571,429	8.5034
4	王瑞琴	3,571,429	8.5034
5	陈星	3,535,715	8.4184
6	黄楚彬	3,535,715	8.4184
7	王锴	2,785,714	6.6326
合　计		42,000,000	100.0000

(十二)发行人第三次增资

2018年6月20日,发行人召开2018年第三次临时股东大会,审议通过了《关于上海康德莱医疗器械股份有限公司增资扩股暨关联交易的议案》以及《关于修改〈上海康德莱医疗器械股份有限公司章程〉部分条款的议案》,同意发行人股份数由42,000,000股增加至60,000,000股,并相应修改《公司章程》。

2018年8月8日,康德莱、梁栋科、林森、王瑞琴、陈星、黄楚彬、王锴、怀格泰益、同创速维、宁波瑛泰及发行人签署了《上海康德莱医疗器械股份有限公司之增资协议》,约定怀格泰益以人民币12,600万元认购发行人新增注册资本人民币1,260万元,超过注册资本的溢价款人民币11,340万元计入资本公积;同创速维以人民币3,000万元认购发行人新增注册资本人民币300万元,超过注册资本的溢价款人民币2,700万元计入资本公积;宁波瑛泰以人民币1,200万元认购发行人新增注册资本人民币120万元,超过注册资本的溢价款人民币1,080万元计入资本公积;梁栋科以人民币1,200万元认购康德莱医械新增注册资本人民币120万元,超过注册资本的溢价款人民币1,080万元计入资本公积。

根据大信会计师事务所(特殊普通合伙)出具的大信沪贸验字(2018)第00009号《验资报告》,截至2018年12月6日,发行人已将资本公积2,240万元转增股本,并收到股东实际缴纳的注册资本(股本)人民币1,800万元,合计人民币4,040万元,变更后的注册资本为人民币6,000万元,累计股本人民币6,000万元。

2018年12月11日,上海市工商行政管理局出具了《准予变更(备案)登记通知书》,准予上述事项的变更,并换发了新的《营业执照》。本次变更后,发行人的股权结构为:

序号	股东名称	持股数额(股)	持股比例(%)
1	康德莱	21,428,571	35.7143
2	怀格泰益	12,600,000	21.0000
3	梁栋科	4,771,427	7.9524
4	林森	3,571,429	5.9524
5	王瑞琴	3,571,429	5.9524
6	陈星	3,535,715	5.8929
7	黄楚彬	3,535,715	5.8929
8	同创速维	3,000,000	5.0000
9	王锴	2,785,714	4.6429
10	宁波瑛泰	1,200,000	2.0000
合　计		60,000,000	100.0000

(十三)发行人第四次增资

2019年4月20日,发行人召开2018年年度股东大会,审议通过了《关于公司资本公积转增股本方案的议案》以及《关于修改〈上海康德莱医疗器械股份有限公司章程〉部分条款的议案》,以总股份数60,000,000股为基数,以资本公积6,000万元向全体股东同比例转增股本,发行人股份数由60,000,000股增加至120,000,000股,发行人注册资本由人民币6,000万元增加至12,000万元,并相应修改《公司章程》。

2019年4月25日,上海市市场监督管理局出具了《准予变更(备案)登记通知书》,准予上述事项的变更,并换发了新的《营业执照》。

本次变更后,发行人的股权结构为:

序号	股东名称	持股数额(股)	持股比例(%)
1	康德莱	42,857,142	35.7143
2	怀格泰益	25,200,000	21.0000
3	梁栋科	9,542,854	7.9524
4	林森	7,142,858	5.9524
5	王瑞琴	7,142,858	5.9524
6	陈星	7,071,430	5.8929
7	黄楚彬	7,071,430	5.8929
8	同创速维	6,000,000	5.0000
9	王锴	5,571,428	4.6429
10	宁波瑛泰	2,400,000	2.0000
合计		120,000,000	100.0000

截至本法律意见出具之日,发行人的股权结构未发生变化。

2019年4月10日,上海市市场监督管理局向发行人出具《合规证明》,证明发行人报告期内没有发现因违反工商行政管理法律法规的违法行为而受到工商行政机关行政处罚的记录。

综上,本所经办律师认为:

1. 发行人设立程序、资格、条件、方式等符合当时有关法律、法规、规范性文件的规定,依法履行了相应程序并取得了《营业执照》,设立行为合法有效。

2. 发行人设立过程中有关资产评估、验资等行为履行了必要的手续,符合当时有关法律、法规及规范性文件的规定。发起人认购的股份均已缴足,发起人用作出资的财产权转移手续已履行完毕。

3. 发行人创立大会的召开程序及所议事项符合当时法律、法规及规范性文件的规定。

4. 发行人的历次股本变动均已办理了工商变更登记,程序合法、合规、真实、有效。

5. 发行人股东历次出资均已经验资机构审验并出具相应《验资报告》,不存在未缴纳出资的情形。

五、发行人的独立性

(一)业务独立

1. 经本所经办律师核查发行人《营业执照》所载明的经营范围、现行《公司章程》、其提供的重大合同、所持有的相关资质证书以及发行人提供的主要管理制度,并经发行人确认,其主营业务为介入类医疗器械的研发、生产和销售。

2. 如本法律意见"七、发行人的业务"部分所述,发行人及其下属公司已取得从事前述主营业务所必需的相应资质证照,独立开展业务不存在法律障碍。

3. 经本所经办律师实地走访,并经本所经办律师对发行人相关负责人进行访谈、发行人书面确认,发行人具有完整的业务体系和直接面向市场独立经营的能力。

4. 经本所经办律师核查发行人控股股东及其控制的其他企业的营业执照、《公司章程》、工商登记文件、发行人截至本法律意见出具之日的重大合同、会议文件,发行人的主营业务独立于控股股东及其控制的其他企业,与控股股东及其控制的其他企业间不存在显失公平的关联交易,且关联交易均履行了发行人内部决策程序,关联交易协议真实、有效。根据本法律意见"三、发行人本次发行并上市的实质条件"之"(四)《67号文》规定的条件"所述,发行人与控股股东及其控制的其他企业间不存在同业竞争。

(二)资产独立

根据发行人出具的说明、发行人提供的资产权属证书、签署的租赁或使用协议,并经本所经办律师核查,发行人及其下属公司独立拥有与其生产经营相关的土地、房屋、商标、专利等资产的所有权或者使用权,资产产权清晰、完整。

1. 经本所经办律师核查发行人主要资产的权属证书、许可使用合同或协议、发行人的《企业信用报告》,并经本所经办律师对发行人主要资产进行实地考察、通过公开信息查询和发行人确认,发行人财产独立、产权清晰,发行人的资产独立于控股股东及其控制的其他企业。截至本法律意见出具之日,发行人不存在以其资产为发行人控股股东及其控制的其他企业提供担保的情形,也不存在资产被控股股东占用而损害发行人利益的情形。

2. 发行人的主要资产详见本法律意见"九、发行人的主要财产"部分。经本所经办律师核查,发行人及其下属公司资产权属清晰,发行人合法拥有或租赁使用、被许可使用与业务经营有关的土地使用权、房屋所有权、机器设备、商标、专利等资产。

(三)人员独立

1. 经发行人确认及本所经办律师核查,发行人的董事、监事及高级管理人员的产生均符合法律、法规、规范性文件以及发行人当时有效的《公司章程》的规定。

2. 经本所经办律师通过国家企业信用信息公示系统查询、核查康德莱提供的材料及发行人出具的相关出面说明,发行人已建立了独立的劳动、人事及工资管理制度,独立招聘员工,发行人人员独立于其控股股东;发行人的高级管理人员不在控股股东及其控制的其他企业中担任除董事、监事以外的其他职务,不在控股股东及其控制的其他企业领薪,发行人的财务人员不在控股股东及其控制的其他企业中兼职。

(四)财务独立

1. 经本所经办律师现场核查,并经查验发行人财务管理制度及内部审计相关管理制度、对财务负责人进行访谈确认,发行人设置了独立的财务部门,建立了独立的财务核算体系,能够独立作出财务决策,具有规范的财务会计制度和对子公司的财务管理制度;发行人拥有独立的银行账户,未与控股股东及其控制的其他企业共用银行账户。

2. 经本所经办律师核查发行人的《营业执照》、纳税申报表、税务主管机关出具的证明,发行人依法独立进行纳税申报和缴纳税款。

(五)机构独立

经本所经办律师核查发行人报告期内的会议文件及相关制度性文件、相关部门履行职责的记录,并对发行人相关负责人进行访谈确认,发行人已建立健全内部经营管理机构,独立行使经营管理职权,董事会、监事会及其他内部机构独立运作,不存在与控股股东及其控制的其他企业机构混同的情形。

综上,本所经办律师认为:

发行人的业务、资产、人员、财务、机构独立于发行人控股股东及其控制的其他企业,其经营不依赖于股东及其他关联方,具有面向市场自主经营的能力。

六、发起人、股东及实际控制人

(一)发起人和股东

1. 发起人和股东的基本情况

经本所经办律师核查发行人设立时的《公司章程》及其工商登记档案并经本所经办律师登陆国家企业信用信息系统查询,发行人系由康德莱、梁栋科、林森、王瑞琴、陈星及黄楚彬6名发起人共同发起设立。各发起人基本情况如下:

序号	发起人姓名/名称	持股数额(股)	持股比例(%)
1	康德莱	10,000,000	54.6448
2	梁栋科	1,666,666	9.1074
3	林森	1,666,667	9.1075
4	王瑞琴	1,666,667	9.1075
5	陈星	1,650,000	9.0164
6	黄楚彬	1,650,000	9.0164
合计		18,300,000	100.0000

发行人设立后经过四次增资,发行人目前的股权结构情况如下:

序号	股东名称	持股数额(股)	持股比例(%)
1	康德莱	42,857,142	35.7143
2	怀格泰益	25,200,000	21.0000
3	梁栋科	9,542,854	7.9524
4	林森	7,142,858	5.9524
5	王瑞琴	7,142,858	5.9524
6	陈星	7,071,430	5.8929
7	黄楚彬	7,071,430	5.8929
8	同创速维	6,000,000	5.0000
9	王锴	5,571,428	4.6429
10	宁波瑛泰	2,400,000	2.0000
合计		120,000,000	100.0000

发行人的历次增资情况详见本法律意见“三、发行人的历史沿革”部分相关内容。

(1)康德莱

经本所经办律师核查,截至本法律意见出具之日,康德莱持有上海市工商行政管理局于2018年10月22日核发的统一社会信用代码为91310000631191552K的《营业执照》。基本情况如下:

企业名称	上海康德莱企业发展集团股份有限公司
统一社会信用代码	91310000631191552K
住所	上海市嘉定区高潮路658号1幢2楼
法定代表人	张宪淼
注册资本	44,160.9万人民币
公司类型	其他股份有限公司(上市)
成立日期	1998年7月1日
经营期限	1998年7月1日至无固定期限
经营范围	实业投资、资产管理;国内贸易(除专项审批项目);电子产品、机械成套、金属材料、计算机软硬件、高新技术产品的科研、开发、加工、生产;医用高分子材料及制品、卫生材料及敷料、塑料制品、金属管的制造、销售,生产、销售一次性输血、输液器具、一次性注射器械,销售一次性使用血管内导管,麻醉用导管;进出口(外经贸委批准范围内)。【依法须经批准的项目,经相关部门批准后方可开展经营活动】

根据康德莱公开披露的《2019年第一季度报告》,截至2019年3月31日,康德莱前十名股东持股情况如下:

序号	股东姓名/名称	持股数量(万股)	持股比例(%)
1	上海康德莱控股集团有限公司	18,066.5380	40.91
2	宁波宏益博欣股权投资合伙企业(有限合伙)	2,839.0725	6.43
3	建银国际医疗产业股权投资有限公司	2,400.1960	5.44

续表

序号	股东姓名/名称	持股数量(万股)	持股比例(%)
4	上海旭鑫投资企业(有限合伙)	845.8520	1.92
5	帅木莲	798.4080	1.81
6	上海张江高科技园区开发股份有限公司	757.5059	1.72
7	上海利捷企业投资有限公司	630.0000	1.43
8	上海紫晨投资有限公司	628.2220	1.42
9	宏源汇富创业投资有限公司	529.2251	1.20
10	广东南医科技投资有限公司	393.5617	0.89

(2)怀格泰益

经本所经办律师核查,截至本法律意见出具之日,怀格泰益持有宁波市北仑区市场监督管理局于2018年11月9日核发的统一社会信用代码为91330206MA2CJ6GB3R的《营业执照》。基本情况如下:

企业名称	宁波怀格泰益股权投资合伙企业(有限合伙)
统一社会信用代码	91330206MA2CJ6GB3R
住所	浙江省宁波市北仑区梅山七星路88号1幢401室A区C0154
执行事务合伙人	宁波怀格健康投资管理合伙企业(有限合伙)
出资额	12,800万元
企业类型	有限合伙企业
成立日期	2018年8月8日
合伙期限	2018年8月8日至2024年8月7日
经营范围	股权投资及相关咨询服务。【未经金融等监管部门批准不得从事吸收存款、融资担保、代客理财、向社会公众集(融)资等金融业务】

根据怀格泰益现行有效的《合伙协议》,截至本法律意见出具之日,怀格泰益的合伙人及其出资情况如下:

序号	合伙人名称	合伙人类型	出资金额(万元)	出资比例(%)
1	宁波怀格健康投资管理合伙企业(有限合伙)	普通合伙人	200	1.5625
2	宁波怀格共信股权投资合伙企业(有限合伙)	有限合伙人	6,800	53.1250
3	史海波	有限合伙人	4,000	31.2500
4	李建勇	有限合伙人	800	6.2500
5	邢涛	有限合伙人	800	6.2500
6	陈志刚	有限合伙人	200	1.5625
合　计			12,800	100.0000

根据怀格泰益提供的《私募投资基金备案证明》及私募投资基金管理人登记证明材料,并经本所经办律师查询基金业协会私募基金公示系统及私募基金管理人综合查询系统,怀格泰益已于2018年11月26日取得基金业协会出具的《私募投资基金备案证明》(备案编码:SEN048)。怀格泰益的私募投资基金管理人为宁波怀格健康投资管理合伙企业(有限合伙),其已于2017年6月29日完成基金业协会私募投资基金管理人登记(登记编号:P1063456)。

(3)梁栋科

梁栋科,男,身份证号码为37900819771112××××,1977年11月出生,身份证住址为上海市嘉定区江桥镇××××,中国国籍,博士研究生学历。现任发行人董事长兼总经理。

(4)林森

林森,男,身份证号码为33262719691127××××,1969年11月出生,身份证住址为上海市普陀区梅川路××××,中国国籍,本科学历。

(5)王瑞琴

王瑞琴,男,身份证号码为33262719711105××××,1971年11月出生,身份证住址为浙江省玉环县楚门镇××××,中国国籍,本科学历。

(6)陈星

陈星,男,身份证号码为37010419630605××××,1963年6月出生,身份证住址为上海市卢湾区徐家汇路××××,中国国籍,医学专修科学历。

(7)黄楚彬

黄楚彬,男,身份证号码为51900419711202××××,1971年12月出生,身份证住址为广州市荔湾区南岸路××××,中国国籍,本科学历。

(8)同创速维

经本所经办律师核查,截至本法律意见出具之日,同创速维持有宁波市北仑区市场监督管理局于2019年2月12日核发的统一社会信用代码为91330206MA2CHMG49R的《营业执照》。基本情况如下:

企业名称	宁波同创速维投资合伙企业(有限合伙)
统一社会信用代码	91330206MA2CHMG49R
住所	浙江省宁波市北仑区梅山七星路88号1幢401室A区C1457
执行事务合伙人	柴燕鹏
出资额	6,000万元人民币
企业类型	有限合伙企业
成立日期	2018年7月6日
合伙期限	2018年7月6日至2038年7月5日
经营范围	实业投资、投资管理、投资咨询。【未经金融等监管部门批准不得从事吸收存款、融资担保、代客理财、向社会公众集(融)资等金融业务】

根据同创速维现行有效的《合伙协议》,截至本法律意见出具之日,同创速维的合伙人及其出资情况如下:

序号	合伙人名称	合伙人类型	出资金额(万元)	出资比例(%)
1	柴燕鹏	普通合伙人	1,800	30
2	黄博	有限合伙人	1,500	25
3	谭富荣	有限合伙人	1,500	25
4	王西亭	有限合伙人	1,200	20
合　　计			6,000	100

根据同创速维的经营范围、合伙人情况及同创速维出具的《关于不属于私募投资基金的说明》,同创速维不属于以非公开方式向合格投资者募集资金并以投资为目的设立的私募投资基金,亦不涉及从事私募投资基金管理活动的情形,无须办理私募投资基金或私募投资基金管理人备案登记手续。

(9)王锴

王锴,男,身份证号码为31010919730824××××,1973年8月出生,身份证住址为上海市长宁区定西路××××,中国国籍,研究生学历。

(10)宁波瑛泰

经本所经办律师核查,截至本法律意见出具之日,宁波瑛泰持有宁波市北仑区市场监督管理局于2018年12月3日核发的统一社会信用代码为91330206MA2CHJLT7B的《营业执照》。基本情况如下:

企业名称	宁波瑛泰投资合伙企业(有限合伙)
统一社会信用代码	91330206MA2CHJLT7B
住所	浙江省宁波市北仑区梅山七星路88号1幢401室A区C0157
执行事务合伙人	梁栋科
出资额	1,212万元人民币
企业类型	有限合伙企业
成立日期	2018年7月2日
合伙期限	2018年7月2日至2028年7月1日
经营范围	实业投资、投资管理、投资咨询。【未经金融等监管部门批准不得从事吸收存款、融资担保、代客理财、向社会公众集(融)资等金融业务】

续表

根据宁波瑛泰现行有效的《合伙协议》,截至本法律意见出具之日,宁波瑛泰的合伙人及其出资情况如下:

序号	合伙人名称	合伙人类型	出资金额(万元)	出资比例(%)
1	梁栋科	普通合伙人	78.78	6.5000
2	赵燕	有限合伙人	85.85	7.0833
3	陈洁	有限合伙人	50.5	4.1667
4	钱静	有限合伙人	30.3	2.5000
5	李涛	有限合伙人	85.85	7.0833
6	徐建海	有限合伙人	80.8	6.6667
7	张振东	有限合伙人	80.8	6.6667
8	陈晓	有限合伙人	70.7	5.8333
9	吴德华	有限合伙人	65.65	5.4167

续表

序号	合伙人名称	合伙人类型	出资金额(万元)	出资比例(%)
10	王建明	有限合伙人	50.5	4.1667
11	马慧芳	有限合伙人	50.5	4.1667
12	林鹏	有限合伙人	40.4	3.3333
13	韦海楼	有限合伙人	35.35	2.9167
14	惠杰	有限合伙人	35.35	2.9167
15	顾晔锋	有限合伙人	30.3	2.5000
16	王大磊	有限合伙人	25.25	2.0833
17	陈佩佩	有限合伙人	25.25	2.0833
18	金佳良	有限合伙人	25.25	2.0833
19	张鸾	有限合伙人	20.2	1.6667
20	丁加美	有限合伙人	10.1	0.8333
21	朱月浪	有限合伙人	10.1	0.8333
22	王敏	有限合伙人	15.15	1.2500
23	陈伟	有限合伙人	15.15	1.2500
24	陈银华	有限合伙人	15.15	1.2500
25	董浩然	有限合伙人	15.15	1.2500
26	吴小杰	有限合伙人	15.15	1.2500
27	李奉阳	有限合伙人	10.1	0.8333
28	陆东洋	有限合伙人	10.1	0.8333
29	王闻达	有限合伙人	10.1	0.8333
30	钱凤琴	有限合伙人	10.1	0.8333
31	陆文胜	有限合伙人	9.09	0.7500
32	邓念锋	有限合伙人	8.08	0.6667
33	褚冬传	有限合伙人	7.07	0.5833
34	吴河兵	有限合伙人	7.07	0.5833
35	杜黎军	有限合伙人	7.07	0.5833
36	吕玉洁	有限合伙人	7.07	0.5833
37	曹媚	有限合伙人	7.07	0.5833
38	陈宣宏	有限合伙人	7.07	0.5833
39	朱锋峰	有限合伙人	6.06	0.5000
40	李干燕	有限合伙人	6.06	0.5000
41	汤斌	有限合伙人	6.06	0.5000

续表

序号	合伙人名称	合伙人类型	出资金额(万元)	出资比例(%)
42	李永悦	有限合伙人	6.06	0.5000
43	周世荣	有限合伙人	6.06	0.5000
44	吴海军	有限合伙人	6.06	0.5000
45	刁怀强	有限合伙人	6.06	0.5000
46	李士山	有限合伙人	6.06	0.5000
合计			1,212	100

根据发行人提供的材料及说明，宁波瑛泰系发行人的员工持股平台，不属于以非公开方式向合格投资者募集资金并以投资为目的设立的私募投资基金，亦不涉及从事私募投资基金管理活动的情形，无须办理私募投资基金或私募投资基金管理人备案登记手续。

2. 发起人或股东的人数、住所、出资比例

发行人共有10名股东，均为中国境内公民或企业，住所均在中国境内。发起人及股东的出资情况详见本法律意见"三、发行人的历史沿革"部分。

3. 发起人和股东投入发行人的资产

发行人的注册资本已完成实缴，发起人和股东投入发行人的资产情况详见本法律意见"三、发行人的历史沿革"部分。

4. 经本所经办律师登陆国家企业信用信息公示系统查询并经发行人确认，发起人股份不存在质押情形。

(二)控股股东及实际控制人

1. 截至本法律意见出具之日，康德莱持有发行人42,857,142股股份，占发行人发行前股份总数的35.7143%。同时发行人董事会9名成员中，除4名独立董事外，王彩亮先生、张维鑫先生和陈红琴女士共3名成员系康德莱提名，因此发行人董事会成员中除独立董事外过半数人选由康德莱提名。综上，康德莱系发行人的控股股东。

2. 根据康德莱披露的《2019年第一季度报告》及《2018年年度报告》，截至本法律意见出具之日，张宪淼先生、郑爱平女士和张伟先生直接控制康德莱控股有限公司、上海共业投资有限公司及温州海尔斯投资有限公司，并间接持有上海康德莱控股集团有限公司65.7994%的股权，从而通过上述企业间接持有发行人控股股东康德莱合计为26.9185%的股权。2012年9月15日，为加强对上海康德莱控股和康德莱的管理，张宪淼先生、郑爱平女士和张伟先生共同签署了《关于共同控制上海康德莱企业发展集团股份有限公司并保持一致行动的协议书》。上述三人中，张宪淼先生和郑爱平女士为夫妻关系，张伟先生为张宪淼和郑爱平夫妇之子。张宪淼先生、郑爱平女士和张伟先生为康德莱的共同实际控制人。

因此，发行人的实际控制人为张宪淼先生、郑爱平女士和张伟先生。

综上，本所经办律师认为：

1. 发行人的发起人股东均为依法设立、有效存续的企业法人或具备股东资格的自然人，具有法律、法规和规范性文件规定担任发起人或进行出资的资格。

2. 发行人的发起人股东人数、住所、出资比例符合相关法律、法规、规范性文件的规定。

3. 发起人已投入发行人的资产产权关系清晰，各发起人已经依照《公司法》和《公司章程》的规定，完成了相关出资手续。

4. 发起人股东所持发行人股份不存在质押情形。

七、发行人的业务

(一)发行人经营范围

根据上海市市场监督管理局于2019年4月25日核发的《营业执照》，发行人经核准的经营范围为：从事Ⅱ类和Ⅲ类医疗器械(范围详见许可证)、仪器仪表的生产、销售，一类医疗器械的销售，从事货物及技术的进出口业务，电子产品、金属材料、化工产品(除危险化学品、监控化

学品、烟花爆竹、民用爆炸物品、易制毒化学品)、塑料制品的销售,模具设计、销售,从事模具技术领域内的技术开发。【依法须经批准的项目,经相关部门批准后方可开展经营活动】。

(二)发行人主营业务

根据发行人提供的资料,发行人的主营业务为介入类医疗器械的研发、生产和销售。

(三)发行人经营资质

依据相关法律、法规、规范性文件,截至本法律意见出具之日,发行人及其下属公司已取得与主营业务相关的经营资质,具体如下:

1. 医疗器械生产许可证

序号	公司	名　称	有效期至	发证机关	证号
1	上海医械	医疗器械生产许可证	2020.4.20	上海市食品药品监督管理局	沪食药监械生产许20061430号

2. 医疗器械产品注册证

(1)境内产品注册证

序号	公司	产品名称	注册证号	批准日期	有效期至
1	上海医械	一次性使用造影导管	国械注准20163772106	2016.9.6	2021.9.5
2	上海医械	一次性使用介入手术器械包	国食药监械(准)字2014第3771702号	2014.9.26	2019.9.25
3	上海医械	一次性使用造影导丝	国械注准20163772107	2016.9.6	2021.9.5
4	上海医械	一次性使用动脉压迫止血带	沪械注准20162540482	2016.6.29	2021.6.28
5	上海医械	球囊扩张压力泵	沪械注准20162770569	2016.8.18	2021.8.17
6	上海医械	Y型连接器套装	国械注准20153660651	2015.4.27	2020.4.26
7	上海医械	一次性使用椎体工具包	沪械注准20162100449	2016.5.31	2021.5.30
8	上海医械	椎体扩张压力泵	沪械注准20162770483	2016.6.29	2021.6.28
9	上海医械	无菌敷贴止血带	沪械注准20182640039	2018.2.7	2023.2.6
10	上海医械	肠道球囊导管	沪械注准20182660050	2018.2.11	2023.2.10
11	上海医械	按压式球囊扩张压力泵	沪械注准20162660567	2016.8.19	2021.8.18
12	上海医械	按压式Y型连接器套装	国械注准20173773294	2017.7.25	2022.7.24
13	上海医械	输液接头及附件	国械注准20183661510	2018.1.4	2023.1.3
14	上海医械	一次性使用造影剂推入器	国械注准20153770120	2015.1.23	2020.1.22
15	上海医械	一次性使用三通旋塞	国械注准20153770121	2015.1.23	2020.1.22
16	上海医械	一次性使用压力延长管	国械注准20153770122	2015.1.23	2020.1.22
17	上海医械	一次性使用导管鞘套装	国械注准20153770280	2015.2.12	2020.2.11
18	上海医械	一次性使用影像定位材料	沪械注准20162310067	2016.2.6	2021.2.5
19	上海医械	气囊式止血带	沪械注准20162660098	2016.2.19	2021.2.18
20	上海医械	一次性使用阴道扩张器	沪械注准20162660144	2016.3.1	2021.2.28
21	上海医械	一次性使用亲水涂层导丝	国械注准20173773094	2017.2.24	2022.2.23

续表

序号	公司	产品名称	注册证号	批准日期	有效期至
22	上海医械	股动脉压迫止血带	沪械注准 20172540250	2017.4.1	2022.3.31
23	上海医械	一次性使用有创压力传感器	国械注准 20173213316	2017.8.29	2022.8.28
24	上海医械	一次性使用引流管	沪械注准 20172660569	2017.9.19	2022.9.18
25	上海医械	PTCA 球囊扩张导管	国械注准 20193030239	2019.4.16	2024.4.15

(2)境外产品认证

序号	公司	认证名称	认证编号	有效期
1	上海医械	Certificate	Q50816810020Rev.01	2019.3.18 – 2021.12.6
2	上海医械	EC Certificate – Full Quality Assurance System	G10816810019Rev.02	2019.3.18 – 2022.12.6
3	上海医械	EC Certificate – Production Quality Assurance System	G2S0816810017Rev.01	2018.11.22 – 2022.12.6
4	上海医械	FDA – Establishment Registration & Device Listing	3009605245	注册年度:2019 年度
5	珠海德瑞	Certificate	Q50023240004 Rev.00	2019.4.9 – 2021.2.5
6	珠海德瑞	EC Certificate – Full Quality Assurance System	G10023240002 Rev.01	2019.4.9 – 2023.2.5
7	珠海德瑞	EC Certificate – Production Quality Assurance System	G2S171002324003	2018.2.6 – 2023.2.5

3. 海关报关单位注册登记

序号	公司	名称	登记日期	发证机关	编号
1	上海医械	海关报关单位注册登记证书	2010.12.21 至长期	中华人民共和国嘉定海关	3114962947
2	珠海德瑞	海关报关单位注册登记证书	2018.6.7 至长期	中华人民共和国斗门海关	4404164CC6
3	璞康医疗	海关报关单位注册登记证书	2018.4.26 至长期	中华人民共和国嘉定海关	3114967479
4	七木医疗	海关报关单位注册登记证书	2018.12.26 至长期	中华人民共和国上海海关	311496798E
5	翰凌医疗	海关进出口货物收发货人备案回执	2019.3.19 至长期	中华人民共和国上海海关	31149679DP

4. 对外贸易经营者备案登记

序号	公司	名　　称	备案日期	备 案 机 关	编　　号
1	上海医械	对外贸易经营者备案登记表	2019. 2. 25	上海市商务委员会	02738715
2	珠海德瑞	对外贸易经营者备案登记表	2019. 2. 22	珠海市金湾区商务局	03673544
3	璞康医疗	对外贸易经营者备案登记表	2019. 4. 10	上海市商务委员会	02739032
4	七木医疗	对外贸易经营者备案登记表	2018. 11. 28	上海市商务委员会	02735241
5	翰凌医疗	对外贸易经营者备案登记表	2019. 3. 14	上海市商务委员会	02746282

5. 出入境检验检疫报检企业备案

序号	公司	名　　称	备案日期	备 案 机 关	编　　号
1	上海医械	出入境检验检疫报检企业备案表	2017. 4. 20	上海出入境检验检疫局	3100637410
2	珠海德瑞	出入境检验检疫报检企业备案表	2018. 6. 7	中华人民共和国拱北海关	4802200001
3	璞康医疗	出入境检验检疫报检企业备案表	2018. 5. 4	中华人民共和国上海海关	3101500050
4	七木医疗	海关报关单位注册登记证书(内容含检验检疫备案)	2018. 12. 26	中华人民共和国上海海关	3101200912
5	翰凌医疗	海关进出口货物收发货人备案回执	2019. 3. 19	中华人民共和国上海海关	3101501116

6. 医疗器械出口备案

序号	公司	名　　称	备案日期	备 案 机 关	编　　号
1	上海医械	医疗器械出口备案表	2019. 1. 21	上海市嘉定区市场监督管理局	沪嘉 20180067

7. 医疗器械产品出口销售证明

序号	公司	名　　称	有 效 期	发 证 机 关	编　　号
1	上海医械	医疗器械产品出口销售证明(介入手术器械包等)	2017. 6. 28 – 2019. 6. 27	上海市食品药品监督管理局	沪食药监械出 20170139
2	上海医械	医疗器械产品出口销售证明(一次性使用动脉压迫止血带等)	2018. 9. 5 – 2020. 4. 20	上海市食品药品监督管理局	沪食药监械出 20180154
3	上海医械	医疗器械产品出口销售证明(一次性使用亲水涂层导丝)	2019. 2. 14 – 2020. 4. 20	上海市药品监督管理局	沪食药监械出 20180192 号
4	上海医械	医疗器械产品出口销售证明(一次性使用造影导管)	2019. 1. 10 – 2020. 4. 20	上海市药品监督管理局	沪食药监械出 2019001 号
5	上海医械	医疗器械产品出口销售证明(一次性使用造影导丝)	2019. 3. 13 – 2020. 4. 20	上海市药品监督管理局	沪食药监械出 20190032 号

8. 互联网药品信息服务资格证书

序号	公司	名　称	有　效　期	发证机关/备案机关	编　号
1	上海医械	互联网药品信息服务资格证书	2019.4.8－2024.4.7	上海市药品监督管理局	（沪）－非经营性－2019－0039

（四）发行人在中国大陆以外的经营情况

根据发行人提供的资料并经其确认，截至本法律意见出具之日，发行人于2019年2月21日在香港设立了瑛泰医疗，目前尚未开始从事经营活动。瑛泰医疗的主要信息请见本法律意见之"八、发行人的对外投资"之"（七）瑛泰医疗"。

（五）经本所经办律师核查发行人工商登记文件、现行《公司章程》及历次章程修正案、历次变更后的营业执照、生产经营所需资质证书，发行人依法有效存续，其自设立以来主营业务未发生变更，不存在持续经营的法律障碍。

综上，本所经办律师认为：

1. 发行人及其下属公司在经核准的经营范围内从事生产经营，其已取得其实际从事的业务所必需的主要业务许可或批准，经营范围和经营方式符合有关法律、法规和规范性文件的规定。

2. 发行人的持续经营不存在法律障碍。

八、发行人的对外投资

根据发行人提供的资料并经本所经办律师核查，截至本法律意见出具之日，发行人控股7家企业，其中包括中国境内企业6家和境外企业1家，相关企业基本情况如下：

序号	下属公司名称	注 册 资 本	发行人的持股比例（%）
1	研究所	500万元人民币	100
2	珠海德瑞	2,000万元人民币	100
3	璞康医疗	2,000万元人民币	85
4	七木医疗	2,000万元人民币	35
5	璞慧医疗	2,000万元人民币	45
6	翰凌医疗	2,000万元人民币	69
7	瑛泰医疗	3,600万元港币	100

（一）研究所

经本所经办律师核查，截至本法律意见出具之日，研究所持有上海市嘉定区市场监督管理局于2019年4月3日核发的统一社会信用代码为91310114631660590E的《营业执照》。基本情况如下：

企业名称	上海康德莱医疗器械自动化研究所有限公司
统一社会信用代码	91310114631660590E
住所	嘉定区金园一路925号2幢1层A区
法定代表人	陈晓

续表

注册资本	500万元人民币
公司类型	有限责任公司（非自然人投资或控股的法人独资）
成立日期	2000年2月23日
经营期限	长期
经营范围	从事医疗器械设备、金属切削机床技术领域内的技术开发、技术转让、技术咨询、技术服务，模具、工装的生产，塑料制品、机床的销售。【依法须经批准的项目，经相关部门批准后方可开展经营活动】
董监高情况	执行董事梁栋科、总经理陈晓、监事李涛

根据研究所现行有效的公司章程,截至本《法律意见》出具之日,研究所的股东及其出资情况如下:

股东	出资额(万元)	出资比例(%)
上海医械	500	100
合计	500	100

(二)珠海德瑞

经本所经办律师核查,截至本法律意见出具之日,珠海德瑞所持有珠海市工商行政管理局金湾分局于2019年3月11日核发的统一社会信用代码为91440400MA4UM570XD的《营业执照》。基本情况如下:

企业名称	珠海德瑞医疗器械有限公司
统一社会信用代码	91440400MA4UM570XD
住所	珠海市金湾区三灶镇机场东路288号A栋厂房四楼东侧、B栋厂房二楼C1及C2区、C栋厂房5楼A区
法定代表人	梁栋科
注册资本	2,000万元人民币
公司类型	有限责任公司(非自然人投资或控股的法人独资)
成立日期	2016年2月26日
经营期限	长期
经营范围	Ⅲ类、Ⅱ类6866医用高分子材料及制品、Ⅲ类、Ⅱ类6877介入器材、Ⅱ类6810矫形外科(骨科)手术器械、Ⅱ类6854手术室、急救室、诊疗室设备及器具、仪器仪表的生产、销售,一类医疗器械的生产与销售,从事货物及技术进出口业务,电子产品、金属材料、化工产品(除危险化学品、监控化学品、烟花爆竹、民用爆炸物品、易制毒化学品)、塑料制品的生产与销售,模具设计、销售,从事模具技术领域内的技术开发,企业管理咨询、商务咨询,从事医疗器械专业领域内的技术开发、技术转让、技术咨询、技术服务。【依法须经批准的项目,经相关部门批准后方可开展经营活动】
董监高情况	执行董事兼经理梁栋科、监事赵燕

根据珠海德瑞现行有效的公司章程,截至本法律意见出具之日,珠海德瑞的股东及其出资情况如下:

股东	出资额(万元)	出资比例(%)
上海医械	2,000	100
合计	2,000	100

(三)璞康医疗

经本所经办律师核查,截至本法律意见出具之日,璞康医疗所持有上海市嘉定区市场监督管理局于2019年3月19日核发的统一社会信用代码为91310114MA1GUK8M2G的《营业执照》。基本情况如下:

企业名称	上海璞康医疗器械有限公司
统一社会信用代码	91310114MA1GUK8M2G
住所	上海市嘉定区金园一路925号1幢2层207A区
法定代表人	姜贤男
注册资本	2,000万元人民币
公司类型	有限责任公司(自然人投资或控股)
成立日期	2018年3月28日
经营期限	2018年3月28日至2048年3月27日
经营范围	从事医疗器械(除三类)专业技术领域内的技术开发、技术服务、技术转让、技术咨询,一类医疗器械、二类医疗器械、橡塑制品的销售,从事货物进出口及技术进出口业务。【依法须经批准的项目,经相关部门批准后方可开展经营活动】
董监高情况	董事长梁栋科、董事兼总经理姜贤男、董事李涛、监事钱静

根据璞康医疗现行有效的公司章程,截至本法律意见出具之日,璞康医疗的股东及其出资情况如下:

股东	出资额(万元)	出资比例(%)
上海医械	1,700	85
姜贤男	300	15
合计	2,000	100

（四）七木医疗

经本所经办律师核查，截至本法律意见出具之日，七木医疗所持有上海市嘉定区市场监督管理局于 2018 年 11 月 7 日核发的统一社会信用代码为 91310114MA1GUWJW71 的《营业执照》。基本情况如下：

企业名称	上海七木医疗器械有限公司
统一社会信用代码	91310114MA1GUWJW71
住所	上海市嘉定区金园一路 925 号 1 幢 2 层 207B 区
法定代表人	梁栋科
注册资本	2,000 万元人民币
公司类型	有限责任公司（自然人投资或控股）
成立日期	2018 年 8 月 17 日
经营期限	2018 年 8 月 17 日至 2048 年 8 月 16 日
经营范围	一类医疗器械、二类医疗器械、橡塑制品的销售，从事医疗器械（除三类）专业技术领域内的技术开发、技术服务、技术转让、技术咨询，从事货物进出口及技术进出口业务。【依法须经批准的项目，经相关部门批准后方可开展经营活动】
董监高情况	执行董事梁栋科、总经理孙鹏、监事陈洁

根据七木医疗现行有效的公司章程，截至本法律意见出具之日，七木医疗的股东及其出资情况如下：

续表

股东	出资额(万元)	出资比例(%)
上海医械	700	35
陈艳丽	330	16.5
庞琦	280	14
孙鹏	200	10
李宁	190	9.5
张延红	160	8
李剑萍	140	7
合计	2,000	100

（五）璞慧医疗

经本所经办律师核查，截至本法律意见出具之日，璞慧医疗所持有上海市嘉定区市场监督管理局于 2019 年 1 月 15 日核发的统一社会信用代码为 91310114MA1GW1FF9D 的《营业执照》。基本情况如下：

企业名称	上海璞慧医疗器械有限公司
统一社会信用代码	91310114MA1GW1FF9D
住所	上海市嘉定区金园一路 925 号 1 幢 2 层 207C 区
法定代表人	梁栋科
注册资本	2,000 万元人民币
公司类型	有限责任公司（自然人投资或控股）
成立日期	2018 年 11 月 14 日
经营期限	2018 年 11 月 14 日至 2048 年 11 月 13 日
经营范围	一类医疗器械、二类医疗器械、橡塑制品的销售，从事医疗器械（除三类）专业技术领域内的技术开发、技术服务、技术转让、技术咨询，从事货物进出口及技术进出口业务。【依法须经批准的项目，经相关部门批准后方可开展经营活动】
董监高情况	执行董事梁栋科、监事陈洁

根据璞慧医疗现行有效的公司章程，截至本法律意见出具之日，璞慧医疗的股东及其出资情况如下：

股东	出资额(万元)	出资比例(%)
上海医械	900	45
陈刚	300	15
陈才正	280	14
成松明	200	10
王西亭	180	9
朱秋丽	140	7
合计	2,000	100

(六)翰凌医疗

经本所经办律师核查,截至本法律意见出具之日,翰凌医疗所持有嘉定区市场监管局于2019年2月15日核发的统一社会信用代码为91310114MA1GW5JD99的《营业执照》。基本情况如下:

企业名称	上海翰凌医疗器械有限公司
统一社会信用代码	91310114MA1GW5JD99
住所	上海市嘉定区金园一路925号1幢1层C区
法定代表人	代高旭
注册资本	2,000万元人民币
公司类型	有限责任公司(自然人投资或控股)
成立日期	2019年2月15日
经营期限	2019年2月15日至2039年2月14日
经营范围	一类医疗器械、二类医疗器械、橡塑制品的销售,从事医疗器械(除三类)专业技术领域内的技术开发、技术服务、技术转让、技术咨询,从事货物进出口及技术进出口业务。【依法须经批准的项目,经相关部门批准后方可开展经营活动】
董监高情况	执行董事梁栋科、总经理代高旭、监事陈洁

根据翰凌医疗现行有效的公司章程,截至本法律意见出具之日,翰凌医疗的股东及其出资情况如下:

股东	出资额(万元)	出资比例(%)
上海医械	1380	69
陈临凌	600	30
代高旭	20	1
合计	2,000	100

(七)瑛泰医疗

经本所经办律师核查,截至本法律意见出具之日,瑛泰医疗持有编号为2797355的《公司注册证明书》及商业登记证号码为70395172-000-02-19-1的《商业登记证》。基本情况如下:

中文名称	香港瑛泰医疗器械有限公司
英文名称	HONGKONG INT MEDICAL INSTRUMENTS COMPANY LIMITED
住所	UNIT B 23/F PHASE I KINGSFORD, IND BLDG 26-32 KWAI HEI ST, KWAI CHUNG NT, HONG KONG
出资额	3,600万元港币
公司类型	有限公司
成立日期	2019年2月21日
经营期限	2020年2月20日(每年度商业登记续期)
董监高情况	执行董事梁栋科

根据瑛泰医疗的《组织章程细则》及《法团成立表格(股份有限公司)》,截至本法律意见出具之日,瑛泰医疗的股东及其出资情况如下:

股东	发行股份数(万股)	出资比例(%)
上海医械	3,600	100
合计	3,600	100

经本所经办律师核查,截至本法律意见出具之日,发行人下属公司均依法设立、有效存续,发行人及其下属公司均已根据约定依法履行出资义务,并依法办理了工商登记手续。经本所经办律师核查并经发行人确认,该等子公司的股权均不存在质押情形。

九、发行人的主要财产

(一)自有物业

1.房屋所有权

根据发行人提供的资料,截至本法律意见出具之日,发行人及其下属公司合计拥有8项自有房屋所有权,具体如下:

序号	所有权人	证号	坐落	权利类型	建筑面积(m^2)	土地用途	房屋用途	抵押权人
1	上海医械	沪(2018)嘉字不动产权第033949号	嘉定区鹤旋路26弄22号301室	国有建设用地使用权/房屋所有权	59.04	商住办	商用	无
2		沪(2018)嘉字不动产权第024406号	嘉定区鹤旋路26弄22号305室		55.00			无
3		沪(2018)嘉字不动产权第032666号	嘉定区鹤旋路26弄22号307室		59.04			无
4		沪(2018)嘉字不动产权第033952号	嘉定区鹤旋路26弄22号315室		55.00			无
5		沪(2018)嘉字不动产权第024485号	嘉定区鹤旋路26弄22号318室		59.04			无
6		沪(2018)嘉字不动产权第048598号	嘉定区鹤旋路26弄22号517室		55.00			无
7		沪(2018)嘉字不动产权第046186号	嘉定区鹤旋路26弄22号715室		55.00			无
8		沪(2018)嘉字不动产权第046154号	嘉定区鹤旋路26弄22号1116室		55.00			无

发行人及其控股子公司在《不动产权证》所载明的期限内合法拥有该等房屋的所有权,有权在载明期限内依法占有、使用、收益、转让、出租、抵押或以其他方式处置该等房屋。根据发行人提供的资料,发行人所拥有的上述房屋所有权不存在抵押等他项权利。

2.土地使用权

根据珠海德瑞与珠海市自然资源局于2019年1月28日签署的《国有建设用地使用权出让合同》(电子监管号:4404042019B00053),珠海市自然资源局于2019年7月28日前将下述土地交付给珠海德瑞:

序号	宗地编号	坐　　落	权利类型	宗地面积(m^2)	土地用途	出让年期
1	珠国土金工2018-009	珠海市金湾区三灶镇大门路东侧、定湾三路北侧	国有建设用地使用权	20,000	工业	50年

除上述情形外,截至本法律意见出具之日,发行人及其下属公司未拥有土地使用权。

(二)租赁物业

根据发行人提供的资料,截至本法律意见出具之日,发行人及其下属公司通过租赁方式使用的土地及房屋具体情况如下:

序号	承租人	出租人	租赁期限	地　址	租赁面积（m^2）	用途	对应权证号	是否租赁备案
1	上海医械	康德莱	2018. 7. 1 – 2028. 12. 31	上海市嘉定区金园一路925号	14,976. 38	生产经营	沪房地嘉字(2011)第006094号	是
2	上海医械	康德莱	2019. 1. 1 – 2019. 12. 31	上海市嘉定区江桥镇张掖路170号	342	宿舍	沪房地嘉字(2011)第015313号	否
3	上海医械	康德莱	不定期	上海市曲江路201弄7号101室	60. 44	宿舍	沪房地嘉字(2011)第007073号	否
4	上海医械	康德莱	不定期	上海市曲江路201弄9号601室	62. 94	宿舍	沪房地嘉字(2011)第007073号	否
5	上海医械	上海江桥农业发展有限公司	2018. 3. 1 – 2028. 2. 29	上海市嘉定区江桥镇博园路7号	约20亩	种植蔬菜	上海市嘉定区江桥镇人民政府享有土地使用权	否
6	上海医械	上海沪德汽车张紧轮有限公司	2019. 1. 1 – 2023. 12. 31	上海市嘉定区江桥镇金园三路158号	4,469. 27	经营、仓库	沪房地嘉字(2004)第007971号	否
7	研究所	上海医械	2018. 7. 1 – 2019. 12. 31	上海市嘉定区金园一路925号2幢1层A区	1090	生产经营	沪房地嘉字(2011)第006094号	否
8	研究所	康德莱	不定期	上海市曲江路201弄7号301室	63. 03	宿舍	沪房地嘉字(2011)第007108	否
9	研究所	康德莱	不定期	上海市曲江路201弄8号101室	60. 44	宿舍	沪房地嘉字(2011)第007110	否
10	珠海德瑞	珠海康德莱医疗器械有限公司	2019. 02. 01 – 2020. 01. 31	珠海市金湾区三灶镇机场东路288号A栋厂房四楼东侧	1,619. 5	生产经营	粤房地权证珠字第0200014070号	否
11	珠海德瑞	珠海康德莱医疗产业投资有限公司	2018. 04. 01 – 2019. 12. 31	珠海市金湾区三灶镇机场东路288号B栋厂房二楼C1区及C2区	520	生产经营	粤(2017)珠海市不动产权第0015492号	否
12	珠海德瑞	珠海康德莱医疗产业投资有限公司	2018. 04. 10 – 2019. 12. 31	珠海市金湾区三灶镇机场东路288号C栋厂房五楼A区	165. 5	生产经营	粤(2017)珠海市不动产权第0015495号	否
13	珠海德瑞	珠海康德莱医疗产业投资有限公司	2018. 07. 01 – 2019. 12. 31	珠海市金湾区三灶镇机场东路288号B栋厂房二楼C3区及C栋一楼D区	30	仓库	粤(2017)珠海市不动产权第0015492号	否

续表

序号	承租人	出租人	租赁期限	地　址	租赁面积（m^2）	用途	对应权证号	是否租赁备案
14	珠海德瑞	珠海康德莱医疗产业投资有限公司	2019.01.01 – 2019.12.31	珠海市金湾区三灶镇机场东路288号N栋员工宿舍楼501、502、505、507、511、521、601、604、609、613、616、621、627、630	504	宿舍	粤(2017)珠海市不动产权第0015497号	否
15	珠海德瑞	珠海康德莱医疗产业投资有限公司	2018.09.11 – 2019.08.31	珠海市金湾区三灶镇机场东路288号N栋员工宿舍楼518	36	宿舍	粤(2017)珠海市不动产权第0015497号	否
16	珠海德瑞	珠海康德莱医疗产业投资有限公司	2018.10.01 – 2019.9.30	珠海市金湾区三灶镇机场东路288号N栋员工宿舍楼620	36	宿舍	粤(2017)珠海市不动产权第0015497号	否
17	璞康医疗	上海医械	2018.7.1 – 2019.12.31	嘉定区金园一路925号1幢1楼编织间、2楼207A区	1837	经营	沪房地嘉字(2011)第006094号	否
18	璞康医疗	上海医械	2019.1.1 – 2020.12.31	鹤旋路26弄22号301室	59.04	经营	沪(2018)嘉字不动产权第033949号	否
19	璞康医疗	上海医械	2019.1.1 – 2020.12.31	鹤旋路26弄22号305室	55	经营	沪(2018)嘉字不动产权第024406号	否
20	璞康医疗	上海医械	2019.1.1 – 2020.12.31	鹤旋路26弄22号318室	59.04	经营	沪(2018)嘉字不动产权第024485号	否
21	璞康医疗	上海医械	2019.1.1 – 2020.12.31	嘉定区金园一路925号1号楼306室、2号楼210室、303室、308室	79	宿舍	沪房地嘉字(2011)第006094号	否
22	七木医疗	上海医械	2018.8.1 – 2019.12.31	金园一路925号1幢2层207B区	716	经营	沪房地嘉字(2011)第006094号	否
23	七木医疗	上海医械	2018.12.1 – 2019.12.31	金园一路925号宿舍1号楼307室	18	宿舍	沪房地嘉字(2011)第006094号	否
24	七木医疗	上海医械	2019.1.1 – 2019.12.31	嘉定区金园一路925号宿舍1号楼308室	18	宿舍	沪房地嘉字(2011)第006094号	否
25	璞慧医疗	上海医械	2018.9.1 – 2028.8.31	金园一路925号1幢2层207C区	707	经营	沪房地嘉字(2011)第006094号	否
26	翰凌医疗	上海医械	2019.1.11 – 2028.1.10	金园一路925号1幢1层C区	876	经营	沪房地嘉字(2011)第006094号	否

经本所律师的核查,上述房屋租赁的出租方均已取得《房屋所有权证书》或《不动产权证书》。根据发行人的书面确认,上述租赁合同中公司位于上海市嘉定区金园一路925号的核心生产经营相关租赁协议已完成租赁备案,其余租赁协议目前正在办理相应的房屋租赁登记备案。

根据《最高人民法院关于审理城镇房屋租赁合同纠纷案件具体应用法律若干问题的解释》第四条的解释,当事人以房屋租赁合同未按照法律、行政法规规定办理登记备案手续为由,请求确认合同无效的,人民法院不予支持。

发行人全体股东已就发行人及其下属子公司的租赁房产事宜出具了承诺,承诺:“1. 确保不会因租赁房产未办理房屋租赁登记备案手续或未取得不动产权证无法继续租赁而对公司/子公司业务经营造成不利影响;2. 如因租赁房产未办理房屋租赁登记备案手续或未取得不动产权证而无法继续租赁该等房产,且未能及时变更所涉及的经营场所导致对公司/子公司生产经营造成不利影响的,将无条件促成公司或其子公司搬迁;3. 如公司/子公司因上述租赁房产事宜被房地产监管部门处以罚款或导致公司发生任何搬迁成本、损失的,全体股东将按各自持股的比例无条件承担以弥补公司损失。”

本所经办律师认为,发行人租赁使用已取得《房屋所有权证书》或《不动产权证书》的房屋的行为合法有效;部分房屋租赁合同目前未办理完成登记备案手续不影响其租赁合同的有效性,不会对发行人的持续生产经营产生任何重大不利影响,也不会对发行人的本次发行并上市造成实质性的障碍。

(三)注册商标

1. 已经取得商标注册证的商标

根据发行人提供的注册商标证书,并经本所经办律师登陆国家知识产权局商标局进行查询,截至本法律意见出具之日,发行人及其下属公司共计拥有3项注册商标,基本情况如下:

序号	注册人	商标	类别	注册号	注册有效期
1	上海医械		第10类	10117672	2013.3.14-2023.3.13
2	上海医械		第10类	13387394	2015.1.21-2025.1.20
3	珠海德瑞	DR	第10类	19364174	2017.4.28-2027.4.27

2. 授权许可使用的商标情况

根据发行人提供的相关资料,并经本所经办律师核查,截至本法律意见出具之日,发行人及其下属公司境内获授权使用共计3项注册商标,具体如下:

序号	商标权人	商标	注册地	类别	注册号	许可期限	是否许可备案
1	康德莱	康德莱	中国	第10类	1219382	2018年6月20日至2028年10月27日,商标有效期续展后许可期限自动延续,直至2038年6月19日	否
2	康德莱	康德莱	中国	第35类	12710642	2018年6月20日至2024年12月13日,商标有效期续展后许可期限自动延续,直至2038年6月19日	否
3	康德莱	KDL	中国	第10类	994530	2017年4月28日至2027年4月27日,商标有效期续展后许可期限自动延续,直至2038年6月19日	是

（四）专利

根据发行人提供的资料，并经本所经办律师核查，截至本法律意见出具之日，发行人及其下属公司共计拥有48项专利，发行人及其下属公司合法拥有该等专利的知识产权。具体如下：

序号	权利人	专利名称	申请号	申请日期	授权日期	类型
1	上海医械	一种骨水泥搅拌器	201010003050.7	2010.1.4	2012.12.5	发明专利
2	上海医械	一种废血收集球囊	201010132915.X	2010.3.26	2012.1.4	发明专利
3	上海医械	一种无针加药正压接头	201010223871.1	2010.7.12	2011.10.12	发明专利
4	上海医械	一种止血绷带	201110264984.0	2011.9.8	2014.1.29	发明专利
5	上海医械	一种肠道球囊导管	201210237121.9	2012.7.10	2013.12.18	发明专利
6	上海医械	一种精密流量调节装置	201410067423.5	2014.2.26	2017.9.19	发明专利
7	上海医械、吴智群	一种血栓抽吸系统	201410106789.9	2014.3.21	2016.7.20	发明专利
8	上海医械	一种便携式非重力输液装置	201410612083.X	2014.11.4	2017.11.28	发明专利
9	上海医械	一种无针加药输液正压接头	201410686594.6	2014.11.25	2016.10.5	发明专利
10	上海医械	一种加药电子泵	201610489512.8	2016.6.29	2018.8.17	发明专利
11	上海医械	一种无针加药接头	201020147966.5	2010.3.31	2010.11.24	实用新型
12	上海医械	一种止血绷带	201020147967.X	2010.3.31	2010.11.24	实用新型
13	上海医械	一种骨水泥推注泵	201220049633.8	2012.2.16	2012.11.7	实用新型
14	上海医械	一种无针加药输液正压接头	201320792613.4	2013.12.3	2014.7.2	实用新型
15	上海医械	一种精密流量调节装置	201420082630.3	2014.2.26	2014.8.6	实用新型
16	上海医械	一种安全注射器	201520253101.X	2015.4.21	2015.11.11	实用新型
17	上海医械	一种一次性使用输注泵	201520249433.0	2015.4.21	2015.11.11	实用新型
18	上海医械	一次性使用阴道扩张器	201520373579.6	2015.6.3	2015.10.28	实用新型
19	上海医械	一种带自动泄压功能的导尿管	201520710398.8	2015.9.15	2016.3.2	实用新型
20	上海医械	一种带单向功能的无针加药接头	201620132052.9	2016.2.22	2016.9.21	实用新型
21	上海医械	一种安全自毁注射器	201620221697.X	2016.3.22	2016.9.21	实用新型
22	上海医械	一种药物涂层球囊导管	201620317340.1	2016.4.15	2016.11.23	实用新型
23	上海医械	一次性使用中央加药型输注泵	201620405707.5	2016.5.6	2016.12.14	实用新型
24	上海医械	一种加药电子泵	201620661761.6	2016.6.29	2016.12.21	实用新型
25	上海医械	一种股动脉止血带	201620661764.X	2016.6.29	2017.3.22	实用新型

续表

序号	权利人	专 利 名 称	申 请 号	申请日期	授权日期	类型
26	上海医械	一种按压式Y型连接器	201620946151.0	2016.8.26	2017.5.31	实用新型
27	上海医械	一种导管鞘装置	201620960757.X	2016.8.26	2017.5.31	实用新型
28	上海医械	一种按压式球囊扩张压力泵	201620946130.9	2016.8.26	2017.7.4	实用新型
29	上海医械	一种关节介入套装	201621458352.2	2016.12.28	2017.12.26	实用新型
30	上海医械	一种对吻球囊手术专用压力管	201621462872.0	2016.12.29	2017.12.26	实用新型
31	上海医械	一种医用三通旋塞	201820174372.X	2018.2.1	2019.2.26	实用新型
32	上海医械	一种按压式Y型连接器	201820174414.X	2018.2.1	2019.2.26	实用新型
33	上海医械	一种心脏临时起搏电极	201721830724.4	2017.12.25	2019.3.22	实用新型
34	研究所	一种输液器包装机	201721620746.8	2017.11.29	2018.7.20	实用新型
35	研究所	一种输液器组装机	201721620920.9	2017.11.29	2018.7.20	实用新型
36	研究所	一种用于输液器组装机的调节器安装系统	201721620889.9	2017.11.29	2018.7.20	实用新型
37	珠海德瑞	一次性使用输注泵	201320627321.5	2013.10.11	2014.4.2	实用新型
38	珠海德瑞	一种泄压阀	201520710419.6	2015.9.15	2016.2.17	实用新型
39	珠海德瑞	电子脐带夹	201620948037.1	2016.8.26	2017.6.13	实用新型
40	珠海德瑞	一种双丝编织血管造影导管	201720225882.0	2017.3.9	2018.3.27	实用新型
41	珠海德瑞	一种高压单连三通	201721776866.7	2017.12.19	2018.9.4	实用新型
42	珠海德瑞	一种用于输液瓶刻度印刷的旋瓶机构	201721856105.2	2017.12.27	2018.8.14	实用新型
43	珠海德瑞	一种用于输液瓶刻度印刷的印刷机构	201721855935.3	2017.12.27	2018.8.14	实用新型
44	珠海德瑞	一种用于输液瓶刻度印刷的印刷旋瓶机构	201721856104.8	2017.12.27	2018.8.14	实用新型
45	珠海德瑞	一种输液瓶刻度印刷系统	201721856514.2	2017.12.27	2018.8.14	实用新型
46	珠海德瑞	一种一次性输注泵	201721788309.7	2017.12.20	2019.3.1	实用新型
47	珠海德瑞	一种医用硅胶管处理机	201821213414.2	2018.7.27	2019.3.26	实用新型
48	翰凌医疗	一种新型主动脉瓣支架	201511017536.5	2015.12.31	2017.12.22	发明专利

(五)软件著作权

根据发行人的说明,并经本所经办律师核查,截至本法律意见出具之日,发行人及其下属公司未拥有软件著作权。

(六)域名

根据本所律师在工业和信息化部ICP/IP地址/域名信息备案管理系统所作的查询,截至本法律意见出具之日,发行人及其下属公司拥有以下域名:

序号	网站/域名	网站名称	域名所有者	网站备案号	备案日期
1	www.kdl-interv.com	上海康德莱医疗器械股份有限公司	上海医械	沪ICP备15053681号-1	2018.05.07

十、发行人的重大债权债务

(一)重大合同

1.采购合同和销售合同

根据发行人提供的资料,截至本法律意见出具之日,发行人及其下属公司正在履行的重大采购合同和销售合同主要为其与前十大供应商签署的《采购合同框架协议》以及其与前十大客户签署的《产品经销协议》。经本所经办律师核查,该等合同的内容和形式合法、有效,对合同相对方具有法律约束力,合同履行不存在法律障碍,发行人在履行该等合同的过程中没有发生对本次发行并上市有重大不利影响的纠纷。

2.物业租赁合同

发行人租赁的不动产请见本法律意见之"九、发行人的主要财产"之"(二)租赁土地与房产"。

3.重大金融性合同

根据发行人提供的资料,截至本法律意见出具之日,发行人及其下属公司正在履行的重大金融性合同如下:

序号	签约方	合同相对方	合同名称	合同金额(万元)	合同签订日期
1	上海医械	中融国际信托有限公司	中融-隆晟1号结构化集合资金信托计划之优先级资金信托合同	5,000	2019.1.28
2	上海医械	国投泰康信托有限公司	国投泰康信托涌泓1号证券投资集合资金信托计划之资金信托合同	10,000	2019.2.22

4.与研发基地相关的合同

根据发行人提供的资料,截至本法律意见出具之日,发行人正在履行的有关公司研发基地的合同如下:

序号	签约方	合同相对方	合同名称	合同金额(万元)	合同签订日期
1	上海医械	上海北虹桥建设发展有限公司	康德莱医疗器械创新研发总部合作意向合同书	200	2016.3.1
2	上海医械	上海北虹桥建设发展有限公司	康德莱医疗器械创新研发总部项目周边配套设施一次性补偿协议书	460	2016.3.1

(二)侵权之债

根据发行人的书面说明及承诺、相关政府部门出具的证明文件,并经本所经办律师核查,截至本法律意见出具之日,发行人未因环境保护、知识产权、产品质量、劳动安全及人身权等原因产生重大侵权之债。

十一、发行人的重大资产变化及收购兼并

(一)根据发行人提供的资料和本所经办律师核查,发行人报告期内未发生合并、分立、减少注册资本等情形。

(二)发行人设立至今的增资扩股行为详见本法律意见"四、发行人的历史沿革"部分相关内容。

(三)经发行人提供的资料并经本所经办律师核查,发行人报告期内未发生重大资产收购行为。

(四)经发行人提供的资料并经本所经办律师核查,截至本法律意见出具之日,发行人无正在进行的重大资产收购行为。

(五)经发行人确认并经本所经办律师核查,截至本法律意见出具之日,发行人无正在进行的重大资产置换、资产剥离、资产出售或收购行为的计划或安排。

综上所述,本所经办律师认为,发行人报告期内未发生合并、分立、减少注册资本等情形,其增资扩股行履行了必要的程序,行为合法、有效。发行人报告期内亦未发生重大资产收购行为,截至本法律意见出具之日,发行人无正在进行的重大资产置换、资产剥离、资产出售或收购行为的计划或安排。

十二、发行人公司章程的制定、修改与生效

(一)现行《公司章程》

2015 年 9 月 21 日,发起人召开创立大会,审议通过了发行人现行《公司章程》,章程载明了《公司法》要求公司章程必须载明的事项。该章程已于 2015 年 10 月 26 日在上海市工商行政管理局备案。

2015 年 12 月 4 日,发行人召开 2015 年第一次临时股东大会,审议通过了《关于同意王锴先生对公司增资的议案》及《关于修改〈公司章程〉部分条款的议案》,并根据发行人本次增资的情况对章程进行了修改。该章程修正案已于 2015 年 12 月 30 日在上海市工商行政管理局备案。

2017 年 5 月 25 日,发行人召开 2017 年第二次临时股东大会,审议通过了《关于修改〈公司章程〉部分条款的议案》,并根据发行人本次变更经营范围的情况对章程进行了修改。该章程修正案已于 2017 年 7 月 6 日在上海市工商行政管理局备案。

2017 年 12 月 14 日,发行人召开 2017 年第四次临时股东大会,审议通过了《关于修改〈公司章程〉部分条款的议案》,并根据发行人本次变更经营范围的情况对章程进行了修改。该章程修正案已于 2018 年 4 月 4 日在上海市工商行政管理局备案。

2018 年 4 月 25 日,发行人召开 2017 年年度股东大会,审议通过了《关于公司资本公积转增股本方案的议案》及《关于修改〈公司章程〉部分条款的议案》,并根据发行人本次资本公积转增股本的情况对章程进行了修改。该章程修正案已于 2018 年 4 月 26 日在上海市工商行政管理局备案。

2018 年 6 月 20 日,发行人召开 2018 年第三次临时股东大会,审议通过了《关于公司增资扩股暨关联交易的议案》及《关于修改〈公司章程〉部分条款的议案》,并根据发行人本次增资的情况对章程进行了修改。该章程修正案已于 2018 年 12 月 11 日在上海市工商行政管理局备案。

2018 年 11 月 30 日,发行人召开 2018 年第五次临时股东大会,审议通过了《关于修改〈公司章程〉部分条款的议案》,并根据发行人变更董事会组成人员等情况对章程进行了修改。该章程修正案已于 2019 年 1 月 10 日在上海市市场监督管理局备案。

2019 年 4 月 20 日,发行人召开 2018 年年度股东大会,审议通过了《关于修改〈公司章程〉部分条款的议案》,并根据发行人资本公积转增股本等情况对章程进行了修改。该章程修正案已于 2019 年 4 月 25 日在上海市市场监督管理局备案。

(二)发行人本次发行并上市后适用的《公司章程》(H 股)

2019 年 4 月 20 日,发行人 2018 年年度股东大会审议通过了发行人本次发行并上市后拟适用的《公司章程》(H 股)。该章程符合《公司法》、《到境外上市公司章程必备条款》及《关于到香港上市公司对公司章程作补充修改的意见的函》的相关规定,《公司章程》(H 股)未对上述规范性文件规定的内容进行实质性修改或删除,不存在针对股东(特别是小股东)依法行使权利的非法限制性规定。

综上,本所经办律师认为:

1. 发行人现行《公司章程》的制定和修改已履行了必要的法定程序,其内容符合《公司法》及其他相关法律、法规、规范性文件的规定。

2. 发行人的上市《公司章程》(H 股)制定已履行了必要的法定程序,其内容符合《公司法》、《到境外上市公司章程必备条款》及《关于到香港上市公司对公司章程作补充修改的意见的函》的规定,并将于发行人本次发行并上市之日起生效。

十三、发行人股东大会、董事会、监事会会议及规范运作

（一）发行人的组织结构

经本所经办律师核查发行人现行《公司章程》、发行人工商登记文件、历次会议文件、相关制度性文件等资料，发行人已根据《公司法》及其他相关法律、法规、规范性文件的规定，建立股东大会、董事会和监事会，并在董事会下设审核委员会、薪酬委员会、提名委员会。现行《公司章程》对股东大会、董事会和监事会职权进行了明确的规定。

（二）发行人的三会议事规则

1. 发行人现行《股东大会议事规则》、《董事会议事规则》及《监事会议事规则》已经发行人于2015年9月21日召开的发行人创立大会暨第一次股东大会审议通过，该等规则符合《公司法》及现行《公司章程》的相关规定。

2. 为本次发行并上市之目的，发行人已于2019年4月20日召开2018年年度股东大会，审议通过了发行人本次发行并上市后适用的《股东大会议事规则》、《董事会议事规则》及《监事会议事规则》，该等议事规则符合相关法律、法规和规范性文件的要求，并将于发行人本次发行并上市之日起生效。

（三）发行人的股东大会、董事会及监事会的规范运作情况

根据发行人提供的资料及书面确认，并经本所经办律师核查，自发行人设立之日起至本法律意见出具之日，发行人不存在影响股东大会、董事会和监事会的正常运作的情形，符合法律法规要求人数的股东、董事及监事均参与了各次会议的议案表决，不存在股东、董事或监事提出撤销该等会议决议的要求或任何其他形式的异议。

综上，本所经办律师认为：

1. 发行人具有健全的组织机构。

2. 发行人具有健全的股东大会、董事会、监事会议事规则，该等议事规则符合相关法律、法规和规范性文件的要求。

十四、发行人董事、监事和高级管理人员及其变化

（一）截至本法律意见出具之日，发行人共计有董事9名，监事3名，高级管理人员4名。现任董事、监事及高级管理人员任职情况如下表：

类别	任职	姓名	任　期	在控股股东的兼职情况
董事会	董事长	梁栋科	2018年12月8日至2021年12月7日	无
	董事	王彩亮	2018年12月8日至2021年12月7日	康德莱董事、上海康德莱制管有限公司董事
	董事	张维鑫	2018年12月8日至2021年12月7日	康德莱董事及总经理、上海康德莱企业发展集团药业有限公司执行董事、浙江康德莱医疗器械股份有限公司董事长、上海康德莱制管有限公司董事、上海康德莱进出口贸易有限公司执行董事兼总经理
	董事	陈红琴	2018年12月8日至2021年12月7日	康德莱董事
	董事	方圣石	2018年12月8日至2021年12月7日	无
	独立董事	戴尅戎	2018年12月8日至2021年12月7日	无
	独立董事	蹇锡高	2018年12月8日至2021年12月7日	无
	独立董事	葛均波	2018年12月8日至2021年12月7日	无
	独立董事	许鸿群	2018年12月8日至2021年12月7日	无

续表

类别	任职	姓名	任　　期	在控股股东的兼职情况
监事会	股东代表监事、监事会主席	王莉	2018 年 12 月 8 日至 2021 年 12 月 7 日	北京康百世商贸有限公司董事
	股东代表监事	陈洁	2018 年 12 月 8 日至 2021 年 12 月 7 日	无
	职工代表监事	徐建海	2018 年 12 月 8 日至 2021 年 12 月 7 日	无
高级管理人员	总经理	梁栋科	2018 年 12 月 9 日至 2021 年 12 月 8 日	无
	副总经理	王彩亮	2018 年 12 月 9 日至 2021 年 12 月 8 日	康德莱董事、上海康德莱制管有限公司董事
	副总经理、董事会秘书	宋媛	2018 年 12 月 9 日至 2021 年 12 月 8 日	无
	财务负责人	赵燕	2018 年 12 月 9 日至 2021 年 12 月 8 日	无

（二）发行人自整体变更为股份公司以来董事、监事、高级管理人员的选聘及变化情况

2015 年 9 月 21 日，发行人召开创立大会暨第一次股东大会，选举王彩亮、薛丽娟、陈红琴、梁栋科、陈星为发行人第一届董事会董事；选举王莉、黄楚彬为第一届监事会非职工代表监事。

2015 年 9 月 21 日，发行人召开第一届董事会第一次会议并作出决议，选举王彩亮为发行人第一届董事会董事长，聘任梁栋科为发行人总经理，聘任王瑞琴、林森为发行人副总经理，聘任赵燕为发行人财务负责人。

2015 年 9 月 21 日，发行人召开第一届监事会第一次会议并作出决议，选举王莉为发行人第一届监事会主席。

2015 年 9 月 21 日，发行人召开职工代表大会并作出决议，选举徐建海为发行人职工代表监事。

2015 年 12 月 20 日，王瑞琴、林森向发行人董事会递交了《辞职信》，辞去发行人副总经理的职务。

2016 年 4 月 11 日，发行人召开第一届董事会第五次会议并作出决议，审议通过了《关于王彩亮先生辞去上海康德莱医疗器械股份有限公司董事长职务的议案》及《关于选举梁栋科先生为上海康德莱医疗器械股份有限公司董事长的议案》，同意王彩亮先生辞去发行人董事长职务并选举梁栋科先生为发行人董事长。上述议案已经发行人于 2016 年 4 月 26 日召开的 2016 年第二次临时股东大会审议通过。

2017 年 2 月 15 日，发行人召开第一届监事会第四次会议并作出决议，审议通过了《关于同意黄楚彬先生辞去公司监事并选举陈洁女士为公司第一届监事会监事的议案》，同意黄楚彬先生辞去发行人监事职务并选举陈洁女士为发行人监事。上述议案已经发行人于 2017 年 3 月 3 日召开的 2017 年第一次临时股东大会审议通过。

2017 年 4 月 19 日，发行人召开第一届董事会第七次会议并作出决议，审议通过了《关于同意陈星先生辞去公司董事并选举赵燕女士为公司第一届董事会董事的议案》，同意陈星先生辞去发行人董事职务并选举赵燕女士为发行人监事。上述议案已经发行人于 2017 年 5 月 15 日召开的 2016 年年度股东大会审议通过。

2017 年 5 月 9 日，发行人召开第一届董事会第八次会议并作出决议，审议通过了《关于选举张宪森先生为公司第一届董事会董事的议案》及《关于选举宋媛女士为公司第一届董事会董事的议案》，同意发行人董事薛丽娟女士、陈红琴女士因工作调整原因申请辞去发行人董事职务，选举张宪森先生、宋媛女士为发行人第一届董事会董事。上述议案已经发行人于 2017 年 5 月 25 日召开的 2017 年第二次临时股东大会审议通过。

2018 年 9 月 28 日，发行人召开第一届董事会第二十次会议并作出决议，审议通过了《关于聘任宋媛女士为公司董事会秘书的议案》，同意聘请宋媛女士担任公司董事会秘书。

2018年12月7日，发行人召开第一届董事会第二十二次会议并作出决议，审议通过了《关于公司董事会换届选举暨提名梁栋科先生为第二届董事会非独立董事候选人的议案》、《关于公司董事会换届选举暨提名王彩亮先生为第二届董事会非独立董事候选人的议案》、《关于公司董事会换届选举暨提名张维鑫先生为第二届董事会非独立董事候选人的议案》、《关于公司董事会换届选举暨提名陈红琴女士为第二届董事会非独立董事候选人的议案》、《关于公司董事会换届选举暨提名方圣石先生为第二届董事会非独立董事候选人的议案》、《关于公司董事会换届选举暨提名戴尅戎先生为第二届董事会独立董事候选人的议案》、《关于公司董事会换届选举暨提名蹇锡高先生为第二届董事会独立董事候选人的议案》、《关于公司董事会换届选举暨提名葛均波先生为第二届董事会独立董事候选人的议案》及《关于公司董事会换届选举暨提名许鸿群先生为第二届董事会独立董事候选人的议案》，同意选举梁栋科先生、王彩亮先生、张维鑫先生、陈红琴女士、方圣石先生、戴尅戎先生、蹇锡高先生、葛均波先生和许鸿群先生为发行人第二届董事会董事。上述议案已经发行人于2018年12月8日召开的2018年第六次临时股东大会审议通过。

2018年12月7日，发行人召开第一届监事会第十次会议决议，审议通过了《关于公司监事会换届选举暨提名王莉女士为第二届监事会非职工代表监事候选人的议案》及《关于公司监事会换届选举暨提名陈洁女士为第二届监事会非职工代表监事候选人的议案》，同意选举王莉女士、陈洁女士为发行人第二届监事。上述议案已经发行人于2018年12月8日召开的2018年第六次临时股东大会审议通过。

2018年12月8日，发行人召开职工代表大会并作出决议，选举徐建海先生为发行人职工代表监事。

2018年12月9日，发行人召开第二届董事会第一次会议，审议通过了《关于选举梁栋科先生为公司第二届董事会董事长的议案》、《关于聘任梁栋科先生为公司总经理的议案》、《关于聘任王彩亮先生为公司副总经理的议案》、《关于聘任宋媛女士为公司副总经理兼董事会秘书的议案》及《关于聘任赵燕女士为公司财务负责人的议案》，同意选举梁栋科先生为发行人第二届董事会董事长，并聘任梁栋科先生为发行人总经理，王彩亮先生为发行人副总经理，聘任宋媛女士为发行人副总经理，聘任赵燕女士为发行人财务负责人。

2018年12月9日，发行人召开第二届监事会第一次会议并作出决议，审议通过了《关于选举王莉女士为公司第二届监事会主席的议案》，同意选举王莉女士为发行人第二届监事会主席。

综上，本所经办律师认为：

1. 发行人董事、监事及高级管理人员的任职资格及选聘程序符合法律、法规、规范性文件及《公司章程》的规定，并已在上海市工商行政管理局完成备案。

2. 自发行人整体变更为股份公司之日至本法律意见出具之日，发行人董事、监事及高级管理人员的变动均履行了必备程序，符合法律、法规、规范性文件及《公司章程》的规定。

十五、发行人的劳动管理、社会保险和住房公积金

（一）员工劳动合同签订情况

根据发行人的确认并经本所经办律师核查发行人及其下属公司劳动合同样本，发行人及其下属公司均按照《中华人民共和国劳动法》、《中华人民共和国劳动合同法》等相关法律、法规、规范性文件的规定，与员工签订了劳动合同。

（二）发行人的社会保险及住房公积金缴纳情况

经本所经办律师核查发行人及其下属公司的员工统计表、截至2019年3月的社会保险、住房公积金缴纳月报及缴费凭证、社会保险、住房公积金主管部门出具的书面证明文件、发行人出具的说明文件及提供的劳动人事相关资料，根据《中华人民共和国社会保险法》、《住房公积金管理条例》和发行人及其下属公司所在地地方政府的有关规定，发行人及下属公司按照国家及所在地地方政府的规定为员工缴纳了社会保险、住房公积金。截至2019年3月，发行人及其下属公司社会保险、住房公积金缴纳情况如下：

1. 社会保险缴纳

截至 2019 年 3 月,除发行人及其下属公司部分员工为退休返聘人员无须缴纳社会保险、新入职员工尚未开始缴纳社会保险以及发行人委托第三方机构为部分员工在异地缴纳社会保险外,发行人及其下属公司已为其员工按照上一年度平均工资或按照企业所在地社会保险和公积金监管部门规定的最低缴纳基数为标准缴纳了社会保险。

根据人力资源和社会保障局出具的相关证明,发行人及其下属公司能够遵守社会保障的相关法律法规,报告期内发行人及其子公司不存在因违反有关劳动和社会保障相关的法规受到行政处罚的情形。

2. 住房公积金缴纳

截至 2019 年 3 月,除发行人及其下属公司部分员工为退休返聘人员无须缴纳住房公积金、新入职员工尚未开始缴纳住房公积金以及发行人委托第三方机构为部分员工在异地缴纳住房公积金外,发行人及其下属公司已为其员工按照上一年度平均工资或按照企业所在地社会保险和公积金监管部门规定的最低缴纳基数为标准缴纳了住房公积金。

根据公积金管理中心出具的相关证明,发行人及其下属公司的住房公积金账户处于正常缴存状态,报告期内发行人及其下属公司不存在因违反住房公积金相关的法规受到行政处罚的情形。

为进一步保障发行人的利益,发行人全体股东就发行人员工社会保险及住房公积金事宜作出承诺:如应社会保险或公积金主管部门的要求或决定,发行人或其下属公司需要为员工补缴社会保险或住房公积金,以及出现被政府主管部门或其他有权机构追缴、补缴或收取滞纳金的情形,或因此导致员工要求补缴、追索相关费用、要求有权机关追究发行人或其子公司的行政责任或就此提起诉讼、仲裁等给发行人造成任何损失,由全体股东按其持股比例承担所产生的全部费用和开支,保证发行人或其下属公司不会因此遭受任何损失。

本所经办律师认为,发行人及其下属公司存在未以工资总额为缴纳基数为员工缴纳社会保险和住房公积金的情形,但是发行人及其下属子公司为员工缴纳社保和公积金的基数系为员工上一年度平均工资或不低于相关企业所在地社会保险和公积金监管部门规定的最低缴纳基数,发行人及其下属公司因未以工资总额为缴纳基数为员工缴纳社会保险和住房公积金而受到所在地社会保险和公积金监管部门行政处罚的可能性较小,且发行人的全体股东已出具上述承诺以保证发行人及其下属公司不会因此遭受任何损失,因此发行人及其下属公司未以工资总额为缴纳基数缴纳社会保险和住房公积金的情况不会对发行人本次发行并上市构成实质性障碍。

十六、发行人的税务

(一)税务登记

根据发行人提供的资料,截至本法律意见出具之日,发行人及其下属公司均已办理了税务登记。

(二)税种、税率

根据信会师报字[2019]第 ZA10622 号《审计报告》以及发行人提供的资料,发行人适用的主要税种、税率如下:

税　　种	税　　率
增值税	17%(自 2018 年 5 月 1 日起调整为 16%)
企业所得税	15%
城市维护建设税	5%
教育费附加	3%
地方教育费附加	1%

(三)税收优惠

根据发行人提供的资料并经本所经办律师核查,发行人及其下属公司享受的主要税收优惠情况如下:

1. 根据发行人的说明及信会师报字[2019]第 ZA10622 号《审计报告》,发行人经复审被认定为高新技术企业,高新技术企业证书编号为 GR201631001442,发证时间为 2016 年 11 月 24 日,认定有效期 3 年,即 2016 至 2018 年度。上述认定期内,经向主管税务机关备案并经核准,发行人根据《中华人民共和国企业所得税法》、《中华人民共和国企业所得税法实施条例》、《科学技术部、财政部、国家税务总局关于修订印发〈高新技术企业认定管理办法〉的通知》(国科发火〔2016〕32号)及《国家税务总局关于实施高新技术企业所得税优惠有关问题的通知》(国税函[2009]203号)的有关规定,减按15%税率缴纳企业所得税。发行人目前正在办理新的高新技术企业证书认定的复审事宜。

2.根据财政部、国家税务总局联合制定并颁布的《关于进一步扩大小型微利企业所得税优惠政策范围的通知》(财税[2018]77号)的有关规定,珠海德瑞、璞康医疗、七木医疗及璞慧医疗于2018年被认定为小型微利企业,其2018年的所得减按50%计入应纳税所得额,按20%的税率缴纳企业所得税。

(四)纳税情况

经核查发行人的纳税申报表、发行人及其下属公司主管税务机关出具的书面证明文件、发行人确认及承诺,报告期内发行人及其下属公司依法纳税,不存在受到税务机关行政处罚的情形。

(五)财政补助

自2016年1月1日至本法律意见出具之日,发行人及其下属公司获得的主要财政补助如下:

受补贴企业	补助项目	获得补贴时间	补贴金额(元)	补贴依据	发放单位
上海医械	药物涂层球囊	2016年	560,000	上海市科学技术委员会科研计划项目合同	上海市科学技术委员会
上海医械	采用超滑涂层技术的导管鞘系列产品的开发	2016年	650,000	上海市科学技术委员会科技型中小企业技术创新资金	上海市经济和信息化委员会
上海医械	2015年度高新技术成果转化项目第二批	2016年	113,000	高新技术成果转化专项资金扶持办法(沪财企[2006]66号)	上海市财政局
上海医械	干细胞过滤项目专项资金	2016年	90,000	上海市科委2012年度“科技创新行动计划”生物医药领域指南	上海市科学技术委员会
上海医械	建设高新技术企业专利试点专项资金	2016年	280,000	上海市企事业专利工作试点单位项目合同书	上海市知识产权局
上海医械	科技小巨人工程	2016年	300,000	科技企业培育项目合同	上海市科学技术委员会
上海医械	建设高新技术企业专利试点专项资金	2017年	120,000	上海市企事业专利工作试点单位项目合同书	上海市知识产权局
上海医械	专精特新企业奖励	2017年	100,000	嘉定区推进“小巨人计划”奖励办法	嘉定区经济委员会
上海医械	视频监控系统补贴款	2017年	5,413.80	嘉定区市场监督管理局视频监控系统重点单位联网改造项目	嘉定区江桥镇人民政府社会事业办
上海医械	上海市嘉定区江桥镇杨柳经济城税收奖励	2016年	527,000	江桥镇杨柳经济城招商引资政策	上海杨柳经济开发中心
		2017年	842,000		
		2018年	1,625,000		

续表

受补贴企业	补 助 项 目	获得补贴时间	补贴金额(元)	补 贴 依 据	发放单位
上海医械	73002 万套医疗器械扩建项目	2018 年	1,600,000	沪经信投[2015]428 号	上海市经济和信息化委员会、上海市财政局
上海医械	科技小巨人工程	2018 年	450,000	科技企业培育项目合同	上海市科学技术委员会
上海医械	紧急临时心脏起搏电极的研发	2018 年	100,000	《上海市 2014 年度"科技创新行动计划"生物医药领域科技支撑项目指南》及《科研计划项目合同》(14441902600)	上海市科学技术委员会
上海医械	具有亲水性涂层的导丝的研制项目	2018 年	140,000	上海市科技成果转化和产业化项目建议书	上海市科学技术委员会
研究所	全自动输液器组装机项目	2016 年	780,000	沪经信装[2016]785 号	上海市经济和信息化委员会
		2018 年	520,000		
珠海德瑞	2016 年度珠海市创新创业大赛获奖单位奖励	2016 年	100,000	《珠海市人民政府关于印发〈加快民营经济发展的若干措施〉的通知》(珠府[2016]77 号)	广东省人力资源和社会保障厅
珠海德瑞	金湾区 2018 年科技创新券后补助	2018 年	85,000	《2018 年度金湾区科技创新券后补助资金项目公示通知》(珠金科工信〔2018〕66 号)	珠海市科技和工业信息化局

综上,本所经办律师认为:

1. 发行人及其下属公司已依法办理了税务登记,发行人及其下属公司执行的税种、税率符合相关法律、法规、规范性文件的要求。

2. 发行人享受的主要税收优惠政策及财政补贴合法、合规、真实、有效。

3. 根据有权机关出具的证明文件并经本所经办律师核查,报告期内发行人及其下属公司不存在受到税务机关行政处罚的情形。

十七、发行人的环境保护、安全生产和产品质量、技术等标准

(一)环境保护

经本所经办律师核查发行人提供的资料、发行人取得的环境保护认证资质、发行人出具的说明及承诺,本所经办律师认为,报告期内发行人的生产经营活动符合有关环境保护的要求,不存在因违反环境保护方面的法律、法规和规范性文件而受到行政处罚的情形。

(二)安全生产

经本所经办律师核查发行人提供的安全生产认证资质等材料、发行人出具的说明及发行人及其下属公司安全生产主管部门出具的证明文件,本所经办律师认为,报告期内发行人的生产经营活动符合有关安全生产的要求,不存在因违反安全生产方面的法律、法规和规范性文件而受到行政处罚的情形。

(三)产品质量和技术监督标准

根据发行人提供的产品质量及标准管理制度、不良事件管理相关制度、质量体系相关认证资质等材料及发行人及其下属公司有关产品质量和技术标准行政主管部门出具的书面证明文件,本所经办律师认为,发行人已建立、健全与所生产医疗器械相适应的质量管理体系,并已建立相关不良事件管理制度,发行人的产品符合有关产品质量和技术监督标准。截至本法律意见书出具之日，发行人持有由认证机构产品服务有限公司出具的编号为 Q50816810020 的认证证书，证明发行人已经建立并运行了 ISO 13485: 2016 质量体系。报告期内发行人及其下属公司不存在因违反有关产品质量和技术监督方面的法律、法规而受到行政处罚的情形。

十八、发行人本次募集资金的运用

（一）募集资金投向

根据发行人于 2019 年 3 月 28 日召开的第二届董事会第四次会议、2019 年 4 月 20 日召开的 2018 年年度股东大会会议决议，发行人本次发行的募集资金在扣除发行费用后拟用于以下项目：1. 用于新建位于中国上海嘉定区的研发中心，包括购买研发中心的土地使用权及研发中心的建设、装修及附属配套工程费用；2. 用于对现有管线产品研发项目的临床试验、注册备案的准备事宜及计划的商业化推出事宜提供资金；3. 用于购置生产研发产品的新设施，以及升级用于生产现有产品的设施，提高生产流程的自动化程度、安装更先进的设备及提高介入类医疗器械的产能；4. 用于建设营销网络，拟自建境内营销办事处；5. 用于战略性投资及获取医疗器械的外部授权许可；6. 用于补充日常运营资金。

（二）募集资金投向备案

2019 年 4 月 22 日，发行人对上述固定资产投资相关的项目进行了投资备案，并取得了上海市嘉定区发展和改革委员会出具的《上海市企业投资项目备案证明》。

（三）募集资金使用的调整

根据上述股东大会决议，发行人股东大会授权董事会并转授权董事长（董事长亦可转授权）依据上市申请审核过程中相关主管部门意见和实际需求，对募集资金用途和使用计划进行调整。

综上，本所经办律师认为：

1. 发行人本次发行的募集资金有明确的使用方向。

2. 发行人本次发行的募集资金投向符合国家产业政策的规定。

3. 发行人本次发行的募集资金的运用已经董事会和股东大会审议批准，已取得必要的内部审批和授权。

4. 发行人本次发行募集资金使用已取得目前必要的外部监管机构审批、核准或备案程序。

十九、重大诉讼、仲裁及行政处罚

（一）未决诉讼、仲裁

根据发行人提供的资料并经本所经办律师核查，报告期内发行人及其下属公司不存在尚未了结的或可预见的重大诉讼、仲裁。

（二）行政处罚

根据发行人提供的资料、有权机关出具的书面证明文件、发行人出具的书面确认文件，并经本所经办律师核查，报告期内发行人及其下属公司未受到过行政处罚。

经发行人确认并经本所经办律师核查，报告期内发行人的董事、监事、高级管理人员不存在尚未了结的或可预见的重大诉讼、仲裁及行政处罚案件。

二十、结论意见

根据对发行人提供的材料及有关事项的核查，本所认为，发行人本次发行并上市符合《公司法》、《证券法》、《特别规定》和《67 号文》等中国法律法规规定的实质条件，不存在重大法律障碍。本次发行尚需取得中国证监会的核准及香港联交所的同意。

（本页以下无正文）

（本页无正文，为《北京德恒律师事务所关于上海康德莱医疗器械股份有限公司首次公开发行境外上市外资股（H 股）股票并在香港联合交易所有限公司主板上市之法律意见》之签署页）

北京德恒律师事务所
负责人：王丽
经办律师：沈宏山、朱樑

二〇一九年四月二十八日

广东信达律师事务所关于中国国际海运集装箱(集团)股份有限公司分拆所属企业中集车辆(集团)股份有限公司到香港联合交易所有限公司主板上市的法律意见书

致:中国国际海运集装箱(集团)股份有限公司(以下简称"贵公司")

根据贵公司下属企业中集车辆(集团)股份有限公司(以下简称"中集车辆")与广东信达律师事务所(以下简称"信达")签署的《专项法律顾问聘请协议》,信达接受委托,担任贵公司分拆中集车辆(集团)股份有限公司到境外公开发行股票并上市项目(以下简称"本次分拆上市")的公司中国法律顾问。

信达根据《中华人民共和国公司法》、《中华人民共和国证券法》、《国务院关于股份有限公司境外募集股份及上市的特别规定》、《中国证券监督管理委员会关于规范境内上市公司所属企业到境外上市有关问题的通知》以及《关于股份有限公司境外发行股票和上市申报文件及审核程序的监管指引》等有关中国法律、法规及规范性文件的规定,按照律师行业公认的业务标准、道德规范和勤勉尽责精神,出具《广东信达律师事务所关于中国国际海运集装箱(集团)股份有限公司分拆所属企业中集车辆(集团)股份有限公司到香港联合交易所有限公司主板上市的法律意见书》(以下简称"本《法律意见书》")。

信达是在中国注册的律师事务所,有资格依据中国有关法律、法规、规范性文件的规定提供本《法律意见书》项下之法律意见。

对本《法律意见书》,信达作出如下声明:

信达承诺已依据本《法律意见书》出具日之前已发生或存在的事实和现行中国法律、法规及规范性文件的有关规定发表法律意见。信达不对有关会计、审计、资产评估等专业事项发表意见,也不对中国境外法律及事实发表意见。

信达承诺已严格履行了法定职责,遵循了勤勉尽责和诚实信用原则,对本次分拆上市申请的合法、合规、真实、有效进行了充分的核查验证,保证本《法律意见书》不存在虚假记载、误导性陈述或者重大遗漏。

在出具本《法律意见书》的过程中,信达已得到中集车辆的如下保证:其提供的文件复印件/扫描件与原件一致;文件中的盖章及签字全部真实;其提供的文件以及有关的陈述均真实、准确、完整、无遗漏,且不包含任何误导性的信息;其已根据信达要求向信达披露一切事实和文件,就其合理知悉的事项无任何隐瞒、疏漏之处。对于信达律师认为对出具本《法律意见书》至关重要而又无法得到独立证据支持的事实,信达依赖有关政府部门、机构或其他单位出具的证明文件或相关专业机构的报告发表意见。

本《法律意见书》仅供本次分拆上市之目的使用,不得用作其他任何目的;信达同意本《法律意见书》作为本次分拆上市申请材料的组成部分,信达同意将本《法律意见书》提供给中国证券监督管理委员会、香港联合交易所有限公司和香港证券及期货事务监察委员会备查,信达同意中集集团、中集车辆及参与本次分拆上市的各中介机构为本次分拆上市目的在其相关文件中引用本《法律意见书》的相关内容。

释　义

本《法律意见书》中,除文义另有所指,下列词语或简称具有如下含义:

中集集团、上市公司	指中国国际海运集装箱(集团)股份有限公司,为1980年1月14日在中国注册成立的股份有限公司,并于深圳证券交易所(深圳股票代码:000039)及香港联合交易所(香港股票代码:2039)上市
中集车辆、拟分拆上市企业	指中集车辆(集团)股份有限公司,系中集集团的控股子公司,系本次分拆上市的发行主体
车辆有限	指中集车辆(集团)有限公司,中集车辆前身
中集香港	指中国国际海运集装箱(香港)有限公司,系中集车辆的股东
太富祥中	指上海太富祥中股权投资基金合伙企业(有限合伙),系中集车辆的股东
太富祥云	指台州太富祥云股权投资合伙企业(有限合伙),系中集车辆的股东
象山华金	指象山华金实业投资合伙企业(有限合伙),前称为象山华金股权投资合伙企业(有限合伙),系中集车辆的股东
南山大成	指深圳南山大成新材料投资合伙企业(有限合伙),系中集车辆的股东
龙源港城	指深圳市龙源港城企业管理中心(有限合伙),系中集车辆的股东
住友会社	指住友商事株式会社,系中集车辆的股东
往绩记录期	指2015年1月1日至2018年6月30日
《证券法》	指《中华人民共和国证券法》
《公司法》	指《中华人民共和国公司法》
《上市规则》	指《香港联合交易所有限公司证券上市规则》
《分拆指引》	指《关于规范境内上市公司所属企业到境外上市有关问题的通知》(证监发〔2004〕67号)
《特别规定》	指《国务院关于股份有限公司境外募集股份及上市的特别规定》(国务院令第160号)

续表

《监管指引》	指《关于股份有限公司境外发行股票和上市申报文件及审核程序的监管指引》(证监会公告〔2012〕45号)
《必备条款》	指《到境外上市公司章程必备条款》(证委发〔1994〕21号)
《补充修改意见》	指《关于到香港上市公司对公司章程作补充修改的意见的函》(证监海函〔1995〕1号)
《公司章程》	指现行有效的《中集车辆(集团)股份有限公司章程》
《H股章程(草案)》	指《中集车辆(集团)股份有限公司章程(草案)》,将于本次分拆上市完成之日生效
本《法律意见书》	指本文,即《广东信达律师事务所关于中国国际海运集装箱(集团)股份有限公司分拆所属企业中集车辆(集团)股份有限公司到香港联合交易所有限公司主板上市的法律意见书》
《招股章程》	指中集车辆关于首次公开发行H股并在香港联合交易所有限公司主板上市的《招股章程》
本次分拆上市	指中集集团本次分拆中集车辆首次公开发行境外上市外资股(H股)并在香港联合交易所有限公司主板上市
中国	指中华人民共和国,就本《法律意见书》而言,不包括香港特别行政区、澳门特别行政区及台湾地区
香港	指中国香港特别行政区
中国证监会	指中国证券监督管理委员会
香港联交所	指香港联合交易所有限公司
香港证监会	指香港证券及期货事务监察委员会
信达	指广东信达律师事务所
普华永道中天	指普华永道中天会计师事务所(特殊普通合伙)
元	指人民币,中国的法定货币
美元	指美国的法定货币

正　　文

1　上市公司基本情况

中集集团系 1980 年 1 月 14 日成立，并分别在深圳证券交易所主板（股票代码：000039）、香港联交所主板（股票代码：02039）上市的股份有限公司，现持有深圳市市场监督管理局核发的《营业执照》（统一社会信用代码：91440300618869509J），法定代表人为王宏，住所为广东省深圳市南山蛇口工业区港湾大道 2 号中集研发中心 8 楼（办公），公司类型为"已上市的中外合资股份有限公司"，经营范围为"制造修理集装箱及其有关业务，利用该公司现有设备加工制造各类零部件结构件和有关设备，并提供以下加工服务：切割、冲压成型、铆接、表面处理，包括喷沙喷漆、焊接和装配；集装箱租赁"，营业期限为长期。

截至 2018 年 9 月 30 日，中集集团的总股本为 2,984,961,436 股，前十大股东姓名/名称、持股数量、持股比例、股份性质情况如下：

序号	股东姓名/名称	持股数量（股）	持股比例（%）	股份性质
1	香港中央结算（代理人）有限公司	1,726,562,998	57.84	流通 A 股，境外可流通股
2	中远集装箱工业有限公司	432,171,843	14.48	流通 A 股
3	中国证券金融股份有限公司	70,799,672	2.37	流通 A 股
4	中央汇金资产管理有限责任公司	37,993,800	1.27	流通 A 股
5	中欧基金－农业银行－中欧中证金融资产管理计划	9,252,400	0.31	流通 A 股
6	工银瑞信基金－农业银行－工银瑞信中证金融资产管理计划	9,211,800	0.31	流通 A 股
7	大成基金－农业银行－大成中证金融资产管理计划	9,150,300	0.31	流通 A 股
8	银华基金－农业银行－银华中证金融资产管理计划	9,094,100	0.30	流通 A 股
9	易方达基金－农业银行－易方达中证金融资产管理计划	9,035,599	0.30	流通 A 股
10	博时基金－农业银行－博时中证金融资产管理计划	8,998,000	0.30	流通 A 股

截至本《法律意见书》出具日，中集集团直接持有中集车辆 66,495.00 万股股份，占中集车辆本次分拆上市前股份总额的 44.33%，中集集团的全资子公司中集香港持有中集车辆 28,498.50 万股股份，占中集车辆本次分拆上市前股份总额的 18.999%，中集集团合计可控制中集车辆本次分拆上市前 63.329% 的股份表决权。

2　拟分拆上市企业的基本情况

2.1　拟分拆上市企业的基本信息

中集车辆系由 1996 年 8 月 29 日设立的车辆有限于 2018 年 10 月 23 日依法以整体变更方式设立的股份有限公司，现持有深圳市市场监督管理局核发的统一社会信用代码为 91440300618919879N 的《营业执照》。截至本《法律意见书》出具日，中集车辆注册资本为 150,000.00 万元，法定代表人为麦伯良，住所为深圳市南山区蛇口港湾大道 2 号，经营范围为"开发、生产和销售各种高技术、高性能的专用汽车及各类商用车的上装、半挂车系列及其零部件（不含限制项目）、多式联运装备以及一般机械产品及金属结构的加工制造和相关业务并提供相关咨询业务；经营管理生产上述同类产品的企业"，营业期限为长期。

中集车辆系上市公司从事半挂车、专用汽车及商用车上装的生产、销售业务的控股子公司，上市公司的半挂车、专用汽车及商用车上装的生产、销售业务集中通过中集车辆开展。

2.2　拟分拆上市企业的股权结构

经信达律师核查，截至本《法律意见书》出具日，中集车辆共有8名股东，均为车辆有限整体变更为股份有限公司时的发起人股东。中集车辆所有股东均不属于国有股东，不存在应标注国有股东标识的情形，不存在需要进行国有股减持、转持的情形。拟分拆上市企业的股权结构如下：

序号	股东名称	股份数量（万股）	股份比例（%）
1	中集集团	66,495.00	44.3300
2	中集香港	28,498.50	18.9990
3	太富祥中	25,233.00	16.8220
4	太富祥云	16,160.25	10.7735
5	象山华金	7,587.75	5.0585
6	南山大成	2,316.00	1.5440
7	龙源港城	2,316.00	1.5440
8	住友会社	1,393.50	0.9290
合计		150,000.00	100.00

2.3　拟分拆上市企业控股股东、实际控制人情况

截至本《法律意见书》出具日，中集集团直接持有中集车辆66,495.00万股股份（占本次分拆上市前中集车辆股份总额的44.330%），并通过全资子公司中集香港间接持有中集车辆28,498.50万股股份（占本次分拆上市前中集车辆股份总额的18.999%）。中集集团合计可控制中集车辆本次分拆上市前63.329%的股份表决权，为中集车辆的控股股东。根据中集集团2017年度报告等公开披露信息，中集集团无控股股东、实际控制人，中集车辆亦无实际控制人。

3　本次分拆上市的批准和授权

3.1　中集集团关于本次分拆上市的批准和授权

2018年8月9日，中集集团召开第八届董事会2018年度第十二次会议，审议通过了《关于中集车辆（集团）有限公司境外上市方案的议案》、《关于中集车辆（集团）有限公司境外上市符合〈关于规范境内上市公司所属企业到境外上市有关问题的通知〉的议案》、《关于公司维持独立上市地位承诺的议案》、《关于公司持续盈利能力的说明与前景的议案》、《关于提请股东大会授权董事会及其授权人士处理中集车辆（集团）有限公司分拆上市事宜的议案》、《关于分拆中集车辆（集团）有限公司境外上市仅向公司H股股东提供保证配额的议案》、《关于提请召开2018年第二次临时股东大会、2018年第一次A股类别股东大会以及2018年第一次H股类别股东大会的议案》等与本次分拆上市相关的议案。经核查，信达律师认为：中集集团第八届董事会2018年度第十二次会议决议内容合法有效。

2018年9月26日，中集集团分别召开2018年第二次临时股东大会、2018年第一次A股类别股东大会以及2018年第一次H股类别股东大会，审议通过了与本次分拆上市相关的上述议案。

经中集集团2018年第二次临时股东大会审议通过的本次分拆上市方案如下：

3.1.1　发行主体：中集车辆。

3.1.2　上市地点：香港联交所主板。

3.1.3　发行股票种类：在香港联交所主板上市的境外上市外资股（H股）。

3.1.4　发行方式：香港公开发售及国际配售，根据国际惯例和资本市场情况，国际配售可包括但不限于：(1)依据美国《证券法》及其修正案项下144A规则（或其他豁免）于美国向合资格机构买家（QIBs）进行的发售；(2)依据美国《证券法》及其修正案项下S条例进行的美国境外发行。

3.1.5　每股面值：人民币1.00元。

3.1.6　发行规模：本次H股发行并上市的初始发行规模为不少于发行后经扩大总股本的15%，不超过发行后经扩大总股本的18.2%（超额配售权行使前），并授予主承销商不超过上述H股初始发行规模15%的超额配售权。

3.1.7　发行对象：境外机构投资者、企业和自然人、合格境内机构投资者及其他符合监管规定的投资者。

3.1.8　发行价格：最终发行价格将在充分考虑改制后的中集车辆现有股东整体利益、投资者接受能力以及发行风险等情况下，根据发行时境外资本市场情况、香港股票市场发行情况、中集车辆所处行业的一般估值水平以及市场认购情况，并根据境外路演和簿记的结果，由改制后的中集车辆股东大会授权董事会或其授权人士和主承销商共同协商确定。

3.1.9　发行时间：将在改制后的中集车辆股东大会决议有效期内选择适当的时机和发行窗口完成本次H股发行并上市，具体发行时间由改制后的中集车辆股东大会授权董事会或其授权人士根据境外资本市场情况和境内外监管部门审批进展情况决定。

3.1.10　申请已发行的内资股和非上市外资股转换成H股：在符合中国证监会及上市地有关监管机构的监管政策及要求的条件下，中集车辆拟在本次H股发行前或上市后，择机向监管机构申请将本次发行前已发行的全部或部分内资股和非上市外资股转为境外上市外资股(H股)，并在香港联交所主板上市交易。

3.1.11　议案有效期：十八个月，自本议案经股东大会审议批准之日计算。

经核查，信达律师认为：中集集团2018年第二次临时股东大会、2018年第一次A股类别股东大会以及2018年第一次H股类别股东大会已经依照法定程序作出批准拟分拆上市企业发行上市具体方案的相关决议，符合《分拆指引》的相关要求，决议内容合法有效。

3.2　中集车辆关于本次分拆上市的批准和授权

2018年10月26日，中集车辆召开了第一届董事会第二次会议，审议通过了《关于公司首次公开发行境外上市外资股(H股)并在香港联合交易所有限公司主板上市符合相关法定条件的议案》、《关于公司申请首次公开发行境外上市外资股(H股)并在香港联合交易所有限公司主板上市方案的议案》、《关于〈中集车辆(集团)股份有限公司章程(草案)〉的议案》、《关于〈公司本次发行上市前滚存利润的分配方案〉的议案》、《关于提请股东大会授权董事会及其授权人士全权办理本次发行上市相关事宜的议案》等与本次分拆上市相关的议案。

2018年10月26日，中集车辆召开2018年第一次临时股东大会，审议通过了本次分拆上市的相关议案，并授权董事会及其授权人士全权办理本次分拆上市相关事宜。

3.3　外部批准与授权

3.3.1　本次分拆上市尚需取得中国证监会的核准

《证券法》第二百三十八条规定："境内企业直接或者间接到境外发行证券或者将其证券在境外上市交易，必须经国务院证券监督管理机构依照国务院的规定批准"，本次分拆上市尚需取得中国证监会的核准。

3.3.2　本次分拆上市尚需取得香港联交所的同意

本次分拆上市尚需取得香港联交所的同意，并应遵循香港联交所和香港证监会的相关规定。

经核查，信达律师认为：中集集团及中集车辆的股东大会已分别依据法定程序就本次分拆上市作出批准和授权，该等决议的内容符合有关中国法律法规、规范性文件及中集集团和中集车辆各自公司章程的规定，决议合法有效，中集车辆股东大会对董事会的授权范围和程序合法有效。本次分拆上市尚需取得中国证监会的核准和香港联交所的同意，并应遵循香港联交所和香港证监会的相关规定。

4　本次分拆上市符合法定实质条件

经核查，中集集团本次分拆中集车辆到境外上市符合《公司法》等中国有关法律、法规和规范性文件规定的中国境内上市公司所属企业到境外上市的实质条件。中集集团分拆中集车辆到香港联交所上市符合《分拆指引》第二条规定的上市公司分拆所属企业到境外上市所需满足的条件，具体如下：

4.1　中集车辆符合《公司法》及《证券法》等中国法律规定的公开发行股票并在境外上市的实质条件

4.1.1　中集车辆本次拟发行的股票为每股面值人民币1.00元的境外上市外资股(H股)，同股同权，同股同利，每股的发行条件和发行价格相同，每股发行价格不低于票面金额，本次发行实行公平、公正的原则，符合《公司法》第一百二十六条及第一百二十七条的规定。

4.1.2　中集车辆2018年第一次临时股东大会已就本次发行股票的种类、数量、价格、对象、发行的起止日期等事项作出决议，符合《公司法》第一百三十三条的规定。

4.1.3　中集车辆已根据《公司法》等法律法规设立股东大会、董事会和监事会，具有完善的公司治理结构；中集车辆历次股东大会、董事会、监事会的召开程序、决议内容及决议的签署符合中国法律法规和《公司章程》的规定，符合《证券法》第十三条第一款第(一)项的规定。

4.1.4　中集车辆在往绩记录期内持续盈利，具有持续盈利能力，财务状况良好，符合《证券法》第十三条第一款第(二)项的规定。

4.1.5　中集车辆财务报表已按照中国企业会计准则的规定编制，在所有重大方面公允反映了中集车辆往绩记录期内的财务状况、经营成果和现金流量，中集车辆往绩记录期内的财务文件无虚假记载。根据中集车辆所在地相关政府主管机关出具的证明文件及中集车辆书面确认，中集车辆在往绩记录期内无重大违法行为，符合《证券法》第十三条第一款第(三)项的规定。

4.1.6　中集车辆本次上市后适用的《H股章程(草案)》已由中集车辆2018年第一次临时股东大会通过。《H股章程(草案)》中已载明《必备条款》和《补充修改意见》所要求的内容，符合《特别规定》第十三条的规定。

综上，信达律师认为：除尚需获得中国证监会的核准外，中集车辆符合《公司法》及《证券法》等中国法律规定的公开发行股票并在境外上市的实质条件。

4.2　中集集团符合《分拆指引》规定的分拆下属公司境外上市的实质条件

中集车辆为深圳证券交易所上市公司中集集团的下属企业，经逐项核查，中集集团分拆中集车辆到香港联交所上市符合《分拆指引》第二条规定的上市公司分拆所属企业到境外上市所需满足的条件，具体如下：

4.2.1　中集集团在最近三年连续盈利

根据普华永道中天出具的普华永道中天审字(2016)第10076号、普华永道中天审字(2017)第10078号和普华永道中天审字(2018)第10078号审计报告，中集集团2015年度、2016年度、2017年度实现归属于母公司股东及其他权益持有者的净利润分别约为人民币202,661万元(经重列数据)、53,966万元、250,924万元，符合《分拆指引》第二条第(一)项的规定。

4.2.2　中集集团最近三个会计年度内发行股份及募集资金投向的业务和资产未作为对中集车辆的出资申请境外上市

中集集团自2015年1月1日以来，发行股份募集资金情况如下：经中国证监会于2015年7月22日签发《关于核准中国国际海运集装箱(集团)股份有限公司增发境外上市外资股的批复》(证监许可〔2015〕1749号)核准，及香港联合交易所有限公司批准，中集集团于2015年12月向特定对象发行境外上市外资股共286,096,100股，每股发行价格为港币13.48元(折合人民币11.28元)，实际募集资金净额为港币3,856,575,428元(按到账日实际汇率，折合人民币3,227,639,131元)，该次定向增发所募集资金全部用于补充营运资金。

经核对，上述募集资金投向的业务和资产未作为对中集车辆的出资，中集集团最近三个会计年度发行股份及募集资金投向的业务和资产未作为对中集车辆的出资申请境外上市，符合《分拆指引》第二条第(二)项的规定。

4.2.3　中集集团最近一个会计年度合并报表中按权益享有的中集车辆的净利润未超过中集集团合并报表净利润的50%

根据《中国国际海运集装箱(集团)股份有限公司2017年度财务报表及审计报告》[普华永道中天审字(2018)第10078号]及中集集团2017年12月31日的合并报表，中集集团归属于母公司股东及其他权益持有者的净利润约为人民币250,924万元。根据《中集车辆(集团)有限公司2017年度财务报表及审计报告》[普华永道中天审字(2018)第23649号]，中集集团2017年度合并报表中按权益享有的中集车辆净利润约为人民币96,437万元，占中集集团当期合并报表净利润的比例未超过50%，符合《分拆指引》第二条第(三)项的规定。

4.2.4　中集集团最近一个会计年度合并报表中按权益享有的中集车辆净资产未超过中集集团合并报表净资产的30%

根据《中国国际海运集装箱(集团)股份有限公司

限公司 2017 年度财务报表及审计报告》[普华永道中天审字(2018)第 10078 号]及中集集团 2017 年 12 月 31 日的合并报表,中集集团归属于母公司股东及其他权益持有者的净资产为人民币 3,246,093 万元。根据普华永道中天出具的《中集车辆(集团)有限公司 2017 年度财务报表及审计报告》[普华永道中天审字(2018)第 23649 号],中集集团 2017 年度合并报表中按权益享有的中集车辆净资产为人民币 660,554万元,占中集集团当期合并报表净资产比例未超过 30%,符合《分拆指引》第二条第(四)项的规定。

4.2.5　中集集团与中集车辆不存在同业竞争,且资产、财务独立,经理人员不存在交叉任职

(1)中集集团与中集车辆不存在同业竞争

截至本《法律意见书》出具日,中集集团的经营范围为"制造修理集装箱及其有关业务,利用该公司现有设备加工制造各类零部件结构件和有关设备,并提供以下加工服务:切割、冲压成型、铆接、表面处理,包括喷沙喷漆、焊接和装配;集装箱租赁",中集集团的主要业务涵盖集装箱制造业务,道路运输车辆业务(通过中集车辆开展),能源、化工及液态食品装备业务,海洋工程业务,物流服务业务,重型卡车业务,空港装备业务,产城业务,金融业务等;中集车辆的经营范围为"开发、生产和销售各种高技术、高性能的专用汽车及各类商用车的上装、半挂车系列及其零部件(不含限制项目)、多式联运装备以及一般机械产品及金属结构的加工制造和相关业务并提供相关咨询业务;经营管理生产上述同类产品的企业",主营业务为半挂车、专用汽车及商用车上装的生产、销售业务。

经核查,中集集团的半挂车、专用汽车及商用车上装的生产、销售业务集中通过中集车辆开展,除中集车辆合并报表范围内企业外,中集集团其他下属公司未从事与中集车辆主营业务相竞争的半挂车、专用汽车及商用车上装的生产、销售业务,中集集团与中集车辆不存在同业竞争。

(2)中集集团与中集车辆资产、财务相互独立

中集集团和中集车辆各自拥有独立、完整、权属清晰的经营性资产,中集车辆对其全部资产进行独立登记、建账、核算、管理,中集集团未占用、支配中集车辆的资产或干预中集车辆对其资产的经营管理。中集集团与中集车辆均设置有独立的财务部门,建立有母子公司的会计核算体系和财务管理制度。中集集团和中集车辆各自独立在银行开设账户、独立纳税。经核查,中集集团与中集车辆资产、财务相互独立。

(3)中集集团与中集车辆经理人员不存在交叉任职

截至本《法律意见书》出具日,中集集团高级管理人员包括 CEO 兼总裁麦伯良、常务副总裁高翔、副总裁吴发沛、副总裁李胤辉、副总裁黄田化、副总裁兼董事会秘书、公司秘书于玉群及财务管理部总经理曾邗;中集车辆现有高级管理人员包括总裁李贵平、副总裁兼董事会秘书李志敏、财务负责人骆鹏,另根据中集车辆的确认,中集车辆拟在本次分拆上市完成前增加聘任孙春安、叶剑峰为高级管理人员。经核对,中集集团和中集车辆经理人员不存在交叉任职情况。

综上,中集集团本次分拆中集车辆发行上市符合《分拆指引》第二条第(五)项"上市公司与所属企业不存在同业竞争,且资产、财务独立,经理人员不存在交叉任职"的规定。

4.2.6　中集集团及中集车辆董事、高级管理人员及其关联人员持有中集车辆的股份,未超过中集车辆到境外上市前总股本的 10%

截至本《法律意见书》出具日,中集集团董事、高级管理人员及其关联人员未持有中集车辆股份;中集车辆的部分董事、高级管理人员及其关联人员通过中集车辆股东龙源港城及象山华金间接持有中集车辆权益,具体如下:

姓名	职务	持股情况	对应间接持有中集车辆的股份权益比例
周晓峰	中集车辆董事	象山华金持有中集车辆 5.0585% 的股份，宁波峰梅实业有限公司持有象山华金 49.33% 的财产份额，周晓峰及其配偶张松梅分别持有宁波峰梅实业有限公司 80%、20% 的股权。	2.50%
曾北华	中集车辆董事	象山华金持有中集车辆 5.0585% 的股份，深圳市龙汇港城企业管理中心（有限合伙）持有象山华金 50.67% 的财产份额，曾北华持有深圳市龙汇港城企业管理中心（有限合伙）26.32% 的财产份额。	0.67%
王宇	中集车辆董事	象山华金持有中集车辆 5.0585% 的股份，深圳市龙汇港城企业管理中心（有限合伙）持有象山华金 50.67% 的财产份额，王宇持有深圳市龙汇港城企业管理中心（有限合伙）26.32% 的财产份额。	0.67%
李贵平	中集车辆董事、总裁	1. 象山华金持有中集车辆 5.0585% 的股份，深圳市龙汇港城企业管理中心（有限合伙）持有象山华金 50.67% 的财产份额，李贵平持有深圳市龙汇港城企业管理中心（有限合伙）47.37% 的财产份额，对应中集车辆 1.2142% 的权益。 2. 龙源港城持有中集车辆 1.544% 的股份，李贵平直接持有龙源港城 18.0923% 的财产份额，对应中集车辆 0.2793% 的权益。 3. 龙源港城持有中集车辆 1.544% 的股份，深圳市龙源港城投资发展有限责任公司持有龙源港城 0.0097% 的财产份额，李贵平持有深圳市龙源港城投资发展有限责任公司 80% 的股权，对应中集车辆 0.00012% 的权益。	1.49%
李志敏	中集车辆副总裁、董事会秘书	1. 龙源港城持有中集车辆 1.544% 的股份，李志敏持有龙源港城 7.5521% 的财产份额，对应中集车辆 0.1166% 的权益。 2. 龙源港城持有中集车辆 1.544% 的股份，深圳市龙源港城投资发展有限责任公司持有龙源港城 0.0097% 的财产份额，李志敏持有深圳市龙源港城投资发展有限责任公司 10% 的股权，对应中集车辆 0.000015% 的权益。	0.12%
骆鹏	中集车辆财务负责人	龙源港城持有中集车辆 1.544% 的股份，骆鹏持有龙源港城 1.4545% 的财产份额。	0.02%
合　计			5.47%

经核查，中集集团及中集车辆董事、高级管理人员及其关联人员持有中集车辆的股份未超过中集车辆到境外上市前总股本的 10%，符合《分拆指引》第二条第（六）项的规定。

4.2.7　中集集团不存在资金、资产被具有实际控制权的个人、法人或其他组织及其关联人占用的情形，或其他损害中集集团利益的重大关联交易。

根据中集集团相关公告文件以及普华永道中天出具的《内部控制审计报告》（普华永道中天特审字［2018］第 0140 号、普华永道中天特审字［2017］第 0733 号、普华永道中天特审字［2016］第 0799 号）、普华永道中天出具的《控股股东及其他关联方占用资金情况专项报告》（普华永道中天特审字［2018］第 0138 号、普华永道中天特审字［2017］第 0732 号、普华永道中天特审字［2016］第 0798 号），中集集团无控股股东、实际控制人，不存在资金、资产被具有实际控制权的个人、法人或其他组织及其关联人占用的情形，不存在其他损害公司利益的重大关联交易，符合《分拆指引》第二条第（七）项"上市公司不存在资金、资产被具有实际控制权的个人、法人或其他组织及其关联人占用的情形，或其他损害公司利益的重大关联交易"

的规定。

4.2.8　中集集团最近三年无重大违法违规行为

经信达律师查询中国证监会、深圳证券交易所等网站信息以及中集集团公开披露信息,中集集团最近三年无因重大违法违规行为受到处罚的记录,符合《分拆指引》第二条第(八)项“上市公司最近三年无重大违法违规行为”的规定。

5　关于本次分拆上市的结论性意见

综上核查,信达律师认为:中集集团本次分拆中集车辆到境外公开发行股票并上市符合《公司法》、《证券法》、《分拆指引》、《特别规定》及《监管指引》等相关中国法律法规及规范性文件规定的实质条件,本次分拆上市在中国法律法规方面不存在实质性法律障碍;本次分拆上市已履行现阶段必须的法律程序,尚需取得中国证监会的核准和香港联交所的同意,并应遵循香港联交所和香港证监会的相关规定。

本《法律意见书》经信达律师签字并加盖信达印章后生效,各份均具有同等法律效力。

(以下无正文)

(本页无正文,为广东信达律师事务所《关于中国国际海运集装箱(集团)股份有限公司分拆所属企业中集车辆(集团)股份有限公司到香港联合交易所有限公司主板上市的法律意见书》的签署页)

广东信达律师事务所(盖章)

负责人:张炯

签字律师:麻云燕、林晓春、陈臻宇

二〇一八年十一月二十六日

图书在版编目(CIP)数据

中国资本市场法治发展报告. 2019 / 中国证券监督管理委员会编. -- 北京 : 法律出版社, 2020
ISBN 978 -7 -5197 -4894 -4

Ⅰ. ①中… Ⅱ. ①中… Ⅲ. ①证券法-研究报告-中国-2019 Ⅳ. ①D922.287.4

中国版本图书馆 CIP 数据核字(2020)第 167023 号

中国资本市场法治发展报告(2019)
ZHONGGUO ZIBEN SHICHANG FAZHI FAZHAN BAOGAO (2019)

中国证券监督管理委员会 编

责任编辑 李 群 张红蕊
装帧设计 贾丹丹

出版 法律出版社
总发行 中国法律图书有限公司
经销 新华书店
印刷 三河市兴达印务有限公司
责任印制 张建伟

编辑统筹 法规出版分社
开本 787 毫米×1092 毫米 1/16
印张 80.5
字数 2280 千
版本 2020 年 12 月第 1 版
印次 2020 年 12 月第 1 次印刷

法律出版社/北京市丰台区莲花池西里 7 号(100073)
网址/www. lawpress. com. cn
投稿邮箱/info@ lawpress. com. cn
举报维权邮箱/jbwq@ lawpress. com. cn
销售热线/400-660-8393
咨询电话/010-63939796

中国法律图书有限公司/北京市丰台区莲花池西里 7 号(100073)
全国各地中法图分、子公司销售电话:
统一销售客服/400-660-8393/6393
第一法律书店/010-83938432/8433　西安分公司/029-85330678　重庆分公司/023-67453036
上海分公司/021-62071639/1636　深圳分公司/0755-83072995

书号:ISBN 978-7-5197-4894-4
定价:380.00 元